图书馆学家文库
Library of Library Scientists

周和平文集
Collected Works of Zhou Heping

周和平 著

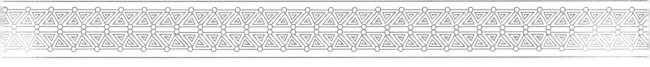

上卷
图书馆事业

中山大学出版社
·广州·

版权所有　翻印必究

图书在版编目（CIP）数据

周和平文集：全3册/周和平著 .—广州：中山大学出版社，2016.10
ISBN 978 – 7 – 306 – 04341 – 2

Ⅰ．①周… Ⅱ．①周… Ⅲ．①社会科学—文集 Ⅳ．①C53

中国版本图书馆 CIP 数据核字（2012）第 247703 号

出 版 人：	徐　劲
策划编辑：	李海东　章　伟
责任编辑：	李海东
封面设计：	林绵华
责任校对：	章　伟
责任技编：	黄少伟
出版发行：	中山大学出版社
电　　话：	编辑部 020 - 84114366，84111996，84113349
	发行部 020 - 84111998，84111981，84111160
地　　址：	广州市新港西路 135 号
邮　　编：	510275　传　真：020 - 84036565
网　　址：	http：//www.zsup.com.cn　E-mail：zdcbs@ mail.sysu.edu.cn
印 刷 者：	广州家联印刷有限公司
规　　格：	787mm ×1092mm　1/16　16 插页　88.25 印张　1860 千字
版次印次：	2016 年 10 月第 1 版　2016 年 10 月第 1 次印刷
定　　价：	420.00 元（上、中、下卷）

如发现本书因印装质量影响阅读，请与出版社发行部联系调换

编委会成员

顾　问：周和平（文化部原副部长，中国图书馆学会名誉理事长，中国国家图书馆名誉馆长）

主　编：谭祥金

副主编：程焕文　吴　晞　刘洪辉　赵燕群

编辑委员会委会（按姓氏拼音顺序排列）：

程焕文　杜秦生　方家忠　李国新　刘洪辉

倪晓建　邱冠华　沈　津　谭祥金　吴建中

吴　晞　谢灼华　赵燕群

《图书馆学家文库》总序

图书馆是社会文明进步的标志，为传承历史、延续文明、开拓未来提供着信息与知识保障；是建设学习型社会的重要阵地，承担着提高公民学习能力与创新能力，滋养公民文明素质的重要责任；是通向知识之门，为构建国家知识创新体系提供着知识与智力支撑；是公共文化服务体系的重要组成部分，对于弥合数字鸿沟，保障人民群众的基本文化权益发挥着重要作用。

新中国成立以来，尤其是改革开放以来，在党和政府的高度重视下，在广大图书馆理论与实践者的共同努力下，我国图书馆事业得到了长足的发展。在这个发展历程中，一代又一代图书馆学家作出了卓越贡献。

图书馆学，图书馆工作，是学术性和实践性都很突出的一个领域。何为图书馆学家？我以为，既要有深厚的专业学术造诣，还要有勇于实践、善于探索的精神。对于图书馆的学科发展和事业发展，更要有理论和实践的双重推动，两者犹如双翼：理论研究要总结实际工作、带动实际工作；实际工作要注重正确理论的指引，还要不断给学术研究带来新的活力和突破。

由中山大学图书馆、深圳公共图书馆研究院编撰，中山大学出版社出版的《图书馆学家文库》，旨在荟萃一批优秀图书馆专业工作者在长期的图书馆学理论研究与工作实践中积累的成果，将为我们展现出一幅图书馆学研究和图书馆事业发展的绚丽画卷，这些成果对于当今图书馆事业发展仍然具有指导和借鉴意义。

《图书馆学家文库》首批结集出版的是业界老一辈学人的成果。他们或身居学术研究前沿，或奋斗于事业发展一线，或身居海外关注中国图书馆事业，他们当中的很多人都是在极其艰苦的条件下，孜孜以求，不懈努力，取得了丰硕的成果，为图书馆学和图书馆事业作出了不可磨灭的贡献，他们对事业的热爱在中国图书馆事业发展史上留下了令人感动的篇章。

公共图书馆研究院是2009年在深圳成立，是国内第一家以公共图书馆为研究对象的专业研究团体。公共图书馆研究院是一家非政府机构，由文化部社会文化司、中国图书馆学会和深圳市文体旅游局出任指导单位，深圳图书馆、深圳图书情报学会主办，汇聚了中国大陆、台港澳及海外众多的专业学者和图书馆管理者，为公共图书馆事业发展提供了一个新的学术研究和交流平台。

《图书馆学家文库》的编辑出版展现了广东图书馆学界的眼光和实力，值得赞许。最后，还要感谢中山大学出版社，正是他们的远见卓识和鼎力支持，才使《图书馆学家文库》得以面世。

周和平

文化部原副部长
中国图书馆学会名誉理事长
中国国家图书馆馆长
2011年春于北京

周和平简历

周和平，男，1949年出生。中华人民共和国文化部原副部长，国家图书馆名誉馆长，全国图书情报专业学位研究生教育指导委员会主任委员。第十一届全国政协委员。中国艺术研究院博士生导师。曾任南京大学、武汉大学兼职教授。

1968年下乡知青，曾当过中学教师、校长。1994年到国家图书馆工作，曾任党委书记、常务副馆长，中国图书馆学会理事长。2001年3月任文化部党组成员、副部长。曾兼任国家文化遗产保护领导小组成员兼办公室副主任、国务院非物质文化遗产保护工作部际联席会议成员兼秘书长、全国古籍保护工作部际联席会议成员。2009年12月任国家图书馆馆长（副部长级），兼任国家古籍保护中心主任、国家典籍博物馆馆长。2014年1月任国家图书馆名誉馆长。

在任期间，提出建设我国公共文化服务体系的构想，并着力推动实现"县有图书馆、文化馆，乡有文化站"的目标；提出并推动建设"国家数字图书馆""全国文化信息资源共享工程"和"数字图书馆推广工程"，实现我国公共图书馆系统数字图书馆的全覆盖；提出"中华古籍保护计划"和"民国时期文献保护计划"，推动全国开展文献普查、古籍保护、典籍整理等工作；启动我国非物质文化遗产保护工作。

主编专著十余部，发表论文数十篇。主持《中华再造善本》《清史镜鉴》《中国珍贵典籍史话丛书》《远东国际军事法庭庭审记录》等重要典籍整理。策划"中国非物质文化遗产保护成果展""国家珍贵古籍特展"等大型展览。

自 序

《图书馆学家文库》编委会策划、中山大学出版社出版的系列丛书《图书馆学家文库》，是一项宏大的"文化记忆工程"，它以真实性、完整性、系统性为原则，遴选了一批在国内外有影响的图书馆学家，对其有价值的理论文章、演讲文稿和其他文字资料加以整理并结集出版，目的是为图书馆领域的理论研究和实践探索提供借鉴和史料。文库编委会的同志把我这些年来发表的文章、讲话、发言、提案等辑录起来，建议纳入其中予以出版。吴晞、赵燕群等同仁认为这些资料不仅是个人的经历、经验和感受，也是图书馆事业发展和文化建设的重要文献，可以为当前和今后的图书馆工作及文化事业的发展提供借鉴。我斟酌再三，接受了这个建议。

1994年12月，我从国家人事部调国家图书馆（原北京图书馆）工作，1997年12月，任党委书记、常务副馆长，截至2001年3月到文化部任职，历时6年多。期间主要工作是：深入开展内部管理机制改革，推出"365天"开馆，放开办证，开设部委分馆，加强立法决策服务，策划部级领导干部历史文化讲座，开创学会学术年会，组织研发并启动全国数字图书馆项目，启动中华再造善本工程，推动北京图书馆更名为国家图书馆以及员工住宅建设等。

2001年3月，我调任文化部党组成员、副部长，分管计划财务和社会文化工作，在近10年的时间里，主要开展了以下几个方面工作：

一是大力推动公共文化服务体系建设。"十一五"期间实现了县级有图书馆、文化馆，"十二五"期间实现了乡镇有综合文化站的建设目标；2008年汶川地震后提出文化对口支援和灾后重建；2009年提出少数民族文化建设的"春雨工程"。同时，注重发挥公共文化单位的作用，在"部级领导干部历史文化讲座"的引领下，讲座工作已成为各级图书馆的重要业务之一。还积极推动免费开放、总分馆制、流动服务等。

二是提出并大力推进"全国文化信息资源共享工程"，该工程成为中央确定的新时期文化建设的"二号工程"。在不长的时间内，实现我国县乡基层数字文化服务全覆盖，加快了我国公共文化服务的现代化进程。

三是启动我国非物质文化遗产保护工作，包括概念的提出、工作机制的设计、保障政策的争取等。在任期间，经国务院批准公布了第一、二批国家级名录，第一、二、三批国家级代表性传承人。并积极向联合国教科文组织推荐，使我国成为迄今为止世界上入选名录最多的国家。提出设立我国"文化遗产日"

的意见，获国务院批准。

四是实施"中华古籍保护计划"。在全国首次开展大规模古籍普查，并经国务院批准公布《国家珍贵古籍名录》和"全国重点古籍保护单位"，支持各地开展典籍整理，《广州大典》《金陵全书》等一批地方文献相继问世。

五是推动中国美术馆改扩建、国家图书馆二期、国家博物馆改扩建等重大文化设施的建设。

2009年12月，我就任国家图书馆第26任馆长，2014年元月转任名誉馆长，历时4年余。期间，启动了"民国时期文献保护计划"，策划《远东国际军事法庭庭审记录》《中国珍贵典籍史话丛书》等文献的编辑出版，特别是东京审判资料的出版，弥补了我国的档案缺失，在国内外引起很大反响。

启动了全国数字图书馆推广工程，使国家和省市数字图书馆实现了互联互通，并通过文化共享平台，实现了我国公共文化领域数字服务的全域互通，大大提升了数字文化服务的水平。

创立我国首个典籍博物馆。提出并推动建设国家图书馆文献战略储备库立项工作等。

这20多年，正值我国文化事业和图书馆事业大发展的重要时期。本文集所选大都是本人在工作中所形成的思路，其中大多是推动工作的讲话、文章等，力求以原貌呈现给广大读者。其中的不足和偏颇之处在所难免，真诚地希望大家批评指正。

五年来，文库编委会和中山大学出版社的同志搜集了大量资料，反复筛选审核，数易其稿，付出大量劳动；与我一起工作过的有关同事，积极搜集资料，认真讨论修改文稿，也都付出大量心血，在此一并致以衷心感谢！

周和平
2016年6月于北京

周和平在办公室

1999年7月,周和平在京出席国家图书馆人事部分馆协议书签字仪式。前排左五为时任人事部党组成员、办公厅主任程四林

2000年4月,周和平在京出席国家图书馆职工住宅楼竣工仪式

2001年10月，周和平赴浙江杭州出席全国文化财务工作会议期间考察古籍保护工作。左三为时任财政部教科文司司长张少春，右二为时任文化部计划财务司司长吕章申

2002年7月，周和平在京出席中华再造善本工程规划指导委员会、编纂出版委员会工作会议。左四为时任财政部副部长金立群，左三为时任国家图书馆馆长任继愈，右二为时任财政部教科文司司长张少春

2004年6月,周和平在国家图书馆与任继愈先生亲切交谈

2004年9月,周和平在京会见国际图联秘书长拉素·拉马钱德兰(Rasu Ramachandran)

2006年3月,周和平赴河南调研古籍保护工作。左二为时任河南省文化厅厅长郭俊民,右二为时任文化部社会文化司司长张旭

2006年7月,周和平赴黑龙江牡丹江调研期间在海林市图书馆电子阅览室观看少儿读者利用共享工程资源。左二为时任黑龙江省文化厅副厅长宋宏伟

2006年8月，周和平赴甘肃调研期间考察《文溯阁四库全书》书库

2007年1月，周和平赴浙江调研浙江大学数字图书馆。右一为时任浙江省文化厅厅长杨建新

2007年2月,周和平与为"部级领导干部历史文化讲座"授课的叶嘉莹先生交流。右一为时任中央国家机关工委副书记黄燕明

2007年6月,周和平在京考察国家图书馆二期工程

2007年7月,周和平赴山西调研再造善本工程。右一为时任山西省副省长张少琴

2008年6月,周和平在京出席"部级领导干部历史文化讲座"选题策划会。左四为时任中央国家机关工委副书记黄燕明,右四为时任中国社会科学院党组成员、秘书长黄浩涛

2009年8月,周和平访问台湾,在国民党中央党部向中国国民党主席吴伯雄赠送《中华再造善本》

2010年9月3日,来华进行国事访问的乌克兰总统亚努科维奇专程向中国国家图书馆赠送《佩柳索普纳奇科福音书》复制本。周和平代表中国国家图书馆接受赠书

2011年1月,周和平赴黑龙江漠河出席"国家数字图书馆落户北极军营"活动。左三为时任黑龙江省军区司令员高潮少将

2011年2月3日(农历正月初一),周和平和馆领导班子成员给到馆读者拜年

2011年4月,周和平赴重庆出席全国直辖市公共图书馆2011年高峰论坛期间到重庆图书馆调研民国文献保护情况

2011年10月,周和平出访英国,与大英图书馆馆长达梅·琳内·布林德利(Dame Lynne Brindley)合影

2011年12月,周和平访问香港,出席"国家图书馆善本特藏展"开幕典礼期间为香港读者讲课

2011年12月,周和平访问香港,在香港大学为香港大学徐立之校长介绍时任国务院副总理李克强在出席香港大学百年校庆典礼时向香港大学赠送的一套《中华再造善本》

2012年8月，周和平做客光明网名家访谈视频节目

2012年9月18日，周和平在京出席国家图书馆与第二炮兵合作共建军营网上数字图书馆协议签署暨开通运行仪式。右三为时任文化部部长蔡武，右二为文化部副部长杨志今，左二为时任中央军委委员、第二炮兵司令员靖志远，左一为时任第二炮兵政委张海阳

2012年10月,周和平在京出席《远东国际军事法庭庭审记录》编辑出版启动仪式暨座谈会

2012年12月,周和平出访澳大利亚,考察海外中文文献

2012年12月，周和平出访新西兰，代表中国国家图书馆与新西兰国家图书馆签署合作协议。前排右一为新西兰国家图书馆馆长比尔·麦克努特（Bill MacNaught）

2013年7月，周和平出访美国，与美国国会图书馆馆长詹姆斯·比灵顿（James Billington）合影

2013年10月，周和平在国家图书馆向星云大师赠送馆藏《药师琉璃光如来本愿功德经》复制本。坐者为星云大师

2014年8月，周和平赴广州调研《广州大典》编撰工作。右四为时任广州市市长陈建华，左一为文化部公共文化司司长张永新

上卷　图书馆事业

目　录

（一）

履行国家图书馆职能　努力开展辅导工作 …………………………………… 3
脚踏实地　开拓进取　建设现代化图书馆 …………………………………… 9
深化图书馆功能　为大兴勤奋学习之风做贡献 ……………………………… 13
建立适合我国国情的图书馆管理体系 ………………………………………… 16
总结经验　迎接挑战　开创我国图书馆学会工作新局面 …………………… 22
加快推进文献资源共建共享工作 ……………………………………………… 29
加强中国图书馆学会建设　为建设信息化、学习化社会贡献力量 ………… 33
加强全国图书馆联合编目工作 ………………………………………………… 41
链接伟大的新时代
　　（《时代的链接》序一） ……………………………………………………… 43
把握知识经济时代图书馆发展方向 …………………………………………… 44
加强地市级公共图书馆自动化建设 …………………………………………… 46
进一步做好中国图书馆学会工作 ……………………………………………… 48
全国图书馆文献抢救工作开展 20 周年贺词 ………………………………… 50
《上图讲座》序 …………………………………………………………………… 52
大力推进图书馆延伸服务　为构建社会主义和谐社会做贡献 ……………… 54
图书馆建设要与数字图书馆、文化共享工程建设相结合 …………………… 60
以城带乡　统筹发展　大力推进城乡公共图书馆服务体系建设 …………… 62
百年图书馆探索延伸服务新模式 ……………………………………………… 71
发挥中心馆作用　带动全省图书馆事业发展 ………………………………… 73
在文化大省建设中再创新辉煌 ………………………………………………… 74
站在新的起点　谋划新的发展 ………………………………………………… 75
充分发挥社会教育职能　提升城市文化品位 ………………………………… 77
图书馆是公民终身学习的大课堂 ……………………………………………… 79

让社会充满书香
　　——兼论图书馆在学习型社会建设中的责任 …………………… 81
向传统文化汲取营养　倡导建立书香社会 ……………………………… 85
提升服务能力与效益　促进学习与创造 ………………………………… 87
我国城市化进程中的图书馆建设 ………………………………………… 89
总结经验　开拓创新　推动我国少年儿童图书馆事业的发展 ………… 95
创新是图书馆事业发展的不竭动力 ……………………………………… 104
以免费开放为契机　全面提升我国图书馆公益性服务水平 …………… 110
为残疾人阅读提供服务是国家图书馆重要职责 ………………………… 114
发挥大城市图书馆作用　带动全国图书馆事业发展 …………………… 116
加快公共图书馆立法刻不容缓 …………………………………………… 125
"李华伟博士图书馆学术思想研讨会"贺信 …………………………… 127
创新工作思路　推进图书馆事业发展 …………………………………… 128
抓住机遇　共谋发展　不断开创图书馆事业发展新局面 ……………… 137
图书馆应走合作共建、资源共享之路 …………………………………… 142
对我国图书馆事业发展的战略思考 ……………………………………… 143
《四川省图书馆百年馆庆纪念文集》序 ………………………………… 159
《古越藏书楼研究资料集》序 …………………………………………… 161
《公共图书馆服务体系的探索与实践》序 ……………………………… 162
《中国图书馆事业发展报告 2012》序 …………………………………… 163
《图书馆名言集》序 ……………………………………………………… 165
建设百姓身边的图书馆　让全社会充满书香 …………………………… 167
拓展合作领域　加强共建共享　共同推动亚洲地区图书馆事业的发展 … 168
抓住机遇　共谋发展　加快建设覆盖全国的公共图书馆服务体系 …… 172
在全国有导向作用 ………………………………………………………… 182
世界阅读日与大众阅读 …………………………………………………… 184
图书馆的价值不在于贡献 GDP …………………………………………… 192
图书馆免费服务和古籍保护 ……………………………………………… 195
文化建设，图书馆要发挥更大作用 ……………………………………… 202

（二）

浅论国家图书馆在现代化进程中的人才开发趋势 ……………………… 209
深化国家图书馆改革 ……………………………………………………… 213
深化管理机制改革　稳步推进国家图书馆事业发展 …………………… 223
建设国图文化　促进事业发展 …………………………………………… 232
做好名家手稿收藏保护工作 ……………………………………………… 236

《中国国家图书馆馆史（1909—2009）》序	237
国家图书馆要建设一流的队伍　培养一流的作风　创造一流的业绩	241
数字图书馆与文化资源共享工程应强强合作、优势互补	243
国家图书馆要为民政工作提供优质信息资源和服务	245
迎接百年馆庆　实现工作新跨越	247
把交通科技信息资源共享平台建设好	252
图书馆应成为社会教育的大课堂	254
谋划好"十二五"规划　推动国家图书馆建设迈上新台阶	255
发挥国家图书馆优势　推进与地方馆合作	263
共同努力，创造国家图书馆事业新辉煌	269
学习是青年人的希望所在	278
让图书馆成为少年儿童的精神家园	280
积极探索　努力工作　全面提升立法决策服务水平	282
深化改革　加强管理　促进国家图书馆事业全面、协调、可持续发展	290
谈学习在提升国家图书馆馆员素质中的重要性	295
创新是事业发展的不竭动力	305
解放思想　开拓创新　推进国家图书馆事业新发展	310
做好国家图书馆工作需要开拓与创新	312
加强基础　苦练内功　推进国家图书馆事业可持续发展	317
《国家图书馆年鉴2011》序	328
加强合作　为全国政协工作提供坚实的文献资源保障	330
创新服务模式　为民政工作提供信息保障	332
图书馆可以在军队文化建设中扮演重要角色	334
强化基础　稳步推进　不断开创事业发展新局面	336
强化基础　苦练内功	344
《文化论衡——中国典籍与文化系列讲座十年选萃》序	352
在"东京审判"文献史料征集、整理与研究方面开展全面合作	354
《钱存训文集》序	356
强化基础　稳步推进国家图书馆事业发展	358
《为政箴言》《为政镜鉴》前言	361
《远东国际军事法庭庭审记录》序	363
历史的审判　正义的裁决 ——《远东国际军事法庭庭审记录》正式出版	366
充分发挥国家图书馆职能　积极推进公共图书馆服务体系建设	368
传承文明　嘉惠学林 ——"原国立北平图书馆甲库善本丛书"出版	372

纪念国家图书馆建馆 100 周年 …………………………………… 374
读书日，让我们牵手残疾人 ……………………………………… 380

（三）

建设数字图书馆　迎接新世纪挑战 ……………………………… 385
统筹规划　协调组织　携手共建中国数字图书馆工程 ………… 392
关于建设中国数字图书馆工程的问题 …………………………… 399
共同做好地方数字图书馆工作 …………………………………… 412
大力推进全国数字图书馆建设与合作 …………………………… 418
县级数字图书馆推广计划：提升公共文化服务水平的重要举措 … 423
认真做好国家图书馆数字资源征集工作 ………………………… 426
推广县级数字图书馆　做好文化惠民工程 ……………………… 429
大力推动国家数字图书馆推广工程建设 ………………………… 431
全面构建数字图书馆服务网络　服务全民阅读 ………………… 439
实施数字图书馆工程　全面提升我国图书馆服务水平 ………… 443
抓住机遇　开拓创新　加快推进我国数字图书馆建设 ………… 449
加快实施推广工程　建设覆盖全国的数字图书馆服务体系 …… 457
加快数字图书馆建设　全面提升城市图书馆服务水平 ………… 466
以推广工程为抓手　加快建设覆盖全国的数字图书馆服务体系 … 473
建设数字图书馆　推进社会信息化进程 ………………………… 480
让全国每个县都拥有数字图书馆 ………………………………… 485
公共数字文化服务要融入生活 …………………………………… 488

(一)

履行国家图书馆职能　努力开展辅导工作

这次会议的主题是研究如何搞好图书馆的辅导工作。希望通过这次会议，使与会同志对在图书馆和图书馆学领域如何开展辅导工作的原则、方针与形式、内容达成共识，为今后定期、有序地开展这项工作打下基础。

一、搞好辅导工作的必要性

1995年全国图书馆馆长联席会提出，鉴于图书馆业务辅导工作非常薄弱，北京图书馆作为国家图书馆应牵头开展这项工作。对此，北京图书馆进行了广泛的调查并认真做了研究。据了解，由国家馆出面开展辅导工作，世界各国并不普遍。根据我国图书馆事业的现状，根据我国社会发展对图书馆事业提出的要求，我们认为，北京图书馆作为国家图书馆应承担起这项任务，并将之确定为国家图书馆的职责之一。应该说，这项工作具有首创性，是一项开拓性的工作。

那么，北京图书馆为什么要牵头进行辅导工作？主要基于以下三个方面的原因。

（一）这是社会和经济发展对图书馆提出的要求

党的十四大明确提出了建立和完善社会主义市场经济体制，这是我们社会生活中的大事。社会主义市场经济体制的确立必将对我国的经济、政治、文化、教育等领域产生广泛而深远的影响，对图书馆事业提出更高的要求。如何为科教兴国战略服务、如何为经济建设服务、如何加快信息产业的建设和开发等问题，都摆在图书馆界同仁的面前，等待我们去回答。

长期以来，我国图书馆在计划经济体制下运转，形成了一套固有的工作模式和方法。现在随着改革的深入，社会主义市场经济体制逐步确立，产生了许多新问题，旧有的方法、体制、模式，许多都不灵了，按照旧方法办，许多问题得不到解决。而面临这种变化，我们在许多方面还不太适应，有些问题一时还拿不出较为成熟的办法。这正像毛主席曾说过的，我们熟悉的东西有些快要闲起来了，而我们不熟悉的东西正在强迫我们去做。在这种情况下，在全国图书馆范围内开展辅导工作显得更为必要。通过这种形式，我们可以共同学习，交流经验，提高我们在市场经济条件下做好图书馆工作的能力。

从另一个角度讲，中国地域广大，各个地区经济发展、文化发展十分不平衡。发达地区的图书馆在紧紧围绕经济建设服务方面，积累了一些经验，这些经验对于全国来说是十分宝贵的。通过辅导工作可以在全国范围内加强交流，在相互的切磋之中，使局部经验上升为普遍经验，成为大家的共同财富。

（二）这是科学技术发展对我们提出的要求

科学技术的迅速发展，给予社会发展以极大的影响，它不仅改变了社会物质条件，也改变着人类自身的生活。特别是90年代以来，计算机技术和网络通讯技术、多媒体技术的发展，电子读物的出现，使人类社会进入信息时代，一场更为深刻的产业革命已经到来。随着社会信息化程度的进展和各国信息高速公路计划的逐步实施，将会从根本上改变图书馆现有的管理和服务方式，对传统的图书馆运作方式提出了严峻的挑战，图书馆将面临着一场深刻的革命。

因而，在全国范围内，通过现代技术，加强文献资源的协调开发，以求资源共享，这是摆在我们面前的另一项共同任务。就全国范围来说，"三金工程"已经启动，文化部已将"金图工程"列入1998年工作要点。作为与科技信息系统有极其密切关系的图书馆，必须适应建立科技信息检索网的要求，加快图书馆的自动化建设和网络建设，跟上全国信息工程的发展。第八次全国科技情报工作会议推出了《国家科委关于进一步加快和深化科技信息体制改革的意见》和《国家科委关于加快发展科技信息服务业的规划纲要和政策要点》。目前，中国科学院和高校系统已经先行一步，社会科学院系统信息网络的建设已经开始，网络的总体规划和设计的研究工作已经展开。北京图书馆发行的机读目录已为新书的统一编目奠定了良好基础，但仍有大量工作要做。若要在全国范围内实现资源共享，首先就要做到全国图书馆的编目和检索系统的联网，这是一个基础，而后向纵深发展。这方面我们要做的工作很多，可谓百端待举。我们应看到形势的严峻性，如果图书馆系统不尽快实现全国联网，不能在资源共享方面迅速开展工作，很可能陷于极为被动的局面。

要做好这些工作，有许多技术上的统一和规范的问题，也有许多技术上的联合攻关问题。要解决这些问题，就需要进行技术上的辅导和培训。

（三）这是图书馆自身管理对我们提出的要求

就图书馆自身的管理工作来说，人才的培养是一个迫在眉睫的问题。在计算机技术、网络技术、多媒体技术广泛使用的今天，对图书馆的工作人员提出了更高的要求，它要求每一个工作人员都必须是复合型人才，既要懂图书馆专业，又要懂计算机信息管理；对于咨询人员来讲，既要懂社会科学，又要懂自然科学。很明显，我们现有的员工队伍离这个要求相差很远，知识、技术和经验的老化已经显得十分突出。人员的再教育、员工的专业技术培训已成为我们加强队伍建设的一项刻不容缓的任务。中国科学院情报系统把对本系统工作人员的教育培养作为一项基础建设，并取得了可喜的成绩。我们图书馆系统也应有一个总体的设想，充分发挥全国图书馆的整体优势，把队伍建设和人员素质的提高提到我们的工作日程上来。但就全国图书馆的总体来看，尚没有这样的培训机构。在这样的情况下，对国家图书馆来说，开展辅导工作就显得尤为必要。

总之，由国家图书馆牵头进行辅导工作，是时代进步的要求、科技发展的要求，也是图书馆事业自身发展的要求，在某种意义上，也是国家图书馆在新形势下全新定位的一个表现。今年我们重新确定的国家图书馆的主要职能中，第四条就是北京图书馆"作为全国图书馆学研究的学术中心，积极开展图书馆学理论和实践方面的研究，加强对全国各类型图书馆的业务交流、辅导，推动我国图书馆界的联合与协作"。就是说，对全国各类图书馆的辅导是国家图书馆的重要职能之一。

二、做好辅导工作的基本方针

北京图书馆牵头进行的辅导工作，总体来说是一种全国图书馆范围内的学术、业务交流活动，我们为辅导工作确定了一个"三十二字方针"，这就是："同行相助，以学会友；按需定题，选题参加；自负盈亏，经费自助；能者为师，教学相长。"怎么理解呢？我具体解释一下。

（一）同行相助，以学会友

在学术界常流行的说法是"以文会友"，它是学术界同行之间的一种学术讨论和交流。我们借用这句话，旨在说明这个辅导工作是业务性、学术性的，既然是"会友"，大家就没有一种行政上的上下级关系，而是一种学术朋友、图书馆同行之间的学术、业务交流和切磋。它与行政机关以行政命令的方式推动工作有明显的区别。

所以强调"学"字，是说辅导不单纯是一种学术讨论，它更应是在新形势下通过辅导、研讨等形式来培训队伍，提高管理能力、业务能力和学术水平的重要措施。

（二）按需定题，选题参加

这八个字有两层含义。一方面说明我们辅导班的课程不是固定不变的，它是根据形势的发展和图书馆的需要，采取专题性研讨学习的方式。例如，图书馆如何切入信息产业，是当前大家普遍关心的一个问题。当今世界经济已从工业化时代进入信息化时代，以信息高速公路、卫星通信、光纤和多媒体技术为特点的信息化浪潮已席卷全球。在西方，信息产业每年以 20%～30% 的速度增长。在我国，各类咨询机构达 4 万余家，信息服务机构达 2 万余家，从业人员达 10 万人。但是，原本有一定优势的图书馆界却没有在信息产业中发挥应有的作用。例如，广州市近百家信息咨询公司,仅有一家是图书馆办的;全国上万种文摘,由图书馆办的不多;目前全国有影响的信息咨询公司,很少有图书馆主办的。而创建于1929年的北京图书馆参考组,是我国最早的咨询机构,曾被国联智育互助委员会确定为中国的咨询机构,现在在咨询业中竟榜上无名。这里既有技术问题,也有体制问题。这样,形势逼着我们把图书馆信息产业作为一个专题来进行辅导。

下面北京图书馆参考辅导部的副主任王绪芳同志还将对今年的选题做专门的说明。我们将根据图书馆的急需,定期发出一些选题,地方馆和各专业馆的同志则可根据自己的工作需要来选择这些选题,题目如果对路,你就可以参加这个辅导班;题目如果不对路,你可以这次不参加,下次再参加。因而,"选题参加"的另一层含义体现了一种自愿的原则,这也正是辅导工作是学术性活动而不是行政性要求的一个表现。

当然,我们会根据大家的需要,选择大家共同感兴趣的问题、急需解决的问题,来开展辅导工作,从而增强辅导工作的针对性、适用性,确实能收到"立竿见影"的效果。这就是"按需定题"。

(三) 自负盈亏,经费自助

因为我们的辅导活动不是政府行为,而是馆际之间的一种业务学术交流活动,这样就要求参加辅导班的同志要"经费自助",用以支持必要的生活支出和教育费用的支出。就北京图书馆而言,业务经费有限,无力为辅导工作单拨较大额度的经费,辅导工作的开展基本上是自负盈亏性质的。当然,我们所以开展这项活动,是立足在全国图书馆事业的发展这个大视角上,绝不想通过这个辅导班获取经济利益。这点,相信能得到同志们的理解和支持。

(四) 能者为师,教学相长

能者为师、教学相长是在教学工作中必须坚持的两个主要原则。我们在这里强调教学相长,是为了说明在培训过程中,我们不仅要邀请北京图书馆在图书馆学方面的专家担任教师,同时也将邀请兄弟图书馆在工作中有学术造诣、有实践经验的领导或技术骨干来当教师。有些同志可能这一期是来当学生,而另一期他可能又来当老师在辅导班中授课。同时,在我们的辅导工作中,尤其在技术和业务的培训中,强调发扬教学民主,广泛调动各方面的积极性,不断摸索出辅导工作的好的方法。

这"三十二字方针"确定了今后辅导工作的性质、内容、费用、关系等问题。有了这样一个基本方针,我们就有可能处理好辅导班的外部关系和内部关系,调动起各方面的积极性,大家一起来做好这项工作,使图书馆的建设跨上一个新台阶。

三、做好辅导工作的形式和方法

首先，辅导班的对象避免单一化。我们认为这个班招收的对象主体是全国省级以上及较大城市的公共图书馆，同时包括各类型的专业图书馆，如中国科学院、社会科学院系统的图书馆，高校图书馆，党校系统图书馆，工会系统图书馆以及军队系统图书馆等的人员。这个范围说明，辅导工作不仅仅局限于公共图书馆，也面向全国各类图书馆，这次来参加会议的就有中国科学院情报中心的同志和中央党校图书馆的同志。

其次，辅导的形式要不拘一格，灵活多样。不仅要采取那种一个人讲、几十人听的老办学方法，而且要根据每一次辅导班的不同主题，灵活地采取不同的办班形式。如理论性较强的课题，可采取专家讲授的形式；争议性较大的课题，可以采取集思广益、研究讨论的形式；技术性较强的课题，可以采取演示的形式；实践性较强的课题，可以采取实地调查、抽样分析的形式；等等。不仅教学形式可以多样化，教学地点也应多样化。辅导班不一定都办在北京，它可以办在广州，也可以办在南京。总之，形式是由内容而定的，形式是为内容服务的，只要能更好地完成教学、辅导的内容，只要它有利于辅导工作的开展，采取什么样的形式都可以。

最后，在方法上，主要是两个结合。一个是我们北京图书馆与兄弟馆相结合，这是从辅导工作的组织方法上讲的；一个是培训与研究相结合，这是从辅导工作的内容上讲的。

我先谈第一个结合。进行全国性辅导，北京图书馆过去没有搞过。要做好这项工作，只有依靠各兄弟馆的支持，与各兄弟馆紧密配合，携手联合。在实际的工作中，各兄弟馆都积累了一些很好的工作经验和方法，如中山图书馆的网络建设、科学院系统图书馆的资源共享工作、军队系统图书馆的服务工作等，都具有推广学习的价值。在哪个方面谁做得好，经验具有普遍性，我们就可以和谁结合起来共同办这个辅导班。从这个意义上讲，辅导工作只是北京图书馆出个面，做一些计划和组织工作，事情是大家一起做。

培训与研究相结合是另一个主要方法。我们的辅导班作为对全国图书馆系统人员再教育的形式，把对员工技术和业务的培训作为主要内容，我们将根据图书馆的业务状况，分类、分期开展培训。作为全国性的辅导工作，必须把全国图书馆的整体功能的开发与利用作为一个根本性的研究内容，把推进全国图书馆工作的标准化、自动化和网络化作为近期目标。这样，综合分析全国图书馆的信息，编纂必要的图书馆统计资料，研究全国图书馆的馆际互借和资源共享，确立全国图书馆计算机联网的一些技术标准，就成为我们辅导工作的重要内容。这就是说，一方面我们可以把全国各类图书馆所面临的共性问题作为我们的教学内容，有针对性地开展培训工作；另一方面我们必须把全国图书馆的整体作为研究对象，为实现全国图书馆的现代化而努力。这两个方面是缺一不可的。为此，在今后的辅导过程中，我们将和有关方面一起编写一些资料，如《全国公共图书馆统计资料》、《全国各专业性学术图书馆统计资料》，以及图书馆标准化、自动化、计算机联网等技术方面的资料，等等。这样做对我们来说，才算真正发挥了北京图书馆作为全国中心图书馆的作用，真正发挥了北京图书馆作为全国图书馆界书目中心、信息中心、网络中心的作用。对全国图书馆界来说，也将更好地促进馆际交流和图书馆网络化、一体化的进程。

（原载于《北京图书馆馆刊》1996年第4期）

脚踏实地　开拓进取　建设现代化图书馆

在甘肃省政府、省文化厅的大力支持下，在甘肃省图书馆的精心组织下，通过在座的馆长们的共同努力，第五届全国省、区、市和较大城市图书馆馆长联席会议历时7天，今天就要圆满结束了。

几天来，大家围绕"向现代化图书馆转化过程中的管理"问题，通过大会发言、小组讨论、会下恳谈等形式，进行了广泛而充分的交流与探讨。这是一次参会人数和收到论文最多的馆长联席会，内容丰富，虚实结合。

我们这次会议成果丰硕。大家普遍认为，改革和发展问题是图书馆的永恒主题，管理贯穿其中，十分关键，非常重要。目前，我国处于一个历史性的转变和发展时期，正在逐步建立社会主义市场经济体制，这是一项前无古人的伟大创举。在这个历史时期，作为信息枢纽和社会主义精神文明建设基地的图书馆，在管理思想、管理体制和管理方法上，要主动与之相适应。大家在图书馆的发展方向、业务建设、队伍管理和工作方法等主要问题上，达成了共识。

一、发展方向问题

大家认为，馆长要做明白人。目前，我国图书馆的发展，要主动适应社会主义市场经济的需要，不断满足读者日益增长的知识和信息需求。省和大中城市图书馆馆长，当务之急，是要破除小生产观念的束缚，认真研究国家和本地区社会与经济发展的大环境，使图书馆置身于社会大变革之中，找准自己的位置，找到更好地服务社会、服务读者的切入口。这样，图书馆才可能不断发展。这一点，已被一些发展较快的图书馆的实践所证实。

要坚持图书馆的公益性方向，坚持服务第一。作为社会公益性单位，服务是图书馆题中应有之义，是事关图书馆生存与发展的重大问题。在社会主义市场经济条件下，服务显得尤为重要。要通过不断拓宽服务领域、拓展服务职能、提高服务水平、改变传统的服务手段，包括改变传统的图书馆建筑结构布局，树立良好的社会形象。

要提高文献使用率，加快文献信息开发步伐。目前，信息化浪潮席卷全球。图书馆应当发挥优势，占据在国家信息产业发展中应有的位置，在取得社会效益的同时，也获得良好的经济效益，步入良性循环轨道，获得持续发展的动力。这是国外一些图书馆普遍关心的热点问题，也是摆在我国图书馆馆长面前一个十分迫切的问题。

二、业务建设问题

大家认为,转轨期的图书馆业务基础建设亟待加强。实现业务基础建设的大发展,必须使之与现代科学技术相适应,充分利用现代科学技术,尽快实现基础业务与现代技术的有机结合。应当按照现代化的要求,做好采、编、阅、藏等领域和环节的基础业务工作,为在各主要业务领域实现规范化和现代化,提供前提。

馆长们普遍认识到,要从实际出发,走出一条符合国情、馆情的自动化发展道路。目前,各馆正在进行的自动化建设,遇到了不少新情况和新问题。急功近利、盲目引进、贪大求洋、重复建设和与业务相脱节等问题,程度不同地存在,一定程度上影响了图书馆向现代化的转型。北京图书馆的自动化发展也走过一段弯路,盲目引进软件与硬件,使几千万元投资没有很好地发挥作用。"前事不忘,后事之师"。我们一定要围绕本馆业务发展的实际需要,开展自动化建设,要整体规划,分步实施,从基础做起,搞好数据库建设和网络建设等,加强馆际协作,实现资源共享。埋头苦干,不务虚名,一步一个脚印,一步一个台阶地搞好自动化建设。

三、队伍建设问题

建设一支具有现代素质的图书馆管理者队伍,是各馆转型期面临的最具决定性和根本性的问题。大家普遍感到,原有的事业单位管理模式和机制,弊端甚多,"干多干少一个样、干好干坏一个样、干与不干一个样"等现象普遍存在,不利于充分调动大家干事业的积极性,不利于优秀人才的脱颖而出。近几年,社会各项制度改革的深入,使我们进行干部人事制度改革的时机逐渐成熟。为此,我们要加大改革力度,积极引进现代企业中适合图书馆特点的先进管理方法,建设充满生机与活力的管理机制,使图书馆事业得到发展的同时,员工个人也得到发展。要坚持以人为本,通过多种培训方式,全面提高员工队伍的素质,努力培养学术和业务带头人。省和较大城市图书馆是所在区域的中心馆,要有自己的"台柱子",带动区域内图书馆业务、科研和学术水平的不断提高。大家普遍感到,人才队伍青黄不接、人才外流、知识老化等问题十分突出,这种局面亟待改变。要努力解决工资待遇、住房等一系列关系到员工切身利益的实际问题,用待遇稳住人,以事业吸引人,靠感情留住人。

四、工作方法问题

图书馆作为基层单位，任务非常具体。美国一位华人图书馆馆长有一幅对联："官比芝麻大，事比牛毛多"，是对馆长业务繁忙的写照。因此，作为馆长，要善于从繁杂的事务堆中解脱自己，注意抓大事，抓住事关图书馆发展的、带有全局性的主要矛盾、重点工作或关键环节，而且要抓住不放，抓出成效，每年解决几件大事和实事。

要建设现代化图书馆，要求我们必须打破传统，改变封闭、被动和坐等上门的工作方式，代之以开放的、积极进取的思路和工作方法，加强公关和宣传工作，注意形象塑造，让社会更加了解、更多地使用图书馆，从而同情、支持图书馆，为图书馆发展创造更好的环境和空间。一个省馆、一个市馆，是所在地区不可缺少的重要部分，馆长的主要职责之一，就是要搞好公关和宣传工作，广交朋友，多方"化缘"，抓住机遇，善于争取政策和资金。在我国现行体制下，人的因素占的比重很大，许多事情要主动争取。采取多种方法开辟财源，加快事业的发展。

会上，大家就北京图书馆建立全国图书馆编目中心的方案进行了讨论，认为全国图书馆编目中心的建立，是我国图书馆实现资源共享的重大步骤，也是实现国家图书馆职能的重要举措，十分必要，势在必行。有的馆长甚至认为，国外一些编目组织已经瞄准中国市场，发展用户，组织我国图书馆自己的编目中心，有利于保证我国信息资源的知识产权不被侵犯。大家普遍认为，中心应该是非营利事业单位。要按照"自愿参加、互利互惠、资源共享、共同发展"的原则进行组织。我们将认真研究和采纳这些宝贵意见，在近期内召开专门会议进行具体研讨，形成正式方案，并组织人力，投入资金，尽快运作。与会同志普遍认为，建立编目中心，国家和政府有关部门应该大力支持，北京图书馆作为国家馆应在业务上多发挥作用。相信这项利馆利国的好事，一定能尽快顺利启动，逐步发展起来。

大家还对北京图书馆提出了一些要求和希望，我们十分感谢和欢迎。过去，我们的许多工作不到位，国家馆的作用发挥不够。今后，我们要进一步做好自己的工作，切实履行国家馆的职能，在资源共享、网络建设、咨询辅导等方面，多做组织和服务工作。

在我国图书馆转轨变型的过程中，新的问题层出不穷，随着改革的深化，各种新旧矛盾不断突出；现阶段及今后相当长时期，我国图书馆事业的发展又具有不平衡性等特点。因此，各馆间的及时沟通交流，包括与国际间的交流，十分必要。《北京图书馆馆刊》和《中国图书馆学报》是大家交流的重要阵地和窗口，希望得到大家的进一步关心和支持。北京图书馆出版社是我国图书馆界唯一的专业出版社，也有赖于大家的支持，共同促进我国图书馆学术研究成果的不断涌现。要充分发挥中国图书馆学会的作用，学会理事长徐文伯同志最近提出，要尽快实现学会工作的正常化、规范化、制度化，经常举办一些学术活动，加强同国外学会间的交流。对此，学会正在认真策划，力求每年都要组织几项有影响的活动，真正发挥其作用。馆长联席会已经举办了5届，这种形式得到大家的一致肯定。本世纪最后一次联席会，大家申办的热情很高，山东、上海、河南、江苏、湖南等省市提出，愿意承办第六届即1999年馆长联席会。会后，我们将在继续听取大家的意见和与有关馆具体磋商后，确定下来，写到本次会议的纪要中去。

同时，对大家反映比较集中的问题，如加快《图书馆法》的立法进程、进口图书文献免税、对老少边穷地区的政策倾斜等，会后，我们将尽快如实向文化部和主管部门汇报。

再过8天，党的十五大就要召开了，我国又进入了一个十分关键的发展时期。在这个经济振兴、社会进步的历史进程中，我们要切实担负起历史赋予我们图书馆管理者的责任，通过不懈努力，时刻把握住发展方向，带动所在地区图书馆稳步、扎实地开展各项工作，我国的图书馆事业一定能在向现代化转化过程中，取得新的、更大的进步。

（在第五届全国省、区、市和较大城市图书馆馆长联席会议闭幕式上的讲话。原载于《北京图书馆馆刊》1997年第4期，有删节）

深化图书馆功能　为大兴勤奋学习之风做贡献

　　1998年12月22日，时令冬至。北京图书馆内洋溢着激动欢快的气氛。下午3点，江泽民总书记来到北京图书馆进行视察。江总书记视察了善本部、电子阅览室、目录厅和社科新书阅览室。在与读者交谈时，他着重指出，要在全社会大兴勤奋学习之风。

　　1998年的年末，江泽民总书记来到北京图书馆，这是建馆90年来到此视察的最高级别的国家领导人。全体北图人无不欢欣鼓舞，全国的图书馆界也受到极大的鼓舞。江总书记的到来，是对中国国家图书馆在新的世纪寄予了深厚的期望、更高的要求。我们全体员工在欣喜之余，不禁感到任重而道远。

　　即将到来的21世纪，将以终身学习为生存方式。全球性的知识经济时代的到来，对于国土广袤、人口众多的中国来说，更具有深远的意义。在纪念党的十一届三中全会召开20周年大会上，江泽民总书记曾指出："全党同志要继续加强学习，提高自己，紧跟时代前进的步伐。当今时代，是要求人们必须终身学习的时代。不实现知识的不断更新，就必定要落后。""要在全党养成勤奋学习的风气，并把这种风气大力推广到全国人民特别是广大青少年中去。"这次视察中，江总书记又在北京图书馆向全国人民指出，无论在城市还是在农村，无论从事何种职业，都应该有好学不倦的精神。江总书记的讲话，充分体现出我们党和国家的新一代领导者具有良好的文化素养，具有面向世界的战略眼光，中国将在不长的时间里成为屹立于世界之林的，经济和文化空前强盛的国家。

　　处于社会主义初级阶段的中国，由于漫长的半封建半殖民地社会的影响，由于"十年浩劫"的重创，教育事业相对落后，很多人的文化水准较低。由于社会发展的要求，公民对文化教育的需求急剧增长，特别是学校后教育逐渐成为大部分人采取的学习方式。国外的图书馆较好地承担了这一职责；在中国，图书馆也必然是文化传播的重要场所。但是在中国，图书馆要满足人们日益增长的文化需求，还面临着很多困难。首先，图书馆的网点不够多。据统计，全国各系统、各类型图书馆大约35万个；这个数字中如果减去北京、上海等大城市图书馆数量，其万人平均值便少得可怜了。

　　应该说，这些困难恰恰是图书馆事业克服发展相对缓慢的促进力。江泽民总书记在北京图书馆的阅览室里号召全国人民要大兴勤奋学习之风，不仅向全国人民强调了学习的重要性，也对图书馆工作提出了更高的要求，成为我们事业的新起点。图书馆应当如何为全社会的勤奋学习服务呢？不言而喻，图书馆必须为中国进入知识经济的时代服务，为全社会的勤奋读书服务，也就是说，起到倡导、组织、服务的作用。网络化的技术手段，使图书馆的服务领域突然扩大到无国界、无阶层、无等级的状态，为全民服务将成为现实。摆在中国图书馆面前的重要任务，首先就是尽量迅速地将本馆特色文献数字化，建设为可供上网查询的数据库，例如将北京图书馆丰富、宝贵的文献提供给更多的读者使用，使这些文献信息资源尽快转化为生产力，又可使我国的数字图书馆的建设进入脚踏实地的起步阶段。其次，在整个图书馆界要积极开展文献数据库的共建共享工作。既能合理地使用经费，又能有效地扩大文献资源，发挥各自优势，形成实力，提高文献的使用率，发挥全国图书馆的整体文献优势。这方面国外已有相当成熟的经验，我们应该根据中国和北京图书馆的实际情况，有分析地吸取成熟的经验，使我们的网络化和数据库建设少走弯路，节约经费，以较快的速度进行现代化的建设。再次，尽管访问北京图书馆网页的读者每月已超过200万人次，但是，读纸型印刷品仍然是绝大多数读者的习惯，网上阅读实际上是以查询和浏览为主。所以，做好为到馆读者的服务仍是我们工作的重点之一。诸如新书上架旧书下架、复印点的设立、基藏库的取书时间等问题，看来细微，却是与读者密切相关之事。全体工作人员应树立文明服务的观念，从各个细微之处为读者着想，提供最大的方便度。又次，应大力做好基础业务工作，采、编、阅、藏每个环节都与服务质量息息相关。最后，图书馆可以大量的文献资源为依托，不断举办各种专题的展览、讲座、培训，多途径地进行文化教育的传播工作，使读者一进图书馆，就有清新的感觉。如同江泽民总书记所说："一进图书馆思维就会更加活跃起来，各种书籍就会把你引入丰富多彩的世界。"

要提供优质服务，图书馆的工作人员首先要树立以服务为荣的观念，也需要勤奋学习。这至少包括两个含义：一是强化自身的学习，提高修养；二是为全社会的勤奋学习服务。

强化自身的学习，首先提倡全体员工不仅要在工作中不断学习，掌握新的技能，而且要使利用业余时间学习蔚然成风。图书馆员的继续教育已是势在必行，如何做好，并无一定之规。事实上，很多有成就的图书馆员是利用业余时间读书钻研的，江泽民总书记也是利用工作结束后午夜时分看书学习的。业余时间学习的一个必要条件，就是在工作中要勤于思考，善于发现问题，善于把工作不断推向新的水平。如此，学习才有明确的方向和动力。再说，图书馆的工作除需要有一门专业知识外，还需要有比较广泛的百科知识、新兴的边缘学科知识以及高科技手段，也需要不断学习。既需要及时了解社会生活中的热点问题，又需要有方向、有计划地读书，有系统地进行学习。

图书馆员的学习，不单单为了掌握工作技能，而且为了提高个人的修养。美国著名的图书馆学家谢拉曾经说过，早期的图书馆员都是学者。随着全社会大兴勤奋学习之风，图书馆承担的文化教育的责任会越来越重要。读者一走进图书馆，除了有丰富的文献资源、良好的服务，还应该有一个文明的环境和气氛。这就需要我们的全体员工的共同努力，在图书馆的一言一行、一举一动都体现高尚素质，营造一个追求知识的文明场所。当然，图书馆的管理部门也要有计划地开展不同层次的培训，使定期的岗位培训与长期的业余学习有机地结合起来，成为图书馆工作不断深化的底蕴。

目前，图书馆的服务质量与全社会广大人民对文化教育的需求尚有很大差距。不仅是基础业务的工作质量，也不仅是接待读者的工作人员的业务熟练程度和服务态度，还有馆舍使用安排、设备的配置高低，甚至一块告示牌、指路牌，都能体现出一个图书馆为读者着想的深化程度如何。

搞好读者服务，是图书馆当今的发展主潮流，其中有关业务、学术、观念各方面的内容很多。首先是要树立这样的观念，即认识到图书馆在文明进步中的重要作用，认识到为社会文化教育服务的重要性和光荣的责任感。这样，我们就会千方百计地去做好读者服务，拓展文化教育的领域，使人民群众对文化的需求在图书馆得到充分的满足，一切工作以读者的需要为前提。

由于出版事业的发达，由于因特网上电子信息可以方便地大量获取，个人藏书已不可能满足现代人的学习需求了。到图书馆去，一定会是越来越多的人们的选择。美国的一项统计认为，图书馆仍然是大多数人要读书时首选的场所。读书风气的浓厚，经济的强盛，都会促进社会对图书馆的需求增加。作为图书馆工作者，我们应该抓紧这个大好时机，积极普及图书馆意识，宣传图书馆的功能，提高图书馆为重点科研项目、为党政军服务的能力，为公众服务的能力，为全国人民勤奋学习服务。

虽然时值隆冬，江泽民总书记的到来，却使人们心中涌动着阵阵春潮。这次视察，预示着国家图书馆将会有一个新的飞跃，预示着中国图书馆事业将在21世纪有长足的发展，说明了我国政府对文化事业的高度重视，必将促进"科教兴国"的进程，必将推动全国人民读书学习、追求科学的热潮。此次视察一定会载入图书馆事业发展史，对今后各方面的工作产生深远的影响。

（原载于《北京图书馆馆刊》1999年第1期）

建立适合我国国情的图书馆管理体系

图书馆是满足社会信息交流和读者阅读研究需要而进行文献的搜集、整理、保管和利用的文化教育机构,也是公民教育的终身学校和重要场所。面向21世纪的历史发展,随着现代科学技术的迅猛发展和知识经济时代的来临,图书馆事业已经成为有中国特色社会主义文化的重要组成部分,是推动两个文明建设的重要力量。

对图书馆事业的管理是国家对社会事务管理的重要内容之一。现代科学技术在图书馆事业中的广泛应用和社会主义市场经济发展对我国传统的图书馆管理体制改革产生了巨大的推动作用,引起我国图书馆形态、制度等一系列的重大变革。应用系统论的科学方法,按照图书馆工作和图书馆事业的发展规律,合理地组织和最大限度地发挥图书馆的人力、物力、财力等各种资源的作用,以达到预定目标的过程,以及在这个过程中应采取的最优决策,即图书馆的科学管理,已成为政府文化部门和图书馆管理者面临的热点问题。认识历史上和当今图书馆管理上的问题,探讨并建立适合国情的图书馆管理体制,是目前发展图书馆事业的首要任务。

一、我国图书馆管理的历史回顾和目前存在的弊端

图书馆是人类社会发展到一定阶段的产物,我国的图书馆已经经历了数千年的历史。随着经济的发展和时代的进步,其管理体制也在不断地变化,大体经历了三个阶段。

(一)藏书楼时期图书馆的管理

我国最早的图书馆产生于春秋战国时期,以后逐步发展成为藏书楼。它起先见于皇家和官宦之家,皇家藏书楼也可以理解为国家图书馆。从历代的皇家藏书楼看,多为图书和档案合一,且设立专门机构,授命职官,予以管理,为皇帝决策服务,同时兼有对皇族的教育职能。我国历史上的许多著名人物都管理过国家图书馆,如老子、刘向、刘歆、魏徵、褚无量、马怀素等,其管理也是根据藏书楼的需要,主要从事图书的采访、编目、典藏工作,图书则主要供皇帝和皇族、近臣使用,其工作人员也均为吃"皇粮"的官员。这一时期的管理思想是以"藏"为主,而图书馆使用的目的单一,即主要为皇帝服务。

（二）近代图书馆的管理

19世纪末叶，受维新思潮的影响，各地纷纷兴办"西学"，同时各地的许多藏书楼相继向公众开放。戊戌变法的两个主要人物康有为、梁启超还亲自编写《西学书目表》《日本书目志》等，介绍藏书。此后江苏、浙江、河北、山东、甘肃、辽宁等省都相继设立图书馆。时任军机大臣兼管学部的洋务派大臣张之洞先请皇上批准在南京设立了江南图书馆，又于宣统元年（1909）奏请皇上批准设立了国家图书馆——京师图书馆。

这一时期已初步形成我国图书馆的分级布局，即国立京师图书馆、省立图书馆、市立图书馆，许多县也设立了图书馆或读报所，同时公共图书馆和大学图书馆开始分设。从图书馆的内部管理看，除馆长为政府派遣外，工作人员则不再是官员，而多为聘用的自由职业者。经费来源主要是政府拨款，也有一些为社会贤达的资助。其职能从为少数人服务转向为社会公众服务。这一时期我国具有现代意义的图书馆处于发育期，馆藏急剧增长，图书馆的各项管理逐步走向成熟，特别是随着与海外交往的激增和曾在欧美留学的一大批图书馆专家进入各图书馆工作，图书馆的管理开始吸取欧美的先进经验，初步形成了近代我国图书馆管理的体系。

（三）新中国成立之后图书馆的管理

新中国成立后是我国图书馆事业取得飞速发展的时期。党中央、国务院发布了一系列政令、政策，对图书馆建设、图书整理、抢救古籍、图书呈缴等都做了具体的规定，大大推动了我国图书馆事业的发展。许多省市、教育、科研系统都相继建起新馆。一些大学还设立了图书馆系，为图书馆的发展培养了一批又一批人才。新中国成立不久，中央政府就在文化部设立图书馆处，并委任重要干部出任国家图书馆馆长。国家把图书馆作为"全额拨款的事业单位"，其员工作为国家干部或固定工，其管理模式适应计划经济体制，效法苏联的集中式管理，以条条管理为主。

随着社会主义市场经济体制的建立和现代科学技术在图书馆的普遍应用，我国图书馆长期以来在计划经济体制下形成的管理模式的弊端显得越来越突出，在一定程度上成了图书馆发展的桎梏。

（四）目前我国图书馆管理上的弊端

从管理角度着眼，上述三个历史阶段，图书馆既没有面临今天的历史，因而也不可能解决目前管理中的问题。当前，图书馆管理上的问题主要存在于管理体制和管理机制两大方面。

在管理体制方面：一是条块分割。我国图书馆现行管理体制是以行政隶属关系为基础，按照图书馆的领导系统组合的多元管理体制，如公共图书馆系统、学校图书馆系统、科研图书馆系统、工会图书馆系统、军队图书馆系统等，条块分割，部门所有，各自为政。这种体制严重影响了文献资源共享。二是布局不科学。重复建设、重复投入，使得本来就不宽裕的经费越来越紧张。我国分级管理的财政体制造成图书馆整体建设上的"小而全"。在一个城区内，市图书馆与区（县）、街道图书馆没有隶属关系，各馆馆藏体系"克隆化"，重复购书、重复建设、重复劳动，既加重了国家财政负担，又使图书馆的馆藏缺乏科学结构，影响了图书馆作用的发挥。

在管理机制方面：一是思想观念封闭。"重藏轻用"的藏书楼观念和等、靠、要的依赖思想不同程度地存在，对在社会主义市场经济条件下图书馆如何生存和发展认识不深，影响了事业的前进。二是管理机制僵化。沿用了几十年的计划经济模式，使图书馆长期处于惰性状态之中，"铁交椅、铁饭碗、铁工资"，"干多干少一个样、干好干坏一个样、干与不干一个样"的管理机制制约了其职能的发挥。

二、新的图书馆管理体系构想

上述问题的存在，严重影响了我国图书馆事业的发展。因此，必须从管理体制、管理机制等方面进行改革，建设适合我国国情的图书馆科学管理体系，才能推进图书馆事业发展。这是各级政府和图书馆管理者面临的重要问题。笔者认为，应从以下几个方面来研究如何建立科学管理体系。

（一）建立适合我国国情的图书馆管理体制

我国是一个统一的多民族国家，地域辽阔，人口众多，各地情况差异很大，在社会主义市场经济条件下，发展的不平衡性更加明显；我国实行集中统一的中央集权制，财政实行"分级管理"的体制。为此，从我国国情出发，图书馆事业应建立统一协调、条块结合、布局合理的管理体系。

"政府的功能机构直接担负政府对社会进行政治管理的诸项任务，对政府组织结构的格局起着重大的影响作用。"我国中央政府的图书馆管理机构设在文化部，该部的社会文化图书馆司承担着"指导图书文献资源的建设、开发和利用，推进图书馆间协作和标准化、现代化建设，指导图书文献古籍保护工作"的职能，它担负着全国图书馆，包括公共系统图书馆、大学系统图书馆、科学院系统图书馆、医学系统图书馆以及军队系统图书馆的宏观指导职责。作为全国图书馆最高的行政管理机构，应该着力进行统一规划和综合协调、政策调研、立法建设等方面的工作。

中央层的图书馆，如国家图书馆、中国科学院图书馆、中国农科院图书馆、中国医学科学院图书馆、中央党校图书馆等，要探索建立统一协调的管理体制，以实现科学购藏，资源共享。笔者认为可以考虑以下两种模式。

1. 借鉴日本支部图书馆的体制，建立中央层的总馆—分馆模式

日本的国家图书馆——国立国会图书馆在各省厅设立支部图书馆。支部图书馆员工属国会馆管理，馆长由国会馆任命。国会馆设立协力部，负责支部图书馆的工作。这种体制在资源共享、节约经费、提高图书的利用率等方面具有明显优势。我国中央层实行条条管理，完全照搬日本模式无法行得通。但可考虑将国家图书馆作为总馆，而中国科学院图书馆、中国农科院图书馆、中国医学科学院图书馆、中央党校图书馆、各部委图书馆等作为国家图书馆的分馆。总馆与分馆可先采取"松散关系"，即总馆对分馆主要是承担协调购藏、业务指导、人员培训、网络传输等义务，逐步过渡到总馆对分馆的实质性管理。这种体制可以大大减少重复购书、重复编目、重复建设，实现优势互补、资源共享、节约经费。同时，也利于中央层的科学藏书体系的形成，还将大大提高图书文献的利用率，使各馆的功能都能得到充分发挥。但是，这种体制与目前中央层条条管理的现状相矛盾。笔者认为，我国的集中管理体制有利于这种模式的形成。只要中央政府决策，国家财政可将过去分散的图书馆经费集中。

2. 建立协调机构

美国国会图书馆等50多家图书馆20世纪40年代发起"法明顿计划"，主要内容是：各馆分工购藏外国政府出版物至少一份，并尽快列入《全国联合目录》，用户可通过馆际互借等方式资源共享。在我国，中央层的图书馆也可考虑建立协调机构，可定期召开馆长联席会议，研究合作事宜。合作内容应包括分工购藏、联合编目、人员培训、网上信息使用等。这种模式启动容易，只要本着"资源共享、优势互补、互利互惠、共同发展"的原则，是能够收到实效的。

在省一级，要充分发挥省馆的中心作用。首先，可以考虑省实行图书馆、情报信息工作一体化的总馆制，将省级图书馆、情报信息所（中心）合并，在省会建立地区文献信息中心。这个中心以总馆为基地，组织协调本地区高校图书馆及其他类型图书馆的工作。这个格局可以由省文化厅（局）牵动。

在大城市和比较大的城市，可仿效欧美模式，市一级建立总馆，区一级建立分馆，街道建立支馆。还可以根据需要办一些流动图书馆和住宅小区的图书馆等。总馆统一对分馆和支馆实行集中管理。主要是以下几个方面的管理：统一进行人、财、物的管理，统一制定发展规划，统一采访、编目，统一进行信息网络的建设，等等。我国的城市人口相对集中，政府功能比较完善，实行这种管理体制是完全可行的。深圳市的图书馆就是采用了这种模式，促进了全市图书馆事业的发展。

图书馆作为重要的文化设施在当代社会中所具有的作用越来越重要，它集文化、教育、科研为一体，是社会发展不可缺少的一部分。因此，政府应将图书馆的发展纳入社会发展的总体来考虑。国外一些国家对图书馆的布局、经费都有法律上的明确规定。如美国政府就有图书馆经费占国家财政收入的系数规定；纽约市政府还规定，居民在居住地 3 英里之内要有图书馆。面向 21 世纪，人类将进入知识经济时代，作为文献信息中心的图书馆对社会发展的作用日益明显。因此，我国应考虑制定有关法律、法规，促进图书馆的合作，使我国的图书馆事业尽快步入"快车道"。

（二）建立与现代化图书馆相适应的充满生机和活力的管理机制

管理机制是管理工作的核心内涵。我国图书馆的管理机制，要按照生产关系和生产力相适应的马克思主义的基本原理，建立与现代化图书馆相适应的管理体制，改变传统计划经济下的事业单位运转模式，适应社会主义市场经济发展。

1. 建立权责利相统一、办事高效、运转协调、行为规范的管理机制

我国图书馆大都按照事业单位的高度集中的模式管理，责、权、利集于馆长，这种机制不利于调动各层干部和员工的积极性。因此，要改革集中管理的格局，明确职责，将用人权、分配权逐级下放，形成责权利统一、分层负责的管理格局；同时还要简化层次、精减人员，提高办事效率。

职能部门要大力精减机构人员。图书馆的机构设置切忌"政府化""上下对口"，但为了上下对应，可以采取合署办公的办法，实行一人多岗、一专多能。

2. 深化人事制度的改革，实现劳动力资源的合理配置和科学管理，形成良好的竞争机制、利益机制和自我发展机制

（1）管理干部应变任命制为聘用制。可面向馆内外展开招聘，竞争上岗，通过自愿报名、公开演讲、面试答辩、组织考察等程序，确立人选，鼓励优秀人才特别是青年优秀人才脱颖而出。

（2）用工制度可实行双向选择。责权利相统一的管理机制必须赋予各级管理者以用人的自主权，同时也允许员工自主选择工作岗位。在具备一定经济条件的图书馆，应引进先进的用工制度。未来图书馆的员工队伍可由三部分组成：一是业务骨干，一般可为国家正式职员，馆里保住房、保养老等；二是一般的工作人员，应主要由聘用制人员组成，这类人员可由图书馆交纳保险，与图书馆不是"终身雇佣"关系；三是临时性用工，比如后勤行政用人，可实行临时聘用制度，视工作需要与否，"招之即来，挥之即去"。这种用人机制，是图书馆彻底甩掉沉重包袱、轻装前进的关键。现有的职称制度存在着只讲"里程"不讲

"吨位"的问题，已不能调动人们的积极性。笔者认为，国家可以不搞统一的职称，而由各单位根据自己的实际情况确定职称系列和相关待遇。图书馆可设立一些与业务相适应的专业职位。

3. 按照多劳多得、优劳优得、一馆多制的原则建立分配制度

要引进先进企业的管理模式，对员工的工作进行量化管理，使员工的收入与工作挂钩。要根据各部门的业务情况、工作任务、创收能力等因素进行经费总承包的管理，打破"铁工资、铁交椅、铁饭碗"，在一些部门可以试行员工工资发放的"黑箱操作"，真正实现多劳多得、优劳优得的社会主义分配原则。

4. 按照信息网络技术与业务发展的要求，进行业务流程的重组

一是要按照实行计算机网络管理的要求，将采访、编目、阅览、典藏、检索等流程进行重组，减少重复劳动。二是要以高效、便捷地为读者服务为目标，加强服务工作，尽力扩大开架阅览、扩大外借服务。三是采用先进的现代技术，拓展对读者的计算机网络服务。

5. 后勤服务社会化，内部管理企业化

要改变图书馆办社会的局面，尽力扩大后勤服务社会化，最终走向后勤靠社会。对现有的后勤服务机构人员，应建立企业化机制，开展"双向"服务，涵养自己，最终完全走向社会，与图书馆脱钩。

6. 建立科学监督约束机制

实行权责利相统一的管理体制，加大了各级的自主权，相应地就必须加强监督和约束，这样才能保证良好机制的形成。一是要实行财务的集中管理。财务在管理中具有重要地位，一定要高度集中，各部门在财务部门单列户头、统一核算。对企业等一些相对独立的单位，还可考虑委派会计，使一个馆的财务在一个渠道里运转。二是对购书等大项经费以及大型设备的购置要实行"双管制"，即两个以上部门操作，以利于互相监督、互相制约。三是要坚决执行离任审计等行之有效的制度，加大执纪力度等。

（在"改革开放20年中国图书馆事业高层论坛"的发言。原载于《中国图书馆学报》1999年第4期）

总结经验　迎接挑战
开创我国图书馆学会工作新局面

今天对于中国图书馆学会来说是不寻常的一天。20年前的7月9日，中国图书馆学会在山西太原宣布成立。20年来，伴随着我国改革开放的历史进程，中国图书馆事业得到了前所未有的发展，在经济建设和社会进步中发挥着越来越重要的作用。与此同时，作为党和政府联系全国广大图书馆工作者的桥梁和纽带，中国图书馆学会团结、组织广大会员和图书馆工作者，积极开展多种形式的学术活动，为促进图书馆学研究和图书馆事业的发展做出了贡献。我们这次会议，是在全国人民高举邓小平理论伟大旗帜，全面落实党的十五大精神，进一步深化改革，实施科教兴国战略，迎接21世纪的新形势下召开的，旨在回顾中国图书馆学会20年的历程，总结我国图书馆理论研究与事业发展的成就和经验，展望新世纪图书馆事业的发展前景。

20年来，中国图书馆学会在中国科学技术协会、文化部以及挂靠单位国家图书馆的支持和领导下，积极开展工作，取得了显著成绩。这里凝聚了各届理事会、各位理事、广大会员的心血。值此纪念中国图书馆学会成立20周年之际，我谨代表学会理事会，向为学会的创立和发展做出了重大贡献的已经逝世的刘季平、丁志刚、顾廷龙、黄钰生、汪长炳、梁思庄等同志表示深切的怀念；也借此机会，向所有为学会工作付出辛劳、做出贡献的同志们表示诚挚的谢意。

一、20年学会工作的回顾与总结

20年来，中国图书馆学会在党的十一届三中全会路线指引下，坚持四项基本原则和改革开放两个基本点，围绕经济建设这个中心，按照学会章程脚踏实地开展工作，取得了如下成绩。

（一）经过多年的探索和实践，中国图书馆学会已建立起跨行业、跨系统、多层次的适应我国图书馆发展需要的组织结构和运行机制

20年来，随着中国图书馆事业的发展，在全国图书馆学会之下相继成立了各省、区、市和各系统图书馆学会。到目前为止，除台湾、西藏、海南以外，已经有29个省、区、市建立了二级学会；6个系统成立了分支机构；地（盟州）、市和部分县也建立起相应的图书馆学会。各地方学会、各专业系统学会和中国图书馆学会上下贯通、结合，保持着密切的联系，又互相协调，构成了一个群众性

的学术活动网络。

学会根据章程所规定的会员入会标准，积极发展新会员。截至1999年4月，全国学会会员为10700人，发展企业团体会员17个，海外会员8人。

（二）广泛开展多种形式的学术研究与交流活动，不断提高学术研究水平，促进学科发展和人才成长，充分发挥学会的职能

学会的重要任务之一是开展国内外学术交流。为此，学会专门设立了学术研究委员会，下设若干个专业委员会。各省、区、市和各系统图书馆学会也都建有自己的学术研究组织。这些机构和组织采取多种形式，开展研究与交流活动，为全国图书馆工作者开辟了学术论坛，并创造了浓厚的学术氛围。

1. 组织召开各种专题学术研讨会

学会成立之初，组织了3次全国性的科学讨论会。以后的学术活动主要以各专业委员会为主体。近10年来，学会以小型、多样、有效为原则，充分发挥各专业委员会人才荟萃、横向联系方便、交流渠道畅通的优势，使学术活动有计划、有组织地进行，并且取得了较好的效果。由学会学术委员会及各下属专业委员会单独或联合召开专业会议，内容涉及图书馆学基础理论、图书馆事业发展战略、文献资源建设、文献标引、文献信息服务、古籍版本、目录学、图书馆科学管理、图书馆自动化、图书馆教育和人员培训等诸多领域。通过这些活动，活跃了学术研究的气氛，提高了学术水平，锻炼了队伍，产生了一批有价值的研究成果，对实际工作发挥了重要作用。从80年代到90年代中期，我们还先后召开了8次全国中青年图书馆学情报学学术研讨会。

2. 加强海峡两岸图书馆界的联系与学术交流活动

近年来，海峡两岸图书馆界加强了联系和学术交流活动。1992年11月，天津《图书馆工作与研究》杂志社与台湾师范大学《图书馆学与资讯科学》杂志社共同组织了以"如何促进海峡两岸图书情报事业发展和交流"为题的笔谈会。之后在华东师范大学、北京大学、武汉大学和中山大学连续举办了4次"海峡两岸图书资讯学学术研讨会"。1997年5月在台北举行了"海峡两岸图书馆事业研讨会"。1998年6月在香港岭南学院举行了"海峡两岸图书馆与资讯服务研讨会"。今年4月，在台北召开了"海峡两岸图书馆建筑研讨会"。在举办各类研讨会的同时，海峡两岸图书馆界的专家、学者曾多次互访，对促进海峡两岸图书馆事业的发展产生了积极的作用。

3. 加强国际交往与学术交流

加强同国际图书馆界的合作与交流是学会的重要任务之一。学会自成立以

来，一直重视同世界各国、各地区的图书馆建立联系和开展学术交流活动。

中国是组建国际图联的发起国之一，自1981年起，每年都派代表参加国际图联的年会，1996年又成功地在北京举办了第62届国际图联大会。这次大会从申请到召开，历时5年。中国图书馆学会承担了大量的筹备工作。大会共有90个国家的3000多名代表参加，这是我国图书馆事业史上规格层次最高、社会影响最大的盛会。这次会议向世界宣传了新中国图书馆事业的发展，特别是改革开放以来的辉煌成就；大大提高了中国图书馆界的学术研究水平，推动了中国图书馆学研究和国际接轨；还大大鼓舞了广大图书馆工作者，加强图书馆建设，加快现代化步伐，更好地为"四化"建设和两个文明服务；它更大地提高了全社会的图书馆意识，使更多的人了解了图书馆在未来社会中的重要地位和作用。中国图书馆学会在参加国际图联的活动中，为弘扬中华民族优秀文化，学习国外先进经验，提高中国图书馆学研究水平，促进中国图书馆事业发展，拓展中国对外科学文化交流与合作领域，扩大我国在国际学术界的影响，做出了应有的贡献。

多年来，中国图书馆学会代表团先后访问了菲律宾、德国、法国、美国等国，参观了国家图书馆、大学图书馆和研究图书馆，与国外专业人士进行了交流，对泰国、英国、日本和香港地区的各种类型图书馆进行了专业考察，同时还接待了美国、英国、荷兰、苏联、捷克、澳大利亚等国家图书馆代表团来访，以及国际图联官员考察30余次。

为了扩大中国图书馆在国际上的影响，并把国际学术交流和国内学术活动结合起来，学会先后与美国国际交流总署联合举办了"图书馆业务研讨会"，与国际图联共同在北京举办"图书馆学情报学教育与研究国际学术讨论会"等。

4. 组织评奖和展评活动，提高学术研究质量

学术成果评估是提高学术研究水平、检验学术研究质量的重要环节。20年来，学会组织了多次全国规模的评奖活动和展评活动。其中，尤其以学会组织的40年图书馆学、情报学优秀著作、论文、二次文献评奖的活动意义更为重大。许多省、区、市和各系统学会也举办了各种评奖活动。通过这些活动，激发、调动了广大图书馆员工参加学术研究的积极性，使学术研究活动进入一个更高的层次。这突出表现在以下几点：学术研究的视野突破了只在图书馆内部进行考察的束缚，从新的高度来审视图书馆的内外环境，从宏观上、整体上对图书馆学加以研究；理论研究进一步深化，研究内容不断扩展和深入，在许多专题或热点问题上进行了较深入的研讨；理论研究紧密结合图书馆工作实际，学术研究与学术交流活动日益走向务实，注重实际效益，使理论真正应用于图书馆实践中，促进事业的发展；大量引进和借鉴其他学科的一些理论和方法进行图书馆学的研究。

（三）做好编译、出版工作，开辟学术研究园地

学会专门成立了编译出版委员会，下设若干个专业委员会，定期召开会议、

讲座和确定委员会的任务、工作重点等问题。

编译出版委员会成立 20 年来，做了许多卓有成效的工作。为了向国内外广大图书馆工作者宣传、介绍我国图书馆学界的研究成果，编译出版委员会主持编辑、出版了《中国大百科全书》中的"图书馆学·档案学·情报学"分卷，以及《中国图书馆学情报学论文选丛（1949—1989）》《中国图书馆年鉴》《图书馆学研究论文集》《文献信息服务论文集》《中国图书馆事业二十年》等著作、文集；另外，还协助中央编译出版社出版了大型文集《中国图书情报工作文库》。

中国图书馆学会和各省、区、市以及各系统学会都编辑、出版自己的会刊。目前，全国共编辑、出版图书馆学期刊 61 种，其中 33 种在国内外公开发行，15 种期刊被确定为核心期刊。据不完全统计，1979—1999 年的 20 年间，这些期刊共发表图书馆学论文 5 万余篇。

《中国图书馆学报》的前身是北京图书馆主办的《图书馆通讯》，创刊于 1957 年，1979 年图书馆学会恢复以后，正式成为中国图书馆学会会刊。截至 1999 年 4 月已出版了 25 卷 123 期。《中国图书馆学报》坚持从严选稿，发文体现了中国图书馆学研究的最新、最高水平。据统计，近 10 年中有 44.52% 的发文被引用过，有不少文章被《中国出版年鉴》《中国文艺出版年鉴》及国外较有影响的期刊等收录。20 年来，《中国图书馆学报》已连续 4 次被评为中国图书馆学优秀专业期刊。

（四）积极开展科普工作和继续教育工作，为社会和广大会员服务

为了向全社会宣传图书馆的作用，普及图书馆知识，中国图书馆学会在中国科协普及部的支持下，组织编写、拍摄、制作电视专题片《图书馆掠影》《图书馆——人类知识的宝库》在中央电视台播出，对公众认识图书馆、关心和支持图书馆事业的发展起到了积极的作用。

学会自成立以来，一直重视以讲师团、培训班、函授班、学习班、研习班等形式开展继续教育工作，为提高图书馆工作者的综合素质发挥了积极作用。

纵观学会 20 年的发展历程，中国图书馆学会在发展中国图书馆事业和提高图书馆学研究水平方面做了大量工作，取得了较大成绩。但是也存在着一些问题和不足，主要有：在社会主义市场经济的形势下对如何办好学会研究不够；各地学会工作发展不平衡，有的形同虚设，有的有名无实；开展学术交流活动的形式还不够活跃，普及程度不高；内部组织结构不尽合理，有待探索改革；等等。

二、面向新世纪，改变观念，迎接新的挑战

在 21 世纪即将来临的时刻，知识经济既给我国图书馆事业的发展带来了机遇，又对长期在计划经济条件下运行的图书馆事业提出了挑战。面对新的形势，

中国图书馆学会如何拓宽发展道路,进一步发挥其职能,这是摆在我们面前需要研究解决的新问题。

(一) 提高认识,更新观念,转换运行机制,增强学会活力

随着我国改革开放的不断深化,学会仍停留在原有的观念和传统活动方式上,既不能发展也无法生存,因此,必须更新观念,树立市场经济意识,抓住机遇,努力寻找、开拓自我发展和生存的社会空间,改变计划经济时期形成的依赖国家的等、靠、要观念,独立自主开展活动,以会养会,实行有偿服务与无偿服务相结合,拓宽经费来源渠道。改变过去单纯开展学术活动的观念,增强科技开发意识,开展科技咨询、科技服务活动。改变只依靠政府经费支持和少数人办会的观念,充分依靠广大会员、专家和社会力量民主办会,把学会真正办成适应社会主义市场经济发展的、充满生机和活力的群众性学术团体。

(二) 坚持学会的基本属性,积极开展学术研究活动,努力促进图书馆学理论研究

随着新技术在图书馆的广泛应用,图书馆学研究的内容也面临着革新。我们要坚持学会的基本属性即学术性,贯彻理论联系实际的原则。今后一个时期学会的学术研究应以影响图书馆变革的新技术、"图书馆网络化、虚拟化和数字化"、文献资源共建共享、图书馆信息产业化、现代图书馆管理等为重点。

根据国内外学术性群众团体的经验,学会召开年会是发扬学术民主、贯彻"双百"方针、促进学术交流、推动事业发展的一种好的形式。今后我们将年年举办学术年会。为发挥各省、区、市图书馆学会的积极性,调动全社会的力量共同办会,我们将采取各地方学会申办的方式,在全国各地轮流举办中国图书馆学会的年会。

(三) 发挥学会的中介桥梁作用,进一步促进交流合作,促进资源共建共享

随着社会主义市场经济体制的逐步建立和政府职能的转变,中国图书馆学会在图书馆事业发展的各个方面所起的中介桥梁作用越来越显著,学会要在促进行业内、系统间的交流与合作中努力发挥这种作用。当前,还应重点推动文献信息资源的共建共享工作。从我国条块分割、各自为政的现行图书馆管理体制的情况来看,文献信息资源共建共享真正操作起来有很大的难度。因此,学会要充分发挥跨行业、跨系统、跨地区、跨部门的优势,协助各级政府和国家图书馆、各省级图书馆建立全国或地方文献协调中心,努力做好文献信息资源共建共享工作。

（四）重视人才培养，围绕运行机制的改变，提高图书馆员的素质

随着图书馆从传统向现代化的转变，图书馆员素质的提高成为行业总体水平提高的当务之急。一方面，学会要积极为中青年学者提供参加学术研究和学术交流的机会，以锻炼人才，发现人才；另一方面，要做好图书馆员工的继续教育工作，从实际出发，制定继续教育计划，不断更新培训内容，尤其应把信息技术和信息服务作为培训的主要内容，使广大会员和图书馆工作者逐步成为新型的"信息馆员"，懂得信息的收集、整理、咨询。要通过加强与大学图书馆专业教学的联系与合作，以及开设各种类型培训班，借助专业教学力量，提高培训水平，使其规范化、系统化。

（五）加强组织建设，促进学会健康发展

根据学会章程，要大力宣传学会的宗旨、职能以及会员的权利和义务，扩大会员队伍，广泛吸收团体会员和个人会员，积极开展厂会挂钩，按照优势互补、互惠互利的原则，广泛吸收企业会员。与此同时，还要做好会员管理的规范化工作，探索和建立全国会员数据库。根据学会及各地方学会、各系统学会自身的发展规模和条件，逐步加强、完善秘书处和各委员会工作，针对目前学会机构设置不尽合理的状况，进一步调整和理顺关系，健全组织机构，按照分工范围，各司其职，建立一支政治、思想、业务过硬的，能适应工作发展需要的高素质的专兼职学会工作人员队伍。

我们还要建立激励机制，开展全国各学会创先争优活动，促进学会的自我管理、自我服务、自我教育主体意识的不断增强，使学会的组织建设、制度建设进一步健全与完善，学会的作用进一步得到充分的发挥。

在知识经济时代，图书馆作为科学普及、社会教育和信息传播的重要社会机构，其作用日益显现。1998年12月22日，中共中央总书记、国家主席江泽民同志对国家图书馆进行视察，即充分体现了党和政府对我国图书馆事业的高度重视，说明了图书馆在社会经济、政治、文化中的重要地位，特别在实施科教兴国战略、知识经济崛起的今天，其意义更加深远。江总书记的视察在图书馆界引起了热烈反响，极大地鼓舞了全体图书馆工作者的事业心和工作热情，对推动中国图书馆事业的发展起到重要作用。中国图书馆学会要以此为契机，进一步落实《中国图书馆学会第五届理事会工作规划》，团结广大会员和图书馆工作者，努力开拓，锐意改革，积极推动我国图书馆事业的发展。

在人类即将迈入21世纪的1999年，我们迎来了中国图书馆学会成立20周年，也将迎来中华人民共和国建国50周年和澳门回归。回顾过去，展望未来，机遇和挑战并存。中国图书馆学会的今天，是我们过去20年努力奋斗的结果；

中国图书馆学会的明天，还要靠大家共同努力去创造。

（在中国图书馆学会1999年年会暨成立20周年纪念大会上的报告。原载于《中国图书馆学报》1999年第6期）

加快推进文献资源共建共享工作

共和国 50 周年庆典活动刚刚落下帷幕，我们又怀着喜悦的心情迎来了第六届全国省、区、市和较大城市图书馆馆长联席会议。我们这次会议是在中共中央召开全国技术创新大会以后，全面实施科教兴国战略，建设国家知识创新体系，加速科技成果向现实生产力转化，提高我国经济的整体素质和综合国力的形势下召开的。国家经济的蓬勃发展为图书馆事业带来了前所未有的机遇和良好的外部条件，同时也向我们提出了更高的标准和要求。

本次会议的主题是"21 世纪的文献资源共建共享"。半个世纪以来，社会信息化、信息社会化的浪潮在世界范围内兴起，特别是近年来，信息经济已成为创造社会财富的主要形式。生产技术的高度信息化和科学研究的明显集约化，使社会对文献信息资源的需求量猛增，任何图书馆都无法靠一己之力全方位地满足读者对文献信息的需求。文献资源共建共享是国际图书馆事业发展的必然趋势，也是 21 世纪我国图书馆事业发展的现实要求和必由之路。

而我们的现状是，社会对文献信息需求的迅猛增长、公众对文献信息需求的多样化与传统图书馆封闭的藏书、被动的服务和各自为政的格局不相适应。一方面文献信息资源比较匮乏，另一方面有限的经费仍被大量地用于重复建设。推进全国文献信息资源共建共享工作是各级领导及各文献信息单位的共同呼声。但是，此项工作在实际操作中步履维艰，存在着体制、经费、协调、技术支持等各方面的难题。我们这次会议的目的是就尽快推进全国文献资源共建共享工作，并且取得实质性的进展，展开充分的讨论，希望通过全国图书馆的携手合作、群策群力、取长补短，发挥整体优势，从根本上扭转这种发展缓慢的局面。

为了便于大家在研讨中总结经验教训，启发思考，下面我就全国图书馆文献资源共建共享工作做一个简要的回顾。

我国图书馆的文献资源共建共享工作是从 1957 年 6 月国务院批准《全国图书协调方案》之后开始的，大体上经历了三个阶段。

第一阶段是从 50 年代后期至"文化大革命"前。当时在国务院科学规划委员会的领导下，成立了图书小组，由文化部、高等教育部、中国科学院、卫生部、地质部、北京图书馆的代表及有关图书馆专家组成，并建立了全国性和地方性的中心图书馆委员会。《全国图书协调方案》的提出，对推动当时的文献资源共建共享发挥了积极的作用。之后，相继成立的协调机构做了许多有益的工作，至今在全国图书馆界留有深刻的影响。1962 年 12 月，为了加快我国科学技术发展速度，国家科委和文化部联合制定了《1963—1972 年科学技术发展规划（草案)》。其中的"图书部分"对全国的文献资源整体建设提出了一些设想，由于"文化大革命"的原因这些设想未及施行。应该说，50年代末至60年代初期，我国的文献资源共建共享在当时的历史条件下，还是比较活跃的。

第二阶段是从十一届三中全会以后至80年代末。1980年5月中央书记处会议通过了《图书馆工作汇报提纲》，重新提出"作为国家资源的图书资料必须统筹安排、合理使用"的议题，推动了新时期的全国文献资源共建共享工作。这一时期的主要特点是理论研究非常活跃，从1980年到1994年共发表论文3000余篇，论著20余部，这些探讨为实现文献资源共建共享做了必要的理论准备；恢复和建立了各级协作、协调组织，1980年上海图书馆协作委员会成立，此后，其他一些省、区、市的协作组织和中心图书馆委员会也相继恢复和成立；全国联合编目工作得到了恢复和发展，并出现了机读形式的联合目录。

第三阶段是90年代初至今。这一时期，随着计算机网络技术的发展，全国文献信息资源共建共享工作更注重跨地区、跨系统的合作并取得了一定的成绩。1993年我国第一个地区性公共图书馆自动化网络在广东建成；1994年1月，深圳图书馆成立了"深圳图书文献采编中心"；1994年3月，上海地区公共、科研、高校、情报四大系统的20个图书情报机构代表在上海图书馆举行了《上海地区文献资源共享协作网（筹）工作条例》等三个文件签字仪式，标志着上海地区文献资源共享协作网的启动；1995—1998年，由国家图书馆牵头，上海图书馆、深圳图书馆、广州中山图书馆联合完成了"国家书目回溯数据库"这一文化部的国家重点科研项目；1997年10月，国家图书馆成立了全国图书馆联合编目中心，1998年底投入试运行。

国家图书馆积极探索建立跨行业的合作关系。1998年11月，国家图书馆与北京大学、清华大学签订了合作协议；同月，又先后与中国科学院、中国社会科学院签订了合作协议。1999年4月，国家图书馆召开了"为中央国家机关立法决策服务"座谈会，探讨如何为中央国家机关立法决策提供服务。1999年7月1日，国家图书馆人事部分馆正式开馆，为在中央国家机关开展更大规模的文献信息资源共建共享开辟了一条新路。今年6月，国务院批复北京市政府建设中关村科技园区的请示后，国家图书馆启动了三项措施，为中关村科技园区建设提供服务。

为了在全国开展更大范围的文献资源共建共享，1999年1月在北京召开了全国文献信息资源共建共享协作会议。来自全国公共图书馆、高校图书馆、党校图书馆、国家行政机关图书馆以及情报信息院（所）等系统共121个图书情报单位参加了会议。会议对全国文献信息资源共建共享所涉及的许多问题展开了研讨，签署了《全国文献信息资源共建共享倡议书》和《全国图书馆馆际互借公约》两个文件，并在建立三级协作网络、协作的主要内容、组织协调的具体办法等问题上达成共识。会上，国家图书馆等124家单位向全国图书情报单位发出倡议：

按照"资源共享、优势互补、互利互惠、自愿参加"的原则，建立以国家级文献信息资源网络为主导，地区级文献信息资源网络为基础的全国文献信息资源共建共享网络。自此，全国信息资源共建共享工作进入了一个新的阶段。

近几年来，我国的文献信息资源共建共享虽然取得了一定的成效，但从总体来看，实质性进展缓慢，还存在着不少问题，阻碍着我国文献信息资源共建共享的进程。阻碍共建共享的问题主要表现在三个方面：

一是观念问题。我国文献资源共建共享工作长期以来不能很好实施的主要原因之一是计划经济体制下形成的传统观念在图书情报界还一定程度地存在，系统不同、规模不同，其表现形式也不相同。有的图书馆存在着本位主义的思想，认为自己的馆藏自成体系，又有较充足的经费保障，可以满足本系统的文献需求，不必再劳神费力地去搞共建共享；有的图书馆存在着坐享其成、只享不献的思想，没有发挥自己可与人互补的优势；还有些单位重藏轻用，用户需求意识不强，消极等待，致使资源闲置浪费，没有让本来就有限的文献信息资源发挥应有的作用。

二是体制问题。我国图书馆现行的管理体制是以行政隶属关系为基础，按照图书馆领导系统组合的多元管理体制。公共图书馆、学校图书馆、科研图书馆、工会图书馆、军事图书馆各个系统之间没有协调关系；系统内部各图书馆的行政隶属关系不同，拨款渠道也各不相同。这种条块分割、部门所有、各自为政的管理体制，缺乏宏观调控能力，形成了一方面文献信息资源总体缺乏，另一方面又重复购买、重复建设的局面，使文献资源的整体优势难以发挥，又使图书馆馆藏缺乏科学体系。图书馆整体建设上"大而全""小而全"，重复购书、重复建设、重复劳动的三重现象，既加重了国家财政负担，又造成人力、物力、财力的浪费。

三是计算机网络建设问题。文献信息资源共享的发展，最终要靠图书馆的计算机化和网络化去实现。近年来我国图书馆在计算机网络化、数据库建设和通讯系统等方面有了突飞猛进的发展，但仍然存在诸如发展不平衡和缺乏标准规范等问题。大城市图书馆在计算机化、网络化、数据库建设和通讯系统等方面发展很快，而偏远地区和中小城市的一些图书馆发展较慢，基础设施也很薄弱。一方面，中小型图书馆由于财力和技术力量的限制，计算机设施还不完备，加上上网费用较高，未能联网的不在少数，已建成的数据库多偏于规模较小，标准不规范；另一方面，已实现计算机化、网络化的大型图书馆在硬件设备和应用软件方面存在着较大差异，统一标准和规范方面也存在不少问题，实现馆际计算机网络的连接实属不易。

上述问题已经成为当前文献资源共建共享工作的障碍。我们如不尽快地加强联合、盘活存量、加快开发速度，全力推进文献资源共建共享工作就不能走出困境，既影响图书馆的生存，也影响图书馆事业在21世纪的发展。

文献资源共建共享是一个世界性的问题。本世纪以来，许多国家都曾遇到书价上涨、经费削减、压缩购进书刊量的问题。特别是进入90年代以来的文献及其信息量的爆炸性增长，矛盾更为突出，而解决问题的办法只能是走资源共建共享的道路。各国的图书馆界都非常重视发展文献资源共建共享，有许多成功的经验可以供我们学习和借鉴。如1979年成立的"东南亚地区国家图书馆联盟"，美国俄亥俄州花2亿美元建成的图书馆信息网络，美国OCLC以及日本等国家的共建共享实践，等等。国内近年来各地图书情报单位也有许多好的做法，如上海地区文献资源共享协作网、珠江三角洲地区的信息协作网络建设等。实践证明，这些活动对促进本地区经济发展和图书馆的自身发展产生了良好的效益，也为我们下一步如何协调、策划，如何推进和发展资源共建共享工作提供了可以借鉴的经验。

　　关于文献信息资源的共建共享，李岚清副总理曾明确指出，图书信息资源是国家的宝贵资源，一是要充分利用它为国家经济发展和社会进步服务；二是要避免重复浪费，提供互补合作，使资源有效增值；三是要用现代化信息技术发展图书馆事业，建设数字图书馆，通过网络最大限度地发挥其作用。李岚清同志的指示为全国图书情报单位面向21世纪携手合作，发挥"传播知识和信息的整体优势"，实现资源共享指明了方向。

　　21世纪是知识创新的世纪，图书馆应该成为向全社会推广最新科技信息的桥梁，成为提供文献和智力资源的枢纽。我们这代人重任在肩，希望各位馆长利用本世纪末最后一次全国性馆长会议的机会，认真研讨，共同策划，通过我们的努力，争取使全国文献资源共建共享工作在21世纪有较大的发展。

（在第六届全国省、区、市和较大城市图书馆馆长联席会议开幕式上的讲话。原载于《中国图书馆学报》2000年第1期）

加强中国图书馆学会建设
为建设信息化、学习化社会贡献力量

中国图书馆学会第六次会员代表大会，经过全体代表的共同努力，顺利完成了各项议程，即将胜利闭幕了。这次大会，是新世纪全国图书馆工作者的首次盛会。这次大会，是团结民主的大会、求实鼓劲的大会。它对于团结和动员全国图书馆工作者积极投身图书馆事业，为科教兴国，提高全民族科学文化水平，建设信息化、学习化社会贡献力量，具有十分重要的意义。

大会经过认真审议，通过了中国图书馆学会第五届理事会工作报告和修改后的《中国图书馆学会章程》，讨论了《中国图书馆学会"十五"期间工作规划（建议稿）》；选举产生了中国图书馆学会第六届理事会；表彰了1997—2000年学会先进集体和先进工作者。代表们在讨论中认为，在过去的四年中，中国图书馆学会各项工作都取得了新的成绩。这些成绩的取得，是在中国科协的正确领导下，在文化部、教育部、中国科学院等有关部门、各级政府和社会各界，以及挂靠单位国家图书馆的关心支持下，各级学会、各系统委员会团结广大会员和图书馆工作者共同努力的结果。第五届理事会切实履行职责，把握全局，开拓进取，辛勤工作，为学会各项工作的开展做出了重要贡献。

在此，我谨代表出席"六大"的全体代表和广大学会工作者，对各地区、各部门的党政领导，对五届理事会理事、常务理事、副理事长和理事长表示由衷的敬意和感谢！我还代表新一届理事会，特别要向长期以来为学会工作付出心血、做出贡献的71位离任理事表示衷心的感谢！同时，诚挚地希望你们继续对学会工作给予关心、帮助和指导。

各位代表，第六届理事会受命于世纪开元之际，正值国家实施"十五"计划开局之年，这是我国图书馆事业发展的重要时期。第一，国家经济的繁荣为图书馆事业发展奠定了可靠的经济基础。经过改革开放20多年的努力，中国经济已进入了良性发展轨道，得到世界各国的认同和称道，国家经济实力的增强为图书馆事业的发展提供了有力的支持和保障。第二，自十一届三中全会以来，国家把社会主义精神文明建设列入重要议事日程，坚持"两手抓，两手都要硬"，我国的文化事业呈现出空前繁荣的局面。图书馆事业也得到各级党委、政府的高度重视和社会各界的关心与支持。第三，现代科学技术的发展为图书馆从传统走向现代化提供了技术保证。与图书馆现代化密切相关的计算机、网络技术突飞猛进，网络普及到千家万户，目前，网络用户3000万，网民16000万，为图书馆提供了巨大的读者和用户群。第四,"三个代表"重要思想为我国图书馆事业发展指明了方向。"三个代表"中的代表先进生产力、代表先进文化的前进方向和代表人民群众的根本利益,无一不和图书馆工作息息相关。应该说,"三个代表"重要思想为图书馆发展创造了良好的社会政治环境,为图书馆事业指明了前进的方向。

中国图书馆学会的发展是建立在全国图书馆事业发展的基础之上的,所以,学会的工作要紧紧围绕图书馆这个中心全面展开。目前,学会的工作如何开展,如何策划,还面临着一系列问题,主要表现为:针对社会需求增长和图书馆地区发展不平衡等问题,学会在策划项目、有效推动文献资源共建共享方面有待开展实质性工作;针对图书馆员工队伍的素质水平与图书馆现代化发展要求不相适应的问题,学会担负的专业人员职业培训任务尤为艰巨;针对图书馆学科理论发展滞后于图书馆发展的问题,学会在树立良好学术风气,促进学科理论创新,指导并推动图书馆发展等方面面临着严峻的考验;针对政府职能转变和社会团体改革的实际,学会要彻底破除单靠国家拨款办会的旧观念和旧模式,逐步与发达国家接轨,积极承担起社会中介机构的职能和任务。

中国百年图书馆史上,有许多志士仁人、专家学者做出了巨大贡献,留下了不朽业绩。在信息网络时代,我们这一代图书馆人,不但应当有所作为,而且也是大有可为的。新时期,中国图书馆学会面临着光荣而艰巨的任务。全国广大会员、图书馆工作者和各级图书馆学会、各系统委员会,要在党的领导下,高举邓小平理论的伟大旗帜,在贯彻依法治国和以德治国方针,实践江泽民同志"三个代表"重要思想,以及实施科教兴国战略和可持续发展战略中,充分发挥科技进步和创新在图书馆发展中的决定性作用,努力推进图书馆信息情报领域的学科理论创新、机制体制创新和服务模式创新,真正确立学术交流主渠道、科普工作主力军、国际民间交流与合作的主要代表和"图书馆工作者之家"的鲜明社会形象。要积极主动地融入社会主流中去,融入科学、文化、教育事业中去,服务于经济建设和科技创新,始终保持与社会的同步发展。

本次大会通过的工作报告和《中国图书馆学会"十五"期间工作规划(建议稿)》中对今后工作的指导思想、总体目标和主要任务做了全面阐述。这里我想结合工作实际,再谈四点意见。

一、提高认识,转变观念,为学会发展找准定位

科学技术的发展和社会需求的变化,使传统意义上的图书馆的存在模式和服务方式产生了巨大的变革。因此,学会的工作也必然要适应这场变革,顺应时代潮流,体现时代精神,跟上时代步伐,要做推动图书馆现代化进程的生力军。学会只有主动地、及时地置身新环境,了解新情况,研究和解决新问题,才能焕发

出新的活力，才能有号召力和凝聚力。这一点，我们必须提高认识，达成共识。

（一）要强化改革意识

学会工作要跟上政府职能的转变、文化事业单位和科协体制改革的步伐，进一步解放思想，按照学会自身发展规律办事。一方面要改革长期计划经济条件下形成的组织体制、运行机制和观念作风，努力适应社会主义市场经济发展，尽快地、彻底地抛弃等、靠、要式的和封闭的办会模式，实行开放办会，逐步增强自主发展能力；另一方面要汲取和借鉴国内外学术团体先进的办会经验，与国际接轨，开拓新的工作领域，逐步摸索出一条具有中国特色的学会发展新路子，跻身世界图书馆界学术团体的行列。

（二）要强化服务意识

倡导"会员第一、服务第一"的口号，树立优先为会员服务的理念。在影响学会发展的因素中，会员人数少是个大问题，其原因是为会员服务不到位。因此，要把服务会员作为学会改革的催化剂，矫正和调整工作的出发点，认真研究和全面解决这个关系到学会能否生存、是否有生命力的焦点问题。要多策划既符合会员和广大图书馆工作者的需要，并为之喜闻乐见、容易接受的活动。只有真正为会员服务，切实为会员着想，才能赢得会员的信任、支持和参与，也才能吸引更多的人加入到我们的队伍中来，壮大学会的实力。

（三）要强化社会意识

把学会发展放在社会发展的大环境中加以考虑，使它的社会价值得到充分体现，进而实现学会可持续发展的目标。可以说，学会工作社会化是实践"三个代表"重要思想的重要途径，是图书馆服务社会化趋势的必然要求，也是满足社会日益增长的知识信息和文化需求的主要方式。学会工作不应拘泥于图书馆界内部，还应与其他学会和社会各界建立联系，开展合作，延长工作手臂，树立学会的社会形象，提高学会的社会地位。

总之，我国图书馆事业正面临着一个前所未有的发展机遇，这也为中国图书馆学会的发展搭建了广阔的舞台。在这个舞台上，只有有为，才能有位；只有脚踏实地，奋发进取，努力工作，创造业绩，才能得到图书馆界的认同和响应，才能得到社会的理解和支持。中国图书馆学会是党领导下的群众性学术团体，这是学会的基本定位，是不能动摇的。为了适应政府改革和社团改革的需要，学会要逐步向作为政府与图书馆之间的中介机构的方向发展。学会要主动争取承担一些政府部门的任务，诸如行业培训、学术交流、职称评审和职业资格认定等，由政府制定标准，学会负责执行落实。总之，学会要积极地向政府争取任务，向社会争取资助。有任务，才有经费，才有收益，也才能真正增强学会的权威性和感召力，提高学会的地位，发挥学会的作用。

二、更新工作机制，为学会发展创造良好的内部环境

深化学会内部机制改革是一项重要任务，学会工作需要一个科学合理的良性循环机制，来保证各个程序正常运转，协调一致，并达到预期的目的和效果。

（一）学会作为一个群众团体，要特别强化内部的团队合作

中国图书馆学会现有29个省级学会，以及高等院校、科研、军队、党校、团校、工会和中小学等7个系统的分支机构；设立了学术研究、编译出版和国际交流与合作3个委员会及若干专业分会；还有学会的秘书处和会刊。这个基本架构充分体现了学会跨部门、跨行业、跨系统、跨地区的特点，同时也要求各个组成部分之间必须上下左右协调配合，形成一个互相交融、互相依存、共同发展的有机整体。应当看到，学会首先是一个群众团体，不是一个政府部门。这就要求我们在工作中，要时刻想到整体、团结，想到平等、合作，要淡化机关意识、部门意识，从整体工作着眼，以点带面，以面带全，形成立体的工作网络，优势互补，协调发展。

（二）学会作为一个民间团体，要坚持依法办会，民主办会

国家的政策法规和《中国图书馆学会章程》是学会办会的准绳。代表大会制度、理事会制度就是民主办会的原则。群众团体要体现民意，要发挥会员民主参与和民主监督的作用，促进决策的科学化、民主化。一方面，会员要有民主意识，积极行使自己的权利，要负责地、主动地、积极地参与民主监督和民主决策工作，发挥应有的作用；另一方面，会员要善用民主权利，不能漫不经心或滥用。此外，学会的专职办事机构要特别注重调动和发挥广大会员，尤其是专家学者的主体作用，加强和完善代表大会、理事会和常务理事会对团体工作的领导作用。引导广大会员充分行使民主权利，切实贯彻"双百方针"，增强学会的民主气氛。

（三）学会作为一个正规团体，要努力完善内部管理机制

建立一个良好的管理机制是学会的首要问题，直接影响着学会的生存发展。学会的改革要从会员管理体制改革和建立各项规章制度入手，破除影响学会发展的障碍。关于会员管理有两个问题，一是会员要交会费，二是会员要受到服务。会员的权利和义务都要到位。入会就要交纳会费，就要参加活动，就要发挥作用，做出贡献。不履行义务的会员不是合格的会员。同时，会员入会就应该享有相应的权利，享受优先优惠的政策，得到有价值的信息，得到学习提高的机会，

得到实际的利益和满意的服务。因此，学会要在会员管理工作中，逐步建立、健全会员奖励机制和淘汰机制，建立良性循环，为提高会员数量和质量提供必要的制度保障。

（四）学会作为一个自主发展的团体，要逐步建立市场经济环境下自我发展的良性机制

我国社会主义市场经济体制的逐步建立和完善，势必要求学会要按照公益性、非营利组织的运行模式，适应政府职能转变和事业单位机制体制改革的需要，围绕为社会发展和公众需求、为图书馆和广大会员及图书馆工作者服务这一主体工作，不断探索咨询、培训、会展、出版和科普等各项工作的新模式，积极参与文化产业，在保证学会正常运转、较好履行职责、有效发挥作用的同时，逐步增强自我造血功能，提高自我涵养能力，建立一个自主发展的良性循环机制。

（五）学会作为一个社会团体，要强化公关意识

学会跨部门、跨行业、跨系统、跨地区的特点，决定了它的社会公共关系相当重要。在建立信息化社会的今天，必须强化公关意识，加强公关工作，与中国科协及其所属全国性学会（协会、研究会）、政府行业主管部门、相关企事业单位以及社会各界建立联系，争取支持，协调合作，为自身营造一个良好的生存发展环境。其中应特别重视和加强宣传工作，通过自己的网页、刊物、有关机构的信息通报和社会媒体等途径，宣传学会的各项工作和活动，提高社会影响力和知名度。总之，学会不但要有活动，有作为，还要有声音，有形象，有地位。

三、努力创新，为学会发展开辟广阔的空间

学会近年来的工作实践充分说明，创新才能生存，创新才能发展。学会的主体工作是"三主一家"，工作内涵没有变，但具体内容和形式必须变，要适应新情况，满足新需求。要适应网络环境下和社会知识信息需求激增的条件下，图书馆扮演的新角色和发展的新趋势，要适应图书馆信息情报学科发展的新动态，要适应广大会员和图书馆工作者的新需求，要适应经济、科技、文化、教育等体制改革的新变化。也就是说要从社会需求出发，从图书馆事业需求出发，从学会发展需求出发，从会员需求出发，针对需求设计工作，出思路，做决策，定项目，做计划，才能求得实效，才会取得越来越好的社会效益和经济效益。

在第五届理事会任期中，学会有几个首创之举：首次举办学术年会，首次出版学术年会论文集，首次主办专业展览会（1999年），首次组织国内图书馆界参加IFLA大会（1998年），首次受权评选和颁发"韦棣华奖励基金"（1997年）等。今年7月，学会与国家图书馆合作，首次面向社会举办"夏季文化风"中国

文化系列讲座。这些工作和做法都是具有开创性的，打开了局面，使工作有了突破性的进展。今后的工作仍然需要常有创意，常有新意，常有突破。

（一）学术活动要广收博采众家之长，不断提高学术研究水平

继续举办学术年会，在内容和形式上借鉴国际、国内年会的经验，力争年年有新意，有亮点，有吸引力；策划具有权威性的学术研讨会、专题论坛活动，提高学术活动的层次；针对广大中青年的特点，举办青年学术会议，开设青年论坛，带动青年人才的成长。

（二）学术研究要和科研及图书馆工作有机地结合起来

各专业委员会的工作，不要仅局限在召开研讨会，还要抓住机会与政府和有关部门合作，立项目，做课题，促进科研成果转化，推动实质性工作，获得实际效益。

（三）教育培训要打开思路，加强合作

一方面与政府有关部门联手，争取承担起行业培训的职责；另一方面，与各地方、各系统学会、委员会联合起来，组织专家巡回讲学团，定期开展有系统和有针对性的业务培训。条件成熟的地区可利用网络环境，尝试开展远程教育培训。

（四）科普工作要拓展工作领域，走社会化道路

利用图书馆资源优势，面向社会组织有影响力和满足现实需求的科普教育和文化传播活动，如讲座、展览等。学会可以把图书馆组织起来，积极参与社区文化建设，发挥图书馆的阵地作用；与社会各界合作举办丰富多彩的科普活动；为社会提供文化消费服务。

（五）国内、国际交流与合作工作要进一步扩展

既要走出去，也要请进来。学会要积极促进国内图书馆间的交流和学习，组织参观团、经验交流团等，要加强与港、澳、台地区的联系，并扩大国际交往领域，策划开展具有实质内容、确有实际效果的项目。继续有计划地组织会员和会员单位参加 IFLA 大会等国际学术活动。

"十五"期间，随着政府职能转变，学会作为社会中介组织，其社会作用将越来越得到增强和承认。目前，政府正在着手把部分微观行政管理职能赋予行业组织，学会应积极争取承担政府职能转变后分离出来的图书馆行业相关工作。在这方面，学会要密切关注国家相关政策的出台，开展专题调研，了解其他学会的做法和经验，做好必要的准备，积极争取在职称评审、职业资格认证和行业评

奖、评估等方面承担一定的工作。

四、加强队伍建设，为学会发展储备人才

作为学术活动的群众团体，我们的工作就是调动人、吸引人、凝聚人、团结人。学会的重要任务之一，就是要发现、培养和推荐优秀人才，团结广大图书馆工作者，投身到我国的现代化图书馆建设事业中来。队伍是学会生存发展的核心，起着决定性的作用。因此，我们要采取多种措施加强队伍建设。

（一）大力加强会员发展工作

会员是学会的生命源泉，因此，会员发展工作要常流水，不断线。学会要有群众基础，要突出群众性，体现影响面和感召力。有关统计显示，图书馆的从业人员至少20万人，而迄今中国图书馆学会的在册会员不到7000人。如此悬殊的对比，与全国学会的名称太不相称了，非常值得我们深思和反省。因此，会员发展是今后工作的重点，要按照《中国图书馆学会章程》的有关规定，采取有效措施，加大力度。在高校中发展学生会员，注重把信息行业的专业技术人员吸纳为个人会员。各地方学会要给予足够重视，密切配合，积极推荐；全国学会要把此项工作作为衡量各地方学会学术水平和工作业绩的重要指标。

（二）努力建设"会员之家"

学会要把"以会员为本"的思想贯穿于工作的始终，积极维护会员的权益，成为他们的坚强后盾。要把工作基点着眼于会员，使会员的义务和权利得到双向体现。通过学术交流、信息发布、继续教育、出版著作（文章）、信息咨询、技术和经验推广以及国内外业务访问等多种形式和渠道，为会员创造和提供各种机会，使他们的学术成果在业内或学科内得到应有评价，学识水平得到提高；通过为会员营造一个宽松自由的学术环境和交流互动的人际环境，使他们从中汲取养分和力量，获取信息，达到激发创新思路、孕育创新人才的目的；通过学会这个组织，把从事图书馆工作，并在学术上有一定成绩的人才以及各种智力资源聚合起来，形成推动事业发展的中坚力量。

（三）加强学会的班子建设

一支高素质的学会工作者队伍对学会生存发展至关重要。特别要选好各学会的秘书长，秘书长既要懂图书馆业务，又要研究学会管理，掌握会员需求，创造性地开展工作。学会工作者既要有一定学识，又要有良好的服务意识和奉献精神，要具备策划人、社会活动家的素质，努力提高策划组织能力和公关协调能力。要特别加强各级学会秘书处的建设，各学会挂靠单位的领导要支持学会工

作，支持秘书长工作，为学会选好干部。各位理事、常务理事、副理事长，包括理事长，要有角色意识，我们的头衔不是个人的，而是一方众人赋予的；我们不代表个人，而要代表一方众人的利益，代表一方事业的利益。头衔职务不是名义和荣誉，而是义务和责任。所以，学会的各级领导和图书馆的各级领导，要把学会工作当成一项事业来抓，充分重视和发挥学会的作用，全面推动图书馆工作。

面对时代的挑战和机遇，面对全国会员的信任和希望，我们必须有紧迫感、责任感和忧患意识。新一届理事会将在中国科协的领导下，紧密地团结在以江泽民同志为核心的党中央周围，高举邓小平理论伟大旗帜，努力实践"三个代表"重要思想，团结依靠广大会员和图书馆工作者，认清形势，明确方向，把发展作为一切工作的主题，以改革统领全局，以创新为发展动力，全面推进学会工作，为中国图书馆事业的发展做出应有的贡献。

（在中国图书馆学会第六次会员代表大会闭幕式上的讲话，2001年9月24日）

加强全国图书馆联合编目工作

首先，我代表国家图书馆对全国图书馆联合编目中心广东省分中心的成立和举行揭牌仪式表示衷心的祝贺！全国图书馆联合编目中心广东省分中心的成立，既标志着国家图书馆与广东省立中山图书馆在馆际合作的领域进入一个新的阶段，也标志着广东省图书馆界的联合编目工作即将进入一个蓬勃发展的新时期。

国家图书馆与广东省立中山图书馆有长期和良好的合作传统。过去，双方在文献资源共建共享方面，在中国数字图书馆工程建设方面，在国家书目回溯编目等具体工作方面，都曾经进行过愉快的合作，彼此之间建立了充分理解和信任的工作关系，这些合作，为今天中山图书馆成为全国联合编目中心第一家省级分中心奠定了坚实的基础。从2001年开始，广东省分中心将在本省范围内，全权代表国家中心行使联合编目的数据经营权利；国家中心将对广东省分中心在业务运作、市场拓展、人员培训、技术服务以及组织管理等方面提供必要的指导和帮助，并积极协助广东省分中心逐步向企业化管理、运作的模式过渡。在这里，我愿意乐观地预言，联合编目工作广东省分中心这一新的模式的出现，在全国图书馆资源共建共享的事业中，不仅具有积极的理论与实践探索意义，而且将成为全国其他省区开展联合编目工作极好的示范和样板。祝贺中山图书馆在这一领域先行一步！

在去年10月份全国图书馆馆长联席会议上，与会的图书馆馆长们就我国图书馆的文献资源共建共享问题达成了共识，大家一致认为我国图书馆文献资源共建共享应该从理论探讨真正地转入实践探索并取得实质性进展，通过全国图书馆的携手合作、群策群力、取长补短、发挥群体优势，从根本上扭转推进缓慢的局面；文献资源共建共享应本着"资源共享、优势互补、互利互惠、自愿参加"的原则，在文献资源共建共享中树立现代、开放、合作的观念。

在济南会议方针的指导下，国家图书馆对联合编目工作的发展给予了充分的重视。在这一年里，全国图书馆联合编目工作进入到一个实质性的、长足发展的时期，主要在以下三个方面取得了突破：一是在广泛吸收馆内外专家意见的基础上，经过充分讨论、几经推敲、数易其稿，在今年8月正式出版了《中文图书机读目录格式使用手册》一书。该书在与国际标准接轨方面、在与计算机编目工作实践结合方面、在全面体现规范控制方面较以往都有了显著的提高，已经成为指导全国联合编目工作的基础性业务规范。二是中心选择和确定了基于Z39.50协议的联合编目服务器管理系统。在这个问题上，国家图书馆馆本着慎重和务实的原则，最终选择了在软件实用性方面较成熟和稳定的UACN系统。该系统目前已经开始正常运转，为全国各图书馆计算机编目系统与全国中心在技术上的互联铺平了道路。三是大力发展数据用户，完成"124工程"。在今年年初，国家图书馆自负压力，定下了"124工程"计划，具体说，就是要在本年度内建立一个联合编目的工作网络，覆盖全国20个省级地区，发展数据用户达到400家。经过近一年的努力，上述目标已经基本实现，有些目标甚至是超额完成了。到2000年11月底为止，我们的全国图书馆联合编目工作网络已经覆盖到全国31个省、区、市和2个特别行政区，用户数量达到448家。随着此次广东省分中心的成立，预计到年底为止，用户数量有可能超过500家。

我们认为，用户数量是衡量全国图书馆联合编目中心工作普及性、成功性和社会影响力的一个重要因素。没有广大的用户群，就没有联合编目发展的牢固基础，全国范围内的联合编目工作就不可能真正被广大图书馆工作者所认可和支持，联合编目工作就不可能形成一种时代的趋势和潮流。通过近一年的工作，我们也清醒地认识到，联合编目工作将是一项长期的社会公益性事业，在现阶段和今后比较长的一个时期内，联合编目都将处在资源投入阶段。作为国家图书馆，我们愿意为全国图书馆界文献资源共建共享做出贡献。

展望新世纪，将是社会经济飞速发展的时代，是科学技术飞速进步的时代，图书馆在文献资源共建共享中，要充分重视和采用现代信息技术与网络技术，充分利用网络发挥文献资源效益，因为利用网络开展文献信息资源的共建共享是图书馆发展的方向。随着大家对文献资源共建共享观念理解的进一步深化，图书馆之间的文献资源共建共享必将成为时代的主潮流，成为图书馆实现最佳社会效益与最佳经济效益的有效途径。

明年，全国图书馆联合编目中心仍坚持一系列优惠政策，努力吸收更多的成员馆参加进来，在更大范围和更大程度上通过数据共享受益；我们将支持更多的省级中心成立起来，并在利益机制上给予更大的倾斜，以扶植各二级中心的健康发展；对全体成员馆特别是中西部成员馆，我们将有更优惠的价格政策和数据使用办法出台，以促进全国联合编目工作的发展。

（在全国图书馆联合编目中心广东省分中心成立暨挂牌仪式上的致辞，2000年12月15日。广东省联机文献编目中心网站：http://bmzx.zslib.com.cn/fzx-image/zhpjh.htm）

链接伟大的新时代

(《时代的链接》序一)

新世纪的第一年，正值深圳图书馆建馆15周年，能有这样一本同人文集面世，可喜可贺。与国内诸多历史悠久的资深大馆相比，深圳图书馆仅有短短15年的历史。但这15年却自有其不平凡之处。从这座新兴的图书馆，从深圳特区这片热土，我们感受到了奋斗的历程、创业的辉煌，更看到了未来的发展、事业的希望。

图书馆，尤其是公共图书馆，作为人类文明传承的重要枢纽，其发展与社会整体的发展息息相关。当今，知识创新和各种新技术应用带来了前所未有的巨大社会变化，这种变化冲击着人类社会的文化结构和千百年来人们利用知识信息的基本方式，更改变着图书馆的形态。恰如著名图书馆学家阮冈纳赞所说，图书馆是生长中的有机体。我们应该感谢科学的昌明、时代的变迁，为我们的图书馆事业带来了大发展、大跨越，也为图书馆今后新的进步提供着永不枯竭的养料，奠定了牢固坚实的基础。深圳图书馆的历史证明了这一点，深圳图书馆的发展还会继续证明这一点。

文化，是"以文化人"，图书馆的社会功能是这样，深圳图书馆同人为庆贺建馆而为文成集也是这样。图书馆工作者常年为人作嫁，以平凡的劳动铺垫着全社会的科学文化之路，以默默无闻的工作为建设先进文化做出贡献。今天他们能够在辛勤工作之余，将自身的实践真知、研究心得编撰成文，结集出版，向世人展现出当代图书馆工作者的成果和风采，本身就是一件大好的事情，也是值得提倡的一种庆祝方式。

这本文集取名为《时代的链接》，恰如其分地反映了深圳图书馆的风貌。"链接"，是网络时代人们最为频繁的动作，链接历史、链接时代、链接未来，是深圳图书馆、也是全国广大图书馆工作者永远不懈的追求。衷心祝愿深圳图书馆再创佳绩，全国图书馆事业愈加辉煌！

(原载于吴晞主编：《时代的链接》，北京图书馆出版社2002年版)

把握知识经济时代图书馆发展方向

今天，由中国图书馆学会主办、陕西省图书馆学会承办的中国图书馆学会 2002 年学会年会在这里隆重开幕了。这次学会年会是继大连年会、海拉尔年会和成都年会获得圆满成功之后，我国图书馆界的又一次盛会。这次学术年会的主题是"知识经济时代图书馆的发展趋向"。代表们将围绕着加入 WTO 后图书馆立法与知识产权保护、数字图书馆的建设与研究、图书馆信息资源建设、图书馆服务模式与用户需求、图书馆的社会职能与作用、图书馆管理与改革和图书馆学科发展与创新等七个分主题进行广泛而深入的交流和研讨。学术年会既是学术交流的盛会，也是信息交流的平台；既是图书馆工作者的聚会，也是共商学会发展大计的良机。

最近几年，图书馆事业发展呈现很好的势头。各级党委、政府对文化事业包括图书馆事业越来越重视，各级政府不断加大投入。2001 年，国家图书馆二期工程正式立项，被列为国家"十五"计划重点项目，投资 11 亿元。今年，中国科学院、中国社会科学院图书馆新馆相继建成，还有一批大中型图书馆项目正在建设当中。"十五"期间，国家对文化建设项目的投资达 90 亿元。国家计委每年投资 1 亿元用于支持县级图书馆、文化馆建设。图书馆设施条件的改善为图书馆工作实现现代化打下了必要的物质基础。现代科学技术的发展，特别是计算机、网络技术的应用，为图书馆事业发展注入了新的活力。图书馆自动化、网络化、数字化建设改变了图书馆的管理与服务方式，对图书馆的发展产生了深刻的影响。适应图书馆事业发展的需要，图书馆员队伍也在发生很大的变化。图书馆队伍新人辈出，高学历的专业人才进入图书馆工作，使图书馆专业人员队伍知识层次、整体素质得到提高。图书馆事业发展的良好态势为中国图书馆学会开创工作新局面创造了有利的条件。

我国经济、政治改革的逐步深入，为中国图书馆学会拓展职能、提高地位和增强作用提供了机遇。随着中国加入 WTO，政府职能进一步转变，行业学会作为社会中介组织具有了新的发展空间，将在理论研究、人员培训、开展协调、协助政府部门做好行业管理等方面发挥更大的作用。中国图书馆学会一定要抓住这个机遇，改革机制，开拓创新，实现职能的拓展，开创工作的新局面。

学会工作者要敏锐地认识和把握社会发展趋势与世界潮流，深入思考和探索新形势下图书馆学会的定位和如何实现角色的转变。要在学会研究的理论上狠下工夫，努力进行理论创新，始终保持学术上的先进性。要对图书馆工作中具有基础性、前瞻性和战略性的问题进行研究，为图书馆事业发展提供理论支撑。要重视研究专业技能，强调理论与实践相结合，树立良好的学风。当前，要特别重视对图书馆管理、标准规范、数字图书馆等现代技术的研究。

图书馆学会要进一步加强专业培训工作，研究如何实施职业资格培训与岗位培训、在职教育工作，充分发挥学会在培养人才、为事业发展提供人才支持的作用。学会要继续积极开展国内外学会交流活动，并进一步探索新的交流方式，策划新的交流项目。为了使学会更好地履行在新时期的职能，要加强学会干部队伍建设，各级学会都要配备得力精干的工作人员，要加强制度建设、机制创新，使学会工作更加规范化，更加充满活力。

本世纪的前一二十年是国家各项事业发展的重要战略机遇期，我们必须紧紧抓住这个机遇。在中国图书馆学会全体会员的共同努力下，学会一定会大有作为，成为在国际图书馆界能与时俱进、富有影响力的学会组织，成为在全国众多学术团体中具有特色的优秀学术组织，成为推动中国图书馆事业不断发展进步的重要力量，为实现图书馆事业的繁荣昌盛做出重要的贡献！

（在中国图书馆学会2002年学术年会上的讲话，2002年7月26日。原载于《当代图书馆》2002年第3期）

加强地市级公共图书馆自动化建设

今年4月，经国务院批准，全国基层文化工作会议在北京召开，同时，国务院办公厅转发了《文化部、国家计委、财政部关于进一步加强基层文化建设指导意见的通知》（国办发〔2002〕7号），这都充分体现了党中央、国务院对基层文化建设的高度重视。目前，全国各地都在深入贯彻落实全国基层文化工作会议精神，已经取得了一定的成效。其中全国文化信息资源共享工程的启动，为全国公共图书馆，特别是基层图书馆的自动化建设提供了良好的发展契机。

我们正进入一个信息化的时代。科学技术的进步，正在深刻地改变着人们的生活方式和思维习惯。随着计算机技术和网络技术的发展，社会的信息化水平整体上有了明显的提高，图书馆的自动化建设也面临着前所未有的挑战和机遇。希望这次会议能针对新时期图书馆自动化建设发展的有关问题进行深入的研究。

地级市图书馆在整个公共图书馆系统中，起着承上启下的作用，地位非常重要。它在本地区开展图书馆业务的同时，不仅要与省图书馆和当地教育、科研系统图书馆相连，而且要带动本地区县、乡、社区图书馆（室）的建设，推动本地区图书馆事业的发展。在全省的图书馆自动化建设和信息服务等方面发挥着很重要的作用。所以，加快地级市图书馆自动化、网络化和数字资源建设是十分必要的。

这次会议在苏州图书馆召开，具有很好的示范意义。苏州图书馆不仅历史悠久，馆藏丰富，而且，在市委、市政府的高度重视和大力支持下，在市中心建起了一座有着美丽的苏州园林风貌和先进的自动化信息管理系统的现代化新馆，不仅深受市民欢迎，也赢得了国内外同行的高度评价，已经成为苏州市的标志性文化设施。苏州图书馆目前也是全国现代化程度较高的地市级图书馆的代表，在这里召开会议，可以使全国各地的同行现场参观、考察，互相借鉴、学习，交流经验。

目前，全国文化信息资源共享工程已经启动，同时，国家数字图书馆二期工程也已经正式列入国家"十五"计划，即将进入实施阶段，这两个工程都对全国的图书馆事业发展起到很好的推动作用，将大大提高全国公共图书馆的自动化、网络化程度和数字信息资源加工与服务能力。希望全国地级市图书馆抓住这个良好的机遇，尽快提高自身的自动化水平，为本地的经济建设、社会发展发挥更大的作用。

这次会议主要讨论地级市公共图书馆发展的战略问题，是很有意义的。希望大家在会议中畅所欲言，为公共图书馆的现代化建设献计献策，进一步推动全国图书馆事业的发展，用我们的实际工作成绩迎接党的十六大的召开。

（在全国地级市公共图书馆自动化发展战略研讨会上的书面发言，2002年9月。原载于《江苏图书馆学报》2002年第6期）

进一步做好中国图书馆学会工作

今天，我们在有天堂美誉的苏州，隆重举行中国图书馆学会2004年年会暨学会成立25周年纪念大会。我谨代表文化部和中国图书馆学会，向工作在图书馆岗位上的同行们致以亲切的慰问，向为中国图书馆事业100年发展做出贡献的历代图书馆工作者表示衷心的感谢！今年恰逢苏州图书馆九十华诞，借此机会我也向苏州市图书馆表示热烈的祝贺！

过去的100年，是中华民族励精图志，追求国家富强、民族独立的100年。在这100年中，我国图书馆事业伴随着时代变迁，从无到有，经历了一个逐步成长、发展和壮大的过程。她寄托了志士仁人启迪民智、强国富民的人生理想，凝聚了无数人的努力、心血和智慧，是中华民族渴望进步、追求文明、谋求发展的一个历史缩影。新中国成立以后，中国图书馆学会特别是改革开放以来，在党和政府的重视和关心下，我国的图书馆事业有了较快的发展，已经成为初具中国特色、图书馆类型比较齐全、藏书比较丰富、服务方式多种多样、具有相当规模并在稳步持续发展的图书馆体系。图书馆事业在继承传统文化、建设先进文化、推动经济和社会的全面协调发展中，发挥了重要的作用。同时，各类图书馆的办馆条件逐步得到改善，管理水平不断提高，服务领域不断扩大，服务能力不断增强。最近几年来，图书馆现代化建设发展较快，特别是数字图书馆工程的规划实施，标志着图书馆事业发展进入了一个新的发展阶段。在图书馆事业不断发展过程中，中国图书馆学会也同样经历了一个不断发展、不断壮大的过程。自1979年成立以来，中国图书馆学会在组织理论研究、推动学术交流、开展社会教育以及提供信息咨询服务等方面发挥了重要作用，已经成为图书馆界交流与合作的桥梁和纽带，为促进我国图书馆事业的发展做出了突出贡献。

本世纪的头20年，是我国改革开放和现代化进程中的发展战略机遇期。中华民族进入了实现伟大复兴的重要历史阶段。在实现全面建设小康社会的奋斗目标历史进程中，图书馆事业大有可为。我们要按照"三个代表"重要思想的要求，树立和落实科学发展观，不断建设和发展，不断提高管理和服务水平，不断追赶世界图书馆事业的发展步伐，努力为满足广大人民群众精神文化生活、提高全民族思想道德和科学文化素质、建设学习型社会、促进经济和社会协调发展发挥重要作用。图书馆是公益性文化事业，在推进文化体制改革过程中，各级政府要加大投入，为图书馆事业发展提供切实有力的保障；各级各类图书馆要切实把公益服务放到第一位，进一步推进内部机制改革，加强管理，逐步提高服务水平，增强活力，努力满足广大群众的精神文化生活需求。中国图书馆学会要继续发挥组织、协调、沟通的工作优势,进一步加强内部管理,加强业务建设,努力为推进图书馆事业发展做出积极贡献。

(在中国图书馆学会 2004 年年会暨学会成立 25 周年纪念大会开幕式上的讲话,2004 年 7 月 24 日)

全国图书馆文献抢救工作开展 20 周年贺词

典籍是文明的载体，是一个民族珍贵的文化遗产，是传承文化的重要工具，中华民族历史之悠久、典籍之宏富，当属世界之首。然而，如古人所说："夫天地间物，难聚而易散者，莫若书也。"典籍属不可再生的文化资源，一旦破坏，就不能完整再现。中国历史上有一些严重的典籍流散毁灭事件，被称为"书厄"。究其原因，或损于政治、宗教和朝代更迭等人患，或毁于水火虫鼠等天灾。秦代焚书坑儒、项羽火烧秦宫、汉末军阀割据、西晋五胡乱华、南朝侯景之乱、隋唐书舟翻覆、宋末金人南寇、蒙古铁骑践踏、明末多年战乱、清廷焚禁、太平军扫荡江南文化、外国侵略者大肆掠夺，都造成了历久弥痛的文化浩劫，特别是"文化大革命"对古代文化典籍的摧残更是达到登峰造极的程度。

新中国成立以来，党和政府通过基础设施建设，坚持"保护为主、抢救第一、合理利用、加强管理"的指导原则，建设了一大批图书馆藏书库，让数以千万册的典籍得到了初步保护；又通过修复，让 10 余万册的典籍得到新生。1985 年，根据陈云同志关于抢救祖国文化遗产的重要指示，文化部成立了全国图书馆文献缩微复制中心，采用缩微照相方式对濒于灭绝的珍贵文献和报刊进行抢救拍照。这项工作得到国务院有关部委的大力支持，特别是财政部每年拨出专项经费，使缩微工作得以顺利开展。国家图书馆充分发挥了龙头作用，各地文化管理部门和公共图书馆积极参与，形成了覆盖全国的文献缩微拍摄网络。20 年来，抢救拍照的珍稀濒危文献典籍和报刊总计 66913 种，其中单是善本古籍就有 31182 种，为保护中华优秀文献做出了突出贡献。同时也培养了一批业务娴熟、技术精湛的缩微专业技术人才。

文献保护事业任重而道远，我们目前取得了一些成绩，但还未能从根本上扭转文献保护的严峻形势。据初步了解，全国图书馆、博物馆、文物管理单位收藏的约 3000 万册（件）古籍中，破损的约有 1000 万册（件）。珍贵古籍急需进行抢救的超过 20 万册（件），民国文献破损酸化更为严重。利用缩微技术抢救文献是再生性保护的一种重要方式。事实证明，在目前信息技术发展一日千里的时代，缩微技术仍是世界上最安全、稳定、成熟的影像保存技术之一。希望全体缩微工作者站在保护文化遗产、抢救文献财富的高度，认真借鉴国外先进的彩色缩微技术，加快提高缩微拍照技术水平；努力完善缩微文献向数字化转换的技术，积极参与图书馆数字资源建设；充分开发、科学利用缩微拍照的优秀文献资源，为广大公众和学者服务。

我相信，通过全体缩微工作者的不懈努力和勤奋工作，一定能完成好抢救祖国优秀典籍的重任,让中华悠久绵延、璀璨绚烂的文化典籍世代相传,永放光彩!

二〇〇五年八月

(原载于《数字与缩微影像》2005年第3期)

《上图讲座》序

21世纪，我们生活在一个知识级数递增的伟大时代，人们的思想观念和生活方式正在发生深刻的变化。中国社会在经过了经济高速增长后，更加清醒地意识到：一个和谐的社会，不仅仅是一个富裕社会，更应该是一个文化形态健康、文化产品丰富、文化资源共享的文明社会。

2006年3月，胡锦涛总书记在参加全国政协十届四次会议时，再次强调了发展社会主义先进文化的重要性，指出要把发展社会主义先进文化放到突出的位置，充分发挥文化启迪思想、陶冶情操、传授知识、鼓舞人心的积极作用。

近年来，为了满足人民群众日益增长的精神文化需求，各地都充分发挥优势，创造出一批各具特色的公共文化品牌。其中，在图书馆领域形成了以国家图书馆的"文津讲坛"、上海图书馆的"上图讲座"、山西省图书馆的"文源讲坛"等为代表的特色讲座文化。图书馆讲座已成为新时期广大群众学习的新手段、传播社会主义先进文化的重要方式，成为实践"三个代表"重要思想、落实科学发展观、全面建设小康社会的重要举措。

听过讲座的人都有体会，聆听一场精彩的讲座有"胜读十年书"之感！那智慧的火花、真情的诉说、高屋建瓴的学术思想和成果，使智慧相互碰撞，使观点相互交锋，于自然交汇中把主讲人的思想立体地带给听众，把听众感悟的心灵反馈给演讲人……正是由于这样独特的魅力，图书馆讲座日益受到公众的欢迎和关注。前不久，文化部办公厅下发的《关于深入开展公共图书馆讲座工作的通知》，要求全国各级公共图书馆落实科学发展观，把图书馆讲座工作作为加强公共文化服务体系建设的重要举措，让讲座成为思想工作、社会教育的阵地，以满足广大群众多领域、多层次的文化知识需求，通过讲座来引导、组织、服务于全民读书活动。

上海图书馆讲座创办28年，累计举办各类讲座1200余场、直接听众近90万人次，并推出了讲座专刊、讲座网站、视听阅览室等一系列衍生服务。20多年来，众多知名学者、社会名流登上讲坛，以见解精辟、格调高雅、深入浅出的各类演讲丰富了广大读者的文化生活和城市的文化内涵。"上图讲座"逐渐成为公共文化服务的知名品牌，人们亲切地称之为"城市教室""没有围墙的大学"。

文化的竞争力和创造力正在无形中提升着城市综合竞争力。近年来。图书馆讲座在产品和服务上不断尝试，在文化资源共享方面走出了创新的一步。通过拓展和提升服务方式、服务渠道、服务网络和服务层次，从阵地服务到网上服务，从一个省市发展到全国，许多讲座产品还纳入了全国文化信息资源共享工程，为弘扬先进文化做出了贡献。其中，上海图书馆讲座因其创新思路和卓越成绩在2005年获得了全国首届文化部创新奖，这是对全国图书馆界讲座服务工作的一种肯定。

"宝剑锋自磨砺出，梅花香自苦寒来。"这本采众家之所长、取思想之精髓的《上图讲座》杀青问世，它旨在为更多的"听者"通过书本的载体进行讲座的二次传播，从而达到学习科学知识、弘扬科学精神、展示文化多元和文化融合的时代特征的目的。上海图书馆讲座中心的同志们在众多专家学者的支持下，反复推敲、认真审稿，付出了大量的心血。衷心希望"上图讲座"和全国的图书馆讲座工作能矢志不渝地为传承文化、传播知识、创建学习型社会而努力，为提升国民素养、构建和谐社会做出更大的贡献。

［原载于上海图书馆讲座中心编：《上图讲座》（第1辑），上海科学技术文献出版社2006年版］

大力推进图书馆延伸服务
为构建社会主义和谐社会做贡献

召开全国公共图书馆延伸服务经验交流会，主要目的是学习贯彻中央领导同志关于加强公共图书馆延伸服务的指示精神，交流和推广天津图书馆及各地公共图书馆开展延伸服务的成功经验，研究、部署新形势下的图书馆服务工作。这是推动图书馆事业发展的一次重要会议，国务委员陈至立同志对这次会议的召开十分重视，专门发来贺信，做出重要指示。5月15日上午，我们听取了天津图书馆等7家单位的情况介绍，下午进行了实地考察，时间虽短，但成效显著，达到了预期目的。

下面，我讲几点意见，供同志们参考。

一、公共图书馆事业快速发展，服务工作面貌一新

公共图书馆事业的发展水平是一个国家、一个地区文明进步程度的重要标志之一。改革开放以来，随着我国经济社会的快速发展及社会文明程度的提高，各级党委和政府高度重视公共图书馆建设，按照中央提出的文化事业单位改革的总体部署，深化机制改革，加大投入，各级图书馆内部活力明显增强，服务效益显著提高，全国公共图书馆事业呈现出良好的发展态势。

（一）图书馆事业的发展为服务工作奠定了坚实基础

一是事业规模不断扩大，基础设施条件日益改善。2005年，我国公共图书馆的数量达2762个，总藏量4.8亿册（件），书架总长度1320万米，阅览座位48万个，分别比"九五"期末的2000年增长3%、20%、35%和15%。二是经费投入逐年增加。2005年，各级图书馆的财政拨款达27.78亿元，比2000年增长了近1倍；人均购书费0.457元，比2000年增长59%。三是现代化技术应用水平普遍提升。随着信息技术、计算机网络技术的发展，很多图书馆都采用了计算机管理，实现了自动化、网络化。特别是全国文化信息资源共享工程的实施，在图书馆界建立了一个数字资源共建共享平台，也为各地图书馆拓展服务创造了新的条件和发展空间。四是专业人员队伍素质不断提高。2005年，公共图书馆在册人数5.04万人，其中高级职称3271人，中级职称1.47万人，中级职称以上人员占总人数的35.7%。图书馆事业的长足发展，为搞好图书馆服务工作奠定了坚实基础，全国公共图书馆的整体服务能力明显提高。2005年，全国县级以

上公共图书馆共发放借书证1062万个,接待读者2.33亿人次,图书流通2.03亿册次,分别比2000年增长70%、24%和20%。2005年,为读者举办讲座、培训等各类活动24.6万次,参加人数为2557万人次,分别比2000年增长5倍和42%。

(二)国家重大文化工程的实施为拓展图书馆服务工作提供了新的契机

近年来,公共文化服务体系建设的力度逐步加大。国家已陆续实施了全国文化信息资源共享工程、送书下乡工程、中华再造善本工程等。文化共享工程主要依托各级公共图书馆推进。工程的实施大大提升了各级图书馆的自动化、网络化水平及服务能力,为图书馆服务向基层延伸提供了有效的途径。送书下乡工程为592个国家级扶贫工作重点县的基层图书馆、文化站补充了大量最新适用图书,大大提高了它们的服务能力。中华再造善本工程再造善本758种8990册,为充分利用图书馆古籍资源、向社会传播优秀传统文化创造了有利条件。这些重大文化工程的实施,成为推动图书馆工作的有力抓手,带动了各地不断加大对图书馆的经费投入,促进了覆盖城乡的公共图书馆服务网络体系的建立,提升了各级图书馆的公共服务能力,产生了很好的社会效益。

(三)积极探索,不断创新,图书馆社会效益显著提高

近年来,为扩大服务范围,提高社会效益,各级图书馆积极开展面向社区、面向农村、面向基层的延伸服务,创造了许多好的经验,主要包括:

大力推广总分馆制。上海以市图书馆为中心馆,以区县图书馆、高校图书馆及专业图书馆为分馆,以网络为基础,实行总分馆"一卡通",在不改变各参与图书馆行政隶属关系、人事关系、财政关系的前提下,组建了图书馆联合体;天津图书馆自2004年开始在全市范围开设54家社区分馆,分馆建设采取市图书馆、区县图书馆和街道社区三方合作的方式,市馆提供文献资源,区县馆进行业务培训,社区提供场地、人员、设备和日常维护经费,形成了多方共赢、社区居民受益的建设模式;深圳市将发展总分馆制纳入"图书馆之城"规划中,建成了517个规范的社区图书馆。总分馆制的推行,促进了图书馆服务体系的合理布局,优化了资源的合理配置。

探索建立行业分馆、专业分馆。开设行业分馆、专业分馆,主动为各行业和各部门服务,是各地图书馆延伸服务的另一项有效举措。国家图书馆自1999年以来,已陆续合建了6家部委分馆,成为开展党政军咨询的有效方式。天津图书馆自2005年以来在全市公安系统开设了34家分馆,还与武警、工商、残联等部门合建分馆,并开设专门面向农民的农业图书馆。行业分馆、专业分馆的设立,丰富了中心馆的服务内涵,扩大了图书馆的社会影响,社会效益显著。

不断拓展流动服务。各地积极开展了流动图书馆、流动图书站、流动图书车等流动服务，与阵地服务相配合，使图书馆服务惠及更多的基层群众。广东省2003年启动流动图书馆建设，采用政府出资购书、省馆依托物流负责实施，向经济欠发达地区图书馆输送图书，以半年为周期在各馆间流动，有效解决了基层群众读书难的问题。截至2006年底，建设分馆39个，受惠群众超过500万人。

普遍开展了讲座、展览和培训。为强化图书馆的社会教育功能，近年来，各级图书馆普遍开展了形式多样的讲座、展览、培训，取得了良好的社会效益。2004年底，文化部在佛山召开全国公共图书馆讲座工作会议，要求全国图书馆普遍开展讲座工作。之后，图书馆讲座蓬勃发展，涌现了国家图书馆"部级领导干部历史文化讲座"、上海图书馆公益讲座、首都图书馆"首图讲坛乡土课堂"、浙江省图书馆"文澜讲坛"、长春市图书馆"城市热读"讲座、成都图书馆公益讲座、大连图书馆白云书院传统文化讲座等各地较有影响的文化服务品牌。其中，"部级领导干部历史文化讲座"已进行5年，举办83场，受到部级领导干部的广泛好评，受到中央领导同志多次表扬。

积极开展网上服务。目前，依托互联网提供远程服务，为读者开展网上参考咨询和网站知识导航，已成为各级图书馆特别是大中型图书馆延伸服务的重要形式。其中，国家图书馆的网上虚拟参考咨询服务、广东中山图书馆的网上咨询服务等，做得比较突出，受到群众的热烈欢迎。除提供互联网服务外，随着文化共享工程的开展，依托文化共享工程网络开展服务也已成为各地开展图书馆延伸服务的新形式。

与中央的要求、与广大人民群众日益增长的精神文化需求相比，图书馆工作还存在不少差距，主要表现在图书馆事业的基础还比较薄弱，发展还不平衡；经费保障严重不足，机制僵化；人才匮乏。这些问题影响了图书馆作用的发挥和图书馆事业的持续发展，必须引起我们的高度重视，应采取积极应对措施，切实加以解决。

二、进一步深化和拓展服务功能，提高图书馆公共文化服务的能力

（一）充分认识深化图书馆服务工作的重要意义

深化图书馆服务工作，是构建公共文化服务体系的必然要求。在构建和谐社会进程中，公共文化服务体系是切实保障公民基本文化权益的重要途径。加强图书馆服务工作，拓展图书馆服务网络，提高服务辐射能力，有利于最大限度地发挥政府投入的社会效益，是政府履行公共文化服务职能的有效方式，是促进人的全面发展的有效手段，是建设和谐社会、学习型社会的重要内容。各级文化行政主管部门要充分认识图书馆服务工作的重要意义，把加强图书馆服务工作作为实

践"三个代表"重要思想、落实科学发展观、建设和谐社会的重要举措，认真抓好，抓出成效。

深化图书馆服务工作，是满足人民群众日益增长的精神文化需求的必然要求。图书馆是公民终身学习和继续教育的学校。新形势下，随着社会发展和人民生活水平的提高，随着知识经济时代的来临，为提高自身素质，增强竞争实力，越来越多的人选择到图书馆进行学习、"充电"，全社会日益形成浓郁的学习氛围。在建设学习型社会的进程中，公共图书馆的地位和作用越来越突出。深化图书馆服务工作，使人民群众享受优质、高效、便捷的服务，是当前图书馆业务建设的一项中心任务。

深化图书馆服务工作，是新形势下图书馆事业发展的必然要求。随着计算机网络技术、信息技术的飞速发展，公众获取知识信息的渠道增多，单纯来图书馆读书看报及查阅资料的读者较以往有减少的趋势，传统的图书馆阵地服务方式面临着重大转变。同时，与图书馆硬件条件的改善相比，图书馆内涵建设相对滞后，图书馆社会教育功能亟待增强，综合服务能力有待提高。面对新的形势和任务，必须改变传统的服务模式，拓展图书馆服务方式和内容，扩大服务受众，提高资源的利用率和服务水平，使有限的资源发挥最大的效益。

（二）不断创新图书馆服务内容和方式，全面提升图书馆服务水平

根据我国图书馆事业发展和服务工作的实际情况，当前我们要重点抓好以下几个方面的工作。

1. 大力推进总分馆制，设立行业分馆、专业分馆，构建完善的图书馆公共服务网络

随着我国城市化进程的加快，公共图书馆建设要与城市发展相适应，大力推广总分馆制，形成以中心图书馆为核心，覆盖城乡的完善的图书馆服务网络，实现图书馆资源合理配置。要积极开设行业分馆、专业分馆。具备一定条件、规模的图书馆，要根据人们的不同需求，与社会各界开展合作，拓展服务范围，开设行业分馆、专业分馆，为专门人群提供个性化服务。为推动图书馆服务网络建设，文化部将于今年下半年开始在全国开展"图书馆之城"的评定工作，对图书馆公共服务网络建设完善、文献资源保障好的城市，命名为"图书馆之城"。

2. 依托文化共享工程、互联网延伸图书馆服务工作

文化共享工程是数字图书馆服务的早期实现形式，是图书馆重要的工作内容。各级图书馆要紧密结合文化共享工程的推进，抓紧开展图书馆自动化、网络化、数字图书馆建设。"十一五"期间工程的建设目标是：到2010年，基本建成资源丰富、技术先进、服务便捷、覆盖城乡的数字文化服务体系，努力实现"村

村通"。同时，数字资源总量达到 100 TB。随着工程的快速推进，每个县级公共图书馆都要尽快建立支中心、电子阅览室，乡、村建立基层服务点，为图书馆开展延伸服务提供有效的技术服务平台。同时，各级图书馆要积极整合数字资源，依托文化共享工程大力开展面向农村、面向基层、面向广大群众的服务，使广大农村、基层的公共文化服务状况得到较大改善。同时，各馆要积极开展网上参考咨询服务，优化软硬件环境，培养一批专业的参考咨询人员，提高远程服务能力。加强网站建设，丰富网上数字资源，强化知识导航服务。

3. 积极开展流动服务

在当前我国公共文化服务体系有待完善、城乡文化发展不平衡的状况下，开展流动服务是图书馆延伸服务的一种有效途径。各地要通过物流、信息流，建立贯通基层的流动服务网络，在一个区域内，减少城乡文化差距，填补信息鸿沟。流动服务的情况将作为图书馆评估的重要内容给予考虑。

4. 继续开展讲座、展览和培训等方面的工作

要更加广泛、深入、持久地开展图书馆讲座，注重策划选题、挑选专家、把握内容、精心组织等关键环节，充分利用讲座成果，实现全国共享。各省可参照国家图书馆举办部长讲座的做法，举办高层讲座，扩大讲座影响。展览和培训也是拓展图书馆社会教育功能的重要形式，各地要及时总结经验，形成规模，办出特色，树立品牌。

（三）加强领导，加大投入，为图书馆事业发展提供有力保障

第一，各级文化主管部门要高度重视公共图书馆事业建设，加强组织领导。要把图书馆工作作为公共文化服务体系的重要内容来抓，纳入文化发展规划，纳入重要的议事日程。各级图书馆要将图书馆服务工作作为全馆的核心工作来抓，因地制宜，科学规划，专人负责。要积极推进图书馆内部机制改革，将服务成果和社会效益作为衡量改革成效的重要标准。

第二，大力推动政策法规建设，推动《图书馆法》立法进程。《图书馆法》已被列为"十一五"期间立法项目。文化部将积极协调有关部门加快推进立法进程。同时，各地也要继续推动本地区的图书馆立法工作，促进国家法律的尽快颁布。下半年，文化部、建设部还将正式下发《公共图书馆建设标准》，各地要认真执行。《公共图书馆建设用地指标》也在抓紧起草中，各地要配合做好调研、反馈意见等相关工作。

第三，加大投入，逐步建立图书馆经费保障机制。各级文化部门要主动争取当地财政部门的支持，切实加大投入，确保购书经费按时足额到位，保证日常运行经费、人员经费、服务经费、设备经费等。同时，各地要认真总结以项目带动

投入增长的成功经验,积极策划项目,争取地方加大投入。"十一五"期间,文化部、国家发改委计划实施乡镇综合文化站建设项目,将对县级图书馆服务空间的拓展产生重大影响。

第四,进一步完善图书馆评估、奖励机制,推进图书馆事业发展。今年年底前,文化部将根据图书馆事业发展的实际情况,对现有评估标准进行修订,明年开展全国县级以上公共图书馆第四次评估定级工作。最近,中宣部已批准增设40个名额的图书馆服务奖,文化部将在近期下发评选通知,对图书馆系统开展服务工作成绩突出的单位和个人进行评选,并在下半年召开表彰大会。此外,今年下半年,还将对实施文化共享工程的先进地区进行命名。希望通过上述这些工作,完善奖励政策,调动大家的工作积极性,建立健全促进图书馆工作的长效激励机制。

第五,进一步加强宣传。要发挥新闻媒体的舆论导向作用,抓住典型,加大对图书馆服务工作的宣传力度,树立图书馆服务品牌,形成良好的社会影响,提高图书馆的社会影响力。经研究,今年图书馆服务宣传周的主题是"延伸服务、深化服务,提高社会效益"。各地要按照这一主题,结合地方特点,组织丰富多彩的宣传活动,为进一步做好图书馆服务工作营造良好氛围。

(在全国公共图书馆延伸服务经验交流会上的讲话。原载于《中国文化报》2007年5月24日第2版)

图书馆建设要与数字图书馆、文化共享工程建设相结合

我在重庆开对口支援三峡库区文化建设工作会议，借这个机会，我通报两个情况，将来大家考虑图书馆发展的时候，有几件事要站在更宏观的位置来考虑。

这几年国家对图书馆的发展越来越重视，而社会的需求也越来越高，图书馆怎样开展服务很重要。我们有一个有利条件，那就是身处信息时代，各馆在建设新馆时都充分考虑了计算机网络技术的使用，这对图书馆发展的影响非常大。我们10年前还在讨论"没有围墙的图书馆"的概念，当时对这个叫法比较陌生，但现在已变成现实。因此，在考虑图书馆发展时，要考虑计算机网络技术应用这一问题。我在这里谈几个具体问题。

第一个具体问题是，国家数字图书馆建设，国家投入12亿元，其中除了4亿元用于硬件设备和软件外，其余的用于数字资源建设。几个中央领导都有批示，现在部里也在研究，将来只要是国家数字图书馆的资源，都要全部充分使用，真正搭建全国性的数字图书馆平台，这对图书馆事业有比较大的影响。将来国家数字图书馆的资源都可以到省，到地市，到县，甚至到乡镇。当然，还有版权等一系列问题，但这些问题都会陆续得到解决。各馆在建设时，尤其是在新馆建设时，要考虑怎样搭建相关的网络平台，因为省馆是一个中转站，将来怎样往底下服务是一个比较大的问题，必须进行研究。

第二个具体问题是，全国文化信息资源共享工程从2002年开始实施，到现在经历了不少艰难曲折，得到中央的重视。几乎所有讲到文化建设的文件都要强调它，它是公共文化服务体系建设的二号工程，特别是农村文化建设的重要设施。当时我们的定位是：它是作为数字图书馆早期服务的平台设施。现在文化共享工程有了比较快的发展，中央财政计划拿出20多个亿，最后下来可能有30多个亿，加上地方财政配套，应该有六七十个亿用于共享工程建设。

文化共享工程既有车，也有货，也有路，这为将来图书馆的服务建起比较好的基础。我们的目标是，到2010年实现"村村通"。要实现这个目标有很艰巨的工作要做。届时每个县都要建立起一个像样的电子阅览室，配置的标准是68万元，西部地区中央财政承担80%，接近55万元；中部地区，中央财政承担34万元。实际上，按照这样的配置，可以搭建一个比较好的电子阅览室，搭建一个比较好的局域网。此外，每个乡拿出几万元钱搭建这个平台，每个村也要给几千元钱的经费搭建这个平台。它对图书馆的影响是最大的，数字资源要通过这个网络

来提供服务，它在传统纸质文献服务之外，开辟了另外一个数字图书馆信息服务平台。

将来数字图书馆的资源要免费传播，文化共享工程产生的资源也要免费为全国民众服务。文化共享工程的资源，除了传统图书馆的资源外，还有大量多媒体资源，比如信息、电影、讲座、农业资料，它们都会在图书馆网络上跑，这将对图书馆服务产生重大影响。因此，在数字资源建设方面，在数字资源服务方面，各省都要早一点做准备。凡事预则立，不预则废。搭建网络平台时，得考虑到这些工程，考虑到这些资源的存储和传输，考虑到这些资源平台的搭建怎样更便捷地为基层服务。

我们规划图书馆发展的时候，要考虑到这两个工程。这两个工程对图书馆的影响很大，会对图书馆产生加速发展的作用，为整个图书馆事业的发展开辟广阔的前景。没有这两个工程，尤其是文化共享工程，基层图书馆什么时候能够摸到计算机？当然，它也会带来文献资源建设、人才培养等一系列问题，但这些问题会慢慢得到解决。

图书馆作为公民的终身学校，就是要为全社会提供更多服务。我们搭建这个平台，使图书馆多了一个重要的推手。图书馆借助计算机网络为全社会提供服务，能发挥更重要的作用，使图书馆真正成为一个地区的文化中心和公民最庞大的学校。

这些年图书馆有很多创新，包括广东流动图书馆，包括各地推进文化共享工程时与全国农村党员干部现代远程教育工程和农村中小学现代远程教育工程这两个平台紧密结合起来，有的还与数字电视结合，有的与广电服务相结合。不管是什么样的服务，很重要的一点是使信息资源源源不断地向公众提供，这对图书馆来说是一个革命。当然，我们现在不要说得太大，但在做工作时要立足于长远规划，使图书馆在未来社会发展中发挥越来越大的作用。

这个平台，据我了解，其他国家还没有。中国的国情是政府的力量很强，想做的事情能做起来。希望大家认真策划，扎扎实实，把图书馆事业做得更好！

（在重庆"中南、西南地区图书馆馆长座谈会"上的讲话，2007年10月11日，根据录音整理。广东省立中山图书馆网站：http：//web.zslib.com.cn/cn/zhp.htm，2008 - 10 - 16）

以城带乡　统筹发展
大力推进城乡公共图书馆服务体系建设

今天，我们在这里召开全国农村图书馆服务网络建设经验交流会，主要目的是交流和推广嘉兴及各地建设农村图书馆服务网络的成功经验，研究、部署新形势下城乡公共图书馆服务体系建设工作。

近年来，嘉兴市创新管理体制，积极推进城乡公共图书馆服务体系建设，取得了良好的社会效益，受到群众欢迎。嘉兴模式的主要特点可以用16个字概括，即政府主导、多级投入、集中管理、资源共享，明确了各级政府在城乡图书馆服务体系建设中的主体责任，建立了稳定的经费投入保障机制，促进了人、财、物等资源的集中、统一、高效配置，加强了农村地区的分馆建设。总结嘉兴的经验，我们认为，主要有三个方面：一是党委、政府的高度重视。市委、市政府亲力亲为，将其作为统筹城乡发展、推动经济社会协调发展的重要举措，体现了党委、政府高度的文化自觉。二是大胆探索，勇于创新。嘉兴实行的总分馆模式，学习和借鉴了全国其他地区的一些经验，同时结合实际，在建设理念、人员管理、投入运行机制、服务等方面，均有所突破、有所创新，成为在全国具有一定示范意义的崭新的发展模式。三是强有力的措施保障。在制定发展规划及具体实施过程中，嘉兴各级政府、各级文化部门采取了一系列有力措施，统筹协调，建章立制，规范管理，大力宣传，使城乡公共图书馆服务体系建设得以快速推进。总之，嘉兴走出了一条以城带乡、符合实际的公共图书馆服务体系建设与发展的道路，为构建覆盖城乡的公共文化服务体系、为本地区经济社会发展做出了积极贡献，受到图书馆界、学界及社会的广泛关注，值得各地学习和借鉴。

下面，我就学习、推广嘉兴等地经验，进一步推进城乡公共图书馆服务体系建设，谈几点意见。

一、近年来图书馆事业取得长足发展

近100年来，我国的图书馆事业发展经历了几个高峰期。第一个高峰期是从100年前的清光绪年间到1930年左右，古越藏书楼等一批具有近代意义的图书馆在中国兴起。第二个高峰期是新中国成立以后，各地掀起了图书馆建设的高潮，全国公共图书馆的数量由1949年的55所发展到1957年的400所。再一个时期，是改革开放初期，以国家图书馆新馆为标志，图书馆建设又掀起了一轮高潮，很多省级图书馆就是在这个时期新建的。再一个时期，就是最近几年。近年来，党中央、国务院、各级党委和政府高度重视公共文化服务体系建设，公共图书馆事业进入到一个重要的发展时期，呈现出良好的发展态势：

一是事业规模不断扩大。2008年，我国县级以上公共图书馆的数量达2819个，比"九五"末的2000年增加142个。总藏量5.5亿册（件），总流通人次2.8亿人次，分别比2000年的4.1亿册（件）、1.88亿人次增长34.1%、48.9%。

二是经费投入逐年增加。2008年，全国公共图书馆购书经费总计9.369亿元，人均购书费0.7元，分别比2000年的3.7亿元、0.287元增长153%、144%。

三是服务能力显著提高。2008年，书刊外借2.31亿册，流通人次2.81亿人次，分别比2000年的1.69亿册、0.96亿人次提高36.7%、193%。

四是现代化水平普遍提升。2008年，全国公共图书馆计算机台数总计达10.1万台，比2004年的5.44万台增长85.7%。

五是国家重大文化工程的实施为图书馆面向农村开展服务提供了有利平台。近年来，为加快推进公共文化服务体系建设，国家陆续实施了全国文化信息资源共享工程、乡镇综合文化站建设项目等。文化共享工程主要依托各级公共图书馆推进，"十一五"期间，国家将投入24.7亿元用于工程建设，建成覆盖全国所有县、乡、村的服务网络。乡镇综合文化站承担县图书馆分馆的功能，是图书馆开展服务的重要阵地。"十一五"期间，中央财政将投入资金39.48亿元，带动地方配套资金，新建和扩建2.67万个农村乡镇综合文化站，到2010年基本实现"乡乡有综合文化站"的建设目标。送书下乡工程实施6年来，中央财政已投入1.2亿元，共向592个国家级扶贫工作重点县和6000个乡镇送书1060万册，每个县馆增加藏书1万册，乡镇文化站增加最新适用图书3000册，大大提高了它们的服务能力。这些重大文化工程的实施，提升了各级图书馆的公共服务能力，促进了覆盖城乡的公共图书馆服务网络体系的建立。

六是图书馆事业法制化、标准化程度大大提高。2008年，《公共图书馆建设用地指标》《公共图书馆建设标准》先后发布，《公共图书馆法》被列入全国人大和国务院法制办"十一五"立法项目。

七是专业人员队伍素质不断提高。2008年，全国公共图书馆从业人员达5.2万人，其中高级职称3964人，中级职称1.6万人，中级职称以上人员已达38.4%。

二、大胆探索，勇于创新，公共图书馆服务水平有较大提升

（一）推进总分馆制

国内外的实践证明，图书馆实行总分馆制，是合理配置图书馆资源、统筹城

乡文化发展、拓展图书馆服务网络的有效方式，文化部一直倡导并积极推动。近年来，上海、北京、天津、杭州、深圳、东莞等地因地制宜，积极探索多种形式的总分馆制，优化了资源配置，提高了服务效益，方便了广大群众，取得了良好成效。特别是2007年在天津召开全国图书馆延伸服务工作经验交流会之后，各地的积极性和创造性得到进一步激发，工作取得新的进展，形成了服务网络向农村延伸、服务重点向农民倾斜的发展态势。

（二）开展流动服务

各地普遍开展了流动图书馆、流动图书车等流动服务，与阵地服务相配合，使图书馆服务惠及更多的农村基层群众。广东省2003年启动流动图书馆建设，政府负责出资购书，省图书馆（中山图书馆）依托物流负责实施，向经济欠发达地区图书馆输送图书，以半年为周期在各馆间流动，有效地解决了基层群众读书难的问题。截至2008年底，广东流动图书馆建成分馆62个，各流动分馆的服务点延伸到乡镇、农村，构建县、镇、村三级图书馆服务网络，累计接待读者达1515万人次、阅览图书2878万册次、办理借书证58196个、外借图书136万册次，取得了显著的社会效益和社会影响。山西省下拨专项购书经费，设立农村流动书库，省图书馆为流动书库的总馆，各县馆为分馆。流动图书由各分馆负责在村际间一年内流动两三次，为乡、镇、村做好图书流动服务工作。湖北省图书馆建立了近百万册馆藏的流动书库，在全省县、乡、村建立馆外流通点。目前已设立馆外流通点70多个，送书累计达8万多册。自2006年起，武汉市的市、区两级财政共同投资300多万元，启动流动图书库项目，为武汉13个区公共图书馆配发了流动图书车，其中每年投入40万元建立流动图书库。每个流动点每次定期更换2000册图书，流通图书达1.33万册，接待读者共10万余人次。截至2008年，全市汽车流动图书馆共交换图书达1519次、53万册次、49万人次。甘肃省从2005年开始尝试建立三级流通模式，定期将省图书馆的藏书批量外借到地、县图书馆，在约3个月的借阅流通后，再将其外借到周边基层图书馆或文化站，完成整个流通周期后返还省图书馆并再次配书。江西、重庆等地也开展了面向农村基层地区的图书流动服务。

（三）利用文化共享工程基层服务网络开展服务

截至2008年12月，文化共享工程各级中心和基层服务点已达到67.3万个，资源量达到73.91 TB。文化共享工程几年来已经逐步形成了互联网模式、卫星模式、有线/数字电视模式、IPTV模式、VPN模式、无线网模式、电子政务外网模式、光盘/移动硬盘等模式。各地依托文化共享工程县、乡、村基层服务网络，积极开展面向农村的信息服务。各地还充分利用互联网的信息传播优势开展远程服务。山东初步构建了一个为"三农"服务的信息化支持网络，组成功能社会化、结构网络化、信息产业化的现代农业文献信息体系,实现资源共享,为农业经济的发展提供最新、最实用的科技信息和市场信息。上海依托"信息苑"建设,将图书馆服务延伸到乡村。天津整合"天津图书馆网站""天津文化信息网""天津文化共享工程网",采取三网合一的模式,形成强大的网络服务体系,服务覆盖面遍及全市城乡各地,三个网站的年点击率超过100万次。各地图书馆还利用自身的门户网站,依托丰富的馆藏资源和数字资源,组织农业专家,积极开展面向农村的网上参考咨询,受到广大农民群众的欢迎。

(四) 建立行业分馆、专业分馆

近年来,各地积极开设行业分馆、专业分馆,主动为各行业和各部门服务。国家图书馆自1999年与人事部合作创建国家图书馆人事部分馆以来,已陆续与国家发改委、劳动和社会保障部、财政部、中国民航总局等合建了部委分馆,成为对党政军领导机关开展参考咨询的有效方式。天津图书馆自2005年以来在全市公安系统开设了34家分馆,还与武警、工商、残联等部门合建分馆,并开设专门面向农民的农业图书馆。行业分馆、专业分馆的设立,丰富了中心馆的服务内涵,扩大了图书馆的社会影响,社会效益显著。

(五) 开展讲座、展览、参考咨询等服务

各级公共图书馆通过举办各种形式的讲座、展览等,使图书馆的社会教育功能得到了充分发挥。各级公共图书馆还积极主动地提供参考咨询,为政府决策服务,为国家重点科研课题服务,为企业提供服务,发挥了很好的作用,图书馆的工作越来越受到各级领导的关注和重视。

总之,近年来,公共图书馆服务体系特别是农村公共图书馆服务网络的发展,丰富了广大群众的文化生活,促进了国民素质的提高,营造了团结、向上的良好社会氛围,优化了社会文化环境,对推动我国经济社会协调发展发挥了重要作用。

三、高度重视,加大力度,推进城乡公共图书馆服务体系建设

农业、农村和农民问题是关系到我国社会主义现代化建设和全面小康社会建设的大问题。党的十七届三中全会通过的《中共中央关于推进农村改革发展若干重大问题的决定》明确指出:建设社会主义新农村,形成城乡经济社会发展一体化新格局,必须发展农村公共事业,繁荣农村文化,到2020年实现城乡基本公共服务均等化。为保障人民群众基本文化权益,繁荣农村文化,2005年11月,中共中央办公厅、国务院办公厅下发了《关于进一步加强农村文化建设的意见》。2007年8月,中共中央办公厅、国务院办公厅下发了《关于加强公共文化

服务体系建设的若干意见》。上述文件明确提出了农村文化设施建设将作为公益性文化事业，纳入公共文化服务体系建设的总体框架，在政府主导、社会参与的原则下，保障广大农民群众的基本文化权益，提供公共文化服务。以文件精神为指导，今后一个阶段，农村公共图书馆服务体系建设的重点是：

一要抓认识。建设农村公共图书馆服务体系，是我国社会发展到一定程度的必然选择。公共图书馆作为政府举办的公益性文化机构，是我国公共文化服务体系的基础，是重要的农村文化阵地。但是，目前农村公共图书馆服务网络仍是较为薄弱的一环，虽然目前我国农村公共图书馆服务网络建设已经取得了一些成绩，但从整体来看，农村公共文化事业发展严重落后，城乡之间、东西部之间文化发展不平衡的问题仍然存在。当前，农村公共图书馆服务网络建设，尤其是西部老少边穷地区还存在基层图书馆设施建设相对落后、设施数量严重不足等问题。2007年底，我国2414个县级图书馆中，有557个馆的馆舍面积低于国家规定的县级最低标准（500平方米），不达标率达23%；经费投入明显偏低，业务经费严重不足。全国有709个县级图书馆全年无购书经费，占总数的29%；图书资源贫乏、内容陈旧。2007年全国图书馆人均藏书量为0.39册，农村人均藏书量仅为0.19册；基层图书馆专业人员匮乏、从业人员整体素质偏低等困难和问题亟待解决。随着我国经济的快速发展，社会已进入"以工促农、以城带乡"的发展阶段。推进农村公共图书馆服务网络建设，统筹城乡公共图书馆发展，是实现基本公共文化服务均等化，保障人民群众基本文化权益，促进城乡文化协调发展和社会主义新农村建设的重要举措。我们必须站在学习实践科学发展观的高度，充分认识加快推进农村公共图书馆服务网络建设的重要意义。

建设农村公共图书馆服务网络，是图书馆事业发展的需要。当前，广大农民群众求富裕、求健康、求文明的愿望越来越强烈，急需完善公共图书馆服务网络。改革开放以来，公共图书馆事业发展迅速，特别是在大中城市，图书馆服务网络逐步完善，经费投入不断增加，队伍素质不断提高，自动化、数字化、网络化程度逐步提高，服务辐射能力不断增强。同时，近年来陆续实施的全国文化信息资源共享工程、送书下乡工程、乡镇综合文化站建设等国家重大文化项目，有效改善了农村基层文化设施条件，补充了农村急需的图书及各类数字资源，为农村图书馆服务网络建设提供了有利条件。

加强农村公共图书馆服务网络建设，是提高广大农民群众思想道德和科学文化素质，推进社会主义新农村建设的需要。公共图书馆是社会主义新农村建设的重要阵地，是广大农民学习文化科学知识的重要场所。发展农村图书馆服务网络，对于丰富和活跃农民群众精神文化生活，培养有理想、有道德、有文化、懂技术、善经营的新农民，促进社会主义新农村建设具有重要的不可缺少的作用。

各级文化部门要充分认识农村公共图书馆服务网络建设的重要性，把思想和行动统一到贯彻落实科学发展观的要求上来，把城乡公共图书馆服务体系建设，特别是农村图书馆服务网络建设作为今后一个时期的工作重点,加强领导,精心组织,扎实工作,务求实效。

二要抓策划。策划和规划是我们抓好工作的重要环节。没有文化共享工程、乡镇文化站建设这些大的项目,就不可能带动几十亿资金的投入。嘉兴模式的发展,是党委、政府精心策划的结果。希望大家高度重视,策划好项目,使我们的策划方案进入地方的总盘子中。我国地域辽阔,地区间、区域间发展条件不一,差异性大,因此,推进城乡公共图书馆服务体系建设,应因地制宜,从实际出发,来策划本地的项目。要创新工作思路,积极探索符合本地区实际的发展模式。

三要抓投入。各级文化主管部门要高度重视城乡图书馆服务体系建设,将其作为公共文化服务体系的重要内容来抓,纳入文化发展规划,纳入重要议事日程,加强组织领导,加大投入。要建立和完善以县图书馆、乡镇综合文化站、村文化室为主体的农村公共图书馆服务网络。各地要高度重视县图书馆建设,努力提升县馆在资源配置、技术装备、专业管理和延伸服务上的实力和水平。要加强乡镇综合文化站建设和使用,补充图书资源,配备专职人员,承担起县图书馆分馆的功能,使其具备开展信息服务的能力,增强活力,为基层群众提供有效的文化信息服务。村文化室建设要与文化共享工程基层点建设相结合。要努力建成以县图书馆、乡镇综合文化站、村文化室为架构的农村公共图书馆服务网络。要切实加大经费投入,建立健全图书馆经费保障机制。

四要抓服务。图书馆就是服务单位,服务是公共图书馆的基本职能,是公共图书馆事业建设与发展的根本。大力推进农村公共图书馆服务网络建设,其目的就是要加强和改善为广大农民群众的服务,把图书馆办到农民的家门口。基层公共图书馆要牢固树立"以人为本,服务至上"的理念,深入乡村和农户,及时掌握农民群众的信息需要,积极提供针对性强、个性化的信息服务。要顺应农村经济社会发展的新要求,有计划、有重点地加强特色馆藏、特色资源建设,为满足农民群众的精神文化生活和生产致富服务,为农村经济社会发展服务。

五要抓队伍。农村图书馆事业发展,关键在人,关键在培养和造就一批适应信息化、数字化、网络化要求的复合型的基层图书馆工作队伍。各地要积极与机构编制部门配合,按照县图书馆、乡文化站的性质和职能,确定编制员额,保证其正常运转。要逐步实施从业资格制度,提高基层图书馆员的整体素质。要适应网络条件下图书馆工作的新环境,结合文化共享工程的实施,加大培训力度,加强基层图书馆员的业务培训。要采取各种措施吸引优秀人才走进农村,鼓励高校毕业生、志愿者到农村从事公共图书馆服务工作,努力建立一支扎根基层、服务群众的专兼职图书馆员队伍。

四、大力推进文化共享工程建设，进一步发挥工程在服务"三农"中的重要作用

文化共享工程是在信息化不断发展的条件下满足人民群众基本文化需求的重要手段，是公共文化服务体系建设的基础工程，是文化创新工程，是深受群众欢迎的民心工程。"十一五"末，文化共享工程将基本建成资源丰富、技术先进、服务便捷、覆盖城乡的数字文化服务体系，实现"村村通"。文化共享工程的实施和快速推进，为农村图书馆服务体系建设注入了新的内容、新的手段和新的发展契机，当前和今后一个时期，加强和推进农村图书馆服务网络必须与文化共享工程建设密切结合，相互促进。2009年是文化共享工程建设最关键的一年，县级支中心建设要全部完成，乡镇、村级基层点建设按计划推进。各地要进一步明确任务，增强责任感、紧迫感，采取强有力措施，全力推进工程建设。

（一）加快县级支中心和乡、村基层服务点建设，确保"十一五"建设目标的顺利完成

加快推进县级支中心和基层服务点建设，实现2010年"村村通"，是工程建设的重中之重。2008年底，文化部组织了对各地文化共享工程建设的督导。从督导结果看，总体情况是好的，但也存在一些问题。2009年初，部里向各省下发了督导通报，并抄报了分管省领导。收到通报后，山东、江苏、广东、福建、安徽、湖南、内蒙、重庆的分管领导做出批示，西藏自治区分管领导专门主持召开会议，要求进一步提高认识，加大推进力度。本次会前，部里又下发了《文化部办公厅关于做好2009年文化共享工程网点建设的通知》，针对各地的进展情况，要求有关省份要进一步重视，抓紧工作。这里，我想再强调三点：一是按照进度安排，今年5月底前必须完成2008年度文化共享工程设备的采购与安装工作。二是2009年度项目资金预计5月底下达，各地要及早落实配套经费，开展前期准备工作，确保7月底前完成2009年度设备购置任务，10月1日前完成设备安装并开展服务。三是东部地区省份也要按照既定建设标准和进度要求推进。据我们了解，目前个别东部省份工程建设进度缓慢，设备配置未达到规定的建设标准，希望有关省份加大工作力度。部里下半年将专门针对东部地区县级支中心及基层服务点建设情况组织检查。

（二）加大资源建设、整合与使用力度

进一步整合国家数字图书馆、文化共享工程管理中心、各省级分中心的资源，明确分工，加强数字资源建设力度。国家图书馆负责提供数字图书馆范畴内的资源内容；文化共享工程管理中心根据工程建设目标开展资源建设并提供全国

共享，各级分中心负责有针对性地建设地方特色数字资源。要加强资源建设的科学性、针对性、规范化，提高资源建设质量，防止重复建设。文化共享工程管理中心要抓紧建设共享工程网上综合管理平台，5月底前启用，进一步促进提高文化共享工程资源利用率。

充分利用国家数字图书馆工程成果，实现县级图书馆普遍开展数字图书馆服务。要建立高效的工作机制，国家数字图书馆负责向国家管理中心定期提供数字资源，管理中心负责资源传输及运行管理，各级中心特别是县级支中心和基层服务点，在接收资源后，要积极开展面向基层的服务。2008年7月1日起，国家数字图书馆总量达2.62 TB的数字资源，包括电子书刊、年画、地方志、展览、讲座、送书下乡精选图书等共计5万种330万册，已通过文化共享工程网络平台，以互联网、馆域网、资源镜像等方式，向各级中心和基层点提供服务。自2009年起，计划每年向各省级分中心提供新书2万种4万册。同时，要向各市、县级图书馆提供一定数量的电子图书及国家图书馆自建特色资源。这对于丰富文化共享工程各级网点的数字资源量，提升各级图书馆特别是基层图书馆的数字服务能力，具有重要作用。

（三）重点加强对县级支中心工作人员的培训

要坚持培训先行、分级负责的分批培训原则，进一步加强培训工作。根据工程建设的需要，今年要全面开展县级支中心工作人员培训。培训内容以计算机基本操作、资源内容介绍、资源下载与使用、基本服务技能为主，要在短时间内，使县级支中心工作人员掌握计算机使用技能，熟悉资源内容，掌握服务方法，不断提高技术和服务水平。国家中心负责培训师资，编制教材，做好业务指导，保障培训工作的顺利开展。5月份组织开展师资培训。6月起，全面开展县级支中心人员的培训，确保年内对县级支中心工作人员全部进行一次培训。各省级文化主管部门负责实施本省县级支中心工作人员的培训工作。同时，各级分中心工作人员也要强化培训，加强学习，掌握更多、更新的知识和技能。要切实抓好队伍建设，尽快形成一支适应工作需要、战斗力强的县级支中心骨干队伍。

（四）切实加强和改善服务，不断扩大文化共享工程的影响力

要采取多种方式，特别是通过策划丰富多彩的活动，在广大基层群众中普及文化共享工程相关知识，要让群众了解文化共享工程的资源内容，熟悉设备使用方法，不断提高基层群众对文化共享工程设备设施的利用率。各级分中心特别是县级支中心要深入基层，深入农村，组织开展丰富、多样的服务活动，有针对性地开展各种知识讲座、技能培训和咨询，提高基层群众特别是农民群众的职业技能和致富能力，进一步发挥工程的社会效益。

各地要及时了解、总结本地区推进文化共享工程的情况和典型经验，特别是

与中组部农村党员干部现代远程教育工程共建基层服务点的经验，定期向文化部社文司、管理中心报送。国家中心及各级分中心、基层服务点要结合国庆60周年大庆，策划项目和活动，举办多种形式的公益性文化活动，特别要发挥互联网优势，通过组织网上成就展、网上知识竞赛、网上征文、摄影比赛等活动，吸引群众参与，使文化共享工程成为人们了解变化、学习党史国情、表达爱国热情的重要平台。社文司要及时总结、发现典型经验，注重发挥自身特色，通过编发《文化要情》和《文化信息》、撰写专题报告、主动向媒体提供相关资料、邀请媒体进行采访报道等形式，把爱国主义教育贯穿到整个宣传活动中。

建设、完善城乡图书馆服务体系是新形势下图书馆工作面临的一个重要任务，也是统筹城乡发展、保障人民群众基本文化权益的重要举措。我们要充分认识到自己肩上所担负的责任和使命，深化改革，勇于创新，扎实工作，加快推进农村图书馆服务网络建设，为提高全民族科学文化素质、繁荣社会主义先进文化和构建社会主义和谐社会做出应有的贡献。

（在全国农村图书馆服务网络建设经验交流会上的讲话，2009年4月13日）

百年图书馆探索延伸服务新模式

今天，我们隆重举行仪式，庆祝天津图书馆建馆100周年。我谨代表文化部向天津图书馆的全体员工表示热烈的祝贺！向出席仪式的各位领导、各位来宾，以及长期以来关心与支持图书馆事业发展的各界人士与朋友们表示最诚挚的谢意！

图书馆事业的发展水平是一个国家和地区文明进步程度的重要标志之一。天津图书馆创立于1908年，是中国创建较早、历史悠久的省级公共图书馆之一。在卢靖、严范孙、徐世昌、王贤宾等有识之士的大力支持下，在严侗、李霁野、黄钰生等一代又一代图书馆人的努力下，天津图书馆从以"保存国粹，宣传文化，辅助学校教育，增长社会知识"为宗旨而设立的简陋馆舍，到今天馆藏丰富、设施先进、服务卓越的现代化图书馆，事业不断发展壮大，在积淀民族文化、启迪民智方面开始发挥越来越重要的作用。特别是新中国成立后，在党和政府的关怀支持下，天津图书馆取得了长足的进步，在提高国民素质、促进社会进步方面发挥了积极的作用。改革开放以来，在天津市委、市政府的高度重视下，在社会各界的广泛关注和支持下，天津图书馆坚持"读者第一、服务至上"的方针，积极开展延伸服务，探索出一条图书馆服务的新路，使政府公益性文化服务的范围得到不断拓展，服务内容和方式得到不断丰富，服务质量和水平得到不断提高，曾多次被文化部授予"国家一级图书馆""全国文化工作先进集体""公共文化设施管理先进单位"和"群星奖"等荣誉称号，为保障人民群众基本文化权益、丰富人民群众的精神文化生活，促进天津经济、政治、文化发展和社会进步做出了积极的贡献。

天津图书馆今天取得的成就是几代人辛勤耕耘的结果。在这片知识的沃土上，培养和造就了无数成绩卓著的专家和学者。面对今天的成就，此时此刻，我们更要缅怀那些曾经为天津图书馆事业做出贡献的老一代图书馆工作者，正是他们当初的淡泊名利、无私奉献、热忱服务、甘为人梯，才为图书馆事业的发展奠定了坚实的基础。新一代图书馆工作者应继承和发扬他们那种"甘为人梯、默默奉献、服务第一、读者至上"的敬业精神，这是今后继续推动我国图书馆事业向前发展的不竭动力。

近年来，党和国家高度重视文化建设。党的十七大以来，我们迎来了文化大发展大繁荣的春天。建设社会主义核心价值体系和覆盖全社会的公共文化服务体系，保障人民群众的基本文化权益，让人民群众共享文化发展成果，既是党中央交给我们的光荣任务,也是我们每一个文化工作者的职责和历史使命。天津图书馆要坚持以科学发展观为统领,加快总分馆制建设,加强延伸服务,建立完善的图书馆服务网络;要继续坚持以人为本,强化业务建设,不断增强服务能力,创新服务手段,拓宽服务领域,提高服务水平;要大力推进全国文化信息资源共享工程和数字图书馆建设,进一步加大数字资源的建设与整合,为天津市民提供高效、便捷的信息服务;要加强古籍保护工作,为保存、挖掘和利用天津优秀传统文化探索新路;要积极推进改革创新,建立与国内一流的硬件设施相匹配的管理机制、制度规范,努力建设一支高素质的人才队伍。

今年是改革开放30周年,总结辉煌,展望未来,我们面临着新的机遇,也将迎来新的挑战。希望天津图书馆全体员工以馆庆100周年为契机,站在新的起点,谋划新的发展,创造新的业绩,全面推进天津图书馆现代化建设,使之成为天津这个历史文化名城新的亮点,为促进天津经济和社会的和谐发展,全面建设小康社会做出新的更大贡献。

(在天津图书馆建馆100周年纪念大会上的讲话,2008年12月26日)

发挥中心馆作用　带动全省图书馆事业发展

今天是山东省图书馆建馆100周年的喜庆日子,我谨代表文化部表示热烈的祝贺!向山东省图书馆的全体员工和来自全国各地图书馆界的同志们致以亲切的问候!向长期以来关心与支持图书馆事业发展的各界人士与朋友们表示诚挚的谢意!

山东省图书馆是中国创建较早、历史悠久的省级公共图书馆之一。1909年,在山东提学使罗正钧、巡抚袁树勋等有识之士的大力支持下,山东省图书馆正式成立。经过几代图书馆人的不懈努力,今天,山东省图书馆已发展成为馆藏丰富、设施先进、服务卓越的现代化图书馆。

山东是中华文明的重要发祥地之一,历史文化传统悠久,底蕴深厚。改革开放以来,山东经济与社会事业发展较快,综合实力大幅提升,社会和谐稳定。山东省委、省政府高度重视文化工作,大力推动文化创新,提出了"由文化资源大省向文化强省跨越"的战略目标。优越的经济基础和政策环境为山东省图书馆事业发展提供了良好条件。近年来,山东省图书馆事业发展迅速,取得了令人瞩目的成就。尤其是在文化信息资源共享工程建设方面,山东省大力推进,积极创新,率先实现"村村通",成为全国文化信息资源建设示范省。山东省图书馆作为全省图书馆事业的龙头,发挥了骨干带头作用,2004年被文化部命名为全国一级图书馆。山东省图书馆始终坚持"以人为本,读者第一"的理念,积极开展服务工作,使服务范围不断拓展,服务内容和方式不断丰富,服务质量和水平不断提高。山东省图书馆先后荣获"全国文化工作先进集体"、"读者喜爱的图书馆"等荣誉称号,为促进山东政治、经济、文化发展和社会进步提供了强有力的智力支持,为全国树立了学习的榜样。

党的十七大提出了推动文化大发展大繁荣、兴起社会主义文化建设新高潮的伟大号召。建设社会主义核心价值体系和覆盖全社会的公共文化服务体系,保障人民群众的基本文化权益,让人民群众共享文化发展成果是新时期图书馆工作者的光荣使命。在庆祝山东省图书馆建馆100周年之际,回顾创业的艰辛,展望美好的未来,我们面临着新的机遇,也将迎来新的挑战。希望山东省图书馆站在新的历史起点上,坚持以科学发展观为统领,强化"读者第一"的服务理念,进一步加强业务建设,不断提升服务能力,创新服务手段,拓宽服务领域,提高服务水平,全面推进图书馆现代化建设,继续发挥全省中心馆的作用,为带动山东图书馆事业发展,促进山东经济和社会的和谐进步,全面建设小康社会做出新的更大贡献。

(在山东省图书馆建馆100周年纪念大会上的讲话,2009年5月9日。原载于《山东图书馆学刊》2009年第4期)

在文化大省建设中再创新辉煌

在举国上下喜迎新中国成立 60 周年之际,陕西省图书馆迎来了建馆 100 周年。我谨代表文化部向陕西省图书馆全体员工表示热烈的祝贺!向长期以来支持陕西省图书馆事业发展的省委、省政府及社会各界和读者们表示崇高的敬意!

图书馆是社会文明进步的标志,是人民群众学习知识、陶冶情操的殿堂,是建设学习型社会的重要阵地,是公共文化服务的重要基础性设施,也是各级政府保障人民群众基本文化权益的重要实现途径。陕西是中华文明的重要发祥地之一,深厚的文化底蕴为图书馆事业的发展提供了良好的基础和条件,从周秦时期的古代藏书楼到陕甘宁边区时期我党领导的图书馆事业,都对我国图书馆事业的发展产生了深远的影响。1909 年诞生的陕西省图书馆顺应时代要求,成为我国西部地区成立最早的公共图书馆之一,在中国图书馆事业发展史上写下了浓重的一笔。2001 年 9 月 30 日陕西省图书馆新馆建成开放,为陕西省文化大省注入了新的活力。近年来,在陕西省委、省政府的关心重视和社会各界的关注支持下,陕西省图书馆坚持平等、公益的公共图书馆服务理念,把以人为本、服务至上作为开展各项工作的基本宗旨,不断拓宽服务领域,提升服务层次,创新服务模式,创造了辉煌的业绩。特别是应用现代信息技术、依托文化信息资源共享工程的平台,扩大服务的辐射范围,将优秀文化资源送到基层,在全省的公共文化服务体系建设中发挥了重要的作用,受到广大群众的欢迎。

改革开放以来,特别是进入新世纪以来,我国的公共图书馆事业发展迅速、成绩显著,中央和各级政府对公共图书馆事业的投入逐年加大,已有县级以上图书馆 2820 个,文献总藏量达到 5 亿多册,公共图书馆在服务社会经济文化发展、满足广大人民群众的知识信息需求等方面发挥了不可替代的重要作用。公共图书馆事业的发展也日益受到社会各界的重视和支持,形成了整体推进、健康发展的良好势头。希望陕西省图书馆以百年馆庆为契机,在新的起点上谋划新发展,与时俱进、开拓创新,努力为群众提供更加丰富优质的服务,使陕西省图书馆成为广大读者吸取知识、获取信息、增长才智的文化殿堂;要紧紧围绕陕西省经济社会发展目标,在公共文化服务体系建设中发挥龙头与骨干作用,为带动陕西图书馆事业发展、促进陕西经济社会协调发展做出新的贡献。

祝陕西省图书馆再创新的辉煌!

(在陕西省图书馆建馆 100 周年馆庆典礼上的讲话,2009 年 9 月 16 日。原载于《当代图书馆》2009 年第 4 期)

站在新的起点　谋划新的发展

今天，我们隆重举行仪式，热烈庆祝河南省图书馆建馆100周年。在这里，我谨代表文化部向河南省图书馆的全体员工表示热烈的祝贺！向出席仪式的各位领导、各位来宾，以及长期以来关心与支持图书馆事业发展的各界人士与朋友们表示最诚挚的谢意！图书馆事业的发展水平是一个国家和地区文明进步程度的重要标志之一。河南省图书馆创立于1909年，是中国创建较早、历史悠久的省级公共图书馆之一。在一代又一代图书馆同仁的努力下，河南省图书馆从以"启发愚蒙，增进智识"为宗旨而设立的简陋馆舍，到今天馆藏丰富、设施先进、服务卓越的现代化图书馆，事业不断发展壮大，在社会主义文化建设方面开始发挥越来越重要的作用。

多年来，在党和政府的关怀支持下，河南省图书馆取得了长足的进步，在提高国民素质、促进社会进步方面发挥了积极的作用。特别是改革开放以来，在河南省委、省政府的高度重视下，在社会各界的广泛关注和支持下，河南省图书馆坚持"精诚服务，愉快阅览"的理念，积极开展服务工作，使政府公益性文化服务的范围得到不断拓展，服务内容和方式得到不断丰富，服务质量和水平得到不断提高，尤其是文化信息资源共享工程建设更是取得跨越性发展。河南省图书馆先后获得"读者喜爱的图书馆""青少年教育基地"等多项荣誉称号，为保障人民群众基本文化权益，丰富人民群众的精神文化生活，促进河南经济、政治、文化发展和社会进步做出了积极的贡献。

近年来，党和国家高度重视文化建设。党的十七大以来，我们迎来了文化大发展大繁荣的春天。建设社会主义核心价值体系和覆盖全社会的公共文化服务体系，保障人民群众的基本文化权益，让人民群众共享文化发展成果是党中央交给我们的光荣任务，也是我们每一个文化工作者的职责和历史使命。河南省图书馆要坚持以科学发展观为统领，建立完善的图书馆服务网络；要继续坚持以人为本，强化业务建设，不断增强服务能力，创新服务手段，拓宽服务领域，提高服务水平；要大力推进全国文化信息资源共享工程和数字图书馆建设，进一步加大数字资源的建设与整合；要加强古籍保护工作，为保存、挖掘和利用河南优秀传统文化探索新路；要积极推进改革创新，建立与国内一流的硬件设施相匹配的管理机制、制度规范，努力建设一支高素质的人才队伍。

今天是河南省图书馆建馆100周年的庆典之日，也是河南省图书馆迈向新的百年的起点。展望美好的未来，我们面临着新的机遇，也将迎来新的挑战。希望河南省图书馆全体员工以馆庆100周年为契机，站在新的起点，谋划新的发展，创造新的业绩,全面推进图书馆现代化建设,为促进河南经济和社会的和谐发展,全面建设小康社会做出新的更大贡献。

(在庆祝河南省图书馆建馆 100 周年活动仪式上的讲话,2009 年 9 月 19 日)

充分发挥社会教育职能　提升城市文化品位

今天，我们隆重举行仪式，庆祝广西壮族自治区桂林图书馆建馆100周年。我谨代表文化部表示热烈的祝贺！

桂林图书馆创建于1909年，是我国创建较早的省级公共图书馆之一。建馆初期，桂林图书馆就以活动文库的形式，较早开展了公共文化服务的探索和实践。抗战时期，桂林成为地处大后方的抗战名城，桂林图书馆积极支持抗战，为抗战服务，"藏书之丰富，设备之完善，在西南各省首屈一指"，为夺取抗战胜利做出了重要贡献。新中国成立之初，桂林图书馆焕发出新的生机与活力，在全国率先开展流动服务，组织"为人找书"活动，并延长开放时间，天天开馆，走在了全国图书馆界的前列，受到读者的欢迎。改革开放以来，桂林图书馆积极抢救广西地方珍贵文献，形成了以少数民族文献、地方历史文献和抗战文献为特色的馆藏体系；加强信息化建设，成为全国较早开展自动化、网络化管理的图书馆；开展参考咨询，成为全国第一家获得科技检索查新资格的公共图书馆；创新服务方式和手段，"桂海讲坛""桂林百姓文化大讲坛"等成为全国知名文化品牌；建成文化共享工程省级分中心和全国首批试点建设单位，为推进桂北地区文化共享工程建设发挥了重要作用。经过几代人的努力，桂林图书馆已逐步发展成为馆藏丰富、设施先进、功能齐备、服务优质的现代化图书馆，为保障人民群众基本文化权益，丰富人民群众的精神文化生活，促进广西文化建设和经济社会全面、协调、可持续发展做出了积极贡献。

图书馆是一个城市和一个地区文明进步程度的重要标志，是公共文化服务体系建设的重要组成部分。图书馆事业的发展与繁荣离不开各级党委、政府的重视与支持。中共中央政治局常委李长春同志在国家图书馆百年馆庆纪念大会上强调，"各级党委政府要坚持以人为本，从中国特色社会主义事业'四位一体'总体布局的高度，重视支持图书馆事业的发展，将其纳入经济社会发展规划，推动图书馆事业积极健康发展"。他精辟地指出，"不重视图书馆建设的市长是没有文化的市长"。桂林人杰地灵，是一个具有悠久历史、深厚文化底蕴、风景秀丽的文化名城，具有巨大的发展潜力。桂林市委、市政府将文化建设纳入经济社会发展总体规划，纳入城市发展战略，提出"文化立市"，把桂林打造成"现代化国际旅游名城"、"历史文化名城"和"生态山水名城"的发展目标，并把图书馆新馆建设作为"文化立市"首批重点建设项目。值此百年馆庆之际，时逢新的发展机遇，桂林图书馆要紧紧围绕桂林市整体发展战略，充分发挥社会教育职能，不断创新服务方式和手段，为提升桂林文化品位，推进公共文化服务体系建设,提高广大群众文明素质,实现广西全面建设小康社会的目标和社会主义和谐社会建设做出新的贡献。

祝桂林图书馆再创新的辉煌!

(在广西桂林图书馆建馆100周年庆典上的讲话,2009年11月20日。桂林图书馆网站:http://www.gll-gx.org.cn/test/gzdtshow.sap?id=420)

图书馆是公民终身学习的大课堂

学习型社会是人们学习意识普遍化和学习行为社会化的一种新型社会。党的十六大、十七大根据我国社会发展的实际需求，提出要建设全民学习、终身学习的学习型社会，促进人的全面发展。党的十七大报告还提出建设学习型政党的目标。这是着力于提高全民族科学文化素质，从而促进社会快速发展的一项战略决策，意义深远。

图书馆是公共文化服务体系的重要组成部分，承担着传承人类文明、传播知识信息的职责，是社会教育的学校、终身学习的场所。中央关于建设学习型社会的战略部署，极大地激发了人们对信息与知识的渴求，也给图书馆事业带来了新的发展机遇。在学习型社会建设中，各级各类图书馆要不断转变观念，积极创新，发挥重要作用。

第一，图书馆要为创建学习型社会提供丰富的知识资源。

"书籍是人类进步的阶梯"，图书馆拥有丰富的馆藏资源，是民族文化的宝库，是知识和信息的集散地。人类的思想成果和各学科的知识成果源源不断地汇集到这里，经过图书馆员的组织和整理后，形成一个有序的信息资源集合，为人们学习知识、了解信息、完善自我提供了内容丰富、形式多样、使用便捷的学习资源。

图书馆应当围绕人们不断增长的精神文化需求，进一步丰富馆藏资源，并在此基础上利用新的知识组织工具，对多种载体、多种类型、分散异构的信息资源进行深入挖掘，再现其知识关联关系，形成一个有机的知识网络，从而增强知识提供与知识服务能力。此外，不同系统、不同地域的图书馆之间应当加强文献信息资源的共建共享，从而在全国形成一个分级分布的文献保障体系，为学习型社会提供强大的资源支撑。

第二，图书馆要为公民终身学习提供优质的公共服务。

图书馆作为党和政府向人民群众提供公共文化服务、保障人民基本文化权益而进行的一种制度安排，是实现公共文化服务公益性、便利性、均等性、普惠性的重要窗口，是向每一位公民敞开的终身学习的殿堂。

图书馆应当坚持服务的公益性，维护和保障公民的知识自由权利，向社会提供普遍均等的信息服务，尤其要关注对偏远地区、贫困地区和弱势群体的信息服务。此外，图书馆还应面对人们随时学习、随地学习的要求，利用数字图书馆技术，创新服务模式，拓展服务渠道，向公众提供优质的文化服务。要在提供互联网服务的同时，提供覆盖数字电视、智能移动终端等新兴媒体的数字图书馆服务，创造图书馆服务与用户空间的有机融合，为用户提供到身边、到桌面、不受时间和空间限制的图书馆服务。

第三，图书馆要为公民提供丰富多彩的社会教育活动。

图书馆所提供的教育与学校不同，它是面向全体社会成员的，其教育的目的并不限于文化知识和专业技能的传授，而是注重提高人的整体素质，促进人的全面发展，并且这种教育贯穿于每个社会成员的一生，在学习范围上更具广泛性，在学习方式上更具灵活性，在学习内容上更具个性化。可以说，图书馆是没有围墙的大学，是社会教育的最高学府，承担着提高公民思想道德素质和科学文化素质，推动社会进步的重要职责，在学习型社会的创建中起着特殊的、其他教育机构所无法替代的重要作用。

图书馆应当主动在社会政治、经济、文化大环境下进一步拓展社会教育职能，以丰富多彩的文化教育活动满足社会公众的阅读需求、信息需求、文化需求以及知识需求。通过讲座、展览、报告、论坛、研讨等多样化的文化活动，满足人们学习新知识和提高综合素质的要求；通过培训、网上学习社区等多样化的学习方式，满足人们提高生存能力和社会适应能力的要求；通过内容丰富、轻松愉悦的阅读活动，倡导全民阅读，培养阅读习惯，引导阅读趋势，提高阅读能力，为建设学习型社会营造良好氛围。

第四，图书馆员要成为"知识导航员"。

"为人找书，为书找人"是图书馆员的重要责任。学习型社会的建设对图书馆工作提出了新的要求，图书馆员是图书馆最重要的资源之一，馆员的个人素质和业务水平决定着图书馆的服务水平。因此，图书馆必须拥有一支具有较高思想文化素质和专业知识与技能的馆员队伍，才能适应为学习型社会提供服务的要求，才能为社会公众的自我学习提供知识导航服务。

图书馆是公共文化服务机构，广大图书馆员所从事的是知识服务性行业，需要自觉自愿的服务意识、甘为人梯的奉献精神和爱岗敬业的钻研精神，要通过学习不断完善自己，提高思想素质与文化素质。面对浩瀚的信息与知识海洋，人们往往不知道怎样才能获得自己所需要的信息与知识。图书馆员要不断提高专业技能，尤其要面对信息化、网络化环境，提高信息的收集、组织、加工与服务能力，利用新的技术，进行知识挖掘与知识发现，帮助读者学习获取知识与信息的途径和方法，解答读者在学习过程中遇到的各种问题，为读者提供优质的知识与信息服务，使读者自我学习、获取知识的过程更加顺畅。

在学习型社会创建中，图书馆承担着重要责任，为学习型社会的建设服务是时代赋予图书馆的光荣使命。图书馆应当抓住机遇，进一步解放思想，以创新的思路促进图书馆事业的快速稳步发展，为建设学习型社会做出新的贡献。

（原载于《中国文化报》2010年3月10日第1版）

让社会充满书香

——兼论图书馆在学习型社会建设中的责任

2010年春天，我们迎来了第十五个"世界读书日"。4月23日这天，是英国文豪莎士比亚的诞生和去世纪念日，也是西班牙文豪塞万提斯的忌日。联合国教科文组织选择这一天作为"世界读书日"，使阅读具有了一种神圣的意义。阅读是掌握知识和技能的重要手段，是了解世界、开阔视野的智慧之门。联合国设立"世界读书日"，就是鼓励人们特别是青年人去发现读书的乐趣，体现了当今世界对通过阅读传播知识、创造知识的高度关注。

一个民族思想基础和核心价值体系的建设离不开阅读，中华民族共同的精神家园建设更离不开阅读。阅读可以提高个人修养，涵养民族气质，影响一国走向。"腹有诗书气自华"，阅读使我们突破空间的束缚，思接千古，视通四海，让思想纵横捭阖，使民众更加睿智。中华民族从来都是一个爱读书的民族，囊萤映雪、凿壁偷光、悬梁刺股的故事至今耳熟能详。"人不读书，其犹夜行"，阅读伴随着一个人的精神成长，培养着一个民族的精神境界，也决定着一个社会的总体文明程度和创造能力。阅读的作用虽不立竿见影，但能滴水穿石，它让我们在文化上、心理上具有更强大的力量。

倡导全民阅读，用科学发展观来统领文化建设，具有十分重要的意义。文化作为软实力，已成为综合国力的重要衡量标志之一。国民阅读力作为文化软实力的基石，不仅反映出社会的精神面貌，也直接关系到国家软实力和综合国力的强弱。实现和谐社会的伟大构想，需要公民素质的极大提高，而公民素质的提高离不开社会阅读的普及、书香社会的建设。深入开展全民阅读活动，激发人们的阅读兴趣，建设浓郁的书香社会，将会提高全民族科学文化素质，促进人的全面发展，让中华民族始终充满生机与活力。

图书馆是一个致力于知识和信息的社会性传播的公益机构，也是参与和实施全民阅读的重要力量之一，是构筑知识文明大厦的一个重要支柱。作为公共文化服务体系的重要组成部分，图书馆承担着传承人类文明、传播知识信息的职责，是社会教育的学校、终身学习的场所。在构建和谐社会的今天，让阅读成为一种习惯，使公众在阅读中提升品质与素养是历史赋予图书馆的使命。图书馆要不断转变观念，积极创新，成为建设书香社会的一支生力军。

一、图书馆要做民族优秀文化的传承者

书籍,保存着社会记忆、传递着人类文明,它可以融入任何地方、任何时间和任何群体之中。在我国,它承载了中华民族的数千年文明史,孕育出源源不绝的创造力和生命力。我们要通过阅读来继承和弘扬中华文化,来延续我们的古老文明。

图书馆拥有丰富的馆藏资源,是民族文化的宝库。一个世纪以来,国家图书馆旁搜博采,广纳公私中外图籍,集典籍文献品类之大全,在搜集和保存中国文献典籍和世界文化遗产、保护和弘扬中华民族文化等各方面,承担了应有的历史重任,发挥了重要社会职能,使百年国家图书馆成为名副其实的知识殿堂。让广大社会公众共享文化成果,促进人的全面发展,是做好文化工作的根本目标,也是我们义不容辞的责任。在中央财政的支持下我们实施了中华再造善本工程、中华古籍保护计划等一系列大的工程,加快了传统文献的揭示力度,使这些珍贵的善本文献化身千百,真正将这些数千年来很难见到、深藏于皇宫秘府的资料,呈现在社会大众面前。

随着信息技术的发展,图书馆要不断优化调整馆藏资源类型与结构,扩大与延伸图书馆的馆藏范围,继续进行珍贵馆藏特色资源的数字化加工工作,以国家数字图书馆工程建设为契机,建设世界上最大的中文数字信息保存基地与服务基地,形成传统馆藏和数字馆藏、实体馆藏和虚拟馆藏共同发展、互为补充的国家文献资源总库,从而更好地服务于传承文明的历史使命。

二、图书馆要做公益服务的先行者

构建服务于书香社会建设的公共文化服务体系,要把握均等性原则。信息社会全世界都面临着"信息鸿沟"的问题,不解决这一问题就无法让大家平等地享受知识资源。图书馆是一个面向广大社会服务的公益场所。作为党和政府向人民群众提供公共文化服务、保障人民基本文化权益而进行的一种制度安排,图书馆在履行政府公共服务职能,保证公民自由、平等获取各种文化信息方面发挥了重要的作用,是实现公共文化服务公益性、便利性、均等性、普惠性的重要窗口,是向每一位公民敞开的终身学习的殿堂。

图书馆应当坚持公益性的服务原则,秉承以人为本的服务理念,加强各级各类图书馆建设,充分利用正在建设的国家数字图书馆的阶段性建设成果,加快数字图书馆服务的全社会覆盖,向社会提供普遍均等的信息服务,保障读者公平、自由获取文献信息的权利,缩小城乡"数字鸿沟",以开放的姿态,向社会提供普遍均等的信息服务,使数字图书馆成为在网络时代保障人民群众基本文化权益

的重要途径。尤其要关注对偏远地区、贫困地区和弱势群体的信息服务，为文化资源匮乏地区注入新鲜血液，在今年实施"县级数字图书馆推广计划"的基础上，实施"全国数字图书馆推广计划"，向全国提供跨库无缝集成服务，为全民读书提供有益的指导。

此外，图书馆应当不断运用现代高新技术，实施新兴媒体数字图书馆服务计划，提升图书馆的管理、业务建设和服务水平，创新服务模式，拓展服务渠道，为公众提供多元化服务，创造图书馆服务与用户空间的有机融合，为用户提供到身边、到桌面、不受时间和空间限制的图书馆服务。

三、图书馆要做全民阅读的领航者

图书馆是书之渊薮，也是读者集中阅读之地、交流之地。图书馆应当加强在读者阅读方面的导向作用，培养全社会的阅读习惯，共建书香中国。

图书馆要成为"知识导航员"。"为人找书，为书找人"是图书馆员的重要责任。面对浩瀚的信息与知识海洋，人们往往不知道怎样才能获得自己所需要的信息与知识。图书馆要给读者创造一种宽松、安逸、可以激发创造性的阅读环境，要紧跟世界图书馆发展的前沿，对业务流程不断进行整体优化，要考虑如何方便读者阅读，让读者能够便捷地借阅到他所需要的图书。图书馆员需要具备较高的思想文化素质，要不断提高专业技能，才能适应新时代的要求，为社会公众的自我学习提供优质的知识与信息导航服务。

图书馆要成为好书的推荐者。现在，图书出版呈"爆炸"之势，而书的质量却参差不齐，导致"开卷"未必"有益"。图书馆有责任向读者推荐好书，尽量使有益于社会的书得到推广，从而造福社会，益于读者。国家图书馆2004年设立了"文津图书奖"，以引导读者的审美趣向与文化消费，进一步培养全社会的阅读习惯，鼓励作者写好书，出版社出好书，读者读好书。

图书馆还要主动在社会政治、经济、文化大环境下进一步拓展社会教育职能，更深入地营造社会读书的良好氛围，想方设法激发读者的阅读愿望与激情，通过创新服务，通过组织讲座、咨询、展览等形式积极开展全民阅读活动，以丰富多彩的文化教育活动满足社会公众的阅读需求、信息需求、文化需求和知识需求，对读者进行有效的阅读引导。

四、图书馆要做优质资源的建设者

随着信息科技和生活方式的飞速发展，图书馆对读者的服务内涵和形式正在发生变化。图书馆是知识和信息的集散地。面对纷繁复杂的海量信息，面对信息化、网络化的阅读环境，图书馆应当围绕人们不断增长的精神文化需求，进一步丰富馆藏资源，并在此基础上提高信息的收集、组织、加工与服务能力，利用新的知识组织工具，对信息资源进行深入挖掘与知识发现，形成一个有机、优质的知识网络，为人们学习知识、了解信息、提升自我提供内容丰富、形式多样、优质便捷的学习资源。

此外，不同系统、不同地域的图书馆之间应当加强文献信息资源的共建共享，重点整合全国公共图书馆与国家数字图书馆的优秀数字资源，不断创新方式和手段，在完善阵地服务的同时，重点向异地远程服务延伸，从而在全国形成一个分级分布的文献保障体系，以多样化的服务渠道和便捷高效的服务方式，向社会公众提供免费服务，为书香社会的建设提供强大的资源支撑。

春天是个播撒希望的季节。万物复苏，生机勃发。图书馆应当携手共进，担当起建设书香社会的重任，成为一支倡导阅读、服务于学习型社会的生力军，鼓励多读书、读好书，为全民阅读营造良好的读书环境，使我们这个充满活力的国家在阅读中提升品质与素养，提升民族竞争力。让我们一起倡导阅读，读书求知，传承民族之气，共铸民族之魂。

（原载于《光明日报》2010年4月23日第10版）

向传统文化汲取营养　倡导建立书香社会

在这个春暖花开的美好季节里，我们又迎来了一年一度的"世界读书日"。在此，我谨代表国家图书馆，向出席活动的各界代表、专家学者，向广大读者朋友表示最热烈的欢迎！

4月23日是英国文豪莎士比亚的诞生和去世纪念日，也是西班牙文豪塞万提斯的忌日。联合国教科文组织在1995年把这一天定为"世界读书日"，到今年已经是第15届了。今天，全世界有100多个国家和地区共同庆祝这一读书人的盛大节日。

国家图书馆从2004年开始举办"世界读书日"主题宣传活动，至今已经成功举办了5届，引起了很好的社会反响，4·23"世界读书日"已逐步为广大群众所熟悉。今年国家图书馆举办"2010·书香中国"系列公益活动，包括电视专题节目、讲座、展览等，这个广场活动以"源远流长的中华典籍"作为主题，从重视民族文化的根源入手引导全民阅读，倡导建立书香社会。

中华民族是一个爱读书、爱学习的民族，阅读文化在中国有着几千年的传承史。"头悬梁、锥刺股""囊萤映雪""凿壁借光"等发愤读书的故事为历代所传颂。"读万卷书，行万里路"，也是历代文人的最高追求。近年来，伴随中华民族伟大复兴的脚步，在有着优良读书传统的中国大地上，广大群众对阅读焕发出前所未有的热情。但是，"读什么"也成为一个突出问题摆在了我们面前。向传统文化汲取营养，是时代给我们提出的要求。中国是一个典籍大国。在中国历史上，各民族文化碰撞、交流、吸收、融合，产生了中华民族特有的精神产品和浩如烟海的文化典籍，甲骨刻辞、敦煌遗书、宋元善本、明清典籍、舆图碑拓构成了我们民族文化源远流长、生生不息的"典籍长河"。适应时代的要求，引导广大群众从传统典籍中汲取健康的营养，图书馆责无旁贷。

在构建和谐社会的今天，读书学习可以提升民族的品质与素养，是实现中华民族伟大复兴的关键。图书馆是人类文明成果的荟萃之地，又是公民终身学习的大课堂。建设书香中国，图书馆要做民族优秀文化的传承者、公益服务的先行者、全民阅读的领航者和优质资源的建设者。近年来，肩负这一神圣使命和光荣职责的国家图书馆做了大量工作：参与中华再造善本工程、中华古籍保护计划等传承文明的工作；运用现代高新技术，采用新兴媒体，建设国家数字图书馆，提升图书馆的服务水平；策划"文津图书奖""文津讲座""文津读书沙龙"等品牌项目，举办文化展览，引导读者的审美取向与文化消费，进一步培养民众的阅读习惯，鼓励作者写好书，出版社出好书，读者读好书。通过各种措施，逐渐引导社会更广泛地形成书香家庭、书香社区，建立引导全民学习的长效机制。我们相信，形成全民读书的氛围之时，就是中华民族的复兴之日。

春天是个播撒希望的季节，万物复苏、生机勃发。国家图书馆将一如既往地推进"世界读书日"活动，和全国的图书馆一起，成为倡导阅读，服务于学习型社会的生力军。朋友们，书把我们大家联结在了一起，让我们今天在这里相聚，愿我们精心准备的活动陪伴每一个人度过这个美好的节日！

（在世界读书日"2010·书香中国"主题活动仪式上的讲话，2010年4月23日）

提升服务能力与效益　促进学习与创造

今天，我们欢聚在吉林省长春市，隆重召开中国图书馆学会年会，我谨对大会表示热烈的祝贺！

自 1999 年大连首届中国图书馆学会年会至今，11 年过去了，在图书馆界的共同努力下，年会已经成为图书馆人最盛大的年度聚会。大家在这个平台上交流思想，争鸣学术，广交朋友，共同谋划我国图书馆事业的发展。

改革开放以来，特别是近几年来，在创新型国家、学习型社会和社会主义和谐社会的建设中，我国图书馆事业得到快速发展。主要体现在以下几个方面：

一是公共图书馆办馆条件得到了改善。许多省、市公共图书馆新建或者扩建了馆舍，全国基本实现了县县有图书馆、乡乡有综合文化站的目标。

二是高校、科研、党校、军队等系统的图书馆发展迅速，对教学和科研的支撑保障作用大大增强。

三是图书馆员队伍的综合素质和业务水平都有较大的提高。

四是重大文化教育工程的实施推动了事业的发展。文化部实施的国家数字图书馆工程、全国文化信息资源共享工程、县级数字图书馆推广计划、送书下乡工程、中华善本再造工程、中华古籍保护计划，教育部实施的全国高等教育文献保障体系，科技部实施的国家科技文献资源网络服务系统等国家级重点工程，以及数字图书馆联席会议等合作机制的建立，推动了全国图书馆文献资源保障体系建设和资源与服务的共建共享，使图书馆的服务能力与效益得到了整体提升。

特别需要指出的是，近年随着政府对公益性文化事业投入的增加，各级各类图书馆的服务水平有了很大的提高，服务的领域不断拓展，一些新的服务形式如讲座、展览受到了公众的欢迎。图书馆启迪民智、教化民风、提高公众科学文化水平和道德素质的作用日益凸显，在建设和谐社会中发挥了重要作用。

但是我们必须清醒地看到，我国图书馆事业的发展面临着新的问题和新的挑战。主要表现在：图书馆事业的发展东西部不平衡，城乡差距拉大，特别是与广大农民对图书馆的需求还有很大差距；图书馆员队伍的整体素质和专业化水平还有待进一步提高，特别是既熟悉传统图书馆业务，又熟悉现代信息技术的复合型人才匮乏；一些新的服务业态还缺乏理论上的研究和指导，图书馆学理论研究与图书馆实际工作的脱节现象还不同程度地存在；等等。这些问题的存在，一定程度上制约着图书馆事业的发展，需要我们站在事业发展的高度，努力去解决问题，不断开创新局面，创造新业绩。

胡锦涛同志指出：文化是民族凝聚力和创造力的重要源泉，是综合国力竞争的重要因素，是经济社会发展的重要支撑。图书馆事业是社会主义文化建设的重要组成部分。"十二五"时期是我国图书馆事业的重要发展机遇期，图书馆界需要更紧密地团结起来，开展图书馆事业发展的战略研究，推进图书馆立法进程，制定行业标准规范，为政府决策建言献策，共同谋划，共求发展。

中国图书馆学会作为一个群众性的学术团体、图书馆员之家，承担着团结图书馆界同仁、促进学术研究、推动图书馆事业发展的使命。近年来学会在推动全民阅读、探索基层图书馆发展模式和图书馆法治环境建设等方面做了大量卓有成效的工作。面对新形势、新任务，希望学会再接再厉，不断提高自身能力，充分发挥学术研究和行业指导作用，当好党和政府联系广大图书馆工作者的桥梁和纽带，抓住机遇，开展科学研究，提供决策咨询，指导实际工作，为图书馆服务，为会员服务，为我国图书馆事业的发展再立新功。

本届年会的主题是"提升能力与效益，促进学习与创造"，希望大家围绕会议主题，深入研究如何提高图书馆的服务能力和服务效益，在建设学习型社会和创新型国家中发挥图书馆的作用；也希望学会会员和图书馆工作者不负使命，不断学习，提高自身素质，为读者提供更多更好的服务，为提高全民族的科学文化素质做出贡献。参加本次年会的还有美国图书馆界的同行们，希望大家将这次会议作为交流的平台，互相切磋，增进了解，不断拓展合作领域，策划更多的合作项目。

国家图书馆作为学会的挂靠单位，将一如既往地支持学会，与各位同仁一道推动事业的发展，特别是要把为广大基层图书馆服务作为重点，加强各系统图书馆间的资源整合与协调合作，共同谋划涉及全局的新的重大文化工程和项目，促进我国图书馆事业的发展。

近年来，吉林省委、省政府加大了对公益性文化事业的支持力度，使吉林省图书馆事业得到快速发展。省馆新馆正在建设中，各地、县一批新馆相继落成；长春图书馆凭借着扎实的基础业务和优质的专业服务，赢得了长春市市民和图书馆同行的认可；特别是在各系统图书馆的资源共享方面，吉林省的公共、高校和科研图书馆更是走在了全国的前列，率先成立了吉林省图书馆联盟。2008年12月文化部、教育部和科技部联合在吉林召开现场会，将吉林的经验向全国推广。所以，这次年会在吉林召开，对大家也是一个重要的学习机会。

最后，预祝2010年中国图书馆学会年会圆满成功！

（在2010年中国图书馆学会年会上的讲话，2010年7月26日。中国图书馆学会网站：http：//www.lsc.org.cn/CN/News/2010-08/EnableSite_ReadNews 1126448951281542400.html）

我国城市化进程中的图书馆建设

图书馆是伴随着城市的发展而逐步发展起来的，它是城市记忆的存储器，在彰显和提升城市文化品位、促进城市文化发展、培养城市精神、提高城市综合竞争能力、推动城市持续健康发展等方面具有重要意义。随着我国城市化进程的加快，图书馆建设也应当同步加强。

一、城市化进程中图书馆的永恒价值

城市是伴随人类文明与进步发展起来的，它是人类文明的重要组成部分。世界上最早的城市起源于中东，而最早的图书馆大约在公元前3000年也诞生于中东两河流域的美索不达米亚。在中国，最早的城市出现于距今3500年左右的殷商时期，与此同时，皇室就有了保存典籍的地方，也就是图书馆的萌芽，《史记》记载，老子曾任"周藏书室之史"，也就是最早的国家图书馆馆长。可以说，图书馆是贯穿于人类的城市发展史，承载着城市的记忆与文明，与城市一同发展起来的。古希腊先哲亚里士多德说："人们来到城市是为了生活，人们居住在城市是为了生活得更好。"目前世界城市人口已经超过全球总人口的一半，达到35亿人。随着城市化进程的推进，21世纪将是城市的世纪，预计到2020年，全世界约有2/3的人居住在城市。

改革开放以来，随着中国经济的快速发展，我国的城市化水平迅速上升（图1），从2000年到2009年，中国城镇化率由36.2%提高到46.6%，年均提高约1.2%。城镇人口由4.6亿增加到6.2亿，净增1.6亿人。城镇城区面积由2000年的2.24万平方公里，增加到2008年3.63万平方公里，增加了62%。目前，我国共有建制城市655座，其中50万人以上人口的城市达236个，占全球50万以上人口城市总量的1/4，百万人口以上的特大城市122个，城市市辖区地区生产总值占到当年全国GDP的62.7%。

在中国城市化步入快速发展期的同时，人们也越来越意识到城市化过程存在的诸多问题。例如，从文化视角来看，在人口快速城市化的同时，大量农民工因文化差异难以真正融入城市；城镇居民的整体素质与建设一个和谐、美好的宜居城市的要求还存在差距；城市贫困人群普遍缺乏信息获取渠道，就业竞争力不足；各种利益群体之间的矛盾加剧，犯罪率升高，其中城市远高于农村；城市管理水平有待提高，管理方法有待改进，出现了交通拥堵、环境污染等诸多问题。城市品质和城市化质量较低。

这些问题的存在迫切需要我们加强城市文化建设，培育城市精神。城市精神是一个城市在发展过程中形成的独特的城市文化和城市性格，是一个城市的灵魂。一个没有文化和精神的城市，必然是灵魂缺失的城市，也必然缺乏可持续发展能力。图书馆作为城市公益性文化服务体系的重要组成部分，在城市精神的培育中有着特有的价值。

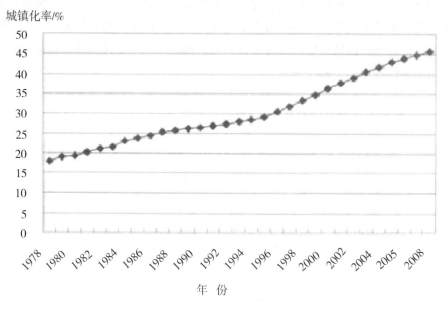

图1　中国城市化水平（1978—2008年）
资料来源：历年《中国统计年鉴》。

（一）市民素质的提高需要图书馆

城市的现代化不仅意味着城市空间的拓展、经济结构的优化、基础设施的完善，更重要的是作为城市化主体的城市市民的发展、优化与完善。只有全面提高人的思想道德素质和科学文化素质，城市才有可持续发展的空间。图书馆是社会教育的学校、终身学习的场所，它能够提供一种浓厚的文化氛围，营造崇尚知识、倡导文明、选择阅读的共同意识和行为方式，其丰富的文献信息收藏为人们学习知识、了解信息、完善自我提供了内容丰富、形式多样、使用便捷的学习资源，使城市居民通过学习获得其社会角色所需要的知识与能力，从而使自己不断适应变革中的城市生活。图书馆所提供的教育是面向全体社会成员的，教育的目的是注重提高人的整体素质，促进人的全面发展，并且这种教育贯穿于每个社会成员的一生，在学习范围上更具广泛性，在学习方式上更具灵活性，在学习内容上更具个性化。可以说，图书馆是通向知识之门，为个人和社会群体的终身学习和事业发展提供了基本的条件。它是没有围墙的大学，承担着提高市民学习能力与创新能力、滋养市民思想道德素质的重要责任，影响着城市精神的凝聚，推动着城市的发展与进步。

(二) 人的城市化需要图书馆

城市化的发展一方面使城市在空间上不断向乡村扩张，过去的农民变为了市民；另一方面使大量涌入城市的农民实现了职业与身份的双重变换，成为城市居民的一员。这两部分人群共同构成了城市"新市民"。尽管这些新市民已经从农村走进了城市，实现了农民角色向市民角色的身份转换，但他们中的大部分人仍然生活在城市中的"农村社区"，原有的生活状态并没有得到改变，在生活方式、行为方式、思想观念等各方面表现出种种的不适应，这种不适应归根结底源于以农村和农民为载体的村落家族文化与以城市和市民为载体的城市文化之间的文化冲突。城市化不仅仅是"人口城市化"，更应是"人的城市化"，是这些新市民群体在价值观念、思维方式、行为模式等方面完全适应城市文化，从而从城市边缘人真正转换为城市市民的过程。在这个过程中，图书馆秉承开放、平等的人文精神，成为促进人的城市化转换的一个重要阵地。

图书馆是国家和政府为保障公民自由、平等地获取信息和知识而进行的制度安排，正如联合国教科文组织《公共图书馆宣言》中所宣称的那样："公共图书馆应不分年龄、种族、性别、宗教、国籍、语言或社会地位，向所有的人提供平等的服务。"在我国，各城市的公共图书馆在农民工融入城市的过程中都发挥了重要作用，仅深圳一市就拥有劳务工图书馆（室）近100家。各级公共图书馆向农民工敞开大门，提供没有门槛的与城市文化互动的场所，使城市外来人口可以通过图书馆及其所组织的文化活动获得城市文化的熏陶，激发农民工积极融入城市的意愿和努力，使他们在接受图书馆服务的过程逐渐了解城市文化、适应城市文化，学习和接受与现代化的城市社会相适应的生活方式和价值观念，从而不断调节自己和社会的关系，最终促进农民的市民化进程。

(三) 建立社会交流平台需要图书馆

当代中国正处在社会转型期，以农耕文化为基础的传统文化在城市化背景下受到严重冲击，尤其是使得我国传统文化中最具代表意义的家庭代际关系发生了诸多方面的改变。过去，村落是人们生存的环境，人们几代同堂，同族居于一地，生产生活、繁衍生息。家庭成员之间由于存在血缘关系，"血浓于水"，家庭组织成为一个内聚力很强的非常稳定的社会组织。此外，中华民族历来重视邻里关系，所谓"远亲不如近邻"，强调邻里之间保持和谐的关系。然而，城市化进程使"高楼、围墙和深院代替了村头看到村尾，鸡犬之声相闻的田园格局"，家庭逐渐变小，邻里关系日趋淡化，经常是同住一栋楼里，邻居间却互不认识，躲进小楼成一统，每户家庭都封闭在一个空间里，居民之间十分融洽的关系已成为一个美好的回忆。这种人际关系的冷漠使得社会成员之间缺乏信任，社会组织原有的内生规则，包括道德舆论约束都不再有效，社会缺乏凝聚力，公民缺乏公共精神。因此，迫切需要建设公共交流平台，促进良好人际关系的形成，推动城市的和谐发展。图书馆作为社会公共文化空间，在促进人们思想交流、推动城市文化的传承与发展方面发挥着积极作用。

图书馆是知识与信息的集散地，人们在这里与古今圣贤对话。图书馆是城市传承历史、延续文明、拓展未来的重要资源基础，人们在这里回忆城市发展脉络，感受城市精神和文化。同时，作为一个开放的公共空间，图书馆也为人们提供了一个日常交流和文化休闲的场所，人们在这里开展文化娱乐，交流思想，发布信息，讨论共同关心的话题，加强彼此之间的了解，建立起人与人之间新的文化关系。图书馆依托丰富的信息与知识仓储，利用讲座、展览、文化沙龙、读书活动等丰富多彩的社会文化活动，丰富人们的精神文化生活，鼓励人们进行思想上的对话与碰撞，培育高尚的生活情趣，从而搭建起市民关注公共事务、探讨公共话题、沟通思想、相互交往的共享空间，促进公共文化氛围和公共理性思维的形成，培育良好的公共精神，在城市化建设中发挥着越来越重要的作用。

综上所述，图书馆作为城市公益性文化服务体系的重要组成部分，是保存城市历史，传播城市文化，增强城市综合竞争力的重要手段，对城市的现代化建设有着不容忽视的促进作用。然而，当前我国城市图书馆事业的发展还存在差距，在城市图书馆的馆舍数量、馆藏文献资源、服务水平与服务能力、信息化水平等方面都还滞后于城市化发展的需要，还不能满足人民群众日益增长的对图书馆的需求。因此，加快图书馆事业建设是各级政府义不容辞的责任，也是现代化城市建设的必由之路。

二、加快城市公共图书馆事业建设

图书馆是城市文化的重要组成部分，一个国家的城市化水平越高，人们对知识和信息的需求就越强烈，对图书馆的依赖程度就越高。因此，公共图书馆与城市发展是相互作用、相互促进的。在建设现代化城市的同时，应当同步加强图书馆建设。

（一）要将图书馆建设纳入城市规划

没有图书馆的城市将是一个不完整的城市，不重视图书馆事业发展的城市将是一个精神与文化缺失的城市。要将图书馆建设纳入当地经济和社会发展总体规划，充分发挥图书馆对城市文化建设的促进作用。改革开放以来，中国的图书馆事业进入了快速发展的时期。截至2009年，全国县级以上公共图书馆共有2850个，其中城市图书馆358个，县级图书馆2491个；乡镇（街道）文化站38736个；村（社区）文化室246780个；覆盖全社会的公共文化服务网络和公共图书馆服务网络正在形成。

各级政府要按照《公共文化体育设施条例》的要求，将本行政区域内的公共图书馆建设、维修、管理经费列入本级人民政府基本建设投资计划和财政预算，根据国民经济和社会发展水平、人口结构、环境条件以及文化事业发展的需要建设图书馆。根据《公共图书馆建设标准》的要求，服务人口在20万以下的，应当建设800~4500平方米的小型公共图书馆；服务人口在20万~150万的，应当建设4500~20000平方米的中型公共图书馆；服务人口在150万~1000万的，应当建设20000~60000平方米的大型公共图书馆。各地区公共图书馆事业的建设目标应当是：人均拥有公共图书馆藏书0.6~1.5册，千人拥有公共图书馆座席0.3~2个，千人拥有公共图书馆建筑面积6~23平方米。要按照公益性、基本性、均等性、便利性的要求，实现公共图书馆网络的全面覆盖与普及。只有这样，才能使图书馆与城市建设同步协调发展，从而充分发挥图书馆满足人民群众基本文化需求，营造与城市化建设相适应的城市文明氛围的功能。

（二）要建设覆盖广泛的图书馆服务网络

图书馆是公共文化服务体系的重要组成部分，承担着为社会公众提供普遍均等的公共文化服务，保障人民群体基本文化权益的重要职责。要建立覆盖市、区、街道、社区的公共图书馆服务网络，扩大公共图书馆服务的覆盖面，让全体城市居民都能够方便均等地享受图书馆所提供的公共文化服务，满足社会公众日益增长的多样化、多层次、多方面精神文化需求。目前，我国一些大中城市在图书馆服务网络建设中做了许多有益的探索，出现了多元化模式，例如，国家图书馆的部委分馆和国家数字图书馆分馆，上海的总分馆制，广东的"流动图书馆"模式，天津的"社区分馆、行业分馆"模式，以及杭州的"平民图书馆，市民大书房"建设等，都取得了较好的成效。要结合我国城市化建设以城带乡、城乡互动、协调发展的特点，使广大农村群众也能够享受到与城市居民相同的图书馆服务。例如，浙江嘉兴等地整合图书馆资源，以城带乡，统筹发展，推进农村公共图书馆服务网络建设，构建城乡一体化公共图书馆服务体系。要注重社区图书馆建设，将图书馆设置在老百姓身边，使图书馆融入百姓日常生活，为民众提供图书借阅、知识共享、文化交流等的便利，让孩子们从小在书香中长大，在阅读中成长，在全社会营造出浓郁的文化氛围。

保存人类文明成果和文化遗产是图书馆的重要职能。作为城市记忆的存储器，图书馆系统地收集、整理、保存、展示、传播那些记载着城市变迁历程与城市文明成果的，有地域特色的文献信息资料，它们是城市历史的见证，是城市发展的脉络，是城市文明的载体，是城市精神的积聚。要通过将地域内的各级图书馆组成一个有机的图书馆群，充分实现这些资源的合理配置与共建共享，各级图书馆间相互合作、共同服务，实现信息资源由孤岛到共享、信息服务由一馆独立到多馆联动的转变，确保所有城市居民都能够方便地利用图书馆的各种服务。

（三）要建设传输快捷的数字图书馆服务网络

随着互联网的快速普及，网络日渐成为人们获取信息的一种重要渠道，数字图书馆作为基于网络环境的一种新的信息资源组织与服务方式得到快速发展。要使城市各级图书馆都具备数字图书馆的服务能力，充分利用数字图书馆的建设成果，搭建起覆盖互联网、卫星网、移动通信网、数字电视网的虚拟服务网络，一方面满足社会公众通过网络获取图书馆服务的需求，另一方面充分利用数字图书馆的服务手段，拓展图书馆公共文化服务能力和传播范围，使数字图书馆在保障人民群众基本文化权益、促进城市文化建设方面发挥重要作用。

"国家数字图书馆工程"是由国家批准立项的重点文化建设项目，目前软硬件基础设施平台已经初步搭建完成，数字资源保有量已达414 TB。为使国家数字图书馆的建设成果惠及更广泛的社会公众，2010年2月，文化部启动了全国"县级数字图书馆推广计划"，在今年内将国家数字图书馆的资源陆续推送到全国2940个县和一批城市的社区，在此基础上进一步实现国家数字图书馆在全国的推广服务，力争用几年的时间，使全国各级公共图书馆都作为国家数字图书馆的基层节点，形成一个资源丰富、服务快捷、技术先进、稳定可靠的分布式国家数字图书馆服务网络，从而充分利用公共文化基础设施，提高公共文化数字化服务水平。

截至2009年底，中国手机用户达7.47亿，数字电视用户达6500万；截至2010年6月，互联网用户达4.2亿。要充分利用这些广大群众喜闻乐见的新兴媒体，打造传播内容更为丰富、传播速度更为快捷、传播方式更为多样、基于新媒体的数字图书馆服务，使图书馆真正成为人们身边的图书馆，成为嵌入人们生活的图书馆，为全民阅读提供便利条件。目前，国家图书馆正在打造新媒体数字图书馆服务平台，其目标是使全体社会公众能够方便地利用手机、电视、互联网，以及其他离线方式使用国家数字图书馆，从而使国家数字图书馆的建设成果实现全民共享，为全面提高人的素质，推进城市现代化建设做出更大的贡献。

一个有文化积淀的城市才是有底蕴、有魅力、有可持续发展能力的城市。城市文化在城市的历史进程中形成，镌刻着岁月的痕迹，承载着地域的文明，反映着市民的风貌，引领着城市的未来，是一个城市的灵魂。让图书馆成为塑造城市文化、凝聚城市精神的旗帜，让图书馆使城市生活更加美好。

（原载于《文汇报》2010年9月4日第6版）

总结经验 开拓创新
推动我国少年儿童图书馆事业的发展

今天，我们召开全国图书馆少年儿童服务工作座谈会，旨在学习贯彻中央领导同志关于加强未成年人思想道德建设的指示精神，交流各地图书馆为少年儿童服务的经验，共同探讨我国少年儿童图书馆事业的发展思路，策划推动事业发展的合作项目。

2010年5月31日，国家图书馆少年儿童馆正式成立。中共中央政治局委员、国务委员刘延东同志出席了开馆仪式，对国家图书馆推出面向未成年人的服务举措给予充分肯定。她指出，设立国家图书馆少年儿童馆和少年儿童数字图书馆，对于少年儿童多读书、读好书，更好地满足未成年人精神文化需求意义重大，对于全国公共图书馆、少年儿童图书馆建设具有示范作用。国家图书馆要发挥火车头的作用，在全国图书馆界起好带头作用，加强业界合作，引领全国公共图书馆开展未成年人服务。为此，自8月起，在近两个月的时间里，我馆派员实地走访调研了23个省和直辖市、40个市县的79家图书馆（含独立建制少年儿童馆31家），同时发放调查问卷500余份，了解了少年儿童图书馆事业发展的基本情况，对相关问题进行了研究，形成了基本工作思路。在调研活动中，得到了各地少年儿童图书馆、公共图书馆的大力支持与配合，借此机会，向各位馆长表示感谢！

文化部对少年儿童图书馆事业的发展也非常重视，9月28日在天津召开专门工作会议，对加强全国少年儿童图书馆建设提出了明确要求。在文化部会议精神的指导下，我们的工作思路更加清晰，此次会议议题主要侧重于事业发展及业务规划，共同讨论，以推动我国少年儿童图书馆事业的快速发展。

一、回顾历史，总结经验

首家面向少年儿童服务的图书馆（室）出现于19世纪，我国第一家儿童图书馆成立于1912年湖南省双峰县青树镇。1914年京师通俗图书馆成立后即增设独立儿童阅览室。1925年8月，中华教育改进社在第四届年会上通过了要求公立图书馆及通俗教育图书馆增设儿童部的决议案，我国的少年儿童图书馆服务渐次展开。到30年代末，国内共建有少年儿童图书馆和少年儿童阅览室184个，绝大部分公共图书馆都将为少年儿童提供阅读服务列为自身一项正式的业务工作，形成了我国少年儿童图书馆事业的第一次高潮。但是，由于战乱频仍和政府腐败，30年代末到40年代，我国文化事业出现了严重的停滞和倒退。到1949年，我国公共图书馆机构数量仅剩余55家，少年儿童服务基本停顿。

新中国成立后，各项事业百废俱兴，少年儿童图书馆事业也受到党和政府的重视。北京市立图书馆、吉林省图书馆、西南人民图书馆等都相继开辟了儿童阅览室，并对社会开放。据1953年统计，儿童图书馆（室）及小学图书馆机构数量达到了212家，北京、天津、上海、重庆、兰州、武汉、沈阳、杭州先后成立了独立建制的公共儿童图书馆，全国60%的公共图书馆设立了儿童阅览室。1957年7月在上海召开了儿童图书馆（室）工作会议，15个省市少年儿童馆（室）的代表出席会议，总结交流了经验，促进了五六十年代少年儿童图书事业的迅速发展，形成了我国少年儿童图书馆事业的第二次高潮。1965年公共图书馆机构数量达到了562家，全国县以上的少年儿童活动站（室）约有6850所。

在"文化大革命"十年浩劫中，我国少年儿童图书馆事业受到严重的破坏，少年儿童图书馆有的被合并，有的被迫关闭。1970年全国公共图书馆数量仅剩余323家，刚刚步入正轨的少年儿童图书馆事业也不可避免地遭受重创。

党的十一届三中全会以后，在国家图书馆原馆长刘季平同志的积极努力下，1980年5月26日中共中央书记处第23次会议讨论通过了刘季平同志所做的《图书馆工作汇报提纲》，其中建议要大力发展图书馆事业，争取在1985年前将全国省、市、县（区）图书馆基本建齐，中等以上的城市和大城市都要设立少年儿童图书馆，县（区）、市图书馆要设立少年儿童阅览室。1981年5月，文化部、教育部和团中央在北京召开全国少年儿童图书馆工作座谈会，中共中央书记处书记宋任穷，全国妇联主席、全国少年儿童协调委员会主任康克清接见了与会代表并做了重要讲话。会议着重讨论了发展少年儿童图书馆事业、改善少年儿童图书馆阅读条件、加强对少年儿童图书馆阅读指导等问题，并提出了9条改进意见。1981年7月，国务院办公厅转发了文化部等单位《关于全国少年儿童图书馆工作座谈会的情况的通知》（国办发〔1981〕62号）。在这个文件指导下，北京、天津、上海、杭州、重庆、沈阳、兰州等7个省级少年儿童图书馆迅速恢复，许多地方新建了专门的少年儿童图书馆，掀起了少年儿童图书馆事业的第三次高潮。到2000年，我国公共图书馆机构数量达到了2675家，其中独立建制少年儿童图书馆数量达到了84家。

2004年3月22日，《中共中央国务院关于进一步加强和改进未成年人思想道德建设的若干意见》发布，要求图书馆要发挥教育阵地的作用，要为未成年人开展活动创造条件。同年9月，李长春同志在中共中央精神文明委员会召开的第三次全体会议上发表了题为《加强未成年人思想道德建设极为迫切》的讲话，要求办好博物馆、图书馆等文化事业，为未成年人健康成长服务。此后，少年儿童图书馆事业有了较快的发展，独立建制的少年儿童图书馆数量有所增加，2004年达到105家，大多数公共图书馆新增或加强了为少年儿童的服务。

据统计，从 2000 年到 2008 年，我国独立建制的少年儿童图书馆经费总投入由 6237 万元增加到 2 亿元，少年儿童图书馆馆舍面积从 14.4 万平方米增加到 23.5 万平方米，总阅览人次由 9928 万人次递增到 14007 万人次。天津、深圳、广州、大连等少年儿童馆购书经费已经超过 100 万元，湖南、深圳、温州、厦门等少年儿童馆的馆舍面积都超过了 8000 平方米，已经远远超过了我国少年儿童图书馆一级馆的评估标准。公共图书馆中少年儿童服务的比重也在逐步增加，绝大多数的公共图书馆都提供了面对未成年人的服务，湖北、河南、辽宁、福建等省级公共图书馆，长沙、包头、广州等市级图书馆在近期的扩建和维修计划中都增加了少年儿童服务的面积。

在服务模式和服务内容方面，近年来，为推动少年儿童图书馆事业的发展，不少图书馆完善服务理念，创新服务管理模式，积极开展了流动图书馆、流动图书站点、流动图书车等流动服务，与阅读、讲座、培训等阵地服务相结合，使图书馆服务惠及更多的基层小读者。

少年儿童数字图书馆发展迅速。不少少年儿童图书馆积极开发特色数字馆藏，充分利用计算机和网络技术开展符合少年儿童特点的数字化服务。

关于少年儿童图书馆服务的理论研究越来越受到重视。在中国图书馆学会少年儿童图书馆专业委员会的积极组织下，各地区定期举办少年儿童图书馆学术研讨会，通过紧密合作，推动了事业发展，提升了图书馆少年儿童服务工作者学术理论水平，也为少年儿童图书馆事业的科学发展奠定了基础。

以上这些成绩的取得，是全国广大图书馆少年儿童服务工作者们艰苦奋斗和甘于奉献的结果。同时，也要清醒地看到，我国目前少年儿童服务的规模、水平与党中央的要求、与广大人民群众日益增长的精神文化需求相比，与我国社会、经济发展速度相比，少年儿童图书馆事业整体发展还相对滞后，这主要表现在以下几方面。

（一）少年儿童图书馆事业基础相对薄弱

国际图联 20 世纪 70 年代颁布的《公共图书馆标准》规定：每 5 万人应有一所公共图书馆，人均拥有藏书最少 3 册，一座图书馆服务辐射半径通行标准为 4 公里。按照此标准，我国 3.67 亿少年儿童应拥有 6000 家公共图书馆。但据统计，截至 2009 年底，我国共有县级以上公共图书馆 2850 家，其中独立建制少年儿童图书馆仅 91 家。

目前，我国公共图书馆的发展与社会、经济发展速度相比较为滞后，但是，与公共图书馆的发展相比，少年儿童图书馆（室）的状况更加严峻：有相当数量公共图书馆没有开展少年儿童服务，有的虽然设有少年儿童阅览室，但许多少年儿童阅览室规模小、服务薄弱。据统计，我国公共图书馆近 10 年来总坐席数增加了 33%，全国公共图书馆少年儿童阅览室总坐席数仅增加了 14%，远远低于公共图书馆总坐席数增长率,少年儿童文献的总藏量占公共图书馆文献总藏量的比例不到3%。

尤其是近年来,为加快推进公共文化服务体系建设,国家陆续实施了依托各级公共图书馆推进的全国文化信息资源共享工程、扶植贫困地区基层图书馆和文化站的送书下乡工程、开发利用图书馆古籍资源的中华再造善本工程等,这些重大文化工程推动了图书馆工作的开展,带动了各地对图书馆的经费投入,促进了公共图书馆服务网络体系的建立,提升了各级图书馆的公共服务能力,产生了很好的社会效益。但在少年儿童服务方面,虽然各图书馆阵地服务别具特色,受到社会各界的广泛关注,但缺乏整体规划,缺少可推动少年儿童图书馆事业发展的全国性项目。

与发达国家相比,差距更加明显。俄罗斯仅有人口1.45亿,但拥有4500所专门的儿童图书馆,并在《公共图书馆标准》中明确规定了30%~50%的馆藏应为儿童文献。在美国,根据2007财政年度的统计,共有9214所公共图书馆为儿童提供服务,仅少年儿童读物馆藏数量就达到了81248万册。国土面积不到中国1/25的日本,2005年提供少年儿童服务的公共图书馆总数达到了2162家。在丹麦公共图书馆系统3300万册藏书中,儿童读物有1100万册,占1/3;年度借阅的8000万册总量中,有将近一半为儿童读物。

(二)少年儿童图书馆事业发展不均衡

按照公共服务"普遍均等、惠及全民"的原则,经济发展水平不应是影响公共图书馆建设规模的重要因素。但是,从我国目前的实际情况看,经济发展水平对公共图书馆建设规模和持续发展的影响仍相当明显,我国东部地区、大中城市图书馆的少年儿童服务工作发展较快,广大农村、中西部地区的发展则明显滞后,城乡之间、东西部地区之间的差距还很大,呈现出"南强北弱,东快西慢"的局面。东部沿海与经济发达地区发展的态势良好,而西部偏远与经济落后地区情况堪忧。根据2009年底的统计,在91家独立建制的少年儿童图书馆中,东部56家,中部19家,西部16家。从馆舍面积来看,东部约是中部的4.5倍、西部的5.5倍;从馆藏量来看,东部是中部的3.7倍、西部的5.7倍;从财政支出来看,东部是中部的6.9倍、西部的10.3倍。地区间的差异比较明显。

(三)少年儿童图书馆专业队伍建设与事业发展的需要还有较大差距

少年儿童服务有其特定的规律,少年儿童图书馆的工作人员不仅要具备图书馆学专业知识,还需具备教育学、儿童心理学等多方面知识,有组织开展包括讲故事在内的各类少年儿童服务活动的能力。目前很多图书馆没有自主用人权,重要的服务岗位成为了文化系统分流人员的安置点。同时,因经费不足,从业人员的专业培训力度不够,无法满足图书馆少年儿童服务的基本要求。专业人员匮乏,更是制约少年儿童图书馆发展的普遍问题。

上述问题的存在,严重地制约了少年儿童图书馆事业的发展。我们必须清醒地认识到,在"十二五"期间,少年儿童图书馆事业既面临机遇,也面临挑战,任务十分艰巨。

二、发展少年儿童图书馆事业任重道远

图书馆事业是社会主义文化建设的重要组成部分,是党和政府向人民群众提供公共文化服务,保障人民群众基本文化权益的重要途径。作为知识信息的集散地、公益性的社会文化教育机构,要在提高全民族文明素质,尤其是提高少年儿童素质、促进少年儿童学习成长方面发挥更重要的作用。

(一)党和政府高度重视少年儿童图书馆事业的发展

近年来,党中央、国务院高度重视文化建设。2004年3月22日《中共中央国务院关于进一步加强和改进未成年人思想道德建设的若干意见》发布。党的十七大从中国特色社会主义事业"四位一体"总体布局的高度,提出兴起社会主义文化建设新高潮,推动社会主义文化大发展大繁荣的战略任务。今年3月,温家宝总理在政府工作报告中,把"大力加强文化建设"作为重点抓好的八个方面工作之一。今年5月31日,刘延东同志出席了国家图书馆少年儿童馆开馆仪式,并对少年儿童馆的发展提出新的要求。她指出:在为公众提供普遍、均等的公共文化服务基础上,要加大对少年儿童服务的力度,未来要有更多的少年儿童图书馆。目前,我国的少年儿童图书馆数量少,公共图书馆在向未成年人服务方面还有待加强,希望全社会都要关心少年儿童的成长问题。文化部在制定"十二五"规划时要重视对少年儿童图书馆和公共图书馆少年儿童阅览室的建设。今年7月23日,胡锦涛同志在主持中共中央政治局第22次集体学习时发表重要讲话,深刻阐述了文化建设对社会主义现代化建设的重要性和深化文化体制改革的重大意义,进一步明确了文化建设的重要定位。

党中央、国务院关于文化建设政策的出台,国家领导对公共文化服务建设的要求,尤其是对少年儿童图书馆建设的明确指示,为全国少年儿童图书馆事业的发展提供了良好的政策环境。我们要根据中央关于文化事业发展的要求,站在推动国家文化事业大繁荣大发展的高度,站在公共文化服务的高度来策划全国少年儿童图书馆(室)事业的发展,充分发挥少年儿童图书馆(室)的作用,为社会主义文化建设做出突出贡献,推进少年儿童图书馆事业全面发展。

(二) 社会的发展与进步需要加强少年儿童图书馆建设

社会的发展与进步需要高素质的人才，在推行素质教育的过程中，家庭教育与学校教育是最为直接的影响因素，但不容忽视的是，社会教育也是营造良好的素质教育氛围的重要方面。图书馆作为社会教育的基地，所提供的教育与学校不同，它是面向全体社会成员的，教育的目的并不限于文化知识和专业技能的传授，而是注重提高人的整体素质，促进人的全面发展，并且这种教育贯穿于每个社会成员的一生，在学习范围上更具广泛性，在学习方式上更具灵活性，在学习内容上更具个性化。可以说，图书馆是通向知识之门，为个人和社会群体的终身学习和事业发展提供了基本的条件。少年儿童图书馆则通过学习潜移默化地影响着未成年人的思想观念、道德情操，对他们心灵的塑造、价值观的形成有着不可替代的重要作用。

一个不读书的民族是没有希望的民族。少年时代是人生读书的黄金时期，也是读书习惯养成的关键时期。一个孩子的健康成长关系到一个家庭甚至几个家庭的和谐，也影响整个社会的和谐。据统计，2009 年，我国有少年儿童 3.67 亿，农村留守儿童数量约为 5800 万人，其中 14 周岁以下的农村留守儿童数量为 4000 多万人；全国流动人口达 2.11 亿人，其中 14 岁及以下流动儿童占 20.8%，约有 3500 万人；流动儿童失学率高达 9.3%，接近 325 万人。在社会经济高速发展的今天，大量留守儿童以及流动儿童的出现，更需要少年儿童图书馆作为文化传承、素质教育的重要基地、阅读活动的组织者和服务者，肩负应有的责任，为少年儿童创造一个良好的读书环境，倡导读书、指导读书、服务读书，使图书馆成为少年儿童培育思想道德品质、获取知识、增长见识的精神家园。所以说，为少年儿童提供服务的少年儿童图书馆的建设，是关系国家、民族命运的希望工程，是关系到亿万家庭切身利益的最大的民心工程。

(三) 少年儿童对知识的渴求需要大力兴建少年儿童图书馆

青少年时期是一个人成长发育的特殊阶段，这一时期正是长身体、长知识的关键时期。这一阶段也正是求知欲极强，凡事都想尝试又良莠不分的特殊阶段。由于少年儿童知识匮乏，经验甚少，判断能力差，致使周围的一切事物都会对他们产生影响，因此读好书对孩子的成长非常重要。尤其是在全球化、东西方文化相互交融相互影响、信息传播日趋多元的时代，网络快餐文化的兴起，"日流""韩潮"等外来文化的冲击，电子游戏、"动漫书"的盛行，使得当代少年儿童接受中华民族传统文化教育的机会越来越少。图书馆要成为丰富少年儿童精神生活、弘扬中华民族优秀文化的重要媒介。

与此同时，我国的教育体制也存在着严重不足，应试教育严重制约了青少年的学习能力和创造能力，"知书不达理""教书不育人"，以及忽视思想品德教育、忽视民族精神的培育、忽视对优秀传统文化的学习和继承的情况十分严重。图书馆要充分发挥启迪民智的第二课堂的作用，在为少年儿童提供阅读服务的同时，特别重视培养少年儿童树立正确的人生观和价值观，继承中华民族优秀文化。

三、团结协作，资源共享，推动新形势下少年儿童图书馆事业的快速发展

少年儿童图书馆事业在我国图书馆事业发展中占有重要地位，搞好少年儿童服务是各级图书馆的重要责任。针对我国目前少年儿童图书馆事业发展中所存在的缺乏总体规划、区域发展不均衡、人员素质亟待提高等主要问题，提出以下工作思路，供大家讨论。

（一）加强研究，强化对少年儿童图书馆事业发展的规划和指导

国家图书馆，顾名思义是国家层面的国书馆，是服务全国的图书馆，是服务全国图书馆界的图书馆，对全国图书馆业务发展的规划与指导是国家图书馆的重要职责。因此，在考虑事业发展、业务规划时就要多考虑可覆盖全国并推动行业发展的全国性项目。国家图书馆要通过少年儿童馆这个平台，在深入调研、广泛征求意见的基础上，对我国少年儿童图书馆事业的发展规划提出指导意见，并定期发布我国少年儿童图书馆事业发展状况的报告，同时开展对事业发展中所涉及的一些重大理论和实践问题的研究，策划带动行业发展的项目。

（二）建设国家少儿文献资源库，为基层少儿图书馆建设提供支持与服务

国家图书馆少儿文献资源库是国家图书馆文献资源总库的重要组成部分，随着少年儿童文献的全面入藏、数字资源的几何级数增长，馆藏文献资源的数量及质量将全面提升。在"十二五"期间，要为馆藏建设赋予新的内涵，馆藏资源要从一元化走向多元化，不断优化调整馆藏资源类型与结构，扩大与延伸图书馆馆藏范围，在继续加强传统载体文献收藏与保存的基础上，加大电子出版物、网络信息资源等数字资源的采集与保存工作，形成传统馆藏和数字馆藏、实体馆藏和虚拟馆藏共同发展、互为补充的馆藏文献资源体系。

丰富的馆藏资源不仅可以引导、推动少年儿童阅读，同时，面对少年儿童图书馆（室）无基本藏书体系、文献入藏质量不高这个普遍存在的问题，国家图书馆要编制《少年儿童图书馆（室）基本藏书目录》，作为各馆文献入藏的参考，指导少年儿童图书馆的基础文献建设。同时争取推动政府立项，每年为经济欠发达地区的中小城市以下图书馆配送图书，在3～5年内，实现县县有少年儿

童阅读基本藏书，以后每年补充新书。

设立"国家图书馆文津少儿图书奖"以引导推动少年儿童阅读。

（三）加快少年儿童数字图书馆的建设

数字图书馆提供的新型知识共享与学习环境，使我国图书馆的传统服务形态有了质的飞跃，必将实现图书馆的跨越式发展，从而整体上带动我国图书馆事业发展水平的提升，对消除因地域经济发展造成的服务差别，具有深远的意义。利用数字图书馆技术开展少年儿童服务既符合少年儿童的需要，同时，也是用优秀的数字资源占领网络阵地的需要。

目前，国家少儿数字图书馆已开通并投入使用，现已有少年儿童数字资源 10 TB，我们将在国家数字图书馆工程建设中特别重视少年儿童数字图书馆的建设。在"十二五"期间，凭借国家数字图书馆高速网络传输系统、海量数字资源存储系统、高性能服务器系统等硬件基础平台，依照国家数字图书馆标准规范体系，借助县级数字图书馆推广计划在全国 2940 个县级图书馆形成的分级分布、覆盖全国的国家数字图书馆服务网络，联合全国的少年儿童图书馆、公共图书馆，共建不低于 100 TB 的数字资源，同时，在新技术开发方面加强与各兄弟馆的合作和成果共享。

（四）构建多层次服务体系，不断提高服务水平，扩大社会影响力

随着网络信息技术的飞速发展，获取知识信息的渠道增多，传统的阵地服务方式面临着重大改变，深化图书馆服务工作，构建多层次服务体系，是新形势下少年儿童图书馆事业发展的必然要求。要不断创新形式，借鉴国外图书馆好的服务理念、服务方式，将新媒体技术融入少年儿童服务和活动中，同青少年宫、文化站等各种形式的青少年活动中心进行协作，提供适合于少年儿童特点的，为少年儿童喜闻乐见的服务。针对不同年龄、不同地域少年儿童，通过推广总分馆制、区分活动空间、扩大流动服务等方式来满足其个性化需求。同时，要发挥新闻媒体的舆论导向作用，树立典型，加大对图书馆服务工作的宣传力度，树立少年儿童服务品牌，提高社会影响力，为少年儿童图书馆的发展营造良好氛围。

国家图书馆少年儿童馆要成为少年儿童图书馆创新服务理念和新技术应用的实验平台、展示平台和示范平台，与大家共同建设，共享成果。

（五）加强业务交流，大力推动资源与服务的共建共享

加强业务交流，是推动事业发展的重要手段。各地在少年儿童服务工作中根据各自的情况创新服务，产生了许多值得交流和推广的经验。之前，中国图书馆学会未成年人图书馆服务专业委员会在这方面做了大量工作，今后国家图书馆将积极支持和参与相关的交流活动。

为强化图书馆的社会教育功能，在继续开展面向成年读者讲座的基础上，要策划选题、挑选专家、把握内容、精心组织面向少年儿童读者的讲座，同时利用网络平台，实现全国共享。

国家图书馆还将充分利用全国文献联合编目中心和国家图书馆文献提供中心的服务平台，在少年儿童文献编目等方面加大服务力度，同时，通过馆际互借、文献提供等方式，使国家图书馆成为全国少年儿童文献的最终保障基地。

（六）加强少年儿童服务相关标准规范的研究

标准规范是各项工作正常开展的保障。为推动少年儿童服务工作的科学化、标准化和规范化，须加快相关标准规范的研发。目前，国外已有不少与少年儿童服务相关的标准规范。如美国既有国家层面的《公共图书馆标准》，各州还有自己的标准规范。美国马萨诸塞州的标准对服务年龄进行了严格区分，针对儿童（0～12岁）、青少年（12～18岁）分别颁布了服务标准，不仅对服务理念、服务人群数量、馆藏标准、馆员标准、活动项目标准、设备设施标准等进行详细规定，甚至对户外项目需要的家具类型、电源设备使用等均做了规定，值得我们借鉴。

现在全国图书馆标准化技术委员会秘书处设在国家图书馆，我们将对此进行前期调研，并积极组织全国同行共同开展有关少年儿童服务方面的标准规范的申报和研制工作。

（七）加强科研合作与人员培训工作

加强少年儿童服务理论与实践问题的研究是推动少年儿童图书馆事业科学发展的重要途径。我们希望与兄弟馆一起，根据事业发展的需要和解决实践中所遇到的问题共同申报科研项目，合作研究。针对目前少年儿童服务人才严重匮乏的现状，充分利用国家图书馆、中国图书馆学会在人员培训方面的优势，加大培训服务力度。

（八）加强国际间交流与合作

中国的图书馆事业要想取得长足的发展，就要内外兼修，一方面要依靠自己的力量，结合我国的国情制定图书馆的发展路线；另一方面还要借鉴国外的先进经验。同时，我们要把握在国际图书馆界的话语权，扩大在国际少年儿童图书馆事务中的影响力。国家图书馆将适时组织团队到国外考察，学习借鉴发达国家在少年儿童服务方面的先进理念和服务经验，促进我国少年儿童图书馆事业的发展。

（在全国图书馆少年儿童服务工作座谈会上的讲话，2010年10月21日。原载于《国家图书馆简报》2010年第55期）

创新是图书馆事业发展的不竭动力

今天我们在这里召开"国家数字图书馆推广工程启动仪式暨全国图书馆创新服务工作座谈会",意义重大。会议既安排了专题研究全国图书馆创新服务,还要对三个专项业务进行交流,既是情报通报会,又是发展研讨会,对图书馆未来工作的发展具有很大的实际意义。

下面,我就国家图书馆在创新服务方面所做的一些工作做简要介绍。

一、创新与国家图书馆事业发展

1929 年,刘国钧先生编制《中国图书分类法》,自创了适合中文新旧书籍分类体系的分类法,是业内公认的民国时期分类法的杰出代表,对我国图书分类法的发展具有重要影响,其中的一些理念沿用至今。

近些年来,随着我国经济社会的发展,尤其是党的十七大以来,文化在国家大政方针中的位置得到显著提升,文化建设已经成为与政治建设、经济建设、社会建设并驾齐驱的一个重要建设内容。中央高度重视公共文化服务体系建设,提出要建设覆盖全社会的公共文化服务体系,一方面使图书馆迎来了良好的发展机遇期,另一方面也对图书馆提出了新的要求。为抓住机遇促进发展,最近几年,国家图书馆策划了一批创新服务项目,取得了较好的社会效益,为图书馆事业发展开辟了新的空间。

(一)国家数字图书馆建设

国家图书馆从 20 世纪 90 年代就开始进行数字图书馆的研发。2001 年,国家数字图书馆工程经国务院批准立项,2005 年开始建设,是国家"十五"重点文化建设项目,工程总投资 4.9 亿元。经过 5 年的建设,国家数字图书馆工程在软硬件平台建设方面、数字资源建设方面、标准规范建设方面、服务体系建设方面都取得了丰硕的成果。2009 年,"国家图书馆二期工程暨国家数字图书馆工程"建成并投入使用。高速网络传输系统、海量数字资源存储系统、高性能服务器系统和围绕数字资源生命周期管理的应用系统平台已经初步搭建完成;完成了近 20 个标准规范的研制工作,国家数字图书馆标准规范体系基本形成;截至目前,国家数字图书馆的资源总量已达 480 TB,超过 76% 的资源已经在互联网上提供服务,资源类型包括文本、图像、音频、视频、网络资源等,一个内容丰富、技术先进、覆盖面广、传播快捷的服务网络已经形成。

（二）中华再造善本工程

2002年，国家图书馆启动了中华再造善本工程，通过对现存古籍善本大规模、成系统的复制、出版，在保护古籍的同时，开发和利用这批文化瑰宝。古籍文献是中华文明的重要记载，古籍保护对于传承中华优秀传统文化，推动世界文明的发展有着非常重要的意义。2002—2007年，经过5年努力，已完成唐宋编、金元编758种8990册的制作，其中大量选用了孤本，使古籍善本得到保护和利用。这项工程可以说是功在当代、利在千秋，对古籍善本的整理和保护起到了重要的推动作用。随着时间的推移，这项工程的意义将越发凸显。

（三）推进开放服务力度

国家图书馆从1998年开始实行全年365天开馆制度，一举扭转了舆论对我馆批评多、赞扬少的状况，对业界服务工作的新局面也起了很好的带动作用，图书馆的公益服务形象得到彰显；随着社会公众对学习阅读的需求不断增长，国家图书馆多次调整服务政策，不断扩大到馆读者人群，服务对象从过去的在校大学生以上人群到18岁以上成年人，直到向16岁以上社会公众开放。近年来，我馆在文化部领导下，在国家文化发展政策和中央财政的有利支持下，不断加大公益性文化服务力度，取消和下调了部分收费项目，降低了读者和业界获取信息的成本。2004年面向全国读者开放借阅中外文各类图书，2008年全面减免收费项目，取消读者卡工本费、读者卡年度验证费、读者存包费，大幅度降低文献复印费、光盘刻录费等，存包、办证等服务全部免费，广大读者凭二代身份证即可入馆。放宽办证政策，图书馆没有被挤破，反而催生了很多全新的服务项目，对业界起到了带动作用，对图书馆事业的发展产生了有益影响，服务全民的理念逐步确立。

（四）立法决策服务

为中央国家机关立法决策提供文献信息咨询服务是国家图书馆的首要职能。我馆在积极创新的过程中，立法决策服务不断取得新进展，在营造良好的政策发展环境方面发挥了积极作用。

我馆自1998年开始提供"两会"服务。每逢"两会"召开，都通过24小时专人值班和进驻人民大会堂会议现场设立信息咨询台等形式为"两会"代表提案、议案服务，得到"两会"代表、委员的热烈响应。1999年，国家图书馆在（原）人事部建立了国家图书馆分馆，近几年与各部委及国务院直属机构合作，不断加大分馆的建设力度，已经成功设立了11家部委分馆。此外，国家图书馆还开通了立法决策服务平台，面向政府部门提供基于网络的信息服务。

2002年1月，"部级领导干部历史文化讲座"开办，截至目前，已成功举办

156 期,来自中央国家机关以及北京市、解放军驻京单位的部级领导干部 2 万余人次听讲。8 年多来,每月抽出一个周末,暂离繁重的公务,来到古色古香的临琼楼,聆听"部级领导干部历史文化讲座",已经成为很多部级领导干部生活的一部分,风雨不辍。很多部长表示,听这样的讲座,不仅可以学习历史文化知识,提高文化素养,而且可以从政权的更迭、朝代的兴衰、文化传统的演变和中西方文化的对比中把握历史发展规律,以史为鉴,明确责任,自觉坚持先进文化的前进方向,努力提高执政能力,受益匪浅。

"部级领导干部历史文化讲座"的成功在全国图书馆界引起强烈反响,很多省馆都在策划举办类似的讲座活动,邀请部长讲座中优秀的主讲人到地方开办讲座。

(五)全国文化信息资源共享工程

2002 年,全国文化信息资源共享工程开始正式实施。作为数字图书馆服务的早期实现形式,文化共享工程大大提升了全国图书馆尤其是县级图书馆的基础设施水平,为进一步实现全国数字资源共享奠定了良好的基础。文化共享工程的定位是服务于基层,建设基层需要的资源,通过互联网为基层群众提供服务。实施 8 年来,文化共享工程逐步得到了群众的认可和领导的重视。该工程是"十一五"期间的重大项目,在中央财政的大力支持下,到"十一五"末,文化共享工程将基本建成资源丰富、技术先进、服务便捷、覆盖城乡的数字文化服务体系,实现"村村通"。

(六)少年儿童图书馆开馆

今年"六一"前夕,国家图书馆少年儿童馆暨国家少儿数字图书馆正式成立,这是国家图书馆扩大公共文化服务范围的一项新举措。刘延东同志出席开馆仪式,对国家图书馆推出面向未成年人的服务举措给予充分肯定。为促进我国图书馆少年儿童服务工作,10 月 21—22 日,我馆举办了"全国图书馆少年儿童服务工作座谈会",交流各地图书馆为少年儿童服务的经验,共同探讨我国少年儿童图书馆事业的发展思路。国家图书馆少年儿童馆开馆后,受到广大少年儿童和家长们的好评,新闻联播多次报道。

图书馆的职能是为公民提供获取知识的渠道,为提高全民文明素质做贡献,为社会发展做贡献。图书馆要很好地完成历史使命与责任,履行自己的职责。在座的各位馆长多年来一直在为图书馆事业而努力奋斗,很多人把毕生精力献给了图书馆事业,图书馆人对图书馆的热爱是推动事业发展的源动力,图书馆事业要在创新的过程中不断向前发展。

在创新服务的过程中,我有几点工作体会与大家分享:一是图书馆人要认真策划、善于策划创新项目,要用生动的项目推动图书馆事业发展,要根据社会发展的需要，策划出符合时代潮流的图书馆发展项目。二是图书馆人要善于理解党的方针政策。图书馆馆长可以不是政治家，但是要懂政治；图书馆馆长可以不是专家，但必须是管理人才；既是专家又是管理者最佳。公共图书馆不同于高校图书馆，高校图书馆馆长可以依赖校长，公共馆馆长自身就是管理者，要了解文化方针，了解政策。三是图书馆人要有"咬定青山不放松"的精神。"宝剑锋从磨砺出"，没有汗水就没有收获和成果。作为图书馆馆长既要能策划项目，又要能坚持实施，要把每一个创新项目发扬光大。四是图书馆人要懂得适时适度地宣传。宣传应该是图书馆的一项基本业务，现在很多党政机关也非常重视宣传。打个比方，对于图书馆来说馆长上镜也是一种服务推广。比如在举办展览的时候，馆长接受采访实际就是在宣传馆藏。

二、下一步创新服务工作思路

（一）大力推动数字图书馆建设

如果把近百年皇家藏书和私人藏书楼的私藏进入平民图书馆视为图书馆的"一次革命"，那么数字图书馆的发展就将是"二次革命"，数字图书馆将催生图书馆服务新业态。

近些年，各地陆续投入经费支持地方数字图书馆建设，全国44个副省级以上公共图书馆中至少有40家已经开始或正在立项建设数字图书馆，我国的数字图书馆建设进入一个稳步发展时期，已初步形成了由国家级数字图书馆、行业性数字图书馆和各省级数字图书馆组成的数字图书馆建设与服务体系。然而，目前全国数字图书馆建设还存在一些普遍性的问题，如：各数字图书馆缺乏开展资源建设与服务的统一平台；基础设施建设和数字资源建设重复现象严重；服务方式有待创新，尤其是基于新媒体的数字图书馆服务有待拓展；等等。为了解决这一系列问题，落实国务院关于"国家数字图书馆工程要联合各部门和各地区有条件的图书馆参与建设，共同构建分布式的全国数字图书馆总体框架体系"的批复，从整体上带动我国图书馆事业的跨越式发展，国家数字图书馆推广工程在今天正式启动。

推广工程将借助电信网、广播电视网、互联网等现有网络通道，以及VPN等现代网络技术，搭建以国家数字图书馆为中心，以省、市、县级数字图书馆为节点的数字图书馆虚拟网。通过这个网络平台建立分级分布的数字图书馆框架体系，为社会公众提供统一检索平台和统一服务平台，与各地的数字图书馆系统实现互联互通，使各地数字图书馆的建设成果能在全国范围内共享。浙江省的推广相对成熟，可以把项目模式与大家分享，使大家有一个感性认识。今天我们举办国家数字图书馆推广工程联合行动仪式，就要尽快开始建设和推广，使国家投入建设的数字资源能通过这个平台最大限度地为公众提供服务。数字资源的特点之一就是它的可共享性，一个人可以用，13亿人也可以共用。国家图书馆的资源库与各地图书馆的资源库通过一个平台共享，这样就能够使国家的投入尽可能发挥最大的效益，尽可能多地为老百姓服务。我们要用几年时间，扎扎实实地把推广工程做好。

文化共享工程在各基层图书馆建设了电子阅览室，需要有资源来支撑，资源就来自推广工程。文化系统在国家占优势的项目并不多，这个项目将是占优势的，因为它是面向全国的，是公共文化体系的重要组成部分。

（二）提高立法决策服务水平

社会的快速发展使政府决策面临的问题日益复杂，决策的影响因素日益多样，对决策的科学化与民主化要求日益提高。这既对国家图书馆提供高质量的立法决策服务提出了新的要求，也为图书馆不断拓展立法决策服务提供了一个非常好的机会。我馆今年推出的"立法决策服务成就展"，在中央国家机关产生了广泛的影响，形成"参观不断、欲罢不能"的局面，充分证明了这一点。很多部委、立法部门以前不了解图书馆的职能，通过参观展览增加了了解。图书馆只有不断扩大影响，引起各级政府对图书馆的重视和认可，才能为图书馆发展赢得更广阔的空间，进而在公共文化体系建设中发挥更重要的作用。

目前，全国许多省级公共图书馆都在陆续开展面向当地政府的立法决策服务。国家图书馆将与各馆加强合作，建立面向全国公共图书馆的立法决策服务平台，通过网络在全国图书馆间开展咨询合作，集中力量共建全国立法决策服务产品数据库，共享立法决策服务成果，加强立法决策服务经验的研究、运用和推广，规范立法决策服务工作，从而在整体上提高图书馆对各级政府的立法决策服务水平。

国家图书馆部委分馆建设、"部级干部历史文化讲座"也可以探索向地方延伸，江苏等一些省已经开始陆续举办高层讲座。通过选题共享、主讲人共享、课件共享，可以加快先进经验的传播，这就需要通过讲座联盟的平台来实现。

（三）拓展社会教育职能

公共图书馆作为公民终身学习的课堂，承担着文化传承、知识传播、思想引导和信息引领的社会责任。面向社会举办各种层次的讲座，是新世纪图书馆发挥作用的重要平台。在这次会上，我们还将成立全国公共图书馆讲座联盟，在全国搭建讲座资源共享平台，实现主讲人、讲座内容等信息的共享。探索将"部级领导干部历史文化讲座"办到地方，与各地领导干部讲座合作，实现高层讲座资源的共享，在提升领导干部素质方面发挥积极作用。要注重讲座成果整理和衍生品开发，扩大讲座的社会影响。

近些年，国家图书馆整理出版了多套讲座系列丛书，内容丰富，受到广大读者的热烈欢迎。很多讲座的主讲人把毕生的研究成果用两个小时讲述给大家，是浓缩的精华。

在讲座联盟成立的基础上，我们可以共同探讨图书馆社会教育职能的拓展。以展览工作为例，从策划到组织实施一个展览需要花费很多心血，因此不能是昙花一现。优秀的展览作品要到各地区巡展，甚至可以利用海外文化中心的平台走出国门，汉字展就是成功的典范。明年是辛亥革命100周年，也是中国共产党成立90周年，图书馆界可以联合起来，共同开发这些选题，策划有影响力的展览。

在两天的会期里，各位图书馆界的同仁可以共同商议，策划适合图书馆发展的创新项目。比如国外流行的"口述历史"，我们可以借鉴。图书馆是公益性文化单位，有很多优秀资源可以开发成文化产品，比如地方文献、老照片、名人字画等，要通过合理的开发和利用，为广大公众服务。

此外，大家还可以共同探讨科研立项的内容。未来几年，国家图书馆要在科研领域服务于业界，牵头申报国家级科研课题，争取科研经费用于图书馆事业发展。通过科研成果的转化和科研人才的培养，推动业务发展与服务创新。只要是优秀的、前沿的科研项目，就可能获得科技部的支持。在国际交流上，要多方借鉴国际同行的先进经验，定期组织图书馆界同行的学习交流。

总之，在年底大家非常忙碌的时候，把大家召集在一起，共同商议图书馆的创新发展大计，希望大家能够积极建言献策，共同谋划好"十二五"的创新服务工作。

（在"国家数字图书馆推广工程启动仪式暨全国图书馆创新服务工作座谈会"上的讲话，2010年12月15日））

以免费开放为契机
全面提升我国图书馆公益性服务水平

2011年2月10日，文化部、财政部联合发布《关于推进全国美术馆、公共图书馆、文化馆（站）免费开放工作的意见》（以下简称"两部委《意见》"），明确要求年底之前全国所有公共图书馆公共空间设施场地免费开放，基本文化服务项目健全并免费提供。之后，财政部又发布了《关于加强美术馆、公共图书馆、文化馆（站）免费开放经费保障工作的通知》，要求各级财政部门加强美术馆、公共图书馆、文化馆（站）免费开放的经费保障工作，建立健全经费保障机制，并对免费开放经费保障分担原则和补助标准进行了明确。两部委《意见》是我国政府在制度层面保障公共文化服务体系建设的一项重要举措，是政府对公民文化权利的尊重和对文化民生的主动担当，充分表明了党和政府促进公共文化服务公益性、基本性、均等性和便利性，保障公民基本文化权益的决心和信心。公共图书馆是社会公共事业的重要组成部分，对社会发展起着非常重要的推动作用。它是社会文明进步的标志，为传承历史、延续文明、开拓未来提供了信息与知识保障；是建设学习型社会的重要阵地，承担着提高公民学习能力与创新能力，滋养公民文明素质的重要责任；是公共文化服务体系的重要组成部分，有助于保障人民群众的基本文化权益；是通向知识之门，为建设国家知识创新体系提供了重要的信息基础设施和知识与智力支撑。作为由政府主办的公益性机构，面向社会公众提供公益性服务是公共图书馆的本质属性。图书馆的公益性服务水平既反映了公共图书馆事业的发展水平，也反映了社会的文明进步程度。

新中国成立后，特别是改革开放30多年来，党和政府高度重视图书馆事业。特别是党的十七大对兴起社会主义文化建设新高潮、推动社会主义文化大发展大繁荣做出了全面部署，提出建立覆盖全社会的公共文化服务体系。图书馆作为公共文化服务体系的重要组成部分，有了较快的发展，各级图书馆公益性服务能力大大提高，主要表现在：

服务网络日趋完善。截至2009年底，全国共有公共图书馆2850个，其中，省级公共图书馆37个，覆盖率为100%，地市级公共图书馆321个，覆盖率为79.3%，县级公共图书馆2491个，覆盖率为85.1%，覆盖全社会的图书馆服务网络正在形成。

服务设施明显改善。截至2009年底，全国公共图书馆房屋建筑面积达到850万平方米，平均每馆2984平方米；阅览室面积达到204万平方米，平均每馆714平方米；阅览室座席数达到60.2万个，平均每馆211个。

文献资源日益丰富。截至 2009 年底，全国公共图书馆文献总藏量达到 58521 万件（套），平均每馆 20.5 万件（套）；当年新增藏量 2939 万件（套）；全国人均藏书量达到 0.44 册；全国公共图书馆数字资源总量约 600 TB。

服务能力进一步提高。2009 年，全国公共图书馆总流通人次达到 32167 万人次，文献外借册数达到 25857 万册次；各地结合实际，采取总分馆制、图书馆联盟、"一卡通"、流动图书馆、城市自助图书馆等形式，积极推进公共图书馆服务体系建设和服务创新。

信息化水平显著提升。截至 2009 年底，全国公共图书馆共有计算机 126207 台，平均每馆 44.3 台；电子阅览室终端数 72150 个，平均每馆 25.3 个；网站总数超过 900 个。中央及各地方财政纷纷投入经费建设数字图书馆，截至 2009 年，国家已投入 4.9 亿元建设国家数字图书馆，全国多数省开始建设省级数字图书馆。

从业人员队伍逐步壮大。截至 2009 年底，全国公共图书馆从业人员达到 52688 人，其中中级职称达到 16724 人，高级职称达到 4177 人。

可以说，我国公共图书馆总体上呈现了蓬勃发展、整体推进、重点突破的良好发展局面。在此基础上，图书馆公益性服务职能不断强化，服务水平不断提高，社会影响日益扩大，在社会发展中发挥了重要作用。

国家图书馆从 1998 年开始实行全年 365 天开馆制度，并多次调整服务政策，不断扩大到馆读者人群，服务对象从过去的在校大学生以上人群，到 18 岁以上成年人，又到 16 岁以上社会公众，再到建立少年儿童图书馆，越来越多的社会公众得以走进国家图书馆的大门。近年来，在国家文化发展政策和中央财政的有力支持下，国家图书馆不断加大公益性服务力度，取消和下调了部分收费项目，降低了读者和业界获取信息的成本。2004 年面向全国读者开放借阅中外文各类图书，2008 年全面减免收费项目，存包、办证等服务全部免费，同时大幅度降低文献复印费、光盘刻录费等，公众凭第二代身份证即可入馆。两部委《意见》发布后，国家图书馆自 2011 年 3 月 3 日起，再次对部分现行服务项目的收费进行减免，取消上网费以及缩微、影印、重印等善本古籍复制品底本费，降低彩色复印费、打印费等非基本服务收费标准。国家图书馆的免费服务举措得到了社会公众的欢迎，从 2008 年初全面取消基本服务收费到 2010 年底的 3 年时间里，读者到馆人次增长 62.5%，文献流通册次增长 79.02%，各类咨询增长 78.3%，办理读者证卡增长 39.23%。此外，许多公共图书馆也在公益性服务方面进行了积极的实践探索，取得了较好的社会反响。

我国图书馆事业虽然有了较快发展，但在总体上还滞后于经济社会发展，特别是由于城乡之间和地区之间经济发展的不平衡，使得公共图书馆事业发展还存在着较大的城乡差别和地区差距，尤其是西部地区和农村地区，许多图书馆经费严重短缺，设备与设施落后，藏书量少，文献资料更新不及时，信息化、网络化发展滞后，甚至无法提供基本的图书馆服务。目前，个别地（市）尚未设置公共图书馆,东部地区县市级公共图书馆设置率超过95%,中西部地区则不足85%。2009年,全国县级图书馆平均每馆购书经费12.98万元,其中,东部地区馆均25.72万元,而中、西部地区馆均仅7.68万元和4.35万元。由于政府投入不足,一些图书馆不得不收取一定的费用来弥补经费缺口,这在一定程度上影响了图书馆公益性服务的开展。

两部委《意见》的发布,在制度层面为图书馆的公益性服务提供了保障,体现了政府对公共图书馆事业的政策支持,也为图书馆进一步发挥作用,提高公益性服务水平带来了重要机遇。我们要以此为契机,在"十二五"期间着力做好以下几方面工作:

一是要加强基层图书馆设施建设,加快形成覆盖全社会的公共图书馆设施网络。

要通过建设覆盖全社会的公共图书馆设施网络,实现图书馆公益性服务的广覆盖、高效能。一方面应大力扶持中等城市图书馆、乡镇(街道)和村(社区)基层图书馆与服务网点建设,在县县有图书馆的基础上,在乡镇和街道文化站设立图书室,在村和社区文化室设立图书馆服务网点。另一方面应进一步改善已有图书馆(室)的基础设施水平,落实《公共图书馆建设用地指标》和《公共图书馆建设标准》,对县以上设施不达标的图书馆(室)进行新建和改扩建,使全国县以上图书馆全部达到国家建设标准。力争在"十二五"期间形成覆盖城乡、结构合理、功能健全、便捷高效的图书馆设施网络,使广大社会公众能够方便就近获得图书馆服务。

二是要积极开展延伸服务,加快形成覆盖全社会的公共图书馆服务网络。

服务网络全覆盖是实现和保障公共图书馆服务公益性、基本性、均等性和便利性的基本前提。公共图书馆服务网络全覆盖的重点和难点在于能否有效地将其服务触角向下延伸至基层。当前,我国县以下各级公共图书馆的资源保障能力和服务水平与中心城市相比还存在较大差距。据初步统计,2009年全国省级公共图书馆馆均藏书434.4万册(件),地市级公共图书馆馆均藏书46.6万册(件),县级公共图书馆馆均藏书只有9.9万册(件)。因此,要积极推广总分馆、流动图书馆等延伸服务模式,实现各级公共图书馆资源和服务的有效整合和合理配置,大力推进以城带乡,统筹发展,促进公共图书馆资源和服务向基层延伸,形成阵地服务和流动服务、总馆和分馆有效补充的服务格局,从而发挥公共图书馆服务网络的整体效能。2010年,国家图书馆通过"县级数字图书馆推广计划"向全国县级图书馆推送优质数字资源,为推动国家数字图书馆资源与服务向基层延伸做出了有益的探索。

三是要进一步拓宽职能,丰富服务内容,不断提高服务水平和能力。

要进一步创新服务理念,拓宽服务范围,更新服务手段,丰富服务内容,切实将免费开放落到实处。一方面,要根据社会发展的需要拓宽图书馆职能,针对社会公众不断增长的精神文化需求，大力开展讲座、展览、培训、大众阅读等丰富多彩的文化活动，使图书馆成为有吸引力的社会公共文化空间。积极利用现代信息技术手段，进一步挖掘馆藏，使馆藏文献资源更好地服务于社会，服务于当代。另一方面，要积极拓展服务范围，大力开展面向农民、进城务工人员、老年人、未成年人、低收入人群、残障人群等弱势群体的服务。

四是要加快数字图书馆建设，培育基于新媒体的图书馆服务新业态。

截至2010年12月底，我国网民规模达到4.57亿，手机用户达7.47亿，其中手机网民规模达3.03亿，数字电视用户达6500万。要充分利用这些广大群众喜闻乐见的新兴媒体，加快数字图书馆建设，使各级图书馆都具备数字图书馆服务能力，搭建一个覆盖移动通讯网、广播电视网、互联网，惠及全民的数字图书馆服务网络，一方面使人们可以利用新媒体随时随地享受图书馆的服务，使图书馆真正成为人们身边的图书馆，成为嵌入人们生活的图书馆；另一方面充分利用数字图书馆的服务手段，拓展图书馆公益性服务范围，使公共图书馆在社会发展中发挥更大的作用。2010年12月，国家图书馆启动了数字图书馆推广工程，工程将以国家数字图书馆为核心，全面整合各区域性、行业性数字图书馆系统的建设成果，统一建设标准，搭建全国性数字资源共建共享网络平台，以技术手段打破不同行业、不同地域图书馆之间的界限，使全国分散异构的数字图书馆系统能够连接为一个超大型数字图书馆，使国家数字图书馆的资源能够通过各种媒体，方便快捷地服务于社会公众，为人们学习知识、获取信息提供方便。

五是要进一步加强政府支持力度，建立免费开放的可持续发展机制。

要使图书馆能够长期提供高质量的全面免费的基本服务，需要各级政府建立健全公共图书馆的运行保障机制，加强对图书馆工作的支持力度。希望各级政府将图书馆建设纳入当地经济和社会发展总体规划，根据本地区人口数量及分布情况，结合社会经济和文化、教育、科学事业发展的需要，建设好各级图书馆。建立完善的公共图书馆运行经费保障制度，增加图书馆运行经费、购书经费等的投入，确保公共图书馆事业经费的持续投入和稳定增长，特别是要在内容建设上予以经费支持，以帮助图书馆建立坚实的公益性服务资源保障。要在政策、人员、经费等方面支持图书馆根据社会公众的需求，不断拓展服务领域，开展形式多样的公益服务。

免费开放为我国公共图书馆事业发展揭开了新的历史篇章，在这个新的历史起点上，公共图书馆应当进一步全面提升公益性服务水平和能力，使免费开放措施成为推动图书馆事业发展的动力，使公共图书馆在提高全民族素质，推动科学发展的历史进程中发挥重要作用。

（原载于《中国图书馆学报》2011年第3期）

为残疾人阅读提供服务是国家图书馆重要职责

今天，我们欢聚在这里庆祝第十六个"世界读书日"，我谨代表我本人及国家图书馆向参加本次活动的各位领导、来宾和朋友表示热烈的欢迎和衷心的感谢！

"世界读书日"是全世界热爱阅读的朋友们的共同节日。联合国教科文组织为了鼓励和号召人们积极参与阅读活动，于1995年首次发起，将每年的4月23日设立为"世界读书日"，到今年已是第十六届了。多年来，我国各文化机构和相关单位通过赠书、读书等丰富多彩的文化活动，将这一天变成了读书爱好者的欢乐读书节，兴起了全民阅读活动的阵阵高潮。作为全国重点公益性文化单位、广大公众阅读的重要场所，国家图书馆每年都会围绕一个主题开展有关培养读书兴趣、鼓励全民阅读的系列活动。今年我们的主题是"牵手残疾人 走进图书馆"。之所以选定这个主题，是因为我们认为残疾人作为一支特殊的群体，在获取知识的过程中存在诸多不便，需要得到社会更多的关注与关爱。图书馆有责任、有义务为他们提供更为便利的公共文化服务，满足残疾人朋友对于获取知识的急迫需求。

为残疾人阅读提供服务是国家图书馆的重要职责。多年来，国家图书馆在推进残疾人文化服务建设方面做了大量细致而持续的努力。从2008年的"中国盲人数字图书馆"，到2011年的"中国残疾人数字图书馆"，国家图书馆在建设残疾人数字阅读体系中迈出了坚实的一步，把更大范围的残疾人纳入了图书馆公共文化信息服务领域。今天，在中国残联与国家图书馆的共同努力下，全国残疾人阅读指导委员会正式成立，这是残疾人文化服务建设中的重要一环。国家图书馆希望以此为新的起点，与全国图书馆的同仁一道，分享经验、交流合作，在关心、关怀和帮助残疾人阅读，拓宽我国残疾人文化服务渠道和空间，为残疾人提供优质、便捷的文化信息服务等方面做出应有的贡献。

我们真诚希望通过今天的活动作为示范，吸引更多的民众关心残疾人、服务残疾人，号召全社会进一步重视残疾人文化服务事业，因为这不仅仅是衡量图书馆服务工作水平的标准，也是衡量社会文明程度的标志，更是建设和谐社会和全面小康的重要内容。残疾人更需要光明，更需要文化，更需要方便，各级各类文化服务机构都应该为残疾人提供更为完善和便捷的服务，携起手来为残疾人平等获取文化信息共创良好社会环境。

莎士比亚曾经说过："生活里没有书籍，就好像没有阳光；智慧里没有书籍，就好像鸟儿没有翅膀。"衷心祝愿残疾人朋友在社会各界的关怀下能够快乐阅读、健康成长,与其他人一样畅游书籍的海洋,享受共同的阳光。希望更多的残疾人朋友走进图书馆,走进知识的殿堂,让图书馆为他们提升自我、融入社会、实现理想插上腾飞的翅膀。

(在"牵手残疾人 走进图书馆"活动仪式上的讲话,2011年4月23日)

发挥大城市图书馆作用　带动全国图书馆事业发展

很高兴参加此次"全国直辖市公共图书馆 2011 年高峰论坛",与来自四个直辖市的图书馆界同仁和图书馆界专家学者共同就公共图书馆事业发展进行研讨。

公共图书馆是社会文明进步的标志,为传承历史、延续文明、开拓未来提供着信息与知识保障;是建设学习型社会的重要阵地,承担着提高公民学习能力与创新能力,滋养公民文明素质的重要责任;是通向知识之门,为构建国家知识创新体系提供着知识与智力支撑;是公共文化服务体系的重要组成部分,对于弥合"数字鸿沟",保障人民群众的基本文化权益发挥着重要作用。

大城市图书馆是全国公共图书馆的排头兵,在我国公共图书馆事业发展中占据重要地位,发挥重要作用。在"十二五"开局之年,来自四个直辖市图书馆的管理者和业务骨干汇聚一堂,共同围绕新时期图书馆事业的发展进行研讨,具有重要意义。下面,我就新时期大城市图书馆事业发展谈几点意见。

一、城市发展中图书馆的永恒价值

直辖市作为直属中央政府管理的省级行政单位,在我国社会主义现代化建设中居有极重要的地位。继 1949 年北京、天津、上海成为中央直辖市后,1997 年,重庆成为我国第四个直辖市。直辖市承担着拉动、辐射一方经济社会发展,从而带动全国经济社会快速发展的重要责任。它不仅仅是区域经济社会的"领跑者",还是全国改革的"探路者"。2003 年,北京被确定为全国文化体制改革综合性试点地区之一,在解放和发展文化生产力、推动文化走向国际市场等方面进行先行探索;2005 年,国务院批准上海浦东新区进行国家综合配套改革试点,要求浦东"率先建立起完善的社会主义市场经济体制,为推动全国改革起示范作用";2006 年,国务院批准天津滨海新区成为国家综合配套改革试验区,并明确指出,金融领域的重大改革"原则上可安排在天津滨海新区先行先试";2007 年,重庆成为全国统筹城乡综合配套改革试验区。重庆肩负的新使命是:为统筹城乡发展探路,"尽快形成统筹城乡发展的体制机制","为推动全国深化改革、实现科学发展与和谐发展发挥示范和带动作用"。四个直辖市的改革试点侧重不同,但都对应于中国发展中面临的全局性问题,其意义不仅仅是为本地区的发展寻找更好的途径和模式,更是把解决本地实际问题与攻克面上共性难题结合起来,为推动全国性的改革提供可资借鉴的经验。

近年来,直辖市在中国经济社会的快速发展中发挥了重要的带动作用,上海、北京、天津连续多年领跑全国经济增长或在全国经济增长中居前列。到"十一五"末,上海经济总量近1.69万亿元,占全国经济总量的4.2%;北京经济总量超过1.3万亿元;天津超过9100亿元;最年轻的直辖市——重庆经济总量也在2010年首度超越1万亿元大关,增速排名全国第一。根据中国社会科学院发布的2010年城市综合实力排行榜,综合考虑四个直辖市的人口、经济、社会、基础设施、环境等各方面发展情况,上海、北京、天津、重庆分列城市综合实力榜第一位、第二位、第五位、第十位。目前,四个直辖市的城市化进程发展迅速。据统计,2009年上海、北京和天津的城市化水平最高,城市化率分别为88.6%、85%和78%;重庆的城市化率也由直辖前的28%上升到2010年的53%。

在城市化快速推进的过程中,也出现了诸多问题。例如从文化视角来看,在人口快速城市化的同时,大量农民工因文化差异难以真正融入城市;城镇居民的整体素质与建设一个和谐、美好的宜居城市的要求还存在差距;城市贫困人群普遍缺乏信息获取渠道,就业竞争力不足;各种利益群体之间的矛盾加剧,犯罪率升高,其中城市远高于农村;城市管理水平有待提高,管理方法有待改进,出现了交通拥堵、环境污染等诸多问题,城市品质和城市化质量还比较低。在"十二五"规划中,四个直辖市都将在未来5年"不堵车"作为城市发展的重要任务之一。

这些问题的存在迫切需要我们加强城市文化建设,培育城市精神。城市精神是一个城市在发展过程中形成的独特的城市文化和城市性格,是一个城市的灵魂。一个没有文化和精神的城市,必然是灵魂缺失的城市,也必然缺乏可持续发展能力。图书馆作为城市公益性文化服务体系的重要组成部分,在城市精神的培育中有着特有的价值。

(一)市民素质的提高需要图书馆

城市的现代化不仅意味着城市空间的拓展、经济结构的优化、基础设施的完善,更重要的是作为城市建设主体的城市市民的发展、优化与完善。只有全面提高人的思想道德素质和科学文化素质,城市才有可持续发展的空间。图书馆是社会教育的学校、终身学习的场所,它能够提供一种浓厚的文化氛围,营造崇尚知识、倡导文明、选择阅读的共同意识和行为方式,其丰富的文献信息收藏为人们学习知识、了解信息、完善自我提供了内容丰富、形式多样、使用便捷的学习资源,使城市居民通过学习获得其社会角色所需要的知识与能力,从而使自己不断适应变革中的城市生活。图书馆所提供的教育与学校不同,它是面向全体社会成员的,教育的目的并不限于文化知识和专业技能的传授,而是注重提高人的整体素质,促进人的全面发展。并且这种教育贯穿于每个社会成员的一生,在学习范围上更具广泛性，在学习方式上更具灵活性，在学习内容上更具个性化。可以说，图书馆是通向知识之门，为个人和社会群体的终身学习和事业发展提供了基本的条件。它是没有围墙的大学，是社会教育的最高学府，承担着提高市民学习能力与创新能力，滋养市民思想道德素质的重要责任，影响着城市精神的凝聚，推动着城市的发展与进步。

（二）人的城市化需要图书馆

城市化的发展一方面使城市在空间上不断向乡村扩张，过去的农民变为了市民；另一方面使大量涌入城市的农民实现了职业与身份的双重变换，成为城市居民的一员。这两部分人群共同构成了城市"新市民"。尽管这些新市民已经从农村走进了城市，实现了农民角色向市民角色的身份转换，但他们中的大部分人仍然生活在城市中的"农村社区"，原有的生活状态并没有得到改变，在生活方式、行为方式、思想观念等各方面表现出种种的不适应。这种不适应归根结底源于以农村和农民为载体的村落家族文化与以城市和市民为载体的城市文化之间的文化冲突。城市化不仅仅是"人口城市化"，更是"人的城市化"，是这些新市民群体在价值观念、思维方式、行为模式等方面完全适应城市文化，从而从城市边缘人真正转换为城市市民的过程。在这个过程中，图书馆秉承开放、平等的人文精神，成为促进人的城市化转换的一个重要阵地。

图书馆是国家和政府为保障公民自由、平等地获取信息和知识而进行的制度安排，正如联合国教科文组织《公共图书馆宣言》中所宣称的那样："公共图书馆应不分年龄、种族、性别、宗教、国籍、语言或社会地位，向所有的人提供平等的服务"。在我国，各城市的公共图书馆在农民工融入城市的过程中都发挥了重要作用，仅深圳一市就拥有劳务工图书馆（室）近100家。各级公共图书馆向农民工敞开大门，提供没有门槛的与城市文化互动的场所，使城市外来人口可以通过图书馆及其所组织的文化活动获得城市文化的熏陶，激发农民工积极融入城市的意愿和努力，使他们在接受图书馆服务的过程逐渐了解城市文化、适应城市文化，学习和接受与现代化的城市社会相适应的生活方式和价值观念，从而不断调节自己和社会的关系，最终促进农民的市民化进程。

（三）建立社会交流平台需要图书馆

在城市化建设过程中，以农耕文化为基础的传统文化受到严重冲击，尤其是使得我国传统文化中最具代表意义的家庭代际关系发生了诸多方面的改变。过去，村落是人们生存的环境，人们几代同堂，同族居于一地，生产生活、繁衍生息。家庭成员之间由于存在血缘关系，"血浓于水"，家庭组织成为一个内聚力很强的非常稳定的社会组织。此外，中华民族历来重视邻里关系，所谓"远亲不如近邻"，强调邻里之间保持和谐的关系。然而，城市化进程使"高楼、围墙和深院代替了村头看到村尾,鸡犬之声相闻的田园格局",家庭逐渐变小,邻里关系日趋淡化,经常是同住一栋楼里,邻居间却互不认识,躲进小楼成一统,每户家庭都封闭在一个空间里,居民之间十分融洽的关系已成为一个美好的回忆。这种人际关系的冷漠使得社会成员之间缺乏信任,社会组织原有的内生规则,包括道德舆论约束都不再有效,社会缺乏凝聚力,公民缺乏公共精神。因此,迫切需要建设公共交流平台,促进良好人际关系的形成,推动城市的和谐发展。图书馆作为社会公共文化空间,将在促进人们思想交流、推动城市文化的传承与发展方面发挥着积极作用。

图书馆是知识与信息的集散地,人们在这里与古今圣贤对话。图书馆是城市传承历史、延续文明、拓展未来的重要资源基础,人们在这里回忆城市发展脉络,感受城市精神和文化。同时,作为一个开放的公共空间,图书馆也为人们提供了一个日常交流和文化休闲的场所,人们在这里开展文化娱乐,交流思想,发布信息,讨论共同关心的话题,在休闲娱乐、陶冶身心的同时,加强彼此之间的了解,建立起人与人之间新的文化关系。图书馆依托丰富的信息与知识仓储,利用讲座、展览、文化沙龙、读书活动等丰富多彩的社会文化活动,丰富人们的精神文化生活,鼓励人们进行思想上的对话与碰撞,培育高尚的生活情趣,从而搭建起市民关注公共事务、探讨公共话题、沟通思想、互相交往的共享空间,促进公共文化氛围和公共理性思维的形成,培育良好的公共精神,在城市化建设中发挥着越来越重要的作用。

综上所述,图书馆作为城市公益性文化服务体系的重要组成部分,是保存城市历史、传播城市文化、增强城市综合竞争力的重要手段,对城市的现代化建设有着不容忽视的促进作用。因此,加快图书馆事业建设是各级政府义不容辞的责任,也是现代化城市建设的必由之路。

二、发挥大城市图书馆在事业发展中的带动作用

20世纪初,文华公书林创办,公共图书馆在中国诞生。新中国成立后,特别是改革开放30多年来,随着我国经济社会的发展,图书馆事业进入了一个较快的发展时期,党的十七大对兴起社会主义文化建设新高潮、推动社会主义文化大发展大繁荣做出了全面部署,提出建立覆盖全社会的公共文化服务体系,公共图书馆事业作为公共文化服务体系的重要组成部分,在经济社会发展中发挥着越来越重要的作用。

大城市图书馆特别是直辖市图书馆,大都规模大,历史长,资源丰富,业务规范,具有人才和技术等多方面的优势,能够在全国图书馆事业发展中起到重要的示范和带动作用。这些年来,许多大城市图书馆从地区实际出发,创新发展思路,在城市图书馆服务网络建设中做了许多有益的探索,形成了多元化发展模

式。例如，北京市构建了覆盖全市的公共图书馆四级服务网络，通过建立"一卡通"服务体系，实现了北京地区所有公共图书馆信息资源的统一加工和书目数据共享，为全市人民提供统一查询、异地借还书等服务；天津创立了"社区分馆、行业分馆"模式，通过建立图书流动服务站、汽车图书馆服务网点、社区图书馆、农业科技分馆、公安分馆、机关事业企业分馆等方式，把服务触角延伸到基层；上海在全国率先推出了城市中心图书馆总分馆制，建立了以上海图书馆为总馆，区县图书馆、高校图书馆和科研专业图书馆等为分馆的资源与服务共建共享网络；重庆整合图书馆资源，以城带乡，统筹发展，构建城乡一体化公共图书馆服务体系。这些发展模式在实践中取得了较好的效果，为全国其他地区的图书馆发展提供了鲜活的实践经验，带动了本区域乃至全国图书馆事业的发展。

我国图书馆事业整体上在快速发展的同时，也还面临着较为严重的区域间发展不均衡现象，普遍存在着西部落后于东部，农村落后于城市，小城市落后于大城市的问题，特别是一些欠发达地区的中小城市、农村基层，在馆舍条件、馆藏资源、经费投入、人员队伍、技术水平等方面明显落后，迫切需要大城市图书馆充分发挥示范引领和辐射带动功能，站在整个事业发展的高度，通过资源保障、技术支撑、人员支持、业务辅导等多种方式，整体带动所在城市、周边地区乃至全国图书馆事业的发展。

（一）加大文献信息资源共建共享力度

直辖市图书馆馆藏文献资源丰富，截至 2009 年底，上海图书馆藏书量已经超过 5000 万册（件），首都图书馆超过 500 万册（件），天津图书馆和重庆图书馆均超过 300 万册（件），是本地区各级图书馆开展服务的资源保障。应充分发挥资源优势，积极探索总分馆制、中心图书馆制、图书馆联盟、联合图书馆制等多种模式，进一步提高城市中心馆的资源利用率，建设区域性文献信息资源共建共享网络；通过分工协作建立优势互补、联合共享的数字资源保障体系；特别是联合地方各级图书馆，加强地方特色资源的联合共建；搭建信息资源共享平台，在一个区域内实现书目数据共享，建立适合本地区特点的馆际互借与文献传递系统。

（二）以技术创新促进事业发展

现代信息技术的发展和应用，对图书馆事业产生了深刻影响。数字图书馆作为网络环境和数字环境下图书馆新的发展形态，是传统图书馆服务形态的一次革命。直辖市图书馆依托雄厚的技术力量，先后开始了区域性数字图书馆建设，在数字化服务方面走在了全国公共图书馆的前列。例如，2010 年首都图书馆推出了手持阅读器和 U 阅迷你书房服务，方便读者利用移动设备获得数字资源服务；2008 年，天津图书馆家庭虚拟图书馆系统开通；同年，上海图书馆开通了手机图书馆服务，截至 2010 年底，使用人次已达 10 万左右；重庆图书馆从 2006 年开始对馆藏7.7万册民国图书和1.5万册民国期刊进行数字化加工，并提供网络服务。可以说，数字图书馆已经成为推动我国公共图书馆事业发展的重要引擎。然而，许多基层图书馆，特别是小城市的图书馆、县和县以下基层图书馆，技术水平还比较落后。截至2008年，我国平均每3.23个图书馆才拥有一个网站，每1.4个地、市级图书馆或5个县、市级图书馆才拥有一个网站，网络实际可访问率仅为19.64%。直辖市图书馆应充分发挥技术优势，进一步加强数字图书馆的研究、应用和推广，在数字图书馆建设中发挥技术创新对事业发展的带动作用。

（三）提高图书馆从业人员队伍素质

目前，我国公共图书馆行业从业人员总量不足，人员结构与素质尚不能满足事业发展需要。截至2009年底，全国公共图书馆共有从业人员52688人，其中中级职称占31.7%，高级职称仅占7.9%。特别是中小城市和广大基层地区的图书馆，缺乏图书馆专业人才和技术人才的现象较为普遍，从业人员队伍素质亟需提高。而直辖市图书馆在专业人员数量、人才队伍素质等方面都具有明显的优势，应通过为基层馆提供业务培训、业务指导，进行业务交流与互派交换馆员等方式，加强智力输出，带动图书馆从业人员队伍整体素质的提升。

（四）通过重大项目引领事业发展

这几年，全国文化信息资源共享工程、国家数字图书馆工程、中华古籍保护计划等一批国家级重大项目的实施，极大地带动了各级图书馆的建设。实践证明，以重大项目为突破口，引领事业发展是一种行之有效的发展战略。直辖市图书馆都具有较高的项目策划、实施与管理能力，如首都图书馆的"北京记忆"项目、天津图书馆的延伸服务、上海图书馆的"把图情服务送进世博"、重庆图书馆的免费开放等，都取得了较好的社会反响。一方面，应深入分析制约本地图书馆事业发展的难题，科学谋划全局性、整体性带动作用强，有突破瓶颈作用的项目，充分发挥重大项目在事业发展中的引领作用和支撑作用，通过项目实施促进事业发展；另一方面，应在国家和地区重大文化工程项目建设中发挥积极作用，使图书馆切实成为文化建设的重要阵地。

综上所述，直辖市图书馆往往拥有较好的政策发展环境和经费保障水平，创新思维活跃，人才队伍素质普遍较高，事业发展水平大都居全国领先行列，应当充分发挥全国公共图书馆事业排头兵的作用，利用地域优势，拉动地区经济圈的图书馆事业发展，并进而辐射到全国，在相关领域带动全国图书馆事业发展。

三、加强自身建设，发挥大城市示范作用

图书馆是城市文化的重要组成部分，在彰显和提升城市文化品位，促进城

文化发展，培养城市精神，提高城市综合竞争能力，推动城市持续健康发展等方面具有重要意义。而一个国家的城市化水平越高，人们对知识和信息的需求就越强烈，对图书馆的依赖程度就越高，从而促进图书馆事业的发展。因此，公共图书馆与城市发展是相互作用、相互促进的。在建设现代化城市的同时，应当同步加强图书馆建设。

近年来，大城市图书馆建设虽然取得了长足的发展，但还存在着网络不健全、资源不共享、使用不便捷等问题，在同一个城市内还存在着城乡发展不均衡、中心区与其他地区发展不均衡的现象。作为全国公共图书馆事业的领头羊，大城市图书馆应当抓住机遇，迎接挑战，在"十二五"期间着力加强自身建设，发挥在全国图书馆事业发展中的示范作用。

（一）加强公共图书馆基础设施建设

没有图书馆的城市将是一个不完整的城市，不重视图书馆事业发展的城市将是一个精神与文化缺失的城市。图书馆作为重要的文化载体，已成为一个城市社会文明的标志之一。要通过建设覆盖全社会的公共图书馆设施网络，实现图书馆公益性服务的广覆盖、高效能。一方面重点扶持乡镇（街道）和村（社区）基层图书馆和服务网点建设，在区（县）有图书馆的基础上，进一步在乡镇和街道文化站设立图书室，在村和社区文化室设立图书馆服务网点；另一方面应进一步改善已有图书馆（室）的基础设施水平，根据《公共图书馆建设用地指标》和《公共图书馆建设标准》，对县以上设施不达标的图书馆（室）进行新建和改扩建，特别要提高县级图书馆的达标率。力争在"十二五"期间形成覆盖城乡、结构合理、功能健全、便捷高效的，市、县（区）、乡镇（街道）、村（社区）四级公共图书馆设施网络，使广大社会公众能够方便就近获得图书馆服务。

重庆作为西部地区唯一的直辖市，基层图书馆基础条件与发达地区相比还有较大差距，在 2009 年文化部组织的第四次图书馆评估中，只有 8 个馆被评定为一级馆，占全市公共图书馆总量的 18.6%。进一步加强图书馆设施建设，特别是基层图书馆设施建设，力争使更多的基层图书馆实现馆舍面积和设施设备的双达标，对于重庆市来说尤为迫切。

（二）加快形成覆盖全社会的图书馆服务网络

图书馆是公共文化服务体系的重要组成部分，承担着为社会公众提供普遍均等的公共文化服务，保障人民群体基本文化权益的重要职责。大城市图书馆在引领地区图书馆事业发展中发挥着重要作用，应进一步提高辐射能力，将地域内的各级各类图书馆组成一个有机的图书馆群，使信息资源由孤岛到共享、信息服务由一馆独立到多馆联动，构建遍及城乡的公共图书馆服务网络。积极推广总分馆、流动图书馆等延伸服务模式，实现各级公共图书馆资源和服务的有效整合和合理配置，形成阵地服务和流动服务、总馆和分馆有效补充的服务网络，确保地域内的所有居民都能够方便地利用图书馆。要根据社会发展的需要拓宽图书馆职能，针对社会公众不断增长的精神文化需求，大力开展讲座、展览、培训，使图书馆成为有吸引力的社会公共文化空间。组织开展丰富多彩的大众阅读活动，激发阅读兴趣，引导阅读取向，提高阅读能力，使图书馆成为建设浓郁的书香社会，促进人的全面发展的主阵地。积极利用现代信息技术手段，进一步挖掘馆藏，使馆藏文献资源更好地服务于社会，服务于当代。大力开展面向农民、进城务工人员、老年人、未成年人、低收入人群、残障人群等弱势群体的服务。

我国有60%以上的人口都在农村，重庆集大城市、大农村、大库区、大山区于一体，是全国城乡统筹发展的试点，特别要在以城带乡、城乡一体化发展方面为全国图书馆事业发展提供经验。

（三）建设传输快捷的数字图书馆服务网络

随着新媒体的快速普及，网络日渐成为人们获取信息的一种重要渠道，数字图书馆作为基于网络环境的一种新的信息资源组织与服务方式得到快速发展。截至2010年12月底，我国网民规模达到4.57亿，中国手机用户达7.47亿，其中手机网民规模达3.03亿，数字电视用户达6500万。要充分利用这些广大群众喜闻乐见的新兴媒体，加快数字图书馆建设，大力提高网络环境下公共图书馆的数字文化供给与服务能力，搭建一个覆盖移动通讯网、广播电视网、互联网，惠及全民的数字图书馆服务网络。一方面使人们可以利用新媒体随时随地享受图书馆的服务，使图书馆真正成为人们身边的图书馆，成为嵌入人们生活的图书馆；另一方面充分利用数字图书馆的服务手段，拓展图书馆公共文化服务能力和传播范围，使数字图书馆在保障人民群众基本文化权益、促进城市社会发展中发挥重要作用。

重庆市政府非常重视文化建设，开展一系列活动，继承和发扬了抗战文化、红岩文化、三峡文化、移民文化，引起强烈反响。重庆各级图书馆应从弘扬这些特色文化的需要出发，加强文献挖掘工作，利用数字化加工、音视频制作、影印出版、数据库制作等各种方式，深入整理、开发和利用藏量丰富的民国时期文献、抗战时期文献、古籍线装书等特色文献，使这些珍贵的文献能够真正服务于重庆的经济社会发展。

（四）进一步改善事业发展基础与环境

人才队伍建设是图书馆事业发展的基础和关键，要通过创新机制体制，吸引优秀人才到图书馆工作，通过岗位培训不断提高业务人员素质，形成一支高素质的、适应事业发展需要的人才队伍。当前，我国已经开始实施图书情报专业硕士培养工作。四个直辖市在地理上都有与著名图书情报教育机构合作的优势，应加强彼此之间的合作，为图书馆培养更多高层次应用型人才。

图书馆是公益性文化单位，要使图书馆能够长期提供高质量的全面免费的基本服务，就需要各级政府建立健全公共图书馆的运行保障机制，加强对图书馆工作的支持力度。希望各级政府将图书馆建设纳入当地经济和社会发展总体规划，根据本地区人口数量及分布情况，结合社会经济和文化、教育、科学事业发展的需要，建设好各级图书馆。建立完善的公共图书馆运行经费保障制度，确保公共图书馆事业经费的持续投入和稳定增长，特别是要在内容建设上予以经费支持，以帮助图书馆建立坚实的公益性服务资源保障。要在政策、人员、经费等方面支持图书馆根据社会公众的需求，不断拓展服务领域，开展形式多样的公益服务。

制定地方性图书馆法规，是一个地区图书馆事业持续健康发展的重要保障。目前，我国已经有10部现行有效的地方性图书馆法规规章，包括1997年颁布的《上海市公共图书馆管理办法》、2002年颁布的《北京市图书馆条例》等；重庆市的公共图书馆管理条例也已经进入前期调研阶段，要结合当地实际情况，抓紧制定。

京津沪渝四个直辖市都有各自特点，发展目标也有特异性。北京是全国政治、文化和国际交往中心，"首都经济圈"的中心城市；天津作为一个港口城市，带动了环渤海经济圈的发展；上海作为国际经济、金融、贸易中心，是长江三角洲经济圈的中心城市；与其他三个直辖市相比，重庆是西部唯一的直辖市，也是唯一地处内陆的直辖市，底子相对较薄，发展目标是建设内陆的开放高地，成为长江上游的经济中心。各图书馆应当在地区经济社会发展目标的战略定位下，找准自己的位置，在促进区域经济社会发展的同时促进自身发展。

"十二五"时期，建设现代化、国际化的世界级城市以及区域中心城市，以创新驱动发展是四个直辖市发展的共同目标。图书馆要努力为实现地区经济社会发展目标服务，让图书馆成为培育文化、传承文明、凝聚精神、激发创新的主阵地，让图书馆使人们的生活更加幸福美好。

（在"全国直辖市公共图书馆2011年高峰论坛"上的讲话，2011年4月28日。原载于《国家图书馆学刊》2011年第3期）

加快公共图书馆立法刻不容缓

图书馆是社会文明进步的标志，是人民群众学习知识、陶冶情操的殿堂，是建设学习型社会的重要阵地，是公共文化服务的重要基础性设施，也是各级政府保障人民群众基本文化权益的重要实现途径。公共图书馆事业的发展水平是一个国家文明进步程度的重要标志之一。联合国教科文组织和国际图联于1949年发布的《公共图书馆宣言》中明确指出，"开办和管理公共图书馆是国家和地方当局的责任，必须有具体的法规"。据不完全统计，自1848年美国颁布第一部公共图书馆法以来，世界上已有80多个国家和地区先后颁布了250多部图书馆法规。美国、日本等发达国家已经形成比较完备的图书馆法律体系，许多亚非拉发展中国家也颁布了图书馆专门法律。世界图书馆事业发展的经验表明，图书馆事业繁荣发达的地方，必定有较为完善和有力的法律保障体系；依法设立和运营图书馆，是政府保障和促进图书馆事业发展普遍采用的手段。

在党中央、国务院的关心和重视下，经过60年的建设和发展，我国已初步建立了覆盖城乡的公共图书馆服务网络体系。随着我国国力的增强和公共文化服务体系建设的不断深入，当前我国公共图书馆事业正步入快速发展的重要时期。到2008年，我国县级以上公共图书馆的数量，由1978年的1256所增加到2820所，增长了124%；总藏量由1978年的1.64亿册（件）增加到5.5亿册（件），增长235%；馆舍总面积由1978年的65万平方米增加到777.7万平方米，增长10倍以上；购书费由1978年的1503万元增加到9.369亿元，增长61倍；总流通人次由1978年的5398万人次增加到2.8亿人次，增长4倍；书刊流通册次由1978年的7831万增加到2.3亿，增长194%；图书馆的数字化、网络化、现代化水平大大提高，2008年全国公共图书馆计算机总数达10.1万台，是2000年的10倍。国家数字图书馆已建成数字资源250 TB，其中自建180 TB。同时，国家通过实施全国文化信息资源共享工程、乡镇综合文化站建设项目、送书下乡工程等，发展总分馆制、流动服务、自助服务，建立行业分馆、专业分馆等方式，进一步发挥图书馆的社会功能，提升服务能力，图书馆的社会效益不断提高。与此同时，我国公共图书馆事业也面临一些突出问题和困难：

一是设施网络不健全。国际图联规定，每5万人应拥有一所图书馆，一座图书馆服务辐射半径通常标准为4公里。英国共有5000多家公共图书馆，平均每1.2万居民有一所图书馆。美国共有9000所公共图书馆、17000所分馆。而我国平均每3405平方公里的面积、每46万人口才拥有一所公共图书馆。我国333个地级行政区划中，有41个地市没有图书馆，占12.3%；2859个县级行政区划中，有445个县没有图书馆，占15.6%。2414个县级图书馆中，不具备基本服务条件的有675个，占全国县级图书馆的28%。二是经费投入不足。国际图联规定，公共图书馆人均藏书量应为1.5～2.5册。而2008年我国人均拥有图书刚刚超过0.4册，人均购书费仅为0.7元。全国2414个县级图书馆中，无运行经费的有251个，无购书经费的有769个，分别占县级图书馆总数的10.3%和32%。三是人才匮乏。2008年，公共图书馆从业人员为5.2万人，其中具有高级职称的有3964人，只占全部从业人员的7.6%。四是出版物缴送制度没有得到有效执行。《出版管理条例》规定，出版机构应向公共图书馆缴送样本。但由于没有法律约束，这项政策执行不理想。如，2007年国家图书馆中文书缴送率只有59%，报纸缴送率44.39%，期刊缴送率84.96%，音像电子出版物缴送率34%，电子出版物46.04%。

出现以上问题的根本原因在于，我国公共图书馆建设和发展缺乏基本的法律遵循，使经费投入、队伍建设和管理服务等方面没有法律保障。借鉴世界各国的经验，加快立法工作，保障图书馆保障事业长期、稳定、健康发展，迫在眉睫、势在必行。这个问题已引起全国人大和国务院有关部门的高度重视，第十一届全国人大常委会已将《公共图书馆法》列为立法规划中研究起草、条件成熟时安排审议的项目，国务院也将其纳为《2009年立法计划》的二档项目。2009年文化部会同国务院法制办等开展了比较充分的理论研究和大量的前期调研，目前法律文本已基本成熟。

当前，我国已进入全面建设小康社会，社会各界对公共图书馆事业的认识、重视程度普遍提高，对立法工作寄予了很高期望，国家财力也具备，推进立法、为事业发展提供法律保障的时机已经成熟，为此，提出以下三点建议：

第一，请全国人大常委会对《公共图书馆法》立法工作继续给予积极支持和指导，继续予以关注，推动该法律的立法进程。

第二，请国务院法制办加强指导，会同文化部等部门加快解决立法中的重大问题，推动立法工作的顺利开展。建议将其列为国务院2010年立法工作计划的一档项目。

第三，请有关部门在开展公共文化服务体系建设试点和实验区工作时，将加快公共图书馆立法工作纳入试点内容，会同地方政府在实验区范围内，率先试点，积累经验，加快推进公共图书馆地方法规建设，为全国公共图书馆立法工作先行试点，摸索路径，提供有益的经验和借鉴。

"李华伟博士图书馆学术思想研讨会"贺信

今天,"李华伟博士图书馆学术思想研讨会"隆重开幕,我谨向李华伟先生和会议主办方表示热烈祝贺,并向李华伟先生和各位参会嘉宾表示亲切问候!

李华伟先生在国际图书情报界享有盛誉,曾担任过美国图书馆学会理事、华美图书馆员学会会长、国际图联大学及研究图书馆委员会委员等职务,并多次担任联合国教科文组织顾问。他不但是一位经验丰富的图书馆管理者、精力充沛的图书馆活动家,更是一位知识广博、学养深厚的图书馆学家。在近50年的职业生涯中,他先后编纂了《图书馆学的世界观》、《现代化图书馆管理》等五部专著,发表了百余篇学术论文,研究方向涉及图书馆管理、图书馆信息服务、图书馆自动化和网络化等多个领域。

李华伟先生还在积极推动中美图书馆间的交流与合作方面做出了积极贡献,被海内外共誉为"经纬枢纽,华美桥梁"。改革开放以后,李华伟先生是最早向中国图书馆界介绍国外,特别是美国图书馆事业发展最新动态的专家之一。他亲力亲为,致力于推动中美图书馆界的广泛交流与合作,其所倡导的中美图书馆合作会议,自1996年在北京首次召开以来,已经成为中美图书馆界交流与合作的有效平台。他还作为特邀顾问,积极为国家图书馆的发展建言献策。

李华伟先生待人诚恳,与人为善。随着中美图书馆界之间的交流规模不断扩大,李华伟先生作为双方很多交流活动的直接组织者和实施者,经常身体力行,亲自接待访美的国内同仁。他长期关心中国图书馆事业的发展,不计名利,孜孜以求,不懈努力,在中美图书馆事业发展史上留下了浓墨重彩的篇章。

本次会议不仅是对李华伟先生学术思想的研讨,也是对他严谨治学态度和科学研究方法的学习和宣传。让我们学习李华伟先生这种热爱图书馆事业,全心投入图书馆事业的精神,为加强中美图书馆界的交流与合作,为促进中美两国的文化交流做出应有的贡献!

二〇一一年十一月十七日

创新工作思路　推进图书馆事业发展

刚刚召开的党的十七届六中全会做出了深化文化体制改革、推动社会主义文化大发展大繁荣、进一步兴起社会主义文化建设新高潮的重大战略部署，提出了建设社会主义文化强国的宏伟目标和战略任务。此时召开第十三届全国省、区、市和较大城市图书馆馆长联席会议，研究图书馆在新时期的工作任务，对于学习贯彻十七届六中全会精神，进一步抓住机遇，创新思路，推动事业发展具有重要意义。

一、深刻领会全会精神，进一步明确事业发展方向

党的十七届六中全会，是在我国进入全面建设小康社会的关键时期和深化改革开放、加快转变经济发展方式的攻坚时期召开的一次极为重要的会议。全会审议通过的《中共中央关于深化文化体制改革、推动社会主义文化大发展大繁荣若干重大问题的决定》，全面总结了改革开放以来特别是党的十六大以来我国社会主义文化建设取得的显著成就，立足我国文化改革发展实际，提出了提高全民族文明素质、增强国家文化软实力、弘扬中华文化、努力建设社会主义文化强国的总体要求，并进一步提出了到2020年文化改革发展的奋斗目标，做出了加强社会主义核心价值体系建设、繁荣文化创作生产、加快文化事业和文化产业发展、完善文化体制机制、加大文化人才培养力度、加强和改进党对文化工作的领导等六个方面的工作部署。

图书馆作为公共文化服务体系的重要组成部分，伴随人类文明历史进程的发展而发展，几千年来，在推动社会发展中扮演着重要角色。从一些发达国家的图书馆事业发展进程来看，图书馆事业在经济社会处于快速发展期或转型期时，往往会得到快速发展，蕴育新的服务形态，为社会进步做出重要贡献。例如，14—16世纪的文艺复兴运动使欧洲社会私人藏书得以迅速发展，17—18世纪的启蒙运动为19世纪公共图书馆的诞生打下基础，18—19世纪进行的工业革命促进了英、美等国家公共图书馆的迅猛发展，并进一步推动了现代意义上的图书馆走向成熟。

改革开放30多年来，我国图书馆事业也进入了一个较快的发展时期。特别是党的十七大做出兴起社会主义文化建设新高潮、推动社会主义文化大发展大繁荣的全面部署，提出建立覆盖全社会的公共文化服务体系的目标要求以来，图书馆事业取得了长足的发展。馆舍建设步伐加快，办馆条件明显改善；现代技术迅

速普及，服务网络日趋完善；文献资源不断增长，服务保障能力明显提高；服务手段不断创新，社会影响日益扩大；从业人员队伍壮大，科研水平不断提高。特别是各地区结合本地实际，探索和建立了基于区域性服务网络的服务体系、基于总分馆的服务体系以及以建设和强化基层图书馆为导向的服务体系，为公共文化服务体系建设增添了活力，也由此带来深刻变革。

十七届六中全会的召开，为我国图书馆事业的发展提出了新的要求，也增加了新的动力。我们必须深入领会全会精神，深刻认识图书馆在新时期承担的历史使命，进一步明确我国图书馆事业未来发展的总体思路。按照全会要求，"十二五"期间，图书馆事业发展的总体目标应该是：引领文化风尚，充分发挥图书馆的社会教育职能，不断提升公民思想素养和科学文化素质；通过加强馆际合作，整合分散建设的图书馆文献资源，倡导借助文献资源的整体化和网络化建设，构建国家文献信息资源保障体系；加强馆藏资源的收集整理、保存保护和挖掘利用，满足读者多元的信息需求；加快推进图书馆设施建设，建设覆盖城乡、结构合理、方便快捷、惠及全民的服务网络；加快推进数字图书馆推广工程，构建网络环境和数字环境下图书馆服务的新形态；强化公共服务，提高服务体系的整体效能，使图书馆在保护文献典籍、传承中华文化、提供知识与创新、推动社会发展进步中发挥重要作用；进一步深化公共图书馆管理体制和运行机制改革，建立符合本馆实务、充满生机与活力的体制机制；加强专业队伍建设，推进文化事业的全面发展。

二、国家图书馆重点推动的几项工作

最近一段时期，我馆结合"十二五"规划的制定，结合馆情实际，在做好全局工作的同时，重点推动了以下几个方面的工作。

（一）建设国家总书库

国家图书馆是国家总书库，馆藏文献资源在数量和质量方面都具有明显的特色和优势。随着文献信息载体的多元化发展，改变了传统图书馆馆藏的微观结构和宏观结构，为适应数字时代的要求，建设多元化的、复合结构的文献资源成为当前图书馆信息资源建设的方向。为此，我们给国家总书库建设赋予了新的内涵，力图建立学科专业全、语言种类多，体现综合性、多样性、系统性和特色化，印本资源与电子资源互为补充，实体资源和网上虚拟资源相互依存的国家级文献资源保障体系。

一是继续贯彻"中文求全""国内出版物求全""外文求精"的采选方针。扩大文献入藏范围，建立文献征集机制，面向社会征集具有历史文献价值和重要社会价值的特色文献，将港澳台地区以及海外出版的有价值的中文文献纳入保存本体系，并将少儿文献等纳入馆藏体系。加强缴送管理工作，组织力量研发"出版物样本缴送管理平台"，集中管理各类出版物样本的缴送，实现缴送信息的实时统计，建立与管理部门、出版单位间的资源共享平台，切实提高缴送率。

二是在拓展传统介质文献收藏的基础上，创新数字资源建设模式，进一步增加数字资源总量。在面向全国各级各类图书馆及文化收藏单位征集精品数字资源，围绕社会发展重大问题、重要学术研究领域和社会公众的普遍需求，对各类型、分散异构的信息资源进行挖掘，再现其知识关联关系，逐步建设一批专题知识库群，切实提高知识提供与知识服务能力。

三是进一步强化国家书目中心职能，拓展联合编目的文献范围，加强对多种载体、多种形式、多种类型馆藏文献资源的统一揭示，实现不同载体文献之间的精确关联和深度融合。在此基础上，进一步建设中文信息资源元数据集中仓储，形成国家文献资源总目，为全国图书馆文献信息资源的统一发现与集成服务提供保障。

（二）加快推进数字图书馆推广工程

数字图书馆是网络环境和数字环境下图书馆发展的新形态，其迅猛发展为传统图书馆提供了新的发展机遇和广阔的发展空间。要完成国家数字图书馆工程建设，搭建完成数字资源集成管理、数字资源组织、数字资源发布与服务、数字资源长期保存、一站式统一检索系统等软件平台，以及集群系统、存储系统、网络系统、服务器系统等硬件平台；此外，要标准先行，建立国家数字图书馆标准规范体系，为在全国范围内推广国家数字图书馆建设成果奠定基础。

在此基础上，要进一步加大数字资源建设力度，丰富数字图书馆馆藏内容，尽快建立覆盖全国的数字图书馆服务网络，建立数字图书馆协同服务环境，实现资源的集中揭示、统一检索与统一调度，支持全国各数字图书馆资源与服务的全面共建共享，形成覆盖全国省、市、县、乡镇（街道）、村（社区），连通各行业的，技术先进、稳定可靠的分布式数字图书馆服务平台，为用户提供一站式信息服务，推动图书馆新业态的形成。

一是构建技术先进、稳定可靠的数字图书馆网络平台。推进基于互联网、政务外网、教育网、科研网、全军综合信息网等多网络环境的数字图书馆技术平台建设，逐步实现国家数字图书馆、各行业数字图书馆和各区域数字图书馆间的对接，构建跨行业、跨地区、跨系统的统一的数字图书馆网络平台。

二是在全国范围内形成分级分布式的数字资源保障体系。依托全国各级各类图书馆，加大地域特色资源和行业特色资源的建设，从而形成类型丰富、特色突出、结构合理的海量数字资源库群；建立元数据集中存储、对象数据分布调度的资源集成环境；对多种载体、多种形式、多种类型的信息资源进行深入挖掘和深层揭示，建立基于文献信息内容的知识网络。

三是形成基于全媒体的、覆盖城乡、惠及全民的数字图书馆服务网络。借助互联网、移动通讯网、广播电视网、卫星网等网络通道，以及 VPN 等现代网络技术，使图书馆服务的覆盖范围由传统图书馆的物理空间扩展到互联网、手机、电视、智能移动终端，根据需求牵引的原则，提供融入用户信息环境的深层次、专业化、个性化信息与知识服务。

（三）面向社会公众提供多元化的拓展服务

近些年来，国家图书馆不断延伸服务范围，拓宽服务渠道，在满足人民群众日益多样化、多层次、多方面的精神文化需求方面发挥了重要作用。

一是大力拓展社会教育职能。通过展览、讲座、培训、阅读推广活动等丰富多彩的文化活动，引领社会风尚，丰富群众生活，提升公民素质，形成了一批深受群众欢迎的文化品牌。特别是今年结合社会重大热点策划了一系列展览，取得了较好的社会反响。各地图书馆也都拥有自己的文化品牌。希望今后能够在全国范围内实现优秀讲座资源、展览资源的共享。

二是以用户为中心、以需求为导向，提升服务水平和服务能力。从跟踪国家重大战略决策、重点建设项目的需求入手，围绕学习型社会建设、提高全民素质等中心工作，整合各类文献信息资源，充分发挥科技查新、文献提供、企业信息服务等中心的整体合力，为重点教育、科研单位提供主动的、全方位的文献信息服务，积极探索面向企业的服务模式；社会公众服务力求精细、到位，在努力做好到馆读者服务的基础上，加大非到馆读者服务的力度，通过建立少年儿童和少儿数字图书馆、残疾人数字图书馆等方式，加强对未成年人、残疾人等社会弱势群体的服务，切实提高社会公共文化服务水平。

（四）做好业界服务

当前，国家图书馆正在策划和实施的项目中，很多是立足于推动全国图书馆事业发展，需要协调各兄弟单位共同推进的项目。未来国家图书馆还将继续开展以"引领业务、开放资源、主动服务、合作共赢"为特色的图书馆业界服务，依托中国图书馆学会、中国文献影像技术协会、全国图书馆标准化技术委员会等行业组织平台，与全国各行业、各系统、各地区图书馆在基础业务建设、创新服务、数字图书馆建设与服务、人员队伍建设等方面开展广泛合作，以开放的姿态，为各级图书馆提供资源保障、技术支撑、服务协作、智力支持，引领全国图书馆事业共同发展。

（五）进一步强化立法决策服务

为政府部门提供立法决策服务，是图书馆推动经济社会发展、争取各级政府支持的重要途径。近年来，国家图书馆通过建立部委分馆、提供"两会"服务和专题咨询、开通中央国家机关立法决策服务平台、建立国情咨询顾问委员会和国情咨询专家委员会等方式不断强化立法决策服务,根据决策机构的需要确立立法决策服务重点研究领域及研究重点,为中央领导和国家立法决策机构主动提供针对性、专业性和预研性服务。

为加强与省级图书馆间的立法决策服务资源共享,国家图书馆正在调研建立全国省级公共图书馆立法决策服务馆际协作平台,通过这个平台实现各省级图书馆间立法决策文献信息资源、服务产品和咨询服务成果的共建共享,进一步加强全国各级公共图书馆在立法决策服务方面的交流与协作,集全国图书馆之力服务于全国各级政府。此外,国家图书馆还将利用为中央国务院部委立法决策服务所产生的纵向辐射效应,使各级图书馆的立法决策服务拓展至各地区的领导机关和决策机构,从而整体带动全国各级图书馆的立法决策服务工作。

(六)加快推进中华古籍保护计划,启动民国时期文献保护计划

保护好传统馆藏文献是图书馆的重要使命,要依托中华古籍保护计划等重大工程,整体提高全国图书馆传统文献的保存与保护水平。

一是加快推进中华古籍保护计划,把全国古籍普查登记工作作为今后一段时期的中心任务,利用全国古籍普查平台开展普查登记工作,逐步建立起完善的国家古籍登记制度,形成以馆藏古籍目录为主的《全国古籍普查登记目录》;在此基础上,以省级古籍保护中心为单位,编纂《中华古籍总目》(分省卷),最后形成全国统一的《中华古籍总目》。要进一步探索人才培养机制,扎实培养古籍保护人才。在条件合适的地区,重点建立古籍修复中心和人才培训中心。大力开展古籍保护标准研制和文献整理工作。积极开展海外中华古籍调查,促进散佚海外的中文古籍以多种形式回归。

二是尽快启动民国时期文献保护计划。为全面保护我国民国时期文献,国家图书馆策划了民国时期文献保护计划,这是继中华古籍保护计划之后的又一个全国性文献保护项目,得到中央领导同志和有关部委的高度重视和大力支持。该计划拟在全国范围内组织开展文献普查工作,建立全国民国文献联合目录检索系统,编制《民国文献总目》;完成一批民国时期文献书库的标准化建设;开展专题文献的征集、整理和专题资源库建设,共建共享一批高质量的民国时期文献全文资源库;设立文献保护基地,探研文献的脱酸保护和修复;利用新媒体、新技术创新文献展陈手段,发挥民国文献的社会教育作用;策划选题,加强出版;加强海峡两岸及国际间交流与合作;加强保护工作人才队伍培养等。建立民国时期文献保护工作协调机制,逐步形成完善的保护工作体系。目前,国家图书馆正在积极向中央争取地方转移支付经费,为联合全国图书馆共同参与和实施好这项工作做好充分准备。

此外,还要积极探讨新形式下进一步做好缩微工作的新思路。2012 年,全

国图书馆缩微文献中心的预算有了明显增加，要进一步调查研究以数字技术为主导的现代信息技术如何融入传统缩微工作流程当中，从而加强缩微技术与数字技术的融合，在此基础上，制定科学规划，有序开展相关工作。

（七）挖掘馆藏，充分发挥文献的社会教育功能

图书馆是社会文明成果的主要收藏机构，其丰富的馆藏文献信息资源中所蕴涵的文化与知识内容，对于弘扬中华民族优秀文化、提高全民族文明素质、促进经济社会发展具有重要意义。

一是明确了将文献学及文献整理研究作为基础业务、科研工作和人才培养重要领域的工作思路，计划基于馆藏文献，结合社会发展重大热点问题，深入挖掘馆藏文献内涵，联合图书馆界共同开展专题文献研究，力争形成一批有深度、有影响的研究成果。即将面向全国启动的"中华珍贵文献史话"项目，将联合全国各图书馆，在研究《国家珍贵古籍名录》入选文献学术价值的基础上，深入研究文献的入藏历史和文献背后的故事，以集刊形式不定期出版，让更多的社会公众了解图书馆馆藏文献。

二是建设"典籍博物馆"。为使社会公众能够近距离地感受这些珍贵文献穿越历史的恒久魅力，国家图书馆充分借鉴国外图书馆在馆藏文献展示方面的先进经验，将博物馆的建设思路引入图书馆公共文化空间的建设中，在总馆南区改造方案的设计中，提出了建设"典籍博物馆"的思路，通过在馆区内设立专门的展览空间，借助各种先进的展陈手段，全面、集中地向读者和公众展示国家图书馆馆藏珍品、重要捐赠、名人专藏及各类专题文献。

三是策划"中国记忆"项目。联合国教科文组织于1992年发起了"世界记忆工程"；美国国会图书馆早已启动实施了"美国记忆计划"，该计划已成为有关美国文化及美国历史的重要资源站点；国内上海图书馆承担了"上海年华"项目实施，这是一个类似地区记忆的项目。"国家记忆"以及相应的地区记忆，对于图书馆而言都具有探索的意义。该计划考虑将首先启动口述史制作工作，基于馆藏研究策划专题，选取为国家做出贡献的重要人物、重大历史事件、濒危民族记忆及传统技艺等专题，以访谈的方式记录口传记忆，并收集相关资料和实物。"中国记忆"应为全国人民共享，各地区记忆汇集起来，就形成了中国文化的记忆中心。

四是加大古籍文献的整理出版力度，结合社会热点策划一些专题，对相关文献进行整理出版。要继续做好中华再造善本工程（一期）的补充工作，进一步实施好二期工程。

（八）建设国家文献战略储备库

文献信息资源作为一种重要的国家战略资源，是提升国家文化软实力的重要

资源保障。从国内外发展趋势看，建设储备库异地备份已经成为最安全的文献信息资源保护策略之一，也是国际通常采用的保护方式，被誉为"保证文献与数据安全的最后一道防线"。根据我们了解的情况，从20世纪90年代开始，美国、英国、法国、澳大利亚、挪威等国家都已经开展了此项工作。国家图书馆在对国外实践进行深入调研的基础上，策划了"国家文献战略储备库建设"项目，得到了战略研究领域和图书馆领域专家的高度认可。该项目将充分利用先进技术和设备，实现传统载体文献资源的异地长期保存，馆藏数字资源的异地灾备，网络信息资源的收集、整理、存储，从而使馆藏历史文化遗产得到长久、安全的保存。在此基础上，还可以逐步探索建立代存代管制度，根据委托对全国各级公共图书馆的珍本、善本等古籍文献进行集中保管，从而全面提升我国文献信息资源的战略保存水平。

（九）加强人才培养

人才是事业发展的基础。为全面提升人才队伍整体素质，建立一支适应事业未来发展的人才队伍，今年，国家图书馆启动了"双基培训"工作，开展基于岗位的人才培养，帮助员工掌握岗位所需要的基础知识和基本技能。未来几年，要结合数字图书馆推广工程、中华古籍保护计划、民国时期文献保护计划等项目的实施开展培训，面向重点业务领域联合策划培训项目，以开放的思路建立与高等院校、研究机构等联合培养图书馆专业人才的合作机制，为全国图书馆界专业人才的培养提供更多途径。

（十）加强科研工作

科研工作是促进业务建设的科学手段。国家图书馆是综合性研究图书馆，结合工作实践开展学术研究是国家图书馆的一项重要职责。今年，国家图书馆联合一些图书馆和研究机构、产业机构共同策划立项了国家科技支撑计划项目"文化资源数字化关键技术及应用示范"、国家文化科技提升计划项目"全国少年儿童阅读推广服务平台"、质检公益性行业科研专项"乡镇社区图书馆管理标准研究"等一批重大科研项目。

今后，大家还可以共同围绕文化与科技融合的战略部署，联合策划带动图书馆事业整体发展的重大科研专项，通过科学研究来为事业发展提供理论和技术指导；要依托全国图书馆标准化技术委员会，面向数字图书馆建设、基层公共图书馆建设、面向特殊人群的图书馆服务、文献保护等重点领域，加强相关国家标准、行业标准的制定、修订工作，力争通过几年的努力，形成较为完善的图书馆标准规范体系。

三、几点希望

十七届六中全会的召开为我国图书馆事业发展带来了新的机遇，也提出了新的挑战。今天，仅凭一馆之力已经难以实现对所有文献信息的收集与整理，难以满足用户的所有文献信息需求，"优势互补、资源共享、团结协作、共谋发展"从来没有像今天这样必要，从来没有像今天这样成为业界的高度共识，也从来没有像今天这样拥有有利的条件。希望大家积极贯彻落实全会精神，齐心协力做好以下几个方面的工作。

（一）加强馆际合作

国家图书馆不仅是国图的国图，而是国之国图，业界之国图。因此，当前和今后的一段时期，国家图书馆都将把为业界服务作为我们的一项重点工作，不断加大服务力度，提高服务水平。特别是要从事业发展全局出发，主动策划项目，争取经费。希望各兄弟图书馆也要继续支持和关心国家图书馆的发展，把国家图书馆的事儿作为自己的事儿，积极参与有关工作，积极提出意见和建议，大胆批评，帮助我们不断改进完善。要通过我们的共同努力，在全国图书馆界形成合力，共同推进事业发展。

（二）加强资源共享

近年来，我国图书馆事业整体上在快速发展的同时，也还面临着较为严重的发展不均衡现象，普遍存在着西部落后于东部、农村落后于城市等问题。我们要高举共建共享旗帜，通过资源、服务、技术、人才、科研等各方面的共建共享，大馆带小馆，东部带西部，城市带乡村，缩小城乡图书馆事业发展差距，推动城乡图书馆事业一体化发展。资源共享必然有得有失，特别是对那些发展基础较好的馆来说，更是贡献大于获取。希望大家以大局为重，将自己的优势拿出来共享，形成行业整体优势。整个事业发展了，各个馆的发展才有更广阔的空间。

（三）加强沟通交流

近年来，图书馆事业的发展日新月异，各地结合地区实际，创造了一些好的工作思路和发展模式，要依托中国图书馆学会以及全国省、区、市和较大城市图书馆馆长联席会议等已有平台，进一步加强沟通，深入研讨，广泛交流推动事业发展的新思路、新方法、新经验。根据《国务院关于分类推进事业单位改革的指导意见》，各地区陆续开始了事业单位改革。在这个过程中，也需要我们积极沟通，交流情况，相互借鉴。

(四)加强项目推进

这些年来,图书馆事业发展实践充分证明,策划和实施项目是推动事业发展的有效手段。一个好的项目,不仅能够集中有限资源在重点领域实现突破,而且能够广泛联合各方面力量,带动事业的整体发展。近年来,全国图书馆界不断深化合作,开展了中华古籍保护计划、中华再造善本工程、文化共享工程等重大文化项目,有力地推动了事业向前发展。这些项目能够立项非常不容易,我们要齐心协力,实施好这些已有项目,不断赋予这些项目新的内容,扩大项目的影响力和效益。在此基础上,要不断创新思路,顺应经济社会发展的趋势,围绕事业发展的重点领域,共同策划更多具有基础性、战略性、全局性,能够带动事业发展的新项目,以项目为抓手,推动事业发展。

(在第十三届全国省、区、市和较大城市图书馆馆长联席会议上的讲话,2011年11月18日)

抓住机遇　共谋发展
不断开创图书馆事业发展新局面

今天，我们召开全国省级公共图书馆馆长座谈会，主要是围绕策划和实施一些全国性的重大项目通报有关情况，征求大家意见，共同商议有关工作。杨志今副部长对这次会议非常关心，特别委派公共文化司刘小琴同志参加会议并致辞。47位副省级以上图书馆馆长在百忙之中参加会议。在此，我谨代表国家图书馆，向大家表示诚挚的感谢和热烈的欢迎！

近年来，在文化部的领导下，在全国各级图书馆的大力支持和积极参与下，国家图书馆陆续策划和实施了一系列重大文化工程项目。在去年11月广西南宁召开的第十三届全国省、区、市和较大城市图书馆馆长联席会议上，我向大家通报了国家图书馆重点推动的几项工作。今天在这里召开会议，一方面是就已经立项实施的项目在全国做进一步部署，就项目实施听取大家的意见；另一方面就我们的一些新思路、新策划与大家交换意见，希望集众人智慧，联合策划一些新的项目，共同推动图书馆事业发展。

一、我国图书馆事业发展面临难得机遇

当前是我国推进公共文化服务体系建设的重要时期，公共图书馆作为公共文化服务体系的重要组成部分，面临难得的发展机遇。

（一）图书馆事业呈现良好发展态势

近年来，随着我国经济社会的发展，图书馆事业进入了一个较快的发展时期，各级公共图书馆设施建设和服务网络日趋完善，文献资源不断丰富，服务能力不断提高，信息化水平显著提升。2010年，全国县级以上独立建制的公共图书馆有2884个，各级财政对公共图书馆的投入总数达到58.4亿元，人均购书经费为0.83元，从业人员超过5万人。此外，全国公共图书馆总藏量为61726万册（件），数字资源总量约600 TB，人均公共图书馆藏书达0.46册，全国公共图书馆电子阅览室终端8万多个，900多所公共图书馆能够通过网络提供服务。各地结合实际，探索实行总分馆制、图书馆联盟、"一卡通"、流动图书馆、自助图书馆等新模式，覆盖全国的公共图书馆服务体系正在形成，图书馆事业取得重大进展，为"十二五"期间进一步推进事业的跨越式发展奠定了基础。

（二）党和国家的文化建设战略部署为图书馆事业发展提供了良好的政策环境

近年来，党和国家对文化建设越来越重视，特别是十七届六中全会就建设社会主义文化强国做出了一系列战略部署。会议提出要建设社会主义核心价值体系，完善覆盖城乡、结构合理、功能健全、实用高效的公共文化服务体系，加快构建技术先进、传输快捷、覆盖广泛的现代传播体系，建设优秀传统文化传承体系。图书馆是公共文化服务体系的重要组成部分，全会的召开对图书馆进一步拓展职能、服务经济社会大局具有重大意义，为图书馆事业的发展带来了重要而难得的机遇期。

刚刚公布的《国家"十二五"时期文化改革发展规划纲要》提出了"十二五"时期文化改革发展的目标与任务，其中加快文化资源数字化、完善国家数字图书馆建设与推广、推进中华古籍保护与出版等任务都与图书馆事业发展密切相关。文化部《文化建设"十二五"规划》也即将审议通过，图书馆等文化事业的发展将是其中的重要内容。这就为我们进一步策划重大文化项目并推进相关工作提供了政策依据。

2012年1月14日，李长春同志出席"部级领导干部历史文化讲座"10周年纪念活动，对讲座给予充分肯定，指出图书馆是建设学习型社会的重要阵地，要加强建设，搞好服务，大力开展讲座、展览和内容丰富、形式多样的读者交流活动，不断提供更多更好的公共文化服务。李长春同志的讲话为图书馆拓展社会教育职能、做好公共文化服务明确了发展思路。

（三）现代信息科技和传播手段快速发展，为图书馆服务创新提供了广阔空间

数字图书馆作为图书馆发展的新形态，是图书馆在网络环境和数字环境下的必然选择和必由之路，其迅猛发展为传统图书馆提供了新的发展机遇和广阔的发展空间。自20世纪90代以来，我国数字图书馆建设发展迅速，在网络平台建设、关键技术研发、数字资源建设和数字图书馆服务等方面取得重要进展，大大提升了传统图书馆的服务能力。

近年来，以互联网、手机、数字电视为代表的新媒体技术的发展日新月异。截至2011年底，我国网民人数达5.13亿，互联网普及率达38.3%，手机用户已突破9亿，其中手机网民达3.56亿，数字电视用户超过1000万。借助于这些新媒体平台，建立支持分布式异构数据库无缝跨库连接、支持资源与用户双向认证的数字图书馆系统，形成覆盖全国、覆盖全媒体多终端的数字图书馆服务网络就有了技术基础。同时，借助云计算技术，推动形成数字图书馆之云，使数字图书馆服务真正惠及全民也具备了基本技术条件。

由此可见，我国图书馆事业正面临历史上难得的发展机遇，建设覆盖全社会的公共图书馆服务体系，催生覆盖全社会的数字图书馆服务业态已经成为可能。我们要抓住机遇，围绕中心，服务大局，结合事业发展实际策划和实施好项目，全力推动事业发展。

二、坚持项目带动，推进事业发展

这些年，大家共同策划和实施了全国文化信息资源共享工程、中华古籍保护计划、中华再造善本工程、数字图书馆推广工程等一批有影响的重点文化工程项目，对于整合行业资源、凝聚业界力量、引导财政投入、带动事业发展发挥了积极作用。将思路变为项目、以项目争取经费是一条成功经验。要继续实施好已立项项目，同时策划好新的项目，是新时期推动事业发展的重要方法。

（一）进一步部署好在实施项目

中华古籍保护计划自2007年启动以来，中央财政已投入经费1.495亿元。在各省级古籍保护中心的积极参与下，中华古籍保护计划取得积极进展，在全国初步建立了古籍保护工作机制和古籍修复与保护人才队伍，古籍普查、少数民族古籍保护、古籍资源的整理与出版取得阶段性成果，当然也不可避免地遇到困难和问题。2012年开始，要进一步明确工作思路，明确实施重点，要加快推进古籍普查登记工作，进一步完善登记工作机制，简化工作流程，规范工作内容，形成《全国古籍普查登记目录》。各馆也要积极争取各级财政对本地区普查工作给予必要的资金支持。此外，要进一步拓宽视野，积极开展海外中华古籍调查工作，加快中华珍贵典籍的数字化，进一步策划将纳入《国家古籍珍贵名录》古籍的全方位数字化，使珍贵典籍在网络条件下为全社会共享。

数字图书馆推广工程2011年启动当年，财政部就已安排了4980万元的转移支付经费，用于首批15个省馆和52个市馆的硬件平台建设。今年中央本级经费3300万元，还将申请中央转移资金1.232亿元。目前，数字图书馆推广工程已先后在黑龙江、吉林、福建、新疆、贵州等省区启动，在虚拟网搭建、数字资源建设、新媒体服务和宣传推广等各方面取得了阶段性进展。2012年，要加快数字图书馆推广工程的实施步伐，继续完善基础设施建设，搭建覆盖全国、支持无缝跨库、互联互通的数字图书馆服务平台；同时要加大资源共建共享力度，丰富资源内容和类型，通过卫星、互联网、数字电视、网络电视等多种渠道提供数字资源服务，确保最终按既定目标建立覆盖全国的数字图书馆服务体系，促进图书馆新业态的形成。首批实施的地区要创造条件，逐步实现数字图书馆网络平台的功能。

(二）确保新项目起好步，开好局

本次会议还要启动民国时期文献保护计划，这是国家图书馆在 2011 年策划的一个新项目，是继中华古籍保护计划之后的又一个全国性文献保护项目。目前，我们在深入调研和广泛听取各方面意见的基础上，形成了项目方案，中央财政已投入启动经费 1500 万元。项目启动后，首先要针对民国文献的特点建立工作机制，制定业务标准规范，开展试点工作，建立申报试点的专家评估制度，通过试点积累经验，逐步推广，在全国范围内开展民国时期文献普查工作。要积极策划民国时期专题文献的选题、整理和出版，开展专业培训，建立民国时期文献保护人才队伍。这个项目是确立公共图书馆区域地位的一项重要工作，希望各馆认识到其重要性，早动手、早安排。

（三）为新策划项目明确思路

本次会议还将围绕"领导干部讲座共享平台"和"中国记忆"两个项目的初步设想进行讨论，力争形成较为完善的项目方案，争取立项为新的国家重点文化建设项目。

"部级领导干部历史文化讲座"自 2002 年 1 月启动至今已有 10 年，得到了中央领导同志和部级干部的肯定，建立了图书馆服务于部级领导干部业余学习的新模式，在选题策划、工作组织、现场服务、成果出版、网络推广等方面积累了丰富经验，形成了较为成熟完善的工作机制。为落实李长春同志"推动各级图书馆面向广大干部群众多举办富有思想性、学术性、知识性的讲座和研讨，为建设学习型社会和学习型政党提供有力支持"的指示精神，我们提出了建立"领导干部讲座共享平台"的初步设想。希望与各地广泛合作，共同策划选题，丰富讲座资源，拓展讲座形式和主题实践活动，使领导干部讲座在学习型党组织建设中发挥更大作用。

2011 年 3 月，国家图书馆在跟踪研究国外图书馆和相关机构开展的记忆类项目的基础上，提出了策划实施"中国记忆"项目的思路。根据目前的初步设想，项目将以口述史为切入点，采集不见诸文献档案却弥足珍贵的史料，作为传统文献的重要补充；选题是核心，可从事件、人物入手，形成专题记忆资源；更要结合文献，依托馆藏特色资源，选取那些基于馆藏的主题，因为只有在掌握大量文献与学术积累的基础上，才能以口述记录为线索，保证项目成果和社会影响。项目策划好了，将为图书馆拓展发展空间提供一个很好的平台，可以更好地服务于社会，服务于当代。

三、几点希望

一是畅所欲言,做好研究论证。

图书馆事业是我们共同的事业,需要我们集思广益,共同出谋划策。会议提供给大家的材料,有的是项目的下一步实施方案,还需要结合前期在各地的实施情况,实事求是地摆问题,共同研究解决;有的还只是一些不太成熟的初步设想,需要大家结合各自的经验和发展需求进行更加深入的论证,积极为项目的策划立项建言献策。

二是下大力气做好组织实施。

策划了好的项目,更要下大力气把这些项目组织实施好。这次会议只能就一些大的思路进行讨论,项目的组织实施还需要大家的共同努力。要结合各地的工作基础和特点,形成科学的工作规划,做好分步实施。要提供必要的保障条件,做好人员培训工作,积极向地方财政争取经费支持。本着开放合作的理念,建立共建共享机制,切实加强项目管理,确保预算执行和项目进度。

三是加强信息沟通与交流。

这几个项目都是依托各地图书馆共同实施的全国性项目,涉及面广,情况复杂,在实施中必然会遇到这样那样的问题。要建立高效的信息反馈机制,通过定期召开工作碰头会、经验交流会,编发专题简报,实地调研等多种形式,及时沟通信息,研究和解决问题。要加强对项目实施过程中各类问题的深入研究,必要时可以召开专家论证会,充分听取意见,完善思路。此外,还要通过各种媒体,加大对项目的宣传推广,扩大其社会影响,争取社会公众和政府的理解与支持。

(在全国省级公共图书馆馆长座谈会上的讲话,2012年2月23日。原载于《国家图书馆简报》2012年第9期)

图书馆应走合作共建、资源共享之路

今天,首都图书馆联盟正式成立了!这是贯彻落实十七届六中全会精神的重要举措,是推动首都文化改革发展的一件大事!在此,我谨代表国家图书馆,对联盟的成立表示热烈祝贺!对各位领导、各在京图书情报单位长期以来对图家图书馆的关心和支持表示衷心感谢!向出席仪式的新闻界朋友表示欢迎!向为联盟成立付出辛勤劳动的同志们表示慰问!

首都图书馆联盟是继首都博物馆联盟等北京五大文化联盟之后的第六大文化联盟,是发挥政府与行业间的桥梁和纽带作用推出的又一项文化惠民服务,体现了北京市委、市政府的高瞻远瞩和对首都文化建设的历史责任感。

文献资源共建共享是社会发展的需要,是当今图书馆事业发展的方向,首都图书馆联盟正是顺应这个潮流而成立。走合作共建、资源共享的道路,不仅可以有力地促进图书馆自身发展,而且有利于统筹资源,形成合力,发挥优势,提升在京图书馆的整体服务水平,为读者提供更好的服务。联盟将北京地区文化、教育、科研、军队等不同系统的图书馆联合起来,这在全国尚属首次,具有重要的示范作用,也对引领全国图书馆业界加强资源整合、进一步完善公共文化服务体系建设具有深远的意义。

国家图书馆多年来为服务首都的政治、经济、文化和社会建设做出过应有的贡献。国家图书馆和首都图书馆历史渊源悠久,业务合作密切,借助联盟平台,两馆将签署协议,进一步深化合作,开展在立法决策服务、图书馆社会教育、文献资源共享和数字图书馆建设等领域的资源共享,并从即日起,两馆实现读者卡双向认证、部分数据库互访和外借图书通还,拥有首都图书馆实体卡的读者,通过登录首都图书馆网站即可免费访问国家图书馆提供的20余个中外文数据库,为联盟的建立和发展起到示范作用。

希望联盟成员单位能够主动参与,加强协作,策划项目,不断拓展,最大限度地整合首都图书馆文献信息资源,整体提升首都各图书馆的服务水平,为读者更好地服务。希望北京市委、市政府进一步加强对联盟的指导和政策支持,使联盟不断健全机制体制,完善规划,健康发展。

我相信,随着联盟实践的深化,首都图书馆事业必将得到快速发展,在首都的文化建设中发挥更大的作用。让我们迎着文化事业繁荣发展的春天,举各家之力,集众人之智,为推动联盟发展和首都文化建设做出更大的贡献!

(在"首都图书馆联盟成立大会暨国家图书馆与首都图书馆战略合作协议签约仪式"上的讲话,2012年3月12日)

对我国图书馆事业发展的战略思考

非常高兴今天能够有机会来到武汉，和大家一起交流对我国图书馆事业发展的一些看法。

众所周知，武汉是我国图书馆学教育最重要的发源地之一，这里不仅建立了我国最早的图书馆学专科学校——文华图专，而且也曾经开创了我国图书馆学业余教育培训的先河。民国时期我们就有各种形式的图书馆学讲习会，为我国图书馆事业培养了大批专业人才。这次的全国图书情报研究生暑期学校原计划录取100人，据说报名超过700人，最后录取了来自70多所学校的200名在读研究生和博士生。大家从五湖四海慕名而来，一方面证实了武汉大学信息管理学院作为"图情少林"的地位；另一方面也让我看到了中国图书情报事业未来发展的蓬勃希望，那就是年青一代对事业的热情。

有了对事业的热情，还需要对事业的前世今生有全面系统的认知，然后还要对事业的未来发展有专业深入的思考。我今天跟大家交流的内容主要包括三个方面：一是图书馆发展的历程，二是近年来我国图书馆事业发展的状况，三是新时期加快我国图书馆事业发展的几点思考。

一、图书馆发展的历程

图书馆是人类文明进步的产物，目前可以得到证实的图书馆事业发展史已经十分悠久。考古发现世界上最早的图书馆出现在公元前30世纪左右的两河流域（美索不达米亚附近的苏美尔寺院图书馆）；几乎与此同时，我国殷商时期也建立了早期的王室藏书（殷墟甲骨）。可以说，在古今中外上下五千年的文明历史中，图书馆从未缺席，并始终伴随着经济社会的发展而同步发展。

（一）古代图书馆的形成

早期的图书馆带有非常浓厚的政府档案馆性质，所收藏的大部分是记录国家政令、法令、外交文书、征税纳税、宗教仪式等社会事务的文献资料。例如，古埃及阿玛拉王宫图书馆收藏用楔形文字记录的埃及与古巴比伦、亚述等国交往的外交文件；古赫梯王国的国家图书馆收藏大量年表、法典、与其他国家签订的条约、外交文书等；古代中国的商、周时期也专设史官对国家史事材料进行收集、整理和储藏，河南安阳出土的殷墟甲骨，多为殷商时期帝王为决定或预知各种福祸事件进行祭祀、占卜等活动的内容。

到西方的古希腊时期和中国的春秋战国时期，学术研究和交流讲学活动逐渐活跃，学者们热衷于讨论各类学术问题，传抄和保存学术手稿，以收藏和保存这些学术文献为主的、独立的古代图书馆开始形成，有些甚至成为了当时社会的学术活动中心。例如，公元前3世纪建立的古埃及亚历山大图书馆，曾收藏有70多万卷纸莎草图书，几乎包括所有古希腊的著作和一部分东方典籍，吸引了各地学者来此研究和学习。根据史书记载，中国周朝设守藏室，收藏各国史书，相传孔子撰写《春秋》时就到此查询过资料；著名思想家老子曾做过"周守藏室之史"，相当于今天的国家图书馆馆长。

此后，大约从公元前1世纪前后至公元5世纪，古代图书馆在西方得到了较大发展。东罗马帝国比较注重教育和文化，因而图书馆事业也比较发达。当时，在君士坦丁堡除了藏书量达10万多件的皇家图书馆外，还有著名的君士坦丁堡大学图书馆和寺院图书馆。在同期的阿拉伯国家，皇家图书馆、面向学者的图书馆、大学图书馆、私人图书馆都很发达。这些图书馆保存了大量古希腊和古罗马文化，很多学者认为，没有这些图书馆的杰出贡献，就不会有后来的文艺复兴。

到公元12世纪末，随着城市和商业的发展，以及古希腊、古罗马文明在欧洲的广泛传播，意大利、法国和英国等欧洲国家先后出现了现代意义的大学，这些大学陆续设立了图书馆，大学图书馆随之逐步发展起来。例如英国牛津大学于1602年建立的博德利图书馆，是当时欧洲最大的图书馆之一，在大英图书馆建立之前，该馆实际上起到了英国国家图书馆的作用。早期的大学图书馆开放程度还比较有限，许多图书甚至被用锁链锁在书架上，被称为"锁藏图书"。

中国的古代图书馆自周、秦以来，虽历经战乱，但基本上呈持续稳定的发展，特别是各朝代在建国之后都比较注意收集图书，国家藏书数量大增。西汉时建成了麒麟、天禄等多处国家藏书，藏书达13000多篇卷，还开创了按分类整理图书的方法。到唐代时已经形成了官府藏书、寺院藏书、私人藏书和书院藏书四大藏书体系。藏书对中华文明的发展、社会的进步做出了贡献，可以说，没有藏书文化，就不会有中国的历史文化。

明清两代，官府藏书和私人藏书都达到了全盛。学者们研究发现，科举制度与私人藏书关系密切。明清时期江南地区私家藏书事业持续繁荣，其中尤以江苏、浙江、山东、福建为最，占全国藏书家的74%，仅江浙两省就占到64.9%，单常熟一处就有180座私人藏书楼。建于明代的私人藏书楼——宁波天一阁更是一直保存到今天，其历经400余年保存至今的明代地方志、登科录等大量明代典籍在当今世界仍是独一无二的孤本。而据统计，明清两代共有状元203名，江浙两省就超过半数，达105名，"天下文状元，二人有其一"。

19世纪末，晚清知识分子在深入了解国外大学教育制度的基础上，提出了"藏书楼与学堂相辅而行"的主张，随后，国内也陆续兴建了一批有影响力的大学图书馆。武汉大学的前身自强学堂，自1893年创设之初就设立了图书室；

1917年国立武昌高师成立以后，正式建立图书馆；1928年国立武昌高师更名为国立武汉大学之后，又进一步设立了专门的图书馆委员会，并划拨专门图书购置费。

（二）近代公共图书馆的诞生

18世纪后半叶，工业革命蓬勃开展，为了使工人能够学习和掌握更加复杂的机器生产技能，大众教育随之兴起。与此同时，在欧洲资产阶级启蒙运动的影响下，科学研究和学术交流活动日趋活跃，学术文献得到增长，知识分类和组织日渐成熟。在这种背景下，产生了各种类型的教会图书馆、租借图书馆、工人学校图书馆和会员图书馆，并最终推动了近代公共图书馆的诞生。1852年，英国曼彻斯特公共图书馆建立；1854年，美国波士顿公共图书馆正式对外开放。此后，除英国和美国外，在欧洲和亚洲的一些国家，面向社会公众提供服务的近代公共图书馆也得到了迅速发展。近代公共图书馆区别于古代图书馆的显著特征之一就是它更加重视文献的利用，强调为社会成员提供免费开放服务。

1902年，绍兴乡绅徐树兰创办古越藏书楼，其藏书对社会公众开放，还提供膳食茶水等服务，以更好地方便读者阅读。古越藏书楼的诞生，推动了中国图书馆事业从封闭的古代藏书楼向近代公共图书馆的过渡，在古越藏书楼建成后的10年间，办公共藏书楼、公共图书馆蔚然成风。1904年，湖南图书馆、湖北图书馆先后建立。1909年，国家图书馆的前身——京师图书馆开始兴建。与此同时，在中国实行了1300多年的科举制度被废除，各省创办了不少新式学堂，学校图书馆也开始在全国各地陆续设立。我国近代图书馆制度基本建成。

1910年，清学部颁行《京师图书馆及各省图书馆通行章程》，明确要求在中央及各省设立图书馆，将中央及各省政府主办图书馆确立为一种社会制度。至辛亥革命前夕，全国大部分行省均已先后倡设省级公共图书馆。1915年，北洋政府又先后颁布《图书馆规程》和《通俗图书馆规程》两项法令，对各省治县治、公立私立学校、公共团体或私人开设图书馆做出了更加细致的规定。1912—1925年的新图书馆运动后，我国图书馆事业迎来了20世纪的第一次发展高潮，据统计，1935年，全国图书馆数量已达到5812个，比1916年的260个增加了大约20倍，比1925年的502个增加了逾10倍。公共图书馆更是从1925年的294个增长到1936年的1502个。

（三）现代图书馆事业的发展

第二次世界大战后，科学技术突飞猛进，发达国家从20世纪60年代起由工业社会转向信息社会，90年代起又转向知识经济时代，信息和知识成为一种重要的战略资源。致力于信息、知识的收藏与利用的图书馆事业，得到了进一步繁荣与发展。特别是1949年联合国教科文组织《公共图书馆宣言》（1972年、

1994年两次修订）发布后，公共图书馆在维护个人自由权利、实现个人自我教育、促进民主政治、促进社会包容等方面所具有的独特价值被普遍认识，公共图书馆事业进入了良好的发展时期。

目前，在许多国家，一个分级分布、普遍均等、惠及全民的公共图书馆服务体系得以确立，通过总分馆体系、流动服务、移动服务等方式形成了便于公众利用的公共图书馆服务网络，很多国家还建立了较为完善的图书馆事业发展法律体系与经费保障机制。例如，美国是世界上公共图书馆服务体系最为完备的国家之一，目前已有公共图书馆9221个，馆藏总量达9.15亿册（件），从业人员14.52万人；德国拥有公共图书馆8256个，设有书刊借阅服务点9898处，馆藏总量达1.24亿册（件），工作人员23542人；法国拥有公共图书馆4398个；英国拥有公共图书馆4517个。

在我国，新中国成立后，图书馆事业进入新的发展阶段。1956年，中央提出"向科学进军"的号召，为解决科学发展事业中图书资料不足的困难，各类型图书馆迅速发展。到1965年，全国县以上公共图书馆已从1949年的55个发展到573个，增长了9.4倍；高等学校图书馆从132个发展到434个，增长了2.3倍；工会图书馆从44个发展到43546个，增长了近1000倍；边远地区和少数民族地区也建立了一批图书馆。

二、近年来我国图书馆事业发展的状况

改革开放后，特别是党的十七大做出兴起社会主义文化建设新高潮、推动社会主义文化大发展大繁荣的全面部署，提出要建立覆盖全社会的公共文化服务体系以来，图书馆事业作为公共文化服务体系的重要组成部分，得到了各级政府的大力支持与高度重视，图书馆事业全面进入快速发展新阶段的重要准备期。我们可以从以下七个方面分析当前我国图书馆事业发展概况。

（一）较为完备的图书馆体系基本形成

经过长期发展，我国已基本形成了包括国家图书馆、公共图书馆、高校图书馆、科研与专业图书馆、工会图书馆、学校图书馆、军队图书馆、私人图书馆等在内的较为完备的图书馆体系。截至2010年底，全国各类型图书馆共约70万个，其中县以上公共图书馆2884个，高校图书馆超过3200个，专业图书馆1000余个，工会图书馆约20万个，军队院校图书馆90个。各类型图书馆承担着不同功能，根据服务群体的需要，建立了各具特色的馆藏资源体系，在独立服务的基础上开展广泛的资源共享，共同推动图书馆事业的发展。

（二）覆盖全社会的公共图书馆设施网络不断完善

长期以来，县、乡镇（街道）、村（社区）等基层图书馆的建设一直是我国公共图书馆事业发展的薄弱环节。到 2000 年末，全国仍有 620 个县（含县级市）没有图书馆和文化馆，有 339 个县的图书馆建筑面积小于 300 平方米，而这些基层图书馆恰恰是满足社会公众基本文化需求的主要阵地。为加强基层图书馆建设，我国早在"六五"时期就提出了"县县有图书馆、文化馆，乡乡有文化站"的建设目标，在此基础上，"十一五"期间又进一步提出"基本实现乡镇有综合文化服务站，行政村有文化活动室"，并实施了县级两馆建设与修缮、乡镇综合文化站建设与设备购置等专项工程，基层图书馆的设施状况得到极大改善。

截至 2010 年，全国共有县级以上独立建制的公共图书馆 2884 个，比 1979 年增长了 75%，其中县级图书馆 2512 个，覆盖率达 86.1%，"县县有图书馆"的目标基本实现；图书馆文献总藏量超过 6 亿册（件），是 1979 年的 3.4 倍；人均拥有公共图书馆藏书 0.46 册，是 1979 年的 2.4 倍；馆均建筑面积达 3122 平方米，是 1979 年的 6 倍；每万人拥有公共图书馆面积 67.2 平方米，是 1979 年的 7.6 倍。2010 年，全国共有乡镇综合文化站 34121 个，这些文化站内大都设有图书室。一个覆盖省、市、县（区）、乡镇（街道）、村（社区）的公共图书馆设施网络正在形成。

（三）多元化服务模式不断发展

服务是图书馆存在的核心价值。近年来，随着社会竞争的日益激烈，人们利用图书馆读书看报、休闲娱乐、自我提升、相互交流的需求越来越强烈，对图书馆的服务水平和服务能力也提出了更高的要求，各地图书馆结合本地实际，积极探索，形成了总分馆制、流动服务、自助服务、拓展服务等新的服务模式，取得了较好的社会效果。

例如，嘉兴市从 2007 年开始试点城乡一体化的总分馆体系，创造了备受关注的"嘉兴模式"，至 2010 年 4 月已建成乡镇分馆 32 个，其中市本级乡镇分馆实现全覆盖，平均年到馆人次超过 10 万，高于全国县级图书馆平均水平，真正使广大农村群众也能够享受到与城市居民相同的图书馆服务。广东流动图书馆自 2003 年启动至今，已在全省设立 72 家分馆，2011 年总流通人次达 590 万人次，阅览总册数 1140 万册次，外借办证 2.5 万个，外借 8.4 万人次，外借册次 90 万，切实解决了广东省经济欠发达地区基层群众读书难的问题，使公共图书馆的服务延伸到基层，通过图书流动实现了资源的优化配置。2008 年 7 月，深圳市图书馆开始建设"城市街区 24 小时自助图书馆"，目前已先后在全市设置了 160 家自助图书馆，其借还总量已相当于一个中等规模的图书馆。武汉市图书馆早在 1984 年就推出了汽车图书馆服务项目，并于 1986 年与原飞达汽车改装厂共同研制了我国第一台"汽车图书馆"专用车。目前，该项目已与城市社区、学校、部队、监狱等系统联合共建了近60个汽车图书馆服务点，建议同学们有机会可以去参观一下。

特别值得一提的是，图书馆的服务理念有了较大突破，图书馆的职能从传统的借借还还向公共文化活动空间不断拓展，各级公共图书馆广泛开展讲座、培训、展览、阅读推广活动等服务，形成了国家图书馆的"部级领导干部历史文化讲座""文津讲坛"、上海图书馆的"城市教室"、湖北省图书馆的"名家讲坛"等系列讲座品牌。

免费开放、普遍均等服务的现代图书馆理念得到彰显，各地推出了许多面向社会弱势群体服务的举措。例如，深圳将农民工图书馆作为地区文化建设的重要内容，目前全市农民工图书馆（室）已超过100个，藏书近50万册，年接待读者近140万人次，为参与深圳城市建设的广大进城务工人员提供了便捷的图书馆服务。

2011年，文化部、财政部联合下发《关于推进全国美术馆、公共图书馆、文化馆（站）免费开放工作的意见》，进一步推动公共图书馆面向社会提供免费服务，取得了良好的社会效应。2010年，全国公共图书馆总流通人次达到32823万人次，是1979年的4.2倍；文献外借册数达到26392万册次，是1979年的2.7倍。

（四）重点文化工程项目不断推进

以项目推动事业发展是近年来图书馆界的一个宝贵经验。这些年，我们陆续策划实施了全国文化信息资源共享工程、中华再造善本工程、中华古籍保护计划、民国时期文献保护计划、数字图书馆推广工程等一批有影响的重大文化项目，有力地带动了图书馆事业的发展。

2001年启动全国文化信息资源共享工程，由文化部、财政部共同组织实施，致力于为基层群众提供喜闻乐见的数字文化服务。目前，文化共享工程已初步建成国家、省、市/县、乡镇/街道、村/社区五级服务网络，为每个县配备了68万元的计算机设备，显著提升了基层图书馆的信息化、网络化水平，建设了一批数字文化资源。

2002年5月启动中华再造善本工程，通过将分散在全国各地的珍贵古籍善本进行缩微、扫描、原样影印等现代复制处理后再行出版，以实现"继绝存真，传本扬学"，到2007年已完成一期出版工作，共出版758种8990册唐宋金元时期珍稀古籍善本，并为全国100所高校和全国32家省级图书馆配赠了全套。2008年又启动了中华再造善本续编工程。

中华优秀文献典籍是中华民族的宝贵精神财富，由于年代久远，许多古籍破损严重，甚至已经消失。为抢救和保护好这些珍贵古籍，2007年中华古籍保护计划启动实施，至今已由国务院公布了三批《国家珍贵古籍名录》，收入古籍9859部，命名了150家全国古籍重点保护单位和12家国家级古籍修复中心，初步建立了全国古籍保护工作机制和古籍修复与保护人才队伍，古籍普查、少数民族古籍保护、古籍资源的整理与出版也都取得阶段性成果。

民国时期文献保护计划于今年2月在国家图书馆启动实施，以抢救保护处于濒危状态的民国时期珍贵资料，这是继中华古籍保护计划之后的又一个全国性文献保护项目，目前已在深入调研和广泛听取各方面意见的基础上，形成了项目方案。

数字图书馆是网络环境和数字环境下图书馆发展的新形态，其迅猛发展为传统图书馆提供了新的发展机遇和广阔的发展空间。我国自1995年开始跟踪国际数字图书馆研发进展，2001年，国家数字图书馆工程经国务院批准立项，2005年开始建设，在数字图书馆软硬件平台搭建、标准规范体系建设、数字资源建设方面已有初步成果，一个内容丰富、技术先进、覆盖面广、传播快捷的国家数字图书馆服务网络初步建成。在此基础上，2011年，在国家图书馆的提议下，文化部启动实施了数字图书馆推广工程。该工程将构建覆盖全国的数字图书馆虚拟网，联合全国各级各类图书馆向公众提供身边的数字图书馆服务，从而整体提升全国图书馆的信息保障水平和信息服务能力。去年，已经启动了首批15个省馆和52个市馆的硬件平台建设。国家图书馆已先期与11家省市公共图书馆之间实现了用户和资源的双向认证。

（五）业务工作水平和人才队伍素质不断提高

自20世纪60年代末、70年代初，图书馆开始利用计算机进行书目数据处理以来，计算机技术和信息网络技术的应用几乎改变了图书馆工作的所有方面。

"十一五"期间，全国图书馆计算机数量大幅增长，2010年公共图书馆馆均拥有计算机49.5台，是2005年的2.1倍。特别是开展了较大规模的数字资源建设，积累了一批类型多样、内容丰富的数字资源，仅国家图书馆的数字资源总量就已达到560 TB。一些图书馆不仅提供互联网服务，还开始探索通过移动通信网、广播电视网等网络平台提供服务。例如，国家图书馆相继开通了移动数字图书馆服务、电子阅读器借阅服务和数字电视服务，上海图书馆提供了移动图书馆服务、电子阅读器服务，浙江图书馆提供了数字电视服务，武汉图书馆开通了互联网远程服务和掌上图书馆服务。

在人才队伍建设方面，2002年，中国图书馆学会颁布《中国图书馆员职业道德准则（试行）》，为图书馆从业人员规范职业行为提供了依据。"十一五"以来，全国图书馆从业人员数量稳中有升，整体素质逐步提高。2010年，全国公共图书馆从业人员超过5.3万人，是1979年的3倍，其中高级职称人员和中级职称人员分别占8.23%和32.43%，比2005年增长1.74个和3.23个百分点；高校图书馆从业人员超过 2.9 万人。近年来，大批硕士毕业生乃至博士毕业生选择在图书馆就业，也在一定程度上改善了图书馆员的学科结构和学历结构，为图书馆事业发展提供了人才基础。

（六）国际交流与合作不断深入

自 1996 年在北京成功举办第 62 届 IFLA 大会以来，我国图书馆界的国际交流与合作日益频繁，图书馆事业发展得到了国际社会的关注与肯定，国际影响力和话语权日益增强。目前，中国图书馆界有近 30 人担任国际图联各专业组委员职务，陆续获得了一批国际奖项，如：2005 年云南省图书馆获得了年度"古斯特"奖；2007 年佛山市顺德区图书馆获得了美国建筑师协会、美国图书馆协会图书馆建筑设计奖；2008 年东莞图书馆荣获年度美国图书馆协会国际创新奖，成为美国境外第一个获此奖项的图书馆；今年清华大学图书馆的"《爱上图书馆》系列视频及排架游戏"荣获第十届国际图联国际营销奖第一名，是该奖项设立 10 年来国内图书馆界首次获此殊荣。

"十一五"以来，图书馆界还积极参与甚至策划了一系列国际合作项目，如"中国之窗"、世界数字图书馆项目、哈佛燕京图书馆古籍数字化合作项目、全球"中华寻根网"、"上海之窗"、海外古籍和民国时期文献调查工作等，图书馆国际合作逐步走向深入。

（七）事业发展政策环境不断优化

自 1848 年美国颁布第一部公共图书馆法以来，世界上已有 80 多个国家和地区先后颁布了 250 多部图书馆法规，美国、日本等发达国家已经形成比较完备的图书馆法律体系，而我国尚没有一部图书馆法。在文化部的努力下，2008 年底《公共图书馆法》立法工作正式启动，目前，该法送审稿已由文化部提交国务院法制办，面向全国征求意见。截至 2010 年底，全国已出台 10 部地方性图书馆法规规章。

2008 年，国家标准《公共图书馆建设用地指标》和《公共图书馆建设标准》颁布，确立了以服务人口为主要依据确定公共图书馆建设规模的原则；同年，全国图书馆标准化技术委员会成立，组织制定了一批图书馆领域国家标准和文化行业标准，其中《公共图书馆服务规范》于 2011 年底发布。一个系统完善的图书馆标准规范体系正在形成。

可以说，在我国，目前已经形成了以国家图书馆为龙头，公共图书馆、高校图书馆和专业图书馆三大类型图书馆为支撑，其他类型图书馆为骨干的全国图书馆体系，图书馆事业总体上呈现出蓬勃发展、整体推进、重点突破的良好势头。

然而，我国图书馆事业在快速发展的同时，还面临着一些突出问题，主要表现在几个方面：

一是覆盖全社会的服务网络有待完善。

2010年，我国平均每46.5万人、3328平方公里拥有一所公共图书馆（辐射半径32.6公里），与国际图联早在20世纪70年代就发布的"每5万人应拥有一所图书馆，图书馆服务辐射半径应为4公里"的参考标准相差甚远。与国外相比，美国与苏联早在20世纪80年代中期，就实现了每2000余人拥有一个公共图书馆，波兰每1600人就有一个公共图书馆，德国、丹麦、法国、日本分别是每0.5万、2.5万、5万和9万人就有一个公共图书馆。可以说，目前我国公共图书馆服务网络还远未实现全覆盖，一些偏远地区和城市社区、农村等基层地区的老百姓还无法获得便利的图书馆服务。

二是区域差距、城乡差距有待缩小。

因地区经济发展不平衡，导致图书馆事业发展存在较大的区域差距，特别是西部地区图书馆事业发展相对滞后。例如，截至2009年底，东部地区县市级公共图书馆设置率超过95%，中西部地区则不足85%，设置空白主要集中在西部地区；东、中、西部地区图书馆的馆均藏书量分别为32万册、14.5万册和12万册，东部地区是中西部地区的2～3倍；馆均购书经费分别为69.1万元、12.8万元和11.7万元，东部地区是中西部地区的近6倍；全国县级图书馆平均每馆购书经费12.98万元，其中，东部地区馆均25.72万元，而中、西部地区馆均仅7.68万元和4.35万元，东部是中西部地区的3～6倍。

在城市图书馆，特别是一些大都市图书馆快速发展的同时，农村基层图书馆却发展缓慢。截至2010年底，占全国公共图书馆总量98.7%的县级图书馆，财政拨款仅为39.53亿元，占全国公共图书馆财政拨款总额（58.37亿元）的67.7%；藏书量34507万册，仅占全国公共图书馆总藏书量（46234万册）的74.6%；全国21.8%的县尚没有图书馆。一些基层图书馆经费投入不足。根据2011年的统计，在全国的2491个县级图书馆中，无运行经费的有251个，占10.3%；无购书经费的有675个，占27.1%。仅河南一省就有近30家县级图书馆多年没有购书经费，严重影响了这些农村图书馆服务效益的发挥。

三是服务能力和服务水平有待提升。

当前图书馆的服务理念还不能适应经济社会发展的需求。截至2011年底，我国网民规模达到5.13亿，互联网普及率达38.3%；手机用户逾9.8亿，其中手机网民达3.56亿；数字电视用户超过1000万户。人们通过互联网、手机、电视获取信息与知识服务的需要日益迫切。然而，许多图书馆还主要以面向到馆读者提供文献阅览、文献外借等传统服务为主，远远不能适当社会公众通过多种媒体获取图书馆服务的需求。截至2008年底，我国2820个公共图书馆共建设网站873个，网络实际可访问率仅为19.64%，平均3.23个图书馆才拥有一个网站，每1.4个地、市级图书馆或5个县、市级图书馆才拥有一个网站。全国37个省级图书馆中，还有相当一部分没有通过手机提供服务，仅有个别图书馆开始尝试通过数字电视提供服务。

此外，图书馆提供的许多服务还比较粗放，针对性不够，精细化和个性化水平不高，特别是在社会教育职能拓展领域，目前提供的服务还有待深入。

四是信息资源共建共享有待加强。

我国图书馆事业长期处在条块分割、多头管理的行政体制下，各类型图书馆在行政上分属不同的部门管理，缺乏有效的跨系统、跨地区共建共享机制。这一方面导致资源重复建设现象严重，尤其是商业数据库重复购买，特色数据库重复建设；另一方面又导致一些领域的资源建设存在空白，使得有限的经费投入无法最大限度地发挥效能，难以形成资源共享、协同服务的高效的图书馆体系。尤其是各数字图书馆系统之间标准规范不统一，系统不能实现互通互联，用户不能统一认证，资源不能相互访问，阻碍了数字图书馆服务优势与技术优势的发挥。

上述问题的存在，一定程度上影响了图书馆事业的快速发展，降低了图书馆公共服务的总体效能，制约着图书馆作用的发挥，需要我们加以重视，重点解决。

三、新时期加快我国图书馆事业发展的几点思考

改革开放后，随着经济发展方式的转变和经济结构的调整，我国社会也随之发生了深刻的变化，主要表现在四个方面：

一是社会结构的深刻变化。

我国目前正处在城镇化的快速发展阶段，2011年城市化率已达到51.27%，城镇人口第一次超过农村人口，这是中国社会结构的一个历史性变化。城镇化在调整优化城乡和区域结构、扩大消费需求和投资需求、促进经济长期平稳较快发展的同时，带来的挑战也不容忽视。

在城市化进程中，以农耕文化为基础的传统文化受到严重冲击，尤其是使我国传统文化中最具代表意义的家庭代际关系发生了诸多改变。过去，村落是人们生存的环境，人们几代同堂，同族居于一地，生产生活、繁衍生息。家庭成员之间由于存在血缘关系，"血浓于水"，家庭组织成为一个内聚力很强的非常稳定的社会组织。如今，"高楼、围墙和深院代替了村头看到村尾，鸡犬之声相闻的田园格局"，家庭逐渐变小，邻里关系日趋淡化，居民之间十分融洽的关系已成为一个美好的回忆。这种人际关系的冷漠使得社会成员之间缺乏信任，社会组织原有的内生规则，包括道德舆论约束都不再有效，社会缺乏凝聚力，公民缺乏公共精神。同时，大量涌入城市的农民工因文化差异难以真正融入城市，城市贫困人群普遍缺乏信息获取渠道，就业竞争力不足，"城中村"随处可见。

二是公共需求的深刻变化。

国际经验表明，人均GDP从1000美元向3000美元过渡的时期，既是从一般

温饱型社会向发展型社会转变的重要时期,也是社会公共需求深刻变化的关键时期。

目前中国人均 GDP 已经超过 4000 美元,城镇居民食品支出占消费支出的比重(恩格尔系数)从 2005 年的 36.7% 下降至 2010 年的 35.7%。随着恩格尔系数的下降,人们开始更多地关注安全的需要、爱的需要、尊重的需要和自我实现的需要,对教育、医疗、社会保障等各类公共服务的有效供给提出了更高的要求。特别是人民群众的精神文化需求日益增长,除了读书、看报、看电视、听广播等基本需求外,人们还希望利用公共文化服务来学习知识、提升自我、缓解压力、相互交流,从而提高生活品质,更好地融入社会。然而,与公共需求的全面增长相比,我国公共产品与公共服务的短缺已成为当前的一个突出矛盾。

三是技术环境的深刻变化。

近些年来,迅猛发展的科学技术已经深深地影响了人们的日常生活,在经济社会发展中扮演着不可或缺的角色。手机、电脑、网络成为人们生活的必需品,以 IPv6 为核心的下一代互联网、以光网络和 3G 为核心的下一代通信网络、以数字化为核心的下一代广播电视网快速发展,三网融合加快推进,越来越多的人开始接受电子商务、远程教育、网络交流等。技术不仅改变着我们的生活方式,也改变着我们的文化。截至 2011 年底,我国搜索引擎用户规模达到 4.07 亿,博客用户达到 3.18 亿,微博用户达到 2.5 亿,数字化阅读方式的接触率达到 38.6%,人们的知识获取与知识交流途径日趋多样。

四是国际环境的深刻变化。

当今世界,经济全球化已成为不可抗拒的潮流和趋势,文化领域的发展及其现代化程度逐渐成为衡量各国综合国力和国际影响力的重要因素,不同文化之间的竞争和冲突日趋激烈。

中国如今已经成为世界第二大经济体。据日本内阁 2010 年 5 月发布的《世界经济趋势》报告预计,2030 年中国经济总量将占全球的 23.9%,是日本的 4 倍。有西方战略学家认为"中国崛起成为一个大国,将是 21 世纪国际关系中最为确定的发展趋势之一"。然而,与中国正在崛起的大国地位相比较,中国文化在国际舞台上还缺少实际的影响力和足够的吸引力。面对西方文化资本、文化产品和价值观念的严峻挑战,如何保护中华文化的民族性,维护国家文化安全,增强国家文化软实力变得愈加重要和迫切。

这些深刻变化既为图书馆提供了新的发展机遇,也带来了严峻挑战。我们必须认清发展趋势,顺应时代潮流,抓住机遇,迎接挑战,做好以下几个方面的工作。

(一)建设覆盖全社会的图书馆服务网络

建设全覆盖的图书馆服务网络是向社会公众提供普遍均等的公共图书馆服务

的前提。所谓"全覆盖"是指所有人都能够就近获得服务。"就近获得服务"的标准在不同国家有不同的规定，有些国家按地域范围界定，有些按服务人口界定，有些按读者访问图书馆的路程或时间界定。例如，英国于2001年公布、2008年修订的《公共图书馆布局标准》规定，在内伦敦地区，100%的家庭距最近的固定图书馆不超过1英里；在外伦敦地区，99%的家庭不超过1英里。

构建覆盖全社会的公共图书馆服务网络的重点和难点在于能否有效地将服务触角向下延伸至基层，特别是县以下的乡镇、村和城区的街道、社区。要建立基层图书馆（室）的经费保障机制，实现基层图书馆（室）设施全覆盖，确保基层图书馆（室）建成一个，用好一个；在此基础上，要将地域内的各级图书馆组成一个有机的图书馆群，充分实现文献信息、设施设备、人才队伍等各方面资源的合理配置与共建共享，实现信息资源由孤岛到共享、信息服务由一馆独立到多馆联动的转变。要大力倡导组建跨系统的图书馆联盟，打破行业壁垒，使各行各业图书馆都成为覆盖全国的图书馆服务网络的一个节点，共同为社会公众提供高质量的图书馆服务。特别要结合我国城市化建设以城带乡、城乡互动、协调发展的特点，推进城乡一体化公共图书馆服务体系建设，使广大农村群众也能够享受到与城市居民相同的图书馆服务。

（二）建设数字图书馆服务体系

数字图书馆是图书馆在网络环境和数字环境下的必然选择和必由之路，当前，建立区域、国家乃至全球性协同服务的数字图书馆已成为当今世界数字图书馆建设的一个新趋势。要根据十七届六中全会提出的"完善国家数字图书馆"的目标要求，进一步加强各系统、各行业、各地区、各单位之间的广泛协作，加快构建覆盖全国的数字图书馆服务体系，共同推进图书馆新业态的形成。

一是要推进基于多网络环境的数字图书馆服务应用，使数字图书馆走入寻常百姓家，借助政务外网使数字图书馆服务于政府决策机构，借助教育网、科研网使数字图书馆服务于广大教育和科研工作者，借助全军综合信息网使数字图书馆走进军营、走进边疆哨所。二是要加快建立基于全媒体的数字图书馆服务网络，借助互联网、移动通讯网、广播电视网、卫星网等网络通道，以及VPN等现代网络技术，使图书馆服务的覆盖范围由传统图书馆的物理空间扩展到互联网、手机、电视、智能移动终端。三是要实现国家数字图书馆与各行业数字图书馆、区域数字图书馆的对接，借助云计算技术，打造随时随地、无所不在的数字图书馆之云，使数字图书馆真正成为社会公众身边便捷、高效、不可或缺的信息获取平台。

（三）全面提升服务水平和服务能力

服务是图书馆的灵魂，是立馆之本。过去，读书被称为"看闲书"，意思是闲时才看书。今天，对于大多数人而言，读书是为了满足三个层次的需要，一是增长自身才干，提高就业竞争能力，改善生存条件；二是寻求健康，提高生活质量；三是休闲娱乐，实现精神愉悦。而"为书找人，为人找书"，从而满足社会公众的多样化需求，正是图书馆员的责任。要进一步增强服务意识，积极创新服务模式，全面提升图书馆服务能力和服务水平，向社会公众提供多样化、多层次的信息与知识服务。

首先，应当树立与新时期图书馆的职能定位相适应的服务理念。今天的图书馆既是知识与信息的集散地，也是社会教育的学府，为传承历史、延续文明、开拓未来提供着信息与知识保障，人们在这里感受传统文化和时代精神，学习知识，提高自我。同时，作为一个开放的公共空间，图书馆也为人们提供了一个日常交流和文化休闲的场所，人们在这里开展文化娱乐，交流思想，发布信息，讨论共同关心的话题，在休闲娱乐、陶冶身心的同时，加强彼此之间的了解，建立起人与人之间新的文化关系。

为此，图书馆应当进一步丰富服务手段和服务内容，要依托丰富的馆藏文献信息资源，利用讲座、展览、培训、文化沙龙、读书活动等丰富多彩的社会文化活动，丰富人们的精神文化生活，鼓励人们进行思想上的对话与碰撞，培育高尚的生活情趣，从而搭建起社会公众关注公共事务、探讨公共话题、沟通思想、互相交往的共享空间，促进公共文化氛围和公共理性思维的形成。

其次，要大力拓展延伸服务。各级图书馆应当通过流动服务、总分馆制、通借通还、图书馆联盟等多种方式，将图书馆的服务延伸出去。包括：在远离图书馆或交通不便的人口聚集区域，利用流动图书车开展送书上门服务；在本馆馆舍之外建立固定流通点，为附近居民提供服务；与本地区其他图书馆共同建立总分馆体系，体系内各馆资源共建、服务共享，形成区域性网状服务系统；面向区域用户提供多个图书馆之间的馆际互借、通借通还等服务，使公众可以就近获得多个图书馆的服务。

最后，要提高服务的专业化水平。加强用户需求分析，根据不同用户群体的需要提供针对性服务。特别是面向农民、进城务工人员、老年人、未成年人、低收入人群、残障人群等特殊群体，开辟服务渠道，丰富服务内容，探索建立长效机制，有效提高对弱势群体的服务能力。要鼓励图书馆深入整理和挖掘馆藏，变藏为用。充分利用图书馆的信息组织优势，通过信息整合和知识挖掘，建设专业化信息服务平台，开发高质量的二次、三次文献产品，提升知识服务能力，面向不同类型用户的多样化信息需求，提供融入用户信息环境的深层次、专业化、个性化信息与知识服务。

（四）实施好国家级重点文化工程项目

这些年来图书馆事业发展实践已经充分证明，策划和实施项目是推动事业发展的有效手段。

中华古籍保护计划要加快在全国推进古籍普查登记工作，形成《全国古籍普查登记目录》，同时积极开展海外中华古籍调查工作。加快中华珍贵典籍的数字化，使纳入《国家古籍珍贵名录》的文献典籍在网络条件下为全社会共享。

民国时期文献保护计划要针对民国文献的特点尽快建立相应的工作机制和业务标准规范，通过建立试点积累经验，逐步在全国范围内开展民国时期文献普查工作。探索对民国时期文献进行有效脱酸处理的可行办法。同时，要积极策划民国时期专题文献的选题、整理和出版，开展专业培训，建立民国时期文献保护人才队伍。

数字图书馆推广工程要加快地区覆盖工作，尽快在全国省、市、县级图书馆完成数字图书馆推广平台的搭建，建设支持无缝跨库的资源共享平台，同时要加大资源共建共享力度，丰富资源内容和类型，通过卫星、互联网、数字电视、网络电视等多种渠道提供数字资源服务，最终按既定目标建立覆盖城乡的数字图书馆服务体系。

此外，还要不断策划新项目，以项目带动重点领域发展，以项目带动财政经费投入，推动事业的快速发展。

（五）加强协调合作，推进整体发展

在信息资源迅猛增长的时代，任何一个图书馆都不可能收藏所有信息资源，任何一个图书馆也都不可能依赖本馆馆藏满足用户的所有信息需求，因此，共建共享已成为图书馆面对文献信息不断增长和用户信息需求不断提高的必然选择。要按照"互惠互利、优势互补、共建共享、共同发展"的思路，大力推进图书馆间服务与资源的共建共享，使各馆私藏能够成为全国图书馆公藏，使一馆用户能够成为全国图书馆用户，发挥全国图书馆行业整体优势，最大限度地满足社会对图书馆的需求。

要通过公共图书馆、大学图书馆和其他类型图书馆之间的合作，统一规划，统筹协调，构建分级分布、结构合理，涵盖纸本文献、缩微文献、数字资源、网络资源等各类型资源的国家文献信息资源保障体系，建立共享机制，推动全国范围内的资源共知、共建、共享。要通过多种合作形式，将合作内容从联机合作编目扩大到文献信息资源联合采购、馆藏文献联合数字化、馆际互借与文献传递、联合参考咨询等领域。特别要在当前数字化、网络化环境下，以技术手段打破行业、地域限制，在全国形成统一的协同服务平台，通过资源和用户的双向认证，为用户提供一站式无缝信息服务。

除了各类型图书馆和图书馆行业组织之间的合作外，图书馆与图书情报教育机构之间的合作也非常重要。图书馆具有工作实践和业务研究方面的优势，图书情报教育机构具有理论研究和人才培养方面的优势，双方的合作有助于加强图书

馆领域人才培养，密切理论研究与实践工作的联系。

（六）营造图书馆事业发展的法律政策环境

一是要将公共图书馆事业发展纳入区域发展规划。公共图书馆是政府为保障人民群体基本文化权益而做出的制度安排，因此，其建设主体应当是各级政府。只有各级政府将图书馆建设纳入当地经济社会发展总体规划，才能使图书馆与地区建设同步协调发展，也才能充分发挥图书馆功能，有效保障图书馆事业发展。

二是要进一步加大投入。图书馆经费的主要来源是政府投入，应当将公共图书馆经费纳入各级财政预算，并逐步提高经费保障水平，以保障公共图书馆正常运转和可持续发展，中央财政应重点向中西部地区倾斜。此外，还应借助社会力量参与公共图书馆建设。

三是要大力推进图书馆法制化、标准化进程。图书馆界应当积极参与《公共图书馆法》、出版物缴送相关法制法规、《著作权法》等相关法律的修订工作，积极表达图书馆界的诉求。同时，还要积极推动《古籍保护条例》、地区性图书馆法规规章的出台，使图书馆事业发展有法可依。要依托全国图书馆标准化技术委员会等行业标准化组织，结合事业发展需要，研究、制定图书馆领域国家标准和行业标准，逐步完善图书馆标准规范体系。

（七）加强人才队伍建设

根据国际图联的推荐标准，公共图书馆工作人员与服务人口的比例至少应为1:2500；即使是图书馆系统中最小的服务点，也需要有受过图书馆专门职业教育的人员；服务人口达1万人的服务点，专业图书馆员中应有1人是儿童工作专家，在规模较大的图书馆系统中，约需有1/3的专业馆员对儿童图书馆学具有特殊兴趣。

而在我国，截至2010年底，公共图书馆从业人数共计53564人，人均服务人口高达25000人左右，超出国际图联推荐标准的近9倍。其中具备高级专业技术职称的仅占7.9%，超过60%的馆员仅具有初级和初级以下专业技术职称。2005—2009年，全国公共图书馆以1%左右的人员增幅，承担了7.9%的文献流通量增幅和近7%的外借量增幅。与此同时，图书馆还普遍面临对人才吸引力不足、专业人才流失的窘境，特别是在西部地区和县区级基层图书馆，人员工资收入较低，致使大量人才流失。建设一支适应于事业发展的人才队伍迫在眉睫。

一是要重视人才的选拔、引进和任用。要进一步完善图书馆人才发展政策，完善人才公开聘任机制，建立人员录用考试制度，采取有效措施吸引优秀人才。引导和鼓励高校毕业生到基层图书馆工作。加大优秀中青年人才和数字图书馆建设、古籍保护、用户服务、信息资源建设等重点领域领军人物的培养力度。

二是要加强在职培训，提升队伍素质。要进一步完善图书馆在职人员继续教育制度，建立继续教育效果考核、评价机制。国家图书馆已与武汉大学、南京大学、南开大学等国内一些高校在图书情报专业硕士、博士以及博士后培养方面开展了合作，希望能够以此为契机，鼓励图书馆从业人员接受高层次专业教育。加强基本知识和基本技能的培训，提高从业人员的专业技能。建立全国及区域性培训基地，对全国图书馆从业人员进行系统化、专业化的分层分类培训。

三是要积极探索志愿者队伍建设。在公共图书馆领域，我国公共图书馆招募志愿者的行动始于1996年，由福建省图书馆开创。此后，上海图书馆、深圳图书馆、佛山图书馆等许多公共图书馆都进行了引入志愿者服务的探索。今后应当进一步规范志愿者管理制度，建立有效的志愿者招募、培训和激励机制，开发多层次服务项目，吸引更多社会人力资源以志愿者形式参与图书馆服务，成为专业队伍的有益补充。

（在武汉大学全国图书情报研究生暑期学校的学术报告，2012年6月22日）

《四川省图书馆百年馆庆纪念文集》序

四川省图书馆是我国最早建立的公共图书馆之一。1911年，四川提学使刘嘉琛奏请建立图书馆，次年，四川图书馆创立。1927年，因省款支绌，四川图书馆划归成都市政公所管理，后更名为成都市立图书馆，四川图书馆自此中辍。1940年，在省政府的大力支持下，四川图书馆第二次建立。新中国成立后，四川图书馆数易其名，于1952年更名为四川省图书馆。2012年10月20日，四川省图书馆迎来了百年华诞。

百年风雨，百年沧桑。四川省图书馆在百年历程中砥砺奋进，足音铿锵，铸就了不畏艰难、勇于进取的图书馆精神，谱写了四川省图书馆事业的华彩篇章。特别是改革开放以来，在四川省委、省政府的高度重视与大力支持下，在四川省图书馆同仁的共同努力下，四川省图书馆事业取得了长足发展，馆藏总量达到500万册（件），专业人员队伍200余人，5万余平方米的现代化新馆舍即将建成，四川省图书馆作为西部大型综合研究型公共图书馆，已发展成为我国西部重要的文献信息保存与服务基地。在2008年的汶川大地震中，四川省图书馆上下一心，将救助灾区基层图书馆放在首位，体现了无私无畏、勇于奉献的行业精神。今天，四川省已经建立了覆盖全川的省、市、县区、乡镇街道、村社区五级公共图书馆服务网络，延伸服务惠及全省，有效保障了人民群众的基本文化权益，为四川经济社会发展做出了积极贡献。

值此百年华诞之际，四川省图书馆编辑出版《四川省图书馆百年馆庆纪念文集》，以彰显历史，缅怀前贤，昭示未来，意义深远，可喜可贺！该文集荟萃了一批优秀图书馆专业工作者在长期的图书馆学理论研究与工作实践中积累的成果，凝结了四川省图书馆人的集体智慧，生动再现了四川省图书馆事业发展的精彩画卷，将为未来我国图书馆事业的发展提供参考和借鉴。

近年来，党和国家对文化建设越来越重视，特别是十七届六中全会就建设社会主义文化强国、促进文化大发展大繁荣做出了一系列战略部署，图书馆事业迎来了良好的发展机遇，建设覆盖全社会的公共图书馆服务体系，让人民群众共享文化发展成果已成为新时期图书馆工作者的光荣使命。四川是我国重要的文化大省，历史悠久绵长，文化积淀深厚，源远流长的巴蜀文化、三国文化、民族民俗文化在中华五千年的文化史上有着极其重要的地位。希望四川省图书馆以建馆百年为契机，全面推进图书馆现代化建设，不断提升服务能力、创新服务手段、拓宽服务领域、提高服务水平，进一步发挥其在全省图书馆界的引领示范作用，为带动全省乃至全国图书馆事业发展，传承巴蜀历史文化，促进文化强省建设做出新的更大贡献。

（原载于李忠昊主编：《四川省图书馆百年馆庆纪念文集（1912—2012）》，四川人民出版社2013年版）

《古越藏书楼研究资料集》序

清末开明乡绅徐树兰先生创办的古越藏书楼，是今日绍兴图书馆的前身，藏书楼虽然沿袭了古时称谓，却完全打破了古时藏书楼"藏而不宣"的传统理念，呈现出完全开放的姿态，被视作我国近代公共图书馆之发端，在中国图书馆事业发展史上具有划时代的重要意义。不仅如此，其楼主徐树兰先生通过这座藏书楼所传扬的教育救国之信念和文化创新之勇气，更对此后百余年来中国图书馆事业乃至中国近代社会教育事业的发展产生了积极而深远的影响。

今天，这座古老的藏书楼历经110年岁月沧桑，早已旧貌换了新颜，在古越藏书楼基础上新建起来的绍兴图书馆，高楼阔宇，人流熙熙，在新中国文化事业繁荣发展的新形势下正焕发着前所未有的蓬勃生机。而徐树兰先生关于藏书楼之"存古""开新"的宗旨也一直为其后继者们所孜孜坚守。正是出于这种坚守，绍兴图书馆继去年集中对古越藏书楼遗存书籍进行整理，并以原柜原书的形式加以纪念和保护之后，又组织编纂了这部《古越藏书楼研究资料集》，鉴古知今，以史明志，完成了一件意义非凡的好事情。

在面向社会各界广为征集的基础上，本书汇聚了近年来有关徐树兰先生及其古越藏书楼建设发展的诸多史料整理和研究成果，同时发动馆内同仁悉心整理、还原了大量图章、印鉴，井然编帙之外，又"条其篇目，撮其要旨"，详注来源，点睛解注，客观全面地还原了古越藏书楼建设和发展的历史原貌。

书中全面收录了古越藏书楼建成前后的各种公文政令和当时编制实施的各类业务规程，同时还对各个时代有关机构和个人对古越藏书楼的介绍与评论文字进行了系统整理。除此之外，该书并未将古越藏书楼作为一个单独的个体，而是将其置于中国近代图书馆事业的开端，对其同时代相关的图书馆事业发展史料也做了适当摘选，使我们不仅能够从更加宏观的视角来看待古越藏书楼的产生和发展，同时也得以更加深刻地理解中国近代图书馆事业的整体发展。

今天，中国的图书馆事业经过百余年的成长、发展和壮大，正在迎来她的快速发展期；绍兴图书馆也已从旧时代的藏书楼发展成为现代化的地市级公共图书馆，成为绍兴市重要的信息集散枢纽和精神文明建设基地，在倡导全民阅读、文化惠民，促进社会文明与进步方面发挥着重要作用。近年来，我曾多次到绍兴图书馆参观考察，每次都会感佩于其对自身优良历史传统的敬重和对未来开拓创新发展的执着。我相信，无论是绍兴图书馆，还是我国公共图书馆事业，都将在前人创造的辉煌业绩基础上不断取得新的进步！

既慨于徐树兰先生的博爱仁人之心，又受嘱于赵任飞馆长，乃欣然为序。

（原载于赵任飞主编：《古越藏书楼研究资料集》，广陵书社2012年版）

《公共图书馆服务体系的探索与实践》序

图书馆是社会文明进步的标志,是人们的终身学校。改革开放以来,社会发生了翻天覆地的变化,随着社会的发展,人们对精神文化的需求日益旺盛,图书馆的作用日显重要。特别是近年来,随着覆盖城乡的公共文化服务体系逐步建立,公共图书馆事业有了较快发展,馆藏文献数量大幅增长,资源类型日趋多样,办馆条件明显改善,借助现代信息技术,图书馆的服务水平和服务能力得到全面提升,一个传统图书馆与数字图书馆相互融合的、覆盖城乡的公共图书馆服务体系正在逐步形成。

在事业发展的同时,我们必须清醒地认识到,当前公共图书馆事业发展中还面临许多新情况、新问题,需要认真加以研究和解决。为此,国家图书馆研究院在全国选择了若干有代表性的行政区域,会同文化行政主管部门有关负责同志、业界专家学者组成调研小组,通过基层走访、抽样访谈、专题讨论与文献分析等形式,对这些区域的公共图书馆服务体系建设情况进行深入调研,在此基础上总结经验,查找差距,探讨未来发展思路,形成调研报告,汇集成《公共图书馆服务体系的探索与实践》,即将陆续出版。

这些调研报告从事业发展的实际出发,立足于对未来发展趋势的探讨,旨在为各级党委政府制定相关政策提供参考,为业界加快推进公共图书馆服务体系建设提供借鉴,为学界开展公共图书馆事业发展研究提供素材,同时也让公众和读者进一步加深对图书馆的了解。

采用这种形式对公共图书馆事业的发展状况进行系列调研,在我国尚属首次,其中片面乃至肤浅之处在所难免。希望广大读者,特别是业界同行对调研报告的不足之处提出宝贵意见和建议,以利于我们进一步改进。也希望更多专家学者参加其中,共同深入研究思考事业发展的重大现实问题,为推进我国图书馆事业发展做出积极贡献。

(原载于国家图书馆研究院主编:《公共图书馆服务体系的探索与实践——东莞调研报告》,国家图书馆出版社2012年版)

《中国图书馆事业发展报告 2012》序

《中国图书馆事业发展报告》由国家图书馆研究院组织编写,采用蓝皮书形式发表,旨在全面反映我国图书馆事业发展状况,为广大图书馆工作者进一步提高业务水平和管理水平提供经验借鉴,为研究人员深入开展图书馆事业研究提供基础资料,为各级政府科学制定图书馆政策提供参考依据,同时也可使社会公众全面了解我国图书馆事业发展状况。

中华文明是世界上最古老且唯一用文字记载历史的文明。早在距今3500年左右的殷商时期,我国就有了图书馆的萌芽。西周设立了朝廷藏书制度,中国古代著名思想家老子曾做过"周守藏室之史"。此后,历朝历代都有重视藏书的优秀传统,汉代建立了石渠阁、天禄阁、东观、兰台等官府藏书,私人藏书和寺院藏书也得到了发展,唐代出现了书院藏书。至此,我国初步形成了官府藏书、寺院藏书、私人藏书和书院藏书四大古代藏书系统。特别是明清两代,官府藏书和私人藏书进入了全盛时期。

20世纪初,在维新思潮的影响下,一批近代意义的图书馆应运而生,它们面向社会公众开放,成为传播文化、辅助教育、启迪民智的重要文化机构,开启了从封建藏书楼走向近代图书馆的进程。到上世纪30年代,我国图书馆已渐成规模,但"七七事变"之后,由于外敌入侵,图书馆事业受到重创。

新中国成立后,特别是改革开放以来,在党和政府的高度重视下,我国图书馆事业进入了崭新的发展阶段,图书馆数量迅猛增长,图书馆建筑面积、阅览坐席、馆藏文献数量稳步增长,计算机设备、网络设施水平明显改善;图书馆服务覆盖到了农村乡镇和城市社区,一个由国家图书馆、公共图书馆、高校图书馆、专业图书馆、学校图书馆和企事业单位图书馆等组成的各级各类图书馆服务体系逐步形成。

自上世纪90年代以来,随着现代信息技术的发展,数字图书馆应运而生,图书馆事业进入了一个新的发展形态。从到馆服务到覆盖全媒体的数字图书馆服务,从文献借阅服务到个性化、专业化信息服务,从阅读学习场所到文化交流空间,图书馆传承文明、服务社会的职能不断深化,今天的图书馆已经成为公民教育的终身学校和国家创新的智力保障,在推动经济社会发展中发挥着越来越重要的作用,同时其自身也随着经济社会的快速发展而同步发展。

为了总结图书馆事业发展成就和成功经验,分析存在的问题,《中国图书馆事业发展报告》系统梳理了近年来我国图书馆事业发展取得的重大进展,深入分析了事业发展所处的社会环境、面临的机遇与挑战及未来发展趋势。全书分为综述、宏观形势、行业发展、地区实践、专题研究和大事记等六个部分，以翔实的数据和事实资料比较完整地勾画了我国各类型、各地区图书馆事业发展面貌和发展特点，并基于数据分析进行了对比研究。同时，本书对关乎事业发展的一些重要问题进行了重点研究和探讨，力求资料性与学术性兼备。

用蓝皮书的形式反映我国图书馆事业发展在我国尚属首次。为编好此书，我们组织了图书馆研究和实践领域的专家共同参与编写工作，并且广泛听取了基层图书馆管理者、专家学者和文化部等有关政府主管部门的意见，几易其稿，最终成书。《中国图书馆事业发展报告》首卷的出版，倾注了大家共同的心血，在此一并致谢！

由于首次编纂，经验不足，难免挂一漏万，且有些数据尚不够系统，有些分析尚显深度不够，真诚希望广大读者多提宝贵意见和建议。

（原载于周和平主编：《中国图书馆事业发展报告2012》，国家图书馆出版社2013年版）

《图书馆名言集》序

一提到图书馆，人们脑海中常常会浮现这样一个词：知识圣殿。赞美的同时也使得一些人觉得图书馆有些高不可攀，难以亲近。实际上，如果仅仅这样理解图书馆，是片面甚至是有害的。因为今日的图书馆，早已不是人们印象中的模样。而这本名言集，可以帮助我们更好地认识图书馆。从这本名言集中，我们不仅看到自古至今人们对于图书馆的名言，更重要的是，从这些文字中，可以感悟图书馆的变迁，更全面地认识图书馆。

徜徉于书架之间，任意择书而读，这对于今天的图书馆而言是最平常不过的场景。然而，时光倒流几百年（中国则仅仅百年有余），这种场景几乎见不到。在图书馆存在的漫长历史中，自由开放只是惊鸿一瞥。直到19世纪之前，这座智慧的圣殿仍一直紧闭着大门，"封闭"是古代图书馆的写照。

已知最早的图书馆出现在公元前30世纪的古代埃及，距今5000多年。最初只有国家才有力量建立图书馆，它是作为一个机构出现的。老子就曾经为"柱下史"，职责之一是掌管天下图书典籍。这一时期，即使是对于国王而言，收集大量的书籍也不是易事。传说古代亚历山大图书馆为了收集图书，命令搜查进入亚历山大港口的每艘船，一旦发现图书立即收为己有。书籍如此珍贵，因此要求图书馆开放就是一种奢望。

而随着印刷术、造纸术的兴起，藏书渐渐容易起来，寺庙、私人图书馆亦随之兴盛起来。但这个时期，书籍仍然珍贵而稀少，图书馆仍然采取了封闭的做法。藏书为私产，以独得为稀贵，恐惧因借书而遭致藏书损失是导致古代图书馆封闭的主要原因。在中世纪的欧洲，有的图书馆为了防止珍贵的图书丢失，甚至给图书拴上铁链。而中国的天一阁规定："代不分书，书不出阁"，"外姓人不得入阁"。天一阁建成后近两百年，黄宗羲才有幸成为外姓人登阁第一人。因此，读到本书中这样的文字——"借书者——是为珍藏本的破坏者，书本排列的捣乱者，零星残书的创造者"也就不足为奇了。

图书馆在其漫长的历史中，绝大部分时间只是作为一个收藏机构，将文献收集起来并保存，图书上都被拴上沉重的"铁链"。在普通人眼中，它是神秘而高贵的："图书馆乃庙堂圣地，古圣贤之遗迹陈列于兹，保存于兹，满布真德，绝无虚饰。"（弗朗西斯·培根语）

这种局面一直延续到古腾堡发明现代印刷术之前。雨果这样描写古腾堡的新印刷术："看到人类思想随着印刷机的问世而四处扩散，势必会像蒸汽一样从神权容器中冒了出来。"正是现代印刷术的出现，书籍得以普及，不再是普通人难以企及的奢侈品，它冲破了神权对于知识的垄断。彻底摧毁知识垄断最后藩篱的，则是公共图书馆的建立。

现代图书馆肇始于19世纪的英国，经过激烈的斗争，终于成立了第一家现代意义的公共图书馆。从此，满身灰尘的工人可以与身着燕尾服的绅士一样，自由地进出这座知识的圣殿，图书馆中的图书成为人类共同的财富，知识不再是某些人垄断的特权。也正是在大英博物馆中，马克思写出了《资本论》，世界从此发生了翻天覆地的变化。从此刻起，英国的公共图书馆犹如一颗火种，点燃了欧洲的公共图书馆进程。后经美国钢铁大王安德鲁·卡内基推波助澜，一举在全世界建立了2500多家公共图书馆。至此，现代图书馆理念深入人心，自由取代了封闭，知识走下了神坛。现代图书馆不但不是某些人的专享品，相反，让图书馆服务每个人是图书馆的目标。1994年联合国教科文组织、国际图联公布的《公共图书馆宣言》中宣称："公共图书馆应该在人人享有平等利用权利的基础上，不分年龄、种族、性别、宗教信仰、国籍、语言或社会地位，向所有的人提供服务。"

现代图书馆中的图书不再是私有物品，图书馆已经成为了天下之公器。在图书馆中，人类将不再区分语言、种族、贫富的种种不同，平等地共享人类共同的智慧财富。

今天的图书馆是亲切的，生活的，舒适的，快乐的。它不再是那般高不可攀，不再是那般遥不可及。图书馆是天堂的模样，这个天堂，属于每一个人。

（原载于塔季扬娜·埃斯克特兰德选编：《图书馆名言集》，国家图书馆出版社2013年版）

建设百姓身边的图书馆
让全社会充满书香

中华民族自古就有尊重知识、崇尚阅读的传统。中华文化之所以源远流长，是因为我们是一个用文字记载历史的民族，人们善于在学习中汲取前人的经验，传承优秀文化，不断激发创造力，成为中华文化发展的不竭动力。

早在2000多年前，孔夫子就提出了"有教无类"的教育思想，自20世纪初在中国诞生的公共图书馆，就是这种教育思想最有力的实践者，大大拓宽了国民眼界，启迪了民智。

改革开放以来，我国社会的发展日新月异。20年前，小平同志就指出，改革开放10年最大的失误是教育；以后他又说，我这里说的教育主要是思想品德教育。当前，我国正处在全面建成小康社会的关键时期，社会的进一步发展需要全民素质的提升，图书馆作为社会教育的终身课堂，承担着重要职责。

各级政府要把发展图书馆事业作为履行公共服务职能的重要内容，加快构建覆盖城乡的公共图书馆服务体系，建设百姓身边的图书馆；各级各类图书馆要充分发挥社会教育职能，创新服务理念，不断提升服务水平，吸引更多的人走进图书馆；广大图书馆员要当好社会学校的老师和知识的"导航员"，承担起"为人找书，为书找人"的重要任务，使图书馆成为人们的精神家园，使阅读融入人们的生活。

党的十八大提出增强文化软实力、推动文化大发展大繁荣的战略目标。图书馆作为提升公民素质的重要阵地，责任重大。让我们共同努力，营造良好的阅读环境，让人们在阅读中开阔视野、增长知识、陶冶情操、滋养身心、享受幸福，让全社会充满书香！

（在中国图书馆年会开幕式上的致辞，2013年11月7日）

拓展合作领域　加强共建共享
共同推动亚洲地区图书馆事业的发展

2012年，广西南宁成功举办了中国—东盟文化论坛，首次聚焦图书馆领域，就亚洲地区图书馆的交流合作进行深入研讨，取得了积极成效，并通过了《东亚图书馆南宁倡议》。在此基础上，根据该倡议的精神，第一次亚洲图书馆馆长论坛在中国举行。作为第十三届亚洲艺术节的重要内容，论坛邀请亚洲国家和地区的图书馆界代表、国际图联代表以及美国和新西兰国家图书馆的代表，共同探讨全球化时代亚洲地区图书馆的交流与合作。论坛的举办对于促进各国图书馆事业的进步，充分发挥图书馆在区域文化交流以及经济社会发展中的作用，推动亚洲地区文化的交流与发展，具有重要意义。

一、亚洲各国间的文化交流与合作源远流长

亚洲是世界上最大的洲，是世界文明的发源地之一，亚洲各国毗邻而居、山水相连、血脉相亲，友好往来的历史源远流长。早在2000多年前，亚洲各国就开始了频繁的贸易和文化往来，陆上和海上的"丝绸之路"作为贯通整个亚洲的文化交流大动脉，将各国的文化、科技、艺术成果传到亚洲每一个角落，并由此传向世界，为世界文明发展做出了巨大贡献。

今天，亚洲各国之间的联系更为紧密，往来更加频繁，通过上海合作组织、中国—东盟自由贸易区、博鳌亚洲论坛、南亚区域合作联盟、海湾阿拉伯国家合作委员会等平台，在政治、经济、文化等多个领域展开各种交流与合作，亚洲已经成为当今世界最具发展活力和潜力的地区之一。目前，亚洲地区内贸易额已经从21世纪初的8000亿美元增长到3万亿美元，贸易依存度达到54.1%；与世界其他地区贸易额从1.5万亿美元增长到4.8万亿美元，对世界经济增长的贡献率已超过50%。在追求共同发展的历程中，亚洲形成了发展优先、和平合作、求同存异、开放包容的理念，在实现亚洲自身发展的同时有力促进了世界发展。

国之交在于民相亲，民相亲在于心相通，要做到民众相亲、心灵相通，文化交流的作用不容小觑。"文化如水，润物无声"，文化能够帮助国与国、民与民增进了解、加深理解、建立互信，是亚洲各国关系深入发展的不竭动力。目前，中国已经组织了亚洲文化部长圆桌会议、亚洲旅游文化联合会、亚洲艺术节、"中阿丝绸之路文化之旅"等文化合作项目，为亚洲各国之间的文化交流提供了更多的渠道和机会，增进了亚洲各国人民的友谊和理解。

图书馆是各国保存民族文化遗产的主要机构，是彰显民族文化魅力的重要窗口。而且，图书馆作为人们共享文化信息资源的开放平台，其丰富多彩的文化活动、平等开放的信息服务，是开展文化交流和沟通的重要渠道。亚洲地区各国图书馆的交流与合作是亚洲区域文化合作的重要基础和内容，对于推动亚洲各国之间的文化交流，促进亚洲文化的共同发展与繁荣具有重要意义。

二、亚洲地区图书馆之间的交流与合作已经具备了良好的基础

近年来，随着亚洲地区社会经济的迅速增长，各国图书馆事业也得到了快速发展，图书馆之间的交流与合作蓬勃开展。

中国近代图书馆事业经过百年的发展，已经形成了较为完善的体系。截至2012年底，全国各类型图书馆总数约70万个，其中县级以上独立建制的公共图书馆3076个，覆盖城乡的公共图书馆服务网络初步形成。特别是近年来，图书馆广泛应用现代信息技术建设数字图书馆，一个传统图书馆与数字图书馆相融合的新的服务业态正在形成，图书馆对社会进步和经济发展的影响越来越大。

中国国家图书馆作为世界上规模较大的图书馆，积极参与国际图书馆事务。2009年，国家图书馆参与发起了世界数字图书馆项目；同年，国际图书馆协会联合会（IFLA）中文语言中心在国家图书馆成立；2010年起，国家图书馆的书目数据就已经通过OCLC向全世界提供共享；国家图书馆还与哈佛燕京图书馆联合开展了哈佛燕京图书馆藏中文古籍的数字化工作；与世界上许多历史悠久的图书馆一样，中国国家图书馆也正在着手建设中国国家典籍博物馆，从2014年起，国家图书馆所藏的珍贵典籍将能够通过典籍博物馆向公众进行展览展示。

我们注意到，亚洲各国也非常重视图书馆的建设与发展，都建立了较为完备的图书馆体系，在为本国人民提供信息服务、引导社会阅读等方面做了大量工作。同时，各国图书馆也都非常重视数字图书馆建设与服务。例如，越南、印度尼西亚等国建立了由本国国家图书馆牵头，各地区、各系统联合参与的国家数字图书馆网络；菲律宾、文莱等国在政府支持下也实施了数字图书馆建设项目。

越是事业的快速发展，越是需要彼此间的合作与交流。图书馆领域的交流与合作有着悠久的历史，从19世纪末的国际文献联合会到今天的国际图联，无一不在世界图书馆事业发展历程中产生了重要影响。目前，亚洲各国图书馆之间也已经开展了一些卓有成效的合作。1970年成立的东南亚图书馆员大会已成为东南亚各国交流图书馆事业发展的重要平台；亚大地区国家图书馆馆长会议于1979年启动，目前已有20多个亚洲和大洋洲国家参加，成为亚大地区国家图书馆馆长沟通信息、交流经验、促进合作的重要渠道；东南亚数字图书馆于2004年开通服务，面向亚洲乃至全世界人民提供了许多珍贵的图书、报刊、手稿、照片、视频等数字资源。这些区域合作与交流机制的陆续建立，不仅在亚洲各国的资源

共建共享、协同服务、人才培养、技术开发与应用等方面进行了很多有益的尝试，而且为亚洲地区图书馆管理者和工作人员搭建了一个良好的交流平台，对促进亚洲地区乃至世界图书馆事业的发展发挥了重要作用。

中国与亚洲许多国家图书馆间也已经开展了多种形式的交流与合作，通过文献互赠与交换、开展定期高层互访、合作举办展览、互派交换馆员等方式建立了稳定联系。例如，中国国家图书馆与新加坡国家图书馆自 20 世纪 90 年代后期就签订了合作协议，建立了高层互访机制；与泰国、越南、日本等国家图书馆也有互访，并定期选派人员到新加坡、韩国等国家开展业务交流。

亚洲各国图书馆间开展合作具有地理毗邻、文化相似、民族相通等诸多优势，已有合作项目和合作平台为我们进一步加强合作奠定了坚实基础。我们非常愿意，也非常高兴与亚洲其他国家图书馆间进一步拓展合作，加强交流，一方面通过借鉴和学习亚洲其他国家图书馆事业的成功经验，促进中国图书馆事业的发展；另一方面通过各个领域、多种形式的共建共享相互支持，共同发展，进一步提升亚洲在世界图书馆事业中的话语权，使图书馆在促进亚洲地区发展中发挥应有的作用。

三、积极探索新的合作领域

图书馆之间的交流与合作是亚洲区域文化交流的重要内容。亚洲各国图书馆应携起手来，建立长期合作机制，共同促进亚洲地区图书馆事业的发展。为此，特提出如下建议：

一是促进文献资源的共知共建共享。文献资源共建共享是图书馆开展深入合作的基础，我们应积极探索亚洲各国国家图书馆书目数据共享机制，互相开放 OPAC 检索接口，适时启动联合书目数据库建设，使各国人民都可以方便地查询亚洲地区各图书馆的馆藏信息。中国国家图书馆可以根据需要，率先开放本馆中文馆藏书目数据。在实现各国文献资源共知的基础上，通过文献传递、委托采访、合作补藏、文献交换等方式，加强各国图书馆对其他国家出版的文献资源的采集与收藏，推动各国政府出版物交换工作。

亚洲文化历史悠久，各国都保存有非常丰富的古籍文献。应及时开展文献保存、保护、修复领域的合作，设立文化典籍保护论坛，共同研究开发新技术、新方法、新设备，联合培养古籍保护与修复的专业人才，通过合作出版、合作建设数据库、联合举办展览等方式促进古籍文献的开发与利用，推进亚洲文化资源的保护与传承，向世界宣传和展示悠久的亚洲文化。

二是共同建立"亚洲数字图书馆"。数字图书馆为图书馆事业发展提供了新的机遇。2005 年启动的欧洲数字图书馆项目整合了欧洲 46 个国家和地区的 2200 多个文化机构的资源，数字资源总量达 2500 万件，被称为"欧洲文化盾牌"，有效地保护和传承了欧洲优秀文化资源。亚洲各国应积极借鉴这个经验，共同建立"亚洲数字图书馆"。2010 年，中国、日本和韩国的国家图书馆正式签署了《中日韩数字图书馆计划协议》，以促进三国在数字图书馆建设方面的交流与合作，目前已基本实现了三个国家 OPAC 系统的互联互通。中国国家图书馆非常欢迎亚洲其他国家参与到这个项目中来，在该项目已有的合作平台和建设成果上，共同推进"亚洲数字图书馆"的建设，使其成为世界数字图书馆的重要组成部分。

在"亚洲数字图书馆"建设过程中，应通过开放系统接口和遵循统一标准，实现各国已有数字图书馆系统的互联互通，实现数字图书馆环境下的资源共知共建共享；联合开展亚洲地区特色文献的数字化和整合揭示，共同建立亚洲文化资源库，通过统一的服务平台向世界人民展现亚洲文化的魅力；成立亚洲网络资源采集与保存联盟，共同开展技术研发与标准制定，实现亚洲网络资源的及时采集与长期保存。

三是建立亚洲图书馆交流合作平台。合作共建是当今世界图书馆发展的主要趋势之一。亚洲图书馆间应该加强交流与沟通，突破馆际和国家之间的界限，适时建立亚洲图书馆联盟，在人员交流、协同服务等方面开展深入合作，联合为全亚洲人民提供更好、更高效、更优质的图书馆服务。

亚洲各国图书馆之间应建立起双边或多边的高层管理人员的定期会晤与互访机制，积极分享图书馆事业发展的成功经验，深入探讨图书馆业务发展中的重大问题，共同谋划合作项目；定期召开专题研讨会，通过学术研讨、合作研究、交换馆员等方式，围绕专题文献开发、古籍保护与修复、数字图书馆建设等重点领域，进一步加强图书馆专业技术人员之间的交流和培养；鼓励和支持更多的亚洲图书馆员在国际图联、国际标准化组织等国际组织中担任重要职务，展示亚洲图书馆事业发展的成就，提升亚洲在世界图书馆界的影响力，向世界发出亚洲图书馆的声音。

亚洲各国图书馆应联合起来，在文献资源的共建共知共享的基础上，共同探讨建立更加便捷互惠的文献互借和流通机制；围绕各国经济社会发展的重点领域合作开展深层次的参考咨询服务，为亚洲各国经济发展提供智力支撑；积极面向各国商旅和客居本国的亚洲及其他国家人民提供多元文化服务，帮助他们了解和融入本地生活；积极整合各国图书馆资源优势，加强馆藏资源的挖掘与利用，联合举办讲座、展览等活动，将各国独具特色的文化资源展示出来，增进各国人民之间的了解，让世界了解亚洲。中国国家图书馆愿意借国家典籍博物馆建设之机，适时在亚洲各国进行巡展，增进与各国图书馆间的交流。

（在 2013 亚洲图书馆馆长论坛上的主旨报告，2013 年 11 月 19 日）

抓住机遇　共谋发展
加快建设覆盖全国的公共图书馆服务体系

国家图书馆自 1991 年始，每两年组织召开一次全国省、自治区、直辖市和较大城市公共图书馆馆长联席会议，主要围绕我国公共图书馆事业发展的重大问题进行深入交流和探讨。20 多年来，已形成良好传统，在各馆之间建立了越来越紧密的交流合作关系，联席会议在探讨各馆事业发展面临的共性问题，推动全国公共图书馆事业发展方面发挥了积极作用。

随着党和国家覆盖城乡的公共文化服务体系建设深入推进，公共图书馆事业也逐步进入了由单馆建设向体系化、网络化发展转型的崭新阶段。本次会议以公共图书馆服务体系建设为主题，希望通过研讨进一步推进公共图书馆事业的发展转型。

下面我就当前推动我国公共图书馆服务体系建设谈几点意见。

一、经济社会的快速发展要求各级公共图书馆发挥更为重要的作用

图书馆是社会文明进步的标志，一个健康文明的现代社会的发展离不开图书馆。从图书馆发展历史来看，越是经济社会快速发展之时，图书馆事业愈加繁荣兴盛。今天，我国已进入一个全面建成小康社会，实现中华民族伟大复兴的重要历史时期。党的十八届三中全会做出全面深化改革的重要决定，提出要通过改革让发展成果更多更公平地惠及全民，要紧紧围绕建设社会主义核心价值体系，深化文化体制改革，加快完善文化管理体制，建立健全现代公共文化服务体系，推动社会主义文化大发展大繁荣。图书馆事业作为现代公共文化服务体系的重要组成部分，面临难得的发展机遇。与此同时，经济社会的快速发展也对图书馆提出了更高要求。

（一）要在全面提高人的素质方面发挥重要作用

十八大报告指出，"让人民享有健康丰富的精神文化生活，是全面建成小康社会的重要内容"。要建成小康社会，首先必须全面提高人的思想道德素质和科学文化素质。图书馆是通向知识之门，是社会教育的学校，终身学习的场所，其丰富的文献信息收藏为个人和社会群体的终身学习和事业发展提供了基本条件。图书馆所特有的文化氛围，吸引着人们来这里享受阅读、学习知识、了解信息、

完善自我，通过学习获得其社会角色所需要的知识与能力，从而使自己不断适应变革中的城市生活。图书馆提供的教育与学校教育不同，它面向全体社会成员，教育的目的并不限于文化知识和专业技能的传授，而是注重提高人的整体素质，促进人的全面发展，并且这种教育贯穿于每个社会成员的一生，以文化人，在润物无声中滋养着人们的思想道德素质，提升人们的学习能力和创新能力，为小康社会建设带来正能量。

（二）要在全面实现人的城镇化方面发挥重要作用

我国正在经历快速城镇化的发展阶段，十八届三中全会对以中小城市为重点的新型城镇化建设做出了部署，并提出城镇化不是简单的进城居住，而是生活方式的全面城镇化。因此，城镇化绝不仅仅是"人口城镇化"，更是"人的城镇化"，是新市民群体在价值观念、思维方式、行为模式等方面完全适应城市文化，从而从城市边缘人真正转换为城市市民的过程。在这个过程中，图书馆应发挥重要作用。正如联合国教科文组织《公共图书馆宣言》中所宣称的那样："公共图书馆应不分年龄、种族、性别、宗教、国籍、语言或社会地位，向所有的人提供平等服务"，公共图书馆所提供的没有门槛的文化交流活动，所营造的崇尚知识、倡导文明的行为方式，使城市外来人口逐渐了解城市文化、适应城市文化，学习和接受与现代化的城市社会相适应的生活方式和价值观念，从而不断调节自己和社会的关系，最终促进人的城市化转换。

（三）要在建立和谐人际关系方面发挥重要作用

当代中国正处在社会转型期，以农耕文化为基础的传统文化受到冲击，"高楼、围墙和深院代替了村头看到村尾、鸡犬之声相闻的田园格局"，家庭逐渐变小，邻里关系日趋淡化，社会成员之间缺乏信任，社会的和谐发展迫切需要融洽的人际关系基础。图书馆作为社会公共文化空间，为人们提供了一个日常交流和文化休闲的场所，人们可以在这里开展文化娱乐，探讨公共话题，沟通思想，互相交流，在休闲娱乐、陶冶身心的同时，加强彼此之间的了解，建立起人与人之间和谐的文化关系。

（四）要在保障弱势人群文化权益方面发挥重要作用

我国已经逐步进入老龄化社会，"空巢老人"日益增加。随着人们生活水平的不断提高和社会保障制度的逐步健全，老人们的物质生活虽有所保障，但精神文化生活单一，精神慰藉匮乏，"出门一把锁，进门一盏灯"是不少空巢老人的真实生活写照。与此同时，农村留守儿童、残障人士等各类社会弱势人群的教育和学习保障问题也日益牵动全社会的心弦。图书馆为少年儿童提供的绿色上网、阅读辅导、讲故事等服务，为老年人提供的健康讲座、文化沙龙、书画欣赏等服务，为残障人士提供的送书上门、网上阅读、读书交流等服务，将使这些弱势群体感到社会的关爱，在社会大家庭里健康快乐地生活。

面对经济社会发展对图书馆不断增长的新需求，任何一个图书馆的能力都是有限的。只有统筹协调，统一规划，大力推进公共图书馆服务体系建设，才能够实现公共图书馆服务对城乡居民的广泛覆盖与方便获取。

二、各级公共图书馆的深入合作为我国公共图书馆服务体系建设奠定了坚实基础

这些年来，各级各类图书馆之间的纵向与横向合作空前活跃，合作领域不断拓宽，为下一步的体系化建设提供了很好的基础。

（一）推进书目数据与馆藏文献的共建共享

书目数据共享，是图书馆服务社会的重要内容。国家图书馆早在1935年就开始面向全国发行卡片式目录，1986—1997年间，国家图书馆、上海图书馆、重庆图书馆联合出版了《民国时期总书目》。1997年，国家图书馆成立了全国图书馆联合编目中心，实现了文献编目数据的一馆编制、多馆共享，书目数据的共建共享进入了一个新的阶段。这项工作大大节省了各馆的编目成本，避免了重复劳动。目前，全国联合编目中心已有成员馆1444家，其中县级以上公共图书馆827家，占全国县级以上公共图书馆总数的27%；提供中外文书目数据总量952万余条，仅2011年以来的下载量就超过1500万条。

目前，国家图书馆已与全国34个省、区、市的600余家图书馆建立了馆际互借和文献传递关系，年受理借阅请求量达3万余册次。一些地区也积极探索跨系统、跨行业的馆藏文献资源共建共享模式，推动建立了首都图书馆联盟、湘鄂赣皖四省公共图书馆联盟、上海地区文献资源共享协作网、深圳信息港等区域图书馆联盟，有效整合了高校图书馆、公共图书馆、科研院所图书馆等各类型图书馆的文献资源。全国图书馆缩微文献中心在联合各馆以缩微形式保存珍贵文献的基础上，还出版了一批各馆珍贵馆藏。

（二）实施数字图书馆推广工程

我国自1995年开始跟踪国际数字图书馆发展，继国家图书馆开始数字图书馆研发后，各地区、各系统也纷纷开始数字图书馆建设。据统计，目前全国已有20多个省、区、市规划和建设了省级数字图书馆，特别是各省份基于本地区公共图书馆丰富的馆藏资源，组织建设了一批内容丰富、形式多样的地方特色数字资源库。在普遍提供网络服务的基础上，一部分图书馆开始尝试通过智能移动终端、数字电视等新兴媒体提供服务。

在此基础上，2011年，文化部和财政部启动实施了数字图书馆推广工程。工程的总体目标是建立覆盖全国的数字图书馆服务网络。工程有以下几个特点：第一，建设重点是省、市、县三级公共图书馆，县以下与共享基层点相连接，逐步实现全面覆盖；第二，工程将对海量资源进行有序组织，建设元数据集中存储、对象数据分布调度的资源体系，通过用户双向认证，实现资源的双向访问；第三，服务覆盖互联网、手机、数字电视、智能移动终端等全媒体。工程采用统一的标准规范，覆盖图书馆采、编、阅、藏等全业务流程，平台具有开放性和共享性。工程的实施将整体提升公共图书馆的信息保障水平和服务能力，形成图书馆新的服务业态。

截至2013年6月，推广工程软硬件平台建设已覆盖到全国33家省馆、374家地市馆，已有41家副省级以上图书馆与国家图书馆实现网络联通，23个省、区、市搭建了本地区的数字图书馆网络，累计联通地市级图书馆133家；通过联合采购、合作建设等方式，建立了一批具有地方特色的多媒体数字资源，资源总量约为6000 TB，国家图书馆提供给各馆使用的数字资源达到120 TB，一个分级分布的数字资源保障体系正在形成；统一平台注册用户达357万，用户一馆注册，即可通过推广工程平台获得全国各级图书馆的资源与服务。

（三）实施中华古籍保护计划与民国时期文献保护计划

以传承文明、服务社会为使命，保护和利用传统文化典籍，是图书馆的重要职责。在中央财政支持下，2002年，我们启动了中华再造善本工程，将分散在全国各地的珍贵古籍善本进行系统整理，利用现代出版印刷技术再行出版，使之化身千百，为学界所用，为大众共享，以"继绝存真，传本扬学"。至2007年，工程一期共出版758种8990册唐宋金元时期珍稀古籍善本，中央财政为全国32家省级图书馆和100所高校配赠了整套《中华再造善本》。在此基础上，又启动了再造善本续编工作，目前已确定选目580种。

2007年，国家古籍保护中心在国家图书馆挂牌成立，负责组织实施中华古籍保护计划。在全国各级公共图书馆的大力支持和配合下，建立了全国古籍保护工作的领导与协调机制，广泛开展全国古籍普查登记工作，多渠道、分层次培养古籍保护人才。截至目前，各地财政累计拨付古籍保护经费达1.35亿元，经国务院批准，已颁布四批《国家珍贵古籍名录》，11375部古籍入选；166家古籍收藏单位成为国家古籍保护重点单位；在全国设立12家国家级古籍修复中心，累计修复古籍约112万叶。

2011年，国家图书馆策划了民国时期文献保护计划，目的就是联合国内外文献存藏单位，切实有效地抢救与保护民国时期文献。2012年、2013年，项目得到中央财政专项经费支持，保护工作在民国文献普查、联合目录建设、海外文献征集、文献整理出版及文献保护技术研究等方面均取得阶段性成果。通过这些项目的策划和实施，国家图书馆和各级公共图书馆在文献保护领域密切配合、相互支持的工作局面初步形成，大量珍贵文献得到了有效保护和再生利用。

（四）拓展服务职能，创新服务形式

为充分发挥图书馆作为公共文化空间的作用，近年来，各级图书馆依托全国公共图书馆讲座联盟、展览联盟等合作平台，不断拓展社会教育职能，联合开展社会教育活动。有些馆依托馆藏资源，围绕社会热点、重大事件，联合策划了大型专题展览，在全国巡回展出，社会反响强烈。一些地区借助总分馆服务网络、图书馆联盟等区域性合作平台，形成了在区域内具有一定知名度的讲座品牌。

为促进全社会阅读风尚的形成，每年"4·23"期间，全国各级图书馆都会联合开展大规模的阅读推广活动，产生了广泛的社会影响。近年来，为适应不断增长的新媒体阅读需求，各级图书馆也开始探索新的阅读服务形式。国家图书馆联合全国103家图书馆，开通了数字图书馆移动阅读平台。

（五）培养专业人才队伍

长期以来，各级图书馆高度重视专业人才队伍建设，采取多种形式，广泛开展业务培训和交流学习，各省、区、市和较大城市图书馆，积极发挥业务辅导职能，通过集中教学、现场辅导、业务观摩、实地培训等多种方式，有针对性地为所在区域基层图书馆培养了大批专业技术人才。特别是近年来，各馆依托文化共享工程、数字图书馆推广工程、中华古籍保护计划、民国时期文献保护计划等重点文化工程，联合开展了大规模的针对性培训。例如，数字图书馆推广工程面向各馆馆长和技术人员开展了数字图书馆建设理念、资源建设、系统平台搭建、标准规范等专题培训，古籍保护计划面向各级古籍存藏单位开展了古籍普查、古籍修复、古籍数字化等专题培训。各级图书馆还敞开大门，互派业务骨干到兄弟图书馆进行交流学习。

（六）开展业务研究与事业发展研究

改革开放以来，各级图书馆共同围绕珍贵古籍文献的保存与保护、文献信息资源的分类组织与知识加工以及现代信息技术的应用等领域，联合开展研究，形成了《中国图书馆分类法》《汉语主题词表》和文献编目规则等一系列重要成果。全国图书馆缩微文献复制中心成立近30年来，在缩微技术与设备的研发方面做了大量工作。2008年，全国图书馆标准化技术委员会陆续研制了《公共图书馆服务规范》《数字资源加工规范》等一系列国家标准和行业标准。

国家图书馆作为全国图书馆发展研究中心，在联合各级图书馆开展业务研究和事业发展研究方面一直发挥着重要作用，仅"十一五"期间就承担部级以上科研项目21项，获得资助经费1498万元，其中承担国家科技支撑计划项目、科

技基础性工作专项及国家社科基金项目等国家级项目 11 项，经费 1393 万元。2011 年，国家图书馆联合业界专家学者和图书馆业务骨干打造开放研究平台，积极策划选题，深入开展调研，推出了《中国图书馆年鉴》和《中国图书馆事业发展报告》（蓝皮书）等一系列有影响的研究成果。

当前，联合发展，共享资源，协同服务，是图书馆事业发展的总体趋势。近些年我们合作开展的这些工作确实取得了一定的成效，但是总体来说，离建设公共图书馆服务体系的要求还存在不小的差距，特别是西部地区和城乡基层公共图书馆的发展还比较滞后，一些全国性的建设项目在不同地区的实施情况也有明显差异，各级图书馆的服务能力和服务水平还有待提升。因此，还需要我们不断创新，加快推进覆盖全国的公共图书馆服务体系建设。

三、下一步工作思路

建设一个广泛覆盖的公共图书馆服务体系，是发挥公共图书馆职能、保障社会公众基本文化权益的关键所在，也是主要发达国家公共图书馆事业发展的成功经验。建立完善的公共图书馆服务体系是未来一个时期我国公共文化服务体系建设的重要任务，也是公共图书馆事业发展的重要方向。

在公共图书馆服务体系建设中，国家图书馆承担着几项重要任务：一是利用丰富的馆藏文献信息资源，为各馆开展服务提供文献保障；二是先行探索新的服务手段和服务模式，为各馆拓展服务领域提供经验；三是开展信息技术研发、搭建信息系统平台，为各馆业务工作提供技术支撑；四是策划合作项目，建立合作机制，联合各馆在事业发展重点领域实现突破；五是组织人员培训，开展业务辅导，为各馆培养人才队伍提供支持；六是开展图书馆事业发展和业务工作研究，为各馆事业发展提供理论基础和思路借鉴。

下面，我谈一谈国家图书馆未来一个时期的一些主要工作思路。

（一）建立文献信息资源共建共享体系

逐步建立分级分布的国家文献资源保障体系，是确保公共图书馆服务体系发挥效能的重要基础。2012 年，全国公共图书馆总藏量已达 7.89 亿册（件），年购书经费近 14.78 亿元。这些文献资源只有联合起来形成体系，才能更好地为社会发展提供文献资源保障。国家图书馆将充分利用国家总书库和全国书目中心已有建设成果，为公共图书馆服务体系建设提供文献资源保障。

一是促进目录资源的共享。全国联合编目中心将进一步扩大联合编目的文献类型，增加数据量，拓展共享范围；加强书目建设标准化和规范化的指导与培训；在联合目录的基础上建立联合馆藏，逐步实现全国图书馆馆藏的共知、共建、共享，方便社会公众快速了解所需文献在哪些图书馆有收藏，然后就近获取,或者通过所在地的图书馆向收藏馆申请以馆际互借或文献传递的方式获得所需要的文献。明年还将推出采访数据平台,为各馆提供基本采访信息。

二是创新资源共享机制。我们将联合各馆进一步探索建立分级分布的资源保障体系,开展馆际合作共建、馆际互购自建资源、交换共建等多种形式的资源共建;做好文献资源的整体布局,初步考虑可每年策划一次采访会议,交流情况,会商采访重点,合理配置文献;有计划、有步骤地对分散的文献进行整序,整体提高文献资源保障水平和保障能力;加快策划实施"国家文献战略储备库"建设项目,加强对各地区区域文献战略储备库建设的指导和支持,推动建立分级分布的国家文献战略储备合作网络。

三是拓展馆藏建设思路。根据出版业的发展和读者需求的变化,不断优化调整馆藏资源类型与结构,扩大与延伸图书馆馆藏范围,在继续加强传统载体文献收藏与保存的基础上,加大电子出版物、网络信息资源等数字资源的采集与保存工作,形成传统馆藏和数字馆藏、实体馆藏和虚拟馆藏共同发展、互为补充的国家文献资源总库。加强与其他图书情报机构的交流与合作,根据分工协调、特色互补的原则,进一步明确外文文献的精选原则;加强对各地区特色文化资源和重要档案资料,特别是相关非正式出版资料的入藏、管理与服务;加快建立全国公共图书馆数字资源的共建共享和网络资源的联合采集与长期保存机制;打破原来各类型资源相互分割、各成体系的资源管理格局,加强对各类型文献资源的整合揭示,利用新的知识组织工具,对多种载体、多种形式、多种类型、分散异构的信息资源进行深入挖掘,逐步建设一批专题知识库群,增强知识提供与服务能力。

(二)建立覆盖全国的数字图书馆服务体系

国家图书馆将和各馆一起,充分利用数字图书馆推广工程的工作平台与合作机制,进一步做好全国数字图书馆服务体系建设的顶层设计与统筹规划。

一是加强网络一体化建设。加快数字图书馆专网建设,经费由中央财政负担。明年完成国家图书馆与各省馆的专线连接,国家图书馆的专线带宽将达到2.5 G,各省馆专线带宽将达到155兆;各省根据本地情况建立区域网络,加强推广工程与全国文化信息资源共享工程、公共电子阅览室建设计划等数字文化工程的有效衔接,将推广工程部署到中等城市,县以下依托共享工程,形成全国图书馆的一体化网络,整体提升图书馆的现代化水平和公共数字文化服务能力。

二是加快数字资源一体化建设。推广工程下一步建设的重点是资源建设与服务。今年,中央财政将投入620万元专项经费用于资源建设,在"十二五"期间完成10000 TB的数字资源建设任务,形成涵盖电子文本、图片、音频、视频、网络资源各种类型,包括地方特色资源、普适性文化资源、专业性文化资源在内的数字资源体系;通过专网把全国各级图书馆连为一体,实现元数据的集中存储和对象数据的分布调度；按照"共知、共建、共享"的思路，进一步丰富数字图书馆资源总量并提高质量。国家图书馆已购买254个中外文数据库，省级图书馆平均每馆外购数据库超过15个，要尽可能在推广工程的平台上实现共享；建立自建资源的共享机制，使各地方的特色资源可通过平台向全国推广。

三是积极探索使用新技术。推广工程是一项创新工程，对技术的依赖性很强。技术的发展日新月异，要紧跟技术进步的步伐，不断加强新技术的研究、开发与应用，特别是对新媒体技术、云计算技术、知识挖掘技术的应用，从而保持工程先进性。

（三）建立文献资源保存保护与开发利用的协调合作机制

国家图书馆将联合各馆，依托中华古籍保护计划、民国时期文献保护计划等工程，推动建立全国公共图书馆文献资源保存保护与开发利用的协调合作机制。

一是继续推进古籍保护计划。古籍保护是一项任重道远的长期性工作，各方面都要予以高度重视，抓住重点，陆续出版普查名录，逐步提升古籍的保障条件，加快人才培训基地、修复中心的建设，推进古籍保护技艺的传承，开展珍贵典籍数字化工作，加快海外中华古籍的调查工作。要调动社会力量参与古籍保护事业。

二是加快实施民国时期文献保护计划。继续推进民国文献普查，尽快形成普查目录，研究民国文献保护技术，以民国文献的收集、整理、出版为抓手，加强文献的开发利用。

三是策划有影响力的文献整理项目。国家图书馆将联合各馆，积极策划全国性的文献整理出版项目，特别是结合国家政治外交大局和社会热点策划选题。加大对地方文献的整理出版力度，用出版带动整理，用整理提升图书馆文献资源建设与研究水平，从而使馆藏更好地服务当代、服务社会。最近我们正在联合全国实施两个文献出版项目，一个是"中国珍贵典籍史话丛书"项目，将按照"为书立史、为书存史、为书修史"的思路，从《国家珍贵古籍名录》中选取部分有代表性的文献典籍，挖掘并生动再现其产生和流传的历史。一个是《中华医藏》编纂项目，将对涉及中国传统医学的各类文献进行专题整理和研究，是新中国成立以来规模最大、最为系统、收书最全的专科古籍文献整理出版项目。这两个项目都由中华古籍保护计划支持，希望各馆积极参与。

四是深入推进"中国记忆"项目。国家图书馆在2011年策划了"中国记忆"项目，将通过采集口述史料、影像史料等新类型文献，形成中国近现代重大事件、重要人物专题资源集合，以记录历史、保存文献、传承民族记忆。下一步还要联合各省市馆，做好整体设计，科学分类，分层实施，最终形成全国性中国记忆数据库。

(四) 创新服务形式

国家图书馆将与各馆一起，进一步深化已有合作，共同促进各级公共图书馆服务更上新的台阶。

一是建立立法决策服务和参考咨询服务平台。近些年，各地图书馆普遍开展了面向党委、政府和企事业单位、社会公众的信息服务。在此基础上，国家图书馆将联合各省级图书馆建立立法决策咨询服务及参考咨询服务协作平台，整合各馆信息咨询服务特色资源与智力资源，建立良好的合作机制，准确把握信息需求，制定切实可行的服务策略，开发有针对性的服务项目和产品。一方面，主动为中央国家机关和地方政府机构提供文献信息服务，使图书馆在科学决策中发挥更重要的作用；另一方面，通过参考咨询业务协作网络的建设，提升图书馆参考咨询服务能力。

二是健全讲座资源共享平台。目前，讲座已成为各级图书馆的一种基本服务形式，经过多年培育，各级图书馆都已经形成了深受公众欢迎的讲座品牌。在此基础上，国家图书馆将联合各馆，进一步健全全国公共图书馆讲座联盟，形成工作机制，搭建讲座资源共享平台，实现师资、课件等资源的共建共享，整体提高各级公共图书馆的讲座服务水平。

三是积极推动展览展示。为进一步加强珍贵典籍的宣传和展示，许多馆都建立了展览展示空间。2012年，国家典籍博物馆在国家图书馆挂牌成立，这是国务院批准成立的第一个典籍博物馆，首次将博物馆的建设思路引入图书馆公共文化空间的建设中，使社会公众近距离地感受珍贵文献穿越历史的恒久魅力。未来国家图书馆还将进一步研究和探索典籍博物馆的工作思路，力争创新书籍展陈形式，实现实物展陈、文献展陈和影视、数字化展示的有机结合。国家图书馆还将依托典籍博物馆，联合各馆合作办展，积极推动巡回展览，让展览资源流动起来。当前，各地都在开展新馆建设，建议那些历史悠久、传承深厚的图书馆，在建设新馆的同时，因地制宜建立典籍博物馆。

(五) 建立公共图书馆服务体系建设的人才培养与研究支撑机制

公共图书馆服务体系建设是我国图书馆事业发展的新阶段，面临很多新问题、新任务、新要求，需要我们加强学习，认真研究。

一是加强业务培训。要在做好数字图书馆推广工程、中华古籍保护计划等专项工程培训的基础上，进一步充分发挥国家图书馆的人才优势，协助各地，围绕图书馆新技术、新业务、新服务开展培训，争取用三到五年的时间，在图书馆主要业务领域建立起高素质的专业人才队伍。国家图书馆愿意继续提供开放平台，欢迎各地选派图书馆管理干部、业务骨干来国家图书馆学习、交流。

二是充分发挥研究职能。国家图书馆将继续依托研究院，积极搭建开放研究平台，联合各馆策划重大科研项目，带动行业整体发展；围绕公共图书馆服务体系建设重点、难点问题进行深入研究，加强政策法规研究，为推动立法做贡献；为各地制定区域性事业发展政策提供咨询；依托全国图书馆标准化技术委员会，制定基层图书馆服务标准、人员标准、绩效评估标准等重点领域标准，进一步完善图书馆标准规范体系，为事业发展尽力。

（六）加强国际交流与合作

积极参与实施国家"文化走出去"战略，牵头策划与港澳台等地区和东南亚等国家的实质性合作项目，继续实施世界数字图书馆、"中华寻根网"和"中国之窗"等项目；加强与海外中国学文献存藏机构的交流与合作，推动海外中文珍贵古籍目录的联合整理和数字化回归；将海外中华文化中心国家图书馆分馆的建设平台延伸到全国各级公共图书馆，与各馆共同承担建设任务，共同向驻在国人民介绍和传播我国的优秀民族文化；代表中国图书馆界，积极参加与国际图联等重要国际性行业组织的交流与合作，扩大在国际图书馆事务中的影响力。

（在第十四届全国省、自治区、直辖市和较大城市公共图书馆馆长联席会议上的讲话，2013 年 12 月 12 日）

在全国有导向作用

记　者：广东流动图书馆的做法是广东在全国的首创，您能谈谈广东的这个做法对我国的影响吗？

周和平：广东流动图书馆是新时期基层文化建设的一种全新模式，在全国具有首创意义。近年来，我国经济迅猛发展，综合国力显著提高，发展形势喜人。但是，东西部之间、城乡之间发展不平衡的问题日益凸显，这在文化建设上表现尤其明显。城乡之间差距越来越大。从人均图书占有量看，2003年全国人均图书占有量为0.3册，但县级图书馆人均仅有0.1册。东西部地区之间差距越来越大。就文化事业经费的投入来看，中西部地区占全国总人口的2/3，但文化事业经费投入只占总量的1/3。党的十六届四中全会把构建社会主义和谐社会作为党的执政目标，为此不仅要缩小不同群体经济方面的差距，还要缩小包括精神文化在内的社会发展方面的差距。这就要求加快公共文化服务体系建设，扩大公共文化产品和文化服务供给，维护人民群众的基本文化权益，重视不同社会群体对文化的不同需求，特别是社会弱势群体的文化需求。

广东流动图书馆是落实科学发展观、构建社会主义和谐社会的重要举措，它开辟了一个解决我国区域经济发展不平衡、文化资源配置不合理这一普遍存在问题的新思路。同时，广东流动图书馆面向农村、面向贫困地区广大群众提供文化信息服务，它的实施，对转变政府公共文化服务方式，激发公共文化单位活力，完善服务方式，提高文化服务能力，满足广大人民群众的精神文化需求，具有重要作用，为构建合理的公共文化服务体系提供了一个新的模式。

记　者：全国县级基层图书馆当前生存状态如何？中央对促进它们的发展近来出台了哪些政策？

周和平：2003年，我国县级图书馆数量已达到2240家，其中一些图书馆生存状况堪忧。据不完全统计，目前有124个县级图书馆没有书架和藏书，有534个馆购书费为零，有516个馆全年没有购进一册书。近年来，中央陆续启动了多个文化项目。"十五"期间文化部、国家发展与改革委员会投入4.8亿元实施的"两馆建设项目"，初步实现了县县有图书馆、文化馆的目标。2002年起，文化部和财政部启动了全国文化信息资源共享工程，对中华优秀文化信息资源进行数字化整合，利用覆盖全国的网络服务系统，为广大基层群众提供优秀的文化信息服务。为有效解决基层群众读书难的问题，文化部和财政部启动了送书下乡工程，即从2003年到2005年这3年时间里，国家投入6000万元专项经费，向300个国家级贫困县图书馆和3000个乡镇图书馆赠送图书500万册。广东流动图书馆是解决区域发展不平衡、贫困地区图书馆购书难问题的又一有益尝试，实践证明这种做法效果很好，深受贫困地区图书馆和广大读者的欢迎。广东流动图书馆的做法在全国具有导向作用。

（有关广东流动图书馆建设的高端访谈。原载于《南方日报》2005年6月27日第A04版）

世界阅读日与大众阅读

今天，我们迎来了第十五个"世界读书日"。为了推广大众阅读，国家图书馆馆长周和平今天做客人民网文化频道《金台会馆》，与网友交流"世界读书日与大众阅读"。新华网同步直播本场访谈。

主持人：各位网友，大家好，欢迎来到人民网。今天是"世界阅读日"，国家图书馆馆长周和平现在正做客人民网文化频道的《金台会馆》。而且本次栏目是由人民网和新华网进行的联合访谈。在人民网读书频道进行直播，新华网读书频道也将同步推出直播页面。

周馆长您好。我记得《人民论坛》杂志2009年有一项万名党政干部阅读状况的调查，根据这个调查显示，现在有三成的干部不读书；而且近期第七次国民阅读的调查结果已经出炉了，调查显示中国人每人年均读书不到5本。今天是"世界读书日"，就这个话题想问一下您，您如何看待中国国民阅读的现状？

周和平：我先讲一个大的背景。一方面，现在出版物是急剧增长，1998年我们国家的正式出版物是13万多种，到2004年的时候到了20万种，2008年的数字到了27万种。这种高速的增长，一方面给人们带来了方便，很多出版物，过去没有的，现在都看到了，但同时也带来一个问题，就是这么多书，我读什么呢？另一方面，现在媒体的发展，特别是新兴媒体的发展，给人们的阅读也提供了很多的方便。过去所谓读书就是纸质的东西，现在可以通过互联网，可以通过离线的阅读器，甚至可以通过手机、通过电视等形式阅读。这一方面也是给人们带来方便，另一方面也带来一个"我怎么能找到我需要的书呢？"的问题。

这些问题对于一个快速发展的国家来讲，我觉得作为图书馆工作者需要认真分析。一方面，随着社会的发展，需要学习，人们学习的热情在不断地提高；另一方面，怎么样引导读者能够很快地找到自己所需要的书和需要的有关信息。

你谈到的这些问题，当然有一个阅读习惯的培养问题。另外，也有图书馆怎么样实现自己的传统职能——为人找书、为书找人的问题，这也是给图书馆工作者提出的任务。

从《人民论坛》披露的数字看，我觉得这个问题应该是引起我们重视和关注的。一个学习型社会的氛围还没有完全形成，中央提出建设学习型社会、学习型组织，我觉得针对性很强。作为图书馆，特别是国家图书馆，作为社会教育的最高学府，应该充分地发挥作用。在学习型社会建设、在阅读社会建设中发挥作用。

主持人：今天正好是"世界读书日"，为了推广大众阅读，国家图书馆今天或者近期会有什么样的活动？

周和平：联合国有关组织把今天定为"世界读书日"。今天也是一个非常奇特的日子，既是大文豪莎士比亚的生日又是他去世的日子，还有塞万提斯也是这一天去世的。据说欧洲还有一些文学家，或者诞生于这一天，或者去世于这一天。所以联合国把这一天作为"世界读书日"。当然，设这个读书日从1995年开始已经有15个年头了。我们国家从2004年开始，国家图书馆每年举办"世界读书日"的主题活动，到现在已经经历了5届，应该说影响越来越大。

今年的"世界读书日"，国家图书馆举办了几个活动：一是和中央电视台、新闻出版署一起搞了一次电视专场晚会，可能今天晚上就会播出。二是我们在国家图书馆的广场举办了"源远流长的中华典籍"主题活动，就是把中华文化从典籍的形成，从甲骨文的形成，一直到了近当代，把重要的典籍的年代、重要的内容表示出来，让大家了解中华民族的文化，它之所以源远流长、博大精深，是靠典籍、靠文字记载下来的，它和其他民族的文化是不一样的，要让大家了解中华民族文化的源流。

我们还组织了小学生背诵一些传统的经典，有一些专家学者都参加了这个活动。另外，今天还组织了文津读书沙龙，请了阅读方面有研究的民进中央副主席朱永新先生做讲座，同时还组织了汉字展览等一系列的活动。组织这些活动的目的就是让大家走进书海，形成阅读的习惯，培养公民阅读的良好的风气。

主持人：说到文津读书沙龙，我记得去年温总理好像就是做客文津读书沙龙，在沙龙上他也说，读书影响一个国家的前途和命运。构建一个书香社会，咱们国家图书馆在未来还会不会有什么新的举措？

周和平：温总理去年在"世界读书日"这一天，亲临国家图书馆和读者、专家座谈。温总理提出"一个不读书的人、一个不读书的民族是没有希望的"，振聋发聩，在读者界、在全社会产生了非常深远的影响。国家图书馆作为社会教育的最高学府，它围绕着社会教育开展一系列的活动，为营造"书香社会"，为学习型社会的建设做贡献等方面的工作，这些年不断地加大力度。

一是加快总书库的建设。国家图书馆的一个定位就是国家的总书库，当然也包括搜集数字资源，使我们国家的出版物能够全面收集，另外使得国外优秀的出版物或者我们急需的出版物也能够收藏，这样为收藏者提供方便，为使用者也提供方便。

二是在比较多的时间实行免费，比如说办证，现在已经是免费办证、自助办证；另外，很多时候也免费组织一些展览活动。这样使更多的人、更多的群体能够走进图书馆。因为过去国家图书馆是有一些限制的，比如对一些外文书，规定具备一定的行政等级和职称才能办证，对于中文书也规定了有什么资质条件的才能办证，现在已是完全放开，体现了它的公益性。

三是广泛地开展社会教育活动。比如刚才你谈到的"文津讲坛",到现在已经组织了 500 期,前几天我们组织了"文津讲坛"的纪念活动,国内一流的专家,许多人在这个地方讲过课,它主要是以历史、文化、科技为主要内容,而且把这些专家讲课时的内容又都整理出版,这套书在社会上影响是比较大的。另外还有一个讲座影响也比较大,就是"部级领导干部历史文化讲座"。从 2002 年开始,已经举办了 144 期,就是近 2 万名的部级领导干部来聆听讲座。这个讲座每月一期,每月最后一个星期的星期六,国内一流的专家,甚至国外相关领域的专家也都来这个地方讲过课。每年对这些讲课的内容还要整理出版,每年一本书,为领导干部学习提供了一个非常好的平台,很受欢迎。有的时候很多部长出差都要赶回来参加这个讲堂。

四是延伸的服务。特别是数字图书馆陆续建成之后,按照"边建设、边服务"的方针,通过互联网、通过多种媒体提供数字图书馆的服务。当然,我们在春节前已经推出了"县级数字图书馆推广计划",就是用一年的时间,为全国的 2940 个县和社区的图书馆输送 1 TB 的数字资源,在春节前每个省选了 10 个,现在有 320 个县级图书馆已经开始实施。因为数字图书馆的服务需要由技术人员来操作,它是通过计算机来服务的,所以,我们先培训,后输送资源来提供服务。用一年的时间,使全国所有的县都能够使用到国家图书馆的资源。在县的基础上,再逐步地在中等城市城区内铺开。使得国家数字图书馆真正成为国家的数字图书馆。要推送一些优秀的资源、有吸引力的资源,为全民阅读、为学习型社会的建设做贡献。

主持人:刚才您说到部级领导的讲座,还有"文津讲坛",这样的讲座现在已经形成了一种品牌号召力,像您所说的很多部长出差都要赶回来听这个讲座,这个讲座也深受读者的欢迎。您怎样看待这个讲座的品牌效果?我知道国家图书馆组建了全国公共图书馆的讲座联盟,能不能跟网友们介绍一下这个联盟的情况?

周和平:讲座是图书馆服务的延伸。特别是最近几年,大家对讲座这种形式非常感兴趣。在全国各地很多图书馆也都举办这样的讲座。我们考虑应使得人力资源共享,也就是哪个专家讲得好,让大家都了解。另外就是课件资源的共享,哪些课、哪些内容的课讲得好,就让大家相互了解。基于这个考虑,也根据全国公共图书馆的要求,由国家图书馆牵头,建立公共图书馆的讲座联盟。这个联盟将把专家的介绍、课件内容的介绍、讲座形式的介绍在这个平台上展示,这样能够使大家有一个交流、有一个联系,把这些优质的资源盘活,使得一个课件或者一个教授的讲课能够为更多的馆使用,同时也能使更多的人能够听到这些精彩的讲座。

讲座凝聚了一个专家大半生的研究成果,参加讲座的人普遍反映,有的时候两个小时的讲座胜读十年书。他把他的观点凝聚了,讲和看书效果是不一样的。

这些专家讲课方法非常高超，深入浅出，非常生动。一堂讲课，有的时候就给人们留下终生的印象。特别是许多领导干部反映，这些讲课对于提高自己的决策能力、开阔视野都是有好处的。在全社会各级各类的图书馆如果都办这样的讲座，我想对于形成学习型社会，形成一个良好的学习氛围是非常好的。而且大家可以根据讲课的内容再去找书。否则，想研究什么问题，不知道哪一本书上有记载。因为现在出版物多，不知道看什么书好，通过讲座，大家就知道了，路径就清楚了。我认为它是对阅读的一种引导。

我曾经在《光明日报》发表过一篇短文，我说"图书馆是公民教育的终身课堂"，这里面我主要谈的就是讲座的问题。

主持人：说到讲座，刚刚我们说它已经形成了一个品牌，很多读者也很喜欢。在开始我们也提到现在阅读有很多种方式，包括电子阅读、多媒体阅读，这可能也是一个趋势。我想问一问周馆长，您如何看待我们现在的数字化新媒体时代的阅读现象？国家图书馆应对这样的趋势会有什么样的新举措或者相应的措施？

周和平：你提到的这个问题是一个非常现实的问题。特别是随着科学技术的发展、媒体的多样化，为人们的学习提供了很多方便。可以说是人们阅读上的一场革命。过去看书就是纸质的书，现在通过各种媒体来看书。它拓展了一个学习的全新领域。

首先，这种领域的拓展和传统阅读习惯两者是并行不悖的，而且可能会在一定历史时期内还要是并行的（阅读的习惯和形式）。网络再发达，新兴媒体再发达，仍然代替不了人们阅读纸质书的习惯。但是，在这种新兴媒体的时代，我们必须看到这样一个现实，能够上网的网民，我们国家去年达到3.8亿，通过其他的网络形式，比如手机用户，我们国家已经到了7.4亿，是世界上持有手机最多的国家，百分之五六十的人都已经开始使用手机。另外，有线电视的用户也到了几千万户，我看到一个资料是6500万户。这些都是新兴媒体的传播形式。在这种情况下，如何用优秀的、先进的、健康的内容来占领新兴媒体阵地，我认为这对中国来讲是一个不容忽视的问题。

随着数字图书馆的建设，包括各种网络内容提供商提供的各种阅读内容，利用新兴媒体引导人们阅读，都提出了一些急迫的、需要回答的问题。互联网的优势就是互联互通，劣势是不可控。特别是对于公益性的单位，包括我们的互联网内容提供商，有的虽然是企业，但是也承担着社会的责任，所以，也都要向网民、向公众提供健康的、有益的、积极向上的内容。

在这方面，我们国家投入巨资建设数字图书馆，数字图书馆就是基于这种互联网和新兴媒体开展服务的。所以，我们已经在这方面开展了一系列的工作。比如，在网上，基于互联网的内容建设，我们现在已经有了327 TB的资源；按照规划，到"十二五"末的时候，我们要达到1000 TB的资源。这些资源都是优秀的、积极向上的文化资源,要陆续投入服务、投入使用。

另外,基于广播电视的,我们也在和有线电视台积极探讨合作。因为电视这个媒体也有它的特殊性,就是它的服务内容比较精彩,要通过故事性、趣味性、知识性的节目引导大家读书,引导大家学习知识。

基于手机的服务,现在国家图书馆也和几个手机服务商在进行一些实验。因为手机屏幕小,所以,它的节目内容就要高度的精炼。如果很长的文章在手机上传输是不可能的。比如,国家图书馆陆续要开展的书的介绍,还有一些新书的推荐,包括一些流行比较广的书,怎么查找,在什么地方有,这些可以通过手机的形式开展服务。互联网提供商对这些东西也很感兴趣。

根据我们国家公共文化服务的发展,按照中央领导同志的要求,李长春同志提了具体的要求,就是使得我们的公共图书馆都能够使用国家数字图书馆的资源。在此基础上,再使得一批城市社区、乡村文化站、文化室也能够使用这些优秀的数字资源。在全国建设一批公益性的电子阅览室。因为电子阅览室,只要有钱买机器就可以提供服务,但是提供健康的、优秀的内容,就是像国家图书馆这种公益性文化机构的一个非常艰巨的任务。这个资源要组织起来,要给它数字化,在数字化的过程中还要处理好版权等一系列问题。另外,这些资源还要很好地传输到终端,为群众提供服务。这些都是我们最近几年在发展中遇到的比较大的问题。通过这些措施,使得国家数字图书馆的这些资源能够为提高公共文化服务水平做贡献。

通过数字图书馆推广计划的实施,使得我们中西部地区没有钱买书、内容上比较贫乏的图书馆也能够增强活力。

主持人:这是在公共服务上的一些举措。说到国家图书馆公共服务,不得不提到国家图书馆二期新馆开始使用了,这对于我们做公共文化服务有没有什么具体意义,针对新馆会有什么新的举措吗?

周和平:国家图书馆的新馆落成之后,新增面积8万平方米,加上原来的17万平方米,总面积达到25万平方米,已经成为馆舍面积在全世界居第三位的大馆。在亚洲,我们肯定是第一位的馆。馆舍面积的提高,最物理性的一个意义就是增加阅览座位,这样使更多的读者能够走进更舒适的环境之中。到图书馆阅览的读者这几年增长很快,原来每年就是300多万人次,去年读者的流量达到520万人次,每天有一万四五千人到国家图书馆来读书,而且大家都反映环境不错。

另外,尽可能多地提供免费的或者成本价格服务的项目。我刚才提到办证什么的都免费了。读者需求中大量的是复印,我们只收成本价,比市场价要低得多。包括办证也采取了一些措施,比如自助办证,没有照片也不怕,可以自己现场拍照,可以很便捷地办证。

另外,还开展了网上的虚拟参考咨询。因为这些读者,比如说找一个书,不知道找什么,通过网络可以咨询,我找什么书,在哪可以找到。包括政府的公开信息整合平台，在国家图书馆使用量也很大，就是政府公开的政务信息，在这里都可以查到。很多专题的资料、专题的数据库在陆续免费向读者开放，使得大家不仅仅是借书、还书，对于二次文献深层次开发的文献使用也大大便捷了。

我们还在试用手持电子书阅读器，就是类似于一个阅读器的形式，可以下载一些图书，当然都是有版权的图书。当然现在是在试运行阶段。另外还和歌华，还和一些有线电视的运营服务商，在这些栏目上开发频道，争取把这些项目做得越来越大，影响也越来越大。

这个馆叫国家图书馆二期工程暨国家数字图书馆工程，全称是这样。国家图书馆二期工程主要是指建筑物；国家数字图书馆就是刚才我谈到的，它是面向全国服务的一个数字图书馆，基于互联网和各种新兴媒体服务的图书馆，也就是一个虚拟的图书馆。所以，在传统图书馆的基础上，是又一个革命性的图书馆，就是虚拟图书馆，通过虚拟空间提供服务。

国家全部投入 12 个亿的巨资来建设这个设施，也体现了我们中央政府对公共文化建设的重视，同时也对国家图书馆寄予厚望。我们在这些公共服务领域要不断地拓展服务，不断地改进我们的服务形式，提高服务水平。

国家图书馆藏有中华民族大量的典籍，上面说是 27 万册，如果算上特藏的话有 108 万册，古籍是 160 万册。这些书记载着中华民族的历史，这是一种文化的"富矿"，是我们的前辈留下来的文化经典。

最近这些年，国家图书馆在中央财政的支持下、文化部的领导下，实施了中华再造善本工程，这个工程现在已经出版了 758 种、8990 册。其中多数是孤本书，特别是以宋元善本为主要的内容，一旦这种载体没有了，后人永远看不到。所以我们用现代的技术，用宣纸印刷，传统的线装书的装帧，传承这个文明。目前在中央财政的支持下每个省颁发一套，同时，给 100 所大学，每个大学有一套书。使得这种载体的典籍能够发挥作用。

善本书一般读者还摸不到，但是再造善本书大家就可以来使用。我们在书的出版上，既保留它的版本价值，又保留它的文献价值，大大便捷了研究人员和社会公众，这些书在海内外产生了非常好的社会反响。

我国现在正在实施中华古籍保护计划，为此国家图书馆还加挂了一个牌子叫国家古籍保护中心，牵头开展这项工作。这项计划的内容之一是对全国的古籍进行普查，在普查的基础上，建立国家级珍贵古籍名录和国家级重点古籍保护单位。现在已经公布了两批名录，今年将要公布第三批名录，以国务院的名义来颁布。实际上这是一种政府的彰显行为，通过政府的彰显，使这些珍贵的古籍得到保护。

在这个框架下，去年我们还启动了西藏古籍保护计划。因为藏文古籍应该说也是源远流长，它和藏文化连在一起，也博大精深地记载着藏族的风俗文化。西藏有它特殊的地理条件，我们单独为藏文古籍的保护启动了保护计划，通过普查了解情况，公布名录。在此基础上创造条件，改善保管条件，同时，对残破的古籍进行抢救性的修补。

为此，我们请古籍保护领域的专家对修复的人才进行培训，应该说，最近几年培训的力度也是新中国成立以来最大的，目的也在于加强古籍保护工作的力度，使中华民族这些优秀的典籍保管条件得到改善，为挖掘整理工作奠定基础，使这些丰富的文化遗产服务当代、服务社会，为公民的学习提供方便。过去讲图书馆是重藏轻用，现在就是要改变这种状况，使这些优秀的典籍为经济和社会发展切切实实地发挥作用。

主持人：谢谢周馆长和我们谈了这么多关于国家图书馆的种种为大家服务和为大家分享文化的好的措施。

在今天访谈最后，我也想问您个人一个问题。今天是"世界读书日"，在阅读内容上，您个人对网友有什么样的建议？

周和平：不同的人有不同的阅读兴趣。结合我本人讲，我觉得一方面，中华民族的优秀典籍应该很好地学习。应该说像我这个经历的人，在上小学、中学时期，也接触了一些典籍，至今有些典籍还能够琅琅上口，对终生都产生了重要的影响。

但是总体上讲，我们对于中华民族的这些东西学习很不够。我认为，这些典籍是能够确定一个人的基本走向的一种"营养"。当前社会浮躁，追逐利益、物欲横流，我认为，学习中华民族的这些优秀的典籍能使人清流、使人平静、使人睿智、使人坚强。我认为，各级各类学校，包括全社会的人都应该把中华民族的优秀典籍作为必读的书。我们这些前人的智慧穿透历史，历久弥坚，它养育着一个民族。中华民族之所以能够五千年源远流长，文化不断，很重要的是中华民族这些传统的文化。儒家强调一种社会责任，道家的学说强调道法自然、尊重自然，而佛家的学说又主张调解内心的平衡，我觉得正是当前所需要的。因此儒释道成为中华民族文化的核心，其中有一个历史演变、融合的过程。我觉得大家对这些都应该涉猎。

当然，国外的一些典籍也很好，有兴趣的也可以阅读莎士比亚、司汤达这些名家的作品。这也能给人很多启迪。

另一方面，革命导师的典籍，他们这些著作，我认为并不过时。最重要的是通过对革命导师的著作的学习，学习他们的世界观和方法论，即怎么样来看待世界。因为这些革命导师是政治家、革命家，他们对社会思考很深刻，从这些著作中可以找到怎么样观察世界、怎么样做人、怎么样处理事务的道理，对人生也是非常有价值的。

另外，学急用之书。急需用的时候，我对这个事情不了解，我要找来这个书看，这时候记忆是最深刻的，也是最管用的，能够收到立竿见影的效果。

当然，还可以读一些文学类的著作。这样能够使人得到"滋养"，如果说

"营养"的话，可以使"营养"更丰富，有的时候给人一种精神的享受，实际上也不失为一个好的学习内容。

总之，不同层次的人可以选择不同内容的著作、典籍。比如，小学生，《三字经》《百家姓》《千字文》《千家诗》，"三百千千"，琅琅上口，这些都是小学生的读物，我觉得是非常好的。有一定的阅读能力的时候，学学"四书五经"、读读《道德经》，也是非常好的。当然，因为人们受教育的层次不同，可以根据自己的一些习惯、一些爱好来选择读书。

总之，读书使人睿智，读书给人以力量，读书应该是一个人一生不懈的追求。

主持人：谢谢周馆长，也感谢各位网友的收看，今天是"世界读书日"，你选到了你想读的书吗？下期节目再见！

（记者　文松辉、黄维、雷志龙）

（人民网访谈，2010－04－23。人民网：http：//live.people.com.cn/note.php?id=721100420155747_ctdzb_015）

图书馆的价值不在于贡献 GDP

今天，技术与知识呈爆炸态势，互联网的发展削平了地域差异，传统图书馆普遍受到猛烈冲击。图书馆当如何冲出转型之困，让读者重新找回走进图书馆的热情？本报记者专访国家图书馆馆长周和平，请这位"掌门人"把脉困境，开出良方。

记　者：本报在 11 月 2 日报道了西安图书馆连续 3 年馆长空缺、门前冷落。您怎么看待这一现象？

周和平：西安图书馆的情况，是我国文化事业发展不平衡的一个具体表现。据我了解，在全国地级行政区划中，还有 41 座城市没有图书馆。此外，还有一些县级图书馆连基本的服务条件都不具备。而相比之下，在长江三角洲和珠江三角洲等经济发达地区，有的图书馆在馆舍、馆藏和服务等方面已经居于世界先进行列。从全国来看，图书馆事业呈现出西弱东强的特征。

记　者：我们近日联合人民网的调查显示，最近两个月内有接近 1/4 的网友一次也没有踏进图书馆。

周和平：一方面，可读的书少，读者自然不会走进门来。根据国际图联颁布的标准，公共图书馆的藏书量应为人均 1.5～2.5 册。而我国的人均藏书量只有 0.4 册，县级以下图书馆人均只有 0.1 册。现在每本图书平均售价将近 30 元，全国人均年购书费却仅有 0.7 元，也就是说，要把 40 个人一年的购书费加起来，才够买一本新书。甚至有的省人均购书费只有 0.1 元。

另一方面，不少图书馆缺少真正符合条件的管理人员。因为图书馆属于全额拨款的公益性事业单位，有的竟成为安排闲杂人员的地方。这造成人员队伍素质劣化，服务不能满足群众的文化需求，也加剧了图书馆的冷清。

记　者：您认为造成这些困境的深层原因是什么？

周和平：最重要的还是决策者的认识。图书馆的发展并不完全受制于经济发展水平，决策者是否重视图书馆，直接影响到图书馆在当地政府工作中的位置。我曾讲过，"没有图书馆的城市将是一个不完整的城市，不重视图书馆建设的市长是不称职的市长"。作为公共服务的一部分，图书馆的价值并不在于贡献 GDP，而是以文化人，提高人的素质，这在未来的社会发展中，将起到不可估量的作用。

图书馆是唯一没有年龄门槛的学校

记　者：当前，新兴媒体正在逐步改变人们的阅读习惯，这恐怕也会冲淡人们到图书馆阅览的热情。

周和平：是的，我们对图书馆的认识要与时俱进。过去图书馆最基本的职能有两项：一是收藏，收藏的图书文献应为读者服务；二是履行社会教育，图书馆是唯一没有年龄门槛的学校，上至九十九，下到刚能走，都可以进来。现在，图书馆的服务职能扩展到了网络，通过新兴媒体，图书馆应变为"没有围墙的图书馆"，使得人们不用到图书馆，就可以使用丰富的馆藏。说到底，图书馆实现转型，最终还是落脚在资源和服务两点。

记　者：除了认识上的改变，图书馆在利用新媒体方面是否已有尝试？

周和平：最主要的是加快数字图书馆的建设。我国从20世纪90年代就开始进行数字图书馆的研发。2001年"国家图书馆二期工程暨国家数字图书馆工程"经国务院批准立项，并作为我国"十五"重点文化建设项目。截至今年9月底，国家数字图书馆资源总量已达460 TB，其中已发布的资源量占数字资源总量的76.7%。今年2月，又启动了"县级数字图书馆推广计划"；"十二五"期间，还将实施"国家数字图书馆推广工程"。

数字图书馆的建设，将缩小东西部之间、城乡之间图书馆发展的差距，使我国优秀的文化资源为全国民众共享。数字图书馆还向全世界展示了中华民族的优秀文化。如果把近百年来皇家私藏进入平民图书馆视为图书馆的"一次革命"，那么，数字图书馆的发展就将是图书馆的"二次革命"。

重点发展基层图书馆，才能推动社会进步

记　者：数字图书馆的建设是一项浩大的工程，中小城市图书馆在这方面能够做出哪些努力？

周和平：服务社会也是图书馆职能的重要部分。现在，如果还停留在传统的"为人找书"、"为书找人"，没有创新，不能满足社会公众的需要，图书馆就会被边缘化。只有有所作为，才会得到社会的认可和政府的重视，事业才会发展。

社会的发展对图书馆提出了越来越高的需求。首先，图书馆可以为立法决策服务。在国外有国会图书馆，为国会议员研究国家的重大立法决策提供服务，各级图书馆也可以相应地为各级政府决策者提供类似服务。同时，还可以通过策划讲座、展览、读书沙龙等社会教育活动，发挥图书馆社会教育终身学校的职能，在营造学习型社会、提高人的素质方面发挥作用。如国家图书馆开办的"部级领导干部历史文化讲座"，历时近9年，已举办150多期；面向公众的"文津讲坛"已开办500多期。杭州图书馆的"文澜讲坛"、大连图书馆的"白云讲坛"，也都开展得很好。此外，展览和出版也是挖掘馆藏、传承文明、服务社会的好方式。

记　者： 您提到县及县以下图书馆是尤为薄弱的环节，对于这些基层图书馆来说，有没有什么建议？

周和平： 按照国际图联发布的标准，每5万人应拥有1座图书馆，图书馆的辐射半径通常为4公里。而在我国，目前完全按照行政区划来进行图书馆布局，平均每3400多平方公里、每46万人口才拥有1座图书馆。有的县几百甚至上千平方公里只有1座图书馆，主要在为县城居民服务，农村居民很难跑那么远去看书。

因此，图书馆的服务有层次、有步骤地向基层延伸十分重要。比如，在城市加强社区图书馆建设，像在新加坡就有区域图书馆，也有邻里图书馆。邻里图书馆讲究布局，新建的商场必须有图书馆，便于跟随父母前来的孩子们有书可读。他们的城区，还广泛设置自助借还书的设施。在农村，则要发展乡村图书馆。农民对图书馆服务的需求，主要集中在致富信息、保健常识和文化生活三个方面。所以，乡村图书馆要有针对性地开展服务。只有把图书馆事业发展的重点放在基层，才能从根本上推动中国社会的进步。

记　者： 在数字图书馆建设方面，国家图书馆有什么设想和规划？

周和平： "十二五"期间，国家图书馆将以国家数字图书馆为核心，在全国范围内实施"国家数字图书馆推广工程"。

"国家数字图书馆推广工程"将建设海量分布式公共文化资源库群，搭建以各级数字图书馆为节点的数字图书馆虚拟网，建设优秀中华文化集中展示平台、开放式信息服务平台和国际文化交流平台，最终实现国家数字图书馆的服务惠及全民，切实保障公共文化服务的公益性、基本性、均等性、便利性，从而最大限度地发挥数字图书馆在文化建设中引导社会、教育人民和推动发展的功能。

到"十二五"末，将基本形成覆盖全国省、市、县、乡镇（街道）、村（社区）的数字图书馆服务网络。数字资源总量将达到10000 TB，其中每个省级数字图书馆拥有资源100 TB，每个市级数字图书馆拥有资源30 TB，每个县级数字图书馆拥有资源4 TB。数字图书馆还将通过新媒体使图书馆服务的覆盖范围扩展到互联网、手机、电视、智能移动终端等，实现全媒体服务。

（记者　任姗姗）

（《人民日报》访谈。原载于《人民日报》2010年11月11日第12版）

图书馆免费服务和古籍保护

主持人：各位网友，大家好，欢迎收看新华访谈。在今年的一开年，1月26日，位于北京的国家图书馆就举办了关于新疆历史文献和古籍保护的成果展，这次展览在文化界和许多热爱古籍的网友中引起了热烈反响。今天我们请到国家图书馆馆长、国家古籍保护中心主任周和平，谈谈这次展览和古籍保护情况。欢迎您，周馆长。

周和平：各位网友，各位读者，非常高兴在新华网和大家见面，也特别感谢各位读者网友对国家图书馆的关心和支持。

主持人：我们在一开始谈一个最近网友热议的话题，就是从今年开始，全国的图书馆、美术馆、文化馆三馆免费开放，其中就包括图书馆，您认为此举的意义何在？

周和平：免费开放，这是我们国家政府得民心的一个举措。最近文化部、财政部联合发文推进公益性美术馆、图书馆、文化馆免费开放，我认为意义深远。第一，它致力于国民素质的提高。因为社会的发展，决定性因素还是人，有没有高素质的人，决定了一个社会能不能够和谐发展，也关系到我们能不能全面实现建设小康社会的目标。免费开放将会吸引更多的人进入这些公益性的文化单位，接受文化教育，从而达到提高精神文明素质、提高人们的综合素质的目的。

第二，这个举措也是我们政府公共文化服务水平提高的体现。这次免费开放很重要的一条就是政府加大投入，对各级相关设施都专门列了免费开放的经费，这使得图书馆、美术馆、文化馆有能力面向社会免费开放，吸引更多的群众进入这些文化设施。政府的重要职能是公共服务，这个举措也是政府公共服务职能的重要体现，说明我们的政府管理社会的水平越来越高。

第三，这也是社会进步的一个重要体现。因为公共文化设施的水平体现了一个社会文明进步的水平。作为图书馆来讲，100多年前，私人藏书楼变成公藏，形成了现代意义的图书馆，我们国家是在清朝末期民国初期出现了一批公共图书馆。经过几十年的发展，甚至上百年的发展，我们国家的图书馆都具有了一定规模。但是因为社会发展的原因，存在着东西部地区、城乡之间发展不均衡的问题，所以有的图书馆购书经费比较紧张，有的图书馆完全免费服务还有一定的困难。财政部和文化部这个举措使得图书馆具备了免费开放的能力，当然过去图书馆收费也很低，从低收费到不收费，我认为这是图书馆事业发展的一个进步，或者说又是一次图书馆发展的革命，是社会进步的重要标志。这个举措我觉得是着眼于人、着眼于长远，在我们国家社会发展史上都是有重要意义的举措。

主持人：国家图书馆是领行业之先，在 3 年前就开始了免费开放之路。在这 3 年过程中，我们遇到了哪些困难？

周和平：国家图书馆作为中央确定的公益性文化单位的改革试点，按照中央确定的"加大投入、转换机制、增强活力、改善服务"的总方针要求，不断深化改革，改善服务，其中重要一条就是改善服务。中央财政在 2007 年、2008 年就开始加大了对国家图书馆改善服务的投入。从 2008 年开始，国家图书馆采取了一系列免费开放措施，比如说对于读者的借阅证是免费的，读者凭二代身份证就可以在国家图书馆阅览和借书，不分任何群体，无论是学生还是有职业的人；也不分地域，是面向全国的，比如农民工，大量地进入图书馆。过去国家图书馆办证是有限制的，一般要具备一定的职务、职称，这些从 2008 年以后就全部不再限制了。就是不再限制身份、不再收费，使得更多的人有条件进入国家图书馆。另外，还取消了存包费、馆域网上网费等。

从最近几年的实践看，国家图书馆的读者量增长很快，2010 年已经达到 500 多万人，较之于 2008 年，增长了 62.5%，这是一个好事。办图书馆的看到馆内读者量增长，大家都会感到非常高兴。有更多的人走入图书馆，这本身就是社会进步的一个表现。

主持人：把所有人都请进图书馆，保障了我们每一个公民的文化权益。

周和平：还有一些人无法到图书馆接受服务，所以国家财政投入建设国家数字图书馆。2001 年国务院批准了要建设"国家图书馆二期工程暨国家数字图书馆工程"，这个工程有关设施已经就位，按照"边建设、边服务"的方针，到现在软硬件平台已经基本搭建完毕，资源已经达到了 480 TB，有 75% 的资源已经能够发布、服务。所以读者就是不到馆，还可以通过国家数字图书馆的网络来访问国家图书馆，通过互联网来享受国家图书馆的资源，而且是免费服务。

去年我们还有一个重要举措，就是精选了 1 TB 适用于基层图书馆的内容，推广到全国 2940 个县级图书馆，大概有几十万册图书、几千小时的视频资源，深受广大基层群众的欢迎。同时建设了 18 个国家数字图书馆分馆，通过分馆向更大范围的读者提供免费服务。在财政部的支持下，从今年开始，要实施国家数字图书馆推广工程，这个推广工程使得国家图书馆数字图书馆的资源和当地数字图书馆的资源库实现无缝连接，读者实现双向认证。

比如说厦门图书馆，厦门的市民有一个市民卡，实际上是一个社保卡，凭着社保卡就可以成为国家图书馆的读者。这个网络进一步打通，使全国具备上网条件的人都可以来访问国家数字图书馆的资源。这样大大拓展了图书馆的服务范围，催生了一个新的服务业态，在我们国家总体上实现图书馆从传统的以纸质载体为主的服务方式飞跃成为传统载体、数字载体并存的服务模式，来提高图书馆的服务水平，为提高全民文化素质做贡献。

另外，国家图书馆充分发挥社会教育职能，在讲座、展览、倡导阅读方面采取了一系列措施。比如"部级领导干部历史文化讲座",这是面向部级领导干部的,已经办了10年、158期,2万多人次来听讲座,对提高领导干部的素质起到很重要的作用。

此外,国家图书馆面向社会开办的"文津讲坛",已经办了500余期,同时还办了一系列展览,通过这种形式为广大读者提供免费服务,这也是大家使用图书馆的一种非常重要的形式。在为公众服务的时候,还为特殊群体提供服务,比如为残疾人服务,开设盲人数字图书馆。同时,从去年开始为未成年人服务,建设了少儿图书馆和少儿数字图书馆,为少年儿童提供丰富多彩的资源。今年春节,大年初一,我到少儿图书馆,看见好多家长带着孩子到少儿图书馆来读书,这是非常好的一种形式。而且在春节假期这几天,最受欢迎、读者最多的就是少儿图书馆的阅览室。

主持人:因为家长有时间,孩子也在放假。

周和平:对。这些措施都有利于发挥图书馆的作用,同时也发挥了国家图书馆在行业中的带头作用,让一个图书馆的社会教育功能充分发挥,为社会发展、为经济建设做出贡献。

主持人:这些好的经验,经过3年的实践我们总结下来了,这次也是把这些经验都传递给了全国的所有图书馆。

周和平:最近各地图书馆事业有了很快的发展。"十五"期间,文化部和国家财政投入,没有图书馆的县都建设了县级图书馆,"十五"期间实现了"县县有图书馆"的目标。在"十一五"、"十二五"交接时期,国家发改委又投资39亿元实现"乡乡有文化站"的目标,这样使图书馆的职能能够延伸。进入"十二五"期间,国家财政又投入资金,让各地图书馆有经费实行免费开放。经过这几年的发展,社会事业,特别是公共文化事业的发展,基础越来越牢,服务水平越来越高。免费开放的举措对于发挥各级文化单位、文化设施的作用将起到非常重要的作用。

主持人:现在我们再来谈一下这次"西域遗珍——新疆历史文献暨古籍保护成果展",为什么选择这个时间来举办呢?

周和平:新疆是一个多民族的聚居区,2000多年来,各个民族,包括汉族、维吾尔族、哈萨克族等,几十个民族在这个地方和谐共存,繁衍发展。它是一个非常独特的地区,是多民族的聚居地,是多种文化的交汇区域。新疆的古籍和文献非常丰富,因为它的气候比较干燥,包括墓葬,一些出土文物中都会发现一些珍贵的文物和历史文献。这些文献记载了各个民族的发展历史,但是它的文献差不多只有一件,就是孤品很多,应该说弥足珍贵。再加上新疆最近几年考古挖掘又不断发现一些新的文物,让这些文物典籍能够为当代服务,为当代社会稳定、经济发展和文化建设服务,这应该是我们文化工作者的一个重要责任。

很多人对新疆的历史、对新疆的典籍情况并不是特别了解。为了让更多的民众来了解新疆光辉灿烂的文化和新疆悠久的历史,全国古籍保护工作部际联席会议单位和新疆维吾尔自治区人民政府共同主办这个展览,国家图书馆和新疆维吾尔自治区文化厅联合承办这个展览,目的就是让更多的人来了解新疆,通过了解新疆这些珍贵的典籍来了解新疆的历史,了解新疆的文化。

主持人:这次展览有什么样的显著特点?

周和平:这次展览有几个特点。第一是时间跨度大,历史跨了2000年,从汉到清,在这次展览中都有代表性的展品。再有就是文献的载体丰富多彩,包括木简、纸质文书、拓片等,应该说非常丰富。我们调集了23种文字的典籍,来自全国多个收藏单位,都是顶尖的文物和典籍。另外就是这次展品非常珍贵,因为大量的都是孤品,大量的都是首次面世,所以这次展览是非常好看的。

这次展览,我看完以后觉得很有冲击力。这里边还有一部分被学者称为"死文字"的,就是历史上出现过,但是现在无人用,比如梵文、西夏文、希伯来语等。人们对历史的认识好像自己的翅膀,看到它以后才会更加珍惜它,才会更加投入情感来保护它。我相信通过这个展览的举办,大家一是通过这些文献会增强对新疆区域的历史和文化的了解,二是增加文化认同感,三是更重要的,增强国家意识。这个区域内,各民族和谐相处,社会稳定,人民幸福。历史上也有分裂,什么时候分裂,人们就遭受灾难,社会陷入混乱,对历史也会造成倒退。看了这些文献会有强烈的国家意识,特别是对社会稳定,对于促进新疆的和谐发展,我认为有非常重要的意义。

主持人:听了您的介绍,很多网友都跃跃欲试想去参观一下这个展览。我们在参观展览,了解这些历史文献和古籍的时候,怎么样通过它们来认识一个真实的新疆,认识一个历史上的新疆?

周和平:刚才讲到,这次展览的很多东西是首次面世,如果民众有兴趣来看这些展览,一定会不虚此行。这个展览本身就是一种文字展览,一次有23种文字文献在这里展览,机会并不多。这里有几个比较有特色的展品。一个是《玄奘传》,大家都知道唐僧取经的故事,这是弥足珍贵的少数民族文献,是10世纪的文献。它是五代时期一部回鹘文写本,反映了唐太宗贞观元年,玄奘到印度取经求法,经历了100多个国家,历时17年,付出千辛万苦,带回650部经卷,用20多年时间进行翻译。《玄奘传》就是记载了这一系列故事。

还有《神策军碑》,这是北宋的,这个碑文是由柳公权来书写的。它主要记载了安辑南归唐的重要史料。还有一个剧本,写于10世纪的,叫《弥勒会见记》,是讲述未来佛弥勒生平事迹的一个原始剧本,这个剧是由一个序幕和25幕正文组成的,被认为是中国最早的剧本。还有一件唐代的文献,记载吐鲁番地区小孩学习《论语》的故事。那时"四书五经"也是西域许多地方青少年的启蒙教材。有的文献有名有姓,是唐代汉文化在西域传播的实证。

还有希伯来字波斯语的书信。大家知道,犹太人就以擅长经商闻名于世。犹太人也是一个灾难很多的民族，中国在宋朝时见到了犹太人，在"二战"期间又见到了犹太人，所以犹太人跟中国人感情很深，也是有历史的渊源。这是书写于9世纪的《希伯来字波斯语书信》，提供了唐代犹太人的珍贵资料，记录了犹太人在中国活动的情况。应该说这些典籍都非常有意思，平常是不容易看到的。如果没有这个展览，你到图书馆可能也看不到这些文献，因为这些都是孤本，不是专门研究的读者，可能图书馆各个馆还舍不得拿出来，因为还要保护。

主持人：听了您刚才几分钟的简单介绍，我相信很多网友和我一样，对这个展览抱有极大的兴趣。这个展览到什么时候截止？

周和平：截止到3月27日。喜欢看的读者、网友赶快到国家图书馆去看。

主持人：是不是只能到北京才能看到？

周和平：网上也做了一些发布。这个展去年在新疆乌鲁木齐搞了一段时间，应该说观众如潮，很多好评，大家看完以后都觉得新疆还有这么多好的东西，所以对新疆各民族也是很大的鼓舞，对大家了解新疆的历史文化起到了重大作用。我们这次展览比新疆的展览规模更大、展品等级更高，所以希望有兴趣的观众和网友赶快去看，机不可失。

主持人：接下来我们再来谈一下新疆古籍保护的工作。从这次展览可以看出，新疆文献古籍的保护工作还是非常到位的。在接下来的时间，我们有什么样的保护计划？

周和平：文化部和全国古籍保护工作部际联席会议成员单位对新疆专列了一个新疆古籍保护专项计划，在国家古籍保护框架计划下，单独对新疆古籍进行抢救性的工作。一是摸清家底，尽快了解新疆古籍保护情况，开展普查，在普查基础上启动新疆古籍总目编纂工作。有些是出土的，有的在公藏单位，有的是私人收藏，这样把家底摸清，建立政府登记制度，登记制度载体就是编纂古籍名录。这个只是登记，并不改变所有制。二是积极组织新疆珍贵古籍申报国家珍贵古籍名录。现在新疆古籍有些典籍已经入选了国家珍贵古籍名录。这项工作在不断公布珍贵古籍名录，在普查基础上，使一些珍贵的文献进入国家珍贵古籍名录。三是积极组织申报全国古籍重点保护单位，通过保护单位的确定，创造保管条件，使这些典籍能够得到很好的收藏。因为新疆的古籍绝大多数都是孤品，发现只有一件，所以保护工作非常重要。四是开展整理、研究、挖掘和出版。五是做好宣传和展示工作，使大家了解，使它服务于当代、服务于社会。六是加强专业队伍建设。相对于内地而言，在新疆的古籍保护人才还是比较短缺的，加大对新疆古籍保护人才的培养力度，包括从造纸、修复、版本、目录等学科都应该加大培养力量。因为好多造纸是民间传统的技术，这个技艺要作为非物质文化遗产项目进行保护，就是多种渠道、多种形式加大对人才的培养力度，形成一支适合于新疆古籍保护的专业队伍，这是关键。这些措施就是多管齐下、多措并举，共同推进古籍保护。

主持人：您作为负责人，请您给我们谈一下整体的古籍保护工作吧。

周和平：中华文明和其他文明的区别在于它是文字记载的文明。从我们现存的文献资料来讲，最早的就是3000多年前的甲骨文。民族文化博大精深，要源远流长靠什么？靠文字记载，这和世界其他民族文明形式不太一样。其他民族形式，早期的也有一些象形文字，但是后来没有传承下来。但中国的甲骨文以文字演变让我们看到了这个民族文明的发展史。从甲骨文到篆书、隶书等逐步发展下来，这些典籍记载了中华文明的历史，也传承了一个民族的文明。所以保护好典籍，是我们义不容辞的责任，或者说是我们炎黄子孙不可推卸的责任。

但是，我们国家的典籍，一个民族、一种文明经历几千年，历史上出现了无数的典籍，但同时又不断地有书被毁掉，有自然灾害、战乱等因素。比如在《永乐大典》中，永乐年间编纂使用的文献，现在绝大多数已经没有了。所以保护好典籍，对当前来讲是非常重要的。有学者讲"十不存一"，随着历史的久远，保护越来越难。经过初步了解，现在掌握的古籍数量有3000万册以上，保护好这些典籍非常重要。所以2007年，文化部会同财政部、国家文物局等单位，在国务院的总体部署下，开始了我们国家的古籍保护工程。这个工程有几个内容：

第一，先搞好普查，全面开展普查工作。在普查的基础上，形成我们国家的古籍总目，每个省编每个省的分省卷，就是建立一个登记制度，使大家了解存世的古籍有多少，这是很重要的。当然也包括海外，海外很多图书馆、收藏单位收藏着大量的中国古籍，我们也要在海外摸底，了解我们的典籍都在什么地方。古籍有一个特点，一般都是同样的本子很少，图书馆叫复本，大量的孤本。

第二，建立国家珍贵古籍名录制度，现在已经公布了三批。入选到国家名录的古籍，国务院专门发文件，颁发证书，发挥中央政府的彰显作用，让大家了解它是一个珍贵的东西，要保护它。同时这些东西收藏条件不好的，政府要给予投入，帮助修复，但是并不改变财产所有权。

第三，公布国家古籍重点保护单位。古籍重点保护单位规定了一定的条件，主要是保管条件要符合保管古籍的温湿度条件，包括防虫等，古籍怕水、怕火、怕虫，要采取措施保护好这些古籍。我亲眼看到一些地方很好的本子，因为保管条件很差，就在地上放着。比如宋版书，这是弥足珍贵的，但是有些单位不了解它的珍贵性，不知道珍贵就不注重保管。再一个就是本身保管条件差。所以保管条件的创造也是非常重要的。

第四，加大古籍修复的力度，对破坏的古籍要进行修复，在全国建立若干个古籍修复中心，加快古籍的修复。

第五，人才的培养。古籍保护现在人才奇缺，搞好古籍保护需要版本学家、需要修复专家等，涉及很多领域。就修复来讲，如果不掌握科学的修复方法，一旦修了，会对古籍造成修复性的破坏。因为古籍的纸张，在历史的演变过程中会有不同的变化，各种纸张的材质也是不同的，修复一定要讲究科学。现在这方面的人才奇缺,所以要加快人才培养,建立起我们国家的一支保护古籍的专业队伍,这点非常重要。

总体来讲,我们国家的古籍保护事业任务还是很艰巨的。古籍记载着历史,传承着文明。保护好古籍,应该是各级政府重要的职责,也是炎黄子孙的职责,更是各级图书馆工作者的重要责任。大家齐心协力,把我们国家祖先留下的、弥足珍贵的古籍保护好,使珍贵的典籍,我们从祖先手里接过来,然后再传给我们的后人,尽到我们这一代人的责任。

主持人:您提到保护古籍的专业人才不是特别多,但是民间有很多朋友都非常喜欢收藏书,喜欢收藏古籍。我们看到很多收藏市场,夜里三四点钟"鬼市"就开了,大家都有这样的喜爱。您能不能给这些民间收藏者一些收藏方面的建议?

周和平:收藏热我注意到了,收藏文物、收藏古籍,包括收藏一些"文革"时期的邮票、像章,等等。收藏古籍的这些网友,首先要学点鉴别古籍的知识。你要增加知识就要学习,可以找一些古籍保护的专家、版本学家讲一讲,从纸张的鉴别、文字的鉴别等方面来判定到底是不是古籍,是哪个时期的古籍,这样就不至于上当了。

其次,更重要的是收藏者要有责任。收藏者往往有一种心愿,能够得到好的东西,当然目的不同,有的想借机赚钱,有的就想借机来实现自己的一个愿望。不管什么目的,收到这些古籍之后,我觉得还应该很好地保护它,最好收藏到这些古籍,到各省市的古籍保护中心去鉴别以后做一个登记,对品相不好的可以做一些修复。这样使收藏的东西在你的手上,第一保护好,第二是不再损坏,就是传给后人也是传给他们一个好品相的东西。

主持人:保护好了,就像鲁迅先生说的,每一个爱书的人摩挲着纸张,由内而外散发着对书的爱和快乐。最后请您对国家图书馆的读者和全国爱书的网友们说几句话。

周和平:因为图书馆工作者一个重要的责任就是为人找书、为书找人。我非常希望更多的人进入国家图书馆。进入图书馆有两种方式:一是到国家图书馆去,我们会不遗余力地为大家搞好服务;二是进入国家图书馆的网络空间,通过上网,使用国家图书馆的重要资源。我相信大家能够走进图书馆或者经常光顾图书馆,人是会有变化的,叫以文化人,在潜移默化之中、不知不觉之中,你的素质会得到提高,你的思想品质会得到提高,你的专业知识会得到提高,甚至你的就业技能也会得到提高,你的心态会更加平和,做事会更加认真,在社会中真正发挥一个人应该发挥的作用。

主持人:谢谢周馆长,也希望各位网友能够多读书、读好书。今天新华访谈就到这里,下次再见。

(新华访谈。新华网:http://www.news.cn/xhft/20110218/)

文化建设，图书馆要发挥更大作用

今年全国"两会"期间，国家数字图书馆首次进驻"两会"，为代表、委员们参政议政提供全面的文献信息保障。不仅如此，放置在各个代表、委员驻地的国家图书馆电子触摸屏，引起了许多与会者和媒体的关注，电子触摸屏提供了丰富的"两会"专题文献信息阅览查询服务，被代表委员们亲切地称为"信息加油站"。

近年来，党和政府对文化建设日益重视，党的十七届六中全会就建设社会主义文化强国做出了一系列战略部署。今年"两会"期间，文化建设也成为热议的话题之一。在此背景下，国家图书馆作为国家级公共文化服务机构和图书馆业界的领头羊，将如何更好地承担起引领全国图书馆事业发展、完善公共文化服务体系建设的重任？以国家图书馆为代表的公共图书馆，应如何服务立法决策？又将如何贴近百姓，发挥社会教育职能？近日，本报记者就上述问题，专访了国家图书馆馆长周和平。

记　者：周馆长您好，首先感谢您在百忙之中接受我们的专访。今年"两会"期间，国家数字图书馆进驻"两会"在内的一系列服务举措，得到了广泛关注。国家图书馆是何时开始这类服务的？取得了哪些成效？

周和平：为国家立法决策服务是国家图书馆的重要职能。近年来，国家图书馆围绕为党和国家领导人提供信息服务、为"两会"提供咨询服务、为全国人大常委会及各专门委员会提供信息服务、在中央和国务院部委建立分馆、建立"国家图书馆立法决策服务平台"、举办"部级领导干部历史文化讲座"等方面开展为国家立法决策服务工作，取得了较好成绩。

为提高立法决策服务水平，国家图书馆于1999年起，先后与（原）人事部、国家发展和改革委员会、民政部、交通运输部、全国政协机关等中央国家机关部委合作建立了13家国家图书馆部委分馆。分馆是国家图书馆设在各部委的立法决策服务前沿阵地，为拓展和深化国家图书馆立法决策服务发挥着日益重要的作用。在此基础上，2008年，国家图书馆推出"国家图书馆立法决策服务平台"，提供基于网络的数字信息服务，通过这个平台，中央国家机关立法决策部门可以全面、及时、准确、有效地获得国家图书馆的信息咨询和决策参考服务。目前，该平台已经陆续在各部委分馆部署。2010年，国家图书馆策划成立国家图书馆国情咨询顾问委员会和咨询专家委员会，旨在建立起咨询顾问和专家与国家图书馆间在信息咨询服务方面的工作机制，从而进一步深化国家图书馆的立法决策服务职能，拓展服务领域，提高服务水平。国家图书馆不断创新服务方式，于2011年开通了"国家图书馆民政部分馆内网平台"，这是国家图书馆在中央国家机关推出的首个嵌入用户办公环境的服务平台，使国家图书馆的资源嵌入民政部分馆各级干部每日必需的工作网络当中。

"两会"服务作为国家图书馆立法决策服务工作的重要组成部分，从1998年开始，至今已经有14年的历史了。今年在精心编辑《国家图书馆"两会"专题文献信息专报》、设立"两会"咨询服务处、派员参加"两会"服务热线值班等常规服务基础上，进一步加强了数字图书馆技术的应用。国家数字图书馆首次进驻"两会"，使国家图书馆"两会"服务更周到、更便捷。"两会"代表可以通过全国人大网中的代表服务专区，登录到国家数字图书馆门户系统，利用中文数据库（44个）和外文数据库（95个），检索、浏览、下载所需的信息资源。同时，继2010年电子触摸屏进入全国政协委员驻地、2011年进入全国人大新闻中心之后，今年国家图书馆根据全国人大整体部署，首次将电子触摸屏设置在全国人大代表驻地，通过数字化方式向人大代表提供服务。国家图书馆还为全国省级公共图书馆的地方"两会"服务提供后援支持。今年地方"两会"召开期间，重庆、吉林、新疆等地图书馆纷纷借鉴国家图书馆为全国"两会"服务的模式与经验，共享国家图书馆立法决策服务"两会"平台的信息资源，开展地方"两会"服务，受到地方代表、委员的关注。

"部级领导干部历史文化讲座"是由中央国家机关工委、文化部、中国社会科学院联合主办，国家图书馆承办的高层次讲座。自2002年1月启动至今，已举办176场讲座，听讲部级领导2万余人次，深受部级领导干部的欢迎。目前，我们已向全国图书馆推广这样的讲座模式，提出了建立"领导干部讲座共享平台"的设想，将与各地方图书馆合作，共同策划选题，实现课件资源和主讲人资源的共享，更好地为学习型政党和学习型社会建设服务。

记　者：3月12日，首都图书馆联盟成立，国家图书馆加入了联盟并与首都图书馆签署战略合作协议，这些举措在社会上引起强烈反响。这是否代表着今后一段时间内公共图书馆的发展方向？

周和平：文献资源共建共享是社会发展的需要，是当今图书馆事业发展的方向，首都图书馆联盟正是顺应这个潮流成立的，有利于提升图书馆的整体服务水平。首都图书馆联盟将北京地区文化、教育、科研、军队等不同系统的110家图书馆联合起来，这在全国尚属首次，具有重要的示范作用。联盟惠民服务举措主要有：在全市60家各级公共图书馆实现图书通借通还；国家图书馆与首都图书馆之间实现读者证相互认证，逐步实现文献通借通还；高等院校图书馆将逐步实现面向社会免费开放；联盟成员馆开展讲座、展览等文化惠民服务合作，优秀讲座不仅将实现巡讲，还有望在各个图书馆之间实现直播或转播；联盟成员单位将部分复本图书集中起来共同建立调剂书库，基层图书馆可在调剂书库内挑选图书；开通首都图书馆联盟网站；联盟成员馆之间开展网络互联，实现馆际间授权数字资源的共享，搭建联合参考咨询服务平台；深入社区、中小学、农村、工地，开展图书馆流动服务等，让市民走进图书馆，了解图书馆，利用图书馆。

国家图书馆多年来为服务首都的政治、经济、文化和社会建设做出过应有的贡献。国家图书馆和首都图书馆历史渊源悠久，业务合作密切，借助联盟平台，两馆签署协议进一步深化合作，开展在立法决策服务、图书馆社会教育、传统文献建设和数字图书馆建设等领域的资源共享，并从当日起，两馆实现读者卡双向认证、部分数据库互访和外借图书通还，拥有首都图书馆实体卡的读者，通过登录首都图书馆网站即可免费访问国家图书馆提供的20余个中外文数据库。这些都为首都图书馆联盟的建立和发展起到了示范作用。

记　者：当前党和政府高度重视文化工作，文化事业发展步伐加快。在这样的背景下，公共图书馆的职能还应有哪些拓展，如何能更好地走近和服务普通百姓？下一步国家图书馆还有哪些新的动向和举措？

周和平：近年来，党和国家对文化建设的重视程度越来越高，特别是十七届六中全会做出的关于推进文化建设的重要战略部署，将使图书馆行业进入一个快速发展时期，同时也对图书馆工作提出了新的要求。

未来的公共图书馆应当是百姓身边随时可以访问的、可依赖的信息与知识中心，是百姓身边轻松愉快的文化交流空间。要实现这个目标，就需要图书馆加大公益性服务力度，建立覆盖城乡的公共图书馆服务体系；拓展图书馆的社会教育职能，广泛开展讲座、展览、培训、阅读推广等丰富多彩的文化活动；大力开展数字图书馆服务，利用新媒体技术手段，真正使图书馆服务走进千家万户，走到普通老百姓身边。

国家图书馆是一个具有百年历史的大馆，是公共文化服务体系的重要组成部分。我们一方面继续做好国家总书库和国家总书目建设等各项传统业务工作，为到馆读者提供精细化、个性化、专业化服务；另一方面也从国家文化发展，乃至经济社会发展的大局出发，着眼于带动全国图书馆事业的城乡一体化发展，面向基层图书馆提供服务支撑，为完善公共文化服务体系做贡献。

最近正在着手的几项主要工作有：

一是进一步拓展免费服务，推动建设覆盖城乡的公共图书馆服务体系。国家图书馆在2008年实现基本服务免费基础上，2011年2月，进一步扩大公益服务范围，减免部分现行服务项目的收费，受到了社会公众的普遍欢迎。未来，我们将通过资源、服务等各方面的共建共享，努力推动建立覆盖城乡、实用高效的公共图书馆服务体系；围绕少年儿童、残疾人、农民工等特殊人群的需求开展针对性的资源建设，进一步探索面向不同群体的服务新模式和新途径。

二是加快数字图书馆推广，建立覆盖全国的数字图书馆服务体系。为运用数字图书馆技术全面提升我国公共图书馆的信息保障水平和服务能力，2011年5

月,在国家图书馆的提议下,文化部、财政部启动了数字图书馆推广工程。工程将构建以国家数字图书馆为中心、以各级数字图书馆为节点、覆盖全国的数字图书馆虚拟网,建设分级分布式数字图书馆资源库群,在全国范围内形成有效的数字资源保障体系,以电信网、广播电视网、互联网为通道,以手机、数字电视、移动电视等新媒体为终端,向公众提供多层次、多样性、专业化的数字图书馆服务,从而整体提升全国公共图书馆的信息保障水平和信息服务能力,形成图书馆新的服务业态。"十二五"期间,国家图书馆将大力推进数字图书馆推广工程实施。

三是实施一期维修改造工程,提高服务能力。2011年,国家图书馆启动了一期维修改造工程,将在2013年完成。工程将根据我国经济社会发展要求,结合社会公众的文化服务需求,对馆区进行设计与改造,从而整体提升服务保障能力和保障水平。特别是将在一期馆舍开辟专门空间建设"典籍博物馆",利用现代化技术手段揭示馆藏,使馆藏珍品生动真实地展示在公众面前,发挥图书馆场所和空间在传承中华文明以及社会文化交流中的作用,充分展示国家图书馆作为文化大国的国家图书馆的崭新形象。

四是继续实施中华古籍保护计划,启动民国时期文献保护计划,推进文献典籍的保护与利用。古籍是中华文明的重要载体,保存保护和利用好祖国的典籍文化遗产功在当代、利在千秋。2007年启动的中华古籍保护计划实施5年来已经取得了巨大成绩,按照文化部要求,古籍普查作为基础性工作,是今后一段时期古籍保护工作的重点。我们将加快推进古籍普查登记工作,进一步完善登记工作机制,简化工作流程,规范工作内容,形成《全国古籍普查登记目录》,尽快掌握全国古籍存藏情况。

2011年,借鉴中华古籍保护计划的成功经验,国家图书馆进一步策划了民国时期文献保护计划,今年初已经在全国公共图书馆范围内启动。该项目计划在全国范围内组织开展民国时期文献普查工作,建立民国时期文献保护工作协调机制,全面、科学、规范地开展保护工作,逐步形成完善的保护工作体系,推进民国时期文献的整理、出版、研究利用和宣传。

未来一段时期,国家图书馆将进一步推动这两个项目的实施,逐步形成完善的文献典籍保护工作体系,促进对中华民族优秀典籍的全面抢救保护。同时,国家图书馆还积极策划"中国记忆"和"中华珍贵文献史话"等项目,挖掘优秀典籍蕴涵的价值,使之服务当代、服务社会。

五是积极策划国家文献战略储备库建设,实现对国家文化遗产的长期保存与保护。为了确保国家文献资源的安全保护,避免在自然灾害和人为破坏的情况下出现灾难性后果,国家图书馆于2011年提出了国家文献战略储备库建设项目。该项目将根据异地保障的原则,充分利用现代先进技术和设备,对国家图书馆各类型珍贵文献和多媒体信息资源进行安全存储,从而在国家层面上提高文献资源的安全保障水平和防灾抗灾能力。

记　者：我们注意到国家图书馆的对外文化交流与合作日益频繁。整体上看，我国公共图书馆界的国际化程度是否越来越高？这为中国图书馆界带来了哪些新的理念和改变？

周和平：图书馆是开展对外文化交流、传播中华文化的重要平台。近年来，国家图书馆和全国图书馆界积极开展国内外交流与合作，组织实施和参与了一系列国际及台港澳文化交流项目，如美国哈佛燕京图书馆古籍数字化回归合作项目、全球"中华寻根网"建设、世界数字图书馆项目、策划组织珍贵文献赴外展览等，都取得了良好成效。通过交流合作，中国图书馆界在国际上发挥着越来越重要的作用，国际影响力和话语权正在日益增强。在此过程中，我们也广泛学习和充分吸收了国际图书馆界关于数字图书馆建设、图书馆服务、文献资源的保存与保护方面的先进理念和成功经验，极大地促进了我国图书馆事业的信息化、标准化、体系化发展。

未来我们要深入贯彻落实十七届六中全会关于推动中华文化走向世界的精神，增强中华文化在世界上的感召力和影响力，同时，继续实施务实的交流合作项目，推动我国图书馆事业加快发展。国家图书馆将积极推进海外中华文献典籍合作保护计划，开展海外古籍、民国时期文献的调查和回归工作，逐步确立国家图书馆在世界中文典籍资源建设中的主导地位；加强数字图书馆领域的交流，继续推进中日韩数字图书馆、世界数字图书馆等项目合作；开拓与东盟地区国家图书馆的合作，加强与台港澳地区图书馆、海外中文图书馆的交流；配合国家文化"走出去"战略，推进驻外中国文化中心图书馆建设、"中国之窗"对外赠书工作。

（记者　焦雯）

（《中国文化报》访谈。原载于《中国文化报》2012年3月28日第8版）

(二)

浅论国家图书馆在现代化进程中的
人才开发趋势

  人才是成就世间任何事业的根本。人才开发是中国国家图书馆迈向现代化进程中亟待解决的首要问题，是一项长期、复杂的系统工程。人类社会发展到今天，计算机技术和网络通讯技术、多媒体技术的发展，电子读物的出现，标志着人类社会更加全面地进入信息时代。这场历史上空前深刻的产业革命，已从根本上改变了图书馆业多年形成的管理和服务方式，使图书馆面临着一场新的变革。作为图书馆的主体——图书馆管理人员，因此也面临着新的课题、新的挑战和新的机遇。中国国家图书馆即北京图书馆当然也置身于这场变革中。

一、现代化进程中的北京图书馆

  北京图书馆以其悠久的馆史与宏富的馆藏，闻名于各国国家图书馆之林。随着中国社会的改革开放与现代化宏伟计划的实施，北京图书馆加快了向现代化图书馆迈进的步伐。尽管我们的起步比发达国家的图书馆晚了一些，但我们在改革开放政策的指引下，奋起直追，使差距不断缩小。特别是近两年来的数据库建设、网络化建设、计算机编目和检索以及电子阅览室的建立并开通等几个重点项目，均走在了国内前列，并向国际水平迈进。

  通过现代技术，加强文献资源的协调开发，以求实现资源共享这一目标，成为我们在本世纪最后 5 年的努力方向。为达到这一目标，我们从加强基础业务和业务基础建设入手，推动各项业务工作的标准化和规范化；以信息加工和信息服务为切入口，推进"资源信息化，信息产业化"的进程；将自动化建设确立为实现目标的核心内容，确保整体发展水平与世界现代化进程同步；使管理系统科学化、规范化，达到逐级自我管理的境界；营造良好的人才成长环境，培养类型多元化的人才队伍。这些任务的完成，关系到我馆现代化进程，其中有许多技术问题、管理问题，但首要的、决定性的，还是人才问题。在计算机技术、网络技术和多媒体技术广泛使用的今天，人才培养更是一项迫在眉睫的任务。

二、人才现状分析

  近年来，为适应我馆发展规模的需要，我们在探索人才构成的理想模式、优化专业岗位人员配置，以及发现人才、引进人才、培养人才等方面，做了大量工作。目前，我馆已基本形成了一个人员良性组合的基本格局，其特点如下。

（一）学历层次提高

一般认为，学历是人员所受教育和文化水平已达程度的重要标志。近年来，我馆通过加强在岗人员学历教育与引进高学历人才并举的办法，使员工队伍学历层次发生了较大变化。大专以上学历人员占人员总数的比例，已由10年前（新馆开馆时间）的57%提高到1996年的80%，拥有博士、硕士学位的人数较之10年前提高近4倍。随着学历整体水平的提高，员工的专业适应能力增强，更加适合研究性图书馆的任务要求。

（二）专业结构合理

专业结构即专业人员配置状况，是衡量员工队伍整体专业能力的重要指标。目前，我馆专业人员的专业类别已达200余种，较1987年扩展1倍以上，文理科比例亦由4.5:1变化为3:1，逐渐改变了过去重文轻理的失衡结构，为我馆业务工作全方位的改革和发展积聚了动能和实力，适应了图书馆工作中科技含量日益增加的需要。

（三）平均年龄下降

以年轻化、知识化为基本指导思想，我馆逐年有计划地加大不同年龄专业人员合理配置的力度，收效明显。与10年前相比，我馆现有员工平均年龄为39岁，下降5岁。其中，35岁以下的专业人员基本保持在56%左右，形成潜力巨大的人才"塔基"，是大有希望的后备力量；36～45岁者由19%增加到30%，初步解决了青年、老年专业人员之间的断档问题；46岁以上的中老年专业人员由26%逐年下降至14%，形成一个精华性的学术带头人群体。上述三个年龄段的专业人员呈金字塔形分布，初步形成了具有活力和稳定性的优化组合。

（四）高层次、新学科人才充实

图书馆是知识密集型单位，其职能及藏书的范围决定了对多学科高层次人才的需求。多年来，我馆聚集起一批闻名中外的专家学者，他们当中有版本学家、目录学家、图书馆学家和其他传统学科领域的专家。随着高新科技在图书馆的应用，我馆又拥有了一定数量的自动化专家。更为可喜的是，这批专家的平均年龄在40岁左右，极具发展潜力。

北京图书馆经过多年的建设，已拥有了一支与其地位、职能、任务、规模相匹配的员工队伍。但是我们所面临的从传统向现代的转变，是一个历史性的进程，现有人员队伍中存在的一些与之不相适应的因素，随着这个进程的发展而日益显露出来，主要的表现是：其一，学历及专业结构变化与现代化进程的速度相对滞后；其二，知识老化愈显突出；其三，外语人才匮乏；其四，少数人员敬业精神下降。这些问题已成了我馆现代化进程中的羁绊。

三、人才开发对策

根据我馆人才现状和面临的任务要求，当前人才开发的主要对策有：

（一）优化结构配置

为在现有基础上进一步配置一支具有当代信息意识和职业道德、学科知识结构与职称结构合理、年龄梯次配备得当的员工队伍，应做好以下三个方面的工作：第一，继续从高等学府有计划地招收大学本科、硕士和博士毕业生，使我馆学术研究能力和科研潜力不断提高。第二，在结构的配置上继续解决失衡状况。随着现代化技术手段进入图书馆，需要一大批既懂现代技术、又通图书馆业务的复合型人才，以保证图书馆自动化系统正常运转和不断开发。第三，继续解决文理科比例失衡、外语专业人员匮乏等问题。

（二）强化在职培训

我馆员工中55岁以下的近1300人，这些员工将随同图书馆一起迎接21世纪的到来。现代化的进程对他们无疑是一种机遇和挑战。为迎接新世纪，接受新挑战，更新知识，储备将来工作需要的更高更新的知识技能，已不仅是管理者的需要，也是员工寻求自身发展的强烈愿望。培训与开发是实现这一愿望的最佳途径。我们要面向现代化、面向世界、面向未来，培养、造就一批具有超前思维、包容世界最新观念与先进技术，同时具有良好职业道德的高、精、尖人才群体。根据多年的工作实践，我们认为应下大力气抓好在职员工的岗位培训。为此，下述努力是必不可少的：①岗位培训，利用在职教育，使员工知识水平和学历层次不断提高。我馆已有350人以此形式获得大学专科、本科、硕士、博士文凭，获得大学专科程度单科文凭的约200人。②加强国际交流。近年我馆派往国外进行专业培训的约40人，以交换馆员名义赴外国图书馆交流学习的有10余人。③利用学术研讨会、新技术产品演示会等机会，提高员工各项技能。④通过"传、帮、带"形式，以学术带头人为"龙头"，带动起一大批中青年学术新秀。

（三）大力延揽人才

在人才开发过程中，我们常会感到内部人员储备不够或现有员工不能满足某些专业工作的需求，当前新技术、新学科日新月异，使延揽人才越来越成为人才开发的一个重要组成部分。人才开发既要向内也要向外。新馆落成后，我们广泛从社会上招聘发展需要的各类专门人才，其中许多人现今已在馆、部（处）、科

(组)各级中担当重任。如自动化发展部、电子信息部，是为了实现图书馆工作自动化、网络化而新设立的专门机构，其工作人员绝大多数是从外选调的。当前，根据我馆人才的需求情况，重点是吸引一批高层次学术骨干，他们既能胜任图书馆学及相关学科的研究，又能针对图书馆事业发展过程中重大的战略和现实问题，开展前瞻性和实用性研究，形成我馆重大决策的后援，也必将成为我馆开拓新的业务领域的骨干力量。

（四）尊重和关心人才

"知识就是力量"，"人才是根本"，这已成为共识。在科学技术迅猛发展、人才竞争日趋激烈的今天，尤为重要的是为人才的发展创造一个适宜的环境和可用武之地。首先，"尊重知识，尊重人才"是我们人才开发的立足点和根本点。人才开发的过程也就是每位员工在现代化进程中找到实现自我价值位置的过程。为此，应创造一种和谐、宽松、友好的工作环境。其次，建立严格的奖惩制度，是我们在"以人为中心"的现代管理中实施的有效的激励措施。"奖励先进，激励后进"，用榜样的力量来影响、调动全体员工的积极性和工作热情，使其发挥能力，努力工作。最后，以合理的薪资和逐步提高的福利待遇，确保员工的基本生活需要和激发其工作积极性。总之，我们要倾尽全力来建造一个让人才施展才干、发挥潜能的舞台。

（原载于《北京图书馆馆刊》1997年第1期）

深化国家图书馆改革

随着社会主义市场经济的发展，国家图书馆面临着一系列的新情况、新问题，突出地存在着"两个不适应"，即图书馆的发展与社会公众对文化信息日益增长的需求不适应，图书馆的传统管理机制与高速发展的信息网络技术不适应。具体而言：

一是思想观念封闭。"重藏轻用"的藏书楼观念、等靠要的依赖思想不同程度地存在，对在社会主义市场经济条件下图书馆如何生存认识不清，从而影响事业的发展。

二是管理体制僵化。沿用了几十年的计划经济模式，使图书馆长期处于"惰性"状态，"铁交椅、铁饭碗、铁工资"，"干与不干一个样、干好干坏一个样、干多干少一个样"的体制制约了其职能的发挥。

三是经费紧缺。就国家图书馆而言，每年国拨经费只占实际经费支出的一半多一点。由于经费不足造成事业发展受限、员工收入低下，由此引起人才流失、队伍素质下降、服务对象不满，使图书馆的发展走入了恶性循环的怪圈。

因此，不改革没有出路，不改革无法走出困境，改革是生存发展的需要，是事业发展的需要。

党的十五大以后，我馆围绕如何继续深化改革展开了大讨论，在审时度势、深入调研、广泛借鉴的基础上，理出了深化改革的思路：按照生产关系和生产力必须相适应的马克思主义基本原理，建立与现代化图书馆相适应的管理体制，改变传统计划经济下的事业单位运行模式，适应社会主义市场经济的发展，建立一个充满生机与活力的机制。同时确立了深化改革总的指导思想：以邓小平理论为指导，以建立世界一流现代化国家图书馆为目标，按照与社会主义市场经济相适应的要求，强化国家图书馆的职能，明确发展方向和主要任务；通过改革，精简机构，理顺关系，减员增效，形成良性循环的机制；按照信息与网络技术发展的需要，进行业务流程重组，提高管理和服务水平，实现社会效益和经济效益同步增长，全方位地树立国家图书馆的新形象。

一

我们的主要做法可概括为四个方面。

（一）调整机构，理顺关系，建立集中统一、办事高效、运转协调、行为规范的管理体制

其主要内容包括：改变集中管理的格局，明确职责，将用人权、分配权层层下放，形成责权利统一、分层负责的格局；简化层次，精干人员，提高办事效率；实施管理与服务职能的分离，增强内部运行活力。

通过精简，全馆处级机构由 39 个减为 23 个，科级机构由 126 个减为 89 个。职能部门实现了党办、团委、工会以及纪委、监察、审计的合署办公，人员精简率为 15.6%，现有人员占全馆在职员工的 8.7%。职能部门精兵简政后，一人多岗，一专多能，提高了办事效率。

业务部门按照计算机流程设置机构，通过调整合并，形成大综合的格局。中外文的采访、编目合并，形成发行数据、登录数据和采访数据一条龙的工作程序。典藏和阅览合并，形成书刊检索、阅览、流通一体化的服务系统。

后勤保障部门实行管理与服务职能的分离，走服务社会化、管理企业化的道路。建立综合管理机构，代表馆方行使管理职能。组建若干服务中心，如房屋修缮中心、总务服务中心、绿化服务中心、车队等，这些中心不定行政级别，实行对内对外双向服务。一部分后勤事务依靠社会服务解决。

馆属企业在资产评估、明晰产权的基础上，实现所有权与经营权的分离。成立行政管理部门代表馆方加强宏观管理，同时进行企业内部的股份制改造。实施员工入股，管理者交纳风险抵押金，原事业单位编制的员工原则上不准调回母体，按照企业向社会交纳"三险"的数额向馆方交纳管理费等规定，使企业员工与企业形成"同受益，共风险"的关系。

（二）深化人事、分配制度的改革，实现劳动力资源的合理配置和科学管理，形成良好的竞争机制、利益机制和自我发展机制

（1）人事制度的改革。其主要内容有：

科、处两级干部实行聘任制。我馆自去年实行聘任制以来，先后有 9 位处级干部落聘和解聘，还有的是正处级聘任到副处级岗位，职务变动后待遇随之变动。

部分科、处岗位实行竞争上岗。通过这项措施，使一些具有发展潜力的干部脱颖而出，也为青年干部提供了施展才华的机会。去年以来，我馆通过自愿报名、公开演讲、面试答辩、组织考察等工作程序进行了科、处两级干部的公开招聘。

在用人制度上采取聘用制、双向选择的方式，促进人员合理流动，为此制定了一系列人事配套措施。分流人员可充实到企业、新开辟的岗位或顶替临时工岗位，还可待岗或办理借调、辞职、辞退、馆内待退休等手续。去年以来各种形式

分流的人员达 80 余人，整体运行平稳。

在专业技术岗位实行专业职务评聘分开。今年下半年以来我们已在报刊部等三个部门进行试点，目前正在制定相关的规定。其主要内容为按需设岗、竞争上岗、高职低聘、低职高聘。

用人机制的变化给行政、业务工作带来明显的效益。以信息网络部为例：改革后，我馆打破传统的用人机制，聘用正式关系不在我馆的计算机网络专家担任部主任和总工程师，并按新的思路和管理机制组建信息网络部，集中原电子信息部、自动化发展部和光盘中心的人力、技术等，实行企业机制管理。一年来新机制显见优势，该部取得了颇为显著的工作成效，对全馆信息网络建设的迅速发展起到了关键作用。

（2）分配制度的改革。总体上是体现多劳多得、优劳优得、一馆多制，根据各部门的情况和性质制定不同的分配模式：

公司、出版社等独立核算、自收自支的单位要按比例上交利润、国有资产占用费等，其余利润按规定自主分配。

业务部门则根据各自所承担的工作任务和创收的条件，确定分配比例，员工收入由部门部分自理到全部自理，情况不等。

信息网络部在利用现有国有资产的基础上，对内对外承揽工程，按比例上交国有资产占用费和工程提成费，员工收入由部门自理。

后勤保障部门改变传统的拨款方式，以任务承包形式承包经费，员工收入大部分由部门自理。

职能部门的员工收入由馆财务全额支付，政策性工资、补贴以外的收入部分取全馆平均值，并按岗位系数分配。职能部门不搞创收，有关收费一律上缴馆财务。

分配制度的具体实施是由人事、计财、业务等相关职能部门根据近两三年内的工作任务进行测算，制定任务书和分配办法，于年初向各部门下达。

新的分配机制的实施，调动了各部门的积极性和发展潜力。信息网络部在完成馆里工程的基础上，去年对外承揽工程 400 多万元，今年已达 700 多万元。由于工作效益的提高，带来了员工收入的提高，使这个原先人员流动最为频繁的部门保持了队伍稳定。过去一向被认为是最封闭的善本部，也努力开发古籍资源，既取得了较好的社会效益和经济效益，又使馆藏文献得到了很好的利用。去年该部 8 个月内人均收入增长了 6000 元。新的分配制度初步打破了平均主义、大锅饭的局面。

今年，我馆在去年的基础上又向前走了一步，逐步推行全成本核算，各部门的办公用具、电话、差旅费等都计入成本，从年初起核定基数，超支不补，节约归己，逐步走向经费的总包干。

（三）按照信息网络技术与业务发展和读者的需求，进行格局调整，逐步实现业务流程重组，使国家图书馆职能得到加强

在业务格局调整中，我们采取了如下措施：

一是采取大集中格局，按照计算机网络管理的要求，将采、编、阅、典、检流程进行重组，科学设定岗位、工作流程，提高工作效率，减少重复劳动。

二是以高效、便捷地为读者提供服务为目标，加强服务工作。去年以来实行了全年365天开馆，简化了读者借阅手续，扩大了办证范围，使一大批读者，特别是在读的本科生、研究生获益匪浅。通过调整阅览布局，增加开架借阅面积3000平方米，增设特色服务10余项。

三是加强国家图书馆为中央国家机关立法决策以及重点科研生产教育单位服务的职能。将专业人员相对集中，配以现代化的检索手段，通过外引内联，拓展咨询研究工作领域，瞄准国家重大课题，开辟信息源，占领制高点。

四是加强计算机网络建设，采用先进的现代技术，进行网络建设。目前已开通千兆位馆域网，其技术水平规模已进入世界先进水平。现已实现了与中国邮电网、中国教育科研网、中国科技网、广播电视网等国家骨干信息网的联通，并与北京大学、清华大学、中国科学院以及国务院办公厅实现了100兆的高速联网。

五是进行中国数字图书馆建设研建工作。国家图书馆从1995年起已开始跟踪、研究数字图书馆发展动态。李岚清同志视察国家图书馆后，我们进一步明确了应结合数字图书馆研建二期工程的思路，在广泛调研、征求专家及各方意见，进行可行性论证的基础上，提出了中国数字图书馆工程的立项建议。目前，中国数字图书馆有限责任公司已获国务院批准，下一步准备在数字图书馆的软件开发、系统集成、文献数字化加工、联合采编、网上咨询及广告服务等方面组建相应的子公司。我馆还开发了数字图书馆的实验演示系统。

六是加大数据库建设的力度，统一规划，制定规范，增加投入。采取"两条腿"走路的办法，一方面以部处为单位集中优势兵力组织加工制作；另一方面按产业化的思路，组建数字化中心，集中生产。国家图书馆数字化中心现已投入运行，目前生产数据2000万页，到年底可达3000万页。全馆上网全文影像数据已达800万页，各类书目数据500万条。目前我馆已具备数字化缩微胶卷的能力。

（四）加强宏观控制，建立科学的管理监督约束机制，为改革顺利推行提供保障

为了保证全馆的改革健康有序地发展，我馆在财务、审计、纪检、监察等方面加大了管理力度，采取了如下措施：

一是实行财务集中管理制度，由馆计财处统一管理全馆财务运行，协调各部门创收的利益分配。除有独立法人执照的单位之外，其余各部门的财务收入分级

管理，在计财处单列户头，统一核算。二是对具有独立法人资格的馆属、部属企业以及事业单位企业管理部门，逐步推行会计委派制，建立全馆财务管理核算中心。三是对购书费、大项的购置费、大项的创收实行两个以上部门的"双管制"，互相监督、互相制约。1998年我馆制定了《北京图书馆业务流程中书刊文献管理的暂行办法》和《北京图书馆书刊文献购置费管理暂行办法》。四是实行领导干部离任审计制度，凡因工作调动或解聘，离开原有经营活动部门领导岗位者，都需经馆审计处对其进行离任审计。五是加大执纪力度，对违纪问题一经发现及时查处。去年以来我馆处理各类案件17起，其中8人受到政纪处分、2人受到党纪处分、16人受到通报批评，挽回了经济损失30多万元，严肃了馆纪，维护了全馆员工的利益，保证了改革的顺利进行。

二

一年来的实践证明，我馆改革的思路符合国情、馆情，并已初见成效。通过改革，基础业务工作进一步加强，读者服务水平上了一个台阶，信息网络建设迅速发展，资源共建共享大协作正在推进，住宅楼工程、更名问题和进出口权问题等几件事关我馆发展的大事得到落实，管理机制步入良性循环的轨道，员工队伍整体素质得到提高，我馆生存发展的外部环境越来越好。一个充满生机与活力的工作局面正在形成，国家图书馆的崭新形象正在树立起来。其成效集中表现在以下三个方面。

（一）员工内在积极性进一步得到发挥

改革使每个干部、员工在传统的就业观念上有了一个突破，从心理上和行动上主动适应由此带来的变化，变压力为动力，激发出了工作的主动性、积极性和创造性，变"要我干"为"我要干"。员工的职业意识、岗位责任感加强，工作能力和效率明显提高，队伍趋于稳定。例如，自1998年实行365天开馆后，全馆增加了59个工作日，减少人员近40人，工作量有增无减，人员却有减无增。

员工的服务观念和服务意识整体上发生了变化。以前有些员工一见读者就皱眉，愿意刮风下雨，客少人稀，读者越少越清闲。现在不但是欢迎读者，而且是想方设法吸引读者，摆正了自己与读者的关系，认识到服务质量与服务效益的关系，读者界面进一步优化。今年春节期间开馆、"两会"期间设立咨询服务处、提供24小时"全天候"服务等，员工们不但心情舒畅，精神饱满，而且颇有成就感和自豪感，面对社会的赞誉和好评感到无比欣慰。

（二）社会效益成效显著

1998年我馆实行了365天"全年候"开馆，与1997年相比，读者流量增加

30.5%，文献流通量增加70.3%，图书开架量增加45.5%，办证量增加6.24倍。目前中文图书开架面积是以前的3倍。我们还新增剪报中心、文献提供中心、新书展示、到馆特别研究等10余项服务。

九届全国人大二次会议、全国政协九届二次会议期间，我馆专门设立"两会"咨询服务处，提供24小时"全天候"服务，为参会代表和委员及时利用国家图书馆资源，为其参政议政和完成提案服务。这项举措受到热烈欢迎，"两会"期间我馆共接咨询61项，为代表、委员办理借书证196个。

今年4月，我馆召开了"为中央国家机关立法决策服务"座谈会，来自中央国家机关各部委、全国人大、全国政协、解放军等65个单位的80多名部内负责同志应邀参加。与会代表就业务指导、合作办馆、共建共享、优化服务、技术支持、业务培训等问题进行了热烈讨论，大家一致对国家图书馆的主动服务表示赞赏。

7月6日，国家图书馆人事部分馆开馆，使国家图书馆的职能得到了进一步的拓展和延伸。人事部分馆的设立不仅探索了一种新的服务模式、合作方式和管理方式，也为国家图书馆在中央国家机关开展更大规模的文献信息资源共建共享的协作，开辟了一条新路。

通过面向社会的讲座、展览等，发挥了社会教育和文化传播功能。1998年《刘少奇光辉业绩展览》的成功举办，受到社会的普遍好评。展览在北京首展之后又到12个省市巡展，参观人数上百万人次。

今年以来，我馆电子信息服务也出现了迅猛发展的态势。去年访问国家图书馆网站的点击人次为1000多万，今年仅上半年已达3000万，8月份上网人次达650多万，日峰值达40万。以上各方面都反映出国家图书馆社会效益的提高。

（三）经济效益前景乐观

通过改革，在实现读者服务、文献开发等业务工作长足发展并取得良好社会效益的同时，创造出了我馆历年来最好的经济效益。1998年全馆创收收入2630万元，占财政拨款的18.6%。其中业务创收总收入956.6万元，占创收总收入的36.4%；比1997年增加了271万元，增长幅度为39.6%，已超过房租收入，是创收总收入比例最大的一部分。从今年前7个月的创收情况来看，文献开发创收到年底可望达到1200万元，收入在总创收收入中的比例明显增大，并发生结构性变化。这不仅说明我馆自我涵养能力有了较大提高，而且预示着在市场经济环境下，随着知识经济的发展和内部机制改革的进一步深化完善，业务领域蕴藏的经济潜力十分巨大，由此获得的经济效益将会继续增长。此外，我们正在抓紧以数字图书馆为核心的文化资源的开发和利用，带动以大众文化为基础的文化产业的蓬勃发展，探索以文补文、以文养文，求得自身生存与发展的道路。

员工通过辛勤劳动，收入和待遇也得到较大幅度的提高。1998年全馆人均收入由 1997 年的 11778 元增加到 14806 元，人均净增 3028 元，比 1994 年年人均收入 5074 元增长了近 2 倍。

三

我们在改革中，始终坚持以解放思想、实事求是，动态平衡、稳中求进，社会效益与经济效益同步提高，可持续发展为原则。通过一年的探索和实践，有如下体会和认识。

（一）引用先进企业的管理思想管理事业单位

先进企业的管理思想的特点是"责权利统一"，按劳分配，"多劳多得、优劳优得"，其形式有工资总额承包，计工、计件的量化管理等。这种先进的管理方式能够从根本上改变"三铁"和"三个一样"现象。因此，我们认为，先进企业的管理模式同样适用于事业单位，特别对图书馆这种性质的单位更具实用性。

（二）以社会效益带动经济效益，实现两个效益同步增长

李岚清副总理指出，图书馆主要是公益事业，但在社会主义市场经济体制下，适当的产业化经营不但是允许的，也是必要的，要实现以社会效益为主，社会效益与经济效益的统一。我们认为，图书馆首先是公益性的，同时它在履职的过程中能够产生一定的经济效益。处理二者关系的原则是，当社会效益与经济效益发生矛盾时，要把社会效益放在第一位。工作中我们体会到，从社会效益出发会给事业的发展开辟广阔天地，优化生存环境，从而赢得声誉，树立形象，得到公众的维护和扶助，并会取得相应的经济效益。图书馆在实现社会效益的同时要与市场经济接轨，按照产业化的思路发展，最大限度地获取经济效益，适时地引入新的现代化技术，增强自我发展的能力和实力，从而促进社会效益的提高。因此，社会效益对经济效益的引导和启发是一种看似无形却有形的东西，是首要和关键问题；经济效益是实现社会效益的保障，在社会效益得到充分体现的同时，也必然会带来经济效益的同步增长。

（三）重视人才队伍建设，保证事业发展后劲

图书馆的发展要有一支与之相适应的人才队伍，改革为人才队伍的成长提供了条件。我馆 1996 年出台了《北京图书馆 1997—2005 年人才发展规划及远景目标》，提出在 1997—2005 年期间培养出 10 名国家级图书馆界专家、20 名馆内学术带头人、300 名业务骨干的"123 人才工程"；1998 年又提出了"123 人才工程"的实施细则。去年 11 月馆党委做出了《关于进一步加强青年工作的决定》，

并召开了我馆历史上第一次青年工作会议。馆党委在深化改革的同时,把人才培养工作列入了重要的议事日程,努力营造青年人成长成才、脱颖而出的机制环境。我馆制定的分房政策对专家和业务骨干都有倾斜,并留有适当比例的房源用以延揽人才。我馆在安排出国培训时,优先考虑中青年业务骨干。今年评定了一批中青年业务骨干的专业职称,其中有两名 30 多岁的正研。我馆还以"师带徒"的形式,聘请了一批老专家定人定向培养专业人才。这些举措为保证改革的继续深入和事业的可持续发展进行了队伍的准备。

(四)全方位营造适合发展的外部环境

拥有一个良好的公共关系就是拥有一个良好的生存发展环境,对这一点,我们感触颇深,受益匪浅。过去我馆对这方面的认识处于一种封闭、被动、保守的状态,部分人对开展一些公关工作颇有微词。深化改革后,我馆在这方面也更新了观念,注重公关协调工作,主动出击,大力开展各种层次、层面的公关活动,为赢得国家政策、资金等方面的支持发挥了重要作用。1997 年以来,我馆相继争取到进口图书免税、书刊资料进出口权等政策,解决了分馆维修、住宅楼建设、北图更名等多年想解决而未解决的问题。同时我们强化宣传意识,加强宣传力度;外树形象,内练硬功。1998 年各媒体的报道形成数年来的新闻宣传的高潮,全年对国家图书馆报道达 200 余次,其中上中央电视台新闻节目有 12 次;1999 年上半年,媒体宣传报道有 120 多次。这激发了全馆员工的荣誉感和责任感,也赢得了工作的主动权。我们还加强与国际、国内同行的联系、交流、合作,树立谦虚、实在、大度、有容的风范,发挥国家图书馆的龙头作用。

(五)在改革中要特别注意工作方法

改革涉及员工的切实利益,实施中应特别注意工作方法。我们的体会是:第一,要审慎拟定改革方案,在充分调研、借鉴、论证的基础上,审时度势,稳步出台;第二,要营造良好的舆论环境和人际环境,党政工团立体推进,同步做好政治思想工作,使改革成为每个人的自觉行动;第三,要始终坚持"实事求是"的原则,不搞"一刀切",不盲目追求"一步到位";第四,领导决策层要有敢冒风险、敢顶压力的勇气和魄力,对改革中出现的问题既要慎重对待,冷静处理,又要排除干扰,坚定不移。

四

我馆的改革起步不久,许多工作正在摸索之中,也还存在不少问题:

一是思想认识上的问题。改革是对传统观念的挑战,也是利益的重新调整。长期以来,在计划经济体制下形成的一些落后观念和陈旧的工作方式在一些干部和员工中还不同程度地存在，对改革的推进时有干扰，特别是当改革触及本部门或本人利益时，往往缺乏正确的认识，甚至有抵触思想。因此，深化改革、解放思想、更新观念的任务还很艰巨。

二是业务建设上的问题。业务建设的宏观战略思考和微观改革，特别是随着计算机网络技术的普及和发展，传统的业务管理显得越来越不适应，暴露出许多深层次的问题，有待于以改革的思路加以解决。

三是干部队伍素质问题。政治路线确立之后，干部就是决定因素。我馆改革的实践证明，干部队伍的知识更新、知识结构、专业结构、业务素质、管理水平，常与其所承担的职责、任务不相适应，一定程度上制约了改革的深入。

五

根据中央的部署，明年起将全面推行事业单位人事制度改革。我们要主动适应这一形势，重点抓好以下几点工作：

一是继续推进人事制度改革。逐步推出全员聘用制，按需定岗，竞争上岗，坚持考试、考核和双向选择的原则，完善人员分流的各项措施。用优胜劣汰的机制对现有队伍进行优化组合，用优惠条件招聘高级管理人员和信息网络及图书馆其他领域的专家，创造灵活的用人机制，形成正式工、聘用制员工和临时工三位一体的员工队伍。

结合全员聘用制，全面推行专业职务的评聘分开，根据实际水平，实行高职低聘、低职高聘，鼓励优秀人才脱颖而出。

继续实行干部聘任制，加大群众考核与评议的力度，建立政绩、业绩科学评价体系和"民炒官"机制。

二是深化分配制度改革。全面实施任务包干、全成本核算。要按照"多劳多得、优劳优得"的原则，拉开分配差距，进一步提高各级管理干部的待遇。

三是继续实施业务管理机制的改革。按照计算机网络技术发展进行业务流程重组，按照业务需求进行计算机网络建设，实现计算机技术与传统基础业务深层次的融合和统一。

四是继续推进后勤和企业改革。部分企业化管理的后勤服务中心将逐步发展为物业管理企业，完成原有企业资产重组和股份制改造。

五是按照发展文化产业的思路进行馆藏资源和网上资源的深层次开发。在善本书利用、数字资源建设、图书馆软件开发、图书馆系统集成、网络建设、联合编目等方面走出产业化的新路。

长期以来，国家图书馆的改革、建设、发展得到了国家和社会的支持和关心，也得到了全国各兄弟图书馆的鼎力相助。国家图书馆的每一点进步，都是在吸收兄弟图书馆先进经验基础上取得的。我们诚恳地希望各兄弟图书馆继续关注国家图书馆、帮助国家图书馆，利用本次研讨会，积极地为我馆建设出谋划策，共同推动国家图书馆在21世纪大踏步地发展。

（在国家图书馆发展战略研讨会上的讲话，1999年9月。原载于《北京图书馆馆刊》1999年第4期）

深化管理机制改革
稳步推进国家图书馆事业发展

国家图书馆 1909 年 9 月 9 日建馆，至今已有 90 年的历史。1998 年 12 月 12 日经国务院批准，正式由北京图书馆更名为国家图书馆。我馆是文化部直属事业单位，实行党委领导下的馆长负责制。

国家图书馆是综合性研究图书馆，是国家总书库。其宗旨是为人民服务、为社会主义服务，履行搜集、加工、存储、研究、利用和传播知识和信息的职责。国家图书馆是全国书目中心、图书馆信息网络中心、图书馆发展研究中心，承担着为中央国家领导机关，重点科研、教育、生产单位，社会公众服务的任务，并代表国家执行有关对外文化协定，开展与国内外图书馆界的交流与合作。

国家图书馆占地 14 公顷（其中文津街分馆 4 公顷），建筑面积 17 万平方米，居世界图书馆第四。截至 1999 年底，馆藏文献资源 2200 万册（件），居世界图书馆第五。馆舍面积与馆藏均居亚洲第一。

国家图书馆现有在岗员工 1227 人，离退休员工 454 人。在职员工拥有大专以上学历 1003 人，博士、硕士学历 50 人；高级专业技术人员 181 人，中级专业技术人员 619 人。

一、改革的必要性

国家图书馆是社会公益性事业单位。作为国家重要的文化设施和国家文明程度的重要标志，多年来，国家图书馆在提高全民科学文化素质、促进社会进步和两个文明建设方面发挥了积极作用。随着改革开放和社会主义市场经济的发展，我馆面临着一系列的新情况、新问题，突出地表现为图书馆的发展已不能满足社会公众对文化信息日益增长的需求，而图书馆自身的发展又受到原有计划经济体制下管理机制和运作模式的制约，暴露出越来越多的弊端。

（一）管理思想封闭

图书馆内部对其在社会主义市场经济条件下如何生存发展缺乏清醒认识。长期形成的"重藏轻用"的保守观念，使国家图书馆自我封闭、自我束缚，把自身定位与文献开发、扩大开放和读者服务对立起来，不仅丰富的文献资源闲置浪费，而且国家馆的职能也得不到应有的发挥。封闭的、被动的、单一的、低质低效的服务与开放的社会和瞬息万变的信息时代形成强烈反差。

（二）管理体制陈旧

受长期的计划经济体制影响，国家图书馆机构设置、人员配置方面存在着明显的政府化倾向，原有处级机构 39 个、科级机构 126 个。管理体制突出表现为机构臃肿、职能交叉、人浮于事和管理混乱。

（三）管理机制僵化

图书馆作为公益性事业单位，长期以来，"吃皇粮""等靠要"被认为是天经地义的。权力过分集中，事无巨细，都须领导拍板。人事管理中，干部一经提拔就要干到 60 岁，无论功过，稳坐能上不能下的"铁交椅"；员工一经录用就要干到退休，无论优劣，稳端能进不能出的"铁饭碗"，稳拿能升不能降的"铁工资"；"干与不干一个样、干好干坏一个样、干多干少一个样"。职称论资排辈，不问能力高低，"大锅饭"现象严重，没有形成人才成长的良好氛围。由此导致骨干队伍特别是青年人才严重流失，队伍素质下降，学术水平整体滑坡，服务对象不满。

面临这种局面，国家图书馆不改革就没有出路，不改革就无法走出困境，改革是生存发展的需要，是事业发展的需要。党的十五大以后，我馆围绕如何继续深化改革展开了大讨论。在统一认识、充分论证的基础上，确定了深化改革的总思路：按照生产关系与生产力发展相适应的马克思主义基本原理，建立与现代化图书馆相适应的管理体制，改变传统计划经济下的事业单位运行模式，适应社会主义市场经济的发展，建立一个充满生机与活力的管理机制。

深化改革的总指导思想是：以邓小平理论为指导，以建立世界一流现代化国家图书馆为目标，按照与社会主义市场经济相适应的要求，强化国家图书馆的职能，明确发展方向和主要任务；通过改革，精简机构，理顺关系，减员增效，形成良性循环的机制；按照信息与网络技术发展需要，进行业务流程重组；后勤工作实现管理与服务分离，走向社会化；馆属企业调整整顿，进行股份制改造。整体提高管理和服务水平，实现社会效益和经济效益同步增长，全方位树立国家图书馆新形象。

二、改革的内容

1998 年 4 月起，国家图书馆陆续进行了以机构改革为重心的管理体制改革和以人事制度、分配制度为重点的管理机制改革。

（一）调整机构，理顺关系，建立集中统一、办事高效、运转协调、行为规范的管理体制

改变集中管理的格局，明确职责，将用人权、分配权层层下放，形成责权利统一、分层负责的格局；简化层次，精干人员，提高办事效率；实施管理与服务职能的分离，增强内部活力。

职能部门定岗定编，实施合署办公，强化宏观管理，人员精简率为 20%。一人多岗，一专多能，提高办事效率。

业务部门按照计算机网络化要求进行业务格局调整，在业务经费总包干的前提下，不定编制，按需设岗，用人自主权下放各部处，促进减员增效。

后勤保障部门实行管理与服务职能的分离，走服务社会化、管理企业化的道路。组建人员精干的行政管理处，代表馆方行使管理职能；组建后勤服务中心，不定行政级别，实行企业化管理，开展对内、对外双向服务。

馆属企业在资产评估、明晰产权的基础上，实现所有权与使用权的分离。成立行政管理部门，代表馆方加强宏观管理，同时进行企业内部的股份制改造；实施员工入股，管理者交纳风险抵押金，推行原事业单位编制员工交纳福利保障金制度；成立企业财务核算中心，实行会计委派制，加强对企业财务的监督和监控。

通过精简，全馆处级机构由 39 个减为 22 个，科级机构由 126 个减为 81 个。

（二）改革干部人事制度，实现劳动力资源的合理配置和科学管理，形成良好的竞争机制、激励机制

干部人事制度改革旨在建立起干部能上能下，人员能进能出，工资能升能降，据能施聘，量才为用，促使优秀人才脱颖而出的机制，逐步淡化"官本位"思想，建立科学的用人机制。

1998 年，将科处级干部任命制改为聘任制，同时进行了全员聘任制、专业技术职务评聘分开和干部竞争上岗的试点。在试点的基础上，1999 年底，在全馆范围内全面推行处、科级干部竞争上岗，全员聘任制和专业技术职务评聘分开。正处级干部采用组织考核、群众测评的办法聘用。副处、科级干部全部实行竞争上岗的办法，面向馆内、馆外公开招聘，通过自愿报名、公开演讲、面试答辩、群众测评、组织考察等程序进行聘用。这次聘用中，有 45 人 56 人次报名竞聘 31 个副处级岗位，其中原副处级干部 31 人，馆内非处级干部 9 人，馆外应聘人员 5 人。结果 28 位竞争者受聘，其中馆外人员 2 人。原有的 65 名处级干部中有 2/3 的人续聘，15 人落聘或降职聘任。同时规定了科处级管理干部的初聘年龄和最高任职年限，实行干部轮岗制。

在全员聘任制方面实行双向选择，择优聘用，逐步建立起现有体制下正式在

编员工与临时工并存的队伍。与之相适应，我馆制定了一系列人事配套措施，促进人员合理流动。如分流人员可充实到企业、新开辟的岗位和顶替临时工岗位；还可办理停薪留职、借调、调出、馆内待退休等手续，或在一定期限内待岗，逾期后将人事关系转至人才交流中心。1998年以来各种形式的分流转岗人员达176人，整体上保持了平稳过渡。

后勤实行企业化管理，成立不定行政级别的后勤服务中心，所有人员实行聘用制，不能向馆内其他部门流动。内部实行部门正、副经理竞争上岗，再由经理聘用本部门员工。

馆属企业建立适合企业特点的人事用工制度。经理的选任和解聘由企业董事会确定，职工由经理聘任。2000年1月1日前进入馆属企业工作的馆内事业编制职工，每人每月交纳600元福利保障金，由职工和所在企业共同承担，可在馆退休并享受相应退休待遇；如果未被聘用或聘用后不交福利保障金者，将限期调离国家馆。原企业编制的职工，以及2000年1月1日后调入企业的职工，馆里和企业不再保留或接收其人事关系。

实行专业技术职务评聘分开，按需设岗，竞争上岗，高职低聘，低职高聘。目的是要实现实际工作、工作能力与其受聘的专业技术职务和工资待遇的真正挂钩，实现专业技术职务资格与实际聘任的分离，实现实际工资与档案工资的分离。专业人员受聘期间，享受受聘职务的工资和岗位津贴，其标准由用人部门确定。档案工资依据其专业技术职务资格，按照国家工资标准记录，只作为退休或调出时核算的依据。在实施中，我们对全馆的专业技术岗位逐一审定，依据职责、任务、标准、要求，设立专业技术岗位425个。各部门以此为据，分别采取竞争上岗等形式竞聘。

（三）改革分配制度，总体上体现多劳多得、优劳优得的原则，形成利益机制和自我发展机制

按照"一馆多制"的思路，将分配权力下放，根据各部门的性质和情况确定不同的分配模式。各部门可自行制定工资系列，享有高度的分配自主权。有以下几种分配模式：

业务部门根据各自所承担的工作任务和创收的条件确定分配比例，其员工收入由部门部分自理到全部自理情况不等。

技术支持部门利用现有国有资产对外承揽的工程，按比例上交国有资产占用费，对内承担的工程项目建设及维护运行，按完成项目金额提成，员工收入由部门自理。

后勤保障部门改变传统的拨款方式，以任务承包形式核定经费，员工收入由部门自理。

职能部门的员工收入由馆财务全额支付，政策性工资、补贴以外的收入部分

取全馆平均值，并按岗位系数分配。职能部门不搞创收，有关收入一律上缴馆财务。

馆属、部属企业实行含风险抵押、责任追究、绩效挂钩内容的分配制度。根据经营状况，由董事会决定经理的收入，经理决定员工的收入。

1999年，我馆开始推行全成本核算，各部门的办公用品、电话、差旅费等都计入成本，从年初起核定基数，超支不补，节约归己，逐步走向经费的总包干。

此外，我们建立了管理干部的分配激励机制，在确定各级管理岗位的分配标准时，拉开档次，向管理干部倾斜，充分调动各级管理干部的工作积极性，切实体现"责权利统一"的原则。

三、改革的成效

机构、人事制度和分配制度改革，牵动了全馆大局，也震撼了每一个人的心。它的直接作用是打破了工作岗位、职务、职称、工资上的"三铁"现象和平均主义，建立起干部能上能下，人员能进能出，工资能升能降，据能施聘，量才为用，促使优秀人才脱颖而出的机制。

在这种机制下，员工的职业意识、岗位责任感加强了，工作能力和效率明显提高。全馆工作量有增无减，而人员却有减无增，队伍趋于稳定。另外，员工的服务观念和服务意识整体上发生了很大变化，工作质量和服务水平明显提高。一个充满生机与活力的管理机制逐步形成，国家图书馆开始走上良性循环的轨道。主要成效体现在以下四个方面。

（一）创造了良好的社会效益，全方位强化了国家图书馆各项职能

为中央国家机关立法决策服务的力度得到增强。我馆连续两年开展了为"两会"代表提供24小时"全天候"服务；召开"为中央国家机关立法决策服务"座谈会；建立国家图书馆人事部分馆；积极为全国高新科技企业，如中关村科技园区等提供全方位的文献信息服务。

读者服务工作迈上新的台阶。近年来，我馆不断放宽读者入馆限制，现18岁以上的公民均可进入国家图书馆阅览，在法定节日还接待中小学生和学龄前儿童入馆参观；敞开办证，简化入馆手续，在不到两年时间里各类证件办理量从4万个猛增到14.5万个；实行365天"全年候"开馆，部分阅览室开设"夜馆"；扩大开架量，增大借阅空间，新增服务点，新开服务项目10余个。现在，每天来馆读者达8000～10000人次。1999年全年接待读者近300万人次，比1997年增加了129%；文献流通量1595.8万册次，比1997年增加256.7%，大大提高了图书馆资源的利用率。我馆还扩大服务内涵，延伸社会教育与文化传播的职能，

在倡导、组织、服务读书，促进全民读书活动中发挥了重要作用。

各项基础业务工作得到加强。在计算机技术带动下，业务工作水平明显提高，实现了采、编、检、流通的计算机化管理和编目、加工、读者检索的计算机网络化，大大提高了工作效率。如新书上架周期由一年缩短为一个月，新刊上架周期由一个月缩短为一周。

信息网络建设有了长足的进步。我馆是第一家采用千兆以太网技术的国内图书馆，共有上网节点1673个；与国家各大骨干网络互联，通过互联网和专线实现与中南海、北京大学、清华大学、中国科学院100兆速率网络的连接，并与其他省市实现1000兆宽带网沟通；加快文献数字化进程，已建设书目型数据库、题录型数据库和全文型数据库30个，并成立国家图书馆文献数字化中心，以产业化思路组织信息加工。

此外，我馆积极组织信息上网，现国图网站已有1000 G存储量的信息为读者服务，并开设了"网上读书"、"文献检索"等重要栏目。1999年，网上读者月访问量已超过600万点击次数，全年超过1亿点击次数，是1998年的10倍。国家图书馆已初步成为网上信息资源的中心枢纽。

积极推动数字图书馆的研发工作，提出了中国数字图书馆工程的立项建议；并由文化部牵头，成立了有21个成员单位参加的中国数字图书馆工程建设联席会议、中国数字图书馆工程专家顾问委员会和专家工作组；成立中国数字图书馆有限责任公司，以市场运作的形式，支持中国数字图书馆工程建设；开展了"数字图书馆试验环境及演示系统"、在国家科委立项的"中国试验型数字式图书馆"等相关项目的研发工作。

国家图书馆的龙头作用得到发挥。随着改革的深化，我馆与各图书馆之间的往来不断增多，开展了多种形式的交流与合作，多次举办面向全国的图书馆业务、现代化技术、现代化管理培训班，牵头制定了一系列图书馆工作的标准、规范，重点推进全国文献信息资源共建共享工作的开展。我馆扩大了与世界各国，特别是周边国家的联系交流，着力策划有实质性内容的合作项目，国际声望和影响力日益提高。

（二）创造了良好的经济效益，推动文化产业的发展

改革使国家图书馆的社会职能得到全方位的强化，使我们在充分实现社会效益的同时，取得了越来越好的经济效益。两年来，我馆业务创收以每年30%多的幅度增长。1999年我馆业务创收达1250万元，在总创收收入中的比例明显增大，说明我馆自我涵养能力有了较大提高。

与此同时，新的分配制度初步打破了"大锅饭"的局面，员工的收入和待遇与整体效益同步增长，"多劳多得、优劳优得"的原则得到充分体现。

（三）创造了良好的发展空间，促进队伍稳定、人才成长

图书馆的发展要有一支与之相适应的人才队伍。改革创造了人才成长的良好氛围，促进了队伍的稳定，初步实现了用事业吸引人，用前途激励人，用感情留住人，用待遇稳住人。我馆制定了《北京图书馆1997—2005年人才发展规划及远景目标》，提出培养10名国家级图书馆界专家、20名馆内学术带头人、300名业务骨干的"123人才工程"；1998年馆党委站在事业发展的高度，做出了《关于进一步加强青年工作的决定》，把人才培养工作列入了重要的议事日程；我馆制定分房政策、安排出国培训时，对专家和青年业务骨干均有政策上的倾斜；我们还以"师带徒"的形式，聘请一批老专家定人定向培养专业人才。今年1月我馆组织了人才招聘团到全国有关高等院校巡讲，并通过网络和媒体等渠道，面向社会招聘高学历、高资历人才。到目前为止，来馆求职的应届毕业生达800余人，其中硕士以上学历300多人。

（四）创造了良好的外部环境，促进自身的生存和发展

拥有一个良好的公共关系就是拥有一个良好的生存发展环境。对这一点，我们感触颇深，受益匪浅。过去我馆对这方面的认识处于一种封闭、被动、保守的状态，部分人对开展一些公关工作颇有微词。深化改革后，我馆在这方面也更新了观念，注重公关协调工作，主动出击，大力开展各种层面的公关活动，为赢得国家政策、资金等方面的支持起到了重要作用。我馆相继争取到进口图书免税、书刊资料进出口权等政策，解决了分馆维修、住宅楼建设、北图更名等多年想解决而未解决的问题。同时，强化宣传意识，加强宣传力度；外树形象，内练硬功。1998年各媒体对国家图书馆的宣传报道200余次，其中上中央电视台新闻节目12次；1999年全年媒体宣传报道近400次，形成数年来的新闻宣传高潮。这些极大地激发了全馆员工的荣誉感和责任感，也赢得了工作的主动权。

四、几点体会

我们在改革中始终坚持以解放思想、实事求是，动态平衡、稳中求进，社会效益与经济效益同步提高，可持续发展为原则。通过几年的探索和实践，有如下体会和认识。

（一）现代企业的先进管理思想同样适用于事业单位

现代企业的先进管理思想的特点是"责权利统一"，按劳分配，"多劳多得"，"优劳优得"，其形式有工资总额承包、量化管理等。这种先进的管理方式能够从根本上改变"三铁"和"三个一样"现象。因此，我们认为，先进企业

的管理模式同样适用于事业单位,特别对图书馆这种性质的单位更具实用性。

(二)以社会效益带动经济效益,实现两个效益同步增长

李岚清副总理指出,图书馆主要是公益事业,但在社会主义市场经济体制下,适当的产业化经营不但是允许的,也是必要的。我们认为,图书馆首先是公益性的,同时它在履行职能过程中能够产生一定的经济效益。当社会效益与经济效益发生矛盾时,一定要把社会效益放在第一位,从社会效益出发会给事业的发展开辟广阔天地,优化生存环境,树立良好形象,得到公众的维护和扶助,进而取得相应的经济效益。图书馆在实现社会效益的同时要与市场经济接轨,按照产业化的思路发展,最大限度地获取经济效益,适时地引入新的现代化技术,增强自我发展的能力和实力,从而促进社会效益的提高。因此,社会效益对经济效益的引导和启发是一种看似无形却有形的东西,是首要和关键问题;经济效益是实现社会效益的保障,在社会效益得到充分体现的同时,也必然会带来经济效益的同步增长。

(三)建立科学的管理监督与约束机制,为改革的顺利推行提供保障

要保证改革健康有序地发展,必须建立科学的管理、监督与约束机制。为此,我馆在推进改革的同时,也加大了在财务、审计、纪检、监察等方面的管理力度。一是加强对管理者行使职权的监督和制约,对其收入进行界定和监控,重视群众来信来访,对以权谋私、滥用职权的现象及时处理;二是实行财务集中管理制度,由馆计财处统一管理全馆财务运行,协调各部门创收的利益分配,除有独立法人执照的单位之外,其余各部门的财务收入分级管理,在计财处单列户头,统一核算;三是对具有独立法人资格的馆属、部属企业以及事业单位企业管理部门,推行会计委派制,建立全馆财务核算中心;四是对购书费、大项购置费、大项创收实行两个以上部门的"双管制",互相监督、互相制约;五是加强读者服务中的收费管理,所有收费价目须经物价部门审核批准,对多收费、乱收费现象,一经发现,严肃处理;六是实行领导干部离任审计制度,凡因工作调动或解聘,离开原有经营活动部门领导岗位者,都需经馆审计处对其进行离任审计;七是加大执纪力度,对违纪问题一经发现及时查处,这些案件的处理严肃了馆纪,维护了全馆员工的利益,保证了改革的顺利进行。

近年来,国家图书馆党委始终不渝地坚持以改革统领全局,以干部人事制度改革为重中之重,抓住关键,找准突破口,以点带面,整体推进各项工作。通过改革,国家馆的整体工作迈上一个新台阶。这些成绩是在各级领导和社会各界的关心、支持和鼓励下,在全馆员工共同努力下所取得的。由于我们的改革是在不

断探索中前进,缺乏经验,因此存在着很多不足。今后,我们将继续不断地更新观念,认真学习其他单位先进经验,在国家事业单位体制改革政策的指导下,把我馆改革不断推向深入,使国家图书馆在推动知识经济发展、实施科教兴国战略、建设国家技术创新体系中,做出新的贡献。

(原载于《国家图书馆学刊》2000年第4期)

建设国图文化　促进事业发展

近10年来，在国内各种学术刊物上登载了不少有关图书馆文化建设的文章，直到最近还陆续有文章发表，探讨图书馆文化建设的必要性和实现的途径。文化是人类社会的重要组成部分，对文化的理解，仁者见仁，智者见智。从一般意义来讲，文化可以指一个人受教育程度的高低；从行业分工理解，文艺创作、演出、文物、影视、出版、图书馆等行业，都属于文化领域这一范畴；从学术概念上解释，文化包括科学、理论、文艺、教育、政治、道德、宗教等。现在国际上又出现了大文化的概念，包括物质文化、精神文化和制度文化，它把人类社会的物质、精神、法制都纳入了文化的范畴。由此可见，人们对文化的理解是多层次的、多视角的。《辞海》对文化的解释是："从广义上讲，文化是指人类社会实践过程中所创造的物质财富和精神财富的总和；从狭义上讲，文化是指社会的意识形态以及与此相适应的制度和组织机构。"不同国家有不同的文化，不同家庭有不同的文化，不同单位也有不同的文化。单位与单位的区别，最重要的是文化氛围的不同。每个单位根据各自的工作内容、特点和规律，建立起了不同的文化形态。这种文化形态对一个单位价值观念的培植、风气的形成至关重要。许多同志对文化建设的内涵不甚理解，其实它距离我们并不遥远。近几年，国家图书馆在这方面已经做了大量的工作，例如，推行"一线文明岗"，抓优质服务、树国图形象，加强对外宣传，开展职业道德教育，等等，都属于文化建设的范畴，只是没有系统地进行概括和归纳。现在，我们提出进行国图文化建设，就是要贯彻"三个代表"重要思想，使全馆上下树立团队精神、敬业精神、奉献精神和创新精神，从而促进事业的发展。

一、建设国图文化是国家图书馆事业发展的必然要求

近几年，在党中央、国务院和文化部党组的关怀下，国家图书馆的事业有了较大发展，改革取得了实实在在的成绩，内部人文环境有了很大改观，员工们团结向上、以馆为家、以馆为荣的主人翁意识增强了，精神面貌发生了较大的变化。应当说，这与初步建立的国图文化的促进有很重要的关系。图书馆事业要发展，需要先进的文化作为其推动力。因此，建设国图文化是国家图书馆事业发展的必然要求。但是，我们必须清醒地看到，改革一方面解放了生产力，调动了员工的积极性；另一方面也带来一些新的问题。首先，政策制定不完善和执行政策过程中出现了一些偏差，在某些部门出现了过于强调、重视部门利益而忽视整体

利益、部门垄断和文献割据的现象，影响了文献资源整体优势的发挥。其次，在转轨变型期，新旧思想和新旧机制互相交织、互相碰撞，给人们的思想带来许多困惑。特别是1998年馆里推出改革方案时，很多同志不知如何往前走，既要考虑实现社会效益，又要创经济效益；既要搞好读者服务工作，又要抓好基础业务和科研工作。对此，一些领导干部感到精神压力很大，甚至睡不着觉，这种现象至今仍然存在。在调查研究中发现，在一定层面上还存在着"等靠要"的思想，有的部门这种思想还很严重，遇到问题总希望馆里替他们想办法解决，而不是通过自己的努力改变现状，这也反映了一些干部还存在旧的观念。在改革进程中，对一些政策进行调整是十分必要的，如何处理基础业务与创收的关系，如何处理基础业务与科研的关系，馆与部门之间如何调节利益关系，这些都没有现成的经验，需要在改革的过程中摸索、体会，不断调整，但这不能影响改革的步伐。

人们常说，竞争给人带来了不安全感。市场经济就是优胜劣汰，我们只有加强引导，使不同的人进入不同的层次，让每个人在大的机制中找到发挥自己聪明才智的舞台，才能更好地激发大家的积极性。因此，我们要通过国图文化建设，创造良好的人文环境，使大家积极地参与竞争，充分发挥自己的聪明才干，从中获得应有的利益。要加强国图文化建设，适应图书馆事业发展的需求。

二、信息产业的发展要求我们必须加快国图文化建设的步伐

信息产业有两个重要特点，一是同业竞争激烈，二是有规模才有效益。社会上的一些信息公司现已成规模地进行文献开发，而目前国家图书馆的信息开发还处于分散、小型、作坊式，没有形成整体优势，我们如果不聚合、不建立自己的团队，就有被蚕食、被淘汰的可能。所以，在信息开发中，我们要打造中文文献资源的"航空母舰"，要在公益性的基础上建立比较大规模的文化信息产业。最近，我对数图公司提出，要在全国迅速拓展一批数字图书馆阅览室，把上万册图书推向全国基层图书馆，尽快在网络条件下使数字图书馆形成优势，对内要进行队伍和文献资源的整合。中央在制定"十五"计划的建议中已经明确指出，要加快国民经济和社会信息化。在国家大政方针的指导下，我们必须充分发挥自身优势，下大力气做好文献资源开发的文章。发展信息产业是我们馆实现跨越性发展的突破点，我们要在现有基础上，实现文化信息产业的聚合，充分利用数图公司的市场接口作用，组建全国最大的中文文献信息中心，以此带动我馆全方位的发展。我的初步设想是，在"十五"期间，通过发展文化信息产业，使国家图书馆员工的年人均收入有稳步提高。今年，数图公司将完成一期融资，要通过公司的运作和各部门的参与、合作，开发项目，形成我们的规模优势，在市场上打造国家图书馆的品牌。要实现这一目标，广大员工要树立整体意识，通过文化建设培养团队精神，使全馆一盘棋，共同营造一种馆兴我荣的氛围。

三、社会对国家图书馆需求的提高要求我们必须进行文化建设

近几年,社会公众对图书馆的要求逐渐提高,无论从读者流量、办证量还是文献流通量都可以看到这种急剧增长的趋势,对一个馆来说这是件好事。但是,从另一方面来看,我们整体业务水平和文化氛围还不适应这种急剧增长的需求,读者不尽如意的情况比比皆是。面对这些问题,我们只有通过国图文化建设,整体提高员工队伍素质,培养崇高的敬业精神,才能向读者、向社会提供满意的服务,才能适合国家经济建设和社会发展的需要。

四、国图文化建设要与各方工作相结合

文化建设是开展思想政治工作的有效途径,是加强科学管理的必然趋势。建设国图文化应着眼于外树形象,内部创造良好的氛围,提高科学管理层次。究竟应如何开展呢?最近的《国家图书馆党委关于进一步加强和改进思想政治工作的意见》(讨论稿)提出了一些思路。根据我馆情况,我在这儿再谈一些想法:

第一,文化建设要与思想政治工作有机结合。应当说,思想政治工作是文化建设的灵魂,文化建设是思想政治工作的实现形式,二者相辅相成,相互渗透。只有把文化建设搞好,才能有力地推动思想政治工作的开展。

第二,文化建设要与深化改革、制度建设相结合。深化改革与制度建设的目的是要创造良好的机制。从一定意义上讲,机制就像齿轮,有其固定的运转方向;同时,要使齿轮运转顺畅,必须添加润滑剂。文化建设就好比润滑剂,会使新的机制运行更加顺畅。

第三,文化建设要与业务建设相结合。文化建设要渗透到业务建设中去,整体提高业务管理层次,使全馆各个业务环节都体现出文化层次。

第四,文化建设要与环境建设相结合。在这方面,以往国家图书馆已经取得了不少成绩,连续多年在相关工作中荣获北京市、中央国家机关和文化部的荣誉称号。今后要继续努力赋予环境建设更丰富的内涵。

第五,文化建设要与员工队伍整体素质提高相结合。文化建设要体现以人为本的思想,着眼于道德、行为的教化。通过文化建设,倡导团结文明、求实创新、服务读者、奉献社会的国图精神,培养认真严谨、周到负责、合作守信、遵纪守法的职业道德。

第六,要发挥各级党组织的作用,做到党政工团立体推进。要增强思想政治工作的主动性、时效性和预见性,在工作方式和方法上不断创新和改进,真正使这项工作做到像江泽民总书记所说的,"春风化雨,润物无声,耐心细致,潜移默化"。

总之，要通过开展国图文化建设，使人们充分感受到国家图书馆是一个充满生机与活力的单位，一片充满创造力的土壤，大家在这里工作有荣誉感，有个人施展才能的舞台，有美好的发展前景。明年是新世纪的第一年，也是实施"十五"规划的第一年。国家图书馆的工作重点，一是通过继续深化改革，进一步建立和完善内部管理制度体系；二是通过国图文化建设，进一步加强和建设思想道德体系。通过两个体系的建设，使国家图书馆在新世纪有更快的发展。

（原载于《中国图书馆学报》2001年第2期）

做好名家手稿收藏保护工作

今天，我们在这里隆重举行国家图书馆名家手稿珍藏展暨名家手稿捐赠仪式，我谨代表文化部，对展览的举行表示热烈祝贺。同时，对长期支持文化事业、图书馆事业的社会各界的朋友们表示衷心的感谢。

江泽民同志指出：发展社会主义文化，必须继承和发扬一切优秀的文化，必须充分体现时代精神和创造精神，必须具有世界眼光，增强感召力。文化是民族的灵魂。一切民族要自立于世界民族之林，必须保持鲜明的个性和独立的品格。愈是民族的，愈是世界的。在当今经济全球化背景下，一个民族要自立于世界，更加需要保持政治上、经济上和思想文化上的独立性。

中华民族文化有着悠久的历史、优良的传统，这是一笔巨大的精神财富，是我们这个生生不息的伟大民族赖以维系的精神纽带，也是国家统一、人民团结的文化基础，必须加以保护，大力弘扬。名人手稿将人生阅历和深邃思考形诸笔端，是一个时代、一段历史最真实的记录，是我们民族宝贵的文化遗产，是民族文化个性的鲜明体现，应该加以妥善保存，让后世能够共享这一宝贵的精神财富，为中华文化的辉煌留下历史的见证。这是造福子孙、功在千秋的伟大事业，也是我们每一个文化工作者义不容辞的责任。

国家图书馆在过去的几十年中，在社会各界的大力支持下，入藏了大量的名家手稿，极大地丰富了馆藏。本次展览就是国家图书馆名人手稿收藏成就的集中展现。今后，国家图书馆还要加强这方面的征集工作，继续丰富和建设名家手稿文库，为保持中华文化的延续和完整继续努力。在妥善保护这些手稿的同时，还要充分发挥自身文化传播和公众教育的职能，通过多种形式，将这部分珍贵馆藏充分利用，使之为提高全民族的思想道德素质和科学文化素质发挥应有的作用。

在此，我代表文化部向长期支持文化事业的社会各界的朋友和老前辈们表示衷心的感谢，正是你们的慷慨捐赠和大家风范，才使得国家图书馆名家手稿收藏极大丰富，使得子孙后代可以共享这一宝贵的文化遗产。我殷切地期望社会各界继续以各种方式积极参与和促成名家手稿的捐赠，为珍藏人类智慧和经验共襄盛举。

最后，预祝展览取得圆满成功。

（在国家图书馆名家手稿珍藏展开幕式上的讲话，2001年8月2日。国家图书馆网站：http：//www.nlc.gov.cn/old2008/service/wjls/pdf/02/02_01.pdf）

《中国国家图书馆馆史（1909—2009）》序

中国是一个有着悠久历史的典籍大国。《尚书·多士》记载"惟殷先人，有册有典"，说明在距今 3000 多年前的商代就产生了书籍。中国在世界上首先发明了造纸术和印刷术，历代典籍浩瀚，这些典籍承载了中华民族独特的思想体系，记载了不同地域、不同民族的文化，维系了中华文明的发展，在绵延数千年的历史长河中，虽迭经天灾战乱摧残，但典籍如汩汩甘泉，始终滋养着中华文明这颗大树，使其焕发着勃勃生机和活力。

在典籍传承中，国家藏书机构一直起着主导作用。《周礼·外史》记载中央专设官员职掌三皇五帝之书和四方之志。传说老子曾担任周王朝的守藏吏，这可能是最早有关国家图书馆馆长的记述。从西汉起，历代王朝兴盛时期，都把广搜天下遗书、校雠整理典籍、发布经典正本、编纂大型书籍，作为"文治"之道。但珍贵典籍多藏于金匮石室，虽得自于民，却难为民用。一旦遭遇战乱兵燹、王朝崩溃，多年珍藏往往被摧毁殆尽，发生难以弥补的损失。

国家图书馆是中国由古代向现代社会转变时诞生的。15 世纪中叶，"文明之母"印刷术传到欧洲并广泛应用，书籍数量激增，有力促进了"文艺复兴"的发展和资本主义的产生。西方公共图书馆的出现，意味着知识为少数人垄断的局面开始瓦解。1840 年鸦片战争后，西方列强用坚船利炮敲开了中国大门，惊醒了一批有识之士。他们在向西方学习的过程中，认识到图书馆的作用。林则徐《四洲志》、魏源《海国图志》、郑观应《盛世危言增订新编》中都曾吁建图书馆。梁启超《波士顿之图书馆与报馆》一文，认为西方为启迪民智而普遍开办的图书馆，成为学校教育的有效补充，开辟了没有学年限制的永久课堂。20 世纪初，国内兴起创办新型图书馆的浪潮，张之洞、罗振玉在京师，庞鸿书在湖南，徐世昌在东北，袁树勋在山东，宝棻在山西，增韫在浙江，叶尔恺在云南，一些绅士在安徽，都倡议建立公藏图书馆。

1909 年 9 月 9 日，清政府批准张之洞《学部奏筹建京师图书馆折》中关于调拨文津阁《四库全书》并避暑山庄各殿座陈设书籍，在德胜门内净业湖及南北修建图书馆的建议，标志着国家图书馆的前身京师图书馆正式筹建。1916 年，教育部饬京师图书馆，凡在内务部登记的出版图书均交一份入京师图书馆庋藏，从而开启了京师图书馆接受图书缴送的历史，国家图书馆的职能开始体现。

早在罗振玉《京师创设图书馆私议》中就指出："方今欧、美、日本各邦，图书馆之增设，与文明之进步相追逐……此事亟应由学部倡率，先规划京师之图书馆，而推之各省会。"1909 年《学部奏拟定京师及各省图书馆通行章程折》中更是明确规定,"京师图书馆业经臣部奏明开办,各省图书馆亦须依限于宣统二年一律设立",并规划了20条通行章程,明确图书馆的宗旨是"保存国粹,造就通才,以备硕学专家研究学艺,学生士人检阅考证之用"。从此,大型公藏图书馆在中国正式诞生。它是社会进步的必然产物,是中华民族迈向现代的一个标志。而先期建立的京师图书馆作为当时全国唯一的国立图书馆,对近代图书馆事业的发展起到了引领作用。

百年来,国家图书馆的荣辱兴衰与国家的命运息息关联。北洋政府统治时期,社会动荡,馆址屡经变动,藏品灾损堪虞。馆舍先从什刹海广化寺迁方家胡同前国子监南学,又迁中南海居仁堂。1928年,京师图书馆更名为国立北平图书馆后,教育部与中华教育文化基金董事会决定合国立北平图书馆和北平北海图书馆为一体,仍用国立北平图书馆之名。1931年,文津街新厦落成,建筑采用欧美最新材料与结构,形式仿中国宫殿之旧貌,书库可容书50万册,阅览室可容200余人,成为当时全国最先进的图书馆。但就在开馆的1931年,"九一八"事变爆发,日本加快了侵略中国的步伐。1935年起,国立北平图书馆被迫将部分珍贵馆藏南运上海等地避劫。1937年卢沟桥事变后,日军全面侵华,国立北平图书馆沦入日伪之手。日本文化特务机构兴亚院所属宪兵闯入馆中,拿走全部钥匙,接管图书馆。国难之痛,至此尤显。1945年光复后,又经历三年内战,直到1949年1月北平和平解放,北平图书馆才回到人民手中,结束了40年多灾多难的岁月。新中国成立后,国立北平图书馆更名为北京图书馆,在原地扩建书库,并先后新建三栋附属楼,总面积达3.4万平方米。由于馆藏增长迅速,政府先后拨借故宫神武门城楼、北海松坡图书馆、故宫西路寿安宫、柏林寺等地储存图书,暂解藏书燃眉之急。1973年10月29日,周恩来总理指示另选址建立新馆。1980年5月26日,中央书记处第23次会议听取馆长刘季平关于图书馆工作的汇报,6月1日发出《中央会议决定事项通知》,指出北京图书馆新馆"按原来周总理批准的方案列入国家计划,由北京市负责筹建,请万里同志抓这件事"。1983年9月23日,新馆在风景秀丽的紫竹院公园长河北岸破土动工。邓小平同志在百忙中为北京图书馆题写馆名。1987年7月25日新馆落成,10月开馆接待读者。新馆建成后,北京图书馆馆舍总面积达17万多平方米,在当时世界上排名第四位。1998年12月12日,北京图书馆正式更名为国家图书馆,江泽民同志题写馆名。2008年6月,国家图书馆二期工程暨国家数字图书馆工程竣工,9月9日开馆。目前,国家图书馆总面积达25万多平方米,成为亚洲第一大图书馆,位列世界第三,为未来事业发展奠定了坚实的基础。

国家图书馆藏书主要是靠国家拨交、藏书家捐赠、馆员努力购求和出版单位缴送。京师图书馆建立之初,政府即调拨清内阁大库、翰林院和国子监南学藏书,以及承德文津阁《四库全书》、敦煌劫余遗书等珍贵文献。北平和平解放后，1949年4月，由八路军抢救并保护下来的全部《赵城金藏》由河北涉县运至国立北平图书馆，成为人民政府正式拨交的文献之一。新中国建立后，国家加大了对北京图书馆的支持力度。郑振铎和王冶秋担任国家文物局局长期间，制定文物抢救法规，从废纸厂抢救回大量珍贵文献，将各地文保单位藏书调拨北京图书馆。1956年和1965年，在周恩来总理亲切关怀和支持下，两度从香港购藏陈清华旧藏珍籍102种；2004年，又实现了第三批陈清华海外遗珍的回归。通过中央政府协调，还实现了《永乐大典》等珍籍从苏联、民主德国的回归。在国家图书馆发展史上，无论是战火纷飞的岁月，还是和平建设时期，都有众多有识之士为国家文化事业努力拼搏。社会各界支持国家文化事业的无私无偿捐赠延续至今，如傅增湘捐献了双鉴楼藏书的精华，张元济代表商务印书馆捐赠了21册《永乐大典》，周叔弢无偿捐赠了400多部宋元善本，郑振铎一生收藏的10万册珍贵藏书全部捐献给国家图书馆，许广平捐赠了鲁迅的全部书稿，郭沫若、巴金、傅雷、吴晗等也捐献了自己的手稿。梁启超担任馆长的北京图书馆，首创寄存制度，号召社会贤达、藏书家将书籍寄存图书馆，为民众所共享。他身体力行，遗嘱将自己的藏书永久寄存在馆里。新中国成立后，梁启超家人又捐赠了家藏的大量书稿和金石碑帖。国家图书馆员工也不遗余力地努力采访各类文献，古籍善本、名家手稿、新善本、外文善本、金石拓本、舆地图、少数民族语文古籍、地方志和家谱、民国文献、博硕士学位论文等都形成了特色专藏。国家图书馆所享有的缴送制度，数十年来有效提高了馆藏数量。在国家图书馆，前40年积累藏书总量不过140万册（件），而到2008年底，藏书总量已达到2700万册（件），跻身世界第五位。随着现代技术的发展，国家图书馆还积累了超过250 TB的数字文献，其中自建资源达到120 TB。

国家图书馆先后有缪荃孙、江瀚、夏曾佑、马叙伦、陈垣、梁启超、蔡元培、袁同礼、冯仲云、丁西林、刘季平、任继愈等知名学者和行政领导相继出任馆长，他们不仅在事业上各有建树，还团结了一批社会贤达共襄馆务，并且由他们培养或任用了一批又一批的图书馆人才。向达、王重民、刘国钧、严文郁、孙楷第、谢国桢、贺昌群、王庸、汪长炳、李芳馥、谭其骧、赵万里、杨殿珣、张秀民等，都是从国家图书馆成长起来的知名学者。还有一代代默默奉献的普通员工，他们立志岗位成才，恪尽职责，甘为人梯，爱岗敬业，求实创新，支撑起国家图书馆这座知识大厦，也形成了贯穿百年的国图文脉。改革开放30年来，国家图书馆大胆开拓，锐意改革，事业取得了跨越式发展，同时承担着送书下乡工程、中华再造善本工程、中华古籍保护计划、国家数字图书馆工程等多项国家重点文化工程，在促进文化大发展大繁荣中发挥着越来越重要的作用。

以史明志，鉴往知今。在国家图书馆百年诞辰之际，这本馆史的出版，使我们回顾其百年发展历程，总结经验教训，明确历史责任，理清工作思路，确定发展方向；激励我们以更加超前的理念、更加先进的技术、更加刻苦的精神、更加扎实的作风为社会提供更加优质的服务，为推动国家的政治建设、经济建设、文化建设、社会建设做出新的更大的贡献。

（原载于李致忠主编：《中国国家图书馆馆史（1909—2009）》，国家图书馆出版社 2009 年版）

国家图书馆要建设一流的队伍
培养一流的作风 创造一流的业绩

今天，我们举行庆祝大会，隆重纪念国家图书馆建馆95周年。我谨代表文化部向国家图书馆全体员工表示热烈的祝贺！向全国图书馆工作者致以亲切慰问和崇高敬意！向长期以来对图书馆事业给予关心与支持的各级领导和社会各界的朋友们表示最诚挚的谢意！

从1909年到现在，国家图书馆经历了95年的发展历程。95年来，它逐步成长、发展和壮大，在传播先进思想和科学文化知识、开展社会教育、提高民众素质、推动社会变革等方面发挥了重要的作用。回顾国家图书馆95年的风雨历程，有四个里程碑式的标志。第一是1909年，一批有识之士本着"保国粹而惠士林"的初衷，以"兴国之盛举"为由奏请清廷兴建京师图书馆。我国第一个近代国家图书馆应运而生。1912年正式开馆接待读者。第二是1931年文津街馆舍的落成，结束了京师图书馆没有固定馆舍的历史，京师图书馆开始真正成为"中国文化之宝库，中外学术之重镇"。第三是1987年新馆落成。1975年，周恩来总理在病中亲自批准了北京图书馆新馆建设方案。国家于改革开放之初，在国力不济、百业待举的情况下，投巨资兴建了北京图书馆新馆，使之成为当时世界上第三大图书馆。第四是2001年经国务院批准的国家图书馆二期工程暨国家数字图书馆工程，将使国家图书馆步入向世界上有影响的现代化图书馆转变的新的发展阶段。

在国家图书馆95年的发展历程中，一代又一代馆员贡献了他们的聪明和才智。在纪念国家图书馆建馆95周年的这个喜庆日子里，我们向为国家图书馆95年的发展付出心血、汗水的几代图书馆同仁表示深挚敬意。在95年的发展历史中，国家图书馆人才荟萃，造就了一大批学术上颇有造诣的图书馆研究和工作领域的专家，产生了一大批在国内外有广泛影响的学术成果，带动了中国图书馆事业的发展。特别是1998年，北京图书馆更名为国家图书馆后，国家图书馆抓住机遇，深化改革，加快发展，事业蒸蒸日上，在国内外的影响不断扩大，成为展示我国文化事业发展成就的窗口和国家信息资源建设的重要阵地。

95年的发展历史证明，国家图书馆的发展与国家的命运紧紧联系在一起，国运盛则兴，国运噩则衰。本世纪头20年，是中华民族实现伟大复兴的关键时期。党中央提出科学发展观，并正在实施科教兴国战略，推进依法治国和以德治国，对此，图书馆事业肩负着重要的历史责任和使命。在全面建设小康社会的历史进程中，国家图书馆承担着重要的责任和任务。一是要适应国家决策的法制化、民主化和科学化进程，为国家的立法和决策提供服务；二是要适应全面建设小康社会、建设学习型社会的需要，努力成为公民教育的终身学校，为培育现代化建设所需的人才做出自己的贡献；三是要适应国家经济和社会发展的需要，为国家重大工程和项目建设提供良好的文献信息保障；四是要发挥龙头作用，充分履行对全国图书馆事业的指导作用，努力成为全国图书馆学的研究中心，引导和带动图书馆事业的健康发展。

完成好以上任务，要加强三个方面的工作：一是要规划好发展。特别是抓住二期工程和数字图书馆建设这个机遇，加强协作，齐心协力，认真探索，科学规划，少走弯路。二是要练好内功。进一步深化改革，建立充满生机和活力的管理机制和运行机制。努力建设一流的队伍，培养一流的作风，创造一流的业绩，建成世界一流的国家图书馆。三是要搞好服务。服务水平是图书馆全部工作的集中体现。要强化以人为本的服务理念，提高队伍建设和管理水平，面向各类各层次读者，搞好个性化服务。

今天是国家图书馆建馆95周年，我国图书馆事业也走过了100多年的发展历程。当前，我国改革开放和社会主义现代化建设进入新的发展阶段。图书馆事业既承担着光荣的使命，又面临着难得的发展机遇。希望国家图书馆抓住机遇，加快发展，为推动先进文化的建设继续发挥重要作用；同时也希望各级党委、政府和社会各界继续关心、重视与支持图书馆事业，使之为推动我国文化建设和经济、社会全面、协调发展做出更大贡献！

（在庆祝国家图书馆建馆95周年大会上的讲话，2004年9月8日）

数字图书馆与文化资源共享工程
应强强合作、优势互补

今天，国家图书馆与文化部全国文化信息资源建设管理中心举行合作签字仪式，将国家数字图书馆丰富的数字资源通过文化共享工程网络系统开展服务。我谨代表文化部表示热烈的祝贺！

数字图书馆建设是图书馆服务手段的一次飞跃，是图书馆界的一次革命，将对我国图书馆事业发展产生重大影响。国家数字图书馆工程是国家"十五"期间启动的重点文化建设项目，共投入4亿元。它是我国信息化建设的重要组成部分，在我国数字图书馆建设中具有龙头作用。自工程启动以来，本着"边建设、边服务"的原则，不断增加数字资源的种类和数量，扩大服务范围，开拓网上服务项目，为社会公众提供更加简便快捷、优质丰富的信息与知识服务。截至2007年底，数字资源建设已超过200 TB，自建数字资源总量达130 TB。由文化部、财政部共同组织实施的文化共享工程，是一项繁荣社会主义先进文化的创新工程，是新形势下运用现代信息技术加强公共文化服务体系建设的一项基础性工程，也是加强社会主义新农村建设的一项惠民工程。该工程自2002年4月正式启动实施以来，已建成各级中心和基层服务站点超过57万个，初步形成了以各级公共图书馆、乡镇综合文化站、村文化活动室为实施主体，覆盖全国的服务网络，拥有数字资源达65 TB。目前，文化共享工程辐射人群数以亿计。通过工程平台，优秀的文化信息资源源源不断地传输到基层群众中，初步解决了农民看书难、看戏难、看电影难的问题，丰富了群众业余文化生活，受到群众的热烈欢迎。

国家数字图书馆工程与文化共享工程都属公益性文化服务，在技术、资源、服务等方面具有较大的合作空间。此次双方强强联合，以优势互补为基本原则，在基础设施平台搭建、数字资源交换和共享、数字资源建设与服务相关标准规范研制、专业人员间的合作与交流、人员培训、宣传推广等方面开展广泛的合作，将在资源整合方面取得显著效益，并有效地提升这两项工程在资源建设、技术支撑与信息服务等方面的整体水平，对拓展国家图书馆的服务范围，丰富文化共享工程的资源内容，提升各级图书馆特别是基层图书馆的服务手段和服务能力，促进文化的大发展大繁荣与社会主义和谐社会建设将发挥重要作用。

本次仪式的一项重要内容是向地震灾区图书馆赠送装载着数字资源的移动硬盘、光盘，以便让灾区人民尽早享受到国家数字图书馆和文化共享工程的合作成果，在灾后重建工作中发挥数字文化资源的作用。在这里，我要特别感谢来自地震灾区图书馆和文化共享工程省级分中心的同志们,在前所未有的地震灾害面前,你们经受住了考验,在抗震救灾和重建家园的斗争中发挥了重要作用。

今天的仪式标志着双方合作的开始。希望合作双方加强沟通,建立良好的工作机制,不断完善技术平台,及时研究解决工作中遇到的新问题,总结经验,不断探索新的工作方式和手段,使合作顺利开展,达到预期效果,为完善我国公共文化服务体系,推动社会主义文化大发展大繁荣,构建社会主义和谐社会,做出更大的贡献。

(在国家图书馆与文化部全国文化信息资源建设管理中心合作签字仪式上的讲话,2008年7月1日。中国电子政务网:http://www.e-gov.org.cn/ziliaoku/news001/200807/90844.html)

国家图书馆要为民政工作提供
优质信息资源和服务

今天，我们举行国家图书馆民政部分馆成立暨国家图书馆立法决策服务民政部平台开通仪式，我谨代表文化部，向双方开展的这一有代表性的合作表示热烈的祝贺，向国家图书馆立法决策服务民政部平台即将开通表示热烈的祝贺！向关心和支持双方合作筹备事宜的各界朋友表示衷心的感谢！

民政工作是为民之政，和谐之基。"民政"一词，始于《两汉会要》，当时，已有包含风俗、社会基层组织"民伍"和荒政、抚恤鳏寡孤独、流民等30多项事务。而"民政"作为一个职能机构，是在晚清时期"戊戌变法"中出现的。然而，民政工作被社会所熟知，还是在新中国成立之后。新中国成立初期，我国即着手成立中央人民政府内务部；1978年，设立了中华人民共和国民政部，并延续至今。

民政工作与人民群众的利益息息相关，救助困难群体、发展社会福利、开展慈善事业，对化解社会矛盾、促进社会稳定意义重大。不久前的汶川大地震灾害发生时，民政部门充分发挥自身职能，聚全国之力、集各方之智，步调一致、攻克难关。党和政府的爱民之情、利民之意、为民之举，很多方面都是通过民政工作实现的。而民政工作繁杂多元，业务范畴较为宽泛，因此，在实际工作中，如何开发利用好各类信息资源，使之服务于快速发展的各项民政事业，发挥民政工作在构建社会主义和谐社会进程中举足轻重的作用，是一项非常紧迫的任务。

国家图书馆是综合性研究图书馆，作为国内最大的文献信息资源基地，为中央国家机关立法与决策提供文献信息支持和保障已有多年历史。有些项目已在国内图书馆界产生了广泛影响，形成品牌效应。尤其是近年来，国家图书馆以文化体制改革为契机，积极总结经验，在全面履行自身职能的同时，根据中央和国务院机关日常工作特点和决策需要，加大服务力度，完善原有服务，推陈出新，丰富了不少新的服务内容。如向全国人大等领导机关定期报送的媒体监测和最近推出的《国家图书馆汶川地震灾后重建信息专报》，就是紧跟中央与国务院的工作部署，基于对馆藏有关国内外灾情、灾变的丰富文献信息资源的编辑、整理和研究，为国家立法、决策机构提供可资参考的依据和借鉴，发挥信息保障在灾后重建工作中的重要作用。

此次，民政部与国家图书馆正式签署国家图书馆民政部分馆合作协议，不但有利于民政部各级领导充分利用国家总书库的资源和服务，节约财力、物力，避免重复建设，节省有限的资金用于建设本部委的专业馆藏，也必将对国家图书馆馆藏文献信息资源的优化配置发挥积极的和不可估量的促进作用。

民政部与国家图书馆的合作，相比以往几家国家图书馆分馆的建设，又有了新的发展和突破，即经过双方精心组织策划，开通了网上服务平台，这在国家图书馆部委分馆服务中是首创之举。这种以数字方式提供的个性化服务，使国家图书馆为国家立法决策服务实现了服务对象"一对多"和一般性决策信息服务向文献信息资源深度挖掘的知识化、个性化服务的转变。国家图书馆这种利用整合的信息资源体系提高为用户服务的能力，将更有助于促进部委分馆的服务，这也是今后双方合作开展的重要工作内容之一。这项以现代化信息网络技术为支撑，立足实际、兼具前瞻性的服务新举措，必将在国务院部委信息化建设和科学民主决策进程中，产生积极的影响，对国内各级图书馆也必将产生良好的示范作用。

在快速发展的信息时代，无论是公众还是政府部门，对文献信息的更新和需求都提出了更高的要求。民政部和国家图书馆通过今天的合作，将积极发挥信息资源参谋助手的作用，共同推进决策信息保障工作的深入开展。

国家图书馆提供大量优质信息资源作为支撑。民政部根据需要，对收集的信息进行加工整理，择优取精，使之更好地服务于民政部领导方针政策的制定过程，并最终服务于基层民政。通过高质量、高效率的信息服务，真正发挥文献信息资源在建立健全社会保障机制，应对各种突发性灾难，特别是在灾后重建工作阶段中的重要作用。这些工作对于造福社会和人民，都具有重要意义。

民政部与国家图书馆建立全面合作关系，是我们共同的愿望，我们将全力促进合作协议的顺利实施。我坚信，在我们的共同努力下，在民政部与国家图书馆共同发展的过程中，双方将不断完善互利双赢、持续发展的工作机制，为中央、国务院部委建立国家图书馆部委分馆进一步探索出有效的做法和成功的经验，吸引更多的国家立法与决策机构加入到我们这个大的信息合作网络中来，进而也会极大地推动国家图书馆为国家立法决策服务的进程。

祝国家图书馆民政部分馆圆满成功！

（在国家图书馆民政部分馆成立暨国家图书馆立法决策服务民政部平台开通仪式上的讲话，2008年8月25日）

迎接百年馆庆　实现工作新跨越

非常高兴回馆参加一年一度的员工大会。我首先代表文化部，向辛勤工作的全体员工表示慰问，向离退休老同志表示问候，向获奖的集体和个人表示祝贺！

詹福瑞馆长的工作报告对2008年的工作做了认真的总结，提出了2009年的工作思路，内容充实，思路清晰，符合国家图书馆的实际。希望大家按照馆党委和馆领导班子确定的工作思路，认真抓好落实，完成好2009年的各项工作。

2008年，国家图书馆做了许多工作，在全国图书馆界产生了重要的影响，在文化部各直属单位中也以办事效率高和严谨而著称。在国家图书馆荣获的各类奖项中，有国家最高奖"全国文明单位"，也有街道的奖，说明国家图书馆在各个方面、各个领域都取得了很好的成绩。2008年我印象比较深的有以下几项工作：

第一，二期新馆和国家数字图书馆开馆服务。这对国家图书馆、对我们国家来说都是具有重大影响的一件事。新馆落成之后，国家图书馆的总面积达到了25万平方米，居世界国家图书馆第三位，在国际上的影响力也越来越大。不断拓展的国家数字图书馆的服务，对图书馆事业的发展可以说是具有革命性的。特别是国家数字图书馆可以通过全国文化信息资源共享工程为基层提供服务。文化共享工程作为公共文化服务体系的一项重要工作得到中央的高度重视。文化共享工程源于国家图书馆，该工程利用数字图书馆的理念和技术，将我国优秀的文化资源进行整合后，通过互联网、卫星等形式为基层提供服务。预计2009年，全国所有的县都要建立起文化共享工程的县级中心，每个县都至少有一个电子阅览室，2010年实现村村通，这就为国家数字图书馆的服务提供了非常好的平台。尽管国家数字图书馆的服务刚刚开始，今后的发展空间、发展潜力还是非常大的。

第二，公益服务范围进一步扩大。在国家财政的大力支持下，国家图书馆率先在服务领域实现了免费和低收费的服务，服务水平有了很大的提高。现在，博物馆全部免费开放，中央要求图书馆也要尽量地减少收费，并且不断加大对图书馆支持的力度。应该说国家图书馆带了一个好头，大家克服了很多困难，也付出了很多劳动，树立了良好的社会形象。

第三，承担的国家重点文化工程，在全国和图书馆界产生了重要影响。国家图书馆承担着中华再造善本工程、中华古籍保护计划、送书下乡工程具体工作的实施。中华再造善本工程，已经完成了758种8990册的出版工作，并向国家图书馆及31个省市自治区公共图书馆各赠送一套，教育部向全国100所重点高校图书馆配送一套，使这些珍贵的古籍化身千百，在海内外都产生了重要的影响，目前正在策划二期选目。国家重点古籍保护工作陆续在全国展开，国务院批准颁布了首批《国家珍贵古籍名录》和全国古籍重点保护单位，使一大批珍贵的古籍进入被保护的视野。此外，人才培养、财政投入等方面力度不断地加大。国家古籍保护中心设在国家图书馆，承担着国家古籍保护领导小组办公室的具体工作，这项工作在全国图书馆界产生了重要的影响。

第四，在抗震救灾中发挥了重要作用。汶川地震后，除全体员工积极捐款支援灾区外，立法决策服务部还编辑了《汶川地震灾后重建信息专报》，把海外应对特大自然灾害采取的一些措施，包括灾后规划的制定、灾后重大的举措以及恢复重建期的若干工作，用专报的形式报给国家抗震救灾总指挥部，已报送60余期。这些专报为国家抗震救灾决策提供了信息保障，充分发挥了国家图书馆为中央和国家机关服务的职能，得到国家领导人的肯定，温家宝总理专门批示，对国家图书馆的这项工作给予表扬。同时，还配合文化部制定了灾后重建标准、为灾民安置点配送图书等，这些工作也都得到了有关方面的好评。

此外，很多中央领导需要的资料，包括出访等所需资料，许多都是国家图书馆提供的，有些咨询还要求保密。"两会"代表、委员的提案和议案，所需大量的资料都由国家图书馆提供。国家图书馆在决策层的影响力越来越大。

第五，讲座已形成非常好的文化品牌。国家图书馆承办的"部级领导干部历史文化讲座"已举办近8年，越办越精，每场讲座都有百余位部长来听，在全国起到示范作用。"文津讲坛"也办得非常好，受到了社会的关注，讲座形成的书稿，从发行量来看，成为畅销书，在去年全国政协会议上购买这套书的委员就很多。

我讲的这几个亮点，许多是从领导批示，或领导谈话以及社会各界的反响中了解到的。我认为工作做得很漂亮，这与大家的辛勤劳动和共同的努力是分不开的，这些劳动成果也得到社会的承认，为国家图书馆争得了荣誉，赢得了好评，也为下一步的发展营造了良好的社会氛围。借这个机会，我代表文化部对大家一年来辛勤的工作表示衷心的感谢！

今年是国家图书馆的喜庆之年，国家图书馆将迎来百年馆庆。一个馆经历了100年，曲曲折折、风风雨雨。在发展过程中，一批又一批的仁人志士都做出了重要的贡献。如我们的藏书，经过百年形成了现在的规模，这是几代人努力的结果。

策划国家图书馆未来的发展，我认为仍然是国图人的重要历史使命。大家要认识到自己工作的重要性，虽然在不同的岗位上工作，但都是国家图书馆的工作人员，工作在国家的文化殿堂，因此，国家图书馆的兴旺每个人都承担着重要的责任。我想借这个机会谈几点意见：

第一，要充分认识国家图书馆在国家文化建设和公共文化服务体系建设中的重要地位和作用。图书馆是一个国家文明程度的重要标志，国家图书馆更是一个国家文明程度最重要的标志之一。看一个国家有没有文化，看图书馆、博物馆，看这些文化设施。所以，国家对图书馆事业的发展越来越重视。近些年来，国家图书馆改扩建了，省级图书馆差不多也都建设了新馆或扩大了面积，目前基本上实现了每个县都有图书馆。

在经济发展有了一定基础之后，国家对文化事业的建设越来越重视。党的十七大提出了要实现文化的大发展大繁荣，兴起社会主义文化建设的新高潮的目标，一是因为文化的重要性，二是因为文化发展相对滞后，所以要特别强调。

图书馆作为文化事业的重要组成部分，在文化建设中的作用越来越重要。最近这几年，由图书馆发展起来的文化共享工程、中华古籍保护计划等重大文化工程，受到了各方面的高度重视。过去提到文化部，就是说说唱唱、蹦蹦跳跳，文化部的事基本上就是院团的事。现在，这种认识大大改变了，文化部对社会文化事业尤其是图书馆事业的管理力度越来越大，而且把它列为公共文化服务体系的重要组成部分。

国家图书馆自成立起，与北京大学、清华大学的地位是相同的。新中国成立前的馆长很多都由名家担当，如梁启超先生、蔡元培先生等。蔡元培先生是北京大学校长，是教育部的部长兼北平图书馆的馆长。新中国成立后的前几任馆长，有的是资深的领导干部，有的是著名的专家。所以部里也很重视，也在向有关方面反映，我们也要争得与北京大学、清华大学同样的社会地位，这些我们都在努力做工作。

当然，前些年北京图书馆更名为国家图书馆，首先在称谓上确定了位置。那么，在今后的社会发展中，国家图书馆发挥的作用也会越来越大。但是事情要从两方面讲：一方面，国家图书馆的地位很重要；另一方面，我们要把工作做好，有作为才有地位。所以我再次强调，每个同志都要认清我们承担的光荣使命，认清我们承担的责任是齐心协力把国家图书馆办好，真正使国家图书馆名副其实。虽然我们做的是默默无闻的工作，但是我们的每一项工作都和国家的文化建设相关，我们要研究国家发展中重要的决策、重要的思路，要跟上党中央的重要决策，跟上国家的发展要求，在推动国家文化建设中，在推动社会事业的发展中发挥重要的作用。

第二，要加强基础业务建设。基础业务是立馆之本，基础业务是否牢固，关系到一个馆的生命，没有牢固扎实的业务，就没有良好的服务。基础业务应从两个方面来考虑。一是传统业务，它确确实实在过去的百年中发挥了重要的作用，特别是在现代技术条件下，传统业务仍然非常重要，它是数字图书馆的基础，如果没有传统的采编，我们就没有办法利用计算机网络实现数字图书馆的服务。因此，要加大传统业务工作的力度，利用现代的科学技术，使传统的业务基础更扎实，做得更好。有一件事我感受挺深的。台湾亲民党主席宋楚瑜到大陆访问的时候，我们为他做了一套家谱。中共中央办公厅打电话给我，要求尽快查出家谱的出处。我和张雅芳副馆长连夜赶到分馆，只用了几分钟的时间就查到了，是在东安市场旧书店买的，当时16册线装书才花了12元钱，卡片记载得清清楚楚，毛笔字写得工工整整。我非常感叹国家图书馆前辈们认真的工作态度，我后来看到的一些卡片却达不到这样的水平。现在，虽然已经进入了数字图书馆时代，我认为传统的业务还要进一步加强，要加强标准规范的研究，加大传统业务的建设工作。二是数字图书馆业务。国家投入4亿多元建设数字图书馆，这项工作确实是前人没有做过的，我们只能摸着石头过河，要尽快尽早完成建设任务。同时，也要探索版权处理等一系列问题，研究数字图书馆如何与新的媒体传播相结合等方面的问题。另外，要研究在数字图书馆的条件下，如何更好地通过文化共享工程的平台，为全国提供服务的问题。我认为数字图书馆服务的半径，一是为到馆读者服务；二是通过文化共享工程的平台，覆盖到全国所有的县、乡和村庄，只要条件具备的地方，都应该能够享受到数字图书馆的这些信息服务；三是在互联网上尽量多地提供适合传播的资源，把国家数字图书馆建设成世界上最大的中文数字信息服务基地、中国最大的外文文献中心。要实现这个目标，是不容易的，有很多困难，但也是有条件的。大家要认真学习新技术，积极探索，大胆实践，尽快在全国实现数字图书馆的服务，这也是国家图书馆职能的一个重要体现。

第三，进一步提高服务质量。国家图书馆的服务水平逐年提高，在全国率先实现了"全年候"开馆，在服务领域策划了很多拓展性的项目，为国家图书馆营造了良好的社会形象。经费也在不断地增长，比如说我刚到馆的时候，运行经费才1700万元，购书经费6000多万元，总的经费不到9000万元。现在，国家图书馆的经费已达到3亿多元，购书经费是1.45亿元，其余都是运营的经费。所以，在国家财力保障下更要切实抓好服务，为决策层、教育科研、广大读者以及文化事业的发展提供更多更好的服务。要把事关国家图书馆形象、事关国家图书馆职能的工作做好，大家都要像爱护眼睛一样爱护我们馆的声誉，在文化建设中发挥更大的作用。

第四，继续策划和实施好国家重点文化项目。做好所承担的国家重点文化工程工作也是非常重要的，特别是要做好古籍保护工作。国家图书馆本身是古籍大馆，国家进行的古籍保护工作，政策方面由部里考虑，国家图书馆应在技术方面真正发挥国家中心的作用。今年，要公布第二批珍贵古籍名录和重点古籍保护单位，还要在全国选一批古籍修复中心，逐步地把这个机制建立起来，使大家越来越重视珍贵古籍的保护，使它在传承文化、服务当代方面发挥更大的作用。

第五，加强科研工作。随着数字图书馆服务的陆续展开，科研方面的任务越来越重。当然，科研的大概念要研究，它不仅涉及科学领域、文史哲领域，也涉及图书馆领域等。国家图书馆作为综合性的研究图书馆，要紧紧围绕图书馆的业务来开展科研工作，要选择好项目，要出成果，要使研究成果在图书馆建设中发挥重要的作用，最好能产生一些领军人物，为图书馆事业发展做贡献。

第六，加强人才培养。每次回到馆里都看到许多新面孔，每年都有年轻的同志投身到国家图书馆的事业，说明我们的队伍在不断地发展，不断地壮大。只要不断地补充新鲜血液，才有生命力，我们一代一代才有接替。但是，在图书馆工作要甘于坐冷板凳，要提倡岗位成才，要特别注意发挥老同志的传帮带作用。新进来的青年人，大多是硕士、博士，至少是本科了。但是不能小看老馆员，他们有的是跟我差不多的老知青，有的已在图书馆岗位上历练了几十年，经验丰富，业务基础非常扎实。杜伟生不是博士，却成为教授级的专家，他就是用竹棍挑出来的，用毛笔画出来的，靠的是在工作实践中的摸索和经验的积累。老同志也要有责任心，要善于总结经验，要带青年人，这是我们的责任。同时，各个部门、各个岗位要注意发挥老同志的作用，在政策上，多鼓励老同志发挥作用，还有工作十几年的中年同志。

人生是个不断学习的过程，聪明和愚蠢之间的界限就是聪明人会学习，善于学习；不聪明的人，故步自封，不愿意学习，所以就不能进步。图书馆本身是一个非常好的学习单位，虽然工作很繁忙，但是学习的机会很多，特别是要倡导岗位成才，要甘于默默无闻地工作。现在青年人想法很多，进单位还没几天就想能不能发展一下，就想什么时候当科长，什么时候当处长，这个积极性不能说是坏事，但是如果只有这一个积极性就注定干不好。任何事情都是由量变到质变的过程，任何人都要有量的积累，没有量的积累，没有素养的积累，就没有扎实的发展。

宝剑锋从磨砺出，梅花香自苦寒来，这一点古人总结得很深刻。能够在国家图书馆工作，能够参与到国家文化建设之中，是我们的光荣。那么，就要在工作岗位上不断打磨自己、积累自己，再逐步成长为图书馆工作的专家。我相信，大家经过几年的努力，都会有新的收获，随着国家的发展、图书馆事业的发展，自己也会得到发展。

今年，国家图书馆将迎来百年馆庆，文化部很重视这项工作，前不久还召开了新闻发布会。这是我们国家文化建设史上的一件大事，在国家图书馆发展史上具有里程碑的意义，要把馆庆的各项活动策划好，搞得朴实一些、扎实一些，通过馆庆让社会了解国家图书馆，提高国家图书馆的社会声望、社会地位；同时，通过馆庆活动，提升员工的荣誉感、自豪感、凝聚力。

我希望大家抓住机遇，真抓实干，大胆探索，使国家图书馆取得更快的发展，在国家的文化建设和社会事业的发展中，发挥越来越重要的作用。

（在 2009 年国家图书馆员工大会上的讲话）

把交通科技信息资源共享平台建设好

国家图书馆的首要职能是为中央国家机关提供立法与决策文献信息咨询服务,长期以来在为"两会"服务、为各部委的决策提供支持方面发挥了重要的作用。特别是国务院批准建设数字图书馆,国家拨款 4 亿元,数字图书馆的建设正在进行,数字图书馆将珍贵的文献资源数字化,并且通过网络来为全国人民所共享。

这些资源将横跨古今和中西方,世界各国的文献资源也将在数字图书馆平台上提供服务。而且我们不断地在购买一些专题的数据库。数字图书馆的逐步建成必将大大提高我们国家的国家图书馆信息服务的能力,使更多的资源来为中央各部委乃至读者提供服务。

从 1999 年以来,国家图书馆为了提高立法决策的服务水平,在部委开办分馆,截至目前已经开办 7 个。部委的分馆将建设成该部委所管辖的职能范围内的信息文献的最终查找基地,公共文献则依托于国家图书馆,它是一个共享的平台。

早期的时候是纸质文献的服务,现在已经发展到数字资源共享的服务。10 年来的实践,数字资源共享服务是履行国家图书馆为立法决策服务的一个非常好的形式。实施图书馆分馆的部委也体会到这个平台的重大作用,在一些立法工作推进过程中,通过国家图书馆这个平台,可以很快查询到国内外在某个方面法律的制定情况,一下子拓展了公务员的视野。这项工作现在正在推进。

我们国家的交通运输历史源远流长。在先秦时期,我们国家的道路网已经形成,并实行了标准化,所谓"车同轨",而且建设了秦之道,有了当时的高速公路。到了汉代,又建设了丝绸之路,通过丝绸之路沟通了中西方的商品交流和文化交流。到了隋朝,又开通了大运河,大大拓展了我们国家水上交通和内河航运的能力,沟通了南北方的商品交流和文化交流。到唐代,又在全国遍设驿站,大大加强了中央集权政府的权威。到宋代,我国发明了指南针,普遍用于航海技术,为世界文明做出了贡献。到了元代,蒙古帝国横跨欧亚大陆,大都成为当时欧亚大陆的重要交通枢纽,驿站、驿线遍及欧亚大陆。

近代我国的交通事业发展也很快。新中国成立以来,特别是改革开放以来,我们国家的交通运输事业有了跨越式的发展。现在我们的公路总里程达到了 373 万公里,高速公路的里程达到了 6 万公里,居世界第二位。港口货物的总吞吐量 6 年来一直居世界第一位。定期航班的运输总周转量也居世界的第二位,我们的飞机也从改革开放之初的 100 架,到现在已经达到了 1300 多架,运力在不断提升。这些都为人们的生产、生活提供了方便，也大大促进了我们国家的经济和社会的发展。特别是现在中央提出关注民生，交通运输部在积极推进公路的"村村通"工程，这对推动一个国家的发展，对中华民族的文化传承，都必将发挥着重要的作用。

但是交通运输业发展中也存在一些问题，比如说结构不够合理、管理粗放等，特别是信息不共享，使得各单位为政，各地方为政，各条线为政。我觉得交通信息共享资源平台把部、省、研、企结合起来，这是一种非常好的模式。通过这个平台的建设大大提高我们国家交通运输的科技保障水平，从而推动整个事业的发展。因此，我认为建设这个平台是有战略意义的决策，它在我国交通运输的发展中必将产生重要的作用。

我希望国家图书馆和交通运输部分馆的合作要逐步地加深，通过纸质文献的交流，通过数字图书馆网上信息的交流，通过按照交通部的要求开展的一些定项定题的咨询活动，来发挥这个分馆的作用，切切实实使交通部的决策者，使交通部的公务员了解这个平台使用的价值，并且逐步拓展它的领域。因为图书馆的原始职能有两条，一个是为人找书，一个是为书找人，我觉得这种合作既是为人找书，也是为书找人，让更多的人使用这个网络，使用这个平台，更多的人走进交通部的分馆，真正为提高交通部的办事效率、决策水平来发挥作用。

为了这项工作，交通运输部的有关司局和有关单位，和国家图书馆的员工都做了大量努力，我想借此机会向他们表示感谢！

（在交通科技信息资源共享平台开通仪式暨国家图书馆交通运输部分馆签字仪式上的讲话，2009年12月22日。交通运输部网站 http：//www.mot.gov.cn/zhuzhan/wangshangzhibo/kejipingtai_KJPT/wenzishilu/）

图书馆应成为社会教育的大课堂

"文津讲坛"始于 2001 年。第一期讲座至今仍历历在目，是由任继愈先生主持，张岂之先生主讲。至今，"文津讲坛"已经举办了 500 期，国内一流专家纷纷登台树帜，传授知识，广大读者积极参与，使得讲座的举办者也受到了鼓舞。"文津讲坛"在社会上的知名度越来越高，它的文化内涵也越来越丰富，有效地拓展了国家图书馆的服务职能。

党中央提出建设学习型政党、学习型社会的要求。中华民族的复兴，最根本的是人的素质的提高。举办公益性讲座是国家图书馆的重要职责，也是各级图书馆的重要职责。图书馆作为公民教育的学校，除了为人找书、为书找人之外，最重要的就是进一步拓展社会教育职能，国家图书馆应该成为社会教育的最高学府。同时国家图书馆还要引领图书馆行业的讲座工作。在"文津讲坛"举办 500 期之际，要总结经验，把"文津讲坛"办得更好，走向新的 500 期。

第一，要重视主讲人队伍的建设。选题、内容、主讲人是讲座的三要素，其中最重要的是主讲人。主讲人队伍的建设，将是决定一个讲座是否有影响、能否吸引听众的重要因素。今天我们聘请了 300 多位国内一流的专家学者作为"文津讲坛"的特聘教授，就是希望建设一支优秀的主讲人队伍。

第二，要把"文津讲坛"的文化资源很好地传播出去。要加快讲座内容的出版整理。同时，要积极利用国家数字图书馆平台，利用全国文化信息资源共享工程平台，使讲座资源能够更好地利用。讲座往往是主讲人一生的研究成果，是非常珍贵的文化资源，要把这些珍贵的文化资源记录下来，传之后人，在社会上传播，发挥其作用。

第三，要吸引更多听众聆听讲座。要注意事前的预告和介绍，注意应用各种媒体，特别是利用手机、互联网进行传播。现在我国手机用户有 7 亿多，上网的手机用户也到了 1.7 亿多。今后举办讲座，要利用新兴媒体，扩大宣传，让更多的人走进来，受到教育，感受文化。有时，一场讲座可以改变人的一生；有时，一场讲座可以给人留下终生难忘的印象。

第四，要推动"文津讲坛"走出去。文化部要求各级图书馆开展讲座，"文津讲坛"作为一个著名的讲座品牌，应该走向全国，可以和各地的讲座结合起来。目前，国家图书馆正在筹备和几十个图书馆联合组建全国公共图书馆讲座联盟，目的就是要实现讲座资源共享、专家信息共享、讲座课件共享，使讲座成为公共文化服务的重要内容，在社会发展中发挥重要作用。

(原载于《光明日报》2010 年 1 月 14 日第 7 版)

谋划好"十二五"规划 推动国家图书馆建设迈上新台阶

今年是"十一五"计划的最后一年,按照国务院部署,各级政府和各单位都在着手制定"十二五"规划。为安排好今年的工作,提前规划好"十二五"的发展,国家图书馆在调查研究的基础上,初步形成了《2010年国家图书馆工作要点》和《国家图书馆"十二五"规划起草提纲》。这次会议主要是就国家图书馆2010年的工作和"十二五"发展思路听取大家的意见和建议。国家图书馆事业的发展离不开文化部的指导,离不开各司局和兄弟单位的支持,也离不开各省市图书馆的支持。长期以来,文化部各司局和直属单位、各省市兄弟图书馆对国家图书馆的发展给予了大力支持,在此,谨表示衷心感谢,更希望大家积极出谋划策,对国家图书馆2010年的工作和未来发展提出宝贵的意见和建议。

一、关于2010年的主要工作

2010年是承上启下的一年,一方面要全面总结"十一五"规划的执行情况,另一方面要为"十二五"规划的开局打下一个良好的基础。基于这两方面的考虑,国家图书馆前段时间经过全馆上下充分酝酿和讨论,形成了《2010年国家图书馆工作要点》,主要是:

第一,制定《国家图书馆"十二五"规划纲要》。

2010年是"十一五"规划执行的最后一年,需要全面总结2006—2010年取得的成就,深刻分析当前国内外图书馆事业面临的挑战与机遇,站在学科发展与事业发展的高度,思考国家图书馆"十二五"时期发展的总体思路、战略目标和主要任务,策划能带动全国图书馆事业发展的项目,特别是要把思路变为项目,把项目变为经费,争取中央财政加大投入,保障事业发展。这项工作事关国家图书馆和全国图书馆事业的未来发展,至关重要。

第二,加快推进国家数字图书馆工程,启动一期维修改造工程。

国家数字图书馆工程的建设已经进入了关键时期,今年要根据信息技术的发展和用户信息需求的变化适时调整工程建设方案,建设硬件支撑平台、应用系统平台和标准规范体系,构建针对新兴媒体的数字资源发布与传输平台;国家图书馆一期馆舍从启用至今已超过20年,设备设施老化严重,急需维修改造,今年要完成一期维修改造工程的立项审批工作,并结合一期维修改造,做好业务格局规划和服务布局调整,争取年内开工建设。

第三，加强图书馆基础业务工作。

基础业务工作是一切工作的基础。在做好各项常规业务工作的基础上，根据国家图书馆业务发展情况，今年规划了一些新的重要工作项目。例如，按照国家总书库建设的要求，做好各类文献的采选工作，特别是要做好缺藏文献的补藏工作；加大网络资源的采集和整合力度；加大各类数字资源以及数字资源与传统资源的整合与揭示力度；着手编制《中国国家书目》；调研论证名人专藏馆的设立；综合考虑传统载体文献与数字资源的长期保存，论证国家文献战略储备库建设方案。在古籍工作方面，要加大古籍和民国文献的补藏力度，加强古籍文献、民国文献及其他严重破损文献的保护与修复工作，加快民国文献缩微与善本古籍彩色缩微工作，着手整合各类型古籍资源，推出第一批国家图书馆善本书志。在自动化建设方面，今年要启用新的全国联合编目系统，着手建立国家图书馆综合业务统计平台。

第四，开创各项服务工作新局面。

为立法决策服务始终是国家图书馆的一项重要服务职能，今年要继续花大力气全面提升国家图书馆立法决策服务水平，深化服务内容，扩大服务影响，建立国家图书馆立法决策服务工作网络；建设部委分馆示范馆，延伸为部委立法决策服务平台，不断提高服务水平；强化立法决策服务队伍能力建设，适时组建国情咨询顾问委员会。

要进一步加大公共文化服务力度，增加在互联网上提供的数字资源量，提高资源发现与获取的便捷性；拓展基于新兴媒体的服务，推进数字电视服务，增加高清数字电视节目内容，建设数字电视直播平台；大力开展面向移动信息终端的服务，加强手机适用资源的建设，与移动运营商合作，启动移动图书馆项目，利用3G网络提供服务；在做好现有系列讲座、展览的基础上，开发文津图书奖及各类讲座、展览的衍生产品，进一步扩大影响，打造社会教育服务品牌。

要通过建立政府公开信息整合服务联盟、残疾人数字图书馆联盟、全国公共图书馆讲座联盟和展览联盟等，扩大资源共享；加大国家数字图书馆的资源与服务在基层图书馆的推广力度；面向全国图书馆界从业人员提供业务与技能培训；以全国图书馆标准化技术委员会、全国文献影像技术标准化技术委员会为平台，推动图书馆事业标准化、规范化；充分发挥中国图书馆学会的作用，做好公共图书馆法立法支撑研究、志愿者行动等工作。

第五，实施国家重点文化工程。

全力支持全国文化信息资源共享工程的建设，借助全国文化信息资源共享工程的平台，策划并实施"县级数字图书馆推广计划"。

继续办好"部级领导干部历史文化讲座"，开通讲座网站，提升讲座水平，扩大品牌效应。

要全面推进中华古籍保护计划。启动并开展《中华古籍总目》分省卷的编撰工作；完成第三批《国家珍贵古籍名录》和全国古籍重点保护单位的评审和上报工作；全面推进中华再造善本工程续编工作和全国古籍普查登记工作，开展藏文古籍普查工作及民文古籍其他文种的普查调研；继续开展古籍保护人才培养工作；配合文化部做好全国古籍修复人员的职业资格认证工作，开展国家级古籍修复师的认定；建设国家级古籍保护实验室并开展实验研究；进一步在全国范围内协调开展古籍数字化工作，努力促成以多种方式实现海外古籍的回归与利用。

第六，加强科学研究工作与人才队伍建设。

国家图书馆作为研究性图书馆，应当进一步加强科研工作。今年要聘请客座教授和研究员指导并参与相关科研项目，形成馆内外力量相结合的科研队伍；重点建设数字图书馆、文献学、古籍保护等科研基地；继续做好博士后科研工作站的工作；积极组织申报国家级、部委级等各级各类科研课题；结合业务工作实践开展科学研究；加强图书馆间科研项目合作。

人才队伍是一切工作的基础。今年要制定《国家图书馆2011—2015年人才发展规划》；积极参与国家文化艺术名家工程、新世纪百千万人才工程、文化部优秀专家等高级人才的培养与遴选工作；拓展与高校、科研院所联合办学的渠道；鼓励员工修读双学位；在实施咨询馆员制度的基础上，试行学科馆员制度；做好与国内大型图书馆管理干部的双向交流培养工作。

第七，推进与国际图书馆界的交流与合作。

要积极发挥国家图书馆代表国家进行对外文化交流的职能。今年要积极参与中国驻外文化中心的建设；开展定向定题的、有针对性的出国出境考察；探讨在重点业务领域实行骨干人才派出培养机制；积极发挥国家图书馆作为国际图联中文语言中心和国际图联保存保护中心中国中心的作用；配合重大对外文化交流活动，开展有关工作；承办中美图书馆第五次合作会议等国际会议；继续参与世界数字图书馆项目；推进哈佛燕京图书馆古籍数字化合作项目与"中华寻根网"合作项目。

第八，深化改革，健全激励机制。

按照中央有关事业单位文化体制改革的要求，探索建立适合公益性文化单位特点的激励与约束机制；进一步提高管理效率和管理水平；对外包工作开展全面的绩效评估；根据上级的有关要求，完成国家图书馆出版社转企改制工作。

第九，全面提高综合保障能力。

要积极争取国家财政投入，广开经费来源渠道，努力增加收入，为事业发展提供经费保障；进一步加强预算管理和预算执行力度；建立专项经费绩效考评机制；要对北区新馆舍的运行状况进行全面评测，并进行调试和检修。

第十，加强党的建设和干部队伍建设工作。

今年要召开国家图书馆第二届党代会、第三次工会代表大会暨第二届职工代表大会和团代会；要切实加强干部队伍作风建设，提高干部队伍的能力素质；做好中层管理干部届满后的竞聘工作。

二、关于"十二五"期间事业发展的一些思考

"十二五"规划是指导国家图书馆下一个五年事业发展的纲领性文件,对国家图书馆的事业发展至关重要。主要有以下几点思考。

(一)深刻认识"十二五"时期图书馆事业发展的环境

图书馆事业是社会主义文化建设的重要组成部分,是党和政府向人民群众提供公共文化服务,保障人民群众基本文化权益的重要途径。李长春同志在国家图书馆百年庆典大会上指出:"图书馆是社会文明进步的标志,是人民群众学习知识、陶冶情操的殿堂,是建设学习型社会的重要阵地,是公共文化服务体系建设的重要基础性设施。"图书馆事业的发展必须适应政治、经济、文化、社会的发展,在社会主义文化建设发展中扮演越来越重要的角色,承担越来越重要的责任,发挥越来越重要的作用。国家图书馆作为国家级的重要文化设施,在我国图书馆事业发展中发挥着重要的引领作用,承担着"一库四中心"的职能,即国家总书库、全国书目中心、全国古籍保护中心、全国图书馆信息网络中心、全国图书馆发展研究中心。国家图书馆事业的发展对中华文明的传承,对公共文化服务体系的建设,对全国图书馆事业的发展都有着十分重要的影响。

第一,中央高度重视文化建设为图书馆事业发展提供了良好的政策环境。

党的十七大对兴起社会主义文化建设新高潮、推动社会主义文化大发展大繁荣做出了全面部署,突出强调了加强文化建设、提高国家软实力的战略任务。中央高度重视公共文化服务体系建设,图书馆作为公共文化服务体系的重要组成部分,面临着良好的发展机遇。截至2008年底,我国共有公共图书馆2820个,基本实现省、市、县公共图书馆的全覆盖,呈现出良好的发展态势。

第二,人民群众日益增长的精神文化需求为图书馆事业发展提供了强劲的动力。

随着我国经济社会的发展,人民群众的精神文化需求日益增长,尤其是中央关于建立学习型社会的战略部署,进一步激发了人们对信息与知识的获取需求。满足人民群众日益增长的多样化的文化需求,保障人民群众的基本文化权益,进一步推动形成全民阅读的良好风气,既是时代赋予我国图书馆事业的神圣使命和光荣职责,更是图书馆事业发展的不竭动力。人们通过阅读,学习知识、了解信息、完善自我、立身创业的愿望越来越强烈,越来越多的人走进图书馆。这就为图书馆事业的发展提供了新的机遇和挑战。

第三,现代科学技术的发展为图书馆事业发展提供了强大的技术支撑。

网络技术与信息技术的发展使图书馆事业站到了一个新的起点,以语义网、

3G、智能移动终端以及数字电视等新兴媒体为代表的信息技术与通信技术的应用和普及,为图书馆事业带来了新的发展机遇。截至2009年底,我国互联网用户达3.84亿,手机用户近7亿,数字电视用户6500万。这是一个庞大的用户群体,为图书馆服务提供了广阔的新空间。

第四,国际图书馆事业的发展为我国图书馆事业提供了更广阔的发展空间。

中国图书馆事业是国际图书馆事业的一个重要组成部分。国际图书馆界在重视文献信息资源建设、加强图书馆合作共享、提升知识管理与知识服务、制定数字图书馆发展战略、拓展图书馆社会功能等方面的探索与实践,为我国图书馆事业提供了可借鉴的发展思路,对我国图书馆事业的发展具有积极的影响作用。

无论是政策环境的优化、用户需求的增长、技术条件的改善,还是国际图书馆事业的发展,都为国家图书馆事业的发展提供了难得的机遇。

改革开放以来,图书馆事业发展迅速,在公共文化服务体系中发挥了重要作用。但同时,我们也要清醒地认识到,当前图书馆事业发展还面临着一些比较突出的问题和困难,主要表现在以下五个方面:

第一,图书馆发展的外部环境还有待进一步改善,图书馆事业发展尚无法可依,版权保护与社会公众对信息资源自由获取的需求之间还存在矛盾,政策与经费支持力度尚待加强,公众的图书馆意识尚待提高;

第二,公共图书馆事业的发展还不平衡,存在着较大的东西部差别和城乡差别,影响了图书馆事业的整体水平,降低了图书馆公共文化服务的总体效能;

第三,我国图书馆行业现行条块分割的管理体制,造成不同图书馆系统之间缺乏有效的横向协调机制,极大地制约着图书馆界的统筹发展和资源共享;

第四,当前,图书馆正处于从传统图书馆向现代图书馆转轨变型的关键时期,在这个时期,需要认真处理好传统业务与新兴业务融合的问题;

第五,从业人员现状尚不足以支撑事业的繁荣发展,还存在着图书馆员队伍与事业发展要求不相适应的问题,人才队伍建设亟待加强。

这些问题的存在制约着图书馆事业的发展,也制约着国家图书馆事业的发展。因此,我们必须清醒地认识到,在"十二五"期间,图书馆事业既面临机遇,也面临挑战,任务十分艰巨。

(二)"十二五"重点工作

"十二五"期间,我们要抓住机遇,重点考虑以下几个方面的工作:

第一,建设国家文献资源总库、国家文献战略储备库、专题知识库群。

国家图书馆是国家总书库,一直以收藏和保存传统文献为主,馆藏文献资源在数量和质量方面都具有明显的优势。随着信息技术的发展,图书馆所处的信息环境发生了很大变化,数字资源呈几何级数增长。在"十二五"期间,要为国家总书库建设赋予新的内涵,馆藏资源要从一元化走向多元化,不断优化调整馆藏资源类型与结构，扩大与延伸图书馆馆藏范围，在继续加强传统载体文献收藏与保存的基础上，加大电子出版物、网络信息资源等数字资源的采集与保存工作，形成传统馆藏和数字馆藏、实体馆藏和虚拟馆藏共同发展、互为补充的国家文献资源总库。

文献信息资源是国家的重要资源。要从文献战略储备的高度，着手研究建立国家文献战略储备库，一是对馆藏各类传统载体的文献资源建立长期保存书库，二是对馆藏数字资源进行异地灾备保存。

对文献信息资源进行科学的组织与揭示是图书馆行业的传统优势，要加强对知识组织的研究与实践，在古代文化、法律研究、图书馆信息管理等领域，利用新的知识组织工具，对多种载体、多种形式、多种类型、分散异构的信息资源进行深入挖掘，再现其知识关联关系，形成一个有机的知识网络，从而逐步建设一批专题知识库群，增强国家图书馆的知识提供与知识服务能力。

第二，加强数字资源建设力度，构建基于多网络、多终端、全媒体的数字图书馆服务体系。

"十二五"期间，国家图书馆要继续全面扩大数字资源的保有量，完成珍贵馆藏特色资源及公共领域作品的数字化加工工作，继续推进特色专题资源库建设，使数字资源总量达到 1000 TB，提高数字资源的可用性、全面性、多样性与相关性。

在硬件平台建设方面，要构建支持多网融合、多终端、全媒体的计算机网络支撑平台；在应用系统建设方面，建设全国图书馆资源和服务的统一管理平台，逐步在全国图书馆实现传统资源与数字资源的集中揭示、组织、整合与服务；在服务方面，尤其要关注以手机、数字电视、移动电视、社交网络等为代表的新兴媒体的发展，实施新兴媒体数字图书馆服务计划，用先进文化占领新兴媒体阵地。要充分利用电信网、广播电视网和 3G 网络，拓展与移动运营商和数字电视运营商的合作，面向全国 7 亿手机用户和 6500 万数字电视用户提供数字信息内容，打造内容丰富的参与式数字图书馆，使国家图书馆的数字资源与服务实现全民共享。

第三，构建国家图书馆多层次服务体系，不断提高公共文化服务水平。

为中央国家机关立法决策提供服务是国家图书馆的重要职能，各省市公共图书馆一直以来也非常重视为地方政府部门提供决策支持服务。这项服务的成效直接决定着各级政府对图书馆工作的认可程度，影响着政府机构的决策水平。图书馆要下大力气全面提升立法决策服务水平，扩大立法决策服务规模，开创立法决策服务的新局面。在"十二五"期间，要着手建立国家图书馆法律馆，开展立法决策文献信息的体系化建设，开展与国内外法律信息研究与服务机构的合作，打造中国法律文献收藏、研究与服务中心。进一步扩大服务规模，加强立法决策专向政策研究，引入外脑合作机制，建立面向国家大政方针、重大决策，领导人出访，重大政治、经济、社会事件等的快速响应机制，加强立法决策服务的针对性、前瞻性、时效性和主动性，提高对政府决策的影响力，力争将国家图书馆建设成为中央国家立法决策服务的重要的文献信息收藏与咨询中心；建立面向中央国家领导机关的立法决策服务工作网络，建立与省级公共图书馆的立法决策服务合作机制。

图书馆是公共文化服务体系建设的重要基础性设施，是建设学习型社会的重要阵地，是实现公共文化服务公益性、便利性、均等性、普惠性的重要窗口。"十二五"期间，国家图书馆要结合国家文化发展的总体规划与战略部署，坚持免费开放的原则，不断引进新技术，创新服务模式，拓展服务渠道，为社会创造优质的文化产品，向公众提供优质的文化服务。要充分利用全国数字图书馆推广计划、新兴媒体数字图书馆服务计划，将图书馆的信息服务嵌入用户日常的工作、学习、生活和科研过程中，模糊和淡化图书馆与用户之间的边界，创造图书馆服务与用户空间的有机融合，为用户提供到身边、到桌面的、随时随地的图书馆服务。

图书馆作为党和政府向人民群众提供公共文化服务、保障人民基本文化权益而进行的一种制度安排，要主动在社会政治、经济、文化大环境下进一步拓展社会教育职能，承担更多的社会责任，扮演更加积极、更有创造性、更有贡献的社会角色。在"十二五"时期，国家图书馆要实施"公民终身学习课堂"计划，丰富公众的文化体验与知识体验。建立网上学习社区，为公民终身学习、提高科学素质提供支持；建立网络阅读联合社区，倡导全民阅读，培养阅读习惯，引导阅读趋势，提高阅读能力；配合"世界读书日"策划并实施"书香中国"系列文化活动，为推动全民阅读、建设学习型社会营造良好氛围；通过全国公共图书馆讲座联盟和展览联盟，扩大优质讲座与展览资源的共享；优化图书馆的物理空间，打造动态、活跃、有吸引力、与用户可交互的图书馆。

第四，深度参与，积极承担，主动策划国家重点文化建设工程。

参与国家重点文化工程是图书馆传承和弘扬中华民族优秀文化的重要途径。"十二五"期间，要按照中央的有关要求，大力支持全国文化信息资源共享工程的建设，在基础设施建设、数字资源共享、标准规范研制、人员培训等方面推进双方的广泛合作，尤其要加大数字资源提供力度，在实施县级数字图书馆推广计划的基础上，全面实施全国数字图书馆推广计划，将国家数字图书馆的资源向文化共享工程的基层站点传播，从而整体提高各级公共图书馆提供数字资源服务的能力。

大力推进中华古籍保护计划，将我国古籍保护工作推向规范化、科学化、制度化的发展轨道，使古籍得到全面保护。"十二五"期间，要深入开展全国古籍普查，做好西藏等少数民族地区和少数民族文字的古籍普查；开展海外中文古籍普查寻访，促进海外古籍以多种形式回归；全面启动《中华古籍总目》分省卷编纂工作，"十二五"期间完成10省分卷的编纂；全面推进中华再造善本工程续编工作,逐步建立古籍数字资源库,编纂古籍数字化基本丛书;推进职业资格认证制度,开展文献修复师、古籍馆员职业资格认证;与高等院校和科研院所合作,开展古籍整理、保护、数字化等方面的学历教育,探索古籍修复人才从中专、大专、本科到研究生的培养机制;大力开展科研项目,逐步健全古籍保护规章制度、法律法规,初步形成古籍保护工作体系。

第五,加强与国内外图书馆界的交流与合作,发挥在国内图书馆界的引领作用,扩大在国际图书馆事务中的影响力。

要以全国图书馆资源和服务统一管理平台为基础,建立数字资源联合目录,逐步实现基于统一平台的全国图书馆数字资源共建共享。要建立覆盖全行业的馆际互借与文献传递合作网络、虚拟参考咨询合作网络。在全国联合编目工作的基础上,建立全国图书馆联合馆藏目录。通过政府公开信息整合服务联盟、残疾人数字图书馆联盟、全国公共图书馆讲座联盟和展览联盟,扩大资源共享范围。要协同行业资源,从事业发展的角度与处在信息产业链上下游的出版商、数据库商、搜索引擎、技术服务商、平台供应商等开展合作,发挥行业整体优势,实现图书馆的价值再造,增强行业话语权。

要积极参与国家"文化走出去"的战略,推进世界数字图书馆项目、哈佛燕京图书馆古籍数字化合作项目、"中华寻根网"项目和"中国之窗"项目的实施。在海外中国文化中心建立国家图书馆分馆,向驻在国人民介绍和传播我国的优秀民族文化,展示我国社会主义建设的新成就。

国家图书馆要加强图书馆事业发展的国家战略研究与规划,担负起为其他图书馆系统提供服务支撑的职责。在"十二五"期间,国家图书馆要加大为图书馆界提供服务的力度,向全国所有的图书馆开放全部公共领域数字化产品;结合图书馆事业发展与图书馆实践,组织制定系列行业规范性、指导性文件;投入经费支持行业发展趋势研究与新技术应用研究,联合业界力量建立云计算服务、知识组织、语义网等实验室,资助有关联合课题的研究。

第六,加强科研工作与人才队伍建设,打造具有专业竞争力的馆员队伍。

要紧密结合事业发展设立重点研究领域,加强图书馆学、数字图书馆技术、古籍文献整理和保护等重点领域的研究,重视新技术在图书馆的应用研究,促进研究成果的共享和对事业发展规划与业务工作的指导;联合图书馆界的力量,制定行业标准规范;培养一支高水平的科研队伍,聘请行业内的专家学者指导和参与国家图书馆的科研项目。加强国家图书馆研究院建设,重点对图书馆学、图书馆工作、图书馆事业发展进行学术和政策研究。

要加强人才队伍建设,与大专院校、研究机构合作建立研究生培养机制;出台政策鼓励员工修读双学位;提供多种形式的培训,帮助图书馆员拓展专业能力,实现向"知识领航员"的转变;努力为全国图书馆界培养人才。

(在国家图书馆"十二五"规划座谈会上的讲话,2010年1月21日)

发挥国家图书馆优势　推进与地方馆合作

岁末年初正是各单位最忙的时候，非常感谢大家在百忙之中莅临本次茶话会。对于院校图书馆而言，现在正在寒假，也感谢各位馆长在休假时安排出时间参加这次聚会。

今天到会的各位馆长分别来自教育、科研、党校、军队等不同的系统，其图书馆在职能定位、工作性质、工作重点方面可能都与国家图书馆有一定的差异，但基本职能和主要任务还是共通的，也就是采集、加工和整理文献信息资源，满足服务对象对信息与知识的需求，服务于国家政治、经济、科研、教育和文化等各方面的发展，在建设创新型国家、学习型社会中发挥各自作用。

去年12月，中央安排我到国家图书馆任职，目前我是文化部的工作和国家图书馆的工作两头兼顾。我来国家图书馆前，中央领导同志和蔡武部长都提出要求，国家图书馆作为国家级的重要文化设施，要引领全国图书馆事业的发展，在我国图书馆事业发展中多做实事，充分发挥作用。国家图书馆承担着"一库四中心"的职能，即国家总书库、全国书目中心、全国古籍保护中心、全国图书馆信息网络中心和全国图书馆发展研究中心。国家图书馆事业的发展离不开中央的支持，离不开文化部和相关部委的支持，更离不开在座各兄弟单位的支持与协作。国家图书馆事业的发展对中华文明的传承意义重大，对全国图书馆事业的发展也有着十分重要的影响。国家图书馆事业的发展不仅仅是国家图书馆自己的事情，更是我们大家共同的事业，需要集大家的智慧，共谋发展之策。

早在20世纪50年代，全国图书馆就开始了跨系统的协调与合作，如开展文献的分工购藏，医、农、地质、军事等领域的外文文献，分别由中国农业科学院图书馆、中国医学科学院图书馆、全国地质图书馆和中国军事科学院图书馆重点收藏，国家图书馆则侧重于其他学科领域文献的入藏、编制跨系统的文献联合目录等。1998年以来，图书馆间的合作得到进一步加强。特别是在时任国务院副总理李岚清同志的大力提倡与支持下，国家图书馆、公共图书馆、高校图书馆及其他系统图书馆开展了以文献资源共建共享为主要内容的合作。1999年1月，国家图书馆召开了全国文献信息资源共建共享会议，全国120多个图书馆参加会议并在共建共享合作协议书上签字；在文化部组织的全国文化信息资源共享工程和中华古籍保护计划的大平台下，各系统图书馆开展了许多卓有成效的合作；由北京大学牵头的中国高等教育文献保障系统（CALIS）建设项目成为教育领域重要的资源共享平台；以中国科技情报研究所牵头的国家科技图书文献中心（NSTL）建设整合了多家文献资源，显现了多馆联合与协作的优势；我国大陆、港澳台地区及海外多国也以"中文文献资源共建共享合作会议"为平台共同策划实施了不少合作项目。此外，国家图书馆还先后与北京大学图书馆、清华大学图书馆、中国科学院图书馆、中国社会科学院图书馆、中央党校图书馆以及近10家省级公共图书馆签订了双边合作协议，在馆际互借、文献传递、参考咨询等各方面开展了合作。国家图书馆一直致力于以宏富的馆藏为各系统图书馆提供服务支撑，据统计，通过协议馆服务的方式，我馆每年仅对北京大学、清华大学和中国社会科学院三家图书馆，文献提供量就在1万册以上，峰值时达到年1.5万册。其他还有许多成绩斐然的跨系统、跨地域的合作，为推动全国图书馆事业的发展起了非常重要的作用。

今年是"十一五"计划的最后一年，按照国务院部署，各级政府和各单位都在着手制定"十二五"规划。在安排今年工作，形成《2010年国家图书馆工作要点》的同时，国家图书馆对"十二五"也提前做了大量的调查研究工作，并进行了预研究，在此基础上，初步形成了《国家图书馆"十二五"规划起草提纲》。1月21—22日，在国家图书馆召开了"十二五"规划座谈会，文化部有关司局和直属单位的领导及全国省级、副省级和计划单列市图书馆馆长、图书馆界有关专家70多人参加了座谈会，大家站在全国图书馆事业发展的高度对国家图书馆的未来发展提出了很多很好的意见和建议。从现在到"十二五"时期是我国图书馆事业的一个重要发展机遇期，国家图书馆"十二五"规划与各系统图书馆的发展都有密切的联系，也与我国图书馆事业的发展息息相关。所以，我们专门安排了本次茶话会，请大家早期参与、共同谋划国家图书馆"十二五"规划，使国家图书馆能够尽早形成一个符合图书馆事业发展的规划。希望大家积极出谋划策，对国家图书馆的未来发展提出宝贵的意见和建议。我一直有一个想法，那就是要善于把思路变成项目，把项目变成经费，要联合策划一些能够争取中央财政支持的、带动全国图书馆事业发展的项目。比如中华古籍保护计划、再造善本工程，都是由国家图书馆首先策划，全国许多图书馆共同参与建设的。所以，尽管时至新年，馆班子商议还是请大家来，汇集大家的智慧，与我们共同谋划国家图书馆"十二五"发展思路，争取策划一些能够争取中央财政支持的、带动全国图书馆事业发展的项目。希望大家畅所欲言。

下面，我简单向各位介绍一下我馆对"十二五"时期重点工作的一些考虑，还未经论证，难免有疏漏，聊作引玉之砖。

第一，建设国家文献资源总库、国家文献战略储备库、专题知识库群。

国家图书馆是国家总书库，一直以收藏和保存传统文献为主，馆藏文献资源在数量和质量方面都具有明显的优势。随着信息技术的发展，图书馆所处的信息环境发生了很大变化，数字资源呈几何级数增长。在"十二五"期间，要为国家总书库建设赋予新的内涵，馆藏资源要从一元化走向多元化，不断优化调整馆藏资源类型与结构，扩大与延伸图书馆馆藏范围，在继续加强传统载体文献收藏与保存的基础上，加大电子出版物、网络信息资源等数字资源的采集与保存工作，形成传统馆藏和数字馆藏、实体馆藏和虚拟馆藏共同发展、互为补充的国家文献资源总库。要在保持人文社科领域文献收藏数量和质量领先地位的基础上，在科技文献入藏的质量和数量方面要有大幅度的增长和提高，力争通过5～10年的努力建立科技文献藏品优势。数据库的采购重点要放在基于授权用户的使用上，使外购资源能够通过互联网更多地为业界提供服务，从而充分发挥资源的效益。

文献信息资源是国家的重要资源。要从文献战略储备的高度，着手研究建立国家文献战略储备库，一是对馆藏各类传统载体的文献资源建立长期保存书库，二是对馆藏数字资源进行异地灾备保存，从而使我国珍贵的历史文化遗产能够得到长久的、安全的保护。

对文献信息资源进行科学的组织与揭示是图书馆行业的传统优势。要加强对知识组织的研究与实践，在古代文化、法律研究、图书馆信息管理等领域，利用新的知识组织工具，对多种载体、多种形式、多种类型、分散异构的信息资源进行深入挖掘，再现其知识关联关系，形成一个有机的知识网络，从而逐步建设一批专题知识库群，增强国家图书馆的知识提供与知识服务能力。

另外，还要考虑建立名人专藏馆。国家图书馆拥有大量的名人手稿和名人藏书，这些藏品既是国家图书馆馆藏文献的重要组成部分，也是传承文明与文化的重要资料。要通过建立名人专藏馆的方式将这些资源展示出来，为社会公众服务，为建设社会主义核心价值服务。

第二，加强数字资源建设力度，构建基于多网络、多终端、全媒体的数字图书馆服务体系。

"十二五"期间，国家图书馆要继续全面扩大数字资源的保有量，完成珍贵馆藏特色资源及公共领域作品的数字化加工工作，继续推进特色专题资源库建设，使数字资源总量达到1000 TB，提高数字资源的可用性、全面性、多样性与相关性。

在硬件平台建设方面，要构建支持多网融合、多终端、全媒体的计算机网络支撑平台；在应用系统建设方面，建设全国图书馆资源和服务的统一管理平台，逐步在全国图书馆实现传统资源与数字资源的集中揭示、组织、整合与服务；在服务方面，尤其要关注以手机、数字电视、移动电视、社交网络等为代表的新兴媒体的发展，实施新兴媒体数字图书馆服务计划，用先进文化占领新兴媒体阵地。要充分利用电信网、广播电视网和3G网络，拓展与移动运营商和数字电视运营商的合作，面向全国7亿手机用户和6500万数字电视用户提供数字信息内容，打造内容丰富的参与式数字图书馆，使国家图书馆的数字资源与服务实现全民共享。

第三，构建国家图书馆多层次服务体系，不断提高公共文化服务水平。

为中央国家机关立法决策提供服务是国家图书馆的重要职能,各系统图书馆也在为有关政府部门提供决策支持服务。这项服务的水平体现了图书馆的办馆水平与办馆理念,也体现了图书馆的社会地位,其服务成效直接决定着各级政府对图书馆工作的认可程度,影响着政府机构的决策水平。图书馆要下大力气全面提升立法决策服务水平,扩大立法决策服务规模,开创立法决策服务的新局面。在"十二五"期间,要着手建立国家图书馆法律馆,将法律馆建设成为我国法律文献的最终查找基地,开展立法决策文献信息的体系化建设,开展与国内外法律信息研究与服务机构的合作,打造中国法律文献收藏、研究与服务中心。进一步扩大服务规模,加强立法决策专项政策研究,引入外脑合作机制,聘请国情咨询顾问,定期研究立法决策服务领域应该关注的问题,从而提高立法决策服务的针对性,建立面向国家大政方针、重大决策,领导人出访,重大政治、经济、社会事件等的快速响应机制,加强立法决策服务的针对性、前瞻性、时效性和主动性,提高对政府决策的影响力,力争将国家图书馆建设成为中央国家立法决策服务的重要的文献信息收藏与咨询中心;联合各部委政策法规司,搭建立法决策服务平台,以便于各部委了解国家图书馆的文献资源,也便于国家图书馆了解各部委的需求,从而更深层次地参与立法决策服务;建立全国立法决策服务平台,共享有关信息,整体提高全国图书馆的立法决策服务水平。

图书馆是公共文化服务体系建设的重要基础性设施,是建设学习型社会的重要阵地,是实现公共文化服务公益性、便利性、均等性、普惠性的重要窗口。"十二五"期间,国家图书馆要结合国家文化发展的总体规划与战略部署,坚持免费开放的原则,不断引进新技术,创新服务模式,拓展服务渠道,为社会创造优质的文化产品,向公众提供优质的文化服务。要充分利用全国数字图书馆推广计划、新兴媒体数字图书馆服务计划,将图书馆的信息服务嵌入用户日常的工作、学习、生活和科研过程中,模糊和淡化图书馆与用户之间的边界,创造图书馆服务与用户空间的有机融合,为用户提供到身边、到桌面的、随时随地的图书馆服务。

图书馆作为党和政府向人民群众提供公共文化服务、保障人民基本文化权益而进行的一种制度安排,要主动在社会政治、经济、文化大环境下进一步拓展社会教育职能,承担更多的社会责任,扮演更加积极、更有创造性、更有贡献的社会角色。在"十二五"时期,国家图书馆要实施"公民终身学习课堂"计划,丰富公众的文化体验与知识体验。建立网上学习社区,为公民终身学习、提高科学素质提供支持;建立网络阅读联合社区,倡导全民阅读,培养阅读习惯,引导阅读趋势,提高阅读能力;配合世界读书日策划并实施"书香中国"系列文化活动,为推动全民阅读、建设学习型社会营造良好氛围;通过全国公共图书馆讲座联盟,实现讲座主讲人公开发布和点评,使优质讲座资源实现业界共享;建立全国公共图书馆展览联盟,实现优质展览在全国图书馆,甚至博物馆巡展,配合我国对外文化交流的大局，将重要的文化资源推向国外，全方位地展示中华文化，扩大中华文化的影响；优化图书馆的物理空间，打造动态、活跃、有吸引力、与用户可交互的图书馆。

第四，深度参与，积极承担，主动策划国家重点文化建设工程。

参与国家重点文化工程是图书馆传承和弘扬中华民族优秀文化的重要途径。"十二五"期间，要按照中央的有关要求，大力支持全国文化信息资源共享工程的建设，在基础设施建设、数字资源共享、标准规范研制、人员培训等方面推进双方的广泛合作，尤其要加大数字资源提供力度，在实施县级数字图书馆推广计划的基础上，全面实施全国数字图书馆推广计划，将国家数字图书馆的资源向文化共享工程的基层站点传播，从而整体提高各级公共图书馆提供数字资源服务的能力。

大力推进中华古籍保护计划，将我国古籍保护工作推向规范化、科学化、制度化的发展轨道，使古籍得到全面保护。"十二五"期间，要深入开展全国古籍普查，做好西藏等少数民族地区和少数民族文字的古籍普查；开展海外中文古籍普查寻访，促进海外古籍以多种形式回归；全面启动《中华古籍总目》分省卷编纂工作，"十二五"期间完成10省分卷的编纂；全面推进中华再造善本工程续编工作，逐步建立古籍数字资源库、编纂古籍数字化基本丛书；推进职业资格认证制度，开展文献修复师、古籍馆员职业资格认证；与高等院校和科研院所合作，开展古籍整理、保护、数字化等方面的学历教育，探索古籍修复人才从中专、大专、本科到研究生的培养机制；大力开展科研项目，逐步健全古籍保护规章制度、法律法规，初步形成古籍保护工作体系。

继续承办好"部级领导干部历史文化讲座"。要精心打造好每一次讲座，选好主讲人，策划好选题和内容，不断提高讲座水平。

第五，加强与国内外图书馆界的交流与合作，发挥在国内图书馆界的引领作用，扩大在国际图书馆事务中的影响力。

要以全国图书馆资源和服务统一管理平台为基础，建立数字资源联合目录，逐步实现基于统一平台的全国图书馆数字资源共建共享。要建立覆盖全行业的馆际互借与文献传递合作网络、虚拟参考咨询合作网络。在全国联合编目工作的基础上，建立全国图书馆联合馆藏目录。通过政府公开信息整合服务联盟、残疾人数字图书馆联盟、全国公共图书馆讲座联盟和展览联盟，扩大资源共享范围。要协同行业资源，从事业发展的角度与处在信息产业链上下游的出版商、数据库商、搜索引擎、技术服务商、平台供应商等开展合作，发挥行业整体优势，实现图书馆的价值再造，增强行业话语权。要积极参与国家"文化走出去"的战略，推进世界数字图书馆项目、哈佛燕京图书馆古籍数字化合作项目、"中华寻根网"项目和"中国之窗"项目的实施。在海外中国文化中心建立国家图书馆分馆，向驻在国人民介绍和传播我国的优秀民族文化，展示我国社会主义建设的新成就。

国家图书馆要加强图书馆事业发展的国家战略研究与规划，担负起为其他图书馆系统提供服务支撑的职责。在"十二五"期间，国家图书馆要加大为图书馆界提供服务的力度，向全国所有的图书馆开放全部公共领域数字化产品；结合图书馆事业发展与图书馆实践，组织制定系列行业规范性、指导性文件；投入经费支持行业发展趋势研究与新技术应用研究，联合业界力量建立云计算服务、知识组织、语义网等实验室，资助有关联合课题的研究；开展与各省图书馆的管理干部双向交流；承担更多的行业培训职责；开展与国内公共图书馆的外文资源联合采购，条件成熟时也可考虑开展跨系统的联合采购；将海外中华文化中心国家图书馆分馆的建设平台延伸到全国各公共图书馆，与各馆共同承担建设任务。

第六，加强科研工作与人才队伍建设，打造具有专业竞争力的馆员队伍。

要紧密结合事业发展设立重点研究领域，加强图书馆学、数字图书馆技术、古籍文献整理和保护等重点领域的研究，重视新技术在图书馆的应用研究，促进研究成果的共享和对事业发展规划与业务工作的指导；联合图书馆界的力量，制定行业标准规范；培养一支高水平的科研队伍，聘请行业内的专家学者指导和参与国家图书馆的科研项目。加强国家图书馆研究院建设，重点对图书馆学、图书馆工作、图书馆事业发展进行学术和政策研究；联合图书馆界共同策划申请国家级科研课题，通过课题研究提高图书馆的科研水平、管理水平和业务水平。

要加强人才队伍建设，与大专院校、研究机构合作建立研究生培养机制，为图书馆行业在职人员的岗位学习提供机会；扩大合作培养规模；出台政策鼓励员工修读双学位；提供多种形式的培训，帮助图书馆员拓展专业能力，实现向"知识领航员"的转变；努力为全国图书馆界培养人才。

最后，还想谈几点希望。一是希望大家畅所欲言。我刚才讲的"十二五"规划思路还不是成熟的意见，很多只是设想，还没有经过论证，哪些思路可行，哪些思路还需要继续完善，哪些思路还不可行，请大家畅所欲言，不要有保留。二是希望大家共同策划跨部门、跨系统的合作项目，策划国家财政能够支持的项目，策划能够对国家科技进步、经济发展与文化建设有重大影响的项目，同时也要策划对全国图书馆事业有重大促进作用的项目。要善于把思路变成项目，把项目变成经费，引导各级财政加大投入，以此来支持图书馆事业的发展，这一点至关重要。三是希望各馆共同努力，进一步增进各系统图书馆之间的合作，形成行业整体大发展的态势。国家图书馆将一如既往在各系统图书馆合作中发挥重要作用。

（在"在京各系统图书馆馆长迎春茶话会"上的讲话，2010年2月5日）

共同努力，创造国家图书馆事业新辉煌

今天，我们召开一年一度的全馆员工大会，主要是表彰先进，总结上一年的工作，部署2010年的工作。

2009年对国家图书馆来说是不平凡的一年，在这一年，国家图书馆度过了自己的百岁生日。在馆领导班子的带领下，全馆员工齐心协力，圆满地完成了各项任务。可以说，2009年是各项工作稳步推进的一年，是国家图书馆事业持续发展的一年，为2010年乃至今后一段时期的工作打下了良好的基础。

下面我代表馆领导班子就2010年的工作做如下部署。

一、国家图书馆事业发展面临的形势

图书馆是公共文化事业的重要组成部分。改革开放30年来，随着我国政治、经济、文化和社会的发展，图书馆事业在社会主义文化建设中扮演着越来越重要的角色，承担着越来越重要的责任，国家图书馆的事业也随之进入了百年来一个重要的发展机遇期，主要表现在以下几个方面：

第一，中央高度重视公共文化服务体系建设，为国家图书馆事业发展提供了良好的政策环境。

党的十七大对兴起社会主义文化建设新高潮、推动社会主义文化建设大发展大繁荣做出全面部署，文化作为国家重要的软实力之一，在国家大政方针中的位置得到了明显提升。中央高度重视公共文化服务体系建设，提出要建设覆盖全社会的公共文化服务体系，国家图书馆作为公共文化服务体系的重要组成部分，面临着良好的发展机遇。2009年，温家宝、李长春、刘云山、刘延东等领导同志分别来馆里视察工作，温家宝、李长春同志还发表了重要讲话，多位中央领导同志对国家图书馆的工作给予肯定。特别是国家图书馆提供的汶川地震灾后重建、新疆问题调研等信息专报材料，得到了中央领导的好评。这些都说明中央非常重视国家图书馆在我国文化建设中的地位和作用。中央财政对国家图书馆的经费投入也逐年稳步增长。从基本支出看，1999年国家图书馆的基本事业费只有2118万元，2005年为6000万元，2009年增长到9885万元；购书经费从2005年的1.2亿元增长为2009年的1.65亿元，有的年份经费投入的增长水平甚至高于当年财政支出的增长水平。此外，国家图书馆二期工程暨国家数字图书馆工程、再造善本工程及其续编工作、中华古籍保护计划等项目都得到了中央财政的大力支持。这些都为国家图书馆事业发展提供了良好的政策环境。

第二，中央关于建设学习型社会、学习型政党的战略部署，为国家图书馆事业发展提供了强劲的动力。

中央根据社会发展的实际需求，提出建设学习型社会和学习型政党，这是着力于提高全民族科学文化素质的一项战略决策，激发了人们的学习热情。国家图书馆作为社会教育的最高学府、公民教育的终身课堂，是建设学习型社会的重要阵地，承担着重要责任。近年来，到馆读者不断增加，2009年达到520万人次，同比增长约60%，是历年来最多的一年。人们通过阅读，学习知识、了解信息、完善自我、立身创业的愿望越来越强烈。满足人民群众日益增长的学习要求和多样化的文化需求，是时代赋予国家图书馆的神圣使命和光荣职责，更为国家图书馆事业发展提供了强劲的动力。

第三，现代科学技术的进步为国家图书馆事业发展提供了坚实的技术支撑。

现代科学技术的发展日新月异，以3G、语义网为代表的网络通讯技术与信息技术的发展使国家图书馆事业站到了一个新的起点，以智能移动终端和数字电视等为代表的新兴媒体的普及，为国家图书馆事业带来了新的发展机遇。最近，国务院决定推动电信网、广电网及互联网的三网融合，为国家数字图书馆的推广开辟了新的业务空间。此外，数字图书馆技术日渐成熟，资源建设与服务的标准规范逐步建立，使得资源的组织更为有序，使用更为便利。这些都为国家图书馆利用现代媒体进行数字图书馆服务提供了坚实的技术支撑。1996年国家图书馆在国内最早提出建设数字图书馆，当时还只是一个实验性项目，而现在，国家数字图书馆工程的阶段性建设成果已面向社会提供服务。数字图书馆边建设边服务，主要是依靠高新技术的发展。

第四，国内外图书馆事业取得的成就为国家图书馆事业的发展提供了广阔的空间。

近年来，国内外图书馆事业进入了蓬勃发展的历史时期，大家在文献信息资源建设、加强馆际合作共享、提升知识管理与知识服务、促进数字图书馆发展、拓展图书馆社会功能等方面进行了积极的探索与实践。就我国而言，已经基本实现了省、市、县公共图书馆的全覆盖，有的地方已经着手建设农村的图书馆。我国最早的乡村图书馆是1928年建成的云南腾冲县和顺图书馆。现在农村图书馆的建设发展很快，在珠江三角洲、长江三角洲地区，很多乡镇文化站都设立了规模不等的阅览室。随着图书馆事业的发展，图书馆将越来越普及，过去一个城市有一个中心图书馆，现在一个城市已有若干个图书馆，图书馆的公共文化服务网络正在形成。高校与科研系统图书馆之间的资源共享也有了长足的发展。这既为国家图书馆事业的发展提供了可资借鉴的经验，也为国家图书馆依托现代传输网络，加强业界合作共享提供了广阔的空间。

上述这些都为国家图书馆事业的发展提供了难得的机遇。但同时，我们也要清醒地认识到，当前国家图书馆事业发展还面临着一些比较突出的问题和困难，主要表现在以下几个方面：

在基础业务建设方面，文献缴送率低，其中图书的缴送率不到70%，其他文献的缴送率，尤其是电子出版物的缴送率更低，这直接影响着国家总书库的建设；文献的入藏范围与国家总书库的要求不相适应，例如，作为国家总书库，国家图书馆在科技文献的入藏数量与质量方面已不具优势；面向数字资源的采集与保存机制亟待建立；随着出版物的激增，未来20年内新馆的书库又将面临饱和，需要考虑馆藏各类载体文献的长期保存问题，这也是国内外图书馆界面临的共性问题。

在数字图书馆建设方面，数字图书馆业务与传统业务并行的条件下，业务流程如何组织，对国家图书馆的管理与服务提出了新的挑战；新兴媒体的发展也对国家数字图书馆的建设提出了新的要求。另外，图书馆立法还落后于实践，数字资源版权处理还面临诸多困难。

在服务工作方面，面对不同服务对象的服务水平需要进一步提高，立法决策服务规模需要进一步扩大，社会教育职能需要进一步拓展，业界服务需要进一步加强，要在全国公共图书馆事业的发展中发挥引领作用。春节前，国家图书馆召开了"十二五"规划座谈会，与会的全国各省图书馆馆长希望国家图书馆充分发挥龙头馆的带动作用。国家图书馆不仅要做好自己一馆的工作，还要考虑全国图书馆事业的发展。特别是在数字图书馆条件下，如何使数字资源为全国提供服务，是我们面临的一个亟待解决的问题。

在人才队伍建设方面，人才队伍结构不尽合理，特别是缺少图书情报研究领域的领军人物。过去，国家图书馆曾在许多业务领域居全国领先地位。例如，刘国钧分类法至今还影响着我国图书馆事业的基础业务工作；赵万里先生的版本学和古籍修复，对图书馆古籍管理工作影响深远；在文献学、版本学的研究方面，国家图书馆也取得过令人瞩目的成果。而现在，国家图书馆在全国图书馆学术研究领域的影响力亟待加强。清华大学老校长梅贻琦有一句名言："大学者，大师之谓，非大楼也。"我借用他的话："大馆者，大师之谓，非大楼也。"国家图书馆作为综合性、研究型的图书馆，在业务上必须有旗帜性人物，才能撑得起国家图书馆。因此，加大人才培养力度，特别是领军人物的培养更显迫切。

在内部管理方面，存在着内部机制不活、管理僵化、科学有效的激励机制还没有完全建立起来等问题。需要按照文化体制改革的要求，建立起灵活的、有生机与活力的管理机制。

这些问题的存在，一定程度上制约着国家图书馆事业的发展。我们必须清醒地认识到，社会的发展、人民群众日益增长的精神文化需求都对国家图书馆提出了越来越高的要求。我们要采取积极有效的应对措施，不断解放思想，开拓创新，为国家图书馆营造良好的事业发展环境，为公共文化服务做出更大的贡献。

二、2010 年的工作任务

2010 年是承上启下的一年，一方面要全面落实"十一五"规划的各项任务，另一方面要为"十二五"规划的开局打下一个良好的基础。经过全馆上下充分酝酿和讨论，形成了《2010 年国家图书馆工作要点》，部署了 10 个方面的重要工作。前不久召开了中层干部会，已经就有关的工作进行了部署。下面我重点强调以下几个方面的工作：

第一，制定《国家图书馆"十二五"规划纲要》。

今年是"十一五"规划执行的最后一年，要全面分析检查"十一五"规划的执行情况，加大落实力度，力争在 2010 年年内圆满完成规划既定的目标和任务。

从现在到"十二五"时期是国家图书馆事业的重要发展机遇期，馆里在制定并下发《2010 年国家图书馆工作要点》的同时，也在谋划未来 5 年的发展。春节前，在预研究的基础上，初步形成了《国家图书馆"十二五"规划起草提纲》，并先后两次召开专门会议，听取了文化部有关司局和直属单位负责同志，全国省级、副省级、计划单列市图书馆馆长，在京各系统图书馆馆长，以及图书馆界有关专家近百人对国家图书馆未来发展思路的意见和建议。年初成立了"十二五"规划编制领导小组和工作小组，下一步还将分为 11 个专题，由各主管馆长牵头进行调研，并在调研的基础上，争取上半年完成"十二五"规划初稿。这项工作事关国家图书馆事业的未来发展，至关重要。也希望全馆员工集思广益、建言献策，共同搞好我们的"十二五"规划。

第二，加快推进国家数字图书馆工程，启动一期维修改造工程。

按照国家数字图书馆工程建设的计划，今年要基本完成硬件平台、软件系统和标准规范等工程主要的建设任务。在数字资源建设方面，要继续扩大数字资源的保有量，尤其要优先进行珍贵馆藏特色资源、公共领域作品以及通过版权征集获得使用授权的作品的数字化加工工作，继续推进成熟商用资源的购买和特色专题资源库的建设，力争在年末使数字资源总量达到 370 TB。要继续遵循"边建设边服务"的原则，加快国家数字图书馆的服务，关注以手机、数字电视等为代表的新兴媒体的发展，实施新兴媒体数字图书馆服务计划，用先进文化占领新兴媒体阵地。

国家图书馆一期馆舍从 1987 年启用至今已 20 多年，设备设施严重老化，有的受当时条件限制，功能设计不合理，急需维修改造。今年要完成一期维修改造工程的立项审批，并结合一期维修改造，做好业务格局规划和服务布局调整，完成改造方案，争取尽早开工建设。要在整体设计的基础上陆续展开一期维修改造，年内完成行政楼的改造。这项工作涉及全馆业务及各个部门，希望各部门积极配合，保证工作的顺利进行。

第三，加强图书馆基础业务工作。

要按照国家总书库建设的要求加强文献缴送工作，充分利用政府的力量，采用主管部门通报、新闻媒体报道等各种方式，促进出版机构履行缴送义务，主动缴送。要认真评估目前的文献入藏范围，实现国内正式出版物的全面入藏；要着手编制《中国国家书目》。

要从文献战略储备的高度，着手研究建立国家文献战略储备库，一是对国家图书馆馆藏纸质文献、缩微文献等各类传统载体的文献资源建立长期的保存书库，二是对馆藏数字资源进行备份保存，从而使我国珍贵的历史文化遗产能够得到长久的、安全的保护。

另外，还要调研论证名人专藏馆的设立，将国家图书馆馆藏的珍贵名人手稿和名人藏书展示出来，为社会公众提供服务。

第四，开创服务工作新局面。

为立法决策服务是国家图书馆的重要职能。随着国家法制化建设的不断完善，科学决策水平的不断提高，对国家图书馆立法决策服务的要求越来越高。要全面提升国家图书馆立法决策服务水平。建设部委分馆示范馆，联合各部委政策法规司（局），搭建立法决策服务平台；进一步扩大服务规模，引入外脑合作机制，聘请国情咨询顾问，适时组建国情咨询顾问委员会；定期研究立法决策服务领域应该关注的问题，从而提高立法决策服务的针对性；建立面向国家大政方针、重大决策，领导人出访，重大政治、经济、社会事件等的快速响应机制，加强立法决策服务的主动性、针对性、前瞻性和时效性，提高立法决策服务能力，着手打造中国法律文献收藏、研究与服务中心，力争将国家图书馆建设成中央国家立法决策服务的重要的文献信息收藏与咨询基地。"部级领导干部历史文化讲座"从 2002 年开始已成功举办 138 讲，2 万多人次部级干部参加，社会影响很大。中央领导同志多次表扬，要继续办好这一讲座，精心安排好每一场讲座，选好主讲人，策划好选题和内容，不断提高水平。

要进一步加大公共文化服务力度，拓展基于新兴媒体的服务，推进数字电视服务和移动阅读服务。要进一步拓展社会教育职能，为学习型社会建设发挥更大作用。要配合"世界读书日"策划并实施"书香中国"系列文化活动，为推动全民阅读、建设学习型社会营造良好氛围；在做好现有系列讲座、展览的基础上，开发"文津图书奖"及各类讲座、展览的衍生产品，进一步扩大影响，打造社会教育服务品牌；办好"文津讲坛"，加快讲座内容的整理出版进度。

作为我国图书馆界的龙头，国家图书馆要充分发挥对全国图书馆事业发展的引领作用。适时建立政府公开信息整合服务联盟、残疾人数字图书馆联盟、全国公共图书馆讲座联盟和展览联盟等，扩大资源共享范围；要以全国图书馆标准化技术委员会、全国文献影像技术标准化技术委员会为平台，推动图书馆事业标准化、规范化进程；充分发挥中国图书馆学会的作用，做好公共图书馆法立法支撑研究、"全国图书馆志愿者行动"等工作。

第五，实施国家重点文化工程。

要按照中央有关要求，大力支持全国文化信息资源共享工程的建设，使国家数字图书馆与文化共享工程紧密结合，充分利用文化共享工程的平台，延伸和拓展国家数字图书馆的资源与服务，进一步扩大国家数字图书馆的服务效益。今年2月1日，文化部启动了县级数字图书馆推广计划。春节前，由国家图书馆提供的总量达1 TB的数字资源在全国320个县级图书馆安装完成，为基层群众提供服务。从反馈信息看，受到了各地群众的欢迎。3月下旬，国家数字图书馆的资源将送达地震灾区的县级图书馆。今年年底前要使全国2940个县都具备提供数字图书馆服务能力，把数字图书馆的建设成果推向全国，成为国家数字图书馆服务的延伸。同时，我们要在今年推进县级数字图书馆推广计划的基础上，谋划实施全国数字图书馆推广计划，最终在全国形成一个资源丰富、服务快捷、技术先进、稳定可靠的分布式数字图书馆网络，并通过这个网络向社会公众提供信息与知识的跨库无缝集成服务，使国家图书馆的数字资源与服务实现全民共享，从而整体提高各级公共图书馆提供数字资源服务的能力。

大力推进中华古籍保护计划，完成第三批《国家珍贵古籍名录》和全国古籍重点保护单位的评审和上报工作；启动并开展《中华古籍总目》分省卷的编撰，开展藏文古籍普查工作及民文古籍其他文种的普查调研；继续开展古籍保护人才培养，配合文化部做好全国古籍修复人员的职业资格认证，开展国家级古籍修复师的认定；建设国家级古籍保护实验室并开展实验研究；进一步在全国范围内协调开展古籍数字化工作，努力促成以多种方式实现海外古籍的回归与利用；做好中华再造善本工程续编工作。

要配合文化部有关司局，在公共文化服务体系建设、地方文献建设、非物质文化遗产资源库建设等方面积极开展工作，发挥国家图书馆应有的作用。

第六，加强科学研究工作与人才队伍建设。

作为综合性研究图书馆，国家图书馆要加强图书馆事业发展的国家战略研究与规划，担负起为国家图书馆事业乃至全国图书馆事业发展提供研究支撑的职责。要加强科研队伍的培养；紧密结合事业发展设立重点研究领域，加强图书馆学、数字图书馆技术、古籍文献整理和保护等重点领域的研究；适时启动第二批重大科研项目的招标工作；联合图书馆界的力量，制定行业规范性、指导性文件；加强国家图书馆研究院建设，重点对图书馆学、数字图书馆技术、图书馆事业发展进行学术和政策研究，也为政府的决策提供依据。

要继续加强人才队伍建设，积极参与"新世纪百千万人才工程""文化部优秀专家"等高级人才的培养与遴选；继续推进与完善"创新人才计划"。目前，馆里正在着手与大专院校、研究机构合作建立研究生培养机制，为在职员工的岗位学习提供更多的机会。此外,馆里还将调整和优化员工继续教育政策,鼓励员工修读双学位;尽力为大家提供多种形式的培训,帮助员工进一步拓展专业能力;要在实施咨询馆员制度的基础上,试行学科馆员制度。

第七,推进与国际图书馆界的交流与合作。

要积极参与国家"文化走出去"的战略,推进世界数字图书馆项目、哈佛燕京图书馆古籍数字化合作项目、"中华寻根网"项目和"中国之窗"项目的实施;积极发挥国家图书馆作为国际图联中文语言中心和国际图联保存保护中心中国中心的作用;承办中美图书馆第五次合作会议等国际会议;积极参与中国驻外文化中心的建设,适时在海外中国文化中心建立国家图书馆分馆,向驻在国人民介绍和传播我国的优秀民族文化,展示我国社会主义建设的新成就。

第八,深化改革,健全激励机制。

国家图书馆是中央确定的公益性事业单位的改革试点,要按照中央关于深化文化体制改革的总体要求,以增加投入、转换机制、增强活力、改善服务为重点,进一步深化干部人事制度改革,建立按劳分配、多劳多得、优劳优酬的分配与激励机制;积极配合财政部门,对事业发展所需要的经费投入进行认真的测算,要把重点放在对基本支出的测算上,谋划项目,推动财政加大投入。

第九,全面提高综合保障能力。

要进一步加大预算管理和预算执行力度,建立专项经费绩效考评机制。

要继续做好安全保卫、后勤保障等各项工作,通过现代化技术手段逐步完善漏水报警、安防监控等各项设备设施及保卫措施;加强我馆一期改造工程中的安全管理力度。

新馆尽管获得了"鲁班奖"等一系列的奖励,但存在的问题不容忽视,要对新馆舍的运行状况进行全面评估,并根据评估情况进行必要的调试和检修,确保二期新馆正常运行。

第十,加强党的建设和干部队伍建设。

要根据中央部署,开展建设学习型党组织和学习型领导班子的活动,适时召开国家图书馆第二届党代会。

要做好中层管理干部届满后的竞聘工作。适时召开国家图书馆第三次工会代表大会暨第二届职工代表大会、第八届团代会和青年工作会议。举办第九届员工运动会。

我馆目前已有离退休员工(包括内退人员)848人,国家图书馆事业发展凝聚着这些老同志们的辛勤劳动和汗水,老同志们对我馆的各项工作一贯非常关心、支持。要继续落实好国家对离退休员工的有关政策,不折不扣地执行;要加强与离退休老同志的联系与沟通,关心他们的生活,主动做好服务;要通过各种形式发挥离退休老专家的作用。

三、几点要求

国家图书馆承担着"传承文明、服务社会"的神圣使命，每一位员工都肩负着重要责任。下面我就如何完成好全年的工作提几点要求：

第一，要加强学习，全面提高个人素质。

国家图书馆是社会文化教育单位，承担着传承和弘扬优秀传统文化、传播现代文明成果、提高公民科学文化素质、推动社会进步的重要职责。未来社会的发展对国家图书馆的工作提出了更高的要求，作为国家图书馆的员工，必须不断地学习，才能完成岗位赋予的责任。

国家图书馆是社会教育的最高学府，是公民教育的终身课堂，图书馆的工作人员应该成为人类灵魂的工程师。传统图书馆所要求的图书馆员"为人找书，为书找人"，至今仍然有现实意义。在现代信息化、网络化条件下，图书馆员要成为"知识领航员"，引导读者利用信息，学习知识，这就对国家图书馆的馆员的素质能力提出了更高的要求。中央提出"干部要坚持干什么学什么，缺什么补什么"。国家图书馆员工要在以下几个方面加强学习：一是要读革命导师的经典著作，特别是哲学著作，学习他们的世界观、方法论，从而增强工作的原则性、系统性、预见性和创造性。二是要学习古今中外的优秀文化典籍。这些典籍的智慧光芒穿透历史，思想价值跨越时空，历久弥新，是人类共有的精神财富，确定一个民族的基本走向。国家图书馆的馆员应该有这个文化积淀。三是要学习业务知识，要紧密地结合岗位学习，带着问题学，围绕工作学，有的还要"急用先学，立竿见影"。四是要读无字之书。孔子说，"三人行，必有我师"。要善于向身边的人学习，向身边的事学习，向实践学习。要坚持阅读与思考的统一，坚持读书与运用的结合，锲而不舍、持之以恒。希望大家通过学习提高思想素质，通过学习成为行家里手。只有这样，才能成长为合格的"知识领航员"。

第二，要求真务实，立足岗位成才。

国家图书馆是公共文化服务单位，大家所从事的是知识服务性行业，需要有自觉的服务意识、甘为人梯的奉献精神、求真务实的工作作风。

这几年到馆里工作的青年同志比较多，大家能获得在国家图书馆的工作岗位非常不容易。希望大家脚踏实地，从小事做起，从基础做起。《道德经》讲，"天下难事，必作于易；天下大事，必作于细"。想做大事，需要先做小事。荀子讲，"不积跬步，无以至千里；不积小流，无以成江海"，道理非常深刻。成才路上没有捷径，欲速则不达。在图书馆工作，要特别强调岗位成才，要刻苦钻研业务，注重知识积累，提高工作技能。

我听说国家图书馆个别青年同志不愿意干业务工作，到业务部门很短时间，就想办法进职能部门。其实，术业有专攻，有的人并不适合在职能部门工作。在国家图书馆，业务是立身之本，要真正在图书馆做出成就，还必须从业务工作起步,甘于坐冷板凳,善于把冷板凳坐热。国家图书馆历史上成就的一些人才,无不是在本职岗位上通过自己的艰苦努力,磨炼而成。国家图书馆历史上成就大学问者,如刘国钧先生、赵万里先生、李致忠先生等,都是从基础业务做起。黄明信先生清华大学毕业后到甘南拉卜楞寺做藏学研究,一呆就是十几年,成为藏文献研究领域的顶尖专家。如今老先生已90多岁,仍然思维敏捷,我们搞藏文古籍的整理,还要请老先生出谋划策。

青年同志的路在什么地方?借用一句歌词:敢问路在何方?路在脚下。"宝剑锋从磨砺出,梅花香自苦寒来。"道理很深刻。希望青年同志在自己的业务岗位上抓紧学习,求真务实,立足于岗位成才,勇于磨炼自己,为成就事业奠定基础。

第三,要勇于创新,不断提高服务水平。

国家图书馆是全国文化体制改革的试点单位,要做好内部机制的改革。人们不断提高的精神文化需求、数字图书馆的建设、新兴媒体的发展都给我们的工作带来了新的挑战,需要我们每个人立足岗位不断创新,不断提高国家图书馆的公共文化服务水平。

首先,观念要创新,不仅要考虑国家图书馆一个馆的发展,还要考虑如何带动全国图书馆事业的发展;不仅要做好到馆读者服务,还要做好远程读者服务。其次,服务模式、服务手段要创新。随着社会的发展,人们对图书馆的要求也越来越多,希望图书馆能够不断拓展社会教育职能,给读者提供更多社会文化服务。要充分利用新兴媒体等新的传输渠道提供图书馆的服务。创新是事业发展的不竭动力,馆里今年将"服务创新奖"调整为"创新奖",就是鼓励大家在各个工作岗位上努力创新,通过创新推动国家图书馆事业的发展。

第四,要群策群力,团结协作,促进事业发展。

国图兴亡,匹夫有责。国家图书馆事业的兴旺发达靠的是集体智慧与集体力量。大家要有主人翁的责任感,善于将自己的工作置于科组、部门乃至全馆的工作大局中来,为部门、为全馆工作出谋划策,这样我们才能够集思广益、群策群力,把图书馆的事情办好,每一位员工才能在国家图书馆事业发展中使个人也得到同步发展。要发挥老同志经验丰富、办事认真的优势,以传帮带的方式培养新员工;中年同志要勇挑重担,发挥中坚作用,多做贡献;青年同志要善于学习,勤于思考,锐意开拓,不断进取,把理论知识与实践工作结合起来,踏踏实实做好本职工作。

(在2010年国家图书馆员工大会上的讲话。原载于《国家图书馆简报》2010年第4期)

学习是青年人的希望所在

每个人总是需要不断学习，日积月累方能成才。然而，在当代经济和社会事业迅速发展的背景下，人心容易浮躁，"大师"如云，人们往往过分追求名誉、称号、社会影响力等，真正有知识，踏踏实实做学问和埋头苦干的人变得越来越少。在这种情况下，国图人更需要一份清流实在，更应该有一种埋头苦干、甘为人梯和爱岗敬业的蜡烛精神，也正是这种精神才成就了百年国家图书馆的事业，才产生了许多影响我国图书馆事业发展的真正的大师。作为国家图书馆的接力者，所有的青年同志，应该传承国家图书馆的这种精神。而要美好地传承国图精神，最重要的就是学习。真正的大师都是经过长期埋头学习与艰苦磨砺才得以博学多才和德满天下的。我想借今天读书演讲比赛的机会讲一讲学习的问题，与大家共勉。

第一，学什么。

首先，应该学习的就是能够确定人这一生基本方向的经典著作。儒家学说"修身、齐家、治国、平天下"告诉人们要有社会责任感；道家学说告诉人们要尊重规律，尊重自然，要知道上善若水；佛教理念能够调整内心世界，使人能够战胜自己。这三者形成了中华民族道德的基础。所以，"四书五经"和《道德经》等中华民族的经典著作一定要下工夫好好读。同时，革命导师的著作也要读，主要是学习世界观和方法论，非常有用，能够使我们认识历史和当代，认清使命。

其次，要学习急用之书。国家图书馆既有传统图书馆服务，又有数字图书馆服务，因此，各个岗位都要求现代与传统贯通，以及各种专业知识的融合。然而，目前大家的专业相对单一，有历史的、文学的、技术的等，虽然有的同志修完了博士或者硕士课程，其实仅是了解了一个领域的知识，而要胜任本职工作，必须具备能够胜任本职工作的各方面知识。因此，学习其他专业的人到图书馆后需要进修图书馆知识，学习图书馆专业的也要学习其他专业的知识，只有结合业务工作的需要认真学习，业务水平才能提高。

最后，要读无字之书，向社会学习。图书馆也有很多成才的专家，无不是在实践中逐步地学习、完善和提高自己的。所以只有善于学习，善于总结，才能不断有新的发现，不断有心得，不断有进步。因此，是否善于在实践中学习，这也是一个人能否成就事业、进步快慢的一个重要因素。

第二，怎么学。

我上中学时老师经常讲几句话，不要"读死书、死读书、读书死"。最近看到星云大师的一本书，最后写了几句话：读书会使一个人读得成功，也会使人读得失败；读书会使一个人读得有用，也会使人读得无用；读书会使一个人读得明理，也会使人读得糊涂；读书会使一个人读得谦虚，也会使人读得傲慢。我认为这段话蕴涵着很深的道理，它讲的是一个学习方法问题。

方法之一，就是理论联系实际。理论要从原著中学习，古人讲"读书百遍，其义自见"，我们只有从原著中寻找精神，才能够直达本源。同时，读书时要很好地联系实际，只要找到了联系实际的点，理解就深刻了，学习也就管用了。

方法之二，就是学习要与思考结合，只有思考才有创新。读原著首先看书上怎么说，但原著里有深邃的思想，所以必须在思考的基础上学习，否则你就理解不了。齐白石有一句话，"学我者生，似我者死"，说明要是没有自己的思维和创新就不能深入学习。大家都熟悉范仲淹的《岳阳楼记》，其实范仲淹没去过岳阳楼，但文中却蕴涵了作者的情感和丰富的想象力，是作者将情怀和思考寄予其中才写出这千古名篇的。因此，读书一定要有所思考，有了思考才能有所收获。

方法之三，就是急用先学。在工作中常有这样的事情，一些急用而自己又不知道的知识，一旦找到答案就会留下非常深刻的印象，牢牢记住，这也是很好的读书方法。当然读书之法因人而异，不同的人有不同的方法，有不同的心得，希望大家要经常总结，通过总结就会提高自己。国家图书馆希望所在，在青年；青年人希望所在，在学习。希望国家图书馆的青年同志们都能通过学习提高自我，二三十年后在座诸位都能成长为骨干和专家，成为国家图书馆事业发展的传承者。国家图书馆作为共和国皇冠上的一颗明珠，在社会的发展中承担着重要的使命，在座各位有责任挑起这个大梁，也要有能力挑起这个大梁。因此，就需要学习，学习，再学习！

（在国家图书馆团委"今天你读书了吗？"主题演讲比赛上的讲话，2010年4月19日。原载于《文化青年》2010年第2期）

让图书馆成为少年儿童的精神家园

在党中央、国务院的亲切关怀下，经过紧张的筹备，在"六一"国际儿童节来临之际，国家图书馆少年儿童图书馆暨少儿数字图书馆即将向少年儿童开放，这是国家图书馆献给全国少年儿童的一份节日礼物。在此，我代表国家图书馆提前向小朋友们致以节日的问候，向出席今天开幕式的领导和来宾以及新闻媒体的朋友们表示热烈的欢迎。

少年儿童是我们国家的未来。我们的老馆长梁启超先生说过，少年智则国智，少年强则国强，少年进步则国进步。当今时代，科技进步日新月异，知识更新不断加快，加强少年儿童思想道德教育，提高少年儿童的学习能力和创造能力，丰富少年儿童的文化生活，成为了少年儿童和广大家长的热切愿望。国家图书馆设立少年儿童图书馆，旨在利用国家图书馆丰富的文化资源，通过为少年儿童提供多种形式的服务，提高少年儿童的思想道德素质，培养少年儿童的学习能力和创造能力，丰富他们的课外文化生活。新开办的少年儿童图书馆为小读者们精心准备了适合少年儿童阅读的经典图书、参考工具书、近年新出版的少儿读物等，全部开架阅览。考虑到少年儿童的特点，少年儿童图书馆还利用现代技术特别是数字技术，为少年儿童提供多种形式、生动有趣的阅读服务。

今天，国家图书馆少儿数字图书馆也将正式开通，这是国家数字图书馆建设的重要内容之一。少儿数字图书馆采用视频、音频、多媒体动画等表现形式，设计了在线图书阅读、传统经典普及、科普文化教育、辅助教学课件、动漫娱乐、才艺展示等多个板块，突出活泼新颖、寓教于乐的特点，为未成年人提供了一个网上绿色阅读平台。我们还将充分利用全国文化信息资源共享工程、县级数字图书馆推广计划，将为少年儿童的数字化服务拓展到全国少年儿童图书馆、公共图书馆、中小学、社区和农村，为全国少年儿童提供服务。

此外，从今天起，国家图书馆还将推出一系列面向少年儿童服务的新举措：在法定节假日和双休日，组织少年儿童到馆内参观，全年开放对中小学校组织的集体参观；举办多种适合少年儿童特点的讲座、展览和专题活动；进一步加强对全国各级公共图书馆特别是少年儿童图书馆的服务，把国家图书馆的少年儿童服务延伸到全国；调整馆藏与服务政策，全面入藏少年儿童文献，以更好地建设国家总书库和履行全国中文文献最终提供基地的职能。

国家图书馆将充分发挥行业的引领和示范作用，带动全国各级各类图书馆，整合资源，形成合力，大力推动少年儿童文化建设，为少年儿童健康成长提供更多更好的精神文化产品和服务，让图书馆真正成为未成年人思想道德建设的重要阵地、少年儿童的第二课堂,让图书馆成为少年儿童的精神家园!

(在国家图书馆少年儿童图书馆暨少儿数字图书馆开馆仪式上的讲话,2010年5月31日)

积极探索　努力工作
全面提升立法决策服务水平

感谢大家在百忙之中莅临本次会议。长期以来，国家图书馆的各项工作，尤其是立法决策服务工作得到了在座各位的大力支持，我谨代表国家图书馆对大家表示衷心的感谢！

这次会议，在国家图书馆历史上尚属首次；向各部委同志全面介绍国家图书馆的立法决策服务相关状况，也是第一次。这项工作得到了国务院法制办、文化部的高度重视和大力支持。本次会议旨在使各部委政策法规司的同志们进一步了解国家图书馆，更多地使用国家图书馆，从而使我馆能够更好地为政府制定政策法规提供文献信息服务。国务院法制办对这项工作非常重视，牵头召开本次会议，做了大量的准备工作。我们希望能够通过这次会议，建立起国务院各部委政策法规制定部门与国家图书馆间在信息咨询服务方面的协作机制，从而全面提高国家图书馆的立法决策服务能力，为社会进步和人的全面发展做出应有的贡献。

一、为政府立法决策服务是国家图书馆的重要职责

改革开放以来，我国经济社会发生了翻天覆地的变化，取得了举世瞩目的成就，实现了人民生活由温饱不足向总体小康的历史性跨越。党的十七大报告提出，要实现社会主义经济建设、政治建设、文化建设、社会建设四位一体发展，这就必须加快社会主义法制建设，从而为中国社会全面、协调、可持续发展提供一个良好的发展环境，这就对政府法制建设提出了新的要求，也对国家图书馆的政府立法决策服务工作提出了新的更高的要求。

（一）政府决策的科学化、民主化要求国家图书馆提供信息服务工作

当前，我国正处于经济社会发展重要战略机遇期，需要建立起符合经济社会发展客观实际、反映经济社会发展规律的完备的法律制度，为经济社会又好又快发展提供更加有力的法制保障。中国的法律体系建设是以中国国情为出发点和落脚点的，政府的立法过程需要深入了解有关领域的发展现状，总结中国五千年文明史积淀下来的丰富的政治文明和法律文明成果。同时，作为一个开放的大国，中国的立法需要研究和借鉴国外的经验，与国际接轨。这就要求国家图书馆以丰

富的馆藏文献资源和专业化的信息分析队伍参与立法过程，为政府立法提供古今中外的详实参考资料与论证材料，以及高质量的专题咨询服务，从而为立法工作者的科学判断与决策提供文献信息基础。

中国的发展越来越引起国际社会的广泛关注，一些国家越来越重视对中国问题的研究，美国等国家的国会图书馆、国家图书馆都收集有大量的有关中国问题的文献资料，并在此基础上进行专题研究，为国会和政府制定对华政策服务。许多国家还设立了专门的中国问题研究机构，聘请了一批中国问题研究专家，为政府的中国事务提供咨询意见。美国布鲁金斯学会、卡内基国际和平基金会、胡佛研究所，英国牛津大学中国问题研究中心、诺丁汉大学当代中国研究院、利兹大学当代中国研究所，日本亚洲经济研究所、防卫研究所等，都是国外著名的中国问题研究机构，研究内容涉及中国军事、安全、外交政策，中国国家战略，中国科技和军事能力，中国国际关系、台海两岸关系，中国经济问题，以及中国的社会、历史等领域，这些研究成果在一定程度上影响着各国对华乃至国际社会相关政策的制定。例如，卡内基国际和平基金会从 2006 年 10 月起，连续举办为期一年的"重塑中国政策"系列辩论会；布鲁金斯学会在美国首推中国项目，探讨中国转型和兴起的内在动力，分析中国崛起带来的机会与挑战，并将"新大国的崛起"列为 2006 年重点研究项目。

以上情况应引起我们的高度重视，我们的立法决策要把国外对中国的研究情况纳入视野之内，了解他们的研究重点、研究进展与研究结论，通过他国对我们的研究来透视自己，从而帮助我们找准自己在国际社会中的地位。国家图书馆必须具备密切跟踪国外对中国的研究状况，为政府立法决策提供丰富的背景资料，为立法者开拓国际视野、加强战略思维能力提供帮助的职责和能力。

（二）国外图书馆的政府立法决策服务工作为我们提供了可资借鉴的经验

近百年来，世界各国在政治事务，尤其是法制建设过程中，借助图书馆的立法决策服务已成为一个发展趋势，许多国家建立起了以图书馆丰富的信息资源为基础，由图书馆专业信息服务专家为主导的立法决策服务机制。一些发达国家的图书馆在为政府立法决策服务方面已经做了大量有益的探索，图书馆的立法决策服务已经成为一些国家政府决策的一个重要程序，在国家的立法决策中发挥着重要作用。

美国国会图书馆是世界上最大的图书馆，它既是议会图书馆又是国家图书馆，为国会服务是其首要职责，被誉为国会的"咨询中心"和"智囊团"。1914 年成立国会研究服务部，直接服务于国会议员、国会的各个委员会和国会工作人员，主要职责是在国会的立法过程中，向国会及其所属委员会有针对性地提供信息和解答咨询。该部门目前拥有近 700 位专家，研究力量甚至超过一个大型研究所。此外，国会图书馆的其他部门也承担部分为国会服务的职责，其中法律图书馆主要向国会、联邦行政和司法机构提供法律研究和信息服务，联邦研究部主要为联邦行政和司法机构提供信息服务。

为国会服务也是日本国立国会图书馆的首要任务。为此，图书馆专门成立了调查和立法考察局，配备186名各领域专家为国会提供委托调查和预测调查等咨询服务，2008年完成委托调查46235件，预测调查501件。此外，日本国立国会图书馆还专门在国会议事堂内设立了国会分馆，收藏众、参两院会议录，委员会的会议录、议案等议事资料和图书、工具书、国内外期刊及报纸等，为国会议员提供专用阅览室和研究室，方便议员直接到馆利用馆藏资料进行调查研究和与图书馆咨询人员当面交流。日本还建立了支部图书馆制度，各支部图书馆分属于不同的政府部门，以国立国会图书馆为核心，开展广泛协作，实现文献信息资源建设与咨询服务的共建共享。

英国下议院图书馆和上议院图书馆都有专门部门或专职人员为议员在履职过程中的信息需求提供服务，包括为其立法、审议法律文本和履行司法职能提供研究、参考咨询和图书借阅服务。目前，两个图书馆中共有70名研究人员为议员提供国内事务、社会政策等8个研究领域的专题咨询服务。

此外，其他一些国家也都设立了专门为议会或国会服务的图书馆，如德国联邦议院图书馆、法国国民议会图书馆和参议院图书馆、加拿大国会图书馆、韩国国会图书馆、澳大利亚议会图书馆等。

上述这些国家的经验和做法有许多可资借鉴。

（三）国家图书馆初步具备为我国政府部门提供立法决策服务的条件与能力

国家图书馆始建于1909年9月9日，至今已有百年历史。自新中国成立起，我馆就开始为国家的立法决策提供咨询服务，经过多年积累，已初步具备以下条件：

一是具有比较丰富的文献信息资源。国家图书馆是国家总书库，中文文献收藏是世界第一，外文文献收藏是中国第一。截至2009年底，馆藏传统载体文献总量达2778万册（件），数字资源总量达327.8 TB。其中外国文献资料占馆藏的40%，涵盖123种文字；各类数据库188个；中国学研究图书8万余种，期刊百余种；法律文献20余万册；年鉴3700余种；作为联合国资料托存图书馆，所藏政府出版物达71万册（件），覆盖20余个重要国际组织与外国政府；作为政府公开信息的法定查阅场所，提供政府公开信息近40万件。这些都为政府立法决策服务提供了资源保障。

二是具有一定的获取和分析文献信息的能力。国家图书馆在长期的理论研究和实践探索中积累了一套成熟的文献信息获取、管理和分析方法，全面了解各种信息来源，熟练掌握检索语言和检索工具，能够全面搜集来自馆藏、互联网、非正式出版物等各个渠道的信息，并且具有对检索结果进行判断、分析、评价和综合的能力，善于运用科学的方法从海量信息中挖掘出最有价值的信息。

三是一支为政府立法决策服务的专业人员队伍正在形成。截至去年年底，我馆硕士及以上学历人员401人，占人员总数的30%，具有高级职称的咨询馆员208人，人员专业背景覆盖文学、历史、哲学、政治、经济、法律、计算机、化学、生物等各个学科领域。自新中国成立以来，国家图书馆就开始为中央国家机关提供立法决策服务。尤其是近些年来，中央领导同志和许多部委在立法决策中越来越重视利用国家图书馆，在一些重大问题的决策上交办了很多重要课题，对于我们全面提高立法决策服务水平起到了重要的推动作用。

四是具有较为广泛的国内外图书馆界业务协作关系。国家图书馆作为国内外具有重要影响的大馆，已与全国558家文献信息提供单位建立了馆际互借关系，与117个国家和地区的557家机构开展了文献交换合作。借助国内外图书馆合作交流平台，国家图书馆可以与全国图书馆乃至世界主要图书馆间实现文献信息资源共享，共同开展专题文献研究。

我相信，本次会议的召开将进一步推动我馆立法决策服务工作，拓展服务领域，提高服务水平，从而使各部门能够更多更好地获得国家图书馆的立法决策服务。

二、近年来在立法决策服务方面所做的主要工作

新中国成立以来，党和国家领导人高度重视国家图书馆事业发展。特别是改革开放以来，随着经济和社会的发展，党中央、国务院和相关机构在立法决策工作中对国家图书馆的需求越来越多，各有关方面借助国家图书馆咨询服务的案例也越来越多。我馆在立法决策服务中主要做了以下工作。

（一）为党和国家领导人提供信息服务

为党和国家领导人提供信息服务是国家图书馆立法决策服务的重要内容之一，主要形式包括：代为查证相关史实，为重要国务活动提供专题服务，为重要出访提供出访国有关信息，为重大决策提供咨询服务，编制热点问题信息专报，编制《新书推荐》，等等。

（二）为"两会"提供咨询服务

我馆自1998年开始提供"两会"服务。每逢"两会"召开，我馆都通过24小时专人值班和进驻人民大会堂会议现场设立信息咨询台等形式为"两会"代表提案、议案服务，得到两会代表的热烈响应。目前，国家图书馆的"两会"

服务已从上会服务逐步拓展到面向全国、面向"两会"代表日常立法和参政议政工作提供服务。2010年，国家图书馆"两会"服务取得突破性进展，电子触摸屏进驻政协委员驻地，"国图信息加油站"成为"两会"信息服务热点；以"两会"代表和委员需求为导向，为大会提供专题文献信息资料1597篇、"两会"媒体监测36期942篇；向代表和委员发放《国家图书馆"两会"专题文献信息专报》3200份。

（三）为全国人大常委会及各专门委员会提供信息服务

2003年7月起，国家图书馆与全国人大信息中心合作，开始为全国人大常委会委员长会议、全国人大常委会全体会议及全国人大各专门委员会提供信息服务。服务内容涉及审议立法所需各类相关背景资料。此外，国家图书馆还承担了上述机构在立法准备、立法审议、法律修订等工作中提出的法律专题咨询服务。2004年至2009年，国家图书馆共为全国人大常委会和全国人大各专门委员会提供了涉及585个专题的各类相关资料、1088件专项信息专报及媒体舆情监测。

（四）为国家重大决策提供信息服务

国家图书馆紧密跟踪国内外时事发展和重大热点、焦点、难点问题，为国家重大决策提供舆情监测及信息专报。例如，在《公务员法》起草和审议阶段，先后应中共中央组织部、国家人事部和全国人大的委托，提供了全方位的国外相关立法参考文献支持；在抗击"非典"的过程中，受中国疾病预防控制中心委托，撰写了《中外疾病预防控制体系综述报告》；为中宣部等单位制作的《永远的丰碑》系列电视片提供了334位革命英烈事迹；在汶川地震后，为长江水利委员会提供了有关堰塞湖国际标准与解决办法的专题信息，编制61期《汶川地震灾后重建信息专报》，受到有关部门肯定，温家宝总理还专门做了重要批示，为灾后重建发挥了重要作用；为配合中央赴新疆调研组的工作，提供了约11万字的《新疆有关问题参考资料》，获得中央领导同志的高度评价和肯定。

（五）在中央和国务院部委建立分馆

为提高立法决策服务能力，国家图书馆于1999年起，先后与（原）人事部、国家发展和改革委员会、（原）劳动和社会保障部、财政部、中国民航总局、民政部、交通运输部等七个部委及国务院直属机构合作建立了国家图书馆分馆。分馆作为国家图书馆设在各部委的立法决策服务前沿阵地，将依托国家图书馆的资源优势，成为相关领域文献的最终查询基地。国家图书馆将通过分馆为各部委提供更便捷、更有针对性的服务，从而最终实现为中央国家机关大政方针制定和科学民主决策提供全方位信息服务保障的目的。

（六）建立"中南海网站"和"国家图书馆立法决策服务平台"

国家图书馆利用数字图书馆建设成果，于2002年建立了"中南海网站"，直接面向国务院办公厅领导机关提供网络信息服务，网站内容包括世界各国背景资料库、国际组织资料库、世界遗产资料库、热点问题资料库、20世纪大事典资料库和新书推荐等集文字、图片和视频资料为一体的6个专题数据库。2007年，中南海网站开始直接面向中共中央办公厅提供服务。

2008年12月推出"国家图书馆立法决策服务平台"，面向中央和国家机关提供基于网络的数字信息服务。通过这个平台，中央和国家机关立法决策部门可以全面、及时、准确、有效地获得国家图书馆信息咨询和决策参考服务。目前，国家图书馆立法决策服务全国人大平台、民政部平台、（原）人事部平台、宏观经济平台、（原）劳动和社会保障部平台、财政部平台、中国民航总局平台、中央统战部平台均已开通服务。

（七）举办"部级领导干部历史文化讲座"

"部级领导干部历史文化讲座"是由中央国家机关工委、文化部、中国社会科学院联合主办，国家图书馆承办的高层次讲座。讲座选取人类发展历程中重大的历史文化问题及国内外重要的社会热点，请相关领域的大家做讲师，自2002年1月启动至2010年5月底，已举办146场讲座，听讲部级领导2万余人次，深受部级领导干部的欢迎，也得到中央领导同志的高度肯定。许多领导同志反映，这些讲座丰富了知识，开拓了视野，对于提升执政能力和决策水平大有益处。

国家图书馆虽然在政府立法决策服务方面做了一些探索与实践，也取得了一些成绩，但还不能满足政府立法决策的信息需求，与国外发达国家的一些图书馆为议会和政府服务的能力、规模、深度等还相差甚远。我们要不懈努力，全面提升国家图书馆的立法决策服务的能力和水平。

三、下一步工作思路

为进一步加强政府立法决策服务工作，下一步要重点做好以下几个方面的工作。

（一）根据立法决策的要求，加强文献信息资源的建设

文献信息资源是国家图书馆开展立法决策服务工作的基础。我们要按照政府立法决策的要求，加强立法决策服务相关文献的收集与整理工作，努力使国家图书馆成为为立法决策服务的文献信息保障基地，主要做好以下几个方面的工作：一是要加大文献采选力度，特别是加强中国学、法律法规、国外政府统计数据、

国外政府出版物、地方文献资源等文献信息的收藏；二是要进一步加强国家图书馆与国外图书馆间的合作，通过国际互借、文献传递工作网络，尽可能多地获取国外文献信息，补充缺藏文献，为政府立法决策的国外文献信息需求提供支持；三是要结合政府立法决策专向需求，加大数字资源整合力度，建设中华人民共和国法律法规、中国问题研究、世界各国国情、世界各国议会、民国文献等一批专题数据库；四是要进一步挖掘和整理馆藏历史文献资料，使其服务于政府立法与决策。

（二）了解和掌握需求，主动为政府立法提供文献信息服务

把握需求是国家图书馆开展立法决策服务的前提。要结合各部委立法决策的需求，在调研的基础上选择重点领域，进行信息需求特点分析和研究；以国内外重点问题、热点问题的跟踪分析为基础，定期编制《国图参考》《信息专报》《媒体监测》；在每年出版的约 25 万种新书中，遴选出具有重要参考价值的图书，编制《新书推荐》，为政府部门提供高质量的信息来源；根据各部委提出的专题性文献信息要求，提供有针对性的、个性化的参考服务。

（三）与各部委政务网合作，加快建立计算机网络服务平台

提供基于数字图书馆的网络服务平台，是在网络条件下拓展立法决策服务工作的新领域。近年来，随着互联网和电子政务的快速发展，国务院各部委的政务信息化水平得到了较大的提升，相应的保障支撑能力也得到极大的加强。要与各部委信息中心合作，依托国家图书馆立法决策服务平台，通过政务外网、资源镜像、网上咨询等多种方式，为各部委提供方便快捷的数字资源服务。

（四）进一步加强与各国图书馆的合作，拓展立法决策的国际视野

建立与国际图书馆界的广泛协作，将有助于及时了解国外相关信息。要与世界各主要国家的国家图书馆、议会图书馆等建立合作关系，及时了解国外有关信息，借鉴国外图书馆立法决策服务的经验和做法；跟踪国外重要中国问题研究机构及其研究成果，为政府立法决策国际战略思维的建立提供帮助；跟踪国际热点区域与热点问题，为立法决策部门提供有关参考信息。

（五）组建"国家图书馆国情咨询顾问委员会"和"国家图书馆国情咨询专家委员会"，形成高水平的国情咨询团队

为使国家图书馆立法决策服务能力与水平得到全面提升，最近，我们聘请一批长期在党政军领导机关工作，具有较高政策理论素养的领导同志，组建"国家图书馆国情咨询顾问委员会"，聘请国内著名专家学者，组建"国家图书馆国情咨询专家委员会"。这两个委员会将围绕国家大政方针和法律法规制定过程中的

重点问题、热点问题提出立法决策服务咨询建议，为国家立法和重大方针政策制定提供科学依据。

（六）建立政府立法决策服务工作网络

做好政府立法决策服务工作离不开各部委的支持，本次会议为我们的相互沟通与理解提供了很好的机会。我们希望通过这次会议建立起与各部委的工作网络，与各部委政策法规司建立有效的信息沟通和日常联系机制，以便及时掌握各部委在法律制定和大政方针决策中的信息需求，快速做出反应，包括：建立信息联络员制度，定期发放立法决策服务征求意见函等；建立与各部委的资源共建共享机制，继续扩大分馆覆盖范围，发挥国家图书馆在立法决策服务中的文献信息资源保障中心的作用，将分馆建成相关部委业务领域的文献信息最终查询基地，通过分馆平台将国家图书馆的立法决策服务延伸到各部委，实现资源共享。

（七）建立全国公共图书馆立法决策服务平台

随着政府政务公开和国家立法决策科学化、民主化进程的加快，全国许多省级公共图书馆都在陆续开展面向当地政府的立法决策服务。要建立面向全国公共图书馆的立法决策服务平台，以加强与各省馆之间的立法决策服务信息沟通，从而便于掌握地方情况；在全国图书馆间开展咨询合作、业务研究和经验推广，规范立法决策服务工作，从而在整体上提高图书馆对各级政府的立法决策服务水平。

此外，还要在已有服务项目的基础上，拓展为全国人大常委会及各专门委员会的立法咨询服务，继续办好"部级领导干部历史文化讲座"，进一步加强咨询队伍建设，不断提高国家图书馆的立法决策服务水平。

提高政府立法决策科学化与专业化水平是社会发展的内在要求，为立法决策服务是国家图书馆的重要任务。国家图书馆立法决策服务水平的提高有赖于大家的支持，希望大家积极建言献策，帮助我馆谋划好今后的工作，特别是希望大家在今后的立法决策工作中更多地使用图书馆，以促进我馆立法决策服务水平的提高，共同为推进依法治国、建设社会主义法治国家，提高政府决策水平和决策能力做出贡献。

（在国家图书馆政府立法咨询服务座谈会上的讲话。原载于《国家图书馆简报》2010年第22期）

深化改革　加强管理
促进国家图书馆事业全面、协调、可持续发展

今天，我们召开 2010 年年中中层干部和党支部书记工作会议，围绕"改革与管理"这个主题进行讨论。会上下发了《管理机制调整思路》《用人机制调整思路》《分配机制调整方案》三个文件，詹福瑞同志也就这三个文件做了说明。这三个文件是在充分调研、听取各方面意见的基础上形成的，事关国家图书馆事业的发展，至关重要。因此，今天我们在这里召开务虚会，共同就这些调整思路进行研讨。希望大家结合工作实际，围绕这三方面的调整思路，畅所欲言，积极建言献策，进一步完善思路，最终形成符合我馆实际的改革方案，从而推动事业进一步发展。

下面我谈几点意见，供大家讨论时参考。

一、改革的意义

改革是革故鼎新，就是根据发展的需要，用新的理念、新的方法、新的举措解决体制机制中存在的不适应问题，促进事业发展。正是中国历史上无数次的改革或改良，推动了社会的不断进步。党的十一届三中全会以来，我国全面进入了以经济建设为中心的改革开放新时期。30 多年来，我国经济始终保持持续快速健康发展状态，综合国力显著增强，人民生活逐步改善，各项事业生机勃勃，国际威望不断提高，改革开放的成果有目共睹。我馆发展历史上也经历了多次改革，特别是 1998 年以来的几次深化改革，理顺了体制机制，调动了积极性，增强了活力，赢得了事业的全面发展。按照中央和文化部的要求，我们要在总结过去实践经验的基础上，进一步深化改革，转换机制，增强活力，改善服务，促进事业更好更快地发展。

（一）改革是全馆干部群众的普遍愿望

我回馆主持工作的半年多时间里，做了一些调研，在调研中听到了一些反映，干部员工针对馆里目前的一些工作谈了很多意见和建议。大家普遍认为，我馆 1998 年的机构改革和人事制度、分配制度改革，建立了良好的管理机制、用人机制和分配机制。2004 年，又在 1998 年改革的基础上，实行了分类分级岗位管理和事企剥离。2008 年，结合二期开馆，又进行了组织机构和业务流程调整，部分后勤服务实现社会化。这些改革，都有效地解决了一定时期事业发展中面临

的突出问题，调动了广大干部、员工的工作积极性，国家图书馆事业得到快速发展，社会地位明显提高。

但同时，大家也反映近两年来在一些方面又出现了新的问题，一定程度上影响了员工积极性的发挥和事业的发展。例如，没有很好地坚持岗位管理的先进理念，以人核岗，一定程度上造成了岗位膨胀；没有很好地坚持评聘分开、择优聘用的机制，而是以职称资格作为上岗的主要条件，形成了新的论资排辈；收入分配缺乏激励机制，基本上是平均主义大锅饭；管理机制不完善，有些工作重复交叉管理，有些工作没人管，工作效率不高；等等。很多干部群众迫切希望解决这些问题，进一步深化改革，建立科学的管理机制、充满活力的用人机制和具有激励作用的分配机制，从而激发全馆干部员工的积极性和创造力，形成爱岗敬业、勇于创新、勤奋工作的良好氛围，齐心协力推动事业发展。

（二）改革是增强自身活力的内在要求

"周虽旧邦，其命维新。"一个单位的自身活力是事业发展的关键，而保持活力就要不断解决自身发展中出现的问题。国家图书馆这些年成绩的取得，就是通过改革不断解决前进中的问题，不断完善内部机制、增强自身活力的结果。调研小组和馆领导班子在广泛听取各方面意见的基础上，进行了认真的分析，一致认为，目前影响我馆自身活力的主要问题有以下几个方面：

第一，管理机制方面。

一是职责不够清晰、职能存在交叉。数字图书馆业务与传统图书馆业务融合不够；文献缴送缺乏统一管理，底数不清；数字资源整合揭示力度不够，发布与服务职责交叉，各自为政。二是一定程度上存在着管理缺位，监督不力。后勤保障工作管办不分，监管乏力；业务外包管理责任不清晰，缺乏有效的质量检查与评估；馆藏各类资源整合、开发缺乏整体规划和管理，缺乏有影响力的项目；科研工作缺乏系统规划，有影响力的选题还不多，项目立项存在着自发性和小型分散的问题，有些项目的研究与业务工作脱节；资金使用效益评估体系尚未建立，预算执行不力；等等。

第二，用人机制方面。

一是岗位管理不规范，没有按需设岗，而是以人定岗，不同程度地造成了人浮于事；二是没有严格实行评聘分开、双向选择、择优聘用，一定程度上影响了人的积极性的发挥；三是还缺乏引进高水平的学术带头人的有效机制。

第三，分配机制方面。

一是分配权过于集中，部门分配自主权不够，责权利不统一；二是没有按照工作任务核定经费，而是按人头发钱，增人增钱，致使人员、经费不断增加；三是缺乏多劳多得、优劳优酬的分配政策，难以做到奖勤罚懒、有效调动人的工作积极性；四是缺乏鼓励有关部门深度开发馆藏，在保证公益性服务的基础上积极拓展创新性服务的机制。

这些问题的存在，一定程度上影响了自身活力，也影响了事业的发展，与我馆在新时期承担的职责与使命不相适应。只有通过改革，建立更加有效的机制，加强科学管理，创造勇于竞争、积极进取的工作环境，才能增强内部活力，最大限度地发挥人的潜能，人尽其才，才尽其用，推动事业的健康发展。

二、改革的内容

按照中央关于深化文化体制改革的要求，在总结历次改革经验的基础上，结合我馆实际，经过充分的调研和讨论，确定本次改革的原则是"深化改革，转换机制，增强活力，促进发展"。按照大稳定、小调整的思路，对管理机制、用人机制、分配机制做适度调整，主要内容如下。

（一）管理机制调整

一是要理顺传统业务与数字图书馆业务的关系，有效协调数字资源与传统文献资源建设、管理、服务与保存等方面的工作。加强数字资源的统一规划、统一标准、统一发布、统一管理。强化对全国数字图书馆建设的指导与服务。

二是建立各类文献的缴送管理工作机制，理顺缴送与采访的关系，进一步加强缴送管理。

三是强化立法决策服务职能。开展面向全国人大和全国政协的深度服务，以及面向中央和国家机关的专题服务。

四是完善业务监督检查机制，以常规检查和定期抽查相结合的方式，加强业务工作质量的监督。实行对业务外包服务进行馆方和业务部门"双层"管理的机制。

五是建立馆藏文献开发的统一规划机制，拓展出版、影视、展览、新媒体服务等新的业态，不断提高服务水平和经济效益。

六是建立科研与人才培养、业务工作紧密结合的科研管理机制，策划对图书馆工作和事业发展有影响的科研课题，通过科研出成果、出人才，全面提升业务水平。

七是建立符合我馆实际的后勤管理机制，实行管办分离、服务社会化、管理企业化，切实提高后勤服务的保障能力和水平。

八是要建立科学、规范的财务管理机制，探讨建立资金使用效益评估体系，提高资金使用效益；加强预算执行力度，确保项目经费按计划支付；树立节约意识，提高开源节流能力，管好用好每一笔经费。

（二）用人机制调整

一是要在现有基础上，结合实际，进一步完善岗位管理，按需设岗，明确岗位职责，制定严格的岗位考核办法。

二是要按照双向选择、择优聘任的原则，坚持根据岗位需求选聘人员，实行评聘分开，实现能者上庸者下，鼓励优秀人才脱颖而出。

三是要坚持德才兼备、以德为先的标准，坚持民主、公开、竞争、择优方针，把思想道德素质高、有真才实学、奋发有为、群众基础好的干部选拔到管理岗位上来，为国家图书馆的事业发展提供保障。

四是要加大高层次领军人物和紧缺人才的引进和培养力度，探索建立专家助手制度、师承制度等，通过项目带动科研团队培养，为人才成长提供良好的环境。

（三）分配机制调整

一是根据部门工作任务核定经费，增人不增经费，减人不减经费。

二是完善对部门完成工作任务情况的考核与监督，包括对部门业务外包服务的监管进行考核与监督，并依据结果予以相应的奖惩。

三是完善部门成本核算，超支不补，节约有奖。

四是建立馆藏开发激励机制，加强统一规划和管理，鼓励有关部门在保证公益服务的前提下开展创新性的有偿服务。适当调整现有的部门分类。

五是对馆内后勤服务部门实行企业化管理，改拨款为付费，实施项目承包制，鼓励多劳多得。

六是相关部门要依据有关政策制定各级各类岗位的分配办法，做到多劳多得、优劳优酬、公平合理。

三、几点要求

改革工作事关全局，关系重大；改革能否成功，中层干部责任重大。要着力做好以下几个方面的工作。

（一）要统一思想，提高认识

我馆改革的目的是使管理水平更高、制度更合理、业务流程更顺畅、内部机制更有活力、事业更健康发展。国家图书馆事业的发展离不开改革，中层干部首先要从事业发展的高度来认识改革的必要性，准确理解这次深化改革的意义、主要任务和相关政策，统一思想，积极营造良好的工作氛围。

（二）要反复酝酿，审慎制定方案

这次拿出来的两个思路和一个方案都只是一些初步设想，希望大家集思广益，认真讨论，为完善调整方案出谋划策。在此基础上，还要进一步深入调研，广泛征求专业技术人员、青年员工、职工代表等各方面的意见。反复酝酿，广纳民智，最终形成符合我馆实际的、科学的改革方案和配套政策。

（三）要精心组织，稳步实施

深化改革是下半年和明年的重要工作，要在统一认识、确定方案的基础上积极稳妥、循序渐进地实施。第四季度完成内部机制改革方案的制定，陆续出台管理机制改革方案、用人机制改革方案和分配机制改革方案。各部门要结合本部门实际，制定具体实施计划，扎实稳步推进，确保各项改革措施的落实。

（在 2010 年国家图书馆年中中层干部工作会议上的讲话。原载于《国家图书馆简报》2010 年第 41 期）

谈学习在提升国家图书馆馆员
素质中的重要性

根据中央关于建设学习型社会、学习型组织的要求，为落实文化部党组的部署，今天，我们召开培训动员大会，结合国家图书馆的实际部署全馆培训工作。参加今天会议的党、政、工、团四个方面的管理干部和副研以上业务干部，都是全馆各方面工作的骨干，也是此次集中培训的重点对象。根据培训计划，今年全馆培训工作将采取集中培训和部处培训两种方式，培训内容既有规定动作，又有自选动作，既有必修课，又有选修课，目的是结合馆内实际和大家的学习需求，缺什么补什么，使培训工作真正收到实效。从今天开始，全馆较为系统的集中培训正式展开。

一、要充分认识加强学习的重要性

学习是文明传承之途、人生成长之梯、政党巩固之基、国家兴盛之要。党的十六大报告根据我国社会发展的需要，提出要"形成全民学习、终身学习的学习型社会，促进人的全面发展"。党的十七届四中全会明确提出建设马克思主义学习型政党的重大战略任务，中共中央全会多次研究学习型社会建设问题。中央的决定非常符合我馆的实际，对今天的国家图书馆而言，学习的任务十分紧迫，十分重要，不可放松。

第一，学习是社会发展的需要。

中央关于学习型社会建设的战略部署是针对我国社会发展的实际提出的。改革开放以来，我国经济快速发展，人们的生活水平不断提高，各项社会事业有了很大的进步，中国的发展令世人瞩目。但与此同时，我们必须清醒地认识到，改革之初的主要任务是发展经济，解放生产力，却在一个时期内忽视了思想道德教育，出现了"一手硬、一手软"的问题。正如邓小平同志所说，"十年改革开放，最大的失误在教育"。后来他又强调说，"我这里说的教育指的是思想政治教育"。

由于一段时期以来忽视思想教育，加之受外来西方文化思潮的影响，出现了社会道德滑坡、诚信缺失、价值观扭曲等问题。这些问题引起了中央的重视和全社会的关注，如果不及时加以解决，必将严重影响和制约社会的发展进步，甚至影响到政局的稳定。中国30多年的稳定局面来之不易，能不能保证经济社会持续、健康发展，关键是人的素质。中央从政治的高度提出建设学习型社会，是从我国的社会发展现状提出的，目的是通过学习全面提高人们的思想道德素质，带动社会的科学发展。

因此，学习是社会发展的需要，学习型社会建设就是要培养一代又一代高素质的公民，只有这样才能推动社会的不断进步和健康发展。

第二，学习是图书馆事业发展的需要。

首先，中央提出建设学习型社会、学习型政党、学习型组织，对图书馆事业发展提出了更高的要求。越来越多的人走进图书馆，仅2009年，国家图书馆就接待到馆读者520万人次，同比增长约60%。最近几年是我国图书馆事业发展最快的一个时期，"十五"期间初步实现了"县县有图书馆和文化馆"的目标，"十一五"期间又将初步实现"乡乡有综合文化站"的目标，全国公共图书馆网络服务体系正在形成。图书馆事业日益受到各级政府和社会公众的重视，人们对图书馆的需求越来越旺盛，满足人民群众日益增长的学习要求和多样化的文化需求，为图书馆事业的发展带来了新的机遇和挑战。

其次，全国图书馆事业的发展对国家图书馆发挥行业引领作用提出了更高的要求。近年来，我国图书馆事业进入了蓬勃发展的历史时期，许多省馆都在新建或扩建图书馆，截至2008年底，全国公共图书馆达2820家。各馆在文献信息资源建设、加强馆际合作共享、提升知识管理与知识服务、促进数字图书馆发展、拓展图书馆社会功能等方面的合作越来越活跃。这种行业快速发展的态势对国家图书馆事业提出了新的挑战，需要国家图书馆的员工不断提高素质，才能发挥龙头作用，在图书馆传统业务、数字图书馆业务、图书馆研究等领域引领行业的发展。

最后，国家图书馆自身事业的发展对每个员工的素质提出了更高的要求。一是国家图书馆承担着为中央国家机关立法决策服务，为重点教育、科研、生产单位服务，为社会公众服务，以及为图书馆界服务的职责，需要我们不断学习，不断创新，才能为不同服务群体提供个性化、高质量的服务。我馆最近陆续召开了"政府立法咨询服务座谈会"和"国情咨询顾问委员会"、"国情咨询专家委员会"第一次会议，与会代表对国家图书馆为中央国家机关提供优质的立法决策服务寄予厚望。"六一"儿童节前夕，国家图书馆少儿馆开馆，今后我们还要进一步研究如何为少年儿童提供丰富多彩的服务。二是网络技术与信息技术的发展使图书馆事业站到了一个新的起点，以语义网、3G、智能移动终端以及数字电视等新兴媒体为代表的信息技术与通信技术的应用和普及，为数字图书馆带来了新的发展机遇。需要我们不断跟进技术的发展与进步，并将其应用到我们的工作中来。春节前我们开始实施的县级数字图书馆推广计划就是一个有益的尝试。三是我馆目前的人才队伍状况亟需大家努力学习。过去，国家图书馆曾在许多业务领域居全国领先地位。例如，刘国钧分类法至今仍在我国图书馆应用；赵万里先生的版本学和古籍修复，对图书馆古籍管理工作影响深远；在文献学、版本学的研究方面，国家图书馆也取得过令人瞩目的成果。而现在，我馆在全国图书馆学术研究领域的影响力亟待加强，我们的人才队伍结构还不尽合理，特别是缺少图书情报研究领域的领军人物。在座的各位都是国家图书馆的管理者、国家图书馆的主人，如果没有前瞻的视野，没有战略的谋划，我们的事业就要落后。因此，我们要抓紧学习，提高素质，锤炼人才队伍和员工队伍，只有这样，才能满足国家图书馆事业发展的要求。

第三，学习是自身成长的需要。

国家图书馆作为社会教育的最高学府、公民教育的终身课堂，是建设学习型社会的重要阵地，国家图书馆在学习型社会建设中的定位，决定了各级管理者和员工的定位。每个员工的成长都与国家图书馆的事业紧密联系在一起，成就国家图书馆的事业就是成就个人的事业。各级管理干部和广大员工要做好思想准备，在知识的获取和积累中提高个人综合素质，不断增强适应岗位需要、担当岗位责任的智力和能力，从而满足事业发展的需要。

目前，我馆员工队伍中硕士以上学位的达 401 人，年轻人大约占到四成，是一支充满朝气的队伍。这些年大学招生规模发展很快，从改革开放初每年招生 24 万人到今年招生 600 万人，高等教育的规模增长了几十倍。但同时，目前的师资力量又不能满足快速增长的教育规模，只教书不育人、师德下降等问题的存在严重影响到教育质量，在座的许多年轻人都是在这样的教育环境中成长起来的。因此，到国家图书馆工作以后，大家要补上在学校，特别是在思想教育上缺失的课程，要随着国家图书馆事业的发展而努力学习。

个人的成长不能光靠外部条件，说到底还得靠自身的修炼。"部级领导干部历史文化讲座"从 2002 年开始已举办 146 讲，很多部长期期不落，没有人强制，只是发通知，大家自愿来，哪一期没来听还觉得很遗憾，有的部级领导出差还要赶回来听讲座。为什么？因为他们重视学习，养成了自觉学习的习惯。学以立德、学以增智、学以创业，我们要把学习作为自己的生存需求，"活到老，学到老"，不断提高学习的自觉性，为成就事业奠定基础。善于学习的人不一定是光读书的人，学习有很多方式，处处留心皆学问。例如，立法决策服务部的几位同志每天早晨听广播，从广播中了解国家大政方针，获得在立法决策服务中的灵感，这也是一种学习。学习型社会的建设，要从每一个人做起，学习型国家图书馆的建设也要从每一个员工做起，要把学习融入生活、工作之中，将学习作为一种习惯，使学习工作化、工作学习化，只有这样我们才能够把学习搞好。学习的过程既艰苦又充满乐趣。这次集中培训安排了很多好的讲座，这是国家图书馆得天独厚的资源，我们请国内有影响的专家学者来讲课，就如同一下子把大家带到山顶上，饱览风光，开拓视野。

总之，学习是自己的事，有这个认识，学习才有动力，才能有好效果。

二、通过学习提高综合素质

中央建设学习型社会的最终目标在于提高人的素质,我们要通过学习提高三个水平。

(一)通过学习提高思想道德水平

作为国家图书馆的管理者,各级干部的思想道德水平如何,直接关系到国家图书馆的发展。提高思想道德素质,核心是树立正确的世界观、人生观。世界观、人生观从根本上决定了人的追求、奋斗目标和价值取向,也是干部德才素质的基础和支撑。要树立正确的世界观、人生观,把人生价值的实现同国家的富强、民族的振兴、事业的发展紧密地结合在一起,只有这样,才能激发高度的政治责任感和奋发进取的精神。在改革开放、发展社会主义市场经济的今天,强调领导干部树立正确的世界观、人生观并不过时,它对于抵御当今社会中泛滥的享乐主义、拜金主义和极端个人主义等腐朽思想和生活方式,坚定人生目标、完善人生具有重要的意义。

古人注重"修身、齐家、治国、平天下",从"修身"到"平天下"是一个递进、完整的过程,有了这个理念,才能"处江湖之远则忧其君,居庙堂之高则忧其民",才能"僵卧孤村不自哀,尚思为国戍轮台"。这就是民族精神,有了这种精神,才使中华民族五千年的文明得以绵延不绝、经久不衰。

一个人如果没有良好的个人道德修养,没有崇高的理想,就不是一个成熟的人,至少不是一个有健全人格的人。人只有对社会具有责任感,才能算一个健全的人,他的人生价值才能够实现。作为国家图书馆的员工应该有较高的道德素养,有国家观念,有社会责任感。作为领导干部更应该对岗位负责,具体来说,就是馆长应该对全馆负责,部处主任应该对本部处负责,科组长应该对本科组负责,不负责任就不是一个称职的领导干部。领导干部要做表率,廉洁自律,要善于用权,把权力真正用于为人民服务。背离这些基本原则肯定就会出问题。例如,有些贪官也做出过一些贡献,但是因为不注重思想道德修养,从微小的事情上开始蜕变,最后走向犯罪,这足以警示我们。国家图书馆管钱管物的部门不在少数,有经济往来的部门和岗位也不在少数,在这些岗位上工作的同志要树立良好的道德观念,在思想上防微杜渐、警钟长鸣,要严格要求自己,洁身自好,经得住诱惑。只有这样,才能够常在河边走,也能不湿鞋,使自己的人生之路坦荡光明。

在学习型社会的建设中,中央要求党组织要发挥重要作用,党员要发挥模范带头作用。我馆党员有七八百人,是国家图书馆的中坚力量。每位党员都应该按照党员的标准严格要求自己,要向书本学习、向实践学习、向群众学习,在各项工作中发挥模范带头作用。工会和团委的干部也要根据各自肩负的使命，提高对学习重要性的认识，结合工作的特点，组织好学习。通过学习，解决好世界观和方法论的问题，围绕全馆中心工作发挥骨干作用。

总之，如果每个人通过学习都能够树立起良好的精神风貌，国家图书馆的面貌定会焕然一新，从而促进事业的发展。

（二）通过学习提高业务水平

国家图书馆的工作涉及方方面面的专业知识。信息时代的快速发展，使学科之间的边界变得日益模糊，很多研究与工作不再是依靠单一的专业学科知识就可以完成的。面对我馆繁重、艰巨的工作任务和"十二五"规划的发展目标，无论是基础业务建设、读者服务，还是依托现代信息技术手段的数字资源加工和服务，都需要综合的专业知识。

目前，我馆的干部、员工虽然大多数已经具有较高的文化水平和较丰富的专业知识，但当代知识总量的翻番周期愈来愈短，信息更替速度越来越快，仅凭原有的知识已经无法跟上信息时代的步伐，过往的经验也不一定能解决新的问题。因此，我们面对的首先是十分繁重和艰巨的学习任务和知识更新任务，要注重不同专业学科知识的融合，结合岗位要求，有重点地进行学习。

在座各位都是国家图书馆的管理骨干和业务骨干，从一定意义上讲，国家图书馆的学术水平取决于你们的业务水平。这些年来，国家图书馆在一些专业领域缺少作为，缺乏大家，这个问题应该引起我们的重视。各部处主任要努力成为某个学科领域的带头人，成为学术上的领军人物，这应该是国家图书馆选拔和培养干部的方向。我馆历史上曾经培养了许许多多的知名学者、学科奠基人，他们为国家图书馆留下了浓墨重彩的画卷。还有更多默默无闻、甘于寂寞、肯于奉献的图书馆员工，在国家图书馆的发展历史上同样留下了辉煌的一页。刘国钧、王重民、赵万里和张秀民等很多老同志，无不是在本职岗位上孜孜以求，苦学不辍，磨炼而成。年轻人要向这些前辈学习，要凭借个人的努力和奋斗，在业务岗位上抓紧学习，早日成才。学习绝不是一蹴而就的事，也不是通过一两次培训就能够提高的。只要通过学习掌握了学习方法，持之以恒，就一定会学有所成。

我们要建立鼓励学习的机制，为专业人员、研究人员走出去参加业务交流创造条件，要有计划地把研究人员派出去参加一些国内、国际会议，同时通过申报国家级课题或者请专家指导我们的研究人员做课题来达到尽快提升专业水平和研究能力的目的。

大家要通过这次学习，认真梳理自己在学术研究或者业务工作方面的问题，找出知识盲点，明确学习的目标和方法，使我们的学习更有针对性，收到实效。

（三）通过学习提高管理水平

一个单位管理水平的高低，领导者起着决定性的作用。领导者管理水平的高低反映了干部的领导能力，什么样的将领带出什么样的队伍。要通过学习使我们的管理者懂得怎么管理。各部门的正职在管理中承担着重要的责任，要按照岗位的要求认真学习科学的管理方法，并且善于应用到工作中，从而提高管理水平。管理工作需要宽严相济、恩威并施，领导干部要掌握好尺度；要善于团结队伍，提高团队的凝聚力和战斗力；要身先士卒、以身作则；要有良好的民主作风，坚持民主集中制；要有程序意识，办事讲规矩、讲章法；工作要严谨、务实。这些都是管理者必备的素质。

三、通过学习解决实际问题

"理论联系实际"是党的优良作风，它既是一种学风，也是一种重要的学习方法。毛泽东在中央党校做报告时说："如果你能应用马克思列宁主义的观点，说明一个两个实际问题，那就要受到称赞，就算有了几分成绩。被你说明的东西越多，越普遍，越深刻，你的成绩就越大。"在工作实践中，光说明问题还不行，还要解决问题。不少处级干部说明能力很强，但是操作能力比较差，问到具体问题时，常常一问三不知，或者一问两知三糊涂。我们要通过这次学习，结合实际，有的放矢，解决阻碍事业发展和工作作风方面存在的一些突出问题，切实达到促进工作的目的。

（一）培养甘于寂寞、勇于奉献的精神

近年来，国家图书馆的干部队伍逐步实现了年轻化。2005—2010年，科级干部平均年龄由37.57岁降为35.03岁，降低了2.54岁；科级干部中硕士研究生及以上学历（学位）由18人增长为99人，增长450%；科级干部中副高级及以上职称由31人增长为44人，增长41.94%；年龄在45岁以下的科级干部由108人增长为176人，增长62.96%。这些统计数据反映了我馆干部队伍的建设和发展情况，说明我们的基层管理团队年龄下降，学历上升，这是令人可喜的发展势头，是事业发展的希望。

很多青年干部成长很快，无论是工作状态、业务水平都有很大提高，不少论文在业界产生了重要影响。要鼓励大家学有所专，学有所成，岗位成才，勇于在业务领域中认真钻研和发展。但同时我们也要看到青年队伍中存在的问题，有的年轻同志不愿意做业务工作，到业务部门很短时间，就想办法进职能部门；有的年轻同志把国家图书馆作为进京或就业的跳板；有的年轻同志急功近利，急于当管理干部。无论是管理干部还是业务干部，搞学术不能浮躁，搞服务也不能浮躁。在国家图书馆，业务是立身之本，要真正在图书馆做出成就，还是要甘于做业务工作，要扎扎实实，埋头苦干，甘于坐冷板凳，善于把冷板凳坐热，通过岗位成才，实现自己人生的价值。这是国家图书馆员工应该树立的观念。

我非常佩服老一辈国图人的精神，没有他们打下的深厚业务基础，就没有我们今天的成就。我们要继承这种精神，要在全馆大力培育和弘扬热爱图书馆事业、淡泊名利、甘于寂寞、严谨治学、默默耕耘、无私奉献的精神。要鼓励大家从小事、从身边事、从基础工作做起。"天下大事，必作于细"，只要努力，在平凡的岗位上一样可以实现自己的人生价值。

（二）树立求真务实、扎实肯干的作风

国家图书馆的干部队伍，特别是管理干部队伍，在事业发展中发挥着十分重要的作用，今后还要能够承担起更加繁重的任务。国家图书馆这样的大单位，管理任务很重，如果没有"一竿子插到底"的工作作风，缺乏执行力，许多政令就不可能很好地落实。美国ABB公司董事长巴尼维克曾说过，"一位经理人的成功，5%在战略，95%在执行"，这个说法非常适合国家图书馆的实际。有了想法和决定却不去检查落实，发生了问题却不去及时解决处理，势必会影响到馆里的工作、部处的工作、科组的工作，长此以往，作风必然懈怠，工作必然受到影响。这次集中培训，提高执行力是各级管理者要着力解决的问题。

少儿馆从筹建到开馆仅用时11天，李晓明同志带领典阅部的同志连续加班，在各部门的紧密配合与通力合作下，少儿馆如期开馆，上百家媒体做了报道，在全国影响很大，为国家图书馆增添了光彩。古籍馆和古籍保护中心举办的"国家珍贵古籍特展"、立法决策服务部举办的"一展三会"，也都完成得非常出色。大家都要学习这种良好的工作作风，一旦决定的事情，就要坚决执行，一抓到底。

我们要通过培训，树立求真务实、扎实肯干的作风，大家团结起来，心往一处想，劲往一处使，出色地完成各项工作任务。

（三）修身立德，廉洁自律，养成勤俭节约的良好风气

领导干部要有正确的权力意识，你手中的权力只意味着你承担的责任，意味着组织上对你的信任，是你发挥能力的平台和空间。你掌握的招投标权力、采购权力、人事权力，都是公权，对公权的行使要存有敬畏之心，要坚持原则。最近，上级布置的"查找廉政风险点，制定预防措施"第一阶段的工作已经完成，全馆26个部处共排查出各类廉政风险点67个，建立防控措施97条，初步建立了廉政制度，取得了一定的成效。但也还有些工作环节失于控制、失于监督，个别部门对廉政风险的认识还有待进一步提高。

在这里，我认为有必要说一下勤俭节约、勤俭办事业的问题。这几年，国家财政对国家图书馆的投入逐年递增，促进了国家图书馆事业的发展。但同时，我们应该思考如何用好国家有限的财力，办出高质量、高效益的事。近两年，馆里的业务外包量显著增加，2009年的外包费用比2007年增长了近5倍。面对业务

外包量和外包经费的显著增长，有关部门应该做一个系统的评估，认真分析研究诸如业务外包的原则、依据、管理、费用标准等问题，使业务外包工作更加合理、更加有效。此外，我们在管理方面还有不少漏洞，如停车费目前的定价是否合理，也应该认真地进行核算。我们的文献开发、数字图书馆服务还有很大的收入增长空间，要靠大家齐心协力，从管理中要效益，从文献开发中要效益，从而提高收入水平。

我们要养成勤俭持家、勤俭办事业的良好作风，要让每一笔支出都发挥效益。"成由勤俭败由奢"，"取之有度，用之有节"，要从管理上、从制度上确保勤俭办事业，这是我们作为国家图书馆干部员工的重要责任。

（四）建设勇于创新、善于管理的干部队伍

一要勇于创新。创新是一个单位充满生机与活力的不竭动力，各级管理者都要有创新意识。自1998年改革开始，国家图书馆的事业发展屡屡得益于创新，从国家数字图书馆、国家图书馆部委分馆、中华再造善本工程、全国古籍保护工程、全国文化信息资源共享工程，到最近的少儿馆开馆、立法决策服务的"一展三会"，都是创新的举措，对事业发展的影响十分深远。因此，管理者除了扎扎实实地工作以外，还要有点儿浪漫主义，要敢想、敢干、敢闯，当然也要讲科学。当前，我馆还存在着机制缺乏活力、职能部门职责不清、扯皮等问题，要求我们在管理上要有所创新，在机制建设上要有所创新。要通过学习塑造勇于创新、善于管理的干部队伍。

二要密切联系群众。"从群众中来，到群众中去"是我党的"三大法宝"之一，在当前，密切联系群众仍然具有非常重要的现实意义。一个领导者要做出正确的决定，就要对所要决定的事项有充分的了解，要时时躬身向下，深入基层，联系群众。只有这样，才能掌握第一手资料，才能及时发现问题，修正不恰当的工作指令或决定。事必躬亲可以帮助我们更准确、客观地看待问题和分析问题，仅仅靠听汇报做出的决定常常是不正确的。因此，大家要养成良好的工作作风，多到下面走一走，多听听群众的反映，了解群众关心什么、有什么需求，能经常这样做，就建立了与群众的密切联系，就增加了凝聚力，做出的决定就更有针对性，减少偏差。管理者还要学会与人打交道、做人的工作。能够面对、协调、团结各种年龄、性格、秉性的员工，是管理者能力的体现。领导干部要学点心理学，要了解人的特性和心理，熟练掌握和运用领导方法、技巧和艺术，在做思想工作时要有智慧，善于化解矛盾、疏导心结，而不是简单生硬、激化矛盾。

三要善于识人、用人。这一点对于领导者十分重要。为政之要，首在用人，选用什么样的干部，对干部队伍的素质培养和作风养成起着导向作用。现在馆里给部门、部门给科组都有很大的权力，也有选人用人的权力，这对大家的眼光和胸怀是个考验。选人用人首先要识人，领导干部选人用人要出于公心，要坚持原

则,真正选出那些德才兼备、在群众中确实有威信的人。要胸怀宽广,敢于启用那些敢于谏言、敢说真话的人,要将那些具备管理者素质的、有发展潜力的年轻同志放到一定的岗位上去锻炼。

四要善于主动承担责任,善于协调。领导干部要勇于承担责任,否则就不是一个称职的干部。干工作就会有失误,不能有了问题就找理由、推责任,要有当领导的气度和胸怀,这样才能在下属面前树立威信,获得信任。关键时刻要勇于挑担子,还要敢于保护干部、爱护下属。有的领导干部平时对下属要求很严,经常严厉批评,但关键时刻能给干部撑腰,大家就愿意跟着他干。有的干部涉及承担责任的事就推给下属,缺乏责任意识和担当精神,这种干部得不到大家的承认和尊敬。此外,全馆各部门间要善于协调,发挥整体优势,这样才能打硬仗。

四、几点要求

我馆按照中央关于建设学习型社会的要求,站在推动图书馆事业发展的高度,制定出这次全员培训的安排。这是一次系统、集中、规范的培训,为了提高培训效果,党委办公室、人事处、文化教育部等部门做了充分准备和精心安排。培训课程从我馆现有的优秀讲座资源中选取,涉及历史文化、时事政治、管理学、图书馆学以及文化艺术、新科技等各个方面,内容非常丰富,理论性、实践性和针对性都比较强。相信大家在听完这些讲座后,一定会耳目一新、视野开阔。

下面我就确保培训取得实效提出以下几点要求。

(一)提高认识,增强学习的自觉性

目前,我馆各部门的工作任务都很重。但是,考虑到学习对于我馆事业发展的促进作用,对于工作和个人成长的推动、提升作用,馆领导班子做出这次集中培训的决定,让大家真正能从系统的学习中有所收获,提高综合素质。大家要珍惜这次学习机会,把它作为自己专业、技能、文化素养跃升的起点,以良好的精神状态,投入到培训中来。要处理好培训与工作的关系,妥善地安排好各项工作,确保集中学习和听课的时间。在学习中,要坚持高标准、严要求,保证学习质量;要遵守学习纪律,做到不迟到、不早退,没有特殊情况不请假;遇有特殊情况缺课的,应该在事后抽时间补课。党委办公室、人事处、文教部要做好组织管理工作,严格考勤,确保这次学习培训的严肃性和实效性。

(二)抓住重点,着力解决世界观和方法论问题

在保证规定课目的情况下,希望大家能自己挤出时间,静下心来读几本好书。"读一本好书,就如同和一个高尚的人谈话",可以帮助我们树立正确的世

界观和方法论。建议大家读一些中华民族的优秀典籍。这些典籍是能够确定一个人基本走向的"营养"，凝聚着前人的智慧，养育了中华民族，历久弥新，读来能够使人清流、使人平静、使人睿智、使人坚强。另外，还建议大家读一些革命导师的典籍。这些著作，我认为并不过时。这些革命导师是政治家、革命家，对社会的思考很深刻，从这些著作中可以找到怎么样观察世界，怎么样做人，怎么样处理事务的方法，从而学习革命导师的世界观和方法论。只有这样，我们才可能成为一个高尚的人，一个纯粹的人，一个有道德的人，一个脱离了低级趣味的人，一个有益于人民的人。

（三）善于学习，学以致用，提高分析和解决问题的能力

此次集中培训在选题上很有针对性，每个人也要结合自身情况确定学习重点，做好学习规划，明确自己要通过学习解决什么问题。要联系实际进行思考，立足于把学习成果转化为工作能力，用学习成果解决实际问题。本阶段科以上干部先开始学习，下一阶段，各部门要根据全员培训计划，结合部门和员工的实际情况，安排和组织好本部门员工的学习。员工是国家图书馆最基础的人力资源，是各项工作的具体落实和实施者，他们的专业技能、工作方法和职业道德直接决定着基础业务水平和管理工作水平，他们代表着国家图书馆的形象。各部门要重视员工的学习、培训和职业道德教育，要通过学习提高团队的整体素质，形成工作合力，使部门的工作呈现新面貌，再上新台阶。

（四）做好交流总结，营造良好的学习环境

要取得好的学习效果，除了在学习中要做好笔记，及时消化吸收所学课程外，还有一个重要环节，就是要在学习后做好总结，对所学的东西认真梳理、消化，使学习的效果和质量得到提升。党委办公室等牵头部门要在这次培训后组织好学习交流，通过专刊、学习园地或会议等方式，组织学习笔记、读后感、学习总结等多方面的交流，也可以交流各部门好的学习形式、学习方法以及学习成果，从而扩大学习效果，强化培训质量。希望这次的管理干部培训能够带动和促进全员的学习，在全馆上下形成崇尚学习、热爱读书、以读书为乐、以读书为荣的良好风气，最终达到提高个人素质、推动队伍建设和事业发展进步的目的。

培训班结束后，大家要把学习的成果落实到具体工作中去。培训学习是有期限的，而在工作实践中遇到的情况和问题却是不断变化、层出不穷的，不可能通过一个阶段的培训学习解决所有的问题。在以后的工作中，大家一定要自觉加强学习，坚持在工作中学习，在学习中工作，不断提高自身素质和履行岗位职责的能力，为我馆的事业发展做出贡献。

（在国家图书馆2010年培训动员大会上的讲话）

创新是事业发展的不竭动力

这两天，我们召开 2011 年中层干部工作会议，主要是部署今年的工作。昨天，各部处签订了 2011 年任务书，明确了全年要完成的工作任务。詹福瑞同志总结了 2010 年工作，并结合 2011 年工作要点，对今年全馆的重要工作做了部署。各部处负责同志分别介绍了本部门 2011 年的工作重点和创新工作思路。

今天上午，各位馆长就分管工作中的主要事项做了通报。刚才，郭又陵同志、卢海燕同志和李晓明同志分别介绍了带班子、带队伍和支部建设的工作经验。他们三位从工作实际出发，很好地总结了在部门管理和党支部管理实践中取得的经验。这既是一次经验交流，也是一次切合实际的管理工作培训，希望大家能够从中吸取营养，将这些经验很好地运用于本部门的管理工作中。

这些年来，馆里每年都要根据事业发展的需要确定一个年度工作重点。馆领导研究将今年作为"创新年"，下面我围绕创新谈几点意见。

一、解放思想是创新的关键

古人云，"苟日新，日日新，又日新"；朱熹说，"问渠哪得清如许，为有源头活水来"。创新是一个民族进步的灵魂，是一个国家兴旺发达的不竭动力。一项事业要保持活力，不断进步，就一刻也不能停止创新。创新的关键，则在于实事求是、解放思想，创新的过程，就是一个不断解放思想的过程。

改革开放 30 多年来，正是因为解放思想，不断创新，我们国家的面貌才发生了翻天覆地的变化。国家图书馆百年，也是以解放思想、开拓创新推动事业发展的历史。实践证明，什么时候勇于创新，什么时候事业就有大的发展。

十七届五中全会提出以科学发展为主题，以加快转变经济发展方式为主线，为全面建成小康社会打下具有决定性意义的基础。"十二五"时期将是推动文化大发展大繁荣，提升国家文化软实力，基本建成公共文化服务体系的关键阶段。国家图书馆作为公共文化服务体系的重要组成部分，也将迎来一个重要的发展机遇期。与此同时，全面提高全民族文明素质，满足人民群众多样化、多层次、多方面的精神文化需求，对图书馆工作提出了新的要求和挑战。面对机遇与挑战，当前我们的工作中还存在着一些不适应事业发展要求的思想问题，主要表现在以下几个方面：

一是因循守旧的问题不同程度地存在。国家图书馆在长期发展过程形成了一系列规章规范和业务惯例，它们都是在一定的历史条件下产生的，对当时的事业发展起到了积极的推动作用。随着社会的发展，其中有些规定和做法仍然有其合理性，但也有一些已经不符合时代发展的潮流。例如，过去我们不设名家专藏，对名家的藏书没有集中管理，以致流失出馆，给我们的工作造成被动。随着社会的发展，人们逐渐认识到名家的收藏历史本身就为文献赋予了新的文化内涵。如今，许多国家都在考虑建设书籍博物馆，我馆也确立了建立名家专藏的思路。这个事例说明，我馆沿袭多年的一些做法有必要重新思考，要避免因循守旧，让思维定势束缚手脚，影响事业的发展。

二是"重藏轻用"的观念不同程度地存在。国家图书馆承担着国家总书库的职能，保存中华民族文化遗产是我们的重要职责之一。然而保存的最终目的是为了更好地利用，不能把国家图书馆办成书库，只藏不用。当前，"重藏轻用"的观念在有些层面上仍然影响着我们的工作。以老照片为例，我馆藏有7000余种、10万余张照片，其中约1/4是清末民国的老照片。这些老照片是珍贵的历史文献，具有一般文字资料无法替代的史料价值。然而长期以来，我们只重视了照片的保存，却忽视了它的开发利用，使得这些珍贵馆藏大多"藏在深闺无人知"。近年来，老照片的整理和利用越来越受到社会的关注，有些选题在策划出版后，引起了热烈的社会反响。我馆将3000余张馆藏老照片数字化后通过网络提供服务，利用率很高，仅从去年9—10月的统计来看，利用量就已超过发布总量的200%，说明社会需求很大。此类情况并非绝无仅有，我们要在"保护为主"的大原则下，进一步解放思想，加强文献的开发利用，使这些文献更多更好地服务当代、服务社会。

三是视野不宽、站位不高的问题不同程度地存在。经济社会的快速发展和人民群众日益增长的精神文化需求，既给图书馆事业发展带来机遇，同时也对图书馆工作提出了更高的要求，我们必须及时了解和掌握读者需求。当前，我们的工作中还存在着视野不宽、站位不高的问题，对社会需求的反应还不够敏锐。例如，展览是国家图书馆拓展社会教育职能的一个重要手段，也是国际图书馆界在公共服务方面所普遍采取的一个做法，受到公众的广泛欢迎。我馆虽然每年都举办不少展览，但在策划、设计、展示等方面的能力还比较欠缺。再比如，近些年来，随着新媒体技术的快速发展，人们通过新媒体获取信息服务的需求日渐旺盛，而我馆在进一步拓展职能、整合资源、提供更多基于新媒体的文化产品等方面还缺乏整体策划，甚至在馆内也还存在"信息孤岛"。在数字图书馆建设方面，我们在同行中还缺乏"主导权"和"话语权"等。

这些问题的存在已经影响到了事业的发展。因此，全馆上下要进一步统一认识，解放思想、开拓创新，主动查找不适应事业发展的问题，以创新的思路完成今年的工作任务。

二、业务建设是创新的基础

创新不是空中楼阁，也不是空穴来风。创新必须坚持以业务建设为基础。

（一）基础业务是业务建设的基石

没有坚实的业务做基础，创新就是无本之木。传统的采、编、阅、藏一直是国家图书馆事业发展的基础，也是创新工作的基础。数字图书馆也有自己的基础业务，那就是数字资源的采集、组织、发布、服务与保存等。当前，我馆数字图书馆建设在一定程度上还存在着数字资源家底不清、揭示不够、整合不足、发布不及时的问题，数据库的使用还缺乏统计分析，各种裸数据还缺乏整合应用。这就需要我们始终坚持强化基础业务工作，以创新的思路解决基础业务中存在的问题。

（二）学术研究是业务建设的灵魂

创新需要理论研究的支撑，国家图书馆是综合性研究图书馆，要在加强基础性研究的同时，进一步加强实用性研究，以学术研究和技术研究的成果来指导业务。要通过学术研究，了解图书馆的本质属性和图书馆事业的发展规律，了解国内外图书馆事业发展的前沿动态，敏锐地捕捉最新发展理念，从而找到事业发展的突破口，用先进的理念来指导图书馆的创新工作，促进研究成果的转化。尤其是注重学习、运用和开发先进的技术来推动图书馆事业发展。只有这样，才能不断提高学术研究水平，引领业务的科学发展。

（三）整理挖掘馆藏是当前业务建设的重点

国家图书馆是中华文化的宝库，是国内最大的文献信息资源收藏地。开发利用好馆藏文献资源，对于弘扬中华民族优秀文化、提高全民族文明素质、促进社会发展具有重要意义。总的来看，我们的馆藏文献开发利用水平还不高，存在着开发利用方式单一、文献揭示不够深入、缺乏整体策划、有影响力的项目较少等问题。如何使这些特色文献和专题文献服务当代、服务社会，是摆在我们面前的一个重要课题。

要首先做好馆藏的挖掘整理工作，在深刻认识馆藏文献文化内涵的基础上，按专题进行整理和挖掘。要加大文献揭示力度，进一步拓展文献展示渠道，丰富展示手段，充分利用展览等群众喜闻乐见的方式展示馆藏，让社会公众了解这些馆藏。要积极拓展影视制作、文献出版、数字化产品开发、新媒体服务等新的文献开发利用手段与途径，创造更多具有鲜明时代特点、深受人民群众欢迎的优质文化产品。

今年下半年，南区将陆续闭馆维修，一些业务工作会受到影响，但同时闭馆维修将减少读者服务压力，使我们有了整理挖掘馆藏的时间和精力。要结合社会发展的需要，策划系列馆藏挖掘项目，推动国家图书馆事业的长远发展。

三、干部队伍是创新的保障

一支高素质的干部队伍是事业不断创新、不断发展的根本。中层管理干部是我馆事业发展的中坚力量，发挥着承上启下的作用。事业好坏看"班子"，中层管理干部的思想水平、工作状况、业务能力如何，直接影响着图书馆事业的未来发展。这里我强调以下几点：

首先，要有奉献精神。

图书馆不是做官的地方，而是能够成就事业的舞台。国家图书馆百年发展历史上，许多老馆员以对图书馆事业的忠诚和热爱，甘为人梯、无私奉献，在平凡的岗位上实现了自己的人生价值和理想。人是要有一点精神的，当今社会更需要图书馆人具有献身于事业的使命感、责任感。中层干部的精神面貌直接关系到全馆事业的发展，希望大家热爱岗位，勇于奉献。只有热爱岗位，才能对所从事的事业有奉献精神；只有对所从事的事业有奉献精神，创新才有思想基础和智慧源泉。

其次，要有创新意识。

中层干部的创新意识和创新能力直接关系到我馆事业的发展。当前，我们面对的是快速发展的经济社会，是不断进步的科学技术，是充满竞争与挑战的事业发展环境。大家要紧跟时代步伐，适应新岗位带来的新变化、新特点、新要求，尤其要关注社会和行业的发展，培养宏观思维能力，不断强化创新意识，要敢于想前人没想过的，敢于做他人没做过的。当然，创新意识不是胡思乱想，还要讲科学态度，要从工作实际出发。

最后，要加强班子建设。

部处领导班子要坚持民主集中制，善于走群众路线，广泛听取群众意见，从群众中吸取营养。特别是在决策过程中，一定要充分征求群众意见，防止"一言堂"。班子内部要搞好团结，班子成员之间要多沟通多交流、互相尊重、互相理解，正职不武断，副职不越位，共同营造和谐的工作氛围。要注重员工队伍建设，善于发挥科组长、业务骨干和员工的积极性，优化部门人才成长环境，加强员工培训，鼓励岗位成才，建设一支结构合理、作风过硬、业务娴熟、团结协作的员工队伍。

中层干部要身先士卒，以身作则，充分发挥模范带头作用，要吃苦在先，享受在后，搞工作要一竿子插到底，不浮躁不扯皮。还要特别强调一点，大家作为部门的管理者，手中都掌握着一定的权力，希望大家要廉洁自律，"其身正，不令而行；其身不正，虽令不行"，要善用公权，坚持原则，按章办事，不为个人或小集体谋利益。

（在2011年国家图书馆年初中层干部工作会议上的讲话，2011年2月21日）

解放思想　开拓创新
推进国家图书馆事业新发展

今天，我们召开一年一度的全馆员工大会，主要是表彰先进，总结上一年的工作，部署2011年的工作。

这些年来，馆里每年都要根据事业发展的需要确定一个年度工作重点，馆领导班子将今年确定为我馆的"创新年"。在前几天召开的中层干部会上，我已就创新问题谈了几点意见，将印发给大家。今天，我结合今年的工作任务，围绕创新谈几点要求。

一、要进一步解放思想、开拓创新

古人云，"苟日新，日日新，又日新"。创新是一个民族进步的灵魂，是一个国家兴旺发达的不竭动力。一项事业要保持活力，不断进步，就一刻也不能停止创新。创新的关键，则在于实事求是、解放思想，创新的过程，就是一个不断解放思想的过程。

改革开放30年来，正是因为解放思想，不断创新，我们国家的面貌才发生了翻天覆地的变化。国家图书馆百年，也是以解放思想、开拓创新推动事业发展的历史。一代又一代国图人不断创新求变，推动了国家图书馆事业的发展，也为我国图书馆事业的发展做出了重要贡献。历史证明，什么时候勇于创新，什么时候事业就有大的发展。

自1998年以来，我馆通过制度创新，事业有了较快发展，大家的思想理念、创新意识、服务水平和业务建设都有了较大提高。但是，在读者服务、文献开发等方面还存在思想不够解放、创新能力不强的问题；在制度建设上还需要进一步打破陈规，建立起一套符合时代要求的管理制度；在策划发展思路上，还需要进一步提高站位、拓宽视野等。最近，文化部、财政部下发了关于推进全国美术馆、公共图书馆、文化馆（站）免费开放工作的文件，国家图书馆要在2008年免费服务的基础上，进一步扩大免费服务范围。

十七届五中全会提出以科学发展为主题，以加快转变经济发展方式为主线，为全面建成小康社会打下坚实的基础。未来5年将是我国文化大发展大繁荣，全面提升国家文化软实力，基本建成公共文化服务体系的重要阶段。国家图书馆作为公共文化服务体系的重要组成部分，也将迎来一个重要的发展机遇期。同时，全面提高全民族文明素质，满足人民群众多样化、多层次、多方面的精神文化需求，对图书馆工作提出了新的要求和挑战。因此，我们要在全馆开展一次解放思想、开拓创新的大讨论，进一步统一认识，查找问题，明确创新思路，策划创新项目，抓住新机遇，接受新挑战，把全馆工作提高到一个新的水平。

二、要进一步狠抓基础、练好内功

创新根植于基础，来源于实践。

首先，创新必须建立在扎实的基础工作之上，没有坚实的基础业务工作和基础管理工作，创新就是无本之木。因此，强化基础，加强基层，是我们始终要坚持的工作方针。

其次，创新还必须树立科学态度，提高研究能力。要进一步加强学术研究工作，用科学的理论指导业务工作，用先进的理念指导创新。只有不断提高学术研究水平，才能引领业务的科学发展，才能"为有源头活水来"。

最后，创新离不开扎实的基础知识和基本技能。人是事业成功的第一要素，员工的基础知识和基本技能直接决定着一个单位的创新水平。刚才，我们为工作满30年的员工颁发了纪念证章，许多老同志忠于职守，爱岗敬业，积淀了深厚的业务功底，对国家图书馆事业发展做出了重要贡献。希望年轻同志要向老同志学习，加强业务知识的学习和基本业务技能的训练，尽快成长为一名合格的图书馆员。

三、要进一步培育爱岗敬业的国图精神

"人无精神不立，国无精神不强，馆无精神不兴"。百年来，一代代国图人薪火相传，共同铸就了恪尽职守、爱岗敬业、甘为人梯、无私奉献的国图精神。这种精神穿越历史，历久弥新，是中华民族精神的具体体现，是国图人生生不息、继往开来、开拓创新、发展壮大的强大精神力量，是创新的源泉。

首先要爱岗。国家图书馆承担着"传承文明，服务社会"的重要职责，是值得为之奉献的职业，是能够成就事业的职业，是个人能够发展进步的职业。希望大家热爱岗位，珍惜岗位，勇于奉献，随着国家图书馆的事业发展而成长。

其次要敬业。荀子讲，"不积跬步，无以至千里；不积小流，无以成江海"，一分耕耘，一分收获，这是颠扑不破的道理。成功的路上没有捷径，希望大家脚踏实地，从小事做起，从基础做起，扎扎实实，埋头苦干，刻苦钻研，岗位成才。

人是要有一点精神的。当今的社会更需要树立民族精神，建设中华民族共有精神家园，更需要弘扬国图精神，凝聚力量，集中才智，不断创新，推动事业发展。

（在2011年国家图书馆员工大会上的讲话，2011年2月28日）

做好国家图书馆工作需要开拓与创新

2011年是"十二五"开局之年,也是我馆的"创新年"。为抓住和用好事业发展的重要机遇期,稳步推进国家图书馆的创新发展,从3月份开始,全馆开展了"解放思想、开拓创新"讨论活动,经过近3个月全馆上下各个层面的交流讨论,最终形成了22个条件较为成熟、事关全局、亟待落实的重大项目,取得了较为显著的成果。

今天,我们召开"解放思想、开拓创新"讨论活动总结大会,总结这次讨论活动取得的成果和经验,部署下一阶段工作。刚才詹福瑞同志对"解放思想、开拓创新"讨论活动做了全面总结,我完全赞同。

下面,我就此次"解放思想、开拓创新"讨论活动谈几点意见。

一、本次讨论活动的几个特点

创新讨论的过程就是解放思想、策划未来的过程,是集思广益、民主决策的过程,也是透视自我、认识自身的过程。在这次"解放思想、开拓创新"讨论活动中,全馆各部门上下齐心,从工作实际出发,对存在的问题进行了深入的分析与讨论,对未来事业发展提出了许多很好的意见和建议。本次活动有以下几个特点。

(一)各部门高度重视,讨论活动扎实有序

各部处、各科组对此次"解放思想、开拓创新"讨论活动高度重视,从动员到每个阶段的讨论,全馆各层面认真组织,开展各种形式的活动,将会议研讨方式延伸开来。通过分层讨论、专题研讨、参观交流、跨部门业务研究等多种形式,使整个讨论活动切实地在部门内部及全馆范围广泛开展。我参加了8个部处的讨论,感觉到大家能结合本部门业务实际,并放眼全馆工作研究问题,探讨交流逐渐深入,提出了很多很好的思路和项目。办公室在此次活动中组织了两次经验交流会,编发了专题简报,大家通过简报了解到各部处的活动组织情况,互相学习,交流心得。正是由于全馆各层面对活动的高度重视与有序组织,才使得整个讨论活动逐渐深入,达到了预期目标。

(二)全馆员工积极参与,讨论活动深入热烈

创新讨论活动本身就是一个广泛听取群众意见的过程。随着活动的开展,各

部处、各科组探讨的问题逐步深入,广大员工的积极性也被充分调动了起来,主人翁意识和责任感不断增强。大家集思广益、广开言路,通过网上博客、会上讨论、给馆领导提建议等方式发表意见、提出思路,在全馆上下形成了共同思考、合力创新的氛围。此次讨论形成的项目,有很多都是普通员工提出来的,可以说"解放思想、开拓创新"讨论活动是一次齐心协力谋发展的好活动,使全馆上下在讨论中统一了认识,为进一步推动事业发展奠定了较好的基础。

(三)结合实际谋求发展,讨论活动成果显著

在讨论活动中,全馆各个层面对创新思路进行了多次研究、论证,并扩大了讨论范围,专门面向副省级以上公共图书馆及广大读者征求建议,最终形成了涉及基础业务建设、数字图书馆建设、社会教育职能拓展、发挥行业引领作用、创新体制机制等方面的可操作性项目,使本次讨论活动产生了对未来事业发展具有积极促进作用的重要成果。刚才詹福瑞同志在总结报告中提到的项目都是涉及全局层面的馆级项目,除此之外,在讨论中还形成了一批部处层面的好项目,这些项目需要我们在日后的工作中加以推进、落实。

这次讨论活动将对国家图书馆的未来发展起到积极的促进作用,其意义和成果将会日渐显现。

二、进一步理解项目内涵,抓住重点,推进工作

此次讨论活动最终确定了 22 个重大项目,其中有些是国家图书馆"十二五"规划中已经明确提到的,有些是通过此次讨论活动形成的新项目,但都属于全局性的、影响我馆乃至全国图书馆事业发展的重大项目。要进一步深刻理解项目的内涵,让这些项目成为我们未来几年做好各方面工作的有力抓手,在以下几大方面重点开展工作。

(一)基础业务方面

讨论活动的过程也是查找自身不足的过程。基础业务是我馆发展立足的根本,关乎各项事业能否顺利推进。目前,我馆的基础业务建设仍有许多需要完善的地方。例如,我馆数字资源总量已达 480 TB,但很多资源没有得到充分揭示,这次围绕数字资源的整合策划了专题项目,以实现数字资源与传统资源的统一揭示。要加强文献资源保障体系建设,开展缴送政策研究和平台建设,实时掌握缴送情况,提高缴送管理水平,积极与相关部门沟通协调,推动社会各界给予出版物缴送工作更多的关注与重视。要继续做好国家文献战略储备库建设项目,实现对各类载体资源的长期安全保存。

（二）数字图书馆建设方面

数字图书馆是图书馆的未来发展方向。要始终根据以需求为导向的原则加强数字图书馆建设与服务，一方面要在制度上和技术上实现对数字资源的科学管理，建立数字资源管理制度与标准规范体系，开展数字资源专题知识库建设项目；另一方面要注重提供个性化、深层次、全媒体信息与知识服务，通过国家图书馆企业分馆建设，使我馆丰富的数字资源服务于经济建设，服务于科技创新，服务于科学发展。同时，加快数字图书馆体验区建设，打造直观、形象的体验空间，使读者能深入其中了解数字图书馆，使用数字图书馆。

（三）拓展社会教育职能方面

随着国家公共文化服务体系建设的不断深入，图书馆在公共文化服务中将扮演越来越重要的角色，不断拓展社会教育职能，将使我们在公共文化服务中发挥更为积极的作用。要通过展览、讲座、培训、影视制作、整理出版等多种方式，深入挖掘和展示馆藏文献的文化内涵。实施"中国记忆"项目，采集整理口述历史资料，面向全国征集非物质文化遗产等各类历史文化藏品及资料。在南区改造中按照典籍博物馆的建设思路规划相关展览展示区域，从而使馆藏文献资源可以更多、更好地展示给大众，服务当代、服务社会。

（四）创新体制机制方面

建立完善的体制机制是图书馆事业发展的基本保障，当前我们在体制机制上还存在一些影响事业发展的问题。这次，根据大家的建议，设立了几个专门研究体制机制问题的项目。要创新立法决策服务的管理机制，完善内部机构，培养一支高素质的立法决策服务队伍。要在积极争取中央财政支持的基础上，进一步创新运行管理机制，在确保公益性服务的前提下，探讨建立或重组国家图书馆馆属企业，深入开发馆藏，形成更多优质文化产品进入市场，通过多种方式解决增值服务与市场的对接问题。

（五）发挥行业引领作用方面

积极策划对全行业乃至全社会都有重大影响的项目，引领和带动全国图书馆事业发展。要加快推进数字图书馆推广工程，构建以国家数字图书馆为核心，以省级数字图书馆为主要节点，覆盖全国的数字图书馆虚拟网，形成围绕数字资源生命周期管理的一套完整的数字图书馆标准规范体系，统一"交通规则"，实现海量分布式资源库群的无缝跨库连接，支持各馆间的用户双向认证和资源双向访问，从而为各级图书馆的服务提供有效的资源支持，催生网络环境下图书馆服务新业态。要加快推进民国时期文献和革命历史文献的保护与利用工作，实现对这些珍贵文献的有效保护和传承利用。

此外,要推动其他对事业发展有重大影响的项目。例如,我馆目前有560多名员工为无房户,多数是年轻人,要积极向有关部门争取住房政策,解决这个关乎员工切身利益的问题,稳定人才队伍。

会后,办公室要下发落实22个重大项目的相关文件,每个项目都要确定主管馆领导、牵头部门与参加部门。大家要深入了解项目内涵,特别是科组长要深刻认识项目内涵,确定下来的项目要积极落实,努力实践。我相信,这些项目的落实将对我馆的未来发展产生重大影响。

三、几点要求

(一)要对项目进一步深入研究、细化思路

要对每个项目做深入研究,进一步细化方案,根据具体情况制定项目计划书和进度表。在细化过程中要注重可操作性,解决好如何实施的问题。每个项目都指定了相关的馆领导担任项目组长,各位组长及牵头单位要尽早确定项目参与单位及人员。能马上实施的项目要明确项目的起止时间,尽快启动,要严格按照既定时间表执行;需要进一步研究的,则要做好论证工作。

(二)要抓好项目的落实

这次确定的项目都是经过全馆上下多次讨论、听取多方意见形成的,这些项目的思路很好,但能不能做好的关键是抓落实。要善于把思路变为项目,项目形成预算。各位馆领导要根据分工,组织有关项目的讨论和研究。对于近期和明年实施的项目,要与预算结合起来;对于远期实施的项目,各位馆领导要负责组建精干的研究班子,完成项目策划书或政策框架的起草工作。今年的中层干部会将重点研究这22个项目的落实情况,大家要早做准备。

(三)要与日常工作有机结合

当前,全馆很多部处都投入到搬迁工作中,工作量很大,策划项目要与当前的工作实际紧密结合。一方面要谋划好搬迁时期的项目实施工作,如民国时期历史文献的保护以及一些重大展览,都是挖掘馆藏的大项目,要结合搬迁工作,规划好项目的落实;另一方面要借搬迁与业务调整之机,集中力量,落实好有关项目。国家文献战略储备库等已经启动了前期工作的项目,这次仍被列入了22个项目中,就是要引起全馆上下的重视,全力推进下一阶段工作的开展。

(四)要加强队伍建设

策划项目的过程既是培养干部的过程,也是提高队伍专业水平的过程。各部

处要在进一步细化项目方案的过程中,把提高干部的政策观念和业务水平结合起来。在策划项目的过程中不断理清思路,要有意识地吸引年轻人参与项目有关工作,要充分调动广大员工的积极性和创造力,通过项目带队伍。

除馆内已经明确的 22 个项目之外,各部处还可以根据部门工作实际,进一步策划部处层面的项目。一项事业要发展就必须不断提出新的思路,要把策划项目作为一个常规性工作,在现有思路的基础上,根据事业发展的新形势、新变化、新特点,进一步解放思想,开拓创新,开创事业发展新局面。

(在国家图书馆"解放思想、开拓创新"讨论活动总结大会上的讲话,2011年5月27日)

加强基础　苦练内功
推进国家图书馆事业可持续发展

今天上午，各部处主任总结了本部门的上半年工作，提出了下半年工作计划。半年来，各部处新任中层干部团结协作，扎实工作，较好地完成了一期维修工程的立项、数字图书馆推广工程的实施，以及举办"中华珍贵医药典籍展""艰难与辉煌——纪念中国共产党成立90周年馆藏珍贵历史文献展""册府琳琅　根脉相承——中华典籍与非物质文化遗产特展"等各项工作任务。在刚刚结束的全国文化厅局长座谈会上，蔡武部长在总结中也对我馆工作给予了肯定。上半年我们还组织了"解放思想、开拓创新"讨论活动，通过反复酝酿、论证，确定了22个创新项目。刚才各位馆领导也就自己负责的创新项目实施分别谈了思路，谈得都很好。

近年来，中央高度重视文化建设，为推动社会主义文化大发展大繁荣陆续出台了一系列重大政策，进行了一系列战略部署，即将召开的中央全会也将专题研究文化工作。我馆是一个具有百年历史的老馆，作为公共文化服务体系的重要组成部分，必须加强自身业务能力建设，以更好地承担起中央交给我们的任务和社会赋予我们的责任。"工欲善其事，必先利其器"，我们必须确立以业务建设为中心，以基础业务建设为根本的指导思想，把加强基础、苦练内功作为长期的工作任务。为此，本次中层干部会将"一手抓基础、一手抓创新"作为会议主题。我们要潜心静气，埋头苦干，为国家图书馆的可持续发展奠定坚实的基础。

下面我就加强基础业务建设谈几点意见。

一、认真研究，客观分析我馆基础业务工作

近些年来，在全馆上下的共同努力下，我馆的基础业务工作不断加强，推动了事业的发展，发挥了重要作用。但是，我们必须清醒地看到，改革开放30多年来，我国社会发生了翻天覆地的变化，图书馆的生存和发展环境日新月异，基础业务的内容、需求、流程等也随之发生了许多变化。为此，我们对基础业务的现状要有客观的分析和清醒的认识。

（一）关于国家总书库建设

馆藏资源建设是图书馆业务的重要基础。我馆已经建立了一套较为成熟的文献采访机制，确立了以购买和接受呈缴为主，征集、复制和接受捐赠等为补充的

多元化文献采访渠道,经过百余年的积累,已经形成了馆藏宏富、内容丰富、结构合理的馆藏文献资源体系。截至 2010 年底,我馆馆藏文献总量已达 2897 万册(件),居世界第五位,亚洲第一位,是全球中文文献的最大收藏机构;外文文献占馆藏总量的 50%,涵盖 115 种语言文字,是国内最大的外文文献收藏机构;馆藏文献类型丰富,既包括传统印刷型文献、缩微制品,也包括电子出版物、网络资源等新兴载体文献,为开展各项业务工作奠定了重要的资源基础。

为进一步提升国家总书库的建设水平,我馆"十二五"规划提出了建设国家文献资源总库的总体目标。对照这一要求,我馆文献的类型和数量还有待进一步拓展和丰富,中文文献缴送工作还需要进一步加强,文献入藏范围还需要进一步廓清,重点专题文献的采选还需要进一步加强,文献采访渠道、使用政策以及共享机制还需要进一步深入研究。以下问题特别要引起关注:

一是文献缺藏问题不容忽视。"中文求全"是我馆的采访原则。但是,由于采选、缴送、保存等各方面的原因,国内中文正式出版物还远远做不到全面入藏。据初步统计,仅 1949 年以后出版的图书基藏本缺口就达到 20 万册,而保存本原缺文献数量尚不清楚。保存本的安全管理亟待加强,实现中文馆藏完整性的任务还很艰巨。

二是出版物样本缴送还需进一步加强。长期以来,缴送问题始终是影响我们总书库建设的重要问题。仅以 2009 年为例,国家图书馆接受图书缴送率仅为 59.01%;期刊缴全率不到 50%;音像制品缴送率仅为 41.01%;电子出版物仅为 57.06%;报纸缴送率最高,也仅为 60.23%。其中既有法律和政策保障层面的问题,也有内部管理的问题,需要认真研究。

三是文献采访的针对性不够强。目前,我们的采访工作还缺乏主动性和针对性,采访馆员根据相关文献的馆藏现状、现实需求和前瞻性需求综合评价采选文献的机制还没有完全建立起来,还没有将用户的实际需求和资源的使用情况作为文献采选评价的重要因素。在贯彻"中文求全""国内出版物求全"与"外文求精"的采选方针过程中,关于"全"和"精"的尺度调整与用户需求的发展还不同步。例如,新型载体文献和港澳台地区的出版物还没有纳入保存本范围,对周边国家与地区出版物的收藏不够重视,海外中国学与中国研究主题的文献收藏还比较薄弱。

四是新兴载体资源和非正式出版物的入藏机制尚未完全建立。科学技术的发展对出版业产生了重大影响,数字出版发展迅速。截至 2010 年底,中国电子书总量已达 115 万种,年新增 18 万种;单独出版的数字报已达 700 份以上,电子期刊已近万种;中文网页数量达 600 亿页,年增长率达 78.6%。相比之下,我们的采访机制还滞后于新兴媒体的发展。此外,大量具有重要研究参考价值的非正式出版物,如政府文献、科技报告、学位论文、手稿、照片等,入藏政策还需要进一步明确。

（二）关于编目工作

作为全国书目中心，我馆编目工作在行业内一直具有优势，主持制定了包括分类法、主题词表、编目规则、机读目录格式在内的一系列书目工作标准，建立了全国图书馆联合编目中心，确立了作为国家书目数据中心的重要地位。截至2010年，通过OPAC系统提供书目数据840余万条；全国联合编目中心成员馆达737家，分中心15个，提供规范数据逾80万条；通过联机计算机图书馆中心（OCLC）向全球共享书目数据近350万条。

然而，与建设国家文献资源总目的要求相比，我们的编目工作还有一定差距：

一是馆藏资源目录体系不完整。据初步统计，目前未编目的传统馆藏超过35万种，其中包括外文文献、缩微文献、联合国资料等多种类型，外文报纸基本没有编目。许多数字资源也没有进行编目，如数字化音频资源没有曲目元数据，2008年以来采集的大量网络资源还没有进行编目加工。大量已经加工完成的目次数据、篇名数据都还没有揭示。

二是统一的目录体系还没有建立起来。目前我馆针对各类型文献的目录体系基本是分立的，很多数据库也都有自己的检索平台，目录分散，给读者使用带来诸多不便，建立纸本文献、缩微文献、数字文献等各类型资源统一的目录体系必须提上重要议事日程。

三是书目数据质量有待提高。目前已经在OPAC上提供的数据中，还有一些空数据、错误数据和无效数据，书与数据不符的现象时有发生。这些问题的存在，常常使读者感到困惑和不满，也给我们的服务工作带来很大压力。

（三）关于服务工作

目前我馆已经确立了面向中央国家机关、重点教育科研生产单位、社会公众和图书馆界的分层服务体系，基本形成了到馆服务与远程服务互为补充的服务格局，通过讲座、展览、培训等方式进一步拓展了社会教育职能。服务范围不断扩大，服务渠道不断拓展，服务内容不断丰富，服务水平不断提高，在公共文化服务体系建设中发挥了重要作用。

但与社会公众不断增长的文化需求相比，服务工作尚有较大差距：

一是还没有形成标准化的服务工作体系。目前，我馆尚未形成接待读者、引导读者、咨询解答、文献获取、读者意见反馈等方面完善的规范化、标准化服务体系。例如，重点阅览室的读者需求问卷还没有做到定期发放、回收，而往往是在遇到特定事件时才做读者需求调研。

二是服务主动性不够，精细化水平不高。目前我们的服务总体上还比较被动和粗放。例如，立法决策需进一步提高主动性和预测性，围绕国内外重大问题、热点问题主动开展服务；对特殊群体的服务还需要加强；面向社会公众的手机短信服务还不够主动，相当一部分读者外借图书逾期没有及时得到提醒；呼叫中心还没有实现对各类型读者电话咨询的统一接转等。

三是对馆藏文献重于收藏、弱于利用的问题仍然不同程度地存在。长期以来，我们对珍贵文献典籍保存得很好，展示与利用却远远不够，还不能使公众近距离地感受文献典籍穿越历史的恒久魅力。当前，世界各国图书馆对馆藏文献的展览与展示都非常重视，我馆也做了一些有益的尝试，但还缺乏专门展示场所，展示的规范性、讲解队伍的专业性等都还存在明显不足。特别是主动根据国家发展中面临的重大需求深入整理文献、提供服务的意识尚需加强，文献研究整理的针对性还不够强。

（四）关于数字图书馆建设

国家数字图书馆工程自2005年开始建设，目前，硬件基础设施平台已经初步搭建完成，基础软件平台正在建设过程中，20多项标准规范已经研制完成。截至2010年底，数字资源总量已达480 TB，服务范围覆盖电信网、广播电视网和互联网。通过实施数字图书馆分馆、县级数字图书馆推广计划和数字图书馆推广工程，在全国推广国家数字图书馆建设成果，一个内容丰富、技术先进、覆盖面广、传播快捷的国家数字图书馆服务网络已经初步建成，获得了良好的影响。

然而，随着数字图书馆建设的不断深入与拓展，数字图书馆业务建设的薄弱环节也逐步显现：

一是资源建设缺乏统一规划，资源内容缺乏吸引力。按照"十二五"规划提出的建设国家文献资源总库的要求，我们尚缺乏对传统资源和数字资源建设的统一规划与统一协调，适应于社会公众普遍需求的资源内容还比较少。目前我馆已经建成的数字资源中，能够在互联网上提供服务的只有100.9 TB，占21%，其中大部分是古代典籍，受众面小，社会公众需求量较大的现当代文献比较缺乏，特别是适用于新媒体的资源还很少。例如，目前我馆通过数字电视提供的"国图空间"服务主要依靠静态页面支撑，最适合在电视上展示的视频资源只有500个小时，而且主要是文津讲坛系列讲座，常常是一个人、一个屏幕，一讲就是一两个小时不变换场景，表现方式呆板、单一，对观众没有吸引力。

二是数字资源的组织与揭示还有待加强。我们的数字资源保有量已经近500 TB，但整合揭示还远远不够。有些资源因为元数据与对象数据不匹配而造成不能发布，有些资源因为没有记录版权状态而造成后续服务方面的困难，有些资源因为存储环境和技术等方面的原因已经无法使用，还有些资源因为格式标准不统一而带来整合揭示方面的障碍。此外，目前我们所建设的数字资源主要是一次文献，还没有形成高质量的专题知识库群。

三是网站对用户的吸引力不足。近年来，社会各界对通过网站获得国家图书馆服务的需求日益迫切。2010年国图网站访问量超过8亿人次,与2009年相比,增加了83.86%。然而,目前我们提供的网站服务总体上比较呆板,缺乏与用户的互动,读者普遍反映网站不好用,查找资源和服务信息比较困难,界面不友好,时效性差。

四是网络系统平台不稳定。网络系统不稳定、网速慢已经成为影响我馆基础业务工作的一个突出问题。2011年3月3日无线网络服务免费后仅半个月内,无线网单日用户数就增长了近170%,每小时在线用户数最多时达到192人。面对用户的快速增长,我馆无线网设备少、网络带宽已经基本饱和的问题日益凸显,读者反应强烈。

(五) 关于专业队伍建设

近年来,我馆不断创新人才建设机制,员工队伍有了结构性变化。截至2010年底,40岁以下员工占到42.35%,基本实现员工年轻化,未来发展后备力量充足;具有硕士研究生以上学历的员工占33.56%,本科以上学历的占64.89%,副高以上职称员工达229人,中级职称669人,人才队伍素质不断提高;科级干部平均年龄35.72岁,处级干部平均年龄45.08岁,管理干部队伍整体呈年轻化、高学历、高技能特点,为基础业务的发展培养了一支高素质、专业化的队伍。

然而,相对于事业的快速发展,我们的专业队伍建设还存在一些不适应的问题:

一是缺乏在业界有影响力的领军人物,在我馆的百年发展历程中,曾出现过不少行业领军人物。而现在,我们在文献研究、文献编目、数字图书馆建设、参考咨询等重点领域,还缺乏对业务有深入研究和深厚积淀的领军人物。

二是骨干队伍的断层问题明显。截至2011年6月,我馆共有在编员工1344人。其中,35岁以下的有507人,占37.72%;46～55岁的有517人,占38.47%;56岁以上的有103人,占7.66%。而发挥着承上启下作用的36～45岁员工只有217人,仅占员工总数的16.15%,业务骨干队伍存在明显断层。以中文图书书目数据组为例,该组近1/3的员工从事编目工作不足3年,还有近1/3的员工将在未来4年内退休,骨干队伍状况堪忧。

三是员工队伍的基本业务技能需要加强。我馆在20世纪60年代和90年代都开展过大练基本功的培训活动,对提高队伍的业务技能起到了很好的作用。近5年来,新进馆人员达到387人,占我馆在编员工总数的28.8%,大多是"三门"员工,历练较少,普遍缺乏图书馆基础业务和基本技能方面的训练。同时,随着事业的快速发展,我馆在职员工培训在培训形式、培训内容和培训效果等方面都已不能满足图书馆基础业务知识更新的需要。

（六）关于研究工作

近年来，我馆科研工作取得长足进步，先后获得多项国家和省部级科研项目，科研成果数量和质量稳步提升，科研管理规章制度不断完善，一个有利于基础业务建设和创新能力提高的科研环境正在形成。

但是，与我馆事业发展，特别是与基础业务建设的现实需求相比，科研工作还存在一些问题：

一是重大科研项目的策划能力不足。目前我馆每年承担的各级各类科研项目达数十项，但在策划和实施国家级重大科研项目方面的经验和能力还比较欠缺，针对事业发展重点、难点和技术前沿问题的大型基础性研究项目还很少。

二是科学研究与基础业务联系不够密切。一些科研项目立项时就与业务工作实际需求存在偏差，缺乏通过学术研究和技术研究来解决业务问题的思路，科研成果的转化还有待加强，科研工作与业务工作的良性互动机制还没有建立起来。

三是专题文献的研究不够。对文献的整理还仅仅停留在编目和收藏方面，对文献的研究还仅仅停留在某一业务领域或环节，对专题文献的深入研究还远远不够。例如，我馆收藏有16000余卷敦煌文献，对敦煌文献的研究却不够深入，不成系统，在敦煌学研究方面尚未形成影响力。

（七）关于政策与机制建设

近年来，通过管理体制机制改革，我馆建立了良好的政策环境、用人机制与分配机制，调动了广大干部、员工的工作积极性，国家图书馆面貌一新，充满生机，促进了事业的发展。

然而，面对不断发展变化的业务环境，现行政策与机制也表现出不适应的问题：

一是一线员工队伍不稳定。目前，我馆基础业务部门对于青年员工普遍缺乏吸引力，人员流失严重，许多年轻人更多地选择在职能部门工作。这其中既有一线员工收入偏低的原因，也有一线业务缺乏吸引力和成就感等原因。

二是多劳多得、优劳优酬的分配激励机制还不完善。目前，各部门基本是按照基数系数发放工资，绩效工资成为了固定工资，收入分配存在不同程度的平均主义现象，同等工作年限和职称水平的员工之间，收入没有合理拉开差距，干多干少一个样，干好干坏一个样，影响了基础业务部门员工的工作积极性和主动性。

（八）关于保障条件建设

2008年二期建成开馆后，我馆总建筑面积达到25万平方米，一跃成为世界第三大图书馆，文献保存条件和读者服务环境得到改善，书库总容量达3200万册（件），日均接待读者能力达 11000 人次。住宅楼的建设在一个时期稳定了员工队伍。

然而，随着经济社会的快速发展和图书馆职能的不断拓展，现有保障条件已经制约了事业发展：

一是员工生活配套设施比较薄弱。目前我馆在编员工及临时工近 3000 人，而员工餐厅仅有 300 个座位，还要满足部分读者及培训学员的就餐需求，就餐高峰人满为患，员工意见很大。健身及娱乐的场地和设施欠缺，不利于员工身心健康。近 600 名员工为无房户，多数是年轻人，尚有后顾之忧。

二是文献展览展示条件较差。当前，发挥图书馆物理空间在社会文化交流中的作用，已经成为国内外图书馆的共识。而我馆的展览、展示空间还相对狭小，展览、展示设施设备还比较落后，缺乏对展品进行妥善保护的技术手段，与国际社会文化典籍展示的发展相比，还存在较大差距。

三是设施设备老化。一期工程建筑设施及设备已经运行了 24 年，大多数设备、管线已经超过使用年限，不同程度出现了老化、生锈，在消防安全方面存在较大隐患。随着业务的迅速发展，各类型用电设备猛增，每天的用电量已达一期开馆之初的 10 倍，原设计的动力配电系统已远远不能满足发展的需要。

这些问题的存在一定程度上制约了事业的发展，如果不解决，就会影响我馆"十二五"规划目标的实现，影响长远的发展。只有重新审视和客观评价基础业务工作，积极采取有效措施，才能进一步夯实业务基础工作，推进事业的可持续发展。

二、加强基础业务建设的思路

（一）根据时代的发展，重新思考基础业务的内涵

社会需求决定了图书馆的职能，职能又决定了其业务领域。当今，图书馆的生存和发展环境已经发生了巨大的变化。认识这种变化，将有助于我们准确把握图书馆基础业务的发展方向。

一是社会公众信息需求的变化。随着科学技术的进步，人们更多地依赖互联网和搜索引擎获取信息。截至 2010 年 12 月，搜索引擎使用率达 81.9%，搜索引擎用户规模 3.75 亿，年增长率达 33.1%。此外，随着电子书阅读器、智能手机的普及，新的阅读习惯不断养成，在线阅读、移动阅读、手持阅读器阅读等数字阅读方式开始普及。2008 年网络阅读首次超过纸本阅读。截至 2010 年底，数字化阅读接触率已达 32.8%，比 2009 年增长 33.3%。博客、播客及各种社交网络成为新的信息交流环境。面对社会公众信息需求的变化，图书馆需要对相关业务及时做出调整。

二是现代信息技术的发展变化。三网融合的加快推进，以及网络技术、数字技术、新型传媒技术的推广应用，不断改变着信息的生产、组织、存储、传递和利用的方式，使得数字出版发展迅速，资源载体、类型、来源与传输渠道日趋多样化，全媒体时代已经来临。截至 2010 年 12 月，中国网民规模达到 4.57 亿，互联网普及率攀升至 34.3%，手机用户达 8.5 亿，手机网民规模达 3.03 亿，数字电视用户达 6824 万户，移动数字多媒体广播已经在全国 220 多个地级市开通手持电视服务。新技术的发展为图书馆业务工作提供了新的手段、新的方法、新的渠道和新的内容。

三是国内外图书馆事业发展的新趋势。当前，世界各国都在经历传统图书馆与数字图书馆的融合，形成了传统馆藏和数字馆藏、实体馆藏和虚拟馆藏共同发展、互相补充的馆藏新格局。图书馆服务理念从以馆藏为中心向以用户为中心转变，"变藏为用"力度加大，通过影视制作、整理出版等方式加强文献的开发与利用成为各馆共识。图书馆作为公共文化交流空间的作用日益凸显，展览展示、讲座、培训、阅读引导等社会教育职能不断加强。

这些新形势、新变化决定了我们今天的基础业务不再仅仅是传统意义上的"采编阅藏"，而要用发展的眼光，认识今天新的基础业务领域，为传统的"采编阅藏"业务赋予新的内涵。

（二）深入调研，摸清基础业务的家底

一是要摸清馆藏的底数。要下大力气摸清馆藏的收藏、编目、发布以及管理等各方面情况。通过加强出版信息的搜集整理，摸清馆藏缺藏情况，特别是保存本的原缺情况；对馆藏文献的编目加工情况进行彻底梳理，掌握未编目文献的详细情况；摸清数字资源的家底，找出尚未发布的数字资源，了解未发布的原因；对那些散布在浩瀚馆藏中的各类专藏要做到了然于胸。

二是要摸清技术保障的底数。要通过深入调研，详细了解我馆现有计算机设备的配置与使用情况，各类型应用系统的使用与更新情况，网络基础设施、海量存储系统的服务能力与安全保障情况，以及互联网地址、域名等非物质 IT 资产的情况。

三是要摸清政策保障的底数。对于我馆现行各项业务政策、人事政策、分配政策等的发展变化，对基础业务工作的影响，实施效果等都要做深入研究与分析，摸清这些政策是不是适应基础业务发展的需要。

只有摸清底数，才能做到心中有数，也才能找到问题的关键，找到加强基础业务工作的抓手。

（三）科学论证，制定加强基础业务建设的分项规划和实施措施

一是要有国际视野。近年来，国际图书馆界在文献信息资源开发与利用、图

书馆合作共享、知识管理与知识服务、拓展图书馆社会功能等方面的探索与实践，为我们的事业的发展提供了借鉴。只有充分了解国外图书馆事业的发展趋势，学习和借鉴他们的成功经验，才能开阔视野，提高站位，以较新的理念，在较高的起点上，规划一个业务领域的发展。

二是要有适合馆情的思路。在制定分项规划和实施方案时，要充分考虑馆情，注重将本部门、本业务领域的发展规划与我馆的整体规划结合起来，立足业务发展需求和工作重点，形成适合馆情的业务工作思路。

三是要有解决问题的具体措施。要适应我馆业务拓展的新形势、新需求，建立传统业务与现代业务相融合的"采编阅藏"新流程，逐步实现不同类型资源的集中采选、集中编目。充分考虑各类型资源在内容上的互补和关联，先行试点，逐步建立统一的目录体系。要安排经费与人员，逐步解决基础业务中存在的问题，逐项落实创新项目。

（四）完善政策，形成加强基础业务建设的政策保障机制

一是要研究国家政策，借鉴国内外经验。要注重研究与图书馆事业发展相关的国家文化政策、人事政策、经费投入政策等，使这些政策能够充分服务于我们的基础业务建设。同时，借鉴国内外其他图书馆在基础业务建设政策保障方面好的做法，不断完善我们的政策保障体系。

二是要根据事业发展的需要，进一步完善现行管理体制。要紧紧围绕事业发展的新变化、新趋势、新需求，对现行管理体制进行必要的调整。例如，按照建立典籍博物馆的思路调整管理体制；根据国家立法和政府机构设置及其信息需求，调整立法决策服务部的内设机构，使管理体制适应业务发展。

三是要建立"多劳多得、优劳优酬"的分配激励机制。要进一步强化部门自主权，加强对部门的分类指导，真正建立多劳多得、优劳优酬、兼顾公平的分配机制。在做好公益性服务的基础上，建立深度开发馆藏的激励机制，鼓励开展创新性服务。

（五）加强科研，为基础业务建设提供理论和技术支撑

一是要紧密结合基础业务发展需要确定重点研究领域。加强专题文献研究、文献编目、知识组织、数字图书馆、典籍展览与展示、文献整理与保护等重点领域的研究，重视新技术在图书馆的应用研究，注重科研成果的转化，促进研究成果对业务工作的指导，提升业务能力。

二是要积极策划重大科研项目。联合业界力量，围绕制约业务发展的重大理论与实践问题，策划国家级科研项目，通过课题研究，提高科研水平、管理水平和业务水平。

三是要加强专题文献的整理与研究。要根据馆藏文献的特点和社会发展需

要，确定专题文献整理与研究的重点领域，加大经费支持力度，加强与有关机构的合作研究和开发，以研究促整理，以研究促利用，使馆藏文献更多更好地服务当代，服务社会。

四是要实施好已有项目。对于已经立项的科研项目，要组织好研究队伍，提供配套条件，加强项目管理，通过项目的实施培养人才。

（六）加强人才队伍建设，为基础业务建设提供智力支持

一是要加快制定人才发展规划。要根据《国家中长期人才发展规划纲要》精神，结合我馆人才队伍现状和事业发展需要，制定2011—2015年人才发展规划，从战略层面整体规划我馆人才队伍建设工作，力争用几年时间打造一支适应事业发展需要的人才队伍。

二是坚持引进与培养相结合，搞好人才队伍建设。一方面要立足现有队伍，培养基础业务带头人，通过师带徒、建立业务导师制度等方式，充分发挥老同志作用，有针对性地加强业务骨干的培养。另一方面要广开视野，吸引人才。根据业务发展的实际需要，制定科学合理的人才引进办法，完善人才引进机制，增强优秀紧缺人才引进的针对性。要在机制设计上打破单一化的人才引进渠道，通过岗位聘用、项目合作聘用、任务聘用等多种形式引进人才。

三是以"双基培训"为重点，整体提高员工基本素质。今年下半年，馆里要开展"双基培训"，一方面是帮助员工掌握岗位所需要的基础知识和基本技能，打下扎实的业务功底；另一方面是鼓励员工根据业务的快速发展变化，自觉学习新知识、新技能，不断巩固和更新已有知识和技能。通过培训，增强员工的职业认同感，树立岗位成才观念，鼓励员工扎根业务，厚积薄发，立足岗位做贡献。

（七）加强保障条件建设，为基础业务建设提供良好的发展环境

一是要拓展未来发展空间。积极推进国家文献战略储备库的立项，从国家信息资源战略保存高度，研究与解决馆藏各类文献保存本的异地战略保存与数字资源异地容灾备份保存，建立国家级文献资源保障中心。积极推进典籍博物馆建设，深入挖掘馆藏文献的历史与文化价值，利用各种现代化技术手段，充分展示馆藏珍品。

二是要加快一期维修改造工程。要以一期闭馆维修改造工程为契机，进一步完善书库和阅览区的功能，为馆藏珍品和特色资源的展览展示，以及讲座、培训等各类型读者服务活动开辟空间，从而改善现有基础业务环境，为开展新业务创造有利条件。

三是要建立支持基础业务建设的经费保障机制。要围绕基础业务建设策划项目，争取有关方面的支持。对于基础业务建设的薄弱环节和重点领域，要列入预

算，给予经费支持。

四是要建设后勤服务楼，推动解决员工住宅问题。要通过建设后勤服务楼，改变我馆后勤服务设施不完善的现状，改善员工餐饮、健身及娱乐条件，从根本上提升员工生活品质。要积极向有关部门争取住房政策，解决员工住宅困难问题，稳定人才队伍。

同志们，业务工作是我馆工作的中心，希望大家能够形成共识，客观地认识我馆的基础业务工作情况，肯定成绩，找出差距，对于大家讨论中提出的问题还要逐项进行研究，制定措施，改进工作。要把加强基础业务建设作为长期的指导方针，将工作重心下移，政策保障下移，资源支持下移，技术服务下移，扎根基础，不断创新，振奋精神，再接再厉，谋求新发展，再上新台阶，进一步加强基础业务工作，推进国家图书馆事业的可持续发展。

（在 2011 年国家图书馆年中中层干部会上的讲话，2011 年 7 月 10 日）

《国家图书馆年鉴2011》序

年鉴是按年编撰出版的参考性工具书，收录年度重要时事、文献和统计资料，具有资料翔实、信息密集、反映及时、连续出版等特点，其主要作用是向人们提供某一方面或某一机构全面、真实、系统的年度事实资料，具有较大的总结和统计意义，以及比较系统的连续参考作用，便于人们了解事物现状和研究发展趋势。

国家图书馆历来十分重视对自身发展历史的记录，早在国立北平图书馆时期，就开始编辑整理年度馆务报告，1980年开始编制《北京图书馆工作资料汇编》，1987年开始编制《北京图书馆年报》，后改为《国家图书馆年报》。这些逐年编制的资料比较完整地记录和保存了历年来我馆各项业务工作的重要数据，但多以各类型业务统计报表为主，形式和体例相对比较单一，对年度事业发展的重要事项和主要工作脉络的记录还不够详尽细致。

国家图书馆是国家总书库、国家书目数据中心、国家古籍保护中心、全国图书馆信息网络中心和发展研究中心，履行收藏和保护国内外出版物，组织编制国家书目，为重点教育、科研、生产单位提供文献信息服务，指导协调全国文献保护工作，开展图书馆学理论与图书馆事业发展研究，指导全国图书馆业务工作，代表国家执行有关对外文化协定等重要职能。作为重要的国家级公共文化服务设施，近年来，国家图书馆在推进国家公共文化服务体系建设、保障广大人民群众基本文化权益、提升国家文化软实力方面做出了积极贡献，国家图书馆的事业发展越来越受到社会各界的广泛关注。

为此，国家图书馆自2011年起开始编纂出版《国家图书馆年鉴》，力图通过年鉴这种形式更加系统、全面地记录年度事业发展进程，便于社会各界详细了解国家图书馆的年度工作情况。同时，也有利于国家图书馆在总结既往经验的基础上进一步把握前进方向、规划未来发展，为全国图书馆界提供事业发展的参考借鉴。

《国家图书馆年鉴》设立"特别记载""基础业务工作""服务工作""学术与科研""编辑与出版""对外交流与合作""机构与人员""设施建设与安全保卫""党建与员工文体活动""统计资料""重要文件选编""媒体报道"和"年度大事记"等栏目，着眼于"记录主要事件，反映年度工作，保存重要数据，提供决策参考，服务业界社会"。

2011年是"十二五"规划的开局之年，选择这个时机编纂出版《国家图书馆年鉴》，对于回顾过去、展望未来、促进发展具有重要意义。在新的历史征程中，国家图书馆将进一步解放思想，开拓创新，为提高全民族文明素质，增强民族凝聚力和文化认同感，提升国家文化软实力做出更大的贡献。

（原载于国家图书馆编：《国家图书馆年鉴2011》，国家图书馆出版社2011年版）

加强合作　为全国政协工作提供坚实的文献资源保障

在十七届六中全会刚刚闭幕不久，我们在这里隆重举行全国政协办公厅国家图书馆合作协议签署暨国家图书馆全国政协机关分馆揭牌仪式。此次活动得到全国政协领导的高度重视和关心，文化部王文章副部长亲临会议并做了重要讲话。值此机会，我代表国家图书馆，对分馆的建立和平台的开通，表示热烈的祝贺！对为此次活动付出辛勤努力的全国政协办公厅以及相关司局的同志，表示衷心的感谢！

国家图书馆承担着为国家立法决策提供文献信息服务的重要职能。为全国政协政治协商、民主监督、参政议政提供全面文献信息支撑保障，是国家图书馆履行这一职能的重要体现。

近年来，国家图书馆借鉴国外图书馆服务经验，开始在中央国务院部委建立分馆，现已达12个。分馆的服务形式，是国家图书馆服务职能的延伸和发展。

今天，国家图书馆与全国政协办公厅签署合作协议，建立分馆，开通"国家图书馆立法决策服务平台全国政协机关平台"，为国家图书馆提供了更为便捷、畅通的服务渠道，也使分馆的职能有了新的拓展。分馆和平台成为连接全国政协机关信息需求和国家图书馆专业化信息服务的桥梁和纽带，成为服务于全国政协履行政治协商、民主监督、参政议政职能的窗口。为此，国家图书馆将努力为全国政协机关做好如下服务：

第一，支持全国政协机关图书馆的建设。借助平台，国家图书馆将为全国政协机关提供总量达到30万种的电子图书、期刊和报纸，以及各类内容丰富的音视频资源；国家图书馆可接受全国政协机关分馆的委托，承担其有关文献资料（包括纸质书刊及其他数字资源）的代采、代编目加工业务；为全国政协机关分馆提供数字资源触屏阅读服务，通过界面友好、阅读方便的触屏阅读设备，可使全国政协机关的同志们方便直观地使用国家国书馆具有自主知识产权的数字化信息资源。

第二，提供文献信息服务。国家图书馆将以平台为依托，配合全国政协办公厅，做好为全国政协每年全体会议和常委会议的文献信息支撑和保障服务。为各专门委员会工作领域和专题调研题目，有重点地开展文献信息支撑保障服务。

第三，办理相关证卡。为方便全国政协更好地利用国家图书馆的资源，国家图书馆为全国政协司局级以上用户办理国家图书馆嘉宾读者卡，为政协机关每一位同志办理国家图书馆读者卡，使每一位在全国政协机关工作的同志，都能实现对我馆馆藏图书的远程预约,享受国家图书馆的服务。还可以根据全国政协机关的要求,为相关领导同志办理平台密钥,以方便使用国家图书馆的专供数字资源。

第四,开展辅导。为方便全国政协更好地使用平台以及国家图书馆资源,国家图书馆将配备优秀的参考咨询馆员,定期开展文献信息资源检索和使用平台的业务辅导,为全国政协机关的同志使用国家图书馆资源和利用专供信息奠定基础。

此外,国家图书馆将根据全国政协的需要,共同整理、开发特色文献资源,发挥特色文献的存史、资政、团结、育人的社会作用。

今天全国政协机关与我馆签署合作协议,标志着双方的合作从此进入一个新的阶段,同时也是我们为全国政协机关深化服务的开始。希望全国政协机关了解图书馆、使用图书馆。其中不完善、不方便之处在所难免。我们对使用中出现的问题将认真研究和改进,从基础做起,从小做大,一步一个脚印,扎实做好,使国家图书馆为政协政治协商、民主监督、参政议政职能的履行,发挥越来越大的作用。

(在全国政协办公厅国家图书馆合作协议签署暨国家图书馆全国政协机关分馆揭牌仪式上的讲话,2011年11月1日)

创新服务模式
为民政工作提供信息保障

今天我们隆重举行"国家图书馆民政部分馆内网平台"开通仪式。我代表国家图书馆，对内网平台的开通表示热烈的祝贺！向一直关怀和支持民政部分馆建设的民政部领导和机关的全体同志表示衷心的感谢！

2008年8月，国家图书馆与民政部合作建立了国家图书馆民政部分馆，同时在民政部分馆首次开通了国家图书馆立法决策服务平台，揭开了国家图书馆立法决策数字化服务的新一页。

通过民政部分馆，我馆先后完成了"社会募捐管理条例""社会工作及抗震救灾""古代民间组织管理相关文献"等几十件专题咨询，为民政部相关领域的政策实施，法律、制度的制定提供了有力的文献支持；"国家图书馆立法决策服务民政部平台"运行顺利；在双方的共同努力和配合下，完成了对民政部10余个司局人员的培训辅导，深化了民政部同志对国家图书馆文献信息资源和服务的了解，促进了双方在服务领域的交流与合作。

民政部分馆的成立，使双方在信息交流、立法推进、政策制定、资源共享、人才培训等方面都取得了长足的进展；逐步建成以传统咨询服务为基础、以网络服务平台为桥梁、以现代信息技术为手段的文献信息资源保障服务体系；形成了培训、讲座、展览为一体的多渠道、全方位服务模式。民政部分馆的建设和服务，已经成为民政部立法决策和机关运行中不可或缺的组成部分，发挥了重要的作用，在国家图书馆部委分馆建设中起到了很好的示范作用。

3年来，随着对图书馆理解和使用的加深，双方在合作中也遇到了一些问题。最为突出的一点是，国家图书馆的数字资源主要通过互联网提供服务，对于民政部机关的同志而言，这在使用中存在着诸多不便，已经不能满足民政部的文献信息需求。如何在现代信息网络技术日新月异的发展环境下，以有限的人力维护现有服务，拓展新服务，最大化地满足分馆用户日益增长的信息需求成为尤为重要的一个问题。

为便于民政部同志更好地利用国家图书馆的资源，根据民政部同志的要求，双方创新性地提出了以国家图书馆宏富的信息资源为基础，共创"国家图书馆部委分馆内网平台"的设想，以期在民政部分馆日常服务的基础上，增强双方的资源共建与共享，并通过与民政部分馆良好的互动，摸索出信息网络环境下国家图书馆部委分馆的全新服务模式。

民政部内网平台是国家图书馆部委分馆建设新的发展和突破，是国家图书馆部委分馆服务中的创新之举。

首先，民政部内网平台运行于民政部机关内网中，集信息采集、加工整理、内容发布于一体，以国家图书馆丰富的数字资源和信息服务领域的经验特长为依托，根据民政部的特点和信息需求，为民政部各级领导提供综合性信息服务。内网平台克服了因中央国家机关内外网严格分离的网络安全策略而造成的服务瓶颈，使国家图书馆的资源嵌入民政部分馆各级领导每日必需的工作网络当中，将服务的受众面拓展到民政部机关的每一位工作人员，从而开创了民政部分馆"外网推资源、内网推服务"的二元化信息服务的立体格局。

其次，内网平台具有丰富且具个性化的数字资源。根据民政部的信息需求特点，内网平台以民政部用户文献信息需求为基本服务内容，包含了专题咨询、专题数据库、电子图书、讲座展览等多种内容，并结合民政部内网的资源构成，增设了与民政工作相关的专题文献和学术论文，以及古籍珍品、世界各国国情、我国各省省情等知识库，可供用户随时在线浏览、检索，极大地丰富了民政文献信息资源，为民政立法决策、政策实施、科学研究提供迅捷、高效的服务。

最后，内网平台是一个开放式的信息服务平台。通过平台不仅可以发布国家图书馆的专供数字资源，以及针对民政部的需求专门制作的个性化专题数据库和各种形式的数字资源，还可以实现对民政部自有资源进行整理、加工和发布。内网平台的建设和服务，丰富了民政部内网的功能，为民政部自有资源的数字化加工和发布提供了一个可供选择的途径。

今天，民政部内网平台在历经了 10 个月的试运行后，正式开通并面向民政部机关提供服务，这是国家图书馆首次通过中央国家机关内网提供数字资源服务。这件事看似很小，但意义重大。它是民政部与国家图书馆在数字化时代，携手致力信息建设与服务，推进政府立法与决策科学化、民主化进程所迈出的重要一步。

无论对于国家图书馆还是民政部，内网平台都是一个新事物，我们还在探索中。我真诚地希望民政部的各级领导和机关全体同志都能更多地了解和使用内网平台，并提出你们宝贵的意见和建议。国家图书馆也将和分馆一道，共同致力于内网平台以及民政部分馆各项工作的建设和完善，努力提升服务水平，实现民政部领导所提出的通过"小平台"实现"大服务"的构想。

我也希望民政部与国家图书馆能够不断密切合作，增进交流，认真总结既往的服务经验，共同努力，不断丰富和完善双方的合作，共同推进我国民政事业和图书馆事业的发展。

（在"国家图书馆民政部分馆内网平台"开通仪式上的讲话，2011 年 11 月 1 日）

图书馆可以在军队文化建设中扮演重要角色

今天,我们举行与沈阳军区合作共建数字图书馆签约暨军区政工网开通仪式,我谨向关心和支持图书馆事业的沈阳军区表示衷心感谢!向保卫和建设祖国的人民解放军官兵表示亲切问候!向出席活动的各界朋友表示欢迎和感谢!

十七届六中全会号召全党为把我国建设成为社会主义文化强国而努力奋斗。在这种历史机遇下,具有光荣传统和创新精神的人民军队还有很多文化内涵可挖掘,一直冲锋在时代和民族最前列的革命军人更应走在文化浪潮的前列。

国家图书馆是国家总书库,承担保存人类文化遗产、提供知识信息、传播先进文化、开展社会教育的重要职责。数字图书馆是网络环境和数字环境下图书馆新的发展形态,是利用高新技术拓展公共文化服务能力和传播范围的重要途径。20世纪90年代起,国家图书馆就开始进行数字图书馆研发。2001年,国务院批准立项国家数字图书馆工程,2005年开始建设,目标是建设世界最大的中文数字信息保存与服务基地。春华秋实,历时6年,国家数字图书馆建设取得了丰硕成果,形成了内容丰富、技术先进、覆盖面广、传播快捷的公共文化服务网络,其范围覆盖互联网、广电网、移动通信网和电子政务外网,数字资源保有量达560 TB,成为推进文化创新、繁荣和传播社会主义先进文化的基础性文化惠民工程。"十二五"期间,国家图书馆将在全国实施数字图书馆推广工程,搭建以国家数字图书馆为中心、以省市县级数字图书馆为节点、覆盖全国的数字图书馆虚拟网,建设分级分布式数字资源库群,借助手机、数字电视、移动电视等新兴媒体提供数字图书馆服务,打造基于新媒体的图书馆服务新业态,最终实现国家数字图书馆服务惠及全民。

沈阳军区是伴随解放战争的炮火硝烟走过来的,多年来为党和人民的解放事业谱写了光荣而自豪的篇章,涌现出一批先进单位和董存瑞、雷锋、苏宁等英雄模范人物。长期以来,军区党委高度重视军营文化建设,围绕"创建学习型军营,培育知识型军人",使文化在国防建设和军人培育方面发挥了重要作用。2011年初,国家图书馆与沈阳军区所属黑龙江省军区举行了"国家数字图书馆落户北极军营"活动,为军区推送了丰富的数字资源,获得很好的反响,也为国家数字图书馆建设成果在军队系统的推广做出了有益的探索。

在军队文化新一轮大发展大繁荣的重要战略机遇期,为进一步拓宽国家数字图书馆的服务范围,强化军营文化砺志育人功能,为官兵提供更多优质文化服务,今天,沈阳军区与国家图书馆携手共建数字图书馆,这是与七大军区的首度合作,其意义重大不言而喻!国家图书馆精心挑选了总量超过10 TB的数字资源,包括20万余册中文电子图书、超过1000小时的专题视频、1万首音乐歌曲及3000余幅年画、老照片等资源;同时,还为广大官兵提供电子报阅读服务,官兵们每日可以实时阅读到200余份电子报纸。希望广大官兵更多地使用这些资源,也希望大家对提供的资源与服务毫无保留地反馈意见,以利于国家图书馆不断改进服务。

合作共建军营网上数字图书馆是官兵直接参与和享受先进军事文化建设的重要平台,必将为强化思想引领、聚焦使命任务、丰富文化生活提供有力的保障;同时,也营造了军民共铸国防、共戍边疆、共保稳定、共建和谐的文化氛围。今后,国家图书馆还将通过数字图书馆推广工程的实施,贴近部队需求,将资源与服务源源不断地推送到军队各级驻地,以文化建设服务战斗力、催生战斗力,为部队贯彻主题主线提供坚强思想保证和有力文化支撑。让国家数字图书馆的资源与服务在军区落地、开花、结果!

(在"国家图书馆与中国人民解放军沈阳军区合作共建军营网上数字图书馆"启动仪式上的讲话,2011年12月30日)

强化基础　稳步推进
不断开创事业发展新局面

刚刚过去的2011年，是"十二五"规划开局之年，也是国家图书馆"创新年"。根据"加强管理、完善机制、强化基础、创新服务"的指导思想，全馆上下齐心协力、无私奉献、勤奋工作，圆满完成了年度工作任务。通过"解放思想、开拓创新"讨论活动，策划了一系列推动事业发展的创新项目；圆满完成了馆藏文献搬迁、业务及办公格局调整工作；策划推出了多个重要展览，社会反响强烈；免费服务进一步拓展，公益服务水平进一步提高。特别是全馆干部员工的思想状态和精神面貌发生了明显变化，形成了争先恐后干工作、开拓创新促发展的良好局面。积极为员工解决住房、夫妻两地分居等困难，建立既重资历又重能力、既重研究成果又重工作实绩的职称评审政策等举措，得到全馆员工的高度评价。国家图书馆在业界的引领作用和在国际图书馆界的影响力逐步增强，事业发展呈现良好态势，为全面实现"十二五"规划目标打下了坚实基础。

今年是我馆的"基础年"，下面我就加强基础业务建设、做好全年工作谈几点意见。

一、认清新形势

2012年是党和国家发展进程中具有特殊重要意义的一年，国家图书馆事业面临新的形势。

（一）中央就加快推进文化建设做出了一系列战略部署，我馆事业发展机遇与挑战并存

近年来，党和国家对文化建设愈加重视，特别是党的十七届六中全会从中国特色社会主义总体布局的高度，对深化体制改革，推进社会主义文化大发展大繁荣做了研究部署。文化事业发展迅速，重大文化项目的策划面临良好机遇。国家图书馆作为重要的国家级公益性文化事业单位，是社会主义文化事业的重要组成部分，是我国图书馆事业的排头兵，在推动社会发展中的作用越来越受到各方面重视，面临难得的发展机遇。

同时，中央和社会对国家图书馆服务于经济社会发展，在文化建设中发挥积极作用也提出了更高要求。我们要主动投入到文化创新发展的大潮流中，围绕中心、服务大局，策划重要项目，特别是对于那些业务建设中带有方向性的工作，

要抓住机遇，早谋划，早考虑，才能推动事业发展；反之，就会被时代淘汰。例如，数字图书馆推广工程对于形成覆盖全国的数字图书馆服务平台、催生图书馆新业态具有战略意义，得到了文化部和财政部的大力支持，如果我们无所作为，不抓紧工程实施，在公共数字文化服务体系建设中就会被边缘化；全国缩微文献复制工作多年没有新思路，发展受到影响，实践证明，缩微技术仍然是保护保存珍贵文献资料的重要技术手段，为此，今年馆里围绕缩微工作也做了新策划，力争使其能够焕发生机；如何实现传统业务和数字图书馆业务的融合，仍需要我们认真研究和思考。

（二）我馆陆续策划实施和承担了一系列重大文化工程项目，工作任务十分艰巨

近年来，国家对图书馆事业的发展高度重视，中央财政对我馆的经费投入持续增加，特别是一些项目得到财政支持，国家图书馆正处在历史上一个难得的发展时期。抓住机遇，实施好项目，事业就会有大的发展；反之就会失去发展后劲。特别是一期维修改造工程的实施，将使全馆在2012年面临严峻考验。

毋庸置疑，一期维修改造工程对我馆未来发展具有重要战略意义：通过阅览环境的整体改造，读者服务能力将大大提升；通过典籍博物馆的建设，文献揭示能力将大大提高；通过书库的维修改造，国家总书库的保管条件将大大改进；通过综合服务楼的建设，员工的办公条件和生活条件将大大改善。然而工程施工总要有一个过程，将会给员工的工作和生活带来一些困难和不便，一方面要把握好工期，确保在今年年底前基本完工，2013年投入使用；另一方面要全馆上下齐心协力，配合工程建设。此外，今年影响面广、带动事业发展的重大工程项目多，国家数字图书馆工程要在今年验收，数字图书馆推广工程、中华古籍保护计划、民国时期文献保护计划等工程也都有年度规划和指标，工作任务非常艰巨。

可以说，中央关于文化建设，特别是公共文化服务体系建设的一系列政策措施，为我们做好2012年的各项工作提供了新的机遇和动力。我们不仅迎来了文化建设的春天，也迎来了图书馆事业发展的春天。因此，我们要认清新形势，抓住新机遇，乘势而上，做好2012年的各项工作。

二、明确新任务

创新是事业发展的旗帜，基础是事业发展的根本。去年是我馆的"创新年"，我们组织了"解放思路、开拓创新"讨论活动，对于开阔视野、拓宽思路、找准抓手、打造亮点、促进事业发展起到了积极作用。在此基础上，馆领导研究决定将今年作为"基础年"。

一是通过创新明确事业发展的总体思路。创新是明确工作思路的过程，是在

前进中树立旗帜的过程，是为业务建设明确基本导向的过程。先抓创新，是为了进一步明确事业发展方向，争取国家财政支持，从而确保国家图书馆在行业内的领先优势和引领地位，以此带动基础业务建设。二是通过抓基础为事业长远发展提供可靠保障。加强基础业务是图书馆工作永恒的话题，是图书馆生存与发展的基本条件，没有这个基本条件，一切都无从谈起。因此，创新与基础相辅相成，相得益彰。

今年，全馆要以"强化基础、苦练内功、开拓创新、稳步发展"为全年工作的指导思想，进一步提高业务水平，强化业务基础，更好地承担起中央交给我们的任务和时代赋予我们的责任。

《国家图书馆2012年工作要点》已经印发，孙一钢同志也就2012年重点工作任务分解做了说明，其中包括由主管馆领导负责的重点项目和各相关部门负责的主要工作，每个项目须明确路线图、时间表，以确保年度重要工作能够按计划完成。

（一）以一期维修改造工程为重点，整体提升保障能力

目前，我馆一期维修改造工程已获得国家有关部门批准，国家财政拨款总额将达 5.97 亿元。工程建设的重点是一期馆舍改造、后勤服务楼建设和招待所改造，要按照"修旧如初、提升功能、优化布局、完善设施"的原则，通过工程实施改善一期馆舍的设施设备水平、文献收藏环境和读者服务环境，特别是要按照典籍博物馆的建设思路提升我馆文献揭示水平，通过综合服务楼建设为广大员工和读者提供更为人性化的生活服务设施。可以说，一期维修改造工程是改变我馆既有馆舍功能结构，整体提升我馆服务保障能力和保障水平，使我馆能够更好地适应经济社会发展需要的好机会；完成得不好，一切工作都要受影响，国家图书馆的发展大局也要受影响。因此，要全馆一盘棋，将一期维修改造工程作为今、明两年我馆压倒一切的中心任务，拿出打硬仗的精神，咬牙坚持，统一思想，统一行动，完成好这项工作。

今年是一期维修改造工程建设的关键年，要按程序抓紧推进，全面开工。家具、展柜、灯具、艺术品等的设计与采购、运营维护成本测算、业务规划等各项工作要尽早提上议事日程，早动手、早准备。特别是要进一步细化典籍博物馆的建设方案，确定展示空间、展示手段、展示方式与展示内容，为一期维修改造充分实现典籍博物馆的建设思路，发挥国家图书馆的社会教育职能，展示我馆作为文化大国的国家图书馆崭新的社会形象打下基础。要明确工程时间进度，动员全馆力量广泛参与，确保到今年年底基本完成工程建设任务。

（二）以国家总书库和国家总书目建设为重点，加快传统业务与数字图书馆业务的融合

国家总书库和国家总书目建设是我馆最基础的业务工作，是一切服务工作的基础，也是建立全国文献资源保障体系和统一揭示体系的基础。随着技术环境的变化，图书馆的资源也发生了很大变化，资源类型更加丰富，资源载体更加多样。目前，我馆针对不同载体文献的采集、编目基本是分立的，给资源的整合利用带来很大障碍。

为此，要在国家总书库和国家总书目建设中，加快传统业务与数字图书馆业务的融合，理顺实体资源与数字资源建设的管理机制，真正实现传统资源与数字资源从采集、编目、组织到服务的融合。加强基于 OPAC 的数据整合，尽快改变馆内资源不能共享的现状，实现馆藏资源元数据、全文数据和实体馆藏的集成揭示，为进一步建立基于文献信息内容的知识网络提供基础条件。

（三）以强化立法决策服务为重点，全面提升公共文化服务能力和水平

长期以来，我馆已经建立了面向中央国家机关、重点教育科研生产单位、社会公众和图书馆界的分层服务体系，并根据不同用户群体的需求与特点形成了多样化的服务模式。今年要下大力气继续做好面向四类用户的公益服务，在此基础上，进一步深入挖掘馆藏，提供专业化、深层次服务，促进各项服务工作不断迈上新台阶。

去年底，在经过充分调研和论证后，我们对立法决策服务部的内设机构进行了调整，要尽快在新的管理机制下整合专业队伍，理顺业务流程，全面提升立法决策服务水平和能力。1月14日，李长春同志出席"部级领导干部历史文化讲座"10周年纪念活动，对讲座给予充分肯定，希望国家图书馆充分发挥示范带动作用，积极推进图书馆事业创新，拓宽公共文化服务领域，推动各级图书馆面向广大干部群众举办更多富有思想性、学术性、知识性的讲座和研讨，为建设学习型社会和学习型政党提供有力支持。我们要按照李长春同志的要求，积极引导全国图书馆开展立法决策服务工作，进一步提高国家图书馆立法决策服务品牌的影响力和竞争力。要努力克服馆舍维修改造带来的困难，持续改善服务环境，大力推进数字资源服务渠道与覆盖范围，特别是要结合重大历史事件、社会热点、专项工作等，策划系列展览、讲座、培训和阅读推广活动，在提高全民族素质方面发挥积极作用。此外，还要着眼于引领全国图书馆积极推进公共文化服务体系建设，建立覆盖城乡、实用高效的公共图书馆服务体系。

（四）以国家数字图书馆工程和数字图书馆推广工程为重点，建立覆盖全国的数字图书馆服务体系

十七届六中全会提出，要"完善国家数字图书馆建设"。今年，我们要全力推进数字图书馆建设，构建覆盖全国的数字图书馆服务体系，促进图书馆新业态的形成。这既是中央的明确要求、社会公众的迫切需求，也是我们所肩负的神圣历史使命。

要理顺管理流程，建立起职责明晰、运转高效的数字图书馆建设与管理机制。大力推进国家数字图书馆工程建设力度，确保2012年完成所有建设任务。要加快推进数字图书馆推广工程，特别是要进一步明确技术路线、丰富资源内容、创新服务方式、完善管理机制。2011年在全国15个省级馆和52个市级馆的硬件平台搭建工作没能按原计划完成，进度已经滞后。今年要加紧实施，按规划完成所有建设任务，初步形成覆盖全国的数字图书馆服务网络，向社会展现工程建设阶段性成果。

（五）以中华古籍保护计划和民国时期文献保护计划为重点，推进文献典籍的保护与整理

中华古籍保护计划和民国时期文献保护计划是我馆承担的重要文化工程，要站在培育中华民族共有精神家园的高度，以对民族高度负责的精神，进一步推进两个项目的实施。

要加快实施中华古籍保护计划，进一步明确工作思路，在大力开展全国古籍普查登记工作的基础上，积极推进海外古籍调查工作，特别要注重对古籍普查与保护成果的宣传推广，力争获得社会各届的广泛关注与支持。要积极推进民国时期文献保护计划，联合各类民国文献收藏机构，尽快建立工作机制，开展普查登记工作，加强对民国文献脱酸处理技术的研究。通过这两个项目的实施，促进对中华民族优秀典籍的全面保护、整理与研究。

今年，我们还要利用南区闭馆维修改造这一契机，集中力量开展馆藏文献整理与开发工作，结合经济社会发展需要，深入挖掘整理馆藏，积极策划选题，推进馆藏文献的规模化整理、开发与利用。馆里已经初步议定由主管馆长牵头，整合馆内优势力量，结合社会发展重大热点问题，策划一批文献整理研究项目，深入挖掘馆藏文献内涵，开展专题文献研究，力争形成一批有深度、有影响的研究成果，使馆藏文献更好地服务当代，服务社会，从而提高国家图书馆为经济社会发展服务的能力。

（六）以业务骨干培养和引进为重点，建立适应事业发展要求的人才队伍

人才队伍始终是事业发展最重要的保障因素。今后一段时期都要将业务骨干队伍建设作为人才队伍建设的核心工作来抓，坚持培养与引进并重。一方面要鼓励员工立足岗位，苦练内功，以双基培训为抓手，培养一批业务骨干和带头人。截至去年底，我馆35岁以下员工达到584人，占42%，要加大对年轻员工的培养，使他们尽快成为业务工作的行家里手。另一方面要面向国内外招聘业务骨干，特别是面向社会招聘有相关岗位工作经验的急需紧缺专业人员。要把人才培养和引进计划列入日程，明确到人，明确到岗位，广开渠道，不拘一格，力争通过一段时间的努力，形成业务骨干、技术骨干、管理团队等系列人才队伍。此外，还要建立面向基础业务的人才流动导向机制，为基础业务建设提供充足的人才保障。

要高度重视科研工作，形成与国家级研究型图书馆相适应的科研队伍与科研成果。十七届六中全会提出了文化与科技融合的发展战略，文化部与科技部也已经建立了部际会商制度，将陆续采取一系列举措，促进文化与科技创新要素的有机结合，为我们开展现代信息技术应用研究提供了难得的政策环境。2011年，在文化部的大力支持下，我馆策划了国家科技支撑计划"文化资源数字化关键技术及应用示范"项目，并成功立项。今年，我们还要继续策划推动事业发展的重大课题，积极推进数字图书馆技术、新媒体应用、文献脱酸保护等关键技术的研究及应用示范。馆里要出台政策，鼓励联合业界、学界力量，搭建开放式学术研究平台，加强科研项目的整体规划和科研力量的馆内整合，进一步创新科研项目申报、投入和研究机制，集中力量开展重点问题的研究，建立业务预研项目和面向基础业务的研究型工作项目的支持机制。

三、几点要求

今年是党的十八大召开之年，是实施"十二五"规划承上启下的重要一年，也是国家图书馆的前身——京师图书馆正式对外开放100周年。今年的工作机遇多、挑战多、任务重、要求高。下面，我就完成好今年工作提几点要求：

一是要增强责任感。

政治路线确定后，干部就是决定因素。中层干部在国家图书馆事业发展中承担着重要责任，要树立高度的责任感和使命感，以出色的工作在国家图书馆历史上留下深刻印迹。做好国家图书馆的工作就是对国家文化工作的贡献，就是对社会主义现代化建设的贡献，要自觉地将自身发展与国家图书馆事业发展联系在一起，将国家图书馆作为成就个人事业的摇篮和平台，增强工作的主动性，通过岗

位贡献实现自己的人生价值,实现对社会和国家的贡献。

今年的工作任务十分艰巨,有许多具体任务需要深入推进,许多政策措施需要加紧完善,许多重要工作需要实现突破。如果没有高度负责、勇往直前的态度,没有求真务实、真抓实干的精神,没有统筹兼顾、突出重点的智慧,就难以完成今年的工作任务。推动事业发展是我们的共同利益,广大中层干部要以高度的责任心、良好的心态、蓬勃的激情,坚定信念、振奋精神,始终保持持之以恒的决心和不惧困难的勇气,以敢于担当、敢于攻坚、埋头苦干、身先士卒的精神面貌完成好今年工作。

二是要善于抓管理。

随着我馆事业的不断发展,各部门工作领域不断拓宽,工作任务不断加大,管理任务更加繁重,对中层干部提出了更高的要求。要进一步提高管理水平和管理能力,以管理促业务,以管理促发展。

要注重管理理念的提升。当前,我们的干部队伍还或多或少存在着管理能力不高的现象,有些干部历练较少、经历单一,不善于管理。人事处要加强对干部,特别是新任干部的培训,使每个干部都能养成凡事讲规矩、懂程序的管理素质。

要注重对政策的及时动态调整。任何政策的制定都是针对一定时期的发展状况,虽有一定的预见性,但随着事物的发展变化,必然要做及时调整,以保持政策的科学性。要分阶段对现行政策进行梳理完善,特别是要对一些影响业务发展的重大政策实时进行调整。例如,对我馆行政管理中存在的公文审批效率较低的问题,办公室要会同人事处、财务处、业务处等有关职能部门,对现有管理流程进行深入分析,进一步优化审批流程,明确审批责任,规范公文管理,提高工作效率。

三是要持之以恒抓基础。

今年是"基础年",要坚持不懈抓基础。要将工作重心放在基层,将工作精力放在基层,加大对基础业务的倾斜扶持力度,实现政策保障倾斜、经费投入倾斜。要进一步转变作风,深入基层,深入业务一线。

我馆业务工作繁杂,各级干部只有勤于学习、精于业务,才能敏锐地捕捉稍纵即逝的发展机遇,才能在群众中树立威信,带领干部群众齐心协力推动事业发展。为此,中层干部要加强业务知识学习,深入基层、深入一线了解业务实际,切实提高业务水平,将管理工作建立在对业务的深入了解和研究基础之上,增强管理的科学性。要针对科级干部普遍较为年轻、缺乏业务历练的现状,采取有效措施,使科组长能够静下心来钻研业务,潜下心来学习管理。只有整体提升各级干部的业务水平,各项工作才能执行到位,确保我馆事业发展目标的实现。

四是要团结协作。

今年工作头绪多、任务重,各部门之间要相互理解,团结协作,特别是一期维修改造期间压力较大,要多做细致沟通,争取全馆员工的理解与支持。各部门在安排本部门工作时，要有全局意识、大局观念，要将部门工作置于全馆工作的总盘中，与其他部门沟通业务、相互支持、资源共享、共同发展。业务部门、管理部门、后勤部门要团结协作，相互支持，形成推进全馆事业发展的整体合力。

此外，班子内部也要互谅互让、相互理解、相互支持。2011年底，馆里对各部处领导班子和中层干部进行了考核，结果表明干部的总体素质不错，大部分班子得到群众认可。但也有个别班子内部还存在不团结、不和谐的现象，建议大家多从自身找问题，不断改进、完善自我。一把手在班子建设中承担主要责任，要努力建设一个和谐团结的班子，提高班子的凝聚力和战斗力。

（在2012年国家图书馆年初中层干部工作会议上的讲话，2012年1月17日）

强化基础　苦练内功

今天，我们召开一年一度的全馆员工大会，主要是总结上一年工作，部署新一年的工作。下面，我代表馆领导班子，就去年工作进行简要总结，同时部署今年工作。

一、过去一年工作回顾

2011年，国家图书馆在党和政府的亲切关怀下，在文化部党组的正确领导下，坚持以科学发展观为统领，认真学习贯彻党的十七届四中、五中和六中全会精神，按照"加强管理、完善机制、强化基础、创新服务"的总体要求，稳步推进全馆事业发展，馆藏资源建设数量和质量不断提高，服务水平不断提升，重点工程按计划展开，全年工作成效显著，亮点主要有：

（一）加强国家文献资源建设，文献信息保障能力进一步增强

加强应缴出版物管理，扩大文献收藏范围，积极推进传统资源与数字资源的融合，形成了传统馆藏和数字馆藏、实体馆藏和虚拟馆藏共同发展、互为补充的国家文献资源总库，馆藏文献资源数量持续增长。2011年新入藏实体文献98.7万册（件），馆藏文献总量达2994万册（件）；年新增数字资源76.3 TB，数字资源总量达561.3 TB。

（二）强化立法决策服务，为党和国家高层服务的能力和水平进一步提升

针对国家重点、热点问题开展专题文献的预研性研究，完成为党和国家领导人、中央国家机关各类咨询1540余件，与中共中央办公厅档案图书馆达成战略合作5项共识，全面开启与全国政协机关合作，部委分馆总数达13家；全年承办"部级领导干部历史文化讲座"16场，10年来共计举办174场，"部级领导干部历史文化讲座"10周年纪念活动圆满举行，李长春等中央领导同志出席讲座并给予高度称赞。

（三）继续完善和发展公益性服务，读者服务水平不断提高

进一步减免服务收费，拓展服务项目，提高服务水平；为残障人士及少儿等特殊群体的服务更加精细，多渠道稳步推进新媒体服务。在南区闭馆维修情况

下，全年接待到馆读者仍高达448万人次，流通书刊2577万册次，解答各类咨询54.89万件，办理读者证卡19.11万个，国家图书馆网站访问量达7.5亿人次。

（四）围绕重大事件和纪念活动，依托丰富馆藏，深入开展社会教育活动

成功举办"西域遗珍——新疆历史文献暨古籍保护成果展""纪念中国共产党成立90周年馆藏珍贵历史文献展""纪念辛亥革命100周年馆藏珍贵历史文献展""纪念九一八事变80周年馆藏东北抗日联军珍贵文献暨冯仲云手稿展""中华典籍与非物质文化遗产特展"等展览，多位中央领导同志和数十万读者参观展览，产生了良好的社会反响。全年共举办各类展览59场、讲座111场，到馆参观读者高达42万人次。其中，"西域遗珍"展已制作成电视专题片，被中宣部列为新疆主题教育教材。

（五）进一步完善国家数字图书馆建设

国家数字图书馆工程软硬件平台、标准规范体系基本建成，数字图书馆推广工程全面启动并取得实质进展。2011年为地方申请中央转移支付资金4980万元，成为我馆首次利用中央财政转移支付资金的项目；与11家省市公共图书馆连通数字图书馆网络，与沈阳军区合作共建数字图书馆顺利实施。数字图书馆推广工程最终将搭建以国家数字图书馆为核心，以省、市、县级数字图书馆为主要节点，覆盖全国公共图书馆的数字图书馆网络，建设分级分布式数字资源库群，实现各系统、各地区、分散异构资源的统一检索、分布保存和集成服务，借助手机、数字电视、移动电视等新兴媒体，促进图书馆服务新业态的形成。

（六）中华古籍保护计划、民国时期文献保护计划等重点项目稳步推进，深入开展

完成第四批《国家珍贵古籍名录》的申报和评审工作，启动海外古籍调查工作，加快编纂《中华再造善本续编》。在深入调研基础上，启动实施民国时期文献保护计划，为开展文献普查登记，建立全国民国文献联合目录，有序开展专题文献征集、整理打下了坚实基础。

（七）大力推进总馆南区维修改造工程，为打造国家图书馆服务新格局做好保障

妥善进行南区维修改造期间的服务调整工作，顺利完成1500万册（件）馆藏文献的内部调整和外迁工作，及时完成读者服务空间和业务办公场地调整工作，为维修改造工程全面开工做好各项准备。

（八）积极开展国际和台港澳交流与合作，影响力不断提升

配合海外古籍调查、数字图书馆建设等重点领域交流，开展有实质性内容的国际合作项目；继续推进世界数字图书馆、中日韩数字图书馆等各项国际合作项目；继续做好与重点国家的双边业务互访和人员培训；加强与海峡两岸图书馆在开展公共服务、文献资源共建共享等方面的交流与合作。

（九）进一步深化内部机制改革，不断调动广大员工积极性

按照岗位管理要求，做好"三定"工作，进一步细化职能，理顺关系；强化分级管理，建立职责明晰、运转顺畅、责权利相统一的管理体制和运行机制；完成国家图书馆出版社转企改制工作。

完成新一轮管理干部竞争上岗和全员聘任工作，聘任61人担任处级干部，其中正处级24人、副处级37人、提任干部27人，聘任222人担任科级干部，管理干部队伍进一步呈现知识化、年轻化趋势。

挖掘潜力，克服一期改造的不利影响，2011年创收达到7110万元，较2010年增长842万元，同比增长13.4%。进一步完善激励机制，坚持多劳多得、优劳优酬的分配原则，员工收入稳中有增，2011年全馆平均工资较上年增加9.8%。

（十）人才队伍建设与科研工作取得新成绩

制定我馆《"十二五"人才发展规划》和《"十二五"科研发展规划》。选拔招收67名应届毕业生；通过部门推荐、公开选拔、择优录用，有38名人才派遣人员转为正式员工；坚持既重资历又重能力、既重科研又重实绩的原则，通过评审，2011年有7人晋升正高级职称，77人晋升副高级职称，64人晋升中级及以下职称。截至目前，我馆已有正高级职称人员39人，副高级职称人员250人，中级职称人员755人；策划开展全员"双基培训"，加强基础业务知识和基本业务技能培训；科研工作取得新进展，获准立项国家社科基金项目、国家文化创新工程项目5项，特别是在文化部的大力支持下，我馆策划的国家科技支撑计划"文化资源数字化关键技术及应用示范"项目成功立项。

（十一）努力为群众办实事，始终把关心群众工作生活摆在突出位置

在北京市政府大力支持下，经努力，争取公租房指标并顺利完成分房，为员工解决住房困难迈出第一步；积极为员工解决夫妻两地分居问题，百余名员工分居的困难将陆续得到解决；关心员工身心健康，继续开展养生保健讲座，举办各类文体活动，丰富员工文化生活；认真落实离退休人员津贴补贴政策，在财政资金尚未到位的情况下，我馆从5月开始发放，并于年底补发到位；同时，继续按

原馆定标准发放过节费。

（十二）加强党建工作，为事业发展提供思想政治保障

认真学习党的十七届四中、五中、六中全会精神，学习胡锦涛同志"七一"重要讲话，学习中共党史。以创先争优为主线，围绕纪念建党90周年全面加强党建工作。组织系列活动，加强党性教育，提高党组织和党员的先进性。成功召开国家图书馆第二次党代会，完成馆工会、职代会和馆团委换届工作。在部党组的关怀下，我馆典藏阅览部被推荐为全国创先争优先进窗口单位。

回顾一年的工作，我们深感成绩来之不易，这是部党组正确领导的结果，也是全馆干部员工团结奋斗的结果。面对办公空间、读者服务场所压缩等困难，各部处克服困难、密切协作、精心组织，全馆员工加班加点、勤奋工作，圆满完成了各项任务。实践证明，我馆的员工队伍，是一支坚强的队伍，有战斗力的队伍，能打硬仗的队伍。在此，我代表馆领导班子，再次向全馆干部员工的辛勤劳动表示衷心的感谢！同时，我们也应清醒地认识到，我们的工作还存在许多不足，如在安全管理、制度执行、责任落实上还存在着不可忽视的薄弱环节和漏洞；此外，员工食堂与服务保障方面也存在不少问题。我们必须高度重视，认真负责地加以解决。

二、2012年主要工作

十七届六中全会做出了关于推进文化建设的重要战略部署，图书馆事业面临着良好的发展机遇期。国家图书馆是公共文化服务体系的重要组成部分，承担着传承文明、服务社会的重要职责，承担着指导行业发展的重要任务。我们要认清使命，勇挑重任，加强自身建设，为我国公共文化服务体系建设做出贡献。2012年是我馆建设的"基础年"，我们要狠抓基础，苦练内功，开拓创新，稳步推动事业发展。

（一）以总馆南区维修改造为重点，整体提升保障水平

维修改造工程是南区建馆以来的首次大修，中央财政投资5.9亿元，这是继我馆二期工程后的又一个大型工程，将对我馆的发展产生重要影响。维修改造工程坚持以"修旧如初、完善功能、提升品位"为原则，突出把握四个重点：一是要建设具有国际水准的现代化典籍博物馆，二是要建设符合国家总书库要求、功能完善的现代书库，三是要建立以读者为核心、满足读者多元需求的阅览空间，四是要建设集员工餐厅、文体娱乐活动等为一体的多功能综合服务设施。今年是维修改造的关键年，年底前要基本完成建设任务，为文献回迁、恢复服务格局等做好准备，争取早日开馆服务。全馆上下要齐心协力，精心组织，精心施

工，确保完成各阶段任务。

（二）以加强基础业务建设为重点，加快传统业务与数字图书馆业务的融合

国家总书库和国家总书目建设是我馆最基础的业务工作，是服务工作的基础。其一，要从全国文献资源保障体系建设的战略高度构建国家图书馆文献资源体系，不断扩大文献收藏范围，有序开展海内外中华文献典籍的征集与回归；同时，要加强数字资源建设规划，进一步增加数字资源总量。其二，要加强传统资源与数字资源的融合，进一步优化和完善馆藏目录，进一步强化国家书目中心职能，深化联合目录服务。在此基础上，建设中文信息资源元数据集中仓储，为全国图书馆文献信息资源的统一发现与分布服务提供保障。其三，要以实际应用为出发点，以用户需求为导向，加快我馆传统服务项目与数字服务的融合，丰富服务手段，提升精细化服务水平，为图书馆未来发展打好基础。

（三）以强化立法决策服务为重点，全面提升公共文化服务能力和水平

要坚持做好面向中央国家机关、重点教育科研生产单位、社会公众和图书馆界的分层服务，积极开展针对不同用户群体的需求与特点的个性化服务。同时要加强行业指导，为全国公共图书馆服务体系建设做贡献。

1月14日，李长春同志出席"部级领导干部历史文化讲座"10周年纪念活动时，要求国家图书馆充分发挥示范带动作用，积极推进图书馆事业创新，拓宽公共文化服务领域，推动各级图书馆面向广大干部群众更多举办富有思想性、学术性、知识性的讲座和研讨，为建设学习型社会和学习型政党提供有力支持。我们要按照李长春同志的指示，积极引导全国图书馆开展立法决策服务、社会教育活动和形式多样的读者服务工作。

今年要努力克服馆舍维修改造带来的困难，持续改善服务环境，加强到馆读者的精细化服务；要结合重大历史事件、社会热点，策划系列展览、讲座、培训和阅读推广活动，扩大社会影响，拓展图书馆的社会教育能力。

（四）以数字图书馆推广工程为重点，为建立覆盖全国的数字图书馆服务体系打好基础

十七届六中全会提出要"完善国家数字图书馆建设"。今年，我们要全力推进数字图书馆建设，构建覆盖全国的数字图书馆服务体系，促进图书馆新业态的形成。这既是中央的明确要求、社会公众的迫切需求，也是我们肩负的神圣使命。大家要增强紧迫感和责任感，把深受全国关注、行业关注的数字图书馆建设好。

要大力推进国家数字图书馆工程建设，确保完成 2012 年建设任务。要加快数字图书馆推广工程，特别是要进一步明确技术路线、丰富资源内容、创新服务方式、完善管理机制，按规划完成任务，初步形成覆盖全国的数字图书馆服务网络，向社会展现推广工程建设的阶段性成果。

（五）以中华古籍保护计划和民国时期文献保护计划为重点，推进文献典籍的保护与整理

中华古籍保护计划和民国时期文献保护计划是我馆承担的重要文化工程，要站在培育中华民族共有精神家园的高度，以对民族高度负责的精神，进一步推进两个项目的实施。

要加快实施中华古籍保护计划，在开展全国古籍普查登记工作的基础上，积极推进海外古籍调查工作，特别要注重对古籍普查与保护成果的宣传推广，力争获得社会各届的广泛关注与支持。要积极推进民国时期文献保护计划，联合各类民国文献收藏机构，尽快建立工作机制，开展普查登记工作。通过这两个项目的实施，促进对中华民族优秀典籍的全面保护、整理与研究。

今年，我们还要利用南区闭馆维修改造这一契机，集中力量开展馆藏文献整理与开发，策划选题，深入挖掘馆藏文献内涵，开展专题文献研究，力争形成一批有深度、有影响的研究成果，使馆藏文献更好地服务于当代，服务于社会。

（六）以海外中华文献典籍合作保护为重点，加强国际和台港澳交流与合作

发挥国家图书馆代表国家开展对外文化交流的职能，服从服务于国家外交大局，以重点项目带动国际和台港澳交流的全面发展。加快推进海外中华文献典籍合作保护计划，开展海外古籍、民国时期文献的调查和回归工作，逐步确立国家图书馆在世界中文典籍资源建设中的主导地位；加强数字图书馆领域的交流，继续推进中日韩数字图书馆、世界数字图书馆等项目合作；开拓与东盟地区国家图书馆的合作，加强与台港澳地区图书馆、海外中文图书馆的交流；配合国家文化"走出去"战略，推进驻外中国文化中心图书馆建设、"中国之窗"对外赠书。

（七）以业务骨干培养和引进为重点，建立适应事业发展要求的人才队伍

人才队伍始终是事业发展最重要的保障因素，今后一段时期都要将业务骨干队伍建设作为人才队伍建设的核心工作来抓，坚持培养与引进并重。一方面要鼓励员工立足岗位，苦练内功，以"双基培训"为抓手，培养一批业务骨干和带头人。截至去年底，我馆 35 岁以下员工达到 584 人，占 42%，要加大对这些年轻员工的培养，使他们尽快成为业务工作的行家里手。另一方面要面向国内外招

聘业务骨干，特别是面向社会招聘有相关岗位工作经验的急需紧缺专业人员。要把人才培养和引进计划列入日程，明确到人，明确到岗位，广开渠道，不拘一格，力争通过一段时间的努力，形成业务骨干、技术骨干、管理团队等系列人才队伍。此外，还要建立面向基础业务的人才流动导向机制，为基础业务建设提供充足的人才保障。

（八）继续提高综合保障能力，为全馆事业更好更快发展提供有力支持

要继续加大经费争取力度，保证事业发展。从2011年工资实际发放情况看，在职人员工资总额的56%、离退休人员工资总额的28%均来自创收，创收提高了员工的待遇，更是增强社会服务功能和自我发展能力的切实需要。一方面，要坚持免费开放，不断扩大公益性服务；另一方面，要继续提高创收能力，拓宽创收渠道，谋求稳健发展。

（九）加强党建工作，继续开展窗口单位创先争优

结合我馆中心工作，进一步开展窗口单位创先争优；做好抓基层打基础工作，进一步加强党支部建设，提高基层党组织和党员的先进性；注重从专业技术人员和业务骨干中培养发展党员，特别对那些作风正、业务精的工作骨干，要进行重点培养；加强党风廉政建设，以推进惩防体系建设为重点，加大制度建设与执行、检查和落实力度；进一步健全完善党政工团立体推进工作机制，加强工会和共青团工作。总之，就是要发挥好各级党组织凝聚人心、推动发展、促进和谐的作用，开创我馆事业发展新局面。

三、几点要求

2012年，我们面临的机遇多、挑战多、任务重、要求高。下面，我就完成好"基础年"的各项工作提几点要求。

（一）进一步增强责任感和使命感

图书馆事业是一项功在当代、利在千秋的伟大事业，是值得我们大家为之奋斗的事业。新的一年是我国文化发展的攻坚时期，也是我馆事业发展稳中求进的关键阶段。要在全馆树立奋发有为求发展、尽心竭力干事业的价值观，通过做好本职工作推动事业发展。希望每一位员工热爱岗位，珍惜岗位，坚定信念，增强责任感和使命感，始终保持良好的心态和饱满的工作状态，勇于奉献，敢于攻坚，不断开拓事业发展的新局面。

（二）进一步狠抓基础、苦练内功

古人讲，"不积跬步，无以至千里；不积小流，无以成江海"，一分耕耘，一分收获，这是颠扑不破的道理。成功的路上没有捷径，希望大家脚踏实地，从小事做起，从基础做起，扎扎实实，埋头苦干，刻苦钻研，岗位成才。

首先，基层是我们成才的土壤，创新是魂，基础是本，创新必须建立在扎实的基础之上；没有坚实的基础业务工作和基础管理工作，创新就是无本之木。因此，强化基础是我们始终要坚持的工作方针，是我们落实好创新项目的基础保障。要将工作重心下移，政策保障下移，资源支持下移，技术服务下移，通过抓基础为事业长远发展提供根本保障。

其次，人是事业成功的第一要素，员工的基础知识和基本技能直接决定着一个单位的创新水平。刚才，我们为工作满30年的员工颁发了纪念证章，老同志是宝贵财富，为图书馆事业发展做出了重要贡献。希望年轻同志向老同志学习，树立理想，加强业务知识学习和基本业务技能训练，提高综合素质和工作能力，在实践中成才。干部是事业发展的骨干和中坚力量，更是要持之以恒抓基础。各级干部要转变作风，深入基层，密切联系群众，紧密结合实际，增强管理能力。要建立馆、处级干部基层联系点制度，各级干部要定期到联系点工作，了解基层情况，有针对性地帮助部门解决实际问题。干部深入基层的情况将作为年度考核的重要内容，使基层联系点制度真正成为干部转作风、抓落实、促发展的长效机制。

（三）狠抓落实，加强项目推进

最近一段时期，我们抓住机遇，争取多方支持，一些能够带动事业发展的项目得以立项。要实施好这些项目，需要全馆上下齐心协力，细化任务，强化措施，狠抓落实。要建立目标责任制，将各项工作目标和任务分解到具体部门，落实到人，排出时间表。要健全督查机制，特别是要做到重点工作、重点项目进展到哪里，督查工作就跟进到哪里，随时掌握动态，及时通报情况。要完善激励机制，定期考核，奖优罚劣。

（在2012年国家图书馆员工大会上的讲话，2012年2月10日）

《文化论衡——中国典籍与文化系列讲座十年选萃》序

由国家图书馆与全国高等院校古籍整理研究工作委员会联合主办的"中国典籍与文化"系列讲座，创始于2001年，10年来已成功举办230余期，在专家学者与社会公众之间搭建了一个传播知识、交流思想的平台。受邀登台演讲的嘉宾，既有启功、朱家溍等老一辈文史大家，也有李福清、崔溶澈等海外知名汉学家，更有不少崭露头角的中青年专家。这一系列讲座以中国传统典籍为中心，引导公众从典籍出发认识中国传统文化，选题新颖，内容丰富，专业性强，吸引了广大读者，特别是思想活跃的青年学子的积极参与，获得了良好的社会反响。

党的十七届六中全会审议通过了《中共中央关于深化文化体制改革、推动社会主义文化大发展大繁荣若干重大问题的决定》，提出要"推进社会主义核心价值体系建设，巩固全党全国各族人民团结奋斗的共同思想道德基础"，并将"人民思想道德素质和科学文化素质全面提高"作为建设社会主义文化强国的总体要求之一。提高全民族素质，学校教育固然重要，但社会教育与文化传播机构的努力不可或缺，甚至在一定程度上更具"润物细无声"的"春雨"功效。图书馆是社会教育的学校，终身学习的场所，以提高人的素质为目的的文化教育功能，是图书馆最重要的社会职能，举办各类型学术讲座则是图书馆实现这一职能的有效方式之一。

国家图书馆历来非常重视讲座工作。20世纪50年代，在文津街七号，一流学者的公益性学术讲座，启迪众多的年轻学子走上学术研究道路。直到现在，一些头发花白，在各行各业取得不菲成就的学者，还常常回忆起当时的情景，对被他们称为"老北图"的文津街50年代的讲座，感念不已。如今，"部级领导干部历史文化讲座""文津讲坛""中国典籍与文化"系列讲座等均已经成为深受各界群众欢迎的文化大餐。

讲座是主讲人多年潜心研究的高度凝练，将其内容整理出版，对于社会公众进一步研究与学习具有重要的参考价值。同时，国家图书馆作为社会教育的最高学府，还要积极总结自身举办讲座的经验，引领和指导全国各级公共图书馆进一步办好讲座。为此，在"中国典籍与文化"系列讲座举办10周年之际，我们精选了"中国典籍与文化"系列讲座中的上乘佳作结集出版，一方面旨在为社会公众提供高质量的学习与研究参考资料；另一方面旨在总结经验，分析不足，力争将国家图书馆的各类讲座办得更好，同时也为各地公共图书馆开展讲座活动提供参考借鉴。

党的十七届六中全会提出"要全面认识祖国传统文化,取其精华、去其糟粕,古为今用、推陈出新,坚持保护利用、普及弘扬并重,加强对优秀传统文化思想价值的挖掘和阐发,维护民族文化基本元素,使优秀传统文化成为新时代鼓舞人民前进的精神力量"。这一论述是指导未来一段时期传统文化传承事业的重要方针,也指明了我国图书馆古籍保护与文化推广工作的发展方向。在此要求的指引下,未来"中国典籍与文化"系列讲座还应重点做好几个方面的工作:

首先,要建设一支优秀的主讲人队伍。选题、内容、主讲人是讲座的三要素,其中最重要的是主讲人。主讲人队伍的建设,是一个讲座是否有影响、能否吸引听众的重要因素。我们不仅要邀请文史学界的知名专家,也要邀请学有专长的中青年专家;不仅要邀请在京或国内的专家,也要积极创造条件、抓住机会,邀请海外汉学专家前来讲座。

其次,要吸引更多读者聆听讲座。要注意应用各种媒体,特别是手机平台、互联网,发布讲座预告和介绍。利用新兴媒体扩大宣传,从而让更多的人了解讲座信息,走进讲堂,学习知识,感受文化,充实心灵。

最后,要加大讲座资源的传播力度。一次讲座往往是主讲人长期研究的结晶,是非常珍贵的文化资源,我们要把它们记录下来,传播出去,让更多不能亲临讲堂的读者能够分享,充分发挥讲座的社会教育功能。在征得主讲人授权的基础上,将讲座内容整理出版,不断扩大讲座的社会效应。要积极利用国家数字图书馆平台,使讲座资源得到更广泛、更充分的利用。

今天的图书馆已不再仅仅是文献信息资源的收藏和保存机构,同时更是一个开放的思想交流环境,一所没有围墙的大学,在公众的精神文化生活中发挥着越来越重要的作用。希望各级各类图书馆都能够继续充分发挥社会教育职能,大力开展讲座、展览、培训、阅读推广等丰富多彩的活动,将图书馆建设成为有吸引力的社会公共文化空间,不断丰富社会公众的精神文化生活,为提高人民思想道德素质和科学文化素质,普及与弘扬中华民族优秀传统文化,推动中华文化的伟大复兴做出更大的贡献。

(原载于国家图书馆古籍馆、《中国典籍与文化》编辑部编:《文化论衡——中国典籍与文化系列讲座十年选萃》,国家图书馆出版社2012年版)

在"东京审判"文献史料征集、整理与研究方面开展全面合作

今天,我们相聚国家图书馆,举行共建"东京审判研究中心"签约仪式。在这里,我首先要特别感谢参加仪式的几位特殊嘉宾:东京审判法官梅汝璈的子女梅小侃、梅小璈先生,东京审判首席顾问倪征𣋉的女儿倪乃先生,东京审判检察官向哲浚之子向隆万先生,他们为中心的成立付出了不懈的坚持与努力!特别感谢教育部李卫红副部长、文化部杨志今副部长在百忙中莅临会议指导工作!向从事学术研究事业、维护历史正义的学者们表示崇高的敬意!向为中心成立付出辛勤劳动的上海交通大学表示诚挚的感谢!向出席仪式的新闻界朋友表示欢迎!

东京审判是"二战"结束后世界上发生的重大政治事件之一,是反法西斯联盟对日本战争罪犯进行的国际军事审判,是全世界拥护和平与正义的人民对发动战争、破坏和平、违犯人道的战争狂人的历史性审判,是正义对邪恶的审判。东京审判自1946年5月开始至1948年12月宣判终结,历时2年半之久,其间共开庭818次,庭审记录长达49000页,文字达1000万,419人出庭作证,出示法庭证据4336件,判决书长达1213页,宣读判决书8天之久,吸引了20万旁听者,其规模超过了纽伦堡审判,堪称人类历史上规模最大的一次国际审判。

中国是日本侵略战争最大的受害国和反法西斯同盟的重要一员,中国参加审判的法官、检察官及助理人员,为将侵略者推向绞刑架和审判台,多次往返中日之间,克服了重重困难,为东京审判提供了战争嫌疑犯名单、大量人证和物证、参与起草判决书等,为东京审判的成功进行做出了重要贡献。在此,我们向参与东京审判的中国法官梅汝璈、检察官向哲浚、首席顾问倪征𣋉等致以深深的敬意!

东京审判是一场正义与公理的审判,具有重大的历史影响力。我们充分肯定东京审判的同时,也必须看到东京审判清算的不彻底性:日本天皇负有重要的战争责任却逃脱了惩罚,没有彻底追究日本国家的战争责任,为以后日本右翼的不实之词留下空间。就在本月27日,日本公布的2011年度教科书审定结果,再次否认南京大屠杀30万人遇害等史实,这都意味着东京审判远未成为历史。

史料是历史学家对历史真相进行研究,以及对历史事件进行解读必不可少的重要依据。以确凿的史实重现东京审判的历史真相,是驳斥日本右翼保守势力歪曲和否认侵华史实的强有力武器与佐证。远东国际军事法庭的资料非常丰富,目

前一些国家已就该类文献的收集、整理与研究做了大量工作，并向本国公众、学者陆续开放使用。我国作为日本侵略战争最大的受害国，亟待对东京审判文献资料进行系统收集、精心整理和深入研究，以还原历史真相，教育后人。

国家图书馆作为国家总书库，履行全面收藏中文文献资料和重点收藏外文文献的职责，收藏有丰富的东京审判文献资料。上海交通大学在历史学、法学、国际关系学等领域具有优势，在东京审判的研究上也居国内前列。我们将以此次合作为契机，集中双方综合优势，形成合力，共同开展东京审判文献史料的征集、整理与研究工作。其一，要积极、有序、稳妥地补充和丰富所缺失的历史档案，继续深入完整地收集、复制存藏于世界各地的远东国际军事法庭事务局文件、国际监察局文件、各国法官文件、东京审判检方与辩方资料、庭审记录、图影音资料、纪录电影胶片、缩微胶片等重要文献资料，及时将这些珍贵资料纳入国家图书馆馆藏，为开展研究提供文献支撑；其二，对国内外文献资料进行调研摸底，全面掌握存世的东京审判相关资料的种类、数量及收藏单位信息，开展联合目录和专题文献资源库建设；其三，要深度挖掘文献资料的社会教育功能，通过报告会、展览、研讨等形式普及东京审判的有关知识，培育公众的爱国主义情怀。

在此，我希望"东京审判研究中心"能够建设成国内东京审判完整的档案文献保存库、图文史料展示平台和学术研究的重要基地，为更好地保存中华民族历史记忆、服务于国家的战略、建设社会主义文化强国做出更大贡献。

（在国家图书馆与上海交通大学共建"东京审判研究中心"签约仪式上的讲话，2012年3月28日）

《钱存训文集》序

钱存训先生以102岁高龄出版文集，图书馆界和学术界同仁额手相庆。回想1998年我访问美国期间前往芝加哥大学拜访钱老的往事，当年倾心交谈的情景至今历历在目。我们谈及原国立北平图书馆善本运美经过，钱老对历史高度负责的态度给我留下了非常深刻的印象。1999年国家图书馆建馆90周年之际，我馆决定并委派孙蓓欣副馆长专程赴美，向钱老颁发了"国家图书馆荣誉状"，褒奖他在日本侵华、中华民族处于生死存亡的危难时期，为抢救国家珍贵文化遗产所做出的贡献。

钱老曾于1937年至1947年间在国家图书馆的前身国立北平图书馆工作。时值"七七事变"爆发，日本帝国主义发动全面侵华战争，钱老被聘为我馆南京办事处主任，负责我馆迁至南京的部分图书的保管工作。其时，我馆还把珍贵善本古籍迁往上海法租界迷藏，并成立上海办事处负责保管。"八一三"淞沪会战后，上海沦陷，法租界成为孤岛。钱老临危受命，接任上海办事处主任，在艰苦而危险的条件下守护我馆存沪善本古籍，同时还设法联络各方人士，抢救因战争流散的古籍，出版发行《图书季刊》等。

1941年末太平洋战争爆发前夕，日军时常进入上海租界搜查劫掠，这些善本的安全受到极大威胁。袁同礼馆长通过时任驻美大使胡适先生与美国政府斡旋，同意将存沪善本寄存美国国会图书馆。随后，我馆派往美国国会图书馆从事古籍编目工作的王重民先生奉命回国，会同我馆原善本部主任徐森玉先生从中挑选出珍善古籍102箱准备装船运美。但当时码头已被日军控制，对运出货物盘查甚严。钱老冒着生命危险，以为美国国会图书馆购书名义，联络海关外勤人员，独自一人用手推车每次推出10箱，分10批将这102箱珍善古籍通关上船，最终全部运抵美国国会图书馆，使这批国宝化险为夷，免遭日军劫掠。

抗战胜利后，钱老奉命赴华盛顿接运寄存的善本书回馆，因交通断绝，未能成行。其后钱老由馆方推荐，前往芝加哥大学图书馆工作。钱老潜心研究学术，著书立说，成就卓著，成为国内外知名学者。但他数十年来一直关心运美善本，不忘自己的使命和责任。1965年，美国国会图书馆在未征求我馆意见的情况下，将我馆这批珍贵善本转运台湾，暂存台北"中央图书馆"。1967年，该馆编印出版《"国立中央图书馆"善本书目》，将这批书列入其中。钱老得悉后，当即以美国亚洲研究学会东亚图书馆协会主席名义，致函台北"中央图书馆"包遵彭馆长，指出将我馆善本书列入该馆书目不妥。1969年，该馆又编纂《"国立中央图书馆"典藏国立北平图书馆善本书目》，包遵彭先生在序言中明确强调"中央图书馆"只是"代为保管"这批珍贵典籍。其后，这批善本书又转移至台北故宫博物院暂存。1984年钱老访台，时任台北故宫博物院副院长的昌彼得先生专陪钱老入库查看了这批珍贵典籍。

钱老多次撰文回顾这一段历史，特别是1995年抗战胜利50周年之际，他在《北平图书馆善本书籍运美经过·附记迁台经过》中说道："希望不久的将来，这批历经艰辛曲折而迄今完整无缺的我国文化瑰宝，得以早日完璧归赵，就不负当年各方面费尽心力，冒险抢救的一番苦心了。"他还在《北京图书馆善本古籍流浪六十年：祝愿国宝早日完璧归赵》《留美杂忆——六十年来美国生活的回顾》《我和国家图书馆：在北图工作十年的回忆和以后的联系》等著述中，多次表达这个愿望。这些饱含感情的文字，让我们看到钱老对民族文化遗产的高度责任感和爱国爱馆的深厚情怀，令人感佩！

钱老旅居海外，还十分关心国家图书馆事业发展。他于1979年参加美国图书馆访华代表团，向馆里赠送了珍藏多年的高士奇蓝格写本《江村书画目》，作为在馆工作十年的纪念。这部书抄写精良，收录晋唐至清初书画名作500多件，对研究清代书画市场和画作流传史颇具价值。2009年9月，钱老又向馆里捐赠自著《中国古代书籍史》等手稿资料、《留美杂忆——六十年来美国生活的回顾》签名本等。我馆将这些手稿和签名本入藏名家手稿专藏文库永久典藏。

这次《钱存训文集》得到钱老慨然允诺，同意交国家图书馆出版社出版，我们实感荣幸。文集收录了钱老全部中文著述，反映了他的学术成果和事业成就，也可看到他对保护民族文化遗产的执着追求与努力。在文集编辑过程中，钱老以百岁高龄，亲自审阅选目，执笔作序，并就具体问题提出指导意见，令人敬佩。著名学者、年过九十高龄的饶宗颐先生惠予题签，为此书增色，在此致以诚挚的谢意。

我衷心希望，我馆这批存台珍贵典籍能够璧合珠还，最终实现钱老的殷切期望。

（原载于钱存训著、国家图书馆编：《钱存训文集》（全三册），国家图书馆出版社2012年版）

强化基础　稳步推进国家图书馆事业发展

今年是"基础年",上半年,各部处以"强化基础,苦练内功,开拓创新,稳步发展"为指导思想,按照全年工作要点和任务书要求,团结协作,开拓进取,较好地完成了各项工作。特别是今年工作是在一期维修改造、书库搬迁、办公空间调整等诸多困难条件下进行的,各部门组织干部员工克服困难,为顺利推进各项工作付出了艰苦的努力,在此我代表馆领导班子向大家表示慰问和感谢。

本次会议作为半年的工作会议,既是对上半年工作的总结回顾,又是考虑未来发展的务虚会,主要是研究下半年工作并讨论我馆在转型期的发展问题。刚才,陈力同志做了一个很好的发言,对业务工作中的成绩做了简要总结,分析了基础业务工作中存在的影响未来发展的问题,提出了解决问题的思路。这个讲话是馆领导班子成员上半年在调研基础上形成的一些思考,在起草过程中多次征求有关部处的意见,希望大家认真讨论,集思广益,丰富完善业务工作思路,全面提升我馆业务水平。

下面,我就未来发展和干部队伍建设谈几点想法,与大家谈谈心,交换意见,供大家讨论时参考。

一、提高站位,增强全局观念

管理干部是我馆的中坚力量,我们的认识水平如何,在一定程度上影响着事业的发展。首先要提高站位,增强全局观念。当前,随着经济社会、科学技术和读者需求的发展变化,图书馆事业正面临着一个重要的转型期。这个转型期的特点至少体现在以下三个方面:一是事业形态正在从传统图书馆转向传统与现代图书馆相结合;二是图书馆的职能正在从阵地服务逐步向社会教育领域拓展;三是行业间的联系更为密切,资源的共知共建共享已成为趋势。作为国家图书馆的管理干部,对这些变化必须有清醒的认识,才能把握先机,掌握发展的主动权。

在转型期,业务管理的指导思想十分重要。当前,要认真研究解决业务建设上的"统"的问题,即如何统筹传统业务和现代业务,如何统一规划业务发展,建立与图书馆行业间的良好互动关系,确立国家图书馆新的影响和龙头地位。这是国家图书馆事业发展中一个带有方向性的问题,一定程度上也是一个"关口",它涉及全馆每一个部门、每一个人。作为国家图书馆的管理者,对此必须有清醒的认识,并为之奋斗,才能顺利"通关"。要通过若干年的努力,逐步建立一套适应现代图书馆事业发展的管理机制,逐步培养一支适应现代图书馆事业发展的干部人才队伍，使国家图书馆的发展步入良性轨道。

二、爱馆爱岗，提高责任意识

个人进步与事业发展是一致的。只有国家图书馆的事业蒸蒸日上，个人才能有所作为。对于在座的大多数同志来说，国家图书馆在一定意义上将奠定一生的事业基础。因此，首先要爱馆爱岗，为国家图书馆发展添砖加瓦，这是每一个员工应尽的责任，更是在位的每一个管理干部的责任。

领导是责任。馆、处干部共同支撑着国家图书馆事业的发展，是国家图书馆之栋梁，肩负着组织的重托、群众的希望和事业发展的历史责任。因此，要把国家图书馆的事当作自己的事，当作自己家里的事，认真去做。只要这样，才能有创意，有创新，有进步。不能不负责任，更不能推卸责任，对工作的不负责实际上也是对自己的不负责，"一分耕耘，一分收获"是硬道理；推卸责任说到底是境界和人品的缺陷，有些干部一事当前，首先想到的是推卸责任，这种现象很不好，不敢负责就不要当领导干部。

三、勤学善思，提高决策水平

形势、情况、业务日新月异，作为管理者，要勤学，缺什么补什么，需要什么学习什么。只有这样才能不断提升自我，提高管理水平。在此基础上，还要善思。孔子讲"学而不思则罔"，是讲要善于思考。善于思考，才会出思路，思路对才能有业绩和成果。因此，勤学善思是提高决策水平的重要基础。

决策水平还体现在对馆内重大问题敢于、善于发表意见和建议。从我馆1998年机制改革的成功经验来看，周密的改革方案正是得益于全馆上下充分酝酿，群策群力。当前，我感觉干部主动思考问题、积极建言献策、充分酝酿讨论的工作氛围还不够，在讨论工作时很少有争论，更少有反面意见和逆向思维，这种氛围不利于事业发展。试想，我们在座哪一位同志的意见能够百分之百正确呢？哪一个工作方案能够天衣无缝呢？因此，希望大家敢于发表意见，敢于开展批评和自我批评，善于参与馆里的总体工作，特别是善于参与决策，充分表达意见和建议。上下级之间要多沟通，部门之间也要多沟通，相互提意见和建议，这样才能形成生动活泼的工作局面，我们的事业才能够兴旺发达。同时，意见和建议的水平也是干部素质的体现，希望大家勤于思考、善于思考，以主人翁的责任感，积极建言献策，推动事业发展。

四、真抓实干,提高执行能力

国家图书馆是个基层单位,干部的能力主要体现在执行力上。首先要有点子、有办法、有措施;其次要善于组织人,如果一项工作领导团团转,群众乱成团,肯定搞不好;再次要真抓实干,干部首先要自己扑下身子,做出样子,要"一竿子插到底",不能浮在面上,不能"靠会议落实会议";最后还要有布置、有检查,才能有成效。

总体上看,这些年各项工作完成得不错,但同时也还存在着一些问题,很多地方经不得捅,一捅一个窟窿。这说明我们在管理上还有薄弱环节,需要我们今后下工夫解决这些问题。特别要加强"双基培训",以此为抓手,提高员工的基础知识和基本技能。

干部队伍建设是事业发展中带有根本性和决定性的问题,中层干部是兵头将尾,部处主任、部处班子状态如何,直接影响到一个部门的作风,影响到一个部门的工作。

(在2012年国家图书馆年中中层干部会上的讲话,2012年7月16日)

《为政箴言》《为政镜鉴》前言

中华民族五千年文明，绵延不绝、生生不息，是当代中国文化进步发展的深厚沃土。中国的历史是中华民族坚持不懈的创业史和发展史，蕴涵着十分丰富的治国理政经验和博大精深的思想，涉及国家、社会、民族及个人的成与败、兴与衰、安与危、正与邪、荣与辱、义与利、廉与贪等诸多方面的经验与教训。学习中国历史，可以了解中华民族优秀的传统文化和高尚的精神追求，继承中华民族在漫长历史进程中形成的优良传统，借鉴历史上治理国家和管理社会的各种有益经验，并从中汲取思想精华，与新的实践结合而不断发扬光大。

有鉴于此，国家图书馆依托宏富的馆藏文献资源，从中华文化典籍中精选历史名贤的经典论述（524条）和典型事例（316条）分别编辑为《为政箴言》《为政镜鉴》二书。"箴言"汇集了先人智慧、善举与生活常识的格言、警句及谚语。"镜鉴"的本意是指照镜子，后引申为借鉴，主要收录历史故事、寓言及神话。《魏郑公谏录》记载唐太宗名言："以铜为镜，可以正衣冠；以古为镜，可以知兴替；以人为镜，可以明得失。"希冀这些名言与典故能对领导同志起到"鉴古知今"、"彰往而察来"的作用，为治国理政提供重要借鉴，为广大读者日常学习提供方便。这是我们编辑《为政箴言》和《为政镜鉴》姊妹篇的初衷与期待。

《为政箴言》《为政镜鉴》所选内容吸收了我国先秦至清代各个历史时期的思想精髓，类为民族精神、治国理政、为官之道、道德修养和哲理规律五大部分。全书以条系目。引录之文一遵原貌，只对其中某些生僻字增加了音注；通假字、异俗体字注明其正字。注释为编者所加，旨在方便阅读。译文大多采用世所公认的权威译本，编者不作改动，只在必要之处增加了背景介绍，并在每篇译文之后注明出处。有些条目编者作了自译。古文辞简义深，有时不得不加些词句以求贯通。

《为政箴言》《为政镜鉴》初稿形成之后，先发部分参加"部级领导干部历史文化讲座"的领导同志和专家学者征求意见，在此基础上又聘请相关研究领域资深编辑、教授及专事语文教学工作的老教师对注释、译文进行了认真审改，对选文取舍和类归做了适当调整，终成定稿。

在此书付梓之际，对所有译文作者和译本出版单位表示感谢。国家图书馆先后有数十位同志参与了本书的编纂工作，从选题立意的讨论、搜辑资料编排录入，到审读修改、编辑出版，付出了辛勤劳动；国家古籍整理出版规划小组办公室原主任、中华书局编审许逸民，中华书局古代史编辑室原主任、编审张忱石，全国古籍保护工作专家委员会主任、国家图书馆研究馆员李致忠，北京大学历史系韩巍教授和资深中学语文特级教师胡杭生等多位先生对二书内容认真审改，提出了中肯意见，在此一并深表谢意。

《为政箴言》和《为政镜鉴》二书，虽经专家、学者及相关编辑人员倾心努力，但因所选文献历史跨度长、内容涵盖面广，不精准之处在所难免，诚恳欢迎大家批评指正。

（原载于国家图书馆编：《为政箴言》《为政镜鉴》，国家图书馆出版社2012年版）

《远东国际军事法庭庭审记录》序

民国时期是中国历史上一个重要而特殊的历史时期，又是古今中外交汇、新旧思想碰撞的时期，形成了社会转型时期特殊的文化景观；同时，这一时期也是中华民族遭受外侮、充满灾难的时期。民国时期文献正是记录和反映当时政治、经济、军事、文化等社会诸多方面的主要载体，对它的研究极具鉴往知来的历史意义。2011年，在文化部、财政部的大力支持下，国家图书馆和业内相关单位正式启动了"民国时期文献保护计划"，全面开展民国时期文献的抢救与保护工作。征集、整理、保护与研究远东国际军事法庭审判史料是民国时期文献保护计划的重要内容，编纂、影印《远东国际军事法庭庭审记录》是民国时期文献保护项目实施以来形成的系列出版成果之一。

"二战"结束以后，为惩处战争罪犯、重建战后世界秩序、伸张正义与维护世界和平，同盟各国依据《波茨坦公告》，在日本东京设立远东国际军事法庭，对日本甲级战犯进行审判。由中国、苏联、美国、英国、法国等11国提名的11名法官组成远东国际军事法庭，自1946年5月3日开始，至1948年11月宣判终结，期间共开庭818次，出庭作证证人达419人，出示法庭证据4336件，庭审记录长达49000页，判决书长达1213页；审判吸引了20万旁听者，其规模超过了纽伦堡审判，堪称有史以来规模最大、时间最长的一次国际审判。

东京审判详细阐述了日本帝国主义发动侵略战争的经过，确认了日本侵略战争的犯罪性质，裁定了日本的战争责任。这一结果的取得离不开中国法官和检察官们的不懈努力。正是他们克服了种种时局困难，艰难取证、据理力争，为历史留下了不容辩驳的宝贵证据史料。

东京审判作为"二战"后重大的历史事件，决定了日本战后的政治格局，影响了整个东亚的历史进程，是战后日本和远东国际关系新格局的起点，某种程度上说，东亚国际关系中的一些重大战争遗留问题都可以追溯至东京审判。

我国对东京审判的研究早在东京审判尚未结束之时就已开始，但因战乱与政治等因素，相关研究并不深入。自20世纪80年代开始，东京审判逐渐受到国内学者的关注，至90年代，相继出版了介绍与研究东京审判的专著、译著、资料汇编与论文。中国学者既肯定了东京审判在伸张正义、鞭挞战争犯罪、呼吁世界和平、战后惩罚战犯、确立中国的大国形象等方面所发挥的重要作用，又抱着对历史负责、对未来负责的态度，检讨了东京审判对日本战犯罪行清算不彻底的问题，谴责了战后日本右翼在战争赔偿问题、慰安妇问题、承担战争责任等方面无视历史的错误行径。

中国作为第二次世界大战中受害最大、对世界反法西斯战争有重要贡献的国家，同时也是参与东京审判的主要国家之一，理应在东京审判的评价问题上有主要的发言权，特别是应系统地回击日本右翼势力否定东京审判正义性的言论。然而，长期以来，由于各种历史原因，在东京审判第一手资料的积累、研究的深入以及与国际学术交流等方面，都还有大量的工作亟待开展。《远东国际军事法庭庭审记录》的出版，正是符合并满足国内学界对东京审判第一手文献资料迫切的需要，具有重要的现实意义和深远的历史意义。

面对这一历史使命，2012年，国家图书馆与上海交通大学合作建立东京审判研究中心，双方专业人员反复阅读相关文献，逐页检查了近5万页馆藏庭审记录。今年4月，国家图书馆又派员专赴美国深入挖掘史料，通过多方努力搜寻，补得7000余页，基本补齐庭审记录原始文献，为《远东国际军事法庭庭审记录》的编纂出版奠定了基础。《远东国际军事法庭庭审记录》的出版，将东京审判的全过程展现在人们面前，这是通向远东国际军事法庭审判、消除歧见与争论的有效途径，也是驳斥"东京审判史观"、"远东国际军事法庭非法论"等日本右翼保守势力歪曲和否认侵华史实言论的强有力的武器与佐证，有助于在整理、保护珍贵的历史文献，推动对东京审判的关注与研究的基础上，为解决现实争端提供历史依据与法理依据。

此次出版的《远东国际军事法庭庭审记录》是远东国际军事法庭1946年5月3日至1948年11月12日的庭审全记录，内容包括法庭成立、立证准备、检方立证、辩方立证、检方反驳立证、辩方再反驳立证、检方最终论告、辩方最终辩论、检方回答、法庭判决的全过程。该书是民国时期文献保护项目的重要成果之一，也是东京审判研究中心成立以来推出的第一套史料汇编，凝聚了国家图书馆和上海交通大学各位学者和工作人员的心血。我衷心希望该书的问世，能够为中国读者提供最基本的远东国际军事法庭审判一手文献，为理顺中日两国关系提供有益的借鉴。

"前事不忘，后事之师"。中日两国一衣带水，在历史上既有源远流长的交流历史，也有侵华战争的痛苦记忆，更有邦交正常化后合作与分歧的经历。在漫长的历史交往过程中，中华传统文化得以播续，日本的文化得以迅速发展，两国人民曾在和平交流中得以共享人类文明与东方文化的福祉。强调牢记历史，不是为了延续仇恨，而是为了避免历史悲剧重演，是建立健全中日关系的基础。整理出版《远东国际军事法庭庭审记录》，就是要面对历史，维护来之不易的和平。

为子孙后代留下关于本民族兴衰荣辱的完整历史记忆，是我们这代人，尤其是国家文献资源建设者应当负起的历史责任。《远东国际军事法庭庭审记录》是我们整理、保护珍贵历史文献的重要成果，也是一项宏大出版计划的开端。随着文献征集和研究工作的不断深入，国家图书馆将继续出版民国时期珍贵的历史文献，提供社会、同胞和学者同仁使用，务使这些成果化身千百，为更好地保存中华民族历史记忆，为国家的文化建设发挥更大的作用。

（原载于东京审判文献丛刊委员会编：《远东国际军事法庭庭审记录》，国家图书馆出版社、上海交通大学出版社2013年版）

历史的审判　正义的裁决

——《远东国际军事法庭庭审记录》正式出版

1945年9月2日，日本在东京湾美国战列舰"密苏里"号上签字投降，世界反法西斯战争最终以正义的胜利宣告结束，这一天值得全人类永远铭记！今天我们在国家图书馆举行《远东国际军事法庭庭审记录》首发出版座谈会，并以此纪念中国人民抗日战争暨世界反法西斯战争胜利68周年，无疑具有重要意义。

"二战"后，为惩处战争罪犯、重建世界秩序、伸张正义与维护世界和平，同盟国依据《波茨坦公告》，在日本东京设立远东国际军事法庭，对日本甲级战犯进行审判。自1946年5月至1948年11月宣判终结，共开庭818次，出庭证人达419人，出示法庭证据4336件，庭审记录长达49000页，判决书达1213页。这是一次规模空前的国际大审判，确认了日本侵略战争的犯罪性质，裁定了日本的战争责任，"使发动侵略战争、双手沾满各国人民鲜血的罪魁祸首受到应有的惩处，伸张了国际正义，维护了人类尊严，代表了全世界所有爱好和平与正义的人民的共同心愿。这是历史的审判！这一审判的正义性质是不可动摇、不容挑战的！"《远东国际军事法庭庭审记录》就是铁证。

在东京审判过程中，中国代表团不辱使命，克服重重困难，提供了战争嫌疑犯名单以及大量人证和物证、参与起草判决书，为东京审判的成功做出了重要贡献，他们用智慧和坚持，为民族伸张了正义！然而遗憾的是，由于历史原因，这些原始资料在我国已大部流失，使我国在东京审判的研究中深以为困。

2011年，在文化部、财政部等相关部门的大力支持下，国家图书馆联合业内相关单位启动了"民国时期文献保护计划"，征集、整理、保护与研究远东国际军事法庭审判史料是民国时期文献保护计划的重要内容。2011年2月，国家图书馆组建工作组，通过文献查阅、走访专家、实地考察等多种方式，了解东京审判史料在美国、日本、俄罗斯等国的收藏情况，在广泛调研基础上，国家图书馆由海外征集到馆近5万页庭审记录。

2012年3月，国家图书馆与上海交通大学共建东京审判研究中心，双方专业人员反复阅读馆藏文献，核实了庭审记录的完整性和连续性，将缺页、重复页、半页、字迹模糊页、特别说明页等逐一整理记录。为补全缺漏，2012年4月，国家图书馆又派调研组赴美挖掘史料，搜寻补得7000余页缺藏记录，基本补齐庭审记录的原始文献，为《远东国际军事法庭庭审记录》的编纂出版奠定了扎实基础。在此基础上，国家图书馆组织召开座谈会，听取了相关领域专家对整理、出版工作的中肯意见。

经过近一年的努力，由国家图书馆和上海交通大学联合整理影印，国家图书馆出版社与上海交通大学出版社共同出版的——80卷、5万页的《远东国际军事法庭庭审记录》在国内首次出版了！这是学界和图书出版界的盛事，具有重大的历史意义和现实意义。作为一手资料，庭审记录真实、完整地再现了东京审判的全过程，奠定了"二战"后东亚地区的格局，是我们尊重历史、记录历史、热爱和平的直接体现。

东京审判中国法官梅汝璈先生生前在日记中说："我无意去做一个复仇主义者，但是如果我们忘记历史，那一定会招来更大的灾难。"前事不忘，后事之师。在中国人民抗日战争暨世界反法西斯战争胜利68周年之际，我们出版《远东国际军事法庭庭审记录》，就是要牢记历史，不忘过去，珍爱和平，面向未来！

为子孙后代留下关于本民族兴衰荣辱的完整历史记忆，是我们应当负起的历史责任。国家图书馆将以此为起点，继续收集整理东京审判在美档案及相关历史资料，陆续推出《远东国际军事法庭审判文献：法庭证据》（50册）、《二战后审判日本战犯报刊资料选编》（6册）等相关文献，支持学术研究，提供公众利用，为保存好中华民族历史记忆，为实现中华民族的伟大复兴做出应有贡献！

（在《远东国际军事法庭庭审记录》出版座谈会上的讲话，2013年9月2日）

充分发挥国家图书馆职能
积极推进公共图书馆服务体系建设

1957年,中央发出向科学进军的号召,周恩来总理提出"兵马未动,粮草先行",并亲自主持召开会议,建立全国文献资源协调建设机制。党的十八大提出全面建成小康社会,文化部党组提出将公共图书馆服务体系建设作为公共文化服务体系建设的重要内容,抓得很准也很及时。

一、建立全国文献信息资源共建共享保障体系

建设全国公共图书馆服务体系,文献是基础。国家图书馆作为国家总书库,截至2012年底,馆藏文献总量超过3200万册(件),年购书经费达1.65亿元。全国公共图书馆总藏量近7.89亿册(件),年购书经费近14.78亿元。这些文献资源只有形成体系,才能更好地为社会发展提供文献资源保障。

一是促进目录资源的共享。目录反映了一个馆馆藏的基本情况,是读者获取文献的途径,编制目录是最基础的业务工作。国家图书馆作为全国总书库,全面收藏本国出版物。1997年,国家图书馆成立了全国图书馆联合编目中心,联合各馆建立全国图书馆联合目录。目前,已有成员馆1444家,其中县级以上公共图书馆827家,占全国县级以上公共图书馆总数的27%;自2011年提供免费服务以来,数据使用量超过1500万条,大大节省了各馆的编目成本,避免了重复劳动,提高了编目水平,缩短了文献上架时间。今后,国家图书馆将继续推动目录资源的共享,扩大联合编目的文献类型,增加数据量,拓展共享范围,加强书目建设标准化和规范化的指导与培训,在联合目录的基础上建立联合馆藏,逐步实现读者查询全国所有图书馆的馆藏情况,提升全国图书馆的文献揭示能力。

二是创新资源共享机制。探索建立分级分布的资源保障体系,开展馆际合作共建、联合采购、馆际互购自建资源、交换共建等多种形式的资源共建;做好文献资源的整体布局,初步考虑可每年策划一次采访会议,交流情况,会商采访重点,合理配置文献;有计划、有步骤地对分散的文献进行整序,整体提高文献资源保障水平和保障能力。

二、建立覆盖全国的数字图书馆服务网络

经国务院批准,国家数字图书馆工程自2005年开始建设,截至2013年,数

字资源总量已达813.5 TB，涵盖图书、报刊、音视频资源等多种类型。各省也加快数字图书馆建设，已建成的数字资源达到5050 TB。在现代信息技术条件下，对这些资源进行有效整合已经具备了较好的基础。2011年，文化部和财政部启动实施数字图书馆推广工程，由国家图书馆负责具体实施，规划资金达10.48亿元，已覆盖全国33家省馆、374家地市馆。工程的总体目标是建立覆盖全国的数字图书馆服务网络。工程有以下几个特点：第一，建设重点是省、市、县三级公共图书馆，县以下与共享基层点相连接，逐步实现全面覆盖；第二，工程将对海量资源进行有序组织，建设元数据集中存储、对象数据分布调度的资源体系，通过用户双向认证，实现资源的双向访问；第三，服务覆盖互联网、手机、数字电视、智能移动终端等全媒体。工程采用统一的标准规范，覆盖图书馆采、编、阅、藏等全业务流程，平台具有开放性和共享性。工程的实施将整体提升公共图书馆的信息保障水平和服务能力，形成图书馆新的服务业态。下一步的主要工作是：

一是加强网络一体化建设。加快专网建设，经费由中央财政负担。明年完成国家图书馆与各省馆的专线连接，国家图书馆的专线带宽将达到2.5 G，各省馆专线带宽将达到155兆；各省根据本地情况建立区域网络，形成全国图书馆的一体化网络。

二是加快数字资源一体化建设。按照"共知、共建、共享"的思路，进一步丰富数字图书馆资源总量并提高质量。国家图书馆已购买254个中外文数据库，省级图书馆平均每馆外购数据库超过15个，要尽可能在推广工程的平台上实现共享；建立自建资源的共享机制，使各地方的特色资源可通过平台向全国推广。

三是积极探索使用新技术。推广工程是一项创新工程，对技术的依赖性很强。技术的发展日新月异，要紧跟技术进步的步伐，不断加强新技术的研究、开发与应用，从而保持工程的先进性。

三、推进重点文化工程实施，带动珍贵文献的保护、整理开发与利用

根据文化部要求，国家图书馆组织实施了中华古籍保护计划、民国时期文献保护计划等工程，开展了古籍普查登记，经国务院批准颁布了四批《国家珍贵古籍名录》，培养了一批古籍保护人才；民国文献正在普查，并开始了专题文献的整理，《远东国际军事法庭庭审记录》等系列文献的出版，引起了良好的社会反响。下一步要继续下大力气推进工程实施，重点做好几项工作：

一是继续推进古籍保护计划。古籍保护是一项任重道远的长期性工作，各方面都要予以高度重视，抓住重点，陆续出版普查名录，逐步提升古籍的保障条

件，加快人才培训基地、修复中心的建设，推进古籍保护技艺的传承，开展珍贵典籍数字化工作，加快海外中华古籍的调查工作。要调动社会力量参与古籍保护事业。

二是加快实施民国时期文献保护计划。继续推进民国文献普查，尽快形成普查目录，研究民国文献保护技术，以民国文献的收集、整理、出版为抓手，加强文献的开发利用。

三是策划有影响力的出版项目。结合国家政治外交大局和社会关切，策划全国性文献整理出版项目；加大对地方文献的整理出版力度，用出版带动整理，用整理提升图书馆文献资源建设与研究水平，从而使馆藏更好地服务当代、服务社会。

四是深入推进"中国记忆"项目。国家图书馆在2011年策划了"中国记忆"项目，提出通过采集口述史料、影像史料等新类型文献，形成中国近现代重大事件、重要人物专题资源集合，以记录历史、保存文献、传承民族记忆。国家图书馆将进一步做好整体设计，科学分类，分层实施；充分实现资源共享，避免重复建设；要联合各省市馆共同参与，最终形成全国性中国记忆数据库。

四、创新服务形式，全面提升图书馆服务水平

一是建立立法决策服务和参考咨询服务平台。近些年，各地图书馆普遍开展了面向党委、政府和企事业单位、社会公众的信息服务。国家图书馆将联合各省级图书馆建立立法决策咨询服务及参考咨询服务协作平台，整合各馆信息咨询服务特色资源与智力资源，建立良好的合作机制，准确把握信息需求，制定切实可行的服务策略，开发有针对性的服务项目和产品。一方面，主动为中央国家机关和地方政府机构提供文献信息服务，使图书馆在科学决策中发挥更重要的作用；另一方面，通过参考咨询业务协作网络的建设，提升图书馆参考咨询服务能力。

二是建立讲座资源共享平台。目前，讲座已成为各级图书馆的一种基本服务形式，经过多年培育，各级图书馆都已经形成了深受公众欢迎的讲座品牌。要健全全国公共图书馆讲座联盟，形成工作机制，搭建讲座资源共享平台，实现师资、课件等资源的共建共享。

三是积极推动展览展示。2012年国务院批准成立的国家典籍博物馆在国家图书馆挂牌成立，作为首展，国家图书馆馆藏精品大展将尽快开展。这些年来，各地也策划开展了各种丰富多彩的展览展示活动。展览展示已成为图书馆的一项重要业务工作。国家图书馆将结合典籍博物馆的开馆，进一步联合有条件的馆合作办展，积极推动巡回展览，建立流动展线。

五、深入开展政策研究与业务研究，加强面向全国图书馆的业务培训

一是充分发挥研究职能。国家图书馆研究院承担着图书馆政策研究、事业发展研究、文献研究和业务标准研制等职能。要在文化部的统一领导下，就公共图书馆服务体系建设进行深入研究，加强政策法规研究，为推动立法做贡献；为各地制定区域性事业发展政策提供咨询；联合各馆策划科研项目，特别是策划能带动行业发展的项目；依托全国图书馆标准化技术委员会，制定基层图书馆服务标准、人员标准、绩效评估标准等重点领域标准，进一步完善图书馆标准规范体系，为事业发展尽力。

二是大力开展培训工作。近几年，国家图书馆依托重点文化工程，组织开展了多种形式的培训，仅去年就办班50多个，培训逾万人次。今后，我们将围绕重点工程和重点业务领域，组织好培训。培训可采取交流、研讨等方式，共同学习共同提高。

（在全国公共图书馆工作会议上的讲话，2013年11月8日）

传承文明　嘉惠学林

——"原国立北平图书馆甲库善本丛书"出版

原国立北平图书馆甲库善本藏书，上承清内阁大库、翰林院、国子监南学和南北藏书家的藏书精华，具有重要的文物和文献价值。

1931年，本馆专辟甲库庋藏宋金元明善本，以藏品精、数量大冠于全国。"九一八"后，东北沦陷，华北危机，为保国宝免遭战火荼毒，本馆将甲库善本转移上海租界。1941年太平洋战争爆发前夕，日军时常进入上海租界搜查劫掠，这些善本的安全受到极大威胁。袁同礼馆长通过时任驻美大使胡适与美国政府斡旋，同意将存沪善本寄存美国国会图书馆。在当时万分急的情况下，由王重民、徐森玉等先生选出102箱善本，由驻沪办事处主任钱存训先生分批通关上船，运抵美国国会图书馆，使这批珍贵古籍化险为夷，免遭日军劫掠。抗战胜利后，钱存训先生奉命赴华盛顿接运寄存的善本书回馆，因交通断绝，未能成行。这批善本在寄存美国国会图书馆期间，由该馆拍摄一套缩微胶卷，更在1965年，在未征求我馆意见的情况下，将我馆这批珍贵善本寄存台湾，暂存台北"中央图书馆"。其后，这批书又转移至台北故宫博物院暂存。钱存训先生在《北平图书馆善本书籍运美经过》一文中说："希望不久的将来，这批历经艰辛曲折而迄今完整无缺的我国文化瑰宝，得以早日完璧归赵。"

时至今日，这批北平图书馆甲库善本与国家图书馆分离已长达七十余年，仅靠美国国会图书馆拍摄的一套缩微胶卷提供读者阅览，学界祈盼分享珍本影像的愿望至为强烈。

2010年7月，在专家学者和社会大众的呼吁下，本馆经过认真研究，决定以运台胶卷为主，本馆典藏原甲库善本为辅，凡过去在《中华再造善本》中影印过者除外，遴选版本优良的甲库善本，汇为一编，出版"原国立北平图书馆甲库善本丛书"。项目启动后，得到国家出版基金1600余万元的大力支持，成为国家出版基金支持力度最大的古籍整理出版项目。国家图书馆古籍馆精心遴选版本，共收入原国立北平图书馆甲库善本藏书2621种，其中美国国会图书馆20世纪40年代拍摄的原国立北平图书馆甲库善本缩微胶卷2600种，现藏于国家图书馆的原甲库善本20种，存台、存我馆合璧者1种，并在台北故宫博物院院长来京时知会本项目进度。经过国家图书馆出版社、古籍馆等部门三年努力，这部丛书顺利告竣。

"原国立北平图书馆甲库善本丛书"的出版，具有重要的历史意义和现实意义：甲库善本是中华典籍文化聚散流变、悲欢离合的缩影，傅熹年先生说"盛世修典，和世存典，乱世毁典，末世忘典"，典籍的命运和国家、民族的命运始终不离，凝聚着中国人的情感、中华民族的屈辱和中华今天的崛起，具有自强、自尊的教育意义。在抢救保护甲库善本的历史中，许多学者、员工都做出了巨大贡献，甚至不惜牺牲生命。从钱存训、王重民、徐森玉等先生那里，特别体现出中国知识分子以天下为己任、以奉献为人生的高尚情怀，是我们尤其需要记取的。

中华民族的伟大复兴首先是文化的复兴，党和政府高度重视古籍保护、整理出版事业，启动了中华古籍保护计划、民国文献保护计划，推出了一系列加强古籍保护、促进文化事业的举措。作为古籍再生性保护的重要手段，国家图书馆的古籍影印出版取得令人瞩目的成绩，到目前为止，已出版4万种古籍。其中不仅有《中华再造善本》及其"续编"这样的鸿篇巨制，也有《永乐大典》《国家图书馆藏敦煌遗书》这样的专门图书；民国文献出版方面，既有细化到政治、军事、经济、文化等领域的专题文献，也有像《远东国际军事法庭庭审记录》这样的系列文献。

"原国立北平图书馆甲库善本丛书"的出版，是继《中华再造善本》及其"续编"后的又一重要成果，是国家出版基金投入的成功范例，是古籍专家学者共同努力的结果。作为国家图书馆，我们必须脚踏实地、埋头奋进，不辜负时代和国家赋予的使命，在新时代的文化建设上做出更大贡献。

（在"原国立北平图书馆甲库善本丛书"出版座谈会上的讲话，2014年1月17日）

纪念国家图书馆建馆100周年

记　者：非常感谢您百忙之中接受本刊为纪念国家图书馆建馆100周年对您进行的专访。您到馆大概3年之后开始全面推动本馆的改革，应该说这是在对馆内各方面情况有了全面深入的了解和把握之后所做出的深思熟虑的决定。能谈谈当时改革的背景吗？

周和平：1995年1月，我被任命为北京图书馆党委副书记兼副馆长，1996年7月开始主持日常工作，1997年12月任党委书记兼副馆长，主持日常工作。1998年4月，馆领导班子推动了深化改革。其实在此之前，本馆进行过多次改革。也可以说，近百年以来，为适应时代和社会的发展，在几代国图人的不懈努力下，国家图书馆一直在不断的变革中发展、进步。20世纪90年代末，随着改革开放和社会主义市场经济的发展，社会公众文化需求的日益增长以及现代化技术的发展对传统图书馆的运行模式、社会功能、服务水平提出了严峻挑战。受原有计划经济体制下管理机制和运作模式的制约，国家图书馆在思想意识、管理体制、运行机制、技术手段和业务流程等方面都存在着诸多的不适应，如"重藏轻用"的保守观念，使丰富的文献资源大量闲置；封闭被动的服务模式与越来越开放、变化越来越快的信息时代形成强烈反差；管理体制也比较陈旧，机构臃肿，职能交叉重叠现象严重；干部一经任命，就如同坐上"铁交椅"，无论水平、能力、业绩如何，员工是否认可，可以一直干到退休；人浮于事，员工进了馆就算端上了"铁饭碗"，干与不干一个样，干好干坏一个样，都能拿上"铁工资"；职称评定也是论资排辈，不问能力高低。这些导致骨干人才流失严重，整体队伍素质得不到提升，服务质量也难以让读者满意。冲破旧模式，建立新机制，既是社会的需要，又是图书馆自身生存发展的需要，改革是摆脱困境、寻求发展的必由之路。馆领导班子经过充分调研和论证，统一了认识，决定启动新一轮的内部改革，建立新的管理机制。

记　者：改革的基本原则和总体思路是什么？

周和平：首要的一条原则就是解放思想，实事求是。根据社会发展和需求的变化，从本馆实际出发，更新思想观念，理清改革思路，明确改革内容。第二是统一认识，稳步推进。任何改革都不可一蹴而就，操之过急只能适得其反，必须在做好思想工作的前提下进行改革。第三是社会效益和经济效益同步增长，以社会效益带动经济效益的原则。国家图书馆是公益性事业单位，但长期以来，保障经费严重不足，员工收入偏低，因此，在国家政策允许的范围内，也要靠一些非经营性收入补充事业费的不足，提高员工待遇，进而调动员工的工作积极性。要通过改革，改变传统计划经济下的事业单位运行模式，建立适应社会发展要求的管理机制，整体提高管理和服务水平，全方位树立国家图书馆新形象。

记　者：改革的主要内容有哪些方面？

周和平：自1998年4月开始，出台了一系列改革方案和配套措施，如《北京图书馆深化改革和业务调整总体方案》《机构改革方案》《干部任用制度改革方案》《分配制度改革方案》《业务格局调整方案》《员工聘任管理办法》《专业技术职务评聘分开实施办法》等。改革内容主要有三个方面。

第一是机构改革。撤销或合并职能重叠交叉的机构，明确各部门职责，推动合署办公，建立集中统一、优质高效、运转协调的管理体制。通过机构改革，处级机构由原来的39个减少到22个，科级机构由126个减少到81个。同时根据业务工作发展的需要，科学地调整了业务格局，如将分设的图书采、编部门整合为图书采选编目部，解决了上下游的隔阂，保证了图书流程的顺畅和国有资产的安全，减少了重复加工，节省了人力物力。另外，改变集中管理的方式，将用人权、分配权下放，形成责权利统一、分层负责的格局。

第二是干部人事制度改革。首先是将科级和处级干部任命制改为聘任制，通过公布岗位、自愿报名、演讲答辩、群众测评、考察聘任等程序竞争上岗，择优聘用，打破了干部终身制，也给予青年人才脱颖而出的机会。对于专业技术干部实行了评聘分开，根据岗位需求和员工的实际水平，实行低职高聘或高职低聘制度，即水平高、能力强的低职称者可以聘用到高级岗位，而水平低、能力差的高职称者可能被降级聘用，打破了职称上的论资排辈现象，有效地刺激和调动了专业人员的工作、学习积极性。还推行了全员聘用制，部门和员工实行双向选择，员工可以自由选择部门和岗位，部门可以择优聘用。对于落聘的员工，提供学习和培训的待岗机会，还开辟了一些分流渠道，真正实现了人员能进能出，优化了员工队伍，提高了员工的风险意识、学习意识、爱岗意识和敬业精神。

第三是分配制度改革。目的是通过分配制度的改革，实现多劳多得、优劳优酬，充分调动员工的工作积极性。采取一馆多制，根据各部门的具体情况和不同性质确定不同的分配模式。财务由馆统一管理，员工收入由部门根据工作量和工作表现确定。新的分配制度符合社会主义市场经济的规律，责、权、利明确，打破了平均主义大锅饭的局面。员工的收入和待遇同国家图书馆整体效益同步增长，多劳多得的原则充分得以体现，提高了国家图书馆自我发展的能力，也调动了员工的工作积极性、主动性和创造性。

记　者：通过这次大力度的改革，建立了哪些新的机制？

周和平：一是建立了新的干部选拔任用机制，将干部任命制改为聘任制。在全社会选拔优秀人才，通过竞争，择优聘用，打破了"铁交椅"，建立了能者上、庸者下的能上能下机制，为青年人才脱颖而出创造了条件，优化了干部队伍。二是建立了新的用人机制。实行专业技术人员评聘分开，全员聘用制，优胜劣汰，打破了铁饭碗，实现了人员能进能出，提高了员工的忧患意识和勤奋学习、爱岗敬业的自觉性。三是建立了多劳多得、优劳优酬、待遇能高能低的新的分配机制。打破了工资待遇上的平均主义，彻底扭转了干与不干一个样、干多干少一个样、干好干坏一个样的现象，增强了员工的职业意识、服务意识；同时积极开源节流，提高员工收入水平，改善员工待遇，增强了单位的凝聚力和吸引力，稳定了人才队伍。四是建立了新的管理机制。按工作流程调整机构，理顺关系，明确职责任务，避免扯皮和推诿，提高了办事效率；将人事管理权、分配权下放到各部门，实现责、权、利的统一，调动了各级干部的积极性，强化了管理；不断策划工作项目，调动和发挥干部员工的工作积极性和聪明才智，提高了服务水平，改善了社会形象，赢得了国家的重视和支持，使积攒了多年的诸多问题都得到了解决，如增拨经费、北图更名、进口图书免税、图书进出口权、员工住房、二期暨国家数字图书馆工程等。由于改革顺应历史潮流，符合事业单位实际，取得了良好效果，因而带动了全行业的内部机制改革，推动了事业的发展，有效地发挥了图书馆在文化建设、社会教育中的作用。更为可喜的是这次改革为国家推行事业单位深化改革探索并提供了很多宝贵经验。

记　者：以您的实际体会，您认为在改革过程中应该注意哪些方面的问题？

周和平：任何改革都是对旧有模式和传统观念的挑战，更是利益的重新调整，国家图书馆的改革也是如此。在这样的改革过程中必须注意几个关键问题。一是要革新思想观念。长期计划经济体制下形成的干部人事管理制度以及故步自封、因循守旧的观念在国家图书馆大多数干部和员工的思想意识里不同程度地存在着。要想顺利推行各项改革措施，首先必须解放思想，更新观念。二是要制定严谨可行的改革方案。改革方案必须经过广泛调研、充分讨论、反复论证。这次改革力度大，牵涉面广，与行政管理、业务发展和员工利益等方方面面都密切相关，改革方案必须符合实际、细致缜密、具有可操作性。三是推行改革一定要坚定不移。改革方案一经确定，领导层的魄力至关重要，要敢冒风险，敢顶压力，敢于排除来自各个方面的压力和阻力；否则，再好的方案也没用。四是要注重进行深入细致的思想工作，注意工作方法。改革是涉及员工切身利益的大事，常常牵一发而动全身，因此在实施过程中必须要重视员工的思想工作，采取妥善的工作方法，循序渐进，稳步推行，切忌急躁、冒进。五是制定并执行严格的纪律。比如说分配制度改革后，各部门都有经费往来，因此馆纪委和监察处联合制定了财务纪律，规定所有收入全部交由馆财务管理，严禁私设小金库，严禁私分或坐收坐支。严肃纪律是顺利推动改革的保障。

记　者：在您的力主之下，国家图书馆降低了办证门槛，并且实现"全年候"开放。直至今天，除了因必要的电力设备检修而闭馆的两天，国家图书馆仍然认真践行着您当初提出的这条服务承诺，很多员工还有读者都认为您是一位"平民"馆长。作为国家图书馆曾经的一位老馆长，您能结合实际工作谈谈您的服务理念吗？

周和平：读者服务的质量永远是衡量图书馆工作水平的根本标准。当年我们提出的口号是"读者服务争创全国第一""全馆为一线，一线为读者"，始终坚持以读者为中心的原则。当时的国家图书馆重藏轻用，丰富的文献资源束之高阁，不轻易示人；在办证条件上有种种限定，且有验证、登记、换座位牌等繁杂的手续。根据我国国情，国家图书馆除了做好高层服务以外，还应该为广大的社会组织和公众服务。从1998年起，我们改革了读者入室入馆制度，简化手续，放宽入馆条件，18岁以上的公民均可进馆阅览，在法定节假日还接待中小学生和学龄前儿童参观，从小培养他们的读书习惯。同时不断扩大办证范围，还扩大了开放阅览的空间，扩大了书刊的开架借阅量，增设新的服务项目，新开了艺术设计特藏资料室、新书室、馆藏珍品展示室、剪报服务中心等新的服务点和特种需求委托服务、文献快递上门服务、热点论文及书目推荐和外文新书介绍等服务项目。原来国家图书馆的惯例，每逢公休日、法定节假日一律闭馆，但随着社会公众文化信息需求的日益增长，图书馆越来越成为他们在休息日学习文化、补充知识的重要场所；再者，很多读者平时忙于本职工作，只有周末、节假日才有供自己支配的时间。图书馆在双休日、节假日提供服务是广大公众的迫切需要。因此我们实行了全年365天开馆，此外，对部分读者流量较大、书刊阅览流通率较高的阅览室还增设"夜馆"，延长了服务时间。

在服务质量方面，为了进一步规范读者服务工作，我们制定了《北京图书馆员工文明行为规范》《北京图书馆读者服务工作条例》等规章制度，开展创建"一线文明岗"活动，通过核定岗位、明确职责、制定规范和文明岗标准、监督检查、评比奖惩等一系列措施，对服务工作进行标准化、规范化管理，狠抓窗口部门的服务态度、服务行为、服务规范和服务质量。这些措施有力有效地推动了服务工作，服务质量有了全面提升，读者表扬迅速增多，媒体不断有良好的反响，引起了社会的关注和重视。随着服务质量的提高，社会形象的树立，国家图书馆也赢得了国家财政的大力支持，财政拨款大幅度增加，国家图书馆赢得了更好更宽广的发展空间。所以说，服务是图书馆的立足之本、发展之源。

记　者：1999年，国家图书馆在人事部建立分馆，这是国家图书馆首次在国家部委设立分馆，体现了国家图书馆主动服务于中央国家机关的意识。您能谈谈当时这方面工作的主要思路吗？

周和平：国家图书馆为中央国家机关立法与决策服务起步很早，可以上溯至新中国成立初期。从1998年开始，国家图书馆加大了为党和国家领导人、"两会"、中央国家机关各部门提供信息咨询服务的力度。首先对中央国家机关的信息服务机构和政策法规研究机构进行了大规模的调研，了解中央国家机关信息需求的特点，探讨切实可行的服务手段和优质高效的服务模式。设立部委分馆是当时新开拓的服务形式之一，这种做法借鉴了日本国立国会图书馆的支部图书馆模式。根据我国的具体国情，在不改变原有行政隶属关系的前提下，以节约资源、信息共享为原则，使国家图书馆利用宏富的馆藏文献资源和经验丰富的人力资源，有效地为各个部委提供服务。除此之外，还推出了"两会"服务，即为参加全国"两会"的代表和委员提供专门服务。会议期间有上会服务的，馆里有24小时值班服务的，2000年又开始直接进驻政协委员驻地提供服务。在这个过程中，国家图书馆改变的不仅是服务模式，更重要的是更新了旧有的服务理念，提高了主动服务的意识。为了保证为部委分馆服务工作的有序和规范，我们还制定了《国家图书馆为中央国家机关立法与决策服务条例》《国家图书馆部委分馆建设组织条例》《国家图书馆为中央国家机关立法与决策服务保密守则》等适用于服务中央国家机关的工作制度。

记　者：国家图书馆在公共文化服务中应该起到什么样的作用？

周和平：公共文化服务是政府提供的以保障公民的基本文化权益、满足公民基本文化需求为目的的文化服务。图书馆是传播科学文化知识、承担社会教育职能的重要窗口与阵地。国家图书馆虽然不是公共图书馆，但也承担着公共服务的重要任务，是图书馆事业的"龙头馆"，从服务理念、服务方式、管理水平等方面，都应该为全国图书馆树立表率。

第一，国家图书馆要在图书馆事业的发展中发挥引领和推动作用。目前中国图书馆事业还不够发达，在各级各类图书馆藏书建设、硬件设备、服务能力相对欠缺的情况下，作为中国图书馆事业的领头羊，国家图书馆一方面要尽可能地发挥自己在馆藏资源、技术手段、业务水平等各方面的优势，大力提供公众服务；另一方面，要积极致力于完善我国图书馆服务体系，大力推进公共图书馆服务网络建设，通过馆际互借、文献传递、远程服务等手段，帮助基层图书馆提升服务能力，满足基层民众的文化需求，更重要的是要通过业务培训、项目合作以及本馆服务延伸等渠道，扶助基层图书馆的发展。

第二，在数字图书馆建设方面，要利用新的技术手段，进一步深化和拓展国家图书馆的服务功能，创新机制，探索新的服务形式。启动国家数字图书馆工程的目的，就是要利用现代科学技术，创造一种全新的服务方式。例如，文化共享工程2009年每个县要建一个小型的数字图书馆，2010年要实现"村村通"，国家图书馆要通过这样的网络平台，直接为基层老百姓服务，这将对我国图书馆事业和公共文化服务起到强有力的推动作用。

第三，无论是传统图书馆服务，还是数字图书馆服务，都涉及图书馆业务和技术方面的诸多标准，这是国家图书馆应该承担起的重要功能之一，有的还要争取成为国家政策和国家标准。这些对国家图书馆来说都是很重要的工作。

记　者：请您谈谈对国家图书馆今后建设和发展的期望。

周和平：近几年来，国家图书馆的业务工作和服务水平都有了很大的提高。随着国家图书馆二期工程的建成并投入使用，中国国家图书馆面积跃居世界国家图书馆第三位，智能化、现代化程度也很高。我想说的首先就是，有了一流的设备，更要有一流的服务，国家图书馆在现有成绩的基础上，还需要不断地开拓进取。其次，要始终坚定不移地贯彻公益性服务的宗旨，积极倡导并身体力行地推行公益性服务，在公益的前提下，服务质量不能打折扣，要保证优质高效。国家图书馆怎么做，将是全国同行的风向标，在这方面，国家图书馆一定要作全国图书馆界的表率。再次，在全面提升公众服务水平的同时，继续完善和提升为中央国家机关决策服务的水平和能力，为国家决策提供强力有效的智力支持。最后，要实施好国家的重点文化工程，比如说古籍保护，这是功在当代、利在千秋的事业，是民族的善事，责任重大。但社会对古籍的关注度并不高，同时在图书馆界，整体看来，从投入、整理、研究等方面来说，古籍保护工作在图书馆全局工作中仍然没有引起足够的重视。在这种情况下，作为全国古籍保护中心，国家图书馆要考虑怎么样把这样的事情做好。总之，国家图书馆丰富的文化信息资源是中华文化的血脉，是中华民族宝贵的精神财富，国家和人民把它交给国家图书馆，国家图书馆就要为国家、为人民保管好，利用好，还要世世代代传下去。这是国家和人民赋予国家图书馆的使命，也是国家图书馆的"天职"。

记　者：作为国家图书馆的老馆长，请您对员工们说几句话吧。

周和平：国家图书馆是衡量一个国家文化发展水平的重要标志之一。我认为，首先，能够在国家图书馆工作是很荣幸的事情。历史上有很多名人，像蔡元培、李四光等，一大批仁人志士都为国家图书馆的建设和发展贡献过力量，作为国家图书馆的员工，应该有自豪感。其次，作为国家图书馆的一名员工，要有使命感。作为承前启后的一代人，应该为这个时代国家图书馆的发展贡献力量，应该做出这个时代国图人的成绩。最后，国家图书馆的员工要有同国家图书馆事业发展相适应的业务水平，要不断学习。在国家图书馆的每一个人，都要争取在自己的岗位上，成为一个能够推动国家图书馆发展的员工，同时要努力岗位成才。我认为国家图书馆的大小岗位都重要，而且没有哪一个岗位不能成才。有人说阅览服务岗位对员工要求低，但我觉得阅览岗位很重要，如果阅览服务水平不能提高，将会直接影响服务质量。而且在阅览岗位也能成才，李树国同志就是阅览岗位上成长起来的研究馆员。再比如说，一个普普通通的编目岗也很重要。如果一本书编错了，那就如同海上没有航标，道路没有路标，就会给读者带来很大的麻烦。所以，提高自己的业务水平非常重要。作为国家图书馆的员工，要有不断学习、不断提高的意识。这是国家图书馆不断突破、不断发展前进的内在动力。

（纪念国家图书馆建馆100周年访谈。原载于《国家图书馆学刊》2009年第2期）

读书日，让我们牵手残疾人

"我从小患了眼疾，就爱听妈妈读书，像《阿里巴巴》这些故事都是在妈妈的朗读中熟悉起来的……"屏幕上，钢琴演奏家孙岩手抚琴键深情地回忆着。

"适应黑暗的过程，是个艰难的过程。我把书一页页扫描后存入电脑，用特殊的软件读出来……10年前，我以 A$^+$ 的成绩从哈佛大学肯尼迪学院毕业，并荣获了校友成就奖。残疾人数字图书馆的开通，为我们残疾人提供了品味书香的平等机会，去拥抱美好的世界，美好的明天。"坐在主席台上，青年时就失去视力的杨佳激动地说。

4月23日，第16个"世界读书日"。一个电视短片，一段发自肺腑的感言，让人们的目光聚焦在这一天成立的"全国残疾人阅读指导委员会"所举行的"牵手残疾人　走进图书馆"系列活动上。而同日开通的"中国残疾人数字图书馆"网站，也是图书馆界送给全国残疾人最好的"世界读书日礼物"。

本报记者就此采访了国家图书馆馆长周和平。

记　者： 国家图书馆将"牵手残疾人　走进图书馆"作为今年"世界读书日"主题活动，体现了怎样的理念？

周和平： "世界读书日"是全世界热爱阅读的朋友们的共同节日。今年选定"牵手残疾人　走进图书馆"这一主题，是因为我们认为，残疾人更需要光明，更需要文化，更需要得到社会关注与关爱。作为全国重点公益性文化单位，图书馆有责任、有义务为残疾人提供更为便利的公共文化服务，满足残疾人对于获取知识的急迫需求。

记　者： 在为残疾人提供均等的获取知识信息机会方面，世界其他国家有哪些举措？

周和平： 在国际图书馆界，残疾人数字图书馆的相关研究早在上世纪80年代就备受关注。至本世纪，美、法、加、德、奥地利等国均已建立了残疾人数字图书馆，通过探索图书馆提供数字资源模式，与大学校园网、商业参考数据库等搭建全方位网络系统，以残疾人数字图书馆为平台，提升残疾人获取信息的能力，拉近残疾人与社会的沟通与融合。

记　者： 我国的情况是怎样的？

周和平： 多年来，国家图书馆积极推进将更多的信息无障碍技术应用到图书馆服务中来。国内省级图书馆大多开通了网上咨询业务，提供实时与延时参考咨询服务。尤其是支持读屏软件的设计使用，对残障读者而言无疑是极大的福音。

目前,"中国盲人数字图书馆"用户遍布全世界 114 个国家和地区,点击数达到 1950 万人次,受到联合国残疾人权利委员会副主席杨佳的高度评价。

记　者:"中国残疾人数字图书馆"能给残疾人阅读提供什么样的便利?

周和平:"中国残疾人数字图书馆"是国家图书馆构建公共文化服务体系的重要举措。网站的建设在充分考虑残疾人特殊性的基础上,以他们能够感知的独特方式,向其推送符合需求的精品文化资源,使其无论身在家中还是在其他地方,均可以便捷地获取信息。同时,针对残疾读者中的少儿群体,国家图书馆精选了适合的资源内容,为孩子提供在线阅读、书籍推荐等服务。

对于受版权保护的内容,读者只要持二代残疾证,在注册、登录,得到系统认证许可后,便可浏览使用数字资源。

记　者:对于图书馆界进一步保障包含残疾人在内的弱势群体阅读权益,您有什么建议?

周和平:推进和开展面向包含残疾人在内的弱势群体的阅读服务,仅靠图书馆的力量是远远不够的。在我们看来,一方面,图书馆业界应加大在线可阅读可听资源的提供,从资源采购政策上向残疾人倾斜,加快推进新媒体服务建设,利用计算机、手机等终端设备和多种技术手段,开发全方位无障碍文化服务形式;另一方面,图书馆界要积极寻求出版社等版权机构的支持,以及无障碍技术厂商的协助,期待在全社会的关心下,为残疾人数字阅读开创广阔未来。

记　者:今天成立的"中国残疾人阅读指导委员会"将从哪些方面开展工作?

周和平:胡锦涛总书记曾说过,"让关爱的阳光照亮每一位残疾人的心灵"。中国残疾人联合会、国家图书馆联合成立的"全国残疾人阅读指导委员会"主要职责是指导、组织残疾人开展广泛深入的读书活动,使他们在阅读中获取信息、学习知识,提高自身素质和生活技能,平等共享公共文化服务,激发残疾人参与社会主义现代化建设的热情和潜能,提升生活质量,彰显生命尊严。

(记者　庄建)

(《光明日报》访谈。原载于《光明日报》2011 年 4 月 24 日第 4 版)

(三)

建设数字图书馆　迎接新世纪挑战

在 20 世纪即将过去，新的千年就要到来之际，在以计算机技术、网络通信技术等为代表的高新技术迅猛发展推动下，人类开始走向知识经济时代。建设知识网络已成为推动各国经济发展的关键性手段。

国际上认为，计算机产业、通信产业与数字内容产业的高速汇聚正在形成知识网络。数字图书馆就是目前存在于因特网上并将在下一代因特网上扮演核心角色的一种知识网络。因此，数字图书馆的建设已经越来越引起世界各国的重视。

一、建设中国数字图书馆工程的必要性

数字化革命和因特网的大发展，带来了经济、贸易、信息传播的全球化，深刻影响着社会的各个层面。巨量信息涌入因特网，使其信息极为丰富，也使信息查询、检索十分困难，大大影响了信息利用的效率。这一重大的弊端，清楚地表明了在因特网这种全球信息服务网络中，急需一个管理信息资源的新模式，所有上网的资源必须按照这个模式统一管理。这个模式就是数字图书馆。

目前，数字图书馆正处于发展之中，国内外对数字图书馆还没有一个明确、完整的定义。从技术角度讲，数字图书馆是采用现代高新技术所支持的数字信息资源系统，是下一代因特网网上信息资源的管理模式，它将从根本上改变目前因特网上信息分散、不便使用的现状。通俗地说，数字图书馆是没有时空限制的、便于使用的、超大规模的知识中心。

数字图书馆的研制起始于 80 年代末的西方发达国家，随后向全球扩展。国际上数字图书馆的主要项目有：

（1）美国："数字图书馆倡议"已全部完成，该项目共有 6 个子项目，涵盖大规模文献库、空间影像库、地理图像库、声像资源库。

（2）G8 全球信息社会电子图书馆项目：由法、日、美、英、加、德、意、俄 8 个国家的国家图书馆组成，内含各国文化历史精华，计划 2000 年前后完成。

（3）法国：法国国家图书馆数字化工程。数字资源已达 3000 GB 以上，书目数据 830 万条。

（4）英国：英国国家图书馆存储创新倡议。共 20 个项目，大部分已完成，并在因特网或馆域网上提供服务。

（5）日本：日本国会图书馆关西馆工程。该馆将成为日本最大的数字图书馆及亚洲地区的文献提供中心，日本政府投资 4 亿美元，预定 2002 年完成一期

工程。

（6）俄罗斯：俄罗斯往事项目，内含俄罗斯历史文化精华；俄罗斯电子图书馆项目，包含29个项目。

（7）德国：德国数字图书馆项目，由德国图书馆、信息中心等机构承担。德国政府提供6000万德国马克启动经费。

（8）新加坡："2000年图书馆发展计划"，其目的是要使新加坡在华文因特网上占据重要的位置。

从我国的实际情况看，抓紧进行数字图书馆建设也是非常必要和必需的。数字图书馆是国家信息化建设的重要内容，是知识经济的主要基础设施和必要条件，是组织传播知识信息的有效手段，是发展文化产业和建立跨世纪、新的经济增长点的内在要求。

数字图书馆是知识经济的重要载体。它对于知识经济的重要性如同交通、能源对于工业经济的重要性一样，把我国五千年的灿烂文化用现代信息技术全面地展示出来，是全世界炎黄子孙的骄傲，是新中国社会经济实力的体现。

数字图书馆是现代文化事业的有机组成部分。文化事业既是上层建筑的组成部分，也是经济基础的重要支柱。以数字图书馆为核心的文化资源的开发和利用，将能比以往任何时候更加提高收集和使用知识的效率，带动以大文化为基础的文化经济产业的快速发展，加快我国现代化事业的进程。

国家图书馆数字图书馆的建设核心是中文信息资源库群。它的建成并投入使用将极大改变目前互联网上中文信息极度匮乏的状况，在全球信息网络中占有极其特殊和重要的地位，同时可以成为抵御外来消极文化影响的重要手段。

二、中国数字图书馆工程的初步设想

根据我国数字图书馆建设的进展情况，结合国际上数字图书馆的发展现状，我们认为，必须加大数字图书馆的建设力度，以缩小差距，并赶超国际数字图书馆建设的先进水平。为此，国家图书馆于1998年7月向文化部提出实施中国数字图书馆工程项目。

文化部于1998年8月成立了以徐文伯副部长为组长的中国数字图书馆工程筹备领导小组，办公室设在国家图书馆，先后召开了两次院士专家研讨会和若干不同主题的专家座谈会。与会者一致认为该工程是我国科教兴国、发展知识经济的重中之重，应列入国家级重大项目，给予特殊支持。

1998年10月2日，李岚清副总理来国家图书馆视察，明确指出图书馆未来的发展方向是数字图书馆，国家图书馆的二期工程应当建成数字图书馆，并要求数字图书馆的建设要采用新思路进行，这为我们建设数字图书馆指明了方向。

在广泛调研的基础上，国家图书馆办公室组织起草了工程立项建议书和工程可行性研究报告等文件。1999年1月28日，文化部党组在国家图书馆召开会议，决定了工程建设的有关事宜。目前，该工程的国家立项工作正在紧张进行之中。

为落实李岚清副总理关于建设数字图书馆要采用新思路进行的指示，国家图书馆向文化部，并通过文化部向国家经贸委申请成立由国家图书馆控股的公司——中国数字图书馆有限责任公司，使工程实现企业化管理、市场化运作、股份制经营，分步实施，滚动发展。1999年4月14日，李岚清副总理圈批同意。现在，正在进行公司组建的操作。

（1）中国数字图书馆工程的总体目标：在宽带IP网上形成超大规模的、高质量的中文资源库群，支持国家整体创新体系的形成与发展，通过国家骨干通信网络系统向全国乃至于全球提供服务，其总体技术水平与国际接轨。

（2）工程的建设原则：统一规划，统一技术标准，统一运行规则；联合建设，实现资源共享；利用国家现有的公用网络，防止重复建设。

（3）工程建设周期：建设周期计划为10年。其中，要完成国家图书馆的二期工程，建设面积达数万平方米、世界一流的数字图书馆国家中心；要建设一批超大规模的资源库群；要完成中国数字图书馆的实用技术研发，推动我国数字图书馆的全面发展。

（4）工程的技术特点：

· 具有虚拟网络特点，是一个超大规模的、开放的、分布式的数据信息资源网络体系结构，能提供复杂信息加工存取功能；

· 信息生成海量存贮；

· 以中文为基础，包括西文和民族语言的信息资源；

· 网络系统具有兼容性、良好的互操作性和开放式的可扩充性快速反应能力；

· 网络、数据资源和信息系统应符合国际标准规范。

（5）工程所采用的技术路线：

· 在技术途径上采用与国际同类主流技术有接轨前景的方案，如标准通用置标语言（SGML）、统一资源名称（URN）等；

· 严格遵循电子信息处理与电子信息交换的相关国际标准及工业标准；

· 采用适用于网络环境的分布式面向对象的软件技术；

· 统一的总体框架与灵活的子项目实施相结合；

· 立足国内自行开发与引进国外先进成熟技术相结合。

（6）工程所具备的基本条件：

1）我国高度协调统一的体制是中国数字图书馆工程建设的基本保障。数字图书馆是跨世纪、跨部门、跨行业的重大系统工程，由政府部门宏观协调统一，有关部门通力合作，可保证项目的正常开展。

2）我国已建成的骨干通信网可作为数字图书馆运行的传输通道：中国公用

计算机互联网（ChinaNet），中国科学技术网（CSTNet），中国教育与科研计算机网（CERNET），中国金桥信息网（ChinaGBN），有线电视网（现已有7700万用户）。

3）我国已有较强的软件技术力量，可承担数字图书馆系统的研究与开发。中国科学院、北京大学、清华大学等单位相继开发的智能型查询软件可用于数字图书馆的检索系统。国外已有一些数字图书馆专用的软件，可供我们选择引进。

4）我国宏富的文化遗产和当代迅速发展的各种载体的信息资源是数字图书馆的重要基础。

全国各类型图书馆馆藏文献有3亿多册（件）。目前国家图书馆馆藏文献已达2160万册（件），其中数字化馆藏已达2000 GB。

我国电子出版物的发展很快，至今全国各个机构共出版了超过3000种电子出版物。各种类型的数据库建设也取得了可观的成绩。电子版图书、报纸、期刊以及录音、录像等视听资料日益丰富。

5）我国业已进行的数字图书馆试验工作，初步确定了数字图书馆的总体技术方案。通过国家图书馆以及其他单位所开展的研究工作，对数字图书馆的总体框架有了初步设想。

（7）工程的社会经济效益：该工程具有广泛的国内社会服务体系、有特色的国际信息交流能力，必将促进文化信息产业的发展，增强国家的国际竞争实力；力争10年内，创造近百亿元的直接经济效益和近千亿元的间接经济效益。

三、中国数字图书馆工程进行的一些基础工作

国际上数字图书馆及相关概念出现后，即引起国内有关单位的重视，并开展了相应的技术研究与开发工作。国家图书馆为此也进行了大量工作。

（一）网络建设

1. 千兆位馆域网建设

国家图书馆的网络建设始于80年代末期的新馆。但是，限于当时的科技水平，所用的系统和设备不能适应现在的需求。随着多媒体信息日益丰富，对于网络传输的要求也越来越高。通过广泛调研，我们得出结论：国家图书馆只有建设一个宽带、高速的计算机网络系统，才能为实现国家图书馆的各项职能奠定坚实的基础。

为使此次馆域网建设达到预期目的，我们经过长时间的研讨，提出了网络建设发展规划；经过多方论证，我们选择了千兆位以太网技术，并于1998年10月—1999年1月进行了馆域网建设。此次千兆位馆域网设置了1673个信息点，可

满足国家图书馆工作的需要。主干网达到千兆，通过交换方式，每个信息点独享 10 兆。至此，国家图书馆的网络建设上了一个新台阶，其采用的技术水平达到了与国际接轨、国内领先。

通过此次馆域网建设，在物理上实现了一个完整的国家图书馆馆域网络系统，对内，采用虚拟网络技术将这个物理网分为三个逻辑网：读者服务逻辑网、内部工作逻辑网和数字图书馆实验环境逻辑网。在每个逻辑网中还要根据工作需要再划分若干个逻辑网。另外，与地处文津街 7 号的分馆实现了互联。

这一切，为国家图书馆的数字图书馆建设奠定了良好的基础。

2. 互联网建设

通过互联网延伸国家图书馆的服务，是当今社会对国家图书馆的基本要求，也是数字图书馆的前期基础工作。国家图书馆自 1995 年开始进行对外联网的建设，1995 年底，使用微波天线对接清华大学连通中国教育科研网。1996 年初，通过微波天线连通中国公用计算机网和原国家电子工业部网。1997 年 10 月，为庆祝馆庆 85 周年暨新馆开馆 10 周年，在北京电信局的大力支持下，铺设了专线光纤，实现了 2 兆连接中国公众多媒体通信网，进而连接互联网。

1999 年 3 月 1 日，国家图书馆通过北京电话局光纤与国务院办公厅开通了 100 兆的通道，使国务院各级领导可以使用国家图书馆提供的网上信息服务。

为落实李岚清副总理关于开展资源共享的指示，1999 年 4 月 1 日，国家图书馆与设在中央电视台发射塔下面的广电信息网络中心实现了 1000 兆互联，为日后通过该网向全国传送信息奠定了基础。

1999 年 4 月 18 日，国家图书馆利用北京有线电视台的光纤与清华大学开通了 100 兆的通道，由于北京大学与清华大学之间有 155 兆的通道，这样，国家图书馆与清华大学和北京大学之间通过宽带 IP 实现了相互访问。4 月 28 日，国家图书馆通过清华大学连通了与中国科学院的宽带 IP 网络。清华大学与中国科学院之间有 10 兆的通道，这样，国家图书馆与中国科学院之间也实现了高速互访。

现在，广电总局信息网络中心已经将光纤铺设到清华大学、北京大学、中国科学院、中国人民大学、北京理工大学等单位墙内，预计近期国家图书馆可实现与这些单位 100～1000 兆的互联。

（二）数字文献的生产与服务

为适应社会的需求，1999 年 3 月，国家图书馆成立了文献数字化中心，将印刷品通过扫描方式进行数字化处理，上网提供读者使用。该中心现有各种设备 200 多台，每天扫描加工能力达到 16 万～20 万页。目前已经加工中文书刊 800 万页，并提供网上读者使用。另外，国家图书馆还将 500 万条各类数据上网，提供读者使用。

1998 年，全年点击国家图书馆主页内容的读者为 1050 万次。

1999 年 1—6 月，点击国家图书馆主页内容的读者超过 3100 万次。

为实现图书馆书目数据的资源共享，1998 年底，国家图书馆的全国联合编目中心投入试运行，现在已经有 60 余家用户。

（三）关键技术的研发

1. 基于特征的多媒体信息检索系统的研究开发项目

1996 年，中国科学院计算技术研究所与国家图书馆合作进行了国家"863"攻关项目——基于特征的多媒体信息检索系统的研究开发，它主要研究基于特征的图像信息检索，实现按照图像的纹理、颜色、形状等特征对图像信息进行检索，现已通过技术鉴定。

2. 标准通用置标语言（SGML）的图书馆应用

这是 1997 年我们在文化部申请的科研项目，由国家图书馆现代文津信息技术研究中心与北京大学计算机研究所合作开发。标准通用置标语言是国际标准，它已经应用在国外许多数字图书馆的建设中。通过该项目的研究，我们可以了解 SGML 的整体情况，为数字图书馆建设积累经验。该项目已经通过文化部组织的鉴定。

3. 中国试验型数字式图书馆项目

1996 年 5 月，国家图书馆提出了中国试验型数字式图书馆项目，并于 1997 年成为国家计委的重点科技项目。项目以国家图书馆为组长单位，有上海图书馆、辽宁省图书馆、南京图书馆、广东省中山图书馆和深圳图书馆等参加。

中国试验型数字式图书馆项目拟建立一个多馆协作、互为补充、联合、一致的中国试验型数字图书馆，实现由多类型、分布式、规范化资源库组成的一个试验型数字图书馆，为我国建设规范化数字图书馆提交一份初步成形的、实用的实现技术。

4. 知识网络——数字图书馆系统工程项目

1998 年，国家图书馆与北京曙光天演信息技术有限公司合作承担了国家"863"攻关项目：知识网络——数字图书馆系统工程项目。

该项目要实现一类数字图书馆体系结构的设计与开发。系统要构筑在因特网环境上，其体系结构包含多个分布式数字资源库。系统将采用人工智能技术，实现横跨多个资源库的快速查询。通过该项目，可以大大缩短我国与发达国家在数字图书馆研究和实践领域的差距。

5. 数字图书馆实验演示系统

为探讨建设中国数字图书馆的基本途径和方法，为中国数字图书馆工程开展前期实验研究并得到一些实践经验，同时，也使各级领导和社会各界对什么是数字图书馆有一个感性认识，国家图书馆于1998年底集中人力、物力和财力，利用三个多月时间，开发完成了数字图书馆试验环境及演示系统。

演示系统制作完毕后，先后请国务院领导、文化部领导以及有关部委领导观看，并接待大批社会各界人士，达到了预期目的，为中国数字图书馆工程的建设创造了条件。

6. 中关村科技园区数字图书馆群软课题研究

北京的中关村是我国科技和智力资源最密集的地区，中央对该地区的建设十分重视，要将该地区建设成为有我国特色的科技园区。1999年6月，由国家图书馆牵头，联合北京市有关单位和北京大学、清华大学、中国科学院联合承担了北京市信息化软课题——中关村科技园区数字图书馆群软课题研究。

该课题将通过各种方式对该地区现有资源进行调研，结合该地区的特点，探讨建设数字图书馆群的方法和途径，最终提出一份切实可行的建设中关村科技园区数字图书馆群的实施方案，使中关村科技园区的数字图书馆群成为我国数字图书馆建设的示范项目。

中国数字图书馆工程是跨世纪、跨部门、跨行业的宏大系统工程，需要全国图书馆界以及相关行业和部门，在统一标准的前提下，通力合作，联合共建。希望全国图书馆界的各位朋友群策群力，携手努力，为中国数字图书馆工程的建设，做出我们这一代图书馆工作者应有的贡献。

（原载于《中国图书馆学会工作通讯》1999年第4期）

统筹规划　协调组织
携手共建中国数字图书馆工程

20世纪90年代以来，随着因特网的迅猛发展，高新技术的日益普及，特别是知识经济的兴起，人们逐渐认识到信息是知识经济的基础，谁掌握了信息，谁就掌握了发展经济的主动权。因此，对网上信息的有序组织越来越引起世界各国的重视。在这种情况下，数字图书馆应运而生，并逐渐成为各国竞相投入的一个热点。

数字图书馆是采用现代高新技术支持的数字信息资源系统，是下一代因特网网上信息资源的管理模式。它将从根本上改变目前因特网上信息分散、不便使用的现状。可以说，数字图书馆是超大规模的、便于使用的、没有时空限制的文献信息中心。

从目前情况看，我国数字图书馆的研发起步较晚。因此，建设中国数字图书馆更加具有必要性和紧迫性。

（一）建设数字图书馆是保障我们在知识经济时代实现跨越式发展的一个机遇，同时也是一个挑战

中华民族有着五千年的悠久历史，在古代农业社会中创造了灿烂的文明，但由于近代实行了闭关锁国政策，在工业社会发展中落后于别国，导致综合国力下降，经济发展滞后。现在，世界开始进入知识经济时代，信息已经成为发展经济的主要推动力。谁拥有信息，谁就拥有财富。数字图书馆是知识经济的重要载体，同时，数字图书馆也是创新工程，它将改变以往信息存储、加工、管理、使用的传统方式，借助网络环境和高性能计算机等实现信息资源的有效利用和共享。它的建设不仅将使我国拥有在知识经济中参与国际竞争的坚实的文化保障系统，而且为21世纪技术创新体系的建立提供了充足的信息流通环境，使我国在世界范围内的综合国力竞争中抢占先机，掌握发展的主动权，实现跨越式发展。因此，我们要抓住建设数字图书馆这一历史机遇，全力以赴迎接这一挑战，以数字图书馆建设推动我国经济、文化、教育和科技等方面的发展。

（二）国际上数字图书馆的发展形势督促我们必须立即着手开展大规模的数字图书馆建设

进入20世纪90年代以后，美、英、法、德、日、俄等近20个国家和地区相继投入巨资，开展数字图书馆研究，其第一批规模型成果已在因特网上陆续出

现。据报道，美国投入数字图书馆研究的经费已经超过8亿美元；俄罗斯在经济尚未全面恢复的情况下，政府计划从1999—2004年每年出资2亿卢布支持数字图书馆研究；日本不仅投入了15亿日元开发日文文献数据库，而且还以建设国会图书馆分馆——关西电子图书馆为契机，拟投入4亿美元，将其建设成为亚洲文献中心。特别值得注意的是，新加坡等地也已投入巨资进行数字图书馆相关工作研发，试图确立互联网网上中文信息基地的中心地位，这更是以中文为母语的我国所不能坐视的。我们必须立即着手开展大规模的数字图书馆建设，在互联网上形成中华文化的整体优势，抵御网上外来消极文化的影响，占领互联网上中文信息的阵地。

（三）数字图书馆是国家信息基础设施建设（NII）不可缺少的重要组成部分

西方发达国家中央政府发布的国家信息基础设施建设计划书主要包括两部分内容：一是网络通信设施，二是高质量的网上信息资源。目前，因特网上的信息与日剧增，但其组织处于无政府状态，查找十分不便，影响了信息的有效利用。而数字图书馆的主要任务就是组织信息，提高信息的利用率。21世纪是一个"大IT时代"。所谓"大IT时代"，其主要特征之一即在于技术的边缘化和伴随而来的信息服务和文化创造的中心化。因此，"大IT时代"，信息服务业将成为衡量一个国家经济实力强弱的根本标志，对一个国家的经济增长、安全，甚至这个民族本身的稳定来说都具有至关重要的战略意义。我国加入WTO后，对整个国民经济来说，随着引入国际竞争，宏观上信息服务业会迅速扩大，所以必须加强国家信息基础设施建设，以提高市场竞争力，满足市场需求。图书馆等信息单位只有以国家信息基础设施建设为落脚点，发展电子信息服务，才能适应社会发展的需求，而数字图书馆正是适应这一需求的产物。

（四）数字图书馆的信息资源是实施科教兴国战略的源泉，也是公民终身教育的丰富教材

科技进步和科技突破的关键在于信息的及时获取和有效利用，数字图书馆以其对信息资源的整理加工和有序组织，为科教兴国战略提供了最为便捷、有效的发展环境。同时，在信息时代，终身教育是提高公民素质、增强综合国力的重要手段。数字图书馆以其四通八达的网络支持，最大限度地突破时间、空间限制，营造出全民共享、共同进步的良好教育环境，对于我国国民素质教育将起到巨大的提升作用。

二、筹备中国数字图书馆工程的有关情况

（一）跟踪国际数字图书馆发展动态，开展工程筹备工作

我国研发数字图书馆始于20世纪90年代中期，当国际上出现研建数字图书馆动态后，即引起国内有关单位的高度重视，不少科研单位、图书馆、高等院校等相继对其进行了跟踪调研和技术研发。科技部"863"项目组专门设立了"中国数字图书馆发展战略研究软课题"和其他有关数字图书馆的科研项目；上海图书馆、辽宁图书馆、清华大学图书馆、北京大学图书馆、上海交通大学图书馆、北京邮电大学图书馆等先后进行了有关数字图书馆项目的研发；国家图书馆从1995年起，跟踪调研国际数字图书馆的发展状况，并与国内部分单位合作进行有关数字图书馆的课题研究。

在此基础上，1998年7月，国家图书馆向文化部提出实施中国数字图书馆工程的建议，得到文化部及有关部委领导的高度重视以及有关专家、院士的肯定。之后，文化部先后组织两次专家论证会，讨论中国数字图书馆建设问题。专家们一致认为，该工程是我国科教兴国、发展知识经济的重中之重，应列入国家级重大项目，给予特殊支持。

1998年10月2日，李岚清副总理在视察国家图书馆时指出，图书馆未来的发展模式是数字图书馆，国家图书馆的二期工程应当建成数字图书馆，同时要求数字图书馆的建设要采用新思路进行，为我们建设数字图书馆指明了方向。

1999年1月28日，文化部在国家图书馆召开党组会议，决定了工程建设的有关事宜。之后，国家图书馆向文化部递交了《实施中国数字图书馆工程立项建议书》。

在中国数字图书馆工程的筹建期间，国家图书馆与国内有关单位合作，开展了"中国试验型数字式图书馆"、国家"863"项目"知识网络——数字图书馆系统工程项目"、北京市信息化软课题"中关村科技园区数字图书馆群软课题研究"等项目研究；在馆内完成了数字图书馆试验环境和演示系统的开发；成立了"国家图书馆文献数字化中心"，组建书刊和缩微胶卷文献数字化加工生产线，目前年生产规模已达到5000万～6000万页全文影像数据；在国家广电总局、信息产业部、科技部等相关部委的支持下，开通了千兆位馆域网，并与ChinaNet（中国公用计算机互联网）等国内四大骨干网络以及有线电视网实现互联，在网上为读者提供了1000 G存储量的信息服务，1999年全年读者访问量已超过1亿点击人次，数据流量超过2000 G；并经国务院批准成立了中国数字图书馆有限责任公司。这些，为实施中国数字图书馆工程建设做了一些先行准备和探索工作。

（二）经过积极筹备和周密论证，我国实施中国数字图书馆工程的条件已经基本具备

中国数字图书馆工程是一项集计算机技术、网络技术、通讯技术和多媒体技术等为一体的高新技术产物。它的建设必须依靠国家有关基础设施，依靠市场上成熟和实用的高新技术以及相应的技术人员、社会科学人才与图书馆专业人员的相互配合才能取得理想的效果。从目前情况看，实施中国数字图书馆工程的条件已基本具备。

第一，国内数字图书馆的研发已取得一定成果。北京大学、北京邮电大学等单位相继成立了数字图书馆研究机构，开展相关的研究；科技部在国家"863"计划中重点支持有关数字图书馆的研究；辽宁省图书馆、上海图书馆和上海交通大学图书馆等单位在数字图书馆建设方面也取得相应的进展。

第二，国家建设的骨干通信网是数字图书馆的传输通道。经过几年的努力，中国公用计算机互联网、中国教育网、中国科技网、中国金桥网、中国联通网、中国网通网、中国移动通信网、中国长城网和国家有线电视网等骨干通信网系统取得很大进展，为数字图书馆提供了良好的传输通道。

第三，国内已有的软/硬件开发能力是数字图书馆建设的技术支撑。通过开展联合攻关，国内的软/硬件开发能力得到很大提高，特别是以曙光2000Ⅱ超级服务器为代表的一大批国家"863"科研成果的取得，为数字图书馆应用系统的建设奠定了坚实的技术基础。

第四，经过多年建设，国内图书馆等信息单位的计算机和网络化已达到一定规模和水平，为建设数字图书馆提供了基础准备。

（三）目前存在的主要问题

随着数字图书馆概念在国内的普及，不少单位纷纷开始研究和开发，这反映了国内对数字图书馆认识和重视的提高，但也出现一些问题，主要有：

一是重复建设问题。由于缺乏一个全国性的数字图书馆宏观规划，各单位对数字图书馆的建设大多处于各自独立、相对分散的状况。因此，在相当的范围和层次上存在着重复建设的问题。

二是数字图书馆整体规划和技术水平问题。数字图书馆是以各种高新技术为支撑的信息系统，国外发达国家虽已有规模型的成果问世，但仍处于研究试验阶段，许多技术仍在探讨之中。我国数字图书馆研建起步较晚，在整体规划、技术水平等方面与国际目前水平相比有不小差距。

三是知识产权问题。这是数字图书馆建设面临的一个重要问题。数字图书馆建设的核心是资源，而资源的加工首先遇到的就是知识产权中的著作权问题。这个问题解决不好，就会制约数字图书馆的发展。目前国内外还没有找到很好的解

决方案。

四是政府的经费投入问题。从国外的情况看,由于数字图书馆建设需要大量经费支持,政府的投入是主要的,社会各界的支持也占相应的比例,而目前国内对数字图书馆的投入仍显不足。

三、启动中国数字图书馆工程的几项工作

经过几年的准备,实施中国数字图书馆工程的条件已经基本具备,应尽快启动。我们认为在启动阶段应重点做好以下几项工作。

(一) 确立工程建设组织架构

中国数字图书馆工程是跨地区、跨行业、跨部门,规模宏大的系统工程,内容丰富,技术含量高,涉及问题多,必须统筹规划,协调组织,携手共建,避免重复建设。为理顺关系,协调发展,参照国内外经验,文化部经与各有关部委、单位协商,组建"中国数字图书馆工程建设联席会议"(以下简称"联席会议")。其基本职能是:宏观规划工程的建设方向,协调工程的资源建设和标准规范,协调国产高新技术和高性能设备在工程建设中的推广和使用,协调工程建设中知识产权问题等事宜。联席会议的成员现由21家部委、单位组成,文化部是联席会议的召集单位。

联席会议办公室设在国家图书馆,对外称"中国数字图书馆工程建设管理中心"。其职责是:负责联席会议的日常工作,按项目管理方式组织全国性的资源建设和技术研发,组织拟订、推荐技术标准规范,申请国家专项资金,筹集其他资金,等等。

为保证中国数字图书馆工程建设科学有序地进行,组建"中国数字图书馆工程建设专家顾问委员会"。其职责是:协助联席会议对工程所涉及的资源建设、技术路线、标准规范和知识产权等方面的问题给予咨询和指导。专家顾问委员会下设专家工作组,作为该委员会的工作班子。

此外,需要说明的是,中国数字图书馆有限责任公司是按照国务院领导同志关于建设数字图书馆要有新思路的指示精神,为建设中国数字图书馆工程而组建的经济实体。它是由国家图书馆及所属公司共同投资控股的公司。该公司将依托国家图书馆,开展文献资料的数字化加工、数字文献资源深层次开发、数字图书馆网上信息服务、数字图书馆技术研发、计算机网络系统集成、网上广告等工作,同时它也将与社会上其他公司、文献资源拥有单位一样,可通过竞争,承担中国数字图书馆工程的有关项目,通过市场运作创造效益,积累资金,支持和推动中国数字图书馆工程的建设和发展。

（二）制定"中国数字图书馆工程规划实施方案"

中国数字图书馆工程能否沿着一条正确的轨道推进，其规划实施方案至关重要。为此，联席会议将聘请有关方面的专家和相关人员开展广泛、深入、细致的调研与论证，吸收与借鉴国内外有关经验，集中人员和时间，制定网络、技术、系统、资源和管理等方面具有可操作性的实施方案，在征求意见的基础上逐步完善，使之成为中国数字图书馆工程建设的指南。

（三）开展数字图书馆相关标准规范的研究与应用

数字图书馆的建设应建立在标准和规范基础之上，如果标准规范不统一，数字图书馆的目标将难于实现。所以，应大力加强数字图书馆的标准规范研究，紧密跟踪国外数字图书馆发展动态，积极参与有关国际组织及其活动，掌握最新信息，通过大量调研，从中选择最需要的内容为我所用；在尚无国际标准与规范可依的情况下，则应根据需要，研究拟定相关规则，向国家有关部门或国际组织推荐，争取成为建设数字图书馆的通用标准规范。

（四）进行规模型数字图书馆资源库建设

数字资源建设不仅是数字图书馆的核心，同时也是占领互联网上中文信息阵地的有效手段。在资源建设方面必须防止重复建设，联席会议办公室要本着整体规划、统一标准、分布建设的原则，采取措施，加强宏观控制与协调。对资源建设申请立项工作，各单位既可根据实力选择、申报联席会议办公室确定的重点项目，也可根据自身资源特色申请立项。在项目管理中，应注意优势互补，利益均衡，避免重复建设。通过广泛的合作，按照数字图书馆的要求逐步建设一批海量数据资源库，在互联网上形成中华文化的整体优势。

（五）加强数字图书馆关键技术的研发

数字图书馆是采用现代高新技术所支持的系统工程，除了应立项研发专用技术外，各种高新技术成果的及时转化与应用是保证数字图书馆成功的基础。为建设具有中国特色的数字图书馆，我们应大力采用以国家"863"为代表的国内已有的科技成果，要与国内科研机构、大专院校和IT企业等进行广泛的技术合作，推动具有自主版权的软/硬件在数字图书馆工程中的应用，促进民族工业的发展。同时，我们也要适当吸收、消化、使用国外先进的科技成果，加速数字图书馆工程的建设。

（六）探讨解决数字图书馆建设中知识产权问题的方案

数字图书馆建设将涉及众多知识产权问题，其中最为突出的就是著作权问题。著作权主要有两类：一类是原始著作权，即数字图书馆建设中直接使用资料的著作权；另一类是编辑权，即将原始资料按照数字图书馆的方式进行重新组织与加工后所形成具有著作权的新作品。从国外数字图书馆建设的情况看，在互联网上发布的基本是不在著作权保护期内的资源。这部分资料虽具有史料价值，但对于当今社会而言，科技的发展，社会的进步，都需要最新的信息，如果网上资源全部是作者去世50年后的资料，就难以适应当今社会的发展。因此，中国数字图书馆工程建设必须解决有关知识产权问题。要通过联合立法部门、出版管理部门、出版单位，结合中国数字图书馆工程的建设，研究数字图书馆知识产权问题的解决方案。在遵守国内外有关法律法规的前提下，寻找一条平衡作者与使用者之间关系的途径。

（七）建设数字图书馆样板工程

数字图书馆建设不可能一蹴而就，应该由点到面，逐步发展。在建设过程中，要有计划、有重点、有代表性、分不同类型地进行建设。通过建设样板工程，检验中国数字图书馆工程的体系结构、技术路线等，带动实验工作向应用系统转化，推动整体工作的发展。另外，为配合国家西部大开发的战略，我们要通过各种途径，在西部地区开办一批数字图书馆阅览室，将现有的各种资源通过网络送到基层，送到西部。

此外，我们要积极争取政府和各方面的经费支持；要通过中国数字图书馆工程的实施，培养一批懂技术、会管理、善经营的高水平队伍，保证中国数字图书馆工程持续发展；要通过开展积极的国际交流，吸收国外先进的经验，兼收并蓄，为我所用，使工程与国际数字图书馆的主流技术接轨，使中国数字图书馆的丰富资源能够为世界各国用户所使用。

（在"中国数字图书馆工程建设联席会议"第一次会议上的讲话，2000年4月5日。原载于《国家图书馆学刊》2000年第3期）

关于建设中国数字图书馆工程的问题

20世纪90年代以来,随着因特网的迅猛发展,高新技术的日益普及,特别是知识经济的兴起,人们逐渐认识到作为知识经济基础的信息的重要性,认识到谁掌握了信息,谁就掌握着发展经济的主动权。因此,对网上信息的有序组织越来越引起世界各国的重视。在这种情况下,数字图书馆应运而生,并逐渐成为各国竞相投入的一个热点。近一二年,国内也出现了数字图书馆热,在理论研究方面不断深入,一些图书馆乃至网络公司也纷纷打出建设数字图书馆的牌子,热衷于探讨和实践。

然而,数字图书馆是一个高科技的宏大的系统工程,必须站在全局的高度,统一规划,并以国家的核心工程统领整个系统建设。如果各行其事,盲目上马,势必造成人力、物力、财力浪费,难以奏效,后果严重。因此,在认真调查研究的基础上,国家图书馆于1998年7月提出了建设中国数字图书馆工程的意见,希望把它作为中国数字图书馆的核心工程,带动全国的数字图书馆建设健康有序地发展。这一意见得到文化部的支持和批准。同年10月,李岚清副总理视察国家图书馆,在听取了关于中国数字图书馆工程的汇报后,表示赞成建设中国数字图书馆工程。他明确指出:"图书馆未来的发展模式是数字图书馆,国家图书馆二期工程应当建成数字图书馆。"同时要求:"数字图书馆的建设要采用新思路进行。"今年6月1日,他又就中国数字图书馆工程问题做了重要批示:"建设数字图书馆的主要目的,是有效利用和共享图书信息资源,有巨大的社会效益。国家图书馆应为我国数字图书馆的核心,要防止重复建设,对方案要认真论证,精心实施。"李岚清副总理充分肯定了中国数字图书馆工程,对这一工程和全国的数字图书馆建设做了明确指示,指明了我们工作的方向,坚定了我们建设好中国数字图书馆工程,并以此统带起全国数字图书馆建设的信心。

一、中国数字图书馆工程项目的提出及内容

(一)项目的提出

近几年来,国际上数字图书馆的发展引起了国内有关单位的高度重视,不少科研单位、图书馆、高等院校等相继对其进行了跟踪调研和技术研发。1995年,为掌握国际上数字图书馆的发展状况,国家图书馆安排专人负责跟踪并进行相关技术的研发。从1996年以后,国家图书馆与有关单位合作向文化部、国家计委

和国家"863"计划项目组等单位申请数字图书馆的科研课题。但是，由于经费投入十分有限，工作进展不理想。另外，按照1982年的新馆设计，国家图书馆的书库也已趋于饱和，需要立即着手进行二期工程的建设，而二期工程按何种思路进行设计是首先要论证的关键问题。为此，国家图书馆组织人员进行专题调研，认为需要进行较大规模的数字图书馆建设。

1998年7月20日，国家图书馆向文化部提出申请，要求在国家立项实施"中国数字图书馆工程"。

9月3日和29日，文化部先后召开了两次院士专家研讨会。期间，国家图书馆还组织了若干不同主题的专家座谈会。与会者一致认为该工程对我国实施科教兴国战略、发展知识经济具有重大意义，应列入国家级重大项目给予支持。

10月2日，李岚清副总理来国家图书馆视察，在听取数字图书馆工作汇报后，赞成建设中国数字图书馆工程，明确指出图书馆未来的发展模式是数字图书馆，国家图书馆的二期工程应当建成数字图书馆。同时要求数字图书馆的建设要采用新思路进行。

1999年1月28日，文化部在国家图书馆召开党组会议，决定了工程建设的有关事宜。

2月25日，在经过广泛调研和修改后，国家图书馆再次向文化部递交实施中国数字图书馆工程的建议书，并着手进行工程的可行性研究。

根据李岚清副总理关于数字图书馆建设要有新思路的指示，国家图书馆从1998年底开始调研采用企业管理、股份制经营、市场化运作的方式，滚动发展数字图书馆事业的可行性，提出组建数字图书馆经营管理公司的设想。1999年2月25日，国家图书馆向文化部提出成立中国数字图书馆有限责任公司的请示，得到部领导的肯定，并积极向国家经贸委等部门申请。1999年4月14日，李岚清副总理圈批同意由国家图书馆组建"中国数字图书馆有限责任公司"。2000年2月，完成了公司的注册工作。

为理顺关系，协调发展，经过多方协商，成立了以文化部为召集单位，有21个部委单位参加的"中国数字图书馆工程建设联席会议"，成立了以胡启恒、李国杰两位院士为首席专家的专家顾问委员会。

2000年4月5日，联席会议第一次会议在国家图书馆召开。孙家正部长到会，对中国数字图书馆工程建设做了重要指示。4月22日，联席会议召开第二次会议，听取工程前期工作和制定规划的说明。

为了使中国数字图书馆工程的建设有规划、有组织、科学有序地进行，国家图书馆建议，在中国数字图书馆工程建设联席会议办公室组织下，本着"资源共享、联合建设、优势互补、互惠互利、自愿参加"的原则，建立中国数字图书馆联盟，为各文献资源拥有单位直接参与中国数字图书馆建设提供更多的合作、交流机会，同时，更好地使数字图书馆技术研发、资源建设以及销售服务形成规模、体系。现已有近 30 家图书馆愿意参加中国数字图书馆联盟；还有更多的单位也有意参加，目前正在积极联系中。

6月1日，李岚清副总理对数字图书馆建设做出重要批示："建设数字图书馆工程的目的，是有效利用和共享图书信息资源，有巨大的社会效益。国家图书馆应为我国数字图书馆的核心，要防止重复建设，对方案要认真论证，精心实施。"

（二）中国数字图书馆工程的主要内容

中国数字图书馆工程建设包括两部分：一是包括中国数字图书馆国家中心在内的国家图书馆二期工程建设；二是组织全国数字图书馆资源建设和数字图书馆技术研发、集成和运行等，该部分的一期（2000—2005 年）计划在全国建设 10 多个超大规模的数字资源库群，总容量不低于 20 TB。

1. 国家图书馆二期工程（中国数字图书馆国家中心）

建设中国数字图书馆国家中心、现代化书库、多功能读者服务区等附属设施用房，可以为中国数字图书馆工程建设打下一个良好的基础，促进数字图书馆的发展。

2. 全国数字图书馆资源建设和技术研发

（1）工程的指导思想和建设目标。

1）指导思想：统筹规划，需求牵引，科技创新，滚动发展。

统筹规划：中国数字图书馆工程是跨地区、跨行业、跨部门，需要长期建设的宏大系统工程，必须强化管理。要统一规划，统一标准，防止重复建设。在此基础上，联合并协调、组织全国图书馆等信息单位分步实施，携手共建，达到事半功倍的效果。

需求牵引：数字图书馆建设的核心是中文信息资源。其建设内容要适应社会的需求，要从社会所急需的文化、科技和教育等方面入手，循序渐进，使数字图书馆真正发挥应有的作用，促进数字图书馆的发展。

科技创新：数字图书馆是采用现代高新技术所支持的创新工程。它要采用人工智能、海量存取、多媒体制作与传输、自动标引和电子商务等各种技术，为读者提供方便、高效的服务。只有通过科技创新，才能保障数字图书馆的不断完善。

滚动发展：数字图书馆建设不是少数单位所能够完成的，也不可能一蹴而就。它是一项长期而艰巨的任务，需要政府的大力支持。但是，仅仅依靠国家的投入是不够的。在数字图书馆建设中，应实现社会效益与经济效益的统一，找出两者最佳结合点，采取各种措施，实现滚动发展。

2）建设原则：中国数字图书馆工程建设应坚持公益性为主、资源建设为核心、统一标准规范、避免重复建设和实现工程建设民族化等原则，保证工程的顺利进行。

公益性为主：中国数字图书馆工程是政府行为。其目的是要在互联网上展示我国的历史、文化，宣传改革开放以来所取得的成就，为国家建设提供信息。因此，工程建设具有极强的公益性，各种活动与措施都要围绕公益性的落实与延续而展开。

资源建设为核心：数字图书馆建设的核心是以中文为主的各种信息资源，传输手段要依靠国家建设的骨干通信网络系统，不再进行网络建设的投资，要集中力量，建设各类数字资源库。

统一标准规范：数字图书馆是一项新生事物，在建设过程中必须统一标准规范，避免出现各自为政、互不兼容的现象发生，保证数字图书馆建设的科学、有序。

避免重复建设：在数字图书馆建设过程中，要认真汲取以往的教训，加强联合与沟通，强化管理，避免出现重复建设。

实现工程建设民族化：数字图书馆应用系统建设要坚持采用国内已有成熟技术与引进国外先进技术相结合的原则，开发具有自主版权的数字图书馆系统，实现中国数字图书馆工程的民族化。

3）建设目标：在互联网上形成超大规模的、高质量的中文数字资源库群，并通过国家骨干通信网向全国及全球提供服务，总体技术与国际主流技术接轨。

计划到2005年，建设10多个中文数字资源库；联合引进若干国内需要的国外专题数据库；实现全国大部分地区图书馆文献资源的联机编目及馆际互借；完成开发具有中国特色的数字图书馆应用系统；培养一批高水平的专业人才队伍，持续发展中国数字图书馆工程。

（2）工程建设的主要内容。

1）数字资源建设。数字资源建设是数字图书馆建设的核心。要采取多单位联合机制，本着先易后难、分步实施、协同开发、不重复建设的原则进行。

计划在工程第一期（2000—2005年），完成10多个主题的数字资源库的建设，包括中华文明史资源库、中共历史资源库、中国国情资源库、中国科技资源库、中国教育资源库、中国医药资源库、知识宝库（科普教育资源库）、农业资源库、名人资源库、中国艺术资源库、中国旅游资源库、中国经济信息资源库等。

此外，还要引进若干国外专题数据库。根据国内图书馆等信息提供单位的需要，通过联合采购的方式，集中引进若干国内建设急需的国外专题数据库，提供国内教育和科研等用户使用，补充数字图书馆数字资源建设的不足。要实现全国大部分地区图书馆等信息提供单位文献资源的联机编目和馆际互借。联机编目不仅可以为图书馆等信息提供单位节约成本，更重要的是所生产的书目数据将为数字图书馆建设提供不可缺少的元数据。而图书馆之间的馆际互借是充分发挥国内图书馆馆藏资源作用的有效手段，是数字图书馆建设的有机组成部分。

2）系统开发。中国数字图书馆工程系统将按一种逐次发展的系统模式来组织，计划分为两个阶段。

第一阶段：初步实用系统。2002年完成并投入使用。其内容为：

开发实用的数字资源编辑加工系统，统一加工模式和方法，为进行数字资源库生产性加工提供软件保障。

完成数字图书馆第一代初步实用系统的开发。在采用国内外已有技术的基础上，开发出具有自主产权的初步实用系统。

系统将实现小规模可扩展的知识网络，包含不少于5个分布式资源库，实现跨库无缝查询，向用户提供声、像、图、文等多媒体内容，实现小量智能软件的集成。

完成全国部分地区图书馆等信息单位联机编目及馆际互借系统的开发，并投入使用。

第二阶段：先进实用系统。计划在工程开始后的第三年内试用，第四年以后正式使用。其内容为：

采用多代理分布式人工智能技术，建造中大规模、可扩展的数字图书馆系统。由于其技术难度大，应由我国一流的科研单位进行攻关性研制，其成果提供给中国数字图书馆工程使用。

同时，系统应配置并行处理高端服务器，以及高效智能多级存储系统，支持并行算法的搜索引擎，以实现高效查询及跨多平台、跨系统、跨语种、个性化界面等功能。

3）标准与规范。标准与规范是实施中国数字图书馆工程的基础，必须在充分调研的基础上，结合建设内容，逐步推出相关的标准与规范。其总体要求是：制定关系中国数字图书馆工程资源描述、标识、查询、交换和使用的标准与规范，并最终形成中国数字图书馆所需的标准与规范体系。

4）人才培养。人才是保证数字图书馆建设持续发展的关键。要通过建设数字图书馆，在全国各地图书馆等信息提供单位培养一大批资源加工与管理、系统开发与维护、知识产权使用与保护以及数字图书馆运营与管理等方面的专业人才队伍，保证数字图书馆持续不断地顺利进行。

(3) 实施步骤。根据工程建设内容拟分三个阶段实施。

1）准备和实验阶段（2000年）。制定中国数字图书馆工程建设规划和规划实施方案。

成立中国数字图书馆联盟。

向国家申报中国数字图书馆工程立项。

确定第一代中国数字图书馆工程应用系统的体系结构。

提出第一批数字图书馆建设需要的标准与规范,供工程建设进行试点使用。

组织第一批中国数字图书馆工程成员单位,按照统一的标准与规范,开始进行小规模数字资源加工。

进行中国数字图书馆工程项目招投标工作。

以"中国试验型数字式图书馆"和"中关村科技园区数字图书馆群"项目为先导,启动中国数字图书馆工程。

2)初步实用阶段(2001—2002年)。确定中标项目和单位,签订项目管理合同,建立和执行检查管理机制。

在总结并推广已有工作基础上,全面开发建设资源库群,在 2002 年底前,数字资源总容量达到 10 TB。

初步确立中国数字图书馆工程建设所需的标准规范体系。

集成部分"863"成果,完成第一代中国数字图书馆工程应用系统,并投入使用。

配置并行处理高端服务器,完成调试。

通过"中关村科技园区数字图书馆群"的实施,带动中国数字图书馆工程的全面建设。

3)规模型成长阶段(2003—2005年)。完成 12 个资源库群的规模建设,数字资源总容量不低于 20 TB。

开发完成并推广使用第二代中国数字图书馆应用系统,并积极跟踪国际发展动态,使应用系统不断完善。不断追踪国际数字图书馆技术发展的最新动向,就系统下一步发展目标及必须进行的研究开发项目提出建议。

继续跟踪国际数字图书馆技术标准规范动态,补充并更新已初步形成的标准体系。

(4)运作方式。

中国数字图书馆工程是政府工程。为解决工程建设过程中的各种问题,需要相关部委和单位的大力支持。

1)管理架构。为理顺关系,协调发展,组建"中国数字图书馆工程建设联席会议"(以下简称"联席会议")。其职责是:宏观规划工程的建设方向,协调工程的资源建设,协调国产高新技术和高性能设备在工程建设中的推广和使用,协调工程建设中知识产权问题等事宜。联席会议由有关部门、相关单位领导组成,文化部是联席会议的召集单位。

联席会议下设办事机构——中国数字图书馆工程建设联席会议办公室,对外称"中国数字图书馆工程建设管理中心",该中心设在国家图书馆。其职责是:组织起草工程建设规划和编制实施方案,申请国家专项资金,筹集其他资金;按项目合同管理方式组织全国性的资源建设和技术研发;组织制定技术标准和有关规范;负责联席会议的日常工作等。

为保证中国数字图书馆工程建设科学有序地进行，组建中国数字图书馆工程专家顾问委员会。其职责是：协助联席会议对工程所涉及的规划及实施方案、资源建设、技术路线、标准规范和知识产权等关系到全局性的重大问题给予咨询和指导。

2）运行架构。中国数字图书馆工程是跨地区、跨部门、跨行业的宏大系统工程。为便于组织管理，计划在国家图书馆设立中国数字图书馆国家中心。同时，根据数字图书馆建设需要以及我国图书馆等信息提供单位现状及发展趋势，计划组建若干个分中心和地区中心。

3）运作模式。工程建设将采取项目合同制管理模式，通过招投标方式确定各个项目的承担单位，以合同的方式明确双方的责、权、利，以法律手段确保数字图书馆建设的正常进行。探索、研究并确定能够保障中国数字图书馆工程持续发展的机制。

中国数字图书馆工程建设需要大量资金，除依靠中央政府和地方政府的投入外，各个参加单位需要通过其他途径筹措一定比例的配套资金，发挥政府和民间的多种积极性。

二、建设中国数字图书馆工程的重要意义

（一）建设数字图书馆是保障我们在知识经济中实现跨越式发展的一个机遇，同时也是一个挑战

当今，世界开始进入知识经济时代，信息已经成为发展经济的主要推动力。数字图书馆是知识经济的重要载体，同时，数字图书馆也是创新工程，它将改变以往信息存储、加工、管理、使用的传统方式，借助网络环境和高性能计算机等实现信息资源的有效利用和共享。它的建设不仅将使我国拥有在知识经济中参与国际竞争的坚实文化保障系统，而且为21世纪技术创新体系的建立提供了充足的信息流通环境，使我国在新世纪各国综合国力的竞争中抢占先机，掌握发展的主动权，实现跨越式发展。因此，我们要抓住建设数字图书馆这一历史机遇，全力以赴迎接这一挑战，以数字图书馆建设推动我国经济、文化和科技等方面发展。

（二）国际上数字图书馆的发展形势督促我们必须立即着手开展大规模的数字图书馆建设

进入90年代中期，互联网得到迅速发展。为在新世纪抢占政治、经济主导权，各国纷纷提出发展经济的战略措施。1993年美国提出"国家信息基础结构"（NII）行动计划，继而提出建设"全球信息基础设施"（GII）的主张；1994年欧盟宣布在欧洲建立信息社会的计划，确定了欧洲信息社会应用领域；俄罗斯在

1994年成立了俄联邦信息政策委员会，俄杜马1995年通过了《俄罗斯信息、信息化和信息保护法》；日本、加拿大、法国、英国、南非等国家也都以政府行为采取了相应的对策和行动。为在竞争中处于领先地位，不少国家和地区的图书馆在政府的大力支持下积极行动起来，配合NII的建设开展数字图书馆的研究和建设，并取得相当的成效。例如：

在美国，数字图书馆建设走在世界各国的前列，并且对于建设数字图书馆的意义也日益重视。美国政府"国家计算、信息、通信指导办公室"（NCO for CIC）自1994年以来每年发表一本"蓝皮书"，这是一种正式的重要研究与发展的官方报告。近年来，报告对数字图书馆战略意义的描述越来越重视。1995年的蓝皮书《用于国家信息基础设施的技术》列出了9项NII应用的国家级挑战，数字图书馆列为第一位。报告指出，数字图书馆是无墙的知识中心的基础，并强调数字图书馆技术将被用于所有其他国家级挑战应用之中。1996年蓝皮书《高性能计算和通信：用于未来美国信息的基础》介绍了18个在美国进行的数字图书馆项目状况及IP地址。1997年蓝皮书《推进信息技术的前沿》明确将数字图书馆列入有效技术之中。1998年蓝皮书《用于21世纪的技术》则又将数字图书馆在CIC（计算、信息、通信）的6个研究发展重点项目中名列第一位。

现在，美国数字图书馆项目中的"美国NSF/DARPA/NASA数字图书馆倡议"已全部完成，该项目共6个子项目，涵盖大规模文献库、空间影像库、地理图像库、声像资源库；另一个项目"美国国家数字图书馆项目"也已完成，它包括美国历史及文化科技成就，有15个研究图书馆与档案馆参加。其他项目也进展较快。

由法、日、美、英、加、德、意、俄8个国家的图书馆组织实施的G8全球信息社会电子图书馆项目，信息资源含各国文化历史精华，计划2000年前后完成。

此外，法国国家图书馆数字化工程，数字资源已达3000 GB以上，书目数据830万条。英国国家图书馆存储创新倡议，共20个项目，大部分已完成，并在因特网或馆域网上提供服务。日本小规模试验型数字图书馆项目，包括国家联合目录880万条数据的网络试验、数字图书馆实践试验和日本国会图书馆1000万页馆藏的数字化。俄罗斯在经济尚未全面恢复的情况下，政府计划在1999—2004年每年出资2亿卢布支持数字图书馆研究。新加坡政府提出了"2000年图书馆发展计划"，打算建立一个"无边界电子图书馆网络"，把全新加坡的公共图书馆和500多个学术与专业数据库连接起来，图书馆将成为名副其实的信息检索点、交换节点和"无边界电子图书馆网络"的传递纽带，作为全国的智力中心，源源不断地向公众传输信息。

从以上所述可以看出，这些国家和地区对于数字图书馆的投入有以下特点：其一，各国在数字图书馆项目或其网络工程中，均由国家投资建立了小规模数字图书馆试验基地，为直接取得第一手经验提供了充分的试验条件。其二，组织国家级的资源单位（如国家图书馆、国家档案馆、国家博物馆），将其资源精华发展为数字式资源库。这些资源库具有极强的本国特色，并通过因特网向全球传播。其三，组织国家级资源，发展多媒体历史资源库，利用光盘或网络对中小学生及广大公众进行生动的爱国主义教育。其四，政府信息的数字化资源在美、日得到优先发展，促进了政府与国民的沟通。

目前，世界经济正向全球一体化方向发展，这就更加剧了全球的信息化。世界各国图书馆界都看到了这一点，因此都在奋力抢占建立数字图书馆这个知识信息收集、贮存和传输的制高点。形势逼人，我们要发展，在建立数字化图书馆方面也必须抢先。

（三）中国数字图书馆工程是我国数字图书馆建设的核心工程，具有统带全国数字图书馆建设的重要作用

数字图书馆是以信息技术为基础的高科技系统工程，其结果将是用数字化把全国的图书馆，以至于全世界图书馆的信息资源连为一体。因此，数字图书馆的建设应系统规划，不能一哄而上，各行其是。如果规划不好，造成多头建设，就会形成多个体系而难于统一的局面，就会违背数字图书馆建设的初衷。国家图书馆是国家总书库，是国家信息资源的中心，在数字图书馆建设方面，她也应当是核心，这是历史赋予她的使命。李岚清副总理的批示特别强调了这一点。前述美、英、法、日等国家在数字图书馆建设上，也都是以国家图书馆为核心来开展工作的。国家图书馆承担的中国数字图书馆建设工程，就是国家在全国数字图书馆建设中的核心工程，它具有统领和带动全国数字图书馆建设的作用，全国的数字图书馆工程都应当统一在这个工程的宏观架构之中。应当这样说，中国数字图书馆工程搞好了，全国的数字图书馆建设就会搞得快，搞得好。从这一点看来，建设中国数字图书馆工程的意义是不可估量的。

三、建设中国数字图书馆工程已具备了一定的基础与条件

（一）国家骨干通信网的建设为数字图书馆工程提供了网络平台

数字图书馆传输的内容是以文本、语音和影像等多种媒体为主，这就需要网络系统能够提供足够的带宽。

中国公用计算机互联网（ChinaNet）是国家电信的骨干通信网，为保证带宽不成为网络的瓶颈，计划在年内使国内主要的 IP 干线达到 2.5～10 G，其国际出口总带宽将从目前的 485 兆提升到 1.5 G。

中国教育科研网（CERNET）将建成全国的光纤高速骨干网，8个大区节点之间的带宽将达到622兆～2.5G，地区级主干达到155～622兆，整个项目将于2000年12月31日验收。在此基础上，各大城市校园网之间将以100/1000兆连成城域网，大学附近的中、小学可通过大学的校园网接入教育网。

中国科学技术网（CSTNet）将建设国内高速骨干网，中关村地区要建成高带宽的网络，京区到北郊的院所机关将进行高速网的改造。在去年的基础上，计划将国际出口带宽扩展到45兆。

中国金桥网（ChinaGBN）在今年3月完成了国际出口带宽的首次扩容，已经从以前的22兆增至67兆，提高近2倍。按计划，今年5月份吉通将开通上海到美国的45兆国际出口，7月份开通广州到香港的45兆出口，10月又将增开上海至美国的45兆国际出口，从而使得金桥网的出口带宽在今年达到155兆。目前，吉通骨干网的路由器已升级到千兆位。

目前在北京建设的互联网交换中心，使得上述四大骨干网间的互联带宽可达到155兆。

中国网通公司互联网（CNCNet）采用密集波分复用光纤通信技术与IP技术建设7000多公里的光纤，把分布在全国15个城市的网络骨干节点连接为一体，是目前世界领先的全光纤IP优化超大容量的国家高速骨干网络。骨干网络建设将实现8×2.5 Gbps的带宽。

我国的有线电视网（CATV）覆盖面广，现已有8000万用户，是全球最大的有线电视网。我国CATV/HFC网（光纤同轴混合网）的光纤部分是双向的，可以在此光纤网上利用多余的光纤架构实现独立于CATV/HFC网的宽带IP网。采用10/100/1000兆以太网和千兆线速路由交换机来构建宽带IP网，实现数字图书馆传输多种媒体的要求，并借助它将数字化信息传递到千家万户。

数字图书馆建设与应用将充分利用这些已有的网络平台，不再进行网络通信网的投资。

（二）国内有较强的软件技术力量，可与之进行合作开发与研究

通过近年的工作，我国的软件开发能力得到很大的提高。数字图书馆的系统开发和专项研究，可以采用国家"863"计划的研究成果以及中国科学院和高校的有关研究成果。据了解，曙光公司、方正公司、北京大学和清华大学等都有一些成果是该工程可以采用的。数字图书馆的建设在很大程度上要依赖软件技术的发展，中国数字图书馆工程的建设要立足于国内开发，但是也不排斥国外先进技术的使用，要本着引进、吸收、消化、发展的原则，利用国外的先进技术来缩短开发周期，加速发展我国的数字图书馆建设。

（三）国内相关数字图书馆课题的研发为实施工程提供了宝贵经验

目前，国内有许多单位开展了数字图书馆研究和试验，取得了一批成果。这

些都为建设中国数字图书馆工程提供了宝贵经验，例如：

辽宁省图书馆的数字化图书馆项目，是该馆在 IBM 数字图书馆系统的基础上，由东北大学阿尔派软件公司做系统集成和二次开发。IBM 数字图书馆在推出其产品后，就将其定位在网络环境下多媒体信息的综合管理解决方案。该方案有内容的创建与获取、存储与管理、权限管理、访问及查询和信息发布 5 个功能。

上海图书馆利用扫描方式，将古籍善本进行数字化加工，在馆内提供读者使用。该馆还通过互联网主页，将有关上海的老照片、音乐、名人演讲录音以及科技知识等内容提供用户使用。

上海交大图书馆将音乐乐谱进行数字化处理，可以从简谱翻译为五线谱，并可以进行相关检索，对音乐方面的数字图书馆进行了探索。

清华大学图书馆承担了由该校等 14 所高等院校和科研单位承担的国家"九五"重点科技项目（攻关）计划"计算机信息网络及其应用关键技术研究"的子课题"数字化图书馆异质数据源的存贮、获取与阅读"的开发研究工作。该系统在开发海量信息服务系统方面有着广阔的应用前景，目前在清华大学图书馆的一些信息服务中已经开始发挥作用。

北京大学图书馆拟将馆藏古籍珍本进行数字化加工，包括影像采集、文字识别、计算机存储和网络检索技术等，是一项划时代的、全新的综合技术集成。另外，还有网上视频点播（VOD），多媒体电子出版物的收藏、管理和利用，网上教学参考书等内容。

此外，中国数字图书馆发展战略研究、SGML 的图书馆应用、中国试验型数字图书馆研究、知识网络——数字图书馆系统工程、中关村科技园区数字图书馆群软课题研究、以中国高速信息示范网为运行环境的中国数字图书馆应用系统研究和中国数字图书馆试验演示系统研究等研发项目，也都为建设中国数字图书馆工程提供了宝贵经验。

四、国家图书馆的有关工作

国家图书馆在进行有关数字图书馆课题研发工作的同时，还在以下几方面进行了工作，为中国数字图书馆工程建设创造条件。

（一）千兆位馆域网建设

当今，随着多媒体信息日益丰富，对于网络传输的要求也越来越高。国家图书馆只有建设一个宽带、高速的计算机网络系统，才能为实现国家图书馆的各项职能奠定坚实的基础。

为使此次馆域网建设达到预期目的，经过长时间的研讨，提出了网络建设发展规划；经过多方论证，我们选择了千兆位以太网技术，并于 1998 年 10 月——

1999年1月进行了馆域网建设。此次千兆位馆域网设置了1673个信息点,主干网达到千兆,通过交换方式,每个信息点独享10兆。至此,国家馆的网络建设上了一个新台阶,采用的技术水平达到了国际接轨、国内领先。

2000年,国家图书馆将进行馆域网的二期工程,扩充网络设备,增加计算机,组建视频点播系统(VOD),为数字图书馆提供更加坚实的基础。

(二)多网互联建设

通过互联网延伸我馆服务,是当今社会对国家图书馆的基本要求,也是数字图书馆的前期基础工作。国家图书馆自1995年开始进行对外联网的建设。1995年底,使用微波天线对接清华大学连通中国教育科研网;1996年初,通过微波天线连通中国公用计算机互联网和原国家电子工业部网;1997年10月,为庆祝馆庆85周年暨新馆开馆10周年,在北京电信局的大力支援下,铺设了专线光纤,实现了2兆连接中国公众多媒体通信网,进而连接互联网;1999年3月1日,通过北京电话局光纤与国务院办公厅开通了100兆的通道,使国务院各级领导可以使用国家馆提供的网上信息服务;为落实李岚清副总理关于开展资源共享的指示,1999年4月1日,与设在中央电视台发射塔下面的广电信息网络中心实现了1000兆互联,为日后通过该网向全国传递信息奠定了基础;1999年4月18日,利用北京有线电视台的光纤与清华大学开通了100兆的通道,与清华大学与北京大学之间通过宽带IP实现了相互访问;1999年4月28日,又通过清华大学连通了与中国科学院的宽带IP网络,与中国科学院之间也实现了高速互访。

目前,国家图书馆正在与中国金桥网、中国网通公司互联网就实施高速互联进行洽商,预计不久的将来即可实现。

(三)数字文献的生产与服务

国家图书馆的数字化资源建设主要在四个方面进行。

第一,抓紧馆藏文献书目数据的制作。已完成1949年以来的中文书目数据近100万条,完成1992年以来的西文书目数据近30万条,正在抓紧进行馆藏民国时期中文图书、古籍、舆图和金石等文献书目数据的制作。同时,还在进行一批如"中国年鉴信息"等专题数据库的制作。

第二,馆藏印刷品文献的数字化。1999年3月,国家图书馆组建了文献数字化中心,每天可加工全文影像数据20万页。1999年共完成了4000万页。

第三,馆藏缩微制品数字化。已建立了数字化扫描系统,前期目标是将民国时期中文期刊胶卷数字化,并上网服务。

第四,馆藏珍贵文献数字化。

(四)近期的主要工作

一是积极争取工程立项;二是向中国数字图书馆工程建设联席会议和专家工

作委员会传达李岚清副总理的重要指示;三是按照国家计委的建议和意见,与中国国际工程咨询公司一起,抓紧修改中国数字图书馆工程立项建议书;四是加紧筹备并召开数字图书馆应用技术交流会和数字图书馆国际研讨会;五是继续扩大中国数字图书馆联盟,建立登录网站。

(原载于《中国图书馆学报》2000年第5期)

共同做好地方数字图书馆工作

这次我是来吉林省调研文化工作，并参加吉林省数字图书馆工作会议和中国数字图书馆吉林省图书馆分馆揭牌仪式。孙家正部长对这件事很重视，提出要提前派两位专家帮助吉林一起策划这项工作，所以原国家图书馆副馆长、现中国数字图书馆工程专家顾问委员会成员、工作组组长孙承鉴同志，和数字图书馆联席会议办公室申晓娟同志先期到这里，和省里有关同志一起探讨数字图书馆的建设问题。

从一定意义上讲，我还是图书馆员，大家都知道我原来在国家图书馆工作，现在我还在国家图书馆，还兼任原来的职务。所以，我是以馆员的身份和大家一起谈一谈这个问题，谈一谈认识。

一、吉林省数字图书馆建设有了一个良好的开端

最近看到了吉林省委、省政府的领导林炎志副书记、全哲洙副省长关于数字图书馆的两个谈话，我觉得认识很到位，他们对数字图书馆的理解、对数字图书馆意义的认识应该说都是很高的，而且对数字图书馆的建设都有具体的指示。这事吉林省文化厅也很重视，厅里专门派人到一些地方进行考察，同时也做了数字图书馆的整体策划。我来之后看到了一个整体的规划，应该说对数字图书馆的理解和整体规划都是比较好的。去年7月我到吉林省图书馆来过，我觉得这10个月省馆变化非常明显，从硬件环境到网络环境，到电子阅览室，都有了非常大的变化。不客气地讲，吉林省图书馆在全国省级图书馆中，硬件环境是比较差的，20世纪50年代的建筑，设备很陈旧，而且吉林省的财力很紧张，所以长期以来对图书馆投入也不太多，整个起点是比较低的。

但是这一年来，领导的重视程度有了很大提高，省委、省政府领导亲自协调，对图书馆在经费上、政策上都给了很多支持，省文化厅对省馆的工作包括数字图书馆的建设也非常重视，省馆的同志为此也付出了辛勤的劳动。所以我说这一年来的变化是非常明显的。馆域网建成并设有262个节点，128 K的专线接入互联网，并且正在进行一些数据库的建设，这些都为在全省范围内建设数字图书馆打下了一个很好的基础和进行了有益的探索。省委、省政府在策划整体社会发展中，对图书馆事业非常支持，文化厅和图书馆同志们辛勤劳动，对发展我们民族的先进文化都做了大量的工作，这种精神是值得称道的。

二、数字图书馆建设的重要意义

讲到数字图书馆，图书馆界的同志都有不同的理解。它是随着因特网的出现而产生的一个新生事物，特别是第一代因特网出现之后，在网络上出现了信息资源的无序性，不接入因特网就不可能在网上查找到自己所需要的信息。解决有序的组织资源问题，对图书馆工作者来说是一个比较好的机遇。因为图书馆员学的就是如何组织文献，查找、检索文献。当然这是浅层次的。所以，发达国家从20世纪80年代初，陆续地把数字图书馆的建设作为国家信息基础设施建设的重要内容。在美国，每年一本蓝皮书，都把数字图书馆作为国家整个信息基础工程建设中的重要内容，而且都把它列到前面。在世界范围内由8个国家参与的一个数字图书馆计划，已经有了比较大的进展了，第一期到2000年完成，正在策划第二期的项目。面对这样的情况，我们国家作为一个有五千年悠久历史的文明古国，怎样发挥我们的作用？特别是进入21世纪，信息产业有了飞速的发展，同时我们国家也看到了这个总的趋势，在经济发展上，信息业在社会发展中的位置越来越重要。这对我们国家是一个非常严峻的挑战。大家知道，世界四大文明古国，古埃及、古印度、古巴比伦，再一个就是中国，文字传承下来的只有中国，古印度没有文字了，古埃及没有文字了，古巴比伦国家也没有文字了。我们中华民族是非常伟大的，造纸术的发明，印刷术的发明，推动了整个人类社会的文明进程。我们这样一个有五千年历史的文明古国在信息时代也应该迎头赶上，而且，应该说是完全有可能的。大家看到了"十五"规划，信息业的发展提到了重要的议事日程。随着国家的发展，在"十五"期间，会有很多信息业的项目要发展，如网络业、计算机产业、软件行业的开发等。

在当今世界，全球经济的一体化对文化事业也是一个相当大的冲击，如果我们不去占领我们应该占领的网络阵地，那么外来文化对我们整个民族文化的冲击将是非常严重的。这种数字社会，一定程度上像洪水猛兽，不管你接受不接受，就迎面扑过来。我们看到这个总体发展趋势，作为一个有悠久历史的国家，确确实实要从战略上考虑，要让中华文化通过网络向世界传播。继承和发扬中华民族的优秀文化，这是摆到我们这代人面前的一项不容推脱的责任。我们就是在这种情况下，提出了数字图书馆项目。数字图书馆通俗地讲是一个空中的知识中心，有的叫没有围墙的图书馆，或者叫没有书的图书馆。总体上讲，它是一个没有时空限制的借助于网络而产生的图书馆，对于图书馆来讲，这是一场深刻的革命。大家知道，要说图书馆，我们国家图书馆的历史应该起源于春秋战国，老子就是国家图书馆的馆长，历史上许多著名的人物，包括曹操，都做过图书馆的馆长，但那是皇家的图书馆，只是供皇家使用的图书馆。到了近代，才出现了传统意义的图书馆，最早的浙江藏书楼，就有100多年的历史，国家图书馆是1909年产生的。那个时期，产生了一批图书馆，那是近代维新思想的一个产物。100年发生了很大的变化，现在是面向21世纪的时候，图书馆就面临一个从传统的图书馆向现代意义的图书馆转变的问题。现代意义的图书馆就不仅仅限于到馆阅览的图书馆，它是要借助于网络逐步延伸到有围墙和没有围墙相结合的图书馆，秀才不出门，便知天下事，在现代图书馆要实现了。它是一个历史的进程，不是哪个馆做不做的问题，它是历史发展的一个总的趋势，你接受不接受它都要这么发展。就像我们穿衣服一样，我们现代人没有再穿清朝那时的顶戴花翎了，这是历史的发展，历史的趋势。它是图书馆一次重大的革命。读者对图书馆的需求也不仅仅是阵地服务，到图书馆来借书看书；今后的读者，只靠到图书馆来看书、借书不满意了，他要借助于网络读书。

同时，载体也出现了很大的变化，现在发达国家已经出现无纸的书，即网络刊物。我1997年到美国的时候，已经有200多种，现在有400多种网络刊物。它没有纸，只能借助于网络，借助于计算机才能看到它的信息。我不敢说发展到什么时候，纸也不需要。当然图书馆还不能不藏书，但是，网络载体的出版物，可把现有的纸质载体的书籍数字化，加工这些文献，然后供读者使用，这是图书馆的一个主要任务。这是历史的总趋势，它就摆在我们这代人面前，摆在我们图书馆人面前，我们就必须适应它，不适应它你就落后了，就要被淘汰。一个图书馆如此，一个图书馆员也是如此。将来你不会计算机，很多信息就得不到了。应该说数字图书馆大的背景是在这种情况下产生的。

三、我国数字图书馆建设情况及应注意的问题

我国已经具备了建设数字图书馆的条件。为什么这么讲呢？一个数字图书馆的产生要有三个条件：一要有路，就是有网络，没有网络不行；二要有车，所谓车就是软硬件环境；三要有货，就是数字化的文献。三者缺一不可。应该说现在我们网络条件已经具备，软硬件环境包括有国内自己版权的软硬件和国外引进的软硬件，我国软件业发展是非常快的，特别是引进国外软件的能力也是很强的。对于数字资源的组织，应该说在格式标准的研发上我们也进行了很多摸索，所以最近几年相继开展了一些课题，对数字图书馆的研究，对数字图书馆文献的组织，都起到了非常有益的作用。国家图书馆等7个图书馆联合搞的一个项目叫"中国试验型数字图书馆"已通过验收，媒体上已经报道了。特别是对数字图书馆资源的组织方式，对网上的服务方式都进行了网上有益的探索，应该说在文化部系统是一个科技含量比较高的项目。这些都给我们建设数字图书馆提供了客观条件。从1998年开始，提出了建设数字图书馆工程，文化部对这项工作很重视，经国务院同意成立了由文化部牵头的有21个部委和相关单位参加的数字图书馆工程建设联席会议，同时开展了相关软硬件的研发工作，参与了国家"863"项

目的一些课题,并且自身也做了一些课题,在数字图书馆建设方面做了很多有益的探索。同时,在网上也可以看到,各馆都在做有自己版权、有特色的数据库。10年之前在网上不可能看到这些,搞得好的馆最多也就是书目,现在只做书目已经满足不了大家的要求了。美国一个数字图书馆的专家讲,我一看书目,打开网页就是书目头都疼,一点也不感兴趣,还是愿意看一些实实在在的内容,现在打开网页可以实现这一要求。就数字图书馆的发展来讲,应该说得到了中央领导的关心和重视,李岚清副总理对这一工作非常关心。我在国家图书馆的时候,李副总理每次到国家图书馆,进门第一句话就是问你们数字图书馆怎么样了,非常关心。他在文化部的一个通报上做了非常重要的批示,明确提出数字图书馆建设要以国家图书馆为核心,专门批给国家计委主任。并且在之后一段时间,他经常关心、过问此项工作。应该说国家级工程的各项工作现在都顺利地推动,数字图书馆和国家图书馆的二期工程连在一起,一共是十几个亿的项目。国家级项目对于地方项目应该有重要推动作用,或至少国家拿出钱搞了一些软硬件的开发、数字资源的生产,可以大幅度实行资源共享,所以应该说这个项目的前景很鼓舞人、很广阔。

吉林省建设数字图书馆应该说具备了条件。当然总体上讲吉林省财政比较紧张,这确实是一个客观因素。但是我感觉到,省委、省政府领导的认识是高的,这一点是至关重要的,领导认识到它的重要性,就可能在制度上和资金上给予支持;同时,数字图书馆能提供优良服务,推动当地的科技发展,就会进一步得到领导的重视。这是一种相辅相成的关系。另外,从吉林省的信息环境看,今年投资1.5亿元建成第一个宽带数据通讯网络平台是个了不得的事,应该说网络环境是非常好的,而且发展很快。这些都为在吉林省发展数字图书馆奠定了一个比较好的基础。所以,作为图书馆工作者和文化工作者,我们要在整体的经济和社会发展中来找准自己的位置,来发展自我。

数字图书馆的建设,是一个循序渐进的过程,千万不能一哄而起。首先需要对整个方案统筹规划,整体方案起点要高,要纳入吉林省的经济和社会发展的总计划中来策划我们的方案。凡事都是这样,一定要有高层次的策划思路,这样才能把事做好,所以对方案要充分论证,要科学决策,形成一个比较好的方案。

其次是要注意资源共享,这一点是李副总理反复强调的。我们在省这个区域内进行数字图书馆建设,要注意高度的资源共享,吉林省率先在全国搞一个省级的示范,全省包括从省到市和一些具备上网条件的县,把图书馆的网络建起来,同时在网上都能够享用这些图书。一本书的数字化费用是很高的,一页纸的数字化费用一般是1元钱,这是现在的价格,将来可能会降低。对它要扫描,要进行识别,还要进行一些标引,最后才能拿到网上来向读者提供服务,特别是在实现跨库检索的时候,费用还会更高。国家图书馆在这方面已经有投入了,投入的也不是独家享用。我已经表了一个态,就是国家图书馆的数字化文献无偿地给吉林省，只要你网络条件具备，你能装10万册书就给你10万册书，你能装20万册书就给你20万册书。同时把国家图书馆的软件无偿地向吉林提供，在很短的时间内，支持吉林省数字图书馆建设上一个大的台阶。

资源建设要注重特色，特别在目前经费投入都比较困难的情况下，不要追求公共文献，公共文献就用国家图书馆、省图书馆的。各地要选择自己的特色的文献进行数字化，而且要先摸索，不要仓促上马，现在是多享用，少建设，我觉得应该是这样，等摸索经验、技术比较成熟了，才搞一些大的数据库的建设。数据库的建设不要盲目投入，一定要找自己的特色，比如说吉林的人参，别的省没有。吉林可以围绕人参的数据库，进行系列性开发，从种植到开发到化学成分的分析，到它的使用，到历史的沿革，包括人参的故事。这个数据库肯定有价值，不但可为省内服务，而且有特色的东西还能长上翅膀飞向全国、飞向世界。

再一点，就是要注意边建设边服务。这一点也是非常重要的，因为数字图书馆建设是一个逐步建设的过程，资金投入也是一个逐步的过程。我们的服务，形成一个成果，就要在网络上提供服务，让大家看到它的效益。否则讲到数字图书馆，不要说群众理解不了，不介入这个行业的人也理解不了，连我开始听到都莫名其妙，慢慢地才理解了。当然从理论上讲是很复杂的。比如傻瓜相机，许多人不懂它的成像原理，但是用起来很方便，不用调焦也不用调光圈。将来我们的数字图书馆就是用傻瓜式的服务，来面向读者，面向社会，非常便捷地为社会服务。现在我们看到的数字图书馆就是网上读书，就是利用网络看书，这是非常浅层次的数字图书馆，只是数字图书馆的一种服务形式，它绝不是数字图书馆所有的服务形式。数字图书馆很重要的特点是要跨库连接，它要对文献进行加工。

同时，数字图书馆不是网络共产主义，如果数字图书馆是网络共产主义谁也建不起。虽然我们说资源共享，但它要有一个计费系统，比如说省馆和市馆的电子阅览室，收费就很合理，像我们看有线电视，你不交费就不能看了，交费你就看。数据库越多，水平越高，被使用的次数越多，应该收入越高。未来图书馆不应该是穷单位，信息社会中，信息资源就是财富，我们这么大的财富不能让它躺在书库里，要让书库里的书活起来，创造经济效益。我们应该有比其他部门更高的收益。这几年我在国家图书馆做了一些探索，国家图书馆去年收入了3900多万元，人均收入28600元，这几年人均收入每年都增长，靠什么？很重要的增收是靠信息开发。所以我们图书馆员不要妄自菲薄，这个行业是充满前景的行业。

当然我们是以公益性为主，任何时候都应体现在公益性上，但以公益性为主并不是说不可以有收入。李岚清副总理视察国家图书馆的时候，专门讲了作为图书馆主要是公益性的，但是在社会主义市场经济条件下，适当的经营不但是允许的，也是必要的。这几句话我是一个字不漏地背下来，因为它是给图书馆定位的。去年3月在常熟开了一个会，还在探讨能不能创收，有人统计了一下，讨论图书馆能不能创收的文章就有几千篇。我给我们学报讲，常熟会上也讲，今后刊物上不登这些东西，是没用的探讨。你都快死了，还在那探讨能不能创收，你不创收怎么办呀？当然就我们图书馆来讲，要始终坚持公益性是第一位的，公益性和产业性发生矛盾的时候，这两者的关系一定要处理好，产业性要服从公益性，这个基本定位不能错。数字图书馆也是如此，随着它的发展，参与建设的单位也会得到效益，这样来支持事业的再发展，来提高队伍的待遇，从而提高队伍的凝聚力，来推动整体事业的发展。

数字图书馆的建设，对图书馆来说是一个非常好的发展机遇。我有两句话：第一句，这是总的发展趋势；第二句，现在是非常好的发展机遇，谁干得早，谁干得好，谁就会受益。我还要强调一点，建设数字图书馆要从实际出发，要循序渐进，一定要脚踏实地，在制定方案上，如果做不大就做小，从小处做起，慢慢地把它做大。所以在整体的安排上，一定要有一个冷静的头脑，要循序渐进，紧密结合当地的经济和社会发展的实际，做好这项工作。

要开发与引进相结合，数字化用到的技术，要坚持采用国内已经成熟的技术、引进国外先进技术的原则，有些技术就要从国外引进来，我们国家现在还没有达到这种水平。

（在吉林省数字图书馆工作会议上的讲话，2001年5月26日。原载于《图书馆学研究》2001年第4期）

大力推进全国数字图书馆建设与合作

按照国务院领导的指示，2007年7月26日，文化部在京召集了中国数字图书馆建设与服务联席会议第一次会议，与会的8家单位就成立联席会议制度、定期轮流召开会议，共同推动全国各大系统数字图书馆的整合，实现资源与服务的合作共享，达成了共识。10月8日，又在浙江大学举行了第二次会议，就加强已建资源的共享、各大系统共同推动数字图书馆的标准规范建设以及在技术层面开展合作等问题展开了深入研讨。这两次会议规模虽然不大，但却达到了沟通情况、交流经验、促进共建共享的初衷，对推进我国数字图书馆的建设起到了积极作用，在全国图书馆界产生了一定影响，受到了国务院领导同志的肯定。

随着我国数字图书馆建设的不断发展，标准规范建设的重要性日益凸显。建立科学、完善的标准规范体系，并在此基础上促进各系统数字图书馆之间的开放与合作，是实现各数字图书馆系统共建共享、互联互通的前提和技术保证。目前，我国数字图书馆标准规范的研究与应用均相对滞后，使各数字图书馆系统在资源共享、互操作等方面面临障碍，增加了建设成本，降低了资源的使用效率。因此，建立和遵循关于数字资源加工、描述、组织、服务和互操作方面的标准规范，保证数字图书馆系统的长期可使用性、互操作性和可持续性，是当前推进我国数字图书馆系统共建共享亟待解决的问题。本次会议将"数字图书馆应用规范与开放合作"作为主题，具有很强的针对性和现实意义。围绕这一主题，各位馆长都发表了很好的意见，介绍了有关的工作进展，提出了许多很好的想法、思路及具体的工作建议。刚才，国家图书馆与上海图书馆还签订了《全国近代文献书目资源共享合作意向书》，"近代文献联合目录平台"也正式开通。这是联席会议自成立以来取得的首批具体成果，标志着联席会议所倡导的合作共建进入到实质性阶段。

下面，我就今后继续推进我国数字图书馆的建设与合作谈几点意见。

一、加快推进数字图书馆建设，提高全民素质，为经济社会发展提供智力支撑

2008年是我国改革开放的第30年。改革开放30年来，我国经济社会取得了长足进步，人民的物质生活水平明显改善，综合国力显著增强，国际地位空前提高，正站在新的历史起点上全面建设小康社会与社会主义和谐社会。但也应看到，在取得巨大成就的同时，由于多方面的原因，我国经济社会中的资源环境问

题、地区发展不平衡问题、分配不公问题等深层次矛盾也日渐突出。解决这些矛盾和问题，促进经济社会的健康、持续、和谐发展，关键在人，做好人的工作，提高全民的科学文化素质，我国就必将能在 30 年大发展的基础上迎来更加美好的前景，中华民族必将更加昂扬自信地自立于世界民族之林。

图书馆是公民终身的学校，图书馆事业是传承文明、传播文明、创新文明的崇高事业。百年来，借鉴西方的经验，现代意义的图书馆事业在中国从无到有，发展迅速。改革开放以来，我国的图书馆事业步入了快速发展的新阶段，初步形成了覆盖城乡的完整体系。随着信息时代的来临，我国图书馆事业的信息化、数字化、网络化、现代化水平不断提升，在促进经济社会发展、传承中华优秀民族文化、提升民族素质、培养现代公民等方面，发挥着越来越重要的作用，越来越受到党和国家及全社会的重视和关注。

我国是一个发展中大国，农村人口众多，尽管图书馆事业已取得了很大发展，但受经济发展水平总体偏低、投入不足等因素的制约，与发达国家相比，与广大人民群众的要求相比，图书馆事业发展特别是基层图书馆的建设仍较为滞后。数字图书馆是信息化条件下传统图书馆革命性的发展，通过数字技术和网络技术，数字图书馆跨越时空界限，极大地拓展了图书馆服务的内涵与外延。加快推进数字图书馆建设，对于改善基层图书馆建设的滞后状况，缓解城乡"数字鸿沟"，提高全民族的科学文化素质，提升国家的软实力，促进经济社会发展，都具有极为重要的战略意义。

二、加强合作，共建共享，是当前我国数字图书馆建设面临的紧迫任务

党中央、国务院对数字图书馆建设十分重视，中共中央政治局常委李长春同志、国务委员陈至立同志多次做出重要批示，提出了明确要求。在中央的支持和领导下，在各部门及社会各界的共同努力和推动下，目前，我国的数字图书馆建设正迎来一轮新的高潮。

2005 年立项、投资 4 亿元的国家数字图书馆工程将于今年 8 月初步建成，并对社会开放。国家数字图书馆初步建成后，将在互联网、馆域网上向读者提供超过 200 TB 的数字资源，为远程读者提供网上检索、虚拟参考咨询、馆际互借、文献传递等各项服务，成为我国重要的信息基础设施和公共文化服务基础设施。

自 2002 年开始，文化部、财政部共同启动了全国文化信息资源共享工程。文化共享工程建立在数字图书馆理念基础之上，是数字图书馆的早期实现形式。文化共享工程采用现代科学技术，将中华优秀文化信息资源进行数字化加工和整合，通过文化共享工程服务网络，以卫星网、互联网、有线电视数字电视网、镜像、移动存储、光盘等方式传输，实现优秀文化信息资源在全国范围内的共建共

享。2007年，文化共享工程建设取得重大突破，中央财政将安排24.7亿元用于工程建设，到2010年基本建成资源丰富、技术先进、服务便捷、覆盖城乡的数字文化服务体系，实现"村村通"。

在各有关方面的推动下，中国高等教育数字图书馆（CALLS）、中美百万册数字图书馆合作计划（CADAL）、国家科学数字图书馆、中央党校数字图书馆、国防大学数字图书馆、上海图书馆数字图书馆等也都取得了积极进展。

总的看，与国外主要发达国家相比，我国的数字图书馆建设，无论是数字资源建设、技术研发，还是服务等方面并不落后。但从加快发展的现实需要出发，从长远发展考虑，我国数字图书馆的建设还存在不少问题：一是缺乏整体的规划与协调。各主要的建设项目部门分割、单位所有，缺乏一个统一、有力的机构进行协调统筹。二是资源建设仍存在老、少、偏问题，缺乏适应现实需要的新资源。三是技术上仍存在一些问题。标准规范不统一和网站服务界面不便捷、不友好等问题仍需解决。四是存在版权等方面的一些政策问题。五是网上公布资源的吸引力还不够，数字图书馆对经济社会发展的介入还不够，社会影响力小。以上这些问题如果缺乏有力的协调，短期之内将很难解决。数字图书馆是以互联网技术、数字技术等高端科技为支撑的社会系统工程。协调发展战略，整合资源，分享技术成果以及管理与建设经验，防止重复建设和资源浪费，实现共建共享，是当前和今后一个时期我国数字图书馆建设面临的紧迫任务。

三、精诚团结，齐心协力，大力开展务实合作

为解决存在的问题，推动我国数字图书馆建设又好又快地发展，应本着积极、务实、开放的精神，全面加强各联席会议成员单位之间的合作，进一步明确合作的长远目标和阶段性任务，力争在比较短的时间内在一些重要方面能取得具体的合作成果。

（一）进一步完善联席会议机制

中国数字图书馆建设与服务联席会议是在党中央、国务院领导同志直接关心和支持下组建的，成员单位均是各系统推进数字图书馆建设的骨干或牵头单位，都在全国有着重要影响。大家共同来探讨、解决数字图书馆建设中的重大问题，很有意义。希望联席会议各成员单位站在战略高度，提高认识，密切沟通，进一步完善联席会议机制，将合作由务虚提升到务实阶段，共同推进我国的数字图书馆事业。

要在联席会议制度之下，筹备建立包括资源、标准、技术、管理、服务、版权等方面的项目工作组，研究确定合作共建的具体项目，抓紧组织实施，促成有关合作项目的落实。

中国图书馆学会要切实履行联席会议办公室的职能,加强筹划,精心组织,认真做好各次联席会议的准备工作,提高会议效率。要进一步加强与各成员单位之间的信息沟通和工作联系,除定期召开会议外,还要加强日常性的情况通报,使联席会议机制发挥更大作用。

(二) 积极开展面向全社会的服务

服务是图书馆工作永恒的课题。就数字图书馆建设而言,技术是基础,资源是核心,服务是关键。服务的效能决定着数字图书馆建设的成败。借助现代信息技术,将服务对象、服务领域极大地延伸,是数字图书馆的一大优势。要坚持数字图书馆的公益性原则,积极争取财政的支持,面向全社会,利用一切可以利用的资源、技术、平台,做好服务这篇大文章。

要充分发挥国家数字图书馆的龙头作用,加强国家数字图书馆的建设与服务。今年8月国家数字图书馆的建成开放,是我国数字图书馆建设史上的一件大事。国家数字图书馆要努力实现四个方面的功能:一是国家图书馆自身文献资源的数字化及管理的计算机网络化。二是与国内各大图书馆之间的高速网络连接和跨库检索。三是与全国文化信息资源共享工程建设相结合,利用共享工程的基础硬件设备及服务网络,把丰富的数字资源传送到全国各级基层图书馆,从而极大地改善基层图书馆文献资源不足的现状,提高公共文化服务水平。去年,我们与国家信息中心达成协议,通过国家政务外网传输文化共享工程资源。最近,我们正在研究利用国家政务外网传播国家数字图书馆的资源,为全国各级行政机关服务。四是为广大社会公众提供互联网服务,将国家数字图书馆网站建成互联网上有影响的中文网站,形成中华文化在互联网上的整体优势。实现这四个方面的功能,将对构建公共文化服务体系,推动文化大发展大繁荣,更好地保障人民群众的文化权益,产生积极而深远的影响。

开放性是图书馆的核心价值理念之一,与传统图书馆相比,数字图书馆的开放性特征更为突出。在为本系统、本部门服务的同时,联席会议成员单位应打破部门分割、单位所属的界限,建立和完善互联互通的平台,积极开展跨库检索、馆际互借、联合参考咨询等方面的合作。互联网是信息时代最开放、最便捷的知识传播平台和服务平台,要在尊重和保护知识产权的前提下,尽可能多地提供解决了版权问题的数字资源。

(三) 进一步加强资源建设、整合与共享

资源建设是数字图书馆建设的核心。要着眼于构建社会主义核心价值观、促进知识创新、传承中华优秀文化、维护国家文化安全、提升国家软实力的需要,针对不同层次、不同方面的读者需求,合理划分建设重点,大力开发、引进、集成超大规模、多种类型的数据库,加快数字资源建设。

要加强资源的整合与共享。这次国家图书馆与上海图书馆《全国近代文献书目资源共享合作意向书》的签订、"近代文献联合目录平台"的正式开通,填补了我国文献联合目录系统建设的一项空白,应以此为契机,进一步加强各类数字资源的整合与共享。

要抓紧开展已建数字资源登记系统的建设。在第一次联席会议上,已经就这个问题达成了共识,应尽快开展有关工作,及早建立登记平台,有效地避免资源重复建设问题。

(四)积极开展标准规范的制定、技术交流与人才培养方面的合作

经过多年努力,我国的各大数字图书馆已经初步建设了海量的数字资源。但由于标准规范不一,未能按统一的技术规范进行整合,许多资源无法实现共享和有效利用。要抓紧制定和出台数字图书馆建设的主要标准规范。国家图书馆、中国科学院国家科学图书馆等已就此开展了一系列工作,并取得了一批应用成果。最近,国家标准化管理委员会已批准筹建全国图书馆标准化技术委员会,要加快进行有关的筹建工作,依托全国图书馆标准化技术委员会,进一步推进标准规范建设。

要组织一批专业技术骨干,针对数字图书馆建设中存在的技术瓶颈问题,进行联合攻关。要积极参与有关的国际交流与合作,跟踪、学习国际数字图书馆建设的新理念、新技术、新成果,为我所用。

数字图书馆对人才的要求是全方位、多层次、高标准的,所涉及的管理人才、数字图书馆员、技术人才、法律人才,特别是高层次的领军人物,在我国都非常欠缺。要研究和制定有关数字图书馆人才的培养、培训计划,加强人才培养合作,造就一批高素质的专业人才,确保我国数字图书馆建设的高水平、维护的高水平、服务的高水平。

(五)加强有关版权处理问题的协调、合作

目前,我国数字图书馆的资源总量虽已具一定规模,但受版权的制约,可在互联网上提供服务的数字资源内容多为古代、近代资料,满足现实需要的资源偏少,实用性差。为解决版权问题,各大数字图书馆每年都要投入巨资,重复购买的现象较为普遍。在国务院制定、颁布《信息网络传播权保护条例》(以下简称《条例》)过程中,由于我们的积极争取,《条例》对基于公益目的合理利用出版物做出了有利于图书馆的规定。在充分利用《条例》有关规定的同时,联席会议成员单位应进一步加强合作,在版权处理、购买等方面研究对策,争取政策,协调立场。

(在第三次全国数字图书馆建设与服务联席会议上的讲话,2008年1月7日。原载于《中国图书馆学报》2008年第2期)

县级数字图书馆推广计划：
提升公共文化服务水平的重要举措

改革开放30多年来，随着我国经济和社会的快速发展，文化事业日益繁荣，公共图书馆事业快速发展，作为我国公共图书馆事业基础的县级图书馆，也得到了同步发展。截至目前，我国已经基本实现了县县有图书馆、文化馆的目标，初步形成了覆盖全国城乡的公共文化服务体系。到2008年，我国县级以上公共图书馆由1978年的1256所增加到2820所，增长125%；文献总藏量由1978年的1.64亿册（件）增加到5.5亿册（件），增长235%；馆舍总面积由1978年的65万平方米增加到777.7万平方米，增长近11倍；购书经费由1978年的1503万元增加到9.369亿元，增长61倍；服务人次由1978年的5398万人次增加到2.8亿人次，增长4倍；书刊流通量由1978年的7831万册（件）增加到2.3亿册（件），增长194%。

然而，在快速发展的同时，我国县级图书馆事业还面临着许多突出问题和困难，主要表现在：地域发展很不均衡，特别是贫困地区县级图书馆的发展明显滞后。许多县级图书馆经费严重短缺，设备与设施落后，藏书量少，文献资料更新不及时。信息化、网络化发展滞后，许多农村、偏远山区，由于交通、通信条件限制，甚至无法获得基本信息资源服务。这些问题的存在使得县级图书馆服务能力不足，缺乏活力，远远不能满足基层群众的基本文化需求，严重制约着县级图书馆基层公共文化服务功能的实现。数字图书馆的建设为解决上述问题提供了难得的机会。

为全面提升县级数字图书馆的服务能力，作为国家数字图书馆建设的一项重要内容，国家图书馆启动了县级数字图书馆推广计划。该计划将使国家图书馆优质的数字资源通过文化共享工程的平台推送到全国每一个县，以丰富县级图书馆的数字资源，在今年年底前使全国2940个县都具备数字图书馆服务能力，从而使全国的县级图书馆都进入数字图书馆时代，形成资源总量丰富、资源更新及时、服务方式便捷、服务手段多样的县级数字图书馆服务体系。县级数字图书馆推广计划是我国在新的历史条件下全面提升公共文化服务水平的一个重要举措，它的实施将使县级图书馆在普及科学文化知识、活跃城乡人民群众精神文化生活方面真正发挥作用，由此带动县级图书馆、乡镇文化馆（站）以及社区文化室的公共文化服务，使其具备普遍开展数字图书馆服务的能力，以更好地满足基层群众日益增长的精神文化需求，丰富人民群众的文化生活。

县级数字图书馆推广计划是利用文化共享工程等各种物理的和虚拟的信息网

络传输平台，将国家数字图书馆的资源与服务推送到基层图书馆，惠及更广泛的社会公众，逐步建成覆盖全国各省市县公共图书馆和文化共享工程基层站点的、分级分布的国家数字图书馆基层公共服务网络，使国家数字图书馆的建设成果实现全民共享。

在服务网络建设方面，该计划将在全国每一个县级图书馆建立电子阅览室，使县级图书馆成为面向基层群众提供数字文化服务的重要阵地。同时，通过县级数字图书馆进一步向基层辐射，使全国城乡基层图书馆、文化馆（站）、文化室都能够方便快捷地利用国家数字图书馆的建设成果提供优秀文化服务，从而搭建起覆盖全社会的数字图书馆服务网络，以切实推进文化创新，激发文化发展活力。

在推送资源方面，今年县级数字图书馆推广计划向每个县级图书馆提供 1 TB 数字资源，这批资源主要包括视频、图片、电子图书、电子期刊、网络信息资源等多种类型。

在服务形式方面，国家图书馆专门设计制作了县级数字图书馆推广计划服务系统，整个应用系统分为程序、数字资源、外部应用三大部分，封装在一块移动硬盘内，提供给各县级图书馆，在具备相应条件的地区还将以虚拟专用网络（VPN）方式进行资源分发。组织专门培训，提供网络、电话等支持服务，同时下发培训课件与培训课程视频资料。各县级图书馆既可以采用单机模式提供用户服务，也可以将系统安装在服务器上，以网络模式同时向多个用户提供服务。

县级数字图书馆推广计划的实施，将实现全国图书馆，特别是县级图书馆的跨跃式发展，这些县级图书馆将作为国家数字图书馆的基层节点，与国家数字图书馆一起在全国形成一个资源丰富、服务快捷、技术先进、稳定可靠的分布式数字图书馆网络。未来，国家图书馆将在今年实施县级数字图书馆推广计划的基础上，逐步向基层延伸，进一步发挥数字图书馆在保障人民群众基本文化权益方面的重要作用。在服务网络建设方面，国家图书馆将依托乡镇综合文化站、社区和村综合文化活动室，建立国家数字图书馆电子阅览室和基层服务站（点），力争通过 3 年的建设，在全国 41636 个乡镇（街道）建立起绿色网吧，并逐步拓展到全国 691510 个村（社区），以此净化网络文化环境，为基层群众，特别是广大青少年提供绿色上网空间。在数字资源建设方面，国家图书馆将不断增加资源内容，从而将健康的生活方式、科学的生产方式、先进的思考方式传递给基层群众，特别是针对农村和城市基层缺乏有吸引力的数字文化资源的现状，不断提高资源的适用性和针对性，通过丰富多彩的多媒体资源，为公众提供全方位的文化体验和学习体验。在服务方面，国家图书馆还将积极跟进以手机、数字电视等为代表的新兴媒体的发展，充分利用电信网、广播电视网和 3G 网络，实施新兴媒体数字图书馆服务计划，用先进文化占领新兴媒体阵地，使新兴媒体在社会主义核心价值体系建设中发挥重要作用，面向全国 3.84 亿网民提供数字图书馆服务，面向 7 亿手机用户提供移动阅读服务，面向 6500 万数字电视用户提供基于电视的数字图书馆服务。同时，逐步实现数字图书馆服务系统的双向功能，支持用户多样化、多层次、个性化的信息需求。

（原载于《学习时报》2010 年 5 月 3 日第 6 版）

认真做好国家图书馆数字资源征集工作

国家数字图书馆是国家级数字图书馆，是我国公共文化服务体系的重要组成部分，承担着为社会公众提供基本文化服务的重要职责。为联合全国各图书馆共建国家数字图书馆，丰富国家数字图书馆的资源，进一步提高国家数字图书馆的公共文化服务水平，五一前，我们发布了《国家图书馆数字资源征集办法》，面向全国各省级公共图书馆、全国数字图书馆建设与服务联席会议成员单位、国家数字图书馆分馆等机构广泛征集数字资源。今天，我们请大家来这里参加"国家图书馆数字资源征集工作研讨会"，共同研讨如何通过这次征集活动丰富国家数字图书馆的资源，促进各图书馆的数字资源建设工作，继而在此基础上建立起跨地区、跨系统的图书馆共建共享机制，共同推进国家数字图书馆的发展。这是一次非常重要的会议，希望大家能够深入研讨，积极出谋划策，对国家图书馆的首次数字资源征集工作提出宝贵的意见和建议。

进入21世纪以来，随着互联网、新兴媒体的发展，数字图书馆在我国也进入了快速发展时期，在座的各图书馆也都在加快本馆的数字图书馆建设进程。可以说，数字图书馆是网络环境和数字环境下图书馆新的发展形态，是利用高新技术拓展公共文化服务能力和传播范围的重要途径。国家数字图书馆工程自2005年开始建设，其目标是建设世界上最大的中文数字信息保存基地与服务基地，为全国乃至全球提供数字信息服务。截至2009年底，国家数字图书馆的资源保有量超过327 TB，已经初步搭建起内容丰富、技术先进、覆盖面广、传播快捷的公共文化服务网络，服务范围覆盖互联网、电子政务外网、卫星、移动通信网、数字电视网等，成为推进文化创新、繁荣和传播社会主义先进文化的基础性文化惠民工程。目前，工程建设工作正在按既定计划进行，58个子项目正在建设中，到2010年底，要基本完成工程的主要建设任务，多数软硬件系统要投入运行。

国家数字图书馆是国家的数字图书馆，而不是国家图书馆的数字图书馆，将国家数字图书馆的建设成果更多更快地用于公共文化服务，对于在整体上提升我国图书馆，尤其是公共图书馆的服务水平具有重要意义。因此，对于国家数字图书馆的建设而言，有两项工作非常重要：一是不断扩大国家数字图书馆的覆盖范围，为全国公众提供服务，为全国图书馆界提供服务；二是不断丰富国家数字图书馆的资源内容，建设国家文献资源总库，为提供高质量的国家数字图书馆服务奠定坚实的资源基础。

在为全国服务方面，目前国家数字图书馆的资源服务主要包括三个层次：一是通过互联网、电信网和广播电视网为全国乃至全球提供开放服务，二是为授权用户提供网络服务，三是基于国家图书馆馆域网的服务。今年，作为国家数字图书馆建设的一项重要内容，我们启动了县级数字图书馆推广计划，在今年年底前向每个县级图书馆提供1 TB数字资源，使全国2940个县都具备数字图书馆服务能力，以满足基层老百姓的基本文化需求。春节前在全国320个县进行了试点，3月24日在北川召开了"县级数字图书馆推广计划灾区援建行动"，截至目前，这项计划已经覆盖了全国370个县级图书馆。这些县级图书馆将作为国家数字图书馆的基层节点，与国家数字图书馆一起在全国形成一个资源丰富、服务快捷、技术先进、稳定可靠的分布式数字图书馆网络。"十二五"期间，我们将在今年实施县级数字图书馆推广计划的基础上，逐步向基层延伸，依托乡镇综合文化站、社区和村综合文化活动室，建立国家数字图书馆电子阅览室和基层服务站（点），从而最终实现国家数字图书馆的全国覆盖。此外，以手机、数字电视等为代表的新兴媒体的发展，给数字图书馆建设带来了新的机遇与挑战。国家数字图书馆要充分利用电信网、广播电视网和3G网络，实施新兴媒体数字图书馆服务计划，用先进文化占领新兴媒体阵地，面向全国3.84亿网民提供数字图书馆服务，面向7.8亿手机用户提供移动阅读服务，面向6500万数字电视用户提供基于电视的数字图书馆服务。同时，逐步实现数字图书馆服务系统的双向功能，支持用户多样化、多层次、个性化的信息需求。

数字资源是数字图书馆开展服务的基础，要不断增加资源内容，从而将健康的生活方式、科学的生产方式、先进的思考方式传递给基层群众，特别是针对农村和城市基层缺乏有吸引力的数字文化资源的现状，不断提高资源的适用性和针对性，通过丰富多彩的多媒体资源，为公众提供全方位的文化体验和学习体验。到"十二五"末，国家数字图书馆的资源量要达到1000 TB。去年底是327 TB，这就意味着未来6年每年要增长112 TB。目前，互联网和手机上都充斥着大量的不健康信息，缺乏有吸引力的优秀文化资源是导致这一现象的一个主要原因。在座的各图书馆在数字图书馆建设中，都积累了不少有特色的、高质量的自有版权数字资源，这些资源许多是中华民族优秀文化的传承。如何建立起一种快速响应的资源共建共享机制，使这些优秀的数字文化资源能够充分整合，发挥其规模效益，服务于更广泛的社会大众，使数字图书馆真正成为在网络环境下保障人民群众基本文化权益的重要途径，是摆在我们面前刻不容缓、需要着力解决的问题。为此，国家图书馆专门安排了一部分数字资源征集经费，面向图书馆界征集符合条件的数字资源，从而探索出一条数字资源共建共享的新途径，联合各方面力量共建国家数字图书馆。此外，有些图书馆有很好的数字资源建设规划，但因为经费等问题无法实施，这次的征集工作也会在一定程度上促进各馆的资源建设工作。征集到的资源一方面将通过国家数字图书馆的技术平台进行统一揭示，以促进各馆资源的利用；另一方面将通过国家数字图书馆的服务平台，向全国提供基于互联网、数字电视、手机等智能移动终端的全媒体服务，同时提供行业共享。

关于此次征集工作的具体安排,稍后魏大威同志还会做详细说明。

这是国家图书馆第一次面向图书馆界征集数字资源,征集工作方案虽然之前在内部做了多次讨论,但尚未经实践检验,有些还不成熟,也难免会有疏漏,希望大家多提宝贵意见和建议。此外,也希望各馆能够积极参与此次征集工作,使优秀的资源能够进入国家文献资源总库,通过国家数字图书馆的平台向社会公众提供普遍服务。

国家数字图书馆是我们共同的事业和理想,也是图书馆事业实现跨跃式发展的一个良机,建设好国家数字图书馆需要举全国图书馆之力,共谋发展之策。希望各位馆长畅所欲言,帮助国家图书馆谋划好此次数字资源征集工作。如果有机会,也欢迎大家对国家数字图书馆的建设多多建言献策。

(在全国图书馆数字资源征集工作研讨会上的讲话,2010年5月11日)

推广县级数字图书馆　做好文化惠民工程

数字图书馆是网络环境和数字环境下图书馆新的发展形态，是利用高新技术拓展公共文化服务能力和传播范围的重要途径。2001 年，国务院批准立项国家数字图书馆工程，并于 2005 年开始建设，目标是建设世界上最大的中文数字信息保存基地与服务基地，为全国提供数字信息服务。经过近 5 年的建设，国家数字图书馆已经初步搭建起了内容丰富、技术先进、覆盖面广、传播快捷的公共文化服务网络，资源保有量超过 320 TB，服务范围覆盖互联网、电子政务外网、卫星通信网、移动通信网、数字电视网等，成为推进文化创新、繁荣和传播社会主义先进文化的基础性文化惠民工程。将国家数字图书馆的建设成果更多更快地用于公共文化服务，对我国传统图书馆的服务将是一次提升。

山东省是一个文化大省，省委、省政府高度重视公共文化服务体系建设，是第一个在全国全面推开文化共享工程的省份，网络平台建设居全国前列，并认真进行了县级数字图书馆建设的试点工作，已经具备了数字图书馆推广应用的基本条件。今天，我们在这里启动全国县级数字图书馆推广计划山东省全覆盖工作，使山东全省 17 个地市、140 个县区级公共图书馆都具备数字图书馆服务能力，并由此带动 1861 个乡镇（街道）综合文化站服务能力的提升，使山东在全国成为第一个实现县级数字图书馆全覆盖的省份，以推动山东公共文化服务体系建设，提高山东公共文化服务水平。在此基础上，今天，国家图书馆还将与山东省文化厅签署战略合作协议，在山东省全面推开国家数字图书馆服务体系建设，使国家图书馆优秀的数字资源能够为山东人民提供更加方便快捷的服务。双方商定，在数字资源建设、新媒体服务、数字图书馆技术研发、人才培养、图书馆业务等领域开展密切合作，力争用两年左右的时间使山东省各级公共图书馆和基层服务网点的设施设备达到国家数字图书馆的推广要求，逐步在山东省建成覆盖省、市、县、乡、村五级的数字图书馆服务网络，并依托文化共享工程平台、乡镇综合文化站、社区和村综合文化活动室，建立国家数字图书馆电子阅览室和基层服务站点，为推动山东省经济和社会发展，促进山东公共文化服务体系建设做出贡献。

数字图书馆是借助现代信息技术，利用网络开展的服务。希望各级政府要重视数字图书馆基础设施建设，不断加大投入；希望各级文化主管部门要加强指导，各级图书馆要不断提高技术水平和服务水平。同时，也希望大家对国家图书馆提供的资源和软件平台等存在的不足和缺陷毫无保留地反馈意见，以利于国家图书馆不断改进服务。让我们大家共同努力，使国家数字图书馆的服务在山东落地、开花、结果,为山东的文化发展做出应有的贡献。

(在全国县级数字图书馆推广计划山东省全覆盖启动仪式上的讲话,2010年7月12日。山东文化信息资源共享工程信息服务平台网站:http://124.133.52.143/xjst/jianghua2.html)

大力推动国家数字图书馆推广工程建设

今年是"十一五"计划的最后一年,按照国务院部署,各级政府和各单位都在着手制定"十二五"规划。国家发展和改革委员会、中宣部和文化部等部门都在制定国家的"十二五"规划纲要和"十二五"时期文化发展规划纲要。在这个大背景下,国家图书馆围绕如何为我国文化事业的发展做出新的贡献,同时也抓住机遇,促进图书馆事业更快更好地发展,做了认真的思考,在大量调查研究的基础上,初步形成了"十二五"期间实施国家数字图书馆推广工程的思路。

国家数字图书馆在全国的推广应用,对中华文明在新的信息网络环境下的传承,对公共文化服务体系的建设,对全国图书馆事业的发展都有着十分重要的影响,是全国公共图书馆人共同的事业,需要集大家的智慧,共谋发展之策。所以,此次请大家到国家图书馆来,早期参与、共同谋划国家数字图书馆推广工程项目方案,从而尽早形成一个符合公共文化发展需求和数字图书馆发展规律的项目策划,力争使这个工程能够进入文化部乃至国家的"十二五"规划中,从而获得中央和地方财政支持,整体带动全国图书馆行业的发展。希望大家积极出谋划策,对国家数字图书馆的全国推广提出宝贵的意见和建议。

一、实施国家数字图书馆推广工程势在必行

数字图书馆是网络环境和数字环境下图书馆新的发展形态,是利用高新技术拓展公共文化服务能力和传播范围的重要途径。"十二五"期间,数字图书馆的发展面临新的挑战和难得的发展机遇。

(一)国家数字图书馆工程建设的初步成果,为国家数字图书馆推广工程的实施提供了坚实的技术支撑和资源保障

2001年,国家数字图书馆工程经国务院总理办公会批准立项,2005年开始建设。该工程是国家"十五"重点文化建设项目,经过近5年的建设,已经取得了阶段性成果:高速网络传输系统、海量数字资源存储系统、高性能服务器系统等硬件基础设施平台初步搭建完成;围绕海量数字资源生命周期管理的基础软件平台正在建设过程中,预计明年上半年可进行部署;在全国图书馆界的共同参与下,国家数字图书馆标准规范体系也已经基本建设完成,重点对中文信息处理中涉及的关键技术与标准进行了研发;一个内容丰富、技术先进、覆盖面广、传播

快捷的国家数字图书馆服务网络已经初步搭建完成,服务范围覆盖互联网、电子政务外网、卫星、移动通信网、数字电视网等。这些成果将为国家数字图书馆推广工程的实施提供坚实的技术支撑。

截至 2010 年 6 月底,国家数字图书馆数字资源保有量已达 414 TB,资源类型包括文本、图像、音频、视频、网络资源等多种形式,涵盖范围包括古今中外各个历史时期,内容丰富,种类齐全,为国家数字图书馆推广工程的实施提供了基本的资源保障。今年开始试行的面向全国图书馆的资源征集工作,将进一步丰富国家数字图书馆的资源内容。今年 2 月启动的县级数字图书馆推广计划,在年底前将使全国所有县级图书馆都具备数字图书馆服务能力,既为下一步实施国家数字图书馆推广工程提供了可资借鉴的经验,也为进一步形成分级分布、覆盖全国的国家数字图书馆服务网络奠定了基础。

国家数字图书馆,顾名思义是国家的数字图书馆、全国的数字图书馆,而不只是国家图书馆的数字图书馆,在建设中要考虑如何覆盖全国。国家数字图书馆工程的初步建设成果,为国家数字图书馆推广工程的实施提供了条件。

(二)各地数字图书馆,特别是省级数字图书馆建设蓬勃发展,为国家数字图书馆推广工程的实施奠定了良好的基础

截至 2009 年,全国共有县级以上公共图书馆 2850 个,乡镇(街道)文化站 38736 个,村(社区)文化室 246780 个。"十二五"期间,文化部还将在全国 64 万个村庄建设文化社区,以大型公共文化设施为骨干,以社区和乡镇基层文化设施为节点,覆盖全社会的公共文化服务网络和公共图书馆服务网络正在形成。特别是随着国家级数字图书馆项目的深入发展,在各省级图书馆的带动下,我国区域性数字图书馆建设日渐活跃,呈现出联合共建、彰显特色的发展态势,许多地方政府将数字图书馆建设列入地方发展规划,通过数字图书馆建设提升地方公共文化服务水平和能力,取得了令人瞩目的成果,创造了多种发展模式。例如上海的总分馆制、浙江的网络图书馆、广东的数字图书馆建设等,为数字图书馆在一个地区的全面覆盖进行了积极的探索。还有很多地方结合新馆建设,积极规划数字图书馆项目,致力于提升数字图书馆建设和服务水平。例如,湖北省预计投资 11300 万元将湖北省数字图书馆建成中西部一流水平的省级数字图书馆;四川省投资 6000 万元建立数字图书馆新馆,建成后将向全省 8800 万人提供全方位多层次信息服务。这就为我们依托高速信息传输网络,拓展国家数字图书馆的服务空间,建立覆盖全国的数字图书馆服务网络搭建了良好的平台。

尤为重要的是,近年来,各省基于本省公共图书馆丰富的馆藏资源,组织建设了一批内容丰富、形式多样的地方特色数字资源,包括地方志、民国文献、家谱、老照片、年画、视频讲座等。今年纳入国家图书馆数字资源征集范围的地方特色资源达 20 TB。随着数字图书馆建设的不断深入,各馆还在源源不断地生产

新的数字资源。这些数字资源一方面对于丰富国家数字图书馆的资源内容，满足各地群众的个性化需求有着非常重要的意义；另一方面也迫切需要建立一个基于网络的资源共享平台，使这些资源能够在全国范围内共享，从而发挥资源的整体优势与规模优势，使资源建设投入发挥最大的效益。

文化共享工程的实施，使县级图书馆的基础设施条件得到了极大的提升，国家图书馆实施的县级数字图书馆推广计划，将国家数字图书馆 1 TB 的数字资源推送到各县级图书馆，在今年内使全国所有的县级图书馆都具备数字图书馆服务能力，为下一步国家数字图书馆推广工程在全国建立分级分布的数字图书馆网络体系奠定了基础。今年7月12日，国家数字图书馆在山东的全覆盖工作全面启动，国家图书馆与山东省文化厅将用两年左右的时间，在山东全省逐步建成覆盖省、市、县、乡、村五级的数字图书馆服务网络，国家数字图书馆选择山东作为地区推广的第一个示范省，就是因为山东已经具备了较好的覆盖全省的网络传输条件，我们将在这个基础上探讨一些经验，再逐步向全国推广。

（三）新媒体的快速发展，为国家数字图书馆推广工程的实施提供了多样化的传输渠道

随着新技术的不断涌现，新媒体服务和媒体终端功能日益强大，信息的传播与获取方式发生着重大变革。手机、数字电视、电子阅读器、移动数字多媒体广播、播客以及各种社交网络日益成为重要的信息传播渠道。截至2009年底，中国手机用户达7.47亿，数字电视用户达6500万；截至2010年6月，互联网用户已达4.2亿。移动数字多媒体广播已经在全国220多个地级市开通手持电视服务。电子阅读器发展迅速，许多知名企业纷纷进入电子阅读器市场。社会公众通过新媒体获得信息与知识服务的需求日益强劲。

与传统媒体相比，新媒体在传播渠道、传播受众、传播模式和传播效果等方面具有无可比拟的优越性，信息传播更具开放性、互动性和共享性，为国家数字图书馆推广工程的实施拓展了信息传输渠道与服务渠道，为数字图书馆建立基于新媒体的公共文化服务新业态提供了强有力的支撑。

（四）中国不断改革开放，与国际间的交流不断扩大并走向加深，为国家数字图书馆推广工程的实施提供了广阔的拓展空间

随着我国综合国力显著增强和国际地位日益提高，在对外文化交流中，迫切需要不断增强我国文化的国际影响力和竞争力，推动中华文化走向世界。图书馆作为一个国家重要的文化机构，是开展对外文化交流、传播中华文化的重要平台。近年来，我国图书馆界开始逐步深入地参与到国际图书馆事务和我国政府的对外文化交流项目中。例如，国家图书馆作为发起馆之一，参与了联合国教科文组织的"世界数字图书馆项目"；上海图书馆等一些图书馆参加了"中国之窗"

项目。图书馆在对外文化宣传与交流方面发挥着越来越重要的作用。

实施国家数字图书馆推广工程，一方面将促进我国图书馆界通过数字图书馆平台加强与国外图书馆的交流与合作，在互联网上展示和传播中华优秀文化，展示我国社会主义建设的最新成果，促进中外文化的相互交流和借鉴；另一方面，国家数字图书馆系统将通过标准接口与开放协议同全球数字图书馆系统连通，这有助于丰富国家数字图书馆的资源，方便社会公众了解世界各国的情况，尤其是各国的文化与文明，学习借鉴国外先进的科学技术成果。

（五）中央对公共文化服务体系建设和公共图书馆事业建设越来越重视，为国家数字图书馆推广工程的实施营造了良好的政策环境

文化建设是我国社会主义现代化建设的重要组成部分。近年来，党中央高度重视文化建设。党的十六大对深化文化体制改革做出一系列重大决策，明确划分文化事业和文化产业，确立了社会主义文化发展的方向；党的十七大进一步从中国特色社会主义事业"四位一体"总体布局的高度，提出兴起社会主义文化建设新高潮、推动社会主义文化大发展大繁荣的战略任务。今年以来，党中央及中央领导就文化建设发表了一系列重要讲话，做出了进一步的战略部署。今年2月初，在中央举办的省部级主要负责同志转变经济发展方式专题研讨班上，胡锦涛总书记发表了重要讲话，深刻阐述了加快经济发展方式转变的重要性和紧迫性，提出把文化建设作为全国全党要抓的重点任务之一。3月，温家宝总理在政府工作报告中，把"大力加强文化建设"作为要重点抓好的八个方面工作之一。4月上旬，李长春同志在全国宣传部长座谈会上发表重要讲话，深刻阐述了文化建设中的十大关系。7月23日，胡锦涛同志在主持中共中央政治局第二十二次集体学习时发表重要讲话，深刻阐述了文化建设对社会主义现代化建设的重要性和深化文化体制改革的重大意义，进一步明确了文化建设的重要定位，指出，"文化体制改革是解放和发展文化生产力的根本途径。要从战略高度深刻认识文化的重要地位和作用，以高度的责任感和紧迫感，顺应时代发展要求，深入推进文化体制改革，推动社会主义文化大发展大繁荣"。图书馆是公共文化服务体系的重要组成部分，我们要根据中央关于文化事业发展的要求，站在国家文化发展的高度来谋划图书馆事业发展，站在公共文化服务的高度来规划全国公共图书馆事业的发展，以现代高新技术突破体制机制障碍，在公共文化服务体系建设中充分发挥图书馆的作用，为社会主义文化建设做出突出贡献，推进图书馆事业全面发展。此外，随着我国经济社会持续快速发展和人民生活水平不断提高，社会公众的精神文化需求越来越旺盛，除了读书看报、听广播看电视、进行公共文化鉴赏、参加公共文化活动外，人们的文化需求日益多样化，通过新媒体获得信息与知识服务的需求不断提高。

实施国家数字图书馆推广工程，既是落实中央关于文化事业发展要求的实际

举措,也是满足人民群众日益增长的精神文化需求的迫切要求。

因此,国家数字图书馆推广工程的实施已经具备了比较好的条件,可谓"天时、地利、人和"。工程的实施势在必行,它将从整体上带动各基层图书馆的现代化水平,使全国公共图书馆实现跨跃性发展,从而极大地提升我国公共文化服务能力和服务水平,切实保障新信息环境下公共文化服务的公益性、基本性、均等性、便利性,为建设学习型社会提供资源保障。明年是"十二五"开局之年,要争取使国家数字图书馆推广工程进入国家和地方的发展总盘子中,这一点至关重要,需要集全国图书馆界的集体智慧,大家共同策划好这个项目。

二、工程主要建设思路

(一)工程建设的主要目标和内容

国家数字图书馆工程的总体建设目标是:有重点地采集、建设和保存中文数字资源,建设世界上最大的中文数字信息保存基地;构建支持数字资源采集、加工、保存、服务的技术支撑平台;利用先进的技术和传播手段,通过国家骨干通讯网,向全国和全球提供服务,建设世界上最大的中文数字信息服务基地;构建以国家图书馆为服务中心,以国内各大图书馆为服务节点的数字资源传递和服务体系。国家数字图书馆推广工程要按照这个目标做策划,"十二五"期间要通过建设"一库一网三平台",打造基于新媒体的公共文化服务新业态,使图书馆服务的覆盖范围由图书馆物理空间扩展到互联网、手机、电视、智能移动终端,最终实现国家数字图书馆的服务惠及全民,切实保障公共文化服务的公益性、基本性、均等性、便利性,最大限度地发挥数字图书馆在文化建设中引导社会、教育人民和推动发展的功能。

"一库"是指海量分布式公共文化资源库群。以国家数字图书馆为核心,依托各省级数字图书馆,建立若干数字资源建设中心、数字资源保存中心和数字资源服务中心,构建分级分布式公共文化服务数字资源保障体系,实现资源建设、保存和服务的统一规划、调度与管理。到"十二五"末,数字资源总量达到10000 TB,其中电子图书200万种,电子期刊12000种,电子报纸2000种,音频资源20万小时/100万首曲目,视频资源30万小时/150万部集,网络信息资源1000 TB,形成海量分布式公共文化资源库群。

"一网"是指覆盖全国的文化虚拟网。借助互联网、移动通讯网、广播电视网、卫星网等网络通道,以及VPN等现代网络技术,建立以国家数字图书馆为核心,以省级数字图书馆为主要节点的文化虚拟网。到"十二五"末,基本形成覆盖全国省、市、县、乡镇(街道)、村(社区)的数字图书馆网络体系,在这个网络平台上实现资源与服务的全面共建共享。

"三平台":一是优秀中华文化集中展示平台。在国家数字图书馆丰富的资源基础上,联合各地图书馆,对优秀中华文化资源进行采集、加工、组织与整合,通过覆盖全国的文化虚拟网,为公众提供内容丰富多彩的网络文化产品,通过文本、音乐、影像、动画、游戏等生动鲜活的形式,利用互联网、广播电视网和移动通信网等多种媒体打造覆盖全国、辐射全球的优秀中华文化展示平台,不断增强中华优秀文化的辐射力与影响力。

二是嵌入公众生活的全民终身学习平台。要按照建设全民学习、终身学习的学习型社会的要求,依托海量分布式公共文化资源库群,建设适用于不同文化水平、满足不同学习需求的多样化学习资源库群,为社会公众提供内容丰富、形式多样、使用便捷的学习资源,使人们能够方便地利用国家数字图书馆提供的服务获得所需要的知识与能力,促进人的素质的全面提高,推动学习型社会建设。

三是国际文化交流平台。通过国家数字图书馆推广工程搭建的网络服务平台与国外数字图书馆系统实现互连互通,向各国人民介绍中华民族历史悠久的传统文化,让世界人民深入了解中国,同时,向我国人民提供认识世界、了解世界的窗口,从而弘扬中华传统文化,促进中外文化交流,打造一个开放、多元、包容的国际化文化交流平台,提高中华文化在世界范围内的影响力。

借助手机、数字电视、移动电视、社交网络等为代表的新兴媒体,以互联网、移动通信网、广播电视网为通道,向公众提供个性化、多样化、双向互动的数字图书馆服务,形成基于新媒体的公共文化服务新业态。

稍后魏大威同志还将就国家数字图书馆推广工程的具体建设方案做详细介绍。

(二) 工程建设机制

(1) 统筹规划,分步实施。国家数字图书馆推广工程要在公共文化服务总体思想指导下统筹规划,结合全国各级图书馆发展现状,分阶段、有计划地实施。具备网络覆盖条件,软硬件基础设施、技术力量较好的地方可以先行建立示范点,然后逐步推进。

(2) 资源共享,优势互补。国家数字图书馆推广工程将搭建起图书馆界的资源共享平台,由国家数字图书馆牵头,构建数字资源共建共享保障体系,通过有效的共享机制和技术手段,支持行业内的纵向与横向资源共享,地区间还可以通过这个平台横向交换资源或赠送资源。通过这个平台实现各级数字图书馆的优势互补,共享数字图书馆建设成果,从而整体提升全行业的数字资源建设与服务水平,实现行业共赢。

(3) 服务社会,惠及全民。国家数字图书馆推广工程作为公共文化服务体系建设的重要内容,将面向大众,面向社会各个群体,普遍提供数字图书馆服务,通过互联网、手机、电视等新媒体传播渠道,扩大公共文化服务的覆盖面和辐射力,使国家数字图书馆建设成果真正惠及全民,使国家数字图书馆成为保障人民群众基本文化权益的公共文化服务新业态。

三、下一步要重点开展的几项工作

为做好国家数字图书馆推广工程的工作,下一步要重点做好以下几项工作:

第一,要把方案论证好。目前,这个方案还只是一些初步设想,尚未经论证,有些还不成熟,也难免会有遗漏,聊做引玉之砖,希望大家积极畅所欲言,建言献策,进一步理清思路,明确任务,共同谋划好这个项目,争取尽早形成一个切实可行的规划。希望大家把这次会议开成既是谋划国家数字图书馆推广工程的会议,更是谋划全国图书馆事业乃至全国文化事业发展的会议,使这个项目能够成为引领全国图书馆事业发展的重要项目。

第二,积极争取进入国家"十二五"规划。国家图书馆要积极与中宣部、国家发改委、文化部等有关部门加强沟通,通过各种方式积极宣传、推介国家数字图书馆推广工程,争取能够进入国家"十二五"发展的有关规划中。在此基础上积极争取经费,包括积极争取地方转移支付经费,以支持地方数字图书馆建设,使各地能够早日达到国家数字图书馆的网络、硬件、软件、资源等各项要求。

第三,要加快省级数字图书馆的建设。国家数字图书馆推广工程不只是国家图书馆的事情,需要大家的共同参与。各地方要结合本地方实际情况,尽早着手本省的数字图书馆建设规划,争取把项目策划好,积极与地方有关部门沟通,力争进入省里的发展规划。今后,国家数字图书馆分馆建设将按照国家数字图书馆的要求,具备本地区全覆盖网络条件、数字图书馆建设基本硬件条件、一定的数字资源建设能力与数字资源积累量、数字图书馆专业人员队伍等条件的图书馆,才能申请建立国家数字图书馆分馆。国家图书馆可以提供数字图书馆应用系统、新媒体服务系统等方面的技术支持,数字资源支持及人员支持,地方要按照国家数字图书馆的要求做好本地网络系统、软硬件基础设施平台的搭建工作。

第四,要做好人员培训工作。人是项目成功的关键,要想做好国家数字图书馆推广工程,就必须人员先行。要以提升图书馆馆员整体的科技素质、服务素质为重点,面向图书馆馆员开展数字图书馆建设与服务的培训。有步骤地分批开展数字图书馆理论培训、业务培训、应用培训、科技培训和服务培训。通过培训,建设一批现代化、科技化、职业化的数字图书馆馆员队伍,为国家数字图书馆推广工程的顺利实施奠定基础。

第五，要制定标准规范。工程建设标准规范要先行，必须首先建立工程标准规范体系，有些标准需要研发，有些标准可以直接采用。目前，国家数字图书馆已经陆续发布了一些标准规范，大家要积极参与工程标准规范的制定工作，按统一规范组织资源，为今后的资源统一调度与共享创造条件。

（在国家数字图书馆推广工程座谈会上的讲话，2010年9月8日）

全面构建数字图书馆服务网络　服务全民阅读

在学习型社会的创建工作中，国家图书馆面对人民群众日益增长的精神文化需求，站在国家"四位一体"发展战略的高度，充分利用科学技术，不断提高公共文化服务能力和水平，通过构建全国数字阅读服务网络，推进国家数字图书馆建设成果的全民共享，以实际行动促进学习型社会建设。

国家图书馆二期工程暨国家数字图书馆工程是国家"十五"重点文化建设项目，本着"边建设、边服务"的原则，自2008年国家图书馆二期新馆建成开放起，国家数字图书馆工程的阶段性建设成果就逐步面向社会提供服务。截至2010年6月底，国家数字图书馆资源总量达414 TB，推出了基于互联网、手机、数字电视等多种媒体的服务方式，已经初步搭建起数字图书馆服务网络，国家图书馆的公共文化服务水平得到了较大提升。

一、推出全国县级数字图书馆推广计划，服务基层

我国县级图书馆事业在快速发展的同时，仍面临着地域发展不均衡，信息化、网络化发展滞后的问题。因此，作为国家数字图书馆建设的一项重要内容，2010年初国家图书馆推出了县级数字图书馆推广计划，利用全国文化信息资源共享工程的传输平台，将国家数字图书馆的资源与服务推送到全国2940个县图书馆，使全国所有县图书馆都具备数字图书馆服务能力。

县级数字图书馆推广计划分期进行：一期行动向全国320个县级图书馆分别配送数字资源；二期"灾区援建行动"将国家图书馆数字资源推送到汶川地震极重灾区、重灾区和对口支援县；三期"援疆行动"已形成覆盖全新疆的数字图书馆服务网络，促进新疆基层公共文化事业跨越式发展。2010年7月，山东省在全国率先实现县级数字图书馆推广计划全覆盖，全省17个地市、140个县区级公共图书馆都具备数字图书馆服务能力，并带动1861个乡镇（街道）综合文化站提升了服务能力，为保障广大群众的基本文化权益开辟了更加便捷有效的途径。

目前，全国共有655个县级图书馆基本完成县级数字图书馆推广计划。根据问卷调查，在涵盖全国的3616份有效反馈中，89.26%的用户对此表示"非常满意"或"满意"。"十二五"期间，国家图书馆将实施全国数字图书馆推广计划，从而构建起一个以省级图书馆为中枢、以市县级图书馆为节点的遍布全国的分级分布式数字图书馆服务体系。

二、建立各种数字服务平台，为不同部门和群体服务

国家图书馆利用数字图书馆建设成果，建立中南海网站和国家图书馆立法决策服务平台，服务国家立法决策。2002年，中南海网站直接面向国务院办公厅领导机关提供网络信息服务；2007年，开始服务中共中央办公厅。2008年12月推出的国家图书馆立法决策服务平台是基于网络的个性化数字信息服务平台。通过该平台，中央和国家机关可全面、及时、准确、有效地获得国家图书馆的信息咨询和决策参考服务。目前，全国人大、民政部、中央社会主义学院等9个国家图书馆立法决策服务平台均已开通。2009年底，国家图书馆和中共中央党校图书馆签署战略合作框架协议，国家图书馆将在数字资源建设和服务方面与中共中央党校图书馆开展全方位合作，并通过中共中央党校图书馆实现和全国党校系统的图书馆在技术、资源、人才和服务等方面的共建共享，拓展国家数字图书馆的服务领域。2010年7月，国家图书馆联合中共中央党校图书馆共同启动"国家数字图书馆走进党校"活动，并将首批1 TB的电子图书、学术论文、政府公开信息数据、讲座视频、历史图片等数字资源推送到全国48个副省级以上党校图书馆，不断满足各级党校教学科研和干部教育事业的文献信息需求。

国家图书馆始终致力于推动我国残疾人文化事业的发展。2008年10月，国家图书馆、中国残疾人联合会、中国盲文出版社三方共同建设的中国盲人数字图书馆网站开通。这是国内首个依据无障碍化国际标准建成的、专为视障群体服务的国家级网络图书馆，盲人朋友可以足不出户，通过读屏软件免费收听国家图书馆准备的丰富的数字资源。在此基础上，2010年8月，同样由上述三方共同承担的中国残疾人数字图书馆作为2010年度国家文化创新工程项目成功立项。项目研发时间是2010年8月至2013年7月，研究面向残障人士的数字图书馆建设问题，进行信息无障碍技术手段的开发与应用，使之成为残疾人朋友"获取信息的窗口，学习知识的海洋，图书馆服务的平台"。

少年儿童是国家的未来。2010年5月，国家图书馆开通国家少儿数字图书馆，通过信息网络技术，打造网上绿色阅读平台，把国家图书馆的少儿服务延伸到全国，为少年儿童特别是那些不能亲自到国家图书馆来的全国少年儿童提供服务。目前为少儿读者提供的数字资源总量已达10 TB，读者遍布国内各省、区、市以及美、日、韩、法、加等15个国家。国家少儿数字图书馆是国家数字图书馆建设的重要内容之一，是国家图书馆履行为全社会提供终身教育职能的又一重要举措。未来，国家图书馆将继续利用数字图书馆的技术和方法，通过全国文化信息资源共享工程服务平台、全国县级数字图书馆推广计划，把为少年儿童提供的数字化服务进一步拓展到全国各少儿图书馆、公共图书馆、中小学、社区和农村，为全国少年儿童提供服务。

三、利用网络技术，有效扩大服务范围

第一，国家图书馆将自身定位为互联网上重要的信息内容提供者，目前，已通过各类物理的和虚拟的信息网络传输平台向全国乃至全球用户提供免费服务。2008年7月，国家图书馆与文化部全国文化信息资源建设管理中心签订了合作备忘录，在搭建基础设施平台、资源建设与服务、标准规范研制等方面开展全面合作。截至2009年底，国家图书馆先后组织总量近10 TB的精品数字资源，通过文化共享工程网络服务全国。随着各类数字资源日益丰富，国家图书馆网站访问量逐年攀升，2009年有4.5亿人次访问，比2008年上升176.55%。此外，加强国际合作，国家图书馆发起或参与了"世界数字图书馆"、"国际敦煌项目"、"中华寻根网"、"海外善本合作数字化"、"亚洲数字图书馆"等项目，并策划建设"中国驻海外文化中心数字图书馆海外分馆"项目，将优质中文数字资源推广到世界各地。

第二，建设国家数字图书馆地方分馆，服务主要省市。为把国家数字图书馆这项公共文化服务项目建成一项文化惠民的基础文化工程，国家图书馆从2005年开始在全国推广"中国国家数字图书馆地方分馆"建设项目。分馆是国家数字图书馆数字资源的推广窗口、数字化服务的前沿阵地、新型馆员的培训基地和基层用户的教育基地。2010年8月，国家数字图书馆新疆维吾尔自治区分馆开通服务，该分馆是在西北地区建设的首家分馆。目前，国家图书馆已在全国15个省区建设了16个数字图书馆分馆，其中包括1个成员馆、1个澳门合作馆。建设数字图书馆分馆是国家图书馆面向国内各类图书馆服务的一种创新模式，打破了区域、行政和行业界限，使国家数字图书馆的资源与服务源源不断地通过各地方分馆、行业分馆推送到社会公众身边。

第三，国家图书馆密切跟踪新技术的发展，不断推出新的服务方式，自助服务、智能架位导航、电子触摸屏阅读、手持阅读器、虚拟现实体验等各种人性化、智能化、数字化服务层出不穷，为到馆读者提供了优质的信息查询环境和便捷的信息获取环境。国家图书馆为非到馆读者提供了基于互联网、电子政务外网、卫星、移动硬盘等的服务，推出了诸多新媒体服务方式。例如，基于互联网的服务手段，包括虚拟参考咨询、在线讲座、在线培训、网络阅读、开放存取文库服务等；基于手机等移动终端设备的服务手段，包括手机阅读、短信服务、国图漫游、资源检索服务等；基于数字电视的服务模式，开通了世界上第一个由图书馆制作的专业电视频道《国图空间》等。2010年5月，国家图书馆与中国移动集团公司签署战略合作框架协议，此项合作将推动国家图书馆新媒体服务迈向新台阶。

随着2010年国家数字图书馆工程主要建设项目逐步完成，国家数字图书馆

还将继续推出一系列建设成果。国家图书馆通过加快数字图书馆在全国的推广，将从整体上提高全国图书馆的数字图书馆服务能力，使全国公共图书馆实现跨越式发展，并逐步构建起覆盖全国、资源丰富、服务快捷、技术先进、稳定可靠的分级分布式国家数字图书馆服务网络，为服务全民阅读、建设学习型社会做出更大的贡献。

（原载于《中国文化报》2010年9月9日第1版）

实施数字图书馆工程
全面提升我国图书馆服务水平

一、数字图书馆是图书馆发展的新趋势

20世纪90年代以来,随着网络技术、信息技术和数字技术的迅猛发展,人们的学习、工作、生活方式都因网络的出现而发生了根本改变,网络成为人们获取信息的一个重要来源,基于互联网的信息资源组织与服务开始在国际范围内受到普遍关注,信息时代、网络时代全面来临。一些国家开始认识到信息对于提高国际竞争力、增强综合国力的重要意义,美国、英国、法国、日本、加拿大、新加坡、韩国等国家相继提出自己的信息高速公路计划,以建立一个全国性的信息网络,支持国家创新与经济社会发展。在此背景下,数字图书馆应运而生。一些发达国家乃至发展中国家陆续将数字图书馆建设作为国家信息基础设施的首要工程和国家级战略研究方向,进行研究和开发。例如,1993年英国启动电子图书馆计划,1994年美国启动数字图书馆先导研究计划,2000年法国启动"文化精品数字化"项目,世界图书馆事业全面进入数字图书馆发展时期。

数字图书馆作为图书馆发展的新形态,其迅猛发展为传统图书馆提供了新的发展机遇和广阔的发展空间,大大提升了图书馆的服务能力,拓展了图书馆的服务范围,丰富了图书馆的服务手段,使图书馆能够突破时空限制,成为没有围墙、没有边界的信息与知识中心。今天,技术的发展日新月异,下一代互联网、移动通信网、数字电视网等新兴媒体蓬勃发展,网格、云计算、知识挖掘等新兴技术不断涌现,对社会生活的影响更加深刻,尤其是对社会信息交流环境和人们的信息获取行为产生了深刻影响。这种影响客观存在,并不以我们的意志为转移。图书馆必须顺应技术的发展,认清和把握图书馆事业发展的新趋势,充分利用现代信息技术,积极推动数字图书馆建设,从而整体提升我国图书馆事业发展水平,使图书馆在经济社会发展中发挥更大作用。

数字图书馆是基于网络环境的一种新的信息资源组织与服务方式,它利用现代信息技术,对各类型信息资源进行整合,形成多个分布式、超大规模、可互操作的异构多媒体资源库群,通过海量资源的无缝跨库连接、知识挖掘等技术,通过网络面向社会公众提供全方位的信息与知识服务。它既是知识网络,又是知识中心,同时也是一套完整的知识定位系统,并将成为未来社会公共信息服务的中心和枢纽。

作为一种新型的知识共享与学习交流环境，数字图书馆具有以下几个显著特点：第一，数字图书馆是基于网络环境的。网络具有分布式、不受时间限制、跨地域的特性，为数字图书馆的建设提供了良好的传输通道，使人们得以随时随地获取数字图书馆的服务。第二，数字图书馆利用现代信息技术和数字技术，将文字、图片、声音、图像等各种信息进行数字化转换和处理，成为可以通过新媒体使用的数字资源。这种资源一经生成，即可广泛使用。同时，数字图书馆还利用了传统图书馆对文献的整理与组织方法，对数字资源进行有序组织，并基于知识组织和知识挖掘技术，将知识单元有机地组织起来，提供深层次、智能化知识服务。第三，数字图书馆的服务是覆盖全媒体的。数字图书馆所采用的统一标准和开放协议，使其能够通过互联网、手机、数字电视、智能移动终端等各种媒体提供服务。第四，数字图书馆平台具有高度的共享性。数字图书馆通过对多个分布式异构资源库的无缝连接，能够方便地实现不同数字图书馆系统之间的用户双向认证和资源双向访问，其共享的深度和广度是传统图书馆无法比拟的。

可以说，数字图书馆是图书馆在网络环境和数字环境下的必由之路，数字图书馆的建设对于建立覆盖全社会的信息与知识网络，提升公共文化服务水平和能力，推动经济社会发展具有特殊的、重要的意义。

二、我国数字图书馆发展现状

我国自1995年开始跟踪国际数字图书馆发展，继国家图书馆开始进行数字图书馆研发后，各地区、各系统也纷纷开始进行数字图书馆建设。经过十几年的实践，我国的数字图书馆建设进入了一个快速发展时期，初步形成了由国家级数字图书馆、行业性数字图书馆和各区域数字图书馆组成的数字图书馆建设与服务体系。

在研发的基础上，国家图书馆于1998年提出了实施国家数字图书馆工程的建议，并于2001年获国务院批准立项，2005年开始建设，工程总投资4.9亿元。按照"边建设、边服务"的原则，国家数字图书馆建设取得重要进展。

软硬件平台基本搭建完成。万兆主干高速网络传输系统、海量数字资源存储系统、高性能服务器系统等硬件基础设施平台已搭建完成，面向海量数字资源的文献数字化加工系统、数字资源组织与管理系统、数字资源发布与服务系统、数字资源长期保存系统等核心软件平台基本建成。

数字资源供给能力显著提升。截至2011年6月，国家数字图书馆数字资源保有量已达560 TB，根据需求牵引的原则，形成了一批面向不同用户群体的特色数字资源库。例如，面向中央国家机关立法决策信息需求的法律法规等专题数据库，面向重点教育、科研、生产单位的各类型学术性专题数据库，面向社会公众的图书、报刊、影视、音乐、讲座、展览等资源，仅音频、视频资源就达到60

多万小时。此外，还有面向少年儿童、残疾人等特殊群体的专门数据库，以及面向图书馆界的联合编目数据库等。

标准规范体系初步形成。根据国家数字图书馆建设的需要，先后制定了 20 余项数字图书馆相关标准规范，国家数字图书馆标准规范体系基本形成，其中部分标准规范将陆续申报成为国家标准或行业标准。

服务模式不断创新。随着新媒体的发展，国家数字图书馆的服务范围已覆盖互联网、移动通信网、广播电视网，并通过计算机、数字电视、手机、手持阅读器、平板电脑、电子触摸屏等终端推出新媒体服务方式。中国残疾人数字图书馆、国家少儿数字图书馆的建立，使社会弱势群体能够获得国家数字图书馆的服务。

专业人才队伍逐步形成。经过 10 余年的数字图书馆研究与建设实践，国家图书馆在数字资源建设、数字图书馆技术研发、数字图书馆管理与服务等方面培养了一支既熟悉传统图书馆业务、又熟悉现代信息技术的专业化人才队伍。

一个内容丰富、技术先进、覆盖面广、传播快捷的国家数字图书馆服务网络已经初步建成。

近几年，随着我国公共文化服务体系建设的大力推进，各地数字图书馆建设也蓬勃发展。许多地区在规划公共文化服务设施建设的同时，同步规划数字图书馆建设。目前全国已有 20 多个省规划和建设省级数字图书馆，特别是各省基于本省公共图书馆丰富的馆藏资源，组织建设了一批内容丰富、形式多样的地方特色数字资源库，据不完全统计，全国省级公共图书馆数字资源总量已近 700 TB，市级公共图书馆资源总量超过 200 TB。在普遍提供网络服务的基础上，一部分图书馆开始尝试通过手机、数字电视等新兴媒体提供服务。

2002 年，文化部、财政部联合启动了全国文化信息资源共享工程。这个工程策划于 2001 年。由于当时国家数字图书馆工程刚刚立项，尚不具备向基层提供文化信息服务的能力，为提升基层公共文化服务水平，将文化共享工程作为数字图书馆服务的早期实现形式，由国家图书馆负责试验并组织实施。2004 年 2 月，经中编办批准，文化部正式成立了全国文化信息资源建设管理中心，从国家图书馆划转 45 名事业编制并调配管理、业务和技术人员，开始单独运转。在国家图书馆和全国各级公共图书馆的支持下，经过近 10 年的建设，文化共享工程已初步建成国家、省、市/县、乡镇/街道、村/社区五级服务网络，数字资源建设总量达到 108 TB。文化共享工程的实施，大大地改善了县级图书馆的计算机网络水平，提升了基层公共文化服务能力。

这些已经形成的数字图书馆系统和各类型数字资源库，使得建立覆盖全国的数字图书馆系统成为可能，为数字图书馆推广工程的实施提供了坚实的基础。但从整体上来看，我国数字图书馆建设还存在发展不均衡、资源重复、标准不够统一、共享程度低、服务平台不统一等问题，一个覆盖全国的数字图书馆网络系统亟待建立，全国数字图书馆的资源共建共享机制亟待形成。

为解决上述问题，在文化部的领导下，国家图书馆于 2010 年实施了县级数字图书馆推广计划，通过文化信息资源共享工程的服务网络，将国家图书馆优秀的数字资源推送到全国每一个县，使全国所有县级图书馆都具备了数字图书馆服务能力。同时，国家图书馆在山东、新疆、厦门、黑龙江等省市进行了国家数字图书馆区域全覆盖的试点工作，为在全国推广国家数字图书馆建设成果提供了经验。

在此基础上，文化部、财政部联合下发文件，提出"十二五"期间实施数字图书馆推广工程。工程将构建以国家数字图书馆为中心、以各级数字图书馆为节点、覆盖全国的数字图书馆虚拟网，建设分级分布式数字图书馆资源库群，在全国范围内形成有效的数字资源保障体系，以电信网、广播电视网、互联网为通道，以手机、数字电视、移动电视等新媒体为终端，向公众提供多层次、多样性、专业化的数字图书馆服务，从而整体提升全国公共图书馆的信息保障水平和信息服务能力，形成图书馆新的服务业态。在推动社会主义文化大发展大繁荣，全面提升国家文化软实力的今天，实施数字图书馆推广工程意义重大。

三、几点意见

李长春同志对数字图书馆推广工作非常关心，多次要求加快数字图书馆的推广，以改变基层缺乏资源、技术水平低和服务能力弱的现状，最近又对数字图书馆推广工程的实施做出重要批示，要求进一步加快实施。文化部和蔡武部长对数字图书馆的实施也非常重视，今天，又专门召开会议，部署此项工作。我们要齐心协力，把这项事关文化事业长远发展的基础性文化工程实施好。下面我讲几点意见，供大家参考。

（一）把握内涵，理清思路

一是要努力做到两个"纳入"。数字图书馆推广工程是基础性文化惠民工程。各级文化部门要主动向党委、政府汇报，争取地方党政领导的重视和支持，将数字图书馆推广工作作为公共文化服务体系建设的一项重要内容，纳入本地经济社会发展规划，纳入本地文化发展规划。

二是要认真学习研究，理清工作思路。鉴于数字图书馆推广工程是依托现代信息技术全面提升公共文化服务的创新工程，科技含量高，技术性强，各地要认真学习研究数字图书馆建设的特点与发展规律，准确把握推广工程的内涵，积极探索数字图书馆区域推广的有效路径，形成清晰的工作思路，这样才能事半功倍，把这项工程实施好。

（二）制定规划，分步实施

一是要形成科学的发展规划。数字图书馆推广工程的目标是建立覆盖城乡、覆盖千家万户的公共文化服务网络，因此，各地要结合本地区的信息化发展和新媒体发展的实际情况，形成整体规划。要认真研究省情、市情、县情，因地制宜，在工程整体规划的框架下制定符合本地区实际的规划，综合考虑资源、服务、技术、管理等要素。

二是要做好分步实施。数字图书馆推广工程是一个长期的文化工程，不能一哄而上，要分阶段、有计划地实施，列入推广工程首批实施的省市要制定周密的实施方案，切实把推广工程的首批实施工作抓紧抓好，通过今年的首批实施为下一阶段的全面推进积累经验、打好基础，同时充分发挥首批实施图书馆的示范辐射作用，要力争建成一个、服务一方，建成一批、受益一片，最终形成覆盖全社会的公共文化服务网络。

（三）建立机制，共建共享

一是要建立国家数字图书馆资源和地方特色资源互为补充的、结构合理的数字资源体系。数字资源具有易于复制、易于传播的特点，只有充分共享，才能发挥其最大效益。要建立数字资源统一登记平台，为实现数字资源的共知、共建和共享提供条件。国家图书馆要提供尽可能多的优质数字资源，各地要分工协作，重点建设本地特色数字资源，最终形成较为完整的资源体系。

二是要与文化共享工程紧密结合。数字图书馆推广工程与文化共享工程本来就是同根所生，具有统一的技术平台、统一的标准规范和同一支管理队伍，两个工程的紧密结合有很好的基础。要在实施中全面统筹，统一规划，加强整合，集成服务。

三是要与相关媒体的发展紧密结合。数字图书馆推广工程的服务平台覆盖互联网、手机、数字电视等多种媒体，要积极推动与这些新媒体产业发展的结合，最大限度地发挥数字图书馆的全媒体服务优势。

（四）注重服务效果

一是要将人民群众是否满意作为考察我们工作的重要标准。推广工程的最终目标是使数字图书馆建设成果真正惠及全民，满足人民群众日益增长的多样化精神文化需求。因此，工程推动得好不好，最终要看群众能不能接受，是不是满意。服务效果好，我们的发展就快；服务效果不好，发展就慢。要充分利用工程所形成的海量数字资源和开放服务平台，提供以用户为中心的多元化、专业化、个性化的双向交互式知识服务，切实满足人民群众的信息与知识需求。

二是要不断总结经验。数字图书馆推广工程是一项新的工作，要在实践中把经验总结好、推广好、运用好，通过互相交流、互相学习、互相借鉴，共同推进工程的深入开展。

（五）形成标准规范

标准规范是数字图书馆建设的基础，也是数字资源共建共享的基本保障。要实施好数字图书馆推广工程，首先要统一"交通规则"，制定标准规范。要在国家数字图书馆已经形成的标准规范基础上，结合推广工程的实际需要，共同补充、完善工程的标准规范，并促进其推广应用，争取形成一批数字图书馆相关的国家标准和行业标准，推进工程标准化和规范化进程。

（六）加强队伍建设

国家图书馆在文化部的领导下，正在组织力量编制教材，将面向省级图书馆有步骤分批次地开展工程实施相关培训，特别是要结合数字图书馆推广工程的实际，加强资源建设、系统维护、数字图书馆服务、数字图书馆技术、数字图书馆管理等方面的培训。各省级图书馆要组织好本省内的培训工作，要通过分级培训，建设一支专业知识与实际技能兼备的高素质数字图书馆建设与服务队伍，推动和保障数字图书馆推广工程的实施。

（七）加强管理

一是要管好用好经费。中央财政对推广工程的实施给予了大力支持，今年已经安排了 4980 万元的转移支付经费，用于首批 15 个省馆和 52 个市馆的硬件平台建设，今后还将陆续投入经费。希望各地按两部委文件要求积极争取地方财政支持，用转移支付经费调动地方经费投入，推动配套资金足额按时到位。同时，要加强经费管理，积极采用科学先进的管理手段，建立有效的检查验收机制，确保资金运行的安全和资金使用的效益，避免资金浪费。

二是要做好检查验收。各地要对工程进度、资源质量、建设管理等情况进行监督检查，对工程建设的阶段性成果要组织验收，要将工程建设情况纳入图书馆和文化工作的整体评价体系。

（在数字图书馆推广工程工作会议上的讲话，2011 年 9 月 8 日。该讲话摘要原载于《中国文化报》2011 年 9 月 23 日第 3 版）

抓住机遇　开拓创新
加快推进我国数字图书馆建设

一、数字图书馆是图书馆事业发展的新形态

图书馆承担着保存和传承人类文明的重要职责。在人类社会数千年的历史发展进程中，图书馆随着社会的发展而发展。百年前，我国诞生了近代意义的图书馆，从古代藏书楼走向了公共服务。新中国成立后，特别是改革开放以来，我国图书馆事业发展迅速，已形成比较完善的公共图书馆服务体系，为提升全民族素质、推动社会文明进步做出了重要贡献。

20 世纪 90 年代以来，计算机技术、网络技术和信息处理技术迅猛发展，深刻地改变了人们的学习方式、工作方式、生活方式和思维方式。70 年代，第一台个人计算机出现，此后，计算机性能不断提高，迅速普及。与此同时，互联网开始进入人们的生活，1994 年中国正式接入国际互联网，网络作为一种新的信息交流和通讯工具，成为人们获取信息的重要来源。信息处理技术和多媒体技术飞速发展，并得到广泛应用，越来越多的文字、图片、声音、影像资料以数字形式出现，成为影响社会发展的重要力量。

越来越多的国家认识到信息对于提高国际竞争力、增强综合国力的重要性，相继提出了信息高速公路计划，建立信息网络，支持国家创新与经济社会发展，人类社会快步进入一个前所未有的信息化社会。在此背景下，数字图书馆作为网络环境下一种新的信息资源组织与服务形式应运而生。

数字图书馆是网络环境和数字环境下图书馆新的发展形态，它利用现代信息技术，对海量、分布、异构的数字资源进行整合，形成有序的整体，通过各种媒体提供友好、高效的服务，使人们随时随地获取信息和知识。数字图书馆具有以下几个显著特点：

其一，海量的资源规模。资源是数字图书馆建设与服务的基础。在网络环境下，图书馆的资源建设突破了传统图书馆资源建设的局限，形成了包括电子图书、电子期刊、电子报纸、数据库、音视频资源、网络资源在内的海量数字资源。这些资源分布在不同的系统中，形态不同，组织方式各异，既包括传统文献的数字化，也包括各种类型的原生数字资源，还包括其他虚拟馆藏。

其二，有序的资源内容。数字图书馆利用现代信息技术，按统一标准对文字、图片、声音、图像等各种信息进行数字化转换和处理。同时，数字图书馆还

利用了传统图书馆对文献的整理与组织方法，对数字资源进行有序组织，并基于知识组织和知识挖掘技术，将知识单元按统一规则有机地组织起来，形成一个完整的知识网络，方便读者检索和使用。

其三，基于多种媒体的服务。数字图书馆基于网络环境和信息化环境，依托形式多样的信息传播媒介，遵循网络环境下信息活动的新规律，提供用户深度参与的、交互式的开放信息交流环境，通过互联网、手机、数字电视、智能移动终端等各种媒体渠道，将数字图书馆服务推送到千家万户，推送到用户身边，使人们得以突破时间和空间的限制，在任何时间、任何地点都能够获取信息与知识。

其四，高度共享的平台。数字图书馆的资源具有易于复制、易于传播的特性，基于网络平台和开放协议，使数字图书馆能够为更大范围的用户同时提供可共享的服务。通过对多个分布式异构资源库的无缝连接，能够方便地实现不同数字图书馆系统之间的用户双向认证和资源双向访问，其共享的深度和广度都是传统图书馆无法比拟的。

正因为具有上述特点，数字图书馆作为图书馆发展的新形态，是图书馆在网络环境和数字环境下的必然选择和必由之路，其迅猛发展为传统图书馆提供了新的发展机遇和广阔的发展空间，大大提升了传统图书馆的服务能力，拓展了服务范围，丰富了服务手段，由此也深刻地改变了人们的学习习惯和获取知识的方式，越来越受到世界各国的普遍关注和社会公众的广泛欢迎。

一些发达国家乃至发展中国家陆续将数字图书馆建设作为国家信息基础设施的重要工程和国家级战略研究方向，进行研究和开发，世界图书馆事业全面进入数字图书馆发展时期。1990年日本国立国会图书馆启动关西数字图书馆计划，1993年英国启动电子图书馆计划，1994年和1998年美国先后启动数字图书馆先导研究一期和二期计划，2000年法国启动"文化精品数字化"项目，2005年欧盟启动欧洲数字图书馆计划，2009年联合国教科文组织正式开通世界数字图书馆网站，2010年中日韩三国国家图书馆共同启动亚洲数字图书馆计划。经过近20年的发展，发达国家的数字图书馆研究与建设实践已经经历了资源的大规模数字化、关键技术的攻关研发和集成服务系统的建设等阶段，进入了较为成熟的稳步发展时期。

在我国，数字图书馆建设正面临新的机遇与挑战。

一是信息交流环境剧烈变化。特别是近年来，信息技术、网络技术、数字技术迅猛发展，以IPv6为核心的下一代互联网、以光网络和3G为核心的下一代通信网络、以数字化为核心的下一代广播电视网迅猛发展，三网融合加快推进，手机上网、互联网电视、数字电视等跨网络业务发展迅速。截至2011年6月底，我国网民人数达4.85亿，互联网普及率攀升至36.2%；手机用户9.2亿，其中手机网民达3.18亿；数字电视用户超过1000万户。这为数字图书馆提供了基于多网络平台的信息传输途径和服务渠道。

二是数字资源内容日益丰富。信息技术的发展极大地促进了数字资源的生产，据调查，全球新产出的信息量每3年翻一番，大约90%的信息都以数码形式储存在某种计算机装置里；截至2010年底，中文网页数量达600亿页，年增长率达78.6%。与此同时，文献的出版方式也发生了巨大的变化，数字出版日益普及。截至2010年底，中国电子书总量已达115万种，年新增18万种；单独出版的数字报已达700份以上，电子期刊已近万种。人们置身于一个信息无时不在、无处不在的环境中，为数字图书馆提供了更加丰富的资源内容。物联网、语义网、云计算、数据挖掘、知识组织等新兴技术不断涌现，为图书馆采集和管理海量数字资源提供了新的技术手段。

三是知识获取途径日趋多样。数字阅读作为一种重要的阅读方式，日益普及，从在线阅读、电子阅读器阅读，发展到以手机、平板电脑等移动终端为载体的无线阅读。截至2010年底，我国国民数字化阅读方式的接触率达32.8%，其中23%的国民进行过手机阅读。搜索引擎及各种社交网络成为人们获取信息的重要渠道，截至2011年6月底，我国搜索引擎用户规模达到3.86亿，博客用户达到3.17亿，微博用户达到1.95亿。这对图书馆开展基于全媒体、多终端的服务提出了新的要求。

可以预见，未来信息技术还将继续以惊人的速度发展，对社会信息交流环境产生更为深远的影响，这一切给数字图书馆带来的绝不仅仅是技术上的革新，还有更加深刻的生存和发展环境的变革。如果不能顺应时代的发展，图书馆事业就会被边缘化，甚至萎缩。因此，我们必须直面技术发展带来的机遇和挑战，认清和把握图书馆事业发展的新趋势，充分利用现代信息技术，加快我国数字图书馆体系建设，构建惠及全民的、覆盖各行业、全媒体、全时空的数字文化服务体系，从而使图书馆在经济社会发展中发挥更大的作用。

二、我国数字图书馆建设的探索与实践

我国自20世纪90年代开始跟踪国际数字图书馆发展，一批"863""973"等国家级和省部级数字图书馆研究项目取得重要成果，为我国开展大规模的数字图书馆建设实践奠定了基础。与此同时，各地陆续开始建设数字图书馆，各级政府和部门不断加大经费投入力度，一些全国性、区域性、行业性数字图书馆项目纷纷规划或立项建设。经过十几年的探索和努力，在网络平台建设、关键技术研发、数字资源建设和数字图书馆服务等方面均取得重要进展，为加快数字图书馆建设积累了丰富的经验，打下了坚实的基础。

一是服务体系初步形成。2001年，经国务院批准，在国家图书馆实施国家数字图书馆工程。国务院要求，工程要"联合各部门和各地区有条件的图书馆参与建设，共同构建分布式的全国数字图书馆总体框架体系"。经过6年的建设，

国家数字图书馆在软硬件平台建设、标准规范建设、数字资源建设与数字图书馆服务等多个方面均取得了长足发展，一个内容丰富、技术先进、覆盖面广、传播快捷的国家数字图书馆服务网络初步形成。作为数字图书馆的早期服务形式，全国文化信息资源共享工程经过近10年的努力，已经形成了覆盖城乡的服务网络，并积极探索了面向基层的服务模式。教育部建设了面向高等院校师生的中国高等教育数字图书馆，中国科学院和科技部分别建设了面向科研人员的国家科学数字图书馆和国家科技数字图书馆，全国党校系统和部队系统也建设了各自系统的数字图书馆，已基本形成了重点突出、特色鲜明、针对性强、较为完备的行业数字图书馆系统。与此同时，各地方政府也纷纷将数字图书馆建设纳入本地区信息化建设和公共文化服务体系建设的总体规划，开始积极部署推动本区域数字图书馆的建设和发展，目前已建设了一批省、市、县级数字图书馆，在为区域用户提供数字图书馆服务方面做出了突出成绩。特别是各地方结合区域特点，做了许多有益的探索，形成了多元化建设模式。一个覆盖全国的数字图书馆服务体系初步形成。

二是数字资源初具规模。各数字图书馆系统利用现代信息处理技术，大大提升了数字资源的采集、加工、组织与管理能力，逐步形成了自主建设、引进建设和合作建设等多种建设方式，以及包括购买、数字化加工、网络资源采集、网络资源导航、受缴、受赠和交换等在内的多种建设途径。根据需求牵引的原则，建设了一批面向社会公众、政府机构、科研教育人员、企业、少年儿童、残疾人等各类型用户的数字资源。各行业数字图书馆针对重点学科领域、重点研究领域建设了一批针对性强的行业特色资源。各区域数字图书馆基于本地区图书馆丰富的馆藏资源，建设了一批形式多样的地方特色数字资源。

三是服务模式初步确立。近些年来，随着数字图书馆发展过程的不断递进，各数字图书馆系统开始更加关注用户的信息活动，建设的重点也逐步转向以用户服务为核心，在充分调研各自用户信息需求特点的基础上开展了各具特色的针对性服务。例如，国家数字图书馆提出了"边建设、边服务"，通过区域全覆盖方式逐步推广国家数字图书馆服务；国家科学数字图书馆提出了"资源到所、服务到人"的服务理念，将数字图书馆的服务融入科研人员的研究环境中。随着新媒体的发展，我国数字图书馆的服务范围已从互联网向移动通信网、广播电视网等网络平台逐步拓展，并逐步实现由"单屏"到"多屏"的转变，许多数字图书馆系统已经开始通过计算机、数字电视、手机、手持阅读器、平板电脑、电子触摸屏等终端推出新媒体服务。数字图书馆的用户界面越来越友好，使用越来越方便，并且开始通过少年儿童数字图书馆、残疾人数字图书馆提供特殊人群服务。

四是技术研发初见成效。数字图书馆高度依赖于现代高新技术，在我国数字图书馆的发展过程中，对技术的研发一直没有停止，特别是针对中文信息处理的关键技术研发取得重要进展，初步形成了围绕数字资源制作、管理、组织、存储、访问、服务的技术支撑环境。国家数字图书馆经过6年的建设，已基本建成了面向海量数字资源的文献数字化加工系统、数字资源组织与管理系统、数字资源发布与服务系统、数字资源长期保存系统等核心软件平台；行业数字图书馆系统在数字资源集成服务、数字资源分布式调度等关键技术应用领域开展了有益的探索；区域数字图书馆系统在资源统一发现、用户统一认证等关键技术应用领域也取得了积极进展。

这些已经形成的数字图书馆系统和各类型数字资源库，成为教育、科研、文化建设的重要保障平台，也为数字图书馆的进一步发展奠定了坚实的基础。但从总体上来看，我国数字图书馆建设仍处于初步发展的阶段，还存在着一些亟待解决的问题：

一是"信息孤岛"现象突出。受到管理体制的制约和传统思维的束缚，开放共享的数字图书馆建设理念还没有成为思想自觉，许多数字图书馆系统自成体系，封闭服务，没有实现互通互联，资源和服务不能共享，成为网络环境下新的信息孤岛。特别是数字资源的共建共享还远远不够，缺乏统一规划与分工协作，一方面存在大量的重复建设现象，导致了经费的浪费；另一方面，一些战略性资源的建设尚存在明显空白。

二是"交通规则"不尽统一。开放合作的标准规范研究和开发机制尚未建立起来，已有的标准规范大多可操作性不强，还不能满足数字图书馆建设实践的需要。在数字资源长期保存等关键领域还缺乏普遍接受和广泛应用的标准，导致部分已建数字资源无法利用，甚至永久消失。各系统的标准规范体系之间还存在分歧，难以实现统一互用，影响了各资源系统之间的统一检索和跨库操作。

三是"全时空服务"尚未实现。任何人在任何时间、任何地点，使用任何数字化设备就可以获得所需要的任何知识，这是数字图书馆建设的美好愿景。当前，我国数字图书馆服务的普及性和便利性都还远远不能满足人们的需要，大部分数字图书馆系统的服务仍基于门户网站，对用户信息需求与信息获取习惯的变化还不够敏感，还没有形成无处不在的数字图书馆之云，无法满足用户随时随地、方便快捷地获取数字图书馆服务的需求，数字图书馆服务的双向性优势和特长还没有得到充分发挥。

因此，建立覆盖全国的数字图书馆服务平台，形成有效的共建共享机制，推动数字图书馆可持续发展，是当前我国数字图书馆建设中亟待解决的问题。

三、加快推进我国数字图书馆建设的几点建议

当前，建立区域、国家乃至全球性协同服务的数字图书馆已成为当今世界数字图书馆建设的一个新趋势。加快我国数字图书馆体系建设，构建覆盖全国的数字图书馆服务体系，共同推进图书馆新业态的形成，使图书馆能够始终在社会文

明进步中发挥重要作用,是我们这一代图书馆人所肩负的神圣历史使命。

为此,特提出如下建议,供大家参考:

第一,加快服务网络建设。

要加强各系统、各行业、各地区、各单位之间的广泛协作,尽快建立覆盖全国的数字图书馆服务网络。一要推进基于多网络环境的数字图书馆服务应用,使数字图书馆走入寻常百姓家,借助政务外网使数字图书馆服务于政府决策机构,借助教育网、科研网使数字图书馆服务于广大教育和科研工作者,借助全军综合信息网使数字图书馆走进军营,走进边疆哨所。二要加快建立基于全媒体的数字图书馆服务网络,借助互联网、移动通讯网、广播电视网、卫星网等网络通道,以及VPN等现代网络技术,使图书馆服务的覆盖范围由传统图书馆的物理空间扩展到互联网、手机、电视、智能移动终端。三要根据文化部和财政部联合下发的《关于实施"数字图书馆推广工程"的通知》要求,大力推进数字图书馆推广工程工作,陆续在全国省、市、县级图书馆完成数字图书馆推广平台的搭建,形成连通各级公共图书馆、覆盖城乡的数字图书馆服务体系。在此基础上,逐步实现数字图书馆推广工程平台与各行业数字图书馆和区域数字图书馆的对接,通过几年的努力,使数字图书馆真正成为社会公众身边便捷、高效、不可或缺的信息获取平台。

第二,加快数字资源建设。

要进一步加大数字资源建设力度,丰富数字图书馆的馆藏内容。一要利用好国家在公益性数字文化建设等方面的政策,统一规划,有序组织,加强整合,加大行业特色资源和地域特色资源的建设,形成类型丰富、特色突出、结构合理的海量数字资源库群。二要对多种载体、多种形式、多种类型的信息资源进行深入挖掘和深层揭示,加强对知识组织工具的研究与实践,实现不同载体文献之间的精确关联和深度融合,建立基于文献信息内容的知识网络。三要加强资源的开发利用,围绕社会发展的重大热点问题、重要学术研究领域和特定用户群体的信息需求,对已有信息资源进行整合,形成一批高质量的专题资源库群,进一步发挥信息资源对社会发展的促进作用。四要站在国家文献信息资源战略储备的高度,在全国建立若干数字资源保存中心,在全国形成数字资源的分布保存机制和网络资源的分工采集机制,实现对数字资源的协同采集和长期保存。

第三,加快服务能力提升。

服务是数字图书馆建设的根本目的,也是检验数字图书馆建设成效的主要标准。一要树立以服务促发展的理念,建立跨行业、跨区域、跨系统、跨平台的数字图书馆协同服务环境,实现资源的集中揭示、统一检索与统一调度,支持全国各数字图书馆资源与服务的全面共建共享,形成覆盖全国省、市、县、乡镇(街道)、村(社区),连通各行业的,技术先进、稳定可靠的分布式数字图书馆服务平台,为用户提供一站式信息服务。二要根据需求牵引的原则,建设专业性信息服务平台，构建数字图书馆知识组织系统，提升知识服务能力，面向不同类型用户的多样化信息需求，提供融入用户信息环境的深层次、专业化、个性化信息与知识服务。三要借助智能化信息处理技术，不断优化数字图书馆的用户界面，建设互动式知识服务环境，实现人机的良好交互。四要借助云计算技术，打造随时随地、无所不在的数字图书馆之云，使数字图书馆服务惠及全民。

第四，加快完善标准规范体系。

标准规范是数字图书馆系统共建共享的基本保障，在数字图书馆建设中应坚持标准先行。一要本着"联合、开放、共享"的原则，建立数字图书馆标准规范的开放建设和开放应用机制，尽快形成由技术标准、管理标准、服务标准等标准规范组成的完善的数字图书馆标准规范体系。二要建立与我国数字图书馆发展需求相适应的、具有较强开放性和实用性的标准，为数字图书馆的共建共享提供基本保障。三要推动已有的成熟标准规范成为行业标准或国家标准，加强对已有标准规范的宣传与推广，使标准规范建设融入数字图书馆建设的全过程，从而整体提高我国数字图书馆建设的标准化和规范化水平。

第五，加快人才队伍建设。

人才是事业成败的关键。我们要加快培养一支专业知识与实际技能兼备的数字图书馆建设与服务队伍，为我国数字图书馆的可持续发展提供可靠的人才保障。一要加强对现有人员的培训，努力提高馆员的数字图书馆基础业务能力、专业技术能力和宏观管理能力。二要加强各级各类图书馆之间，以及图书馆与图书情报教育机构之间的合作与交流，共同培养适应于事业发展要求的，理论基础扎实、研究能力过硬、实践与应用能力突出的数字图书馆专业人才。三要加强研究，联合图书情报研究机构、相关技术研究机构、企业等，围绕数字图书馆发展的重点领域开展课题研究、重点攻关等，通过联合建设研究基地、重点试验室等，促进人才成长。

第六，加快协作机制建设。

要按照"互惠互利、优势互补、共建共享、共同发展"的思路，加强行业间、地区间的共建共享，推进数字图书馆与上下游企业之间的协作，形成数字图书馆建设的整体优势。一要共同谋划我国数字图书馆事业发展大局，加强合作，共同研发，以技术手段打破行业、地域限制，在全国形成统一的数字图书馆协同服务平台，为用户提供一站式无缝信息服务空间。二要在全国图书馆间建立有效的数字资源共建共享机制，把公共资源和特色资源的建设有机结合起来，统一规划，统筹协调，形成分级分布、结构合理、使用便捷的国家文献信息资源保障体系。建立数字资源开放登记制度，实现元数据的集中揭示。通过系统间的共享机制，实现分布式文献资源和数字资源等对象数据的无缝跨库获取与传递，推动全国范围内的资源共知、共建、共享。三要策划重大合作项目，要在全国各地区、各系统数字图书馆建设已有成果的基础上，集中优势资源，围绕数字图书馆建设的战略重点，策划合作项目，争取国家经费支持，以项目促进事业发展。

（在2011年中国图书馆年会暨中国图书馆学会年会上的主旨报告，2011年10月26日。原载于《中国图书馆学报》2012年第1期）

加快实施推广工程
建设覆盖全国的数字图书馆服务体系

2011年5月，文化部、财政部联合下发文件，开始实施数字图书馆推广工程。为进一步理清思路，加快推进工程实施，今天，我们在这里举办数字图书馆推广工程馆长培训班。这是我国公共图书馆在数字图书馆建设领域的第一次大规模培训。下面，我就加快推进推广工程谈几点意见，与大家交流和探讨。

一、数字图书馆是图书馆事业发展的新形态

图书馆承担着保存和传承人类文明的重要职责。在人类社会数千年的历史发展进程中，图书馆随着社会的发展而发展。百年前，我国诞生了近代意义的图书馆，从古代藏书楼走向了公共服务。新中国成立后，特别是改革开放以来，我国图书馆事业发展迅速，已形成比较完善的公共图书馆服务体系，为提升全民族素质和推动社会文明进步做出了应有的贡献。

20世纪90年代以来，计算机技术、网络技术和信息处理技术迅猛发展，网络作为一种新的信息交流和通讯工具，成为人们获取信息的重要来源，深刻地改变了人们的学习方式、工作方式、生活方式和思维方式。越来越多的国家认识到信息对于提高国际竞争力，增强综合国力的重要性，相继提出了信息高速公路计划，建立信息网络，支持国家创新与经济社会发展，人类社会快步进入一个前所未有的信息化社会。在此背景下，数字图书馆作为网络环境下一种新的信息资源组织与服务形式应运而生。

（一）数字图书馆是世界图书馆事业发展的必然趋势

数字图书馆的迅猛发展为传统图书馆提供了新的发展机遇和广阔的发展空间，大大提升了传统图书馆的服务能力，拓展了服务范围，丰富了服务手段，由此也深刻地改变了人们的学习习惯和获取知识的方式，越来越受到世界各国的普遍关注和社会公众的广泛欢迎。

一些发达国家乃至发展中国家陆续将数字图书馆建设作为国家信息基础设施的重要工程和国家级战略研究方向，进行研究和开发，世界图书馆事业全面进入数字图书馆发展时期。1990年日本国立国会图书馆启动关西数字图书馆计划，1993年英国启动电子图书馆计划，1994年和1998年美国先后启动数字图书馆先导研究一期和二期计划，2000年法国启动"文化精品数字化"项目，2005年欧

盟启动欧洲数字图书馆计划，2009年联合国教科文组织正式开通世界数字图书馆网站，2010年中日韩三国国家图书馆共同启动亚洲数字图书馆计划。经过近20年的发展，发达国家的数字图书馆研究与建设实践已经经历了资源的大规模数字化、关键技术的攻关研发和集成服务系统的建设等阶段，进入了较为成熟的稳步发展时期。

在数十年的发展中，人们对数字图书馆的认识不断深入。虽然今天对于数字图书馆是什么有着近百种定义，但对数字图书馆的特点、本质的认识已基本趋于一致，即数字图书馆是网络环境和数字环境下图书馆新的发展形态，它利用现代信息技术，对海量、分布、异构的数字资源进行整合，形成有序的整体，通过各种媒体提供友好、高效的服务，使人们随时随地获取信息和知识。数字图书馆具有以下几个显著特点：

其一，海量的资源规模。资源是数字图书馆建设与服务的基础。在网络环境下，图书馆的资源建设突破了传统图书馆资源建设的局限，形成了包括电子图书、电子期刊、电子报纸、数据库、音视频资源、网络资源在内的海量数字资源。这些资源分布在不同的系统中，形态不同，组织方式各异，既包括传统文献的数字化，也包括各种类型的原生数字资源，还包括其他虚拟馆藏。

其二，有序的资源内容。数字图书馆利用现代信息技术，按统一标准对文字、图片、声音、图像等各种信息进行数字化转换和处理。同时，数字图书馆还利用了传统图书馆对文献的整理与组织方法，对数字资源进行有序组织，并基于知识组织和知识挖掘技术，将知识单元按统一规则有机地组织起来，形成一个完整的知识网络，方便读者检索和使用。

其三，基于多种媒体的服务。数字图书馆基于网络环境和信息化环境，依托形式多样的信息传播媒介，遵循网络环境下信息活动的新规律，提供用户深度参与的、交互式的开放信息交流环境，通过互联网、手机、数字电视、智能移动终端等各种媒体渠道，将数字图书馆服务推送到千家万户，推送到用户身边，使人们得以突破时间和空间的限制，在任何时间、任何地点都能够获取信息与知识。

其四，高度共享的平台。数字图书馆的资源具有易于复制、易于传播的特性，基于网络平台和开放协议，使数字图书馆能够为更大范围的用户同时提供可共享的服务。通过对多个分布式异构资源库的无缝连接，能够方便地实现不同数字图书馆系统之间的用户双向认证和资源双向访问，其共享的深度和广度都是传统图书馆无法比拟的。

（二）数字图书馆是我国图书馆事业发展的崭新机遇

改革开放后，特别是党的十七大做出兴起社会主义文化建设新高潮、推动社会主义文化大发展大繁荣的全面部署，提出要建立覆盖全社会的公共文化服务体系以来，图书馆事业作为公共文化服务体系的重要组成部分，得到了各级政府的大力支持与高度重视，进入了一个较快的发展时期。特别是在数字技术和网络技术的影响下，图书馆的管理和服务模式正在发生显著变化，传统图书馆正在加速与数字图书馆的整合，向复合图书馆转型。数字图书馆的推广已经具备了很好的基础，主要表现在：

第一，覆盖全国的图书馆服务体系初步形成。

2011年，全国共有县级以上独立建制的公共图书馆2952个，文化馆3285个，乡镇（街道）文化站40390个，"六五"期间提出的"县有图书馆、文化馆，乡有综合文化站"的目标基本实现，一个覆盖全国的公共图书馆服务体系正在形成。公共图书馆事业发展取得令人瞩目的成绩，各级财政对公共图书馆的投入不断增加，2011年财政拨款总数达72.57亿元；全国公共图书馆总藏量达6.97亿册（件），全国公共图书馆数字资源总量已超过600 TB；各地结合实际，探索了总分馆制、图书馆联盟、"一卡通"、流动图书馆、自助图书馆等新的服务模式，超过900个公共图书馆通过网站提供服务。截至2011年底，全国人均购书经费达1.05元，人均公共图书馆藏书达0.52册，为进一步加快数字图书馆建设奠定了良好的事业基础。

第二，国家信息基础设施环境逐步完善。

近年来，信息技术、网络技术、数字技术迅猛发展，以IPv6为核心的下一代互联网、以光网络和3G为核心的下一代通信网络、以数字化为核心的下一代广播电视网迅猛发展，三网融合加快推进，手机上网、互联网电视、数字电视等跨网络业务发展迅速。截至2011年底，我国网民人数达5.13亿，互联网普及率达38.3%；手机用户已突破9亿，其中手机网民达3.56亿；数字电视用户超过1000万户。这为数字图书馆提供了基于多网络平台的信息传输途径和服务渠道。

信息技术的发展极大地促进了数字资源的生产，据调查，全球新产出的信息量每3年翻一番，大约90%的信息都以数码形式储存在某种计算机装置里；截至2011年底，中文网页数量达866亿个，年增长率达44.3%。与此同时，文献的出版方式也发生了巨大的变化，数字出版日益普及。截至2010年底，中国电子书总量已达115万种，年新增18万种；单独出版的数字报已达700份以上，电子期刊已近万种。人们置身于一个信息无时不在、无处不在的环境中，为数字图书馆提供了更加丰富的资源内容。物联网、语义网、云计算、数据挖掘、知识组织等新兴技术不断涌现，为图书馆采集和管理海量数字资源提供了新的技术手段。

可以预见，未来信息技术还将继续以惊人的速度发展，对社会信息交流环境产生更为深远的影响。这一切给数字图书馆带来的绝不仅仅是技术上的革新，还有更加深刻的生存和发展环境的变革。

第三，信息与知识获取途径日趋多样。

随着信息技术的快速发展，人们的学习与阅读方式正在发生变化，呈现出多渠道、多元化、多媒体的新特点。数字阅读作为一种重要的阅读方式，日益普及，从在线阅读、电子阅读器阅读，发展到以手机、平板电脑等移动终端为载体的无线阅读。2011 年我国国民数字化阅读方式的接触率达 38.6%，其中 27.6% 的国民进行过手机阅读。搜索引擎及各种社交网络成为人们获取信息的重要渠道，截至 2011 年底，我国搜索引擎用户规模达到 4.07 亿，博客用户达到 3.19 亿，微博用户达到 2.5 亿，对图书馆开展基于全媒体、多终端的服务提出了新的要求。

第四，国内数字图书馆探索与实践初见成效。

我国自 1995 年开始跟踪国际数字图书馆发展，继国家图书馆启动国家数字图书馆工程建设后，一些全国性、区域性、行业性数字图书馆项目纷纷规划或立项建设。经过十几年的探索和努力，我国的数字图书馆在网络平台建设、关键技术研发、数字资源建设和数字图书馆服务等方面均取得重要进展，初步形成了由国家级数字图书馆、行业性数字图书馆和各区域数字图书馆组成的数字图书馆建设与服务体系；数字资源的采集、加工、组织与管理能力大大提升，积累了一批内容丰富、形式多样的数字资源；开展了各具特色的数字图书馆服务，数字图书馆的用户界面越来越友好，使用越来越方便，一些数字图书馆系统开始尝试通过新媒体渠道提供服务；技术研发初见成效，特别是针对中文信息处理的关键技术研发取得重要进展，初步形成了围绕数字资源制作、管理、组织、存储、访问、服务的技术支撑环境。这些已经形成的数字图书馆系统和各类型数字资源库，成为教育、科研、文化建设的重要保障平台，为进一步加快数字图书馆建设积累了丰富的经验，打下了坚实的基础。

可以说，数字图书馆是图书馆在信息网络时代的必然选择与必由之路，无论我们是否已经意识到了它的存在，也无论我们是否愿意接受它的存在，数字图书馆都已经深刻地改变了我们的事业形态。当前，我国数字图书馆建设正面临良好的发展机遇，建设覆盖全社会的数字图书馆服务体系，形成图书馆事业发展新业态已经成为可能，党和国家也就加快数字图书馆建设提出了明确要求，提出要"完善国家数字图书馆建设"。为此，文化部、财政部于 2011 年 5 月联合下发文件，就在"十二五"期间实施数字图书馆推广工程做出部署。中央领导同志对这项工程非常重视，李长春同志曾多次批示，指出"要加快进度，这是基础性文化工程"。

目前，许多地区都在研究推进区域数字图书馆建设，现在实施推广工程，在全国层面做好顶层设计，使各地区能够在全国数字图书馆建设整体框架下建设区域数字图书馆，可以有效避免分头建设导致的系统不连通、资源不共享、标准不统一等问题。推广工程作为一个整体提升图书馆服务水平的工程，一个推动形成图书馆新业态的工程，现在实施可谓正逢其时。我们要抓住机遇，提高认识，结合事业发展实际组织好、实施好这一工程，全力推动事业发展。

二、把握重点，理解内涵，深入推进工程实施

推广工程的总体目标，是要在国家数字图书馆工程和各地数字图书馆建设已有成果的基础上，将各馆和各地已经建成的数字图书馆系统连接起来，搭建一个高度共享的统一平台，逐步形成覆盖全国的数字图书馆服务体系，这个体系是由区域的数字图书馆系统和省、市、县的数字图书馆组成。

数字图书馆虽然是图书馆发展的新形态，但仍然承担着人类知识有序化的基本功能，其基础业务仍然是采、编、阅、藏。因此，推广工程必须基于数字图书馆业务全流程进行设计。在数字图书馆建设中要重点把握以下几个方面。

（一）要建设标准化的硬件平台

为了保证推广工程各节点基本功能的实现，首先要有硬件基础，为软件平台搭建、资源建设和服务提供基础设施环境。国家图书馆根据各级图书馆的建设规模及其在推广工程中承担的不同职责，按照省、市分别确定硬件的配置标准；各地也可以根据本地区的建设规划，为县级以下基层图书馆确定硬件配置标准。硬件配置包括必配硬件和选配硬件，其中必配项为各地应达到的基本要求；选配项中的设备，各地可以根据当地的实际情况选择。

（二）要建设开放互连的软件平台

工程将构建以国家数字图书馆为中心、以各级数字图书馆为节点、覆盖全国的数字图书馆虚拟网。目前，国家图书馆已经围绕数字资源生命周期建设了一系列应用系统和业务系统，工程将以此为基础，为全国各级图书馆建立规范、易用的业务软件平台。为实现工程的总体功能要求，国家图书馆将为各省、市馆提供必配软件，各馆还可以根据本馆数字图书馆建设的实际需要，安装选配软件。同时，为了避免重复建设，对于各馆已经建设的、满足功能需要的类似系统，工程也同时提供开放接口，支持各馆通过二次开发实现与工程平台的无缝连接，共享平台资源与服务。工程软件平台的搭建是一个渐进的过程，网络条件较好的地区可先行实现双向功能，其他地区可先以接受资源、提供服务为主，逐步完善功能。

推广工程从本质上说也是一个信息化工程，是国家信息基础设施的重要组成部分。在工程建设中，还要充分利用各系统、各地区已建或在建的其他数字化服务平台，加强与全国文化信息资源共享工程、公共电子阅览室建设计划、数字城市、智慧城市、数字书屋、科技信息共享平台、数字电视、移动服务等数字化平台的整合，一方面充分利用其网络设施、数字资源和服务渠道，另一方面要按照开放建设的思路，充分考虑与这些平台的对接。

（三）要建设高度共享的资源体系

工程将联合全国各级公共图书馆，建立资源共建共享机制，实现各级公共图书馆数字资源的统一规划、统一登记、联合建设和协同服务。

首先要进行数字资源的统一登记，搭建统一揭示平台，以掌握已建资源的具体情况，支持各馆在这个平台上进行资源查重，避免重复建设。其次要充分整合国家图书馆和地方各级图书馆的各类型已建资源，形成有序的资源集合。在此基础上，要加大资源建设力度，根据需求牵引的原则建设一批优质特色资源，到"十二五"末，达到"11134"的资源建设目标，即工程数字资源总量达到10000 TB，其中国家图书馆数字资源总量达到1000 TB，每个省级数字图书馆可用数字资源量达100 TB，每个市级数字图书馆可用数字资源量达30 TB，每个县级数字图书馆可用数字资源量达4 TB。

在工程建设初期，为丰富各馆的数字资源，国家图书馆根据"版权清晰、馆藏互补"的原则，选择了一批优质资源与各馆共享，一部分是国家图书馆自建的特色资源，另外一部分主要是国家图书馆购买的全国授权数据库，将来我们还可以尝试以联合采购的方式购买一批普遍适用的数据库。未来，通过工程建立的共建共享机制和统一平台，各馆也可以将自己建设的资源拿到统一平台上来共享，并且共享他馆的资源。为此，要加快数字版权管理系统的研发，使大量处于版权保护期的资源能够根据版权授权状况提供服务。

（四）要建设覆盖全媒体的服务平台

推广工程要建立统一的服务平台，在这个平台上高度集成各级公共图书馆所能够提供的各类型资源和服务，构建数字图书馆之云，使用户能够随时随地通过手机、数字电视、移动电视等新媒体，方便快捷地获取任何一个图书馆的资源与服务。

目前，国家图书馆已经与浙江、福建等多个省级图书馆之间实现了用户的双向认证，这些图书馆的注册用户可以根据授权访问国家图书馆的数字资源，国家图书馆的注册用户也可以根据授权访问这些图书馆的资源。将来，工程将逐步通过任意两个馆之间的用户双向认证，实现一馆注册用户可以直接访问他馆的数字资源。

工程所提供的不仅仅是广播式服务，更要根据用户的个性化需求提供交互式服务，将隐藏在信息资源中的信息转换为针对特定用户特定需要的信息内容，并协助和支持用户将这些信息内容转换为知识。要借助智能化信息处理技术，不断优化数字图书馆的用户界面，建设互动式知识服务环境，实现人机的良好交互，为用户提供专业化、个性化的信息与知识服务。

（五）要建设基于数字资源生命周期的标准规范体系

标准规范是数字图书馆建设的基础，也是数字资源共建共享的基本保障。要实施好推广工程，首先要统一"交通规则"，制定标准规范，使标准规范建设融入数字图书馆建设的全过程。目前，国家数字图书馆工程已经制定了20余项数字图书馆标准规范，要在此基础上，本着"联合、开放、共享"的原则，围绕数字资源生命周期，构建从资源创建、描述、组织管理、服务到长期保存各环节的推广工程标准规范体系。特别是要结合推广工程的实际需要，围绕核心业务流程建立操作规范。

已有成熟国内外标准的要优先采用，并且结合工程的实际情况制定应用指南；没有成熟标准的要根据工程建设的实际需要联合制定标准。在工程实践中得到检验的成熟标准，要推动其上升为行业标准或国家标准。

（六）要建设高度集成的业务管理平台

国家图书馆目前已与各级图书馆联合，陆续建立了联合编目、古籍普查与保护、民国时期文献普查与保护、立法决策服务、参考咨询服务、特殊人群服务、社会教育服务等业务管理平台。推广工程的平台要和这些业务管理平台实现互连，既便于充分利用这些平台的资源和服务，同时也为这些业务的管理提供技术和资源支撑。以古籍普查平台和推广工程平台的整合为例，将来用户既可以通过古籍普查平台调用推广工程的古籍数字化全文，也可以通过推广工程的平台检索到古籍普查平台的古籍文献元数据。

三、几点要求

推广工程自实施以来，在各地政府和图书馆的大力支持与共同努力下，在政策支持、经费投入、虚拟网搭建、软硬件平台部署、数字资源建设以及新媒体服务和宣传推广等各方面均取得了阶段性进展。推广工程是一个长期的文化工程，今年是工程实施的重要一年，将完成所有省馆和185家市馆的硬件平台搭建工作，并实现与国家数字图书馆的网络互连，同时还要启动数字资源共建共享、软件平台搭建等工作，任务非常艰巨。

下面我就实施好推广工程提几点要求。

（一）要提高认识

推广工程是依托现代信息技术全面提升公共文化服务能力的文化创新工程，是一个长期的文化建设工程，对于整体提升全国公共图书馆服务水平，更好地满足人民群众在新的网络环境和信息环境下不断增长的精神文化需求，具有重要意义。大家首先要认识到工程建设的重要性和紧迫性，认真学习研究数字图书馆建设的特点与发展规律，在此基础上准确认识和把握推广工程的内涵，将思想认识切实转化为工作动力，以满腔热情投入到工程建设中来，把好事办好。

推广工程是顺应数字图书馆发展趋势的工程，不是做不做的问题，而是怎么做的问题。通过工程的实施，不仅要形成一个覆盖全国的数字图书馆服务体系，而且还将推进各馆事业发展形态的整体跃升，极大提升各地的区域性数字图书馆服务能力。特别是对中等城市而言，推广工程是一个"补腰工程"，将从根本上改变地市级图书馆数字图书馆建设滞后的现象，从而为建设覆盖全国的数字图书馆服务体系提供强大的地市级节点支撑。这些认识大家要积极向文化厅、财政厅等政府部门汇报，使之成为政府决策部门的共识。目前，黑龙江、山东、江西等省已充分认识到工程建设的重要意义，并将其纳入政府工作报告，为数字图书馆的发展奠定了良好的政策环境。

（二）要整体规划

推广工程不是一项孤立的文化工程，要注重做好整体设计，使之成为区域社会发展和文化发展的有机组成部分。国家图书馆要做好工程的顶层设计，各省要在整体规划下，以省级图书馆为核心制定本省规划，积极探索数字图书馆在本地区推广的有效路径。希望在座的各位省馆馆长结合本地区实际情况，因地制宜，要争取把工程纳入本省文化发展总体规划，纳入城市信息化建设总体规划，纳入社会管理总体规划。目前许多省市都在开展新馆建设，要在规划新馆的同时，同步规划数字图书馆建设。

（三）要注重服务

推广工程的实施已有一定的基础，是一个能够立竿见影的项目，设备到位、资源到位，就可以提供服务。为了使社会公众及时共享推广工程的建设成果，在工程的规划和实施中要始终坚持"边建设、边服务"的原则，利用各种媒体、各种渠道，不断展示工程的阶段性成果，使公众了解数字图书馆、使用数字图书馆，进而支持数字图书馆。

工程推动得好不好，最终要看群众能不能接受，是不是满意。要根据用户反馈不断完善系统平台，丰富数字资源，优化服务体系。要通过服务扩大影响，不断提升工程的社会效益，从而推动工程发展。

（四）要加强培训

推广工程对技术的高度依赖决定了其实施需要一支专业化、高素质的人才队伍。在以往的工作中，各馆都积累了一支在数字资源建设和自动化建设等方面具有一定经验的人才队伍，这支队伍是工程推进所依靠的主要力量。要通过培训的方式，结合工程实施的实际需求，开展有针对性的培训。本次会议就是国家图书馆发挥自身人才和技术优势，结合工程实际需要所做的一次培训。近期还将在东、中、西部各组织一次培训。希望各位省馆馆长回去之后，尽快组织好本省内的培训工作，通过分级培训，建设一支专业知识与实际技能兼备的高素质数字图书馆建设与服务队伍，推动和保障工程的实施。

（五）要争取经费

推广工程是依托计算机网络提供服务的，不仅要新配置设备，而且要考虑这些设备的持续运转与更新。各馆要积极与文化厅、财政厅沟通，争取财政支持，力争将数字图书馆建设经费与购书经费一样，列入图书馆基本支出，形成长效的经费保障机制。

根据工程的建设方案，每个省馆的硬件设备建设费用为300万元，市馆为150万元。其中，西部地区所需经费由中央财政投入80%，地方配套20%；中部地区所需经费由中央和地方财政各投入50%；东部地区所需经费全部由地方财政投入，中央财政以奖代补。全国共33个省级馆、425个地市级馆，分3年由中央财政转移支付3.3995亿元，带动地方财政投入4.011亿元。各馆要善于争取财政支持，用转移支付经费调动地方经费投入，尽快足额落实配套资金。

（六）要加强管理

要加强管理，建立管理平台，及时掌握经费使用、设备运行、资源利用、服务开展等各方面的情况。要将工程建设情况纳入图书馆和文化工作的整体评价体系。目前正在制定的《公共图书馆法》中已经有数字图书馆建设和服务的相关内容，今后还要进一步将推广工程建设内容纳入公共图书馆评估、公共文化服务体系示范区创建等考核指标。同时还要加强经费管理，建设廉政工程、阳光工程。

要建立工程的分级督导机制，以督促建。由文化部负责督导各省的建设情况，各省文化厅负责督导本省的建设情况。要制定督导考核标准，组织好今年年底的首次督导工作，重点检查工作进度和经费到位情况。对于工作做得好的地区，要给予表彰。

推广工程是一项新的工作，在工程实施过程中，要加强交流，互相学习、互相借鉴，及时共享各地在工程建设中的经验与教训，特别要注重总结各地在争取经费与政策支持、人员队伍建设、资源建设与服务等方面的创新成果和成功模式，通过树立样板，推进工程深入开展。

（在数字图书馆推广工程馆长培训班上的讲话，2012年6月25日。原载于《国家图书馆学刊》2012年第5期）

加快数字图书馆建设
全面提升城市图书馆服务水平

很高兴参加本届"上海国际图书馆论坛",与来自世界各国的图书馆界专业人士共同围绕"智慧城市与图书馆服务"进行研讨。当前,随着城市化进程的加快,图书馆在城市化建设中的作用也日益凸显,特别是数字图书馆建设已经成为现代数字城市、智慧城市建设的重要内容。我今天发言的主题是"加快数字图书馆建设,全面提升城市图书馆服务水平"。

一、数字图书馆是图书馆事业发展的新形态

20世纪90年代以来,计算机技术、网络技术和信息处理技术迅猛发展,网络作为一种新的信息交流和通讯工具,成为人们获取信息的重要来源,深刻地改变了人们的学习方式、工作方式、生活方式和思维方式。越来越多的国家认识到信息对于提高国际竞争力、增强综合国力的重要性,相继提出了信息高速公路计划,建立信息网络,支持国家创新与经济社会发展,人类社会快步进入一个前所未有的信息化社会。在此背景下,数字图书馆作为网络环境下一种新的信息资源组织与服务形式应运而生。

一些发达国家乃至发展中国家陆续将数字图书馆建设作为国家信息基础设施的重要工程和国家级战略研究方向,进行研究和开发,世界图书馆事业全面进入数字图书馆发展时期。1990年日本国立国会图书馆启动关西数字图书馆计划,1993年英国启动电子图书馆计划,1994年和1998年美国先后启动数字图书馆先导研究一期和二期计划,2000年法国启动"文化精品数字化"项目,2005年欧盟启动欧洲数字图书馆计划,2009年联合国教科文组织正式开通世界数字图书馆网站,2010年中日韩三国国家图书馆共同启动亚洲数字图书馆计划。经过近20年的发展,发达国家的数字图书馆研究与建设实践已经经历了资源的大规模数字化、关键技术的攻关研发和集成服务系统的建设等阶段,进入了较为成熟的稳步发展时期。

在数十年的发展中,人们对数字图书馆的认识不断深入。虽然今天对于数字图书馆是什么有着近百种定义,但对数字图书馆的特点、本质的认识已基本趋于一致,即数字图书馆是网络环境和数字环境下图书馆新的发展形态,它利用现代信息技术,对海量、分布、异构的数字资源进行整合,形成有序的整体,通过各种媒体提供友好、高效的服务,使人们随时随地获取信息和知识。数字图书馆具

有以下几个显著特点：

其一，海量的资源规模。资源是数字图书馆建设与服务的基础。在网络环境下，图书馆的资源建设突破了传统图书馆资源建设的局限，形成了包括电子图书、电子期刊、电子报纸、数据库、音视频资源、网络资源在内的海量数字资源。这些资源分布在不同的系统中，形态不同，组织方式各异，既包括传统文献的数字化，也包括各种类型的原生数字资源，还包括其他虚拟馆藏。

其二，有序的资源内容。数字图书馆利用现代信息技术，按统一标准对文字、图片、声音、图像等各种信息进行数字化转换和处理。同时，数字图书馆还利用了传统图书馆对文献的整理与组织方法，对数字资源进行有序组织，并基于知识组织和知识挖掘技术，将知识单元按统一规则有机地组织起来，形成一个完整的知识网络，方便读者检索和使用。

其三，基于多种媒体的服务。数字图书馆基于网络环境和信息化环境，依托形式多样的信息传播媒介，遵循网络环境下信息活动的新规律，提供用户深度参与的、交互式的开放信息交流环境，通过互联网、手机、数字电视、智能移动终端等各种媒体渠道，将数字图书馆服务推送到千家万户，推送到用户身边，使人们得以突破时间和空间的限制，在任何时间、任何地点都能够获取信息与知识。

其四，高度共享的平台。数字图书馆的资源具有易于复制、易于传播的特性，基于网络平台和开放协议，使数字图书馆能够为更大范围的用户同时提供可共享的服务。通过对多个分布式异构资源库的无缝连接，能够方便地实现不同数字图书馆系统之间的用户双向认证和资源双向访问，其共享的深度和广度都是传统图书馆无法比拟的。

当前，以我国城市图书馆为重点，加快推进数字图书馆建设，实现数字图书馆服务的全覆盖已经具备了很好的基础：

一是覆盖全国的图书馆服务体系初步形成。改革开放后，公共图书馆事业进入快速发展时期。2011 年，全国共有县级以上独立建制的公共图书馆 2952 个，文化馆 3285 个，乡镇（街道）文化站 40390 个；全国公共图书馆总藏量达 6.97 亿册（件），数字资源总量已超过 600 TB，人均公共图书馆藏书达 0.52 册；各级财政对公共图书馆的投入不断增加，2011 年财政拨款总数达 72.57 亿元，全国人均购书经费达 1.05 元；各地结合实际，探索了总分馆制、图书馆联盟、"一卡通"、流动图书馆、自助图书馆等新的服务模式，为依托各级图书馆进一步加快数字图书馆建设奠定了良好的事业基础。

二是国家信息基础设施环境逐步完善。以 IPv6 为核心的下一代互联网、以光网络和 3G 为核心的下一代通信网络、以数字化为核心的下一代广播电视网迅猛发展，三网融合加快推进。截至 2011 年底，我国网民人数达 5.13 亿，互联网普及率达 38.3%；手机用户已突破 9 亿，其中手机网民达 3.56 亿；数字电视用户超过 1000 万户。同时，数字信息增长迅速，截至 2011 年底，中文网页数量达

866亿个，年增长率达44.3%；截至2010年底，中国电子书总量已达115万种，年新增18万种；单独出版的数字报已达700份以上，电子期刊已近万种。人们置身于一个信息无时不在、无处不在的环境中，为数字图书馆提供了更加丰富的资源内容。

三是信息与知识获取途径日趋多样。随着信息技术的快速发展，人们的学习与阅读方式正在发生变化，呈现出多渠道、多元化、多媒体的新特点。数字阅读作为一种重要的阅读方式，日益普及。2011年我国国民数字化阅读方式的接触率达38.6%，其中27.6%的国民进行过手机阅读。搜索引擎及各种社交网络成为人们获取信息的重要渠道。截至2011年底，我国搜索引擎用户规模达到4.07亿，博客用户达到3.19亿，微博用户达到2.5亿。这对图书馆开展基于全媒体、多终端的服务提出了新的要求。

四是国内数字图书馆探索与实践基本成熟。我国自1995年开始进行数字图书馆研发，经过十几年的探索和努力，在网络平台建设、关键技术研发、数字资源建设和数字图书馆服务等方面均取得重要进展，初步形成了由国家级数字图书馆、行业性数字图书馆和各区域数字图书馆组成的数字图书馆建设与服务体系；积累了一批内容丰富、形式多样的数字资源，开展了各具特色的数字图书馆服务，针对中文信息处理的关键技术研发取得重要进展，初步形成了围绕数字资源制作、管理、组织、存储、访问、服务的技术支撑环境，为进一步加快数字图书馆建设积累了丰富的经验，打下了坚实的基础。

可以说，数字图书馆是图书馆在信息网络时代的必然选择与必由之路，已经深刻地改变了我们的事业形态。当前，我国数字图书馆建设正面临良好的发展机遇，建设覆盖全国的数字图书馆服务体系已经成为可能。

二、加快建设数字图书馆服务体系

在数字技术和网络技术的影响下，图书馆事业正在发生深刻的变化，传统图书馆与数字图书馆加速融合，向复合图书馆转型，一个新的服务形态正在逐步形成，建立区域、国家乃至全球性协同服务的数字图书馆已成为当今世界数字图书馆建设的一个新趋势。

"十二五"期间，国家加快了公共文化服务体系建设的步伐，一个覆盖全国的公共图书馆服务网络正在形成。最近，文化部和财政部又下发文件，实施数字图书馆推广工程，其目的是搭建以国家图书馆为核心，以省、市、县各级图书馆为节点的虚拟网，帮助各级图书馆建立数字图书馆服务网络，从而全面提升各级图书馆的服务能力和服务水平，在此基础上形成覆盖全国的数字图书馆服务体系，使数字图书馆真正成为社会公众身边便捷、高效、不可或缺的信息获取平台。其内容主要包括以下方面。

（一）建设标准化的硬件平台

标准化的硬件平台是搭建数字图书馆软件平台的载体，是开展数字资源建设和提供数字图书馆服务的设施基础。为此，我们根据各级图书馆的建设规模及其在全国数字图书馆服务网络中承担的不同职责，按照省、市分别确定硬件的配置标准；各地也可以根据本地区的建设规划，为县级以下基层图书馆确定硬件配置标准。硬件配置包括必配硬件和选配硬件。其中必配项为各地应达到的基本要求；选配项中的设备，各地可以根据当地的实际情况选择。

（二）建设开放互连的软件平台

目前，国家图书馆已经围绕数字资源生命周期建设了一系列应用系统和业务系统，我们将以此为基础，为全国各级图书馆建立规范、易用的业务软件平台。为实现数字图书馆的总体功能要求，国家图书馆将为各省、市馆提供必配软件，各馆还可以根据本馆数字图书馆建设的实际需要，安装选配软件。同时，为了避免重复建设，对于各馆已经建设的、满足功能需要的类似系统，将提供开放接口，支持各馆通过二次开发实现与工程平台的无缝连接，共享平台资源与服务。数字图书馆软件平台的搭建是一个渐进的过程，网络条件较好的地区可先行实现双向功能；其他地区可先以接受资源、提供服务为主，逐步完善功能。

数字图书馆推广工程从本质上说也是一个信息化工程，是国家信息基础设施的重要组成部分。在工程建设中，还要充分利用各地区规划建设的其他数字化服务平台，加强与数字城市、智慧城市、数字书屋、科技信息共享平台、数字电视、移动服务等数字化平台的整合，一方面充分利用其网络设施、数字资源和服务渠道；另一方面要按照开放建设的思路，充分考虑与这些平台的对接。

（三）建设高度共享的资源体系

资源建设始终是数字图书馆建设的核心，是实现数字图书馆服务的基础。我们将联合全国各级数字图书馆，建立资源共建共享机制，实现各级图书馆数字资源的统一规划、统一登记、联合建设和协同服务。为了达到这一目标，首先将进行数字资源的统一登记，搭建统一揭示平台，以掌握已建资源的具体情况，支持各馆在这个平台上进行资源查重，避免重复建设；在此基础上，将对国家图书馆和地方各级图书馆的各类型已建资源进行充分整合，形成有序的资源集合；与此同时，还将全面加大资源建设力度，根据需求牵引的原则，建设一批优质特色资源，到"十二五"末，极大地丰富各级图书馆的数字资源保有量，形成全国数字资源分级保障体系。

（四）建设覆盖全媒体的服务平台

覆盖全国的数字图书馆服务体系还将建立一个统一的服务平台，高度集成各级公共图书馆所能够提供的各类型资源和服务，依托互联网、移动通信网和广播电视网等多网络平台和手机、数字电视、移动电视等多媒体终端，提供惠及全民的数字图书馆服务。在这个平台上，各级数字图书馆之间将逐步实现用户的双向认证和资源的双向共享，从而最终实现全国数字图书馆服务体系内的用户统一认证和资源一站式获取，使用户能够随时随地方便快捷地获取任何一个图书馆的资源与服务。在此基础上，借助智能化信息处理技术，不断优化数字图书馆的用户界面，建设互动式知识服务环境，实现人机的良好交互，为用户提供专业化、个性化的信息与知识服务。

（五）建设基于数字资源生命周期的标准规范体系

标准规范是数字图书馆建设的基础，也是数字资源共建共享的基本保障。为了实现全国各级数字图书馆系统的互连互通，首先要统一"交通规则"，本着"联合、开放、共享"的原则，围绕数字资源生命周期，构建从资源创建、描述、组织管理、服务到长期保存各环节的推广工程标准规范体系。同时，还将结合未来数字图书馆建设与服务的实际需要，围绕核心业务流程建立操作规范。未来，我们还将进一步致力于我国数字图书馆标准化工作的国际化进程，优先采用国际已有成熟标准，结合我国数字图书馆建设的实际情况制定应用指南。同时，希望进一步加强与 ISO、IFLA 等国际组织的联系，将经过我国数字图书馆建设实践检验的标准上升为国际标准。

（六）建设高度集成的业务管理平台

数字图书馆虽然是图书馆发展的新形态，但仍然承担着人类知识有序化的基本功能，其基础业务仍然是采、编、阅、藏。因此，在规划建设覆盖全国的数字图书馆服务体系的过程中，我们提出了基于图书馆业务全流程的思路，希望充分利用数字图书馆技术，整体提升图书馆的业务管理水平。过去几十年中，以国家图书馆为核心，我国各级图书馆积极开展合作，依托数字化、网络化技术，围绕图书馆的各项业务发展，陆续建立了联合编目、古籍普查与保护、民国时期文献普查与保护、立法决策服务、参考咨询服务、特殊人群服务、社会教育服务等业务管理平台。为了进一步发挥这些已有平台的优势，在未来数字图书馆建设过程中，我们将进一步加强统一规划，充分整合这些平台的资源和服务，并利用新的网络平台，为这些业务的管理提供更为坚实的技术和资源支撑。

我国目前正处在城镇化的快速发展阶段，2011 年城市化率已达到 51.27%，城镇人口第一次超过农村人口，这是中国社会结构的一个历史性变化。今天，城市现代化建设正在逐步进入智慧城市的崭新阶段，北京、上海、广州、深圳、宁波等多个省市相继提出了建设智慧城市的战略构想。图书馆作为城市公共文化服务体系的重要组成部分，是保存城市历史，传播城市文化，增强城市综合竞争力的重要手段，对城市的现代化建设有着不容忽视的促进作用。

从本质上来说，智慧城市建设与数字图书馆建设在某些方面有共同的目标愿景，即以数字化、网络化和智能化的信息技术为基础，向社会公众提供普遍均等的数字化、信息化服务。以智慧城市建设为契机，加快数字图书馆建设，对于拓宽服务渠道，丰富服务内容，拓展服务手段，全面提升图书馆事业发展水平具有重要意义。

（1）有利于城市图书馆服务体系的形成。图书馆是公共文化服务体系的重要组成部分，承担着为社会公众提供普遍均等的公共文化服务，保障人民群众基本文化权益的重要职责。利用数字图书馆技术打造传播内容更为丰富、传播速度更为快捷、传播方式更为多样的、基于新媒体的信息服务网络，使人们可以利用多种渠道、多种媒体随时随地享受图书馆的服务，使图书馆真正成为人们身边的图书馆，成为嵌入人们生活的图书馆。特别是通过数字图书馆建设提升城市图书馆发展水平，发挥城市图书馆对区域图书馆事业的辐射带动作用，实现以城带乡，统筹发展，形成全面覆盖的城市图书馆服务体系。

（2）有利于满足人们日益提高的对图书馆的需求。今天的图书馆早已不是传统意义上单一的文献借阅场所，它正在日益成为一个城市重要的开放公共空间，既为城市传承历史、延续文明、拓展未来提供了重要的资源基础，更为人们提供了一个日常交流和文化休闲的场所，一个提高学习能力与创新能力的场所。为此，图书馆正在积极通过讲座、展览、培训、阅读推广等各种形式的文化活动，支持人们在这里交流信息、分享知识，加强彼此之间的了解，建立起人与人之间新的文化关系。数字图书馆建设为图书馆进一步拓展职能提供了更广阔的空间和更有力的技术支持，它使图书馆得以渗透到用户日常工作、学习和交往的虚拟空间中，提供无所不在的信息服务，更好地支持市民和社会群体的终身学习与事业发展，从而在提高人的思想道德素质和科学文化素质，促进人的城市化方面发挥更为重要的作用。

（3）有利于促进图书馆的转型。当前，图书馆正处于转轨变型的关键时期，传统图书馆主要以纸质资源为主体，以到馆服务为主要形式；数字图书馆则将以数字资源为主体，以网络化服务为主要形式。这个转型非常复杂，它涉及图书馆的采、编、阅、藏每一个环节。目前，在许多图书馆，传统业务与现代业务之间依然是两张皮，互不相干，各自运行，纸质资源与数字资源之间缺乏整合，到馆服务与网络化服务之间缺乏联结。数字图书馆的建设，将使我们能够在新的信息环境下重新设计图书馆，利用数字图书馆技术充分整合各类型信息资源，提供基于全媒体的信息与知识服务，从而使图书馆能够更好地适应社会发展和技术进步。

（4）有利于图书馆资源的综合利用。在全球信息量每两年翻一番的今天，已经没有任何一个图书馆能够收集人类所生产的所有信息资源，也没有任何一个图书馆能够独自满足用户所有的信息需求。面对信息资源与信息需求不断增长带来的挑战，图书馆选择了广泛的协调与合作，以寻求更大的发展空间和更强的竞争能力。通过数字图书馆建设，有效整合一个区域内所有图书馆的信息资源、人力资源、经费投入和软硬件技术平台，在建立区域内资源共建共享机制的基础上，使各馆能够在统一规划下共建资源，协作服务，使各级图书馆的资源都能够为区域数字图书馆系统提供资源支撑，使各级图书馆都成为区域数字图书馆系统的服务节点，从而形成一个有机的图书馆群，有效支持城市的管理服务创新、技术和产业发展创新，为提升城市信息化水平和科学管理水平做出积极贡献。

（在第六届"上海国际图书馆论坛"上的讲话，2012年7月18日。原载于《文汇报》2012年7月30日第16版）

以推广工程为抓手
加快建设覆盖全国的数字图书馆服务体系

自 2011 年 5 月，文化部、财政部组织实施数字图书馆推广工程以来，得到了地方各级党委政府的高度重视和各级公共图书馆的大力支持，工程建设快速推进，在公共文化服务体系建设中发挥了重要作用。近日，文化部又下发了《关于加快实施数字图书馆推广工程的意见》。为交流经验，贯彻文件精神，我就加快推进数字图书馆推广工程谈几点意见。

一、认真总结推广工程实施以来取得的重要经验

国家数字图书馆工程 2001 年经国务院批准立项，2005 年开始建设。在国家数字图书馆初步建成之后，文化部、财政部启动了数字图书馆推广工程。推广工程是建设公共文化服务体系的重要内容，在党中央、国务院近期发布的《中共中央关于深化文化体制改革推动社会主义文化大发展大繁荣若干重大问题的决定》《国家"十二五"时期文化改革发展规划纲要》《国务院关于印发国家基本公共服务体系"十二五"规划的通知》《文化部"十二五"时期文化改革发展规划》《文化部、财政部关于进一步加强公共数字文化建设的指导意见》等一系列有关文化发展的政策文件中，都明确提出要完善国家数字图书馆建设，全面提升全国公共数字文化服务水平。在这些文件精神的指导下，各地党委、政府高度重视，文化厅局积极谋划，各级图书馆做了大量工作，短短一年半的时间，工程实施工作就已全面铺开，各项工作取得突破性进展，业界反响强烈，深受读者欢迎，说明这个项目顺乎事业发展，符合我国图书馆事业发展实际。特别是在工程实施过程中，各地积极探索，开拓创新，形成了一些各具特色的地区数字图书馆建设与发展模式，为推广工程在全国的进一步推进实施积累了经验。

（一）领导重视

工程实施以来，各级党委、政府高度重视，将工程作为地方公共文化服务体系建设的重要内容，统一规划，统筹安排；文化、财政主管部门密切配合，有力地推动了工程实施。贵州、江西、山东、黑龙江等地将数字图书馆建设纳入地方政府工作报告，纳入地区发展规划和财政预算。贵州省自 2011 年起将贵州数字图书馆的建设和维护经费列入省财政经费预算，每年投入经费 450 万元，超过年度购书经费投入，同时还专门成立了以分管厅长、相关处室、外聘专家为成员的

领导小组，派出专业技术人员到省外图书馆考察、调研，结合省情制定了贵州数字图书馆建设方案。在工程实施过程中，省政府组织了一系列宣传推广活动，有效提升了数字图书馆建设的社会影响，2011年底，贵州数字图书馆访问量已突破2000万人次。

（二）系统平台搭建初见成效

按照规划，工程将在33个省级图书馆、425个地市级图书馆建立统一的硬件平台。截至目前，全国共有11个省、41个地市州已经完成了硬件采购工作。其中，第一批启动馆完成硬件采购任务的占61%；第二批启动馆中，上海，辽宁本溪、丹东，山东德州、淄博，广东东莞、深圳，浙江湖州、台州等地提前完成了硬件采购工作。硬件设备陆续到位后，各地用于数字图书馆建设的网络设备、存储空间、服务器等硬件实力有了大幅提升，为推广工程软件平台的部署、数字资源的建设与服务提供了有效保障。据统计，在全国48家副省级以上城市图书馆中，已经有22家实现了与国家数字图书馆的虚拟网连接，占总数的46%，浙江、湖北、黑龙江、山西等4个省份已建立了省内虚拟网，有些地区甚至实现了跨省的互联；此外，统一用户认证系统、政府公开信息整合服务平台等软件平台也已经在20个省、市进行了安装部署，全国用户通过统一平台获得各级数字图书馆资源与服务的目标正在逐步实现。在此基础上，各省、市还积极探索三网融合、云计算等新技术的应用，取得了突破。例如，福建省利用云计算技术，成功地在全省范围内搭建起覆盖省、市、县、乡镇（基层）四级服务节点的云数据平台、云应用平台和云服务平台，实现了省中心节点对各级节点数字资源的按需调度和高效传输。

（三）资源共建共享机制逐步完善

随着工程的实施，全国各级图书馆的数字资源建设逐步走向协调统一，各地根据工程的总体部署，不断探索和创新资源共建共享模式。2011年，推广工程开始对全国各级公共图书馆的自建数字资源目录进行登记，目前已有11家省级图书馆和22家市级图书馆申报登记自建数字资源目录89043条，工程数字资源总量已达到540 TB，其中既有图书、报刊、影视、音乐、讲座、展览等社会公众喜闻乐见的资源，也有专题学术性资源。一个内容丰富、形式多样的资源体系正在逐步形成，丰富了各地的数字资源保障能力和保障水平。与此同时，各地也陆续建设了一批地方特色资源，通过工程平台提供共享。例如，吉林省长春将自建地方特色资源中部分伪满时期史料、地方志、珍贵古籍百余种数万余页和视频讲座50余部等，通过推广工程提供全国共享；浙江、山西等探索利用推广工程虚拟专网进行馆际之间数字资源的传输和访问，大大提升了本地区的数字资源共享水平。

（四）服务效果初见成效

目前，工程初步建设成果已经开始通过多种渠道提供服务，并通过省市级图书馆覆盖到共享工程县区级支中心，为基层百姓提供服务。推广工程网站已于2012年初开通，向公众提供全国16个省市数字图书馆可以公开访问的优秀资源，访问量已达到1350万次。同时，各级图书馆积极探索通过新媒体提供数字图书馆服务，吉林、贵州等省已经依托智能手机等移动终端推出移动服务；山西省移动图书馆测试平台与地方公共移动服务平台实现了对接；贵州、绍兴、常州等地图书馆的数字电视服务系统已正式开通；福建、广西等地的数字电视和IP电视服务系统也已进入测试阶段，即将提供服务。此外，2011年1月和2011年12月数字图书馆服务先后覆盖黑龙江军区和沈阳军区，使广大部队官兵能够随时随地获得数字图书馆的服务，受到热烈欢迎。2012年9月18日，国家图书馆与解放军第二炮兵合作共建的军营网上数字图书馆也已正式开通，通过二炮政工网为广大部队官兵提供数字图书馆的资源与服务。国家图书馆和全国各省市图书馆的资源与服务正在源源不断地推送到部队，极大地提高了工程的服务效益。

（五）标准规范体系渐趋完善

标准规范不统一一直是我国数字图书馆建设中影响数字资源共建共享和数字图书馆系统互连互通的一个主要问题。为确保推广工程建设的数字资源能够广泛共享，系统平台能够互连互通，工程确定了标准先行的原则。在各级图书馆的共同参与下，已经围绕资源、服务、技术、管理等要素制定了一系列标准规范，工程建设标准逐步统一，其中一些成熟标准已上升为文化行业标准。这些标准为数字环境和网络环境下的图书馆业务建设与发展提供了统一规范，从而为实现各馆建设的分布异构资源的共知共享提供了重要基础，也为各地分布式系统平台与工程统一平台之间实现无缝连接和跨库交互提供了重要保障。

（六）基础业务队伍不断壮大

队伍建设是工程实施的关键。目前，不少地方都依托各级图书馆，建立了推广工程的专业实施队伍。2012年，工程陆续组织开展了一系列各种形式的培训，来自全国33个省份、185个市图书馆的数字图书馆管理和技术人员参加了培训，黑龙江和浙江两省还率先组织了省内的专业技术人员培训。通过培训，各地已经形成了一支较为专业的工程实施队伍。据不完全统计，全国各省、市数字图书馆相关人才队伍总量已超过1000人。

（七）经费投入机制初步形成

根据工程总体规划，各级财政将为每个省级图书馆投入 300 万元用于硬件建设，为每个市级图书馆投入 150 万元用于硬件建设。全国 33 个省级图书馆、425 个市级图书馆，规划经费共计 7.53 亿元。按照东部地区全部由地方财政承担，中部地方地方财政、中央财政各承担 50%，西部地区中央财政承担 80%、地方财政承担 20% 的原则，中央转移支付经费共计 3.52 亿元，带动地方配套经费 4.01 亿元。目前，中央转移支付经费已投入 1.73 亿元，中央本级经费投入 3300 万元，地方配套经费已到位 9978.4 万元。其中 2011 年启动的 15 个省份、52 个市中，有 47.7% 配套经费已经到位；2012 年启动的 18 个省份、133 个市中，有 18.5% 配套经费已经到位。这些经费主要用于搭建工程基础硬件平台，改善了各级图书馆的网络设备、存储设备、服务器等硬件条件，未来各级财政还将继续在资源建设方面予以经费支持。

总的来说，推广工程实施一年半以来，进展顺利，成绩突出，在推进公共文化服务体系建设方面发挥了积极作用。但是，由于工程涉及面广、内容复杂，在整体推进过程中难免存在一些问题，需要在下一步工作中着力解决。一是一些地区对工程建设的重要性还缺乏认识，财政配套资金还没有完全到位，工程软硬件平台还没有按进度配置部署，有些地方还没有开始建设；二是工程建设规划还需要进一步细化，技术平台还需要进一步完善；三是资源内容还需要进一步丰富，服务还需要进一步拓展，广大社会公众对工程还缺乏了解。

针对这些问题，文化部专门制定下发了《关于加快数字图书馆推广工程的实施意见》，对下一步推进工程建设提出了明确要求。希望各地按照文件要求，充分认识推广工程的重要意义和"十二五"期间完成工程既定目标的迫切要求，进一步增强实施推广工程的使命感、责任感和紧迫感，加大力度，狠抓落实。

二、贯彻落实文件精神、推进工程实施的几点意见

（一）进一步提高认识

图书馆是公共文化服务体系的重要组成部分，推广工程的实施将整体提升各级图书馆的事业发展水平，丰富公共文化服务的资源内容和服务形式。工程实施的总体目标，是要在国家数字图书馆工程和各地数字图书馆建设已有成果的基础上，将各馆和各地已经建成的数字图书馆系统连接起来，搭建一个高度共享的统一平台，逐步形成覆盖全国的数字图书馆服务体系，更好地满足人民群众在新的网络环境和信息环境下不断增长的精神文化需求。

推广工程具有以下几个显著特点：第一，业务形态包括图书馆业务全流程。

工程按图书馆采、编、阅、藏等业务全流程进行设计，将在整体上提升每一个图书馆的业务水平。作为一个新生事物，它是在传统图书馆与现代图书馆并轨运行中，推进事业发展新业态的一个重要抓手。第二，技术基于网络环境。网络具有的分布式、不受时间限制、跨地域的特性，为工程提供了良好的传输通道，使人们得以随时随地获取数字图书馆的服务。第三，资源海量有序。它利用了传统图书馆对文献的整理与组织方法，对数字资源进行有序组织，并基于知识组织和知识挖掘技术，将知识单元有机地组织起来，提供深层次、智能化知识服务。第四，服务覆盖全媒体。工程所采用的统一标准和开放协议，使其能够通过互联网、手机、数字电视、智能移动终端等各种媒体提供服务。第五，技术平台具有开放性、规范性和共享性，能够方便地实现各地区数字图书馆系统之间的用户双向认证和资源双向访问。第六，标准规范统一。工程的资源、技术平台、服务和管理都是遵循统一标准的，从而提高了工程建设的规范化水平，使各馆的资源可以相互共享，技术平台可以实现对接。

可以说，推广工程是顺应图书馆发展趋势的工程，通过工程的实施，要形成一个覆盖全国的数字图书馆服务体系，推进图书馆新业态的形成，大大提升我国图书馆服务能力。对中等城市而言，推广工程是一个"补腰工程"，将改变部分地市级图书馆数字图书馆建设滞后的现状，为建设覆盖全国的数字图书馆服务体系提供强大的地市级节点支撑，通过中等城市对县区图书馆的辐射搭建全国数字图书馆统一服务平台。因此，工程的实施涉及每一个省、市图书馆，乃至县图书馆，对于整体提升全国公共图书馆服务水平和服务能力、推进图书馆事业转轨变型、促进图书馆新业态的形成具有重要意义，其实施是符合历史发展趋势的，对于推动一个区域内公共文化服务能力的提升至关重要，也是各级文化厅局的重要工作。

因此，要充分认识到工程建设的重要性，认真学习研究数字图书馆建设的特点与发展规律，在此基础上准确认识和把握推广工程的内涵，将思想认识切实转化为工作动力，以满腔热情投入到工程建设中来。要积极主动推进工程建设，将工程建设纳入区域公共文化服务体系建设的总体规划和数字城市、智慧城市建设的总体规划中，努力为工程的实施创造良好的政策环境。

（二）做好规划和计划

根据总体规划，工程建设主要包括硬件平台搭建、系统平台搭建、数字资源建设、标准规范建设和数字图书馆服务等内容，主要任务将在"十二五"时期基本完成，其中硬件平台搭建将覆盖全国33个省级图书馆和425个市级图书馆。其中，2012年将完成全部33家省级馆和185家市级馆的硬件平台搭建，其余市级图书馆的硬件平台搭建将在2013年完成。2014年将完成所有地（市）级馆与省馆的虚拟网互联及应用系统平台的建设。2015年将建成覆盖全国的虚拟网体系,实现各应用系统平台的互通。

2012年是推广工程的第二年,根据工程规划也是基础构建阶段的最后一年。各地要按照文件要求,站在建设覆盖城乡的公共图书馆服务体系的高度,紧密结合本地实际,制定本省规划。省级规划要与全国规划做好对接,注重覆盖到市、县,体现资源与服务的双向互动,以及联合共建、共同开发馆藏的规划内容,特别是要重视地方文献的上传。

当前,推广工程着力于地市州及以上图书馆的建设,下一步要注重向县级图书馆的辐射。在工程规划中,还要充分利用各系统、各地区已建或在建的其他数字化服务平台,加强与全国文化信息资源共享工程、公共电子阅览室建设计划、数字城市、智慧城市、数字书屋、科技信息共享平台、数字电视、移动服务等数字化平台的有效衔接,避免重复浪费。正在开展新馆建设的省市,要在规划新馆的同时,同步规划数字图书馆建设。在规划的基础上,要进一步制定周密的实施方案,做好年度计划,确保按照既定进度完成有关工作。

(三)做好服务

推广工程的最终目标是使数字图书馆建设成果真正惠及全民,满足人民群众日益增长的多样化精神文化需求。因此,要坚持"边建设边服务"的原则,充分利用工程已建成的海量数字资源和开放服务平台,通过互联网、移动终端、数字电视、电子触摸屏等多种渠道,提供以用户为中心的多元化、专业化、个性化的双向交互式知识服务,不断展示工程的阶段性成果,通过服务扩大影响,引导社会公众更多地利用数字图书馆的资源和服务,从而提升工程的社会效益,切实把这项惠民工程、利民工程做好。

作为一个新生事物,只有顺应社会的需要,顺应大众的需求,才能有大的发展。因此,在工程实施过程中,要做好宣传工作,围绕数字图书馆的特点、优点进行集中宣传展示,使全社会都认识到工程实施的重要性,引导全社会关注和支持工程建设。

目前,工程的软硬件平台建设已初见成效,虚拟网也初步连通,接下来要进一步加大资源建设力度。各级文化行政部门要积极组织区域内图书馆开展自建资源的普查和登记,按照文件规定的进度要求,完成已建和新建资源的登记工作;在此基础上,要通过联合建设、联合采购、全国授权等多元化资源建设方式,建立国家数字图书馆资源和地方特色资源互为补充、结构合理的数字资源体系,并通过资源的共建共享机制和统一平台,实现各级公共图书馆数字资源的统一规划、统一登记、联合建设;要进一步加快推广工程的系统平台建设,在面向各级公共图书馆传输已建优秀数字资源的同时,鼓励各地方馆积极开发和上传自己的特色数字资源,形成全国各级公共图书馆数字资源无缝连接、跨库查询、双向访问的服务机制,进一步发挥数字图书馆的建设效益,扩大各级公共图书馆的服务半径。

（四）加强培训

工程实施好，队伍是关键，推广工程对技术的高度依赖决定了其实施需要一支专业化、高素质的人才队伍。2012年6—9月，工程已经分四批开展了面向各地省馆、市图书馆馆长的培训，发放了部分培训教材，接下来还将开展面向数字图书馆业务骨干和技术人员的培训。各省文化主管部门要按照文件要求，依托省馆做好本地区的培训规划，积极开展面向本地区的专题培训。通过分级分批培训，建设一支专业知识与实际技能兼备的高素质数字图书馆建设与服务队伍，推动和保障工程的实施。

（五）建立经费保障机制

推广工程是一个推动图书馆事业发展的项目，是图书馆事业发展的一个新的业态，只有建立长效经费保障机制，才能确保工程顺利实施。文件对工程经费投入做出了明确规定，确定了中西部地区由中央与地方财政共担、东部地区以奖代补的经费投入政策。大家应按照文件精神，积极与财政部门沟通，用中央转移支付经费调动地方经费投入，尽快足额落实配套资金。目前的财政经费投入还主要是用于硬件平台搭建，未来要力争将数字图书馆建设经费与购书经费一样，列入图书馆基本支出，形成长效的经费保障机制。

（六）加强管理

要加强对工程的管理，及时掌握经费使用、设备运行、资源利用、服务开展等各方面情况。特别要加强经费管理，按有关规定做好招投标工作，把好项目实施好，把钱花好，真正使财政资金发挥效益。要加强对技术平台的管理，根据需要不断升级换代。要按照文件要求，将推广工程作为文化建设的重要内容，纳入各地图书馆和文化工作的考核体系，并作为图书馆评估定级、公共文化服务体系示范区创建工作的重要指标。要加强工程的督导检查，建立分级督导机制。要因地制宜，创新建设模式，按照《数字图书馆示范馆（项目）创建方案》的要求，积极开展示范馆组织申报和管理督导工作，并在工程实施过程中不断探索符合地方实际的建设模式。

（在数字图书馆推广工程工作会议上的讲话，2012年9月24日）

建设数字图书馆 推进社会信息化进程

应运而生的数字图书馆

记　者：在21世纪这个"信息爆炸"的"倍速时代",过去那种在教育和工作之间存在明显界限,教育主要集中在学校进行,上岗工作标志着学习时代结束的传统模式,已不再适应时代的要求。数字图书馆是应这个"运"而生的吗?

周和平：是的。我们正生活在一个深刻变革的时代,全球竞争已经达到空前激烈的程度。另外,信息时代的知识急剧增长。有人预言,到2020年,人类知识的总量每73天将翻一番!知识的爆炸和不断更新,使人们仅仅从学校里获得的知识显得格外陈旧与单薄。不断学习,终身学习,已成为必然的选择,学习将突破时空限制贯穿于人的一生。

数字图书馆,通俗地说就是虚拟的、没有围墙的图书馆,是基于网络环境下共建共享的可扩展的知识网络系统,是超大规模的、分布式的、便于使用的、没有时空限制的、可以实现跨库无缝连接与智能检索的知识中心。由于数字图书馆的全方位知识服务,使图书馆的功能大大增强,成为互联网上的知识中心、知识网络和知识定位系统,为实现全民终身学习、自主学习、随时随地学习创造了条件。

目前,数字图书馆的建设面临的形势是,在世纪之交的历史时刻,江泽民总书记站在21世纪党的建设和现代化建设的高度,及时地提出了"三个代表"重要思想。从这个意义上讲,数字图书馆的建设是先进文化发展的需要;党的十五届五中全会又提出,要把信息化建设放在发展国民经济的突出位置,要加强信息资源的开发和利用,加快信息化的步伐,实现社会生产力的跨越式发展;全面提高国民文化素质进而集合全国人民的智慧,参与全球文化竞争,实现科教兴国、以德治国、以法治国。朱镕基总理在3月5日九届全国人大四次会议上所做的《关于国民经济和社会发展第十个五年计划纲要的报告》中再次强调指出,要加快发展信息产品制造业,提高自主开发能力和系统集成能力,加强信息基础设施建设。"好雨知时节,当春乃发生",这就是中国数字图书馆建设所应的"大运"。

记　者：学习的过程,是对知识进行搜集、提取、分类、归纳、交流、表达的过程,心智机能、研究能力的提高,都无法离开对学习过程各个环节的拓展。您认为,数字图书馆与传统图书馆有何不同之处呢?

周和平："所谓"传统图书馆",一般是指我们现在所熟悉的拥有丰富藏书、宏大建筑,由图书馆员进行管理并提供服务,读者到馆阅读的场所。它一直承担着文献信息整序、文献信息传递、开发智力资源、进行社会教育、保存人类文化遗产的职能，在人类社会发展过程中起到了重要作用。但是，传统图书馆也有它的不足，主要表现在占用空间大、藏书发展受经费和馆舍的制约、读者利用图书馆受时间和空间的限制、单一图书馆满足读者需求的能力有限、信息资源共享难以真正实现等方面。

与传统图书馆相比，数字图书馆有其独特的特点和功能，主要表现在以下五个方面：一是信息实体虚拟化。在网络环境下，以各类文献为载体的知识信息都可以方便地转化为数字形式，向全球各地传输。数字图书馆创造了一个奇特的"信息空间"，用户对馆藏的利用将不再受地理位置的限制。二是信息资源数字化。即利用现代信息技术和网络通信技术，将各类传统介质的文献进行压缩处理并转化为数字信息。三是信息传递网络化。数字图书馆的服务通过以网络为主的信息基础设施来实现。信息传递的网络化带来了信息服务的跨时空、信息利用的开放化，以及信息传递的标准化与规范化。四是信息利用共享化。这体现出跨地区、跨国界的资源共建协作与资源共享的便捷性。五是信息提供的知识化。数字图书馆不仅提供文献，还将提供更深层次的信息服务。通过对信息的分析和重组，形成符合用户需求的知识，或帮助用户找到解决方案，并对提供的知识产品的质量进行评价。

抢占信息制高点

记　　者：20世纪90年代以来，随着互联网的迅猛发展，特别是知识经济的兴起，网上信息的有序组织，越来越引起世界各国的重视，数字图书馆逐渐成为各国竞相投入的一大热点。国家图书馆也从1998年申请立项实施中国数字图书馆工程。请您具体谈一谈这一工程都包括哪些内容，实施情况怎样。

周和平：自20世纪90年代以来，西方发达国家及部分发展中国家纷纷提出各种数字图书馆计划，不惜投入巨资，竞相发展本国的数字图书馆。数字图书馆已成为国际高科技竞争中新的制高点，成为评价一个国家信息基础设施水平的重要标志。

国际上数字图书馆的研发，对我国图书馆事业提出了严峻的挑战，同时也带来了我国图书馆事业加快向现代化迈进的机遇，引起我国有关部门的高度重视。目前，国家骨干通讯网的建成，已经为数字图书馆工程铺好了"路"；计算机硬件和软件的普及与发展，为数字图书馆工程准备了"车"；但是互联网上优质中文信息的匮乏，使得"车"上因缺"货"上不了"路"。信息资源建设成为社会信息化建设的当务之急。为此，1998年7月20日，国家图书馆向文化部提出申请，要求在国家立项实施中国数字图书馆工程。

为了迎接中国数字图书馆工程建设的全面实施，国家图书馆加速了数字图书馆工程建设的各项准备。完成了千兆位馆域网的建设，其技术水平与国际接轨，同时还实现了与国家骨干通讯网的多网互联，信息基础设施逐步完善；加快了馆藏文献的数字化建设，已完成5300万页中文图书的数字化，并将3500万页中文书刊全文影像数据和1078万条书目数据提供读者在网上使用，2000年读者访问点击量已达1.4亿次。

科研方面，早在1995年，国家图书馆就安排专人负责跟踪国际数字图书馆相关技术的进展，陆续与有关单位合作，承担了国家"863"、国家计委、文化部的一系列重要科研课题。如完成了"基于特征的多媒体信息检索系统的研究开发项目"、"SGML的图书馆应用"、国家科技项目"中国试验型数字式图书馆"、国家"863"项目"知识网络——数字图书馆系统工程项目"、国家"863"项目"以中国高速信息示范网为运行环境的中国数字图书馆应用系统（一期工程）"等，构筑了数字图书馆的技术体系结构。

中国数字图书馆工程是一项在全国范围实施的超大规模的、跨部门、跨行业、高新技术信息资源系统工程，涉及信息资源加工、存储、检索、传输和利用的全过程。为组织协调和规划实施中国数字图书馆工程，于2000年4月5日，成立了以文化部为召集单位、21个国家部委单位参加的中国数字图书馆工程建设联席会议，成立了由一批著名专家组成的中国数字图书馆工程建设专家顾问委员会。

目前，《中国数字图书馆工程建设一期规划（2000—2005年）》已通过中国数字图书馆工程建设联席会议和中国数字图书馆工程建设专家顾问委员会会议审议，并制定了相应的实施方案，研究确定了包括网络、技术、系统、规范、资源建设、人才建设和管理等方面的工程内容，将资源建设作为工程建设的核心，优先安排进行。此外，确立了中国数字图书馆有限责任公司是中国数字图书馆工程建设的市场服务主体，还探讨了网络环境下数字版权的保护问题，为数字图书馆工程将涉及的著作权保护办法，提供了可行性措施。

根据数字图书馆边建设边服务的方针，国家图书馆已于1999年推出了"网上读书"服务项目，向社会提供网上阅读服务，引导全国人民读好书，收到良好社会效果。2000年12月"全民读书月"期间，又推出公益性"网上读书工程"，向全国副省级以上城市拥有电子阅览室的公共图书馆、中国数字图书馆联盟成员单位以及西部十省区百市县基层文化单位，无偿提供数字信息资源服务，赠送中国数字图书馆网上图书资源2001年全年使用权。近期，为了给高级干部提供学习环境，国家图书馆专门在中央党校设立镜像站点，并提供了18万册数字影像图书和1078万条书目数据的数字资源。

记　者：当前，互联网上中文信息匮乏。是否可以认为，弥补这方面的不足将是中国数字图书馆的一个重要使命？

周和平：是的，但不仅仅如此。中国数字图书馆工程的建设，以高速、宽带网为运行支撑，其总体目标是实现中国数字图书馆工程的总体架构，建设超大规模的优质信息资源库群，并通过国家高速宽带网向全国及全球提供服务，意义十分重大。

第一，数字图书馆建设的核心是以中文信息为主的各种信息资源，它将迅速扭转互联网上中文信息匮乏的状况，形成中华文化在互联网上的整体优势。通过数字图书馆的建设，可以将我国悠久的历史、灿烂的文化，特别是当代建设的成就通过互联网更充分地向全世界展示，让世界了解中国，让中国走向世界。

第二，数字图书馆将实现有效利用和共享图书信息资源，减少信息资源的重复购置，使有限的经费发挥最大的作用；增强知识资源的再创造能力，有利于科技创新。

第三，数字图书馆的建设将促进我国信息技术的发展，同时带动与之相关的计算机技术、网络技术、通讯技术和多媒体技术等各项技术的发展，形成新的高新技术产业链。

第四，数字图书馆为实施科教兴国战略提供了重要条件，也是实现公民终身教育的大课堂。数字图书馆以其对信息资源的整理加工和有序组织，为科教兴国战略提供了最为便捷、有效的发展环境。同时，数字图书馆可以最大限度地突破时空限制，营造出进行全民终身教育的良好环境，对于我国国民素质教育将起到巨大的促进作用。

第五，数字图书馆是21世纪图书馆现代化发展的方向，是我国图书馆事业从传统型向现代型转变的必由之路。它是知识经济的重要载体，它的建设为知识传播提供了一种崭新的手段，随着数字图书馆的发展和普及，它在信息社会中的地位和作用将越来越重要，成为我国信息产业的重要组成部分。

创新的公司运作机制

记　者：图书馆是对文献信息进行搜集、整序、存储、开发、传播和利用的科学、教育、文化机构。为什么要以公司机制来推动数字图书馆建设呢？

周和平：数字图书馆建设既是一种科技活动，又必然是一种经济活动，同时也是创新工程。为了探索以崭新思路推进中国数字图书馆工程建设的有效途径，由国务院批准，国家图书馆组建了中国数字图书馆有限责任公司，并于2000年4月18日正式挂牌运营，同时开通中国数字图书馆网站（www.d-library.com.cn），目的就是要在中国数字图书馆工程建设中，引入商业化运行机制，以利加速科技成果的转化，在国家创新体系的总目标下，最有效地服务于国民经济和社会发展。

为了适应社会主义市场经济的发展和实现社会信息化的迫切需要，建设中国数字图书馆，必须培育符合我国特殊国情的创新机制。一方面要靠国家的充分重视，投入巨额资金进行基础设施和基础资源建设；另一方面，必须充分利用市场化运作方式，建立鼓励投入、保障收入、推动滚动发展与良性循环的机制，利用好信息、资本两个市场的资源。同时，在传统图书馆建设中，积淀了大量具有深度商业价值的信息资源；在数字图书馆建设过程中，也将不断建设大量极具市场潜力的信息资源库。这都构成了数字图书馆商业化运作机制的资源保证。另外，数字图书馆直接服务于经济建设和科技创新活动，需要通过市场机制调节，以使服务贴近需求，提高资源利用效率。

（记者　云霞、宫秀川）

（《学习时报》访谈。原载于《学习时报》2001年3月12日第1版）

让全国每个县都拥有数字图书馆

最近，国家图书馆提出实施县级数字图书馆推广计划，全面提升我国公共文化服务水平的战略规划，引起社会关注。《光明日报》就此采访了国家图书馆馆长周和平，请他就相关问题回答记者提问。

记　者：相对于传统图书馆，广大公众可能对"数字图书馆"的概念还比较陌生，请您对此简要介绍一下。

周和平：20世纪90年代以来，数字图书馆作为基于网络环境的一种新的信息资源组织与服务方式应运而生。数字图书馆涵盖多个分布式、超大规模、可互操作的异构多媒体资源库群，面向社会公众提供全方位的知识服务。它既是知识网络，又是知识中心，同时也是一套完整的知识定位系统，并将成为未来社会公共信息服务的中心和枢纽。

数字图书馆建设的最终目标是实现对人类知识的普遍存取，使任何群体、任何个人都能与人类知识宝库近在咫尺，随时随地从中受益，从而最终消除人们在信息获取方面的不平等。可以说，数字图书馆是网络环境和数字环境下图书馆新的发展形态，是利用高新技术拓展公共文化服务能力和传播范围的重要途径。

记　者：我国的数字图书馆建设是哪年开始的？目前进展怎样？

周和平：国家图书馆从1996年开始率先跟踪国际数字图书馆研发进展。2001年，第一个国家级数字图书馆项目——国家数字图书馆工程经国务院总理办公会批准立项，2005年开始建设。该工程是我国政府主导建设的"十五"重点文化建设项目，其目标是建设世界上最大的中文数字信息保存基地与服务基地，为全国乃至全球提供数字信息服务。

经过近5年的建设，国家数字图书馆已经初步搭建起内容丰富、技术先进、覆盖面广、传播快捷的公共文化服务网络，资源保有量超过320 TB，服务范围覆盖互联网、电子政务外网、卫星、移动通信网、数字电视网等，成为推进文化创新、繁荣和传播社会主义先进文化的基础性文化惠民工程。

国家数字图书馆的建设将从整体上提升我国公共图书馆的服务水平，使全国公共图书馆实现跨跃式发展，将国家数字图书馆的建设成果更多更快地用于公共文化服务，对我国传统图书馆服务形态来说，将是一次革命。

记　者：国家图书馆为什么要启动县级数字图书馆推广计划？

周和平：我国县级图书馆事业在快速发展的同时，还面临着许多突出问题和困难。主要表现在：地域发展很不均衡，特别是贫困地区县级图书馆的发展明显滞后。许多县级图书馆经费严重短缺，设备与设施落后，藏书量少，文献资料更新不及时。信息化、网络化发展滞后，许多农村、偏远山区，由于交通、通信条件限制，甚至无法获得基本信息资源服务。这使得县级图书馆服务能力不足，缺乏活力，远远不能满足基层群众的基本文化需求，严重制约着县级图书馆基层公共文化服务功能的实现。数字图书馆的建设为解决上述问题提供了难得的机会。因此，作为国家数字图书馆建设的一项重要内容，我们启动了县级数字图书馆推广计划，以全面提升县级图书馆的服务能力，从而使基层老百姓的基本文化需求得到满足。

记　者：计划推广的范围有多大？

周和平：该计划将推广到全国每一个县，在今年年底前使全国 2940 个县都具备数字图书馆服务能力，从而使全国的县级图书馆都进入数字图书馆时代。

记　者：计划的整体规划是怎样的？

周和平：县级数字图书馆推广计划是利用全国文化共享工程等各种物理的和虚拟的信息网络传输平台，将国家数字图书馆的资源与服务推送到基层图书馆，逐步建成覆盖全国各省市县公共图书馆和共享工程基层站点的、分级分布的国家数字图书馆基层公共服务网络，使国家数字图书馆的建设成果实现全民共享。

该计划将在全国每一个县级图书馆建立电子阅览室，使县级图书馆成为面向基层群众提供数字文化服务的重要阵地。同时，通过县级数字图书馆进一步向基层辐射，使全国城乡基层图书馆、文化馆（站）、文化室都能够方便快捷地利用国家数字图书馆的建设成果提供优秀文化服务，从而搭建起覆盖全社会的数字图书馆服务网络，以切实推进文化创新，激发文化发展活力。

记　者：县级数字图书馆会给读者提供哪些资源？

周和平：在推送资源方面，今年县级数字图书馆推广计划向每个县级图书馆提供 1 TB 数字资源，这批资源主要包括视频、图片、电子图书、电子期刊、网络信息资源等多种类型。比如，8 集专题片《百年守望》讲述了几代图书馆人守望文明、传承文化、无私奉献的光荣与梦想；40 集专题片《馆藏故事》讲述了国家图书馆珍贵藏品背后鲜为人知的故事，以广阔的视角和真实的画面，重现稀世珍品的人文光辉；36 集文化纪录片《文明与创造》记录了中华文明前进的脚步，再现古老灿烂的传统文化，展示现代科技的创新活力；《前尘旧影》收录了 3080 张新旧照片，最早可追溯到照相术传入我国之初的清末宫廷摄影，真实地记录了当时的社会事件、历史人物、城乡面貌、名胜古迹、服饰特征和建筑艺术等；《年画撷英》收录了 339 张民间优秀的年画作品，题材丰富，色彩鲜明，具有浓郁的民族特色与乡土气息；《电子图书》和《电子期刊》收录了 2007 年以来出版的 5000 种电子图书及 2009 年出版的 200 种 2608 册人文社科类电子期刊，信息内容丰富、阅读方式便捷、展现形式精美；《政府信息》采集并整合了 21 万余条各级政府公报和政府公开信息；《中国事典》提供了"航天载人工程""月球探测工程""中国共产党建党85周年"等5个反映社会主义现代化建设重要成果的专题网络信息资源等。未来我们还将不断增加新的资源内容。

记　　者：县级数字图书馆推广计划需要哪些技术形式加以实现？

周和平：在服务形式方面，国家图书馆专门设计制作了县级数字图书馆推广计划服务系统，整个应用系统封装在一块移动硬盘内，提供给各县级图书馆，在具备相应条件的地区还将以虚拟专用网络（VPN）方式进行资源分发。并组织专门培训，提供网络、电话等支持服务，同时下发培训课件与培训课程视频资料。各县级图书馆既可以采用单机模式提供用户服务，也可以将系统安装在服务器上，以网络模式同时向多个用户提供服务。

记　　者：这项计划未来目标有哪些？

周和平：县级数字图书馆推广计划的实施，将实现全国图书馆，特别是县级图书馆的跨跃式发展。这些县级图书馆将作为国家数字图书馆的基层节点，与国家数字图书馆一起在全国形成一个资源丰富、服务快捷、技术先进、稳定可靠的分布式数字图书馆网络。

未来，我们将在今年实施县级数字图书馆推广计划的基础上，逐步向基层延伸，进一步发挥数字图书馆在保障人民群众基本文化权益方面的重要作用。在服务网络建设方面，我们还将依托乡镇综合文化站、社区和村综合文化活动室建立国家数字图书馆电子阅览室和基层服务站（点），力争通过3年的建设，在全国41636个乡镇（街道）建立起绿色网吧，并逐步拓展到全国691510个村（社区），以此净化网络文化环境，为基层群众，特别是广大青少年提供绿色上网空间。在数字资源建设方面，国家图书馆将不断增加资源内容，从而将健康的生活方式、科学的生产方式、先进的思考方式传递给基层群众，特别是针对农村和城市基层缺乏有吸引力的数字文化资源的现状，不断提高资源的适用性和针对性，通过丰富多彩的多媒体资源，为公众提供全方位的文化体验和学习体验。在服务方面，国家图书馆还将积极跟进以手机、数字电视等为代表的新兴媒体的发展，充分利用电信网、广播电视网和3G网络，实施新兴媒体数字图书馆服务计划，用先进文化占领新兴媒体阵地，使新兴媒体在社会主义核心价值体系建设中发挥重要作用，面向全国3.84亿网民提供数字图书馆服务，面向7亿手机用户提供移动阅读服务，面向6500万数字电视用户提供基于电视的数字图书馆服务。同时，逐步实现数字图书馆服务系统的双向功能，支持用户多样化、多层次、个性化的信息需求。

（记者　吴　娜）

（《光明日报》访谈。原载于《光明日报》2010年5月4日第2版）

公共数字文化服务要融入生活

日前，文化部、财政部联合发布了《关于进一步加强公共数字文化建设的指导意见》，明确公共数字文化建设是数字化、信息化、网络化环境下文化建设的新平台、新阵地，并提出了"十二五"时期的目标任务。数字图书馆是公共数字文化建设的重要组成部分，目前取得了哪些进展？公共数字文化建设要达到预定目标还需克服哪些困难？就此，《经济日报》记者专访了国家图书馆馆长周和平。

记　者：说到公共数字文化建设，除数字图书馆外，经常被提到的还有全国文化信息资源共享工程、公共电子阅览室、数字图书馆推广工程等。如何看待它们各自的定位和相互之间的关系？

周和平：2001年，经国务院批准，在国家图书馆实施国家数字图书馆工程。国务院要求，"联合各部门和各地区有条件的图书馆参与建设，共同构建分布式的全国数字图书馆总体框架体系"。

数字图书馆是一个庞大的体系，2001年立项后，2005年才正式实施。作为数字图书馆的早期服务形式，2002年由文化部、财政部共同组织实施了全国文化信息资源共享工程。

经过近10年建设，全国文化信息资源共享工程形成了覆盖城乡的服务网络，积极探索了面向基层的服务模式。同时，教育系统、科技系统、党校系统和部队系统也建设了各自系统的数字图书馆，基本形成了较为完备的行业数字图书馆系统。一批省、市、县级数字图书馆，在为区域用户提供数字图书馆服务方面也做出了突出成绩。各地结合区域特点，做了许多有益的探索，形成了多元化建设的模式。目前，一个覆盖全国的数字图书馆服务体系初步形成。

其中，文化共享工程在建设速度和惠及民生方面成效最为显著。但从实际需要看，也存在很多不足，包括：以面向基层服务为主，省以下县以上的城市基本没有布点；数字资源的种类和数量相对有限；还不能实现个性化服务和交互式使用；等等。基于这种状况，文化部今年启动了数字图书馆推广工程。主要目的之一就是升级文化共享工程，加快数字图书馆建设。在省以下县以上搭起平台，并与国家数字图书馆进行网络连接。在此过程中，逐步整合各个系统、各个地区的数字文化资源，建成覆盖全国、统一检索、分布保存和集成服务的数字图书馆服务网络。公共电子阅览室启动于2010年10月，是文化共享工程的深化，目的是为基层使用文化共享工程提供更好的终端。

记　者：我国为什么要花这么大力气推进数字图书馆建设？

周和平：数字图书馆是图书馆在网络环境和数字环境下的新形态，它具有几个显著的特点：海量信息资源规模，按统一标准对资源内容有序组织，可依托多种媒体提供服务，服务平台高度共享。

因此，世界各国都把数字图书馆建设作为国家信息基础设施的重要工程和国家级战略研究方向。美、英、法、日等国先后启动数字图书馆计划或研究项目。

从我国国情看，数字图书馆建设有特殊意义。我国幅员辽阔，各地区发展不均衡，公共文化服务要实现广覆盖、高效率难度很大。数字图书馆的特点使它可以轻易突破物理上的障碍，不仅可以充分覆盖到各个地区，其海量的资源、便捷的服务方式也更适宜满足不同层次的文化需求。此外，与互联网相比，数字图书馆提供的信息都是有序的知识整体，是经过筛选的知识精华，对提高全民文化素养也有长远意义。

记　者：迄今为止公共数字文化建设形成了哪些经验，还面临哪些主要难题？

周和平：公共数字文化建设开展至今 10 年左右时间，已经使全国人民感受到了数字化的好处，在实际生活中发挥出重要作用。具体说来，初步形成了一个覆盖全国的服务体系，积累了相当数量的数字资源，初步确立了服务模式，技术研发也取得重大进展。

例如，近年来针对中文信息处理的关键技术研发取得重要进展，初步形成了围绕数字资源制作、管理、组织、存储、访问、服务的技术支撑环境。国家数字图书馆经过 6 年的建设，已基本建成了核心软件平台；行业数字图书馆系统和区域数字图书馆系统在关键技术应用领域也取得了积极进展。这些已经形成的数字资源库，成为教育、科研、文化建设的重要保障平台，也为数字图书馆的进一步发展奠定了坚实的基础。

当前建设中遇到的主要障碍是缺乏统一的标准。各系统的标准规范体系之间存在分歧，影响了统一检索和跨库操作。特别是缺乏统一规划与分工协作，一方面存在大量的重复建设现象，导致资源浪费；另一方面，一些战略性资源的建设尚存在明显空白。为此，有关部门已经着手进行标准的统一工作。预计明年年初开始，相关国家标准会陆续发布。

记　者：理想的公共数字文化服务是怎样的？

周和平：任何人在任何时间、任何地点，使用任何数字化设备就可以获得所需要的任何知识，这种"全时空"服务是公共数字文化服务的美好愿景。

近年来数字图书馆建设重点逐步转向以用户服务为核心，开展了各具特色的针对性服务。随着新媒体的发展，我国数字图书馆的服务范围从互联网向移动通信网、广播电视网等网络平台逐步拓展，许多数字图书馆系统已经开始通过计算机、数字电视、手机、手持阅读器、平板电脑、电子触摸屏等终端推出新媒体服务。数字图书馆的用户界面越来越友好，使用越来越方便，并且开始通过少年儿童数字图书馆、残疾人数字图书馆提供特殊人群服务。但总体而言，我国数字图书馆服务的普及性和便利性都还远远不能满足人们的需要，数字图书馆服务的双向性优势还没有得到充分发挥。

  随着时代变化，公共文化服务的方式也会不断改变，将来甚至可能出现比数字化更好的服务方式。从这一点说，人们的需求和现实能够提供的文化服务之间永远存在矛盾。但有一点是肯定的，无论服务方式如何变化，公共文化服务都要融入人们的日常生活，植根于中华民族的文化传统。只有文化成为人们生活工作的一部分，触手可及、切实有用，与中华文明的基因遥相呼应，才能拥有长久的生命力，从而深入人心、代代相传。

  （记者 乔申颖）

    （《经济时报》访谈。原载于《经济日报》2012年2月10日第8版）

图书馆学家文库
Library of Library Scientists

周和平文集
Collected Works of Zhou Heping

周和平 著

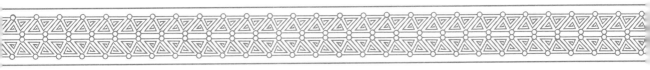

中卷 公共文化服务体系

中山大学出版社
·广州·

版权所有　翻印必究

图书在版编目（CIP）数据

周和平文集：全3册/周和平著. —广州：中山大学出版社，2016.10
ISBN 978-7-306-04341-2

Ⅰ.①周… Ⅱ.①周… Ⅲ.①社会科学—文集 Ⅳ.①C53

中国版本图书馆 CIP 数据核字（2012）第 247703 号

出版 人：徐　劲
策划编辑：李海东　章　伟
责任编辑：李海东
封面设计：林绵华
责任校对：章　伟
责任技编：黄少伟
出版发行：中山大学出版社
电　　话：编辑部 020-84114366，84111996，84113349
　　　　　发行部 020-84111998，84111981，84111160
地　　址：广州市新港西路 135 号
邮　　编：510275　传　真：020-84036565
网　　址：http：//www.zsup.com.cn　E-mail：zdcbs@mail.sysu.edu.cn
印 刷 者：广州家联印刷有限公司
规　　格：787mm×1092mm　1/16　16 插页　88.25 印张　1860 千字
版次印次：2016 年 10 月第 1 版　2016 年 10 月第 1 次印刷
定　　价：420.00 元（上、中、下卷）

如发现本书因印装质量影响阅读，请与出版社发行部联系调换

2001年8月,周和平出访泰国,在泰王宫拜会泰国公主朱拉蓬

2002年9月,周和平出访日本,与出席"文化交流贡献奖"颁奖仪式暨祝贺招待会的日中友好协会名誉会长平山郁夫及夫人合影

2003年11月,周和平出访巴哈马,与巴哈马总督杜蒙夫人互赠礼品。左一为时任中国驻巴哈马大使焦东村

2003年11月,周和平出访哥伦比亚,代表中方签署两国文化交流执行计划。前排左一为时任中国驻哥伦比亚大使吴长胜

2004年4月,周和平赴山西长治调研送书下乡工程。右一为时任山西省文化厅厅长成葆德

2006年8月,周和平赴宁夏贺兰县考察文化共享工程资源利用工作

2006年12月,周和平赴河北石家庄出席全国流动舞台车发送仪式后接受中央电视台记者采访

2007年7月,周和平赴山西调研文化共享工程。前排坐者为时任山西省图书馆馆长李小强

2007年11月,周和平赴广东韶关出席乳源瑶族自治县文化信息资源共享工程启动仪式

2008年6月,周和平赴地震灾区考察。图为周和平在甘肃陇南灾民安置点关心慰问受灾儿童

2008年6月,周和平赴地震灾区考察。图为周和平在四川安县桑枣镇文化站视察灾情。右一为四川省文化厅厅长郑晓幸

2008年6月,周和平在京考察国家博物馆改扩建工程。右一为国家博物馆馆长吕章申

2008年11月，周和平赴江苏苏州出席首届中国农民文艺汇演开幕式后与演职人员合影

2009年3月，周和平赴江西萍乡考察农村文化工作。图为周和平在参加芦溪县农村"一村一品"文化活动后与民间艺人亲切交谈

2009年6月,周和平赴西藏调研

2009年11月,周和平赴新疆莎车调研

中卷　公共文化服务体系

目　录

（四）

21世纪中文文献信息资源共建共享的思考 …………………………………… 493
加快推动全国文化信息资源共享工程建设 …………………………………… 501
加大力度　加快进度　推动文化共享工程实现跨越式发展 ………………… 506
要加大宣传和建设文化共享工程的力度 ……………………………………… 514
加强文化信息资源建设 ………………………………………………………… 515
抓住机遇　加快发展　努力把文化共享工程建设推向新阶段 ……………… 521
团结协作　共同推进文化共享工程建设 ……………………………………… 531
扎实搞好试点工作　全面推进全国文化信息资源共享工程建设 …………… 534
进一步总结经验　明确思路　推动全国文化信息资源共享工程建设
　　上新台阶 …………………………………………………………………… 540
加快推进全国文化信息资源共享工程建设 …………………………………… 547
提高认识　明确责任　大力推进全国文化信息资源共享工程建设 ………… 556
文化共享工程在建设社会主义新农村工作中的地位与作用 ………………… 565
做好文化共享工程的技术保障 ………………………………………………… 572
全面推进文化共享工程建设 …………………………………………………… 580
总结经验　加大力度　进一步推进文化共享工程建设 ……………………… 583
大力推进文化共享工程建设 …………………………………………………… 593
全力推进公共文化服务体系建设 ……………………………………………… 595
全国文化信息资源共享工程发展回顾 ………………………………………… 605
送"数字"文化下乡 …………………………………………………………… 613
文化共享工程与农村文化建设 ………………………………………………… 620

（五）

清史编纂与文献整理工作 ……………………………………………………… 633

清史纂修要先做好体裁体例设计	636
再造善本　传本扬学	641
精心部署　明确思路　努力开创我国古籍保护工作新局面	643
抓好试点　加大力度　推动古籍保护工作全面展开	651
保护中华古籍　弘扬民族精神	658
推动全国古籍保护工作全面展开	659
发扬成绩　扎实工作　努力推动古籍保护工作全面深入开展	663
让古籍珍品在文化建设中发挥更大作用	672
楮墨芸香　万古流芳	674
《楮墨芸香：国家珍贵古籍特展图录（二〇一〇）》序	676
《中国赤城历代碑匾刻辑录》序	678
保护新疆古籍　传承中华文化	679
民国时期文献抢救与保护刻不容缓	682
留给未来的中国记忆	685
保护革命文献　传承革命精神	687
游心印海　情系神州	689
严谨细致地做好全国古籍评审工作	691
《赵城金藏》：五千长卷诉传奇	692
加快制定《古籍保护条例》　将古籍保护工作纳入法制轨道	695
再造经典　传承文明	
——记《中华再造善本》及续编工作	698
整理古籍　振兴传统文化	701
共享中华历史典籍的辉煌	703
保护古籍　传承文明	
——中华典籍的保护与中华古籍保护计划的实施	705
扶持公益文化事业　加强文化遗产保护	720
要鼓励无酸纸的生产和应用	722
共同努力　保护与利用好甲骨文献	730
鼓励捐赠善举　共同保护文化遗产	732
《书香人淡自庄严——周叔弢自庄严堪善本古籍展图录》序	733
建立专藏　保护个人学术资料	735
保护民族典籍　弘扬中华文化	736
中外合作保护民国时期文献	738
加强交流　合作保护　共享资源	740
《敦煌史事艺文编年》序	746
《朱痕积萃——中华珍藏印谱联展·西泠印社藏品集》前言	748

多措并举，加强民国时期文献保护工作 750
汲古润今　嘉惠万代
　　（《中国水利史典》序二） 755
《邢台开元寺金石志》序 757
进一步加强古籍保护工作 759
谈加强古籍保护 768
《2010·书香中国》央视特别节目采访 777
民国时期文献抢救保护刻不容缓 778
周和平等谈《黄帝内经》《本草纲目》成功入选《世界记忆名录》 780
留住文献　留住历史 791
保护典籍　传承和弘扬中华优秀传统文化 794

（六）

切实做好文化财务工作 803
积极配合　共同实施"百县千乡宣传文化工程" 808
建立文化安全预警机制　积极构建我国文化安全体系 812
把文化下乡做得更扎实 815
全面建设小康社会与基层文化建设 817
用画笔描绘伟大时代 831
积极推进未成年人文化工作　为未成年人健康成长创造良好的文化环境 833
积极探索新形势下社会文化工作的新思路 843
文化工作是农村精神文明建设的重要内容 849
促进民族地区文化事业的繁荣发展 858
农村文化建设要立足家庭 860
做好"文化下乡"工作　促进农村文化建设 862
坚持文化下乡　繁荣农村文化 868
努力构建农村公共文化服务体系　为建设社会主义新农村提供文化支持 870
尊师重道　学术津梁 880
充分发挥文化建设在农村全面小康建设中的作用 882
加强基建管理　建设阳光工程 887
发挥家庭在基层文化建设中的作用 890
加快推进农村公共文化服务体系建设 892
满足农民文化需求　帮助农民发家致富 894
加强文化建设　促进农村经济社会协调发展 897
加强交流　推进儒学研究的国际化 902
加快推进乡镇综合文化站建设 904

民族精神是最核心的软实力 …………………………………… 910
高山仰止　景行行止 …………………………………………… 912
总结推广台州经验　推动基层公共文化服务体系建设 ……… 916
中医药文化是中国传统文化的重要组成部分 ………………… 923
城乡文化协调发展和新农村建设的重要举措 ………………… 925
基层文化工作者的责任和使命 ………………………………… 927
加快农村公共文化服务体系建设是各级政府的重要责任 …… 935
实施"春雨工程"　大力推进少数民族地区的文化建设 …… 938
加强科学技术对继承和弘扬中华民族优秀文化的支撑作用 … 941
加强科研成果的管理和利用 …………………………………… 943
《公共文化服务的"嘉兴模式"》序 …………………………… 946
为未成年人健康成长营造良好的文化氛围 …………………… 949
谱写时代新歌　推进未成年人文化工作 ……………………… 951
加强文化设施建设　构建文明和谐社会 ……………………… 954
加大投入　创新机制　切实推进农村文化建设 ……………… 962
建立完善的农村公共文化服务体系 …………………………… 968
文化部及有关方面负责人接受中外记者集体采访 …………… 975
持续加大文化投入　保障公民文化权益 ……………………… 983
加快建设覆盖全社会的公共文化服务体系 …………………… 985
科技是文化发展与繁荣的催化剂 ……………………………… 990
文化决定一个城市的个性 ……………………………………… 992

(四)

21世纪中文文献信息资源共建共享的思考

世纪更替,人类即将迎来一个新的千年。当今时代,信息资源已成为人类社会最重要的财富。人们对信息与知识的需求剧增,使得作为文献信息提供基地的图书馆的地位空前提高。图书馆在推动国家经济发展、文化知识普及、国民素质提高等诸多方面的作用愈来愈突出。同时,社会对图书馆的要求与期望也愈来愈高。在这样的环境下,中文文献信息资源的共建共享就显得尤为重要,全世界的读者都在渴望着有一个高水平的共建共享环境,以满足其对中文文献信息的迫切需求。

一、共建共享,意义深远

中华文化源远流长,博大精深,曾长期处于世界文化的领先地位,并对世界文明做出过杰出的贡献。先秦文化可与希腊文化媲美,汉代文化堪与罗马文化齐驱,而盛唐文化在当时更是举世无双。正如英国科学家李约瑟博士指出的,中国人"在许多重要方面,有一些科学技术发明,走在那些创造出著名的'希腊奇迹'的传奇式人物的前面,和拥有古代西方世界全部文化财富的阿拉伯人并驾齐驱,并在公元3世纪到13世纪之间保持一个西方所望尘莫及的科学知识水平"。中华文化一直影响着中国及其周边区域,维系着世界各地的华人圈。因此,作为炎黄子孙,弘扬中华文化是我们义不容辞的责任。

我国是古籍传世最多的国家之一。中国古代典籍浩如烟海,散布于世界各地,它们都是中国古代典籍的重要组成部分,愈来愈受到世人的关注。

由于社会的发展,由于各地经济、文化、习俗以及词汇与用语等方面的差异,在中国乃至世界形成了各具特色的中文文献馆藏。

随着计算机技术、网络技术及通信技术的发展,文献信息愈来愈多地通过网络为人们所利用。但是,目前因特网上的中文信息相对较少,与中文文献信息的地位与需求明显不相适应。

因此,如何共享分布于全球的中华文化典籍,如何共享全球中文图书馆各具特色的中文文献馆藏,如何充分利用网络开展中文文献信息资源的共享,都是摆在我们面前亟待解决的问题。解决这些问题,切实实现资源共享,意义重大,影响深远。

二、推动共建共享，国家图书馆责无旁贷

中国作为中文文献的母语国，其国家图书馆在推进文献信息资源共建共享方面应发挥重要作用。中国国家图书馆创建于 1909 年 9 月 9 日，始名京师图书馆，1912 年 8 月 27 日正式开馆接待读者，1916 年开始接受呈缴本，从而确立了国家图书馆的地位。1928 年 7 月，京师图书馆更名为国立北平图书馆。1931 年，文津街馆舍落成，即今日的国家图书馆分馆。新中国成立后的 1950 年 3 月 6 日，国立北平图书馆改名为北京图书馆。1997 年 10 月，位于北京西郊紫竹院北侧的建筑面积达 14 万平方米的新馆落成并开馆。1998 年 12 月 12 日，经国务院批准，北京图书馆更名为国家图书馆，对外称中国国家图书馆。

国家图书馆是综合性研究图书馆，是国家总书库，履行搜集、加工、存储、研究、利用和传播知识信息的职责。国家图书馆还是全国书目中心、图书馆信息网络中心、图书馆发展研究中心，承担着为中央国家机关，重点科研、教育、生产单位和社会公众服务的任务，代表国家执行有关对外文化协定，开展与国内外图书馆界的交流与合作。

建馆 90 年来，经过几代人的共同努力，至 1998 年底，国家图书馆馆藏文献资料已达 2160 万册（件），居世界图书馆第五位、亚洲第一位。主要馆藏情况如下：

善本特藏：善本古籍 27 万余册（件），普通古籍 160 余万册（件），殷墟甲骨 35000 片，金石拓片 26 万余件，手稿书札 8 万余件。其中，殷墟甲骨、敦煌遗书和《赵城金藏》《永乐大典》《四库全书》等精品令世人瞩目。

中文书刊：坚持"求全"的采购方针，到 1998 年底，中文书刊，包括台港书刊总计超过 800 万册（件）；家谱地方志、博士学位论文等类型文献是国内的最大藏家。

外文书刊：贯彻"求精"的采购方针，国家拨款的购书经费主要用于外文文献。到 1998 年底，115 种文字的外文书刊总计超过 900 万册（件）；此外，50 多万册（件）的联合国资料与外国政府出版物是国家图书馆宝贵的特色文献资源。

缩微胶卷与平片：目前馆藏量累计已达 100 余万件，包括善本、国际组织和外国政府出版物、国外博士学位论文、中文报刊等各类文献资料。

音像制品与电子出版物：包括录音带、录像带、激光唱片、VCD 视盘、VHD 视盘及各类电子出版物，总计 4 万多件。国内外重要检索类工具书的光盘，国家图书馆都有收藏。

此外，国家图书馆还与世界上 100 多个国家与地区的 900 多个单位建立了书刊资料交换关系。

国家图书馆设有 40 多个阅览室与咨询室，阅览座位近 3000 个，实行 365 天"全年候"开放，日均接待到馆读者 8000 人次。国家图书馆建立在因特网上的网站，至 1999 年 6 月底，提供各类书目数据 500 万条、中文图书全文影像数据 800 万页的资源，每天 24 小时"全天候"开放服务。目前，日均网上用户访问量达到 70 多万人次。

近年来，国家图书馆特别重视信息基础设施建设。1999 年 2 月，千兆位馆域网开通，成为我国图书馆界第一家采用千兆位以太网技术的图书馆。国家图书馆先后实现了与中国公用计算机互联网（ChinaNet）、中国教育科研网（CERNET）、中国科研网（CSTNET）、中国网通公用互联网（CNCNET）等四大国家骨干网络的连接，实现了与国务院的 100 兆专线连接，通过北京有线电视网实现了与北京大学、清华大学、中国科学院之间 100 兆速率的连接，通过国家广电总局网络中心正在实现国家图书馆与其他省市 1000 兆宽带网的连接。上述信息基础设施的完善，为国家图书馆开展文献信息资源的共建共享创造了条件。

国家图书馆还充分利用馆藏文献信息资源、专业管理人才与信息基础设施的优势，在推进全国文献信息资源共建共享方面积极发挥作用。

早在 20 世纪 50 年代的图书馆文献资源共享起步阶段，国家图书馆就承担了"全国第一中心图书馆委员会"的工作；牵头编制了多种全国性的书目，在本馆设立了"卡片目录中心"，定期报道全国 200 多家图书馆外文科技图书入藏情况；委员会所属的西文图书采购协调小组与图书调拨小组，对各馆间共享经费以及建设图书复本资源发挥了作用。

1995—1998 年，由国家图书馆牵头，联合上海图书馆、中山图书馆、深圳图书馆，共同完成了国家计委批准立项的国家重点科技项目——"中国国家书目回溯数据库系统（1949—1987 年）"，连同 1988 年以后国家图书馆制作的《中国国家书目数据库》，构成了一个完整的收录范围最广、检索手段最全、最具有权威性的中国国家书目数据库。

1998 年下半年，国家图书馆先后与北京大学、清华大学、中国科学院等单位签订了包括文献资源合作购藏、用户服务、馆际互借、人才培养、网络技术支持、合作开发数据库等内容的合作协议。

1999 年 1 月，国家图书馆发起并承办了"全国文献信息资源共建共享协作会议"。会上，国家图书馆等 124 个图书馆的代表就如下问题达成了共识：实现文献分工购藏，建立科学合理的文献保障体系；发展区域性、系统性文献联合编目，加快全国文献联合编目的实施步伐；共建各种类型的数据库资源，推进全国文献资源数字化进程；规范馆际互借工作，发展馆际互借业务；建立全国和区域性的信息咨询协作网，开展联合咨询工作；相互开放网络资源，促进网上资源共享；开展广泛的业务交流培训，提高图书情报人员专业水平；等等。

1999 年 5 月，国家图书馆联合上海图书馆、南京图书馆等 9 家图书馆召开了

"中国图书馆古籍工作研讨会",围绕中文古籍数据库建设、中文古籍阅览和典藏、开发和利用等问题开展了讨论。

1999年5月,国家图书馆召开了"西文图书编目工作研讨会",邀请全国20多家图书馆的代表就西文图书编目机读格式、著录条例、标引用分类法与主题词表、书目数据资源共享等问题开展了研讨。

1999年7月,国家图书馆联合中国科技情报学会信息资源专业委员会召开了"北京地区外文期刊共建共享协调会"。30多个单位的与会代表就北京地区各单位之间如何协调外文期刊的订购,建立分布合理的外文期刊购藏体系,充分揭示各馆外文期刊已有馆藏,建立外文期刊联合目录数据库,完善和规范馆际之间的互借业务,充分利用网络开展服务等内容进行了商讨。

1999年下半年,国家图书馆联合中国科学院文献情报中心、北京大学图书馆、清华大学图书馆承担了"中关村科技园区数字图书馆群软课题研究"。总体目标是要在中关村科技园区内逐步建成超大规模的、高质量的资源库群,通过高速宽带网络系统向本地区、全国乃至全球提供服务。

1999年10月,国家图书馆以"21世纪文献资源共建共享"为主题,在山东省召开了全国省、区、市和较大城市图书馆馆长联席会议,就我国图书馆界如何树立文献资源共建共享观念、创造文献资源共建共享条件、探索文献资源共建共享模式、建立文献资源共建共享的协调机构等问题,进行了讨论,并就一些问题达成了共识。

国家图书馆虽然在推动全国文献信息资源的共建共享方面做了一些工作,在国家文献信息资源共建共享协作网络中发挥了一定的作用,但仍然很不够。我们将努力多做工作,多提供服务,在推动全球中文图书馆文献信息资源的共建共享方面做出中国国家图书馆应有的贡献。

三、加强合作,重在实践

近年来,中国大陆、港澳台地区和国外的图书馆界同行、专家、学者举办过多次学术研讨会。1995年2月由中山大学与OCLC合办的"中文文献数据库国际研讨会",1998年6月由香港岭南学院图书馆主办、中山大学信息管理系协办的"区域合作新纪元——海峡两岸图书馆与资讯服务研讨会"和1999年8月由台湾汉学研究中心主办的"华文书目资料库合作发展研究讨会"等,虽然议题各有侧重,但都围绕中文文献信息资源建设这一大主题进行了讨论,对推进中文文献信息资源共建共享颇有益处。

但是,我们也应该看到,文献信息资源共建共享虽然是人们长期追求的目标,但实现这一目标并非一蹴而就的事。全球中文图书馆之间文献信息资源共建共享,还存在许多问题,主要表现在:一是保障共建共享工作开展的相关政策与操作规则尚未制定，因而在很大程度上影响了书刊资料的馆际交换、馆际互借和网上信息服务；二是目前中国大陆、港澳台地区和国外的图书馆在中文文献信息领域的许多标准与规范尚未统一，甚至难以兼容，已经成为文献信息资源共建共享的障碍；三是合作项目少，合作领域尚需进一步拓展；等等。

人类即将进入 21 世纪。有人预测，21 世纪将是中国人的世纪。中文文献信息资源共建共享不仅是全球中文文献用户的迫切愿望，也是全球收藏中文文献单位义不容辞的职责。因此，我认为，推进全球中文图书馆文献信息资源共建共享，要按照"资源共享、优势互补、互利互惠、自愿参加"的原则，先易后难，先小后大，扎扎实实，开展工作。具体建议如下：

（一）组建全球中文图书馆文献信息资源共建共享协作委员会

1998 年香港会议上成立的"华文资源共享工作小组"，在一定范围和程度上发挥了协作作用，可以以此为基础，增加参与方代表，增强其权威性，增大其工作力度。协作委员会应该具有较高的权威性，能够对中文图书馆文献信息资源共建共享进行统一规划与协调实施。委员可由中国大陆、港澳台地区和国外有影响的图书馆代表、有影响的图书馆与资讯领域的专家组成。委员会可下设若干专业小组，分别负责某一方面的工作。委员会每年举行会议，研究有关共建共享协作的宏观规划、合作项目的批准及实施方案。各专业小组可不定期地举办各种研讨会与项目工作会议，承担具体项目并组织实施。

（二）制定有关资源共建共享的政策与规定

文献信息资源共建共享是一项系统工程，除上面已经提到的"十六字原则"外，还必须制定监督参与图书馆履行应尽义务及保障参与图书馆权益的政策与规定；还必须制定相应的公约与操作规则，如文献共享中保护知识产权的政策、文献共享中充分揭示各馆馆藏的有关规定、馆际互借中共同遵守的优先优惠条款、合作编目中数据交换与下载规定、文献数字化中遵守的共同标准与规范等。

（三）按照互利互惠原则开展合作项目

1. 合作进行中文文献全文数字化的建设

传统纸介质文献的数字化，通过网络供人们利用，为中文文献资源共享开辟了广阔空间。目前许多图书馆业已开展了全文文献的数字化工作。国家图书馆也已组建了"文献数字化中心"，具有每天生产 20 多万页全文影像数据的能力，现已生产全文影像数据 4000 多万页。在各馆都在重视并着手进行中文文献数字化的情况下，通过权威机构的协调，统一规划、合理分工，避免重复建设，尤为必要。

对中文古代典籍进行数字化,可以避免敏感、棘手的版权问题。像《永乐大典》《论语》《红楼梦》等古代文化经典都已不存在版权问题。因此,全球中文图书馆联合起来,把所藏的大量中华古籍数字化并送到网络上,对弘扬中华文化大有好处。

对于中文当代文献的数字化,首先应开展版权问题的政策、法规研究,争取图书馆在为公众提供数字化产品服务方面,享有某些不受版权法限制的特权。

2. 分工抢救濒危中文古代典籍

由于年代久远、保存条件差,加之人为因素的影响,中文古代典籍大多已经无法继续提供使用或不宜再提供使用。切实可行的办法就是采取缩微技术或数字化技术抢救和保护这些珍贵文献典籍。

1985年,在政府有关部门的支持下,国家图书馆成立了"全国图书馆文献缩微复制中心",组织全国各省级公共图书馆的力量,开展古善珍本文献抢救工作。文献抢救计划实施10多年来,拍摄了一大批纸张劣化、破损严重的珍贵文献,以母片的形式永久保存于国家母片库。至1998年底,已完成《中国古籍善本书目》中所列书目的一半以上约2.9万种善本图书、《中文报纸联合目录》中所列有较高保存价值的3400余种报纸、《中文期刊联合目录》中所列1.4万余种期刊的缩摄。同时,这些缩微制品为图书馆提供了新的信息载体,使许多图书馆得以通过缩微品补充所缺馆藏。更重要的是,使大量稀有、珍贵文献从"藏书楼"中解放出来,以新的载体形式提供利用。

全球中文图书馆中,有许多堪称世界文明瑰宝的典籍,如殷墟甲骨、金石拓片、敦煌遗书、宋刊元椠、明清精品、名人手稿、家谱族谱、历代舆图等。收藏有这些资料的中文图书馆可以联合对其进行缩微化与数字化的再生性抢救。

3. 相互优先优惠提供中文文献信息

虽然中文图书馆之间可以遵循国际普遍接受的互借公约和收费标准,但为了加强全球中文图书馆中文文献资源的共建共享,仍有必要制定适用中文图书馆合作单位之间的优先优惠文献提供公约。公约可在资源共享的宗旨、原则、办法、使用范围、使用方式、外借申请、提供方式、版权保护、文献保护、收费标准、丢损赔偿等方面有共同的遵守的条文。在满足合作单位馆需求时,尤其是中文古籍中的珍本、孤本方面,应特别体现优惠的原则。

国家图书馆作为国家文献保障体系的核心、全球最大的中文图书馆之一,遵循国际惯例,以本馆丰富的馆藏为基础,通过原始文献外借、委托复制以及影像文本传递等服务形式,全方位、多层次地为世界各图书馆,尤其是中文图书馆提供文献信息服务。

4. 联合开展中文文献网上编目与各类数据库建设

书目（包括篇目）数据库是图书馆揭示馆藏的主要工具。网络条件下书目数据库的合作开发与共享，可考虑参考美国 OCLC 的做法。国家图书馆"全国图书馆联合编目中心"已运行 1 年多，通过网络开展全国范围内的图书馆联合编目工作，实现网络环境下馆藏联合书目数据库的共建和共享。

在与海外图书馆共建书目数据库方面，国家图书馆曾与美国 OCLC 合作制作了部分民国时期书目数据，与澳大利亚国家图书馆合作开发中文期刊篇目数据库，目前正在与英国图书馆合作进行敦煌文献书目与全文数据库的建设。

我们更希望能与各中文图书馆合作进行古籍善本书目与全文数据库、古代与现代名人权威档案数据库的研制，与有关单位共享书目数据与全文数据资源。

5. 共同制定中文文献信息处理标准与规范

传统文献信息领域的标准与规范，诸如著录规则、标引规则、编目条例、机读格式、计算机书目数据交换格式等，大多都有相应的国际标准，可以参照执行或以此为基础修订。但在实际的参照和修订中，仍然存在着相当大的差异。如何制定或使用相对统一的标准与规范，应加以研究。

更为重要的是，中文文献的数字化领域有许多新的标准与规范尚未制定。例如，标准通用置标语言（SGML）及其相关标准、扩展的置标语言（XML）、资源描述框架（RDF）模型与句法等国际标准如何在中文文献领域应用，中文字符集与汉字平台标准等都是我们应该联合探讨、共同攻关的问题。

（四）加强馆际交流和人员培训

信息社会与网络化大环境要求及时、准确地了解与跟踪图书馆领域发展的最新动态，借鉴别馆研究成果与好的经验。因此，全球中文图书馆之间应加强相互之间的业务交流，通过各种研讨会、培训班、专题讲座、互派人员访问与进修、合作开发项目等多种形式，以达到取长补短、交流提高。

（五）携手推进中国数字图书馆建设

建立在网络基础上的数字图书馆，是未来图书馆的发展方向。由国家图书馆牵头进行的"中国数字图书馆"工程正在积极筹备之中。中国数字图书馆建设的核心是中文信息资源库群。它的建成并投入使用将极大改变目前互联网上中文信息极度匮乏的状况，使之在全球信息网络中占有极其特殊和重要的地位，把我国五千年的灿烂文化用现代信息技术全面地展示出来。国家图书馆已经建成数字图书馆试验环境，开发出了演示系统，正在进行中国试验型数字图书馆、知识网络——数字图书馆系统工程等国家级科研项目，承担了北京市信息化工作项目——中关村科技园区数字图书馆群软课题研究等。因此,我们希望全球中文图书馆的同行献计献策,携手推进中国数字图书馆的建设。

(原载于《中国图书馆学报》2000年第4期)

加快推动全国文化信息资源共享工程建设

全国文化信息资源共享工程从实验系统的研发、实施方案的制定到工程正式启动和试点,自始至终得到了财政部的大力支持,两部共同组织了领导小组,统一对工程的领导。2001年财政部拨款500万元支持工程的启动,今年拨款2000万元支持工程试点工作,明年在国家财政十分紧张的情况下,仍计划拿出2000万元支持工程的实施。各地财政部门对文化共享工程也给予了大力支持,据初步统计,地方财政用于文化共享工程的专项资金达1.6亿元,已经到位资金1893万元。在这里我首先向财政部和地方各级财政部门长期以来对文化工作的支持表示衷心的感谢!

今年是全国文化信息资源共享工程的试点工作阶段,各地文化厅(局),国家图书馆,文化共享工程国家中心、各省分中心、基层中心的同志们都做了大量工作,付出了辛勤劳动,在大家共同努力下,顺利完成了《全国文化信息资源共享工程实施方案》中制定的第一阶段即2002年的工作任务。在这里,我向大家表示亲切的慰问!向给予这项工作热情支持的新闻界的朋友们表示衷心的感谢!

国务院对全国文化信息资源共享工程非常重视。在国务院办公厅转发的《文化部、国家计委、财政部关于进一步加强基层文化建设的指导意见》中,对实施全国文化信息资源共享工程提出了明确的要求。国务院副总理李岚清同志对文化共享工程十分重视,到浙江视察工作时还亲临文化共享工程基层中心考察,对文化共享工程提出了非常重要的指导意见。最近,中共中央政治局常委李长春同志视察国家图书馆时,听取了文化共享工程国家中心的汇报,并观看了演示。李长春同志对文化共享工程给予了充分肯定,要求这些优秀的文化资源能尽快进入公网,为更广大的人民群众服务。这对我们的工作既是鼓舞,也是鞭策。

许多省委、省政府的领导对文化共享工程非常重视,将文化共享工程列入本省文化建设和信息化建设的总盘子,作为落实全国基层文化工作会议精神的重要举措。许多省的领导还亲自听取汇报,解决文化共享工程中的实际问题。

自今年7月在山西召开文化共享工程试点工作会议以来,各地积极行动,加快了工作进度。山西、湖北、福建、四川等省召开了全省的文化共享工程工作会议,部署了本省的工作。陕西、福建、四川等省将文化共享工程列入了全省信息化建设的重要项目,河北省还专门设立了机构、配备了编制,很多省做到了组织落实、经费落实、人员落实、任务落实,文化共享工程的工作有条不紊地顺利展开。尤其是一些中西部省份积极要求参加首批试点,如山西、陕西、广西、青海等省区在资金比较困难的情况下,积极开展试点工作。国家中心迅速组建起来,对文化共享工程的顺利开展起到至关重要的作用。文化共享工程的网络平台、资源建设、用户服务等技术研发已经完成，并已投入使用；由光缆连接和卫星接发的两种网络通道已基本建成；资源建设量已经达到 700 GB 以上，一批优秀图书、戏剧、电影、科技知识等数字资源已送到各省级分中心和基层中心，为广大群众所享用。文化共享工程利用先进技术快捷、广泛地传播信息资源的巨大优势和社会效益已经初步显示出来。

刚才，福建、山西、四川、陕西、湖北、广西六省区介绍了实施文化共享工程的做法与经验，都很好，值得大家借鉴。

今年文化共享工程有了一个很好的开局，为今后的工作打下了良好的基础，成绩是显著的，但是工作发展不平衡。有的地方进展较慢，少数省区至今尚未启动。存在上述问题的主要原因：一是认识不到位，重视不够，对文化共享工程的重要性认识不足，没有将这项工作列入重要的议事日程，这项工作搞得好的不一定是富裕的省份，就说明了这个问题；二是落实措施不到位，有的地方虽有方案，但落实不够，有的地方甚至连方案也没有。这些都需要在今后的工作中加大力度，全力推进，采取措施，改变这种局面。

今年文化共享工程的工作任务是进行试点和打基础。明年的主要任务是：以创新的思路加快基层中心与用户的发展，加大资源建设的力度，扩大服务，加强培训和管理，使文化共享工程的优秀的文化资源尽快尽可能多地为群众所使用，从而充分发挥其社会效益。刚才国家中心主任张晓星已经代表全国文化信息资源共享工程领导小组办公室讲了 2003 年共享工程的工作思路，讲得很好，我都同意。这里我再强调几点。

一、进一步加强领导，提高认识

文化共享工程是贯彻落实"三个代表"重要思想的先进文化建设项目，是结合新的实践和时代的要求，根据人民群众精神文化生活的需求而进行的一项文化创新工程。文化共享工程将现代高新技术应用于先进的文化建设，为文化创新找到了一个突破口，是建设先进文化的一个有力的抓手，也是文化信息化的基础性工作，不仅能够迅速改变文化事业的面貌，开创文化建设新局面，而且将对文化事业的长远发展产生积极的、深远的、重要的影响。工程的启动是文化事业发展的一个重要机遇，各级文化主管部门一定要充分认识到实施文化共享工程的意义和现实作用，抓住机遇，奋发有为，来创造文化建设新局面。

为确保文化共享工程的顺利进行，各级文化主管部门要积极向地方党委、政府汇报工作进展情况，争取领导的重视和支持，要争取将文化共享工程的实施纳入党委和政府的议事日程，纳入当地信息化建设的总体规划，纳入当地科技、教育、文化建设的重点项目之中，作为落实全国基层文化工作会议的重要举措，列入当地政府为群众办实事的重点项目。

文化事业作为社会发展的重要组成部分，也是公共财政支出的重要方面。最近几年来，各级财政不断加大对文化事业的投入，促进了文化事业的发展。中央财政2002年对文化事业费的投入比上年增长了46.3%。明年，在中央财政面临较大困难，除法定增长的经费外，其他预算支出零增长的情况下，文化事业费的预算将继续有所增长。明确了继续支持全国文化信息资源共享工程的建设2000万元，并继续安排了中华再造善本工程、国家舞台艺术精品工程等重大文化项目。同时，对民族民间文化的保护、基层文化建设的重点项目也将有较大的支持。各级文化部门要积极与财政部门沟通文化事业发展中遇到的问题，特别要根据我国财政体制改革的要求，认真编报部门预算，策划项目。这是获得财政支持的重要渠道。文化部门要和财政部门保持密切联系，加强"人来人往"，让财政部门的同志了解文化工作，这也是获得财政部门支持的重要经验。要与财政部门一起，加强对文化共享工程的领导。加大支持力度，在经费保障、人员培训、传输通道和基层中心的建设等方面要制定具体措施，落实到位。各级文化共享工程领导小组要切实帮助各分中心解决工作中遇到的实际问题和困难，推动工作不断向前发展。

二、进一步拓展思路，创新机制，尽快把优秀资源送到基层，为群众服务

文化共享工程的根本目的是服务基层，服务群众，特别是服务广大农村的农民，要尽快实现文化信息资源最大限度地为公众所共享。因此，文化共享工程的效果主要体现在用户上。昨天中共中央政治局召开会议，研究农村和农业工作，提出要更多地关注农村，关心农民，把农业、农村、农民问题作为全党工作的重中之重，文化共享工程要特别强调为农村服务，为农民服务。明年要将基层中心的建设、基层用户的发展特别是农村用户的发展作为工作的重点，加大发展力度。要进一步解放思想，拓宽思路，创新推广机制。要两条腿走路，多渠道发展。一方面要依靠各级政府部门积极推动，在各级文化单位中普遍使用；另一方面要充分发挥社会力量，调动各方面的积极性，使先进文化的传播更广泛、更深入。文化共享工程的实施不能只局限在图书馆、文化馆、图书室、文化站等文化系统的单位，要采用多种方式，使丰富的文化信息资源进入社区、进入村庄、进入军营、进入校园、进入企业、进入千家万户。在不具备网络条件的地方，可以采取机顶盒、离线阅读器、光盘等推广方式。总之，要使这些先进的文化资源充分发挥"以文化人"的作用，满足人民群众"求富、求知、求乐、求美"的多元需求。国家中心在中央党校、国家行政学院、天津南开小区、边防哨所和企业进行建立基层中心的尝试；四川省探索政府公益性服务项目和社会资源、市场资

源相结合,在取得社会效益的同时,也取得相应的经济效益。这些做法都是有益的探索。文化共享工程能否快速发展,产生巨大的社会效益,很重要的一点是能否不断扩大服务。希望各地在基层用户的发展上,拓宽思路,积极创新,使文化共享工程迅速扩大覆盖面和服务面,取得更大的效益。

在做好服务工作的同时,要加大对文化共享工程的宣传力度,要积极策划各种宣传方式,和新闻界的朋友们一起努力,让人们了解文化共享工程,使用文化共享工程的优秀文化资源。

"两节"将近,各地都在组织文化下乡活动。通过文化共享工程向群众提供服务是文化下乡的一个重要形式,各级中心要认真安排,做好准备,保证网络的畅通,使群众能够满意地收看。

三、发挥各方面积极性,加大资源建设的力度

文化信息资源建设始终是文化共享工程的核心。要抢占网络上的文化阵地,增强先进文化的凝聚力、辐射力和感召力,提高全民族的科学文化素质,要扭转互联网上中文信息匮乏的局面,加强文化信息资源建设的力度,提高文化信息资源建设质量。作为政府主导的工程项目,要努力将中华民族优秀的文化信息资源开发出来,展示出来,做好、做精,供广大人民群众享用。要有选择地把部分优秀资源推向公网,以便更好地使更多的群众能够享用。资源建设要把能否满足人民群众日益增长的文化信息需求,群众满意不满意、喜欢不喜欢作为衡量的标准。这就要求各地不但要做好本地文化资源现状的调查,还要经常对不同层次群众的需求进行了解。在调查研究的基础上,制定出具体的、针对需求的资源建设方案,必要时可以请有关方面的专家进行论证,做到有的放矢。要突出地方特色,避免重复建设。资源建设一定要真正解决好为谁做、做什么、怎么做的问题。2003年,文化共享工程将在全国全面铺开,用户量将大幅度增长,因此,为保证文化共享工程提供的文化信息资源源源不断,必须加大资源建设的力度。

四、做好人员培训工作

文化共享工程是一项采用高新技术推动文化建设的工程,它的高技术含量的特点,要求从事这项工作的人员必须具备相应的知识和技术。高科技的项目只有由高素质的人来做,才能发挥它的最大效益。解决高素质人才问题,要加大培训力度。人员培训是一项长期的、重要的工作,务必高度重视,这直接关系到文化共享工程的资源建设质量和服务水平。国家中心可以考虑编写一些培训教材,同时做一些录像带、光盘,供各地开展培训和工作人员日常工作使用。希望通过文化共享工程的建设,培养出一批高素质的技术人才、管理人才队伍。

五、加强共享工程的管理

各级财政在经费十分紧张的情况下,千方百计挤出资金来支持文化共享工程。我们文化部门作为项目的承担单位,一是要把活干好,使文化共享工程尽快发挥作用,同时工作要做实,不要搞"花架子",要取得实实在在的效果。二是要加强对专项资金的管理,精打细算,合理使用,不得挤占或挪用。我们和财政部已经商定,要从专项经费中拿出一部分作为支持中西部地区几个省份的补助经费,但强调一点,省里的配套经费必须落实。

文化共享工程采用的是基于网络的传输方式和服务方式,网络安全问题十分重要。因此,必须遵照国家有关法规和制度,按照《全国文化信息资源共享工程管理暂行办法》的要求,加强对各级中心的管理。一方面,要采取完备的技术措施,保证各级中心的正常运行;另一方面,要制定严格的规章制度,配备专人,加强对各级中心服务工作的管理。要经常进行实地检查,对那些违反规定的行为要及时纠正,真正负起监督、管理的责任,引导群众文明上网。

(在 2002 年全国文化信息资源共享工程工作总结电视电话会议上的讲话。全国文化信息资源共享工程网站:http://218.4.83.214:8089/datalib/2002/Trade-News/DL/DL-464527/view?searchterm = None,2002 - 12 - 31)

加大力度　加快进度
推动文化共享工程实现跨越式发展

今天，我们召开全国文化信息资源共享工程工作会议，主要目的是总结交流工程实施以来的经验，部署下一阶段的工作任务，加快文化共享工程的建设。

一、两年来工作的回顾

文化共享工程自2002年4月正式启动以来，在各级政府的重视下，在各级财政部门的大力支持下，从无到有，从小到大，取得了阶段性成果。

（一）工作网络初步形成

文化共享工程启动以来，在较短的时间内建立了以国家中心、省级分中心为骨干，基层中心为服务端的工作网络体系。目前已建立省级分中心32个，基层中心上千个，终端用户达到5万多个。福建省惠安县、深圳市、上海市徐汇区等已经在辖区所有乡镇、社区建有共享工程基层网点。江苏省各级政府已投入3000万元建设共享工程，基层站点建设走在全国前列，显示出很强的发展势头。

（二）数字资源初具规模

按照"需求牵引、突出特色"的原则，文化共享工程汇集了全国图书馆、博物馆、美术馆、艺术研究院（所）、艺术表演团体等机构的各类优秀文化信息资源，同时制作了适合农村需求的独具特色的文化信息资源库，形成了由45个资源库组成的文化信息资源库群。国家中心已加工数字资源1.8 TB，内容涵盖历史、文化艺术、法律、科普、卫生保健知识和生活百科等领域。各级分中心建设的资源总量也达到4 TB，建成了一批具有地方特色的数字资源库。如北京市建设的"北京记忆"多媒体数字资源库，用翔实的资料、图片反映了老北京的文化，具有很强的地域特色。

（三）技术平台日臻完善

文化共享工程第一期网络平台、资源建设、用户服务等技术研发已经完成并投入使用，由光缆连接和卫星接发的两种网络通道已基本建成，工程网站已经全面开通。为了确保服务到位，还开通了24小时资源自动应答与传输服务，使各省级分中心能够方便快捷地获取所需资源。在计算机网络基础设施相对完善的广东省，技术平台已经成熟，基层中心联成网络，省级分中心把文化共享工程与政府其他工程相结合，并大力开展网上信息服务，迅速扩大了基层信息服务阵地，成效显著。

（四）基层服务初见成效

文化共享工程本着边建设、边服务的方针，收到了良好的社会效益。许多地方的图书馆、文化馆、文化站依托工程资源开展了丰富多彩的文化服务，活跃了基层的文化生活。山西省在为农村地区服务方面成绩突出，他们克服困难，通过实施文化共享工程活跃、丰富了农村群众的文化生活。此外，文化共享工程的优秀文化资源已经进入校园、进入军营、进入社区、进入企业等，受到群众的普遍欢迎。

（五）社会影响逐步扩大

文化共享工程的实施，在活跃基层文化生活方面产生了积极的作用，社会影响日益扩大。四川省在加强基层站点建设的同时，发挥文化共享工程的品牌效应，与社会网络服务商合作，增强基层文化阵地的辐射力、影响力，并不断强化基层服务网点的管理和培训，提升服务质量，树立了文化共享工程良好的社会形象。此外，文化共享工程这一新型服务方式和随之带来的社会效益，也引起了社会的广泛关注，媒体对文化共享工程的报道不断增加，产生了广泛的影响。

两年来，工程建设的主要经验有以下几点：

（1）领导重视。文化共享工程良好的社会效益，越来越受到各级党委、政府的重视。很多地方将工程列入当地社会事业发展的总盘子，纳入文化发展总体规划。多数省级文化主管部门将文化共享工程列入工作的重要议事日程，积极推进文化共享工程的发展。江苏省政府将文化共享工程建设作为新时期全省基层文化建设的重要内容，列为全省信息化建设的重要项目，提出了具体要求，制定了建设规划和资金投入额度，保证了工程的持续发展。

（2）财政支持。文化共享工程之所以能够快速发展，与各级财政的大力支持直接相关。到2003年底，中央财政已经投入了4500万元，今年在继续投入2000万元的基础上，还将增加用于支持中西部农村基层网点建设的经费。地方各级财政计划投入3.2亿元，已到位1.7亿元。财政投入的加大不仅保障了工程建设的进度和效果，而且极大地鼓舞了文化工作者的工作热情。

（3）措施有力。各级文化、财政等部门加强领导，狠抓机构建设，为工程建设提供了组织保障。多数省、区、市迅速建立了文化共享工程领导小组，从资金、政策等方面予以了有力支持。国家中心及各省分中心成立后，艰苦创业，不断开拓，发挥各自优势，采取多种方式，积极进取，创造性地开展工作。正是有了这些有力举措，工程才能够迅速推进，形成规模。

两年来的工作为工程的发展打下了良好的基础，文化共享工程开始进入了发展的快车道。作为文化创新工程，在发展中也出现了一些问题，主要是：

（1）认识问题。有些地方对工程缺乏足够的认识，还没有把工程作为重要的文化建设项目列入议事日程，向党委、政府和有关方面汇报、沟通得不够，还没有引起当地领导和财政部门的重视。

（2）投入问题。从经费投入情况看，各地差异很大。目前仍有一些省的建设资金没有到位，没有建立基层点。个别省甚至毫无进展。

（3）技术问题。目前，文化共享工程在技术上还存在着明显缺陷。如资源加工软件的开放性较差，传输信号质量不够稳定，资源发布软件层次复杂，不够人性化，等等。

（4）共享机制问题。一个有效、协调的共享机制还没有形成。在资源建设方面，文化部门自身资源还没有实现整合与共享，与其他系统的资源共享成效还不够显著。另外，就网络、服务平台而言，支持共享的技术还不够成熟。

（5）队伍问题。由于工程刚刚启动，工作人员对技术熟悉程度不一。有的基层中心工作人员不能熟练掌握技术，难以适应事业发展。随着工程的深入开展，管理人才、技术人才等短缺的问题也日益突出，已经影响了工程建设的速度和质量。

这些问题的存在，一定程度上已影响到工程的进展，亟待加以解决。

二、从落实科学发展观的高度，充分认识文化共享工程的重要意义

文化共享工程是利用先进技术广泛快捷地传播优秀文化信息资源的文化创新项目，得到了中央领导同志的高度重视。中共中央政治局常委李长春同志先后三次对文化共享工程做了专门批示。2003年5月，他在《发展先进文化必须加强农村阵地建设》一文上批示："在数字技术发展的时代，要对基层图书馆的规划建设有新思路，不要再走县县买书的老路。要全国共享资源。"2003年8月19日，他再次对文化共享工程做出批示："要加大全国文化共享工程的力度，并和数字图书馆紧密结合起来，这是繁荣社会主义文化的标志性工程之一，意义重大。要结合制定文化发展纲要，将其作为重要课题。"2004年初，他又一次批示，要求"加大推动文化共享工程的力度，加快进度，使广大人民群众早受惠"。今年2月制定的《中共中央国务院关于进一步加强和改进未成年人思想道德建设的若干意见》中明确指出，"要积极推进全国文化信息资源共享工程建设，让健康的文化信息资源通过网络进入校园、社区、乡村、家庭，丰富广大未成年人的精神文化生活"，充分肯定了文化共享工程的作用，并对工程建设提出了新的更高的要求。另外，在中央严格控制机构编制的情况下，中央机构编制委

员会办公室批准设立全国文化信息资源建设管理中心,也充分说明了国务院对文化共享工程的重视。在今年的全国人大、政协会议上,财政部金人庆部长在财政预决算报告中,将文化共享工程列为国家财政支持的重要文化项目。中央的高度重视给工程建设指明了方向,也是我们继续推动工程发展的思想动力。有关部门的支持也为工程的发展提供了有力保障。

文化共享工程的重要意义体现在以下几个方面。

(一)文化共享工程是建设先进文化、落实科学发展观的重要内容

建设先进文化是落实科学发展观的重要内容,也是全面建设小康社会的题中之义。文化建设是社会事业的重要组成部分,没有文化的发展就没有社会的发展,没有文化的进步也就没有社会的全面进步。目前,文化建设仍然存在很多困难。一是文化投入总量不足。我国人均文化事业费不到7元;2002年文化事业费83.66亿元,仅占财政支出的0.38%。二是基层文化设施落后陈旧。全国县级图书馆1/3无馆舍或馆舍简陋,1/4没有购书费,全国人均图书拥有量只有0.3册,人均购书费0.29元。三是东西部之间、城乡之间文化差距逐步拉大,农民看电影难、看戏难、看书难的矛盾日益突出。四是队伍素质下降。如乡镇文化站的工作人员中具有大专以上学历的不足1/3,人员年龄老化,多年没有补充新人。中央领导同志对这些问题十分重视,对基层文化建设做出多次批示。科学发展观的提出给文化建设创造了良好的发展机遇。没有先进文化就不能实现社会的全面、协调、可持续发展,只有发展先进文化,科学发展观才能得到真正落实。因此,我们要增强使命感,从落实科学发展观的高度重视并大力推进文化共享工程,促进文化事业的发展。

(二)文化共享工程是建设先进文化的重要组成部分

为了改变文化事业发展相对滞后的状况,最近几年,政府加大了对文化建设的投入,文化事业进入一个新的发展时期。从经费增长看,2003年全国文化事业费为92亿元,是1978年4.44亿元的20多倍。中央本级的文化事业费"八五"期间仅1亿多元,"九五"期间是2亿多元,进入"十五"后,每年增长1亿多元,2004年达6亿多元,2002年到2003年增幅达46%,2003年较2002年全国文化事业费的增长幅度达17.8%,首次超过当年财政支出的增长幅度。最近几年,中央财政投资建设的文化工程项目就有国家大剧院工程、国家博物馆建设工程、国家图书馆二期工程暨数字图书馆工程、国家话剧院剧场建设工程、中国美术馆改扩建工程、故宫大修工程等。中央财政还支持实施了一些重大的、有影响的公益文化项目,除全国文化信息资源共享工程外,还有中华再造善本工程、中国民族民间文化保护工程、全国送书下乡工程、清史纂修工程等。在基层文化建设投入方面,国家发改委从2002年到2005年计划总投资4.8亿元,用于扶持

西部地区县级文化馆、图书馆设施建设，实现县县有图书馆、文化馆的目标。在中央财政的带动下，各地加强了对文化事业的投入，近年来很多省图书馆都建了新馆。目前，全国投资1亿元以上的文化工程项目就有26个，各地兴起了文化建设的热潮。

文化共享工程是国家文化建设的重要组成部分，是建设先进文化的重要内容，目的是满足基层群众尤其是广大农民对于精神文化的需求，它已经成为建设先进文化的一支重要的新生力量。

（三）文化共享工程是加强基层文化建设，特别是农村文化建设的有利措施

目前，城乡之间、东西部之间文化差距和"信息鸿沟"日益拉大，农民看书难、看戏难、看电影难问题长期得不到解决。共享工程的实施，在一定程度上缓解了部分地区"三难"的状况，受到农民的广泛欢迎。作为一项国家文化工程项目，文化共享工程在提升国办文化单位服务能力的同时，也将在农民自办文化中发挥积极作用。在我国广大农村，尤其是中西部地区，一方面农村文化生活匮乏，另一方面在农民中蕴藏着巨大的办文化的积极性。农村文化一定要培养一支不走的文化队伍，否则农民群众的文化生活就得不到保障。所以，我们要两条腿走路，一手抓国办，一手抓民办。文化共享工程便捷的服务方式为农民自办文化提供了一个有利的条件。因此，要制定相应政策鼓励农民自办文化，通过工程的实施，逐步形成国办文化为主导，农民及其他社会各界共办文化的新格局，真正解决基层群众尤其是广大农民文化生活匮乏的问题。

（四）文化共享工程是利用高科技手段建设先进文化的新尝试

文化共享工程利用高新科技传播文化，改变了文化服务手段落后的面貌，在社会上树立了文化事业的崭新形象。同时，工程紧跟时代发展步伐，在计算机网络日益普及的今天，也改变了长期以来很多基层文化单位连一台计算机都没有的困境，提升了各级图书馆计算机网络化水平，给我国基层文化单位改善服务、增强活力创造了条件。

总之，我们要从落实科学发展观的高度，充分认识文化共享工程的重要性，积极争取党政领导的高度重视，把文化共享工程纳入各地党和政府的重要议事日程。各地文化主管部门负责人要把文化共享工程作为重要工作来抓，力求近一两年有大的突破，推动工程顺利发展。

三、今后一段时期的工作要求

最近一两年是文化共享工程发展的关键时期，我们要以资源建设和基层服务

为重点，加快工程建设进度，加大工程建设力度，全面推进文化共享工程的发展。

（一）科学论证，整体规划

各级文化部门要把文化共享工程的整体规划作为一项重要工作来抓。首先，要列入当地信息化建设的总盘子。正在起草的国家信息化建设规划，已经把文化共享工程列入其中，各省文化部门也要积极争取将文化共享工程列入本省信息化建设的总盘子，从思想上予以重视，从组织保障、政策支持、资金投入上予以明确。其次，要列入文化建设总盘子。文化共享工程将被列入国家的文化发展纲要之中，各地也要把文化共享工程列入当地文化发展规划，列入当地文化建设的总盘子。最后，地方建设要列入全国工程的总盘子。在工程建设过程中，一定要树立全局意识，统筹规划，有序进行。

（二）整合资源，建立机制，加快优秀文化信息资源建设

1. 要加紧建设基础资源库

资源建设一定要先期调研，根据需求设计好资源库，建立全面科学的资源结构。各地要按照需求牵引的原则，根据不同受众群体的特点建立专题资源库。要按照中央8号文件的要求，抓紧建设针对未成年人教育的资源库。要发挥网络的优势，建立互动性的资源。各地应高度重视，准确定位，量力而行，树立地方品牌，丰富和充实具有浓郁乡土气息和地方风格的民间音乐、美术、戏剧、戏曲等艺术资源，满足广大农民的文化需求。文化共享工程要顺应数字电视推广和普及的趋势，与数字电视技术相结合，借助数字电视推动文化共享工程的发展。

2. 要进一步加大资源整合力度

资源建设是文化共享工程的核心，共享机制则是资源建设的重要保障。文化共享工程资源建设虽然已经初具规模，但与基层群众的需求相比还远远不够，工程所应发挥的效益还没有得到充分体现。在资源建设中，一方面要通过行政和经济的手段，整合文化系统内的可控资源，把国家舞台艺术精品工程、中国民族民间文化保护工程、中华再造善本工程、全国送书下乡工程、清史纂修工程等国家文化项目的成果及时整合进来，把各地文化系统内部的各种资源整合进来。另一方面要广泛吸纳各类社会资源。对其他系统实施的如五个一工程、全国农村党员干部现代远程教育、校校通工程、村村通工程、"2131"工程等项目，要加强协调，努力实现数字资源的共建共享。对信息内容提供商，也要加强联系与合作，避免重复建设。在资源建设过程中，要采取多种渠道解决版权问题，如鼓励作家捐赠版权等。

（三）完善技术环境，不断开发创新，尽快形成稳定、便捷、开放的技术平台

首先，资源平台要开放便捷。国家中心要尽快改进资源加工软件平台，做到及时便捷地增加内容。

其次，传输平台要稳定畅通。目前，很多基层站点反映资源传输信号不稳定，画面不清晰。国家中心下一步要加紧技术研发，保证传输平台的稳定畅通。

最后，用户平台要简便易行。文化共享工程是服务基层、面向广大群众的工程，要时刻为群众着想，技术上要便于操作，使群众一点即通，越"傻瓜"越好。目前的用户平台过于复杂，只有经过培训的专业工作人员才能操作，普通群众不便使用。这种局面必须改变，否则随着基层站点的增长，将会成为制约工程建设速度的瓶颈。

（四）坚持两条腿走路，加快基层站点建设

基层站点建设要两条腿走路。一是在文化系统中拓展，包括图书馆、博物馆、文化馆、文化站等；二是在文化系统外拓展，如青少年宫、中小学校、农民文化中心户等，使文化共享工程最大限度地为公众服务。

站点建设方式也要坚持两条腿走路。一方面，作为政府文化项目，工程要坚持公益性原则；另一方面，要广泛开辟渠道，积极探索与社会力量，包括网络服务商、信息内容提供商、社区物业管理公司等方面的合作途径。

（五）加强管理，规范服务，确保工程顺利发展

文化共享工程是传播先进文化的工程，我们要加强管理，使之成为绿色工程。

首先，要加强工作网络的管理。要高度重视管理工作，尽快完善各种制度，尤其是加强对基层点的管理。前一阶段，个别地方的基层站点被媒体曝光，就是在管理上出了问题。虽然这样的基层站点为数很少，但是给文化共享工程带来了一定的负面影响。为更好地推动工程发展，今后在工程建设过程中可能需要借鉴一些市场运作的方式，在这种情况下，更要严格执行有关规章制度，做到办法先行，制度先行，在管理上不出现疏漏。

其次，加强经费管理。要严格按照《文化共享工程专项资金管理暂行办法》的规定，对工程经费进行严格管理。财政部将对每个文化项目进行绩效评估。我们去年对系统内部各个项目进行了评估，年底进行了审计。今后各个项目要严格按照政府采购的要求，进行公开招投标。经费一定要用好，这是事关事业发展的大问题。我们要从事业发展的高度认识管理的重要性。

最后，文化共享工程要纳入政府对社会文化的总体评估体系和评价体系。文

化部已把工程实施情况作为评选全国文化先进县、图书馆评估定级的重要参考依据。目前正在积极调研，准备将文化共享工程的实施情况作为各个地区社会文化事业发展的衡量标准之一。

（六）加大宣传力度，营造良好的社会氛围

文化共享工程是一项新型的文化项目，很多人还不了解。我们要利用各种媒体，运用多种方式进行宣传，形成一定的舆论氛围。各地实施工程的经验和做法要与部里及时沟通，通过《文化信息》《文化要情》等信息渠道扩大影响，交流经验。此外，要充分发挥工程的网络优势，利用自身网络和其他网络进行宣传。

（七）主动与财政部门沟通，积极争取经费支持

文化共享工程是文化部和财政部共同实施的文化工程，各级文化部门要积极与当地财政部门沟通，要让财政部门了解文化共享工程对推动社会发展的作用，争取投入不断增加。同时，还要主动向党委、政府汇报，争取地方党政领导的重视和支持。

（八）加强队伍建设

加强队伍建设是文化共享工程持续发展的关键因素。全国管理中心要加大培训力度，各省分中心也要加大对基层的培训和指导力度，使基层工作者熟练掌握技术。同时，要积极引进各种技术人才、管理人才，通过优惠政策、灵活机制、宽松环境吸引人才，建立一支高素质的工程建设队伍。

（在全国文化信息资源共享工程工作会议上的讲话，2004年4月10日。原载于孙家正主编：《中国文化年鉴（2005）》，新华出版社2006年版，第81～86页）

要加大宣传和建设文化共享工程的力度

今天，我们怀着喜悦的心情参加"恒泰、辽图文化广场文化信息资源展映活动首映式"，我代表文化部对这次展映活动的举办表示热烈祝贺！

多年来，辽宁省委、省政府对文化事业建设给予了高度重视，尤其是党的十六大以来，省委、省政府加大了文化事业建设特别是基层文化事业建设的投入力度，产生了显著的效果。特别是为世人所瞩目的世界文化遗产的申报成功，更是为辽宁争了光，为国家争了光，为民族争了光。这些成绩也是与辽宁省文化厅、省图书馆等文化主管部门和文化单位的努力工作分不开的。

全国文化信息资源共享工程是文化部、财政部在全国范围实施的采用现代信息技术，将中华民族几千年来积淀的各类文化信息资源，通过覆盖全国的文化资源网络送到群众身边，实现优秀文化信息在全国范围内的共建共享，以满足人民群众精神文化需求的文化建设工程。工程实施以来，辽宁省在财力紧张的情况下，拨出专项资金，在较短时间内建成省级分中心，各基层中心也加快了建设速度，可以说全省文化共享工程建设进入了健康发展的轨道。今天在这里举行的首映式及将要陆续为广大群众举办的文化资源展映活动，就是文化共享工程建设所结出的一颗丰硕成果。这次活动特点突出，意义深远。首先是省图书馆通过多媒体展映这一有效方式，探索了实施文化共享工程的有效方式，使先进文化为广大基层群众所享用，起到了导向和示范作用。其次是引入了多元化的发展机制，以经营文化的理念，积极寻求社会合作，吸纳社会力量参与文化共享工程建设，是文化共享工程建设中运作方式的一个创新。最后是为企业和社会各界参与公益文化搭建了一个平台。恒泰鞋业在自身发展的同时，慷慨捐资，参与文化共享工程，充分说明"兴公益、泽社会"的良好风尚为越来越多的企业、社会团体及有识之士所推崇，他们通过出资参与公益文化活动，回报社会，既树立了企业精神，也宣传了企业品牌，这种可贵精神将会影响更多的人关注公益文化事业。

相信通过这次展映活动，一定会有效地宣传和推动文化共享工程的建设，使更多的企业家和有识之士关心文化共享工程、参与文化共享工程，使文化共享工程发挥出更显著的效益，为更广泛的群众所享用。也希望我们各级文化主管部门和公共图书馆认真总结经验，进一步拓宽工作思路和服务领域，寻求更多、更便捷、更有效的方式，为广大人民群众提供更丰富、更优质的信息服务。

（在辽宁省文化共享工程—文化信息资源展映活动首映式上的讲话，2004年7月30日。原载于《图书馆学刊》2004年第5期）

加强文化信息资源建设

20年前,邓小平同志做出"开发信息资源,服务四化建设"的重要指示,阐明了我国信息资源建设的重要战略地位,为我国信息化发展指明了方向。文化信息化是国家信息化建设的重要组成部分,是建设先进文化的重要手段。我国历史悠久,在五千年的历史长河中积淀了丰厚的文化资源。利用现代科学技术对这些文化资源进行有效开发利用,对于加快我国信息化进程,推动经济社会全面、协调、可持续发展,具有重要的战略意义。

一、大力开发利用数字文化信息资源的必要性

(一)大力开发利用数字文化信息资源是知识经济时代世界各国重要的发展战略之一

近20年来,以信息高速公路和多媒体技术为标志的信息技术革命,正在把人类社会带入知识经济时代。在知识经济时代,信息资源已成为继能源之后最为重要的战略资源。对信息资源的占有量和利用率,已成为衡量一个国家综合实力的重要标志,也是参与国际竞争的重要资本。因此,西方各主要发达国家及许多发展中国家纷纷制定了本国信息社会发展计划,以求得在未来竞争中立于不败之地。数字文化信息资源建设也日益成为国际社会关注的热点。美国、英国、法国、日本等发达国家以及一些发展中国家都把文化信息化建设纳入国家发展战略,投入巨资,实施了重要的文化信息化建设项目。如美国"美国记忆"、英国"全民网络计划"、法国"文化精品数字化"、希腊"数字文化"等。这些国家的数字文化信息资源通过互联网推向世界,对促进国家经济增长、增强综合国力、参与国际竞争起到了重要的作用。

(二)大力开发利用数字文化信息资源是传承中华民族优秀文化,弘扬民族精神,实现中华民族伟大复兴的必然要求

中华民族有着五千年的悠久历史,创造了辉煌灿烂的中华文化,为世界文明发展和人类进步做出了重要贡献。但是,由于我国信息化起步较晚,目前中华文化尚未在互联网这一最为普及的信息平台上形成整体优势。其一是网上中文信息资源尤其是有价值的文化信息资源仍然相对匮乏;其二是有限的数字文化信息资源分散,没有得到有效整合;其三是文化信息资源开发利用不够,尚未形成有影

响、有实力的文化产业项目。有关统计表明，因特网信息中，90%以上是英文。另据国家统计局国际统计信息中心对世界28个主要国家和地区信息综合能力的统计结果表明，美国的信息综合能力总指数为72，位居世界第一，日本的指数是70，澳大利亚是66，而中国仅仅得了6分。这与我国在国际上的地位和影响极不相称，也与中华文明在世界文明中的地位和影响极不相称。由于网络信息跨越国界自由传播，文化信息资源交流严重不平衡，西方文化大量涌入，使中华民族文化的独特性和整体性遭受到前所未有的冲击与侵蚀。大量渗透着西方文化与价值观的信息充斥于网络空间，潜移默化地影响着我国广大青少年的价值观，在一定程度上影响了经济发展和社会稳定。加强文化信息资源数字化建设，在互联网上形成中华文化的整体优势，是摆在我们面前刻不容缓的战略任务，应该引起高度重视。

（三）大力开发利用数字文化信息资源是改善政府公共文化服务，提高广大人民群众思想道德和科学文化素质的重要措施

改革开放以来，我国的文化建设取得了很大的成就。但由于文化事业基础薄弱，现有的文化设施及服务能力尚不能满足广大群众的需求，特别是广大农民看书难、看戏难、看电影难的状况仍然存在。以图书馆为例，县级公共图书馆购书费总量虽然逐年增加，但是占经费总支出的比重却逐年下降。1985年，县级公共图书馆购书费占经费总支出的比重为17.2%，平均每馆新购图书3200册。到2002年，县级公共图书馆购书费占经费总支出的比重则下降到9.8%，平均每馆新购图书只有1300册。2002年全国图书馆人均藏书量0.3册，全国县级图书馆人均藏书量仅为0.1册。一些偏远山区的农民几乎一年看不到一场电影。农民文化生活比较贫乏，腐朽没落文化趁虚而入、沉渣泛起。城乡之间、发达地区与欠发达地区之间文化事业发展的差距有扩大之势。基层文化工作内容和形式陈旧，缺乏活力和吸引力，文化阵地的作用难以发挥。文化传播和文化服务未能充分利用现代科技手段，难以有突破性的发展。以上问题的存在，已经影响到了全民素质的提高和培育"四有"新人目标的实现，影响到了一些地方的社会稳定和经济发展，影响到了全面建设小康社会的进程，必须予以重视，认真加以解决。

开发利用数字文化资源，推进文化信息化建设，将会根本改变我国文化信息资源保存、管理、传播、利用的方式和手段，克服我国文化信息资源得不到有效利用和共享的弊病，为物质文明、政治文明与精神文明建设提供必要的条件；特别是对于经济不发达的老少边穷地区的文化建设，将产生巨大的推动作用；对于加强先进文化建设，促进经济社会协调发展，全面建设小康社会目标的实现，至关重要。

二、我国文化信息资源开发利用的情况

我国文化系统拥有比较丰富的文化艺术资源。比如，国家图书馆总藏量已达2435万册（件），是世界第五大图书馆，其中中文藏书居于世界第一位，外文藏书在中国居于第一位；故宫博物院藏有100万件文物，国家博物馆藏有50万件文物，其中绝大多数为有影响的珍贵文物；中国美术馆收藏各类美术作品6万余件，其中绝大多数为20世纪美术大师的作品；中国艺术研究院收藏大量有价值的各门类文化艺术资源；各级专业艺术院团、博物馆、文化馆、图书馆等也分别藏有丰厚的历史文化遗产和文化艺术资源。这些资源为文化信息化建设提供了重要的资源基础。近几年来，我们加快了信息化建设步伐，在信息化建设方面取得一定成果，建成了一批独具特色的数字文化信息资源。

（一）制定全国文化信息化建设规划

文化部对文化信息化建设高度重视，在制定文化事业和文化产业"十五"计划时，明确把文化信息资源建设作为重要内容，纳入规划，提出任务和目标，落实各项保障措施。在充分调研、科学论证的基础上，今年2月，文化部制定并下发了《2004—2010年文化信息化建设规划》（以下简称《规划》），对今后一段时间全国文化信息化建设进行了总体部署和安排。《规划》提出，到2010年，实现信息化与我国文化事业和文化产业的高度融合，使我国拥有发达的文化信息产业、先进的文化基础设施、高效的文化电子政务、丰富的文化信息资源、便捷的文化信息服务、活跃的文化电子商务市场；文化信息化的整体水平有较大的提升，与国家信息化建设的总体要求相适应，为文化与政治、经济协调发展奠定坚实的基础。各地文化部门认真落实《规划》要求，加强组织和领导，落实保障措施，已经形成了包括多个专题数据库在内的初具规模的一批数字文化资源。

（二）大力推进全国文化信息资源共享工程

文化部和财政部从2002年起立项实施全国文化信息资源共享工程，该工程的主要内容是利用现代信息技术手段，对文学、戏剧、音乐、舞蹈、杂技、木偶、曲艺、皮影、美术、摄影、书法、篆刻等文学艺术门类及重点文化项目、重要文艺活动和世界各国优秀文化等文化信息资源进行加工整合，建设一批优秀的文化资源库群，并通过现代化的传输方式传送到城乡基层，努力解决广大基层群众文化生活贫乏的问题。实施两年多来，文化共享工程开辟出了一条不受地域、时间限制的崭新的文化传播渠道。目前中央财政已投入4500万元，建成国家中心、32个省级分中心、1710个基层中心，终端用户已达到5万多个，构建了有近70个数字资源多媒体资源库、约2 TB的文化信息资源库群。32个省级分中心

也建成了一批具有地方特色的数字资源库。省级分中心加工的资源大约 4 TB。目前各项技术研发已经完成并投入使用,文化共享工程网站(www.ndcnc.gov.cn)已全面开通。很多图书馆、文化馆、文化中心依托文化共享工程的资源开展了丰富多彩的文化服务,在一定程度上缓解了长期以来存在的农民看书难、看戏难、看电影难的问题,产生了很好的社会效益。中共中央政治局常委李长春同志曾就该工程做过3次重要批示。最近一次的批示指出:"加大推动文化共享工程的力度,加快进度,使广大人民群众早受惠。"今后几年,我们将通过实施文化共享工程,逐步整合优秀文化艺术资源,形成海量文化信息资源库群,通过遍布全国的基层站点为广大公众提供文化信息服务。

(三)稳步实施国家数字图书馆工程

数字图书馆的发展状况,已经成为衡量一个国家信息基础设施水平和国际文化竞争力的一个重要标志。目前,国家图书馆二期工程暨国家数字图书馆工程作为国家重点文化建设项目,已经国务院批准,并将投入 12.23 亿元进行建设,预计将于 2007 年竣工。数字图书馆建成后,将在互联网上形成超大规模的、高质量的中文数字资源库群,并通过国家骨干通信网向全国及全球提供中文信息资源服务。国家数字图书馆工程的立项实施,标志着我国文化信息化建设进入了规模发展的新阶段。它的实施将在数字资源标准规范研究、相关技术研发、人才培养方面为文化信息资源建设等方面创造有价值的经验,探索行之有效的建设途径。

为加快文化信息化步伐,我国于 20 世纪 90 年代中期就开始跟踪国际上数字图书馆发展态势,进行数字图书馆有关技术的研发,实施了"中国试验型数字图书馆"项目,并于 2000 年 4 月正式启动了中国数字图书馆工程。目前,数字图书馆工程拥有国内较为完善的文献数字化加工环境及实验环境,拥有先进的数字化加工生产线,可提供图书、文献、档案、彩色胶片、大型图纸等多方位数字化加工服务。迄今为止,已建立了以数字图书、视频资料、音频资料及特色专题资源库为主,其他数字资源为辅的海量数字资源库群,资源总量已达 11 TB。

(四)加强"文通网"等对外文化宣传网站建设

信息技术的迅速发展为加强对外文化宣传提供了极为便利的手段。为了落实中央关于加强、改进对外文化宣传的部署,密切配合国家的总体外交战略,坚持以正面宣传为主,文化部实施了"中华文化教育推广战略计划",即在对中华文化信息资源进行数字化加工和整合的基础上,充分利用互联网信息量大、覆盖面广的优势,把中华民族的文化精华和当代文化教育、经济建设和科学研究成就等各方面的重大进展全面地展示出来,并通过因特网传送到世界各地,建立不受时空、地域限制的崭新的文化传播通道,扩大中华文化在全世界的影响,为人类的文明进步和发展做出应有的贡献。文化部利用与驻外使领馆、中国文化中心之间的互动网络，重点加强了"中华文化信息网""文通网"和"看中国"网站建设，整合了一大批文化特色数字资源，使之成为信息丰富、多语种、具有较强吸引力的对外文化宣传精品网站和国外了解中国优秀文化和民族精神的窗口，加大了中华文化在国外的宣传推介力度。"文通网"整合的中文信息量已达到1300万字，图片1万多幅。

（五）抓紧进行文化遗产资源数字化建设

我国现有大量有形或无形的文化遗产处于濒危状态，需要尽快进行抢救。按照规划，文化部已开始实施以文物资源库、古文献资源库、民族民间文化遗产资源库和世界文化遗产资源库为核心的文化遗产抢救保存计划。故宫于1998年开始建设"数字故宫"，目前已经建立起影像数字化系统，可以满足博物馆对影像信息的大多数需求。虚拟现实作品《紫禁城·天子的宫殿》已经完成，标志着故宫文物和古建筑三维数据库建设的开始。此外，结合实施中国民族民间文化保护工程，文化部还进行了中国民族民间文艺基础资源数据库建设和珍贵音像资料的数字化抢救工作，各地也陆续建立了一些优秀民族民间文化资源库。

（六）加强对网络内容的管理

在推进文化信息化建设中，文化部始终坚持一手抓建设，一手抓管理。一方面，组织力量，大力开发中文信息资源，特别是先进的文化信息资源，把我国博大深厚的传统文化资源和当代文化成果转制成为数字文化产品，努力创造开发丰富多彩、健康有益的信息文化产品，积极发展网上绿色文化信息资源；另一方面，针对网络文化领域存在的各种问题，按照职能分工，切实加大管理力度，对全国互联网站和上网服务营业场所实行了有效监管，为文化信息化创造了健康的发展环境和良好的社会氛围。

虽然近年来我们在文化信息资源建设中取得了一些成绩，但是，我们也应该看到，目前文化信息资源建设与我国经济和社会发展对文化建设的要求相比，与其他行业的信息化程度相比，还存在着不少问题，如重视不够、认识不足，资金短缺，硬件和软件基础差，专业人才少，发展不均衡等。这些问题导致文化信息资源建设相对滞后，与人民群众日益增长的文化需求不相适应，与扩大中华文化在世界范围内的影响力不相适应，与小康社会全面、协调、可持续的发展要求不相适应。因此，必须加大文化信息资源的开发利用，积极推进文化信息化进程，努力形成现代科技条件下中华文化的新优势，为推进先进文化建设，实现文化与政治、经济协调发展做出贡献。

三、关于加快文化信息资源开发利用的建议

为进一步加快对文化信息资源的开发利用,提出以下建议。

(一)将文化信息资源建设列为国家信息化建设重要内容

文化信息化是国家信息化的重要组成部分。在实施"十一五"规划和国家信息化规划中,应该把文化信息资源建设列为重要内容,给予资金与政策的倾斜。在国家实施的重大经济社会发展项目、区域发展战略中,应该把文化信息资源建设作为重要基础性工程,纳入其中。

(二)加强文化信息资源建设的标准制定和技术研发工作

标准规范的制定是保证文化信息资源开发与利用工作顺利开展的基础。希望有关部门加强标准制定工作,尽快形成统一的标准体系。文化信息资源建设工作需要软硬件环境的支持。要充分调动各有关单位和科研人员的积极性,加大软硬件的研发力度,为文化信息资源开发利用提供良好的技术保障。

(三)加大对文化信息资源建设的投入

文化资源数字化建设面临的最大问题是投入不足。各级政府应加大投入,在信息化建设中和当地经济社会发展中,安排一定比例资金用于文化信息化建设;在政府策划实施的区域性开发项目中,应安排一定比例资金用于文化信息建设;特别是在西部和贫困地区开发中要加大对文化信息资源建设的投入力度。同时,坚持"两条腿"走路,制定优惠政策,广辟渠道,投入文化信息资源建设,促进文化事业和文化产业的发展。

(四)加强网络条件下的知识产权保护法律与政策问题的研究

目前,文化信息资源网络传输中的版权问题已经成为制约文化信息资源开发利用的突出问题。在文化信息资源建设过程中,一方面要加大对著作权人知识产权的保护力度;另一方面对公共文化服务领域文化信息网络传输中遇到的知识产权问题,要加大政策研究力度,制定具体可行的办法和措施,努力使更多文化信息资源更好地为公众提供服务。

大力加强文化信息资源的开发和利用,以先进科技传播先进文化、建设先进文化,是全面建设小康社会的必然要求。文化信息化建设才刚刚起步,还有更多的工作需要我们去完成,任重而道远。我们要抓住机遇、扎实工作,努力把我国的文化信息化建设推进到一个新阶段!

(在"信息资源开发利用高层论坛"上的主题报告,2004年9月19日)

抓住机遇　加快发展
努力把文化共享工程建设推向新阶段

全国文化信息资源共享工程工作会议历时一天，就要闭幕了。会议期间，大家认真学习了中央领导同志关于文化共享工程的重要指示精神，总结、交流了2004年工作，研究、讨论了2005年工作。中共中央办公厅、国务院办公厅即将转发《文化部、财政部关于进一步加强全国文化信息资源共享工程建设的意见》（以下简称《意见》）。28日上午，文化部、财政部将召开全国文化信息资源共享工程电视电话会议，国务委员陈至立同志和有关部委领导将在电视电话会议上做重要讲话，对文化共享工程建设进行总体部署。各省、区、市和有条件的市（地）、县（市）开设分会场，分管文化工作的副省长（副主席、副市长）、有关部门负责人将出席会议。下面，我就如何做好2005年工作，进一步推进文化共享工程建设，谈几点意见。

一、进一步提高对实施文化共享工程重要性和紧迫性的认识

为充分利用现代信息技术传播先进文化，缩小东西部、城乡之间的差距，解决农村基层文化生活匮乏问题，2002年4月，文化部、财政部共同实施了全国文化信息资源共享工程。其主要内容是充分利用现代高新技术手段，将优秀文化信息资源进行数字化加工、整合，通过互联网和卫星传送到基层，为广大群众提供优秀的文化信息服务，实现文化信息资源的共建共享。工程实施以来，得到了中央和地方各级党委、政府的重视和支持。中共中央政治局常委李长春同志先后7次做出重要批示。2004年12月13日和2005年1月24日，国务委员陈至立同志两次召开会议听取汇报，研究有关工作。2005年2月1日，李长春同志主持召开的中央宣传思想工作领导小组会议也专门听取了汇报。经党中央、国务院同意，两办即将转发《意见》，并定于2月28日在国务院召开电视电话会议，对工程进行部署，这是文化建设中少有的大事。对于文化建设中的一项工作中央如此重视，可见其重要性。这些都为工程的进一步发展提供了非常好的发展机遇。加大实施文化共享工程的力度，加快进度，使广大人民群众早受惠，是落实科学发展观，建设社会主义先进文化，构建社会主义和谐社会的必然要求。各级文化部门要进一步提高对文化共享工程重要意义的认识，推动工程的深入实施。

(一) 充分认识文化共享工程建设对先进文化建设的重要意义

文化是民族的灵魂,是综合国力的重要组成部分。当今世界,文化与经济和政治相互交融,在综合国力竞争中的地位和作用越来越突出。文化的力量深深熔铸在民族的生命力、创造力和凝聚力之中。文化越来越成为一个国家综合国力的重要组成部分。国家的发展和强盛,民族的独立和振兴,都离不开先进文化的支撑。面对新的世纪、新的任务,如何繁荣和发展社会主义先进文化,不断用社会主义先进文化丰富人们的精神世界,是我们各级文化部门面临的重大而紧迫的任务。文化共享工程将先进的信息技术手段引入文化领域,提高了文化工作的科技含量,实现了文化传播和保存载体的转变,使文化传播和保存方式产生了革命性的飞跃,对促进内容数字化产业的发展将产生积极的作用,对我国文化事业和文化产业的发展产生深远的影响。它是适应时代要求,利用高科技手段实施的一项重大文化工程,也是我国社会主义先进文化建设的标志性工程之一。

(二) 充分认识文化共享工程建设对落实科学发展观、构建社会主义和谐社会的重要意义

党的十六届三中全会提出了科学发展观。在科学发展观中,文化占有重要地位。坚持以人为本,就是要以实现人的全面发展为目标,从人民群众的根本利益出发谋发展、促发展,不断满足人民群众日益增长的物质文化需要,切实保障人民群众的经济、政治和文化权益,让发展的成果惠及全体人民。全面发展,就是要以经济建设为中心,全面推进经济、政治、文化建设,实现经济发展和社会全面进步。协调发展,就是要统筹城乡发展、统筹区域发展、统筹经济社会发展、统筹人与自然和谐发展、统筹国内发展和对外开放,推进生产力和生产关系、经济基础和上层建筑相协调,推进经济、政治、文化建设的各个环节、各个方面相协调。可持续发展,就是要促进人与自然的和谐,实现经济发展和人口、资源、环境相协调,坚持走生产发展、生活富裕、生态良好的文明发展道路,保证一代接一代地永续发展。文化共享工程是落实科学发展观,实现"五个统筹"的重要举措。近年来,由于我国区域发展不平衡,东西部地区之间、城乡之间还存在着巨大的"数字鸿沟",广大欠发达地区的群众面临着"信息贫困"的问题,无法获取和利用丰富的优秀数字文化资源。文化共享工程的实施,将开辟一条不受地域、时间限制的崭新的文化传播渠道,将丰富的文化教育资源和科技信息资源,以先进的传播方式传输到广大基层群众,尤其是欠发达地区的农民群众手中。进一步加大文化共享工程的实施力度,对于打破落后地区信息闭塞的状况,消除"数字鸿沟",提高广大人民群众的科学文化和思想道德素质,促进经济社会协调发展、区域协调发展、城乡协调发展、构建社会主义和谐社会将起到重要作用。

（三）充分认识文化共享工程建设对完善公共文化服务体系的重要意义

在市场经济条件下，政府的职能主要体现在经济调节、市场监管、社会管理和公共服务等方面，为社会主义市场经济营造良好的发展环境。加强公共文化服务体系建设，为广大人民群众提供优质的公共文化服务，是各级政府的重要职能，也是各级文化部门和单位的重要职责。文化共享工程的实施，对完善各级公共文化服务体系，特别是提高基层文化单位的公共文化服务能力具有重要作用。目前我国各级文化单位，尤其是基层文化单位提供公共文化服务的能力尚有很大欠缺。许多地方文化馆、图书馆、文化站运转困难。以县级图书馆为例，2002年全国县级图书馆人均藏书量仅为0.1册，远远低于国际图联人均2册的标准，也低于全国图书馆人均藏书量0.3册，所提供的服务远远满足不了广大群众的需求。城乡之间、东西部之间文化发展不平衡，特别是中西部地区农村文化基础设施落后，公共文化资源总量偏少、质量不高的问题仍较突出。文化共享工程面向农村、面向贫困地区广大群众，特别是广大未成年人提供文化信息服务，是新时期加强政府社会管理和公共服务职能，促进政府职能转变的重要内容；是改善基层文化工作手段陈旧、落后的状况，把先进文化送到千家万户的现实、有效的途径。它的实施，对转变政府公共文化服务方式，激发公共文化单位活力，完善服务方式，提高文化服务能力，满足广大人民群众的精神文化需求，具有重要作用；对用先进文化占领互联网阵地，增强先进文化的辐射力、吸引力和感召力，也具有重要意义。

文化共享工程实施几年来，在资源建设、技术研发、基层网络建设与服务等方面取得了明显进展，在建设和传播社会主义先进文化，丰富和活跃基层群众文化生活等方面，发挥了积极作用，因此受到了广大群众的欢迎。2004年工程建设取得了很大进展：

一是财政进一步加大了投入力度，为文化共享工程建设提供了有力的资金支持。2004年，中央财政对文化共享工程的总投入达5000万元，其中2000万元用于文化共享工程国家中心软硬件建设、资源建设等，2000万元用于补助全国各地建设667个文化共享工程基层点；1000万元用于购置专项数字资源。此外，中央精神文明建设办公室拨款370万元，在全国100个乡镇宣传文化中心建立了基层示范点。各省财政对文化共享工程投入也不断加大。据不完全统计，2004年度，全国省级以下财政对文化共享工程的总投入超过了5000万元。其中，广东、江苏省省级财政对文化共享工程的投入都超过了1000万元，河北省省、地、县财政投入也超过了1000万元，体现了各地政府对文化共享工程建设的重视与支持。

二是资源建设有了一定进展，进一步丰富了工程服务内容。2004年，文化共享工程各省级分中心及基层中心通过购买、自制、整合等多种渠道，建设完成了大约 15 TB 的文化数字资源。这些极具地方特色的数字化文化资源满足了当地群众的文化生活需要，丰富了文化共享工程的资源内容。如北京、安徽、广东、湖北等地根据本地文化特色制作的特色文化资源，不断丰富工程服务内容，受到了广大群众的喜爱。吉林省专门购置了农村常见病防治、经济作物栽培、科学养殖等资源，为服务当地经济发展、促进农民增收发挥了积极作用。截至目前，文化共享工程汇集了全国图书馆、博物馆、美术馆、艺术研究和艺术表演团体等机构的各类优秀文化信息资源，逐步构建起具有一定规模的文化信息资源库群。

三是加强了技术研发，工程的技术服务能力得到加强。2004 年，在综合研究、分析国内外信息技术最新进展的基础上，文化共享工程对原有技术方案进行了调整，管理中心拥有了 100 M 带宽的互联网出口以及 1000 M 的专用光纤，配置了较高档次的服务器，使网站速率大幅提高，网络流量大幅增加；浏览页数由过去的每日平均 6400 页上升到 10 万页左右，大大提升了文化共享工程的技术服务能力。工程还采用新的符合国家通用标准的卫星传输设备，对全国 1400 个卫星接收站进行了改造，研制开发了文化共享工程基层应用软件及文化共享工程系统软件，各省级分中心与基层中心也不同程度地改进了硬件技术条件。这些措施为增强文化共享工程的服务能力奠定了良好的技术基础。

四是进一步推进基层服务网点建设，服务质量明显改善。2004 年，各地共建设完成了大约 1000 个基层服务点。文化共享工程服务网络进一步扩大，目前已经建成 2900 多个基层服务点，拥有了 5 万个服务终端。文化共享工程为基层服务的范围进一步扩大，质量有了较大提高。组织开展了双奖好戏送下乡、送专题光盘下乡等服务活动，特别是针对未成年人的文化需求，加强了对未成年人的服务，在网站上开设了"少年文化"栏目；加强了对各地技术人员的专题培训，将新增各类资源及时送至各省分中心并提供服务。四川、山西、福建、广西等地根据本地实际，采取积极措施，加强基层服务工作，完善工程服务方式，收到了较好的服务效果；一些地方基层服务融入基层团建工作、街道工作、农技校教育工作，有力地促进了文化工作与当地经济社会发展的有机结合。

但是，必须看到当前文化共享工程建设还存在一些不足，存在一些不容忽视的困难和问题，工程建设现状离党中央、国务院的要求还有很大差距，离广大群众日益增长的精神文化需求还有很大差距。一是个别地方对实施工程重要性认识不足，重视不够，还没有把文化共享工程工作列入重要议事日程，尚未建立有效的工作机制，工作进展缓慢。二是资源建设严重滞后。文化信息资源内容贫乏、陈旧，更新较慢，缺乏吸引力。三是技术服务水平尚待提高。由于受到技术条件和设备水平、规模的限制，目前视频资源传输质量不高，有的无法通过互联网传输，只能依靠卫星、资源镜像、光盘等方式传输，限制了资源的有效利用。现有软件功能还不够完善，使用不便捷。四是基层服务网点发展缓慢，数量少，覆盖面不够，服务水平有待提高。五是经费投入机制尚未形成，工程建设得不到有力保障。六是队伍建设亟待加强。许多基层工作人员得不到及时培训，掌握不了相关技术，对设备不能正确操作和使用，影响了工程服务的效果和质量。

这些问题已经严重影响了文化共享工程的进一步发展。如果不予以高度重视，认真加以解决，就会错失机遇，辜负中央对我们的期望。我们要充分认识到工程建设的重要性和紧迫性，对这些问题认真研究并加以解决，加强与有关部门的合作，齐心协力，共同把工程建设推向新阶段。

二、当前要重点抓好几项工作

两办转发的《意见》，对文化共享工程的指导思想、总体目标、资源建设、管理体制、基层网点、技术服务和保障措施做了比较明确的规定，提出了今后工程建设的发展方向和工作思路。28日还将召开全国电视电话会议对工程建设做进一步部署。文化共享工程工作要认真贯彻"一会一文"精神，加大建设力度。当前要重点抓好以下几项工作。

（一）进一步完善文化共享工程管理体制与工作机制

建立有效的管理体制和工作机制，是实施文化共享工程的重要保障。2004年2月，经中编办批准，文化部全国文化信息资源建设管理中心成立，专门负责组织实施文化共享工程，从组织机构方面为文化共享工程建设提供了有力保障。我们要按照《意见》精神，依托国家图书馆和省级图书馆建设统一的全国性技术服务平台，要以基层图书馆、群艺馆、文化馆、乡镇和社区文化站、村文化室（文化中心）、校园网、有线电视网为依托，建设遍布城乡的文化信息资源服务网络，实行统一服务、分级管理。

一要按照《意见》要求，在省、地、县三级图书馆建立文化共享工程省、地、县三级分中心，在乡镇和街道文化站建设文化共享工程基层中心，在村和社区积极发展文化共享工程基层服务网点。2010年以前要在全国所有市县基本建成市、县级分中心，基本完成全国大部分城市社区、农村乡镇基层中心的建设，并在有条件的村文化室建立基层服务点。

二要明确管理中心、各级分中心、基层中心和基层点的工作职责。国家、省两级中心要充分发挥资源优势和人才优势，努力建设成为工程全国性和省级区域的资源建设中心、管理服务中心和技术支持中心，并分层次、有重点地为市、县级分中心和基层中心做好技术指导与支持。同时，根据各地实际情况，在省级分中心和具备条件的市、县级分中心，建立具有区域辐射作用的镜像站点，提高视频质量，加大对各地的服务力度，提高服务水平。

三要建立积极有效的沟通协作工作网络。在工程建设中，各级文化部门要加强统一协调，统筹负责工程建设中的资源采集、服务网络建设等各项工作。管理中心、各级分中心和基层中心、基层点要加强业务联系，建立通畅有效的工作联系机制。

（二）加大投入，努力建立文化共享工程投入机制

第一，要落实工程建设所需经费。文化共享工程是文化部、财政部共同实施的公益性文化工程。各地文化部门要按照《意见》要求，积极与财政部门沟通，争取支持，认真落实本地文化共享工程建设项目和实施任务，落实工作所需经费，增加投入，为工程实施提供有力保障。中央财政以支持全国文化信息资源建设管理中心软硬件基础设施建设、资源建设、技术研发及人员培训为重点，重点资助西部地区及其他老少边穷地区的基层中心建设。地方各级财政也要切实保证分中心和基层站点的日常运行经费、设备经费、资源建设经费。

第二，在增加投入的同时，必须加强资金使用的管理。在实施文化共享工程的过程中，要合理使用工程专项资金。要参照财政部《中央部门项目支出预算管理试行办法》的有关规定，制定具体的工程项目专项资金管理办法。专项资金的使用要符合国家文化政策，遵守国家财务制度，坚持诚实申请、公正受理、科学评估、择优支持、专款专用的原则，建立项目与经费管理相互监督制约的机制，建立项目事前审核、事中监督和事后考核的管理体系，充分发挥政府有关部门、中介机构在决策管理过程中的管理、评议和咨询作用。要确保专项资金的使用合法、合规，绝不容许出现挪用专项资金的现象。

第三，要坚持两条腿走路的方针。在政府发挥主导作用的同时，研究、制定扶持政策和措施，充分调动社会各方面的积极性，积极吸纳社会资金，投入文化共享工程建设，努力形成政府主导、社会力量广泛参与的良性投入机制。

（三）进一步加大资源整合的力度，按照统一的标准规范建设分布式数字资源库

文化共享工程的核心是数字资源建设，而数字资源建设的关键是要妥善解决版权问题，主要任务是整合建设包括文化信息资源和其他群众急需的优秀资源在内的分布式资源库群，实现全国范围的共建共享。

第一，要充分整合文化系统现有的文化信息资源。文化系统拥有丰富的文化艺术资源，文化部直属的国家图书馆、国家博物馆、故宫博物院、中国美术馆、中国艺术研究院和国家直属艺术院团，拥有丰厚的历史文化遗产和文化艺术资源。在近几年的信息化建设中，已形成了一批独具特色的文化艺术资源库。各地也积累了大批优秀的文化信息资源。要按照"一会一文"的要求，加大对这些文化艺术资源的整合力度和数字化工作，按照统一的技术标准、规范，制作数字化资源，充实、丰富资源总量。要形成分布式资源库群，并建立良好机制，加大

资源共享力度。文化部正在研究制定征集、整合中直院团文化艺术资源的办法，各地文化部门也要出台具体措施，加强本系统文化资源的搜集和整合工作。

第二，要加强对正在实施的重大文化工程或重大文化建设项目形成的文化资源的整合。在财政部的支持下，文化部正在实施国家舞台艺术精品工程、中国民族民间文化保护工程、清史纂修工程、数字图书馆、数字博物馆、数字美术馆等重大文化工程，各地也实施了一些重大文化工程或项目，对于这些工程建设以及各种文艺晚会、专业与群众艺术比赛形成的资源，文化共享工程可以无偿使用该作品。凡是政府主办的大型文化活动，由第一主办单位负责落实解决共享工程使用权问题。切实保证国家投资建设的文化资源，国家公益性文化工程有权使用。

目前，国家"十五"期间重点文化建设项目——国家图书馆二期工程暨国家数字图书馆工程已经开始实施。各地也开展了数字图书馆建设。文化共享工程是数字图书服务的早期实现形式。通过文化共享工程的平台可以将数字图书馆的资源传递到千家万户。因此，文化共享工程要与数字图书馆建设紧密结合。在数字图书馆技术体系框架下，按照统一规划、统一标准、统一格式进行建设。要将已建的数字图书馆资源通过文化共享工程为群众提供服务。

第三，要通过多种方式，获得优秀文化艺术资源的使用许可。文化共享工程整合的文化信息资源，不但是文化系统保存和创造的文化艺术产品，而且还包括其他部门保存和生产的文化信息资源。按照《意见》要求，在改革开放前由各级政府投资生产的电影等，文化共享工程可以无偿使用。文化部和各级文化部门要积极与有关部门联系，采集并尽快加工这些资源，为广大群众提供服务。对于改革开放以后形成的数字文化资源，要采取积极鼓励著作权人捐赠等方式，为文化共享工程无偿或优惠使用。文化共享工程已经得到王蒙、贺敬之、戴逸、任继愈、华君武等千余位作者捐赠的作品以及有关企业无偿提供的电子图书和网络阅读卡。各地文化部门也要积极争取作家、艺术家的支持，获得他们作品的使用权，并加强宣传力度，广泛征集个人和企事业等机构的捐赠；各地要研究制定相应政策，给予捐赠者适当的精神鼓励和物质奖励。

（四）加快服务网络建设，不断强化工程的服务功能

文化共享工程的重点是加强基层网点建设。基层网点是实现工程为广大群众服务的载体。基层网点主要包括街道、乡镇一级基层中心和社区、村一级基层服务点。要根据"因地制宜，分类指导"的方针，通过各种方式加快基层网点建设，尽快建立覆盖全国的基层服务网络。

第一，要进一步明确各级政府在基层网点建设中的责任。加强基层网点建设，责任主要在县（区）政府。文化部门负责制定网点发展规划、建设标准，并提供技术和人员保障。要特别重视和发挥各级图书馆、群艺馆、文化馆、乡镇文化站、村文化室（文化中心）的作用，依托这些馆（站）的现有基础，发挥

现有馆（站）人员、技术、场地等优势，大力推进基层网点建设。积极依托教育部"农村中小学现代远程教育工程"和中组部"农村党员干部现代远程教育工程"的基层站点，开展文化共享工程服务。充分发挥各个部门现有文化设施的作用，共享基层文化设施资源。此外，要积极鼓励社会各方面力量参与基层网点建设。

第二，要完善基层网点的服务方式，提高服务水平。在具备网络条件的地方，要通过互联网为广大群众提供内容丰富、充实的优秀文化资源；在开通城域网、局域网的地区，采用镜像方式传输资源。在不具备上网条件的地区，要积极采取多种方式满足群众的文化需求。在具备卫星接收条件的基层点要通过卫星传送方式传输资源；在边远地区，采用光盘复制的方式传输资源。要使基层服务网点成为具有信息服务、教育培训、开展文化娱乐活动等多种功能的文化中心。要特别加大对经济欠发达地区农村的扶持力度，使这些地区的农民群众通过文化共享工程提高自身素质，增加文化知识，获取致富信息，为这些地区农民群众的脱贫致富做出贡献。

第三，要在数字电视技术试点地区，发展与数字电视技术相结合的基层网点。这几年，数字电视技术发展迅速，为文化共享工程改进传输方式、扩大服务范围提供了很好的机遇。要密切关注数字电视技术的发展，积极与数字电视试点工作相结合，在数字电视试点地区开设文化共享工程专用频道，利用数字覆盖地区的基层网点及校园网、有线电视网，将文化共享工程的优秀文化资源送入千家万户。

（五）尽快建立一支高素质的工作队伍，为工程建设提供有力的人才保障

文化共享工程是一项专业性很强的工作，需要有一支熟悉网络知识和信息化知识、懂文化工作业务、懂管理的工作队伍来完成。要建立一支业务素质好、年龄和专业结构合理的专职工作队伍。同时要充分发挥工程专家咨询委员会的作用，在制定规划、实施方案、技术标准和资源建设等问题上进行科学论证。

要加大培训力度。文化共享工程是一项开创性的工作，对各级各类工作人员的业务素质和管理素质要求很高。在工程实施的过程中，一定要抓好业务骨干和工作队伍的培训工作。培训要按照分级负责的原则，管理中心负责培训到省级管理中心，省级管理中心培训到市县分中心，市县分中心培训到乡镇和街道基层中心和村、社区基层网点，逐步形成比较完善的文化共享工程的人才培训体系。培训对象要包括从事工程工作的有关管理人员、技术人员和志愿者等；培训方式可以采用课堂讲授、函授、远程教育等多种形式；培训内容方面，包括国际国内信息化发展特点、趋势和技术，有关版权政策法规，数字图书馆建设的知识、信息资源数字化的方式方法、业务标准规范，等等。管理中心要组织编写实用教材，

加强对基层技术服务人员的培训。

三、加强领导，为文化共享工程建设提供有力保障

文化共享工程建设是关系新形势下构建我国公共文化服务体系、惠及千家万户的一项基础工程、民心工程、德政工程。它的实施对于贯彻一手抓公益性文化事业、一手抓经营性文化产业的方针，用先进文化占领互联网阵地，最大限度地满足广大人民群众的精神文化需求，具有十分重要的意义。各级文化部门要按照"统筹协调、加强支持、形成合力、促进发展"的原则，依靠其他有关部门的大力支持，与各方面力量相互配合，共同推进文化共享工程建设。

（一）要明确责任

中央已经明确建立由国务院主管领导负责协调，文化部门主管，有关部门支持和配合的管理体制。各省、区、市也要参照这种模式，建立政府分管领导统筹协调，文化厅（局）主管，其他相关部门分工负责的管理体制。具体业务工作可以放到图书馆。文化部门作为业务主管部门，对工程资源建设、网络建设和开展服务等方面进行指导，并协调各个部门共同推动工程建设。文化厅（局）要有领导同志分管和负责文化共享工程的建设，认真担负起组织、协调推动的责任，协调有关部门，逐步建立对工程建设工作的监督、检查和考评机制，制定具体措施，积极解决工程实施过程中的问题。

（二）要制定规划

文化共享工程是新时期文化建设的重要内容，也是一项长期的重点文化建设项目。各地文化部门要将工程建设纳入重要议事日程，科学论证、整体规划，努力将文化共享工程列入当地经济社会发展的盘子，列入当地信息化建设的总盘子，使工程建设有充分的资金、人力保障和政策支持。工程建设既要有长期规划，也要有年度计划。要针对工程建设，提出切实可行的意见，供党委、政府决策。

（三）要建立协调协作的工作机制

第一，各级文化行政部门要主动与发改委、财政、广电、教育、信息产业、新闻出版等有关部门加强沟通与联系，加强协调与协作，各司其职，各负其责，共同协作，形成共同推进文化共享工程的合力，建立职责明确、分工协作的工作机制。

第二，积极推动文化共享工程与其他重点工程的合作。文化共享工程要与中组部农村党员干部现代远程教育试点工作、中央文明办百县千乡宣传文化工程、

教育部农村中小学现代远程教育工程、广电总局广播电视"村村通"工程等紧密结合。一方面,要积极参与这些工程的建设,发挥自身优势,为其提供各类优秀的数字文化资源;另一方面,要共建基层站点,采取多种方式,为广大农村基层群众提供实用性、知识性、娱乐性的文化信息服务。

第三,要加强信息沟通和交流。各地区和各单位要经常沟通信息,认真学习和借鉴其他地区在工程建设中取得的经验,共同推动工程工作的开展。要利用各种新闻媒体,采用多种方式,大力宣传文化共享工程,努力在全社会形成关心和支持工程建设的良好社会环境和舆论氛围。

(四)要认真贯彻落实"一会一文"精神

这次会后,很快就要召开电视电话会议对工程建设做总体部署。鉴于文化共享工程实施时间不长,各地对工程有关情况还不十分了解,希望大家回去以后将文化共享工程建设的情况和本次会议精神尽快向政府主管领导汇报,为电视电话会议召开做好准备。要让政府领导了解工程情况,关心和支持工程建设,按照《意见》和电视电话会议精神,抓紧研究、制定有关政策措施,进一步推动工程建设。

(在2005年全国文化信息资源共享工程工作会议上的讲话,2005年2月25日)

团结协作　共同推进文化共享工程建设

本次全国文化信息资源共享工程经验交流会为期两天半，到今天圆满结束，开得很成功。各省都介绍了在推进文化共享工程中的一些重要经验，非常鲜活，对我们下一步各地推进文化共享工程建设提供了很多好的思路。此外，大家还考察了贵州的文化共享工程试点，留下了深刻的印象。

刚才各个小组汇报了讨论的情况。讨论时间虽短，但大家非常认真，提出的问题针对性很强。回去以后我们将对大家提出的意见和建议逐一研究，加以解决。下面，我就会议谈几点意见。

一、认真贯彻落实会议精神

文化共享工程在文化建设领域属于一个创新工程，虽然已经实施几年，但总体来说，还处于起步阶段，没有可借鉴的先例。几年来，在大家的共同努力下，工程取得了很大进展，受到社会各方的肯定，这说明工程总体设计思路是正确的，是推进公共文化服务体系建设的有力抓手。它充分利用现代科技，适应了时代发展，较公共文化建设原来主要靠"两馆一站"发挥作用的形式，内容更加丰富，手段更加先进。建议大家回去后，厅党组内要认真做一次研究，按照会议要求和领导讲话精神，结合文化共享工程"十一五"发展规划，结合本省实际，提出具体工作思路，并将本次会议情况、陈至立同志和各有关部委领导同志的讲话精神向省委、省政府领导汇报，讲清本省文化共享工程建设情况、存在问题、解决方法和工作思路，特别是如何开展试点工作，提出具体的意见，争取省里领导有一个具体意见。在此基础上，各地根据实际情况，可召开一次专题会议进行贯彻。

二、大力推进数字资源建设

加大资源建设的力度，是当前工程建设刻不容缓的任务。大家谈到很多好的建议，如在农村版、城市版的基础上再增加数字电视版，我觉得这些都是非常有必要的，管理中心要负责解决这个问题。今后我们工作能不能搞好，究竟有没有生命力，决定于资源。从我们现有的资源来看，还存在量少、不对路的问题。管理中心要加大工作力度，尽早地向各省及有关方面发布资源建设目录，使资源真正实现共建共享。中央财政下一步将加大对资源建设的支持力度，为西部地区每省份提供不少于 200 万元的资金。当然前提是要签订合同，要按照国家中心发布的格式标准制作。

三、加强共享机制建设

根据大家的要求，文化部将与中组部、中宣部、教育部等有关方面进一步沟通，加快推动共享机制的形成。在这次会上，各地介绍的很多共享的经验值得研究借鉴。如山东省做了一些有益尝试，积累了很多好的经验。其他省份可以去实地考察一下，增加一些感性知识，来推动共享平台的形成。各地也可以参照部际联席会议的模式，建立联席会议制度。各地具体采取何种共享模式，应根据实际选择，在给省里领导汇报时提出来。讨论中有的同志担心失去对工程的控制，这个顾虑是不必要的，我们的目的是为群众提供公共文化的服务，只要能够达到这个目的，任何合作都是需要的。我们要有全局意识，不能只考虑文化部门的利益，那样会制约我们的发展。不管哪个通道，只要能跑我们的车就可以，只要能为群众提供服务就行。当然，在合作中要选择切合实际的模式。山东采取了开设专门栏目的形式，各地都可以创造不同的方式来进行，解决陈至立同志提到的"谁共享？享什么？怎么享？"。只要能为基层群众方便地享用，无论哪种模式都是好模式。

四、大力推进试点工作

试点工作是大家比较关心的问题。按照试点方案，中央财政主要支持县级分中心的建设，乡村基层中心的建设和基层网点的建设主要靠地方财政支持。中央财政今年将拿出 1 亿元左右的经费支持试点工作，其中用于支持西部 12 省份进行资源建设费用 3000 万元左右，培训经费 800 万元，用于支持县级分中心建设经费 6000 万元左右。县级分中心是中央财政投入建设的重点，主要是软硬件环境搭建。乡、村两级基层中心主要依靠地方进行建设，试点地区必须达到所有的乡镇和 10% 以上的行政村建立基层点，试点地区各级中心的运行经费由地方财政解决。资源建设方面将加大投入，下游可免费使用上游资源。国家中心和省级分中心要加强资源建设力度，尽量满足下级分中心提出的资源需求。试点阶段十分关键，如果试点效果较好，中央财政将拿出更多资金支持文化共享工程建设。但是，必须明确的是，建有农村党员干部现代远程教育、农村中小学远程教育基层点的地区，文化共享工程主要通过提供资源开展服务，不再重复建设。在这方面，山东省做了很好的探索。上海结合信息苑建设共享工程、海南结合双向数字电视建设推进共享工程、青岛的"五连线模式"等经验值得大家借鉴。我们必须树立一个理念，能够利用的平台我们都要利用。

会后文化部和财政部将很快下发通知,落实试点经费,全面开展试点工作。对于试点成绩突出的示范地区,文化部将组织专家进行评估后挂牌,命名为全国文化信息资源共享工程示范县。文化共享工程试点工作与文化先进县、先进市评比结合起来,部里正在进行调研,要对先进县的奖励办法、命名办法做相应调整。

五、加大宣传力度

根据大家的意见,会后部里将加大对文化共享工程的宣传力度,制定专门的宣传方案,报请中宣部协助落实。按照陈至立同志指示,会上各部委、各省经验材料要在《人民日报》摘要刊登。同时,在各主要媒体做专题报道,如《中国文化报》要陆续地发专版,交流材料和会上没发言的材料都要陆续地由《中国文化报》来报道。我们还将与中央电视台进行协调,争取拍摄一个公益广告宣传文化共享工程。总之,要不断地宣传文化共享工程,使大家了解它、熟悉它、使用它。

(在全国文化信息资源共享工程经验交流会议闭幕式上的讲话,2006年6月24日)

扎实搞好试点工作
全面推进全国文化信息资源共享工程建设

今天,我们召开文化共享工程试点工作会议,主要目的是贯彻落实今年 6 月在贵州召开的全国文化信息资源共享工程经验交流会议精神,具体安排 2006—2007 年度试点工作,为全面推进全国文化信息资源共享工程做准备。贵州会议之后,文化部积极落实会议提出的关于 2006 年 7 月至 2007 年 6 月在全国开展文化共享工程试点工作的任务要求,研究制定了试点工作方案,落实了一系列关于试点工作的具体措施。财政部对试点工作给予了大力支持,在会前已批准了文化部报送的试点工作方案,确定了对西部地区数字资源建设和县级分中心设备采购的补助经费。

自 2002 年全国文化信息资源共享工程启动以来,在文化部、财政部和其他相关部门的努力推动下,全国文化信息资源共享工程建设取得了明显进展。中央财政已经投入 1.45 亿元,地方财政配套资金达到 2.5 亿元,初步建成了覆盖全国的工作网络。全国农村党员干部现代远程教育试点工作在山东、湖南、湖北、贵州等地已与文化共享工程实现了共建共享,共建基层点数量达到 14.7 万个,教育部、文化部专门就文化共享工程和农村中小学现代远程教育工程开展合作下发了文件,共建基层点数量达到 16 万个。在资源建设方面,农业、科技、新闻出版、广电、教育、卫生等部门也提供了群众喜闻乐见的特色资源,为提升工程的服务水平和能力做出了贡献。各地在工程实施过程中积累了很多新鲜经验,创造了很多成功的建设模式。山东省文化信息资源共享工程与山东农村党员干部现代远程教育工程开展全面合作,实现了硬件设施和服务网络合一、数字资源共建共享、技术平台合一、基层点日常管理和运营统一,避免了重复建设和资源浪费,在全国第一个建立起了覆盖全省的基层服务网络。浙江、广东、上海、湖北等地也取得了宝贵经验,为文化共享工程建设做了有益的探索,经验值得推广和借鉴。

贵州会议明确了在全国开展文化共享工程试点工作的任务和要求。文化部已确定在 2 个省、33 个地市、353 个县开展试点工作。其中,山东和浙江作为试点省,在两省的 28 个地市、230 个县全面推开;河北省廊坊市、广东省佛山市和东莞市、河南省焦作市、贵州省遵义市作为试点市,在这 5 个市所辖县全面建设;在全国确定了 353 个试点县,建设具有较高水平、且有一定规模的县级分中心,提升其服务能力,同时这些县要覆盖所辖乡镇和 10% 的村,实现连片建设。试点工作得到中央及地方财政的有力支持。目前中央财政已落实经费 7934 万元,地方财政也正在落实试点经费。这次会议文化部下发了试点方案，各地要按照试点方案的要求，安排落实本地的试点工作任务，为全面推进文化共享工程建设打下很好的工作基础。下面，我代表文化部，就进一步推进工程建设，做好试点工作谈几点意见。

一、充分认识开展文化共享工程试点工作的重要意义

文化共享工程是政府提供公益性服务的重大文化项目，是构建我国公共文化服务体系的基础工程，是改善城乡基层群众文化服务的创新工程，是贯彻落实科学发展观、构建社会主义和谐社会的重要举措。文化共享工程的实施，丰富了公共文化服务的方式和手段，改善了服务质量，提高了公共文化服务水平，对于满足城乡群众的精神文化需求，特别是在缓解农民看书难、看戏难、看电影难，丰富农民群众的精神文化生活，满足广大农民求富裕、求健康、求文明的需要，抵御腐朽没落文化，培育文明乡风等方面发挥了积极作用。

工程的实施受到了党中央、国务院领导同志的高度重视。2005年10月，胡锦涛同志在党的十六届五中全会上的讲话中指出，要推进全国文化共享工程。2006年2月14日，在省部级主要领导干部建设社会主义新农村学习班上，他再次要求，"发展文化信息资源共享工程农村基层服务点，构建农村公共文化服务体系"。为加快推进工程建设，中央不仅将工程纳入《中华人民共和国国民经济和社会发展第十一个五年规划纲要》，还陆续下发了一系列文件。2005年2月，中共中央办公厅、国务院办公厅转发了《文化部、财政部关于进一步加强全国文化信息资源共享工程的意见》，接着，中共中央办公厅、国务院办公厅下发了《关于进一步加强农村文化建设的意见》，对文化共享工程的目标、任务做了部署。2006年，文化共享工程作为建设社会主义先进文化的重要工程，列入一号文件（《中共中央国务院关于推进社会主义新农村建设的若干意见》）和二号文件（《中央政治局常委会2006年工作要点》）。李长春同志多次对文化共享工程做出批示，对加快推进文化共享工程的建设步伐起到了重要作用。他指出，"文化共享工程是公共文化服务体系的基础工程，是政府提供公共文化服务的重要手段，是实现广大人民群众基本文化权利的重要途径，是改善城乡基层群众文化服务的创新工程"，要求我们加强领导、科学规划、加大力度。他还强调，"村村通"工程是农村文化建设的一号工程，文化共享工程是农村文化建设的二号工程。国务委员陈至立同志前后两次在文化共享工程建设工作会议上做重要讲话，对工程建设具体部署，提出了明确要求，使文化共享工程得以顺利推进。她强调，中国的"信息鸿沟"主要存在于城市和农村之间。推进文化共享工程建设是落实科学发展观，以人为本，构建社会主义和谐社会，建设社会主义新农村的需要。特别是在建设社会主义新农村的进程中，文化共享工程将提供有力的文化

支撑和信息支撑，是新农村精神文明建设的重要组成部分。文化共享工程之所以受到党中央重视，在社会上产生深远影响，主要在于文化共享工程是社会主义文化建设，特别是农村文化建设的有力抓手。特别是党中央提出建设社会主义新农村伟大战略决策之后，文化共享工程是契合于新农村的建设战略，将会发挥很大的作用。同时，文化共享工程是提高各级文化单位服务能力的抓手，对于改善基层文化设施落后的状况，提高基层公共文化服务能力，为社会主义新农村建设提供文化支撑和精神支撑，具有重要意义。因此，我们要围绕国家发展的大局，从贯彻落实科学发展观、实现全面小康、维护农民基本文化权益的高度来认识这个工程，充分意识到肩负的重大使命，按照中央领导的指示，抓住机遇，加强领导，科学规划，加快步伐，把工程做大做强做实，使工程成为建设社会主义新农村的文化支撑、信息支撑，努力缩小城乡之间的"数字鸿沟"。

"十一五"期间，是全党、全国人民全面贯彻落实科学发展观，开创社会主义经济建设、政治建设、文化建设、社会建设新局面，提高人民生活水平，全面建设小康社会与和谐社会的重要时期。文化共享工程作为一项繁荣社会主义先进文化的创新工程，也面临新的历史机遇。为了加快文化共享工程建设，实现"十一五"期间文化共享工程建设有较大发展，为加快"十一五"期间文化共享工程的建设，今年6月15日，文化部下发了《全国文化信息资源共享工程"十一五"发展规划》，提出"十一五"文化共享工程建设的总体目标是：以数字资源建设为核心，以农村服务网点建设为重点，以共建共享为基本途径，全面实施文化共享工程，到2010年，基本建成资源丰富、技术先进、服务便捷、覆盖城乡的数字文化服务体系，成为公共文化服务体系的重要组成部分，使广大基层群众能够普遍享受到数字文化服务。

最近几年来，各地开展文化共享工程建设，创造了很多好的经验。总结和推广这些好的做法和经验，对于加快文化共享工程建设具有重要意义。为加大文化共享工程建设力度，为"十一五"期间文化共享工程的实施打下良好开局，文化部决定自2006年7月至2007年6月开展为期一年的试点工作。通过试点，探索建设省、市、县、乡镇、村文化共享工程服务网络的多种模式，建立一套符合实际的文化共享工程基层点工作评估体系，为建成完善的文化共享工程服务网络提供经验。通过试点，探索因地制宜建设文化共享工程服务网络的有效模式，总结经验，加以推广，推动文化共享工程的快速发展。在试点工作中，进一步完善县、乡、村三级服务网络，加快建立文化共享平台，发挥文化共享工程的特点和优势，扩大文化共享工程的社会影响，吸引更多群众方便快捷地享用工程提供的公益性文化服务。要按照中央关于建设社会主义新农村的战略部署和中央关于推进文化共享工程建设的要求，以农村为重点，积极发展农村基层服务点，重点支持边远贫穷地区乡镇、村基层服务点建设。要与农村文化设施建设统筹规划，综合利用，使县图书馆、文化馆和乡综合文化站、村文化活动室逐步具备提供数字文化信息服务的能力。要依托农村党员干部现代远程教育和农村中小学现代远程教育网络，以共建方式发展基层服务点。根据农民的需求，加大数字资源建设力度。培养一批基层的管理和技术人员，使各级文化单位逐步具备提供数字文化信息服务的能力。积极利用数字电视使文化信息资源进入千家万户，努力使基层群众早得实惠。

推进文化共享工程建设，是一项艰巨而复杂的系统工程，需要通过试点逐步推开。文化共享工程建设已实施4年，在资源建设、基层服务、应用系统、队伍建设等方面已经具有一定规模，具备了良好的基础。山东作为综合试点省，在与中组部农村党员干部现代远程教育工程合作共建方面取得了很大成绩，率先在全国建成了覆盖全省所有乡镇和行政村的文化共享工程服务网络，经验值得借鉴。本次试点工作会安排了实地考察，希望山东模式能够给大家以借鉴和启发。

二、如何开展试点工作

文化共享工程是一项创新工程。因此，试点工作的开展要以创新的思路为指导，以因地制宜为原则，不搞一刀切。要通过试点工作，探索和总结符合本地文化共享工程建设的途径和方法。要在机制创新方面有新进展，在管理创新方面有新经验，在服务创新方面有新突破。

（一）高度重视试点工作，分级负责，抓紧落实

在中央层面，文化共享工程部际协调会议和领导小组办公室要加强宏观管理，指导各地试点工作。管理中心重点做好资源组织工作，制定试点工作的资源建设指南，提供各地使用，发布资源建设标准规范，开展业务指导和培训工作，并承担起试点工作的督促检查和验收职责。各省、区、市文化厅（局）要担负起试点工作的领导责任，直接负责本省试点县建设，与试点县县长签署任务书，督促本地区试点县建设。各省级分中心要积极配合省文化厅（局），对试点县进行具体业务指导，在业务建设、资源服务、技术维护等方面提供有力支持。试点县是试点工作的核心所在，要严格按照有关标准规范开展建设，尽快建立一个达到一流水平的县级分中心，建成后的县级分中心要具备开展数字资源接收、传输与服务的能力，要成为当地开展信息化建设的基地和服务中心。同时，在辖区所有乡镇和10%以上的行政村建立基层中心，积极开展服务，让基层群众受益。

（二）做好试点工作方案

各省要组织力量对本地区拟开展试点工作的县、乡镇、村的基本情况进行调查，对这些单位的班子状况、经费保障、人员水平、计算机设备、电力供应、房屋状况等进行全面摸底。在此基础上，研究制定本地区试点工作实施方案，并经

有关专家进行充分论证。方案要提交文化共享工程领导小组办公室审核。同时，要根据管理中心制定的资源建设指南等文件，研究制定本地区试点工作的资源建设、基层点建设、人员培训等具体工作方案，提交管理中心审核。

（三）注重资源整合，完善共建共享机制

贵州会议上，陈至立同志提出"一切有利于共享的机制都是好机制，一切有利于共享的办法都是好办法，一切有利于共享的途径都是好途径"。在试点过程中，要特别强调确立共建共享的理念。

在基层点建设中，要注重与农村党员干部现代远程教育工程和农村中小学现代远程教育工程相结合。文化共享工程要积极主动与农村党员干部现代远程教育工程和农村中小学现代远程教育工程、"村村通"工程、有线数字电视等工作紧密结合。探索合作的方式与途径，整合资源，形成合力，努力建立职责明确、互相配合、横向协调、相互联动的合作机制，充分利用已有的通道，将文化共享工程丰富的资源传送到千家万户。对已经成为农村党员干部现代远程教育工程和农村中小学现代远程教育工程基层服务点的，文化共享工程要积极提供资源服务，依托现有条件，建成文化共享工程基层服务点，推动文化共享工程服务进乡村。在这方面，山东省走在了各省前列。山东省文化厅、山东省财政厅、山东省农村党员干部现代远程教育中心联合下发了《关于全省党员干部现代远程教育和文化信息资源共享工程实现共建共享的意见》，使文化共享工程与农村党员干部现代远程教育工程实现共建共享有了明确的政策保障，率先在全国建立了覆盖全省所有乡村的服务网络。

资源是文化共享工程建设的核心，要下大力气抓好、抓实，形成规模。在建设机制方面，要认真总结前几年工作的经验，改进不足。要建立和完善地方免费使用中央征集与建设的资源，中央有偿征集使用地方提供资源的共建共享机制。管理中心要建设普遍适用的文化信息资源，各省、区、市建设具有本地特色的文化资源，这是我们文化部门的优势，也是文化共享工程资源的重点内容。

（四）完善评估验收体系

文化部要制定试点工作评估验收标准，试点工作结束后，对所有试点县进行评估和验收。对于试点成绩突出的，由文化部挂牌，命名为全国文化信息资源共享工程示范县。

（五）加强队伍培训

要整合利用各方面力量，通过培训逐步培养一支集组织管理、信息服务、技术维护于一体的基层骨干队伍。按照分级负责的要求，重点培训县级分中心的骨干力量，对于重点和难点技术问题，要多次培训，强化学习，反复实践，直至能

够熟练掌握各种设备的操作和一般问题的处理，提高他们的操作技能和服务水平。要通过建立激励机制，不断完善基层管理责任制。在有条件的地方，可与农村党员干部现代远程教育的培训相结合，同时，积极采取各种措施吸引大学生志愿者充实到各级分中心和基层点工作，通过他们的传、帮、带，提高基层管理水平。

（六）加强管理

此次试点工作中央财政给予了很大的投入。根据试点工作的经费安排，此次试点的资源建设经费、县级分中心设备配置经费要通过转移支付下拨到相关省、区、市。如何使用好这批经费，直接关系到试点工作的成败。为此，要加强试点经费管理，要建立项目第一负责人制度，省级文化厅主管领导是项目第一负责人，各省级文化共享工程领导小组办公室要切实承担起管理职责，各省分中心要真正使用好项目经费。任何部门和个人不得将试点工作的经费挪作他用。同时，地方各级政府也要保证配套经费的投入，以确保县级分中心的正常运行运转，确保乡镇基层中心和村基层服务点的顺利运行。

（在全国文化信息资源共享工程试点工作会议上的讲话，2006年9月18日）

进一步总结经验 明确思路 推动
全国文化信息资源共享工程建设上新台阶

全国文化信息资源共享工程是党中央、国务院高度重视的一项重点文化工程。党的十六届六中全会做出的《中共中央关于构建社会主义和谐社会若干重大问题的决定》指出,要"优先安排关系群众切身利益的文化建设项目,突出抓好广播电视村村通工程、社区和乡镇综合文化站(室)工程、全国文化信息资源共享工程"。作为公共文化建设的重点工程,2006 年,文化共享工程列入了《中华人民共和国国民经济和社会发展第十一个五年规划纲要》和《国家"十一五"时期文化发展规划纲要》。文化共享工程对于构建我国公共文化服务体系,改善城乡基层群众文化生活状况,贯彻落实科学发展观,构建社会主义和谐社会,意义重大。

一、进展情况

文化共享工程应用现代科学技术,将中华优秀文化信息资源进行数字化加工和整合,通过文化共享工程网络体系,以卫星网、互联网、有线电视/数字电视网、镜像、移动存储、光盘等方式,实现优秀文化信息资源在全国范围内的共建共享。工程在提高农村信息化水平,丰富广大人民群众特别是经济欠发达地区群众的精神文化生活,保障人民群众的文化权益,满足群众不同层次的文化需求,缩小东西部地区之间、城乡之间文化发展上的差距,建设社会主义新农村,构建和谐社会等方面发挥了重要作用。

文化共享工程实施以来,尤其是 2005 年中共中央办公厅、国务院办公厅转发《文化部、财政部关于进一步加强全国文化信息资源共享工程建设的意见》(厅字〔2005〕5 号)之后,取得较快进展。2006 年 4 月 29 日,国务院批准成立了由文化部牵头,国家发改委、财政部、教育部、科技部、农业部、卫生部、国家广电总局、国家新闻出版总署(国家版权局)和国务院法制办等 10 家部委组成的部际联席会议。各有关部门非常支持工程的建设,财政部积极安排专项经费支持管理中心开展工作,并逐步加大对地方文化共享工程建设的支持力度,为文化共享工程的顺利实施提供了保障,2002—2006 年,中央财政累计投入 2.4 亿元,地方累计投入 4.6 亿元。国家发改委"十五"期间实施的县级图书馆文化馆建设,为文化共享工程县级分中心建设提供了载体;中组部全国农村党员干部现代远程教育工程在基层服务点建设和资源建设等方面积极加强与文化共享工程的共建共享；教育部利用农村中小学现代远程教育专用卫星频道传递文化共享工程数字资源，并要求有条件的远程教育基层点向农民开放，扩大了文化共享工程的服务范围；中宣部组织新闻媒体加大对文化共享工程的宣传报道；中央文明办支持文化共享工程建设了一批基层服务点；国务院法制办在制定《信息网络传播权保护条例》中，对为扶助贫困开展公益服务制定了特别条款，为文化共享工程资源使用和网络传播提供了法规保障；国家版权局积极动员著作权人参加向文化共享工程提供著作权使用许可捐赠活动；国家广电总局协调有关电影制片厂，为文化共享工程无偿或优惠提供了一批电影作品版权使用许可，丰富了工程的资源内容。地方各级党委政府认真贯彻中央要求，加强领导，制定规划，落实经费，积极推进文化共享工程建设。开展比较好的省份有山东、浙江、上海、广东、贵州、湖北、山西等。

文化共享工程取得的主要进展有以下几个方面。

（一）资源内容不断丰富

文化共享工程以加工整合全国图书馆、博物馆、美术馆、艺术研究机构、艺术表演团体等机构的各类优秀文化信息资源为重点，逐步构建起具有一定规模的文化信息资源库群，资源总量达到 58 TB（1 TB 数据量相当于 25 万册电子图书或 926 个小时视频节目）。其中，文化部全国文化信息资源建设管理中心整合加工约 8 TB 的数字资源，包括 11500 部/集、6680 小时的文艺演出、专题知识讲座、农业专题片、电影电视剧等多媒体资源，2 万余种电子图书，1574 种电子期刊，500 万篇文章，45 个历史文化、法律法规、科普知识、医药保健和生活百科等资源库。各级分中心通过各种渠道，整合完成了约 50 TB 的数字文化资源，主要有电子书刊、专题知识讲座以及影视作品等，并建设了一批具有地方特色的专题资源库。同时，采取深度链接的方式，将博物馆、美术馆等国家级文化单位适合文化共享工程服务的互联网数字资源纳入文化共享工程网站的整体服务框架中，丰富了工程的资源内容。目前，文化共享工程网站设有 45 个栏目、5 个分版（农村版、社区版、少年版、企业版、军营版）、45 个专题库和 9 个文化部直属网站资源连接库。

（二）服务网络初步形成

2004 年 2 月，文化部成立了全国文化信息资源建设管理中心，专门负责组织实施文化共享工程。依托省、市、县各级公共图书馆，分别建立省、市、县分中心，在乡镇和街道文化站设立基层中心，在村和社区发展基层服务点。截至 2006 年 12 月底，已建成各级分中心和基层服务点 6700 个，包括 1 个国家中心，33 个省分中心，1775 个市/县级分中心，2085 个乡镇、街道基层中心，1670 个村、社区服务点，其他类型的服务点 1136 个，与农村党员干部现代远程教育工程、农村中小学现代远程教育工程合作共建基层服务点分别达到19.7万和18.1万个，初步形成了覆盖全国的服务网络。文化共享工程依托县图书馆、文化馆、文化站等基层文化单位，建立了约7800人的专兼职工作队伍，国家中心编制了《资源建设标准规范》《版权工作手册》《县级分中心技术培训教程》等培训教材，举办多种形式的培训。文化共享工程的实施，使基层文化单位增强了活力，充实了服务内容，全面提升了公共文化服务的水平。

（三）服务方式不断完善

文化共享工程依托国家现有的骨干通讯网络，并采用数字图书馆技术，建立工程的应用服务体系，通过以下方式开展服务：在具备网络条件的地方，通过互联网提供服务；在开通城域网、局域网的地区，采用镜像方式传输资源；在网络不发达的地方，通过卫星传送方式传输资源；在交通不便的地方，主要通过光盘、移动存储来开展服务；一些地方还通过数字电视或有线电视传输工程资源。随着工程服务方式的拓展，越来越多的群众能方便快捷地享受到文化共享工程的服务。许多地方依托文化共享工程开展农业技术培训、农民工培训、再就业培训等，有力地促进了当地经济社会的协调发展。

（四）共享机制初步建立

文化共享工程实施以来，坚持与农村党员干部现代远程教育和农村中小学现代远程教育相结合，一方面积极为这些工程提供数字化文化资源，另一方面依托这些工程的基层服务点，发展文化共享工程服务网络。2005年1月文化部和教育部联合下发文件，部署农村中小学现代远程教育与文化共享工程共建共享工作。2006年12月，全国农村党员干部现代远程教育试点工作领导协调小组办公室与全国文化信息资源共享工程领导小组办公室联合下发通知，要求在开展农村党员干部现代远程教育试点工作的12个省区，做好农村党员干部现代远程教育工程与全国文化信息资源共享工程的资源整合工作。几年来，文化共享工程与两个远程教育工程密切合作，资源共享，密切合作，取得了明显成效。一是通过农村中小学远程教育平台，为农村中小学生提供了丰富的课外教育资源，开阔了师生的视野，受到了广大师生的欢迎。二是通过农村党员干部现代远程教育平台，一点多用，资源共享，使文化共享工程农村基层服务点迅速拓展，如山东省通过与农村党员干部现代远程教育相结合，使文化共享工程服务覆盖到全省8.4万个行政村。此外，文化共享工程与中宣部"百县千乡文化工程"和全国妇联"美德在农家"活动等合作，也取得良好成效。国务院扶贫办计划通过文化共享工程平台，进行贫困地区劳动力转移的培训；总参也将通过总参政工网为全军官兵提供文化共享工程的服务。

文化共享工程作为一个文化创新工程，实施几年来虽然取得了一定的成绩，但总的来看，工程建设尚处于起步阶段，各地发展还很不平衡。按照中央把工程建设成为社会主义文化建设标志性工程的要求，任务十分艰巨。主要问题是：

一是尚未建立有效的经费投入机制。一些地方对文化共享工程的重要性认识不够，没有将工程建设纳入议事日程，纳入当地经济社会发展规划和财政预算，投入不足，工程建设得不到有力保障，进展缓慢。

二是资源建设相对不足。文化共享工程数字资源状况与群众文化需求相比尚存在较大差距，资源总量不足，特色资源不够丰富，少数民族语言资源比较少。

三是基层服务点发展不平衡。文化共享工程在东中西部的发展很不平衡，尤其中西部地区农村乡镇、村基层服务点建设存在较大困难，许多地方的农民群众还不能享受到数字文化资源服务。据统计，全国县级行政区划中，待建与待完善文化共享工程县级分中心的有2165个，占全国县总数（2862个）的75.6%，全国乡镇中待建文化共享工程基层中心的有40263个，占全国乡镇总数（41636个）的96.7%。全国待建的村基层服务点还有43万多个，占全国行政村总数（62.9万个）的68.2%。其中，中西部22个省、区、市共有行政村45.4万个，待建的村级基层服务点36.5万个，占行政村总数的80.4%。到2010年，要实现县县建有分中心、乡乡建有基层中心、50%以上行政村建有基层服务点的目标，任务还相当艰巨。

四是技术平台尚不完善。随着资源量的增长、用户访问量的增加，目前工程网站软硬件平台不太适应，网上传输视频资源有时不够流畅，一定程度上成为制约服务的瓶颈。另外，由于中国网通和中国电信之间的网络互通问题，使得南方地区对工程网站的访问速度较慢。

以上问题亟待解决。

二、今后工作的主要思路

从2007年到2010年，是我国全面实施"十一五"规划，努力建设全面小康社会和社会主义和谐社会的关键时期，也是文化共享工程的重要发展时期。按照中央关于建设社会主义新农村的战略部署和中央关于推进文化共享工程建设的要求，今后几年文化共享工程建设的总体目标是：以数字资源建设为核心，以基层服务网点建设为重点，以共建共享为基本途径，全面实施文化共享工程，到2010年，基本建成资源丰富、技术先进、服务便捷、覆盖城乡的数字文化服务体系。

为实现上述目标，要重点抓好以下几项工作：

一是以加强农村基层服务点建设为重点，全面推进文化共享工程建设。在总结2006年连片实施试点经验的基础上，从2007年到2010年，用4年左右的时间，以省为单位，分三批全面展开，集中连片建设基层服务网点，形成覆盖全国的服务网络，有效发挥文化共享工程的作用。第一批2007年安排北京、天津、上海、山东、江苏、浙江、广东、山西、吉林、黑龙江、河南、湖南、四川、贵州等14个省市,第二批2008年安排辽宁、福建、河北、湖北、陕西、广西、重庆、海南、安徽、江西10个省、区、市,第三批2009年和2010年安排内蒙古、云南、甘肃、西藏、青海、宁夏、新疆7个省区。通过分期分批实施,使文化共享工程基层服务点覆盖100%的县和乡镇、50%以上行政村。2010年,进一步巩固县分中心、乡镇基层中心建设,继续推进村级基层点建设,"十二五"期间实现文化共享工程"村村通"。使县级分中心具备数字资源的存储能力、传输能力和服务能力,乡镇基层中心和村基层服务点具备信息服务、教育培训、文化娱乐等多种文化服务能力,让工程服务走进乡村,服务广大农民群众;使各级图书馆、文化馆、文化站等公益性文化单位逐步具备提供数字文化服务的能力,活力明显增强,服务水平显著提高,公共文化服务体系建设得到进一步完善,在社会主义和谐社会建设中发挥更大作用。

借鉴山东省经验,继续推进文化共享工程与农村党员干部现代远程教育合作共建基层点,不搞重复建设;对农村党员干部现代远程教育已建的基层点,通过补充设备和资源,使其具备向公众提供数字文化服务的能力。

二是加快建设适用于农村的数字文化资源,不断丰富文化共享工程服务内容。数字资源建设始终是文化共享工程的建设核心。要认真贯彻落实《文化部、财政部关于进一步加强全国文化信息资源共享工程建设的意见》和《信息网络传播权保护条例》有关政策规定,认真解决资源建设中有关版权问题,加大国家投资生产的电影、电视等文艺作品整合的力度。2006—2010年期间,重点建设一批能够满足农村需要的图书、讲座、戏曲、电影、专题资源库,特别要将科普知识、农业技术等群众急需的优秀资源整合进来,以丰富资源内容,满足群众需要。到2010年,文化共享工程要提供不少于5万种的电子图书,采集制作不少于14000场/个舞台艺术、知识讲座、影视节目等视频资源,资源总量不少于100 TB,其中全国文化信息资源建设管理中心完成20 TB。要加快数字图书馆工程建设,使数字图书馆资源能通过文化共享工程的服务网络为广大群众提供服务。为此,我们已制定了《工程资源建设指南》,管理中心和各省、自治区、直辖市分中心和有条件的地、县级分中心将根据指南共同开展资源建设,2007年要完成不少于20 TB的资源建设任务。

三是积极采用先进技术,逐步完善服务方式和服务手段。文化共享工程是一项文化创新工程,采用高新技术对文化资源进行数字化加工并提供数字化文化资源服务,是它的本质和关键所在。要积极采用数字图书馆技术,不断完善工程技术平台;在数字图书馆技术体系框架下,按照统一规划、统一标准、统一格式进行工程建设。要本着边建设、边服务、边研发的原则,紧密跟踪信息、网络、通讯等高新技术的发展,与工程的技术研发紧密结合,不断发展新的服务方式和手段。要通过建立镜像站,对工程网站的硬件设备、应用软件和服务网络进行升级改造等措施,重点解决工程网站在线服务问题。在资源传输方面,积极探讨VPN

（虚拟专用网）、P2P（对等网络）、FTP（文件传输协议）等成熟技术在文化共享工程中的推广和应用；在服务手段方面，积极研发移动播放器和网络数字放映机，定型后加以推广；在工程建设中坚持优先使用国产计算机及相关设备；加强基层网点的管理与服务，采取先进技术手段和有效措施，封堵不良信息。研究和跟踪文化网格、网络存储、下一代互联网、移动通讯技术的发展与实践，探索在文化共享工程中应用的可行性。

四是加强合作共建，建立共享机制。文化共享工程要积极主动与农村党员干部现代远程教育和农村中小学现代远程教育工程进行沟通，探索合作的方式与途径，整合资源，形成合力，努力建立职责明确、相互配合、横向协调、相互联动的合作机制。一方面，文化共享工程要依托农村党员干部现代远程教育和农村中小学现代远程教育工程的基层服务点，加强共建共享，积极提供文化共享工程资源服务，推动文化共享工程服务进乡村；另一方面，也要充分利用已经建成的文化共享工程基层服务网点，向广大农民群众提供农村党员干部现代远程教育和农村中小学现代远程教育工程的资源服务。引导、鼓励网吧等经营性文化场所提供文化共享工程服务；总结、推广青岛、佛山、遵义等地文化共享工程与数字电视、有线电视发展相结合的经验，推进优秀文化资源进入千家万户。

五是加强对基层管理和技术人员的培训。文化共享工程要针对需求，组织各类培训，建设一支适应工程建设需要的管理和技术人员队伍。"十一五"期间，分级开展对省、市、地、县、乡、村专兼职人员培训。各级分中心和基层服务点工作人员上岗前均须通过培训、考核，获得上岗资格。

三、需要协调的问题

（一）继续加大经费投入

为加快工程建设，实现上述目标和任务，要进一步加大资金保障力度：

（1）对中西部地区22个省、区、市县级分中心建设和村基层服务点建设给予经费支持，中央财政负担一半。

（2）对文化共享工程与农村党员干部现代远程教育共享的基层服务点，属于扩展型的，不再重复投入；属于基本型的，应适当补充完善设备，使其具备文化共享工程基层服务点的功能。

（3）对中西部地区资源建设给予补贴。

（4）对东部地区的基层服务点建设给予适当奖励。

（5）继续加大对文化共享工程管理中心资源建设的投入力度。

（二）抓紧启动乡镇综合文化站设施建设工程，加快文化共享工程乡镇基层中心建设

乡镇综合文化站建设是"十一五"期间实施的重大文化建设项目，已写入党的十六届六中全会决议和国家"十一五"规划。国家发改委和文化部共同编制了《全国"十一五"乡镇综合文化站建设规划》，计划投资41亿元扶持乡镇文化站设施建设，新建和扩建2.7万个农村乡镇文化站，"十一五"基本实现乡乡有综合文化站的目标。建议尽快落实建设资金，于2007年开始实施乡镇文化站建设工程，为文化共享工程乡镇基层中心建设提供基础条件；推动中央财政结合乡镇综合文化站建设对文化共享工程乡镇基层中心建设经费预做安排，争取列入2008年财政预算，使文化共享工程乡镇基层中心建设与乡镇综合文化站设施建设同步进行。

（三）实现中央政府重点门户网站、对外宣传网站与文化共享工程网站的链接

文化共享工程作为国家重点建设的文化创新工程，要服务于国家经济社会发展和对外开放的大局，为传播和弘扬中华优秀文化服务，积极推动中华文化走向世界。积极推动政府机构对外宣传的主要网站，如中央人民政府门户网站、人民网、新华网、中国网、台湾网等，与文化共享工程进行链接，或建立镜像站，充分利用文化共享工程建设的数字化文化资源，积极向海外传播中华优秀文化。

（四）加快推进文化共享工程与有线电视、数字电视的结合

目前，国家广电总局正在大力推广数字电视，加大"村村通"工程的推进力度。为进一步扩大文化共享工程的传输渠道，使广大人民群众早受惠，推动广电总局在发展数字电视、有线电视，实施"村村通"工程的过程中，与文化共享工程相结合，传播文化共享工程的优秀文化资源。

（五）开展专项督查

建议对各地文化共享工程建设情况进行专项督查，以加大推进文化共享工程建设的力度。

（2007年1月8日）

加快推进全国文化信息资源共享工程建设

今天,文化部、财政部召开全国文化信息资源共享工程工作会议,主要目的是贯彻党中央、国务院关于加紧推进文化共享工程的部署,具体安排今后一个阶段的工作,加大力度,全面推进文化共享工程。财政部对本次会议给予了高度重视,张少春副部长出席并要做重要讲话,教科文司有关负责同志也参加了会议。会前,为推进今后一个阶段文化共享工程建设,文化部、财政部下发了《关于进一步推进全国文化信息资源共享工程的实施意见》。

下面,我就今后一个时期进一步加快推进文化共享工程建设谈几点意见。

一、充分认识加快推进文化共享工程建设的重要性和紧迫性

文化共享工程应用现代科学技术,将中华优秀文化信息资源进行数字化加工和整合,通过文化共享工程网络体系,以卫星网、互联网、有线电视/数字电视网、镜像、移动存储、光盘等方式,实现优秀文化信息资源在全国范围内的共建共享。工程在提高农村信息化水平,丰富广大人民群众特别是经济欠发达地区群众的精神文化生活,保障人民群众的文化权益,满足群众不同层次的文化需求,缩小东西部地区之间、城乡之间文化发展上的差距,建设社会主义新农村,构建和谐社会等方面发挥了重要作用。

党中央、国务院高度重视文化共享工程建设。党的十六届六中全会做出的《中共中央关于构建社会主义和谐社会若干重大问题的决定》指出,要"优先安排关系群众切身利益的文化建设项目,突出抓好广播电视村村通工程、社区和乡镇综合文化站(室)工程、全国文化信息资源共享工程"。作为公共文化建设重点工程,2006年,文化共享工程列入了《中华人民共和国国民经济和社会发展第十一个五年规划纲要》和《国家"十一五"时期文化发展规划纲要》。2006年、2007年,工程连续两年列入中共中央政治局常委工作要点。2006年2月,胡锦涛总书记在省部级主要领导干部建设社会主义新农村学习班上要求"发展文化信息资源共享工程农村基层服务点,构建农村公共文化服务体系"。温家宝总理在2007年政府工作报告中,明确提出要突出抓好全国文化信息资源共享工程等几项重点工程。中共中央政治局常委李长春同志多次做出重要批示,指出"文化共享工程是公共文化服务体系的基础工程,是政府提供公共文化服务的重要手段,是实现广大人民群众基本文化权益的主要途径,是改善城乡基层群众文化服务的创新工程",为工程建设指明了方向,并多次视察各地文化共享工程建设情

况，有力地推动了工程的开展。中共中央政治局委员、书记处书记、中宣部部长刘云山同志，国务委员陈至立同志也十分关心工程建设，多次亲自召开会议，协调解决工程建设中存在的困难和问题，对工程建设做出具体部署。

今年1月8日，李长春同志主持召开中央宣传思想工作领导小组专题会议，专门听取了文化共享工程建设情况汇报，讨论和研究了有关问题，部署了下一步工作。刘云山同志、陈至立同志及中宣部、国务院办公厅、国家发改委、财政部有关负责同志参加会议。会议指出，全国文化信息资源共享工程是在信息化不断发展的历史条件下满足人民群众基本文化需求的重要手段，是社会主义精神文明建设的基础工程、文化设施建设的战略工程、公共文化服务的创新工程和深受群众欢迎的民心工程。作为一个文化创新工程，文化共享工程总体上还处于起步阶段，尚未建立起有效的经费投入机制，资源总量不足，基层服务网点发展很不平衡，许多基层群众还不能享受到文化信息资源的服务，与中央关于把工程建设成为社会主义文化建设标志性工程的要求还有较大差距，需要进一步加大力度，加快进度，取得实质性进展。会议强调，各级党委、政府要进一步提高对全国文化信息资源共享工程重要意义的认识，高度重视，加强领导，作为推进社会主义新农村建设的一件大事，纳入各级党委、政府的议事日程，纳入经济社会发展总体规划，纳入财政预算，纳入目标考核体系，纳入扶贫攻坚计划。要以数字资源建设为核心，以基层服务网点建设为重点，以多种传播方式为手段，以共建共享为基本途径，全面实施文化共享工程，到2010年，基本建成资源丰富、技术先进、服务便捷、覆盖城乡的数字文化服务体系，努力实现"村村通"。

"十一五"期间，是全党、全国人民全面贯彻落实科学发展观，开创社会主义经济建设、政治建设、文化建设、社会建设新局面，提高人民生活水平，全面建设小康社会和和谐社会的重要时期。文化共享工程作为农村文化建设的二号工程和社会主义文化建设的标志性工程，日益受到党中央和国务院的高度重视。各地要充分认识工程建设的重要性和紧迫性，按照党中央、国务院关于加紧推进工程建设的部署，加快推进文化共享工程建设。

二、工程进展情况

文化共享工程自2002年实施以来，尤其是2005年中共中央办公厅、国务院办公厅转发《文化部、财政部关于进一步加强全国文化信息资源共享工程建设的意见》（厅字〔2005〕5号）之后，在各有关部门的大力支持下，工程进展顺利。

一是资源内容不断丰富。目前，工程数字资源总量已达到58 TB。其中，文化部全国文化信息资源建设管理中心整合加工约8 TB的数字资源，各级分中心整合完成了约50 TB的数字文化资源，主要有电子书刊、专题知识讲座以及影视作品等，并建设了一批具有地方特色的专题资源库。同时，采取深度链接的方式，将博物馆、美术馆等国家级文化单位适合文化共享工程服务的互联网数字资源纳入文化共享工程网站的整体服务框架中，丰富了工程的资源内容。

二是服务网络初步形成。截至2006年12月底，依托各级公共图书馆和乡镇、街道文化站，已建成各级中心和基层服务点6700个，包括1个国家级中心，33个省级分中心，1775个市/县级支中心，2085个乡镇、街道基层服务点，2806个村、社区基层服务点，与农村党员干部现代远程教育工程、农村中小学现代远程教育工程合作共建基层服务点分别达到19.7万和18.1万个，初步形成了覆盖全国的服务网络。工程依托县图书馆、文化馆、文化站等基层文化单位，建立了约7800人的专兼职工作队伍。

三是服务方式不断完善。在具备网络条件的地方，工程主要通过互联网提供服务；在开通城域网、局域网的地区，采用镜像方式传输资源；在网络不发达的地方，通过卫星传送方式传输资源，同时通过光盘、移动存储等方式开展服务。一些地方还通过数字电视或有线电视，传输工程资源。随着工程服务方式的拓展，越来越多的群众能方便快捷地享受到文化共享工程的服务。

四是服务效果不断显现。目前，文化共享工程辐射人群达到上亿。通过工程平台，优秀的文化信息资源源源不断传输到基层群众中，不仅初步解决了农民看书难、看戏难、看电影难的问题，丰富了群众业余文化生活，而且工程丰富的农业生产生活知识、农业科技知识、医疗保健知识，为农民致富提供了有效的信息保障。许多地方依托文化共享工程开展农业技术培训、农民工培训、再就业培训等，提高了农村信息化水平和基层群众科学文化素质，有力地促进了当地经济社会的协调发展。同时，文化共享工程的实施，使基层文化单位增强了活力，充实了服务内容，全面提升了公共文化服务的水平，促进了文化工作手段的现代化，成为文化工作新的重要增长点。

五是共享机制初步建立。2005年1月文化部和教育部联合下发文件，部署农村中小学现代远程教育与文化共享工程共建共享工作。2006年12月，全国农村党员干部现代远程教育试点工作领导协调小组办公室与全国文化信息资源共享工程领导小组办公室联合下发通知，要求做好农村党员干部现代远程教育工程与全国文化信息资源共享工程的资源整合工作。几年来，文化共享工程与两个远程教育工程密切合作，资源共享，取得了明显成效。文化共享工程与中宣部"百县千乡文化工程"和全国妇联"美德在农家"活动等合作，也取得良好成效。此外，文化共享工程与国务院扶贫办签订协议，计划通过文化共享工程平台，对贫困地区30万农民工开展培训；通过全军政工网为全军官兵提供文化共享工程的服务；与国内最大的搜索引擎公司百度公司签订合作协议，将在百度网站上开设文化共享工程专栏，全球互联网用户将更加便捷地检索到文化共享工程资源内容。

几年来，各地积极开展文化共享工程建设，加强领导，制定规划，落实经费，取得了一些成功经验，创造了多种建设模式。山东省文化共享工程与农村党员干部现代远程教育工程开展全面合作,在全国第一个建立起了覆盖全省的基层服务网络。北京市连续两年投入2692万元,下辖所有街道、乡镇基层分中心已经全部建成,2008年将实现"村村通",2010年前实现入户的目标。天津市委、市政府专门下发文件,计划2008年实现县乡村服务网络全覆盖。河南文化共享工程被列为2007年省委、省政府为群众办的10件实事之一,依托农村党员干部现代远程教育工程服务网络,村级基层服务点已达3.8万个,覆盖率达到90%以上。浙江省借助较为完善的基层文化设施和设备,采用适用技术推进文化共享工程建设,将文化共享工程服务网络延伸到乡村。广东结合"广东流动图书馆"建设,带动了经济欠发达地区文化共享工程的建设,并将数字图书馆建设与文化共享工程有机结合,丰富了文化共享工程的资源内容与服务。上海市结合城市信息化建设,与社区信息苑同步推进文化共享工程。湖北省截至2006年底,各级财政投入4070万元。青岛市文化共享工程与农村党员干部现代远程教育、数字电视、数字图书馆、政府政务网和基层文化设施建设相结合,实现设施、管理、服务、队伍、技术资源的共建共享,形成"五连线"模式,并研发了功能齐全并具有监管系统的文化共享机制,不断提高服务与管理水平。这些新鲜的经验,为全面推进文化共享工程建设做出了有益探索。

文化共享工程实施几年来虽然取得了一定成绩,但也存在一些问题。一是认识问题。一些地方的文化行政主管部门还没有认识到工程的重要性,未将工程建设列入重要的议事日程,更未引起党委、政府的重视,有效的工作机制尚未搭建。二是基层服务点建设进展缓慢,发展很不平衡。三是资源总量相对不足。四是技术平台尚不完善。这与中央要求的2010年实现"村村通"的要求、与中央提出的把工程建设成为社会主义文化建设的标志性工程的要求还有很大差距,工作任务仍十分艰巨。各级文化行政主管部门应进一步统一思想,提高认识,增强推进工作的责任感和紧迫感,针对存在的问题,按照"十一五"实现"村村通"的工作目标,采取切实可行的措施,推进工程取得实质性进展。

三、抓住机遇,明确目标,加快推进文化共享工程建设

按照中央关于大力推进文化共享工程建设的要求,今后一个时期,工程建设要以数字资源建设为核心,以基层服务网点建设为重点,以多种传播方式为手段,以共建共享为基本途径,到2010年,基本建成资源丰富、技术先进、服务便捷、覆盖城乡的数字文化服务体系,努力实现"村村通"。

"十一五"期间,中央财政决定投入24.7亿元用于工程建设,这是新中国文化建设史上前所未有的大事,是文化共享工程面临的一次十分重要的发展机遇。我们要统一部署,周密安排,做好以下几个方面的工作。

(一)以农村基层服务点建设为重点,建成完善的文化信息服务网络

加快推进基层服务点建设是工程建设的重中之重。要大力发展以农村基层服务点为重点的基层服务网络,到 2010 年,实现县县建有支中心、乡乡建有基层服务点,努力实现"村村通"。

东部地区要按照以下目标推进:县、乡、村服务网络覆盖率 2007 年要不低于 30%,2008 年不低于 60%,2009 年不低于 90%,2010 年实现 100% 全覆盖。

中西部地区各省服务网络建设要分级逐步推进。县级支中心建设 2007 年要建成 30%,2008 年建成 60%,2009 年建成 90%,2010 年实现县县建有支中心;乡镇基层服务点建设将与国家发改委、文化部即将实施的乡镇综合文化站建设项目统筹安排;文化系统不再新建村级基层服务点。村级基层服务点要随着农村党员干部现代远程教育工程基层点建设同步推进:2007 年,将吉林、黑龙江、山西、湖南、贵州、河南、四川、新疆等 8 个农村党员干部现代远程教育试点省份已建的基本型基层点全部升级为扩展型。2008 年,河北、安徽、江西、湖北、海南、内蒙古、广西、重庆、云南、西藏、陕西、甘肃、青海、宁夏等 14 个省份村级基层点覆盖率达到 15%;2009—2010 年,上述 14 个省份完成剩余 85% 的村级基层点的建设任务。

根据东、中、西部不同地区的经济社会发展水平,主要依托各级图书馆和社区、乡镇、村文化活动站(室),建立和完善以国家中心,省级分中心,市县支中心,社区、乡镇、村基层服务点为主体的四级服务体系。

国家中心是文化共享工程资源建设中心、技术支持中心、管理服务中心。要建立需求反馈迅捷、资源提供及时、群众使用方便的服务机制,加强工程网站建设,实现技术有保障、服务有标准、管理有规范。

各省级分中心是各省开展技术服务、数字资源建设、人员培训的中心,要加强资源镜像站建设和特色数字资源建设,完善管理机制,承担对本省各级网点的组织协调、管理服务和绩效考核工作。

市县支中心是文化共享工程服务网络建设中的重要环节。要尽快建立市县支中心镜像站。从 2007 年至 2009 年,全国分 3 批实现县县建成规范化的县级支中心,使之具备数字资源的存储能力、传输能力和服务能力。市县支中心要与图书馆自动化、网络化建设紧密结合,加强公共上网场所建设,建设完成配置先进的电子阅览室,为广大基层群众,尤其是青少年提供文化信息服务和绿色上网空间。同时,担负起对乡镇、村基层服务点的管理、资源更新、技术维护、人员培训和绩效考核等职责。

乡镇、村基层服务点应具有信息服务、教育培训、文化娱乐等多种文化服务能力。乡镇基层服务点主要依托乡镇综合文化站项目推进,要承担起对村基层服

务点的管理、资源更新、技术维护等职责。村级基层服务点建设要随着农村党员干部现代远程教育工程建设的展开，逐步推进。农村党员干部现代远程教育工程原有村级基层点大多数是基本型，主要配置是一套卫星接收设备、一台电脑、一台电视、一台 DVD。为更好地满足群众的需求，我们要对其设备进行充实完善，使之由基本型升级为扩展型，初步建立小型的计算机教室，并能够组织大规模的文化活动，最大限度满足基层群众的精神文化需求。

（二）加快数字资源建设步伐

资源建设始终是工程建设的核心。要抓好数字资源建设这一核心，力争到 2010 年资源总量达到 100 TB，提供不少于 5 万种电子图书，采集制作不少于 14000 场/个舞台艺术、知识讲座、影视节目等视频资源。国家中心 2010 年前建设完成 20 TB。各省级分中心着力建设具有特色的文化资源，形成规模，尽可能提供全国共享。

资源内容建设要充分体现"三贴近"的原则，把着力点放在面向农村、面向基层、面向普通百姓上，增加农业科技知识、农村生产生活等方面内容，做到雅俗共赏，增强大众性、实用性。同时，对少数民族群众、少年儿童的文化需求给予高度重视，加强少数民族语言的数字资源建设和文化共享工程少年版的资源建设。

各地要处理好本地区信息资源的著作权问题，本着先易后难的原则，逐步加以解决。由国家投资的文化产品和文化系统拥有自主版权的文化产品，要无偿提供给工程使用。同时，各地也要创造条件，动员和鼓励著作权人将其作品版权捐赠或低价转让给文化共享工程。对于农村急需的其他文化产品，可由政府购买作品使用权，提供给广大农民群众。

要加强资源配送和资源管理。国家中心每月定期发布一次新资源，各省接收后两月内发送市县支中心，市县支中心尽快送到基层服务点。各省级分中心按照国家中心印发的资源建设目录、标准规范开展资源建设。在开展资源建设之前，要将建设目录报送国家中心审核。中央财政补助中西部地区建成的资源要及时上交管理中心，提供全国无偿使用。东部地区提供的资源也应全国共享。

（三）完善合作共建机制

合作共建是基层服务点建设的基本模式。各地文化行政部门要主动与当地组织部门、教育部门沟通，推进文化共享工程与农村党员干部现代远程教育工程、农村中小学现代远程教育工程的合作共建。村级基层服务点建设主要依托农村党员干部现代远程教育工程进行。农村党员干部现代远程教育工程计划 2010 年实现"村村通"，文化共享工程也要同步推进，实现设施、管理、服务、队伍、资源、技术方面的共享。各省级分中心也要积极加强与组织部门合作，建立互联互通的合作平台。同时，要积极与广播电视部门合作，总结、推广青岛、佛山、遵义等地文化共享工程与数字电视、有线电视相结合的经验，推进优秀文化资源进入千家万户。

（四）构建先进实用的技术体系

文化共享工程是通过计算机网络技术提供数字化信息服务的文化创新工程。先进、实用的技术体系是工程建设的重要保障。要加快现代信息技术的应用及标准规范的建立，依托国家骨干通讯网络及国家数字图书馆工程技术平台，与数字图书馆技术紧密结合，建设功能完备、技术先进、稳定可靠、经济实用的分布式开放性实用技术体系。国家中心要加强工程网站建设，丰富资源内容，通过互联网面向世界传播中华优秀文化。同时，要积极探索与"电话村村通"技术相结合，推动互联网进入广大农村地区。各地要按照统一规划、统一标准、统一格式进行工程建设，不断完善工程技术平台，2010年前，使县级以上各级中心具备提供数字图书馆服务的技术能力。要积极采用各种现代信息技术，始终保持工程技术的先进性、实用性。在工程建设中要坚持优先选用国产设备和我国拥有自主知识产权的先进技术。国家中心要选择成熟、可靠、实用的高新技术，制定和完善文化共享工程整体技术框架。各地要根据实际情况制定具有前瞻性、扩展性、实用性的本省文化共享工程技术体系建设方案，报送国家中心备案。国家中心每年要组织技术交流会议，加强沟通，推广先进实用技术。

（五）改善服务，加大宣传和推广

要确保文化共享工程的公益性服务性质。各级分中心、支中心和基层服务点要明确服务内容、方式和范围，采取多种手段，为群众提供多样化、个性化服务，满足群众的基本文化需求。省分中心、市县支中心要依托图书馆计算机网络环境，建立电子阅览室，为群众提供绿色上网空间，并积极开展网上参考咨询服务和为乡、村基层服务点提供硬盘镜像、光盘发送等服务。县级支中心和乡、村基层服务点要制定统一的服务制度和服务规范，明确开放时间，维护好设备设施，发挥好设备设施的使用效益。要采取多种方式，在广大基层群众中加快普及工程相关知识，既要让群众了解工程的资源内容，又要让群众熟悉设备使用方法，方便、快捷地获得所需要的信息。

（六）加强队伍建设

人才是事业的基石和保障。各地要积极采取措施，以自有队伍和社会队伍相结合的方式，组建一支思想水平、业务素质较高的管理队伍、技术保障队伍和基层服务队伍。培训工作要经常化、规范化，统一制定培训标准，按照分级分批的原则，通过集中授课、卫星广播、网络互动、光盘教学等方式，开展培训工作。

国家中心负责省级分中心人员培训工作，各省、区、市培训工作由省级文化主管部门负责安排。要充分发挥县图书馆、文化馆、乡镇文化站等基层文化单位工作人员在文化共享工程建设与管理中的积极作用，通过分级培训逐步形成国家中心、省分中心、市县支中心、乡镇和村基层服务点四级管理人员队伍。建设高水平的资源建设、软件开发、网站维护等专业技术骨干队伍。县级支中心要配备专职人员。要加快建立专兼职结合的农村基层服务点工作队伍，使每个基层服务点都有获得上岗资格的操作人员。省级分中心人员上岗资格证书由文化部颁发，省级以下人员上岗资格证书由省级文化行政部门颁发。

四、建立行之有效的工作机制，切实保障文化共享工程顺利推进

（一）严格管理，确保工作进度

各地要按照文化部、财政部下发的《关于进一步推进全国文化信息资源共享工程的实施意见》，调整本地区工程建设规划，制定年度工作计划，明确具体的工作措施。中央财政补助经费将对工作基础好、准备工作扎实、经费落实到位的地区倾斜。具体补助数额，将根据各地拟建县级支中心、待完善的村基层服务点的数量，以及地方配套资金落实情况进行分配。各地要在6月30日前，向部里报送"'十五'期间及2006年度工程试点工作总结"和"2007年至2010年年度工作计划"。山东、辽宁、浙江、江苏、湖南、贵州、山西、吉林、黑龙江、河南、四川、新疆等农村党员干部现代远程教育先期试点省份还要如实报送村级基层服务点情况调查表。到截止时间仍未报送的，部里将考虑调整补助经费方案。要建立目标责任制。各地必须在规定的时间内完成建设任务，确保地方配套资金到位。文化部将与各省、区、市文化厅（局）签订责任书，并逐年组织予以检查验收。对东部地区搞得好的省份，将给予适当奖励；对中西部地区搞得好的省份，部里将加大支持力度。对工作进展不力的，将停拨或缓拨补助经费。各级文化行政主管部门要切实承担起主管责任，加强对各级分中心和基层服务网点的业务指导和监督管理。国家中心要尽快建立工程监管平台，强化对基层服务点的管理。各级分中心、支中心要定期向上一级中心报送统计报表。文化部还将定期下发情况通报、督查建议等，及时向各地公布工作进展情况，督促各地解决困难和问题，加快工程建设。

（二）要将工程建设情况纳入社会文化事业的考核体系

各级文化行政部门要将文化共享工程作为公共文化服务体系建设的重要内容列入重要议事日程，纳入工作目标考核体系，列为衡量地方文化事业发展的重要指标。文化部正在组织调研，修订文化先进县（市）、文化先进乡镇、图书馆评

估等相关评比标准,文化共享工程的实施情况将作为一项重要内容纳入其中。对于文化共享工程搞得好的基层点,文化部将命名为示范县、示范乡、示范村。

(三) 要建立高效的工作协调机制

文化共享工程是惠及亿万人民的弘扬先进文化的基础性文化工程,涉及方方面面。各地可参照国务院批准成立的文化共享工程部际联席会议模式,建立联席会议制度,形成政府统一领导、有关各部门密切配合的工作机制。文化行政主管部门要加强与各有关部门的沟通和协调,特别是与财政部门、组织部门、教育部门、广播电视部门的沟通,及时汇报工程进展情况、存在问题,协调有关部门做好各项工作。

会后,大家要及时将会议精神向省委、省政府领导做专题汇报。各地文化厅(局)党组要认真做一次专题研究。要按照会议精神,按照文化共享工程"十一五"发展规划,结合本省实际,贯彻落实文化部、财政部《关于进一步推进全国文化信息资源共享工程的实施意见》,扎实推进工程建设。

(在全国文化信息资源共享工程工作会议上的讲话,2007年4月10日。原载于《中国文化报》2007年4月17日第2版)

提高认识　明确责任
大力推进全国文化信息资源共享工程建设

今天,我们在这里召开全国文化信息资源共享工程签约会,主要是贯彻落实中央《关于加强公共文化服务体系建设的若干意见》精神,签订文化共享工程建设责任书,落实2007—2010年的工作任务和要求,尽早实现文化共享工程基层服务网络全面覆盖城乡的建设目标。下面,我就文化共享工程建设谈几点意见。

一、文化共享工程建设取得的新进展

自2002年文化共享工程实施以来,尤其是2005年中共中央办公厅、国务院办公厅转发《文化部、财政部关于进一步加强全国文化信息资源共享工程建设的意见》(厅字〔2005〕5号)后,在各部门及各地党委、政府的重视和支持下,文化共享工程建设进展顺利。今年4月10日,文化部、财政部在安徽共同召开文化共享工程工作会议,就进一步推进全国文化信息资源共享工程建设,进行了安排部署。7月28日,文化部在河南召开现场会,推广河南等地采取多种方式推进文化共享工程"村村通"的先进经验。按照中央的要求和文化部的部署,各地结合实际,采取了切实有效措施,掀起了文化共享工程新一轮建设高潮。

(一)基层服务网络建设步伐明显加快

目前,文化共享工程自建了33个省级分中心,1970个市、县支中心和7049个乡、村基层服务点;通过与农村党员干部现代远程教育工程、农村中小学现代远程教育工程合作共建,建成基层服务点35万多个。山东、湖南、贵州等地基本实现乡、村全覆盖。2007年底,河南、山西、浙江将基本实现全覆盖。2008年底,北京、天津将实现全面覆盖。上海市计划2009年实现全面覆盖。

(二)资源内容不断丰富

资源建设是工程建设的核心。目前工程数字资源总量已达到65 TB。其中,文化部全国文化信息资源建设管理中心整合加工约13 TB的数字资源,各级分中心整合完成了约52 TB的数字文化资源。资源内容包括文化科普知识、农业生产技术知识、医药保健常识、舞台艺术精品、国产优秀电影、地方戏曲、专题讲座、电子书刊、相声小品、杂技木偶、动漫卡通和少数民族语言的各类影视作品,以及丰富的专题图文资源库。目前,文化共享工程网站已完成新的改版。

(三) 传输方式不断拓展

各地因地制宜,不断创新,创造了多种资源传输方式。

一是互联网传输。这其中又分四类:第一类是以 PC 电脑为终端,通过上网访问资源。只要具备上网条件,有一台电脑,基层服务点都可以通过互联网访问文化共享工程国家中心网站及各级分中心网站的文化信息资源,还可以通过局域网访问本网服务器上镜像的文化信息资源,其镜像资源可通过互联网或专网进行更新。第二类是河南等地创造的基于互联网的 IPTV 模式。IPTV 技术是一种以宽带互联网为基础通道,通过互联网协议传送电视信号,以电视和 PC 电脑作为主要终端设备的集互联网、多媒体、通讯等多种技术于一体的、能够提供多种交互式服务的新型技术。终端服务设备为宽带网 + 机顶盒 + 电视的方式。数字资源通过铺设的网络传送,经过机顶盒解码,再通过电视或者电脑进行播放。IPTV 模式有以下几点好处:一是使用简单、维护方便、成本较低。基层群众通过电视就可以收看文化共享工程大量的视频资源。二是交互性强。可以通过遥控器,自由选择所要看的节目,点播需要的资源。系统本身可根据信息反馈,结合资源使用的统计情况,向当地群众提供更具针对性、实用性的资源。三是图像清晰。IPTV 采用高效压缩的视频格式,画面效果可以达到高质量的 DVD 播放水平。四是可控性强。资源服务方式采取的是播出式,服务内容控制在一定范围,克服了信息传播中的不可控问题。目前,河南、山西、河北、吉林、安徽、宁夏等省区采用这一模式。第三类是与本地互联网信息化工程相结合的服务方式,即基于互联网,通过本地综合信息化工程的统一界面入口,进入文化共享工程频道或专栏,获得文化共享工程向当地提供的文化信息资源,以及通过局域网访问本网服务器上的综合信息化工程统一界面入口,进入本地镜像的文化共享工程频道或专栏,其镜像资源可通过互联网或专网进行更新。目前,上海、宁夏等区市依托互联网,采取与地区信息化建设相结合的方式,进行文化共享工程基层网络的建设。第四类是依托国家政务网传输资源。经与国家信息中心协商,国家中心依托国家政务外网向各省传输资源,近期在福建、江西、广西、四川等省区开展了试点,试点情况良好。

二是数字电视模式。数字电视服务普遍采用电视机 + 数字机顶盒方式实现,清晰度高,可以提供点播式服务,是广电部门大力推广的一项先进技术。山东青岛、海南省将数字电视与文化共享工程技术对接,在数字电视频道中开设了文化共享工程专用频道,文化共享工程的文字、图片和视频资源通过数字电视进入千家万户,广大群众坐在家中就可享受到文化共享工程丰富的文化信息资源。

三是有线电视模式。即与广电部门合作,通过有线电视网络,传输互联网上的文化信息资源,接收端既可以是电视,也可以是计算机。这种技术的优势是建台费用低,收视质量好,可以提供交互式双向服务,有利于快速发展。截至 2006 年底,我国有线电视用户数已达 1.27 亿,覆盖全国大部分地区。借助有线电视网络,可以快速推进文化共享工程基层服务网络建设。浙江、江苏、贵州等省采用了这种技术模式。

四是基于卫星的传输模式。卫星传输也是文化共享工程重要的传输渠道之一。由国家中心和省级分中心采用直播和投包两种方式将工程资源投放到基层服务点,基层服务点定期下载资源,为群众提供服务。山东省文化共享工程与山东农村党员干部现代远程教育工程开展全面合作,在教育电视频道上设立文化共享工程专栏,定期定时直播文化共享工程提供的视频节目,并以文件包的方式通过卫星传送到基层服务点服务器,通过基层点播系统进行点播。最近,按照中央的统一部署,全国集中开展卫星广播电视转星工作,文化共享工程的转星工作正抓紧进行。转星之后,文化信息资源的卫星传输将更为安全、有效。

五是通过资源镜像开展服务。在各地建立资源镜像站,是提高资源传输速度、扩大传输范围的有效手段。为提高南方电信用户访问文化共享工程网站的速度,近期在浙江建立了同步更新的镜像站系统,7 月 1 日开始试运行,效果良好,视频访问速度提高 5 倍,视频访问能力大幅度提高。国家管理中心还通过采用 CDN 网页加速技术,使文化共享工程网站的图文页面的访问速度大大提高。

此外,在网络不发达的地方,除通过卫星传送方式传输资源,各地还通过光盘、移动存储等方式开展服务,取得了很好的效果。

(四)共享机制日益完善

2005 年 1 月,文化部和教育部联合下发文件,部署农村中小学现代远程教育与文化共享工程共建共享工作。2006 年 12 月,全国农村党员干部现代远程教育试点工作领导协调小组办公室与全国文化信息资源共享工程领导小组办公室联合下发通知,要求做好农村党员干部现代远程教育工程与全国文化信息资源共享工程的资源整合工作。几年来,文化共享工程与两个远程教育工程密切合作,资源共享,取得了明显成效。文化共享工程与中宣部"百县千乡文化工程"和全国妇联"美德在农家"活动等合作,也取得良好成效。此外,文化共享工程与国务院扶贫办签订协议,计划通过文化共享工程平台,对贫困地区 30 万农民工开展培训;通过全军政工网为全军官兵提供文化共享工程的服务;与信息产业部合作,在"信息大篷车"安装文化共享工程数字资源,开展对基层农民的服务;与国内最大的搜索引擎公司百度公司签订合作协议,在百度网站上开设文化共享工程专栏,全球互联网用户将更加便捷地检索到文化共享工程资源内容。共建共享是文化共享工程的基本途径,共享机制的不断完善、各有关部门的团结协作,不仅促进了资源建设、基层服务网络建设,而且发挥和扩大了工程的社会影响,提高了文化信息资源的利用率和工程的社会效益。

(五) 服务工作不断加强

随着工程传输方式的拓展,文化共享工程的服务方式日益丰富,优秀的文化信息资源源源不断传输到基层群众之中,越来越多的群众方便快捷地享受到文化共享工程的服务,辐射人群已达到上亿。几年来,文化共享工程在为基层服务方面形成了几个比较突出的特点:

一是形式上采取了阵地服务与流动服务相结合。文化共享工程各级支中心、基层服务点,不仅认真做好在图书馆、文化站、基层服务点内的阵地服务,而且结合各类集庆活动、广场文化活动等,放电影,播光盘,发资料。在城市图书馆、社区、广场、农民工工地,在田间地头、农村文化大院、集市,到处都活跃着文化共享工程。

二是内容上加强了针对性。在文化共享工程的各级中心和基层服务点,基层群众不仅能欣赏优秀的影视节目,点播各种戏剧、戏曲节目,还能看到大量的种植养殖、养生健身等与生产生活密切相关的科普类节目。吉林白山市农民依靠文化共享工程有效抵御了2006年禽流感的侵袭,防止了经济损失。湖北浠水县农民利用文化共享工程求医问病,找回了走失的儿童。河北省廊坊市农民通过文化共享工程了解农业科技信息、农资商品流通信息,找到致富门路。为更好地服务于基层群众,国家中心对信息资源进行了精心加工和挑选,如2006年春节期间下发供基层使用的"共享资源和谐风"系列光盘,为满足不同地域人群的需求,分为南方版和北方版,其中的内容又划分为农业种植技术、农村养殖技术、城镇务工技术、戏剧、电影等类。南方版中的戏曲内容有黄梅戏、花鼓戏、川剧等,北方版则是京剧、豫剧、评剧、梆子、曲剧等。

三是服务范围不断拓宽。几年来,各级文化共享工程分中心、支中心普遍开展了进校园、进军营、进企业等活动,使服务范围拓展到中小学校、边远哨所、工厂企业、劳教单位。一些地方将文化共享工程服务融入基层党团建设工作、街道工作、中等职业教育中,发挥了文化共享工程在促进地方经济社会发展中的作用,受到了广泛欢迎。

当前,文化共享工程面临着良好的发展态势。但必须清醒地看到,作为一个文化创新工程,文化共享工程各项工作刚刚起步,还存在许多困难和问题。一是认识问题。一些地方还没有认识到工程的重要性,未将工程建设列入重要的议事日程,有效的工作机制尚未形成;二是基层服务点建设发展很不平衡,有的省已经实现了"村村通",有的省进展缓慢;三是资源总量相对不足,特色资源还不够丰富;四是技术平台尚不完善。这与中央要求的2010年实现"村村通"的要求、与中央提出的把工程建设成为社会主义文化建设的标志性工程的要求还有很大差距,工作任务仍十分艰巨。各地应进一步统一思想,提高认识,增强推进工作的责任感和紧迫感,针对存在的问题,按照"十一五"实现"村村通"的工作目标，采取切实可行措施，推进工程取得实质性进展。

二、加大工作力度，加快建设步伐，尽快实现"村村通"

"十一五"期间，是全党、全国人民全面贯彻落实科学发展观，开创社会主义经济建设、政治建设、文化建设、社会建设新局面，提高人民生活水平，全面建设小康社会和和谐社会的重要时期。文化共享工程作为农村文化建设的二号工程和社会主义文化建设的标志性工程，日益受到党中央和国务院的高度重视。今年4月，中央财政决定"十一五"期间安排专项资金24.76亿元，这是新中国文化建设史上前所未有的大事，是工程建设面临的一次重要的发展机遇。各地要充分认识工程建设的重要性和紧迫性，按照党中央、国务院关于加紧推进工程建设的部署，加快推进文化共享工程建设。

（一）进一步提高对加快推进文化共享工程建设重要性和紧迫性的认识

党中央、国务院高度重视文化共享工程建设。党的十六届六中全会做出的《中共中央关于构建社会主义和谐社会若干重大问题的决定》指出，要"优先安排关系群众切身利益的文化建设项目，突出抓好广播电视村村通工程、社区和乡镇综合文化站（室）工程、全国文化信息资源共享工程"。2006年，文化共享工程列入《中华人民共和国国民经济和社会发展第十一个五年规划纲要》和《国家"十一五"时期文化发展规划纲要》。2006年、2007年，工程连续两年列入中共中央政治局常委工作要点。2006年2月，胡锦涛总书记在省部级主要领导干部建设社会主义新农村学习班上要求"发展文化信息资源共享工程农村基层服务点，构建农村公共文化服务体系"。温家宝总理在2007年政府工作报告中，明确提出要突出抓好全国文化信息资源共享工程等几项重点工程。李长春同志多次做出重要批示，指出"文化共享工程是公共文化服务体系的基础工程，是政府提供公共文化服务的重要手段，是实现广大人民群众基本文化权益的主要途径，是改善城乡基层群众文化服务的创新工程"，为工程建设指明了方向，并多次视察各地的工程建设情况，有力地推动了工程的开展。刘云山、陈至立同志十分关心工程建设，多次召开会议协调解决工程建设中存在的困难和问题，对工程建设做出具体部署。

最近，中央再次明确要求加快推进文化共享工程建设。6月16日，胡锦涛总书记主持召开中共中央政治局会议，专题研究公共文化服务体系建设，提出要认真组织实施文化共享工程。8月27日，中共中央办公厅、国务院办公厅专门下发《关于加强公共文化服务体系建设的若干意见》，强调要大力发展公益性文化事业，加快推进文化共享工程建设。实施文化共享工程，通过现代信息技术及覆盖城乡的服务网络,将丰富多彩的文化信息资源送到广大人民群众身边,丰富了基层群众的精神文化生活,传播了科普知识,保障了人民群众的文化权益,促进了群众文化、农村文化工作的全面开展。加快文化共享工程建设,是缩小城乡差别、消除"数字鸿沟"的重要抓手,是全面履行政府职能、完善公共文化服务体系的重要内容,是推动文化大发展大繁荣的有力手段,是一项功在当代、利在千秋的文化惠民工程、民心工程。各级文化部门要进一步提高认识,高度重视,加强领导,按照中央的指示精神,把文化共享工程作为公共文化服务体系建设的战略性工程、作为满足人民群众日益增长的精神文化需求的长期性任务列入重要议事日程,努力推动工程建设再上新台阶。

(二) 共建共享,大力推进基层服务网络的全面覆盖

按照工程"十一五"建设规划,到2010年全国将实现县县有支中心、乡乡村村有基层服务点,广大农民群众就近方便地享受到数字文化资源服务。2007—2010年中央财政补助资金主要用于中西部地区县级支中心、村级基层点和数字资源建设。资金的分配原则是:国家中心资源建设所需经费由中央财政予以保证;中西部地区省级资源建设由地方财政安排,中央财政给予一定补助;中西部地区县(市)支中心和村级基层服务点建设经费由中央财政和地方财政按比例分担,其中,中部地区所需经费中央负担50%,西部地区中央负担80%。县(市)级支中心按68万元标准配置。乡镇基层点建设结合国家发改委、文化部综合文化站建设项目统筹进行,按3万元标准配置。乡镇综合文化站建设项目今年开始试点,2008年全面铺开,2011年结束,总投资近40亿元。村级基层点按5000~6000元的标准配置;东部地区所需建设经费由地方财政负担。目前,2007年补助地方的6.23亿元资金即将下达各地。

加快推进基层服务点建设、实现2010年"村村通",是工程建设的重中之重。按照工程"十一五"建设规划,2007年县级支中心要建成30%,2008年、2009年每年再建成30%,使建成的县级支中心总数达到90%,2010年实现县县建有支中心;乡镇基层服务点建设将与国家发改委"乡镇综合文化站"建设项目统筹安排;文化系统不再新建村级基层服务点,将通过与农村党员干部现代远程教育、农村中小学现代远程教育的共建共享,尽快实现"村村通",尽早为基层群众服务。实现文化共享工程服务点建设"村村通",没有统一的建设模式。各地要认真调查研究,与有关部门协商,根据本地实际,采取最便于群众使用的方式,选择适合本地区实际的建设模式,尽快实现基层服务点的全覆盖。各地要积极贯彻落实河南文化共享工程现场会会议精神,借鉴河南等地的经验,对本省农村党员干部远程教育工程、农村中小学现代远程教育工程、农村信息化工作、数字图书馆等相关领域的情况做深入细致的调查研究,选择适合本省实际的传输渠道和技术,创新建设模式,加速推进基层服务网络建设。

（三）加快数字资源建设步伐

资源建设是文化共享工程的核心工作。要以丰富、适用、优质、多样的数字资源及快速、便捷的信息化服务，满足基层人民"求富裕、求健康、求文明"的愿望，在消除"数字鸿沟"、增进社会和谐、促进"三个文明"建设及社会主义新农村建设方面，发挥积极作用。要抓好数字资源建设这一核心，力争到2010年，文化共享工程要提供不少于5万种电子图书，采集制作不少于14000场/个舞台艺术、影视节目、知识讲座等视频资源，资源总量不少于100 TB，其中，国家中心资源总量不少于20 TB。要加强资源整合，资源建设的上游端要与国家数字图书馆工程相结合。要以国家数字图书馆为龙头，加快国家图书馆、省级图书馆与各地公共图书馆的联网步伐，加强市县级图书馆镜像站建设，使数字图书馆的资源内容通过文化共享工程的平台为各级图书馆，文化共享工程分中心、支中心及文化单位服务。要建立和完善资源建设统筹协调机制，通过争取捐赠、定向委托、公开招标、协议转让等手段，妥善解决版权问题，扩大资源共建途径，扩充资源规模。

要密切结合基层群众特别是农民群众求富裕、求健康、求文明的需求，按照突出重点、兼顾一般、科学规划、标准统一、共建共享的原则，以需求为牵引，突出文化特色，重点建设一批与基层群众生产生活密切相关、迫切需要的资源库群，提高资源的吸引力。国家中心和各级分中心、支中心要共同开展资源建设工作，形成全国普遍适用资源和地方特色资源优势互补、相辅相成的资源服务体系。为支持中西部地区资源建设，中央财政今年补助中西部资源建设经费2800万元，今后每年都将继续给予支持。为加强对各地资源建设的指导，防止重复建设，国家中心将制定下发《文化共享工程2007年度资源建设指南》，各地要根据指南的要求，制定2007年度资源建设计划，并向文化部申报。为迎接党的十七大的召开，结合学习、宣传、贯彻十七大精神，近期，各地要重点组织建设、精选一批反映我国改革开放成就、体现科学发展观、构建社会主义和谐社会、建设社会主义新农村内容的资源。

（四）加强技术研发，构建先进、方便使用的技术体系

文化共享工程是通过计算机网络技术提供数字化信息服务的公益性文化工程，服务对象是基层群众。因此，必须充分考虑群众的需求，服务界面要简单、便捷，易于群众使用和掌握。要依托国家骨干通讯网络及国家数字图书馆工程技术平台，与数字图书馆技术紧密结合，建设功能完备、技术先进、稳定可靠、经济实用的开放性实用技术体系。同时，要积极探索与电话"村村通"技术相结合，推动互联网进入广大农村地区。

国家中心要加强工程网站建设，以互联网为主要形式传输资源。各省级分中

心要加强资源镜像站建设和特色数字资源建设,整合资源,加强管理,承担对本省资源建设、各级网站建设的组织协调、管理服务和绩效考核工作。市县支中心要尽快建立镜像站,具备数字资源的存储能力、传输能力和服务能力,并与图书馆自动化、网络化建设紧密结合,建设完成配置先进的电子阅览室。乡镇、村基层服务点应具有信息服务、教育培训、文化娱乐等多种文化服务能力。各地要按照统一规划、统一标准、统一格式进行工程建设,不断完善工程技术平台,2010年前,使县级以上各级中心具备提供数字图书馆服务的技术能力。

(五)提高服务水平,加大宣传

服务是工程建设的根本。随着文化共享工程基层服务网络建设的推进,要进一步加强工程的服务与宣传。要以基层、广大农村和农民群众为服务重点,采取阵地服务与流动服务相结合的形式,扩大服务和宣传范围,提高资源的使用效益。要因地制宜,依托各类文化设施和场所,利用广场、集庆活动、集市等,开展丰富多彩、形式多样的服务活动。要深入基层,深入农村,有针对性地开展各种知识讲座、技能培训和咨询,提高基层群众特别是农民群众的职业技能和致富能力。要采取多种方式,加大宣传力度,要善于策划项目,扩大文化共享工程的影响,在广大基层群众中普及工程相关知识,既要让群众了解工程的资源内容,又要让群众熟悉设备使用方法,方便、快捷地获取信息。为进一步加强文化共享工程的基层服务工作,今天下午,文化部将专门组织召开全国文化信息资源共享工程农村服务工作座谈会,邀请全国18个省、区、市的近40位农民代表及基层文化工作者代表到会,座谈文化共享工程在农村的服务情况,了解农民的需求,征求他们的意见和建议,以进一步推动文化共享工程基层服务、农村服务工作的全面开展。

(六)加强队伍建设

人才是事业的基石和保障。各地要积极采取措施,以自有队伍和社会队伍相结合的方式,组建一支思想水平、业务素质较高的管理队伍、技术保障队伍和基层服务队伍。培训工作要经常化、规范化,统一制定培训标准,按照分级分批的原则,通过集中授课、卫星广播、网络互动、光盘教学等方式,开展培训工作。要充分发挥县图书馆、文化馆、乡镇文化站等基层文化单位工作人员在文化共享工程建设与管理中的积极作用,通过分级培训,逐步形成国家中心、省分中心、市县支中心、乡镇和村基层服务点四级管理人员队伍,加快建设高水平的资源建设、软件开发、网站维护等专业技术骨干队伍。县级支中心要配备专职人员,农村基层服务点要发展专兼职结合的工作队伍。

(七)明确责任,加强管理

推进文化共享工程建设是各级文化部门的责任。本次会议即将签订责任书。

责任书由文化部与各省、区、市人民政府签订，各省、区、市文化厅（局）长作为直接责任人也参加签订。责任内容包括两个方面，省、区、市人民政府主要承担到2010年实现基层服务网络全覆盖的责任，中西部地区省份还要承担落实地方分担资金的责任；文化部主要承担组织、协调、监督和检查验收责任，对中西部地区省份，还将承担落实中央补助资金的责任。签订责任书，目的是要通过签约的形式，明确中央与地方的职责任务，加强对工程建设的组织领导，确保"十一五"建设目标的圆满完成。责任书决不能一签了之，责任不容推诿，工作不容懈怠。会后，各地要积极行动起来，建立相应的责任机制，把文化共享工程作为公共文化服务体系建设的战略性工程、作为满足人民群众日益增长的精神文化需求的长期性任务列入重要议事日程，列为衡量地方文化事业发展的重要指标，纳入目标管理责任制，纳入工作指标考核体系。前一段，各地都认真制定了工程建设的规划和年度计划，要进一步细化工作方案，分步组织实施，将规划和计划落到实处。文化部将根据责任书规定的责任，对各地工程建设情况逐年组织检查验收。对中西部地区搞得好的省份，将加大支持力度；对工作进展不力的，将停拨或缓拨补助经费。从明年开始，对东部地区搞得好的省份，将给予适当奖励。此外，按计划今年10月文化部将组织开展2006年试点工作验收。各省具体负责本省的试点验收工作，文化部进行抽查。对验收合格且工作取得突出成绩的试点省、市、县，将命名为文化共享工程建设示范省、市、县。要加强经费的管理，规范政府采购，加大对资金使用的监控，杜绝和防止腐败。要加强对工程设施设备的维护和管理，制定制度和规范，防止管理上的漏洞。

（在全国文化信息资源共享工程签约会上的讲话，2007年9月17日。原载于《中国文化报》2007年9月19日第2版）

文化共享工程在建设社会主义新农村
工作中的地位与作用

今天，我们特地邀请各地文化共享工程使用者和基层文化工作者召开一个农村服务工作座谈会，主要目的是了解大家对于文化共享工程的意见和建议，学习你们在基层实践中积累的宝贵经验，以便我们改进服务工作，更好地发挥文化共享工程在基层的作用。刚才，大家都做了很好的发言，畅谈了为农民服务及利用文化共享工程发展生产、丰富文化生活的感想、体会，提出了许多好的建议。

在这里，我想就如何利用文化共享工程平台，为广大基层群众提供便捷服务谈几点意见。

一、文化共享工程基本进展情况

随着我国经济快速发展和人民生活的逐步改善，基层人民群众求富裕、求健康、求文明的需求日益高涨。但是，在不发达地区特别是广大农村，信息十分匮乏，这些需求得不到有效满足。为了满足基层群众日益增长的精神文化需求，2002年4月起，文化部、财政部实施了文化共享工程这一全国范围内的战略性文化基础工程。它被称为继"村村通广播电视工程"这个一号工程后的"农村文化建设的二号工程"，主要是利用现代信息技术，对我国优秀文化信息资源进行数字化加工、整合，通过互联网、卫星传输等手段传输到基层，为广大基层群众提供公益性服务。它是目前最快捷的送文化下乡的手段，主要工作就是办三件事：第一，整合大量基层群众需要的优秀数字资源；第二，把这些资源通过互联网、卫星、数字电视、有线电视等多种技术模式送到基层群众手中；第三，在基层群众身边建设基层服务点，配置计算机、卫星接收设备，让群众很方便地去那里使用这些资源。

党中央、国务院高度重视文化共享工程建设。党的十六届六中全会做出的《中共中央关于构建社会主义和谐社会若干重大问题的决定》指出，要"优先安排关系群众切身利益的文化建设项目，突出抓好广播电视村村通工程、社区和乡镇综合文化站（室）工程、全国文化信息资源共享工程"。作为公共文化建设重点工程，2006年，文化共享工程列入了《中华人民共和国国民经济和社会发展第十一个五年规划纲要》和《国家"十一五"时期文化发展规划纲要》。2006年、2007年，工程连续两年列入中共中央政治局常委工作要点。2006年2月，胡锦涛总书记在省部级主要领导干部建设社会主义新农村学习班上要求"发展文化信息资源共享工程农村基层服务点,构建农村公共文化服务体系"。温家宝总理在 2007 年政府工作报告中,明确提出要突出抓好全国文化信息资源共享工程等几项重点工程。中共中央政治局常委李长春同志多次做出重要批示,为工程建设指明了方向,并多次视察各地共享工程建设情况,有力地推动了工程的开展。今年 1 月 8 日,李长春同志主持召开中央宣传思想工作领导小组专题会议,听取了文化共享工程建设情况汇报,讨论和研究了有关问题,部署了下一步工作。

在各级党委、政府重视支持下,在工程建设者的共同努力下,工程取得了一定进展。

(一)基层服务网络建设明显加快

目前,文化共享工程自建了 33 个省级分中心,1970 个市、县支中心和 7049 个乡、村基层服务点。通过与农村党员干部现代远程教育工程、农村中小学现代远程教育工程合作共建,建成基层服务点 35 万多个。山东、湖南、贵州等地基本实现乡、村全覆盖。2007 年底,河南、山西、浙江将基本实现全覆盖。其他省份也都制定了建设规划,加大了经费投入,积极开展合作共建,采用适合本地区的技术模式,加快推进基层服务网络建设。

(二)资源内容不断丰富

资源建设是工程建设的核心。目前工程数字资源总量已达到 65 TB。其中,文化部全国文化信息资源建设管理中心整合加工约 13 TB 的数字资源,各级分中心整合完成了约 52 TB 的数字文化资源。资源内容包括 3000 多部农村实用技术、普法教育、道德文明等视频节目,2000 多部京剧、地方戏、杂技、小品、话剧、歌剧、舞蹈、农村新戏、综艺晚会等优秀舞台艺术,近 300 多部农村题材、爱国主义题材的优秀国产电影、电视剧,1000 多场优秀文化讲座,1000 多部影视专题片,5000 万册电子图书等。

(三)传输方式不断拓展

近年来,各地在利用互联网、卫星、光盘、移动存储等传输方式的基础上,因地制宜,采用先进技术,又创造了多种传输模式,主要有:

一是基于互联网的 IPTV 模式。IPTV 技术以宽带互联网为基础通道,通过宽带网+机顶盒+电视的方式,在电视上播放,具有使用简单、维护方便、图像清晰、交互性强等优点。已采用这种模式的有河南、山西等省,河北、吉林、安徽、宁夏等省区也准备采用。

二是数字电视模式。数字电视服务采用电视机+数字机顶盒方式实现,清晰度高,可以提供点播式服务,是广电部门大力推广的一项先进技术。截至 2006 年底,全国已有 25 个城市完成了有线电视数字化的整体转换,用户达到 1267

万。山东青岛、贵州遵义、海南等地在数字电视频道中开设了文化共享工程专用频道，使文化共享工程进入千家万户。目前，我们正在与广电部门协商，积极推进文化共享工程与数字电视的结合。

三是有线电视模式。贵州等地利用有线电视网络，在有线电视台开设文化共享工程频道，播放文化信息资源。还有一些地方与广电部门合作，以有线电视网络为基础通道，通过有线电视网+机顶盒+电视的方式，在电视上播放文化共享工程资源，这种技术的优势是费用低，收视质量好，可以提供交互式双向服务，有利于快速发展。浙江、江苏等省采用这种方式。

四是依托地区信息化工程模式。在上海等信息化建设发展快的地区，文化共享工程借助当地统一、先进的信息化服务平台和城域信息网，为基层群众提供文化共享工程资源服务，既提高了文化共享工程的资源传输能力，又丰富了城市信息化的内容。

此外，国家中心通过与国家信息中心合作，依托国家政务外网向各省传输资源，并在浙江建立了同步更新的镜像站系统，大大提高了南方电信用户访问文化共享工程网站的速度。这些新型传输模式是文化共享工程建设中的有益探索，各地要认真学习和借鉴，并根据本地实际，选择、创造适合自身发展的模式，广开渠道，快速、全面推进文化共享工程建设。

（四）落实中央财政专项建设资金

中央财政决定"十一五"期间投入24.76亿元用于文化共享工程建设。今年初2007年度文化共享工程中央本级专项资金4000万元到位，补助地方的6.23亿元的建设资金即将下达。中央财政补助资金主要向中西部地区倾斜。中西部地区县（市）支中心和村级基层服务点建设经费由中央财政和地方财政按比例分担，其中，中部地区所需经费中央负担50%，西部地区所需经费中央负担80%。县（市）级支中心按68万元标准配置。乡镇基层点建设结合国家发改委、文化部综合文化站建设项目统筹进行，按3万元标准配置。村级基层点按5000～6000元的标准配置。东部地区所需经费全部由地方财政负担，中央财政将对工作成效突出的省份给予适当奖励。

（五）服务效果日益显现

随着资源内容不断丰富、传输方式不断拓展，工程的服务内容和方式也日益丰富，越来越多的群众方便快捷地享受到文化共享工程的服务，辐射人群已达到上亿。优秀的文化信息资源源源不断传输到基层群众中，不仅初步解决了农民看书难、看戏难、看电影难的问题，丰富了群众业余文化生活，而且，工程丰富的农业生产、农业科技知识方面的资源，为农民致富提供了有效的帮助。许多地方依托文化共享工程开展农业技术培训、农民工培训、再就业培训等，提高了农民的科学文化素质和生产技能，有力地促进了当地经济社会的协调发展。在与农村党员干部现代远程教育工程、农村中小学现代远程教育工程的合作共建中，文化共享工程积极发挥自身优势，丰富了农村党员干部远程教育的节目内容，活跃了农村中小学生的校外生活。近年来，文化共享工程各级分中心、支中心坚持阵地服务与流动服务相结合，普遍开展了进农村、进社区、进工地、进军营、进企业等活动，受到了广泛欢迎。同时，文化共享工程的实施，使基层文化单位增强了活力，充实了服务内容，全面提升了公共文化服务的能力和水平，促进了文化工作手段的现代化，成为文化工作新的重要增长点。

二、充分发挥文化共享工程在建设社会主义新农村中的作用

文化共享工程是政府提供公益性服务的重大文化项目，是构建我国公共文化服务体系的基础工程，是改善城乡基层群众文化服务的创新工程，是贯彻落实科学发展观、构建社会主义和谐社会的重要举措。它对于改善城乡基层群众文化服务、实现广大人民群众基本文化权益，对于促进社会主义新农村建设和社会主义精神文明建设，都具有重要的作用。具体来讲，主要有三点意义。

（一）文化共享工程是全面履行政府职能，完善公共文化服务体系的重要内容

2007年6月16日，胡锦涛总书记主持召开中共中央政治局会议，专题研究加强公共文化服务体系建设。8月27日，中共中央办公厅、国务院办公厅专门下发了《关于加强公共文化服务体系建设的若干意见》，明确指出当前公共文化服务体系建设的目标任务是"要大力发展公益性文化事业，实施文化惠民工程，优先安排关系人民群众切身利益的重大公共文化服务项目，逐步解决农民群众收听收看广播电视难、看书难、看电影难的问题，基本满足城镇居民就近便捷享受公共文化服务的需求"。文化共享工程是建设公共文化服务体系的重要内容，是保障公民基本文化权益的主要途径，为满足群众精神文化需求提供了一个全新的载体，是促进公共文化服务体系完善的一个重要的内容和途径。对农村来讲，是培养新型农民、推进社会主义新农村建设的重要途径。从城市来讲，是培养合格公民、提高城市文明程度、提高城市人民文明素质的重要手段。

（二）加快文化共享工程建设，是缩小城乡差别、消除"数字鸿沟"的重要抓手

近年来，我国信息化建设取得了可喜的进展，但广大农村地区的信息化建设仍然十分滞后，农民群众了解信息的渠道十分有限，"信息贫困"的局面没有根本改变，城乡之间的"数字鸿沟"有扩大的趋势。文化共享工程的实施能够缩

小城乡地区之间的"信息鸿沟",进一步促进经济社会协调发展,是落实科学发展观的具体措施,是一项具有长远战略意义的工程。借助文化共享工程平台,可以最大范围地传播各类信息资源,满足基层特别是农村群众的信息需求。因此,这是一项功在当代、利在千秋的民心工程。

(三)加快文化共享工程建设,是开创基层文化工作新局面的新的重要的增长点

实施文化共享工程,为广大文化工作者开创文化工作新局面提供了便捷的途径、崭新的平台和极好的契机,是文化工作的新的重要的增长点。过去,图书馆、文化馆等文化设施是人民群众行使文化权益的重要场所,但是由于我国公共文化基础设施建设长期较为薄弱,各级文化单位特别是基层文化单位提供服务的能力不高,导致文化产品和服务供给不足,城乡文化发展水平差距较大。文化共享工程是继广播、电影、电视之后利用网络传播文化的现代文化工作手段,是一个创新,是涵盖内容极为丰富的一个全新平台,是文化工作的新的重要的增长点。

文化共享工程因其共享的理念、创新的服务模式、先进的技术手段,被认为是最为快捷的农村信息服务工程,得到了党中央、国务院的高度重视,中央财政也给予了前所未有的支持力度。希望广大基层文化工作者、农民群众积极参与,献计献策,把这一惠民工程办好。

三、围绕群众需求,开展丰富多彩的服务工作

按照中央关于大力推进文化共享工程建设的要求,今后一个时期,工程建设要以数字资源建设为核心,以基层服务网点建设为重点,以多种传播方式为手段,以共建共享为基本途径,到2010年,基本建成资源丰富、技术先进、服务便捷、覆盖城乡的数字文化服务体系,努力实现"村村通"。主要在以下几个方面加强工作:

一是建立覆盖城乡的基层服务网络。按照工程"十一五"建设规划,到2010年全国将实现县县有支中心、乡乡村村有基层服务点,广大农民群众就近方便地享受到数字文化资源服务。其中,2007年县级支中心建设要建成30%,2008年建成60%,2009年建成90%,2010年实现县县建有支中心;乡镇基层服务点建设将与国家发改委"乡镇综合文化站"建设项目统筹安排;村级基层服务点要随着农村党员干部现代远程教育工程基层点建设同步推进。2007年,12个农村党员干部现代远程教育试点省份已建的基本型基层点将全部升级为扩展型,具备提供数字文化信息服务的能力。2008—2010年,与农村党员干部现代远程教育工程的推进相结合,所有省份实现"村村通"。

二是针对基层群众需求加大数字资源建设力度。数字资源建设的目标是力争到2010年,共享工程提供不少于5万种电子图书,采集制作不少于14000场/个舞台艺术、知识讲座、影视节目等视频资源,资源总量不少于100 TB。充分体现"三贴近"原则,面向农村、面向基层、面向普通百姓,建设内容健康实用、形式生动多样、富有民族特色的资源。"十一五"期间,资源建设将以农村为重点,结合农民群众求富裕、求健康、求文明的需求,加强与人们生产生活密切相关的资源建设,着力整合和精心打造以下几个方面的资源:致富增收先进适用技术和进城务工技能培训,地方戏曲、农村新戏和爱国主义、农村题材的国产影视,农民道德文化素质和民主法制意识教育,农民医疗卫生和计划生育知识。

三是加强技术研发,建立操作简单、便捷的技术服务平台。传输渠道是影响、制约文化共享工程快速发展的重要因素。我们将在原有技术手段的基础上,鼓励各地结合本地实际,学习和借鉴先进地区的经验,综合利用现有的互联网、电信网、电视网等平台,进一步探索便捷的技术实现方式,加快推进基层服务网络的全覆盖。

文化共享工程是通过计算机网络技术提供数字化信息服务的公益性文化工程,服务对象是基层群众。因此,必须充分考虑群众的需求,服务界面要简单、便捷,易于群众使用和掌握。我们将依托国家骨干通讯网络及国家数字图书馆工程技术平台,与数字图书馆技术紧密结合,建设功能完备、技术先进、稳定可靠、经济实用的开放性实用技术体系。国家中心则加强工程网站建设,丰富资源内容,以互联网为主要形式传输资源。同时,积极探索与电话"村村通"技术相结合,推动互联网进入广大农村地区。各省级分中心要加强资源镜像站建设和特色数字资源建设,整合资源,加强管理,承担对本省资源建设、各级网站建设的组织协调、管理服务和绩效考核工作。市县支中心要尽快建立镜像站,具备数字资源的存储能力、传输能力和服务能力,并与图书馆自动化、网络化建设紧密结合,建设配置先进的电子阅览室。乡镇、村基层服务点应具有信息服务、教育培训、文化娱乐等多种文化服务能力。各地按照统一规划、统一标准、统一格式进行工程建设,不断完善工程技术平台,2010年前,使县级以上各级中心具备提供数字图书馆服务的技术能力。

四是面向基层积极开展信息服务。服务是工程建设的根本。要通过优质、便捷的服务吸引更多的基层群众使用文化共享工程,扩大工程的影响。随着工程基层服务网络建设的推进,要以基层、广大农村和农民群众为服务重点,采取阵地服务与流动服务相结合的形式,进一步加强服务,扩大服务范围,提高资源使用效益。要因地制宜,依托各类文化设施和场所,利用广场、集庆活动、集市等,开展丰富多彩、形式多样的服务活动。要深入基层,深入农村,有针对性地开展各种知识讲座、技能培训和咨询,提高基层群众特别是农民群众的职业技能和致富能力。要采取多种方式,在广大基层群众中普及工程相关知识,既要让群众了解工程的资源内容,又要让群众熟悉设备使用方法,方便、快捷地获取信息。

五是加强管理和监督。上午,文化部与各地签订了2007—2010年文化共享工程建设责任书。按照责任书要求,各地已明确了工作任务和要求,落实具体的工作措施,在规定的时间内完成建设任务,确保地方配套资金到位。各级文化行政主管部门要承担主管责任,加强对各级分中心和基层服务网点的业务指导和监督管理,避免基层服务点变成网吧。国家中心则负责建立工程监管平台,强化对基层服务点的管理。

六是加强培训,建立一支扎根农村的服务队伍。要加强对基层文化工作者的经常性培训,制定培训标准,按照分级分批的原则,通过集中授课、卫星广播、网络互动、光盘教学等方式,开展培训工作。充分发挥县图书馆、文化馆、乡镇文化站等基层文化单位工作人员在文化共享工程建设与管理中的积极作用,面向基层农村开展定期上门服务。县级支中心要配备专职人员,农村基层服务点要发展专兼职结合的工作队伍。

(在文化共享工程农村服务工作座谈会上的讲话,2007年9月17日)

做好文化共享工程的技术保障

2002年文化共享工程实施以来，在座的同志、各省图书馆为推动文化共享工程的发展做了大量的、卓有成效的工作。如果说文化部启动文化共享工程的话，那么它的发展就靠各省图书馆、靠在座的诸位同志。大家这些年集思广益，形成了许多思路，也克服了很多困难来推进工作，并逐步使这项工作为广大群众所接受、所了解，在各地逐步地为全国的老百姓开展服务。所以从这个意义上讲，没有在座的各位同志的努力，没有各省图书馆的努力，文化共享工程到不了今天。所以，我也想借这个机会向为文化共享工程做出贡献的同志、向各省图书馆的同志、向在座的同志表示衷心的感谢！

文化共享工程作为一个全新的理念，叫文化创新工程。在启动之初，工程发展的大方向有个定向，但是究竟怎么实现它，思路也是逐步形成的，所以这些年围绕文化共享工程不断地召开会议。会议多，研究的问题多，争论的问题也多，在不断地总结各地创造经验的基础上，逐步形成工作思路。特别是最近几年，有的省不论是在技术平台还是服务方面都做了大量工作，做出了探索。我们分别召开过多次会议，最早的启动会议在山西召开，再早就是在福建的会议，当时福建已经通过福建文化信息网开展服务。召开会议的地方很多，在山东召开文化共享工程和农村党员现代远程教育工程相结合来开展服务这方面的专题会议，用现场会的方法来推广山东的经验；在河南又召开了利用IPTV的模式以及与农村党员现代远程教育工程相结合来开展服务的会；以后在其他几个省也陆续地召开了不少的这种研讨会。文化共享工程基本是每年召开一次会议，来研究一些问题。现正在筹备召开今年的工作会议，在此之前对文化共享工程的进展情况做了一次督导活动，督导组把各地的情况都做了汇总，在督导的基础上再形成今年的工作思路。这些探讨都是非常好的。我参加会议的目的就是进一步明确今年的工作重点，进一步加大推进文化共享工程的力度，对这些问题做些研究。所以刚才座谈的时候我也和大家就有些问题做了探讨，因为时间很短，有些同志的意见还没有讲出来。张彦博同志刚才谈到对下一步的工作思路，我是比较关心下一步究竟该怎么做。虽然得到了中央领导的重视，中央财政也下拨了大量的经费，当然并不是说有了钱就能把事情办好，所以越是这个时候我们越有如履薄冰、如临深渊的感觉。中央财政拿了将近25个亿，还不包括乡镇，乡镇接着要拿出五六个亿，加上国家中心的钱，加上各地的钱，就是几十个亿的钱要放到工程中去。能不能实施好工程成了我们共同的责任，所以共同策划好文化共享工程今年、今后一段时期的工作思路就显得非常重要。

我讲两个问题，第一个是认识问题，进一步认识搞好文化共享工程的重大意义。

文化共享工程作为一个公益文化服务的工程，之所以受到了中央的重视，是因为符合了时代的特点。它是利用先进的科学技术对先进的文化资源进行数字化整合，然后经过卫星、互联网等多种模式向基层提供服务的工程。它既借助于先进技术，又以服务百姓为目的。文化共享工程之所以有生命力，我觉得这两点是非常重要的。如果是传统的服务模式就没必要；如果不是针对老百姓服务，各级政府也不会引起那么大的重视。

随着工程的推进，几年来也得到中央的高度重视。2003年以来中央下发了很多文件。不管是胡锦涛同志的讲话，还是党代会的工作报告，或者是每年的政府工作报告，都将文化共享工程作为中国文化服务的重要工程列在其中，也包括《国家"十一五"时期文化发展规划纲要》。今年很多同志都该注意到，文化共享工程在政府工作报告中的位置都变了，原来的位置是广播电视村村通、全国文化信息资源共享工程，今年的顺序是全国文化信息资源共享工程、广播电视村村通。国家已经把该工程作为国家的一号工程了，可见中央的重视。

这些都为文化共享工程提供了一个很好的政策环境。所以在中央的高度重视下，去年李长春同志就召开专题会议研究文化共享工程，这个会议决定了中央财政要组织24.7亿元推进文化共享工程，到2010年，实现"村村通"。这个目标已经很明确了，提出乡镇一级要通过乡镇综合文化站来推进文化共享工程，26000多个乡镇按照3万元钱配置来搞，就是8个亿了，再加上中西部地区地方分担五六亿，大概总体要投资30个亿来推进这项工程。作为这么一个具体的文化工程，中央为什么这样重视？是因为中央从全面提高中华民族的文化素质、建设和谐社会的高度来认识这个工程的重要性。所以这是公益服务，让老百姓免费享受文化娱乐。

中华民族有抓思想道德教化的传统，在历史上有很多这样的例子。远的不说，中华民国时期最早抓的就是民族教育吧？以近代图书馆为例，我昨天看了李忠昊馆长写的一本书，讲到四川馆是光绪二十六年就开始搞起来的。全国很多馆都是清末就陆续开始发展起来，那个时候财政条件很差，当时的中国已经很弱，八国联军、芝麻绿豆小的国家都敢来打中国。就在那个时候，政府都还是重视公共文化、公共教育建设。现在我常感觉到很没有面子。1916年，袁世凯只当了83天的皇帝，就颁布了图书馆的第一个缴送法，可我们到现在都没有一个法令。当时清政府不仅颁布了京师图书馆法令，还颁布了各省图书馆的法令，当时政府对图书馆是很重视的。再往前讲，清朝对地方官的考核是每三年一大讲，第一等级叫卓异，如果道德建设不够就一票否决，说明当时政府对文化的重视。我去河南的时候，看见一个牌坊，上面写着"宣化"，导游说是宣传教育的意思，我说不对，是宣德教化。

我们国家从"文化大革命"到改革开放，那时候还在解决肚子问题，经济建设成为全党工作的着重点。但是也出现了邓小平同志所说的"一手硬一手软"的问题。后来邓小平同志进一步讲，10年的改革开放，认识到还是必须加强思想道德方面的教育。这个认识是他10年以后认识到的，但这个认识还没成为全国的共识，而且在很多地方还没成为各级领导的认识。片面追求GDP，把经济发展情况作为政绩的主要标志的情况现在还在很多地方存在。但是随着社会的发展，已经有新的变化，这些年由东到西都开始考虑建图书馆、博物馆、文化馆了，出现了建馆热。四川在最繁华的天府广场建设新馆了；陕西近两年也开始建博物馆和图书馆了，博物馆已经建成了，听说也马上要建科技馆；还有宁夏等地方都有新馆要落成。这说明人们的认识在加深、在重视，社会也需要这样。所以搞文化共享工程顺应了社会的需求，这个是我讲的认识的第一点。

第二点是文化共享工程为图书馆跨越式发展提供了良好机遇。因为文化共享工程的实施除国家中心以外，都在各级图书馆。有人说我们平白无故增加了工作量。我就老讲这句话，这只是图书馆的工作内容之一。因为有了文化共享工程，一下子就提高了我们国家的数字图书馆水平。如果没有文化共享工程，何时才能普及计算机？大家比我更清楚，包括省级图书馆，有哪个图书馆搞电子阅览室容易啊？东部地区问题不大，西部地区我想可能还要几年或是十几年的时间才能实现，但文化共享工程一下子就把这个问题解决了。因此，我认为文化共享工程是当前信息技术条件下图书馆发展的重要机遇。图书馆的职能是为人找书、为书找人，在信息模式下是为人找信息、为信息找人，实现着其职能的大大拓展，特别是数字图书馆。国家数字图书馆即将落成，数字图书馆的建设成果将会通过这一平台，为全社会做贡献。中央财政专门列出处理版权的费用，今后，每年处理版权的费用会大大增加。将来从理论上讲，全国的数字化图书馆，只要你有条件的都可以使用，这是一个天大的革命，连美国到现在也没有实现过。大家都清楚，联邦制的国家，比之我们国家来讲，中央政府要办这个事情都很困难。我们也有我们的优势，这一点我认为对我国的图书馆事业起着重要的作用。

为什么我要讲这两点，就是想说明我们抓的这个工作既符合中央的要求，又符合图书馆发展的实际。因此我们大家要齐心协力把这项工程实施好。我们这项工程既对图书馆的发展起着重要的推动作用，又为图书馆的社会教育职能很好地在新的条件下得到实现提供了一个重要支持，就会使图书馆的影响不断扩大。就省馆、市馆和地县馆的关系来讲，我觉得现在省级馆的馆长借助于文化共享工程这个平台，和市馆、地县馆的关系也越来越融洽，一方面指导，另一方面拓展了服务手段。所以各地在文化共享工程的实施中，大家对推动这个工程都非常努力和主动，因此有着不少的创造。

总体上文化共享工程要搞几年呢？我觉得是个长事，图书馆存在多久就搞多久，中华民族存在多久就搞多久。现在怎么评价呢？现在才刚起步。我经常讲，文化共享工程是作为一项创新工程来执行，不论从工作思路、技术平台、资源平台到服务模式，都处于第一步的状态，有些地方还没有跨出第一步，这一点大家要有清醒的认识。存在的问题还是比较多的，如果不能正确认识这些问题，对我们的下一步发展是很不利的。

第一个方面我认为是人才问题，这一点我感觉是最大的问题。能够熟练掌握计算机设备、文化共享工程设备的人，是我们目前最缺少的。比如我们下去检查工作，不管是台前还是幕后，都是省馆在操作，一个省馆少则管几十个县，大则管几百个县，能有多少精力呢，人才的匮乏，还不仅仅在农村、乡镇，在县里计算机网络方面的专业人才的匮乏也很严重。这个问题不解决，下一步就会大大影响这一工程的发展。计算机设备和其他不一样，有钱可以买计算机，但是设备搁置5年就没用了，设备的更新换代非常快，这个问题也应该引起我们的足够重视。

第二个方面就是在资源建设上，我们存在的问题也不容忽视。目前的资源量已经达到65 TB左右，就是6万多小时的资料。但是真正能用的资源、便捷使用的资源有多少大家并不很清楚。究竟一个省级图书馆有多少资源是大家欢迎的、便捷使用的，各地情况不一样，但总体来说不容乐观。我们资源建设是从零抓起的，国家图书馆的数字化资源虽然量很大，但是我说好多都是垃圾，我估计各馆都有这样的问题，你再去整理也很难整理出条理来，码都乱了。我们是从零起步的工程，从理论上讲，我们不应该有垃圾，资源都应该是鲜活的，做大家喜欢的资源。这一点是随着我们文化共享工程的推进逐步暴露的问题。

第三个方面是服务。服务是我们文化共享工程的终极目标，我们该采取怎样的模式让更多的人使用它，这是我们要研究的问题。如果服务搞不好，这个工程就没有吸引力，没有影响力，从而也就会失去生命力，这是我今天的感慨。当然这背后还有技术平台的问题，有管理问题，也有经费保障机制问题，这些我一会儿再讲。

我认为最重要的，第一是队伍的问题，第二是资源的问题，第三是服务的问题。这几个问题在下一步的发展中如果不很好地加以解决，就会大大影响工程的建设。因此，我认为这项工程任重而道远，真正实施好，还是需要长期不懈的努力。尤其是最近几年，需要我们付出更多的心血，推进工程尽快地走上轨道。

我要讲的第二个问题是以队伍建设为重点，加大文化共享工程推进的力度。

按照文化共享工程发展的规划，按照"十一五"发展纲要的要求，文化共享工程要在2010年实现"村村通"，话讲起来容易，做起来是很难的，所以最近这几年是推动文化共享工程发展最重要的几年。特别是去年、今年、明年是发展最重要的3年，这对我们工程的成败至关重要，这3年的工作应该引起我们的高我们重点要抓几个方面，第一个方面就是队伍的培训。要加紧文化共享工程队伍的建设。要培养一支熟练掌握文化共享工程设备、热爱文化共享工程工作的人员队伍。培养这样一支队伍是我们的当务之急。前几天我到一个省去调研，机器陆续到位了，一直没有用，我问有搞计算机的吧，说没有，怎么装，不知道。馆长一问三不知，机器摆在这，一年一晃就过去了，这样的情况不在少数。我们有的机器装在那里，弄两天就报废了，起码的操作规程也不懂。毕竟我们是利用现代技术来开展服务的工程。要说前几年我们这方面的人才缺乏，现在应该说学计算机的人不少了，计算机技术知识也大大普及了。但是，大家别太高看我们各级文化单位的这些同志，有很多图书馆的同志多年就没有摸过计算机。就是学计算机的现在知识也老化了，他对网络知识没有概念。所以这是现在各省开工作会的时候要强调的问题，各省中心要把培训计划真正抓实，要结合本地实际编写教材。

刚才座谈有几个省，河北谈到青鸟用的是四个一，无非就是培训，实践，再培训，再实践。就是不断地培训，培训有多种形式，面对面是培训，网络上也是培训。多种形式开展培训，而且要有些规定，特别是整批推进的这些县。现在国家财政从去年开始，去年7个亿，今年将近8个亿。一个县、一个县铺开。我就强调一点，先培训，人先到位，机器再到，培训先行。这个作为我们起码的一个工作要求。

各地每年都要录用一些真正能够熟练掌握技术的计算机人才。学校刚毕业的学生，刚上来也不行，也还得有个培训。就是学计算机的人，仍然要对他们进行培训。他需要研究服务，能够尽快了解什么是文化共享工程，文化共享工程是怎么服务的。这和一般的玩计算机又不一样。另外，培训的内容，既包括技术培训，也要包括开展服务的培训，特别是到基层。越到基层，这种服务的模式越多样。这点要认真抓一下，包括经验交流式的培训。每个省每年要形成制度，争取至少到2010年我们这个队伍基本搭建起来，有专业的，有业余的。比如村级，将来我们"村村通"，村里培养一个村干部，操作机器的人。现在很多村子里，差不多都是村干部在兼任。负责文化工作的，一个支委，一个妇女主任，要把这些人培训好，要培训成能够操作机器的人。这点是至关重要的，这是治本的东西。

第二个方面是加强资源库的建设。资源库建设的主要问题是资源征集的问题。主要任务在国家中心，同时每年国家列了一些资源建设费，各地也都分配了一些资源建设任务。就是建设针对性强、实用性强、群众喜欢的资源，这是目前我们面临的比较重要的任务。我到各地看了一下，"千里马"跑得挺快。资源出来以后，马上就跑走了。当然有个个性化的问题。西北地区搞西北的资源，西南地区搞西南的资源，因为中国太大了。文化的多样性、地域和气候的多样性都要考虑。今后国家中心要分地区板块。再有少数民族语言资源要进一步加强。现在少数民族地区的公共文化比较滞后，我们利用文化共享工程这个平台，一下子把他们带到了计算机时代，这是一个革命。革命完成了，光装备完成了不行啊，内容也要能提供好的东西。不仅仅是语言，还要适合他们的文化特色，要是他们喜欢的东西、适合他们地域特性的东西。这个我不展开讲。国家中心的资源建设要调整工作思路，调整工作安排。各地也要按照这个思路做一些工作。

再一个，资源的技术平台也要动。我就说你们的过门太长，打开一个片子，半天才能出来。大家一看，1分钟打不开，烦了，不看了，这个问题也要解决一下。现在已经建成的资源各地区处理，在建的新的资源要变成很快能够看到的。巷子不要太深啊，要放到大街铺面上，不要弄到胡同里面，这是挺关键的。另外还有一个问题，就是我们文化共享工程是和农村党员干部现代远程教育工程等平台共同搭建的，包括数字电视，要尽力让地方减少二次加工，能够直接应用。研究一下他们的模式，一次性转换完成了就行，不要搞二次转换。这在文化共享工程发展中始终是一个重要的问题。文化共享工程要人家愿意和你共享，靠什么？靠你资源的吸引力，老百姓喜欢不喜欢也是靠资源的吸引力。工程有没有生命力，资源也是重要的标志之一。

第三个方面是技术平台的研发。虽然我们现在经过几年的探讨，技术平台逐渐成熟起来，但是科学技术特别是信息技术是飞速发展的，我们要跟上飞速发展的技术。前几年我们听到流媒体还觉得很新鲜，网格也很新鲜，现在已经在大量推广和使用。现在已经推出3G手机，我觉得3G手机在这一年内很多地方会推出。现在北京还是试验。昨天我在报纸上又看到一个4G手机的消息，我不知道是什么东西。不是开玩笑啊，这个问题确实要认真研究。就是在3G的条件下，我们能不能借助这个平台传输文化共享工程信息资源，这个确实是要研究的。刚才黑龙江高馆长提出一个建议，这也是值得研究的问题。就是有没有可能，我们文化共享工程国家中心逐步往网络电视台升级。但是现在我们这个话不能讲，这一讲，广电不行。电视要一个频道很难，但是网络空间没人管，特别我们这种公益性的网络服务空间，只要节目资源做得好。网络的好处是互联互通，缺点是不可控，我们的资源是装在笼子里的，是可控的，我就发挥我互联互通的优势，借助网络平台传输这些资源，我认为这不是天方夜谭。前几年我提出在现有基础上向网络电视台发展，很多同志不能接受。我认为现在这些问题可以研究。

技术的建设要注意捕捉当代最先进的技术，我们不能故步自封。我们中心的年轻人很多，要充分发挥你们的聪明才智，不断地了解信息技术的前沿领域，这样工程才有活力。信息技术的发展日新月异。孙馆长最清楚，我们国家图书馆1987年建馆的时候，和国家信息中心共同买的大型机要用好几千平方米的房子，要几千万元，现在几个冰箱那样的柜子就解决了，谁能想到发展这么快？所以文化共享工程工作人员应该经常保持对信息技术的敏感性。同时，有些技术平台、技术软件的开发要面向社会。你自己弄不出来,肯定要面向一些国际化的大公司。所以在技术上文化共享工程要搞一些专题研讨,研究些技术问题。

前几年有不少意见,如传输慢了、码流等问题,现在都在陆续解决。我们在发展中可能还有些问题,比如说我们能不能很快地推向3G?又比如国家数字图书馆的这些内容,要通过文化共享工程平台传输的时候,资源量就大大地拓展了,这个时候怎么样来传输、存储和服务?这些都是很大的问题了。国家中心和国家图书馆的技术结合现在也在共享。要考虑怎么把数字图书馆的成果和文化共享工程相结合,用一个平台来传输。国家图书馆要抓紧时间研究。国家中心从7月1日开始准备接受国家图书馆的资源。从技术平台上要早做打算,早做研发。

第四个方面是要进一步加强加大共享机制的建设。我们这个工程叫文化信息资源共享工程,名字很长,昨天和刘奇葆同志说这事,最早叫文献信息资源共享,逐步形成的现在这个理念。这些资源是国家财政拿钱生产的资源,为此要成果共享,必须高举这个旗帜。关于与农村党员干部现代远程教育工程合作,党员也不能光有理论,光有理论农民也不懂,很枯燥也就不来了,所以就要增加资源的丰富性。党员、农民非常喜欢,所以能够共享合作。数字电视有些地方在探讨合作,包括电信,我们要充分利用这些平台。对于共享机制,要逐步把它更好地发展起来,特别是从工作布局上要实现共享。最近国家发改委也在搞乡镇建设,每个乡镇要建设不少于300平方米的房子。房子中都要有内容,要有文化共享工程的内容。刚才我问了一下价,6000～8000元可以搞一个投影仪。现在村里搞电视机,电视机不新鲜了,家家都有,那么政府新办的这些设施中要搞一些投影仪这样的设备,那么放出来的电影、戏剧效果要好。农民愿意在一块聚,愿意热闹。不要重复建设,村的工作要陆续推开。每个村子都有文化室,文化共享工程的设备放到这些房子里就可以。四川我只是到绵竹看了看,这样很贴近群众。实际上这个文化室在村里是最管用的。我们将来在指导工作上,包括在软件的设计上也要支持到村这一级。不仅要在文化系统外部共享,也要在文化系统内部共享,要能够把这些资源很好地利用下来。

第五个方面就是加强管理,这里我就不展开讲了,文化共享工程有设备的管理也有服务规范的管理。刚才大家都谈了很好的经验。首先中央层面抓紧出台有关的管理办法,虽然今后上升不到法律层面,但是要出台一些相关的政策和考评机制,逐步地使这个工程有章可循。

最后跟大家谈一个问题,也算通报一个情况,就是加快文化共享工程经费保障机制建设,这个问题正在做调研。这个问题其实不仅是只针对文化共享工程,文化共享工程是其中的重要内容之一。最近中央领导对公共文化服务体系建设非常重视,连续多次批示。人大会议期间李长春同志在四川组听汇报的时候,我们郑厅长也专门给他讲了基层文化设施需要经费的支持。现在有一个不公道的评价,说文化设施太多了,却不干文化的事儿,原因是什么呢?从根上来说,根在政府，多数属于这样的情况。这些年社会事业中的教育得到很快的发展，"非典"以后公共卫生体系建设也得到了很快的发展。最怕的是什么呢？各级文化站，特别是到县级"两馆"很多地方都是破破烂烂，不像个样子，有的图书馆多年没有购书费，可以说文化共享工程如果不解决这个问题，将来就没办法运转，很快就变成一批废品。这个问题至关重要，政府正在做这方面的调查研究。这首先要明确什么是公益性。公益性公共文化服务就是由政府提供的、由文化机构提供的、由政府指导文化机构提供的群众免费享用的文化。我们这么个定位，就是要满足人民群众基本文化需求，这种服务政府要拿钱。文化事业分两支说，一个是文化产业，一个是文化事业，这就属于文化事业，政府要存在就要干这个活，不干这个活就是政府的缺位，这个中央已经很清楚了。那么现在就是怎样来保证？什么样是基本的服务？就是要保证百姓能看书看报、欣赏文化共享工程资源、看电影看戏、接受重要的文化培训、参加每年举行的若干次群众性文化活动，如传统节日等。那么就在这个基础上跟财政拿钱，当然也包括文化共享工程的保障运行。对于这一点，我说实际上工作会议可能要讲两点，一个是队伍建设，一个是经费的保障机制，这是我们今年要突破的两点。第一个问题和我们有关，第二个问题是我的事儿，推动有关方面把它实现，这样才能保证这个工程健康运行。

总之，文化共享工程是一项非常重要的工作，它不是图书馆的负担，而是图书馆实现跨越式发展的一个重要契机，希望大家把它做好。

（在文化共享工程技术交流会上的讲话，2008年4月14日）

全面推进文化共享工程建设

文化共享工程的建设和完善，在提高农村信息化水平、保障人民群众的基本文化权益、缩小东西部地区之间和城乡之间文化发展上的差距等方面能够发挥重要作用，并将最终成为政府提供公共文化服务的重要手段，成为实现广大人民群众基本文化权益的主要途径以及改善城乡基层群众文化服务的创新工程。

新的历史起点上如何实现中华民族的伟大复兴，是摆在我们面前严肃而重大的历史课题。运用现代高新技术手段，可以将中华民族几千年的文化积淀以及现代社会文化信息资源进行数字化加工处理与整合，并通过文化信息资源网络传输系统，实现优秀文化信息在全国范围内的共建共享。

一、建设文化共享工程具有重要历史意义

党的十七大把建设"覆盖全社会的公共文化服务体系"作为实现全面建设小康社会的重要目标之一。文化共享工程作为公共文化服务体系的基础工程和推动社会主义文化大发展大繁荣的重要抓手，受到了党中央、国务院的高度重视。2010年将基本形成资源丰富、技术先进、服务便捷、覆盖城乡的数字文化服务体系，实现"村村通"。温家宝总理在2008年政府工作报告中指出，要"推进全国文化信息资源共享、广播电视村村通、农家书屋和农村电影放映工程"。十七届三中全会通过的《中共中央关于推进农村改革发展若干重大问题的决定》中也指出，"推进广播电视村村通、文化信息资源共享、乡镇综合文化站和村文化室建设、农村电影放映、农家书屋等重点文化惠民工程，建立稳定的农村文化投入保障机制，尽快形成完备的农村公共文化服务体系"。

公共文化服务是政府提供的以保障公民的基本文化权益、满足公民基本文化需求为目的的文化服务，通俗地讲就是政府出钱，相关文化机构负责提供资源，老百姓免费享受的文化服务。改革开放30年来，人民群众的生活水平不断提高，文化需求日益增长；但由于历史、地域、经济等多方面原因，一些地区，特别是贫困地区基层群众的文化生活仍然十分贫乏。互联网的广泛应用，使信息达到的范围、传播的速度都有显著的增长和提高。

文化共享工程的实施，把群众喜闻乐见的优秀文化作品通过方便快捷的方式传送到百姓身边，不仅填补了基层文化需求的空白，丰富、活跃了基层群众的文化生活，而且在一定程度上改变了我国文化建设的现状，基本满足了基层群众的

文化需求；不仅有效扭转了互联网上中文信息匮乏的状况，而且对于抵御西方国家的文化渗透有着积极作用；不仅弘扬了中华文化，而且促进了其发展和创新；不仅适应了世界文化发展趋势，而且推动了文化传播手段的升级换代。

二、文化共享工程建设的进展与不足

推进文化共享工程建设，是加强公共文化服务体系建设的重要方面，是兴起文化建设新高潮的重要内容，是推动文化大发展大繁荣的重要基础。文化共享工程是公共文化服务体系的重要组成部分，是实现政府公共文化服务职能的主要手段。文化共享工程的实施，丰富了公共文化资源的总量，带动了公共文化资源的整合，改善了公共文化服务质量，提高了公共文化服务水平。

2008年5月15日，文化部向党中央、国务院领导同志报送了《关于全国文化信息资源共享工程进展情况的报告》。中共中央政治局常委李长春同志，中共中央政治局委员、国务委员刘延东同志先后做出重要批示，要求继续加大力度，狠抓落实，使这项利民惠民工程取得更大进展。

自2007年至今，文化共享工程建设稳步发展，成为公共文化服务体系建设的重点标志性工程。试点工作取得明显成效，山东、浙江建立了覆盖城乡的服务体系。通过多种形式的合作共建，包括国家中心、各省级分中心、市县支中心、乡镇和村基层服务点的网络体系已初步建成。在国家中心通用资源建设的基础上，各地结合本区域特色，积极组织建设了一批地方特色文化资源，初步形成了通用资源集中管理、特色资源分布存储的分布式资源库群。推进基层服务网络建设过程中，各地因地制宜，不断创新，创造了多种行之有效的技术服务模式，使文化共享工程的基层网络建设取得了快速发展。自2006年以来，文化共享工程已为超过4.2亿人次提供了文化信息资源服务。

与此同时，我们也要认识到，仍处于起步阶段的文化共享工程还存在许多困难和不足，随着工程建设的深入，一些问题较为突出。人力资源的不足使得基层网点普遍缺少熟练掌握计算机设备，能够利用设备有效开展文化共享工程服务的人员。这个问题不解决，就会大大影响工程的发展。经费保障机制的不健全，使得一些地区日常的运行经费不能得到落实，阻碍了基层网点的正常运行。此外，还存在资源针对性和适用性不够，吸引力不强，技术平台不完善，以及运行不稳定、使用不便捷等问题。

三、进一步完善共建共享机制，让优秀的数字文化资源走进千家万户

目前，党中央、国务院关于文化共享工程建设的战略部署已经明确，今后的任务就是狠抓落实。要以文化共享工程建设为抓手，大力推进公共文化服务体系

建设。只有把文化共享工程建设与公共文化服务体系建设紧密结合起来,将工程建设纳入文化建设的总盘子,纳入公共文化服务体系建设总体规划,与建立农村公共文化服务保障机制、公益性文化单位开展公益服务、活跃群众文化生活等统筹安排,才能切实发挥工程在公共文化服务体系建设中的重要作用。

加强培训工作,努力培养一支高水准的工作队伍。通过分级分类开展对省、市(县)、乡镇、村文化共享工程专兼职人员的培训,将培训与实践相结合。培训工作要加强针对性,要不断改进培训方法,切实提高培训工作的质量。针对不同岗位的要求,要分类实施培训,将各种教学方式有机结合起来,逐步使培训工作实现制度化和规范化。

加大建设力度,提高资源适用性。必须加强文化共享工程资源建设的科学性、针对性、规范化,提高资源建设质量,防止重复建设。根据不同地域、不同用户群体的特点,分地域有针对性地提供资源,形成适用性强的资源板块。继续加大适农类、少儿类及少数民族语言文字资源建设力度,注重资源的需求收集分析工作,提供广大基层群众需求的数字化资源,不断提高资源的吸引力。

为广大群众提供国家数字图书馆的资源服务。中央领导的多次批示中都指出,国家数字图书馆的资源成果要通过文化共享工程的全国网络提供服务。因此,通过文化共享工程网络平台,将国家数字图书馆的数字资源向各级中心和基层点提供服务,对于丰富资源量,提升各级图书馆的数字服务能力具有重要意义。对于广大基层图书馆来说,这将是一场数字革命。

加强管理,改善服务,完善文化共享工程的技术体系。进一步明确文化共享工程各级中心、基层服务点的职责、任务,加强和规范管理、培训、服务等工作。国家中心要进一步加强文化共享工程网站建设,充实数字资源内容,不断提升网站的服务能力与服务水平。地方各级中心在依托图书馆计算机网络环境的同时,要积极开展文化信息资源服务,并为乡镇、村基层服务点提供服务,进一步加强中心的服务能力和向下支持能力,充分发挥县级支中心的作用。

在工作中,采取多种方式普及工程相关知识。只有使群众了解了工程的资源内容,熟悉了设备使用方法,才能不断提高文化共享工程设备设施的利用率,进一步发挥工程的社会效益。要将服务活动深入开展到基层组织,有针对性地开展各种知识讲座、技能培训和咨询,提高基层群众特别是农民群众的职业技能和致富能力。建立完善的绩效考核机制,将督导工作制度化、规范化,加强对文化共享工程建设的监督考核,做好服务统计工作。

文化共享工程的建设和进一步完善,在提高农村信息化水平,保障人民群众的基本文化权益,缩小东西部地区之间、城乡之间文化发展差距等方面能够发挥重要作用,并将最终成为为政府提供公共文化服务的重要手段,成为实现广大人民群众基本文化权益的主要途径以及改善城乡基层群众文化服务的创新工程。

(原载于《人民论坛》2008年第22期)

总结经验　加大力度
进一步推进文化共享工程建设

根据会议安排，今天下午召开2008年全国文化信息资源共享工程督导工作总结会，总结2008年文化共享工程工作，通报督导工作情况，研究部署2009年工作。自2008年11月中旬至12月初，文化部组织15个督导组对除四川、西藏以外的全国29个省、区、市和新疆生产建设兵团文化共享工程建设进行了督导。督导组在各地自查的基础上，对全国30个省级分中心、140个市县级支中心、142个乡村基层服务点和3个有关单位进行了实地检查。各地文化厅（局）对督导工作高度重视，给予了积极配合和支持，保证了督导工作的圆满完成。督导工作的开展为做好下一步工作打下了基础。

下面我结合2008年督导工作情况，就做好2009年文化共享工程工作，谈几点意见。

一、文化共享工程建设取得新进展

2008年，在各级党委、政府的重视下，各地文化部门抓住机遇，完善机制，加强管理，加大力度，文化共享工程建设快速发展。文化共享工程作为基层公共文化服务的重要抓手和基础性工程，为实现基层群众基本文化权益，活跃群众文化生活，推动各地经济社会发展，促进社会主义新农村建设和和谐社会建设，发挥了重要作用。

（一）领导重视，纳入重要议事日程

十六大以来，党中央、国务院高度重视文化共享工程建设，把文化共享工程建设作为公共文化服务体系建设的重要内容。中共中央办公厅、国务院办公厅2005年下发的《关于进一步加强农村文化建设的意见》和2007年下发的《关于加强公共文化服务体系建设的若干意见》，都对文化共享工程建设提出了明确的要求。文化共享工程建设被写入2006年、2007年、2008年的政府工作报告。在不久前闭幕的十七届三中全会上通过的《中共中央关于推进农村改革发展若干重大问题的决定》明确要求，推进文化信息资源共享等重点文化惠民工程。为推进文化共享工程建设，文化部和各级文化部门采取了积极有效的措施，按照既定规划，大力推进工程建设。2008年北京、天津、山西、上海、浙江、山东、广西、云南等省、区、市文化共享工程整体推进效果良好。北京市将文化共享工程纳入

领导亲自督办的工程。河北省代省长胡春华到省级分中心现场办公，关心支持省级分中心建设。辽宁省委分管领导亲自参加研究全省文化共享工程建设工作座谈会，多次召开会议，部署、指导工程建设。河南省将文化共享工程列为2008年省委、省政府向全省人民承诺办好的10件实事之一。安徽省将工程建设纳入2008年省委常委工作要点。浙江省委、省政府制定的《浙江省推动文化大发展大繁荣纲要（2008—2012年）》中明确提出了浙江省文化共享工程的建设目标。湖北省政府将文化共享工程作为2008年目标任务之一纳入省文化厅目标责任书。江苏省通过创建文明城市推动工程建设。山东省在去年完成全覆盖的基础上，进一步巩固成果，总结经验，从资源、技术和运行保障机制等方面对工程的长期持续发展制定了新的发展规划。

（二）各级财政加大投入，为工程建设提供有力保障

2007年10月，中央财政下拨支持中西部地区文化共享工程建设资金62302万元。其中，2800万元支持14个省、区、市建设地方特色数字资源，28152万元支持建设633个县级支中心，31350万元支持提升97463个农村党员干部现代远程教育村级基层服务点的服务能力。地方财政按比例投入建设资金60356万元，为工程顺利实施提供了有力保证。山东、湖南、北京、安徽、河南、江苏、天津、湖北等地投入较大。浙江省财政将文化共享工程专项经费增加到每年1000万元。江西由省财政统一解决了2007年度县级支中心的地方建设资金。

2008年10月，中央财政又下拨本年度文化共享工程建设经费73774万元，下拨了补助中西部地区乡镇综合文化站文化共享工程设备购置经费12083.5万元，各地正在组织实施。

（三）县级支中心和基层服务点建设明显加快

县级支中心和基层服务点建设是"十一五"期间中央财政支持工程建设的重点，也是工程服务基层的关键环节。在县级支中心建设方面，文化共享工程2007年度规划建设842个县级支中心，其中，中西部地区633个，东部地区209个。至11月底，已完成2007年度建设计划720个（中西部449个，东部271个）。截至目前，县级支中心累计完成820个，占规划总数的28%。中西部完成2007年度县级支中心建设任务的有山西、吉林、黑龙江、安徽、湖北、广西、重庆、贵州、云南、陕西、青海、宁夏、内蒙古、新疆和新疆生产建设兵团。东部地区的天津、山东在2007年提前实现县县建有县级支中心任务，北京、上海、浙江超额完成覆盖30%的年度规划建设任务。

但也有一些省份进度较慢，没有完成年度规划建设任务。有的正在安装设备，有的正在采购设备。其中，中西部地区的河南完成了87%，湖南完成了83%，四川因地震灾害只完成17%，甘肃正在安装设备设施，河北、江西、海

南、西藏正在进行招标。按规划要求，东部地区县级支中心建设的覆盖率应达到30%，但福建达到24%，广东达到21%，江苏达到16%，都未完成规划建设任务。

在村级基层服务点建设方面，2007年度中央财政支持提升中西部地区农村党员干部现代远程教育工程97463个村级基层服务点的服务能力，已建成41920个，占年度建设计划的43%，占"十一五"期间中西部地区建设规划的9.8%。到目前为止，文化共享工程与农村党员干部现代远程教育工程合作共建村级基层服务点40万个，工程服务覆盖了全国61.2万个行政村的65%，其中，北京、上海、江苏、浙江、安徽、山东、河南、湖南、广东、贵州、宁夏覆盖率达到100%，新疆、甘肃、重庆超过80%，吉林、广西、河北超过60%，山西、黑龙江、四川超过50%。

（四）数字资源建设有了新进展

资源建设是工程的核心，也是工程安身立命之本。国家中心和各省级分中心在今年资源建设工作中取得了较大进展。截至12月，文化共享工程资源量达到73.91 TB，比2007年增加了8.91 TB。其中，国家中心完成18.8 TB，各地建设52.49 TB。国家数字图书馆借助文化共享工程平台开展服务，已提供了2.62 TB资源。

国家中心建设的视频资源达22481部（场）、13540.5小时，主要包括地方戏曲、影视作品、专题讲座、农业专题片、文化专题片、综艺晚会等。国家数字图书馆提供的资源包括电子图书、专题讲座等内容。33个省级分中心和15个副省级城市支中心自建了34355部（场）、32338小时的视频资源。

2006年度得到中央财政资源建设补助经费的广西、重庆、四川、云南、陕西、甘肃和新疆已完成47个资源库的建设任务，正在按要求上交国家中心。陕西有4个、重庆和新疆各有1个资源库计划于2009年完成。2007年度中央财政支持的河北、山西、内蒙古、吉林、黑龙江、安徽、江西、河南、湖北、湖南、海南、西藏、青海、宁夏及贵州等省级分中心，已按计划与合同要求开始资源建设。

为进一步加大建设具有自主版权的资源，调动各省级分中心积极性，国家中心按平均每集3.5万元的标准委托北京、河北、辽宁、黑龙江、江苏、浙江、安徽、山东、福建摄制地方特色专题片。

（五）传输方式不断创新

2008年，文化共享工程在原有传输模式的基础上，又有了新发展。国家中心依托电子政务外网向各省传递资源，目前已开通29个省、区、市，2008年累计传输资源9 TB。国家中心和山东省分中心先后开通了网络视频直播平台，为网络在线服务开辟了一个新渠道。

文化共享工程几年来已经逐步形成了互联网模式、卫星模式、有线/数字电视模式、IPTV 模式、VPN 模式、无线网模式、电子政务外网模式、光盘/移动硬盘模式。其中，互联网模式、IPTV 模式、VPN 模式适用于网络比较发达的地区，山东、浙江、河南、山西、陕西、四川等省主要使用这几种模式；卫星模式适用于网络不发达的地区，主要在新疆、贵州、湖南、黑龙江等省区；数字电视模式适用于数字电视普及率高的大中城市，青岛、佛山、深圳、杭州和海南采取了这种模式；有线电视模式易于普及，黑龙江、吉林、重庆等地采用了此模式，辽宁正在实施这种模式；北京发展无线网模式；电子政务外网模式适合国家中心到各省级分中心之间的资源双向传输，也适合具备政务外网条件的县、乡之间的资源传输；光盘/移动硬盘模式操作简单，技术要求低，可作为网络传输的一种补充。

一些地方积极采用先进的技术服务手段创新服务方式，如：北京通过无线网络覆盖了 9000 户农户；天津建设"家庭虚拟图书馆管理系统"，为群众提供个人订制专题资源的特色服务；黑龙江使用恢复与监测软件，随时监测县级支中心服务器使用状况，并通过远程管理方式协助县级支中心对服务器实施优化、调整与恢复；湖北建立了统一的异构数据库检索平台，简化了检索步骤，提高了资源利用率。

（六）培训力度加大，基层队伍素质状况有了明显提高

为提高基层工作人员的综合素质，国家中心和各地文化部门通过集中面授、网络教学、卫星播放、光盘观看等方式开展人员培训，2008 年通过主办或与有关部门联合举办等方式培训了 195 万人次，其中，天津、吉林、江苏、山东、浙江、安徽、广东等超过 5 万人次。

国家中心先后对省级分中心领导和专业人员以及部分基层服务点人员进行了培训，在工程网站开设了"培训专栏"。福建 2008 年安排了 30 万元专项资金用于文化共享工程业务人员的培训工作。广东将 2008 年作为"文化共享工程培训年"，编辑出版《文化共享工程网上信息咨询培训教程》。山东把全省学用标兵的服务经验和学用模范事迹制作成系列专题片 120 余集，形成了《山东省文化共享工程学用典型经验视频库》用于培训。新疆编制了汉、维双语培训教材。为支持四川汶川地震灾区县级支中心建设，国家中心、国家图书馆及全国 19 个省级分中心开展了对口培训工作。

（七）合作共建成效明显

截至 2008 年 12 月，通过合作共建，农村党员干部现代远程教育工程 40 万个村级基层服务点、全国 25 万所农村中小学可接收与使用文化共享工程资源。

湖南、山东、贵州、浙江、吉林、河南、江苏、新疆、安徽、黑龙江、山

西、北京、陕西、湖北等省、区、市文化厅（局）先后与省委组织部和其他部门联合下发合作共建的文件。河北与省委组织部电教处签订了合作协议。有21个省、区、市文化厅（局）累计向当地农村党员干部现代远程教育工程组织管理机构提供了22075部（场）、34585小时、44.43 TB的视频资源。同时，山东农村党员干部现代远程教育工程也向省文化共享工程提供了582部、199小时、58.4 GB的视频资源。

文化共享工程通过有线数字电视在青岛、佛山、深圳、海南、杭州、天津等地开展服务，用户达520万多户；通过有线电视覆盖黑龙江、吉林、重庆等地部分区县乡村40多万用户；通过福建"数字武夷"为闽北300万农民提供服务。吉林、上海、湖南、广东等地与本省教育、科技系统开展合作共建，其中，广东得到每年200万元专项资金支持。另外，国家中心通过数字图书馆联席会议，与中央党校、国防大学签订合作共建协议，使文化共享工程走进党校、走进军队院校。

文化部与广电总局合作，在辽宁省开展文化共享工程依托广播电视村村通网络和具备资源存储功能的机顶盒进村入户的试点工作，目前各项工作正在顺利推进。

（八）基层服务效果明显

文化共享工程提升了各级文化单位的服务水平和能力，丰富了基层群众的文化生活。今年是北京奥运会举办之年、改革开放30周年，各地围绕主题并结合重大节庆日，使文化共享工程走进农村、走进社区、走进军营、走进学校、走进企业开展服务。据不完全统计，有2亿多人次享受到文化共享工程服务。通过积极有效的服务，使工程的社会效果日益明显，受到基层群众的欢迎和好评；不但帮助农民发展经济，而且丰富了农民文化生活。吉林全省举办各类活动1万多次，受众达418.5万人次；其中农村基层服务点开展活动7449次，受众229万人次。上海浦东新区支中心在驻军部队中积极推进基层服务点建设，使文化共享工程资源服务远及南极科考站、远望号测控船和海军各驻岛部队。四川汶川地震发生后，文化共享工程抗震救灾服务小分队及时走进受灾群众安置地，成立文化共享工程赈灾服务点，放映抗震救灾知识，播放心理疏导讲座以及丰富的文化节目，对抚平灾区群众心灵创伤，帮助他们振奋精神、重建家园，发挥了重要作用。

文化共享工程在取得积极进展的同时，也存在着一些问题，主要有以下几个方面：

一是对文化共享工程的重视程度有待进一步提高。个别地方的领导对文化共享工程的认识还不够到位，重视程度还不够，没有摆上议事日程，经费投入不足，工作机制不完善，需要增强紧迫感，提高认识。

二是个别省份建设计划完成情况不理想。个别省份到目前仍未完成2007年度下达的建设计划，说明工作中还存在着推进力度不够大、工作效率不高的问题，希望这些地方的文化厅要找出存在的问题，采取有力措施，尽快完成相关工作，并在明年的工作中改进方法，提高效率，按时完成建设任务。

三是资源建设还需进一步加强。首先，资源建设的针对性还不够强，有的资源对群众缺乏吸引力，难以满足广大基层群众需求。其次，资源版权问题仍很突出，特别是随着传输服务模式的不断丰富，资源的相应版权问题要进一步予以解决。再次，资源的统一检索、分布式调用机制还未形成，这里面有版权原因，也有政策因素，还有技术问题，需要逐一加以解决，以进一步实现资源共享。最后，资源建设质量还需要不断提高，特别是应用有线电视/数字电视模式开展服务，对资源质量提出了更高的要求。

四是传输网络还不够畅通。传输效果不理想的问题仍很突出。个别省份尚未建立有效的资源传输机制，没有采取有效的传输技术手段，将资源及时地向下传递；个别地方对资源传输工作不够重视，存储设备采购后未预装资源或长时间不传递资源，造成存储空间的浪费。

五是管理工作还要进一步加强。县、乡、村工作队伍素质还不高，业务能力需要进一步提高。在设备采购招投标工作中，一些省份的执行效率较低，个别省份在招投标中，出现同一设备（如PC机）多个品牌同时中标，对统一管理和后期运行维护带来隐患。个别省份出现采购不完全的情况，只采购硬件，不采购软件，对系统的总体运行和后期运行维护缺乏考虑，对整个系统的运行造成影响。个别地区重视硬件基础设施建设，而对如何充分使用设备、有效开展服务，尚缺乏足够的重视。

六是日常经费保障机制尚未建立起来。一个达到标准配置的县级支中心建立起来后，每年需要6万～8万元电费和宽带费，这部分资金在个别地区没有得到落实，造成设备闲置。

以上问题，涉及文化共享工程今后的长期发展，需要引起高度的重视，要采取切实有效的措施，逐步加以解决。

二、加大力度，完善机制，进一步推进文化共享工程建设

2009年，是实现文化共享工程建设规划的关键一年。"十一五"期间工程建设的任务要在2009年基本完成，2010年将主要是扫尾工作。要紧紧围绕文化共享工程的建设目标，以数字资源建设为核心，以基层服务网点建设为重点，以多种技术传输方式为手段，以共建共享为基本途径，努力实现基层服务网点"村村通"。要在确保完成年度建设任务的基础上，注重长效机制建设，提高管理水平，更好地为广大基层群众服务。

（一）进一步提高认识，加大工程建设力度

当前，全党正在开展深入学习贯彻科学发展观活动，各级党委、政府、文化主管部门要站在落实科学发展观的高度，充分认识文化共享工程的重要意义，把文化共享工程作为公共文化服务体系基础性工程，继续加大力度，狠抓落实，努力使文化共享工程建设迈上新台阶，确保工程"十一五"建设目标的顺利实现。

（二）用好年度资金，确保按时、高质量完成2009年建设任务

2009年，各省、区、市要尽快完成2008年度下达的建设任务，并力争年内完成2009年度下达的建设指标。为此，文化部将与财政部协调，尽快落实下拨2009年度建设资金。各省要提早做好相关准备工作，理顺工作流程，提高工作效率，采取有力措施，抓紧完成2009年的建设任务。同时，2009年将启动乡镇综合文化站内容建设，各地要根据文化部下发的文化共享工程乡镇基层服务点配置标准，提前做好规划，包括资源内容、设备采购、传输模式、人员队伍、管理制度等，要全面考虑，确保乡镇综合文化站建设工作组织好、建设好、管理好。

（三）进一步做好资源建设工作，加大资源版权解决的力度

2009年，文化共享工程的资源总量要达到90 TB。其中，国家中心达到20 TB，各地达到70 TB。得到中央财政资金补助的中西部地区省份要按照国家中心下达的资源建设任务，按时、保质、保量地完成。

要加大解决资源版权工作的力度，特别是随着传输渠道不断拓展，服务模式不断丰富，对解决资源版权问题提出了更高的要求，对此国家中心和各省级分中心要依据相关政策，下大力气加以解决。要对采取有线电视播出方式的资源版权问题、资源格式转换问题进行深入研究，采取妥善的处理办法。要不断增加资源供给量，提高资源质量。

要进一步加强资源建设的针对性。国家中心和各省级分中心要根据不同地域、不同用户群体的特点，有针对性地建设资源、整合资源、提供资源，不断提高资源对广大基层群众的吸引力。要继续加大适农类、少儿类及少数民族语言文字资源建设力度。

国家中心要会同各省级分中心，建设文化共享工程资源检索平台，使国家中心资源、各省级分中心资源能够在一个平台上进行检索，打破资源使用障碍，实现中央与地方之间、地方与地方之间资源的快速、准确查找，提高分布式资源库群的整体服务能力。

（四）打通传输渠道，做好资源传输工作

各地要高度重视资源传输工作，建立健全资源传输机制，确保资源的及时更

新和及时服务。

国家中心要进一步推进通过国家电子政务外网传输资源的工作。截至目前，还有海南、西藏、新疆生产建设兵团没有连通国家电子政务外网，希望能尽快开通。要积极探索在具备条件的县级支中心利用政务外网开展资源传输工作。要不断探索、拓展通过国家公益性网络开展公益性服务的渠道，积极推进辽宁省通过广播电视村村通工程进村入户试点工作，及时总结经验。

各省级分中心要根据工程几年来逐步形成的传输服务模式，结合本地区实际，认真研究、合理选择传输路线，打通省、市县、乡镇、村的传输通道，使工程资源畅通无阻地传送到基层。

要高度重视资源预装工作。各地在建设县级支中心和基层服务点时，要将适合本地需要的工程资源预装到存储设备中，使县级支中心和基层服务点在建成之时就拥有一定数量的数字资源，为开展服务创造条件。

（五）组织技术研发，进一步提高工程总体技术水平

文化共享工程经过几年来的发展，已经成为国家信息化建设的一个重要组成部分，特别是在农村信息化建设上，发挥着越来越重要的作用。要开展对工程发展具有重大影响的前沿技术问题的研发，突破技术瓶颈，创新技术服务方式，用先进的技术引领文化共享工程，这对文化共享工程的长期可持续发展，对国家信息化建设，都具有十分重要的意义。

在技术研发上，有以下几个问题需要重点关注：一是资源共享平台的研发。实现数字资源的无缝连接、跨库检索，不仅对文化共享工程，也对数字图书馆工程的长期发展有着举足轻重的意义，这个问题目前还没有得到真正的解决。二是多网融合。互联网、电视网、卫星网都有各自的优缺点：互联网开放、互动性强，但可控性不好；电视网安全稳定，但交互性不好；卫星网覆盖面广，但同样缺少交互性，接收点的维护工作量较大。文化共享工程目前同时利用几个网络开展服务，要积极探索利用电视网、卫星网的广播性优势，结合互联网的互动性优势，实现通用资源广播、个性化资源按需分配的多网融合模式。三是分布式存储技术。将分布在各地的存储体通过网络整合起来，实现统一的调度和管理，实现数字资源管理与服务的新飞跃。四是文化网格技术。如何通过多种技术手段真正实现，是一个很好的研究课题。五是分布式流媒体播放技术。采用更为先进的流媒体播放技术，通过遍布全国的文化共享工程网络，实现视频节目的清晰、流畅播放，提升工程的服务质量。六是远程管理技术。目前中西部地区的县级支中心技术力量薄弱，在积极招聘专业人员的同时，要研究充分发挥省级分中心技术力量的优势，通过远程管理方式，协助县级支中心解决有关技术问题。在技术研发上，要与高校、科研院所合作，探索新的合作模式，共同申请立项，争取资金，组织技术攻关。

(六)进一步完善共享机制

在上游端,国家中心要与国家图书馆进一步合作,在数字资源共享的基础上,建立长效合作机制,在技术平台、人员培训等方面开展更加深入的合作。国家中心要通过数字图书馆联席会议平台,进一步开展文化共享工程进党校、进军营、进高校等活动,拓展工程的服务面。

进一步加强与农村党员干部现代远程教育工程、农村中小学远程教育工程的合作,完善合作共建机制。各地要认真总结合作共建的经验,建立起与两个远程教育工程合作的长效机制,确保资源的及时提供、服务的有效开展、人员队伍的有力保障。各地还要以本次会议为契机,积极开展与教育、科技部门的合作共建、资源共享工作。

(七)加强人员培训,提高队伍的业务能力

队伍建设是工程建设与服务的重要基础。文化共享工程要拥有一支具有较高水平的专业队伍,这样才能实现工程的健康发展。

在分级、分类开展培训的基础上,明年的培训重点是县级支中心。县级支中心要有一支稳定的人员队伍,每个县级支中心要配备不少于三人的工程专职人员。为形成示范效应,国家中心计划明年在几个区域组织召开县级支中心培训现场会,各省参照此模式执行,以切实提高县级支中心人员的业务能力,使他们不仅具备做好本级工作的能力,还要具备对基层服务点的技术支持和服务保障能力。

要通过集中面授、网络教学、卫星播放、光盘观看等方式加大对基层服务人员的培训,使其既掌握现代信息技术,也掌握图书馆业务知识和技能。要借鉴吉林省依托高校开展合作共建培训人才的经验,发挥高校师资力量雄厚的优势,通过各种短期培训形式开展培训。要与有关部门联系,积极发挥大学生志愿者专业知识扎实、现代信息技术能力强、勇于创新等优势,使其在文化共享工程基层服务中发挥更大作用。鼓励东部地区与西部地区结对子,为西部地区提供人才和智力支持。

(八)落实运行经费,保障正常服务

运行经费是保证正常服务的重要条件。目前,多数地区县级支中心和基层服务点的运行经费保障机制尚未建立。据测算,一个县级支中心设备运行的电费和宽带费用,每年在6万~8万元。这笔资金对东部发达地区来说负担不大,但是对于中西部经济欠发达地区而言仍有一定困难,对个别地区来说可能困难比较大。因此,各地要将县级支中心的运行费用列入当地财政预算。文化部也要向财政部门反映情况,积极争取中央财政的支持,多途径解决运行经费问题,保障县

级支中心的正常运行。

（九）进一步加大管理力度，提高工程管理水平

一是要强化管理，理顺工作流程，提高工程设备采购的效率和质量。文化部将会同有关部门，研究进一步规范招投标办法。各地要认真总结在招投标工作中的经验教训，提高资金的使用效率和招投标工作效率。

二是要提高工程在各项评先评估中的比重。明年，文化部将进一步加大文化共享工程在图书馆评估中的比重。要会同有关部门，建立关于评选先进文化县、复查先进文化县，文化共享工程不达标则一票否决的机制，并进一步使文化共享工程工作纳入各项考核评估体系。

三是要扩大宣传。要采取多种方式，在广大基层群众中宣传文化共享工程、普及工程相关知识，让广大基层群众更加了解工程，了解这项工程能为他们带来哪些帮助，进一步发挥工程的社会效益。

（在2008年全国文化信息资源共享工程督导工作总结会上的讲话，2008年12月24日）

大力推进文化共享工程建设

党中央、国务院高度重视文化共享工程建设。2008年10月,党的十七届三中全会通过的《中共中央关于推进农村改革发展若干重大问题的决定》再次强调,要推进文化共享工程等重点文化惠民工程,尽快形成完备的农村公共文化服务体系。在党中央、国务院及各级党委、政府的关心支持下,2008年文化共享工程建设取得丰硕成果。

经费投入不断加大。中央财政继2007年下拨6.23亿元建设资金后,2008年再次下拨建设资金7.3774亿元。各地也积极筹措资金,落实配套资金6.0356亿元。截至目前,中央财政累计投入已达15.6亿元,地方累计投入超过15.3亿元,为工程建设提供了有力保障。

基层服务网络建设加快推进。截至目前,已建成文化共享工程各级中心和基层服务点67.3万个,包括与农村党员干部现代远程教育工程合作共建村级基层服务点40万个,其中,配备文化共享工程专用设备的有19.7万个,工程服务覆盖了全国61.2万个行政村的65%。

数字资源建设取得较大进展。资源总量已达73.9 TB,比2007年增加8.91 TB。其中,国家中心完成18.8 TB,各地建设52.49 TB。资源内容丰富多彩,包括地方戏曲、影视作品、专题讲座、农业专题片、文化专题片、文艺晚会等。国家数字图书馆通过文化共享工程的平台,为全国读者提供服务,至今已提供2.62 TB的资源。

传输模式实现新的创新突破。国家中心依托电子政务外网向各省传递资源,目前已开通29个省份,2008年累计传输资源9 TB。国家中心和山东省分中心先后开通了网络视频直播平台,为文化信息资源服务开辟了一个新的渠道。文化部与广电总局合作,在辽宁省开展文化共享工程依托广播电视村村通网络进村入户的试点工作,目前各项工作正在顺利进展中,有望成为文化共享工程普及入户的典型模式。几年来,文化共享工程已经逐步形成了互联网模式、卫星模式、有线/数字电视模式、IPTV模式、VPN模式、无线网模式、电子政务外网模式、光盘/移动硬盘模式,为更加便捷地服务群众奠定了基础。

为提高基层工作人员的综合素质,国家中心和各地文化部门通过集中面授、网络教学、卫星播放、光盘观看等方式开展人员培训,2008年通过自行主办或与有关部门联合举办等方式培训了195万人次,其中,天津、吉林、江苏、山东、浙江、安徽、广东等省份超过5万人次。国家中心先后对省级分中心领导和专业人员以及部分基层服务点人员进行了培训,在工程网站开设了"培训专栏"。福建2008年安排了30万元专项资金用于文化共享工程业务人员的培训工作。广东将2008年作为"文化共享工程培训年",编辑出版《文化共享工程网上信息咨询培训教程》。

2008年是奥运之年、改革开放30周年,各地围绕主题并结合重大节庆日,使文化共享工程走进农村、走进社区、走进军营、走进学校、走进企业。据不完全统计,有2亿多人次享受到文化共享工程服务。通过积极有效的服务,使工程的社会效果日益明显,受到基层群众的广泛欢迎和好评。

今年是实现文化共享工程建设规划的关键一年。我们坚信,新的一年,在党中央、国务院的领导下,在各级党委和政府的支持下,在全体工程建设者的共同努力下,文化共享工程建设一定能取得更大成绩,工程建设的"十一五"目标也一定能顺利实现。让我们坚定信心,迎难而上,加大力度,全面推进文化共享工程建设,为维护好、实现好、发展好广大人民群众的基本文化权益,为推动社会主义文化的大发展大繁荣,为构建社会主义和谐社会,做出新的更大贡献!

(原载于《经济日报》2009年1月11日第5版)

全力推进公共文化服务体系建设

今天，我们召开会议，主要任务是贯彻落实 2010 年全国文化厅局长会议精神，总结 2009 年文化共享工程督导、公共图书馆评估和古籍保护工作，研究和部署 2010 年工作。蔡武部长对这次会议高度重视，下午将出席会议并做重要讲话。刚才，会议宣布了文化部关于第四次公共图书馆评估定级的决定，宣读了命名国家级古籍修复中心的通知，并进行了颁牌，启动了县级数字图书馆推广计划。下面，我就公共文化服务体系建设谈两点意见，供同志们参考。

一、2009 年公共文化服务体系建设取得重要进展

加强公共文化服务体系建设是今后一个时期我国经济社会发展的一项长期战略任务。当前，我国经济社会正进入一个高速发展时期。随着国民收入水平的不断提高和文化消费的快速增长，保障广大人民群众的基本文化权益，完善公共文化服务体系的任务十分迫切。公共文化服务体系建设，是政府职能的重要体现，是提高国民素质、保障人民群众基本文化权益的重要保证，也是实现文化大发展大繁荣的重要基础；它不仅是一个重要的文化建设问题，也是一个重要的民生问题、社会问题、政治问题。党的十七大提出"两大一新"的战略任务，并把建设"覆盖全社会的公共文化服务体系"作为实现全面建设小康社会的重要目标之一。这充分表明，公共文化服务体系建设已经摆上了党和国家发展的大局，成为重要的国家发展战略。

2005 年和 2007 年，中共中央办公厅、国务院办公厅分别下发了《关于进一步加强农村文化建设的意见》、《关于加强公共文化服务体系建设的若干意见》，提出了公共文化服务体系建设的总体目标、基本任务和思路措施，对公共文化服务体系建设进行了总体部署。"十一五"以来，我国基层文化设施网络发展很快，服务手段日益多样化，服务水平逐步提高，队伍建设有很大进步，进入了公共文化事业快速发展期。

（一）积极策划重大文化项目，文化投入有大幅度增长

近年来，在国家发改委、财政部等有关部门的大力支持下，文化部组织实施了县级文化馆图书馆建设、乡镇综合文化站建设项目，以及全国文化信息资源共享工程、送书下乡工程、古籍保护工程、流动舞台车工程等一系列重大有影响的文化工程，成为推动文化工作的有力抓手，产生了很好的社会效益。中央财政对

地方各项文化工程的投入,"九五"期间只有5500万元,"十五"期间达到8.11亿元,比"九五"增长7.56亿元,增长13.75倍;"十一五"截至2009年底累计投入达到63.69亿元,比"十五"增长55.58亿元,增长6.85倍。重大文化设施建设也进入快速发展阶段,进入"十五"以来,文化部本级完成13个基本建设项目,总投资113亿元,增加了直属单位各种设施面积77万平方米,为事业发展奠定了良好基础。

2009年,中央财政对地方文化事业的投入取得了突破性进展,投入总量达到30.59亿元,比2008年增加8.92亿元,增长41.16%。其中,延续性项目主要有5个:一是乡镇综合文化站建设10亿元,自2007年开始已累计安排建设资金21亿元,完成规划总投资的53%;二是全国文化信息资源共享工程7.1亿元,累计安排资金20.7亿元;三是非物质文化遗产保护工程2.13亿元,中央财政已累计对50%以上的国家级名录项目及全部代表性传承人开展传习活动给予了补助;四是流动舞台车5000万元,配送流动舞台车165辆;五是乡镇综合文化站设备购置4.83亿元,对中西部地区面积已达标的7285个乡镇综合文化站设备购置进行补助。新项目主要有3个:一是县级图书馆、文化馆修缮3.03亿元。中央财政从2009年至2012年对全国县级图书馆、文化馆修缮给予资金补助,计划安排资金共计12亿元。二是城市社区文化中心(文化活动室)设备购置专项2.59亿元。从2009年至2013年,对中西部地区截至2008年底已建成的社区文化中心(文化活动室)设备购置进行补助,中央财政计划安排资金共计10.59亿元。这是近年来中央财政第一次对社区文化建设给予补助,具有非常重要的意义。三是西部地区配送电脑专项4086万元。中央财政安排西部地区配送电脑专项资金4086万元,为西部地区484个街道文化站和3112个乡镇综合文化站赠送电脑21200台。

(二)文化共享工程建设稳步推进,社会影响日益增大

2009年,在党中央、国务院的重视下,各地各级文化部门加大文化共享工程的建设和管理力度,工程建设取得很大进展。2009年11月下旬至12月中旬,文化部组织10个评估督导组对全国文化共享工程建设进行了督导。通过督导,我们感到,近年来各级党委、政府对工程建设更加重视,各级财政投入力度不断加大,为工程建设提供了有力保障。基层服务网络建设进展顺利,数字资源不断丰富,传输方式不断创新,入户工作取得新的进展。截至目前,中央财政已下拨工程专项建设资金20.7亿元,各地累计投入27亿元。已建成1个国家中心、33个省级分中心;县级支中心达到2814个,覆盖率达96%,其中,已达到标准配置的规范化县级支中心1895个,覆盖率达64%;乡镇基层服务点达到15221个,覆盖率达44%,其中,已达到标准配置的规范化乡镇基层服务点8374个,覆盖率达24%;村基层服务点达到45.7万个,覆盖率达75%,其中,已达到标准配

置的规范化村级基层服务点 36.1 万个，覆盖率达 60%；资源总量达到 90 TB；专兼职工作人员达 68 万人；累计服务超过 6.9 亿人次，充分发挥了工程服务城乡基层群众的作用，产生了显著的社会效益。

（三）古籍保护工作积极开展，保护机制初步形成

全国古籍保护工作自 2007 年全面启动以来，普查、国家珍贵古籍名录和重点保护单位的申报评审、古籍修复、人才培养等均取得积极进展，各地积极性得到充分调动，保护机制初步形成。顺利完成第二批《国家珍贵古籍名录》和全国古籍重点保护单位的评审、命名工作。280 家收藏单位的 4478 部古籍入选珍贵名录，62 家古籍收藏单位被评定为古籍重点保护单位。继 2008 年 6 月举办第一次珍贵古籍特展后，2009 年 6 月 14 日至 7 月 3 日，文化部举办第二次珍贵古籍特展，97 家单位的 300 部珍贵古籍参展，再次引起轰动。制定《西藏自治区藏文古籍保护工作方案》，召开了西藏古籍工作座谈会，对西藏古籍保护工作进行了全面部署。命名了 12 家国家级古籍修复中心。完成"全国古籍普查平台"应用软件的开发，启动了《中华古籍总目分省卷》的编撰工作。先后举办 22 期古籍培训班，提高了全国古籍保护工作队伍的整体素质。此外，还开展了"中华再造善本二期"以及组织制定《古籍保护条例》《全国古籍重点保护单位管理办法》《国家珍贵古籍名录管理办法》等工作。

（四）第四次公共图书馆评估定级工作顺利完成，达到了"以评促建"的目的

2009 年下半年文化部组织开展了第四次全国县以上公共图书馆评估工作。各级文化主管部门、图书馆对评估定级工作高度重视，进行了认真准备，评估定级工作圆满完成，达到了"以评促建"的目的。本次评估定级的参评馆达 2234 个，占县以上公共图书馆总数（2820 个）的 79.2%。未能参评的图书馆，许多也是因为正在建设新馆或者新馆刚刚建成。此次评估的上等级馆，特别是一级馆的数量增幅明显。上等级图书馆总数 1784 个，其中，一级馆 480 个，二级馆 410 个，三级馆 894 个，一级馆数量比第三次评估增加了 39.2%。

（五）创新公共文化服务形式和手段，提升公共文化服务能力和水平

贯彻落实中央领导同志指示精神，在成都召开了城市社区文化中心建设现场经验交流会，在沈阳召开了文化信息资源共享工程进入农户家庭现场经验交流会，在深圳召开"城市街区 24 小时自助图书馆系统"现场会，在浙江嘉兴召开全国农村图书馆服务网络建设工作经验交流会，发挥典型的示范和带动作用，积极推动公共文化服务创新。与教育部、科技部联合下发《关于进一步加强资源共

享服务基层的意见》，努力建立健全跨系统的"图书馆联盟"、"图书馆联合体"等机制，实现文化、教育、科技系统文献信息资源共建共享。积极推广图书馆总分馆制、流动图书馆和自助图书馆模式。贯彻十七届四中全会关于建设学习型政党的精神，和中央国家机关党工委、中国社会科学院联合组织"部级领导干部历史文化讲座"，迄今已组织134场，参加的部级领导干部近2万人次，产生了很好的反响，带动了各级公共图书馆开展讲座服务。

但也要看到，当前我国公共文化服务总体水平仍然不高，投入总量不足，投入结构不合理，差距在基层，落后在农村，城乡、区域间发展不平衡，广大农村和西部地区文化发展比较落后，基层文化骨干力量相对匮乏，公共文化机构服务效益不高，群众的文化需求缺乏表达、诉求和反馈的渠道。2008年全国文化事业费总计248.07亿元，不到国家财政总支出的0.4%，人均文化事业费仅为18.77元。2009年文化事业费将达到320亿元，但在7万亿元的财政总支出中，比重仍然不到0.4%。文化资源向城市集中，农村文化资源总量偏少。2008年各级财政对农村文化投入共计62.5亿元，仅占全国文化事业费的25.2%，而对城市文化的投入占全国文化事业费的74.8%，后者比前者高49.6个百分点。扣除对县级文化单位的投入，2008年直接为7.28亿农民提供文化服务的乡镇文化站财政投入只有18.47亿元，按乡村人口计算，人均2.54元；而城市人均文化事业费达到了31.24元。县图书馆、文化馆、乡镇文化站和县级剧团开展公共文化服务没有稳定的经费保障，难以开展相应的文化活动，服务能力逐渐弱化。2008年，全国有769个县级公共图书馆无购书经费，占县级公共图书馆总数（2366个）的32.5%。全国国办艺术表演团体深入农村演出27.4万场，仅相当于上世纪60年代的1/3，平均每村每年看不到半场戏。广大农村群众看书难、看电影电视难、看戏难，文化生活贫乏的问题仍没有得到根本解决，加强公共文化服务体系建设的任务仍很艰巨。

二、制定规划，明确思路，全面推进基层公共文化服务体系建设各项工作

2010年是"十二五"的规划之年、布局之年，承前启后，十分重要。当前，文化建设处于历史上最好的时期，公共文化服务体系建设既面临难得的发展机遇，也面临着挑战，要进一步增强工作的使命感、责任感和紧迫感，抓住机遇，积极推动公共文化服务体系建设和图书馆事业全面、健康、可持续发展。

（一）科学研究、制定公共文化服务体系建设"十二五"规划

公共文化服务体系建设是今后各级政府和文化部门工作的重要方面，也是今后文化部体现职能、发挥作用、有所作为、大有可为的重点领域。今后一个时期

要突出"一个重点",即加强基层特别是农村公共文化服务体系建设,把增强基层文化单位活力、提高服务能力作为重点,抓项目、抓机制、抓队伍,完善公共文化服务网络,提升服务能力,创新内容形式,推动公共文化服务体系建设可持续发展。

要按中央确定的思路和目标,把推动公共文化服务体系建设作为文化系统的全局基础性工作,抓住经济快速发展、城市化进程加速、新农村建设力度加大和中央出台一系列应对金融危机措施的机遇,加快推进公共文化服务体系建设。当前,要全面总结"十一五"发展经验,以科学发展观为指导,坚持科学规划和科学开展,研究制定公共文化服务体系建设"十二五"规划,立足当前、着眼未来、突出重点、抓住关键,谋划具有基础性、战略性、全局性的文化项目,促进公共文化事业的全面发展。

要围绕规划,广泛开展调查研究工作。前不久,国家图书馆召开了"十二五"规划座谈会,各省级图书馆、部分省会图书馆的馆长出席了座谈会,大家谈了很多很好的意见和建议,效果很好。同时,要善于借助"外脑",会聚一批既有理论水平也有实践经验的专家学者、社会文化工作者参与规划的编制工作。目前,文化部社会文化司正在委托清华大学公共管理学院开展公共文化服务体系"十二五"规划的起草工作。各地也要分地区开展调查研究,分层次召开座谈会,集中学界和从事具体工作的同志们的力量,认真做好规划的起草工作。

(二)全力推进文化共享工程建设,确保"十一五"任务的完成

文化共享工程是党中央、国务院高度重视的一项文化创新工程,是深受人民群众欢迎的惠民工程,是构建公共文化服务体系、加强农村文化建设、推动社会主义文化大发展大繁荣的重要抓手。各级文化主管部门要加大力度,狠抓落实,形成工程建设的长效机制,确保工程"十一五"建设目标的顺利实现。

目前,各地 2009 年度的建设工作进展较慢,要在 2010 年 5 月 1 日前完成建设任务。文化部将与财政部协调,尽快落实下拨 2010 年度建设资金,并下发设备配置标准。文化共享工程设备购置由各省、区、市文化厅(局)统一组织,各地要提早做好准备,提高工作效率,确保在 10 月 1 日前完成本年度建设任务,实现县县建有支中心、乡乡建有基层服务点,努力实现"村村通"。要进一步做好资源建设工作。2010 年,文化共享工程的资源总量要达到 100 TB。

要创新技术模式,做好资源传输工作。国家中心要进一步规范政务外网传输体系,逐步建立完备的资源更新下载制度。建立省、市、县、乡镇、村之间的资源传输通道,最大限度地发挥文化共享工程的惠民作用。要对工程发展影响深远的前沿性技术问题开展跟踪调研,为"十二五"期间推广更加方便快捷的技术奠定基础。对三网融合、3G 等技术进行研究,时机成熟时开展实验性服务。

为贯彻落实中央领导同志关于用先进文化占领新媒体阵地、推进公共图书馆服务创新的指示精神,进一步推广国家数字图书馆成果利用,使国家数字图书馆的资源惠及更广泛的基层群众,文化部决定2010年在全国实施县级数字图书馆推广计划,将国家数字图书馆的资源通过文化共享工程平台,配送到全国县级图书馆,实现县级图书馆普遍开展数字图书馆服务。今年春节前,将在320个县级图书馆实施,之后将分季度推进,年底实现全面覆盖。各地要按照文化部通知要求,做好资源安装、人员培训、服务和管理工作。要依托国家数字图书馆、文化共享工程,促进共建共享,加强资源整合、参考咨询和远程服务,提高服务效率。

(三)进一步完善保护机制,扎实推进古籍保护工作

今年要重点完成以下工作:一是要组织开展第三批《国家珍贵古籍名录》和全国古籍重点保护单位申报评审工作。2010年初下发通知,严格履行专家评审、公示、联席会议审议等程序,报请国务院审批,力争于6月12日"文化遗产日"前公布。二是要积极改善古籍保管条件。对列入全国古籍重点保护单位的收藏单位,各地要加大投入,加强管理,建设专门古籍库房,改善古籍保管条件。对未列入全国古籍重点保护单位的收藏单位,要加强硬件设施建设,切实保障古籍的完好与安全。三是要发挥国家级古籍修复中心的作用,全面开展古籍修复工作。进一步明确、完善国家级古籍修复中心的职责,充分发挥其在古籍修复工作中的核心作用。适时命名第二批国家级古籍修复中心。四是要继续实施西藏古籍保护工作。继续组织实施《西藏自治区藏文古籍保护工作方案》,尽快制定出台藏文著录规则,分步开展西藏古籍普查工作,力争推出第一批普查成果。五是继续开展全国古籍普查平台的建设工作,完成大部分省级古籍保护中心的平台安装工作。适时开展海外中华古籍普查工作。积极推进《中华古籍总目》分省卷的编撰工作,带动古籍普查工作的全面开展。六是研究制定古籍数字化及基本古籍丛书出版计划,积极利用古籍保护成果,为社会公众提供方便快捷的文献服务。积极推进国家图书馆与哈佛燕京图书馆中文古籍的数字化合作项目。继续实施"中华再造善本二期"工作。七是大力培训、培养古籍保护人才。积极推进古籍修复人才学历教育工作。选择有条件的高校,由文化部、教育部共同挂牌成立"古籍保护培训基地"。同时,在国家古籍保护中心及部分省级古籍保护中心、古籍收藏单位,由两部联合挂牌成立"古籍保护实践(习)基地"。实施文献修复师资格认证制度。八是研究、制定《古籍保护条例》《全国古籍重点保护单位管理办法》《国家珍贵古籍名录管理办法》《国家级古籍修复中心管理办法》《古籍修复办法》等,大力推进古籍保护工作的制度化、规范化。

(四)发挥典型引路作用,推动公共文化服务体系示范区建设

近年来在各地党委、政府的重视和关心下,各地出现了一批具有较好工作基

础,在公共文化服务体系建设取得突出成就的基层市、县。这些基层市、县结合当地经济、社会发展的实际,既脚踏实地,又大胆创新,探索出了不少具有典型意义的建设经验。为充分发挥典型引路作用,加强对公共文化服务体系建设的宏观指导,文化部拟在"十二五"期间,开展基层公共文化服务体系建设示范区工作。围绕群众文化基本权益、公共文化服务需求、政府公共文化服务职能、公共文化资源供给、公共文化服务社会参与机制、经费保障机制、队伍建设、公共文化服务技术支撑、绩效评估体系建设等几个方面,选择部分整体工作基础较好或某一方面工作成绩突出、政府较为重视、具有工作积极性的地区,确定为"国家公共文化服务体系建设示范区"或"国家公共文化服务体系建设示范点"。通过示范区(点)建设,探索不同地区开展公共文化服务体系建设的路径、方法,推动我国公共文化服务体系可持续发展。

(五)建立基层公共文化经费保障机制,确保基层公共文化机构的正常运转

2010年文化部将继续争取国家发改委、财政部加大对原有各项中央补助地方文化工程资金支持力度,经沟通,初步落实的项目有乡镇综合文化站建设18.5亿元、全国文化信息资源共享工程5.34亿元、国家非物质文化遗产保护工程3.25亿元、乡镇综合文化站设备购置4.2亿元、县级图书馆和文化馆修缮2.8亿元、城市社区文化中心(街道文化站)和社区文化活动室设备购置2亿元等。针对当前我国基层公共文化服务体系建设过程中,各级政府投入责任不明确、经费供需矛盾比较突出、公共文化资源配置不尽合理、群众基本文化权益难以保障等突出问题,为促进文化公平和社会公平,强化政府公共文化服务,推进基本公共文化服务均等化,按照"明确各级责任、中央地方共担、加大财政投入、提高保障水平、分步组织实施"的原则,文化部将继续推动中央财政建立中央和地方按项目分担、按比例分担的基层公共文化服务体系经费保障机制。要根据各地经济发展水平和人口规模,分级分类建立基层公共文化机构公益服务经费保障标准,以及基层群众基本文化权益经费保障标准,保障广大群众读书看报、看文艺演出、看电影、参加群众文体活动等权益的实现。

(六)研究策划重大文化工程,进一步扩大文化事业发展的"增量"

这些年,文化部紧紧围绕党和政府的工作大局和重点工作,从促进文化大发展大繁荣、兴起文化建设新高潮的战略需要出发,积极策划项目,争取经费,在国家发改委和财政部等部门的大力支持下,通过实施一系列重大文化工程,中央财政对地方文化建设的投入逐年增长。这些工程既有基础设施类文化建设工程,也有创新文化服务模式、提供硬件保障、丰富文化资源的文化工程。这些工程直接面向基层、面向农村,一方面为基层群众享受文化服务提供了基本活动阵地;

另一方面通过各种创新的公共文化服务形式，丰富了服务内容，提高了服务质量，使人民群众基本文化权益得到进一步保障。我体会，要通过研究大政策策划大项目，第一要中央关注，如公共文化服务体系建设；第二要群众欢迎，如非物质文化遗产保护；第三要符合时代发展要求，如文化共享工程和古籍保护。目前，文化事业由于底子薄，基础弱，文化系统经费体量仍然偏小，特别是目前缺乏影响事业发展全局的大项目，严重制约了文化事业的进一步发展和繁荣。要根据中央的统一部署，顺应经济社会发展的趋势，抓住制定"十二五"规划这个契机，争取使更多的文化项目进入国家的盘子，带动文化经费投入保持增长势头，加快推进文化建设步伐。

今年，我部将重点以新疆、西藏为试点，实施"春雨"工程，推进少数民族文化建设，并逐步向全国铺开，加快建立公共文化服务体系设施建设、人才队伍、经费保障、内容活动等长效机制。策划这个项目，主要是解决设施建成后如何发挥作用的问题，使文化设施最大限度地发挥作用。在县文化馆、图书馆和乡镇综合文化站建设规划完成后，要更加重视科学管理和内容建设，健全规章制度，加强规范化建设，丰富服务内容，建立长效机制，努力推动建成的文化设施发挥作用。

（七）切实增强服务意识，积极推进服务创新

服务是公共文化服务体系建设的出发点和落脚点。要始终坚持以人为本，坚持公益性原则，切实做好面向社会公众的服务。要围绕党和国家工作的大局，以基层群众特别是农民群众为服务重点，采取阵地服务与流动服务相结合等多种形式，组织开展丰富多彩的群众文化活动。要从中国的基本国情出发，注意因地制宜，分类指导，调动广大群众参与文化建设的积极性。要充分发挥公共文化单位的社会教育功能，利用互联网、共享工程、讲座等多种方式，创新服务方式，积极主动开展服务，实现从"小文化"向社会教育的转型。要大力创新服务形式，积极倡导延伸服务，鼓励各地因地制宜建立健全总分馆体制，积极推广"一证通"、"24小时自助图书馆"等新的服务形式。要全面加强服务的规范化、标准化。尽早出台《公共图书馆服务标准》《文化馆服务标准》等文件，全面加强图书馆、文化馆的规范化、标准化建设，促进全行业服务水平的提高。

（八）培育群众文化活动品牌，推进长效机制建设

要按照"宏观布局、统筹指导，抓住重点、整体推进"的要求，以导向性、示范性、带动性、可持续性为原则，努力形成点面结合、上下联动的群众文化活动架构体系。

一是积极培育具有可持续发展价值的政府文化品牌活动，逐步形成具有规模效应和广泛社会影响力的活动辐射网络。以"群星奖"评奖、中国民间文化艺

术之乡评审命名为龙头，抓好全国基层群众小戏小品展演活动、中国农民红歌会、中国老年合唱节、中国少儿合唱节等常设性活动，使之规范化、制度化，形成长效机制，发挥国家级群众文化活动的示范和导向作用。

二是改革"群星奖"评奖制度，通过调整奖项设置、扩展活动周期、组织经常性基层演出和展览等形式，加大宣传推广力度，扩大社会影响，充分发挥"群星奖"在公共文化服务上的带动作用。

三是实施中国少儿歌曲创作推广计划和优秀群众文艺作品创作扶持计划项目等，加强群众文艺优秀作品的征集与推广，推动群众文艺创作和演出。

四是指导协调区域性和地方重大群众文化活动，强化精品意识，突出地方和基层特色，形成一批具有影响力和带动性的地方文化品牌活动。近年来，各地都涌现了一些具有地区影响力的重要文化品牌，像西北宁夏等省区的花儿歌会、安徽的农民歌会等，这些活动切实活跃了各地群众的文化生活。今后，文化部将会继续支持这些地方品牌活动，也希望各地办出精品、办出特色，提升社会文化工作的影响力。

五是利用传统节日，弘扬中华民族优秀传统文化。自2005年以来，国务院先后公布了两批国家级非物质文化遗产名录项目1028项，其中包括许多具有民族文化特色、蕴涵丰富民俗内涵的传统节日文化项目。为进一步营造浓郁的传统节日氛围，今年元旦春节期间，文化部将围绕春节这一传统节日，广泛开展丰富多彩、积极健康的节庆文化活动。各地要充分认识运用传统节日弘扬民族文化优秀传统的重要意义，加强引导和管理，建立和完善工作机制，及时总结推广各地的好经验、好做法，推动传统节日及其文化传统的传承和发展。要认真做好传统节日民俗活动和文化娱乐活动的安全预案，确保让广大群众能够平平安安地欢度传统佳节。文化部非物质文化遗产司在春节文化活动的组织安排方面还要做专门具体的部署，请各地予以积极配合和支持。

（九）大力开展对基层文化队伍的培训，提高基层文化队伍的素质和能力

策划实施基层文化队伍培训计划，按照分级负责、分类培训的原则，对24万县乡村专职文化队伍和30万左右的业余文艺骨干（包括基层文化指导员、大学生村官等）进行轮训。以各级文化干部培训机构和群艺馆、图书馆、艺术学校等为依托，采取集中调训和分散培训、理论学习与实践考察相结合的方式开展培训。要将组织东中西部各级文化单位对口交流作为培训的一项重要内容。文化部负责制定培训规划，编制教材，举办示范性培训班和进行督查、评估等；地方文化厅（局）按规划任务，负责具体组织本地培训工作。文化部与地方文化厅（局）签订工作目标管理责任书，采取与培训次数、质量挂钩的方式，对地方培训进行补贴。对培训工作成绩突出的文化部门和单位进行表彰和奖励。同时，通

过培训带动建立职业资格制度,把好"入口关",提高基层文化队伍素质,发挥基层文化工作者在群众文化工作中的重要作用。各地也要制定培训计划,通过集中培训、现场培训、远程培训等方式,有区别、分层次地进行针对性、实用性培训。要重视骨干师资的培训,使这些骨干人员能够担当起对基层服务人员的培训任务。

(十)积极推进立法工作,为公共文化事业发展提供法律保障

立法是推动公共文化事业发展的根本。通过立法,将最终确立公共文化事业的法律地位及公益性属性,有助于促进公共文化事业建设的科学化、法治化,进一步提高全社会特别是各级党委、政府的公共服务意识,使公共文化事业步入良性的可持续发展轨道。目前,文化部将着重推动公共图书馆立法工作。2009年11月,《公共图书馆法》完成初稿,文化部正在做进一步修订。2010年,要尽快在有关部委、全国各文化厅(局)、有关专家范围内广泛征求意见,争取国务院法制办和全国人大的支持,力促其早日出台。各地也要根据本地实际,推进非物质文化遗产保护、公共图书馆和文化馆(站)等法律法规的立法进程,进一步完善文化政策法规体系,为文化事业发展创造良好的政策环境,提供有力的法制保障。

(在全国文化信息资源共享工程督导和公共图书馆评估工作总结会议暨古籍保护工作会议上的讲话,2010年2月1日)

全国文化信息资源共享工程发展回顾

全国文化信息资源共享工程作为国家一项重点文化惠民工程和创新工程，利用现代信息技术，将中华优秀文化信息资源进行数字化加工整合，通过互联网、卫星、电视、手机等新型传播载体，依托各级图书馆和文化站（含城镇社区）、文化室等公共文化基础设施，结合全国农村党员干部现代远程教育工程、农村中小学现代远程教育工程、广播电视村村通工程等，实现优秀数字文化在全国范围内的共建共享。8年来，文化共享工程在党中央、国务院的高度重视和各级党委、政府的大力支持下，在工程建设者的认真探索和不断创新下，取得了快速、全面的发展，受到广大人民群众的普遍欢迎。文化共享工程作为公共文化服务体系的基础工程，在加快构建覆盖城乡的公共文化服务体系、缩小"数字鸿沟"、更好地满足人民群众基本文化需求方面承担着重大责任，发挥着日益重要的作用。

文化共享工程是在全球信息化、我国努力实现跨越式发展的时代大背景下提出和建立起来的。随着改革开放30多年来经济能力的不断提升，国家愈加关注民生和文化事业发展，使得开展这项重大文化战略工程成为可能。在公共文化基础设施方面和文化内容建设方面，我国东西部之间、中心城市和偏远农村之间、经济发达和欠发达地区之间发展不平衡，反差很大。很多基层图书馆图书采购资金匮乏、藏书陈旧，基层群众特别是农民群众长期存在看书难、看戏难、看电影难等问题。在这种情况下，文化共享工程利用现代科学技术，以共建共享为核心理念，通过多种服务方式，将整合起来的大量、丰富的优秀数字文化资源传递到基层，通过便捷、贴近、公益的数字资源服务，满足广大人民群众日益增长的精神文化需求，成为了历史的选择。

一、文化共享工程的发展历程

（一）筹备阶段

为了在新形势下加强基层文化建设，文化部于2001年6—7月开展了全国农村文化、社区文化调研工作。在调研中，我们深切感受到，基层文化建设在社会文化工作中仍是个薄弱环节，必须及早予以解决。2000年初，全国共有公共图书馆2675个，人均拥有图书仅0.3册；县级公共图书馆藏书人均不足0.1册，远远低于人均1.5～2册的国际标准。这些困难和问题严重阻碍了文化信息在广大农村群众中的传播。

调研中，我与时任财政部教科文司司长的张少春同志来到浙江绍兴，当地利用数字图书馆服务平台提供文化服务的做法给了我们很大启发：能不能利用现代信息技术，加强文化传播的力度与广度，利用信息技术和数字图书馆技术手段，依托现有网络平台，将文化系统拥有的海量图书、影视、戏曲、民间艺术等优秀资源进行数字化加工整合，传送到基层文化单位，为广大基层群众服务？财政部当年先行拨款500万元启动资金，用于文化共享工程试验系统的开发。

同年10月，文化部对部直属事业单位的文化资源进行了调查。国家图书馆、中国艺术研究院、中国京剧院、中国歌剧舞剧院、中国美术馆等单位，陆续按要求提交了本单位部分文化艺术资源，统一交由国家图书馆进行数字化加工。国家图书馆用了一个月时间，在数字图书馆已有技术成果和资源内容基础上，研制了"全国文化信息资源共享工程试验系统"，并利用这个系统对文化共享工程的服务模式、资源内容组织和整合方式、技术平台开发利用等进行了试验。在开展了与多个分中心联网试运行后，初步确定了文化共享工程是"数字图书馆服务的早期实现形式"的定位，拟定了最初的《全国文化信息资源共享工程实施方案》。

2002年1月，文化部、财政部专门召开部分省市文化厅（局）、财政厅（局）同志参加的座谈会，我们就《全国文化信息资源共享工程实施方案》再次征求意见，进行修订。与此同时，两部领导决定联合成立文化共享工程领导小组，文化共享工程正式启动。

（二）启动实施阶段

文化共享工程得到了中央领导同志的亲切关怀和高度重视。党的十六大之后，2002年12月23日，中共中央政治局常委李长春同志到国家图书馆考察，专门听取了文化共享工程的工作汇报并观看了资源演示，给予了充分肯定，同时要求将这些优秀资源尽快送入公网，尽快服务公众。李长春同志的指示有力地推动了文化共享工程工作的开展。在各地的积极响应和大力支持下，较短时间内建立了文化共享工程国家中心（设在国家图书馆）、省级分中心和部分基层服务点，形成了初步的工作网络体系。资源建设开始有规模地征集，技术平台和基层服务也有了探索式发展。

随着工程的推进，为了更加有效、系统地推动工程的深入开展，文化部党组就成立负责文化共享工程建设实施的独立机构事项进行了专门研究，方案得到中编办的支持。2004年2月，中编办批准成立文化部全国文化信息资源建设管理中心（以下简称"管理中心"），专门负责组织实施文化共享工程。管理中心的成立，为文化共享工程在更大范围进行资源整合、开展合作共建开辟了更加广阔的空间，工程的发展掀开了崭新的一页。

（三）深入探索阶段

管理中心成立后，工程发展条件得到了进一步改善，但是各级基层机构尚未完全建立，各种经费需求、资源需求、人才需求等前所未有的问题也不断出现。为此，文化部和管理中心在多个层面、多次召开会议，反复宣讲什么是文化共享工程、怎样建设文化共享工程、工作的原则是什么等重点问题，不断深化大家对工程的了解。

在中央领导的高度重视下，2005年中共中央办公厅、国务院办公厅转发《文化部、财政部关于进一步加强全国文化信息资源共享工程建设的意见》（厅字〔2005〕5号）文件，进一步明确了工程下一步的发展方向和工作要求。2006年，在中央领导同志的关心下，财政部和相关部委给予联合支持，文化共享工程蓬勃发展。

这一阶段，文化共享工程的建设工作发展很快。资源总量稳步增长；技术路线逐步清晰，建立了卫星播发平台，尝试了资源镜像、移动播存、VPN、IPTV等多种服务模式；网点建设开始与全国农村党员干部现代远程教育工程、农村中小学现代远程教育工程初步合作。基层服务走进农村、走进社区、走进军营、走进校园、走进企业。

（四）快速发展阶段

2007年1月8日，李长春同志主持召开了中央宣传思想工作领导小组专题会议。会议听取了我代表文化部做的《关于文化共享工程建设情况汇报》，进一步明确了文化共享工程的意义、任务、目标、职责等，确定了文化共享工程"十一五"期间的主要建设任务是：建成覆盖广泛的中央、省、市/县、乡/镇、村五级传输、管理与服务网络，基本实现"村村通"。这次会议成为文化共享工程发展的里程碑。

根据会议精神，文化部、财政部联合印发《关于进一步推进全国文化信息资源共享工程的实施意见》（文社图发〔2007〕14号），并与各省、区、市签订《2007—2010年文化共享工程建设责任书》，工程基层网点建设工作开始快速推进。东部地区按照2007年实现县、乡、村服务网络30%的覆盖率，2008年不低于60%，2009年不低于90%，2010年实现全覆盖的速度推进。中西部地区要在2010年实现县县建有支中心。其中，乡镇基层服务点建设与国家发改委实施的"乡镇综合文化站"建设项目统筹安排资金进行设备升级改造，村级基层服务点与农村党员干部现代远程教育工程基层点合作共建。财政部批准2007—2010年投资预算为24.76亿元，分年度实施。

2007年以后，在党中央高度重视和各级文化主管部门及各地公共图书馆同志们的不懈努力下，文化共享工程各项工作快速发展，大大加快了各级公共图书馆的信息化进程，有力地提升了我国基层公共文化服务能力。

二、文化共享工程取得的主要成果和经验

几年来，文化共享工程在网点建设、资源建设、技术建设、人才队伍建设以及基层服务等方面进行了大量探索，在各地的大力支持和配合下，取得了重要的阶段性成果。这些成果，为今后特别是"十二五"期间文化共享工程的深入发展奠定了坚实基础。

（一）服务网点建设成绩突出

截至 2010 年 9 月，文化共享工程已建成 1 个国家中心、33 个省级分中心、2896 个县级支中心、28344 个乡镇基层服务点，以及与全国农村党员干部现代远程教育工程和农村中小学现代远程教育工程合作共建的 80 万个基层服务点。基层网点建设取得的突出成绩，显著改善了农村地区基层文化中心的服务条件，有力推动了公共文化服务体系的建设。

（二）资源建设内容不断丰富

文化共享工程建设之初的资源，总量很小，规模效益很难体现。经过这几年的发展，这一情况已发生了较大变化。截至 2010 年 9 月，文化共享工程资源总量达到 105.28 TB，内容包括电影、电视剧、地方戏、曲艺、相声、小品、杂技、综艺节目、农业专题片、农民工培训、文化专题片、少儿动漫、讲座、少数民族语言（含藏、蒙、维吾尔、哈萨克、朝鲜等语言）等各类视频资源共计 70132 小时、73157 部/集，电子图书达到 52691 种、396 万册，电子期刊 3604 种、530 万篇。其中国家中心建成普适资源 28.9 TB，各级中心建成特色资源 74.38 TB。这些内容丰富、题材广泛的文化信息资源已面向各地区、各民族提供有针对性的服务，更好地满足了基层群众对文化的需求。

（三）技术传输模式因地制宜

文化共享工程的技术模式，注重在跟踪、依托国内外实用信息传播技术、数字图书馆技术的基础上，结合自身实际，大胆探索、实践创新。工程在设计之初，仅有互联网等少数几种技术传输模式，到了现在工程已发展拥有了卫星、互联网、IPTV、VPN、电子政务外网、有线（数字）电视、镜像、移动播存、3G 平台等多项传输模式，以多种渠道向基层传输资源。基层接收资源有了更多选择，资源获取变得更加稳定、快捷和方便。

（四）建设管理队伍初步形成

截至 2009 年底，文化共享工程全系统专兼职工作人员达到 68 万人，主要从

事资源建设、技术保障、开展服务等各项工作。这些人员在经过培训后,已经初步掌握了设备的基本操作技术,并能对群众进行指导,使这些优秀的文化信息资源源源不断地传输到基层,为群众提供服务,受到了广大基层群众的欢迎和认可。

文化共享工程取得的成绩来之不易。总结文化共享工程的经验,主要体现在以下几个方面:

第一,努力实现人民群众基本文化权益最大化,是工程的根本出发点和创新推动力。

李长春同志指出:"文化共享工程是公共文化服务体系的基础工程,是政府提供公共文化服务的重要手段,是实现广大人民群众基本文化权益的主要途径,是改善城乡基层群众文化服务的创新工程。"要紧紧围绕实现广大人民群众基本文化权益,满足他们日益增长的基本文化需求,以文化共享工程为载体,以技术创新为动力,利用现代信息技术和数字图书馆最新成果,以更加快捷的速度和更加广泛的覆盖,将更多优秀文化资源,传送到更大范围的基层群众身边,使他们更加便捷地接受、阅览和利用资源。

努力保障好、实现好人民群众的基本文化权益,是文化共享工程各项工作的出发点和根本目的。资源建设方面,坚持需求牵引,力求丰富多彩,加强针对性,最大程度地满足不同地区、不同层次、不同年龄群体的多方面、多样化、多层次的基本文化需求。通过县级数字图书馆推广计划,国家数字图书馆大量丰富的数字资源和最新文化建设成果,通过文化共享工程服务网络平台,更快更多地惠及基层群众。技术工作方面,从硬件配置到软件设计,努力实现传输快捷化、操作简易化、接收方便化。服务模式方面,坚持因地制宜,贴近群众,不论是辽宁的有线/数字电视模式、山东的互联网模式,还是河南的 IPTV 模式、陕西的 VPN 模式等各种服务手段的探索与创新,始终沿着实现文化信息资源共享村村有,实现"进村入户",实现人民群众共享资源便捷化和基本文化权益最大化的目标,不断探索、不断创新、不断发展、不断前进。

截至 2010 年 9 月,文化共享工程累计服务群众已达 8.9 亿人次,初步满足了基层群众求富裕、求知识、求健康、求快乐的基本需求,初步缓解了农民群众看书难、看戏难、看电影难的问题。

第二,党中央、国务院的高度重视,是文化共享工程开展文化惠民服务的根本保障。

党中央、国务院领导高度重视文化共享工程建设。2005 年 10 月,胡锦涛同志在党的十六届五中全会讲话中指出,要推进全国文化信息资源共享工程。2006 年 2 月,在省部级主要领导干部建设社会主义新农村学习班上,他要求:"发展文化信息资源共享工程农村基层服务点,构建农村公共文化服务体系。"

温家宝总理在 2006—2008 年各年的政府工作报告中,均明确提出要加快文化共享工程建设。2007年1月，李长春同志在中央宣传思想工作领导小组会议上，要求"全面实施文化信息资源共享工程，到2010年，基本建成资源丰富、技术先进、服务便捷、覆盖城乡的数字文化服务体系，努力实现'村村通'"。李长春同志多次视察各地文化共享工程建设情况，多次做出重要批示，为文化共享工程建设指明了方向。工程多次列入中共中央政治局常委年度工作要点。刘云山同志、刘延东同志也多次对加大文化共享工程建设力度做出重要指示。

2005年，中共中央办公厅、国务院办公厅转发《文化部、财政部关于进一步加强全国文化信息资源共享工程建设的意见》。2006年，文化共享工程被纳入《中华人民共和国国民经济与社会发展第十一个五年规划纲要》。2006—2010年的中央一号文件，中共中央办公厅、国务院办公厅2007年下发的《关于加强公共文化服务体系建设的若干意见》，都对文化共享工程建设提出了明确的任务和要求。十七届三中全会上通过的《中共中央关于推进农村改革发展若干重大问题的决定》明确要求，推进文化信息资源共享等重点文化惠民工程。

党中央、国务院的高度重视，文化部、财政部的正确指导和相关部委的积极帮助，地方各级党委、政府的大力支持，有力地推动了文化共享工程的快速、健康、蓬勃发展。截至2010年9月，中央财政在"十一五"期间投入工程建设经费26.84亿元，地方财政投入31亿元，总计投入57.84亿元。

第三，建立合作机制，促进共建共享，是工程扩大服务范围的重要途径。

文化共享工程在8年的发展过程中，通过与中组部全国农村党员干部现代远程教育工程、教育部农村中小学现代远程教育工程、广电总局广播电视村村通工程等合作共建，提升了网络覆盖率，扩大了服务范围，提高了基层服务点的综合服务能力。通过与工信部农村信息化综合信息服务工程合作，文化共享工程的文化资源通过"信息大篷车"，走进了千村万户。与国家人口与计生委合作，农村人口文化大院成了文化共享工程的服务阵地。文化共享工程还积极与一些大专院校、科研院所、工厂企业、政府机关、部队军营等开展合作，拓展服务渠道，使文化共享工程的惠民服务不仅走进农村，也走进社区、走进军营、走进学校、走进企业、走进机关。

三、对文化共享工程未来发展的若干思考

"十二五"时期是我国全面建设小康社会、开创科学发展新局面的关键时期，是深化改革开放、加快转变经济发展方式的攻坚时期。今年6月，胡锦涛总书记在中共中央政治局第22次集体学习的讲话中指出："要加快构建公共文化服务体系，按照体现公益性、基本性、均等性、便利性的要求，坚持政府主导，加大投入力度，推进重点文化惠民工程，加强公共文化基础设施建设，促进基本公共文化服务均等化。"党的十七届五中全会通过的《中共中央关于制定国民经济

和社会发展第十二个五年规划的建议》，明确提出"以农村基层和中西部地区为重点，继续实施文化惠民工程，基本建成公共文化服务体系"的任务目标。

在未来文化共享工程建设和发展中，要深刻领会党的十七届五中全会精神，要以资源建设为重点，以改善服务为方向，以队伍建设为保障，面向基层，面向农村，进一步做好文化共享工程的各项工作。要特别注重以下三个方面：

一要丰富资源内容，扩充资源量。"十二五"期间，随着大规模的基层服务网点逐步建成，资源建设的任务应该置于更加重要的位置。资源建设是文化共享工程的核心，要进一步加大资源建设力度，扩大优质资源整合范围。通过自主原创、合作共建、资源整合等多种方式，有计划、有目的地制作一大批有利于提高全民族文明素质，建设社会主义核心价值体系，加强走中国特色社会主义道路和实现中华民族伟大复兴的理想信念教育，传承中华传统美德、符合精神文明建设要求的优秀数字文化资源。要抓好内容选题，树立精品意识，提高资源质量，增强资源内容的吸引力。要突出资源建设重点，加强红色革命历史文化专项资源的建设力度，同时重视少数民族语言资源、未成年人适用资源的建设。加强资源建设的针对性，要进一步调动地方的积极性，提高他们在地方特色资源建设中的参与程度，建设更多适用性强的资源库。要探索建立群众评价和反馈机制，深入分析和研究新形势下群众需求的新特点、新变化，坚持贴近实际、贴近生活、贴近群众，更好地满足群众多层次、多方面、多样化的需求，努力把文化共享工程建设成为党和政府声音的传播渠道，社会主义核心价值观的宣传阵地，弘扬中华优秀文化的重要窗口和全民素质教育的生动课堂。

二要以基层特别是农村为重点，全面提升服务水平。要认真贯彻党的十七届五中全会精神，以农村基层和中西部地区为重点，进一步提升文化共享工程文化惠民服务水平。不断提升服务水平，强化服务效果，是文化共享工程不懈努力的方向。人民欢迎不欢迎、满意不满意、赞成不赞成，是工程有没有生命力、能不能持续发展的关键所在。要高度重视基层电子阅览室阵地服务，充分利用县级支中心及乡镇、社区基层服务点，开辟绿色上网空间，针对未成年人、农民进城务工群体和其他低收入群众，积极提供主题鲜明，内容丰富，融知识性、实用性和趣味性于一体的免费公共互联网鉴赏服务，用主流文化占领网络阵地，减少网吧特别是黑网吧对网络文化环境的污染，引导基层群众文明上网，营造良好的社会文化环境。要将阵地服务与流动服务相结合，与当地基层群众文化活动相结合，充分调动和发挥基层群众的参与热情。要紧密结合国家三网融合发展战略，积极探索和推进文化共享工程从进村走向入户的新型服务模式，研究开发方便快捷、易于为群众所掌握的服务手段。要充分发挥文化共享工程设备设施的作用，不断创新资源传输手段，扩大工程网络辐射能力，创造新颖的服务方式和活动载体，实现文化共享工程"时时可看，处处可学，人人可享"，切实把文化共享工程办成"德政工程""惠民工程"。

三要加强队伍管理，进一步提高管理人员素质。工程要发展，人才是保障。文化共享工程是一项现代信息技术的应用工程，它不仅需要具有高度事业心、真抓实干、勇于创新的管理型人才，还需要大批具有较高信息技术水平和各类专业知识型人才，特别是需要成千上万相对稳定的，服务基层的，既能熟练操作信息化设备、通晓互联网管理，又有一定文化素养和高度服务热情的综合性、应用型人才。自2008年到2010年9月，工程通过集中授课、网络培训等形式，累计培训人员340万人次。"十二五"期间，工程要结合《全国基层文化人才队伍培养规划》的实施，加强培训力度，将工程人才队伍的培训工作常态化、制度化。要把好"入门关"，探索建立职业资格准入制度。要以县级支中心为重点，分级开展人员培训。在城乡基层，要加强对兼职队伍的培养，重视发挥业余文化骨干的积极作用，确保村和社区基层服务点的管理人员能正确使用文化共享工程设备，为基层群众服务。要解决基层服务点运行经费，确保人员基本待遇，确保岗位人员不缺位。要进一步加强制度建设，规范基层服务点日常管理。要建立工程绩效评估体系，量化运行管理、资源建设、日常服务等各项业务评估指标。要将文化共享工程建设和服务开展情况作为公共文化服务体系建设的重要内容，纳入文化建设各项评估定级、表彰奖励机制之中，作为评价和衡量一个地区文化工作的重要标准。要把更多的时间和精力用在队伍培养上，在人才培训和队伍管理上狠下功夫，切实保障和促进文化共享工程的良性和可持续发展。

回顾发展历程，文化共享工程作为我国数字图书馆服务的早期实现形式在保障基层群众的基本文化权益、构建社会主义和谐社会等方面，发挥了重要作用。它得益于改革开放的大好形势和党中央、国务院的文化惠民政策，得益于全球信息化和我国努力实现跨越式发展的战略格局，得益于基层人民群众的积极参与和全国文化共享工程建设者们的辛勤工作与探索创新。展望"十二五"未来，文化共享工程、国家数字图书馆推广工程、公益性电子阅览室建设作为我国公共文化服务体系的基础性工程，在繁荣发展文化事业、构建公共文化服务体系中将发挥重要作用。文化共享工程要继续深入贯彻落实科学发展观，积极利用现代信息技术，与国家数字图书馆推广工程紧密结合，以资源建设为重点，以基层服务为方向，以队伍建设为保障，以更加积极的态度、更加扎实的作风，努力做好各项工作，为建立完善覆盖城乡的公共文化服务体系，更好地满足人民群众日益增长的精神文化需求，促进社会主义文化的大发展、大繁荣做出新的更大贡献。

（原载于张彦博主编：《公共文化服务的创新与跨越——全国文化信息资源共享工程建设研究论文集》，国家图书馆出版社2010年版，第9~19页）

送"数字"文化下乡

张　羽：欢迎您收看今天的《决策者说》。在9月14号刚刚发布的《国家"十一五"时期文化发展规划纲要》当中，特别提到了要大力推进文化信息资源共享工程。这项工程是继农村广播电视"村村通"工程一号工程之后，被称为农村文化建设的二号工程。这是一个什么样的工程？老百姓将如何从中受益？这是我们今天要谈到的话题。首先让我们认识一下今天的嘉宾。

周和平，1949年生，河北省沙河市人。1968年8月参加工作，1978年加入中国共产党，研究生学历。1967届高中毕业，做过下乡知青、中学教师、校长、县委副书记、国家人事部处长、国家图书馆党委书记、常务副馆长。2001年3月起任文化部副部长。

有请周和平副部长。这个工程叫做文化信息资源共享工程，是我们国家"十一五"发展过程当中非常重要的一个工程。这个工程的名字相对专业，是什么内容呢？请您给我们介绍一下。

周和平：叫文化信息资源共享工程，就是大概念以文化为主要内容的这么一个信息的工程，共享就是使这些文化资源为基层所使用。

张　羽：像这样一个工程为什么会出台，出于什么样的考虑？

周和平：改革开放以后，我们国家的经济和社会都有了快速发展，但是也存在着城乡之间、东西部之间这些不平衡。文化也是这样，在农村贫困地区，公共文化服务体系建设比较滞后，这些文化单位提供公共服务的能力比较差。怎么解决这个问题呢？我们就想到了随着计算机技术的普及，把一些优秀的文化资源进行整合，通过计算机的网络，通过各种现代化的媒体，来为基层提供服务，用这种方式来提升文化单位服务的能力，另外也满足群众求富裕、求健康、求文明的需求，为构建和谐社会来做一些实实在在的事情。

张　羽：从您的介绍当中我感觉好像里边有一个矛盾。像农村地区，应该是现在信息最不发达的地方，而且也是基础设施，尤其是信息网络建设最薄弱的地方。但是您提到整个的传输和传送手段正是一种高科技的信息传输手段，推动这样一个工程由小变大，困难在哪儿，优势在哪儿？

周和平：这也正是我们要启动这个工程的目的之一。这个工程的实施有利于缩小城乡的差距，有利于填补"数字鸿沟"。因为现在计算机网络很普及，但是它的网络基本在城市，农村很少。我们用这个工程，除了使农民借助于计算机，能够了解这些优秀的文化资源之外，实际上也是计算机的一个普及，这样让更多的人接触计算机，那么农村也可以进入信息时代。

张　羽：等于现在我们要在这样一个信息不发达，或者信息传送条件非常薄弱的地区用一种高科技创新的手段去传送最先进的文化资讯，有什么有利条件呢？

周和平：有利条件有几个方面。第一个方面是中央重视。胡锦涛总书记、温家宝总理在一些重要的会议上都提出，要加快推进全国文化信息资源共享工程。中共中央政治局常委李长春同志多次就文化共享工程的推动做指示。李长春同志到基层视察工作的时候，都要跑到基层和农村的文化共享工程基层点去视察、去了解，提出一些问题，指导我们进一步搞好工程的发展。国务委员陈至立同志几次召开协调会，解决工程建设中的一些重大的问题。第二个方面是群众欢迎。群众对于文化共享工程的参与热情之高，是我们策划者原来估计不充分的。各地在文化共享工程的基层点，老百姓是抱以极大的热情，特别是在有些集市，特别对一些农业技术方面的讲座、声像资料非常欢迎。第三个方面，就是各方面给予了很大支持。像财政部，从2002年4月工程启动以来到现在，中央财政已经投入了2亿多元，地方财政也投入了2亿多元，为工程的开展创造了很好的物质条件。同时，广电总局、新闻出版署、卫生部、农业部等也积极给工程提供一些资源，使工程的资源不断丰富。另外，社会各界，一些社会贤达、知名人士，像王蒙先生、任继愈先生、戴逸先生都无偿地把自己的一些著作权捐给文化共享工程使用。

文化共享工程开始于2002年，是由文化部、财政部联合实施的一项文化创新工程。这个工程是利用计算机信息技术，整合一些优秀的文化资源，比如电影、电视剧、戏曲、图书、农业技术、科普知识等，通过互联网和卫星的传输，或者通过移动硬盘和光盘的传递等多种形式为基层群众，特别是农村提供文化信息服务。目前，文化共享工程建设基层服务网点20多万个，辐射人群超过1个亿。

张　羽：这么庞大的一个工程，需要花不少钱吧，钱怎么办？

周和平：可以请财政部的王家新司长介绍一下有关情况。

张　羽：今天我们也请到了财政部的王家新司长。王司长，对于这样一个工程，我们国家是一个什么样投入的力度？钱从哪儿来？

王家新：当时跟文化部来共同实施文化共享工程，我们主要是这么考虑的。第一，正像中央有关文件和刚刚印发的《国家"十一五"时期文化发展规划纲要》中描述的，文化共享工程是构建公共文化服务体系的重要内容，这一点跟公共财政的职能和辐射范围相吻合，所以我们应该大力支持。第二，随着解决"三农"问题和社会主义新农村建设的进程，文化共享工程已经成为面向农村，解决农民群众最基本的文化需求，实现他们最基本的文化权益的一个有力抓手和重要的切入点。刚才周副部长已经描述了，工程实践快，效果好，见效快，也深受群众欢迎。所以财政部党组对这个项目非常支持，多次要求我们要大力扶持、支持。几年来各级财政投入了很大的财力,刚才周副部长也报了数字。

张　羽:两个多亿。

王家新:中央财政累计安排到现在是1.45亿元,今年还要追加7000多万元,但是我们有工作重点,就是要用于基层的站点建设和内容建设。

周和平:我已经把7000万元加进去了。

张　羽:像这样的钱够吗?还要继续再投入吗?

周和平:这肯定还要不断地加大投入,因为现在这个工程还在不断地发展,因为计算机网络技术是要靠资金投入的,当然各级政府都要加大投入。

张　羽:刚才周副部长已经跟我们介绍了这样一个工程的宏观的情况。这个工程到底建设得怎么样,给老百姓到底带来了什么样的好处?给大家介绍一位朋友,福建省文化信息资源共享工程中心的主任郑一仙,欢迎您郑主任。在实行这个工程之前,福建还算富裕地区了,农村文化设施的状况是什么样的?

郑一仙:第一个事例,在一些远离中心城市的小城市,特别是广大农村地区,原来是享受不到这些藏书量丰富的大型公共图书馆服务的,但通过这个工程的建设,他们现在很容易地就能够享受到这块服务。文化系统里大量的丰富多彩的文艺演出的节目、录像,包括一些非物质文化遗产方面的东西,不到一个大城市,或者不到那个剧场里头你看不到。大家都很羡慕,说你们在中心城市,享受了那么高雅的艺术,但我们在很边远的地方看不到。

张　羽:现在能看到吗?

郑一仙:现在能看到。

张　羽:真能看到?

郑一仙:真能看到。现在你喜欢看的我就可以提供给你。

张　羽:它是通过大屏幕放出来?

郑一仙:通过大屏幕。一台电脑,一个投影仪,一个大屏幕,大家在那边边摇着扇子就可以看。整个黄金周期间,我们馆长自己掏腰包,下去为各个村的老百姓巡回放映,五一黄金周都不休息,因为太受欢迎了。我们这个省级分中心的工作人员有一次跟他一起到下面,离镇里还有20公里的龙新村,那天晚上全村男女老少跟过节似的。大家涌到村长的家门口,因为在村长家门口放采茶灯,闽西歌舞采茶灯,大家跟过节一样。那个村长很腼腆,他说我就希望你们多来,希望你们常来,这是最基层群众的反映。

张　羽:在衡量这个工程的时候,作为一个外行人,或者作为一个媒体人,我在想,第一,有用没用,刚才郑主任实际已经回答了,很有用,老百姓很欢迎;第二,方便不方便,老百姓能不能很轻易地取得这样的信息,刚才也讲到,现在在福建省已经到了村里了是吧,是所有的村都能覆盖吗?

周和平:只要有了设备,一般具备三个一,一台电脑、一个投影仪、一个幕布就可以达到,如果网络已经接上,这个信息就可以使用。

张　羽：第三个我觉得对农民朋友很重要的，就是贵不贵，享受这样的服务要不要钱？

郑一仙：这个完全是政府买单的，因为它定位就定在公益性的运作，所以不允许向农民群众收费。

周和平：所以这个工程是文化部和财政部一起启动的，当时的想法就是作为一个提供公共服务的工程。政府来投入，包括各个文化单位、基层服务点，政府给一些设备，对基层都是免费提供服务。

张　羽：现在我们文化部拥有的这个文化共享工程，信息资源有多大？我这儿有一个图板可以给大家介绍一下。现在我们拥有的量是35 TB，相当于1.11亿册电子图书或32410小时的视频节目，如果24小时不间断播出，可以连续播出1300多天，3年多。

周和平：实际上一个TB大概是1000个小时的视频。

崔建飞（文化部全国文化信息资源建设管理中心副主任）：这个1.11亿册电子图书也跟以前传统图书馆的概念不一样了，郑馆长，相当于多少个福建省图书馆？

郑一仙：我们是250多万册（件）的藏量，大概相当于40个福建省图书馆的量。

张　羽：从理论上来说，只要是我们文化共享工程的点，都可以接收到这么大的一个信息量？

崔建飞：对。

张　羽：我们今天请来了不少一线的实践者，宁夏回族自治区贺兰县文化共享中心的主任蔡生福，欢迎您蔡主任。您给我们介绍介绍，在宁夏地区推动这样一个工程具体有什么经验和措施？

蔡生福：宁夏地区网络比较落后，各村各乡都没有基层服务点，可以说我们县中心只有这一套接收设备。怎么样推动这个工作呢？在我调查的过程中发现，数字资源便捷的特点就是可以用光盘、用卫星、用网络传输，我们的条件就是在没有这些卫星跟网络的条件下，只能用光盘传输数字资源。所以这两年多来，我们采取了光盘服务的模式，把工程的资源进行再次的加工、整理。

张　羽：等于在县中心这个点接收到信息之后刻成光盘再送到村里去？

蔡生福：对，把适合当地农村需要的一些资源保存下来，有针对性地做一些VCD光盘。我们主要是通过这么几个方式，一个是到集贸市场上去搞宣传，先印宣传单，然后带着所有农村需要的光盘。

张　羽：那不抢光了。

蔡生福：这个不能免费发。

张　羽：还是有一点点成本的。

蔡生福：只是两块钱的成本，如果免费发，我就是带1000张、1万张都不够发的。

张　羽：那肯定要抢光了，比盗版光盘还便宜，两块钱。

蔡生福：但是我们到这个基层点，到基层种植、养殖业连片的村社的时候，我们是免费的，一分钱不收。

周和平：我刚到宁夏贺兰县的点去过。当时他们的工作人员正在制作光盘，管理得非常规整，他们把这些光盘都一套一套地装到袋子里，编目非常清楚。作为图书馆来讲，每年的购书费只有4万块钱，你想4万块钱能买几本书？但是这些工作人员敬业精神很强，老蔡他们是带着大家为基层服务，在当地反映非常好。

张　羽：周副部长刚才提到您自己掏钱给农村朋友刻光盘。

蔡生福：因为当初文化共享工程启动的时候，我们没有专项资金。为了尽快把这个资源送到农民手中，需要一台设备，最关键的设备就是智能光盘刻录机，当时这台机器是6000多块钱。

张　羽：自己掏的？

蔡生福：我自己先掏的。

张　羽：周副部长，现在这个钱还人家了吗？

蔡生福：这已经解决了。

张　羽：当地政府解决了是吗？

蔡生福：后来我们通过自主为其他单位制作一些光盘，收了一些费用，就把这些挣回来了。

周和平：通过为基层卫生服务、科技服务，制作的这些光盘给一些成本费，又帮他收回来了。

张　羽：周副部长刚才对你这个精神给予了充分肯定。我们这个工程还有很多示范点，我们现在请来了山东省文化厅副厅长李宗伟。山东是咱们文化共享工程的示范省，示范省现在做到什么程度了？为什么示范？

李宗伟：文化共享工程的精彩之处就在于它首先提出了一个共建共享的理念，我们山东推进文化共享工程就是走了一条合作共建的路子。我们把文化共享工程和农村党员干部现代远程教育这两项工程全面结合起来，实现了这两项工程，网络上一体共用，数字资源建设上是共建共享，技术平台是有机地连接。

张　羽：传输网络和技术平台原来已经有了，现在就是共用这样一套技术。

李宗伟：共用，结合起来。

张　羽：不用多掏钱了。

李宗伟：在基层站点的服务上，我们文化部门和远程教育部门是共同承担，统一管理、统一使用，为群众服务。通过走这个路子，山东目前在全国第一个建立起了覆盖全省农村的服务网络。目前我们的基层服务站点已经发展到84540多个，覆盖了所有的乡镇，所有的行政村。

张　羽：说到这我们要提一个现在很时髦的名词，叫做"数字鸿沟"。由于现在网络信息的爆发式增长，使发达地区和不发达地区由于掌握信息的不同，导致了发展机会的不同，信息越少的地区，越落后的地区，发展越滞后。其实国际上一直也在致力于解决这个问题。今天我们请来了湖北十堰图书馆馆长助理，也是文化共享工程中心的负责人，曾在英国留学，获得信息和图书馆管理硕士学位的郝敏女士。我们文化部在做的这项工作，是不是英国也有相关的工作呢？

郝　敏：对，英国也有类似的一些项目，但是有所不同。他们只是读者到图书馆来利用网络，然后训练有素的图书馆员教读者怎么样利用和学习信息技术，但是我们的共享工程其实更贴近于基层群众。

张　羽：他们太不方便了，要走到图书馆去，我都很少去图书馆。

郝　敏：虽然我们是发展中国家，他们是发达国家，但是数据显示，在他们这些工程没有实行之前，他们也有27%的人根本都没有上过网，所以说这个"数字鸿沟"的问题实际上也是一个国际化的问题。我们十堰市图书馆相对来说还算是地市级中比较好的，一年有几十万元的购书经费，但是即使这样，也不能完全满足农村地区不同阶层的需求，他们也比较远，也不能到图书馆来。文化共享工程给我们图书馆拓宽了服务方式。我们走到农村去，通过播放一些他们最实用的农技知识、保健知识和新农村生态旅游样板村的光碟，这样他们首先有了一个生动直观的认识，接着我们就把图书馆的书又补充上去，这样书和光盘结合在一起。所以对当地农民来说，现在都引起了一种比较好的学习风气。所以文化共享工程这种传播方式确实是解决我们偏远地区"数字鸿沟"问题的很好的方式。

张　羽：刚才您讲到，因为我们是纯公益的，我们已经投入了4个多亿，而且我们这个工程要长期进行下去，还要再继续加大覆盖面。这后边的钱怎么运转呢？

周和平：因为是靠计算机技术来实行服务的工程，同时还有大量的文化资源要数字化，这些都要花钱，包括有些资源还要付出版权费，都要加大投入。中央财政已经有了一个总体的策划，不断地加大力度。在中央财政的带动下，各级也会加大力度。要加快这种服务网络的建设，我们提出的一个目标是，到2010年的时候，要基本实现县县有分中心，乡乡有基层中心，50%的村庄有基层的服务点。第二个就是加快资源的建设，因为资源为王，资源是文化共享工程实施中最关键的一个环节，现在资源已经有了35 TB。到"十一五"末的时候，我们的规划资源量要达到100 TB，就是10万个小时的资源。

张　羽：在节目的最后，我们想请大家看几张图片，这几张图片实际上是反映了新中国成立后不同时期农村文化建设的状态。这是六七十年代，当时农民主要的文娱方式就是自娱自乐、吹拉弹唱。同样是在那个年代，这个可能是赶歌会，就像每年的集市，歌会是农民的一个重要娱乐场所。到80年代我们已经有了送戏下乡，这是把一些当地的剧目和演出直接送到农村或者乡镇，盛况空前。

到了 90 年代就更先进了，有这样的隆重的大篷车，这样的大篷车可以打开舞台，走村串巷，随时为大家演出。

周和平：这个我得顺便说一句，最近财政部支持我们，已经是 1 亿多元，采购一批流动舞台车，送到各省的剧团，为他们能够下乡演出提供条件。

张　羽：现在这样的大篷车还在活跃着。

周和平：每个省要给十来部车，这是中央财政支持的，也是做公益的。

张　羽：我们可以把它看作传统手段。最后我们看到的两张照片就是关于我们文化共享工程的，农民朋友看着电脑屏幕，欣喜地露出了笑容。这是在乡镇通过文化共享工程下载的信息在放一个电影或戏剧，孩子欣喜的笑脸。刚才周副部长也讲到了，我们这个工程是"十一五"规划当中非常重要的一个工程。我们希望在"十一五"结束的时候，在我国的农村、乡镇到处可以看到这样的场面和孩子们的笑脸。谢谢周副部长接受我们的采访，也谢谢大家的参与。

（中央电视台访谈，2006 年 10 月 3 日。央视网：http：//news.cctv.com/china/20061003/100522.shtml）

文化共享工程与农村文化建设

主持人：大家好，这里是中国政府网在线访谈。中华文化博大精深，如何把各方的资源整合好，开拓方便快捷的渠道送达人民群众的面前，这是一件好事，但也是一件相当艰巨的工程。文化共享工程是面向农民群众的最为快捷的信息服务工程，自2002年实施以来取得了一定进展，将丰富的数字资源通过互联网、卫星、数字电视、有线电视等手段送到农村，送到基层，受到人民群众热烈欢迎。

中共中央办公厅、国务院办公厅《关于加强公共文化服务体系建设的若干意见》中明确提出了"到2010年基本建成覆盖城乡的文化信息资源共享工程服务网络"的目标。昨天，文化部与各省、区、市签订《2007—2010年全国文化信息资源共享工程建设责任书》。可以说，我刚才说的那个艰巨的工程正在逐步走进我们的生活。

今天，我们的话题就锁定在"全国文化信息资源共享工程"。我来介绍今天走进我们演播室的嘉宾，首先是文化部副部长周和平，欢迎您。

周和平：谢谢。

主持人：还有山东省文化厅厅长杜昌文和安徽省太湖县图书馆馆长曾玉琴。欢迎三位嘉宾。

网民对文化共享工程还不是很熟悉。那周副部长能不能向大家介绍一下文化共享工程是什么样的工程？网友还很关心政府为什么要建设这么一个工程，能够起到什么作用？预期达到的目标是什么样的？能给老百姓带来什么好处？

周和平：文化共享工程是利用先进技术提供文化服务的工程。这个工程由文化部和财政部从2002年4月启动，到现在已经有5年多的时间了。具体讲这个工程对优秀的文化资源进行数字化的整合，它就是通过互联网、通过卫星、通过数字电视、通过移动硬盘和移动光盘来为基层提供服务的。启动这个工程的目的主要是满足基层群众对文化的需求，通过这个工程向群众提供优秀的文化服务和文化资源，从而推动我们国家经济和社会的全面发展。

主持人：我们整合了很多资源，那这些资源都有哪些来源呢？包括什么资源呢？

周和平：这些资源来源于各大图书馆、博物馆、表演艺术团体，包括一些电视台，以及科技部门、农业部门、卫生部门的专业数据库，根据各地的需求，特别是农村的需求对这些资源进行整合，这些资源都是解决了版权，可以在文化共享工程使用的公共文化资源。

主持人：您能不能为大家简单介绍一下现在我们的人民群众都是通过哪些渠道可以享受到这个工程呢？

周和平：一是可以通过互联网，在互联网上也有文化共享工程的网站。还有可以通过卫星，在边远地区、网络条件不太发达的地区是通过卫星传输的，现在基本上是通过中央教育台的卫星传输频道向基层传输，这就需要在基层有一个接收天线，同时有一个接收器，通过这种方式为基层提供服务。同时，各地还创造了很多新的模式，比如通过 IPTV 模式，也就是利用宽带的网络电视，群众通过机顶盒加电视机就可以看了，可以把电视机作为计算机的终端来使用，群众靠一个电视机的遥控器就可以使用这些资源，是非常方便的。

有的地方搞了数字电视，据了解，我们国家已经有 25 个城市开始推行数字电视，在进行数字电视转换的地方就通过数字电视这个平台进行播出。有的地方还通过有线电视，因为电视是播出性的，在有线电视播出的时候可以从中挑选优质的资源播送这些节目。有的地方网络条件不太具备，我们就通过移动硬盘或者光盘。有的地方还把这些资源打印成材料，向群众发放，通过这种形式向基层提供服务。

总之，各地都是根据群众的需求传送和播送这样的资源，最大限度地为群众提供良好的服务。资源内容的包括面很广，比如包括农业科技信息，现在已经有了 3000 多部多媒体的农业科技科教片，教农民如何科学地种植、养殖、加工；另外还有法律常识、保健常识，这些内容也是很受农民欢迎的；另外还有文化方面的信息，已经整合了 600 多部电影、2000 多部戏曲、几十万册的图书；另外还有一些专题的知识讲座；等等。资源总量现在已经到了 6 万多小时。这些资源量也在不断拓展和丰富。

主持人：我感觉文化共享工程里面的信息已经很多了，这是不是一个动态的发展过程，是不是一个向上的增长过程呢？

周和平：是的，我们首先对资源的建设做了整体的规划。就是按照农民的基本文化需求，按照基层群众的基本需求进行这些资源的加工。首先确定这个方向，然后着力处理资源建设中的版权问题，能够上网的一定要解决好版权。再一个就是资源内容的采集，根据总的大纲的要求采集这些资源，这些资源可以长期使用，随着时间的推移这些资源会越来越丰富、越来越多。它可以补充互联网上的优质文化资源，也可以通过基层各个文化部门、图书馆、文化站、基层点等各种设施提供信息资源服务。可以说，从整个平台搭建和基层建设上，文化共享工程是一种长期为基层群众提供服务的工程。

网友"骄子007"：图书馆在文化共享工程中可以发挥什么样的优势？目前基层图书馆在文化共享工程中发挥了怎样的作用？同时，在工程推进过程中，基层图书馆发生了怎样的变化？

曾玉琴：文化共享工程在基层，在农村起着一个非常好的桥梁作用，给农民带去了信息,特别是脱贫致富方面的信息。因为我是来自最基层的一个县的图书馆,也就是文化资源共享的县级支中心,对这一点感触很深。

主持人:咱们文化共享工程的机构是怎么样的呢?

周和平:这点我来说明一下。这个工程是依托于各级公共图书馆和各个公益性文化单位实施的,除了在文化部建立一个全国文化信息资源管理中心以外,往下就依托各级图书馆、文化馆和文化室进行。国家叫全国文化信息资源管理中心,到省里就叫某某省的分中心,到地、市这一级叫某某市的支中心,到县这一级依托于县图书馆就叫某某县的支中心,乡镇以下的就都叫作基层服务点。曾馆长所在的太湖图书馆是安徽省太湖县的文化共享工程支中心。

曾玉琴:我们基层图书馆在文化建设上,通过这个文化共享工程可以说发生了翻天覆地的变化。因为一个县的图书馆过去都是靠传统的模式,来了书进行人工加工编目,通过借借还还,为农民兄弟服务则是通过对文献的二次加工来实现的。

文化共享工程支中心的建设使图书馆面貌得到大大改善。就拿我们图书馆来说,已经建立了电子阅览室,有 30 台计算机,都是按照国家要求的配置标准采购的,建立了机房,机房中有存储设备、服务器、光盘刻录等全套的设备。还有就是所有的服务窗口和外借、采编等业务管理部门也全部实现计算机管理。这就从一个传统的、落后的、只是借还书的图书馆实现了跨越式的发展,读者人数日渐增长。

主持人:从原来我们每个月统计的数据来看有多少人浏览或者有多少人来还借书呢?现在经过改善后参与者有多少呢?

曾玉琴:原来的统计都是传统的模式,现在上了计算机管理就由计算机统一统计了,人数增长是明显的。

周和平:叫图书馆流量统计。

曾玉琴:对,我们统计结果是去年接待读者 20 万人次。

主持人:那没有进行这个工程之前呢?

曾玉琴:没有进行这个工程之前是八九万,去年我们的统计是 20 万。另外,还有电子阅览室。

周和平:以前主要是书的借还和阅览,而现在增加了通过网络、电子阅览室进行阅览的。

曾玉琴:对,我们图书馆自己设立了网站,我们去年电子阅览室接待读者就达到3000 多人。应该说文化共享工程给图书馆的发展提供了非常好的平台和非常好的机遇,使图书馆发生了跨越式的发展。

主持人:网民对农村文化建设十分关注,农民的文化生活状况亟待改观。

网友"排队买菜":文化共享工程对农村文化建设将起到哪些积极的作用?农民在工程建设中能得到哪些实惠和好处?目前,山东的农村文化共享工程情况如何？农民反应怎样？

杜昌文：在山东取得的重要成效主要体现在三个方面：一是促进了各级政府公共文化服务职能的落实。二是促进了图书馆、文化馆等公共文化服务单位的数字化，也带动了乡镇文化站和村文化室的建设，增强了公共服务的能力。就像刚才曾馆长讲的那样，资源开发的过程也是图书馆数字化的过程，把图书馆的那些图书资源经过数字化加工之后，上网直接提供给网民，老百姓可以通过每一个终端从这当中获取信息。三是为基层广大群众，特别是农民群众获取知识信息、学习科技文化知识、丰富精神文化生活提供了新的途径，从而更好地保障了广大人民群众的文化权益。在山东文化共享工程是从2002年开始实施的，截至目前已经实现了全省城乡全覆盖，也就是说在全省的8万多个村庄全部建立了接收站点，省、市、县三级图书馆作为依托都建立了工程中心，网络已经实现了全省的普及，农民群众普遍反映很好，也可以说是深受广大农民群众的欢迎。

网友"保障有力"：山东是国内最早实现文化共享工程全覆盖的省份，请问山东的具体做法？文化共享工程给山东带来了哪些变化？

网友"wmengccd"：去年在中央电视台看过一个《共享欢乐》的节目，是介绍山东文化共享工程的，真让人感动。请杜厅长介绍一下山东的文化共享工程。您能不能给我们具体讲讲咱们这个文化共享工程给人们带来的生活上的变化，是什么让网友感动？

杜昌文：我认为网友之所以受感动，主要是通过这一工程的实施，促进了政府公共文化职责的落实，政府出钱投资开发文化资源，并且把政府出资开发的公共文化资源通过数字化加工之后变成了全民的共享资源，真正实现和保障了老百姓的基本文化权益。

主持人：那文化共享工程都给山东带来了哪些变化呢？

周和平：我可以先介绍一下。我到山东走过很多地方，我觉得这个工程一个是活跃了基层文化生活。这个工程有电影、地方戏等很多文化艺术方面的资源。在山东这个工程搞得很好，已经普及到村这级。有的村是一个点，有的是两个点，有的还配置了广场，比如放电影，天天可以放，有的时候一天放几部电影。像山东的地方戏，如莱芜梆子、吕剧、柳琴等这些演出，非常受观众的欢迎。大家觉得通过文化共享工程可以享受到这么多的东西，非常高兴。

这些资源中有大量的农业实用信息，通过网络可以看到种田的知识、养殖业的知识，包括加工业的一些知识，因为他们在实践中也碰到了比如植物的病虫害、家禽病害的防治等，山东农民也谈到这项工程在促进农业生产生活方面发挥了很大的作用，有的农民通过看科教片就提高了产量和收入，这点是非常实在的。再比如农民打官司、咨询法律问题、农民权益问题等都可以通过网上的法律知识解决，都很受大家的欢迎。

杜昌文：谢谢周副部长的介绍，您对山东的情况非常了解。说实话，这个工程的实施只是初步的,现在只是把这些信息顺畅地传输到农村基层,让广大人民群众利用这个网络,促进致富、活跃文化生活,这样的巨大潜力还有待于今后的进一步发挥。

周和平:山东是在全国最早实现全面覆盖的省份,因为山东省委、省政府很重视,省财政支持力度也比较大。山东这个平台是和农村党员干部现代远程教育工程相结合铺开的。我们在发展这个工程的方针上也是要共建共享,就是和农村党员干部现代远程教育、农村中小学现代远程教育、数字电视、有线电视等平台相结合推开这项工程。

总体的目标来讲,因为这个工程是一个公益性的文化服务项目,按照中央的要求,到2010年的时候全国也都会像山东一样实现全面覆盖。按照规划,从现在开始,2007年到2009年每年完成30%的县级支中心建设,乡镇和村基层点建设同步推进,到2010年的时候要实现文化共享工程城乡全覆盖,也就是"村村通"的任务。为此,中央财政最近也决定要下拨将近25亿元来开展这项工程,加上各级政府和地方财政的支持,这项工程的各项措施也会逐步得到落实。

网友"不懂就问":9月17日,文化部举办了文化共享工程签约会,在签约会上签订的《2007—2010年全国文化信息资源共享工程责任书》,对各地政府的相关责任进行了哪些约定?对于推进文化共享工程,可以发挥怎样的作用?

周和平:刚才咱们也谈到了一个总体的目标,为了实现这个目标,需要各级政府加大力度推进,所以我们就采用签约的形式确定各级政府的责任。作为文化部,我首先说一下我们自己的责任:一是组织协调各地政府开展文化共享工程的网络建设;二就是负责落实钱,特别是落实中央支持中西部建设文化共享工程的专项资金;三是制定技术标准,如网络建设、资源建设等标准;四是会同财政、审计、监察部门对中央投入资金使用情况进行监督检查;五是督促验收各地的建设情况,并对文化共享工程建设比较好的地方进行总结表彰。

对地方政府也提出了相应责任的要求:一是在2010年以前按照中央要求,保质保量地完成县、乡、村三级基础网络建设,实现基层全覆盖;二是负责落实本地区承担的资金,因为我们是分级管理,除了中央拿25个亿,地方也有配套资金,这由地方政府负责落实;三是根据规划建设基层服务点,达到建设的标准;四是搞好服务,使这些已经建成的点能够很好地为群众服务;五是加强对工程的管理、资金的管理、服务网络的管理等。签订这么一个文本,责任明确了就比较好去评判、督促、验收,能够确保这个工程按期完成。

网友"论坛常客2001":现在农村各种"工程"很多,广播电视村村通、农村党员干部现代远程教育、农村中小学现代远程教育等,加上文化共享工程,会不会产生重复建设?如何实现有关资源的共享?能否真正实现低成本、高收益?

周和平:这个问题也是我们非常关心的。因为从现在网络的发展来看,中央对于基层、对于农村的文化共享工作非常重视,很多部门的工作都在向农村延伸。各部门重视的一个好处就是都开始向农村投入,资源向农村倾斜,但是容易出现重复建设,而且资源的建设是要花钱的。

所以我们首先在部这一级有一个协调机制,将按照各自的分工,确定共同的主攻方向,推进数字资源建设。从文化系统来讲,我们文化部的资源建设和各地的资源建设有一个通盘的规划,文化部建的资源省里就不建了,山东建的资源河北就不建了。为此,在文化共享工程网站上也开设了一个查重目录,而且各地资源建设要首先报一个目录,以避免重复。这样可以使国家有限的经费花到刀刃上,花到群众急需的资源上。

网友"城市风标":文化共享工程已经实施5年。这5年来,文化共享工程已经取得了哪些进展?多少人受益?

周和平:一是网络的发展比较快。从网络的情况来看,每个省份都建立了分中心,一批地(市、县)也都建了分中心,到基层县、乡两级,特别是农村这一级,现在我们通过与农村党员干部现代远程教育和农村中小学现代远程教育两个工程共建基层点达到35万多个。

二是资源得到不断丰富,已经达到65 TB,1 TB相当于近1000个小时,所以65 TB是6.5万个小时,其中国家中心建了13 TB,地方中心建了52 TB。

三是传输方式不断拓展。原来我们设想是通过互联网、卫星、移动硬盘、光盘等方式,而最近几年各地有很多创新。一个创新就是利用IPTV模式,所谓IP是计算机宽带网络,所谓TV是电视,就是利用计算机的宽带网络传输信息资源,终端利用电视机加一个机顶盒接收。这个模式在一些省份推广以来,由于它操作比较便捷,图像清晰,效果很好。再一个就是数字电视模式。刚才我谈到已经有25个城市1267万户在搞数字电视整体转换,文化共享工程的数字资源通过数字电视频道播出,信息量很大,已经进入千家万户。还有一种模式是通过有线电视模式进行播出。

四是信息化程度比较高的地方,像上海,文化共享工程和城市信息化建设相结合,通过城市的宽带网传输这些资源,为基层服务,效果也是比较好的。随着我们国家信息网络技术的发展,各地还会创造出很多新的模式。

网友"巴州图书馆":周副部长你好!我是来自新疆巴州的,今天听说您做客"全国文化信息资源共享工程"在线访谈,备感鼓舞。目前,我们地州图书馆已开通文化共享工程,但由于设备、资金有限,各县市图书馆仅能在本地图书馆接收观看文化信息,真正极其需要这些电影、戏曲、农业知识的广大农民却不能利用和观看到,而且感觉科普知识等方面的资源陈旧,影视资料及其他视频资料也太老,农业基础知识等较为陈旧、缺乏科学性等,总体感觉文化共享工程资源广而不精,未能发挥应有的作用。

周和平:这个问题也是我们现在关心的。我首先可以给这位网友介绍一下,中央财政加大了对基层网络建设的支持力度。像新疆这样的地方以及西部地区，我们规划一个县级的支中心资金是68万元，中央财政要直接拿其中80%的钱，也就是说一个县可以得到54万多元的支持。乡镇一级我们的规划是3万元，而像西部地区可以得到80%的支持，也就是2.4万元，到村这一级也可以得到五六千元的支持。对西部地区，国家财政拿钱可以拿到80%。中部地区按照规划，中央财政是支持50%。随着资金不断到位，我觉得硬件设施会有重大的改变。

资源建设内容的丰富是一个渐进的过程，这位网友提了很好的意见。我们会根据这位网友提出的这些建议，不断征求基层的意见，使文化共享工程的资源更具有针对性。另外，我们还鼓励各地建立一些地方特色资源。

主持人：更有针对性。

周和平：对，更有针对性。同时，文化共享工程通过网络的开展，可以逐步地开发出个性化的服务平台，就可以在网上回答公众提出的问题，也可以开展一对一的个性服务。当然，这也是下一步的工作目标。

主持人：您刚才所说的中央财政的这些钱，到基层大概是什么时候？

周和平：应该说是陆续到位，今年的资金很快就要到位了。今后每年都会有资金的支持。

网友"aiask"：我是基层图书馆的工作人员。我从媒体上的报道中看出文化共享工程有近万个站点，那建一个基层站点要花多少钱？

周和平：如果是一个计算机终端配上卫星的接收设备，那要花1.5万到2万元；如果只是用IPTV的模式，几千块钱就可以了，买一个大屏幕的电视、几百块的机顶盒就可以解决问题。这要看各地的模式而定。如果是卫星接收的话，那花钱要多一点。

曾玉琴：要两三万元。

主持人：也就是1万～3万元之间。那周副部长刚才说一个县是50多万元，是什么样的配置呢。

周和平：对，因为它是支中心，可以搞一个小的局域网，包括电子阅览室。

网友"山东路老个"：杜厅长，您好。我是山东的网友，我们这里文化共享工程网络基本健全——县（市）级有分中心，乡镇级有服务中心，村有服务点。我想问一下领导，省里下一步在建立长效机制，主要是经费保障机制方面有没有出台硬性政策？没有硬性规定，各级都不想掏钱为公益文化多出钱的。谢谢。

杜昌文：他提的问题很关键，这是我们当前很关心的问题，也是努力要解决的问题。现在网络实现了全覆盖，要建立长效机制，源源不断地根据老百姓的实际需求开发文化信息资源，是我们今后持之以恒的工作。建立长效机制的关键问题是财政支出，要把资源建设的经费列入各级财政预算。目前，我们正在研究制定相关政策和措施。对此，我还是很有信心的。

网友"qkl"：周副部长，你好！我是青岛开发区图书馆的工作人员。我认为山东省文化共享工程抓得比较好,四级网络健全。青岛开发区的领导对这项工作也十分重视和支持,支中心建设达标,利用文化共享工程开展丰富多彩的活动,深受读者和市民的欢迎。但我们在工作中也发现一些问题,主要是资源建设方面,尤其是娱乐方面的像电影、戏剧、各种地方戏等相对贫乏,如果牵涉版权因素,像这等惠民工程国家是否应该解决?

周和平: 至于版权问题,我们是在国家现行的对版权规定的法律法规的范围内解决版权问题,当然也鼓励著作权人向文化共享工程捐赠版权。这个工程开展以来,很多知名的学者、科学家也都争相向我们捐赠版权。像政府投入的公益性演出,原则上应该无偿为文化共享工程提供服务,由文化共享工程使用,这样才能够不断地把资源丰富起来。

网友"hyh123": 我在文化共享工程网站上看过《中国园林》《中国电影》等资源库,从创意到制作都很精美,让我了解到很多中华文化知识。请问这些资源是否都已取得版权?

周和平: 凡是在文化共享工程网站上发布的都是解决完版权问题的。

网友"news 灵通": 目前文化信息传播已经采用了很多传统手段,为什么还要增加如此多的投入,使用高技术手段是否能适应广大农村农民群众的需求?

周和平: 应该说文化共享工程确实是利用现代技术服务的工程,它的优点就是比较便捷地提供服务,传输的资源量大。这些资源也都能体现时代的特色。中国这么大,用这个工程就拉近了城乡之间的距离,使城乡之间的"数字鸿沟"问题得到一定程度的缓解。

作为一项现代技术工程,我们追求的是在使用端越简单越好,我刚才也谈到如果能够用电视机来看就更方便了。当然,电视机的操作是简单的,中国80%、90%的家庭可能都有电视机了,我们也要逐步地使这个工程大众化。在操作层面上、操作界面上越简洁越好,为基层群众服务。

网友"我在4楼": 在这个工程中,传播的一个很重要的渠道就是互联网。文化部准备如何更好地使用好这个渠道?

主持人: 我们知道,新华网、中国政府网以及中华文明网多次和文化部全国文化信息资源建设管理中心进行深入的交流探讨,文化信息资源的共享共建正在开展之中。电子图书、电影、戏曲、舞台艺术、知识讲座等视频文化信息今后也会在我们的网站上展示出来。

周和平: 我首先要说一下,文化共享工程是基于互联网来提供服务的,互联网的优点一是传输速度快,再一个它的传输资源量大。和电视还不太一样,电视是播出式的,播什么你就只能看什么;互联网则是有很多资源库的支持,想看什么点什么,可以实现双向的和个性化的服务。我们这个工程是基于互联网进行的,所以也就有了这个优点。

利用这个工程的平台,我们现在正在进行国家数字图书馆的建设,国家投入

4亿元，在数字图书馆工程建成之后，大量的解决完版权问题的资源就可以通过这个平台向公众提供数字图书馆的服务。大家知道就图书馆的发展而言，纸质的图书阅览之后又拓展了计算机的阅览。这个工程也支持了很多计算机上的阅览方式，使很多公民可以不到图书馆就可以享受图书馆的资源。除了看书之外，图书馆将来还会提供一些参考咨询等专项的课题服务，开展双向的服务。

另外，各级文化部门还有一批文艺表演团体，这些表演团体每年都会生产出不少艺术精品。这些艺术精品也可以通过这个平台向公众进行展示，大家可以借助这个工程看戏、看表演。

第三方面就是各级文化部门还有一些图书馆、博物馆、美术馆，其中有很多的藏品，过去没有网络的时候你只能到图书馆、博物馆、美术馆去看，现在有了文化共享工程服务网络，你可以随时了解他们藏品的有关情况。另外，文化部还通过和其他领域的共建，形成了一批农业、科技、法律、卫生、保健常识等其他方面的资源，都可以通过这个平台提供服务。文化共享工程是以资源建设为核心的，利用现代技术服务的公益性工程，所以随着它的资源量的不断扩大，我想这个工程为公众服务的水平也会不断提高。

网友"guizhou"：周副部长，您好！文化共享工程目前发展得很好，但是全国从事文化共享工程的工作人员主要是图书馆技术部的兼职人员，没有专门的机构和部门，更没有专门的人员、专门的经费，这必然造成管理和服务上的欠缺。国家在这方面有没有考虑要在全国建立一支专门的队伍，如何建立？

周和平：文化共享工程的建设是依托于各级公共图书馆建立的，我们不再另外设机构，所以搞好文化共享工程的服务就是各级公共图书馆的职责。过去对此不大熟悉的图书馆员都要进行培训，让他们了解这方面的知识，能够很好地提供服务。我们各级中心都是建在各级公共图书馆，所以各级公共图书馆已经陆续配备了专业人员。我们将逐步建立一支高素质、高水平的专业队伍。图书馆就是为公民服务的，是公民的终身学校，文化共享工程的实施使公民增加了一个受教育的手段。刚才曾馆长也讲到，实际上这个工程对图书馆也是一次革命，是提升服务水平的机遇。

网友"guizhou"：还有国家的资金只对县级和乡村，那地区级和省级呢？没有这两级，如何保证工程的建设和对群众开展服务的监督？

周和平：中央财政主要支持基层，省级、地市级主要是地方财政负责支持的。但西部地区图书馆在资源建设上还有一些困难，中央财政将给予一定的补贴。总的来说，中西部资源建设中央将予以支持，省市网络建设应该是由地方来完成的。

网友"Ahdko"：城市居民应该如何使用共享资源呢？

周和平：城市居民通过互联网就可以享受共享资源。特别是开通数字电视的地方，可以借助于电视机来共享这些资源。现在一些城市的社区、街道的文化站，一般都能够接收文化共享工程的资源。

杜昌文：现在在青岛已经实现了文化共享工程进家庭了，就是通过数字电视实现的。

网友"发展不息"：我国的农村地区，网络、电脑普及率还不是很高，一下子就给他们用上了卫星装置这样的高科技，他们能有效利用吗？

曾玉琴：我们那套文化共享工程的设备只要有初中文化程度的就可以。再有，国家中心、省级分中心、县级支中心也会对服务人员进行专门的培训。我们国家中心还专门制作了培训的光盘，除了国家中心对省级分中心培训，省级分中心又对县级支中心培训，县级支中心又对基层站点的同志进行专业培训，做到他们都可以使用这些设备后，再把设备发给他们使用。应该说这在我们太湖那里已经不成问题了，都会使用的。

网友"我在4楼"：工程实施效果如何，服务是关键。请问：此项工程对于加强服务有何考虑？基层图书馆与老百姓接触最为频繁，在日常工作中是如何加强相关服务的？效果如何？

曾玉琴：我们太湖县是集山区、库区、革命老区为一体的贫困县，这个工程我们从2002年实施以来，应该说实施的效果非常好。我就举一个很小的例子。我到北京来开会之前，我们北中镇吴俊村的书记还专门到图书馆，握着我的手说，你到北京去开会一定要代我感谢国家、文化部对我们太湖县的关怀。吴俊村离我们太湖县110公里，海拔1100米，那个地方的老百姓打电话都很不方便。文化共享工程进了他们村以后，老百姓像过年一样。我们那个地方的人都喜欢看黄梅戏，所以我们基层服务点的同志除了为他们播放农业科技方面的知识，还给他们播黄梅戏，什么《打猪草》《打豆腐》，老百姓特别喜欢。

所以我觉得基层图书馆最主要的任务就是把这个工程真正服务于民，搞好服务工作。我们太湖县有34个基层点，我们不仅对基层点的服务人员进行培训，还和他们进行签约，就是说他们要按照国家的规定，这个基层点应该为老百姓一个月服务多少个小时。这方面国家中心和文化部对我们都是有规定的。

网　友：想问一下两位基层的领导，基层文化共享工程实施的过程中遇到过什么难题呢？

曾玉琴：我们是国家贫困县，按照国家规定，财政分灶吃饭，县所属的乡镇和村主要由地方财政解决。像我们太湖县是一个贫困县，我们的财力还很困难，如果34个点按照国家的标准全部解决了也要100多万元，这对于我们这个县而言是相当困难的。但是我们县委、县政府特别重视这项工程的实施，专门成立了县文化共享工程的领导小组。领导小组召开了5次工作会议，主要是创新我们的工作思路。我们利用奖励的制度，比如15个乡镇全部要建点，县财政拿一部分，乡财政拿一部分，县财政又拿一部分资金奖励他们，也就是说谁干得好、谁建得快，就拿奖励资金奖励他们。

村的点怎么办呢？我们会买一些移动播放器，设备比较简单，一个村大概花1万元钱就可以了。这1万元钱有的村还是很难拿出来的。因为我们县是贫困县，有不少帮扶单位，他们还派了挂职干部在我们那里当书记，所以这些资金就由那些帮扶单位支持。所以我们的基层点建设得很快，在6月底全部完成了建设任务。我觉得最主要的一点就是创新工作思路。

杜昌文： 山东在工程实施过程中面临的最大问题也是资金问题，因为这是一项巨大的公共工程。在工程建设中我们采取了共建共享的方法，在省、市、县各级中心建设上我们是依托各级图书馆进行建设的，在农村接收站点建设上我们是依托乡镇文化站和村文化大院进行建设的，把投入减少到最低限度，充分利用现有的资源，共建共享，使这个问题很好地得到了解决。

周和平： 杜厅长讲得很好，我们有一个共建共享的机制。我们与农村党员干部现代远程教育、农村中小学现代远程教育、信息产业部的"信息大篷车"、全国妇联的"美德在农家"等活动都是结合起来进行的，这些共建共享机制的形成，达到了事半功倍的效果。应该说是一个花钱少、见效快，能够为基层群众提供更好服务的思路。

杜昌文： 主要是现有资源的整合和利用。

主持人： 好，最后我想请周副部长和我们大家聊聊文化共享工程在文化工程中的地位和作用是怎样的呢？

周和平： 中央对于公共文化服务体系建设问题非常重视，8月27日专门下发了一个《关于加强公共文化服务体系的若干意见》。在这个文件中提出了要大力发展公益性文化事业，实施文化惠民工程，特别是对于文化共享工程提了原则性的要求。这个工程在公共文化服务体系建设中既是一个新型的服务手段，又能够提供丰富的、优秀的内容，所以在公共文化服务体系建设中是一个重要的实现途径。所以，对农村来讲，对于培养新型农民、推进社会主义新农村建设，对城市而言，对于培养合格的公民、合格的市民，都会起到非常有益的作用。

主持人： 好，由于时间的关系我们的访谈要结束了。非常感谢周副部长、杜厅长和曾馆长回答了网友的这么多问题，也非常感谢网友的积极参与。

（中国政府网访谈，2007年9月18日。中国政府网：http：//www.gov.cn/zxft/ft60/wzzxgd.htm）

(五)

清史编纂与文献整理工作

一、做好清代文献整理工作对推进清史编纂工作具有重要意义

古人说，论从史出。这里所说的史，就是指的基本的历史事实。而这些基本的史实，是通过各种文献典籍来表现的。中国古代的文献典籍既是我国传统文化遗产的重要载体，也是真实记载历史事实的重要原始资料和准确反映历史原貌的重要保证，在历史研究中具有不可或缺的重要价值。没有文献典籍，历史研究就是无本之木、无源之水。通过文献整理工作，对文献典籍进行全面而又系统的去粗取精、去伪存真的工作，就可以为历史研究和史书的编纂提供全面、真实、可靠的第一手文献资料。据此而言，文献整理是历史研究的前提，是编纂史书的基础，在修史过程中居于不可替代的基础性和先导性地位，对提高史书编纂的水平和质量具有特别而重要的意义。

从清史研究来看，我们至今尚无一部令人满意的正史。民国初年编纂的《清史稿》，因当时政局动荡而仓促成书，有许多原始文献未能得到整理，当然也就更谈不上加以利用了。新中国成立以来，党和国家一向重视历史遗产的抢救和保护工作，但由于各方面的条件局限，长期以来，我们对清代文献典籍的整理工作还比较薄弱。从反映清史的现有文献来看，有清一代的文献具有卷帙浩繁、分布分散等特点，而且迄今为止还从未进行过大规模的系统整理。仅以清代档案文献为例，据初步统计，全国现有档案资料就达2000多万件，这些档案现大多未能得到整理。

清代文献整理工作十分重要，不仅意义重大，而且大有可为。通过此次比较全面的文献整理工作，不仅可以为清史纂修工程提供资料上的强有力的保障，而且通过文献整理，可以使我们对现存的清代文献资料的具体情况有一个比较准确的把握，也就是说可以借此搞清楚有关清代文献资料的家底，搞清楚其中的哪些资料需要重点保护，哪些资料需要加紧抢救，从而通过文献整理工作来进一步促进历史文化遗产的抢救和保护。从这个角度来看，清代文献整理工作不仅是清史纂修工作的一个不可缺少的组成部分，也是促进我国传统文化遗产抢救和保护工作的重要组成部分。

二、做好清代文献整理工作要注意处理好以下几个问题

一是要坚持辩证唯物主义和历史唯物主义的基本观点和方法，切实贯彻以史

为鉴、古为今用的原则。

编纂清史也好，整理文献也好，其目的不是为了发思古之幽情，不仅仅为了整理国故，而是为了科学总结历史经验，继承和弘扬中华民族的优秀传统文化，为面向新世纪，不断发展中国特色社会主义新文化服务，这也是在清史研究中全面贯彻和实践"三个代表"重要思想的必然要求。

二是要紧紧围绕清史纂修工程这一核心开展文献整理工作。

清代文献浩如烟海，以我们现有的各种条件，还难以对清代的所有文献进行全面的爬梳。此次文献的整理工作，是清史纂修工程的一个重要组成部分，是为编纂清史服务的。这就要求我们在文献整理工作中，特别是在文献整理的选目上要从时间、人力和财力的实际出发，有关文献整理的计划，一定要经过古籍整理专业的有关专家充分论证，集中力量办大事，突出重点，紧紧抓住编纂清史这一核心，以与清史编纂有关的文献为主开展整理工作，坚决杜绝随意搭车现象。同时，可以通过编目等形式，摸清家底，为今后时机成熟时全面整理清代文献奠定一个良好的基础。

三是要加强对文献整理工作的领导和组织工作。

文献整理是清史编纂的基础性工作，也是清史编纂工作的第一步，这一工作完成得好与不好，对今后的清史纂修工作影响很大。同时，面对着文献整理工作时间紧、任务重、工作量大、经验少的实际，要充分认识到这一工作任务的繁重性和复杂性，宁可把问题想得多一些，把困难想得大一些，从思想上真正重视起来。为了保证文献整理工作的顺利、高效进行，包括清史纂修领导小组办公室、清史编纂委员会在内的各有关机构和单位要制定科学可行的工作计划，并在人、财、物等方面加强管理、组织和相互配合工作，切实提高工作效率。各级图书馆、档案文献管理等相关部门要从支持清史纂修工程的大局出发，在原始文献的提供等方面给予支持和配合，为文献整理工作提供各方面的便利条件。

四是要大力倡导严谨务实、勤奋治学、甘于寂寞的良好学风，通过文献整理工作培养一支高素质的古籍整理研究专业队伍。

明代的戏曲音乐家魏良辅在他论述昆腔唱法的著作《曲律》中说，"清唱"，俗语称"冷板凳"，没有锣鼓助威，场面冷落，不比戏场借锣鼓之势热闹。我们今天做学问，就是要能够坐得住"冷板凳"，不要与社会上的一些行业攀比。老一辈学者提倡"板凳要坐十年冷"。有人说，今非昔比，现在是市场经济，没有钱怎么能行？但我们是学者，要有历史责任感与使命感，与商人经商处处要盈利是有区别的。朱镕基同志在今年初的一次会议上谈到经济形势，说自己有"恐高症"，告诫人们要头脑清醒，不要盲目追求高指标。目前我国尚属社会主义初级阶段，还有几百万贫困山区的孩子，连吃饭、上学都成问题。所以，在纂修清史的过程中，我们要发扬老一辈学者严谨治学、甘于寂寞的优良学风，不搞攀比，不讲享受，潜心治学。

李岚清同志指出，清史编纂工作不仅是一项修史工程，同时也是人才培养的工作。在老专家、老同志道德文章的薰陶和培养下，通过文献整理工作，积以时日，我们就有可能培养出一批优秀的古籍整理人才和清史研究的专门人才，使清史研究形成科学合理的学术梯队，使清史研究薪火相传，进一步促进清史的研究。这不仅对清代文献整理工作，而且对以后的清史编纂和学术研究工作也将具有重要意义。

当前，全国上下正在全面学习和贯彻党的十六大精神，正在全面学习和贯彻"三个代表"重要思想，刚刚结束的第十届全国人民代表大会和全国政治协商会议又为我们国家面向新世纪的发展描绘了雄伟的蓝图。我衷心地希望，参与清史编纂工作的专家和同志们，要以高度的政治责任感和历史使命感，充分发扬中华民族"博采众长、融会百家"的优良传统，坐得住"冷板凳"，精诚团结，密切配合，群策群力，专心致志，努力做好清代文献的整理工作，为清史编纂工程开一个好头，为今后的清史编纂奠定一个坚实的基础。

（在清史编纂文献整理工作座谈会上的讲话，2003年3月24日）

清史纂修要先做好体裁体例设计

在党中央、国务院领导同志的高度重视和直接关心、推动下，清史纂修的各项工作现已全面启动。在面向新世纪全面建设小康社会、开创中国特色社会主义事业新局面的今天，党中央、国务院做出纂修清史的决定，具有重大意义。

党的十六大报告指出："文化的力量，深深熔铸在民族的生命力、创造力和凝聚力之中"，"在五千多年的发展中，中华民族形成了以爱国主义为核心的团结统一、爱好和平、勤劳勇敢、自强不息的伟大民族精神"，"面对世界范围各种思想文化的相互激荡，必须把弘扬和培育民族精神作为文化建设极为重要的任务"。我们所要建设的新文化，就是指"与中华民族传统美德相承接"的"民族的科学的大众的社会主义文化"。中华民族在长期的历史发展中逐渐形成了悠久而深厚的道德和文化传统，这些优良的文化传统深刻影响着我们的民族性格、民族心理和民族精神，深刻影响着广大人民群众的生活方式和精神追求，是我们弥足珍贵的精神财富。在面向新世纪，建设社会主义新文化的历史进程中，这些优良文化传统历久弥新，表现出强大的生命力，需要我们进一步发扬光大。清史纂修工程的全面启动，充分体现了"三个代表"重要思想，体现了国家对中华民族优秀文化传统的重视，反映了新世纪新阶段全面建设小康社会、开创中国特色社会主义事业新局面的客观要求，对传承祖国悠久历史文化，实现党的十六大提出的大力弘扬和培育民族精神，激发爱国主义精神，增强中华民族凝聚力具有重要意义，是建设中国特色社会主义新文化的重要组成部分。

以下，我向各位专家、各位同志简要介绍一下清史纂修工程的缘起，并就清史纂修工程特别是编纂体裁体例等问题谈几点看法。

一、缘 起

有关清史纂修的设想由来已久。早在新中国成立之初，董必武同志就向中共中央建议编写两部书，一部是中国共产党党史，另一部就是清史。1965 年，周恩来总理还责成中宣部筹备此项工作，并成立了清史编纂委员会。20 世纪 80 年代初，有人写信给邓小平同志，重提国家纂修清史之事。邓小平同志对此十分重视，特将此信转批中国社会科学院。近年来，我国学术界的一些老专家给中央领导同志写信，认为中华民族自古以来重视修史，随着我国综合国力的不断提高和清史研究的不断深入，纂修清史的时机已逐渐成熟，因此建议把纂修清史工作提到议事日程上来。在李岚清同志的直接关心和推动下，经国务院办公厅与有关部委协商，决定正式启动清史纂修工程，并把纂修清史工作交由文化部组织实施。这说明，作为一项国家重点文化学术工程，清史纂修工作不仅饱含了党中央、国务院几代领导同志的深切关怀，而且还寄托了我国老一代无产阶级革命家与专家学者们近半个世纪的企盼与厚望。

二、先期启动的几项工作

文化部接受清史纂修的工作任务后，即按照中央领导同志的要求和批示精神，认真与各有关部委、单位沟通、协商，并走访了学术界的专家学者。清史纂修工作不仅得到了各有关部委、单位的大力支持，而且专家们也积极献计献策，提出了很多很好的意见和建议。文化部在汇总各方面意见后，向党中央、国务院报送了《清史纂修工作方案》。李岚清同志就此做出重要批示，江泽民、朱镕基、胡锦涛等领导同志也都圈阅同意。中央领导同志对清史纂修工作的重要批示，充分说明党和国家领导人对纂修清史工作的重视和关怀，这为纂修清史工作提供了最重要的保障。

（一）组织建设

根据党中央、国务院批准的《清史纂修工作方案》的要求，我们组建了清史纂修的相关组织机构。

1. 成立了清史纂修领导小组

在国务院办公厅的指导下，我们与中宣部、国家计委、财政部、教育部、中国社会科学院等单位协商，酝酿成立了清史纂修领导小组。领导小组的组成经国务院批准，并将《国务院办公厅关于成立〈清史〉纂修领导小组的通知》（国办发〔2002〕59号）下发到各省、区、市人民政府和国务院各部委、各直属机构。清史纂修领导小组的主要职责是受国务院委托，全面负责清史编纂的组织领导工作。清史纂修领导小组办公室具体承担清史纂修领导小组的日常性事务工作。

2. 成立清史编纂委员会

经与清史编纂委员会主任戴逸先生多次商议，并征求在京部分专家的意见，清史编纂领导小组会议审议通过了清史编纂委员会人员组成名单和有关章程，并于2002年12月召开清史编纂委员会成立大会。清史编纂委员会由清史学界有代表性的25名专家学者组成，其主要职责是在清史纂修领导小组的领导下，全面负责清史纂修的学术组织工作。目前，清史编纂委员会组建了有关常设工作机构和具体的工作小组，并制定了相关的规章制度，纂修清史的前期工作已相继展开。

（二）业务工作的开展

清史编纂委员会根据纂修清史的总体要求和部署，已先期启动了清代文献资料的收集整理和研究设计清史编纂体裁体例工作，有关清史研究现状的研究也即将开始。

1. 关于清代文献资料的整理工作

中国古代的文献典籍既是我国传统文化遗产的重要载体，也是真实记载历史事实的重要原始资料和准确反映历史原貌的重要保证，在历史研究中具有不可或缺的重要价值。没有文献典籍，历史研究就是无本之木、无源之水。通过文献整理工作，对文献典籍进行全面而系统的去粗取精、去伪存真工作，就可以为历史研究和史书编纂提供全面、真实、可靠的第一手文献资料。从此而言，文献整理是历史研究的前提，是编纂史书的基础，在修史过程中居于不可替代的基础性和先导性地位，对提高史书的编纂水平和质量具有特别而重要的意义。

针对有清一代文献所具有的卷帙浩繁、分布分散且迄今尚未进行过大规模整理的实际情况，清史编纂委员会已于3月下旬在北京组织全国各地的有关专家学者开了一次文献整理工作座谈会，与会专家提出了很多好的建议与意见，这为下一步的文献整理工作打下了一个好的基础。

2. 关于清史编纂体裁体例的研究设计工作

为加强清史编纂体裁体例工作，清史编纂委员会专门成立了体裁体例调研小组，向全国各地的专家发出《清史编纂体裁体例调研大纲》，就清史编纂体裁体例问题征求全国学术界的各方意见，并自2002年底至今多次召开会议，专题研究清史编纂体裁体例工作，决定分南北两片分别征求有关专家学者的意见。今年2月下旬，已在北京召开了两次由北方学者参加的清史编纂体裁体例工作学术座谈会。在上海召开的这次清史编纂体裁体例工作学术座谈会，其主旨就是要面向南方的专家学者征求意见和建议，以便于清史编纂委员会更充分地吸收各方意见，为对清史编纂进行科学的总体设计奠定基础，使清史编纂的体裁体例更科学、更周密、更合理。

三、关于清史编纂体裁体例工作中需要注意的几个问题

（一）清史编纂体裁体例工作要以马克思列宁主义、毛泽东思想、邓小平理论和"三个代表"重要思想为指导，坚持辩证唯物主义和历史唯物主义的基本观点和方法

李岚清同志在清史编纂工作座谈会上指出，在纂修清史的过程中，我们既要

尊重史实，又要反映时代精神；既要继承前人研究成果，又要勇于进行学术创新；既要着眼中国历史的发展，又要联系世界历史发展的进程。这就要求我们，在清史编纂体裁体例工作中，要从建设和发展民族的科学的大众的社会主义新文化的高度，本着以史为鉴、古为今用的原则，充分体现面向新世纪的时代特点和民族精神，把立足基本史实与以马克思列宁主义、毛泽东思想、邓小平理论和"三个代表"重要思想为指导，坚持正确的理论方向有机结合起来，把体裁体例的继承与开拓创新有机结合起来，把发扬民族优良史学传统与面向世界、充分吸收人类文明成果有机结合起来，在认真研究的基础上，使清史的体裁体例既能全面反映基本的历史事实，又能坚持马克思主义的立场、观点和方法，既能充分反映历史发展的规律性，又能充分反映历史发展的丰富性和多样性，坚持论从史出，实事求是，推陈出新，通过对文献资料的认真研究，上升到理论，从而透过复杂的历史现象揭示出隐藏其后的历史本质和历史规律。

（二）要充分认识清史编纂体裁体例工作在清史纂修工作中的重要性

体裁体例是日后清史编纂的纲领，是整个清史编纂的蓝图，是清史编纂的总体框架，未来的清史会编成一个什么样子，这在相当程度上是与体裁体例有密切关系的。编纂一部清史，就如同建设一个大的建筑工程，工程未行之前，就必须先要有一个好的图纸，有一个好的设计方案，这个图纸，这个设计方案就是体裁体例；编纂一部清史，就如同盖一座房子，盖房子之前，就必须把地基打好，打结实，这是盖好一个房子的前提和基础，如果地基打不好，就会出大问题，这个地基就是体裁体例。古人说，没有规矩，不成方圆，兹事体大，不能有丝毫的含糊，希望大家从思想上真正重视起来，从行动上真正重视起来。

（三）在体裁体例的设计过程中，要充分发扬学术民主

我最近看了《清史编纂体裁体例调研大纲》，深感体裁体例的确是个很复杂的问题，需要进行认真的研究。中国自古以来即有重视修史的好传统，并在修史的过程中积累了丰富经验，在体例上形成了纪传、编年、纪事本末等体。这些体裁体例各有优点和不足，如纪传体虽有"范围千古，牢笼百家"的优点，同时又有"类例易求而大事难贯"的不足；编年体固然有不少优点，但如果搞不好，又会成为"断烂朝报"和"陈年流水账簿"。

新的时代，对我们纂修清史提出了更高的要求。这个要求不但是要在体裁体例上通过对过去各种体裁体例的得失进行认真研究并扬长避短，而且是要充分体现创新精神，使新确定的体例更加科学合理，既能全面反映整个清代历史发展的基本情况，也能充分容纳和吸收清代历史研究的最新成果，既能符合史学发展的内在规律，也能充分反映我们这个时代的要求和精神。这就要求我们在清史编纂

体裁体例的学术研究中,特别是对一些有争议的难点、重点问题,更应该充分发扬学术民主,以海纳百川的胸怀和气魄,求真务实,集思广益,博采众长,认真听取并研究各方意见,特别是要认真听取和研究不同的意见。

(四)大力倡导严谨务实、勤奋治学、甘于寂寞、勇于奉献的良好学风

明代的戏曲音乐家魏良辅在他论述昆腔唱法的著作《曲律》中说,"清唱",俗语称"冷板凳",没有锣鼓助威,场面冷落,不比戏场借锣鼓之势热闹。我们今天做学问,就是要能够坐得住"冷板凳"。老一辈史学家范文澜先生说过:"板凳要坐十年冷,文章不写一句空。"有人说,今非昔比,现在是市场经济,没有钱怎么能行?但我们是学者,与商人重利是有区别的。之所以要坐"冷板凳",是因为学者是社会文明的创造者和传播者,作为学者就要有历史责任感与使命感,就应该对社会的文化建设事业承担起自己道义上的责任;之所以要坐"冷板凳",是因为科学研究是一种十分艰辛的创造性劳动,既不可能有平坦的大路可走,更没有所谓的捷径可寻,只有甘于寂寞,潜心治学,才有可能在科学研究中有所发现,有所创造,才能对人类的文明做出自己应有的贡献。古人说,"嚼得菜根,百事可做"。在纂修清史的过程中,我们必须大力发扬和提倡严谨治学、甘于寂寞的优良学风,并把这种优良的学风贯穿在整个清史的编纂过程中,使之成为强大的精神动力,为把清史编纂成一部无愧于时代、无愧于人民的传世佳作做出自己的贡献。

(在清史编纂体裁体例学术座谈会上的讲话,2003年4月7日)

再造善本　传本扬学

中华再造善本工程是国家一项重要的文化建设工程，由政府斥巨资，以现代手段将存世的珍贵善本古籍进行复制，以期文化遗产的安全传承和充分利用。目前已经完成印制工作的善本达400余种。这套书的选录之丰富，影印之精致，学术价值之高，均达到了前所未有的高度。

五千年文化的积淀，五千年文明的光芒，中华文化的传承是以薪火相传、世代积累的方式逐渐实现的。典籍作为文明传承的重要载体，是传播知识、介绍经验、阐述思想、宣扬主张的重要工具，是物化了的科学思维和凝聚了的人文意识。后世人们可以从典籍中了解先人的社会生活、理想主张、政治得失、礼仪风尚、典章制度、道德观念、战争胜负、朝代更迭、农业丰歉、民瘼疾苦、医药养生，乃至先人的思想感情、风俗习惯等，从而取其精华，创造新的文明。历代都有一批有识之士加工阐释，条编整理古籍，并使之广泛传播承继，正所谓为往圣继绝学，为来世开太平，大大推动了文明的进程。

中华民族文化典籍的传播源远流长，而典籍的广泛传播，当归功于中国雕版印刷术的发明和应用。中国的雕版印书始于初唐，成于五代，盛于两宋，旁及辽、夏、金，延衮于元、明、清，雕版印刷的应用不但对中华文化的传播和典籍的传承起到了非常重要的作用，也推动了世界文明的进程。然而时间跨越1400余年之后，唐、五代时期的版印实物，已成吉光片羽，宋元刻书的留存，也是万不存一。清乾嘉以来，藏书家面对宋元旧刻日益减少的状况，就曾呼吁影抄影刻宋元本行世，"举断不可少之书，复而墨之，勿失其真，是缩今日为宋元也，是缓千百年为今日也"。其后200年间，又有众多学人为此呼吁过、尝试过。2002年5月，中央政府斥资，由文化部、财政部联合实施中华再造善本工程，终于使这一愿望成为可能。

我们欣喜地看到，再造的善本使孤本秘笈化身千百，使历史上流散的珍本延津聚合，配为全帙。更让人欣喜的是再造完成的珍贵典籍，已从深层保护下解放出来，走进高等院校、公共图书馆这样的科研、文化传播前沿，摆上学者的书案，还流传到海外，既避免了因使用不当造成的对善本古籍的破坏，在一定程度上解决了藏与用的矛盾，实现了对善本古籍的再生性保护，又给更多的学者以研究发掘的机会，方便他们更深入地挖掘、弘扬中华文化的精髓。

中华民族的古老智慧对全世界文化文明发展曾经有过积极、重要的影响，这表明了中华文化的伟大生命力。国人期望承载中华民族智慧、中华文化精髓的"中华再造善本"不仅在中国构建和谐社会的进程中起到积极作用，也在世界范围得到更广泛的传播，在全球范围起到更重要的作用。国人还期望在国力日渐强盛的今天，对中国传统文化的抢救和挖掘更全面、更有力，让中国传统文化中蕴涵的精粹在更广泛的范围共享。这是社会发展的要求，更是我们当代文化工作者的使命和责任。

(原载于《人民日报（海外版）》2005年10月28日第1版)

精心部署 明确思路
努力开创我国古籍保护工作新局面

最近，为进一步加强古籍保护工作，国务院办公厅下发了《关于进一步加强古籍保护工作的意见》（以下简称《意见》）。这是我国文化建设的一件大事，标志着我国的古籍保护工作进入了一个新阶段，对保护我国丰富的文化遗产，弘扬中华优秀传统文化，建设社会主义先进文化和构建社会主义和谐社会，必将产生重要作用。为了贯彻落实《意见》精神，研究部署古籍保护工作，启动中华古籍保护计划，经国务院同意，我们在北京召开全国古籍保护工作会议。国务院领导对会议非常重视。明天国务委员陈至立同志将到会做重要讲话，文化部、财政部、国家民委、新闻出版总署等古籍保护工作部际联席会议成员单位的领导同志也将在会上发言。

下面，我就如何贯彻《意见》精神，做好古籍保护的具体工作，谈几点意见。

一、充分认识古籍保护工作的重要意义，增强使命感和责任感

我国五千年的文明史，曾创造了辉煌浩瀚的文献典籍。这些文献典籍是中华文明的重要载体，承载着丰厚的历史和文化内涵，是中华文明延续发展的历史见证，也是人类文明的瑰宝。这些古籍是祖先留下的宝贵物质和精神财富，蕴涵着各个时期中华民族优秀的文化价值观念，凝聚着中华民族的智慧成果，体现了中华民族充沛的文化创造力，是维系民族情感的精神纽带和重要桥梁，为中华文明的薪火传承发挥着重要的作用。由于年代久远，许多古籍难以保存，传承至今的珍本孤本尤显珍贵。对这些古籍进行妥善保护、开发和利用，是我们党和政府的重要历史责任。我们一定要站在落实科学发展观、建设社会主义先进文化和社会主义和谐社会的高度，充分认识古籍保护的重要意义。

党的十六大明确提出，要扶持对重要文化遗产和优秀民间艺术的保护工作。加强古籍保护工作，是建设社会主义先进文化，贯彻落实科学发展观和构建社会主义和谐社会的客观要求。毛泽东同志曾指出："中国在长期封建社会中，创造了灿烂的古代文化。清理古代文化的发展过程，剔除其封建性的糟粕，吸收其民主性的精华，是发展民族新文化、提高民族自信心的必要条件。"抢救和保护珍贵古籍，既是系统挖掘、整理民族优秀历史与文化的过程，也是重塑民族精神的基础性工作。通过古籍保护工作，可以使珍贵的中华古代典籍得以保护和传承，

同时也必将进一步揭示中华文明的深层底蕴，向世界展示中华文明的博大精深。保护好珍贵古籍，既是我们文化工作者崇高的历史责任，也是新时期文化工作的重要内容和现实要求。我们要从对国家、历史和子孙后代负责的高度，按照科学发展观的要求，加强古籍的发掘、整理、保护、利用，使中华民族优秀文化薪火相传、生生不息，不断发扬光大，延续和保持中华民族的精神血脉和民族基因，进而推动世界文明的发展。

新中国成立以来，在党中央和国务院的重视关怀下，在有关部门的大力支持下，我国的古籍保护工作取得了很大成绩，为全面开展古籍保护工作打下了坚实基础。一是收集、保存了大量珍贵古籍，古籍保护工作体系初步建立。随着近代图书馆的诞生，大量皇家藏书、名人藏书入藏各地图书馆，一批志士仁人和图书馆、博物馆领域等具有真知灼见的专家学者为保护珍贵古籍做出了卓有成效的努力和贡献。新中国成立之初，国家组织人力，投入资金，开展对重要古籍的收集工作，征集保护了大量民间古籍善本，使散落民间的珍贵古籍入藏图书馆、博物馆、高校、科研院所等，初步建立了古籍保护工作体系。据初步估算，目前全国古籍数量多达数千万册，分藏于公共图书馆、高校图书馆、专业图书馆、博物馆、寺庙及民间。为妥善收藏珍贵古籍，在各级财政的大力支持下，各有关古籍收藏单位陆续建立了一批条件较好的古籍书库，古籍保管条件得到改善。二是古籍修复、整理、出版等工作取得显著成果。新中国成立后，中央财政就投入资金，实施了《赵城金藏》《敦煌遗书》《永乐大典》和西夏文献等一系列大型古籍修复项目，使得一批珍贵古籍善本得到有效保护。20世纪50年代初，国家组织专家点校了"二十四史"、《资治通鉴》等古籍，促进了传统文化的传播和普及。为了加强古籍整理出版工作，国务院于1958年成立了古籍整理出版规划小组，从此古籍整理和出版工作有了全面的安排和统一部署。"文革"期间，古籍整理出版工作陷入停顿状态。20世纪80年代，国务院恢复组建了古籍整理出版规划小组，加强了古籍整理、出版工作的领导，影印、出版、翻译了一大批珍贵古籍，为继承和弘扬中华优秀传统文化，建设社会主义先进文化，发挥了重要作用。图书馆、博物馆等单位加强了馆藏古籍的整理，建立了馆藏目录，面向读者提供服务。20世纪70年代，根据周恩来总理指示，集中全国图书馆界的力量，编纂出版《中国古籍善本书目》，图书馆馆藏珍贵古籍情况得到初步梳理。1989年，国务院批准实施了"中华大典"这一新中国成立以来最大的文化出版工程，将中国历史上的2万多种优秀文献典籍，分成22个学科、100多个分典，整理结集出版。经过几十年的发展，我国已具备了比较成熟、规范的古籍修复技术，上百万册濒危古籍得到修复。三是初步建立了一支古籍保护工作队伍。20世纪80年代以来，许多高校建立古籍研究所和文献专业，培养和造就了一批古籍保护的相关专业人才。多数藏有古籍的图书馆都成立了古籍部，有专门人员从事古籍保护工作。许多专家学者针对古籍开展学术研究，取得了丰硕的研究成果，为继承和发扬中华传统文化做出了贡献。四是通过实施中华再造善本工程等重点文化工程，对珍贵的古籍资源进行再生性保护，有力地推动了古籍保护和利用工作。1985年起，在中央财政支持下，陆续开始了对全国古籍的缩微复制工作，20多年来共拍摄古籍善本近3.2万种。2002年起，文化部、财政部共同实施了中华再造善本工程。工程从保存在国内图书馆、博物馆等单位兼具文献价值和版本价值的古籍善本中，精选唐宋元时期的珍贵版本，采用现代和传统相结合的出版印刷技术仿真影印，使稀有、珍贵的古籍善本化身千百，实现了继绝存真、传本扬学的目的。截至目前，一期工程已出书758种、8990册。这套图书由中央财政出资，已配送给全国100所高等院校，最近文化部、财政部又决定给国家图书馆和省级图书馆各颁赠一套。中华再造善本工程的实施，为新时期加强古籍保护工作树立了一个成功范例，为全面系统地开展古籍保护工作打下了良好的工作基础。

古籍保护工作虽然取得了很大成绩，但还存在着比较突出的困难和问题。主要表现在：一是家底不清，我国尚未对古籍进行过全面系统普查，缺乏全面系统掌握，特别是对大量散藏于民间的古籍情况所知甚少；二是由于环境污染和人为原因，古籍酸化和脆化程度加快，珍贵古籍破坏加重；三是古籍保护和修复人才匮乏，尤其是少数民族古籍保护和整理人员极度缺乏，面临失传的危险；四是古籍修复工作进展缓慢，修复手段落后，保护工作水平亟待提高；五是我国古籍的重要价值和生存状况没有引起足够重视，一些地方没有将古籍保护工作列入重要议事日程，经费投入不足，大量古籍束之高阁，蛛网尘封。

古籍是我们祖先留下的珍贵财富。保护珍贵的中华古籍，是我们文化工作者义不容辞的历史责任。当前，我国进入了全面建设小康社会的新的历史阶段，综合国力明显提高，文化建设步入了快速发展的新时期，加强古籍保护工作具备了很好的时机和社会基础。我们一定要充分认识古籍保护工作的重要意义，进一步增强责任感和紧迫感，按照《意见》的要求，做好古籍保护工作，抢救和保护中华古籍，系统研究、挖掘、整理优秀传统文化遗产，不断为社会主义先进文化和社会主义核心价值体系建设提供优秀的思想资源，为经济、政治、社会协调发展提供源源不断的文化动力；同时，向世界充分展示博大精深的中华文明，彰显中国的大国风范、盛世气象和民族襟怀，为推进世界文明的进步做出贡献。

二、精心部署，明确思路，全面推进古籍保护工作

根据我国古籍保护面临的严峻形势，2006年6月，中共中央政治局常委李长春同志和国务委员陈至立同志做出重要批示，要求组织好古籍保护、抢救工作，并提出具体保护计划和措施，加以落实。为落实党中央和国务院领导指示精神，文化部组织人员对全国古籍收藏和保护的现状进行了大量调查研究。在此基础上，经反复征求意见，形成了《关于进一步加强古籍保护工作的意见》，以国务

院办公厅文件下发。各级文化部门要贯彻落实《意见》精神，统筹规划、分类指导、突出重点、分步实施，努力建立科学有效的古籍保护制度，推动古籍保护工作进入一个新阶段。

根据《意见》精神，古籍保护工作坚持"保护为主、抢救第一，合理利用、加强管理"的方针，通过大力实施中华古籍保护计划，加大古籍保护工作力度，全面、科学、规范地开展保护工作，建立科学有效的古籍保护制度，提高全社会的古籍保护意识，逐步形成完善的古籍保护工作体系。其主要任务是：对全国公共图书馆、博物馆和各有关单位的古籍收藏和保护状况进行全面普查，建立中华古籍联合目录和古籍数字资源库；实现古籍分级保护，建立《国家珍贵古籍名录》；完成一批古籍书库的标准化建设，命名全国古籍重点保护单位；加强古籍修复工作，培养一批具有较高水平的古籍保护专业人员。通过努力，逐步形成完善的古籍保护工作体系，使我国古籍得到全面保护，发挥古籍在传承中华文化，提高人民群众思想道德素质和科学文化素质，增强民族凝聚力，促进社会主义先进文化建设中的重要作用。主要做好以下几项工作。

（一）全面开展普查工作

普查是古籍保护的基础性工作，也是抢救与保护工作的重要环节。这次普查工作是新中国成立以来全国范围内的第一次全面普查，从2007年起全面铺开。普查工作将按照统一部署、分级负责、分层次实施的原则进行，文化部负责对全国普查工作统一安排，国家图书馆具体负责古籍普查登记工作。各省、区、市文化厅（局）要切实承担本地普查工作的组织责任，统筹落实本省、区、市的普查任务，各省、区、市图书馆具体负责本地普查的实施工作。中央国家机关有关部门和所属单位的普查工作由文化部统一部署。2007年普查工作的重点是一、二级古籍普查，建立完善的国家古籍登记制度。为此要做好软件研发、人员培训、建立中华古籍保护网和中华古籍综合信息数据库等工作。2008—2010年，重点开展二级及以下古籍普查，汇总古籍普查成果，初步形成《中华古籍联合目录》。针对目前有大量珍贵古籍流失在海外的状况，要积极与海外藏书机构沟通合作，摸清情况，时机成熟时建立海外珍贵古籍目录。为搞好普查工作，文化部将在全面进行一、二级古籍普查工作的基础上，选择若干单位作为试点。各省、区、市也要确定相应试点，取得经验，逐步展开。

做好这次普查工作，要注意把握好以下几点：一是要在已有的工作成果基础上开展普查。新中国成立以来，各地文化部门和单位在古籍普查方面进行了大量工作，形成了以《中国古籍善本书目》为代表的一批成果，积累了不少有益的工作经验。我们要借鉴文物普查、非物质文化遗产普查等方面的工作经验，充分利用已有的工作成果，避免重复劳动。二是要充分运用现代科技手段开展普查工作。本次普查将研发统一软件，按照统一格式进行。目前，国家图书馆正在进行相应工作。各地要积极利用统一下发的软件开展调查、登记、认定、建档等工作，真实反映古籍原貌，确保资料的真实性。三是要及时公布普查成果。在普查中各省、区、市要不定期发布省卷古籍目录。要建立中华古籍保护网，及时在网上发布古籍普查相关内容。普查成果将以中华古籍联合目录形式予以公布。

（二）建立《国家珍贵古籍名录》

为了彰显国家对珍贵古籍保护工作的重视，提高全社会对古籍保护工作重要性的认识，我国将建立国家珍贵古籍名录制度，以加强对珍贵古籍的重点保护，带动古籍保护工作的有序开展。《国家珍贵古籍名录》经国务院批准后不定期向社会公布。对列入《国家珍贵古籍名录》的古籍的保护，中央财政将给予重点扶持。名录原则上从一、二级古籍善本中产生，首批名录争取年内公布。各地要抓紧开展普查及古籍定级工作，积极组织首批名录的申报工作。各省、区、市也可参照国家名录产生办法建立本省、区、市珍贵古籍名录。对列入名录的重点古籍，地方各级政府要高度重视，完善保护措施，严格监督，定期检查。

名录申报采取逐级申报方式进行。各申报单位和个人向所在行政区域省级文化行政部门申报，经省级文化行政部门汇总、初审后，向文化部提出申报。文化部组织专家进行评审，提出国家珍贵古籍推荐名录，经部际联席会议审核同意后，报请国务院批准、公布。

（三）命名全国古籍重点保护单位

为加强对古籍保护工作的管理，国务院将对古籍收藏量大、珍贵古籍多、管理制度完善、保护条件较好的单位，命名为全国古籍重点保护单位。各省、区、市也可命名省级古籍重点保护单位。今年年底前，报经国务院批准，命名首批全国古籍重点保护单位。对全国古籍重点保护单位，各级财政要给予相应支持。

全国古籍重点保护单位的评定工作由文化部负责组织实施，评选范围包括全国范围内的各类型图书馆、博物馆等古籍收藏单位。基本程序是：各古籍收藏单位向所在行政区域省级文化行政部门提出申请，由省级文化行政部门初审，并经省级人民政府同意后，向文化部申报。文化部组织专家进行评审，提出推荐名单，经部际联席会议审核同意后，报请国务院批准、公布，并统一颁牌。对古籍重点保护单位要制定管理办法，完善各项制度，加强管理，不断提高管理水平和工作质量。

（四）加强古籍保护队伍建设

人才是做好古籍保护工作的关键。要加强对各级图书馆、博物馆等古籍保护单位现有人才的培养，发挥有关学术机构、大专院校、企事业单位、社会团体等的作用，逐步建立一支专兼职结合的古籍保护队伍。要组织编写古籍保护培训教材,有计划地开展在职人员的培训工作,逐步提高现有人员的工作能力和业务水平。要逐步实行古籍修复机构资格准入与修复人员资格认证制度,有计划地通过委托高等院校和研究机构,开设古籍保护相关专业,培养古籍保护工作的相关人才。要积极开展工作交流与合作,学习借鉴国际先进经验,加强古籍保护科技的研究、运用和推广,开阔古籍保护工作的思路和视野,逐步培养一批高水平的古籍鉴定专家、修复专家和整理专家。

(五) 做好珍贵古籍修复工作

对珍贵古籍的抢救、修复是古籍保护工作的重点。各级文化行政部门要集中资金,有计划地对各地馆藏破损古籍进行修复,尤其是抓好列入《国家珍贵古籍名录》的濒危古籍的修复工作。修复要科学、规范,建立修复档案,按照有关技术标准和规范进行,确保修复质量。各级图书馆要加强对修复技术的研究,努力将传统修复技艺与现代技术相结合,充分吸收国外先进技术和经验,提高古籍修复水平。在具备条件的单位可以设立国家级重点实验室,重点开展古籍保护理论与技术的研究和实验。

(六) 积极利用古籍保护成果

各级文化部门和单位要积极有效地利用古籍保护的成果,向社会和公众开放古籍资源,为公众提供方便快捷的文献服务,充分发挥古籍在学术研究和文化建设中的积极作用。一是建立面向公众服务的门户网站,发布中华古籍联合目录数据,方便公众利用古籍。二是制定古籍数字化标准,加快古籍数字化工作,逐步为公众提供古籍全文数字化阅览服务。三是继续实施中华再造善本二期工程,采用现代印刷技术,对珍贵古籍进行影印出版。四是继续采用缩微技术复制、抢救珍贵古籍,并为读者提供方便的阅览服务。五是积极开展古籍整理研究出版工作。

三、加强领导,明确职责,为古籍保护工作提供有力保障

全面开展古籍保护,实施中华古籍保护计划,是各级文化部门一项长期而艰巨的工作任务。各级文化部门要认真落实《意见》精神,加强组织协调,充分调动有关部门和社会各方面的积极性,齐心协力,共同开创古籍保护工作的新局面。

(一) 加强领导,努力建立有效的工作机制

各级文化部门要积极争取党委、政府的重视和支持,积极推动把古籍保护工作纳入重要议事日程,纳入工作目标考核体系,纳入当地国民经济和社会发展总

体规划，纳入财政预算，努力将古籍保护工作各项工作任务落到实处。

为加强对古籍保护工作的领导，根据《意见》的要求，建立由文化部牵头，国家发改委、财政部、教育部、科技部、国家民委、新闻出版总署、国家宗教局、国家文物局等部门组成的全国古籍保护工作部际联席会议，研究古籍保护重大问题，部署古籍保护工作。联席会议办公室设在文化部。文化部作为部际联席会议的牵头单位，要积极协调部际联席会议各成员单位，具体组织实施古籍保护工作。具体工作主要依托各级公共图书馆进行。在国家图书馆设立国家古籍保护中心，承担全国古籍普查登记、业务培训、学术研究等方面工作。各省、区、市也可参照这种模式，建立相应的工作机制。要成立由相关领域专家组成的国家古籍保护工作专家委员会，充分发挥专家在古籍修复、保护、研究等方面的作用，在开展普查、建立名录、命名古籍保护重点单位等工作中，认真听取专家的意见和建议。要大力宣传保护古籍的重要意义，普及相关知识，增强全社会保护古籍的观念和意识，充分调动社会力量参与古籍保护工作，大力营造全社会共同关注、参与和支持古籍保护事业的良好氛围。

（二）争取经费，加大投入，确保古籍保护工作顺利开展

古籍保护是公益性文化事业，政府在工作中要发挥主导作用。要积极争取各级财政加大支持力度，确保古籍保护工作所需经费。对列入《国家珍贵古籍名录》的古籍和全国古籍重点保护单位，以及全国古籍普查、修复、出版及数字化等工作，要积极争取中央和地方各级财政给予重点支持。要制定优惠政策，吸纳社会资金投入古籍保护工作，努力形成政府投入和社会资金支持相结合的古籍保护经费投入机制。

（三）加强管理，切实保障古籍的完好与安全

各级图书馆、博物馆等古籍收藏单位要把古籍保护作为业务建设的重要内容，切实承担对古籍的保护责任，进一步建立健全古籍保护制度，落实责任，加强硬件设施建设，改善古籍保管条件，完善安全措施，切实保障古籍的完好与安全。各地文化行政部门要积极协同有关部门和单位，加强对古籍出入境的监管，依法规范古籍市场流通和经营行为，严厉打击盗窃、走私古籍等违法犯罪活动。加强国际合作，坚决依据有关国际公约和法律法规追索非法流失境外的古籍。

（四）研究制定相关政策和规定，促进古籍保护工作的规范化和制度化

古籍保护规范性、技术性要求比较高，必须在科学的管理制度和技术标准下进行。为此，文化部要组织制定古籍保护的相关制度规范，目前已制定《古籍定级标准》《古籍破损定级标准》《古籍特藏书库基本要求》《古籍普查规范》《古

籍修复技术规范与质量要求》《图书馆古籍修复人员任职资格》等标准规范，其中前 5 项于 2006 年 7 月已作为部颁行业标准正式颁布。在古籍保护工作中，要严格按照这些规定和标准要求进行。要制定古籍保护工作手册，指导工作人员按照规范标准开展工作。

（在全国古籍保护工作会议上的讲话，2007 年 2 月 28 日。原载于《国家图书馆学刊》2007 年第 2 期、《中国文化报》2007 年 3 月 8 日第 2 版）

抓好试点　加大力度
推动古籍保护工作全面展开

今天我们召开全国古籍保护试点工作会议，会议的主要内容是贯彻落实国务院办公厅《关于进一步加强古籍保护工作的意见》精神，研究部署古籍保护试点工作，并向全国古籍保护专家委员会委员颁发聘书。

下面，我就古籍保护工作的进展情况、试点工作部署和下一阶段的工作安排谈几点意见。

一、古籍保护工作的进展情况

古籍是中华民族在数千年历史发展过程中创造的重要文明成果，蕴涵着中华民族特有的精神价值、思维方式和想象力、创造力，是中华文明绵延数千年、一脉相承的历史见证，也是人类文明的瑰宝。加强古籍保护工作，是建设社会主义先进文化，贯彻落实科学发展观和构建社会主义和谐社会的客观要求。

新中国成立以来，特别是改革开放以来，在党中央和国务院的领导下，我国古籍保护工作取得了显著成绩。1981年，中共中央下发了《关于整理我国古籍的指示》，成立了国务院古籍整理出版规划小组，开展了卓有成效的古籍保护工作，一大批古籍得到整理、出版。自80年代起，中央财政每年投入专项经费，采用缩微复制技术对公共图书馆所藏古籍进行保护，改善了古籍收藏条件。同时，采取措施，加强少数民族古籍的抢救、整理工作。近年来，又通过实施中华再造善本工程等文化项目，加强了对古籍再生性的保护、开发和利用。但是，必须清醒地看到，由于历史和其他诸多原因，我国古籍保护还存在很多不容忽视的问题，古籍保护任务仍然十分艰巨。主要是现存古籍家底不清，保存条件恶劣，老化、破损严重，人才匮乏，工作进展缓慢等。

党中央、国务院领导同志十分重视古籍保护工作，李长春同志、陈至立同志多次做出批示。2006年6月1日，李长春同志在新华通讯社《国内动态清样》（第1720期）《我国古籍保护面临严峻形势亟待引起重视》一文上批示："要组织好古籍保护、抢救。"陈至立同志批示："请文化部组织专家学者提出具体保护计划和措施，必要时我开协调会加以落实。"今年1月，国务院办公厅印发了《关于进一步加强古籍保护工作的意见》（以下简称《意见》）。为贯彻落实《意见》，研究部署古籍保护工作，启动中华古籍保护计划，2月28日，文化部在京召开了全国古籍保护工作会议，国务委员陈至立同志出席并发表重要讲话。之后，文化部和相关部委积极落实会议精神，加快推进我国古籍保护工作的全面展开，并取得了一定进展。

（一）工作机构与工作机制逐步建立

4月30日，国务院批复同意建立全国古籍保护工作部际联席会议，联席会议办公室设在文化部。5月14日，中编办批准在国家图书馆设立中国国家古籍保护中心。5月25日，中国国家古籍保护中心正式成立。国家图书馆作为国家古籍保护中心，将切实担负起全国古籍保护的业务指导中心、培训中心、研究中心的职责。7月9日，全国古籍保护工作部际联席会议第一次会议召开，会议审议通过了《古籍普查方案》《试点工作方案》《全国古籍保护工作专家委员会工作章程》《国家珍贵古籍名录评审暂行办法》《全国古籍重点保护单位评定暂行办法》，已由文化部印发。经各联席会议成员单位推荐，近日，全国古籍保护工作专家委员会正式成立，由古籍保护、研究领域的66名专家学者组成，为开展古籍保护工作提供专业咨询。各地也在积极建立领导机构与工作机制，成立古籍保护分中心和专家委员会，研究制定工作方案和措施。

古籍保护工作涉及文化、教育、民族、宗教、科技等系统的古籍收藏单位，必须加强沟通，集思广益，群策群力。在部际联席会议的领导下，文化部作为联席会议办公室，担负起了牵头、组织与协调的职责，与财政部、国家发改委、教育部、科技部、国家民委、国家宗教局、国家文物局加强沟通，建立起职责明确、分工协作的工作协调机制。5月25日，文化部召集部分省公共图书馆、在京高校图书馆、民委系统图书馆、科研系统图书馆、军队图书馆、中国佛教图书文物馆的馆长在国家图书馆座谈，介绍近期古籍保护的工作安排，征求意见。大家发表了很好的意见和建议，表示将积极配合文化部做好古籍普查等工作。

（二）古籍普查前期工作启动

一是开展古籍普查的软件平台的研制工作。为更好地利用现代信息技术手段开展古籍普查，借鉴文物普查的经验，文化部积极开展古籍普查软件的研制工作。2006年，国家图书馆善本特藏部将全国古籍善本书目做成了古籍导航系统，并投入使用，该系统对珍贵古籍的情况有一些统计，为建立古籍普查软件平台提供了基础。目前，古籍普查软件平台需求书基本完成，针对各地的不同情况，正在开展调研，争取在2007年底研制成功。

二是进行古籍定级定损工作的试验性操作。古籍定级定损是开展古籍普查的重要环节。为做好这项工作，国家图书馆从馆藏中选取了有代表性的古籍，进行定级定损的试验，逐步加以完善。

三是面向全国各图书馆古籍工作人员开展普查培训工作。2007年5月21日，文化部第一期古籍普查培训班正式开班，35名学员来自全国18个省级公共图书馆、高校图书馆、科学院图书馆等普查试点图书馆，学期15天。为搞好培训，文化部组织专家编写了古籍普查讲义大纲、古籍定级标准参考图例、古籍破损定级参考图例等3种教材，有针对性地开展培训，取得了良好的效果。日前，第二期普查培训班已结业。

（三）建立《国家珍贵古籍名录》和命名全国古籍重点保护单位的前期工作正在展开

为做好《国家珍贵古籍名录》和全国古籍重点保护单位的评审工作，文化部组织专家成立工作组，前往各地调研古籍收藏情况和古籍库房建设情况，掌握了必要的基础数据，为开展评定工作打下了良好基础。

（四）相关标准规范陆续颁布

古籍保护规范性、技术性要求比较高，必须在科学的管理制度和技术标准下进行。为此，文化部要组织制定古籍保护的相关标准规范，目前已制定《古籍定级标准》《古籍破损定级标准》《古籍特藏书库基本要求》《古籍普查规范》《古籍修复技术规范与质量要求》等标准规范，于2006年7月作为部颁行业标准颁布。

二、搞好试点，以点带面，全面启动古籍保护工作

为贯彻落实《意见》精神，使中华古籍保护计划全面顺利实施，今年从全国各个系统的古籍收藏单位中选择一些工作基础较好的古籍收藏单位，作为全面开展古籍保护计划的试点单位，采用试点先行、以点带面的工作方式逐步推开。

（一）充分认识试点工作的重要意义

全面开展古籍保护工作，实施中华古籍保护计划，是由政府组织实施的重要文化工程，涉及范围之广、任务量之大是前所未有的。这是一项探索性工作，必须采取试点先行、积累经验、以点带面、逐步推进的工作方式，通过试点单位的积极探索，努力实践，摸索出不同地域、不同层面的古籍保护工作经验，并在交流、总结试点工作经验的基础上，为积极、稳妥地在全国范围内全面推进古籍保护打好基础。试点可以把古籍保护的思路、办法在某一单位进行实验，集中力量处理和解决在保护工作中可能出现的情况和问题。试点经验对工程的全面推进具有重要的借鉴价值和指导作用，运用得好，可以发挥典型引路的作用。因此，各地文化部门要把试点工作作为一项重要任务，制定切实可行的措施，加强对试点工作的指导。文化部也将加强与部际联席会议成员单位的沟通，及时了解试点项目进展情况，总结交流工作经验。

（二）试点范围

经联席会议成员单位审议，我们从全国各个系统和不同层面的古籍收藏单位中，选择了馆藏较为丰富、有一定工作基础的 57 家古籍收藏单位，作为全面开展古籍保护计划的试点单位。这些试点单位涉及文化部、教育部、国家民委、新闻出版总署、国家宗教局、国家文物局等系统，具有一定的代表性和示范性。试点工作的时间自 2007 年 8 月开始，至 2008 年 7 月结束，历时一年。

（三）试点工作的任务

（1）开展古籍普查。通过普查工作摸清家底，编制出本单位的古籍目录，按照规定时间将普查结果上报上级主管部门。

（2）及时分析普查结果，区分藏品的不同等级和破损等级，对古籍实行分级保护。

（3）针对古籍所处的保存条件、环境等，提出符合当地特点的修复计划和具体方案，特别是一、二级古籍，其修复方案和修复人员须得到国家中心或国家中心委托的省分中心认可。必要时一级藏品送国家中心或省中心修复，以免造成破坏性修复。

（4）对于古籍库房内部环境不符合藏品需求的，消防等外部环境不合格的，古籍收藏单位要及时向上级主管部门汇报，提出整改建议，申报改造计划，避免灾害隐患。

（5）对于库房条件过差和库房管理严重不合格的单位，根据藏品等级，必要时将寄存上级收藏单位或其他收藏条件好的单位，归属权不变，待库房的改进经专业人员认定符合藏品需要后，藏品方可归回。

（四）加强试点工作的组织领导

（1）明确工作任务。各级政府文化主管部门要切实担负起领导责任，要把古籍保护试点工作列入当前的重点工作，尽快建立联席会议制度和工作机构。要明确各有关部门的职责和分工，落实工作班子和人员，安排部署好试点工作的各项任务。各试点单位要认真贯彻落实有关试点工作的安排，按时保质保量完成所承担的各项工作。要广泛调动社会各方面的力量，形成全社会参与的格局。通过精心策划和实施，保证试点工作的各项任务落实到位，要充分发挥试点的示范和引导带动作用。国家中心要充分发挥作用，切实履行普查登记中心、培训中心、保护技术研究中心的职责。要充分发挥专家委员会的作用，在政策咨询、版本鉴定、国家珍贵古籍名录的评审、全国古籍重点保护单位的评审等方面做好咨询。

（2）制定试点工作方案。各试点单位要深入开展各种形式的调查研究工作，摸清情况，认真研究试点工作的重点、难点问题，根据当地的工作基础和条件，因地制宜，制定出符合实际、目标明确、任务具体的试点工作方案，与国家中心签订责任书，并在试点工作完成后完成总结报告。各省也要确定本地区试点单位，制定试点工作方案。

（3）加强人员培训。一支精干的队伍是决定古籍保护工作成败的关键。凡列为试点的古籍收藏单位，要加大对古籍整理研究及保管、修复人才的培养力度，通过在职培训等措施提高人员的专业技术水平，以保证古籍保护计划的全面实施。工作人员要了解并掌握《古籍定级标准》《古籍破损定级标准》《古籍特藏书库基本要求》《古籍普查规范》《古籍修复技术规范与质量要求》等标准规范。

（4）加强信息沟通。各试点单位要与行政主管部门及时沟通工作情况。各省、区、市文化厅（局）要确定一名联络员，及时反映本地区试点工作的进展情况。国家古籍保护中心将以简报形式陆续通报各试点单位的工作进展情况。

三、齐心协力，做好下一阶段的古籍保护工作

加强古籍保护工作，对促进文化传承、延续传统文化、联结民族情感、弘扬民族精神具有深远的意义，是全面落实科学发展观、构建和谐社会、建设社会主义先进文化的重要举措。根据《意见》精神，"十一五"期间，古籍保护工作坚持"保护为主、抢救第一，合理利用、加强管理"的方针，通过大力实施中华古籍保护计划，加大古籍保护工作力度，全面、科学、规范地开展保护工作，建立科学有效的古籍保护制度，提高全社会的古籍保护意识，逐步形成完善的古籍保护工作体系。今后一个阶段的主要任务是：

（一）全面展开古籍普查工作

第一次部际联席会议已经审议通过了《古籍普查方案》。古籍普查是今年工作的重点，也是新中国成立以来在全国范围内进行的第一次全面深入的调查。普查的目的是全面了解和掌握各级图书馆、博物馆、寺庙、民间所藏古籍情况，摸清底数，为开展古籍保护工作奠定基础。古籍普查对象为中国汉文和少数民族文字古籍。全国古籍普查工作由全国古籍保护工作部际联席会议统筹规划，由文化部领导实施。国家古籍保护中心作为全国普查登记中心和培训中心，负责全国古籍普查登记工作和培训工作；各省古籍保护中心分中心负责本地区古籍普查登记工作和培训工作。各成员单位可根据本系统实际，既可在系统内成立分中心，根据普查标准统一开展普查工作，将数据汇总后报送国家古籍保护中心，也可由各古籍收藏单位分别报送国家古籍保护中心或各省图书馆。古籍普查的工作目标是：到 2009 年 7 月底前，初步掌握现存一、二级古籍状况。分批次发布《国家珍贵古籍名录》及命名全国古籍重点保护单位。从 2009 年 8 月至 2010 年底，开

展二级以下古籍普查工作，汇总古籍普查成果，逐步形成《中华古籍联合目录》。

（二）建立《国家珍贵古籍名录》

为了彰显国家对珍贵古籍保护工作的重视，提高全社会对古籍保护工作重要性的认识，我国将建立国家珍贵古籍名录制度，统筹规划，加强对珍贵古籍的重点保护，并以此带动古籍保护工作的有序开展。名录申报采取逐级申报方式进行。各申报单位和个人向所在行政区域省级文化行政部门申报，经省级文化行政部门汇总、初审后，向文化部提出申报。文化部组织专家进行评审，提出国家珍贵古籍推荐名录，经部际联席会议审核同意后，报请国务院公布。名录原则上从一、二级古籍善本中产生。第一批名录计划在今年年底产生。各省、区、市也可参照国家名录产生办法建立本省、区、市珍贵古籍名录。

（三）命名全国古籍重点保护单位

为加强对古籍保护工作的管理，国务院将把古籍收藏量大、珍贵古籍多、管理制度完善、保护条件较好的单位，命名为全国古籍重点保护单位。全国古籍重点保护单位的评定工作由文化部负责组织实施，评选范围包括全国范围内的各类型图书馆、博物馆等古籍收藏单位。基本程序是：各古籍收藏单位向所在行政区域省级文化行政部门提出申请，由省级文化行政部门初审，并经省级人民政府同意后，向文化部申报。文化部组织专家进行评审，提出推荐名单，经部际联席会议审核同意后，报请国务院批准、公布，并统一颁牌。今年年底前，报经国务院批准，将命名首批全国古籍重点保护单位。各省、区、市也可命名省级古籍重点保护单位。

（四）做好珍贵古籍修复工作

对珍贵古籍的抢救、修复是古籍保护工作的重点。我们将集中资金，有计划地对破损古籍进行修复，尤其是抓好列入《国家珍贵古籍名录》的濒危古籍的修复工作。修复要科学、规范，建立修复档案，按照有关技术标准和规范进行，确保修复质量。在具备条件的单位还将设立国家级重点实验室，重点开展古籍保护技术的研究和实验。

（五）积极利用古籍保护成果

为积极有效地利用古籍保护的成果，向社会和公众开放古籍资源，为公众提供方便快捷的文献服务，还将开展古籍整理与研究工作：一是建立面向公众服务的门户网站，发布中华古籍联合目录数据，方便公众利用古籍；二是制定古籍数字化标准，加快古籍数字化工作，逐步为公众提供古籍全文数字化阅览服务；三是继续实施中华再造善本二期工程，采用现代印刷技术，对珍贵古籍进行影印出版；四是继续采用缩微技术复制、抢救珍贵古籍，并为读者提供方便的阅览服务；五是积极开展古籍整理研究出版工作。

（六）加强古籍保护队伍建设

人才是做好古籍保护工作的关键。今后，要加强对各级图书馆、博物馆等古籍保护单位现有人才的培养，发挥有关学术机构、大专院校、企事业单位、社会团体等的作用，逐步建立一支专兼职结合的古籍保护队伍。有计划地开展在职人员的培训工作，逐步提高现有人员的工作能力和业务水平。逐步实行古籍修复机构资格准入与修复人员资格认证制度，有计划地通过委托高等院校和研究机构，开设古籍保护相关专业，培养古籍保护工作的相关人才。积极开展工作交流与合作，学习借鉴国际先进经验，加强古籍保护科技的研究、运用和推广，开阔古籍保护工作的思路和视野，逐步培养一批高水平的古籍鉴定专家、修复专家和整理专家。

（在全国古籍保护试点工作会议上的讲话，2007年8月3日）

保护中华古籍　　弘扬民族精神

2008年3月1日，国务院公布了首批《国家珍贵古籍名录》2392种和51家全国古籍重点保护单位。公布《国家珍贵古籍名录》和全国古籍重点保护单位，在中国历史上尚属首次，在世界上也绝无仅有，充分彰显了党和政府对古籍保护工作的高度重视，对于推动古籍保护工作、弘扬中华优秀传统文化具有重要意义。

中华文化博大精深，源远流长，是世界上唯一未曾中断的文明，具有举世公认的重要地位和影响，其中重要的原因之一，就是我国浩瀚的古籍文献记载了中华民族的历史和文化。中华古籍文献历时3000多年，其历史之悠久，数量之繁多，内容之丰富，世所罕见。这些珍贵典籍是中华民族在数千年历史发展过程中创造的重要文明成果，蕴涵着中华民族特有的精神价值、思维方式和想象力、创造力，是中华民族绵延数千年、一脉相承的历史见证，也是人类文明的瑰宝。保护古代典籍，加强对民族文化的传承，是增强民族情感纽带、增进民族团结、维护国家统一以及社会稳定的重要文化基础，是建设社会主义核心价值体系的重要内容，也是建设社会主义先进文化，构建社会主义和谐社会的必然要求。

尽管我国古籍浩如烟海，但由于历史久远，又由于战争、自然灾害等各种原因，很多古籍遭到了破坏，留存至今的古籍万不存一。新中国成立以来，党和政府高度重视古籍保护工作，特别是改革开放以来，我国古籍保护工作取得了显著成绩。但是，我们必须清醒地看到，由于历史和其他多方面的原因，我国古籍保护还存在很多问题，如古籍底数不清，还有很多古籍破损严重，古籍保护和修复人才匮缺，有的珍贵古籍面临失传的危险，还有大量珍贵的古籍流失海外。为加强古籍保护工作，2007年1月19日，国务院办公厅发布《关于进一步加强古籍保护工作的意见》，古籍保护工作进入新的发展时期。按照国务院的统一部署，经过一年多的努力，作为古籍保护工作的重大阶段性成果，第一批《国家珍贵古籍名录》和全国古籍重点保护单位由国务院正式公布。今后，古籍保护工作要继续坚持"保护为主、抢救第一、合理利用、加强管理"的方针，全面开展古籍普查，改善古籍保管条件，推进古籍修复工作，加强古籍保护队伍建设，开展古籍再生性保护和开发利用，继续推动《国家珍贵古籍名录》和全国古籍重点保护单位的申报工作，促进古籍保护工作的全面、有序、健康、持续开展，逐步建立科学、规范、有效的古籍保护制度，使滋养一代又一代中华儿女的珍贵古籍永泽后世，使中华文明薪火相传，成为中华民族实现伟大复兴的强大精神动力！

（原载于《光明日报》2008年7月22日第12版）

推动全国古籍保护工作全面展开

国务院公布首批《国家珍贵古籍名录》和全国古籍重点保护单位，是古籍保护工作取得的重要成果。一年来，联席会议成员单位和各级文化工作者、古籍保护工作者做了大量工作。在这里，我就贯彻国务院办公厅《关于进一步加强古籍保护工作的意见》（国办发〔2007〕6号，以下简称《意见》）精神，进一步做好古籍保护工作，谈几点意见。

一、古籍保护工作的进展情况

2007年2月全国古籍保护工作会议以来，各地积极贯彻落实《意见》和《文化部关于印发〈全国古籍普查工作方案〉等文件的通知》的精神，按照"保护为主、抢救第一，合理利用、加强管理"的方针，及时组织筹备、组建工作机构，认真开展普查和试点，积极开展申报首批《国家珍贵古籍名录》、全国古籍重点保护单位。在各地共同努力下，古籍保护工作正在全国范围内逐步深入开展，取得了明显的工作成效，主要体现在：

（1）普查工作取得了一定进展。首批《国家珍贵古籍名录》和全国古籍重点保护单位的公布是普查工作取得的积极成果。普查队伍逐步形成，国家中心先后举办了3期古籍普查人员培训班。在普查过程中，发现了一批珍贵古籍，如河北、山西、内蒙古发现一批未曾面世的辽代文献，填补了历史空白。在上海还发现了一册私人收藏的《永乐大典》。

（2）公布首批《国家珍贵古籍名录》及全国古籍重点保护单位。2008年3月1日，国务院下发了《关于公布第一批国家珍贵古籍名录和第一批全国古籍重点保护单位名单的通知》（国发〔2008〕9号），正式批准公布了首批《国家珍贵古籍名录》及全国古籍重点保护单位。首批《国家珍贵古籍名录》共2392种，选自209家单位和2位私藏家，其中，汉文古籍2282部，14种少数民族文字古籍110部。全国古籍重点保护单位51家，包括国家图书馆、26家省市公共图书馆、12家高校图书馆、5家专业图书馆、5家博物馆、2家档案馆。

（3）工作机制初步形成。在古籍普查、名录和保护单位申报过程中，联席会议成员单位给予了大力支持，古籍保护工作部际联席会议机制运转良好。2007年8月底至9月底，文化部专门成立督导组，利用一个月的时间，对全国31个省、区、市文化厅（局）和省级古籍保护中心暨试点单位进行了督导，文化部汇总督导情况，并进行了通报。截至目前，21个省、区、市建立了古籍保护联席会议制度，15个省、区、市古籍保护中心已经挂牌。

（4）试点工作取得积极效果。为贯彻落实《意见》精神，2007年，我们从全国各个系统的古籍收藏单位中选择了59家工作基础较好的古籍收藏单位，作为全面开展古籍保护计划的试点单位。目前，试点工作已取得一定成效。

（5）加大了人才培养力度。2007年，国家古籍保护中心组织了3次古籍普查培训和一期古籍修复培训，共培训学员150人，北京、江苏、四川等地省级中心也陆续对本地、本行业的普查人员开展普查培训工作。

（6）古籍保护工作影响日益扩大。自古籍保护工作启动以来，为扩大这项工作的影响，增强全社会的古籍保护意识，我们开展了几次大规模的新闻宣传活动，并在《人民日报》《光明日报》《中国文化报》《中华读书报》等媒体进行专题报道，进行了两次中国政府网在线访谈，取得了积极效果。特别是在今年6月，作为第三个"文化遗产日"活动的重要组成部分，文化部在国家图书馆举办了全国珍贵古籍特展。展览汇聚了入选第一批《国家珍贵古籍名录》的代表作，其珍品之多、展品数量之大、文献类型之丰富均属前所未有，吸引了社会各界群众数万人前往参观，取得了良好的社会反响。

古籍保护工作虽然取得了一定进展，但还存在着以下问题：一是认识问题。个别省的文化行政部门对古籍的珍贵价值认识不足。二是队伍问题。目前，古籍保护专业人员十分匮乏，需进一步加大培训力度。三是经费问题。由于多方面的原因，一些地方的古籍保护经费投入仍十分有限，工作无法有效开展。四是机制问题。由于古籍保护工作跨行业、跨系统的特点，需建立有效的领导和协调机制。目前，从总体上看，古籍保护工作还主要局限在公共图书馆，高校、寺庙和有关收藏单位尚未普遍开展工作，面向全社会的工作协调机制尚未建立。

古籍保护是一项长期的历史任务，我们要充分认识古籍保护的重要性、紧迫性和艰巨性，齐心协力，推动古籍保护事业的不断前进。

二、齐心协力，做好下一阶段的工作

今明两年是全面推进古籍保护工作的重要阶段。要继续坚持以《意见》为指导，以3月1日《国务院关于公布第一批国家珍贵古籍名录和第一批全国古籍重点保护单位名单的通知》（国发〔2008〕9号）文件的下发为契机，围绕古籍保护工作的中心任务，进一步加强组织领导，加大力度，加快进度，推进全国古籍保护工作全面展开。

（1）提高认识，加强对古籍保护工作的组织领导。保护古代典籍，加强对民族文化的传承，是增强民族情感纽带、增进民族团结、维护国家统一以及社会稳定的重要文化基础，是建设社会主义核心价值体系的重要内容，也是建设社会主义先进文化，构建社会主义和谐社会的必然要求。党中央、国务院领导同志十分重视古籍保护工作，多次做出重要批示。各级文化部门一定要本着对历史负责、对国家负责、对人民负责的态度，充分认识加强古籍保护工作的重要意义，切实增强责任感和紧迫感，进一步采取有效措施，积极争取党委、政府的重视和支持，把古籍保护工作纳入重要议事日程，纳入文化工作目标考核体系，纳入财政预算。各省级中心作为古籍保护区域中心，要统筹规划，精心协调和组织，将各项工作任务落到实处。

（2）全面推进古籍普查工作的开展。古籍普查是古籍保护工作的重点。这是新中国成立以来在全国范围内进行的第一次全面深入的调查。首批《国家珍贵古籍名录》的公布，调动了各地申报的热情，要继续以名录申报带动古籍普查工作的全面展开。全国古籍普查工作由全国古籍保护工作部际联席会议统筹规划，由文化部领导实施。各文化厅（局）要按计划完成普查任务。为及时公布普查成果，提供社会利用，在普查取得一定成果的基础上，由国家中心统一组织，按照统一体例，出版《古籍联合目录》分省卷。

（3）精心组织第二批《国家珍贵古籍名录》、全国古籍重点保护单位的申报工作。建立《国家珍贵古籍名录》和命名全国古籍重点保护单位是国家古籍保护工作体系的重要组成部分，是推进全国古籍保护工作的重要抓手。文化部将按照《意见》要求，于今年10月启动第二批《国家珍贵古籍名录》、全国古籍重点保护单位的申报工作，明年3月进行评审，争取5月提请国务院公布。有条件的地区，可启动各省级珍贵古籍名录和古籍重点保护单位的申报评审工作。

第二批名录原则上还是从一、二级古籍善本中产生。第二批全国古籍重点保护单位的评选范围包括全国范围内的各类型图书馆、博物馆等古籍收藏单位。

（4）大力加强古籍保护队伍建设。人才是事业发展的关键，大力加强古籍保护工作队伍建设，是我们下一阶段的工作重点之一。要加强对各单位现有人员的培养，发挥有关学术机构、大专院校、企事业单位、社会团体等的作用，尽快建立一支专兼职结合的古籍保护队伍。一是加强对现有人员的培训。最近，文化部专门拟定了《全国古籍保护工作2008—2012年培训工作规划》，其中，2008年7月至2009年7月要完成普查、修复、鉴定以及少数民族文字等各类古籍保护工作人员1500人次的培训。二是与教育部协商、合作，在高校建立几个古籍保护人才培养基地，开设古籍保护专业课程。三是积极开展国际交流与合作。

（5）切实加强古籍修复工作。对珍贵古籍的抢救、修复是古籍保护工作的重点。我们要集中资金，有计划地对破损古籍进行修复，优先修复列入第一批《国家珍贵古籍名录》的濒危古籍。修复要科学、规范，建立修复档案，按照有关技术标准和规范进行，确保修复质量。下一步，部里计划在全国范围建立若干国家级古籍修复中心，加强古籍修复工作的力度。

（6）积极改善古籍保管条件。对列入全国古籍重点保护单位的收藏单位，各级主管部门要加大投入，加强管理，进一步建立健全古籍保护制度，建设专门的古籍库房，改善古籍保管条件。对未列入全国古籍重点保护单位的收藏单位，要按照文化部颁布的《古籍特藏书库基本要求》，加强硬件设施建设，完善安全措施，切实保障古籍的完好与安全。保管条件差的单位和个人，在明确所有权的前提下，可经履行完备的手续后，将古籍交由具备保管条件的图书馆免费收藏。今后，凡有一定古籍藏量的图书馆建设新馆，均要考虑建立专门的古籍书库；在对原有馆舍进行改扩建时，也要考虑改善古籍书库条件。

（7）积极利用古籍保护成果。要积极有效地利用古籍保护的成果，向社会和公众开放古籍资源，为公众提供方便快捷的文献服务，加强古籍整理与研究工作。一是在古籍保护网站上发布中华古籍联合目录数据，方便公众利用古籍。二是与国家数字图书馆工程紧密结合，制定古籍数字化标准，加快古籍数字化工作，逐步为公众提供古籍全文数字化阅览服务。三是适时启动中华再造善本二期工程。四是继续采用缩微技术复制、抢救珍贵古籍，并为读者提供方便的阅览服务。五是积极开展古籍整理研究出版工作。

三、加强保障，确保各项任务的落实

一是要建立完善的古籍保护工作领导协调机制。各级文化部门要充分发挥牵头协调的作用，积极建立相关工作机制，会同有关部门研究解决工作中遇到的困难和问题，齐心协力，共同做好古籍保护工作。

二是要争取财政加大投入，逐步建立古籍保护工作经费保障机制，确保古籍保护工作顺利开展。各地文化部门要及时与当地财政部门加强沟通，尽快制定明年工作计划与经费预算，争取地方党委和政府的支持，把该项工作列入地方财政预算。

三是要加大宣传的力度，为古籍保护营造良好的氛围。做好古籍保护工作需要全社会的参与和支持，有关部门和各级各类图书馆要通过讲座、展览、培训、研讨等形式大力宣传保护古籍的重要性，普及相关知识，展示保护的成果，促进古籍的利用和文化的传播。要充分利用新闻媒体的作用，加大古籍保护工作的宣传力度，培养公众的保护意识，大力营造全社会共同关注、参与和支持古籍保护事业的良好氛围。

（原载于《中国文化报》2008 年 7 月 30 日第 1 版）

发扬成绩　扎实工作
努力推动古籍保护工作全面深入开展

本次会议的主要内容是，总结前一阶段的工作，同时，按照国务院办公厅《关于进一步加强古籍保护工作的意见》（国办发〔2007〕6号，以下简称《意见》）精神，研究和部署2009年度及今后一个阶段的工作任务。

一、古籍保护工作的进展情况

2008年是全国古籍保护工作取得明显成效的一年。一年来，在各级党委、政府的大力支持下，各地积极贯彻落实《意见》和《文化部关于印发〈全国古籍普查工作方案〉等文件的通知》精神，按照"保护为主、抢救第一，合理利用、加强管理"的方针，建立健全组织机构，认真开展古籍普查、修复和人才培训，积极申报《国家珍贵古籍名录》、全国古籍重点保护单位，古籍保护工作机制初步形成，呈现出良好的工作局面，主要体现在以下六个方面。

（一）普查工作取得积极进展

全国古籍普查工作稳步推进，各地已完成的普查条目总数近6万条，山东、甘肃、陕西、北京等省份进展较快，山东完成数量最多，达23000条；为利用计算机技术和网络技术，提高古籍普查的效率和普查数据的准确性，在广泛调研的基础上，国家古籍保护中心组织研发了"全国古籍普查平台"系统，进行相关测试，即将投入使用；国家古籍保护中心先后举办了11期500余人次的古籍编目普查人员培训班，逐步建立起了符合工作需要的普查工作队伍；军事科学院图书馆藏《十三经注疏》等一批《中国古籍善本书目》未曾著录的珍贵古籍先后登记，并入选了首批《国家珍贵古籍名录》，成为普查工作的亮点；此外，山东等省份已经先期开展编纂《中华古籍总目》分省卷的有关工作。

（二）《国家珍贵古籍名录》及全国古籍重点保护单位的申报评审工作顺利实施

通过各系统、各有关单位、各位专家近半年多的共同努力，经申报、初审、公示、审批等程序，2008年3月1日，国务院下发文件，批准公布了首批2392种《国家珍贵古籍名录》及51家全国古籍重点保护单位。7月28日，中共中央政治局委员、国务委员刘延东同志亲自出席"第一批国家珍贵古籍名录颁证暨第一批全国古籍重点保护单位授牌"仪式，并做重要讲话。年底，《第一批国家珍贵古籍名录图录》编辑出版。第一批《国家珍贵古籍名录》和全国古籍重点保护单位的公布，受到全国古籍保护界、文化界、新闻媒体的高度关注，在全社会和海内外引起了强烈反响，极大地鼓舞了全国广大古籍保护工作者，调动了各地的工作积极性。

各地、各系统及有关单位对申报第二批《国家珍贵古籍名录》、全国古籍重点保护单位高度重视，组织工作卓有成效。

名录申报方面：截至2009年初，申报数量达到12119余部，涉及文化、教育、文物、民委、宗教、档案、新闻出版总署、中国科学院、社会科学院、部队、中医等系统的437家单位及个人。申报数量及所涉及的申报单位均比第一批增加了一倍。澳门特别行政区首次参加申报，澳门方面还提出，希望在澳门举办普查、修复等培训，并成立古籍保护分中心。教育部系统有关单位、中国社会科学院、中国艺术研究院、军事科学院及北京、黑龙江等省份严格按照规定时间报送了申报材料。上海、天津、山西、浙江、湖北、辽宁、吉林、重庆等省份，严格把关，申报数量较大，质量较高。浙江省中心在浙江图书馆网站和《钱江晚报》上刊登消息，动员社会参与申报工作；山西省中心深入基层收藏单位，对申报工作进行了调研督导。中医药系统及江苏、山东、湖南等省不仅上报数量多，而且上报前均经过本系统及本省专家委员会的严格审核。与第一批申报相比，安徽、河北、河南、海南等省份的组织工作有明显进步；云南、甘肃、内蒙、贵州、广西等一些边远省份克服交通不便、收藏单位分散等困难，积极组织申报。云南省严格遵守定级标准，实事求是，不盲目上靠，书影拍摄数量多、质量高，为评审工作奠定了良好基础。

重点保护单位申报方面：截至2009年初，重点保护单位的申报数量达到124家，与第一批申报数量大体相当。一些第一次申报时未获批准的单位，如军事科学院军事图书资料馆、河南省新乡市图书馆、山东大学、山东曲阜师范学院、四川大学、上海华东师大、西南大学、江西省图书馆等投入资金，改善条件，这次再次进行了申报。

为做好评审工作，国家古籍保护中心组织专家研究制定了敦煌、佛经、简帛、碑帖等定级标准及民族文字古籍入选《国家珍贵古籍名录》标准，以进一步增强评审工作的准确性、科学性。

在积极参加申报《国家珍贵古籍名录》及全国古籍重点保护单位的同时，江苏、重庆、广东、山西、辽宁、西藏、青海等不少省份已启动了省级珍贵古籍名录及古籍重点保护单位的评审工作，为申报国家级目录和重点保护单位、建立分层次的古籍保护工作体系奠定了基础。其中，西藏自治区已公布两批25部区级珍贵古籍名录；江苏公布首批1588部省级珍贵古籍名录、20个省级古籍保护单位，第二批省级名录、保护单位即将公布。

（三）启动了国家级古籍修复中心的申报评审工作

为促进古籍修复工作积极、有序地开展，文化部将在全国范围选择一批具备条件的古籍收藏单位，陆续建立国家级古籍修复中心。2008年10月，文化部办公厅下发《关于申报国家级古籍修复中心的通知》，公布了国家级古籍修复中心的职能、条件和申报审批程序。全国文化、教育、文物、中医系统的18家单位参加了申报。经初审，有15个单位达到申报条件，下一步，将进行专家考察和评审。

（四）人才培训工作扎实推进

2008年，国家古籍保护中心组织开展了新中国成立以来规模最大的古籍人才培训，先后在北京及全国8个省份组织开展了20余期各类古籍人才培训班，培训942人次，人员范围涉及全国各有关系统的335家单位。培训内容涉及古籍普查、编目、修复、鉴定等方面，培训教材基本定型，课程设置日趋合理，受到学员的广泛好评。各地结合实际也广泛开展了培训工作。2008年各省、区、市共举办培训2500人次，其中，江苏、福建、浙江、重庆、江西、山东、山西、云南、贵州、安徽、广东、广西、湖北、海南、吉林、四川、甘肃等省份培训力度较大。此外，为争取将古籍人才培养纳入国民教育体系，国家古籍保护中心与北京大学积极协商，在北京大学中文系古典文献专业大学本科开设了古籍鉴定与保护课程，并于2009年在该专业设立了研究生课程。文化部与教育部就联合挂牌成立"古籍保护培训基地""古籍保护实践基地"，初步进行了沟通，达成了合作意向。

（五）古籍保护的工作机制初步形成，经费投入不断加大

在古籍普查、名录和保护单位申报、评审等工作中，古籍保护工作部际联席会议机制运转良好。为加强对古籍保护工作的统一协调，各省、区、市文化厅（局）也积极与相关部门加强沟通，建立起职责明确、分工协作的工作协调机制。截至目前，黑龙江、吉林、辽宁、天津、河北、内蒙、山西、陕西、甘肃、青海、西藏、新疆、上海、江苏、山东、安徽、湖北、江西、重庆、贵州、云南、福建、广东、广西等24个省、区、市建立了古籍保护的联席会议制度。除个别省份外，全国绝大多数省、区、市古籍保护中心已挂牌成立，并在普查、名录及重点保护单位申报等工作中有效地发挥了作用。山西、浙江、江苏、广东等省份还及时编发工作简报，加强了对古籍保护工作进展情况的宣传和汇报。

财政支持力度不断加大。中央财政补助经费由2006年的500万元、2007年的2500万元，增加到2008年的3000万元，2009年仍将支持3000万元。2008年底中央财政划拨700万元，对经编制部门批准挂牌、普查等工作组织较好的20

个省级中心给予了30万~50万元的经费奖励。各地也普遍加大了经费投入力度，截至目前，投入总量已超过4000万元。在财政支持下，广东等省份还加大了对珍贵古籍的购买、入藏力度。

（六）古籍保护工作的社会影响日益扩大

为扩大古籍保护工作的影响，增强全社会的古籍保护意识，文化部组织开展了几次大规模的新闻宣传活动，在《人民日报》《光明日报》《中国文化报》等媒体进行专版报道，进行了两次中国政府网在线访谈。2008年6月14日，作为第三个"文化遗产日"活动的重要组成部分，文化部在国家图书馆举办了全国珍贵古籍特展。这次展览是文化部继2006年成功举办"文明的守望——中华古籍特藏保护展览"之后的又一次古籍保护成果的全面展示，是新中国成立以来规模最大的古籍专题展览，汇聚了入选第一批《国家珍贵古籍名录》的代表作，其珍品之多、展品数量之大、文献类型之丰富均属前所未有，展出的古籍善本近400种，选自30个省、区、市80个单位和个人。展览共举办近一个半月，吸引社会各界群众数万人参观，取得了良好的社会反响。各省份也采取多种形式，广泛开展了古籍保护工作的宣传。

古籍保护工作虽然取得了以上的积极进展，但也存在一些较为突出的困难和问题：

一是认识问题。个别省份的文化行政部门对古籍保护工作重要性、紧迫性认识不足，还没有将古籍工作列入重要议事日程。由于认识上的差异，各地工作力度不一，投入力度差距大，进展不一，发展不平衡。有的省份各项工作已全面开展，个别省份则进展缓慢。

二是队伍问题。古籍保护专业人员匮乏，特别是编目、鉴定和修复人才短缺的问题，仍比较突出。各单位古籍工作人员编制少、增加编制难的困难仍普遍存在。

三是经费问题。由于多方面的原因，一些地方的古籍保护经费投入仍十分有限，工作无法有效开展。

四是机制问题。由于古籍保护工作跨行业、跨系统的特点，需建立有效的领导和协调机制。目前，从总体上看，古籍保护工作还不够全面和普遍，面向全社会的工作协调机制尚未全面建立。一些省份至今还未建立联席会议制度和省级保护中心，影响了古籍保护工作的整体进展。

古籍保护工作是一项长期的历史任务，从总体上看目前的工作尚处于起步阶段，还面临着许多问题和困难。进一步加大力度，积极有效地推进古籍保护工作，是各级文化行政部门及广大古籍保护工作者面临的一项紧迫任务。我们要充分认识古籍保护的重要性、紧迫性和艰巨性，继续团结奋斗，努力推动古籍保护事业的不断前进。

二、提高认识，明确任务，认真做好 2009 年度的古籍保护工作

今年是具有特殊意义的一年。在经历汶川特大地震灾害、成功举办举世瞩目的北京奥运会之后，在党中央、国务院的正确领导下，全国各族人民、各条战线都在以良好的精神面貌，努力克服金融危机的不利影响，迎接新中国成立 60 周年。各级文化行政部门、广大古籍工作者要进一步振奋精神，始终保持良好的工作状态，努力推动古籍保护工作全面深入的开展。要坚持以《意见》为指导，围绕建立健全古籍保护工作体系、工作机制这个核心，进一步加大力度，继续扎实推进各项工作。

（一）进一步提高做好古籍保护工作重要性和紧迫性的认识

党中央、国务院高度重视古籍保护工作，党的十七大报告指出："加强对各民族文化的挖掘和保护，重视文物和非物质文化遗产保护，做好文化典籍整理工作。"2007 年 1 月下发的《意见》，全面阐述了古籍保护工作的重要意义、指导思想、基本方针、主要任务、基本目标和具体要求，标志着我国古籍保护工作步入新的发展阶段。在 2008 年 7 月 28 日"第一批国家珍贵古籍名录颁证暨第一批全国古籍重点保护单位授牌"仪式上的讲话中，刘延东同志对古籍保护工作取得的成绩给予了充分肯定，同时强调："要站在构建社会主义和谐社会、建设社会主义核心价值、传承中华文化、增强国家软实力的高度，切实做好古籍保护工作"，并对今后进一步加强古籍保护工作提出了明确要求。

古籍是中华民族宝贵的文化遗产，是中华民族在数千年历史发展过程中创造的重要文明成果，蕴涵着中华民族特有的精神价值、思维方式和想象力、创造力，是中华民族绵延数千年、一脉相承的历史见证，也是人类文明的瑰宝。保护好古籍，就是保护中华文化的根脉。在前人的基础上，通过我们这一代以及今后几代人的努力，保护、传承并利用好中华古籍，让世世代代的炎黄子孙通过古籍了解我们民族光辉的历史，继承和发展我们民族优秀的文化，对于建设社会主义核心价值，提升国家软实力，促进中华民族的伟大复兴，具有重要意义，是广大文化工作者、古籍工作者的神圣责任和光荣使命。

当前，古籍保护工作虽取得了积极进展，但任务仍然艰巨。各级文化行政部门要进一步提高认识，进一步增强工作的责任感和使命感。要深入贯彻落实科学发展观，以党的十七大精神为指导，按照《意见》精神，始终坚持"保护为主、抢救第一、合理利用、加强管理"方针，加强领导，加大投入，抓住重点，扩大宣传，推动古籍保护工作全面、有序、持续地开展。

(二)抓紧开展古籍普查工作

古籍普查是古籍保护工作的重点和基础环节。这次普查是新中国成立以来在全国范围内进行的第一次全面深入的调查。要通过普查,全面、准确地了解和掌握各级公藏单位、民间所藏古籍情况,摸清底数,从而有针对性、有计划地开展古籍保护工作。各地要进一步加强对普查工作的组织领导,按照《全国古籍普查工作方案》的要求,在国家古籍保护中心的指导下,制定具体工作计划和方案,落实经费,确保2009年底前基本完成一、二级古籍的普查,并从2010年开始对二级以下古籍进行普查。文化部将适时对各地普查进展情况进行抽检和通报。要继续以《国家珍贵古籍名录》的申报评审为抓手,带动古籍普查工作的全面展开。

国家古籍保护中心要加快古籍普查计算机平台的建设进度,争取于2009年5月底前投入使用。国家古籍保护中心要结合古籍普查计算机平台的使用,对各省级中心和各大系统开展普查培训,组织实施网上登记,确保平台数据2009年底达到5万条。各省古籍保护中心、分中心负责本地区古籍普查登记工作。

各地要进一步建立健全古籍普查机构,配备普查人员和设备,建立岗位责任制和工作细则,对普查工作各个环节实行全过程的质量控制,严格按照标准和程序开展普查登记工作,提交普查数据,提高普查工作质量。各级普查机构须对下级的普查数据采用随机抽样和重点抽查相结合的办法进行质量检查,确保普查数据的准确性。

要加紧编纂、出版《中华古籍总目》分省卷。在普查基础上,编纂、出版《中华古籍总目》,对我国现存古籍进行全面、系统的整理,对于摸清底数,加强古籍的保护与利用,具有极重要的意义。国家古籍保护中心将在文化部领导下统一组织、制定《中华古籍总目》的著录规则、分类、款目组织、体例和装帧形式,按照统一体例编纂和出版。编纂、出版《中华古籍总目》分省卷所需经费,中央财政将给予补助。今年文化部将适时组织召开全国古籍普查编目工作会议,组织各省级中心的领导、专家,研究、部署《中华古籍总目》分省卷的编纂出版工作。

(三)认真做好第二批《国家珍贵古籍名录》、全国古籍重点保护单位的评审工作

实践证明,建立《国家珍贵古籍名录》和命名全国古籍重点保护单位是国家古籍保护工作体系的重要组成部分,是推进全国古籍保护工作的重要抓手。前不久,文化部组织召开了专家委员会会议,组织成立了第二批《国家珍贵古籍名录》、全国古籍重点保护单位评审工作委员会,召开了专家评审会议。与第一批相比,第二批《国家珍贵古籍名录》、全国古籍重点保护单位申报数量大,涉及

单位多，工作任务成倍增长，要加强组织协调，抓紧开展评审工作，及时报请国务院批准，争取于2009年6月13日（"文化遗产日"）公布。要紧紧依靠和发挥专家委员会的作用，严格遵守评审标准，严格履行评审、公示、联席会议审核等程序，确保评审工作的准确性、公正性。

要建立健全省级珍贵古籍名录、古籍重点单位的评审机制。具备条件的省份，应尽快启动省级珍贵古籍名录和古籍重点保护单位的申报评审工作，促进各地古籍保护工作的深入开展，同时为申报评审《国家珍贵古籍名录》、全国古籍重点保护单位奠定基础。

要积极改善古籍保管条件。对列入全国古籍重点保护单位的收藏单位，各地要加大投入，加强管理，建设专门古籍库房，改善古籍保管条件。对未列入全国古籍重点保护单位的收藏单位，要按照文化部颁布的《古籍特藏书库基本要求》，加强硬件设施建设，完善安全措施，切实保障古籍的完好与安全。要采取有效措施，进一步建立健全古籍保护制度，对列入《国家珍贵古籍名录》的珍贵古籍，要妥善保管，重点保护。

（四）切实加强古籍修复工作

要按照标准和程序，尽快评审、公布国家级古籍修复中心。国家古籍保护中心要精心组织专家实地考察和评审，及时上报文化部审批，力争于2009年6月13日公布评审结果。要进一步明确、完善国家级古籍修复中心的职责，加强设施设备建设和人员配备，充分发挥其在古籍修复工作中的核心作用，带动古籍修复工作的全面开展。有条件的地区也可以考虑建立省级古籍修复中心。

要研究制定古籍修复办法，规范各级古籍的修复原则、程序、方法和流程，明确工作责任，加强修复工作的科学化、规范化，切实防止因修复不当引起古籍的再次毁损，确保古籍修复工作科学、有序地开展，确保修复质量。

各地要有计划、有重点地对破损古籍进行修复。要制定修复计划和具体方案，集中资金，区分轻重缓急，避免破坏性修复。一、二级善本的修复要严格按照有关规定，根据古籍的实际情况，提出个性化的修复方案，报国家级古籍修复中心审定后实施，并建档备查。

（五）大力开展古籍保护人才队伍培训

要以建立一支技术精湛、素质较高、适应古籍保护工作发展需要的人才队伍为目标，以古籍普查、编目和修复为重点，组织实施《2009年度全国古籍保护培训工作计划》。2009年，国家古籍保护中心将举办20个培训班，培训人员将超过千人次。国家古籍保护中心要认真做好有关的具体组织工作，各地要积极选派人员参加培训。各省、区、市文化厅（局）和省级古籍保护中心要结合实际，制定计划，落实经费，积极开展本省、区、市的古籍保护人才培训。

启动文献修复师职业资格认证工作。2004年,文化部会同原国家劳动和社会保障部共同制定、公布了《文献修复师职业标准》。但由于多方面的原因,文献修复师职业资格认证工作一直未启动。近年来,随着全国古籍保护工作的开展和顺利实施,启动此项工作的条件已经具备,时机已经成熟。经反复研究和协调,文化部将于今年上半年启动文献修复师资格认证工作,组织培训和考试,力争在2009年10月前为首批文献修复师颁发证书。同时,将进一步研究职业资格等级与人员岗位聘用、职称评审、工资待遇的挂钩和对接问题。

要积极推进古籍修复人才学历教育工作。加强与教育部协商,进一步推进古籍修复人才学历教育工作。选择有条件的高校,由文化部、教育部共同挂牌成立"古籍保护培训基地",定期选派古籍修复人员参加集中培训。同时,在国家古籍保护中心及部分省级古籍保护中心、古籍收藏单位由两部联合挂牌成立"古籍保护实践(习)基地",为在校师生服务。

(六)积极推动古籍保护的法规建设和研究利用工作

积极推动古籍保护法规建设。文化部将于近期组织成立古籍保护法规建设工作小组,与国务院法制办等部门密切沟通,广泛收集相关资料,推动古籍保护的有关法规建设。

积极开展科研课题申报工作。国家古籍保护中心要充分发挥科研带头作用,加强有关的课题研究,文化部将与科技部密切沟通,确保国家级古籍保护实验室等古籍科研课题项目列入2009年科技部有关项目。

积极开展对古籍修复、保护所用材料、专用工具等行业用品的研制推广。国家古籍保护中心要继续开展古籍相关标准的调研、制定工作,按照有关程序,适时将有关标准提升为国家标准,促进古籍保护工作的标准化、规范化建设。

要加强古籍保护工作的国际交流与合作。组织筹备召开"中文古籍保存保护国际研讨会",邀请各国的专家,就保存、保护、修复、整理研究、传播等古籍保护的相关问题,广泛开展研讨,跟踪古籍保护修复国际政策和动态,扩大我国古籍保护工作的国际影响。继续组织专业考察团,赴欧美、日本等国开展"国外古籍保护与中国古籍收藏情况"考察。

要积极有效地利用古籍保护的成果,推进古籍的数字化、缩微复制和整理出版工作,向社会和公众开放古籍资源,为公众提供方便快捷的文献服务。积极推进中华再造善本二期工程。中华再造善本二期工程目前已初步完成二期选目570种,包括明代编310种、清代编226种、民族文字编34种,选择的重点是明、清两代版本稀少、文献及学术价值较高的珍贵古籍,其中,大部分属国家一、二级古籍及入选第一批《国家珍贵古籍名录》的古籍。要认真总结和汲取再造善本一期的成功经验,发挥专家作用,切实做好二期的工作。二期选目涉及的有关地区和收藏单位要积极做好配合工作。

（七）加强领导，确保全年工作任务的落实

要进一步建立完善的古籍保护工作领导协调机制。尚未建立省级古籍保护工作联席会议及保护中心的省份要加紧组织建立。各省、区、市文化厅（局）要切实加强对古籍保护工作的领导，认真研究制定2009年度及今后几年的工作计划，并抓好计划执行情况的督促检查。国家古籍保护中心要积极与各省级古籍保护中心加强沟通和联系，在古籍普查、古籍修复、古籍保护技术领域协同配合，按照统一标准，有序推进各项工作。各省、区、市古籍保护中心负责具体指导本地区古籍保护的业务工作，严格按照相关技术规范，开展古籍保护工作。

要进一步加大经费投入。要争取财政支持和加大投入，建立有效的古籍保护工作经费保障机制，确保古籍保护工作顺利开展。2009年，中央财政将对各地开展的古籍普查、古籍修复、《中华古籍总目》分省卷编纂等工作适当给予经费支持。各地文化部门要争取党委和政府的支持，加强与财政部门的沟通，把古籍保护经费纳入地方财政预算。同时，要制定优惠政策，吸纳社会资金投入古籍保护工作。

要进一步加大宣传。各地、各有关部门和各级各类图书馆，要通过讲座、展览、研讨等形式，大力宣传古籍保护工作的重要意义，普及古籍保护知识，展示保护成果，促进古籍利用。要结合庆祝建国60周年和"文化遗产日""图书馆服务宣传周""全民阅读"等活动，加大古籍保护工作的宣传力度，进一步培养公众的古籍保护意识，大力营造全社会共同关注、参与和支持古籍保护事业的良好氛围。

（在2009年古籍保护工作会议上的讲话，2009年4月13日）

让古籍珍品在文化建设中发挥更大作用

2002年5月文化部、财政部联合发文，在全国实施中华再造善本工程。在各位的一致努力下，工程取得了非常显著的成效。在编纂出版过程中，我们看到一些由于历史原因造成同一部书分藏几地的得成完璧或最大程度的合龙，几部相同版本的残本配补成为完帙或接近完帙，极大地方便了读者，服务了学界。在财政部、教育部、文化部运作下，《中华再造善本》唐宋编、金元编共758种8990册，在制作过程中便陆续走入100所高等院校、31家省级图书馆，并被国内外学术机构、收藏单位和学者、收藏者购买，逐步开始利用。一些学者使用再造善本开展研究，已经形成了新的研究成果。学界普遍认为，再造善本解决了过去研究中难以找到一手资料的问题。项目提出的"继绝存真，传本扬学"的目的正在逐步实现。这也是对项目之初为我们题词，并给予极大支持和鼓励的任继愈先生、季羡林先生最好的告慰。

2008年初，中华再造善本工程已圆满完成第一阶段的目标，在财政部组织的绩效考核中被评为优秀，成为近年来执行得最好的文化项目之一。

2007年，在中华再造善本工程对古籍开展再生性保护实践的基础上，对古籍开展再生性、原生性全面保护的中华古籍保护计划在大家多年的期盼中启动。作为古籍再生性保护的典范，《中华再造善本》成为中华古籍保护计划的重要组成部分。

《中华再造善本》初步完成唐宋金元时期珍善孤本的再造后，学界和收藏单位多次呼吁，希望将明清时期珍贵古籍与少数民族文字古籍选其精品进行再造，使《中华再造善本》对我国古代各时期的珍贵古籍予以完整、系统地再现。这对于保护和利用中华珍贵古籍、弘扬传统文化、促进学术的发展和繁荣具有重要意义。

2008年9月9日，文化部在国家图书馆召开启动座谈会，由国家图书馆、国家古籍保护中心和专家一起，认真总结工程一期经验，科学论证，花费巨大的心力开展选目工作，在社会各界的期盼下开始了续编工作。

目前《中华再造善本续编》已经完成部分出版工作，一批收藏单位在呼吁能够收藏并尽快投入使用，一方面作为原件的替代品减少原件流通，进行再生性保护；另一方面促进古籍珍品在文化建设中发挥更大的作用。

我们的续编除了明清编、少数民族文字编外，还可以将近年普查中发现的原来选目中没有的一些珍贵的善本古籍增补进来，充分展示我们中华民族祖先留给我们的珍贵典籍，让更多的后人能够共享。此外，希望通过续编工作，将古籍普查中发现的元代以前的珍贵古籍适当补充，特别是入选第一批、第二批《国家珍贵古籍名录》的孤本古籍，同时可以有意识地收入存藏海外的珍贵古籍。

《中华再造善本》在开展唐宋编、金元编的工作时通过提要撰写培养了一批中青年的古籍整理研究、版本目录学人才，壮大了古籍工作队伍。通过《中华再造善本续编》的实施，希望能培养更多的古籍整理专业人才，也将为古籍保护工作的持续发展提供更有效的人才保障。

（在《中华再造善本续编》工作座谈会上的讲话，2010年1月29日）

楮墨芸香　万古流芳

中华古籍保护计划自2007年正式启动以来，在党和政府的领导下，我国古籍保护工作在短短3年多时间里，得到前所未有的发展：古籍普查工作在全国范围内展开，前后有3批9859部古籍入选或被推荐进入《国家珍贵古籍名录》，150家古籍收藏单位成为或被推荐为全国古籍重点保护单位。古籍普查平台研制完成，正在全国古籍保护中心推广。国家古籍保护中心和全国省级以上图书馆举办各类在职培训班超过350期，有超过1000家古籍收藏单位的数千名学员参加培训，古籍保护工作初步具备了一支有较高专业素养的人员队伍。2010年，文化部还命名了首批12家国家级古籍修复中心，承担珍贵古籍的修复工作，文献修复师资格认证制度逐步推进。针对西藏古籍保护的现状，文化部启动了"西藏古籍保护工作"。《中华古籍总目》分省卷编纂工作已经在11家省古籍保护中心和3家收藏单位启动。我们期待的中华古籍的海外回归也初见成果——今年5月20日，国家图书馆中华古籍善本国际联合书目系统和日本东京大学东洋文化研究所汉籍影像数据库在国家图书馆网站面向公众开通。哈佛燕京图书馆馆藏善本正在由国家图书馆参与数字化，即将在年底前在国家图书馆网站上开通服务。国家级古籍保护实验室已初具规模，古籍保护从经验到科学的实践上又有了新的起点。

古籍原生性保护的同时，以中华再造善本工程为典范的古籍再生性保护也在大力推进，继《中华再造善本》圆满完成编纂出版后，2008年《中华再造善本续编》编纂的工作启动，目前已完成百余种古籍的制作，以全国古籍联合服务为主要目标的中华古籍资源库数字化项目也即将全面铺开。古籍既安全传承又方便使用的局面开始形成。

今年是中国的第五个"文化遗产日"，由文化部主办，国家图书馆、国家古籍保护中心承办的"国家珍贵古籍特展"在国家图书馆展览厅举办。展览以"保护古籍，从我做起"为口号，展示入选第一、第二批《国家珍贵古籍名录》和推荐进入第三批《国家珍贵古籍名录》的85家单位的300部珍贵典籍。展览分为"传承文明——中华古籍保护计划实施成果""楮墨芸香——推荐《第三批国家珍贵古籍名录》珍品""完善典藏——推荐第三批国家重点古籍保护单位介绍""永驻书魂——国家级古籍修复中心巡礼""任重道远——中华古籍保护计划未来的发展"5个部分，同时配以古籍修复、古纸制作、甲骨传拓、雕版印刷等动态展示，全面展示了古籍保护的成就。

此次展览的展品从唯一一件保存完整的归义军时期《金刚般若波罗蜜经并

序》血书写本、近年出土于和田地区唐写本《孝经郑氏解·卿大夫章》、目前所见最早的皇室宗谱宋内府写本《仙源类谱》《宗藩庆系录》,到开本宏大、行格疏朗的明代内府刻书《饮膳正要》、明弘治十一年(1498)华氏会通馆《会通馆集九经韵览》、四库底本《西清砚谱》《河东柳仲涂先生文集》、四库零帙《续资治通鉴长编》、文渊阁本撤出之书《日知录删余稿》,从汉文古籍到丰富多彩的少数民族文字的珍贵典籍,从敦煌遗书到碑帖舆图,向我们述说中华民族文化的发展、各民族共同构筑共同精神家园的历程。而西方早期印刷品拉丁文摇篮本《节本托勒密天文学大成》等的展示,反映着中外文化长久以来的交融。

今天,国家图书馆设计制作的"中国古代书籍史"在全国10家省图书馆(省古籍保护中心)、"汉字:文化津梁,中国奇迹"在5家省图书馆(省古籍保护中心)同时向社会开放。这是国家图书馆秉承传承文明、服务社会的一贯宗旨,联合各个单位共同开展文化建设,共建书香中国,传播知识,实现资源共享,贯彻十七大报告中文化建设精神的重要实践。

全国古籍保护工作的全面开展,是国家的幸事、民族的幸事,是延续我们民族之魂的事业,历史赋予我们的神圣使命,需要每一位公民的共同参与和努力。

(原载于《人民日报(海外版)》2010年6月11日第8版)

《楮墨芸香：国家珍贵古籍特展图录（二〇一〇）》序

2007年1月国务院办公厅颁发《关于进一步加强古籍保护工作的意见》（国办发〔2007〕6号，以下简称《意见》）以来，广大古籍工作者在《意见》精神鼓舞下，以前所未有的工作热情，忘我工作。古籍保护工作已经在全国各古籍收藏单位全面铺开——古籍保护工作体系的完善、古籍普查登记、国家珍贵古籍名录和全国古籍重点保护单位的申报评审公布、《中华古籍总目》分省卷的编制、库房的改造、在职人员培训、学历教育的促进、标准规范的建立、实验研究的开展、数字化的推进、珍贵古籍的影印出版等，工作逐项落实，目标陆续实现。

作为古籍普查工作的抓手，文化部协同全国古籍保护工作部际联席会议成员单位共同推进《国家珍贵古籍名录》和全国古籍重点保护单位的申报评审公布，经过3批评审，有9859部古籍入选《国家珍贵古籍名录》，150家古籍收藏单位成为全国古籍重点保护单位。

在申报评审过程中，我们欣喜地看到一批原来未见于著录的珍贵古籍，让我们对摸清家底的意义有了更加深刻的理解和更充足的信心。我们更高兴地看到通过全国古籍重点保护单位的申报，一些藏书单位下大气力改善收藏环境，使古籍书库更加标准化、规范化，让古籍有了更加理想的栖身之地。评审工作对古籍保护的作用已初步显现。

一年中，为使珍贵古籍安全传承，发挥各单位古籍修复专业技术人员的作用，避免由于技术手段使用不当造成的破坏性修复，经过评审，文化部命名了首批12家国家级古籍修复中心，承担国家珍贵古籍的修复以及常年培训修复人员的任务。文献修复师的资格认证制度也已开始实施。

一年中，文化部在充分调研的基础上和部际联席会议成员单位一起启动了"西藏古籍保护工作"，全面启动了西藏的古籍普查和人员培养等一系列工作，并希望以此带动少数民族文字的全面保护研究。

一年中，在刘延东同志等党和国家领导人的亲切关怀下，国家古籍保护中心根据文化部的安排，还对"古籍基本丛书""中华医藏"等重大项目进行调研、论证，使古籍保护工作更加全面。

一年中，《中华古籍总目》分省卷的编纂工作全面启动，已经有11家省古籍保护中心和3家藏书单位与国家古籍保护中心签约，开始了分省卷或分卷的编纂。

3年中，国家古籍保护中心主办了55期在职培训，全国各个系统1056家收藏单位的3200余人次通过培训受益，一支古籍工作的人才队伍初步建立起来。通过与北京大学等高校合作开设古籍鉴定与保护研究生课程，通过对南京地区古籍修复教育的调研，形成古籍保护教学基地、实践基地良性循环的人才培养模式呼之欲出，为人才的双向选择打下了基础。这一切标志着国家珍贵古籍保护的机制已经初步建立，对古籍的分层管理和保护已开始实施。目前正在开展的古籍人员的职业化建设，实施古籍修复人员文献修复师职业资格认证制度，也将极大地促进行业发展。

3年的投入，国家古籍保护中心的国家级古籍保护实验室已经初具规模，一些针对纸质文献的研究正在开展。通过研究水平的提高、研究成果的出现和推广，中国古籍保护科学化的程度将得到提升，从经验到科学，将实现几代古籍保护工作者的光荣与梦想。

在古籍原生性保护的同时，中华古籍保护计划加大力度进行古籍的再生性保护，促进珍贵古籍的合理利用。

2002年由政府投资开展的中华再造善本工程，至2007年已经完成了唐宋金元时期善本古籍的复制，使得758种古籍珍善孤本走出"深宫"，化身千百，传承利用，普惠学界和社会公众，又以替代品的方式减少了原件的流通使用，保护了古籍原件，被称为古籍再生性保护的典范。2008年9月，《中华再造善本续编》编纂工作启动，初步选目为534种，已经完成百余种制作。国家图书馆等单位组织开展的其他古籍影印、古籍数字化、古籍缩微复制作为古籍再生性保护的一部分也在深入开展。古籍保护将使古籍保存、保护、利用互为补充，实现社会效益的最大化。

与此同时，古籍相关制度的制定、古籍相关规范的研发作为古籍制度化、规范化的前提正在加紧进行。有党和政府的支持，有全国古籍同道的努力，使对古籍的全方位保护成为可能并逐步实现，这是古籍工作者多年的期盼，也是践行十七大精神最好的行动。

中华古籍作为人类文化的瑰宝，值得我们今天的文化工作者用生命和鲜血来保护她。随着中华古籍保护计划的深入开展，相信会有更多的成果呈献给世人，这些成果将告慰为古籍传承付出血汗甚至生命的先贤，也必将惠及中华民族的子孙万代。是为序。

（原载于国家图书馆、国家古籍保护中心编：《楮墨芸香：国家珍贵古籍特展图录（二〇一〇）》，国家图书馆出版社2010年版）

《中国赤城历代碑匾刻辑录》序

赤城之名，初见《水经注》。县志载城东二里，山石多赤，望若雉堞，故以名城。高山深谷，地势险要，北依坝上，南接京城，自古为兵家必争之地。明代边防曾在马营、独石崩溃，酿成土木之变。所以嘉靖以来，修缮长城，尺列寸守，称为"宣府首领、神州锁钥"。清代帝王往来京师和热河行宫，多经此地。康熙三十二年始设赤城县。城西高山幽谷中有淙淙汤泉，历史悠久，绿树蓊郁，庙宇隐然其间，为关外第一，康熙帝曾亲陪皇祖母孝庄文皇后在此驻跸洗浴50多天，颇有盛名。抗战时期，赤城属平北抗日根据地，健儿卫国，可歌可泣。几千年风雨沧桑，历史脚步愈加悠远，文化积淀越发厚重。所以赤城历代诗文碑刻，以边防、寺庙、汤泉、抗战为大宗，就不足为奇了。

历史上乾隆、民国《赤城县志》，多载金石碑刻，如乾隆志记载《云州义烈祠碑记》《丈夫石铭》《祁志诚墓志铭》等，民国《赤城志》载碑刻摩崖十六石，为后世留下了文化遗产。现在，《中国赤城历代碑匾刻辑录》的问世，是在普查基础上，将碑刻资料汇总编排，十分重要。该书分碑碣类石刻、摩崖类石刻、墓碑幢志类石刻、匾额楹联类石刻、现代题刻和佚碑存拓辑录六个部分，收录金代至当代各类刻石227件，以及清朝至当代文化名人题刻的重要牌匾。反映赤城纪史、纪事、文字、文学、绘画、装饰、书法、摹勒、镌刻、雕凿等诸多文化门类的发展和变化，堪称赤城记忆的代表、历史文化的结晶。

近年来，赤城县委、县政府加快建设，一座"突出山水、彰显特色"的新型城市已在京北地区崛起。在经济建设中，赤城领导者们没有忘记对历史文化的传承。他们高瞻远瞩、与时俱进，为山水环绕、绿树叠嶂的城市，注入了历史文化的灵魂。他们编辑出版的这本《中国赤城历代碑匾刻辑录》，不但使我们感受到了当代赤城日新月异的发展变化和高亢优美的文化韵律，更感受到了古代赤城的神秘浪漫与燎烈烟火。

一个饱经沧桑的古老赤城，曾经孕育了灿烂的文明。一个风华正茂的全新赤城，即将展现美好的未来。它将鞭策我们传承历史、热爱家乡、创造美好。

（原载于赵占华主编：《中国赤城历代碑匾刻辑录》，化学工业出版社2011年版）

保护新疆古籍　传承中华文化

中华民族悠久的历史留下了丰厚的文化遗产，其中浩如烟海、卷帙浩繁的古籍是我们宝贵的财富。位于我国西北的新疆地区，历史上是多民族聚居、多种文明交流融合之地，存世的汉文和各种民族文字古籍藏量异常丰富。保护好这些古籍是传承文化的一项长期的重要基础工作。

1月26日，由文化部、教育部、科技部、国家民族事务委员会、财政部、国家新闻出版总署、国家宗教事务局、国家文物局、国家中医药管理局等全国古籍保护工作部际联席会议成员单位和新疆维吾尔自治区人民政府共同主办，国家图书馆（国家古籍保护中心）和新疆维吾尔自治区文化厅承办的"西域遗珍——新疆历史文献暨古籍保护成果展"在国家图书馆展览中心开幕。这是新中国成立以来首次在首都北京举办的全面展示新疆珍贵历史文献的大型专题展览，也是对新疆古籍保护工作成果的一次检阅。展览有几个重要特点：一是历史跨度长，展出了来自全国23家收藏单位的320件展品，包含从先秦至明清2000年间的文献文物；二是内容丰富，展出了涵盖22种民族文字的木简、文书、古籍、舆图、拓片等类型文献；三是价值珍贵，展品中超过半数为现今仅存的孤本，21种典籍入选《国家珍贵古籍名录》，许多文献是首次面世。展览将持续至3月31日。

展览通过丰富多彩、弥足珍贵的文献展示，充分反映了新疆自古以来就是中国的领土，是多种文化的融汇地，新疆各族人民创造的文化是中华民族光辉灿烂文化的重要组成部分。

新疆古称西域。公元前60年，西域正式纳入祖国版图，成为统一的多民族国家不可分割的组成部分。西域地处我国西北边陲，占国土面积的1/6，是丝绸之路要冲、东西方文明交汇之处，这里有大漠孤烟、长河落日的壮丽风光，有驼铃铿锵、文明交融的历史回响，正如季羡林先生所讲："这是一块宝地。在全人类历史上，影响深远、历史悠久的文化体系只有四个：中国、印度、伊斯兰和希腊罗马文化体系。这四个文化体系汇流的地方只有一个，这就是中国的新疆地区。"

这片广袤的土地上目前生活着47个民族，从古至今各族人民不断开拓，使之成为人类优秀文化的荟萃之区。新疆素有"语言文字博物馆"的美誉，丝绸之路也被称为"求经传教之路"和"语言文字之路"，考古发现记载有19种语言、28种文字，这些语言文字成为打开许多历史、宗教和文化之门的钥匙。古籍是新疆历史文化和这些语言文字的重要载体。

新疆地区古籍藏量十分丰富，目前已知的汉文古籍超过50万册（件），少数民族古籍 2 万多册（件），西域文书 2 万多册（件）。其中，少数民族古籍包括回鹘文、龟兹文、婆罗米文、察合台文、阿拉伯文、波斯文、维吾尔文、哈萨克文、托忒蒙古文、柯尔克孜文、满文、锡伯文、乌兹别克文、塔塔尔文、藏文等多种文字。这些古籍凝聚着先民们的智慧，忠实地记录着新疆历史发展的轨迹，承载着新疆独具特色的文化，是中华民族和人类文明的宝贵遗产，也是中华文化软实力的重要组成部分。保护、整理和挖掘这些古籍中蕴涵的丰富的文化，探索各民族交流发展的历史，是传承与弘扬中华优秀传统文化的需要，有利于增强新疆各民族对伟大祖国的认同、对中华民族的认同、对中华文化的认同。

由于历史原因和特殊的社会条件，新中国成立前，新疆少数民族古籍整理工作极少开展。新中国成立后，党和政府非常重视新疆民族古籍保护工作。1951年，在赛福鼎·艾则孜、郑振铎等领导同志的关心下，国家图书馆和北京大学影印出版了回鹘文《大唐大慈恩寺三藏法师传》。1981年，《中共中央关于整理我国古籍的指示》（中发〔1981〕37号）指出："整理古籍，把祖国宝贵的文化遗产继承下来，是一项十分重要的、关系到子孙后代的工作。"1983年，新疆维吾尔自治区党委、人民政府联合发出《关于搜集、整理和出版少数民族古籍的通知》（新党发〔1983〕83号）。1984年，《国务院办公厅转发国家民委关于抢救、整理少数民族古籍的请示的通知》（国办发〔1984〕30号）强调："少数民族古籍是祖国宝贵文化遗产的一部分，抢救、整理少数民族古籍，是一项十分重要的工作。"同年，抢救、保护少数民族古籍的机构——全国少数民族古籍整理出版规划小组成立，下设办公室（1989年改为全国少数民族古籍整理研究室）。在党中央、国务院的亲切关怀下，经过新疆古籍工作者的努力，新疆各民族古籍保护工作取得了可喜成绩，陆续整理出版了一批少数民族古籍，为学术研究提供了珍贵资料，为各族人民群众奉献了难得的传统文化精品。

2002年，由文化部、财政部主持的国家重要文化工程——中华再造善本工程启动，截至2008年，共再造出版唐宋金元时期珍贵古籍758种8990册。2007年，文化部颁赠新疆维吾尔自治区图书馆一套《中华再造善本》。目前，《中华再造善本续编》编纂工作正在开展，新疆地区收藏的焉耆—龟兹文《弥勒会见记》、回鹘文《弥勒会见记》、察合台文《纳瓦依诗集》和《先知传》等一批珍贵文献入选《中华再造善本续编》选目。

新疆的古籍保护工作取得了重要进展，但由于基础薄弱，仍存在古籍保存条件差、修复手段落后、经费紧缺、从事古籍保护工作的人才严重匮乏、学科建设相对滞后、古籍老化破损比较严重等突出问题，新疆的古籍保护工作任务依然很艰巨。2007年，中华古籍保护计划全面启动，新疆维吾尔自治区认真开展古籍普查工作，配合国家古籍普查整体规划，积极组织申报《国家珍贵古籍名录》。国务院已公布的3批《国家珍贵古籍名录》中，新疆共有11家藏书单位的64部古籍入选，涉及汉文、焉耆—龟兹文、粟特文、回鹘文、蒙古文、察合台文等6

个文种；新疆维吾尔自治区图书馆入选国家古籍重点保护单位。

2010年5月，中央新疆工作座谈会召开，对推进新疆跨越式发展和长治久安做出了战略部署。根据会议精神，文化部迅速组织规划，开展文化援疆，并把新疆维吾尔自治区古籍保护工作作为中华古籍保护计划的重要内容和重点支持项目，大力推进。2011年1月，文化部、教育部等8个全国古籍保护工作部际联席会议成员单位联合下发《关于支持新疆维吾尔自治区古籍保护工作的通知》（文社文发〔2011〕3号），进一步明确责任，在人员、经费、物资和信息交流及技术支援等方面，加强对新疆古籍保护工作的对口支援。随着新疆古籍保护专项工作的实施，新疆古籍保护工作呈现全面推进、快速发展的崭新局面。

加强新疆古籍保护工作的基本方针是"保护为主、抢救第一、合理利用、加强管理"。坚持依法保护和科学保护的原则，正确处理古籍保护和利用的关系，统筹规划、分类指导、突出重点、分布实施。主要工作目标是逐步建立比较完善的新疆维吾尔自治区古籍保护工作体系。根据国家有关标准制定不同文种古籍的普查规范、编目规则、定级标准、破损定级标准、古籍库房基本要求等标准、规范；对新疆维吾尔自治区的公共图书馆、博物馆和教育、宗教、民族、文物等系统的古籍收藏和保护状况进行全面普查、登记工作；实现古籍分级保护，建立《新疆维吾尔自治区珍贵古籍名录》，推进申报《国家珍贵古籍名录》；有计划地改善重点古籍收藏单位的保管条件和标准化建设，命名新疆维吾尔自治区古籍重点保护单位，推荐申报全国古籍重点保护单位；建立国家级古籍修复中心，开展古籍修复工作；建立古籍全文数据库，开展古籍的整理研究和出版工作；形成基本满足民族文字古籍普查、编目、修复、保护、整理研究等工作需要的专业人员队伍，推动新疆维吾尔自治区古籍保护工作科学、规范、有序开展，全面保护新疆维吾尔自治区的各民族各文种古籍。

党的十七届五中全会强调，文化是一个民族的精神灵魂，是国家发展和民族振兴的强大力量，要推动文化大发展大繁荣，提升国家文化软实力。同时还指出，要充分发挥文化引导社会、教育人民、推动发展的功能，建设中华民族的精神家园，增强民族凝聚力和创造力。古籍能丰富人们的精神世界，为社会主义先进文化建设提供深厚丰富的资源，为政治、经济、社会、文化协调发展提供源源不断的思想动力。

中华古籍保护计划为包括新疆地区在内的全国古籍保护工作创造了前所未有的机遇，文化援疆使新疆古籍保护迎来了新契机。加强新疆古籍保护工作，通过举办"新疆历史文献暨古籍保护成果展"等方式做好宣传展示，让社会公众从历史文献、文物认识新疆，增强对伟大祖国的认同，对于抢救和保护新疆多民族文化遗产，维护民族团结和国家统一，促进新疆经济社会协调发展，具有重大的现实意义和深远的历史意义。

（原载于《光明日报》2011年2月17日第15版）

民国时期文献抢救与保护刻不容缓

图书馆承担着"传承文明、服务社会"的重要职责。近年陆续实施的国家数字图书馆工程、中华古籍保护计划、中华再造善本工程等重大文化项目,在国内外反响好、影响大。在此,我建议"十二五"时期,在实施中华古籍保护计划的基础上,全面开展民国文献的抢救和保护工作,避免文献历史出现"断层"。

今年恰逢建党 90 周年和辛亥革命 100 周年,短短 38 年的民国时期,正是中国历史上一个重要而特殊的历史时期。这一时期的文献全面记载了马克思主义在中国的传播,记载了中国共产党领导全国各族人民争取民族独立和人民解放的伟大历史,也记载了中国近代社会的巨大变化,其珍贵的史料价值和现实意义体现在以下方面:

一是数量众多。近代西方印刷技术的传入和应用,使得民国时期的文献日益增多。据初步估算,民国时期的文献数量远远超过存世数千年的古籍总量,仅国家图书馆的民国文献总藏量就达到 88 万余册。

二是内容丰富。该时期文献涵盖政治、经济、文化、军事等领域,包括政府公报、法律规范、社会经济发展、名人手稿等方面的文献资料,也有大量的文学作品,同时,还出现了老照片、海报、电影及唱片等新的出版形式,无论在内容上,还是在文献形式上,均极为丰富。

三是历史和学术价值高。民国时期,中国经历了内忧外患,中国共产党领导中国革命走向成功,为中国历史写下辉煌的一页。民国时期又是一个古今中外交汇、新旧思想碰撞的时期,留下了大量珍贵文献。就内容而言,民国文献记载了时代的印迹,语言文字、政治、法律、历史等学科都留下了丰富的文化遗产,对研究民国时期的历史,尤其是人文社会科学研究,都有着重要的借鉴意义。

这一时期还产生了大量革命文献。例如陈望道翻译的第一个中文全译本《共产党宣言》,巴黎中共旅欧总支出版、邓小平刻印蜡版的《少年》月刊,1944 年晋察冀日报社编辑出版最早的《毛泽东选集》等。各个根据地文献则记载了中国革命的重大事件。这些文献历久弥珍,是研究党史的珍贵资料。

四是现实意义重大。该时期形成的边疆垦物、农商统计、中国经济志、赈灾史料、教育公报、民国海军档案、蒙藏院及蒙藏委员会史料、铁路沿线经济调查报告、各省财政说明书等文献,对研究国家主权、边境、民族、军事以及农业、水利、经济等均有重要的现实意义,同时也是开展爱国主义教育、革命传统教育和国情教育的生动教材。例如,大量有关"东京审判"的文献、照片、视频和影像资料,集中反映了日军侵略中国的历史,是日本军国主义侵华罪行的铁证。

此外，社科界、史学界以及出版单位、各类媒体对民国文献的需求日益增加。

新中国成立以后，特别是改革开放以来，我国在一定范围内对民国时期文献进行了调查、整理、出版、缩微和数字化保护，取得了一定的成果。然而，从整体看，民国文献的保护仍面临严峻形势，主要表现在：

一是底数不清，新中国成立 60 多年来，我们尚未对民国时期文献进行全国性普查和整理，文献存量、分布与保管状况不明。尤其是革命文献，多为非正规形式出版，印数少，不易收集，其中不乏孤本，极其珍贵。

二是保护不够。目前许多单位对民国时期文献的保存既没有按古籍对待，也没有按现代流通量大的出版物对待，甚至裸露放置在没有恒温恒湿、不避光、不防尘的书库里。在一些革命老区的图书馆和基层图书馆，保管条件则更差，致使文献的损坏日益严重。

三是纸张酸化、脆化、老化加剧。据研究，民国时期的纸张一般寿命是 50～100 年。目前，民国文献普遍出现了严重的老化或损毁现象，有的一触即碎，有的甚至已经碎成纸屑，再也无法使用。而根据地出版物，由于纸张和印刷质量差，破损问题更为严重。

四是再生性保护进展缓慢。近几年，在政府支持下，国家图书馆等收藏单位陆续开展了民国时期文献的影印出版、缩微拍摄和数字化加工等再生性保护工作，但进展缓慢。如全国图书馆文献缩微复制中心，联合全国 20 余家公共图书馆进行缩微拍摄，国家每年投入 300 万元，历时 10 年，仅拍摄 125541 种 6000 余万拍，远不及损毁速度。

五是出版利用不够。截至目前，仅有上海书店出版的《民国丛书》影印了 1126 种民国时期文献，革命文献尚未汇集出版过。

中华文明之所以能够源远流长、博大精深，是因为有文字记载的历史，中华民族有"易代修史"和整理典籍的优秀传统，明有《永乐大典》，清有《四库全书》。民国时期文献正是以文字记录了中国近代历史的风云变幻。随着时间延续，民国时期文献的损坏速度越来越快，许多已不能使用。如果不及时抢救这些文献资料，这段历史将随着这些文献的消失而失去记忆。保护好这些珍贵的民国时期文献，特别是革命文献，是我们义不容辞的历史责任。

有鉴于此，建议全国政协发挥其政治优势、组织优势、智力优势和渠道优势，推动有关方面参照中华古籍保护计划的做法，将民国时期文献保护纳入国家"十二五"规划，作为文化重点专项，尽快启动实施。

首先，要开展全国性文献普查。在普查的基础上，形成《全国民国时期文献联合目录》；同时，做好民国文献定级工作，形成《国家珍贵革命文献名录》和《民国时期文献分级名录》。

其次，加大保护力度。引进国外脱酸处理技术，对列入国家名录的珍贵文献进行脱酸与修复；建立标准库房，改善保存环境；加快缩微及数字化进程；策划选题，加强整理与出版工作。

最后，要加强海峡两岸的合作与交流。在对海外民国文献调查的基础上，开展面向海外和民间的文献征集工作，以促使文献实物的回归和缩微与数字化成果的回归。

希望由文化部牵头，相关部委参加，成立专门协调机构，国家图书馆可承担具体工作，争取早日摸清家底，改善现状。希望各级财政设立专项资金，使民国时期文献，特别是革命文献得到及时有效的抢救和保护。

（在政协第十一届全国委员会第四次会议文化艺术界委员联组会上的发言，2011年3月8日）

留给未来的中国记忆

为迎接中国共产党九十华诞,国家图书馆举办了"艰难与辉煌——纪念中国共产党成立90周年馆藏珍贵历史文献展",展出的500余件珍贵革命历史文献、名人手稿,向人们述说着为新中国的成立,老一辈无产阶级革命家和无数中华英烈的杰出贡献。展览自6月1日开幕以来,观众反响热烈。

今天我们在这个展览现场举办捐赠仪式,老一辈无产阶级革命家薄一波同志的女儿薄小莹同志将珍藏多年的"调拨《赵城金藏》的珍贵档案"捐赠给国家图书馆,使这一历史事实留下更加完整的记录。

《赵城金藏》的保护和传承是中国文化史上的一段传奇,更是中国共产党重视文化遗产保护的杰出范例。《赵城金藏》是金代刊刻的一部佛教大藏经,其刊刻所据的底本《开宝藏》是我国第一部木板雕刻佛教大藏经。在《开宝藏》已基本失传的今天,《赵城金藏》堪称佛教大藏经中最为独特的一部,在中国印刷史和佛教文献学上享有崇高的地位。

《赵城金藏》诞生后,经过了几百年的沉寂。20世纪30年代起,在三晋大地,面对侵华日军劫掠《赵城金藏》的企图,我抗日军民又书写了一段保护中华珍贵典藏的波澜壮阔的史诗。太岳军区薄一波、陈赓、安子文等党政领导组织八路军官兵和当地群众,以生命和鲜血,护卫《赵城金藏》的安全,使这一珍贵文献得以保全。在新中国成立前,薄一波同志又亲自签署命令,将《赵城金藏》拨交国家图书馆永久保存,并在国家经济还十分困难的情况下,专门调拨物资,开展经卷修复。经过16年的努力,《赵城金藏》整饬一新,为传承中华民族优秀历史文化做出了杰出的贡献。

1999年12月1日,92岁高龄的薄老来到国家图书馆,仔细察看《赵城金藏》,对比修复前后状况,回忆当年历史,缅怀为保护《赵城金藏》牺牲的革命先烈,殷切嘱托国家图书馆要继承先烈遗志,做好《赵城金藏》等历史文献的保护工作。

《赵城金藏》的保护,显示了中华民族艰苦奋斗、不屈不挠的精神,也体现了党和政府对文化遗产的保护和重视,也是中华民族精神的具体体现,更是激励我们做好文化工作的不竭动力。

百年来,国家图书馆以传承文明、服务社会为宗旨,以收藏、保护、展示、出版、数字化等各种方式努力为社会发展、文化繁荣做出应有的努力。作为国家总书库,国家图书馆馆藏数量已达2900万册(件),其中馆藏革命文献总量已达1.1万余种1.5万余册(件),近现代著名政治家、思想家、科学家、文化名人的珍贵手稿已有 500 余家 4000 多种。我们会努力让这些文献服务当代、服务社会，为推动社会主义文化的大发展大繁荣发挥作用。

斯人已去，精神长存。这里，让我们对为保护《赵城金藏》等中华民族优秀文化遗产而战斗过的薄一波、陈赓、安子文等老一辈无产阶级革命家和为此牺牲的先烈表示崇高的敬意。

（在《赵城金藏》档案文献暨保护资金捐赠仪式上的讲话，2011 年 6 月 19 日）

保护革命文献　传承革命精神

今天，我们怀着激动的心情，在"艰难与辉煌——纪念中国共产党成立90周年馆藏珍贵历史文献展"现场举行捐赠仪式。承蒙王兴、张延忠夫妇的信任和厚爱，将王若飞家藏书札捐赠国家图书馆永久保存，我谨代表国家图书馆对王兴、张延忠夫妇的慷慨捐赠表示衷心感谢！对各位专家、媒体朋友们参加仪式表示热烈欢迎！

王若飞同志是杰出的共产主义战士，久经考验的卓越的无产阶级革命家、政治家。他青年时代曾参加辛亥革命和讨袁运动，1919年赴法国勤工俭学，1922年6月同周恩来发起成立"旅欧中国少年共产党"，1923年转为中国共产党党员。1931年回国，任中共西北特委特派员，因叛徒出卖，在内蒙古包头不幸被捕。在近6年的铁窗生涯中，他始终坚贞不屈，同敌人进行了英勇顽强的斗争。抗日战争中，王若飞同志曾任中共中央秘书长，参与了许多重大方针、政策的研究与制定，对党正确政治路线的提出和推行，做出了不可磨灭的贡献。1945年8月，他随同毛泽东、周恩来赴重庆，参加国共两党和平谈判。1946年1月，代表中共出席在重庆召开的政治协商会议。1946年4月8日在返回延安途中，因飞机失事不幸遇难。

李培之（1904—1994），河北赤城县人，一生积极从事革命教育和宣传工作，曾任中国人民政治协商会议第一届全国委员会委员，第一、第二届全国人民代表大会代表。1925年与王若飞结为夫妻。

这次王若飞同志的哲嗣王兴、张延忠同志捐赠的王若飞家藏书札共计19通26叶，大多是写给王若飞舅父黄齐生先生的。黄齐生先生是一位资深教育家，也是一位坚定的革命者。他在抗日战争期间，两度携家属前往革命圣地延安。在延安期间，他与多位党的领导人有密切交往。这批信函中，有林伯渠、谢觉哉等人的手迹。林伯渠在给黄齐生的信中提到他曾送给黄齐生《延安府志》、《保安县志》，以备翻检延安的历史，说明老一辈革命家已经充分认识到地方志的资治功能。王若飞夫人李培之在1945年10月写给李光绳的信充满妙趣，信中提到王兴（信中的毛毛）随母亲去重庆，不习惯重庆的阴天，觉得不如延安好，"愿意一个人和周伯伯（周恩来）回杨家岭"，十分生动感人。捐赠品中还有多封友人、家人、学生写给黄齐生先生的信函，不乏研究、了解中国现代社会的宝贵资料。这批书札不但具有重要的纪念意义，更具有重要的研究价值。

王若飞家藏书札的捐赠入藏，丰富了国家图书馆革命历史文献和名家手稿专藏。作为国家总书库，革命文献、名家手稿是国家图书馆重要的特色馆藏之一。

经过数十载不间断的征集，加上社会各界人士的无私捐赠，目前，馆藏革命文献总量已达1.1万种1.5万册（件），近现代政治家、思想家、科学家、文化名人及历史人物的手稿达500余位名家4000多种。本月19日，薄小莹同志将父亲薄一波同志亲手批复调拨《赵城金藏》的珍贵档案捐赠给国家图书馆；今天，王兴、张延忠夫妇又慷慨捐赠革命家书。这进一步充实了国家图书馆革命文献和名家手稿收藏，也让我们更好地了解革命英烈们对民族、对人民的贡献。

"艰难与辉煌——纪念中国共产党成立90周年馆藏珍贵历史文献展"是国家图书馆主办的大型文献展览，通过馆藏革命历史文献展现我党走过的艰难而辉煌的历程，缅怀老一辈无产阶级革命家对中国人民做出的巨大贡献，诚挚希望社会广泛参与，使更多珍贵的革命历史文献进入国家图书馆，得到保护和弘扬；使更多热心公益事业的单位和个人以多种方式参与文化遗产的保护实践。同时，国家图书馆会进一步发挥这些文献的作用，使其在传承文明、服务社会，推动文化大发展大繁荣的工作中发挥更大、更积极的作用。

（在王若飞家藏书札捐赠仪式上的讲话，2011年6月23日）

游心印海　情系神州

今天，由国家图书馆主办、中国美术馆和高等教育出版社协办的"大众篆刻——李岚清篆刻书法艺术展"隆重开幕了。李岚清同志的150余件篆刻和40件书画作品走进国家图书馆，呈现在广大读者面前。我谨代表国家图书馆感谢岚清同志对国家图书馆的信任！感谢为展览成功举办与我们携手工作的中国美术馆、高等教育出版社的领导和同志们！也感谢各位嘉宾和新闻媒体朋友们的光临！

岚清同志在担任党和国家领导职务期间，为我国的经济和社会发展做出了卓越的贡献，为我国的教育文化事业倾注了大量心血，对国家图书馆建设也给予了大力支持和悉心指导，国家图书馆近20年的发展和取得的每一步成就都凝聚着岚清同志的关怀和付出的心血。

岚清同志从领导岗位退休后，仍然关心文化教育事业的发展。他出于对键盘文化、"汉字危机"的担忧，将一般人不太熟悉的篆刻书法艺术，身体力行地加以弘扬振兴。他的篆刻不仅在内容、形式上都有创新，而且在文艺理论、文艺美学方面对"大众"和"小众"的统一做了重要的探索。他以经典、优雅的文化去提升大众品位，引导人们注意中华优秀传统文化对现代社会的支撑，注意文化软实力的建设。他创立的"大众篆刻"理念，引导篆刻艺术飞入寻常百姓家，让更多的人重视优秀传统文化的传承与普及。

岚清同志以深厚的人文修养、广博的艺术视野和多方位的知识积累，用篆刻、书法、绘画的艺术语言，把创作的艺术享受过程展现出来，体现了他高尚的精神境界。近年来，岚清同志先后出版了《教育访谈录》《音乐笔谈》《音乐·艺术·人生》《原来篆刻这么有趣》《大众篆刻》等19部著作，并以讲座巡展方式推广普及音乐、篆刻、书法、绘画等艺术，受到国内外读者的热烈欢迎。岚清同志的"印外工夫"是将自己对现实的关注、对人生的思考融入篆法、刀法和章法之中，为篆刻艺术注入了新的活力。他的作品有的沉稳浑厚，有的生动秀丽，不拘一格，随心为之，充满了灵动和美感。

岚清同志在担任党和国家领导人期间，为党和人民做出了重要贡献。离开领导岗位后，虽然凝神于方寸之地，按照"健身健脑，读书创作"安排退休生活，但他以印言志，以印言情，把对祖国的忠诚，对人民大众的热爱，在一方方印中表达出来。这是我们欣赏岚清同志的篆刻艺术时需要特别体会的。

岚清同志曾为文化艺术工作者题词："文化艺术之基础在于继承，文化艺术之灵魂在于创新。"从继承到创新，既是岚清同志对艺术的追求，也是他对文艺工作者的期望。国家图书馆作为大众教育的终身课堂，秉承传承文明、服务社会的宗旨，十分重视通过展览、讲座等社会教育形式为广大读者服务，引导读者追求健康美好的精神文化。这次展览，会让大众在得到美的享受的同时，思考如何继承传统、创新艺术形式，更好地普及和推广文化，激励我们为中华文化的传承与发展做出更大的努力。

大众篆刻展此前不久曾经在中国美术馆举办，社会影响非常大。应广大读者要求，我们在这里再次举办岚清同志篆刻书法艺术展，希望能有更多观众有机会领略篆刻、书画艺术的魅力。

（在李岚清同志"大众篆刻"展览开幕式上的讲话，2011年7月5日）

严谨细致地做好全国古籍评审工作

古籍保护工作开展以来，在全国各地取得较大反响。典籍在文化的传承方面起了很大作用。但古籍行业远离社会现实，整个领域较为冷清。这几年，我们通过中华古籍保护计划，设立了名录制度、古籍重点保护单位制度，不断加大支持力度，发挥了政府的作用，古籍保护工作已经成为政府文化工作的重要内容之一。同时，通过典籍也可促进当地社会经济的发展，如江西办了"天工开物园"。

近年来，我们建立了名录评审制度、古籍重点保护单位评审制度，逐步建立起了保护机制，调动了国家财政和地方财政的力量。但古籍保护工作是一个长期的事业，要一步一个脚印地走。

如今，我们工作的意义已经初步显现，但这毕竟是首次以政府之力做这么大的保护工程，在世界上也不多，还存在很多问题。一是古籍保护的条件没有得到根本改善。经济好的地方，对古籍保护工作的支持力度不一定大；反之，有些贫困地区在古籍保护方面却做得较好。这些都取决于当地领导是否具有一定的文化理念，是否重视。二是经费投入仍不容乐观。中央财政投入有几千万，但对于我们的事业发展仍不够，而地方财政支持更是有限。三是古籍保护的队伍仍需加强建设，尤其是修复人才。我们这些年陆续办了一些培训班，修复人才的队伍正在壮大，但与所需修复的古籍量相比，还有很大差距。四是对古籍保护对象的涵盖范围认识不一。例如，甲骨、单张舆图等的保护，要进一步讨论、研究。

下面我对评审工作提出一些要求：

一要继续发扬严谨细致的工作作风。要严格执行评审标准，严格履行各项工作程序，坚持宁缺毋滥、优中选优原则，扎实做好第四批名录的评审工作，确保名录准确无误，经得起历史的检验。

二要以科学的态度、发展的眼光解决评审工作中出现的新情况、新问题。对于某些领域是否需要扩展，特别是甲骨文献、本国收藏的外国文献，是否收入名录，要进行研究和探讨，以利于今后古籍保护工作广泛、深入地开展。

三要对某些藏书单位给予特别关注。近年来，私人藏书很兴盛，他们的保管条件等应引起我们的关注。另外，一些边远地区以及古籍保护氛围尚未形成的地区，要特别关注。民族地区的一些存世稀少的文献，也要引起注意。例如新疆的古籍就比较有特色，我们办了两次展览，反响很好。

（在第四批《国家珍贵古籍名录》及全国古籍重点保护单位评审会上的讲话，2011年7月18日）

《赵城金藏》：五千长卷诉传奇

2011年6月19日，在国家图书馆举办"艰难与辉煌——纪念中国共产党成立90周年馆藏珍贵历史文献展"期间，薄一波同志的女儿、北京大学薄小莹教授将父亲生前保存的两份《赵城金藏》珍贵档案捐赠给国家图书馆：一份是1949年1月北平图书馆（国家图书馆前身）给北平军管会请求调拨《赵城金藏》的函件，一份是1949年1月22日北平军管会写给薄一波同志请求调拨《赵城金藏》的信函。这两份函件进一步证实了《赵城金藏》审批调拨进入国家图书馆的具体经过，使这部珍贵古籍的历史档案更为完整，也记载了北平和平解放初期百废待兴之际，我党抢救和保护文化遗产的传奇故事。

《赵城金藏》是12世纪金代刊刻的一部佛教大藏经。当时山西潞州有位佛教女子崔法珍断臂发愿，募刻一部大藏经，引起远近震动，一时施款不绝，得集巨资。崔法珍遂延请书匠于金皇统八年（1148年）至大定十三年（1173年）在解州（今山西运城西南）天宁寺刻版刷印佛经，赤轴黄卷，装成6980余卷，进呈金皇室，得到封赏。随后板片运京，继续增补修订。元代初年，藏经又有补刻，为赵城县广胜寺所请，刷印一部，运回山西。后来金藏书板俱毁，在赵城县广胜寺密藏的这部较为完整的金代大藏经就成为传世孤本。由于《赵城金藏》行款格式主要仿中国第一部版刻大藏经《开宝藏》，因此在《开宝藏》几乎失传的情况下，《赵城金藏》堪称各种藏经中最有价值的一部珍品，也是宋代山西刻本的代表作，被誉为年代最久远、版本最珍奇的藏经。

《赵城金藏》入藏广胜寺700余年间，明代曾有修补，后不为人知。1931年，"影印宋碛沙藏经会"在上海成立，该会常务理事范成和尚与蒋唯心一起编审经目，校订经文，寻访缺经。从1932年1月起，范成先后奔走于豫、冀、晋、陕等地。1933年8月，他在陕西听说山西有"卷子经"的消息，遂沿汾水到洪洞县千佛寺，见到古经十卷，经首刊有"赵城广胜寺"字样。他急忙赶赴广胜寺，果见该寺藏有经书，已尘封积秽。范成见此经罕见，分函各处报告，既而发现附近百姓家也有此经，于是出资购买了200多卷，赠给广胜寺。

范成亲自整理该经30余日，统计尚存5017卷，并与广胜寺相商，借了部分经卷到北京翻拍，后由北京三时学会、上海影印宋版藏经会和北平图书馆联合出版了《宋藏遗珍》46种249卷。但当时范成并不知道该经的确切名称。1934年10月，蒋唯心赴广胜寺调查，发表了《金藏雕印始末考》，才把此经的原委弄清楚。至此，这部尘封几百年的具有重要史料价值的《赵城金藏》重新进入人们的视野。

发现《赵城金藏》的消息震动了国内学术界，也引起了日本人的注意。日本东方文化研究所派人到广胜寺考察，许以22万银元收藏此经，遭到拒绝。1937年9月，侵华日军进占山西北部，驻防晋南的国民党第十四军军长李默庵和阎锡山先后两次与当地士绅合议藏经转移之事，都被拒绝。住持力空法师将《赵城金藏》五千卷封于广胜寺飞虹塔内，以保证藏经安全。

1938年2月26日，日军占领赵城，广胜寺处于日军占领区内。1940年至1941年期间，日本人多次询问《赵城金藏》的下落，均被士绅谎称被李默庵运走搪塞过去。1942年春，日军忽然提出要在农历三月十八（5月2日）传统庙会期间上飞虹塔游览。危急之时，力空法师赶到赵城县抗日政府驻地兴旺峪，找到县长杨泽生同志共同商议解救办法。同时，太岳区二地委也获得了日军将奔赴广胜寺抢夺《赵城金藏》的情报，二地委书记兼军分区政委史健（李维略）迅即向太岳区党委书记安子文、太岳军区司令员陈赓和政委薄一波等同志做了请示报告。区党委和军区商议后决定立即抢救《赵城金藏》。

1942年4月27日入夜后，军分区基干营一连战士、机关干部及民兵百余人进入寺内，在寺内僧人的配合下，从飞虹塔取出经卷，传递到塔下。午夜12时许，全部经卷安全运出广胜寺。战士们跑步把经卷运到郭家节驮运站。驮运站事先准备好驮驴，郭家节村群众烧开水、备草料，天亮前，经卷全部从驮运站起运，4月28日到达地委机关驻地安泽县亢驿村。太岳军区领导陈赓和薄一波等同志得知经卷安全转移，立即通令嘉奖了全体参加抢运工作的战士。

不久，日军发动了"五一"大扫荡，清剿太行根据地。地委机关的同志只得带着经卷，在马岭、泽泉一带的崇山峻岭中与敌人周旋。反扫荡战斗结束后，才把经卷送到沁源县太岳区党委驻地保管。1942年7月6日，《新华日报》（华北版）以《赵城军民协力卫护佛家珍藏，抢出广胜寺古代经卷》为题，报道了《赵城金藏》脱险。

在抗日战争最艰苦的时期，为保证藏经安全，太岳区派人把经卷运到山势险峻的棉上县，藏在一座废弃的煤窑里，指定专人保管。时任太岳区党委书记的薄一波同志非常关心藏经安全，经常派人检查，一发现矿内渗水潮湿，就将经卷搬出晾晒，避免发霉。据薄一波同志回忆，一次，护经战士到煤窑查看藏经安全，在途中与日寇遭遇。为保护藏经安全，护经战士把敌人引向相反方向，被日军逼入谷中，不幸遇难。

1946年，中央将《赵城金藏》调拨我党建立的北方大学管理。同年，国民党军队进攻平汉线，北方大学转移到山区，经卷运至太行山区涉县温村，就地存放在该村天主教堂内。北方大学校长范文澜同志指派张文教同志负责照看。张文教同志接管藏经后，发现不少藏经受潮霉变，想尽各种办法把受潮经卷烘干，在长乐村找到一个通风干燥的小阁楼，把经卷搬到阁楼上收藏，结果积劳成疾，呕血病倒。

1949年北平和平解放后，应北平各界人士请求，薄一波同志电令太行行署将《赵城金藏》4330卷运至北平，1949年4月30日正式移交北平图书馆，成为我党拨交北平图书馆收藏的第一批珍贵文献。《人民日报》于1949年5月21日头版登载了《名经四千余卷运抵平市》的消息。1960年，山西省博物馆将该馆原藏152卷《赵城金藏》转给北京图书馆。1982年，山西省新华书店冯玉玺先生又捐赠了两卷《赵城金藏》。加之历年收藏的零种，至此，国家图书馆收藏的藏经总数达到了4813卷。

《赵城金藏》作为国家图书馆四大专藏之一，得到了精心细致的保护。1949年入藏时，由于长期存放在潮湿环境中，《赵城金藏》破损、霉变非常严重，纸张粘连板结在一起，十之六七无法打开。为修复这批文化瑰宝，自1950年起，中央政府在当时战火硝烟尚未散尽、国家经济状况困难的情况下，特地拨出修复款项，并经华北高等教育委员会董必武、周扬同志亲自批示，从琉璃厂请来四位师傅开展修复工作。香港佛教界也募集云南纱纸和贵州皮纸资助修复。赵万里先生精心筹划修复工作，首次采用"整旧如旧"原则修复藏经。经过16年的努力，到1965年，《赵城金藏》全部修复完成，被精心保存在恒温恒湿的库房和楠木书柜中。

1999年12月1日，92岁高龄的薄一波同志专程来到国家图书馆参观"善本特藏五十年精品展"。他在《赵城金藏》展品前驻足良久，仔细观看经卷，对比修复前后状况，认真询问《赵城金藏》的修复和保护情况，深情回忆起当年为抢救保护这批中华瑰宝做出贡献的广大军民，并讲述了当年护经战士为保护这批藏经英勇牺牲的故事，殷切期望国家图书馆领导和员工要继承烈士遗志，做好善本古籍的保护抢救工作，并欣然签字留念以示鼓励。

在开展《赵城金藏》修复和保护的同时，国家图书馆积极利用展览、出版等方式揭示这部极具学术价值的藏经，以便于社会各界研究、利用。1949年《赵城金藏》入藏北平图书馆后，北平图书馆即举办了专题展览，引起很大的社会反响，《人民日报》于5月31日发表了向达教授的《记〈赵城金藏〉的归来》一文，讲述展览上的珍贵展品。此后，国家图书馆又在"善本特藏五十年精品展""百年守望——国家图书馆特藏精品展"等大型展览中，将《赵城金藏》作为镇馆之宝展出。1984年，任继愈先生主持编纂《中华大藏经》，以《赵城金藏》为底本进行编辑整理，经中华书局出版，首次全部揭示了《赵城金藏》，使这部稀世珍宝得以广泛流传。2008年，国家图书馆出版社原版影印出版了《赵城金藏》，为学术研究提供了珍贵的原始文献资料。

（原载于《光明日报》2011年8月17日第14版）

加快制定《古籍保护条例》
将古籍保护工作纳入法制轨道

中国古代文献典籍是中华民族在数千年历史发展过程中创造的重要文明成果，蕴涵着中华民族特有的精神价值、思维方式和想象力、创造力，是中华民族绵延数千年、一脉相承的历史见证，也是人类文明的瑰宝。中国哲学、宗教著作内容深刻，极富东方色彩；古典文学是世界文学遗产中的瑰宝；史书和地方文献类型完善，记载详实；工艺百科描述细腻，富于实证。近年进行的调研结果显示，全国仅公共图书馆系统藏各类古籍近3000万册（件），其中珍稀善本220余万册（件）。

一、古籍保护成效显著

新中国成立以来，党和政府高度重视文化典籍的保护工作。2007年1月，国务院办公厅颁发《关于进一步加强古籍保护工作的意见》（国办发〔2007〕6号，以下简称《意见》），中华古籍保护计划作为保护中华民族优秀传统文献典籍的一项我国文化事业建设的国家重点工程，以"保护为主、抢救第一，合理利用、加强管理"为基本方针全面启动。中华古籍保护计划开展4年来，公布3批《国家珍贵古籍名录》共9859部古籍，一些原来未见著录的珍贵古籍出现在我们的视野中，古籍中最珍贵的部分得到更好的保护，公布3批150家全国古籍重点保护单位，重点对收藏量大、藏品质量高的收藏单位加强支持和督促，分层次有效地保护善本古籍；通过《中华古籍总目》分省卷的推进，古籍普查全面推进；评审12家单位作为国家级古籍修复中心；为解决西部地区的问题，专门设立了西藏、新疆古籍保护专项。古籍保护工作取得长足进步，成效显著。

二、古籍保护存在的问题

古籍保护工作虽然取得了很大成绩，但还存在着比较突出的困难和问题，主要表现在：

（1）不少收藏古籍的单位古籍保管条件较差，没有达标的古籍保护库房与装具。天灾人祸损及古籍，如地震的泥石流对北川档案的破坏，热水管线的爆裂对民族宫古籍的损伤，南方霉变、北方粉尘以及其他空气污染造成古籍加速酸化和脆化，这些因素严重威胁着古籍的寿命。

(2) 一些地区与单位对古籍保护工作重视不够，经费投入不足，对《意见》执行不力，使古籍保护工作无法正常开展，所藏古籍得不到有效保护，国家古籍保护计划没有得到积极实施。

(3) 古籍拍卖市场的开放，古籍价格攀升，公藏单位由于经费不足和经费使用缺乏灵活度，无力与私人收藏家抗衡，很多珍贵古籍流散社会甚至非法出境。特别是在边疆地区，珍贵古籍流失境外事件频频发生；一些境外藏书机构或商人到民族地区收购古籍的现象愈演愈烈。

(4) 与先进国家相比，我国古籍保护技术相对比较落后，科研能力非常薄弱。一些从业人员由于多年缺少专业进修，也无从了解古籍保护的先进技术和理念，对古籍保护的认识滞后，造成古籍工作推进缓慢。由于管理不善，已经登记为"国家珍贵古籍"的善本书丢失或修复不当造成损失的情形也有出现。

三、建 议

在我国，《文物保护法》已经出台多年，文物普查已经进行3次，对文物的保护和使用有明确的规定。古籍特别是其中古籍善本部分既有文物特性，又有文献特征，要兼顾传承与合理使用。古籍的管理、保护与利用，需要从国家政策层面予以规定，颁布相关的法律法规，使古籍保护有法可依、有章可循。在国外一些发达国家，如日本的《文化财保护法》已经执行很多年，在保护古籍方面发挥了很好的作用；又如加拿大政府的《文化财产进出口法案》，对个人捐赠者，其税收可以得到相应的减免，使古籍保护相关行为有法可依。

保护古籍是历史赋予当代人的光荣使命，功在当代，利在千秋。近年开展的中华再造善本工程、中华古籍保护计划等国家文化工程实现了中华古籍再生性保护与原生性保护并举，给古籍的保护和传承带来了福音。以相应的法律法规规范当代人的行为，将使古籍保护工作更加法制化、规范化，从根本上保护传承好中华古籍，并使之服务当代社会。建议在《文物保护法》的框架下，制定针对古籍的管理、保护与利用等工作的《古籍保护条例》，使古籍保护有法可依、有章可循。

第一，出台《古籍保护条例》，可明确规定各级文化行政部门重视与支持古籍保护工作的职责与责任、机构设立、经费保障以及人员配置，使古籍保护工作可持续发展。

第二，出台《古籍保护条例》，可对古籍文献保护的责任与义务进行明确的规定，如古籍藏品被盗、被抢或者丢失的，应当立即向公安机关报案，并同时向国家古籍保护中心和所在地人民政府相关行政主管部门报告，各级古籍行政主管部门应对民间收藏古籍进行监管，避免珍贵古籍流失海外，等等。

第三，出台《古籍保护条例》，有利于建立科学有效的古籍保护制度，如古籍登记制度，推进古籍普查工作，加快中华古籍保护计划的实施，完善对各类古籍的管理。

第四，出台《古籍保护条例》，可规范与古籍工作有关的从业人员的责任，如对破损古籍按标准和规范进行修复，保证安全的责任；明确古籍整理、出版和研究利用的相关规定；明确古籍管理、公安机关、工商行政管理、文物、海关等有关部门及其工作人员，违反条例规定，滥用审批权限、不履行职责依法追究的责任。

［在全国政协十一届四次会议（2011年3月3—13日）上的提案］

再造经典　传承文明

——记《中华再造善本》及续编工作

2011年8月18日，在香港访问的中共中央政治局常委、国务院副总理李克强出席香港大学百年校庆典礼，向香港大学赠送一套《中华再造善本》，再一次使《中华再造善本》走进大众视线。

《中华再造善本》是文化部和财政部主持的国家重点工程中华再造善本工程的成果。工程内容是利用现代出版印刷技术，对珍贵孤罕的古籍善本进行仿真复制，使之化身千百，分藏各地，达到继绝存真、传本扬学、嘉惠学林、荫及子孙的目的。《中华再造善本》入选书目均配有提要、简介和作者生平，考辨版本源流，评述学术价值。同时采用质地优良的宣纸精印，封面颜色为仿清代内阁大库藏书的磁青色，高仿真彩印。古籍选录之多、影印之精、学术价值之高，堪称名副其实的新善本。

从2002年至2007年，《中华再造善本》完成唐宋编、金元编758种8990册的制作，分别赠送国家图书馆、国内100所高等院校和31家省、区、市图书馆以及中国文字博物馆永久收藏。众多国内外学术机构、收藏单位、专家学者、收藏家、专题纪念馆也纷纷购买。

中华再造善本工程使一些由于历史原因造成同一部书分藏几地的古籍得成完璧，几部相同版本残本配补成为完帙或接近完帙，极大方便了读者，服务了学界。如元刻本《学易记》九卷，国家图书馆、辽宁省图书馆分别藏有残帙，恰可合为全帙。流散多年的文物，以再造善本的方式重聚，体现了中华再造善本工程于文化建设的无量功德。

《中华再造善本》进入各收藏单位和研究机构后，逐渐在阅览流通、学术研究方面代替了原件，既方便公众合理利用古籍，又大大减少了珍贵原件的磨损，避免因流通频次过高或操作不当所造成的损伤，从根本上有效地保护了古籍原件的安全。

为进一步落实党中央、国务院做好古籍保护工作的指示，全面推进我国古籍保护事业，2008年9月，《中华再造善本续编》（以下简称《续编》）编纂工作正式启动。《续编》涵盖明代编、清代编两部分。选目以明清两代珍稀古籍为主，重点选择版本稀少、文献及学术价值较高的珍贵古籍。其中大部分属国家一、二级古籍及入选第一、第二批《国家珍贵古籍名录》的古籍。

明清两代是我国古代科技、印刷技术发展的重要时期，西方科技著作的引进、乾嘉时期考据之学的盛行，促进了学术研究的发展。在农业、手工业、医学、文学、艺术等方面涌现出一批具有世界先进水平的总结性著作。同时，一些今天原本已散佚的宋元古籍，经明清时期藏书家影抄、刻印，其形象、内容得以保存，亦是极其珍贵的史料。

科技方面，如宋应星所著《天工开物》被外国学者称为"中国17世纪的工艺百科全书"，在国家图书馆存有明代刻本的全帙。万历二十一年胡承龙金陵刻本《本草纲目》，在历代本草著作中收载药物最多，其纲目分类体系影响深远，远播海外；明抄彩绘本《履巉岩本草》三卷，全书收药206种，一药一图，先图后文，兼述别名、性味、功效、主治及附方，朱砂矿绿，历久如真，充分体现了本草植被的特点。这些著作为传统中医药学的完善和发展提供了重要的理论基础和文献依据。明代航海技术的发展促进了西方科学技术的引进，如《西洋新法历书》是当时最全面地介绍和引进西方天文学的著作，使我国天文学由传统的旧式体系转向西方近代天文学体系，逐步走上近代化乃至现代化道路，具有划时代的意义；利玛窦口译、徐光启笔授的《几何原本》，首次将欧几里德几何学及其逻辑体系和推理方法引入中国，对我国近代数学的发展起到了重要的推动作用。

明清两代的文学、艺术著作成就斐然。《三国演义》《西游记》《水浒传》《红楼梦》四大名著的创作完成代表了我国古代小说的最高水平。随着杂剧、散曲等新的文学体裁不断涌现，优秀作品结集刊印，戏曲版画类古籍也取得了突出的艺术成就。如明万历十七年唐氏世德堂刻《新刊重订出像附释标注拜月亭记》二卷最近古本原貌，文献与版本价值颇高；明金陵富春堂本《新刻出像音注增补刘智远白兔记》二卷等明代坊私所刻戏曲小说精品，插图版画绘镌精美、纤细入微。音乐方面，明徽王朱厚爝所辑古琴谱《风宣玄品》，续编收入嘉靖十八年徽藩刻本，全书收曲101首，并配手势图154幅，属海内孤本，具有很高的研究价值；清彩绘本《升平署脸谱》将97幅京剧人像绘于绢上，绘制精美，是研究早期京剧服装和脸谱的宝贵资料。

明代在雕版印刷上发明了饾版拱花技术，多色套印的版画美观精致，在世界上具有重要地位。崇祯十七年彩色套印本《十竹斋笺谱》融"饾版""拱花"两大雕版印刷绝技于一身，色彩丰富，工艺精湛，历来被收藏家视为珍品。泥、木、铜、锡、磁等活字印刷技术也得以应用，在《续编》中都有经典印本的收录。

稿抄本是《续编》亮点之一。清代乾嘉学派兴起，考据、训诂学盛行，在古代经典和史料整理上做出了重大贡献。《续编》收入了乾嘉学派代表人物的重要著作，如惠栋的《周易本义辨证》、戴震的《续方言》、顾炎武的《日知录》等。辽宁省图书馆藏《聊斋志异》，为蒲松龄晚年的手定稿本，含小说228篇、序文3篇，不仅具有极珍贵的文物价值，更可校补现行诸多版本的遗误，为学界提供了重要的研究资料。抄本有以毛氏汲古阁为代表的明清影宋、影元抄本，如上海图书馆藏《极玄集》一卷，国家图书馆藏《班马字类补遗》五卷、《唐宋诸贤绝妙词选》三卷，均是抄写精美、纸佳墨妙的上品之作，历来为藏书家所称颂，通过再造，将满足众多学者和收藏爱好者的需求。

《续编》还将制作完成民族文字编。中华文明由各民族人民共同创造，一些散佚的汉文文献资料，也在民族文献中得以保留。民族文字编的编纂使中华再造善本工程在文献方面更加全面，不但完整地保护了各民族历史文献和优秀文化，也是我国"民族平等、团结和共同繁荣"政策的重要体现，对促进多民族文化大发展大繁荣将起到重要的推动作用。

《续编》选目收入14类民族文字古籍共34种，从历史、社会、宗教、艺术、医药、历法等多方面展示了中华各民族的灿烂文化。各种丰富的装帧、刻印形式也极具民族特色，代表了各族人民精湛的制作工艺。9世纪前焉耆文写本《弥勒会见记》、明写本（藏文）《四部医典》、五代写本（回鹘文）《大唐慈恩寺三藏法师传》、明抄本（蒙古文）《阿勒坦汗传》、清抄本（察合台文）《纳瓦依诗集》、明刻本（彝文）《劝善经》、清乾隆四十五年满汉蒙三文《三合便览》、东巴文《创世经》、于阗文《陀罗尼经》、西夏时期木活字印本（西夏文）《吉祥遍至口和本续》、清代傣文写本《羯磨说》，以及清光绪七年韦善经抄本（古壮文）《么破塘》、大理国写本（白文）《仁王护国般若波罗密经抄》、清道光二十九年韦朝忠抄本（水书）《庚甲》等，均是民族文字古籍中的精品。

明清古籍内容涉及明清两代600多年间中国政治、历史、文学、艺术、科技、学术等各个方面，其版本、学术与历史资料价值不亚于宋元善本。推进和完成《续编》，将使中华典籍文化得以全面传承，使中华再造善本工程的目的完整地实现。

目前，《续编》选目已初步拟定580种（明代编312种、清代编234种、民族文字编34种），基本涵盖了明清时期和少数民族文字中的重要珍贵古籍，与一期共同构成了完整的中华善本再造体系，并计划在2009—2012年间完成出版任务，印制数量、开本、装帧依一期旧例。截至2011年12月，已完成50家520种古籍的底本确认工作，完成拍照353种，216种样书，194种入库；《续编》提要的撰写工作也在有序进行中。

在党的十七大报告中，胡锦涛总书记强调：要"加强对各民族文化的挖掘和保护，重视文物和非物质文化遗产保护，做好文化典籍整理工作"。有计划地保护、开发、利用善本古籍，对于中华民族复兴伟业、传承中华民族优秀文化意义重大。

中华再造善本工程是中华古籍保护计划的重要组成部分。《中华再造善本》以其对学术研究的推进、良好的社会影响和精良的印刷装帧质量得到了社会各界的广泛好评。中华再造善本工程的有效实施，将在中国古籍整理和中国文化建设史上写下浓重的一笔。

（原载于《光明日报》2011年12月8日第16版）

整理古籍　振兴传统文化

中国是历史悠久的文明古国，中华文明是世界古代文明中唯一没有中断、连续5000多年发展至今的文明形式。中华文明的世代传承得益于汉字、造纸术、印刷术的出现和中国人写史的特点，更仰赖于中国人未雨绸缪的卓绝智慧。几千年来，人们曾书之竹帛、镂之金石、琢之盘盂；青铜、石料、竹木、砖瓦、缣帛，几乎在所有能够用来镌刻、书写文字的材料上，都曾记录我们的祖先对历史的传承。这些文献古籍蕴涵着中华民族特有的精神价值、思维方式、想象力和创造力，是中华民族绵延数千年、一脉相承的历史见证，对促进文化创新、维系民族情感、弘扬民族精神有着积极而重要的作用。

刚刚召开的党的十七届六中全会提出了建设优秀传统文化传承体系的战略任务，指出"要全面认识祖国传统文化，取其精华、去其糟粕，古为今用、推陈出新，坚持保护利用、普及弘扬并重，加强对优秀传统文化思想价值的挖掘和阐发，维护民族文化基本元素，使优秀传统文化成为新时代鼓舞人民前进的精神力量"。文化典籍是优秀传统文化的重要载体，加强文化典籍的整理和出版工作，是建设优秀传统文化传承体系的重要抓手。

图书馆承担着传承文明、服务社会的重要职责，使馆藏文献，特别是珍贵古籍善本为经济社会发展服务是图书馆所肩负的使命。长期以来，国家图书馆非常重视对馆藏文献信息资源的挖掘与整理，策划实施了一些全国性的馆藏文献资源整理与利用项目。2002年5月，文化部和财政部联合启动了中华再造善本工程，由国家图书馆组织实施，一期完成758种8990册，使珍贵古籍化身千百，传本扬学，在海内外产生良好反响。目前，《中华再造善本续编》已选目580种，相关工作正在实施中。

2010年5月，华东师范大学组织实施的《子藏》系列图书编纂工程启动，这是我国继《儒藏》之后又一个超大型古籍文献整理工程，是依托图书馆馆藏资源进行古籍整理与研究的又一个重要项目，对于弘扬传统文化、推进中华文化的复兴和繁荣具有重要意义。

先秦子书是我国传统学术、传统哲学的活水源头。春秋战国时期，诸子继起，百家争鸣，九流十家，蔚为壮观，影响所及，绵延千年，形成了我国思想文化发展史上的高峰。对于这段辉煌历史的原始记录及相关研究，形成了专门之学——子学。从先秦至今，子学研究代不乏人，经典著述汗牛充栋，这些著述典籍堪称中华传统文化宝库中的瑰宝，至今仍是滋养亿万华夏子孙心灵的精神渊薮。作为一项系统梳理历代子学文献的重要文化工作，《子藏》系列图书编纂工程联合国内从事子学研究多年的资深专家，计划收集整理子学典籍5000余种，形成约1000册子学系列图书。

在底本选择方面，依据"搜罗全面、择优择善"的原则，充分整合了以国家图书馆为代表的海内数十家图书馆等文献收藏机构的珍贵善本资源，一方面将所有相关文献典籍尽可能多地收录，另一方面又极为重视版本的选择，充分保证图书质量，是全国图书馆界和文献研究领域联合开展古籍善本再生性保护行动的重要实践。

此次出版的《庄子卷》是《子藏》的首批成果，《庄子卷》共收录各版本《庄子》及研究《庄子》的著述300余种，规模宏大，体例精审，搜罗弘博，版本精善，具有较高的文献价值和学术价值。该书的出版将在庄子研究领域产生重要影响，为庄子学研究开拓新的空间。同时，《庄子卷》的顺利出版也为《子藏》系列图书编纂工程打开了一个良好的局面，相信随着该书各个分卷的陆续出版，《子藏》系列图书必将实现对子学著作珍善典籍的切实保护，促进海内外的子学研究工作。

此次承担《子藏》系列图书出版工作的国家图书馆出版社，精心策划，周密组织，在编辑整理、装帧设计、宣传推广等方面做了大量的工作，配合相关各方共同造就了今天我们看到的这本印制质量优良、装帧设计很有特色的《子藏·庄子卷》。希望各方再接再厉做好《子藏》系列图书后续各分卷的编辑出版和宣传推广工作，尤其是做好海外宣传工作，将《子藏》系列图书作为重点的中华传统文化典籍积极介绍给世界，让世界通过这些优秀的典籍更全面地认识中国、了解中国，为中国文化走出去、传播开做出切实的贡献。

（在《子藏·道家部·庄子卷》出版座谈会上的讲话，2011年12月16日）

共享中华历史典籍的辉煌

在美丽的香江之滨,在享有东方之珠美誉的香港,我很高兴看到,"国家图书馆善本特藏展"在香港中央图书馆隆重开幕了。这个展览是在中央政府和有关部门的支持下,在国家图书馆、香港中央图书馆的共同努力下如期开展的。在此,我代表国家图书馆向为展览举办做出贡献的各家机构、各位同仁表示衷心感谢,预祝展览圆满成功。

国家图书馆作为国家总书库,馆藏宏富,馆藏数量3000余万册件,居于世界第五位,其中的善本古籍特藏,上自甲骨,下至现当代名家手稿,达200余万件,是中文文献收藏的翘楚。国家图书馆还是中国的国家书目中心、国家古籍保护中心,承担着保护民族文化遗产、传承文明的重要历史使命。

中华文明是伟大的文明,中华典籍有着辉煌的历史。在漫长的历史发展中,中国各民族人民共同创造了悠久灿烂的文化,书写和刻印了美轮美奂的载籍典册,为世界文明和人类进步做出了重大贡献。今天在这里展出的有刊刻于金代的《赵城金藏》,有宋拓《神策军碑》,有明代由政府组织的鸿篇巨制《永乐大典》,有乾隆年间纂修的大型丛书《四库全书》,有汉文善本,也有少数民族文字古籍,有碑帖拓本,也有《避暑山庄图》等古旧舆图,品种丰富,可观性强。希望香港民众能享受这文化盛宴。

近年随着经济的发展,繁荣文化成为中国乃至世界的共同需求,国家图书馆不断创新思路,推动事业发展,承担历史赋予的使命。因此我们不但要保护好典籍,还要充分通过典籍博物馆的建设,通过各类型展览、讲座、培训、阅读推广等文化活动,把图书馆建设成为一个开放的公共文化空间,以动态地传承历史、延续文明、惠及民众、拓展未来,引领社会共同推动文化事业发展。

多年来,香港特别行政区与国家图书馆有过很好的合作,"中国书籍的演变""河岳藏珍——中国国家图书馆藏古地图展""大道流行——《道德经》版本(文物)展"都到港展出,得到欢迎。今天在香港中央图书馆,"国家图书馆善本特藏展"又与香港朋友见面。希望各位通过展览了解中华文明的源远流长和中华文化的博大精深。也希望今后国家图书馆的馆藏戏曲佛经版画、老照片、藏书票、各地老年画、各种文字的民族文字古籍,以及与书籍文化相关的更多的藏品在香江之滨展览,来香港与大家共享。香港有着"东方之珠"的美誉,历史上中西文化的交融,让香港这个国际大都会成为著名的创意之都,也拥有发达的出版、教育、资讯传播等优势产业,这也可以成为香港与内地在文化上优势互补、融合发展的基础。

总之，我诚挚地期待这次展览仅仅是一个良好的开始，希望她成为香港与内地进一步合作，特别是文化共同发展的契机，今后会有更多的交流，更多的共同的话题。

（在香港"国家图书馆善本特藏展"上的讲话，2011年12月8日）

保护古籍　传承文明

——中华典籍的保护与中华古籍保护计划的实施

我们非常高兴，带着国家图书馆的42件珍贵古籍特藏来到香江之滨，在中央图书馆举办"国家图书馆善本特藏展"。尽管此次参展的展品数量不多，但却涵盖了国家图书馆的四大专藏——"敦煌遗书"和《赵城金藏》《永乐大典》《四库全书》，涵盖着善本以及金石碑拓、舆图、少数民族文字古籍等各个门类的藏品，涵盖着自汉代刻石到宋元明清的历代珍藏，有耳熟能详的司马光《资治通鉴》残稿，也有承载着与香港有着半个世纪情缘，在周恩来总理关怀下由香港购入，入藏国家图书馆的宋拓孤本《神策军碑》和宋刻无上神品《昌黎先生集》等。这些国家图书馆善本特藏的珍品，是浓缩的中华文化，是中国古代书籍史的缩影。我多年从事文化工作，对文化的传承和文化的建设有一些体会，希望利用这个机会与香港的朋友们共享。

一、中华典籍，中华民族的根脉，人类文明的瑰宝

（一）中华典籍，国人的骄傲

中国是一个有着五千年历史的文明古国。在世界诸多文化体系中，只有中华文化绵延数千年不断，中华民族的古老智慧对全世界文化文明发展曾经有过积极、重要的影响，显现出中华文化的伟大生命力。这其中，中华典籍功不可没。

不管是"伏羲氏始画八卦，造书契"的记载，还是"仓颉造字"的传说，总之是古代劳动人民共同创造了文字，进而产生了书籍。世界上各个古老民族在各自书籍的发展过程中，都曾经采用过不同的制作材料。外国人先后采用过纸草、树叶、树皮、砖刻、蜡版、铜叶、铅叶、金叶、亚麻布、羊皮、犊皮，乃至于人皮，中国则先后采用过龟甲、兽骨、人的头盖骨、青铜器、石鼓、石碑、石碣、石片、玉片、摩崖石、竹简、木牍、缣帛等。

中国古代有着四大发明，其中造纸作为书籍制作材料的伟大变革，不仅在中国书史上具有划时代的意义，也大大促进了世界文明的进程。如果说纸的发明，最为重要的是中国商周以来发达的"书写"需求，印刷术的发明则和中国古代官府和文人对书籍的"收藏"和"阅读"的需求、佛经的传播有着直接的关联，印刷让书籍告别刀刻与手写的单一制作方式，成为批量生产的文化产品，加速了文化的传播。这两个现代书籍所必备的技术，都是由中国人首先发明的，这在世

界文明史上不能不说是一个奇迹，这是中国对世界文明演进的巨大贡献。

中华典籍，从"书于竹帛、镂于金石"最古的甲骨刻辞、青铜器铭文、石刻文字，中经竹简木牍、帛书的发展阶段，后来出现了写在纸上的书、雕版印刷的书，其数量之丰富、历史之悠久，世所罕见。我们且不论从商周的甲骨到秦汉的简帛，只就留存下来的六朝唐宋的敦煌写本和宋元明的刻本古书来说，其数量恐怕都是世界上任何一个国家所无法比拟的。这些无疑是我们能够在世界人民面前感到骄傲的地方。正如印刷书籍史专家钱存训所说："中国书籍的产量，直到十五世纪末年，比世界上各国书籍的总数还要多。而中国丛书、类书卷帙之浩繁，亦少有其它文字的著作可以比拟。"

以皇家藏书为例，中国现存最早的目录学著作《汉书·艺文志》记载书籍 13269 卷，公元 3 世纪的荀勖《中经新簿》记载 1885 部 20935 卷，7 世纪的《隋书·经籍志》记载 33090 卷，11 世纪的《新唐书·艺文志》记载唐代及以前书籍 3277 部 79221 卷。五代印刷术广泛应用后，书籍的生产量更为庞大，仅宋朝新编纂的书籍就达到 119972 卷，辽、金、元编纂的书籍达到 9149 种。14 世纪后，书籍的编纂和生产更是难以计数。编纂于 14 世纪初的类书《永乐大典》卷数达到 22877 卷 11095 册，至今还是世界上最庞大的百科全书。编纂于清代乾隆年间的丛书《四库全书》，仅一部就有 36304 册 7 亿多字。

中国古代文献典籍是中华民族在数千年历史发展过程中创造的重要文明成果，蕴涵着中华民族特有的精神价值、思维方式和想象力、创造力。后世人们可以从典籍中了解先人的社会生活、理想主张、政治得失、礼仪风尚、典章制度、道德观念、战争胜负、朝代更迭、农业丰歉、民瘼疾苦、医药养生，乃至于先人的思想感情、风俗习惯等，从而取其精华，塑造当代，创造新的文明。从这个意义说，中华古籍是属于全人类的共同文化遗产。中国古代书籍史，如同中国历史，光辉灿烂，源远流长。

中国作为人类文明的重要发祥地之一，在 2000 多年前诞生了老子、孔子，公元前 1 世纪发明了纸，公元 7 世纪产生了印刷术，让我们能从流传至今的书籍中与孔、孟对话，听释迦说法，想象老子西出函谷的情景，也回味距离诺贝尔奖仅一步之遥的屠呦呦教授与《黄帝内经》《本草纲目》的关联。

在今天我们看到的展品中，从印刷术大规模使用前汉唐刻石的《汉君车画像》《曹全纪功碑》《大秦景教流行中国碑》到写本时代的敦煌唐写本《老子义疏》、陆机《辩亡论》，从现存世界上最早的一件雕版印刷品——唐咸通九年（868 年）雕印的《金刚经》，到美轮美奂的《十竹斋画谱》《御制古文渊鉴》《凌烟阁功臣图》等明清时期彩色套印及版画作品，从司马光《资治通鉴》残稿的质朴、宋应星《天工开物》的创新，到《元曲选图》、《张深之先生正北西厢记》的娓娓情话，从陈清华藏北宋拓《神策军碑》从香港回归的佳话，到《兰亭图》的雅致，从来自皇家的《永乐大典》《四库全书》《昇平署扮相谱》和满汉《玉麟父母诰命》到民女发愿刊刻的《赵城金藏》，从被书林誉为无上神品的宋刻《昌黎先生集》《欧阳文忠公集》、金刻《黄帝内经》、元拓《太上玄元道德经》，到明清时期画在纸上的西湖、避暑山庄等珍贵舆地图绘本，入选世界记忆遗产的清建筑世家"样式雷"的"九洲清宴"图档，到精彩绝伦的藏、西夏、傣、满等多民族的珍贵文献，组成一部浓缩的中国古代书籍史和印刷史。希望在未来的一个月中，有更多的香港市民领略其风采。

（二）中华典籍，世界的瑰宝

中华典籍不仅属于中国，也属于全人类。1988年1月世界诺贝尔奖金获得者在巴黎会议上宣言："人类要在二十一世纪生存下去，必须回首两千年前，去汲取孔子的智慧。"中国的经典文化已经是世界的经典。传播中华文化，不仅在过去，在今天仍有非常重要的意义。

历史上除侵略者的劫掠外，文化交流曾经让众多的中华典籍作为使者去到世界的各个地方，播撒文明、发展友谊。据目前粗略统计，世界上近20个国家的90余所大型博物馆、美术馆、图书馆都收藏有中华古籍，尤其日、美、俄及英、法等国所存既多且精。海外以收藏中国古籍善本著称的机构有日本宫内厅图书寮、东洋文库、东方文化研究所、国会图书馆、日本内阁文库、美国国会图书馆、哈佛大学燕京图书馆、英国国家图书馆，法国国家图书馆等。

海外中华古籍不仅数量众多，而且有相当一部分是存世孤本，有着极高的文献价值、文物价值。

以我们的东邻日本为例，大量的中华古籍在这里得到很好的保存。据调查，日本所藏中国宋、元、明佛教大藏经其总数不低于20万册，其中包括东禅寺本和开元寺本大藏经34750册、思溪藏41117册、碛砂藏7373册、普宁藏26768册、嘉兴藏72000余册。藏经之外的其他古籍，更是难以数计。其中一些古籍在中国已经不存，在日本则完好保存着。

海外中华古籍保护与传承着中华传统文化，充分利用这些古籍，期待以各种形式回归，无疑有助于全面继承和发扬中华民族优良传统文化。

近百年来，我国政府、各文化机构以及爱国志士仁人一直在不懈努力，采取多种方式争取流散古籍回归故土。清朝末期，著名学者杨守敬以一己之力大力收集流散在日本的古代典籍，实现了大量中华典籍原本的回归，在日本造成了巨大轰动。新中国成立初期，苏联与部分东欧国家归还了《永乐大典》等部分珍贵古籍。出版家张元济、董康等人则将流散在海外的珍贵典籍影印出版，实现内容的回归。国家图书馆的前身国立北平图书馆也在不遗余力地收集流散在海外的《永乐大典》，提供出版界出版。新中国成立后，特别是改革开放后，出版界从日本、美国、欧洲各国调查、整理、出版了大批敦煌、宋元明清珍贵古籍，以及舆图、西夏等文献，取得了丰硕成果。

香港特殊的地理位置，曾经为中华典籍的回归和保护做出过特殊的贡献。1955 年、1965 年，国家在经济非常困难的情况下，两次斥巨资从香港购回著名藏书家陈清华的藏书，拨交国家图书馆收藏，使珍贵典籍免遭离散的命运，便是共和国文物史上的佳话，而日理万机的周恩来总理对两批书收购做出的果断决定，以及香港文化界的鼎力支持是回归成功的关键。这至今仍为文化界津津乐道，视为不朽的传奇。

近年来除原件回归外，以数字化等多种方式的回归成为趋势，也成效显著，学界、社会公众反响热烈。

（三）中华典籍，急需保护

尽管今天的中华古籍依然可以用浩如烟海来形容，但是典籍载体的脆弱性决定着典籍从开始生产传播起就面临着不断的消亡。

历代专制统治和战乱兵燹的荼毒，水火虫鼠的无情吞噬，产生时即为单本的写本、稿本文献姑且不论，印刷术大量使用后的刻本书，仅仅 1400 余年，唐、五代时期的版印实物，已成吉光片羽，宋元本书世界范围不超过 4000 部，可谓万不存一。

2006 年前后，国家图书馆曾经做过统计，目前收藏在中国各图书馆之中的古籍（编纂出版于 1912 年前者）达 2717.5 万册，加之高等院校图书馆、文物保护部门、寺庙等单位的收藏，古籍总数超过 3000 万册。其中善本古籍超过 250 万册。

但是历史长期的沉积，现在的中华古籍存在底数不清的问题，大量的公私收藏因长期无人管理和整理，无法知晓；很多古籍因为经费和管理条件问题破损严重，而古籍修复手段的落后和保护、修复的人才匮乏，又使这些破损的古籍得不到基本的保养和修复。特别是少数民族古籍保护和整理人员更是极度缺乏。同时由于文化市场的监管不严等因素，还有大量珍贵的古籍流失海外。

古籍急需保护和抢救，保护古籍就是留住中华民族的根脉。

二、中华古籍保护，成效显著，任重道远

（一）人民政府为保护古籍做出不懈的努力

新中国成立之初，百废待兴。人民政府为保护古籍，及时颁布法令法规，抢救修复了一批珍贵的古籍文献。几十年来，在"保护为主、抢救第一、合理利用、加强管理"总原则的指导下，国家建设了一大批图书馆藏书库，让超过千万册典籍得到了初步保护；通过修复，让超过百万册典籍得到了新生；还通过缩微复制、影印整理古籍、数字化等手段，使传世孤罕的古籍化身千百，广泛传播，

成绩斐然。

1950年，针对长期战争对文化造成的破坏，以及大量走私、毁坏古籍的情况，中央政府及时颁发了《禁止珍贵文物图书出口暂行办法》《征集革命文物令》等法规政策，保护抢救了大量典籍文献。

1961年，国务院颁布《文物保护管理暂行条例》，明确规定国家保护文物的范围包括革命文献资料以及具有历史、艺术和科学价值的古旧图书资料，对文物的保护管理、调查研究、宣传、搜集、发掘、保护等都进行了明确规定。

1982年11月19日国家颁布了《中华人民共和国文物保护法》，经过实施后又进行修订，并于2002年10月28日由第九届全国人民代表大会常务委员会第三十次会议通过。《中华人民共和国文物保护法》明确了文物工作贯彻"保护为主、抢救第一，合理利用、加强管理"的方针，把"历史上各时代重要的文献资料以及具有历史、艺术、科学价值的手稿和图书资料等"列为受国家保护的文物之列，对历史上各时代的文献、手稿、图书资料、代表性实物等提出了分级要求，并具体规定了考古发掘、馆藏文物、民间收藏文物、文物出境入境的具体要求和法律责任，使古籍文物的保护有了法律保证。

特别是1949年起，中央政府不但将珍贵的《赵城金藏》拨交国家图书馆收藏，还调集了4位修复技师和大量的修复材料，历时15年，将这一饱受战争摧残的国宝级文物全部进行了修复，开创了新中国古籍修复史上的新纪元。国家还积极组织修复人员培训，培养专业的古籍修复师。

近年来，我国经济社会发展平稳迅速，综合国力稳步上升，文化事业也面临前所未有的发展机遇。广大古籍整理工作者、图书馆工作者应抓住这一机遇，肩负历史与时代赋予我们的使命，通过多种途径，运用各种方式方法，推动并实现着古籍的全方位保护。

（二）中华再造善本，古籍保护与利用的里程碑

五千年文化的积淀，五千年文明的光芒，中华文化的传承是以薪火相传、世代积累的方式逐渐实现的。典籍作为文明传承的重要载体，传播知识、介绍经验、阐述思想、宣扬主张。历代都有一批有识之士加工阐释，条编整理古籍，并使之广泛传播承继，正所谓为往圣继绝学，为来世开太平，大大推动了文明的进程。面对宋元旧刻日益减少的状况，清乾嘉以来，藏书家就曾呼吁影抄影刻宋元本行世，"举断不可少之书，复而墨之，勿失其真，是缩今日为宋元也，是缓千百年为今日也"。其后200年间，又有众多学人为此呼吁过、尝试过。

2002年5月，政府斥资，由文化部、财政部联合实施中华再造善本工程，以现代印刷技术对珍稀善本进行有计划的复制，终于使这一愿望成为可能。再造的善本使孤本秘笈化身千百，使历史上流散的珍本延津聚合，配为全帙。如分藏在国家图书馆和辽宁省图书馆的蒙古时期刻本《学易记》，通过再造合为完帙。

在财政部、教育部、文化部运作下，《中华再造善本》唐宋编、金元编共758种8990册，陆续走入100所高等院校、31家省级图书馆，并被国内外学术机构、收藏单位还有学者、收藏者购买，逐步开始得到利用，一定程度上解决了藏与用的矛盾，弘扬了中华文化的精髓。冯其庸、袁行霈、陈高华、杨成凯等学者已经利用这些藏书做出新的研究成果。

香港特别行政区在香港浸会大学收藏一部之后，今年香港大学百年校庆时李克强同志作为中央政府的贺礼又赠送一部。

2007年，中华再造善本工程一期竣工，完成出版唐宋编和金元编。海外汉学界、图书馆界对《中华再造善本》给予了很高评价。《中华再造善本》收入了英国图书馆藏唐咸通九年刻本《金刚般若波罗蜜经》，这是以善本再造方式达到文献回归目的的范例。目前，《中华再造善本续编》编纂工作也在进行中，以明清时期珍贵古籍与少数民族文字古籍为主，也期待能够将存藏海外的珍贵古籍纳入其中。

2007年，在中华再造善本工程这一古籍再生性保护实践的基础上，对古籍开展再生性、原生性全面保护的中华古籍保护计划在大家多年的期盼中启动。作为古籍再生性保护的典范，《中华再造善本》成为中华古籍保护计划的重要组成部分。

（三）中华古籍保护计划的实施

在充分调研的基础上，国务院办公厅《关于进一步加强古籍保护工作的意见》（国办发〔2007〕6号）出台，成为古籍保护的重要文件。根据文件精神，古籍保护以"保护为主、抢救第一，合理利用、加强管理"为方针，大力推进各项工作。几年来各地不断建立健全组织机构，认真开展古籍普查和古籍保护，古籍保护事业在蓬勃发展。

2007年由文化部、国家发改委、教育部、财政部、国家宗教局、科技部、国家中医药管理局等10个部委组成的古籍保护工作部际联席会议成立，多系统横向联合，共同推进古籍保护工作。第一次由中央政府组织的全面的古籍保护工作正式铺开。中华古籍保护计划的核心内容一是摸清中华古籍的家底，了解其数量，明确其生存状态，在摸家底的基础上建立中华古籍总目录，进而建成古籍数字资源库，在保护的同时，实现优质文化资源的共享；二是建立国家珍贵古籍名录制度，实现古籍分级保护，并完成一批古籍书库的标准化建设，命名全国古籍重点保护单位；三是加强古籍修复工作，培养一批具有较高水平的古籍保护专业人员，通过努力，逐步形成完善的古籍保护工作体系，使我国古籍得到全面保护；四是在原生性保护的同时，以数字化、缩微、影印出版等各种方式，开展古籍的再生性保护，实现弘扬优秀传统文化的目的；五是加强国际与地区间的古籍保护交流与合作，在更大范围实施这一功在当代、利在千秋的宏伟事业。

中华古籍保护计划已经实施近5年，古籍的保护、整理研究及利用等各方面效果显著，并展现出更为广阔的发展空间和更加辉煌的前景。我希望中华古籍保护计划能在香港特别行政区开展起来。同时也希望在现在的大背景下，国家图书馆和香港特别行政区的文化机构建立更广范的合作。为此，我把几年来中华古籍保护计划取得的进展向各位报告一下。

1. 工作机制逐步完善

2007年4月30日，国务院批复同意成立全国古籍保护工作部际联席会议，联席会议办公室设在文化部；目前由文化部、国家发改委、教育部、财政部、国家宗教局、科技部、国家中医药管理局等10个部委组成的联席会议分工协作，全面推进60年来第一次跨行业的全面彻底的古籍保护工作。

2007年5月25日，中国国家古籍保护中心正式成立，中心设在国家图书馆。中心全面履行全国古籍保护的普查登记中心、古籍工作培训中心、古籍保护研究中心的职能。

2007年8月，全国古籍保护工作专家委员会成立，行使项目咨询、教学、评审等各方面职责。

在各省、区、市，相应成立了厅际联席会议、省级古籍保护中心、省级专家委员会等机构。

在各级政府机构的组织下，古籍保护工作有效开展。

2. 古籍普查取得的进展

全国古籍普查工作开展以来，各地积极响应，组织专业人员开展普查工作。

国家珍贵古籍是根据文化部颁发的《古籍定级标准》（将古籍按珍贵程度划分为一至四级，此标准即将升级为国家标准），从级别高的一、二级古籍中筛选出时间早、存世少、价值高的珍贵古籍，进行国家登记，优先进行保护。

文化部、国家古籍保护中心组织了《国家珍贵古籍名录》申报和评审工作，由国务院正式颁布《国家珍贵古籍名录》。目前已经公布了3批名录，计9859部。第四批正在报批过程中。

通过申报和评审，一批《中国古籍善本书目录》未曾著录的珍贵古籍被发现，如中国军事科学院藏宋刻元明递修本《十三经注疏》、安徽皖西学院藏宋衢州刻本《三国志》、辽宁图书馆藏宋台州刻本《扬子法言》、南京图书馆藏宋刻本《张子语录》等。《中国古籍善本书目录》编纂时未曾调查登记的古籍收藏单位藏书也进入我们的视野。如中国军事科学院军事图书资料馆收藏的10万册古籍、安徽皖西学院收藏的3万册古籍等，通过普查为大家所认识；澳门特别行政区的古籍在前面两批名录中均有入选。我们期待，香港特别行政区的珍贵古籍能够在下面的评审中参与申报和评审。

需要说明的是，在《国家珍贵古籍名录》申报评审中，涵盖的不仅仅是传统意义的汉文善本古籍，还有简帛文献、敦煌遗书、碑帖拓本、古旧地图等特藏文献，以及少数民族文字古籍和珍贵的外文古籍，希望通过评审，让在中华大地上现存的人类共同的文化遗产得到更好的保护。

在国家级名录评审和公布的同时，一些省份还开展了省级珍贵古籍名录的评审，将不够入选国家级名录，又符合善本标准的部分珍贵古籍在适合的条件下保存。

与名录制度建立的同时，文化部于2010年初起，部署以分省卷的形式推广《中华古籍总目》编纂工作。国家古籍保护中心组织研制了相关收录、著录、分类标准。《中华古籍总目》分省卷编纂的主要目的，是以逐步形成普查成果的方式推进古籍工作的开展。天津、湖南等省市已经率先开始了《中华古籍总目》的编纂。希望将来有《中华古籍总目·香港卷》面世。

3. 通过全国古籍重点保护单位的申报评审，促进古籍收藏单位改善保存条件

文化部在《国家珍贵古籍名录》申报评审的同时，组织了3批全国古籍重点保护单位评审。全国150家古籍收藏量大、古籍质量高的单位，经国务院颁布，成为全国古籍重点保护单位。中华古籍保护计划逐步实现对古籍分级保护的目标。

通过全国古籍重点保护单位评审，一些原来保护条件不完备的单位，在申报评审中加大资金投入，不断改善收藏环境和条件。符合收藏条件的古籍书库越来越多，特别是一些新建库房，古籍的装具和大环境都得到极大的改观，古籍的生存环境越来越趋于理想。

在北京、安徽、山东等地，还有一些收藏环境较差的单位，将所藏古籍寄存到保存条件好的古籍收藏单位，统一管理，提供读者服务，既保护了古籍，也发挥了社会效益。

在全国古籍重点保护单位评审中，江苏、山东等不少省份启动了省级珍贵古籍名录和古籍重点保护单位的评审工作，建立了地方分层次保护古籍的工作体系，产生了良好的效果。

4. 建立国家级古籍修复中心，保证珍贵古籍安全传承，促进古籍修复工作规范化

为促进古籍修复工作积极、有序地开展，文化部在全国范围内评审出一批具备条件的古籍收藏单位，陆续建立国家级古籍修复中心。2008年10月，文化部公布国家级古籍修复中心的职能、条件和申报审批程序，经过专家评审、公示等程序，评出12家单位成为第一批国家级古籍修复中心。国家级古籍修复中心承

担在全国范围内修复珍贵古籍、日常培养修复人才的重任。希望在规范的管理方式和严格的规章制度的制约下，保证珍贵古籍得到安全修复和传承。

5. 加大人才培养力度，人才严重匮乏的状况得到了有效缓解

中华古籍保护计划开展以来，为缓解人才匮乏的状况，国家古籍保护中心、省级保护中心组织在职古籍修复、普查、鉴定等各类业务培训，培训人员5000余人次，涉及全国各系统。其中与国家古籍保护中心在中山大学举办的古籍修复培训也有部分香港学员参加，培训中，香港同仁的好学敬业精神和友善态度得到同行的赞誉，学员们在学习中也结下了深厚的友谊。

人员队伍的扩大，为古籍保护事业全面深入开展奠定了良好基础。

6. 古籍保护深入少数民族地区，启动西藏、新疆古籍保护专项

（1）西藏古籍保护专项。

藏文古籍内容丰富，卷帙浩繁，是藏民族悠久历史文化的见证，是中华民族和人类文明的宝贵遗产。西藏自治区是我国藏文古籍收藏最多的省份。目前，全国存世藏文古籍总数在百万函以上，其中约2/3收藏在西藏自治区。受经济社会发展、交通等方面的制约，收藏于公藏单位、寺庙和个人手中的古籍多没有进行登记、编目，基本情况尚不清晰，古籍保管条件堪忧，修复保护人才极度缺乏。2009年文化部、国家古籍保护中心组成调研组，两次实地考察了西藏图书馆、西藏博物馆、西藏档案馆、布达拉宫、罗布林卡、扎什伦布寺、白居寺、大昭寺、天文历算研究所、藏医学院等古籍收藏单位，随机查看了纳塘寺、热隆寺等单位。

调查情况表明，西藏自治区收藏的藏文古籍年代久远，种类繁多，是中华民族文化宝库的重要组成部分。如萨迦寺，集中着2万余部700年前的古籍。对西藏自治区的古籍也开展了整理和保护，但底数不清问题依然严重。如在扎什伦布寺号称的5000余函收藏中，经核实仅仅有1000多部是古籍原件，其他都是近些年新印的。而且西藏保护条件极不平衡。西藏档案馆、西藏博物馆、西藏图书馆、藏医学院等单位保存环境相对较好，一些寺院连起码的消防设施都不齐全，甚至10世纪以前的经书、经板杂陈在寺院里，连放置的书柜都没有。调查组在随机考察的江孜热隆寺看到，一些据称产生在10世纪以前的经书堆积在寺院的一角，和经板摞在一起，令人心痛。

西藏古籍人才短缺和人才闲置的状况并存，如国家非物质文化遗产天文历算的传承人贡嘎仁增先生已经70岁高龄，虽已经带了一些学员，但短时间的传带还不能使之达到能够动手算的程度。藏历已经有2000多年的历史，作为农牧业、生产生活的依据，准确性很高，近两年曾成功预测汶川地震和日全食等。这种技术现在面临失传的危险，其传承迫在眉睫。

保护经费尤其不足。在西藏的气候环境以及特殊质材藏纸的前提下如何保护古籍、建造古籍书库，需要加强研究。藏文古籍鉴定，字体演变应该是比较重要的依据，但是目前没有系统的研究成果出现，给藏文古籍的鉴定和普查成果带来困难，应加强研究。虽然藏文古籍使用狼毒草，具有防虫蛀的作用，但是虫蛀、鼠啮的现象和粘连的现象时有发生，对藏纸研究、双面书写的藏文古籍如何修复仍有迫切要求。再有普查数据的标准，普查登记人员尚不明确，需要通过培训加以明确，等等。

而且，近年在八角街以及阿里等地不断发现吐蕃时期的藏文古籍，一些普通的藏民家庭都会有多多少少的收藏，有些在买卖交易。藏文古籍的安全亟待关注。

根据上述情况，2009年11月，文化部、教育部等8个部委下发《关于支持西藏古籍保护工作的通知》，西藏古籍保护专项工作正式启动。

西藏古籍保护专项在之后有针对性地、高效率地开展起来。2010年7月，国家古籍保护中心与西藏自治区人民政府组织了面向全藏区的古籍保护普查培训班，西藏自治区副主席多托发表讲话，西藏一些地区的文化专员参加培训。自治区人民政府部署了下一阶段的工作，古籍普查工作已经在西藏开展，西藏地区特别是寺院古籍的普查已经有了喜人的成果。希望通过几年的努力，西藏古籍保护成效更加显著。

（2）新疆古籍保护专项。

新疆古称西域，地处欧亚腹地、丝路要冲。自古以来各族人民不断开拓，使新疆这块辽阔土地成为人类优秀文化的荟萃之区，也为我们留下了丰富的文化遗产。新疆是华夏文明与多个其他古老文明交流对话的地方。因此，这里也是中国乃至世界上遗落了最多样文字的地方，素有"语言文字博物馆"的美誉。有时，流沙中的一根木简、古墓里的一片文献、洞窟壁画旁的一段题记、古币两面的几个数字，竟同时书写了多种的文字，呈现出迷人美妙的文明景观。

入选3批《国家珍贵古籍名录》的新疆珍贵古籍即涵括了上至先秦下至明清时期新疆地区的汉文古籍和佉卢字、焉耆—龟兹文、粟特文、于阗文、突厥文、吐蕃文、回鹘文、西夏文、八思巴字、察合台文、托忒蒙古文等文字在内的多种文字典籍文献。

存世的数十万册新疆历史文化典籍，作为中华各民族文化交流的载体和历史见证，记录着四大文明的交汇，承载着千年璀璨的历史，积淀了独具特色的文化，见证着各民族不断交流融合。这些文献典籍，年代久远，存世稀少，片纸只字，弥足珍贵。保护新疆历史文化典籍，对于当前各民族互相交流、和谐发展、共同进步，意义重大。

根据初步了解，新疆维吾尔自治区各大图书馆收藏汉文古籍约40万册，还有回鹘文、龟兹文、婆罗米文、察合台文、阿拉伯文、波斯文、维吾尔文、哈萨克文、托忒蒙古文、柯尔克孜文、满文、锡伯文、乌兹别克文、塔塔尔文、藏文等15种文字民文古籍。目前登记造册的少数民族古籍1万多册，还有很多散藏各处没有登记。

新疆的这些文献不仅是直接研究中国历史的珍贵资料，对中亚乃至世界民族、文化史的研究也有着不可或缺的意义。所以历史上各国曾经到新疆收集这些资料。如吐鲁番文书包括吐鲁番墓葬和其他一些遗址所出各种文字文书，总数约42400件，分藏于中、英、德、日、俄、芬兰等国。中国仅有12000余件。

近年来，不断有新疆地区的考古发现、新的各个文种的古代典籍现世，为历史研究提供新的材料，但也时有盗墓、向国外贩卖等情况发生。

各级政府对少数民族文字的古籍一向非常重视。1983年9月，根据国务院关于在全国范围开展少数民族古籍抢救搜集整理出版工作的指示精神，自治区党委和人民政府联合下发了《关于搜集、整理和出版新疆少数民族古籍的通知》（新党发〔1983〕81号），并成立了自治区少数民族古籍搜集整理出版规划领导小组及其办公室。20多年来，自治区及各地州市古籍办工作人员深入农村牧区，开展了非常有效的工作。2007年成立自治区古籍保护领导小组，全面启动新疆古籍保护工作。

但由于历史原因，新疆古籍的版本载体较为复杂，文种较多，收藏分布极为分散，收藏条件千差万别，存在古籍底数不清，古籍老化、破损严重，古籍修复手段落后，保护和修复人才极度缺乏，有些古籍以及文字还面临失传危险等问题。能从事民文古籍鉴定、修复的人员少之又少，专家也同古籍一样面临抢救和挖掘。有的单位古籍收藏条件较差，一些古籍随着时间的流逝，已经开始变脆，字迹洇化、霉烂变质现象也陆续出现。由于监管问题，一些文献还在继续外流。

文化部在调研的基础上联合全国古籍保护工作部际联席会议单位，共同开展新疆古籍保护工作，主要在普查、培养修复人才、配备相关的装具等方面给予支持和援助。文化部还委托国家古籍保护中心在新疆、北京两地举办了大型文献展览，宣传新疆古籍保护，以争取全社会更多的关注和支持。

2011年1月，文化部、教育部等全国古籍保护工作部际联席会议成员单位联合下发《关于支持新疆维吾尔自治区古籍保护工作的通知》（文社文发〔2011〕3号），进一步明确了责任，在人员、经费、物资和信息交流及技术支持等方面，加强对新疆古籍保护工作的对口支援。

随着新疆古籍保护专项工作的实施，新疆古籍保护呈现全面推进、快速发展的崭新局面。

（3）中华古籍海外普查及回归。

五千年文明史，中华民族祖先创造的文献典籍，作为中华文明的重要载体，一方面曾经作为使者，承载着丰厚的历史和文化内涵，在世界范围交流传播，对推进人类文明的发展起到了非常重要的作用。例如，美国国会图书馆就收藏有同治皇帝赠送的中国古籍,美国哥伦比亚大学中文图书馆收藏的《钦定古今图书集成》是当时清朝总理衙门赠送的。还有大量的僧侣、国外传教士交换的书籍。

另一方面,迭经历史上的战争动荡,部分古籍被掠夺出境。据统计,1856—1932年,俄、英、德、法、日、瑞典、美等国曾考察我国西北地区66次,每次考察都掠走了大量中国文物。尤以斯坦因和伯希和在敦煌藏经洞掠走的文物最多。1899年前后,河南安阳殷墟发现的甲骨自出土之日起也处在不断流失之中,先是被当作药材贩卖,后又被西方列强的文化掮客以各种名目大量收购而去。据不完全统计,安阳小屯出土的近20万片甲骨,有近3万片流失海外,被12个国家和地区收藏。

还有国人出售或迁徙挟至境外等因素,致使许多珍贵古籍至今仍在海外漂泊。

根据目前掌握的情况,散藏境外的典籍主要收藏在欧美日等发达国家的藏书机构或私人手中,包括甲骨简牍、敦煌遗书、宋元善本、明清精椠、拓本舆图、少数民族文献等,许多具有非常重要的资料价值和艺术价值。其中部分古籍还没有详尽的登记,一些是境内现已无法找到的孤本秘笈。对这部分典籍的传承保护、弘扬利用成为我们的又一份责任。

近年来,随着国家文化建设的发展,经济实力的增强,加之文物市场的开放,不断有藏书家后人将前辈携至海外的古籍送回国内。2000年翁氏藏书81种从美国回归到上海图书馆,2004年陈清华海外遗珍23种回归到国家图书馆,都让国人感到欣慰和自豪。

中国政府和国家领导人一向关注流失在海外的中国古籍的命运。1981年中共中央《关于整理我国古籍的指示》要求:"散失在国外的古籍资料,也要通过各种办法争取弄回来,或复制回来,同时要有系统地翻印一批孤本、善本。"

2007年,中华古籍保护计划正式启动,"加强与国际文化组织和海外图书馆、博物馆的合作,对海外收藏的中华古籍进行登记、建档",摸清中华古籍在海外的遗珍也成为重要任务。

文化部、国家图书馆积极联络,先后与美国、日本、俄罗斯等中国古籍收藏量较大的国家机构和私人联系,希望将国外散藏境外的中国古籍进行详细登记,取得初步进展。

我们也希望香港藏的中文古籍特藏融入中华古籍保护计划,参与国家珍贵古籍的申报、普查,通过《中华古籍总目·香港卷》展示香港的收藏,起到全社会共同保护古籍、共享古籍的目的。

7. 宣传中华古籍,让更多公众参与其中

经过几年的努力,全社会古籍保护意识在不断增强。国家图书馆国家古籍保护中心组织了3届"国家珍贵古籍特展",并在各地展出"中国书籍史展览"

等，普及古籍知识，还组织了"中华医学典籍展""辛亥百年纪念文献展"，并在展览过程中通过电视节目、报刊宣传进行拓展阅读。通过这些展览，民众对古籍的认识逐步深入，参与程度越来越高，保护古籍、传承文明成为广大民众的共识。

8. 建设国家级古籍保护实验室，实施古籍的科学保护

国家级古籍保护实验室建立后，开展了古籍修复用纸的检测和监制，订购古籍修复行业用纸，发送到各省古籍修复单位。这些通过检测的纸张，已经投入古籍修复，一批珍贵的古纸样在实验室进行研究，为今后古籍鉴定和修复提供科学参照系。科学实验对文献修复保护的作用已经显现出来。

9. 国家和各省级古籍保护中心建立了广泛的合作关系，在交流中共同发展

中华古籍保护计划开展后，国际合作交流、国内各藏书机构及出版研究单位的合作不断增长，共同开展的项目越来越多。如在全国范围开展《中华古籍总目》的编纂、《中华医藏》的编辑出版，与澳门共同建设"中华寻根网"。各种形式的研讨、交流活动日益增多。2010年PAC国际会议上，针对近年自然灾害频发的现实，日、韩以及港、澳、台、内地各个系统的古籍工作者针对文献保护如何应对自然灾害等问题进行了广泛探讨，取得了很大收获。在中华古籍保护计划的培训中，与港、澳、台地区和英、美、日、德、俄、波等国家建立了良好的业务交流。

三、让文化传播更广泛、更深远

随着社会发展，随着新媒体的不断出现，人们对文化、对信息的需求越来越多。今年中国共产党第十七届中央委员会第六次全体会议几十年来第一次专门讨论文化问题，标志着我国文化建设进入了一个新的历史发展阶段。会议做出了繁荣文化，进一步兴起社会主义文化建设新高潮的重大战略部署。这是在中国经济建设取得巨大成就，人民物质生活有了极大改善的时候，立足我国文化改革发展实际，提出的文化强国的目标，是治国指导思想的重大调整。这个大环境对于国家图书馆创新思路，推动事业发展具有重要意义。

在未来的几年里，国家图书馆将增强使命感和责任感，将图书馆事业发展置于文化建设的大背景下，站在经济社会发展的全局和科学技术发展的前沿，把握事业发展机遇，推动图书馆事业的整体发展。

作为国家图书馆，不但要履行保存保护国家重要文献资源的功能，做好中华古籍保护、民国文献保护、中国记忆等重要项目，同时还要让所保存的文献充分发挥作用。

国家图书馆除为国家的立法决策服务外,主要服务对象一是学界,二是社会。

1. 对学界服务,成为学术津梁

国家图书馆几十年来通过缩微、影印等方式,将珍贵资源提供学界使用,与学界建立了非常密切的合作。近年来,国家图书馆通过数字图书馆的建设,将珍贵馆藏数字化,通过网络呈现给全世界读者。国家图书馆数字化项目包括:"敦煌遗珍",目前已有1607件敦煌遗书的62286幅图像可供使用,一些学者利用资料将由于历史原因分藏两处的文献残片实现跨越时空的缀合,出现了新的研究成果;"碑帖精华《中文拓片资源库》",已有元数据23000余条,影像29000余幅,其建设和使用得到各界的好评;"甲骨世界",现有元数据3764条,影像7532幅,开辟了研究甲骨的另一个半体——背面钻凿形态的新领域;"西夏碎金",已完成全部馆藏125件,影像近5000幅;"数字方志",已经完成5期,陆续发布,实现了全文检索服务;"年画撷英",将馆藏杨柳青、朱仙镇等地制作的年画作品数字化,方便读者研究和欣赏。以上数字化产品读者可以通过互联网在各地看到。

此外,哈佛燕京图书馆藏善本古籍资源库、美国普林斯顿大学中华古籍善本国际联合书目系统、日本东京文化研究所中国古籍全文影像数据库也在国家图书馆网站上面向读者提供服务。

今年,香港钟建国基金会又联络牛津大学,希望开展牛津藏中国古籍的联合整理数字化等项目,海外古籍的普查正在逐步展开。这一切大大方便了学者的研究,得到学界好评。

2. 对公众服务,成为公民课堂

图书馆具有社会教育职能,以提高人的素质为目的,近年正通过各类型展览、讲座、培训、阅读推广等文化活动,把图书馆建设成为一个开放的公共文化空间,充分发挥图书馆传承历史、延续文明、拓展未来的重要作用。

作为国家图书馆,完成这样的目标,需要一方面加强对馆藏资源的挖掘了解,另一方面以专业知识和现代化的手段,按专题进行整合、深度揭示资源,让优质资源作为一种重要的国家战略资源长期保存好,并通过图书馆员的加工创造惠及全民。

3. 与香港合作,共创美好未来

在当今环境下,不管是传统项目还是创新课题,任何一个单位都无法凭借一己之力满足所有需求,必须加强协调与协作,才能共同推动文化事业发展。

香港特别行政区与我们也有过很好的合作。展览方面，1996年中国国家图书馆与香港区域市政局公共图书馆共同举办过"中国书籍的演变"展览，1997年香港博物馆曾经举办"河岳藏珍——中国国家图书馆藏古地图展"，2007年在香港文物探知馆参加了"大道流行——《道德经》版本（文物）展"，今天在香港中央图书馆"国家图书馆善本特藏展"又与香港朋友见面。希望各位通过展览了解中华文明的源远流长、中华文化的博大精深。也希望今后国家图书馆的馆藏戏曲佛经版画、老照片、藏书票、各地老年画、各种文字的民族文字古籍，以及与书籍文化相关的更多的藏品在香江之滨展览，来香港与大家共享。

今年香港钟建国基金会钟先生捐资保护珍贵文献，也在内地、在国家图书馆引起强烈反响。

香港有着"东方之珠"美誉，历史上中西文化的交融，让香港这个国际大都会，成为著名的创意之都，也拥有发达的出版、教育、资讯传播等优势产业，这也可以成为香港与内地在文化上优势互补、融合发展的基础。

香港的中文古籍收藏很丰富，修复管理也非常规范，国家古籍保护中心在中山大学合作的西文古籍修复培训与香港的歌德学院有过很好的交流，这是利用香港地域优势开展与海外古籍修复技术机构和人员进行交流和协作的非常可行的渠道，也可以成为香港和内地今后开展合作的项目。通过香港这一桥梁和纽带，我们国家图书馆将中国古籍的修复技术传播到西方，同时学习国外的先进管理理念、制度和技术、材料、教育模式等，希望今后能加强这方面的合作。

国家图书馆在中文古籍编目、数字化方面与香港的西文书编目修复和研究都存在着天然的优势，互派人员进行业务和技术交流，将使香港和内地的年青一代在互访中建立深厚的友谊，并得到全面的成长。

总之，我诚挚地期待这次展览仅仅是一个良好的开始，希望她成为香港和内地进一步合作，特别是文化共同发展的契机，今后会有更多的交流，更多的共同的话题。

（2011年12月9日）

扶持公益文化事业　加强文化遗产保护

国家图书馆今天隆重举行《明渤海孙氏积善堂题赞手卷》捐赠仪式。首先，请允许我代表国家图书馆对孙氏家族的义举表示衷心的感谢；此次捐赠是与孙氏家族有同乡之谊的文化部老部长王蒙同志积极牵线促成的，在此我也对王部长对国家图书馆事业的关心深表感谢。同时，感谢各位来宾以及媒体朋友们，感谢你们对国家文化建设的关注，对国家图书馆成长和发展的关心。

《明渤海孙氏积善堂题赞手卷》是孙氏家族的传家宝。卷中汇集了明代永乐、洪熙、宣德朝一批朝廷重臣、翰苑名流、书法名家如姚广孝、杨荣、杨溥、杨士奇、沈度等43人题赞的墨迹，系明代文史研究、中国古代家族文化研究的重要实物与文献，在补充馆藏、提供名家手迹标本与文史研究方面，都有较重大的意义。

《明渤海孙氏积善堂题赞手卷》从成卷至今，历经600年风雨，依然保存完好，有赖于孙氏家族后人对历史文化遗产的无比珍视和细心呵护。手卷的保管人孙楷第先生是著名的目录版本学家、古典文学研究专家、敦煌学专家、戏曲理论家，也是我们馆的前辈。他于1931年毕业后不久就来到当时的国立北平图书馆，曾经担任写经组组长。从那时开始，他便着力于编纂中国通俗小说书目。1931年9月，受馆委派，东渡日本访书。仅用了三年时间，孙楷第先生就编成了《中国通俗小说书目》《日本东京所见小说书目》《大连图书馆所见小说书目》等3种小说书目，由国立北平图书馆刊印行世。这3种书目被奉为中国小说目录学的开山之作。可以说孙楷第先生为我们馆的学术发展做出了重大贡献。孙先生也是非常爱国的知识分子的代表。1941年，日本宪兵强行接管北平图书馆，孙先生愤然弃职家居。新中国成立后，孙先生即有将手卷捐赠国家的意愿，但因种种客观原因未能遂愿。今天，在孙楷第先生哲嗣孙泰来先生及其族人反复商议后，最终决定将《明渤海孙氏积善堂题赞手卷》化私为公，捐给国家，完成了孙楷第先生的未竟之志，义举可风。同时孙氏家族成员还共同将国家图书馆所发奖金全部捐与家乡，用于资助那些家境贫困的优秀学生完成学业，更是难能可贵。这在当前国家重视文化建设的大环境下，具有很好的示范和引导作用。

借此机会，国家图书馆也向全社会发出呼吁：希望全社会都能广泛参与，积极投身和参与到文化遗产的保护和传承工作中来。我们诚挚地期盼更多的文献通过捐赠、转让等形式入藏国家图书馆，同时我们也期待着更多的社会贤达和我们一起加入到保护民族文化遗产的队伍中来。

文化建设是中国现代化建设的重要组成部分。国家"十二五"规划纲要提出，推动文化大发展大繁荣，提升国家文化软实力。同时强调扶持公益性文化事业，加强文化遗产保护。100年来，国家图书馆作为公益性文化事业机构，一直履行着传承文明、服务社会、保护文化遗产的重要职能，通过收藏、保护、展示、出版、数字化等各种方式，为社会发展、推动文化繁荣而不懈努力。

我们坚信，在社会各界的广泛支持和大力帮助下，国家图书馆将进一步发挥这些文献的作用，使其在传承文明、服务社会、推动文化大发展大繁荣的工作中发挥更大、更积极的作用。

（在《明渤海孙氏积善堂题赞手卷》捐赠仪式上的讲话，2011年12月29日）

要鼓励无酸纸的生产和应用

我国是造纸术的发源地。传统手工制作的纸张经久耐用，素有"纸寿千年"之誉。但自第二次工业革命以来，传统的手工造纸逐渐被工业化造纸所取代。现代造纸工艺中添加了一些酸性化学物质，致使生产出的纸张多呈酸性。以这种酸性纸印制的出版物或档案通常数十年后即开始出现脆化破损。目前，在我国各类图书馆、档案馆等文献保存机构内，大量纸质文献因纸张酸化正濒临毁损甚至灭失，情况令人堪忧。这些纸质文献承载着中华传统文化与中国社会文明进步的历史，要实现对这些文献的长期保存，必须尽快采取有力措施，从根本上遏制和解决纸张酸化带来的文献损害。而采用无酸纸印制书报刊等出版物和其他档案资料，是预防纸张酸化破损、延长文献保存和使用寿命的最佳选择。

一、纸质文献酸化破损严重，抢救修复成本昂贵

目前，中外文献保存机构的纸质文献因酸致损的情况相当严重。以我国国家图书馆为例，据测定，目前该馆纸质文献藏品中纸张严重酸化的达60%以上，其中民国时期出版物因酸破损的情况更为严重，在67万册藏品中，达到中度以上破损的占90%以上，民国初年的文献破损程度几近100%，已基本无法使用。

目前，国内外文献保存机构抢救酸化破损文献普遍采用的方法主要有两种：一是采取照相复制、数字化扫描等手段复制破损文献内容，二是采用脱酸工艺延长文献保存和使用寿命。但无论采用哪种方法，相关成本都非常昂贵，惠及的文献量十分有限。据国外文献介绍，采用缩微照相方法复制一本300页图书的成本平均为60～100美元，而脱酸的成本为每册5～10美元。国内目前由于脱酸技术尚不成熟，相关设备仍需依赖进口，导致脱酸成本更是居高不下。据上海图书馆初步估算，对1公斤图书进行脱酸处理就需要花费20美元以上，相当于每页脱酸需要0.3元人民币。显然，如此高昂的保护成本，无论是靠政府财政拨款还是社会资金资助都将难以为继。

二、推广无酸纸可显著降低生产和环境成本

与酸性纸相比，无酸纸具有显著优势。所谓无酸纸通常是指在造纸工艺中未使用酸性化学品，pH值呈中性或弱碱性（pH值为7.5～10）的纸张，它具有纸质坚韧、强度较高等优点。以无酸纸印制的出版物在正常使用和保存条件下寿命

可达200年以上，不会出现明显的变质现象。推广应用无酸纸不仅可以显著提高图书、档案等文献资料的保存期限和使用寿命，而且可以明显降低生产成本和对环境的不利影响。

第一，明显降低生产成本。无酸纸生产工艺中使用的中（碱）性化学品，施用量仅为酸性纸生产中使用的酸性化学品的1/5～1/3，且价格也较酸性化学品低廉。此外，无酸纸在生产过程中可大量利用价格较低的废纸代替部分纸浆，因此可明显降低生产成本和提高经济效益。

第二，显著降低对环境的危害。造纸过程对环境污染较为严重，造纸废水治理费用高昂且效果有限；而无酸纸生产所产生的废水所含有机废物较少，治理也较容易。另外，由于无酸纸产生的废水酸性较低，故可循环使用，耗水量较酸性纸下降50%以上，可大幅降低污水排放量和对水资源的消耗量，因而大大减轻了对环境的危害，同时也降低了治污成本。

第三，有效延长设备使用寿命。无酸纸生产由于未使用酸性化学品，因此对造纸设备及管道的腐蚀程度大幅下降，使其使用寿命可延长60%。此外，因腐蚀造成的设备故障及维修维护成本也相对降低，从而提高企业生产效率。

第四，大幅降低能源消耗。无酸纸生产过程较酸性纸短，因而可显著降低电、煤、燃油等能源消耗，仅电耗就可减少20%～30%。

三、建 议

为了更好地保存我国纸质文献资源，保护和传承中华优秀传统文化，我们应当借鉴国外成功经验，采取切实有效的法律、行政和经济措施，积极引导和鼓励无酸纸的生产和应用。为此，特建议：

（一）制定有关促进无酸纸生产和应用的国家政策，并将其作为一项战略性措施长期贯彻执行

（1）制定倾斜政策，鼓励造纸行业和相关研究机构积极开展无酸纸生产工艺的革新和新技术研发；同时，积极引进和消化吸收国外无酸纸先进生产技术，不断提高现有造纸工艺水平。

（2）制定实施相关产业扶持和税收优惠政策，调动造纸企业和相关行业生产无酸纸的积极性，扩大无酸纸的生产能力。

（3）制定行业优惠政策，鼓励各类印刷出版机构积极采用无酸纸印制出版物，促进无酸纸的推广应用。

（二）制定无酸纸应用的法律法规，增强无酸纸使用的强制力

（1）建立无酸纸和酸性纸应用的双轨制，用于一般流通目的的文献可使用

酸性纸印制，而用于长期保存的文献应使用无酸纸印制。

（2）规定一些重要文献和档案必须使用无酸纸印刷，包括：各类政府出版物，具有永久保存价值的文学艺术和学术研究出版物，国家各级立法、行政和司法机关以及各类企业、事业单位制作的具有重要历史和文献价值的文书档案。

（三）进一步完善无酸纸生产的现行国家、行业和企业标准

（1）修改和完善现行适用于图书馆、档案馆等文献保存机构长期保存的文献用纸国家标准，并适时将其上升为国家强制标准，以增强标准的执行效力。

（2）修改和完善现行无酸纸生产的行业和企业标准，明确限定纸张抗酸性技术指标，并适时提升为国家标准，以扩大标准的适用范围。

附件：

中外纸质文献因酸破损的现状及应对之策

自公元105年我国东汉蔡伦发明造纸术以来，人类使用纸张记录知识、传承文明的历史已有近2000年。早期以传统工艺制造的手工纸主要是以植物纤维为原料，以草木灰或石灰蒸煮纸浆，采用日光自然漂白，制成后的纸张一般呈中性或偏碱性，耐久性好，故中国传统纸张素有"纸寿千年"之誉，以手工纸印制装帧的图书通常可保存数百年。然自近现代以来，随着工业革命的兴起，传统的手工造纸逐渐被工业化造纸所取代，同时，科技的进步也促进了知识的创作和传播，出版物数量大增。为满足印刷和出版业迅速扩张对纸张的需求并适应墨水、油墨等新型书写液和印刷敷料的使用，提高纸张品质和出版物印刷质量，造纸企业开始在生产过程中添加诸如硫酸铝一类的酸性添加剂，由此导致生产出的纸张多呈酸性。数十年后，以此类酸性纸印制的书报刊等出版物不同程度地出现脆化破损，对文献保存和利用的负面影响开始显现。

一、图书馆酸性纸质文献老化破损情况

图书馆是纸质文献的主要收藏机构，其丰厚藏品受惠于近现代先进的造纸工艺和兴旺的出版业，但意料之外的是，数十年后图书馆又因现代造纸工艺带来的文献纸质酸化破损而备受困扰。据20世纪80年代国外的一项调查，在美国和加拿大两国研究图书馆的馆藏中，使用酸性纸印制的图书多达8000万册，这些图书以及同质地的地图、乐谱、档案等其他藏品正因纸质酸化破损而濒临毁损；另据美国国会图书馆于1987年所做的一项馆藏保存状况调查，有300多万册图书因纸质酸化而处于脆化和破损状态，且该数量正以每年7.7万册的速度快速增加。①

---

① Association of Research Libraries, et al. Preserving knowledge: the case for alkaline paper [M]. Washington: Association of Research Libraries, 1990: I - A - 1.

在我国，据国家图书馆 2005 年进行的一项有关馆藏文献保存情况的抽样调查，该馆文献藏品中严重酸化的达 60% 以上，其中报纸、图书、期刊、革命历史文献、名人手稿、普通古籍文献中，严重酸化的分别占 86%、75%、70%、79%、60%、70%。① 特别是馆藏民国时期文献，由于印制出版时期正值我国造纸业由手工造纸向机械造纸过渡时期，所产纸张酸性较高，耐久性差，破损情况更为严重。在 67 万册民国时期文献中，达到中度以上破损的占 90% 以上，其中民国初年的文献破损程度几近 100%，已经不能或难以提供阅览。② 同时期出版的革命文献，特别是解放区出版物，由于当时解放区物资奇缺，纸张质量多数较差，因酸脆化的现象更为明显。这些珍贵的历史和革命文献如不及时抢救，将极有可能在未来 50~100 年内消亡殆尽。

二、酸性纸问题解决途径

长期以来，人们形象地将酸性纸称为"慢燃之火"（slowfires），它正在缓慢地吞噬着图书馆馆藏中众多弥足珍贵的藏品。更令人焦急的是，面对大量濒临破损边缘的藏品，国际图书馆界目前尚未找到万全之策予以应对。

目前，图书馆解决纸质藏品因酸脆化的方法主要有两大类：一是对那些已经脆化破损的藏品采取照相复制、数字化扫描等手段将其内容迁移至胶片或电子介质上，二是对尚未破损的藏品采用脱酸和添加碱性缓冲剂等工艺延长其保存和使用寿命。但无论哪种方法，图书馆都会因成本高昂而难堪重负。据美国研究图书馆协会的一项调查估算，采用缩微照相方法复制一本 300 页图书的成本平均为 60~100 美元；而图书的脱酸成本为每册 5~10 美元；如果以原书形态修复，则需耗费数百美元。

在现有技术环境下，采用脱酸工艺改善文献保存状况的做法通常耗资巨大且效果有限。目前，国内脱酸技术尚不成熟，有关设备主要依靠进口，且脱酸过程中所使用的液体更为昂贵。数年前，上海图书馆曾计划引进国外技术对民国文献进行脱酸处理，但仅引进一套大型设备就需数百万元的投资，且其他配套耗材亦需进口，以此估算，每处理 1 公斤图书就需耗费 20 美元，最终该馆因成本过高而放弃引进计划。前述费用还仅为直接成本，如将人工、文献整理再版以及为改善保管条件所必需的支出等间接费用考虑进去，则整个脱酸成本将会大幅提高。据我国国家图书馆 2005 年估算，仅对民国文献的脱酸修复就需投入资金 6500 万元。显然，如此高昂的保护成本，无论是靠政府财政拨款还是社会资金资助都将难以为继。

还需指出的是，无论是对现存酸性纸质文献进行复制保存还是脱酸处理，都只是治标不治本之举。如不从根本上解决酸性纸的生产和使用问题，就难脱"酸化—脱酸—酸化"的恶性循环。因此，从长远看，预防并解决纸张酸化所导致的文献破损最有效的方法，是从源头上解决问题，即在造纸环节中以无酸纸替代酸性纸，并大力推广无酸纸应用，这样做既可节省大量文献保护经费，又可基本解决未来文献的长期保存和使用问题。

三、无酸纸的产生

无酸纸通常是指经过去酸处理或者在造纸过程中未使用酸性添加物，pH 值呈中性或弱碱

---

① 国家图书馆. 馆藏纸质文献酸性和保存现状的调查与分析 [R].
② 丁肇文. 国图 67 万册民国文献亟待抢救 90% 以上中度破损 [N]. 北京晚报，2005-02-05.

性（pH 值为 7.5～10）、具有较强韧性的一类纸张。

我国造纸术传入欧洲后，西班牙于 12 世纪中叶建立了欧洲第一家造纸厂；至 18 世纪工业革命后，西方国家的造纸业迅速发展。① 为防止墨水和油墨洇纸，当时的造纸工艺曾广泛使用以松香—明矾为原料的硫酸铝作为上胶剂，但硫酸铝会因化学作用导致纸张变色发脆，最终破损脱落。而这一导致纸张脆化破损的真正原因直到 20 世纪 30 年代才由美国化学家巴罗（William James Barrow）首次揭开。② 20 世纪 50 年代，美国赫克力士公司（Hercules Incorporated）研制成功了合成碱性胶料，使无酸纸的大规模工业化生产成为可能。③ 此后，欧美等一些发达国家开始投入大量人力物力研制和生产无酸耐久纸（以下简称"无酸纸"）。④ 与酸性纸相比，无酸纸在制作过程中经特殊工艺去除了纸浆中的酸性物质，具有纸质坚实、强度较高等优点，在正常使用和保存条件下，其保存和使用寿命可达 200 年以上，不会出现明显的变质现象。目前国外已发明出一种不怕水、火、酸、碱、虫蛀及霉变的纸张，其寿命亦有多种：一级 100 年，二级 200 年，三级 300 年，最长可达 500～600 年，但其生产技术目前尚未公开。我国自 20 世纪 90 年代初开始研制无酸纸，目前已有一些造纸企业进行生产，但采用的工艺技术与国外相比尚有较大差距，生产的纸张使用寿命只有 200 年左右，而国外高级无酸纸使用寿命通常在 500 年以上。⑤

四、无酸纸推广应用的国际努力

（一）国际组织决议

早在 20 世纪 80 年代末，纸质酸化破损问题就已引起国际图联的注意。在 1989 年巴黎年会上，国际图联首次通过了 3 项由所属文献保存专业组提出的有关推广无酸纸应用的决议。决议一强烈建议会员国：①敦促本国政府制定有关鼓励使用无酸纸的国家政策；②敦促造纸企业增加无酸纸的生产和供应量；③敦促出版商使用无酸纸印制出版物，并在此类出版物及有关发行目录、广告和书目中刊载无酸纸使用声明。决议同时建议国际出版商协会（IPA）敦促各会员国协会大力推广使用无酸纸，建议联合国教科文组织总干事将推广使用无酸纸列入该组织的工作计划并适时提出观察报告。决议二要求国际标准化组织（ISO）下设的技术委员会尽快研究拟定有关无酸纸生产的国际标准。决议三则要求国际图联、其他政府或非政府国际组织率先使用无酸纸印制出版其官方出版物。此后不久，国际出版商协会即于 1989 年 10 月通过决议，支持使用无酸纸印制出版物。⑥

1997 年 11 月，联合国教科文组织在其巴黎年度大会上通过了由加拿大国家图书馆起草的《关于使用耐久纸的决议》（*Resolution on Use of Permanent Paper*）。决议建议：①各成员国应采

---

① 造纸技术史 [M] // 中国大百科全书·轻工. 北京：中国大百科出版社，1998.
② William Barrow [EB/OL]. [2011-12-28]. http：// www. absoluteastronomy. com/topics/William_Barrow.
③ Gerald W. Lundeen. Preservation of paper based materials: present and future research and developments in the paper industry [EB/OL]. [2011-12-28]. http：// www. ideals. illinois. edu/bitstream/handle/2142/459/Lundeen_Preservation. pdf? sequence = 2.
④ Association of Research Libraries, et al. Preserving knowledge: the case for alkaline paper [M]. Washington: Association of Research Libraries, 1990: II-A-1.
⑤ 张美云，等. 耐久性无酸纸的应用及研究进展 [J]. 中国造纸，2010, 29 (10): 71.
⑥ Robert W Frase. Permanent paper: a progress report [J]. IFLA Journal, 1991, 17 (4): 366-370.

取立法步骤,推动使用无酸纸印制具有历史和信息保存价值的出版物和其他文件;②要求联合国教科文组织总干事督促使用无酸纸印制教科文组织的文件和出版物,并刊载用纸声明及图标。①

(二) 立法

为推广无酸纸应用,目前已有一些国家通过了相关立法。如美国国会众参两院于1990年通过了一项联合决议②,要求所有联邦政府机构必须使用无酸纸印制发行联邦政府出版物;同时,鼓励出版商和州及其他地方政府根据有关国家标准使用无酸纸印制出版物。该决议经布什总统签署后已正式成为联邦法律。此后,蒙大拿、南达科他、马萨诸塞、犹他等多个州也陆续通过州法律,规定州政府的出版物必须使用无酸纸印刷。③ 1990年6月,加拿大议会宣布,自当年起所有的议会出版物须使用无酸纸印制出版④;1992年1月,加拿大联邦政府通讯部宣布,为保证国家图书馆和国家档案馆履行保存国家文化遗产的职能,所有具有历史和信息保存价值的出版物均应使用无酸纸印刷⑤。

(三) 国际和国家标准

美国是世界上最早制定无酸纸生产标准的国家。1992年10月26日,美国国家标准学会批准了由国家信息标准组织制定的国家标准——《图书馆和档案馆所藏出版物和文件耐久性纸张使用标准》(ANSI/NISO Z39.48—1992)。⑥ 该标准对无酸纸应具备的技术特性、应用的出版物范围、标识及声明等做出了明确规定。根据该标准,提供图书馆和档案馆保存和利用的文学艺术作品、学术期刊、专著及其再版、百科全书等工具书、政府文件等出版物皆须使用无酸纸印制出版;以无酸纸印刷的出版物皆应在其封面内页(期刊在版权页上方)标明下列标识和文字:⑦

此后,国际标准化组织以美国国家标准为基础,于1994年制定公布了无酸纸生产标

---

① Robert W Frase. Permanent paper: a progress report Ⅲ [J]. IFLA Journal, 1998, 24 (2): 117-119.
② Joint resolution to establish a national policy on permanent papers. Public Law 101-423, 104 STAT. 912.
③ States with Permanent Paper Laws [EB/OL]. [2011-12-29]. http://cool.conservation-us.org/byorg/abbey/ap/ap04/ap04-3/ap04-310.html.
④ Canadian Parliament to use permanent paper for all publications [EB/OL]. [2011-12-29]. http://cool.conservation-us.org/byorg/abbey/an/an14/an14-6/an14-601.html.
⑤ Canadian Government Commits to permanent paper [EB/OL]. [2012-01-04]. http://cool.conservation-us.org/byorg/abbey/an/an16/an16-1/an16-111.html; Robert W Frase. Permanent paper: a progress report Ⅱ [J]. IFLA Journal, 1995, 21 (1): 44-47.
⑥ Permanence of paper for publications and documents in libraries and archives [EB/OL]. [2011-12-30]. http://www.eopainterprinting.com/ANSI_NISO_Standards.pdf.
⑦ This paper meets the requirements of ANSI/NISO Z39.48—1992 (Permanence of Paper).

准——《信息和文献—文献用纸—耐久性要求》(ISO 9706：1994)①，明确规定了印刷用纸酸碱值范围；1996年和2003年该组织又分别发布了《信息和文献—档案纸—稳定耐久性要求》(ISO 11108：1996)②和《信息和文献—归档和图书馆资料的文献存储要求》(ISO 11799：2003)③。根据 ISO 的标准，澳大利亚、南非、加拿大、日本等国家纷纷制定发布了本国无酸纸生产标准；欧洲标准化委员会也根据 ISO 标准于1998年发布了欧洲适用标准 (ENISO 9706：1998)④，并要求欧洲各国参照本标准制定本国标准。截至2010年，在欧洲43个国家中已有35个制定公布了本国无酸纸标准。⑤

五、国际无酸纸使用情况

美国无酸纸立法通过仅一年，国内无酸纸的使用情况即大为改观。到1991年5月，美国全国至少有58家造纸厂生产无酸纸；在学术出版领域，无酸纸的应用比例也大幅提高，1991年以无酸纸印制的学术性图书期刊占同类出版物的比例即由1988年的19%提高到70%，到1992年末达到75%，几乎所有的大学出版社均已选用无酸纸印制出版物。为便于图书馆识别和选择出版物，美国 Abbey 出版公司还于1994年专门编印了《北美耐久纸产品目录》(*North American Permanent Papers*)，详细列明了28家造纸企业生产的符合国家标准的387种无酸纸的品质指标。

在西欧，1991年生产的纸张75%为无酸纸；芬兰则实现了造纸业100%无酸化。出版行业无酸纸使用情况亦有相当进步。据美国国家医学图书馆1991年依其编制的医学期刊索引 (Index Mediclis) 的统计，到1991年6月，欧洲一些国家医学期刊无酸纸使用情况分别为：奥地利和爱尔兰100%，瑞士70%，荷兰55%，德国50%，英国40%。⑥另外，欧洲图书馆合作基金会 (European Foundationfor Library Cooperation) 还专门编辑出版了《无酸和耐久性图书用纸产品目录》(*Directory of Acid-free and Permanent Book Paper*)。该目录列举了26家造纸企业生产的100种符合国际标准和美国国家标准的无酸纸品牌，以便于图书馆采购出版物时选用。⑦

在日本，据国会图书馆20世纪90年代初进行的一项抽样调查，1989年该馆采购的国内出版物纸张酸度明显降低，大约40%的政府出版物和74%的商业出版物的酸碱值达到6.5；到2001年，使用无酸纸印制出版的政府出版物和商业出版物（主要为专著）的数量均已占到这两类出版物出版总量的80%。⑧

---

① Information and documentation—paper for documents—requirements for permanence. ISO Paper Permanence Standard Approved [EB/OL]. [2011-12-31]. http：// cool. conservation-us. org/byorg/abbey/ap/ap06/ap06-3/ap06-313. html.

② Information and documentation—archival paper—requirements for permanence and durability.

③ Information and documentation—document storage requirements for archive and library materials.

④ Information and documentation—paper for documents—requirements for permanence (ISO 9706：1994) [EB/OL]. [2011-12-3]. http：// esearch. cen. eu/esearch/Details. aspx? id =5539987.

⑤ 根据 ISO 9706：1994 制定发布本国无酸纸使用标准的欧洲国家名录，参见欧洲标准化委员会网站：http：// esearch. cen. eu/esearch/CatWeb. aspx? id =5539987.

⑥ Robert W Frase. Permanent paper：a progress report [J]. IFLA Journal, 1991, 17 (4)：366-370.

⑦ Robert W Frase. Permanent paper：a progress Report Ⅱ [J]. IFLA Journal, 1995, 21 (1)：44-47.

⑧ National Diet Library. Annual pH Survey [EB/OL]. [2012-01-04]. http：// www. ndl. go. jp/en/iflapac/aph. html.

六、我国无酸纸使用情况

我国于 2008 年超过美国成为世界第一造纸大国，2010 年全国纸及纸板生产总量达到 9270 万吨，其中用于书刊印刷的印刷书写纸生产量达到 1620 万吨。20 世纪 80 年代我国开始研制生产无酸纸，但采用的工艺技术与国外相比，尚有较大差距，一些重要的文献和档案用纸仍需从国外进口。为促进我国出版行业对无酸纸的应用，满足图书馆、档案馆等文献保存机构长期保存文献的需要，2009 年，由国家图书馆主持、参照国际标准起草的《信息与文献—文献用纸—耐久性要求》（GB/T 24423—2009）和《信息与文献—档案纸—耐久性和耐用性要求》（GB/T 24422—2009）两项国家标准正式发布，规定适合于图书馆、档案馆长期保存需要的出版物和档案用纸应符合相应的生产标准，其中酸碱值应在 7.5～10.0 之间。另外，为提升产品质量，造纸行业近年来也由相关政府主管部门和行业组织制定公布了大量涉及纸张生产和质量检测的国家、行业和企业标准。但就总体而言，这些标准均为推荐性标准，有些还仅为企业标准，实际执行效力和适用范围均有待改善和提高。

［在全国政协第十一届五次会议（2012 年 3 月 3—13 日）上的提案］

共同努力　保护与利用好甲骨文献

在4·23"世界读书日"即将来临之际，"殷契重光——国家图书馆藏甲骨精品展"今天在国家图书馆隆重开幕，我谨代表国家图书馆，向应邀出席开幕式的各位领导、各位嘉宾和读者朋友们表示热烈欢迎！本次展览特别邀请著名甲骨文书法艺术家、为中日文化交流做出了重要贡献的旅日华侨——欧阳可亮先生之女欧阳效平女士出席开幕式，对她的出席我们表示热烈欢迎！在此我们还衷心感谢河南殷墟宫殿宗庙遗址管理处为这次展览提供展品，并出席开幕式。

殷墟甲骨产生于3000多年前，其内容涉及天文、地理、军事、农业、交通、宗教、祭祀等各个方面，是研究商代历史的重要史料。它与敦煌遗书、汉晋简牍和内阁大库档案，被誉为我国近代文化史上的四大发现。

中华文明以文字记载历史而独树于世界，就是因为甲骨文、钟鼎文的存在，使商代历史成为信史。甲骨不仅是中国的，也是全人类的共同文化财富，甲骨学为世界各国学者所关注，成为世界显学。

这样一批重要的档案资料，自1899年被发现以来，屡遭战火，几经离乱。前后出土的15万片甲骨现分藏于海内外各公私机构之中。其中10万余片藏于国内及港澳台地区的近百家单位，近5万片甲骨流散至日、英、美、加拿大等12个国家和地区。国家图书馆藏35651片，占甲骨总量的1/4，居各藏家之首。

国家图书馆的甲骨收藏始于20世纪30年代。1934年，何遂先生将所藏甲骨捐赠给国立北平图书馆，其后罗振玉、孟定生、郭若愚、刘体智、胡厚宣等名家收藏精品，如百川归海，汇至国家图书馆，成为国家图书馆馆藏甲骨的主体。今天，我们对前贤为甲骨的保存和保护所做的贡献，充满了敬仰。

为使这些馆藏甲骨更好地服务于广大读者，国家图书馆馆藏甲骨经过多年整理，已有8000片在网上公布，并将陆续以数字影像的形式，通过网络及时发布，方便各界使用。

甲骨保护越来越得到国家重视，在第四批《国家珍贵古籍名录》的评审中，甲骨文作为特种文献进入推荐名单。我们也在积极准备申报联合国教科文组织的《世界记忆名录》。国家图书馆选择部分馆藏甲骨精品举办这个展览，旨在让广大读者更好地了解甲骨文和灿烂的古代文化，激发社会公众珍视古代文化，树立建设文化强国的文化自信，并缅怀前辈学人为整理、传播中华文化遗产所做的努力。我们诚挚地希望，全世界甲骨收藏、研究机构联起来，共同努力，使甲骨文献得到更好的保护和利用，使社会公众更多地了解甲骨，并通过对甲骨加深对中华灿烂文明的了解和热爱,共同建设中华先进文化。

(在"殷契重光——国家图书馆藏甲骨精品展"开幕式上的讲话,2012 年 4 月 20 日)

鼓励捐赠善举　共同保护文化遗产

"周叔弢自庄严堪善本古籍展"今天开幕,通过举办展览共同纪念一代藏书家周叔弢先生捐赠善本古籍60周年。首先,我谨向给予展览大力支持的天津图书馆、周叔弢先生哲嗣周景良先生表示诚挚感谢!向周叔弢先生以及所有为保护和传承中华文化典籍做出重要贡献的前辈们致以崇高敬意!向莅临现场的周叔弢先生亲属、各界嘉宾表示衷心感谢!向出席仪式的新闻界朋友表示热烈欢迎!

周叔弢先生是著名的爱国民族实业家、古籍文物收藏家,曾任天津市副市长、全国工商联副主席、全国政协副主席等职。受家庭影响,周叔弢先生自16岁便开始购书,倾注心力收集图书,其藏书规模达4万余册,其中不乏宋元旧本、明清佳印,琳琅满目。周叔弢先生因爱书、读书而访书、藏书、刻书,卓然称一代藏书大家。

周叔弢先生曾说:"数十年精力所聚,实天下公物,不欲吾子孙私守之……应举赠国立图书馆,公之世人。"为此,他先后向我馆和故宫博物院等公藏单位捐赠善本。特别是1952年,他将所藏善本的精华共计715种2672册珍贵文献,一举捐献国家,藏于我馆。而后又多次将大批古籍捐赠天津图书馆、南开大学等图书馆。先生逝世后,其夫人及子女又陆续捐赠所余藏书。

"自庄严堪"乃周叔弢先生的书斋名。我馆从20世纪50年代开始与周叔弢先生家人合作编成《自庄严堪善本书目》、《自庄严堪善本书影》。近年来,文化部、财政部实施的中华再造善本工程选择了53种珍贵文献列于其中,影印出版,使之化身千百,为大众所使用。周叔弢先生所捐的79种藏书还入选了由国务院颁布的《国家珍贵古籍名录》,其捐书义举影响深远。

本次展览展示了周叔弢先生所藏近百种善本古籍,如曾藏于宋代宫廷的宋本《文苑英华》、明代内府抄本《永乐大典》、传世稀少的宋蜀刻本唐人文集《王摩诘文集》等。同时还展出了有关的照片、档案、影音资料,内容丰富、形式多样,让广大读者在参观珍贵古籍的同时,也能感受到书籍所承载的中国历史和藏书文化,领略周叔弢先生爱书、读书、聚书、惜书、捐书之风范。

周叔弢先生为保护传承民族文化遗产所做出的突出贡献必将为后人所铭记。希望更多的有识之士以周叔弢先生为楷模,共同肩负起保护典籍、传承文明的历史使命。我馆将继续保护和利用好珍贵典籍,挖掘其文化内涵,使之服务当代、服务社会,为推动文化大发展大繁荣做出新的贡献!

（在"周叔弢自庄严堪善本古籍展"开幕式上的讲话,2012年5月9日）

《书香人淡自庄严——周叔弢自庄严堪善本古籍展图录》序

国家图书馆典藏宏富，而善本特藏尤为全馆藏品精华所在。她上承宋、元、明、清历代皇家珍藏，旁搜明清以降南北藏书家毕生积聚，经由本馆几代专家，特别是徐森玉、赵万里等前辈的努力购求，益之以当代藏家的无私捐赠，形成200余万件的海量珍藏。其年代起自殷商，迄于当代，地域遍于禹域，兼及海外，充分显示出中华文明源远流长、博大精深的特征。周叔弢先生便是与国家图书馆有着深厚渊源的一位藏书大家。

叔弢先生出身书香仕宦之家，祖父周馥，曾参李鸿章幕府，官至两江、两广总督，父周学海，清光绪十八年（1892）进士，好读书。先生深受家庭影响，十六岁开始购书，积数十年之力终成一代藏书大家，同陈清华并称"南陈北周"，在北方与李盛铎、傅增湘鼎足而三。

叔弢先生藏书继承清季振宜、黄丕烈等人传统，注重宋元明刻本、精抄精校本和名家校跋本的收藏。冀淑英先生赞其"于古书秘籍，固有真知笃好，又佐以博学广识，故鉴别群书，独具卓见。先生之访书藏书，标准甚严，每得一书，手自校勘，考辨是非，推求原本，尤为重视藏书授受源流，研考至精，为当代学者所推服"，这既是对先生藏书旨趣的高度概括，更饱含对其竭尽心力访书护书的推崇之意。

弢翁哲嗣珏良先生在《我父亲和书》一书中曾深情回忆父亲所总结收藏善本书的"五好"标准："一、版刻字体好，等于一个人先天体格强健。二、纸墨印刷好，等于一个人后天营养得宜。三、题识好，如同一个人富有才华。四、收藏图记好，宛如美人薄施脂粉。五、装潢好，像一个人衣冠整齐。"珏良先生称"够上三好、两好，甚至有时突出的一好，也可使书成为善本，比如说黄荛圃的跋语或者汲古阁的图章等等"。可见叔弢先生藏书中如宋本《新定三礼图》、杨氏海源阁旧藏宋本《新序》等符合"五好"标准的善本精品之珍贵。

叔弢先生注重清代精刻本和活字本收藏的同时，还注意收藏日本、朝鲜等外国刻本，拓展了其藏书范围。对于流失海外的珍贵典籍，先生甚至不惜举债以重值购回。周珏良先生总结叔弢先生与书之关系为"苦心收书，一心爱书，热心献书"，切中肯綮。

1942年，叔弢先生就有藏书"应举赠国立图书馆，公之世人"之念，之后便有了数次捐书之义举。先生于1947年、1949年先后向故宫博物院捐赠了宋本《群经音辨》《春秋经传集解》《经典释文》；1951年9月向国家图书馆（原北京图书馆）捐献《永乐大典》一册，称"珠还合浦，化私为公，此亦中国人民应尽之天责也",郑振铎局长代表国家文物局向先生颁发了褒奖状。1952年8月,先生向我馆捐献古籍善本凡七百十五种共二千六百七十二册,此乃其所藏善本最称精华之部分。郑振铎在致先生信中称誉"化私为公,造福后人,先生之嘉惠,尤为重要也"。其后先生及夫人左道腴女士等又续有捐赠。先生及其家人的这种化私为公的义举起到了非常重要的楷模和表率作用,至今影响不衰。

叔弢先生所捐善本珍籍,六十年来庋藏于国家图书馆善本书库,1985年冀淑英先生编成《自庄严堪善本书目》行世。2002年启动的"中华再造善本"择其数种影印出版,化身千百,嘉惠后学。2007年以来,中央政府实施中华古籍保护计划,开展国家珍贵古籍名录评选,其所捐宋本《寒山诗》、元相台岳氏本《孝经》等皆已入选。先生捐书义举影响之深远为后人所见证。

值叔弢先生向国家图书馆捐赠善本书籍六十周年之际,国家图书馆与天津图书馆通力合作,又得先生哲嗣周景良先生襄助,于2012年5月隆重举办"周叔弢自庄严堪善本古籍展",并编纂图录,虽不足以表彰先生对中华民族文化传承贡献之万一,然所愿者,是借由先生生平与藏书之展示,表达后来者对先生一生爱书、读书、聚书、惜书、捐书之读书人高洁风范的深深敬意与无尽景仰。

(原载于国家图书馆、国家古籍保护中心编:《书香人淡自庄严——周叔弢自庄严堪善本古籍展图录》,国家图书馆出版社2012年版)

建立专藏　保护个人学术资料

今天我们在国家图书馆古籍馆举行杨先健手稿图书资料捐赠仪式。首先，我谨向从洛阳、珠海等地专程赶来的杨先健先生的夫人王佩薰女士及其子女亲友们表示热烈的欢迎和诚挚的问候！你们以对国家图书馆的深切信任，将数量如此巨大的珍贵手稿图书资料捐赠我馆，一年来为准备捐赠还进行了大量的资料整理工作。在此，我代表国家图书馆向诸位的义举表示衷心的感谢！

杨先健先生是我国建筑结构领域的著名专家、国家级设计大师，同时也是国家图书馆的忠实读者，从青年时代就在此查阅资料，汲取知识，直至年老，仍乐此不疲。其学风严谨，成绩卓著，留下的大量珍贵著述手稿和所搜集的图书资料给后人以无穷启迪；其写下的《山河泪——说给外孙和外孙女的故事》，也让我们真切感受到一名科技领域的专家对祖国和人民的无限热爱。

此次捐赠的文献主要为杨先健先生的工程手稿以及所藏图书期刊资料，共计191种3137册（件）。工程手稿部分，每套资料都经过了作者精心整理，从初稿、改稿、定稿到最终的出版稿，保存完整，并随附写作时参考的文章、期刊、剪报，以及往来信件，全面反映了作者每项工程设计的思路和过程；图书期刊部分，主要为建筑工程方面的专业资料，很多书刊有杨先健先生的批注，有的书刊为本馆缺藏，极具价值。这批捐赠文献数量巨大、保存完整、内容丰富，对于补充我馆的名家手稿收藏，特别是科学家手稿的收藏有着重大意义。为保持杨先健学术资料的完整性以供后人研究，国家图书馆将建立专藏，对这批文献加以整体保护。

国家图书馆作为国家总书库，负责全面采集各种载体的文献信息资源，是国家文献信息资源保存与提供基地。在国家图书馆百余年的发展历程中，社会各界的慷慨捐赠是国家图书馆丰富馆藏文献的重要渠道之一。我们诚挚地期盼更多的文献通过捐赠等不同形式入藏国家图书馆，也希望更多的社会贤达积极投身和参与到文化遗产的保护和传承工作中来。国家图书馆将进一步挖掘和发挥这些文献的深层价值，使其为推动社会发展、促进文化大发展大繁荣发挥更大更积极的作用！

（在杨先健手稿图书资料捐赠仪式上的讲话，2012年5月10日）

保护民族典籍 弘扬中华文化

今天是腊月二十三,是中国的小年。在这个喜庆的日子,由文化部、全国古籍保护工作部际联席会议成员单位、新疆维吾尔自治区人民政府共同主办的"西域遗珍——新疆历史文献暨古籍保护成果展"隆重开幕,在此我谨代表国家图书馆和国家古籍保护中心对为展览做出贡献的有关单位和同志们表示衷心感谢,对来自新疆的同志们和新闻界的朋友们表示热烈欢迎。

新疆地处欧亚腹地、丝路要冲,在这片166万平方公里的土地上,生活着47个民族,自古以来各族人民不断开拓,使之成为人类优秀文化的荟萃之区,有"语言文字博物馆"的美誉。迄今为止,新疆考古发现记载的有19种语言、28种文字,为此,丝绸之路被称为"求经传教之路"和"语言文字之路"。新疆民族古籍是这些语言文字及相关文献资料的重要载体,是先民们智慧的结晶,她忠实地记录着新疆历史发展的轨迹,凝聚着新疆独具特色的文化,是中华民族宝贵的精神财富,也是中华文化软实力的重要组成部分。

新疆地区多民族聚居,多种文明交流融合,其丰富多彩的民族文化,为中华文明发展做出了重要贡献,是中华文化不可分割的组成部分,新疆现存数十万册(件)历史文化典籍,是中华各民族文化交流的载体和见证。保护好新疆历史文化典籍,对于当前各民族互相交流、和谐发展、共同进步,意义重大。

2010年8月20日至10月19日,文化部和新疆维吾尔自治区人民政府共同主办的"新疆历史文献暨古籍保护成果展"在乌鲁木齐举行,引起了热烈的社会反响。为了让更多的观众通过文献文物了解新疆的历史和文化,从而让全社会共同关注古籍保护工作、传承中华文脉,今天我们在北京举办"西域遗珍——新疆历史文献暨古籍保护成果展",展出的文献文物320件,充分反映了新疆自古以来就是中国的领土,是多种文化的融汇地,新疆各族人民创造的文化是中华民族光辉灿烂文化的重要组成部分。这个展览是新中国成立以来首次在首都北京举办的全面展示新疆珍贵历史文献的大型专题展览。展品来自全国23家收藏单位,包括出土木简和纸质文书、汉文和各种民族文字古籍、舆图拓片、部分文物等,涵盖22种各民族文字,时间跨度从先秦至明清2000年,其中超过半数为现今仅存的孤本,21种典籍入选《国家珍贵古籍名录》。其中,选自国家图书馆四大专藏的《皇清职贡图》《西域同文志》《海国图志》等文献则是首次与读者见面。

根据中央新疆工作座谈会精神,文化部及国家古籍保护中心已将新疆古籍保护作为中华古籍保护计划的重要组成部分,并列为专项重点工作。这对于抢救和保护新疆多民族文化遗产,维护民族团结和国家统一,促进新疆经济社会协调发展,具有重大的现实意义和深远的历史意义。

党的十七届五中全会指出，文化是一个民族的精神灵魂，是国家发展和民族振兴的强大力量，要推动文化大发展大繁荣、提升国家文化软实力；同时还指出，要充分发挥文化引导社会、教育人民、推动发展的功能，建设中华民族的精神家园，增强民族凝聚力和创造力。古籍能丰富人们的精神世界，为社会主义先进文化建设提供深厚丰富的资源，为政治、经济、社会、文化协调发展提供源源不断的思想动力，古籍保护工作责任重大、任务艰巨、使命光荣。

我们诚挚地希望，全社会要一起支持古籍保护事业，加强对古籍的整理和开发，挖掘其历史文化内涵，服务当代，服务社会，为当代文化建设和我国的经济社会发展做出贡献！

（在"西域遗珍——新疆历史文献暨古籍保护成果展"开幕式上的讲话，2011年1月26日）

中外合作保护民国时期文献

今天,由中国国家图书馆主办的"中美民国时期文献保护工作研讨会"在此召开。首先,我谨代表中国国家图书馆,向远道而来的北美地区图书馆代表和来自国内各图书馆、档案馆、博物馆的同仁表示热烈的欢迎!向与会专家学者致以诚挚的问候!同时也向各媒体的朋友表示欢迎和感谢!

民国时期是指1911年辛亥革命至1949年中华人民共和国成立这一时期,是中国历史上一个重要而特殊的时期。民国时期所留存下来的丰富而珍贵的文献资料凝聚着中华民族自强不息的精神追求,是中华民族文化遗产的重要组成部分,是值得我们倍加珍惜的宝贵精神财富。

民国时期产生的各种文献资料,种类丰富、数量众多、分布广泛。除国内公私大量收藏之外,北美、东亚、欧洲等海外各图书馆、档案馆、博物馆也收藏有许多民国时期文献资料,其中不少珍品为国内罕有。如美国国会图书馆、美国国家档案馆、斯坦福大学胡佛研究所等机构所藏的民国时期历史档案早已为学术界所重视,成为研究这一时期相关问题的珍贵史料。但是,民国时期早期文献距今已过百年,后期产生的文献也已过半个多世纪之久。岁月的流逝加上造纸工艺的先天缺陷,使得海内外各收藏机构所藏的民国时期文献存在不同程度的问题,如文献底数不清,保存条件堪忧,纸张酸化、破损严重,保护和修复人才匮乏,文献开发和利用不足,等等。民国时期文献的抢救、保护与整理、利用迫在眉睫,刻不容缓。

长期以来,中国和北美地区图书馆、档案馆等文献收藏单位之间有着良好的合作关系。特别是近些年,双方交流与合作日益增多,联系愈加密切,在古籍保护、数字资源共建共享等方面已开展多项合作。今天,中美业界同仁再次相聚北京,共商民国时期文献保护大计,这既是以往业务交流合作的延续,也是进一步加强协作、实现共知、推进共享的新起点。此次会议旨在交流民国时期文献保护的成功经验,构建海内外有效沟通、交流合作的良好平台,共同推动民国时期文献保护工作更有效、更深入的开展。

传承中华文明、抢救文化遗产,是海内外华人都应肩负起的历史责任。今天,抢救保护和整理开发民国时期文献正逢其时。在此,我诚恳希望各位与会同仁,充分利用以往合作的良好基础与成功经验,发挥各自优势,以"加强交流、合作保护、共享资源"为原则,积极探讨民国时期文献保护及合作模式,共同策划可行项目。衷心希望大家能够通过此次会议达成共识,使中美合作能够成为各国文献收藏机构合作的典范;同时,借此向海内外更多的文献收藏机构发出倡议,带动海内外各界共同推进民国时期文献普查、编纂联合目录、文献原生性及再生性保存保护、重要文献整理出版利用等工作,积极推动民国时期文献保护计划在更广阔的范围内深入开展,为保护珍贵典籍、传承人类文明做出新的更大的贡献!

(在"中美民国时期文献保护工作研讨会"上的致辞,2012年6月19日)

加强交流　合作保护　共享资源

今天，我们举行"中美民国时期文献保护工作研讨会"，共同探讨民国时期文献保护工作。这是中国、美国、加拿大图书馆及档案馆界同仁首次就民国时期文献保护工作开展研讨，会议目的主要有三点：一是对文献保护情况进行交流，二是探讨文献保护工作的思路，三是策划合作项目。

自1911年辛亥革命至1949年中华人民共和国成立，短短38年的民国时期，是中国历史上一个重要而特殊的历史时期。这一时期的文献全面记录和反映了中国近代社会的诸多方面和巨大变革，凝聚着中华民族自强不息的精神追求，是中华民族的宝贵精神财富。其珍贵的史料价值和现实意义体现在以下方面：

一是数量众多。近代西方印刷技术的传入和应用，使得民国时期的文献日益增多，仅国家图书馆的民国文献总藏量就达到88万余册。

二是内容丰富。该时期文献涵盖政治、经济、文化、军事等领域，包括专著、期刊、报纸、手稿、书札等方面的文献资料，同时还出现了老照片、海报、电影及唱片等新的出版形式，无论在文献内容上，还是在文献形式上，均极为丰富。

三是历史和学术价值高。民国文献记载了时代发展的轨迹，在语言文字、政治、法律、历史等学科都留下了丰富的文化遗产，对研究民国时期的历史，尤其是人文社会科学，有着重要的借鉴意义。

四是现实意义重大。该时期形成的边疆垦务、农商统计、中国经济志、赈灾史料、教育公报、民国海军档案、蒙藏院及蒙藏委员会史料、铁路沿线经济调查报告、各省财政说明书等文献，对研究国家主权、边境、民族、军事以及农业、水利、经济等均有重要的现实意义，同时也是开展爱国主义教育、革命传统教育和国情教育的生动教材。

新中国成立以后，特别是改革开放以来，我国在一定范围内对民国时期文献进行了调查、整理、出版、缩微和数字化保护，取得了一定的成果。然而，从整体看，民国文献的保护仍面临严峻形势，主要表现为：

一是底数不清。目前尚未对民国时期文献进行全国性普查和整理，文献存量、分布与保管状况不明。其中许多文献为非正规形式出版，印数少，不乏孤本，极其珍贵。

二是保护不够。许多单位对民国时期文献的保存既没有按古籍对待，也没有按现代流通量大的出版物对待，甚至裸露放置在无恒温恒湿、不避光、不防尘的书库里。在一些革命老区的图书馆和基层图书馆，保管条件则更差，致使文献的损坏日益严重。

三是纸张酸化、脆化、老化加剧。据研究，民国时期的纸张一般寿命是50～100年。目前，民国文献普遍出现了严重的老化或损毁现象，有的甚至一触即碎，无法使用。而根据地出版物，由于纸张和印刷质量差，破损问题更为严重。

四是再生性保护进展缓慢。近几年，在政府支持下，国家图书馆等收藏单位陆续开展了民国时期文献的影印出版、缩微拍摄和数字化加工等再生性保护工作，但规模较小、进展缓慢。

中华文明之所以能够源远流长、博大精深，是因为有文字记载的历史，中华民族自古就有"易代修史"和整理典籍的优秀传统，明有《永乐大典》，清有《四库全书》。而忠实记录中国近代历史风云变幻的民国时期文献，随着时间延续，损坏速度越来越快，许多已不能使用。如果不及时抢救这些文献资料，这段历史将随着这些文献的消失而失去记忆。保护好、整理好、研究好、利用好这些珍贵的民国时期文献是我们义不容辞的历史责任，是海内外炎黄子孙与文献收藏机构的共同使命。

下面，在调研的基础上，我简单介绍一下我国民国时期文献保护的进展情况，并对中美合作开展民国时期文献保护与研究谈几点意见。

一、我国民国时期文献保护工作的进展情况

（一）各级政府对民国时期文献保护工作的重视不断加强

近年来，我国对文化建设越来越重视，特别在中国共产党十七届六中全会上提出了要"加强文化典籍整理和出版工作，推进文化典籍资源数字化"的要求。文献保护作为文化建设的重要内容，得到了各级政府的高度重视，面临着良好的发展机遇。目前，民国时期文献保护计划已作为文献典籍保护重点项目纳入文化部《全国公共图书馆事业发展"十二五"规划》，成为继中华古籍保护计划之后的又一项重要文化工程。各级地方政府也加强关注，加大投入，纷纷将博物馆、展览馆、图书馆、档案馆列为当地的文化建设重点项目。文化设施建设力度的加大，对改善民国时期文献的保存保护条件发挥了积极作用，大批珍贵的文献得以抢救保存。今年，中央财政又单列专项经费，确保了民国时期文献保护计划的推动立项、全面实施和稳步推进。

（二）各地区、各系统民国时期文献保护工作取得重要进展

多年来，各地区、各系统卓有成效地开展了一系列民国时期文献的整理与保护工作，成果显著，为民国时期文献保护工作的全面展开奠定了良好基础，主要表现在：

一是区域性文献普查工作卓有成效。例如，2009—2010年，重庆图书馆对

重庆市 40 个区县图书馆、17 家高校及中学图书馆（室）、3 家博物馆和档案馆的抗战文献进行调研，编制完成了《中国抗战大后方历史文献联合目录》，初步掌握了该市民国文献的存藏情况；陕西省曾对省内民国文献存藏情况进行初步调查，统计汇总分藏于陕西省公共图书馆、高校图书馆和档案馆等收藏单位的图书 14 万册、期刊 4600 种 2.8 万册、报纸 1261 种等。

二是专题性联合目录编纂稳步推进。例如，中国第二历史档案馆成立了全国民国档案资料目录中心，承担全国民国档案资料信息资源开发、利用，中心编辑出版了《全国民国档案通览》，建立起了以全国民国档案国家总目数据管理系统为核心的全国民国档案目录信息检索及管理体系；2011 年，国家图书馆联合 20 家公共图书馆推出了革命历史文献联合目录系统；台湾汉学研究中心图书馆联合台湾地区 74 家图书馆建立了联合目录，其中 1911—1949 年的文献共有书目数据 18 万条，为海峡两岸开展资源的共建共享奠定了良好的业务基础；等等。

三是再生性保护工作逐步展开。在文化部的领导下，1985 年成立了全国图书馆文献缩微复制中心，负责协调、组织各成员馆利用缩微技术对民国时期文献进行再生性抢救。截至 2011 年底，中心与各省公共图书馆共同抢救各类文献 13.3 万种，其中民国时期图书 8.1 万种、期刊 1.53 万种、报纸 4379 种。随着数字化进程的加快，各收藏机构以保存和利用为目的，纷纷建立民国时期文献数据库，如国家图书馆的《民国时期文献专题资源库》，上海图书馆的《民国时期期刊篇名数据库》《馆藏抗战图片库》，重庆图书馆的《清末民初报刊篇名索引》《中国共产党在抗战大后方》《皖南事变》专题库，南京图书馆的《中国近代文献图像数据库》等。

四是整理出版工作成果突出。随着对民国时期文献内容的不断揭示，民国文献的整理与出版工作也有了很大进展。2007 年 8 月，国家图书馆成立了"民国文献资料编纂出版委员会"，对馆藏民国文献统一规划整合，有计划、分步骤、成规模地陆续编纂出版，截至目前，已出版 80 余种、870 余册，涵盖文献近 3000 种；中国第二历史档案馆编辑出版了包括"中华民国史档案资料汇编""中华民国史档案资料丛刊""中华民国史档案资料丛书""中华民国历史图片档案"及老城市、老照片等系列丛书在内的共 70 余种、数亿字的档案史料，实现民国档案信息资源全社会共享。

（三）民国时期文献的学术研究价值与社会教育价值不断增长

目前，民国史研究已经成为中国史学研究中最为活跃、影响最广，并且具有国际性和前沿性的学科领域，民国时期文献的学术研究价值受到越来越多的关注。研究民国史料，充分发挥文献的学术价值，将推动民国史研究的继续繁荣发展，也有助于社会各界对民国史的正确了解与认知。

民国时期文献的社会教育功能也不断得到彰显，图书馆、博物馆等公共文化机构以免费开放为契机，充分挖掘馆藏，通过举办实物展览、专题文献讲座、专题研讨会等多种形式发挥社会教育作用，促进社会公众民族精神的培养。民国时期文献的社会教育价值不断增加，社会各界对民国时期文献保护工作的关注度显著提升。

这些年来，在民国时期文献保护方面所取得的成绩是全国各图书馆、档案馆、博物馆以及社会各界共同努力的结果，也为我们下一步的工作打下了坚实基础。但是，应该看到，与海量的、正在加快自然损毁的文献相比较，以往所做的工作还远远达不到抢救和保护民国时期文献的目标，需要进一步加强重视，加大保护力度。为此国家图书馆策划启动了民国时期文献保护计划，这对保护我国丰富的文化遗产，弘扬中华优秀传统文化，推动世界文明发展，将起到积极的促进作用。

二、关于合作开展民国时期文献保护工作的几点建议

北美地区各文献收藏机构藏有种类丰富、数量众多的民国时期文献。19世纪以来，中美在文化、教育、科技、商业、宗教等各方面的交流日渐频繁，北美学者收集中文资料、对中国进行研究的兴趣不断增强。第二次世界大战的并肩作战进一步拉近了中美双方的交流和了解，战争也促使民国时期许多名人和学者前往美国，对于美国的中国学研究发挥了重要影响，留存了大量珍贵档案资料。例如，美国国家档案馆藏有民国时期赴华使者、学者、传教士、记者拍摄的大量关于中国的照片、影音视频；美国国会图书馆较完整地收集了1942年以前中国河北、山东、江苏、四川和山西地区的地方志；哥伦比亚大学保存了大批民国名人函件及口述史料；斯坦福大学收藏有许多中共党史文献、民国时期名人档案；哈佛大学燕京图书馆收藏了胡汉民往来珍贵函电稿2500多件；等等。这些丰富的馆藏与中国国内的民国时期文献形成了很好的互补关系。

北美地区也是除中国以外最大的中国近现代历史研究的重要区域，20世纪以来先后涌现了恒慕义、费正清等一批在中华民国史研究、民国时期文献收集保护和书目整理方面做出重要成绩的学者。近年来，活跃于北美地区的诸位华人图书馆学同仁和中国学研究专家，出版了大量有关民国时期文献的研究成果和书目指南，为海内外的学术交流、资源共享和项目合作做出了突出贡献。北美一些文献收藏机构，如斯坦福大学胡佛研究所也已经开始进行相关民国时期文献保护项目，其中与伯克利大学战犯研究中心合作开展战犯研究文献资料的整理工作，旨在建立全世界战犯资料联合目录；与中国复旦大学合作整理出版"复旦—胡佛近代中国人物与档案文献研究系列"，目前已出版部分宋子文档案。这些工作都为我们下一步加强合作，进行文献整理和开发提供了良好借鉴。

中美图书馆的合作历史渊源深厚，中国的新图书馆运动即是借鉴参考北美地区现代公共图书馆制度所开展。在抗日战争期间，我馆前馆长袁同礼先生和馆员钱存训先生就曾与美国国会图书馆有过合作保护中国善本古籍的壮举。近年来我

馆开展的"中华寻根网"家谱资源数字化建设项目、海外古籍善本数字化项目，也都得到了北美同仁的鼎力支持。此次，中美双方为民国时期文献保护工作再度携手，实属可贵。

下面，我就双方合作开展民国时期文献保护工作提三点建议，聊作引玉之砖，供大家讨论，以形成共识，共谋合作之计。

（一）合作普查，促进共知，建立民国时期文献联合目录

摸清家底是开展民国时期文献保护工作最重要的基础，要在充分沟通、调研的基础上，统一部署，开展国内民国时期文献普查工作，了解和掌握各级图书馆、档案馆、博物馆等收藏单位及民间藏家的文献收藏情况。建立与各图书馆、档案馆和博物馆以及其他相关机构的书目共建共享机制，通过搭建民国时期文献普查登记平台，将各收藏单位的民国时期文献书目数据与馆藏数据上传、整理与发布，形成民国时期文献基础目录，为建立民国时期文献联合目录打下基础。

海外所藏民国时期文献是开展民国时期文献保护工作的重要对象，建议以民国时期文献普查登记平台为基础，加强与海外文献收藏单位的合作，利用OCLC及各收藏单位书目信息，征集、汇总、整合海外民国时期文献书目数据和馆藏数据，建立并逐步完善民国时期文献联合目录系统，为学术界和广大公众提供方便快捷的统一检索平台和资源获取途径。

（二）统一规划，加强共享，有效推进民国时期文献保护与利用

民国时期文献虽然数量巨大，但复本量也相当可观。建议加强在民国时期文献数字化、缩微复制和整理出版等领域合作，建立数字化、缩微复制等再生性保护的统一规划、协调机制以及数字化成果交换共享机制，并探讨建立合作协同的数字资源灾备机制。

在以上工作基础上，建议加强研究，根据保护重点和各界需求开展诸如方志家谱、名人档案、历史事件记录等专题数字化资源库建设，联合确定数字化合作项目，以项目形式切实推进民国时期文献数字化工作。

建议海内外各收藏机构通力合作，根据文献的史料性、稀有性、完整性和收藏价值，共同策划整理，有计划地推进民国时期文献的影印出版工作，编辑出版专题性丛书，让重要的民国时期文献能够化身千百，服务社会。

民国时期文献保护工作的顺利进行需要社会各界的共同参与，建议共同策划举办专题文献展览、讲座，通过联展、巡展、巡回报告会、媒体专题访谈等丰富多彩的推广活动方式，促进社会各界对民国时期文献价值的认知，动员公众关心和参与民国时期文献的保护工作。

（三）策划课题项目，共同开展研究，促进专业人才队伍建设

较之于以往开展的善本古籍保护工作，民国时期文献原生性保护还面临一些

新问题，还存在着一些技术障碍，文献的脱酸、加固等技术等都还有待于深入研究，希望各方面共同努力，积极开展学术交流，策划科研项目，就一些关键技术进行合作攻关。

专业人才是事业发展的基础，建议围绕文献普查、整理、编目、揭示、数字化、保护、修复等业务实践开展交流，通过举办培训班、研讨班、研讨会等形式促进业务人员能力整体提升。多渠道争取经费，促进科研合作项目、业务合作项目的立项，在实际工作中互派专家、业务人员进行交流，实现业务优势互补、合作共赢，促进专业人才队伍建设。

只有完整、真实地再现历史，我们才能以史为鉴；而唯有合作保护，才能汇聚文献，再现历史原貌。民国时期历史在世界近代史中影响巨大，地位重要。抢救和保护民国时期文献，这既是为中国，也是为世界保存一份珍贵的文化遗产！中美文献收藏机构同仁应本着"加强交流、合作保护、共享资源"的原则，发挥各自优势，开展全面合作，共同推动民国时期文献的保护工作。

（在"中美民国时期文献保护工作研讨会"上的主旨报告，2012年6月19日）

《敦煌史事艺文编年》序

人们在论及源远流长、博大精深的中华文化时，每每会提及一个地方——敦煌。

翻开中国地图找寻，在中国西北，目力西移，就会发现黄河蜿蜒崎岖，清晰可见。越黄河西行，狭长的河西走廊地带逶迤绵延于祁连山与北山山脉之间，敦煌便坐落在河西走廊的最西端。或许人们会问，敦煌，如此僻远的边陲小镇，和中华文化能有何种联系？

这就不能不说到丝绸之路——中西陆路交通的伟大壮举。早在公元前2世纪，汉武帝为开疆拓边、夹击匈奴，先后两次派张骞出使西域，由此开辟了中原和西域乃至通往西方的重要通道。19世纪70年代，德国地理学家李希霍芬在其著作《中国》中，首次将这条连接中国与西方、以丝绸贸易为主要媒介的交通路线称为"丝绸之路"。于是，"丝绸之路"就成为从中国出发，横贯亚洲，连接非洲与欧洲的国际陆路大通道，在历史上曾连接起四大文明古国——中国、印度、埃及和巴比伦，成为东西方政治、经济、文化交通的纽带和桥梁，对世界的文明进程产生过重大影响。

敦煌，正好处于丝绸之路的东端，犹如一颗璀璨的明珠镶嵌在丝绸之路上，曾一度成为襟带西域、丝路锁钥的名城重镇。据南朝刘昭注《后汉书·郡国志》引《耆旧记》云：（敦煌）"国当乾位，地列艮墟，水有县（悬）泉之神，山有鸣沙之异，川无蛇虺，泽无兕虎，华戎所交，一都会也。"《肃州志》称敦煌："雪山为城，青海为池，鸣沙为环，党河为带，前阳关而后玉门，控伊西而制漠北，全陕之咽喉，极边之锁钥。"因其独特而重要的历史地位，敦煌演绎了一幕幕威武雄壮的历史剧，中西文化在此交流碰撞，多民族在这里包容融合，佛教文化从这里传入中原……也正是在这里，华夏文明走向世界，为人类文明谱写出无数辉煌的篇章。

穿越历史时空，人们仍可依稀窥见那段尘封的岁月。在卷帙浩繁的历史典籍中，我们时时可看到敦煌华丽的身影。《穆天子传》记载了周穆王的"西巡"、穆王会见西王母的传说；无独有偶，晋郭璞《青鸟赞》也记叙了这样的传说："山名三危，青鸟所憩；往来昆仑，王母是隶。穆王西征，旋轸斯地。"此传说为敦煌三危山披上了神异之彩。据史料记载，华夏先民上古时期就在敦煌地区生养栖息，敦煌上古先民为中华多民族的形成奠定了基础。成语"天马行空"现代人耳熟能详，其中的"天马"与敦煌有很深渊源。《汉书·武帝纪》，载：南阳暴利长遭刑，屯田敦煌界，于渥洼池畔得天马，献之。武帝作天马之歌。像这样的历史典故在浩如烟海的各类敦煌史料典籍中俯拾即是。因此，敦煌是一本厚重的历史教科书，多少学者倾其毕生精力，皓首穷经，无怨无悔，不断开拓，为敦煌学的繁荣与发展做出了巨大贡献。我们想，如果有人甘愿在浩瀚的史籍沙海里淘金，为有心学习和研究敦煌历史文化的人们分拣出一颗颗珍珠，为人们节省出大量时间与精力，这将是一件非常有意义的事！

我曾数度到敦煌，两次到图书馆考察，对魏锦萍有所了解。作为一位从事图书馆工作的基层文化工作者，她敬业、进取、热情，多年来，她和同事们兢兢业业，任劳任怨，倾其全部心血，把一个条件谈不上好的基层图书馆办得有声有色，这实在是难能可贵。她所在的图书馆曾多次受到国家、省文化部门的表彰奖励，她个人也被文化部授予"全国文化系统先进工作者"的殊荣。魏锦萍利用馆藏大量的敦煌典籍史料，在众多的古代史料典籍中搜寻，摘录出近30万字的有关敦煌的历史资料，在张仲老先生和同事们的帮助下，辑录成《敦煌史事艺文编年》一书。应该说，这是地方文化建设的一大幸事！

《敦煌史事艺文编年》有一个鲜明的特点，即采用编年史结构方法，以年系史、系文，按照历史纪年的顺序，把典籍史料与历史史实，以及艺文资料并联在一起，让历史更加血肉丰满，极具资料性和收藏价值，一改地方志书大事编年的单一性，增强了它的可读性。

我尽管对敦煌知之不深，但许久以来一直怀抱一种深深的敬意。借本书出版之际，谨献此感言，算是对有志文化建设的同仁的期许和褒奖！

（原载于魏锦萍、张仲编：《敦煌史事艺文编年》，甘肃文化出版社2012年版）

《朱痕积萃——中华珍藏印谱联展·西泠印社藏品集》前言

　　印即图章、印信，是玺、印、章、记等之统称。其源头可追溯至两千多年前的春秋战国时期。《左传·襄公二十九年》有"玺书"之记载，《周礼》亦曰"货贿用玺节"，郑玄谓"玺节"即印章。近年来的考古发掘中，更是出土了大量的战国玺印。可见春秋战国时期，玺印的使用已较为普遍。但当时玺印主要是钤于封泥之上，作为递送文书或封存财物时的封口之用。大约在南北朝时期，人们开始将印章蘸上印色，盖于纸面或绢面，玺印的用途由此得到了进一步的拓展。国家图书馆藏有北魏延昌二年写本《大方广佛华严经》一卷，尾部题记上钤有墨印，是现知最早的中国纸本古籍上的钤印。宋元时期，私印的范围扩大，进入篆刻艺术时代，印章被作为一种艺术品来欣赏和创作。明清时期，学者对印章的艺术价值给予了更多的关注。在治印流派方面，出现了吴门派、皖派、浙派三大派别；在篆刻艺术方面，汉印、细朱文印和印章边款艺术均取得了较高的成就；在内容方面，除了传统的姓名别号之外，还出现了如家训格言、箴铭警句、诗词歌赋、古今人名等内容的印章。此外，发源于南北朝时期的藏书印，在这一时期也得到了极大的发展。藏书家以自己的姓名字号、家世仕履、评语箴言等内容治为藏书印，钤于所藏的珍本秘籍之上，朱墨粲然，文雅别致。藏印与古籍交相辉映，相得益彰，成为玺印发展中的一道亮丽的风景。

　　作为一种具有悠久历史的文化产物，玺印以其实用价值、艺术价值、文献价值合一的特性，为中国传统文化的发展做出了重要贡献。其以阳文反刻的文字钤于纸帛之上，以取得正字的文字复制技术，在很大程度上启发了雕版印刷术的发明。

　　为了便于对印章进行收藏、研究和欣赏，自宋代起，学者开始将一人或多人所刻、所用、所藏的各种印章钤印并汇集成册，是谓印谱，亦称印存、印集、印举。北宋大观年间杨克一编成《集古印格》，宣和年间勅撰《宣和印谱》，开汇印成谱之先河。此后印谱的发展日益繁盛，据不完全统计，自宋代至清末，印谱的数量多达千余种。按其所收玺印的年代、编订的方式与收录的内容等，可分为集古印谱、断代印谱、摹刻印谱、钤印印谱、印人印谱、印材印谱、藏印印谱、专题印谱等多个种类。这些印谱的出现，使得大量的玺印资料得以保存和流传。此后即便原印已佚，后人仍能通过印谱探究其中所蕴藏的职官舆地、姓氏名号、治印风格、篆刻技法等多个方面的内容，其价值正如元代学者揭法所说的那样："不惟千百年之遗文旧典、古雅朴厚之意粲然在目，而当时设官分职、废置之由亦从可考焉。"此外，在许多印谱中还包含了中华民族传统手工纸质文献印制的三种方式——刷印、钤印和拓印技术，这在中国古代典籍中也是独树一帜的。

国家图书馆历来重视金石文献等传统文化的传承和保护。早在京师图书馆创建初期的1916年，就认识到金石文献的重要性，呈文教育部请部通令各省征集金石文字拓本，发馆庋藏。百年来，金石文献如百川归海，源源不断汇入国家图书馆，目前已达二十六万册件。这其中就包括历代印谱。据统计，国家图书馆现藏有中华民国（含）前的钤印本印谱五百余种、七百余部，近四千册。其中明代印谱二十种，清代二百六十七种，民国二百二十六种。这些印谱中，既有成于明代万历年间的《集古印谱》《宣和集古印史》《考古正文印薮》《承清馆印谱》等现存最早的印谱代表作，也有周亮工《赖古堂印谱》、汪启淑《飞鸿堂印谱》、陈介祺《十钟山房印举》等名家所辑印谱，更有赵之谦、吴昌硕、黄易、邓石如、邓散木等历代著名印人作品，可谓蔚为大观。国家图书馆所藏宏富的善本文献，卷前文末、页眉页脚每每遍布名家藏印，可谓琳琅满目，从某种意义上说，也可以说是一部部微型印谱。

西泠印社是中国创建最早、享誉最高的篆刻学术研究团体。经百余年传承，西泠印社融传统诗、书、画、印为一体，成为我国研究金石篆刻历史最悠久、影响最深远的学术团体，同时也成为"海内外印人研求印学之地"和篆刻创作与印学研究的中心，被誉为"天下第一名社"。西泠印社从创建初期就确立了"保存金石、研究印学"的宗旨。百余年来，西泠印社以继承弘扬传统文化为己任，开展了征集文物、举办展览、编辑出版等多种活动，为继承和发展中国传统的篆刻书画艺术，推动和促进国内外文化交流，做出了重要贡献。

走过百年的西泠印社，在各个历史时期汇集了一大批学者、雅士，其中第三任社长张宗祥先生，曾任过京师图书馆主任，任职京师图书馆时，为馆藏建设和藏品研究做出了较大的贡献。百年后的今天，在西泠印社即将迎来一百一十周年大庆之际，传承文化的共同旨趣再次把国家图书馆和西泠印社连在了一起，国家图书馆与西泠印社联手举办"中华印谱联展"，共襄盛举。

作为蕴含着独特的历史价值、文化价值和丰富文化内涵的篆刻技艺，正日益受到人们的重视，2006年西泠印社的篆刻技艺被列入《第一批国家级非物质文化遗产名录》，2009年中国篆刻入选《人类非物质文化遗产代表作名录》。2008年北京奥运会的"中国印"更是把篆刻技艺推向了全世界。非物质文化遗产重在活态传承，国家图书馆愿与西泠印社一道，进一步弘扬金石篆刻技艺这一世界性的非物质文化遗产，做好篆刻文化和印学知识普及宣传工作，推动篆刻技艺的传承与发展，为非物质文化遗产保护事业贡献自己的力量。

（原载于西泠印社编：《朱痕积萃——中华珍藏印谱联展·西泠印社藏品集》，西泠印社出版社2012年版）

多措并举,加强民国时期文献保护工作

一、民国时期文献保护工作取得的成果

2011年,国家图书馆联合全国各省公共图书馆,策划了民国时期文献保护项目,得到财政部2012和2013年度专项经费支持,从而保证了各项工作的有序进行。2012年,是民国时期文献保护工作的启动年,在各地图书馆积极参与下,在学界专家大力支持下,民国文献普查、海外文献征集、文献整理出版等各方面工作都取得了阶段性成果。

第一,普查工作陆续展开。国家图书馆开发了"民国时期文献联合目录"系统。目前系统汇聚国家图书馆、南京图书馆、重庆图书馆等主要文献收藏单位书目数据超过14万条,全部按照规范标准进行了审核。书目数据将不断拓展,最终形成包含多种文献类型的《民国时期文献总目》,传递书目信息,为学界、广大公众提供便捷的文献获取途径。

第二,文献存藏条件得到一定程度改善。借助民国时期文献保护项目,一些单位加大了经费投入力度,改善了文献存藏条件。如重庆图书馆按照《图书馆古籍特藏书库基本要求》建成标准特藏库房,使民国文献享受到了善本古籍待遇。重庆市政府还划拨了专项经费开展民国文献全文数字化扫描加工,目前已完成了全部期刊和90%图书的扫描,预计今年可以全面完成。通过数字化借阅方式可大大减少原件流通,有利于文献的保存保护。

第三,海外文献征集取得实质性进展。2012年,全面调研民国时期文献在美国、日本、俄罗斯等国家收藏情况,基本掌握了民国时期文献在海外的分布。在调研基础上,通过海外合作、现场拍摄、缩微复制等多种方式征集回归"东京审判"庭审记录近5万页,日本"二战"罪行档案2000多卷,侵华日军罪行档案及战场照片4000余张,同时通过多种渠道开展日本国立公文书馆所藏全部"东京审判"档案的缩微复制工作,纳入国家图书馆馆藏,提供国内学者、读者使用。

第四,文献整理出版取得阶段性成果。在文献调研和整理基础上,已推出了《民国时期私家藏书目录》《民国新闻史料集编》《经济文献汇编》等数十种涵盖民国时期文献的出版成果,初步形成体系与规模。特别是《远东国际军事法庭庭审记录》的整理出版,对于解决国内学界开展相关研究原始资料短缺的困难具有积极作用,对未来解决中日关系、近现代史遗留问题提供历史依据与法理依据,具有重大意义,社会反响强烈。

第五，工作机制正在逐步形成。为充分发挥专家顾问的咨询指导作用，国家图书馆聘请40多位专家成立了保护工作专家委员会。在整理出版方面，拟成立文献出版工作委员会，负责出版工作的整体规划与指导，以及与出版实施相关重大问题的决策与协调；成立文献编纂委员会，负责出版选题，承担出版具体工作事宜；聘请学界专家顾问，为工作委员会和编纂委员会提供意见建议。在文献普查方面，初步形成了工作机制，即由国家图书馆牵头，成员馆上传数据，共同建设文献普查平台。在海外文献征集方面，机制也在逐渐形成，在调研发现基础上，与有海外文献引进资质的公司签订协议，文献征集回来，验收合格后及时发布与保存。

第六，公众保护意识增强，保护氛围渐趋浓厚。各地通过举办展览，宣传民国时期文献保护工作的重要意义，使公众对此项工作由知之甚少到了解日深，提升了公众参与度，对推进保护工作无疑将产生积极的社会影响。去年国家图书馆举行了《远东国际军事法庭庭审记录》编纂启动仪式，同一时展出馆藏历史文献400余件；在南京图书馆第二届阅读节上，举办了"英华荟萃——南图馆藏民国文献珍本展"，读者在欣赏文献的同时，可以投票参与"馆藏民国文献十大珍品"评选。杭州图书馆举办了"故纸温暖？民国最美图书典藏展"，展览期间还安排了精彩的文化讲座和记录电影首映活动。这些创意展览为各地民国文献保护工作提供了有益的借鉴。

通过各种形式的宣传，保护工作也逐步得到国内外各类文献收藏机构、学术研究机构和民间团体的重视和支持，凝聚了社会共识。中国社会科学院的专家多次参加我们举办的研讨会，发表真知灼见。延安精神研究会、北京新四军暨华中抗日根据地研究会主动联系捐赠革命历史文献。

尽管工作取得了阶段性成果，但还存在着若干问题，面临着不少困难，许多工作需要大家共同努力去推动。

首先，要进一步完善工作机制。民国时期文献保护工作机制还没有完全建立起来，文献保护工作尚未形成合力。民国时期文献分散于国内图书馆、档案馆、高校等各系统，同时还有大量文献散存海外，目前各系统间缺乏有效沟通协调机制，工作重复、职能交叉、资源浪费问题比较突出。因此，亟须建立有效协调机制，在不同地区、不同系统和不同层面协调开展保护工作。

其次，要进一步提高全社会对保护工作的认识。保护工作不仅仅是图书馆的工作，它还离不开档案馆、博物馆、高校、科研院所、学术团体等各文献收藏单位、学术研究单位的广泛参与、通力合作。目前各相关单位对工作的认识还不统一，给工作开展带来一定阻力，需要我们不断沟通、宣传，及早取得共识。民国时期文献保护工作涉及面广，开展文献普查、征集、保护、整理出版等各项工作均需投入大量财力、人力。我们要继续做工作，争取通过国家立项形式予以支持和推动实施，尽快开展文献抢救和保护，避免文献历史出现"断层"。

最后，要进一步协调地区间工作平衡发展。目前国家尚未在全国层面上对这项工作进行部署，各地区工作进度差异较大。许多单位已经做了有益的探讨，围绕民国时期文献保护，局部地开展了卓有成效的工作。但是，有些地区由于各种原因进展缓慢，有的甚至还没有启动。特别是那些藏于老根据地和边疆地区的文献，因为经济条件差，没有很好的条件去保管，损坏严重。我们要采取措施，帮助经济落后地区加强革命历史文献保护。

二、对2013年工作的几点建议

第一，要提高对民国时期文献保护重要性的认识。民国时期文献蕴含着珍贵的历史文献价值，但不能列入古籍范畴，在很多人的意识中是把它们与现代书籍划等号的，政府决策部门、图书馆、文化管理部门等还存在认识不到位的情况，这就需要通过我们的持续努力，使各个层面了解保护民国时期文献工作的重要性。要把文献内容揭示出来，使社会了解它们的现实意义。论从史出，史料整理过程中要有成果，让社会认识到这些文献的重要性。如东京审判的庭审资料，实证日本"二战"期间犯下的罪行，是驳斥日本右翼保守势力歪曲和否认侵华史实的强有力的武器与佐证。

新中国成立是建立在民国基础上的，我们很多政治、经济、文化、国防、外交，都是从民国接收过来的。所以在这个时期我们对典籍进行整理，是对历史的一种负责。

革命历史文献保护的重要性也应被深刻认识。五四运动后中国共产党带领全国人民进行艰苦卓绝的革命斗争，直到新中国成立，基本是在偏僻贫穷地区，这一革命历程中形成了书、报、刊、手稿、海报、传单、票据等各类型文献资料。主要受地理条件所限，这些地区大多数至今仍不富裕，特别在一些革命老区的图书馆，工作人员在有限的条件下尽最大努力保护着革命文献，精神难能可贵；但因为经济不发达，保管条件简陋，致使文献的损坏日益严重。如不及时抢救整理，革命战争年代的历史记忆会因文献的消失而日渐模糊不清，甚至被人们遗忘，我们将愧对先烈，愧对我们的文献保护使命。因此，尽快开展革命历史文献保护的任务显得非常急迫。

第二，以点带面，推进各项工作全面协调开展。

一是继续开展文献普查。要下大力气搞好普查，继续完善"民国时期文献联合目录"系统，加大书目数据征集力度。未来几年在数据量达到一定规模时，适时启动《民国时期文献总目》编纂工作，成立编纂组织机构，建立编纂工作机制，制定相关标准规范，最终形成《民国时期文献总目》。

二是进一步加强海外存藏文献调查、征集及合作保护。组织实地考察，全面掌握海外民国时期文献存藏情况。多种渠道促进数字化成果回归，并在全国范围共享资源。

三是推进原生性保护研究及相关工作。大家都非常关注民国文献原生性保护，2013年要加大研究工作力度，包括制定民国时期文献库房建设标准、开展海内外文献大规模脱酸技术调研评估等；在具备条件的地区、图书馆，可建立民国时期文献或革命历史文献重点保护单位。

四是拓展海内外交流与合作，加大人才培养力度。举办相关国际国内研讨会；赴国内外民国时期文献收藏单位考察交流，探讨合作机制与合作项目，实现民国时期文献的合作保护与共建共享。图书馆不能封闭，要开拓视野，主动与档案馆、博物馆联系，形成各系统、各区域共建共享机制。联合举办各类型培训班，开展文献普查、数据制作、图录编纂、平台使用等各类专题培训，为民国时期文献保护工作培养人才。

五是做好保护宣传工作，扩大影响。通过举办展览，展示保护成果，扩大社会影响，营造全社会共同保护民国时期文献的良好氛围；利用平面媒体、广播、电视等多种形式加大民国时期文献保护宣传工作；发挥"民国时期文献保护网"的宣传作用，为国内外收藏机构、合作单位及个人提供有价值的民国时期文献信息。

六是重视专家队伍建设。各地都有专家，依靠他们长期的研究，为民国时期文献保护出谋划策，起到参谋顾问作用，我们就能开阔工作视野，少走弯路。

第三，加快文献整理出版，形成工作机制。文献整理出版是我们这次座谈会的一个重要议题。为在既有工作成果基础上进一步开展保护工作，经反复论证，综合多次专家会议意见，明确要以民国文献整理出版为助力，调动各地参与文献保护的积极性，带动文献保护的各项工作。为此，国家图书馆草拟了《民国时期文献整理出版规划》《文献整理出版项目实施方案》，目的在于动员各个文献收藏单位，根据各自馆藏特点开展文献整理出版工作。

整体采取项目申报、专家评审、项目资助机制。项目一旦通过评审、正式立项，就提供一定的经费支持，成熟一部，出版一部，边整理边出版，尽快出成果，实现保护和抢救民国时期文献的目的，为社会公众与学界提供可资利用的丰富文献资料。

在出版体例上，要"统一着装"。例如，要在出版物上标注"民国时期文献保护计划成果"字样，烫（压）印"民国文献保护计划"专用标识，同一个系列要统一装帧形式，开本、颜色、字体字号等都有统一要求，以形成鲜明的项目整体风格。

第四，营造保护工作氛围，提高社会影响力。我们做这样一项长期的、涉及面广的工作，不考虑社会舆论不行，强大的社会舆论可以促使各级政府重视我们的工作。但要获得良好的社会舆论，仅靠空谈不行。要让社会了解并积极参与民国文献保护工作，我们必须付出实实在在的努力，开展扎扎实实的工作。创新思维，整合资源，通过展览、讲座、会议等各种形式，向公众揭示民国时期文献的现实意义，这样才能形成良好的社会舆论，提高社会影响力。

总之，民国时期文献保护工作虽然做了许多年，但基本是各自为营或小范围合作，尚未形成合力。在全国全面组织开展这项工作还是个创新，没有先例可循，需要我们发扬探索精神。民国时期文献种类繁多，存藏分散，各单位之间的共建共享机制尤显重要。因此大家要加强联系，开展交流与合作，集思广益，共同努力，做好这项对历史负责、对先辈负责的事情，带动图书馆各项工作的全面开展。

（在民国时期文献保护工作座谈会上的讲话，2013年3月21日）

汲古润今　嘉惠万代

(《中国水利史典》序二)

盛世修史治典是中华民族的优秀传统。水利部组织相关领域专家，系统整理我国水利典籍，编纂《中国水利史典》，全面揭示我国历代水利事业的辉煌成就，系统总结我国水利发展规律，为当今水利建设提供借鉴，是一项功在当代、嘉惠子孙的重要文化建设项目。

中国幅员辽阔，从世界屋脊的青藏高原直到大海，黄河、长江蜿蜒流转，奔流不息，经历高山峡谷、草地平原，造就了世界闻名的奇特景观。巨大的落差和磅礴的水系，也使生活在这片土地上的人们很早就懂得涵养水源，用水灌溉，疏通河渠，造福生灵，中国的江河水利哺育滋养了璀璨的中华文明。

中国作为一个历史悠久的农业大国，历来重视水利建设，它不仅是农业的命脉，也是治国安邦的要务。从大禹治水直到现代，涌现出许多可歌可泣的治水英杰，留下了许多造福万代的水利工程。《元史·河渠志》中曾说："水为中国患，尚矣。知其所以为患，则知其所以为利。"历代王朝都十分关注水利建设，刚刚亲政的康熙皇帝把河务、漕运和"三藩"等三件大事写成条幅悬挂堂中，作为立国根本。一部中华民族繁衍发展史，在很大程度上也是中华儿女兴水利、除水害的历史。中华先贤不断总结治水经验和规律，留下了卷帙浩繁的水利典籍，数量和内容之丰富，都居于世界前列。这些典籍至今仍闪耀着光芒，是我们治水兴国的重要镜鉴。

早在先秦时期，《禹贡》《管子》《周礼》《考工记》等典籍中，就记有全国水土资源、水流理论、渠系设计、测量方法、施工组织及管理维修等知识。吕不韦等编修《吕氏春秋》，最早提出水文循环原理。西汉时期，著名史学家司马迁在《史记》中就有记载水利的篇章——《河渠书》，该书记载了从大禹治水到汉武帝黄河瓠子堵口这一历史时期内一系列治河防洪、开渠通航和引水灌溉的史实。后世的《水经注》、正史中的《河渠志》，以及《农政全书·水利篇》等，均是水利文献中的代表作。随着水利事业的发展，唐代中央政府颁行了我国第一部水利管理法规——《水部式》。这部珍贵法规20世纪初在敦煌出土后被伯希和劫走，现藏法国国家图书馆。1935年，国家图书馆派员把这部珍贵文献拍照带回。《水部式》有2600多字，内容包括农田水利管理、航运船闸和桥梁渡口管理、渔业和城市水道管理等。《水部式》还规定，水利管理的好坏将作为有关官吏考核晋升的重要依据。中华民族历来善于吸收外来经验，明末徐光启与传教士熊三拔合译的《泰西水法》，结合中国水利具体情况，经过实验后，编译成书，图文并茂地记述了往复抽水机、螺旋提水车、双筒往复抽水机等水利机械的结构和制造方法，以及修建蓄水池和凿井的基本方法，为近代西方水利技术的引进开了先河。

在众多存世的河渠水利文献中，各种类型的河工舆图最能直观描绘水利状况，尤以明清时代河防工程体系形态最为重要。如黄河河工舆图上的提示，明确了各种堤防适合在哪一段工程中使用，如果配合文字史料，就可以细化黄河水利史的研究。又如在运河舆图上有大量详尽的文字注记，对沿途各程站的名称与间距、运河水闸间里程、运河沿线湖泊大小和储水量多少、运河与其他水道通塞情况、各运河厅管段交界等状况均有详细的文字记述，可以通过地图上的景物、地名与注记逐一对应，至今仍有重要的参考价值。

这些古代水利典籍，是中华民族的宝贵经验和智慧结晶，源远流长、博大精深，有待进一步整理、揭示、传承、利用，这正是编纂出版《中国水利史典》的重要意义所在。

国家图书馆是全国最大的古籍收藏机构，也是古代水利典籍收藏数量最多的单位之一。在这些古籍和民国文献中，有大量具有重要价值的水利史典籍。特别是有关河渠水利的地方文献、金石拓片、舆图资料和老照片档案等，内容丰富，颇具特色。这些典籍，有的描述江河湖海的自然状况，有的反映河渠水利的修造过程，有的阐述治水防灾的方略，有的彰显造福百姓的德政，不乏精品，有重要借鉴意义。新中国成立后，水利部门为了治河防洪，曾充分利用我馆收藏的古旧河道图。如1964年，水电部水利史研究室、水电部北京勘测设计院根据毛主席"一定要根治海河"的指示进行重大水利建设工程，制定漳、卫、滏阳、滹沱河流域的水改方针，为此查阅了当时国家图书馆收藏的各地清代河道图100余种，为工作的顺利开展提供了文献保障。

2007年，国务院下发《关于进一步加强全国古籍保护工作的意见》后，古籍整理及利用受到更多关注。《中国水利史典》作为古籍整理的重要工程，一定会成为名山之作，传之后人。

（原载于中国水利史典编委会编：《中国水利史典·综合卷二》，中国水利水电出版社2013年版）

《邢台开元寺金石志》序

　　邢台依山凭险，地腴民丰，乃先商之源、祖乙之都，至今已有3500多年的建城史。邢台开元寺作为中国创建最早的寺院之一，其历史可追溯至后赵襄国中寺甚至更早。自那时起，此寺历经1700多年的历史积淀，遗存了相当丰富的金石文物。冀金刚、赵福寿二先生编著《邢台开元寺金石志》，首次集此寺魏晋至民国间之金石遗珍，详加考察辨析，注证发微，公诸于世，不仅对全面了解、研究、开发、利用邢台的历史文化资源大有裨益，而且对全面了解、研究中国的历史文化，尤其对全面了解、研究中国佛教发展史大有裨益。

　　佛教作为外来文化传入中国，影响不仅及于政治、经济领域，更广泛融入文学、音乐、舞蹈、绘画、雕塑、建筑乃至社会生活的各个方面。隋唐以后，佛教更与中国固有的儒学、道教相融合，成为中国传统思想文化不可分割的一部分。正因广泛吸纳、融汇外来优秀文化成果，博大精深的中华文明才能历久弥新。

　　邢台西倚太行，东枕广原，自古就是兵家必争之战略要地，更是多民族文化相互碰撞、交融的重要隘口。后赵时，西域高僧佛图澄在襄国中寺弘法传道，感化石勒；盛唐时，新罗高僧惠觉与其师神会在邢州开元寺两树六祖慧能碑；元朝时，忽必烈两幸邢州开元寺并全力支持广恩创立大开元宗，正是佛教及少数民族统治者为中华文明注入新元素的历史证明。就此而言，邢台与邢台开元寺的历史，就是多民族多元文化相互融合、团结与发展的历史。《邢台开元寺金石志》著录之碑刻、塔幢、造像等珍贵文物，正是这一历史的重要注脚。

　　自三代始，铭金勒石就是华夏先民传承文明的重要方式。《墨子·非命》等篇即有"书之竹帛，镂之金石，琢之盘盂，传遗后世子孙"之语。欧阳修《集古录》自序称金石"并载夫可与史传正其阙谬者，以传后学，庶益于多闻"，指出了金石作为中华文明重要载体的文献学意义。朱剑新《金石学》则在论述"金石学之价值"时进一步明确："综其功用，可以证经典之异同，正诸史之谬误，补载籍之缺佚，考文字之变迁"，且能辨文章之渊源、体制、工拙，详艺术之书画、雕刻。此外，中国古代石刻往往具有浓厚的地方色彩，不但与其产生地的人物兴替、民风民俗紧密相连，且能折射出国家兴亡、都邑变迁的历史脉络。中国图书馆地方文献事业的开创者杜定友就说："良以地方文献，非特为掌故史料之宝藏，抑且读之发人深省，使祖述先贤，爱护乡邦之念油然而生，其影响于一国之文化，至深且巨也。"换言之，地域性金石志可由一地之文化记载，及于一国之历史源流；《邢台开元寺金石志》的内容虽仅限于一寺之资料，串联起的却不仅是邢台开元寺的悠久历史，而且是通过这一极具典型意义的个案，客观而又系统地反映出了中国佛教的发展史。

就材质而言，金石文物似可历时久远，但却易受水火、风雨、兵革之侵害，其自然情状与文字图案常须仰赖拓片和著录金石之书籍方可广泛传布。新世纪以来，国家加大了文物和古籍保护工作的力度，为金石铭文摹图留形之传拓技艺，也已被列为国家非物质文化遗产，既使无形的传拓技艺与有形的金石文物得到了同样的保护与传承，也使金石文物及其拓本的整理与研究工作进入了新的繁荣期。《邢台开元寺金石志》在这一新时期文化政策引导下，首次把此寺的金石文物传拓、摄影、绘图，并以编年的形式集中著录、注释、考证，公诸于世，以物证史，以史鉴今，为了解、研究中国佛教史者提供了第一手资料。所以说，此书的编著不仅是一项相对系统的地方文化工程，也是对金石学这一传统学科的现代化运用，更是对中华民族文化遗产卓有成效的保护与传承。

尤为感人的是，从立意著述，到付梓出版，《邢台开元寺金石志》还凝聚着邢台各级领导、各界人士之心血。当代禅门泰斗、中国佛教协会副会长、邢台大开元寺复建后的首任住持净慧长老往生之前，曾经多次顾问此书的编撰进展情况，并撰联"一代中兴古迹每怀泛爱寺，千秋法脉开山遥忆佛图澄"，以示关切；我的学兄、邢台市政协原副主席胡朝元，作为邢台大开元寺修复委员会常务副主任，不仅一直为邢台大开元寺的复建工作殚精竭虑，奔走操劳，并且主动担任本书编委会执行主任，为此书能够顺利编著、圆满出版出谋划策，协调各方关系；中共邢台市委统战部部长王素平，作为本书编委会主任，则在为解决本书出版资金的关键环节，起到了至关重要的运筹作用。当然，邢台开元寺文物管理所所长冀金刚、邢台历史文化研究会副秘书长赵福寿二先生作为本书主编而钩沉索古、苦心孤诣，更是功不可没。本人生于斯、长于斯，对家乡的一草一木都有着深厚的感情，在《邢台开元寺金石志》即将付梓之际，尊朝元兄等乡贤之命，奉为此序，向高僧大德、乡贤先进表示敬意，并希望更多有识之士为弘扬地方文化、传承中华文明而立功建业！

（原载于冀金刚、赵福寿主编：《邢台开元寺金石志》，国家图书馆出版社2013年版）

进一步加强古籍保护工作

主持人：各位网友，下午好，欢迎点击中国政府网在线访谈。我国古代文献典籍是中华民族在数千年历史发展过程中创造的重要文明成果，蕴涵着中华民族特有的精神价值、思维方式和想象力、创造力，是中华文明绵延数千年、一脉相承的历史见证，也是人类文明的瑰宝。古籍具有不可再生性，保护好这些古籍，对促进文化传承、联结民族情感、弘扬民族精神、维护国家统一及社会稳定具有重要作用。

最近，为进一步加强古籍保护工作，国务院办公厅下发了《关于进一步加强古籍保护工作的意见》。这是我国文化建设的一件大事，标志着我国的古籍保护工作进入了一个新阶段。2月28日，全国古籍保护工作会议召开，文化部副部长周和平发表了题为"努力开创我国古籍保护工作新局面"的讲话。今天，周和平副部长来到中国政府网演播室，就进一步加强古籍保护工作与网民进行在线交流。欢迎您，周副部长。

周和平：谢谢主持人。很多网友对古籍保护非常关心，我已经在网上看到大家提了很多问题，说明古籍保护工作受到了全社会的关注，首先感谢各位网友对我国古籍保护工作的关心。

主持人：首先请您向大家介绍一下什么是古籍、什么是善本等一些基本的概念。

周和平：古籍是指写印于1912年之前具有中国古典装帧形式的书籍，清朝以前古装形式的书籍，我们叫古籍。所谓"善本"是好的古籍、珍贵的古籍。我们这次把古籍分四级，前三级可以归为善本。

主持人：有网友问，我国现有古籍的数量有多少，都藏在什么地方？

周和平：我们国家有五千年的文明史，前人留下了大量的典籍，我们的历史很多是靠这些典籍传承的。在历史进程中，即便由于天灾人祸，事故不断，我们国家存在的古籍的量还是很大的。现在据图书馆、博物馆等文献收藏单位不完全统计，数量在2700万册以上。大量存在于民间的古籍国家还没有进行统一的普查登记。我认为数量至少在3500万册，可能在4000万册以上。除了国家收藏单位如图书馆、博物馆等文献收藏单位以外，在民间还大量藏于个人、寺庙。

主持人：我国目前非常重视加强古籍保护工作，请您谈谈当前保护古籍的重要意义。

周和平：古籍是记载一个国家文明的重要标志，同时也是传承文明的一种重要形式。正是因为有了古籍，我们能够准确了解历史，通过古籍和前人对话。比如了解春秋战国的事情，可以通过《战国策》等春秋战国的典籍来了解。它们在一个民族传承文明中发挥着非常重要的作用。

清朝灭亡到现在已经将近100年了。许多古籍由于很多原因遭到破坏或流失,有人为原因,也有自然环境变化的原因,有的地方收藏条件比较差,所以现在保护古籍的形势应该说是非常严峻的。古籍是不可再生的文化资源,可以说保护古籍是我们现在面临的刻不容缓的一项工作。

主持人: 您刚才说到保护古籍目前有许多突出的问题需要解决,广大网民非常关心。有网民问,我国古籍的破损量大吗,都存在什么突出的问题?

周和平: 应该说进入国家收藏单位的古籍,绝大多数都得到了有效的保护。但现在许多收藏单位保管条件不太好,特别是民间收藏的古籍损害还是比较严重的。比如有虫子把书咬坏了,纸张变脆了,古籍不能打开了。还有其他一些人为原因和水火灾害都会造成古籍的损害。有的古籍存在已经1000多年了,这样的古籍有自然损害的过程,这也是一个不可忽视的现象。

主持人: 党中央和国务院十分重视古籍保护工作,新中国成立以来做了很多卓有成效的工作。请谈谈这方面的情况。

周和平: 自新中国成立以来,党中央、国务院非常关心古籍保护工作。第一,收集保存大量的古籍,保护古籍的初步体系基本形成。中国的古籍过去除了藏在皇家、官家,多数是私藏。新中国成立初期,政府费了很多力气收集各种形式的藏书,再存到图书馆、博物馆。一些志士仁人也把自己家藏的古籍捐给政府保管,比如捐给国家比较多的郑振铎先生、周叔弢先生、陈垣先生、李一氓先生,很多著名的藏书家都把家藏的古籍捐给了国家。当时我们国家有很多藏书楼,像江南几大名楼——宁波天一阁、常熟的铁琴铜剑楼等著名藏书楼的古籍,当时有的还在楼里,有的已经流散到了民间。

第二,出版、整理古籍,并且取得了显著的成果。新中国成立以后,中央政府投入大量资金,对《永乐大典》、西夏文献等一系列大型古籍进行修复,使一批珍贵的古籍善本得到了保护。20世纪50年代还点校了《资治通鉴》等典籍,1958年国务院成立了古籍出版整理小组,一直到"文革"期间停止工作。"文革"后不久又恢复了这个小组,出版、影印、翻译一批珍贵古籍。70年代,周恩来总理病中指示要团结图书馆的力量编辑古籍善本书目。1989年开始实施中华大典工程,将2万多种优秀古籍文献分成22个学科整理出版。经过几十年的发展,我们已经具备了比较规范的古籍修复技术,修复了上百万册古籍。

新中国成立以前,在战争年代,我们党已经开始注重古籍的抢救和修护工作。著名的金代文献《大藏经》(即《赵城金藏》)是佛教的一套典籍,曾经藏在山西省赵城县的广胜寺,应该说是非常珍贵的。日本侵略者占领山西之后,以各种借口到广胜寺寻经。这时广胜寺的主持得到消息之后,向八路军部队汇报。我们的部队派出地方武装来护送这套古籍,在战争非常艰苦的条件下,辗转很多地方。1949年4月,这套古籍就调到当时的北平图书馆,也就是现在的国家图书馆。应该说新中国还没有成立之前,1949年5—6月份,当时华北人民政府主要领导派修复人员对它进行修复,历时十几年时间,使这套古籍得到了完好的修复,成为整理《中华大藏经》重要的文献。这是党中央、国务院重视古籍、重视古籍文化一个典型的范例。

第三,建立了古籍修复队伍。

第四,最近几年,我们实施了一些重要的文化工程。1985年,在中央财政的支持下,开始对全国古籍进行缩微复制。20多年来共拍摄善本3.2万种。2002年起,文化部、财政部实施了中华再造善本工程,精选唐、宋、元时期的珍贵版本进行仿真影印,使珍贵稀有的善本化身千百,实现了继绝存真、传本扬学的目的。

这样我们既保留了善本的文献价值,同时又保留了版本价值,使读者不但看到这本书,而且能够使用它。一期工程出了758种8990册,这是新时期保护古籍工作一个成功的范例。这套书已经送到了100所大学。前两天中央财政出资,又颁赠给国家图书馆、省级图书馆各一套,使它发挥建设社会主义先进文化、构建和谐社会的作用。这些工作对于保护古籍都是非常有利的。

主持人:为加强古籍保护工作,今年1月,国务院办公厅印发了《关于进一步加强古籍保护工作的意见》,请谈谈文件的主要内容。

周和平:这个意见针对性很强,我谈一下背景。根据古籍保护面临的严峻形势,去年6月,中共中央政治局常委李长春同志和国务委员陈至立同志做了重要批示,要求组织做好古籍的抢救保护工作。这是新一代领导集体对古籍保护做出的重要举措。在这一背景下,文化部和有关方面协调,反复征求各方面意见,上报国务院,形成了《关于进一步加强古籍保护工作的意见》并正式出台。

《关于进一步加强古籍保护工作的意见》确定古籍保护的工作方针是"保护为主、抢救第一、合理利用、加强管理",确定了对古籍保护的总体目标和任务,要求了几个方面的内容:第一,全面开展我们国家古籍的普查登记工作;第二,逐步形成完善的古籍保护制度,其中以《国家珍贵古籍名录》为标志健全保护制度;第三,命名全国古籍重点保护单位,规定拥有一定数量、一定质量的古籍收藏单位将列为全国古籍重点保护单位,使大家引起重视;第四,培养一批较高水平的保护人员;第五,有计划地开展对古籍的修复工作。这是文件的主要内容。由国务院部署,开展我们国家的古籍保护工作,这在新中国还是第一次。应该说,大面积动员全社会力量,参与这项工作是非常有意义的一项工作。

主持人:网民还特别关心古籍保护经费的支持情况,我们将投入多少经费支持这项工作?有网民问,就加大古籍保护资金投入,国务院要求"各级财政部门要对本地区古籍普查、修复、出版、及数字化给予必要的资金支持",有没有必要的措施保证这些资金的落实?

周和平:按照国务院的要求,开展古籍的普查登记,颁布国家珍贵古籍名录,命名古籍重点保护单位,这些都需要资金支持。没有钱,办不成事。应该说,对古籍保护的投入是公共财政支出的重要内容。中央财政对古籍保护是非常重视的。在昨天召开的会议上财政部张少春副部长专门强调了这个问题，各级财政都要加大对古籍保护的投入。在开展古籍普查登记工作、建立名录工作，以及命名古籍重点保护单位之后，对列入珍贵古籍名录古籍的修复工作，以及其他保护古籍的工作，中央财政都会给予一定的支持。

地方政府也应该在这项工作中给予大力支持。应该说古籍保护不会花很多钱，但意义非常大。因为古籍的不可再生性决定了这项工作的重要性。古籍保护是为我们的子孙后代、为中华民族留下宝贵财富，使我们的后人能够把我们的这些财富接下来、传下去，在培养民族精神，在一个社会的发展中发挥它的重要作用。

主持人：周副部长，咱们有没有具体措施保证资金的落实？

周和平：首先是中央财政方面。最近几年，中央财政每年都有一定的经费，这些年中央财政资金就达 2000 多万元。今后随着这些项目的实施，财政经费会逐步加大。按照中央财政的要求和国务院文件的要求，地方财政也会加大投入。今后我们通过建立古籍珍贵名录制度，命名古籍重点保护单位，对地方都要提出一些要求，明确地方的领导责任，用各种方式引导地方加大投入开展工作。

同时，按照"两条腿"走路的方式，除了政府拿钱以外，动员社会民间力量。光靠政府是不够的，还要调动社会各方面力量，包括有责任感的企业家，欢迎他们对古籍保护进行捐赠，发挥政府和社会民间的积极性。力争古籍保护工作的经费多一些，以便更好地开展工作。

主持人：古籍是文物吗？古籍的管理和利用与文物有什么不同？

周和平：古籍，特别是善本古籍，它是文物；但是它又不同于其他的文物，它的本质和功能是要利用。其他的文物摆在博物馆，大家看一看就可以了。古籍是文献文物记载，它的重要功能是要给读者利用，所以既要保护，又要利用。

主持人：网民问，如何科学地修复古籍？保存古籍需要什么样的环境？

周和平：古籍修复是一项科学系统的工作，根据不同的古籍、不同的破损情况，有不同的修复方法，有一些必须遵守的原则。第一，在古籍修复前，必须根据具体修复的特点，根据"整旧如旧"和可逆性修复的原则。第二，要用科学的方法来确定古籍纸张的酸碱度。比如对于严重酸化的古籍，要首先进行脱酸处理，然后再进行修复。第三，古籍修复材料的选用，必须保持古籍的原有风貌，保持原有的装帧形式。第四，古籍修复的材料还要有利于古籍的长期保存与保护。

主持人：网民问什么是中华古籍保护计划？国家为什么要开展这个文化工程？

周和平：中华古籍保护计划是国家在"十一五"期间重点开展的古籍保护项目，主要任务有四方面。第一，对全国公共图书馆、博物馆和各有关单位古籍收藏和保护状况进行普查，建立中华古籍联合目录和古籍资源数据库。这是一个国家登记制度，通过普查登记，并不改变古籍的所有权，包括私人藏书。我昨天看到有网友提问，私人藏书是不是登记以后政府就收走了，这是肯定不会的，请大家放心。作为一名公民，保护我国的文化遗产也是义务。对藏书损害严重的，国家还对给予一定的资助，帮助你改善保管条件或者修复古籍，实际上对藏书者是有益的事情。

第二，实行古籍分类制度。国家古籍名录经过一定的申报程序，是由国务院批准颁布的。进入《国家珍贵古籍名录》的古籍，是古籍中的善本书，善本书中的珍贵善本。进入这个名录的古籍，国家要加大力度进行保护。第三，完成一批古籍书库的标准化建设，命名全国古籍重点保护单位。这项工作实际上是改善藏书条件。命名古籍重点保护单位也是经过一定的申报和评估程序，报国务院批准之后对外公布。

第四，加强古籍修复工作，培养一批具有较高水平的古籍保护专业人员。这是中华古籍保护计划的重要内容。

之所以要开展这项工程，是因为古籍保护的重要性和紧迫性。这些古籍是中华文明的瑰宝，保护这些古籍对促进文化传承，连接民族情感，弘扬民族精神，维护国家统一和社会稳定都具有非常重要的作用。这么做还因为现在在保护工作中仍存在一些突出问题，主要表现为：现存古籍家底不清，古籍老化、破损严重；修复手段落后，保护和修复人才匮乏，尤其是少数民族古籍的保护和整理，极度缺乏，有的面临失传；还有大量珍贵古籍流失海外。这些都要求我们加强古籍保护，这项工作刻不容缓。

主持人： 网民非常关心普查工作。网民问，古籍普查都是在什么范围内进行？为什么要开展这项普查活动？私藏古籍是否属于普查的范围？

周和平： 这次普查是在中华人民共和国境内进行，各级图书馆，保管藏书的单位，包括寺院、藏经阁，和个人收藏的古籍都应该纳入普查的范围。普查是由收藏单位和个人到所在地指定的登记单位进行登记，国家制定普查标准开展普查。

主持人： 网民问什么是古籍分级管理制度？《国家珍贵古籍名录》都登录哪些古籍？由谁来选择、发布？

周和平： 根据已经制定的古籍的定级标准，我们在工作开始时，对省一级现在古籍岗位上工作的人员加以培训，使他们掌握定级的标准。当然，要想定级定得准，它的前提是版本鉴定必须准确。我们将来会采取两项措施：第一，各省先把自己已经报上来的东西先鉴定一遍，确定是处于哪一级；第二，针对一级古籍，由北京方面派出专家组加以重新审定。

我们给现存的中国古籍制定了一个定级标准，一共分四级，前三级每一级里又分为甲、乙、丙三等，采取了"有时限，又不唯时限"的原则。这个标准我们曾经做过实验，是比较好掌握的。

主持人： 网民问我们国家正在评选国家古籍重点保护单位，想知道哪些单位可以入选，什么时候由谁来公布？

周和平： 评选国家古籍重点保护单位一般有几个标准：第一，有一定的收藏量，其中包括善本数量也有一定的要求；第二，有古籍的专用书库，有专门的古籍保护机构和工作人员；第三，有专项经费保障。申报有一套程序：申报单位提出申报，经过专家评审后，各省、区、市的文化厅（局）报经省级人民政府批准以后，向文化部申报。文化部经过评审，再经过有关部门组成的部际联席会议同意，报国务院批准同意。公布以后，对入选的全国古籍重点保护单位提出要求，使这些古籍能够得到有效的保护。

主持人： 网民问政府如何解决修复人才短缺的现象？高等院校在其中起什么作用？古籍保护工作专业人员断档问题尤为严峻，迫切需要解决，在近期内有什么具体的解决措施？

周和平： 网民提的问题很好，也是我们非常关心的问题。古籍修复能不能做好关键是人。古籍的修复是一种特殊技术，现在很多行业都实现了工业化，但古籍修复完全做到工业化还很难，特别是中国古籍的修复有一定的规律。现在这方面的人才匮乏。新中国成立以后，我国组织过很多古籍修复人员的培训班，培养了很多修复人才。我们还要借鉴新中国成立初期的做法，加大培训力度，使现有从事古籍保护工作的人得到培训，按照规范的技术进行修复。

另外，在一些学校开设相关专业。现在在南京有所学校创办了古籍修复的本科专业，江苏的一所职业技术学院创立了古籍修复专业。将来随着古籍修复工作的展开，也为这些人才的就业创造了非常好的条件。不知道网民中有没有有志于搞古籍修复的，如果有这方面兴趣的同学，欢迎你们进行学习。而且这项工作也是非常有意义的。

主持人： 网民家藏古籍没有合适的保存条件，能否由国家托管？

周和平： 如果本人愿意，政府可以创造藏书的条件，政府可以托管，但古籍的所有权不会改变。

主持人： 网民说，我是边远省份从事古籍工作的人员，得知国家要实施中华古籍保护计划非常非常高兴，现有几个问题如下：边远省份由于经济、文化相对落后，古籍保护工作面临的问题尤为严峻，请问国家在资金、设备、人员培训等方面的政策上有什么倾斜，以解边远省份古籍保护工作的窘况？如有倾斜，如何保证这种倾斜政策落到实处？我们认为，这种政策倾斜是十分必要的，并希望其落到实处。

周和平： 我们国家财政有一项重要制度是转移支付制度。对西部地区中央财政每年都会安排一定的转移支付资金，来支持西部地区经济和社会发展。古籍保护也是如此。今后中央财政会陆续加大对西部地区、贫困地区古籍保护的支持力度，支持这些地方搞好古籍保护工作。

主持人： 请问目前对于全国以及散落世界各地的中国古籍是否开展大规模的调查摸底工作？因为各种原因流散于海外的古籍有没有办法追回？另外据我所知，台湾故宫中珍藏了大量珍贵古籍，目前海峡两岸就古籍保护问题有没有交流？我们能不能有机会看到这些珍藏在台湾的古籍？

周和平：先说流失到国外的古籍，因为流失情况很复杂。中国近代屡次受到外敌入侵。侵略者除了抢走文物以外，也掠夺走了很多古籍，还有不少古籍通过其他渠道散落到了世界各地。世界上许多地方对这些古籍也非常重视，创造了保管条件。但这些毕竟是中华民族的典籍，应该落叶归根。新中国成立以后，政府和政府兴办的图书馆、博物馆都积极与海外有关政府、图书馆、博物馆进行交涉，有的进行合作。符合追索条件的，依法追索。目前不具备追索条件的，现在在国际间古籍联合编目、联合整理、出版等工作都开展得比较活跃。

政府应该进一步加大在这方面的工作力度。除了国内公布《国家珍贵古籍名录》外，争取能够编撰出中华古籍的海外目录，使分藏在世界各地的古籍我们能够做到心中有数。台湾藏有一部分古籍，我们也是了解的，显然这是我们中国人自己的事情。我们多次到台湾就古籍的联合整理、出版、编目问题与台湾有关方面进行合作。这些年开了很多会进行研究，有的已经形成了合作性的项目。

我们和台湾有关方面进行接触，将联合制译一个古籍书目数据库，实现书目共享，使全世界、全中国知道哪收藏了什么，还有哪本书需要合作出版，就具体事宜进行具体协商。这方面海峡两岸档案交换做得比较好，现在国家修清史就得益于此。

主持人：有网友问，有没有因为工作失误或失职所造成的古籍不可挽回的缺损和丧失？

周和平：这个情况是有的，有的是不可抗拒的，比如自然灾害造成的，还有因为人为原因比如责任心不强造成的。大家知道，去年有一个图书馆透水，使收藏的少数民族典籍受到损害。有关方面非常重视，采取了补救措施，而且对当事人进行了批评处理。像这样的事情不应该发生，我们实施保护计划也是要防患于未然，引起大家的重视，同时创造条件，避免再发生这样的事情。因为古籍是不可再生的，毁一本少一本。

主持人：网民问古籍数字化建设方面，特别是古籍书目数据库的建设何时能有全国统一的规范和标准？

周和平：现在已经有了统一的规范、标准，包括书目规范和计算机处理标准。在我们这个项目里也有一项很重要的工作，就是通过联合编目的形式来进行全国古籍的普查工作。所以最终的成果也会形成一个联合的书目数据库。另外在如何进行数字化方面，已经形成了一套完整的标准和规范。

主持人：网友问，各收藏单位是古籍保护工作的主力军，请您谈谈如何加强古籍的保护与管理。

周和平：各古籍收藏单位要把古籍保护作为业务建设的重要内容，切实担负起古籍保护责任。古籍保护是全民族的工作，具体落实到古籍收藏单位，责任重大。如果万一出现了闪失，对不起子孙后代，所以应该有责任心。政府有关方面应该支持这些单位加强硬件设施建设，改善保管条件，完善安全措施，做好这方面的工作。

同时,古籍保护还要把古籍市场管好,大家越来越认识到古籍的重要性。有的文物市场古籍走私的情况比较严重,比如宋版书一页纸的价钱在一两万元。有些文物贩子靠古籍发财。政府要加强这方面的监管。特别是要制定一些措施,防止古籍向海外流失。

主持人:政府将如何开展古籍保护工作?

周和平:首先,要调动各个方面的积极性。国务院文件要求,由文化部牵头,国家发改委、财政部、教育部、科技部、国家民委、新闻出版总署、国家宗教局、国家文物局等部门组成全国古籍保护工作部际联席会议,研究古籍保护的重大问题,部署古籍保护的重要工作。联席会议办公室设在文化部。联席会议还要聘请古籍专家组成专家委员会,为联席会议的决策提供咨询和参谋作用。同时在国家图书馆设立国家古籍保护中心,承担全国古籍的普查登记、业务培训、学术研究等方面的工作。各省也参照这种模式,建立相应的工作机制,调动政府和民间力量共同做好这方面的工作。希望社会各界积极参与这项工作,积极支持古籍保护工作。

其次,各有关媒体要加大对古籍保护的宣传力度,普及相关知识,增强全社会保护古籍的意识,充分调动社会力量参与古籍保护工作。特别是地方各级领导应该把古籍保护作为一项义不容辞的责任。最近有领导同志讲,对待古籍保护工作的态度是衡量一个干部有没有文化的重要标志之一。我觉得这话讲得非常准确。领导干部应该有这个理念、有这种责任心,为我们民族把优秀的典籍保护下来。

主持人:网民说,我是一名古籍爱好者,平时也买了几部古书,有些书破了、断了线,很想修修。我能自己修吗?我很想学习古籍修复技术,请问在哪里能学习这样的技艺?

周和平:古籍是流传于子孙后代的文物,同样是我们民族珍贵的文化遗产。古籍修复是一项科学细致的工作,在没有经过专业培训的情况下,最好在修复上要比较慎重。可以把家藏古籍拿到拥有古籍修复技术的相关图书馆或者修复单位进行修复,这样比较稳妥。

目前,南京莫愁中等职业学校开设有古籍修复5年制高职班;南京金陵科技学院开设有古籍修复专业的本科班,个人可以通过高考进入该校学习。另外,文化部和劳动人事部也颁发了古籍修复师职业技术标准,今后会面向社会各界开办相应的培训班,进行资格认证。

主持人:有网友问,请问古籍管理和保护工作如何开展,国家对散落到民间的古籍是否有专门的机构来收集和鉴别?

周和平:中华古籍保护计划的一个非常重要的内容就是普查和登记。普查登记不是光面对政府兴办的图书馆、博物馆,还面向全社会和民间。在中央的藏书机构都要设立普查机构,在一些单位要相应设立古籍鉴别的机构。如果民间这些古籍你不了解它的价值是什么,属于哪一级别,就可以到这些机构,这些机构会做出认真的鉴定。关于版本的鉴别需要专家,有时专家还要看到书再做鉴别。个人可以把书送到这些机构,请专家做鉴定,政府也会支持做好这项工作。

主持人: 有网友说,周副部长,古籍保护是一项需要调动人力、财力的系统工程,这项工作非常有必要。我们内蒙古图书馆藏有大量珍贵的古籍,特别是蒙古文古籍,是独一无二的,具有很大的收藏与利用价值,对它们的保护迫在眉睫。对它们的数字化就是一项很重要的保护措施。请问您在技术上尤其是数字化软件方面有可以推荐的吗?还有对蒙古文文献资源的加工是否有软件可以支持?

周和平: 应该说少数民族的典籍是中华典籍的重要组成部分,是我们的保护内容。保护的方法,一是原生性保护,创造环境;二是再生性保护;三是利用现代技术、数字化,在网络上使这些内容发挥作用。在这方面,政府会把各个民族语言的古籍列入这次古籍保护的重要内容,在政策、经费上给予支持。

谈到软件,主要应该由蒙文资源藏书比较多的单位承担,这方面国家可以给予一定的支持,包括经费支持、技术力量支持,尽快形成比较好的少数民族语言的软件。现在国内有关机构已经在开发这样的软件,下一步要加大开发力度,使各个民族的典籍能够在数字化条件下得到很好的整理、出版和利用。

主持人: 感谢周副部长回答了这么多的问题,也感谢网民的积极参与,本次访谈到此结束。

周和平: 谢谢主持人,也向网民对古籍保护工作的关注表示感谢。

(中国政府网访谈,2007年3月2日。中国政府网:http://www.gov.cn/zxft/ft5/wzzxgd.htm)

谈加强古籍保护

近期,国务院公布了第一批国家珍贵古籍(2392部)名录和第一批全国古籍重点保护单位(51个)名单。这些文献典籍是中华民族的宝贵精神财富,保护和利用好珍贵文献典籍,对于继承和发扬民族优秀文化传统,增进民族团结和维护国家统一,增强民族自信心和凝聚力,建设社会主义核心价值体系,提高国家文化软实力,都具有重要意义。2008年5月13日15时,文化部副部长周和平、全国古籍保护工作专家委员会主任李致忠接受中国政府网专访,就"加强古籍保护"与网民在线交流。

主持人:各位网友,大家好,这里是中国政府网在线访谈。近期,国务院公布了第一批《国家珍贵古籍名录》和第一批全国古籍重点保护单位名单,这些文献典籍是中华民族的宝贵精神财富,保护和利用好珍贵文献典籍,对于继承和发扬民族优秀文化传统,增进民族团结和维护国家统一,增强民族自信心和凝聚力,建设社会主义核心价值体系,提高国家文化软实力,都具有重要意义。今天,文化部副部长周和平、全国古籍保护工作专家委员会主任李致忠接受中国政府网专访,就"加强古籍保护"与网民在线交流。欢迎两位嘉宾。

周和平:各位网友,大家好。现在我虽然在接受关于古籍保护的采访,但是我的思绪还在关注着汶川地震和地震灾区的人们以及基层文化工作者。我是河北邢台人,40多年前我亲历了邢台大地震,感受到地震灾害的巨大破坏力,特别是7.8级地震,到现在还能想起来当年周恩来总理亲临地震灾区,指挥人们恢复生产、重建家园。我也看到温家宝总理带着中央各部门的负责同志已经亲临一线指挥。刚才在路上我听到广播,成都军区的先遣部队已靠近震区核心区,已经知道一些情况。所以我借此机会对灾区的广大群众表示关注,也对在救灾一线的解放军指战员和各级干部表示慰问,特别向基层文化工作者表示慰问。刚才我又问了一下四川省图书馆的一些情况,损失不是太大。

今年国务院公布了第一批《国家珍贵古籍名录》和第一批全国古籍重点保护单位名单,这在我们国家是首次,在世界上也是绝无仅有的。因为公布名录和保护单位是我们国家古籍保护工作的重要组成部分,目的是向世界、向社会彰显中华文化,唤起公众的保护意识,来培养民族自信心和自尊心。通过建立名录的制度,加强对古籍的保护。胡锦涛总书记在十七大报告中特别强调,要做好文化典籍的整理工作。最近公布名录、公布古籍保护单位本身就是做好典籍整理的一个基础性工作,也是贯彻十七大精神的一个重要组成部分。

中国的古籍浩如烟海。特别是在历史上曾经有过因为自然灾害或者是人为的灾害，古籍受到破坏的记载很多。现存的古籍与中华民族在整个历史发展过程中形成的典籍比较已经是万不存一，所以保护古籍就显得更为重要。在古籍保护上特别注重防灾，最普遍的做法就是在古籍的库房要安装消防设施，古籍既怕火，又怕水，所以它的消防一般是用气体，我们国家现行的做法主要是通过阻燃气体进行消防。

随着各地图书馆新馆的建设，特别是像唐山大地震之后，各级书库的建设标准规定抗震设防烈度标准为8度。现在国家图书馆的地下书库就是按照这个标准来进行设计、建设的。一旦遇到这些地震灾害，这些标准的书库都具有抗震的能力。当然还有其他一些措施，比如防雨、防水、防虫措施等，采取一系列的措施为古籍保护提供一系列的条件。

主持人：这次古籍整理，有没有您特别感兴趣的古籍？

李致忠：我见过一些原来想见而没有见到的东西，也见到一些根本就没有见过的东西。比如四川《开宝藏》，原来只见过一件，这次名录里登录了7件；山西原有的3件，我只知道一件，另外两件不知道，但是这次也出来了。又比如辽代刻书流传下来的非常少，我们研究版本、研究印刷史的人都觉得是很大的缺憾。这次名录里面登录了山西应县出的辽代印的东西，河北唐山丰润区出的辽代印的东西，内蒙古巴林右旗出的辽代印的东西，都是非常令人鼓舞的，可以弥补出版史研究、版本研究的空缺。

网友"天气真好"：《国家珍贵古籍名录》为什么收入简帛、敦煌、碑帖等特藏品，其评审标准是什么？《国家珍贵古籍名录》入选了大量明清时期的古籍，这些古籍有一些存世量还比较大，为什么也要一起收入？

李致忠：我想是这样的，我们当时甄选名录的时候，有几条原则，有个范围，有个标准，还有个方法问题。原则当中，除了公开、公平、公正之外，还要考虑全面性。全面性是指，一个是地域的辽阔，中国幅员辽阔，同一个时代不同地区、同一个地区不同时代都有典籍产生，必须照顾全面性。中国古籍演变的历史，一开始并不是纸印的书，中国最早的正规书籍是写在竹简、木简上，如果不全面考虑进来，中国古籍是不完整的。所以现在出土的竹简书以及用丝织品简帛写的书，应该是我们选录的一个对象，这是必须考虑到的一个方面。

还有一些明清的东西也放进来了，这里有一个标准怎么掌握的问题。我们曾经设定三个标准：第一，时代早；第二，流传少；第三，价值高。时代早和流传少都是一个相对的概念，这个时代早与晚，我认为夏、商、周就是很早的时代，但是夏对于商、商对于周来说年代就很近。明清当中我们选了一些，比如套印本选得比较多。这个事也有人问过。我想是这样，中国印刷术，首先发明了雕版印刷，后来到了11世纪初年发明了活字印刷。套版印刷的出现就是明朝人的一变。假定从时代早晚，从流传多少，有一个历史的观点来看它，既要回望历史判断时代早晚，又要放眼未来。我们看这些书觉得明代还比较近，假定站在未来三五百年的立场上看待这些书，时代就不近了。我们现在选的时候，表面上似乎显得略微宽泛，我们的想法是给后人留下一点空间。

主持人： 网民对此次古籍名录对少数民族文字古籍的收录十分关注。

网友"刻上我的名字"：《国家珍贵古籍名录》在历史上第一次将少数民族文字古籍收录其中，这样做主要出于怎样的考虑？少数民族文字古籍与汉民族文字古籍在保护政策和做法上有何不同？

周和平： 我们国家是一个统一的多民族国家，各个民族共同创造了辉煌灿烂的中华文化。少数民族的典籍也是中华民族文化的一个重要组成部分，所以对于传承中华文明也发挥着重要的作用。中央对于少数民族的典籍整理非常重视。20世纪80年代连续发布几个文件，抢救、整理、出版少数民族的典籍。这次在考虑古籍名录时，少数民族文字古籍作为一个重要的组成部分，有的是现代还存活的文字形成的典籍，有的是历史上出现过、现在已经不使用的文字形成的典籍，我们也收录到名录之中。这体现了中华民族的文化是一个多元一体的文化，同时也说明古籍工作是56个民族共同的事业，保护古籍是所有民族的事。要抢救每个民族的文化，只有这样才能整体上来保护中华文明。

网友"流泪的世界"： 通过这次申报工作和试点工作，有什么原来我们不了解的藏品发现吗？在这项被称为"拯救古籍"的大型工程中，我们有哪些意外的发现和惊喜？目前我国珍贵古籍保护存在哪些突出问题？

周和平： 这次在申报过程中确实发现了一批过去不知道的古籍，比如军事科学院馆藏的《十三经注疏》等。有些是未曾著录过的珍藏版本被发现，比如山西发现数十部辽代版本，为了解辽代历史提供了重要文献依据。因为我们国家古籍比较多，新中国成立后，在古籍保护上，政府非常重视，但还是存在很多问题。第一，家底不清楚。我们到现在还没有对古籍进行全面系统的普查，散在民间的古籍很多。第二，由于环境污染和人为原因，对古籍的破坏在加重。特别是空气的污染，对古籍的生存带来很大的威胁。第三，古籍保护和修复人才的匮乏，尤其是少数民族古籍的保护和整理人才极度缺乏，面临着失传的危险。现在非常紧缺古籍修复人才。我们国家古籍修复任务很重，但是真正具备修复资格的人很少。第四，整个修复工作进展缓慢，修复的手段比较落后。古籍的珍贵价值和生存状况还没有引起足够的重视，有些地方政府还没有把古籍保护列入重要的议事日程，经费投入不足。因为古籍多数是藏在图书馆，当然也有在寺院、道观。在图书馆的古籍一般情况下还得到一些保护；散在民间的，特别是有些寺院有很珍贵的古籍，但是保管条件有限，当然也有其他一些民间单位不了解它的珍贵，因此也没有引起重视。所以由国务院部署进行全面的古籍保护，它的目的也在于引起社会对古籍保护的广泛关注，不断地增加投入，提供政策支持，解决以上这些问题。

主持人： 网民对古籍入选名录后相关的保护政策措施较为关注。

网友"还要精彩"： 对入选《国家珍贵古籍名录》的古籍和被命名的全国古籍重点保护单位，政府将采取哪些特殊的保护政策措施？

周和平：这次入选的珍贵古籍是 2392 部，从文物角度来说是国宝级的文物；同时为了加强单位的责任，公布了 51 家首批全国古籍重点保护单位。其目的：第一，政府的彰显作用，让大家知道这些古籍是珍贵的，是国宝级的文物；第二，让大家了解这些单位的古籍是比较好的，引起大家的重视；第三，对列入名录的古籍，大家都有一个责任，对损害或者保管条件不好的，各级政府有责任创造条件进行保管，对有损害或者受到虫蛀和酸化的时候要加大修复的力度，加大公共财政的投入对古籍进行保护。同时，政府要陆续出台一些管理办法，比如海关，像这些古籍就要有一定的限制，像对文物的出口一样，不会让它再流向境外，使中华民族的珍贵典籍能够很好地生存下来，很好地传承我们的优秀文化。

网友"不要失败"：古籍保护应该在文化传承中承担着重要的作用。我国在古籍保护方面主要开展了哪些工作？各收藏单位和公众的参与热情高吗？

周和平：应该说这次国务院部署之后，各相关单位有很高的积极性，特别是现在存有比较多的古籍的单位申办积极性很高，希望这些古籍得到国家层面的认可，列入国家名录。这次名录的申报不光是在公共图书馆系统，包括高校图书馆、科研单位的图书馆，包括部队的图书馆，以及一些博物馆，还有一些寺院和民间的个人收藏者，都积极向政府来申报，争取使他们保存的珍贵典籍得到国家认可，得到中央政府的彰显。应该说我们国家公布首批名录和首批全国古籍重点保护单位，对营造保护古籍良好的政策氛围起到非常好的作用。

网友"城墙的影子"：请问李致忠老师，全国古籍保护中心对将要新建馆舍的图书馆，是否在古籍库房建设方面有直接的指导？

李致忠：古籍保护中心没有指定说要建古籍书库。但是我们经文化部正式批准，行业标准里有一个古籍书库的标准。这个标准对古籍书库的温度、湿度、消防条件、书柜、装置等都有规定，达到这个标准才符合古籍书库的标准。我知道各级图书馆的古籍书库，大多数放在地下，书库的条件还是不错的。

主持人：古籍保护需要强大的财力支持和资金保障。

网友"今天登顶"：目前国家是否有专门的财政支持政策？中央政府和各地对古籍保护的投入情况如何？

周和平：应该说中央对古籍保护是非常支持的，因为古籍保护是文化事业的一个重要组成部分，所以财政每年都要拨付专项资金进行支持。比如现在进行古籍普查、修复，包括这次重点名录和重点单位的申报工作，财政都给予了资金投入。地方财政对古籍的保护也是非常重视的，除了我说的普查、申报经费支持之外，在古籍修复上，特别是在藏书单位，图书馆、博物馆等相关藏书单位建设中，对于创造古籍保管条件都做了大量卓有成效的工作，比如建书库、买专用书柜以及配备标准消防措施等。这一点，随着古籍保护工作的展开，各级财政也会不断加大投入力度。

网友"甘肃省古籍保护中心"：古籍保护这么大的工程，国家，特别是各地方政府打算投入多少经费，经费的投入怎么得到保障？我们认识到古籍保护应该立法，通过法律的形式来保障各项政策的稳定性和持续性，特别是经费的保障。特别是对西部经济欠发达地区，国家应该给予政策和经费上的倾斜。

周和平：古籍保护有《中华人民共和国文物保护法》。这项工作随着人们认识的不断提高，特别是各级领导认识的不断提高，经费的投入力度会越来越大。有个形象的说法，比如说珍贵的宋版书，一页纸在拍卖市场就有上万块钱的价钱，从这儿也可以看出它的价值。当然，不能从它在拍卖市场出现的价值来算。特别是很多古籍、古本书是不可再生的，它消失掉就永远没有了，而这些记载着一个国家的文明，传承着一个国家的历史。所以列入《国家珍贵古籍名录》的古籍是国宝，没有列入《国家珍贵古籍名录》的这些古籍也是我们国家重要的文化遗产、重要的文化财富，也要把它保护好。

当然古籍保护工作也像文化工作一样，也有个发展不平衡的问题。有的地方经济条件好，投入经费就多一些；有的地方经济条件不太好，可能现在还没有认识到它的重要性，所以投入经费就少一些；有些地方就感到很困难。我想随着我们工作的开展，各地会不断加大投入力度。比如上海博物馆，在美国发现了一套《淳化阁帖》，上海市政府当即决定，花了400多万美元从美国买回来。在新中国成立初期，在香港出现了《神策军碑》，当时政府经费很紧张，周恩来总理亲自安排，中央财政拿出钱到香港把这批书收回来。所以现在很多图书馆的大量藏书也就是在那个时期形成的，那个时候和现在比，财政是没有办法比的，但是当时的各级领导有这个远见，有这个文化自觉，所以对古籍的整理、收集都做了大量的善事，使得至今很多图书馆、博物馆形成了古籍善本的馆藏，他们做了大量有益的工作。而且这种文化建设会为子孙后代造福的，让我们的子孙后代了解中华民族的历史，特别是濒危的古籍，要把它保留下来，传承中华文化。

网友"拒绝伤害"：许多古籍都是孤本，保护风险也很大，一旦出现问题，损失无法挽回。请问我们现在保护古籍都采用了哪些措施？古籍保管条件怎样？相关技术水平如何？目前我国在保护古籍方面有哪些先进的技术手段？

李致忠：从去年开始，国家古籍保护中心开始举办两个类型的培训班：一个是古籍整理、古籍版本鉴定的培训班，一个是古籍修复人员的培训班。现在全国第二期古籍修复人员培训班马上就要结业了。现在主要是用传统的手段、传统的技法来修复已经有损害的传统孤本书。从技术研究来说，我们也有一个打算，在全国陆续建立古籍修复中心，在北京要建一个实验室，如果财政允许的话，将来在南方还要建一个实验室。就是使我们的传统修复科学化，一个纸的厚薄、一个纸的纤维到底是什么，不是用眼睛看，而是用化验的办法，用科技的办法来实现，使我们的修复慢慢走上科学的道路。

当然还有环境，环境特别重要。等到书坏了再去修，这个保护已经有点晚了。应该说以前坏的我们现在修，这是不得已；那不能使我们现在保管的书再继续坏、再继续修，这不是好办法。所以就要强调藏书的环境。现在藏书环境一般通过空调是可以达到的；随着我们国家重视环境，空气质量也会好转。现在空气质量不太好，有些自然损害，如酸化、老化控制不了。这两期古籍修复的培训班，我看到一个前景：原来都是师傅带徒弟的传承手法，现在学员里面学历比较高，不止一两位博士来参加培训班，我想会出现一个非常好的趋势，就是图书馆古籍编目、整理人才和古籍修复人才可能要合流。这种趋势意味着修复技术要有一个本质的提高，和原来纯学徒不一样，这是很可喜的。

网友"一路方向"：随着《国家珍贵古籍名录》的公布，自清乾隆年间编纂《四库全书》以来中国第一次古籍普查也全面启动。请问：做好这一普查有哪些困难？普查结果何时才能面世？在普查中，普通百姓应该做好哪些配合工作？

周和平：我们现在只能是分期进行普查，到底有多少古籍，现在心里并没有底数。要全社会开展古籍普查，我觉得是一项比较长时间才能完成的工作。当然，我们现在定的主要是二级以上，大概什么时候完成？

李致忠：整个普查可能需要几年。

周和平：因为有的还没有整理，整理出来还要进行鉴别，然后再按照标准进行衡量，最后要形成一个目录。所以这项工作只能说每年有安排，加快推进它的进度，逐步建立我们国家的古籍登记制度，形成一个目录，最后是这样一个结果。但时间上还得从实际出发，这是比较长时间内才能完成的一项工作。这项工作，各级都建立了古籍保护中心，比如国家古籍保护中心建立在国家图书馆，省级古籍保护中心建立在省级图书馆，古籍比较多的地区，差不多都是在所在地公共图书馆建立中心，民间收藏可以到这个中心去登记。通过登记，中心会派出专业技术人员一块鉴定版本，能够准确地著录。这点请大家放心，国家只是建立登记制度，书并不改变所有权。通过登记了解到这个书是珍贵的，或者了解到这个书是什么年代的，比较准确地划分等级，这样自己也比较清楚。所以希望广大网民和藏书者积极参与到普查和登记中来，使我们国家的民间收藏、藏书单位收藏的珍贵古籍能够在政府登录时登录上来，这也是一个国民的责任。

主持人：刚才已经回答了古籍登录后归属权的问题。

网友"冬雪之后"：古籍普查是不是只涉及公共图书馆和博物馆系统？民间和海外的古籍如何登记？

周和平：这个普查是面向全社会，是面向所有的藏书单位和个人，包括图书馆、博物馆以及单位的藏书室，也包括寺院、道观和个人收藏，这些都应该在普查和登记范围之内。

网友"没有附和"：据专业人士估计，全国民间尚未普查登记的古籍数量在3500万册到4000万册。这个数据您听到过没有？

周和平：我只能说这个数据是估计，因为没有普查，现在没有底数。现在有底数的就是各个系统的藏书，号称是3000万册。总体上来讲，只会比这个多，不会比这个少。

网友"没有附和"：文化部门是否考虑对这部分图书的登记和保护？

周和平：在普查时肯定要考虑，建立《国家珍贵古籍名录》以后，这些书就要陆续加大保护力度。像私人藏书怎么样使它得到很好的保护，当然你自己创造条件，这是很好的。比如中国历史上就有私人藏书的传统，有很多藏书楼。私人家藏，政府也可以来指导或者提供政策支持把这个藏书搞好。同时你也可以把这个书寄存到符合条件的地方，政府会免费提供寄存场所，保证它的安全性，使古籍能够很好地保护起来。

网友"没有附和"：据了解，在一些国家，私人收藏家可以将自己的藏书让国家公共图书馆来保存，但是产权还是归于个人。文化部门是否会借鉴这样的做法？

周和平：这个规定还没有，但是这种事情比较少，我觉得是好的做法。随着古籍保护工作的展开，我们国家也可以学习其他国家一些好的做法。像这种我认为是很容易做到的，而且也是公共藏书单位和政府的责任。

网友"千年修行"：在民间典籍收藏很早就开始受到关注了。您认为私人收藏和国家保护之间存在怎样的关系？普通百姓在收藏古籍中应该注意哪些问题？

周和平：我觉得藏书是一个国家好的文化传统，中国历史上就有这样好的传统。越是文化发达的地方，就是文盛之地很多都注重藏书。越是文化素养高的家族越注重藏书。所以过去历史上一些文人、官员，甚至一些富商，家里都有藏书，它是一种文化素养和爱好学习的表现。现在我知道很多家庭也有藏书，特别是有些家庭还有古籍，我认为应该是鼓励的。总体来讲，我们国家要建立学习型社会，学习型社会很重要的是对人文知识的学习，当然也包括科学技术的学习。所以应该倡导私人藏书，它和国家藏书并不矛盾。国家藏书是为公众提供阅览，私人可以根据个人喜欢收藏图书。对于古籍收藏，如果收藏到一本古籍，那就是非常珍贵的财产，既是个人财产，也是国家财产，所以保管者就有责任把它保护好。当然，要创造比较好的保管条件，包括要防止虫蛀、霉变、酸化等。如果具备条件的家庭，鼓励多藏书，这是一件好事，属于社会进步的表现。

主持人：李主任对于普通百姓藏书应注意哪些问题有什么要说的？

李致忠：私人藏书是我们国家的优良传统。到今天来看，这个传统仍然还在发展。特别是改革开放以后，出现了不少私人藏书。北京就有几位，我也认识，他们都很有素养，也有这方面的特殊爱好。私人藏书要注意：第一，要注意安全。所谓的安全，要注意防火、防水、防盗。第二，私人藏书如果破损了，自己想修，但是自己不懂修复技术或者找的人技术不高，那轻易不要修，因为一修就是修复性的破坏，有些书一修复就被破坏了。

周和平：因为要用特殊的材料，包括特殊的浆糊。

李致忠：在这个前提下，我想这是并行不悖的，这是非常好的传统。

网友"痴古"：我是一名得自家传的古籍修复者，很希望进入图书馆等国家机构服务。请问现行的制度是否可行？

周和平：现在用人机制还是比较活的，那要看你的情况。如果具备条件，而且有比较高的水平，有可能被吸收到藏书单位去，你也可以被这些单位聘用进行修复，甚至你也可以个体干，只要符合标准，为社会修复图书都是可以的。

网友"发展不息"： 有报道称，现在古籍保护人才匮乏。为什么现在从事古籍工作的人员比较少？政府将采取哪些措施以改善这种状况？文化部门如何解决古籍修复需求与人员短缺的矛盾？在加大古籍保护及修复人才的培养方面是否已经采取了相应措施？在人才队伍建设方面，文化部有哪些考虑？

周和平： 应该说古籍人才的匮乏，从另外一个角度说明政府和社会对古籍的关注还不太够，也就是说还需要进一步引起重视，加大对古籍的保护工作力度。古籍保护很重要的就是人才的培养，这个培养包括古籍版本的专家，也包括古籍修复人才。现在有些单位已经重视这项工作，比如江苏莫愁职业技术学院开设了古籍修复专业，毕业生有比较好的就业渠道。今后一是通过学校的培养，培养古籍修复人才；二是通过培训，由各级古籍保护中心对现有的人才特别是修复人才进行培训。应该说这是事半功倍的工作。新中国成立以来，对古籍修复人才的培训不断进行，现在很多图书馆的修复人才都在当时的国家图书馆进行过培训。通过这种操作性的培训，可以很快掌握技术。而且我国的古籍修复技术在很多方面，在国际处于领先地位，特别是对中国以宣纸为主要印刷材料的图书修复上，现在国外很多图书馆还要请中国的专家到他们那儿从事古籍的修复，这一点是我们下一步要开展的工作。通过若干年努力，把这支队伍发展起来，有了这支队伍，才是古籍保护最重要的保障。

网友"猪崽几在湖科大"： 请问周先生，中国的古籍成为了"死古籍"——收藏单位以保护古籍为由，对查阅摘抄古籍的学者收取高额费用，致使脆弱的中国文献研究雪上加霜，每况愈下。书籍是文化的载体，但是，如果珍贵的古籍只是摆设，那么，我们要这堆废纸干什么？

周和平： 这位网友讲到的情况在现实工作中是存在的。这个问题要两面讲。一方面，古籍是要让它得到利用的，包括各个收藏单位收藏的古籍都有一个重要责任，就是要传承文化，不要把它变成"死古籍"，让它为中华文化的发展和传承能够做出贡献。比如说研究某个时期的历史、某个阶段的版本，一定要看到书的，不看到书就没有办法研究。从这个意义上讲，特别是公共藏书单位就有责任向公众很好地提供图书阅览，特别是古籍阅览的服务。所以很多图书馆都建立了比较好的古籍阅览室，专门供这些读者使用。

另一方面，因为古籍是脆弱的，特别是很多孤本书，在使用过程中自然性的破坏也是存在的。有些书不能再动，一动就坏掉了，像这种书也就不好提供阅览。但是这个问题不是不能解决，所以新中国成立以来我们也采取了很多措施。首先把这些珍贵的古籍给缩微，拍成胶片，用缩微阅览机的办法阅览。最近几年，随着数字技术的普及，现在有大量的古籍数字化，通过计算机不但可以提供到馆阅览，有的在网上就可以提供阅览。这样对于一般研究文献的读者就可以解决问题了。但对于有些研究版本的读者，一定要摸到书，相关单位也是在比较严格的，就是符合古籍保护条件的阅览室中提供阅览。一个是使用者要理解，一个是各个公共藏书单位要提供这方面的服务。刚才谈到要使用就要收很高的费用，这是不应该的，因为公共财政投入了经费，特别是公共图书馆，它就是要为公民提供免费的服务。如果有哪些馆有这样的情况，我觉得是应该纠正的。

网友"千年修行"：古籍保护与其他文物保护应该是保护传承传统文化的重要组成部分。请问，文化部作为文化主管部门，在统筹考虑二者关系、推进文化遗产保护方面有哪些新的思路和设想？如何处理好古籍保护和其他文物保护的关系？

周和平：这个问题比较大。中华文化的传承一个很重要的渠道是通过典籍来传承，就是通过不断的整理著述来传承文化。之所以说中华文明的文化是一以贯之的，没有间断的，因为我们有文字。文字通过什么？就是通过典籍，所以记载比较准确。现在今人可以和古人对话，靠什么？就是靠典籍。所以经典的传承是中华民族文化很重要的传承方式。我们国家是国有史、方有志、家有谱，史、志、谱都形成了典籍。还有就是整理著述，这也是中华民族优良的传统。它为我们后人了解中华民族的优良传统留下了很好的基础。比如说我们看孔子的《论语》，可以看到很老的版本，它是有脉络的。这对于做好当代文化工作是一个很好的基础。

中央对文化的保护和传承非常重视，几次党代会都将其作为重要任务。应该说这是我们搞好当代文化工作的一个基础，所以我们要继承和发扬中华民族的优秀传统文化。从哪儿继承？有这么多典籍，有了这个基础，我们才能去继承。要弘扬就是在这个基础上去发展，加上时代精神，我们不断地吸收这个时代产生的优秀文化，同时吸收一些外来的优秀文化，形成当代的文化，使我们的文化工作能够立足于坚实的基础上，使中华民族的精神发扬光大。这是当前文化工作的一个重要任务。十七大提出推动文化的大发展大繁荣，掀起文化建设的新高潮，优秀传统文化为我们实现"两大一新"提供了非常好的基础。应该说古籍的保护工作是继承中华民族传统文化的重要内容，是当前文化工作极为重要的任务。

主持人：正如周副部长所说，古籍是今人与古人的对话，而且古籍也见证了中华民族的千年绵延。今天通过我们的访谈，大家更进一步了解了古籍，也更进一步了解了加强古籍保护的重要性、古籍保护的方法和相关政策。非常感谢两位嘉宾，也非常感谢网友的积极参与。本次访谈到此结束，谢谢。

（中国政府网访谈，2008年5月13日。中国政府网：http：//www.gov.cn/zxft/ft112/wz.htm）

《2010·书香中国》央视特别节目采访

(国家图书馆馆长周和平上台,和央视主持人李潘一起打开司马光《资治通鉴》残稿仿真复制件。)

李 潘:周馆长您好,您今天现场给我们带来了一件什么样的馆藏国宝?

周和平:我今天带来的是《资治通鉴》残稿仿真复制件,原件典藏在国家图书馆。这是唯一传世的司马光亲笔书写的手稿。

司马光和助手历时19年,编纂成这部规模空前的编年体通史巨著,目的是总结历史经验教训,供统治者借鉴,因此叫《资治通鉴》。

在编纂过程中积累的资料长编,历经900多年,只有这个残卷29行465字岿然独存,真可谓是鲁殿灵光。这个手稿草拟在范纯仁(北宋名臣范仲淹的次子)写给司马光和他的兄长司马旦的书札上。卷尾还有司马光亲笔的"谢人惠物状"。司马光的手迹、谢人惠物状和范纯仁的书札被誉为"幅纸三绝"。

明代项元汴、清代梁清标等大收藏家曾经收藏。后来归入清内廷,上面钤有乾隆帝、嘉庆帝、宣统帝的玺印。1960年6月4日,由文化部文物局移交北京图书馆珍藏。

李 潘:国家图书馆有这么珍贵的典籍,也有浩如烟海的现代文献和外文文献。请问图书馆在推动全民阅读方面应该发挥什么作用?

周和平:党和国家领导人高度重视文化建设,中华民族的伟大复兴,五千年文明的延续,中华民族共有精神家园的建立,有赖于此后若干年里文化软实力的累积。以书香浸润国人的心灵,塑造民族之魂,就是孟子所说"吾养吾浩然之气",这应该是全民阅读的终极目的。

国家图书馆的100年见证了中华民族这100年的沧桑,国家图书馆的宗旨是"传承文明,服务社会"。在推动全民阅读方面,图书馆的作用应该也必然是优质资源的建设者、公益服务的先行者、全民阅读的领航者、民族优秀文化的传承者。

(2010年4月23日)

民国时期文献抢救保护刻不容缓

"民国时期纸张的一般寿命是50～100年。目前,民国文献普遍出现了严重的老化或损毁现象,有的一触即碎,有的甚至已经碎成纸屑,再也无法使用。而根据地出版物,由于纸张和印刷质量差,破损问题更为严重。"3月8日,全国政协委员、国家图书馆馆长周和平在政协第十一届全国委员会第四次会议文化艺术界委员联组会上提出,民国时期文献抢救保护面临严峻形势,已经刻不容缓,建议"十二五"期间,在实施中华古籍保护计划的基础上,全面开展民国文献的抢救保护工作,避免文献历史出现"断层"。据了解,周和平委员的发言在联组会上引起强烈反响。目前,这一建议已经作为提案上报。

会后,本报记者第一时间联系到周和平委员,并就民国文献保护现状、存在问题等对他进行了专访。

记　者:就您所知,民国时期文献目前的概况如何?为何说对其的抢救与保护已到了"形势严峻、刻不容缓"的地步?

周和平:据初步估算,民国时期的文献数量要远远超过存世数千年的古籍总量,仅国家图书馆的民国文献总藏量就达到88万余册。新中国成立以后,特别是改革开放以来,我国在一定范围内对民国时期文献进行了调查、整理、出版、缩微和数字化保护,取得了一定的成果。然而,从整体看,民国文献的保护仍存在底数不清、保护条件不够等问题。一方面,民国文献存量、分布与保管状况不明;另一方面,目前许多单位对民国时期文献的保存既没有按古籍对待,也没有按现代流通量大的出版物对待,甚至裸露放置在没有恒温恒湿、不避光、不防尘的书库里。在一些革命老区的图书馆和基层图书馆,保管条件则更差,致使文献的损坏日益严重。

因此,从某种程度上来说,民国时期文献保护所面临的形势比古籍更加严峻。古籍采用"纸寿千年"的宣纸,保存时间相对较长,而近代印刷中采用的机制纸张只能保存50～100年。国家图书馆曾经对馆藏民国文献的破损程度进行过抽样调查,破损率达100%,其中严重破损的占54.78%,纸张的酸化、脆化、老化相当严重。再加上影印出版、缩微拍摄和数字化加工等再生性保护工作进展缓慢,出版利用不够等问题,可以说,如果再不及时抢救这些文献资料,这段历史将随着这些文献的消失而失去记忆。

记　者:在此前,民国时期文献的抢救保护是一个尚未引起足够重视与关注的领域,您率先提出,是缘于其怎样的价值和意义?

周和平:今年恰逢建党90周年和辛亥革命100周年,短短38年的民国时期，正是中国历史上一个重要而特殊的历史时期。这一时期的文献全面记载了马克思主义在中国的传播，记载了中国共产党领导全国各族人民争取民族独立和人民解放的伟大历史，也记载了中国近代社会的巨大变化，具有珍贵的史料价值和现实意义。

据我所知，由于机械印刷的传入和政治思想领域的碰撞和激荡，民国时期文献内容相当丰富，涵盖政治、经济、文化、军事等领域，包括了政府公报、法律规范、社会经济发展报告、名人手稿以及大量的文学作品，还出现了老照片、海报、电影及唱片等新的出版载体。

同时，这一时期产生的大量革命文献，如陈望道翻译的第一个中文全译本《共产党宣言》，巴黎中共旅欧总支出版、邓小平刻印蜡版的《少年》月刊，1944年晋察冀日报社编辑出版最早的《毛泽东选集》，以及各个根据地文献记载的中国革命重大事件等，都是研究党史的珍贵资料。

此外，该时期形成的边疆垦务、农商统计、中国经济志、赈灾史料、教育公报、民国海军档案、蒙藏院及蒙藏委员会史料、铁路沿线经济调查报告、各省财政说明书等文献，对研究国家主权、边境、民族、军事以及农业、水利、经济等均有重要的现实意义，也是开展爱国主义教育的生动教材。如大量有关"东京审判"的文献和影像资料，就可以作为日本军国主义侵华罪行的铁证。

记　者：那您认为，目前我们应如何开展民国时期文献的抢救和保护工作？

周和平：中华文明之所以能够源远流长、博大精深，正是因为有文字记载的历史。保护好这些珍贵的民国时期文献，特别是革命文献，是我们义不容辞的历史责任。

鉴于此，我建议推动有关方面参照中华古籍保护计划的做法，将民国时期文献保护纳入国家"十二五"规划，作为文化重点专项，尽快启动实施。

具体到第一步，就是首先要开展全国性文献普查。在普查的基础上，形成《全国民国时期文献联合目录》；同时，做好民国文献定级工作，形成《国家珍贵革命文献名录》和《民国时期文献分级名录》。

其次，是要加大保护力度。引进国外脱酸处理技术，对列入国家名录的珍贵文献进行脱酸与修复；建立标准库房，改善保存环境；加快缩微及数字化进程；策划选题，加强整理与出版工作。

最后，要加强海峡两岸的合作与交流。在对海外民国文献调查的基础上，开展面向海外和民间的文献征集工作，以促使文献实物的回归和缩微与数字化成果的回归。

（记者　焦　雯）

（《中国文化报》访谈。原载于《中国文化报》2011年3月13日第1版）

周和平等谈《黄帝内经》《本草纲目》成功入选《世界记忆名录》

编者按：5月23日，联合国教科文组织在英国曼彻斯特召开会议进行投票，并由联合国教科文组织的总干事最终决定《黄帝内经》《本草纲目》申报《世界记忆名录》评选结果。目前已基本通过。5月18日，由文化部、国家中医药管理局主办，国家图书馆（国家古籍保护中心）、中国中医科学院（全国中医行业古籍保护中心）承办的"中华珍贵医药典籍展"在国家图书馆展出。展览将持续至6月30日。

本次展览全面展示了新中国成立以来特别是近年来中医古籍保护工作成果，系统体现中医理论体系的发展脉络，整体展示了我国民族医药文献的构成情况并反映出中华医药知识的东渐西被。展览共展陈90余种中医药善本古籍、60余件药具实物及多种药物标本。元刻本《黄帝内经》、明万历金陵刻本《本草纲目》在本次展览展出。

5月27日10:00—11:00，国家图书馆馆长周和平、中国中医科学院研究员薛清禄、中国中医科学院中国医史文献研究所研究员郑金生做客人民网强国论坛，围绕"《黄帝内经》《本草纲目》成功入选《世界记忆名录》"等话题与网友进行在线交流。

主持人：各位网友大家好！今天我们很荣幸地请来了国家图书馆馆长周和平、中国中医科学院研究员薛清禄、中国中医科学院中国医史文献研究所研究员郑金生做客人民网强国论坛。欢迎广大网友参与。

周和平：各位网友大家好！非常欢迎大家关注中医典籍的保护问题。

郑金生：各位网友大家好，今天是一个很值得庆祝的日子，《黄帝内经》《本草纲目》现在已经入选《世界记忆名录》，我们趁这个机会在这里见见面。

薛清禄：网友朋友们大家好，今天借这次机会在这儿跟大家见面，我感觉很荣幸，谢谢。

网友"mztyhao"：日前，欣闻《黄帝内经》《本草纲目》成功入选《世界记忆名录》，请周馆长谈一下它的重要意义。

周和平：今天是个令人高兴的日子，也是炎黄子孙值得自豪的一个日子。我们国家申报的两部重要的医学典籍《黄帝内经》《本草纲目》成功入选了《世界记忆名录》。5月25日联合国教科文组织对外发布了这个消息。这次名录入选是我们国家的医学典籍第一次进入《世界记忆名录》。因为截至目前，我们国家进入《世界记忆名录》一共是七个项目：一是1997年入选的传统音乐录音档案；

二是 1999 年入选的清朝内阁秘本档案；三是 2003 年入选的纳西东巴古籍文献；四是 2005 年入选的清代大金榜；五是 2007 年入选的国家图书馆藏清代"样式雷"建筑图档；今年入选的是藏于国家图书馆的元代胡氏古林书堂刻本《黄帝内经》和明万历二十一年胡承龙金陵刻本《本草纲目》，这是国际社会对中医典籍的一种彰显，也是对我国保护中医典籍的肯定，同时也是对中国中医药这一中华民族瑰宝的一种肯定。这两部书的入选，会促进中医药典籍的保护。同时，对促进我国中医药事业的发展也会起到重要的作用，对中医药走向世界也会产生重要影响。中国传统医学是中华民族传统文化的重要组成部分，它养育了中华民族，对世界文明的发展也产生了重要影响。《黄帝内经》集中体现了中国人对生命知识和辨证施治的聪明智慧。它将人作为宇宙的一个部分，将病作为人身体的一个部分，是天人合一、形神一体思想理念的表现，是中国哲学思想在医学上的体现。这本书成书于战国，奠定了中医理论体系的基础，并且远播海内外，至今仍对世界医药学产生着重要的影响。《本草纲目》是一部集中国几千年天然药物使用知识和经验的百科全书式中药学经典。该书是由中国明朝的一代名医和医药学家李时珍花费毕生精力，历时 27 年写成的中药学巨著。书中运用科学的药物分类法，内容涉及医学、植物学、动物学、矿物学、化学等诸多领域。《本草纲目》代表了 16 世纪以前中国的药物学成就和发展，是世界医药学和文化发展的里程碑。

网友"喜迎国庆"：《黄帝内经》《本草纲目》目前成功入选《世界记忆名录》，能否介绍一下这次申报的过程以及国外专家的评价？

薛清禄：为了促进中国传统医药档案文献的保护工作，配合国家档案局"中国档案文献遗产工程"在中国传统医药领域的有效开展，自 2006 年以来，国家中医药管理局成立专项工作小组，在中医行业内进行传统医药文献申报《中国档案文献遗产名录》，并进而申报《世界记忆名录》的相关工作，我们成立了中国传统医药档案文献申报"中国档案文献遗产名录及世界记忆名录"委员会、专家组、工作组和办公室。并通过两次专家会进一步明确了《中国档案文献遗产名录》的申报条件，制定了中医行业中中国传统医药档案文献申报《中国档案文献遗产名录》的原则及范围。

2007 年 1 月，国家中医药管理局全面部署有关中医药传统档案文献申报"中国档案文献遗产名录"工作，项目工作组组织中医行业进行该项目的评审与申报工作。通过全国调研、组织申报、专家评审、会议投票等程序，最后评出《本草纲目》等 6 种古籍文献推荐申报《中国档案文献遗产名录》。2008 年 5 月，通过国家档案局审核复议，国家档案局中国国家世界记忆工程委员会同意将《黄帝内经》《本草纲目》推荐申报《世界记忆亚太地区名录》和《世界记忆名录》。

2009 年 9 月，经过与国家档案局沟通，我们明确了中国传统医药档案文献申报《世界记忆亚太地区名录》，申报时间是 2009 年 11 月 31 日。项目组制定了申报时间进度表，立即组织业内外专家撰写文本与审稿。我们具体做了以下工作：

(1) 查找国内关于《世界记忆亚太地区名录》相关资料，翻译了相关申报要求和外文资料。

(2) 组织申报撰写文稿的专家队伍，聘请对《黄帝内经》《本草纲目》有深入研究的学者共同起草和审稿。

(3) 申报文本几易其稿。2009年10月18日，我们组织召开了专家审稿会议，就《黄帝内经》《本草纲目》申报《世界记忆亚太地区名录》的申报文本进行了讨论和修改，最终经专家和相关领导审阅后定稿。

(4) 为配合两种文献申报，聘请中央电视台《科技探索》栏目拍摄完成《黄帝内经》《本草纲目》宣传片，作为申报附件，2009年11月12日呈交有关专家与领导审查。

(5) 2009年11月14日，我们将申报文件通过正规程序报送国家档案局中国国家世界记忆工程委员会审查。

(6) 2010年3月9日，联合国教科文组织世界记忆工程亚太地区委员会在澳门宣布，中国《黄帝内经》《本草纲目》等3项文献被列入《世界记忆亚太地区名录》。

(7) 2011年5月在英国曼彻斯特召开会议进行投票，《黄帝内经》《本草纲目》顺利入选《世界记忆名录》。

网友"灌水治疗心烦"：《黄帝内经》《本草纲目》日前成功入选《世界记忆名录》《黄帝内经》《本草纲目》在世界医药学和文化发展方面的价值何在？

郑金生：《黄帝内经》和《本草纲目》是我们中医医学的两部代表作。《黄帝内经》是我们中医现存最早的理论著作，这部书也是我们中医理论的一个源头，从现在我们掌握的史料和考古发现，最晚在新石器时代中国人祖先已经开始了医疗活动。《黄帝内经》对战国末、西汉初，或者说在公元2世纪以前的一些医学理论知识进行了系统的总结，这部著作影响到此后2000多年的中医学的发展。

《黄帝内经》是把我们国家几千年的中医药发展积累的宝贵经验以及战国时期的哲学思想和自然科学发展的一些进展很好地结合起来，然后来构建我们中医学的理论。所以《黄帝内经》奠定了中医学的理论框架，体现了人与自然疾病之间的关系，探讨天人合一、形神一体并且以此为准则确立了一些养生保健的法则。

这部著作以后对整个中医的健康发展发挥了巨大的作用，所以至今为止，我们中医都把《黄帝内经》作为我们的经典理论著作。而且这部书对我们的邻邦也产生了一定的影响，所以这次能够申报成功，可以说这部著作是非常有典型性和代表性的。这是这本书的学术意义。

这部书靠手抄流传，一直到了北宋的时候才正式地用课本的形式，经过修订出版。我们这次申报《世界记忆名录》的是公元1339年，也就是元代胡氏古林书堂印刷出版，这也是世界上现存最早、最完好的一个版本。经过600多年，现在是中国国家图书馆收藏。这次申报的《黄帝内经》，无论它的成熟年代之早、学术价值之高还是版本之珍贵都是无与伦比的。

《本草纲目》是一部药物书。《本草纲目》是集明代之前中国药物学之大成的一部著作，同时由于它收载的知识非常广泛，也包括医学、植物学、矿物学、动物学、化学等各方面的知识，因此又被称为中国古代的百科全书。

这部著作是明代的李时珍花费了毕生的精力，历时27年写成的一部伟大的著作。这部著作有三大成就。第一个成就是它的编写体例，采用了纲目体例，归纳古代的大量的药物知识。第二个成就是收罗资料非常广泛，书考800余种，从资料上来说，是达到了一个巅峰。第三个成就是李时珍个人对药物学进行了一些深入的考辩，解决了许多历史上留下来的药物来源的问题。这三大成就奠定了它作为世界名著的地位。

英国的生物学家达尔文称这部书为中国古代的百科全书。英国著名的科学史家李约瑟在他的《中国科学技术史》第一卷里面是这样评价的："毫无疑问，明代最伟大的科学成就，是李时珍那部在本草书中登峰造极的著作《本草纲目》。李时珍作为科学家，达到了同伽利略、维萨里的科学活动隔绝的任何人所不能达到的最高水平。"

《本草纲目》出版以后，因为它收载的药物很多，它收载的药物一共是1892种，因此对我们邻邦产生了很大的影响。比如说这本书在1604年就传到日本，而且在日本形成了一系列后续性的著作，对日本的药学和植物学影响非常大。它对西方的影响也很大。1647年波兰的一个探险家传教士把《本草纲目》带到了欧洲，从此以后，它在西方也广泛流传，并被全译（日文）或节译（英、法、德、俄）成多种文字，所以广泛流传。

据我在欧洲的调查，现在英国、法国、德国的大图书馆几乎都收藏了《本草纲目》的不同版本。所以《本草纲目》是一个世界的名著，它能入选《世界记忆名录》我认为是非常合适的，而且对弘扬我国的中医药文化典籍具有重大的意义。

网友"一天一地一广仔"：请问嘉宾，中医药文化走到近现代以来遭到了一些人的质疑和攻击，对此你想说点什么？中医和西医，到底孰优孰劣，能否融合？

郑金生：我认为有一些人质疑和攻击中医是敌我不分，无论中医、西医，共同的敌人只有一个——疾病。所以对于有共同敌人的两支力量来说，仿佛是两支友军，只能是互相配合、互相支持。军队有主力、有地方部队、有各种兵种。医学也是一样，医学分工有不同、特长有不同、优势有不同，但没有高下之分、没有优劣之分。如果说还有优劣的话，那也只是对某一个疾病而言某一个有优势或者更有效，但是这不等于整个医学可分优劣。我国的宪法规定，中医、西医是平等的，都是我们国家法定的医学，因此肆意地攻击某一种医学，我认为都是没有必要的。中医、西医应该团结，互相促进，共同对付我们的敌人是最首要的任务。

网友"藤树"：对于方舟子等妨碍中医药发展之徒，应予以坚决的讨伐（E政建议11700号）。

郑金生：方舟子在网上发布的一些对中医的非议，我都曾经看过，我认为他用打假的名义对中医进行的攻击是任何一个中医所不能同意的。但是网络是自由的，我们没有必要去发动类似于坚决讨伐这样的行动，是非自有公论，中医学的生存、发展不是某一个人所能够左右的。在清末民初的时候，也有很多西化的人士对中医进行攻击，其气势和人数比现在要多得多。但是中医仍然在谩骂、攻击声中不断自强、自力，发展前进，终于在现代赢得了国家法定医学的地位。在这种时候，方舟子跳出来对中医进行攻击，除了认为他对中医缺乏了解以外，我不知道他有没有别的目的。但是，我认为，如果是对其讨伐，恐怕也没有这个必要，因为用不着大家专为这个事儿去跟他做什么，否则也许更让他的影响扩大。所以我的看法就是他谈他的，我们干我们的，不受任何影响。

中医是否是伪科学，是否是假科学，民众自有公论。我觉得方舟子先生应该摸摸他自己的脸，他应该为在现代天花的灭绝感到庆幸，可是天花的灭绝与中医的人痘接种有关。中国的人痘接种传播到英国以后，经过改进出现了牛痘，这才最终消灭了天花。所以现代的每一个人都具有光洁的颜面、脸面，其实应该归功于中医。所以我建议那些所有攻击中医的人都摸摸自己的脸，对不对得起我们古代中医的发明和发现。

因为天花这种疾病不仅会使很多幼儿夭折，即便侥幸生存，也会在脸上留下麻子，可是现在社会已经没有天花引起的麻子。所以我认为攻击中医的人正是不了解中医的历史，不了解中医的贡献，也不了解中医的内容。

网友"得意不忘形"：听说国家图书馆正在举办"中华珍贵医药典籍展"，请周馆长谈一下这次展览的一些情况，有哪些看点？

周和平：我国对于中医药文化遗产保护非常重视，在国务院已经公布的两批1028项国家级非物质文化遗产名录中，就有17项是民族医药项目。在公布的1488名国家级非物质文化遗产代表性传承人中，就有32名是中医药方面的传承人。在国务院公布的3批《国家珍贵古籍名录》中，中医药典籍有289种，有4家中医药藏书机构入选全国古籍重点保护单位。

为了弘扬中医药文化，普及中医药知识，展示中医药典籍保护成果，5月18日，"中华珍贵医药典籍展"在国家图书馆新馆稽古右文厅开幕。此次展览是由文化部和国家中医药管理局主办，国家图书馆和中国中医科学院承办，展览共展出珍贵中医药典籍90余种，其中展出了3500年前的甲骨、唐代的敦煌遗书、大量珍稀的宋元善本和明清内府彩绘本、抄稿本等，精品荟萃。展览还展出了中医药具标本、针灸铜人及模拟药房，还具体介绍了新中国成立以来国家在中医药古籍文献保护和利用等方面的成就，以及中华古籍保护计划开展以来，在中医药古籍文献的保护、修复、人才培养、开发利用等方面所取得的成就。

本次展览还计划在6月11日第六个"文化遗产日"举办中医药古籍非物质文化遗产传承人的表演,将邀请中医诊疗等非物质文化遗产传承人现场展示中医特色文化。相信各位网友能够通过这次展览了解丰富多彩的中医药文化,从而加深对我国博大精深的中医药的认识,提高对继承和弘扬中医药文化的自觉性,了解中医,走进中医,使用中医,强身健体,自觉弘扬国粹。

本次展览将持续到6月30日,免费参观,欢迎广大网友光临。

网友"三转一响":中医古籍的保护非常重要,请谈谈中医古籍保护尤其是纳入中华古籍保护计划后所取得的成果和今后的计划。

薛清禄:中医古籍历史悠久,数量巨大。根据书目记载,从西汉至清末长达2000多年的时间里,各学科门类古籍目前存世10万余种。其中,现存中医古籍调查已落实的数字已近9000种,预计经过国内外中医古籍普查工作,可能达到1万种,约占我国现存中医古籍的1/10。多年来,中医古籍保护工作获国家、主管部门、文化单位等多项经费支持,持续开展了古籍的原生性保护与再生性保护工作,成绩显著。

第一,中医古籍文献的普查和联合目录的编纂。自中华人民共和国成立之初,即已开展中医古籍资源普查与联合目录编纂工作。自1959年开始至2007年止,半个世纪以来,历经3次中医古籍资源普查,调查了24个省份56个市的150家藏书单位,先后编纂出版了3部联合目录。第三部《中国中医古籍总目》于2008年出版,收录了13455种中医古籍,基本摸清了国内现存中医古籍的状况,为中华古籍保护计划的开展提供了扎实的基础工作。

第二,海外中医古籍的调查与回归。为探明我国大陆以外地区收藏中医古籍情况,中国中医科学院开展了对日、韩、美、加、法、英、荷、越、德、意、梵蒂冈等11个国家及港台地区的137个图书馆的调查,初步查明上述单位中医古籍的收藏状况,对其中420余种我国大陆地区各家目录未见著录的古籍进行复制,使30万叶我国大陆地区不存、散失海外的中医古籍得以回归。

第三,中医孤本典籍的整理与出版。自20世纪90年代开始,中国中医科学院对散藏于全国各地图书馆的1000多种孤本医籍进行了重点调研。根据文献的学术价值、版本价值、应用价值,选择其中书品完好的孤本医籍影印整理出版。至2009年,《中医古籍孤本大全》的出版数量已达到108种。

第四,中医珍贵古籍的数字化。古籍数字化是古籍再生性保护的重要手段,"全国中医药珍善本古籍档案系统"和"中医药珍善本古籍多媒体数据库"的建立,初步形成了中医古籍电子图书系统,不但有效地解决了古籍保护与利用之间的矛盾,使古籍文献化身千万,而且便于检索查阅,既保护了古籍,又极大地提高了古籍的使用效率。

第五,中华古籍保护计划下的中医古籍保护。中华古籍保护计划是国家重要的文化工程,主要是对各古籍收藏单位的收藏和保护状况进行全面普查,建立分级管理和保护机制,并完成一批古籍书库的标准化建设,评选《国家珍贵古籍名录》、全国古籍重点保护单位。自2007年,国务院颁布了3批《国家珍贵古籍名录》共9859部,内收医药古籍289部,其中包括民族医药文献12部;国务院颁布了3批全国古籍重点保护单位150家,内有中医药专业单位4家;培训了69期古籍保护专业人才,其中3期为中医系统的专门培训。实践证明,中华古籍保护计划形成的工作机制是卓有成效的,成果非常显著,为古籍的进一步开发利用打下了坚实的基础。

网友"新一季":请问想学一些中医药只是在生活中学以致用,自己看这些中医药典籍管用吗?

郑金生:管用,但是要成为一个好的医生恐怕不容易。自己帮助自己养生和治疗一些常见疾病我想是绝对管用的。中医的很多术语和它的一些知识在民间其实有很广泛的传播,现在有很多中医的科普学家写了很多的著作,这些著作都很适用于老百姓自学。所以我想如果能够看一些中医药的科普著作,了解中医药的一些基本知识、常见的治疗方法,对我们的日常生活是绝对有好处的。所以我非常支持网友能够多看一点中医书。

网友"小报童":请三位嘉宾谈谈中华医药典籍在当今该如何去利用,以使之活化并造福人民的生活?

郑金生:这位网友提的问题非常有意义。中华医药古籍虽然是古书,但是它又是一种应用文献,它并非单纯的文物或者是历史文献。换言之,中华医药典籍至今仍然能够发挥它的治疗、防治疾病的作用。我们中医药文献工作者对利用活化中医古籍做了大量的工作,这些工作概括起来可以分成书目调查、书籍保护、整理出版等许多环节。我这里重点谈一下整理出版的问题。

由于古籍的编写的体例、文字都和现在有所不同,要让现代的读者能够利用这些书籍,我们必须进行一些点校,以保证现代读者顺畅地阅读并加速它们的流传。此外,对一些经典的、深奥的著作进行一些白话翻译的工作。因为古书里面也是良莠不齐,有精华、有糟粕。所以我们也会进行一些去粗取精、去伪存真的工作。

新中国成立以后,我们国家出版了大量的中医古籍,这些古籍有的是用繁体字,有的是用简体字,用繁体主要的目的是尽量保持古籍的原貌,用简体主要是方便广大的读者阅读,各有其好处。对重点的书籍还有注释或者是发挥。所以不同的整理方法都从不同的角度使古代的典籍更有利于为现代读者运用。有关这方面的工作,大家可以看一下有关的工具书。例如《建国60年中医图书目录》,其中记载了这60年间我们如何将古籍利用活化所做的工作。

网友"迷糊经济":面对越来越高的中药价格,会不会使得老百姓完全放弃中医呢?这会对中医药的发展有影响吗?

郑金生:越来越高的中药价格只是暂时现象,我想这个问题以后会解决的。我想老百姓也不会为此放弃中医,因为中医还有很多简、便、验、廉的方法,比如针灸、推拿、刮痧。即便现在的中药价格偏高,也不至于导致老百姓放弃整个中医。而且是物极必反，中药价格增高，就会使更多的人去生产、栽种中药，所以它以后还会逐渐下降，不会继续保持这个高昂的价格。

关于对中医药发展的影响，在中国历代都有中药价格偏高的现象，不光是现代。比如乾隆年间，人参比金子还贵，但是以后人参趋向于人工栽培，所以很快它的价格就降低了。比如现在的冬虫夏草，人称软黄金，价格也很高，但是我相信没有多久就会发展出人工培植的冬虫夏草，或者用其他方法来代替冬虫夏草。所谓的中药价格高也是指某些价格，不是指全部的价格。我想对价格过高的问题要分析对待，有些是人为的，有些是药物生产本身供不应求所造成的。所以，价格的问题，国家的医药部门已经非常重视，不久的将来可能会有一个改善。

网友"小小教书匠"：中医药文化是传播文化的瑰宝，但其精髓外国人很难懂。那我们该如何传播推广，使之提升中华文化软实力？

郑金生：我觉得这个问题非常有意思，这位网友的眼界很开阔。确实是这样，现在外国朋友都很关注中医药文化。我曾经与德国文树德教授（Prof. Unschuld）合作20余年。文教授是一位精通汉学的医史学者，他一生致力于将中医古籍翻译成外文。他已经翻译了多种中医经典著作，如《内经素问》《难经》以及其他著作。所以第一条途径就是中国学者与国外学者通力合作，来将一些经典的很有价值的中医书翻译成外文。

另外，我认为中国的年轻学者应该努力学习英文、学习中医的经典著作，争取让我们自己有更多的学者翻译更多的著作。在这方面我们中国像罗希文等许多学者已经做了大量的工作，但是还不够，还希望更多的年轻学者参加。这个工作目前只是限于一些名著的翻译，可是除了翻译之外，我们还应该考虑将我们当代的中医的一些研究成果也介绍给国外，可能对使外国人了解我们中医的精髓更有利。

将中医推向世界是我们中医界的一个重要任务。目前我们中国中医科学院已经把这个工作作为我们的一个重要任务，制定规划，并在努力实施。

网友"静言思之"：请问嘉宾，《黄帝内经》《本草纲目》对于现代中医学还有多大意义上的指导？

郑金生：现代中医学和古代中医学并没有截然的区别，现代中医学正是在古代中医学的基础上发展起来的，古代的许多经典著作仍然在现代中医学里面占据重要的地位。《黄帝内经》中的许多理论原则至今有效地指导着中医的临床；《本草纲目》记载的药物绝大多数仍然被现代中医所使用，《本草纲目》所记载的许多用药经验远远没有完全挖掘出来。因此这两本著作对现代中医的发展还有着重要的意义。例如，我于20世纪80年代研究《本草纲目》的时候，就发现李时珍说过龟甲"古者上下甲皆用之"，而当时现代中医使用的是龟板（龟下甲），将龟上甲废弃不用，这样就造成了大量的药材浪费。可是，李时珍已经指出，古人是上下甲都用的，这启发了我的研究思路。所以，后来我发表了考证专文，证实中医自古以来都是龟上下甲同用的，为修改我国《药典》提供了文献依据。

所以从 1990 年开始，《药典》中所记载的龟甲明确指示使用上下甲，这就是《本草纲目》对现代中医有指导意义的一个小例子。

我想，如果更多的人去研究《黄帝内经》《本草纲目》，发掘其中的理论和经验，将会对现代中医产生更大的作用。

网友"余乐"：《黄帝内经》《本草纲目》成功入选《世界记忆名录》的原因是什么？够格吗？

薛清禄：《黄帝内经》和《本草纲目》入选《世界记忆名录》是实至名归，因为这两部书在中医药学领域是具有不可替代的权威性和代表性的。可以说《黄帝内经》是中医药学的奠基之作，它总结了公元前 200 年前的医疗经验和医药知识，建立了中医药学的理论体系，指导了以后 2000 多年中医药学的顺利发展。从 6 世纪以来，《黄帝内经》对东亚周边国家，如日本、朝鲜、越南等国的医药发展都发挥了重要作用，是具有国际影响力的一部巨著。《本草纲目》总结了 16 世纪以前中药学的成果，是一部集大成的力作，它的内容涉及多学科，被达尔文誉为中国古代的百科全书。在它之后的几百年中，没有任何一部本草著作能够超越《本草纲目》，因此它是中药学的巅峰之作是当之无愧的。

网友"远文"：现在对中医的争议较大，有人说中医不科学。请嘉宾解释一下中医与科学是个什么样的关系？

郑金生：首先说一下，不仅是现代对中医的争议较大，就是从清末开始，西医进入中国，对中医的争议一直没有停息。现在我们国家的宪法规定中医和西医具有同等的地位，我想，这不是凭空能决定的事情。即便是在西医进入中国以后的这一两百年间，中医同样显示了它的强大生命力，它对许多疾病的治疗优势是不可否定的。什么叫科学？这是一个很大的问题，但是实践检验真理，中国的老百姓为什么这么热爱中医？就是因为它出色的疗效，因此与其说去争议什么是科学，不如去看看它所能产生的实际效果。所以我认为不应该纠缠于中医是不是科学这样一个问题，而应该去看一看中医所能取得的疗效和它的作用，这才是关键的问题。我个人认为，中医是科学的。尽管它的术语和名词似乎有些古老，但是这门学科所代表的内涵以及它所能产生的实效都证明它是一门科学的学问。

网友"小评小康小岗村"：请问嘉宾，据你们考证，"神农尝百草"有科学依据吗？还是仅仅是神话传说故事呢？

郑金生："神农尝百草"本身是一个神话传说故事，但是它代表的历史事实是真实的。为什么？神农时代是人们寻找植物性食物的时代，神农只是那个时代的一个代表人物而已。其实无数的先民在寻找食物的过程中不断产生中毒现象，但是正因为付出了这么多牺牲，所以才认识到很多可食的植物以及通过中毒现象认识到很多药物的特性。例如，具有呕吐毒性的植物被用作呕吐药，具有泻下毒性的植物被用作通便药。所以，"神农尝百草"虽然是一个神话传说，但是它反映了在久远的年代里，无数先民尝试各种植物的历史事实。

网友"灌水治疗心烦"：中华医药典籍是我国古籍的重要一类。请问周馆长，近年来中华医药典籍保护工作取得了哪些成绩？据了解，《中华医藏》编撰工作已经启动，请您谈谈有关情况。

周和平：据我们所了解，自春秋战国以来，历代相传的中医药典籍，包括医经、方书、本草、诊法、养生、医史等，有13000余种。除汉文中医古籍外，藏族、蒙古族、维吾尔族、满族、彝族、壮族、纳西族等也有丰富的民族医学文献。但是，中华医药典籍目前还没有得到全面系统的整理和揭示，许多医药典籍破损严重，有待修复和保护。国家领导人非常重视中华医药典籍的保护工作，刘延东同志批示，整理出版《中华医藏》意义深远，要求有关方面抓紧开展相关工作。文化部和相关部委进行了认真研究，决定在中华古籍保护计划的框架下开展《中华医藏》的编纂工作。

目前，《中华医藏》的编纂机构已初步确定，还组织了著名中医药文献专家开展《中华医藏》的选目工作，目前已经选取珍贵中医药典籍2800种，计划分编、分阶段整理出版。这部书兼顾了各个历史时期、中华各民族的医药代表性著作，还将收录从海外回归的珍贵医药典籍。相信这部典籍的编纂出版，将形成我国最大的一部医药学专科丛书，这将使中医药典籍以完整的面貌呈现在世人面前，传本扬学，化身千百，惠济民生。

网友"想唱就唱"：周馆长，听说国家图书馆在人民网开了官方微博。请问，这是不是国家图书馆在信息化时代做好自身推广的一种尝试？还有一个问题，国家图书馆在数字化这一块做得怎么样？

周和平：数字图书馆是在基于互联网等新媒体情况下图书馆一种新的服务业态。数字图书馆将为广大读者提供一个不受地域限制的读书平台。2001年国务院批准建设国家数字图书馆，现在已初具规模，资源总量已经达到480 TB，这些资源可以陆续通过互联网为读者提供服务。现在我们已经不断在网上推出新的资源。同时从去年开始，我们又实施了县级数字图书馆推广计划，为全国县区级图书馆每馆提供1 TB的资源量，并不断扩充。最近，在财政部支持下，我们又将在全国实施数字图书馆推广，在省、市、县、乡搭建起一个数字图书馆的服务网络，将为公众所需要的数字资源传播到千家万户，为公众读书提供方便。

国家图书馆在人民网开了官方微博，这是国家图书馆服务的一个新的尝试。欢迎大家"围观"。

网友"强国一派"：欢迎周馆长携专家来强国论坛做文化科普！中国有哪些文献典籍成功入选《世界记忆名录》，未来哪些准备列入推选计划，能否请周馆长介绍一下？

周和平：中华典籍卷帙浩瀚，国务院公布的3批《国家珍贵古籍名录》中，共有9859种珍贵典籍入选，其中很多典籍在世界范围有重要影响。我们正在积极遴选，继续向联合国教科文组织申报《世界记忆名录》。距今3000多年的殷商甲骨是中国古代重要的文献典籍。目前存世的甲骨约有13万片藏于国内外几十家收藏单位，其中仅国家图书馆就有35651片，占总量的1/4。我们希望这批珍贵的甲骨也能与其他单位联合申报。谢谢大家！

郑金生：各位网友，谢谢大家提了很多很有趣的问题，我想咱们以后还可以互相交流。谢谢。再见。

薛清禄：非常高兴来到人民网和网友们交流，希望今后网友们继续关心中医古籍的保护和利用问题，共同做好中华传统文化的宣传和保护工作。谢谢大家，再见！

主持人：今天的访谈到此结束，谢谢各位网友。

（人民网强国论坛访谈，2011年5月27日。人民网：http//live.people.com.cn/bbs/note.php?id=24110526195415_ctdzb_062）

留住文献　留住历史

《共产党宣言》第一个中文全译本、《毛泽东选集》的最早版本、伪装本书和马克思、恩格斯书信手稿……在日前开展的国家图书馆"艰难与辉煌——纪念中国共产党成立90周年馆藏珍贵历史文献展"上，一系列极具特色的珍贵文献原件与广大观众见面，引起很大反响。据悉，展览提供文献总量达4000种，是国家图书馆建馆以来最大规模的革命历史文献展览。为此，本报记者就展览细节以及珍贵文献保护等相关问题专访了国家图书馆馆长周和平。

几经风雨诉说历史

记　　者：此次"艰难与辉煌——纪念中国共产党成立90周年馆藏珍贵历史文献展"是国家图书馆建馆以来最大规模的革命历史文献展览，请您谈谈展览的特点。

周和平：隆重纪念中国共产党成立90周年，是今年党和国家政治生活中的一件大事。国家图书馆从2010年开始就着手策划相关纪念活动，发挥馆藏丰富的革命历史文献的特点，希望能够加强革命历史文献保护，充分发挥其社会教育作用。

这次展览内容丰富，有400余种珍贵文献原件。而且展品非常珍贵，其中不少是珍稀版本和名家手稿，超过一半展品为首次展出，或属初印、罕见之版本，或为轰动一时之著作。比如《共产党宣言》第一个中文全译本、《资本论》德文初版本、《毛泽东选集》的最早版本、中国共产党创办的第一份日报《热血日报》，以及马克思、恩格斯书信手稿，左联五烈士、鲁迅、巴金、曹禺、朱自清、丁玲和周立波等左翼作家手稿。

此外，以红色革命文献为主体，还辅以国民党统治地区文献和外国人对中国革命的记录。首次披露了《清党运动》、《剿匪纪实》等60余件国统区文献，在这些"白色文献"的反衬下，更加凸显了中国共产党艰苦卓绝、不屈不挠的奋斗历程，成为这次展览的重要特色。

记　　者：您刚刚提到的这些珍贵文献给观众带来了深深的震撼，能否介绍一下这些文献展览背后的故事，它们是如何收集并整理出来的？

周和平：国家图书馆一直很重视文献的搜集和整理工作。根据档案资料揭示，早在抗日战争最严峻的1939年，国立北平图书馆设在重庆的办事处就成立了"中日战事史料征辑会"，利用国共合作的政治局面，向国共双方征集抗战史料。

1946年底，在以叶剑英为首的中共代表团被迫撤离北平前夕，北平图书馆曾向代表团征集革命文献，并派人前往驻地提取赠书。当时去提取赠书的是负责采访工作的杨殿珣先生，他在从北京饭店中共代表团驻地提取赠书后返回的途中，受到国民党特务的跟踪，并被带到警察局盘问。这不仅从一个侧面反映了当时环境的险恶，也说明了这批珍贵文献的来之不易。

新中国建立后首任馆长冯仲云十分重视革命文献和名人手稿的征集工作，并责成专人（冯宝琳先生）创建新善本手稿特藏库。目前，革命文献总量已达到11000余种15000余册（件），其中不乏具有代表性的精品和传世稀少的孤本。独具特色的名家手稿文库已经拥有500位名家的4000多种手稿，包括鲁迅的《从百草园到三味书屋》，郭沫若的《屈原》，巴金的《家》《春》《秋》，曹禺的《北京人》，老舍的《龙须沟》等。

保护形势严峻

记　者：在展览中看到的这些珍贵文献其实也是国家图书馆馆藏文献成果的一次集中展示，目前国家图书馆对革命历史文献的保护和研究状况是怎样的？

周和平：国家图书馆一方面立项开展了"馆藏纸质文献酸性和保存现状的调查与分析"等一批研究课题，为原生性保护工作提供参考；另一方面，积极做好再生性保护，加强革命历史文献和民国文献揭示利用。具体来说包括：开展文献缩微保护，利用缩微技术对古旧文献进行复制；进行数字化建设，目前，国家图书馆已完成数字化转换民国时期文献34806种、935万页；开展整理出版工作，对民国时期文献进行了一些局部整理并加以出版，在目录编纂和影印出版方面产生了一些成果。

记　者：这让我想起了您在今年"两会"时曾指出的民国时期文献亟待抢救，此次展出的珍贵文献正属于这一时期。目前这类文献保存得怎么样？

周和平：新中国成立后，特别是改革开放以后，我国在一定范围内对民国时期文献进行了调查、整理、出版、缩微和数字化保护，取得了一定的成果。然而，从整体看，当前民国时期文献的保护仍面临严峻形势。一是底数不清，尚未对民国时期文献进行全国性普查和整理，文献存量、分布与保管状况不明。二是保存环境和保护措施不够，大量民国时期文献都裸露放置在没有恒温恒湿、不避光、不防尘的书库里。三是纸张保存期很短，目前，民国时期文献普遍出现了严重的老化或损毁现象，整体泛黄、脆化、一触即碎，有的甚至已经碎成一堆纸屑。四是再生性保护进展缓慢。五是出版利用远远不够，开发整理速度慢，难成系统。

共同承担的责任

记　者：在这种严峻的形势下，我们保护民国文献的难点在哪里？

周和平：根据初步调查，国内民国时期文献数量超过存世数千年的古籍总量，且散落在全国各地的公私藏书机构。新中国成立60年来，我们尚未对民国时期文献进行全国性的普查和整理，给文献的普查工作带来较大难度，而普查正是保护工作的基础。

此外，原生性保护方法，对原书纸张的保护与修复，包括各种脱酸技术、加固技术和修复技术等受到挑战，还有待完善；再生性保护方法影印出版、缩微拍摄和数字化加工等，从一定程度上拯救了民国时期文献，解决了珍贵文献的藏用矛盾，但也有其局限性。而文献保护意识不强、人才缺乏等也成为保护工作开展的瓶颈。

记　者： 在展览中，我们充分感受到了珍贵文献的力量，在纪念建党90周年这样特殊的时刻，这些珍贵文献的保护更加具有特别的意义。您认为应该怎样保护并利用珍贵文献？

周和平： 我建议国家参照中华古籍保护计划的做法，将民国时期文献保护作为国家文化重点专项，尽快启动实施。革命历史文献保护工作可在民国时期文献保护工作框架下，以专题子项目形式开展。按照"保护为主、抢救第一"的方针和"有效保护、合理利用、加强管理"的原则，加强革命历史文献的保护和利用工作。开展全国性文献普查工作，全面了解和掌握各级图书馆、档案馆及民间收藏情况；建立《珍贵革命历史文献名录》，逐步形成完善的革命历史文献保护制度。

总之，民国文献的保护工作不是一个人或几个人，一个图书馆或几个图书馆所能承担得起的，它需要全社会的共同参与。

（记者　谢　颖）

（《人民政协报》访谈。原载于《人民政协报》2011年6月20日第9版）

保护典籍　传承和弘扬中华优秀传统文化

中国古代文献典籍是中华民族在数千年历史发展过程中创造的重要文明成果，蕴含着中华民族特有的精神价值、思维方式和想象力、创造力，是中华文明绵延数千年一脉相承的历史见证，也是人类文明的瑰宝。保护好这些珍贵的文献典籍，对维系中华文化根脉、促进文化传承、联结民族情感、弘扬民族精神都具有重要作用，同时也是对传承和保护世界文化遗产、促进人类文明可持续发展的重要贡献。

一、古籍保护工作的成效

中华民族是用文字记录历史的民族，历来有保护古籍、易代修史、易代治典的历史文化传统，许多朝代都高度重视对典籍进行保护与整理，如明代《永乐大典》、清代《四库全书》等的编纂整理，均在世界上产生了深远的影响。新中国成立后，特别是近年来中国政府对古籍保护工作高度重视，坚持"保护为主、抢救第一、合理利用、加强管理"的方针，实施了"中华再造善本计划"工程与"中华古籍保护计划"项目，采取多种措施，有效提升了古籍保护工作的制度化、规范化、科学化水平。

（一）全面开展普查，初步建成了国家珍贵古籍名录体系

对古籍进行普查是摸清我国古籍现有家底的重要基础性工作。按照全国古籍保护计划的要求，从2007年开始，在全国范围内组织开展了古籍普查登记工作，以全面了解和掌握各级图书馆、博物馆及相关古籍收藏单位所藏古籍情况。并对登记的古籍进行详细清点和编目整理，依据有关标准进行定级，分层保护。目前，据不完全统计，全国3000余家单位收藏古籍超过5000万册（件），包括新疆、西藏等少数民族地区的文献。已有2581家单位在全国古籍普查平台上进行著录登记工作，28个省份和2家中央直属单位的500余家单位完成了登记工作，其中有38个单位的普查登记目录已经正式出版。在普查工作中，发现了一批过去未见著录的珍贵古籍和前所未知的拥有珍稀古籍的收藏单位。如河南私人所藏明代金陵本《本草纲目》，是各版本的祖本；辽宁省图书馆的南宋唐仲友台州公使库刻本《扬子法言》一书，为海内仅存。

为发挥政府的主导与彰显作用，自2007年始，国务院陆续公布了4批《国家珍贵古籍名录》，共有11375部珍贵古籍（包括少数民族古籍）入选。截至目前，全国有18个省也建立了本省的《珍贵古籍名录》，有的地市还建立了本地珍

贵古籍名录，我国珍贵古籍名录体系正在逐步建成。

（二）加强原生性保护，古籍的保存条件得到提升

自 2008 年国务院公布了第一批"全国古籍重点保护单位"名单以来，全国已有 166 家单位相继入选；还有 18 个省公布了本省古籍重点保护单位名单。这一措施的实行，大大改善了古籍的保存条件。2010 年，文化部陆续公布了 12 家国家级古籍修复中心名单。这些中心各具地域特色和修复专长，在行业中发挥了引领和示范作用。12 家单位已累计修复古籍约 120 万叶。中山大学的国家级古籍修复中心，投入大、起点高，是我国教育系统唯一的国家级古籍修复中心，在工作中不断创新，修复了大量珍贵古籍。国家图书馆古籍修复中心于 2013 年组织开展了"清宫天禄琳琅"等大型修复项目，针对一些残破、霉烂、碳化的一级破损古籍进行抢救性修复。这是继成功修复《赵城金藏》《永乐大典》和西夏文献、敦煌遗书等国家级珍贵文献之后，又一次文物级别高、修复数量大的专项修复工程，有效带动了整体保护工作的向前推进。国家古籍保护中心还成立了国家级古籍保护实验室，加强关键技术的研究与推广，强化古籍保护、修复与鉴定的科技支撑。

（三）加强再生性保护，传本扬学，使珍贵典籍服务当代

自 2002 年以来，文化部与财政部共同启动了《中华再造善本》工程，精心选目，对珍贵善本进行仿真复制，使之化身千百，继绝存真，传本扬学，在海内外引起良好反响。《中华再造善本》共完成了 758 种 8990 册，分藏于各省图书馆和 100 多所大学，续编正在有序推进。《中华古籍总目》分省卷、《中华医藏》等编纂工作已经启动。近年来，各地在古籍整理方面也做了大量卓有成效的工作。广州市经认真准备、精心策划，从 2006 年开始启动《广州大典》编纂工程，以传播广州历史文化为宗旨，系统搜集整理广府文献典籍，按照四不原则——不选、不编、不校、不点，历时 8 年，分经、史、子、集、丛五部，收录文献 3500 余种，编成 570 册，将于明年 4 月出齐，成为地方政府主导古籍整理的典型范例。

2012 年，"中华珍贵典籍资源库"建设启动，开始了珍贵古籍数字化工作，全国首批有 27 家单位参与。目前，国家古籍保护中心已收到全国约 15 TB 的古籍数字资源。

（四）实施民国时期文献保护工程，加强对民国时期典籍文献的保护

为实现古籍保护工作与近代民国文献保护的有效衔接，2012 年，我国又策划实施了"民国时期文献保护计划"专项工作。截至今年 5 月，民国时期文献联合目录系统已汇聚 14 家文献收藏单位的书目数据 20 余万条、馆藏数据 50 余万

条。在全国范围内完成了 50 个文献整理出版立项，形成民国时期文献资料丛编等民国时期文献整理出版六大系列，文献普查、海外文献征集、整理出版等各方面工作都取得了重要成果。特别是《远东国际军事法庭庭审记录》项目，共收集到庭审记录 4.9 万页、法庭证据 2.8 万页，日本战犯罪行证据资料缩微胶卷 2000 余卷，2013 年 9 月出版后，与前期已出版的其他东京审判资料，共同成为驳斥日本右翼保守势力歪曲和否认侵华史实言论的铁证，在海内外产生了重要影响。

（五）加强对古籍文化内涵的挖掘与揭示，让典籍服务社会

近几年来，各地普遍重视对古籍文化内涵的揭示与系统地挖掘工作。2010 年和 2011 年，国家图书馆与新疆相关文献收藏单位，先后在新疆与北京举办了"西域遗珍——新疆历史文献暨古籍保护成果展"，受到广大群众的欢迎，到场观众达 20 多万人次。该展览使大家了解了新疆自古就是多民族聚居、多元文化相互交融的区域，对大家了解历史、稳定新疆大局发挥了独特作用。

经国务院批准，国家图书馆加挂国家典籍博物馆的牌子，将珍贵典籍进行系列展览、揭示，让更多读者了解典籍，让典籍走进当代，走进社会。2014 年 9 月初国家典籍博物馆开展以来，在社会上引起强烈反响。

（六）深化学术研究，强化古籍保护工作的科研支撑

随着古籍保护工作的深入开展，古籍文献保护领域的学术和实践研究十分活跃。近年来，多个古籍保护研究课题得以在国家社科基金项目中获得立项，《子海》《巴蜀全书》《东北古代方国史》等一批大型文化典籍的整理与研究列入国家社科基金重大委托项目，形成了以国家项目组织全国相关领域专家学者进行集体攻关的良好态势，在古籍调查与整理、研读与解读、数字化保护、开发与传播等领域推出了一批具有代表性的学术成果。中山大学等一些高校通过成立研究机构、举办学术研讨会等多种途径搭建学术研究和交流平台，有力推动了中文古籍资源共建共享以及古籍版本目录学研究的国际交流与合作。在古籍保护学术研究不断拓展的同时，技术性研究也得以加强。国家古籍保护实验室按照古籍保护所涉及的学科内容和研究需要，投入专项建设经费，共建成化学实验室、纸张物理性能实验室、纸张耐久性实验室、生物实验室和精密仪器实验室等五个现代化实验室，从不同层面开展古籍保护技术研究工作，创新科技应用，提供科研支撑。

（七）加强人才培养，为古籍保护工作提供人才保障

人才是古籍保护工作的关键所在。自"中华古籍保护计划"实施以来，通过在职培训、师徒传承与学历教育等多种方式加大人才培养力度。2007 年至今，国家古籍保护中心举办培训班共 113 个班次，培训 6394 人次。各省级中心承担本地区的古籍保护人才培养工作，先后承办或举办了多期古籍培训班，快速培养

了大量人才。同时，通过在高校科研机构设立教学培训基地，在古籍收藏单位设立实践基地、修复技艺传习中心，建立古籍保护专家制度和专业人员资格认证制度等途径，拓宽人才培养渠道，实现了古籍修复工作和人才培养的有机结合。今年文化部又依托高校科研机构设立了12个国家级古籍保护人才培训基地，其中包括中山大学和复旦大学两所高校。这两所高校将从明年起招收古籍修复与保护方向的专业硕士，充分利用其学科资源优势，培养高学历人才。这对于提升全国古籍保护人才的素质，加强高级专门人才的培养，将起到重要的推动作用。

（八）加强交流与合作，促进海内外古籍保护成果的资源共享

2012年，"海外中华古籍合作保护项目"启动，极大地推进了大陆有关文献收藏机构与海外中国文献收藏机构的交流与合作。双方通过合作出版、共建数据库、缩微等方式，促进了中国海外文献的回归。国家图书馆相继开通了"中华古籍善本国际联合书目系统""东京大学东洋文化研究所藏汉籍善本资源库""哈佛大学哈佛燕京图书馆藏中文善本特藏资源库"等数据库，推动了海外中文资源的共建共享。

（九）建立健全保护工作机制，推动古籍保护工作有序进行

2008年文化部牵头成立了由多个部委组成的古籍保护工作部际联席会议，组建了全国古籍保护工作专家委员会和国家古籍保护中心，初步形成了政府主导、社会参与、学界支持的工作机制，对推动古籍保护工作发挥了重要作用。国家和有关部门制定了一系列的方案、标准、政策及法规，为古籍保护工作提供了有力的政策和法律保障。经过多年的努力，古籍保护工作得到了政府、社会各界和人民群众的充分肯定和广泛关注。为进一步调动社会民众广泛参与的积极性，文化部推动筹建中国古籍保护协会，目前协会的申报文件已经得到国务院批复。

目前，中国古籍保护工作取得了很大成绩，但还有许多问题尚需进一步解决。一是一些地方对古籍保护工作的重要性认识不足，缺乏文化自觉。二是经费投入总体偏少，各地区发展不平衡，特别是中西部和贫困地区，仍有许多工作要做。三是对海外古籍的存藏情况底数不清，缺乏大的合作项目，亟需进一步加强合作，扩大交流。

二、几点建议

近年来，中央和各级政府对继承和弘扬中华优秀传统文化非常重视，古籍保护幸逢难得的发展机遇。我国社会的发展也需要汲取前人的智慧与经验，这已成为人们的共识。如何更好地做好古籍保护工作，保存前贤智慧的结晶，传承与弘扬中华优秀传统文化，需要大家共同努力。为此，特提出以下建议：

（一）总结经验，继续推进

古籍保护工作是一项长期而又重要的文化建设任务。做好这项工作，需要科学规划，系统实施，更需要扎实推进，久久为功。虽经不断探索实践，我国积累了一些开展大规模文献保护工作的经验，但仍需不断完善工作，如还需要从顶层及宏观上总结过去的古籍保护工作，梳理富有成效的做法和经验，查找空白点和薄弱环节；还需要积极推动把古籍保护工作纳入各级政府的工作安排，摆上文化建设的突出位置，建立古籍保护工作的激励与约束机制；还需要坚持重大项目带动战略，扎实推进现有古籍保护工作项目，根据实际需要谋划一批新的古籍保护重大项目，以点带面，整体提升古籍保护工作水平。

（二）挖掘内涵，服务当代

加强古籍保护，要注重发掘古籍的文化价值和社会价值，发挥古籍的社会功能。一方面，要通过古籍缩微复制、重大出版项目和数字化等方式，实现古籍的再生性保护，促进古籍的普及推广、检索查阅和研究应用。特别要加强古籍数字化的基础研究，开发古籍数字化的共建共享平台，推动建立中华珍贵典籍资源库。另一方面，要通过古籍专题展览展示、历史文化讲座、读书沙龙、学术研讨和互动交流等形式，让古籍承载的思想精华走进群众，深入人心，发挥古籍在弘扬中华优秀传统文化、培育社会主义核心价值观中的重要作用。另外，还要广泛利用报纸刊物、电台电视、数字互联网等媒体手段，通过专题展览、历史文化讲座、学术研讨会等方式，借助传统节庆日与文化遗产日等节日气氛，加强古籍保护工作与传统文化的宣传，发挥古籍在弘扬中华优秀传统文化、培育社会主义核心价值观中的重要作用。

（三）加强合作，扩大交流

把古籍保护纳入对外文化交流工作规划，继续实施好"海外中华古籍合作保护项目"，完善国际交流合作机制，推动古籍保护工作与国际接轨。重点做好海外古籍文献的普查工作，全面调查中华古籍在世界各地的存藏现状，合作建立海外古籍名录。积极推动海外中文古籍数字化合作项目，实施与海外古籍文献资源的共建共享。交换古籍保护人才、信息、技术等资源，实行海内外古籍保护工作的全方位交流，协同提高古籍保护工作水平。

（四）培养人才，打牢基础

在完善现有人才培养模式的基础上，积极推动在高等院校设立人才培养基地，探索组建国家古籍保护学院，建立古籍保护学科，开设古籍保护专业，完善古籍保护人才培养体系。推动设立古籍保护专项资金，加大古籍保护资金投入力度，特别是要利用推动公共文化服务标准化建设的重要契机，建立标准化的古籍保护资金投入机制。依托有条件的公共图书馆、博物馆、高等院校和科研院所设立古籍保护科研中心和古籍保护实验室，对接文化部、科技部的重大科技创新项目，策划古籍保护技术开发重大专项，强化古籍保护工作的科技支撑。

（五）加强管理，推动立法

我们需要继续完善古籍保护标准体制，重点制定和完善古籍保护机构建设评价标准以及古籍鉴定修复、监管、评估等方面的技术标准，形成层次分明、统一规范的工作标准体系。不断优化古籍普查、修复、保存、宣传、利用等工作流程，依托重大基地建设和项目实施，加强过程管理、监督检查、效果评估等关键环节的制度建设，形成一批管理办法和服务规范，提高古籍保护工作的规范化水平。同时，积极推动将古籍保护工作纳入《公共文化服务保障法》《公共图书馆法》以及地方文化立法，加快制定《古籍保护条例》，提高古籍保护工作法制化水平。

（在"中文古籍整理与版本目录学国际学术研讨会"上的讲话，2014年11月8日）

(六)

切实做好文化财务工作

一、文化财务工作的地位和作用

财政是国家职能的体现,是国家政权活动的重要物质基础。古往今来,财政对一个国家的兴衰与安定都具有十分重要的意义。唐代宰相杨炎讲过:"夫财赋,邦国之大本,生人之喉命。"就是说财政是国家最根本的事情,是维持人民生活最基础的因素。文化财务在文化事业的发展中,具有非常重要的地位。它是文化事业赖以发展的保证,它服务于文化事业,对文化事业的发展起着决定性的作用。财力的状况、财务管理水平的高低直接影响到事业的发展。对于文化财务的作用,文化部计财司作了概括:"保障、服务、管理、监督。"文化财务管理有三大任务,就是要钱、管钱和生钱。所谓要钱,就是要积极争取政府的经费支持,这是文化财务工作的首要职责;所谓管钱,就是要加强文化财务的管理,这是文化财务工作一项光荣而艰巨的任务;所谓生钱,就是发展文化产业,盘活文化资源,通过自身努力,开发文化资源,创造一定的经济效益,来弥补事业经费的不足,这是文化财务工作面临的一个崭新的课题。

二、文化财务工作面临的形势和任务

最近几年来,随着国家经济实力的增强,国家财政对文化事业的支持力度也大幅度地提高。财力的增长,推动了事业的发展。但是在发展中也存在着比较大的问题:

第一是基数低,总量少。以1999年为例,全国教育事业费为1522.6亿元,卫生事业费为445.68亿元,科学事业费为168.06亿元,而文化事业费为55.61亿元;从人均看,2000年教育事业费人均为120.93元,卫生事业费人均为35.4元,科学事业费人均为13.5元,文化事业费人均为5.11元,与社会事业的发展比较有失均衡。

第二是宏观调控的经费少。从文化部的经费看,几乎都是支持本级单位的运转,没有用于宏观调控的经费。今年2月,全国人大的预算工作委员会和教科文卫委员会听取文化部2001年部门预算时指出:"财政应当给予保障事业,包括大的文化战略方面的经费,体现文化导向的宏观调控经费。在涉及重大的全国文化事业建设与当代中国先进文化发展的问题,还未被列入部门预算。"由于文化部缺乏宏观调控的经费,无法调动地方资金的投入,在一定程度上影响了事业的发展。

第三是管理水平差。首先在转变职能上,大家习惯于办文化,缺乏宏观管理和政策制定的本领。其次是财务管理薄弱。这些都影响了事业的发展。

第四是管理机制僵化。我国经济体制改革已发生了深刻变化,但一些文化事业单位管理水平还停留在计划经济阶段,"等、靠、要",在分配上的"大锅饭"问题依然存在。

文化财务工作面临的任务是非常艰巨的,如何利用财政的杠杆,来调节、支持、促进事业的发展,这是摆在我们面前的非常实际的任务。

三、以"三个代表"重要思想为指导,做好文化财务工作

江泽民总书记关于"三个代表"重要思想和"七一"讲话的精辟论述,把"代表中国先进文化的前进方向"作为一项重要内容,上升到立党之本、执政之基、力量之源的高度来认识。这为文化的发展提供了良好的政治氛围。中央领导同志历来十分关心和重视文化事业,朱镕基总理、李岚清副总理就文化工作多次发表重要讲话和指示,对各级党委、政府重视和加强文化建设,起到了重要的表率和推动作用。朱镕基总理今年1月在观看中国京剧院新春演唱会时说:"振兴京剧,发展京剧,我给大家当好后勤部长,需要钱我给,重要的是能出好的剧目,要多少给多少。"随后李岚清副总理又批示:"请认真研究、学习镕基同志的讲话精神,我们对京剧及其他重要剧种的精品创作要加大投入,这就是文化的导向和宏观调控,请你们同财政部等有关部门提出实施意见。"李岚清同志还专门到文化部,就学习"三个代表"重要思想召开座谈会,强调要抓住机遇建设先进文化。在财政工作会议和财政工作研讨班上,李岚清副总理又强调财政要支持先进文化建设,他指出:"财政工作要始终为促进先进文化的建设和发展服务。社会主义物质文明和社会主义精神文明的建设是建设有中国特色社会主义大厦的两大支柱,缺一不可,先进政党不仅代表先进生产力的发展要求,而且代表着先进文化的前进方向,一个民族的振兴必须要提高全体国民的文化素质,培养高素质的优秀人才,积极发展教育和文化事业,只有这样,才能使物质文明和精神文明协调发展,来推动社会的全面进步。"他还提出:"财政工作在支持我国先进文化的建设和发展方面能起重要作用:1. 以政府为主导,办好各级政府教育事业。2. 支持文化创新,充分利用高科技手段,发展先进文化,提高舆论宣传和文化产品的科技含量,大力开发使用先进的制作和传播技术,支持运用网络,开展好对内对外的舆论宣传工作,增强我国文化产品的吸引力、竞争力和舆论宣传的覆盖率。3. 对基层各项文化和科普设施的建设和正常的运用经费,要引入政府的建设计划和财政预算给予保证,也是公共财政的支出范围。4. 对爱国主义教育基地和中小学生减负以后的活动场所,要加强建设和管理,为全社会的文化进步创造良好的氛围。5. 应进一步落实和完善文化经济政策,利用财政、税收、

信贷等经济杠杆,重点扶持一批重要的文化机构和重点文化项目。6. 应支持先进文化产业的发展,运用财税政策引导资金投向,调整文化产业布局。7. 应运用财政杠杆,对那些不利于社会主义精神文明建设,明显不符合我国国情,不为广大人民群众所能享受的某些高档娱乐场所和活动场所,进行有效的限制和压缩,对电子游戏厅、夜总会、豪华歌舞厅、高尔夫球场等娱乐场所,要认真加以整顿,该取缔的要坚决取缔,使宏观环境更加有利于先进文化的发展和传播。"

财政部对先进文化的建设也非常重视。今年9月29日,项怀诚部长在《人民日报》发表文章,提出了支持文化事业发展的意见。应该说我们的文化财务工作既得天时地利,又有人和。我们要争取一些能宏观调控的经费,提出一些能够带动全国的项目,推动我国先进文化的发展。借此机会,我把向财政部编报2002年预算的有关项目,首先给大家通报一下:

(1) 国家舞台艺术精品工程专项资金。在"十五"期间资助创作出50~60台反映伟大时代的优秀作品,从中产生出部分保留剧目和传世之作。

(2) 全国文化信息资源共享工程。该工程充分利用现代高科技手段,将中华民族几千年积淀的各类型的文化信息资源,进行数字化加工处理与整合,建立互联网上的文化信息中心和网络中心,并通过覆盖全国所有省、区、市和大部分地(市)、县(市)以及部分乡镇、街道、社区的文化资源网络传输系统,实现优秀文化信息在全国范围内的共建共享。

(3) 20世纪美术作品收藏及捐赠奖励专项资金。

(4) 善本再造工程专项资金。用于对图书馆藏善本,特别是孤本,进行系统的复制再造,加大善本保存力度。

(5) 增加"全国万里边疆文化长廊专项资金"。按照中宣部、文化部、财政部、国家计委等部委联合印发的《全国万里边疆文化长廊2001—2010年建设规划》和《关于万里边疆文化长廊2001—2010年建设规划实施意见》的有关要求,通过宏观财政补贴政策加强这项工作的调控和引导。

(6) 进一步加大对各地文化设施维修和设备补助经费的投入,引导各级政府增大投入的积极性,巩固现有的文化阵地。

(7) 设立地方"十部民族民间艺术集成志书"编纂出版补助专项资金。由中央财政对各地资料收集、整理和保护工作给予一定经费补贴,促进这项工作按计划完成。

(8) 争取通过文化政策的指导和国家财政的经济支持,充分调动地方积极性,最大限度地占领社会文化、少儿文化和老年教育及文化活动阵地。拟实施老年系列活动计划、老年教育"夕阳红"计划和开展群众性歌咏活动等。

(9) 建立我国民族民间传统文化艺术资源和遗产保护开发专项资金。传统文化艺术资源和遗产主要包括全国稀有剧种和特色文化。

(10) 争取财政部投入一定财力集中力量办好"文华奖""孔雀奖""群星奖"等全国性的政府评奖活动,发挥其示范、调控和引导作用。

（11）投入专项资金，奖励全国优秀文化艺术人才和国际比赛获奖人员。

此外，还有继续增加对文化部直属艺术表演团体的经费投入；加大对国家图书馆的购书经费的投入。在"十五"期间填平补齐"两馆"建设空白；积极发展流动文化设施；实施送书下乡工程，切实解决农民看书难的问题；争取中央财政建立民族传统文化保护发展专项资金，实施优秀传统文化保护发展计划等。

第二，按照财政体制改革的要求，做好部门预算的编报工作，增强财务工作的预见性、计划性和延续性。

近年来，我国实行积极的财政政策，国家财政形势有所好转。我国财政将按照"比例适当，计算有度，收支合理，使用得当"的思路做调整。1999年我国财政收入突破1万亿元，占当年国内生产总值比例的14%，比1995年的10.7%提高3.3个百分点，出现了一些可喜的变化，但是这一比例无论是与发展中国家平均25%左右相比，还是与发达国家平均45%左右相比，都处于相当低的水平；1999年我国中央财政收入占国家财政收入的51.1%，与实行联邦制国家的60%以上相比，仍然偏低。在"十五"期间，将财政收入占国内生产总值比例提高到20%，中央财政收入与国家财政收入的比例提高到60%左右。我们要学习和研究这些大的财政政策。

第三，加强管理与改革，使财政的投入能够发挥良好的效益。一是深化改革。加快文化事业单位改革步伐，建立与社会主义市场经济体制相适应的充满生机和活力的管理机制是文化事业单位的必由之路。最近中组部在文化部选择了试点单位，推进以干部人事制度为重点的改革。财务对改革的保障作用十分重要。二是建章立制。财务管理要有章法，有程序。取之有据，用之有道，合理合法，应当按照这个原则来制定财务制度，特别要建立责任追究机制。三是加强审计监督。文化部已经决定，每年由计财司对各直属单位进行一次审计，而且有奖惩措施，管得不好的，要相应减少经费。

第四，加强与财政部门的沟通和联系，争取财政的更大支持。文化部门要积极争取财政部门的支持，同时要善于沟通和联系。事业有困难，应该让财政部门的同志了解。

第五，加强文化财务队伍的自身建设。有一句古话："工欲善其事，必先利其器。"在文化财务管理中面临着许多新问题，只有掌握新的知识和新的技能，才能适应新的文化财务工作的要求。同时财会人员要严于律己，淡泊名利，把握自己，拒腐蚀，永不沾。

第六，加强领导，为财务工作创造良好的氛围。各级文化部门要把财务工作列入重要的议事日程，作为工作的重点，"一把手"要亲自过问财务工作，分管领导要具体抓，克服文人不理财的观念，特别是要下功夫做争取经费的工作。领导要带头遵守财经纪律，支持财务部门照章办事，依法办事。财会人员也要遵守财务法规，把好"用钱关"。

我们的财务工作面临着前所未有的大好形势，同时也存在着一些新的情况和新的问题，许多困难需要财政部门和文化部门共同努力去解决。希望大家畅所欲言，各抒其见，为文化事业的发展，为做好文化财务工作，建言献策，为建设先进文化做出贡献。

（在全国文化事业财务工作座谈会上的讲话，2001年10月24日。原载于《中国文化报》2001年12月15日第3版）

积极配合 共同实施
"百县千乡宣传文化工程"

一、实施"百县千乡宣传文化工程"的主要经验

一是领导重视，纳入规划。各级党委和政府都非常重视"百县千乡宣传文化工程"的实施，有的地方还成立了领导小组，主要领导和分管领导亲自参加会议，实地考察定点，解决实际问题。许多地方把"百县千乡宣传文化工程"纳入当地党委和政府工作的总盘子，纳入当地经济和社会发展的总体规划，措施得力，成效显著。

二是认真组织，精心施工。一些省、区、市专门请省专业设计单位设计施工图纸，在设施面积、建筑质量、功能设置、工程造价等方面统一要求。为保证工程质量，许多地方采取公开招标的办法，选择技术好、信誉高、报价低，由国家建设管理部门认定合格资质的工程队伍施工。许多宣传文化中心还非常注意周边环境建设，修建了大门、围墙、道路等附属工程，对周边环境进行了绿化、美化，使文化中心成为当地标志性的建筑物。

三是综合协调，各方支持。一些省在工作中非常注意各个部门联合共建，通力合作。有的地方除了政府财政投资外，还积极争取社会支持，通过各种渠道筹措资金和物资，保证工程的顺利实施。

四是管好用好，发挥作用。许多地方不仅重视建好宣传文化设施，而且采取措施管好用好。确定编制，配备了素质较高的专兼职人员；建立稳定的经费来源，解决日常活动经费；探索开展群众喜闻乐见的活动方式，受到了广大群众的欢迎。

二、基层文化建设存在的主要问题

一是设施短缺严重。由于历史上欠账较多，文化设施建设的任务较为繁重。据最新统计，目前全国仍有282个县（包括县级市）无图书馆，176个县图书馆馆舍面积小于300平方米；有338个县无文化馆，163个县文化馆馆舍面积小于300平方米；有121个县既无图书馆又无文化馆。此外，还有相当多的地市没有图书馆、文化馆和群艺馆，许多乡镇没有文化站。在现有馆站中，大多数或面积狭小，条件简陋，或馆舍破旧，年久失修，有一些还是危房。

二是经费严重不足。这些年，中央和地方文化事业经费总量有所增加（特别是中央财政），但总量偏小、比例偏低。相当一部分地区图书馆、文化馆经费主要用于人员工资，有的甚至连工资都难以保证，根本没有经费用于事业发展。少数地区甚至停止向文化馆提供经费，造成一些文化馆出租场地或开办其他经营项目，使正常的公益性文化活动受到严重影响。

三是文化部门和文化单位管理水平低，自身素质差。一些图书馆、文化馆人浮于事，功能萎缩，服务效能减弱。不少图书馆和文化馆，工作手段不适应建设先进文化的要求，手段陈旧，内容和形式缺乏创新，特别是科技含量过低，对群众没有吸引力。

三、对做好"百县千乡宣传文化工程"，推进基层文化建设的几点建议

一是提高认识，切实抓好基层文化建设。搞好基层文化工作，对于宣传党和国家的方针政策，加强党和政府与人民群众之间的血肉联系，培养健康、文明的生活方式，提高广大人民群众的思想道德和科学素质，具有重要作用。各级党委、政府和宣传文化部门要认真学习江泽民同志在庆祝中国共产党成立80周年大会上的重要讲话和党的十五届六中全会精神，认真贯彻落实"三个代表"重要思想，切实加强和改进作风建设，把工作的重点放在基层，推进基层文化建设，在努力提高广大人民群众物质生活水平的同时，千方百计地丰富他们的文化生活，努力满足他们日益增长的精神文化需求，保障他们享受文化生活的基本权利，提高文化生活质量。

二是抓住重点，大力加强基层文化设施建设。建设宣传文化中心和基层文化设施是基层文化工作的重中之重。最近，国家计委和文化部在重庆召开了加强基层文化设施建设会议，决定从2002年起至2005年，国家计委每年拿出1个亿，支持图书馆、文化馆的建设，实现"县县有图书馆、文化馆"的目标。各地要把实施"百县千乡宣传文化工程"与国家计委部署的"两馆"和乡镇文化站建设结合起来，统筹考虑和安排，防止重复建设，要把有限的资金用好，防止浪费。在具体实施中，要从实际出发，经济条件较好、人口规模较大的县可分设图书馆、文化馆；经济欠发达、人口规模较小的县可设图书馆、文化馆合二为一的综合性文化设施；地广人稀、人口分散的少数民族地区、边疆地区、边远山区和农牧区要积极发展流动文化车、汽车图书馆和流动剧场等流动文化设施。各地农村还要因地制宜建设乡镇文化站和村文化室。万里边疆文化长廊建设要落实文化设施建设任务。要充分考虑老年人、少年儿童和残疾人的需要，建设老年文化活动中心、老年大学（学校）、青少年校外文化活动设施和场所。

三是加强管理，充分发挥文化设施的作用。按照中宣部、中央文明办、文化

部〔2000〕11号文件和〔2001〕13号文件的要求，各级文化部门对宣传文化中心承担着重要的管理职能。各级文化部门要在宣传部、文明办的指导下，管好用好宣传文化中心，充分发挥作用。文化设施能否发挥作用，三分在建设，七分在管理。要解放思想，学习借鉴现代管理经验，运用科学先进的管理方法来加强对文化设施的管理。通过建立、健全岗位责任制和工作目标管理责任制，完善综合服务功能，不断提高利用率。要加强对设备的日常维护保养。要防止文化设施被挤占、挪用，已经被挤占、挪用的要坚决收回。要采用先进的科学技术，充分利用计算机网络，最大限度地实现资源共享，整体提高基层文化的工作水平和科技含量。宣传文化中心是政府兴办的公益性事业单位，其经费应该是公共财政的重要组成部分，要保证日常开支和开展活动的经费。同时要通过加强管理，盘活资源，挖掘潜力，并开展适当的有偿服务，弥补经费不足，提高生存能力和服务能力。

四是开展适合农村特点的文化活动，活跃广大群众的文化生活。实施"百县千乡宣传文化工程"，加强基层文化建设，要根据广大群众的需要，组织开展科学、健康、文明的活动，宣传科学理论，传播先进文化，塑造美好心灵，弘扬社会正气，倡导科学精神，鼓舞人民投身于建设有中国特色社会主义的伟大事业。文化活动要为群众喜闻乐见，具有时代精神，提高科技含量，促进经济发展。要旗帜鲜明地反对资产阶级和一切剥削阶级腐朽文化的侵蚀，防止伪科学和封建迷信、腐朽没落的文化乘隙而入。对社会举办和群众自发组织的各种群众文化活动要予以重视，积极引导。要按照国务院整顿规范工作的要求，促进文化市场的健康发展。要利用农闲时间、集市和民族民间传统节日，开展生动活泼的宣传文化活动。艺术表演团体、群艺馆、文化馆、图书馆、电影公司等文化单位要深入基层为群众送戏、送书、送电影、送文化科技知识。

五是加强基层文化队伍建设，积极有效地开展基层文化工作。要通过建立岗位规范，逐步实行宣传文化工作人员从业资格制度，通过开展在职人员岗位培训等多种方式，提高基层文化工作者的思想水平和业务素质。采取有效措施，鼓励和吸引优秀人才到基层文化单位工作，改善队伍结构，以适应新形势下基层文化工作的需要。各地区各有关部门要切实关心广大基层文化工作者，帮助解决工作、生活中的实际困难，保证工资的按时发放，提供必要的工作条件。要贯彻好中办发〔2001〕30号文件的精神，结合本地的实际条件，在乡镇设置集文化、宣传、广播电视、体育、科技培训等功能于一体的综合性的乡镇文化中心，明确其为政府兴办的公益性事业单位，并配备相应的编制和人员。大力培养基层文化骨干和民间文化队伍，形成基层文化工作的网络。积极鼓励民办社会文化团体、文化类民办非企业单位和文化经营户的发展，支持他们采取多种方式拓宽文化服务渠道，引导他们开展健康的文化活动。要注意发挥民间艺人在基层文化生活中的作用。

六是加强领导,进一步推进"百县千乡宣传文化工程"建设。各级党委、政府要进一步加强对"百县千乡宣传文化工程"建设的领导,加强对基层文化建设的领导。主要领导要重视基层文化工作。要把文化建设纳入当地国民经济和社会发展规划,纳入各级党委、政府重要议事日程,纳入各级政府的目标管理责任制,纳入各级政府财政预算。对中央财政支持的项目,要切实落实配套资金,并且管好、用好。

(在"百县千乡宣传文化工程"工作座谈会上的讲话,2001年11月28日)

建立文化安全预警机制
积极构建我国文化安全体系

　　国家文化安全是我国国家安全体系的重要组成部分，对于国家安全和社会稳定，具有重大意义。党和国家一向十分重视国家文化安全工作。2003年，胡锦涛同志在中共中央政治局第七次集体学习会上指出："坚决防范和抵御各种腐朽落后的文化观念侵蚀干部群众的思想，确保国家的文化安全和社会稳定。"党的十六届四中全会通过的《中共中央关于加强党的执政能力建设的决定》中明确提出："坚决防范和打击各种敌对势力的渗透、颠覆和分裂活动，有效防范和应对来自国际经济领域的各种风险，确保国家的政治安全、经济安全、文化安全和信息安全。"在当前，随着以西方发达国家为主导的经济全球化的迅猛发展，政治霸权主义和文化帝国主义正在以前所未有的速度加紧对我国的文化渗透和扩张，已经对我国社会主义和谐社会建设和文化安全构成了极大威胁和挑战。与此同时，我国国内文化建设形势严峻，文化安全问题突出，主要表现在：我国文化产业缺乏综合竞争力和核心竞争力，缺乏有足够影响力和吸引力的文化品牌；文化市场大量涌入国外文化产品，国际文化贸易存在巨额逆差，对民族文化产业造成极大冲击；全民文化安全意识淡漠，文化沙漠化趋势加重；"台独势力""疆独势力""藏独势力"和"法轮功"邪教组织以文化和宗教为手段进行分裂国家、颠覆政府的活动；文化信息能力落后，不良网络内容对我国青少年教育产生深刻影响；文化遗产保护形势严峻，生存环境遇到危机。如何有效地抵御外来文化的侵袭，积极构建中国特色国家文化安全体系，是摆在我们面前的一项重要课题。

　　世界上许多国家和国家集团，甚至包括西方发达国家，为了保护文化多样性和民族文化传统，维护国内政治、经济和社会发展与稳定的需要，纷纷建立符合本国实际的预警机制和相应的保护制度措施，如许多国家都建立了关于文化贸易的许可证制度、电影审查制度、广播电视国家专营制度、出版编辑业务不对外开放制度等。韩国十分重视保护本民族传统文化，通过制定相关法律，发起复兴韩国民族文化的运动，来对民族文化进行积极保护；法国为抵制和限制美国文化娱乐产品在法国的销售、传播，保护法国文化产业，规定法国的电视和广播节目至少有40%的时间要使用法语，硬性规定全国4500家影院所放映的影片中，好莱坞影片最多占1/4；加拿大于1995年将美国"乡村音乐电视台"逐出加拿大后，为保护本国的期刊业，又通过C-55号法案，加拿大企业不得在加拿大发行的外国期刊上做广告，否则将被处以高额罚款。

国家文化安全预警是实施国家文化安全管理的前提。它的作用是发现文化安全危机的存在，为防范文化安全危机的发生提供依据。目前，我国尚未建立符合国家整体安全战略的国家文化安全预警机制，国家文化安全还缺乏行之有效的体制机制保障。加快建立国家文化安全预警机制，对我国文化安全状况系统监控，对于确定国家文化发展方略，科学制定我国文化建设规划，确保国家文化安全，实现国家长治久安，促进社会主义和谐社会建设，十分必要。

所谓文化安全预警机制，就是根据国家整体利益的需要，而对文化运行状态所可能威胁到它自身以及整个国民经济和社会发展的安全态势进行监测，并在此基础上做出预期性警示评价和对策的国家文化安全的政策过程和反应控制系统。通过建立国家文化安全预警系统，建立全球化背景下的中国文化安全的"红线"，能够及时而准确地对我国的文化安全做出预告性和警示性反应，启动相应的国家机制，运用法律的、行政的、市场的和经济的及其他文化安全管理手段，对危及中国国家安全的文化因素和文化力量进行鉴定和识别，从而把可能对中国文化发展造成生存与发展危机的因素和力量，牢牢控制在安全警戒的红线之下。预警系统的准确高效运行一般由五个系统作为支撑，也就是预警监测系统、分析评估系统、信息发布系统、预警应急系统以及预警效果跟踪评价系统。开展预警工作的方法主要是定量分析与定性分析相结合、重点监测与综合分析相结合、预警模型分析与专家分析相结合，以及预警信息日常发布与专题研究相结合。

参考国际上其他国家的做法，根据我国实际，对建立我国文化安全预警机制提出如下建议：

（1）提高对建立国家文化安全预警机制重要性的认识。文化安全是社会主义先进文化发展和繁荣的重要保障。发展面向现代化、面向世界、面向未来的，民族的、科学的、大众的社会主义文化，迫切要求党和政府把维护国家文化安全放到突出地位，并从多方面采取切实可行的措施加以贯彻落实。要积极开展对国家文化危机管理的统一的规划和研究，加强对社会资源的充分整合与运用，建立统一、高效的文化安全工作协调机制和预警制度，确保把对中国文化发展构成的危险和危害降到最低程度。

（2）将国家文化安全预警机制建设纳入国家安全战略，尽快建立国家安全预警机制和工作体系。保障国家文化安全，是党和政府的重要任务。为公民提供安全的文化服务，是各级政府的责任。我国目前尚未建立起行之有效的文化安全预警机制和文化危机处理机制，有必要在国家总体安全战略中明确文化安全战略任务，规划并设计国家文化安全预警机制。在中央国家安全领导小组的领导下，由中宣部牵头，文化、安全、公安、广播电视、新闻出版、教育、统计等有关方面参与，各部门责任明确，分工负责。实行内外有别的办法，对外采用国际通用方式开展工作，对内制定特殊工作模式。不断完善内控机制，建立现代预警制度，有效防范和化解文化危机，维护国家文化安全。

（3）科学制定国家安全预警机制相关指标体系。我认为，国家文化安全预警机制监测内容应包括两大方面：国外文化对我国文化安全的影响和国内文化安全情况。国外影响因素主要是：国外文化产品进入我国文化市场情况，境外宗教在我国发展情况，国外文化教育机构在中国发展和活动情况，国外传媒、出版物、表演艺术、影视作品等对我国的影响情况；国内文化安全监测指标应包括：法轮功以及"藏独""疆独""台独"分子利用宗教挑起民族冲突等情况，大学生思想政治情况，公众对官方思想信念、价值目标等方面的认同与评价情况，公民对本民族文化的认可情况，我国公共文化服务体系建设情况、广播电视文化安全情况、出版物安全情况等。相关部门应根据本部门职责，研究提出相关指标体系，并可由中宣部、国家统计局牵头，将这些指标归纳为统计指标，确定监测目录，编制相关软件和模型，建立文化安全监测网络。发挥国家统计部门和社会调查机构的作用，积极利用民间社会调查成果，对文化安全相关指标进行分析和预测，逐步形成中国特色文化安全统计指标体系和文化安全预警机制。

（4）建立国家文化安全信息处置机制。考虑到国家文化安全问题的复杂性，建议根据监测指标情况，分为正常、蓝色预警、橙色预警和红色预警四个级别。要采用社会调查、专家咨询、舆情分析以及专门机构检测等方式收集信息，针对若干重点敏感领域定期提交预警报告，对于个别重大问题建立动态预警机制，然后逐步扩大到文化领域各个重要方面。对于接近警戒线的文化安全信息，要在汇总分析后，向中央报告，及时发出预警信号，并责成有关部门提出处置意见，尽早决策，防患于未然。

（5）加强优秀传统文化教育，将文化安全教育纳入国民教育体系、社会教育体系。要加大中华民族优秀传统文化的宣传和教育力度，针对不同人群，设计具体的教育内容，采取不同的教育手段，因材施教，做到入脑入心，切实收到良好效果。要充分利用民族传统节日，组织开展各种民族民间文化活动，弘扬中华民族优秀传统文化。要加强对领导干部的历史文化知识教育，提高他们的历史文化素养；充分发挥各级各类公共文化机构的社会教育职能，以提高公民素质为着力点，让广大群众了解历史，了解本民族传统文化。要大力加强国家文化安全教育，增强全民族维护国家文化安全的自觉性。文化安全教育要以青少年为重点，紧密联系实际，有针对性地进行。利用大众传媒、公共文化机构，宣传普及文化安全知识，努力营造良好的文化安全保护的氛围。

（2002年9月在国防大学战略研讨班撰写的论文）

把文化下乡做得更扎实

今年的"三下乡"活动是在全党、全国人民深入学习贯彻十六大精神的热潮中进行的,具有特殊的意义。深入扎实地开展文化下乡,是促进农村社会主义精神文明建设,推动农村经济发展和社会进步的有效措施;是丰富农村文化生活,提高广大农民群众生活质量的重要途径;是我们广大文化工作者坚持先进文化发展方向的重要工作和应尽职责;也是全面建设小康社会,开创中国特色社会主义事业新局面的具体举措。几年来,在中宣部、中央文明办的部署和指导下,在地方各级党政部门的关心和支持下,各级文化管理部门积极组织、精心安排,把优秀电影、图书和舞台表演艺术奉献给广大农民群众,在活跃和丰富农村文化生活的同时,用先进文化占领和巩固了农村文化阵地。

对于文化下乡工作,文化部历来十分重视,每年都要求代表国家演艺水准的部直属院团把文化下乡作为全年的重点任务来安排。今年在继续抓好重点任务落实的基础上,我们还特别增加了为西部贫困地区举办演艺人才培训班的内容,努力把文化下乡工作做得更扎实、更持久。文化部直属院团的广大演职人员,将通过文化下乡的工作,通过奉献优秀的艺术作品,把党的温暖送到广大农民群众的心中。各地的文艺工作者也通过各种有效的途径把优秀的精神文化产品输送到农村去,全心全意帮助农民转变观念、开启智慧、破除迷信、开阔视野。今年的文化下乡,要结合学习贯彻党的十六大精神,结合全面建设小康社会的目标,结合贯彻全国基层文化工作会议精神,把文化下乡工作做得更扎实,更加受广大农民群众的欢迎,使"三下乡"活动长期坚持下去。文化部就今冬明春的文化下乡工作提出以下几点要求:

(1)各级文化部门要在当地党委和政府的领导下,从农村文化的现状实际出发,从农民文化需求的实际出发,统筹规划、统一安排好文化下乡活动,要着重在办实事、求实效上下功夫,在突出重点、以点带面上下功夫。特别要组织好元旦、春节期间的农村文化生活,要组织文艺工作者在此期间深入农村,深入农民群众之中,为广大农民群众送上优秀的艺术作品,让广大农民群众过上喜庆、祥和的节日。

(2)文化部直属院团的文化下乡工作,要按照中宣部、中央文明办的统一部署,加大对西部地区、革命老区和贫困地区的帮助力度,要优先组织落实好赴西部地区、革命老区和贫困地区的慰问演出。各地文化部门在安排专业文艺团体深入农村、服务农民之时,要关注广大农民群众的文化需求,要把文化下乡与剧团作风建设结合起来,与培养农村文艺骨干结合起来,把培养不走的文化队伍作为工作重点之一。文艺工作者在服务广大农民群众之时，应展现自身良好的艺术水准和道德风貌。几年来，广大基层文化工作者创作出一批农村小戏等艺术作品，具有浓郁的时代气息，深受农民群众欢迎。专业艺术团体在"三下乡"活动中，在加强对群众艺术作品指导的同时，也可将之移植为专业团体的剧目，从基层文化中汲取营养。

（3）目前，文化部在财政部支持下实施全国文化信息资源共享工程，已形成一大批包括电影、戏剧、图书、卫生、法律、科技常识、农业科技等在内的适合农村和农民需要的优良文化信息资源，并可提供24小时的网上服务。目前，这项工作四川、山西、湖北、陕西、福建、广西等省区进展较好，希望各地区要加快地方中心和基层中心建设，拓展工作思路，努力将这些优良文化资源尽快送到农村和农民中去。各级文化部门还要积极创造条件，开展多种形式的文化下乡活动。要把有利于农村社会主义精神文明建设，有利于丰富并充实农民文化生活的电影、图书及音像制品送下乡；还可以以文化下乡为载体，普及卫生知识，宣传科学精神，培养农民群众健康的生活方式，全面提高农村文化生活的质量。

（4）各级文化部门要把文化下乡活动作为落实全国基层文化工作会议精神的具体措施，把工作做深做细，要及时总结文化下乡的经验，积极探索文化下乡的新途径和新办法。对于在文化下乡工作中成绩优异的单位和个人，要给予表彰和奖励，使文化下乡活动的水平不断提高。

目前"三下乡"活动在农村社会主义精神文明建设中的影响不断扩大，这一活动已成为党和政府联系广大农民群众的一条纽带，成为我们推动农村社会进步的一个重要途径，让我们继续努力，再接再厉，把文化下乡工作做得更深入、更扎实、更圆满。

（在全国文化科技卫生"三下乡"电视电话会议上的讲话，2002年12月5日。原载于《中国文化报》2002年12月21日第3版）

全面建设小康社会与基层文化建设

下面我就"全面建设小康社会与基层文化建设"这一主题,向大家介绍一下自己的体会,与大家共同探讨。

一、先进文化对全面建设小康社会的重要作用

江泽民同志在党的十六大报告中,提出了全面建设小康社会的奋斗目标。他指出,21世纪头20年,对我国来说,是一个必须紧紧抓住并且可以大有作为的重要战略机遇期。要在本世纪头20年,集中力量,全面建设惠及十几亿人口的更高水平的小康社会,使经济更加发展、民主更加健全、科教更加进步、文化更加繁荣、社会更加和谐、人民生活更加殷实。文化建设如何抓住机遇,适应全面建设小康社会的时代要求,把有中国特色社会主义文化事业推向新阶段,至关重要。认真学习党的十六大精神,深刻领会、自觉实践"三个代表"重要思想,落实关于文化建设的"四个扶持,一个加强"的要求,推进先进文化建设和文化体制改革,是当前文化工作的首要任务。

(一)大力推进文化建设,是我国顺利实现全面建设小康社会奋斗目标的重要保证

文化是民族的灵魂和血脉,是凝聚全国各族人民的精神纽带,是激励全国人民建设有中国特色社会主义现代化事业的巨大推动力量。文化也是综合国力的重要内容和标志,为经济和社会可持续发展提供思想保证和智力支持。人类文明越发展,文化的地位和作用就越突出。文化的力量,不仅深深地熔铸在民族的生命力、创造力和凝聚力之中,而且越来越成为综合国力和国际竞争力的重要组成部分。国家的强盛,民族的振兴,人民的幸福,都离不开文化的支撑。

进入新世纪,我国进入了全面建设小康社会、加快推进社会主义现代化建设的新的发展阶段。坚定地站在时代潮流的前头,团结和带领全国各族人民,实现推进现代化建设、完成祖国统一、维护世界和平与促进共同发展这三大历史任务,在中国特色社会主义道路上实现中华民族的伟大复兴,这是历史和时代赋予我们党的庄严使命。实现全面建设小康社会的历史使命,对文化建设提出了新的更高的要求。文化建设必须努力为经济发展和社会进步提供思想保证、精神动力和智力支持,促进综合国力的提高,推动小康社会可持续发展,从而保证全面建设小康社会奋斗目标的实现。

(二) 文化发展是全面小康社会的重要建设目标

文化建设对于全面实现小康社会的各项发展目标，不仅仅是手段，也是目的。大力推进文化建设，不断满足小康社会人民群众日益增长的精神文化生活需求，是全面建设小康社会的奋斗目标之一。全面建设小康社会，就是要把目前低水平的、不全面的、发展很不平衡的小康社会，建设成更高水平的、更全面的、发展比较均衡的小康社会。所谓更全面就是经济、政治、文化全面发展小康。为人民群众提供与小康生活相适应的文化生活，本身是全面建设小康社会的一项重要内容和根本任务，是全面建设小康社会的题中应有之义。

(三) 先进文化建设体现了全面小康社会的发展观

在进入新的世纪之时，中国共产党人带领全国各族人民进入全面建设小康社会，加快推进社会主义现代化建设的新的发展阶段。全面建设小康社会，必须坚持经济、社会及人的全面发展的价值目标。现代化是一个由经济、政治、文化等因素组成的相互影响、共同发展的社会动态体。现在国际上衡量一个国家的发展水平，已经不是用单一的经济指标，而是越来越突出社会、人文方面的要求。江泽民同志说："我们讲发展是硬道理，讲的是经济和社会的全面发展。"经济发展的根本目的，是要全面提高人民的物质文化生活水平。经济发展的成果必须体现在社会各个领域以及社会关系的改善上。因此，全面小康社会必须是社会的整体进步，除了注重物质生活提高外，要特别强调人们的精神生活、所享受的民主权利，以及生活环境的改善等方面，更加注重社会的全面进步，追求的是经济、政治、文化的和谐发展。全面建设小康社会，首先必须以经济建设为中心，把解放和发展生产力作为根本任务，同时，要切实加强先进文化建设，满足人民群众日益增长的多方面的精神文化需求，全面提高国民素质，增强民族凝聚力，为现代化建设提供强大的思想保证、精神动力和智力支持。

二、我国文化建设面临的机遇和挑战

中华民族是一个伟大的民族，在漫长的历史进程中，创造了优秀灿烂的中华文化。中华文化博大精深、源远流长，是中华民族五千年来创造的宝贵精神财富。历史上，中华文化长期居于世界领先地位，为世界文化的发展做出了巨大贡献，在世界文明史上占有极其重要的地位，成为中华民族引以自豪的精神财富。回顾历史的辉煌，我们深感先进文化建设的极端重要性和紧迫性。当前我国的综合国力大幅度提升，人民生活实现了由温饱到小康的历史性跨越，社会安定，政通人和，我国国际影响显著扩大，民族凝聚力极大增强。发展有中国特色社会主义文化，具有良好的时代基础和社会发展条件。重新铸造中华文化的辉煌，实现中华民族伟大复兴，使中华文化重新站在时代前列和世界科学文化的制高点，应该成为我们当代人的神圣责任和崇高历史使命。

（一）我国文化建设面临的机遇

"三个代表"重要思想为建设和发展先进文化提供了深厚的思想基础和强大的理论武器。党的十一届三中全会以来，我们党实现了工作重心的转移，确立了党的基本路线，社会主义建设取得了巨大成果。从十一届三中全会到1989年，全党在集中力量抓经济建设的同时，提出了两个文明一起抓的方针，保证了经济建设与社会的全面发展。党在改革开放和经济建设方面取得了举世瞩目的成就，在文化建设方面也积累了丰富的经验。1989年以后，以江泽民同志为核心的中央第三代领导集体对文化建设高度重视，党的十五大把建设有中国特色社会主义文化与中国特色社会主义的经济、政治一并纳入我国社会主义初级阶段的基本纲领。江泽民同志的"三个代表"重要思想，把"代表中国先进文化的前进方向"作为"我们党始终站在时代前列，保持先进性的根本体现和根本要求"正式提出来，党的十六大进一步把"三个代表"重要思想明确为党的指导思想，进一步表明我们党对加强文化建设的极端重视。"三个代表"重要思想反映了中国共产党人对文化建设规律的长期思考，为全面进行先进文化建设奠定了思想基础，提供了强大的理论武器。

我国经济的快速发展为建设先进文化提供了重要物质基础。经过20多年的改革开放，我国已经实现了现代化建设"三步走"战略的第一步、第二步目标，人民生活总体上达到小康水平。到2001年，我国国内生产总值达到95933亿元，按不变价格计算，比1990年增长近两倍。经济总量从世界第十位跃升至第六位，生产力发展实现新的跨越。经济发展为文化建设创造了雄厚的物质基础。随着我国经济增长的不断加快，综合国力的明显增强，文化建设的步伐明显加快。各级财政对文化建设的资金投入明显增加，建成了一批高水平的先进文化设施，满足广大人民群众需要的公共文化设施遍布城乡基层，文化产品数量不断增加，质量也有明显提高，文化条件落后的面貌普遍得到很大改善。我国城乡居民家庭的恩格尔系数，城镇和农村分别从1978年的57.5%、67.7%下降到2001年的37.9%、47.7%。广大人民群众的精神文化需求在社会消费中所占的比重逐年加大，人们在文化方面的消费需求将明显增长，广大人民群众在文化生活中自身精神境界和综合素质得到明显提高。文化产品品种增多，消费的选择性加大；文化传播渠道增多，文化视野拓宽，消费的可比性或参照面扩大；社会文化消费能力提高，消费水准相应提高；文化需求向多样化、多层次发展。当今中国社会的经济发展，以及由此引发的一系列社会变迁，深刻影响着文化的变革和发展。

改革开放为先进文化建设创造了良好的外部环境。20世纪70年代末，以党的十一届三中全会为标志，我国的社会主义事业进入了一个新的历史发展时期。

在中国广阔的大地上，兴起改革开放的大潮。改革是一场伟大的社会变革，它必然引起人们思想观念和行为方式的巨大变化，从而给我国的文化发展带来广泛而深刻的影响。随着改革的深化和社会主义市场经济的发展，社会经济成分、组织形式、利益分配、就业方式日益多样化，社会生活方式的多样化必然给人们的思想观念、价值取向、文化生活带来多样性，使人们的文化活动的独立性、选择性、多变性、差异性明显增加。市场取向的改革将商品观念逐步地渗透到文化活动中，通过提供新的文化生产手段、新的文化消费方式，改变着中国的文化发展格局。如今各种文化产品不断涌现，文化消费、文化娱乐的形式不断增多，文化消费者很大程度上决定着文化的生产和存在方式。这就要求突破以往文化的封闭性、狭隘性、单一性，文化产品的生产不能只讲供给，不讲需求；不能只讲政治功能、教育功能，不讲审美功能、娱乐功能、消遣功能。改革开放，不仅促进了文化产业和文化市场的发展，更重要的是影响和改变了广大文化建设者的思想观念，激发了他们的积极性，有效地促进了文化体制的改革和文化经济政策的完善，增强了文化事业的活力。

（二）我国文化建设面临的挑战

文化全球化和西方文化渗透形势严峻。全球化是当今世界最引人注目的发展趋势之一，也是我们这个时代最重要的特征之一。经济全球化的影响不会仅仅停留在经济领域。经济全球化趋势正在给全球经济、政治和社会生活等诸多方面带来深刻影响。随着经济全球化而来的是思维方式和文化价值观的冲突、碰撞和融合。其中一些合理因素，对我国确立知识经济观念、可持续发展观念、效率观念等新的文化观念产生了积极影响，成为现代化进程中的重要思想资源。但是，我们也必须看到，全球化进程中的主导力量来自西方。随着当代资本主义进入新的发展阶段，发达资本主义国家的文化影响力也日益增强，并凭借其经济和科技优势，以"强势文化"的姿态向发展中国家扩散和渗透。少数国家还借经济全球化之机，向别国强行推行自己的价值观、经济体制和社会制度。西方文化中的消极因素，特别是资产阶级的腐朽思想文化也利用各种机会传播进来，对人们的思想产生消极影响。对此，我们必须保持高度的警惕。

文化发展相对滞后令人堪忧。改革开放以后，我国的文化建设虽然取得了很大成绩，但就总体而言，当前文化建设状况既与广大人民群众日益增长的文化需求不相适应，也与经济和社会发展的需要不相适应，困难和问题仍很突出。主要表现在：一是文化的发展很不平衡。西部及老少边穷地区文化的发展与发达地区的差距在不断扩大。二是文化设施陈旧，文化活动场所比较缺乏，可供群众经常活动的文化场所总量仍显不足。三是文化工作手段不适应建设先进文化的要求。无论在农村和社区，都存在着手段陈旧，内容和形式缺乏创新，特别是科技含量过低，对群众没有吸引力的问题。四是改革的力度不够。部分文化单位的运行机制不够灵活，人浮于事，功能萎缩，服务效能减弱。有的文化设施利用率很低，资源长期闲置。虽然我国基本实现了现代化建设"三步走"战略的第一步、第二步战略目标，人民生活总体上达到了小康水平，但还要看到我国还处于社会主义初级阶段，国家的经济实力有限，文化建设的投入不足，文化建设缺乏足够的资金保障。虽然中国作为一个文明古国，在文化资源上占有优势，而作为一个发展中国家，中国文化产业尚处于起步阶段，无论在经济总量和产业结构上都显得软弱。我国的人文发展指数（寿命、知识、收入加权平均指数）仅有0.718，在世界各国排第87位。在一些地方，文化建设的滞后，一定程度上已阻碍了市场经济的健康发展，也为外来腐朽文化的渗透提供了可能。这个问题不能不引起我们的高度重视。

中华传统文化的优势日渐削弱。任何先进文化总是和传统文化血脉相连的。中华传统文化有悠久的历史，中华民族千百年来沿袭形成的思想、学术、风俗习惯、信仰、道德的精神体系，是中华民族精神的根。历史上，中华文化气势恢弘，气象万千，不但深刻塑造了具有强烈向心力和凝聚力的民族精神，而且远播海内外，对其他民族和国家的文化发展也发挥了积极促进作用。中华民族虽遭外族入侵和外来文化的冲击，但是中华文化并没有沉沦和消失，相反，中华传统文化与外来文化相互融合而发展，四大古国文明只有中华文明得以延续和发展，不能不说中华文化具有强大生命力。但近代以来，随着我国沦为半封建半殖民地社会，传统文化日渐式微，传统文化的优势日益削弱。当前与此相对应的是，外来文化的泛滥和流行，"韩流"盛行，"日风"劲吹，一些青少年陶醉和沉迷于西方通俗文化之中，对传统文化知之甚少，甚至有排斥心理。有识之士莫不深感忧虑！中华传统文化是中华民族赖以存在和发展的基础，是民族自尊心、自豪感和民族体认的重要来源。发展先进文化，建设有中国特色社会主义文化，要求我们必须继承和发展中华民族的优秀文化传统，对我国几千年历史留下的丰富的文化遗产，取其精华、去其糟粕，结合时代精神加以继承和发展。

总之，在全面建设小康社会，加快推进社会主义现代化建设的新的发展阶段，我国的文化建设既存在机遇，也面临挑战。不建设和发展先进文化，就不可能实现全面建设小康社会的目标，还会影响经济发展和社会的全面进步，影响中华民族伟大复兴历史使命的完成。

三、按照"三个代表"重要思想要求大力加强基层文化建设

基层文化是中国先进文化建设的重要方面，是提高全民族思想道德素质和科学文化素质的基础性工程。江泽民同志说："基础不牢，地动山摇。"基层文化建设关系农村乡镇和城市社区的千家万户，关系基层最广大人民群众的根本利益，是文化工作的重中之重。只有打牢了基础，文化建设才能稳步向前发展。切

实抓好基层文化建设，不断满足广大群众日益增长的文化需求，这是实践"三个代表"重要思想和切实加强党风、工作作风建设的要求。搞好基层文化工作，对于宣传党和国家的方针政策，加强党和政府与人民群众之间的血肉联系，在全社会培养健康、文明的生活方式，提高广大人民群众的思想道德和科学文化素质，具有重要作用。因此，在努力提高和改善人民群众物质生活水平的同时，一定要千方百计地丰富群众的文化生活，保证人民群众享受文化生活的权利，提高人民群众的文化生活质量。

1998年以来，文化部党组十分重视基层文化建设。在1999年全国文化厅（局）长会议上，文化部明确提出，文化工作的重点在基层，基层文化建设要着重抓好基本阵地、队伍、活动内容和方式建设的工作思路，在基层文化工作上下了很大功夫。经过几年的努力，基层文化工作得到了明显加强。2002年1月30日，国务院办公厅转发了《文化部、国家计委、财政部关于进一步加强基层文化建设的指导意见》（国办发〔2002〕7号，以下简称《指导意见》），明确提出了基层文化建设的指导思想、加快基层文化"四基"建设的思路和保障措施。2002年4月21—23日，国务院又在北京召开了全国基层文化工作会议。会议以江泽民同志"三个代表"重要思想为指导，认真分析基层文化建设面临的形势和任务，研究部署今后一个时期的基层文化工作。国务院副总理李岚清同志亲自到会，并发表重要讲话。各省、区、市政府主管领导、副秘书长、文化厅（局）长和国家有关部委负责同志出席会议。以国务院的名义召开全国基层文化工作会议，新中国成立以来还是第一次，这充分体现了党中央、国务院对基层文化建设的高度重视。这次会议对于进一步加强基层文化建设，促进城乡文化事业的发展，产生了重要而深远的影响。下面我就这次会议召开的背景和基层文化工作的有关政策向大家做一介绍。

（一）关于全国基层文化工作会议召开的时代背景

全国基层文化工作会议是在我国基层文化状况发生重大变化的背景下召开的。随着我国社会主义市场经济体制的确立和发展，我国基层的社会状况发生了很大变化，基层文化建设在新形势下出现了一些新特点和新变化。

基层群众对文化的需求和消费方式发生了很大变化。改革开放以来，生活在农村乡镇和城市社区的广大基层人民群众物质生活水平不断提高，知识结构发生明显变化，文化生活的需求也日益多样，对文化生活质量的要求也在不断提高。他们参与各类文化活动，不仅为了满足文化娱乐方面的需求，还希望从中学习科技知识，获得市场信息，熟悉法律常识，了解天下大事，等等。为满足基层群众多方面、多层次的需求，许多地方开展的农村文化活动，与发展经济相结合，与农村生产活动相结合，与农民的日常生活相结合，与提高农民的素质相结合，受到了农民群众的欢迎，取得了很好的效果。

基层文化建设多渠道投入的格局初步形成。基层文化工作涉及面广，历史上的欠账问题又较多，仅仅靠国家的投入不能满足基层文化事业发展的需要。近年来，基层文化工作出现了多方共建、齐抓共管的良好态势。很多地方基层文化设施的建设和管理突破了由国家或文化部门单一负责的局面，以多种渠道和形式吸引社会资金进入文化基础设施及其经营管理领域。文化活动也在向社会办的方向发展，形成了多体制、多渠道共同参与的社会办文化活动的新格局。一些城市社区出现了社区居民自发投资兴建社区文化活动站和露天文艺舞台的现象。这种多种所有制、多渠道投入基层文化建设的状况，是对"社会文化社会办"的思路所做的有益探索和实践。

现代科技手段在基层文化工作中发挥越来越大的作用并将产生深远影响。随着科学技术的迅猛发展，基层文化服务手段、工作方法日趋科学化，现代化设备、手段的应用为开展丰富多样的基层文化活动提供了可能。互联网等高新技术手段开始在基层文化工作中应用，并将产生深远的影响。基层文化活动的科技含量明显增加。有的省市积极开展用先进手段传播先进文化的探索，并取得了很好效果。如福建省实施的全省文化信息网络工程，对现有各类文化资源进行数字化加工和整合，通过卫星、网络等传输手段，将优秀文化信息资源传送到基层群众中去，为群众提供不受地域、时空限制的崭新文化传播渠道，人们在基层网点就可以上网阅读信息、观赏文艺节目。这个新鲜做法开阔了基层文化工作的思路，对于发挥文化系统整体优势，增强基层文化单位的吸引力和活力，盘活文化资源，具有重要意义。全国基层文化工作会议之后，财政部和文化部实施的全国文化信息资源共享工程，就是借鉴福建经验而由国家组织实施的文化建设项目。目前工程已覆盖全国21个省、区、市，共建数字资源718 GB（相当于400万册图书），包括近百场著名专家讲座、300部电影、132部地方戏曲、30万幅图片资料、8万册图书、40万条期刊篇名，还有大量科普知识、农业科技和医药保健知识等资源，并已送往各省级分中心和基层中心，为广大群众所享用。

基层文化工作的内容和形式不断创新。随着基层群众需求的变化，基层文化从单一的文艺活动，日益趋向与教育、体育、科学、卫生等方面的工作结合在一起，对推动广大农村建立科学、健康、文明的生活方式，树立良好的农村社会风尚起到了积极作用。在长期基层文化实践中，基层文化活动形式不断创新，创造出许多基层群众喜闻乐见、积极参与的活动方式，增强了基层文化对人民群众的吸引力和凝聚力。

基层文化建设呈现出好的发展形势的同时，还存在着一些不容忽视的问题。2001年7月份，文化部组织了4个调研小组，分别赴四川、重庆、宁夏、湖南、江西、福建6省（区）和上海、天津、青岛、大连、深圳、贵阳6个城市实地考察和调研。通过调研，深感当前广大群众对文化生活的期盼，同时也发现基层文化工作的基础非常薄弱，特别是农村文化工作在许多地方出现了严重滑坡的现象。部分地区群众文化生活还相当贫乏，享受不到应有的文化生活，特别是在部分地区的农村乡镇，农民群众看书难、看电影难、看戏难的问题还很突出。一些地区基层文化生活贫乏，封建迷信活动抬头，"黄赌毒"等社会丑恶现象沉渣泛起，不良文化乘虚而入，非法宗教活动猖獗，甚至影响了政权建设和社会稳定。如果不重视基层文化工作，不解决当前基层文化工作中迫切需要解决的这些问题，建设先进文化，实践"三个代表"重要思想就将成为一句空话。在调研工作的基础上，在国务院领导的重视和支持下，经过文化部的努力，全国基层文化工作会议终于召开了。这次会议既明确了工作思路，又安排落实了一系列扶持基层文化建设的政策和措施，取得了解决问题、推进工作的实际效果。

（二）关于基层文化工作的重点

农村文化建设和城市文化建设是基层文化工作中不可或缺的两个重要方面。全国基层文化工作会议确定，"十五"期间基层文化建设农村以乡镇为重点、城市以社区为重点，这是根据新时期城乡社会结构、社会生活变化的特点和当前基层文化工作的现实状况做出的战略选择。

我国是一个农业大国，农业人口占我国人口的绝大多数，所以，农业、农村、农民问题一直是我们党和国家关注的重点。当前，农村地区文化需求与供给的矛盾较为突出，特别是部分贫困地区农村文化生活还很贫乏，更需要给予特别的关注。因此，在今后一个时期内农村文化都将是基层文化工作的重点。乡、镇是我国行政区划的基层单位，它们是将中央精神和各项工作贯彻落实到农村的承上启下的关键枢纽，在当前农村各项工作的开展中具有特殊的地位。以乡镇为重点，发挥其纽带作用、辐射功能，是把文化工作落实到农村，加强农村基层文化建设，最终实现文化"进村入户"的关键。

伴随着城市现代化进程的加快，社会经济成分、组织形式、利益格局和就业方式走向多样化，社会福利和社会保障逐步实现属地化管理，社区作为现代化城市发展中新的产物，功能日益增强，不仅是绝大多数城市社会成员的日常生活基本场所，也是进行生产劳动、参与政治生活、享受文化教育等活动的重要场所，越来越集中地反映了城市社会政治、经济、文化生活的基本状况。社区建设已经成为城市建设非常重要的一个方面。因此，要把先进文化建设落到实处，落到基层，满足城市居民的文化需求，就要随着社区建设的整体推进，把社区文化建设作为城市基层文化工作的重点，加快建设步伐。

（三）关于基层文化建设的根本任务和基本原则

基层文化建设的根本任务是，以邓小平理论和江泽民同志"三个代表"重要思想为指导，以城市社区和农村乡镇为重点，以培养有理想、有道德、有文化、守纪律的公民为目标，大力发展有中国特色社会主义文化，不断满足广大人民群众日益增长的文化需求，努力提高全民族文化素质，促进我国的经济发展和社会全面进步。为实现这一根本任务，基层文化建设要注意坚持以下基本原则：

第一，坚持正确方向，确保基层文化建设健康发展。所谓坚持正确方向，就是按照"三个代表"重要思想的要求，在城乡基层不断发展有中国特色社会主义文化，努力满足广大人民群众日益增长的精神文化生活需要，不断提高全民族的思想道德素质和科学文化素质；同时，坚持抵制腐朽、没落、反动、庸俗文化的侵蚀。这就要求我们坚持两手抓，一手抓繁荣和发展中国特色社会主义的先进文化，唱响主旋律，以科学的理论武装人，以正确的舆论引导人，以高尚的精神塑造人，以优秀的作品鼓舞人，以健康向上、丰富多彩的社会主义文化占领基层文化阵地；一手抓抵制和打击腐朽文化对人们的侵蚀，逐步缩小和铲除其赖以滋生的土壤。这是坚持基层文化建设正确方向的两个重要方面，两者不可偏废，缺一不可。

第二，坚持重在落实，切实加快基层文化建设发展。党中央、国务院对加强基层文化建设已经提出了一系列方针、政策和要求，现在的关键是抓落实。既要统一各级领导思想，明确责任和任务，又要实实在在地制定切实可行的措施和规划，努力改善基层文化设施条件，为群众开展文化活动提供必要的场所，争取为群众文化权益的实现多办几件实事。

第三，坚持与时俱进，推动基层文化建设不断创新。搞好基层文化建设，要注意随着时代的前进和群众文化需求的日益增长，不断创新基层文化建设的内容、形式、手段和机制。对广大人民群众在基层文化建设中创造出来的新鲜经验，要及时总结并加以推广。

第四，坚持政府主导，鼓励社会力量参与基层文化建设。基层文化建设是一项公益事业。各级政府要充分发挥主导作用，加大财政投入力度。建设公共财政，各级政府财政支出应主要用于涉及广大人民群众利益的公共性开支方面，公益性文化事业建设就是其中一项重要内容，要予以重点扶持。但在社会主义市场经济条件下，公益事业也不能全靠政府举办。在政府逐步加大财政投入力度的同时，要落实和完善文化产业政策，鼓励社会力量参与和支持基层文化事业建设，多渠道筹措文化建设资金，采用灵活多样的运行模式，逐步形成以政府为主导、社会各方面力量广泛参与的基层文化建设新格局。

第五，坚持依法管理，大力整顿和规范文化市场秩序。要加强对演出、音像、娱乐、电子游戏、网吧等文化市场的管理，净化基层文化环境，保证基层文化健康发展。

（四）关于基层文化工作的基本思路

随着改革开放的深入推进和社会的迅猛发展，城乡人民群众对文化的需求日益增强、欣赏水平日益提高，基层文化工作面临着许多新情况、新问题。落后的基层文化工作模式已无法适应社会主义市场经济制度下现代化的城市和新型农村的发展。在长期的文化工作实践中，我们深感要把基层文化工作落到实处，必须抓好基础性工作。基础夯实了，才有发展的条件。各地基层文化工作者在工作实践中进行了大胆的探索和开拓，他们在工作实践中认识到，虽然基层文化工作千头万绪，涉及面很广，但只要在基础设施、基层文化队伍、文化活动内容和活动方式方面下功夫，就能够得到较为显著的成效。通过总结经验，我们逐步明确了群众文化工作需要从抓好"四基"建设——抓好基本阵地、基本队伍、基本活动内容和基本活动方式着手的工作思路。紧紧抓住"四基"建设不放松，就是抓住了目前基层文化工作的主要环节，就能扎扎实实地推进基层文化建设。

"四基"建设中，基本阵地首先指图书馆、文化馆（站）等基础性文化设施，这是开展基层文化工作的载体；基本队伍是指基层文化行政管理者、基层专业和业余文化艺术人才等，是开展基层文化工作的中坚力量；基本活动内容是指文化活动的内容要体现先进文化前进的方向，适合不同对象文化需求，提供丰富多彩、健康向上的文化产品和服务；基本活动方式是指因地制宜，创造和运用广大群众喜闻乐见的文化活动形式。一定的场所，一定的人员，以及形式多样、内容丰富的活动，有机地构成基层文化工作中不可或缺的四要素。"四基"建设的工作思路，是符合当前社会文化事业发展和基层文化工作的实际的。当然，对于不同的地方，"四基"建设会有不同的标准和要求。只要因地制宜、因时制宜地抓好基本阵地建设、基本队伍建设、基本活动内容建设和基本活动方式建设，就能有效地促进基层文化建设的发展和繁荣。

（五）关于基层文化工作的保障措施

做好基层文化工作，必须有相应的措施作保障。

第一，要落实政府在基层文化建设中的责任。基层文化建设搞得好不好，关键在于地方各级人民政府能否把基层文化建设摆到重要议程，能否真正从思想上予以高度重视，措施上给予充分保证。《指导意见》明确指出，加强基层文化建设的主要责任在县（区）级人民政府，要求县（区）级人民政府将基层文化建设纳入当地国民经济和社会发展总体规划，纳入政府重要议程，纳入地方财政预算，推动基层文化建设。

第二，要切实加大对基层文化建设的投入。长期以来，文化事业投入总量不足，比例偏低，在很大程度上制约了文化事业的发展。加大对基层文化建设的投入是基层文化建设的必要保障。《指导意见》明确要求，要"确保文化事业经费的增长不低于当年财政收入的增长幅度；在文化事业建设费中要落实用于支持基层文化建设的项目；保证重大有影响的群众文化活动的经费投入；对于群艺馆、文化馆、图书馆等公益文化事业单位的日常工作给予必要的经费保障；保证各级公共图书馆有一定数量的购书经费。要加大对基层文化基础设施建设、配套设备及其维修、文化信息网络建设、文化队伍教育培训、老年教育等经费的投入,特别要对西部地区文化事业发展予以重点扶持"。这些要求关键在于落实。这里需要向大家通报的是,最近两年,特别是全国基层文化工作会议之后,中央财政加强了对基层文化建设的支持力度,已经安排落实了一系列基层文化建设项目。

——为支持基层文化建设,国家计委和文化部从2002年到2005年设立地方县级图书馆文化馆建设专项资金,每年1亿元,4年共4亿元,主要解决西部地区无文化馆、图书馆县的设施建设问题。目前2002年年度建设任务已经落实。

——财政部从2002年起,将"万里边疆文化长廊建设"专项补助经费和地方文化设施维修及设备购置专项补助经费由500万元和600万元分别增加到1600万元和1400万元,共3000万元,用于支持老少边穷地区文化建设。

——为了使不同地区,特别是经济相对落后的中西部地区和老少边穷地区的群众,在文化资源的获取上享有平等的权利,文化部和财政部从2002年起实施全国文化信息资源共享工程,采用高科技手段整合文化资源,并通过现代化的传输方式传送到千家万户。

——为解决县级公共图书馆和乡镇图书室购书经费严重短缺的问题,文化部和财政部从2003年起,实施"送书下乡工程",2003—2005年由国家财政集中采购一批农村实用性强的图书,配送到贫困地区的300个县图书馆和3000个乡镇文化站,2003年安排资金2000万元。

——为解决西部地区贫困县图书馆购书费紧张的问题,文化部和中央文明办从文化事业建设费拨出专款向全国贫困县图书馆(主要为西部地区图书馆)配送中文图书130余万册,价值2000多万元。目前赠书已发到各馆。

——为加强民族民间文化保护工作,文化部和财政部实施民族民间文化保护工程,主要通过建立中国民族民间文化代表作名录、中国民族民间文化传承人、中国民族民间文化生态保护区等多种方式,对我国浩如烟海的民族民间文化进行抢救和保护。工程将根据"政府主导、社会参与,长远规划、分步实施,明确职责、形成合力"的工作原则,通过制定总体规划,抓好试点工作,重点支持濒危的、具有重大文化价值的民族民间文化项目,有步骤、有计划地指导民族民间文化保护工作。目前,工程总体规划已经初步制定,组织机构如领导小组、专家委员会和国家中心也已建立,工作机制开始运行。2003年是民族民间文化遗产保护工程的启动阶段,主要任务是先行试点,抓好典型,积累经验,逐步铺开。以后一段时期文化部还将组织人力开展对民族民间艺术资源分布情况的调查,推动少数民族文化生态保护区的建立和发展,开展民族民间艺术家和民间艺术之乡的命名工作,建立民族民间艺人的档案资料等工作,以全面地保护和合理地利用少数民族的文化资源。

这些措施对推动基层文化建设,解决基层文化生活贫乏问题,正在发挥和将要发挥重大作用。这里我也希望有重点项目建设任务的地区,认真组织实施好这些项目，加强资金的使用管理，充分发挥资金的使用效益。

第三，要加强对基层文化建设的宏观调控。这里包含三层意思：一是各级党委和政府特别是党政主要负责人要进一步提高认识，把基层文化建设纳入重要议事日程，在抓好经济工作的同时，切实重视和加强这项工作，作为党和政府的一项重要工作抓实、抓好，切实负起责任。各有关部门、文化工作者和广大人民群众要共同努力，做好相关工作。二是要加强文化政策法规的建设，加强依法行政，逐步将基层文化建设的管理纳入法治的轨道。当前要积极推动《图书馆法》《公共文化体育设施条例》《民族民间文化遗产保护法》等法规的制定出台。三是作为政府职能部门，文化部门要充分发挥统筹、协调职能，协同有关部门根据当地基层文化建设的实际，抓紧制定并实施本地区基层文化设施建设、管理的规划，统筹组织基层文化工作队伍，统筹安排群众文化活动，共同推进基层文化建设。

四、当前加强基层文化建设的主要措施

2003年的全国文化厅（局）长会议要求，要继续把基层文化工作作为重点，抓好全国基层文化工作会议精神的贯彻落实。为了贯彻十六大精神，针对目前基层文化建设明显滞后的状况，文化部今后要继续把加强基层文化建设作为工作重点，抓住基本阵地、队伍、内容和方式建设这几个中心环节，加强基础，增加投入，开展工作，加强服务。争取通过几年的不懈努力，使基层文化建设问题逐步解决，使广大基层群众的文化生活和基层文化建设面貌得到改善。

（一）加强基层文化建设的调研，进一步提出加强基层文化建设的政策和措施

党的十六大报告指出，全面加强文化建设、深化文化体制改革。根据中央的要求，文化部今年上半年的重点工作就是组织文化建设和文化体制改革调研，在摸清情况的基础上，提出加强文化建设、深化文化体制改革的方案，并向中央报告。文化部已经制定了详细的调研方案。其中，落实"四个扶持和一个加强"的方针，进一步推动基层文化建设是调研重点内容之一。这次调研以基层为重点，农村是重中之重。要落实2003年中央农村工作会议提出的"今后中央财政每年新增教育、卫生、文化等事业经费，主要用于农村"的精神，积极会同有关部门，抓紧研究、提出扶持农村文化建设的办法和措施，扎扎实实推进农村文化建设。

（二）抓好基层文化队伍建设

队伍建设是基层文化工作的关键。当前组织农村和社区文化活动的主要是乡

镇和街道文化专职干部,队伍数量少,年龄偏大,素质不高,结构不合理。尤其农村乡镇文化站专职人员待遇低,工作条件差,人心不稳,人才流失严重。针对这些问题,今后文化部将通过建立岗位规范,逐步在基层文化单位实行人员从业资格制度及开展在职人员岗位培训等多种方式,加强对基层文化工作者的培养,努力提高他们的思想水平和业务素质。大力培养和发展民间文化队伍,充分发挥他们在活跃基层文化生活中的作用。

(三) 充分运用各种手段和机制做好基层文化工作

基层文化建设涉及我国文化事业发展的全局,是一项长期的、艰巨的任务,必须充分运用各种工作机制和手段,积极有效地开展基层文化工作。在多年的基层文化工作中,文化部门已经有了不少好的做法和经验。比如,从20世纪90年代初起,在全国各地组织实施的创建文化先进县、万里边疆文化长廊建设、少儿文艺"蒲公英计划"和知识工程这四项重点文化工程,取得了很大成绩,推动了基层,特别是农村文化设施建设,其主要经验就是广泛发动社会力量,发挥方方面面的优势,共同发展群众文化事业。再比如,农民渴望文明健康的精神文化生活,"三下乡"活动是有效解决他们需求的一种方式,很受农民群众的欢迎和喜爱。这样的形式以后应该经常化,形成制度,并与培养基层文艺骨干结合起来,促进基层文化建设。在全面建设小康社会的新形势下,发展基层文化事业,要坚持这些行之有效的做法,并不断有所发展、有所创新。对各地基层文化工作的新做法、新经验,我们要善于发现并总结、推广,保护好、利用好广大群众参与文化建设的热情和积极性。

(四) 重视解决基层文化区域发展不平衡的问题

由于我国区域经济发展不平衡等多方面原因,我国中西部地区文化事业发展与东部沿海地区相比较,还存在着较大差距。实施西部大开发战略,就是要加快西部地区发展步伐,缩小东西部地区发展差距。为了促进我国文化事业的均衡、协调发展,应当进一步坚持向这些地区的文化事业实行倾斜的政策,加强对这些地区文化事业发展的扶持、引导。

(五) 抓好群众文艺创作,努力为基层群众提供优秀文艺作品

当前城乡基层,特别是农村文化生活还很贫乏。广大农民群众看书难、看电影难、看戏难的问题还没有从根本上解决,农民的文化生活仍很贫乏。有不少"草台"班子在农村各地很活跃,他们演出的节目许多带有封建迷信内容,糟粕的东西较多,格调不高,内容不健康。这些东西充斥农村文化市场,祸害不浅,不加以高度重视,贻害无穷。实践证明,农村文化阵地我们不去占领,别人就会乘虚而入。繁荣农村文艺创作问题需要引起我们高度的重视。

为了活跃农村文艺创作，引起各地对农村小戏创作和演出的重视，2000年和2002年文化部先后两次组织全国部分省市农村题材小戏进京演出。充满乡土气息的农村小戏节目，受到中央领导、首都观众和专家们的一致好评。小戏调演的成功给我们以很大的启示，那就是我们的文艺创作必须扎根生活，以生活为创作的动力和源泉；必须反映广大人民群众的喜怒哀乐，有深厚的生活基础。小戏虽小，但也一样可以成为受群众喜爱的文艺精品。今后，我们要继续组织开展这些深受广大农民群众喜爱的活动，对优秀的农村小戏作品要组织推荐给全国群艺馆、文化馆和农村剧团，鼓励他们进行移植和再加工，为全国农村广大群众演出，为农村和农民群众服务。

[在全国地（市）文化局长岗位培训班上的讲话，2003年3月24日]

用画笔描绘伟大时代

值此中国美术家协会第六次全国代表大会隆重召开之际，我谨代表文化部表示热烈的祝贺！并向各位代表和美术界的朋友们表示诚挚的问候！

中国美术家协会作为专家团体，作为党和政府联系广大美术家和美术工作者的桥梁和纽带，在半个多世纪的发展历程中，植根于广大美术家之中，伴随着共和国的发展而成长，在党的文艺方针指引下，团结广大美术家，积极培养新人，鼓励优秀作品，促进创作繁荣，为新中国的美术事业发展做出了卓越的贡献。

特别是自中国美术家协会第五次全国代表大会以来，随着我国国力的日益增强和国际地位的提高，中国美术家协会团结和带领广大美术家和美术工作者锐意改革、开拓进取，推动了我国美术事业的发展，在基础设施建设以及美术创作、理论研究等方面都取得了积极的成果。美术创作的活跃和一系列重大展览活动的举办，使美术在中国特色社会主义文化事业建设中所发挥的作用越来越突出。同时，美术创作在反映社会生活的深度和广度以及美术自身的变革和创新方面取得的进展也令人鼓舞，不仅涌现了一大批具有浓郁民族特色和时代精神的优秀作品，而且以美术家鲜明的艺术个性和作品的广泛影响，在社会主义文化建设中发挥了独特的作用。

文化部与中国美术家协会共同举办的全国美术作品展览已经成功举办了九届，推出了许多新人，推出了不少美术精品。如今全国美术作品展览已成为我们检阅美术创作成果的一个盛会。中国美术家协会非常重视社会服务和对外文化交流。特别是在今年上半年抗击"非典"的美术捐赠活动和中法文化年的美术交流活动中，中国美术家协会配合政府部门做了许多卓有成效的工作。借此机会，我谨向中国美术家协会和全国美术家们表示衷心的感谢！

美术是文化艺术的重要组成部分，是体现一个国家和民族文化的重要标志，对民族文化的发展有着重要的影响，我们要深刻认识繁荣我国美术事业的重要意义，牢牢把握中国先进文化的前进方向，用画笔描绘时代，弘扬爱国主义精神，激励人们投身到中国特色社会主义的建设之中。广大美术工作者要发挥美术创作反映生活直观、迅捷的特性，以开放、自信的襟怀重新审视自身的传统和外来艺术形式，努力建立起当代中国艺术的价值标准，强化精品意识，努力提高美术创作的质量，为广大人民群众提供更多体现时代精神的美术精品。

中国美术家协会已有16个专业艺术委员会，32个团体会员，近万名个人会员，是发展我国美术事业的中坚力量。文化部作为文化行政主管部门，将一如既往地积极支持、配合中国文联和中国美术家协会的各项工作，希望新一届中国美术家协会按照党的十六大的要求,团结和带领广大美术工作者坚持先进文化的前进方向,与时俱进,不断创新,再造新的业绩,为全面建设小康社会、开创中国特色社会主义美术事业的新局面做出更大的贡献!

(在中国美术家协会第六次全国代表大会上的讲话。原载于《美术》2004年第1期)

积极推进未成年人文化工作
为未成年人健康成长创造良好的文化环境

未成年人是我国的未来和希望。党和国家一直关注着广大未成年人的健康成长。今年2月，中共中央、国务院联合下发了《关于进一步加强和改进未成年人思想道德建设的若干意见》，并召开了全国加强和改进未成年人思想道德建设工作会议，对新时期未成年人思想道德建设作了全面部署。胡锦涛同志明确指出："要把加强和改进未成年人思想道德建设摆在更加突出的位置，作为精神文明建设的重中之重"。这次中央文明办举办"加强未成年人思想道德建设理论研讨班"，邀请各省、区、市的文明办主任，省会城市的文明办主任和有关部门的处长就未成年人思想道德建设问题进行研讨，是落实中央有关精神的重要举措，也是明确未成年人思想道德建设思路，加强统筹规划的重要一步。在这里，我首先代表文化部，祝这次研讨班能够取得圆满成功！下面，我将近年来文化部在未成年人文化建设等方面的有关情况向大家做一介绍。

一、当前我国未成年人文化建设的基本情况

广大未成年人是祖国未来的建设者和中国特色社会主义事业的接班人。加强未成年人的思想道德建设，提高广大未成年人的思想道德素质和科学文化素质，是全面建设小康社会，提高中华民族整体素质的必然要求。近年来，各级文化部门在党委、政府的领导下，在邓小平理论和"三个代表"重要思想的指导下，切实加强未成年人文化建设，积极营造有利于未成年人健康成长的良好舆论氛围和社会环境，提高广大青少年的文化素质和文明素养，未成年人文化工作取得了很大成绩。

（一）加强未成年人文化工作的领导

文化工作是未成年人思想道德建设的重要组成部分，也是提高未成年人文化素质和文明素养的重要手段。多年来，文化部对未成年人文化建设非常重视，将未成年人文化建设纳入文化事业发展总体规划，针对未成年人文化建设，通过制定规划、研究政策、组织活动和评估、指导等手段，很好地发挥了统筹管理全国未成年人文化工作的职能作用。

为加强对全国少儿文化艺术事业建设的宏观管理和科学指导，促进全国少儿文化艺术事业的发展和繁荣，1992年10月，由文化部牵头，国家教委、广电部、

农业部、新闻出版署、全国妇联、共青团中央、少儿艺委会等部委联合印发了《蒲公英计划——九十年代中国儿童文化艺术事业发展纲要》。该计划对发挥各职能部门作用，调动各方面积极性，共同促进儿童文化艺术事业的繁荣起到了重要作用。在全国少儿文化艺术委员会的领导下，文化部加强沟通协调，与有关部门分工协作，多年来在推动未成年人文化建设方面进行了积极工作。1994年之前，文化部专门设有少儿文化司，负责指导和协调全国的少儿文化艺术工作。1994年，少儿文化艺术管理的职能并入社会文化司。1998年，文化部机构改革后，社会文化图书馆司承担管理全国少儿文化艺术的职能。

为推动未成年人文化工作的开展，文化部先后颁布了一系列法规和部门规章，从各个方面对保障未成年人的文化权益，为未成年人健康成长创造良好的文化环境做了规定。其中《互联网上网服务营业场所管理条例》对网吧等互联网上网服务营业场所的规范管理做了详细规定，对加强网吧管理，保护未成年人的身心健康起到了重要作用。《互联网文化管理暂行规定》则将互联网文化活动纳入管理范围，制定了对进口包括网络游戏在内的互联网文化产品的内容审查制度，规范对进口游戏软件的管理。这些法规规章的颁布实施，为维护广播影视及音像市场的正常秩序，弘扬民族文化，引导青少年健康成长，清理和净化广播影视音像市场奠定了坚实的基础。

（二）加强文化基础设施建设，为未成年人提供文化阵地

为了促进公共文化体育设施的建设，加强对公共文化体育设施的管理和保护，满足人民群众开展文化体育活动的基本需求，2003年6月，国务院颁布了《公共文化体育设施条例》。《公共文化体育设施条例》对公共文化体育设施的建设、规划、管理、服务等各方面提出了要求，并明确规定了公共文化体育设施管理单位，应当根据设施的功能、特点对学生等实行免费或者优惠开放，学校寒暑假期间，公共文化体育设施管理单位应当增设适合学生特点的文化体育活动等。《公共文化体育设施条例》的颁布，为充分发挥公共文化体育设施为未成年人服务的功能创造了良好的条件。2002年1月，国务院办公厅转发了《文化部、国家计委、财政部关于进一步加强基层文化建设的指导意见》（国办发〔2002〕7号）。该指导意见明确指出，要在现有公共服务设施中开辟少儿文化活动场所，建设青少年校外文化活动设施和场所。组织开展丰富多彩、健康有益的文化活动，营造良好的文化氛围。许多图书馆、文化馆、文化站等专门开辟了少年儿童文化场所，如少儿阅览室、少儿文化活动室等。文化部在群艺馆、文化馆、图书馆评估定级工作中，对开辟单独的少儿文化活动场所有专门要求。在中央财政支持建立的公共文化设施中，也明确要求要有专门的少年儿童文化场所。如文化部和国家发改委联合实施的"县级图书馆、文化馆建设计划"，从2002年到2005年计划投资4.8亿元，用于扶持农村县级文化馆、图书馆设施建设，实现县县有

图书馆、文化馆的目标。计划明确要求：新建的公共图书馆都应设立专门的少儿阅览室；文化馆要开辟专门的少儿文化活动场所。据统计，2002—2003年，全国共补助县级图书馆、文化馆建设项目467个，总建设规模达78.36万平方米，计划总投资达8.3亿元（中央补助2.2亿元，各地配套自筹资金6.1亿元），现已实际完成3.3亿元投资。这些县级图书馆、文化馆建成以后，将为农村未成年人提供广阔的文化活动阵地。

目前，文化系统管理的未成年人文化设施主要有两种：一是独立建制的少年儿童图书馆，一是蒲公英农村儿童文化园。现全国已经有少年儿童图书馆84个，收藏有大量的适合未成年人阅读和学习的图书，这些少年儿童图书馆通过良好的服务，为广大未成年人求知求学创造了优异的条件。1992年以来，文化部积极倡导社会各界力量创办蒲公英农村儿童文化园。当前全国各级各类蒲公英农村儿童文化园已发展到200多所，其中已有50多所被文化部授予"国家级蒲公英农村儿童文化园"称号。这些蒲公英农村儿童文化园通过开展丰富多彩、健康活跃的文化科技活动，为农村未成年人提供了积极向上的精神食粮，成为展示当地农村少年儿童文化建设的特色窗口。

（三）扩大开放，完善服务，充分发挥各类公共文化设施为未成年人服务的社会功能

2002年4月，文化部和教育部联合下发了《关于做好基层文化教育资源共享工作的通知》（文社图发〔2002〕12号）。该通知明确要求，现有各类文化设施要坚持为人民服务，为青少年学生服务。要在新建、改扩建一批青少年宫和活动中心的同时，积极挖掘现有群艺馆、文化馆等文化设施的内部潜力，努力开辟青少年文化活动场地，并为开展社区教育提供服务。同时，合理调整和充分利用现有城乡闲置的学校设施，开展社区文化和社区教育活动。鼓励城市街道文化站、社区文化服务中心组织开展适合青少年的文化活动，动员和组织学校退休教师在自愿的基础上担任文化辅导员。《关于做好基层文化教育资源共享工作的通知》的下发，对整合文化部门与教育部门的文化设施资源，为未成年人提供广阔的文化活动空间创造了良好的条件。

为贯彻落实中央8号文件精神，切实推进公益文化事业改革和发展，文化部、国家文物局于今年3月19日下发了《关于公共文化设施向未成年人等社会群体免费开放的通知》（文社图发〔2004〕7号），要求从2004年5月1日起，全国文化、文物系统各级博物馆、纪念馆、美术馆要对未成年人集体参观实行免票；对学生个人参观可实行半票；家长携带未成年子女参观的，对未成年子女免票。被确定为爱国主义教育基地的各级各类公共文化设施要积极创造条件对全社会开放。同时，该通知还充分总结了现有的一些博物馆对未成年人实行免费开放的经验，并对各类公共文化设施加强管理、改善服务作了明确的要求。随着《关于公共文化设施向未成年人等社会群体免费开放的通知》的下发，博物馆、纪念馆、美术馆等公共文化设施对未成年人免费或优惠开放将获得政策上的保障，它们对广大未成年人进行思想道德和文化科学教育的功能作用也将得到充分的发挥。目前，国家博物馆、国家图书馆、故宫博物院、中国美术馆等单位已正式开始实施。此外，根据中央文明办关于成立"未成年人思想道德建设重点工作专项工作小组"的要求，文化部、教育部、科技部等决定组成"全国公益性文化设施工作小组"，并正在制定《关于公益性文化设施免费开放的实施意见》。该意见将就文化、教育、科技、共青团、妇联等各系统的公共文化设施向未成年人免费开放做出规定，进一步加大公共文化设施免费开放的力度，促进公益性文化设施更好地为广大未成年人和社会公众服务。

（四）加强少儿文艺精品创作，开展丰富多彩的少儿文化活动，满足未成年人的精神文化需求

近年来，各地作家、艺术家通过深入未成年人的生活，熟悉未成年人的思想和情感，把握未成年人的思维状态，创作出一批思想内容健康、富有艺术感染力的儿童剧、少儿音乐、少儿舞蹈等优秀文艺作品，极大地满足了未成年人日益增长的文化需求。文化部出资购买了一批思想性、艺术性和观赏性俱佳的优秀少儿剧目著作权，无偿推荐给全国基层院团演出，以丰富未成年人的文化生活。各文艺院团还通过积极组织课本剧、高雅艺术进校园等活动，将优秀的文艺作品送到学校第一线。少儿文艺演出市场得到开拓，初步实现了社会效益和经济效益的有机结合。北京儿童艺术剧院进行股份制改造，大胆在体制和机制上创新，在剧目运作、市场推广以及内部管理上积极探索，取得了明显成效。改制后推出的首部原创剧目《迷宫》上演，取得了很好的经济效益和社会效益。文化馆、群艺馆等积极组织开展适合不同层次、不同年龄少年儿童参加的各类文化活动和丰富多彩、形式多样的艺术培训活动，并对未成年人自发的文化娱乐活动给予支持与指导。

为丰富少年儿童业余文化生活，繁荣少儿文化艺术，文化部还在全国群众文化"群星奖"中专门设立了少儿组，以鼓励各地少儿文化工作者为未成年人创造更多更好的文化艺术精品。该奖项的前身是于1997年设立的"蒲公英奖"。自2000年正式开展评选活动以来，迄今为止已评选4届。4年来，在该奖项的推动下，产生了一批为少年儿童喜闻乐见的优秀文艺作品，发现了一批具有艺术潜质的好苗子，调动了少儿文化工作者的积极性，促进了少儿文化艺术事业的繁荣和发展。随着"群星奖"和"蒲公英奖"的进一步整合，文化部门加强了对评奖活动的统一组织、统一协调，以更好地发挥政府评奖的导向性，为未成年人提供更多的文化艺术精品。在刚刚闭幕的第七届中国艺术节上，在少儿艺术7个门类共评出35项"群星奖"。

为向未成年人提供健康优秀的文艺产品，文化部在今年7月向社会公开推荐了"百部未成年人优秀音像制品"。"百部未成年人优秀音像制品"包括电影、动画、科教、电视剧、音乐等类别。包括电影《林则徐》《周恩来》，动画片《丁丁历险记》《木偶奇遇记》，科教纪录片《万里长城》《印刷术》，电视剧《水浒传》《红楼梦》《中国冰川》，音乐戏剧《中华少儿古诗歌曲集》等在内的112部作品融知识性、娱乐性、趣味性和教育性于一体，使未成年人在主动欣赏中思想感情得到熏陶，潜移默化中精神生活得到充实。

（五）积极通过重大文化建设工程为未成年人提供规模化的文化资源

近年来，文化部和相关部委联合实施了一些重大文化工程，加强文化资源的建设，并积极利用先进的高科技手段，传播到城乡基层，努力满足广大群众尤其是未成年人的文化需要。

全国文化信息资源共享工程是一项利用现代信息技术，对文化信息资源进行数字化加工和整合，通过网络等传输渠道最大限度地为社会公众服务的重大文化工程。李长春同志曾明确批示："要加大全国文化信息资源共享工程的力度，并和数字图书馆紧密结合起来。这是繁荣社会主义文化的标志性工程之一，意义重大。"自2002年4月实施以来，目前中央财政已投入4500万元，在国家图书馆建成了共享工程国家中心，在各省级图书馆建立了31个省级分中心，并以各基层图书馆为依托，发展了一批基层中心。据不完全统计，终端用户已达到5万多个。国家中心和省级分中心通过采用最新的数字图书馆技术，汇集了全国公共图书馆、博物馆、美术馆等机构的各类优秀文化信息资源，初步建成了独具特色的文化信息资源总库。目前共有45个多媒体资源库组成的文化信息资源库群，近6 TB的资源可提供对外服务。同时，文化部还加大了对基层示范点建设的支持力度，带动地方基层网点建设。目前，共享工程国家中心先后与重庆等省市签署了试点协议，并在一些市、县、乡镇、社区建立了基层中心。这些基层网点通过为广大未成年人提供非营利的文化服务，用先进的网络手段丰富了少年儿童的文化生活。

送书下乡工程是文化部与财政部为解决农民群众看书难问题而联合实施的扶持农村地区文化建设的文化工程。工程通过国家集中采购、统一标识，将近期国内出版的内容健康、实用性和可读性强、适合农村读者需要的图书送到部分国家级扶贫工作开发县及所属乡镇图书馆（室），充实馆藏，改善条件，增强吸引力，使这些图书馆（室）真正起到活跃农村文化生活的作用。2003—2005年，文化部、财政部每年投入2000万元向300个国家级扶贫开发工作重点县图书馆和3000个乡镇图书馆（室），赠送农村适用图书390万册。2003年12月初完成了367种、151万册图书的印制，这一工程将极大地扭转广大农村未成年人无书可读的现状,对提高农村未成年人的文化素质起到深远影响。

中国民族民间文化保护工程是在过去民族民间文化保护工作成果的基础上,结合新时期的新情况和新特点,由政府组织实施推动的对我国境内具有历史、文化和科学价值的民族民间文化资源进行系统保护的一项规模庞大、涉及面广的系统工程。它是对无形文化遗产,也就是国际上所说的"人类口头和非物质遗产"进行系统保护的一项重要工程。该工程将充分运用现代科技手段,对集中体现中华民族创造才能的优秀民族民间文化项目,特别是具有重大历史、文化和科学价值以及濒危的民族民间文化项目,进行有针对性、系统性的抢救、保护与合理利用等。这一工程对增强未成年人对民族文化的认知,增强民族自豪感,传承民族民间文化具有巨大作用。

(六)加强文化市场管理,为未成年人健康成长创造良好的文化环境

近年来,为维护文化市场秩序,营造有利于未成年人健康成长的文化环境,文化部会同有关部门,对网吧、电子游戏经营场所等各类文化市场加强了管理。

关于网吧治理。根据中央8号文件关于"取缔非法、控制总量、加强监管、完善自律、创新体制"的要求,今年2月,在国务院的统一部署下,文化部大力加强了对网吧的整治和管理。这次专项整治工作的重点是坚决取缔无证照或证照不全的黑网吧,整治以电脑学校、劳动职业技术培训班、电子阅览室、计算机房等名义变相经营网吧的行为;严厉查处网吧违法接纳未成年人进入的行为;打击网上传播有害文化信息的行为,净化和规范网络文化经营活动。文化部明确要求,各级文化行政部门要以解决未成年人禁入问题为工作重点,对接纳未成年人进入的网吧规定了严厉的处罚措施。同时,各级文化部门还加强普法工作,邀请社会各界关于未成年人健康成长的人士广泛参与,建设一支基础广泛的义务监督员队伍,鼓励新闻媒体和广大群众积极对网吧违法经营行为进行举报,努力建设政府管理、行业自律、社会监督、企业违法经营的群防群治、综合治理体系。

关于电子游戏经营场所。根据《国务院办公厅转发文化部等部门关于开展电子游戏经营场所专项治理意见的通知》(国办发〔2002〕4号),文化部联合公安、工商部门开展了电子游戏经营场所专项治理。从2000年6月至今,各地已停止审批新的电子游戏经营场所,对现有的电子游戏经营场所增添或更新任何类型的电子游戏设备的申请也不予审批。对违规经营活动严厉处罚。经过各级文化行政部门的辛勤努力,全国电子游戏经营场所由2000年专项治理前的106949家减少到2003年的1.7万家,从根本上扭转了电子游戏经营混乱的局面。

关于知识产权保护。为在未成年人中形成正确的舆论导向和消费观念,提高青少年基本素质,提高未成年人知识产权保护意识,文化部联合教育部、共青团中央,于今年5月专门针对青少年开展音像市场法制宣传活动。活动以"尊重知

识、拒绝盗版"为主题。广大音像连锁企业响应号召,开展对学生优惠提供正版的活动。

二、目前未成年人文化建设存在的困难和问题

虽然近几年来我国的未成年人文化建设已经取得了很大成就,但客观来说,未成年人文化建设在文化建设总体中还不占重要地位;由于目前城乡经济发展极不平衡,未成年人文化事业发展存在着巨大差距。与城市未成年人丰富多彩的文化生活状况相比,广大农村未成年人精神文化生活贫乏的问题还很突出。这主要表现在以下几个方面:

——农村未成年人文化设施非常落后。目前,专门的少年儿童文化设施在农村分布极少。全国84个少年儿童图书馆中,大部分集中在地级城市以上,仅有10余个是属于县级图书馆。而现有的200多所蒲公英农村儿童文化园不仅在数量上远远不能满足广大农村未成年人学习知识、提高文化素质的需要,在发展过程中也面临着资金缺乏、师资不足等多种困难。至于其他的农村文化设施,情况也不容乐观。据统计,2002年,全国2860个县(县级市、区)中还有49个县无文化馆,562个县文化馆无馆舍,121个县无图书馆,225个县图书馆无馆舍;全国38240个农村乡镇中还有3965个无文化站。西部地区的13929个乡镇文化站中有12994个面积在50平方米以下,由于面积狭小,年久失修,简陋破旧,无法开展基本的阵地文化活动。在县乡两级图书馆、文化馆、文化站专门开辟有未成年人文化活动场所的相对更少。农村未成年人文化活动阵地的缺乏直接制约了农村未成年人文化活动的开展,影响了农村少年儿童的文化生活质量。

——对农村未成年人文化建设投入仍显不足,文化资源总量仍然偏少。以公共图书馆购书费为例,2002年全国共有733个公共图书馆无购书经费,占公共图书馆总数的27.2%,这些图书馆大多是中西部欠发达地区的县级馆。由于书价上涨等因素,近年来公共图书馆新购图书数量总体也呈下降趋势,虽然2002年全国公共图书馆全年购书费为4.18亿元(人均0.29元),远远高于1985年的4164万元,但是新购图书只有947万册,与1985年的1343万册相比,只相当于后者的70.51%。其中,县级公共图书馆购书费占经费总支出的比重则下降到9.8%,平均每馆新购图书只有1300册。而在1985年,县级公共图书馆购书费占经费总支出的比重为17.2%,平均每馆新购图书3200册。农村文化建设投入乏力,导致可供广大农民消费的文化资源总量偏少、质量不高,适合农村未成年人的文化资源远远不能适应他们实际的精神文化需求。农村孩子看戏难、看书难、看电影难的问题在某些地方仍很突出。一些腐朽、落后的文化现象也严重影响了农村未成年人的健康成长。

除以上困难之外,还存在一些地方文化部门的领导对这项工作的认识不足、

重视不够，少儿文艺作品的创作演出和生产还不能满足未成年人日益增长的需要，少儿文化活动还比较单一，文化工作的内容形式、方法手段、队伍建设方面还有与少儿工作要求不相适应的地方等各种问题。这些问题已严重影响了未成年人文化工作的整体发展，影响了城乡协调发展、经济与社会的协调发展，也影响了全面小康社会建设目标的实现，必须引起我们的高度重视。

三、关于加强未成年人文化工作的设想

在今后的文化工作中，文化部将重点抓好以下几项工作。

（一）充分发挥全国少儿文化艺术委员会的作用，加强少儿文化艺术工作的领导

全国少儿文化艺术委员会是根据 1989 年中央提出的"全党全社会都要关心少年儿童健康成长"而成立的，以文化部为牵头单位，有教育部、国家广电总局、新闻出版总署、农业部、共青团中央、全国妇联、全国总工会、国家体委、中国科协共 10 个部委参加的促进儿童文化艺术事业繁荣的协调机构，多年来，在制定规划、协调和解决全国少儿文化艺术工作重大问题方面发挥了重要作用。文化部将会同有关部门，根据新的情况进行充实调整，充分发挥该机构的组织协调作用，以加强未成年人文化工作的领导。

（二）制定和实施少儿文化事业发展规划

今年，文化部将积极开展对未成年人精神文化需求状况的调查和研究，贯彻落实《中国儿童发展纲要》，抓紧制定《2005—2010 年"蒲公英计划"暨中国少儿文化艺术事业发展纲要》，对未来 5 年内我国少儿文化的发展做出详细规划，对少儿文化建设的总体目标、组织建设、阵地建设、队伍建设、法规建设、文化创作和活动等各方面提出具体目标和要求，以推动未成年人文化艺术工作和思想道德建设，加强对全国少儿文化艺术事业建设的宏观管理和科学指导。同时，努力推动将未成年人工作纳入经济社会发展规划。推动地方党委和政府制定、出台符合青少年成长及青少年工作规律的未成年人工作规划。

（三）把丰富农村未成年人的文化生活作为重点，积极扶持农村儿童文化园的建设

根据第一期"蒲公英计划"的要求，文化部重点抓了农村儿童文化园建设，鼓励全国各地农村广泛发动社会力量，兴办农村文化设施。目前，全国各级各类农村儿童文化园已有 200 多所，其中 54 所被文化部命名为"国家级蒲公英农村儿童文化园试点"和"全国蒲公英农村儿童文化园"。这些农村儿童文化设施在

活跃农村儿童文化生活，提高农村儿童文化艺术素质方面发挥了重要作用。今后，文化部将继续加强对已建儿童文化园的工作指导，做好这些文化设施的巩固和提高工作，同时研究制定扶持政策，鼓励农村多种形式文化设施的兴办，努力满足广大农村少年儿童的精神文化生活需要。

（四）进一步实施"精品战略"，加强未成年人文艺创作力度

重点创作出一批适应新时期儿童审美需求和审美心理的优秀儿童艺术作品。加大政府对少儿艺术演出的政策扶持力度，增强少儿艺术表演团体发展活力。继续加大国家舞台艺术精品工程对儿童剧创作的扶持力度，在各种评奖活动中对儿童剧创作给予足够关注和适当倾斜。加大对儿童剧创作的调控和指导，积极、规范组织全国和区域性的儿童剧展演、评比活动和儿童剧创作培训工作。组织一批重点儿童艺术剧院和优秀儿童剧作品以"儿童剧进校园"等形式，鼓励向未成年人尤其是西部地区的未成年人多演出。整理和遴选一批具有较高思想性、艺术性和观赏性的优秀儿童剧作品，通过购买版权等方式，向基层院团推荐，鼓励多向未成年人演出。

（五）积极与财政部进行协商，实施"未成年人文艺创作基地建设和工作队伍培训计划"

目前，文化部正在与财政部积极协商"未成年人文艺创作基地建设和工作队伍培训计划"。计划从2005年开始，用5年的时间，由中央财政出资，对基层少年儿童文艺创作、辅导、表演队伍进行集中系统培训，努力打造一支熟悉孩子、德艺双馨的少儿文艺工作者队伍，并支持、鼓励他们创作更多健康向上的少儿文艺作品，对创作出优秀未成年人题材文艺作品的少儿文艺工作者和单位予以表彰和奖励，以期最大限度地发现、发掘和培养人才，发挥广大少年儿童的潜能，促进未成年人的全面发展。同时，由中央财政与地方财政共同出资，分别在东部地区、中部地区和西部地区各建立两个国家级未成年人文艺创作基地，并将其作为加强和培养未成年人文化艺术工作的重要载体，推进未成年人文化创作和人才培养。

（六）认真落实公共文化设施免费向未成年人群体开放的措施

文化部和国家文物局将加大检查督促工作，努力把免费开放工作做实做好，落到实处。文化部还将加强与新闻媒体的联系，通过新闻媒体，向广大群众宣传、介绍公共文化设施向未成年人免费开放工作，积极争取社会各界的关心和支持。同时，文化部要积极与财政部门沟通，争取必要的经费，改善现有服务设施和设备，为进一步提高服务水平提供保障。

（七）利用全国文化信息资源共享工程，加大为未成年人提供文化服务的力度

目前，全国文化信息资源共享工程已经根据未成年人的心理特点和文化需求，开辟了专门的少儿版，整合了一批为广大未成年人喜闻乐见的、艺术性和思想性相结合的精品文化资源，为未成年人提供网络文化服务。文化部门还将与教育部门协作，认真选择一批条件成熟的学校，以及未成年人文化生活相对贫乏的社区、乡村，进行基层网点建设。积极推动将健康的文化信息资源通过网络进入校园、社区、乡村、家庭，提供资源服务，充分发挥文化共享工程在未成年人思想道德建设方面的作用。

（八）有针对性地加强文化市场整治工作

严格落实国务院颁布的《互联网上网服务营业场所管理条例》等重要法规条例，取缔非法，加强管理，改革体制，完善自律。为净化文化市场环境，文化部将联合公安、工商等部门，加大综合治理的力度，为未成年人思想道德建设创造良好的文化环境。切实抓好网吧专项整治工作，加强对经营性娱乐场所的规范和管理，严肃查处危害未成年人的读物和视听产品，严格审查面向未成年人的游戏软件，加强对网络文明建设的引导，以网吧自律为重点，推进整个互联网站的自律建设，努力为广大未成年人创造良好的文化服务环境。

进一步加强和改进未成年人思想道德建设，是中央从推进新世纪新阶段党和国家事业发展、实现党和国家长治久安出发做出的一项重要决策，对于确保我国实现全面建设小康社会进而实现现代化的宏伟目标，确保中国特色社会主义事业兴旺发达、后继有人，确保实现中华民族的伟大复兴，具有重要而深远的战略意义。各级文化部门将在今后的工作中，继续加强和中央文明委及其他相关部门的合作，齐心协力，共同抓好未成年人思想道德建设，为未成年人健康成长创造良好的文化环境。

（在加强未成年人思想道德建设理论培训班上的讲话，2004年10月12日）

积极探索新形势下社会文化工作的新思路

按照分工，下面我就分管的社会文化工作，向大家介绍一下情况。

一、基本情况

近几年来，社会文化建设发展很快，社会文化工作对活跃和丰富人民群众的精神文化生活，对人民群众进行爱国主义、集体主义和社会主义教育，对推进城乡物质文明、政治文明、精神文明建设，促进经济和社会全面、协调和可持续发展，起到了不可替代的作用。据统计，2003年底，我国共有省、地级群众艺术馆382个，县级文化馆2846个，公共图书馆2709个，乡镇（街道）文化站38588个，农村集镇文化中心21621个，文化俱乐部（室）76340个，图书室49124个，文化户139047户，群众业余演出团（队）37659个，基本形成了覆盖城乡的基层文化工作网络。

近几年文化部和各级文化部门狠抓社会文化工作，社会文化建设有了很大发展。

（一）投入力度进一步加大

这几年中央和地方文化事业投入不断增加，2003年文化事业费达94.03亿元，比2002年增加10.32亿元，增长幅度为12.3%。特别是中央本级文化事业费"十五"期间的前3年就达到了13.83亿元，比"九五"时期增加了1.25亿元，增长9.9%，2003年中央本级文化事业费5.37亿元，达到历史上的最高点。全国人均文化事业费则达到了7.27元，比2001年增长了1.57元。在全国文化事业费增加的基础上，农村文化建设经费也进一步增加。2003年对农村文化共投入26.39亿元，比2002年（22.64亿元）增加3.75亿元，增长16.6%，占全国文化事业费比重为28.1%。国家还进一步加大了对西部地区的投入，2003年对西部地区文化共投入20.44亿元，比2002年（18.99亿元）增加1.45亿元，增长了7.6%。

（二）设施建设状况有了较大改善

全国基层文化工作会议明确指出：中央和地方各级人民政府要加大投资力度，加快文化设施建设，努力实现"县县有文化馆、图书馆"的目标。文化部和国家发展改革委实施县级图书馆、文化馆建设项目，从2002年到2005年4年间，拿出4.8亿元，对全国1078个有馆无舍或设施落后的县级图书馆、文化馆进行新建、改建和扩建，解决县级"两馆"设施空白点和设施落后问题。"两馆"建设项目实施以来，各级党委、政府高度重视，积极配合，使项目得以顺利实施，并形成了总体规模。据统计，2002—2003年，全国共补助县级图书馆、文化馆建设项目467个，总建设规模达78.36万平方米，计划总投资达8.3亿元（中央补助2.2亿元，各地配套自筹资金6.1亿元），现已实际完成3.3亿元投资。同时，财政部也将边疆文化长廊建设补助资金和基层文化设施设备维修补助资金从每年1100万元增加到3000万元，支持基层文化建设，促进了基层文化基础设施的建设。

（三）重大文化工程顺利实施，为基层群众服务的公共文化资源总量有了较大增加

全国基层文化工作会后，中央财政还支持实施了一些重大有影响的文化项目，包括全国文化信息资源共享工程、中国民族民间文化保护工程、送书下乡工程等，产生了很好的社会效益，调动了地方投入的积极性，对于促进基层文化建设产生了积极作用。全国文化信息资源共享工程利用先进技术快捷广泛地传播信息资源的巨大优势初步显现出来，在一定程度上缓解了长期以来存在的农民看书难、看戏难、看电影难的问题。送书下乡工程将农民需要的图书送到基层文化单位和农村文化大院，受到农民群众的欢迎。

（四）切实转变职能，积极探索新形势下社会文化管理的新方式和新办法

当前，社会文化事业发展很快，需要我们切实转变职能，加强宏观管理，把工作精力集中到研究全局性、战略性问题和制定相关政策方面来。这几年来，文化部加强了对社会文化发展的前瞻性研究，研究全面小康社会社会文化的发展趋势和宏观工作思路，以及衡量、评价全面小康社会社会文化发展的指标体系。适应全面小康社会政府文化部门职能转变的需要，探索新形势下政府管理社会文化的新途径和新办法。为了规范文化评奖，按照文化部党组统一部署，在社会文化工作领域，将"群星奖"和"蒲公英奖"合并为"群星奖"，改一年一届为三年一届，和"文华奖"评奖周期相一致，在每届中国艺术节上举办。今年在浙江省举办的第七届中国艺术节共评出七个门类三个组别111个"群星奖"，减少了获奖数量，延长了评奖周期，取得了很好的效果。

（五）积极推进图书馆、文化馆改革

党的十六大明确提出，发展是执政兴国的第一要务，发展必须改革。这几年来，文化部按照党的十六大精神、人事部关于事业单位改革和关于深化文化事业

单位改革的有关文件精神，在文化事业单位干部人事制度改革试点工作的基础上，根据因地制宜、分类推进的原则，加强了对国家图书馆和北京市朝阳区文化馆两个全国文化体制改革试点单位的指导，积极推进图书馆、文化馆改革的深入进行。推广中心图书馆与分馆制，推进图书馆之间跨行政区域、跨系统的协作与联合，在更深层次上，更大范围内促进公共图书馆图书文献资源的共享。

二、主要问题

近几年社会文化工作有了很大进展，但是由于我国经济社会发展的不平衡，农村文化与城市文化之间的差距日益拉大，农村经济基础仍然比较薄弱，当前的社会文化建设，尤其是西部老少边穷地区的农村文化建设还存在很多困难和问题。

（一）农村文化与城市文化之间的差距日益拉大

近几年国家财政虽加大了对农村地区的投入力度，但与同期对城市地区的投入相比，农村文化投入仍显不足。2003 年文化事业费中城市占 71.9%，而农村只占 28.1%，前者超过后者 43.8 个百分点。各地对农村文化的投入普遍不足，难以对农村文化事业给予充分的支持。许多县级文化馆没有事业经费和活动经费，图书馆没有购书经费。

（二）与教育、卫生、广电等社会事业部门相比，文化事业经费投入不足的问题仍然突出

1998 年到 2002 年，全国教育事业总计投入 20265 亿元，科技事业总计投入 3055 亿元，文体广电事业合在一起总计投入 1064 亿元，其中文化事业经费投入为 323.87 亿元，仅相当于教育事业投入的 1/70 和科技事业投入的 1/10。2001 年全国文化事业费仅占国家财政总支出的 0.4%，文化事业费占国家财政总支出的比重偏低（教育事业费占 12.2%，卫生事业费占 3.14%，体育事业费不含彩票收入占 0.35%，科技事业费占 1.23%，通讯和广电事业费不含广告收入占 0.48%）。多数地方文化事业经费占财政总支出的比例多年也徘徊在 0.4%～0.5% 之间。2001 年全国人均文化事业费仅为 5.7 元（教育：173.0 元，卫生：44.6 元，体育：5.0 元，科技：17.48 元，通讯和广电：6.85 元）。

（三）文化基础设施相当落后

据统计，2002 年全国 2860 个县（县级市、区）中还有 49 个县无文化馆，562 个县文化馆无馆舍，占全国县（县级市、区）总数的 21.4%；全国 121 个县无图书馆，225 个县图书馆无馆舍，占全国县（县级市、区）总数的 12.1%；全

国 38240 个农村乡镇中还有 3965 个无文化站，占乡镇总数的 10.03%。已建的许多乡镇文化站由于面积狭小，年久失修，简陋破旧，无法开展阵地文化活动，已建的不少图书馆、文化馆、文化站设施陈旧落后，活动器材和设备奇缺。很多乡镇文化站难以满足规模性文化活动的需要，有的则有站无舍，名存实亡，服务能力逐渐弱化。

（四）工作队伍素质偏低

现有人员年龄偏大，知识结构和素质状况不十分合理，不适应社会主义市场经济的要求，观念陈旧落后，缺乏创新意识和大局意识，难以适应新时期文化工作的需要。农村乡镇文化站和农村电影放映队的现有人员，大都是 20 世纪七八十年代建站时由社会招聘的，有的至今还未"转干"，待遇问题难落实，队伍不够稳定。据调查，全国文化站现有人员 6.04 万人，其中高中及高中以下学历占 71.24%，具有大专以上学历的仅占 28.76%。

（五）文化资源总量偏少，质量不高

从文化系统对广大群众提供的公共文化资源来看，其总量有了大幅度的减少，文化服务能力逐渐削弱，广大群众看戏难、看书难、看电影难的问题在一些地方仍很突出。1964 年，全国文化系统艺术表演团体深入农村演出达 82 万场；经过 20 年，1985 年到农村演出减少到 49 万场；2003 年，只有 21.5 万场，相当于 20 世纪 60 年代的 1/4，80 年代的 1/2。县级公共图书馆购书费总量虽然逐年增加，但是占经费总支出的比重却逐年下降。1985 年，县级公共图书馆购书费占经费总支出的比重为 17.2%，平均每馆新购图书 3200 册；到 2002 年，县级公共图书馆购书费占经费总支出的比重则下降到 9.8%，平均每馆新购图书只有 1300 册。2002 年全国县级图书馆人均藏书量仅为 0.1 册，远远低于国际图联人均 1.5～2 册的标准，也低于全国图书馆人均藏书量 0.3 册。

此外，由于体制不顺，文化资源多头管理，各自为政，整合不够，难以形成合力，一定程度上也影响了事业发展。

（六）运行机制不够灵活

部分文化单位改革的力度不够，人浮于事，功能萎缩，服务效能减弱。有的文化设施利用率很低，资源长期闲置。无论在农村和社区，都存在着手段陈旧，内容和形式缺乏创新，特别是科技含量过低，对群众没有吸引力的问题，不适应建设先进文化的要求。

三、工作设想

（一）总体思路和目标

以"三个代表"重要思想和科学发展观为指导，抓住基本阵地、基本队伍、基本活动内容和基本活动方式这几个中心环节，加大投入力度，进一步完善固定设施与流动设施相结合的文化服务体系，加强专兼结合的工作队伍建设，充分运用现代科技成果不断创新基层文化服务内容、方式和手段，争取通过几年的不懈努力，使基层文化单位的活力明显增强，文化服务水平有很大提高，农村文化发展水平明显低于城市的问题逐步解决，群众的文化生活和基层文化建设面貌得到改善。

（二）加大投入

要切实推动社会文化建设，必须首先解决文化投入不足的问题。一是要切实保障基层文化事业机构正常运转。要加大财政投入力度，认真解决基层文化设施、场所、设备和人员培训等方面的问题，切实保障基层文化事业单位人员经费和公用经费、专项业务和事业项目经费，逐年增加经费投入。二是在国家制定发展规划和实施的重大战略或项目中，要有对社会文化建设的投入。在制定"十一五"规划、实施国家扶贫开发等发展战略、区域发展规划和国家扶持项目中，要将社会文化建设列为重要内容。三是要进一步拓宽经费投入渠道。调动社会力量参与文化建设的积极性，制定优惠政策，鼓励社会力量赞助、捐赠社会文化事业，或通过各种形式，兴办社会文化事业，逐步形成以政府投入为主导、社会投入为补充的多渠道投入社会文化建设的良性机制。

（三）加大重大文化工程实施力度，以项目带动社会文化建设

随着政府财政预算体制改革的深入，增加文化经费投入，越来越依靠项目的支撑。对于目前正在实施的重大文化工程，如"两馆"建设项目、全国文化信息资源共享工程、送书下乡工程、中国民族民间文化保护工程等要继续扩展规模，进一步加大实施力度。同时，要根据基层文化建设的实际，策划实施新的项目，比如，扶持乡镇文化站建设，实施文化兴边战略，设立农村题材文艺创作和购买版权及数字文化资源制作的专项经费等。要通过加大投入，大力加强基层文化设施体系和服务网络建设，努力建设面向广大人民群众、便于群众参与的文化设施和场所，逐步改善基层文化基础建设和服务能力薄弱的局面。

（四）推进基层文化单位改革

2003年，李长春同志在文化体制改革试点工作会议上指出："要以增加投

入、转换机制、增强活力、改善服务为重点,抓好公益性文化事业的改革和发展。"《中共中央关于完善社会主义市场经济体制若干问题的决定》要求:"公益性文化事业单位要深化劳动人事、收入分配和社会保障制度改革,加大国家投入,增强活力,改善服务。"文化事业单位改革是文化体制改革的重要方面。20世纪80年代以来,各地图书馆、群艺馆、文化馆、文化站等国办公益性文化事业单位进行了一些改革探索,如完善内部管理、健全激励机制、开展以文补文等,确实取得了一些成效。但目前一些群艺馆、文化馆、图书馆仍存在活力不足、管理不善、设施利用率不高、综合效益不明显的困难和问题。要坚持改革的思路,把推进图书馆、文化馆改革作为当前社会文化工作的一个重要方面,通过深化改革,进一步增强图书馆、文化馆、文化站的自我发展能力和管理水平,充分发挥它们在社会文化建设中的主导作用。

(五) 加强文化队伍建设

按照中央关于文化体制改革的总体要求,图书馆、文化馆和乡镇文化站要加大内部机制改革力度,努力建立一支符合社会主义市场经济要求的工作队伍。要建立健全领导干部选拔任用和管理监督机制,推行人员聘用制度和岗位管理制度,稳步推行人事代理,推进人才社会化进程,促进人才资源合理配置和有序流动。加大分配制度改革力度,在执行国家统一工资制,结合工资改革的基础上,实行工效挂钩,按岗定酬,按任务定酬,按业绩定酬。通过完善社会保障机制,使"单位人"向"社会人"转变。逐步形成干部能上能下、职工能进能出、分配能高能低的用人机制,调动广大干部职工的积极性。要重视提高现有基层文化机构工作人员素质。逐步在基层文化单位实行人员从业资格制度,广泛开展在职人员岗位培训机制,采取远程教育等现代化培训方式,努力提高他们的思想水平和业务素质,树立现代管理意识、经营意识和服务意识。

(六) 在解决不平衡的问题上下功夫

由于我国区域经济发展不平衡等多方面原因,城市和农村相比,西部与东部相比,文化事业发展还存在着较大差距。按照中央关于"今后每年新增教育、卫生、文化等事业经费,主要用于农村"的要求,政府文化投入要重点向农村倾斜。中央及省、市(地)、县级人民政府每年增加的文化事业经费主要用于发展农村文化事业。要抓住实施西部大开发战略和东北老工业基地振兴战略的有利契机,加大对社会文化建设的投入,推进城乡之间、东中西部文化事业的协调发展。

[在第二期全国文化厅(局)长培训班上的讲话,2004年10月13日。中国艺术管理网:http://www.chinacam.com.cn/KulturNews/Acadsynopsis Show.asp?ID=58]

文化工作是农村精神文明建设的重要内容

新年伊始,中宣部和中央文明办在海南召开全国农村精神文明建设工作座谈会。这是贯彻中央农村工作会议和全国宣传部长会议精神的一次非常重要的会议。下面,我就农村文化建设的有关工作谈几点意见。

一、农村文化工作在农村精神文明建设中发挥了重要作用

农业、农村和农民问题是关系到我国社会主义现代化建设和全面小康社会建设的重大问题。党的十六大以来,以胡锦涛同志为总书记的党中央将解决"三农"问题作为我党工作的重中之重,始终关注农村,关心农民。在党中央、国务院和各级党委、政府的重视下,各地宣传部门和文明办紧紧围绕全党全国工作的大局,以建设文明生态村等形式,推动农村精神文明建设的深入发展,取得了丰硕的成果。农村的精神文明水平不断提高,农村的面貌发生了明显变化,切实提高了党在农村基层的执政能力,推动了农村物质文明、政治文明和精神文明的协调发展。农村精神文明建设已经成为构建农村和谐社会的重要保证。

农村文化建设是农村精神文明建设的重要组成部分。在各级宣传部门和文明办的综合协调指导下,各地文化部门自觉把农村文化工作纳入精神文明建设的大局之中,积极配合,主动参与,认真推动农村文化工作和精神文明建设,取得了良好的效果。一是促进了农民群众文明素质的提高。各级文化部门配合党和国家的中心工作,面向广大农民群众开展丰富多彩的文化活动,为广大农民群众提供丰富多样的文化服务,引导农民形成正确的道德观念、科学观念和市场观念,丰富了农民群众的文化生活,提高了农民群众的文明素质。二是促进了农村良好社会风气的形成。各地文化部门在推进农村文化建设的过程中,狠抓道德建设,开展移风易俗活动,宣传优秀道德观念,以活泼生动的文艺形式,促进了家庭关系、邻里关系的和谐和融洽,营造出团结、向上的乡风、村风和民风,优化了社会精神文明环境。三是促进了农村经济社会的协调发展。农村文化建设的推进,为农村经济、社会的协调发展创造了良好的文化环境。在很多地方,文化建设与经济建设相辅相成,文化建设为经济建设服务,经济建设的进步又促进了农村文化建设的进一步发展。农村经济、社会呈现出协调发展的良好态势。

在各地文化部门参与开展农村精神文明创建活动的过程中,取得了许多好的经验:

(1)以文化阵地建设为重点,促进农村公共文化服务体系的形成。在农村

精神文明建设中,各地文化部门以加强农村文化设施建设为抓手,为广大农民群众提供求知、求美、求乐的文化阵地。充分发挥乡镇和村一级文化阵地在农村文化建设中的作用,不断巩固和拓展农村文化阵地;并以此为依托,加大整合社会文化资源力度,提高为农民服务的水平。由中央文明办和文化部联合实施的"百县千乡宣传文化工程"对各地的乡镇文化设施建设起到了重要推动作用。两部委联合利用已建成的宣传文化站建设的100个全国文化信息资源共享工程基层网点,也已经取得了很好的社会效益。文化部门还先后与教育部门、妇联合作,利用他们的文化教育设施设备,向农民群众传播共享工程文化资源。一些地方在抓好公共文化机构建设的基础上,还将传统文化教育阵地纳入文化建设之中。福建省南平市根据宗族祠堂的特点,把先进文化的要求和民俗文化的传统相结合,充分发挥了祠堂的道德教化作用,促进了社会风气的好转。县、乡、村三级农村公共文化网络正在逐步健全,为建立农村公共文化服务体系打下了基础。

(2)以基层文化服务为重心,实现农村文化工作的"三个下移"。农户家庭和村镇建设是抓好农村文化建设的基础和关键。各地文化部门在农村文化建设中,切实按照党委、政府的要求,真正下到基层、贴近实际、贴近生活、贴近群众,实现工作重点的下移、文化资源的下移和文化服务的下移,紧密配合宣传部门抓好庭院文化、文明村、文明生态村等建设,优化农村文化环境,提高农民群众文明素质。广东利用现代化物流方式,组织公共文化机构面向基层农村开展流动文化服务,先后实施了流动图书馆、流动博物馆、流动电影库、流动演出服务网和流动艺术培训学校等项目,解决了贫困山区文化资源匮乏的状况,受到了农民群众的欢迎,刘云山同志也予以肯定。宁夏一些地方开展的农村宣传文化体育中心户创建工作,充分发挥了农村文化骨干家庭在活跃农村文化生活上的重要作用。在各地文化部门的努力下,一些农民自办文化也有了很大发展,为提高农民文化生活质量起到了重要作用。

(3)以推动农村经济社会的和谐发展为目标,逐步深化文化建设内涵。很多地方将文化建设和当地经济建设、生态环境建设等结合起来,使农民在精神文明创建活动中得到了实惠,尝到了甜头。海南和河北等地大力开展的文明生态村创建活动,将精神文明建设与生态文化建设结合起来,建设生态环境、发展生态经济、培育生态文化。四川苍溪的"生态庭院文化"建设不仅促进了农村社会风气的好转,还促进了生态庭院经济的发展,提高了农民的生活质量,逐步形成了一种适合当地山区农村特点的社会发展模式,对当地的经济和社会的协调发展产生了重要作用。

实践证明,农村文化建设的推进,丰富了广大农民群众的文化生活,营造了团结、向上的良好社会氛围,优化了社会文化环境,促进了农民群众文明素质的提高,对推动农村精神文明建设的深入开展和农村经济、社会的协调发展产生了重要作用。我们要在充分总结经验的基础上,按照中央要求,认清形势,开拓思路，不断加强农村文化建设的力度。

二、当前农村文化建设面临的形势

农村文化工作是农村精神文明建设的重要组成部分，也是促进农村经济社会协调发展、构建农村和谐社会的重要内容。2004年，按照中央的总体部署，为进一步加强农村文化建设，文化部党组把农村文化建设作为工作重点，组织开展了全国性的农村文化建设专题调研活动，对我国农村文化的现状进行了深入的分析。在此基础上，组织起草了《关于进一步加强农村文化建设的决定》，并征求了有关部委的意见。按照中央领导同志的要求，文件将于近日提交中央宣传思想工作领导小组研究。

近年来，在党中央、国务院和各级党委政府的重视和支持下，我国农村文化建设力度不断加大，农村文化建设呈现出良好的发展势头。

（1）文化设施建设有了较快发展。农村文化设施是开展农村文化、传播先进文化的重要阵地。为切实推动农村文化建设，文化部联合国家发改委和财政部等有关部门，以农村文化设施建设为抓手，加大了对文化基础设施的投入和建设力度。2001年，文化部与国家发改委联合实施了全国县级图书馆、文化馆建设项目，从2002年到2005年投资4.8亿元，用于扶持农村县级文化馆、图书馆设施建设，实现县县有图书馆、文化馆的目标。据统计，2002—2004年，全国共补助县级图书馆、文化馆建设项目762个，中央补助达到3.5亿元，各地配套资金达到10亿元。财政部将边疆文化长廊建设补助资金和基层文化设施设备维修补助资金从每年1100万元增加到3000万元，支持农村文化建设。2004年，中央财政对西部12省区"两馆"建设的193个项目共补助8920万元，用于加强文化基础设施建设。在各级各部门的努力下，目前全国共有县以上公共图书馆2709个，文化馆3228个（含群艺馆），文化站38588个，共有从业人员17.31万人，已经形成了比较健全的县、乡（镇）农村文化网络。有的地方在发展固定文化设施的同时，积极发展流动文化服务，探索建设与固定文化设施相互补充、相互依存的流动文化服务网络。

（2）财政投入持续增加。近几年，我国文化建设投入的力度不断加大，文化事业经费逐年增加。2003年文化事业费达94.03亿元，比2002年增加10.32亿元，增长幅度为12.3%。特别是中央本级文化事业费"十五"期间的前3年就达到了13.83亿元，比"九五"时期增加了1.25亿元，增长9.9%；2003年中央本级文化事业费5.37亿元，达到历史的最高点，其中新增部分主要用于发展农村文化事业和项目。全国人均文化事业费则达到了7.27元，比2001年增长了1.57元。在全国文化事业费增加的基础上，农村文化建设经费也进一步增加。2003年对农村文化共投入26.39亿元，比2002年（22.64亿元）增加3.75亿元,增长16.5%,占全国文化事业费比重为28.1%。国家还进一步加大了对西部地区的投入,2003年对西部地区文化共投入20.44亿元,比2002年(18.99亿元)增加1.45亿元,增长了7.6%。中央和省级财政设立了专项扶持资金,加大对农村地区,特别是老少边穷地区文化建设的扶持力度。

(3) 重大文化工程深入推进。近几年,文化部和财政部、国家发改委、广电总局等部委联合实施了一些重大有影响的文化项目,包括全国文化信息资源共享工程、送书下乡工程、中国民族民间文化保护工程、"2131"工程等。其中全国文化信息资源共享工程利用现代信息技术,开辟了一个不受地域、时空限制的崭新文化传播渠道,缓解了我国广大农村地区信息匮乏和文化落后的状况。据统计,到2004年9月,省级文化共享工程资源建设管理分中心增加到32个,基层中心达到1710个,终端用户达5万多个,辐射人群上千万。李长春同志对文化共享工程建设非常重视,先后7次做出重要批示,要求"加大文化共享工程建设的力度,加快进度,使广大人民早受惠"。送书下乡工程是在2003—2005年,由国家财政每年投入2000万元,集中采购一批内容健康、实用性和可读性强、适合农村读者需要的图书,配送到广大农村,解决基层图书馆等公益文化机构图书资源不足的问题。从1998年开始实施的"2131"工程通过对西部农村电影工作的扶持,有效地推动了"在21世纪初,一村一月放映一场电影"建设目标的实现。中国民族民间文化保护工程是对非物质文化遗产进行发掘和保护,对于推动农村文化的建设和发展将起到重要作用。

(4) 农民自办文化发展迅速。近年来,农民参与文化建设的主动性和积极性有了很大提高。以民间职业剧团、农村文化户、文化大院、个体电影队等为主要形式的农民自办文化在各地农村得到初步发展。农民自办文化的主要特点:一是产生于民间,活跃于农村,开展活动的主体是农民,重在农民的自我服务、自我娱乐、自我教育;二是形式多样,适合农民多层次的文化需求;三是筹资途径多,机制灵活。目前,农民自办文化已成为新时期农村文化生活的重要形式和国办文化的重要补充。各地政府也通过奖励表彰等方式,在引导农民提高自办文化艺术水准和加强对农民自办文化管理等方面进行了有益的探索。

随着农村文化建设力度的不断加大,各地公共文化机构的服务水平有了很大提高,农村文化活动日益丰富和繁荣,广大农民群众的文化生活得到很大改善,农村文化工作在提高广大农民群众思想道德和科学文化素质,促进农村经济与社会协调发展方面发挥着越来越重要的作用。

虽然目前我国农村文化已经取得了一些成绩,但从整体来看,由于长期以来形成的城乡二元结构的制约,农村社会事业发展严重落后,城乡之间、东西部之间文化发展不平衡的问题仍将长期存在。我国农村发展落后,农村的文化事业尤为落后;城乡经济发展的差距大,文化事业的发展差距更大。正如胡锦涛同志指出的,"农村精神文化生活的状况堪忧"。当前农村文化建设,尤其是西部老少边穷地区的农村文化建设还存在很多困难和问题：

一是经费投入明显不足。近几年国家财政虽然加大了文化事业经费投入，但与教育、卫生、广电等社会事业部门相比，文化事业经费投入明显偏少。1998—2002年，全国教育事业投入总计20265亿元，科技事业投入3055亿元，文体广事业合在一起总计投入1064亿元，其中文化事业经费投入仅为323.87亿元，大致相当于教育事业投入的1/70和科技事业投入的1/10。2002年全国文化事业费仅占国家财政总支出的0.38%，文化事业费占国家财政总支出的比重偏低（教育事业费占11.99%，卫生事业费占2.88%，体育事业费不含彩票收入占0.23%，科学事业费占1.22%）。2002年全国人均文化事业费仅为6.51元（教育：205.93元，卫生：49.44元，体育：4.02元，科学：21.01元）。

城乡差距日益拉大。2003年文化事业费中城市占71.9%，而农村只占28.1%，前者超过后者43.8个百分点；2003年文化事业费中东中部地区占78.3%，而西部地区只占21.7%，东中部地区文化经费投入超过对西部地区文化经费投入56.6个百分点。这种状况已严重影响了农村文化事业的发展，许多地方的文化单位已无法正常运转，事业走向萎缩。

二是农村文化基础设施落后。据统计，2002年全国2860个县（县级市、区）中还有49个县无文化馆，562个县文化馆无馆舍，占全国县（县级市、区）总数的21.4%；全国121个县无图书馆，225个县图书馆无馆舍，占全国县（县级市、区）总数的12.1%；全国38240个农村乡镇中还有3965个无文化站，占乡镇总数的10.03%。已建的许多乡镇文化站由于面积狭小，年久失修，简陋破旧，无法开展阵地文化活动，已建的不少图书馆、文化馆、文化站设施陈旧落后，活动器材和设备奇缺。很多乡镇文化站有站无舍，服务能力逐渐弱化。

三是为农服务的文化机构运转存在较大困难。我国现在的文化管理体制和运行机制在很大程度上是计划经济的产物，目前已非常僵化：公共文化机构运转乏力，在市场经济中找不到自己的定位。许多乡镇文化站工作人员知识结构老化，工资无法保证足额发放，待遇问题难落实，队伍不够稳定。全国文化站现有编制人员中，大专及大专以上学历仅占28.76%，中级职称以下的占81.20%。2/3的县剧团有名无实，无法正常演出。1/3的县图书馆购书费得不到保障。2002年全国共有733个公共图书馆（主要是西部地区县图书馆）无购书经费，占公共图书馆总数的27.2%。许多文化馆、文化站业务经费和活动经费紧缺，业务工作不能正常开展。各级政府尚未具备发展农民自办文化的自觉性，对自办文化的支持力度不够，国办文化和自办文化"两条腿走路"的状况还没有真正形成。

四是为农民提供的公共文化资源总量偏少、质量不高。1964年，全国文化系统艺术表演团体深入农村演出达82万场；经过20年，1985年到农村演出减少到49万场；再过近20年，2003年只有21.5万场，仅相当于20世纪60年代的1/4和80年代的1/2。县级公共图书馆购书费总量虽然逐年增加，但是占经费总支出的比重却逐年下降。1985年，县级公共图书馆购书费占经费总支出的比重为17.2%，平均每馆新购图书3200册。到2002年，县级公共图书馆购书费占经费总支出的比重则下降到9.8%，平均每馆新购图书只有1300册。2002年全国县级图书馆人均藏书量仅为0.1册，远远低于国际图联人均1.5～2册的标准，也低于全国图书馆人均藏书量0.3册。目前农村公共文化机构所提供的服务远远满足不了广大农民群众的需求。

以上问题的存在，已经影响到了一些地方的社会稳定和经济发展，影响到了农村全面建设小康社会的进程，必须予以重视，认真加以解决。

三、认真贯彻落实全国农村精神文明建设座谈会精神，进一步推进农村文化工作

这次全国农村精神文明建设座谈会非常重要。会议部署了今后一个时期农村精神文明建设的主要任务，提出了具体要求和工作措施。文化部门要认真贯彻落实会议精神，将推进农村文化建设作为重点，努力开创农村文化工作的新局面。2005年是文化部确定的"农村文化年"。下面，我就文化部如何贯彻落实会议精神，进一步推动农村文化建设，谈几点想法：

（1）切实把文化建设纳入农村精神文明建设的全局之中。党的十六大明确指出"要坚持和完善支持文化公益事业发展的政策措施"，"扶持老少边穷地区和中西部地区的文化发展"。加强农村文化建设，既是树立和落实科学发展观、构建农村和谐社会的内在要求，也是实现国家长治久安和全面建设小康社会的需要。按照中央领导同志的指示要求，农村精神文明建设要"着眼于增强党在农村的执政能力和执政基础，着眼于促进农村改革发展稳定的大局，着眼于满足农民日益增长的精神文化需求和提高农民文明素质、农村文明程度"。根据中央文明办的总体部署，各级文化部门要认真落实十六届三中、四中全会精神，主动把农村文化建设纳入当地精神文明建设的全局之中，以农村公共文化服务体系为重点，抓住基本阵地、基本队伍、基本活动内容和基本活动方式这几个中心环节，把村级文化建设作为工作着力点，实现工作重点的下移、文化资源的下移和文化服务的下移，完善农村文化设施服务网络，加大对农村文化的投入力度，加强工作队伍建设，不断创新农村文化服务内容、方式和手段，切实加大建设力度，进一步活跃农民群众的精神文化生活，提高农村的文明程度，推动农村和谐社会的逐步形成。

（2）加快公共文化服务体系建设，巩固农村精神文明建设阵地。要以维护广大农民群众基本文化权益和满足农民群众文化需求为中心，积极构建布局合理、设施完善、功能齐备、服务方便的农村公共文化服务体系。农村公共文化服务体系，包括政府举办的公共文化设施和场所，提供的基本文化产品和服务，以

及相配套的制度规范、队伍活力、管理手段、内容形式、方式方法等多方面的内容。首先，要加快县、乡、村三级农村文化设施建设。农村文化设施是建立农村公共文化服务体系的重要基础。一是县级文化设施建设，要充分利用好发改委的县级"两馆"建设专项资金和财政部门的地方文化设施维修和边疆地区文化长廊建设资金等各项经费，解决西部地区和老少边穷地区部分县无文化馆、图书馆的问题。二是乡级文化设施建设，文化部门要积极配合中央文明办实施好"百县千乡宣传文化工程"，加强统一协调，充分发挥农村现有文化资源的综合效用。三是村级文化设施建设。在加大县、乡文化设施对农村的辐射带动力度的基础上，鼓励各种力量通过多种形式进行村级文化设施建设，逐步形成覆盖县、乡、村的公共文化服务网络。其次，继续推动重点文化工程建设。重点文化工程是提高农村公共文化服务水平的有力抓手。对于目前正在实施的重大文化工程，要继续扩展规模，进一步加大实施力度。全国文化信息资源共享工程要以资源开发、基层网点建设为重点，加大建设力度。送书下乡工程要逐步扩大扶助范围和受益面。中国民族民间文化保护工程要加强对民族民间文化资源的发掘、整理和抢救、保护，培育和发展民间艺术之乡、特色艺术之乡和民族民间文化生态保护区。最近，国务院办公厅将下发文件，要求加强非物质文化遗产的保护工作。2005年，将首次颁布我国非物质文化遗产国家名录。加快实施农村电影"2131"工程，解决农村地区广大群众看电影难的问题。同时，要继续策划实施新的项目，不断增加为农服务的文化资源总量，逐步缓解经济欠发达地区广大群众文化生活贫乏的问题。

（3）继续深化文化体制改革，形成政府主导、社会力量积极参与的农村文化建设新格局。《中共中央关于完善社会主义市场经济体制若干问题的决定》要求："公益性文化事业单位要深化劳动人事、收入分配和社会保障制度改革，加大国家投入，增强活力，改善服务。"按照全国文化体制改革试点工作会议精神，农村文化机构要坚持把社会效益放在首位，转换机制、增强活力、改善服务，提高农村文化机构服务水平。一是推动农村文化事业和文化产业发展，实现"两条腿走路"。农村文化建设是政府行使公共服务职能的重要内容。各级政府，特别是县、乡两级政府，在农村文化建设中负有重要责任，要充分发挥国办文化机构在农村文化工作中的主导作用。同时，要大力推动农村文化产业的发展。农村蕴涵着丰富的文化资源，农民既是发展文化产业的主力军，也是文化市场的消费主体。要大力开发利用农村文化资源，使资源优势变为产业优势，发展农村文化产业；激活农民群众的消费需求，拓展农村文化市场，两个轮子一齐转，推动文化与经济社会的协调发展。二是改革事业投入方式，提高投入效益。要逐步实现政府对农村公益文化事业的投入方式，从"养人头"为主向"养项目""养事业"为主的转变。完善公益文化重点项目的立项、申报及评估制度。建立对政府公益文化事业投入的绩效考评机制。推行公益文活动项目公开招标，引导社会力量投入公益文化建设，形成农村文化多元投入格局。通过政府文化采购的形式，鼓励专业艺术院团到农村演出。三是深化县乡文化机构干部、人事、分配制度改革。建立健全公益文化事业单位领导干部选拔任用和管理监督机制，推行人员聘用制度和岗位管理制度，加大分配制度改革力度，逐步形成干部能上能下、职工能进能出、分配能高能低的用人机制，调动广大干部职工的积极性。四是努力建立一支符合社会主义市场经济要求的工作队伍。对专业人员，要通过制度化建设提高现有农村文化机构工作人员素质。逐步在基层文化单位实行人员从业资格制度，建立完善的在职人员岗位培训机制。对业余文化骨干，要善于挖掘和组织一批在当地有威望、对文化建设有见地的文化骨干作为村一级文化带头人。尤其要重视发挥在乡的离退休老干部、老教师的作用，利用他们的影响力带动当地文化建设。加强对业余文化骨干的培训。促进城乡人才的交流，注重发挥文化志愿者的积极性。五是积极推动农民自办文化的发展。农民既是农村文化的受益者，也是农村文化建设的参与者。要充分调动农民自办文化的积极性，通过民办公助、税收优惠、培训骨干、表彰奖励、加强管理等方式，促进农民自办文化的健康发展，逐步建立以政府为主导、社会广泛参与的农村文化建设新格局。

（4）要加大农村文化资源的整合力度，拓展农村文化活动形式，提高为农民服务的水平。各级文化部门要继续按照贴近实际、贴近生活、贴近群众的要求，把社会文化工作的着重点放到农村，实现工作重点的下移、文化资源的下移和文化服务的下移。一是加大对农村文化资源的整合力度。要打破部门和所有制界限，统筹规划、合理配置、综合利用农村文化资源，建立起以公有制为主导、多种所有制形式共同发展的农村文化服务网络，实现优势互补、资源共享。既要充分整合各行业各系统文化设施资源，统筹安排，提高设施利用率，也要充分整合农村党员干部现代远程教育工程、农村中小学现代远程教育工程等所拥有的农村文化网络资源和各部门人力资源。二是充分发挥农村文化阵地宣传教育等综合性功能。要依托文化站等文化设施，强化综合性功能，宣传党和国家的各项方针政策，开展丰富多彩、形式多样的文化活动，加强农村实用科技和法律知识的普及，注重提高农民的道德素质和文化素质，大力倡导科学、文明、健康的生活方式。三是继承和弘扬优秀的民族文化传统。要紧密结合各地独具特色的地域文化，利用传统的民俗节日等形式，开展为群众喜闻乐见的文化活动；继承和发扬具有鲜明民族特点和地域特色的传统艺术形式；加强对农村地区民间文化生态的保护；充分重视蕴藏在农民群众中间的创造力，积极发掘和推广具有农村特色的文化活动形式。四是加强文化工作手段和形式的创新。创造新的具有时代性的文化活动和文化服务方式，如流动文化服务等；加强文化工作的科技含量，利用互联网等先进技术实现文化资源的共享，推动先进文化的传播。五是加强农村文化市场的管理。逐步建立农村文化市场管理体系，实现农村文化市场管理的规范化，创造健康的农村文化市场环境，抵制封建迷信和黄、赌、毒等腐朽文化的侵蚀，警惕反动势力的渗透，保持农村的社会稳定。

（在全国农村精神文明建设工作座谈会上的讲话，2005年1月9日）

促进民族地区文化事业的繁荣发展

民族地区的文化建设是我国文化事业的重要组成部分。近年来，文化部作为国家民委委员单位，按照党中央和国务院的部署，配合国家民委，主要做了以下工作：

1992年，在原国家计委和财政部的支持下，文化部联合有关部委，开始实施万里边疆文化长廊建设工程。10多年来，中央财政已累计投入1.78亿元，各级政府和有关部门累计投入20多亿元，对推动我国边疆地区文化设施建设和文化事业的发展发挥了重要作用。

到2003年底，全国民族地区共有民族文化事业机构9712个，其中艺术表演团体515个，艺术表演场所190个，图书馆567个，群众艺术馆82个，文化馆645个，文化站6926个，博物馆164个；从业人员5.8214万人。

从2002年起，文化部和财政部启动实施了国家舞台艺术精品工程，国家每年投入4000万元，资助一批优秀作品的加工修改和提高，计划5年内推出50部代表国家水准和民族特色、能够长留舞台的精品剧目。目前，已涌现出一大批民族文化艺术人才和优秀作品。

2002年文化部、财政部联合实施了全国文化信息资源共享工程。目前，中央财政已累计投入9500万元，地方财政投入专项资金1.7亿元。通过实施文化共享工程，为基层各族群众的生产致富奔小康提供了经济文化信息和技术培训，丰富了广大群众的精神文化生活，也缓解了各族群众看电影难、看戏难的问题。

自2003年起，文化部与财政部共同启动了送书下乡工程，至2005年，连续3年由国家财政投入6000万元，集中采购500多万册农村实用性强的图书，配送到全国300个贫困县的县图书馆和乡镇文化站，逐步解决贫困地区特别是民族地区各族群众看书难的问题。

民族地区拥有大量珍贵、丰富多彩的文化遗产，目前许多文化遗产的生存状况堪忧。为贯彻落实党的十六大报告中关于"扶持对重要文化遗产和优秀民间艺术的保护工作"的精神，文化部加大了对民族地区文化遗产的保护力度。从2003年起，文化部、财政部联合国家民委、中国文联在全国实施了中国民族民间文化保护工程。目前，保护工程确定了39个全国性试点，其中包括民族聚居地区云南、贵州、湘西土家族苗族自治州等综合性试点，以及少数民族濒危语言抢救（鄂伦春族、裕固族等）、新疆维吾尔木卡姆艺术、西藏迥巴藏戏、广西红水河流域铜鼓艺术、内蒙古蒙古族服饰艺术、宁夏民间歌舞回族踏脚等专业性试点。对少数民族特别是人口较少民族的民族民间文化保护给予特别关注和支持。

2004年，我国向联合国教科文组织申报的人类口头和非物质遗产代表作项目已确定为中国新疆维吾尔木卡姆艺术。

今后，文化部要遵照中央领导同志关于民族工作的重要批示精神，按照中央的要求，深入研究民族地区文化建设存在的有关问题，采取切实措施，认真加以解决。

一是将民族地区文化建设作为我国文化战略发展的重要内容。把民族地区文化建设列入我国文化发展纲要和"十一五"规划，列入文化部的重要工作议程，从文化总体发展战略、文化事业重点项目、重点基础工作以及政策措施等方面，加强民族地区的文化建设。

二是坚持民族地区文化建设的"四优先"政策，对民族地区文化设施建设、文艺人才培养、对外文化交流、文化遗产保护优先安排，积极扶持民族地区文化事业和文化产业发展。充分利用民族地区丰富多彩的文化资源，在科学保护的前提下，合理地开发利用，发展民族文化产品，积极培育民族文化产业，推进民族地区经济和社会的全面、健康、可持续发展。

三是加大为民族地区培养文化艺术人才的工作力度。文化部将深入贯彻人才兴文战略，采取多种措施，加大对民族地区各种人才的培养力度，重点加强文化艺术专业人才、文化经营管理人才和文化科技人才的培养，逐步建立起一套有利于人才涌现和成长的机制。

四是进一步加大投入，加快构建民族地区公共文化服务体系。文化部将进一步加大投入，在各项重点文化工程项目实施中，大力支持民族地区公益文化事业建设。

（原载于《中国民族报》2005年1月11日第2版）

农村文化建设要立足家庭

今天，全国妇联与文化部联合在海南省召开全国"美德在农家"活动示范点命名暨工作推进会。首先，我代表文化部对这次会上被命名的 100 个"美德在农家"活动示范点和 31 个农家阅览书屋表示热烈祝贺！向长期以来对文化工作给予支持的各级妇联组织，以及为这次会议做出贡献的海南省委、省政府、省妇联表示衷心的感谢！

我国有 13 亿人口，80% 在农村。改革开放以来，我国农村发生了天翻地覆的变化，经济社会取得了长足发展。农村文化建设对于农村实现小康社会的奋斗目标，构建农村和谐社会，提高广大农民群众的思想道德和科学文化素质，具有非常重要的意义。全国妇联发起的"美德在农家"活动，以提高农村家庭成员素质、提高农村家庭生活质量、提高农村家庭文明程度为目标，通过开展丰富多彩的农村家庭道德、农村家庭文化活动，推进农村家庭道德建设，是推动农村经济社会发展、文化建设的一种很好形式。活动开展一年多来，取得了很好效果，受到了各级党委、政府的肯定和农村广大群众的欢迎。作为政府主管部门，文化部门十分重视和支持这项活动。"美德在农家"活动是当前推进农村文化建设的重要形式，文化部门有责任、有义务配合全国妇联，把这项活动深入开展下去，把农村家庭文化建设推进下去。

全国基层文化工作会议后，文化部和财政部共同组织实施了几个重点文化建设项目，包括全国文化信息资源共享工程、送书下乡工程、中国民族民间文化保护工程等，目的是加强公共文化资源建设，扶持农村地区文化工作，影响和带动农村文化工作。全国文化信息资源共享工程是利用现代信息技术，对文化信息资源进行数字化加工和整合，通过网络等传输渠道最大限度地为社会公众服务的文化工程。据统计，2001—2004 年中央财政累计拨款 9500 万元，建成省级文化共享工程资源建设管理分中心 32 个，基层中心 1710 个，终端用户达 5 万多个，辐射人群上千万，汇集了全国图书馆、博物馆、美术馆、艺术研究机构、艺术表演团体等机构的各类优秀文化信息资源。它开辟了一个不受地域、时空限制的崭新的文化传播渠道，这对于迅速扭转我国广大农村地区的信息匮乏和经济、文化落后的状况起到了显著作用。送书下乡工程是文化部与财政部联合实施的扶持农村特别是中西部农村地区文化建设的文化工程。从 2003 年至 2005 年，中央财政每年投入 2000 万元（2004 年增加到 3000 万元），拟向 300 个国家贫困县图书馆和 3000 个乡镇文化站，赠送农村适用图书 500 万册，解决公益文化机构图书资源不足的问题，为中西部地区农村群众提供丰富的精神食粮。民族民间文化保护工程这些重大文化项目有的直接面向广大农村，为农民群众提供文化服务，有的充分发挥自身优势，加强对农村地区的文化辐射能力，成为推动农村文化工作的有力抓手，产生了很好的社会效益和经济效益。

在推进工程实施的过程中，我们愿意与各级妇联的工作有机结合，利用"美德在农家"这个活动载体，把工程深入推进下去，努力实现优势互补、资源共享。这次文化部决定将100套价值300万元的文化共享工程设备提供给100个"美德在农家"示范点，分三年将共3万册图书配送给31个农家阅览书屋，这仅是我们对推进"美德在农家"活动所尽的一点绵薄之力，是我们共同合作的开始。今后，我们将继续加大支持力度，与全国妇联共同把"美德在农家"这项有利于农民文化生活的工作做好。

农村文化工作是农村社会事业的重要组成部分。农村文化建设是个系统工程。在多年的工作实际中，我们体会到，抓好农村文化工作，必须充分依靠各级党委、政府、有关部门、广大群众的积极参与和社会力量的支持；必须加强农村文化资源的整合力度，综合利用农村文化资源，实现优势互补、资源共享。妇联组织开展的"美德在农家"活动立足农村，既是组织动员农村家庭和群众开展的群众性精神文明建设活动，也是推进农村文化建设的有效载体。我希望这100个"美德在农家"示范点和31个农家阅览书屋，始终把传播党和国家的路线方针政策、传播社会主义先进文化作为工作的首要任务，把图书和设备充分利用起来，加强管理，积极开展丰富多彩的群众文化活动，努力成为当地传播先进文化、活跃群众精神文化生活的重要阵地。文化部将继续与全国妇联加强联系，密切合作，共同把这项活动组织好、开展好，努力把农村文化建设推向新阶段！

（在全国"美德在农家"活动示范点命名暨工作推进会上的讲话。原载于《中国妇运》2005年第4期）

做好"文化下乡"工作　促进农村文化建设

文化科技卫生"三下乡"活动自1996年开展以来,在繁荣农村文化、服务农民群众、促进农村经济社会和文化发展等方面,取得了明显成效,受到了广大农民群众的热烈欢迎。文化下乡活动在活跃农村文化生活、提高广大农民群众思想道德和科学大化素质等方面,发挥了积极的促进作用。实践证明,深入扎实地开展"三下乡"工作,是促进农村精神文明建设,推动农村经济发展和社会进步的有效措施。我们要认真总结10年来开展"三下乡"活动的主要经验,进一步创新思路,完善工作机制,继续把这项深得民心的重要工作推向前进。

一、认真总结文化下乡工作,充分认识加强农村文化建设的重要性和紧迫性

10年来,在党中央和国务院领导下,我国农村文化建设取得很大成绩,经费投入逐步增加,改革力度不断加大,文化单位活力不断增强,文化建设对于推进农村经济社会协调发展发挥了重要作用。各级文化部门按照"贴近实际、贴近生活、贴近群众"的要求,坚持深入农村,深入群众,组织开展丰富多彩、形式多样的文化下乡活动,努力实现工作重点的下移、文化资源的下移和文化服务的下移,出色、圆满地完成了文化下乡活动任务。总结这些年来文化部门开展文化下乡活动的经验,主要有以下几点:

一是各级文化部门把文化下乡和建设乡下文化作为重要工作任务,列入重要议事日程。10年来,各级各类专业艺术院团、文化馆、图书馆、县级剧团等文化机构,面向农民,加大服务力度,努力使基层农民享受到高水准的文化服务。文化部直属院团深入到全国18个省区,演出近300场,观众逾千万人次,受到了广大农民群众的热烈欢迎。省级和省级以下文化部门每年也都组织专业艺术院团赴老少边穷地区进行慰问演出。中宣部对此给予了大力支持,每年支持350万元,对参与活动的院团进行补助。从2002年开始,文化部出资购买优秀剧目剧本版权的使用许可,无偿提供给全国地县级剧团以及民间职业剧团改编移植。文化部还将对基层文化队伍的培训作为文化下乡的重要内容,2002年以来分别在西藏、新疆、宁夏、青海等省区举办了15个西部艺术人才培训班,近千人接受了培训。文化馆、图书馆等也发挥自身工作优势,为广大农民群众提供内容丰富、形式多样的文化服务。例如,公共图书馆积极发展面向农村的流动图书借阅服务,文化馆加强对农村业余文艺骨干的培养,电影放映公司和农村电影放映队

积极开展送电影下乡活动,等等。广东、湖南等省积极发展流动文化服务,流动文化工作网络建设取得很好效果,既盘活了资源,又扩大了文化资源的总量,丰富了为农服务的内涵,取得了很好的社会效益。许多地方的"文化下乡"做到了"常下乡",广大农民群众能够享受到方便、快捷、丰富的文化服务,满足了他们多层次、多方面的文化需求。

二是农村公共文化服务体系建设得到加强。10年来,各级财政部门关心支持农村文化建设,不断加大对农村文化建设的投入力度,为农村文化建设提供了有力保障。特别是最近几年贯彻落实中央提出的"今后每年新增教育、卫生、文化等事业经费,主要用于农村"的要求,农村公共文化设施状况有了很大改善,为农村服务的文化机构运行经费、公共图书馆购书经费逐步增加,公共文化服务的能力有了很大提高,农村公共文化服务体系建设得到加强。1998年中宣部、中央文明办与文化部共同实施的"百县千乡宣传文化工程",对欠发达地区农村宣传文化设施建设起到了重要推动作用;国家发改委从2002年到2005年投资4.8亿元,用于扶持县级文化馆、图书馆设施建设,项目进展顺利。截至2005年7月,中央补助项目达762个,投资3.5亿元,地方配套资金8.52亿元。有341个项目已竣工,占总数的44.8%;竣工面积54.27万平方米,占总建筑面积的42.7%。余下的1.3亿元中央补助资金也已经下达各地。财政部也将边疆文化长廊建设补助资金和基层文化设施设备维修补助资金从每年1100万元增加到3000万元,并通过财政转移支付等手段,实施重点文化建设项目,用于农村文化建设的投入有了明显增加。这些重大项目的实施,对改善农村基层文化设施落后状况,推动农村公共文化服务体系建设,发挥了重大作用。

三是实施了重点文化工程,为农民群众服务的文化资源更加丰富。近几年,文化部和财政部、国家发改委等部委联合实施了一些重大有影响的文化项目,包括全国文化信息资源共享工程、送书下乡工程等。这些重大文化项目有的直接面向广大农村,为农民群众提供文化服务;有的充分发挥自身优势,加强对农村地区的文化辐射能力,成为推动农村文化工作的有力抓手,产生了很好的社会效益和经济效益。全国文化信息资源共享工程是对文化信息资源进行数字化加工和整合,并通过卫星、互联网和光盘等传输渠道为社会公众服务的一项重要工程。通过工程基层服务点,广大农民群众可以享受丰富、快捷的数字化文化服务。工程实施以来,共建设文化系统内外基层点12432个,终端数量达到74.8万个,受到了广大基层群众的欢迎,取得了很好的社会效益。2003年起,李长春同志和陈至立同志先后多次做出重要批示,对工程的实施意义给予充分肯定。李长春同志多次指出:全国文化信息资源共享工程是繁荣社会主义文化的标志性工程之一,是我国重要的文化基础工程。《中共中央关于制定国民经济和社会发展第十一个五年规划的建议》中也明确要求,"积极推进全国文化信息资源共享工程建设"。送书下乡工程是文化部、财政部为解决基层群众看书难问题而实施的文化工程。从 2003 年至 2005 年 3 年间，向 300 个国家级扶贫开发工作重点县图书馆和 3000 个乡镇图书馆（室），赠送农村适用图书 500 万册。财政部每年为送书下乡工程安排专项经费 2000 万元，3 年共安排 6000 万元。2005 年一年就发送图书 179 万册。这些图书内容健康，实用性、可读性强，为农村群众提供了丰富的精神食粮，受到农民群众的广泛欢迎。

四是积极挖掘民间传统文化资源，扶持农村文化活动的开展。从 2002 年起，文化部、财政部实施中国民族民间文化保护工程，对我国境内具有历史、科学和文化价值的优秀民族民间传统文化遗产进行系统保护。在这项工作的积极推动下，各级文化部门利用各种节庆日，尤其是民族传统节日，开展各种民俗活动、传统文化活动，农村文化活动丰富多彩，多种多样。一些具有地方传统特色的艺术活动蓬勃开展，具有乡土气息的农村小戏创作演出活动取得积极进展，受到农民群众的热烈欢迎。文化部分别于 2000 年、2001 年组织了农村小戏进京演出活动，2004 年元旦春节期间又组织了农村小戏慰问农民工演出活动，在社会上引起了很好的反响。许多地方农民以家庭为单位开展文化活动，发展农家文化大院和文化中心户，建设庭院文化，不断丰富活动内容，充实活动内涵，农民参与文化建设的主动性和积极性有了很大提高。中央领导对农民自办文化给予了充分肯定，2004 年 5 月 25 日，刘云山同志在文化部办公厅《文化要情》（第 43 期）上批示："山西省大力扶持和发展农民自办文化是满足农民需求的重要途径，要很好地总结山西的做法，宣传推广。"陈至立同志也做出批示："扶持农民自办文化（包括农村电影）是发展农村文化事业的一条好路子，建议进一步调研，制定政策并推广。"根据中央领导的指示，文化部组织了 2004 年农村文化建设调研，形成了丰富的调研成果，为中共中央办公厅、国务院办公厅制定《关于进一步加强农村文化建设的意见》打下了很好的工作基础。

虽然近年来农村文化建设有了很大发展，但由于农村经济基础仍然比较薄弱，当前的农村文化建设，尤其是西部老少边穷地区的农村文化建设还存在很多问题。主要表现在：一是投入明显不足。2004 年全国文化事业费 113.63 亿元，占全国财政总支出（28360.79 亿元）的 0.4%，人均文化事业费仅 8.74 元。其中，农村文化事业费 30.11 亿元，仅占全国文化事业费的 26.5%，低于城市文化事业费所占比重 47 个百分点。二是文化基础设施落后。全国 38240 个农村乡镇中还有近 4000 个无文化站，占乡镇总数的 10.03%；许多县图书馆、文化馆、乡镇文化站由于面积狭小，年久失修，设施陈旧落后，活动器材和设备奇缺，无法开展相应的文化活动，服务能力逐渐弱化。三是为基层服务的公共文化机构运转存在较大困难。许多县级图书馆购书费得不到保障，文化馆、文化站业务经费和活动经费紧缺，业务工作不能正常开展。多数县级电影公司难以正常运转，许多县级剧团有名无实，无法正常演出。四是为基层提供的公共文化资源总量偏少、质量不高。新中国成立以来，全国文化系统艺术表演团体深入农村演出数量最多的是1964年，达82万场，而到了2004年，却只有26.3万场，仅相当于20世纪60年代的1/3。2004年全国共有720个县级图书馆无购书经费，占公共图书馆总数的26.4%。从人均占有量看，2004年全国县级图书馆人均藏书量仅为0.12册，远远低于全国图书馆人均藏书量0.3册。乡村文化机构人均图书拥有量更少。

以上问题的存在，已经影响到了一些地方的社会稳定和经济发展，影响到了农村全面建设小康社会的进程，必须予以重视，认真加以解决。

二、按照建设社会主义新农村的要求，大力推进农村文化建设

党的十六届五中全会提出建设社会主义新农村是我国现代化进程中的重大历史任务，并明确要求强化政府对农村的公共服务，大力发展农村公共事业。

进一步做好文化下乡工作，尽快改变农村文化建设落后的状况，推进农村文化建设，是全面建设小康社会的内在要求，是树立和落实科学发展观、构建社会主义和谐社会的重要内容，是建设社会主义新农村、满足广大农民群众多层次、多方面精神文化需求的有效途径。为贯彻党的十六届五中全会精神，近日中共中央办公厅、国务院办公厅下发了《关于进一步加强农村文化建设的意见》（中办发〔2005〕27号）。各级文化部门要按照文件精神，提高对农村文化建设重要性的认识，把思想统一到中央和国务院对农村文化工作的总体要求和战略部署上来，努力把农村文化建设各项任务落到实处。下面，我就文化系统如何贯彻会议精神，进一步做好文化下乡工作，提几点意见：

一是认真研究制定农村文化建设"十一五"规划。要结合制定"十一五"规划，以文件精神为指导，编制本地农村公共文化建设规划，提出"十一五"期间农村文化建设的具体目标、任务和措施。要把安排和组织文化下乡活动作为推动农村文化建设的有力抓手，作为规划的重点内容，列入文化工作的重要议事日程，加强对这项活动的组织和领导。把文化下乡工作与农村公共文化服务体系建设紧密结合起来，研究、制定推进农村文化建设的政策措施，努力实现工作重点的下移、文化资源的下移和文化服务的下移，切实推进农村文化建设。

二是加大投入，加强农村公共文化服务体系建设。中央和省级财政要继续加大扶持力度，按照《关于进一步加强农村文化建设的意见》要求，"发展县、乡镇、村文化设施和文化活动场所，构建农村公共文化服务网络。到2010年，实现县有文化馆、图书馆，乡镇有综合文化站，行政村有文化活动室"。要加强农村文化队伍建设，实现乡镇有专职人员，村有活动骨干，努力形成专兼职结合的农村文化工作网络。要继续实施全国文化信息资源共享工程、送书下乡工程等重点文化建设项目，加快实施农村电影"2131"工程，不断丰富为农服务的文化资源总量。此外，要围绕农村文化建设的实际，积极策划实施新的农村文化建设项

目。为进一步加强乡镇文化站建设，文化部与国家发改委初步规划，"十一五"期间由国家和地方投入，共新建、扩改建文化站2.37万个，力争到"十一五"末期，基本实现"乡乡有文化站"的建设目标。与财政部策划实施流动文化车试点项目，中央财政拿出5000万元试点经费，为全国100个地县两级文化机构配备流动舞台车和多功能流动文化服务车，开展流动文化服务。尽早公布非物质文化遗产首批国家名录，通过名录的筛选、申报工作，使农村非物质文化遗产得到有效保护，发挥文化遗产保护在构建社会主义和谐社会中的积极作用。

三是组织各级文化单位深入农村基层，建立文化下乡的长效机制。今后每年元旦、春节期间，文化部将继续组织直属艺术院团赴西部地区、革命老区和贫困地区慰问演出。各省、区、市文化厅（局）也要根据本地实际，确定省级院团下乡服务的重点。地市级和县级剧团元旦、春节期间，应主要在农村基层开展演出活动。要充分发挥流动文化车、文化小分队的作用，使文化下乡活动小型化、经常化，努力做到灵活多样、行之有效。要注意发挥民办剧团在农村文化生活中的积极作用，组织民办剧团参加下乡演出。对文化下乡的重要项目和产品采取财政补贴，以政府采购的方式，直接送到农村。要加大对农村题材重点选题的资助力度，每年推出一批反映当代农村生活、农民喜闻乐见的文艺精品。文化部要继续购买适合农村需要的优秀剧本版权，免费供给基层艺术团体使用、改编并为农民群众演出。同时要建立省、市文化单位人员在晋升高级职称前到农村累计服务一年的制度，表彰和奖励那些坚持长年下乡、下基层演出的文化单位和工作者。

四是进一步丰富文化下乡的内容和形式，开展具有地方特色的群众文化活动。各地文化部门和单位要根据"三下乡"工作的总体部署，深入农村、深入基层、深入生活，创作和演出深受广大农民群众喜爱的优秀文艺作品，丰富广大农民群众的精神文化生活；要坚持业余自愿、形式多样、健康有益、便捷长效的原则，精心组织、开展广大农民群众喜闻乐见的文化活动。要充分利用农闲、节日和集市，组织花会、灯会、赛歌会等活动，使大型、示范性文化活动与平时的小型、分散性群众文化活动结合起来，让农民群众就近方便地参加各种群众文化活动。要加强对农村优秀民族民间文化资源的系统发掘、整理和保护，着力发展农村特色文化，充分发挥民族民间优秀传统文化对于培育和塑造民族精神的重要作用，逐步建立科学有效的民族民间文化遗产传承机制。要开展集政策宣传、影视放映、文艺演出、图书销售和借阅、图片展览、科技讲座等多功能为一体的流动文化服务，满足当地群众文化需求。采取定点、流动、录像放映等多种形式，积极探索农村电影放映的新方法新模式。要根据时代特点和农民群众精神文化需求的变化，不断充实活动内涵，创新活动形式，积极引导广大农民群众崇尚科学，破除迷信，移风易俗，抵制腐朽文化，提高思想道德水平和科学文化素质，形成文明健康的生活方式和社会风尚。

五是进一步调动社会力量和民间文化工作者的积极性，发挥他们在乡下文化建设中的积极作用。农民自办文化来源于民间、成长于民间、服务于民间，对发展社会主义先进文化、丰富农村文化生活、满足农民群众精神文化需求，具有重要意义。各级文化部门要提高对支持农民自办文化发展重要性的认识，认真贯彻落实《文化部、财政部、人事部、国家税务总局关于鼓励发展民营文艺表演团体的意见》等文件精神，制定符合本地农民自办文化发展的目标、措施和相关政策，鼓励农民自办文化大院、文化中心户、文化室、图书室等，支持农民群众兴办农民书社、电影放映队，大力扶持民间职业剧团和农村业余剧团，因地制宜，分类指导，促进农民自办文化的健康发展。

六是加强对农村地区文艺骨干的培养。文化部门和单位在文化下乡活动中，要把农村基层文艺骨干的培养作为重点工作任务，加大培训力度，努力提高各类群众文艺骨干的业务水平，充分发挥他们在农村文化建设中的积极作用。经常组织有成就的艺术家和文艺小分队与当地的文艺工作者进行创作、演出经验的交流，对当地的文艺工作者进行辅导，提高他们的创作演出水平，使他们能更好地为基层群众服务。鼓励农民自编自演内容健康的文艺节目，对农民群众自发组织的业余文艺团队要在业务建设上给予支持。文化部门要切实做好"大学生志愿服务西部计划"和"高校毕业生到农村服务计划"中大学生到农村文化机构服务的组织和安置工作，对他们开展培训，使他们尽快适应工作岗位的要求，发挥作用。鼓励应届大学毕业生深入广大农村从事文化信息传播、活动组织、人员培训等活动。

七是加强与有关部门和单位的合作，共同完成好文化下乡活动任务。在开展文化下乡活动中，各级文化部门和单位要在党委宣传部门的领导下，主动与当地政府和有关部门取得联系，使文化活动与当地工作有机衔接，做到真正促进工作，服务于群众，有益于群众；要加强与有关部门和单位的协作，互相支持，互相配合，妥善组织，精心安排，共同把"三下乡"活动组织好、实施好。

（在全国文化科技卫生"三下乡"活动10周年工作座谈会上的讲话，2005年11月26日）

坚持文化下乡 繁荣农村文化

文化科技卫生"三下乡"活动自1996年开展以来,在繁荣农村文化、服务农民群众、促进农村经济社会和文化发展等方面,取得了明显成效,受到了广大农民群众的热烈欢迎。10年来,在党中央和国务院领导下,我国农村文化建设取得很大成绩。总结这些年来文化部门开展文化下乡活动的经验,主要有以下几点:

一是各级文化部门把文化下乡和建设乡下文化作为重要工作任务,列入重要议事日程。10年来,文化部直属院团深入到全国18个省区,演出近300场,观众逾千万,受到了广大农民群众的热烈欢迎。省级和省级以下文化部门每年也都组织专业艺术院团赴老少边穷地区进行慰问演出。

二是农村公共文化服务体系建设得到加强。10年来,各级财政部门关心支持农村文化建设,不断加大对农村文化建设的投入力度,为农村文化建设提供了有力保障。

三是实施了重点文化工程,为农民群众服务的文化资源更加丰富。近几年,文化部和财政部、国家发改委等部委联合实施了一些重大有影响的文化项目,包括全国文化信息资源共享工程、送书下乡工程等。

四是积极挖掘民间传统文化资源,扶持农村文化活动的开展。从2002年起,文化部、财政部实施中国民族民间文化保护工程,对我国境内具有历史、科学和文化价值的优秀民族民间传统文化遗产进行系统保护。

党的十六届五中全会提出:建设社会主义新农村是我国现代化进程中的重大历史任务。今后文化系统应在以下几个方面进一步做好文化下乡工作:

一要认真研究制定农村文化建设"十一五"规划。要结合制定"十一五"规划,以文件精神为指导,编制本地农村公共文化建设规划,提出"十一五"期间农村文化建设的具体目标、任务和措施。把文化下乡工作与农村公共文化服务体系建设紧密结合起来,研究、制定推进农村文化建设的政策措施,努力实现工作重点的下移、文化资源的下移和文化服务的下移,切实推进农村文化建设。

二要加大投入,加强农村公共文化服务体系建设。中央和省级财政要继续加大扶持力度。

三要组织各级文化单位深入农村基层,建立文化下乡的长效机制。今后每年元旦、春节期间,文化部将继续组织直属艺术院团赴西部地区、革命老区和贫困地区慰问演出。各省、区、市文化厅(局)也要根据本地实际,确定省级院团下乡服务的重点。地市级和县级剧团元旦、春节期间,应主要在农村基层开展演出活动。要充分发挥流动文化车、文化小分队的作用，使文化下乡活动小型化、经常化，努力做到灵活多样、行之有效。要注意发挥民办剧团在农村文化生活中的积极作用。

四要进一步丰富文化下乡的内容和形式，开展具有地方特色的群众文化活动。

五要进一步调动社会力量和民间文化工作者的积极性，发挥他们在乡下文化建设中的积极作用。

六要加强对农村地区文艺骨干的培养。

七要加强与有关部门和单位的合作，共同完成好文化下乡活动任务。在开展文化下乡活动中，各级文化部门和单位要在党委宣传部门的领导下，主动与当地政府和有关部门取得联系，使文化活动与当地工作有机衔接，做到真正促进工作，服务于群众，有益于群众；要加强与有关部门和单位的协作，互相支持，互相配合，妥善组织，精心安排，共同把"三下乡"活动任务落实好。

（原载于《人民日报》2005年12月2日第8版）

努力构建农村公共文化服务体系
为建设社会主义新农村提供文化支持

2005年11月7日,中共中央办公厅、国务院办公厅下发了《关于进一步加强农村文化建设的意见》(以下简称《意见》)。《意见》站在落实科学发展观、构建社会主义和谐社会和建设社会主义新农村的高度,根据当前农村经济社会发展的实际和中央关于解决"三农"问题的战略部署,着眼于广大农民群众的精神文化需求,深刻地阐述了农村文化建设的重要性和紧迫性,提出了农村文化建设的指导思想和目标任务,以及推进农村文化建设的相关政策措施。最近刚刚下发的《中共中央国务院关于推进社会主义新农村建设的若干意见》(中发〔2006〕1号)也强调要"繁荣农村文化事业"。下面我就贯彻落实《意见》,进一步做好农村文化工作,讲两点意见。

一、深刻领会文件精神,充分认识加强农村文化建设的重要性和紧迫性

解决好农业、农村和农民问题,是全党和全国工作的重中之重。中央对解决农业、农村和农民问题十分重视。十六大第一次提出要统筹城乡经济社会发展的总体要求。2003年中央农村工作会议提出要全面建设小康社会,重点难点都在农村。党的十六届三中全会提出科学发展观,强调以人为本。党的十六届五中全会指出,"建设社会主义新农村是我国现代化进程中的重大历史任务,要按照生产发展、生活宽裕、乡风文明、村容整洁、管理民主的要求,扎实稳步地加以推进",突出强调,"要统筹城乡经济社会发展,推进现代化农业建设,全面深化农村改革,大力发展农村公共事业,千方百计增加农民收入"。《意见》是在党中央提出树立和落实科学发展观,构建社会主义和谐社会和建设社会主义新农村的大背景下,关于新时期我国农村文化建设的重要指导性文件;是中央关于建设社会主义新农村战略思想的重要组成部分。《意见》站在建设社会主义新农村的高度,从农村经济社会发展的全局,提出了农村文化建设的指导思想和目标任务,指明了加强农村文化建设的具体途径和实现方式,对农村文化建设的体制和机制的创新提出了要求,对动员全社会力量支持农村文化建设以及组织领导等都做了缜密的安排和部署。我们要深刻领会加强农村文化建设的重要意义,按照中央的安排和部署,发挥积极性和创造性,狠抓落实,努力开创农村文化建设的新局面。

"十五"以来,在党中央、国务院和各级党委、政府的重视和支持下,我国农村文化建设力度不断加大,农村文化建设呈现出良好的发展势头,农村公共文化服务体系初步形成,农村文化活动日益活跃,广大农民群众的文化生活状况有了较大改善。随着农村文化建设力度的不断加大,文化工作在提高广大农民群众思想道德和科学文化素质,促进农村经济与社会协调发展方面发挥着越来越重要的作用。

一是投入逐步加大,农村文化设施建设得到加强。近几年,我国文化建设投入的力度不断加强,文化事业经费逐年增加,为农村文化建设提供了有力保障。2004年文化事业费达113.66亿元,比2003年(94.03亿元)增加19.63亿元,增长幅度为20.9%。特别是中央本级文化事业费"十五"期间的前4年就达到了20.9亿元,比"九五"时期增加了8.32亿元,增长66.1%;2005年中央本级已安排文化事业费9.23亿元,达到历史上的最高点。中央财政通过转移支付,支持地方农村文化建设1.5亿元。2004年全国人均文化事业费则达到了8.74元,比2001年增长了3.04元。在全国文化事业费增加的基础上,贯彻落实中央提出的"今后每年新增教育、卫生、文化等事业经费,主要用于农村"的要求,最近几年中央和省级财政设立了专项扶持资金,加大对农村地区,特别是老少边穷地区文化建设的扶持力度,农村文化建设经费也进一步增加。"十五"期间前4年对农村文化投入达到98.53亿元,占全国文化事业费比重为27.2%。1998年中宣部、中央文明办与文化部共同实施的"百县千乡宣传文化工程",对欠发达地区农村宣传文化设施建设起到了重要推动作用。仅一期工程(1998—2003年),中央文化事业建设费就安排4亿元建设资金,地方按照1∶1的比例进行了配套,中央和地方总计投入资金近10亿元,在中西部地区22个省、市、区和新疆生产建设兵团资助建设200多个县级宣传文化中心、1500多个乡镇宣传文化站和100多个村宣传文化室。国家发改委从2002年到2005年投资4.8亿元,用于扶持1078个县级文化馆、图书馆设施建设,项目进展顺利。截至2005年7月,有341个项目已竣工,竣工面积54.27万平方米。到"十五"期末,县县有图书馆、文化馆的目标可以基本实现。财政部也将边疆文化长廊建设补助资金和基层文化设施设备维修补助资金从每年1100万元增加到3000万元。各地也加大投入力度,落实了一批基层文化设施建设项目,扶持农村文化建设,农村公共文化服务的能力有了很大提高,农村公共文化服务体系建设得到加强。如广东省从1997年开始实施为期5年的"山区文化建设议案",累计投入10.64亿元,完成982个工程项目,使山区文化设施状况得到明显改善。

二是实施了重点文化工程,为农民群众服务的文化资源更加丰富。近几年,文化部和财政部联合实施了全国文化信息资源共享工程、送书下乡工程等一些重大有影响的文化项目,成为推动农村文化工作的有力抓手,促进了各地不断加大农村文化经费投入,带动了农村文化资源的整合,促进了农村文化建设,产生了很好的社会效益和经济效益。全国文化信息资源共享工程是对文化信息资源进行数字化加工和整合,并通过卫星、互联网和光盘等传输渠道为社会公众服务的一项重要工程。通过工程基层服务点,广大农民群众可以享受丰富、快捷的数字化文化服务。工程实施以来,中央财政累计投入1.45亿元,地方累计投入达2.5亿元,数字资源量已达到34 TB(其中地方30 TB),基层点合计4226个(包括1个国家中心,32个省级中心,15个副省级城市分中心,1550个县分中心,2600多个乡镇、村、社区基层中心和服务站点),工程服务覆盖到了乡镇、社区、军营、企业、学校,受到了广大基层群众的欢迎,取得了很好的社会效益。胡锦涛同志在党的十六届五中全会上的讲话中明确要求,"推进……全国文化信息资源共享工程"。从2003年起,李长春同志和陈至立同志先后多次做出重要批示,对工程的实施意义给予充分肯定。李长春同志指出:全国文化信息资源共享工程是繁荣社会主义文化的标志性工程之一,是我国重要的文化基础工程。《中共中央关于制定国民经济和社会发展第十一个五年规划的建议》中也明确要求,"积极推进全国文化信息资源共享工程建设"。送书下乡工程是文化部、财政部为解决基层群众看书难问题而实施的文化工程。工程覆盖全国22个省份的国家级扶贫开发重点县300个(全国592个)、近3000个乡镇,累计安排资金6000万元,配送图书总数为511.6万册。这些图书内容健康,实用性、可读性强,为农村群众提供了丰富的精神食粮,受到农民群众的广泛欢迎。各地也因地制宜地实施了一些重点文化建设项目,如江西省安排1亿元,设立了农村文化事业专项资金,通过政府购买的形式,鼓励专业文艺演出团体到农村进行文艺演出、电影公司组织放映队到乡村放映电影、乡镇政府组织农民群众开展各种文体活动。湖南省实施基层文化扶持工程、湘西地区文化设施建设工程,从2004年开始,5年时间省本级投入资金8000余万元,扶持湘西地区县级两馆(文化馆、图书馆)及乡镇文化站建设,为县以上剧团配备流动演出车,采取"政府买单,群众看戏"方式送戏下乡。实践证明,组织实施重点文化建设工程,是推动农村文化事业稳步发展的有效手段,是把农村文化建设落到实处的有效体现。

三是农村公共文化机构的服务能力有了很大提高,农民自办文化有了很大发展。文化馆、图书馆等农村公共文化机构发挥自身工作优势,为广大农民群众提供内容丰富、形式多样的文化服务,在活跃农民群众文化生活中,发挥着主导作用。据统计,2004年全国各类群众文化事业机构共举办展览12万个,组织文艺活动42.4万次,举办训练班16.8万次。全国文化部门艺术表演团体深入农村演出23.4万场次。许多地方的公共图书馆积极发展面向农村的流动图书借阅服务,文化馆加强对农村业余文艺骨干的培养,电影放映公司和农村电影放映队积极开展送电影下乡活动等。广东省积极发展流动文化服务,流动图书馆、文化馆、博物馆建设取得很好效果,既盘活了资源,又扩大了文化资源的总量,丰富了文化服务的内涵,取得了很好的社会效益。一些具有地方传统特色的艺术活动蓬勃开展,具有乡土气息的农村小戏创作演出活动取得积极进展,受到农民群众的热烈欢迎。

与此同时,农民自办文化在各地农村悄然兴起,发展迅速,已成为新时期农村文化生活的重要形式和国办文化的重要补充。许多地方农民以家庭为单位开展文化活动,发展农家文化大院和文化中心户,建设庭院文化,不断丰富活动内容,充实活动内涵,农民参与文化建设的主动性和积极性有了很大提高。中央领导对农民自办文化给予了充分肯定。2004年5月25日,刘云山同志在文化部办公厅《文化要情》(第43期)上批示:"山西省大力扶持和发展农民自办文化是满足农民需求的重要途径,要很好地总结山西的做法,宣传推广。"陈至立同志也做出批示:"扶持农民自办文化(包括农村电影)是发展农村文化事业的一条好路子,建议进一步调研,制定政策并推广。"各地文化部门采取积极有效措施,鼓励和扶持农民自办文化的发展,注意发挥他们在农村文化生活中的积极作用,取得了很好的工作效果。

农村文化建设虽然取得了一些成绩,但是,按照建设社会主义新农村的要求,我国农村文化建设还相对滞后,农村文化建设与全面建设小康社会的目标要求还不相适应,与经济社会的协调发展还不相适应,与农民群众日益提高的精神文化需求还不相适应。主要表现在:第一,投入明显不足。2004年全国文化事业费113.66亿元,占全国财政总支出(28360.79亿元)的0.4%,人均文化事业费仅8.74元。其中,对农村文化经费投入30.11亿元,仅占全国文化事业费的26.5%,低于对城市文化经费投入47个百分点。第二,文化基础设施落后。许多县图书馆、文化馆和乡镇文化站由于面积狭小,年久失修,设施陈旧落后,活动器材和设备奇缺,无法开展相应文化活动,服务能力逐渐弱化。据统计,截至2004年7月,全国农村38240个乡镇中有23687个文化站需要新建、改建。第三,为农村群众服务的公共文化机构运转存在较大困难。许多县级图书馆购书费得不到保障,2004年全国共有720个县级图书馆无购书经费,占公共图书馆总数的26.4%。文化馆、文化站业务经费和活动经费紧缺,业务工作不能正常开展。多数县级电影公司难以正常运转,许多县级剧团有名无实,无法正常演出。第四,文化产品、文化服务供给不足,为基层提供的公共文化资源总量偏少、质量不高。新中国成立以来,全国文化系统艺术表演团体深入农村演出数量最多的是1964年,达82万场,而到了2004年,却只有23.4万场,仅相当于上世纪60年代的1/4。2004年全国县级图书馆人均藏书量仅为0.12册,远远低于国际图联人均1.5~2册的标准,也低于全国图书馆人均藏书量0.3册。乡村文化机构人均图书拥有量更少。总的来看,我国农村文化基础设施落后,现有资源尚未得到有效利用,文化体制不顺、机制不活,文化产品、文化服务供给不足,文化活动相对贫乏,城乡文化发展水平差距较大。以上问题的存在,已经影响到了社会主义新农村建设,影响到了农村全面建设小康社会的进程,必须予以重视,认真加以解决。进一步做好农村文化工作，尽快改变农村文化建设落后的状况，推进农村文化建设，是全面建设小康社会的内在要求，是树立和落实科学发展观、构建社会主义和谐社会的重要内容，是建设社会主义新农村、满足广大农民群众多层次多方面精神文化需求的有效途径。我们要深刻领会《意见》精神，认真贯彻落实《中共中央国务院关于推进社会主义新农村建设的若干意见》，积极研究促进农村文化建设的政策和措施，在党中央、国务院的领导和有关部门的支持下，加大农村文化建设的力度，努力改变当前城乡文化建设差距过大、农村文化建设基础薄弱的问题，促进城乡协调发展和农村经济与社会的协调发展。

二、认真落实文件要求，大力推进农村文化建设

（一）明确农村文化发展的思路

按照《中共中央国务院关于推进社会主义新农村建设的若干意见》和《意见》精神，当前农村文化工作要按照建设社会主义新农村的要求，以"三个代表"重要思想和党的十六大，十六届三中、四中、五中全会精神为指导，坚持和树立科学发展观，着眼于增强党在农村的执政能力和执政基础，着眼于维护农村改革发展稳定的大局，着眼于满足农民群众日益增长的精神文化需求和提高农民文化素质、农村文明程度，坚持贴近实际、贴近生活、贴近群众，坚持创新内容、创新形式、创新手段，以乡镇为重点，抓住村这个关键，在夯实基础上下功夫；抓住农户这个细胞，在入户到人上下功夫；以政府为主导，国办、民办并举，充分调动社会各方面力量兴办农村文化建设的积极性，农村文化建设在提高农民素质和农村文明程度，促进农村生产发展、生活宽裕、乡风文明、村容整洁、管理民主等方面发挥重要作用。第一，要加快农村公共文化服务体系建设，按照构建结构合理、发展平衡、网络健全、运营高效、服务优质、覆盖农村的公共文化服务体系这个目标，加强县图书馆、文化馆、乡文化站和村文化室建设，发展农村公共文化服务，加大政府投入，努力使县、乡、村文化基础设施相对完备，公共文化服务切实加强。第二，要积极发展农村文化产业，发挥市场机制作用，加强政策调控，逐步理顺农村文化工作体制机制，使现有农村文化资源得到有效利用。积极发展文化产业，充分调动社会各方面参与农村文化建设，努力为广大农民群众提供更多更好的文化产品和服务。第三，要坚持大力发展先进文化，支持健康有益文化，改造落后文化，抵制腐朽文化，倡导科学、文明，克服愚昧、落后，促进农村物质文明、政治文明、精神文明协调发展。各地文化部门要按照《意见》精神，结合本地实际，研究、提出本地农村文化建设的思路。

(二) 将农村文化建设纳入当地经济社会发展"十一五"规划

目前,中央和各地正在制定经济社会发展"十一五"规划,《意见》恰逢其时。"十一五"规划是指导经济社会发展的重要文件。在即将下发的国家经济社会发展"十一五"规划纲要中,文化部积极争取将加强农村公共文化服务体系建设、扶持乡镇文化站建设、全国文化信息资源共享工程建设等重点项目纳入其中。根据"十一五"规划编制总体安排,文化部与国家发改委正在编制《农村公共文化体系建设规划》。各地要抓住制定"十一五"规划这个机遇,积极争取将农村文化建设纳入当地"十一五"规划,纳入当地的经济社会发展全局,予以统筹安排。要以《意见》精神为指导,编制本地《农村公共文化建设规划》,提出"十一五"期间农村文化建设的具体目标、任务和措施。

(三) 进一步加大农村公共文化服务体系建设力度

第一,要以政府为主导,以乡镇为依托,以村为重点,以农户为对象,发展县、乡、镇、村文化设施和文化活动场所。到2010年,实现县有文化馆、图书馆,乡镇有综合文化站,行政村有文化活动室,争取达到"一乡一站、一村一室、一人一册"的目标。第二,要加强数字图书馆建设,抓住国家数字图书馆工程建设这个契机,加快县级图书馆数字化建设。借助全国文化信息资源共享工程的实施,逐步在县级图书馆建设数字图书馆服务网络。县文化馆要具备综合性功能,并积极拓展社会教育职能。乡镇可结合乡镇机构改革和站所整合,组建集图书阅读、广播影视、宣传教育、文艺演出、科技推广、科普培训、体育和青少年校外活动等于一体的综合性文化站,配备专职人员管理。村文化活动室可一室多用,明确由一名村干部具体负责。第三,加强农村不同部门文化资源的综合利用,实现资源共享,互联互通。在学校布点整顿中腾出的闲置校舍,可改造为村文化活动基地。鼓励农村中小学图书室、电子阅览室定时就近向农民群众开放,把中小学校建成宣传、文化、信息中心。要力争通过几年的努力,使县、乡、村文化基础设施、文化活动场所与流动文化设施有一个较大的发展,基本形成较为完备的农村公共文化服务网络。

(四) 加大投入,建立农村文化投入的稳定增长机制

目前,我国正在逐步实现从投资型财政向公共服务型财政的转变。在财政总收入总量规模增大的基础上,我国财政支出结构将逐渐调整,向公共服务型财政体制加快转变。今后中央和各级财政将继续加大财政支农力度,加快建设社会主义新农村,实施重点文化建设工程,不断加大对农村文化建设的扶持力度,不断增加为农民服务的文化资源总量。文化部和国家发改委拟在"十一五"期间,扶持乡镇文化站设施建设,现正在编制文化站建设规划。初步计划"十一五"

期间，新建和扩建23687个农村乡镇文化站，其中新建11847个，扩建11840个，"十一五"末期基本实现乡乡有综合文化站的目标。文化部、财政部实施流动文化车项目，2005年安排资金5000万元，以12个省区作为试点，为剧团等文化机构配备流动文化车，送文化服务到农村，开展灵活、多样、方便的文化服务。文化部、财政部还将继续实施送书下乡工程，从2006年到2008年，国家财政每年投入2000万元，为国家扶贫开发重点县的图书馆和乡镇文化站等配送图书共500万册。各级文化部门要抓住落实《意见》这个契机，继续主动积极地与当地发改委、财政等部门联系沟通，研究策划新的面向农村、服务农民的重大文化建设项目，以项目带动投入增加，逐步丰富农村文化资源，给广大农民带来文化实惠。

（五）创新农村文化建设的体制和机制，为农村文化建设创造良好的制度环境

体制创新是农村文化建设的重要保证。第一，要按照中央关于文化体制改革总体部署，区别对待，分类指导，试点先行，逐步推开，深化县级图书馆、文化馆劳动、人事、分配等方面的内部改革，建立健全竞争、激励、约束机制和岗位目标责任制，全面实行聘用制和劳动合同制。县级文化馆、图书馆和乡镇文化站要面向农村，面向基层，制定年度农村公益性文化项目实施计划，明确服务规范，改进服务方式。第二，对农村文化市场，要按照普遍服务原则，运用市场准入、资格认定、价格调节、财税优惠等政策，引导各类市场主体投资电影放映、文艺表演、网络服务等领域。重点推动面向大众的文化产品和服务进入中西部和老少边穷的农村地区，努力使广大群众享有更加充分、质优价廉的文化产品和服务。第三，县文化馆、图书馆和乡镇综合文化站等属于公益性事业单位，不得企业化或变相企业化，不得以拍卖、租赁等任何形式，改变其文化设施的用途；已挪作他用的，要限期收回。文化部正与国土资源部、建设部编制《文化馆、公共图书馆用地指标标准》，该标准制定后，文化馆、公共图书馆等公益性文化设施用地无偿划拨将得到保障；文化部还与国家发改委、建设部一起研究制定《公共图书馆建设标准》，争取早日颁布执行。第四，要统筹文化、教育、科技、体育和青少年、老年活动场所的规划建设和综合利用，努力做到相关设施共建共享，着力解决农村文化设施分散、使用效率不高的问题。鼓励各种文化设施采取多种方式对农民群众开放。

（六）切实提高农村公共文化服务的能力，丰富农民群众精神文化生活

第一，抓好农村题材文艺作品的创作、选拔和推广。各地文化部门和单位要加大对农村题材文艺作品重点选题的资助力度，每年推出一批反映当代农村生活、农民喜闻乐见的文艺精品。要继续购买适合农村需要的优秀剧本版权，免费供给基层艺术团体使用。全国性文艺评奖要安排一定数额，用于奖励反映农民生活的优秀文艺作品。第二，继续开展文化科技卫生"三下乡"和文化对口支援活动。要充分发挥流动文化车、文化小分队的作用，使文化下乡活动小型化、经常化，努力做到灵活多样、行之有效。要注意发挥民办剧团在农村文化生活中的积极作用，组织民办剧团参加下乡演出。对文化下乡的重要项目和产品采取财政补贴，以政府采购的方式，直接送到农村。第三，进一步创新农村文化活动形式。按照业余自愿、形式多样、健康有益、便捷长效的原则，组织好农村文化活动。要充分利用农闲、节日和集市，组织花会、灯会、赛歌会等活动，使大型、示范性文化活动与平时的小型、分散性群众文化活动结合起来，让农民群众就近方便地参加各种群众文化活动。积极发展多种形式的流动文化服务。

（七）加强全国文化信息资源共享工程的建设，推动数字化文化服务进乡村

全国文化信息资源共享工程是一项繁荣社会主义先进文化的创新工程，也是新形势下构建我国公共文化服务体系、惠及千家万户的一项重要文化基础工程。去年初，中共中央办公厅、国务院办公厅转发了《文化部、财政部关于进一步加强全国文化信息资源共享工程建设的意见》，并经国务院同意，召开了全国文化信息资源共享工程电视电话会议。各地要认真按照"一会一文"精神，以资源建设为核心，以基层服务网点建设为重点，整合资源，形成合力，积极开展农村数字化文化信息服务。要按照《中共中央国务院关于推进社会主义新农村建设的若干意见》要求，"发展文化信息资源共享工程农村基层服务点"，重点支持边远贫穷地区乡镇、村基层服务点建设，"十一五"期间，要实现县县有分中心、乡乡建有基层服务点、50%的行政村建有基层服务网点，努力使广大农民群众能够便捷地享受丰富的文化信息服务。要与农村文化设施建设统筹规划，综合利用，使县文化馆、图书馆和乡综合文化站、村文化活动室逐步具备提供数字化文化信息服务的能力。要坚持全面推进与典型引路相结合，今明两年在每省、区、市重点建设几个示范县，积累经验，逐片推进。依托农村党员干部现代远程教育和农村中小学现代远程教育工程教育网络，与数字电视推进工作相结合，采取多种方式，为广大农村基层群众提供实用性、知识性、娱乐性的文化信息服务。

（八）加强对农村优秀民族民间文化资源的系统发掘、整理和保护

着力发展农村特色文化，开展"民间艺术之乡""特色艺术之乡"命名活动。授予秉承传统、技艺精湛的民间艺人"民间艺术大师""民间工艺大师"等称号，对农村传统文化生态保持较完整并具有特殊价值的村落或特定区域进行动

态整体性保护，逐步建立科学有效的民族民间文化遗产传承机制。加快建立第一批非物质文化遗产国家名录，抓紧落实名录项目的保护措施，推动各地非物质文化遗产保护工作，保护和发展有地方和民族特色的优秀传统文化，充分发挥优秀传统文化在农村文化建设的重要作用。

（九）动员社会力量支持农村文化建设，积极鼓励农民自办文化

第一，积极引导社会力量捐助农村文化事业。重点捐助文化站（室）、图书室等农村文化基础设施建设以及农村公益性文化实体和文化活动。鼓励权利人许可基层文化单位无偿使用其作品或录音录像制品。对贡献突出的单位和个人，给予表彰和奖励。第二，建立城市对农村的文化援助机制。把农村文化建设纳入对口扶贫计划，建立和完善东部地区对西部地区、发达地区对欠发达地区、城市对农村的文化援助机制，支援农村文化建设。表彰和奖励那些坚持长年下乡、下基层演出的文化单位和文化工作者。第三，要认真贯彻落实《文化部、财政部、人事部、国家税务总局关于鼓励发展民营文艺表演团体的意见》等文件精神，制定符合本地农民自办文化发展的目标、措施和相关政策，鼓励农民自办文化大院、文化中心户、文化室、图书室等，支持农民群众兴办农民书社、电影放映队，大力扶持民间职业剧团和农村业余剧团，因地制宜，分类指导，促进农民自办文化的健康发展。

（十）建设专兼职结合的农村文化队伍

第一，积极与机构编制部门配合，按照县图书馆、文化馆和乡文化站的性质和职能，确定编制员额，保证其正常运转。第二，对农村文化事业单位的人员实行从业资格制度。采取多种形式，加大对现有人员的培训力度，全面提高县、乡两级专职人员的业务素质。拓宽农村文化人才渠道，广泛动员和鼓励大中专院校毕业生，特别是熟悉农村生活、有一定文艺专长的青年学生投身农村文化建设，到农村从事文化传播、活动组织、人员培训等活动。第三，积极培养农民文化骨干，充分发挥民间艺人、文化能人在活跃农村文化生活、传承发展民族民间文化方面的作用。组织农民文化骨干到大专院校进行系统学习和专业训练，提高业务素质和工作能力。组织专家学者和专业文化工作者深入农村基层，通过举办短期培训班、到文化中心户讲课等方式，帮助农民文化骨干掌握文化知识，增进艺术技能。

《关于进一步加强农村文化建设的意见》的下发，为我们推动农村文化建设，带来了难得的历史机遇。我们要抓住《意见》下发这个契机，积极争取当地党委、政府的重视和关心，努力把农村文化建设纳入各级党委和政府的重要议事日程，纳入经济和社会发展规划，纳入财政支出预算，纳入扶贫攻坚计划，纳入干部晋升考核指标。针对当前农村文化建设的困难和问题，早做筹划，当好参

谋助手,提出加强当地农村文化建设的政策性意见和建议,积极争取党委、政府下发当地的《关于进一步加强农村文化建设的意见》,或召开农村文化工作会议,认真落实文件提出的各项要求,明确思路,落实措施,真抓实干,为推动社会主义新农村和社会主义和谐社会建设做出新的贡献!

(2006年1月9日。原载于孙家正主编:《中国文化年鉴(2007)》,新华出版社2008年版,第30~35页)

尊师重道　学术津梁

今天，中国艺术研究院客座教授与院外博士生导师聘任仪式隆重举行，这是中国艺术研究院发展进程中的一件大事。我谨对受聘的各位教授和博士生导师表示衷心的祝贺！

中国艺术研究院有着悠久的学术传统，尊师重道更是中国艺术研究院一直以来的风气和美德。早在20世纪50年代中期，中国艺术研究院就聘请多位艺术家作为客座导师，为促进学科的繁荣和发展奠定了坚实基础。半个世纪以来，中国艺术研究院已经汇聚了一大批在各学科领域卓有建树的著名学者和艺术家。他们以丰厚的艺术积淀和独具的学术识见，进一步弘扬了中国艺术研究院的学术传统。

近年来，随着中国艺术研究院体制改革、科研创新和基础建设的发展，尤其是提出努力把中国艺术研究院建设成为"国内一流、世界知名的艺术科研中心、艺术教育中心和国际艺术交流中心"的目标后，中国艺术研究院迎来了空前的发展机遇。近两三年来，中国艺术研究院的研究生教育工作取得了突破性进展，一批国家和社会急需的新学科、新的研究方向应运而生，许多学术成果不断涌现。为了适应社会需求，中国艺术研究院在保持传统理论科研优势的同时，进一步丰富了学科专业方向，增加了绘画、声乐、表演等实践类专业，实现了艺术学科理论与实践的协调发展，使得中国艺术研究院的研究生教育出现了前所未有的繁荣局面。为了努力适应研究生教育的快速发展，中国艺术研究院在发挥本院各学科导师主体作用的同时，聘请了许多其他教育、科研机构享有盛誉的著名艺术家和学者充实到教学与导师队伍中来，这些受聘教授与导师扎实的理论功底、高超的实践能力、深厚的学术素养，为中国艺术研究院的研究生教育注入了新的活力。

在多年的科研和教学实践中，中国艺术研究院取得了丰硕的成果，在完成多项国家级和省部级科研课题的同时，还培养了大量的艺术学高级人才。中国艺术研究院的毕业生分布在国内外教学、科研和文化管理等工作岗位上，其中许多人已成长为各自领域的学术骨干和学科带头人，多年来为促进我国艺术科学和文化事业的繁荣做出了重要的贡献。中国艺术研究院教学成果的取得，除了领导的重视和多年形成的深厚学术传统的影响外，还有很重要的一点就是因为中国艺术研究院拥有一支国内一流、世界知名的导师队伍，导师们的学术创见和理论观点为学生的进步和成长引领了方向。在此，我代表文化部向多年来辛勤培养后学的诸位导师表示衷心的感谢和崇高的敬意。

在今后的工作中，文化部会一如既往地支持中国艺术研究院的研究生教育工作,希望我们大家共同努力,铸就中国艺术研究院研究生教育的美好未来。

(在中国艺术研究院聘任客座教授、院外博士生导师仪式上的致辞,2006年1月9日。文化部党建在线:http://dangjian.ccnt.com.cn/ywtj.php?col=4&file=4725)

充分发挥文化建设在农村全面
小康建设中的作用

中央政策研究室召开的"加快农村全面小康建设进程暨城阳经验座谈会",内容丰富,意义重大。这次座谈会总结了党的十六大以来各地农村全面小康建设经验,研究了加快农村全面小康及新农村建设进程的思路、政策和措施,是贯彻落实党的十六届五中全会精神和中央关于社会主义新农村战略部署的一次重要会议。座谈会期间,国家统计局和山东省关于农村全面小康实现情况的测评工作,青岛市城阳区全面小康建设的经验,给我们很大的启发。下面,我就农村全面小康建设中的文化建设问题,谈以下意见,请大家指正。

一、文化建设对加快推进农村全面小康建设具有重要作用

党的十六大提出了全面建设小康社会的奋斗目标。即要在本世纪头20年,集中力量,全面建设惠及十几亿人口的更高水平的小康社会,使经济更加发展、民主更加健全、科教更加进步、文化更加繁荣、社会更加和谐、人民生活更加殷实。实现全面建设小康社会的历史使命,对文化建设提出了新的更高的要求。大力推进文化建设,不断满足人民群众日益增长的精神文化生活需求,是全面建设小康社会的奋斗目标之一。为人民群众提供与小康生活相适应的文化生活,是全面建设小康社会的一项重要内容和根本任务,是全面建设小康社会的题中应有之义。要切实加强先进文化建设,满足人民群众日益增长的多方面的精神文化需求,全面提高国民素质,增强民族凝聚力,为现代化建设提供强大的思想保证、精神动力和智力支持。青岛市城阳区全面建设小康社会取得可喜进展,其中的一条重要经验就是,要把文化建设纳入经济社会发展全局,纳入全面小康社会建设的总体目标。他们把文化建设作为支撑全区发展的一笔巨大精神财富和无形资本,积极构建以弘扬城阳人精神、打造城阳人品牌、唱响区歌、践行誓言为主题,各种特色有机协调统一、相互融合的文化建设格局,特别是村级文化教育中心的建设,很有特色,在全国具有示范意义。

党的十六届五中全会明确提出建设社会主义新农村的重大历史任务。解决好农业、农村和农民问题,是全党和全国工作的重中之重。全面小康建设,最繁重、最艰巨的任务在农村。没有农村的小康,就不会有全面小康;没有农村文化的发展,就不会实现农村的全面小康。在新的历史条件下解决"三农"问题,已不单单是经济发展的问题。从改革开放20多年的实践看,要从根本上解决"三农"问题,解决城乡协调发展问题,就必须在以促进经济发展为中心的同

时,切实加强农村社会事业建设,提高农民素质,促进农村经济发展和社会进步,实现农村物质文明、政治文明和精神文明协调发展。

党中央、国务院对农村文化建设十分重视。中共中央、国务院在《关于推进社会主义新农村建设的若干意见》(中发〔2006〕1号)中明确指出,要"繁荣农村文化事业"。为促进农村文化和经济、政治、社会协调发展,2005年11月7日,中共中央办公厅、国务院办公厅下发了《关于进一步加强农村文化建设的意见》。这份文件站在落实科学发展观、构建社会主义和谐社会和建设社会主义新农村的高度,根据当前农村经济社会发展的实际和中央关于解决"三农"问题的战略部署,着眼于广大农民群众的精神文化需求,深刻地阐述了农村文化建设的重要性和紧迫性,提出了农村文化建设的指导思想和目标任务,以及推进农村文化建设的相关政策措施。这份文件是继2002年国务院办公厅转发《文化部、国家计委、财政部关于进一步加强基层文化建设的意见》之后,关于基层文化建设的又一重要文件,对于加快构建农村公共文化服务体系,加强农村文化基础设施建设,切实提高农村基层文化服务的能力,必将发挥重要的推动作用。

社会主义新农村建设涵盖了经济建设、政治建设、文化建设和社会建设各个方面。新农村建设需要高素质的农民,需要文化建设的有力支撑。但实事求是地分析,当前我国农村文化建设还相对滞后,农村文化建设与全面建设小康社会的目标要求还不相适应,与经济社会的协调发展还不相适应,与农民群众的精神文化需求还不相适应。主要表现在:一是城乡文化发展水平差距较大,农村文化投入明显不足。2004年全国文化事业费113.66亿元,占全国财政总支出(28360.79亿元)的0.4%,人均文化事业费仅8.74元。其中,对农村文化经费投入30.11亿元,仅占全国文化事业费的26.5%,低于对城市文化经费投入47个百分点。二是文化基础设施落后,公共文化单位服务条件没有充分保障。许多县图书馆、文化馆、乡镇文化站由于面积狭小,年久失修,设施陈旧落后,活动器材和设备奇缺,无法开展相应文化活动,服务能力逐渐弱化。全国38240个农村乡镇中只有1/3左右的乡镇文化站设施能正常使用;1/3的农村乡镇没有文化机构或文化设施;1/3的农村乡镇文化设施简陋破旧,不能发挥功能作用。全国大约有2万个乡镇需要新建、改建文化设施。三是农村公共文化机构运转存在较大困难。许多县级图书馆购书费得不到保障,文化馆、文化站业务经费和活动经费紧缺,业务工作不能正常开展。2004年全国共有720个县级图书馆无购书经费,占公共图书馆总数的26.4%。多数县级电影公司难以正常运转,许多县级剧团有名无实,无法正常演出。四是文化产品、文化服务供给不足,为基层提供的公共文化资源总量偏少、质量不高。新中国成立以来,全国文化系统艺术表演团体深入农村演出数量最多的是1964年,达82万场,而到了2004年,却只有23.4万场,仅相当于1964年的1/4。2004年,全国县级图书馆人均藏书量仅为0.12册,远远低于全国图书馆人均藏书量0.3册。乡村文化机构人均图书拥有量更少。总的来看，我国农村文化基础设施落后，现有资源尚未得到有效利用，文化体制不顺、机制不活，文化产品、文化服务供给不足，文化活动相对贫乏，城乡文化发展水平差距较大。以上问题的存在，已经影响到了社会主义新农村建设，影响到了农村全面建设小康社会的进程，必须予以重视，认真加以解决。进一步做好农村文化工作，尽快改变农村文化建设落后的状况，推进农村文化建设，是全面建设小康社会的内在要求，是树立和落实科学发展观、构建社会主义和谐社会的重要内容，是建设社会主义新农村、满足广大农民群众多层次多方面精神文化需求的有效途径。我们要深刻领会两办文件精神，认真贯彻落实中共中央、国务院《关于推进社会主义新农村建设的若干意见》，积极研究促进农村文化建设的政策和措施，在党中央、国务院领导和有关部门的支持下，加大农村文化建设的力度，努力改变当前城乡文化建设差距过大、农村文化建设基础薄弱的问题，促进城乡协调发展和农村经济与社会的协调发展。

二、按照全面小康社会建设的要求，大力推进农村文化建设

在全面建设小康社会的时代背景下，如何搞好农村文化建设，关系到中国文化在21世纪的发展，关系到社会主义新农村建设目标的实现，乃至中华民族的全面复兴。加强农村文化建设，是摆在我们面前的一项艰巨任务。农村文化建设主要是公益性文化，加强农村文化建设是各级党委、政府的重要责任。加强农村公共文化服务体系建设，为农民群众提供丰富的公共文化产品和公共文化服务，既是政府公共服务职能的具体表现，也是政府保障农民群众基本文化权利，推动社会主义新农村建设的重要手段。

按照建设"生产发展、生活宽裕、乡风文明、村容整洁、管理民主"的社会主义新农村的要求，当前农村文化建设要全面贯彻党的十六大和十六届三中、四中、五中全会精神，树立科学发展观，加大政府投入，调整资源配置，深化体制改革，加强文化基础设施建设，构建公共文化服务体系，实现和保障农民群众的基本文化权益。发挥市场机制作用，加强政策调控，积极发展文化产业，充分调动社会各方面参与农村文化建设，提供更多更好的文化产品和服务。大力发展先进文化，支持健康有益文化，改造落后文化，抵制腐朽文化，倡导科学、文明，克服愚昧、落后，促进农村物质文明、政治文明、精神文明协调发展。要围绕构建结构合理、发展平衡、网络健全、运营高效、服务优质、覆盖全社会的公共文化服务体系的目标，以维护公民基本文化权益为出发点，以满足人民群众基本精神文化需求为目的，加大农村公共文化服务体系建设的力度，不断提高农村公共文化服务能力，努力开创农村文化建设新局面。

一是进一步加强农村文化基础设施建设，形成较为完备的农村公共文化服务网络。以政府为主导，大力加强农村文化设施建设，提高农村基层文化服务水

平，是实现和保障农民群众基本文化权益的根本措施。今后，文化设施建设的重点将逐步向农村倾斜。以政府为主导，以乡镇为依托，以村为重点，以农户为对象，发展县、乡、镇、村文化设施和文化活动场所。到2010年，实现县有文化馆、图书馆，乡镇有综合文化站，行政村有文化活动室，争取达到"一乡一站、一村一室、一人一册"的目标。同时，加强农村教育、文化等部门资源的综合利用，实现资源共享，互联互通。要力争通过几年的努力，使县、乡、村文化基础设施、文化活动场所与流动文化设施有一个较大的发展，基本形成较为完备的农村公共文化服务网络。

二是加大对农村公共文化服务体系建设的支持力度，建立农村文化投入的稳定增长机制。今后中央和各级财政将继续加大财政支农力度，实施重点文化建设工程，不断加大对农村文化建设的扶持力度，不断增加为农民服务的文化资源总量。为贯彻落实《关于进一步加强农村文化建设的意见》精神，文化部和国家发改委计划"十一五"期间，扶持乡镇文化站设施建设，现正在编制文化站建设规划。初步计划"十一五"期间，新建和扩建2万多个农村乡镇文化站，到"十一五"末期基本实现乡有综合文化站的目标。全国文化信息资源共享工程要以基层服务网点建设为重点，重点支持边远贫穷地区乡镇、村基层服务点建设，整合资源，形成合力，积极开展农村数字化文化信息服务。"十一五"期间，要实现县县有分中心、乡乡建有基层服务点、50%的行政村建有基层服务网点，努力使广大农民群众能够便捷地享受丰富的文化信息服务。扩大实施送书下乡工程，全面覆盖592个国家级扶贫开发重点县。实施流动文化车项目，为基层文化机构配备流动舞台车，送文化服务到农村，开展灵活、多样、方便的文化服务。目前已安排资金5000万元，以湖南、内蒙古等12个省区作为试点。通过研究策划新的面向农村、服务农民的重大文化建设项目，以项目带动投入增加，逐步丰富农村文化资源，给广大农民带来文化实惠。

三是切实提高农村公共文化服务的能力，丰富农民群众精神文化生活。随着农村经济社会的不断发展，农村物质生活状况的不断改善，广大农民群众求富裕、求健康、求文明的精神文化需求日益迫切。因此，各级文化单位要按照增加投入、转换机制、增强活力、改善服务的要求，深化改革，创新机制，充分发挥在活跃农村文化生活中的积极作用。抓好农村题材文艺作品的创作、选拔和推广。要加大对农村题材文艺作品重点选题的资助力度，每年推出一批反映当代农村生活、农民喜闻乐见的文艺精品。要继续购买适合农村需要的优秀剧本版权，免费供给基层艺术团体使用。进一步创新农村文化活动形式。要按照业余自愿、形式多样、健康有益、便捷长效的原则，组织好农村文化活动。让农民群众就近方便地参加各种群众文化活动。积极发展多种形式的流动文化服务。

四是积极鼓励农民自办文化。农民自办文化来源于民间、成长于民间、服务于民间，对发展社会主义先进文化、丰富农村文化生活、满足农民群众精神文化需求，具有重要意义。要提高对支持农民自办文化发展重要性的认识，认真贯彻落实《文化部、财政部、人事部、国家税务总局关于鼓励发展民营文艺表演团体的意见》等文件精神，制定符合本地农民自办文化发展的目标、措施和相关政策，鼓励农民自办文化大院、文化中心户、文化室、图书室等，支持农民群众兴办农民书社、电影放映队，大力扶持民间职业剧团和农村业余剧团，因地制宜，分类指导，促进农民自办文化的健康发展。

五是动员社会力量支持农村文化建设，建立城市对农村的文化援助机制。胡锦涛总书记多次指出：我国现在总体上到了以工促农、以城带乡的发展阶段，要加强工业反哺农业、城市支援农村。为进一步推进农村社会事业建设，缩小城乡之间和东西部之间社会发展的差距，中央明确要求"国家今后每年新增教育、卫生、文化等事业经费，主要用于农村"。今后各级文化部门要继续开展文化科技卫生"三下乡"和文化对口支援活动。要充分发挥流动文化车、文化小分队的作用，使文化下乡活动小型化、经常化，努力做到灵活多样、行之有效。把农村文化建设纳入对口扶贫计划，建立和完善东部地区对西部地区、发达地区对欠发达地区、城市对农村的文化援助机制，支援农村文化建设。积极引导社会力量捐助农村文化事业，重点捐助文化站（室）、图书室等农村文化基础设施建设以及农村公益性文化实体和文化活动。

六是加强农村民族民间文化资源的保护，以优秀传统文化培养教育社会主义新型农民。我国农村蕴涵着的丰富的民族民间文化资源，是中华传统文化的重要组成部分。加强优秀民族民间文化资源的保护，促进中华优秀文化传统的继承和发展，是当代中国人的重要历史使命。要充分挖掘优秀民族民间文化资源中的人文传统、精神内涵和文化价值，加强中华优秀传统文化的宣传和教育，帮助广大农民群众树立和落实社会主义荣辱观，形成社会主义新型农民的道德观念、行为规范和价值标准。要充分利用农闲、节日和集市，组织传统民间文化活动，让农民群众就近方便地参加各种群众性文化活动。要加强对传统节日如祭祀、文化空间如古村落等农村优秀民族民间文化资源的系统发掘、整理和保护，着力发展农村特色文化，逐步建立科学有效的民族民间文化遗产传承机制。

这次会议内涵丰富，对推动农村全面小康建设必将发挥积极的推动作用。会后，文化部将根据这次会议精神，对农村文化建设进行系统调研，摸清情况，分析问题，为召开全国农村文化工作会议做准备。同时，准备借鉴这次会议的经验，选择部分农村文化建设成绩突出的县，作为"社会主义新农村文化建设示范县"，发挥他们在农村文化建设中的带头作用，积极进行农村文化建设的实验和探索。我们也希望各级党委和政府的政策研究部门，对农村文化建设给予关注，在制定农村重大发展战略中，将文化建设作为重要内容，给予政策支持，努力为农村文化建设营造良好政策氛围，共同推动社会主义新农村建设！

（在加快推进农村全面小康建设进程暨城阳经验座谈会上的讲话，2006年4月22日）

加强基建管理　建设阳光工程

今天我们召开基本建设廉政工作会议，主要是学习贯彻胡锦涛同志在中纪委第七次全会上的讲话精神，结合文化部基建工作实际，交流各单位在基本建设管理和廉政建设上的一些做法。刚才各单位介绍了本单位基本建设廉政工作的情况，总结起来有以下几点：一是各单位领导非常重视基本建设中的廉政建设，采取了一系列行之有效的措施；二是从抓制度建设入手搞好廉政建设，用制度管人，用制度管工程；三是将基建管理干部队伍廉洁自律作为抓廉政建设的核心内容。

近年来，党中央、国务院高度重视文化事业的发展，国家对文化设施建设的投入不断增加。文化部的基建项目数量多，投资量大，不包括国家大剧院，这几年的基建项目总投资近 80 亿元。既有国家图书馆二期、国家博物馆改扩建等大型建设项目，也有北京音乐厅、中央芭蕾舞团等中小型维修改造项目。在大家的共同努力下，文化部基本建设项目进展顺利，资金、工期、质量三大控制切实有效，总体上改变了文化部基本建设的被动局面。基建廉政工作有序进行，取得了一定的成绩，但对我们的工作不可估计过高，还应该继续提高认识、加强管理、防微杜渐、警钟长鸣。

一、高度重视廉政建设，保证基建工程的顺利完成

党中央、国务院十分重视廉政建设，胡锦涛同志在中纪委第七次全会上的讲话，从提高干部的素质入手，对抓好廉政建设提出了八个方面的要求。中央关于开展治理商业贿赂专项工作也把基建工程中的反贿赂问题作为一个重点进行专项整治。国家陆续出台了《招标投标法》等一系列重要的法律法规，管理越来越规范。因此我们强调基本建设工作中的廉政建设就非常有针对性，非常具有现实意义。

文化部对基本建设廉政工作非常重视，结合文化部的工作实际制定了一系列的规定，如《文化部反商业贿赂管理办法》《文化部直属单位建设项目管理办法》《驻文化部监察局参与文化部重大工程建设项目招标投标监督工作暂行办法》等。文化部还成立了党风廉政建设领导小组，监察局对重大的工程项目进行全过程的监督，重要环节都派人参与，计财司围绕工程中几个重要的环节也形成了一整套的管理办法。各单位也结合本单位的实际制定了一系列的规章制度。

但是我们必须清醒地看到，基建领域仍然是腐败问题易发部位。原因有两

点：一是基建项目投资量大，有的基建项目还和土地连在一起；二是我国从计划经济向市场经济的转轨变型过程中，法律法规的建设还不完善。所以基本建设仍然是易发腐败问题的高危领域，从事基建管理的岗位是高危岗位。我们应该警钟长鸣，防微杜渐，把握好自己，努力把每一项工程都建成阳光工程、廉政工程、优质工程。

二、加强制度建设，规范基建程序

一是加强制度建设。靠制度管人，靠制度管工程。我国现行有《招标投标法》《政府采购法》等一系列法律法规，本单位的工程有自己的特点，要结合本单位的工程形成配套的制度。对重要的环节要细化，特别是招标投标，是权钱交易的易发部位。二是严格程序。完善程序是制度建设的关键。从一个工程的立项到规划设计、征地拆迁、审批报批、招标投标、施工建设、材料采购、资金拨付、资料的归档等整个环节，认真从程序上加以规范，建立完备的档案和责任制度，对重要的环节强调责任人签字。每一道环节，谁负什么责任都要严格规范，才能保证一个工程责任清楚、管理严密。三是建立重要环节的监督机制。监督有两方面的作用：一方面是防止腐败、防止出现问题，另一方面要保护遵纪守法的同志。首先抓好内部监督。单位的纪检、监察、审计、财务等，都与工程管理有关，这些方面怎么样对工程进行监督要建立一个机制。内部监督是常规性的监督，是长期的、全过程的监督，要把它细化到整个工程的管理环节上去。其次抓好外部监督。从大的概念来说就是有法律、有社会的监督，比如招标投标就是一种监督机制。文化部的监督现在也在逐步规范化，监察局参与重大项目的招标投标，重要环节监察局都派人参加，这是非常必要的。总之，要逐步形成制度健全、程序完备、监督有力的管理格局。

三、从基建管理队伍入手，抓好基建工程廉政建设

一是各单位要选择作风正、律己严的同志来参与工程的管理。在选人上就要注意，选择清正廉洁的同志从事工程管理。二是参与基建管理的干部要严于律己，防微杜渐。中国有一句古话叫做"君子慎始而后无忧"，就是说你要慎重地对待开始。否则，第一次喝酒、第一次交往、第一次收礼，逐步拖你下水，就会导致你一步一步走向深渊。从个人来说，算算政治账、家庭账、身体账、经济账，腐败的后果必然导致"散了家庭，伤了身体，断了前途，毁了名誉，少了收入"。犯错误都有一个过程，希望大家珍惜现在的工作岗位，把握好自己。三是基建干部要努力学习，尽快成为基建管理的行家里手。许多单位很多年才有一个基建项目，而基建工作科学性、实用性都很强，再加上我们基建方面的法规在不

断地完善，有的还在变化，这就需要我们认真地学习，熟悉这些规律，熟悉我们国家的一些法律和规定，就会减少盲目地犯错误，在工作中少走弯路。

四、领导干部以身作则是基建廉政的关键

一个单位基建搞得好不好，廉政搞得好不好，关键在于领导。有什么样的甲方，就有什么样的工程。工程廉洁不廉洁，主要决定于单位的领导廉政工作抓得如何。在这里我首先重申一条纪律，并在此予以公布，请大家监督。即我本人和计财司所有管工程的同志有"两不"：第一是不为任何工程单位对参与工程的建设给任何单位以任何形式打招呼，渗透任何意图；第二是不参与招标投标的具体工作。如果有人打着我们的旗号承揽工程，请大家不要上当。

一方面，各单位的一把手是本单位基建廉政工作的第一责任人。一把手是法人，要以身作则，自觉地接受监督。各单位一把手要重视监督机制建设，机制建立好，既约束你，也保护你。一定要把制度完备地建立起来。另一方面，单位的领导班子和具体负责基建的同志更要严于律己，自觉接受监督。要把工作机制、监督机制全方位地建立起来。一个基本建设项目要经得起历史的考验，要把工程做好，工程质量搞好，搞成优质工程，同时又要是阳光工程，经得起历史的检验。

总之，要警钟长鸣，防微杜渐，把基本建设工作中的廉政建设抓好，把国家财政投入的钱花好，保证文化事业的健康发展。

（在2007年文化部基本建设廉政工作会议上的讲话，2007年3月9日。文化部党建在线：http://dangjian.ccnt.com.cn/dflz.php?col=197&file=9575）

发挥家庭在基层文化建设中的作用

今天,全国妇联在江苏省南京市召开全国"美德在农家"活动工作推进会。会议将对"美德在农家"活动开展以来的工作进行总结,研究部署下一步工作,并表彰一批先进组织和个人,与文化部联合命名新一批全国"美德在农家"活动示范点。文化部十分重视和支持这项活动,在推进农村公共文化服务体系建设,实施全国文化信息资源共享工程和送书下乡工程等重点文化工程中,积极与"美德在农家"活动相结合,扶持工作示范点建设,有力地推动了活动的开展,促进了农村家庭文化建设和农村和谐社会建设。在这里,我代表文化部对这次会上被命名的300个"美德在农家"活动示范点表示热烈祝贺!向长期以来关心和支持农村文化建设、家庭文化建设的全国妇联,江苏省委、省政府,以及全国各级妇联组织,表示衷心的感谢!

改革开放以来,随着社会主义市场经济不断发展,我国社会从一般温饱型向全面发展型转变,进入了全面建设小康社会的新的历史发展时期。党中央从科学发展观的高度,做出了建设社会主义和谐社会和社会主义新农村的战略部署。加快农村文化建设,构建农村公共文化服务体系,维护好、实现好、发展好广大农民群众基本文化权益,反映了广大农民群众的意愿,体现了社会主义制度的优越性,对于满足广大农民群众日益增长的精神文化需求,保障广大农民群众的基本文化权益,促进社会公平正义,建设社会主义新农村,具有重大意义。近年来,党中央、国务院对农村文化建设非常重视,陆续出台了一系列切实有效的政策措施:2002年,国务院召开了基层文化工作会议,下发了《关于加强基层文化建设的意见》;2005年12月,中共中央办公厅和国务院办公厅又下发了《关于进一步加强农村文化建设的意见》;最近中央政治局又讨论了《关于加强公共文化服务体系建设的若干意见》,很快要形成文件下发,其中最重要的是有关农村文化建设的内容。为了推进农村文化建设,在中央的支持下,文化部和财政部等实施了广播电视村村通工程、全国文化信息资源共享工程、送书下乡工程、农村电影"2131"工程、农家书屋工程等一些重大有影响的文化项目,增加了为农服务的资源总量,全面提升了农村公共文化服务能力,受到了广大农民群众的欢迎,取得了很好效果。在深化文化体制改革中,中央明确提出,图书馆、群艺馆、文化馆、文化站等文化单位,是政府兴办的公益性文化事业。在加大政府投入的同时,公共文化单位转换机制、增强活力、改善服务,公共文化服务能力有了很大提高。此外,农村非物质文化遗产保护工作得到加强,成为新时期农村文化建设的新亮点。各地保护非物质文化遗产的意识明显提高,全民参与文化遗产保护的可喜局面初步形成。

社会主义新农村建设是一项系统工程，涵盖了经济建设、政治建设、文化建设和社会建设各个方面。农村文化建设是社会主义新农村建设的重要组成部分。加强农村文化建设，满足广大人民群众的精神文化需求，维护和保障农民的基本文化权益，是各级政府和文化部门的重要职责。加强农村公共文化服务体系建设，就是要以维护广大农民群众的基本文化权益为出发点，以满足广大农民群众的基本文化需求为目的，构建结构合理、发展平衡、网络健全、运营高效、服务优质、覆盖农村的公共文化服务体系，充分保障、维护和实现广大农民群众的基本文化权益，使农村文化建设在提高农民素质和农村文明程度，促进农村生产发展、生活宽裕、乡风文明、村容整洁、管理民主等方面发挥重要作用。当前要重点做好以下几项工作：一是要完善农村文化基础设施，到2010年，努力实现县有文化馆、图书馆，乡镇有综合文化站，行政村有文化活动室，基本建成覆盖农村的公共文化服务设施网络。二是要加大重大文化工程实施力度，增加公共文化服务的资源总量。文化共享工程要以数字资源建设为核心，以基层服务网点建设为重点，以多种传播方式为手段，以共建共享为基本途径，加快进度，加快速度，到2010年，基本形成资源丰富、技术先进、服务便捷、覆盖城乡的数字文化服务体系，努力实现"村村通"。三是要加大非物质文化遗产保护的工作力度。通过普查、建立名录体系、建立传承人制度、设立文化生态保护区、举办"文化遗产日"活动等措施，使我国农村丰富的非物质文化遗产资源得到传承和发展。四是要充分调动农民发展文化事业和文化产业的积极性，积极发展农民自办文化。

"美德在农家"活动自2003年开展以来，围绕建设社会主义新农村的总体目标，以推动实施《公民道德建设实施纲要》、推进社会主义荣辱观宣传教育为主线，以建设文明和谐新农家为主题，以"美德在农家"活动为载体，在全国农村广大家庭中广泛开展各种生动活泼的群众文化活动，有力地促进了农村的文化建设，促进了农村妇女和家庭综合素质、生活质量和文明程度的提高，取得了很好效果，受到了各级党委、政府的肯定和农村广大群众的欢迎。抓好农村文化建设，必须充分依靠各级党委、政府、有关部门、广大群众的积极参与和社会力量的支持。特别要加强农村文化资源的整合，打破部门和所有制界限，统筹规划、合理配置、综合利用农村文化资源，实现优势互补、资源共享。家庭是农村社会的细胞。加强农村文化建设，必须抓好家庭这个基础，调动千万个农村家庭参与文化建设的积极性，发挥千万个家庭在农村文化建设上的作用，形成合力。希望这次我们联合建立的300个"美德在农家"示范点，始终着眼于促进社会主义新农村建设和和谐社会建设这个主题，把传播党和国家的基本路线方针政策、传播社会主义先进文化作为工作的首要任务，积极开展生动活泼、丰富多彩的群众文化活动，不断创新服务内容、服务方式和手段，努力活跃当地农民群众的精神文化生活，成为农村传播先进文化的重要阵地。

（在全国"美德在农家"活动工作推进会上的讲话，2007年7月17日）

加快推进农村公共文化服务体系建设

●完善政府公共服务职能,建设农村公共文化服务体系,是构建社会主义和谐社会提出的基本要求。这是执政为民理念的重要体现,是建设服务型政府的需要,更是各级政府部门应尽的职责和义务。

●建设农村公共文化服务体系的主要任务是:完善农村文化基础设施,加大重大文化工程实施力度,充分挖掘优秀民族民间文化资源,提高农村公共文化单位的服务能力,加快农村文化服务人才队伍建设。

加快农村公共文化服务体系建设,实现好、维护好、发展好广大农民群众的基本文化权益,反映了广大农民群众的意愿,体现了社会主义制度的优越性,对于满足广大农民群众日益增长的精神文化需求,保障广大农民群众的基本文化权益,促进社会公平正义,建设社会主义新农村,都具有重大意义。

以政府为主导,加快建立适应我国国情的农村公共文化服务体系。完善政府公共服务职能,建设农村公共文化服务体系,为农民群众提供更多更好的公共文化产品与公共文化服务,维护和保障农民的基本文化权利,是构建社会主义和谐社会提出的基本要求。这是执政为民理念的重要体现,是建设服务型政府的需要,更是各级政府部门应尽的职责和义务。加强农村公共文化服务体系建设,要以维护广大农民群众的基本文化权益为出发点,以满足广大农民群众的基本文化需求为目的,构建结构合理、发展平衡、网络健全、运营高效、服务优质、覆盖农村的公共文化服务体系,充分实现好、维护好、发展好广大农民群众的基本文化权益,使农村文化建设在提高农民素质和农村文明程度,促进农村生产发展、生活宽裕、乡风文明、村容整洁、管理民主等方面发挥重要作用。

完善农村文化基础设施。加大政府投入,加强县图书馆、文化馆和乡文化站、村文化室建设,发展农村公共文化服务,努力使县、乡、村文化基础设施相对完备,公共文化服务切实加强。力争通过几年的努力,到2010年实现县有文化馆、图书馆,乡镇有综合文化站,行政村有文化活动室,基本建成覆盖农村的公共文化服务设施网络。

加大重大文化工程实施力度,增加公共文化服务的资源总量。实施重大文化工程,是政府提供公益性文化服务的重要内容。一是实施文化共享工程。以数字资源建设为核心,以基层服务网点建设为重点,以多种传播方式为手段,以共建共享为基本途径,加快进度,加快速度,到2010年基本形成资源丰富、技术先进、服务便捷、覆盖城乡的数字文化服务体系,并努力实现"村村通"。二是实施送书下乡工程。主要是向国家级扶贫开发重点县和乡镇配送图书。中央财政先后投入8000万元，通过专家挑选、政府采购，配送受广大农民欢迎的图书已达680万册。三是实施流动舞台车工程。从2007年到2010年，中央财政安排资金，为基层文化机构配备1000多辆流动舞台车，送戏下乡，开展灵活、多样、方便的文化服务。同时，根据基层文化建设的实际，策划实施新的项目。

充分挖掘优秀民族民间文化资源。着力发展农村特色文化，利用各种节庆日尤其是民族传统节日，开展形式多样的群众文化活动，为基层农民群众提供丰富多彩的公共文化服务。高度重视保护和发展有地方和民族特色的优秀传统文化，充分发挥优秀传统文化在公共文化服务体系建设中的重要作用。

提高农村公共文化单位的服务能力。按照中央关于文化体制改革的总体部署，区别对待，分类指导，试点先行，逐步推开，深化县级图书馆、文化馆劳动、人事、分配等方面的内部改革，建立健全竞争、激励、约束机制和岗位目标责任制，全面实行聘用制和劳动合同制。县级文化馆、图书馆和乡镇文化站要面向农村、面向基层。继续落实公共文化设施免费向未成年人等特殊社会群体开放的政策措施，努力做到公共文化设施共建共享。

加快农村文化服务人才队伍建设。加强农村公共文化机构从业人员培训，实施从业资格制度。立足农村，注重发挥农村文化骨干、文化能人、文化名人的积极作用，加强农村业余演出队、业余电影放映队、文化中心户、农家书屋、农村义务文化管理员等业余队伍的培训，形成一支扎根基层、服务群众的专兼职公共文化队伍。鼓励农民自办文化大院、文化中心户、文化室、图书室，支持农民兴办农民书社、电影放映队，大力扶持民间职业剧团和农村业余剧团，促进农民自办文化的健康发展。

（原载于《人民日报》2007年8月27日第8版）

满足农民文化需求　帮助农民发家致富

很高兴参加信息产业部农村信息化经验交流会。信息化是当今社会发展的大趋势,是推动经济社会变革的重要力量,近年来在党中央、国务院的领导下,在信息产业主管部门的大力推进下,我国的信息化建设取得了令人瞩目的成就,信息化的程度显著提高。人民群众享受到的现代信息服务日益丰富,日趋便捷。信息化对于我国的社会发展与社会进步产生了全面而深远的影响。

我国是具有五千年悠久历史和灿烂文化的文明古国,在现代信息化的条件下,怎样借助于现代信息技术促进优秀的中华文化的传播,增强中华文化的活力,在世界各国人民面前展示中华文化的魅力,提高中华文化的吸引力,是当前文化建设的重大任务。

改革开放以来,我国的文化工作取得了很大的成绩,但受经济发展水平的制约,公共文化服务体系的建设还相对滞后,特别是农村文化发展还相对滞后,文化发展的水平与广大农民日益增长的文化需求还存在着比较大的差距。

针对农村文化匮乏的状况,为了解决广大农民看书难、看戏难、看电影难的问题,2002年文化部、财政部共同启动了全国文化信息资源共享工程,借助于计算机、互联网等现代技术,通过覆盖城乡的网络体系,将丰富的舞台艺术、影视节目、农业知识、电子书刊、戏曲电影等输送到农村。其主要目的就是解决农村的公共文化服务问题,提高农村地区的文化供给能力,为广大农民群众的生产生活服务。

根据建设规划,"十一五"期间,中央财政将投入建设资金24.76亿元,到2010年,基本建成资源丰富、技术先进、服务便捷、覆盖城乡的数字文化服务体系,实现"村村通"。

同时,国务院还批准建设我国的国家数字图书馆,投资4亿元,现在工程正在抓紧进行。国家数字图书馆将与文化共享工程相合作,借助于文化共享工程的平台,将国家数字图书馆的资源传送到农村,传送到基层,使每一个村都能享受到国家数字图书馆的建设成果。进一步提高公共文化服务水平,丰富公共文化服务的内容,同时依托互联网展示丰富的中华文化。

党中央、国务院高度重视文化共享工程建设,将其列为文化建设的二号工程,第一号是广播电视村村通工程。在各级党委、政府的支持下,工程建设取得了良好的成果。第一是资源建设达到一定的规模,资源总量达到65 TB。第二是各省都建立了文化共享工程分中心,全国2000多个县建立了县级的支中心,通过与农村党员现代远程教育工程、农村中小学现代远程教育工程合作,乡村基层点已经达到了42万个。第三是传输方式不断地拓展,在互联网、移动存储等传输方式的基础上,各地又创立了基于互联网的IPTV、数字电视、有线电视等依托数字化传输工程的多种模式。第四是共建共享机制日趋完善,与全国农村党员干部现代远程教育工作、农村中小学现代远程教育工作,及中宣部的"百县千乡宣传文化工程"、全国妇联的"美德在农家"活动等开展了良好的合作,服务成效显著。随着传输方式不断地拓展,工程内容也日益丰富,越来越多的群众便捷地享受到了文化共享工程服务,辐射人群上亿。不仅初步解决了农民看书难、看电影难等问题,也丰富了农业科学方面的资源,为农民致富提供了有效帮助,受到了广大农村的广泛欢迎。

文化共享工程是将优秀文化资源与现代信息技术相结合的产物,离不开现代信息技术的支撑。随着工程的全面推进,现代信息技术在工程建设中的重要性越来越突出。同时,文化共享工程的实施,对于提升我国农村信息化水平也产生了积极影响。光纤铺设到哪里,文化共享工程的服务就延伸到哪里,因此从一定意义上讲,文化共享工程既是一项农村文化建设工程,又是一项农村信息化建设工程。

信息产业部对文化共享工程给予了大力支持,高度重视双方在推进农村信息化领域的合作。今年9月30日,苟仲文副部长亲自带领信息化推进司和电信总局的同志,专程到文化部共同协商合作大计,就推进文化共享工程与农村综合信息服务工程合作达成了共识,签署了合作协议。还联合下发了关于开展合作共建的文件,在资源服务、网络网点建设、基础设施和技术平台建设、人员培训等领域,双方将发挥各自优势,开展务实、广泛而深入的合作。

目前,有关合作项目正在落实。在促进社会主义新农村建设中,文化共享工程与农村综合信息服务工程可谓珠联璧合,是优势互补的合作伙伴。文化共享工程以现代信息技术为依托,在建设过程中,必须始终紧跟信息化的发展步伐,不断提高应用高新技术的能力。非常希望IT企业加强对高新信息技术的研发,积极开发适用于农村的技术和优秀产品,为文化共享工程提供有力的技术支持,使优秀文化资源更加方便、便捷地为广大农民群众服务。

中央领导同志指示,文化共享工程是公益性文化工程,在设备配置方面要尽量使用国产化设备。所以我们向各地建议,文化共享工程设备要尽可能国产化,以扶持我国IT产业发展。同时,也希望我国IT企业界能为文化共享工程建设提供更多的优惠和支持。

共建是文化共享的主要途径。在推进农村信息化的建设中,我们愿意与科技部、农业部等部门实施的有关项目进行全面合作。我深信,进一步完善共建共享机制,聚合各方力量,我国农村信息化建设必将取得丰硕成果,造福亿万农民群众。

党的十七大报告从新的历史高度对文化建设、信息化建设做出了重大部署,明确提出要更加自觉、更加主动地推动社会主义文化大发展、大繁荣,兴起社会主义文化建设新高潮。我们要全面认识工业化、信息化、城镇化、市场化、国际化深入发展的新形势、新任务,深刻把握我国发展面临的新课题、新矛盾,自觉地走科学发展道路,在十七大精神的指引下,共同努力,为建设社会主义新农村,为实现全面建设小康社会目标,为构建社会主义和谐社会做出更大贡献!

(在农村信息化综合信息服务试点经验交流暨工作座谈会上的主题演讲,2007年12月11日。赛迪网:http://news.ccidnet.com/art/1032/20071211/1305505_1.html)

加强文化建设　促进农村经济社会协调发展

党的十七届三中全会指出，社会主义文化建设是社会主义新农村建设的重要内容和重要保证。坚持用社会主义先进文化占领农村阵地，满足农民日益增长的精神文化需求，提高农民思想道德素质，是农村文化建设的重要任务。落实好、完成好这一艰巨任务，对建设社会主义新农村，形成城乡经济社会一体化新格局具有重要意义。

社会主义新农村建设涵盖了经济建设、政治建设、文化建设和社会建设各个方面。农村经济发展了，广大农民富裕起来了，还不是真正的小康；真正的小康必须是全面的小康，是经济建设、政治建设、文化建设和社会建设协调发展的小康。改革开放以来，农业生产和农村经济获得了巨大发展，农村文化建设的力度也不断加大，农村文化建设呈现出良好的发展势头，广大农民群众的文化生活状况有了较大改善，文化工作在提高广大农民群众思想道德和科学文化素质，促进农村经济与社会协调发展方面发挥着越来越重要的作用。但总的来看，目前农村文化建设仍基础薄弱，同其他社会事业相比，发展还相对滞后。农村文化建设与全面建设小康社会的目标要求还不相适应，与经济社会的协调发展还不相适应，与农民群众的精神文化需求还不相适应。目前城乡文化发展水平差距较大，农村文化投入明显不足。文化基础设施落后，公共文化单位服务条件没有充分保障。农村公共文化机构运转存在较大困难。文化产品、文化服务供给不足，为基层提供的公共文化资源总量偏少、质量不高。农村公共文化服务体系还需要完善。要为社会主义新农村建设提供智力支持和精神动力，还需要进一步加大农村文化建设力度，尤其要努力改变当前城乡文化建设差距过大、农村文化建设基础薄弱的问题，促进城乡协调发展和农村经济与社会的协调发展。

加强农村文化建设，培育社会主义新型农民是新农村建设最核心的内容。农民素质的高低，在很大程度上决定着农业和农村现代化发展的步伐，决定着我国经济社会发展第三步战略目标的实现。只有培养有文化、懂技术、会经营的新型农民，农业和农村的发展才有后劲。据统计，在中国4.97亿农村劳动力中，具有高中及以上文化程度的不到11%，初中程度的占50.38%，小学及小学以下文化程度的占38%，其中不识字或识字很少的还占约7%；全国文盲、半文盲的90%在农村。相对偏低的农民素质已经成为解决"三农"问题，建设社会主义新农村的瓶颈。温家宝总理曾指出，我国农村全面建设小康社会根本在于提高农民素质。因此，必须重视提高农民的综合素质，把培育新型农民贯穿于整个社会主义新农村建设的始终。农村文化建设既关系到广大农民群众基本文化权益的实现，同时又关系到农民群众基本素质的提高。加强农村文化建设，通过开展针对性强、务实有效的公共文化服务，对于丰富农民群众精神生活，传播健康有益文化，提高农民科技致富的能力，培育有理想、有道德、有文化、懂技术、善经营的新型农民，提高农民的综合素质，促进社会主义新农村建设，都具有重要意义。

改革开放30年，我国农村经济持续发展，农村面貌和农民的精神状态都发生了巨大变化，农民的文化需求呈现了新的特点，求富裕、求安定、求健康、求文明的愿望更加迫切。农民对文化需求的热情也日渐高涨，文化消费的意识和消费能力明显增强。广播电视、报纸期刊等大众传媒在广大农村发展迅速，覆盖千家万户。报纸期刊等文化产品人均消费支出逐年增长；家庭电脑等网络产品开始进入寻常百姓家。广大农民群众对文化生活的需求更加丰富起来，无论是内容和形式，都发生了很大变化，主要体现在：一是求富裕。在农民的文化需求中，最主要的还是学习知识，增强致富本领，发展经济，过更加富裕的生活。二是求安定。期望文化能凝聚人心，和睦邻里，化解矛盾，营造和谐稳定的生活环境。三是求健康。期望参加切合自身的文化体育活动，锻炼身体，有益身心健康。四是求文明。期望文化生活能提高文化修养，形成文明的生活方式。总的来看，富裕起来的农民群众更加注重生活质量的提高和精神文化生活的充实。特别是有文化的中青年农民，渴求文化知识，期望获得不断学习和充实自己的机会和条件，能够掌握不断进步的技能和本领，为致富和进一步创业创造条件。

农村文化建设是文化建设的重要组成部分，是社会主义新农村建设的重要内容。贯彻落实党的十七大和十七届三中全会精神，兴起文化建设新高潮，必须把文化建设的重点放在农村，加大对农村公益性文化事业的投入，实施农民文化"低保"，努力保障广大农村群众看书看报、看戏、看电影电视、参加文化知识培训和群众文化活动的基本文化权益，满足广大农民群众对文化生活的基本需求。同时要进一步培育和规范农村文化市场环境，发展农村文化产业，调动农民自办文化的积极性，努力形成政府主导、社会力量积极参与的农村文化建设新格局。为进一步加强农村文化建设，提出如下几点建议。

一、完善农村公共文化服务体系

加强农村公共文化服务体系建设，为农民群众提供丰富的公共文化产品和公共文化服务，是政府公共服务职能的具体表现。农村文化建设主要是公益性文化，加强农村文化建设是各级党委、政府的重要责任。完善政府公共服务职能，为农民群众提供更多更好的公共文化产品与公共文化服务，维护和保障农民的基本文化权利，是各级政府部门应尽的职责和义务。要根据农民群众日益增长的精神文化需求，努力提高农村公共文化产品的总量与质量，提高政府公共文化服务的水平，提供系统性、制度性、公平性、可持续性的农村公共文化服务，使农村公共文化服务与经济增长协调发展，力争在不太长的时间内，使我国农村公共文化服务提高到一个新水平。

一要加快县、乡、村三级公共文化设施建设。要以政府为主导，以乡镇为依托，以村为重点，以农户为对象，发展县、乡、镇、村文化设施和文化活动场所。乡镇综合文化站建设已列入国家"十一五"规划，"十一五"期间，要按照规划要求，在农村乡镇建设集图书阅读、广播影视、宣传教育、科技推广、科普培训、体育和青少年校外活动等于一体的综合性文化站。到2010年，基本实现县有文化馆、图书馆，乡镇有综合文化站，行政村有文化活动室，农村流动文化服务有较快发展，基本形成较为完备的县、乡、村三级公共文化设施网络，农民群众能够就近方便地接受公益性文化服务。要加强文化设施的管理和使用，为县文化馆和图书馆、乡镇综合文化站、村文化室配备图书报刊和活动器材等，保证其正常运转，使其具备开展公共文化服务的能力，增强活力，为基层群众提供有效的公共文化服务。农民既是文化的享受者，又是农村文化活动的主体。要调动农民群众自办文化的积极性，积极发展农民自办文化，与国办文化相辅相成，相得益彰。

二要建立农村公共文化服务体系经费保障机制，保证农村群众的基本文化权益。现在中央对农村采取了一系列扶持发展的优惠政策，并实施了农民最低生活保障政策，受到广大农民的欢迎。在文化建设上也需要文化"低保"，要把农村公共文化服务纳入公共财政保障范围，建立农村县、乡、村公共文化服务经费保障机制。按照政府购买的方式，中央财政提供必要的经费保障，使文化馆、图书馆和文化站等能够正常地运转，图书馆有钱买书、文化馆站有经费组织群众文化活动、剧团有钱下乡为农民群众演出，解决农民群众看书看报、看戏、看电影电视、参加文化知识培训和群众文化活动的基本文化权益问题。

三要加大重大文化工程实施力度，增加为农民群众服务的文化资源总量。实施重大文化惠民工程，是政府提供公益性文化服务的重要内容。文化共享工程要以数字资源建设为核心，以基层服务网点建设为重点，以多种传播方式为手段，以共建共享为基本途径，加快进度，加快速度，到2010年，资源总量要达到100 TB，基本形成资源丰富、技术先进、服务便捷、覆盖城乡的数字文化服务体系，努力实现"村村通"。继续实施流动舞台车工程。同时，根据基层文化建设的实际，策划实施新的项目，继续为基层群众提供丰富的文化资源。

二、深化改革，创新农村文化的体制和机制

要按照中央关于文化体制改革总体部署，深化县级图书馆、文化馆劳动、人事、分配等方面的内部改革，建立健全竞争、激励、约束机制和岗位目标责任

制,全面实行聘用制和劳动合同制,加大投入,转变机制,增强活力,改善服务。县级文化馆、图书馆和乡镇文化站要面向农村,面向基层,制定年度农村公益性文化项目实施计划,明确服务规范,改进服务方式。要着力解决公共文化设施分散、使用效率不高的问题,努力做到公共文化设施共建共享。鼓励各种文化设施采取多种方式对群众开放。在博物馆、纪念馆免费开放的基础上,推进公共图书馆、文化馆免费开放,并加强管理,提高公共服务质量。

三、以提高素质和能力为重点,加快农村文化队伍建设

按照农村文化事业单位,如县图书馆、文化馆和乡文化站的性质和职能,确定编制员额,保证其正常运转。加强从业人员培训,实施从业资格制度。立足农村,注重发挥农村文化骨干、文化能人、文化名人的积极作用,加强农村业余演出队、业余电影放映队、文化中心户、农家书屋、农村文化管理员等业余队伍的培训,形成一支扎根基层、服务群众的专兼职公共文化队伍。鼓励农民自办文化大院、文化室、图书室等,支持农民群众兴办农民书社、电影放映队,大力扶持民间职业剧团和农村业余剧团,促进农民自办文化的健康发展。

四、充分挖掘优秀非物质文化资源,为农村群众提供丰富多彩的公共文化服务

我国农村蕴涵着丰富的非物质文化遗产资源。在农村文化建设中要充分发挥优秀非物质文化遗产资源的重要作用。通过普查,建立名录体系,命名传承人,开展"中国民间文化艺术之乡"命名活动,对传统文化生态保持较完整并具有特殊价值的村落或特定区域进行动态整体性保护,逐步建立科学有效的非物质文化遗产传承机制,积极保护民间文化遗产,并提倡依托这些资源,开展丰富多彩的农村文化活动,活跃农民群众的精神文化生活。

五、繁荣和管理农村文化市场,创造健康有序的农村文化发展环境

农村文化建设是在社会主义市场经济体制逐步完善的大环境下进行的。培育和管理好农村文化市场,是农村文化建设中的重要任务。目前,农村文化市场整体发育程度还不够成熟,还存在市场布局散乱、文化产品供给贫乏、质量不高等现象。在农村文化建设中,要充分发挥市场在文化资源配置中的重要作用,提高资源配置的质量、效益和速度;逐步培养起多种所有制、多种领域、多种形式,有活力、有竞争力、有创造力的农村文化市场主体,调动起社会各界参与建设农

村文化的积极性；尤其要通过政策引导，吸引城乡各界投资农村文化产业，培育一批立足农村、辐射城乡的文化企业，造就一批有影响的文化品牌。同时要加大农村文化市场的管理，履行政府对文化市场的监管职能，建立健全对农村文化市场的长效管理制度，为农村文化建设创造良好的市场环境。

六、将农村公共文化服务体系建设纳入领导干部的考核指标，加强对党委、政府工作的考评

农村文化建设是各级政府的重要职责，要把农村公共文化服务体系建设纳入各地经济社会发展规划，纳入公共财政预算、扶贫攻坚计划，作为评价地区发展水平和干部工作实绩的重要内容。建议在制定地方党委、政府领导干部考核指标体系时，明确增加公共文化服务体系建设特别是农村文化建设的内容，就财政投入、人员编制、服务设施、任务指标、服务数量和质量、群众满意度等方面，设立专门的考核指标，重点对各级党委、政府推动农村文化建设情况进行考核和评价。要加强督促检查，建立经常性的监督检查机制，确保中央关于农村文化的决策部署落到实处。

[在全国政协十一届一次会议（2008年3月3—14日）上的提案]

加强交流　推进儒学研究的国际化

今天，由中华人民共和国文化部和山东省人民政府共同主办，中国艺术研究院、山东省文化厅、中国孔子基金会、济宁市人民政府、孔子研究院联合承办的第一届世界儒学大会，在孔子故里、儒学圣地曲阜隆重开幕了，我谨代表中华人民共和国文化部，向大会的召开表示热烈的祝贺！向来自世界各地的各位专家学者、嘉宾贵客和新闻媒体的朋友们表示热烈的欢迎！

儒学，是中华民族奉献给人类思想宝库的珍贵精神财富。孔子是"德侔天地，道贯古今，删述六经，垂宪万世"的文化圣人。在历史的长河中，儒学既保持着其仁爱、和谐的精神特质，又带有不同时代的文化烙印，她以开放的姿态、顽强的生命力，与时俱进、生发扩展，为世界文明形态的延续做出了重要贡献。

儒学，讲究格物、致知、诚意、正心，讲究修身、齐家、治国、平天下。儒学，可以使人心怀天下，志存高远。儒学的人文精神对当今世界的文明对话具有重要意义。研究儒学，有利于当今世界传统与现代的对话和交流，东方文明与西方文明的理解和会通。

当今时代，人类正在经历着历史性的变革。在这一剧烈的历史变革面前，人们的生产方式、生活方式和思维方式正在发生着深刻的变化。处于变化中的儒学，也应当对这一次历史剧变做出自己的回应。今天，在第一届世界儒学大会上，新世纪的儒学应当发出合乎历史发展、合乎人类利益的时代声音，在座各位的见解举足轻重，世界儒学大会任重道远。

2008年8月8日晚，在北京第二十九届奥林匹克运动会开幕式上，13亿华夏儿女、40亿全球电视观众，见证了中华优秀传统文化在新世纪的勃然生机和伟大力量。从奥运会开幕到今天，2008年9月27日，恰好49天。"大衍之数五十，其用四十有九。"这不仅是时间上的偶然巧合、机缘奇趣，更说明了历史的包罗万象、耐人寻味。今天，在第一届世界儒学大会开幕式会场，我们仿佛看到孔子——这位目睹了神州大地沧海桑田变迁、日新月异发展的智慧老人，迈着悠远、深沉的步履，从历史深处缓缓向我们走来。

世界儒学大会，以学术研究和文化交流为己任，以推动儒家思想多层次、全方位、跨学科的发展为主旨，积极开展儒学与各种文化的对话、交流，在传承、弘扬中国优秀传统文化的同时，促进人类不同文明之间的理解，增强各民族之间的信任。我们相信：世界儒学大会是儒学研究的盛会、学者对话的盛会，更是文化交流的盛会。在多元文明不断交融，不同思想相互碰撞的时代，来自不同国度、不同民族、不同文化背景的人们，为了儒学的推陈出新、发扬光大，为了多样文化的共存共荣,为了人类的发展与进步,为了世界的和平与安宁,相互切磋、求同存异、共筑友谊。我相信,此次世界儒学大会必将对儒学的研究与传播产生深远的影响。

衷心祝愿第一届世界儒学大会圆满成功!

(在第一届世界儒学大会开幕式上的致辞,2008年9月27日。原载于贾磊磊、孔祥林主编:《第一届世界儒学大会学术论文集》,文化艺术出版社2009年版,第6~7页)

加快推进乡镇综合文化站建设

今年11月，为应对国际金融危机对我国经济带来的不利影响，党中央、国务院确定了当前进一步扩大内需、促进经济增长的10项措施，并在今后两年多时间内安排4万亿元资金启动内需。今年第四季度先增加安排中央投资1000亿元，其中包括乡镇综合文化站建设资金8亿元。这充分体现了党中央、国务院对乡镇综合文化站建设的重视。在湖北省武汉市召开全国乡镇综合文化站工作会议，主要任务就是按照党中央、国务院的统一部署，认真贯彻十七届三中全会精神，深入学习实践科学发展观，安排落实加快推进乡镇综合文化站建设的有关工作。

一、从深入学习实践科学发展观的高度，充分认识加快推进乡镇综合文化站建设的重要意义

党的十七届三中全会通过的《中共中央关于推进农村改革发展若干重大问题的决定》明确指出：建设社会主义新农村，形成城乡经济社会发展一体化新格局，必须发展农村公共事业，繁荣农村文化，到2020年实现城乡基本公共服务均等化。目前，我国总体上已到了"以工促农、以城带乡"的发展阶段。中央这次投入8亿元支持乡镇综合文化站建设，是实现基本公共文化服务均等化，促进城乡文化协调发展和社会主义新农村建设的重要举措。我们必须站在学习实践科学发展观的高度，充分认识加快推进乡镇综合文化站建设的重要意义。

（一）加快推进乡镇综合文化站建设，是完善公共文化服务体系，促进社会主义文化大发展大繁荣的重要举措

乡镇综合文化站是我国公共文化服务体系的基础，是重要的农村文化阵地。但是，在中西部欠发达地区，乡镇文化站建设还面临很多困难和问题。一是设施设备落后。据统计，全国32976个乡镇文化站中，有1.2万个乡镇无文化站或有站无舍，约占36%；另有1.2万个文化站面积狭小，破旧落后，设备严重缺乏，无法开展业务活动。二是投入严重不足。2007年，扣除对县本级文化单位的投入，直接为7.28亿农民提供文化服务的乡镇综合文化站财政投入只有14.99亿元，按乡村人口计算，人均仅2.06元。三是文化资源总量偏少、质量不高。以图书为例，乡村文化机构共有图书1.4亿册，农民人均图书拥有量仅0.19册。由于文化资源不足，很多乡镇综合文化站难以正常开展公共文化服务活动。四是

基层文化队伍数量不足，专业素质偏低，难以适应新时期文化工作的需要。目前全国 32976 个乡镇综合文化站从业人员共 65884 人，平均每站 2 人。人员学历偏低。现有文化站从业人员中，高中及中专以下学历的人数为 3.5 万人，占人员总数的 53.1%。这些问题的存在严重影响了农村文化建设和农村经济社会的协调发展。构建结构合理、发展均衡、网络健全、运行有效、覆盖城乡、惠及全民的公共文化服务体系，任务还很艰巨。各级政府要切实承担起责任，加快推进乡镇综合文化站建设，把乡镇综合文化站建设成为农村思想道德教育的重要阵地，为广大人民群众提供基本的文化设施和场所，逐步建立健全农村公共文化服务体系，不断增强农村文化发展的活力。

（二）加快推进乡镇综合文化站建设，是提高广大农民基本素质，巩固社会主义文化阵地的重要途径

没有社会主义新农民，就没有社会主义新农村。在社会主义新农村建设中，乡镇综合文化站紧密结合农民群众的生产、生活和思想实际，通过开展多种形式的群众文化活动和社会教育活动，用社会主义核心价值观引导广大农民群众，弘扬民族精神和时代精神，培养有理想、有道德、有文化、懂技术、善经营的新农民，丰富和活跃农民群众的精神文化生活。加快乡镇综合文化站的建设，为广大群众提供更多的公共文化服务，对维护广大农民群众基本文化权益、活跃和丰富人民群众的精神文化生活，推进城乡文明建设，促进经济社会全面、协调和可持续发展，具有重要作用。

各级文化部门要充分认识乡镇综合文化站建设的重要性，把思想和行动统一到中央的决策部署上来，统一到贯彻落实科学发展观的要求上来，把加快推进乡镇综合文化站建设作为当前工作的重中之重，加强领导、精心组织，迅速行动、扎实工作，提高效益，确保乡镇综合文化站建好、管好、用好。

二、加大力度，加快推进乡镇综合文化站建设

中央这次在当前进一步扩大内需、促进经济增长的 10 项措施中，专门安排 8 亿元的乡镇综合文化站建设资金，充分体现了党中央、国务院对农村文化建设的重视。这 8 亿元中央新增投资的措施落实得如何，对于明后两年乡镇综合文化站剩余 28 亿元补助资金，到 2010 年能否按规划完成建设任务，甚至对今后文化系统争取新的建设项目，都有非常大的影响。各级文化部门一定要认真学习和牢牢把握中央决策和温家宝同志的讲话精神，落实中央扩大内需促进经济平稳较快发展的政策措施，高度重视，精心组织，圆满完成这一阶段的建设任务。

(一) 加快实施进度

中央出台扩大内需促进经济增长的 10 项措施,对于克服当前的困难和保持长远的发展都具有重大意义。温家宝总理在部署落实 10 项措施有关工作任务时强调,实施这些措施总的要求是:出手要快,出拳要重,措施要准,工作要实。"快"就是要迅速出手,争分夺秒,不可贻误时机;"重"就是要实施坚决有力的措施,从根本上扭转经济增速过快下滑的趋势;"准"就是要抓住关键,突出重点,能起到立竿见影的效果;"实"就是要抓好落实。我们一定要认真贯彻温家宝总理的讲话精神,迅速开展各方面的工作。

各地在安排乡镇综合文化站建设项目时,要主动与发改委等部门沟通,优先安排在建项目,优先安排土地、立项、配套资金等条件成熟的项目,加快新开工项目,所选项目要尽快形成实物工作量,争取在今冬明春见到实效。要建立抓落实工作机制,明确责任,形成合力,对关键环节和重点难点问题要一抓到底,切实抓出成效。省级文化行政部门要帮助基层解决工作中的具体困难。要加快配套政策、配套资金的落实,防止形成"半拉子"工程。各有关方面要齐心协力,特事特办,加快工作,提高工作效率。

(二) 保证建设质量

精心做好乡镇综合文化站的选址和设计工作。根据文化站开展活动的特点,选择人口集中、方便群众的地段建设,不得建设在乡镇政府办公场所内。建设用地由地方政府无偿划拨,尽量减免各种建设配套费用,降低建设成本。各地要根据本地区实际情况,设计若干套既具有地域特色、民族风格,又体现时代特征的乡镇综合文化站建设方案,提供给各乡镇选择,保证主要功能的完备和建设标准的统一。要处理好严格建设程序与提高工作效率之间的关系,认真抓好基本建设程序各个环节的工作,按照国家有关法律法规,加强对工程安全、质量、工期的管理,严格控制工程投资,严防"豆腐渣"工程、"胡子"工程,确保按时保质完成建设任务。要明确每个建设项目的责任单位和责任人,从项目选址、设计、招标、施工、验收等,都要按照有关规定,严密组织,严格程序,认真实施,做到高标准、严要求,保证每个乡镇文化站的建设质量。在国家发改委、住房城乡建设部的支持下,文化部将启动乡镇文化站建设标准的编制工作,争取早日出台。

(三) 强化监督检查

新增 1000 亿元中央投资项目,监察部、审计署、国家发改委、财政部等将组成联合督查组派驻各地,进行全过程监督检查。各级文化部门要按照各自职责,进一步细化落实各实施环节的责任制,切实加强对资金使用和工程建设过程中的监督检查。要加强廉政建设，厉行勤俭节约，确保资金安全，加强对资金使用情况的监督检查。中央补助资金来之不易，要保证专款专用，严防截留挪用、滞留不用、浪费建设资金的情况。

各省、区、市要将项目进展情况、资金使用情况定期报送文化部。文化部将和国家发改委一起对项目情况进行抽查，对于地方领导不重视、配套资金不落实、项目进展缓慢，或者违反工程建设有关规定等情况，要严肃查处，同时在今后补助资金安排等方面采取一定的措施。

三、充实内容，改善服务，使乡镇综合文化站真正发挥作用

乡镇综合文化站是政府举办的公益性事业单位，要按照"增加投入、转变机制、增强活力、改善服务"的十六字方针，让建成后的文化站真正发挥作用，充分发挥其活跃农民群众精神文化生活的积极作用，实现和保障广大农民群众的文化权益。

（一）充分发挥乡镇综合文化站的服务职能

乡镇综合文化站是社会主义新农村的综合文化中心，承担着开展社会服务、指导基层和协助管理农村文化市场等基本职能，面向农民群众提供书报刊阅读、广播影视、宣传教育、文艺演出、文艺人才培养、科技推广、科普培训等多种文化服务，是农村文化建设的最前沿的阵地，是广大农民学习文化科学知识、提高文明素质的重要场所，要坚持公益性质，充分发挥综合性功能，贴近实际、贴近生活、贴近群众，在乡村文化建设中发挥骨干作用。一要制定标准和规范，出台有关制度，对乡镇综合文化站业务流程、活动开展、服务标准、运营管理等进行规定，提高文化站的服务能力。二要创新服务方式，运用先进传媒技术和信息技术，为广大农民提供方便、快捷、高效的数字文化资源，开展文化信息资源共享工程服务。要借鉴广东等省发展流动文化服务、浙江嘉兴等地依托乡镇综合文化站发展农村基层图书馆网络的经验，让丰富的文化资源走进乡镇综合文化站，拓展乡镇综合文化站的功能，发挥农村公共文化服务的综合效益。三要发挥公共文化服务的主渠道作用，将各种资源纳入服务内容和工作范围，把广播电视村村通、全国文化信息资源共享、农村电影放映"2131"、送书下乡、送戏下乡、农家书屋、群众健身等工程项目进行整合，依托乡镇综合文化站来实施。乡镇综合文化站要和农村中小学互动，发挥各自的优势，经常开展活动。共享工程要加快在乡镇综合文化站的布点，争取每建成一个文化站，就开通一个共享工程乡镇基层点。送书下乡工程所赠图书要重点放置在乡镇综合文化站，方便广大群众借阅。四要以乡镇综合文化站为依托，加强农村基层的非物质文化遗产保护工作。依托传统节日、重大节庆和民族民间文化资源，经常组织开展丰富多彩、群众喜

闻乐见的文体活动。五要增强文化站的辐射功能，以文化站为基础，培养一批文化能人、文化中心户，主动送文化服务下村，使乡镇综合文化站服务惠及本乡镇所有农民。

（二）以提高素质和能力为重点，加强队伍建设

人才是做好农村文化工作的关键。要加强业务建设，不断提高乡镇综合文化站工作人员的综合素质和能力。一是尽快实施职业资格制度。把好进口，以保证文化站新进工作人员具有适应工作岗位要求的基本素质。要选拔政治思想好、熟悉和热爱农村文化工作、有专业知识、有较强组织和活动能力的人员到乡镇综合文化站工作，鼓励和吸引大中专毕业生到文化站工作。二是落实人员编制。在地方机构改革过程中，要积极争取在乡镇设置文化站，文化部门要积极协调有关部门，合理确定人员编制，确保文化站发挥作用。三是深化劳动、人事、分配等方面的改革，建立健全竞争、激励、约束机制和岗位目标责任制，做到"按需设岗、按岗聘用、竞争上岗、严格考核、择优聘用"，充分调动工作人员的积极性，不断增强文化站的活力，更好地满足广大群众的文化需要。四是各级文化行政部门要有计划地对乡镇综合文化站工作人员进行培训，做到经常化、制度化。要加强文化站对村文化室和农民业余文艺骨干的指导，培育和发展农村业余演出队、文化中心户等，鼓励农民自办文化，形成一支扎根农村、服务群众的专兼职农村文化服务队伍。

（三）建立农村公共文化服务经费保障机制

乡镇综合文化站是政府举办的公益性文化机构，建设和运行经费主要来源于政府。因此，要进一步加大投入，切实保证乡镇综合文化站正常运行。党中央、国务院对建立公共文化服务的财政保障机制问题非常重视，李长春同志有很明确的批示意见。拟按照政府购买的方式，由中央财政提供必要的经费保障，使中西部地区的基层文化馆、图书馆和文化站等能够正常地运转，图书馆有钱买书，文化馆站有经费组织群众文化活动。目前有关部门正在研究制定具体的政策性文件，提高基层公共文化服务体系的经费保障能力和保障水平，促进农村文化事业的可持续发展。各级文化部门也要积极争取党委、政府的支持，以项目的形式，加大对乡镇文化站的投入，保障乡镇综合文化站人员经费和专项业务经费等，妥善解决文化站在设施、场所、设备和人员培训等方面的问题，保证文化设施正常运转，为农民群众提供基本的公共文化服务。

（四）加强管理，完善对乡镇综合文化站的评估考核机制

一是修订《文化站管理办法》。目前乡镇综合文化站管理除了1992年颁布的《文化站管理办法》外，缺乏具体的规章可遵循。而且，随着农村文化建设的不

断推进，该办法也需要修订。二是要加强对乡镇综合文化站的业务考核，就财政投入、人员编制、服务设施、任务指标、服务数量和质量、群众满意度等方面，设立专门的科学、合理的考核指标，推进乡镇综合文化站的制度化、规范化建设。各地可以在调研的基础上，对乡镇综合文化站评估工作先行试点，取得经验后再予推广。三是将乡镇综合文化站建设情况纳入文化先进县的考核之中，纳入县、乡领导干部的考核指标，重点对各地党委、政府推动乡镇综合文化站建设情况进行考核和评价，推动基层党委、政府对文化建设的重视。

［在全国乡镇综合文化站工作会议（武汉）上的讲话，2008年11月26日］

民族精神是最核心的软实力

国产的东西非要打一个洋招牌,实际上是民族自信心不足。

核心观点:在全球化、城市化、工业化的进程中,中国的民族精神、传统文化无时无刻不在受到冲击,这是我们必须面对的现实。但同时我们对民族精神的培育又显得如此缺失,如此不得法。一个民族如果形不成或保持不住一种民族精神,很难讲会有什么核心竞争力。

现在有个时髦的词叫国家软实力。什么是软实力?我认为,民族精神是最核心的软实力。

我们现在面临着全球化、城市化、工业化的进程,作为一个开放的社会,中国的民族精神、传统文化无时无刻不在受到冲击,这是我们必须面对的现实。但同时我们对民族精神的培育又显得如此缺失,如此不得法。三天一个口号,两天一个标语,老百姓不感兴趣。再比如我们的大学教育也有缺失,都在强调和鼓励外语学习,但大学生的汉字写得怎么样?历史知识又怎么样?据我所知,大学生"不知有汉,无论魏晋"的情况并不少。一个民族如果不能形成或保持不住一种民族精神,这个民族很难讲会有什么核心竞争力。

近百年来,我们一直对中华民族的传统文化持一种批判态度,对传统的汉字、中医、儒家文化等都提出过批评。改革开放后,我们又将注意力主要放在经济建设上,这没有错;但在这个过程中,文化自觉并没有建立起来。很多地方破坏文化传统,很多城市大拆大建,有的地方经济发展得越快,文化就破坏得越快。此外,道德水平的滑坡日益制约着中国的发展,频频发生的各类安全事件让我们看到了社会道德的缺失。不过,能在这时发现问题,亡羊补牢,尚且未晚。

中央现在提出科学发展观是有针对性的,因为我们目前的社会发展还不够"科学",所以才必须贯彻这个精神。怎么贯彻?我觉得应该有一个文化层面的思考:文化工作者应该有建设文化的自觉,这是文化发展的重要转机。

我们正在开展的非物质文化遗产保护工作,保护的不仅是一个器物、一个剧种、一个项目,它们是融入我们民族血液中的精神,体现的是一个民族的智慧和创造力,是一个民族的 DNA,是最容易调动人们情感的事情。这项工作之所以能在不长的时间内搞得这么好,不是我们有多大的本事,只是我们顺应了民心,顺应了历史潮流。

现在世界各国都在考虑坚持文化多样性,把保护非物质文化遗产、培育民族精神看成国家软实力建设的重要部分。韩国在这方面做得很好。前些年亚洲金融危机时，韩国人把家里值钱的东西都捐出来帮助国家渡过难关，老百姓对民族品牌也非常支持，这都是民族精神的体现。而对照我们现在，不少国产的东西非要打一个洋招牌才能吸引顾客，这看起来是一种商业现象，实际上是民族自信心不足的表现。

我在越南也发现，他们把传统文化放到非常高的地位，提出要充分发挥家庭和宗族在文化建设中的基础作用，这些都值得我们学习。

(原载于《人民日报》2008年12月19日第11版)

高山仰止　景行行止

今天是郑振铎诞辰110周年纪念日。我们怀着无比崇敬的心情，缅怀振铎先生光辉的人生历程，追思他对中国文化建设的卓越贡献，继承和发扬他不朽的奋斗精神和崇高的人格风范，具有重要的历史意义和现实意义。

郑振铎，1898年12月19日出生在浙江省永嘉县（今温州市），原籍是福建省长乐县。1917年进入北京铁路管理学校学习，1919年参加五四运动。1927年旅居英、法，回国后历任北京燕京大学、清华大学教授，上海暨南大学教授。新中国成立后，振铎先生历任全国文联福利部部长、全国文协研究部部长、人民政协文教组组长、中央文化部文物局局长、民间文学研究室副主任、中国科学院考古研究所所长兼文学研究所所长、文化部副部长等重要职务。1958年10月18日因飞机失事遇难殉职。他既是新中国文物事业的奠基者之一，也是新中国图书馆事业的重要奠基者之一。

郑振铎是集数家于一身的文化巨匠，在众多领域做出了巨大贡献。

郑振铎是著名的社会活动家。从学生时代起，他就投身于反帝反封建的五四运动；抗议帝国主义在"五卅惨案"中的暴行；抗议国民党反动派发动的"四一二"政变；抗日战争时期，振铎先生参与发起"上海文化界救亡协会"；1949年2月，辗转进入解放区；新中国成立以后，振铎先生以文物局局长、文化部副部长的身份广泛参加各种社会活动，联络团结了一大批爱国人士和外国友人，为我国文化、文物事业的发展做出了巨大贡献。

郑振铎是五四以来中国新文学运动的先驱和主要领导者之一。早在20世纪20年代，就与茅盾等共同创立了"文学研究会"，主编《文学旬刊》和《小说月报》，提倡现实主义文学。振铎先生最早提倡从"世界文学"的角度研究文学，也最早提出"整理旧文学"的任务。他是民间文学和俗文学研究的最早倡导者，所著的《中国俗文学史》是这一领域的扛鼎之作。振铎先生还是中国儿童文学领域的拓荒者。他的文学创作十分丰富，包括短篇小说、散文和诗歌，是中国现代文学史上的著名作家。

郑振铎是优秀的翻译家。早年翻译了列宁作品和《国际歌》歌词，还翻译了泰戈尔的《新月集》和《飞鸟集》，撰写《泰戈尔传》，是中国第一位介绍泰戈尔作品的人。振铎先生的《俄国文学史略》是第一部系统介绍俄国文学的专著。他的《文学大纲》是中国第一部真正的世界文学通史。

郑振铎是著名的文献学家，整理、研究、发现了大量古代文献。他在版画艺术整理研究方面成果丰硕，编纂了《域外所藏中国古画集》《中国历史参考图谱》《伟大的艺术传统图录》《插图本中国文学史》《中国版画史图录》等重要作品。振铎先生还和鲁迅共同编纂了《北平笺谱》，堪称民国时期艺术水平最高的传统版画集。

郑振铎是著名的考古学家、文物专家。他一生酷爱文物收藏和研究，编辑出版了《近百年古城古墓发掘史》《插图中国文学史》《北平笺谱》《中国历史参考图谱》等大量的史学专著，对我国历史和考古研究起到重要的作用。

我们深切缅怀郑振铎，不仅追忆他对我国文化、文物事业建设与发展所做出的伟大贡献，更要继承和学习他崇高的精神和高尚的情操。

郑振铎以毕生的精力和实际行动，实践爱国报国的伟大理想。青年时代，振铎先生不仅积极投身到伟大的五四运动中，成为青年运动的先锋，而且，以实际行动声援家乡的爱国运动。1919年五四运动的消息传到福建，福建青年学生积极响应，声援北京学生爱国运动，被反动军警大肆镇压，遭到日本帝国主义武装威胁。在北京的郑振铎闻讯后，积极参加组织旅京福建省学生抗日联合会，成为该会领导人之一。他参加编印《闽潮》，奔走呼号，声援故乡的反帝爱国运动。

郑振铎对古代文化典籍有一种执着的大爱，这种大爱在中国遭受帝国主义侵略践踏时转化成强烈的爱国情怀，使他担负起抢救民族文化遗产的神圣使命。1937年8月13日，日军进攻上海，许多著名藏书楼成为日军轰炸目标，珍贵典籍散失或遭受侵略者掠夺。郑振铎不顾个人安危，独守上海"孤岛"，奋不顾身抢救收购珍贵典籍。他发起成立了"文献保存同志会"，在上海抢救了刘氏玉海堂、邓氏群碧楼、刘氏嘉业堂、张氏适园等藏书楼流散出来的珍贵古籍约4000种，使之全部收归公有，几乎是北平图书馆数十年积累的善本总和，按照郑振铎的说法，"我们创立了整个的国家图书馆"。

作为新中国第一任文物局局长，郑振铎担负起新中国文化遗产保护的神圣使命。他主持制定一系列法令，禁止文物和善本流失国外。在振铎先生的努力下，20世纪50年代的10年间，常熟瞿氏铁琴铜剑楼、傅增湘双鉴楼、李氏宣荫楼等珍贵藏书化私为公。振铎先生还成立秘密收购小组，赴香港收购珍贵文献，促成了号称现代"百宋一廛"的潘氏宝礼堂藏书和陈清华藏书的回归，其中有大量的国宝级善本。为了新中国文化、文物事业的建设和发展，振铎先生以只争朝夕的精神，不知疲倦地奔劳，直到以身殉职，把自己的一切都献给了祖国。

郑振铎怀着对祖国对人民无比忠诚和热爱的激情，以崇高的历史责任感和使命感投入工作。他说："我辈对于国家及民族文化均负重债。"20世纪50年代初战乱刚平，许多典籍散落民间。1954年，郑振铎在广州图书馆看到宋代淳熙年间刊刻的《杨诚斋集》，十分兴奋。令他感慨的是，这部从日本流回广州的珍贵善本竟是由广州图书馆的工作人员从论担称斤的废纸中发现并抢救下来的。1956年底，郑振铎在江浙沪等地调查，发现废纸造纸中存在毁坏古书的问题。他亲自到全国供销合作社总社的废纸收购处与工作人员谈话，又向华东局第一书记柯庆施着重提到古书当废纸的事,引起有关部门重视,从废纸中抢救出大量的珍贵文化遗产。宝礼堂藏书从香港归来时,振铎先生亲自到上海迎接,并特意乘火车把藏书带到北京。振铎先生坚持善本不能用飞机运输的做法,一直作为行业规范沿用到今天。

为了确保各地藏书的安全,他到各地藏书楼视察,帮助改善收藏环境和条件。在宁波天一阁视察时,振铎先生当场做出了迁出古物陈列所、搬迁职工住宅和开展孤本影印工作,包括出版"天一阁丛书"和摄制缩微胶卷等决定,有效地保护了藏书。

郑振铎一生孜孜不倦,鞠躬尽瘁,忘我工作,从不考虑个人得失,为中国文化建设事业做出了不朽的功绩。例如,新中国成立初期,郑振铎负责全国图书馆建设工作,为图书馆事业发展倾注了极大的心血,推动各地建立了一大批图书馆,为新中国图书馆事业发展奠定了坚实的基础。新中国成立时,从民国继承下来的国立图书馆全国只有北平图书馆和中央图书馆,他十分着急。他说,上海不可一日没有图书馆、博物馆。他多次到上海视察、商量、督促,使上海很快办起了图书馆和博物馆。全国出版总署图书馆、中国国家版本图书馆等的建立,也凝聚了振铎先生的许多心血。1950年,振铎先生还领导成立了一个图书分类法工作小组,制定出新中国第一个比较科学的图书分类法。1954年他主持了全国第一届公共图书馆工作人员训练班,为我国图书馆事业培养了大批骨干。

郑振铎还充分利用每次出国的机会,努力促成流失海外的古籍回归。新中国成立初期,他亲自到苏联摸底交涉,促成苏联向我国归还《永乐大典》残本11册和《聊斋图说》《刘知远诸宫调》等大批珍贵古籍。

郑振铎无私忘我的精神令人感动振奋。叶圣陶说他整个生活就像《我是少年》这首诗:"始终充满着激情,充满着活力,给人一种不可抗拒的感染。"他总是不知疲倦地工作。在上海"孤岛"抢救文献时,他曾说:"以我的力量和热忱吸引住南北的书贾们,救全了北自山西、平津,南至广东,西至汉口的许多古书与文献。没有一部重要的东西会逃过我的注意。我所必须求得的,我都能得到。那时,伪满的人在购书,敌人在购书,陈群、梁鸿志在购书,但我所要的东西决不会跑到他们那里去。我所拣剩下来的,他们才可以有机会拣选。"他以狂热的激情求购古籍,收到一部善本,喜出望外,深深感染每一个人。他对捐赠善本和文物的人们也有一种赤子之心。潘世兹不受国外50万美元的利诱,坚决把宝礼堂藏书献给国家,在很大程度上就是受郑振铎《劫中得书记》的影响。郑振铎也为潘世兹的慷慨所感动,强调他们"化私为公和热爱、信任人民政府的精神,极可钦佩"。

郑振铎担任文物局和文化部领导期间,亲自确立了很多规矩,并带头执行。比如关于文物工作者自身不收藏文物的规定,他率先垂范,向国家捐献了全部私人文物。他光荣殉职后,他的夫人高君箴女士按照他的遗志把家中藏书17224部

94441 册,全部捐献给北京图书馆。

郑振铎胸襟宽广,光明磊落,具有独特的人格魅力和感召力。在革命战争年代,振铎先生用手中的笔鼓舞和激励无数的知识青年投身到革命洪流中。他主编的一系列文学刊物和杂志,在全国产生巨大反响,引导着众多的读者走向光明。振铎先生还发现、培养了一大批优秀的人才,共同推动祖国文化的繁荣和发展。新中国成立初期,振铎先生成为新中国文物事业和文化工作第一代领导人,他四处奔走,宣传党的文化、文物政策,团结和争取大批的爱国人士,纷纷向国家捐赠文物、图书,化私为公,大大丰富了国家馆藏,同时,使大量的文物、古籍得到集中有效的保护和利用,为子孙万代保留下大量弥足珍贵的文化遗产。

高山仰止,景行行止。郑振铎留给我们的文化遗产和精神财富不胜枚举,泽被后人,永远值得我们怀念。我们要学习他对祖国文化极端负责的精神,脚踏实地地为推动文化大发展大繁荣做出贡献!

(在纪念郑振铎诞辰110周年座谈会上的讲话,2008年12月19日。原载于《中国文化报》2008年12月31日第4版)

总结推广台州经验　推动基层
公共文化服务体系建设

推动公共文化服务体系建设现场经验交流会为期两天，今天就要结束了。这次会议贯彻落实中央领导重要指示精神，总结交流了浙江省台州市以及吉林、甘肃、江西、重庆、河北、山东诸城等地加强基层公共文化服务的做法和经验，实地考察了台州基层公共文化服务体系建设情况，对下一阶段基层公共文化服务工作具有重要指导意义。

一、要认真总结经验，勇于创新，不断推动公共文化服务体系建设

近年来，各地认真贯彻落实中央关于加强公共文化服务体系建设的决策部署，将公共文化服务体系建设纳入经济社会的全局，加大投入，制定政策，深化改革，创新机制，在积极推进基层公共文化服务体系建设上取得了很大成绩，创造了很多好的经验。

浙江省台州市从网络设施、活动内容、制度保障等三方面搭建立体式的服务构架，致力于建设比较完备的公共文化服务体系，他们创造的"三个三"建设经验，看得见，摸得着，记得住，具有很强的操作性；吉林省努力打造"欢乐庄稼院"、甘肃省"千台大戏送农村"、江西省实施农村文化建设"一村一品"活动、河北省通过"村民中心"建设完善文化服务功能、重庆市实现基层文化建设"四大突破"、山东省诸城市建设农村社区服务中心等经验，都是在夯实基层文化阵地、丰富群众文化生活、保障群众基本文化权益等方面做出的积极探索，是经过实践证明，切实推动基层公共文化服务体系建设的行之有效的好做法、好经验，对全国公共文化服务体系建设具有重要借鉴意义。

除了会议交流的经验，各地还创造了不少好的经验和做法。这些做法概括起来，有以下几个特点：一是党委、政府高度重视，将基层公共文化服务体系建设作为贯彻落实科学发展观、推进和谐社会的建设的重要方面，纳入重要议事日程，制定政策措施，切实加以推动；二是切实从广大群众的需求出发，开展各种为群众喜闻乐见的文化活动，充分体现了以人为本的理念，受到了广大人民群众的喜爱和好评；三是创新工作思路，制定的政策和采取的措施符合实际，为基层群众实实在在地解决问题，有很强的针对性；四是广大文化工作者群策群力，积极参与，付出辛勤劳动，开创了公共文化服务体系建设良好的工作局面。

我们要认真总结和推广这些地区开展公共文化服务体系建设的重要经验，充分发挥这些典型在全国的示范和引导作用，不断推动文化创新，提高公共文化服务能力，实现社会主义先进文化的大发展和大繁荣。

二、充分认识搞好基层公共文化服务体系建设的重要性和紧迫性

改革开放30年来，我国经济社会快速发展，国力不断提升，文化建设正面临着前所未有的大好形势。党的十七大提出实现文化大发展大繁荣，兴起社会主义文化建设新高潮的目标，文化建设肩负着培育社会主义核心价值观，增强国家软实力，促进和谐社会建设的重要历史使命。公共文化服务体系建设是我国经济社会发展新阶段对文化工作提出的迫切要求，是我们党和国家关于文化建设一系列重要理念的不断深化和发展，是实现文化大发展大繁荣、兴起文化建设新高潮的重要基础。

（一）加强基层公共文化服务体系建设是贯彻落实科学发展观，提高全民族素质的迫切要求

文化是一个民族的本质特征。文化建设对民族振兴和建设现代化国家有着举足轻重的不可替代的作用。要全面实现小康社会的奋斗目标，实现中华民族的伟大复兴，必须发挥公共文化服务体系建设在提高民族素质方面的基础性作用，通过加快建立覆盖全社会的公共文化服务体系，维护好、实现好、发展好人民群众基本文化权益，促进人的全面发展，提高民族的思想道德和科学文化素质，促进社会主义和谐社会建设。

我国13亿人口中9亿多在农村。在4.9亿农村劳动力中，具有高中以上文化程度的仅占13%，小学以下文化程度的占36.7%，接受过系统农业职业技术教育的不足5%，相对偏低的农民素质已经成为解决"三农"问题、建设社会主义新农村的瓶颈。农村的发展对我国的现代化具有至关重要的意义。没有农民素质的提高，就没有农村的现代化；没有农村的现代化，就没有整个国家的现代化。温家宝总理曾指出，我国农村全面建设小康社会根本在于提高农民素质。人的问题是解决农村未来发展问题的决定性因素。只有培养有文化、懂技术、会经营的新型农民，提高广大农民群众的思想道德和科学文化素质，农业和农村的发展才有后劲。因此，必须重视提高国民的综合素质，把培育新型农民作为基层公共文化服务体系建设的重点，贯穿于整个社会主义新农村建设的始终。要通过基层公共文化服务体系建设，以先进文化培养、陶冶、塑造社会主义新农民，不断推动农业和农村现代化发展的步伐，推动我国经济社会发展第三步战略目标的实现。

（二）加强基层公共文化服务体系建设是推进我国文化建设与经济社会协调发展的迫切要求

改革开放以来我国经济社会快速发展，但是一个历史时期以来一些地方也存在着"一手硬、一手软"的问题，相对于经济建设，社会事业发展滞后；相对于教育、卫生等社会事业，文化事业发展滞后。总体来看，文化建设同我国当前的经济社会发展水平还不相适应，与全面建设小康社会的目标要求还不相适应，与经济社会的协调发展还不相适应，与基层群众日益提高的精神文化需求还不相适应。主要表现在：

一是城乡差距较大，基层文化服务薄弱。2008年全国文化事业费总计248.07亿元，不到国家财政总支出的0.40%，人均文化事业费仅为18.77元。同年各级财政对农村文化投入共计62.5亿元，仅占全国文化事业费的25.2%，而对城市文化的投入占全国文化事业费的74.8%，后者比前者高49.6个百分点。文化资源向城市集中，农村文化资源总量偏少。扣除对县级文化单位的投入，直接为7.28亿农民提供文化服务的乡镇文化站财政投入只有18.47亿元，按乡村人口计算，人均2.54元；而城市人均文化事业费却达到了31.24元。县图书馆、文化馆和乡镇文化站、县级剧团开展公共文化服务，没有稳定的经费保障，难以开展相应文化活动，服务能力逐渐弱化。2008年，全国有769个县级公共图书馆无购书经费，占县级公共图书馆总数（2366个）的32.5%。全国国办艺术表演团体深入农村演出27.4万场，仅相当于20世纪60年代的1/3，平均每村每年看不到半场戏。广大农村群众看书难、看电影电视难、看戏难，文化生活贫乏的问题仍没有得到根本解决。

二是工作思路缺乏创新。一些地方在推进公共文化服务体系建设中，因循守旧，思想僵化，机制缺乏创新，特别是对广大群众的文化需求缺乏研究，还不能把握其中的规律；对广大群众参与文化建设的积极性认识不够，措施不到位，广大群众和社会力量的积极性还没有充分调动起来；在扶持民办文化发展，促进群众业余文化队伍建设方面，还缺乏有力的政策和措施、手段；公共文化单位机制僵化，服务方式和手段落后的问题突出，缺乏扶持文化单位开展公共文化服务的有效措施和激励手段。

三是资源整合不足。一方面，基层公共文化资源总量偏少；另一方面，在乡村和社区，文化、广电、出版、科技、农业等部门各有资源，基层文化资源没有得到有效整合，形不成整体优势，存在着资源浪费的现象。整合力量、发挥基层文化的整体优势，成为当前基层文化建设的紧迫任务。

基层文化建设的滞后，导致一些地方忽视了对人民群众的社会教育和核心价值观的培养，出现了道德滑坡、社会道德水准下降、民族精神缺失等社会问题，严重影响了经济社会的协调发展，影响了社会的稳定和安定团结，影响了社会的和谐,迫切需要采取措施,认真加以解决。

三、认真贯彻会议精神,进一步推进基层公共文化服务体系建设

这次推动公共文化服务体系建设现场经验交流会议,对进一步加强公共文化服务体系建设,推动基层文化工作,进行了安排部署,是一次非常重要的会议。各级文化部门要认真贯彻会议精神,结合本地实际,研究制定进一步推动公共文化服务体系建设的政策措施,把会议精神切实落到实处。此次会议后,根据中央领导同志要求,文化部还要召开两个会。一是嘉兴会议,推广浙江省嘉兴市以城带乡、开展公共图书馆服务网络建设的有关经验。二是5月末,在四川省成都市召开城市社区文化中心建设经验交流会,推动社区文化建设。

(一)认真学习中央领导同志重要指示精神,进一步明确推进公共文化服务体系建设的工作思路

中央领导对公共文化服务体系建设高度重视,最近几年来对公共文化服务体系建设做出了一系列重要批示。李长春同志在2008年底视察文化部工作时指出:公共文化服务体系建设针对13亿人,具有普惠性质,是当前文化工作中最重要的任务。刘云山同志对山西农民自办文化和湖南长沙保障公共文化覆盖农村、服务农民的做法,河北唐山通过村民中心建立村级公共文化服务新模式的经验,江西省实施"一村一品"建设、推动农村经济社会发展的经验,浙江台州"三个三"建设经验等,非常关心,多次做出重要批示,要求各级宣传文化部门认真研究总结这些经验,并加以宣传推广。刘延东同志在出席2009年全国文化厅(局)长会议时明确指出:公共文化服务体系建设的成效,"关系到充分保障人民群众基本文化权益,关系到改革成果惠及全体人民,关系到社会主义事业的延续和发展,关系到党的执政地位和基层政权的巩固"。认真学习领会中央领导同志的重要指示精神,结合公共文化服务体系建设和当前文化工作的实际,当前推进公共文化服务体系建设应注意以下几点:

一是在指导思想上,要将政府主导、社会参与有机地结合起来,既要强调政府在公共文化服务中的主导作用和主要责任,又要注意充分发挥广大人民群众和社会力量的作用。人民群众既是文化建设的受众者,也是文化建设的重要力量。要充分调动广大群众的积极性,激发蕴涵在群众中的文化创造力,既要"送文化",更要"育文化",把"育文化"作为工作的着力点,努力建立基层文化建设的长效机制。

二是在内容建设上,要继承和弘扬中华民族优秀传统文化,并与当代文化相结合,体现民族性和时代特征,使之融入广大人民群众的生产生活之中,并为广大人民群众服务;要深入开展广大群众喜闻乐见的群众文化活动,寓教于乐,充

分发挥公共文化服务在构建社会主义核心价值体系中的重要作用。

三是在工作布局上,要以乡镇为中心,以村和社区为重点,充分发挥家庭和邻里在基层文化建设中的基础性作用,要根据群众需求开展各种活动,力戒形式主义的做法。

四是在工作方式上,要注重整合资源,特别在乡村和街道社区两级,更要资源共享,形成合力,加强各部门之间的沟通与协调,建立基层文化资源的共享机制。

五是在文化队伍建设上,要坚持专兼职结合、两条腿走路,特别注意对业余文化队伍和骨干的培养,通过发展壮大业余文化队伍和志愿者队伍,带动和影响更多群众参与基层文化建设。

六是在经费投入上,一方面政府要加大投入,保证政府兴办的公共文化单位的正常运转,不断提高公共文化单位的活力;另一方面要调动社会力量的积极性,吸引社会资金支持公共文化服务体系建设,形成政府主导、社会力量广泛参与的公共文化经费保障机制。

(二)采取有力措施,加快推进公共文化服务体系建设

一要实施好乡镇综合文化站建设规划,加强基层公共文化设施建设。要按照既定规划和年度建设任务,加大乡镇综合文化站规划建设力度,落实好配套资金,保证质量,保证工期,管好用好资金,确保2010年规划建设任务的顺利完成,为建设覆盖全社会的公共文化服务体系打下良好基础。要做好规划,制定政策,加快村文化室和社区文化活动中心建设,让广大群众就近方便地享受公共文化服务。要争取到2010年,基本实现县有文化馆、图书馆,乡镇有综合文化站,行政村有文化活动室,流动文化服务有较快发展,基本形成较为完备的基层公共文化设施网络,广大群众能够就近方便地接受公益性文化服务。

二要积极推动建立公共文化服务经费保障机制。财政部从2008年开始落实补助内容建设资金2.59亿元,对中西部地区面积达标的乡镇文化站给予每站5万至8万元设备购置经费补助,支持乡镇综合文化站配备文化共享工程和开展文化活动必需的设备、器材、图书,今后将逐年增加。各级文化部门要加强管理和监督检查,把这些项目实施好,并尽早使这些设备、器材、图书发挥作用。目前文化部与财政部在调研的基础上,正在研究制定我国基层公共文化服务经费保障机制,努力解决这一长期困扰基层文化建设的大问题。同时,要积极推动"从城市住房开发投资中提取1%,用于社区公共文化设施建设"等文化经济政策的落实;文化部现正在积极准备与中宣部、国家发改委、财政部、建设部等有关部门协商,希望就有关问题专门下发一个文件,对公共文化服务经费保障机制、编制、队伍培训、评价体系等做出规定。各地也要积极争取,制定有关政策,推动公共文化服务体系建设。

三要加强全国文化信息资源共享工程的建设，推动数字化文化服务进入千家万户。全国文化信息资源共享工程2009年要实现资源总量达到90 TB，县级支中心建设实现100%、村级基层服务点建设覆盖率达到90%的目标。2009年下达经费7.37亿元，计划今年5月份下达。到2010年，基本形成资源丰富、技术先进、服务便捷、覆盖城乡的数字文化服务体系，努力实现"村村通"，方便群众就近、便捷地获得高品质的文化服务。要与农村文化设施建设统筹规划，综合利用，使县文化馆、图书馆和乡镇综合文化站、村文化活动室逐步具备提供数字化文化信息服务的能力

四要充分利用非物质文化遗产资源，活跃群众文化生活。我国蕴涵着丰富的传统文化资源，在公共文化服务体系建设中，要充分发挥优秀传统文化资源的重要作用，着力发展特色文化。要利用中华民族传统节日，结合传统的风俗习惯，开展各种民俗和传统文化活动，活跃广大群众的精神文化生活。对一些传统手工技艺等非物质文化遗产资源，还可以通过生产性保护的方式，加以合理利用，转化为经济增长点，促进旅游业和文化产业发展，进而推动经济社会发展。

五要加强管理，创新服务模式。各级文化馆、图书馆等公共文化单位要按照增加投入、转换机制、增强活力、改善服务的要求，明确服务规范，改进服务方式，开展社会教育，努力活跃基层文化生活。要积极推进公共图书馆总分馆制，发展与阵地服务相补充的流动服务，摸索公益性文化活动社会化运作等方式，不断创新基层文化服务模式。目前，文化部正在制定文化馆、图书馆和乡镇综合文化站相关文件，明确服务职责，强化服务功能，提高服务水平，推动公共文化服务体系的规范化建设。

六要坚持两条腿走路，调动社会力量支持基层文化建设。要在发挥政府主导作用的同时，采取有效措施，调动社会力量积极参与基层公共文化服务体系建设，努力形成政府主导、社会广泛参与的公共文化建设良好局面。要认真制定符合本地实际的民办文化发展目标、措施和相关政策，采取政府采购、委托承办、以奖代补等方式，鼓励企业兴办各种公益性文化服务组织，扶持群众兴办文化大院、文化中心户、文化室、图书室、农民书社、电影放映队等，大力扶持民间职业剧团和农村业余剧团，因地制宜，分类指导，促进民办文化的健康发展。

七要加强基层文化队伍建设。基层文化队伍建设，关键是提高从业人员整体素质。一是抓紧实行职业资格制度，建立准入制度。二是加强培训，要定期对县乡文化单位的员工进行轮训，更新知识和技能。三是培养兼职工作队伍。特别要发展文化志愿者队伍。注重发挥基层文化骨干、文化能人、文化名人的积极作用，加强农村业余演出队、业余电影放映队、文化中心户等业余队伍建设。

八要加强基层公共文化资源的整合。基层文化建设涉及多个部门，体现出公益性、综合性的特点。文化部门要积极沟通，主动协调，加强与各有关部门的共建共享，促进基层文化资源的整合，如在文化共享工程建设中，要依托农村党员

干部现代远程教育基层点建设文化共享工程服务点；乡镇综合文化站要按照中央要求，建设成集宣传教育、文化艺术、文化遗产保护、数字文化信息服务、图书阅读、广播影视、科学普及、体育健身等于一体的综合性文化服务机构。村文化室和社区文化活动中心要依托社区和村级行政组织办公场所建设，与党员活动室建设等结合起来，体现多功能和综合性。要着力解决公共文化设施分散、使用效率不高的问题，发挥不同部门文化资源相互补充、相互促进的作用，加强整合，促进共享，充分为广大基层群众服务。

（在中宣部、文化部推动公共文化服务体系建设现场经验交流会上的讲话，2009年4月10日）

中医药文化是中国传统文化的重要组成部分

今天，由国家中医药管理局主办的首届"中医药国际论坛——文化·理解·沟通"在有浓厚历史文化底蕴的国子监召开了，我代表中国文化部向论坛的召开表示祝贺，也向出席论坛的各位专家、朋友表示热烈的欢迎！

众所周知，在世界古文明中，唯一源源不断的是中华文明，中华民族是唯一今人可以和古人对话的民族。在甲骨文中就出现了一些商代后宫治病的记载，已经有了中医药知识的出现，以后在漫漫的历史长河中逐步融入儒释道的文化精神，形成了今天的中医药理论，并在中华民族的繁衍和发展进程中发挥了不可替代的作用。中医药历经数千年的发展依然生机勃勃，不仅积淀了浩若烟海的医药学典籍，而且它所提倡的医学思想、治疗原则等在今天依然散发着耀眼的光芒。中医药学之所以能枝繁叶茂数千年，其中一个重要的因素是其深深扎根于中华民族优秀文化土壤之中，是中华民族几千年来认识生命、维护健康、防治疾病的思想和方法体系，是人们在长期的劳动实践、共同生活中逐渐形成的，自觉或不自觉地遵循应用中医药作为卫生保健的观念和行为模式，并得到了社会群体的一致认同，是中医药服务的内在精神和思想基础，并构成了中医药文化。更为可贵的是中医药文化的医德内容是中国传统文化的灵魂，并且在中国文化思想史上占有重要地位，是中华民族优秀传统文化的重要组成部分。

文化是一个民族生存和发展的灵魂和血脉，也是一个民族的精神记忆和精神家园，体现了民族的认同感、归属感，反映了民族的生命力、凝聚力。在五千年漫长的历史长河中，中华儿女繁衍生息，以其独特的智慧不断积淀，并创造出亘古不绝、一脉相承的灿烂文化，凝聚了中华民族千百年来的民族精神、道德规范、审美趣味、创造才能、思维方式和理想追求。正如胡锦涛总书记所强调指出的，"我们要发扬与时俱进的时代精神，坚持古为今用、推陈出新，大力发扬中华文化的优秀传统，大力弘扬中华民族的伟大精神，使中华民族的优秀文化成为新的历史条件下鼓舞我国各族人民不断前进的精神力量"。中医药作为中华民族文化的重要组成部分，蕴藏了中华民族文化的精髓，是中华民族文化继承与发展的重要载体。加快发展中医药事业，继承和弘扬中医药文化是当代中华民族的战略选择，更是我们中医药行业及国务院各部委的历史责任。文化部将采取积极措施，如建立非物质文化遗产保护名录、建立传承人制度、建立专题博物馆（民俗馆）等，弘扬中医药文化，让大家了解中医，了解中医药深厚的文化内涵，了解中医药的科学贡献，使广大民众自觉地选择中医药、应用中医药，感受到中医药的好处。今天召开"中医药国际论坛——文化·理解·沟通"，搭建了探讨学术交流、开展国际对话、探讨合作渠道、理解与沟通中医药文化的平台，对促进中医药发展具有重要的作用。希望来自海内外的专家、学者敞开思想、畅所欲言、集思广益，共谋中医药发展大计。

（在"中医药国际论坛"的发言，2009年4月14日。中澳合作协会网站：http：//www.cacschina.org/lt1.asp?id=94）

城乡文化协调发展和新农村建设的重要举措

充分认识推进城乡公共图书馆服务体系建设的重要意义

建设城乡公共图书馆服务体系,是我国社会发展到一定程度的必然选择。公共图书馆作为政府举办的公益性文化机构,是我国公共文化服务体系的基础,是重要的农村文化阵地。但是,目前农村公共图书馆服务网络仍是较为薄弱的一环,农村很多地方特别是中西部欠发达地区,乡镇综合文化站、村文化室还未建立,已有设施设备落后、图书匮乏、经费不足、服务能力较低,广大农民群众看书难的问题突出。随着我国经济的快速发展,社会已进入"以工促农、以城带乡"的发展阶段。推进农村公共图书馆服务网络建设,统筹城乡公共图书馆发展,是实现基本公共文化服务均等化,保障人民群众基本文化权益,促进城乡文化协调发展和社会主义新农村建设的重要举措。

建设农村公共图书馆服务体系,是图书馆事业发展的需要。当前,广大农民群众求富裕、求健康、求文明的愿望越来越强烈,急需完善公共图书馆服务网络。改革开放以来,公共图书馆事业发展迅速,特别是在大中城市,图书馆服务网络逐步完善,经费投入不断增加,队伍素质不断提高,自动化、数字化、网络化程度逐步提高,服务辐射能力不断增强。同时,近年来陆续实施的全国文化信息资源共享工程、送书下乡工程、乡镇综合文化站建设等国家重大文化项目,有效改善了农村基层文化设施条件,补充了农村急需的图书及各类数字资源,为农村图书馆服务体系建设提供了有利条件。

建设农村公共图书馆服务体系,是提高广大农民群众思想道德和科学文化素质,推进社会主义新农村建设的需要。公共图书馆是社会主义新农村建设的重要阵地,是广大农民学习文化科学知识的重要场所。发展农村图书馆服务网络,对于丰富和活跃农民群众精神文化生活,培养有理想、有道德、有文化、懂技术、善经营的新型农民,促进社会主义新农村建设具有重要的不可缺少的作用。

明确思路,加强领导,加大投入

各级文化主管部门要高度重视农村图书馆服务体系建设,明确政府主导、政府投入,加强组织领导。以嘉兴模式为代表的总分馆体系是我国公共图书馆的发展方向。在有条件的地区,各级文化主管部门要学习、借鉴嘉兴等地的经验,逐步构建城乡一体的图书馆服务网络,实现人、财、物统一管理,统一采购,统一编目、统一配送,使资源发挥最大的作用,为群众提供便捷切实有效的服务。要把农村图书馆服务工作作为公共文化服务体系的重要内容来抓,纳入文化发展规划，纳入重要的议事日程，加大投入，建立图书馆经费保障机制。

加快基层公共图书馆设施建设，建立健全农村图书馆服务网络

要建立和完善以县图书馆、乡镇综合文化站、村文化室为主体的农村公共图书馆服务体系。各地要高度重视县图书馆建设，加大投入力度，提升县图书馆在资源配置、技术装备、专业管理和延伸服务上的实力和水平。要加强乡镇综合文化站建设和使用，补充图书资源，配备专职人员，承担起县图书馆分馆的功能，使其具备开展信息服务的能力，增强活力，为基层群众提供有效的文化信息服务。村文化室建设要与文化共享工程基层点建设相结合。要努力建成以县图书馆、乡镇综合文化站、村文化室为架构的农村公共图书馆服务体系。

强化服务，为社会主义新农村建设提供有力支撑

服务是公共图书馆的基本职能，是公共图书馆事业建设与发展的根本。大力推进农村公共图书馆服务网络建设，其目的就是要加强和改善为广大农民群众的服务，把图书馆办到农民的家门口。基层公共图书馆要牢固树立"以人为本，服务至上"的理念，深入乡村和农户，及时掌握农民群众的信息需要，积极提供针对性强、个性化的信息服务。要顺应农村经济社会发展的新要求，有计划、有重点地加强特色馆藏、特色资源建设，为满足农民群众的精神文化生活和生产致富服务，为农村经济社会发展服务。

切实加强基层公共图书馆工作队伍建设

农村图书馆事业发展，关键在人，关键在培养和造就一批适应信息化、数字化、网络化要求的复合型的基层图书馆工作队伍。各地要积极与机构编制部门配合，按照县图书馆、乡文化站的性质和职能，确定编制员额，保证其正常运转。要逐步实施从业资格制度，提高基层图书馆员的整体素质。要适应网络条件下图书馆工作的新环境，结合文化共享工程的实施，加大培训力度，加强基层图书馆员的业务培训。要采取各种措施吸引优秀人才走进农村，鼓励高校毕业生、志愿者到农村从事公共图书馆服务工作，努力建立一支扎根基层、服务群众的专兼职图书馆员队伍。

（原载于《经济日报》2009年4月19日第5版）

基层文化工作者的责任和使命

根据中央要求,文化部这几年来对干部培训非常重视,按照总体安排,将利用5年时间,由中央与地方共同组织,将全国7万余名文化站长轮训一遍。文化站长是最基层的文化干部,是基层文化工作的组织者,也是国家文化工作的基础。因此,农村文化搞得好不好,基层文化搞得好不好,文化站的工作十分重要。文化部的干部培训直接覆盖到文化站长,足以说明文化站长岗位的重要。同志们都是长期扎根农村、具有深厚的基层工作经验的文化工作者,对农村文化建设做出了很大的贡献,对如何开展农村文化建设有很深的体会和思考。我们开展这个轮训的主要目的,就是为大家创造一个相互学习、相互交流的平台,帮助大家打开思路,活跃思维,通过深入思考文化站如何管理、如何发展、如何最大限度地发挥公共文化服务功能和作用等问题,全面提高基层文化干部的素质和能力。我们希望,通过这个培训班的示范效应,能够引导和推动全国文化站长大规模轮训工作的蓬勃开展,也希望通过你们将培训学习的收获带到基层文化战线,传递给更多为基层文化工作积极奉献的文化工作者,为推进农村文化建设做出切实的贡献。下面,我想借这个机会,结合目前的形势,就农村文化工作谈几点意见,供大家参考。

一、当前农村文化工作面临的形势

我国是个农业大国,13亿人口中7亿多在农村,农村的发展对我国的现代化具有至关重要的意义。农民的素质如何,是解决农村未来发展问题的决定性因素。温家宝总理指出,我国农村全面建设小康社会根本在于提高农民素质。没有农民素质的提高,就没有农村的现代化;没有农村的现代化,就没有整个国家的现代化。加强农村文化建设,以先进文化培养、陶冶、塑造社会主义新农民,维护农民群众基本文化权益,满足农民群众文化需求,提高农民群众的文化素质,对全面贯彻落实科学发展观、促进农村经济社会的协调发展,推动社会主义和谐社会建设具有重要意义。

党中央、国务院对农村文化建设高度重视,在每年召开的农村工作会议上,都把加强农村文化建设作为重要内容,予以部署和安排。2005年中央提出建设社会主义新农村的重大历史任务,农村文化建设力度不断加大,中央先后下发了《关于进一步加强农村文化建设的意见》《关于加强公共文化服务体系建设的若干意见》《国家"十一五"时期文化发展规划纲要》等重要文件,对在新的形势下开展农村文化各项工作做出了部署。胡锦涛总书记在十七大报告中指出，要"重视城乡、区域文化协调发展，着力丰富农村、偏远地区、进城务工人员的精神文化生活"。十七届三中全会则明确提出要把"繁荣发展农村文化"作为发展农村公共事业的重要内容之一，把农村文化建设摆在了党和政府工作的重要位置。在党中央、国务院的重视下，各级党委、政府不断加大农村文化建设力度，基层公共文化机构的服务能力和水平不断提高，农民群众的精神文化生活显著改善。随着文化建设力度的不断加大，文化工作在提高广大农民群众思想道德和科学文化素质，促进我国经济与社会协调发展方面发挥着越来越重要的作用。

一是投入逐步加大，公共文化设施建设得到加强。近几年，我国文化建设投入的力度不断加大，文化事业经费逐年增加，为公共文化建设提供了有力保障。以文化系统为例，2008年全国文化事业费达248.07亿元，比2007年增加49.11亿元，增长幅度为24.68%。全国人均文化事业费达到了18.77元，比去年的15.06元增长了24.63%。在全国文化事业费增加的基础上，为贯彻落实中央提出的"今后每年新增教育、卫生、文化等事业经费，主要用于农村"的要求，最近几年中央和省级财政设立了专项扶持资金，加大对农村地区，特别是老少边穷地区文化建设的扶持力度，农村文化建设经费也进一步增加。2008年各级财政对农村文化的投入共计62.5亿元，比2007年的56.13亿元增加6.37亿元，增长11.35%。

基层公共文化设施建设得到加强。国家发改委从2002年到2005年投资4.8亿元，用于扶持1086个县级文化馆、图书馆设施建设，到"十五"期末，县县有图书馆、文化馆的目标基本实现。"十一五"期间，又实施了乡镇综合文化站建设规划，国家通过转移支付39.48亿元，新建和扩建2.67万个农村乡镇综合文化站，到2010年将基本实现"乡乡有综合文化站"的建设目标。2007年和2008年，中央已先后安排3亿元，安排1784个乡镇综合文化站建设项目。去年11月，中央在扩大内需的新增1000亿元资金中，专门安排了8亿元用于乡镇综合文化站建设。今明两年，中央还将继续安排28亿元，支持乡镇综合文化站建设。各地也加大投入力度，落实了一批基层文化设施建设项目，扶持公共文化建设。

二是实施了一系列重点文化工程，全面提升了公共文化服务能力。近几年，文化部和财政部联合实施了全国文化信息资源共享工程、送书下乡工程等一些重大有影响的文化项目，成为推动文化工作的有力抓手，产生了很好的社会效益。

实施了全国文化信息资源共享工程，为城乡群众提供先进的数字化文化服务。文化共享工程的主要内容是：应用现代科学技术，将中华民族的优秀文化信息资源进行数字化加工和整合，通过文化共享工程网络体系（建立在国家现有的骨干通讯网络上，网络节点由一个国家中心、33个省分中心以及数以万计的市县分中心、基层中心、基层服务点构成），以卫星网、互联网、有线电视/数字电视网、镜像、移动存储、光盘等方式，实现优秀文化信息资源在全国范围内的共建共享。"十一五"期间，国家将投入 24.67 亿元用于工程建设，建成覆盖全国所有县、乡、村的服务网络，到 2010 年实现"村村通"的目标。目前正在抓紧推进。这个工程的实施大大提高了基层文化设施的服务能力，现在已经有 600 多部电影、2000 多部戏曲、6000 多部农业科教片，还有各类讲座和几十万部图书资料。同时，借助这个平台，国家数字图书馆建设的成果可以直接为县乡村提供服务。今年文化部将对全国 522 个已评文化先进县进行复查，同时还要对 65 个新的全国文化先进县检查验收，这次复查和检查验收将对文化共享工程建设情况单设指标，同时对工程建设情况不达标的要实行"一票否决"。

实施送书下乡工程、流动舞台车工程，设立乡镇综合文化站设备购置专项资金，充实基层文化机构的服务内容，改善服务条件。送书下乡工程是文化部、财政部为解决基层群众看书难问题而实施的文化工程。工程 2003—2008 年已累计安排资金 1.2 亿元，为国家级扶贫开发重点县和乡镇配送图书总数超过 1060 万册，这些图书内容健康、实用性、可读性强，为农村群众提供了丰富的精神食粮，受到农民群众的广泛欢迎。实施流动舞台车项目，"十一五"期间，中央财政拿出 3 亿元，为基层文化机构配备近千辆流动舞台车，送文化服务到农村，开展灵活、多样、方便的文化服务。为解决乡镇综合文化站设施"空壳"问题，财政部设立了乡镇综合文化站设备购置专项资金，从 2008 年开始对中西部地区面积达标的乡镇综合文化站给予每站 5 万～8 万元设备购置经费补助，2008 年度已落实补助资金 2.59 亿元，为列入规划的乡镇综合文化站配备实施文化共享工程和开展文化活动必需的设备、器材、图书。各地也因地制宜地实施了一些重点文化建设项目。实践证明，组织实施重点文化建设工程，是推动文化事业稳步发展的有效手段，是把农村文化建设落到实处的有效体现。

三是不断创新公共文化服务方式。近年来各地文化部门努力推动农村公共文化服务体系的建设，有很多创新。例如，广东省积极发展流动图书馆、文化馆、博物馆等流动文化设施，灵活多样地开展服务，使文化服务向社区和农村延伸；浙江省嘉兴市以城带乡，着力构建农村基层公共图书馆服务网络，取得明显成效。应该说，这些措施对活跃农村文化生活，推动新农村文化建设发挥了积极作用。

四是非物质文化遗产保护工作取得很大进展。我国非物质文化遗产主要存在于广大农村地区，各级文化部门在开展农村文化建设过程中，充分认识到非物质文化遗产保护的重要性。近年来，在党中央、国务院的重视下，在社会各界的积极支持下，非物质文化遗产保护工作取得了很大成绩。保护工作机制逐步完善，保护经费投入力度持续加大，普查工作初见成效，国家、省、市、县四级非物质文化遗产名录体系正在逐步形成。目前，国务院已公布了两批 1028 项国家级非物质文化遗产项目名录和三批 1488 名国家级非物质文化项目代表性传承人，产生了广泛的社会影响。先后命名了闽南、徽州、青海黄南州热贡文化、羌族文化生态保护实验区；组织了"文化遗产日"宣传展示活动，举办了一系列内容丰富、形式多样的展览、演出、论坛活动。这些措施对发掘农村文化资源，加强非物质文化遗产保护，弘扬传统文化起到了很大作用。各级文化部门积极发掘各地的非物质文化资源，着力发展农村特色文化，利用各种节庆日，尤其是民族传统节日，开展各种民俗活动、传统文化活动，开展丰富多彩的群众文化活动，活跃了广大群众的精神文化生活。

五是鼓励农民自办文化，推动农村文化市场的发展。农民自办文化目前已成为新时期农村文化生活的重要形式和公共文化服务的重要补充。各地文化部门采取积极有效措施，鼓励和扶持农民自办文化的发展，加强农村业余演出队、业余电影放映队、文化中心户、农家书屋、农村文化管理员等业余队伍的培训，鼓励农民自办文化大院、文化中心户、文化室、图书室等，支持农民群众兴办农民书社、电影放映队，取得了很好的效果。农村民营文艺表演团体得到迅速发展，农村文化市场渐趋繁荣。据不完全统计，当前全国民营文艺院团已超过6800家，年演出200万场以上，在繁荣基层演出市场、丰富基层文化生活、继承传统民间艺术、促进地方经济发展等方面发挥了重要作用。

改革开放以来我国经济社会快速发展，但是一个历史时期以来一些地方也存在着"一手硬、一手软"的问题，相对于经济建设，社会事业发展滞后；相对于教育、卫生等社会事业，文化事业发展滞后。总体来看，文化建设同我国当前的经济社会发展水平相比，与全面建设小康社会的目标要求还不相适应，与经济社会的协调发展还不相适应，与基层群众日益提高的精神文化需求还不相适应。这主要表现在：

一是城乡差距较大，基层文化服务薄弱。2008年全国文化事业费总计248.07亿元，不到国家财政总支出的0.40%，人均文化事业费仅为18.77元。同年各级财政对农村文化投入共计62.5亿元，仅占全国文化事业费的25.2%，而对城市文化的投入占全国文化事业费的74.8%，后者比前者高49.6个百分点。文化资源向城市集中，农村文化资源总量偏少。扣除对县级文化单位的投入，直接为7.28亿农民提供文化服务的乡镇文化站财政投入只有18.47亿元，按乡村人口计算，人均2.54元；而城市人均文化事业费却达到了31.24元。县图书馆和文化馆、乡镇文化站、县级剧团开展公共文化服务，没有稳定的经费保障，难以开展相应文化活动，服务能力逐渐弱化。2008年，全国有769个县级公共图书馆无购书经费，占县级公共图书馆总数（2366个）的32.5%。全国国办艺术表演团体深入农村演出27.4万场，仅相当于20世纪60年代的1/3，平均每村每年看不到半场戏。广大农村群众看书难、看电影电视难、看戏难，文化生活贫乏的问题仍没有得到根本解决。

二是工作思路缺乏创新。一些地方在推进公共文化服务体系建设中，因循守旧，思想僵化，机制缺乏创新，广大群众和社会力量参与的积极性还没有充分调动起来；在扶持民办文化发展，促进群众业余文化队伍建设方面，还缺乏有力的政策和措施、手段；公共文化单位机制僵化，服务方式和手段落后的问题突出，缺乏扶持文化单位开展公共文化服务的有效措施和激励手段。

三是资源整合不足。一方面，基层公共文化资源总量偏少；另一方面，在乡村和社区，基层文化资源没有得到有效整合，形不成整体优势，存在着资源浪费的现象。整合力量、发挥基层文化的整体优势，成为当前基层文化建设的紧迫任务。基层文化建设的滞后，影响了经济社会的协调发展，迫切需要采取措施，认真加以解决。

二、今后农村文化建设的主要工作思路

改革开放 30 年来，我国经济社会快速发展，国力不断提升，文化建设正面临着前所未有的大好形势。党的十七大提出实现文化大发展大繁荣，兴起社会主义文化建设新高潮的目标，文化建设肩负着培育社会主义核心价值观，增强国家软实力，促进和谐社会建设的重要历史使命。文化是一个民族和一个国家的本质特征。文化建设对民族振兴和建设现代化国家有着举足轻重的不可替代的作用。加强农村文化建设，维护农民群众基本文化权益，满足农民群众文化需求，提高农民群众的文化素质，对全面贯彻落实科学发展观，促进农村经济社会的协调发展，推动社会主义和谐社会建设具有重要意义。

（一）明确推进农村文化建设的工作思路

当前推进农村文化建设应把握以下几点：

一是在指导思想上，应该明确广大群众在文化建设中的主体地位。广大人民群众既是文化建设的受益者，也是文化建设的重要力量。要注意充分调动广大群众的积极性，激发蕴涵在广大群众中的文化创造力，既要"送文化"，更要"育文化"，把"育文化"作为工作的着力点，努力建立基层文化建设的长效机制。

二是在内容建设上，要继承和弘扬中华民族优秀传统文化，并与当代文化相结合，体现民族性和时代特征，使之融于广大人民群众的生产生活之中，并为广大人民群众服务。

三是在工作布局上，要以乡镇为中心，以村和社区为重点，充分发挥家庭和邻里在基层文化建设中的基础性作用。

四是在工作方式上，要注重整合资源，特别在乡村和街道社区两级，更要资源共享，形成合力，加强各部门之间的沟通与协调，建立基层文化资源的共享机制。

五是在文化队伍建设上，要坚持专兼职结合、两条腿走路，特别注意对业余

文化队伍和骨干的培养,通过发展壮大业余文化队伍,带动和影响更多群众参与基层文化建设。

六是在经费投入上,一方面政府要加大投入,保证政府兴办的公共文化单位的正常运转,不断提高公共文化单位的活力;另一方面要调动社会力量的积极性,吸引社会资金支持公共文化服务体系建设,形成政府主导、社会力量广泛参与的公共文化经费保障机制。

(二) 采取有力措施,加快推进基层公共文化服务体系建设

一要实施好乡镇综合文化站建设规划,加强基层公共文化设施建设。要按照既定规划和年度建设任务,加大乡镇综合文化站规划建设力度,落实好配套资金,保证质量,保证工期,管好用好资金,确保2010年规划建设任务的顺利完成,为建设覆盖全社会的公共文化服务体系打下良好基础。要做好规划,制定政策,加快村文化室和社区文化活动中心建设,让广大群众就近方便地享受公共文化服务。要争取到2010年,基本实现县有文化馆、图书馆,乡镇有综合文化站,行政村有文化活动室,流动文化服务有较快发展,基本形成较为完备的基层公共文化设施网络,广大群众能够就近方便地接受公益性文化服务。

二要积极推动建立基层公共文化服务经费保障机制。目前文化部与财政部在调研的基础上,正在制定我国基层公共文化服务经费保障机制,解决这一长期困扰基层文化建设的大问题。同时,要积极推动"从城市住房开发投资中提取1%,用于社区公共文化设施建设"等文化经济政策的落实,加快城市社区文化设施建设。

三要加强全国文化信息资源共享工程的建设,推动数字化文化服务进入千家万户。中西部地区是按每个乡镇5万元的标准配备文化共享工程设备,每个村是按照6000~8000元配备设备。到2010年,要基本形成资源丰富、技术先进、服务便捷、覆盖城乡的数字文化服务体系,县有支中心,乡村有基层服务点,实现"村村通"。

四要充分利用非物质文化遗产资源,活跃群众文化生活。我国蕴涵着丰富的传统文化资源,在公共文化服务体系建设中,要充分发挥优秀传统文化资源的重要作用,着力发展特色文化。要利用中华民族传统节日,结合传统的风俗习惯,开展各种民俗和传统文化活动,活跃广大群众的精神文化生活。对一些传统手工技艺等非物质文化遗产资源,还可以通过生产性保护的方式,加以合理利用,转化为经济增长点,促进旅游业和文化产业发展,进而推动经济社会发展。

五要加强管理,创新服务模式。各级文化馆、图书馆等公共文化单位要按照增加投入、转换机制、增强活力、改善服务的要求,明确服务规范,改进服务方式,开展社会教育,努力活跃基层文化生活。要积极推进公共图书馆总分馆制,发展与阵地服务相补充的流动服务,摸索公益性文化活动社会化运作等方式,不

断创新基层文化服务模式。目前，文化部正在制定文化馆、图书馆和乡镇综合文化站相关文件，明确服务职责，强化服务功能，提高服务水平，推动公共文化服务体系的规范化建设。

六要坚持两条腿走路，调动社会力量支持基层文化建设。要在发挥政府主导作用的同时，采取有效措施，调动社会力量积极参与基层公共文化服务体系建设，努力形成政府主导、社会广泛参与的公共文化建设良好局面。要认真制定符合本地实际的民办文化发展目标、措施和相关政策，采取政府采购、委托承办、以奖代补等方式，鼓励和扶持群众兴办文化大院、文化中心户、文化室、图书室、农民书社、电影放映队等，大力扶持民间职业剧团和农村业余剧团，因地制宜，分类指导，促进民办文化的健康发展。

七要加强基层文化队伍建设。基层文化队伍建设，关键是提高从业人员整体素质。一是抓紧实行职业资格制度，建立准入制度。二是加强培训，要定期对县乡文化单位的员工进行轮训，更新知识和技能。三是培养兼职工作队伍。特别要发展文化志愿者队伍。注重发挥基层文化骨干、文化能人、文化名人的积极作用，加强农村业余演出队、业余电影放映队、文化中心户等业余队伍建设。

八要加强基层公共文化资源的整合。基层文化建设涉及多个部门，体现出公益性、综合性的特点。文化部门要积极沟通，主动协调，加强与各有关部门的共建共享，促进基层文化资源的整合。如在文化共享工程建设中，要依托农村党员干部现代远程教育基层点建设工程服务点；乡镇综合文化站要按照中央要求，建设成集宣传教育、文化艺术、文化遗产保护、数字文化信息服务、图书阅读、广播影视、科学普及、体育健身等于一体的综合性文化服务机构。村文化室和社区文化活动中心要依托社区和村级行政组织办公场所建设，与党员活动室建设等结合起来，体现多功能和综合性。要着力解决公共文化设施分散、使用效率不高的问题，发挥不同部门文化资源相互补充、相互促进的作用，加强整合，促进共享，充分为广大基层群众服务。

三、几点希望

乡镇综合文化站是我国公共文化服务体系的重要组成部分，是党和政府开展农村文化工作的基本力量。培养造就一支综合素质高、热爱基层文化事业的文化站长队伍，是加强乡镇综合文化站建设的关键所在，也是我们开展大规模文化站长轮训工作的目的所在。文化站长是基层文化工作的领头人，借这个机会，我给大家提三点希望：

一要有文化，即充分了解当地的风土人情和文化底蕴，熟知群众的文化需求。文化站长要扎根群众之间，贴近群众，熟悉生活，只有对于本地的文化有深刻地理解，把握文化工作的规律，具备说拉弹唱、琴棋书画等多种技能，才能很好地开展工作,为广大群众提供最优秀的文化服务。

二要有办法。文化站的工作十分繁杂广泛,涉及组织群众文化活动、宣传党的方针政策、进行社会职业技能培训等方面的各种知识和技能。这就要求文化站长不仅要有"一专多能"的专业水平,还要有巧妙的工作方法。文化站长要做优秀的社会活动者,善于组织群众开展活动;要会组织群众,并善于把群众调动起来,激发蕴涵在群众中的文化创造力。

三要有人缘。文化站长要有过硬的政治思想修养和坚定的政治信念,热爱群众文化事业,有全心全意为人民服务的奉献精神和为基层文化建设奋斗的决心。只有这样才能得到群众的信任和拥护,能够与群众打成一片。总之,作为农村基层文化工作的组织者、管理者,责任重大,任务艰巨,使命光荣。

(在文化部第一期全国文化站长培训班上的讲话,2009年6月16日。文化发展论坛:http://www.ccmedu.com/blog/u1/46976/archives/2009/200971703028.html)

加快农村公共文化服务体系建设
是各级政府的重要责任

"十一五"以来,在党中央、国务院的重视下,各级党委、政府充分认识加强农村文化建设的重要意义,开拓思路,研究制定推动相关政策措施,我国农村文化设施网络逐步健全,队伍素质明显改善,服务手段日益多样化,服务水平逐步提高,农村文化建设进入了快速发展期。但总体来看,由于各地经济社会发展基础不同,文化建设长期以来底子薄、欠账多,农村文化建设同我国当前的经济社会发展水平还不相适应,与全面建设小康社会的目标要求还不相适应,与农村广大农民群众日益提高的精神文化需求还不相适应。主要表现在:

一是投入不足,城乡文化发展水平差距较大,东西部之间发展不平衡。文化事业费占国家财政总支出的比重,多年来在0.3%~0.4%之间徘徊。2008年全国文化事业费总计248.04亿元,占国家财政总支出(62427.03亿元)的0.39%,人均文化事业费仅为18.77元。

文化建设薄弱在农村和基层,薄弱在中西部地区。2008年各级财政对农村文化投入共计62.5亿元,仅占全国文化事业费的25.2%,而对城市文化的投入占全国文化事业费的74.8%,后者比前者高49.6个百分点。占全国人口2/3的农村人口,仅享有全国1/4的文化事业费。2008年,扣除对县级文化单位的投入,直接为7.28亿农民提供文化服务的乡镇文化站财政投入只有18.47亿元,按乡村人口计算,人均2.54元;城市人均文化事业费却达到了31.24元。2008年,西部地区文化投入为58.76亿元,仅占全国文化事业费的23.69%;东部和中部地区文化投入为189.28亿元,占76.31%。文化投入的不足,严重制约了基层公共文化服务体系的发展。

二是基层公共文化基础设施落后,公共文化服务资源总量偏少、质量不高。2008年,全国设施面积狭小,不具备基本服务条件的县级文化馆有1536个,占全国县级文化馆的55%;不具备基本服务条件的县级图书馆有675个,占全国县级图书馆的28%;不具备基本服务条件的乡镇文化站2.67万个,占全国乡镇文化站总数的2/3。县图书馆、文化馆和乡镇文化站没有稳定的经费保障,服务能力逐渐弱化。2008年,全国有769个县级公共图书馆无购书经费,占县级公共图书馆总数(2366个)的32.5%。全国县级图书馆人均藏书量仅为0.16册。全国国办艺术表演团体深入农村演出27.4万场,仅相当于20世纪60年代的1/3,平均每村每年看不到半场戏。广大农村群众看书难、看电影电视难、看戏难,文化生活贫乏的问题仍没有得到根本解决。

三是体制障碍导致资源分散,难以发挥整体效益。当前在文化事业管理体制上还存在多头管理、条块分割的问题,由于体制障碍,多个部门各自为政,公共财政资金投向难以集中,造成资源分散,使公共文化资源难以有效整合,发挥整体效益。如何加强基层文化资源的共建共享,是当前基层文化建设中迫切需要解决的重要问题。

四是基层文化队伍整体素质偏低,难以适应新时期文化工作的需要。图书馆、文化馆和文化站等基层文化单位没有建立必要的准入门槛。县乡文化队伍数量不足,人员素质偏低,不稳定,流动性大,尚未建立比较完善的队伍培训机制。

提供基本的公共文化服务,保障广大农民群众的基本文化权益,是政府的重要职责。贯彻落实科学发展观,以人为本,就要按照"保基本、广覆盖、可持续"的原则,为广大群众特别是农民群众提供丰富的优秀文化资源和公共文化服务,切实保证每一位农民群众享有基本公共文化服务。为此,建议:

第一,加快农村文化设施建设。公共文化设施是政府提供公共文化产品和服务的载体,是公共文化服务体系的基础。建议积极推动乡镇综合文化站建设项目,落实好配套资金,保质保量地完成建设任务。积极争取中央投资,对馆舍面积不达标、设施设备落后、不具备基本服务条件的地市级图书馆、文化馆进行改造。加快中西部县级图书馆、文化馆维修改造步伐,积极推进村文化室建设,充实村文化室内容。积极探索落实从城市住房建设投资中提取1%用于社区文化设施建设的政策的有效方法,推广先进经验,尽快实现城市社区文化中心全覆盖的目标。

第二,尽快建立中央、地方按比例分担的县乡村公共文化服务经费保障机制。建议将农村公共文化服务纳入公共财政保障范围,建立中央、地方按比例分担的县乡村公共文化服务经费保障机制,保障农村公共文化机构正常运转,以及农民群众看书看报、看戏、参加文化培训和群众文化活动等基本文化权益。根据各地经济发展状况,所需经费东部地区可自行解决,中央财政重点对中西部地区县乡村文化机构的运转予以支持,地方分担经费由省级财政配套解决。在发挥农村公共文化机构基本职能的同时,可采取政府采购、委托承办、以奖代补等方式,引导和鼓励社会力量参与公共文化服务,推动农村公共文化服务的社会化和多元化。

第三,加强公共文化服务体系"软件"建设,努力提高服务水平。设施建成后的使用效益如何,关键在管理和使用。建议有关部门围绕"发挥活力"问题,把软件建设作为重要工作,在"管好""用好"基层公共文化设施上下功夫,进一步深化公益性文化单位内部劳动人事、收入分配和社会保障制度改革,在政策和投入上更多地向基层倾斜,帮助基层解决好有人管事、有钱办事的问题,解决好建设阵地、管好用好阵地的问题。

第四，开展对基层文化队伍的培训，提高基层文化队伍的素质和能力。队伍素质决定着公共文化服务的水平。建议加快建立职业资格准入制度，把好"入门关"，加强培训，努力建立一支扎根基层、服务群众的专兼职公共文化队伍。要大力发展文化志愿者队伍，增强公共文化服务队伍的活力。按照分级负责、分类培训的原则，以各级文化干部培训机构和群艺馆、图书馆、艺术学校等为依托，采取集中调训和分散培训、理论学习与实践考察相结合的方式，对24万县乡村专职文化队伍和400万左右的业余文艺骨干（包括基层文化指导员、大学生村官等）进行轮训，提高基层文化队伍素质，发挥基层文化工作者在公共文化服务体系建设中的重要作用。

［在全国政协第十一届三次会议（2010年3月3—13日）上的提案］

实施"春雨工程"
大力推进少数民族地区的文化建设

党的十六大以来,在党中央、国务院的高度重视和中央有关部门的大力支持下,我国各少数民族省区认真贯彻落实中央的战略部署,把文化建设作为巩固民族团结、维护祖国统一、促进经济社会和谐发展的重要方面,加大建设力度,文化建设取得了显著成绩,为少数民族的经济社会发展和现代化建设打下了良好基础。但也要看到,少数民族地区文化建设还存在突出的困难和问题,在各项社会事业发展中还处于相对薄弱的地位,主要表现在:

一是公共文化设施建设缺口较大,文化阵地建设任务十分艰巨。西藏全区6个地市中还有2个地市(林芝地区、拉萨市)没有群众艺术馆;4个地市(拉萨市、日喀则地区、山南地区、那曲地区)没有公共图书馆;74个县中尚有30个县没有综合文化活动中心,占县级行政区划的40.5%;691个乡镇中,尚有626个没有综合文化站,占乡镇总数的90.6%;5453个行政村中基本没有符合国家标准的村文化活动室。新疆14个地州中,克州等3个地州至今没有群艺馆和图书馆,其他地州的群艺馆、图书馆均建于20世纪70年代,馆均面积不足1500平方米,没有一个地州级"两馆"馆舍达标。全疆87个县市中,有74个文化馆和47个图书馆不达标。剧场和演出排练场所严重不足。全疆14个地州中,除阿克苏、克州外,其余地州均没有剧场,全疆87个县市中有83个县没有剧场,艺术表演场所严重不足。全疆91个艺术表演团体中,有14家地州级院团和62家县级院团没有排练场地或场地狭小破旧,能正常开展排练的艺术院团仅占总数的16%。相比之下,近年来新疆各地的清真寺发展迅速,其数量远远超过了文化场所和学校,现已达将近2.4万所,半数以上分布在南疆三地州(喀什、和田、克州),教职人员2.9万人,而全区各类文化设施共有8000个,文化队伍1.15万人,文化设施与清真寺之比约为1:3,文化队伍与教职人员之比为1:2.5。文化设施"填平补齐"任务十分艰巨,适合牧区需要的流动文化设施严重不足。

二是文化经费投入总量偏低,公共文化单位运转困难,缺乏活力。由于少数民族省区多属经济欠发达,基本靠中央财政补助,因此对文化建设的投入能力比较有限,文化单位除人员工资靠财政转移支付可以保证外,基本没有业务活动经费。2008年西藏全区地方财政一般预算收入仅为24.88亿元,而地方财政一般预算支出却达到380.7亿元,地方财政一般预算收入仅相当于地方财政总支出的6.5%。文化事业费仅为1.68亿元,仅占财政总支出的0.44%。2008年新疆全区地方财政一般预算收入仅为361亿元,而地方财政一般预算支出却达到1059

亿元，地方财政一般预算收入仅相当于地方财政总支出的34.1%。2008年文化事业费仅为9.75亿元，仅占财政总支出的0.9%。全疆93家公共图书馆每年新书购置费仅642万元，人均0.3元，远低于全国人均0.7元的水平。公共文化服务体系经费保障机制尚未建立起来。

三是适合基层群众需求的文化资源总量匮乏。由于设施差、内容少，一些地区图书馆、文化馆对群众缺乏吸引力，文化阵地的作用得不到充分发挥。广大农牧民群众看得懂、用得上、喜闻乐见的文艺节目和民族语图书、音像等精神文化产品的创作、生产和供给严重不足，基层群众的文化生活还相当贫乏。

四是文化队伍建设亟待加强，专业人才匮乏，很难适应新时期文化事业发展的需要。西藏全区74个县中只有18个县有财政扶持的民间艺术团；基层文化机构不健全，已建的县综合文化活动中心和乡镇文化站基本没有人员编制，没有专职工作人员。新疆全疆文化系统从业人员11126人中，本科及以上学历的仅占5%。由于待遇太低，人才流失严重，近年来已有1600余名优秀人才流失，使人才短缺问题雪上加霜。全疆93家公共图书馆共有从业人员942人，平均每馆仅10人，远低于全国馆均17人的水平。以上这些问题必须引起高度重视，采取措施，切实加以解决。

少数民族地区多处于边疆，是反对分裂、维护祖国统一和民族团结的重要前沿阵地。进一步加强少数民族地区文化建设，事关筑牢和巩固反分裂斗争的思想基础和思想防线，事关我国经济社会发展大局和长治久安。为进一步支持少数民族地区文化建设，提出如下建议：

实施"春雨工程"，充分发挥文化所具有的春风化雨、润物无声、潜移默化的功能作用，力争到"十二五"末期，在少数民族地区构建起设施完善、保障有力、队伍齐备、内容丰富、成效突出的覆盖城乡的公共文化服务体系，让中华民族优秀文化和社会主义先进文化在各族群众心中扎根，真正成为各民族共同的心灵依托、情感纽带和力量源泉。具体内容包括：

一是继续推进以基层为重点的少数民族地区公共文化设施建设。在全面完成"十一五"建设项目的基础上，加快文化基础设施建设步伐，新建一批省级、地市、县、乡、村级文化基础设施，基本实现"省（自治区）有公共图书馆、群众艺术馆、博物馆，地市有图书馆、群艺馆、博物馆、影剧院，县有文化馆、图书馆或综合文化活动中心、专业艺术团有排练演出场所，乡镇有综合文化站，行政村和城市社区有文化室"的目标。

二是着力构建公共文化服务体系运行保障机制。根据少数民族地区各级公共文化机构的硬件设施、功能定位、服务层次等情况，采用定员定额和专项核定等方式，科学、合理地界定财政应予保障的范围和经费数额，建立与各级公共文化机构地位和职能相适应、与其提供的服务相匹配的经费保障机制。

三是着力加强文化人才培养和队伍建设。实施专业人才培养、拔尖人才培养、人才队伍培训等项目，提高基层文化队伍素质。组织中央直属文化单位和其他省区文化系统开展对口支援，定期组织中央直属文化单位和内地省份优秀文化艺术人才到少数民族地区挂职，同时选派少数民族地区文化人才到内地省份挂职，加快少数民族地区文化艺术人才的培养。

四是着力强化文化内容建设和重大文化活动开展。加强舞台艺术的创作演出，推出大型精品剧目，打造具有代表性和影响力的文艺活动品牌，开展优秀剧目推广活动；加强少数民族文化信息数字资源建设；举办示范性、导向性、带动性强的大型文化活动，扶持一批富有时代精神、群众喜闻乐见的优秀文艺作品，建立基层文化活动长效机制，活跃基层文化生活。

[在全国政协第十一届三次会议（2010年3月3—13日）上的提案]

加强科学技术对继承和弘扬中华民族优秀文化的支撑作用

中华文化博大精深，源远流长，在数千年历史发展过程中，中华民族创造了光辉灿烂的文化，留下了丰富多彩的文化资源，其中既有文献典籍、文物等各种物质形态的文化资源，也有非物质文化遗产和各种活态艺术形式的文化资源。目前，全国现存古代文献典籍约 3700 万册，国家一、二、三级文物 166 万余件，列入国家、省、地（市）、县级非物质文化遗产名（目）录的项目已达 80290 项。这些文化资源内容丰富，形式多样，是中华文明延续发展的历史见证，承载着丰厚的历史和文化内涵，是中华民族优秀传统文化的重要体现。

然而，一方面，与丰富的中华传统文化资源内容形成鲜明对比的是，当前，互联网上中文信息资源匮乏，截至 2011 年底，中国网站数为 229.6 万个，仅占全球网站总量的 0.41%。一些国家利用先进的信息技术和通讯设施向我国进行信息输出和文化扩张，中华传统文化在网络环境下的传播面临严峻形势。

另一方面，中华民族长期积累形成的各类型文化资源内容或固化于简帛纸张、金石器皿，或通过各种口传心授的方式传承，其传播途径与传播范围受到极大限制，保存保护现状也令人堪忧。例如，由于年代久远，许多古籍破损严重，甚至已经消失，在许多图书馆，90% 的馆藏民国文献已经破损；据第三次全国文物普查，我国文物保护现状不容乐观，保存状况不好的不可移动文物占 26.2%，消失的不可移动文物达 4 万余处；一些非物质文化遗产的传承链条正在中断，60 年间，仅传统剧种就消失了 1/3。

因此，通过现代化科技手段妥善保存保护民族文化遗产，利用网络渠道弘扬中华民族优秀传统文化已经迫在眉睫。建议将已有科技成果在传统文化传承与传播领域的应用作为增强国家文化软实力，建设社会主义核心价值体系的一项重要内容，大力加强科学技术对继承和弘扬中华民族优秀传统文化的支撑作用，具体建议如下。

一、加大传统文化科研投入

应围绕传统文化资源的传承与传播，在国家层面加强统筹规划，建立已有科研成果的创新应用机制。建立文化行业科研工作专项经费，启动传统文化资源科技支撑计划，围绕传统文化资源的保护与利用，积极筹划建立一批国家重点实验室、国家工程技术研究中心和文化科技融合示范基地，组织传统文化资源科技应用领域关键技术的集中攻关，特别是要大力支持一批在技术应用方面具有辐射和带动作用的重点文化项目。

二、丰富数字文化资源内容

充分依托现代科学技术，加大对各类型传统文化资源的数字化转换，特别是传统文献典籍数字化、文物数字化、活态艺术资源数字化，综合应用多种技术手段，建立有关中华民族重要事件和重要人物的"中国记忆"资源库，形成分布式海量传统文化资源数据库，丰富公共文化服务内容。

三、完善传统文化传播体系

加强新媒体技术在传统文化资源传播领域的应用研究，通过支持数字图书馆、数字博物馆、数字美术馆等的建设，构建覆盖城乡的公益性数字文化服务网络，形成中华文化资源在互联网上的整体优势，使类型多样、内容丰富的优秀文化资源能够借助各种新媒体终端，惠及更广泛的社会公众。

四、提升传统文化资源保存与保护技术水平

建立产学研相结合的机制，促进已有科研成果在传统文化资源保存与保护领域的规模化应用，实现传统文化资源保护与修复专用装备的规模化生产，支持纸张脱酸技术和设备的引进与研发，实现对文献典籍的规模化脱酸处理，建立现代科技与传统工艺相结合的传统文化资源保护技术体系，提升传统文化资源保存与保护的技术水平。

［在全国政协第十一届五次会议（2012年3月3—13日）上的提案］

加强科研成果的管理和利用

随着国家科技创新体系建设的逐步推进,由国家财政拨款资助的科研项目数量日益增多,资助力度逐年加大。据统计,"十一五"期间,国家财政科技拨款总计达 13723.1 亿元,年均增长超过 20%;国家自然科学基金项目资助投入达 300.4 亿元,比"十五"期间增长近两倍;国家社会科学基金项目资助投入 17.47 亿元,比"十五"期间增长 212.52%。

与此同时,我国科学研究工作也取得了丰硕的成果。据统计,"十一五"期间,全国共登记国家科技计划成果 184681 项,比"十五"期间增长了 23.29%;授予发明专利共 242.9 万件,年均增长 31%;国际科学论文总量由世界第五位上升到第二位,被引用次数由世界第十三位上升到第八位。截至 2011 年 9 月,国家社会科学基金资助项目已有 11754 个获准结项。

这些科研成果为解决某一领域的理论与技术问题发挥了积极作用,为推动经济社会发展提供了理论与科技支撑。然而,这些科研成果在进行长期有效保存、提供公众利用方面还存在严重不足,使科研成果难以发挥更大效益。

一、我国科研成果管理与利用现状

当前,我国科研成果管理与利用总体上还存在着管理分散、保存不力、获取不便的现象。

(一) 各部门科研项目信息缺乏整合与共享

目前,各级各类科研管理部门大多已经建立了各自的科研项目信息化管理系统,对各自主管的科研项目信息进行了较为完善的登记和宣传,如科技部的"国家科技成果网"、国家自然科学基金委的"科学基金共享服务网"、全国哲学社会科学规划办公室的"社科基金成果数据库"和"国家哲学社会科学成果文库"等。但是,上述各类管理系统之间各成体系,相关数据信息的采集和发布缺乏统一规范,系统之间尚未实现有效整合与共享。这一方面不利于各级各类科研管理部门之间互通有无,减少重复立项和重复投入,提高科研管理工作效率;另一方面也不利于科研人员方便、快捷、全面地获取各类科研项目信息,在高起点上高效率地开展新的研究工作。

（二）各类科研项目成果的保存与管理不力

目前，各级各类科研管理部门对科研项目成果的验收、登记、鉴定、奖励等大多建立了相关的管理制度，如《国家社会科学基金项目管理办法》（2001年）、《关于加强国家科技计划成果管理的暂行规定》（2003年）、《国家自然科学基金资助项目研究成果管理暂行规定》（2008年）等。但是，在科研项目成果的保存与利用方面普遍缺乏明确的政策规定和具体的管理措施，更少有部门安排专门机构、专职人员及专项经费保障科研成果的保存与利用。这些问题的存在，使得在国家层面缺乏对这些宝贵科研项目成果的有效保存和管理，目前分散保存的资料是否完整不得而知，且很可能由于管理不善而面临遗失和损毁的风险。

（三）各类科研项目成果获取与利用不便

目前，各级各类科研管理部门提供发布的科研信息往往只有项目基本信息及研究团队的简单介绍，项目成果的具体内容大多未能直接向科研人员和社会公众提供开放利用。目前，公众获取科研成果的主要方式是通过科研人员撰写的专著、在国内外期刊或会议上发表的论文等，发布渠道分散导致获取不便，同时也需要支付相关费用，影响了科研项目成果的推广与利用。虽然国家图书馆和一些研究性图书馆等信息服务机构利用公共资金为研究人员购买相关科学文献资料，但是由于经费限制和出版物价格上涨等因素，很多有价值的科研成果资料，特别是在国外会议或期刊上发表的论文，经常无法被购入。此外，还有大量项目成果以研究报告等非正式出版形式体现，更难为公众所获取，这就使得研究人员很难完整、系统地掌握某一项目的整体思路和主要观点，如果需要比较全面地了解某一领域的已有经验和成果，则需要面对更加艰难的挑战，一定程度上影响了国家资金支持的科学研究成果的推广与利用。

二、建　议

为了切实提高国家财政科研经费的使用效率，实现国家科学文献的永久保存和利用，促进学术信息交流，充分发挥科学技术作为第一生产力的作用，建议：

（一）加快构建国家科研信息共享服务体系

建立健全科研信息共享法律法规体系，加强对各级各类科研项目信息采集与发布的规范要求，促进已有各类科研管理信息系统的交互与整合，逐步建成全国统一集成的科研管理信息门户，为各级各类科研管理部门和广大科研信息用户提供一站式的科研信息交流与共享服务。

（二）尽快建立科研项目成果资料的国家缴存制度

出台相关政策，要求由国家财政支持的各类型科研项目在结项验收时，将成果资料完整、系统地交由国家图书馆等国家级专业信息机构妥善管理和永久留存，并由其依法向社会公众提供公益服务。

（三）探索建立科研项目成果资料的开放存取机制

可借鉴欧美等发达国家成功经验，推动科研项目成果的开放存取。依托国家图书馆等国家级专业信息服务机构，建立国家科研项目成果知识库，要求或鼓励各类科研项目向该知识库提交项目成果，并通过互联网依法提供公益服务。

［在全国政协第十一届五次会议（2012年3月3—13日）上的提案］

《公共文化服务的"嘉兴模式"》序

党的十七届六中全会审议通过的《中共中央关于深化文化体制改革、推动社会主义文化大发展大繁荣若干重大问题的决定》(以下简称《决定》),提出了建设社会主义文化强国的战略目标,这是当前和今后一个时期指导我国文化事业改革发展的纲领性文件。《决定》从构建公共文化服务体系、发展现代传播体系、建设优秀传统文化传承体系和加快城乡文化一体化发展等四个方面对未来10年我国公益性文化事业发展做了安排。

在建设社会主义文化强国的战略布局中,公共文化服务体系建设是实现经济、政治、社会和文化四位一体协调发展的重大基础性民生工程,也是实现科学发展和包容性发展的重要途径,在社会发展和社会治理中具有不可替代的重要地位。高度重视公共文化服务体系建设,是全社会文化自觉的标志,也是发挥文化凝聚力量、增进人民群众生活幸福感、提升全社会文化创造力的必由之路。

改革开放以来,我国文化建设领域取得了辉煌成就,其中最突出的表现就是全社会的文化创造力和文化产品生产、供给能力取得了巨大的突破。十七大以来,我国社会主义先进文化建设进入全面加速的新阶段,建立覆盖全社会的公共文化服务体系,努力实现基本公共文化服务均等化成为我国文化建设的重要目标。但总体而言,与经济建设相比,我国文化领域的体制和机制改革还处于探索阶段,全社会的文化创造力和文化生产力还未能得到充分的解放。在文化领域内部,公共文化服务部门的改革和发展远不及文化产业部门。这种双重的滞后制约了我国公共文化服务整体水平的提升,难以满足现阶段我国社会发展对公共文化服务的需求。我国公共文化服务体系还不健全,城乡、区域公共文化服务体系建设水平不平衡,公共文化服务水平与广大人民群众文化生活的期待仍有较大差距。

面对社会发展对公共文化服务的巨大需求,我国的公共文化服务体系建设需要以双轮驱动的方式加快推进。一方面,我们要在理论上和体制、机制上积极借鉴和吸收国外成熟经验和做法;另一方面,我们要深入调研,认真总结和提炼全国各地在公共文化服务体系建设中所涌现出的各种宝贵的原创性、地方性的经验,并进行理论上的提升。这两种渠道,尤其是后者,对于全面提升我国公共文化服务发展的整体水平具有极为重要的意义。

近年来,在我国各地积极探索具有地方特色的公共文化服务体系的浪潮中,嘉兴市脱颖而出。以公共图书馆总分馆体系建设为标志,嘉兴市在公共文化服务产品提供、资源共享、内涵挖掘、方式创新等多个方面取得重要突破，成为我国经济发达地区公共文化服务体系建设创新发展的突出代表，得到中共中央政治局常委李长春同志的肯定。

我曾经数次到嘉兴市考察公共图书馆建设的成就和经验，对嘉兴人在公共图书馆建设中取得的突破深感触动。嘉兴人在推进城乡一体化公共图书馆服务体系建设的过程中，高度整合图书馆资源，以城带乡，统筹发展，使广大农村群众也能够享受到与城市居民相同的图书馆服务，形成了"嘉兴模式"。"嘉兴模式"是在文化建设领域对我国城市化建设中"以城带乡、城乡互动、协调发展"的基本规律的自觉把握，具有非常重要的借鉴意义和价值。对于各地的公共文化服务体系建设者而言，最重要的正是自觉把握并运用好这一基本规律。

不仅仅是公共图书馆建设领域，嘉兴人在非物质文化遗产保护、地方节庆文化发展、群众性文艺团体培育、公共文化服务方式创新等方面的出色成就都给我留下了深刻印象，公共文化服务体系建设的地方特色极为鲜明。嘉兴市公共文化体系建设何以能够取得突破性发展，其内在机制和原因何在？探索这些问题，对于嘉兴市公共文化服务体系建设实现更加自觉和迈向更高水平并为其他地区提供借鉴和启迪无疑至关重要。

吴尚民同志主持的中国社会科学院哲学研究所青年科研团队选择了嘉兴进行文化发展国情调研。在这本调研报告集中，他们对嘉兴市公共文化服务体系建设进行了系统总结，从文化自觉、和谐发展、民生发展、公平均等、不断创新等角度深入剖析了"嘉兴模式"生成的内在机理，对嘉兴市公共文化服务体系的未来发展提出了体系性的建议。这些分析和建议敏锐、到位，充分体现了中国社会科学院学术团队的职业责任感和理论创新能力。

作为直面国情的调研报告，中国社会科学院哲学研究所的青年学者们并未停留在对"嘉兴模式"本身的总结和提炼上。他们将理论探索意识贯穿在整个报告之中，提出了一系列重要理论问题和相关思考。例如，特定社会发展阶段公共文化服务的边界究竟如何确定，公共文化服务体系建设如何体现地方特色，如何最大程度地激发本地公众和其他社会力量参与公共文化服务体系的建设，如何使公共文化服务体系建设的决策系统更为科学和民主，等等。这些问题正是当下我国公共服务体系建设必须解决的重大理论问题。

阅读这部报告，我深深地感受到，嘉兴市的经验和发展模式展示了我国经济发达地区在公共文化服务体制、机制创新方面所蕴涵的巨大潜力。它向我们表明，在经济发展到一定阶段，公共文化服务完全可以整体迈上全新的水平。这种跨越能否完成，地方领导的"文化自觉"、当地文化主管部门的创新意识发挥着关键的作用。同时，国家文化主管部门为各地公共文化服务体制、机制创新提供更大的自主空间也至为重要。

在我看来，这部调研报告不仅对于促进嘉兴市公共文化服务体系的进一步发展具有理论意义，对于我国其他地区公共文化服务体系建设，也同样具有启发和借鉴意义。

（原载于刘悦笛主编：《公共文化服务的"嘉兴模式"》，社会科学文献出版社2012年版）

为未成年人健康成长营造良好的文化氛围

加强和改进未成年人思想道德建设,文化系统责任重大。文化部主要从三个方面加强未成年人的文化建设,把中央精神落到实处。一是认真落实公共文化设施免费向未成年人群体开放;二是提供更多更好的少儿艺术精品,为未成年人提供健康丰富的精神食粮;三是有针对性地加强文化市场整治工作,努力为未成年人创造良好的文化服务环境。这些措施落实的情况如何?取得了哪些实效?记者就此专访了文化部副部长周和平。

周和平说,我们要求文化部、国家文物局所管辖的各级各类文化设施,从5月1日起陆续向未成年人开放。很多单位采取措施,改变了传统的展览和陈列,增强为未成年人服务的针对性,提高了对他们的吸引力。5月1日以来,上海市67家博物馆、纪念馆共接待观众14万人次;江苏全省101家由文化文物系统管理的博物馆、纪念馆、美术馆,接待观众约35万人次。有的图书馆开辟了少儿阅览室,国家图书馆还利用现代技术开辟了多媒体的少儿阅览室,提高阅览中的科技成分,用更具吸引力的内容吸引未成年人。周和平强调说,值得一提的是,各地加大了对开放的指导力度,各级财政对这些文化设施的开放给予了很多支持,有的省还拨了专款支持开放。

谈到如何为未成年人提供健康丰富的精神食粮,周和平表示,第一,要加大针对未成年人的作品创作力度,创作出能够和未成年人进行心灵沟通的好作品。第二,要把优秀的精神食粮送到未成年人群中去。最近,由中国关心下一代工作委员会牵头,中国儿童艺术剧院实施的"中国关心下一代身心健康工程百场义演活动",计划为全国特别是西部和贫困地区中小学生演出百场儿童剧。第三,充分利用全国文化信息资源共享工程,整合一批为广大未成年人喜闻乐见的、艺术性和思想性相结合的精品文化资源,为未成年人提供网络文化服务。同时,与教育部门协作,进行基层网点建设,提供资源服务。特别是借助农村中小学现代远程教育网络,把优秀的文化资源送到农村中小学。第四,文化部目前正在向社会及音像出版发行单位征集100种包括电影、电视剧、动画卡通、戏曲等导向正确、内涵丰富、形式多样、制作精良、深受广大未成年人喜爱的优秀音像制品。

在净化文化市场环境、加强文化市场管理方面,周和平副部长告诉记者,目前他们已经和将要做的工作是:抓好网吧专项整治工作;加强对经营性娱乐场所的规范和管理;严肃查处危害未成年人的读物和视听产品;建立网络游戏产品内容审查制度,对所有在国内在线传播或者移动传播的外国网络游戏产品进行严格审查,特别是面向未成年人的游戏软件,同时,积极引导未成年人掌握网络技术,办好少儿文化网站,活跃和丰富未成年人健康文明的网络文化生活。此外,文化部与教育部、团中央联合开展"尊重知识,拒绝盗版"为主题的音像市场法制宣传活动,旨在提高青少年,特别是在校学生的知识产权保护意识。

(记者 吴亚明)

(《人民日报》访谈。原载于《人民日报》2004年6月12日第2版)

谱写时代新歌　推进未成年人文化工作

为繁荣我国少儿歌曲创作，推动少儿歌曲创作普及工作，为孩子们奉献更多更好的传唱歌曲，近日，文化部、财政部、教育部、广电总局、团中央、北京市和中国音乐家协会向社会公布第一批优秀新创少儿歌曲。本次入选的歌曲是由专家从4000多首新创的曲目中几经斟选产生的。这也是由文化部等7个部门正在研究制定的《中国少儿歌曲创作推广计划（2005—2009年）》的一个组成部分。

为了进一步了解这次优秀新创少儿歌曲的背景，记者日前采访了文化部副部长周和平。

记　者：周副部长您好！这次文化部、财政部、教育部等7个部门联合向社会公布第一批优秀新创少儿歌曲，在社会上产生了积极的影响。请您谈谈征集、推广这些优秀作品的意义。

周和平：少年儿童是国家的未来和希望。少年儿童的素质，特别是思想道德素质的高低，关系到民族的未来发展和国家的前途命运。党和国家历来高度重视和关心少年儿童事业。2001年国务院发布了《中国儿童发展纲要（2001—2010年）》。2004年，中共中央、国务院下发《关于进一步加强和改进未成年人思想道德建设的若干意见》，对全社会关心和支持未成年人思想道德建设提出了明确、具体的要求。

一首好歌往往能深刻地影响一个人的一生，甚至一代人的成长。歌曲在培养少年儿童的高尚情操、提高他们的艺术修养、促进他们的健康成长方面起着不可替代的作用。推广优秀少儿歌曲，也是深入贯彻落实中央、国务院文件精神的一项重要举措，对于未成年人的培养教育具有重要意义。

记　者：您能否谈谈我国少儿歌曲创作是怎样的一种状况？

周和平：20世纪五六十年代以来，广大音乐工作者整理、创作了许多优秀的少儿歌曲，这些歌曲如《让我们荡起双桨》《春天在哪里》等，内容健康向上，旋律优美动人，受到几代人的喜爱，被广为传唱。但近年来，由于专业儿童音乐、儿童歌曲的创作力量严重不足，适合少年儿童演唱的歌曲日益短缺，当前学校里使用的音乐教材相对陈旧，新闻媒体尤其是广播电视中的优秀儿童节目也比较少，很难出现能够被少年儿童广泛认可并传唱的优秀歌曲。这种状况导致了一些不健康的文化乘虚而入，对还处于启蒙阶段的少年儿童产生了十分不良的影响。让孩子远离低俗文化的影响，创造一个健康的成长环境，已经刻不容缓。优秀少儿歌曲短缺的现状已经引起全社会的关注和忧虑。

记 者： 文化部作为国家的文化主管部门，近年来在加强未成年人文化建设方面做了大量的工作，请您简要介绍一下。

周和平： 为未成年人提供文化服务，是构建公共文化服务体系的重要环节。

为了推动此项工作的开展，文化部将它纳入文化事业发展的总体规划，并通过制定规划、研究政策、组织活动和评估、指导等手段，发挥了统筹管理全国未成年人文化工作的职能作用。文化部要求基层文化设施根据自身的功能和特点，积极发挥为未成年人服务的功能。目前，许多图书馆、文化馆、文化站等都专门开辟了少年儿童文化场所，如少儿阅览室、少儿文化活动室等，为未成年人开展文化活动提供了良好条件。我国当前已经有少儿图书馆 84 个和各级各类蒲公英农村儿童文化园 200 多所，都成为城乡少年儿童接受知识、开展健康文化活动的重要场所。

去年，文化部、国家文物局下发了《关于公共文化设施向未成年人等社会群体免费开放的通知》，从 2004 年 5 月 1 日起，全国文化、文物系统各级博物馆、纪念馆、美术馆对未成年人集体参观实行免票，对学生个人参观实行半票，家长携带未成年子女参观的，对未成年人免票。这些公共文化设施对未成年人免费或优惠开放，使其对广大未成年人进行思想道德和文化科学教育的功能也得到了充分的发挥。文化部、教育部和科技部等还组成了全国公益性文化设施工作小组，共同就各系统的公共文化设施资源向未成年人免费开放作出规定，促进了公益性文化设施更好地为广大未成年人和社会公众服务。

近年来，在文化部门和各相关部门的推动下，各地作家、艺术家通过深入生活，创作出一批思想内容健康、富有艺术感染力的儿童剧、少儿音乐、少儿舞蹈等优秀作品。为丰富少儿业余文化生活，繁荣少儿文化艺术，文化部在全国群众文化"群星奖"中专门设立了少儿组，以鼓励各地少儿文化工作者为未成年人创造出更多更好的文艺精品。此外，文化部还积极通过重大文化建设工程，如全国文化信息资源共享工程、中国民族民间文化保护工程、送书下乡工程等，利用不同的途径和手段，不断满足广大群众包括未成年人的文化需求。

记 者： 在第一批优秀少儿歌曲的基础上，是否还将要推荐更多的优秀歌曲？有没有一个长期的计划？

周和平： 这次推出第一批优秀新创少儿歌曲，是目前正在研究制定中的《中国少儿歌曲创作推广计划（2005—2009 年）》总体项目中的一项活动。该计划由文化部、财政部、教育部等部门共同制定，为期 5 年。该计划的宗旨是逐步培养、建立一支稳定的少儿歌曲创作队伍，以缓解创作队伍青黄不接的状况；为全国少儿广泛征集、选拔优秀作品；加大力度，统一组织开展多种形式的推广普及活动；特别要把合唱歌曲作为少儿歌曲创作推广重点，推出一批适合广大中小学生传唱的优秀歌曲，逐步建立起从创作到推广的长效机制，从根本上改变少儿歌曲创作难、推广难、普及难的局面。

我们希望,通过这一活动的深入、广泛开展,逐步建立起政府推动与社会参与相结合、专家委约与社会征集相结合、社会资源与学校资源相结合、少年儿童自创与自唱相结合的少儿歌曲创作普及长效机制,并以此唤起全社会对少儿歌曲创作普及的高度关注和责任感,在全国范围内逐步形成少年儿童"人人有歌唱,人人唱好歌,班班有歌声,校校有活动"的良好社会文化环境和氛围。

(记者 朱平、陈彬斌)

(《中国文化报》访谈。原载于《中国文化报》2005年6月11日第1版)

加强文化设施建设　构建文明和谐社会

文化设施和场所是广大人民群众开展文化活动的重要载体。加快建设各类文化设施，为广大群众提供更多的文化宣传阵地和休闲娱乐场所，对活跃和丰富人民群众的精神文化生活，提高广大群众思想道德和科学文化素质，对人民群众进行爱国主义、集体主义和社会主义教育，对推进城乡物质文明、政治文明、精神文明建设，促进经济和社会全面、协调和可持续发展，具有重要作用。

随着我国经济的快速发展，人民生活水平的提高，人们对精神文化生活的追求就会越来越强烈，而文化基础设施的建设也会越来越引起普通百姓的关注和各级政府的重视。近日，记者就我国文化设施建设情况等问题采访了文化部副部长周和平。

文化设施建设与人民生活息息相关

记　者：请您谈谈文化设施在人民群众生活中的作用。

周和平：文化基础设施包括群艺馆、文化馆、图书馆、文化站、博物馆等。它们是党和政府举办的，都与人民群众的生活息息相关。博物馆是收藏、研究、展示人类活动的见证物和自然科学标本并向社会开放的公益性机构，具有很强的社会教育功能，在传播有益于社会进步的思想、道德观念、科学技术和文化知识，弘扬优秀文化和科学精神，丰富人民的精神文化生活，提高公众素质，促进国际文化交流方面发挥重要作用；公共图书馆是由各级人民政府举办的向社会公众开放的公益性文化事业机构，具有传播知识、开发传递信息、进行社会教育、参与科学技术研究和保存文化遗产的职能，它既是搜集、整理、存储、开发、传递与利用文献信息资源，为经济建设和科学研究服务的机构，又是广泛进行教育，普及科学文化知识，为广大群众提供精神食粮的场所；文化馆站既是组织、指导群众文化艺术活动，培训业余文艺骨干及研究群众文化艺术的文化事业单位，也是群众进行文化艺术活动的场所，具有开展社会宣传教育、普及科学文化知识、组织辅导群众文化艺术（娱乐）活动的综合性功能和作用。

近些年来，这些文化设施在组织开展阵地活动的同时，还采取各种措施，提供各种流动文化服务，努力为广大基层群众提供内容丰富、实用有效的精神食粮。这些服务方式有：组织科技书市，送书、送资料到村边田头及乡镇企业；举办科技讲座或短期培训班，普及科学文化知识；建立农业科技户联系网，不定期组织活动，交流致富信息；在边远地区以"流动图书箱"的形式将图书、资料送到船头、村组，并发放信息反馈表，根据群众的要求，及时更换图书，深受大家好评。文化馆、文化站还经常组织业余文艺小分队送戏下乡，有计划地深入乡村、厂矿、学校、军营开展巡回文艺演出；举办小型培训班，加强对基层业余文艺骨干的辅导，把"送文化"变成"种文化"，取得了可喜成果。

公共文化设施在农村公共文化体系中发挥了重要作用，一条重要经验就是：城乡基层文化工作必须坚持党的基本路线和基本方针、政策，紧紧围绕经济建设这个中心，服务改革发展稳定大局，服务城乡基层人民群众，着眼培养"四有"新人，积极开展群众喜闻乐见、丰富多彩、健康向上的文化艺术和娱乐活动。实践证明，为大局服务越好，越能受到党和群众的重视和欢迎，更易形成良性循环，取得社会效益和经济效益的双丰收。

记　　者：请问文化设施建设在城乡建设中发挥怎样的作用？

周和平：文化设施建设在城乡建设中具有重要的地位与作用。党的十六届四中全会以来，构建社会主义和谐社会已经逐步成为全党全社会的共识。文化建设是构建社会主义和谐社会的重要内容。城乡经济、社会的协调发展，离不开文化的发展；一个缺乏文化内涵、文明程度不高的地区，也缺少持续发展的动力。

公共文化设施建设是城乡文化发展的基础，也是城乡建设的重要内容。图书馆、文化馆、博物馆、文化站等各级公共文化设施是各级政府为城乡群众提供公共文化服务的主要场所，是群众开展文化活动、活跃文化生活的重要阵地。通过统筹规划，合理布局，这些文化设施还可以充分发挥文化辐射功能，逐步成为区域性的文化中心，从而对城乡社会发展产生重要影响。因此，加大文化设施建设力度，既是维护人民群众的文化权益，满足城乡人民精神文明需求的重要手段，也是建立健全公共文化服务体系的重要基础，是传播和弘扬先进文化的有效保障。

合理布局　积极发展

记　　者：请问我国文化设施建设的总体布局是什么？

周和平：我国文化设施建设的总体布局是围绕建设和传播先进文化，维护广大人民群众基本文化权益目标，构建公共文化服务体系。我国将积极发展建设布局合理、功能齐备的公共文化服务网络，同时调动各行业各部门和社会力量的积极性，构建以公共文化设施为主导，社会力量兴办文化设施为补充的文化设施服务体系格局，包括文化部门管辖的群艺馆、文化馆、文化站、博物馆、图书馆、文化中心和其他部门管理的面向社会、为公民提供服务的青年宫、少年宫、青少年活动中心、工人俱乐部等。

由于各级党委、政府对文化建设的重视普遍增强，一些地方将文化设施建设纳入了当地经济和社会发展的整体规划，纳入当地党委、政府的重要议事日程，从政策上予以倾斜，从资金上予以保证，各地的文化设施建设有了很大发展。公共文化服务网络逐步形成。至2002年底，全国共有县以上公共图书馆2697个，文化馆3243个（含群艺馆），博物馆2200个（其中文博系统为1511个），文化站39273个，共有从业人员20.23万人。在小城镇和社区建设当中，一些相应的公益文化设施相继出现。有的公益文化设施，如公共图书馆和文化馆（站）等，从省到市、县、乡镇，已形成比较健全的文化服务网络。此外，近些年来城市的文化广场和农村的文化室、文化中心户数量有了很大的增加。除文化系统外，厂矿企业、党政机关、学校等部门的图书馆、展览馆、科技馆、工人文化宫（俱乐部）、青少年宫等文化设施也有了快速发展。据统计，目前全国共有高校系统图书馆1100多个，科研专业图书馆8000多个，工人文化宫（俱乐部）39015个，青少年宫1200多个，科技馆400多个，展览场馆158个。这些公益文化事业互相补充，互相促进，成为我国文化事业的重要组成部分。

投资和建设规模不断增长

记　者：请您介绍一下我国文化基础设施建设情况。

周和平：近几年，在文化设施建设方面，有关部门高度重视，制定了相关的政策，多渠道、多方式筹集资金，加强对文化设施建设项目的管理，取得了良好成效，促进了文化设施建设顺利实施发展，投资规模和建设规模有了较大增长。

2001—2003年，全国文化（文物）固定资产当年计划累计投资122.6亿元，其中国家投资73.27亿元；累积完成投资95.2亿元，竣工项目901个，竣工面积238万平方米。

在2001—2003年全国文化（文物）固定资产投资中，全国文化事业基本建设当年计划累计投资94.7亿元，其中国家投资52.2亿元，分别比"九五"同期增加32.27亿元和19.38亿元，增长50.8%和89.1%。2001—2003年累计完成投资额为69.4亿元，比"九五"同期增加17.5亿元，增长33.7%；3年总共完成基本建设项目527个，竣工面积266.1万平方米。全国文物事业基本建设当年计划累计投资24.67亿元，其中国家投资12.7亿元，比"九五"同期增加0.63亿元，增长38.2%。2001—2003年累计完成投资额为20.46亿元，共完成基本建设项目146个，竣工面积62.3万平方米。全国各地呈现出文化设施建设投入最多、设施面积增幅最大、设施改造建设最快的鲜明特点。

基层文化设施建设有所突破

记　者：基层文化设施建设与广大普通百姓的生活密切相关，请您介绍一下我国基层文化设施建设情况。

周和平：基层文化设施建设直接体现中央、地方各级政府对人民群众生活的关怀。2001—2004年，全国基层文化设施建设特别是县级图书馆、文化馆建设有了突破进展。

进入"十五"以来，全国文化设施建设坚持实事求是、量力而行、优先安排、填遗补缺的原则，达到既有高起点、高科技、高标准的大型文化设施，又有规模适当、标准适宜、满足群众文化活动基本要求的基层文化设施，形成省、市、县、乡多层次、布局合理、功能先进的文化设施网络。

文化部在2001年11月召开的全国加强基层公共文化设施建设工作会议上,对全国基层文化设施建设工作做了具体部署:从2002年到2005年,加大县级文化馆、图书馆建设专项资金投入,每年安排1.2亿元补助投资,4年共4.8亿元投资,用于新建县级图书馆282个、文化馆338个,改建、扩建300平方米以下的县级图书馆176个、文化馆163个。经过4年的建设,基本实现全国县县有文化馆、图书馆的目标。全国共有1078个县级图书馆、文化馆等基层文化设施建设项目列入补助规划。

国家设立专项资金补助地方文化设施建设,有力地推动了基层文化设施建设。2001—2004年,仅中央就补助地方县级图书馆、文化馆等762个基层文化设施项目3.5亿元,带动了省、地(市)、县投资县级图书馆、文化馆建设。各级政府把加强县级文化馆、图书馆和乡镇文化站等基层文化设施建设,进一步改善群众文化活动的服务设施和环境作为贯彻十六大会议精神、努力实践"三个代表"重要思想的大事来抓,采取积极可行的措施,多渠道筹资,制定了本地的规划和实施方案,使全国基层文化设施建设进入一个新的高潮。

全国中央补助的项目有762个,已实际完成投资8.04亿元,占计划总投资的66.9%。其中,中央预算内投资实际完成2.93亿元,占实际完成投资总额的36.5%;各地自筹资金实际完成5.1亿元,占实际完成投资总额的63.5%。

目前全国已有341个县级图书馆、文化馆等建设项目竣工,占中央补助项目总数的44.8%。竣工面积5427万平方米,占总建筑面积的42.7%。已竣工项目实际完成投资4.85亿元,占全国实际完成投资总额的60.4%。

重大文化基础设施项目多多

记　者:请问我国近几年建设了哪些重大文化基础设施?

周和平:近几年,我国重大文化基础设施建设发展很快,实施的项目很多。

2001—2003年,全国投资在亿元以上筹建新开工的大型文化设施项目有中国美术馆改造工程、国家博物馆、河北省秦皇岛市文化广场、山西省大剧院、上海市青浦区博物馆新馆、江苏省大剧院、浙江美术馆、江西省南昌新四军军部旧址陈列馆铁军广场、河南省艺术职业学院、深圳市博物馆新馆、南京图书馆、苏州市博物馆新馆、浙江美术馆改造工程、江西省美术馆、河南省艺术中心、深圳书城、深圳福田区图书馆、四川省自贡恐龙博物馆等。

全国投资在5000万元以上的在建项目62个,其中投资在亿元以上的有国家大剧院、中国美术馆一期改造工程、北京海淀剧院、山西省博物馆等25个项目。

全国投资5000万元以上的文化设施竣工项目有天桥剧场、河北艺术中心、大连现代博物馆、上海市博物馆、上海市黄埔区图书馆、南京博物院展厅、江苏京剧院紫金大戏院、苏州市图书馆新馆、浙江省艺术职业学院等70个项目。

重点文化基础设施建设历史最好

记　者：请问我国重点文化设施建设情况如何？

周和平：2001—2004年国家加大对中央重点文化项目建设的投资力度，投资和建设规模进入历史最好水平。国家通过对国家大剧院、中国美术馆扩改建工程、国家图书馆二期工程（中国数字图书馆）、国家博物馆、故宫大修、国家话剧院、中央歌剧院、西藏的布达拉宫等三大寺庙的维修等工程投入的导向政策，引导地方加大对当地文化建设的投入。

国家大剧院工程于2001年10月开工建设，规模14.9万建筑平方米，主要包括歌剧院、音乐厅和戏剧场等3个剧场建筑。总投资为26.88亿元。目前施工进展顺利，已完成3个剧场的主体结构和舞台设备的订货。工程投资已完成项目总投资的64.8%（17.42亿元）。计划2005年底竣工结算。

中国美术馆一期改造装修工程，2001年9月批准立项，2002年5月动工建设，总规模2.2万建筑平方米，投资约1.6亿元。2002年底基本完工。埃及文化中心、马耳他文化中心及韩国文化中心的落成使用，启动了中华文化推向世界工程。

国家还积极准备筹建开工的项目有国家博物馆工程，该工程2003年3月批准立项，项目建议书核定建设规模15万平方米，总投资18亿元，计划2005年底动工。

国家图书馆二期工程暨国家数字图书馆工程，2003年1月批准立项，在原国家图书馆的预留地（白石桥地区）上扩建，规模为7.7万平方米，其中二期工程的内容为6.4万平方米，国家数字图书馆工程1.3万平方米，总投资12.3亿元，已于2004年底动工。

中国美术馆二期扩建工程，测算建设规模3.8万平方米，总投资5.6亿元，建设工期为2004—2007年，目前正在进行可行性研究报告的编制工作。

中国国家话剧院剧场工程，2003年3月批准立项，建设1.5万平方米的剧场，总投资1.6亿元，目前正加紧落实剧场选址问题。

故宫博物院古建筑整体维修改造工程，目前正在实施2003—2008年的中期维修规划方案，计划每年投资1亿元改造经费，届时力争基本恢复到康乾盛世时的状况。同时着手研究截至2020年（紫禁城建成600周年）的远期维修改造规划。

中国交响乐团北京音乐厅改造工程，国家已投入3630万元对剧场进行改造，主要包括设备系统更新、改进观众厅音响效果和改善观众服务设施条件，目前该工程已经竣工并投入使用。

标志性建筑凸显城市龙头地位

记　者：请您介绍一下我国省会城市和大城市标志性大型文化建筑情况。

周和平：2001—2002年，各地省会城市和大城市继续建设代表当地文化风貌的标志性大型文化建筑，凸显大中城市的龙头地位。

北京市在建重点文化设施总建筑面积达到11万平方米，投资总额5.1亿元，其中市重点工程有首都图书馆二期、北京画院画室、中国杂技团教学楼、海淀剧院改造等。同时，北京市为把2008年奥运会建成"绿色奥运、科技奥运、人文奥运"，2001年已公开招标了奥林匹克公园和五棵松文化体育中心，还筹建开工了首都博物馆、北京天文馆、电影博物馆、北京市群众艺术馆（社会文化活动中心）等项目。

上海的文化设施与城市的建设得到同步发展，大型文化设施建设总投入11.1亿元，建筑面积15.97万平方米。建成的项目主要有上海市博物馆、上海市黄浦区图书馆等。

浙江省以承办第七届中国艺术节为契机，加大对文化设施建设的投资力度，投资规模和建设规模不仅在全国居领先地位，也是浙江省历史上文化设施建设最好的时期，全省大型文化设施建设总投入达30.11亿元，建设规模66.7万平方米。全省文化设施投资规模超过亿元以上的项目有筹建开工的浙江省美术馆（投资2亿元，2.5万平方米），在建的投资超过亿元的项目有杭州大剧院、嘉兴市文化中心、浙江省路桥文体中心等工程，竣工的超过亿元的项目有浙江省艺术职业学院。

广东省大型文化设施建设总投入达60.3亿元，建设规模92.2万平方米。全省文化设施投资规模超过亿元以上的项目有筹建开工的深圳书城、深圳福田区图书馆等，在建的项目有汕头市图书馆、广州市艺术博物馆、深圳音乐厅、深圳中心图书馆、深圳市盐田区文化艺术中心、深圳市龙岗区文化艺术中心、汕头市图书馆等工程，竣工项目有广州芭蕾舞团业务楼等。

文化设施建设仍然落后

记　者：请问我国文化设施建设还存在哪些问题？

周和平：近几年我国文化设施建设工作有了很大进展，但是公共文化设施建设仍与国际标准存在很大距离。由于我国经济社会发展的不平衡，农村文化与城市文化之间的差距日益拉大，农村经济基础仍然比较薄弱，当前的社会文化建设，尤其是西部老少边穷地区的农村文化建设还存在很多困难和问题。

公共文化设施建设仍然跟不上形势发展的需要。我国公共图书馆与读者阅读需求之间仍然存在着很大的供需矛盾，与每1.5公里半径内就要设置一所公共图书馆、平均每2万人就应该拥有一座公共图书馆的国际标准相比，中国目前的公共图书馆建设现状还非常落后，平均45万多人才拥有一座图书馆。

农村文化与城市文化之间的差距日益拉大。近几年国家财政虽然加大了对农村地区的投入力度，但与同期对城市地区的投入相比，农村文化投入仍显不足。2003年文化事业费中城市占71.9%，而农村只占28.1%，前者超过后者43.8个百分点。各地对农村文化的投入普遍不足，难以对农村文化事业给予充分的支持。许多县级文化馆没有事业经费和活动经费，图书馆没有购书经费。

与教育、卫生、广电等社会事业部门相比，文化事业费投入不足的问题仍然突出。1998—2002 年，全国教育事业投入总计投入 20265 亿元，科技事业投入 3055 亿元，文体广电事业合在一起总计投入 1064 亿元。其中文化事业费投入仅为 323.87 亿元，相当于教育事业投入的 1/70 和科技事业投入的 1/10。2001 年全国文化事业费仅占国家财政总支出的 0.4%，文化事业费占国家财政总支出的比重偏低（教育事业费占 12.2%，卫生事业费占 3.14%，体育事业费不含彩票收入占 0.35%，科技事业费占 1.23%，通讯和广电事业费不含广告收入占 0.48%）。多数地方文化事业费占财政总支出的比例多年也徘徊在 0.4%～0.5% 之间。2001 年全国人均文化事业费仅为 5.7 元（教育：173.0 元，卫生：44.6 元，体育：5.0 元，科技：17.48 元，通讯和广电：6.85 元）。

文化基础设施相当落后。据统计，2002 年全国 2860 个县（县级市、区）中还有 49 个县无文化馆，562 个县文化馆无馆舍，占全国县（县级市、区）总数的 21.4%；全国 121 个县无图书馆，225 个县图书馆无馆舍，占全国县（县级市、区）总数的 12.1%；全国 38240 个农村乡镇中还有 3965 个无文化站，占乡镇总数的 10.03%。已建的许多乡镇文化站由于面积狭小，年久失修，简陋破旧，无法开展阵地文化活动，已建的不少图书馆、文化馆、文化站设施陈旧落后，活动器材和设备奇缺。很多乡镇文化站难以满足规模性文化活动的需要，有的则有站无舍，名存实亡，服务能力逐渐弱化。

加大投入　平衡发展

记　者：请问今后一个阶段我国文化基础设施建设的目标是什么？有哪些举措？

周和平：今后一个阶段我国文化基础设施建设以"三个代表"重要思想和科学发展观为指导，加大投入力度，进一步完善固定设施与流动设施相结合的文化服务体系，充分运用现代科技成果不断创新基层文化服务内容、方式和手段，使农村文化发展水平明显低于城市的问题逐步解决，群众的文化生活和基层文化建设面貌得到改善。

首先要加大投入。要切实推动社会文化建设，必须首先解决文化投入不足的问题。在国家制定发展规划和实施的重大战略或项目中，要有对社会文化建设的投入。在制定"十一五"规划，实施国家扶贫开发等发展战略、区域发展规划和国家扶持项目中，要将社会文化建设列为重要内容。要进一步拓宽经费投入渠道，调动社会力量参与文化建设的积极性，制定优惠政策，鼓励社会力量赞助、捐赠社会文化事业，或通过各种形式，兴办社会文化事业，逐步形成以政府投入为主导、社会投入为补充的多渠道投入社会文化建设的良性机制。

其次要加大重大文化工程实施力度，以项目带动社会文化建设。随着政府财政预算体制改革的深入，增加文化经费投入，越来越依靠项目的支撑。对于目前正在实施的重大文化工程，如"两馆"建设项目等要继续扩展规模，进一步加大实施力度。同时，要根据基层文化建设的实际，策划实施新的项目。要通过加大投入，努力建设面向广大人民群众、便于群众参与的文化设施和场所，逐步改善基层文化基础建设和服务能力薄弱的局面。

要努力解决不平衡的问题。由于我国区域经济发展不平衡等多方面原因，农村和城市相比，西部与东部相比，文化事业发展还存在着较大差距。按照中央关于"今后每年新增教育、卫生、文化等事业经费，主要用于农村"的要求，政府文化投入要重点向农村倾斜。中央及省、市（地）、县级人民政府每年增加的文化事业经费主要用于发展农村文化事业。要抓住实施西部大开发战略和东北老工业基地振兴战略的有利契机，加大对社会文化建设的投入，推进城乡之间、东中西部文化事业的协调发展。

采访手记

在去采访周和平副部长的路上，空中飘起了雪花，先是米粒般大小，不一会就变得漫天飞舞，在空中尽情演绎它们妙曼的舞姿。

城市因雪而生动，而浪漫，而多姿多彩。雪赠送给人们的最美好的礼物就是童话和梦幻。无雪的城市是一个乏味的城市，不爱雪的人是一个乏味的人。

周和平副部长认为，城市因为没有文化、没有民族特色而乏味，而千篇一律。他说城市要"和而不同"，既要追求人与自然的和谐，又要保持自己独有的特点。一个建筑或一个城市，如果没有传统的文化符号、民族特色和地域特点，也就没有自己的特色。

周和平副部长对古城古建筑的保护也非常关心。他说，一座城市应有不同时代的建筑，这样才有历史感，才显得厚重。如果一味地拆除而不注重保护，城市最后剩下的只是一张被涂得污七八糟的纸。

周和平副部长说，搞城市建设，宁可慢些，也要好些。慢工出细活。一味地追求速度，不遵守客观规律，质量就无法保证。城市建设需要理智，切勿浮躁，切勿急功近利。巴黎就是一部史书，每一个街道，每一个建筑，都有它的文化记忆和历史记忆。

城市因为有了文化底蕴才生动，才浪漫，才厚重，才充满活力，才百读不厌。

（记者　王宁）

（《城乡建设》访谈。原载于《城乡建设》2005年第3期）

加大投入　创新机制
切实推进农村文化建设

近年来，党和国家对农村文化建设非常重视。2005年11月7日，中共中央办公厅、国务院办公厅下发了《关于进一步加强农村文化建设的意见》，对进一步加强农村文化建设做出了新的部署。目前我国农村文化建设的现状如何，对进一步加强农村文化建设有什么新的部署？日前，文化部副部长周和平接受了本刊的专访。

本　　刊：如何认识加强农村文化建设的重要性和紧迫性？

周和平：解决好农业、农村和农民问题，是全党和全国工作的重中之重。没有农村的小康，就不会有整个中国的全面小康；没有农村的现代化，就不会有整个中国的现代化。在新的历史条件下解决"三农"问题，已不单单是经济发展的问题。党的十六届五中全会明确提出建设社会主义新农村的重大历史任务。文化建设是社会主义新农村建设的重要内容，肩负着为社会主义新农村建设提供思想保证、精神动力和文化支持的重要责任和使命。加强农村文化建设，是全面建设小康社会的内在要求，是树立和落实科学发展观、构建社会主义和谐社会的重要内容，是建设社会主义新农村、满足广大农民群众多层次、多方面精神文化需求的有效途径，对于提高党的执政能力和巩固党的执政基础，促进农村经济发展和社会进步，实现农村物质文明、政治文明和精神文明协调发展，具有重大意义。

为贯彻落实党的十六届五中全会精神，促进农村文化和经济、政治、社会协调发展，2005年11月7日，中共中央办公厅、国务院办公厅下发了《关于进一步加强农村文化建设的意见》。该意见站在落实科学发展观、构建社会主义和谐社会和建设社会主义新农村的高度，根据当前农村经济社会发展的实际和中央关于解决"三农"问题的战略部署，着眼于广大农民群众的精神文化需求，深刻阐述了农村文化建设的重要性和紧迫性，提出了农村文化建设的指导思想和目标任务，以及推进农村文化建设的相关政策措施。这份文件是继2002年国务院办公厅转发《文化部、国家计委、财政部关于进一步加强基层文化建设的指导意见》之后，关于基层文化建设的又一重要文件。各级政府应充分认识农村文化建设的重要意义，增强紧迫感，提高对农村文化建设重要性的认识，切实把文件精神落到实处。

本　　刊：目前，农村公共文化基础设施的落后是制约农村文化发展的重要因素。在今后的建设中,我们在加强农村公共文化设施建设方面将采取哪些措施?

周和平:多年来,各级财政部门关心支持农村文化建设,不断加大对农村文化建设的投入力度,为农村文化建设提供了有力保障。特别是最近几年贯彻落实中央提出的"今后每年新增教育、卫生、文化等事业经费,主要用于农村"的要求,农村公共文化设施状况有了很大改善,公共文化服务的能力有了很大提高,农村公共文化服务体系建设得到加强。1998年中宣部、中央文明办与文化部共同实施的"百县千乡宣传文化工程",对欠发达地区农村宣传文化设施建设起到了重要推动作用。国家发改委从2002年到2005年投资4.8亿元,用于扶持1078个县级文化馆、图书馆设施建设,项目进展顺利。截至2005年7月,有341个项目已竣工,竣工面积54.27万平方米。到"十五"期末,县县有图书馆、文化馆的目标可以基本实现。财政部也将边疆文化长廊建设补助资金和基层文化设施设备维修补助资金从每年1100万元增加到3000万元,并通过财政转移支付等手段,实施重点文化建设项目,用于农村文化建设的投入有了明显增加。"十五"期间前4年对农村文化投入达到98.53亿元,占全国文化事业费比重为27.2%。目前全国共有县以上公共图书馆2720个,文化馆3221个(含群艺馆),文化站38181个,初步形成县、乡两级公共文化服务网络。这些重大项目的实施,对改善农村基层文化设施落后状况,推动农村公共文化服务体系建设,发挥了重要作用。

在"十一五"期间,我们将进一步加强农村文化基础设施建设,形成较为完备的农村公共文化服务网络。第一,要以政府为主导,以乡镇为依托,以村为重点,以农户为对象,发展县、乡、镇、村文化设施和文化活动场所。到2010年,实现县有文化馆、图书馆,乡镇有综合文化站,行政村有文化活动室,争取达到"一乡一站、一村一室、一人一册"的目标。文化部正与国土资源部、建设部编制《文化馆、公共图书馆用地指标标准》,该标准制定后,文化馆、公共图书馆等公益性文化设施用地无偿划拨将得到保障;文化部还与国家发改委、建设部一起研究制定《公共图书馆建设标准》,争取早日颁布执行。第二,要加强对农村公共文化设施的管理。县文化馆、图书馆、乡镇综合文化站等属于公益性事业单位,不得企业化或变相企业化,不得以拍卖、租赁等任何形式,改变文化设施的用途;已挪作他用的,要限期收回。县文化馆要具备综合性功能,图书馆要加强数字化建设。乡镇可结合乡镇机构改革和站所整合,组建集图书阅读、广播影视、宣传教育、文艺演出、科技推广、科普培训、体育和青少年校外活动等于一体的综合性文化站,配备专职人员管理。第三,加强农村不同部门之间文化资源的综合利用,实现资源共享,互联互通。在学校布点整顿中腾出的闲置校舍,可改造为村文化活动基地。鼓励农村中小学图书室、电子阅览室定时就近向农民群众开放,把中小学校建成宣传、文化、信息中心。要力争通过几年的努力,使县、乡、村文化基础设施、文化活动场所与流动文化设施有一个较大的发展，基本形成较为完备的农村公共文化服务网络。

为贯彻落实《关于进一步加强农村文化建设的意见》精神，文化部和国家发改委计划"十一五"期间，扶持乡镇文化站设施建设，现正在编制文化站建设规划，争取到"十一五"末期基本实现乡镇有综合文化站的目标。该项目的顺利实施，将对农村文化建设产生重要推动作用。

本　刊：近年来，文化部和财政部联合实施了一些重大文化项目，对加大农村文化投入、丰富农村文化资源起到了重要作用。在"十一五"期间，将如何进一步加强重大文化项目的实施力度？

周和平：2002年以来，文化部和财政部先后联合实施了全国文化信息资源共享工程和送书下乡工程等重大文化项目，对推动农村文化建设起到了重要作用。全国文化信息资源共享工程是对文化信息资源进行数字化加工和整合，并通过网络等传输渠道为社会公众服务的重要工程。该项目既是一项繁荣社会主义先进文化的创新工程，也是新形势下构建我国公共文化服务体系、惠及千家万户的一项重要文化基础工程。工程实施以来，共建设文化系统内外基层点12432个，终端数量达到74.8万个。各地积极利用工程建设成果，依托基层网点，为农民提供数字化文化服务。送书下乡工程是针对广大农村地区县级公共图书馆购书经费短缺、藏书贫乏的现状，由文化部、财政部共同实施的文化工程。工程覆盖全国22个省的国家级扶贫开发重点县300个（全国562个）、近3000个乡镇，赠送图书总数为511.6万册。

在"十一五"期间，我们将进一步加大这些工程的实施力度。全国文化信息资源共享工程要落实中共中央办公厅、国务院办公厅转发的《文化部、财政部关于进一步加强全国文化信息资源共享工程建设的意见》精神，以资源建设为核心，以基层服务网点建设为重点，整合资源，形成合力，积极开展农村数字化文化信息服务。积极发展基层服务点，重点支持边远贫穷地区乡镇、村基层服务点建设，"十一五"期间，要实现县县有分中心、乡乡建有基层服务点、50%的行政村建有基层服务网点，努力使广大农民群众能够便捷地享受丰富的文化信息服务。送书下乡工程将要在"十一五"期间实施二期工程，送书范围扩大到全国所有国家级扶贫开发重点县和乡镇。同时，文化部还将筹划一些新的农村文化项目。目前正在与财政部积极协商实施流动文化车试点项目，计划投资5000万元，为基层文化机构配备流动文化服务车和流动舞台车，使之具备开展流动文化服务的能力，送文化服务到农村。

本　刊：丰富农民群众精神文化生活是加强农村文化建设的一个重要方面。目前我们在开展农村文化活动，丰富农民精神生活等方面有哪些具体的思路？

周和平：我们将从三方面抓好这项工作：

第一，要抓好农村题材文艺作品的创作、选拔和推广，提供更多更好的农村文化产品。各地文化部门和单位要加强选题规划和内容建设，把农村题材纳入舞台艺术生产规划,并保证农村题材文艺作品在出品总量中占一定比例。加大对农村题材文艺作品重点选题的资助力度,每年推出一批反映当代农村生活、农民喜闻乐见的文艺精品。要继续购买适合农村需要的优秀剧本版权,免费供给基层艺术团体使用。全国性文艺评奖要安排一定数额,用于奖励反映农民生活的优秀文艺作品。

第二,进一步创新农村文化活动形式。要按照业余自愿、形式多样、健康有益、便捷长效的原则,组织好农村文化活动。充分利用农闲、节日和集市,组织花会、灯会、赛歌会、文艺演出、劳动技能比赛等活动,使大型、示范性文化活动与平时的小型、分散性群众文化活动结合起来,让农民群众就近方便地参加各种群众文化活动。积极发展多种形式的流动文化服务。紧密结合农民脱贫致富的需求,倡导他们读书用书、学文化、学技能,普及先进实用的农业科技知识和卫生保健常识。以创建文明村镇、文明户等为载体,积极引导广大农民群众崇尚科学,破除迷信,移风易俗,抵制腐朽文化,提高思想道德水平和科学文化素质,形成文明健康的生活方式和社会风尚。

第三,要加强对农村优秀民族民间文化资源的系统发掘、整理和保护。着力发展农村特色文化,对农村传统文化生态保持较完整并具有特殊价值的村落或特定区域进行动态整体性保护,逐步建立科学有效的民族民间文化遗产传承机制。积极开发具有民族传统和地域特色的剪纸、绘画、陶瓷、泥塑、雕刻、编织等民间工艺项目,戏曲、杂技、花灯、龙舟、舞龙舞狮等民间艺术的民俗表演项目,古镇游、生态游、农家乐等民俗旅游活动。实施特色文化品牌战略,培育一批文化名镇、名村、名园、名人、名品。

本　刊: 在创新农村文化建设的体制和机制方面,有什么新的思路?对农村民办文化应该怎么认识,怎么对待?

周和平: 推动农村文化建设,必须要加强农村文化体制和机制创新,关键是加快公益性文化事业单位改革和经营性文化单位转企改制。首先要加快公益性文化事业单位改革。县级文化馆、图书馆的改革主要是增加投入,转换机制,增强活力,提高公共服务水平。深化劳动、人事、分配等方面的内部改革,建立健全竞争、激励、约束机制和岗位目标责任制,全面实行聘用制和劳动合同制。县、乡文化机构要面向农村,面向基层,制定年度农村公益性文化项目实施计划,明确服务规范,改进服务方式,开展流动文化服务,加强对农村文化骨干和文化中心户的免费培训辅导,扶持奖励民办文化。

其次是要逐步推动经营性国有文化事业单位转企改制。根据试点先行、稳步推进的原则,推动基层国有艺术团体、电影公司、电影院、新华书店等经营性国有文化事业单位转企改制。转制企业按现行文化体制改革试点工作有关配套政策内容,给予3年财政税收、社会保障、劳动人事等方面的优惠政策。加快产权制度改革,积极鼓励社会资本参与经营性文化事业单位的股份制改造,实现投资主体多元化。鼓励艺术团体以各种形式和企业合作。鼓励电影公司、电影院以"院线制"形式、新华书店以连锁经营形式，在更大范围内进行文化资源整合，提高经营能力。

这里，我还要特别强调，要大力发展农民自办文化。农民自办文化来源于民间、成长于民间、服务于民间，对发展社会主义先进文化、丰富农村文化生活、满足农民群众精神文化需求，具有重要意义。许多地方农民以家庭为单位开展文化活动，发展农家文化大院和文化中心户，建设庭院文化，不断丰富活动内容，充实活动内涵，农民参与文化建设的主动性和积极性有了很大提高。各级文化部门要提高对支持农民自办文化发展重要性的认识，认真贯彻落实《文化部、财政部、人事部、国家税务总局关于鼓励发展民营文艺表演团体的意见》等文件精神，制定符合本地农民自办文化发展的目标、措施和相关政策，通过民办公助、政策扶持，鼓励农民自办文化，开展各种面向农村、面向农民的文化经营活动，使农民群众成为农村文化建设的主体。积极扶持热心文化公益事业的农户组建文化大院、文化中心户、文化室、图书室等，允许其以市场运作的方式开展形式多样的文化活动。支持农民群众自筹资金、自己组织、自负盈亏、自我管理，兴办农民书社、集（个）体放映队等，大力扶持民间职业剧团和农村业余剧团的发展。引导文化专业户相互联合，进行市场化运作，逐步向个体、私营等非公有制文化企业发展，开发文化资源，变资源优势为产业优势。扶持以公司加农户、专业加工户等形式，从事农村特色文化产品开发和文化服务，促进农村文化产业发展。有关行政部门要简化对农村个体、私营等非公有制文化企业的登记审核程序，在土地使用、信贷、行业政策等方面，与国有文化企业享受同等待遇。

本　刊：作为社会力量支持农村文化建设的一种形式，"三下乡"、文化对口支援活动在我国农村文化建设中起了比较大的作用。目前，"三下乡"活动具体开展情况如何？今后，如何更好地开展该项工作？

周和平：胡锦涛总书记多次指出，我国现在总体上到了以工促农、以城带乡的发展阶段，要加强工业反哺农业、城市支援农村。在农村文化建设中要充分发挥城市各界力量对农村的支援作用，是长期以来我国农村文化建设的重要经验之一。自1996年"三下乡"活动开展以来，文化部门采取多种措施，充分发挥专业艺术院团、文化馆、图书馆、县级剧团等文化机构的作用，加大面向农民的文化服务力度。为使基层农民享受到高水准的文化生活，文化部门每年都组织部直属专业艺术院团赴老少边穷地区进行慰问演出，据统计，10年来，7个中直院团深入到全国18个省区，演出近300场，观众逾千万，受到了广大农民群众的热烈欢迎。文化馆、图书馆、县级剧团等基层文化单位是文化下乡的生力军和主力军。长期以来，他们发挥自身的工作优势，为广大农民群众提供内容丰富、形式多样的文化服务。各地基层电影放映公司和农村电影放映队积极开展送电影下乡活动，满足了农民群众多层次的文化需求。

今后，我们将进一步完善文化下乡和文化对口支援活动机制。充分发挥流动文化车、文化小分队的作用，使文化下乡活动小型化、经常化，努力做到灵活多样、行之有效。注意发挥民办剧团在农村文化生活中的积极作用，组织民办剧团参加下乡演出。对文化下乡的重要项目和产品采取财政补贴，以政府采购的方式，直接送到农村。要继续购买适合农村需要的优秀剧本版权，免费供给基层艺术团体使用、改编并为农民群众演出。把农村文化建设纳入对口扶贫计划，建立和完善东部地区对西部地区、发达地区对欠发达地区、城市对农村的文化援助机制，支援农村文化建设。表彰和奖励那些坚持长年下乡、下基层演出的文化单位和文化工作者。

（《小城镇建设》访谈。原载于《小城镇建设》2006年第2期）

建立完善的农村公共文化服务体系

着眼于满足人民群众文化需求,保障人民文化权益,逐步建立覆盖全社会的公共文化服务体系。突出抓好广播电视村村通工程、社区和乡镇综合文化站建设工程、全国文化信息资源共享工程、农村电影放映工程、农家书屋工程。继续建设一批国家重大文化工程。加强网络文化建设和管理。

搞好文化遗产、自然遗产和档案保护。加强文化市场管理,坚持开展扫黄打非。

——摘自《政府工作报告》

编者的话:如何着力推进农村公共文化服务体系建设,扎实改善人民群众的精神文化生活,不断提高广大农民群众思想道德和科学文化素质,促进农村经济与社会协调发展,这是社会主义新农村建设过程中的一个重要课题。

7月4日,经济日报邀请文化部副部长周和平,与天津市西青区区委常委、宣传部部长刘红,辽宁省凤城市大梨树村党委书记毛丰美,内蒙古自治区准格尔旗五家尧子村党支部书记张军,围绕农村文化建设等问题进行了对话。

对话人——

周和平:文化部副部长

刘　红:天津市西青区区委常委、宣传部部长

毛丰美:辽宁省凤城市大梨树村党支部书记

张　军:内蒙古自治区准格尔旗五家尧子村党支部书记

策划人——

李　力:经济日报产经新闻部副主任

现在农民的物质生活改善了,他们最需要的就是文化

刘　红:首先感谢《经济日报》给我们搭建了一个这么好的平台,我感觉特别高兴,我先把我们西青区的情况说说。西青区位于天津市的西南部,人口32万,其中农业人口24万。去年全区财政收入达40亿元,其中文化产业这一块占6.8亿元。

去年底农民人均纯收入9696元,在天津市算是高的。这些年老百姓的日子确实也好过了,条件也改善了。我觉得,现在老百姓最需要的就是文化。现在老百姓不愁吃、不愁穿,但是在精神文化需求方面还有很大的空间。我们基层的农民群众参与文化活动的热情非常高,他们经常自发地搞活动,这种和谐文化的氛围还是有的。

周和平：你们那儿文化建设都有什么特点？

刘　红：要说我们西青区文化建设有什么特点，第一个还得说领导重视。从区委书记，到基层党支部书记，都非常重视。再一个我感觉到部门联动积极性高。我们年年春节都搞民俗文化节，开协调会的时候，包括公安、法院、检察院各个部门的人都来了。还有一点，我们从事文化工作的同志们责任心比较强。比如春节我们搞民俗文化节，正月十五的时候，文化局搞灯展，正好赶上下雪，天特别冷，难度很大，但文化局的同志们把活动搞得既热闹又安全，老百姓特别满意。

另外，在文化建设方面，我们有"四抓"：一是抓阵地，得把阵地巩固住了；二是抓活动，活动必须得健康、活跃；三是抓我们自己这支文艺队伍，不管是专业的还是业余的都要抓好；四是抓品牌，比如我们杨柳青的年画，还有我们的品牌活动——杨柳青民俗文化节，年年搞，今年是第五届了。今年的文化节持续了26天，有20多项活动项目，包括书画、剪纸、风筝等作品展示，参加的演员和作者有3000多人。

目前硬件设施也逐步得到完善，区里2万多平方米的文化中心已经竣工，这在天津市是最大的，文化馆、图书馆、影剧院、老年活动中心、少年宫这儿都有，周边群众都可以到那儿活动。另外村村都有文化广场、老年活动室、图书室。

搞好农村文化建设，要顺应农民的意愿，首先要让老百姓高兴和满意

周和平：你们那儿农民的文化需求有什么特点？

刘　红：我们那儿农民的基本需求是在阵地和设施这两方面。因为我们西青区作为大都市的近郊区，经济比较发达，有的农民住着楼房，因此农民要求活动阵地、设施必须好。另外活动内容主要集中在书法和音乐两项。其中最受欢迎的应该是民间文化，因为老百姓感觉它特别亲切，有一种亲情在里面。

结合农村文化建设和新农村建设，我们去年又推出了文明村"十个一"。这"十个一"主要包括：一个超前的规划，一所村民学校，一个文体活动站，一个综合服务站，一个中心花园，一个宣传橱窗，一个警务室，一个村级广播站，一个电子监控设施，一个完整的垃圾储运设施。这"十个一"我们感觉很实用，最受老百姓欢迎。

为此我们一年要投几千万元，村里可以直接受益。

现在我们主要发展工业企业，农民离土不离乡，干活的时间有限。业余时间干什么呢？于是我们把人组织起来，把思想统一起来，这是我们工作的一个重点。我们认为这"十个一"符合我们那个地区的具体情况，下一步需要我们把工作做实了。

随着新农村建设步伐的加快，农村遇到了前所未有的方方面面的问题。我们总结了一点，就是要巩固阵地，这个阵地包括政治阵地、文化阵地、思想阵地。因此新农村建设当中的文化建设尤为重要。现在的一些不健康的外来文化、网络文化，对我们青少年思想的冲击尤其严重。如何把阵地巩固住了，如何把活动常搞常新，受老百姓的欢迎，这是摆在我们面前的课题。

加强农村文化建设，对内可以统一思想，鼓舞干劲；对外可以提升人气，展示良好形象

毛丰美：俺们大梨树村是山区，离丹东鸭绿江50公里，离凤城市区12公里。这些年凭一股干劲，发展集体经济，去年人均收入12000元。俺们村也比较大，原来2600口人，后来叫俺们村带一个2200口人的贫困村，加一块儿是4800人。

俺们村发展经济，一方面种植镇定安神的中草药五味子，搞五味子深加工，去年光中草药就收入5000多万元。另一方面还发展旅游，村里两星三星宾馆都有，能住500多人。现在城里人愿意到农村去，他们爱吃农村饭菜，光吃饭这一项一个中午我们就能收入8万元。俺们那儿家家门前小桥流水，是按照丽江古城建造的，河流是按照周庄水乡建设的，夜景是按照秦淮河风景设计的，晚上一亮灯，坐着船就像进了迷宫一样。俺们山上的果园有26000多亩，直接坐上轿车跑，得跑半个小时才出得去。

俺们凤城那地方是古城，有文化底蕴，受这些影响，我们也得发展文化。所以俺们村就琢磨出"干"字文化。"干"字文化是什么？苦干、实干、巧干，苦干就是弯大腰流大汗，实干就是做实事求实效，巧干就是讲科学闯市场。这就叫文化，这就是大梨树发展史。我们在山上建了一个"干"字文化广场，在广场上塑了一个9.9米高的"干"字，意思是久干；还塑了一个太阳，三样工具支撑着这个太阳——头顶烈日干，下面刻上历代书法家写的"干"字。这就叫"干"字文化。我们用大梨树的发展史、"干"字长廊教育村民，一定要坚持发展，一定要坚持干下去。

俺们村刚刚建了一个8000平方米的体育文化中心，封闭式体育馆，能容纳三四千人。今年辽宁省第六届农民运动会将在这里召开。你说没点接待能力，吃住都解决不了，还敢招揽那事？这么一干，我感觉文化绝对有凝聚力。这不光对我们村民，对外界也是一个吸引力。现在外来人口到我们那儿买小别墅的太多了。我们那儿人为什么那么多，因为我们老百姓文化素质高了，这对外面是一种吸引力。

我感觉，文化真是大有文章可做。只要你想把大伙凝聚在一起，你就必须得抓文化。首先经济得上来，有钱了就有条件了，你再一抓精神文明就形成合力了。经济基础上来以后，文化必须得跟上。周副部长，我很希望您能去俺们村看看社会主义新农村是什么样。

另外我说一句，俺们大梨树村有这么好的文化，和丹东市、凤城市两级宣传部门分不开，他们对我们村的文化建设精心培育，才有这么大的成果。凤城市委宣传部一方面搞城乡共建，市里一年包一个镇，镇里一年包一个村，在经济上、文化上全方位去帮扶。另一方面搞创建学习型村组。村组学什么？主要是围绕支柱产业学习科学技术。通过开展学习型村组的活动，既学到了科学技术知识，找到了致富的项目，又提高了农民的素质。开展创建活动以后，农村基层组织建设都好开展了。俺们大梨树村就是这两项活动的典型村之一。

农村文化建设既丰富了农民的文化生活，又改变了农村的不良现象

张　军：我来自内蒙古自治区准格尔旗五家尧子村，准格尔旗距离鄂尔多斯市120公里，我们在准格尔旗西北部。我们那儿煤矿资源特别丰富。

在文化建设方面，我们村成立了艺术团，有60多人。艺术团每年下乡演出400多场次，在村里的文化建设上起到了主力作用。过去我们那儿有些农民有种坏习惯，就是赌博。这几年艺术团编排了好些剧目，把农村过去一些不好的现象编成短剧，对改变这种现象起到了很大的作用。我们现在建设了农牧民文化培训中心，占地1400平方米，估计再有两个月就建成了，还有图书室，各种配套设施都有。现在正在建一个体育场。

周和平：你们村里的艺术团跟国有剧团是不是同等待遇？交税不交？最高收入到多少钱？

张　军：税不用交。艺术团收入不多，最大的收获是通过办艺术团，加大了对我们准格尔旗文化的宣传。我想请教一下，像国有企业、民营企业在很多政策上国家都是一样的待遇，那我们村办企业办的艺术团，国家是不是也给予同等待遇？

周和平：应该是同等待遇。现在文化部组织的文艺评奖，或者是表彰奖励、命名、荣誉称号的授予，对国有和民营、民间剧团是同等的待遇。我国的民营剧团发展刚开始，扶持政策还需要逐步完善。像你们地方的剧团，都有一定的地域特色，很有群众基础，老百姓都愿意参与，在农村有很强的生命力，对活跃农村文化生活发挥了很大作用。

像科学技术是生产力一样，文化也是生产力，是一个国家的软实力

周和平：大家介绍的农村文化建设情况都挺好，各有特色。有一个共同点，就是各级党委、政府都很重视文化建设，把文化作为维护社会稳定、推动经济社会协调发展的重要方面。这点是难能可贵的。

你们介绍的推动农村文化建设的经验和做法，值得学习和借鉴。天津市近年来注重公益文化建设，各级政府加大对农村文化建设投入，经济条件比较好的街道和乡村投入力度比较大，并将其纳入工作目标管理责任制，作为考核领导干部政绩的重要标准。像大梨树村、五家尧子村，这几年对农村公共文化服务体系建设也都采取了积极有效的措施。通过你们的介绍，可以印证这一点，文化建设对保持社会稳定，推动经济发展，能起到非常重要的作用。文化也是生产力，确实像科学技术是生产力一样，是一个国家的软实力。

曾经辉煌灿烂的世界几大文明，随着时间流逝，有的已经消失，但中华民族的文化却绵延不断地传承下来了。这是因为我们的文化是有人民大众作基础的。中国的文化传承主要通过两个方面：一个是不断总结前人的历史，如通过修史修志、整理典籍等来传承；另一个很重要的传承渠道就是民间，通过各个民族的语言和文字，通过各种艺术形式，包括戏曲、音乐、舞蹈、美术等形式，通过各种习俗、生产生活方式和各种工艺形式来传承，即所谓非物质文化遗产，它与人民群众的生产生活密切相关。

农村文化建设基础还很薄弱，要努力满足广大人民群众的基本文化权益

周和平：改革开放以后，我国的经济有了很大发展，人们的生活水平有了很大的提高。十一届三中全会以后，中国农村也发生了翻天覆地的变化，绝大多数农民吃饭已经不成问题。近几年，国家采取了一系列措施，像农村搞低保，免除农业税，农村合作医疗服务体系的建设，教育上也采取了一系列措施，解决贫困家庭子女的上学问题，等等，使亿万农民得到了实惠。

文化事业发展也比较快。去年全国文化事业费是156.59亿元，人均达到了11.91元。这比"十五"期间有了较大幅度增长。但是我们也应该清醒地看到，我国农村文化建设还相当薄弱，存在很多困难和问题。如现在全国13亿人口，公共图书馆只有4亿多册藏书，人均才0.3册，农村人均公共图书馆藏书只有0.1册。全国有超过1/4的县级图书馆没有能力购买新书。再说看戏，全国64万个村庄，去年国有剧团到农村演出28万场。这些年搞农村电影放映工程，一个村一个月一场电影。电视这些年发展比较好，村村通了。

全国农村38000个乡镇，需要改扩建的文化站有26700个，占到60%还多一点；有的地方没有文化站，也没有设施。农村文化建设的基础是很薄弱的，但实际上农民对文化的需求很强烈，他们为了看场戏，跑很远的路也愿意去。

文化部、财政部实施的送书下乡工程，书到农村，非常受欢迎。农民还是非常渴望文化的，这就对政府提出一个非常重要的任务——怎么样满足人民群众日益增长的文化需求。

中央对满足广大人民的基本文化权益非常重视，近几年来，陆续出台了一系列切实有效的措施：2002年，国务院召开了基层文化工作会议，国务院办公厅转发了《关于进一步加强基层文化建设的指导意见》；2005年12月中共中央办公厅和国务院办公厅又下发了《关于进一步加强农村文化建设的意见》。这些年的政府工作报告中，农村文化建设的几个工程都是单独提出来说的，可见这项工作越来越受到重视。在文化体制改革中，中央非常明确地提出，图书馆、群艺馆、文化馆、文化站等公益性的文化单位，是政府兴办的公益性文化事业，各级政府有责任加大投入、转换机制、增强活力、改善服务，这是政府的职能。

中国要发展，要建成和谐社会，要实现小康，没有8亿农民的小康，就没有中国的小康。农民要实现小康，光解决吃饭问题不够，根本是提高农民的科学文化素质。只有人们文化素质好、物质生活好、幸福指数比较高，这才能叫小康社会。现在中央提出加强农村文化建设，是站在时代和历史发展的高度，来抓农村的文化建设，真可谓立意高远。

中央将采取一系列措施，大力推动农村文化建设

周和平：最近几年，中央要在以下几个方面加大力度，大力推进农村文化建设：

第一，加强公共文化服务体系建设，特别是农村。公共文化服务体系的内涵非常丰富，包括基础设施的建设，我们提出一个量化的目标，叫县有两馆——图书馆、文化馆，乡有综合性的文化站，村有文化室，这是最起码的需求。另外，还要着重抓好公益性的文化工程，像全国文化信息资源共享工程、送书下乡工程、流动舞台车工程等。特别要抓好全国文化信息资源共享工程，该工程运用现代科技手段，把优秀文化资源进行整合和数字化加工，通过卫星、互联网、光盘等方式向基层传输。现在有农业科教片6000多部、戏剧片2000多部、电影四五百部、几十万册图书，还有讲座，等等。中央财政将投入近30亿元。

第二，加强非物质文化遗产保护。非物质文化遗产主要是生长和生存于民间的文化资源，它包括音乐、舞蹈、美术、戏曲、各种习俗、工艺等。我们有针对性地采取几项措施：一是大面积普查，了解分布情况；二是建立名录体系，政府来公布，彰显项目的重要性；三是建立传承人制度，好的项目需要传承人来继承；四是设立保护区，并设立"文化遗产日"。

第三，充分调动农民发展文化事业和文化产业的积极性，让农民自办文化。农民既是文化的受益者，又是文化的创造者。要鼓励农民自办文化大院、文化中心户、文化室、图书室等，支持农民群众兴办农民书社、电影放映队，大力扶持民间职业剧团和农村业余剧团，促进农民自办文化的健康发展。

推进农村文化建设，各级财政要加大投入，把政府该办的事办好。我听说有关方面也在考虑改革干部考核标准，要结合贯彻科学发展观，将文化建设情况纳入干部考核指标，引导各级政府重视文化建设，把文化事业搞好。

中华民族文化之所以绵延不断，就在于其具有海纳百川的胸怀和不断发展的创新精神。我们的文化建设肩负着传承中华民族魂魄和精神的历史使命。要围绕构建社会主义和谐社会和建设社会主义新农村这个总目标，大力加强公共文化服务体系建设，维护广大农民群众的基本文化权益，努力满足广大人民群众的精神文化需求。要坚持继承和创新的统一，充分挖掘非物质文化遗产中的优秀文化内涵，继承和弘扬中华民族的优秀文化传统，学习借鉴世界其他国家其他民族的先进文化，大力推进文化创新，努力使当代中华文化更加多姿多彩、更具吸引力和感染力。

（文/记者　李丹整理）

（《经济日报》访谈。原载于《经济日报》2007年7月24日第13版）

文化部及有关方面负责人接受
中外记者集体采访

3月13日上午10时30分，文化部及有关方面负责人在"两会"新闻中心（梅地亚中心多功能厅）就公共文化服务接受中外记者的集体采访。

主持人钟雪泉：各位记者朋友上午好，应多家媒体的采访要求，今天我们邀请到了文化部及有关方面负责人就公共文化服务情况接受大家采访。

接受采访的嘉宾是：全国政协委员、文化部副部长周和平先生，全国政协委员、国家文物局副局长张柏先生，文化部社会文化司司长张旭先生，全国人大代表、江西省文化厅厅长李玉英女士，全国人大代表、国家图书馆馆长詹福瑞先生。

今天的采访时间约为1小时，原则上每位记者只提一个问题。首先有请周副部长简单介绍有关情况。

周和平：各位新闻界的朋友，大家好。根据十一届全国人大一次会议秘书处的安排，今天我们在这里就公共文化服务接受大家的采访。首先，我想借此机会对长期以来关心、支持文化工作的新闻界的各位朋友表示衷心的感谢。

党的十七大把"建设覆盖全社会的公共文化服务体系"作为实现全面建设小康社会的重要目标之一。温家宝总理在今年的政府工作报告中指出，要加大政府投入力度，加快构建覆盖全社会的公共文化服务体系，加强公益性文化服务建设，特别是加强社区和乡村的文化设施建设。

公共文化服务是政府提供的以保障公民的基本文化权益、满足公民基本文化需求为目的的文化服务，通俗地讲就是政府出钱，相关的文化机构无偿提供，老百姓免费享受的文化服务。具体地讲，提供公共文化服务的主要机构有公共图书馆、博物馆、文化馆、美术馆、影剧院、音乐厅、文化站等，主要内容是看书、看报、看电影、看电视、看戏、公共文化鉴赏、文化素质培训、群众性的文体活动，等等。

公共文化服务体系是和谐文化建设的重要内容，也是文化大发展大繁荣的重要基础。提供公共文化服务是各级政府和文化部门的重要职责。加快建立覆盖全社会的公共文化服务体系是维护好、实现好、发展好人民群众基本文化权益的主要途径，反映了广大人民群众的意愿，体现了社会主义制度的优越性，对促进人的全面发展、提高全民族的思想道德和科学文化素质、建设富强民主文明和谐的社会主义现代化国家具有重要意义。下面我和我的同事非常高兴就公共文化服务同各位朋友进行交流，欢迎大家提问。

《人民日报》记者：我是《人民日报》的记者。请问周副部长一个问题，就是温家宝总理在政府工作报告中已经提到目前我国县乡两级的公共文化服务体系已经初步形成，请您介绍一下目前的体系有哪些具体的成效和哪些不足的方面，下一步工作的具体步骤是什么。谢谢。

周和平：最近几年来，特别是党的十六大以来，在党中央、国务院的高度重视下，各地非常重视公共文化服务体系建设，建设步伐明显加快。主要表现在以下几个方面：

一是覆盖全社会的公共文化服务体系初步建成。全国共有县以上的公共图书馆2791个，文化馆3214个（含群艺馆），博物馆1634个，艺术表演团体2866个，剧场1839个，文化站36874个，有社区和村文化室13万多个。截至2006年，在从事公共文化服务的人员有51.9万人，公共图书馆藏书有5亿册，全国文物机构共有文物藏品1845万件。除了文化、文物系统外，其他部门的图书馆、展览馆、科技馆、工人文化宫、青少年宫等公共文化机构也有了快速的发展。

二是文化事业的投入也在逐年增加。2001—2006年，全国文化事业投入总计654亿元。其中，2006年全国文化事业费达到158.03亿元，比2005年的133.82亿元增加了24.21亿元，增长了18.1%。2006年全国人均文化事业费达到11.91元，比2005年的人均10.23元增长了16.4%。

三是文化设施建设明显加快。国家和各省陆续建设一批图书馆、文化馆、博物馆、美术馆、影剧院、音乐厅等文化设施。2001—2006年，全国对文化设施建设实际完成投资174亿元，共有1340个建设项目竣工，交付使用，面积达到478万平方米。其中，国家级重点项目总建筑面积62.18万平方米，概算总投资90.71亿元。国家大剧院、国家图书馆二期暨国家数字图书馆工程、国家博物馆改扩建工程等，有的正在建设，有的已经竣工投入使用，形成新中国成立以来文化设施建设新的高潮。全国投资亿元以上的已竣工文化设施项目有55个。

"十五"期间还实施了县图书馆、文化馆建设工程，中央投入资金4.8亿元，各地配套资金14.2亿元，对全国1086个县级图书馆、文化馆设施建设予以补助，建设规模达197.27万平方米。到"十五"期末，"县县有图书馆、文化馆"的目标基本实现。"十一五"期间，又实施乡镇综合文化站建设规划，投入39.48亿元，新建和扩建2.67万个农村乡镇综合文化站，到2010年基本实现"乡乡有综合文化站"的建设目标。

四是实施了全国一些重大的文化工程，比如政府工作报告中提到了全国文化信息资源共享工程，这就是列入国家计划的重大文化工程。它是对文化信息资源进行数字化加工和整合，并通过卫星、互联网和光盘等传输渠道为社会公众服务的一项重要工程。自实施以来，中央财政累计投入已达9.07亿元，地方累计投入已达7亿元；数字资源量已达到65 TB（1 TB数据量相当于25万册电子图书或926个小时视频节目）；自建、共建的基层服务点已超过52万个。中央财政将文化共享工程建设列为重点支持的文化建设工程，从2007年到2010年，投入24.67亿元支持工程建设，到2010年，将基本形成资源丰富、技术先进、服务便捷、覆盖城乡的数字文化服务体系，县有支中心，乡村有基层服务点，实现"村村通"。

另外，这几年陆续实施了送书下乡工程，即中央财政出钱，为贫困县和其中的乡镇送书。此外还实施了流动舞台车工程。这些工程的实施对各地的文化建设起到了重要的引导作用。

五是加强了非物质文化遗产的保护。农村蕴藏着非常丰富的非物质文化遗产，农民群众非常欢迎。这些年我们在国家的统一部署下开展了大规模的非物质文化遗产普查工作，并且已经颁布了第一批国家级非物质文化遗产名录518项。第二批国家级非物质文化遗产名录项目，已经各地申报、专家评审、社会公示，即将报国务院审批。2007年和2008年公布了两批国家级非物质文化遗产项目代表性传承人777名。这些对于挖掘和弘扬中华民族优秀的文化，活跃农村的文化生活起到了非常重要的作用。

六是公共文化服务的能力不断增强。最近比较热门的话题是博物馆的免费开放，中央财政将拿出12亿元，支持全国的各类博物馆相继免费开放。在中央财政支持下，国家图书馆也实施了免费开放。此外，还要推动全国的图书馆、文化馆面向社会免费开放。各地还采取了一些措施，比如用政府买单的形式为群众免费提供公共服务，今天在座的江西省文化厅的李厅长，他们省在这方面做得就比较好。有的省还采取了一些流动形式的服务，等等。

当前，两个方面的问题比较突出。第一个问题，就是城乡之间的差距比较大，而且有的地方还有差距进一步扩大的趋势。第二个问题，广大群众日益增长的文化需求同公共文化服务能力不相适应的问题比较突出，这也是我们下一步需要关注的问题。

下一步，公共文化服务工作的重点在农村，主要是：

一是完成乡镇综合文化站建设任务，建立农村公共文化机构经费保障机制，使文化机构能够正常运转，图书馆有钱买书、文化馆站有经费组织群众文化活动、剧团能够下乡演出，把它们的活力调动起来。

二是加大重点工程实施力度，特别是全国文化信息资源共享工程，每个乡镇和每个村都要建立基层的服务点，实现"村村通"，继续推动送书下乡、流动舞台车等重点文化工程。

三是充分挖掘优秀非物质文化资源，包括传统节日文化活动等，使这些非物质文化资源得到很好的利用，推动各地的经济建设和社会发展。

文化重在积累，要从基础做起，特别是从农村做起，扎扎实实地把公共文化服务体系建设好，以满足人民群众基本的文化需求。文化也要有"低保"，即要满足人民群众基本的文化需求。

中国国际广播电台记者：我是中国国际广播电台记者。请问周副部长，去年一年以来，中国的影视市场基本上是由国产的影视主打，打破了以往国外电影控制的局面，我想问这个局面会不会一直保持下去？政府有没有扶持？有没有与国外影视竞争的实力？

周和平：十分遗憾，影视方面的管理职能在广播电影电视总局，建议你采访该局。非常抱歉。

《光明日报》记者：我是《光明日报》记者，有一个问题请问周副部长。据我们了解，目前在我国农村地区，特别是中西部偏远地区的农民群众文化生活还比较贫乏，一年到头很难享受到公共文化服务。请问文化部将采取什么措施解决这个问题？

周和平：非常感谢你关注农村的文化建设。农村的文化建设也是目前我们非常关注的问题。确实如你提出的那样，现在农村的文化建设还比较滞后，有的地方文化设施比较陈旧，有的地方公共文化服务体系还没有形成。

从文化事业的投入看，我刚才谈了，2006年的时候文化事业费是158.03亿元，用于农村的却只有44.6亿元，还不到1/3。另外，县以下的就更少了。如果按人均算账的话，乡镇以下人均享有的文化事业费只有1.48元。文化事业费的分布主要在城市。如何解决农村的建设问题，这是最近几年，乃至今后一个时期内工作的重点。

其一，下一步要在设施建设上加快建设乡镇的综合文化站，使乡镇的文化站具备能够提供公共文化服务、能够组织群众开展文体活动、有能力进行文化市场管理的职能。同时，对村一级建文化室给予适当的支持，使每个行政村能够建有文化室，就近为群众提供文化服务。

其二，要加大对农村文化人才的培养力度，使乡镇文化站的工作者具备开展文化工作的能力和素质，使每一个行政村能够培养几名业余的文化骨干。

其三，继续实施全国文化信息资源共享工程、送书下乡等重大文化工程，这些工程要以农村为重点，向农村倾斜。

其四，挖掘农村的非物质文化遗产方面的资源，使广大农民群众立足于当地的文化资源开展文化活动。

其五，鼓励农民自办文化。因为农民既是文化的享受者，又是农村文化活动的主体。要调动农民的积极性，参与农村文化建设。现在农村已经出现了一批文化大院、文化中心户等，有的地方还出现了民营的剧团，对于这些，政府要在政策上给予支持，使之得到发展。

最后，政府还要继续采取政府买单的形式，让更多的农民群众免费享受公共文化服务。比如拿出一些钱，鼓励剧团，包括国有的、民营的剧团，到农村演戏，使农村的文化生活逐步地活跃起来，使农民也能够看书、看报、看电影、看戏，接受文化素质方面的培训，参加群众性的文体活动。

澳大利亚广播公司记者：在上个星期五，来自冰岛的一位女歌手比约克，在世界巡回演唱会的时候在上海演唱了《宣布独立》歌曲，多次提到了西藏。她的问题文化部如何做出回应？这是否会改变文化部将来对来华的艺术家的演出进行正常的管理和相关措施？

周和平：日前在上海发生了来自冰岛的演员比约克在演唱会上演唱未经报批的歌曲《宣布独立》，在歌曲中突然高喊"西藏"，这引起了中国广大公众的不满，也引起了媒体的广泛关注。众所周知，中国是统一的多民族国家，西藏自古以来就是中国领土不可分割的一部分，这是包括冰岛在内的国际社会的广泛共识，没有任何国家承认西藏是"独立的国家"。她这样的行为必然会受到中国人民乃至世界上有正义感人士的一致反对。

这些年来，每年都有许多国外的优秀艺术团体和艺术家来华演出，他们都能自觉地遵守中国的法律法规，也受到中国人民的欢迎。同样，中国的很多艺术团体也经常到国外演出，大家都能遵守所在国法律，这应该是共同遵循的规则。因此，冰岛的这位演员的行为受到了公众和媒体的谴责也是正常的。

我认为，比约克的行为是极个别的，希望她能遵守中国法律，尊重中国人民的感情，不要做有违中国法律、有违中国人民感情的事情，这也应该是艺术家的职业道德。这个事件的发生并不影响中国邀请各国的艺术家到中国演出，尤其是奥运会期间中国将邀请大批的国外艺术家、艺术团体来华展现他们的艺术风采。

中央电视台记者：我是中央电视台的记者，也是央视网的记者。我有一个问题请教一下国家文物局的张副局长。前一段时间媒体报道福建博物馆免费开放以后，有些展品被损坏。在全国各地其他的地方，博物馆免费开放以后是不是这种情况普遍存在？对此，以及博物馆免费开放以后可能还会遇到的其他问题，我们将如何解决？

张　柏：谢谢。刚才这位记者提到的福建博物馆在前一段免费开放的时候有的文物受到损害的事情，之后福建博物馆采取了一些措施又开馆了。你谈的这个问题涉及我们现在正在进行的博物馆界的一件大事，我想简要地把有关情况向新闻媒体的朋友们做个报告。

大家知道，温家宝总理在政府工作报告中宣布了公益性的博物馆、纪念馆和全国的爱国主义教育示范基地，在今明两年将会全部免费向社会开放。大家可能和我有共同的感觉，这在中国的博物馆界还是第一次，应该说在世界上的一些国家，这样大面积的免费开放的情况也很少。因此，当时总理宣布以后，在会场的代表和委员报以热烈的掌声。我的感觉，这反映了代表和委员的心情，也反映了社会广大公众的民意。所以，这件事情是一件好事，是大好事，这就不用详细去说了。

这几年有关的博物馆一直在做这项工作，但只是少量的，比如有关的时间、有关的日期向有关的人群免费开放。特别是从去年的下半年，在中央领导的关怀下，这项工作应该说是正式启动了。中宣部、财政部、文化部、国家文物局四个部门做了大量的调研工作，制定了全国各类博物馆免费开放的总体方案，对有关的工作进行了准备，并进行了部署。比如召开了全国性的会议，发了文件，各地在当地党委、政府的领导下也在有序地进行准备。我们统计了一下，这段时间准备好的、准备快的博物馆全国已经免费开放了200多个。

"两会"之前，国家文物局组成了六个调研小组，分六片对开放的博物馆和正在做准备工作的博物馆的情况进行了调研。大体是这样的情况：开放的博物馆现在总体情况是好的。为什么是好的？一是受到了社会的广泛欢迎。现在开放的博物馆，即免费开放的博物馆去参观的人数大体是原来没有免费开放时人数的5倍到15倍，这个数是不得了的。二是总体上大多数博物馆都实行了一些措施，参观的时候还是很有秩序的，受到了公众的好评。三是没有发生大的安全事故，包括人的安全、文物的安全。像福建博物馆这个情况是极特殊的。我可以明确地说，现在在开放的这类博物馆当中，大大小小都有一些问题，但是像这类的有了问题关了三天赶快进行调整的仅这一个。

博物馆开放以后受到了公众的欢迎，就博物馆人来讲也非常高兴。为什么？原因有三条：第一，博物馆免费开放以后可以使博物馆更加融入社会，更加贴近群众、贴近生活、贴近实际，对博物馆本身的发展、博物馆整体事业的发展非常有意义。第二，可以提高博物馆的社会贡献率。第三，可以借此机会推动博物馆的自身改革，特别是体制机制的创新，这是大好事。从总体上讲，这真正是落实十七大精神、落实科学发展观，以人为本，踏踏实实、实实在在的一项文化惠民政策。

但是，这也确确实实反映了几个问题：第一，博物馆服务的水平、服务的能力，一定要赶快跟上来。现在人多了，和人少的时候不一样了，比如有些设施必须马上跟上来，包括博物馆里面的洗手间都不够。别的方面还有很多，比如安全设施，这些就不具体讲了，时间有限。第二，整个博物馆的管理能力、管理的变化要跟上来。第三，确保安全的一些保障设施要跟上来。这些都反映了博物馆免费开放以后，更多的人来了，这些都不适应了。这些确实是问题。福建博物馆出现的问题就反映了这样一个情况。还没有免费开放的博物馆做了很多的准备方案，包括应急方案等。另外，还有一个经验是免费不免票，有计划地控制人流，让博物馆以最大的容量接待参观人员，包括上午、下午如何安排等。

我可以明确地向大家说一个时间，大概4月1日以前，我们今年免费开放的博物馆大概有600个。也就是说，今年除了进入试点的500个以外，还有100个进入这一行列，到了明年就有600个再开放。今年和明年加起来公益性的博物馆、全国爱国主义教育示范基地等一共有1200个免费开放。在这种情况下，给我们带来了更多、更高的工作要求。我们要按照党中央、国务院的要求，和有关部门密切配合，做好工作，特别是我们博物馆人将会全身心地投入进来，把免费开放做得更好。

在这期间，我认为还要有一条，那就是社会广大公众的支持。我们有的博物馆免费开放以后，很多来参观的公众自觉地当起了维持秩序的人员，帮助博物馆的同志们一起维持秩序。来参观的公众都希望在很好的秩序下来参观。现在是刚开始的试点期，将来进入常态就更好了，所以不会有大的问题。另外，也需要赶快地适应这种情况，博物馆从机制、体制、设施等各方面进行提升，特别是陈列质量、陈列水平、服务质量和服务水平。

此外，国家和地方政府要根据这样的实际情况赶快制定更适合目前情况的政策、措施，包括法律方面的规定，以确保下一步工作的更顺利进行，满足社会的需求，让博物馆为社会做出更大的贡献。谢谢大家。

香港《东方日报》记者： 在互联网上香港最近出了一些明星的艳照，你们如何防止艳照在内地青少年中进行传播，如何教育青少年？另外，你们会鼓励这些明星参加青少年的活动吗？如果他们在内地参加活动的时候，你们将如何对青少年进行正面教育？

周和平： 我对你提出的问题很关注。互联网的优势是互联互通，但是另外一面就是不可控。互联网上确实有一些非常好的信息、非常健康的东西，但是也有一些是垃圾，比如刚才你谈到的所谓"艳照门"。中华民族是一个有着良好文化素养的民族，在互联网上应该丰富健康向上的内容，建设"文明网络"。

"艳照门"的内容，如果按照我的想法，在互联网上就不应该传播。对于其他方面的影视作品，只要符合规定的，进入内地是没有问题的。当然也希望一些生产、制作影像制品的单位要注意，要有社会责任感，要有利于培养中华民族的良好文化素质。

《财经》杂志记者： 我是《财经》杂志的记者。这次的改革没有涉及文化部门，刚才周副部长也多次说到涉及中国文化方面的管理是各部委在负责，各界对此也有不同的看法。我想请问周副部长，您对文化事业多头负责的事情如何看？另外，有没有加快文化部整合的计划？

周和平： 一个国家政府部门的设置是一个国家行政管理体制的重要内容。国务院机构改革方案是在经过认真调研、认真讨论的基础上提出的，已经提交全国人大审议。国务院组成部门的调整是非常慎重的事情。

至于对大部制改革的意见，我认为部门的分设和合设各有利弊，所以还需要在工作的实践中再进一步地摸索。一个适应社会主义市场经济的科学完备的行政管理体制，需要不断地探索，逐步推进，这是一个历史的过程。我认为现在这个方案是一个比较好的方案。

美国之音记者： 我是美国之音的记者。这次温家宝总理在政府工作报告中讲到了让权力在阳光下运行的问题，刚才科技部部长万钢先生也讲到了科技部如何让权力在阳光下运行的具体措施。我想请问周副部长，文化部在这方面有没有什么阳光的政策？

周和平：对权力的监督约束是一个国家行政管理中的重要内容。文化部在对权力的监督和约束方面有一系列的措施，我仅举几例。比如一些重大的决策，以文化部的名义命名表彰活动，像评选、公布国家级非物质文化遗产名录、国家级非物质文化遗产项目代表性传承人等，都要向社会公示，公开征求社会意见。这方面在政府的相关文件中都有规定。一些重大的文化工程项目，要按照国家的有关规定公开向社会招标。一些重大的文化评奖活动，一般也要向社会公示。在评奖过程中，纪检监察部门派人参与全过程，以免出现腐败行为，这些都是公权运行中必须做的。包括文化部负责的一些审批项目，也是这么来运行的。

上海东方卫视记者：你好，我是上海东方卫视的记者。有关"艳照门"的事件，最近有媒体报道说中央电视台将对涉及"艳照门"的明星进行封杀，禁止参加中央电视台的一些活动。文化部将会有什么样的措施？今后会不会允许这些女明星到内地进行活动？

周和平：关于文化部究竟对这种行为如何看、如何管理的问题，我刚才已经说过了，中国对演艺的管理已经有了一套法律法规。不管是中国大陆的演艺界人士还是港澳台的演艺界人士、世界各国的演艺界人士，在中国大陆还是要遵守中国的法律的，要按照中国的法律法规进行演艺行为。

主持人钟雪泉：由于时间关系，今天的集体采访到此结束。谢谢各位记者朋友。

（原载于《中国文化报》2008年3月15日第2版）

持续加大文化投入 保障公民文化权益

近年来,我国在文化建设上的资金投入不断加大。一些重大文化工程和重点文化设施建设陆续启动和完工。这些工程的成效如何?发挥出了怎样的社会和经济效益?本报记者就此对文化部副部长周和平进行了专访。

记　者:近年来,我国文化投入总体情况怎样?为什么持续加大文化投入?

周和平:"十五"期间,全国文化事业费达到496.13亿元,是"九五"的1.9倍;"十一五"前3年累计达到605.03亿元,是"十五"总和的1.2倍。2008年,全国人均文化事业费达到18.68元,相比1995年的2.75元,年均增长率达到15.9%。

党的十七大突出强调了加强文化建设、提高国家文化软实力的极端重要性,对兴起社会主义文化建设新高潮、推动社会主义文化大发展大繁荣做出了全面部署。加强重大文化工程和重点文化设施建设,加大文化投入,是从中国特色社会主义事业总体布局和全面建设小康社会全局出发提出的一项重要任务,是繁荣发展社会主义先进文化、建设和谐文化、构建社会主义和谐社会的必然要求,对于促进和加强公共文化服务体系建设,满足人民群众精神文化需求,保障人民群众基本文化权益具有十分重要的作用和意义。

记　者:"十五"以来文化部实施了哪些重大文化工程?成效如何?

周和平:近年来,党中央、国务院对文化建设高度重视,在国家发改委、财政部等有关部门的大力支持下,文化部先后组织实施了乡镇综合文化站建设工程、全国文化信息资源共享工程、全国非物质文化遗产保护工程、流动舞台车工程等一系列影响广泛的重大文化工程,对促进公共文化服务体系建设,推动社会主义文化大发展大繁荣发挥了重要作用。

这些重大文化工程紧紧围绕完善公共文化服务体系,既有基础设施类文化建设项目,也有创新文化服务模式、提供软硬件保障、丰富文化资源的文化工程。这一方面为基层群众提供了基本活动阵地,完善了六级公共文化服务设施网络;另一方面通过各种创新的服务形式,丰富了服务内容,提高了服务质量,使人民群众基本文化权益得到进一步保障。重大文化工程的实施带动了中央财政对地方文化建设投入的快速增长。"十五"期间,中央财政对地方文化事业投入达到8.11亿元,比"九五"增长13.75倍;"十一五"前4年累计投入达到63.69亿元,是"十五"总和的7.85倍。

记　者:您提到的重大文化工程中,非物质文化遗产保护工作近几年备受关注,中央财政是如何保障的?

周和平:我国民族民间文化资源总量繁多,但生存和发展状态堪忧,传承和保护的需求越来越迫切。针对这一情况,2002年,文化部与财政部设立了中国民族民间文化保护工程。2005年,按照联合国教科文组织《保护非物质文化遗产公约》的要求,中国民族民间文化保护工程正式更名为全国非物质文化遗产保护工程。同年,国务院办公厅下发《关于加强我国非物质文化遗产保护工作的意见》,成为非物质文化遗产保护工作全局性指导文件,为非物质文化遗产保护提供了政策依据和工作指导。

目前,我国已入选联合国教科文组织命名的"人类非物质文化遗产代表作名录"26项,"急需保护的非物质文化遗产名录"3项;颁布了2批国家级名录项目共1028项,3批国家级传承人1488个;确定了4个国家级文化生态保护区。2002年至今共计安排中央本级资金2.76亿元。

为推进地方非物质文化遗产项目的传承和保护工作的开展,2006年起,中央财政除安排部门工作经费外,开始安排国家非物质文化遗产保护中央财政补助地方专项资金,对各地区开展非物质文化遗产项目普查、推动国家级非遗名录项目保护、国家级传承人传习活动补助及建立文化生态保护区等方面予以经费支持。截至2009年,中央财政共安排非物质文化遗产中央补助地方专项资金3.93亿元;已累计对50%以上的国家级名录项目的保护、对全部代表性传承人开展传习活动给予了补助,对各地非物质文化遗产普查工作也给予了一定资助,地方非物质文化遗产保护工作取得阶段性成果。

中央财政资金的投入,扩大了非物质文化遗产的影响力和认知度,带动了地方各级财政加大对非物质文化遗产保护的投入,有效推动了非物质文化遗产的传承和发展。

记　者:国家大剧院等重点文化设施相继建成,受到了社会的广泛关注。请您介绍一下这方面的情况。

周和平:建立健全六级公共文化设施,是加强公共文化服务体系建设的重要基础工作。重点文化设施作为公共文化设施的重要组成部分,是充分展示国家文化发展成果和艺术水平的重要窗口,对全国文化设施建设具有重要的指导和示范意义。近年来,党中央、国务院对文化建设高度重视,在国家发改委、财政部等有关单位和北京市的大力支持下,国家大剧院、国家图书馆二期、国家博物馆等一批建设项目纷纷上马,国家重点文化设施建设取得了较大的进展。"十五"以来,文化部先后组织实施了7项重点文化设施建设项目,总面积49万平方米,概算总投资75亿元。这些重点文化设施的建设,对促进公共文化服务体系建设,推动社会主义文化大发展大繁荣发挥了重要作用。

(记者　乔申颖)

(《经济日报》访谈。原载于《经济日报》2010年1月31日第5版)

加快建设覆盖全社会的公共文化服务体系

新闻背景:"十二五"时期我国将以科学发展为主题,以加快转变经济发展方式为主线,为全面建成小康社会打下坚实的基础,中国将迎来一个重要的发展机遇期。大力发展文化事业和文化产业,满足人民群众不断增长的精神文化需求,充分发挥文化引导社会、教育人民、推动发展的功能,增强民族凝聚力和创造力,逐渐成为人们的共识。公共文化服务体系建设作为新时期文化建设的一项重要内容,已成为历史的必然。日前,围绕加快建设覆盖全社会的公共文化服务体系这一重大问题,本刊主编裴力与国家图书馆馆长周和平进行了深入的对话。

主持人:公共文化服务体系建设已经成为国家文化发展的重要战略任务。周馆长,"公共文化服务体系"这个概念是您在文化部任职期间提出来的,请您谈谈公共文化服务体系的具体内涵。

周和平:"公共文化服务体系"这个概念是我在文化部任职期间提出的,是基于对文化事业内涵和外延认识不断深化的基础上提出来的,是社会主义市场经济条件下政府职能转变的必然。公共文化服务体系是指以各级政府为主体建立的,以保障公民基本文化权益、满足公民基本文化需求为目的的一整套组织和制度体系的总称。其内涵主要包括由谁来提供公共文化服务、提供什么样的公共文化服务、怎样提供公共文化服务、如何对服务过程实施保障和监管等几个方面。具体而言,公共文化服务体系包含以下六个要素:公共文化服务理论和政策体系,公共文化服务生产和供给体系,公共文化服务资金、人才和技术保障体系,公共文化服务组织支撑体系,公共文化服务指标体系,公共文化服务评估、激励和监督体系。全面理解公共文化服务体系,应重点把握三点:一是公共文化服务体系的核心在于"公共性",二是要重点保障基本公共文化服务,三是要加快推进基本公共文化服务的均等化。

主持人:从当前我国社会发展进程的角度,请您阐述一下公共文化服务体系建设的重要性和紧迫性。

周和平:构建公共文化服务体系这一战略任务的确立,体现了我国政府对自身职能的清晰定位、对公民文化权利的尊重和对文化民生的主动担当。十一届三中全会以后,中国开始了改革开放的伟大历史进程。30多年来,经济快速发展,各项事业都取得了突飞猛进的发展,然而文化建设始终相对滞后,甚至一度出现了"一手硬、一手软"的问题,一定程度上造成了民族精神缺失、人的综合素质相对较差、核心价值观遭到破坏、道德滑坡、文化主导权丧失等一系列问题,影响了社会的和谐发展,也影响了人们对中华民族优秀传统文化的集体认同感。因此,加快建设公共文化服务体系,对于我们文化事业的繁荣发展至关重要。

主持人:"十一五"以来,全国各地公共文化服务体系建设呈现出蓬勃发展、整体推进、重点突破的良好势头,请您谈谈取得哪些主要成就。

周和平:主要体现在以下六个方面:

一是文化事业经费投入大幅度增加。"十一五"前4年,全国文化事业费总计超过900亿元,年均增幅25.28%。仅2009年,全国文化事业费就达到292.32亿元,与2005年相比,同比增幅118.44%。"十一五"以来,对城市和农村地区文化建设的投入均已实现翻一番,5年同比增幅分别达到110.24%和140.98%。人均文化事业费从2005年的10.23元增加到2009年的21.9元,同比增幅114.07%。中央对地方文化建设的支持力度增强。"十一五"前4年总计投入63亿元,是"十五"时期总和的8倍,其中仅2009年就达到29亿元。

二是覆盖城乡的公共文化服务网络初步形成。"十一五"时期,乡镇综合文化站建设项目、县级图书馆文化馆修缮专项资金、城市社区文化中心(文化活动室)设备购置专项资金等一系列面向基层、面向农村的重大文化设施建设项目顺利实施。2009年,全国共有县级公共图书馆2491个,覆盖率达到87.16%;县级文化馆2862个,覆盖率达到100%;乡镇(街道)文化站38736个,覆盖率达到94.8%,基本实现了"乡乡有综合文化站"的建设目标;村文化室209600个,覆盖率达到34.2%。覆盖城乡的公共文化服务网络正在形成。

三是实施重大文化惠民工程,公共文化产品供给能力逐步提升。近几年,文化部和财政部联合实施了全国文化信息资源共享工程、送书下乡工程、流动舞台车工程、中华古籍保护计划等一系列具有重大影响的文化惠民工程,产生了很好的社会效益,整体提升了公共文化产品的供给能力。

四是群众文化活动蓬勃开展,群众文化生活日益丰富。各级文化部门积极组织具有示范性、导向性、带动性的文化活动,带动基层群众文化活动的广泛开展。在文化部的组织下,已举办15届"群星奖"活动,推出了近4000件获奖作品,命名全国963个县(市、区)及乡镇"中国民间文化艺术之乡"称号,落实中国少儿歌曲推广计划,举办3届中国少年儿童合唱节,举办11届"永远的辉煌"——中国老年合唱节。

五是公共文化服务体制机制改革不断深化,公共文化服务能力显著提高。根据中央关于"加大投入、转换机制、增强活力、改善服务"的公益性文化事业单位改革总体要求,我国公共文化服务体制机制改革不断深化,公共文化服务机构的活力不断增强,博物馆、公共美术馆、公共图书馆等免费开放成效显著。2009年全国向社会免费开放的各级文化文物部门归口管理的公共博物馆、纪念馆已达1447家。

六是公共文化法律法规和政策建设取得突破。2007年,中共中央办公厅、国务院办公厅下发《关于进一步加强公共文化服务体系建设的意见》（中办发〔2007〕21号），明确了公共文化服务体系建设的指导思想、基本原则、发展目标和政策措施。2011年2月25日，第十一届全国人大常委会第十九次会议通过《非物质文化遗产法》。同时，《公共图书馆法》等公共文化相关法律立法工作启动，《乡镇综合文化站管理办法》《公共图书馆、文化馆建设用地指标和建设标准》等设施建设标准陆续出台。这些法律、法规和文件的出台为我国公共文化服务体系建设的有序推进提供了有力的制度保障。

主持人： 近些年来，文化部紧紧围绕党和政府的工作大局和重点工作，从促进文化大发展大繁荣的战略需要出发，积极策划项目，争取经费，在国家发改委和财政部等部委的大力支持下，通过实施一系列重大文化工程，中央财政对地方文化建设的投入逐年增长。今年是"十二五"开局之年，未来几年我们应如何加大投入，加强管理，为公共文化服务体系建设提供保障？

周和平： "十一五"以来，我国公共文化服务建设取得了显著成绩。但我们必须清醒地认识到，我国公共文化服务体系建设还处于初级阶段，公共文化服务总体水平不高，与我国经济社会发展的进程和水平还不相适应，基层还比较薄弱，城乡、区域发展不平衡现象仍然突出，特别是广大农村和西部地区文化服务体系建设还处在起步阶段，与广大群众日益增长的精神文化需求还不相适应，与底蕴深厚的文化资源强国还不相适应，与实现文化大发展大繁荣的任务还不相适应。

为此，"十二五"期间，我们应从以下几个方面着手，将公共化服务体系建设真正落在实处。

第一，要强化责任、加强管理。各级政府应当承担起规划公共文化服务体系建设，确定公共文化服务的形式和内容，并在服务过程中加强实施保障和监管的责任。当前，经济发展已从盲目追求GDP转向关注公民幸福指数，文化是改善民生的重要组成部分，是幸福指数的重要衡量尺度。因此，要把为公众提供更有效的公共文化服务，作为党委、政府工作的核心内容之一，努力建设服务型政府。随着文化经费投入的增多，对其监督管理的要求也就越高。尤其要加大预算执行力度，加强经费管理，积极采用科学先进的管理手段，以确保资金运行的安全和资金使用的效益。

第二，要增强沟通，坚持两条腿走路。文化部门和财政部门共同担负着公共文化服务体系建设的重要责任，要增强沟通与协作，建立有效的沟通协调机制，凝聚合力，共同促进公共文化服务体系的建设。在不断加大财政投入的同时，要引导、鼓励社会资金进入公共文化领域，通过多种途径、方式加快发展公益性文化事业。设立文化发展基金和专项资金。发挥彩票公益金的作用，保证这些资金有一部分用于公益文化事业的发展。

第三，要策划项目、改善服务。正如我前面已经提到的，过去的公共文化服务体系建设实践的一条重要经验就是要善于策划项目。在"十二五"期间，各级文化主管部门要按照中央的统一部署，根据公共文化服务体系建设的要求，谋划具有基础性、战略性、全局性，能够带动文化全面发展的文化项目，争取使更多的文化项目进入国家的盘子，带动文化经费投入保持增长势头，加快推进文化建设步伐。同时，文化单位要利用好资金，搞好服务。通过体制机制改革，增强公共文化单位活力，最大限度地发挥资金的使用效率，把为基层群众服务作为改革文化馆、图书馆和文化站等公共文化单位的着力点，面向农村，面向基层，改进服务方式，提高服务效能。制定文化馆、图书馆服务标准和业务规范；城市图书馆实行总分馆制，通借通还，"一卡通"；农村加强图书馆乡村服务网点建设；边远地区发展流动图书借阅服务。通过提供高质量的公共文化服务，让广大社会公众充分享受到文化建设成果，感受到政府的文化关怀。

主持人： 公共文化服务体系建设的成效，最终还是要体现在服务上。近年来，国家图书馆在推进创新服务上正在或即将进行哪些有益的尝试？

周和平： 为抓住机遇促进发展，最近几年，国家图书馆策划了一批创新服务项目，取得了较好的社会效益，为图书馆事业发展开辟了新的空间。

第一，国家数字图书馆建设及数字图书馆推广工程。国家图书馆从20世纪90年代就开始进行数字图书馆的研发。2001年，国家数字图书馆工程经国务院批准立项，2005年开始建设，是国家"十五"重点文化建设项目，工程总投资4.9亿元。经过5年的建设，国家数字图书馆工程在软硬件平台建设方面、数字资源建设方面、标准规范建设方面、服务体系建设方面都取得了丰硕的成果。2009年，"国家图书馆二期工程暨国家数字图书馆工程"建成并投入使用。为进一步落实国务院"国家数字图书馆工程要联合各部门和各地区有条件的图书馆参与建设，共同构建分布式的全国数字图书馆总体框架体系"的要求，国家图书馆于2010年策划启动了国家数字图书馆推广工程。这是具有重大意义的文化创新工程，已经列入了文化部"十二五"文化发展规划。该工程着眼于将全国分散异构的数字图书馆系统连接为一个超大型数字图书馆，使国家投入建设的数字资源能通过这个平台最大限度地为公众提供服务，从而催生网络环境下新的文化服务业态。

第二，中华再造善本工程。2002年，国家图书馆启动了中华再造善本工程，通过对现存古籍善本大规模、成系统的复制、出版，在保护古籍的同时，开发和利用这批文化瑰宝。经过5年努力，《中华再造善本》完成唐宋编、金元编758种8990册的制作，其中大量选用了孤本，使古籍善本得到保护和利用。这项工程可以说是功在当代、利在千秋，对古籍善本的整理和保护起到了重要的推动作用。随着时间的推移，这项工程的意义将越发凸显。

第三，立法决策服务。新中国成立以来，党和国家领导人高度重视国家图书馆事业发展。特别是近些年，党中央、国务院和相关机构借助国家图书馆咨询服务的案例也越来越多。国家图书馆多次为党和国家领导人提供查证相关史实，为重要国务活动提供专题服务和出访国有关信息，为重大决策提供咨询服务。自1998年开始提供"两会"服务。2002年建立了"中南海网站"，直接面向国务院办公厅领导机关提供网络信息服务。2008年12月推出"国家图书馆立法决策服务平台"，通过这个平台，中央和国家机关立法决策部门可以全面、及时、准确、有效地获得国家图书馆信息咨询和决策参考服务。"部级领导干部历史文化讲座"自2002年1月启动以来，历经九载，已成功举办154场，参加讲座的部级领导干部近2万人次。多次受到党中央、国务院领导同志的肯定和表扬。

第四，全国文化信息资源共享工程。2002年，全国文化信息资源共享工程开始正式实施。作为数字图书馆服务的早期实现形式，文化共享工程大大提升了全国图书馆尤其是县级图书馆的基础设施水平，为进一步实现全国数字资源共享奠定了良好的基础。在中央财政的大力支持下，文化共享工程将基本建成资源丰富、技术先进、服务便捷、覆盖城乡的数字文化服务体系，实现"村村通"。

第五，非物质文化遗产的保护。非物质文化遗产是历史的见证和中华文化的重要载体，保护和利用好非物质文化遗产，对于继承和发扬民族优秀文化传统、增进民族团结和维护国家统一、促进社会主义精神文明建设都具有重要而深远的意义。国家图书馆作为国家级重点文化机构，对各类文化载体承担着收集、整理、保存以及宣传揭示的重要职责。为更好地发挥国家图书馆在非物质文化遗产保护与传承方面的积极作用。2011年，我们将面向全国的非物质文化遗产传承人或机构征集实体及相关的藏品，并从中选取优秀藏品，定期面向广大公众举办不同主题的非物质文化遗产专藏展，希望能够尽己绵薄之力为中华优秀文化的保护与传承做出贡献。

第六，民国时期文献的保护。民国时期文献是中华典籍的重要组成部分，记载了马克思主义和进步文化在中国传播的历程，也记载了中国共产党领导中国人民争取民族独立和人民解放的历史，抢救与保护好民国时期珍贵文献并加以开发利用，对促进文化传承、增强民族凝聚力都有着重要作用，对于总结历史经验、继承和发扬革命传统都有非常重要的现实意义。我们将充分发挥行业引领和示范作用，组织协调各省级公共图书馆对本地区民国时期文献的收藏及保护情况进行全面的登记调查，并就保护工作的开展制定规划，组织实施，逐步形成完善的民国时期文献保护工作体系和健全科学的工作机制，使我国民国时期文献得到全面保护。

（《中国改革报》访谈。原载于《中国改革报》2011年5月20日第5版）

科技是文化发展与繁荣的催化剂

最近,文化体制改革等问题成为社会热议的焦点。我国文化领域正在发生广泛而深刻的变革,推动文化大发展大繁荣既具备许多有利条件,也面临一系列新情况新问题。

在文化发展与繁荣上,科技是重要的助推器,其作用的重要性勿庸置疑。但多年来,我国在科技与文化的共同发展方面,也照样存在"两张皮"现象。

本期"两会话题"聚焦"科技与文化融合发展"问题,邀请政协委员就此展开探讨。

全国政协委员、文化部原副部长、国家图书馆馆长周和平,可以说一直在与文化打交道,但说起科技话题时,周和平照样侃侃而谈。

从造纸术、印刷术到现代互联网技术,从京杭大运河的生态、文化功能到科技与文化的共生互荣,涉及的话题足以看出周和平一直对科技多有关注与思考。在他看来,"科技与文化从来都是相互融合的,从大的概念上讲,科技本身就是一种文化"。

文化是体　科技为酶

无需赘述,一个国家的科技史是这个国家文化史中最重要的一部分,科技是一个民族精神和智慧的积累,是在深厚的文化积淀上孕育和发展起来的。

"科技的进步内生于文化的发展,而同时,科技对文化的传承和弘扬又起着积极而重要的促进作用。"周和平说。

远古时代,知识的传播只能依赖于口口相传,于是知识难以长期积累,信息无法有效传播,文化发展相应迟缓。

文字的诞生,特别是造纸术的发明,极大地推动了文明的进程;宋代以来,印刷术又使文化知识的大规模复制和拓展成为可能,西方文化迅速在世界范围内扩张。周和平笑言:"如果没有印刷术,西方文艺复兴的时间表可能要推后。"20世纪信息技术的出现,为文化发展带来了新的生机与活力。周和平说:"基于图书馆'采、编、检、流'业务的信息化管理系统,使传统的手工业务逐步实现了电子化;计算机应用从单机向局域网、互联网的发展,使图书馆信息化从局部走向整体,走向整个行业。信息技术的发展让图书馆的业务有了质的飞跃,让文化的传播更为深远。""科技创新是文化发展的重要引擎。"党的十七届六中全会如此描述科技对文化的促进作用。周和平说:"文化事业进步需要提升文化科技创新能力，需要依靠科技进步。文化是体、科技为酶，科技是推动文化大发展大繁荣的重要催化剂。"

文化行业的科研不应留白

"若干历史事实已证明科技对文化的助推作用，但现代社会科技与文化的融合反倒不如从前。我们一提到科技，就说创新，往往忽视了创新成果的应用研究，特别是在文化行业，转化率尤其低。"周和平表示，"中央财政有关科技方面的经费支出每年有上千亿元，但目前仍没有明确建立文化行业科研工作专项经费，文化行业的科研工作仍很薄弱，亟待加强。"周和平认为，围绕传统文化资源的传承与弘扬，文化行业的科技应用迫切需要解决两个层面的问题：存储和传播。

首先是加大对各类型传统文化资源的数字化转换，特别是传统文献典籍数字化、文物数字化、活态艺术资源数字化，综合应用多种技术手段，建立有关中华民族重要事件和重要任务的"中国记忆"资源库，形成分布式海量传统文化资源数据库，丰富公共文化服务内容。

"我们很多非物质文化遗产都属于'艺随人走'，我们完全可以用数字化的手段留下许多珍贵的资料。这是所谓的'存储'。"周和平说。

其次，传播则是利用新媒体技术，通过支持数字图书馆、数字博物馆、数字美术馆等的建设，构建覆盖城乡的公益性数字文化服务网络，使类型多样、内容丰富的优秀文化资源惠及更广泛的社会公众。

科技成就图书馆发展新业态

科技发展是助力，但有时也是一种挑战。随着电子书、数字出版的出现，从某种意义上说，每个人都可以拥有自己的数字图书馆。以国家图书馆为代表的图书馆行业，该如何应对不断出现的挑战呢？

面对这一问题，周和平十分坦然，他说："我们要看到信息技术发展的严峻形势，如果图书馆不转变观念，图书馆就会边缘化甚至萎缩；但我们更要看到信息技术为传统图书馆提供的新的发展机遇和空间。"譬如数字图书馆作为图书馆发展的新形态，就大大提升了图书馆的服务能力，拓展了图书馆的服务范围，丰富了图书馆的服务手段，使图书馆能够突破时空限制，成为没有围墙、没有边界的信息与知识中心。

应对这一挑战，国家图书馆早已布局。1998年国家图书馆提出实施国家数字图书馆工程的建议，并于2005年开始启动。近些年，各地数字图书馆建设也蓬勃发展。周和平说："国家'十二五'时期文化改革发展的目标与任务，也提出要完善国家数字图书馆建设与推广，这是中国图书馆事业实现跨跃式发展的新起点。"

（记者 李芸）

（原载于《中国科学报》2012年3月9日第4版）

文化决定一个城市的个性

走进全国政协委员、文化部原副部长、国家图书馆馆长周和平的办公室,古色古香的陈设,在国家图书馆这片文化重地,尤显得文化气息扑面而来。

多年从事文化工作的周和平认为,一个城市的文化品位决定其城市品位,从自然环境到人文环境都美好,才能称得上休闲城市。"首先,其自然环境应该是优美的,这也是大文化概念;其次,城市文化生活应该是丰富的、多层次的,比如市井文化、群众文化、社区文化等,应该是多样性的。"城市是活的,有灵魂的,不同的城市有不同的个性,其地域和历史沿革形成了其独特的文化特点。

因为工作的原因,周和平去过很多城市,对每个城市不同的文化特点深有体会。他举例说,比如拉萨,以浓郁的藏文化吸引人;上海,则是中西方高度融合的城市;北京,其皇城根文化融入了百姓的血液,人们有议政的热情,连出租车司机都是"政治家"……"江南一带的城市,山水特色是闻名的,去过的人还会发现,那一带的人普遍都知书达理。"周和平说,"山水好,市民文化修养又高,大家就比较愿意去。"给周和平留下深刻印象的城市中,还有西安和日喀则。"虽然这两个地方环境不一定多出众,但是其文化很吸引人。"周和平说。在西安,博物馆随处可见。一到晚上,走在街上,四处可见自发的演奏古乐的人们。"这个城市的内涵就很丰富,显得很厚重,很大气。"在日喀则的一次经历更是让周和平久久难忘。一天傍晚,在街头散步的周和平碰到20多位老太太,她们转完经、上完香,悠闲地坐在路边,喝着自带的青稞酒,高兴地唱起了藏族民歌。"她们手拍着地,打出音乐的节奏,砖头和大地就是她们的乐器,特别感染人,能感觉出她们的幸福发自内心,很忘情、很愉快。"

跳出这些城市的个性,周和平认为,近几年来,城市的文化设施得到大幅改善,图书馆、博物馆、文化馆都逐步建立覆盖城乡的服务网络。他说,一是这些文化场所从省、市到县、镇每级行政区域内的横向覆盖,二是各个体系的垂直管理,比如工会有文化宫、共青团有青少年宫等,这些纵横的文化设施网络建设,提升了城市的文化品位,对于提高市民素质、建立公共交流平台都有极为重要的作用。

"可喜的是,现在的文化场所都从设施、内容、活动等各个方面下功夫,吸引更多的人参与。"周和平说,"比如国家图书馆,近几年不断减免服务收费,实现零门槛,每天到馆的读者达1万余人。国家图书馆还通过举办公益讲座、文化展览等多种方式吸引读者。现在,我们正在抓紧实施数字图书馆推广工程,通过建立覆盖全国的数字图书馆服务体系，促进图书馆新业态的形成，努力打造没有围墙的图书馆，为更多的人提供服务。"

（原载于《人民政协报》2012年3月2日第B05版）

图书馆学家文库
Library of Library Scientists

周和平文集
Collected Works of Zhou Heping

周和平 著

下卷 非物质文化遗产保护

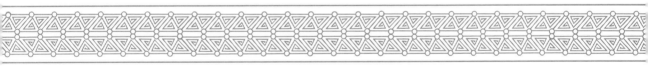

 中山大学出版社
·广州·

版权所有　　翻印必究

图书在版编目（CIP）数据

周和平文集：全3册/周和平著. —广州：中山大学出版社，2016.10
ISBN 978-7-306-04341-2

Ⅰ. ①周… Ⅱ. ①周… Ⅲ. ①社会科学—文集 Ⅳ. ①C53

中国版本图书馆 CIP 数据核字（2012）第 247703 号

出 版 人：徐　劲
策划编辑：李海东　章　伟
责任编辑：李海东
封面设计：林绵华
责任校对：章　伟
责任技编：黄少伟
出版发行：中山大学出版社
电　　话：编辑部 020-84114366，84111996，84113349
　　　　　发行部 020-84111998，84111981，84111160
地　　址：广州市新港西路135号
邮　　编：510275　传　真：020-84036565
网　　址：http://www.zsup.com.cn　E-mail：zdcbs@mail.sysu.edu.cn
印 刷 者：广州家联印刷有限公司
规　　格：787mm×1092mm　1/16　16 插页　88.25 印张　1860 千字
版次印次：2016 年 10 月第 1 版　　2016 年 10 月第 1 次印刷
定　　价：420.00 元（上、中、下卷）

如发现本书因印装质量影响阅读，请与出版社发行部联系调换

2003年10月,周和平赴贵州贵阳出席民族民间文化保护工程试点工作会议。左二为时任贵州省副省长吴嘉甫,右二为中国文联副主席冯骥才

2006年2月,周和平在京出席中国非物质文化遗产保护成果展。右一为国家博物馆馆长吕章申

2006年10月,周和平赴甘肃庆阳出席全国非物质文化遗产保护试点工作经验交流会。右三为时任甘肃省省长助理郝远

2006年11月,周和平出访法国,在联合国教科文组织总部拜会总干事松浦晃一郎

2006年12月，周和平赴福建出席全国非物质文化遗产普查培训班开班仪式期间考察漳州木偶。左一为时任福建省副省长汪毅夫

2007年5月，周和平赴四川出席首届中国成都国际非物质文化遗产节期间考察"非遗"项目

2007年9月,周和平赴安徽黄山出席全国非物质文化遗产保护工作会议期间考察休宁县"非遗"项目

2008年1月,周和平赴上海考察"非遗"项目。左五为上海图书馆馆长吴建中

2008年5月,周和平赴山东考察"非遗"项目

2008年8月,周和平赴青海黄南藏族自治州考察唐卡艺术

2008年11月,周和平赴浙江象山出席全国非物质文化遗产普查工作经验交流会。主席台右四为时任浙江省委常委、省委宣传部部长黄坤明

2008年11月,周和平赴浙江参观"浙江省非物质文化遗产普查与保护成果展"。左四为时任浙江省文化厅厅长杨建新

2009年5月,周和平赴山东省非物质文化遗产传承教育基地学校——南上山街小学考察"非物质文化遗产进校园"活动。右三为时任山东省文化厅厅长亢清泉

2009年6月,周和平在"中国非物质文化遗产展演——少数民族传统音乐舞蹈专场"演出结束后与演职人员合影

2012年9月，周和平赴广西出席2012中国—东盟文化论坛期间考察少数民族文化工作

2014年4月，周和平赴江苏常熟古里考察"非遗项目"——白茆山歌

下卷　非物质文化遗产保护

目　录

（七）

大胆探索　勇于实践　搞好民族民间文化保护工程试点工作 …………… 997
加强国际交流　推动非物质文化遗产保护工作 ……………………………… 1007
总结经验　搞好试点　全面推进中国民族民间文化保护工程 …………… 1010
传统·现代·非物质文化遗产 ……………………………………………… 1017
《中国民族民间文化保护工程普查工作手册》序 …………………………… 1019
突出重点　扎实推进　开创我国非物质文化遗产保护工作的新局面 …… 1021
保护文化遗产是我们的责任 ………………………………………………… 1029
"文化杭州丛书·非物质文化遗产专辑"序 ………………………………… 1033
加强非物质文化遗产保护　增强民族凝聚力和文化认同感 ……………… 1035
办好第一个中国"文化遗产日" ……………………………………………… 1041
保护文化遗产　守护精神家园 ……………………………………………… 1042
非物质文化遗产保护应更加科学 …………………………………………… 1044
加强管理　勇于创新　全面推进我国非物质文化遗产保护工作 ………… 1049
充分发挥国家非物质文化遗产保护中心的作用 …………………………… 1058
加大保护力度　建设和谐文化 ……………………………………………… 1060
老字号文化传承与非物质文化遗产保护 …………………………………… 1068
要重视文化生态保护区建设 ………………………………………………… 1071
严格标准　把握程序　做好代表性传承人的评审工作 …………………… 1076
承续民族血脉　守护精神家园　全面加强我国非物质文化遗产保护工作 … 1078
保护非物质文化遗产　促进和谐文化建设 ………………………………… 1084
承续民族血脉　守护精神家园
延续精神基因　承传文化薪火
　　（代序一） ……………………………………………………………… 1090
　　　　　　　　　　　　　　　　　　　　　　　　　　　　　　 1093
继承和弘扬中医药事业　保护非物质文化遗产 …………………………… 1095

加大对传承人保护的力度　建立科学的非物质文化遗产保护机制 …… 1104
切实推进中国传统工艺美术的保护与发展 …… 1111
加强非物质文化遗产保护　努力推动文化大发展大繁荣 …… 1117
灾区重建中要加强非物质文化遗产保护 …… 1130
扎实推进非物质文化遗产普查工作 …… 1139
保护传统技艺　传承优秀文化 …… 1144
全社会都应关心支持非物质文化遗产保护工作 …… 1146
抓好试点　加强文化生态保护区建设 …… 1149
非物质文化遗产保护工作中要发扬开拓与创新精神 …… 1155
非遗保护：2009新跨越 …… 1160
保护文化遗产　守望精神家园 …… 1162
总结经验　积极探索　推动非物质文化遗产的传承和发展 …… 1165
推动非物质文化遗产保护工作科学发展 …… 1172
保护非物质文化遗产　建设中华民族共有的精神家园 …… 1183
给北京工艺美术行业协会的贺信 …… 1189
中国非物质文化遗产保护的实践与探索 …… 1190
非物质文化遗产保护中的专题博物馆建设 …… 1194
在庆祝资华筠先生从艺60周年座谈会上的讲话 …… 1195
《保护与传承》序言 …… 1197
留住中国非物质文化遗产的典籍记忆 …… 1199
促进非物质文化遗产的活态传承 …… 1201
《神工》序 …… 1212
保护民族民间文化迎难而上 …… 1213
中国非物质文化遗产保护情况 …… 1215
非物质文化遗产：我们如何保护你？ …… 1221
建立名录体系　开展遗产普查　为非物质文化遗产找个温暖的家 …… 1223
全面展示保护成果　唤起全民保护意识
　　——谈中国非物质文化遗产保护成果展 …… 1225
守护我们的精神家园 …… 1228
2007年"文化遗产日"新闻发布会答记者问 …… 1231
明天是第二个"文化遗产日" …… 1244
保护传承非物质文化遗产　发挥构建和谐社会的重要作用 …… 1246
守护精神家园　政府责无旁贷 …… 1250
建设中华民族共有精神家园 …… 1256
建立第二批国家级非物质文化遗产名录　进一步完善非物质文化遗产
　　保护机制 …… 1260

非物质文化遗产保护是全民的事业 ……………………………………… 1265
非物质文化遗产解读 ………………………………………………………… 1267
谈《灾区重建非物质文化遗产保护规划》 ………………………………… 1275
如何保护灾区非物质文化遗产 …………………………………………… 1284
在保护中推广 在推广中传承 …………………………………………… 1286
保护好、利用好少数民族非物质文化遗产 ……………………………… 1288
非物质文化遗产的保护、抢救、利用和传承 …………………………… 1291
非物质文化遗产保护与第四个"文化遗产日" ………………………… 1301

附录：纪事 ……………………………………………………………… 1305

跋 ………………………………………………………… 赵燕群 1375

(七)

大胆探索　勇于实践
搞好民族民间文化保护工程试点工作

一、开展民族民间文化保护工作势在必行

党的十六大指出，要"立足于改革开放和现代化建设的实践，着眼于世界文化发展的前沿，发扬民族文化的优秀传统，汲取世界各民族的长处，在内容和形式上积极创新，不断增强中国特色社会主义文化的吸引力和感召力"。同时提出了要"四个扶持""一个加强"，特别提出"扶持对重要文化遗产和优秀民间艺术的保护工作"。对民族民间文化，孔子说过，它"可以兴，可以观，可以群"，也就是说文化具有振奋精神、鼓舞人心的功能。所谓民族文化，主要指汉族和少数民族的文化；所谓民间文化，是指在民间社会流传的有代表性的文化。民族民间文化是中华文化的基础和重要组成部分，是维系中华民族精神与情感的纽带和传承中华文明的重要桥梁。保护和弘扬民族民间文化是"三个代表"重要思想的具体实践，是先进文化建设的重要内容，对中华文明的延续和文化创新必将发挥巨大作用。

但是从目前情况看，我国民族民间文化的生存和发展受到了很大的挑战。

（一）来自全球化趋势的挑战

当今世界，全球化趋势日益明显和增强。文化与经济和政治相互交融，在综合国力竞争中的地位和作用越来越突出。经济全球化带来的频繁的文化交流，促进了世界各民族彼此之间的沟通、理解和尊重。但是，西方发达国家凭借强大的综合国力、先进的科技手段和发达的文化传播媒介，在文化上推行"单边主义"，导致了不同文化地域思维方式和文化价值观的冲突，造成了"文化趋同"的现象。一些西方发达国家企图引领世界文化的潮流，借以传播西方的价值观念，并对发展中国家的民族民间传统文化造成了严重的冲击。很多国家的民族传统艺术形式，如戏剧、舞蹈、手工艺等民族特色逐渐丧失，有些甚至渐趋消亡。文化的多样性和丰富性受到了严重威胁，世界各国各民族在维护本民族文化的独特性、保护和发展民族文化方面面临着严峻的挑战。

（二）来自工业化社会的挑战

我国民族民间文化的多样性、丰富性与独特性一直为世界所瞩目。但是，我国的民族民间艺术基本上是农业社会的产物，在传统的农业社会向现代的工业化社会转型的过程中，由于工业化和城市化的加速，人们的生产生活方式得到改变等原因，原有的农业文明状态下的文化形态和方式正在迅速瓦解与消亡。科技的发展和生产力的提高，改善了人们的物质生活，也使民族民间文化赖以生存的环境不同程度地遭到破坏，一些传统习俗发生变化，许多文化记忆渐趋淡化。中国的民俗节日是中华文明的重要组成部分，既有科学思想，又有文化内涵，还有很强的教化作用，但是这些传统的民俗节日也逐渐被人淡忘。年轻人很少有人愿意学习和保持本民族的民间传统文化，祖祖辈辈传承下来的优秀文化艺术逐渐被遗忘。民族民间文化的生存土壤逐渐丧失，有些文化艺术种类也在人们的漠视中面临消亡的危险。

（三）民族民间文化生态的现状堪忧

人们比较容易认识到自然生态破坏的严重性，因为它是可以感受和量化的。但是文化生态的破坏却是无形的，较之自然生态的破坏对人类的危害性更大。恩格斯曾经说过："我们不要过分陶醉于我们对自然界的胜利，对于每一次这样的胜利，自然界都报复了我们。"这段话很深刻，虽然讲的是自然生态，对于文化生态的保护也有着很重要的指导意义。

当前，我国民族民间文化生态环境不容乐观，保护工作面临着严峻的形势。主要表现在：一是对民族民间文化保护缺乏民族自觉。许多地方对民族民间文化保护的重要性认识不足，缺乏责任感和使命感，民族民间文化保护没有摆到当地党委、政府的重要议事日程，没有行之有效的规划和措施，致使民族民间文化不能得到积极保护，甚至遭到不适当开发，加剧了文化资源的破坏和毁灭。同时，全民保护民族民间文化的意识不强，还没有成为群众的自觉行为。二是民族民间文化生态环境恶化。在现代文明的冲击下，民族民间文化的生存屏障十分脆弱，文化生态环境急剧恶化，大批有历史、科学和文化价值的村落、村寨遭到破坏，依靠口头和行为传承的各种技艺、习俗、礼仪等文化遗产正在不断消失。例如，中华民族大家庭中的满族具有悠久的历史和文化传统，随着与汉民族的不断融合，全国只有一些偏远村落中的老人还保留着说满语的习惯；又如，一些少数民族的建筑、手工艺品、音乐、舞蹈、服饰以及借助语言传承的神话传说、民歌、古籍等诸多门类都缺乏必要的保护，面临失传的危险。三是民族民间文化资源流失状况极为严重，甚至威胁到国家的文化安全。民族民间文化资源大多分散存留或流传于民间。最能体现少数民族文化特色的文物、工艺品和有代表性的民间文化实物，由于岁月的流逝和各种劫难，本来就传世不多。近年来，一些国家和地区的有关机构和个人,通过各种渠道私下收购、倒卖我国民族民间文化珍品,使这些文化资源大量流失。虽然各级政府和文化主管部门以及相关单位做了大量保护工作,但由于缺少相关的法律法规、缺少懂行的专门人才、缺少强有力的管理手段、缺少经费的支撑,使得我国民族民间文化资源的流失愈演愈烈。四是民族民间文化的继承后继乏人,一些传统技艺面临灭绝。许多民族民间艺术属独门绝技,口传心授,往往因人而存,人绝艺亡。目前,掌握一定传统技艺的民间艺人为数不多,或年事已高,或生活困难,他们掌握的工艺技艺随时都有可能消失,民间技艺的传承后继乏人。

(四) 保护本民族传统文化,愈来愈成为世界上许多国家的共识

我们看到,世界上许多国家在现代化进程中逐渐认识到保护本民族传统文化的重要性,制定了保护民族民间文化的专项法规,建立了比较成熟的民族民间文化保护工作机制,取得了比较成功的经验。例如,突尼斯等几十个发展中国家对民间文学艺术实行版权保护,指定专门机构对民族民间文化的使用实行许可和收费制度;丹麦、罗马尼亚、俄罗斯、津巴布韦、瑞士、斯洛文尼亚等国家采取措施,搜集、记录和整理民间文学艺术,并建立专门机构开展研究;日本、韩国等国家专门制定了文化财保护法,通过开展民俗文化财调查、认定重要无形文化财的保持者或保持团体并资助他们进行传承等方式,促进民族民间文化的弘扬;北欧、加拿大等国家和地区开展文化生态保护,建设生态博物馆;印度、埃及等国家设立专门场所,集中培养手工艺人;阿根廷制定保护探戈艺术的专门法案;法国于20世纪60年代开展了民间文化遗产的国家性抢救工程,对文化遗产进行总普查,每年还有专门的"国家遗产日"活动,增强国民对文化遗产的保护意识,目前,法国有1.8万多个文化协会把保护和展示文化遗产作为自己的工作。与这些国家和地区保护本民族传统文化的力度相比,我国的民族民间文化保护工作还存在不少差距。

胡锦涛总书记在党的十六届三中全会讲话中指出,"要按照统筹城乡发展、统筹区域发展、统筹经济社会发展、统筹人与自然和谐发展、统筹国内发展和对外开放的要求,更大程度地发挥市场在资源配置中的基础性作用,为全面建设小康社会提供强有力的体制保障。"温家宝总理不久前也强调,"在全面建设小康社会,加快推进现代化建设的新阶段,要始终坚持经济社会协调发展,始终坚持城乡协调发展,始终坚持人与自然和谐相处和可持续发展,努力提高人民群众的物质文化生活水平和健康水平。"对民族民间文化保护的重视与否,不仅是衡量一个国家和民族文明程度的重要标志,也是衡量一个社会是否能够保持协调发展和可持续发展的重要方面。保护和发展优秀的民族民间文化,对于弘扬民族精神,增强中华民族的凝聚力和向心力,维护国家统一和民族团结,推动经济发展和社会进步,都具有重大的历史意义和现实意义。

民族民间文化是中华民族世代相传的文化财富，也是我们发展先进文化的精神资源与民族根基，是国家和民族生存和发展的内在动力。世界其他几大文明的消失无一不以文化消失为标志，中华民族血脉之所以绵延至今从未间断，民族民间文化的承续传载功不可没。可以说，文化如水，也坚如磐石。促进民族民间文化的保护、继承和发展，推进中国特色社会主义文化建设，是我们每一个炎黄子孙的历史责任。

在新的形势下，保护和弘扬民族民间文化，既是全面建设小康社会和发展中华文化的时代需要，也是中华民族为促进世界文化发展，维护文化多样性所做的积极贡献。我们要从实践"三个代表"重要思想，建设先进文化，促进文化与经济社会协调发展的高度，从保持中华文化的独立性，强化中华民族的文化身份，维护国家文化主权的高度，从延续并发扬光大中华文明的高度，重视民族民间文化保护工作，以与时俱进的精神，大胆探索，勇于实践，用创新的思路和手段积极推进民族民间文化保护工作，把民族民间文化保护工作提高到新阶段。

二、总结经验，明确思路，认真规划和部署民族民间文化保护工程的实施工作

（一）实施民族民间文化保护工程的背景

新中国成立以来，党中央、国务院和各级党委、政府对民族民间文化保护工作高度重视，组织开展了一系列卓有成效的工作。从20世纪50年代起，我国政府就组织广大基层文化工作者对部分民族民间文化遗产进行了调查和研究工作，使许多濒临消亡的民族民间文化瑰宝得到抢救、挖掘、整理，焕发出新的光彩。改革开放以来，民族民间文化保护工作扎扎实实，稳步推进，取得了丰硕的成果，积累了许多好的经验和做法。一是民族民间文化保护立法工作取得重大进展。1998年以来，全国人大对《民族民间传统文化保护法》的制定工作十分重视，教科文卫委员会牵头在全国范围开展了广泛深入的立法调研，并于2000年在云南召开了全国民族民间文化保护立法工作座谈会。在大量工作的基础上，组织起草了《民族民间传统文化保护法》（建议稿），现在法律草案已经教科文卫委员会审议通过，即将进入全国人大常委会的审议日程。此前，云南省、贵州省已经颁布了民族民间传统文化保护条例，广西、浙江等省区也正在抓紧研究制定相应法规。二是民族民间文化的搜集、整理、保存和编纂工作取得较大成就。1979年，在我国著名的老文艺家、作家钟敬文、张庚、吕骥、周巍峙、吴晓邦等人的多次呼吁下，文化部、国家民委、中国文联在财政部的支持下，联合发起了"十部中国民族民间文艺集成志书"的编纂工作。每年财政都有专项经费。全国共有5万名经过培训的调查人员投入工作。经过广大文化工作者的艰辛努

力，志书编撰工作取得了很大成就。目前，已出版了200卷约3亿字，全部298部省卷的编纂工作计划于2004年完成，出版工作于2006年完成。通过文艺集成志书编纂出版工作，对民族民间文化资源进行了广泛的发掘、整理和研究，使大量的无形文化资源成为文字、曲谱、舞谱、图片、图表和录音录像等有形文化财富得以保存。这项工作功德无量，不仅保存了大量宝贵的不可再生的艺术资源，也造就了一支有相当学术积累的科研队伍，积累了丰富的民族民间艺术保护工作经验。三是一些具有重大文化价值的濒危民族民间文化项目得到重点扶持和抢救。国家分别成立了振兴京剧指导委员会和振兴昆曲指导委员会，对京剧和昆曲采取扶持政策，使戏曲"活化石"昆曲在资料保存、人才培养、剧目保留与创新、场所建设等方面得到了加强。2001年，昆曲被联合国教科文组织列为首批"人类口头和非物质遗产代表作"以后，受到社会各界的广泛关注，为昆曲的保护和发展创造了良好的外部环境。对一些濒临失传的民间绝技，国家在组织人员进行记录、整理的同时，也对民间艺人给予一定资助，鼓励其传承技艺。四是一些政策和措施取得了良好的实效。文化部提出了少数民族文化发展"四优先"的政策，对一批具有浓郁民族风格和艺术特色的乡镇命名为"民间艺术之乡""特色艺术之乡"，鼓励各地对民族民间文化的整理、保护和开发。

最近几年来，各地对民族民间文化保护的认识普遍增强。一些省市对民族民间文化的多种保护形式进行了积极而深入的探索，并在工作规划、经费投入、人才培养、资料保存等方面积累了一些值得借鉴的经验。贵州省1999年着手民族村镇的建设和保护工作，建立民族生态保护区和生态博物馆，取得很好的效果。云南命名了两批民间艺术大师和民间艺人，建立了文化生态保护村寨。浙江省将民族民间文化保护纳入生态省建设规划纲要，从2002年到2005年，每年安排500万元专项资金，用于优秀民间艺术资源的发掘、保护和民间艺术人才的培养。江苏省设立民间艺术抢救保护专项资金，计划第一个5年投入不少于1000万元，实施全省民间艺术抢救工程。江苏省镇江市的民间文艺资料库建设和湖北省宜昌市的特色文化资源数据库建设工程，积极利用现代科技储存和保护地方民族民间文化资源，提高了保护工作的科技含量。此外，一些社会团体、科研院所、大专院校对民族民间文化保护工作的积极参与，也推动和促进了各级党委和政府开展这项工作。各地和社会各界开展民族民间文化保护工作的经验为我们实施民族民间文化保护工程奠定了坚实的基础。以上情况充分表明，实施民族民间文化保护工程已经具备了天时、地利和人和的有利条件，古人云："图难于其易，为大于其细。天下难事，必作于易；天下大事，必作于细。"我相信我们这项功在当代、利在千秋的伟大事业将从工程实施开始，一步一步开展起来。

（二）民族民间文化保护工程的主要内容

中国民族民间文化保护工程是在过去民族民间文化保护工作成果的基础上，

结合新时期的新情况和新特点,由政府组织实施推动的对我国境内具有历史、文化和科学价值的民族民间文化资源进行系统保护的一项规模庞大、涉及面广的系统工程。它与文物保护工作相辅相成,又自成体系。其特点在于,它以保护无形文化遗产,也就是国际上所说的"口头和非物质遗产"为主要对象;文物保护所侧重的是有形的文化遗产。这决定了民族民间文化保护工作在借鉴文物保护工作经验的同时,还要充分体现出自身的特点。

保护工程的主要内容是:制定保护规划,建立分级保护制度和中国民族民间文化保护名录;鼓励民族民间文化的传承和传播;建立中国民族民间文化传承人(团体)和民族民间艺术之乡的申报、审核和命名机制;建立民族民间传统文化保护专项资金;在民族民间文化形态保存较为完整、具备特殊价值的民族民间文化空间,建立文化生态保护区;充分运用现代科技手段,对集中体现中华民族创造才能的优秀民族民间文化项目,特别是具有重大历史、文化和科学价值以及濒危的民族民间文化项目,进行有针对性、系统的抢救、保护与合理利用等。

保护工程主要有六项任务:一是在普查、登记、编纂各类名录的基础上,建立全面反映中国民族民间文化基本面貌的档案资料数据库,基本摸清中国各地各民族民间文化的历史家底;二是通过资助、扶持等手段,加强对民间艺术传承人的培养和保护,建立比较完善的民族民间艺人传承保护机制;三是通过建立民族民间文化保护区、各级各类民族民间文化博物馆等手段,使具有重要历史、科学和文化价值且处于濒危状态的民族民间文化种类得到有效保护;四是建立一批民族民间文化产品的生产基地,科学开发、合理利用民族民间文化资源;五是建立一支专业工作队伍,培养一批专业知识精湛,对民族民间文化具有深厚感情和热情的民族民间文化保护工作者;六是建立起责任明确、运转协调的保护工作机制。该工程计划从2004年起正式实施,分期建设、分步实施。第一期(2004—2008年)为先行试点和抢救濒危阶段,第二期(2009—2013年)为全面展开和重点保护阶段,第三期(2014—2020年)为补充完善和健全机制阶段。计划通过保护工程的实施,到2020年,初步建立起比较完备的中国民族民间文化保护制度和保护体系,在全社会形成自觉保护民族民间文化的意识,使我国优秀的民族民间文化得到有效保护,实现民族民间文化保护工作的法制化、科学化、规范化、网络化。

(三)实施保护工程的方针与原则

工程实行"保护为主、抢救第一、合理利用、继承发展"的方针。"保护为主、抢救第一"是保护工作的立足点,也是针对目前民族民间文化亟待抢救和保护的现实提出的要求。"合理利用、继承发展",一方面反映了民族民间文化作为无形文化遗产,只有在现实生活中才能流传和发展,所以要通过合理的利用,扩大保护工作的影响力和吸引力;另一方面,也可以通过发展优秀的民族民间文化，满足人民群众日益增长的精神文化需求。

在中国民族民间文化保护工程实施中，要注意把握以下基本原则：一是要政府主导，社会参与。开展民族民间文化保护工作是各级政府的责任。要以政府为主，制定规划、组织力量、落实经费、加强管理，同时要坚持政府保护与民间保护相结合，财政投入与社会资金投入相结合，调动社会各方面的积极性，积极吸纳社会资金，参与工程建设。二是要长远规划，分步实施。要根据民族民间文化保护的形势和需要，制定工程规划。在制定规划时要根据经济社会发展的实际，与经济社会发展规划相衔接、相配套，做到立足长远，切实可行。在规划中，要分阶段提出目标、任务和要求，一切从实际出发，循序渐进，逐步实施。对那些具有重大历史、文化和科学价值，处于濒危状态的门类和项目要优先安排，抓紧抢救。三是要明确职责，形成合力。实施民族民间文化保护工程，是各级党委、政府和全社会的共同责任。文化部门作为具体管理部门，需要与各方面协调，动员社会各方面力量，真正将这项工作列入各级党委和政府的重要议事日程，纳入当地经济社会发展总体规划，纳入财政预算。文化部要和有关部门一道，按照各自职责，互相配合，落实任务，发挥合力，共同推进工程的实施。

2002年和2003年，财政部共安排专项启动经费600万元，用于中国民族民间文化保护工程的前期启动工作。一年来，文化部会同有关部门就实施民族民间文化保护工程进行了以下几项工作：一是组织了前期调研，对目前全国的民族民间保护工作进行了调查，对社会有关方面所做的工作进行了认真梳理，为制定规划进行了必要的工作准备。二是进行规划纲要的制定工作。在调研的基础上，文化部对实施民族民间文化保护工程的必要性和可行性进行了认真研究，形成了基本的工作思路、指导思想、工作原则和阶段目标；着手规划纲要的制定，目前已经初步完成，各分类规划纲要也大致廓清。三是建立了领导和协调民族民间文化保护工程的实施机构和工作机制。建立了由文化部、财政部和国家民委、中国文联等部门参加的工程领导小组，成立了专家委员会，设立了领导小组办公室和国家中心，并开始运行，投入工作。四是制定了工程第一期（2004—2008年）的实施方案和预算文本，已通过项目申请报告的形式，报送财政部。五是起草了《关于实施中国民族民间文化保护工程的意见》、《中国民族民间文化保护工程管理暂行办法》、《关于开展中国民族民间文化保护工程试点工作的通知》等有关文件。这些文件有的已经出台，有的提交会议，进行讨论修改。需要说明的是，该工程的思路与框架是以上报全国人大审议的《民族民间传统文化保护法》为依据的。它为立法提供实践基础，又为今后法律的实施提供经验。这个工程是前所未有的国家创新工程，策划过程中虽然借鉴了国外和各地的做法，但很不成熟，希望大家多提意见和建议，以不断总结和提高。六是评审、确定了第一批试点名单。今后还要陆续公布第二批、第三批试点名单。这次有的省、区、市还没有完全做好准备，今后要创造条件，积极进行申报。

三、切实搞好试点工作，为全面实施民族民间文化保护工程做准备

通过试点，积累经验，以点带面，推进工作，这是我们的一个重要工作方法。中国民族民间文化保护工程实施时间长，系统性强，面临许多新情况、新问题，尤其需要通过试点，取得经验后再全面展开。这次文化部决定开展民族民间文化保护工程试点工作，其目的就是要通过一批保护项目的实施，探讨民族民间文化保护的有效方式，并对民族民间文化保护的资源建设、队伍建设、管理模式和工作机制等方面进行探索，为今后在全国范围推开这项工作积累经验。同时，通过试点工作，推动民族民间文化保护的立法进程，为法律的形成和实施打下基础。

（一）进一步明确试点工作的主要思路

关于试点类型。这次会上，文化部印发了《关于开展民族民间文化保护工程试点工作的通知》，就试点的目的、任务、内容和有关要求做了明确规定。试点分两种类型：一种是区域性（如地、市、县、乡）的综合性试点，另一种是专业性试点。综合性试点主要从宏观管理角度，侧重民族民间文化保护工作的制度建设和机制创新，对民族民间文化保护的政策法规和保护工作制度建设、经费投入机制、工程组织工作体系等进行研究和探索；专业性试点主要针对某一门类民族民间文化的现状，制定保护标准和具体保护措施，侧重探索专业门类民族民间文化保护的思路、办法和措施。

关于分级试点。试点要实行中央和地方分层进行，分级管理。试点工作参照文物保护的思路。文化部确定全国的试点，各省、区、市要根据本地实际，确定自己的试点。各地一方面要积极参与全国的试点工作，遴选有特色和代表性的地区和项目，参加全国试点的申报；另一方面要认真部署本地的试点工作，把本地的试点工作筹划好，组织好，实施好。要根据文化部关于开展民族民间文化保护工程试点工作的要求，进一步制定和完善各自的试点工作方案。试点工作要从实际出发，因地制宜，认真规划，科学实施。

关于申报程序。申报民族民间文化保护工程试点项目，应根据试点需具备的条件和本地实际情况，采取县、地（市）、省（区、市）逐级上报的方式。由各级文化主管部门组织专家对各地申报的试点进行论证，评审出各级试点的初选名单。经各级保护工程领导机构审定后，确定试点名单，并报上一级文化主管部门备案。

目前，经过专家论证，文化部审核，已经确定了中国民族民间文化保护工程第一批10个试点，其中综合性试点为：云南省、浙江省、湖北省宜昌市；专业

性试点为：河北省武强县年画、广西壮族自治区红水河流域铜鼓艺术、海南省黎族传统棉纺织工艺、贵州省黎平县肇兴侗族民族民间文化保护区、西藏自治区日喀则地区昂仁县迥巴藏戏、甘肃省庆阳市环县道情皮影、新疆维吾尔自治区维吾尔木卡姆艺术。希望这些试点按照会议要求，认真开展工作，努力为工程实施创造有价值的可资借鉴的经验。

关于经费。我国的财政体制是分级管理、分灶吃饭。按照分层试点、分级管理的工作思路，各地要积极落实经费，为试点工作提供经费保障，保证试点工作的顺利开展。对确定为国家级试点的地区和单位，文化部和财政部在资金上给予一定的支持，同时要求地方有配套资金；各省、区、市试点工作经费主要应由本地方财政负责。同时，各地要结合实际，制定本地区民族民间文化保护工程和试点工作的资金管理办法和管理制度，对专项资金的使用和管理做出规定。国家财政要陆续开展专项经费效益评估，这是一种新的管理机制。因此，试点工作要加强对专项资金的管理，提高资金的使用效益。文化部门要主动与财政部门沟通，加强联系和合作。要广泛吸纳社会资金参与工程试点工作，扩大资金来源渠道，促进保护工作的顺利开展。

关于队伍建设。民族民间文化保护是一项专业性、技术性很强的工作，必须有一支专兼职结合的队伍。各地要组织具有一定工作基础和工作能力的队伍，投入到试点工作中去。要吸收有民族民间文化工作经验，特别是参加过"十部中国民族民间文艺集成志书"编纂工作的基层文化单位的同志参加。同时，要抓好基本工作队伍的确定和技术骨干的培训工作，特别是要有懂得高科技手段的专业人才等。充分利用全国文化信息资源共享工程数字化网络系统，承担远程培训任务。文化部负责培训到省级文化部门，省级文化部门培训到市县。培训人才很重要，留住和用好人才更重要。各地要采取有效措施，充分调动专业人才的积极性，保证他们留得住、干得好。

关于现代科技的运用。《诗经》有云："周虽旧邦，其命惟新"。民族民间文化保护工程虽然是保护传统文化的项目，仍要特别重视采用先进技术手段，促进民族民间文化保护工作的思路创新和手段创新。要充分运用最新的科技成果，通过计算机网络和数字图书馆等现代高新技术，对民族民间文化资源进行收集、整理。积极开发文化资源管理软件，逐步建立文化资源信息资料库，通过试点工作，不断提升民族民间文化保护工作的科学技术含量。文化部民族民间文化保护工程国家中心要尽快建立网络平台，使之成为民族民间文化保护工作的信息储存中心、传播中心和服务中心。

（二）试点工作的几点要求

一要加强领导。为做好全国试点工作，文化部已经形成了工作方案，这次召开专门会议进行部署。希望各地从贯彻"三个代表"重要思想和十六大精神的高度，把开展民族民间文化保护工作摆上重要位置，认真研究，积极筹划，明确本地民族民间文化保护工作的思路，落实规划和措施，切实抓好本地试点工作。文化主管部门要积极向党委、政府汇报保护工程情况，争取各级党委、政府的重视，特别是"一把手"的重视，使试点工作由部门行为上升为党委和政府的行为。要将民族民间文化保护工作纳入当地经济社会发展的总体规划。要积极争取政府有关部门特别是财政部门的大力支持，切实保障工程的顺利实施。各级文化部门在工作中要充分发挥主导作用，与各有关单位分工负责，各司其职，加强协调，避免重复建设。

二是加强统筹协调。文化部正在实施的几大文化工程，如舞台艺术精品工程、全国文化信息资源共享工程、送书下乡工程、中华再造善本工程、清史纂修工程、"两馆"建设项目等，这些工程与民族民间文化保护工程都有着内在联系，一定要把民族民间文化保护工程试点工作与其他重点文化建设项目的实施结合起来，把民族民间文化的保护、开发和利用结合起来，把民族民间文化保护工作与加强基层文化建设结合起来，争取在较短时间内，取得成果，发挥效益。同时，要动员社会各方面力量，共同参与工程的实施与建设。保护工程涉及面很广，要在充分依靠文化系统的人才优势和工作优势的基础上，积极整合社会资源，充分发挥其他部门和社会各界的作用，广泛吸纳有关学术研究机构、大专院校、社会团体等各方面的力量，共同参与，协调配合，形成合力，共同做好这项工作。

三要尊重人才，注意发挥专家作用。民族民间文化保护是一项专业性、技术性很强的工作，要充分发挥专家的咨询、论证和专业指导作用。要善于利用"外脑"，积极吸收专家的意见和建议，并在专家的指导下，认真稳妥地开展试点工作，确保试点工作的科学性。

四要加强宣传。结合试点工作，各地要大力加强民族民间文化保护的宣传工作，培养全社会对民族民间文化保护工作的参与意识，注重效果，形成声势，造成影响。要大力宣传民族民间文化保护工作的重要意义，积极普及民族民间文化保护知识，培养全民保护民族民间文化的观念和意识，努力在全社会形成保护民族民间文化的社会环境和舆论氛围。

五要注意总结和交流。试点地区和单位要认真总结编纂"十部中国民族民间文艺集成志书"和社会各方面已有的工作经验，大胆探索，积极创新，在工作中及时发现问题，反映问题，解决问题，为在全国逐步推开这项工作提供有益的经验。要加强对民族民间保护工作信息的沟通和交流，定期不定期地组织一些座谈会、研讨会、现场会等，交流经验，部署工作，同时要注意利用媒体和互联网进行交流，促进民族民间文化保护工程试点工作的深入开展。希望各地认真抓紧试点工作，为全面实施民族民间文化保护工程做好准备。

（在中国民族民间文化保护工程试点工作会议上的讲话，2003年10月27日）

加强国际交流　推动非物质文化遗产保护工作

在人类发展和进步的历史长河中，由各国人民所创造的光辉灿烂的非物质文化遗产，包含着时代变迁和延续的诸多文化信息，是人类伟大文明的结晶和全人类的共同财富，是文化多样性的生动展示，是人类文化整体内涵与意义的重要组成部分。一个民族的非物质文化遗产，往往蕴涵着该民族传统文化的最深根源，保留着形成该民族文化身份的原生状态，以及该民族特有的思维方式、心理结构和审美观念等。抢救和保护人类非物质文化遗产，对于当代的文化发展具有重要的现实意义。因为文化发展不是无源之水，无本之木，而是在全面继承人类的传统文化遗产包括非物质文化遗产的基础上的创造。

中国是一个多民族国家，具有悠久的文明史，有着丰富的非物质文化遗产。五千年来，生活在这片广阔而美丽土地上的56个民族的人民创造出了众多宝贵而丰富的传统与民间文化遗产。神话、谚语、音乐、舞蹈、戏曲、民间风俗、民居、服饰、工艺、民族体育活动等非物质文化遗产，与人类其他历史遗迹、遗址及人文景观共同构成中国的文化财富，成为全人类文化遗产不可缺少的组成部分。

随着世界经济全球化和现代化进程加快，由于非物质文化遗产本身存在形态的限制，其存在基础已出现日渐狭窄的趋向，特别是它的保护和传承问题也越来越受到各国、各民族的重视。

中国政府一贯重视保护各民族文化和民间艺术，开展了一系列卓有成效的抢救与保护工作。第一，中国政府重视田野调查这一非物质文化遗产保护、抢救的科学方法。从20世纪50年代起，中国政府就组织广大基层文化工作者对部分非物质文化遗产进行了调查和研究工作，使许多濒临消亡的非物质文化遗产得到抢救和有效保护。第二，中国政府重视非物质文化遗产保护立法工作。特别是1998年以来，全国人大对《民族民间传统文化保护法》的制定工作十分重视，教科文卫委员会牵头在全国范围开展了广泛深入的立法调研，并于2000年在云南召开了全国民族民间文化保护立法工作座谈会。在大量工作的基础上，组织起草了《民族民间传统文化保护法》（建议稿），已经列入全国人大的立法计划。此前，云南省、贵州省和福建省已经颁布了本省的民族民间传统文化保护条例，还有其他一些省市也正在抓紧研究制定相应法规。第三，今年8月，全国人大常委会已经批准中国加入联合国教科文组织《保护非物质文化遗产公约》。第四，中国政府不仅重视文化表现形式或文化空间传承人的保护，还不断吸收、培养具有较高理论水平的专业人员和管理人员，从事非物质文化遗产的管理工作，使非物质文化遗产保护和研究的科研成果有效地运用到实际工作中，并已取得了良好的工作成绩。2003年，还启动了中国民族民间文化保护工程，各级政府加大了对非物质文化遗产保护的投入，两批39个试点项目工作正在顺利进行，中国非物质文化遗产抢救、保护、研究和传承工作进入了更加统一协调的全面发展阶段；由老一辈知名学者和资深文化工作者提议发起的"十部中国民族民间文艺集成志书"的编纂工作，已出版了200卷3亿多字，保存了大量的珍贵文化资源。第五，中国政府对一些具有重大文化价值的濒危非物质文化表现形式或文化空间进行重点扶持和抢救。国家分别成立了振兴京剧指导委员会、振兴昆曲指导委员会，使这些优秀的传统剧种从资料保存、人才培养、剧目保留与创新到场馆建设等方面得到了加强。2001年和2003年，昆曲和古琴艺术相继被联合国教科文组织列为"人类口头与非物质遗产代表作"以后，受到各界的广泛关注，为昆曲和古琴艺术的保护和发展创造了良好的外部环境。文化部还将一批具有浓郁民族风格和艺术特色的乡镇命名为"民间艺术之乡""特色艺术之乡"，增强了人们对非物质文化遗产的保护意识，鼓励各地对非物质文化遗产进行整理和研究。

近年来，随着经济全球化进程的不断加快，中国的经济也在快速发展，人民生活水平普遍有所提高。与此同时，现代科技的发展、信息化的普及，使现代的文化传播方式迅速地进入人民的生活之中，促使人们的娱乐方式、习惯发生了变化。这些变化加快了非物质文化遗产的消失速度，使许多传统民族文化和民间艺术处于濒危的状态。传统文化的保护和发展已经成为在经济全球化过程中维护世界文化多样性以及人类社会可持续发展的重要方面。如何在现代化进程中保存和发展我们各自的优秀文化传统，如何使各民族的传统文化有效地参与到当代社会发展进程之中，成为当今世界各国包括发达国家、发展中国家共同关心的问题。随着人类进步和时代发展，任何一种文明都不可能单独发展或孤立存在。东西方文明和各国文化的相互交流顺乎潮流，合乎人心。不同文化传统间的沟通有助于消除民族隔阂和偏见，有利于促进国家间政治、经济关系的发展，有利于在保护文化多样性前提下的人类文明发展。

中国是世界文明发祥地之一，她的文化不仅使中华民族屹立于世界民族之林，同时为推动世界文明的进程发挥了重要作用。由于文化所具有的传播、整合和变异属性，中华优秀文化传统的形成过程也是不断吸收其他国家和民族优秀文化的过程。因此，当代文化建设也离不开交流、理解和合作。这次会议的举办和召开，就是为我们提供了充分交流的良好机会。

主办会议的中国艺术研究院，是我国国家级综合性学术科研机构，汇集了众多研究非物质文化遗产的专家和学者，他们在保护、传承非物质文化遗产方面做了大量的工作。特别是他们一直承担着我国向联合国教科文组织申报"人类口头与非物质遗产代表作"候选项目评估、评审的具体工作，以高度的责任心和严谨的学术态度，为我国成为入选世界"人类口头与非物质遗产代表作"项目最多的国家之一做出了重要贡献。2002年和2003年，中国艺术研究院还相继成功举办了"人类口头与非物质遗产抢救与保护国际学术研讨会"。我相信，他们一定能够为这次学术研讨会提供良好的服务，为与会代表创造出进行平等、充分的学术交流的机会。

目前，中国正处在重要的发展阶段。文化在推动社会和经济的全面发展上日益发挥着重要作用。中国政府的方针是努力建设先进文化，积极发展面向现代化、面向世界、面向未来的，民族的、科学的、大众的社会主义文化，努力实现经济社会的协调发展。抢救和保护非物质文化遗产，是弘扬民族优秀文化，促进社会主义精神文明建设的重要措施。在今后的工作中，我们在继续做好向联合国教科文组织申报"人类口头与非物质遗产代表作"工作的同时，还要建立中国代表作和国家名录的认证体系，继续开展田野调查和理论研究，逐步加大各级政府对非物质文化遗产保护的各项投入，加快立法进程；我们要进一步加强国际间的联系与合作，充分借鉴世界各国的成功经验，为建立起同自然与文化遗产保护同步协调的非物质文化遗产保护机制和国际合作体系而不懈努力。

（在"非物质文化遗产保护国际学术研讨会"开幕式上的讲话，2004年11月17日）

总结经验　搞好试点
全面推进中国民族民间文化保护工程

中国民族民间文化保护工程试点工作交流会就要结束了。这次会议是继2003年贵州试点工作会议之后，关于实施民族民间文化保护工程的又一次重要会议。会议的主要任务是贯彻落实"三个代表"重要思想和党的十六大精神，以科学发展观为指导，总结并交流贵州会议以来民族民间文化保护工程试点工作的经验，公布第二批国家试点，明确下一步民族民间文化保护工程的工作思路，部署2004年的工作任务。会议期间，云南省和有关省、区、市分别介绍了本地实施保护工程的情况，交流了开展试点工作的经验和体会。大家还实地考察了大理白族自治州、丽江市的民族民间文化保护工作情况。

下面，我代表文化部，就进一步推进民族民间文化保护工程试点工作谈几点意见。

一、从落实科学发展观的高度提高对民族民间文化保护工作重要性的认识

为贯彻落实党的十六大精神，实践"三个代表"重要思想，进一步加强民族民间文化保护工作，继承和弘扬中华民族优秀文化传统，建设有中国特色的社会主义先进文化，文化部、财政部决定在全国实施中国民族民间文化保护工程。这是一项由国家重点扶持的文化建设工程。实施中国民族民间文化保护工程，对于传承中华文明，发展先进文化，弘扬中华民族优秀文化传统，增强中华民族的凝聚力，维护国家的团结统一，坚持科学发展观，全面建设小康社会，实现经济社会的全面、协调、可持续发展，维护国家文化主权和文化安全，均具有重要的现实意义和深远的战略意义。下面，我结合当前保护工作的基本情况，谈几点理解和认识。

（一）必须充分认识民族民间文化保护对于落实科学发展观的重要意义

文化是一定的历史阶段、一定的地域环境、一定的人类种群的一种生存状态、生活方式、思维方式的反映。中华民族之所以能够独立于世界民族之林，就在于拥有了真正体现鲜活民族精神的、在人民群众生产生活实际中创造的文化。民族民间文化是我们的根，是文化发展的源泉。

党的十六届三中全会提出科学发展观，强调经济和社会协调发展，城市和农村要协调发展，区域之间也要协调发展，人与自然也要协调发展。全面、协调、可持续发展就是以人为本的科学发展观。在科学发展观中，文化占有重要地位。没有文化的发展，就缺乏人文关怀。在社会飞速发展的过程中，在物质财富极大丰富的条件下，民族民间文化给人们心理上以一种特殊的关切感，不断给人的心灵以滋润和慰藉。加强民族民间文化保护工作，符合十六届三中全会提出的科学发展观的要求，也是落实科学发展观，促进经济社会全面、协调、可持续发展的重要举措。

当今社会，文化资源、人文环境、民族素质在实现经济社会发展的过程中发挥着越来越重要的作用。民族民间文化是中华文化的根基和重要组成部分，也反映了中华民族千百年来的智慧和创造力。通过对优秀民族民间文化的保护，使优秀民族民间文化薪火承传，将极大地增强中华民族的自豪感、自信心和凝聚力，提高整个民族的文化素质，维护健康的文化生态，为实现经济社会全面、协调、可持续发展发挥重要作用。因此，文化部门的同志们一定要站在建设先进文化的高度，提高对民族民间文化保护工作重要性的认识，树立和落实科学发展观，把民族民间文化保护作为文化工作的重要内容，并学会用科学发展观来指导我们的民族民间文化保护工作，促进民族民间文化工作的顺利开展。

（二）必须充分认识当前民族民间文化保护工作对维护我国文化多样性的重要作用

随着经济全球化进程的加快，文化与经济和政治相互交融，各个国家保护本民族文化特性、维护世界文化多元性的呼声十分强烈。我国是一个统一的多民族国家，中华文明具有鲜明的多元一体特征。没有56个民族文化的多样性，就没有中华文明的完整性和统一性。我国民族民间文化的多样性、丰富性与独特性一直为世界所瞩目。

当前，我国民族民间文化的多样性正面临着严峻冲击。一是西方发达国家的价值观念、生活方式对我国民族民间文化生态的冲击。当前一些西方发达国家凭借强大的综合国力、先进的科技手段和发达的文化传播媒介，通过引领世界文化的潮流，积极传播西方的价值观念和生活方式，对包括我国在内的发展中国家的民族民间传统文化生态造成了严重的冲击，很多民族民间文化形式的民族特色逐渐消失，文化的多样性和丰富性受到严重威胁。二是目前在我国，对民族民间文化资源的保护尚未得到充分重视，大批有历史和科学价值的民族民间传统文化资源以各种形式，通过各种渠道流往海外，导致我国许多重要的民族民间文化遗产急剧减少，严重影响了我国民族民间文化的生存和发展。实施民族民间文化保护工程，对我国优秀民族民间文化进行积极保护，是坚持文化多样性、维护我国文化主权和文化安全的一项重要战略措施。

（三）必须把民族民间文化保护作为建设先进文化的一项重要任务加以落实

什么是先进文化？党的十六大报告中指出，发展先进文化，就是发展面向现代化、面向世界、面向未来的，民族的、科学的、大众的社会主义文化。在建设先进文化的历史任务面前，我们不能舍弃我们祖先留下的民族民间文化。正如文化部孙家正部长指出的，"民族民间文化是我们的根，是文化发展的源泉"。没有以民族民间文化为基础的文化，不是先进文化。文化建设不能不包括民族民间文化的建设，不能不研究民族民间文化保护问题。

民族民间文化来源于各族人民长期的生产生活实践，与广大人民群众的生产生活密切相关，它贴近实际、贴近生活、贴近群众，具有民族性与大众性的特点，与先进文化建设血脉相通。对于民族民间传统文化，应按照取其精华、去其糟粕、推陈出新的方针，本着弘扬先进文化、提倡有益文化、改造落后文化、抵制腐朽文化的精神，处理好保护与发展的关系。在先进文化建设中，我们要坚持继承和创新的统一，善于从民族民间文化的丰厚土壤中，继承和弘扬优秀的传统文化，努力创造既有丰厚历史底蕴又有鲜明时代特色的中国特色社会主义先进文化。

关于民族民间文化保护工作，孙家正部长最近在《人民日报》上发表了两篇重要文章，一篇是《树立科学发展观，推进民族民间文化保护工作》，一篇是《我们不能忘了"回家的路"》。这两篇文章，对如何开展民族民间文化保护工作，如何认识并正确处理保护工作中的各种关系，具有重要的指导意义。我希望大家把这两篇文章的精神认真学习好、领会好，在今后的工作中，注意从政策理论上做些探索，自觉用政策理论指导我们的工作。做好民族民间文化保护工作，还是要从提高认识入手，解决思想认识问题。只有我们文化部门对这项工作认识到位了，重要性认识充分了，才可能积极争取到党委、政府的重视与支持，才可能在推进民族民间文化保护工作上取得实效。

二、搞好试点，全面推进民族民间文化保护工程的实施

这次会前，文化部、财政部下发了《关于实施中国民族民间文化保护工程的通知》（文社图发〔2004〕11号），公布了《中国民族民间文化保护工程实施方案》。文件对工程的总体目标、方针、原则、保护对象、方式和内容、实施的步骤、组织机构和保障措施做了比较明确的规定。这是指导民族民间文化保护工程实施的纲领性文件。大家回去后，要主动向当地党委、政府汇报会议精神，积极与财政部门沟通，领会和贯彻两部文件精神，进一步明确思路，认真制定本地民族民间文化保护工程方案，落实保护目标、任务和措施。下面我就如何做好试点

工作，推进民族民间文化保护工作，讲几点要求。

（一）搞好试点，以点带面，扎实推进民族民间文化保护工作

根据民族民间文化保护工作面临的形势和工作需要，文化部和财政部提出了民族民间文化保护工程试点先行、以点带面、逐步摸索、取得经验的工作思路。试点就是摸索工作怎么做。民族民间文化保护工作是一项探索性工作，试点就是一个工作探索的过程。从去年第一批试点工作情况来看，试点可以把民族民间文化保护的思路、意图、办法在某一地区或某一项目进行实验，集中力量处理、解决保护工作中出现的各种情况和问题。试点经验具有重要的借鉴价值和对工作的指导作用，运用得好，可以发挥典型引路的作用。为了推进工程工作，今年文化部和财政部在第一批 10 个试点的基础上，又决定扩大试点。在这次会上，公布了保护工程第二批 29 个试点名单，再加上第一批 10 个试点，将涵盖全国每个省、区、市及相关的部门和单位。

按照去年贵州会议的要求，试点实行中央和地方分层进行，分级管理。综合性试点要从宏观管理角度，侧重民族民间文化保护工作的制度建设和机制创新，对民族民间文化保护的政策法规和保护工作制度建设、经费投入机制、工程组织工作体系等进行研究和探索；专业性试点要针对某一门类民族民间文化的现状，制定保护标准和具体保护措施，侧重探索专业门类民族民间文化保护的思路、办法和措施。这次公布的综合性试点地区和有试点项目的地区，要按照不同类型试点的任务和要求，抓紧制定具体的试点工作方案，并落实好各项保障措施。同时，各地也要根据本地实际，安排好本省、区、市的试点地区和试点项目。各地文化部门要把试点作为文化工作的一项重要任务，制定切实可行的措施，加强对试点工作的指导。今后，文化部将定期召开会议，总结各地试点项目进展情况，交流工作经验。这些试点地区和试点项目要充分发挥典型示范作用，积极引导和带动保护工程在全国的开展。

（二）推动立法，为保护工作提供有力的法律保障

民族民间文化保护工作长期有效开展，必须有法律做保障。贵州会议以来，文化部和各地加大工作力度，积极推进《民族民间传统文化保护法》的立法进程和地方相关法规的制定工作。经过广泛征求意见和反复修改，《民族民间传统文化保护法》（草案）已列入第十届全国人大立法计划。但法律形成要有一个过程，我们要通过工作和实践，积极推动立法工作。为了推动立法工作，今年文化部将积极争取由国务院办公厅转发《关于加强民族民间文化保护工作的意见》，提出民族民间文化保护的目标、任务和各项保障措施，将民族民间文化保护工作涉及的一些方面，用政策性文件的形式规定下来，摸索制定政策性措施，为在全国人大立法做好准备。同时，工程启动以来，各地为加强立法建设做了大量工

作。在立法建设上领先一步的云南省、贵州省抓紧对本省的民族民间传统文化保护条例的贯彻、执行和宣传工作，相关法规对两省的民族民间文化保护工作已经起到了积极的促进作用，产生了良好的社会影响。继云南省、贵州省之后，广西、浙江、江苏、新疆等省区也正在抓紧研究制定相应法规。近几年来，文化部积极推动民族民间文化保护法的立法工作，并取得了可喜进展。要积极推动各省、区、市地方法规的建设。已经颁布民族民间文化保护地方性法规的，要积极开展对相关法规的宣传，强化全社会依法保护民族民间文化的意识，抓好法规的贯彻执行，严格按照法规开展民族民间文化保护工作；已经着手制定但尚未颁布民族民间文化保护地方性法规的，要积极争取地方人大审议并出台法规；目前还没有考虑制定地方性保护法规的，要结合当地实际情况，抓紧制定本地区民族民间文化保护的法规，规范本地区民族民间文化保护工作，为民族民间文化保护工作提供法律保障。

（三）积极准备，争取尽早建立各级民族民间文化保护名录

建立各级民族民间文化保护名录，是做好民族民间文化保护工作的重要抓手。这是民族民间文化保护工作的突破口，必须下大力气抓好。今年，文化部将着手国家级民族民间文化保护名录的制定工作，争取今年底或明年初，在经过申报、组织专家评审和征求有关方面意见的基础上，评出第一批中国民族民间文化保护名录候选名单。候选名单将报国务院审定，争取尽早由国务院公布首批中国民族民间文化保护名录。今后，要从各省、区、市保护名录中筛选出国家级保护名录，在国家级名录的基础上筛选出向联合国教科文组织申报的"人类口头与非物质遗产代表作"项目。在建立国家级民族民间文化保护名录的基础上，各省、区、市也要建立本地民族民间文化保护名录，对具有重要历史与文化价值，处于濒危状态的民族民间文化品种做出科学认定，分批、分级公布，并将其作为保护和抢救的重点，设立专门的抢救项目，积极利用现代高新技术手段进行科学保护。做好这项工作，首先要制定有关标准规范，其次要制定好申报办法，设定好程序，争取尽早公布保护名录，为下一步工作打好基础。

（四）加强民族民间文化资源的普查工作

做好普查工作，是搞好民族民间文化保护工程的基础。各地要在抓好试点工作的同时，着手摸清家底的资源普查工作。普查要达到三个目的：一是全面了解和掌握本地民族民间文化资源状况，为研究和分析民族民间文化工作情况提供依据；二是通过记录、保存等方式，对普查中搜集到的民族民间文化资源进行抢救性的保护；三是确定一批具有重大历史价值、特色鲜明，又处于濒危状态而急需抢救、工作基础好的项目，列出清单，制定保护名录。文化部将对普查工作进行总体安排，各地要根据本地实际情况开展普查工作。要通过普查，界定民族民间

文化保护的范围，确定保护名录的有关标准和规范。各地可根据本地保护工作的需要，选择一些项目来摸索普查的办法，为制定保护名录做好基础性工作。

（五）加大民族民间文化保护工作队伍的培训力度

民族民间文化保护是一项专业性、技术性很强的工作，必须有一支稳定的专业队伍来保证。为了保证保护工作的顺利进行，首先要搞好机构和队伍建设。各地要尽快建立领导工程工作的相应机构，明确专门的单位或机构承担具体的实施工作。在工作中，要充分整合社会资源，注意利用文化系统和社会各方面的人才优势和工作优势，充分调动文化系统和社会各方面的工作积极性，建设具有一定工作基础和工作能力的队伍，投入到保护工作中去。要吸收参加过"十部中国民族民间文艺集成志书"编纂工作的同志担任基本的工作骨干。特别是要有懂得高科技手段的专业人才，确保现代高科技手段用得了、用得好。要抓好基本工作队伍的确定和技术骨干的培训工作，采用课堂讲授、函授、远程教育等多种形式，分级、分期、分批对民族民间文化保护工程有关管理人员、专业人员和民族民间文化传承人进行教育培训。文化部负责培训到省级文化部门，省级文化部门培训到市县，逐步形成多层次、多学科和多形式的具有国家资质的民族民间文化人才教育培训基地。

（六）加大投入，努力建立完善的民族民间文化保护投入机制

民族民间文化保护必须有可靠的经费支持做保障。在工程启动和试点阶段，民族民间文化保护工作必须依靠各级财政的支持。各级文化部门要把这次文化部和财政部联合下发的文件作为抓手，把文件用好用足，积极主动争取财政部门支持，落实民族民间文化保护工作所需经费。要充分发挥中央和地方两个积极性，增加投入，为工程实施提供有力保障。在增加投入的同时，必须强调资金的使用和管理问题。中央财政设立保护工程专项资金，主要用于对民族民间传统文化重大项目的保护和研究，珍贵资料与实物的征集和收购，传承人的培养和资助，文化生态保护区、民族民间文化艺术之乡和传承单位的补助，贫困地区的民族民间文化保护工程的补助和扶持等，其使用必须根据民族民间文化保护总体规划的要求，立足全局，点面结合，充分调动和鼓励地方工作的积极性。凡被列入国家级试点项目和国家级保护项目的，地方在资金上要给予配套支持。在资金的使用上，要引入项目管理和绩效考评机制，合理使用并管理好资金。同时要研究、制定扶持政策和措施，充分调动社会各方面的积极性，努力形成政府主导、社会力量广泛参与的良性投入机制。

（七）加强领导，为民族民间文化保护工程提供有力保障

民族民间传统文化保护意义重大，任务繁重，必须紧紧依靠各级政府的组织

和领导。一是要政府主导,社会参与。开展民族民间文化保护工作,地方各级政府必须承担主要责任。要以政府为主,制定规划、组织力量、落实经费、加强管理,同时要坚持政府保护与民间保护相结合,财政投入与社会资金相结合,调动社会各方面的积极性,积极吸纳社会资金,参与工程建设。二是要长远规划,分步实施。要根据民族民间文化保护的形势和需要,制定工程规划。在制定规划中要根据经济社会发展的实际,与经济社会发展规划相衔接、相配套,做到立足长远,又有可行性。在规划中,要分阶段提出目标、任务和要求,一切从实际出发,循序渐进,逐步实施。对那些具有重大历史、文化和科学价值,处于濒危状态的种类和项目要优先安排,抓紧抢救。三是要明确职责,形成合力。实施民族民间文化保护工程,是各级党委、政府和全社会的共同责任。工作中仅靠文化部门一家的工作是不行的,需要方方面面共同努力、互相支持、协同配合。各级党委和政府要充分认识这项工作的重大意义,真正将这项工作列入重要议事日程,纳入当地经济社会发展总体规划,加大投入,将工作落到实处。我们要和有关部门一道,按照各自职责,互相配合,落实任务,发挥合力,共同推进工程的实施。

(在中国民族民间文化保护工程试点工作交流会上的讲话,2004年4月16日。原载于《中国文化年鉴》编辑委员会编:《中国文化年鉴(2005)》,新华出版社2006年版,第86~92页)

传统·现代·非物质文化遗产

中国是一个多民族国家，五千年来，生活在这片广阔而美丽土地上的56个民族创造和传承的民间文化遗产非常丰富而多样。神话传说、民歌、谚语、音乐、舞蹈、戏曲、风俗、民居、服饰、工艺、民族体育活动等非物质文化遗产，与人类其他历史遗迹、遗址及人文景观等，共同构成了中华民族的文化财富，成为全人类文化遗产不可或缺的组成部分。本期《中华遗产》就包括了许多非物质文化遗产的内容，如关于藏族的风土民情、饮食服饰、乐舞工艺，以及在贵州遥远的布依山寨曾存在过的古老的榨油工艺等。

你看到乙酉年（鸡年）邮票了吗？这是一只以无形文化遗产的众多门类之一——传统刺绣工艺设计的大公鸡，色彩鲜亮醒目，造型优美古朴，意涵丰富隽永。魏晋笔记小说《玄中记》里有一则神话传说，东南有桃都山，山上有一棵名叫桃都的大树，树上有一只天鸡。日初出，光芒照到树上时，天鸡就啼鸣，天鸡一啼，群鸡也跟着啼鸣起来。意思是说，天鸡啼鸣，赶走了黑暗和邪祟，迎来了光昌流丽的世界。于是，鸡的形象以这样的内涵进入了我们的民间文化之中。今天，人们把这份根源于民间的传统艺术，重新安置于现代生活之中，让它负载起亲人朋友的祝福，飞越山海，抵达亲朋好友的手中。

目前，对那些具有民族民间特性的，具有较高的历史、科学和社会价值并流传至今的无形文化遗产，国际上称呼各有不同：主张采用版权保护的国家和组织将其统称为民间文学；世界知识产权组织称其为民间文学表达形式；联合国教科文组织称其为传统文化与民间文化或"非物质文化遗产""人类口头和非物质遗产"；在我国文化遗产保护的实践中，也有"民间文学艺术""民族民间文化""无形文化遗产"等多种说法。随着2003年10月第32届联合国教科文组织大会通过《保护非物质文化遗产公约》，"非物质文化遗产"一词已逐渐被接受和认同。

非物质文化遗产是文化遗产的重要组成部分，指的是民众中世代相承的、与民众生活密切相关的各种传统文化表现形式、民俗活动、表演艺术、传统知识和技能。它更注重的是以人为载体的知识和技能的承传，是活的重要文化遗产。本期有关藏医及金铜佛像的铸造技术就是其中之一。

2001年、2003年，联合国教科文组织先后公布了两批"人类口头和非物质遗产代表作名录"，中国的昆曲和古琴艺术名列其中。名录的推出试图提醒并告诫人们，全世界每天有大量的有着久远文化渊源、蕴涵着独特文化特性的遗产在消逝，要了解这些遗产的重要价值，并知道怎样去保护它。

20世纪中叶，我国政府组织文化工作者对传统文化遗产进行了调查和研究工作，使许多濒临消亡的非物质文化遗产得到抢救；此后，由老一辈知名学者提议发起的"十部中国民族民间文艺集成志书"，于2004年全部出齐300部450册，保存了大量的珍贵艺术资料；1997年国务院发布《传统工艺美术保护条例》，对传统工艺美术做出明确的标准规定，通过建立国家评定机构，保护了一大批传统工艺美术品种，命名了200余名"工艺美术大师"。国家还成立了振兴京剧指导委员会、振兴昆曲指导委员会，使这些传统剧种从资料保存、剧目保留到人才培养都得到了一定的加强；一批具有悠久传统、民族风格和地方艺术特色的乡镇，被国家命名为"民间艺术之乡""特色艺术之乡"，增强了民间对传统文化遗产的保护意识，推动了各地对非物质文化遗产的整理和研究工作。

近年来，国家对保护非物质文化遗产工作高度重视。2004年8月，我国政府经全国人大常委会批准，正式加入了联合国教科文组织《保护非物质文化遗产公约》，成为全球为数不多的加入该公约的国家之一。文化部、财政部从2003年起，正式启动了中国民族民间文化保护工程，在政府主导、全社会参与的指导方针下，采取一系列保护措施。成立了专门的领导小组和专家委员会，建立了国家级非物质文化遗产保护名录，并通过各种形式开展普查工作，摸清非物质文化资源的家底，对具有重要价值且濒危的项目进行抢救性保护。目前，已确定了国家保护试点项目39个，各省也相继确定了一批保护试点项目。不少地方政府采取多种措施，给传承人创造条件，提供支持。云南、贵州、福建等省制定了地方法规。建立传承人命名制度，为传承活动和人才培养提供资助；鼓励和支持教育机构开展普及优秀民族民间文化活动，规定有条件的中小学应将其纳入教育教学内容等。在政府的大力推动以及社会的关注和支持下，非物质文化遗产保护工作正在稳步、健康、有序地发展。

（原载于《中华遗产》2005年第2期）

《中国民族民间文化保护工程普查工作手册》序

中国是一个多民族的国家，悠久的历史和灿烂的古代文明为中华民族留下了极其丰富的文化遗产。据不完全统计，目前全国拥有可移动的文化遗产约1200万件，已知地上、地下不可移动的文化遗产近40万处，其中全国重点文物保护单位1271处，世界遗产30处，世界文化遗产27处（含文化、自然双遗产4处），世界非物质文化遗产2项。这是中华民族炎黄子孙取之不尽、用之不竭的宝贵精神财富，对其精心呵护、传承发展，是政府组织和全社会共同的神圣职责。

党中央、国务院对保护非物质文化遗产工作高度重视。2004年8月，经全国人大常委会批准，我国加入了联合国教科文组织《保护非物质文化遗产公约》。政府采取措施，加大投入，自2003年起，启动了中国民族民间文化保护工程，成立了领导小组和专家委员会，设立了中国民族民间文化保护工程国家中心。2005年3月31日，国务院办公厅下发了《关于加强我国非物质文化遗产保护工作的意见》（国办发〔2005〕18号），就进一步加强我国非物质文化遗产保护工作提出了指导性意见。我们高兴地看到，近年来，全国非物质文化遗产保护工作普遍推开，各地的民族民间文化保护工程陆续启动。一个在政府大力推动下，在社会关注和支持下的非物质文化遗产保护工作正在稳步、健康、有序地发展。

为进一步贯彻国务院办公厅《关于加强我国非物质文化遗产保护工作的意见》，落实开展非物质文化遗产普查工作的要求，按照中国民族民间文化保护工程的实施计划和步骤，中国民族民间文化保护工程国家中心组织有关专家学者，结合开展普查工作的实际需求，编写出了可供广大保护工作者实际操作、具有专业指导性和一定标准性的《中国民族民间文化保护工程普查工作手册》。这本具有指南意义的工具书，对于进一步加强我国非物质文化遗产保护的具体实施，对于保护工程的深入开展，对于普查工作的科学、准确、全面进行，都会起到重要的指导作用。正如古人所云，"工欲善其事，必先利其器"；"图难于其易，为大于其细"。在国家不断加大对非物质文化遗产保护的力度和中国民族民间文化保护工程不断向前推进的形势下，《中国民族民间文化保护工程普查工作手册》的面世，无疑为各地的保护工作提供了可具操作的"利器"。我希望，这部凝聚了众多专家学者智慧与辛劳的工具书，会得到广大保护工作者的欢迎。

保护中华民族的非物质文化遗产，绝不仅仅是文化部门和专家学者的事情，因为历史的血脉流淌在每一个中华儿女的身心之中。珍贵的非物质文化遗产遍布在我们的周围，她是我们汇聚和包容56个民族的魂之所系，国家的根之所在，是我们生活在自然与人文环境中的精神财富。我国加入联合国教科文组织《保护非物质文化遗产公约》，代表并维护的是最广大人民群众的利益，所以它的落实需要许多相关部门的共同努力，需要每一个社会成员的关注和参与。普查和保护我国非物质文化遗产是我们这一代人的共同责任。因此，我们必须加大宣传《保护非物质文化遗产公约》和国务院办公厅《关于加强我国非物质文化遗产保护工作的意见》精神的力度，提高全社会保护祖国珍贵的非物质文化遗产的使命感和责任心。在政府主导的原则下，吸纳各界有识之士参与到保护工作中来，为中华文化的灿烂文明做出更大的贡献。

这本《中国民族民间文化保护工程普查工作手册》在较短的时间里能够达到比较科学、全面和具有一定指导意义的水平，并与广大读者见面，关键是得益于众多专家学者的积极参与和热心支持。广大的专家学者是保护工作的重要生力军，他们不仅拥有专业的理论与学识，很多人还有丰富的实践经验。更加可贵的是，广大的专家学者对保护工作有着高度的责任感和深厚的感情。因此，充分调动他们的积极性，使他们将宝贵的学识与经验很好地用于指导一线的工作，是健康推进保护工作的重要环节，也是将保护工作不断引向深入的重要保证。

进入21世纪的中国政府和中国人民，对进一步加强中华民族的共同精神家园——非物质文化遗产的保护，已经逐渐形成了共识。我相信，在党中央、国务院的正确领导下，在各级政府的积极推动下，在全国广大文化工作者和社会各界的共同努力下，我国的非物质文化遗产保护工作一定会不断取得可喜的成绩。

衷心地感谢为《中国民族民间文化保护工程普查工作手册》的编写做出辛勤努力的所有专家和工作人员！

（原载于中国民族民间文化保护工程国家中心编：《中国民族民间文化保护工程普查工作手册》，文化艺术出版社2005年版）

突出重点　扎实推进
开创我国非物质文化遗产保护工作的新局面

召开这次全国非物质文化遗产保护工作会议，主要是贯彻落实国务院办公厅《关于加强我国非物质文化遗产保护工作的意见》的精神，总结和回顾我国非物质文化遗产保护工作的情况，部署下一步非物质文化遗产保护的主要工作。明天上午，国务委员陈至立同志将就加强我国非物质文化遗产保护工作做重要指示。孙家正部长也要就如何贯彻国办文件精神、开展我国非物质文化遗产保护工作发表重要讲话。一些部委代表将做发言，部分省、区、市也将交流非物质文化遗产保护工作经验。另外，代表们还将就如何深入贯彻国办文件精神，进一步做好非物质文化遗产保护工作，展开讨论。

我想就下一步非物质文化遗产的保护工作思路，谈几点意见。

一、把握大局，提高认识，进一步增强做好非物质文化遗产保护工作的使命感和责任感

我国非物质文化遗产即民族民间传统文化，目前正面临着经济全球化和现代化的冲击。一方面，随着经济全球化的影响，外来文化的传入，对我国的非物质文化遗产造成了严重的冲击；另一方面，随着现代化进程的加快，作为主要是农业社会产物的非物质文化遗产，由于工业化和城市化的加速，人们生产生活方式的改变，原有文化生态发生了巨大变化，非物质文化遗产受到了猛烈的冲击。因此，加强非物质文化遗产的保护，刻不容缓。

党中央、国务院对我国非物质文化遗产保护工作十分重视。党的十六大报告提出了"扶持对重要文化遗产和优秀民间艺术的保护工作"，国家主席胡锦涛在致联合国教科文组织第28届世界遗产委员会会议的贺辞中指出："加强世界遗产保护已成为国际社会刻不容缓的任务。这是历史赋予我们的崇高责任，也是实现人类文明延续和可持续发展的必然要求。"胡锦涛、温家宝、李长春、陈至立等中央领导对昆曲等非物质文化遗产保护也有重要批示。这次国务院办公厅又专门下发了《关于加强我国非物质文化遗产保护工作的意见》，为我们做好非物质文化遗产保护工作指明了方向，明确了任务。

加强非物质文化遗产保护，对于贯彻落实党的十六大和十六届三中、四中全会精神，实践"三个代表"重要思想，弘扬民族精神，建设有中国特色社会主义先进文化，落实科学发展观，构建社会主义和谐社会，维护世界文化多样性，

推动人类社会可持续发展,均具有重大的历史意义和现实意义。因此,加强非物质文化遗产保护,既是我们文化工作者崇高的历史责任,也是新时期文化工作的重要内容和现实要求。各级文化部门要从文化发展战略的高度出发,把握全局,进一步提高对非物质文化遗产保护工作重要性和紧迫性的认识,增强责任感和使命感,努力做好非物质文化遗产保护工作。

二、总结经验,摸索规律,积极探索非物质文化遗产保护工作的方法与途径

党中央、国务院和各级党委、政府对非物质文化遗产保护工作高度重视。新中国成立后,特别是改革开放以来,组织开展了一系列卓有成效的工作,对非物质文化遗产保护进行了积极的探索,积累了有益经验,取得了较大进展。

(一)采取各种措施,积累经验,为保护民族民间传统文化奠定基础

新中国成立初期兴起的民歌整理高潮,抢救了一大批我国各民族的传统民歌。20世纪50年代,国家组织对各少数民族的民间文化进行记录调查,并出版了"国家民委民族问题五种丛书"和"中国少数民族社会历史调查资料丛刊"等。国家采取措施,积极扶持传统工艺美术行业生产,保护了一大批传统工艺品种,命名了200余名"工艺美术大师"。国家还成立了振兴京剧指导委员会、振兴昆曲指导委员会,使这些传统剧种从资料保存、剧目保留到人才培养都得到了一定的加强。485个具有悠久传统、民族风格和地方艺术特色的县、乡,被文化部命名为"民间艺术之乡""特色艺术之乡"。云南、贵州、广西、内蒙古等省区也在积极探索建立民族文化生态村、生态博物馆。中国民协近年来也积极开展非物质文化遗产专题普查和宣传展示活动,实施民间文化抢救工程,出版有关非物质文化遗产保护的书籍等。80年代以来,文化部、国家民委、中国文联共同发起"十部中国民族民间文艺集成志书"编纂工作,目前298部省卷已全部完稿,并已出版224卷(近4亿字)。通过对传统文化遗产的抢救、发掘、整理和研究,不仅保存了大量珍贵的文化资源,也造就了一支有相当学术积累的科研队伍,为全面开展非物质文化遗产保护工作,奠定了坚实的基础。

长期以来,一大批专家学者、民间文化工作者和志士仁人,为保护我国非物质文化遗产,开展了大量卓有成效的工作,做出了积极的贡献,借此机会,让我们向他们表示衷心的感谢!

(二)推进立法,加强保护法规建设

我国一贯重视文化遗产保护方面的立法工作。20世纪50年代,中央人民政

府以政务院令颁发了《禁止珍贵文物图书出口暂行办法》。1982年国家颁布了《中华人民共和国文物保护法》。1997年国务院颁布了《传统工艺美术保护条例》。从1998年起,文化部与全国人大教科文卫委员会在国内外立法调研的基础上,组织起草了《民族民间传统文化保护法》(草案)。为借鉴联合国教科文组织《保护非物质文化遗产公约》的基本精神,法律草案名称已改为《非物质文化遗产保护法》。近年来,云南省、贵州省、福建省、广西壮族自治区相继颁布了民族民间传统文化保护条例。

(三) 实施"保护工程",积极探索保护工作新途径

2003年初,文化部、财政部联合国家民委、中国文联共同实施中国民族民间文化保护工程。两年来,保护工程采取试点先行、以点带面的工作方式,在全国范围内逐步推开,并取得了积极进展:

(1) 成立了保护工程领导小组和专家委员会,设立了保护工程国家中心,各地也相继成立了保护工程组织领导机构和工作机构,有的省区还以省级领导挂帅,有效地促进了保护工程的开展。

(2) 确定了40个保护工程国家级试点,包括区域性的综合试点6个、专业性试点34个。目前,各地在专家的指导下制定了试点工作方案,保护工作正在顺利开展。同时,各省、区、市根据自己的实际情况,也确定了本地区的试点。试点工作促进了保护工程的深入开展。

(3) 落实保护工程专项资金。到目前为止,中央财政已投入4600万元,支持保护工程的开展。许多省、区、市也安排了保护工程专项资金。2005年,东部地区如浙江省安排500万元专项资金,江苏省安排400万元等;西部省区在经费困难的情况下,如新疆维吾尔自治区安排200万元,甘肃省安排150万元等。

(4) 部分省、区、市开展了民族民间文化资源的普查。在保护工程实施过程中,一些省、区、市陆续开展了民族民间文化资源的普查或专题调查工作。云南省从2002年起,开始部署普查工作,省和地、州、市文化局分别成立了普查领导小组,统一实施全省普查工作。浙江省从2003年起,部署了全省普查工作,现已进入收尾阶段。甘肃、四川、重庆等省市也已经部署了普查工作。

(5) 组织举办各种层次的培训班,培养了一批业务骨干。近两年来,全国性的培训班已举办了两期,每期均有100多名学员参加。云南、北京、浙江、上海、海南、甘肃、新疆等省、区、市也纷纷组织举办各种形式和各种层次的培训班,培养了一批业务骨干。

(四) 积极参与国际非物质文化遗产保护工作

联合国教科文组织于2000年启动"人类口头和非物质遗产代表作"申报工作后,我国主动提供候选名单,积极参与申报工作。目前联合国教科文组织已公

布两批共47个"人类口头和非物质遗产代表作",我国的昆曲和古琴艺术名列其中。我国成为连续两届申报成功的7个国家之一。2003年10月,第32届联合国教科文组织大会通过了《保护非物质文化遗产公约》。我国于2004年8月经全国人大常委会批准,正式加入了《保护非物质文化遗产公约》,成为较早加入公约的国家之一。

虽然我国非物质文化遗产保护工作取得了一些成绩,但是,我们必须清醒地看到,目前的工作离新形势的要求还有相当的差距,还存在着一些不容忽视的问题:一是有些地方对保护工作的重要性、必要性和紧迫性认识不足,没有把非物质文化遗产保护工作列入重要议事日程,社会公众保护非物质文化遗产的意识有待加强;二是尚未建立行之有效的保护工作机制,法规建设滞后,有关政策不配套,各地工作开展不平衡;三是在一些地方珍贵的非物质文化遗产大量流失,甚至遭到破坏。针对当前保护工作存在的不足和问题,我们在今后的工作中要采取有效措施,认真加以解决。

三、全面推进,重点突破,扎扎实实落实非物质文化遗产保护工作任务

国务院办公厅《关于加强我国非物质文化遗产保护工作的意见》(以下简称《意见》),确立了保护非物质文化遗产的方针和原则,并对我国非物质文化遗产保护工作的任务、目标、要求和措施等提出了指导性意见。这是指导我国非物质文化遗产保护工作的重要文件,对于推动我国非物质文化遗产保护工作的深入开展,具有重要意义。为贯彻落实好《意见》的精神,扎扎实实地推进我国非物质文化遗产保护工作,当前要着重抓好以下几项工作。

(一)统一部署,认真安排,积极开展普查工作

开展普查,既是非物质文化遗产保护的基础性工作,更是抢救与保护工作的重要环节。我们计划从2005—2008年开展全国范围内的非物质文化遗产资源普查。这次普查工作,将是21世纪之初在全国范围内按照《保护非物质文化遗产公约》中所规定的非物质文化遗产的所有类型进行的第一次全面、深入调查。做好这次普查工作,要注意把握好以下几点:

(1)统一部署,分级实施,认真安排。这次普查工作,要在文化部的统一部署下,有序进行。各地按照分级负责的原则,因地制宜地开展本地区的普查工作。在专家的指导下,结合当地实际情况,制定好本地区的普查方案和工作计划。按照普查方案和工作计划,采取先在某一地区进行试点,取得经验,做出范本,再逐步铺开,认认真真做好本地区普查工作。

(2)充分利用已有的工作成果。新中国成立以来,各地文化系统和社会有

关方面在民族民间文化保护工作方面进行了积极探索,积累了不少有价值的经验。我们要吸纳前人成果,避免重复劳动。

(3) 充分运用现代科技手段,开展调查、登记、摄像、录音、认定、建档等工作,确保取得第一手资料。要按非物质文化遗产的原貌进行认真记录,确保资料的真实性。

为鼓励和支持各地做好普查工作,文化部计划为各省、区、市配备一批现代技术设备,包括电脑、数码摄像机、数码照相机等,专门用于各地普查工作。

(4) 注重实物资料的征集与管理。对普查中发现的珍贵实物资料要立即登记,并做好征集与保管工作。对征集到的实物资料,要指定专门机构,按照有关规定,加以妥善保存。

(5) 普查成果主要体现在以下几方面:撰写普查工作总结报告,提交本地区保护项目清单,编辑出版《中国非物质文化遗产分布地图集》分省图册。

(二) 认真组织,积极推荐和申报第一批国家级非物质文化遗产代表作

建立各级非物质文化遗产保护名录,具有开创性意义,是保护非物质文化遗产的重要措施,也是当前文化工作的一项重要任务。根据《意见》要求,非物质文化遗产实施分级保护的原则,我们将建立国家级和省、市、县四级非物质文化遗产代表作名录体系。按照《国家级非物质文化遗产代表作申报评定暂行办法》,今年开始建立第一批国家级非物质文化遗产代表作名录。为此,我部专门起草了《关于申报第一批国家级非物质文化遗产代表作的通知》和《申报指南》,提交大会征求各部门和各地的意见。我们将根据大家的意见和建议进行修改后,尽快发出。

做好第一批国家级代表作申报工作,要遵循"掌握条件、严格程序、科学论证、简明易行"的原则,着重把握以下几点:

(1) 掌握好申报条件。做好第一批国家级代表作项目申报工作,首先要注重申报项目的文化内涵和杰出价值。各地区具有历史、文化、科学价值和丰富文化内涵的,而且社会公认程度较高的非物质文化遗产项目,要积极推荐申报首批国家级代表作。已经进入联合国教科文组织"人类口头和非物质遗产代表作"的项目,可直接转入国家级代表作名录。对那些基本符合条件且濒临消亡的项目,要重点考虑。申报项目要制定切实可行的保护计划。

(2) 严格申报程序。按照申报办法的要求,非物质文化遗产代表作经逐级申报至省级文化行政部门,由省级文化行政部门组织专家论证并征得同级人民政府同意后,上报文化部(部际联席会议办公室),经评审委员会评审以及社会公示,再经部际联席会议核准后上报国务院,由国务院批准颁布。申报国家级代表作项目要严格按照程序进行,保证申报过程的规范性。

（3）科学论证申报项目。在申报过程中，要认真界定申报项目的历史、文化和科学价值，充分发挥专家的作用，注意听取专家的意见和建议，确保申报项目和申报文本的科学、准确和规范。申报工作可采取专家推荐和基层申报相结合的方式，各个领域专家最了解本领域范围内的项目情况，可请他们积极推荐申报项目。

（4）申报文本要根据我国国情和各地实际情况，并参照联合国教科文组织的有关做法，既要注重质量，也要便于操作。

（5）要注意掌握地区和民族之间的平衡。对一些同类交叉的项目，可根据具体情况，采取单独申报或联合申报。

（6）抓紧时间，认真组织，按时完成申报工作。我们力争在年内由国务院批准颁布第一批国家级名录，时间紧，任务重，因此，各地申报第一批国家级代表作的项目，必须在9月中旬之前上报文化部。各地文化部门要抓紧这项工作的部署和实施，保证按时完成申报任务。

（7）加强联系和沟通。请各地将申报文本和资料的准备进展情况及时与文化部进行沟通，以便文化部掌握各地申报工作的情况。

（三）立足长远，建立有效的非物质文化遗产保护机制

随着各级名录的逐步建立，一大批非物质文化遗产将列入各级名录，因此，要重点做好这些项目的保护和利用工作。

（1）注重对非物质文化遗产的物质载体的有效保护，积极征集与非物质文化遗产有关的实物、资料，采取有力措施，防止流失；提倡建立非物质文化遗产专题博物馆或展示中心，进行妥善保存和展示。

（2）加强对非物质文化遗产及其保护方式的研究，充分发挥大专院校和科研机构中专家学者们的作用，结合实际，加强理论研究。

（3）采取命名、授予称号、资助扶持、表彰奖励等方式，鼓励和扶持传承人进行传习活动。通过学校教育和社会教育，采取传帮带的方式，培养传承人，做到业有所继、技有所承。要将非物质文化遗产内容列入地方乡土教材，在中小学开设相关课程，向未成年人传授非物质文化遗产知识，培养保护意识。

（4）探索各种有利于民族文化发展、有利于文化遗产保护的方式，采取措施，对非物质文化遗产进行动态的、持续性的保护。

（5）在有效保护的基础上，积极探索非物质文化遗产的科学开发、合理利用方式，推动当地经济社会的发展。

（四）加大力度，加强指导，继续推动保护工程试点工作

中国民族民间文化保护工程是我国非物质文化遗产保护工作的重要组成部分，保护工程试点工作就是为创建有中国特色的非物质文化遗产保护制度积累经

验。40个国家级试点在专家的指导下，已经制定了试点工作方案，正在顺利展开。各省、区、市也确定了一批省级试点。但是，各地的试点工作并不平衡，有的地方进展较快，有的进展缓慢，需要进一步加大力度，加强指导，积极推进各项工作。试点项目所在地区要在资金、人员和工作上给予大力支持和帮助，使试点项目按期完成工作任务。对这些试点的经验，要认真进行总结推广，带动本地区的保护工作。

（五）扩大宣传，提高全社会非物质文化遗产保护意识

非物质文化遗产保护是一项全新的工作，需要加大宣传力度，动员各界的力量，提高全社会保护意识。要善于运用舆论来宣传非物质文化遗产保护各项工作。前不久，我们在国务院新闻办支持下，召开了由中外记者参加的新闻发布会。7月初，我们将在苏州市举办"中国非物质文化遗产保护·苏州论坛"。明年初，我们将举办中国非物质文化遗产保护成果展，希望各省、区、市积极参与。今后，我们要继续加大对非物质文化遗产保护工作的宣传力度。各地也应通过各种新闻媒介，采取多种形式，广泛开展对非物质文化遗产保护工作的宣传展示活动，营造良好的舆论氛围。

四、加强领导，明确职责，确保非物质文化遗产保护工作全面开展

各级文化部门要认真落实《意见》的精神，在政府主导的前提下，调动有关部门的积极性，与社会各方面力量相互配合，共同推进非物质文化遗产保护工作。

（一）加强领导，明确责任，携手推进非物质文化遗产保护工作

《意见》已明确了非物质文化遗产保护工作的组织工作机制。文化部作为部际联席会议的召集单位，担负着非物质文化遗产保护工作的重要任务。各有关部门在各自的职责范围做好工作。我们相互配合和协作，形成合力，共同做好非物质文化遗产保护工作。各省、区、市也可参照这种模式，建立组织协调机制。

非物质文化遗产保护工作是各级政府的职责。各地文化部门作为非物质文化遗产保护工作的牵头实施部门，要及时向党委、政府反映和汇报非物质文化遗产保护工作情况，争取党委、政府的重视和支持，积极推动把非物质文化遗产保护工作纳入重要议事日程，纳入当地经济社会发展总体规划，纳入城乡建设规划，使非物质文化遗产保护工作得到落实。

非物质文化遗产保护工作作为社会公益事业的重要组成部分，政府应当发挥核心和主导作用。同时，要制定有关政策，调动社会各界的积极性，鼓励社会力量参与保护工作。

（二）加快立法进程，依法保护非物质文化遗产

依法保护是保障非物质文化遗产得到有效保护的根本措施。《非物质文化遗产保护法》已经被国家列为文化立法10年规划重点项目，我们将全力配合全国人大和国务院法制办，广泛征求意见，进一步修改完善，力争使这部法律早日出台。《意见》的贯彻落实，必将有利于推动立法工作进程。

已经颁布非物质文化遗产保护地方性法规的云南省、贵州省、福建省、广西壮族自治区等地，要抓好法规的贯彻执行，积极开展法规的宣传，强化全社会依法保护非物质文化遗产的意识。尚未制定地方性保护法规的省、区、市要迅速行动起来，结合当地非物质文化遗产保护的实际，抓紧制定本地区非物质文化遗产保护的政策性法规，规范本地区非物质文化遗产保护工作。

（三）落实保护经费，加大投入，确保非物质文化遗产保护工作顺利开展

非物质文化遗产保护工作要有经费支持做保障。各级文化部门要善于策划项目，主动与财政部门沟通，积极争取各级财政对非物质文化遗产保护工作的支持，落实保护工作所需经费。特别是各级名录建立以后，更要争取各级财政对列入名录的项目给予支持。另外，在筹划建设非物质文化遗产专题博物馆或展示中心时，积极取得发展改革部门的支持。

根据分级管理的原则，中央资金主要用于国家级非物质文化遗产代表作的保护，项目所在地也要提供相应的配套资金。地方各级名录则主要由各级地方财政负责。除了政府投入外，也要善于吸纳社会资金，努力形成非物质文化遗产保护工作政府投入和社会资金相结合的经费投入机制。

这里，必须强调资金的使用和管理问题。要制定保护工作专项资金的管理办法，加强管理，合理使用资金，提高使用效益，保护工作专项资金要引入项目管理和绩效考评机制，同时要建立事前审核、事中监督和事后考核的管理制度。

（四）开展各种形式的培训，建立专业工作队伍

非物质文化遗产保护工作是一项专业性、科学性很强的复杂工作，需要有一支业务素质好、年龄和专业结构合理的专兼职工作队伍。我们要有计划地开展人才培养工作，通过委托高等院校和研究机构，开设非物质文化遗产保护相关专业，培养高层次的人才。采取进修和短训方式，培养和提高现有人员的工作能力和业务水平。当前，各地要通过举办各种形式的培训班，配合普查和名录申报，搞好人员培训工作。

（在全国非物质文化遗产保护工作会议上的讲话，2005年6月10日。原载于孙家正主编：《中国文化年鉴（2006）》，新华出版社2007年版，第49～54页）

保护文化遗产是我们的责任

为广泛宣传中国政府保护非物质文化遗产的方针政策，全面反映中国非物质文化遗产保护工作成果，进一步推动中国非物质文化遗产保护工作，定于2006年2月12日至3月16日在中国国家博物馆举办中国非物质文化遗产保护成果展。展览由非物质文化遗产保护工作部际联席会议9个成员单位即文化部、国家发改委、教育部、国家民委、财政部、建设部、国家旅游局、国家宗教局、国家文物局共同主办，中国艺术研究院、中国国家博物馆承办。这是我国政府第一次举办的全面反映非物质文化遗产保护成果的大规模展览。

这次展览是在认真贯彻党的十六大报告提出的"扶持对重要文化遗产和优秀民间艺术的保护工作"和十六届五中全会精神，落实国务院办公厅下发《关于加强我国非物质文化遗产保护工作的意见》（国办发〔2005〕18号）及国务院最近下发《关于加强文化遗产保护的通知》（国发〔2005〕42号）的精神的大好形势下举办的。展览的主要目的是：高举邓小平理论和"三个代表"重要思想伟大旗帜，宣传、贯彻落实国务院有关保护文化遗产文件精神，按照全面落实科学发展观和构建社会主义和谐社会的要求，总结近几年开展非物质文化遗产保护工作的成果和经验，进一步弘扬民族精神和时代精神，丰富人民群众的精神文化生活，唤起全民保护文化遗产的意识，守护好民族精神家园，进一步推动文化遗产保护工作。

众所周知，我国是一个历史悠久的文明古国，在长期的历史发展过程中，中华民族创造了丰富多彩、弥足珍贵的非物质文化遗产，包括口头传统、传统表演艺术、民俗活动、礼仪、节庆、传统手工艺技能等。非物质文化遗产充分表现出中华民族在历史进程中逐步形成的优秀文化价值观念和审美理想，凝聚着中华民族的深层文化基因，充分展现了中华民族充沛的创造力，是我国优秀传统文化的重要组成部分。保护、宣传、优秀民族传统文化是我们的历史责任。

新中国成立以来，我国在非物质文化遗产的保护方面做了大量工作：

一是党中央、国务院高度重视非物质文化遗产保护工作。国家主席胡锦涛在致联合国教科文组织第28届世界遗产委员会会议的贺辞中指出："加强世界遗产保护已成为国际社会刻不容缓的任务。这是历史赋予我们的崇高责任，也是实现人类文明延续和可持续发展的必然要求。""世界各国都有自己独特的文化和自然遗产，它们不仅是各国、各民族的宝贵财富，也是全人类的宝贵财富。"2005年3月，国务院办公厅下发《关于加强我国非物质文化遗产保护工作的意见》，明确了我国非物质文化遗产保护工作的目标、方针、实施原则和保护措施；同年

12月，国务院下发《关于加强文化遗产保护的通知》，确立每年6月的第二个星期六为我国"文化遗产日"。

二是采取各种措施，为保护民族民间传统文化奠定基础。新中国成立初期兴起的民歌整理高潮，抢救了一大批我国各民族的传统民歌。20世纪50年代，国家组织对各少数民族的民间文化进行记录调查，并出版了"国家民委民族问题五种丛书"和"中国少数民族社会历史调查资料丛刊"等。国家采取措施，积极扶持传统工艺美术行业生产，保护了一大批传统工艺品种，命名了200余名"工艺美术大师"。国家还成立了振兴京剧指导委员会、振兴昆曲指导委员会，使这些传统剧种从资料保存、剧目保留、人才培养得到了一定的加强。80年代以来，文化部、国家民委、中国文联共同发起"十部中国民族民间文艺集成志书"编纂工作，目前298部省卷已全部完稿，并已出版224卷（近4亿字），曲艺卷等也将陆续出版。

三是推进立法，加强保护法规建设。我国一贯重视文化遗产保护方面的立法工作。1997年国务院颁布了《传统工艺美术保护条例》。从1998年起，文化部与全国人大教科文卫委员会在国内外立法调研的基础上，组织起草了《民族民间传统文化保护法》（草案）。为借鉴《保护非物质文化遗产公约》的基本精神，法律草案名称已改为《非物质文化遗产保护法》。近年来，云南省、贵州省、福建省、广西壮族自治区相继颁布了民族民间传统文化保护条例。

四是实施中国民族民间文化保护工程，积极探索保护工作新途径。2003年初，文化部、财政部联合国家民委、中国文联共同实施中国民族民间文化保护工程。两年来，保护工程采取试点先行、以点带面的工作方式，在全国范围内逐步推开，并取得了积极进展。保护工程确定了40个国家级试点，包括综合性试点6个、专业性试点34个。各省、区、市根据自己的实际情况，也确定了本地区的试点。试点工作促进了保护工程的深入开展。

五是积极参与国际非物质文化遗产保护工作。联合国教科文组织于2000年启动"人类口头和非物质遗产代表作"申报工作后，我国主动提供候选名单，积极参与申报工作。目前联合国教科文组织已公布三批"人类口头和非物质遗产代表作"，我国的昆曲、古琴艺术、新疆维吾尔木卡姆艺术和蒙古族长调民歌成功入选"人类口头和非物质遗产代表作"。2003年10月，第32届联合国教科文组织大会通过了《保护非物质文化遗产公约》，我国于2004年8月经全国人大常委会批准，正式加入了《保护非物质文化遗产公约》，成为较早加入公约的国家之一。

六是积极开展普查，推荐和申报第一批国家级名录工作进展顺利。为全面了解和掌握各地各民族非物质文化遗产资源的种类、数量、分布状况、生存环境、保护现状及存在问题，文化部专门下发了《关于开展非物质文化遗产普查工作的通知》，要求各地在原有调查的基础上，开展普查工作，建立本地区非物质文化遗产的档案和数据库以及分省分布图集。目前，各地的普查工作正在积极稳步展开。

为了抢救和保护珍贵和濒危的非物质文化遗产，2005年7月，文化部下发了《关于申报第一批国家级非物质文化遗产代表作的通知》。各地严格按照规定程序和标准，组织专家逐级评选。经过各方面努力，全国31个省、区、市及相关部门已经提交申报国家非物质文化遗产名录项目1315项。文化部在组织专家进行评审的基础上，确定501个推荐项目并进行了公示。我们争取尽快将候选项目报国务院审批公布。

这一切，标志着我国非物质文化遗产保护工作在党中央和国务院的重视下取得突破性的进展。

这次展览是新中国成立以来第一次全国性的非物质文化遗产保护的大型展览，也是新世纪新时代背景下的一次重要展览。因此，经过多次论证和反复修改方案，展览着重当前，突出重点，坚持整体性和概括性相结合、民族特色和现代风格相结合，集中展现我国的非物质文化遗产保护工作取得的成果。这次展览按照综合和地方两大板块的设计思路，分别对我国政府、相关部委、社会团体、学术机构及各省、区、市非物质文化遗产保护工作成就进行宣传和介绍，使参观者能通过一次展览，系统了解各方面保护非物质文化遗产的整体情况。

展览一方面通过文字、图片、影视和多媒体等手段，对我国非物质文化遗产资源进行梳理和描述；另一方面通过传承人的表演，利用动静结合的形式来增强展览的可看性和互动性，同时也将传承人的保护问题纳入民众的视野。

展览开幕当天，正值我国的传统节日——元宵节，为此，将在展览大厅悬挂一批红艳花灯并同时点亮，届时，灯花粲然，辉光流泻，中国文化色彩的浪漫将洋溢宇间。

为配合展览，还将在民族宫举办三场"中国非物质文化遗产展演专场文艺晚会"，主要内容以三批入选联合国教科文组织"人类口头和非物质遗产代表作"的中国项目：昆曲、古琴艺术、新疆维吾尔木卡姆艺术，以及与蒙古国联合申报成功的蒙古族长调民歌为主，同时展演部分入选国家非物质文化遗产推荐名录的节目。所有的项目都代表了我国非物质文化遗产所具有的天才的创造性、独特的艺术性和极高的欣赏价值。欣赏这场晚会，不但可以在欢乐中度过一个难忘的元宵之夜，还可以在美好的乐声中寻找中华民族的根、守护我们的精神家园。

展览本着"三贴近"的精神，满足广大群众的需求，采取了集体组织免费参观和零散观众低票价参观相结合的方法。凡单位和集体组织参观以及军人、未成年人和60岁以上的老年人等参观此次展览，一律实行免费。其他零散观众，采取较为优惠的票价。

这次展览得到非物质文化遗产保护工作部际联席会议成员单位的高度重视和大力支持，作为主要承办单位的中国艺术研究院和国家博物馆，在具体组织实施展览的各项工作方面,做了大量的工作。全国31个省、区、市文化厅(局)也为本次展览提供了大量展品和有力支持。在此,我代表文化部,向所有为展览做出贡献的单位和个人表示衷心的感谢。同时,我对新闻界朋友们对非物质文化遗产保护工作的一贯帮助和支持表示感谢。希望各新闻媒体对这次展览加强报道、深入报道、跟踪报道,发挥舆论的宣传作用,以吸引更多的各界观众参观这次展览。

(在中国非物质文化遗产保护成果展新闻发布会上的发言,2006年2月8日。人民网:http://culture.people.com.cn/GB/22226/58917/58918/4268256.html)

"文化杭州丛书·非物质文化遗产专辑"序

　　非物质文化遗产,是相对于物质文化遗产而言的,又称无形文化遗产。非物质文化遗产主要包括口头文学及其语言载体、传统表演艺术、民俗礼仪与节庆、有关自然界与宇宙的民间知识与实践、传统手工艺技能及其相应的活动场所等。非物质文化遗产通过世代相传,不断增加所在地区和群体的文化认同感和凝聚力,促进当地的社会进步与发展。

　　中国是四大文明古国之一。在长期的生产生活实践中,各族人民创造出了灿烂多彩的文化遗产。这些文化遗产是中华民族智慧与文明的结晶,是中华文化的根基,是联结民族情感的纽带和维系国家统一的基础。保护非物质文化遗产,对于培育民族精神、建设先进文化、促进社会的可持续发展和构建社会主义和谐社会乃至全面推动人类文明对话,意义十分重大。

　　随着全球化进程的加快和社会的变迁,我国的文化生态发生了巨大变化,非物质文化遗产不断受到冲击,一些通过口头和行为传授的文化遗产正在不断消失,不少传统技艺濒临消亡,大量珍贵实物与资料遭到破坏或流失。为抢救和保护具有历史、文化和科学价值的非物质文化遗产,守护中华民族的精神家园,必须加强对我国非物质文化遗产的保护。

　　党和政府历来十分重视对非物质文化遗产的保护,并为此做了大量卓有成效的工作。20世纪中叶,我国政府就组织文化工作者对部分传统文化遗产进行调查和研究。1979年由文化部、国家民委和中国文联共同发起的被海内外誉为当代文化建设的"万里长城"工程——"十部中国民族民间文艺集成志书",截至2004年298部省卷已全部完稿,并已出版224卷近4亿字,保存了大量的珍贵民间艺术资源。1997年国务院发布了《传统工艺美术保护条例》,通过建立国家评定机构,命名了一批"工艺美术大师",有效地保护了一大批传统工艺美术品种。国家还成立了振兴京剧指导委员会、振兴昆曲指导委员会,并设立专项资金,实施国家昆曲艺术抢救、保护和扶持工程。命名了一批具有悠久传统、民族风格和地方特色的"民间艺术之乡""特色艺术之乡"。从2002年起,文化部、财政部联合国家民委启动了中国民族民间文化保护工程,并采取了一系列切实可行的保护措施,对具有重要价值且濒危的项目进行抢救性保护。

　　为在新时期加强对非物质文化遗产的保护,党的十六大提出"扶持对重要文化遗产和优秀民间艺术的保护"。2004年8月,经全国人大常委会批准,我国加入了联合国教科文组织《保护非物质文化遗产公约》。作为该公约的缔约国,为积极参与国际非物质文化遗产保护工作,自2001年起,我国政府开展了向联合国教科文组织申报"人类口头和非物质遗产代表作"工作。经过努力，截至目前，在联合国教科文组织公布的三批"人类口头和非物质遗产代表作"中，我国的昆曲、古琴艺术、新疆维吾尔木卡姆艺术和蒙古族长调民歌成功入选，成为每批均有项目入选的少数国家之一。

为加强非物质文化遗产保护工作，国务院办公厅于2005年3月专门印发了《关于加强我国非物质文化遗产保护工作的意见》，确立了非物质文化遗产保护工作的目标、指导方针和工作原则。同时，要求建立名录体系，逐步形成非物质文化遗产保护制度，建立协调有效的工作机制。该意见出台后，各级政府非常重视，相继采取了一系列保护措施，促进了非物质文化遗产保护工作。开展了第一批国家非物质文化遗产名录的申报和评审工作。在各地和有关部门申报名录的基础上，经过专家评审和征求有关部门的意见，其中501个项目作为第一批国家非物质文化遗产名录推荐项目已向社会进行公示。

为进一步加强我国文化遗产保护，继承和弘扬中华民族优秀传统文化，推动社会主义先进文化建设，2005年12月23日，国务院颁发了《关于加强文化遗产保护的通知》，确立了我国文化遗产保护的指导思想、基本方针和总体目标。这是新时期指导我国文化遗产保护的纲领性文件。该通知决定从2006年起，每年6月的第二个星期六定为我国的"文化遗产日"。今年6月10日将迎来我国的第一个"文化遗产日"。

浙江是一个文化大省，非物质文化遗产资源十分丰富。近几年，在浙江省委、省政府的高度重视和支持下，经过文化部门及有关方面的不懈努力，浙江省的非物质文化遗产保护工作取得显著成果。2005年5月，浙江省公布了第一批非物质文化遗产代表作名录共64个项目，分为民间表演艺术、民间造型艺术、民间风情三类，其中包括稀有剧种杭剧、稀有曲种小热昏。

杭州市委、市政府一贯重视对重要文化遗产和优秀民间艺术的保护工作，近年来，制定了"建经济强市、创文化名城"的目标，全面带动了杭州市非物质文化遗产保护工作。为推动杭州市非物质文化遗产保护工作，本着保护民间文化遗产、传承民族文化的目的，杭州市文化广电新闻出版局组织有关学者、专家编撰了集中展示本地区非物质文化遗产资源和成果的《杭剧研究》《杭州小热昏》《浙派古琴艺术》，并作为"非物质文化遗产专辑"，纳入"文化杭州丛书"正式出版。

我相信，"文化杭州丛书·非物质文化遗产专辑"的出版，对促进当地非物质文化遗产项目的发掘、研究，将起到积极的作用。同时，必将推动杭州市非物质文化遗产资源的科学有效保护和传承发展。

（原载于杭州市文化广电新闻出版局编：《杭剧研究》，上海文艺出版社2006年版）

加强非物质文化遗产保护
增强民族凝聚力和文化认同感

2006 年，我国文化遗产保护工作引起了全社会的广泛关注。2005 年 12 月，国务院下发《关于加强文化遗产保护的通知》，决定从 2006 年起，每年 6 月的第二个星期六为中国"文化遗产日"。这是我国文化遗产保护工作中的一件大事。2006 年 5 月，国务院公布了第六批国家重点文物保护单位和首批国家级非物质文化遗产名录，其中非物质文化遗产名录是第一次颁布，全国 518 个非物质文化遗产项目榜上有名。这标志着我国文化遗产保护进入了一个新的发展时期。

一

当前，我国进入了构建社会主义和谐社会、全面建设小康社会的重要历史发展阶段。文化作为综合国力的重要因素，越来越受到世界各国的重视。文化的力量体现在，以文化人，春风化雨，润物无声，对于强化广大人民群众对本民族的文化认同，弘扬和培育民族精神，增强国民凝聚力、向心力，发挥着不可替代的作用。面对经济全球化的影响和挑战，保持和发扬本国民族文化个性，对于发展和维护世界文化多样性，具有重要意义。增强本国文化的吸引力、影响力，维护国家文化安全，谋求国家竞争优势，已经成为许多国家的战略选择。

在世界文明的发展史上，中华文明薪火相传，五千年绵延不断，显示出强大的生命力。中华文化在发展中体现了强大的包容性，如海纳百川，兼收并蓄，有机地融合了中华各民族的优秀文化传统。各民族文化不断发展，交互融合，逐渐形成了以儒、道、释为核心的中华民族传统文化。其中，许多光辉灿烂的思想，如："修身、齐家、治国、平天下"，"三立"（立德、立功、立言），"内圣外王"，"天下兴亡，匹夫有责"，"先天下之忧而忧，后天下之乐而乐"，"天人合一"，"与天地参"等，至今仍闪耀着智慧的光芒。这些弘扬为人之道、群体观念、爱国精神、天人协调的思想，有力地促进了各民族的团结和社会的和谐，促进了中国"多元一体"统一国家的形成和发展。

中华文化对人类文明的发展也产生了重要的影响，特别是汉唐文化、四大发明影响了世界。十六七世纪后中华文化传播到欧洲，利玛窦等传教士将大量中国经典译成拉丁文在欧洲出版，对欧洲文明产生重大影响。康德认为，斯宾诺莎的无神论完全是受老子的影响。莱布尼兹在《中国近事》一书中说："在实践哲学方面，欧洲人不如中国人。"法国思想家认为中国哲学为无神论、唯物论与自然主义，此三者为法国大革命的哲学基础。法国伏尔泰说："中国为世界最出色的最仁爱之民族。"他还将《赵氏孤儿》译为《中国孤儿》剧本，在法国上演，风靡一时。德国大诗人歌德说："在中国，一切都比我们这里更明朗、更纯洁，也更合乎道德"，"他们还有一个特点，人和大自然是生活在一起的"。自唐以后，中国文化波及日本、韩国、东南亚等地区，它们以中国为师，形成"儒家文化圈"。

然而，到了18世纪，英国发生产业革命，瓦特发明了蒸汽机，生产力突飞猛进。法国发生启蒙运动，并于1789年（乾隆五十四年）爆发大革命，扫荡了欧洲大陆的封建制度。欧洲进入了新的时代。当时的中国却继续闭关锁国，特别是自1840年之后的100多年里，中国沦为半封建半殖民地社会，内忧外患，人民饱受苦难。在这期间，无数仁人志士为救亡图存，进行过一系列的改良、革命，可谓前赴后继，波澜壮阔。五四新文化运动和马克思主义在中国的传播，改变了中国近代社会的历史进程。同时，在反封建的旗帜下，一些人也提出过"砸烂孔家店""全盘西化""汉字拉丁化"等，主张对传统文化全面否定或"抛弃"。特别是"文化大革命"，大"革"传统文化之"命"，使文化生态受到严重破坏，民族文化的认同感下降。

经济全球化和文化帝国主义的影响，不仅扩大了全球经济的不平等，直接构成了对发展中国家民族生存的威胁，而且使发展中国家的文化面临被侵蚀、被同化的危险。在这样的情况下，我们要更加关注两个问题：一是国家的文化安全问题；二是在外来文化的影响下，国民文化自觉弱化、民族精神缺失的问题。

早在十几年前，邓小平同志就曾指出，"最近十年……我们最大的失误是在教育方面"。后来他又讲，"十年最大的失误是教育，这里我主要是讲思想政治教育，不单纯是对学校、青年学生，是泛指对人民的教育"。我认为，邓小平同志所说的这种情况至今依然存在，这主要表现在：一是在市场经济条件下，"一手硬、一手软"。重视经济发展，轻视文化建设，缺乏文化自觉。特别是不重视弘扬中华优秀传统文化，不重视对优秀民族民间文化的保护和继承，没有充分发挥民族优秀文化对人的教育和陶冶作用。二是教育内容空泛呆板，形式单一。三是文化事业和文化产业发展与人民日益增长的文化需求不相适应，特别是农村文化生活贫乏。

这些问题的存在，必然导致社会人文精神的下降，从而影响到经济社会协调发展，影响到社会主义和谐社会建设。因此，我们要彰显民族文化主题，维护民族文化个性，继承传统文化，弘扬民族精神，努力使中华民族优秀文化成为鼓舞我国人民不断前进的精神力量，为增强中华民族的凝聚力和向心力，维护国家统一和民族团结，促进世界文化多样性和人类文明的发展做出贡献。

二

中华民族五千年的文明史给我们留下了极为丰富的文化遗产，既有物质形态的有形文化遗产；又有以口传心授的方式传承下来、以非物质形态存在的非物质文化遗产，内容丰富、形式多样，包括口头传统、传统表演艺术、民俗活动、礼仪、节庆、传统手工艺技能等。非物质文化遗产是中华传统文化的重要组成部分，是各族人民在生产生活实践中创造的精神财富，是文化遗产的重要组成部分。文化遗产中有形和无形、物质形态和非物质形态的遗存，共同构成民族文化遗产的整体，缺一不可。

非物质文化遗产是劳动人民在生产生活实践中直接创造出来的、积淀下来的，更加真实地反映了生产生活实际，更加真切地体现了我们民族的特征，以及中华民族在历史进程中逐步形成的优秀文化价值观念和审美理想，凝聚着中华民族的深层文化基因，充分展现了中华民族充沛的文化创造力。非物质文化遗产以独特的方式潜移默化地影响人们的思想观念，对延续中华文明功不可没。

新中国成立以来，中央政府为加强非物质文化遗产保护，大力弘扬优秀传统文化，做了大量工作并取得显著成绩。从20世纪50年代起，我国对各少数民族的民间文化进行了记录调查，采取措施，积极扶持传统工艺美术行业生产，命名了200余名"中国工艺美术大师"，成立了振兴京剧指导委员会、振兴昆曲指导委员会，使这些剧种从资料保存、剧目保留、人才培养等方面得到了加强。改革开放以来，文化部、国家民委、中国文联共同发起了"十部中国民族民间文艺集成志书"的编纂工作。目前，298部省卷已经全部完稿，并已出版224卷（近4亿字），曲艺卷等也将陆续出版。从2000年开始，联合国教科文组织启动了"人类口头和非物质遗产代表作"项目。我国已有昆曲、古琴艺术、新疆维吾尔木卡姆艺术和蒙古族长调民歌成功入选。2003年初，文化部、财政部联合国家民委、中国文联共同实施中国民族民间文化保护工程，确定了40个保护工程国家级试点，其中以省为单位的综合性试点为浙江省和云南省。几年来，保护工程采取试点先行、以点带面的工作方式，在全国范围内逐步推开，并取得了积极进展。2003年10月，第32届联合国教科文组织大会通过了《保护非物质文化遗产公约》，我国自始至终积极参与了该公约制定工作的全部过程。2004年8月28日，全国人大常委会批准我国加入《保护非物质文化遗产公约》，我国成为第六个缔约国。截至2006年4月底，共有47个国家成为缔约国。

2005年以来，党中央、国务院对非物质文化遗产保护做出了一系列战略部署。3月份，国务院办公厅下发了《关于加强我国非物质文化遗产保护工作的意见》，确立了非物质文化遗产保护工作的方针和目标，对建立协调有效的工作机制、逐步建立有中国特色的非物质文化遗产保护制度等提出了明确要求。6月上旬，文化部在北京召开了全国非物质文化遗产保护工作会议，国务委员陈至立做重要讲话，进一步指明了保护工作方向，明确了保护工作任务，提出了相关措施和要求。2005年6月，中宣部、中央文明办、文化部等部门联合发出《关于运用传统节日弘扬民族文化的优秀传统的意见》，指出中国传统节日凝结着中华民族的民族精神和民族情感，承载着中华民族的文化血脉和思想精华，是维系国家统一、民族团结和社会和谐的重要精神纽带，是建设社会主义先进文化的宝贵资源。要保护传统节日，丰富节日文化内涵，组织好春节、清明节、端午节、中秋节和重阳节等最具广泛性和代表性的节庆活动，积极营造尊重民族传统节日、热爱民族传统节日、参与民族传统节日的浓厚氛围。7月，文化部下发了《关于开展非物质文化遗产普查工作的通知》和《关于申报第一批国家级非物质文化遗产代表作的通知》，并在苏州举办"中国非物质文化遗产保护·苏州论坛"。11月，中共中央办公厅、国务院办公厅下发《关于进一步加强农村文化建设的意见》，强调要加强对农村优秀民族民间文化资源的系统发掘、整理和保护，逐步建立科学有效的民族民间文化遗产传承机制，积极开发具有民族传统和地域特色的民间艺术项目，着力发展农村特色文化。12月，国务院下发《关于加强文化遗产保护的通知》，要求各级政府从对国家和历史负责的高度，从维护国家文化安全的高度，切实做好文化遗产保护工作，并决定设立我国"文化遗产日"。2006年元宵节，文化部等9个部委在北京举办"中国非物质文化遗产保护成果展"和"中国非物质文化遗产保护成果展演专场文艺晚会"，引起社会广泛关注和强烈反响。今年5月20日国务院公布了第一批国家级非物质文化遗产名录，对建立我国非物质文化遗产保护体系具有重要意义，在国内外产生了良好反响。

三

尽管我们的非物质文化遗产保护工作已经取得了初步的成绩，但是我们还应该清醒地看到，当前我国的非物质文化遗产保护形势还十分严峻，突出表现在：一是我国非物质文化遗产生存的文化生态环境急剧改变，资源流失状况严重，后继乏人，一些传统技艺面临灭绝；二是法律法规建设有待加快步伐；三是文化遗产保护意识有待提高；四是保护机制尚未健全。因此，我们还需要不断努力，认真做好以下工作：

一是加强宣传教育，提高全社会的保护意识。

我国首个"文化遗产日"已经临近，近一阶段以来，各新闻媒体对非物质文化遗产的关注热度越来越高。各地要抓住机遇，认真举办"文化遗产日"系列活动，举办展示、论坛、讲座等活动，通过各类新闻媒体开设专题、专栏等方式，介绍文化遗产和保护知识，大力宣传保护文化遗产的先进典型，及时曝光破坏文化遗产的违法行为及事件，提高人民群众对文化遗产保护重要性的认识。特别是要组织参观学习活动,激发青少年热爱祖国优秀传统文化的热情,增强全社会的文化遗产保护意识。要在"文化遗产日"前后形成高潮。各级各类文化遗产保护机构要经常性地开展各种宣传展示活动,使公众更多地了解文化遗产的丰富内涵,促进在全社会形成保护文化遗产的良好氛围。

二是加快非物质文化遗产保护的立法工作。

国家十分重视非物质文化遗产的立法工作。1997年国务院颁布了《传统工艺美术保护条例》。1998年以来,文化部会同全国人大,积极开展了民族民间文化保护立法的调研,起草了法律草案。目前,《非物质文化遗产保护法》已列入全国人大2007年立法工作计划。我们将积极推动《非物质文化遗产保护法》的立法进程,争取该法早日出台。

三是采取有效的保护措施。

首先,建立健全我国非物质文化遗产名录体系。国务院已公布了第一批国家级非物质文化遗产名录。根据国务院办公厅《关于加强我国非物质文化遗产保护工作的意见》的精神,每两年公布一次国家级非物质文化遗产名录,今后国家级非物质文化遗产名录要在省级名录的基础上推荐和申报。各地要高度重视,积极开展相关工作。经过几年的努力,逐步建立起从国家到省、市、县完备的非物质文化遗产名录体系。

其次,制定名录管理办法。为加强对国家级非物质文化遗产名录的管理工作,我们拟定了《国家级非物质文化遗产保护名录管理办法》,目前正在征求各方面意见。要按照"保护为主、抢救第一、合理利用、继承发展"的方针,分类指导,一项一策,尽快建立完备的保护体系。

最后,制定保护规划。制定保护规划是非物质文化遗产保护的基础性工作。编制国家级非物质文化遗产项目保护规划,要做好保护项目调查和研究工作,特别是对项目的历史沿革、现存状况、保护管理和传承状况要有深入了解。保护规划应当明确目标、实施步骤和保护重点,确定具体保护措施,提出管理建议。

四是继续做好非物质文化遗产的普查工作。

文化部已对普查工作做出了部署。各地要按照要求,加强普查人员的培训,扎扎实实、认认真真地做好非物质文化遗产的普查、认定和登记工作,全面了解和掌握非物质文化遗产资源的种类、数量、分布状况、生存环境、保护现状及存在的问题,及时向社会公布普查结果。计划3年内全国基本完成普查工作。浙江省在全国率先启动民族民间艺术资源普查工作,积累了十分宝贵的经验,要认真加以总结,为全国普查工作提供借鉴。

五是加强理论研究和专业人才培养工作。

在非物质文化遗产保护中,必须十分重视加强调查和理论研究工作,发挥理论指导实践的作用。去年,文化部在江苏举办"中国非物质文化遗产保护·苏州论坛",这次在浙江举办"国家文化安全——中国非物质文化遗产保护·余杭论坛"，对于探索保护工作机制，推动保护工作实践，创新保护工作理念，无疑将起到十分重要的作用。我们要对关系非物质文化遗产保护的重大问题、促进非物质文化遗产保护开展的政策和措施、国际先进的非物质文化遗产保护的理念与实践等进行深入研究，为科学地做好非物质文化遗产保护工作提供理论保障和决策参考。

人才建设是非物质文化遗产保护的重要保证，要重视加强非物质文化遗产保护管理机构和专业队伍建设，大力培养文化遗产保护和管理所需的各类专门人才。非物质文化遗产保护工作是一个新的领域，一定要抓紧建立健全工作体系。目前，一些省份的非物质文化遗产保护中心已挂牌，河北省、广东省非物质文化遗产保护中心还落实了编制，为保护工作开展提供了人才保证。

六是加强领导，完善工作机制。

非物质文化遗产保护工作是各级政府的重要责任。国务院最近建立了国家文化遗产保护领导小组，定期研究文化遗产保护工作的重大问题，统一协调文化遗产保护工作。有的省因地制宜，建立了有效的领导协调机构。如浙江省建立了省级历史文化遗产管理委员会，由政府主管领导任主任，20多个省级职能部门为成员单位，切实加强了文化遗产保护工作的协调与协作。

在经费投入方面，各级政府要将非物质文化遗产保护经费纳入本级财政预算，加大投入，加大对重点项目和濒危项目的保护力度。在强调政府主导的同时，要研究制定和完善有关社会捐赠和赞助的政策措施，调动社会团体、企业和个人参与文化遗产保护的积极性。

在工作机制方面，为推进文化遗产保护工作的科学化、民主化，还要建立健全文化遗产保护责任制度和责任追究制度，建立文化遗产保护定期通报制度、专家咨询制度以及公众和舆论监督机制。同时，要充分发挥有关学术机构、大专院校、企事业单位、社会团体等各方面的作用，共同开展文化遗产保护工作。浙江省注重发挥高等院校人才和科研优势，在浙江大学等三个高校设立非物质文化遗产研究基地，使非物质文化遗产保护工作建立在科研基础上，为保护工作提供了有力支持。

（节选自在"国家文化安全——中国非物质文化遗产保护·余杭论坛"上的讲话，2006年5月31日。原载于《中国文化报》2006年6月8日第7版）

办好第一个中国"文化遗产日"

我国是历史悠久的文明古国。在漫长的历史岁月中,中华民族创造了丰富多彩、弥足珍贵的文化遗产。我国的文化遗产蕴涵着中华民族特有的精神价值、思维方式、想象力,体现着中华民族的生命力和创造力,是各民族智慧的结晶,也是全人类文明的瑰宝。保护文化遗产,是时代赋予我们的重要历史责任。为进一步加强我国文化遗产保护,继承和弘扬中华民族优秀传统文化,推动社会主义先进文化建设,国务院决定每年6月的第二个星期六为中国"文化遗产日"。今年6月10日,我国将迎来第一个"文化遗产日"。"文化遗产日"的确立,充分体现了党中央、国务院对保护文化遗产的高度重视,是新的历史时期我国文化遗产保护中的一件大事,它对促进我国文化遗产保护具有重要的意义和深远的影响。

为隆重庆祝我国第一个"文化遗产日",我国各地将举办一系列丰富多彩的宣传展示活动,这次"2006年中国文化遗产日·四川成都周"活动就是系列活动的重要组成部分。活动以"保护文化遗产,守护精神家园"为主题,全方位地展示四川省和成都市丰富的历史文化遗存,以及悠久的古蜀文明和灿烂的巴蜀文化,向广大人民群众宣传文化遗产保护的相关政策、法规;让广大人民群众在丰富多彩、特色鲜明、生动有趣的活动中,认识文化遗产、珍爱文化遗产。相信此次活动,对于推动四川省文化遗产保护工作,增强广大人民群众保护文化遗产的自觉性,让全国人民了解四川悠久的历史文化遗产,在全社会形成保护文化遗产的良好环境和社会氛围,必将发挥积极的促进作用。

当前,我国文化遗产保护面临着难得的历史机遇。2005年12月22日,国务院下发了《关于加强文化遗产保护的通知》,对文化遗产保护工作做出了全面安排和部署,提出了当前一段时期我国文化遗产保护的方针、目标和任务措施。为加强对文化遗产保护工作的领导,前不久成立了国家文化遗产保护领导小组,国务院最近又公布了第六批国家重点文物保护单位和首批国家级非物质文化遗产名录,文化遗产保护的各项工作正在有条不紊地进行,各级保护措施正在抓紧落实。我们相信,在党中央、国务院的正确领导下,在各级党委、政府的重视和关心下,我国的文化遗产保护工作必将取得更大成绩,中华民族悠久灿烂的文化遗产必将得到更加全面合理的保护!

(在"2006年中国文化遗产日·四川成都周"活动开幕仪式上的讲话,2006年6月6日)

保护文化遗产　守护精神家园

珍贵的中华文化遗产，是我国各族人民长期以来创造积累的重要财富。它不仅是民族自我认定的历史凭证，也是一个民族得以延续，并满怀自信走向未来的根基和智慧与力量之源泉。以民间文学、民间音乐、民间舞蹈、传统戏剧、曲艺、杂技与竞技、民间美术、传统手工技艺、传统医药、民俗活动等为文化表现形式或文化空间传承的非物质文化遗产，与其他历史遗迹、遗址及人文景观，共同构成了中华民族宝贵的文化财富，并成为全人类文化遗产重要的组成部分。

非物质文化遗产担负着保持民族文化独特性和维护世界文化多样性的双重职责。中国非物质文化遗产所蕴涵的中华民族的独特思维方式，是捍卫国家文化主权和维护国民文化身份的基本依据。保护和利用好非物质文化遗产，对于构建和谐社会、培育民族精神、建设先进文化、全面推动人类文明对话和社会的可持续发展，意义十分重大。

党和政府历来重视非物质文化遗产的保护工作。中华人民共和国成立以来的50多年间，非物质文化遗产保护工作取得了辉煌成就。特别是进入21世纪以来，随着我国加入联合国教科文组织《保护非物质文化遗产公约》，国务院办公厅《关于加强我国非物质文化遗产保护工作的意见》和国务院《关于加强文化遗产保护的通知》相继发布，非物质文化遗产保护工作部际联席会议制度和国家文化遗产保护领导小组的建立，我国的非物质文化遗产保护工作，在以胡锦涛同志为总书记的党中央正确领导下，进入了一个新的历史时期。

今天是我国第一个"文化遗产日"。我们的心情既欣喜，又凝重。欣喜的是，"文化遗产日"的确立，不仅是党和政府保护和发展民族传统文化的重要举措，更让56个民族的兄弟姐妹在此时，一起踏上回家的路，感受到精神家园给我们带来的自豪与温暖；凝重的是，作为文化工作者，我们深感所担负的责任更重了。

随着经济全球化和社会现代化步伐的不断加快，我国非物质文化遗产的生存、保护、发展遇到了很多新的问题，形势十分严峻，主要表现为：一是全社会对非物质文化遗产保护的重要性认识不足，非物质文化遗产得不到科学的保护，大规模的开发建设加剧了文化资源的破坏和毁灭；二是非物质文化遗产生存环境急剧恶化，依存于独特时空，以口传心授方式传承的各种文化艺术、技艺、民间习俗等文化遗产正在不断消失，一些作为传统文化载体的独特的语言、文字正在消亡；三是许多优秀的非物质文化遗产后继乏人，面临失传的危险，许多独门技艺人亡艺绝；四是大量珍贵实物资料难以得到妥善保护，流失现象十分严重。

我国非物质文化遗产保护面临的这些问题，引起了各界人士的广泛关注。作为国务院文化行政部门，文化部按照国务院的部署，根据工作需要，适时采纳有关专家学者的合理化建议，制定出了明确的工作目标和可行的工作方法，全面实施我国的非物质文化遗产保护工作。

2006年5月20日，国务院公布了我国第一批国家级非物质文化遗产名录，共包括518个项目。这是我国文化事业的一件大事，更是我国非物质文化遗产保护工作的里程碑。我国非物质文化遗产的保护工作由此被提升到空前的高度。

由文化部组织的国家级非物质文化遗产名录申报、评审工作，从2005年7月至2006年4月，历时9个月。2005年7月，文化部根据国务院办公厅《关于加强我国非物质文化遗产保护工作的意见》的精神，开始组织国家级非物质文化遗产名录的申报、评审工作，并下发了《关于申报第一批国家级非物质文化遗产代表作的通知》，要求各地严格按照规定程序和标准，组织专家逐级评选申报项目。经过各方面的努力，全国31个省、区、市和中央相关部门，以及香港特别行政区、澳门特别行政区共提交申报国家级非物质文化遗产名录项目1300多项。2005年10月，文化部组织近百名专家对申报项目进行了认真细致的评审，选出501个项目作为第一批国家级非物质文化遗产名录的推荐项目，并于2005年12月进行了公示。在对公示期各方意见汇总和经专家多次论证后，2006年4月，文化部召集我国非物质文化遗产保护工作部际联席会议的其他8个部委，共同商议我国第一批国家级非物质文化遗产名录推荐项目的最终意见。非物质文化遗产保护工作部际联席会的9个成员单位达成共识，确定518个项目作为第一批国家级非物质文化遗产名录推荐项目，上报国务院批准公布。

文化部在组织第一批国家级非物质文化遗产名录申报、评审等工作的过程中，深感我国非物质文化遗产保护的基础理论还比较薄弱，不能完全满足实际工作的需要。尤其是一些部门对非物质文化遗产保护工作"重申报，轻保护"的偏颇理解，使得运用相关理论来指导当代非物质文化遗产保护工作的需要显得尤为迫切。

今天，我们迎来了我国第一个"文化遗产日"。"中国非物质文化遗产保护论坛"作为"文化遗产日"系列活动的重要内容，就是希望参与论坛的各位专家学者能够就本次论坛设立的"非物质文化遗产保护的基础理论与实践"、"当代科技发展与非物质文化遗产保护"等主题展开平等交流和深入探讨，为进一步加强和推动我国非物质文化遗产保护的理论建设献计献策，为我国非物质文化遗产保护工作提供科学指导。

（在"中国非物质文化遗产保护论坛"开幕式上的讲话，2006年6月10日。原载于《中国文化报》2006年6月15日第7版）

非物质文化遗产保护应更加科学

6月10日,我们在喜庆的气氛中迎来我国第一个"文化遗产日",主题是"保护文化遗产,守护精神家园"。在第一个"文化遗产日"到来前后,全国各地举办了丰富多样、异彩纷呈的系列活动,共同庆祝我国社会文化生活中的这一盛事。由文化部主办、中国艺术研究院承办的"中国非物质文化遗产保护论坛",在第一个"文化遗产日"到来之际成功举办,我谨向论坛表示衷心祝贺!

"文化遗产日"的确立,在我国社会文化生活中具有重要意义。"文化遗产日"的诞生,在我国物质文化遗产和非物质文化遗产保护中是一个重要的标志。一方面,它标志着我国包括非物质文化遗产保护在内的整个文化遗产保护工作,经过全社会、各方面多年以来坚持不懈的艰苦努力,已取得显著成效,得到全社会的广泛认同和普遍重视;另一方面,则标志着物质文化遗产和非物质文化遗产的保护,将进入一个全面的、整体性的、常规性的发展阶段。借此机会,我想对以往非物质文化遗产的保护做一个简要的回顾,并对今后的非物质文化遗产保护谈一点看法。

一、新中国非物质文化遗产保护工作的回顾

我国政府历来重视非物质文化遗产保护,大力弘扬优秀传统文化,为此做了大量工作并取得显著成绩。新中国成立以来,我国的非物质文化遗产保护工作大致可以分为三个阶段。

第一个阶段是新中国成立后的前17年。中华人民共和国成立后,党和政府十分重视非物质文化遗产的抢救与保护,采取了一系列保护方法和措施,为弘扬中华民族优秀的传统文化做了大量工作,取得显著成绩。党和国家领导人毛泽东、周恩来等多次就文化遗产的保护和利用做出重要指示。新中国成立后,成立了全国性的民间文艺研究机构,并在各省、区、市建立分会,成为组织民族民间文化遗产研究和保护的学术领导机构;对民族民间文化遗产进行了大规模、有组织、有计划的普查和采录,在民间文艺的搜集、整理方面,特别是少数民族的史诗、叙事诗、神话和历史、语言、风俗习惯的调查、挖掘、整理方面,取得丰硕的成果;创办学术刊物,出版了大批民间文艺和民俗学著作。

第二个阶段是新时期。"文化大革命"期间,优秀的民间文艺遭到禁锢,民间文艺研究机构被解散,民间文学研究人员和民间艺人、歌手受到摧残,无数珍贵的口头与非物质遗产的手稿、资料和辛辛苦苦搜集的采风成果被视为"封建迷

信""四旧"而付之一炬。改革开放给中国社会和经济发展带来了蓬勃生机,也使非物质文化遗产的保护工作得到全面复兴,中国的非物质文化遗产保护工作跃入一个崭新的时期。中国民俗学会、中国少数民族文学学会相继成立,中国民间文艺研究会恢复工作,在政府的积极支持下,众多的有关民族民间文化遗产研究和保护的学术机构相继成立,促进了民间文艺学和民俗学调查、整理、研究工作的深入开展。与此同时,各地还创办了许多民间文学和民俗文化刊物,刊登了大量的民间文学作品和介绍民俗知识、研究民俗学理论的文章。在"文化大革命"中被迫中断的民族民间文化的调查、整理和展览工作,也得到逐步恢复和开展。被誉为"中国文化长城"的"十部中国民族民间文艺集成志书"的编纂,是新时期非物质文化遗产抢救与保护工作中最令人瞩目的成就。"十部中国民族民间文艺集成志书"涵盖了民间文学、民间音乐、民间舞蹈、戏曲、曲艺5个艺术门类的10个领域,由文化部牵头成立的全国艺术科学规划领导小组统领其编纂、审定、出版工作。各省、区、市均成立相应的组织机构负责具体实施。丛书共计298卷、450册,总共约5亿字,3万多张图片。"十部中国民族民间文艺集成志书"是对中国非物质文化遗产进行系统抢救和全面普查、整理的一次最为壮观的文化工程。作为一项旷世工程,由中央政府和地方政府斥巨资,发动全国5万余集成志书工作者、艺术家、民间艺人积极参与。组织如此大规模的对民族民间文化遗产的普查、搜集、编辑、出版,在中国历史上是前所未有的。目前,"十部中国民族民间文艺集成志书"的编辑出版已近尾声。截至2005年底,这部鸿篇巨制的298部省卷本已全部完稿,并已出版了224卷(近4亿字),抢救和保存了大量珍贵的文化艺术资料。

新时期以来,有关非物质文化遗产的研究著述也取得了引人注目的丰硕成果。在民间文学、民间艺术以及民俗学领域的著述硕果累累,全部统计下来,已有数百种,充分显示了非物质文化遗产研究与保护的成就。

第三个阶段是进入新世纪以来的最近几年。以2001年昆曲入选世界第一批"人类口头和非物质遗产代表作"为标志,中国非物质文化遗产的抢救与保护工作进入一个全新的历史阶段。这一阶段的特点是观念上真正达到自觉。以往我们虽然在非物质文化遗产保护方面取得了一定的成绩,但我们并没有明确意识到非物质文化遗产是一个不同于一般物质文化遗产的重要类别。对于非物质文化遗产及其保护究竟有哪些特性和规律,并没有清晰的认识和把握,只是在民族民间文化、民俗文化的保护工作中,做了一些非物质文化遗产的保护工作,而且常常是按物质文化遗产保护的方法来保护非物质文化遗产。进入新世纪以来,由于以联合国教科文组织为主导的国际上非物质文化遗产保护理念得到我国政府的认同,我国政府积极参与相关工作,使我国非物质文化遗产的抢救与保护进入自觉的和科学的保护阶段。为了有效保护世界各民族的传统文化、维护世界文化的多样性,联合国教科文组织于2000年4月开始实施"人类口头和非物质遗产代表作"

项目。我国自 2001 年起，积极向联合国教科文组织申报"人类口头和非物质遗产代表作"项目，至今已有昆曲、古琴艺术、新疆维吾尔木卡姆艺术和蒙古族长调民歌（与蒙古国共同申报）4 项入选，成为世界上拥有此项殊荣最多的国家之一。2003 年初，文化部、财政部联合国家民委、中国文联共同实施中国民族民间文化保护工程，确定了 40 个保护工程国家级试点。其中省级综合试点为浙江省和云南省。几年来，保护工程采取试点先行、以点带面的工作方式，在全国范围内逐步推开，并取得了积极进展。2003 年 10 月，联合国教科文组织通过了《保护非物质文化遗产公约》，我国自始至终积极参与了该公约制定工作的全部过程。2004 年 8 月，全国人大常委会批准我国加入联合国教科文组织《保护非物质文化遗产公约》。

2005 年是我国非物质文化遗产保护值得大书特书的一年。党中央、国务院及政府有关部门高度重视非物质文化遗产保护工作。3 月，国务院办公厅下发了《关于加强我国非物质文化遗产保护工作的意见》，确立了非物质文化遗产保护工作的方针和目标，对建立协调有效的工作机制，逐步建立有中国特色的非物质文化遗产保护制度等做了明确要求。根据该意见的精神，建立了非物质文化遗产保护工作部际联席会议制度。部际联席会议由文化部、国家发改委、教育部、国家民委、财政部、建设部、国家旅游局、国家宗教局、国家文物局组成，其主要职能是拟定我国非物质文化遗产保护工作的方针政策，审定我国非物质文化遗产保护规划；协调处理我国非物质文化遗产保护中涉及的重大事项；审核国家级非物质文化遗产名录，上报国务院批准公布；承办国务院交办的有关非物质文化遗产保护方面的其他工作。6 月上旬，文化部在北京召开了全国非物质文化遗产保护工作会议，国务委员陈至立同志做重要讲话，进一步指明了保护工作方向，明确了保护工作任务，提出了相关措施和要求。中宣部、中央文明办、文化部等部门联合发出《关于运用传统节日弘扬民族文化的优秀传统的意见》，要求保护传统节日，丰富节日文化内涵，要组织好春节、清明节、端午节、中秋节和重阳节等最具广泛性和代表性的节庆活动，积极营造尊重民族传统节日、热爱民族传统节日、参与民族传统节日的浓厚氛围。7 月，文化部下发了《关于开展非物质文化遗产普查工作的通知》和《关于申报第一批国家级非物质文化遗产代表作的通知》，并在苏州举办"中国非物质文化遗产保护·苏州论坛"。11 月，中共中央办公厅、国务院办公厅下发《关于进一步加强农村文化建设的意见》，强调要加强对农村优秀民族民间文化资源的系统发掘、整理和保护，逐步建立科学有效的民族民间文化遗产传承机制，积极开发具有民族传统和地域特色的民间艺术项目，着力发展农村特色文化。12 月，国务院下发《关于加强文化遗产保护的通知》，要求各级政府从对国家和历史负责的高度，从维护国家文化安全的高度，切实做好文化遗产保护工作，并决定设立我国"文化遗产日"。2006 年元宵节，文化部在京举行"中国非物质文化遗产保护成果展"和"中国非物质文化遗产保护成果展演文艺晚会",引起社会广泛关注和强烈反响。5月20日,国务院公布了第一批国家级非物质文化遗产名录(共计518项),对建立我国非物质文化遗产保护体系具有重要意义。

下面我想谈第二个问题。就是今后怎样使我们的非物质文化遗产保护工作走上更加科学的轨道。

二、非物质文化遗产的保护应更加科学

正像刚才谈到的,我们在非物质文化遗产保护方面取得了可喜的成绩。但是,对于非物质文化遗产保护所面临的形势也不能盲目乐观。我们对非物质文化遗产的保护工作还存在着不少问题,甚至出现一些值得认真反思的教训。突出表现在:一是我国非物质文化遗产生存的文化生态环境急剧改变,资源流失状况严重,后继乏人,一些传统技艺面临灭绝;二是法律法规建设有待加快步伐,非物质文化遗产还没有得到有关法律的有力保护;三是一些地方存在着"保护性破坏"之类令人忧虑的现象;四是保护机制急需完善。这些都是需要在今后的保护工作中加以改进和提高的。

对于今后的非物质文化遗产保护工作,需要特别强调以科学发展观为统领,真正使我们的保护工作走上更加科学的轨道。所谓科学发展观,就是十六届三中全会提出的"坚持以人为本,树立全面、协调、可持续的发展观,促进经济社会和人的全面发展"。科学发展观是新世纪新阶段我国各项工作的指导思想,也是非物质文化遗产保护工作必须遵循的指导思想。

首先,要强调真正以科学求实的精神,充分尊重、认真研究、努力把握非物质文化遗产存在、传承、发展和保护的客观规律,严格按照客观规律办事,努力做到自觉而不是盲目地、良性而不是破坏性地、持久而不是忽冷忽热地保护,使非物质文化遗产及其保护真正得到健康发展。今天,在整个社会上普遍存在着保护非物质文化遗产的热情与积极性。这是一件好事,说明我们对非物质文化遗产的价值及保护工作的意义的宣传起到了一定的作用。然而,我们不能不看到,在具体的保护工作中,还存在着不少值得深刻反思的东西。我们的保护是否存在急功近利的问题?是否存在以善良的意愿去保护,实际上却人为地破坏了非物质文化遗产及其生态环境?是否存在不尊重、不了解、不遵循非物质文化遗产及其保护的客观规律的盲目性、主观性、武断性的行为,从而损害了非物质文化遗产的正常生长?比如说,在新农村建设过程中,如果对一些地域千百年来形成的民居建造工艺以及其中所包含的生态的、科学的、人文的、审美的价值不去研究、继承并发扬光大,却简单粗暴地一律予以拆除,完全用千篇一律的新式砖瓦结构取而代之,这样做可能导致的严重后果,令人不堪设想。

其次,今后的非物质文化遗产保护工作,应认真注重非物质文化遗产保护的

可持续发展的意义。非物质文化遗产保护的可持续发展意义大致包括这样几个层面：一是非物质文化遗产的保护对于人自身的可持续发展的意义。非物质文化遗产以其丰富的历史文化价值、科学认识价值、道德伦理价值、艺术审美价值等精神价值充实和丰富着人们的精神生活，对于传承人自身而言，也是其想象力、创造力以及认识、实践、审美能力的确证，对于人本身的可持续发展意义不可低估。二是非物质文化遗产的保护对于一定地区、民族、群体社会、经济、文化整体上的可持续发展的意义。三是非物质文化遗产的保护对于非物质文化遗产自身的可持续发展的意义。因此，非物质文化遗产的保护工作一定要目光放远一些，视野更开阔一些，研究和思考更深入一些。

最后，要充分重视非物质文化遗产保护中协调发展的问题。这也可以从如下几个层面来理解：一是保护非物质文化遗产对于社会政治、经济、文化各个领域的协调发展的意义；二是非物质文化遗产保护与物质文化遗产保护相互协调、发展的问题；三是在非物质文化遗产内部不同种类、不同形式、不同的传承人相互之间，也有一个协调发展的问题。应考虑制定长期规划，统筹兼顾，使相关各领域都能得到协调发展。

（在"中国非物质文化遗产保护论坛"闭幕式上的讲话，2006年6月12日。原载于王文章主编：《中国非物质文化遗产保护论坛文集》，文化艺术出版社2006年版，第8～12页）

加强管理　勇于创新
全面推进我国非物质文化遗产保护工作

今天，我们召开全国非物质文化遗产保护工作会议。会议的主要任务是贯彻落实国务院《关于加强文化遗产保护的通知》和国务院办公厅《关于加强我国非物质文化遗产保护工作的意见》的精神，总结一年多来开展非物质文化遗产保护工作的情况，交流各地在非物质文化遗产保护工作中取得的经验，研究我国非物质文化遗产名录体系的建立和管理问题，部署下一阶段的工作。

一、非物质文化遗产保护工作取得了显著进展

2005年文化部在北京召开了全国非物质文化遗产保护工作会议。一年来，在党中央、国务院的高度重视下，在各有关部门和全国各省、区、市文化部门和社会各界的共同努力下，非物质文化遗产保护工作取得了显著的进展，特别是国务院公布了第一批国家级非物质文化遗产名录，标志着我国非物质文化遗产工作进入了一个新阶段。当前，非物质文化遗产保护工作势头良好，全民参与保护工作的热情持续高涨，非物质文化遗产保护工作出现了一个很好的发展局面。

（一）各级党委、政府对非物质文化遗产保护工作重要性的认识普遍提高

2005年以来，国务院和国务院办公厅相继出台了3个关于文化遗产保护的文件。2005年3月，国务院办公厅下发了《关于加强我国非物质文化遗产保护工作的意见》，确立了非物质文化遗产保护工作的方针和目标，对建立协调有效的工作机制，逐步建立有中国特色的非物质文化遗产保护制度等做了明确要求，并成立了由9个部委组成的非物质文化遗产保护工作部际联席会议。12月，国务院又下发了《关于加强文化遗产保护的通知》，要求各级政府从对国家和历史负责的高度，从维护国家文化安全的高度，切实做好文化遗产保护工作，并决定设立我国"文化遗产日"。根据国务院文件精神，还成立了由国务院办公厅、文化部等15个部门组成的国家文化遗产保护领导小组，专门研究解决文化遗产保护工作的重大问题，统一协调和执行国务院有关文化遗产保护的决定。2006年5月20日，国务院下发了《关于公布第一批国家级非物质文化遗产名录的通知》，公布了518项国家级非物质文化遗产名录项目，涉及758个申报地区或单位。

各省、区、市按照国务院的安排和部署，采取切实有效的措施，积极落实各

项工作任务，全面推动非物质文化遗产保护工作。许多省、区、市主要领导就非物质文化遗产保护工作做出批示，就加强非物质文化遗产保护工作提出明确要求，进行工作部署。有的地方结合本地实际情况，出台了一系列政策措施，下发了贯彻《关于加强我国非物质文化遗产保护工作的意见》和《关于加强文化遗产保护的通知》的文件，通过建立组织机构和工作班子，落实专项保护经费，推进普查和试点工作，建立省、市、县级名录等措施，当地的非物质文化遗产保护工作呈现了新的发展局面。当前，非物质文化遗产保护工作已经列入各级党委、政府的重要议事日程，得到了社会各界和广大群众的积极支持，非物质文化遗产保护工作取得了很大成绩。

（二）科学有效的管理机制初步形成

经过文化部和相关部门共同努力，目前，《非物质文化遗产保护法》已列入全国人大2007年立法工作计划。云南、贵州、福建、广西等省区和一些市、县已经出台了民族民间传统文化保护的地方性法规，立法保护得到加强。北京、河北、山东、江苏、上海、河南、湖南、广东、广西、云南、甘肃、新疆等省、区、市纷纷成立非物质文化遗产保护领导小组或厅（局）际联席会议，统一协调保护工作。河北、山东、山西、江西、湖南、广东、青海、新疆等大多数省区建立了省级非物质文化遗产保护中心，一些省非物质文化遗产保护中心已挂牌，河北省、广东省非物质文化遗产保护中心还落实了编制，保护工作的组织机构进一步完善。此外，各级财政对非物质文化遗产保护工作还给予了大力支持。国家财政2005—2006年投入专项保护经费4000万元。浙江省在"十一五"期间，每年安排1500万元；江苏省从2004年至2008年，每年安排400万元；辽宁省2005年、2006年每年安排200万元；广东省从2006年至2008年，每年安排150万元；河北、四川、江西、湖北、福建等省每年安排100万元；甘肃省在经费比较困难的情况下，从2005年开始，每年安排150万元。河北、浙江、广东、辽宁、福建、安徽、江苏、甘肃等省依靠各级政府和社会力量，建立了一批国有或民间的非物质文化遗产专题博物馆，对宣传和展示非物质文化遗产起到了重要作用。

（三）非物质文化遗产名录体系建立取得突破性进展

文化部认真组织第一批国家级非物质文化遗产名录申报工作。这项工作很快就得到了地方各级政府的积极响应和高度重视，全国31个省、区、市和中央有关部门共申报项目1315项。党中央和国务院领导十分关心第一批国家级非物质文化遗产的评审工作，李长春、刘云山、陈至立等领导同志亲自审核了这批推荐项目。2006年5月20日，国务院批准公布了第一批国家级非物质文化遗产名录项目518项，涉及758个保护单位。第一批国家级非物质文化遗产名录的公布，对建立我国非物质文化遗产名录体系具有重要的示范和推动作用。国家级名录公布前后,不少省、区、市参照这一模式,纷纷建立了自己的省、市、县级名录。河北、辽宁、浙江、福建、江西、湖南、广东、海南、贵州、云南、甘肃等11个省建立了省级非物质文化遗产名录,有16个省、区、市正在建立省级名录。云南省公布了8589项县级保护名录、3173项州(市)级名录、147项省级名录,基本建立起省、市、县三级名录体系。江苏省苏州市已公布了第二批市级非物质文化遗产名录(共25项),河北省石家庄市,浙江省宁波市、绍兴市,贵州省黔东南州、六盘水市也公布了市级名录。国家、省、市、县四级非物质文化遗产名录体系正在逐步形成。

(四) 普查工作取得阶段性成果

为摸清我国非物质文化遗产的家底,全面了解和掌握各地各民族非物质文化遗产资源的种类、数量、分布状况、生存环境、保护现状及存在问题,文化部于2005年6月部署了全国非物质文化遗产普查工作。这次普查是我国21世纪开展的一次大规模的文化资源普查。各地根据文化部关于非物质文化遗产普查的要求陆续做出了部署。目前,各地的普查工作正在积极稳步展开,一些省、区、市结合地域特点,编制门类齐全、分项细致、可操作性强的普查工作手册,举办普查工作培训班,对相关人员进行了业务培训,初见成效。云南、浙江、宁夏等省区已基本完成了各自的普查工作,目前正在总结普查成果,编辑全国非物质文化遗产普查分省图集。云南省至2005年底,各级政府累计投入1000多万元普查资金,参与普查人数19103人次,普查自然村寨14834个,访谈对象69187人次;浙江省建立"分级负责、以县为主"的投入机制,在普查工作中坚持"三不漏"(即不漏线索、不漏村镇、不漏门类);山西结合普查工作实际,开发了一套便于操作的普查工作管理软件系统。在普查工作中,各地培训了工作队伍,抢救和保护了一批非物质文化遗产重要资料和珍贵实物,命名了一批民间艺术之乡、民间艺人,为非物质文化遗产保护工作打下了坚实基础。

(五) 试点工作成效明显

为了积累经验、摸索规律,按照试点先行、以点带面的工作要求,在实施中国民族民间文化保护工程过程中,文化部相继确定了40个保护工程国家级试点。几年来,这些试点认真制定保护规划,积极探索工作机制,不断摸索保护方法,取得了明显成效。6个综合性试点地区的非物质文化遗产保护工作一直位于全国前列;大部分专业性试点项目被列为国家级非物质文化遗产名录。浙江、云南在全省开展普查、建立名录体系的做法,苏州、泉州全方位保护非物质文化遗产措施得力,为全国非物质文化遗产保护工作提供了有益的经验。各专业门类项目的试点工作实践,则为非物质文化遗产保护方式提供了有益的借鉴;通过试点工作，保护了一批非物质文化遗产，推动了非物质文化遗产保护工作的深入开展。

（六）全社会参与文化遗产保护的热情空前高涨

随着我国非物质文化遗产保护工作的深入推进，广大人民群众关心和支持保护工作的意识明显增强。为进一步推动我国非物质文化遗产保护工作，广泛宣传我国政府保护非物质文化遗产的方针政策，2006年2月12日至3月16日，文化部联合非物质文化遗产保护工作部际联席会议成员单位，举办了中国非物质文化遗产保护成果展和展演文艺晚会。此次展览是我国政府举办的第一次全面反映非物质文化遗产保护成果的大规模展览。展览展演活动在社会上引起巨大反响，受到一致好评，参观展览的观众达35多万人次。李长春、刘云山、华建敏、陈至立等党中央和国务院领导同志参观了展览，并给予了高度评价。

2006年6月10日，我国迎来了第一个"文化遗产日"。文化部和国家文物局组织了形式多样的文化遗产保护宣传活动，如在国务院新闻办召开了我国第一个"文化遗产日"中外记者新闻发布会，举办了"保护文化遗产，守护精神家园"大型文化遗产展演文艺晚会、中国非物质文化遗产论坛、"文明的守望——中华古籍特藏珍品暨保护成果展"、以"非物质文化遗产保护"为专题的"部级领导干部历史文化讲座"等。李长春、刘云山、陈至立等领导同志出席了有关活动。各地"文化遗产日"系列活动内容丰富，形式多样。通过这些活动，提高了全民对文化遗产保护重要性的认识，增强了全社会的文化遗产保护意识，营造了全民参与保护文化遗产的良好氛围。

（七）积极参与国际间非物质文化遗产保护工作，国际地位明显提高

2003年10月，第32届联合国教科文组织大会通过了《保护非物质文化遗产公约》，我国自始至终积极参与了该公约制定工作的全部过程。2004年8月，全国人大常委会批准我国加入《保护非物质文化遗产公约》。我国成为了世界上最早加入公约的国家之一。2005年底，我国申报的新疆维吾尔木卡姆艺术和我国与蒙古国联合申报的蒙古族长调民歌被列入联合国教科文组织第三批"人类口头和非物质遗产代表作"，我国是世界上入选"人类口头和非物质遗产代表作"最多的国家之一。2006年6月27日，在联合国教科文组织《保护非物质文化遗产公约》缔约国大会第一次会议上，我国以40票的高票入选由18国组成的保护非物质文化遗产政府间委员会，这是国际社会对我国政府保护非物质文化遗产工作成绩的充分肯定，也为我国积极参与联合国教科文组织非物质文化遗产保护工作创造了有利条件。

虽然非物质文化遗产保护工作取得了显著成绩，但是，我们必须清醒地看到，我国的非物质文化遗产保护工作是在全球化趋势、城市化进程加快的背景下

进行的，还刚刚起步，可资借鉴的经验不多。当前非物质文化遗产保护工作仍存在着不少的问题，主要表现在以下几个方面：

一是各地工作开展还很不平衡。有些地方对非物质文化遗产保护工作的重要性和紧迫性认识不足，没有列入党委、政府的重要工作议程，工作进展缓慢。

二是管理机制不健全。目前，全国性的保护法规尚未出台，大多数省、区、市还没有制定相应的地方性法规。机构不健全，人员较少，经费投入严重不足，难以适应非物质文化遗产保护工作的需要。有的地方管理意识薄弱，管理制度不健全，管理手段和管理方式落后，非物质文化遗产遭到破坏的现象还很严重。

三是一些地方存在着"重申报、轻保护""重开发、轻管理"的现象。有些地方只注重名录申报工作，名录项目的保护工作却得不到具体落实。有的地方在未对非物质文化遗产进行有效保护的情况下，盲目地进行开发，急功近利，造成非物质文化遗产的严重破坏。

以上问题的存在，已经严重影响到非物质文化遗产保护工作的深入开展，影响到社会主义先进文化建设，影响到中华优秀传统文化的继承和发展。我们必须从建设社会主义和谐社会、树立和落实科学发展观的高度，进一步增强责任感和使命感，提高对非物质文化遗产保护工作重要意义的认识，切实加强我国非物质文化遗产保护工作。

二、加强管理、勇于创新，不断开拓非物质文化遗产保护工作的新局面

（一）充分认识非物质文化遗产保护在建设和谐文化、构建社会主义和谐社会中的重要作用

非物质文化遗产保护是近年来一个崭新而重要的文化工作领域。做好这项工作，是时代赋予我们的重要责任和崇高历史使命。非物质文化遗产是中华传统文化的重要组成部分，是各族人民在生产生活实践中创造的精神财富，是文化遗产的重要组成部分。它蕴涵着优秀文化价值观念和审美理想，凝聚着中华民族的深层文化基因，体现了中华民族充沛的文化创造力，是维系民族情感的精神纽带和重要桥梁，并为中华文明的薪火传承发挥了重要的作用。非物质文化遗产作为中华民族传统文化的重要内容，是中华民族智慧的结晶，也是建设和谐文化的基础。非物质文化遗产保护工作是最能调动群众情感的一项工作，是最能体现以人为本和人文关怀的一项工作。积极推进非物质文化遗产保护，有利于促进和谐文化建设，有利于丰富人们的精神文化生活，形成和谐的人际关系，有利于构建社会主义和谐社会，创造良好的人文环境。

国务院和国务院办公厅的两个文件已经明确了保护非物质文化遗产的方针和

原则，并对我国非物质文化遗产保护工作的任务、目标、要求和措施等提出了指导性意见，也确立了非物质文化遗产保护工作在文化建设中的重要地位。各级文化部门要把这项工作切实摆到重要议事日程，早规划，长安排，切实加强领导，做好非物质文化遗产保护的各项工作。

（二）加快非物质文化遗产名录体系建立工作

国务院已公布了第一批国家级非物质文化遗产名录。根据国务院办公厅《关于加强我国非物质文化遗产保护工作的意见》的精神，每两年公布一次国家级非物质文化遗产名录，今后国家级非物质文化遗产名录要在省级名录的基础上推荐和申报。2007年将开始第二批名录申报工作。会前，文化部下发了《关于加快建立我国非物质文化遗产名录体系的通知》，对第二批国家级非物质文化遗产名录建立工作进行了部署。各地要高度重视，积极开展相关工作。经过几年的努力，争取在2010年建立起从国家到省、市、县完备的非物质文化遗产名录体系。希望各地高度重视，积极开展相关工作，增强科学性和完整性，通过名录的建立，提高非物质文化遗产的知名度和影响力。

（三）加强国家级非物质文化遗产保护管理工作

名录建立后，抓好管理是关键。第一批国家级非物质文化遗产名录已由国务院公布，但如何有效地保护列入国家级名录的项目成为我们当前的工作重点。目前，要着重做好以下几项工作：

一是制定保护规划。制定保护规划是非物质文化遗产保护的基础性工作。编制国家级非物质文化遗产项目保护规划，要做好保护项目调查和研究工作，特别是对项目的历史沿革、现存状况、保护管理和传承状况要有深入了解。保护规划应当明确目标、实施步骤和保护重点，确定具体保护措施，提出管理建议。各省、区、市文化厅（局）也要组织制定本行政区域内国家级非物质文化遗产项目的保护规划，并应报文化部审核同意。

二是落实保护经费。为保证各地国家级名录项目的保护经费得到落实，及时开展保护工作，根据财政部有关申报预算的要求，文化部就预算申报工作专门下发了通知，请各地按照通知要求，切实做好本地的2007年度和2007—2010年国家级名录项目专项经费预算，及时上报文化部汇总后，报财政部。此项工作因时间紧，涉及各地的项目多，希望各省、区、市高度重视并给予积极配合。同时也要积极争取当地财政部门的支持，为国家级非物质文化遗产保护项目的保护提供经费保障。

三是完善管理办法。为加强国家级非物质文化遗产名录项目的保护管理，文化部在广泛征求各方意见的基础上，制定了《国家级非物质文化遗产保护管理暂行办法》（征求意见稿），这次会议印发给大家，征求意见，进一步完善后出台。

对于国家级非物质文化遗产保护管理，要按照"保护为主、抢救第一、合理利用、继承发展"的方针，分类指导，尽快建立科学完备的保护管理机制。建立省、市、县级名录的地区，也应参考国家级名录保护管理办法，制定相应的管理办法。

四是落实保护措施。根据各门类项目的不同特点，一项一策，有针对性地制定保护措施。如对于传统节日和文化空间的保护，要进行专题研究，既要继承传统，同时又要结合时代特色，研究提出保护的基本模式。

五是加大执法力度。依法保护国家级非物质文化遗产，是全社会和每一个公民的共同责任。文化部门要主动、积极配合公安等部门，加强文化遗产保护的执法力度，坚决依法打击破坏文化遗产的违法和犯罪行为，努力营造依法保护文化遗产的良好社会环境，确保非物质文化遗产的安全。

（四）继续做好非物质文化遗产普查工作

文化部已对普查工作做出了部署，计划3年内全国基本完成普查工作。各地要按照文化部普查工作通知的要求，扎扎实实、认认真真地做好非物质文化遗产的普查、认定和登记工作，全面了解和掌握非物质文化遗产资源的种类、数量、分布状况、生存环境、保护现状及存在的问题，及时向社会公布普查结果。要继续搞好普查的试点工作，认真总结试点工作经验，加强普查人员的培训。各地在普查工作结束后，要撰写普查工作总结报告，提交本地区保护项目清单，编辑出版《中国非物质文化遗产分布地图集》分省图集等工作。文化部将在各地普查工作基本完成后，逐省组织专家进行验收，并编制我国非物质文化遗产资源白皮书，全面反映我国非物质文化遗产及其保护工作状况。

为了做好普查资料的工作，文化部已委托中国艺术研究院具体负责非物质文化遗产保护数据库建设，研究和设计供非物质文化遗产普查使用的专业软件，这次会议上也将向大家展示，供大家参考和借鉴。

（五）加强理论研究和专业人才培养工作

非物质文化遗产保护工作要从被动保护向主动保护，从单一保护向全面保护，从静态保护向"活态"整体性保护转变，要成为国家发展战略的重要组成部分，与构建和谐社会相适应。必须重视队伍建设，大力培养文化遗产保护和管理所需的各类专门人才。要采取多种方式，抓紧培养非物质文化遗产保护工作中所需各类人才，努力造就一支高素质、懂专业、会管理的非物质文化遗产保护工作的人才队伍。文化部将积极和有关部门协商，加大对现有人才的培养力度，通过举办短训班等形式，尽快使现有工作队伍素质得到提高，培养急需的人才。同时，要充分依靠高等院校和科研机构的专家学者，加强非物质文化遗产的基础理论研究和学科建设，积极推进科研工作，为非物质文化遗产保护提供科学保证。

此外，要十分重视加强调查和理论研究工作，发挥理论指导实践的作用。去年，文化部在江苏举办了"中国非物质文化遗产保护·苏州论坛"，今年又在北京举办了"中国非物质文化遗产保护论坛"，在浙江举办了"国家文化安全——中国非物质文化遗产保护·余杭论坛"，对于探索保护工作机制，推动保护工作实践，创新保护工作理念，起到了十分重要的作用。我们要对关系非物质文化遗产保护事业大局的创新意识和经验、促进非物质文化遗产保护事业发展的政策和措施、国际先进的非物质文化遗产保护的理念与实践等进行调研和深入研究，为科学地做好非物质文化遗产保护工作提供思想理论基础和决策参考。

（六）推进非物质文化遗产保护的立法进程

文化保护、立法先行，这是世界各国保护非物质文化遗产的成功经验。要加快立法进程，依靠法律的普遍约束力对非物质文化遗产开展保护，并严格按照依法保护的原则来开展非物质文化遗产保护工作。要通过立法手段，使非物质文化遗产保护工作成为各级政府、社会各界和公民的责任和义务。1998年以来，文化部会同全国人大积极开展了民族民间文化保护立法的调研，起草了法律草案。参照联合国教科文组织《保护非物质文化遗产公约》的精神，该法更名为《非物质文化遗产保护法》，并列入全国人大2007年立法工作计划。我们将积极推动相关的立法进程，争取其早日出台。《非物质文化遗产保护法》的出台，将对保护工作的深入进行产生重要作用。希望各省、区、市根据《保护非物质文化遗产公约》和国务院文件的有关精神，积极推动地方非物质文化遗产保护法规的制定工作。在没有立法的情况下，要研究制定专项管理办法，逐步使非物质文化遗产保护工作走向规范化轨道。

（七）积极参与国际间交流活动

在我国的非物质文化遗产保护工作中，要充分借鉴其他国家在非物质文化遗产保护方面取得的先进经验，加强与其他国家和国际组织的合作与交流，相互借鉴，取长补短，彼此促进，共同发展。作为保护非物质文化遗产政府间委员会的成员国，我们要认真履行《保护非物质文化遗产公约》规定的各项义务，积极参与保护非物质文化遗产政府间委员会的各项工作，树立我国文化遗产大国的良好形象。争取明年承办保护非物质文化遗产政府间委员会会议。要在以往工作的基础上，继续做好向联合国教科文组织申报非物质文化遗产名录工作。同时，大力推动国际间单边或多边的非物质文化遗产保护学术交流活动。文化部在安排对外文化交流项目时，要增加有关非物质文化遗产的对外交流项目，通过展览、演出等形式，积极向世界各国宣传我国政府在非物质文化遗产保护方面的积极成果。

（八）加强领导，完善工作机制

非物质文化遗产保护的主要责任在地方各级政府。加强领导，是保护工作取得实效的根本保证。要按照国务院成立国家文化遗产保护领导小组的做法，积极推动在各省、区、市设立相应的文化遗产保护领导协调机构。为保障非物质文化遗产保护工作的持续开展，中编办已原则同意文化部在中国艺术研究院加挂中国非物质文化遗产保护中心的牌子，承担非物质文化遗产保护的具体工作。中国艺术研究院已组建了实体性的办事机构。各地可根据各自的具体情况，参照这种模式，尽快建立本省、区、市的保护机构。凡正式挂牌成立并落实编制的省级非物质文化遗产研究保护中心，文化部将给予适当支持。

要完善非物质文化遗产保护的经费保障机制。各级政府要将非物质文化遗产保护经费纳入本级财政预算，加大投入，保障重点和濒危非物质文化遗产项目的保护。在强调政府主导的同时，要研究制定和完善有关社会捐献和赞助的政策措施，调动社会团体、企业和个人参与文化遗产保护的积极性。

要建立文化遗产保护定期通报制度、专家咨询制度以及公众和舆论监督机制，推进文化遗产保护工作的科学化、民主化。国家非物质文化遗产保护工作专家委员会已经成立，委员会吸纳了全国68名各门类的知名专家学者。为保证保护工作的规范性和科学性，各地在开展各项工作中，要紧紧依靠专家，发挥专家的咨询作用。目前我们拟考虑建立中国非物质文化遗产保护协会。同时，要充分发挥部际联席会议各单位、有关文化机构、大专院校、企事业单位、社会团体等各方面的作用，形成合力，共同开展文化遗产保护工作。

（在全国非物质文化遗产保护工作会议上的讲话，2006年7月31日。北京市非物质文化遗产保护工作网站：http：//www.bjfwzwhyc.com/zlhb_ Detail.asp?newsid=25）

充分发挥国家非物质文化遗产
保护中心的作用

中国非物质文化遗产保护中心是经中央机构编制委员会办公室批准成立的国家级非物质文化遗产研究保护的专门工作机构。中国非物质文化遗产保护中心的成立,体现了党中央、国务院对文化遗产保护工作的高度重视,也标志着我国非物质文化遗产保护从此有了正式的国家级研究保护工作机构。国家级保护中心的成立,对促进全国非物质文化遗产保护工作,具有重要的意义。

我国政府历来重视非物质文化遗产的保护工作,特别是自 2005 年以来,保护工作力度不断加大。2005 年 3 月,国务院办公厅下发了《关于加强我国非物质文化遗产保护工作的意见》,确立了非物质文化遗产保护的工作方针和目标,对建立协调有效的工作机制,逐步建立有中国特色的非物质文化遗产保护制度等进行了总体部署,并成立了由 9 个部委组成的非物质文化遗产保护工作部际联席会议。12 月,国务院又下发了《关于加强文化遗产保护的通知》,要求各级政府从对国家和历史负责的高度,从维护国家文化安全的高度,切实做好文化遗产保护工作,并决定设立我国"文化遗产日"。根据这两个文件的精神,2006 年 5 月 20 日,国务院印发了《关于公布第一批国家级非物质文化遗产名录的通知》(国发〔2006〕18 号),公布了我国第一批国家级非物质文化遗产名录,包括 10 个类别共 518 个项目。国家级名录的公布,标志着我国非物质文化遗产名录体系的初步建立,我国的非物质文化遗产保护工作已进入了一个新阶段。今后,要在国家级名录的引导和推动下,逐步建立国家、省、市、县四级名录体系,形成我国珍贵的非物质文化遗产得到有效保护的态势。

近年来,我国积极参与国际间非物质文化遗产保护工作。2003 年 10 月,第 32 届联合国教科文组织大会上通过了《保护非物质文化遗产公约》,我国自始至终积极参与了该公约制定工作的全部过程。2004 年 8 月,全国人大常委会批准我国加入《保护非物质文化遗产公约》。我国成为了世界上最早加入该公约的国家之一。2005 年底,我国申报的新疆维吾尔木卡姆艺术和我国与蒙古国联合申报的蒙古族长调民歌被列入联合国教科文组织第三批"人类口头和非物质遗产代表作",我国是世界上入选"人类口头和非物质遗产代表作"最多的国家之一。2006 年 6 月 27 日,在联合国教科文组织《保护非物质文化遗产公约》缔约国大会第一次会议上,我国以 40 票的高票入选由 18 国组成的保护非物质文化遗产政府间委员会,这是国际社会对我国政府保护非物质文化遗产工作成绩的充分肯定和认可。

中华民族在悠久的历史进程中，创造了丰富多彩的非物质文化遗产资源。随着我国非物质文化遗产保护工作的不断深入，保护工作面临的任务日益繁重。在这种情况下，建立国家级的非物质文化遗产研究保护工作机构，组织开展我国非物质文化遗产保护的各项具体工作，非常及时和必要。

中国艺术研究院是我国艺术学科最高学术研究机构。最近几年来，其职能由对艺术历史的研究，已经逐步拓展到对当代艺术理论与实践的研究、对民族艺术的保护与传承、对高级艺术人才的培养等诸多领域，有着独特的优势。近些年来，中国艺术研究院在保护非物质文化遗产方面开展了大量卓有成效的工作，组织策划了一系列重要项目，为开展非物质文化遗产保护工作打下了良好的基础。

当前，我国非物质文化遗产保护工作刚刚开始，面临着许多新情况、新问题。我希望，中国非物质文化遗产保护中心成立后，要尽快形成有效的工作机制，在非物质文化遗产的专业咨询、理论研究、人员培训等方面发挥重要作用，指导各地开展非物质文化遗产保护的相关工作，努力开创我国非物质文化遗产保护工作的新局面。

（在"中国非物质文化遗产保护中心成立暨揭牌仪式"上的讲话，2006年9月14日。原载于《中国文化报》2006年9月21日第3版）

加大保护力度　建设和谐文化

由文化部主办、中国艺术研究院和福建省泉州市共同承办的"全国非物质文化遗产普查暨第二批国家级非物质文化遗产名录申报工作培训班"今天开班。举办这次培训班的主要目的是：总结前一阶段非物质文化遗产保护工作，对非物质文化遗产普查和第二批国家级非物质文化遗产名录申报工作进行培训。

普查和国家级名录申报工作培训班选择在泉州市举办，是因为泉州市拥有丰富的非物质文化遗产资源，是非物质文化遗产保护工作的综合性试点，也是国家级非物质文化遗产名录项目较多的地区。泉州市委、市政府高度重视非物质文化遗产保护工作，在普查和国家级名录项目保护工作中也取得了一定的成绩。在培训过程中，大家可以充分实地考察、学习当地开展非物质文化遗产保护工作的做法和经验。

一、非物质文化遗产保护工作的进展情况

近几年来，在各级党委、政府的高度重视和各有关方面的共同努力下，我国非物质文化遗产保护工作进展较快，为构建和谐社会发挥了较大作用。

（一）各级党委、政府高度重视非物质文化遗产保护工作

2005年以来，国务院相继出台了3个重要文件。2005年3月，国务院办公厅下发了《关于加强我国非物质文化遗产保护工作的意见》，确立了非物质文化遗产保护的工作方针和目标，对建立协调有效的工作机制，形成有中国特色的非物质文化遗产保护制度等做了明确要求。12月，国务院又下发了《关于加强文化遗产保护的通知》，要求各级政府从对国家和历史负责的高度，从维护国家文化安全的高度，切实做好文化遗产保护工作，并决定设立我国"文化遗产日"。根据国务院《关于加强文化遗产保护的通知》的精神，还成立了国家文化遗产保护领导小组，专门研究解决文化遗产保护工作的重大问题，统一协调和执行国务院有关文化遗产保护的决定。2006年5月20日，国务院下发了《关于公布第一批国家级非物质文化遗产名录的通知》，颁布了第一批国家级非物质文化遗产名录项目。这些文件的出台，体现了党中央、国务院对非物质文化遗产保护工作的重视和支持，也标志着非物质文化遗产保护工作已被提高到与物质文化遗产工作同等重要的地位。

各省、区、市按照国务院的安排和部署，采取切实有效的措施，积极落实各

项工作任务,全面推动非物质文化遗产保护工作。许多省的主要领导就非物质文化遗产保护工作做出批示,就加强非物质文化遗产保护工作提出明确要求,进行工作部署。有的地方结合本地实际情况,出台了一系列政策措施,建立了组织机构和工作班子,落实了专项保护经费,建立了省、市、县级名录等,各地的非物质文化遗产保护工作呈现出新的局面。

(二) 名录体系初步建立

2006年5月20日,国务院批准公布了第一批国家级非物质文化遗产名录项目518项,涉及758个申报地区或单位。第一批国家级非物质文化遗产名录的公布,对建立我国非物质文化遗产名录体系具有重要的示范和推动作用。为了加强国家级非物质文化遗产保护工作,今年10月,文化部以部长令的形式颁发了《国家级非物质文化遗产保护与管理暂行办法》(文化部部长令〔2006〕第39号),对涉及国家级非物质文化遗产名录项目的保护单位、代表性传承人以及加强管理等,提出具体要求。这个办法的出台,对于规范国家级非物质文化遗产名录项目的保护与管理具有重要指导作用。目前,河北、辽宁、浙江、福建、江西、河南、湖北、湖南、广东、海南、广西、贵州、云南、甘肃等14个省区建立了省级非物质文化遗产名录,还有11个省、区、市正在建立省级名录,有6个省、区、市正在筹备建立省级名录。其中,云南省在全国率先建立了省、市、县三级名录体系。

(三) 普查工作取得阶段性成果

为摸清我国非物质文化遗产的家底,全面了解和掌握各地各民族非物质文化遗产资源的种类、数量、分布状况、生存环境、保护现状及存在问题,文化部于2005年6月部署了全国非物质文化遗产普查工作。这次普查是我国21世纪开展的一次大规模的文化资源普查。各地根据文化部关于非物质文化遗产普查的要求,陆续做出了部署。目前,各地的普查工作正在积极稳步展开,一些省、区、市结合地域特点,编制门类齐全、分项细致、可操作性强的普查工作手册,举办普查工作培训班,对相关人员进行了业务培训,初见成效。云南省截至2005年累计投入1000多万元用于开展普查,参与普查人数达19103人次,普查自然村寨14834个,访谈对象69187人次;浙江省在普查工作中坚持"不漏线索、不漏村镇、不漏门类"。两省都在推进和总结全省的非物质文化遗产普查工作中取得了重要成果。在普查工作中,各地培训了工作队伍,抢救和保护了一批非物质文化遗产重要资料和珍贵实物,为非物质文化遗产保护工作打下了坚实基础。

(四) 试点工作取得有益经验

为了积累经验、摸索规律,按照试点先行、以点带面的工作要求,在实施中国民族民间文化保护工程过程中,文化部相继确定了40个保护工程试点。几年来,这些试点认真制定保护规划,积极探索工作机制,不断摸索保护方法,取得了明显成效,为面上的工作提供了有益的经验。2006年10月,文化部在甘肃省召开了全国非物质文化遗产保护试点工作经验交流会,重点学习了环县道情皮影试点在开展普查、传承传习、筹建博物馆以及保护和利用等方面的经验。环县经验为全国的非物质文化遗产保护提供了十分珍贵的经验,值得大家学习和借鉴。

(五)管理机制正初步形成

经中编办批准,2006年9月14日,中国非物质文化遗产保护中心正式挂牌成立,保护中心承担着开展非物质文化遗产理论、实践和科学保护方面的研究等相关具体工作任务。经省级编办正式批准,河北、河南、广东、宁夏、新疆、江西、重庆、湖北、贵州、吉林等10个省区建立了省级非物质文化遗产保护中心。河北、浙江、广东、辽宁、福建、安徽、江苏、甘肃等省依靠各级政府和社会力量,建立了一批国有或民间的非物质文化遗产专题博物馆,对宣传和展示非物质文化遗产起到了重要作用。

(六)保护经费投入逐年加大

2005—2006年,国家财政每年都列支非物质文化遗产保护专项经费。为加强国家级名录项目的保护工作,在财政部支持下,2006年11月,文化部根据《财政部、文化部关于印发〈国家非物质文化遗产保护专项资金管理暂行办法〉的通知》(财教〔2006〕71号)精神,印发了《文化部办公厅关于申报2006年国家级非物质文化遗产名录项目补助经费的通知》。根据各省、区、市文化厅(局)、财政厅(局)的联合申请,文化部向财政部报送了2006年国家级非物质文化遗产名录项目补助经费预算。目前,中央财政补助经费已拨付各地。

浙江、江苏、辽宁、广东、河北、四川、江西、湖北、福建等大部分省区都安排了保护工作经费。泉州市从2004年起,每年安排150万元保护工作专项经费。经费的落实,确保了保护工作的正常进行。

(七)理论研究逐步加强

非物质文化遗产保护是一项专业性强、包含门类广、情况复杂的工作,且在我国又是刚刚起步,理论研究相对薄弱。文化部于2005年举办了"中国非物质文化遗产保护·苏州论坛",中国艺术研究院连续几年举办了非物质文化遗产保护研讨会,浙江省2006年举办了"国家文化安全——中国非物质文化遗产保护·余杭论坛",安徽省蚌埠市举办了"花鼓灯保护国际学术研讨会",江西省弋阳县组织了"全国弋阳腔(高腔)学术研讨会"等;浙江省在浙江大学、浙江师范大学、杭州师范学院建立非物质文化遗产保护研究基地,一些大专院校还设立了非物质文化遗产保护研究中心。

文化部分别于2004年、2005年、2006年在中国艺术研究院举办了3次保护工作培训班,对全国各地几百名人员进行了培训。中国艺术研究院今年9月开办了非物质文化遗产保护研究生课程班,开展理论研究和人才培养,有力地促进了非物质文化遗产保护工作。中国非物质文化遗产保护中心还建立了中国非物质文化遗产网站,并对现有非物质文化遗产资料进行数字化,建立数据库,努力建成中国非物质文化遗产数字博物馆。

(八) 我国第一个"文化遗产日"成功举办

2006年6月10日,我国迎来了第一个"文化遗产日"。文化部组织了形式多样的文化遗产保护宣传活动,在国务院新闻办召开了我国第一个"文化遗产日"中外记者新闻发布会;举办了"保护文化遗产,守护精神家园"大型文化遗产展演文艺晚会、中国非物质文化遗产论坛、"文明的守望——中华古籍特藏珍品暨保护成果展"和以"非物质文化遗产保护"为专题的"部级领导干部历史文化讲座"等。各地"文化遗产日"系列活动内容丰富,形式多样。通过这些活动,提高了全民对文化遗产保护重要性的认识,增强了全社会的文化遗产保护意识,营造了全民参与保护文化遗产的良好氛围。

虽然非物质文化遗产保护工作取得了显著成绩,但是,我们必须清醒地看到,从总体上看,我国的非物质文化遗产保护工作仍处于起步阶段。对非物质文化遗产的认识有待提高,有的地方组织机构不健全,经费不足;对全国非物质文化遗产资源状况尚不完全清楚,各地非物质文化遗产普查工作的进度不一,水平质量参差不齐;国家名录项目的保护措施不力,代表性传承人尚未得到有效保护,珍贵实物资料流失严重;"重申报、轻保护"问题还不同程度存在。因此,需要我们从构建社会主义和谐社会的高度出发,进一步提高对非物质文化遗产保护工作的重要性和紧迫性的认识,扎扎实实做好非物质文化遗产保护工作。

二、下一阶段非物质文化遗产保护的重点工作

我们要积极发挥非物质文化遗产保护工作在建设先进文化和构建和谐社会中的重要作用,善于把部门行为上升为各级党委、政府的行为,纳入社会发展的总规划之中。下一阶段重点做好以下8个方面的工作。

(一) 全面、扎实地推进普查工作

目前进行的普查是本世纪我国第一次大规模的普查活动,它是开展非物质文化遗产保护重要的基础性工作。全国普查工作计划用3年多时间,至2008年底结束。目前,时间已经过半,个别省区的工作尚有差距。今明两年是普查工作全

面、扎实推进的关键时期,希望各地抓紧时间,加快进度,确保按时完成普查任务。已正式成立省级保护中心的 10 个省区,普查工作要取得突破,争取走在全国前列,为其他地区提供经验。文化部将于 2008 年陆续开展普查验收工作,对做得好的省份给予表彰奖励。

中国非物质文化遗产保护中心研究开发了非物质文化遗产普查专用软件,并举办了普查专用软件培训班。目前,普查专用软件还有待完善,将根据各地普查工作的实际情况,对普查专用软件进行升级。要加快非物质文化遗产数据库的建设。各地也要建设本省的非物质文化遗产数据库,形成自己的平台。

要制定非物质文化遗产普查成果的出版规划,中国非物质文化遗产保护中心将抓紧制定《中国非物质文化遗产分布图集》的出版体例,指导各地普查成果的出版。

(二)认真做好第二批国家级名录申报的准备工作

非物质文化遗产名录体系的建设是非物质文化遗产保护的核心内容,第二批国家级非物质文化遗产名录的申报工作将积极推动非物质文化遗产名录体系的建立。为做好第二批国家级非物质文化遗产名录的申报工作,文化部已于 2006 年 7 月印发了《关于加快建立我国非物质文化遗产名录体系的通知》,提出将 2007 年 6 月 30 日定为申报工作的截止期。第二批国家级非物质文化遗产名录将建立在省级名录的基础上,只有列入省级名录的项目,才具备申报资格。目前仍然有一部分省区还没有建立省级名录,希望这些省区要抓紧时间,尽快建立省级名录。各地在建立省级名录过程中,要加强沟通,及时反映有关情况。各地要早安排、早部署,提前做好准备,扎扎实实做好各项申报工作。在申报中,对申报项目的保护单位、代表性传承人以及保护规划与实施措施等要组织专家认真研究,予以明确。

第一批国家级非物质文化遗产名录评审时,有些疑难问题暂时予以搁置。第二批国家级名录申报工作要比第一次做得更科学、更规范,要组织专家尽早介入,对一些疑难问题、重大问题提出解决方案。

(三)加大对非物质文化遗产保护力度

一是要对代表性传承人进行保护。非物质文化遗产是以人为载体的,它的一个重要特点就是具有活态性。因此,加强对代表性传承人的保护是非物质文化遗产保护的关键环节,这项工作明年要有突破性进展。文化部正在制定相关政策,对国家级名录项目的代表性传承人的认定标准、权利和义务将做出规定。对认定为国家级名录项目的代表性传承人,政府为他们开展传承活动提供场所和条件。文化部将在各地提出的国家级名录项目代表性传承人候选名单中,组织专家进行评审认定。通过对代表性传承人的保护,促进国家级非物质文化遗产项目得到全面妥善的保护。

二是设立非物质文化遗产生态保护区。《国家"十一五"时期文化发展规划纲要》提出,要确定若干个国家级非物质文化遗产生态保护区,对非物质文化遗产内容丰富、较为集中的区域,实施整体性保护。希望各地要重视非物质文化遗产生态保护区,并就此进行研究和策划,制定详细的保护规划和实施方案。将较为成熟的非物质文化遗产生态保护区经省级专家委员会审核后,报文化部,作为若干个国家级非物质文化遗产生态保护区的候选项目。

三是建设博物馆,开展非物质文化遗产珍贵实物资料征集工作。实物资料是非物质文化遗产的重要依托,因此,各地在普查中,要重视非物质文化遗产实物资料的登记、建档和征集工作。有条件的地区,要积极建立博物馆或展示中心,抢救流散在民间的非物质文化遗产珍贵实物资料,特别是一些具有非物质文化遗产内涵的少数民族服饰、用具等,防止珍贵的非物质文化遗产实物资料流失境外。

(四)加大宣传力度,认真做好第二个"文化遗产日"的准备工作

我们要认真贯彻国务院有关文件的精神,做好2007年第二个"文化遗产日"活动的策划和准备工作。2007年第二个"文化遗产日"初步议定的主题是"保护文化遗产,建设和谐社会"。文化部将于第二个"文化遗产日"期间,在北京举办非物质文化保护专题展览和"国家级非物质文化遗产展演"系列活动,全方位、多角度展示各地非物质文化遗产,宣传非物质文化遗产保护工作。展览要突出传承人,体现保护的深度。展演活动拟在选拔各省区节目的基础上,抽调几个省区的精品节目进京演出,在人民大会堂举办一场较大规模的非物质文化遗产演出,通过电视台向全国播放。目前活动正在策划之中,计划于2007年1月份具体部署。

各地也可根据实际情况,及早策划、组织、安排好当地的"文化遗产日"宣传、展示活动。各地在举办丰富多彩的"文化遗产日"活动的同时,运用各种媒体手段,采取如开设专栏、领导采访、专家访谈、播出专题片、开设网站、出版信息动态、编写地方乡土教材、举办群众性文化活动等多种方式,大力开展非物质文化遗产保护的宣传工作,以增强民族文化认同感和文化自觉性,进一步提高全社会的保护意识。

(五)积极参与国际间非物质文化遗产保护工作

2006年6月27日,在联合国教科文组织《保护非物质文化遗产公约》缔约国大会第一次会议上,我国以40票的高票入选由18国组成的保护非物质文化遗产政府间委员会。2007年5月底,将在我国举办保护非物质文化遗产政府间委员会委员国会议,涉及制定人类非物质文化遗产代表作的各项规则。这是我国承办

的第一次非物质文化遗产国际会议，我们要予以积极配合，争取会议取得圆满成功。

为了及早向联合国教科文组织提交我国申报的人类非物质文化遗产代表作候选项目，要建立人类非物质文化遗产代表作候选项目的预备名单，希望每个省提供一个推荐项目和两个备选项目。文化部将专门下发文件予以部署。

（六）进一步推动政策法规建设

政策法规是非物质文化遗产保护的重要保障。我们将积极推动《非物质文化遗产保护法》的立法进程，争取早日出台。为加强国家级非物质文化遗产保护与管理力度，在制定《国家级非物质文化遗产保护与管理办法》的基础上，我们将拟定国家级非物质文化遗产代表性传承人的有关管理办法。

希望各地根据国务院文件的有关精神，积极推动地方非物质文化遗产保护法规的制定工作。各地也要研究制定省级非物质文化遗产名录项目保护的相关政策。

（七）完善工作机制

目前，国家有了专门保护工作机构，中国非物质文化遗产保护中心设在中国艺术研究院，还建立了中国非物质文化遗产网。大多数省区也已建立了非物质文化遗产保护工作机制，但仍有一些省区机构不太健全，尚未建立省级保护中心。为鼓励各地建立省级保护中心，我们将继续以奖励的方式，对正式获得省级编办批准的省级保护中心给予一次性的资金补助，希望没有建立省级中心的尽快建立工作机构。

非物质文化遗产保护是一项专业性强的工作，要紧紧依靠专家学者的学术力量。部里已经成立了国家非物质文化遗产保护工作专家委员会，各地也要积极聘请各个领域的专家，组建当地的专家委员会，发挥专家的咨询和参谋作用。目前，中国非物质文化遗产保护中心正在积极筹建中国非物质文化遗产保护协会，并起草了协会的有关章程草案，已印发给大家征求意见。该协会是我国非物质文化遗产保护工作的重要社团组织。各地可以参照这种做法，建立本省区的非物质文化遗产保护协会。

（八）加强理论研究

我国非物质文化遗产保护工作需要理论的支撑。刚刚刊印出版的由中国艺术研究院院长、中国非物质文化遗产保护中心主任王文章同志主编的《非物质文化遗产保护概论》，是我国在非物质文化遗产保护方面第一本系统阐述非物质文化遗产保护的理论成果。该书理论和实践相结合，对我们进一步认识非物质文化遗产，全面掌握非物质文化遗产保护的特点和规律，进一步推动非物质文化遗产保护工作,具有重要的参考价值。该书已经发给大家,希望认真阅读和学习。

三、对这次培训工作的要求

目前开展的非物质文化遗产普查工作是我国第一次就非物质文化遗产进行全面普查。普查工作是一项认真、科学、规范的工作。因此,这就要求我们在做好田野调查的基础上,扎扎实实、认认真真、科学规范地做好民间文化资源种类、分布状况、价值、传承人的记录工作,绘制好本地区的非物质文化遗产的调查图表、分布地图集、保护项目清单,制作相关的录音、影像、图片,搜集和购买相关的珍贵实物资料,确保普查记录相关资料的准确无误。申报国家级非物质文化遗产工作,是建立国家级非物质文化遗产名录乃至非物质文化遗产名录体系的重要步骤,是推进非物质文化遗产保护工作的重要举措。因此,我们举办这次培训班,有针对性地就普查进行分门别类的培训,就第二批国家级名录申报进行沟通、研究和探讨,为各地2008年底完成普查工作和明年开展第二批国家级非物质文化遗产申报工作做好准备。

这次培训活动,我们聘请了一批国家非物质文化遗产保护工作专家委员会委员进行培训指导,这些专家具有丰富的理论知识和长期的田野实践经验。培训教材以《中国非物质文化遗产普查手册》《中国非物质文化遗产数据库普查管理系统软件使用手册》《非物质文化遗产保护概论》为主,以泉州入选第一批国家级非物质文化遗产名录项目为实地授课案例,教材新颖,例子生动。大家可以借此机会,通过全面学习和掌握非物质文化遗产保护知识、法规、普查方法等,回去后认真制定普查规划和实施方案,使普查和第二批国家级名录申报工作更加科学、规范。

在座的各位学员都有丰富的实践经验,希望大家与专家们一道,相互学习,交流讨论,介绍一些好的经验和做法,提出一些有益的建议,做到教学相长,相互促进,共同提高。这次培训班是非物质文化遗产保护方面举办的一次重要培训。参加这次培训班,机会十分难得。希望各位学员努力学习,认真研究,回去后,把这次培训班所学的内容学以致用,用来指导非物质文化遗产普查和第二批国家级名录的申报工作,努力使我们的工作更加科学规范。

(在全国非物质文化遗产普查暨第二批国家级非物质文化遗产名录申报工作培训班仪式上的讲话,2006年12月13日。原载于《中国文化报》2006年12月21日第3版)

老字号文化传承与非物质文化遗产保护

一、充分认识保护和传承老字号的重要性和必要性

我国历代的商业活动和商业文化为我们留下了丰富的商业文化遗产。传统的老字号历史悠久、数量众多、久负盛名、影响深远，不仅是我国传统商业文化的重要象征，而且承载着中华民族博大精深的优秀传统文化。作为我国重要的非物质文化遗产，老字号在长期的发展过程中，逐渐形成了世代传承的精良产品、精湛技艺和服务体系，形成了深厚的文化底蕴，成为家喻户晓的商业品牌，为丰富人民群众生活，促进经济和社会发展，推动历史进步，发挥了重要的作用，做出了巨大的贡献。

老字号的重要特征就是其所蕴涵的独特产品、传统技艺、经营理念和文化内涵，具有很高的经济价值和文化价值，是重要的非物质文化遗产，也是促进社会进步和建设和谐文化的宝贵精神财富。因此，加强对老字号的传承和保护，对于促进商业文明建设，保护非物质文化遗产，树立中华民族传统的核心价值观，弘扬中华民族传统优秀文化，构建社会主义和谐社会，都具有重要的现实意义。

当前，在经济全球化趋势不断增强、工业文明快速发展和市场经济的条件下，传统老字号的生存和发展面临着巨大的挑战，这主要表现在：一是部分老字号企业文化自觉下降，缺乏自我保护意识。一些老字号企业知识产权意识淡薄，不注意保护传承人和传统技艺，珍贵的传统技艺和知识得不到传承，艺随人亡，甚至有些流失国外，造成了不可挽回的损失。二是机制僵化，缺乏创新活力。一些老字号管理机制不适应现代工业文明和市场经济发展要求，缺乏创新能力，不得不破产倒闭；有的老字号虽在惨淡经营，但生存也面临着危机。

因此，我们必须从保护中华民族优秀传统文化、传承中华文明、建设和谐文化的高度出发，从发展民族商业文化、振兴民族经济、增强核心竞争力的高度出发，提高对老字号保护、传承和发展的重要性和必要性的认识，与时俱进，进一步加强我国老字号的保护工作，促进老字号的保护、传承和发展。

二、在非物质文化遗产保护工作中积极推进老字号的传承与发展

在世界文明的发展史上，中华五千年文明薪火相传，绵延不断，显示出强大的生命力，留下了极为丰富的文化遗产。它包括物质文化遗产和非物质文化遗产。非物质文化遗产是指各种以非物质形态存在的与群众生活密切相关、世代相

承的传统文化表现形式,包括口头传统、传统表演艺术、民俗活动、礼仪与节庆、有关自然界和宇宙的民间传统知识和实践、传统手工艺技能等以及与上述传统文化表现形式相关的文化空间。非物质文化遗产具有很强的传承性。在"中华老字号"中,也蕴涵着丰富的物质文化遗产和非物质文化遗产。因此,对老字号的保护,既要按照《文物法》的有关规定,贯彻"保护为主、抢救第一、合理利用、加强管理"的方针,加强对物质文化遗产的保护;同时也要贯彻国务院确立的"保护为主、抢救第一、合理利用、传承发展"的保护非物质文化遗产的方针,加强对老字号中蕴涵的传统技艺和传统知识的保护。作为非物质文化遗产的重要组成部分,老字号同其他非物质文化遗产一样,是我们历代先民在生产和生活实践中直接创造并世代延传而积淀下来的宝贵财富,不仅真切地体现着我们民族的精神和智慧特征,而且深刻地寄托着中华民族在漫长的历史进程中逐步形成的价值观念和审美理想,沉积着中华民族的思想文化基因,体现了中华民族丰富蓬勃的文化创造力。因此,我们必须从保护中华民族优秀传统文化的高度,重视老字号的保护,积极推进非物质文化遗产保护工作。

为加强对我国文化遗产保护工作,2005年以来,党中央、国务院对文化遗产保护做出了一系列战略部署。3月份,国务院办公厅下发了《关于加强我国非物质文化遗产保护工作的意见》,确立了非物质文化遗产保护工作的方针和目标,对确立协调有效的工作机制、建立中国特色非物质文化遗产保护制度等提出了明确要求。12月,国务院下发《关于加强文化遗产保护的通知》,要求各级政府从对国家和历史负责的高度,从维护国家文化安全的高度,切实做好文化遗产保护工作。并决定每年6月的第二个星期六为我国的"文化遗产日"。

2006年5月20日,国务院公布了第一批国家级非物质文化遗产名录518个项目,涉及758个申报地区和单位,其中包括同仁堂中医药文化、胡庆余堂中医药文化、茅台酒酿制技艺、泸州老窖酿制技艺、杏花村汾酒酿制技艺、镇江恒顺香醋酿制技艺、张小泉剪刀、木版水印技艺(荣宝斋)等一批老字号项目以及与老字号相关的项目共60项。国家级非物质文化遗产名录的公布,对建立我国的非物质文化遗产保护体系具有重要意义,在国内外产生了良好反响。2006年6月10日,我国迎来了第一个"文化遗产日"。"文化遗产日"期间在北京和全国各地,举办了一系列丰富多彩的文化遗产宣传展示活动,提高了全民对文化遗产保护重要性的认识,增强了全社会的文化遗产保护意识,营造了全民参与保护文化遗产的良好氛围。非物质文化遗产保护事业呈现出良好的发展态势。

商务部开展老字号的保护工作,对于促进非物质文化遗产保护非常重要。我们将积极配合商务部,从以下几个方面做好对老字号的保护工作:

一是做好老字号等非物质文化遗产的普查工作。普查是非物质文化遗产保护工作的基础性工作。为摸清我国非物质文化遗产的家底,全面了解和掌握各地各民族非物质文化遗产资源的种类、数量、分布状况、生存环境、保护现状及存在问题，文化部于 2005 年 6 月部署了全国非物质文化遗产普查工作。这次普查是我国 21 世纪开展的一次大规模的文化资源普查。保护老字号，首先要做好对老字号的普查工作，特别是对老字号的传统手工技艺、传统知识资料和实物的收集与整理工作，关注那些即将失传的老字号手艺与工艺、重要文献、珍贵实物。为做好收集与整理工作，可以采取录音、录像、文字、绘图等手段，通过对老师傅和知情人的探访与采访，对各地各种老字号现存的资源状况进行详细的调查和记录，收集珍贵的历史资料和实物，并对资料文献进行整理和编辑，出版有关成果。同时建立老字号的相关档案或数据库，有条件的老字号还可以建立展示中心或博物馆，专门保存和展示老字号的实物资料和重要文献，同时对传统手工技艺进行宣传、展示，提高当地群众的保护意识。对属于文物的老字号实物，应按文物保护法规的要求，妥善进行保管；对重要的老字号场所，也可划定一定的保护范围，对有关建筑和器具进行整体保护。

二是加强对老字号等的保护和管理工作。今后文化部和各级文化部门在开展非物质文化遗产保护工作中，要将老字号等的保护和管理工作纳入其中。对老字号等传统技艺的保护，要抓住传承人的保护这一核心环节。商务部在保护老字号工作中，已经把培养和保护传承人作为重要工作。在老字号的传承过程中，要把各种老字号的代表性传承人作为保护和扶持的重要对象。要在确认掌握主要传统技艺的老字号代表性传承人的基础上，给这些代表性传承人提供必要的传习活动场所，给予相应的资助并组织开展展示、研讨和宣传活动，鼓励他们把自己的手艺和绝活传给后人。同时组织开展同类传承人之间的交流与合作，促进传统手工技艺和传统知识的传承，保证老字号珍贵的传统技艺与经营理念能够造福社会、代代相传。

三是将老字号纳入非物质文化遗产名录加以保护。老字号所涉及的餐饮、食品、医药、居民服务等众多行业的绝活、绝技及传统知识，均属于我国传统文化的范畴，是非物质文化遗产保护的对象。我们已经建立的第一批国家级非物质文化遗产名录，涵盖了一些老字号或与老字号相关的项目，各省、区、市建立的名录也涉及不少老字号项目。各级文化部门要积极配合商务部门，对于蕴涵其间的各种绝活、绝技和传统知识，按照相关规定，开展申报工作，依其价值分别纳入相应级别的非物质文化遗产名录体系，使之在享受国家有关优惠政策的同时，通过价值认定、投入扶持和品牌宣传等措施，切实得到传承和保护。目前，我们正在准备申报评审第二批国家级非物质文化遗产名录。在第二批国家级非物质文化遗产名录申报的过程中，将结合对老字号的保护工作，关注一批老字号重点项目，争取更多的老字号项目进入国家级非物质文化遗产名录和省、市级非物质文化遗产名录。

（在"中华老字号"授牌仪式暨老字号创新与发展研讨会上的发言，2006 年 12 月 19 日）

要重视文化生态保护区建设

这次闽南文化生态保护工作研讨会的召开，对形成文化生态保护区建设的工作思路，对闽南文化生态保护工作，必将起到积极的推动作用，也必将对我国的非物质文化遗产保护工作产生重要的影响。

一、建立文化生态保护区对进一步加强非物质文化遗产保护工作具有重要意义

我国丰富的文化遗产，既有物质形态的有形文化遗产，又有以口传心授的方式传承下来、以非物质形态存在的非物质文化遗产，文化遗产中有形和无形、物质形态和非物质形态的遗存，共同构成民族文化遗产的整体，缺一不可。为加强文化遗产保护，体现对文化遗产整体保护的理念，根据国务院《关于加强文化遗产保护的通知》（国发〔2005〕42号）关于加强文化生态区保护和《国家"十一五"时期文化发展规划纲要》明确建立文化生态保护区目标的精神，将加强文化生态保护工作，建设文化生态保护区，重视整体性的保护，上升为当前文化遗产保护的一项重要工作任务。

文化生态保护区是指在一个特定的自然和文化生态环境和区域中，有形的物质文化遗产如古建筑、历史街区和乡镇、传统民居、历史古遗迹、文物等和无形的非物质文化遗产如口头传统、传统表演艺术、民俗活动、礼仪、节庆、传统手工技艺等相依相存，并与人们的生产生活密切相关，和谐相处。

非物质文化遗产离不开自然和文化生态环境，文化生态环境中非物质文化遗产也占有重要地位。非物质文化遗产主要以人为载体，依靠人来传承，总是依存于一定的自然和文化生态环境。离开了特定的自然和文化生态环境，非物质文化遗产也将失去存活的土壤。因此，在建立文化生态保护区的工作中，要注重形神兼备，既要对区域内无形的如民间文学、民间音乐、传统戏剧、曲艺、民间美术、传统手工技艺、民俗活动等非物质文化遗产进行有效保护，也要重视有形的如民居、古建筑、历史街区和村镇、重要文物等物质文化遗产的保护，还要兼顾自然和文化生态环境，强调保护工作的整体性。

文化生态保护区与当地的优秀传统文化和人民群众日常生活息息相关，是建设和谐文化的重要基础。建立文化生态保护区，加强文化生态保护工作，有利于非物质文化遗产和物质文化遗产的整体性保护，有利于提高人们的素质，为建设小康社会提供智力支持。建设文化生态保护区，对于坚持科学发展观，促进区域

内的经济社会协调发展,培养以人为本的社会主义核心价值观,凝聚民族精神,促进和谐文化建设,构建社会主义和谐社会,具有重要的意义。

随着经济全球化和城市化进程的加快以及人们生产生活方式的改变,非物质文化遗产和物质文化遗产赖以生存的文化生态环境也在迅速变化。同自然生态面临的危机一样,我国不少地方的文化生态也面临着严峻挑战。因此,必须采取有效措施,保护传统文化及其赖以生存的土壤,在物质文化遗产和非物质文化遗产丰富且有着深厚文化生态环境的区域,设立文化生态保护区,对文化生态进行全方位和整体性保护。

20世纪90年代以来,贵州省、云南省、广西壮族自治区、湖南省湘西土家族苗族自治州开始了文化生态保护的有益探索,取得了一些经验。如云南省开展云南民族传统文化保护区建设,经过详细调研,在文化遗产丰富、自然生态良好、拥有一定规模传统民居建筑、有一批非物质文化遗产传承人的27个村镇,设立云南省民族传统文化保护区,并列入了省级非物质文化遗产名录。贵州省建立了"贵州省民族村镇保护与建设联席会议",确定了20个民族村镇为全省首批重点民族村镇保护对象,先后投入资金4000万元,主要用于非物质文化遗产方面的搜集整理、培训传承人、开发民间手工艺品以及环境治理、基础设施建设、历史街区的维修等,并制定苗族大文化生态保护区、侗族大文化生态保护区、黄平枫香仡佬文化生态保护区、剑河久吉苗族文化生态保护区等规划。广西壮族自治区在2002年开始建立生态博物馆的基础上,经过调研论证,在非物质文化遗产蕴藏较为丰富、文化生态较为完整的地区,按照非物质文化遗产的不同特点,设立刘三姐歌谣文化生态保护区、京族文化生态保护区、三江侗族文化生态保护区、贺州瑶族服饰文化生态保护区,划定了保护的区域范围,确定了保护内容,制定了保护措施。湖南省湘西土家族苗族自治州对非物质文化遗产保护工作进行了梳理,也制定了文化生态保护区的方案,确定了建设目标。

闽南文化特色鲜明,保存了众多原生态的非物质文化遗产和物质文化遗产,如民间戏剧、民间曲艺、民间音乐、民间舞蹈、雕刻、剪纸、扎灯、服饰,以及古建筑、历史街区、传统民居和历史古遗迹。闽南文化积淀厚重,具有悠久的历史,也包含了丰富的文化内涵;闽南地区人民具有保护文化遗产的自觉,从政府到民众,有高度的文化遗产保护意识,为建立闽南文化生态保护区打下了良好的基础;闽南文化是中华文化的重要组成部分,具有很高的历史价值和文化价值。闽南也是著名的侨乡,闽南文化在台湾同胞和海外侨胞中还大量传承着。近年来,随着闽台人员和文化交流密切,闽南文化已成为联系海峡两岸人民感情的纽带。加强对闽南文化生态的保护,对于促进两岸的文化交流和增进两岸同胞的了解和共识,增强中华民族凝聚力,促进祖国统一大业,具有重要的意义。因此,建立闽南文化生态保护区很有必要。

《国家"十一五"时期文化发展规划纲要》提出了"十一五"期间建设十大

国家级文化生态保护区的任务。但我国幅员辽阔，遗产丰富，形式多样，因此，在文化生态保护区建设中，很难有统一的标准和模式，只有因地制宜，一地一策，建设模式多样。通过闽南文化生态保护区建设，可以在较大的文化区域内，摸索出建立文化生态保护区的经验和做法。另外，各地也要结合自己的实际情况，积极探索，大胆实践，走出适合本地情况的文化生态保护区建设的路子。

二、文化生态保护区建设应注意的几个问题

文化生态保护区建设是一项新的尝试，要做好这项工作，必须以科学求实的态度，通过实践和理论研究，探索出符合文化生态规律的保护方式、方法，以保证文化生态保护区建设符合当地的文化生态的实际情况和保护工作的科学性。

（一）制定科学的文化生态保护区规划

建设文化生态保护区，规划要先行。文化生态保护是一项十分复杂、系统的工作，既涉及非物质文化遗产和物质文化遗产，又涉及与之相适应的自然和文化生态环境，还与当地的经济社会发展密切相关。因此，必须紧紧依靠有关专家学者，制定与当地经济社会发展规划相结合、与群众生产生活方式密切联系、立足于保护工作实际的规划，既要注重文化生态保护，尊重当地群众原有的生产生活方式和风俗习惯，又要考虑人们现代生活的需要。在制定规划中，要确立文化生态保护区建设实施的具体步骤、短期目标和中长期目标，做到目标明确，逐步落实。

（二）重点保护非物质文化遗产代表性传承人

非物质文化遗产主要以人为载体，其传承方式主要依靠传承人的口传心授和言传身教，因此，保护传承人是非物质文化遗产的重要环节。在文化生态保护区建设中，必须将保护非物质文化遗产代表性传承人放在优先的位置，予以重点关注。既要为传承人提供必要的资助，为他们授徒传艺创造一定的条件；又要组织开展展示、交流活动，在提高技艺的同时，保证他们的绝技绝活传给后人。

（三）文化生态保护区建设中应重点把握的几个原则

一是将文化生态保护区建设与当地的经济建设和社会发展统一规划，通盘考虑。要在城市建设规划和社会主义新农村建设中，将文化生态保护工作放到与经济工作同等重要的位置，作为建设和谐社会及和谐文化的重要内容，列入重要议事日程，纳入经济社会发展规划和城乡建设规划。二是要与群众的生产生活紧密联系。群众的生产生活是非物质文化遗产存在的土壤，也是其继续传承发展的源泉。因此，在文化生态保护工作中，要尊重历史沿袭下来的群众的生产生活方式

和风俗习惯，也要关注经济和社会发展给群众生产生活带来的新变化。文化生态保护区建设要为区域内的人民群众带来实实在在的利益。

（四）加强文化生态保护理论研究

文化生态保护区建设是一项新的开创性的工作，无论是理论还是实践，都有许多问题需要深入研究。在文化生态保护工作实践中，要重视理论研究，发挥理论指导实践的作用。要充分依靠大专院校、科研院所，开展涉及文化生态保护区的重大理论问题和基础理论研究，为科学地进行保护提供理论基础和决策参考。要采取多种形式，积极培养非物质文化遗产保护各方面的专业人才，加大对保护人才的培训力度，提高现有工作队伍素质。

（五）明确政府责任，形成良好工作机制

文化生态保护区建设是一项复杂的系统工程，涉及政府和社会方方面面。搞好文化生态保护区建设，要形成政府主导、社会参与的格局。各级政府一是要高度重视文化生态保护区的建设，把文化生态保护工作作为建设和谐社会及和谐文化的重要内容，列入重要议事日程；二是要尊重文化生态保护的客观规律，按照文化遗产自身的规律，开展保护区建设；三是立足长远，扎扎实实，不要急功近利；四是开展区域合作，发挥各自优势，形成文化遗产保护的合力。

三、加快建立闽南文化生态保护区，需要继续做好的几项工作

福建省为建立闽南文化生态保护区，已经正式向文化部提出了要求，包括专家在内的各方对此均表示认可，闽南文化生态保护区的建立势在必行。为做好闽南文化生态保护区工作，建议从以下几方面入手。

（一）认真编制规划

在厦门、漳州、泉州三地这么大的面积建立文化生态保护区和开展文化生态保护工作，在全国尚属首次。因此，福建省要组织有关方面，进行充分论证，形成科学的保护规划，尽快报文化部。文化部要加强指导，并从福建省的闽南文化生态保护区申报工作，摸索出文化生态保护区的申报、评审、命名管理办法。

（二）建立工作机制

为统一协调闽南文化生态保护区的建设，建议福建省成立省领导挂帅，由相关部门和地市组成工作组的工作机制，协调解决闽南文化生态保护区建设申报、评审和管理中的重大问题，发挥各自优势，开展保护工作。

（三）处理好几个关系

在闽南文化生态保护区建设中，要注意处理好非物质文化遗产保护和物质文化遗产保护、文化生态保护和自然生态保护、整体保护和重点保护、保护和利用的关系，既要保护好古建筑、历史街区、传统民居和历史古遗迹等物质文化遗产，又要重点保护好方言、民间文学、表演艺术、民俗活动、礼仪、节庆、民间传统知识、传统手工技艺以及文化空间等非物质文化遗产，以及与物质文化遗产和非物质文化遗产密切相关的自然和文化生态环境，确保文化遗产的传承发展和合理利用。

为规划国家级文化生态保护区的申报、评审工作，文化部将尽早制定国家级文化生态保护区的管理办法，以确定申报的程序、评审的办法。

（在闽南文化生态保护工作研讨会闭幕式上的讲话，2007年3月31日）

严格标准　把握程序
做好代表性传承人的评审工作

经过3天的紧张评审,在各位专家的共同努力下,这次第一批国家级非物质文化遗产名录项目代表性传承人推荐名单的评审认定工作,顺利完成了。在此,我代表文化部,对各位专家学者们所付出的辛勤努力表示衷心的感谢!

参加这次第一批国家级非物质文化遗产名录项目代表性传承人专家评审会的专家和评审委员会的委员,主要是在原国家级非物质文化遗产保护工作专家委员会和国家级非物质文化遗产名录评审委员会的基础上产生的。参加这次会议的专家学者共有38人,来自非物质文化遗产的各个门类。

在专家评审会中,通过专家分组对各地推荐的传承人名单及申报材料进行审阅后,提出建议名单,并由国家级非物质文化遗产项目代表性传承人评审委员会进行审核,最后产生了第一批国家级非物质文化遗产项目代表性传承人推荐名单。

非物质文化遗产的一个重要特点就是具有活态性,它是依靠以人为载体世代相传。传承人是非物质文化遗产的重要承载者和传递者,他们掌握并承载着非物质文化遗产的知识和精湛技艺,既是非物质文化遗产活的宝库,又是非物质文化遗产代代相传的代表人物。由于传承人对于非物质文化遗产的保护和延续的重要性,因此,加强对代表性传承人的保护是非物质文化遗产保护的关键环节,非物质文化遗产项目代表性传承人的认定与管理工作也成为非物质文化遗产保护工作的一项重要工作。

2007年4月文化部印发了《关于推荐国家级非物质文化遗产项目代表性传承人的通知》,就推荐范围和条件等提出了具体要求,指出国家级非物质文化遗产项目代表性传承人应能完整掌握国家级非物质文化遗产项目或者特殊技能,具有公认的代表性、权威性与影响力,并且能够积极开展传承活动,培养后继人才。通知要求各地于4月30日前将本省、区、市推荐的传承人名单及材料报送文化部。截至5月16日,各省、区、市共申报了民间文学、民间音乐、民间舞蹈、传统戏剧、曲艺、杂技与竞技、民间美术、传统手工技艺、传统医药、民俗十大类共1138个传承人。

为做好这次专家评审工作,在这次评审会召开之前,文化部社会文化司做了大量的前期准备工作,并根据有关文件的要求,制定了《国家级非物质文化遗产项目代表性传承人评审工作规则》,对评审标准、分类参考标准、暂不推荐和评选情况、评审原则、评审程序等提出了意见,供专家在评审工作中借鉴和参考。

另外，还起草了《国家级非物质文化遗产项目代表性传承人认定与管理暂行办法》（草案），现正在征求各有关部门和各地文化厅（局）的意见。这个办法对国家级名录项目的代表性传承人的认定标准、权利、义务和资助等做出了规定。我们已把这个办法发给各位专家，征求参会专家的意见。

根据评审工作规则，这次专家评审工作会实行了先分组审议，将参与评审的专家按民间文学及语言、民间音乐、民间舞蹈、传统戏剧、曲艺、民间美术、传统手工技艺、传统医药、民俗及体育竞技九个类别分组，每组设立一个召集人，集中各组的意见。还成立了评审委员会，由我为主任委员，冯骥才、张旭、王文章为副主任委员，有关专家共同组成，评审委员会的职责主要是对专家组的意见和提出的建议名单进行审核评议。

尽管这次各地推荐的传承人人数众多，评审时间短，但专家严格遵循评审程序，不辞辛劳地逐一审阅候选人申报材料；为了慎重起见，有的组多次核对有关材料和建议人选，有的组多次进行审议。专家们均仔细填写了评审意见表。这次评审既选出了梅葆玖、徐竹初等业界公认的艺术家或工艺大师，也评出了许多濒危项目的代表性传承人推荐名单。在评审工作中，专家们还提出了宝贵的意见和建议，比如细化评审标准、加强评审标准的严谨性，以及应考虑到门类的特殊性、流派的多样性等。经过统计，共有718人列入第一批国家级非物质文化遗产名录项目代表性传承人建议名单。

经过评审委员会对各组建议名单与初评意见的审核评议，最终确定了718人入选第一批国家级非物质文化遗产项目代表性传承人推荐名单。如大家没有不同意见，建议举手表决通过。

我们将把代表性传承人推荐名单向部际联席会议成员单位通报，并予以公示，评审委员会将根据公示结果进行复审，争取在今年6月9日"文化遗产日"期间公布第一批国家级非物质文化遗产项目代表性传承人。

（在第一批国家级非物质文化遗产名录项目代表性传承人评审委员会议上的讲话，2007年5月19日）

承续民族血脉　守护精神家园
全面加强我国非物质文化遗产保护工作

由文化部和江苏省人民政府主办，中国艺术研究院·中国非物质文化遗产保护中心、江苏省文化厅、苏州市人民政府和昆山市人民政府承办的"第二届中国非物质文化遗产保护·苏州论坛"今天就要圆满结束了。3天来，与会专家学者、各地文化厅（局）代表通过研讨和实地观摩等方式，对中国非物质文化遗产保护工作中的传承人的认定和保护方式、中国非物质文化遗产生态保护区的设立及保护模式、苏州城市发展与非物质文化遗产保护等问题，进行了深入探讨，并提出了许多有价值的观点和建议。对专家们提出的观点和建议，我们将进一步梳理和总结，在今后的保护工作中予以认真研究和吸纳。这次论坛是在我国第二个"文化遗产日"刚刚结束之际召开的，对推进非物质文化遗产保护的理论建设和工作实践，将起到重要而积极的作用。

江苏省文化厅、苏州市人民政府、昆山市人民政府为这次论坛的成功举办做了大量工作，苏州市会议中心提供了周到细致的服务，新闻媒体的朋友们对论坛进行了积极报道。在这里，我代表文化部表示衷心的感谢！

在这次论坛上，江苏省和苏州市介绍了他们近年来非物质文化遗产保护工作取得的经验和成效，代表们深受鼓舞和启发。江苏省已建立省、市、县三级非物质文化遗产名录体系，其中入选国家级非物质文化遗产名录37项。苏州市是国家级非物质文化遗产保护工作的综合性试点，有18个项目入选首批国家级非物质文化遗产名录。从2005年到2007年，苏州市公布了3批共60个市级非物质文化遗产名录项目。江苏省和苏州市的非物质文化遗产保护工作在全国具有一定的示范意义。苏州市率先在全国承办非物质文化保护论坛，在国内外产生了积极影响，对推动学术理论研究和保护工作实践发挥了重要作用。

下面，我就近年来的非物质文化遗产保护工作，结合这次论坛的主题，讲几点意见。

一、充分认识非物质文化遗产保护工作的重要意义

中华民族五千年的文明史给我们留下了极为丰富的文化遗产，既有物质形态的有形的文化遗产，如文物、典籍等；又有主要通过口传心授的方式传承下来、以非物质形态存在的非物质文化遗产，内容丰富、形式多样，包括口头传统、传统表演艺术、民俗活动、礼仪、节庆、传统手工艺技能等。文化遗产中有形的物

质文化遗产部分和无形的非物质文化遗产部分，共同构成民族文化遗产的整体，缺一不可。正如温家宝总理所说的，文化遗产中物质性和非物质性是结合在一起的。物质性就是文象，非物质性就是文脉。人之文明，无文象不生，无文脉不传；无文象无体，无文脉无魂。非物质文化遗产至今生动而鲜活地深藏于民族民间，不仅是传统文化的源泉，而且是民族文化绵延传承的血脉，承担着传承中华文化的重要使命，以独特的方式潜移默化地影响着人们，对保持中华文明的延续起了重要作用。中华文明成为世界几大文明中唯一绵延至今从未间断的文明，中华民族丰富的非物质文化遗产功不可没。

目前，我国正处在由传统农业社会向现代工业社会转型的时期，原有的农业文明状态下的文化形态和方式在现代化的冲击下迅速瓦解与消亡。在现代工业文明的发展进程中，非物质文化遗产对继承和弘扬传统文化，建立核心价值观，树立民族精神，构建和谐社会，发挥着独到的作用。对我国丰富多样，具有历史、文化、科学价值的非物质文化遗产进行有效保护，并进而促进经济社会的全面、协调、可持续发展，是落实科学发展观，构建社会主义和谐社会的必然要求。对非物质遗产保护的重视与否，不仅是衡量一个国家和民族文明程度的重要标志，也是衡量一个社会是否能够保持协调发展和可持续发展的重要方面。今天，保护非物质文化遗产，就是传承我们民族文化的文脉，我们要坚持继承和创新的统一，从丰富的非物质文化遗产中，继承和弘扬优秀的文化传统，努力建设既有深厚历史积淀，又有鲜明时代特征的中国特色社会主义先进文化。通过开展非物质文化遗产保护工作，使我国的优秀文化传统薪火传承，提高整个民族的文化素质，维护健康的文化生态，为实现经济社会全面、协调、可持续发展，构建社会主义和谐社会发挥重要作用。

近年来，在党中央、国务院的高度重视下，在各有关部门和全国各省、区、市文化部门和社会各界的共同努力下，非物质文化遗产保护工作取得了明显成效。2001年、2003年、2005年，我国昆曲、古琴艺术、新疆维吾尔木卡姆艺术和我国与蒙古国联合申报的蒙古族长调民歌被列入联合国教科文组织"人类口头和非物质遗产代表作"。我国是世界上入选"人类口头和非物质遗产代表作"数量最多的国家之一。2004年，我国正式加入了联合国教科文组织《保护非物质文化遗产公约》，为开展非物质文化遗产保护工作的国际合作奠定了基础。2005年6月，文化部部署全国非物质文化遗产普查工作，目前各地的普查工作正在积极稳步展开，云南、浙江、宁夏等省区已基本完成了各自的普查工作。2006年5月20日，国务院批准公布了第一批国家级非物质文化遗产名录项目518项，涉及的保护单位多达758个。2006年和2007年"文化遗产日"期间，文化部和有关部委举办了一系列展览演出和宣传活动，提高了全民对文化遗产保护重要性的认识，增强了全社会的文化遗产保护意识，营造了全民参与保护文化遗产的良好氛围。

但是，应该看到，随着经济全球化趋势和现代化进程的加快，我国的文化生态发生了巨大变化，非物质文化遗产保护正受到越来越大的冲击。一些有历史、文化和科学价值的村落、村寨遭到破坏，依靠口头和行为传承的各种技艺、习俗、礼仪等文化遗产正在不断消失，非物质文化遗产资源流失状况严重。此外，非物质文化遗产传承后继乏人，一些传统技艺面临灭绝的危险。这几年，各地针对这些问题采取有效措施，对防止这些问题的进一步恶化，积极保护非物质文化遗产发挥了重要作用。但同时，也在一些地方出现了重申报、重开发，轻保护、轻管理的现象，有的地方在对非物质文化遗产尚未进行有效保护的情况下，盲目地进行开发，急功近利，造成非物质文化遗产的严重破坏。当前我国非物质文化遗产保护工作面临着严峻形势，保护非物质文化遗产工作处在十分关键的阶段。我们必须站在对民族、对子孙后代负责的高度，认真做好这项工作。

二、以保护为重点，全面开展非物质文化遗产保护各项工作

不久前，刚刚迎来了我国的第二个"文化遗产日"。在"文化遗产日"期间，文化部表彰了一批在非物质文化遗产保护工作中做出突出贡献的先进集体和先进个人，公布了第一批国家级非物质文化遗产项目代表性传承人，命名了第一个国家级民族民间文化生态保护实验区"闽南文化生态保护实验区"。同时，举行了"文化遗产日奖颁奖大会"，举办了"中国非物质文化遗产专题展""中国非物质文化遗产珍稀剧种展演"等活动，在全国范围内形成了保护非物质文化遗产的热潮，营造了全民参与保护非物质文化遗产的良好氛围。特别是我们的工作得到了党中央、国务院的高度重视和关注。温家宝总理、李长春同志先后参观了在北京中华世纪坛举办的"中国非物质文化遗产专题展"，对非物质文化遗产保护工作给予了充分肯定和高度评价。温家宝总理说，非物质文化遗产是民族文化的精华，是民族智慧的象征，是民族精神的结晶，深刻指出了非物质文化遗产保护工作的重要价值和深远意义。

2005年，国务院办公厅和国务院先后下发了《关于加强我国非物质文化遗产保护工作的意见》和《关于加强文化遗产保护的通知》，明确了当前和今后一个时期我国文化遗产保护的指导思想、基本方针和总体目标，提出了加强文化遗产保护的具体政策和措施。我国非物质文化遗产保护要按照"保护为主、抢救第一、合理利用、传承发展"的指导方针，以保护为重点，通过全社会的努力，逐步建立起比较完备的、有中国特色的非物质文化遗产保护制度，使我国珍贵的、濒危的并具有历史、文化和科学价值的非物质文化遗产得到有效保护、传承和发扬。当前和今后一个时期，主要做好以下工作：

一要认真开展非物质文化遗产资源普查。全面了解和掌握本地非物质文化遗产资源状况，确定一批具有较大历史价值、特色鲜明，又处于濒危状态、急需抢

救的项目，制定保护名录，并运用文字、录音、录像、数字化多媒体等各种方式，对非物质文化遗产进行真实、系统和全面的记录，建立全面反映中国非物质文化遗产基本面貌的档案资料和数据库。文化部将在各地普查工作基本完成后，组织专家逐省检查验收，并编制我国《非物质文化遗产资源白皮书》，全面反映我国非物质文化遗产及其保护工作状况。在认真摸清底数的基础上，制定非物质文化遗产保护规划，认真组织实施。明确保护责任主体，建立健全保护管理制度，明确长远目标和近期工作任务，加强跟踪监测，检查落实，坚决避免和纠正过度开发利用文化遗产的行为。

二要建立非物质文化遗产代表作名录体系。要按照科学、严谨的评审标准，对非物质文化遗产代表作进行认定，建立国家和地方各级非物质文化遗产代表作名录，逐步形成我国非物质文化遗产保护名录体系。2006年国务院公布了第一批国家级非物质文化遗产名录。今后国务院将每两年公布一次国家级非物质文化遗产名录。2008年将公布第二批名录。要抓紧落实国家级非物质文化遗产保护项目保护措施。第一批国家级非物质文化遗产已由国务院公布，有效保护这些遗产项目是当前保护工作的重点。要抓紧编制国家级非物质文化遗产项目保护规划，要听取和吸纳专家们的合理保护意见，根据各门类项目的不同特点，一项一策，有针对性地制定科学保护措施。

三要加强传承人的保护。传承是促进非物质文化遗产长期延续、发展的保证。与物质文化遗产和自然遗产相比，非物质文化遗产更注重的是以人为载体的知识和技能的传承。因此，要重视建立以人为核心、科学有效的传承机制。采取鼓励代表作传承人（团体）对列入各级名录的非物质文化遗产代表作进行传习活动，开展创建民间传统文化之乡等活动，使非物质文化遗产代表作的传承后继有人。

为了有效保护和传承国家级非物质文化遗产，鼓励和支持国家级非物质文化遗产项目代表性传承人开展传习活动，文化部今年组织开展了国家级非物质文化遗产项目代表性传承人的申报和评审工作。今年第二个"文化遗产日"期间公布的第一批国家级非物质文化遗产项目代表性传承人，有五大类134个项目共226名，年龄最大的已有92岁。要对这些代表性传承人所掌握的知识和技艺进行抢救性记录、整理，并为他们的传承活动创造条件。

四要建立文化生态保护区。《国家"十一五"时期文化发展规划纲要》明确提出了建立民族民间文化生态保护区的目标。要在总结部分省区工作经验的基础上，命名建设一批国家级文化生态保护区，积极探索加强非物质文化遗产整体性保护的办法和措施。日前，闽南文化生态保护实验区已成为文化部命名的首个文化生态保护区。

五要推动法制建设。积极推动《非物质文化遗产保护法》的出台，依靠法律的普遍约束力对非物质文化遗产开展保护，使非物质文化遗产保护工作成为各级政府、社会各界和公民的责任和义务,为开展保护工作提供法律保障。同时,严格执法,严厉打击破坏非物质文化遗产的各类违法犯罪行为。加强对文化文物市场的监管,规范文物经营和民间文物收藏行为,加强对珍稀非物质文化遗产的保护。要建立文化遗产保护工作定期通报制度、专家咨询和责任追究制度,推进文化遗产保护工作的科学化、民主化。

三、几点要求

一要深入开展理论研究。理论是行动的指南。非物质文化遗产保护工作迫切需要科学理论的指导。我国的非物质文化遗产丰富多样,博大精深,涉及人类学、民族学、社会学、宗教学、考古学、文化学、艺术学、民俗学等各个门类,是一项兼具专业性和综合性的工作。因此,迫切需要加强理论研究,为深入开展保护工作的实践提供指导。要加大学科建设力度,发挥高校、科研院所在非物质文化遗产研究中的重要作用,特别要加强理论研究人才的培养;采取论坛、学术研讨会等多种方式,积极推进非物质文化遗产保护的理论研究和学术交流;要继续发挥专家的积极作用,在保护工作中,充分吸纳专家的意见和建议。

各位专家在学术领域潜心钻研,各有建树,希望你们深入实际,善于将理论研究与保护实践相结合,为保护实践提供有力指导;要善于将自身理论研究工作与整体保护工作相结合,融入保护工作的大局,积极在非物质文化遗产保护工作的政策理论研究、业务咨询与指导、普查工作的检查和验收、普查成果的编辑出版、培训干部和培养人才等方面发挥作用,努力推动保护工作的科学化和规范化。

二要进一步加大经费投入力度。加强非物质文化遗产保护工作是政府行使公共文化服务职能、维护民族文化权益的重要体现。非物质文化遗产保护工作要以政府为主导,各级财政要切实加大投入。从2002年至今,中央财政已累计投入非物质文化遗产保护工作经费达2.26亿元。按照中央和地方事权、财权划分的原则,地方文化事业投入应主要由地方财政安排,中央财政资金只起引导和补助作用。目前,虽然大多数省份已设立了保护工作专项经费,但从整体来看,各地投入力度很不平衡。因此,各地文化部门要在现有的保护经费基础上,主动与财政部门沟通,取得他们的支持,争取更多的经费投入。同时,也要采取多种方式,鼓励社会力量的投入和参与保护工作。

三要积极开展宣传教育,营造非物质文化遗产保护的良好氛围。非物质文化遗产保护要成为全民族的文化自觉,关键在教育。要从娃娃抓起,将非物质文化遗产保护纳入精神文明建设的重要内容,使非物质文化遗产成为对青少年进行传统文化教育和爱国主义教育的重要载体。政府部门要鼓励和支持各种优秀文化遗产的教学、研究活动。同时要充分发挥社会各界的作用,为有条件有资质的团体、企业与个人投身文化遗产保护工作创造条件,鼓励和吸引各方面人才参与到保护工作中来,共同开展文化遗产保护工作。通过这些工作,加大对文化遗产保护的宣传教育,普及非物质文化遗产保护知识,培养全民保护非物质文化遗产的观念和意识,努力在全社会形成保护非物质文化遗产的社会环境和舆论氛围。

(在"第二届中国非物质文化遗产保护·苏州论坛"闭幕式上的讲话,2007年6月18日)

保护非物质文化遗产　促进和谐文化建设

近年来，我国的非物质文化遗产保护工作取得了明显进展。2005年，国务院办公厅下发了《关于加强我国非物质文化遗产保护工作的意见》、国务院下发了《关于加强文化遗产保护的通知》这两个重要文件；中央财政投入专项保护经费，对非物质文化遗产保护工作给予有力支持。2006年，国务院批准公布了第一批国家级非物质文化遗产名录，国家、省、市、县四级名录体系正在逐步形成，标志着我国非物质文化遗产保护进入了新的历史阶段；第一次大规模普查工作取得阶段性进展，将于2008年结束；一批理论研究和科学研究成果相继问世。我国积极参与国际间非物质文化遗产保护工作，国际地位明显提高。我国的昆曲、古琴艺术、新疆维吾尔木卡姆艺术以及与蒙古国联合申报的蒙古族长调民歌被列入联合国教科文组织"人类口头和非物质遗产代表作"，是世界上入选"人类口头和非物质遗产代表作"最多的国家之一。2006年6月，我国高票入选保护非物质文化遗产政府间委员会。2007年4月，在联合国教科文组织总部第一次举办了中国非物质文化遗产节，获得良好反响。这充分表明，非物质文化遗产保护在各级政府的重视和广大群众的热情参与下，正在形成良好的发展局面。

在政府大力推动非物质文化遗产保护工作全面展开的同时，社会各界特别是普通百姓表现出了极大的热情。2006年6月10日我国第一个"文化遗产日"和今年6月9日第二个"文化遗产日"期间，在首都和全国各地举办了一系列丰富多彩的活动，吸引了首都几十万观众和全国各地成千上万群众的参与，成为沟通政府与民间、专家与群众、社会与个人的有效渠道。短短几年间，从普通百姓不习惯的"非物质文化遗产"新名词到保护非物质文化遗产成为全国各地一项普遍进行的工作，从第一批国家级非物质文化遗产名录的公布到省、市、县各级名录的逐步建立，从全国非物质文化遗产普查的全面开展到社会各界、普通百姓踊跃参与、广泛关注，中国的非物质文化遗产保护正在成为与普通百姓息息相关的社会生活的重要组成部分，牵动着普通百姓的心。

非物质文化遗产保护到底与我们今天的社会发展、人民生活有什么样的关系？为什么非物质文化遗产保护会成为各级政府高度重视的工作，成为各家媒体出现频率最高的关键词，被普通百姓看作政府的民心工程？非物质文化遗产保护工作如何进一步向纵深发展？在社会热情被极大调动的同时又该如何冷静思考它所面临的问题与困难？这些都是我们从事非物质文化遗产保护工作的人需要深入思考的。

一、提高对保护重要性的认识，努力形成全民文化自觉

我国是历史悠久的文明古国。在漫长的岁月中，中华民族创造了丰富多彩、弥足珍贵的文化遗产。既有物质形态的有形的文化遗产，如文物、典籍；又有主要通过口传心授的方式传承下来、以非物质形态存在的非物质文化遗产，内容丰富、形式多样，包括口头传统、传统表演艺术、习俗、礼仪、节庆、传统手工艺技能等。文化遗产中有形和无形、物质和非物质的不同形态，共同构成民族文化遗产的整体，缺一不可。非物质文化遗产的内在生命力十分坚韧，像水一样，至柔而至刚。它与人们的生产生活密切相关，广泛存在于人们的衣食住行各个方面，共同构成了人们的生产生活方式，因而以独特的方式潜移默化地影响着人们的思想观念，对保持中华文明的延续起了重要作用。中华文明在世界几大文明中唯一绵延至今从未间断，中华民族丰富的非物质文化遗产传承起到了重要作用。

非物质文化遗产来源于各族人民长期的生产生活实践，体现了中华民族所特有的生产方式、生活方式、道德观念、审美趣味和艺术风格，表现了中华民族强大的向心力和恢宏的气度。它生长于民间，繁荣于社会，贴近实际、贴近生活、贴近群众，无论其价值观念还是呈现形态都与人民大众有着密切的联系；它蕴涵着深刻的人与自然、人与社会以及人与人之间和谐相处的理念，以及爱国为民、重诺守信、勤劳勇敢、聪明智慧等中华民族优良的传统道德因素，因而是当前和谐文化建设的重要文化资源和社会主义核心价值观的重要文化基础，对构建社会主义和谐社会具有十分重要的意义。广大人民群众对非物质文化遗产保护所表现出来的极大热情，充分表明它是深入人心、顺和民意的。

随着经济的持续稳定增长，我国在政治、经济、文化、社会各个方面取得了举世瞩目的成绩，中国人在重新展现自信心与自豪感的同时，对优秀传统文化有了更深入、更客观的认识、评价和需求。中华民族重新焕发的创造力使我们不仅深切感受到中华文明五千年的历史所拥有的巨大力量，我们更感受到，除了长城、故宫等堪称人类文明的伟大创造之外，中华民族所进行的伟大历史复兴需要我们继承优秀传统，建设和弘扬中国特色社会主义先进文化！我们不仅是优秀传统的继承者，更将是新的传统的创造者。活在我们每一个人身边的非物质文化遗产，特别是那些精美绝伦的传统手工创造、绵延不绝的伦理精神，是滋养深厚的智慧和道德力量，是新的时代、新的历史、新的文化创造中所需要的精神基石与文化资源。这也正是非物质文化遗产保护引起社会关注与群众普遍参与的深层原因。

目前，我国正处在由传统的农业社会向现代工业社会转型的时期，原有的农业文明状态下的文化形态和方式在现代化的冲击下面临更大的困境。在经济社会发展的过程中，对我国丰富多样的非物质文化遗产进行有效保护，并进而促进经

济社会的全面、协调、可持续发展，是落实科学发展观、构建社会主义和谐社会的必然要求。对非物质文化遗产保护的重视与否，不仅是衡量一个国家和民族文明程度的重要标志，也是衡量一个社会是否能够保持协调发展和可持续发展的重要方面。我们要通过开展非物质文化遗产保护工作，使我国的优秀文化传统薪火传承，提高整个民族的文化素质，维护健康的文化生态，为实现经济社会全面、协调、可持续发展，构建社会主义和谐社会发挥重要作用。这也正是第二个"文化遗产日"以"保护文化遗产，构建和谐社会"为活动主题的目的和意义。

二、正视问题，增强保护的使命感和责任感

近年来，随着各级党委、政府对非物质文化遗产保护工作重要性的认识不断提高，非物质文化遗产保护工作取得了重要成效。但必须清醒地看到，新世纪新阶段，我国非物质文化遗产正面临着经济全球化和工业化的冲击。随着工业化、城镇化、市场化、国际化深入发展，以及人们生产生活方式的改变，原有的文化生态发生了巨大变化，作为主要是农业社会产物的非物质文化遗产受到了严重的冲击。一些有历史、科学和文化价值的村落、村寨遭到破坏，依靠口头和行为传承的各种技艺、习俗、礼仪等文化遗产正在不断消失，非物质文化遗产资源流失状况严重。此外，非物质文化遗产传承后继乏人，一些传统技艺面临灭绝的危险。文化遗产是不可再生的，一旦破坏，就会造成无法挽回的损失。我国非物质文化遗产保护面临着严峻的形势，加强非物质文化遗产的保护刻不容缓。

我国非物质文化遗产保护工作毕竟刚刚开始走上全面、系统性的保护阶段，工作中仍存在着不少的困难和问题。当前非物质文化遗产保护存在的困难和问题主要表现在以下几个方面：一是各地工作开展还很不平衡。有些地方对非物质文化遗产保护工作的重要性和紧迫性认识不足，没有列入重要工作议程，工作进展缓慢。二是管理机制不健全。目前，全国性的非物质文化遗产保护法规尚未出台，大多数省区还没有制定相应的地方性法规。专业工作人员较少，经费投入不足，管理制度不健全，管理手段和管理方式落后。三是有的地方在未对非物质文化遗产进行有效保护的情况下，盲目地进行开发，急功近利，造成非物质文化遗产的严重破坏。针对以上问题，必须采取有效措施，认真加以解决。做好非物质文化遗产保护，任重而道远。

三、坚持正确方针，全面推进我国非物质文化遗产保护工作

在非物质文化遗产保护工作中，一方面，我们要坚持保护为主、抢救第一，抓紧对具有重大历史、文化和科学价值，并处于濒危状态的非物质文化遗产项目进行保护。本着实事求是的态度，视非物质文化遗产的具体形态和存在状态，区

分不同情况，加以区别对待，对症下药，分类保护。坚持非物质文化遗产保护的真实性和整体性，防止对非物质文化遗产的误解、歪曲和滥用。另一方面，要紧密结合广大人民群众的生产生活实际，在有效保护的前提下对非物质文化遗产进行合理利用。要积极发掘和利用具有地方特色的民族民间和历史文化资源，开展民间文化艺术活动，打造民间文化活动品牌，开发具有市场前景的民间工艺、民间艺术和民俗表演项目，努力满足广大人民群众多样化的文化需求，促进经济社会的协调发展。同时，我们不仅要保护好非物质文化遗产，还要在这个基础上加以发展。要在科学认定的基础上，采取有力措施，使非物质文化遗产得以传承，并在全社会得到确认、尊重和弘扬。要坚持继承和创新的统一，充分挖掘非物质文化遗产中的优秀文化内涵，继承和弘扬中华民族的优秀文化传统，学习借鉴世界其他国家、其他民族的先进文化，大力推进文化创新，努力使当代中华文化更加多姿多彩，更具影响力和感染力。

国务院《关于加强文化遗产保护的通知》提出了我国文化遗产保护的总体目标：到2010年，初步建立比较完备的文化遗产保护制度，文化遗产保护状况得到明显改善。到2015年，基本形成较为完善的文化遗产保护体系，具有历史、文化和科学价值的文化遗产得到全面有效保护；保护文化遗产深入人心，成为全社会的自觉行动。为了实现这一目标，当前的非物质文化遗产保护要重点做好以下几项工作：

一要认真开展非物质文化遗产资源普查。普查既是非物质文化遗产保护的基础性工作，又是抢救与保护工作的重要环节。要通过普查，全面了解和掌握本地非物质文化遗产资源状况，确定一批具有较大历史价值、特色鲜明，又处于濒危状态、急需抢救的项目，制定科学的保护规划和切实可行的实施方案，并运用文字、录音、录像、数字化多媒体等各种方式，对非物质文化遗产进行真实、系统和全面的记录，建立全面反映中国非物质文化遗产基本面貌的档案资料和数据库。文化部将在各地普查工作基本完成后，组织专家逐省检查验收，并编制我国非物质文化遗产保护白皮书，全面反映我国非物质文化遗产及其保护工作状况。在认真摸清底数的基础上，制定非物质文化遗产保护规划，认真组织实施。明确保护责任主体，建立健全保护管理制度，明确长远目标和近期工作任务，加强跟踪监测，检查落实，坚决避免和纠正过度开发利用文化遗产的行为。

二要抓紧建立非物质文化遗产名录体系。建立非物质文化遗产名录，定期公布具有重大历史、文化和科学价值，并处于濒危状态的非物质文化遗产项目，彰显各级政府对非物质文化遗产保护工作的重视和支持。要按照科学、严谨的评审标准，对非物质文化遗产项目进行认定，建立国家和地方各级非物质文化遗产名录，逐步形成我国非物质文化遗产保护名录体系。2006年国务院公布了第一批国家级非物质文化遗产名录。今后国务院将每两年公布一次国家级非物质文化遗产名录。要抓紧编制国家级非物质文化遗产项目保护规划，根据各门类项目的不同特点，一项一策，有针对性地制定保护措施。

三要加快建立非物质文化遗产传承机制。非物质文化遗产是人们千百年来生产、生活的智慧结晶，它以人为载体，以口传心授、约定俗成的方式一代代传承下来，那些精湛技艺、民间传说、生活习俗、历史记忆都留存在一个个老艺人身上。我们说非物质文化遗产是无形的、活态的，正是因为它的承载者是人，没有这些人的存在，特别是没有那些有代表性的传承人的存在，非物质文化遗产就成为无本之木、无源之水。为了有效保护和传承国家级非物质文化遗产，鼓励和支持国家级非物质文化遗产项目代表性传承人开展传习活动，今年文化部公布了第一批国家级非物质文化遗产项目代表性传承人。我们要对国家级非物质文化遗产项目代表性传承人的技艺进行全方位的记录、整理，科学规划，为他们收徒、传承提供资金和政策支持，探索现代生活环境下以口传心授为特点的非物质文化遗产传承方式的继承与发扬。同时，也鼓励传承人到大中小学授课，广泛传播，对于生活困难的传承人要给予适当补贴。总之，要根据不同项目、不同特点，研究确定传承人保护办法，从非物质文化遗产传承的根脉出发，来保障非物质文化遗产的薪火相传。

四要推进文化生态保护区建设。非物质文化遗产一般具有地域性明显、诸项目之间彼此有机联系的特点。对文化遗产丰富且传统文化生态保存较完整的区域，要有计划地进行整体性保护。《国家"十一五"时期文化发展规划纲要》明确提出了建立民族民间文化生态保护区的目标。要在总结部分省区工作经验的基础上，命名建设一批国家级文化生态保护区。目前，闽南文化生态保护区已成为文化部命名的首个文化生态实验保护区。对确属濒危的文化生态区，要尽快制定科学的生态区保护规划和详细的保护方案，组织专家论证，落实保护措施，抓紧进行抢救和保护。

五要加强对珍贵非物质文化遗产实物的征集、整理。采取有效措施，抓紧征集具有历史、文化和科学价值的非物质文化遗产实物和资料，完善征集和保管制度。鼓励有条件的地方建立非物质文化遗产资料库、博物馆或展示中心。

六要加大人才培养力度。人才是非物质文化遗产保护的重要保证。要重视加强非物质文化遗产保护管理机构和专业队伍建设，采取多种方式，抓紧培养非物质文化遗产保护工作中所需各类人才，努力造就一支高素质、懂专业、会管理的非物质文化遗产保护工作的复合人才队伍。要加大对现有人才的培养力度，通过举办短训班等形式，尽快使现有工作人员的素质得到提高，以适应当前保护工作的需要。

七要加强理论研究。我国的非物质文化遗产丰富多样，博大精深，涉及社会学、人类学、民族学、考古学、文化学、艺术学、民俗学等各个门类，是一项兼具专业性和综合性的工作。开展非物质文化遗产保护，要重视理论研究工作，发挥理论指导实践的作用。要对关系非物质文化遗产保护的重大问题、促进非物质文化遗产保护工作的政策和措施、国际先进的非物质文化遗产保护的理念与实践等进行深入的调研，为科学地做好非物质文化遗产保护工作提供理论保障和决策参考。要切实加强对非物质文化遗产的研究，加大相关学科建设力度。充分发挥科研机构、高等院校和各级公共文化单位的作用，加强非物质文化遗产的基础理论研究和学科建设，积极推进科研工作，为非物质文化遗产保护提供科学保证。

八要组织好"文化遗产日"活动，充分挖掘中华民族传统节日的文化内涵。我国政府确定每年6月的第二个星期六为"文化遗产日"。在"文化遗产日"期间，要认真举办各种宣传展示活动，吸引广大人民群众参与，提高人民群众对非物质文化遗产保护重要性的认识。中华民族在长期的生产生活实践中形成的传统节日，熔铸着民族的情感，有着丰富的文化内涵，是弘扬中华民族传统美德和建设社会主义先进文化的宝贵资源。要保护传统节日，组织好最具广泛性和代表性的节庆活动，积极营造尊重民族传统节日、热爱民族传统节日、参与民族传统节日的浓厚氛围。要从娃娃抓起，将非物质文化遗产保护纳入精神文明建设的重要内容，使非物质文化遗产成为对青少年进行传统文化教育和爱国主义教育的重要载体。

政府部门要鼓励和支持各种非物质文化遗产的教学、研究活动。同时要充分发挥社会各界的作用，为社会团体、企业与个人投身非物质文化遗产保护工作创造条件，鼓励和吸引各方面人才参与到保护工作中来，共同开展非物质文化遗产保护工作。积极普及非物质文化遗产保护知识，培养全民保护非物质文化遗产的观念和意识，努力在全社会形成保护非物质文化遗产的社会环境和舆论氛围。

（原载于《学习与研究》2007年第8期）

承续民族血脉　守护精神家园

非物质文化遗产体现了中华民族强大的生命力和创造力。保护非物质文化遗产,加强对民族文化的传承,是增强民族情感纽带,增进民族团结和维护国家统一以及社会稳定的重要文化基础。

一、保护非物质文化遗产,加强对民族文化的传承

当前,非物质文化遗产保护工作受到各级政府的高度重视,广大人民群众热情参与,出现了一个良好的局面。

我国是历史悠久的文明古国。在漫长的岁月中,中华民族创造了丰富多彩、弥足珍贵的文化遗产。非物质文化遗产是各族人民世代相承的、与人民群众生产生活密切相关的各种传统文化表现形式和文化空间,包括各民族的民间文学以及作为其载体的语言文字,各种传统艺术表现形式如音乐、舞蹈、戏剧、曲艺、美术,各种民俗礼仪、节庆和民间传统工艺等。非物质文化遗产与物质文化遗产共同承载着人类社会的文明,是世界文化多样性的体现。

非物质文化遗产来源于各族人民长期的生产生活实践,体现了中华民族所特有的生活方式、道德观念、审美趣味和艺术风格,表现了中华民族强大的向心力和恢宏的气度。它生长于民间,繁荣于社会,贴近实际、贴近生活、贴近群众,无论是在价值观念上还是在艺术形式上都为广大群众喜闻乐见;它蕴涵着深刻的人与自然、人与社会以及人与人之间和谐相处的理念,以及爱国为民、重诺守信、勤劳勇敢等中华民族优良的传统道德因素,是当前和谐文化建设的重要文化资源和社会主义核心价值观的重要文化基础,对构建社会主义和谐社会具有十分重要的意义。

二、我国非物质文化遗产保护面临着严峻的形势

新世纪新阶段,我国非物质文化遗产正面临着经济全球化和工业化的冲击。随着工业化、城镇化、市场化、国际化深入发展,以及人们生产生活方式的改变,原有的文化生态发生了巨大变化,作为主要是农业社会产物的非物质文化遗产受到了严重的冲击。一些有历史、科学和文化价值的村落、村寨遭到破坏,依靠口头和行为传承的各种技艺、习俗、礼仪等文化遗产正在不断消失,非物质文化遗产资源流失状况严重。此外,非物质文化遗产传承后继乏人,一些传统技艺面临

灭绝的危险。文化遗产是不可再生的,一旦破坏,就会造成无法挽回的损失。我国非物质文化遗产保护面临着严峻的形势,加强非物质文化遗产的保护刻不容缓。

党中央和国务院高度重视文化遗产的保护工作。党的十六大报告提出了"扶持对重要文化遗产和优秀民间艺术的保护工作"。胡锦涛总书记指出:"加强世界遗产保护已成为国际社会刻不容缓的任务。这是历史赋予我们的崇高责任,也是实现人类文明延续和可持续发展的必然要求。"

今后一个时期,我国非物质文化遗产保护要按照"保护为主、抢救第一、合理利用、传承发展"的指导方针,通过全社会的努力,逐步建立起比较完备的、有中国特色的非物质文化遗产保护制度,使我国珍贵、濒危并具有历史、文化和科学价值的非物质文化遗产得到有效保护、传承和发扬。重点做好以下几项工作:

认真开展非物质文化遗产资源普查。通过普查,全面了解和掌握本地非物质文化遗产资源状况,确定一批具有较大历史价值、特色鲜明,又处于濒危状态、急需抢救的项目,制定科学的保护规划和切实可行的实施方案,并运用文字、录音、录像、数字化多媒体等各种方式,对非物质文化遗产进行真实、系统和全面的记录,建立全面反映中国非物质文化遗产基本面貌的档案资料和数据库。

抓紧建立非物质文化遗产名录体系。建立非物质文化遗产名录,定期公布具有重大历史、文化和科学价值,并处于濒危状态的非物质文化遗产项目,彰显各级政府对非物质文化遗产保护工作的重视和支持。要按照科学、严谨的评审标准,对非物质文化遗产项目进行认定,建立国家和地方各级非物质文化遗产名录,逐步形成我国非物质文化遗产保护名录体系。

加快建立非物质文化遗产传承机制。与物质文化遗产和自然遗产相比,非物质文化遗产更注重的是以人为载体的知识和技能的传承。因此,传承人的保护是非物质文化遗产保护的核心。

推进文化生态保护区建设。非物质文化遗产一般具有地域性明显、诸项目之间彼此有机联系的特点。对文化遗产丰富且传统文化生态保存较完整的区域,要有计划地进行整体性保护。《国家"十一五"时期文化发展规划纲要》明确提出了建立民族民间文化生态保护区的目标。要在总结部分省区工作经验的基础上,命名建设一批国家级文化生态保护区。

加强对珍贵非物质文化遗产实物的征集、整理。采取有效措施,抓紧征集具有历史、文化和科学价值的非物质文化遗产实物和资料,完善征集和保管制度。鼓励有条件的地方建立非物质文化遗产资料库、博物馆或展示中心。

加大人才培养力度。人才是非物质文化遗产保护的重要保证。要重视加强非物质文化遗产保护管理机构和专业队伍建设,采取多种方式,抓紧培养非物质文化遗产保护工作中所需的各类人才,努力造就一支高素质、懂专业、会管理的非物质文化遗产保护工作的复合人才队伍。

加强理论研究。我国的非物质文化遗产丰富多样,博大精深,涉及社会学、人类学、民族学、考古学、文化学、艺术学、民俗学等各个门类，是一项兼具专业性和综合性的工作。开展非物质文化遗产保护，要重视理论研究工作，发挥理论指导实践的作用。要切实加强对非物质文化遗产的研究，加大相关学科建设力度。

组织好"文化遗产日"活动，充分挖掘中华民族传统节日的文化内涵。在"文化遗产日"期间，要认真举办各种宣传展示活动，吸引广大人民群众参与，提高人民群众对非物质文化遗产保护重要性的认识。

三、处理好保护和利用、传承与发展的关系

非物质文化遗产保护既有很强的政策性，又有较强的实践性。在保护工作中，要正确处理好以下几方面的关系：

首先，要处理好保护和利用的关系。同物质文化遗产一样，非物质文化遗产具有不可再生性。因此，加强对非物质文化遗产保护并使之传承下来，是当前非物质文化遗产保护面临的最紧迫的任务。一方面，要坚持保护为主、抢救第一，抓紧对具有重大历史、文化和科学价值，并处于濒危状态的非物质文化遗产项目进行保护；另一方面，要紧密结合广大人民群众的生产生活实际，在有效保护的前提下对非物质文化遗产进行合理利用。要积极发掘和利用具有地方特色的民族民间和历史文化资源，开展民间文化艺术活动，打造民间文化活动品牌，开发具有市场前景的民间工艺、民间艺术和民俗表演项目，努力满足广大人民群众多样化的文化需求，促进经济社会的协调发展。

其次，要处理好传承与发展的关系。中华民族文化之所以绵延不断，就在于其具有海纳百川的胸怀和不断发展的创新精神。非物质文化遗产蕴涵着中华民族的魂魄和精神。保护非物质文化遗产，就是传承民族文化的文脉。我们不仅要保护好非物质文化遗产，还要在这个基础上加以发展。要坚持继承和创新的统一，充分挖掘非物质文化遗产中的优秀文化内涵，继承和弘扬中华民族的优秀文化传统，学习借鉴世界其他国家其他民族的先进文化，大力推进文化创新，努力使当代中华文化更加多姿多彩，更具吸引力和感染力。

深入学习胡锦涛总书记6月25日在中央党校的重要讲话，我们深切地认识到，"加强社会主义文化建设是不断满足人民群众日益增长的精神文化需求的需要，是全面实施党和国家发展战略的需要。我们必须更加自觉、更加主动地推动文化大发展大繁荣，更好地保障人民群众的文化权益"。只要我们坚持科学发展观，增强保护文化遗产的民族文化自觉，依靠全民族、全社会的共同努力，我国的非物质文化遗产保护工作一定会取得丰硕成果，中华民族的优秀传统文化一定会得以保护、传承并发扬光大。

（原载于《人民论坛》2007年第17期）

延续精神基因　承传文化薪火

（代序一）

非物质文化遗产是中华传统文化的重要组成部分，是各族人民在生产生活实践中创造的精神财富，是文化遗产的重要组成部分。它蕴涵着优秀文化价值观念和审美理想，凝聚着中华民族的深层次文化基因，体现了中华民族充沛的文化创造力，是维系民族情感的精神纽带和重要桥梁，并为中华文明的薪火传承发挥了重要的作用。非物质文化遗产作为中华民族传统文化的重要内容，是中华民族智慧的结晶，也是建设和谐文化的基础。

近年来，我国非物质文化遗产保护工作取得了显著进展。从2003年开始，文化部、财政部实施全国民族民间文化保护工程，先后确定了40个保护工程国家级试点。这些试点认真制定保护规划，积极探索工作机制，不断摸索保护方法，取得了明显成效。2005年对于非物质文化遗产保护工作是非常重要的一年。3月，国务院办公厅下发了《关于加强我国非物质文化遗产保护工作的意见》，确立了非物质文化遗产保护工作的方针和目标，对建立协调有效的工作机制，逐步建立有中国特色的非物质文化遗产保护制度等做了明确要求，并成立了由9个部委组成的非物质文化遗产保护工作部际联席会议。12月，国务院又下发了《关于加强文化遗产保护的通知》，要求各级政府从对国家和历史负责的高度，从维护国家文化安全的高度，切实做好文化遗产保护工作，并决定设立我国"文化遗产日"。根据国务院文件精神，还成立了由国务委员陈至立为组长，国务院办公厅、文化部等15个部门组成的国家文化遗产保护领导小组，专门研究解决文化遗产保护工作的重大问题，统一协调和执行国务院有关文化遗产保护的决定。2006年5月20日，国务院下发了《关于公布第一批国家级非物质文化遗产名录的通知》，颁布了518项国家级非物质文化遗产名录项目，标志着我国非物质文化遗产保护工作进入了一个新阶段。不少省、区、市参照这一模式，纷纷建立了自己的省、市、县级名录，我国四级非物质文化遗产名录体系正在逐步形成。一些地方出台了民族民间传统文化保护的地方性法规，《非物质文化遗产保护法》列入了全国人大2007年立法工作计划。大多数省区建立了省级非物质文化遗产保护中心，各级财政对非物质文化遗产保护工作给予了大力支持。同时，积极参与国际间非物质文化遗产保护工作，我国自始至终参与了联合国教科文组织《保护非物质文化遗产公约》制定工作的全部过程。2004年8月，全国人大常委会批准我国加入该公约，成为世界上最早加入该公约的国家之一。我国的昆曲、古琴艺术、新疆维吾尔木卡姆艺术、蒙古族长调民歌4项入选联合国教科文组织"人类口头和非物质遗产代表作",是世界上"人类口头和非物质遗产代表作"入选项目最多的国家之一。

2006年6月10日,我国迎来了第一个"文化遗产日",各地"文化遗产日"系列活动内容丰富,形式多样。通过这些活动,提高了全民对文化遗产保护重要性的认识,增强了全社会的文化遗产保护意识,营造了全民参与保护文化遗产的良好氛围。

虽然非物质文化遗产保护工作取得了显著成绩,但是,我国的非物质文化遗产保护工作还刚刚起步,可资借鉴的经验不多。仍存在着不少的问题,主要表现在:各地工作开展还很不平衡,管理机制不健全,一些地方存在着"重申报、轻保护""重开发、轻管理"的现象。

为进一步开拓非物质文化遗产保护工作的新局面,必须充分认识非物质文化遗产保护在建设和谐文化、构建社会主义和谐社会中的重要作用,并重点做好以下几方面工作:加快建立非物质文化遗产名录体系,2008年,国务院将公布第二批国家级非物质文化遗产名录,相关的准备工作已经开始;加强国家级非物质文化遗产保护管理;继续做好非物质文化遗产普查;加强专业人才培养和理论研究工作;推进非物质文化遗产保护的立法;积极参与国际间交流活动;加强领导,完善工作机制。

非物质文化遗产保护是一项功在当代、利在千秋的事业。做好这项工作,需要各级党委、政府的关心与重视,需要有关部门的大力支持和共同努力,也需要社会各界和广大群众的积极参与和热情支持。在党中央、国务院的领导下,通过全社会的共同努力,我国非物质文化遗产保护工作必将为构建和谐社会、繁荣和发展社会主义先进文化做出贡献。

(原载于阎东总编著:《中国记忆:中国文化遗产档案》,中国建筑工业出版社2007年版)

继承和弘扬中医药事业
保护非物质文化遗产

中医药是中华民族几千年来的伟大创造,也是中华民族对人类文明的伟大创造。中医药文化博大精深,是中华民族传统文化的重要组成部分。加快发展中医药事业,继承和弘扬中医药文化是当代中华民族的战略选择。

一、继承和弘扬中医药文化是中华民族的历史责任

(一)中华文化历史悠久,博大精深

在世界文明的发展史上,有两河领域的巴比伦文明、古埃及文明、古印度文明、古希腊文明、古罗马文明等,唯有中华文明绵延不断,传承至今。中华民族在5000多年的历史进程中,不断融合,形成多元一体的中华文化。正因为有了多元一体的文化才形成了多元一统的国家。天下大势,分久必合,合久必分,最终走向统一,这是中华民族的一个总体趋势。文化的交融又带来文化的繁荣和发展。第一次文化交融是在春秋战国时期,带来了秦汉时期的文化繁荣。春秋战国时期设坛讲学蔚为风气。这些文化活动促进了文化的发展,使大家互相借鉴、互相学习。为什么出现了汉族?是因为汉朝在世界上产生了重要的影响。"汉字""汉文化"和中药的"汉方"等,都是当时形成的。以后,经过魏晋南北朝几百年的文化交融,又出现了隋唐的文明。唐朝是中国历史上最兴盛的时期之一。到宋辽夏金元,又是一次文化的交融,这一时期有许多重大发现。明清时期,中国文化逐步地走向成熟。

在这个发展过程中,中国形成了儒、释、道的文化传统,成为中国文明的核心。儒、释、道的核心,实际上有非常好的合理性。儒家学说调整人和人之间的关系、人和社会的关系,即修齐治平,"修身、齐家、治国、平天下","仁者爱人"。道家学说调整人和自然的关系,即所谓"道法自然"。佛教是在东西汉之间传入中国的,用了上千年的时间,到禅宗形成完成了中国化的过程。佛教学说给人一种调整自我、战胜自我的文化理念。儒家学说调整人和人的关系,道家学说调整人和自然的关系,佛教学说调整人内心世界的关系,这是和谐文化的基础。

中华文化对人类文明的发展产生了重要的影响,特别是汉唐文化、四大发明等都影响了世界。十六七世纪后中华文化传播到欧洲,利玛窦等传教士将大量的

中国经典译成拉丁文在欧洲出版，对欧洲文明产生了重大影响。康德认为，斯宾诺莎的无神论完全是受老子的影响。莱布尼兹在《中国近事》一书中说："在实践哲学方面，欧洲人不如中国人。"法国思想家认为中国哲学为无神论、唯物论与自然主义，此三者为法国大革命的哲学基础。法国伏尔泰说："中国为世界最出色的最仁爱之民族。"他还将《赵氏孤儿》译为《中国孤儿》剧本，在法国上演，风靡一时。德国大诗人歌德说："在中国，一切都比我们这里更明朗、更纯洁、也更合乎道德"，"他们还有一个特点，人和大自然是生活在一起的"。自汉唐以后，中国文化波及日本、韩国、东南亚等地区，它们以中国为师，形成"儒家文化圈"。

中华民族的文化能够延续下来，非常重要的一个原因就是有丰富的物质文化遗产和非物质文化遗产。今人和古人的对话靠什么？有文字，有文物。中国文明的传承通过两个渠道。一个是通过精英渠道来传承，这种传承是由知识分子完成的，通过文字、典籍，包括易代修史、易代修书，国有史、方有志、家有谱，不断地来传承文化。我们现在看到的《战国策》《史记》《贞观政要》都是后人整理的。清修明史，用了90年时间，到了乾隆时期才完成。另外的一个渠道就是通过民间形式，即非物质文化遗产形式来完成的。它既是国家主流文化的重要来源，同时又是主流文化的重要传承方式。当时读书人少，很多人是靠民族民间文化的各种形式传播文化、教化道德。不识字的人通过听戏了解文化。王国维对戏剧的定义是"用歌舞讲故事"。戏剧的作用，人们叫"高台教化"，即看一场戏，有的人能记一辈子。可见艺术的感染力是很强的。

（二）中医药文化是中华传统文化的重要组成部分

中医药文化是中华民族的伟大创造，它是在中国传统文化的母体中孕育发展起来的。中医药产生于人们的生产、生活实践中，有文献的记载可以追溯到甲骨文。甲骨文记载有商代后宫之事，其中有很多涉及中医治病，表明当时已经有了中医药知识。所谓"医同易"。"周易"乃三圣（伏羲、周文王、孔子）之学，具有朴素的辩证思想。中医药的很多理念和《周易》相通，以后逐步地融入儒、释、道的文化精神，吸收了自然科学成果，逐步形成。再加上每个时代都有精英人物整理著述，使得中医药文化逐步完备。中药物关于养生的技艺和丸散膏丹的炮制与道家文化有很密切的联系。关于医德的观念，渗透了中国的传统道德理念，明显受到儒家文化的影响，比如配药时的君臣佐使等。古人有个说法，"不为良相即为良医"。佛教学说传入中国以后，中医的养生文化大量吸收佛教的理念。比如中医讲的养心治心，就是接受了佛教的理念，从认识和彻悟的角度来探讨如何保持心境的平静。在一些重要的典籍中，如孙思邈的《千金要方》，也吸收了西域的许多理念，包括辨证施治。中医古文非常简练。古人把药物、脉象、汤头、针灸都编成韵文，朗朗上口，便于记忆。在中医药发展的进程中，也非常注重音乐和舞蹈养生。唐诗宋词中有很多记载。

中医药文化是传统文化传承的重要方面，对中华民族的繁衍和发展起到了非常重要的作用。在人类发展历史上，很多民族都发生过大的传染病，像欧洲一场传染病死几百万人乃至上千万人，这种情况在中国没有发生过。为什么呢？因为中国的中医药非常普及，而且中国人普遍接受中医药养生、防病、治病的理念。我国 2003 年出现"非典"，治疗中中医药发生了重要的作用，这一点已被大家认同。中医药也像中国传统文化一样远播于海外，中医的针灸、中药传播到 100 多个国家，已经成为全人类共同的财富。

（三）百年文化流失对中医药文化的冲击

大家都清楚，100 多年来，中国的传统文化不断受到冲击。有清一朝，自乾隆以降闭关锁国，对世界了解甚少。这个时候英国发生了工业革命，生产力水平迅速提高；法国在大革命之后也迅速发展起来；俾斯麦统一了德国，德国迅速走向强盛。而清朝却闭关锁国。1840 年英国打上门来的时候，道光皇帝还不知道英国在哪。自此之后，中国不断受到帝国主义列强的入侵。大家对此有很多反思，其中重要的一点是认为文化落后。到五四运动进一步上升到文化层面。有一部分人全面否定中华文化，喊出了"砸烂孔家店"的口号，在倒洗澡水的时候把婴儿一块倒掉了。中医在这种背景下也受到冲击。

早在 1879 年就出现了"废医论"。近代一些著名学者，像章太炎，为推动中国的思想解放运动做出了贡献的人，带头主张废除中医；连鲁迅先生都讲中医是"有意的或无意的骗子"。中华民国刚成立（1912 年），教育部就提出医学院不开中医的课程。1929 年，民国政府曾动议废止中医。但实际上并没有废掉，因为中医药有根深蒂固的群众基础。中国共产党在根据地时期对中医非常重视。那时候根据地缺医少药，弄不到西药，出现伤病员基本是靠中医来治疗。新中国成立之后，主张中西医结合，要中医学习西医。实际上在中西医结合的背景下，中医逐步地走向衰落。对中医人才的培养和对中医的学校教育、经费投入，远远不够，中医药发展出现了很多困难和问题。我认为就目前来讲，中医药仍然是弱势群体。到了 21 世纪还有人提出要废止中医，说明还有一部分人对中医缺乏正确的认识和正确的理解，应该引起重视。放开眼界看国外，很多国家重视中医，引进中医药的技术。比如韩医，大家看过《大长今》，也可看出中医药在韩国的传输。欧洲一些国家对中医的兴趣越来越高，这种情况应引起我们的重视。振兴中医药事业刻不容缓，继承和弘扬中华民族的中医药文化是当代中华民族义不容辞的责任。

（四）中医药事业面临着良好的发展机遇

一是中央对中医药事业非常重视。十七大把扶持中医药和民族医药事业写进报告；目前正在研究起草《关于扶持中医药事业发展的若干意见》，不久即将下发。该文件很全面地规范了中医药的发展。二是中医药承载的中华文化深入人心。中医药的"治未病"思想，也就是预防和养生的观念，为广大人民群众所接受。中医讲求以人为本，辨证施治，着力于从整体去解决问题，有很强的科学性。三是中医药价廉效高，易于被老百姓所接受。在公共卫生服务体系中，中医药必将发挥重要作用。

二、非物质文化遗产保护与继承和弘扬中医药文化

"非物质文化遗产"在2006年是媒体热门词汇，在社会上也产生了很大影响。什么是非物质文化遗产呢？这是从国际上引进来的一个词汇，最早我国把它叫做民族民间文化。因为在国际范围内，包括国际公约都叫做非物质文化遗产，所以我们就借用了这个称谓。非物质文化遗产是各族人民世代相承的、与人民群众生产生活密切相关的各种传统文化表现形式和文化空间，包括各民族的民间文学以及作为其载体的语言文字，各种传统艺术表现形式如音乐、舞蹈、戏剧、曲艺、美术，各种民俗礼仪、节庆和民间传统工艺等。像各民族的语言和文字，各种艺术形式，音乐、舞蹈、美术、戏曲等，以及各种工艺、酿造、雕刻、制瓷、编织等，都应该属于非物质文化遗产的范畴。另外，各种习俗，比如传统节日、婚丧嫁娶、各个民族的节日等，也包含着非常丰富的文化内涵。

胡锦涛总书记在十七大报告中强调指出："要重视对各民族文化的挖掘和保护，重视文物和非物质文化遗产保护。"温家宝同志要求："我们要保护非物质文化遗产，就是传承民族文化的文脉。我们不仅要保护好，还要在这个基础上加以发展，处理好保护、继承和发展的关系。"李长春同志强调："非物质文化遗产是中华民族传统智慧的结晶，是民族文化绵延传承的血脉，体现了中华民族的生命力和创造力。"我们要从贯彻落实十七大精神的高度，增强保护民族文化遗产的责任感和使命感，坚持"保护为主、抢救第一、合理利用、传承发展"的方针，逐步建立起比较完备的、有中国特色的非物质文化遗产保护制度，使我国珍贵的非物质文化遗产得到有效保护、传承和发扬。近几年来，主要开展了以下几方面的工作。

（一）努力完成非物质文化遗产资源普查工作

非物质文化遗产普查工作是我国21世纪开展的一次大规模的文化资源普查。目前，各地的普查工作正在积极稳步展开，取得了阶段性成果。各地文化部门根据本地实际，研究制定普查工作方案，落实普查资金，运用文字、录音、录像等多种手段，对非物质文化遗产资源家底进行了清查，为今后的非物质文化遗产保护工作打下了坚实的基础。截至目前，云南、浙江两省已基本完成全省的非物质

文化遗产普查工作。

（二）进一步完善四级非物质文化遗产名录体系

2006年5月20日，国务院批准公布了第一批国家级非物质文化遗产名录518项；2007年，文化部组织开展了第二批国家级非物质文化遗产名录的申报和评审工作，现推荐名单已向社会公示。全国各省、区、市都已建立了省级非物质文化遗产名录，据统计共有3842项。在2010年之前，将建立第二批、第三批国家级非物质文化遗产名录。第二批国家级名录2007年申报，2008年公布；第三批国家名录将于2009年申报，2010年公布。完善各级名录的申报评审机制，上一级名录要建立在下一级名录的基础上。目前重点推进市、县两级名录建设。

（三）落实传承人各项保护措施，建立传承机制

2006年以来，文化部组织国家级非物质文化遗产项目代表性传承人的申报和评审工作。经组织申报、专家评审、公示、复审等程序，2007年6月，文化部公布了第一批226名国家级非物质文化遗产项目代表性传承人，包括民间文学、杂技与竞技、传统手工技艺、民间美术、传统医药等五大类；2008年2月15日，文化部公布了第二批551名国家级非物质文化遗产项目代表性传承人，包括民间音乐、民间舞蹈、传统戏剧、曲艺、民俗等五大类。第一批、第二批国家级非物质文化遗产项目代表性传承人共计777名。各省、区、市也陆续开展了省级非物质文化遗产项目代表性传承人的认定与命名工作，制定了相关扶持政策，鼓励和支持传承人开展传承活动。2月28日，文化部在人民大会堂隆重举行"国家级非物质文化遗产项目代表性传承人颁证仪式"，向国家级非物质文化遗产项目代表性传承人颁发了证书。

（四）推进文化生态保护区建设

《国家"十一五"时期文化发展规划纲要》要求在"十一五"期间，确定10个国家级民族民间文化生态保护区，对非物质文化遗产内容丰富、较为集中的区域，实施整体性保护。2007年6月9日，文化部命名了我国第一个国家级文化生态保护实验区——福建省闽南文化生态保护实验区。2008年1月8日，又命名了徽州文化生态保护实验区。目前，一些省份也在积极规划建立文化生态保护区，如湖南省的湘西苗族土家族自治州文化生态保护区、青海省的黄南藏族自治州热贡艺术文化生态保护区等。

（五）加强非物质文化遗产专题博物馆、民俗博物馆或传习所建设

建立专题博物馆、传习所，将非物质文化遗产加以集中保护和展示，既有效地保护了非物质文化遗产资源，也对青少年和广大群众具有宣传教育作用。目

前，北京、河北、云南、贵州等 25 个省、区、市共建立专题博物馆 283 个、民俗博物馆 164 个、传习所 276 个。这些国有的、民间的专题博物馆、民俗博物馆和传习所，对非物质文化遗产的保护与传承发挥了重要作用。

（六）加大宣传力度，搞好"文化遗产日"活动

充分利用各种报刊、广播电视、网络等媒体，广泛开展非物质文化遗产的宣传，普及非物质文化遗产保护知识，增强全社会的保护意识。每年 6 月的第二个星期六是我国的"文化遗产日"。"文化遗产日"期间，在全国各地举办丰富多彩的非物质文化遗产展览、演出、论坛、讲座和咨询服务等宣传展示活动。对在"文化遗产日"活动中表现突出的单位、团体和个人，颁发"文化遗产日奖"。举办各种形式的宣传展示活动，吸引广大群众积极参与，提高全民的保护文化遗产意识。

（七）加强队伍建设，提高队伍素质

建立和完善各地非物质文化遗产保护工作机构，配备专职工作人员。积极与人事编制部门沟通，争取增加人员编制，壮大工作队伍。

对现有的工作队伍分级、分类组织培训。一是重点培训非物质文化遗产保护管理人才，二是培训非物质文化遗产各门类的业务骨干。培训要向基层倾斜，特别要加强基层工作人员的培训，不断提高这些人员的技能和素质。

加强专业人才的培养工作。充分依托目前高等院校及研究机构，采取委托办学、联合办学等多种形式，在高等院校或研究机构开设非物质文化遗产相关学科或课程，为非物质文化遗产保护培养一批专门人才，提高保护工作水平。

鼓励有关部门、民间社团、企事业单位等社会力量积极参与非物质文化遗产保护工作，发展志愿者队伍。

（八）积极推进非物质文化遗产保护进入国民教育体系

非物质文化遗产进课堂、进教材、进校园是非物质文化遗产保护可持续发展的根本举措，也是国外非物质文化遗产保护的成功经验。积极与教育部门协商，出台相关文件，将民歌、民乐纳入中小学音乐课，将剪纸、年画纳入美术课，将传统技艺纳入手工课，使中小学生认识、了解和喜爱我国的非物质文化遗产。组织非物质文化遗产进大学校园，使大学生近距离感受和了解我国优秀传统文化。发挥高等院校学术和人才优势，建立非物质文化遗产教育和研究基地。

（九）积极参与国际交流与合作

我国是世界上入选"人类口头和非物质遗产代表作"最多的国家（有昆曲、古琴艺术、新疆维吾尔木卡姆艺术以及与蒙古国联合申报的蒙古族长调民歌四

项），也是加入联合国教科文组织《保护非物质文化遗产公约》较早的国家，并以高票入选保护非物质文化遗产政府间委员会。2007年4月，随温家宝总理访日，在日本举办了"守望家园——中国非物质文化遗产专场晚会"，受到一致好评。4月16—20日，在巴黎联合国教科文组织总部成功地举办了"中国非物质文化遗产节"，展示了我国非物质文化遗产保护成果，受到联合国教科文组织和各国代表的高度赞赏。5月23—27日，我国承办的联合国教科文组织保护非物质文化遗产政府间委员会特别会议在成都成功举行。我国还加强了与蒙古国的合作，就蒙古族长调民歌保护工作落实了相关保护措施。目前，我们启动了建立申报"人类口头和非物质遗产代表作"预备清单制度，对中医药等非物质文化遗产项目要给予重点关注和优先考虑。

（十）积极推进立法工作

国家十分重视非物质文化遗产的立法工作。1997年国务院颁布了《传统工艺美术保护条例》。1998年以来，文化部会同全国人大，积极开展了民族民间文化保护立法的调研，起草了法律草案。参照联合国教科文组织《保护非物质文化遗产公约》的精神，该法更名为《非物质文化遗产保护法》，并已列入全国人大立法工作计划。我们将积极推动《非物质文化遗产保护法》的立法进程，争取早日出台，为非物质文化遗产保护提供法制保障。

在非物质文化遗产的保护工作中，我们非常重视中医药的保护。在非物质文化遗产保护工作部际联席会议中，国家中医药管理局就是成员单位之一。在评审中医药非物质文化遗产项目的时候，我们专列了中医药类，第一批就有9项、13个单位进入了国家级的非物质文化遗产名录。第二批又有18项、40多个单位进入国家级非物质文化遗产名录项目建议名单。在777名国家级非物质文化遗产项目代表性传承人中，中医药传承人有29位。对这项工作中央领导非常重视，多次做出批示，特别要求我们重视中医药向联合国教科文组织申报非物质文化遗产的工作。目前我们正在积极准备。

中医药作为非物质文化遗产，是中华文化的重要组成部分，对于传承中华文化，培养社会主义核心价值观具有重要意义。今后在非物质文化遗产保护工作中，特别是对于中医药文化保护方面，需要中医药领域的专家在理论和实践上给予支持和指导。也希望在座的各位专家、各位同仁来共同支持我们国家的非物质文化遗产保护事业。

三、几点建议

（一）树立民族文化自觉，使振兴中医药事业成为全社会的共识

发展中医药事业是中华民族的历史责任。振兴中医药事业，要形成全社会的

共识,特别是形成各级领导的共识。"人必自尊而后人尊之",如果自己都看不起自己,怎么让别人尊重你呢?你作为炎黄子孙都说中医没用,让别人如何尊重你的中医呢?要加大对中医药文化的宣传,促进全社会的文化认同,加大正面的、深层次的宣传,让大家了解中医,了解中医药深厚的文化内涵。中央电视台专门策划的节目"千年中医",我觉得就非常好。

普及中医药知识,应该从娃娃抓起。要在中小学教材中,增加中医药文化的内容。要让青少年了解华佗、张仲景、李时珍、孙思邈,他们也是为中华民族做出重大贡献的人。要多建一些中医药方面的博物馆,深层次地宣传中医药文化。

(二)建立新的传承机制

中医药在历史上有很多好的传承方法,当代怎样传承,是一个新的课题。

(1)学校教育。学校教育应该研究中医药人才培养的特殊规律。首先,在高校招生上,中医药专业的学生应该跨文理科。历史上的名医无一不是有着深厚的文化功底。但按现在的高等学校招生方式,中医药专业招生是按照理科来招的,学生古典文学、人文教育方面的知识储备比较少,而中医药人才恰恰要有较深的传统文化知识底蕴。其次,要加大中国人文科学的教育成分,经典的医古文要学,中国的古汉语也要学。医古文应该作为中医药专业学生的重点学习内容,加大分量。

(2)建立师承制度。中国历史上名中医的培养,基本靠师父带徒弟的方式,师承方式比较符合中医药文化的特点。在人才培养和人事管理中如何借鉴古代的做法和经验,需要我们加以认真研究。

(3)为民间医生的成长提供政策支持。中国民间很多中医高手没有上过大学,比如骨科方面的中医;有的高手不一定识字,但是他有绝招秘方。民间医生的成长有其特殊性,也应该为他们的成长提供政策支持。

(三)整理挖掘中医药文化遗产

一是整理中医药典籍,加大出版数量,让更多人了解中医药文化。最近国务院刚刚公布了全国重点古籍保护单位,中医科学院图书馆名列其中。有100多种中医药典籍列入了国务院公布的《国家珍贵古籍保护名录》。要整理出版中医药典籍,让更多的人理解中医理论的博大精深,发挥社会效益。

二是要加强中医药的资源普查。现在中医药行业有很多变化,随着自然条件的变化,有的药物现在没有了,也有的过去不知道它能够作为药物,但现在已经入药了。还有中医的分布情况。这些都要通过调研,做详细的了解,摸清底数。这是制定规划、促进事业发展的基础。

三是要加强对中医药文化的研究。要充分挖掘中医药文化遗产资源,在保护的基础上,加以合理利用、传承和发展。

(四)加大投入,使中西医并重,名副其实

从中西医的发展看,总体上是"中弱西强"。很多中医院难以为继,医疗条件、住院设施、检查手段都很差。此外,在从业人员数量上、学校培养的毕业生的数量上,中医都是偏少的。要让中医和西医真正做到并重与平等,尽早改善"中弱西强"的局面。要抓住国务院下发文件这个契机,推动中医药事业有一个较大发展。在公共卫生服务体系建设中,我认为应注意中西医的结合和配置,积极发挥中医药的作用。中医药有深厚的群众基础,因而有较强的生命力。在对待中医走向世界的问题上,不要片面强调"接轨",要强调保持特色。越是民族的,越是世界的。

(五)积极开展科研工作

在公共卫生服务体系中,要注重发挥中医药的作用。我们所处的时代是一个科技飞速发展的时代,利用人类的共同文明成果,不断地吸收先进的科技,这也是中华文化包容性的体现。要借助当代的科研结果,比如检验技术,使中医药事业有一个更快的发展。另外,应该建立当代中医药理论体系,以指导当代中医的继承和发展。

(在中国中医科学院中医药发展讲坛上的专题报告,2008年3月27日。原载于曹洪欣主编:《中医药发展报告》,科学出版社2009年版,第53～72页)

加大对传承人保护的力度
建立科学的非物质文化遗产保护机制

国家级非物质文化遗产项目代表性传承人掌握并承载着非物质文化遗产的知识和精湛技艺，既是非物质文化遗产活的宝库，又是非物质文化遗产代代相传的代表性人物。2006年以来，文化部组织国家级非物质文化遗产项目代表性传承人的申报和评审工作。经组织申报、专家评审、公示、复审等程序，2007年6月，文化部公布了第一批226名国家级非物质文化遗产项目代表性传承人，包括民间文学、杂技与竞技、传统手工技艺、民间美术、传统医药等五大类；2008年2月15日，文化部公布了第二批551名国家级非物质文化遗产项目代表性传承人，包括民间音乐、民间舞蹈、传统戏剧、曲艺、民俗等五大类。第一批、第二批国家级非物质文化遗产项目代表性传承人共计777名。这次来北京参加国家级非物质文化遗产项目代表性传承人颁证仪式的都是在非物质文化遗产领域深有造诣的专家，也是第一批和第二批共777名国家级非物质文化遗产保护项目代表性传承人的代表，他们作为非物质文化遗产的承载者和传承者，多年来在传承优秀民族传统文化、开展非物质文化遗产保护工作中发挥了重要作用。

一、关于非物质文化遗产保护工作

我国是一个历史悠久的文明古国。在长期的历史发展过程中，中华民族创造了丰富多彩、弥足珍贵的非物质文化遗产，包括口头传统、传统表演艺术、民俗活动、礼仪、节庆、传统手工艺技能等。2003年初，文化部、财政部联合国家民委、中国文联共同实施中国民族民间文化保护工程，对中国珍贵、濒危并具有历史、文化和科学价值的民族民间传统文化进行有效保护。2005年3月，国务院办公厅下发了《关于加强我国非物质文化遗产保护工作的意见》，确立了我国非物质文化遗产保护工作的方针和目标，对建立协调有效的工作机制，形成有中国特色的非物质文化遗产保护制度等做了明确要求。12月，国务院又下发了《关于加强文化遗产保护的通知》，决定设立我国的"文化遗产日"。在党中央、国务院的高度重视下，在各级政府部门和社会各界的不懈努力，非物质文化遗产保护工作抢救和保护了一批珍贵、濒危的非物质文化遗产，营造了全民参与非物质文化遗产保护的良好氛围，提高了全社会的非物质文化遗产保护意识，为促进文化建设和构建和谐社会发挥了较大作用。近几年来我国非物质文化遗产保护工作取得了明显进展，主要体现在以下几个方面：

一是普查工作初见成效。非物质文化遗产普查工作是我国 21 世纪开展的一次大规模的文化资源普查。目前,各地的普查工作正在积极稳步展开,取得了阶段性成果,并且探索总结出了一套行之有效的工作经验和做法。各地文化部门根据本地实际,研究制定普查工作方案,落实普查资金,按照"三不漏"(不漏线索、不漏村镇、不漏门类)的要求,运用文字、录音、录像等多种手段,对非物质文化遗产资源家底及分布情况进行调查摸底,为今后的非物质文化遗产保护工作打下了坚实的基础。截至目前,云南、浙江两省已基本完成全省的非物质文化遗产普查工作。

二是国家、省、市、县四级保护名录体系初步建立。2006 年 5 月 20 日,国务院批准公布了第一批国家级非物质文化遗产名录 518 项;2007 年,文化部组织开展了第二批国家级非物质文化遗产名录的申报和评审工作,第二批国家级非物质文化遗产名录项目已向社会公示。目前,全国各省、区、市都已建立了省级非物质文化遗产名录,据统计共有 3842 项。一些地(市)、县建立了本级非物质文化遗产名录。辽宁、广东、海南、贵州、青海等省第二批省级名录申报工作已经基本结束,其他省份第二批名录申报工作也正在进行之中。云南、贵州等省已经基本建立了省、市、县三级名录体系。国家、省、市、县四级非物质文化遗产名录体系正在逐步形成。

三是文化生态保护区建设积极推进。《国家"十一五"时期文化发展规划纲要》要求在"十一五"期间,确定 10 个国家级民族民间文化生态保护区,对非物质文化遗产内容丰富、较为集中的区域,实施整体性保护。在地方积极申报的基础上,通过组织专家对保护区进行实地考察,并经科学论证、评审、批准等程序,2007 年 6 月 9 日,文化部命名了我国第一个国家级文化生态保护实验区——福建省闽南文化生态保护实验区。2008 年 1 月 8 日,又命名了徽州文化生态保护实验区。目前,一些省份也在积极规划建立文化生态保护区,如湖南省的湘西苗族土家族自治州文化生态保护区、青海省的黄南藏族自治州热贡艺术文化生态保护区等。

四是推动非物质文化遗产专题博物馆、民俗博物馆和传习所的建设。目前,北京、河北、云南、贵州等 25 个省、区、市共建立专题博物馆 283 个、民俗博物馆 164 个、传习所 276 个。这些国有的、民间的专题博物馆、民俗博物馆和传习所,对非物质文化遗产的保护与传承发挥了重要作用。建立专题博物馆、民俗博物馆、传习所,将非物质文化遗产加以集中保护和展示,既有效地保护了非物质文化遗产资源,同时也发挥了非物质文化遗产对青少年和广大群众的宣传教育作用。

五是组织"文化遗产日"活动,营造非物质文化遗产保护的良好氛围。2007 年 6 月 9 日是我国第二个"文化遗产日"。期间,各地围绕"保护文化遗产,构建和谐社会"这一主题,举办了一系列内容丰富、形式多样的展览、演出、论坛、表彰等活动。为多方位、多角度展示我国丰富的非物质文化遗产，文化部专门在北京组织了"中国非物质文化遗产珍稀剧种展演"和"中国非物质文化遗产专题展"等展览演出活动，并与四川省人民政府共同在成都举办了中国成都国际非物质文化遗产节，产生了广泛的社会影响。在"文化遗产日"期间，文化部还首次对长期从事非物质文化遗产保护工作并取得显著成绩、做出突出贡献的先进工作者、先进集体和先进个人进行了表彰；设立了"文化遗产日奖"，对在"文化遗产日"期间宣传、教育活动中表现突出、成绩显著的单位给予表彰。这些活动营造了全民参与保护文化遗产的良好氛围，宣传了文化遗产保护的重要意义，提高了全社会的文化遗产保护意识。

六是积极参与国际交流与合作。我国是世界上入选"人类口头和非物质遗产代表作"最多的国家（有昆曲、古琴艺术、新疆维吾尔木卡姆艺术以及与蒙古国联合申报的蒙古族长调民歌4项），也是加入联合国教科文组织《保护非物质文化遗产公约》较早的国家，并以高票入选保护非物质文化遗产政府间委员会。2007年4月，随温家宝总理访日，在日本举办了"守望家园——中国非物质文化遗产专场晚会"，受到一致好评。4月16—20日，在巴黎联合国教科文组织总部成功地举办了"中国非物质文化遗产节"，展示了我国非物质文化遗产保护成果，受到联合国教科文组织和各国代表的高度赞赏。5月23—27日，我国承办的联合国教科文组织保护非物质文化遗产政府间委员会特别会议在成都成功举行。我国还加强了与蒙古国的合作，就蒙古族长调民歌保护工作落实了相关保护措施。

虽然非物质文化遗产保护工作取得了显著的成绩，但从总体来看，我国的非物质文化遗产保护工作还处于起步阶段，任务还很艰巨，存在不少困难和问题，主要表现在以下几个方面：一些地方对非物质文化遗产保护工作的必要性和紧迫性认识不足，没有从培育民族精神、培养社会主义核心价值体系的高度重视这项工作，没有列入党委、政府的重要工作日程和当地的经济社会发展规划；工作开展不平衡，有的地方至今工作刚刚起步，工作成效不明显，工作进展缓慢，与做得好的省份存在较大差距；重申报、轻保护的问题不同程度地存在，有些地方的非物质文化遗产保护存有急功近利的思想，未能把保护工作真正落到实处，非物质文化遗产遭到破坏的现象还未得到有效制止。

党中央和国务院对非物质文化遗产保护工作非常重视。胡锦涛总书记在十七大报告中指出，要"加强对各民族文化的挖掘和保护，重视文物和非物质文化遗产保护"。加强非物质文化遗产保护工作，对于弘扬中华文化，构建社会主义核心价值体系，建设中华民族共有精神家园，具有重要意义。今后一个时期，我国非物质文化遗产保护要按照"保护为主、抢救第一、合理利用、传承发展"的指导方针，通过全社会的努力，逐步建立起比较完备的、有中国特色的非物质文化遗产保护制度，使我国珍贵、濒危并具有历史、文化和科学价值的非物质文遗产得到有效保护、传承和发扬。重点做好以下几项工作：

一要认真开展非物质文化遗产资源普查，全面了解和掌握本地非物质文化遗产资源状况，确定一批具有较大历史价值、特色鲜明，又处于濒危状态、急需抢救的项目，建立科学的保护规划和切实可行的实施方案，并运用文字、录音、录像、数字化多媒体等各种方式，对非物质文化遗产进行真实、系统和全面的记录，建立全面反映中国非物质文化遗产基本面貌的档案资料和数据库。

二要抓紧建立非物质文化遗产名录体系，定期公布具有重大历史、文化和科学价值，并处于濒危状态的非物质文化遗产项目，彰显各级政府对非物质文化遗产保护工作的重视和支持。要按照科学、严谨的评审标准，对非物质文化遗产项目进行认定，建立国家和地方各级非物质文化遗产名录，逐步形成我国非物质文化遗产保护名录体系。

三要推进文化生态保护区建设，重点保护濒危的传统艺术、传统手工艺等重要非物质文化遗产，维护保护区内的文化生态环境，要与当地的经济建设和社会发展紧密结合，与提高人民群众的生活质量相结合，调动广大群众和社会各界的积极性，使非物质文化遗产与当代社会相适应、与现代文明相协调，在构建和谐社会中发挥积极作用。争取在2010年前，命名10个文化生态保护区。

四要利用民族传统节日，如春节、清明节、端午节、中秋节等，组织开展丰富多彩的节庆文化活动，激发群众的自觉参与意识，营造良好的节日氛围。

五要加强非物质文化遗产专题博物馆、民俗博物馆和传习所的建设，将普查工作收集到的非物质文化遗产珍贵实物资料妥善保存到博物馆或传习所。要体现非物质文化遗产的特点，注重活态的展示。

六要加大宣传力度，搞好"文化遗产日"和"文化遗产之都"活动，举办丰富多彩的非物质文化遗产展览、演出、论坛、讲座和咨询服务等宣传、展示活动，吸引广大群众积极参与，提高全民的文化遗产保护意识。

七要积极推动把非物质文化遗产纳入大中小学课程，努力将非物质文化遗产保护纳入国民教育体系。

二、切实承担非物质文化遗产传承人的神圣职责，为建设中华民族共有的精神家园做贡献

非物质文化遗产以活态传承为主要特点，主要依靠传承人的口传心授来传承。因此，在非物质文化遗产保护工作中，重视传承人保护工作，充分发挥传承人的作用，对于非物质文化遗产保护具有重要意义。加强对非物质文化遗产传承人的保护，是当前非物质文化遗产保护工作的一项重要任务。

(一) 明确传承人承担的重要责任

命名和认定代表性传承人,是有效保护和传承非物质文化遗产,鼓励和支持非物质文化遗产项目代表性传承人开展传习活动而采取的一项重要举措。国家级非物质文化遗产名录项目代表性传承人,是经申报、审核、评审、公示、审批等程序,按照公正、公平、公开的原则,由文化部认定的国家级非物质文化遗产名录项目的代表性传承人,是所在领域最高水平的传承人,担负着传承和发展国家级非物质文化遗产名录项目的重要责任。

按照《国家级非物质文化遗产项目代表性传承人认定与管理暂行办法》,国家级非物质文化遗产项目代表性传承人应承担以下责任和义务:一是在不违反保密制度与知识产权的前提下,向省级文化行政部门提供完整的项目操作程序、技术规范、原材料要求、技艺要领等非物质文化遗产资料;二是制定项目传承计划和具体目标任务,报文化行政部门备案;三是努力从事非物质文化遗产的生产、创作,提供高质量的非物质文化遗产作品及其智力成果;四是认真开展传承工作,无保留地传授技艺,培养后继人才;五是积极参与展览、演示、教育、研讨、交流等活动;六是按规定向省级文化行政部门提交项目传承情况报告。各位代表性传承人要在各级政府和社会各界的支持和帮助下,承担起传承民族文化的重任,将自身所掌握的精湛技艺无私地传承下去,使宝贵的非物质文化遗产项目做到后继有人。

(二) 要加大对传承人保护的支持力度

2005年,国务院办公厅在《关于加强我国非物质文化遗产保护工作的意见》(国办发〔2005〕18号)中专门做出规定,提出:"对列入各级名录的非物质文化遗产代表作,可采取命名、授予称号、表彰奖励、资助扶持等方式,鼓励代表作传承人(团体)进行传习活动。"支持和鼓励传承人开展传习活动,是各级政府和文化部门的重要责任。各级政府和文化部门要通过制定政策、扶持项目、补助经费等方式,为传承人开展传习活动创造条件,提供有力的支持,创造必要的保障条件。

各级政府和文化行政部门对国家级非物质文化遗产项目代表性传承人的传习活动要大力支持:一是要提供必要的传习活动场所。二是根据需要,资助传承人的授徒技艺或教育培训活动。三是组织开展研讨、展示、宣传、传播等活动,促进交流与合作。四是提供其他有利于项目传承的帮助,如对无经济收入来源、生活确有困难的传承人,应提供基本的生活保障;对亟待保护的传承项目可由有关传承人提出申报,文化部门可以在财政上给予支持。要千方百计,制定推动传承活动的优惠政策,创造良好的政策氛围。

2008年,文化部将对支持代表性传承人开展传习活动做出明确规定。各位传承人要积极配合文化部门,把自己的精湛技艺和技能展现出来,全面、真实地把非物质文化遗产记录下来,为历史留下宝贵的资料。

(三) 要加强对传承人的管理

各级文化行政部门对国家级非物质文化遗产项目代表性传承人的传习活动要进行指导、检查和监督。第一,要以文字、图片、录音、录像等方式,全面记录国家级非物质文化遗产项目代表性传承人掌握的非物质文化遗产表现形式、技艺、技能和知识等,作为非物质文化遗产资源活的宝库。第二,要有计划地征集并保管代表性传承人的代表作品,对于其中有重大历史、文化和艺术价值的要作为国家重要文物予以保存。第三,各级部门要组织国家级非物质文化遗产项目代表性传承人填报表格,建立永久性档案予以保存。第四,要与各位传承人建立密切联系,经常了解传承人的生活工作情况,及时解决在传承活动中出现的各种问题。第五,实行动态管理机制。定期组织专家对评为国家级非物质文化遗产项目代表性传承人的传习活动进行评估、检查和监督,对未履行传承人职责和传习义务,不适应非物质文化遗产保护工作,不具备传承人资格的,文化部将分别情况给予警告、严重警告,甚至除名的处理。对保护、传承非物质文化遗产做出重要贡献的国家级非物质文化遗产项目代表性传承人,则给予表彰和奖励。希望各位传承人强化责任意识,切切实实把传承活动做好做实。

(四) 代表性传承人要珍惜名誉,严格自律,努力在文化遗产传承中发挥重要作用

国家级非物质文化遗产项目代表性传承人是一个很高的荣誉。评为国家级非物质文化遗产传承人,并不意味着一劳永逸,而是意味着更多的压力和责任。只有不断学习,勇于进取,敢于应对挑战,不断在实践中充实和提高自己,才能切实担负起国家级非物质文化遗产传承人的责任。各位传承人要珍惜荣誉,以身作则,充分发挥榜样作用,努力在文化传承中发挥重要作用。第一,要加强对专业技能的学习和钻研,不断学习新知识,积极参与各项文化交流和研讨活动,开阔视野,拓展思路,不断促进非物质文化遗产的传承和发展,使源远流长的非物质文化遗产与当代社会相适应、与现代文明相协调,保持民族性,体现时代性。第二,要加强道德修养。要严格自律,保持洁身自好,不要为商业利益诱惑。第三,要不断提升思想境界。要以宽容的胸怀、虚心的态度,积极与其他传承人进行专业交流,互相学习,共同推进优秀传统文化的传承和弘扬。

长期以来,广大非物质文化遗产传承人扎根民间,默默耕耘,为传承民族瑰宝,弘扬传统文化做出了重要贡献。这次在人民大会堂举办"国家级非物质文化遗产项目代表性传承人颁证仪式",是对广大传承人多年来为传承和发展中华优

秀传统文化所做的积极贡献的充分肯定。希望广大传承人珍惜荣誉，更加深刻地认识到自己承担的光荣任务和肩负的崇高历史使命，继续发扬默默耕耘、甘于奉献、专心致志、勤奋刻苦的精神，继续为非物质文化遗产保护工作做出更大贡献！

（在国家级非物质文化遗产项目代表性传承人座谈会上的讲话，2008年4月24日）

切实推进中国传统工艺美术的保护与发展

一、工艺美术是中华民族传统艺术

中华文化拥有5000多年历史,源远流长,博大精深,而且以一贯之,在人类文明中起到很大作用,从断代到现在有历史记载的有4000多年。在中国文化发展过程中,经历了诸如商周、汉唐、明清等文化自身发展的繁荣期,也经历了1840年帝国主义列强打开中国大门的外来因素的影响期。在中国文化未曾间断的5000多年发展过程中,工艺美术起到了非常重要的作用。看一个民族的历史就是看史证(即典籍)和文物。从文物层面来划分的话,文物中包含了大量的工艺品,所以考证一个时期的文化发展、一个时期人类的文明程度,很多是通过考察墓葬的出土文物。根据这些出土文物的工艺水平、文化内涵、文化符号来判断一个时期的文化,是我们认识历史的科学方式。比如马王堆等墓葬的出土文物印证了中国历史发展的很多方面,包括丝绸织造技艺、琢玉技艺、纺织技术、铁器制作技艺的历史发展水平等。又如,四川三星堆遗址出土的大量文物记载了这个区域的文化发展历史。

所以我认为,工艺美术对中华民族的文化发展有很大的作用。

中国文化传统是通过两个渠道来传播的。一是通过整理史籍来传递,即通过整理著书、修书这些方式来传承。从春秋战国时期的史籍记载中我们知道,在当时每个家族就有了家谱。到了宋代,开始有国史。另外一个重要的传播渠道就是通过民间文化形式,从各种民间戏曲到各种工艺美术。如何理解"工艺""美术"这两个词?"工艺"实际上就是一种生产过程、生产的流程,这实际上是满足人们生产生活需要而进行的活动,比如制陶、制瓷等,生产出来的工艺品就是餐具等具有实用功能的器物;"美术"是文化;将"工艺"和"美术"连到一起,就是给器物加上了文化的符号。

工艺美术是传承中国文化的重要载体。前两年我到甘肃去,他们那里的很多陶瓷品上有龙的图腾。他们解释说,因为在中华民族历史发展进程中经常出现水怪的种种传说,于是人们就想有一个能够战胜水怪的东西。看到青蛙不怕水,早期的人们就在陶盖上画上青蛙图案。后来人们觉得青蛙力量很小,就把几个青蛙连到一起,那么青蛙拉得更长了,最后成了龙。当然这是一家之言了,但是我觉得有一定的道理。

这个例子说明人们的认知能力和水平很多时候就隐藏在这些工艺品里面,寓意于造型与图案的形式中，成为了文化符号，记载着一个民族的历史。陶瓷烧造技艺的发展在各个朝代都有自己的体系，家具的制作技艺也是如此。我们通过不同的时代风格的工艺作品，可以感受到不同时期、不同地域的人们所具有的独特的文化理念。

由于中国的工艺品记载了中国民族发展的历史，因此它是中华民族文化的重要组成部分，是承载一个民族文化的载体。中国的工艺美术对世界文明进程的发展也很重要。汉代以后，中国的陶瓷、丝绸、玉器等工艺品通过各种渠道远播到世界各国，成为中国文化很重要的传播载体，并影响着世界文明发展。当时法国很多中产阶级以上的家庭，一定要摆上中国的瓷器和其他类别的工艺品，来显示自己的文化品味和地位。现在欧洲的众多博物馆中大多设有中国馆，而这些中国馆的陈列藏品又多是中国瓷器。可以说，一方面，工艺美术记载着一个民族的文明程度、一个国家的发展历史；另一方面，中国工艺美术及其作品在增进世界各国人民了解中国、认识中国和中华民族增进文化自信的过程中也发挥着重要作用。因此我认为，应该从更深的文化意义，站在更高的认识层面，来看待中国工艺美术的历史和工艺美术事业的未来。

二、继承和发扬工艺美术传统的意义

新中国成立后，党中央和国务院对工艺美术事业非常重视，1953年就举办了"全国民间美术工艺品展览会"。当时工艺美术局归属轻工部，胡明同志担任工艺美术局局长。轻工部还专门设立了一个工艺美术学院。这些都说明当时的工艺美术事业发展很快。

十一届三中全会以后，我国国民经济受"文化大革命"的影响，面临着十分严重的困境。在这种情况下，我国还是建立起了现在的工艺美术事业基础，各地做了大量卓有成效的工作。当时，如北京景泰蓝、牙雕等很多工艺美术企业在海内外有重要影响，一批大师成长起来了，创作了许多精美的令人震撼的作品。建立于1956年的中央工艺美术学院也培养出了一批又一批人才。

中国的工艺品在发展经济的大潮中，配合旅游开发，进入到大批量生产状态，工艺美术事业看起来很繁荣，但是其面临的挑战是前所未有的。

第一个挑战是市场经济。市场经济使一些人对经济利益追求的速度不断加快。而这种急剧加快的追求，就导致了对资源的掠夺性开采。我老家是河北邢台的，那里的很多邢瓷制品出口到日本。很多人大量开采邢瓷瓷土资源，现在矿源在不断减少，所以政府不得不做出一个决定，要封存矿源。这种片面追求经济效益、追求GDP的做法深刻影响了工艺品文化内涵的丰富性。我们都觉得现在很多工艺品越来越没有味了。"味"是什么？就是文化内涵。所以我认为市场经济给工艺美术界带来的冲击是很大的。大工业生产固然能很快使产品规模化，但是它使很多手工传统的记忆失去了。在这种大工业生产背景之下，小工业怎么办？我们现在还没有一个很好的政策保障机制，包括税收、销售等方面。

第二个挑战是国际化。十一届三中全会以后，中国实行对外开放，开始面向世界，和其他国家自由交往的机会越来越多。在互联网时代，国际贸易对中国的影响很大，外来文化也不可避免地影响着我们。而我们还没有建立自己的文化体系基础，我们是从"文化大革命"直接进入改革时期。鸦片战争之后我们一直在批判传统文化，承载传统文化的文化符号也不断地受到冲击，一些非常传统的文化理念在工艺过程中消失了。改革开放后，外来的冲击影响到很多行业。比如说建筑业，它所受到影响的结果就是外国的建筑物在我们生活的空间中比比皆是。站在北京的长安街上，如果没有中国人的话，如同置身国外。我认为外国人到"798艺术区"之类的地方高价收购具有中国传统文化元素的东西，实际上就影响了中国人的价值取向，但是现在政府还没有出台一个很好的管理办法。1999年，美国中央情报局发布了一个令，这个令被很多媒体引用。他们说，美国对中国的政策就是改变中国人的价值观，就是要让他们丢掉勤劳的作风，丢掉长期受到熏陶的传统文化，让他们去乱交，让他们去懒惰，这都是见诸文字的东西。他们很重视中国人的文化传统，这些文化传统对中国人起到过非常好的教化作用。而工艺品上承载的文化是我们传统中华民族文化的重要形式。对于这一点，很多人没有文化自觉。所以在接受外来文化影响的同时，在严重地缺乏文化自觉的情况下，外国文化对中国民族文化的冲击在文艺作品中多有体现。

第三个挑战是体制和机制。在计划经济时期，我国有一个工艺美术局，在行业政策指导下，受一些部门管理。但是我国实行市场经济以后，工业部门从计划经济转到市场经济，撤销了轻工总会这种小部门。在这种分割的局面下，国家管理理念变化了，使得轻工行业的管理部门如国资委、经贸委之类也随之变来变去。国家应该重视相关政策的制定，比如颁布条例、颁布文件等。我觉得现在没有形成一个比较好的机制，因此也就没有人专门去研究这些问题，这是一个过渡期。现在我们的工艺美术事业不仅是企业，它应该是我国文化事业的一个重要组成部分。因此国家应加快制定和完善相关政策，支持传统工艺美术行业的发展。

政策是一项事业适应时代发展重要的调节方式。目前工艺美术事业的发展还没有建立起一个行之有效的体制。这是一个演变的过程。比如评一个工艺美术大师，评选的机构变来变去，最后是国家发改委在做这项工作。国家发改委虽然在这方面做了大量的卓有成效的工作，但是国家发改委作为国务院的一个职能部门，肩负着一个国家发展较为宏观的决策执行职能，不可能也没有精力去专门研究工艺美术这项事业的发展。另外，由于部门之间的分割问题，国家发改委做起协调工作来也很困难。这是我们前进中出现的一些问题，有些问题在一定程度上影响到事业的发展。我认为现有的机制和体制对我国传统工艺美术业的发展产生了一定的不利作用。这个问题需要引起我们的重视。

三、继承和发展中国工艺美术事业,保护非物质文化遗产

我国的非物质文化遗产保护工作(原来叫"民族民间文化保护工作")已经开展3年了。应该说工作开展初期所包含的工艺美术方面的内容还不太多。随着这一工作的开展,中国不断参加联合国教科文组织保护文化遗产的活动,联合国教科文组织提出的非物质文化遗产保护这一概念在我国逐步形成。所以我们就将"民族民间文化保护"改成了"非物质文化遗产保护"。对于非物质文化遗产的定义,比较多的说法就是各族人民世代相承的、与人民生产生活活动密切相关的各种传统文化表现形式(如民俗活动、表演艺术、传统知识和技能,以及与之相关的器具、实物、手工制品等)和文化空间。非物质文化遗产的范围有:口头传统,包括作为文化载体的语言;传统表演艺术;民俗活动、礼仪、节庆;有关自然和宇宙的民间传统知识及实践;传统手工技能;与上述表现形式相关的文化空间。可以说,非物质文化遗产实际上涵盖了人们生产生活的各个方面。

最近这几年,在非物质文化遗产保护方面,我们开展了很多工作,举办了许多活动,在此给大家做一个汇报。一是对各地非物质文化遗产的生存状况、生态状况进行普查。二是建立了国家非物质文化遗产名录体系,有国家级、省级、市级、县级。国务院于2006年公布了第一批国家级非物质文化遗产名录共518项。以后每两年公布一次,双数年公布,单数年申报。现在正在准备第二次公布。三是建立传承人保护机制。目前已经公布了两批国家级非物质文化遗产项目代表性传承人,共有777人。今后国家级非物质文化遗产项目代表性传承人的公布也是每两年进行一次,单数年公布,双数年申报。随着这两个机制的建立,国家在经费投入、政策支持方面会采取一系列措施。四是建立各种类型的非物质文化遗产博物馆和传习所。五是陆续设立文化生态保护区,即在非物质文化遗产比较丰富的地区设立保护区。目前已经公布了闽南文化生态保护实验区、徽州文化生态保护实验区。一个有效的非物质文化遗产保护机制正在逐步建立。但要形成配套的政策,还需要有一个过程。希望在座的专家能够进一步关注这件事,更多地给予支持。同时也希望更多的传统工艺美术项目和传统工艺美术大师能够借助我们建立的体系,充分利用这种保护机制,推动传统工艺美术事业的继承和发展。

在继承和发展中国工艺美术事业、保护非物质文化遗产方面,我主要谈以下几点认识。

(一)继承和创新是中国传统工艺美术发展的必由之路

继承是针对传统而言的,它体现了文化的多样性,体现了我们对历史及所承载的文化的尊重。如果一个文化是一个民族的符号,我们中国的工艺美术一定要体现中华民族的特点,从这一点来说,继承是第一位的。现代科技迅猛发展,利

用现代科技能够发展自我。中国工艺美术史本身就是一个发展的历史，中国的工艺美术不断在吸收先进的工艺的过程中，得到了传承与发展。这一点从陶瓷工艺的发展进程中就能够看出来，各个时期都有发展，都有创新。

（二）建立适应市场经济特质的体制和机制，是我国传统工艺美术发展的关键

随着我国市场经济管理体制逐步完善，国家会陆续考虑建立和完善传统工艺美术的体制和机制，包括政府部门的管理职能，设立一些重点的收藏单位、院校、科研单位，也包括对一些重要项目及其生产厂家制定更好的配套政策等，这些措施将形成一个体制和机制的整体框架。比如占地面积有几万平方米的国家工艺美术馆，据我了解，当时是以工艺美术馆的名义立项的，现在只剩下2000多平方米的展厅面积。现在因为有些问题还没有弄清，所以还不能开馆。该馆有一些展品非常好，人的灵魂能够为之震撼。但是展品仅有500多件，多年来没有再收藏新的东西。因此称之为"国家工艺美术馆"，从目前的状况来看，就显得名不副实。所以一些专家向国务院领导建议建立中国工艺美术馆。温家宝总理、国家发改委对此事非常重视，都在做策划，想经过几年努力，建立起一个能够真正体现中国工艺美术水平的工艺美术馆来。这个工艺美术馆应该体现出一个民族的精、气、神，它所收藏的作品应该是这个时代中华民族的工艺美术精品，应该体现这个时代的大师水平，并引领我国的工艺美术事业。我想，这个馆的立项在不久的将来就会批下来，现在正在进行有关的程序工作。新的中国工艺美术馆有望在最近几年之内落成，还希望专家能够予以关注。此外，一些工艺美术院校应该加大人才培养的力度，特别是在传统工艺美术人才的培养方面需要进一步加强。

（三）建立健全政策对于发展中国传统民族文化事业具有重要意义

尽管已经有了《传统工艺美术保护条例》，但现在的政策机制仍然很不完善。对于传统工艺和现代工艺，税收政策上应该有一些区别。同样的税收政策会导致多数人不愿意从事传统手工行业，因为一件手工制品的生成所耗费的时间和精力比起现代工业制品要多得多。因此对于传统文化应该有保护性的政策。这是政府的责任，也是一个民族的责任，没有哪一个民族不重视保护自己的文化传统。关于这一点，我觉得主要的原因是我们的文化自觉还没有建立起来。

（四）建立适合现代特色的工艺美术体系

很多同志认为不需要太重视工艺美术，我觉得其实不然。现在我们既要有我们传统的东西，同时也要吸收外来的先进东西，这样能够形成既具有时代特征又不失民族传统的的东西。工欲善其事，必先利其器。我觉得理论指导对工艺美术事业非常重要，我们在这个方面重视得还不够。传统工艺美术的实践需要总结，

需要形成文字的东西,需要形成理论,这其中还应包括科技理论。过去我们传统工艺美术的传承、发展靠感觉、靠经验,现在有了现代的科学技术,要把中国的传统理念和科学技术结合起来,形成我们当代的中国工艺美术体系。它对这个时代中国历史的发展有着总结的作用,对下一步的发展也具有重要的指导作用。

现在我们有了工艺美术大师的队伍建设,专家在理论这方面也有了一定的研究深度和成果。我认为还应该通过学校教育以及各种培训,使从事传统工艺美术的人越来越多,培养掌握精湛技艺的工艺美术人才。职业技术学校的教育就是特别适合培养传统工艺美术方面人才的形式,它不单单是培养熟悉大型机器生产的人才。在培养人的模式上还应该继续探索。过去工艺美术传承很重要的方式是师带徒。现在以这种方式培养出来的人没有学历,而现代人的就业、薪资、福利制度均与学历挂钩,所以要创新机制,改变现在的一些制度。按我们现在的制度,启功先生怎么能到北京师范大学当教授呢?梁漱溟先生怎么能到北京大学当教授呢?他们的学历仅有初中水平,但都是一代国学大师。这些问题都需要总结和反思。所以我觉得在人才的培养上,要不拘一格,要采用多种形式。当然这需要有关方面的政策支持,需要多方研讨来推动相关机制的建设。在文化系统,我们愿意为传统工艺美术事业的发展多做努力,愿意配合国家发改委有关方面推动一些行业政策的形成以及体制、机制的完备,共同把我国的传统工艺美术事业搞好。

(在"中国传统工艺美术保护与发展研讨会"上的讲话,2008年4月26日)

加强非物质文化遗产保护
努力推动文化大发展大繁荣

党的十七大报告提出：要"加强对各民族文化的挖掘和保护，重视文物和非物质文化遗产保护"。我国的非物质文化遗产是中华民族特有的精神财富，对维系中华民族特征，保持中华文明的延续发挥了重要作用。加强非物质文化遗产的保护，对于弘扬中华文化，提高国家软实力，构建社会主义核心价值体系，建设中华民族共有精神家园，增进民族团结和维护国家统一以及实现经济、社会全面、协调、可持续发展具有重要意义。

一、非物质文化遗产保护的必要性和紧迫性

（一）什么是非物质文化遗产

"非物质文化遗产"在2006年是媒体热门词汇，在社会上也产生了很大影响。非物质文化遗产到底是指什么？为什么叫非物质文化遗产呢？实际上，这是从国际上引进来的一个词汇，最早我国把它叫做民族民间文化，因为在国际范围内，包括国际公约都叫做非物质文化遗产，所以我们就借用了这个称谓。非物质文化遗产指的是各族人民世代相承的、与人民群众生产生活密切相关的各种传统文化表现形式和文化空间。主要包括：①各种口头表述，包括各民族的民间文学以及作为其载体的语言文字；②各种传统表演艺术，包括音乐、舞蹈、戏剧、曲艺、杂技、木偶、皮影、宗教表演等表现形式；③社会风俗、礼仪、节庆，包括重要的节庆、游戏、运动和重要集会等活动，有原始感的打猎、捕鱼和收获等习俗，日常生活中有意义的居住、饮食、习俗，人生历程（从出生到殡葬）的各种仪式、亲族关系及其仪式、确定身份的仪式、季节的仪式、宗教仪式；④有关自然界和宇宙的知识和实践，包括时空观念、宇宙观，对宇宙与宗教的信仰，图腾崇拜，记数和算数的方法，历法纪年知识，关于天文与气象的知识和预言，关于海洋、火山和气候的知识和技能等，农耕活动和知识，植物的知识等；⑤传统的手工艺技能和文化创造形式，包括传统的冶炼等传统工艺技术知识和实践，医药知识和治疗方法，书法与传统绘画，保健与体育知识，畜牧产品、水产品、果实的处理，食品的制作和保存，烹饪技艺，工艺美术生产、雕刻技术，包含设计、染色、纺织等环节在内的纺织技艺，丝织技术，人体传统彩绘技术等；⑥与上述表现形式相关的文化空间，即定期举行传统文化活动或集中展现传统文化表

现形式的场所（兼具空间性和时间性）。

我国是一个统一的多民族国家，中华文明具有鲜明的多元一体特征。56个民族的文化多姿多彩，共同构建了中华文明的丰富与完整。我国非物质文化遗产的多样性、丰富性与独特性一直为世界所瞩目，是我国文化身份的象征。加强非物质文化遗产保护工作，将充分展现我国丰富多彩、璀璨多姿的非物质文化遗产，展现各民族团结一心、奋发向上的精神风貌，极大地提升我国的文化软实力，增强我国的影响力；同时，以非物质文化遗产为媒介，推动国际文化交流活动，也是作为文化大国的中国对世界文明的延续和可持续发展做出的重要贡献，是增强我国文化软实力的需要。

（二）非物质文化遗产在中华文明发展史上的作用

非物质文化遗产在中华文明发展史上起到非常重要的作用。中国文明的传承通过两个渠道。一个是通过经典渠道来传承，就是国有史、方有志、家有谱。这种传承是知识分子完成的，通过文字、典籍，包括易代修史、易代修书，不断地来传承文化。另外的一个渠道就是通过民间形式，即民间的习俗和民间工艺等来体现一个民族的文化。民间形式的文化是国家主流文化的重要来源，同时又是一个国家主流文化的重要传承方式。比如说唐朝流行的竹枝词，就是经过诗人在民间的采风，整理之后进入典籍的。中国的戏曲也是这样：刚开始产生的时候，就具有了程式性、虚拟性和综合性，体现了中华民族的传统道德。各种习俗更是民间文化的重要表现。大家知道二十四节气，在周代已总结形成，这是人们在农耕社会对自然的一种观察和理解。当节气加入了文化内涵，便成为了习俗。比如说端午节。这些传统节日是传承一个民族文化的非常重要的形式。中华民族文化之所以能够传承下来，和精英文化与非物质文化遗产都有直接的关系。非物质文化遗产对继承一个民族的血脉和DNA发挥了重要作用，对维系一个民族的团结、保持一个民族的文化特性产生了重要的作用。

在世界文明的发展史上，有两河领域的巴比伦文明、古埃及文明、古印度文明、古希腊文明、古罗马文明等，但是这些文明都没有延续下来。中华民族的文化能够延续下来，非常重要的一个原因就是物质文化遗产和非物质文化遗产的记载。今人和古人的对话靠什么？有文字，有文物。比如《战国策》记载下来的东西，我们还看得懂，还能去研究它。司马迁在《史记》中记载有"三皇五帝"的传说，我们根据传说再推算民族的历史。通过很多典籍，这个民族的历史得到了记载。所以我们的祖先对于我们的文化遗产是很注意继承和整理的。

中华民族的文化是多元一体的，正因为有了多元一体的文化，才形成了多元一统的国家。天下大势，合久必分，分久必合，最终走向统一，这是中华民族的一个总体趋势。文化的交融又带来文化的繁荣和发展。第一次文化大交融是在春秋战国时期，带来了秦汉时期的文化繁荣。春秋战国时期设坛讲学蔚为风气。这些文化活动促进了文化的发展，使大家互相借鉴、互相学习。为什么出现了汉族？是因为汉朝在世界产生了重要的影响。"汉字""汉文化"和中药的"汉方"等，都是当时形成的。第二次文化大融合是魏晋南北朝时期，几百年的文化交融，出现了隋唐的文明。唐朝是中国历史上最兴盛的时期之一。第三次文化大融合是宋辽夏金元时期，到元实现统一，中西方文化交流非常活跃，印刷术传到西方，是引起文艺复兴的重要原因之一。明清时期，中国文化逐步走向成熟和稳定。目前正处在又一次文化大融合时期，其特点是东西方文化、各民族文化相互交融，必然会对中华文明的发展产生更大影响。

在多元一体的文化发展过程中，中国形成了儒、释、道的文化传统，成为中国文明的核心。儒、释、道的核心，实际上有非常好的合理性。儒家学说调整人和人之间的关系、人和社会的关系，所谓修齐治平，"修身、齐家、治国、平天下"，"仁者爱人"。道家学说调整人和自然的关系，就是尊重自然，所谓"道法自然"。佛教是在东西汉之间传入中国的，用了上千年的时间，到禅宗形成完成了中国化的过程。佛教学说给人一种调整自我、战胜自我的文化理念。儒家学说调整人和人的关系，道家学说调整人和自然的关系，佛教学说调整人内心世界的关系。在文化的融合发展中，形成了中华民族独特的道德体系和价值观，在人与自我的关系上，强调塑造崇高人格，"慎独"，"立德立功立言"，"三军可夺帅也，匹夫不可夺志也"，"富贵不能淫，贫贱不能移，威武不能屈，此之谓大丈夫"。在人与他人关系上，强调人际关系、人伦关系、群体关系，即"父慈、子孝、兄良、弟悌、夫义、妇听、长惠、幼顺、君仁、臣忠"。在人与民族和国家的关系上，主张关心社稷民生、维护民族独立和保卫中华文化，即"先天下之忧而忧，后天下之乐而乐"，"天下兴亡，匹夫有责"。在人与自然的关系上，强调"天人合一""与天地参"等，为中华文化不断注入生机活力，从而对人类文明的发展产生了重要的影响，特别是汉唐文化影响了世界。十六七世纪后中华文化传播到欧洲，利玛窦等传教士将大量的中国经典译成拉丁文在欧洲出版，对欧洲文明产生了重大影响。康德认为，斯宾诺莎的无神论完全是受老子的影响。莱布尼兹在《中国近事》一书中说："在实践哲学方面，欧洲人不如中国人。"法国思想家认为中国哲学为无神论、唯物论与自然主义，此三者为法国大革命的哲学基础。法国伏尔泰说："中国为世界最出色的最仁爱之民族。"他还将《赵氏孤儿》译为《中国孤儿》剧本，在法国上演，风靡一时。德国大诗人歌德说："在中国，一切都比我们这里更明朗、更纯洁、也更合乎道德"，"他们还有一个特点，人和大自然是生活在一起的"。自唐以后，中国文化波及日本、韩国、东南亚等地区，它们以中国为师，形成"儒家文化圈"。

中华文化源远流长，几千年文明留下的璀璨军事文化及其精品，不仅是文化建设的宝贵财富，也是激发民众战争伟力的精神源泉。比如富于表现力的军事文学名著《三国演义》《水浒传》《封神榜》等，书中塑造的传奇人物与宏伟悲壮的历史,在人们的生活中产生着广泛而深远的影响,那些英雄好汉、忠臣良将,为世代人民所传颂、崇敬。还有那些描写边塞战争、军旅生活、塞上风光等题材的边塞诗歌,"但使龙城飞将在,不教胡马度阴山"的国防精神,"射人先射马,擒贼先擒王"的战术思想,"青山处处埋忠骨,何须马革裹尸还"的英雄气概,无不迸发出中华民族保家卫国、英勇善战的尚武精神和至大至刚、视死如归的浩然正气,激励着一代又一代的中国军人为了国家和民族的生存,英勇不屈、前赴后继、勇往直前。可以说,这些军事色彩浓郁的文化,是一种无形的潜在力量。

我们常常看到,很多外军的著作,在第一页引用的是中国古代的兵学名言。其中,《孙子兵法》堪称世界第一兵书。2000年,美国哈佛大学把《孙子兵法》评为人类5000年以来10部影响最大的著作之一。书中的"避实击虚""上兵伐谋""知己知彼、百战不殆""出奇制胜""以迂为直"等兵法谋略,充分体现出中华民族的智慧和创造力。我国传统军事文化包含的维护国家统一、谋求和平的军事理念,强调先谋而后战的军事思维,令文齐武、礼法互补的治军思想,崇道尚义、以仁为本的军事伦理等,在今天仍有现实的借鉴意义。中国古代军事思想是世界文明的瑰宝。发掘中华民族的文化潜力,创新发展有中国特色的军事思想,是打造文化软实力的重要方面,应成为我们这一代人的重要历史使命。

(三)保护非物质文化遗产面临着严峻的形势

刚才我讲了一下非物质文化遗产的概念和它在中国文明发展史上发挥的重要作用。但是从现在看,保护非物质文化遗产的形势是非常严峻的。100多年来,中国社会形态发生了巨大变化。特别是鸦片战争以后,中国沦为半封建半殖民地社会,不断受到外敌入侵,国力衰微,中国的传统文化总体不断受到冲击,原有的以儒家文化为基础,产生于小农经济基础上的核心价值体系被打破,新的价值体系尚未建立起来,中华民族的核心价值观出现缺失。清朝中后期闭关锁国,对世界了解甚少。魏源的《海国图志》在日本再版6次,在中国却几乎无人知晓。这个时候英国发生了工业革命,生产力水平迅速提高;法国在大革命之后也迅速发展起来;俾斯麦又统一了德国,德国迅速走向强盛。这几个欧洲国家迅速发展起来。当时英国打过来的时候,道光皇帝还不知道英国在哪。在此之后,中国的大门被坚船利炮轰开,就不断受到帝国主义列强的入侵。大家对此有很多反思,其中重要的一点是认为文化落后。到五四运动进一步上升到文化层面。有一部分人全面否定中华文化,又有人喊出了"砸烂孔家店"的口号,在倒洗脚水的时候把婴儿一块倒掉了;否定汉字,主张拉丁化;否定中医。后来中国外敌入侵、战乱不断,所以谈不上文化建设。新中国成立之后,我们的文化建设有了很大发展。中国共产党注重继承中华民族传统文化。但是我们也走了弯路,发动了"文化大革命"。"文化大革命"对传统文化的破坏在中华民族的历史上也是少见的,对一个民族的文化理念形成了严重的冲击,文化认同感下降。

十一届三中全会以后，中国开始了改革开放的伟大历史进程。30年来经济快速发展，综合国力明显增强，为世界瞩目。特别是党的十七大提出全面建设小康社会的奋斗目标，中国正步入健康发展的快车道。人们的思想观念发生了深刻变化，思想道德建设遇到了不少新情况、新问题。我们应该居安思危，对此有清醒的认识。

一是全球化对中国的影响。在全球化进程中，文化活动与经济的界限越来越模糊，文化因素渗透到经济活动的各个领域，文化与经济的联系越来越紧密。物质产品艺术化、物质经济文化化的趋势正在加强。文化生产和创造趋向商品化、产业化，文化创造成为经济增长的推动力。文化竞争力提到事关综合国力、国家经济安全和文化安全的高度。

在现代科技条件下，文化的渗透不可阻挡。在经济、军事等有形竞争的背后，进行的是更加激烈的思想、文化等软实力的竞争，即意识形态领域的竞争、价值观领域的竞争。一些西方国家为了维护自己的利益，一直都在不遗余力地凭借经济、科技和军事优势，不断地对发展中国家特别是社会主义国家进行文化与思想的渗透，企图把自己的价值观渗透到全球活动的各个方面，企图在价值观的较量中抢占先机，企图"不战而胜"，打一场无硝烟的战争。这已经成为少数霸权主义国家的重要战略和策略手段。20世纪末美国中央情报局《十条诫令》里面这样说，"尽量用物质来引诱和败坏他们的青年，鼓励他们藐视、鄙视、进一步公开反对他们原来所受的思想教育，特别是共产主义教条。替他们制造对色情奔放的兴趣和机会，进而鼓励他们进行滥交。让他们不以肤浅、虚荣为羞耻。一定要毁掉他们强调过的刻苦耐劳的精神"；"只要他们向往我们的衣食住行、娱乐和教育的方式，就是成功的一半"；"要利用所有的资源，甚至举手投足，一言一笑，来破坏他们的传统价值。我们要利用一切来毁灭他们得到的人心。摧毁他们的自尊自信的钥匙，就是尽量打击他们刻苦耐劳的精神"。作为美国政府海外电台的美国之音，每周对华的普通话广播为84小时，每周的藏语广播为28小时，每周的粤语广播为14小时。各种文明之间的冲突越来越激烈，融合的趋势不断增强。文化在综合国力竞争中的地位越来越重要，谁占据了文化发展的制高点，谁就能够更好地在激烈的国际竞争中掌握主动权。

二是市场经济的影响。改革开放以来，随着市场经济的发展、经济结构的多元化、利益关系的多样化以及西方社会思潮的大量涌入，我国出现了价值观和信仰多样化的趋势。利己主义、"金钱至上"、"商品拜物教"等价值观也滋长起来。一些人出现了信仰缺失状态，价值观扭曲、道德观扭曲，消费腐败现象层出不穷。

在由传统的农业社会向现代工业社会转型的时期，原有的农业文明状态下的文化形态和方式在现代化的冲击下面临更大的困境。大批有历史、文化和科学价值的非物质文化遗产遭到不同程度的破坏，甚至由于传承人的逝去而濒于消亡，加强非物质文化遗产保护工作已迫在眉睫。20世纪50年代，我国有戏曲戏剧368个种类，到80年代初减少到317个，2005年只剩下267个，其中一半剧种只能业余演出，有60个剧种没有保存音像资料。一些掌握绝活的艺人年龄老化，后继乏人；一些依靠口传心授传承的文化遗产正在不断消失。传统文化生态遭到了严重破坏，社会道德状况令人堪忧。因此，我们迫切需要加强社会道德建设，建立核心价值观，以统领人们的思想，主导社会思潮的走向，引导全社会在思想道德上共同进步。

三是社会教育机制还不完善。长期以来，我们的社会教育缺失，学校教育中忽视对学生的道德教育，特别忽视中国传统文化知识的教育，在教育内容上重知识、轻道德，在教育方法上思想教育口号化。由此在思想政治工作中出现了"一手硬、一手软"，方法和手段不适应新形势要求等问题。邓小平同志曾说，"最近十年……我们最大的失误是在教育方面"。后来他又强调说，"这里我主要是讲思想政治教育"。这说明我们的思想政治工作还不能完全适应时代的要求，加强对青少年的思想道德教育，形势还相当严峻。

改革开放之初，讲究效率优先，兼顾公平，城乡之间、各群体之间收入差距拉大，出现不和谐的社会问题。在一个没有宗教传统的国家，如不进行道德教育，十分危险。建设社会主义核心价值观、巩固全党全国人民团结奋斗的共同思想基础的需要非常迫切。中华民族传统文化、传统道德的缺失，给社会带来了一系列问题，我认为应该很好地做一些反思和总结。每一个炎黄子孙都应该有责任来面对现实，提高文化自觉，保护珍贵的文化遗产。只有这样才能够重塑民族精神，增加民族认同，使中华民族的传统道德很快地恢复起来。

二、保护非物质文化遗产是贯彻科学发展观，培育社会主义核心价值观的重要方面

胡锦涛同志在十七大报告中强调，社会主义核心价值体系是社会主义意识形态的本质体现，要建设社会主义核心价值体系，增强社会主义意识形态的吸引力和凝聚力。当前，世界范围内思想文化的交流日益频繁、交融不断深化、交锋更加激烈，国内社会思想文化领域多元、多样、多变的特征日益明显，各种价值观念相互激荡。在这种形势下，确立社会主义核心价值体系，引领整合多样化的社会思潮，巩固全党全国各族人民团结奋斗的共同思想基础，十分必要。加强非物质文化遗产保护，是推动文化大繁荣大发展的重要基础，是培育社会主义核心价值观的重要方面，对于构建社会主义和谐社会，具有重要意义。

核心价值体系，是一个政党的行动指南，是一个国家的主心骨，是一个民族的灵魂。非物质文化遗产来源于各族人民长期的生产生活实践，体现了中华民族所特有的生活方式、道德观念、审美趣味和艺术风格，表现了中华民族强大的向

心力和恢宏的气度。它生长于民间，繁荣于社会，贴近实际、贴近生活、贴近群众，无论是在价值观念上还是在艺术形式上都为广大群众喜闻乐见；它蕴涵着深刻的人与自然、人与社会以及人与人之间和谐相处的理念，以及爱国为民、重诺守信、勤劳勇敢等中华民族优良的传统道德品质，是当前和谐文化建设的重要文化资源和社会主义核心价值观的重要文化基础，对维系中华民族特征，保持中华文明的延续发挥了重要作用。加强非物质文化遗产的保护，对于弘扬中华文化，提高国家软实力，构建社会主义核心价值体系，建设中华民族共有精神家园，增进民族团结和维护国家统一以及实现经济、社会全面、协调、可持续发展具有重要意义。

任何社会都有自己的核心价值体系，这是一定的社会系统得以运转、一定的社会秩序得以维持的基本精神支撑。不同的社会形态有不同的价值体系和核心价值观。党的十六届六中全会第一次提出建立"社会主义核心价值体系"，指出"马克思主义指导思想，中国特色社会主义共同理想，以爱国主义为核心的民族精神和以改革创新为核心的时代精神，社会主义荣辱观，构成社会主义核心价值体系的基本内容"。在四项基本内容中，马克思主义指导思想是灵魂，中国特色社会主义是主题，以爱国主义为核心的民族精神和以改革创新为核心的时代精神是精髓，社会主义荣辱观是基础。这一概括既突出了我们党和国家的指导思想，又强调了社会主义理想信念的重要作用；既继承吸收中国文化的优秀传统，又结合当今社会主义精神文明的本质特征，指明了社会主义和谐文化的发展方向。社会主义核心价值体系是建设和谐文化的根本，是形成全民族奋发向上的精神力量和团结和睦的精神纽带，是社会主义意识形态的本质体现，是社会主义制度的内在精神和生命之魂。

军队的核心价值观与军队所肩负的使命紧密相连。面对一个多种思潮涌动、多元价值观碰撞、多种信仰并存的时代，我们这支军队具有什么样的核心价值观，是值得关注和研究的问题。在多元价值观并存的时代，军队作为担负特殊使命的集团，只有确立了科学而又稳定的核心价值观，才能避免因多元思潮的相互冲撞而导致精神世界的紊乱，才能保证在多元价值观中塑造主流精神，保证我军拥有不竭的力量源泉。我军要保证以昂扬的战斗精神履行新使命，就必须以核心价值观作支撑。因为对军队来说，承担的是包括生命在内的牺牲，这种牺牲是任何物质不能交换的，只能借助精神的力量来支撑。军队履行使命需要强大的战斗精神作支撑，而战斗精神源自广大官兵心灵中坚守的核心价值观。

核心价值观也被称为"关键信念"。一支没有信念的军队不但没有凝聚力，更谈不上战斗力。一支军队具有什么样的核心价值观，既关系到这支军队的发展方向和命运，也关系到这支军队的建设质量与水平。当社会出现信仰危机、行为失范、道德缺失的状况时，人们重视物质价值远远高于重视精神价值的现象，也毫不例外地波及和渗透到军队。如果认为新军事变革仅仅是技术与装备的变革，而对思想、观念上的变革始终未予足够关注，就会成为影响战斗力生成的制约因素。

世界主要国家的军队基本都有清晰的核心价值观。比如美国著名的西点军校强调"责任、荣誉、国家"，这些核心价值观都是他们教育训练的内容，以促进官兵品格的形成和战斗精神的培养。又如，法国军队强调的是"纪律、忠诚、献身"，印度军队倡导的是"克制、自尊、守纪、集体精神"，等等。这些都是为军队履行职能服务的，其特征主要表现为：第一，将核心价值观所蕴涵的政治性内容以爱国、爱制度和爱生活的方式反映出来。西方国家军队所灌输的政治思想一般不是通过政党政治来体现，而是通过爱国、爱制度、爱生活方式来体现。第二，核心价值观中充斥着个人品质和职业道德要求的内容。西方国家的军队大多实行职业化，因此他们认定职业道德的培育是核心价值观得以形成的基础，相应地从职业道德层面做了大量的行为规范。第三，将宗教理念纳入核心价值观的范畴。借助宗教信仰来激发官兵的战斗精神是西方军队普遍的做法。如美军信教人数高达95%，美军在其武装部队成员的行为准则中清楚表明："我相信上帝，相信美利坚合众国。"

在我国民族发展、解放和军队创建、壮大的历史进程中，核心价值观早已存在于民族和军队的血脉之中。比如"养兵千日，用兵一时"的价值判断，"古来征战几人回"的千年追问，都映射出军队是一个承载最大牺牲的集团，这是不可更改的价值选择和道德底线。我军听党指挥、服务人民、英勇善战的优良传统，其实就是我军的核心价值观的基础和体现，我军的辉煌历史就是用这一核心价值观铸造的。当代中国军人的核心价值观是：使命、忠诚、纪律、牺牲。使命是核心，忠诚是前提，纪律是条件，牺牲是要求。回顾我军走过的艰难历程，在争取民族解放的斗争中，中国共产党领导的人民军队，在物质条件等硬实力极其孱弱的情况下，靠的就是独特的思想政治这种软实力优势，鼓舞士气，英勇杀敌，赢得胜利。在军队建设发展的历程中，我军形成了一整套独具特色的思想政治工作方法体系，"听党指挥、英勇善战、服务人民"成为我军核心价值观建设的核心。在革命军队成立初期，通过"三湾改编"对旧军队人员进行思想、精神的重塑。在战争年代，我军十分重视发挥文化工作队的作用，以多种老百姓喜闻乐见的形式积极宣传党的政策，发动群众，让老百姓了解我们党、我们军队，自愿投身到革命事业中来。革命战争年代形成的井冈山精神、长征精神和延安精神，在社会主义建设时期形成的雷锋精神、"两弹一星"精神和载人航天精神，成为军队建设的宝贵精神财富，成为新时期中华民族精神的重要内容。

文化是核心价值观形成的土壤，核心价值观又统领着文化建设的发展方向。核心价值观是军队战斗力之"魂"。从军事视角看，文化软实力是军队战斗力的重要组成部分，是通过文化的作用，体现于军队组织体系、军人价值观、军事学术、军事决策艺术、军事素养等方面的"软性能力"。它对军队的作用方式是潜移默化的，作用性质是根本性、基础性的，它总是"润物细无声"地融入军队建设的方方面面，其作用不亚于传统概念中的物质基础方面的硬实力。这一点，我国古代哲学家老子的说法很典型。他的《道德经》称："天下之至柔，驰骋天下之至坚。无有入无间，吾是以知无为之益。"意思是说：天下最柔软的东西，能战胜天下最坚硬的东西。这十分形象地揭示了软实力的特殊作用。文化软实力建设涉及军事领域的多个层面，其最核心的内容还是军队的核心价值观，这是军队文化软实力建设的"魂"。一支军队战斗力的提升，既要夯实装备等硬实力根基，也要靠思想政治、军事素养、战斗精神这些文化软实力支撑。一支军队的文化水平越高，军事文化发展越繁荣，思想政治建设越过硬，战斗力必然越强。外军对文化软实力建设向来重视，如美军在军队中编配有牧师，战争期间组织国内的歌星、电影明星到战场上慰问士兵，战后对参战人员进行心理治疗，等等，其文化软实力建设可见一斑。

在经济、社会发展的过程中，对我国丰富多样的非物质文化遗产进行有效保护，并进而促进经济社会的全面、协调、可持续发展，是落实科学发展观，构建社会主义和谐社会的必然要求。对非物质文化遗产保护的重视与否，不仅是衡量一个国家和民族文明程度的重要标志，也是衡量一个社会是否能够保持协调发展和可持续发展的重要方面。我们要通过开展非物质文化遗产保护工作，使我国的优秀文化传统薪火承传，提高整个民族的文化素质，维护健康的文化生态，为实现经济、社会全面、协调、可持续发展，构建社会主义和谐社会发挥重要作用。

三、加大力度，做好我国的非物质文化遗产保护工作

非物质文化遗产是中华民族传统智慧的结晶，是民族文化绵延传承的血脉，体现了中华民族的生命力和创造力。我们要从贯彻落实十七大精神的高度，增强保护民族文化遗产的责任感和使命感，坚持"保护为主、抢救第一、合理利用、传承发展"的方针，逐步建立起比较完备的、有中国特色的非物质文化遗产保护制度，使我国珍贵的非物质文化遗产得到有效保护、传承和发扬。

（一）提高认识，正确处理非物质文化遗产保护中的各种关系

第一，要处理好保护与利用的关系。同物质文化遗产一样，非物质文化遗产具有不可再生性。因此，加强对非物质文化遗产的保护并使之传承下来，是当前非物质文化遗产保护面临的最紧迫任务。一方面，要坚持保护为主、抢救第一，抓紧对具有重大历史、文化和科学价值，并处于濒危状态的非物质文化遗产项目进行保护，本着实事求是的态度，视非物质文化遗产的具体形态和存在状态，区分不同情况，分类保护；另一方面，要把非物质文化遗产融入社会生活，在保护中利用，深入发掘非物质文化遗产的多重价值，把保护非物质文化遗产同建设新

文化紧密结合起来，同培育民族精神、构建社会主义核心价值体系等紧密结合起来，更好地发挥物质文化遗产和非物质文化遗产在文化传承和文化创新，在建设中国特色社会主义新文化，在满足人民群众精神文化需求、陶冶人们的情操、提高民族文化素质，以及在促进对外文化交流、提升和拓展国家软实力等方面的积极作用。

第二，要处理好传承与发展的关系。非物质文化遗产蕴涵着中华民族的魂魄和精神。保护非物质文化遗产，就是传承民族文化的文脉。我们要在科学认定的基础上，采取有力措施，使非物质文化遗产得以传承，并在全社会得到确认、尊重和弘扬。要坚持继承和创新的统一，充分挖掘非物质文化遗产中的优秀文化内涵，继承和弘扬中华民族的优秀文化传统，学习借鉴世界其他国家、其他民族的先进文化，大力推进文化创新，努力使当代中华文化更加多姿多彩，更具吸引力和感染力。

第三，要处理好精华与糟粕的关系。党的十七大报告指出，"要全面认识祖国传统文化，取其精华，去其糟粕，使之与当代社会相适应，与现代文明相协调，保持民族性，体现时代性"，为开展非物质文化遗产保护工作指明了方向。中国当代文化的形成和发展，离不开民族传统文化的血脉渊源，要在科学对待、积极继承民族传统文化的基础上创新发展。我们要清醒地看到，在包括非物质文化遗产在内的各民族传统文化中，精华与糟粕往往是杂糅一起、共处一体，良莠混杂、瑕瑜互见。因此，我们今天继承民族传统文化，不能囫囵吞枣、食古不化，一定要做历史的、具体的、科学的分析，认真、细致地做一番整理、挖掘和科学扬弃的工作。要善于运用历史唯物主义和辩证唯物主义的观点，立足于中国所处发展阶段的国情和历史任务的客观要求，正确认识、把握人类文明进步的方向和潮流，用科学的态度去清理和扬弃，以剥离其封建的和小农经济的落后的杂质，提炼出与现代文明要求相适应的、体现人民性和民族优良思想道德传统的成分。即使是对传统文化的精华部分，仍需赋予其符合时代精神的新内涵，为建设中国特色社会主义文化服务，为社会主义现代化事业服务。

（二）建立非物质文化遗产保护机制

一是努力完成非物质文化遗产资源普查工作。非物质文化遗产普查工作是我国21世纪开展的一次大规模的文化资源普查。目前，各地的普查工作正在积极稳步展开，取得了阶段性成果。各地文化部门根据本地实际，研究制定普查工作方案，落实普查资金，运用文字、录音、录像等多种手段，对非物质文化遗产资源家底进行了清查，为今后的非物质文化遗产保护工作打下了坚实的基础。截至目前，云南、浙江两省已基本完成全省的非物质文化遗产普查工作。

二是要进一步完善四级非物质文化遗产名录体系。通过建立名录工作，全面认识非物质文化遗产，并予以科学认定，取其精华，去其糟粕，保持民族性，体现时代性。

建立和完善国家、省、市、县四级非物质文化遗产名录体系。2006年5月20日，国务院批准公布了第一批国家级非物质文化遗产名录518项；2007年，文化部组织开展了第二批国家级非物质文化遗产名录的申报和评审工作，现推荐名单已向社会公示。全国各省、区、市都已建立了省级非物质文化遗产名录，据统计共有3842项。在2010年之前，将建立第二批、第三批国家级非物质文化遗产名录。第二批国家级名录2007年申报，2008年公布；第三批国家级名录将于2009年申报，2010年公布。完善各级名录的申报评审机制，上一级名录要建立在下一级名录的基础上。目前重点推进市、县两级名录建设。

根据国家级非物质文化遗产名录项目的不同特点，制定切实可行的保护措施；组织开展各地国家级名录项目保护状况督查工作，对于怠于保护或保护国家级名录不力的地区，建立"黄牌警告"制度，责令当地文化行政部门限期整改。

三是加强对传承人的保护。2006年以来，文化部组织国家级非物质文化遗产项目代表性传承人的申报和评审工作。经组织申报、专家评审、公示、复审等程序，2007年6月，文化部公布了第一批226名国家级非物质文化遗产项目代表性传承人，包括民间文学、杂技与竞技、传统手工技艺、民间美术、传统医药等五大类；2008年2月15日，文化部公布了第二批551名国家级非物质文化遗产项目代表性传承人，包括民间音乐、民间舞蹈、传统戏剧、曲艺、民俗等五大类。第一批、第二批国家级非物质文化遗产项目代表性传承人共计777名。各省、区、市也陆续开展了省级非物质文化遗产项目代表性传承人的认定与命名工作，制定了相关扶持政策，鼓励和支持传承人开展传承活动。2008年2月28日，文化部在人民大会堂隆重举行"国家级非物质文化遗产项目代表性传承人颁证仪式"，给国家级非物质文化遗产项目代表性传承人颁发了证书。

对已经认定的第一批、第二批777名国家级非物质文化遗产项目代表性传承人的传习活动，采取以下方式予以支持：记录、整理有关技艺资料，提供必要的传习活动场所，适当资助代表性传承人授徒传艺或教育培训活动，组织开展研讨、展示、宣传、传播活动，促进交流与合作及提供其他帮助。有计划地征集并保管国家、省、市、县级名录代表性传承人的代表作品，并建立代表性传承人档案。各级财政对列入各级名录项目的代表性传承人也要给予相应的支持。制定出台国家级非物质文化遗产项目代表性传承人认定与管理暂行办法。

四是推进文化生态保护区建设。《国家"十一五"时期文化发展规划纲要》要求在"十一五"期间，确定10个国家级民族民间文化生态保护区，对非物质文化遗产内容丰富、较为集中的区域，实施整体性保护。2007年6月9日，文化部命名了我国第一个国家级文化生态保护实验区——福建省闽南文化生态保护实验区。2008年1月8日，又命名了徽州文化生态保护实验区。目前，一些省份也在积极规划建立文化生态保护区，如湖南省的湘西苗族土家族自治州文化生态保护区、青海省的黄南藏族自治州热贡艺术文化生态保护区等。

文化生态保护实验区要抓紧制定科学的文化生态保护区保护规划和详细的保护方案，落实保护措施，重点保护濒危的传统生产生活方式、风俗习惯、传统艺术、传统手工艺等重要的非物质文化遗产，维护保护区内的文化生态环境。注意与当地的经济建设和社会发展紧密结合，与提高人民群众的生活质量相结合，调动广大群众和社会各界的积极性，使非物质文化遗产与当代社会相适应、与现代文明相协调，在构建和谐社会中发挥积极作用。

五是加强非物质文化遗产专题博物馆、民俗博物馆或传习所建设。建立专题博物馆、民俗博物馆、传习所，将非物质文化遗产加以集中保护和展示，既有效地保护了非物质文化遗产资源，也对青少年和广大群众具有宣传教育作用。目前，北京、河北、云南、贵州等25个省、区、市共建立专题博物馆283个、民俗博物馆164个、传习所276个。这些国有的、民间的专题博物馆、民俗博物馆和传习所，对非物质文化遗产的保护与传承发挥了重要作用。

今后，要进一步推动非物质文化遗产专题博物馆、民俗博物馆和传习所建设。将普查工作收集到的非物质文化遗产珍贵实物资料妥善保存到博物馆或传习所。除了静态展示外，非物质文化遗产专题博物馆、民俗博物馆和传习所要体现非物质文化遗产的特点，注重活态的展示。

（三）充分调动社会力量，努力形成非物质文化遗产保护的良好氛围

一是加大宣传力度，搞好"文化遗产日"和"文化遗产之都"活动。充分利用各种报刊、广播电视、网络等媒体，广泛开展非物质文化遗产的宣传，普及非物质文化遗产保护知识，增强全社会的保护意识。

每年6月的第二个星期六是我国的"文化遗产日"。"文化遗产日"期间，在全国各地举办丰富多彩的非物质文化遗产展览、演出、论坛、讲座和咨询服务等宣传、展示活动。对在"文化遗产日"活动中表现突出的单位、团体和个人，颁发"文化遗产日奖"。

为广泛调动全社会参与文化遗产保护的积极性，在全国地级以上城市开展申办"文化遗产之都"活动。争取在2008年举办第一届"文化遗产之都"活动。通过申办机制，选定承办城市，举办各种形式的文物和非物质文化遗产宣传、展示活动，吸引广大群众积极参与，提高全民的文化遗产保护意识。

二是积极推进非物质文化遗产保护进入国民教育体系。非物质文化遗产进课堂、进教材、进校园是非物质文化遗产保护可持续发展的根本举措，也是国外非物质文化遗产保护的成功经验。积极与教育部门协商，出台相关文件，将民歌、民乐纳入中小学音乐课，将剪纸、年画纳入美术课，将传统技艺纳入手工课，使中小学生认识、了解和喜爱我国的非物质文化遗产。组织非物质文化遗产进大学

校园，使大学生近距离感受和了解我国优秀传统文化。发挥高等院校学术和人才优势，建立非物质文化遗产教育和研究基地。

三是积极参与国际交流与合作。我国是世界上入选"人类口头和非物质遗产代表作"最多的国家（有昆曲、古琴艺术、新疆维吾尔木卡姆艺术以及与蒙古国联合申报的蒙古族长调民歌4项），也是加入联合国教科文组织《保护非物质文化遗产公约》较早的国家，并以高票入选保护非物质文化遗产政府间委员会。2007年4月，随温家宝总理访日，在日本举办了"守望家园——中国非物质文化遗产专场晚会"，受到一致好评。4月16—20日，在巴黎联合国教科文组织总部成功地举办了"中国非物质文化遗产节"，展示了我国非物质文化遗产保护成果，受到联合国教科文组织和各国代表的高度赞赏。5月23—27日，我国承办的联合国教科文组织保护非物质文化遗产政府间委员会特别会议在成都成功举行。我国还加强了与蒙古国的合作，就蒙古族长调民歌保护工作落实了相关保护措施。

关于周边国家"申遗"问题。最近几年，我国对跨境民族、周边国家的以及起源于我国，传播至周边国家地区的非物质文化遗产申报"人类口头和非物质遗产代表作"问题非常关注。我国就曾成功地与蒙古国向联合国教科文组织联合申报蒙古族长调民歌为"人类口头和非物质遗产代表作"。由于非物质文化遗产的流变性特点，许多起源于我国的一些非物质文化遗产，在流传过程中，为周边国家和周边民族所接受，并加以改造和发展。对于这个问题，我们要用历史的辩证的观点去认识，既要坚决维护国家的文化主权，同时也要冷静客观对待其他国家的"申遗"。要立足于国内的保护工作，首先把国内的保护工作做好。目前，我们启动了建立申报"人类口头和非物质遗产代表作"预备清单制度，对涉及跨境民族、周边国家的非物质文化遗产项目，要给予重点关注和优先考虑。

四是积极推进立法工作，加强政策理论研究。国家十分重视非物质文化遗产的立法工作。1997年国务院颁布了《传统工艺美术保护条例》。1998年以来，文化部会同全国人大积极开展了民族民间文化保护立法的调研，起草了法律草案。参照联合国教科文组织《保护非物质文化遗产公约》的精神，该法更名为《非物质文化遗产保护法》，并已列入全国人大立法工作计划。我们将积极推动《非物质文化遗产保护法》的立法进程，争取早日出台，为非物质文化遗产保护提供法制保障。

加强非物质文化遗产的理论研究与探讨。通过召开论坛和专题研讨会，推广非物质文化遗产保护的典型经验，研究和解决保护工作中遇到的具体问题。编写非物质文化遗产培训教材，鼓励和资助非物质文化遗产保护研究成果的出版。

（2008年5月16日在国防大学的讲课提纲）

灾区重建中要加强非物质文化遗产保护

这次会议的主要目的就是按照国务院的要求，就灾区的非物质文化遗产保护、灾后的重建规划和工作恢复问题做一次如何开展实际工作的研究。所以，参加这个会的有灾区县的代表，有灾区的省、地、市和县里面的非物质文化遗产保护工作的负责同志，还有各个领域的专家。应该说，为期一天半的座谈会，大家从各个不同的角度，对于灾后非物质文化遗产恢复、设施重建工作提了很多非常好的意见，特别是基层的同志也谈了基层的一些情况。所有这些意见、情况，对于我们下一步搞好灾后的非物质文化遗产保护工作将起到很重要的作用。专家从不同的角度对灾后重建都谈了一些重要的意见，高屋建瓴，这些意见都非常重要，对我们下一步搞好工作，提高政策科学性也将发挥非常重要的作用。

今天，我想谈几个问题。一个就是跟大家通报一些情况。党中央、国务院高度重视灾区的文化工作，特别是非物质文化遗产保护工作。所以，关于灾后的建设，中央在灾后重建规划中特别强调要注意这个方面，要尊重各民族人文传统，就是尊重文化。温家宝总理在规划的会议上专门强调，要注重保护文化遗产，保护有特色的少数民族文化。在灾区视察的时候，他也谈到要特别注重对少数民族的文化保护。

最近这段时间，关于灾区重建中的文化遗产保护，李长春、刘云山、回良玉、刘延东等领导同志有过很多批示。这段时间关于非物质文化遗产保护的批示是最多的，有几十次，这是我国最高决策层文化自觉的反映。过去我们国家也发生过较为严重的地震，灾后的重建也搞过。如1966年的河北邢台地震，1976年的唐山地震，这些大地震后也有灾后的重建工作，但像现在这么强调文化工作的，并不太多。这确实使我们做文化工作的同志感到倍受鼓舞。因为中央重视，才有可能使我们的文化工作和文化遗产保护工作，特别是非物质文化遗产保护工作纳入有关规划之中，并得到政策的保证。按照中央的要求，各部门要分别制定相关的规划。这个规划还要和所在省结合，进入国务院的整体规划之中。按照工作进程的要求，在7月20日以前，各个部门要完成规划，最后，形成一个国家的灾后重建总体规划。所以，这个地震灾区的非物质文化遗产保护与恢复重建规划就显得非常重要。只有非物质文化遗产保护工作列入总体规划了，才有可能使我们所做的工作得到保证。如果我们的工作不能够列入规划，那么下一步再争取就很困难了。这也是我们召开这次会议的重要目的之一。文化部对于灾区的非物质文化遗产保护，准备开展两个方面的工作。

第一个方面的工作是由中国非物质遗产保护中心来负责，完成调研工作，并组织《汶川地震灾区非物质文化遗产保护与恢复重建规划纲要》的制定编写工作。文化部成立了一个"羌族文化恢复重建领导小组",明天将召开小组第一次会议,后天这个小组要召开专家委员会的会议,接着就要陆续地和四川省的同志以及相关市县的同志一起,就羌族文化的保护也形成一个规划。文化部在这两个整体的规划的框架下,完成整个文化重建的规划。在这个总体文化规划之下要搞两个规划,一个是针对非物质文化遗产保护的总规划,一个是在总体规划框架下的羌族文化的保护规划,或者说是一个单独的羌族文化保护的规划。所以,此次座谈会围绕制定规划的讨论,就显得非常有意义。希望大家上下配合,把这个规划做好,使我们的保护工作能够列入国家大的规划之中。这是我讲的第一个方面。

第二个方面,就是地震灾区非物质文化遗产抢救和保护工作紧迫性的问题。我最近到四川、陕西、甘肃和重庆4个省市,对于灾区情况做了一些调研。这次地震,在我们中华民族历史上来讲是少有的,波及范围43万平方公里,受影响的人口达4000多万人。震级在8级以上,余震又这么频繁,这是史书上少见记载的。按照民政部的划分,震级在8级以上,有的地方超过8级的极重灾区,达到12个县;重灾区达到33个县,涉及甘肃的4个县,其他都在四川;轻灾区涉及的县就多了,涉及面就更大。比如说陕西受到波及的地区已经到西安,甚至到宝鸡。暗渡陈仓,陈仓的地理位置离震中很远,但因为它在波及带上,所以有的房屋损毁了,有的已经成危房了,有的出现了不同程度的裂缝。当然,云南,还有几个地方也都形成了比较大的一些破坏。由于我们对地震规律的认知程度和把握能力还很有限,所以像地震这种大自然的能力爆发,对人们的生命财产造成的损失就非常惨重。中央非常重视地震灾区的各项工作,并已经采取了一系列的措施,帮助灾区人民尽快恢复生活和生产。在这些惨重的损毁中,文化设施以及文物、非物质文化遗产同样也遭到了严重的损坏。文化部已经基本上了解了这些情况,有人员的伤亡,也有设施的损毁,也有文物的损毁,还有非物质文化遗产实物和资料的损毁,情况是很严重的。那么,有一个统计数字,我在这不讲了,媒体陆续也要公布,大家都可以知道。灾区的同志们亲眼看到房倒屋塌、亲人伤亡,在这种情况下,很多抗震救灾的事迹是非常感人的。确实,我们在座的很多同志在抗震救灾中表现突出,我到安县看到了有个文化站的一些老同志,有的为了抢救群众献出了自己的生命,有的受了伤,像这种情况是很多的。那么,文化部正在研究对文化系统在抗震救灾中表现突出的一些单位和个人要给予表彰,相关的具体措施会另议。

面对突如其来的自然灾害,全国人民对灾区也给予了普遍的关注。这段时期全国人民都在关心灾区,很多人跟我讲离不开电视,尽管看着电视掉着眼泪,但是还要看。心系灾区,支援灾区,成为一个民族的共识。这个时候,我们越发深切地感受到了中华民族的这种坚强力量和我们民族的凝聚力。

面对这样的情况，灾区的非物质文化遗产的抢救和保护是非常急迫的，如果不抓紧时间，有的实物和资料会受到进一步的损害。特别是非物质文化遗产的传承人，有伤亡情况，有中断联系的，传承活动也没有办法正常开展。文化部门基本的、正常的工作也还没有完全恢复起来。刚才几位局长都讲到了以上情况，我在调研的时候也看到了这种情况。我到几个县看，文化部门目前的状况还算不错，有帐篷，有一个办公的地方。但是，帐篷里面的温度差不多都是40度，相应的工作条件非常艰苦，困难确实也很多。目前我们依靠团结互助的精神，作为强有力的精神支持，顽强地开展工作。灾区的很多基层文化行政部门，搞一个锅一块做点饭就这么来生活。正如刚才有个地方的局长所说，这种情况确实不能够持久，基本生活都保证不了，怎么工作？所以，正常的工作秩序、正常的生活秩序没有建立起来，肯定会影响全面工作的开展。目前，正常的工作秩序还没有完全建立起来，需要有一个过程，当然大家也要理解。但是，这一过程也不能持续太长的时间。所以，我认为尽快恢复工作也是非常重要的一个问题。

文化部对灾后的重建工作非常重视。按照国务院的分工，我们负责文化系统的灾后重建规划中文化分规划的制定工作。国务院拟定编写9个规划，9个规划中文化事业的恢复重建工作列到社会事业规划之中，所以我们只是9个规划中一个规划的一个部分。但是，我们深知规划编写的重要性，如果我们应该做的事不在规划中体现，那么最近几年，至少在3年内，灾区的文化事业中一些基本的事项将得不到保证。前不久，国务院部署编写的灾后重建规划中关于文化工作的内容没有单列出来，这主要是因为灾后重建规划的工作定得比较急，主要是首先考虑救人的问题和民生的问题。但是，如果灾后重建规划不把文化包括进去，其内容是不完整的。国务院领导很重视灾后重建工作，因此及时调整规划内容，让文化部参加到灾后重建规划编制的机构中来了。所以，文化部积极落实，很快组织了一个工作组，分赴灾区几个省市做了一些调研工作。调研回来以后，我们要做两件事情：一是按照国务院要求做好规划编写及相关的工作，二是要搞好恢复重建期的文化工作。四川省的郑晓幸厅长特别介绍了安置区灾民的情绪和一些产的实际情况，提出了灾后重建区文化工作的一些建议。四川省文化厅的意见非常重要。在调研中，我们也看到，大面积的灾民安置到一个区域内，按现在的规模就是千把户，千把户就是几千人。大家知道，受灾的群众首先是庆幸生命保下来了。几千人住在一个地方，随后就会出现很多问题：很多人都面临着亲人伤亡和经过几十年积累的家庭财产的损失，顷刻之间什么都没有了，他们难免会有心理的创伤……这些生活的实际问题和相关的社会问题，在一定时候就慢慢显现出来了。

文化工作者在救灾前期的工作中作用可能不是很明显，到了重建时期，文化部门的参与就显得非常重要了。在台湾9·21大地震重建规划中有一个重要的项目，就是对受灾民众的心理修复。心理的修复光靠医学是不完整的，更多时候要靠文化来修复。他们做了一系列的工作，那些工作都是符合人类生存规律的。所以，光解决吃住问题还不行，还要解决人的精神需求问题，要靠文化来医治创伤、平复情绪，来开阔视野、转移注意力。所以说，文化工作在这个时候就显得很重要了。在突如其来的大变故出现的时候，不同的人有不同的变化，可能会出现各种各样的问题。有的是惊恐，有的是痴呆，各种表现形式都可能出现。我们和绵竹文化局的同志跟灾区的小孩聊天时，问了很多问题，但孩子基本不说话。这个孩子看起来挺聪明的，把他带大的外婆、外公都遇难了，他的精神就受到了很大的刺激。像这种情况，有些东西确实显得无力，文化的修复就显得非常重要。当然，其他的综合的社会措施也都要能跟得上去，包括社会治安问题等，要解决根源的问题。因为地震使人们失去了原来生存的社会组织，离开了原来生存的社区，这种邻里之间的互相支持、互相制约失去了，生活链条断裂了、变化了。这个时候，怎么样迅速地在灾民集中居住区修复他们的社会生活链条，是非常重要的问题。而文化是社会生活链条的重要组成部分，修复社会生活的链条，文化自然要参与其中。所以，最近我们从灾区调研回来后，就和中央财政部门进行了沟通，灾后的恢复中文化需要发挥重要作用。

首先，广电部门要解决电视信号尽快恢复的问题。现在灾区基本上看不到电视。今天，广电部开会专门研究这个问题。那么文化上呢，我们正在考虑做几件事：第一，就是按民政部提供的包括甘肃的、陕西的45个受灾县区，每个县配一台流动文化车，价值20多万元。流动文化车要具备图书阅览、电影放映和文化共享工程资讯的播放等条件，到各个灾民聚居点开展流动服务。第二，为每个1000户以上的居住区建立一个综合性、临时性、过渡性的综合文化站。每个站按5万元左右来配置一些资源，包括一些文化共享工程资讯的播放，一些图书资料、桌椅等等，让它成为开展文化活动的场所，服务于居住区的民众。当然，对这些设施的配置，四川省文化厅已经和四川省政府达成了统一意见，设施中的活动板房由当地政府来解决。大家都知道，活动板房的事，胡锦涛总书记亲自督战，到8月10日前完成100万套。据说灾区的全面安置工作要3年时间，客观地讲，有的地方3年能够完成，有的地方3年都不一定能够完成。所以，安置工作还得做几年时间的打算，把过渡期的工作做好。中央财政将拿出6800万元来支持灾区恢复重建期的文化工作。这是要做的第一件事情。

再一件要做的事情，就是近日在四川召开"全国文化系统灾后恢复重建对口支援工作会议"，主要是按照中央的相关工作部署，中央已经拟定了19个省，一个省按照不低于上一年地方财政收入1%的比例安排经费对口支援灾区的相关工作。按照国家发改委的初步测算，像这19个省是按1%安排经费的话，每年是200多亿元。这些经费就是要用于十几个重灾县。我们开这个会，就是让支援省的文化厅长和受灾县的县长、文化局长见面。这个支援包括8个方面的选项，主要是民用住房和公用设施等方面的恢复和重建工作。中央很快就要发文件，部署按照这 8 个方面的选项开展工作。我们召开这个会议，目的就是要强调在进行对口支援的时候不要弱化文化，要让提供支援的各省文化厅，在制定其支援总体规划的组织过程中发挥作用，重视文化重建和恢复的配额。在中央各部委中，文化部抓得比较早，这样我们就可以早一点进入国务院的总体规划中。四川省的有关县要抓紧，早点介入，和省里建立联系，在规划出台之前，把文化修复和保护规划的工作先期做好准备。所以，制定规划方案的时候要强调文化是全方位的，包括设施，包括文物，也包括非物质文化遗产的保护。文化部要形成一个文件，这个文件主要是让支援省的文化厅给省政府的领导看，文化部对此有相关的要求。在此之前，文化部印发了《公共文化设施灾后重建规划指导意见》。这个文件都分别送到各支援省份，由这些省份的文化厅向各省有关领导做汇报，然后将文化支援纳入整体的规划之中，并按照文化部的要求来完成相关工作。一会一文，加大推动的力度，搞好灾区文化设施的恢复和重建工作。灾后文化重建和非物质文化遗产也是有密切联系的，涉及非物质文化遗产的一些硬件，一些博物馆、传习所，包括创造传习条件。文化部将负责推动这件事，各省文化厅就负责总体协调，当然任务最重的是四川。

关于非物质文化遗产保护，我先通报一下相关情况，讲几条意见供大家参考。

第一，就是尽快恢复工作。我非常同意基层几个局长讲的，工作不能够恢复，一切就无从谈起，所以主要是创造条件恢复工作。会后，文化部尽快与灾区的省文化厅就非物质文化遗产相关工作需要哪些基础条件进行沟通。该花的钱就赶快花，该配的设备配下去，使摸清受灾情况的工作能够尽快进行，使传承活动能够开展，使受伤的传承人能够得到资助，能够得到保护。所以，文化部在这个时候一定要把为恢复工作创造条件的工作承担起来，并尽快落实。当然，这项工作的开展还需灾区省份的密切配合。

第二，就是对人的保护，对传承人的保护。开展此项工作首先要尽快摸清底数，再对传承人实施具体的保护措施。比如说，传承人受伤的情况究竟是什么样？他们的家庭居住条件，包括传习活动如何？如果开展传承活动的话，需要哪些条件？特别是国家级名录项目代表性传承人需要特别给予关注。我在四川调研的时候已经讲了一个意见，即如果重灾区不具备条件的，可以到成都市或四川省的其他地方来进行相关工作的讨论，文化部可以为相关工作的开展创造一些条件，提供经费上适当的支持。文化部很快就要发关于申报第三批国家级非物质文化遗产名录项目代表性传承人的文件，希望灾区省份按照要求把相关工作做好。非物质文化遗产涉及的领域很多，所以，我们在评审的时候，也存在对某些领域不熟悉的问题，因为这项工作刚刚展开，有的时候就会缺乏全面把握，在决策上也有空白，也有不够科学的地方。随着工作的推进，我们会逐步地把这项工作做好。

我认为，传承人是非物质文化保护的核心。所以，为传承人的传习活动创造条件很重要。恢复工作以后，首要的任务就是抓传承人的相关工作。几位专家都谈到这个问题，我是非常赞成的。我们要保护传承人，同时为传承人的传承创造条件。如绵竹木版年画的传承人，要让他们能够尽快恢复传承工作。各个省要把省里传承人情况摸清，并在确实具有成为国家级非物质文化遗产名录项目代表性传承人条件的推荐人选中如何进行保护的问题上做认真的研究。

第三，进一步摸清底数，开展实物和资料的征集工作。文化部建立了一个统计的机制，与各省文化厅要定期沟通，不断了解、掌握随着调研普查深入而变动的相关数据。实物的征集和资料的抢救非常重要。这项工作当然是在恢复工作之后开展进行，但要抓紧，特别对受损严重的一些博物馆、传习所，包括收集民间的一些实物，在专家的指导下，要尽快地立足于当地、立足于自己对其进行抢救。这些前人的劳动成果，先把它抢救、保护起来，再研究共享的问题。与此同时，要做好实物资料的保管设施重建和传承活动的基础性保障工作。不及时做好实物资料的抢救工作，一些资料可能在几场雨之后就看不到了，一些实物就会坏掉。特别是这几个重灾县、少数民族地区，要把这项工作很好地抓起来。

第四，就是尽快形成《汶川地震灾区非物质文化遗产保护与恢复重建规划纲要》。为什么要说尽快，因为这个规划纲要是文化规划的一个组成部分。国务院规定是7月20日以前完成各个门类的规划，我们的工作就要尽快推动落实了。今天已经是6月17日。文化部要求，在7月10日以前整个文化的重建规划要完成。所以，非物质文化遗产的规划，至少基本的框架要在月底前完成，这也是此次会议的主要议题。有关的省、县要立即开始着手此项工作。文化部委托由中国艺术研究院/中国非物质文化遗产保护中心负责汇总各省规划，并最后形成整体规划。所以，这个时期各省都要尽快建立专门的队伍，负责落实此项工作。中国艺术研究院/中国非物质文化遗产保护中心已经组建了专家工作组，协助指导各省编写规划，最后在各省完成的规划的基础上，形成《汶川地震灾区非物质文化遗产保护与恢复重建规划纲要》。希望这次会后，还没有动手的省尽快着手此事。这个规划省里完成后，各个市县都要按照省里的整体框架进行分级规划的编写工作。各级规划也是对口支援工作开展的重要基础。

第五，关于羌族文化的保护问题。文化部成立了一个由国家民委、国家文物局等机构参加的羌族文化保护领导小组。随着工作的深入，还要有其他部门参与进来。同时成立三个工作小组。其中一个小组负责单独就羌族地区，主要以北川为中心的羌族集中居住区文物的修复和恢复方案制定。非物质文化遗产方面有一个方案由文化部的有关司局负责。第三个方案，就是羌族文化生态保护实验区的规划论证工作，这项工作要马上着手进行，以四川省文化厅为主，其他方面予以配合。在这个领导小组之下，三个工作小组同时进行。还有一个专家委员会，吸收了各个领域，如文物界、非物质文化遗产保护和民族学领域，特别是从事羌族文化研究的一批专家来参加这个委员会，对羌族地区的文化保护，在形成规划过程中提供参谋和咨询作用。羌族文化生态保护实验区的相关工作也希望有关的地、市给予密切配合。

第六，关于文化部做好非物质文化遗产灾后恢复工作的经费支持的问题。刚才说的怎么样恢复工作，怎么样恢复传承，到底需要哪些钱？经费预算的工作要尽早进行，争取在6月下旬，也就是一周内就把它完成。文化部已经着手进行这项工作了。在今年财政已经决定的地方转移支付的非物质文化遗产经费中，要考虑向灾区倾斜。所以，经费分配原则和方案由非物质文化遗产司和计划财务司尽快完成。

第七，关于数据库的建设工作。建设数据库的工作是非物质文化遗产保护的重要内容。现在灾后的重建，特别要注重资料共享。有关的博物馆、科研单位、学校和专家都有很多珍贵的实物资料和研究成果。希望中国非物质文化遗产保护中心利用好这些资源，设立一个课题，以科学方式做好此项工作，并让这些资料在灾后重建工作中发挥作用。

我还有一个提议，尽快地在中国非物质文化遗产网·中国非物质文化遗产数字博物馆上开通羌族文化数字博物馆，为关注羌族文化保护的人们搭建一个了解、学习羌族文化的平台。羌族是一个古老的民族，文化也很独特，有独特的生产、生活方式和文化的空间，通过这种形式让公众了解它，更加关注它，以便于羌族文化恢复得到各方面的支持。羌族文化数字博物馆建成后，希望媒体做好相应的宣传工作，为提高全社会对非物质文化遗产的认知程度发挥一些积极作用。实际上，非物质文化遗产最能够体现中华民族精神和民族情感。和文物记载历史相比，非物质文化遗产既记载着过去又反映着当代。所以，做好羌族文化数字博物馆，既是推动非物质文化遗产保护的具体措施，也是灾区的非物质文化遗产保护与恢复重建的重要内容。

最后一点，我就制定规划的几个问题跟大家进行一些探讨。会上有几个专家讲得挺好的，我非常赞成他们的意见。一个就是规划一定要注意整体性和科学性的问题。整体性，首先规划要体现一个和自然的和谐关系，只有这样我们才能叫生态保护。因为任何居住人群的地方，其文化都是承载于自然之上的。我们在做规划的时候，要注重当地的自然环境。另外，要处理好非物质文化遗产保护的规划和整个灾后规划的衔接关系。因为我们的规划是灾后整体工作的一个重要组成部分，所以，一定要做好衔接工作。同时，我们制定的非物质文化遗产保护规划要为整体规划的制定发挥积极作用和影响。失去了非物质文化遗产，就意味着生活方式的失去、民族情感的失去、传统文化的失去。所以，这一点是至关重要的。

第二个认识就是文化工作者首先要有文化自觉，然后去影响决策者。我们在决策的时候，要在尊重专家意见的基础上，从实际出发，正确处理好专家意见与工作可行性的关系。

第三个认识就是怎么样调动两个积极性的问题。地震是自然带来的灾难，各级政府都有责任，政府和民众都有责任。我觉得政府不能缺位，这是很对的。最近我看到国外媒体对党中央和国务院的救灾决策行动给予高度评价的报道。在这次救灾工作中，政府官员冲到一线，党政军齐动员，中央领导多次亲临第一线，指挥抗震救灾，这很令人振奋。但是，很多专家也提出了建议，认为光靠政府的力量是不行的。灾后的重建，灾区的群众是主体。因为政府要解决的问题就是群众的问题。政府在发挥主导作用的同时，要调动各方面的力量，特别是调动灾民的积极性，这是至关重要的。所以，文化的重建也是如此。再一个就是调动政府和群众的积极性，这两个积极性都不能忽视。包括我们要形成的规划，体现了政府的主导性，但要推动规划落实，就要让民众能够参与并服从这个指导。所以，灾区重建中，我们的方案，各级政府论证、听专家意见很重要，特别到这个少数民族的聚居区还要注意听取民众的意见，也要尊重民众的意志，因为他们知道盖房子面朝哪好，盖成什么样子好。文化的重建，特别一个地方的民俗的保持，包括建筑风格的保持，还要尊重民众诉求。

第四个认识就是大家谈到非物质文化保护中一个普遍存在的问题，即非物质文化遗产保护和文物保护的差异性。从保护方针上讲，非物质文化遗产强调合理利用、传承发展，而文物是强调加强本体保护的。所谓传承发展，非物质文化遗产一定要融入社会，融入当代，要与人民群众的利益结合起来。因为非物质文化遗产是一个民族的生产和生活方式，以及在此基础上产生的价值观念。但是，任何事物肯定都有一个产生、成长、死亡的过程。这是必然的，任何事物都有这种规律，动植物如此，自然界也是如此，所以非物质文化遗产的项目也是如此。有的就要记载下来，有的就让它传承发展。随着社会的发展，有的东西肯定成为社会记载的东西，有的东西成为发展的东西，它一定能为推动经济、社会的发展发挥作用；否则的话，它肯定没有生命力。所以保护工作要体现时代性。不能给老百姓带来利益，跟民众没有密切关系，就不利于营造全社会良好的保护氛围。所以，对非物质文化遗产保护工作方针的不断深化理解，能够让我们廓清思路。

有一个规划之后，非物质文化遗产既能得到保护，又能得到发展，并能防止掠夺性的开发。当然，现在掠夺性的开发比较多。有些地方的官员急于追求GDP，急于追求财政收入，还没有回到科学发展的道路上来。所以，这个时候需要我们文化工作者有这个理念去影响社会，影响决策者。当然，我们从事非物质文化遗产保护的，应该说要找到自己的一条道路。比如说环县皮影，如果仅仅局限在环县的区域中，大概也没有太大的市场前景，再发展也会很困难。但是如果让皮影走出国门，到很多地方去，作为一个非常重要的保护形式向外传播了，农民也可以走出国门了，也可以参加一些国际的演出了，皮影也就成为产业了。包括陕西的华阴老腔，也是收入不菲，所以人们愿意学习、传承。我举这些例子，就是想谈一个指导思想：我们的保护工作还是要让这些遗产能够融入社会、融入时代，能够给人民群众带来很好的利益，这样才能很好地传承和保护。这也应该是灾区的非物质文化遗产保护与恢复重建工作要考虑的重要内容。

（在"地震灾区非物质文化遗产保护工作座谈会"上的讲话，2008年6月17日）

扎实推进非物质文化遗产普查工作

为深入贯彻落实党的十七大精神，深入学习实践科学发展观，进一步加强非物质文化遗产保护工作，文化部在浙江省宁波市象山县召开全国非物质文化遗产普查工作经验交流会，学习观摩浙江省和宁波市非物质文化遗产普查工作经验，交流普查工作进展情况，研究、部署下一步普查工作。

浙江省在全国开展普查工作中动手早，效果显著。他们的主要做法是：领导重视，统一部署；思路开阔，试点先行；工作主动，发动群众。会议期间，大家参观了浙江省非物质文化遗产普查成果展，考察了象山县的非物质文化遗产保护工作。山东、山西、江苏、宁夏等省区也分别介绍了本地开展普查工作的做法和经验。大家还进行了分组讨论和交流，普遍感到收获很大，深受启发。相信这次会议对推进普查和全国非物质文化遗产保护工作，将发挥重要作用。

下面，我就进一步做好非物质文化遗产普查工作和2009年非物质文化遗产保护重点工作安排，谈几点意见。

一、全国非物质文化遗产普查工作取得了积极进展

根据国务院办公厅《关于加强我国非物质文化遗产保护工作的意见》（国办发〔2005〕18号）精神，2005年6月，文化部在全国范围内部署了非物质文化遗产普查工作。这是全国范围内第一次对各个门类非物质文化遗产进行全面系统的普查。3年来，各地贯彻落实国务院文件精神，政府加强领导，文化部门结合本地实际认真安排，知难而上，积极开展普查工作，取得了阶段性进展。云南省于2005年底、北京市于2007年底率先完成了普查工作；浙江省于今年8月结束普查工作；上海市、山东省田野普查工作也基本结束，目前已进入普查材料的整理、归档阶段；宁夏回族自治区将于今年年底前完成普查工作。大部分省、区、市普查工作正在稳步推进中。许多地方党委、政府高度重视，将普查工作与当地的经济社会发展紧密结合，列入重要议事日程，落实经费，加强领导，为开展普查工作创造了很好的条件。各地充分发挥主动性和积极性，努力探索行之有效的普查工作模式。如浙江省委、省政府高度重视普查工作，分管领导亲自督导，各市、县政府均建立了普查工作组织领导机构，精心组织，落实普查工作责任，积极筹措资金，保障普查工作顺利进行。广东省各地陆续建立了由政府分管领导担任组长和文化部门主管领导担任副组长的普查工作领导小组，并建立了市、县、镇（乡）三级普查工作机构，确保了普查工作各项任务的有效落实。各地文化

行政部门普遍采取先行试点的办法，稳步推进普查工作。通过试点摸索经验，借助试点工作经验理清工作思路，制定了一系列符合当地实际的普查工作措施和具体的操作流程，从而有力地引导、推动普查工作的有效开展和有序推进。许多地方从本地实际出发，边实践、边摸索、边总结，形成了不少行之有效的工作模式。如浙江省宁波市在普查实践中总结了"村报普查线索、乡查重点项目、县做规范文本"的普查工作流程和普查方法，使普查工作从最基层的村落（社区）做起，从动员广大群众参与做起，从提供简单的普查线索做起，推动了普查工作的深入进行。江苏省结合本地实际，实施了"自下而上查报信息，自上而下指导采录，上下联动实施普查"的工作措施。青海省由省文化厅直接组织，抽调骨干力量组成3个普查组，赴各地开展普查工作。山东省采取了"四个一"的普查评估做法，要求以县为单位，完成"一本普查资料汇编、一个档案资料室、一个珍贵实物陈列厅、一个数据库"。

普查取得了积极进展，主要表现在以下几个方面：

一是采集、记录、整理了一大批非物质文化遗产资料，建立了普查档案和数据库。各地采取文字、图片、音像等方式，系统全面地对当地的非物质文化遗产资源进行了详细的记录，并建立了普查档案。浙江省形成普查文字记录1032.1万字，录音记录4525.7小时，普查资料汇编3260余册；上海市共收集文字记录稿12142篇，相关音像资料517份；广东省采集非物质文化遗产资源照片1.8万张，音像光碟3000多盘。

为了科学地记录普查资料和建立完善的普查档案管理系统，一些地方积极推进普查成果的数字化建设。如湖北省宜昌市建立了本地非物质文化遗产资源数据库，甘肃省环县作为全国贫困县也率先建立了环县道情皮影资料管理数据库，将普查工作成果进行数字化整理、保存和展示。

二是征集了一批非物质文化遗产珍贵的实物。各地在普查中也十分注重非物质文化遗产珍贵实物的记录、整理和征集工作。如山东省在普查工作中，征集非物质文化遗产珍贵服饰、建筑构件、生活用具、生产用具、工艺品、道具、乐器等实物10000余件，征集乐谱、剧本、手稿、画稿、书籍等资料15000余件；湖北省通过普查，征集工艺品、生产生活用品等各类珍贵实物72850件，书籍、手稿等各类资料61775件；宁夏回族自治区在普查工作中征集了珍贵实物3530余件，资料2100余本，抢救了一大批珍贵实物和资料。

三是抢救和保护了一大批濒危的非物质文化遗产项目。在普查工作中，各地对新发现的非物质文化遗产项目进行了整理，并对濒危的非物质文化遗产项目采取措施，进行了优先抢救和科学保护，为抢救和保护非物质文化遗产名录项目奠定了基础。如青海省在普查中发现了濒临失传的红陶制作技艺项目后，立即组织专家制定保护方案，实施了有效的保护措施。

四是出版了一批普查成果。一些地方在普查工作中，边普查，边整理出版普查成果。北京市采取了完成一个普查县（区），汇编一个县（区）的普查资料的方式，对全市普查资料进行了汇总，编纂了统一格式的《北京市非物质文化遗产普查项目汇编》（区县分卷本）；河北省出版了《河北民间古乐工尺谱集成》、《中国内画图典》、《中国武强年画艺术》等普查成果；浙江省在普查工作基本结束后，各县（市、区）、地级市以及省里均编辑出版了非物质文化遗产资源汇总资料；福建省泉州市编辑出版了"泉州地方戏曲丛书""泉州民俗文化丛书"和《南音指谱大全》《明刊戏曲弦管选集》等普查成果。

五是培养了一支普查工作队伍。一些省、区、市重视普查队伍培训工作，组织专家开展了边培训、边普查的工作方式，有力地推动了普查工作和队伍建设。如浙江省通过委托培训和自己组织培训等方式，举办了各类普查工作培训班，参加培训人数达17万人；北京市组织举办了普查培训班20余期，培训人数2000多人；江西省开展了省、市、县三级普查培训。通过开展普查培训工作，有效地提高了各地参与普查工作人员的业务水平，培养了一支既懂普查又懂保护业务的工作队伍。

虽然目前各地普查工作总体上取得了积极进展，但距离全国完成普查工作任务的要求和目标还有很大差距。目前全国有59.4%的地（市、州）和57%的县（区）的普查工作正在进行中，但仍有1.1%的地（市、州）和12%的县（区）普查工作进展缓慢。存在的主要问题有：

一是对普查工作的重要性和必要性认识不足。一些地方对非物质文化遗产普查工作未引起足够的重视，缺乏抓紧抓好普查工作的责任感和使命感，未能将普查工作纳入经济、社会和文化发展规划，纳入地方政府的重要议事日程，普查工作进展缓慢。

二是田野普查工作不扎实。部分省份记录普查项目的资料不准确，不完整。有的地区普查未能充分利用录音、录像、数字化多媒体等现代化手段开展田野普查，普查手段单一。有的地区还以项目申报资料代替普查资料。

三是数据库建设进展缓慢。一些地区缺乏非物质文化遗产普查设备和专业人员，掌握和使用现有普查设备和软件的创新能力和开拓能力不够，致使非物质文化遗产普查数据库建设进展缓慢。

四是经费投入严重不足。一些地区普查经费投入不足，非物质文化遗产普查经费难以保证，工作举步维艰，严重影响了普查的进度。

二、克服困难，加大力度，努力完成非物质文化遗产普查任务

普查工作是非物质文化遗产保护的重要任务和工作内容，是关系到非物质文化遗产保护持续发展的基础性工作。必须从落实科学发展观、推动中华文化传承发展和建设先进文化的高度予以高度重视，切实采取措施，认真落到实处。

一要提高认识。开展非物质文化遗产普查，是非物质文化遗产保护工作一项重要的基础性工作，也是抢救、保护和传承非物质文化遗产的重要环节。开展非物质文化遗产普查和保护工作，对摸清非物质文化遗产家底，建立非物质文化遗产名录保护体系，抢救代表性传承人，进一步推进非物质文化遗产保护工作，具有重要的现实意义。同时，必须清醒地认识到，随着现代化和城市化进程的日益加快，许多珍贵的非物质文化遗产正濒临消亡。做好非物质文化遗产普查工作，对濒危的非物质文化遗产项目及传承人进行抢救性记录和保护已经刻不容缓。

只有摸清本地区非物质文化遗产资源的家底，才能正确认识非物质文化遗产的性质和特点，制定科学有效的保护政策和措施，进一步做好非物质文化遗产保护各项工作。

按照部署，普查工作应在2008年底完成。从各地完成的工作实际情况出发，普查验收将从2009年初陆续开始，到2009年底基本完成。困难很大，希望大家齐心协力，克服困难，努力按时完成普查任务。

二要创新工作思路。开展普查工作，任务繁重，工作复杂，必须以创新的思路开展这项工作。要注重"抢救为先"，对于那些濒危项目和年老体衰的非物质文化遗产传承人，要优先安排调查采访和抢救搜集，以免造成人亡艺绝。在开展非物质文化遗产普查和采集过程中，坚持全面调查和真实采录。要严格按照普查工作的原则，在全面性、真实性、科学性上下功夫，真正摸清家底，把普查工作做细、做深、做实。要把普查工作与向全社会普及宣传文化遗产保护知识、全面认识祖国优秀传统文化结合起来，把普查与发动社会力量、调动全民族遗产保护意识结合起来，以政府为主导，发动全社会力量参与文化普查工作，形成全民关心、支持和参与普查工作的良好局面。

三要积极做好验收准备工作。文化部和国家中心将尽快组织专家制定详细的分类普查验收标准，并按照计划，从明年初开始，陆续对各地的普查工作进行验收。各省、区、市文化厅（局）要先对本省、区、市的普查情况进行总结和自行验收，发现问题，及时解决，确保普查目标基本完成。

四要注意整理利用普查成果。普查工作成果主要体现在要有一个调查报告、一份保护清单、一套分省分布图集。编纂出版非物质文化遗产普查分省图集，是完成非物质文化遗产普查工作的重要标志。要按照"统一体例、统筹规划、分省实施"的工作方针，制定全国非物质文化遗产普查分省图集出版计划，并委托中国非物质文化遗产保护中心于今年12月中旬成立编委会，指导和帮助已完成普查工作的省份编纂并陆续出版非物质文化遗产分省图集。各省、区、市要根据普查完成的实际情况，有计划地制定编纂规划，组织专家和学者启动非物质文化遗产普查资料的编纂工作。争取在2010年前完成全部分省图集的出版工作。

五要积极筹措，加大经费投入。文化部将积极与财政部沟通，加大投入，支持各地的普查工作。各地也要积极争取当地政府财政的支持，为普查工作提供经费保障。要采取多种方式，充分调动社会各界包括社会团体、组织和个人的积极性，建立多元化的投入机制，拓宽普查资金渠道。要建立经费使用的管理机制，加强对现有普查经费的严格管理，确保专款专用。

六要加强人员培训。非物质文化遗产普查专业性强，普查工作队伍的业务水平直接影响到普查工作的效果。因此，抓好普查工作队伍培训是整个普查工作的重要环节。国家中心要组织普查专项培训，各省、区、市也要分类别分层次组织本地的普查培训。这次会后，国家中心将在浙江举办普查培训班，学习浙江的普查做法和经验，重点培训一线普查工作人员。普查人员要具备基本的操作能力，持证上岗，不断提高工作水平。

七要表彰奖励先进典型。各地在普查工作中，摸索出一些行之有效的普查方法，涌现了一批先进单位和先进个人，对他们的经验要广泛推广，组织交流，相互学习，取长补短。同时要适时进行表彰奖励，调动基层普查队伍的积极性，加快推进普查工作。在 2007 年的表彰之后，明年将从中选出一批非物质文化遗产普查工作的先进单位和个人进行表彰。

（在全国非物质文化遗产普查工作经验交流会上的讲话，2008 年 11 月 21 日。上海文化遗产网：http：//www. ichshangnai. cn/news/detail. php?id = 57&indexPage = 1）

保护传统技艺　传承优秀文化

近年来，在党中央、国务院的高度重视下，在各级党委和政府的关心下，在有关部门的积极支持和各级文化部门的共同努力下，我国非物质文化遗产保护工作稳步推进，取得了突破性进展，抢救和保护了一批珍贵、濒危的非物质文化遗产，营造了全民参与非物质文化遗产保护的良好氛围，提高了全社会的非物质文化遗产保护意识，为推动文化大发展大繁荣，满足人民群众的文化需求，促进社会主义和谐社会建设，发挥了重要作用。

我国是一个历史悠久的古国，拥有五千年的文明史，拥有辉煌灿烂、不可胜数的文化遗产，包括内容丰富、种类繁多的传统技艺，如铸造、纺织、印染、造纸、印刷、酿造、烹饪等，它们是珍贵的非物质文化遗产，对传承中华民族优秀传统文化，建设中华民族共有精神家园，具有重要意义。

在全球化、城市化和工业化进程中，我国的非物质文化遗产包括传统技艺，无时无刻不在受到严重冲击，其生存环境发生了急剧变化。由于过分追求经济利益，许多非物质文化遗产受到掠夺性开发，生存土壤受到严重破坏。一些传统技艺传承后继乏人，处于濒危状态，面临失传的危险。针对传统技艺目前存在的问题，必须从自觉维护和传承中华民族文化的高度，将传统技艺保护作为目前非物质文化遗产保护工作的一项重大任务。

党中央、国务院高度重视传统技艺的保护与发展，特别是 2006 年、2008 年国务院分别公布了两批国家级非物质文化遗产名录项目共 1028 项，其中传统技艺类项目有 186 项。目前，31 个省、区、市公布了省级非物质文化遗产名录项目共 4155 项，其中传统技艺类项目为 720 项。文化部也于 2007 年、2008 年分别公布了两批国家级非物质文化遗产项目代表性传承人 777 名，其中传统技艺类项目代表性传承人 78 名。各省、区、市和一些地市也相继公布了一批传统技艺项目代表性传承人。这些工作的开展，表明了传统技艺保护越来越受到各级党委、政府重视，也为传统技艺的保护、传承与发展打下了坚实基础。

为加强传统技艺保护，今年 2 月 9—23 日在北京举办中国非物质文化遗产传统技艺大展系列活动，主要内容包括：一是非物质文化遗产传统技艺大展，分为剪纸画绘、印刷装潢、陶冶烧造、雕镂塑作、传统医药等部分，充分展示我国传统技艺保护的成果；二是传统技艺产品销售订货会，主要汇集国家级非物质文化遗产名录项目的一些工艺产品开展商品销售，接洽订货活动，以推动传统技艺及相关产业发展，为拉动内需、扩大就业、促进经济增长做出贡献；三是传统烹饪和副食加工技艺展演，以进一步弘扬和推介我国悠久的传统饮食文化；四是元宵节民俗踩街活动;五是非物质文化遗产生产性方式保护论坛,邀请国家非物质文化遗产保护工作专家委员会专家及相关学者、各地传统技艺类项目保护单位和国家级非物质文化遗产项目代表性传承人代表,以非物质文化遗产生产性方式保护为主题,探讨如何进一步加强非物质文化遗产保护与合理利用、促进非物质文化遗产生产性方式保护与可持续发展。

这次中国非物质文化遗产传统技艺大展系列活动,将集中展示国家级和省级非物质文化遗产名录的传统技艺、传统美术项目133项,其中国家级项目108项,邀请130名国家级和省级非物质文化遗产项目代表性传承人以及14名国家级工艺美术大师参与现场技艺展示活动。在北京的25家"中华老字号"也将在各自的店铺组织活动。参与这次活动的民间艺人有1176名,展出珍贵实物共2322件。可以说,这次活动是新中国成立60年以来,特别是最近几年来我国非物质文化遗产保护工作成果的一次集中展示,也是规模最大、种类齐全、内容丰富的一次传统技艺大展,将充分展示我国非物质文化遗产资源的丰富内涵和独特魅力。

这次中国非物质文化遗产传统技艺大展系列活动的意义重大。一是将进一步宣传、展示丰富多彩和博大精深的中华传统文化,扩大我国优秀传统文化的社会影响,增强广大群众保护传统文化的意识,努力为提高国家文化软实力,建设中华民族共有的精神家园做出积极贡献。二是积极贯彻"保护为主、抢救第一、合理利用、传承发展"的非物质文化遗产保护工作方针,发挥非物质文化遗产资源的独特优势,在保护为主、合理利用的基础上,积极探索对非物质文化遗产进行生产性保护,促进相关产业发展,为拉动内需,扩大就业,推动经济平稳较快增长,做出积极贡献。三是丰富群众文化生活,营造浓郁的文化氛围。这次系列活动中的展览和演出都是公益性的,广大群众可以免费参观,共享非物质文化遗产保护的成果。

目前,中国非物质文化遗产传统技艺大展系列活动正在紧锣密鼓地进行着,希望它能为广大群众献上丰富的精神大餐,为弘扬中华民族优秀传统文化,兴起社会主义文化建设新高潮,做出积极的贡献。

(原载于《经济日报》2009年2月15日第5版)

全社会都应关心支持非物质文化遗产保护工作

2009年元宵节期间，文化部等14个部委和北京市人民政府举办的中国非物质文化遗产传统技艺大展系列活动，每天吸引上万名群众前去参观，在社会上产生强烈反响。这充分说明，非物质文化遗产在我国具有深厚的群众基础，和老百姓的生产和生活息息相关，做好这项工作具有重大的意义。特别在当前全球金融危机的形势下，加快发展传统手工业等相关产业，对于拉动内需、扩大就业、推动经济和社会发展，具有重要作用。

党的十七大报告提出，要弘扬中华文化，建设中华民族共有的精神家园，其中一个重要内容就是加强对各民族文化的挖掘和保护，重视文物和非物质文化遗产保护。非物质文化遗产保护是国家软实力的重要组成部分，是培育民族精神和构建社会主义和谐社会的重要思想文化基础。各级政府都要加大非物质文化遗产保护的力度，全社会都应关心支持非物质文化遗产保护工作。

党的十六大以来，在党中央、国务院的高度重视下，我国非物质文化遗产保护工作取得了突破性的进展，一大批珍贵的、濒危的非物质文化遗产得到了有效的抢救和保护。与此同时，我们也要清醒地看到，随着全球化、工业化、城市化进程的加快，我国非物质文化遗产的生存、保护和发展仍面临着严峻形势。一是文化生态环境恶化，大批有历史、科学和文化价值的村落、村寨遭到破坏，依靠口头和行为传承的各种技艺、习俗、礼仪等文化遗产正在不断消失。非物质文化遗产资源流失状况严重。如20世纪50年代我国有地方戏曲剧种360多个，现在只有200多个，许多戏曲剧种已经消亡或正在濒临消亡。二是由于外来文化的冲击和民族传统文化教育的缺失，许多年轻人的人生观、价值观明显受到西方文化的影响，对民族的历史和文化缺乏认知，非物质文化遗产的传承和发展令人堪忧。三是非物质文化遗产的传承后继乏人，一些传统技艺面临灭绝。四是管理机制不健全。有的地方在未对非物质文化遗产进行有效保护的情况下，盲目地进行开发，急功近利，造成非物质文化遗产的严重破坏。

为此，提出以下几点建议：

一是加快立法进程，使非物质文化遗产保护有法可依。立法保护非物质文化遗产，是国际的通常做法。日本、韩国等国20世纪50年代和60年代分别制定了《文化财保护法》，白俄罗斯、立陶宛等国也有专门保护非物质文化遗产的法律。近年来，我国地方立法进展很快，云南、贵州、广西、福建、江苏、浙江、宁夏、新疆等8个省区通过了省级非物质文化遗产保护条例，为出台全国性保护法奠定了很好的基础。建议有关部门加快立法进程，尽早向全国人大提交法律草案，使其尽快进入立法程序，并争取早日通过该法律。

二是加大投入，为非物质文化遗产保护提供必要的经费保障。经费不足是非物质文化遗产保护面临的紧迫问题。各级财政应继续加大投入，把非物质文化遗产保护纳入本级财政预算，积极建立比较稳定的非物质文化遗产保护经费保障机制。对国家级非物质文化遗产保护项目，要在保护经费上给予重点支持。国家有关部门要抓紧制定和完善有关社会捐赠和赞助非物质文化遗产保护的政策措施，调动社会团体、企业和个人的积极性，形成政府主导、社会力量广泛参与的经费投入机制。

三是加强对非物质文化遗产传承人的保护。传承人掌握并承载着非物质文化遗产的知识和精湛技艺，既是非物质文化遗产活的宝库，又是非物质文化遗产世代相传的重要载体。要在社会地位、经济保障、专业技术资格等方面给予传承人政策支持和制度保障，推动对传承人整体队伍的支持和扶助；要积极搭建展示平台，为传承人生存和传习活动创造切实的空间和条件；支持各个门类的非物质文化遗产建立行业性组织，促进行业健康发展；建立并完善市场经济体制下传承人带徒弟的新机制，通过政府补助或津贴等方式支持传承人开展传习活动，开展创建民间文化艺术之乡等活动，使非物质文化遗产代表作的传承后继有人。

四是加强非物质文化遗产专题博物馆、民俗博物馆或传习所建设。有效地保护普查工作中收集、整理的非物质文化遗产珍贵实物资料，充分发挥非物质文化遗产资源对青少年和广大群众的宣传教育作用。对政府兴办的专题博物馆、民俗博物馆和传习所的建设，要积极支持建设立项，并给予征集、展示经费补助；对社会力量建设的专题博物馆、民俗博物馆或传习所，给予政策鼓励和支持。专题博物馆、民俗博物馆和传习所要体现非物质文化遗产的特点，注重活态的展示，并实行免费开放，增加对青少年和广大群众的吸引力。

五是把非物质文化遗产保护纳入国民教育体系，积极推进非物质文化遗产进课堂、进教材、进校园。要使非物质文化遗产成为对青少年进行传统文化教育和爱国主义教育的重要内容。在国民教育体系中，应该增加传统文化的内容和比重，将民歌、民乐纳入中小学音乐课，将剪纸、年画纳入美术课，将传统技艺纳入手工课，使中小学生认识、了解和喜爱我国的非物质文化遗产。要在高等学校中设置非物质文化遗产保护有关学科专业，开设有关课程，加快相关人才培养；组织非物质文化遗产进大学校园，使大学生近距离感受和了解我国优秀传统文化。鼓励和支持各种优秀文化遗产的教学、研究活动。

六是利用民族传统节日，开展富有特色的文化活动。依托民族传统节日，如春节、清明节、端午节、中秋节等，开展具有鲜明地方特色的节庆活动，把民族传统节日与建设和谐文化、培养文明风尚紧密结合，不断增强节庆活动的广泛性和群众参与性，在活动中加强传统文明礼仪的教育，培养全民保护非物质文化遗产的观念和意识，努力在全社会形成保护非物质文化遗产的社会环境和舆论氛围。

七是制定政策，扶持非物质文化遗产相关产业的发展。我国传统手工技艺等非物质文化遗产主要集中在农村，具有能耗低、污染少、附加值高、适合家庭生产等特点。在当前经济下行期大批农民工返乡、就业压力增大的形势下，积极发展传统手工产业等劳动密集型产业，拉动相关产业和旅游业发展，对于吸纳劳动力就业，扩大农民工就业范围，使农村贫困地区尽快脱贫致富，具有特殊的重要意义。因此，有关部门应加紧研究有关产业政策，在信贷、税收、出口等方面加大政策扶持力度，支持传统手工产业等的发展，努力实现文化资源向经济资源的转化，推动文化和经济、社会的协调发展。

（在全国政协第十一届二次会议联组会上的发言，2009年3月5日）

抓好试点　加强文化生态保护区建设

文化生态保护区建设研讨会今天顺利闭幕了。两天来，福建、安徽等省的同志们分别介绍了闽南、徽州、热贡、羌族文化生态保护实验区的建设情况、经验、存在问题和下一步的工作思路；与会的专家、学者们围绕文化生态保护区建设的重要意义、特点和规律、思路和模式、目标和成效评估等议题，进行了深入研讨，提出了许多富有建设性的意见和建议；与会代表还考察了徽州文化生态保护实验区的建设情况。

这次研讨会的召开，对于总结文化生态保护实验区的建设经验，进一步明确文化生态保护区建设的思路和措施，将起到积极的推动作用，同时对我国的非物质文化遗产保护工作也将产生重要的影响。

下面，我结合文化生态保护工作和非物质文化遗产保护工作，谈几点意见。

一、充分认识文化生态保护区建设的重要意义

建设文化生态保护区是贯彻国务院《关于加强文化遗产保护的通知》、国务院办公厅《关于加强我国非物质文化遗产保护工作的意见》文件的精神，落实《国家"十一五"时期文化发展规划纲要》的要求，加强文化遗产保护，促进文化发展与繁荣，推动生态文明与社会和谐发展的一项重要任务，是我国非物质文化遗产保护的一个创举，是培育民族精神、提高国家软实力的战略性措施，具有重大的理论和实践意义。

（一）有利于推动非物质文化遗产的整体性保护

文物、遗址、建筑物等物质文化遗产作为历史文化的存在和见证，只是一种物化的时间记忆，是固态的和静止的。而非物质文化遗产是人类通过口传心授、世代相传的活态文化遗产，活态流变性是其本质特性。非物质文化遗产的主要载体是人，传承所依赖的也是人。离开人，离开广大民众的现实生活，非物质文化遗产的保护将成为空谈。因此，文化遗产与人、自然环境、社会环境共同构成一个密切关联的统一整体。我们在保护实践中既要重视保护固态的物质文化遗产和活态的非物质文化遗产，又要重视自然和文化生态环境的营造，还要关注文化遗产的创造者和享用者——广大民众的情感和欲求，采取系统的整体性保护，尽量避免孤立、片面的保护。文化生态保护区强调的动态、整体性保护方式是适应非物质文化遗产活态流变性和整体性特征而采取的一种科学保护措施，具有重要的

开拓意义。

（二）有利于非物质文化遗产的科学保护和传承发展

"保护为主、抢救第一、合理利用、传承发展"是我国非物质文化遗产保护工作的方针。文化生态保护实验区的建设最能体现对这一方针的贯彻。

非物质文化遗产活态流变性的特点决定了文化生态的保护不是封闭的、真空式的、一成不变的保护，不是以限制当地经济发展为代价的保护，而是顺应人民群众需要的开放式的保护，是在保护与利用、继承与创新、传承与发展的辩证关系中维护文化生态系统的平衡性和完整性。

非物质文化遗产是珍贵的文化资源，合理利用是对其价值的肯定。闽南的晋江高甲戏剧团，每年演出300多场，既满足了老百姓的文化需求，也为剧团带来了稳定增长的经济效益。按照传统工艺生产的徽墨、歙砚、宣纸已凭借其高品质得到了高回报的经济效益。热贡已形成以唐卡、雕塑、堆绣、建筑彩绘等为特色资源的文化产业群。羌绣作为灾后重建投入少、见效快的手工产业，在羌族民众生产自救中发挥了积极作用。

（三）有利于提高人们的文化自觉，增强民族凝聚力

文化生态保护区是在特定区域内对以非物质文化遗产为核心的具有突出特色和价值的民族文化和地域文化进行整体性保护。通过综合、系统地保护承载特定区域内民族文化、地域文化的非物质文化遗产，在提升当地民众的文化认同感和自豪感的同时，激发文化的活力和潜力。这必将有利于提高文化自觉，增强民族自信心和凝聚力，增进民族团结，维护国家统一。

（四）有利于促进中华文化多元一体格局的发展和繁荣

我国幅员辽阔，民族众多，各民族在长期的历史发展中依据不同的地域条件和文化基础，创造了具有浓郁地方特色和民族特色的非物质文化遗产，形成了独特的地域文化和民族文化。建设文化生态保护区，不仅保护区域内的非物质文化遗产，如民间文学、传统音乐、传统戏剧、曲艺、传统美术、传统技艺、民俗活动等，也保护与非物质文化遗产传承密切相关、作为非物质文化遗产重要载体的有形物质文化遗产，还强调保护文化遗产生存、传承的特定的自然和文化生态环境，这既是遵循中华文化多元一体格局的发展规律要求，也是继承和弘扬各地区、各民族优秀文化传统的需要。

文化部已命名建立的四个文化生态保护实验区中，闽南文化通过口头传统、传统表演艺术、传统技艺和民俗活动体现着汉族传统文化与当代区域经济共融发展的良好关系，徽州文化以文房四宝、徽州三雕等文化表现形式表达着人们的非凡创造力和实践能力，热贡艺术通过唐卡、堆绣、泥塑民间美术作品等诠释着宗

教与信众日常生活的密切关系，羌族文化体现了一个古老民族遭遇灾难、面对灾难时自强不息的精神品格。因此，建设文化生态保护区，对多元一体的中华民族文化的大发展大繁荣、中华优秀文化传统的继承和弘扬具有积极作用。

（五）有利于促进经济社会的协调发展

随着全球化趋势的增强和现代化进程的加快，非物质文化遗产所赖以生存的文化生态发生了巨大变化，大量非物质文化遗产以惊人的速度产生变异甚至消亡。非物质文化遗产在当代社会的这种脆弱与濒危局面，急需有计划地选择一些文化遗产丰富、传统文化生态保持较完整的特定区域，修复受到冲击的文化生态系统，营造、滋养有益于非物质文化遗产生存、传承的文化生态环境和氛围，激活非物质文化遗产的内在活力，有效促进非物质文化遗产的可持续发展。

文化生态保护区旨在构建物质文化遗产与非物质文化遗产相依相存，文化遗产与自然、社会和谐共处的文化生态系统，创造一个有利于经济社会健康发展的文化生态环境，这是落实全面、协调、可持续发展的科学发展观的一项重大举措。

非物质文化遗产是广大民众适应、改造自然的产物，蕴涵着民众尊重自然、利用自然、与自然和谐共处的丰富知识、经验和深刻哲理。文化生态保护有利于维持人与自然的均衡和可持续发展，促进区域生态文明建设。

建设文化生态保护区，可以充分发挥非物质文化遗产在提高群众生活水平、协调人际关系、丰富精神生活中的重要作用；可以将非物质文化遗产转化为经济、社会发展的有效资源，促进区域内经济和社会的协调发展。建设文化生态保护区，保持文化多样性，还将有效推动文化的创新和发展，为建设小康社会提供智力支持，对培育社会主义核心价值观，全面贯彻落实科学发展观具有重要意义。

二、理清思路，积极推动文化生态保护区建设深入开展

建设文化生态保护区，是中国首创的探索科学保护非物质文化遗产的一种模式。已命名的四个文化生态保护实验区是非物质文化遗产的集中区域，是全国非物质文化遗产保护工作的示范区。由于尚无先例可循，这四个文化生态保护实验区发挥着推动我国文化生态保护区建设的引导作用，责任重大。为进一步做好文化生态保护实验区的各项工作，更好地发挥其先导作用，我谈以下几点建议。

（一）进一步理清文化生态保护区的建设思路

文化生态保护区是指在一个文化资源丰富、保存较为完整、具有鲜明文化特色，根据科学规划划定的开展整体性保护的特定区域。

文化生态保护区建设工作要把握以下几个原则：一是坚持整体性保护原则。非物质文化遗产是不同群体（或个人）在不同的环境中创造，并在延续传统的过程中被不断地再创造的"活的"遗产形态，因此它和人类生存的自然环境和物质文化遗产有着密不可分的联系。二是坚持脉象结合、以脉为重点的保护原则。由于建立文化生态保护区，就是要通过对非物质文化遗产构成的文化生态链条进行修复和保护，以实现调适非物质文化遗产与自然遗产、物质文化遗产共融关系均衡发展。三是坚持以人为本，建立有效传承机制的原则。俗话说，只有活水才能养活鱼。非物质文化遗产是各族民众在特定的自然环境、社会人文环境中创造的，其形态、价值与产生的环境紧密相连。非物质文化遗产是以人为载体的活态文化，千百年来生生不息，靠的是人的传承活动。因此，保护区的文化生态建设，最重要的是建立以人为本的有效传承机制。四是坚持政府主导、社会参与的原则。文化生态保护带有明显的导向性，因此必须由政府主导，但政府主导不等于政府包办，不能越位。我们必须认识到，文化生态保护区的核心是生活在保护区内的广大民众，动力来自民众，目的也是为了民众。民众是文化的创造者、享有者，也是文化最直接的保护者。他们对文化的认同、参与程度从根本上决定着文化保护的成效。在文化生态保护区建设中，我们必须正视并充分尊重当地民众的利益诉求和精神追求，关注他们的生活需要，满足他们的文化需求，走群众路线，以人为本，以民为本，调动和发挥群众保护文化生态的积极性和创造性。

（二）以纲要为基础，完善保护规划的制定工作

在已命名的闽南、徽州、热贡和羌族文化生态保护实验区的规划纲要中，既有制定各自实验区总体保护规划的内容，也有制定分类和专项保护规划的内容。已经初步制定了保护规划的地区，要积极组织专家进行科学论证。尚未制定保护规划的地区，要处理好保护与经济社会协调发展的关系，在规划纲要的基础上，形成总体规划方案；在规划方案的基础上，形成实施方案，把方案的制定和实施作为文化生态保护实验区建设的首要任务。没有一份科学的规划，文化生态保护实验区的工作就没有清晰的思路和明确的方向。因此，要加强保护规划的制定工作。

（三）以各级名录项目和传承人保护为重点，全面加强非物质文化遗产保护工作

非物质文化遗产是文化生态保护区的文化生态链条，各级名录项目是构成这一链条的关键环节。做好各级名录的建立、完善工作，科学制定项目的保护行动计划，对有效修复和保护文化生态链条具有重要意义。

传承人是非物质文化遗产的重要承载者、创造者，也是非物质文化遗产的代表性人物。他们维系着口传心授的非物质文化遗产的兴衰。要对保护区内的非物质文化遗产传承人和从事非物质文化遗产的民间艺人进行普查登记，建立基本状

况档案；对其中技艺精湛、热心传承者，可认定命名为省、市级或国家级代表性传承人，对贡献突出者，可予以表彰奖励，给予传承人应有的荣誉和社会地位；同时，制定有利于传承人开展传习活动的优惠政策，为传承人提供传习场所、给予传承活动资金补助、提供展示交流平台，支持区域内传承人开展传承活动。

（四）加强非物质文化遗产传习、展示场馆等基础设施建设

传承人授徒传艺、开展非物质文化遗产传习活动或展示交流活动，需要必要的场所设施。因此，要采用国有、民营、公办民助等多种形式，在实验区内建设各种非物质文化遗产专题博物馆、展示中心、传习所、传承基地，为开展非物质文化遗产传习活动创造条件；广泛征集非物质文化遗产珍贵实物资料，并有计划地将征集到的实物资料收藏到非物质文化遗产传习、展示场馆中来，使非物质文化遗产专题博物馆、展示中心、传习所、传承基地等成为向社会公众宣传展示非物质文化遗产、进行社会教育和传承活动的重要场所。

（五）加大宣传教育力度，调动民众参与文化生态保护区工作的积极性

建设文化生态保护区，优化文化环境，需要加大宣传力度，营造良好的社会氛围。要通过报刊、广播、电视、网络等各种媒体渠道，采取开设专栏、领导采访、专家访谈、电视专题片等多种方式，对文化生态保护区建设进行广泛宣传。利用"文化遗产日"、民族传统节日，举办展览、展演、群众性文化活动，普及文化遗产保护知识，提高全社会参与保护非物质文化遗产的意识，形成全民保护的社会氛围。

要重视非物质文化遗产的普及教育工作，将其纳入国民教育体系，进课堂、进校园，使青少年了解热爱自己家乡的文化遗产，增强文化认同感和自豪感；在职业技术学校或高等院校设立相关专业，培养后继人才；利用各类公共文化设施向社会公众进行非物质文化遗产知识的普及；采取激励措施，使更多的人参与学习、继承非物质文化遗产，不断培养壮大传承人队伍。

文化生态保护区建设是一项长期而庞大的工程，涉及面广，工作量大，需要充分调动各种社会力量参与保护工作，发挥企业、事业单位、研究机构、大专院校、行业协会、民间社团的积极作用，使全社会人人参与保护工作，保护成果人人共享。

（六）加强理论政策研究和人才培养工作

文化生态保护区建设是一项涉及面广的系统工程，理论上的深入研究和探讨尤显必要。要在已有的学术研究基础上，整合各种学科力量，组织学界对文化生态保护理论进行系统的研究，对保护区建设提供有针对性的指导和建议。文化生

态保护区建设又是一项实践性很强的工作，各地应紧密结合实际，针对保护工作中的重大问题，主动咨询专家和寻求指导，科学地开展文化生态保护工作。

文化生态保护区建设还需要相应的人才队伍。各级文化部门要采取请进来、走出去方式，举办各类培训班，提高保护人员和管理人员的业务素质和工作能力；也要主动与有关院校合作，在有条件的院校和科研机构设立相关专业，培养专业人才，为文化生态保护区建设提供充足的人才保障。

（七）提高认识，加强领导，完善保护工作机制

我国非物质文化遗产保护工作的原则是"政府主导、社会参与，明确职责、形成合力，长远规划、分步实施，点面结合、讲求实效"，因此坚持各级政府的主导原则，对推动需要各个部门协调统一的文化生态保护区建设工作就显得尤为重要。

文化生态保护区建设是实现非物质文化遗产活态传承、整体性保护、可持续性保护的重要方式，是当前我国非物质文化遗产保护工作的重要内容，各省、区、市应予以高度重视并纳入工作日程。文化生态保护区的建设是带有导向性的工作，必须坚持政府主导，没有各级政府的领导和支持，是做不好的。因此，首要的是建立健全保护区建设的组织领导机构和工作机构，组织制定相关的政策法规，提供必要的经费保障；统筹协调各有关行政部门和社会各方面力量，加强组织领导。文化行政部门是保护区建设的牵头单位，要加强与相关部门的沟通、协作，组织专家在规划纲要的基础上科学制定保护区的总体规划和实施方案，注重调查研究，不断总结经验，分析解决问题，逐步落实相应的保护措施，尽快呈现实验区建设的社会成效。

拟建立文化生态保护区的地方，要组织专家进行充分的调查研究，把握文化生态保护区的内涵与特点，对特定的区域文化或民族文化形态进行研究，选择合适的特定区域，在科学论证的基础上制定文化生态保护区的规划纲要，并在当地政府的支持下提出申报。

文化生态保护区建设是非物质文化遗产保护和新时期文化建设的一项开拓性工作，没有现成经验可循。希望文化生态保护实验区的同志们以科学求实的态度、积极探索的精神，敢为人先，勇于实践，结合各地实际，充分发挥创造性，探索各具特色的保护模式。各实验区之间要经常沟通交流，相互学习借鉴，深入研究问题，扎实推进工作。文化部非物质文化遗产司、中国非物质文化遗产保护中心要组织专家对实验区的工作加强指导。

文化生态保护区建设是一个长期实践的过程，我们要及时总结实验区的建设经验，深入研究探讨，不断开拓创新，逐步摸索出文化生态保护的规律和方法，积极稳妥地推进文化生态保护区建设。

（在文化生态保护区建设研讨会上的讲话，2009年5月19日）

非物质文化遗产保护工作中要发扬开拓与创新精神

自 20 世纪以来，随着现代科学技术的飞速发展，工业化、现代化和全球化步伐的日益加快，人类原有的生产生活方式受到严重冲击，生存环境不断恶化，自然灾害频繁发生，不仅对经济社会的发展造成巨大影响，而且也动摇了世界各国传统文化的根基，非物质文化遗产也深受其害。因此，自然灾害对传统文化包括非物质文化遗产的负面作用越来越引起世界各国的广泛关注。

2008 年 5 月 12 日，中国四川省、陕西省、甘肃省发生了里氏 8 级的强烈大地震。地震灾区群众生命和财产蒙受了巨大损失，当地的非物质文化遗产遭到严重破坏，39 项国家级名录项目、141 项省级名录项目、256 项市级名录项目、553 项县级名录项目受损。以北川、汶川、茂县和理县 4 个羌文化核心区的非物质文化遗产的损失尤为惨重：许多非物质文化遗产珍贵的实物、资料档案被毁，一些非物质文化遗产专题博物馆、民俗博物馆、传习所塌毁严重，100 多位各级非物质文化遗产项目代表性传承人失去生命或丧失传承能力。这次地震还对整个羌族区域的文化生态环境造成了巨大损害。

中国政府高度重视地震灾区文化遗产抢救保护工作，国家主席胡锦涛、国务院总理温家宝多次指示抢救珍贵的羌族文化遗产。为抢救和保护地震灾区的非物质文化遗产，中国政府采取了一系列紧急措施，调动各方力量，组织人员，及时抢救和保护了一大批地震灾区的非物质文化遗产项目、传承人及珍贵的实物资料，取得了显著成效。这次地震灾区非物质文化遗产抢救保护工作，为提高我们今后抵御和应对灾难能力，提供了难得的经验。

下面，我结合中国的非物质文化遗产保护工作，以及我们开展地震灾区非物质文化遗产抢救与保护的经验，谈谈自己的看法，供各位与会嘉宾探讨。

一、充分发挥政府主导作用，激励全民参与非物质文化遗产保护

中国拥有悠久的历史和灿烂的文化。在五千年文明进程中，中华民族创造了丰富多彩、弥足珍贵的非物质文化遗产。这些非物质文化遗产不仅是中华民族的精神依托和身份象征，也是人类文明的重要标志。保护好中国的非物质文化遗产，对于传承和弘扬中华民族优秀传统文化，维护人类文化的多样性，具有重要的意义。

(一)政府在非物质文化遗产保护工作中发挥着主导作用

中国政府历来重视非物质文化遗产的保护工作,并在近年来全面开展保护工作的实践中,秉承"保护为主、抢救第一、合理利用、传承发展"的方针,按照"政府主导、社会参与,明确职责、形成合力,长远规划、分步实施,点面结合、讲求实效"的工作原则,积极推动非物质文化遗产保护工作。

在中国政府的大力支持下,在社会各界的积极参与下,全国非物质文化遗产全面普查工作已取得阶段性成果,一批珍贵、濒危的非物质文化遗产得到记录、抢救和保护;非物质文化遗产保护机制基本建立,国家、省、市、县四级名录体系基本建立,一大批非物质文化遗产项目代表性传承人得到重点保护,非物质文化遗产保护机构和队伍不断加强;非物质文化遗产保护政策法规不断完善;非物质文化遗产保护意识不断深入人心。所有这些成绩的取得,都与中国各级政府的积极努力和支持分不开。

中国政府在地震发生后的第一时间就制定了一系列抢救保护措施。国务院和文化部等有关部门迅速召集了有关专家对地震灾区文化遗产的受损情况进行了调研和评估,摸清非物质文化遗产资源的受损情况,制定了灾后非物质文化遗产保护专项规划。各地、各部门一方面积极组织专业人员挖掘、整理被掩埋的非物质文化遗产珍贵实物和资料,并对现存的非物质文化遗产实物和音像资料进行抢救和征集;另一方面,妥善安置受灾的传承人,并由各级非物质文化遗产保护中心通过举办培训班等形式对这些传承人进行系统培训,鼓励和资助传承人尽快恢复传习活动。在各级政府的共同努力下,地震灾区非物质文化遗产抢救工作进展顺利,为灾后重建和非物质文化遗产保护工作奠定了坚实的基础。

(二)民众广泛参与是促进非物质文化遗产保护的重要前提

根据联合国教科文组织《保护非物质文化遗产公约》的精神,要"承认各社区,尤其是原住民、各群体,有时是个人,在非物质文化遗产的生产、保护、延续和再创造方面发挥着重要作用","缔约国在开展保护非物质文化遗产活动时,应努力确保创造、延续与传承这种遗产的社区、群体,有时是个人的最大限度的参与,并吸收他们积极地参与有关的管理"。

广大民众作为文化的创造者、享有者,是非物质文化遗产保护的主体,肩负着将非物质文化遗产的技艺、技能和知识延续、发展的责任和义务。非物质文化遗产保护要注重激发广大民众,特别是各级非物质文化遗产项目代表性传承人或传承群体的主动性和自觉性。不仅要对各级代表性传承人和传承群体所掌握的技艺、技能和知识予以高度重视和尊重,还要为他们的传承、发展活动提供各种必要的保障。

中国政府一直将传承人的保护作为非物质文化遗产保护的一项核心内容。

2007年6月、2008年2月，文化部先后批准并公布了两批共777名国家级非物质文化遗产项目代表性传承人名单，第三批711名国家级非物质文化遗产项目代表性传承人名单也将于今年"文化遗产日"期间向社会公布。此外，各省、市、县也逐渐建立了各级相应项目代表性传承人名单，标志着我国非物质文化遗产项目代表性传承人保护机制已逐步走向成熟。

非物质文化遗产是广大民众生活的重要组成部分。因此，在非物质文化遗产保护过程中，不仅要坚持以人为本的原则，尊重民众的生产生活方式和风俗习惯，还要调动他们积极参与非物质文化保护工作的积极性。社团组织、企业等也是非物质文化遗产保护的重要力量，充分发挥这些社团组织和企业的作用，对凝聚民众力量、扩大社会参与、促进非物质文化遗产传承与保护，也有着积极的作用。

在非物质文化遗产保护工作中，民众的广泛参与有力地推动了中国非物质文化遗产保护事业。每年的"文化遗产日"期间，全国各地都有一大批人民群众自发参与非物质文化遗产保护的宣传展示活动；许多志愿者积极投身非物质文化遗产保护、传承，以及各地普查工作；一些社团组织、企业和个人纷纷捐献资金，资助保护濒危、珍贵的非物质文化遗产项目。民众的广泛参与，保护意识的不断提高，对推动非物质文化遗产保护发挥了重要的作用。

二、积极探索多种保护方式，实现全面保护

非物质文化遗产丰富多样，又以活态方式进行传承，与特定的文化与自然生态环境相互依存。因此，非物质文化遗产保护要注重探索符合非物质文化遗产特点的保护方式。

一是整体性保护。所谓整体性，就是要保护非物质文化遗产所拥有的全部内容和形式，也包括传承人和文化生态环境。中国正在积极探索以建立文化生态保护区的方式来逐步实现对非物质文化遗产进行整体性保护。

文化生态保护区是整体性保护的一种探索，它是指在一个经规划特定的区域中，非物质文化遗产（口头传统与表述、传统表演艺术、民俗活动、礼仪、节庆、传统手工技艺等）和物质文化遗产（古建筑、历史街区与村镇、传统民居及历史遗迹等）相依并存，与人们的生活生产紧密相关，并与当地自然环境、社会环境和谐共处。

这次大地震中，羌族聚居的茂县、汶川、理县、北川羌族自治县，以及毗邻的松潘县、平武县、黑水县等地区的文化生态遭到了严重破坏，羌族非物质文化遗产遭受严重的损失。为了对包括语言、服饰、饮食、村落布局、民居建筑、风俗习惯、礼仪节庆、民间艺术、传统技艺等文化表现形式在内的羌族文化进行保护，并恢复羌族区域的文化生态，文化部于2008年设立了"羌族文化生态保护

实验区",以国家、省、市、县四级非物质文化遗产名录项目及代表性传承人为重点保护对象,通过完善名录体系及其传承人认定体系、确立文化空间、建立数据库和数字博物馆、成立专题博物馆和传习所等,对羌族的非物质文化遗产及其文化生态环境进行整体性保护。文化生态保护区突破了以往非物质文化遗产项目的单一保护模式,注重文化遗产与历史文脉之间的内在联系,是中国非物质文化遗产保护工作的新的探索、新的突破和新的保护模式。

二是生产性保护。生产性保护是我们在开展非物质文化遗产传统技艺保护工作实践中探索、总结提出来的非物质文化遗产保护的重要理念,其宗旨是"以保护带动发展,以发展促进保护"。非物质文化遗产生产性保护,是指通过生产、流通、销售等方式,将非物质文化遗产及其资源转化为生产力和产品,产生经济效益,并促进相关产业发展,使非物质文化遗产在生产实践中得到积极保护,实现非物质文化遗产保护与经济社会协调发展的良性互动。鉴于非物质文化遗产是活态传承,也是不可再生的,因此,开展非物质文化遗产生产性保护,应始终坚持有利于非物质文化遗产合理利用、传承发展的原则,以尊重非物质文化遗产的文化内涵为前提,按照非物质文化遗产内在的发展规律进行合理开发和利用,避免发生歪曲和滥用的现象。

2009年元宵节期间(2月9—23日),文化部与国家发改委、科技部、工业和信息化部、财政部等14个非物质文化遗产保护工作部际联席会议成员单位和北京市人民政府,共同举办了中国非物质文化遗产传统技艺大展系列活动,活动内容有:中国非物质文化遗产传统技艺大展,中国传统技艺产品销售订货会,中国传统烹饪和副食加工技艺展演,元宵节民俗踩街活动,非物质文化遗产生产性保护论坛。这次系列活动,充分发挥了非物质文化遗产资源的独特优势和魅力,据统计,仅中国传统技艺产品销售订货会一项商品销售额及订货额就高达500多万元,整个系列活动销售总额突破了1000万元。

积极探索对非物质文化遗产传统技艺进行生产性保护,既能促进相关产业发展,拉动内需,扩大就业,又能推动文化大发展大繁荣及经济平稳较快增长。

三、加强非物质文化遗产保护,对于培育、凝聚民族精神,提高文化软实力具有重要意义

文化软实力是指一个国家或地区文化的影响力、凝聚力和感召力,是一个民族创造力的重要源泉,也为人类社会的发展提供了源源不绝的精神动力和智力支持。非物质文化遗产所蕴藏的民族特定的文化基因和精神特质,对于延续一个民族一脉相承的生产生活方式、风俗习惯和社会行为,起到了不可替代的重要作用。非物质文化遗产鲜活地保留了富有鲜明特色的传统文化精华,是文化软实力的重要体现。

国家主席胡锦涛提出：创造民族文化的新辉煌，增强我国文化的国际竞争力，提升国家软实力，是摆在我们面前的一个重大现实课题。在提高我国软实力过程中，非物质文化遗产是我们取之不尽的源泉。我们开展非物质文化遗产保护工作，在维护非物质文化遗产的延续、传承和发展的同时，要积极发挥非物质文化遗产的独特优势，赋予非物质文化遗产以时代精神和活力，并正确处理非物质文化遗产保护与发展的关系。开展中国非物质文化遗产保护工作，一方面要在全球化进程中保护好本国的非物质文化遗产；另一方面，也要充分吸收和借鉴各国非物质文化遗产保护的经验和成果，进一步推动中国非物质文化遗产保护事业向前发展。

（在"中国成都国际非物质文化遗产节·非物质文化遗产保护国际论坛"上的主题发言，2009年6月2日）

非遗保护：2009 新跨越

今年 6 月 13 日是第四个"文化遗产日"，文化部副部长周和平在接受本报专访时指出，2009 年，是新中国成立 60 周年，也是非物质文化遗产保护工作抓住文化大发展大繁荣的重要契机，实现新的跨越的一年。

今年将进一步贯彻落实党的十七大提出的"加强对各民族文化的挖掘和整理，重视文物和非物质文化遗产保护"的精神，把保护工作同培育民族精神、构建社会主义核心价值体系、拓展国家软实力等紧密结合起来，推动保护工作深入开展，为此将重点开展以下六方面的保护工作：

继续推动生产性保护

为响应党中央、国务院提出的扩大内需和保持经济平稳较快增长的号召，弘扬中华民族优秀传统文化，加强非物质文化遗产保护与传承，推动非物质文化遗产生产性保护和传统技艺相关产业发展，拉动内需，扩大就业，文化部联合非物质文化遗产保护工作部际联席会议成员单位及北京市人民政府，于 2009 年元宵节期间（2 月 9—23 日）举办了中国非物质文化遗产传统技艺大展系列活动。该系列活动充分展示了非物质文化遗产的丰富内涵和独特魅力，有效地促进了传统技艺的保护与传承。今后，文化部将继续发挥非物质文化遗产资源的特殊优势，推动传统技艺生产性保护的理论和实践探索，发展民族工业，扩大内需，为经济增长做贡献。

对各地非物质文化遗产普查工作进行验收

2005 年 6 月，文化部办公厅下发了《关于开展非物质文化遗产普查工作的通知》，部署了全国范围内的非物质文化遗产普查。4 年来，在各地党委、政府的支持下，在各级文化行政部门的努力下，全国非物质文化遗产普查全面了解和掌握了各地各民族非物质文化遗产资源的种类、数量、分布状况、生存环境、保护现状及存在问题；运用文字、录音、录像、数字化多媒体等方式，对非物质文化遗产进行真实、系统和全面的记录；认定和抢救一批具有历史、文化和科学价值的，处于濒危状态的非物质文化遗产项目，为非物质文化遗产保护工作深入开展打下良好基础。下一步，文化部将组织专家，对各地开展非物质文化遗产普查工作进行验收，进一步掌握全国非物质文化遗产资源的基本状况和各地非物质文化遗产保护工作的进展情况。

命名第三批国家级传承人 711 名

为加强国家非物质文化遗产传承人队伍建设，进一步彰显非物质文化遗产项目代表性传承人的重要作用，提高非物质文化遗产项目代表性传承人的社会地位，文化部坚持公开、公平、公正的原则，按照各地推荐、专家评审、社会公示等程序，评审和命名了第三批国家级非物质文化遗产项目代表性传承人 711 名，为代表性传承人开展传习活动创造良好的社会氛围，促进了非物质文化遗产名录项目有效保护，确保了代表性传承人的技艺世代相传。

第三批国家级非物质文化遗产名录明年将公布

按照国务院办公厅《关于加强我国非物质文化遗产保护工作的意见》，国家级非物质文化遗产名录每两年公布一次，2010 年将公布第三批国家级非物质文化遗产名录，2009 年文化部开展第三批国家级非物质文化遗产名录项目的申报工作。各省、区、市将从省级名录项目中严格筛选有重大价值的项目，认真做好申报推荐的各项准备工作。

将在湘粤浙等地建设文化生态保护区

文化生态保护区是推动非物质文化遗产整体性保护的重要方式。已命名的闽南、徽州、热贡和羌族文化生态保护实验区，要组织专家制定科学的保护规划和详细的实施方案，落实保护措施，重点保护文化生态环境以及濒危的传统艺术、传统技艺等重要非物质文化遗产。文化部将继续在湖南、广东、浙江等地推动文化生态保护实验区建设，研究、制定国家级文化生态保护区命名与管理办法。鼓励各地在国家级非物质文化遗产资源丰富的地区，建设非物质文化遗产园区。

提高全社会保护非物质文化遗产的意识

6 月 13 日是我国第四个"文化遗产日"，今年非物质文化遗产保护活动的主题是："弘扬民族文化，延续中华文脉"。6 月 12—14 日，文化部将在北京举办中国非物质文化遗产展演——少数民族传统音乐舞蹈专场，展示我国少数民族传统音乐舞蹈的丰富内涵及独特魅力。6 月 1—13 日，由文化部和四川省共同主办的第二届中国成都国际非物质文化遗产节将在四川成都举行。全国各地也将于"文化遗产日"期间组织开展形式多样、丰富多彩的非物质文化遗产展示、展演、讲座、论坛以及咨询服务等活动，多方位、多角度地展示我国丰富的非物质文化遗产资源，宣传我国非物质文化遗产保护成果，以营造全民自觉保护非物质文化遗产的良好氛围，提高全社会保护非物质文化遗产的意识。

2009 年是新中国成立 60 周年。文化部将组织各地充分利用中华民族传统节日（包括少数民族的传统节日）和"文化遗产日"，围绕新中国成立 60 周年的主题，开展丰富多彩的非物质文化遗产展演活动。

（原载于《人民日报（海外版）》2009 年 6 月 9 日第 7 版）

保护文化遗产　守望精神家园

非常高兴应邀出席海峡两岸媒体产业暨影音市场交流实务研讨会。近年来，在两岸有识之士的共同努力和推动下，两岸在许多领域的交流都有了很大的发展，特别是在文化方面的交流更多、更有成效。作为同根同源的两岸人民，几千年的中华文化正是我们情感联系的纽带和基础。

中华民族生生不息五千年，创造了辉煌灿烂的中华文化。历史悠久，深邃丰厚，丰富多样，意味隽永，是中华传统文化的基本特点。在无比丰富多样的中华传统文化中，儒、道、释文化是它的主干。儒家学说高扬礼乐传统，提倡仁爱之学，是一种注重人际关系的伦理道德之学。刚健有为，修齐治平，礼义廉耻，忠孝节义，仁义礼智信，是儒家的基本价值观。道家学说提倡自然无为，法天贵真，是一种注重人天关系、人与自然关系的学说。佛教思想传入中土后，与中国传统的儒道思想相融合，形成了中国化的佛教即禅宗。禅宗常说"即心即佛""非心非佛"，在修行上讲"不修之修""无得之得"，主张在日常生活中见道成佛，更多地关注人自身精神境界的提升、内心冲突的化解。儒家的人人之和，道家的人天之和，禅宗的心灵之和，共同指向一个"和"字，体现了中华传统文化共同的核心价值理念即和的思想。这种"和"的价值观，至今仍对整个人类处理人与人、人与社会、人与自然、人与自身各种复杂关系提供最基本的准则。

中华传统文化是中华民族宝贵的精神财富，是我们的精神家园。中华传统文化的现实载体与具体体现，便是中华民族无比丰富的文化遗产。这是由我们的祖先一代一代创造、充实、流传到我们手中的宝贵财富，是弥足珍贵的文化资源，是取之不尽、用之不竭的文化宝藏。

实际上，就整个世界范围而言，人们对于保护传统文化遗产的高度自觉，是在20世纪下半叶才逐渐形成的。20世纪六七十年代，由于现代化进程明显加快，特别是大兴水利工程、大力开发旅游业等，人们发现在世界范围内因此而遭到破坏的古迹、文物要远远多于两次世界大战对古迹文物的破坏。严酷的现实让世人警醒，于是联合国教科文组织于1972年通过了《保护世界文化和自然遗产公约》。不久，人们发现，这个公约所界定的文化遗产只包括"文物""建筑群"和"遗址"这些物质文化遗产，人类文化遗产中另外一种独特的类型，即那些通过口头传授、以活态形式流传的无形文化遗产并没有被包括进来。这种无形的、活态的文化遗产，是一定民族、群体古老的生命记忆和鲜活生动的文化基因，体现着一定民族、群体的精神智慧。而就其内容和内涵来说，远比物质文化遗产更为丰富多样，深厚博大。这样，到1997年，联合国教科文组织创立了

"人类口头和非物质遗产代表作"公告制度;2001年,通过了《世界文化多样性宣言》;2003年,通过了《保护非物质文化遗产公约》,使整个世界掀起了一个非物质文化遗产保护的热潮。需要说明的是,"非物质文化遗产"这个词语,就是日语中的"无形文化财"。"非物质文化遗产"的译名源自联合国教科文组织公布的《保护非物质文化遗产公约》中文文本。由于这一中文文本与该公约的其他几种文本具有同样的法律效力,所以大陆目前统一使用这一译法。

60年来,大陆地区除十年"文革"那段特殊的历史时期外,一直十分重视传承中华民族优秀传统文化,保护文化遗产。政府成立了国家文物局,制定了《文物保护法》,分批公布国家级文物保护名单和国家级文物保护单位,形成了一套行之有效的文物保护制度。古籍文献本来是文物中的一个重要组成部分,但由于古籍文献保护的特殊性和重要性,2007年1月,国务院办公厅颁布了《关于进一步加强古籍保护工作的意见》,启动了庞大的中华古籍保护计划。去年3月,国务院公布了首批《国家珍贵古籍名录》,共包括2392种古籍,计有汉文古籍2282部(包括简帛117种、敦煌文书72件、碑帖73部),少数民族文字古籍110部;同时公布51家全国古籍重点保护单位,包括国家图书馆、26家省市公共图书馆、12家高校图书馆、5家专业图书馆、5家博物馆及2家档案馆。

关于非物质文化遗产的保护,早在20世纪五六十年代,我们便开展了大规模的民族民间文化的调查、搜集、整理、研究工作,取得丰富的成果。只是当时还没有"非物质文化遗产"的名称,没有形成理论上的自觉。新时期以来,我们在民族民间文化遗产保护方面加大了工作力度,编纂出版了被誉为"中国文化长城"的《中国民族民间文艺集成志书》(即"十大集成"),实施了中国民族民间文化保护工程等。进入新世纪以来,大陆积极响应、热情参与联合国教科文组织倡导的非物质文化遗产保护工作,在短短不到10年的时间内,取得了令世界瞩目的成效。大陆已有昆曲、古琴艺术、新疆维吾尔木卡姆艺术和蒙古族长调民歌(与蒙古国共同申报)入选联合国教科文组织公布的"人类口头和非物质遗产代表作"。除此之外,近几年来,我们在非物质文化遗产保护方面主要做了这样几件工作:①开展非物质文化遗产普查。②公布了第一批和第二批国家级非物质文化遗产名录共1028项,包括民间文学,传统音乐,传统舞蹈,传统戏剧,曲艺,传统体育、游艺与杂技,传统美术,传统技艺,传统医药,民俗十大类。像人们所熟知的昆曲、京剧、粤剧等传统戏曲,剪纸、年画等传统美术,春节、中秋、清明、端午等传统节日以及许多存续民间的各种传统技艺、老字号等,都作为国家级项目得到重点保护。③确认和公布了3批国家级非物质文化遗产项目代表性传承人,共有1488人。④从2006年起,设立"文化遗产日",即每年6月的第二个星期六为"文化遗产日",在"文化遗产日"期间举办丰富多彩的宣传和保护活动。⑤设立文化生态保护实验区,对保护区内的文化遗产和人文自然生态等进行整体性保护。⑥建设各种类型的非物质文化遗产博物馆和传习所。

⑦举办非物质文化遗产保护为主题的国际论坛,加强非物质文化遗产保护的国际交流与合作。⑧推动非物质文化遗产知识教育进学校、进课堂等。

为了保护、传承、弘扬中华民族优秀传统文化,政府制定了保护文化遗产的基本方针:物质文化遗产保护要贯彻"保护为主、抢救第一、合理利用、加强管理"的方针,非物质文化遗产保护要贯彻"保护为主、抢救第一、合理利用、传承发展"的方针。

我了解到,在传承中华传统文化、保护文化遗产方面,台湾同行有不少成功的经验、切实有效的做法,值得大陆同行们学习、借鉴。比如,台湾对传统的礼仪、习俗的传承,就很完整;对传统国学的研究比较扎实深入;对传统文化的热爱有广泛的社会基础;等等。我曾听说,在台湾,真心喜爱昆曲、京剧的人就很多。甚至有这样的说法:最好的昆曲演员在大陆,最好的昆曲观众在台湾。

中华传统文化及文化遗产,是海峡两岸同胞共同的精神财富、精神家园,需要两岸同胞共同携手加以悉心呵护、努力传承、发扬广大。在这里,就有一个如何把中华民族文化遗产在文化资源上的优势转化为文化产业包括动漫、传媒、影音制品等产业上的优势的大题目,需要我们两岸共同思考、共同探索、共同尝试。

中华民族的文化遗产、文化元素被开发、转化为文化产业,不乏成功的案例。"梁山伯与祝英台"的传说被改编为小提琴协奏曲而成为世界名曲;《红楼梦》《三国演义》等文学名著被改编为电影、电视连续剧一再掀起收视热潮;好莱坞推出《花木兰》《功夫熊猫》等动画巨作,成为人们津津乐道的话题。由白先勇先生与大陆艺术家合作推出的青春版昆曲《牡丹亭》,在两岸观众尤其是在年轻学子中间风靡一时,对近年来昆曲的复兴、繁荣产生了很大的影响,也为两岸业界在传承文化遗产、开拓文化创意产业方面精诚合作提供了一个经典的范例。

总之,中华传统文化的独特魅力,中国文化遗产的丰厚资源,海峡两岸中国人无穷的创意与创造力,再加上日新月异的科技手段,这一切都为两岸文化产业的发展提供了极其广阔的舞台,为两岸文化遗产与文化产业界的同行开展业务合作、开拓业务领域,提供了广阔的空间。在此,我呼吁两岸文化界和文化产业界的同仁加强合作,共同开创文化遗产保护与文化产业开发的新局面。

(在海峡两岸媒体产业暨影音市场交流实务研讨会上的讲话,2009年8月28日)

总结经验 积极探索
推动非物质文化遗产的传承和发展

这次会议，主要是为了总结和交流非物质文化遗产生产性保护的方法、经验和成果，研究和探讨非物质文化遗产生产性保护的理论和实践问题，进一步推动非物质文化遗产的传承和发展。下面，我就有关问题讲几点意见。

一、认真总结经验，积极探索非物质文化遗产生产性保护的工作思路

长期以来，各族人民在生产生活中创造了丰富的非物质文化遗产，积累了宝贵的生产性保护的经验。总结这些经验，对于我们推动非物质文化遗产保护工作具有重要意义。初步总结，这些经验主要有以下几点：

一是始终把传承文脉、保护非物质文化遗产的精神价值和文化内涵作为生产性保护的生命线。温家宝总理在参观"中国非物质文化遗产专题展"时讲："非物质文化遗产……为什么能传下来，千古不绝？就在于有灵魂、有精神。一脉文心传万代，千古不绝是真魂。"非物质文化遗产就是由于其蕴涵的独特精神价值和文化内涵，才生生不息，永续发展。各地开展生产性保护的成功实践，都始终把传承文脉、保护非物质文化遗产的精神价值和文化内涵作为生产性保护的生命线，这样才在生产性保护中有效地实施了对非物质文化遗产的保护和传承，同时又推动了企业的不断发展，推动了当地经济社会的发展，给人民群众带来了实实在在的利益。同仁堂之所以传世几百年，既是由于其传承了独特的中药炮制技艺和严格的中药炮制流程，又在于其始终不渝地坚持"诚信为本、货真价实"，坚持"同修仁德、共济苍生"，才经久不衰，得到人们的信赖和赞誉。山西省老陈醋酿造公司始终把保护和传承传统的发酵工艺放在重要位置，坚持以传统工艺进行生产，依托非物质文化遗产"美和居"老陈醋酿制技艺的价值，支撑着整个山西醋业的发展。广东凉茶采用传统工艺和配方进行生产，扩大了我国中药饮料的知名度，使这种健康理念被各国消费者接受和认可，实现了产值由原来的3亿元提高到300多亿元。实践证明，只有保护和传承好中华文脉，非物质文化遗产生产性保护才有底蕴，发展才有动力，才会给非物质文化遗产带来更持久深厚的传承。

二是以人为载体，把对传承人的培养作为生产性保护的重要任务。在非物质文化遗产生产性保护中，传承人是非物质文化遗产的重要载体，是传承发展非物

质文化遗产的关键，也是提升文化遗产文化传统的品牌和名片。各地在实施生产性保护的探索中，都十分重视发挥传承人在传承和保护非物质文化遗产中的重要作用，把对传承人和技术骨干的培养作为生产性保护的重要任务。如青海省唐卡传承人娘本建立了展示热贡艺术、培养专业热贡艺人的热贡画院，每年招收数十名家庭贫困的学生，免费培训，使这些孩子成为热贡艺术的传承人，从而积极推动了藏族唐卡绘画、堆绣等热贡艺术的生产性保护。无锡留青竹刻传承人乔锦洪突破单一的家族传承的模式，积极探索现实生活中非物质文化遗产社会传承的新做法，建立了竹刻艺术沙龙，根据成员自身的天赋和爱好，采取因势利导、因材施教的方法，传授留青竹刻传统技艺，培养留青竹刻技艺传承人。

三是建立适合于非物质文化遗产发展的生产机制和管理制度。在当前经济产业结构升级换代，社会转型的大背景下，不少地区遵循非物质文化遗产保护和经济发展的双重规律，根据不同非物质文化遗产项目的特点，建立适合于不同项目发展的生产机制和管理制度，推动了传统文化产业的发展，开创了非物质文化遗产保护的新途径。如有的省区依托非物质文化遗产项目，大力发展"中华老字号"企业，既注重传承非物质文化遗产，又注重汲取非物质文化遗产的精神内涵以形成独特的企业文化和企业精神，打造了全国知名的品牌。山西省长治市"锦绣坊"以"山西乡绣、全晋布虎和长治堆锦"为产业方向，采用"公司+农户"的运作方式，实行"家庭来料加工，分级分价收购，统一对外销售"的做法，激活了老艺人带头创业的自信心，既成功地培训出一批年轻的技艺高手，又为从业艺人带来了良好的经济效益，推动了当地经济社会的发展。江苏省根据传统工艺美术的传承特点，积极探索和实践适合传统工艺美术发展的企业组织模式，包括个体、私营、合伙、股份合作，以及大师、名人工作室，私营博物馆等，通过所有制结构和企业制度的改革，使一大批企业及传统工艺美术项目显现出生机和活力。苏州桃花坞木版年画社一度面临后继无人的困境。苏州市政府适时将其转制，归并到苏州工艺美术职业技术学院，教学与生产相结合，使桃花坞木版年画艺术得到了较好的保护。

四是应用现代科学技术，为非物质文化遗产发展注入活力。非物质文化遗产的重要特点是活态流变性。也就是说，非物质文化遗产不是内容和形式的绝对化，不是在静止或封闭状态中简单地维持原样，而应该在保护中创新发展，通过创新达到更加科学有效的保护。在现代经济社会中，在保护和传承好非物质文化遗产"基因"的前提下，合理应用现代科学技术，为非物质文化遗产的发展注入新的活力，也是遵循非物质文化遗产发展规律，使非物质文化遗产融入当代、融入社会的体现。如南京云锦织造技艺，在保持传统工艺的基础上，引进电脑设计图案技术，使云锦图案设计在保持传统内容的基础上，更加丰富多彩，更适合今天人们的审美需求，对南京云锦的发展产生了深远影响。龙泉青瓷公司采用现代科学技术，对龙泉及周边县的瓷土资源进行普查和成分测定，建立了瓷土标本库和数据库,在不改变传统烧制工艺的前提下,有效保证了龙泉青瓷产品的质量。

这些经验,对于逐步理清生产性保护工作的思路很有必要。总结这些经验,相互学习借鉴,对进一步推动非物质文化遗产生产性保护,推动非物质文化遗产传承与发展,具有重要的意义。

虽然非物质文化遗产生产性保护取得了一定的成效和经验,但我们也应该清醒地看到,非物质文化遗产生产性保护工作尚处于起步阶段,还有很多问题,需要我们进行认真研究,逐步解决。主要有以下几个方面:

一是缺乏文化自觉。目前,缺乏必要的文化自觉仍然是一些非物质文化遗产企业难以长期发展的重要原因。许多老字号企业不能长久地传承发展,就是因为这些企业在生产中没有形成文化自觉,丢弃了自己的灵魂和文化,只注重经济效益,不注重传承文脉,最终被淘汰。

二是执行"合理利用、传承发展"的方针有偏颇。一方面,一些非物质文化遗产资源因为过度开发而逐步走向消亡。开发者只注重眼前利益,轻视长远发展,未能执行"保护为主、抢救第一、合理利用、传承发展"的方针,对非物质文化遗产进行盲目开发、过度开发,不但造成了有限资源的浪费,而且使非物质文化遗产遭到人为的扭曲和破坏,产生了不良的社会影响。另一方面,一些项目因为持有保守观念,不主动合理吸收社会进步和科技发展的成果,故步自封,使当地具有市场潜力的非物质文化遗产资源渐渐脱离社会,不能融入社会、融入当代、融入民众,不能满足人民群众物质或者精神需求,以致逐步走入濒危状态。

三是政策法规体系尚未建立。一方面,非物质文化遗产生产性保护还没有成为关系到一个地区经济社会发展的重要工作;另一方面,一些地方还缺乏对非物质文化遗产项目,尤其是传统技艺项目的扶持政策,比如信贷政策、税收减免政策、土地使用政策等,以致在现代市场经济条件下,一些项目得不到有效的管理和扶持。

这些问题已影响到非物质文化遗产的保护工作,需要引起高度重视,逐步予以解决。

二、充分认识开展非物质文化遗产生产性保护的重要意义

我国各族人民在长期的历史发展中创造了丰富多彩、弥足珍贵的非物质文化遗产。这些非物质文化遗产是中华民族智慧的结晶,蕴涵着中华民族的精湛技巧、高超智慧和杰出创造力,体现着中华民族吃苦耐劳、坚强不屈的民族精神。正如温家宝总理在参观中华世纪坛"中国非物质文化遗产专题展"时指出:"非物质文化遗产也有物质性,……物质性就是文象,非物质性就是文脉。人之文

明,无文象不生,无文脉不传。无文象无体,无文脉无魂。"因此,我们要从弘扬中华文明、继承中华民族优秀传统文化、提高全民的文化自觉、建设中华民族共有精神家园的高度,充分认识开展非物质文化遗产生产性保护的重要意义。

历史经验告诉我们,非物质文化遗产只有融入人们的生产生活才能传承,失去文脉传承就会中断,不发展就会被淘汰。因此开展非物质文化遗产生产性保护,首先要充分发挥非物质文化遗产的自身优势,努力适应当今时代的要求,将非物质文化遗产生产性保护与社会发展相结合,与人民群众的精神文化需求相结合,不断融入社会、融入民众,并得到广大人民群众的广泛认可和积极支持;其次要通过产业化发展和市场推广等方式,展现非物质文化遗产的生命力和活力,在为社会发展不断创造财富的同时,也为人民群众带来实实在在的利益;最后,在非物质文化遗产生产性保护中,要通过大力发扬诚信经营、扶危济困、继承创新等中华传统企业精神,推动传统技艺的传承和发展,在努力传承中华文脉、弘扬民族精神的同时,促使从事非物质文化遗产生产性保护的企业做大做强、永续发展。

作为非物质文化遗产保护的重要方式,生产性保护符合当前非物质文化遗产保护的发展要求。当前,非物质文化遗产生产性保护仍处在探索阶段。在开展非物质文化遗产生产性保护中,我们要注重处理好以下几个关系:

一是正确处理好保护与利用的关系。在开展生产性保护工作中,要始终坚持非物质文化遗产保护"保护为主、抢救第一、合理利用、传承发展"的基本方针。在坚持非物质文化遗产保护的真实性和整体性,做好有效保护工作的前提下,合理利用好非物质文化遗产及其资源,并将其转化为生产力和产品。

针对目前一些地区存在的"重开发、轻保护"的现象,我们一方面要充分重视保护非物质文化遗产的真实性和整体性,防止对非物质文化遗产的过度开发甚至破坏性开发;另一方面也要在深刻把握非物质文化遗产项目本质特征的基础上,大胆尝试非物质文化遗产的保护性开发,充分发掘非物质文化遗产的市场潜力和经济价值,创造经济效益,推动非物质文化遗产相关产业发展,促进非物质文化遗产的传承和弘扬。

二是正确处理好保护与发展的关系。在开展生产性保护工作中,要正确处理非物质文化遗产保护与发展的关系,尊重非物质文化遗产产生、发展的基本规律,注重抢救濒危和加强重点保护,充分挖掘非物质文化遗产的优秀文化内涵,大力推进文化创新,推动非物质文化遗产融入当代社会并焕发新的生机和活力,使非物质文化遗产在生产性保护中得以不断传承发展。

三是正确处理好生产性保护与整体性保护的关系。生产性保护是非物质文化遗产保护的重要方式。实施生产性保护,将非物质文化遗产及其资源转化为生产力和商品,拉动内需,扩大就业,带动相关产业发展,从而促进非物质文化遗产的有效保护。同时,在实施生产性保护过程中,也要兼顾其他非物质文化遗产保护方式，通过实施普查、建立名录、开展宣传、支持代表性传承人开展传习活动等，促进非物质文化遗产的全面保护。开展非物质文化遗产生产性保护，还可扩大非物质文化遗产的影响力和社会认知度，为非物质文化遗产保护工作创造良好的社会环境和舆论氛围。

四是正确处理好生产性保护与经济社会发展的关系。生产性保护旨在"以保护带动发展，以发展促进保护"。在市场化、商品化的时代背景下，生产性保护是推动非物质文化遗产传承保护、改善人民生活、促进经济社会协调发展的重要手段。我们在开展非物质文化遗产保护中，要正确处理好生产性保护与经济社会发展的关系。对那些能够创造经济效益和具有市场潜力的非物质文化遗产项目，要着重发挥人力资源优势，实行生产性保护，将其转化成为推动经济发展的文化生产力，为增强非物质文化遗产的活力，促进文化产业发展，提高人民生活水平，满足人民精神文化需求，提升人民精神生活质量，促进文化遗产保护与经济发展的良性互动，实现经济社会的全面、协调、可持续发展，提供不竭动力。

三、积极采取措施，科学推动非物质文化遗产生产性保护

随着现代化进程的加快，经济全球化趋势的增强，科技发展日新月异，人们的物质生活水平越来越高，对精神文化生活的需求也日益增长。这既给非物质文化遗产带来发展机遇，也使非物质文化遗产保护工作面临巨大的挑战，我们对此要有充分的认识。

对文化部门来讲，非物质文化遗产生产性保护还属于一个新领域，也是一个新课题，需要我们不断地进行研究、探索和实践。各级文化行政部门要认真开展调研工作，尽快掌握非物质文化遗产生产性保护的情况，及时总结非物质文化遗产生产性保护的实践经验，及时发现并认真研究非物质文化遗产生产性保护中存在的问题，找出解决办法，要在充分尊重非物质文化遗产的客观规律和市场客观规律的基础上，正确把握和引导非物质文化遗产生产性保护的方向，采取多种措施，科学推动非物质文化遗产的生产性保护。下面，我就如何进一步推动非物质文化遗产生产性保护工作，谈几点意见：

一是把传承文脉、保留真魂作为生产性保护的核心。要从传承中华文脉、继承和弘扬中华民族伟大精神的高度，增强非物质文化遗产保护工作的紧迫感和责任感，把生产性保护作为当前非物质文化遗产保护的一项重要工作，不断推向深入。生产性保护中要把传承中华民族的独特精神价值和文化内涵放在首要位置，要把加强中华民族凝聚力和提高全民族的文化自觉作为生产性保护的基本任务，发扬诚信经营、扶危济困、继承创新等中华传统企业精神。这是生产性保护的根本出发点，不坚持"保护为主"，非物质文化遗产生产性保护就会走偏方向。

二是坚持以人为本，加强人才队伍培养。要为现有传承人队伍创造进修提供

条件，提高传承人对国家相关政策、法规的认识水平，提高传承人的技艺和才能；同时要创造条件，发挥传承人的传承带头作用，培养后继人才，形成梯队式的传承人才队伍。要加强对参与非物质文化遗产技艺流程的相关人员的理论培训和技艺培训工作，提高其保护意识和技艺水平，使非物质文化遗产在生产过程中得到更有效的保护和传承；同时在保护和传承过程中，促进非物质文化遗产技艺的发展，使其得到更好的弘扬。要稳定和壮大非物质文化遗产保护工作者队伍，各级非物质文化遗产保护工作者应当深入一线，详细了解技艺生产的各个环节，和传承人、相关人员一起，共同做好非物质文化遗产的生产性保护工作。

三是根据项目不同情况，积极探索适合生产性保护的方式和管理模式。非物质文化遗产生产性保护的理念提出来的时间还不长，这就需要我们积极探索，在尽快掌握已经开展的生产性保护情况的基础上，总结经验，针对不同的非物质文化遗产项目资源，探索有针对性的生产机制和管理模式，积极培育生产性保护的成功典型，促进生产性保护的全面深入开展。

有的项目可以进行规模化经营，进行科学的品牌定位，制定合理的营销战略，通过宣传、推广等形式，充分挖掘非物质文化遗产产品的经济价值，把这些项目或企业做大做强，培育出一些生产性保护的典型，使之转变为文化产业的一个支柱，成为发展经济的重要力量，从而形成新的品牌；有的项目如剪纸、民间绣活等，主要以个体手工生产，可采取分散生产、集中销售的方式，可以借助中介组织的力量，拓展市场，发展农村经济。

有的项目可以与发展旅游相结合，使游客了解非物质文化遗产项目的生产过程，从而加深对遗产价值的认识，如依托山西老陈醋酿造技艺的"美和居"非物质文化传习所和东湖醋园现在已成为国家级的工业旅游示范点。

非物质文化遗产项目中的老字号企业，要在继承自身的优良传统和企业精神的基础上，通过生产性保护，不断发展，融入社会、融入当代、融入民众，重新焕发出生机和活力。

四是注重合理应用先进科学技术，促进非物质文化遗产在当代社会的传承发展。当代社会已经进入信息社会，科技发展日新月异，非物质文化遗产保护要在注重保护和传承原有传统工艺流程，避免非物质文化遗产核心技艺失传的前提下，积极利用现代的科学技术，为非物质文化遗产发展注入新的活力。例如运用计算机技术，建立传统纹样设计库，提高设计水平；利用互联网开展电子商务，扩大销售渠道；使用先进仪器设备，提高产品质量监督和检验水平等。

五是加紧政策和理论研究，争取制定出台生产性保护的扶持政策。中央领导已经对加强生产性保护做出了明确指示。文化部目前正在加紧研究推动非物质文化遗产生产性保护工作。各省在立法中也已经有了一些扶持生产性保护的相关政策。各地应进一步了解生产性保护工作发展的现状和制约生产性保护发展的瓶颈，理清生产性保护工作发展的思路，并积极与地方财税、国土管理、知识产权等有关部门沟通，争取制定出台生产性保护融资、税收、土地使用等方面的优惠政策，为开展生产性保护创造有利条件。

同时，要加强对非物质文化遗产项目的可持续发展的研究，为生产性保护的可持续发展创造条件。例如，在原料原产地制定相应的管理办法，加强对非物质文化遗产项目相关原料的保护；制定相关政策，加强非物质文化遗产的知识产权保护；等等。

同时，专家学者应在现有的学术研究基础上，整合各学科力量，加强非物质文化遗产生产性保护理论的系统研究，为文化行政部门提供有针对性的指导和建议。

六是将生产性保护纳入当地经济社会整体发展规划。各地要充分认识非物质文化遗产生产性保护对经济发展的重要作用，各级文化行政部门要积极推动当地政府把生产性保护作为推动当地经济发展的重要项目，纳入当地经济社会发展的总体规划，给予重点扶持。可在把握"传承文脉、体现文化内涵"的前提下，推动非物质文化遗产保护街区的建设，使之成为城市亮点。要让生产性保护给人民群众切实带来利益，让人民群众感受到非物质文化遗产的重大价值，进一步鼓励人民群众形成文化自觉，积极主动地参与非物质文化遗产的生产性保护。

（在"非物质文化遗产生产性保护座谈会"暨"第三届中国非物质文化遗产保护·苏州论坛"开幕式上的讲话，2009年9月11日）

推动非物质文化遗产保护工作科学发展

在世界几大文明中，中华文明博大精深，源远流长，是唯一能够延续下来的文明体系。中华文明的传承有两个主要渠道。一个是通过经典化的文字语言记载来传承。这种传承基本上是知识分子通过撰著各种典籍完成的，包括易代修史、易代修书，不断地传承文化，如国家有史、地方有志、家族有谱。另外一个渠道就是通过各民族的民间文化形式来传承。民间形式的文化是国家主流文化的重要来源，同时又是主流文化的重要传承方式。比如说唐朝流行的竹枝词，就是经过诗人在民间的采风，整理之后进入官方典籍的。各种习俗更是民间文化的重要表现。比如二十四节气，在周代已经总结形成，是人们在农耕社会对自然的一种观察和判断，当节气加入了特定文化内涵之后，便成为习俗。中华民族文化之所以能够传承下来，和民间文化都有着直接的关系。所以，民间文化对继承一个民族的精神血脉和传统基因发挥着重要作用，对维系一个民族的团结，保持一个民族的文化特质具有重要作用。

为加强对民间文化的保护，2003 年，文化部联合其他部门启动了中国民族民间文化保护工程。2004 年，我国加入了联合国教科文组织《保护非物质文化遗产公约》。参照国际通行提法和有利于推动保护工作，民族民间文化保护逐渐过渡到非物质文化遗产保护。

非物质文化遗产，是各族人民世代相承的、与群众生活密切相关的各种传统文化表现形式和文化空间，包括各民族的民间文学以及作为其载体的语言文字，各种传统艺术表现形式如音乐、舞蹈、戏剧、曲艺、美术，各种民俗礼仪、节庆、中华医药、民间传统工艺等传统知识和技能等，以及与之相关的器具、实物、手工制品等。在国务院公布的国家级非物质文化遗产名录中，将非物质文化遗产分为民间文学，传统音乐，传统舞蹈，传统戏剧，曲艺，传统体育、游艺与杂技，传统美术，传统技艺，传统医药，民俗十大类。非物质文化遗产是与物质文化遗产相对应的概念，以物质为载体的文化遗产是物质文化遗产，主要不依靠物质或者是物质载体无法涵盖的文化遗产都属于非物质文化遗产。非物质文化遗产的概念比民间文化有所扩展，包括了民间文化所不能涵盖的传统医药等内容，因此，保护领域更加广泛。

一、非物质文化遗产的特点和价值

非物质文化遗产来源于各族人民长期的生产生活实践，体现了中华民族所特有的生活方式、道德观念、审美趣味和艺术想象，表现了中华民族强大的向心力和恢宏的气度。它生长于民间，繁荣于社会，无论是在价值观念上还是在艺术形式上，都为广大民众所喜闻乐见。它蕴涵着深刻的人与自然、人与人以及人与社会之间和谐相处的理念，其文化内涵非常深厚。

（一）非物质文化遗产的主要特性

1. 民族独特性

非物质文化遗产是一个民族的历史记忆和生命基因，最能体现各国各民族文化的特性，有助于不同民族、国家保持自己的文化特性、文化尊严。非物质文化遗产中蕴涵了特定民族独特的智慧和宝贵的精神财富，是社会得以延续的命脉和源泉。《联合国教科文组织发展纲领》强调了文化记忆的重要性："记忆对创造力来说，是极端重要的，对个人和民族都极为重要。各民族在他们的遗产中发现了自然和文化的遗产，有形和无形的遗产，这是找到他们自身和灵感源泉的钥匙。"这是一个民族赖以存在和发展的根。如果失去了这些，就失去了自己的特性和持续发展的动力。因而，保护非物质文化遗产就是保护了独特的文化基因、文化传统和民族记忆。2001年，我国的昆曲入选联合国教科文组织首批"人类口头与非物质遗产代表作"。昆曲产生于明代，有600多年的历史。它高度体现了中国传统戏曲艺术的人文内涵与完整的表演体系，反映出了当时社会的政治、经济、文化和人生命运等的时代特征，具有鲜明的中国传统文化的特色和民族特色。

2. 活态流变性

非物质文化遗产是民族文化、历史的活态传承，是"活"的遗产，重视人的价值，重视人的创造力，重视活的、动态的、精神的因素。非物质文化遗产虽然有物质的因素、物质的载体，但并非主要通过物质形态体现出来，它需要借助于人类行为活动才能展示出来，需要通过某种高超、精湛的技艺才能被呈现和传承下来。如传统表演类艺术都是在动态的表现中完成的，民俗、节庆等礼仪的表现也是动态的过程，器物、器具的制作技艺也是在动态的过程中得以表现的，中医的诊疗也是动态的。非物质文化遗产如一条文化的河流，随着时代、地域、传承群体的变化而变化，在与自然、现实、历史的互动中，不断生发、变异和创新。活态流变使非物质文化遗产的共有共享成为可能，这也是它与物质文化遗产的重要区别。但也应该看到，虽然有变化和发展，但仍然存在基本的一致性，即非物质文化遗产的本真性，如果完全不同，就失去了特质。如端午节起源于我国，在历史文化交流中传播到了韩国，但韩国并不是原封不动地照搬，而是融入了很多韩国自己的风俗习惯、民族特色和文化传统，形成了自己的江陵端午祭。

3. 综合性

非物质文化遗产是人民群众在生产生活中创造的文化，是各个时代生活的有机组成部分，这就体现了它的综合性。有许多非物质文化遗产常常与物质文化遗产联系在一起。如温家宝总理所言："非物质文化遗产也有物质性，物质性是文象，非物质性是文脉。"其综合性主要表现在：非物质文化遗产往往是各种表现形式的综合，往往具有认识、欣赏、娱乐、教育、科学等多种作用。如妈祖信俗起源于福建，有1000多年的历史，并从福建传播到台湾和世界上许多华人居住区。它以妈祖信仰为核心，通过神话、传说、故事、音乐、舞蹈、戏曲、祭奠、民俗等文化形式表达其丰富的内涵，并依托于建筑、雕刻和其他手工艺等有形的文化形式而存在。

（二）非物质文化遗产的重要价值

非物质文化遗产具有很多非常重要的价值，包括文化价值、精神价值、社会价值、经济价值等，这里着重谈后三种价值。

1. 精神价值

非物质文化遗产深深蕴藏着特定民族的文化基因、精神特质，是民族的灵魂、民族文化的本质和核心，是民族复兴、民族文化整体可持续发展的源泉。精神虽然是无形的，但它对个人而言是人格力量的体现，是独特气质的表征；对民族而言是民族生存的支撑，是民族特性的标志。民族精神是重要的无形资产，我们不仅要发掘并重视这些无形资产，更要通过自身的努力来进一步增加这些无形资产的含金量。非物质文化遗产作为传递和保存人类文化的活态存在，能够很好地将民族精神传递到每一个人、每一代人这些活生生的载体上，从而造就一个有良好文化修养和崇高民族精神的伟大民族。在我们重塑国民精神的过程中，特别需要发挥非物质文化遗产传承民族精神的作用。

2. 社会价值

非物质文化遗产以潜移默化和约定俗成的方式，规范着人们的思想观念、行为方式，是维系民族团结、巩固社会和谐的黏合剂，有助于保护并维护社会的和谐安定。非物质文化遗产是传统文化、民族精神的载体和象征，它能够促进人与人、人与社会、人与自然的和谐，还能够促进群体、民族、社会的认同与和谐，有利于人与社会的和谐、全面、平衡发展，具有重要的和谐价值。联合国教科文组织在《保护非物质文化遗产公约》中也特别强调了非物质文化遗产促进和谐的价值与作用，认为"非物质文化遗产是密切人与人之间关系以及他们之间进行交流和了解的要素"。布依族聚居的贵州省黔南贵定县音寨自新中国成立以来，至今尚无刑事犯罪案件发生，这在全世界也是不多见的。据当地有关人士分析，这一奇迹的出现，很大程度上与音寨一带从未中断当地特有的"三月三""六月六歌会"等民族民间节日文化活动有关。青海省同仁县土族、藏族共同参与当地最盛大的宗教节日"六月会"，对于土族、藏族人民的和谐相处无疑具有重要促进作用。白族的"绕三灵"，就是在每年的特定时间里，白族人民踏苍山、游洱海，融入大自然，与大自然和谐相处。保护、传承非物质文化遗产，有利于充分发挥其社会认同作用。

3. 经济价值

胡锦涛总书记在今年7月中共中央政治局集中进行第二十二次学习时强调，文化要成为国民经济的支柱之一，成为国民经济新的增长点。非物质文化遗产蕴涵着丰富的经济资源。非物质文化遗产保护工作方针十分明确："保护为主、抢救第一、合理利用、传承发展"。在做好抢救与保护的前提下，对非物质文化遗产中的传统美术、传统技艺、传统医药等类项目加以合理、科学利用，进行生产性保护，很有必要。如剪纸、年画、风筝、中医药等项目的开发，就可成为提供就业机会和产生经济效益的生产行业，就会给项目保护带来可持续的长远发展，以保护带动发展，以发展促进保护。如非物质文化遗产中的民间文化、民俗资源就是极为重要的旅游资源。国家旅游局分别将2002年至2004年的国际促销主题定为"中国民间艺术游""中国饮食文化游"和"中国百姓生活游"，既介绍、宣传、弘扬了中华传统文化和民间文化，使国际上对中国丰富的非物质文化遗产资源有所认识，又获得了大量旅游收入。四川自贡有着悠久的彩灯制作历史、灯会历史，在彩灯设计、制作方面具有高超的工艺水平。自贡市充分利用这一非物质文化遗产资源优势，着力打造国际灯会的大型彩灯交流活动并形成品牌，20多年来，形成了57个公司，在全国各地组织灯展，每年可提供约6000个就业岗位，还到世界10多个国家和地区举办灯展，累积创汇1000多万美元。

但是，在经济开发的同时我们千万不能忘记，对非物质文化遗产的过度开发是竭泽而渔，会对非物质文化遗产本身造成致命损害。开发是为了保护，不是为了开发而开发，更不能纯粹为了经济利益而进行破坏性开发，绝不能对非物质文化遗产进行商业化、庸俗化的肢解和变异。

二、科学发展观为非物质文化遗产保护和发展提供了良好契机

对于发展的认识，我们党经历了经济增长，可持续发展、以人为本，全面、协调、可持续发展三个阶段，反映了我们党在经济社会发展与人类文明发展规律认识上的深化和飞跃。改革开放以来，我国经济社会发展取得了历史性成就，物质生活水平不断提高，但也出现了一系列不容忽视的困难和问题，如人与自然关

系紧张、资源浪费和短缺、环境的破坏和恶化,我国人民生活总体上达到小康水平,但属于低水平的、不全面的、发展很不平衡的小康。一些干部对实现社会发展有偏颇的认识,GDP至上,一味求速度求增量,存在重经济指标、轻社会进步,重当前利益、轻长远利益,重物质财富、轻精神财富的偏差,特别是在文化建设和思想道德建设上,出现了经济建设和文化建设"一手硬、一手软"的问题。许多地方领导对文化建设的重要性认识不足,重视不够,说起来重要,做起来不要。很多人对文化的社会教育功能认识不够,把文化片面理解为"蹦蹦跳跳,说说笑笑",重娱乐,轻教化,未能充分发挥文化在提高国民素质、培育民族精神、教化民众上的重要作用。在全球化和市场经济的影响下,传统文化受到冲击,一些人对传统文化知之甚少,民族精神缺失,道德观、价值观扭曲,人文精神下降,对民族素质的提高造成了负面的影响。所以邓小平同志说,"最近十年……我们最大的失误是在教育方面",以后又补充说,"这里我主要是讲思想政治教育"。

面对单纯追求经济发展带来的严重问题,改变忽视人的精神、价值、作用,改变太过粗放、太多消耗资源、破坏环境的经济增长方式和生活方式,重塑国民精神,推进人与自然和谐相处、人类社会可持续发展逐渐成为我国全党、全社会的共识。2004年,党的十六届三中全会提出要树立以人为本的科学发展观,提出要"坚持以人为本,树立全面、协调、可持续的发展观,促进经济社会和人的全面发展"。党的十七大对科学发展观的科学内涵、精神实质和根本要求做出了全面系统的论述,明确指出,以人为本,全面、协调、可持续的科学发展观,是我国经济社会发展的重要指导方针,是发展中国特色社会主义必须坚持和贯彻的重大战略思想。随后,科学发展观被写入党章,成为中国共产党执政的重要指导思想。2008年起,全党自上而下开展了历时一年半的贯彻落实科学发展观实践活动,大刀阔斧地推进科学发展观在全社会的贯彻落实。

树立科学的发展观,要全面把握发展的内涵。对于一个国家来说,发展不仅仅是经济增长,还包括经济结构的优化、科技水平的提高、人民生活的改善和社会的进步,归根到底,是为了人的发展。科学发展观的核心是以人为本,以人为本强调发展为了人民,努力满足人民各方面的需求——这自然包括作为人类两大基本需求之一的精神文化方面的需求,提高人民的生活质量和水平,实现人的自由全面发展。文化是人的本质的外化,文化的发展就是人的发展,繁荣发展文化事业是人的全面发展的需要。科学发展观不仅把文化建设作为社会全面、协调、可持续发展的重要手段,而且是重要内容、重要目标和根本保证之一。因此,十七大把文化建设摆到空前重要的位置,首次在党的代表大会上向全党和全国人民发出了推动文化大发展大繁荣、兴起社会主义文化建设新高潮的新号召。

我国多姿多彩、蔚为大观的非物质文化遗产是我们历代祖先在生产生活实践中的杰出创造,充分体现了中华民族在历史进程当中逐步形成的优秀文化价值观念和审美理想，凝聚着中华民族深层的文化基因，展现了中华民族充沛的文化创造力，是中华民族生生不息、一脉相承的精神纽带。非物质文化遗产保护工作拓宽了当前文化工作的领域，已成为文化建设的重要内容，也是实现社会主义文化建设"两大一新"目标的重要基础。

树立科学发展观和推动文化大发展大繁荣，为保护和发展非物质文化遗产提供了新的机遇。非物质文化遗产来源于各族人民长期的生产生活实践，具有多重的重要价值，蕴涵着深刻的人与自然、人与人以及人与社会之间和谐相处的理念，以及爱国为民、重诺守信、勤劳勇敢等中华民族优良传统和道德品质，体现了中华民族所特有的生活方式、道德观念、审美趣味和艺术想象，表现了中华民族自强不息、坚忍不拔的生命力和创造力，凝聚着中华民族数千年的文化积淀和精神追求，是国家和民族生存和发展的内在动力，是促进人的全面发展、实现民族复兴的重要标志和推动力量，也是实现经济、社会全面、协调、可持续发展的重要保障。世界其他几大文明的消失无一不以文化消失为标志；中华民族血脉之所以绵延至今从未间断，非物质文化遗产的承续传载功不可没。因此，保护非物质文化遗产，是科学发展观的题中应有之义。贯彻落实科学发展观，对于加强新时期的非物质文化遗产保护，具有重要的现实意义和深远的历史意义。

近年来，我国政府高度重视非物质文化遗产保护，采取了一系列卓有成效的举措。2004年，我国加入联合国教科文组织《保护非物质文化遗产公约》。2005年，国务院办公厅和国务院先后印发了《关于加强我国非物质文化遗产保护工作的意见》和《关于加强文化遗产保护的通知》，对非物质文化遗产保护进行了一系列部署。2006年，我国设立了"文化遗产日"。2007年，胡锦涛总书记在党的十七大报告中强调指出，要"加强对各民族文化的挖掘和保护，重视文物和非物质文化遗产保护"。

我国经济社会快速发展，也为非物质文化遗产保护打下了坚实的物质基础。随着人民生活水平的不断提高，全社会越来越珍视优秀传统文化，兴起了保护、弘扬优秀传统文化的热潮，各级党委、政府和全社会保护非物质文化遗产的文化自觉不断提高。作为新时期国家文化发展战略的重要内容，非物质文化遗产保护已由以往单项的选择性的项目保护，逐步走向全国整体性、系统性的全面保护阶段。非物质文化遗产保护成为中国特色社会主义文化建设的重要组成部分，呈现出前所未有的良好局面。主要体现在以下几个方面：一是非物质文化遗产保护的文化自觉日益增强，形成了全社会的共识。二是保护领域不断拓展。从2003年我国启动中国民族民间文化保护工程，到2005年开展非物质文化遗产保护工作，保护内容从原来的民间文学、传统音乐、舞蹈、戏曲、美术等民族民间文化，拓展到目前包括传统体育、游艺与杂技、传统技艺、传统医药、民俗等十大门类，内涵更加丰富，内容更加全面。三是正在逐步形成科学的保护体系。在"保护为主、抢救第一、合理利用、传承发展"的保护方针指导下，我国出台了一系列重大政策，通过开展非物质文化遗产资源普查、建立国家四级名录体系、加强传承人保护等一系列重要举措，逐步形成了符合我国国情的非物质文化遗产保护体系。四是重视参与国际间的合作，赢得国际社会的积极肯定。截至2009年，我国有26个项目列入"人类非物质文化遗产代表作名录"，有3个项目列入"急需保护的非物质文化遗产名录"。我国成为世界上入选"人类非物质文化遗产代表作名录"项目最多的国家。

三、保护非物质文化遗产对贯彻落实科学发展观具有重大意义

（一）继承文化传统，是科学发展的重要基础

任何事物一旦失去了根基，一切的创造都无从谈起。我们应该珍惜优秀的传统，同时，在继承的基础上努力去创造新文化。我国各族人民在漫长的历史发展中创造的非物质文化遗产，是中华文化的瑰宝，是中华文脉的重要象征，是传承和延续中华文脉的重要形式，也是贯彻落实科学发展观的重要资源。2007年"文化遗产日"期间，温家宝总理在观看中华世纪坛"中国非物质文化遗产专题展"时，指出，非物质文化遗产是民族文化的精华，是民族智慧的象征，是民族精神的结晶。"非物质文化遗产……为什么能传下来，千古不绝？就在于有灵魂，有精神。""人之文明，无文象不生，无文脉不传。无文象无体，无文脉无魂。"非物质文化遗产是中华民族优秀文化的重要体现，也是我们时代进行文化创新的重要前提。保护和利用非物质文化遗产，并将其转化为巨大的影响力和吸引力，对于延续和传承中华文脉，保存中华文明生存和发展的文化根基，展现中华文化的魅力和生命力，增强文化软实力，实现中华民族的伟大复兴，具有重大的意义。

（二）建设和谐社会，是科学发展的理想目标

2006年，党的十六届六中全会通过了《中共中央关于构建社会主义和谐社会若干重大问题的决定》，明确指出，"社会和谐是中国特色社会主义的本质属性，是国家富强、民族振兴、人民幸福的重要保证"，并强调，构建和谐社会，要以人为本，科学发展，"建设和谐文化，是构建社会主义和谐社会的重要任务。社会主义核心价值体系是建设和谐文化的根本"。以人为本的科学发展观和构建社会主义和谐社会的提出，实现了国家发展目标与发展道路的统一。

和谐，指人与内心、人与人、人与社会、人与自然的和谐。和谐思想是中华文化的优秀传统。文化建设是构建和谐社会的重要内容，同时，对于其他方面的发展和国家整体目标的实现，有着广泛而深刻的影响。非物质文化遗产中含有大量的传统伦理道德资源，蕴涵着深刻的人与自然、人与人以及人与社会之间和谐

相处的理念，以及爱国为民、重诺守信、勤劳勇敢等中华民族优良传统和道德品质，是当前和谐文化建设的重要文化资源和社会主义核心价值观的重要文化根基。在保护、传承非物质文化遗产的过程中，通过选取、展示、宣扬其中与人为善、尊老爱幼、明礼诚信、天人合一等美好向善的伦理道德资源和内容，可以直接作用于和谐社会的建设，帮助我们解决人类的和谐生存、可持续发展和精神走向等问题。

中国目前正在从基本小康向全面小康迈进。一些国家的发展史表明，人均国民生产总值达到 1000～3000 美元的阶段，可能是经济发展加速期，同时也是社会矛盾凸显期。一位哲学家说过，人在饥饿时，只有一个烦恼；吃饱以后，便会生出无数的烦恼。前者是生存的烦恼，后者是发展的烦恼。中国社会正处于这样一种发展时期。在这一时期中，充分发挥非物质文化遗产的社会价值，具有重要的意义。

在当今竞争高度激烈的社会条件下，人与内心的和谐问题越来越突出，成为人们关注的一个话题。2006 年，温家宝总理在向著名学者季羡林祝贺 95 岁生日时，二人探讨了和谐问题，重点谈了人与内心的和谐。季羡林先生说："我们讲和谐，不仅要人与人和谐，人与自然和谐，还要人内心和谐。"温家宝总理说："《管子·兵法》上说'和合故能谐。'就是说，有了和睦、团结，行动就能协调，进而就能达到步调一致。协调和一致都实现了，便无往而不胜。人内心和谐，就是主观与客观、个人与集体、个人与社会、个人与国家都要和谐。"

（三）以人为本，是科学发展的本质核心

非物质文化遗产是主要依靠人口传心授的"活"的遗产，其核心是人。非物质文化遗产具有认识、教化、审美、娱乐、交流、传承、塑造等功能，对于陶冶人的情操，提高人的素质，满足人的精神文化需求，实现人的自由全面发展等，具有极为重要的作用。非物质文化遗产是一个民族的历史记忆和生命基因，是文化多样性的生动体现，是人类社会可持续发展的重要基础。

（四）坚持两手抓，两手都要硬，是科学发展的内在要求

贯彻落实科学发展观，必须坚持以人为本，坚持全面、协调、可持续发展，全面推进经济建设、政治建设、文化建设、社会建设和生态文明建设。对我国丰富多样的优秀的非物质文化遗产进行有效保护，促进经济社会的全面、协调、可持续发展，是我们面临的一项重要任务。加强非物质文化遗产保护，合理利用非物质文化遗产资源，不仅能够满足广大人民群众日益增长的文化需求，丰富人民群众的精神生活，促进文化认同，推动当地文化、教育等社会事业发展，而且能够带动文化产业和旅游业的发展，为促进经济增长带来新的活力，促进经济社会全面、协调、可持续发展。

四、深入贯彻落实科学发展观，全面推进非物质文化遗产科学保护

尽管我国非物质文化遗产保护工作已经取得了初步的成绩，但是我们还应该清醒地认识到，非物质文化遗产保护工作非常严峻。100多年来，中国社会形态发生了巨大变化。特别是鸦片战争以后，中国沦为半封建半殖民地社会。为了救亡图存，中国的有识之士开始反思中国落后挨打的原因，其中重要一的点是认为文化落后。五四运动对传统文化进行了反思和否定，有人喊出了"砸烂孔家店"的口号，否定汉字，主张拉丁化，否定中医，"在倒洗澡水时把婴儿也一块倒掉了"。后来外敌入侵、战乱不断，根本谈不上文化建设。新中国成立后，我们的文化建设有了很大的发展，中国共产党注重继承优秀传统文化。但是我们也走了弯路，发动了"文化大革命"。"文化大革命"对传统文化造成了严重破坏，整个民族的文化认同感急剧下降。当前，全球化进程使一些发达国家对其他国家的思想、文化渗透不可阻挡。少数霸权主义国家甚至把文化渗透作为国家重要的战略和策略。20世纪末美国中央情报局针对中国的《十条诫令》里面写到，"只要他们向往我们的衣食住行、娱乐和教育的方式，就是成功的一半"，"要利用所有的资源，甚至举手投足，一言一笑，来破坏他们的传统价值。我们要利用一切来毁灭他们得到的人心。摧毁他们的自尊自信的钥匙，就是尽量打击他们吃苦耐劳的精神"。而且，随着人类现代化和经济全球化进程不断加快，我国的文化生态环境急剧恶化，许多珍贵的非物质文化遗产濒临消亡。主要体现在：

第一，大批有历史、科学和文化价值的村落、村寨遭到破坏，一些依靠口授和行为传承的文化遗产正在不断消失，许多传统技艺濒临消亡，大量有历史、文化价值的珍贵实物与资料遭到毁弃或流失境外，甚至威胁到国家的文化安全；大批非物质文化遗产因传承人年事已高或后继乏人，传承链条正在断裂。很多非物质文化遗产属独门绝技，口传心授，往往因人而存，人绝艺亡。以戏曲为例，据统计，历史上我国曾有戏曲品种394种，1949年统计时为360种，1982年统计为317种，而2004年再次统计时发现，我国现存戏剧品种仅为260种左右，短短的近60年间，损失了传统剧种约100种。再比如传统舞蹈，20年前进行舞蹈普查时列入山西、云南等19个省市《舞蹈集成》卷中的2211个舞蹈类遗产，目前仅保留下来1389个，而已经消失或已无传承活动者高达822项，短短的20年间，消失的舞蹈类遗产占当时统计总量的近37%，而其中河北、山西两省有近2/3的传统舞蹈已经失传。像景泰蓝、宣纸等工艺，原为中国独一无二的特色技艺，被日本人学去后，现在质量最好的产品反而出在日本。

第二，由于保护工作未能纳入国民经济和社会发展整体规划，与保护相关的一系列问题不能得到系统性解决，保护、管理资金和人员不足的困难普遍存在。

第三，一些地方保护意识淡薄，"重申报、重开发，轻保护、轻管理"的现象比较普遍。少数地区进行超负荷利用和破坏性开发，存在商业化、人工化和城镇化倾向，甚至借继承创新之名随意篡改民俗艺术，损害了非物质文化遗产的本真性。因此，我们迫切需要加强社会道德建设，建立核心价值观，以统领人们的思想，引导全社会在思想道德上共同进步。

胡锦涛主席在致联合国教科文组织第二十八届世界遗产委员会会议的贺词中指出："加强世界遗产保护已成为刻不容缓的任务。这是历史赋予我们的崇高责任，也是实现人类文明延续和可持续发展的必然要求。"保护文化遗产，是造福人类的千秋功业。作为科学发展观的贯彻者，作为非物质文化遗产保护工作的参与者，我就非物质文化遗产保护提几点建议，供大家参考。

一是高度重视非物质文化保护，充分发挥政府主导作用。保护非物质文化遗产是落实科学发展观、建设社会主义和谐社会的内在要求。建议各级政府将非物质文化遗产保护作为义不容辞的职责，充分发挥主导作用，将非物质文化遗产保护纳入当地经济社会发展的全局进行规划和部署，纳入政府重要议事日程，设立非物质文化遗产管理机构和研究机构，确保专人负责，常抓不懈，切实推动非物质文化遗产保护工作。

二是加强立法工作、加大经费投入，为非物质文化遗产保护提供坚实保障。非物质文化遗产的丰富性、独特性和多样性，决定了其保护方式是多样的，但最根本的保护是立法保护。建议各地加强有关法规建设，将非物质文化遗产保护纳入法制化轨道。同时，建议各级财政将非物质文化遗产保护经费列入财政预算，完善增长机制，加大投入力度，为非物质文化遗产保护提供经费保障。

三是完善工作机制，共同推进保护工作深入开展。充分发挥非物质文化遗产保护工作部际联席会议的作用，形成保护工作的合力。继续完善国家、省、市、县四级名录体系建设，综合运用抢救性保护、整体性保护、生产性保护等多种方式，对非物质文化遗产项目进行全面、系统、科学的保护。建立健全以人为本的传承机制，加强非物质文化遗产展示传习场所建设，鼓励代表性传承人开展形式多样的传习活动。积极探索非物质文化遗产保护融入经济社会发展的长效机制，出台优惠政策，使非物质文化遗产成为改善民生的重要资源，成为经济发展新的增长点，既为营造人类的精神家园，也为推动经济社会全面、协调、可持续发展发挥重要作用。同时，要加大宣传教育力度，提高公众的参与意识和保护能力，使人民群众自觉参与保护工作，共享保护成果。

四是尊重非物质文化遗产传承规律，以科学的方式保护非物质文化遗产。在保护工作中，有两种倾向尤其应引起我们的注意：一是建设性破坏，一是保护性破坏。由于认识不正确，或出于经济目的，以及历来存在的赶风头的倾向，破坏常常是在加强保护和开发利用的名义下进行的，因而更具有危害性。保护性破坏危害也很明显，如对一些古老村落进行过度旅游开发，对一些手工艺项目进行大量机械复制，使原生态的文化充满肤浅的时尚趣味，破坏了其固有的文化价值。

（在中央党校"非物质文化遗产保护"专题研讨班上的讲话，2009年9月27日）

保护非物质文化遗产
建设中华民族共有的精神家园

本次论坛以"金融危机下中国的外交、经济和文化"为主题,体现了论坛主办方的战略眼光。香港菁英会汇集了香港各界的青年精英,他们爱国爱港,关注社会热点,研究传播国情,其精神值得称道。

文化如水,滋润万物而不争,以文化人安天下。几千年来,每当中华民族遇到困难和危机,文化都给人以智慧和力量,支持和鼓励人们战胜一个又一个艰难险阻,即所谓"艰难困苦,玉汝于成"。在当前金融危机的背景下,文化也同样成为中华民族凝聚人心、战胜困难的重要力量。

我国是一个历史悠久的文明古国,中华文化博大精深,源远流长,并以其独特的魅力屹立于世界文化之林。中华文明之所以绵延不断,一个重要的原因就是拥有丰富多彩的非物质文化遗产。这些绚丽多姿、异彩纷呈的非物质文化遗产,承续传载着中华文脉,既是中华民族特有的精神财富,又是中华文脉的重要象征,对维系民族特征、保持中华文脉的延续发挥了重要作用。

非物质文化遗产指各族人民世代相承的、与人民群众生产生活密切相关的各种传统文化表现形式和文化空间,包括各民族的民间文学以及作为其载体的语言文字,各种传统艺术表现形式,如音乐、舞蹈、戏剧、曲艺、美术,各种民俗礼仪、节庆和民间传统工艺等。非物质文化遗产深深植根于民间,融入人民的生产生活之中,和人民群众的生产生活息息相关,紧密相连。它体现了中华民族特有的生活方式、道德观念、审美趣味和艺术风格。它产生于民间、生长于民间、繁荣于民间,贴近实际、贴近生活、贴近群众,无论是在价值观念上还是艺术形式上都为广大人民群众喜闻乐见;在非物质文化遗产中蕴涵着深刻的人与自然、人与人以及人与社会之间和谐相处的理念。

当今世界,全球化趋势日益增强。文化与经济和政治相互交融,在综合国力竞争中的地位和作用越来越突出。经济全球化带来的频繁的文化交流,促进了世界各民族彼此之间的沟通、理解和尊重。但全球化的趋势也不可避免地对传统文化造成了严重的冲击,很多国家的民族传统艺术形式,如戏剧、舞蹈、手工艺等的民族特色逐渐丧失,有些甚至渐趋消亡。保护文化的多样性和丰富性已逐渐成为世界各国人民的共识。

我国有56个民族,各民族在长期的历史发展进程中创造了丰富多彩的非物质文化遗产。改革开放以来,由于工业化和城市化的加速,人们生产生活方式发生了重大变化。科技的发展和生产力的提高,改善了人们的物质生活,也使非物质文化遗产赖以生存的环境不同程度地遭到破坏。一些传统习俗发生改变，许多文化记忆渐趋淡化，祖祖辈辈传承下来的优秀文化艺术逐渐被遗忘，有些文化艺术种类也在人们的漠视中面临消亡的危险，一些掌握绝活的艺人年龄老化，后继乏人，一些依靠口传心授的非物质文化遗产正在不断消失。以戏曲为例，据统计，历史上我国曾有戏曲品种394种，1949年统计时为360种，1982年统计为317种，而2004年再次统计时发现，我国现存戏剧品种仅为260种左右，短短的近60年间，损失了传统剧种约100种。再比如传统舞蹈，20年前进行舞蹈普查时列入山西、云南等19个省市《舞蹈集成》卷中的2211个舞蹈类遗产，目前仅保留下来1389个，而已经消失或已无传承活动者高达822项，短短的20年间，消失的舞蹈类遗产占当时统计总量的近37%，而其中河北、山西两省有近2/3的传统舞蹈已经失传。可以说，抢救和保护那些处于生存困境中的非物质文化遗产，已成为时代赋予我们的非常紧迫的历史使命。

新中国成立以来，我国政府对民族民间文化保护工作高度重视，组织开展了一系列卓有成效的工作。从20世纪50年代起，政府组织广大基层文化工作者对部分民族民间文化遗产进行了调查和研究工作，使许多濒临消亡的民族民间文化瑰宝得到抢救、挖掘、整理。1979年，文化部会同国家民委、中国文联等共同发起了"十部中国民族民间文艺集成志书"的调查、整理、编纂工作。2003年，文化部牵头启动了中国民族民间文化保护工程试点工作。2004年，我国加入联合国教科文组织《保护非物质文化遗产公约》。2005年，国务院办公厅下发了《关于加强我国非物质文化遗产保护工作的意见》，国务院下发了《关于加强文化遗产保护的通知》，明确了非物质文化遗产保护的方针和政策。近几年来，我们按照"保护为主、抢救第一、合理利用、传承发展"的方针，已逐步建立起比较完备的、有中国特色的非物质文化遗产保护体系。可以说在不长的时间内，一场波澜壮阔的保护非物质文化遗产的热潮在中华大地上兴起。近几年的主要工作有：

开展全国非物质文化遗产普查工作。普查工作是非物质文化遗产保护的一项基础性工作。2005年6月，文化部部署了全国非物质文化遗产普查工作，目的是通过普查，摸清家底，全面了解和掌握各地各民族非物质文化遗产的种类、数量、分布状况、生存环境、保护现状和存在的问题。自普查工作启动以来，地方高度重视，精心组织，广泛发动，成果显著。作为我国第一次非物质文化遗产全面普查，这次普查深入到社区、乡村，上千万人参与了这项工作。通过普查，广泛宣传了开展非物质文化遗产保护工作的意义，普及了非物质文化遗产保护知识，扩大了社会影响，提高了社会公众的保护意识，也培养、锻炼了非物质文化遗产保护工作队伍。

建立非物质文化遗产名录体系。建立名录体系体现了政府的彰显作用。2006年、2008年，国务院批准公布了两批国家级非物质文化遗产名录十大类共1028

项。这十大类分别是：民间文学（如牛郎织女、孟姜女、梁山伯与祝英台、白蛇传等"四大传说"，藏族史诗《格萨尔》），传统音乐（如古琴艺术、侗族大歌、蒙古族长调），传统舞蹈（如花鼓灯、秧歌、孔雀舞），传统戏剧（如昆曲、粤剧、藏戏），曲艺（如扬州评话、京韵大鼓、东北二人转），传统体育、游艺与杂技（如少林功夫、抖空竹、吴桥杂技），传统美术（如木版年画、藏族唐卡、剪纸），传统技艺（如龙泉青瓷烧制技艺、宣纸制作技艺、黎族传统纺染织绣技艺），传统医药（如中医诊法、中药炮制技术、针灸），民俗（如妈祖祭典、彝族火把节、白族"绕三灵"）。各省、区、市也都建立了省级非物质文化遗产名录，共4315项。一些市、县也建立了本级非物质文化遗产名录。

认定代表性传承人。传承人是非物质文化遗产的重要承载者和传承者，他们掌握并承载着非物质文化遗产的知识和精湛技艺，既是非物质文化遗产活的宝库，又是非物质文化遗产代代相传的代表性人物。传承人的保护，是非物质文化遗产保护工作的关键。为加强代表性传承人的保护，文化部制定出台了《国家级非物质文化遗产项目代表性传承人认定与管理暂行办法》，2006年以来，命名公布了3批1488名国家级非物质文化遗产项目代表性传承人。各地方也陆续开展了省级非物质文化遗产项目代表性传承人的认定与命名工作，全国省级代表性传承人共有5590名。对已经认定的代表性传承人，文化部门通过记录整理技艺资料、提供传习场所、资助开展传习活动、组织宣传与交流、征集并保管代表作品、建立档案等方式，积极支持代表性传承人开展授徒传艺等传承活动。

建设文化生态保护区。文化生态保护区是以保护非物质文化遗产为核心，对历史积淀丰厚、存续状态良好、具有特殊价值和鲜明特色的特定文化形态进行整体性保护，以促进经济社会全面、协调、可持续发展而划定的特定区域。目前，文化部已相继设立了4个文化生态保护实验区，分别是闽南文化生态保护实验区、徽州文化生态保护实验区、热贡文化生态保护实验区和羌族文化生态保护实验区。湖南省湘西、浙江省象山、广东省梅州和山西晋中也正在申请设立文化生态保护实验区。

加快建设非物质文化遗产博物馆、传习所等基础设施。非物质文化遗产基础设施承担着收藏、展示、研究、传习非物质文化遗产的重要职能，是开展非物质文化遗产保护传承工作的重要场所。各省、区、市积极推动非物质文化遗产基础设施建设，已经兴建了一批多种性质的非物质文化遗产博物馆、传习所。

合理利用非物质文化遗产资源，促进非物质文化遗产传承和发展。传统技艺类非物质文化遗产具有能耗低、无污染、见效快的特点，适合发展劳力密集型特色文化产业。在当前应对全球金融危机的背景下，各地积极探索非物质文化遗产生产性保护，涌现出一批生产性保护的典型。例如，广东凉茶采用传统工艺和配方进行生产，自进入国家级名录以来，实现了产值由原来的3亿元提高到300多亿元；武夷岩茶制作技艺进入国家级名录后，岩茶销售量增加了几十倍；甘肃省环县道情皮影几十支队伍在全国各地演出，取得了很好的经济效益。这些非物质文化遗产生产性保护的典型，在推动非物质文化遗产融入社会、融入当代、融入民众，引起民众关注，带动相关产业发展，拉动内需，扩大就业，应对全球金融危机，促进经济平稳较快增长等方面都发挥了重要作用。一大批非物质文化遗产项目的老字号企业，如同仁堂、荣宝斋等，在继承自身的优良传统和企业精神的基础上，始终把传承文脉、保护非物质文化遗产的精神价值和文化内涵作为企业发展的生命线，通过生产性保护，重新焕发出生机和活力，提高了民族品牌的影响力。合理利用非物质文化遗产的文化内涵，对于推动艺术创新、动漫等文化产业发展，形成一批有影响的文化产业品牌，也具有重要意义。

积极参与国际交流与合作。我国是加入联合国教科文组织《保护非物质文化遗产公约》较早的国家之一，并以高票入选保护非物质文化遗产政府间委员会。近年来，我国多次派代表团出席保护非物质文化遗产政府间委员会会议。今年"文化遗产日"期间，在四川省成功举办了第二届中国成都国际非物质文化遗产节和非物质文化遗产国际论坛，达成了《成都共识》。经过积极努力，设在中国艺术研究院的"亚太地区非物质文化遗产保护中心"已得到联合国教科文组织的批准，不久将举行揭牌仪式。我国积极参与申报"人类非物质文化遗产代表作名录"和"急需保护的非物质文化遗产名录"。今年有22个项目入选联合国教科文组织"人类非物质文化遗产代表作名录"，其中包括粤港澳三地联合申报的粤剧，3项入选"急需保护的非物质文化遗产名录"，再加上之前申报成功的4项，共有29项，是世界上入选联合国教科文组织名录项目最多的国家。

积极开展理论研究。非物质文化遗产理论研究在实践中不断推进和完善，指导了保护工作的开展。文化部和各省、区、市举办了许多大型国内国际学术研讨会和论坛，就非物质文化遗产管理机制、保护立法、非物质文化资源与生态环境保护、非物质文化遗产传承人保护、文化生态保护区建设、非物质文化遗产生产性保护、灾难与非物质文化遗产保护、各国非物质文化遗产保护经验等方面进行深入交流和探讨，对非物质文化遗产保护工作的开展起到了很好的指导作用。《非物质文化遗产概论》等一批有关非物质文化遗产的学术专著相继出版，对非物质文化遗产的定义、价值、意义、分类、保护的现状与发展，以及历史经验和国外经验等进行深入的探讨和研究，提高了非物质文化遗产保护的理论水平。

加强宣传教育。为培养公民的文化自觉，营造非物质文化遗产保护的良好社会氛围，国务院确定每年6月的第二个星期六为我国的"文化遗产日"。2006年以来，各地文化部门利用"文化遗产日"和春节、端午节、中秋节等中华民族传统节日，大力开展非物质文化遗产展览、展演、论坛、讲座等宣传展示活动，利用报刊杂志、广播电台、电视台、网络等媒体，集中、全面、深入地报道和宣传非物质文化遗产保护工作。文化部先后举办了中国非物质文化遗产保护成果展、中国非物质文化遗产专题展、中国非物质文化遗产传统技艺大展、非物质文化遗产珍稀剧种展演、少数民族传统音乐舞蹈展演和第一届、第二届中国成都国际非物质文化遗产节等活动。最近,"守望精神家园——第一届两岸非物质文化遗产月"系列活动也在紧张有序的进行之中,11月7日,"国风——中华非物质文化遗产专场演出"在台北中山堂拉开序幕,引起了台湾各界的热烈反响,为进一步加强两岸文化交流,弘扬中华民族优秀文化,促进两岸和谐统一发挥了积极的作用。各地文化部门还积极与教育部门协商,将民歌、民乐纳入中小学音乐课,将剪纸、年画纳入美术课,将传统技艺纳入手工课,积极推进非物质文化遗产进课堂、进教材、进校园,使非物质文化遗产成为对青少年进行传统文化教育和爱国主义教育的重要载体。

温家宝总理精辟地指出:"非物质文化遗产是民族文化的精华,是民族智慧的象征,是民族精神的结晶","非物质文化遗产也有物质性","物质性就是文象,非物质性就是文脉","人之文明,无文象不生,无文脉不传。无文象无体,无文脉无魂",深刻地阐述了非物质文化遗产的内涵、特质和重要价值。非物质文化遗产是一种鲜活的文化,是民众生活的重要组成部分,在当代仍然散发着独特的光彩和魅力,仍然是传承文化、推动社会发展的不竭动力。非物质文化遗产是中华文化原创力之所在,是文化创新的基础和源泉。没有非物质文化遗产,没有民间传说、音乐、舞蹈,就不会有《茉莉花》《梁祝》,也不会产生《印象·刘三姐》《云南映象》等艺术精品。保护非物质文化遗产是每一个炎黄子孙的历史使命与责任。作为中华民族大家庭的一员,香港历来重视非物质文化遗产保护工作。香港特区政府和许多仁人志士、社会组织长期以来致力于非物质文化遗产的研究保护,并与内地形成良好的互动。2008年,文化部先后派出了上海京剧院《乌龙院》剧组、上海戏剧学院京昆艺术团《牡丹亭》剧组、中国艺术研究院古琴艺术专家团、福建泉州南音与梨园戏艺术团赴香港学校举办展演、讲座等活动,受到香港青年的热烈欢迎。第一批国家级非物质文化遗产名录中,香港和广东省联合申报了粤剧和凉茶;今年第三批国家级名录项目申报中,香港申报了4项,分别是长洲太平清醮、大澳龙舟游涌、大坑舞火龙、香港潮人盂兰胜会。这些流存于香港地区的非物质文化遗产,是香港民众祖祖辈辈的文化记忆,是人们内心情感的真实表达。保护好这些非物质文化遗产,我们才能建设好、守护好中华民族共有的精神家园。我热切希望香港的青年朋友们踊跃加入到保护祖国的非物质文化遗产行列中来,为传承中华文化,推动中华民族伟大复兴做出积极的贡献。

中华民族的复兴首先是中华文化的复兴。回首往昔,非物质文化遗产像一条从远古流淌而来的河,滋养着一代代中华儿女;展望未来,非物质文化遗产将以更鲜活的形式融入我们的生活,影响我们每一个人。保护非物质文化遗产,是时代赋予我们的使命和责任。让我们携起手来,为弘扬和传承中华文化,为建设好、守护好中华民族共有的精神家园而共同努力!

祝愿香港的青年更加朝气蓬勃,爱国爱港;祝愿香港的明天更美好!

(在"2009博鳌青年论坛(香港)"上的演讲,2009年12月7日)

给北京工艺美术行业协会的贺信

2010年2月1日，中国工美大师、雕漆技艺传人文乾刚收徒博士生宋本蓉。在拜师仪式上，宣读了中华人民共和国文化部副部长周和平写给北京工艺美术行业协会的贺信，全文如下：

北京工艺美术行业协会：

欣悉今日举行"中国工艺美术大师文乾刚收徒、中国艺术研究院博士生宋本蓉拜师仪式"，谨致祝贺！

工艺美术是非物质文化遗产的重要组成部分，深深植根于民间，融于人民的生产生活之中，和人民群众的生活息息相关，紧密相连，是中华民族智慧的结晶和创造力的杰出体现，蕴涵着民族精神和民族文化的精华。传统手工技艺的薪火相传，对于延续和传承中华文脉，展现中华文化的魅力和生命力，增强我国文化软实力，具有重大意义。

文乾刚同志是我国第一批国家级非物质文化遗产项目代表性传承人，宋本蓉同志是中国艺术研究院、也是我国招收的第一个非物质文化遗产保护专业的博士生，她在撰写博士学位论文《北京雕漆的非物质文化遗产研究》中得到文乾刚大师的悉心指导。宋本蓉同志理论联系实际，在钻研理论的同时专心学习北京雕漆的制作工艺，并在大师的指导下，掌握了北京雕漆的全部程序和传统方法，表现了年轻一代的非物质文化遗产研究者传承我国非物质文化遗产的决心和实践；文乾刚大师不但毫无保留地将传统技艺传授给她，而且决定正式收徒，认定宋本蓉是他满意的合格的亲传弟子，更体现了老一辈工艺大师对雕漆事业的责任心和严格选徒的古老传统。

今天，北京工艺美术行业协会照行规和传统隆重举行拜师仪式，成就了文乾刚、宋本蓉师徒传承雕漆技艺的佳话，更让我们看到了非物质文化遗产传承和弘扬的美好前景。希望贵会团结业内专家和各方有识之士，为促进我国非物质文化遗产的保护做出积极贡献！

（原载于《北京工艺美术》）

中国非物质文化遗产保护的实践与探索

非物质文化遗产是民族文化的精华、民族智慧的结晶。我国有56个民族，各民族在长期的历史发展进程中创造了丰富多彩的非物质文化遗产。改革开放以来，由于工业化和城市化的加速，人们的生产生活方式发生了重大变化，也使非物质文化遗产赖以生存的环境不同程度地遭到破坏。一些传统习俗发生改变，许多文化记忆渐趋淡化，一些文化艺术种类在人们的漠视中面临消亡的危险，一些掌握绝活的艺人年龄老化，后继乏人，一些依靠口传心授的非物质文化遗产正在不断消失。以戏曲为例，历史上我国曾有戏曲品种394种，1949年统计时为360种，1982年统计时为317种，而2004年我国戏剧品种仅为260种左右，短短几十年间损失了传统剧种近100种。再如传统舞蹈，20年前进行舞蹈普查时列入山西、云南等19个省市《舞蹈集成》卷中的2211个舞蹈类遗产，目前仅保留下来1389个，短短20多年间舞蹈类遗产就消失了近37%，其中河北、山西两省有近2/3的传统舞蹈已经失传。因此，抢救和保护那些处于濒危和生存困境中的非物质文化遗产，已成为时代赋予我们的非常紧迫的历史任务。

2004年，我国加入联合国教科文组织《保护非物质文化遗产公约》。2005年，国务院办公厅下发《关于加强我国非物质文化遗产保护工作的意见》，国务院下发《关于加强文化遗产保护的通知》，明确了非物质文化遗产保护的方针和政策。近几年来，文化部按照"保护为主、抢救第一、合理利用、传承发展"的方针，已逐步建立起比较完备的有中国特色的非物质文化遗产保护体系。几年来，我们主要做了以下几个方面的工作：

开展全国非物质文化遗产普查工作。普查工作是非物质文化遗产保护的一项基础性工作。2005年6月，文化部部署了全国非物质文化遗产普查工作，目的是通过普查，摸清家底，全面了解和掌握各地各民族非物质文化遗产的种类、数量、分布状况、生存环境、保护现状和存在的问题。这是我国第一次非物质文化遗产全面普查，各地高度重视，精心组织，广泛发动，上千万人参与，深入到社区、乡村。通过普查，广泛宣传了开展非物质文化遗产保护工作的意义，普及了非物质文化遗产保护知识，扩大了社会影响，提高了社会公众的保护意识，也培养、锻炼了非物质文化遗产保护工作队伍。

建立非物质文化遗产名录体系。建立非物质文化遗产名录体系充分体现了政府的主导作用。2006年、2008年，国务院批准公布了两批国家级非物质文化遗产名录十大类共1028项。这十大类分别是：民间文学（如"四大传说"牛郎织女、孟姜女、梁山伯与祝英台、白蛇传，藏族史诗《格萨尔》），传统音乐（如古琴艺术、侗族大歌、蒙古族长调），传统舞蹈（如花鼓灯、秧歌、孔雀舞），传统戏剧（如昆曲、粤剧、藏戏等），曲艺（如扬州评话、京韵大鼓、东北二人转），传统体育、游艺与杂技（如少林功夫、抖空竹、吴桥杂技），传统美术（如木版年画、藏族唐卡、剪纸），传统技艺（如龙泉青瓷烧制技艺、宣纸制作技艺、黎族传统纺染织绣技艺），传统医药（如中医诊法、中药炮制技术、针灸），民俗（如妈祖祭典、彝族火把节、白族"绕三灵"）。各省、区、市也都建立了省级非物质文化遗产名录，共4315项。一些市、县也建立了本级非物质文化遗产名录。一个较为完整的非物质文化遗产名录保护体系基本形成。

认定代表性传承人。传承人是非物质文化遗产的重要承载者和传承者，既是非物质文化遗产活的宝库，又是非物质文化遗产代代相传的代表性人物。传承人的保护，是非物质文化遗产保护工作的关键。为加强代表性传承人的保护，文化部制定出台了《国家级非物质文化遗产项目代表性传承人认定与管理暂行办法》，2006年以来，命名公布了3批1488名国家级非物质文化遗产项目代表性传承人。各省、区、市也陆续开展了省级非物质文化遗产项目代表性传承人的认定与命名工作，全国省级代表性传承人共有5590名。对已经认定的代表性传承人，文化部门通过记录整理技艺资料、提供传习场所、资助开展传习活动、组织宣传与交流、征集并保管代表作品、建立档案等方式，积极支持代表性传承人开展授徒传艺等传承活动。

建设文化生态保护区。文化生态保护区是以保护非物质文化遗产为核心、对历史积淀丰厚、存续状态良好、具有鲜明地域文化特色和价值的文化形态进行整体性保护，以促进经济社会全面、协调、可持续发展而划定的特定区域。目前，文化部已相继设立了4个文化生态保护实验区，分别是闽南文化生态保护实验区、徽州文化生态保护实验区、热贡文化生态保护实验区和羌族文化生态保护实验区。广东省梅州等地也正在申请设立文化生态保护实验区。

加快建设非物质文化遗产博物馆、传习所等基础设施。非物质文化遗产基础设施承担着收藏、展示、研究、传习非物质文化遗产的重要职能，是开展非物质文化遗产保护传承工作的重要场所。各省、区、市积极推动非物质文化遗产基础设施建设，已经兴建了一批具有多种性质的非物质文化遗产博物馆、传习所。

合理利用非物质文化遗产资源，促进非物质文化遗产传承和发展。传统技艺类非物质文化遗产具有鲜明的民族文化特色，不仅具有耗能低、无污染、见效快等特点，而且适合发展劳动力密集型特色文化产业。广东凉茶采用传统工艺和配方进行生产，产值由原来的3亿元提高到300多亿元；武夷岩茶制作技艺进入国家级名录后，岩茶销售量增加了几十倍；甘肃省环县道情皮影几十支队伍在全国各地演出，取得了很好的经济效益；庆阳香包制作产业发展推动了当地经济的发展。这些实践，对于推动非物质文化遗产融入社会、融入当代、融入民众，引起民众关注，带动相关产业发展，拉动内需，扩大就业都发挥了重要作用。一大批非物质文化遗产项目的老字号企业，如同仁堂、荣宝斋等，始终把传承文脉、保护非物质文化遗产的精神价值和文化内涵作为企业发展的生命线，通过生产性保护，重新焕发出生机和活力，提高了民族品牌的影响力。合理利用非物质文化遗产的文化内涵，对于推动艺术创新和动漫等文化产业发展，形成一批有影响的文化产业品牌，也具有重要意义。

积极参与国际交流与合作。我国是加入联合国教科文组织《保护非物质文化遗产公约》较早的国家之一，并以高票入选保护非物质文化遗产政府间委员会。近年来，我国多次派代表团出席保护非物质文化遗产政府间委员会会议。2009年"文化遗产日"期间，第二届中国成都国际非物质文化遗产节和非物质文化遗产国际论坛在四川省成功举办，形成了《成都共识》。经过积极努力，设在中国艺术研究院的"亚太地区非物质文化遗产保护中心"已得到联合国教科文组织的批准，不久将举行揭牌仪式。我国积极参与申报"人类非物质文化遗产代表作名录"和"急需保护的非物质文化遗产名录"，2009年有22项非物质文化遗产项目入选联合国教科文组织"人类非物质文化遗产代表作名录"，其中包括粤港澳三地联合申报的粤剧，3项入选"急需保护的非物质文化遗产名录"，再加上之前申报成功的4项，共有29项，是世界上入选联合国教科文组织名录项目最多的国家。

积极开展理论研究。非物质文化遗产理论研究在实践中不断得到推进和完善，促进了保护工作的深入开展。文化部和各省、区、市举办了许多大型国内国际学术研讨会和论坛，就非物质文化遗产管理机制、保护立法、非物质文化资源与生态环境保护、非物质文化遗产传承人保护、文化生态保护区建设、非物质文化遗产生产性保护、灾难与非物质文化遗产保护、各国非物质文化遗产保护经验等方面进行深入交流和探讨，对非物质文化遗产保护工作的开展起到了很好的指导作用。《非物质文化遗产概论》等一批学术专著相继出版，提高了非物质文化遗产保护的理论水平。

加强宣传教育。为培养公民的文化自觉，营造非物质文化遗产保护的良好社会氛围，国务院确定每年6月的第二个星期六为我国的"文化遗产日"。2006年以来，各地文化部门利用"文化遗产日"和春节、端午节、中秋节等中华民族传统节日，大力开展非物质文化遗产展览、展演、论坛、讲座等宣传展示活动，利用各种媒体，集中、全面、深入地报道和宣传非物质文化遗产保护工作。文化部先后举办中国非物质文化遗产保护成果展、中国非物质文化遗产专题展、中国非物质文化遗产传统技艺大展、非物质文化遗产珍稀剧种展演、少数民族传统音乐舞蹈展演和第一届、第二届中国成都国际非物质文化遗产节、"守望精神家园——第一届两岸非物质文化遗产月"等活动。2009年11月7日，"国风——中华非物质文化遗产专场演出"在台北中山堂拉开序幕，12月12日，"根与魂——中华非物质文化遗产大展"在台中市开幕，引起了台湾各界的热烈反响。

各地文化部门还积极与教育部门协商,将民歌、民乐纳入中小学音乐课,将剪纸、年画纳入美术课,将传统技艺纳入手工课,积极推进非物质文化遗产进课堂、进教材、进校园,使非物质文化遗产成为对青少年进行传统文化教育和爱国主义教育的重要载体。

作为一种鲜活的文化,非物质文化遗产是民众生活的重要组成部分,在当代仍然散发着独特的光彩和魅力,仍然是传承文化、推动社会发展的不竭动力,是文化创新的基础和源泉。因此,保护非物质文化遗产是每一个中华儿女的历史使命与责任。

(原载于《求是》2010年第4期)

非物质文化遗产保护中的专题博物馆建设

"盛锡福"中国帽文化博物馆今天隆重举行揭牌仪式，这是向即将到来的我国第五个"文化遗产日"献上的一份厚礼。首先，我谨对"盛锡福"中国帽文化博物馆揭牌表示热烈祝贺！向博物馆的建设者和"盛锡福"制帽技艺的传承人表示亲切慰问和衷心感谢！

"盛锡福"始创于1911年，经历了近百年的发展历程。其高超的制帽技艺不仅在北京家喻户晓，在国内和国际也享有很高的知名度。2008年，"盛锡福"独特精湛的制帽技艺被列入了国家级非物质文化遗产名录，其中凝聚了"盛锡福"几代人的创造、智慧和心血。

中华民族在长期的社会发展中创造了极为丰富的文化遗产，其中既有物质形态的文化遗产，又有以非物质形态存在的文化遗产。非物质文化遗产既印证了人类社会的文明进程和生产生活实践，又以其精神性与智慧性的形态方式流传至今，是人类文化多样性的重要体现，也是中华民族身份和中国文化主权的有力象征。保护和利用好非物质文化遗产，对于构建和谐社会、培育民族精神、推动人类文明对话和社会的可持续发展，具有十分深远的意义。随着非物质文化遗产保护工作的逐渐深入，政府与社会各界都认识到，建立非物质文化遗产保护专题博物馆不仅能够有效地保存非物质文化遗产的珍贵实物资料，而且能够集中保护和展示其最核心的手工技艺，对于加强非物质文化遗产的保护和传承将发挥重要作用，也有利于建立科学有效的非物质文化遗产保护工作机制。

作为非物质文化遗产保护的专题博物馆，"盛锡福"中国帽文化博物馆以"传承发展冠帽技艺文化、弘扬中华冠帽历史文明"为宗旨，承担着承前启后，推动中国帽业发展和中华冠帽文化发展的重任，相信它不仅能成为盛锡福传统技艺保护的基地，也会成为中国冠帽文化的宝库，成为一座"凝聚历史，汇聚珠玑"的博物馆。

希望百年"盛锡福"能够与时俱进，长青常胜，为弘扬中华冠帽服饰文化，树立民族品牌做出新的更大的贡献！

（在"盛锡福"中国帽文化博物馆揭牌仪式上的讲话，2010年6月8日）

在庆祝资华筠先生从艺 60 周年
座谈会上的讲话

非常高兴，也非常荣幸今天参加资华筠先生从艺60周年庆祝活动。资华筠先生是我的老朋友，也是我十分尊敬的长者和学者，今天在资先生从艺60周年这样一个特别的日子里，我来表达一个老朋友的衷心祝福。

资华筠先生是我国著名的舞蹈表演艺术家和舞蹈理论家，同时，她也是文化大家。在60年的从艺生涯中，她不仅在舞蹈艺术实践和舞蹈理论研究领域取得了丰硕成果，而且在文艺批评、非物质文化遗产的保护与理论研究等方面做出了重要贡献。这一点，我们从资先生60年的奋斗历程和取得的成就中可以充分地感受得到。

在和资先生一道为我国的非物质文化遗产进行抢救与保护工作的那些日子里，我亲眼目睹了这位年过古稀老人忘我的工作热情和旺盛的生命力。感受了资先生作为一代名师所具有的大家风范和学术涵养。特别是她对祖国民族文化的无限热爱和心中怀有的敬畏之心令人感受尤为深切。资先生一生求真务实，做事磊落，观点鲜明，直言不讳。她那严谨的学风、渊博的知识、过人的智慧和真诚的为人，更是给我留下深刻的印象。在这里我想主要谈谈资先生与我国的非物质文化遗产保护工作。

近10年来，资先生不顾身染重病，积极投身于我国非物质文化遗产的保护工作。这是一项关系中华民族文脉传承的大事，资先生为此付出了大量的心血，使人深感钦佩！资先生在对文化遗产的认识方面显示出了独特而敏锐的思考，先后提出了一些崭新的理念，如"精神植被""优质基因""文化围城"等。这些理念对于非物质文化遗产保护起步较晚，基础较弱，还缺乏科学的保护理念和手段的我国的保护工作来说，具有十分重要的指导意义，为加强和推动非物质文化遗产的保护工作起到了积极作用。在保护工作开展之时，资先生呼吁要"抢救濒危性文化遗产"，针对非物质文化遗产的价值判断问题提出了清晰的理念，并结合舞蹈的特性阐释了具体方法。随着国家在非物质文化遗产保护领域开展文化生态保护试验区的工作，资先生倡导以"生态学的视野、理念"引领文化生态保护区建设，为生态保护区建设厘清了思路。她从学理层面廓清了被某些媒体和社会上混淆的原生态概念，提出严格意义的原生态文化应具有"三自然"的特性：自然形态——未经人为加工；自然生态——未脱离其生成环境；自然传衍。此外，她的"关于设立中国非物质文化遗产保护中心""文化部急需增设主管非物质文化遗产保护的司局建制""加快非物质文化遗产立法进程"等构想和建议，都曾受到中央领导的关注,为我国的非物质文化遗产保护工作提出了不少真知灼见。

资先生对探讨保护非物质文化遗产的理念、机制、方法等多有著述,为切实有效地推动我国非物质文化遗产保护工作发挥了重要作用。如今我国的非物质文化遗产保护工作取得了很大成绩,非物质文化遗产保护工作也在稳步推进,有序开展。但资先生总是说,对待非物质文化遗产保护工作应"爱之深而虑之远","对祖先的创造要怀有敬畏之心,对丰厚的民族文化遗产要永葆珍惜之情,对所有为文化遗产保护工作献身的人要赋予战友的崇敬,这样才能使这项工作葆有不竭的动力和强大的凝聚力,永远延续下去"。这些肺腑之言充分表达了资先生对民族文化的特殊情怀。

要列举资先生对非物质文化遗产保护所做的工作还有很多很多,有一件事给我留下极为难忘的印象。据了解,在今年4月14日青海玉树发生特大地震时,当资老师得知参加由她担任艺术顾问的"全国少数民族非物质文化遗产项目调演"(今年2—3月在北京举行)的玉树土风歌舞团三名藏族民间艺人及家人在地震中遇难的消息,内心万分悲痛,拿出6000元捐给三位藏族民间艺人的家属,以表达她的慰问之情。此事经多方努力,将捐款一一送到了三位藏族艺人的家里。当这些遇难的藏族同胞家人得知捐款主人是远在首都的一位年过七旬的著名舞蹈家时,感动得热泪盈眶,激动不已。这件事情看起来可能不是什么了不起的大事,但它表达出的是资先生对于藏族兄弟姐妹的一片真诚与关爱,体现了她对少数民族民间舞蹈艺术家的一种尊重。

"关键的问题是教育领导",这是我十分欣赏、也十分赞赏的资先生的至理名言。在我的记忆里,资先生在许多中央和地方的重要会议上都十分尖锐地提出她的这一观点。在多年的工作实践中我深深感到,在国家文化建设,尤其是文化遗产保护等工作中许多事情不能见成效,甚至出现严重偏差的根本原由,就是我们在管理岗位的一些人员在对文化遗产的认识、自身素养和文化规律的把握等方面能力的欠缺造成的。所以搞好遗产保护工作,首先应提高领导干部的文化自觉,加强对民族文化的正确认识、尊重遗产等方面的教育成为十分重要的工作。

资先生把自己彻底地融入保护各民族丰富多彩的非物质文化遗产工作中,为民族文化的传承与振兴鼓与呼。资先生的这种乐于奉献、执着进取的精神也时刻激励着我们不断去学习、思考,引导着我们为祖国的文化遗产保护工作贡献更多的力量。

最后,作为一个老朋友,我衷心祝愿资先生身体健康,万事如意!

(2010年12月16日)

《保护与传承》序言

浙江省文化厅厅长杨建新同志将自己近年来有关非物质文化遗产保护的一些讲稿和文章，结集为《保护与传承》，付梓之际，来函邀我作序。我曾在文化部分管此项工作，见证了浙江非物质文化遗产保护的丰富实践，加之与建新同志相识相知已久，深知其人其事，故此应允。

翻阅这部书稿，不由得回忆起新世纪以来我国非物质文化遗产保护的历程：2003年，在全国范围启动民族民间艺术保护工程；2004年，经全国人大常委会批准加入联合国教科文组织《保护非物质文化遗产公约》；2005年，国务院办公厅、国务院相继下发《关于加强我国非物质文化遗产保护工作的意见》《关于加强文化遗产保护的通知》。由此，传统意义上的民族民间文化保护转向全方位的非物质文化遗产保护，兴起了全国范围的非物质文化遗产保护工作热潮。按照典型引路、分类指导、由点到面、整体推进的原则，我们在全国范围内广泛开展了非物质文化遗产名录体系建设、传承人保护、非物质文化遗产普查、文化生态保护区建设、"文化遗产日"系列展演活动、非物质文化遗产生产性保护、文化与旅游相结合等工作，一批专家学者和文化工作者为非物质文化遗产保护事业做出了突出贡献。几多艰辛，几多欢乐，几多付出，几多收获，非物质文化遗产保护取得显著进展，成了新时期我国文化工作一个重要的组成部分，呈现了政府重视、各界拥护、人民满意、社会认可的良好局面。

浙江省是我国非物质文化遗产保护工作的先行试点省，承担着试验、探索的任务。这些年来，在包括建新同志在内的一大批非物质文化遗产保护工作者的努力下，浙江的非物质文化遗产保护工作不断取得突破性进展。在全国率先出台了《浙江省非物质文化遗产保护条例》，率先制定了全省非物质文化遗产保护工程实施规划，率先启动了全省性非物质文化遗产普查工作，率先建立了省、市、县三级非物质文化遗产名录体系，率先举办了全省非物质文化遗产保护成果展，率先设立了非物质文化遗产代表性传承人政府津贴制度，率先公布了省级传统节日保护示范地、省级非物质文化遗产生态保护区试点，率先在高等院校建立了非物质文化遗产研究基地。在国务院公布的第一批、第二批国家级非物质文化遗产名录中，浙江省的入围项目连续名列榜首。在联合国教科文组织批准的"人类非物质文化遗产代表作名录"中，浙江省再居全国前列。浙江非物质文化遗产保护的实践，在全国起到了积极的引领和示范作用。《中国文化报》以"非遗普查看浙江""非遗保护浙江抢先一步""浙江缘何走在前列？"等为题做了系列报道，一些省市纷纷前往浙江取经学习，专家学者相继前往探究浙江经验。

我见证了浙江非物质文化遗产保护工作推进的全过程，为浙江取得的可喜成绩深感欣慰，并在2008年11月召开的全国非遗普查工作现场经验交流会上将其特点总结为"启动早、声势大、方法新、措施实、成果丰"。浙江非物质文化遗产保护工作取得的成绩得益于地方党政领导的深谋远虑和高度重视。2005年5月，时任浙江省委书记的习近平同志在不到一个月的时间里，5次就非物质文化遗产保护工作做出重要批示。现任浙江省委书记赵洪祝同志高度重视非物质文化遗产保护工作，多次对非物质文化遗产保护工作做出指示。省长吕祖善同志专门为"浙江省非物质文化遗产代表作丛书"撰写总序，并以"一个国家和地区历史的'活'的见证"为题在《人民日报》发表专题文章。

浙江的非物质文化遗产保护工作，同样离不开建新同志和他的同事们以及全省文化工作者的努力。建新同志对全省非物质文化遗产保护工作潜心思考，精心谋划，有效组织，扎实推进，体现了一个文化工作者勇于担当时代责任与历史使命的精神。此次建新同志将自己在组织浙江非物质文化遗产保护工作时的一些思想成果和工作体会结集成书，真实记录了浙江省非物质文化遗产保护工作的思路和发展历程，客观反映了建新同志作为省文化厅主要负责人对非物质文化遗产保护工作的深刻认知和精心部署，集中表现了浙江非物质文化遗产保护工作者的敬业精神和执着信念，全面记述了浙江非物质文化遗产保护工作的先进理念和成功做法。书中所提供的一些做法和经验，对于其他地区的非物质文化遗产保护工作及专家学者的研究都是大有裨益的。

今天，越来越多的人开始认识到非物质文化遗产是一个民族的历史记忆和文化基因，保护非物质文化遗产，对于延续和传承中华文脉，建设中华民族共有精神家园，促进经济社会长远发展，实现中华民族的伟大复兴，具有重要意义。做好非物质文化遗产保护既是每一个炎黄子孙的责任，也是各级政府的责任。我相信，浙江的文化工作者一定会在推进中华民族全面小康的伟大进程中，继续把非物质文化遗产保护事业推向新的高度。

由于工作变动，我现在已不分管非物质文化遗产保护工作，但非物质文化遗产保护始终牵动着我的心怀，我也依然会常常关注浙江的非物质文化遗产保护工作。希望建新同志和浙江的文化工作者，继续以开拓性的工作为我国非物质文化遗产保护创造新的经验，提供新的示范。

是为序。

二〇一〇年十二月

（原载于杨建新著：《保护与传承》，浙江大学出版社2013年版）

留住中国非物质文化遗产的典籍记忆

值此第七个"文化遗产日",同时也是《非物质文化遗产法》施行一周年后的第一个文化遗产日之际,由文化部主办、国家图书馆及中国非物质文化遗产保护中心承办的"中国非物质文化遗产保护讲座周"及"中国非物质文化遗产典籍记忆系列展"在国家图书馆隆重开幕。我谨向莅临仪式的各位领导和嘉宾表示热烈的欢迎!向给予活动大力支持的各有关单位和各位专家学者、非物质文化遗产代表性传承人,以及新闻界的朋友们,表示衷心的感谢!

中华文化源远流长、灿烂辉煌。我国各族人民在漫长的历史发展中创造的非物质文化遗产绚丽多姿、异彩纷呈,成为传承和延续中华文脉的重要纽带。近年来,党和政府高度重视非物质文化遗产保护,2011年6月1日起正式实施的《非物质文化遗产法》为非物质文化遗产保护工作提供了坚实保障,党的十七届六中全会对加强非物质文化遗产保护工作也提出了新的要求,非物质文化遗产保护面临着新的机遇和挑战。为此,文化部将2012年"文化遗产日"主题确定为"活态传承,重在落实",并围绕主题在北京举办"中国非物质文化遗产保护讲座周"和"中国非物质文化遗产典籍记忆系列展",旨在进一步加大宣传力度,促进非物质文化遗产活态传承,充分发挥非物质文化遗产在传承优秀传统文化和振奋中华民族精神中的作用。

"中国非物质文化遗产保护讲座周"将邀请10位非物质文化遗产保护领域的知名专家学者,在6月9—18日之间,举办10场非物质文化遗产保护专题讲座,系统介绍传统音乐舞蹈、传统戏剧曲艺、传统体育、传统美术、传统医药、民俗等非物质文化遗产及其保护知识,以及我国非物质文化遗产保护现状和未来展望。同时配合讲座,与内容相关的国家级非物质文化遗产名录项目代表性传承人将进行现场表演,如陕北民歌的原生态演唱、武术表演、牙雕和雕漆技艺展示等。系列讲座内容深入浅出、通俗易懂,兼具知识性与趣味性,对普及非物质文化遗产知识,唤起全民族参与非物质文化遗产保护的热情,促进非物质文化遗产活态传承将起到积极的作用。

中华典籍是记录和传承非物质文化遗产的重要载体,本次"中国非物质文化遗产典籍记忆系列展"通过珍贵文献典籍和技艺活态演示相互印证的形式,展示非物质文化遗产的丰富性和精粹性。本次系列展包含"中国传拓技艺展"和"中国传统建筑营造技艺展",这两种技艺都是非物质文化遗产大家庭中的重要成员。

传拓是我国劳动人民创造的一种独一无二的文献复制技术,已有1000余年历史，为后人留下了数量宏富的拓本，保存了大量的文献资料，现已有 92 种拓本入选《国家珍贵古籍名录》。本次"中国传拓技艺展"所展示的包括最早的儒家刻经《熹平石经》残石，三国《正始石经》残石，宋拓本《神策军碑》《干禄字书》《李思训碑》《隶韵》，元拓本《道德经》，明拓本《曹全碑》等，均为传世国宝；配合展览同时进行的活态展示亦精彩纷呈，来自 7 个省市的 13 位当代传拓名家将进行传拓技艺现场演绎。

中国传统建筑营造技艺是人类建筑史上独具特色的建筑体系，目前 3 批国家级非物质文化遗产名录共收入了 22 种全国各地各民族的传统建筑营造技艺。本次"中国传统建筑营造技艺展"，就是依托国家图书馆馆藏"清代样式雷建筑图档"、《永乐大典》、《营造法式》、各种《工程做法则例》、文源阁御碑等重要典籍和文物，辅以清华规划院"再现遗产"工程成果——圆明园景区的数字复原设计等，集中表现我国在建筑相关文化遗产保护方面的重大成果以及数字化保护的最新进展。

本次"中国非物质文化遗产保护讲座周"、"中国非物质文化遗产典籍记忆系列展"具有以下三个突出特点：一是学术性强，共邀请了 40 余位专家学者举行专场讲座或参与展览期间的非物质文化遗产专题研讨会，普及非物质文化遗产知识、解读《非物质文化遗产法》；二是通过典籍展示非物质文化遗产，两个展览中共展出了 130 余件典籍，其中许多为首次展出，弥足珍贵；三是重视活态演示，展览和讲座中将有一批传承人现场展示精湛技艺，充分展现了非物质文化遗产旺盛的生命力。

国家图书馆作为国家级的文献文物收藏单位和公共文化服务机构，将按照《非物质文化遗产法》的要求，继续通过展览、讲座、整理出版等方式挖掘馆藏文献内涵，在非物质文化遗产保护工作中发挥重要而独特的作用。希望社会公众，特别是青少年，能够通过活动进一步了解中华文化的博大精深、多姿多彩，从而增强文化认同、树立文化自觉、培养民族精神，共同为促进社会主义文化大发展大繁荣，建设中华民族共有精神家园做出新的贡献！

（在"中国非物质文化遗产保护讲座周"及"中国非物质文化遗产典籍记忆系列展"开幕式上的致辞，2012 年 6 月 9 日）

促进非物质文化遗产的活态传承

今天是第七个"文化遗产日",同时也是《非物质文化遗产法》施行一周年后的第一个"文化遗产日",由文化部主办、国家图书馆及中国非物质文化遗产保护中心联合举办"中国非物质文化遗产保护系列讲座"及"中国非物质文化遗产典籍记忆系列展览",旨在通过非物质文化遗产的宣传展示、讲座培训等活动,促进非物质文化遗产的活态传承,充分利用和发挥非物质文化遗产在传承优秀传统文化和振奋中华民族精神中的作用。

中华文化历史悠久,博大精深。我国丰富多彩的文化遗产,既有物质形态的、有形的文化遗产,如万里长城、故宫、古代典籍等;又有通过口传心授等方式传承下来的、无形的非物质文化遗产,如民间音乐、歌舞、武术等。物质的和非物质的文化遗产,以有形或无形的形态存在,共同构成中华民族的文化遗产。

一、保护非物质文化遗产的重要意义

非物质文化遗产是各族人民世代相传并视为其文化遗产组成部分的各种传统文化表现形式,以及与传统文化表现形式相关的实物和场所,包括传统口头文学以及属于传统口头文学组成部分的语言,传统美术、书法、音乐、舞蹈、戏剧和曲艺,传统技艺、医药和历法,传统礼仪、节庆等民俗,传统体育、游艺和杂技,等等。

在国务院公布的国家级非物质文化遗产名录中,将非物质文化遗产分为民间文学,传统音乐,传统舞蹈,传统戏剧,曲艺,传统体育、游艺与杂技,传统美术,传统技艺,传统医药,民俗十大类别。与物质文化遗产相比,非物质文化遗产以活态传承为主要形式,是"活"的遗产。它既是前辈留下的文化财富,又鲜活地扎根、活跃于民众之中,它不仅是过去,更是现在和未来,在当前社会中仍然显示出旺盛的生命力。

非物质文化遗产的内在生命力十分坚韧,像水一样,至柔而至刚。它与人们的生产生活密切相关,广泛存在于人们的衣食住行各个方面,共同构成了人们的生产生活方式,潜移默化地影响着人们的思想观念。中华文明在世界几大文明中唯一绵延至今从未间断,丰富的非物质文化遗产传承起到了重要作用。

(一)保护非物质文化遗产的必要性

在世界几大文明中,中华文明博大精深,源远流长,是唯一能够延续下来的文明体系。中华文明的传承有两个主要渠道。一个是通过经典化的文字语言记载来传承。这种传承基本上是知识分子通过撰著的各种典籍完成的，包括易代修史、易代修书，不断地传承文化，如国家有史、地方有志、家族有谱。中华典籍是记录和传承非物质文化遗产的重要载体，由国务院颁布的《中国珍贵典籍名录》中大量记载了非物质文化遗产。例如，中国传统建筑营造技艺是人类建筑史上独具特色的建筑体系，《中国非物质文化遗产名录》一共收入了22种中国各地各民族的传统建筑营造技艺。本次展览展出了国家图书馆收藏的大量与传统建筑和营造技艺相关的珍贵典籍。配合国家图书馆珍贵馆藏拓本文献展览的同时，来自7个省市的13位当代传拓名家还将进行传拓技艺现场演示。

另外一个渠道就是通过各民族的民间文化形式来传承。"问渠那得清如许，为有源头活水来。"民间形式的文化是国家主流文化的重要来源，同时又是主流文化的重要传承方式。比如唐朝流行的竹枝词，就是经过诗人在民间的采风、整理之后进入官方典籍的。各种习俗更是民间文化的重要表现。比如大家知道的二十四节气，在周代就已经总结形成，这是人们在农耕社会对自然的一种观察和判断，当节气加入了特定文化内涵之后，便成为习俗，传统节日就是传承民族文化的非常重要的形式。据了解，现在全国有20多个民族庆祝中秋节，有30多个民族庆祝端午节。这些节庆习俗在文化交流中还传播到了东亚、东南亚等地，韩国就在我国端午节基础上融入了自己的风俗习惯和民族特色，形成了江陵端午祭。中华民族文化之所以能够传承下来，和民间文化与非物质文化遗产都有直接的关系。所以，非物质文化遗产对传承一个民族的精神血脉和传统基因发挥着重要作用，对维系一个民族的团结，保持一个民族的文化特质具有重要作用。

非物质文化遗产是中华民族优秀传统文化的重要体现，是我们民族的历史记忆和生命基因，体现了中华民族所特有的生活方式、道德观念、审美趣味和艺术想象。它生长于民间，繁荣于社会，无论是在价值观念上还是在艺术形式上都为广大民众所喜闻乐见；它蕴涵着深刻的人与自然、人与人以及人与社会和谐相处的理念，以及爱国为民、重诺守信、勤劳勇敢等中华民族优良传统和道德品质，是当前和谐社会建设的重要文化资源和社会主义核心价值观的重要文化基础，对于延续和传承中华文脉，展现中华文化的魅力和生命力，增强文化软实力，促进经济社会全面、协调、可持续发展，实现中华民族的伟大复兴，具有重大的意义。

（二）保护非物质文化遗产的紧迫性

我国非物质文化遗产资源丰富，历史悠久。然而在经济社会快速发展的同时，非物质文化遗产依存的环境和土壤却逐渐受到破坏，许多珍贵的非物质文化遗产濒临消亡。特别是改革开放以来，我国经济社会发生了深刻变化，思想道德建设面临不少新情况、新问题，对我国文化建设产生了重大影响，非物质文化遗产保护也面临着严峻形势，主要体现在两个方面。

一是传统文化流失。近100多年来，中国社会形态发生了巨大变化，特别是鸦片战争以后，中国沦为半封建半殖民地社会，不断受到外敌入侵，国力衰微，传统文化总体上不断受到冲击，原有的以儒家文化为基础，产生于小农经济基础上的核心价值体系被打破，新的价值体系尚未建立起来，中华民族的核心价值观出现缺失。清朝中后期闭关锁国，对世界了解甚少。魏源的《海国图志》在日本再版6次，在中国却几乎无人知晓。与此同时，欧洲国家迅速发展起来：英国开始了工业革命，生产力水平迅速提高；法国在大革命之后也迅速发展起来；俾斯麦统一德国，德国迅速走向强盛。而我们还是夜郎自大，闭关锁国。甚至在英国打过来的时候，道光皇帝还不知道英国在哪。在此之后，中国的大门被坚船利炮轰开，不断受到帝国主义列强的入侵。落后挨打促使国人开始反思，到五四运动进一步上升到文化层面，出现了反对传统文化的思潮，有一部分人全面否定中华文化，还有人喊出了"砸烂孔家店"的口号，在倒洗脚水的时候把婴儿一块倒掉了。此后中国外敌入侵、战乱不断，也就根本谈不上文化建设。

新中国成立之后，我们的文化建设有了很大发展，开展了民族民间文化的普查，以及民间文化的采风等卓有成效的工作。但之后的"文化大革命"对传统文化的破坏极大，其在中华民族的历史上也是少见的。我国又是从"文化大革命"后直接进入改革开放的，一段时期内强调经济发展也是符合中国国情的，但却出现了"一手硬、一手软"的问题，片面强调经济发展，忽视了文化建设。一大批有历史、文化和科学价值的非物质文化遗产遭到不同程度的破坏，甚至由于传承人的逝去而濒于消亡。以戏曲为例，据统计，历史上我国曾有戏曲品种394种，1949年统计时为360种，1982年统计为317种，而2004年再次统计时发现，我国现存戏剧品种仅为260种左右，短短的近60年间，损失了传统剧种约100种。特别是在城市化进程中，许多非物质文化遗产的生存环境受到破坏，一些历史街区、民居、戏台等非物质文化遗产所依赖的展示场所以及一大批实物资料遭到毁弃。与人们生产生活密切相关的一些非物质文化遗产也处于濒危状态。

二是社会道德滑坡。在学校教育中存在着"知书不达礼""教书不育人"的现象，在社会教育中存在着中华民族传统美德教育缺失的现象。一些领域道德失范、诚信缺失；一些社会成员人生观、价值观扭曲，对道德底线失去敬畏；一些地区片面追求GDP，经济发展与社会发展之间不平衡、不协调。从"东鞋西毒"到"南地北钙"（指烂皮鞋、毒胶囊、地沟油、三鹿高钙奶），从小悦悦事件到虐婴护士丑闻，令人触目惊心的事件屡有发生，凸显社会基本道德的缺失。南怀瑾先生曾感叹道："一个国家，一个民族重在文化的传承……最可怕的是一个国家和民族自己的根本文化亡掉了，这就会沦为万劫不复，永远不会翻身。"

这些现象已经影响到了社会的和谐发展。早在1989年邓小平同志就指出，

"最近十年……我们最大的失误是在教育方面";以后他又说,"这里我主要是讲思想政治教育"。近些年来,中央越来越重视思想道德建设,非物质文化遗产作为承载中华民族传统道德的重要载体,也越来越受到社会各界的关注。2005年国务院办公厅、国务院先后下发了《关于加强我国非物质文化遗产保护工作的意见》《关于加强文化遗产保护的通知》,从2005年到2011年,仅用短短6年就完成了《非物质文化遗产法》的立法工作,人们已经形成了加强非物质文化遗产保护的共识。各级政府也非常重视非物质文化遗产保护工作,许多地方通过立法形式保护民族文化遗产。特别是广大群众以极大的热情投入到了非物质文化遗产保护工作中。非物质文化遗产是我们民族的DNA,是中华民族的文化血脉,我们每个中华儿女都有责任保护好中华民族优秀的传统文化。

二、我国保护非物质文化遗产的实践

我国历史上一直有保护非物质文化遗产的传统。可以说,保护非物质文化遗产的传统,是五千年中华文明世代绵延、薪火相传的一个重要原因。西周时期,我国已建立了采诗观风的制度。中华第一部诗歌总集《诗经》中《国风》和《小雅》的一部分,就是朝廷乐师到民间采风所记录整理的民间歌谣。秦汉时期专门设立了掌管音乐的乐府机关,并派人到民间搜集歌谣,考察社会风俗。五四前后,中国文化界兴起了搜集、整理、研究民间文学和民俗文化的活动,郑振铎、费孝通、顾颉刚、钟敬文等一大批专家学者,为抢救和保护以民间文学、民俗为主的非物质文化遗产,做了大量工作。

新中国成立以来,我国政府组织开展了一系列卓有成效的非物质文化遗产保护工作,成立了全国性的民间文艺研究机构和民俗学会,掀起了大规模的采风运动,对民族民间文化遗产进行了广泛搜集和整理,出版了大批民间文艺和民俗学著作,特别是被誉为"文化长城"的"十部中国民族民间文艺集成志书",保存了大量的民族民间文化艺术资源。2003年,文化部、财政部联合国家民委、中国文联启动了中国民族民间文化保护工程。2004年,我国加入联合国教科文组织《保护非物质文化遗产公约》,为有利于推动保护工作,参照国际通行提法,民族民间文化保护工作逐渐发展为非物质文化遗产保护工作。相比于民族民间文化,非物质文化遗产的内涵和外延都有所扩展,如包括了民间文化所不能涵盖的传统医药等内容,保护领域更加广泛,保护内容更加全面。

2005年3月,国务院办公厅下发了《关于加强我国非物质文化遗产保护工作的意见》,正式确定了"非物质文化遗产"这一名称和"保护为主、抢救第一、合理利用、传承发展"的非物质文化遗产保护工作方针,对非物质文化遗产保护进行了一系列部署。同年12月,国务院下发《关于加强文化遗产保护的通知》,将非物质文化遗产与文物放在同等重要的位置,确定了我国文化遗产保护的两大体系。

2011年6月1日,经全国人大常委会审议通过,《非物质文化遗产法》正式颁布施行,为非物质文化遗产保护政策的长期实施和有效运行提供了坚实的法律保障,标志着我国的非物质文化遗产保护工作进入了依法保护的新阶段。

近年来,非物质文化遗产保护工作取得了显著进展,各级党委、政府和全社会保护非物质文化遗产的文化自觉不断提高,非物质文化遗产保护成为中国特色社会主义文化建设的重要组成部分,成为国家文化发展战略,呈现出前所未有的良好局面。保护工作进展主要体现在以下几个方面。

(一) 普查工作全面展开

普查是非物质文化遗产保护的一项基础性工作。2005年6月,文化部部署了我国第一次大规模的非物质文化遗产全面普查工作。自普查工作启动以来,各地高度重视,精心组织,广泛发动,阶段性成果显著。通过普查,基本掌握了各省、区、市非物质文化遗产资源的种类、数量、分布状况、生存环境、保护现状与存在问题,建立了以文字、图片、录音、录像等多种手段记录下来的非物质文化遗产资源档案,收集了一大批具有历史、文化和科学价值的珍贵实物和资料,抢救了一批散落民间的濒危非物质文化遗产。据初步统计,参与这次普查的工作人员有50万人次,走访民间艺人115万人次,收集珍贵实物和资料29万多件,全国非物质文化遗产资源总量近87万项。

(二) 名录体系初步建立

非物质文化遗产名录建设是非物质文化遗产保护的重要抓手,有利于发挥政府的权威认定和示范引导作用,调动传承主体保护的积极性。文化部确立了进入国家名录的必须是省级名录、进入省级名录的必须是市级名录的机制,非物质文化遗产名录体系建设逐步加快。2006年、2008年和2011年,国务院批准公布了3批1219项国家级非物质文化遗产名录。31个省、区、市政府公布了8566项省级非物质文化遗产名录项目,地(市)级非物质文化遗产目录项目18186项,县级非物质文化遗产目录项目53776项。国家、省、市、县四级名录体系基本形成。2011年9月,文化部下发了《关于加强国家级非物质文化遗产代表性项目保护管理工作的通知》,提出了国家级名录项目的"退出机制"。从此,国家级名录项目将不再是"终身制","有进有出"的动态管理将成为常态化的工作。

(三) 代表性传承人制度基本形成

非物质文化遗产是"活"的遗产。传承人是非物质文化遗产的重要承载者和传承者,他们掌握并承载着非物质文化遗产的知识和精湛技艺,既是非物质文化遗产活的宝库,又是非物质文化遗产代代相传的代表性人物。为加强代表性传承人的保护，文化部命名公布了3批国家级非物质文化遗产项目代表性传承人共1488名，并从2008年开始，在中央转移地方非物质文化遗产保护经费中，按每人每年8000元的标准予以资助，鼓励和资助代表性传承人开展传承活动；2011年起，补助标准提高到每人每年10000元。2009年6月，人事部、文化部共同授予35名国家级非物质文化遗产项目代表性传承人享受省部级劳模待遇的全国非物质文化遗产保护先进工作者称号，对传承人队伍是巨大的激励。各地也陆续开展了省、市、县级非物质文化遗产项目代表性传承人的认定和命名工作。目前，全国省级非物质文化遗产项目代表性传承人达到9564名。

加强传承人保护，促进活态传承，是非物质文化遗产保护工作的关键。近年来，文化部门通过记录、整理技艺资料，提供传习场所，资助开展传习活动，组织宣传与交流，征集并保管代表作品，建立档案等方式，积极帮助代表性传承人开展授徒传艺等传承活动。目前，国家级非物质文化遗产项目代表性传承人扶持计划已经纳入《国家"十二五"时期文化改革发展规划纲要》。

（四）文化生态保护区的实验初见成效

文化生态保护区建设是我国非物质文化遗产整体性保护的一个创举。文化生态保护区的设立，促进了非物质文化遗产的传承发展以及自然生态和物质文化遗产的保护，提高了人们的文化认同和自觉意识，为推动生态文明与社会和谐、城市建设及经济发展，发挥了积极作用，同时也是应对我国城市化进程，在西部大开发和新农村建设中保护我国文化生态环境，促进文化繁荣的重要措施。《国家"十一五"时期文化发展规划纲要》要求，在"十一五"期间确定10个国家级民族民间文化生态保护区，对非物质文化遗产内容丰富、较为集中的区域，实施整体性保护。2007年6月至今，文化部相继命名设立了闽南文化、徽州文化、热贡文化、羌族文化、客家文化（梅州）、武陵山区（湘西）土家族苗族文化、海洋渔文化（象山）、晋中文化、陕北文化、潍水文化、大理白族文化、迪庆民族文化等12个国家级文化生态保护实验区。国家非物质文化遗产保护中央补助地方专项资金也加大了对已设立的文化生态保护实验区的资金补助力度，至2011年，总补助金额达到近5000万元。

（五）基础设施建设力度不断加大

非物质文化遗产博物馆、民俗博物馆、传习所等基础设施承担着收藏、展示、研究、传习非物质文化遗产的重要职能，是开展非物质文化遗产保护传承工作的重要场所。各地积极加强基础设施建设，已经兴建了一批多种性质的非物质文化遗产博物馆、传习所，如四川成都市、山东济南市兴建非物质文化遗产博览园。据不完全统计，目前，全国各省、区、市共建立非物质文化遗产博物馆424个、展厅96个、民俗博物馆179个、传习所1216个。目前，非物质文化遗产保护利用设施建设已经列入国家发改委"'十二五'文化和自然遗产保护利用设施建设规划"。

(六) 工作机构和人才队伍建设逐步加强

加强机构和人才队伍建设是做好非物质文化遗产保护的重要条件。根据国务院办公厅《关于印发文化部主要职责内设机构和人员编制规定的通知》，2009年3月，文化部非物质文化遗产司正式独立运行，内设3个职能处室。截至目前，北京、山西、吉林、辽宁、黑龙江、江苏、浙江、安徽、河南、广东、贵州、云南、新疆、陕西、青海、广西等18个省、区、市文化厅（局）单独设立了非物质文化遗产处（室），并增加了人员编制。全国31个省、区、市已经当地编办批准，设立省级非物质文化遗产保护中心，落实了人员编制，配备了专门的工作人员。大部分地（市）、县级的非物质文化遗产保护工作机构也已基本建立，非物质文化遗产保护机构建设正在逐步加强。

(七) 理论研究不断深入

理论研究对于廓清非物质文化遗产保护工作思路，提高保护工作的科学性、规范性，具有重要作用。文化部和各地举办了许多大型国内国际学术研讨会和论坛，就非物质文化遗产管理机制、保护立法、非物质文化资源与生态环境保护、非物质文化遗产传承人保护、文化生态保护区建设、非物质文化遗产生产性保护、灾难与非物质文化遗产保护、各国非物质文化遗产保护经验等方面进行深入交流和探讨，对非物质文化遗产保护工作的开展起到了很好的指导作用。文化部及各地成立了非物质文化遗产保护工作专家委员会，建立了专家咨询制度，为科学开展保护工作提供决策参考和智力支持。

目前，文化部正在启动"非物质文化遗产保护研究基地"建设工作，准备面向从事非物质文化遗产保护研究工作的科研院所、高等院校等单位，命名一批"非物质文化遗产保护研究基地"，进一步推动非物质文化遗产理论研究深入开展。

(八) 法规建设积极推进

出台政策法规，是非物质文化遗产保护工作的迫切需要。为了宣传、贯彻《非物质文化遗产法》，文化部配合全国人大编印了《非物质文化遗产法律指南》，翻译了《非物质文化遗产法》少数民族语言文本。云南、贵州、广西、福建、江苏、浙江、广东、宁夏、新疆等9个省区陆续出台了民族民间文化保护条例或非物质文化遗产保护条例，为开展非物质文化遗产保护提供了有力的保障。河北、山西、内蒙古、湖北等省区非物质文化遗产保护条例也已列入省人大、省法制办的立法计划。

（九）国际交流与合作日益扩大

我国作为联合国教科文组织《保护非物质文化遗产公约》的缔约国，积极履行义务，积极参与国际规则的制定工作，注重学习其他国家的非物质文化遗产理论方法和成功经验，积极参与国际交流与合作。近年来，我国在法国巴黎成功举办了"中国非物质文化遗产艺术节"，在四川成都举办了三届"中国成都国际非物质文化遗产节"，与蒙古国联合申报蒙古族长调民歌为"人类非物质文化遗产代表作名录"项目，合作开展蒙古族长调民歌的田野调查和保护，签订了《中华人民共和国文化部和蒙古国教育文化科学部关于联合保护非物质文化遗产合作协议》。在联合国教科文组织的大力支持下，我国在中国艺术研究院成立了"亚太地区非物质文化遗产国际培训中心"。我国还积极参与联合国教科文组织"人类非物质文化遗产代表作名录"和"急需保护的非物质文化遗产名录"的申报工作。至2011年，我国共有29项非物质文化遗产项目入选"人类非物质文化遗产代表作名录"，7项非物质文化遗产项目入选"急需保护的非物质文化遗产名录"。

我国非物质文化遗产保护工作虽然取得了一定进展，但总体上讲，尚处于起步阶段，任重道远，对此，我们必须有清醒的认识。

三、对非物质文化遗产保护工作的几点思考

非物质文化遗产是中华民族的DNA，是中华民族的文化基因。保护非物质文化遗产，对传承中华文脉，确定中华民族的未来走向，促进经济社会长远发展，具有重要意义。做好非物质文化遗产保护是每一个炎黄子孙的责任，更是各级政府的重要责任。这里，我对进一步做好非物质文化遗产保护工作提出几点思考，供大家参考。

（一）从传承中华文脉的高度，认识非物质文化遗产保护工作的重要意义

中华文化源远流长、灿烂辉煌。我国各族人民在漫长的历史发展中创造的非物质文化遗产绚丽多姿、异彩纷呈，是中华文化的瑰宝，更是中华文脉的重要象征，是传承和延续中华文脉的重要纽带。在面临经济全球化浪潮冲击的背景下，遵循非物质文化遗产自身传承、衍变规律，保护和传承好非物质文化遗产，对于延续和传承中华文脉，保存中华文明生存和发展的文化根基，展现中华文化的魅力和生命力，增强文化软实力，实现中华民族的伟大复兴，具有重大的意义。

联合国教科文组织公布的《保护非物质文化遗产公约》特别强调，"必须提高人们，尤其是年轻一代对非物质文化遗产及其保护的重要意义的认识"。我国

多姿多彩、蔚为大观的非物质文化遗产充分体现了中华民族在历史进程当中逐步形成的优秀文化价值观念和审美理想，凝聚着中华民族深层的文化基因和思想情感，是先进文化的重要内容，是中华民族生生不息、国脉相承的精神纽带。在我们重塑国民精神和建设中华民族共有精神家园的过程中，特别需要整合政府、学校、社会等多方力量，充分发挥非物质文化遗产传承优秀传统文化和民族精神的作用，使非物质文化遗产成为对青少年进行传统文化教育和爱国主义教育的重要载体。

（二）从培育民族文化自觉的高度，吸引民众积极参与非物质文化遗产保护

非物质文化遗产来源于人民群众的生产生活，广大民众是非物质文化遗产的创造者、传承者和享用者。形成民众自觉参与非物质文化遗产保护的文化自觉，是做好保护工作根本性的基础。各级政府应将非物质文化遗产保护作为义不容辞的职责，充分发挥主导作用，将非物质文化遗产保护纳入当地经济社会发展的全局进行规划和部署，并与城乡规划等规划相协调，同时纳入政府重要议事日程，设立非物质文化遗产管理机构和研究机构，切实推动非物质文化遗产保护工作。

在非物质文化遗产保护过程中，要进一步增强人民群众自觉参与非物质文化遗产保护的文化自觉，保障人民群众的文化权益，使非物质文化遗产从广袤深厚的民间文化土壤中得到滋养，成为中华民族迈向未来的营养要素。首先，要完善教育传承机制，将非物质文化遗产保护纳入国民教育体系。其次，要加大宣传力度，在重视和发挥传承人核心作用的同时，要借助"文化遗产日"、中国传统节日和各地举办的非物质文化遗产节等平台，广泛开展非物质文化遗产活动，提高人民群众的参与意识和保护意识，做到人民群众自觉参与非物质文化遗产保护，并在保护中共享保护成果。

（三）从促进经济社会全面可持续发展的高度，积极推进生产性保护

文化作为国民经济的支柱性产业之一，将成为国民经济新的增长点。非物质文化遗产生产性保护是最积极、最有效、最有利于非物质文化遗产可持续发展的保护传承方式，实施非物质文化遗产生产性保护，是文化工程，也是惠民工程、德政工程。

非物质文化遗产生产性保护既是对非物质文化遗产保护方式的探索，也是对非物质文化遗产保护理论的创新，可以充分发挥非物质文化遗产自身优势，增强非物质文化遗产的生命力和活力，推动非物质文化遗产融入当代社会、融入生产生活，同时能够增加传承人的收入，促进地方经济结构调整和经济发展，为老百姓带来切实利益和幸福感。如非物质文化遗产中的民间文化、民俗资源就是极为

重要的旅游资源，一些地方充分利用非物质文化遗产资源，提升旅游的文化内涵，形成了一批在国内外有影响的重要旅游景区和旅游品牌，促进了文化与旅游产业的发展。一些地方还积极挖掘非物质文化遗产产品的经济价值，将非物质文化遗产项目或企业做大做强，培育出一批生产性保护的典型，为文化产业的发展做出了贡献；一些以个体手工生产为主的传统技艺项目，采取分散生产、集中销售方式，不断拓展市场，为发展农村经济发挥了重要作用。

在开展生产性保护的同时，我们一定要充分尊重并珍视非物质文化遗产，遵循非物质文化遗产自身的发展规律，避免对其进行肢解和歪曲。有的地方为了发展旅游业，把当地古老的民间戏曲在内容和表现手法上任意改编，使民间流传的艺术变得不伦不类；有的地方对民间文学，如民歌、传说、故事等，为了使其"丰富""生动"，随意地添枝加叶，严重地损害了民间文学的特质；有的地区为了招徕游客，把当地的民俗活动演绎成"节目"，一遍遍地表演，使民俗活动失去了原有的文化内涵和神圣感。在非物质文化遗产生产性保护问题上，要特别注意"保护为主"，在保护的基础上进行合理利用。开发是为了保护，不是为了开发而开发，更不能纯粹为了经济利益而进行破坏性开发。

（四）从维护文化生态平衡的高度，推动非物质文化遗产的整体性保护

非物质文化遗产离不开自然和文化生态环境，文化生态环境中非物质文化遗产也占有重要地位。非物质文化遗产主要以人为载体，依靠人来传承，总是依存于一定的自然和文化生态环境。离开了特定的自然和文化生态环境，非物质文化遗产也将失去存活的土壤。在一个特定的自然和文化生态环境和区域中，有形的物质文化遗产如建筑、历史街区和乡镇、传统民居和历史古遗迹和文物等，与无形的非物质文化遗产如口头传统、传统表演艺术、民俗活动、礼仪、节庆、传统手工技艺等相依相存，并与人们的生产生活密切相关，和谐共处。

要通过建立文化生态保护区的方式，在物质文化遗产和非物质文化遗产丰富且有着深厚文化生态环境的区域，设立文化生态保护区，对区域性文化生态进行全方位和整体性保护。既要对区域内如无形的民间文学、民间音乐、传统戏剧、曲艺、民间美术、传统手工技艺、民俗活动等非物质文化遗产进行有效保护，也要重视有形的民居、古建筑、历史街区和村镇、重要文物等物质文化遗产的保护，还要兼顾自然和文化生态环境，强调保护工作的整体性。例如，徽州文化生态保护实验区是我国第一个跨省区的文化生态保护实验区。徽州文化是伴随着中华民族文明进程而形成的区域文化体系，特别是自宋以来，徽州"儒风独茂"，文化繁荣，教育普及，科举昌隆，因而人文荟萃，形成了许多具有影响力的学术流派。徽州文化生态保护实验区就是在徽州文化产生、发展、传承的区域对其所承载的文化表现形式，开展以非物质文化遗产保护为主的全面的整体性保护工

作，其中既包括方言，也包括文房四宝手工制作技艺、徽剧、徽菜、徽州民谣、徽派建筑等一系列徽州文化遗产，其中既有以物质形态存在的物质文化遗产，也有以非物质文化形态存续的非物质文化遗产。

（五）从依法和科学保护的高度，加强人才队伍和基础设施建设

非物质文化遗产保护工作要以人为本，人才队伍是做好非物质文化遗产保护工作的关键。一是加强传承人队伍建设。传承人是保护和传承非物质文化遗产的核心。对已入选各级名录的非物质文化遗产项目，要采取有效措施，重点加强对代表性传承人的保护。在摸清传承人现状的基础上，继续对各级名录项目代表性传承人进行认定和命名，及时记录年事已高的传承人掌握的知识和技艺，资助传承人开展授徒传艺、教学、交流、展示等活动，帮助生活确有困难的传承人，支持、表彰、奖励有突出贡献的传承人及传承团体。二是加强保护工作队伍建设。保护工作队伍是做好非物质文化遗产保护工作的核心。目前，各地非物质文化遗产保护中心大多挂靠在群艺馆或文化馆，从事非物质文化遗产保护工作的人员往往身兼数职，工作任务繁重，素质参差不齐，难以适应保护工作的发展和需要。我们要特别重视人才队伍的建设，建立专门的非物质文化遗产保护工作机构，加强业务人才培训工作，与高等院校、科研院所合作培养一批既懂业务又懂管理的复合型人才，有力地推动非物质文化遗产保护工作的顺利开展。

加强非物质文化遗产基础设施建设，是推进非物质文化遗产保护工作的重要保障。考虑到各地的实际情况，应进一步推动非物质文化遗产各类专题博物馆、民俗博物馆和传习所建设，将在普查工作中搜集到的非物质文化遗产珍贵实物资料妥善保存到这些馆所。非物质文化遗产注重活态的传承，因此开展非物质文化遗产展馆建设时要注重其特殊性，除静态展示外，要特别注重活态的展示，并为传承人提供传习场所。要积极争取各级财政的支持，统筹规划、合理布局，建设一批国有性质的综合性或专题性非物质文化遗产基础设施，鼓励社会力量参与非物质文化遗产基础设施建设。国家将在"十二五"试点建设100个非物质文化遗产展示利用设施，各地也要积极争取，建设一批非物质文化遗产设施，为非物质文化遗产保护和传承提供更好的条件。

（原载于《中国文化报》2012年6月22日第7版）

《神工》序

画册《神工》，是画家李延声先生为国家级非物质文化遗产代表性传承人所作的画像集。非物质文化遗产保护是近年来我国文化工作的创新项目，是继承和弘扬中华民族优秀文化的重要内容，传承人的保护则是其核心。延声先生用画笔为传承人立传，意义重大，影响深远，在《神工》付梓之际，遵其嘱托，序以志庆。

非物质文化遗产是各族人民世代相承的、与人民群众生产生活密切相关的各种传统文化表现形式和文化空间，是依托于人而存在、靠口传心授不断延续的活态文化。传承人是非物质文化遗产的重要承载者和传递者，掌握着非物质文化遗产的丰富知识和精湛技艺，是非物质文化遗产代代相传的代表性人物。党和国家高度重视非物质文化遗产传承人的保护，逐步建立非物质文化遗产代表性传承人认定和管理制度，并制定了一系列保护传承人的政策和措施。社会各界对文化遗产代表性传承人也越来越关注，延声先生从美术家的角度为传承人画像，堪称慧眼别具、匠心独运。

延声先生曾先后就读于广州美院附中、中国美院和中央美院研究生班，得到诸多美术大家的悉心指点，特别是他对艺术和人生的独到见解与感悟，形成了既广泛融会又自成一体的艺术风格，创作出许多优秀的绘画作品。近一年多来，延声先生在夫人林琼的积极支持和协助下，满怀弘扬民族文化之情深，走遍大江南北，深入传承人所在地，亲身感受传承活动，取得了大量最直接、最生动的人物资料。又从中遴选108位各具特色、更有代表意义的传承人，为他们画像立传。对自己笔下的这些传承人，延声先生特别注重发掘每一个人的传神之处，寥寥数笔，即勾画出"鬼斧神工"，传神写照融于简淡之中，又配以传承人的自述，使语言与绘画完美结合，更充分地反映了传承人的心灵世界和艺术天地，真正实现了延声先生"笔墨当为时代立传"的艺术主张。相信大家在欣赏这些精妙的画作时，一定会进一步增强对非物质文化遗产传承人的关注，从而更加积极地投入到对非物质文化遗产的保护活动之中。

（原载于李延声著：《神工》，文化艺术出版社2012年版）

保护民族民间文化迎难而上

民族民间文化像一条悠久的历史长河，从远古流到现在，从现在流向未来。长河映射出中华民族几千年风雨烟尘的身影，回荡着炎黄子孙骄傲自豪的声音，刻印着人类独特的文化记忆。

近些年来，党和政府高度重视民族民间文化保护，民族民间文化的保护与抢救卓有成效，但随着社会经济的发展，大众生活方式的改变和外来文化的影响，我国民族民间文化保护和发展依然面临着严峻的挑战，文化生态现状堪忧。为改善这一状况，中国民族民间文化保护工程去年启动，随后，保护工程首批试点工作全面铺开。近日，第二批试点又将公布。我国的文化生态目前究竟如何，怎样才能保护得更有成效，日前记者就此采访了文化部副部长周和平。

记　者：前段时间在贵州召开的民族民间文化保护试点工作会议上，您指出，"面对全球化趋势和工业化社会的挑战，我国民族民间文化的生存环境不容乐观，保护工作依然形势严峻"。这是否说明我国文化保护工作虽有不错的基础，但依然行程艰难、任重道远？

周和平：当前我国民族民间文化生态环境形势严峻，现状堪忧。一是对民族民间文化保护缺乏民族自觉。许多地方对文化保护的重要性认识不足，全民保护的意识不强，缺乏行之有效的规划和措施，甚至遭到不适当的开发，加剧了文化资源的破坏和毁灭。二是文化生态环境恶化，大批有历史、科学和文化价值的村落、村寨遭到破坏，依靠口头和行为传承的各种技艺、习俗等文化遗产正在不断消失。三是民族民间文化资源流失状况极为严重，甚至威胁到国家的文化安全。民族民间文化资源大多分散留存或流传于民间，由于岁月的流逝和劫难，本来就传世不多。近年来，一些国家和地区的有关机构和个人，通过各种渠道私下收购、倒卖民族民间文化珍品，使这些文化资源大量流失。四是民族民间文化的传承后继乏人，一些传统技艺面临灭绝。

近些年来，党和政府高度重视文化保护工作，组织开展了一系列卓有成效的工作。但文化保护是一项浩大的工程，需要全社会的自觉和全民意识的增强。这个过程会很长，也会异常艰辛，但我们必须迎难而上，不能有丝毫懈怠。

记　者：优秀的民族民间文化是我们的根。越是在社会经济发展转型时期，人们越不应该失去"记忆"。因此，保护现有的历史遗存，留下"祖先的记忆"，文化保护工作在现阶段是不是有着特殊的意义？

周和平：民族民间文化保护工作在任何时代都是重要的。中华民族之所以能够独立于世界民族之林，就在于拥有了真正体现鲜活民族精神的、在人民群众生产生活实践中创造的文化。党的十六大特别提出"扶持对重要文化遗产和优秀民间艺术的保护工作"。民族民间文化"可以兴，可以观，可以群"，它具有振奋精神、鼓舞人心的功能，是中华文化的基础和重要组成部分，也是维系中华民族精神与情感的纽带和传承中华文明的重要桥梁。它对弘扬民族精神，增强中华民族的凝聚力和向心力，维护国家统一和民族团结，推动经济发展和社会进步，都具有重大的历史意义和现实意义。

记　者：目前我国的文化保护是否以重要文化资源为重点，是否有切实可行的内容和步骤？

周和平：现阶段我们的文化保护以保护无形文化遗产，也就是国际上所说的"口头和非物质遗产"为主，这是重点。在"保护为主、抢救第一、合理利用、继承发展"方针指导下，坚持"政府主导、社会参与、明确职责、形成合力、长远规划、分步实施、点面结合、讲求实效"的原则，调动全社会的力量来保护民族民间文化。我们正在制定保护规划，将建立分级保护制度和保护名录；鼓励民族民间文化的传承和传播；培养、资助民族民间文化传承人等。同时还将对重要文化资源普查、登记，摸清家底；对民间艺人进行培养和保护；建立民族民间文化生态保护区和民族民间文化产品生产基地等。到2020年，我们将初步建立起比较完备的民族民间文化保护制度和体系，并在全社会形成自觉保护民族民间文化的意识。

记　者：民族民间文化保护工作，是一项专业性、学术性很强的工作，也是群众性很强的一项工作，需要社会各界的努力和民众的自觉，但它是否尤其需要国家在法律上提供保障？

周和平：文化部门是政府组成部门，因此，民族民间文化保护工作不是部门行为，而是政府行为。民族民间文化保护工作有一个很大的特点，就是法律上的思考和动作几乎和保护工作本身同时开始。最近几年，文化部向全国人大专门汇报过民族民间文化保护法律的起草工作，而且还与全国人大于2001年联合召开了民族民间文化保护与立法国际研讨会。在立法任务相当繁重的情况下，全国人大高度重视《民族民间传统文化保护法》的立法工作，多次召开研讨会，广泛征求各方意见，目前已形成送审稿。随着我国文化法律体系的完善，《民族民间传统文化保护法》的早日出台，必将为中国民族民间文化保护提供强大的法律后盾。现阶段民族民间文化保护虽有难度，但有新的内涵和扎实的基础。随着第二批试点的即将铺开，文化保护工作将进入一个新里程。经过大胆探索，勇于实践，用创新的思路和手段推进保护工作，我国民族民间文化生态环境一定会大有改观。

（记者　刘玉琴）

（《人民日报》访谈。原载于《人民日报》2004年4月2日第9版）

中国非物质文化遗产保护情况

2005年4月26日（星期二）上午10时，文化部副部长周和平介绍中国非物质文化遗产保护等方面情况，并答记者问。

杨　扬：女士们、先生们，上午好！今天我们请来文化部副部长周和平先生和国家文物局副局长张柏先生，向大家介绍中国非物质文化遗产保护等方面的情况，并回答大家的提问。现在先请周和平副部长做一个简单的介绍。

周和平：女士们、先生们，上午好，很高兴和新闻界的朋友们见面。长期以来，新闻界的朋友们对于我国文化事业给予了很大的关心和支持，借此机会向大家表示衷心的感谢。

我国是一个统一的多民族国家，56个民族在长期的生产、生活实践中，创造了丰富多彩的文化遗产。这是中华民族智慧与文明的结晶，是联结民族情感的纽带和维系国家统一的基础。我国非物质文化所蕴涵的中华民族特有的精神价值、思维方式、想象力和文化意识，是维护我国文化身份和文化主权的基本依据。它与物质文化遗产共同构成中华民族的文化财富，并成为全人类文化遗产不可或缺的组成部分，为人类进步发挥了重要的作用。

中国政府历来十分重视非物质文化的保护，大力弘扬优秀传统文化，为此做了大量工作，并取得了显著的成效。20世纪中叶，我国政府组织文化工作者对部分传统文化遗产进行了调查和研究，使许多濒临消亡的非物质文化遗产得到抢救。1979年文化部、国家民委、中国文联共同发起"十部中国民族民间文艺集成志书"编撰工作。截至2004年底，298部省卷已经全部完稿，并已出版224卷近4亿字，保存了大量的珍贵艺术资源，这项工作被海内外誉为当代文化建设的"万里长城"。

1997年国务院发布《传统工艺美术保护条例》，对传统工艺美术做出明确的规定，通过建立国家评定机构，保护了一大批传统工艺美术品种，命名了200余名"工艺美术大师"；国家还成立了振兴京剧指导委员会、振兴昆曲指导委员会，从今年开始设立专项资金，实施国家昆曲抢救、保护和扶持工程；一批具有悠久传统、民族风格和地方艺术特色的乡镇，被国家命名为"民间艺术之乡""特色艺术之乡"。这些举措增强了全社会对传统文化遗产的保护意识，鼓励各地对非物质文化遗产进行整理、研究和开发。

从2002年起，文化部、财政部等有关单位启动了"中国民族民间文化保护工程"，采取一系列保护措施，对具有重要价值且濒危的项目进行抢救性的保护。

目前已确定了国家保护试点项目40个,各省也相继确定了一批保护项目。不少地方政府通过制定地方政府法规,建立传承人命名活动,为传承活动和人才培养提供资助,鼓励和支持教育机构开展普及优秀民族民间文化活动,规定有条件的中小学将其纳入教育教学内容等多种措施,卓有成效地开展非物质文化遗产的保护工作。

最近,为了贯彻落实党的十六大关于"扶持对重要文化遗产和优秀民间艺术的保护"的精神,履行我国加入联合国教科文组织《保护非物质文化遗产公约》的义务,国务院办公厅印发了《关于加强我国非物质文化遗产保护工作的意见》(以下简称《意见》),要求建立中国非物质文化遗产代表作国家名录,确定"保护为主、抢救第一、合理利用、传承发展"的指导方针及"政府主导、社会参与,明确职责、形成合力,长远规划、分步实施,点面结合、讲求实效"的工作原则。《意见》指出,国家将通过开展非物质文化遗产普查摸底工作,通过建立代表作名录体系,加强非物质文化遗产的研究、认定、保存和传播,建立科学有效的传承机制。

逐步形成有中国特色的非物质文化遗产保护制度。《意见》要求加强领导、落实责任,发挥政府的主导作用。由文化部牵头建立中国非物质文化遗产保护工作部际联席会议制度,统一协调非物质文化遗产保护工作。同时,广泛吸纳有关学术研究机构、大专院校、企事业单位、社会团体等各方面力量,共同推进我国非物质文化遗产的保护工作。相信《意见》的印发必将对我国的非物质文化遗产保护工作起到重要的推进作用。

非物质文化遗产保护与物质文化遗产保护工作是密不可分的,今天国家文物局的张柏副局长也出席了发布会。下面我和我的同事愿意回答大家的提问。

中国国际广播电台记者:你讲话中提到要建立中国非物质文化遗产代表作国家名录体系,为什么建这样一个国家名录体系?申报的标准是什么?怎么样进行申报?

周和平:我国是一个统一的多民族国家,在五千多年的文明史中,56个民族创造了光辉灿烂的中华文化,中华文化的特点是多元一体,由物质文化遗产和非物质文化遗产组成,应该说它是中华民族智慧的结晶,是联结民族之间的纽带和维护国家统一的基础,也是维护我们的国家身份和主权的依据。优秀的中华民族文化遗产也是全人类的共同财富,所以保护好这份珍贵的财富是国家和公民共同的历史责任。

保护和利用好非物质文化遗产,对于落实科学发展观,实现可持续的经济、文化全面协调发展意义重大。随着全球化趋势的加强和现代化进程的加快,非物质文化遗产的生存状况受到了比较大的冲击,所以加强我国非物质文化遗产的保护已经是刻不容缓。

世界各国对于本民族的非物质文化遗产的保护都非常重视,许多国家设立了国家名录，使本国、本民族的非物质文化遗产得到了有效的保护。我们借鉴世界各国好的做法，同时也借鉴了我国文物保护工作的经验，准备在我国建立非物质文化遗产名录体系。

这个体系包括国家级名录和省、市、县级名录。它是一种呈宝塔型的名录体系，一般县级应该比较大，往上应该越来越小，进入国家级名录的是文化遗产更为丰厚的项目。

国务院办公厅的《意见》中就如何建立国家级名录提出了明确的要求，而且决定从今年起开始建立我们国家的第一批国家级名录。在建立国家级名录的基础上，带动省、市、县各级名录体系的建立。

你刚才问为什么要建立这个名录体系，我觉得至少有六点原因：第一点，通过建立名录，推动我国非物质文化遗产的保护、抢救和传承；第二点，通过建立名录，展示丰富多彩的民族传统文化；第三点，通过建立名录表彰和奖励有关社区群体及个人对传统文化的传承与发展所做出的贡献；第四点，通过建立名录体系，增强中华民族的文化自觉和文化认同；第五点，通过建立名录，引导全社会积极参与非物质文化遗产的保护工作；第六点，通过建立名录，进一步促进国际间的文化交流与合作。

国家级的名录是有标准的，《意见》中对标准也做了具体的规定。标准的主要内容是三个方面：一个是杰出价值，一个是濒危程度，一个是有效的保护计划。

名录如何申报的问题大家比较关注，文件中讲得比较细，我在这里概括地讲一下主要的四个程序：

程序一，公民、企事业单位、社会组织等可以向所属行政区域的文化行政部门提出申请，文化行政部门受理以后逐级上报。

程序二，省级文化行政部门对于本行政区域内的非物质文化遗产代表作申请项目进行汇总、筛选，在汇总筛选的基础上，经过同级政府核定，向部际联席会议办公室提出申请。部际联席会议是由文化部、国家发改委、教育部、国家旅游局、国家宗教局、国家文物局等有关成员组成的一个组织。

程序三，部际联席会议办公室将审查合格的材料交给评审委员会，评审委员会根据标准进行评议审定，同时提出推荐名单。

程序四，推荐名单要向社会公示，公示以后拟定入选名单，最后经过部际联席会议的审定后上报国务院批准、颁布。

今后向联合国教科文组织申报的非物质文化遗产代表作项目，也将从国家级的非物质文化遗产代表作名录当中产生。

中央电视台记者：在 2001 年和 2003 年，我国的昆曲和古琴艺术分别列入联合国教科文组织非物质文化遗产名录当中。那么第三次申报，我们要申报的是什么呢？

周和平：第三次申报，经过评审委员会的评估，我们根据实际情况和比较研究，决定将新疆维吾尔族的木卡姆艺术向联合国教科文组织推荐。第三批项目大概在今年 11 月份公布结果。联合国教科文组织"人类口头和非物质遗产代表作"项目的评选周期是两年一次，每次一国只允许申报一个。它鼓励多国联合申报，不占名额。这个代表作从 2001 年开始已经搞了两批，已经批准了 47 项，我们国家是两项。

中央电视台社会与法频道记者：周副部长，《非物质文化遗产法》已经列入全国人大 5 年的立法规划，周副部长能否透露一下这部法律草案现在修订的情况如何？它涉及哪些主要内容？

周和平：我想把立法的有关情况给大家做一个交代。我国人大和政府一直十分重视非物质文化遗产保护的立法。因为我们国家对于非物质文化遗产保护的立法首先是从地方开始的。20 世纪 90 年代，宁夏、江苏先后制定了保护民间美术和民间艺术的地方性法规或政府规章。云南、贵州、福建和广西也颁布了省级的保护条例。1997 年国务院还颁布了传统工艺美术的保护条例。这些都为国家的立法提供了一定的经验和基础。

全国人大教科文卫委员会就非物质文化遗产保护工作进行了大量的调研，并且会同文化部、国家文物局等单位联合召开民族民间文化和非物质文化遗产保护的工作座谈会、研讨会，2002 年 8 月向全国人大递交了《民族民间传统文化保护法》的建议稿。全国人大教科文卫委员会成立了起草小组，于 2003 年 11 月形成了《民族民间传统文化保护法》草案。到 2004 年 8 月，全国人大又把法律草案的名称调整为《非物质文化遗产法》。全国人大对非物质文化遗产保护的立法工作非常重视，今年初又成立了工作小组协调各方，加快这部法律的立法进程。

国务院办公厅《意见》的颁布，将为立法提供非常好的工作实践，我相信《非物质文化遗产法》出台的日子将会越来越近。

外国记者：去年底，中医的负责人希望国家把中医也申请为联合国教科文组织的非物质文化遗产。您对此有什么看法？是否支持？

周和平：应该说中国人民在长期的实践中已经形成了非常丰富的中医中药文化。这种蕴涵着丰富文化内涵的中医中药文化也是中国非物质文化遗产的重要组成部分。在非物质文化遗产的定义中，很重要的一条就是关于自然界和宇宙的民间传统知识和实践。中医应该说就属于这个范畴。当然，对于中医中药申报世界非物质文化遗产问题，随着非物质文化遗产保护工作得到加强，我相信在适当的时候，我们会向联合国教科文组织提出这个项目。谢谢你对中国中医药事业的关心。

合众国际社记者：刚才你谈到非物质文化遗产与物质文化遗产也是密切相关的，中国什么时候才能停止对于物质文化遗产的破坏？我们目前能够观察到的在前门地区进行的大规模的拆迁工作，什么时候才能够减少对非物质文化遗产的破坏，对中国北京四合院文化的破坏，对北京过去街道的叫卖文化，以及老城区的布局和规划这方面文化的破坏？我们都知道，就在我们说话的这个时候，这些文化都在日渐消失。

周和平：这个问题请张柏副局长回答。

张　柏：你提到的这个问题在我们国家属于历史文化名城保护的范畴。北京对历史文化名城的保护有一个总体规划，北京的规划里面有一部分是历史文化名城的保护规划。这个规划强调了三个重点：一是保护北京的古都历史文化风貌，其中最重要的就是中心区、皇城区；二是保护过去遗留下来的历史建筑；三是保护北京的其他历史文化遗产。北京这些年按照这个规划做了大量的工作，特别是申奥以来，大家知道北京申奥做了很多工作，其中很重要的一个工作就是人文奥运。别的系统不讲，就北京市这几年，每年要拿出1个亿，对历史文化名城的保护项目，特别是对文物点保护项目进行维修，落实北京历史文化名城保护规划。

从这三个重点来看，第一个重点是北京的历史文化风貌问题，我们确实是做了最大的努力。举一个例子，比如说中轴线，北边来的路到了二环就停住了，到了地安门大街又有路了，这边都是平房，为什么不能打开呢，因为这个路不能动。在北京历史文化风貌当中这条路为什么是这样的？它和原始的设计是有考虑的，这个大布局不能动。这样虽然交通很拥挤，交通受到了很大影响，但是为了保护这一块历史文化格局，就没有动。类似这样的例子，在北京的历史文化风貌保护过程当中还有很多。

总之有三条，第一，这些年北京在认真履行具有法律效应的历史文化名城保护规划。第二，在规划的一些重点问题上确实是有一些不同意见。比如说你刚才提到的民居问题，特别是中心区的民居、四合院问题，有很多不同意见。第三，北京市正在修改、修订有关规划，充分听取各个方面的意见，包括专家的意见，以及社会各方面的意见，修改有关方面过去的一些规划内容，力求最好地保护这些内容，保护民居。因此北京成立了一个北京历史文化名城保护专家小组。这些措施都是为了保护这个历史文化名城，这是广大公众的愿望，是专家们的愿望，也是政府的愿望。

中国日报记者：我国现在正在实施南水北调工程，工程沿线有一些比较重要的文化区域。在工程实施过程中，如何保护文化区域的文物，包括非物质文化遗产？

张　柏：南水北调当中的文物保护工程，是1949年以来我们国家特大的文物保护工程。这主要有两个原因：一是量大，中线和沿线加起来途经2800多公里、7个省市；二是这一段文化内涵非常丰富，涉及四大文化区——荆楚文化区、夏商文化区、燕文化区、齐鲁文化区，都是我们中华民族在历史上经济、社会、文化发展的中心地区，因此留下的遗迹、文化遗产特别丰富。这些合起来，应该说它是特大工程。有人说和三峡工程相比怎么样，我说远远超过了三峡工程。

对南水北调工程当中的文物保护工程，中国政府高度重视。就在3月份，胡锦涛主席、温家宝总理都有重要的批示，要求有关部门和有关省市做好南水北调工程当中的文物保护工作。

国家有关部门，包括国家发改委、国务院南水北调办公室、水利部，还有我们文物部门一起在一线进行了数次调查，开了数次会议，对整体的前期工作已经有了很好的安排。沿线的各省市从去年，实际上从前年已经开始，对沿线专门进行了田野调查，与有关专家和部门一起组织论证和认定，大体的文物数字已经清楚，近900个文物保护单位纳入这次工程的保护项目。

目前各地正在根据有关部门的要求，进行编制专项规划工作。目前前期工作的经费已经下拨了，各省已经抽调齐人力，所以整体进展是顺利的。现在最大的问题有一个，就是文物保护工程的时间很紧张，因为前期工作稍微滞后了一点儿。这个问题如果搞不好有两个影响：第一是文物保护的质量或者进度，第二可能也会影响南水北调工程本身。因此年初有关部门一起商量，确定尽快开始一些控制工程，工程量比较大，难度比较大，又很重要，怎么办？先开始。最后确定下来包括库区、干线一共30项。现在抓紧做方案，争取提前开始，开始时间提前了，就解决了这个矛盾。

最后还有一个消息，因为还有一些问题，怎么办呢？5月份国家文物局将会同国家有关部门到"东线"和"中线"沿线与有关省、市、县的领导一起调研，把南水北调的文物保护工作向前推进。这个请大家放心。

京华时报记者：第一个问题是：前面提到传承人会得到表彰、奖励和资助，扶持的具体内容是什么？我记得去年申报少林功夫的呼声比较高，那少林功夫没有入选的原因您能讲一下吗？

周和平：我先回答第一个问题，关于传承机制问题。因为国务院的《意见》刚刚公布，《意见》对于传承人的办法提出了种种要求，下面还要提出具体的规定。这个问题自新中国成立以后，各地都有了一些做法。20世纪50年代周恩来总理就倡导用"师承"的方法使传统的技艺得到传承。按照国务院办公厅《意见》的要求，在制定这些办法的时候要借鉴过去的行之有效的做法。

第二，有关少林功夫的问题。少林功夫是中国武术文化中一个重要组成部分，应该说也很有特色。但是我们国家是一个历史悠久的多民族国家，我们的文化遗产非常丰富。我刚才介绍了联合国教科文组织的规定，是每两年公布一批，每一批一个国家只能有一个名额，对我们文化遗产丰富的国家来说，这确实是值得我们注意的问题，也是我们下一步要向联合国有关组织反映和交涉的问题。但是像少林功夫这些文化遗产，我建议有关方面对其文化价值进行更深入的挖掘，也积极申报我们国家的非物质文化遗产代表作名录，争取先进入国家名录，然后再申报世界名录。

（在国务院新闻办答记者问，2005年4月26日。中国网：http//www.china.com.cn/zhibo/2005-04/26/content_8784703.htm）

非物质文化遗产：我们如何保护你？

作为一个拥有五千年不间断文明史的古国，我们的文化遗产不仅有故宫、长城，还有昆曲、古琴艺术……非物质文化遗产，作为活态的文化，如今却面临消亡。

昆曲、木卡姆艺术、古琴艺术、杨柳青年画、傩戏、剪纸、茶艺、皮影戏……这些传统表演艺术、民间美术、民俗活动、民间礼仪、传统技艺，深为老一代人喜爱，却没有多少年轻人熟悉，有些甚至面临断代失传。可喜的是，它们现在都作为我国非物质文化遗产的重要代表被依法保护。

国务院办公厅近日颁布了《关于加强我国非物质文化遗产保护工作的意见》。对非物质文化遗产如何保护？我们请文化部副部长周和平进行了解读。

消失和破坏易被忽略　民间文化遗产面临消亡的威胁

与故宫、长城等有形文化遗产不同，非物质文化遗产是以人为主线的活遗产，更注重的是技能、技术、知识的传承，蕴涵着民族民间文化特有的精神价值、思维方式、想象力和文化意识。

非物质文化遗产根植于人所在的时空、周边环境和社会活动中，因而其消失和破坏更容易被忽略。近年来，非物质文化遗产受到越来越大的冲击。一些依靠口传身授的文化遗产正在不断消失，许多传统技艺濒临消亡，大量珍贵实物和资料遭到毁弃或流失境外，随意滥用、过度开发非物质文化遗产的现象时有发生。

如中国民间文艺家协会主席冯骥才所说："民间文化的传承人每分钟都在逝去，民间文化每一分钟都在消亡。"

全国普查摸底数　代表作名录体系将建立

保护非物质文化遗产并非一朝一夕之功。《关于加强我国非物质文化遗产保护工作的意见》明确要求建立中国代表作名录体系。在全国普查、摸清底数的基础上，加强非物质文化遗产的研究、认定、保存和传播，建立科学有效的传承机制，逐步形成有中国特色的非物质文化遗产保护制度。

文化部今年全面部署非物质文化遗产普查工作。这次普查是本世纪以来开展的一次最大规模的文化资源普查。普查将在充分利用已有工作成果和研究成果的基础上，分地区、分类别制定普查工作方案，组织开展对非物质文化遗产的现状调查，运用文字、录音、录像、数字化多媒体等各种方式，全面了解和掌握各地各民族非物质文化遗产资源的种类、数量、分布状况、生存环境、保护现状及存在问题，运用现代科技手段建立档案和数据库。

首批申报工作将启动　项目须具备五大标准

根据《国家级非物质文化遗产代表作申报评定暂行办法》，国家即将启动第一批国家级非物质文化遗产代表作名录的申报工作。公民、企事业单位、社会组织等，都可向所在行政区域文化行政部门提出非物质文化遗产代表作项目的申请，由受理的文化行政部门逐级上报。

申报国家级非物质文化遗产代表作的项目，必须具备以下标准：一是具有展现中华民族文化创造力的杰出价值；二是扎根于相关社区的文化传统，世代相传，具有鲜明的地方特色，具有促进中华民族文化认同、增强社会凝聚力、增进民族团结和社会稳定的作用，是文化交流的重要纽带；三是出色地运用传统工艺和技能，体现出高超的水平；四是具有见证中华民族活的文化传统的独特价值；五是对维系中华民族的文化传承具有重要意义，同时因社会变革或缺乏保护措施而面临消失的危险。

该办法规定，申报项目还必须提出切实可行的 10 年保护计划。今后，向联合国教科文组织申报"人类口头和非物质遗产代表作"的项目，将从国家级非物质文化遗产代表作名录中产生。

（记者　李舫）

（《人民日报》访谈。原载于《人民日报》2005 年 5 月 19 日第 2 版）

建立名录体系　开展遗产普查
为非物质文化遗产找个温暖的家

从民间文艺集成志书的编纂到200多位"工艺美术大师"的命名，从民间艺术之乡的创立到设立昆曲保护专项资金，我国的非物质文化遗产保护走过了漫长而艰难的路程。随着近日国务院办公厅《关于加强我国非物质文化遗产保护工作的意见》的印发，我国非物质文化遗产保护再一次牵引众多目光。我国非物质文化遗产保护的现状如何？将有哪些新的动作？记者就此采访了文化部副部长周和平。

记　者：非物质文化遗产指的是哪些内容？

周和平：非物质文化遗产是指各民族人民世代相承的、与群众生活密切相关的各种传统文化表现形式和文化空间。范围包括：口头传统，以及作为文化载体的语言；传统表演艺术，包括戏曲、音乐、舞蹈、曲艺、杂技等；民俗活动、礼仪、节庆；有关自然界和宇宙的民间传统知识和实践；传统手工艺技能；与上述表现形式相关的文化空间——指按照民间传统习惯的固定时间和场所举行的传统的、综合性的民众民间文化活动。

记　者：据了解，非物质文化遗产生态环境比较恶劣。为改变这一现状，政府一直在努力。我们是不是做了许多富有成效的保护工作？

周和平：随着全球化趋势的加强和现代化进程的加快，我国的文化生态发生了巨大变化，非物质文化遗产受到猛烈冲击，一些依靠口传身授的文化遗产正在不断消失，许多传统技艺濒临消亡，大量有历史、文化价值的珍贵实物与资料遭到毁弃或流失境外，随意滥用、过度开发非物质文化遗产的现象时有发生。因此，加强非物质文化遗产保护迫在眉睫。

新中国成立之后，党中央、国务院和各级党委、政府对非物质文化遗产保护工作高度重视，组织开展了一系列卓有成效的工作。近年来，中国民族民间文化保护工程启动，已确定了国家保护试点项目40个；并准备建立传承人命名制度；成立了振兴京剧、昆曲的指导委员会等；2004年8月，我国政府经全国人大常委会批准，正式加入联合国教科文组织《保护非物质文化遗产公约》，当前正大力开展非物质文化遗产保护工作，文化保护意识日渐深入人心。

记　者：国务院办公厅《关于加强我国非物质文化遗产保护工作的意见》中提出要建立我国非物质文化遗产代表作名录体系，而且是下一阶段保护工作的重点。建立名录的意义何在？能否简单描述一下名录的体系？

周和平：保护人类文化遗产是国家和公民的共同历史责任。在国际上文化遗产、自然遗产和非物质文化遗产等都建立名录予以保护，借鉴我国文物保护工作的经验，履行我国加入《保护非物质文化遗产公约》的义务，我国将建立国家级和省、市、县各级非物质文化遗产代表作名录体系。这是非物质文化遗产保护制度的核心内容，也是有效保护我国非物质文化遗产的主要方式。

我国将建立非物质文化遗产保护名录体系，这种宝塔形的名录体系包括国家、省、市、县四级。今后，向联合国教科文组织申报的"人类口头和非物质遗产代表作"项目，将从国家级非物质文化遗产代表作名录中筛选。今年开始建立第一批国家级名录，并在国家级名录基础上带动各级名录的建立。不论是哪一级名录的产生，科学认定是其前提。经过科学认定后，国家级非物质文化遗产代表作名录由国务院批准颁布，省、市、县各级非物质文化遗产代表作名录由同级政府批准颁布，并报上一级政府备案。

记　者：昆曲和古琴艺术已成功申报联合国教科文组织"人类口头和非物质遗产代表作"名录。我国第三批申报的项目是什么？是不是所有的民族民间文化遗产都可以申报"人类口头和非物质遗产代表作"？

周和平：第三批申报工作从去年3月开始启动，到10月结束。经过专家评审委员会的科学评估，根据我国实际情况和认真的比较研究，决定将新疆维吾尔木卡姆艺术作为候选项目向联合国教科文组织推荐。联合国教科文组织将组织国际评委对第三批代表作候选项目进行评选，并于2005年11月公布评选结果。"木卡姆"是一种维吾尔族古典音乐曲牌的音译名称，融音乐、文学、舞蹈和民俗表演为一体，被誉为反映新疆维吾尔族生活的百科全书和活文物。

民族民间文化遗产只要符合申报代表作的三个基本条件均可申报：具有历史、文化、科学价值，处于濒危状况并有完整的10年保护计划。联合国教科文组织目前实施的代表作公布计划主要是针对濒危遗产。申报代表作的真正目的是为了更好地保护非物质文化遗产。申报是手段，保护才是目的。

记　者：除了今年我国将进行非物质文化遗产的大规模普查外，非物质文化遗产保护工作的重点近期还有哪些？

周和平：除了全面普查、摸清家底、建立档案和数据库之外，我们还将加强非物质文化遗产的研究、认定、保存和传播。组织各类文化单位、科研机构、大专院校及专家学者对非物质文化遗产的重大理论和实践问题进行深入研究，并对非物质文化遗产进行科学认定，采取有效措施，加强非物质文化遗产实物和资料的保存，防止流出境外。同时，建立科学有效的非物质文化遗产传承机制。对列入各级名录的非物质文化遗产代表作，采取命名、授予称号、表彰奖励、资助扶持等方式，鼓励代表作传承人（团体）进行传习活动，努力通过社会教育和学校教育，使非物质文化遗产代表作的传承后继有人。

（记者　刘玉琴）

（《人民日报》访谈。原载于《人民日报》2005年5月20日第14版）

全面展示保护成果　唤起全民保护意识

——谈中国非物质文化遗产保护成果展

中国非物质文化遗产保护成果展就要在中国传统节日元宵节隆重开幕了。这是我国政府第一次举办的全面反映非物质文化遗产保护成果的大规模展览。展览由非物质文化遗产保护工作部际联席会议9个成员单位共同主办，展览面积近5000平方米，规格之高，规模之大，引起了广泛的社会关注。为什么要举办这次展览？它的目的和意义是什么？展览的主要内容有哪些？如何将纷繁浩大的非物质文化以展览的形式反映给观众？为此，本报记者采访了文化部副部长周和平。

记　　者： 举办这次规模宏大的非物质文化遗产保护成果展的目的是什么？

周和平： 这次展览是在认真贯彻党的十六大报告提出的"扶持对重要文化遗产和优秀民间艺术的保护工作"和十六届五中全会精神，落实国务院办公厅下发的《关于加强我国非物质文化遗产保护工作的意见》（国办发〔2005〕18号）及国务院最近下发的《关于加强文化遗产保护的通知》（国发〔2005〕42号）精神的大好形势下举办的。展览的主要目的是：高举邓小平理论和"三个代表"重要思想伟大旗帜，宣传、贯彻、落实国务院有关保护文化遗产文件精神，按照全面落实科学发展观和构建社会主义和谐社会的要求，总结近几年开展非物质文化遗产保护工作的成果和经验，进一步弘扬民族精神和时代精神，丰富人民群众的精神文化生活，唤起全民保护文化遗产的意识，守护好民族精神家园，进一步推动文化遗产保护工作。

记　　者： 我国非物质文化遗产保护成果主要体现在哪些方面？

周和平： 新中国成立以来，我国在非物质文化遗产的保护方面做了大量工作：

一是党中央、国务院高度重视非物质文化遗产保护工作。国家主席胡锦涛在致联合国教科文组织第28届世界遗产委员会会议的贺辞中指出："加强世界遗产保护已成为国际社会刻不容缓的任务。这是历史赋予我们的崇高责任，也是实现人类文明延续和可持续发展的必然要求。"2005年3月，国务院办公厅下发《关于加强我国非物质文化遗产保护工作的意见》，明确了我国非物质文化遗产保护工作的目标、方针、实施原则和保护措施；同年12月，国务院下发《关于加强文化遗产保护的通知》，确立每年6月的第二个星期六为我国"文化遗产日"。

二是采取各种措施，为保护民族民间传统文化奠定基础。新中国成立初期兴起的民歌整理高潮，抢救了一大批我国各民族的传统民歌；国家组织对各少数民族的民间文化进行记录调查，积极扶持传统工艺美术行业生产，保护了一大批传统工艺品种，命名了200余名"工艺美术大师"。国家还成立了振兴京剧指导委员会、振兴昆曲指导委员会。20世纪80年代以来，文化部、国家民委、中国文联共同发起"十部中国民族民间文艺集成志书"编纂工作，目前298部省卷已全部完稿，并已出版224卷（近4亿字），曲艺卷等也将陆续出版。

三是推进立法，加强保护法规建设。1997年国务院颁布了《传统工艺美术保护条例》。从1998年起，组织起草了《民族民间传统文化保护法》（草案），现改为《非物质文化遗产法》。近年来，云南省、贵州省、福建省、广西壮族自治区相继颁布了民族民间传统文化保护条例。

四是实施民族民间文化保护工程，积极探索保护工作新途径。2003年年初，文化部、财政部联合国家民委、中国文联共同实施中国民族民间文化保护工程。几年来，保护工程采取试点先行、以点带面的工作方式，在全国范围内逐步推开，并取得了积极进展。

五是积极参与国际非物质文化遗产保护工作。目前联合国教科文组织已公布三批"人类口头和非物质遗产代表作"，我国的昆曲、古琴艺术、新疆维吾尔木卡姆艺术和蒙古族长调民歌成功入选。2004年8月经全国人大常委会批准，我国正式加入了《保护非物质文化遗产公约》，成为较早加入公约的国家之一。

六是积极开展普查，推荐和申报第一批国家级名录工作进展顺利。为全面了解和掌握各地各民族非物质文化遗产资源的种类、数量、分布状况、生存环境、保护现状及存在问题，文化部专门下发了《关于开展非物质文化遗产普查工作的通知》。目前，各地的普查工作正在积极稳步展开。去年7月，文化部下发了《关于申报第一批国家级非物质文化遗产代表作的通知》，在组织专家进行评审的基础上，确定501个推荐项目并进行了公示。

这一切，都标志着我国非物质文化遗产保护工作在党中央和国务院的重视下取得突破性的进展。

记　者：要将内容纷繁浩大的非物质文化遗产以展览的形式展示给观众，是一个很大的难题。展览从哪些方面着手呢？

周和平：这次展览是新中国成立以来第一次全国性的非物质文化遗产保护的大型展览，也是新世纪新时代背景下的一次重要展览。因此，经过多次论证和反复修改方案，展览着重当前，突出重点，坚持整体性和概括性相结合，民族特色和现代风格相结合，集中展现我国非物质文化遗产保护工作取得的成果。这次展览按照综合和地方两大板块的设计思路，分别对我国政府、相关部委、社会团体、学术机构及各省、区、市非物质文化遗产保护工作的成就进行宣传和介绍，使参观者能通过一次展览，系统了解各方面保护非物质文化遗产的整体情况。可以说，在筹备展览的过程中，即使是在非物质文化遗产保护方面工作几十年的专家，也常常为我们伟大民族的创造力而拍案叫绝，心中油然而生自豪感！

此外，为配合展览，还将在北京民族宫举办三场"中国非物质文化遗产展演专场文艺晚会"，主要内容是三批入选联合国"人类口头和非物质遗产代表作名录"的中国项目，同时展演部分入选国家级非物质文化遗产推荐名录的节目。展览与展演相结合，是为了让观众能够有一个感性的直观认识。欣赏这场晚会，不但可以让老百姓在欢乐中度过一个难忘的元宵之夜，还可以在美好的乐声中寻找中华民族的根，守护我们的精神家园。

记　者：下一步非物质文化遗产保护工作还将会有哪些措施？

周和平：我们要尽快争取将第一批国家级非物质文化遗产名录候选项目报国务院审批公布，并尽早出台相关管理办法和保护规划，及科学保护的实施方案，确保入选名录的项目得到有效保护；要全面推开普查工作，建立各地区非物质文化遗产的档案和数据库以及分省分布图集；要做好首个"文化遗产日"的一系列宣传活动，借此机会宣传有关知识，营造非物质文化遗产保护的良好氛围。非物质文化遗产保护工作任重而道远，它要求我们以极大的历史责任感和民族自豪感去坚持不懈地努力奋斗。

（记者　徐涟）

（《中国文化报》访谈。原载于《中国文化报》2006年2月11日第1版）

守护我们的精神家园

12月中旬，全国非物质文化遗产普查暨第二批国家级非物质文化遗产名录申报工作培训班在福建省泉州市举办，文化部聘请11位国家非物质文化遗产保护工作专家委员会委员，为来自全国30个省、区、市的130多名从事保护工作的学员讲授相关理论和普查方法。文化部副部长周和平出席了会议并就我国非物质文化遗产保护工作回答了本报记者的提问。

政府主导，社会参与

记　者：对于物质文化遗产保护，中国政府于20世纪60年代公布第一批遗产保护名录并开始实施。在非物质文化遗产的保护方面有何作为？

周和平：中华五千年文明薪火相传，绵延不断，显示出强大的生命力。非物质文化遗产，过去我们传统的提法叫民族民间文化，是我们历代先民在生产和生活实践中直接创造并世代延传而积淀下来的宝贵财富。新中国成立以来，我国政府对民族民间文化做了大量保护工作。改革开放以来，文化部、国家民委、中国文联共同发起了"十部中国民族民间文艺集成志书"的编纂工作。目前，298部省卷已经全部完稿，并已出版224卷。从2000年开始，联合国教科文组织启动了"人类口头和非物质遗产代表作"项目，我国已有昆曲、古琴艺术、新疆维吾尔族木卡姆艺术和蒙古族长调民歌成功入选。2003年初，文化部、财政部联合国家民委、中国文联共同实施中国民族民间文化保护工程，确定了40个保护工程国家级试点，现已取得了积极进展。

记　者：非物质文化遗产保护在海外很多工作由社会团体来做，多是民间行为、学术行为，而中国是以政府行为来推动这项工作，意义何在？

周和平：保护非物质文化遗产这项工作是我们的重要责任，也是刻不容缓的。2005年3月，国务院办公厅下发了《关于加强我国非物质文化遗产保护工作的意见》，明确了非物质文化遗产保护的方针和目标，以及"政府主导、社会参与，明确职责、形成合力"的工作原则。今年5月20日国务院公布了第一批国家级非物质文化遗产名录518个项目，涉及758个申报地区和单位。国家级非物质文化遗产名录的公布，对建立我国的非物质文化遗产保护体系，具有重要意义，在国内外产生了良好反响。目前，全国有14个省（区）建立了省级名录，其中，云南省率先建立了省、市、县三级名录体系。可以说，一个以国家、省、市、县四级名录为一体的中国非物质文化遗产名录体系正逐渐形成。

在管理机制方面，今年9月14日，中国非物质文化遗产保护中心已正式挂牌成立。在资金投入方面，自2003年起，国家财政对非物质文化遗产保护工作已投入1亿多元。同时，大部分省区和一些地（市）、县也安排了专项资金。经费的不断增加有力地保证了保护工作的开展。

从目前情况看，非物质文化遗产保护工作已经引起各级政府的高度重视，也得到了民间力量的大力支持。全国各地建立了一批民间博物馆，一些社团和个人积极投入非物质文化遗产保护工作。这一点还特别体现在今年6月10日我国第一个"文化遗产日"活动中。在"文化遗产日"期间，北京和全国各地举办了一系列丰富多彩的文化遗产宣传展示活动，大批志愿者参与服务，营造了全民参与保护文化遗产的良好氛围。

搞好普查，摸清家底

记　　者：为摸清我国非物质文化遗产家底，文化部于2005年6月部署了用3年时间开展全国非物质文化遗产普查工作，现进展如何？

周和平：这次普查是我国21世纪开展的一次大规模的文化资源普查。为加强对普查工作的指导，文化部组织专家编写了门类齐全、分项细致、可操作性强的《中国非物质文化遗产普查手册》，举办了两次普查工作培训班，并拨出一定经费和发送一批设备。目前，全国各地的普查工作正在稳步展开并初见成效。如云南、浙江、宁夏等省区已基本完成了各自的普查工作。云南省至2005年底，各级政府累计投入1000多万元普查资金，参与普查人数19000多人次，普查自然村寨14834个，访谈对象69187人次；浙江省建立"分级负责，以县为主"的投入机制，在普查工作中坚持"不漏线索、不漏村镇、不漏门类"。在普查工作中，各地培训了工作队伍，抢救保护了一批非物质文化遗产重要资料和珍贵实物，命名了一批民间艺术之乡、民间艺人，为非物质文化遗产保护工作打下了坚实基础。

抢救第一，确保传承

记　　者：加大对非物质文化遗产保护力度将有哪些新举措？

周和平：作为一项新的、探索性的工作，非物质文化遗产保护工作面临着许多课题。下一步我们将采取以下新举措：

一是要对代表性传承人进行保护。非物质文化遗产是以人为载体的，它的一个重要特点就是具有活态性，因此，加强对代表性传承人的保护是非物质文化遗产保护的关键环节。文化部正在制定相关政策，对国家级名录项目的代表性传承人的认定标准、权利和义务将做出规定。对认定为国家级名录项目的代表性传承人，政府部门将为其开展传承活动提供场所和条件。文化部将在各地提出的国家级名录项目代表性传承人候选名单中，组织专家进行评审认定。通过对代表性传承人的保护，促进国家级非物质文化遗产项目得到全面妥善的保护。

二是设立"国家级文化生态保护区"。《国家"十一五"时期文化发展规划纲要》提出要确定若干个国家级民族民间文化生态保护区,对非物质文化遗产内容丰富、较为集中的区域,实施整体性保护。要制定详细的保护规划和实施方案。

三是开展非物质文化遗产珍贵实物资料征集工作。实物资料是非物质文化遗产的重要依托,因此,我们要重视非物质文化遗产实物资料的登记、建档和征集工作。有条件的地方,可以积极建立博物馆或展示中心,收藏流散在民间的非物质文化遗产实物资料。随着中国经济的发展,当前新农村建设正在推行,农民的生活必须得到改善,但对一些古村落、老房子,各民族服饰,生产、生活用具等,我们有责任妥善保护好。

加入《公约》,积极行动

记　者:如何参与国际间非物质文化遗产保护工作?

周和平:我国始终积极关注国际非物质文化遗产保护的动向和进展,并参与国际间非物质文化遗产保护工作。2003年10月,第32届联合国教科文组织大会上通过了《保护非物质文化遗产公约》,我国全过程参与了该公约的制定工作。2004年8月,全国人大常委会批准我国加入联合国教科文组织《保护非物质文化遗产公约》。我国是世界上最早加入公约的国家之一,也是入选"人类口头和非物质遗产代表作"最多的国家之一。2006年6月27日,在联合国教科文组织《保护非物质文化遗产公约》缔约国大会第一次会议上,我国以40票的高票入选由18国组成的保护非物质文化遗产政府间委员会,这是国际社会对我国政府保护非物质文化遗产工作成绩的充分肯定,也为我国积极参与在联合国教科文组织非物质文化遗产保护工作创造了有利条件。

明年5月底,保护非物质文化遗产政府间委员会会议将在我国举办,涉及制定人类非物质文化遗产代表作的各项规定。这是我国承办的第一次非物质文化遗产国际会议,我们会努力使这次会议取得圆满成功。

(记者　刘敏君)

(《人民日报(海外版)》访谈。原载于《人民日报(海外版)》2006年12月28日第7版)

2007年"文化遗产日"新闻发布会答记者问

文化部、国家文物局5月21日上午9：30在文化部办公楼309举办2007年"文化遗产日"新闻发布会，由文化部和国家文物局领导介绍有关情况并答记者问。

文化部办公厅主任黄振春：新闻界的各位朋友大家上午好，欢迎大家出席今天的新闻发布会。我首先介绍一下出席今天新闻发布会的领导和有关负责同志：文化部副部长周和平，国家文物局副局长张柏，文化部社会文化图书馆司司长张旭，国家文物局文物保护司副司长关强，中国艺术研究院副院长、中国非物质文化保护中心常务副主任张庆善，文化部社会文化图书馆司副司长屈盛瑞，以及国家文物局有关司局的负责同志，我就不一一介绍了。

6月9日将迎来我国第二个"文化遗产日"，今天新闻发布会的主题就是向大家通报2007年"文化遗产日"的主要活动安排情况。下面首先请周和平副部长讲话，介绍2007年"文化遗产日"非物质文化遗产活动的安排。

周和平：新闻界的朋友们大家好，今天请大家来，主要是就"文化遗产日"的有关活动向大家做一个通报。我就非物质文化遗产领域的一些工作向大家做一下介绍。

大家知道，中华民族历史悠久，我们的文化博大精深，在几千年的历史中，我们的前辈创造了丰富多彩的文化。在世界几大文明中，我们是唯一一个文明没有中断的民族。这点也为世界各国人民、各族人民所称道。中华文化之所以能够源远流长，就因为中国人注重保护自己的文化。

一方面，我们通过典籍的整理传承自己的文化。比如中国有修史的传统，即国有史、方有志、家有谱，这是一个继承传统的非常重要的方式。对我们来讲，历代修史已经成为我们国家的文化传统。一个地方要修方志，一个家族要修家谱，有的家族从春秋战国时期就有完整的家谱。另一方面，丰富多彩的非物质文化遗产也是传承文化的方式，包括各民族的语言文字，和各种艺术形式如音乐、舞蹈、戏曲、美术等，还有各种习俗如祭祀、婚俗、丧俗，传统节日，各种工艺形式，以及各种酒醋的酿造技艺。人们对于大自然的了解都已经融入文化层面，如中医药、陶瓷的制作技艺等。

这种丰富多彩的文化既不断地充实我们的主流文化，又把主流文化通过这些形式在民间传播。应该说我们的文化传统是非常好的，为我们留下很多文物古迹和丰富多彩的非物质文化遗产。讲到非物质文化遗产,我在这里还要讲一个概念性的东西,什么叫非物质文化遗产?这个名词应该说我们是从国际社会引进来的,过去我们都叫它民族民间文化,最近几年就引用了国际的名词叫非物质文化遗产。这个定义说得比较多的就是"各族人民创造的、世代相承的、与生产活动密切相关的各种传统文化形式"。

进入21世纪以后,世界各国都在关注着文化的多样性问题。在联合国教科文组织中,对非物质文化遗产的保护,对保持文化的多样性问题,呼声越来越高,国际的规则越来越多,陆续地制定了《保护文化多样性公约》、关于保护非物质文化遗产的一些国际性公约,力度在不断加大。其目的很清晰:现在美国在推广美国文化,就是所谓的"全球文化"的美国化。世界各国都感到了一种挑战和危机,所以对于文化的多样性都给予了极大的热情。

从我们国家来讲,改革开放也进行了20多年,特别是市场经济的发展又给我们国家带来一系列的社会问题。比如说环境的问题,人和自然的关系变得紧张了,所以人们对大自然的不断索取所带来的是大自然对人类的报复。大家有很多的体会。在市场经济条件下还带来了传统文化的缺失问题。公民道德层面上的东西、中华民族许多非常优秀的传统,比如"仁义礼智信"里的信用成了大问题,由此带来了一系列的社会问题。所以中央提出了"构建和谐社会",是有非常强的针对性的。一定意义上说,这也是对当代文化建设的一些思考。

2005年一些专家就呼吁设立我们国家的"文化遗产日",目的在于唤起公众对中华民族文化遗产的保护意识,形成良好的氛围。几位中央领导都做了批示,要求有关方面进行研究。2005年底发布了国务院42号文件,在这一文件中第一次明确提出设立我们国家的"文化遗产日",这个遗产日就定于每年6月的第二个星期六。世界上很多国家都有遗产日,有的国家还设立文化首都,每年定一个文化首都,就由一个城市作为文化首都办"文化遗产日"。这些都是非常好的文化保护形式。去年的"文化遗产日",我们在北京和各地都组织了一些活动,在座的各位记者包括所在的新闻单位都做了大量的报道。最后我们搜集了一下,报道力度很大,在社会上引起了良好的反响。

今年第二个"文化遗产日"的活动主题定为"保护文化遗产,构建和谐社会"。我们将在第二个"文化遗产日"期间举办一系列非物质文化遗产保护的专题展览和非物质文化遗产的展演和论坛,同时还要举行表彰、奖励等一系列宣传活动。下面我向大家通报一下在"文化遗产日"期间开展的一些活动的情况。

一是6月9日前后组织的一系列活动,其中第一个就是中国非物质文化遗产中的珍稀剧种的展演。这次展演活动是从全国各地国家级非物质文化遗产名录的戏曲中精选的珍稀的传统戏曲,文化内涵较为丰富。因为中国是世界的三大戏曲源流之一,古希腊的悲喜剧,古印度的梵剧,再一个就是中国的戏曲,应该说中国的戏曲源远流长。"人之所情或歌或舞",始之为歌舞,以后成为戏曲,中国的戏曲从宋明开始形成,有上千年的历史。

也有说是"用歌舞演故事",用歌舞表演故事,有歌有舞,是一种综合的艺术。我们国家的戏曲在新中国成立初期搞过普查,存在的戏曲有300多种,现在初步的情况是200种多一点,有260多种。有一部分戏曲衰减、死掉了。为了加大保护力度,我们今年精选的是各地珍稀剧种,最后搞的是一场综合性的演出。6月5日、6日、7日在民族宫大剧院分别举行福建、山西和综合性的专场,专场中我们会欣赏到目前国内较为珍稀的优秀剧种,像福建的闽西汉剧、四平戏、梅林戏等。

6月9日将在全国政协礼堂举办今年"文化遗产日"的主题晚会。这场晚会汲取了传统戏曲的精粹,祁太秧歌《偷南瓜》、山东的五音戏、江苏的苏剧、福建的高甲戏,囊括了几个行当的角色,选戏的同志告诉我这个专场里面浓聚了很多绝活,非常精彩。

二是中国非物质文化遗产的专题展览。整个展览叫"中国非物质文化遗产保护专题展",展览分8个项目,今年博物馆大修没有场地了,所以在中华世纪坛举办中国木版年画展、中国民间剪纸艺术展、中国传统纺织技艺展、中国木偶技艺展等4个专题,在国家图书馆举办"光明来自东方——造纸印刷与保护展",在中国美术馆举办"影戏华彩——中国美术馆皮影精品展",在中医科学院举办中国传统医药保护展,在中央民族大学举办中国少数民族文物展。其中在中华世纪坛的展览,木版年画、民间剪纸、传统纺织技艺、木偶展览广泛征集了全国各地的木偶、剪纸、年画等精品,是一个超大规模的展览,体现了民间艺人巧夺天工的技艺、奇思妙想的灵感,体现了丰厚的文化内涵。展览期间要请20多位大师在现场表演。我相信这个展览会是一场非常精彩的展览。

三是举办非物质文化遗产的保护论坛。现在正在研究在保护工作中所面临的重要问题,我们将在6月16—19日在苏州昆山市举办第二届中国非物质文化遗产保护论坛,论坛主题是"中国非物质文化遗产保护中的传承、认定和保护方式,中国非物质文化遗产生态保护区的设立及保护模式"。6月9—11日,文化部与建设部、国家文物局共同举办城市文化国际会议,其中有一个重要议题就是"城市建设中的非物质文化遗产保护"。

四是举办"中国成都国际非物质文化遗产节"。这是为配合联合国教科文组织保护非物质文化遗产政府间委员会的特别会议在我国召开,于5月23—6月9日由文化部和四川省人民政府共同主办,由成都市人民政府承办的。通过举办一系列非物质文化遗产的演出、巡游、展览、论坛等活动,集中展现我国丰富多彩的非物质文化遗产及人类口头和非物质遗产代表作。

这个展览还将邀请国外的艺术家参加。政府间委员会的这次会议主要是研究非物质文化遗产保护的规定,也就是研究"游戏规则"的一次会议。大家知道,过去非物质遗产名录的公布国际社会上是两年一次,每个国家一项,特别是几个大国，像我们国家每年才能报几项，如昆曲、古琴艺术、新疆维吾尔木卡姆艺术、蒙古族长调民歌等，就想在这里能够发挥作用。这次会议有100多个国家来参加，为配合这次会议，我们举办"中国成都非物质文化遗产节"。

文化部专门发了通知，要求各地文化部门根据本地区的情况组织活动，特别是列入第一批国家级非物质文化遗产名录的518个项目，项目所在地都要求举办各种形式的活动，各地都已经做好了相关准备。所有省区在省会城市都有一些活动，有很大一部分的地方在地县两级也要组织活动。如果大家要报道地方的情况，可以和有关地方取得联系，也可以通过文化部与有关地方取得联系。因为有的省的活动是很有特色的。

第二，在"文化遗产日"期间要公布第一批国家级非物质文化遗产项目的代表性传承人。因为非物质文化遗产和物质文化遗产有所不同，物质文化遗产是以物为载体，非物质文化遗产是以人为载体，很多是通过口传心授的方法传递下来的。因此保护传承人是非物质文化遗产保护的重要措施。有些项目经常是艺随人走，很多老艺人的绝招、技艺没有留下来，这都是非常惨痛的损失。

文化部从2006年5月20日公布了第一批国家级非物质文化遗产名录之后，就开始围绕传承人的问题进行相关的工作，今年4月印发了《关于推荐国家级非物质文化遗产项目代表人传承的通知》，就推荐的范围、条件提出了具体的要求。这次评选的传承人需要能够完整地掌握国家级非物质文化遗产项目或者特殊技能，具有公认的代表性、权威性与影响力，并且能够开展传承活动，培养后继人才。这在我们国家是首次公布。现在推荐工作已经基本结束，各地报上来1138名传承人，囊括在非物质文化遗产的10个领域的保护项目之中。现在文化部正在组织专家例行有关程序，近日就将把第一批传承人名单在媒体上进行公示，再经部际联席会议通过后，以文化部的名义向社会公布。

传承人将分期、分批、分类公布。这次的公布将以技艺类的为主，在国内外应该说都是一个很有影响的举动，是保护非物质文化遗产的重要举措。

第三，正在积极准备在"文化遗产日"期间公布第一批国家级文化生态保护区。《国家"十一五"时期文化发展规划纲要》中提出设立若干个国家级民族民间文化生态保护区，对非物质文化遗产内容丰富、较为集中的区域实施整体性的保护措施。2006年3月底，文化部与福建省人民政府在厦门共同举办了闽南文化生态保护工作研讨会，明确了文化生态保护工作的意义，研究讨论了闽南文化生态保护工作的建设状况，并对建立文化生态保护区提出了一些政策性的建议。闽南地区相对来说比较偏僻，但她留下的文化遗产非常丰富，无论是物质形态的还是非物质形态的文化遗产，如戏曲、工艺、习俗等都极具特色。同时台湾的主流文化也是闽南文化。闽南文化大的保护区在福州、厦门、漳州、泉州和台湾地区。

有闽南文化特色的包括民间戏曲、民间曲艺、民间古建筑、历史街区、传统民居、历史戏剧,而且闽南人民具有很强的文化保护意识。各界专家认为在汉族的聚集区域内能使闽南文化遗产保存如此丰富和完好的地方还不太多,闽南文化保护区有望成为我们国家的第一批,或者第一个文化生态保护区,现在正在紧张地进行相关的工作。

第四,表彰一批长期从事非物质文化遗产保护工作的先进集体和先进个人。因为我们文化遗产的保护要有人民的文化自觉,所以长期以来从中央到地方,特别是基层有一大批长期从事非物质文化遗产保护的专家学者,为保护我们国家的优秀文化遗产做出了突出的贡献。但是,在此之前,没有对从事这项工作的人进行过专题性的表彰,未曾由政府的名义肯定他们的贡献。为了彰显对保护我国非物质文化遗产做出突出贡献的专家、学者和基层工作者,在中央领导同志的直接关心下,人事部和文化部将联合对做出突出贡献的集体和个人进行表彰。集体表彰40个名额,先进工作者表彰35个名额,享受省、部级劳模待遇,是属于省、部级的称号;以省部级的名义还将表彰120个个人。在"文化遗产日"期间将由人事部、文化部和国家文物局在人民大会堂联合举行隆重的表彰仪式。

我们的保护工作得到了国际社会的认可。这次在法国举办了中国非物质文化遗产节,正值联合国教科文组织大会期间,有展览和展演活动,在座的几位记者朋友也参加了这次遗产节的活动,因为是在一个多边的范围内搞的遗产节,所以在国际社会上留下了很好的印象。

我们从事这项工作和媒体新闻界的朋友们报道这项工作,我觉得不仅是具体的报道工作,也是一项我们大家要做的具体的工作,实际上都是在为保护我们民族的文化遗产、保护我们民族文化的DNA做善事。应该说这是我们每一个人、每一个炎黄子孙义不容辞的责任。也希望大家借"文化遗产日"这个机会,把你们的镜头对准我们国家这些珍贵的文化遗产,用你们的笔锋集中地描绘我们国家这些珍贵的文化遗产,让我们的公众更多地了解,特别是让我们的各级官员对她有更深的理解,使我们文化遗产的保护能够成为一个社会的普遍自觉;大家不要再破坏我们这些珍贵的遗产,因为这些遗产的生存环境是很恶劣的。

前天我从北京站坐夜车回来,早晨从东便门出来,发现城墙很沧桑,虽然现在也做了一些修复,但是,如果这些古城墙能完整地保护下来,那北京城将是一个更加富有文化底蕴的城市。我们的城墙是在几十年之前毁掉的,是毁于我们的建设时期。由此想到,现在很多地方仍然在毁掉类似于北京城墙这样的文化遗产,很多古村落在新农村建设的浪潮中消失了,很多非常有特色的民居消失了,很多非常好的习俗消失了。所以在这里我也要实实在在地拜托在座的各位记者,利用我们手中的武器集中对我们国家珍贵的文化遗产进行报道和宣传,不仅是"文化遗产日"进行宣传,而且要持续不断地报道宣传,使大家能够形成一个共识,能够形成社会的氛围,使我们民众都有保护意识,这些才能真正地使我们的文化遗产为构建和谐社会做出贡献。谢谢大家!

黄振春：也谢谢周副部长。下面请国家文物局张柏副局长介绍"文化遗产日"期间文物方面的活动安排。

张　柏：各位朋友、各位记者，方才周副部长已经说了，在今年我国第二个"文化遗产日"来临之际，文化部和国家文物局在这里召开新闻发布会。首先，我想代表国家文物局对各位媒体的朋友们表示衷心的感谢。大家知道，第一个"文化遗产日"的各项活动在去年取得了比较好的成效，引起了社会各界的广泛参与和支持，感谢新闻界的朋友们做了大量了工作，给予了大量的支持。

今年我们将在总结去年第一个"文化遗产日"的工作经验的基础上继续做好"文化遗产日"的各项工作。今年的主题周副部长方才已经讲了，是"保护文化遗产、构建和谐社会"，这符合我们国家提出的科学发展观和构建和谐社会的理论的精神，也反映了文化遗产工作越来越融入国家经济社会大局，融入民众的日常生活，起到了越来越重要的作用。利用这个机会，我想向各位朋友们介绍一下有关的情况，主要有三方面的内容：

第一个方面是近期文化遗产工作的主要成就和重点工作。一是文物立法工作得到加强。文物法制建设工作是我们文化遗产保护安身立命之所在，近年来，国家文物局进一步加强了文物立法工作力度。文物保护的建章立制步伐明显加快，行政法规体系在不断完善，为文物保护各项工作提供了坚实的保障。最近在抓紧做几个法规性的文件。如国务院法制办所支持的博物馆法规的制定，列入了今年的法制建设计划；今年我们也制定了《关于文物出入境的管理办法》，这是在前些年制定的管理办法的基础上完善的，非常符合当前的文物进出境的新形势，这对于保护文物安全、把好国门意义很大。

二是文物资源调查建档工作取得成效。当前全国重点文物保护单位记录档案备案、全国博物馆一级品建档、全国重点文物保护单位保护状况调研和全国馆藏文物腐蚀调查等四项工作取得了阶段性进展，为科学实施国家重点文物保护项目的安排提供了有效的决策依据。

三是启动了第三次全国文物普查工作。经国务院批准，国家文物局部署开展了第三次全国文物普查工作。此次普查从 2007 年 4 月开始，到 2011 年 12 月结束，共 5 年的时间，分试点培训、实地调查、成绩公布等三个阶段进行。这次普查工作将准确把握我国文化遗产资源的变化和现状，对于扩大文物保护工作的范畴，促进文化遗产全面有效保护，促进经济社会全面发展，都具有重要的历史和现实意义。

四是狠抓文物安全和文物执法工作。积极探索建立文物保护的长效机制，大力推进文物安全防范工作，在全国范围内开展了文物行政执法专项督察活动，加大防范和打击盗窃、走私文物犯罪活动的力度，国际间打击文物犯罪活动的双边及多边合作工作也得到了明显的加强。

五是文物保护科技水平有了较大提高。组织开展了行业中长期科技发展规划战略研究工作，着力组织若干重大科技专项攻关项目，支撑文物工作的科技成果显著。最近科技部对我们也很支持，给我们立了几个大项目，这将对我们国家的文物科技保护工作有一个巨大的推动。国际合作进一步扩大，科技在文物保护工作中的重要作用日益凸显。

六是文物保护各项重点工作取得明确成效。积极配合国家经济社会发展的大局，围绕三峡建设工程、南水北调工程等国家重点基础建设项目做好文化保护项目，建立和完善世界遗产监测和专家咨询机制；正式启动世界遗产长城的保护工程，西藏布达拉宫等三大重点文物保护主体工程进入收尾阶段，涉台文物保护力度得到切实加强。加强行业管理，提升博物馆的社会服务功能，积极推进博物馆等公共文化设施向未成年人等社会群体免费开放，加强了文物进出境审核管理工作。

第二方面是"文化遗产日"的主要活动内容。一是全国文物系统表彰活动。刚才周副部长已经说了，在第二个"文化遗产日"前夕，文物系统将集中开展全国性的表彰活动。6月8日在人民大会堂召开表彰大会：人事部、国家文物局共同表彰全国文物系统先进集体、先进工作者；文化部、国家文物局共同表彰50个文物保护先进集体和120个先进个人；表彰多年来保护长城的、无私奉献的、最基层的长城保护员，这是新中国成立以来第一次表彰义务保护员；表彰陕西宝鸡发现和保护文物的农民群体，他们一共有31人；还将授予中国建筑研究院历史建筑研究所"文物保护特别奖"。

二是全国博物馆十大陈列展览精品评选活动。这次评选活动由国家文物局主办，中国博物馆学会、中国文物报社承办，于5月18日"国际博物馆日"在西安揭晓最终结果，并举行了颁奖仪式。我也刚从西安回来，这个活动搞得很好。第七届评选活动，各地推荐了2005—2006年度新近推出的58个各类题材的优秀陈列展览。其中中国人民革命军事博物馆"纪念中国工农红军长征胜利70周年展览"等4个展览获得特别奖，汉阳陵博物馆"汉阳陵帝陵外葬坑保护展示厅基本陈列"、云南博物馆"滇国——云南青铜文明陈列"等10个展览获得十大精品奖。还有8个单项奖、4个提名奖。这些陈列展览都是主题鲜明，富有思想性、时代性和艺术性，引起社会广泛关注和反响。自1997年国家文物局启动"陈列展览精品工程"以来，开展全国博物馆十大陈列展览精品评选活动，至今已连续举办七届，取得明显成效，并发展成为文化战线的知名品牌，陈列展览的精品意识日益深入到博物馆工作者心中。

三是驻华使节走进文化遗产活动。今年国家文物局将继续举办驻华使节走进文化遗产活动。6月2日，将邀请20多个国家的驻华使节赴张家口宣化市参观文物景点、考古发掘现场和民间艺术表演活动，使他们能够走进并亲身体验中国文化遗产。

四是北京世界文化遗产的文物建筑保护理念与实践国际研讨会。5月24—28

日,中国国家文物局、国际文物保护与修复研究中心、国际古迹遗址理事会、联合国教科文组织世界遗产中心联合在北京故宫召开"北京世界文化遗产的文物建筑保护理念与实践国际研讨会",来自国内外的专家学者近80人出席。会议将对世界范围内的保护理论和实践活动进行讨论,结合东方文化遗产保护的实践和特性,对文化遗产保护东西方理念与实践进行研讨,对不同传统文化背景下的文化遗产保护进行探索和总结。

五是城市文化国际研讨会。6月9—11日,建设部、文化部、国家文物局在北京召开"城市文化国际研讨会"。来自国内外的专家学者,各省、区、市文物部门负责人,文化遗产地保护管理机构负责人,有关研究单位、科研单位和高校、社会团体负责人将参加会议。会议将针对经济全球化时代城市文化转型,研讨以下问题:快速城镇化进程中,历史文化名城、名镇、名村和非物质文化遗产保护的新思路;经济全球化背景下,城市建设中传统特色、民族特色和地方特色的保持、延续及可持续发展;新时期城市文化发展的机遇、挑战与创新;城市建设中的非物质遗产保护;城市文化与文化遗产保护;经济全球化的新趋势及对城市发展和城市文化的影响。

六是"中国记忆——文化遗产博览月"大型电视媒体行动。"文化遗产日"期间,国家文物局将与中央电视台社教中心合作,举办"中国记忆——文化遗产博览月"大型电视媒体行动。以5月18日"国际博物馆日"和6月9日"文化遗产日"两个直播节目连成一个连续近一个月的集中宣传活动。5月18日直播活动以故宫和克里姆林宫展览交流为主线,反映了博物馆作为共同的遗产,所起到的沟通文化的桥梁作用,引导公众更加关注我们身边的文化遗产。6月9日"文化遗产日"直播活动,在陕西韩城、广州南越王遗址和四川金沙同时设立直播点,展开古文明的对话,以此全面展现中国文化遗产保护的工作力度。其间《百家讲坛》《探索发现》《人物》《讲述》四档品牌栏目以持续一个月的规模联动播出,共同打造"文化遗产博览月"大型媒体活动。

七是全国活动。国家文物局认真做好全国文博单位"文化遗产日"活动的组织工作,要求全国具备开放条件的文化遗产地、文物保护单位、古迹遗址、博物馆、纪念馆等在"文化遗产日"当天或前后根据实际情况免费(或优惠)向公众开放,有条件的考古发掘工地可有组织地向公众开放。要求全国各级各类博物馆推出关于宣传文化遗产的展览和社会普及活动,体现贴近实际、贴近生活、贴近群众的时代要求。根据我们掌握的情况,全国各级文物行政部门高度重视"文化遗产日"活动,各地博物馆、文物保护单位开展形式多样、丰富多彩的活动。

例如,山西将开展以"文化遗产保护与新农村建设"为主题的一系列活动,如评选"新世纪山西文物保护十大成就"和"山西省文物保护十大杰出贡献人物",公布"山西省文物保护十个警示案例",举办"文化遗产保护百村行"活动等，突出体现文化遗产在社会发展和新农村建设中的重大作用和意义，增进农村居民的文化遗产保护意识，促进古村落和乡土建筑的保护。新疆将公布第六批自治区级文物保护单位并为之授牌，印制维文版宣传材料，举办全疆文博系统讲解员大赛。河南、安徽、甘肃等地举办公益性文物鉴定和文物讲座。甘肃开展"青少年博物馆一日游"活动。宁夏将举办宁夏历史文化专题讲座、法制讲座，开展"保护文物、爱我宁夏"有奖知识竞赛，并开展全区文物系统先进集体和先进工作者表彰活动。吉林举办文物行政执法培训班，开展对世界文化遗产地、全国文物先进县宣传活动的检查工作。全国历年来受到表彰的文物工作先进县也都开展了富有地方特色的宣传活动。

通过近年来开展的宣传活动，特别是第一个"文化遗产日"的举办，我们认识到文物事业是全民族的事业，保护文物是全社会的责任，只有我们不断加强宣传、努力工作，才能使人民分享文化遗产蕴涵的丰富价值，使文化遗产保护理念和意识深入人心，形成全社会关心、爱护和集体参与文化遗产保护的氛围。我就向各位朋友介绍这些情况，谢谢大家！

黄振春： 谢谢张副局长。刚才周副部长和张副局长不仅向大家介绍了第二个"文化遗产日"的安排情况，而且还介绍了我国非物质文化遗产和文物保护方面的有关情况。大家可以围绕这两个活动进行提问。

海峡之声电台记者： 刚才周副部长介绍了对闽南文化的保护，而且在这次我们也看到了来自闽南地区的戏剧等，您也提到和台湾地区有密切的联系。想请问周副部长，接下来我们将如何进一步加强和台湾地区的合作和交流，以更好地保护我们共同的文化遗产？谢谢。

周和平： 海峡两岸同根、同种、同文，特别是闽南文化的保护区域应该是在厦门、漳州、泉州、台湾地区这一闽南文化的大区域范围之内。对于闽南文化的保护，海峡两岸的人们都非常关注，学者也非常关注，已经就保护问题召开了大量的学术上的研讨会和论坛，同时两岸之间的文化交流，特别是在闽南文化区内交流也非常频繁。所以设立闽南文化保护区，台湾肯定也是重要的一部分。今后两岸就保护区的设立问题、闽南文化的保护问题还要进一步进行交流。一是学术上加强交流，再一个是文化上加强交流，另外就是在人员上增加往来，同时还要探讨一些共同的保护措施，共同地把闽南文化这一独具特色的中国文化的重要组成部分保护好。

中国国际广播电台记者： 我想请问周副部长两个问题。第一个问题是我们在一些地方实地采访过程当中，发现有一些地方政府和其他文物保护单位在文化遗产的普及和保护方面做了一些工作，您对地方政府的积极参与有什么评价？第二个问题是想请您介绍一下我国和国际组织开展合作方面的情况。谢谢。

周和平： 各地对于文化遗产的保护都做了大量的工作，特别是最近这几年中央对于文化遗产保护的力度在逐步加大，都采取了许多行之有效的措施。中央也在不断通过和公布重点文物保护单位（现在已经公布了第六批，加在一起有将近2000个），在非物质文化遗产领域，2006年公布了首批518项国家级非物质遗产保护名录项目。各地也在参照这种做法公布省级、地市级的文化遗产保护单位，非物质文化遗产领域也在公布，全国多数省份已经建立了省级名录，一大部分县市也建立了县市级的非物质文化遗产名录。这些都是保护的重要措施。随着名录的公布和保护单位的公布，各地都加大了保护的力度。应该说这几年文化遗产保护的整个工作出现了一个非常可喜的局面。

同时，问题依然存在。随着城市的建设、新农村的建设，在城市化的进程中，一些地方珍贵的文化遗产受到破坏，这些问题已经引起了各方的关注。我相信随着我们社会的不断发展，随着人们文化遗产保护意识的逐步加强，这些问题都会逐步得到解决。

至于你问到的与国际间的交流问题。最近几年在文化遗产保护领域，我们与国际的交流力度在不断加大。在非物质文化遗产的领域中，我们国家比较早地加入了《保护非物质文化遗产公约》，也加入了《保护和促进文化表现形式多样性公约》。去年我们国家还高票当选联合国教科文组织保护非物质文化遗产政府间委员会成员国，也积极参与国际社会的这些活动。今年在成都召开的这次会议就是保护非物质文化遗产政府间委员会特别会议，这本身又是一次非常重要的参与多边性的国际会议的机会。我们相关部门都将派人参加这次重要会议，来研究制定规则，向国际社会介绍我们国家保护的情况，同时也借鉴国际的经验，加大我们国家的保护力度。

张　柏：这么多年来，国际间文物和文化遗产方面的合作是非常多的，特别是改革开放以后合作越来越多。第一，现在关于文化遗产保护方面有四个公约，一是《关于停止和防止非法进出口文化财产和非法转让其所有权的方法的公约》，二是《关于被盗或者非法出口文物公约》，三是《保护世界文化和自然遗产公约》，四是《保护非物质文化遗产公约》，这些公约我们国家都参加了。不光是参加公约的问题，我们参加了公约，就有了维护这个公约的一些交流和合作。所以围绕这四个公约的国际交流与合作还是很多的。我举个例子，比如《关于停止和防止非法进出口文化财产和非法转让其所有权的方法的公约》，这几年我们依据这个公约和一些国家合作，为我们国家追缴回了不少非法出境文物，包括在美国的、英国的，其中英国一次就追缴回来两三千件（文物）。这些我们一直在进行。另外，这几年我们和一些国家签订了双边协议，互相之间就会有一些合作和交流。这些都是最根本的大的交流活动，是依法进行的。

第二，我们参加了世界上最有名的几个大的组织，刚才周副部长说的几个我就不重复了，一个是国际古迹遗址理事会，一个是国际博物馆协会，还有一个是国际文物保护与修复研究中心，在全世界这三个组织对于保护文物的作用是非常大的，国际间的合作主要是由他们在这中间来组织。每个组织里面都有三十几个专业委员会，我们国家基本上有一半以上的专业委员会都参加了。专业委员会每年组织的活动很多，我看这一条也是非常重要的。

第三，国际组织在我们国家建立了相关的机构。比如说国际古迹遗址理事会和我们合作在西安建立了这个委员会的分支机构——西安中心，这个委员会在世界其他国家还没有建立过分支机构，这是第一个。在建立的时候有些国家有一些不同意见，为什么到中国建？怎么不在美国建，也不在意大利建呢？这个事最后定下来，也建立成功了。这就说明在国际上我们的合作越来越多，也说明国际文物保护组织对中国文物保护工作的肯定、重视，我们的地位不一样了。

第四，这些年我们进行了一些实实在在的文物保护合作工程。比如大家知道的美国盖蒂文物保护所，和我们合作了十几年，现在还在合作。大家知道《中国文物古迹保护准则》是我们自己经验的总结，但是这里面有美国盖蒂文物保护所和澳大利亚文物保护委员会的支持。我们不仅总结我们的经验，也到国外考察美国的遗址保护、澳大利亚执行八大宪章的实例，吸收外国的经验，和我们的传统经验结合起来，形成了《中国文物古迹保护准则》，这是合作的一大收获。还有保护敦煌、承德的古建筑，都有一些外国的协会和我们合作。再有德国和我们合作十几年研究保护兵马俑的问题，都取得了很好的成就。总之，这几年我们本着中央要求改革开放的精神，和国际上的文物保护组织各个方面以及政府间的、非政府间的合作越来越多，合作为我们所用，在合作中也宣传了我们的文化，把我们的传统技术传给了他们，在这种互补的过程当中我们的收益也是相当大的。

《中国知识产权报》记者：我想问一下周副部长，现在学者对保护形式有很多争议，有的认为可以通过知识产权的形式保护，有的有不同的意见，您怎么看待这个问题？第二就是非物质文化遗产保护和知识产权有什么关系？谢谢。

周和平：我认为非物质文化遗产的保护和知识产权是密切联系的。在非物质文化遗产项目中，很多是人们在长期的生产生活过程中，在前人经验的基础上进行了自己的创造，形成了自己的特色。因此，很多项目有知识产权的问题。保护非物质文化遗产，我们明确传承人也好，确定项目也好，这本身也是对于这些传承人所创造的技艺和文化传统的认可。保护传承人、保护项目本身也是保护知识产权的重要措施。而这些有的就要和国家的保护知识产权的法律法规结合起来，使我们的保护逐步走向科学化、规范化、法制化的道路，使我们这些创造成果能够得到法律的保护。

……

黄振春：因为时间因素，我们回答最后两个问题。

记　者：我想问周副部长两个问题。一个是国外有设立文化首都的做法，咱们中国会不会在这方面有一些借鉴和推广呢？第二个问题是丝绸之路终端起点之争，对围绕这个展开遗产争夺对文化遗产保护的利弊，能不能说一下您的看法？

周和平：文化首都是欧洲一些国家保护文化遗产的一项活动，目的是引起大家对文化遗产的关注，每年一个城市也调动了大家的积极性，应该说是保护文化遗产的重要方法。而我们国家保护非物质文化遗产有我们的一些传统做法，这些做法各地可以做一下参照。目前我们还没有考虑将文化首都的概念纳入非物质文化遗产保护，比如现在的"文化遗产日"就是保护文化遗产的一种措施。如果大家都认为文化首都的办法比较好，大家都认为是行之有效的措施，愿意学习这种方法也不是不可以。但是目前还没有考虑这种方法。

张　柏：我建议由保护司的关强副司长回答第二个问题。

关　强：谢谢你的问题，我想知道你问的终端起点之争是国内的还是和日本的？

记　者：国内的。

关　强：在国内的终端起点之争更多的还是学术上的终端之争。我们大家知道，历史上丝绸之路是从汉代开始的，是在长安也就是现在的西安，到后期东汉和唐代开始，首都迁到洛阳的时候，是从洛阳往西开始的，所以看怎么说。如果从首都角度来说，长安和洛阳都是丝绸之路的起点；但是如果从最早开始的地方来说应该是现在的西安，就是长安城是起点。所以我们现在正在开展的与中亚地区有关国家联合开展丝绸之路遗产的准备工作，我们把西安和洛阳都列为起点。

但是如果从你提到的文化遗产安全或者国家关于文化遗产的历史沿革的角度来说，有的学者还认为终端可以落到日本和韩国。但是我们还是坚持最早丝绸之路是从西汉开始的，是从中国的长安开始的。到那边的终端说到罗马、到土耳其都有争的。但是从中国国内来说最早还是从西汉长安开始，到后来的日本、韩国之说也是后来的延续了。

北京电视台记者：我想问一下这回非物质文化遗产方面的传承人北京有多少个呢？要是定了以后会如何保护？另外，今年这些主题活动当中的展览或者展演和去年的会有什么不同？

周和平：传承人刚才说了，现在正在评审过程中，还没有完全定下来，可能近期要公示，但是还没有统计哪个省有多少传承人。各省的情况不太一样，因为上网公示以后还要接受社会的监督，对大家提出的意见还要进一步再做研究后才能正式定下来，到那时候才知道北京有多少传承人。第二个问题是和去年有什么区别。大家知道去年在"文化遗产日"举行的非物质文化遗产活动，主要是3月份在国家博物馆搞了一个大型的展览，在"文化遗产日"期间非物质文化遗产领域没有太多的展览，主要是搞了一场以非物质文化遗产领域的艺术形式包括音乐、舞蹈、戏曲等为主的文化遗产展演文艺晚会。

今年非物质文化遗产领域的活动突出了专题性，这个展览叫"非物质文化遗产专题展"，刚才也介绍了有8个展览，每一个都是分列出一个专题。像国家图书馆搞的是造纸印刷术展览，中国美术馆是把馆藏精品皮影全部拿出来，美术馆一共收藏了国画、版画、雕刻等6万件，其中大量的是民间艺术品。另外，中医科学院要搞一个中医药保护展览,在中央民族大学搞一个少数民族文物展。所以今年明确体现了专题性。

而且今年也精选了非物质文化遗产领域的戏曲节目,因为中国的戏曲在世界戏曲领域中是比较独特的,历史悠久,剧种比较多。戏曲的展演既包括地方专场——山西专场、福建专场,还有几个省的综合专场,最后搞了一个从各地调的节目,现在一共将近30个剧目,涉及27个剧种。这些项目都是进入国家级名录的戏曲项目,这次主要是一些小的珍稀剧种展演,非常有特色。

黄振春: 好,因为时间关系,记者提问就到这里了,非常感谢大家对我们文化遗产包括非物质文化遗产工作的关心和支持。今天发布会到此结束,再次谢谢大家的光临。

(有删节。新华网:http://www.xinhuanet.com/zhibo/20070521a/wz.htm)

明天是第二个"文化遗产日"

6月9日,我国将迎来第二个"文化遗产日",值此之际,记者特地采访了文化部副部长周和平。

哪些成就令人瞩目

记　者:设立"文化遗产日",无疑对我国非物质文化遗产保护起到极大的推动和促进作用。近年来保护工作取得了哪些令人瞩目的成就?

周和平:近年来,尤其是去年以来,非物质文化遗产保护工作势头良好,全民参与保护工作的热情持续高涨,非物质文化遗产保护出现了良好的发展局面:

一是各级党委、政府对非物质文化遗产保护工作重要性的认识普遍提高。2006年国务院办公厅和国务院先后下发了《关于加强我国非物质文化遗产保护工作的意见》和《关于加强文化遗产保护的通知》两个文件,成立了由国务院领导任组长的国家文化遗产保护领导小组,专门研究解决文化遗产保护工作的重大问题,统一协调和执行国务院有关文化遗产保护的决定。中央财政还下拨了专项保护经费,对保护工作给予有力支持。地方各级党委、政府将这项工作列入当地社会经济发展规划和文化发展规划。

二是非物质文化遗产名录体系已初步形成。2006年5月,国务院批准公布了第一批国家级非物质文化遗产名录项目518项,涉及758个保护单位。目前,全国各省、区、市参照这一模式,纷纷建立了自己的名录,国家、省、市、县四级非物质文化遗产名录体系正在逐步形成。

三是普查工作取得阶段性成果。文化部于2005年6月部署了全国非物质文化遗产普查工作。目前,各地的普查工作正在积极稳步展开,云南、浙江、宁夏等省区已基本完成普查工作。在普查工作中,各地培训了工作队伍,抢救和保护了一批非物质文化遗产重要资料和珍贵实物,命名了一批民间艺术之乡、民间艺人。

四是试点工作成效明显。2003年在实施中国民族民间文化保护工程过程中,文化部相继确定了40个国家级试点。几年来,这些试点认真制定保护规划,积极探索工作机制,不断摸索保护方法,取得了明显成效。

最大的难题是什么

记　者:随着现代化建设的飞速发展,非物质文化遗产不断地从我们身边流走。当前非物质文化遗产保护的最大难题是什么?

周和平：随着全球化趋势和现代化进程的加快，我国的文化生态发生了巨大变化，非物质文化遗产保护正受到越来越大的冲击，保护困难主要表现在以下几个方面：

一是各地工作开展还很不平衡。有些地方对非物质文化遗产保护工作的重要性和紧迫性认识不足，工作进展缓慢。

二是管理机制不健全。保护工作人员较少，经费投入严重不足，管理手段和管理方式落后。

三是有的地方在对非物质文化遗产尚未进行有效保护的情况下，盲目地进行开发，对非物质文化遗产造成破坏。

当代保护价值何在

记　者：非物质文化遗产保护成为新时期文化建设的重点和亮点，这项工作对构建社会主义和谐社会有着怎样的作用？

周和平：中华民族五千年的文明史给我们留下了极为丰富的文化遗产，既有物质形态的有形的文化遗产如文物、典籍；又有主要通过口传心授的方式传承下来、以非物质形态存在的非物质文化遗产，内容丰富、形式多样，包括口头传统、传统表演艺术、民俗活动、礼仪、节庆、传统手工艺技能等。中华文明成为世界几大文明中唯一绵延至今从未间断的文明，中华民族丰富的非物质文化遗产功不可没。

非物质文化遗产体现了中华民族所特有的生活方式、道德观念、审美趣味和艺术风格，表现了中华民族强大的向心力和恢宏的气度，无论是在价值观念上还是在艺术形式上都为广大群众喜闻乐见。非物质文化遗产是当前和谐文化建设的重要文化资源和社会主义核心价值观的重要文化基础，对构建社会主义和谐社会具有十分重要的意义。

目前，我国正处在由传统的农业社会向现代工业社会转型的时期，原有的农业文明状态下的文化形态和生活方式在现代化的冲击下迅速瓦解与消亡。在经济社会发展的过程中，对我国丰富多样的，具有历史、文化、科学价值的非物质文化遗产进行有效保护，是落实科学发展观、构建社会主义和谐社会的必然要求。

对非物质文化遗产保护的重视与否，不仅是衡量一个国家和民族文明程度的重要标志，也是衡量一个社会是否能够保持协调发展和可持续发展的重要方面。我们将通过开展非物质文化遗产保护工作，维护健康的文化生态，为构建社会主义和谐社会发挥重要作用。

（记者　刘玉琴）

（《人民日报》访谈。原载于《人民日报》2007年6月8日第13版）

保护传承非物质文化遗产
发挥构建和谐社会的重要作用

从普通老百姓说着绕口的"非物质文化遗产"新名词,到保护非物质文化遗产成为全国各地一项普遍进行的工作,从第一批国家级非物质文化遗产名录的公布,到省、市、县各级名录的逐步建立,从全国非物质文化遗产普查的全面开展,到社会各界、普通百姓踊跃参与和广泛关注,中国的非物质文化遗产保护正在成为与老百姓息息相关的社会生活重要的组成部分,牵动着越来越多的人心。

非物质文化遗产保护到底与我们今天的社会发展、人民生活有什么样的重要关系?非物质文化遗产保护工作如何进一步向纵深发展?即将到来的"文化遗产日"与去年相比有什么不同的特点?正值第二个"文化遗产日"到来之际,记者采访了文化部副部长周和平。

记　者:您好!短短几年来,非物质文化遗产保护在政府的推动下迅速成为全社会关心关注的热点话题,吸引了许多老百姓的自觉参与,非物质文化遗产保护还成为新时期文化建设的热点。您认为其内在原因是什么?第二个"文化遗产日"以"保护文化遗产,构建和谐社会"作为主题,文化遗产保护与我们今天的时代发展又有什么样的重要关系?

周和平:中华民族五千年的文明史给我们留下了极为丰富的文化遗产,既有物质形态的有形的文化遗产,如文物、典籍;又有主要通过口传心授的方式传承下来、以非物质形态存在的非物质文化遗产,内容丰富、形式多样,包括口头传统、传统表演艺术、民俗活动、礼仪、节庆、传统手工艺技能等。文化遗产中有形和无形、物质和非物质的不同形态,共同构成民族文化遗产的整体,缺一不可。非物质文化遗产的内在生命力十分坚韧,像水一样,至柔而至刚。它的传承方式主要是民间的、口头的,所谓口传心授。正因为非物质文化遗产广泛存在于人们的衣食住行各个方面,共同构成了人们的生产生活方式,因而以独特的方式潜移默化地影响着人们的思想观念,对保持中华文明的延续起了重要作用。中华文明成为世界几大文明中唯一绵延至今从未间断的文明,中华民族丰富的非物质文化遗产功不可没。

非物质文化遗产来源于各族人民长期的生产生活实践,体现了中华民族所特有的生产方式、生活方式、道德观念、审美趣味和艺术风格,表现了中华民族强大的向心力和恢宏的气度。它发端于民间,生长于民间,繁荣于民间,贴近实际、贴近生活、贴近群众，无论其价值观念还是呈现形态都与人民大众有着密切的联系；它蕴涵着深刻的人与自然、人与社会以及人与人之间和谐相处的理念，以及爱国为民、重诺守信、勤劳勇敢、聪明智慧等中华民族优良传统道德因素，因而是当前和谐文化建设的重要文化资源和社会主义核心价值观的重要文化基础，对构建社会主义和谐社会具有十分重要的意义。广大人民群众对非物质文化遗产保护所表现出来的极大热情，正表明它是深入人心、深孚民意的。

目前，我国正处在由传统的农业社会向现代工业社会转型的时期，原有的农业文明状态下的文化形态和方式在现代化的冲击下面临更大的困境。在经济社会发展的过程中，对我国丰富多样的非物质文化遗产进行有效保护，并进而促进经济社会的全面、协调、可持续发展，是落实科学发展观、构建社会主义和谐社会的必然要求。对非物质文化遗产保护的重视与否，不仅是衡量一个国家和民族文明程度的重要标志，也是衡量一个社会是否能够保持协调发展和可持续发展的重要方面。我们要通过开展非物质文化遗产保护工作，使我国的优秀文化传统薪火相传，提高整个民族的文化素质，维护健康的文化生态，为实现经济社会全面、协调、可持续发展，构建社会主义和谐社会发挥重要作用。这也正是第二个"文化遗产日"以"保护文化遗产，构建和谐社会"为活动主题的目的和意义。

记　者：在全面推进非物质文化遗产保护的各项工作中，我注意到今年的工作重点有两项：一是传承人的保护，二是国家级民族民间文化生态保护区的建立。您能谈谈为什么要公布国家级非物质文化遗产项目代表性传承人？建立文化生态保护区的出发点是什么？

周和平：今年"文化遗产日"期间，我们要公布第一批国家级非物质文化遗产项目代表性传承人，批准建立国家级民族民间文化生态保护实验区。可以说，这两项工作都是非物质文化遗产保护进一步深入开展的必要措施和重要手段，也是保护工作从总体保护框架的建立到具体保护措施实施的纵深发展。

非物质文化遗产是人们千百年来生产、生活的智慧结晶，它以人为载体，以口传心授、约定俗成的方式一代代传承下来，那些精湛技艺、民间传说、生活习俗、历史记忆都留存在一个个老艺人身上。我们说非物质文化遗产是无形的、活态的，正是因为它的承载者是人，没有这些人的存在，特别是那些有代表性的传承人的存在，非物质文化遗产就成为无本之木、无源之水。为了有效保护和传承国家级非物质文化遗产，鼓励和支持国家级非物质文化遗产项目代表性传承人开展传习活动，文化部今年组织开展了国家级非物质文化遗产项目代表性传承人的申报和评审工作，目前已经确定了第一批国家级非物质文化遗产项目代表性传承人共五大类、226名传承人。今后文化部将分类分批地公布传承人。同时，起草了《国家级非物质文化遗产项目代表性传承人认定与管理暂行办法》，对代表性传承人的认定标准、权利、义务以及资助等做出了规定。这一办法正在广泛征求意见，待进一步修改完善后公布。

传承人的认定采取不定期公布的办法，主要指国家级非物质文化遗产项目的代表性传承人。我们要对传承人的技艺进行全方位的记录、整理，为他们收徒、传承提供资金和政策支持，探索现代生活环境下以口传心授为特点的非物质文化遗产传承方式的继承与发扬。同时，也鼓励传承人到大中小学授课、广泛传播，对于生活困难的传承人要给予适当补贴。总之，要根据不同项目、不同特点，研究制定传承人保护办法，从非物质文化遗产传承的根脉出发，来保障非物质文化遗产的薪火相传。

文化生态保护区也是我们正在探索中的新的保护机制和办法。《国家"十一五"时期文化发展规划纲要》明确提出了建立民族民间文化生态保护区的目标。今年3月30—31日，文化部与福建省人民政府在厦门共同举办了"闽南文化生态保护工作研讨会"，明确了文化生态保护工作的重要意义，研究讨论了闽南文化生态保护的建设情况。我们组织专家学者进行了多次论证，提出闽南文化生态保护区要从软件、硬件两个方面着手，进行规划；要对保护区内文化遗产的数量做到底数清楚，对濒危项目实施优先保护；对于生存状态良好的项目如木偶、南音、歌仔戏等，要大力弘扬；同时加强文化交流，举办海峡两岸学术研讨会；等等。总之，在不断探索的过程中找到最科学、最有效的保护方法，在取得一定经验后开展全国文化生态保护区的申报、评审工作。

记　者：您认为当前在工作中还存在哪些困难和不足，下一步推进非物质文化遗产保护工作有何打算？

周和平：随着全球化趋势和现代化进程的加快，我国的文化生态发生了巨大变化，非物质文化遗产保护任重道远。但这一工作毕竟刚刚开始走上全面、系统性的保护阶段，工作中仍存在着不少的困难和问题，主要表现在以下几个方面：一是各地工作开展还很不平衡。有些地方对非物质文化遗产保护工作的重要性和紧迫性认识不足，没有列入重要工作议程，工作进展缓慢。二是管理机制不健全。目前，全国性的保护法规尚未出台，大多数省区还没有制定相应的地方性法规。人员较少，经费投入不足，管理制度不健全，管理手段和管理方式落后，非物质文化遗产遭到破坏的现象时有发生。三是有的地方在未对非物质文化遗产进行有效保护的情况下，盲目地进行开发，急功近利，造成非物质文化遗产的严重破坏。针对以上问题，必须采取有效措施，认真加以解决。

非物质文化遗产保护当前要做好以下几项工作：一是要继续推进普查工作。全国普查工作至2008年底基本结束，全面了解和掌握非物质文化遗产资源的种类、数量、分布状况、生存环境、保护现状及存在的问题，及时向社会公布普查结果。二是要加快建立我国非物质文化遗产名录体系。争取在2010年建立起从国家到省、市、县完备的非物质文化遗产名录体系。三是要抓紧落实国家级非物质文化遗产项目保护措施。要抓紧编制国家级非物质文化遗产项目保护规划，根据各门类项目的不同特点，一项一策，有针对性地制定保护措施。特别要加紧对代表性传承人进行保护。四是要加强人才培养和学术研究工作。要采取多种方式，抓紧培养非物质文化遗产保护工作中所需的各类人才，同时，要充分依靠高等院校和科研机构的专家学者，加强非物质文化遗产的基础理论研究和学科建设，积极推进科研工作，为非物质文化遗产保护提供科学保证。

记　者： 去年第一个"文化遗产日"活动期间，文化部组织了内容丰富、形式多样的"文化遗产日"系列活动，产生了很好的社会效果。如"全国非物质文化遗产保护成果展"、"保护文化遗产，守护精神家园"大型文化遗产展演文艺晚会、中国非物质文化遗产论坛、"文明的守望——中华古籍特藏珍品暨保护成果展"和以"非物质文化遗产保护"为专题的"部级领导干部历史文化讲座"等。今年的"文化遗产日"与去年相比，有些什么不同特点？

周和平： 今年"文化遗产日"活动的主题是"保护文化遗产，构建和谐社会"。我们将在"文化遗产日"期间，在全国各地举办一系列非物质文化遗产保护专题展览和非物质文化遗产展演、论坛、表彰奖励和宣传活动，全方位、多角度展示、宣传非物质文化遗产保护工作的方针、政策以及第一批国家级非物质文化遗产名录项目，以进一步提高全民非物质文化遗产保护意识，推动非物质文化遗产保护工作健康、有序地进展。和去年相比，今年"文化遗产日"的活动更加深入，群众的参与更为广泛，各地围绕着四级名录的建立，开展不同形式的宣传活动，而对传承人的评定、对保护非物质文化遗产先进个人与集体的表彰，都体现出保护工作越来越落到实处。

和非物质文化遗产保护的急迫形势和总体要求相比，应当说，我们的工作还刚刚起步，还有许多事情等待着我们去做。但让我感到欣慰的，是党中央、国务院的高度重视和普通老百姓的参与意识和参与热情。非物质文化遗产保护的最终目标是唤起全民族的文化自觉，引导人民群众自发地保护、珍视我们自己的文化遗产，在继承优秀传统文化的基础上，进行当代的文化创新，为构建社会主义和谐社会、建设和谐家园，做出我们的努力！

（记者　徐涟）

（《中国文化报》访谈。原载于《中国文化报》2007年6月9日第1版）

守护精神家园　政府责无旁贷

在非物质文化遗产保护日益成为时代强音和全民共识之际，我们即将迎来我国的第二个"文化遗产日"。为此，本刊专访了文化部周和平副部长。

记　者：近两年来，我国非物质文化遗产保护进展很快，成绩突出。我刊中外读者迫切希望了解政府在这一领域的举措和作为。因此，请周副部长介绍一下有关情况。

周和平：的确，近年来我国非物质文化遗产保护工作的进展较快，为促进文化建设和构建和谐社会发挥了重要作用。主要表现在以下方面：

（1）政府高度重视非物质文化遗产保护。2005年以来，国务院相继出台了3个重要文件。2005年3月，国务院办公厅下发《关于加强我国非物质文化遗产保护工作的意见》，确立了相关保护的方针和目标，对建立协调有效的工作机制，形成有中国特色的非物质文化遗产保护制度明确了要求。12月，国务院又下发《关于加强文化遗产保护的通知》，要求各级政府从对国家和历史负责的高度，从维护国家文化安全的高度，切实做好非物质文化遗产保护，并决定设立"文化遗产日"。根据国务院《关于加强文化遗产保护的通知》的精神，成立了国家文化遗产保护领导小组，专门研究解决文化遗产保护中的重大问题，统一协调和执行国务院有关文化遗产保护的决定。2006年5月20日，国务院下发《关于公布第一批国家级非物质文化遗产名录的通知》，公布了第一批国家级非物质文化遗产名录共518项。这些文件的出台，体现了党中央、国务院对非物质文化遗产保护的高度重视和支持，也标志我国的非物质文化遗产保护工作进入了一个新阶段。

（2）名录体系初步建立。去年5月20日，国务院批准公布第一批国家级非物质文化遗产名录项目518项，涉及758个申报地区或单位。第一批国家级名录的公布，对建立我国非物质文化遗产名录体系具有重要的示范和推动作用。为加强国家级非物质文化遗产名录项目保护，去年10月，文化部以部长令的形式颁发了《国家级非物质文化遗产保护与管理暂行办法》（中华人民共和国文化部令〔2006〕第39号），对国家级非物质文化遗产名录项目的保护单位、代表性传承人及管理措施等，提出了具体要求。这对于规范国家级非物质文化遗产名录项目的保护与管理，具有重要的指导作用。目前，北京、河北、山西、辽宁、浙江、安徽、福建、江西、山东、河南、湖南、广东、海南、广西、贵州、云南、甘肃、青海等18个省、区、市建立了省级非物质文化遗产名录，还有13个省、区、市的省级名录正在建立之中。有些地（市）、县建立了本级非物质文化遗产名录，其中云南省率先建立了省、市、县三级名录体系。

（3）普查取得阶段性成果。为摸清我国非物质文化遗产家底，全面了解和掌握各地、各民族非物质文化遗产资源的种类、数量、分布状况、生存环境、保护现状及存在问题，文化部2005年6月部署了全面非物质文化遗产普查。这是我国本世纪开展的一次大规模的非物质文化遗产资源普查。目前，各地的普查正稳步展开，一些省、区、市结合地域特点，编制门类齐全、分项细致、可操作性强的普查手册，举办普查培训班，对相关人员进行业务培训，初见成效。云南省截至2005年累计投入1000多万元用于普查，参与普查者1.9万人次，普查自然村寨1.48万个，访谈对象6.9万人次；浙江省的普查坚持"不漏线索、不漏村镇、不漏门类"。两省在非物质文化遗产普查中均取得重要成果。通过普查，各地培训了队伍，抢救和保护了一批重要资料和珍贵实物，为非物质文化遗产保护打下了坚实的基础。

（4）试点取得有益经验。为积累经验、摸索规律，按照试点先行、以点带面的要求，在实施中国民族民间文化保护工程中，文化部相继确定了40个保护工程试点。几年来，这些试点认真制定保护规划，积极探索工作机制，不断摸索保护方法，取得了明显成效，提供了有益的经验。2006年10月，文化部在甘肃省召开全国非物质文化遗产保护试点工作经验交流会，重点总结了环县道情皮影试点在普查、传承传习、筹建博物馆及保护和利用等方面的经验。

（5）工作机制初步形成。经中编办批准，2006年9月14日，中国非物质文化遗产保护中心正式挂牌。保护中心承担开展非物质文化遗产理论、实践和科学保护的研究等具体任务。经省级编办批准，河北、河南、广东、宁夏、新疆、江西、重庆、湖北、贵州、吉林、广西等省、区、市建立了省级非物质文化遗产保护中心。河北、浙江、广东、辽宁、福建、安徽、江苏、甘肃等省建起了一批国有或民间的以非物质文化遗产为专题的博物馆，对宣传和展示非物质文化遗产，提高全社会非物质文化遗产保护意识，起到了重要作用。

非物质文化遗产保护是一项专业性很强的工作，需要紧紧依靠专家、学者的学术力量。去年，文化部成立由冯骥才任主任委员，68位不同专业领域的专家共同组成的"国家非物质文化遗产保护工作专家委员会"，并制定了章程。各地根据当地实际情况，也聘请各领域的专家组建了当地的专家委员会，充分发挥专家在保护中的咨询和参谋作用。

（6）保护经费投入逐年加大。2004—2006年，国家财政每年投入非物质文化遗产保护专项经费2000万元。为加强国家级名录项目的保护，在财政部支持下，2006年11—12月，经各省、区、市文化厅（局）、财政厅（局）的联合申请，文化部、财政部共同审核，专门制定2006年国家级非物质文化遗产名录项目补助经费预算。去年底前，财政部已将4000万元国家级名录项目补助经费拨付各地。浙江、江苏、辽宁、广东、河北、四川、江西、湖北、福建等省均安排了保护专项经费，确保工作的正常进行。

（7）理论研究逐步加强。非物质文化遗产保护是一项专业性强、包含门类广、情况复杂的工作，且在我国刚刚起步，理论研究相对薄弱。文化部2005年举办了"中国非物质文化遗产保护·苏州论坛"，中国艺术研究院连续数年举办"非物质文化遗产保护研讨会"，浙江省2006年举办了"国家文化安全——中国非物质文化遗产保护·余杭论坛"，安徽省蚌埠市举办了"花鼓灯保护国际学术研讨会"，江西省弋阳县组织"全国弋阳腔（高腔）学术研讨会"等；浙江省在浙江大学、浙江师范大学、杭州师范学院建立非物质文化遗产保护研究基地，有些大专院校还设立了非物质文化遗产保护研究中心。

文化部于2004—2006年在中国艺术研究院举办4次非物质文化遗产保护培训班，对全国数百人员进行培训。中国艺术研究院2006年9月开办了非物质文化遗产保护研究生班。2006年10月，《非物质文化遗产概论》出版。理论研究和人才培养的开展，有力地促进了非物质文化遗产的保护。

（8）社会影响日益扩大。2006年2月12日至3月16日，文化部联合非物质文化遗产保护工作部际联席会议成员单位，举办了中国非物质文化遗产保护成果展和展演文艺晚会。政府首次举办的这个全面反映非物质文化遗产保护成果的大规模展览，在社会上引起巨大反响，受到了一致好评，参观人次35万多。

2006年6月10日，我国迎来第一个"文化遗产日"，文化部召开了中外记者新闻发布会；举办"保护文化遗产，守护精神家园"的大型文化遗产展演文艺晚会、中国非物质文化遗产论坛、"文明的守望——中华古籍特藏珍品暨保护成果展"和以非物质文化遗产保护为专题的部级干部历史文化讲座等。全国各地"文化遗产日"活动更是内容丰富，形式多样。由此，提高了全民对文化遗产保护重要性的认识，增强了全社会的文化遗产保护意识，营造了全民参与保护文化遗产的良好氛围。

（9）积极参与国际非物质文化遗产保护。经积极申报，我国的昆曲、古琴艺术、新疆维吾尔木卡姆艺术及与蒙古国联合申报的蒙古族长调民歌分别于2001年、2003年、2005年列入联合国教科文组织"人类口头和非物质遗产代表作"，成为入选"人类口头和非物质遗产代表作"最多的国家之一。2006年6月27日，在联合国教科文组织《保护非物质文化遗产公约》缔约国大会第一次会议上，我国以40票入选由18国组成的保护非物质文化遗产政府间委员会。2006年11月18—19日，我国派出由文化部、外交部、教育部等组成的代表团，赴阿尔及利亚参加保护非物质文化遗产政府间委员会第一届会议，并当选会议副主席。为配合联合国教科文组织保护非物质文化遗产政府间委员会特别会议在我国的召开，5月23日至6月9日，文化部和四川省人民政府共同举办"中国成都国际非物质文化遗产节"，通过系列演出、巡游、展览、论坛等，集中展现我国丰富多彩的非物质文化遗产及"人类口头和非物质遗产代表作"的魅力。

虽然非物质文化遗产保护取得了显著的成绩，但我们必须清醒认识到，我国的非物质文化遗产保护仍处于起步阶段，对非物质文化遗产的认识有待进一步提高；有的地方组织机构不健全，经费不足；各地非物质文化遗产普查进度不一，水平质量参差不齐；国家名录项目的保护措施有待提高，代表性传承人尚未完全得到有效保护，珍贵实物资料流失严重；"重申报、轻保护"现象不同程度存在。因此，我们要从构建社会主义和谐社会的高度出发，进一步提高对非物质文化遗产保护的重要性和紧迫性的认识，扎扎实实地做好非物质文化遗产的保护。

记　　者：那么，您认为我国非物质文化遗产保护亟须解决哪些问题？

周和平：第一，要扎实地进行非物质文化遗产的全面普查。目前，全国范围内进行的非物质文化遗产普查是本世纪我国第一次大规模的普查活动，是开展非物质文化遗产保护的重要的基础性工作。全国普查计划用3年的时间，至2008年底结束。2007年是普查全面、扎实推进的关键一年，我们将加强督察，2008年陆续进行验收，对做得好的省份予以表彰。

中国非物质文化遗产保护中心为保证普查工作的科学性和规范性，专门研发了非物质文化遗产普查专用软件并举办了培训班。目前，普查软件将根据各地普查的实际情况进行升级。同时，要加快非物质文化遗产数据库的建设。另外，非物质文化遗产普查成果的出版规划也已列入日程，将制定《中国非物质文化遗产分布图集》的出版体例，指导各地普查成果的出版。

第二，要认真做好第二批国家级名录项目的申报。非物质文化遗产名录体系的建设是非物质文化遗产保护的核心。据《国家级非物质文化遗产代表作申报评定暂行办法》，国家级名录每两年申报一次。第二批国家级非物质文化遗产名录于今年申报和评审，2008年公布。为做好申报，文化部1月底印发了《关于申报第二批国家级非物质文化遗产名录项目有关事项的通知》，明确提出第二批国家级非物质文化遗产名录将建立在省级名录基础上，只有列入省级名录的项目才具备申报资格。对边疆省区少数民族的项目及尚无项目入选国家级名录的少数民族的项目、"中华老字号"涉及的非物质文化遗产项目、民族传统医药的有关项目、有利于增强海峡两岸和海外华人文化认同的有关项目……要予以重点关注。在申报中，对具体承担申报项目保护与传承的单位、代表性传承人及保护规划与实施措施等，要组织专家认真研究，予以明确。申报时限为今年5月1日至6月30日。第二批国家级名录申报要比第一次更科学、规范。

第三，要加大对非物质文化遗产的保护力度。一是要对代表性传承人进行保护。非物质文化遗产是以人为载体的，活态性是其重要特点。因此，加强对代表性传承人的保护是非物质文化遗产保护的关键。我们将对国家级名录项目的代表性传承人的认定标准、权利和义务做出规定，争取今年"文化遗产日"期间公布一批国家级非物质文化遗产代表性传承人。二是设立文化生态保护区。《国家

"十一五"时期文化发展规划纲要》提出确定若干国家级民族民间文化生态保护区,对文化内容丰富、较为集中的区域实施整体性保护。因此,各地文化部门要开展对文化生态保护区保护的调查研究,先行试点。选好区域后,制定详细的保护规划和实施方案,在试点的基础上制定相关办法,逐步设立文化生态保护区。三是建设博物馆,开展非物质文化遗产珍贵实物资料征集。实物资料是非物质文化遗产的重要依托,因此,要重视非物质文化遗产实物资料的登记、建档和征集。有条件的地区要积极建立博物馆或展示中心,抢救流散民间的非物质文化遗产珍贵实物资料,特别是具有深厚历史文化内涵的少数民族服饰、用具等,防止珍贵的非物质文化遗产实物资料流失境外。

第四,继续积极参与国际间非物质文化遗产保护。2007年5月23—27日,联合国教科文组织保护非物质文化遗产政府间委员会特别会议将在我国举办,研究制定人类非物质文化遗产代表作的评选标准等规则。这是我国承办的第一次非物质文化遗产国际会议,又是制定今后国际非物质文化遗产保护有关规则的会议,十分重要。

第五,大力推动政策法规建设。政策法规是非物质文化遗产保护的重要保障,我们将积极推动《非物质文化遗产保护法》的立法进程。为加强国家级非物质文化遗产保护与管理力度,在制定《国家级非物质文化遗产保护与管理暂行办法》的基础上,拟定国家级非物质文化遗产项目代表性传承人的认定与管理暂行办法和国家级文化生态保护区的命名与管理办法。

第六,完善工作机制。目前,在中国艺术研究院成立了中国非物质文化遗产保护中心,开通了中国非物质文化遗产网。大多数省区也建起非物质文化遗产保护工作机构,与大专院校合作,加快人才培养。目前,中国非物质文化遗产保护中心正积极筹建中国非物质文化遗产保护协会。该协会是我国非物质文化遗产保护的重要社团组织,现已起草了有关章程的草案,正在积极筹备中。

第七,认真办好第二个"文化遗产日"。2007年6月9日是我国第二个"文化遗产日",其主题是"保护文化遗产,构建和谐社会"。在此期间,北京将举办一系列非物质文化遗产保护专题展和非物质文化遗产展演、论坛、表彰等活动,全方位、多角度地展示、宣传非物质文化遗产保护。

"文化遗产日"期间,将在中华世纪坛举办中国非物质文化遗产专题展,包括"中国木版年画展""中国民间剪纸艺术大师精品展""中国传统纺织技艺展""中国皮影木偶精品展"等。在国家图书馆举办"光明来自东方:造纸、印刷和保护展",在中国美术馆举办"影戏华彩——中国美术馆藏皮影珍品展",在中国工艺美术馆举办"中国工艺美术精品展""中国传统医药保护展""中国民族服饰文化遗产展"等。各地将围绕第一批国家级非物质文化遗产名录518项和拟申报第二批国家级非物质文化遗产名录的项目,组织开展形式多样、丰富多彩的非物质文化遗产展览、展演等宣传展示活动。"文化遗产日"期间,文化部将举办中国非物质文化遗产稀有剧种进京展演，邀请部分省区的重点剧目进京演出，并于6月9日举办"文化遗产日"主题晚会。

为探讨和研究非物质文化遗产保护面临的重要课题，2007年6月15—19日，文化部与江苏省人民政府将在苏州昆山市举办第二届"中国非物质文化遗产保护论坛"，主题为"中国非物质文化遗产保护中传承人的认定和保护方式问题"、"中国文化生态保护区的设立及保护模式问题"。2007年6月9—11日，文化部与建设部、国家文物局共同举办"城市文化国际会议暨第二届城市规划国际论坛"，其中重要议题是城市建设中的非物质文化遗产保护。

"文化遗产日"期间，文化部将与人事部联合表彰为我国非物质文化遗产保护做出突出贡献者，以及表彰在非物质文化遗产保护中贡献突出的个人和单位。

第八，努力提高全社会对非物质文化遗产的保护意识。今年4月16—20日，文化部在巴黎联合国教科文组织总部举办了"中国非物质文化遗产艺术节——中国非物质文化遗产和世界对话"大型展览和专场演出，展演轰动巴黎，向国际社会展示了我国非物质文化遗产的丰富性和保护成绩。文化部在众多新闻媒体上开辟专栏，宣传非物质文化遗产保护知识和"文化遗产日"重要活动，并将继续通过报刊、广播、电视、网络等手段，采取多种方式，大力开展非物质文化遗产保护的宣传，以引起全社会对非物质文化遗产保护的关注和支持，进一步提高全社会的保护意识。

（记者　李胜先）

（《中外文化交流》访谈。原载于《中外文化交流》2007年第6期）

建设中华民族共有精神家园

中国政府高度重视文化遗产保护工作

记　者： 党的十七大报告提出世界各国在"文化上相互借鉴、求同存异，尊重世界多样性，共同促进人类文明繁荣进步"。请问，这对于保护世界文化的多样性有什么重要意义？

周和平： 当今世界，全球化趋势日益明显和增强。文化与经济和政治相互交融，在综合国力竞争中的地位和作用越来越突出。经济全球化带来频繁的文化交流，促进了世界各民族彼此之间的沟通、理解和尊重。但是，一些西方发达国家凭借强大的综合国力、先进的科技手段和发达的传播媒介，在文化上推行"单边主义"，导致不同文化地域思维方式和文化价值观的冲突，西方的价值观念对发展中国家的传统文化形成了严重的冲击。世界各国各民族文化的多样性和丰富性受到了严重威胁，在维护本民族文化的独特性、保护和发展民族文化方面面临着严峻的挑战。

我国是一个统一的多民族国家，中华文明具有鲜明的多元一体特征。56个民族的文化多姿多彩，共同构建了中华文明的丰富与完整。我国非物质文化遗产的多样性、丰富性与独特性一直为世界所瞩目，是我国文化身份的象征。加强非物质文化遗产保护工作，将充分展现我国丰富多彩、璀璨多姿的非物质文化遗产，展现各民族团结一心、奋发向上的精神风貌，极大地提升我国的文化软实力，增强我国的影响力；同时，以非物质文化遗产为媒介，推动国际文化交流活动，也是作为文化大国的中国对世界文明的延续和可持续发展做出的重要贡献。

记　者： 近年来，中国政府对保护非物质文化遗产主要做了哪些工作？

周和平： 党中央和国务院高度重视文化遗产的保护工作。胡锦涛总书记在十七大报告中指出，要"加强对各民族文化的挖掘和保护，重视文物和非物质文化遗产保护"。2005年，国务院办公厅下发了《关于加强我国非物质文化遗产保护工作的意见》、国务院下发了《关于加强文化遗产保护的通知》这两个文件；各级财政设立了专项保护经费；2006年，国务院批准公布了第一批国家级非物质文化遗产名录，国家、省、市、县四级名录体系正在逐步形成；今年6月，文化部命名了第一批226名国家级非物质文化遗产项目代表性传承人；第一次大规模普查工作取得阶段性进展，将于2008年结束；一批理论研究和科学研究成果相继问世。

我国积极参与国际间非物质文化遗产保护工作，国际地位明显提高。我国的昆曲、古琴艺术、新疆维吾尔木卡姆艺术以及与蒙古国联合申报的蒙古族长调民歌被列入联合国教科文组织"人类口头和非物质遗产代表作名录",是世界上入选"人类口头和非物质遗产代表作"最多的国家之一。2006年6月,我国高票入选保护非物质文化遗产政府间委员会。2007年4月,在联合国教科文组织总部第一次举办的中国非物质文化遗产节,也获得了极大成功。

非物质文化遗产保护蕴涵深刻的和谐相处理念

记　者:近几年来,我们的非物质文化遗产保护工作取得了较大成绩,引起了社会大众的关注和热烈回应,您认为其原因是什么?

周和平:党的十七大报告指出,"中华文化是中华民族生生不息、团结奋进的不竭动力",要"弘扬中华文化,建设中华民族共有精神家园"。我国是历史悠久的文明古国,在漫长的岁月中,中华民族创造了丰富多彩、弥足珍贵的文化遗产。非物质文化遗产与物质文化遗产共同承载着人类社会的文明,是世界文化多样性的体现。正如温家宝总理今年在参观"中国非物质文化遗产专题展"时所指出的,非物质文化遗产是民族文化的精华、民族智慧的象征和民族精神的结晶。"非物质文化遗产也有物质性……物质性就是文象,非物质性就是文脉。人之文明,无文象不生,无文脉不传;无文象无体,无文脉无魂。"

非物质文化遗产来源于各族人民长期的生产生活实践,体现了中华民族所特有的生活方式、道德观念、审美趣味和艺术风格,表现了中华民族强大的向心力和恢宏的气度。它生长于民间,繁荣于社会,贴近实际、贴近生活、贴近群众,无论是在价值观念上还是在艺术形式上都为广大群众喜闻乐见;它蕴涵着深刻的人与自然、人与社会以及人与人之间和谐相处的理念,以及爱国为民、重诺守信、勤劳勇敢等中华民族优良传统道德品质,是当前和谐文化建设的重要文化资源和社会主义核心价值观的重要文化基础,对维系中华民族特征、保持中华文明的延续发挥了重要作用。保护非物质文化遗产,加强对民族文化的传承,是增强民族情感纽带、增进民族团结和维护国家统一以及社会稳定的重要文化基础,是建设社会主义先进文化、贯彻落实科学发展观的具体体现,也是培育社会主义核心价值观、构建社会主义和谐社会的必然要求。

记　者:建立国家级非物质文化遗产名录在社会上引起了强烈的反响,对非物质文化遗产保护工作推动很大。您能不能详细介绍一下有关情况?

周和平:建立非物质文化遗产名录,是彰显我国政府重视非物质文化遗产保护的重要手段。我们将定期公布具有重大历史、文化和科学价值,并处于濒危状态的非物质文化遗产项目,并按照科学、严谨的评审标准,对非物质文化遗产项目进行认定,建立国家和地方各级非物质文化遗产名录,逐步形成我国非物质文化遗产保护名录体系。2006年国务院已公布了第一批518项国家级非物质文化遗产名录,在社会上引起了比较大的反响,对非物质文化遗产保护工作起到了重要作用。

目前，全国各省、区、市都已建立了省级非物质文化遗产名录，据统计共有3832项，一些地（市）、县建立了本级非物质文化遗产名录。今后国务院将每两年公布一次国家级非物质文化遗产名录。同时，我们将以非物质文化遗产名录带动非物质文化遗产传承机制的建立，认真开展非物质文化遗产资源普查，抓紧编制国家级非物质文化遗产项目保护规划，加强对珍贵非物质文化遗产实物的征集、整理，加强对非物质文化遗产项目传承人的认定，并对其传习活动予以支持和帮助。

充分挖掘非物质文化遗产中的优秀文化内涵

记　者：文化生态保护区是近年来非物质文化遗产保护的亮点。您能不能介绍一下文化生态保护区建设的情况？

周和平：文化生态环境是文化遗产赖以生长和传承的丰厚土壤，也是非物质文化遗产保护工作的重要内容。《国家"十一五"时期文化发展规划纲要》提出，要在"十一五"期间，确定10个国家级民族民间文化生态保护区，对非物质文化遗产内容丰富、较为集中的区域，实施整体性保护。今年6月9日，文化部宣布了我国第一个国家级文化生态保护区试点——福建省闽南文化生态保护实验区。很多地区也正在根据当地的民族和地域特点，积极探索开展文化生态保护的方式方法。

今后，我们将在闽南文化生态保护实验区的基础上，总结经验，继续推动文化生态保护区建设工作，加强对非物质文化遗产的整体性保护。各地要将文化生态保护区建设与当地的经济建设和社会发展统一规划，通盘考虑，将文化生态保护工作纳入经济社会发展规划以及城乡建设规划。

记　者：非物质文化遗产保护既有很强的政策性，也有较强的实践性。我们知道，非物质文化遗产保护的方针是："保护为主、抢救第一、合理利用、传承发展"。那么在实际工作中，应该如何处理保护和利用、传承与发展的关系呢？

周和平：首先，要处理好保护和利用的关系。同物质文化遗产一样，非物质文化遗产具有不可再生性。因此，要坚持保护为主、抢救第一，抓紧对具有重大历史、文化和科学价值，并处于濒危状态的非物质文化遗产项目进行保护。一方面，要本着实事求是的态度，加以区分保护，坚持非物质文化遗产保护的真实性和整体性，防止对非物质文化遗产的误解、歪曲和滥用。另一方面，要紧密结合广大人民群众的生产生活实际，在有效保护的前提下对非物质文化遗产进行合理利用。要积极发掘和利用具有地方特色的民族民间和历史文化资源，开展民间文化艺术活动，打造民间文化活动品牌，开发具有市场前景的民间工艺、民间艺术和民俗表演项目，努力满足广大人民群众多样化的文化需求，促进经济社会的协调发展。

其次，要处理好传承与发展的关系。保护非物质文化遗产，就是传承民族文化的文脉。我们不仅要保护好非物质文化遗产，还要在这个基础上加以发展。要在科学认定的基础上，采取有力措施，使非物质文化遗产得以传承，并在全社会得到确认、尊重和弘扬。要按照十七大报告提出的"全面认识祖国传统文化，取其精华，去其糟粕，使之与当代社会相适应、与现代文明相协调，保持民族性，体现时代性"的要求，坚持继承和创新的统一，充分挖掘非物质文化遗产中的优秀文化内涵，继承和弘扬中华民族的优秀文化传统，学习借鉴世界其他国家、其他民族的先进文化，大力推进文化创新，努力使当代中华文化更加多姿多彩、更具吸引力和感染力。

以2008年奥运为契机展示悠久灿烂的中华文化

记　者：明年，第二十九届奥运会将在北京举行。以此为契机，文化部门对宣传我国非物质文化遗产有何安排？

周和平：明年，奥运会将在北京举行，这是向世界展示我国丰富的非物质文化遗产的良好时机。我们要精心策划2008年奥运会期间的非物质文化遗产保护宣传展示活动，向世界各国展示悠久灿烂的中华文化，举办全国性的展览、展演、论坛、讲座等，宣传、展示多姿多彩的非物质文化遗产。

同时，我们还要积极营造尊重民族传统节日、热爱民族传统节日、参与民族传统节日的浓厚氛围，大力弘扬民族优秀文化传统，进一步增强中华民族的凝聚力和认同感。要积极推动将民族传统节日文化教育纳入精神文明建设的重要内容，促进传统文化的继承和发展，使之成为对青少年进行传统文化教育和爱国主义教育的重要载体。

此外，我国政府确定每年6月的第二个星期六为"文化遗产日"。在明年的第三个"文化遗产日"期间，要认真举办各种宣传、展示活动，提高人民群众对非物质文化遗产保护重要性的认识，努力形成政府主导、全民参与非物质文化遗产保护的强大声势与良好氛围。

（记者　田源）

（《解放军报》访谈。原载于《解放军报》2007年12月11日第12版）

建立第二批国家级非物质文化遗产名录
进一步完善非物质文化遗产保护机制

近日,第二批国家级非物质文化遗产名录推荐项目向社会公示,698项推荐项目将引起社会广泛关注。为了解第二批名录产生的背景和经过以及我国非物质文化遗产保护机制建设等有关情况,记者采访了文化部副部长周和平。

记 者:您好!第二批国家级非物质文化遗产名录推荐项目通过媒体已向社会公示,引起了社会各界广泛关注。请您介绍一下有关背景和情况。

周和平:近年来,在党中央、国务院的高度重视下,在各有关部门和全国各省、区、市文化部门和社会各界的共同努力下,非物质文化遗产保护工作取得了显著的进展,非物质文化遗产保护工作机制逐步完善,保护经费投入力度持续加大,普查工作初见成效,国家、省、市、县四级非物质文化遗产名录体系正在逐步形成。通过非物质文化遗产保护工作,抢救保护了一批珍贵、濒危的非物质文化遗产,形成了全民参与非物质文化遗产保护的良好氛围,提高了全社会的非物质文化遗产保护意识,对弘扬中华民族精神,传承和弘扬中华优秀传统文化,促进社会主义和谐社会建设发挥了重要作用。

2005年国务院办公厅下发了《关于加强我国非物质文化遗产保护工作的意见》,规定"要通过制定评审标准并经过科学认定,建立国家级和省、市、县级非物质文化遗产代表作名录体系"。按照这一要求,文化部于2006年组织了第一批国家级非物质文化遗产名录项目评审工作。2006年5月20日,国务院批准公布了第一批国家级非物质文化遗产名录项目518项,涉及758个保护单位。第一批国家级非物质文化遗产名录的公布,对建立我国非物质文化遗产名录体系具有重要的示范和推动作用。国家级名录公布前后,不少省、区、市参照这一模式,纷纷建立了自己的省、市、县级名录。目前,全国31个省、区、市都已建立了省级非物质文化遗产名录,据统计,全国省级名录共有3842项。一些市、县建立了本级非物质文化遗产名录,云南省、贵州省等基本建立了省、市、县三级名录体系。

按照国务院办公厅《关于加强我国非物质文化遗产保护工作的意见》规定,国务院将每两年公布一次国家级非物质文化遗产名录。根据这一要求,文化部在总结2005年第一批国家级非物质文化遗产名录项目申报与评审工作经验的基础上,组织开展了第二批国家级非物质文化遗产名录的申报和评审工作。各省、区、市对第二批国家级非物质文化遗产名录的申报工作非常重视,地方各级人民政府和文化部门认真组织，精心实施，确保了国家级名录项目申报工作的顺利进行。目前，初审工作已经结束，已经进入通过媒体向社会公示阶段，即将按程序报送国务院审批。这样从2006年建立第一批国家级名录起，经过几年的努力，到2010年我国将形成从国家到省、市、县完备的非物质文化遗产名录体系，使非物质文化遗产得到切实的保护。

记　　者： 我国非物质文化遗产十分丰富，面临的抢救、保护任务也异常繁重，在第一批名录的基础上，如何科学、有效地进行申报十分重要。能否请您谈谈第二批名录的申报和评审是怎样进行的？

周和平： 为做好第二批国家级非物质文化遗产名录项目的申报工作，2007年1月，文化部下发了《关于申报第二批国家级非物质文化遗产名录项目有关事项的通知》，向各地和中央有关直属单位部署了申报工作，并对第二批国家级非物质文化遗产名录项目的申报条件、申报材料、申报程序以及工作要求，做出了相应的规定。据统计，各省、区、市和新疆建设兵团、澳门特别行政区以及中央直属单位共申报了2540个子项目，涉及民间文学、传统音乐、传统舞蹈、传统戏剧、曲艺、传统体育游艺与杂技、传统美术、传统技艺、传统医药、民俗共十大类。与第一批国家级非物质文化遗产名录1315个申报项目相比较，这批申报项目增加了1225个子项目。

文化部首先组织工作人员对2540个项目的申报文本、音像资料和辅助材料等共2万多件，进行了整理和归类、编目；2007年11月22—27日，文化部组织了68名评审专家按10个类别分别进行了初评。专家们逐一审阅项目简介、申报文本，观看录像资料，经充分讨论、酝酿后，逐项投票，选出了各类别组的初选项目名单；再经过复审与整合，文化部于2007年12月7日将第二批国家级非物质文化遗产名录初选推荐项目名单提交评审委员会审议。评审委员会委员经过认真讨论、审核，最终确定698个项目列入第二批国家级非物质文化遗产名录初审推荐项目名单，其中新选项目564个，扩展到第一批国家级名录项目134个。

记　　者： 我发现第二批国家级非物质文化遗产名录推荐项目名单中，一些在我国民间具有悠久历史和广泛影响的传说、音乐、体育活动、技艺等项目入选，如牛郎织女传说、陕北民歌、相声、围棋、象棋等。这些项目是根据怎样的原则和标准评审出来的？

周和平： 党的十七大报告指出，要全面认识祖国传统文化，取其精华、去其糟粕，使之与当代社会相适应、与现代文明相协调，保持民族性，体现时代性。国家级非物质文化遗产名录的评审始终贯彻了这个精神，牢牢把握了弘扬中华民族优秀传统文化的原则，认真审核、严格把关。为保证评审工作的科学规范，根据《国家级非物质文化遗产代表作申报评定暂行办法》的要求，经充分讨论和反复征求意见，文化部制定了《第二批国家级非物质文化遗产名录评审原则与标准》，其中评审原则包括：一是具有突出的历史、文化、科学价值；二是有悠久的历史传统和清晰的传承脉络,至今仍以活态形式存在,学术界对其价值的认识比较一致;三是具有促进中华民族文化认同、增强社会凝聚力、增进民族团结和社会稳定与和谐的作用;四是关注处于濒危状态的项目;五是符合申报条件与要求,材料齐备;六是坚持公平、公正,不搞地区平衡。同时,根据民间文学、传统音乐、传统舞蹈、传统戏剧、曲艺、传统体育游艺与杂技、传统美术、传统技艺、传统医药、民俗等十大类项目的不同特点,确定了分类评审的具体标准。

在评审过程中,我们严格按照评审标准,重点考虑具有典型性、代表性和重大影响的项目,淘汰了一些影响较小、价值不高、不够国家级水平的项目。建议这些项目以地方保护为主,暂不列入国家级非物质文化遗产名录。

记　者: 从2540个经过各省精心组织报送的项目中最后选出564个新选项目、134个扩展项目,评审的难度应该非常大。在这个过程中,主要把握了哪些原则和重点要求呢?

周和平: 根据《国家级非物质文化遗产代表作申报评定暂行办法》,国家级名录的申报项目应是具有杰出价值的民间传统文化表现形式或文化空间,或在非物质文化遗产中具有典型意义,或在历史、艺术、民族学、民俗学、社会学、人类学、语言学及文学等方面具有重要价值。按照国家级非物质文化遗产代表作评审标准,在第二批名录项目评审过程中,重点考虑了以下几个方面:

一是重点考虑展现中华民族独特创造力,为传承中华文明发挥重大作用和影响的项目。木活字印刷技术、中医药、中国书法、武术、中国象棋、围棋、陶瓷制作技艺、珠算文化、水密隔舱造船技术、酿酒技艺、茶艺等项目,反映了中华民族的杰出智慧和独特创造力,对于世界文明进步具有重大推动作用,在人类历史上产生了广泛而深远的影响,有的通过历史上的文化交流流传到周边国家,对促进中外文化交流也发挥了积极作用,这些项目都列入了国家级名录推荐项目名单。二是重点关注有利于促进中华民族文化认同、增强社会凝聚力的项目。例如,中华民族传统节日——元宵节内涵丰富并具独特价值,在海内外华人中具有重大影响,对增强中华民族凝聚力起到积极的作用,继春节、中秋、端午、清明入选第一批国家级名录之后,这次入选第二批国家级名录推荐名单。三是重点关注增进民族团结、促进社会稳定与和谐进步的少数民族项目。第二批名录推荐名单中,各个门类都涵盖了少数民族的项目,包括少数民族的史诗、传统音乐、传统舞蹈、民族服饰、独特的习俗等。一些跨境而居的少数民族项目,如傣族织锦技艺、朝鲜族长鼓舞、哈萨克族铁尔麦、蒙医药等,在推荐项目中也有体现。这样在第一批名录和第二批推荐名单中,我国55个少数民族都有了自己的国家级非物质文化遗产项目。四是重点遴选体现重要的历史、文化、科学价值,具有代表性、典型性的项目。对这次各地申报较多的建筑营造技艺、饮食制作技艺项目,特别是酒类制作技艺,进行严格把关,重点考虑了具有百年以上不间断生产历史、仍以传统工艺制作、具有良好质量和社会信誉的项目;对一些不具有历史和文化价值，在社会上没有广泛影响的项目，暂缓列入。

记　者：名录的建立对推动非物质文化遗产保护工作起到了非常重要的作用。但有的地方也存在着"重申报、重开发，轻保护、轻管理"的现象，对非物质文化遗产保护工作产生了负面影响。对这些问题文化部门将如何应对，如何加强对国家级名录项目的保护？

周和平：这几年，为了推动工作，文化部开展了国家级非物质文化遗产名录项目、国家级非物质文化遗产代表性传承人的申报评审等工作，对提高各地对非物质文化遗产保护工作的认识，扩大非物质文化遗产保护工作的社会影响，产生了积极作用。但同时，也在一些地方出现了"重申报、重开发，轻保护、轻管理"的现象，有的地方在对非物质文化遗产尚未进行有效保护的情况下，盲目地进行开发，急功近利，造成非物质文化遗产的严重破坏。文化遗产是不可再生的，一旦破坏，就会造成无法挽回的损失。因此，我们一定要从国家和民族发展的战略高度，充分认识非物质文化遗产保护工作的重要性、紧迫性，加大力度，进一步加强非物质文化遗产保护。

国家级非物质文化遗产名录项目公布后，如何有效保护这些遗产项目是当前保护工作的重点。一是要认真做好保护规划，根据各门类项目的不同特点，一项一策，有针对性地制定保护措施。要明确保护责任主体，建立健全保护管理制度，明确长远目标和近期工作任务。文化部门要对保护规划实施情况进行跟踪监测，检查落实，坚决避免和纠正过度开发利用文化遗产的行为。二是要积极争取各级财政的支持，为国家级非物质文化遗产保护项目的保护提供经费保障。三是按照《国家级非物质文化遗产保护与管理暂行办法》，加紧对代表性传承人进行保护，通过提供传习场所，对生活困难的代表性传承人给予适当补助等方式，鼓励和支持国家级非物质文化遗产项目代表性传承人开展传习活动。四是按照真实性和整体性保护的原则，推进文化生态保护区建设，使非物质文化遗产与当代社会相适应、与现代文明相协调，在构建和谐社会中发挥积极作用。五是抓紧抢救具有历史、文化和科学价值的非物质文化遗产珍贵实物和资料，有计划地在各地建设非物质文化遗产专题博物馆、展示中心或传习所，完善保管制度，加强非物质文化遗产的有效保护。

同时，建立国家级名录项目的动态管理机制。根据《国家级非物质文化遗产代表作申报评定暂行办法》第二十条的规定，我们将组织专家对列入国家级名录的项目进行评估、检查和监督，实行滚动式管理，对未履行保护承诺、出现问题的，视不同程度给予警告、严重警告直至除名处理。

记　者：名录的建立可以说是非物质文化遗产保护跨入新阶段的重要标志。贯彻落实十七大精神，推进非物质文化遗产保护工作，今后还应该在哪些方面重点推进？

周和平：党的十七大报告指出：要"加强对各民族文化的挖掘和保护，重视文物和非物质文化遗产保护"。加强非物质文化遗产保护,对于传承中华优秀传统文化,建设社会主义先进文化,构建社会主义核心价值观,增强民族凝聚力,促进民族团结和维护国家统一,建设社会主义和谐社会,具有重要意义。贯彻落实十七大精神,我们要在已有的工作基础上开拓创新,推动文化遗产保护工作迈上新台阶。主要体现在应该把非物质文化遗产融入社会生活,在保护中利用,深入发掘非物质文化遗产的多重价值,把保护文化遗产同建设社会主义新文化紧密结合起来,同培育民族精神、构建社会主义核心价值体系、拓展国家软实力等紧密结合起来,更好地发挥非物质文化遗产在文化传承和文化创新、建设中国特色社会主义新文化、满足人民群众精神文化需求、陶冶人的情操、提高民族文化素质以及促进对外文化交流、提升和拓展国家软实力等方面的积极作用。

(记者 陈彬斌)

(《中国文化报》访谈。原载于《中国文化报》2008年2月3日第1版)

非物质文化遗产保护是全民的事业

记　者： 非物质文化遗产包括的范围相当广，几乎涵盖了人们生活的方方面面，可以说就是人们曾经有过的甚至现在依然存在的生活方式。既然是生活方式，就会随着社会和时代的发展而变化，为什么党和国家要花这么大的力气来保护和传承它呢？

周和平： 如你所说，非物质文化遗产包括各民族的民间文学以及作为其载体的语言文字，也包括各种传统艺术如音乐、舞蹈、戏剧、曲艺、美术，各种民俗礼仪、节庆和民间传统工艺等。

我们之所以保护和传承非物质文化遗产，是因为它源于各族人民长期的生产生活实践，体现了中华民族所特有的生活方式、道德观念、审美趣味和艺术风格，是民族文化的精华、民族智慧的象征和民族精神的结晶。它生长于民间，贴近生活、贴近群众，无论是在价值观念上还是在艺术形式上都为广大群众喜闻乐见；它蕴涵着深刻的人与自然、人与社会以及人与人之间和谐相处的理念以及爱国为民、重诺守信、勤劳勇敢等中华民族传统美德，是当前和谐文化建设的重要文化资源和社会主义核心价值观的重要文化基础，对构建社会主义和谐社会具有十分重要的意义。

记　者： 非物质文化遗产的传承以传承人开展传习活动为重要特征。对此，国家采取了哪些措施鼓励和支持传承人的传习活动？

周和平： 我们命名和认定了国家级非物质文化遗产项目代表性传承人。2007年6月，文化部公布了第一批226名国家级非物质文化项目代表性传承人，包括民间文学、杂技与竞技、民间美术、传统手工技艺、传统医药等五大类。第二批551名民间音乐、民间舞蹈、传统戏剧、曲艺和民俗五大类代表性传承人名单也于今年2月15日正式公布。今后，我们还将分期、分批公布国家级非物质文化遗产项目代表性传承人。

我们还将制定《国家级非物质文化遗产项目代表性传承人认定与管理暂行办法》，确保代表性传承人有效传承，鼓励各地积极创造条件，支持代表性传承人的传习活动；对于生活困难的代表性传承人给予适当补助，建立传承经费保障机制。此外，我们还积极推动非物质文化遗产专题博物馆、民俗博物馆或传习所的建设。有计划地鼓励各地建设非物质文化遗产专题博物馆、展示中心或传习所，积极发展民营博物馆，推广有益经验，抢救和征集具有历史、文化和科学价值的非物质文化遗产珍贵实物和资料，建立并完善保管制度。

记　者： 非物质文化遗产保护是全民的事业，需要社会各界的积极参与。

周和平：是的。在充分依托高等院校及研究机构，以多种形式为非物质文化遗产保护培养一批管理人才和业务骨干的同时，我们还鼓励民间社团、企事业单位等社会力量积极参与，发展志愿者，形成一支专兼职结合的队伍。我们还注重加强非物质文化遗产的普及教育。文化部将与教育部等部门协商，把非物质文化遗产纳入国民教育体系，纳入中小学课程，进入大学，使青少年近距离感受和了解我国优秀传统文化。

（记者 李韵）

（《光明日报》访谈。原载于《光明日报》2008年3月10日第5版）

非物质文化遗产解读

2008年3月13日,全国政协委员、文化部副部长周和平做客中国日报网站,就如何展示中华民族的传统文化、保护非物质文化遗产、扶持传统手工艺以及"京剧进校园"等一些热门话题接受了独家专访。

主持人：各位网友大家好,今天我们非常荣幸邀请到文化部副部长周和平来谈非物质文化遗产的保护工作。关于非物质文化遗产,很多的网友不是很清楚,把它理解为民间的艺术。周副部长说过,非物质文化遗产是我们中华民族的DNA,您能简单地介绍一下非物质文化遗产到底是什么样的定义吗？

周和平：非物质文化遗产是指各族人民在生产、生活过程中创造出的文化形式,也就是说它是与人们生产生活活动密切相关、世代相承的各种文化形式和文化空间。它包括：各民族的语言和文字；各种艺术形式如戏曲、音乐、舞蹈、美术等；各种工艺,包括雕刻、剪纸等；酿造,包括饮食的技艺；还有各种习俗,比如说传统的民族节日,包括民间的一些祭祀活动、各民族的一些传统的节日,都有着非常丰富的文化内涵。这些都构成了中国的丰富的非物质文化遗产。过去我们讲非物质文化遗产比较多的指民族民间文化。实际上,非物质文化遗产的概念比民族民间文化又有了很大的拓展。

主持人：现在我们文化部的保护名单上已经有多少非物质文化遗产,这些是怎么通过的？

周和平：有两个重要的文件。一个文件是2005年国务院办公厅的18号文件,这个关于加强我国非物质文化遗产保护的意见提出了要建立我国的非物质文化遗产名录。在当年年底的国务院42号文件中,进一步重申要搞好非物质文化遗产名录的建设。

我们国家的名录应该说从2005年开始进行申报的工作,到2006年第一批公布,这一批公布的是518项。以后形成一个定制,单数年是申报年,双数年是公布年。今年的非物质文化遗产的名录,已经经过了各地申报、专家评审,现在正在征求意见,再报请国务院批准。第二批的名录是500多项,加上其中有一些扩展进第一批名录,我们叫拓展性项目,有100多项,加起来一共是将近700项。

主持人：一般从申报到最后的审批通过大概是什么样的概率？

周和平：一般是报的多、批的少。比如说今年的第二批名录申报有2000多项,在这个基础上我们经过了严格的评审,最后筛选出500多项,加上拓展的项目不到700项。这个既然是国家的名录,体现了杰出的代表性,要有丰富的文化内涵，有着悠久的历史传统，这样的项目才可以入选。

主持人：是1/4到1/3的概率吗？

周和平：这个很难说用概率来统计。因为最近这些年，各地都建立了名录，第一批名录建立的时候，我们只有很少的几个省加入了名录。但第二批名录申报的时候，所有的省都已经建立了名录。有的地方还从省到市、县有三级名录体系，加上国家的是四级名录体系，有了省级名录的基础，再搞这个名录，准确性会比较高。而且文本上都做得比较好，对于其中的文化内涵，包括理论上的总结和概括，比第一批的名录水平要高得多。

主持人：文化部的名录跟联合国教科文组织的非物质文化遗产保护的名录之间有什么关系？是不是我们从我们的名录里挑选最精华的部分来申报联合国教科文组织的名录呢？

周和平：应该是这样的。因为联合国教科文组织的名录启动比较早，截至目前，我们国家是在联合国教科文组织获得入选名录最多的国家。现在是包括昆曲、古琴艺术、新疆维吾尔木卡姆艺术和蒙古族长调民歌。联合国教科文组织每两年评选一次，每次每个国家只有一个项目入选。从它评选名录开始到现在，我们国家是没有落空的，每年都有，最近这一年是两项。大家都认为保护非物质文化遗产是非常重要的。特别现在各国都在主张，国际的共识是要搞文化的多样性。在这种背景下，各国对非物质文化遗产保护的积极性非常高。所以大家都认为，只要是珍贵的非物质文化遗产都应该列入联合国教科文组织的名录。这已经得到了联合国教科文组织《保护非物质文化遗产公约》缔约国多数国家的赞成。可能很快就要做出决定了，今后不再限制项目，只要你够标准就可以。对于中国这样的非物质文化遗产比较丰富、多民族的大国，这种规定是比较有利的。

联合国教科文组织的名录开始评选的时候，我们国家还没有自己的名录。现在有了国家的名录，我们可能会在国家名录的基础上来选择申报联合国教科文组织的名录。现在文化部正在准备建立我们国家向联合国教科文组织申报非物质文化遗产名录的预备清单，把这些项目储备起来，先开始做相关申报的工作，一旦条件成熟，只要联合国教科文组织允许申报的时候，我们就有项目可以进入联合国教科文组织名录了。现在正在酝酿这方面的名录。我们的中医药肯定要列到名录之中，我们的文房四宝也要列到名录之中，还有一些具有杰出代表性的项目，能够体现一个民族特征的非物质文化遗产项目，都将进入向联合国教科文组织申报的预备清单中。

主持人：这个预备清单大概会包含多少项名录呢？

周和平：现在总体的项目情况还有变数，各个领域中只要有杰出代表性的项目，能够代表我们中华民族文化特征的项目，都会入选。

主持人：周副部长我想请教您，如果一个地方把一个项目申报上来，取得了成功，上了文化部的名录，它能够得到什么样的保护？是资金方面还是政策方面？

周和平：首先，名录的建立体现了政府对非物质文化遗产的彰显作用。就像联合国教科文组织建立名录，是要引起所在国对非物质文化遗产项目的关心和重视。我们国家建立名录的目的也是出于这个考虑，至少让人家了解到我这个地方有哪些东西是珍贵的。过去，大家对它的珍贵价值有的是认识的，有的是缺乏认识的。进入了国家的名录首先引起了国家的重视，我这个地方这个项目是非常好的，这样引起政府的关注，引起社会公众的关注。这是建立名录的一个非常重要的目的。当然，不仅仅限于此，建立名录也还是说明了它的珍贵性、杰出的价值，使政府和社会各界都要对它采取措施加以保护，对其中濒危的项目特别要加以保护。

对列入国家级非物质文化遗产名录的项目，都要陆续地给一些经费上的支持。同时，也要督促和配合地方政府采取一些保护措施。比如说有的要建立博物馆，建立传习所。另外，对这些项目进行收集、整理，有的还可以出版。用这种形式来推动对这些项目的保护。

其次，我们在国家级非物质文化遗产名录之中，文化部经过认定、经过专家评选又确定了一批国家级非物质文化遗产项目的代表性传承人。这些传承人掌握着非物质文化遗产项目丰富的文化内涵和精湛的技艺。他们是世代相传的传人。所谓非物质是以无形的形式来传承文化的，因此都是靠人来掌握的技艺。传承人的保护是非物质文化遗产保护的重心。我们已经公布了两批传承人，第一批公布226名，第二批公布551名，加到一起是777名。我们给传承人创造传承的条件，特别是对有传承困难的，政府要在经费上、传承条件上给予支持。

主持人：传承人是不是相当于我们民间经常听到的有绝技的人？

周和平：对，这些项目中有绝技的人。因为非物质文化遗产如果没有了传承人，可能就无以为继。因为艺随人走的现象经常发生。我们第二批传承人从评选到颁布的过程中，有的传承人已经离世了，非常可惜，也说明了保护的紧迫性。

主持人：我在网上看到有一些观点，有些人觉得文化部收录的名录非常的多，他们觉得国家的保护项目应该是少而精，而不是多而滥。您对这个问题的看法是什么？

周和平：大家对非物质文化遗产的保护可能不太了解。因为中华民族的文化传承大概有两种形式。一种是通过精英、通过整理著述来传承，比如说孔氏家族，可以从春秋战国记载到现在，这是一个科学的记载历史的办法。包括历代的修史，这都是传承文化的重要方法。

再一个重要的渠道，就是通过这种民间的文化，就是非物质文化遗产形式来传承。这些有的在器物层面上传承，有的在文化空间的层面上传承，但这里面都包含着非常丰富的文化内涵。比如说剪纸、年画都有寓意。又比如说就是一些工艺，也记载了一个民族的文明发展史。因为这些是和人们的生产生活活动密切相关的，和无论哪个领域——吃、住、行都是密切相关的，包括生产活动中的各种生产形式，也都有一种文化形态的存在。因此，像我们这样的国家，56个民族，每个民族都有它悠久的历史，都有它丰富多彩的文化。所以，中国的非物质文化遗产应该说整个的存在是非常的丰富的，量是非常大的。浙江一个乡镇在搞非物质文化遗产普查中，普查出来的项目就有上万个。当然这里面还要筛选，有的属于珍贵的，有的属于一般的。但是，这些毕竟反映了我们非物质文化遗产非常丰富地存在于民间。而这些很珍贵的东西，有的还没有被人们所认识，甚至有的很珍贵的东西还一度被人们认为是糟粕。所以，如果说不加以保护，这些东西很快就流失掉了。

比如说戏曲，新中国成立初期有300多种，经过这五六十年，有的说上百种，有的说七八十种的剧种消失了。这样的情况屡见不鲜。这么大的国家，每一批名录才五六百项，我认为与我们国家这么丰富的非物质文化遗产相比较，还真是凤毛麟角。

所以最近我们第二批非物质文化遗产名录在网上公布以后，我问了一下情况，各地有很多反映。但是反映一致的是什么呢？没有说哪一个项目不行，都是反映入选项目太少了，我那一个项目为什么没有上去。这就说明大家对名录的关注，说明大家对非物质文化遗产保护的重视。

而且就项目的筛选过程而言，也是经历了严格的程序。首先，由各地申报，在各地申报的基础上，要先进行筛选。筛选了以后就是专家评议。我们的专家是国内在各个行当、各个领域的专家，每个专家组差不多都是长期从事这项工作的专家学者，每次的评选过程也是很漫长的过程。大家通过看资料，同时有的到实地去考察，进一步听取各方面的意见，提出一个建议名单。在这个基础上，再召开非物质文化遗产保护工作部际联席会议，征求意见之后再向社会公示。之后再听取公示的意见，决定后再报国务院审批。所以申报程序是非常严格的，因此保证了它的科学性、杰出的代表性。所以我并不认为500多个项目就多。

主持人：您刚才说，有很多的非物质文化遗产已经不幸消失了，比如说戏曲丢失了几十种，甚至上百种。那您觉得我们在保护非物质文化遗产中碰到的最大的困难是什么？是因为我们在经济发展过程中保护不够呢，还是其他的什么原因？

周和平：我认为最大的原因是民族文化自觉不够。现在城市化的进程加快，工业化的进程加快。在这种情况下，新农村建设的步伐也加快了。人们对本民族的这些东西，有的地方还缺乏文化自觉。比如说有的地方，新农村的建设成了"新房运动"，把原来的房子拆掉，那么它承载的非物质文化遗产的东西也失掉了。包括我们传统的工艺，中国的传统的工艺也是非常科学的，它是在长期的生产生活活动中逐步形成的。现在，有的用工业生产的办法来对待这些传统的工艺项目，到最后的结果是这个工艺丢掉了。最典型的就是宜兴的泥壶。这些生产厂家为了追求产量,用机械化的方式生产。因为这个泥壶是手工生产的,是有性格的,不同的样式有不同的工艺。工业化生产了以后,价钱也大大地降低了。

很多的工艺,比如说北京的漆器,是要一遍一遍地让它逐步成胎,中间有一个周期,上一遍漆再晾干,最后才成型。现在它是搞一个模具一下子成型,那么它的内涵也不一样了,而且工业化产品的质量也跟手工生产的不太一样。当然,工业化追求高效率,追求快,追求产量高,这个在工业化的条件下是正常的。工业化是促进生产力发展的。但是这些传统的工艺,特别是在大工业生产的条件下,就显得更加的珍贵了。比如说意大利手工制作的皮鞋,它的价格要比生产线生产的皮鞋要高得多。它也存在这个问题。对这些珍贵的非物质文化遗产,还是要把传统的工艺、传统的生产过程,包括它的一些长期形成的文化内涵很好地保护起来。

主持人:说到这儿我想到了一件引起了争议的事件:有关部门建议让京剧走进教室,很多人议论为什么独尊京剧,而且为什么要有这样多的现代戏。梅葆玖先生认为传统的戏更代表中国的文化。您对这个事情怎么看?

周和平:我对京剧进校园是持积极的态度,我认为是好事。从大概念讲,京剧是中华民族传统文化、传统艺术的重要组成部分。中华民族宝贵的文化艺术进入校园,让我们的青少年受到熏陶是很好的。倒不是要培养多少京剧演员,而是要让他们接受传统文化的教育。因为京剧在各个方面都体现了中华民族的传统文化。同时戏曲也是一种音乐,让青少年了解中华民族的艺术、表演艺术、中华民族优美的音乐,这是非常好的一个事情。

当然说,在这个大的背景下,比如广东说我不会唱京剧唱粤剧行不行,河南唱豫剧行不行?我觉得都是可以探讨的。总之,传统艺术进入校园,对促进我们青少年喜欢和尊重中国的传统文化,总是一个非常好的形式。

至于说选哪些唱段,或者是哪一个戏种的问题,我觉得可以探讨。教育部的做法我认为是非常好的,先行试点,试点了以后再逐步推开。至于说现代戏选多少,京剧选多少,我觉得都可以探讨。大家在京剧进校园以后,在实践中可以探讨让青少年更容易接受的内容。由此,我也想到中华民族的传统文化是很丰富的。另外,中华民族对于青少年的教育长期以来已经有一套行之有效的办法了。也有着中国历朝历代对于蒙学时期的教育、对于学校教育产生过重要作用的传统的教材。比如说《三字经》、《百家姓》、唐诗、宋词,对这些更应该加大在教材中的分量,应该更多地选进来,让青少年更多地接受中华民族的传统文化。特别是中国的教育,我们这个民族能够几千年绵延不断,就是因为有非常好的教育方法。比如说胎教,在《汉书》中就提到了胎教。胎教的理念,我们比西方大概早了上千年。以后到了宋朝,我刚才谈到了"三百千千",这些是朗朗上口的。比如说《三字经》,最简练的是章炳麟20世纪20年代编的,只有不到2000字,他把中国的历朝历代、历史名人道德观念讲得清清楚楚。这些东西可以编到小学的教材中。我们还可以续编,再给它延续下来。这都是很好的教育形式。

另外,我觉得书法也应该推广。虽然现在都用计算机了,但是中国的书法、中国的汉字很美,而且意在字外,既是一种民族文化的熏陶,也是一种美学的熏陶。所以我认为应该在中小学加入书法课程,特别是小学。

还有一些具有地域特色的内容,应该在中小学中加大推广的力度。当然可能还有学生课程调整的问题,因为课程会越来越重。我觉得有一些科目可以考虑做一些调整,也可以削减一些其他的科目,加重传统文化教育的科目,使我们的青少年从小接受中华民族传统文化的教育,保持民族的DNA,使他们对中华文化有一种尊重和热爱,自觉地去传承它。我认为这对一个民族是非常重要的事情。如果讲到所谓增强文化软实力,我认为最可行的是民族文化建设。

主持人:您刚才讲的方式是正规的教育,现在很多的青少年除了学校正规的教育外还有流行的文化。有一些流行文化的积极分子,他们做一些尝试,把一些流行的文化和传统的文化进行嫁接,估计这种方式有些人不是很认同,更多的人认为是恶搞。您对这种嫁接的尝试持什么样的态度呢?

周和平:我是主张至少让我们的青少年认为中华民族的传统文化是美的,知道我们这个东西是好的。比如说像我们这样年龄的人,我读一读《道德经》、读一读《论语》都有美的享受,而且每读一遍都有新的收获。我觉得现在这些不要说中小学了,有的读到博士的人,可能对中国的传统经典都知之甚少。所以,至少让我们的娃娃了解到我们这个民族的文化是美丽的、是丰富的、是珍贵的。他都可以去比较啊。你看上一世纪,就是搞工程技术的,也有很深厚的传统文化的根基。钱学森钱老,他总是特别强调工程技术的人员要学一些艺术,要了解艺术。因为了解中华民族的传统文化,可以开阔人的思路。像李四光,他可以给李白诗词谱曲。当然,学人文学科的更不用说了,文学上有巴、老、曹。包括搞艺术的,京剧中就有梅、尚、程、荀。这些大家都是融会贯通的。梅兰芳的绘画就很好。他之所以成为一代宗师、一代大家,他的基础是中华传统文化的修养,经过自己的努力,就可能在某一领域成长起来。我认为现在我们传统文化的教育还是不足,还应该加大分量,从娃娃抓起。让我们中华民族未来的新的公民,来自觉地接受和传承我们民族优秀文化传统。

主持人:您举的例子都是高雅的。我们知道非物质文化遗产是比较俗的、民间的文化,这些文化的传承作为普通人应该怎么办?

周和平:非物质文化遗产应该是中国精英文化的来源,同时又是中华民族优秀传统文化的传承的重要方式。因为往往是生于民间、死于庙堂,完全进入庙堂的东西,生命力不旺盛。比如说《诗经》,大量的是民间的诗歌整理了以后成了《诗经》,包括历代的民间的作品,都是有深厚的民间基础的。非物质文化遗产的传承形式,虽然有的是以物的形式来存在的,有的是以某一种艺术形式来存在的,但是它的理念还都渗透着中华民族优秀的传统文化。比如说戏曲,中国传统的剧本可以说都是教人向善的，都是讲仁义礼智信，这不是很好的传承形式吗？而且用王国维的话说，用歌舞讲故事。所谓的戏曲就是用歌舞讲故事，用艺术的形式，用歌舞讲故事的形式来进行教化，这种中华民族的美的东西让人学到了。为什么很多观众可以跟着演员喜怒哀乐？实际上都是要弘扬优良的东西，批评的都是丑恶的东西，我觉得这是非常好的教化形式。

所以现在讲戏剧，很多人讲观众少。为什么说舞台底下是老年人多，戏剧往往是如此，生活阅历越丰富的，越爱看戏。好多人跟我这么反映。对此青年人可能不理解，我觉得这是一个培养的过程。有一次我参加京剧进校园的大学生的座谈，有几个学生谈得非常好。他说中国的传统戏曲让我收获最大的不是学了唱腔，收获最大的是告诉我怎么做人。它是一本很好的教科书。所以这种效果肯定比念报纸的好。一场戏可能给他终身的印象。

主持人：您自己有哪方面的兴趣爱好呢？您纯粹的个人兴趣中哪几项是您最大的爱好？

周和平：我的爱好不太多，我比较喜欢读书，比较喜欢看传记类和历史类的书籍。到了文化部工作以后，逐步地接触了戏剧。原来我对戏曲也不太感兴趣。现在，我几乎对所有的戏曲都感兴趣，我觉得它有思想。而且各种戏曲都有不同的表演形式，非常的美，会使观者的灵魂得到熏陶。通过看戏，可以悟出深刻的道理。

主持人：您在全国各地肯定考察过各种各样的非物质文化遗产项目，有哪项或者是哪几项给您留下的印象特别深？

周和平：应该说很多。比如说侗族大歌，这个是非物质文化遗产项目。它的合唱，独声部的合唱，而且张口就有调，这个特点，连西方高级的唱诗班都叹服的。他们有的是不识字的，有的是只上过小学，更不识谱，但张口就有调，是非常奇特的。

再比如说蒙古族的呼麦，也是很奇特的，一个嗓子可以发出两个声音来。这真的是令人感到很吃惊。另外一个是昆曲，这是一个很古老的剧种。比如说《牡丹亭》在北京演出，我是连看了三场，三天演完的，差不多9个小时。我觉得是非常美的。而且我对汤显祖这种浪漫主义深为佩服，那个时候可以写出这么好的本子。昆曲大家听起来很遥远，是古老的戏种，同时本子也是元代的本子，但仍然是魅力四射，这么吸引人。这都是中华民族的瑰宝。

比如说山西的陈醋，完全是微生物发酵，大工业生产出来的醋跟这种醋是没法儿比的。这个醋的营养价值，通过酿造的过程一遍一遍地展现了出来。醋先变成酒，酒再变成醋，整个的发酵过程一环都不能少，它对人体的营养作用，是通过微生物的发酵才实现的，非常好。所以中华民族的东西，很多我们还认识不到它的珍贵的价值，下一步要加大非物质文化遗产的保护力度，也要加大普查力度，让这些珍贵的东西不被淹没，同时也不让它随着时代流失掉。至少有的东西要把它记载下来,有的东西要把它传承下去。它完全可以融入当代社会,也可以为人们带来经济效益。现在,就是要怎么样处理好合理利用和加强保护的关系,能够使这些珍贵的非物质文化遗产融入当代,和人们的生产生活能够更贴近、更密切。这是需要靠社会以及整个民族的力量来把它保护和传承下去。

主持人: 有一个网站是文化部跟中国日报网合办的,叫中国文化网,这个网在介绍跟宣传中国传统文化方面在做自己的一份努力。您能不能对我们这个网提一些您的期望呢?

周和平: 因为《中国日报》是中国的外文报纸,所以我还是希望网站多介绍中华民族的传统文化,让世界了解中华民族的优秀传统文化,了解中华民族的瑰宝,能够使中华民族的这些传统的文化为世界人民所共同享受。

主持人: 非物质文化遗产是我们中华民族的一份非常宝贵的财富,不仅政府正在加大力度采取保护措施,我们每一个人都有责任和义务对它进行保护、传承,并且发扬光大。这样我们才能世世代代从这份遗产中取得永久的滋养。感谢周副部长光临中国日报网接受我们的采访,谢谢。

(《中国日报》网站访谈。《中国日报》网站:http://www.chinadaily.com.cn/hqzg/rwft_zhp.html)

谈《灾区重建非物质文化遗产保护规划》

2008年7月2日上午9时30分，文化部副部长、文化部灾后重建规划指导小组组长周和平做客央视网，就《灾区重建非物质文化遗产保护规划》接受采访，回答网民提问。

主持人："家事国事百姓议事，省长部长现场作答"。这里是央视网特别推出的"我有问题问省（部）长"栏目的直播现场。今天我们请来了文化部副部长、文化部灾后重建规划指导小组组长周和平。您好，周副部长！首先请您给我们介绍一下灾区的文化灾后重建。

周和平：这次地震应该说是历史少有的一次大地震，受灾面积达43万多平方公里，波及十几个省，而且损失之高是历史上罕见的，对灾区造成了重大的损失。灾区的基层文化设施损毁严重，基层文化工作人员也有伤亡。

主持人：您是亲自到了灾区？

周和平：很多地方我都去了。灾区多数是交通不太方便的地区和少数民族地区，大家关注的像羌族、藏族等地区，这些地区本来的文化生态就很脆弱，这次受到的破坏非常严重。有些地方设施被毁，一些非物质文化遗产也在这些地方遭受损失，有的地方的传习活动受到了严重的影响。绵阳有一个村庄，今年4月份我还去过，农家乐旅游节搞得很好。当时给我介绍情况的村里的干部这次也遇难了，非常可惜。还有一部分传承条件受到了影响。这次因为灾区是民族地区、交通不便的地区，同时又是文化遗产，就是文物和非物质文化遗产比较丰富的地方，特别是羌族，这个民族有4000多年历史，被称为白云间的民族，传承了几千年，这次受灾都比较严重。

主持人：这方面的情况我们再通过一个短片来了解一下。

我们知道四川属于这次受灾相对特别严重的一个省份，这个地区是四川文化资源非常丰富，但是文化生态脆弱、文化基础薄弱的民族聚集区。不久前，四川省副省长黄彦蓉在有关会议上也介绍了相关情况，这次地震对灾区的文化系统的影响有多大？这种破坏性是不是不可挽回？

周和平：刚才我已经介绍了，关于文化系统的损失，一种是设施上的，另外就是对工作上的影响。但由于有人的存在，所以四川的文化工作很快地就恢复起来了，没有设施，就搞流动文化服务，在帐篷里提供服务，包括把一些文化共享工程的基层点设到灾民的居住区，对于安定灾民的心灵、安定社会也起到了非常重要的作用。

对于灾后重建，国务院非常重视。对于非物质文化遗产，特别是羌族聚居区域的这些文化遗产的保护，相关的规划工作都已经陆续启动。在不久的将来，按照重建的总体部署，灾区的文化建设、基础设施的建设会有一个崭新的面貌，这些需要时间。

主持人：文化系统有关的恢复重建工作已经开始陆续开展和进行了。在地震发生之后，我们央视网也先后派出了7名记者到灾区一线，今天他们也来到现场。一位是李二庆，您好，欢迎您。还有一位是王圣鑫。两位都是什么时间去的灾区？

王圣鑫：我们第一批5月21号去的。

主持人：我知道您是到达了北川县。

王圣鑫：对，我去北川县的时候是6月2号。在这之前，我们都会在北川县城路过。但是6月2号去北川的时候感觉非常震撼，整个县城都受到了破坏，老县城有一个特别大的塌方，整个一大片土地被埋。

主持人：周副部长，您去了北川吗？

周和平：北川我没去。因为当时道路管制，有的路段受到影响，有的地方还在封闭状态，只有特别需要的人才能进去，因为记者是特许的。我到了甘肃成县、康县，四川好多地方都去了，如都江堰、安县，和周围的德阳、绵阳这些地区。

主持人：您亲眼看到了当地的情况以后，您是什么样的感受？

周和平：感觉地震破坏确实非常严重。

主持人：王圣鑫，您在灾区很长时间，您给我们介绍一下那边的情况。

王圣鑫：我是去了阿坝州的茂县，茂县不属于羌族地区。羌族有一个特点，所有人都居住在高山上，而高山上居住的是用石头或者泥巴砌的房子，所以造成很多伤亡。我想问问周副部长，下一步对羌族文化遗产保护会采取哪些措施？比如说他们现在居住的环境发生改变，不可能再到山上居住，他们的生活习惯也发生了改变。

我们去汶川映秀采访的时候，当地的政府跟我们介绍，震毁的中学被作为一个文化遗产进行保护。我觉得，地震中我们损失了一些东西，但是建立了一种新的精神的支柱和精神的共鸣，包括我们的传统文化和非传统文化。其实大家一直看到的电视上的信息，包括中国国内和国际上的一些人，有一个共鸣。其实从总体来说，整个文化来说是有一个拐点。这种拐点能持续，在一定时期内会对我们的文化产生一定的影响，我觉得是这样的。

主持人：非常感谢两位记者。灾区文化遗产的恢复，党中央、国务院也做了相当重要的批示，在灾后，全国各级文化部门启动了应急机制。

周和平：党中央、国务院对灾后恢复重建高度重视，国务院抗震救灾总指挥部设立了恢复重建组，研究灾后重建。文化部按照国务院的总体部署，做了四个方面的工作。第一，抓紧制定重建方案，派遣文化设施重建规划调研组，分别到甘肃、陕西、四川进行调研，在调研基础上已经形成了一个汶川地震灾后重建文化设施的指导意见。这里就文化设施建设做了规定。比如说对地级市一级，建图书馆、文化馆、博物馆。对县一级，要有图书馆、文化馆。在文化资源遗产比较丰富的地方，建设博物馆。乡镇要建设综合性文化站。村要结合村级组织的场所建设，建立文化室。由此搭建公共文化服务的网络。这个规划7月20号完成，上报国务院。在这个框架之下，还有几个专项规划。一个规划是灾后非物质遗产保护恢复重建规划，就这个问题召开了两次会议，在北京召开一次，灾区的文化局长都请来，一起研究规划。前不久又在四川召开了一次专家的论坛，进一步听取了专家的意见，又听取了灾区文化局长的意见。同时，对羌族文化的保护也有一个规划。

主持人： 请您介绍一下详细的情况。

周和平： 对于羌族地区的文化生态保护也正在做规划。现在就羌族文化生态保护实验区已经有一个工作方案，有关申报的工作已经启动。这是第一个方面。

第二个方面，就是抓好恢复重建公共文化服务。现在灾区群众陆续进入公共安置点，住进了活动板房，文化生活特别贫乏，又有失去亲人的痛苦、失去财产的焦虑。文化可以发挥滋润万物、安定人心、医疗心灵的作用，我们会利用公共文化服务来做好心理的修复。最近这一段时间以来，四川做了大量的工作。中央财政准备为每一个重灾区配一辆流动文化车，就是让这个车带着电影机，还有图书，流动到各个灾区点进行服务，同时为每个县提供10000册图书，通过流动的方式为灾区服务。

对于1000户以上的安置点，要建立一个过渡性文化服务站，提供文化共享工程、图书借阅等服务。另外，对于已经倒塌或者严重受损的非物质文化遗产专题博物馆等，中央财政也要拿出一笔钱补贴他们，尽快把文化工作恢复起来，支持灾区做好恢复过渡期的文化服务工作。

第三个方面，就是按照中央关于恢复重建的总体安排，最近在四川召开了对口支援的工作会议，对于文化重建的对口支援工作做了部署。把支援省的文化厅长和受援县的县长、文化局长召集到一起，对于恢复重建的文化工作进行了总体的安排。

第四个方面，就是做好非物质文化遗产的保护，这项工作要做好规划，特别是做好羌族文化生态保护实验区的规划，对于灾区的传承人要采取特殊措施，支持他们开展传习活动。

主持人： 看来文化部门在这方面的确做了大量的工作。像您刚才提到的流动文化车，其实它不仅可以丰富灾区群众的文化生活，同时我觉得可以很好地抚慰他们的心灵受到的创伤，这一点非常重要。

像您刚才介绍的对口支援，按照中央提出一省帮一重灾区这样的原则，支援者和受支援的地方相关文化部门的领导进行直接的对话,是这样的情况吗?

周和平:把这个机制建立起来,最根本的是人与人建立起关系,使文化的恢复重建能够进入支援省总体的盘子和总体的规划之中。我们早抓,要抓得具体。

主持人:其实在灾情发生后,从中央到地方全国各级部门都是齐心同力加入到抗震救灾工作当中。接下来我们再通过一个短片了解一下。

从短片中我们看到羌族的文化遗产受到的损毁最严重。我们现场请来了中央党校的徐平教授,您的家乡就在汶川,您给我们介绍一下您对家乡相关情况的了解。

徐　平:这对一个民族的生存发展来说,是一种直接的严重的危机。尤其是羌族这个民族还有一个特点,他有本民族的语言,他的很多文化是靠口口相传,即言传身教。掌握这批传统文化的老人在这次大灾难中是弱势群体,他们都受了灾。这样的话,对传统文化的传承必然是一个比较大的影响,这是一种人的损失。

第二是物的损失。我们从北川可以看出大灾是摧毁性的。汶川、茂县虽然没有像北川那样倒塌,但整个山村的损失非常巨大,这些对老百姓今后的生活的影响非常大。同时我们已经有的,比如说茂县的羌族博物馆和北川县的羌族民俗博物馆,在这次地震中要么整体坍塌,要么基本摧毁。整个文物的损失情况非常严重。所以无论对老百姓的现实生活的影响,还是对文化设施的破坏,都是非常严重的。

第三个我感觉是对未来的影响。羌族这个民族,自从 3000 多年来逐渐从游牧转向农耕,形成一种以农业为主、牧业为辅的经济结构,山地是他们生存的基础。这次大地震叫做山崩地裂,就是说对山体生态环境的破坏是非常严重的。在山区羌族人均耕地并不多,以汶川为例,汶川有 10 万亩土地,现在大地震以后 9 万亩遭到了破坏。未来老百姓生存的根基受到了影响,这个民族的文化根基受到影响,所以它对未来的影响恐怕也是惨烈的。

主持人:徐教授,您是这方面的专家,您介绍了不论是人还是物损失都是非常严重的。您能不能告诉我们怎么尽最大的可能恢复羌族文化遗产?

徐　平:我想我们党和政府做得非常好了,第一是救灾,第二是过渡,第三是发展。现在已经进入第二方面。对羌族这个特殊民族来说,正如周副部长已经讲到的一样,第一个是经济援助,首先让文化局长行动起来。第二个,针对羌族,比如说他的文化传承人就显得别的民族更重要,文化部在对文化传承进行抢救。第三个,对于现在已经损失和正在损失的文物的抢救,这些工作现在正在开展。但是更重要的就是未来羌族怎么发展?我们保护文化着重还是文化为经济服务。那么羌族文化的根基受到很大的影响,比如说他们过去依山而建的房子,一些古老的建筑,反而在这次地震中没有受到太大影响。这种历经几千年考验的传统文化显示出它的魅力。我们在未来重建中如何发掘这种民族的优秀文化,损失了我们怎么再造？所以我觉得如果我们继续加大文化建设，扶持当地老百姓已经发展起来的，比如说文化旅游产业，比如说特有的蔬菜、水果，以及国家出钱买蔬菜这种形式，这样实现他们既没有脱离原来的生活方式，同时纳入国家的整体发展。通过对这个民族的文化保护，尤其是文化发展，让羌族人民共享改革开放的成果。

主持人：谢谢徐教授。周副部长，徐教授对这方面的建议不知道对您开展这方面的工作有没有帮助？

周和平：实际上我们已经交流过很多次。因为灾区的重建有一个非常重要的原则应该引起重视，就是尊重灾区群众的意愿，这是非常关键的。因为人们有传统的生产生活方式，保护文化实际上就是保护这种传统的生产生活方式，因此要尊重群众的意愿。这是其一。

其二，要注意调动灾区群众的积极性，生产自救的积极性。这么大的自然灾害，光靠政府之力是远远不够的。要把灾区的广大群众生产自救的积极性调动起来，在政府的决策过程中要注意尊重民意。

主持人：生产自救，还有对口支援，还有社会各界的帮助要相结合起来。

周和平：对。各级政府的重视非常重要，我觉得最重要的还是调动群众生产自救的积极性。中华民族是坚强不屈的民族，面对自然灾害，有战胜自然灾害的决心，再加上政府的支持，我觉得灾区重建会搞得很好。

主持人：没错，您说的这一点我们很多人体会也非常深。这次灾难发生之后，灾区群众不等不靠，非常积极地开展自救，他们的这种精神非常值得我们敬佩。6月14号，"文化遗产日"的当天，"四川羌族文化展"也在北京开幕。

这次文化展展示的是抢救出来的文化遗产。我想问问徐教授，您去现场看了这个展览吗？

徐　平：我看了这个展览。

主持人：那您给我们介绍一下您看了之后的感受，还有羌族文化的独有特点。

徐　平：地震后这么快地拿出这个展览是很不容易的，这个展览最成功的地方是中华民族的精神，而不只是羌族人民的精神。之所以这样说，羌族这个民族，刚才周副部长说的，历史很悠久，三四千年历史。其实西羌是一个很宽泛的概念，代表的是一种游牧民族、游牧文化。汉族是滚雪球式发展，越滚越大。羌族代表的是游牧民族，是不断地从游牧转向农耕。所以某种意义上，就是说羌族的整个文化遗产，也就正是一种中华民族几千年以来沉淀的文化。羌族保留了三四千年以前的古文化，经历了从农耕到农牧的变化过程。在我们国家现代化发展的过程中，这个展览不仅展示了羌族文化，还给我们更多的体会，给我们整个中华民族自古以来就是自强不息的这种特殊的感受。

主持人：其实徐教授您刚才介绍的，也正是从党中央到社会各界尤为重视羌族文化保护工作的重要原因。非常谢谢您的介绍。周副部长,您能不能告诉我们这次地震对羌族文化系统的破坏到底达到什么样的程度?

周和平:这个事情需要有关专家进行进一步的评估,表象的这种破坏,包括有的房屋倒塌,有的碉楼倒塌。羌族的碉楼是很独特的,它是一种重要的文化遗产。当然也包括他们的博物馆。从文化层面上讲,这个损失是很巨大的。就这个民族来讲,30多万人,多数人还在,这几十万人本身就是重要的文化资源,他们在承载着这个民族。虽然建筑物受到影响,但是羌族的文化并没有灭绝。党中央、国务院也非常重视羌族文化的保护,最近这一段时间,中央领导有很多批示,特别强调要保护好羌族文化。因为羌族人数比较少,历史悠久,文化资源丰富,所以这些文化遗产非常宝贵。对羌族文化遗产的保护已经引起社会各界的重视。我相信在恢复重建期,羌族文化也还会得到保护,也还会得到弘扬。羌族地区的人民群众也会生活得更好,他们还会创造更多宝贵的新的文化。

主持人:没错,现在社会各界对羌族文化的保护关注度也是越来越高。温家宝总理在四川考察时也指示要做好羌族文化的保护工作。文化部有哪些工作要做?

周和平:首先要建立一个羌族文化生态保护实验区,现在正在论证方案,很快要进入申报的程序。在这个区域内要包括物质文化遗产,也包括非物质文化遗产,还包括现在鲜活的民族文化,这里头包括建筑,包括对人们生产生活方式的一种尊重,等等,这是一个整体性的保护计划。为了做好这项工作,由文化部部长任组长,国家民委有关领导参加,建立一个协调小组。同时,还成立一个专家委员会,一批少数民族的、羌族文化的研究专家,文物保护的专家,和非物质文化遗产保护方面的专家和学者都参加了。同时成立了三个工作小组,一个工作小组负责文物方面的保护和修复工作,一个工作小组负责非物质文化遗产恢复和重建的有关工作,第三个工作小组就是负责设立羌族文化生态保护实验区的相关工作,总体负责设计、论证、申报的工作。在这个基础上形成保护规划,按照规划的要求,科学地对羌族文化进行保护。

主持人:在文化部、四川省以及社会各界的共同努力之下,四川文化遗产的抢修和维护保护工作现在已经开始启动了。

现在四川文化遗产的维修、抢救和保护的工作已经有序地开展。另外,我们国家最近几年对非物质文化遗产的保护工作越来越重视,您能不能给我们介绍一下这几年文化部做了哪些工作?

周和平:什么是非物质文化遗产?国际上的定义就是各族人民世代相承的,与人民生产生活活动密切相关的各种生活、生产方式和文化空间,包括的范围非常宽泛,应该说是广泛地存在于中华民族民众之中。这几年党中央、国务院对非物质文化遗产保护非常重视,十七大报告中还特别提出要加强文物和非物质文化遗产的保护。

最近几年，我们主要做了这几个方面的工作。第一个方面是全面开展普查，了解我国非物质文化遗产的存在状况，这是非常重要的基础性的工作。第二个方面是建立我们国家的国家级非物质文化遗产名录体系。建立名录，是一种政府的彰显，让大家了解它的重要意义。现在国务院陆续公布了两批名录，第一批是2006年公布的518项，第二批是最近刚刚公布的510项。现在国家级名录已经公布了1028项，另外各省有的地市和县也都陆续建立了名录。通过这种制度，使大家对这些珍贵的非物质文化遗产引起重视。第三个方面，建立传承人的传承机制，因为非物质文化遗产是以人为载体，它大量地是靠口传心授方式传承的。我们最近几年来公布了两批传承人，一共是777名。最近文化部又在部署进行非物质文化遗产传承人的申报和评审的相关工作。抓住这一点，就抓住了核心和关键。第四个方面，就是建立一批以非物质文化遗产为载体的博物馆、民俗馆，等等，还在一些大学和科研机构建立研究基地，这也是非常重要的一项措施。第五个方面，要设立文化生态保护区。这是列入《国家"十一五"时期文化发展规划纲要》之中的一个重要的举措。现在我们国家已经设立了闽南文化生态保护实验区。第二个就是徽州文化生态保护区。另外在青海要设立热贡艺术生态保护区，现在正在论证。再一个就是在地震灾区的羌族集中居住区域，设立羌族文化生态保护实验区，这项工作也正在紧锣密鼓地进行。

同时，我们是联合国教科文组织《非物质文化遗产保护公约》的重要缔约国。我们要采取一系列措施，使非物质文化遗产保护能够得到民众的响应。国务院决定每年6月的第二个星期六为"文化遗产日"，今年是第三个"文化遗产日"，各地都组织形式多样的活动。国务院最近又调整法定节节日，把中秋节、端午节、清明节都列入了法定节日，这体现了中央政府对我们国家传统文化的一种重视。同时我们还要组织非物质文化遗产保护进校园、进课堂这些活动，使青少年接受我们国家非常宝贵的传统文化。

正是在这种大背景下，对灾区的非物质文化遗产的恢复和重建，我是充满信心的。

主持人：也是奠定了一个很好的基础。另外我们现场也来了几位记者，他们也有问题想问您。

周和平：好。

记　者：灾后文化设施的重建引起了社会广泛的关注。请问周副部长，灾后文化设施的规划和建设与灾前相比有何不同？还有它的密度和功能与全国的整体水平相比如何？

周和平：首先介绍一下，我们国家文化事业的发展，虽然这些年有了长足的进步，但总体上说，发展还是比较滞后，特别是农村。因为整个文化事业费的投入，占财政总支出的比例不足0.4%，人均的文化事业费2006年才达到11.91元。这种长期的投入不足带来一个问题：设施陈旧，很多地方没有办法开展正常的文化活动。为此,中央很重视,连续下发《关于进一步加强农村文化建设的意见》《关于加强公共文化服务体系建设的若干意见》,而且在党的十六大报告、十七大报告和历年的政府工作报告中,都强调文化的重要性。所以文化正在面临着一个比较好的发展机遇,但因为基础薄弱,所以任务显得更为艰巨。

其次,多大面积?要根据各地的不同情况,就是要因地制宜,根据人口的覆盖率等来规定标准。一个城市要有几个馆,它的覆盖率要有多大,比如几公里内要有一个这样的设施,都做了规定。

再者,是它的内容。比如图书馆建成了,要规定藏书,规定了一个多少万人口的县要有多大藏书量,同时要有计算机的网络,包括文化共享工程,这些能够来提供服务。这些都做了,从内容上也都做了具体规定。

灾区的公共文化建设,既要按照中央的要求,也要符合灾区的实际。我相信通过中央政府的支援,各级政府的重视,公共文化服务的水平肯定比灾前要上一个新台阶,会有大大的提高。

记　者:我想请教周副部长的问题离这个地震稍微远一点。传统的节日是中国非常重要的历史文化遗产,那么端午节也成了法定节日以后,我们国家会不会更加重视传统节日的传承工作,包括我们文化部有没有什么新的举措?谢谢。

周和平:传统节日是中华民族的一个创造,多数传统节日和节气联系在一起。中国的二十四节气在周代已经形成了,反映了我们的先民对于宇宙的一种观察和总结。农耕社会要总结出当时什么季节干什么,种什么庄稼。所以这些传统节日对于指导农业社会,指导农耕起到了非常重要的作用。

在传统节气中,加上了文化内涵,逐步地形成传统节日。以端午节为例,端午节实际上是一个春夏之交的节日。这个节日是传染病多的季节。先民把这个作为讲卫生的节日,比如点艾草、用艾叶水洗澡等,各地有不同的民俗,但都是减病防瘟防灾的措施。以后呢,因为中华民族是龙的传人,所以就加进了崇拜龙的理念。后来屈原在长江中游的汨罗投江,长江中游地区加进了爱国主义的内容,所以端午节跟纪念屈原有了关联。这个影响比较大,大家知道说端午节是纪念屈原的。实际上其他地方也有,比如到了浙江一带,增加了纪念孝女曹娥的内容,增加了它的内涵。以这种方式来传承中华民族的传统节日,对于滋润一个民族,对于一个民族的成长,都起着非常重要的作用。

后来我们认识到传统节日的重要性,中国人还要有中国的 DNA,中国人还要传承中华民族的文化。所以在这个基础上,国务院批准把端午节作为我们国家的法定节日,一些传统节日还被列入国家非物质文化遗产名录之中。这些应该说表现了党中央、国务院对传统文化的重视,在建设和谐社会当中要发挥它们的作用。

文化部作为主管部门,我们对每个传统节日都有一些设计,要组织各种形式的活动,主要是调动民众的积极性,让群众参与。实践证明,这是非常对的。比如划龙舟，很多地方到端午节这一天都要组织这样的活动。有的地方，像秭归，屈原的故乡，它是非常传统的，先是祭祀屈原，通过各种艺术形式进行纪念，使我们的青少年在这种浓厚的节日气氛中受到教育。

主持人：非常感谢您生动和详细的解答。今天通过周副部长的详细介绍，我们对文化系统在灾后重建过程中所做的工作也有了一个详细的了解，也非常感谢文化部以及您个人在抗震救灾和灾区文化系统恢复重建过程中所付出的辛勤的努力。我们和您一样非常期待灾区能够早日重建，并且能够对灾区的文化遗产做到妥善地保护和重建。非常感谢周副部长做客我们演播室。感谢各位观众收看这一期的节目，再见。

（央视网访谈。央视网：http://cctvenchiridion.cctv.com/special/C21266/20080702/102750.shtml）

如何保护灾区非物质文化遗产

汶川大地震发生在四川、甘肃、陕西等省非物质文化遗产富集地区，不仅造成三省和重庆市等文化系统生命财产遭受重大灾难，也造成了非物质文化遗产的重大损失。震后，文化部紧急调拨款项，先后派出抗震救灾工作组和灾后文化设施重建规划组，对灾区安置过渡期非物质文化遗产保护工作、灾区非物质文化遗产重建，特别是对羌族、藏族的文化遗产保护进行考察、指导和规划。

记　者： 请您介绍一下汶川地震对我国非物质文化遗产造成破坏的情况。

周和平： 据统计，四川、甘肃、陕西、云南、重庆5个受灾省市文化设施共倒塌341个，出现危房592处，受损需维修的设施1043个，设施损毁导致经济损失14.8亿元，设备等毁坏导致经济损失782万元。

地震给非物质文化遗产带来不同程度的损失，其中包括39项国家级项目、141项省级项目、256项市级项目、553项县级项目。四川省共有117位非物质文化遗产项目传承人伤亡，其中遇难12人，受伤105人；全省上万件珍贵的非物质文化遗产实物被毁，上千份珍贵音像资料被破坏，3个非物质文化遗产专题博物馆、11个民俗博物馆、412个传习所严重受损，绵竹年画传习所全部毁灭。陕西省共有汉调桄桄、凤翔泥塑等22项国家级和省级名录项目受损，涉及数百件珍贵实物。甘肃省共有11项国家级名录项目、33项省级名录项目及403项县区级名录项目受损，涉及65136件珍贵实物和5000份珍贵资料。

这次地震使文化生态受到严重破坏。震情最严重的北川、汶川、茂县三个县是羌族聚居区，地震使羌族灾区大部分城镇乡村建筑倒塌，文化生态环境受到严重破坏。四川省羌族地区的碉楼、吊脚楼垮塌损毁，汶川的萝卜羌寨、茂县的黑虎羌寨、理县的姚坪羌寨、北川的小寨子沟等风格独特的羌寨受到破坏。其他羌族民居也有不同程度的损毁。甘肃省文县的12个山寨以及藏族支系白马人聚居区独具民族风情的古宅、碉楼全部受损，95%以上成为危楼，30%已坍塌。

记　者： 对非物质文化遗产，震后各级政府部门采取了哪些具体抢救和保护措施？

周和平： 在抗震救灾和恢复重建的关键时刻，党中央、国务院仍高度重视地震灾区文化遗产的抢救和保护工作。文化部迅速组成调研组，深入灾区调研，听取有关省市文化部门的意见和建议；目前，文化部已制定了《公共文化设施灾后重建规划指导意见》，为灾区各级人民政府研究灾后重建工作提供决策参考和依据。同时，按照国务院统一部署，会同有关省市文化厅（局）加紧制定《灾区文化设施重建规划》和《汶川地震非物质文化遗产保护恢复重建规划纲要》，包括《羌族文化生态保护实验区规划纲要》。6月25日文化部召开全国文化系统灾后重建对口支援工作会议，对文化系统对口支援工作进行了部署，明确了文化系统对口支援的主要任务、内容和方式，对灾区文化部门和支援省市文化厅（局）分别提出了具体的工作要求。

灾情发生后，四川、陕西、甘肃等省各级文化部门也积极采取措施，加紧非物质文化遗产抢救和保护工作。如组织向受灾地区的非物质文化遗产项目代表性传承人的募捐活动，为重灾区的代表性传承人送去急需的生活用品和救灾物资。为及时进行非物质文化遗产灾情的统计和评估工作，四川省还形成灾情评估报告，组织专家编制了灾后重建规划纲要。有的省还形成了灾后重建工作思路，确定了未来3～5年恢复重建期间非物质文化遗产保护的目标和任务。

记　者：据了解，文化部正对灾区文化重建和灾区安置过渡期的文化工作进行相关安排和部署。文化部将采取哪些措施抢救和保护灾区非物质文化遗产？

周和平：根据地震灾区非物质文化遗产保护面临的严峻形势，为加强灾区的非物质文化遗产抢救和保护工作，我们将抓紧制定灾区非物质文化遗产保护专项规划和工作方案，进一步摸清灾区非物质文化遗产资源损失情况，抓紧抢救现存的非物质文化遗产珍贵实物资料，加强对传承人的保护，组织专家充分论证、科学规划，对受损的非物质文化遗产专题博物馆、传习所等，进行重建和维修。

为了做好上述工作，文化部将加大力度，对有关省市灾区非物质文化遗产抢救与保护工作予以重点支持。今年在非物质文化遗产保护的项目和资金安排上，重点支持灾区非物质文化遗产保护工作。此外，还将组织中国非物质文化遗产保护中心以及专家组赴灾区指导工作，为灾区非物质文化遗产保护工作提供指导和帮助。

（记者　李舫）

（《人民日报》访谈。原载于《人民日报》2008年7月4日第16版）

在保护中推广　在推广中传承

今年两会上,全国政协委员、文化部副部长周和平提交了一个提案,提出全社会都应关心和支持非物质文化遗产保护工作。接受本报记者专访时,周委员表示,非物质文化遗产产生于民间,与人民群众生产生活密切相关,有广泛的群众基础,应该更好地推广至民间,以达到保护和传承的目的。

周委员介绍,让中国的非物质文化遗产更好地在民间推广、传承,首先应该唤醒民众的意识,让大家认识到非物质文化遗产是我们民族传统文化中非常重要的组成部分,从而自觉地去保护传统文化。除此之外,政府也应该为民众创造更多的形式,让民众积极参与到非物质文化遗产的相关事业中,"比如倡导过好传统节日"。周委员对将传统节日中秋、清明等设为国家法定节日非常拥护,他说,这是非常好的一件事情,"就是应该让每个节日增加文化内涵"。"无论是汉族还是少数民族,凡是民族传统的节日都应该传承,我们要尊重传统文化。"周委员认为,传承节日的文化内涵就要充分利用民族传统节日,开展富有特色的文化活动。"依托民族传统节日,如春节、清明节、端午节、中秋节等,开展具有鲜明地方特色的各种灯会、游园会、文化庙会,以及传统工艺、美术、音乐和民间习俗展示等为当地人民群众所喜闻乐见的节庆活动,把民族传统节日与建设和谐文化、培养文明风尚紧密结合,不断增强节庆活动的广泛性和群众参与性,培养全民保护非物质文化遗产的观念和意识,努力在全社会形成保护非物质文化遗产的社会环境和舆论氛围。""孩子是祖国的未来,民族的DNA,要想让非物质文化遗产融入民族的血液,就一定要从娃娃抓起。我觉得这个也非常重要。"周委员建议,应该大范围地积极推进非物质文化遗产进课堂、进教材、进校园,让青少年不仅丰富了课堂知识,从小还受到传统文化的熏陶。他介绍,我国有些地方这些工作做得很好。"比如陕西安塞,他们的腰鼓成了学生体育课的一个项目,民歌也走进了音乐课的课堂,剪纸艺术成为美术课的内容,已经实验了很多年,效果很好。""我国丰富的非物质文化遗产是无比珍贵的文化资源,可以在合理的开发和利用中转化为文化生产力。"周委员认为,非物质文化遗产虽然属于文化范畴,但是如果形成相关产业,不仅对保护推广工作有利,还能为推动社会经济发展、拉动就业做出贡献。他介绍,发祥于山西黎城县的黎侯虎(布老虎)工艺,以公司加农户的形式形成了比较成熟的产业。当地家家户户都做布老虎,对于农村富余劳动力就地就业起到很好的作用。为此,当地农村妇女月收入增加很多。类似的还有甘肃庆阳香包,拉动了当地十几万人的就业。周委员认为,生产性的保护方式是非常深入人心的。而且和非物质文化遗产相关的产业多数具有无污染、劳动密集性的特点，适合在农村发展。"当然，还有一些非物质文化遗产和休闲经济结合起来，比如云南印象等，会有力地带动其保护、传承工作。""今年元宵节期间，在北京农展馆举办的中国非物质文化遗产传统技艺大展系列活动，是新中国成立60年来规模最大、种类最全的一次传统技艺大展，通过民间艺人动态展示和表演，充分展示了我国非物质文化遗产资源的丰富内涵和独特魅力，受到了广大群众的热烈欢迎，每天吸引上万名群众踊跃参观，产生了很好的社会效果。"正因如此，周委员提出，多办展览、讲座，让民众多接触各种形式的非物质文化遗产，提高民众的认知度和兴趣，最大范围地让非物质文化遗产回到民间。

（《人民政协报》访谈。原载于《人民政协报》2009年3月20日第C01版）

保护好、利用好少数民族非物质文化遗产

中国人大网讯 2009年6月21日，在十一届全国人大民族委员会第七次全体会议上，文化部副部长周和平就我国少数民族非物质文化遗产保护工作，接受中国人大网的采访。

中国人大网：保护少数民族非物质文化遗产有什么重要意义？

周和平：我国是一个统一的多民族国家，56个民族在长期的生产生活实践中，创造了多姿多彩的民族文化，特别是形式多样、特色鲜明、内涵丰富的民间文学、传统音乐、传统舞蹈、传统美术、传统技艺、传统医药和民俗等非物质文化遗产。保护好、利用好这些非物质文化遗产，是维系各民族生存和发展的重要基础，对于促进民族团结，维护国家统一，保持中华民族文化多样性，建设中华民族共有精神家园，推动民族地区经济社会全面、协调、可持续发展，具有重要意义。

近年来，党中央、国务院高度重视非遗保护工作。党的十七大报告中强调指出要"加强对各民族文化的挖掘和保护，重视文化和非物质文化遗产保护"。2005年，国务院办公厅、国务院先后下发了《关于加强我国非物质文化遗产保护工作的意见》（以下简称《意见》）和《关于加强文化遗产保护的通知》，有力推动了非物质文化遗产保护工作的全面开展。

中国人大网：请您介绍目前我国少数民族非物质文化遗产保护工作的基本情况。

周和平：文化部高度重视少数民族地区非物质文化遗产保护工作，通过推动保护机制建设、加大经费投入等，主要做了以下工作：

2005年6月，文化部全面部署全国非物质文化遗产普查工作。普查中，各级文化部门将各民族非物质文化遗产作为普查工作重点，基本摸清少数民族非物质文化遗产种类、数量、分布状况、生存环境、保护现状和存在问题等情况，抢救和保护了一批濒临消亡的珍贵的少数民族非物质文化遗产。从今年下半年开始，文化部将陆续开展对各地普查的验收工作，为进一步制定重点保护措施打下基础。

根据《意见》精神，文化部制定了国家级非物质文化遗产名录项目的评审标准，成立了国家非物质文化遗产保护工作专家委员会，并先后公布了两批国家级非物质文化遗产名录项目1028项，其中少数民族项目有367项，占总数的35.7%。各地包括少数民族地区积极推进省（区）、市（州）、县级非物质文化

遗产名录的建立。国家、省、市、县四级名录体系已初步形成。与此相对应，文化部与各省、区、市包括少数民族地区还陆续开展了非物质文化遗产项目代表性传承人的认定和命名工作，并根据当地实际对国家级和省级代表性传承人给予补助或津贴，鼓励他们开展传承活动。今后，文化部将积极配合财政部门继续加大投入，重点支持人口较少的、具有重大价值的或濒危的少数民族非物质文化遗产项目。对偏远贫困地区、濒危的少数民族非物质文化遗产项目代表性传承人，给予重点关注和倾斜照顾，为他们的生存和传习活动创造切实的空间和条件。

为加强少数民族非物质文化遗产的整体性保护，建设保护、展示和宣传民族文化遗产的平台，国家建立了闽南、徽州、热贡文化、羌族文化等4个文化生态保护实验区，其中包括热贡和羌族两个少数民族文化生态保护实验区，全国各地建立起一批少数民族非物质文化遗产专题博物馆、民俗博物馆和传习所。各级文化部门将采取政府支持、民办公助、社会投资等多种形式，加大建设力度，展示更多具有代表性、独特性的非物质文化遗产。

中央和地方各级财政不断加大少数民族非物质文化遗产保护经费投入，国家财政2002—2008年非物质文化遗产保护经费有1/4用于少数民族地区非物质文化遗产保护，少数民族地区对本地非物质文化遗产保护工作也非常重视，如新疆维吾尔自治区在财力紧张情况下投入专项资金对维吾尔木卡姆艺术进行保护。少数民族地区非物质文化遗产保护机构队伍得到加强，全国目前除西藏外，其他少数民族地区已经陆续成立了省级非物质文化遗产保护中心。非物质文化遗产保护宣传交流活动得到加强，每年"文化遗产日"和民族传统节日期间，文化部组织开展一系列展示展演活动，努力营造良好的非物质文化遗产保护氛围。今后，各级文化部门将加强"文化遗产日"和传统节日活动的宣传推广，利用新闻媒体广泛开展非物质文化遗产保护工作的宣传和推广，配合教育部门，积极鼓励少数民族非物质文化遗产进课堂、进教材、进校园，加快相关人才培养，鼓励和支持各种优秀文化遗产的教学和研究活动，努力发挥非物质文化遗产传统文化教育和爱国主义教育的重要载体作用，提高全社会保护非物质文化遗产的意识。

通过以上工作及各方有益探索，少数民族地区坚持"保护为主、抢救第一、合理利用、传承发展"的非物质文化遗产保护工作方针，通过"以保护带动发展，以发展促进保护"，将少数民族非物质文化遗产及其资源转化为生产力和产品，产生了经济效益，实现了非物质文化遗产保护与经济社会协调发展的良性互动。

中国人大网：目前我国非物质文化遗产保护的立法进展情况如何？

周和平：非物质文化遗产保护工作是一项功在当代、利在千秋的事业，保护非物质文化遗产、守护精神家园是我们每一个中华儿女应有的责任。建立健全非物质文化遗产保护的法律法规体系，是非物质文化遗产得到全面保护的根本保障。

目前，尽管非物质文化遗产保护取得了有效进展，在促进经济社会全面、协调、可持续发展中发挥了重要作用，但由于缺乏全国性的非物质文化遗产保护法律，一定程度上制约了非物质文化遗产保护工作的深入开展。尤其是随着城市化进程的加快，非物质文化遗产遭遇过度开发，许多民族传统技艺得不到有效传承，大量珍贵实物资料流失，许多少数民族非物质文化遗产濒临消失。1998年开始，文化部和全国人大教科文卫委员会组织开展了民族民间文化立法调研，拟定了《非物质文化遗产保护法》（草案），这部法律已列入国务院今年的立法计划。今后，文化部将积极配合全国人大做好各项工作，积极推动这部有利于保护少数民族非物质文化遗产、弘扬和传承中华文化、建设中华民族共有精神家园的法律早日出台。

经全国人大常委会批准，我国于2004年加入了联合国教科文组织《保护非物质文化遗产公约》，是世界上较早加入该公约的国家之一。根据联合国教科文组织《保护非物质文化遗产公约》，"各缔约国应采取适当的法律、技术、行政和财政措施"，各国要加强立法，建立相关的法律保护机制。为确实履行《保护非物质文化遗产公约》规定的义务，也应尽快出台我国的《非物质文化遗产保护法》。

（中国人大网访谈。中国人大网：http：//www.npc.gov.cn/npc/xinwen/fztd/yfxz/2009-06/25/content_1508053.htm）

非物质文化遗产的保护、抢救、利用和传承

日前，在北京举行的非物质文化遗产传统技艺大展再次引起人们高度关注；"保护为主、抢救第一、合理利用、传承发展"是我国的非物质文化遗产保护方针。一些专家指出，目前，我国非物质文化遗产面临三大冲击，在合理利用非物质文化遗产时产业化需谨慎。

《经济观点》今晚6：00—7：00，主持人徐强邀请权威人士，一起就如何严防来自三方面对非物质文化遗产传承的冲击，如何合理利用非物质文化遗产等问题进行探讨，欢迎参与和收听。

主持人： 经济之声，经济观点，欢迎朋友们收听，我是主持人徐强。在长期的历史发展过程中，我们中华民族创造了丰富多彩、非常珍贵的文化遗产。我们知道，其中既有有形的文化遗产，比如说我们可以看到的像故宫、丽江古城这样的建筑形态，也包括各种的文物和典籍；当然还有一种是通过口传心授的方式传承下来，以非物质形态存在的非物质文化遗产，这其中也包括一些口头的传统表演艺术、民俗活动和一些传统的技艺等。

最近在北京举行的非物质文化遗产传统技艺大展上，众多的精美文化遗产再次吸引了全世界关注的眼球，而怎样在保护的基础上合理利用，也成为人们关注的焦点。那么本期的观点话题就是：非物质文化遗产的保护、抢救、利用与传承。首先欢迎光临本期节目的3位现场嘉宾。我们热烈欢迎来自文化部的周和平副部长，欢迎您。

周和平： 您好。

主持人： 第二位嘉宾是来自中国艺术研究院的田青教授，欢迎您。

田　青： 大家好！您好。

主持人： 还有一位是来自中国艺术研究院的吕品田教授，欢迎您。

吕品田： 大家好。

主持人： 刚才我们也提到非物质文化遗产这样一个概念。首先我们想请教一下周副部长，您认为保护这些非物质文化遗产到底具有哪些方面的重要性？

周和平： 我们国家是一个历史悠久的文明古国，有着五千年延绵不断的文明史，拥有灿烂辉煌、不可胜数的文化遗产，当然包括物质文化遗产和非物质文化遗产。在这些非物质文化遗产中，还包含着许多种类繁多的传统技艺，像铸造、纺织、印染、造纸、印刷、酿造、烹饪等，博大精深，蕴涵着中华民族的精湛技巧、高超的智慧和杰出的创造力，具有丰富的文化内涵，是珍贵的非物质文化遗

产，它体现着悠久灿烂的中华文化的精髓。

保护这些传统的技艺，有利于增强中华民族的凝聚力、向心力，有利于提高国家的文化软实力，对于传承中华民族的优秀文化，建设中华民族的共有精神家园具有重要的意义。正如主持人所言，我们国家这些传统的技艺都是在农耕社会条件下，我们的祖先创造，并且世代相传的。在当今世界全球化、城市化、工业化进程中，这些非物质文化遗产的传统技艺正在不断受到冲击，生存环境发生急剧的变化，有的地方过分地追求经济利益，导致许多非物质文化遗产项目受到掠夺性的开发，生存土壤受到了严重的破坏。

有一些传承人后继乏人，相关的传统技艺处于濒危的状态，面临着失传的危险，这种人走艺绝的现象已经是屡见不鲜了。所以针对传统技艺目前存在的问题，必须从自觉维护和传承中华民族文化的高度，将传承技艺的保护作为目前非物质文化遗产保护的一项重要的工作，形成高度的民族文化自觉。

主持人：谢谢周副部长的介绍。下面我们想请教一下田教授和吕教授，我们刚才一直在提非物质文化遗产这么一个概念，但是说到非物质文化遗产可能有些朋友并不清楚，它到底包含哪些方面、哪些领域、哪些内容，或者说我们曾经看到过的哪些东西应该是属于非物质文化遗产的。请教一下田教授。

田　青：非物质文化遗产这个词在几年前还是一个陌生的词，但是现在大家已经耳熟能详了。我们今天坐出租车，司机都知道非物质文化遗产这样一个名词。所以我想对什么是非物质文化遗产，其实广大群众在这几年当中已经有了一个比较清楚的认识了。可以简单地说，就是构筑我们中华民族的民族性和我们精神家园的许许多多除了物质的这些东西。像主持人刚才讲的长城、故宫这些物质的、可见的东西之外，所有触摸不到，但是又实实在在的存在，决定了我们是一个中国人，除了黄皮肤、黑眼睛、黑头发之外，所有这些东西都可以称为非物质文化遗产。当然，为了便于保护工作，专家们把这个非物质文化遗产目前是分成十大类。包括民间文学、民间音乐、民间舞蹈、传统戏剧，包括我们今天谈的手工技艺，其他的还有中医药，还有杂技、曲艺等。我们的传统文化，尤其是草根文化都包括在这个非物质文化遗产里面。

主持人：这个概念应该说非常丰富。比如说刚才田教授提到的像民歌，民间的这种扭秧歌、社火，民间文艺的形式，甚至包括很多我们看到的一些传统技艺的年画、印刷品等，这个概念是太丰富的。吕教授是不是这样的？

吕品田：是的，像这种传统技艺就是一种很典型的非物质文化遗产。比如我们说制造陶瓷，陶瓷器皿是我们可以看到的一种物质形态，可是一件陶瓷器皿在生产过程当中会涉及很多的技艺和艺人在操作，比如说拉坯、成型，还有进行刻画装饰，成型以后还要进行烧窑。像中国的这种传统的烧窑方法，全靠师傅观颜察色，来观火色判断窑的温度和气氛，来控制最后烧成的效果。像这种东西都是靠在传承人身上，在艺人身上体现出来的。那么像这种我们把握不到、看不见，但是完全在艺人的操作过程中所把握的一些东西，就是非物质文化遗产。

主持人：我们可不可以有这样一个比喻，比如说我们看到明清时期的一个瓷器文物，那么这件瓷器本身是一个物质类型的文化遗产，但是烧制的这个工艺就可以理解为非物质文化遗产。

吕品田：是的。

主持人：我们在节目开始的时候，提到最近在北京举行一个非物质文化遗产传统技艺大展。这个大展得到了社会各界的普遍关注。我们文化部对这个大展非常重视，给予了很大的支持。我们下面请周副部长来介绍一下举办这次活动的主要的目的。

周和平：这次活动是文化部会同非物质文化遗产保护工作部际联席会议成员单位，一共有14个部委和北京市一起举办的。这次参展的项目一共是100多项，其中国家级的项目是108项，有130多名国家级和省级非物质文化遗产项目的代表性传承人，以及14位中国工艺美术大师在现场来展示精湛的技艺，参加这次活动的民间艺人达到1000多人，而且展示的实物有2000多件，北京有20多家"中华老字号"也在各自的店铺组织活动。这次活动应该说是新中国成立以来，非物质文化遗产保护成果的一次集中的展示，是规模最大、种类最全的一次传统技艺大展。举办这次活动的目的应该说有几个方面。一个是营造良好的社会氛围，通过宣传、展示这些丰富多彩和博大精深的中华民族传统文化，来扩大优秀传统文化的社会影响，增强广大群众保护传统文化的意识，提高全民族的文化自觉和民族精神，努力为提高国家的文化软实力，建设中华民族共有的精神家园做出积极贡献。所以开展以来，很多单位组织到这个地方参观，有的把参观展览作为上党课的内容，作为爱国主义教育的内容，很多学校也组织到这个地方参观，确实营造了良好的社会氛围，让大家了解中华民族这些精湛的技艺，从而增强民族的自信心和凝聚力。

二是贯彻"保护为主、抢救第一、合理利用、传承发展"的保护工作方针，来发挥非物质文化遗产资源的独特优势，在保护为主、合理利用的基础上，来探索对非物质文化遗产进行生产性保护，来促进相关产业的发展，为拉动内需、扩大就业、推动经济平稳较快地增长也做出贡献。通过这些展示大家也都深切地感受到，这些非物质文化遗产的项目很多可以形成相关产业。这次还设置了订货会和现场的销售，仅仅5天时间销售额就达到500万元以上，应该说这个目的也基本达到了。

三是和传统节日相结合，来丰富群众的文化生活，营造浓郁的节日氛围。这次活动从元宵节开始，来自全国各地的艺人参加了一系列丰富多彩的技艺展示活动。在开展的当天，还在北京的前门组织了踩街活动，在开展的现场还有一些民间的社会活动，比如踩高跷、安徽的花鼓灯等非常精湛的民间的艺术活动。通过这些活动，广大群众可以深切感受中华民族这些丰富多彩的传统文化。这次活动是免费参观，为了控制人数，我叫免费不免票。所以从现场看经常排起几百米长的长队，大家还是秩序井然，观众反应非常热烈。从现场的留言看，大家都认为受到一次洗礼，受到一次教育，也达到了我们这一次进行展览的目的。

主持人：看来，要看这个大展还必须早点去排队拿票。我理解周副部长说的几点目的，一方面是进一步宣传非物质文化遗产的保护，另一方面是探讨一些合理利用的工作。当然还有一点就是给百姓给群众带来一个非常丰盛的精神大餐。好的，相信这样一个大展，田教授和吕教授也是肯定寄予了高度的关注。那么给您的印象最深的是在哪个方面，哪个细节最让您感觉到最有意思？我们先请教一下吕教授。

吕品田：对我来说，我觉得最感动的是观众们在场馆里面所表现的热情。我看到有的家长在跟孩子说，这都是我们自己的传统文化，不要忘记我们自己的文化，而且让孩子去做一些实践，动手去更深入地了解、掌握这些传统技艺。这些都让我特别感动。因为我觉得中国非物质文化遗产的保护是要靠全民来参与，在展览场馆我们看到观众的这么一种热情，让我们对中国非物质文化遗产的保护充满信心和希望。

主持人：还有一个问题就是我们到这个大展上，可以看到哪些特别精彩的展示呢？

吕品田：这次有很多精彩的展示，比如南京的金箔的锤冶工艺。打制金箔，要打5万锤，可以敲出500张极薄的，用于镏金工艺的金箔。

田　青：1克金可以打出0.5平方米面子。

主持人：真是千锤百炼，要打5万锤。其他的呢？

吕品田：还有山西的面塑。我想城里人恐怕现在远离这种传统的生活，乡村的生活也已经不容易看到这个。那么这次在展览会上，山西定襄的面塑也一定会让大家大开眼界，也很新鲜。我们这次有侗族的木构建筑技艺，还有福建的木构廊桥这种营造技艺。他们用筷子来搭建模型，因为表演不合适于展示这种工艺过程，所以拿筷子在那搭建，这是完全按照传统的构造方式来进行结构的，所以这个也很精彩。

主持人：我们可以现场看到这些古代建筑到底是通过一种什么方式来营造出来的，原汁原味的一些传统工艺。

吕品田：这次大展是一个系列活动，主要有两大项内容。

一是中国非物质文化遗产传统技艺大展，这个大展分为剪纸绘画、印刷装潢、陶冶烧造、雕镌塑作、五金錾锻、制茶酿造、木作编扎、织染纫绣、中医等9个单元，展览以国家级非物质文化遗产名录技艺类项目代表性传承人在现场技艺操作表演为主，加上一些相关的实物陈列和图文并茂的展板，这是一块。

二是中国传统技艺产品销售订货会。在这个订货会上汇集了国家级非物质文化遗产名录项目的一些工艺产品来参展，开展商品销售，接洽订货。

主持人： 正像周副部长刚才提到，好像这个订货是达到了500万元的规模，也是非常引人关注。

另外刚才我也了解到，一些来自少数民族的这方面的技艺也给周副部长留下了很深刻的印象，是这样吗？

周和平： 是这样的。少数民族的这些非物质文化遗产非常丰富，传统技艺在少数民族地区恰恰保护得很好。特别这一次像四川的羌族，他们把羌族的刺绣带到大展上，非常受观众的欢迎。像赫哲族的鱼皮的制作，像鄂伦春族的这种皮衣的制作，这些技艺都给观众留下了非常深刻的印象。

主持人： 就是它这个特别大的大鱼的鱼皮……

田　青： 大马哈鱼。

主持人： 大马哈鱼的鱼皮和兽皮做的一些工艺品，确实是非常经典，而且很有特点。我们在关注这样一次大展的同时，也有一个问题引起了大家的思考，包括在节目一开始，周副部长也做了一些介绍，就是目前有很多的非物质文化遗产的传承面临着一些非常大的困难，甚至到了濒危的地步，那么这口手相传的技艺可能随着老艺人的去世就不复存在了，有些情况是全世界只有这么一个人，或者两个人还会这项技艺，正面临着消失的危险。我们也想请教一下田教授，您认为现在有很多的非物质文化遗产面临着这样一个困境，到底原因在哪里？是文化方面的，还是经济方面的？

田　青： 这个非物质文化遗产面临的困境，原因应该是多方面的。但是主要的、最直接的就是我们现在的全球化，经济的全球化，包括文化全球化，包括我们自己的在现代化建设当中的城市化，包括经济现代化，带来的一些必然的结果。比如我们很多农村的年轻人都到城市里来打工了，他和自己的传统文化的脐带就断了。这些年轻人到了城市过的是城市的生活，他们的生产是在工厂里，然后他们，我不知道听不听广播，但是他们会看电视，那么他们过去欣赏的一些东西，比如说传统的戏剧，一直到他们祖先过去引以为生的这些传统技艺就都中断了。像刚才周副部长和主持人你们提到的，像赫哲人他们的生活方式完全改变了，他们的生产方式已经成为记忆了。

主持人： 他们现在已经不到江里去捕大马哈鱼了。

田　青： 对，比如说鄂伦春人也不在森林里生活了，政府出了钱给他们到平原定居，帮助他们去重新开展畜牧业和其他的一些生产方式。像这种生产方式、生活方式的改变，都促进或造成了这种非物质文化遗产迅速地流失。所以这几年政府的这种大力保护措施，就是在这种严峻的条件下做出的，应该说是整个社会的一种意识上、思想上的一个大的提高，也是我们整个人类进步进程当中一次大的调整。就是我们不能满脑袋就是要现代化，就是要追求工业化、现代化这些东西，而在这个过程当中，我们不自觉地把我们祖先留下来的很多好的东西丢掉了。我们常做一个比喻，就是我们泼洗澡水的时候，把澡盆里的孩子连水一起泼掉了。其实文明所产生的许多东西，在很多人脑子里就意味着落后，但实际上不是这样的。我们人类的创造应该有延续性，无论是物质文化遗产，还是非物质文化遗产，都应该有个延续性。我们现在所面临的最大困难就是当我们不顾一切地和满脑子只想着现代化的同时，我们有时候会在这个过程中丢失很多宝贵的东西。

主持人：刚才田教授提到了，一个是生产生活方式的改变，还有一个是外来文化思想意识对年轻人的冲击。我个人感觉还有一个关键的原因是经济方面。现在越来越多的年轻人不愿意学习和传承这种技艺，因为它的学习过程不能给他带来他理想中的收入。比如我在这儿跟着爸爸或者师傅学刻木板，刻年画，我不如去跑到广东、浙江那边打工一个月挣得多。会不会有这样一个现象？

田　青：在金融风暴来临之前，你的这个判断是对的。但是经济这个事情是很难说的，现在金融风暴使很多大的工业都受到了影响，但是手工技艺不受影响。你如果真跟你爸爸学了那点儿东西，现在就有用了。过去有句话叫荒年饿不死手艺人。我们现在举办这个大展，我觉得还有一个很现实的意义，就是在金融风暴的情况下，我们怎么检讨，通过坏事儿变成好事儿，检讨一下我们过去发展的路是不是太单一了，是不是只有一个模式。那么，重新恢复我们的传统技艺，重新恢复我们的手工技艺，不但可以解决一些就业问题，同时也可能探索一个新的道路，就是如何从这种前工业化社会，就一步迈到后工业化社会。因为在后工业化社会，我们看到在意大利，你要买名牌的皮鞋很贵，但是手工给你定制的皮鞋更贵。就是在一个后工业化社会里，人们可以重新认识手工的价值，重新发现手工技艺的产品，它的不可替代性、它的不可复制性、它的个性化的这些东西。

主持人：好的，就是说手工艺应该随着时代的进步越来越体现出更高的价值，应该赋予它更多的价值。刚才田教授也谈到了一个很有意思的观点，就是说在当前面临国际金融危机的形势下，我们国家也是提出了拉内需、保增长。田教授提出，其实弘扬非物质文化遗产本身，对于整个拉动内需、促进经济增长是具有很关键的意义的。我们也想请教周副部长您的观点。

周和平：我觉得田教授讲得是非常准确的。非物质文化遗产传统技艺的很多项目，不仅能耗低，而且没有污染，或者污染很少，再一个大多是劳动力密集型，所以，它是有利于吸引劳动力，特别是农村的劳动力来参加的。比如说在这次大展上，山西长治黎城县的布老虎，采用公司加农户的办法，使得很多家庭妇女忙完农活，做完饭，仍然可以做针线活，一个老虎也可以卖上个几块钱、十几块钱，一个月还有1000多块钱的收入。那么公司有效益，这些农户有收入，就是充分地利用了农村的剩余劳动力。像甘肃庆阳的香包，现在已经成为很大的产业，从事香包生产的农村妇女达10万多人。而且香包现在成为当地很重要的旅游品，在很多城市销售。特别在经济危机的条件下，这些项目有利于我们国家拉动内需、扩大就业，保证经济的平稳增长。特别是现在农村很多打工者在城里找不到工作，那么他可以就地创业或就业。

主持人：保护非物质文化遗产也是需要社会各界方方面面做很多工作的。下面想请周副部长介绍一下，最近这些年文化部和政府其他部门在保护非物质文化遗产传承方面做了哪些工作？

周和平：对传统技艺的保护，自新中国成立以来就非常重视。大家可能比较熟悉的一句话，就是毛泽东主席讲的，"王麻子的剪刀一万年也不要搞掉"。他强调了这些传统技艺保护的重要性。改革开放之初，国家在经济并不富余的情况下，还专门建立了中国工艺美术馆，邓小平同志为这个馆题写馆名，当时还收藏了一大批那个时代艺人的国家级水平的工艺品，为我们国家传承技艺的发展提供了很多良好的政策。我们在开展的当天，正月十五举办了外交官专场展览，外交官们对这个展览给予了高度评价。正月十六又举办了部级以上领导干部的专场，很多中央领导和将近500名部长都参观了这次展览。对于这些传统技艺中的项目，国家在税收、贷款这些经济政策上给予支持。近些年来，在党中央、国务院的重视下，应该说对于传承技艺的发展采取了一系列的措施。第一个方面，对于传承技艺，我们做了新中国成立以来的一次大规模的普查，现在正在梳理普查的结果，让我们了解到这些非物质文化遗产的项目、传承技艺的项目到底有多少。因为家底清楚，这样就更有利于保护。第二个方面，我们将传统技艺的项目列入了各级非物质遗产保护名录当中。特别是2006年、2008年，国务院先后公布了两批国家级非物质文化遗产名录，一共是1028项，其中传统技艺类的项目有186项。目前，全国31个省份的省级非物质文化遗产名录达到了4000多项，其中传统技艺类的项目有700多项。通过名录的公布，体现了政府的一种彰显，就是告诉大家这些东西是珍贵的、要保护的。第三个方面，我们确定和扶持了一批传统技艺类项目的代表性传承人。文化部2007年、2008年先后公布了两批非物质文化遗产代表性传承人，共777名，其中传统技艺类项目的代表性传承人是78名，各省也相继公布了一批代表性传承人。对于已经公布的这些传承人，文化部在财政部门支持下，从今年开始，给每个传承人下发了传承经费，来保证他们传承。各省都相继出台了一些支持保护传承的相关措施。否则，如果他们连生活水平都不如一般人，就不愿意再做非物质文化遗产项目的传承了。同时，对他们从事的相关产业也给予政策上的支持，通过生产性的保护，来使这种项目得到很好的传承。

主持人：看来这些年各级政府也对保护非物质文化遗产做出了很多的支持。

我们知道，对于非物质文化遗产，我们在加以保护的基础之上，也要进行合理利用，这样反而有助于进行更好的传承。但是最近我们也看到，在非物质文化遗产的利用方面，也存在着一些值得我们关注的现象。比如说我就看到有媒体这样评论说，要严防来自三个方面的冲击，包括来自商业社会的过分关爱，来自各级政府的过分关爱，以及来自知识界专家学者的过分关爱。下面我们不妨来探讨一下这样的观点和现象。

首先说到商业问题，相对比较好理解，对于文化的传承，商业有的时候会做出一些不太合理的干预。我们先听一下田教授的观点。

田　青：刚才你介绍的媒体对三种关爱的担忧，可能反映了一部分人的一种心理。我觉得他说的这些不是没有道理，但是说得不准确。首先他说的过分关爱，这就不好界定。比如说专家学者的过分关爱，应该说没有专家学者的过分关爱的话，今天也就没有保护非物质文化遗产这个概念的深入人心。保护非物质文化遗产的工作，最早的确是在知识界，由专家学者们呼吁，最后由于政府的参与，包括广大社会的参与，才形成今天这样一个局面。

他提的这三个过分关爱里，我觉得应该警惕的，最重要的是商业这样的。它不是关爱，是商业有自己的商业目的了。爱非物质文化遗产没错，问题是怎么爱。所以我想，这种说法也反映了一些具体的情况，比如商业的过度开发，也包括在产业化过程当中。如何理解这个产业化？我们现在提的非物质文化遗产，包括传统产业，要进行生产性保护，这个原则是没有错的。你必须让非物质文化遗产保护有一种内在的动力，变成可持续的。简单做个比喻，就是我们政府的保护，包括社会的参与，不能够像给你打强心针，或者给你输血一样，不能天天给你打针、输血。非物质文化遗产的保护，非物质文化遗产的传承，一定要找到一个良性的、自己能够发展的动力。所以生产性保护是一个可以慎重探讨并且可行的思路。

主持人：有一件事情，曾经给我留下很深刻的印象。在前些年，我去过贵州省黎平肇兴，当地的侗族大歌是非常有名的。当地的人是这么跟我说的，说在前些年，年轻人已经都没有人去学这个歌了，因为不如出去打工挣钱。后来为什么有人来学了呢？因为这个地方变成旅游区了，你来唱歌，是能带来收入的，所以年轻人又逐渐回来学大歌了。

田　青：对这个现象，首先我认为是个好事。能够让那些年轻人重新认识自己的古老的传统，在这个同时，他们又找到自己的谋生之路，为什么不是一件好事呢？

主持人：对。

田　青：但是那位朋友提出的，包括各级政府过分的关爱，我想他应该指的是基层的这些个政府。有时候一些基层政府重旅游、重开发，但轻保护，只是把保护当成他发财的一个途径了，或者是用发展旅游业来代替了非物质文化遗产的保护。我觉得这个担心是对的，而且这种现象的确是存在。

但是我们应该把政府真正的、有序的、科学的保护和这种个别地方的过度开发或者旅游化区别开来。我们过去讲的重申报、轻保护，重旅游，轻视真正对传统的保护，这些现象都有。但是这也是任何一件事情，在它推广的过程当中，在前进的道路上必然出现的问题。所以我觉得应该正确地对待这些问题，出现问题处理它、解决它，但是不要因噎废食。不要因为政府、专家的过分关爱，就不去关爱这件事。否则谁来做呢？

主持人： 对，当然他这个关爱，可能是从某一个角度来做不同的阐述。比如说来自专家的关爱，从媒体上我看到，它实际上是这样一种观点，你比如说，咱们还是说侗歌、苗舞，它本来是一种非常原生态的东西，可能有一些来自音乐界或者舞蹈界的专家觉得这个东西好，我来对它进行规范一下，按照现代的什么舞蹈、艺术的理念，对它加以改编，一看，现在变得非常专业，他觉得比过去好看了，然后这个东西就去演出。这个有的时候就往往破坏了这种原汁原味的原生态的感觉，我想他可能是这种观点。

田　青： 你要提到这个观点，我要说的话很多。因为所谓原生态的音乐，我是大力提倡者之一。当我们打破了种种偏见，把一个农村的歌手介绍给主流媒体的时候，我们大部分人觉得好极了，很多人没有想到民间音乐这么好。但是有一部分人担心，而且苛求，说这个农村歌手往台上一站，就不是农民了，他唱的歌就不是原生态的了，或者说就不是原汁原味的。我觉得这就是有一些人，寻章摘据，在这些概念上，在做这种所谓的学术探讨。佛学把这种现象，把他说的这个名词叫名相，名是人名的名，相是相片的相。我们不能够追求名相，而是要看实际的意义。那么我想问这个朋友，您认为农民歌手上了台唱的歌就不是原汁原味的，你是不是不想让他上台？或者说他永远只能放着羊唱，他就不能上舞台上唱？我觉得这是一小部分知识分子在拘泥于名相了。

我希望这些朋友真正地想一想，这些农民歌手的出现，让我们整个的文艺界百花齐放，打破了过去那种千人一声的局面，同时也让我们重新认识到民间艺术是我们整个文化的根。我们这么多年来，不重视这个根，仅仅是眼睛盯着西方，跟外国人在学。我们现在让大家重新认识到根，重新重视民间文化，何罪之有？

主持人： 对，关键是它最终达到了一个非常好的效果。我们看到温家宝总理在参观第二个"文化遗产日"专题展的时候，曾经指出过，保护非物质文化遗产就是传承民族文化的文脉，我们不仅要保护，也要继承、发扬和创新。您觉得进一步做好保护非物质文化遗产工作，我们下一步的重点方向有哪些？

周和平： 党中央、国务院对于非物质文化遗产的保护非常重视。胡锦涛总书记在党的十七大报告中特别强调，要保护文物和非物质文化遗产。前年，在"文化遗产日"期间，温总理来到中华世纪坛参观非物质文化遗产展览，并且与参展的这些传承人进行亲切交流。温总理讲，非物质文化遗产是民族之魂，他特别强调说物质文化遗产是文象，非物质文化遗产是文脉，无文象不生，无文脉不传。他把非物质文化遗产当成民族精神。我觉得温总理讲得非常精辟。

非物质文化遗产的保护，我们保护大量的器物，但是更重要的是保护它的文化内涵和文化精神，因为非物质文化遗产体现了一个民族的高超的智慧和杰出的创造力。保护传统技艺也是同样的，它蕴涵着中华民族的民族精神。所以我们应该从继承和弘扬中华民族的传统文化和培育民族精神的高度来认识非物质文化遗产的保护，而不仅仅是从器物层面上来认识它，这样能够把它摆到一个重要的位置。

因为现在世界范围都在讲国家软实力，我认为民族精神是一个国家软实力最核心的部分。

主持人：非常感谢周副部长，也感谢田教授和吕教授光临我们的节目！

（中央人民广播电台访谈。中国广播网：http：//www.cnr.cn/fortune/special/200902/t20090224_505246236.html，2009-09-17）

非物质文化遗产保护与第四个"文化遗产日"

世界遗产：作为集中展示我国文化遗产事业发展的"文化遗产日"，其设立的宗旨是什么？这对繁荣我国文化遗产保护事业会产生什么样的促进作用？

周和平：2005年12月，国务院下发了《关于加强文化遗产保护的通知》，确定每年6月的第二个星期六为我国的"文化遗产日"，这是加强我国文化遗产保护的一项重要举措。国家设立"文化遗产日"，主要宗旨是加强文化遗产保护知识的宣传和普及，引导民众广泛参与文化遗产保护工作，增强全社会保护文化遗产的意识，营造良好的文化遗产保护氛围。

3年多来，文化部根据每年"文化遗产日"的主题，开展了丰富多彩的文化遗产宣传展示活动；各地也结合本地实际，组织开展了形式多样的文化遗产展示、展演、讲座、论坛以及咨询服务等活动。这些"文化遗产日"宣传展示活动，全方位、多角度地展示了我国丰富的文化遗产资源，宣传了我国文化遗产保护成果，为弘扬中华民族优秀传统文化，建设中华民族共有的精神家园，促进文化大发展大繁荣，构建社会主义和谐社会，发挥了积极作用。

世界遗产：我国的第四个"文化遗产日"恰逢新中国成立60周年，文化部对今年"文化遗产日"非物质文化遗产保护活动有怎样的安排？并请您谈一谈，60年来我国文化遗产事业发展的特点。

周和平：文化部将今年非物质文化遗产保护活动的主题确定为"弘扬民族文化，延续中华文脉"，要求各地围绕主题，组织开展丰富多彩、形式多样的非物质文化遗产宣传展示活动。文化部重点安排了3项大型活动：

一是举行全国非物质文化遗产保护、古籍保护暨文博事业杰出人物表彰、颁证、授牌电视电话会议。这次电视电话会议将邀请国务院领导及人力资源和社会保障部、非物质文化遗产保护工作部际联席会议成员单位、新闻出版总署等部门的负责同志出席。会议上将表彰全国非物质文化遗产保护先进工作者、非物质文化遗产保护先进集体和先进个人，并向第三批国家级非物质文化遗产项目代表性传承人代表、第二批《国家珍贵古籍名录》收藏单位和第二批全国古籍重点保护单位及中国文物、博物馆事业杰出人物代表颁证、授牌。

二是举办第二届中国成都国际非物质文化遗产节活动。2009年6月1—13日，由文化部和四川省共同主办的第二届中国成都国际非物质文化遗产节在四川成都举行，围绕"多彩民族文化，共有精神家园"这一主题，组织开展开幕式暨街头巡游表演、非物质文化遗产保护国际论坛、非物质文化遗产博览会、非物质文化遗产剧（节）目演出等节会活动。全国各地和世界有关国家的非物质文遗产项目在开幕式上做了精彩展示。非物质文化遗产保护国际论坛以"灾难与非物质文化遗产保护"为主题，邀请了40位驻联合国教科文组织大使和秘书处官员，以及40位国内专家参加。非物质文化遗产博览会以文字、图片、实物展览等方式，展示联合国教科文组织"人类非物质文化遗产代表作"、地震灾区非物质文化遗产抢救保护成果、中国传统酿酒技艺等传统技艺、中华老字号传统美食等。

三是举办"中国非物质文化遗产展演——少数民族传统音乐舞蹈专场"演出。6月12—14日，文化部将在北京举办"中国非物质文化遗产展演——少数民族传统音乐舞蹈专场"，展示我国少数民族传统音乐舞蹈的丰富内涵及独特魅力。此次展演汇集了全国10个省、区、市的16个特色鲜明的少数民族传统音乐舞蹈类国家级非物质文化遗产名录项目，其中有蒙古族长调民歌、基诺大鼓舞、羌笛、维吾尔刀郎麦西热甫、山南昌果卓舞等，涉及藏族、维吾尔族、羌族、基诺族、蒙古族、壮族、哈萨克族、朝鲜族、苗族、侗族、回族、哈尼族、土家族等13个少数民族。参演的共有236名民间艺人，其中有13名国家级非物质文化遗产项目代表性传承人，年龄最小的11岁，年龄最大的78岁。

近年来，我国文化遗产事业得到快速发展，特别是非物质文化遗产保护工作得到广泛重视，取得了显著成绩。归纳起来，主要有以下特点：

一是文化自觉意识不断增强。党的十七大报告强调指出："加强对各民族文化的挖掘和保护，重视文物和非物质文化遗产保护。"党中央、国务院领导同志多次做出重要批示，要求从党和国家发展的战略高度，进一步做好非物质文化遗产保护工作。各地党委、政府对非物质文化遗产保护工作也非常重视，将其纳入经济社会发展规划、纳入财政预算、纳入重要议事日程，有力地推动了非物质文化遗产保护工作的开展。广大群众对非物质文化遗产保护工作高度热情，大力支持，积极投身到非物质文化遗产保护工作中，逐渐形成全社会保护文化遗产的高度自觉。

二是保护领域不断拓展。从20世纪五六十年代开展的全国少数民族社会历史状况科学调查，1979年文化部、国家民委和中国文联联合发起的为期20多年的"十部中国民族民间文艺集成志书"编纂工作，到2005年启动的非物质文化遗产保护工作，我国传统文化保护领域和范围逐渐拓宽，内容更加全面，从原来主要以民族民间艺术为主的传统音乐、舞蹈、戏曲，拓展到目前包括传统医药、传统体育、游艺与杂技、传统技艺、民俗等十大门类。

三是逐步形成了行之有效的保护工作机制。在"保护为主、抢救第一、合理利用、传承发展"的非物质文化遗产保护工作方针指导下，逐步形成了适合我国国情的非物质文化遗产保护工作机制；开展全国非物质文化遗产普查工作并取得了阶段性成果；建立了较为完善的国家、省、市、县四级非物质文化遗产名录体系，国务院先后公布了两批共1028项国家级非物质文化遗产名录项目，31个省、区、市政府也公布了 4155 项省级非物质文化遗产名录项目；文化部在命名第一批、第二批 777 名国家级非物质文化遗产项目代表性传承人的基础上，近期又公布了第三批 711 名国家级非物质文化遗产项目代表性传承人，国家级非物质文化遗产项目代表性传承人总数已达 1488 名；非物质文化遗产专题博物馆、民俗博物馆和传习所建设稳步开展；各级非物质文化遗产保护工作队伍建设得到逐步加强。

四是积极探索整体性保护方式。文化部先后命名了闽南、徽州、热贡文化、羌族文化等 4 个国家级文化生态保护实验区，在文化资源丰富、保存较为完整、具有鲜明的地域特色的地区开展了文化生态的整体性保护。文化生态保护区的建立，使非物质文化遗产保护工作从项目保护逐步上升到整体性、系统性的全面保护，是我国非物质文化遗产保护工作的新的探索、新的突破和新的保护模式。

五是促进了经济社会发展。在坚持保护为主、抢救第一的前提下，通过生产性保护，非物质文化遗产资源也逐步得到合理开发和利用，产生一定的经济效益，促进了相关产业发展，并为拉动内需、扩大就业，促进经济平稳较快增长，推动经济社会全面、协调、可持续发展，做出了积极贡献。

世界遗产： 从 2006 年第一个"文化遗产日"至今，我国的文化遗产事业，特别是非物质文化遗产事业不断发展，全国各地不断掀起保护文化遗产的高潮。对此您有怎样的思考？

周和平： 近年来，在党中央、国务院的高度重视下，在地方各级政府和各地文化部门的积极努力下，非物质文化遗产保护工作取得了显著进展。但我们也必须清醒地认识到，在经济全球化和城市化进程中，非物质文化遗产保护仍然面临严峻的任务。为进一步有效推进我国非物质文化遗产保护，根据当前非物质文化遗产保护工作现状，我们应重点做好以下工作：

一要加快立法进程，为非物质文化遗产保护提供法律保障。非物质文化遗产保护必须有配套的法律法规作为保障。立法保护非物质文化遗产，是国际上的通常做法。日本、韩国、白俄罗斯、立陶宛等国都有专门保护非物质文化遗产的法律。近年来，云南、贵州、福建、广西、江苏、浙江、宁夏、新疆等 8 个省区通过了省级非物质文化遗产保护条例。从 1998 年开始，文化部会同全国人大对民族民间文化保护进行立法调研，起草了《民族民间传统文化保护法》（草案），后根据联合国教科文组织《保护非物质文化遗产公约》精神，更名为《非物质文化遗产保护法》。目前，《非物质文化遗产保护法》已列入国务院立法工作计划。文化部正积极配合全国人大和国务院法制办，共同推进非物质文化遗产保护的立法进程，以尽早出台《非物质文化遗产保护法》。

二要着力加强传承人保护。传承人是非物质文化遗产的重要承载者和传承者，掌握着非物质文化遗产的丰富知识和精湛技艺，是非物质文化遗产活态传承的代表性人物。要积极推进非物质文化遗产代表性传承人的认定与管理，在社会地位、经济保障、专业技术资格等方面给予传承人政策支持和制度保障。积极搭建展示平台，为传承人生存和传习活动创造切实的空间和条件。

三要积极推进非物质文化遗产专题博物馆、民俗博物馆和传习所建设。通过多种渠道筹集资金，鼓励各地兴建一批多种所有制形式的非物质文化遗产专题博物馆、民俗博物馆和传习所，成为集中展示我国珍贵的非物质文化遗产资源并对青少年和广大群众发挥积极的宣传教育作用的重要平台。

四要将非物质文化遗产保护纳入国民教育体系，积极推进非物质文化遗产进课堂、进教材、进校园。要让非物质文化遗产成为对青少年进行传统文化教育和爱国主义教育的重要载体，鼓励和支持各种优秀文化遗产的教学、研究活动，增加其在国民教育体系中的内容和比重，将传统文化纳入中小学音乐课、美术课和手工课，在高等学校中设置非物质文化遗产保护相关学科专业和课程，使广大青少年近距离感受和了解我国优秀传统文化。

五要利用"文化遗产日"和中华民族传统节日开展富有特色的文化活动。依托"文化遗产日"和中华民族传统节日，如春节、清明节、端午节、中秋节等，开展特色鲜明的节庆活动，把传统节日与建设和谐文化、培养文明风尚紧密结合，培养全民保护非物质文化遗产的观念和意识，努力在全社会形成保护非物质文化遗产的社会环境和舆论氛围。

世界遗产：近期，第三批国家级非物质文化遗产项目代表性传承人名单即将公布。保护代表性传承人对促进我国非物质文化遗产事业的发展有什么积极意义？

周和平：近年来，文化部不断加强对传承人的保护，大力开展国家级非物质文化遗产项目代表性传承人的认定与命名工作，在2007年6月和2008年2月公布了两批共777名国家级非物质文化遗产项目代表性传承人基础上，近期，又命名了第三批711名国家级非物质文化遗产项目代表性传承人，国家级非物质文化遗产项目代表性传承人总数达1488名。

非物质文化遗产主要依靠活态传承，保护好非物质文化遗产项目代表性传承人，对于非物质文化遗产的传承与发展具有重要作用。为体现党和政府对传承人保护工作的重视，充分彰显传承人的作用，扩大社会影响，文化部在每一批国家级非物质文化遗产项目代表性传承人公布后，都要举行仪式专门为他们颁发证章和证书，鼓励他们广泛开展传承活动。从2008年开始，中央财政按照每人8000元的标准，资助国家级非物质文化遗产项目代表性传承人开展传习活动。地方各级财政也加大投入，专门安排代表性传承人保护经费，并为传承人创造了必要的传习条件和场所，鼓励代表性传承人积极履行传承责任和义务，从而更加积极、更加主动地投入到非物质文化遗产传承工作中去，为弘扬中华文明、延续中华文脉、推动社会主义文化大发展大繁荣，做出积极贡献。

(《世界遗产》访谈。原载于《世界遗产》2009年秋季号)

附录：纪　事

1995 年

1995年1月5日，周和平同志由国家人事部调任北京图书馆党委副书记、副馆长。

一、深入一线，组织空间调整，梳理完善业务流程

1995年新春伊始，在党委充分酝酿、周密部署的基础上，北京图书馆开始进行业务调整。周和平同志深入一线，多方调研，以衔接具体业务工作流程、合并同类工作、便于管理为原则，组织全馆各部门对办公、业务、综合用房空间进行大幅调整。共调整各类用房245间，面积17040平方米，形成了流程顺畅的九大作业区。馆内业务布局更趋合理，服务工作得到有效提升。

二、推动全馆节约活动

3月，根据党委书记、常务副馆长谭斌同志提议，为强化管理，优化办馆效益，北京图书馆在梳理调整业务流程的同时，大力推行全馆厉行节约活动。周和平同志挂帅节约指导小组，组织馆工会、党办、馆办九部门向全馆员工发出"厉行节约、严禁浪费"的倡议，得到全馆员工的热烈响应；成立"节约督查联席会"，推动该项活动深入开展。在全馆员工的通力配合下，节约活动取得显著成效。

三、筹备中美图书馆合作会议

中美两国的国家图书馆成功实现互访后，馆际交流合作日益扩大。5月，周和平同志代表北京图书馆向文化部外联局作工作汇报：通过与美国图书馆界多次商谈，计划1996年8月在北京举办第一届中美图书馆合作会议。10月，文化部批复同意由北京图书馆和中国图书馆学会与美国图书馆学会等图书馆机构，于第62届国际图联大会前夕在北京图书馆举办第一届中美图书馆合作会议。

四、应邀参加纪念澳门中央图书馆成立100周年活动

11月27—30日，应澳门文化司邀请，周和平副馆长首次出访，参加纪念澳门中央图书馆成立100周年活动及第一届图书馆现代资讯科技交流会。通过此次与海内外同仁的沟通和接触，了解其发展现状，促进与港澳台图书馆界的交流协作，拓宽国际化视野，增强海外影响力和话语权。

1996 年

7月，党委书记、常务副馆长谭斌同志调任文化部办公厅主任。文化部党组决定由周和平同志主持日常工作。

一、罗干同志到北京图书馆视察

7月29日，国务委员兼国务院秘书长、第62届国际图联大会中国组委会主席罗干同志专程到北京图书馆视察。其间，他认真听取了周和平同志代表班子就北京图书馆第62届国际图联大会各项筹备工作的情况汇报。当罗干同志了解到北京图书馆面临的国内出版物呈缴率低、进口图书资料尚需缴纳进口环节增值税等实际问题和困难，当即委托国务院副秘书长刘奇葆进一步了解情况，协调解决，有效地推动了北京图书馆出版物缴送、图书进口等相关工作。

二、主持参与承办国际图联大会

第62届国际图联大会于8月在北京国际会议中心成功举办，此为国际图联首次在中国举行大会。北京图书馆高度重视国际图联的委托及难得的对外学习交流机会，在政府有关部门的领导和中国图书馆学会协助下，经过认真充分的筹备，圆满完成参与承办第62届国际图联大会的任务。周和平同志作为中方委员会秘书长，主持承办该项活动，在当年图书馆服务宣传周期间，以"开好国际图联大会，为中国国家图书馆争光"为主题展开宣传，并正式成立"国际图联大会筹办委员会"，启动会务组织协调等有关工作。大会举办期间，北京图书馆出台一系列服务新举措，有效带动馆容馆貌和服务工作的整改。在国际图联大会展览会上，北京图书馆开设了11个展台（117平方米），是展台最多、面积最大、涉及内容最广的参展单位，全面展示了本馆自动化发展和信息服务成果，赢得国际同行的赞赏。

作为第62届国际图联大会的会前会，首届中美图书馆合作会议以"全球的信息存取——挑战和机遇"为主题，充分研讨了相关专业问题，就加强中美图书馆间的交流合作达成共识，并将定期举行互动交流合作会议的形式确定下来，取得了积极成效，成为之后中美图书馆界长期广泛合作的良好开端。

三、率团赴日本开展图书馆馆际业务交流

10月，应日本国立国会图书馆邀请，以党委副书记、副馆长周和平为团长的中国国家图书馆访问团一行5人，赴日进行中日国家图书馆第16次工作会晤，

双方围绕"国家图书馆在现代化进程中的人才开发"主题进行了研讨交流,同时就为政府和立法机关提供咨询服务、书目数据库与电子图书馆构筑、文献信息资源共享等问题进行了深入沟通。代表团回国后举行专场访问学习汇报会。

四、跟踪数字图书馆发展技术,启动数字图书馆项目研究

一是向文化部申请立项"数字式图书馆试验项目";二是与中国科学院计算机所合作,研发国家"863"公关项目"基于特征的多媒体信息检索系统项目";三是与北京大学合作,进行"标准通用置标语言的图书馆应用项目研发";四是牵头申请研发"中国试验型数字图书馆"项目,计划开发完成一套与国际接轨的数字式图书馆实现技术,此项目后被批准为国家重点科技项目。

五、出席在香港举办的大型图书展览"中国图书的演变"开幕式

11月15日—12月20日,北京图书馆与香港市政局公共图书馆在香港沙田区联合举办了大型图书展览"中国图书的演变",这是香港回归祖国前,内地与香港之间一项重要的文化交流项目,为双方的深入合作构筑了有效的沟通协作平台,也为谋求更多文化合作项目做出良好示范。

1997 年

1997年12月17日,周和平同志被任命为北京图书馆党委书记兼副馆长,主持日常工作。

一、全面加强北京图书馆科研工作

1月,北京图书馆召开第一届全馆科研工作会议,各部门就加强科学研究及科研管理进行了经验交流和深入研讨,会议取得良好效果,对进一步推动全馆科研工作的开展、培养科研人才起到积极作用。

二、推动计算机网络自动化管理

4—5月,馆长办公会讨论并通过《北京图书馆网络建设发展规划(1997—2000年)》;10月,讨论通过《馆内网络子系统管理暂行办法》。经过多方努力,从财政部争取到自动化发展专项资金600万元,中宣部支持专项经费200万元,全面扎实推进计算机网络自动化建设的各项基础工作。

三、丁关根同志到馆视察

4月9日，中共中央政治局委员、中央书记处书记、中宣部部长丁关根到北京图书馆视察工作。国务院副秘书长刘奇葆、中宣部副部长白克明、文化部副部长艾青春等陪同。周和平同志汇报了北京图书馆改革与建设、发展中面临的人才外流、自动化建设、二期工程、购书经费不足、书刊缴送不力等基本情况和问题。丁关根同志认真听取汇报并做出若干重要批示，有力地推动了上述问题的解决。

四、赴美国进行业务考察

6月上旬，周和平同志应中国图书进出口（集团）总公司邀请，随团访问美国，与美国国会图书馆等在资源共享、展览讲座、采购图书、互派馆员等方面，达成多项合作意向，原则上确定了第二届中美图书馆合作会议的举办和启动时间，双方确认中美图书馆合作会议每5年由两国轮流举办一次。

五、主持国家图书馆分馆维修工程

现国家图书馆古籍馆（文津街分馆，原北京图书馆分馆、北平图书馆）主楼1931年建成之后，历经60余年风雨，已亟待修葺。经过多方努力争取，北京图书馆获得国家财政经费支持，对分馆进行全面抢救性修缮。7月1日起，北京图书馆分馆全面闭馆，维修前期搬迁工作有序进行。次年8月，随着分馆主楼挑顶揭瓦，屋面修缮工程全面展开。此次修缮，充分考虑图书馆未来发展和分馆服务趋向，安装了机械化传送、自动化检索设备及空调、消防设施等。

六、进口图书文献资料和图书馆专用设备免征进口税收

长期以来，进口图书税率过高是造成北京图书馆购书经费不足的原因之一，制约了进口图书的采集和购书经费的充分利用。经努力，在中央、国务院有关部门的大力支持下，6月，随着"财税字〔1997〕78号文"的下发，北京图书馆进口图书文献资料和图书馆专用设备免征进口税问题得到解决。该项政策的颁布，相当于国家每年为北京图书馆增加700多万元购书经费，大大缓解了购书经费不足的现状。在经贸委、外贸部和新闻出版署的理解和支持下，争取进出口权政策的工作也获得新的进展。

七、发挥行业龙头作用，推动联合编目，促进文献信息资源建设的协作

1997年10月，为进一步履行国家馆职责，加强全国联合统一编目，增强数据的权威性，实现图书馆界资源共享，北京图书馆筹建了非营利性事业单位"中

国图书馆联合编目中心"。该中心先后与北京大学、清华大学和中国科学院按照"资源共享、优势互补、互利互惠、共同发展"的原则，签署了包含分工购藏、协作订购、联机编目等方面的合作协议，实现了文献优势与教育科技优势的强强联合，具有很强的示范作用。

八、举办新馆开馆 10 周年纪念活动

10月15日，北京图书馆迎来新馆开馆10周年。全国人大常委会副委员长雷洁琼、全国政协副主席何鲁丽、文化部部长刘忠德、中宣部副部长白克明以及社会各界代表、部分国家驻华使节、国外图书馆嘉宾出席了庆典活动。纪念庆典大会上，刘忠德同志宣读了江泽民总书记、李鹏总理以及部分国家领导人为北京图书馆的题词。庆典后，来自中国歌剧舞剧院、总政话剧团、中国人民解放军军乐团等文艺团体的艺术家们，为来宾献上了精彩的演出。

九、开展"创建一线文明岗"活动，强化读者服务

12月18—19日北京图书馆召开首届"读者服务工作会议"，发布《北京图书馆读者服务工作条例》。在服务一线开展"创建一线文明岗"活动，通过核定岗位、确定岗员、明确职责、制定规范标准、监督检查、评比奖惩等系列措施，进行制度化、规范化建设，全面提升读者服务工作水平。

1998 年

一、全面启动北京图书馆深化改革

2月，党委书记、副馆长周和平带队赴上海图书馆学习考察，就人事、业务、分配制度改革等进行全方位深层次交流；3月，北京图书馆召开学习考察报告会，对全面深化改革进行部署，成立四个调研小组，分别起草改革总体方案以及机构及干部人事制度改革、业务格局调整和分配制度改革配套方案；4月，《北京图书馆深化改革和业务调整总体方案》《机构改革方案》《干部任用制度改革方案》《分配制度改革方案》《业务格局调整方案》等正式出台。

（一）机构改革。管理机构，按照"转变职能、提高效率"的指导思想削减或合并职能重复的机构和部门，推动合署办公，将用人权、分配权层层下放，形成权责利统一、分层负责的格局；业务机构，依据信息网络技术、业务发展和读者需求，调整原有格局，实现流程重组，采编业务归并统一，明确责任分工，减少重复劳动，典藏和阅览合并，形成检索、阅览和流通一体化服务系统，避免交

叉；后勤部门，全面实行管理职能和服务职能分离，推行企业化管理、社会化服务，通过转变机制，重组资源，激活队伍。

（二）干部人事制度改革。科处级管理干部由任命制改为聘任制，通过公布岗位、自愿报名、演讲答辩、群众测评、考察聘任等程序，实行干部"竞争上岗"；员工实行聘用制，科学设定岗位，定员定编，通过双向选择，签约应聘上岗，促进人员合理流动。通过干部人事制度改革，实现人力资源合理配置和科学管理，形成干部能上能下，人员能进能出，收入能升能降，优秀人才能够脱颖而出的良性管理机制。

（三）分配制度改革。采取一馆多制，实行新的分配模式：职能部门员工收入由馆财务全额支付；业务部门根据承担的工作任务和工作条件确认分配比例，员工收入由部门部分自理到全部自理；后勤保障部门以任务承包形式承包经费，员工收入大部分由部门自理；馆属企业、出版社等实行独立核算。新的分配制度打破平均主义，强化效益分配，实现"多劳多得，优劳优得"，激发了员工的工作热情和责任意识，单位的凝聚力不断加强，有力地保证了人才队伍稳定，增强了北京图书馆的自我发展能力。

二、全面提升立法决策服务能力

从1997年下半年起北京图书馆对中央国家机关信息服务机构和政策法规研究机构进行了大规模走访调研（一直延续到2000年），了解中央国家机关信息需求和特点，宣传国家图书馆的职能和服务。在调研基础上，策划立法决策服务的基本方式和手段。2月，在全国人大、全国政协会议召开前夕推出"两会"服务，为全国人大代表、政协委员直接提供文献借阅、参考咨询、文献复制等服务，此举开创国家图书馆"两会"咨询服务的历史。

三、多举措提升国家馆社会服务能力和读者服务水平

当年北京图书馆以重点科研、文化教育、生产单位需求为导向，改建文献提供中心，开展以文献传递为主的异地远程服务；以企业为服务对象，成立剪报服务中心，加强经济信息跟踪咨询服务；从服务时间、空间、项目等方面，全方位改进读者到馆服务。自2月7日春节起，北京图书馆实施新的读者服务时间，由原每周六和法定节假日闭馆改为365天"全年候"开放；5月，提供新设中文社科图书阅览室、艺术设计参考阅览室，以及新书展示、到馆研究等特别服务。

四、积极推动北京图书馆更名为国家图书馆

5月，北京图书馆向文化部申请将"北京图书馆"更名为"中国国家图书馆"。更名问题涉及我国的外交政策，事关维护国家主权和"一个中国"的对台政策，是确保北京图书馆唯一国家图书馆地位的严肃的政治问题，对于履行国家

图书馆职能、促进事业发展、更广泛地开展国内国际业界交流与合作，具有重要意义。

五、推动国家书目数据库建设

8月，在文化部指导下，由北京图书馆牵头组织，上海图书馆、广东中山图书馆、深圳图书馆参加研制的"中国国家书目回溯数据库（1949—1987年）"通过鉴定。这是文化部承担的第一个国家级重点科研项目。该数据库包含1949—1987年中华人民共和国出版的40余万种中文图书书目记录，与"中国国家书目数据库"合流后，成为国内规模最大、覆盖面最全的中国国家书目数据库，为所有计划建立本馆回溯书目数据库的图书馆提供了完整的机读书目数据。该项目填补了建国以来中国国家书目数据库的空白，也为实现全国中文书目数据资源共享奠定了基础，成为图书馆馆际合作的典范。

六、成功举办"刘少奇光辉业绩展览"

为纪念刘少奇同志诞辰100周年，由北京图书馆承办"刘少奇光辉业绩展览"，10月8日在北京图书馆文津厅隆重开幕。展览展出了实物和刘少奇同志不同时代的照片300余张。

10月9日，刘少奇同志夫人王光美、儿子刘源等亲属出席开幕式。中共中央政治局常委、中央书记处书记尉健行，中共中央政治局常委、国务院副总理李岚清，中共中央政治局委员李铁映，中共中央政治局候补委员、中央书记处书记曾庆红和全国人大常委会副委员长邹家华、全国政协副主席万国权等出席了展览专场。该展览在北京图书馆、中共中央党校正式展出后，在全国十余个省市进行了巡展。

七、李岚清副总理视察北京图书馆

10月2日，中共中央政治局常委、国务院副总理李岚清在文化部副部长李源潮、徐文伯陪同下，到北京图书馆视察工作。其间，李岚清同志参观了闻名中外的文津阁《四库全书》、敦煌经卷，详细询问了这些珍品的保存保护措施，要求不仅要重视古籍善本的收藏，更要加强其开发利用。在听取党委书记、常务副馆长周和平工作汇报后，李岚清同志指出，北京图书馆作为国家馆，要利用好宝贵资源，成为中国图书馆界的龙头，要更新观念，采用现代信息技术，实现文献信息资源的共享。数字图书馆是信息化建设的重要一环，二期工程要结合数字图书馆研究。视察期间，李岚清同志还就北京图书馆二期工程立项、事业经费不足、结合房改切实解决员工住房困难等问题做了指示。

八、全力推动住宅建设，解决员工住房困难

在李岚清同志的亲切关怀下，12月23日，北京图书馆住宅楼工程正式奠基。

短短 35 天内，北京图书馆完成了员工住宅楼工程的全部手续，其间北京市副市长汪光焘在文化部副部长李源潮的陪同下，就在北京图书馆自用地上建设住宅楼问题进行现场办公，要求市规划局、建委等有关单位给予大力支持。该工程包括三栋高层住宅，共计 294 套，享受北京市经济适用住房 21 项减免政策，减免行政事业性收费 284 万元，北京图书馆成为文化部系统第一个享受国家科教文卫系统在自用土地上建设经济适用房政策的单位。2000 年 4 月，国家图书馆住宅楼工程圆满完工，并获得"北京市优质样板工程"称号。新住宅楼工程的落成，大大缓解了国家图书馆员工住房困难问题，共有 269 户入住新居，486 户员工连锁解决了住房问题。这对国家图书馆延揽人才、调动员工积极性、促进事业发展具有深远意义。

九、江泽民总书记视察北京图书馆

12 月 22 日，中共中央总书记、国家主席江泽民到北京图书馆视察工作，随行的有中共中央政治局常委、国务院副总理李岚清，中共中央政治局候补委员、中央书记处书记、中央办公厅主任曾庆红。江泽民同志一行先后视察了《四库全书》书库、馆藏珍品展示室、善本阅览室、中文社科图书阅览室和电子阅览室，听取了周和平同志关于北京图书馆情况的汇报并详细询问馆藏典籍的收藏保护情况。国家最高领导人亲临视察，在北京图书馆 90 年历史上尚属首次，在图书馆领域和社会各界引起热烈反响。

1999 年

一、北京图书馆更名为国家图书馆

经文化部上报国务院批准，1999 年 1 月 5 日中央编办办字〔1999〕4 号文件批复，北京图书馆更名为国家图书馆，对外称中国国家图书馆。2 月 10 日起，国家图书馆正式启用"国家图书馆"及"中国国家图书馆"名称。江泽民同志题写了馆名。

二、以干部人事制度为重点的改革推向深入

一是精简机构，进一步理顺关系、提高效率。全馆处级机构由 39 个减少到 22 个，科级机构由 126 个减少到 81 个，职能部门人员精简率达 20%。二是精简管理人员，推动双向选择、人员分流，逐步实现部处对员工的全员聘任。三是后勤服务部门实行企业化管理，实现真正意义的管理与服务分离。四是馆属企业实

行所有权和使用权分离，进行企业内部股份合作制改造。五是推动大财务管理，扩大成本核算范围，逐步实行经费补贴制。一系列的改革举措推动了员工职业意识、岗位责任感和服务理念的建立，同时激活了内部管理运行机制，全馆工作效益有了全面、显著的提升。

三、全面展开全国文献信息资源共建共享

1月，由国家图书馆发起并主办的全国文献信息资源共建共享工作会议在京召开，124家公共图书馆、高校图书馆和情报单位参加会议，就建立协作网络等若干问题达成共识，签署《全国文献信息资源共建共享倡议书》。按照"资源共享、优势互补、互利互惠、自愿参加"的原则，建立以国家级文献信息资源网络为主导，地区级文献信息资源网络为基础的全国图书馆文献信息资源共建共享网络，开展建立各具特色的馆藏体系、协调外文书刊文献的订购、实施全国网上联合编目、合作进行馆藏文献数字化、充分利用网络开展服务、加强并完善馆际互借业务、扩大业务交流与培训、建立协调机构等八方面的文献信息资源共建共享工作。

四、组织召开第六届全国省、区、市和较大城市图书馆馆长联席会议

10月，由国家图书馆主办，以"21世纪的文献资源共建共享"为主题的第六届全国省、区、市和较大城市图书馆馆长联席会议在山东济南召开。国家图书馆以积极、诚恳、合作的姿态，提出若干具体措施，进一步推动公共图书馆系统资源共建共享工作。

五、推动计算机网络建设跨越发展

年初，国家图书馆用两个月时间完成了具有1673个节点的结构化布线，并开通千兆位馆域网，成为国内第一家使用千兆位以太网络技术的图书馆，标志着国家图书馆采用的计算机网络技术已达到国内领先、国际先进水平。加快对外互联网建设，实现了广电信息网络中心1000兆光纤连接，为之后通过中国网通公用互联网面向全国传送信息奠定了基础；开通了与国务院办公厅的100兆通道；利用北京有线电视网与中国科学院、清华大学、北京大学的网络实现互连。与国内各主要网络系统的互联互通，极大地提高了读者查询国家图书馆的各类信息的便捷性。

六、大力拓展立法决策服务

为更好地履行国家图书馆职能，加大为中央国家机关服务的力度，国家图书馆于4月16日召开为中央国家机关立法决策服务座谈会。通过征求各部委的意

见，对其立法决策、学习研究的需求有了更加深入的了解，为国家图书馆有的放矢地为中央国家机关提供服务，满足其日益增长的文献信息需求搭建了沟通平台。参照国外图书馆特别是日本国立国会图书馆的支部图书馆制度，根据中国国情，国家图书馆尝试在中央国家机关设立分馆。7月6日，国家图书馆人事部分馆在国家人事部开馆。这是国家图书馆首次在中央国家机关设立分馆。由于设计上着眼于文献信息资源共建共享，依托国家图书馆丰富的馆藏资源和便捷的服务方式，采用网络信息技术管理，人事部分馆规模为小型图书馆，但其主要服务功能相当于甚至优于国内一般中型图书馆。人事部分馆的建立，探索了为国家立法、决策服务的全新的模式、合作方式和管理体制，拓展了国家图书馆的服务职能，实现从被动服务向主动和互动服务的转变。

七、进一步提升社会公众服务水平

国家图书馆提出"读者服务工作争创全国第一"的目标，进一步强化为社会公众服务职能。继1998年实行365天"全年候"开馆制度后，10月18日起国家图书馆试行夜间开馆，读者流量较大、书刊流通率高的阅览室开放时间延长至21时，创造了国家图书馆迁入新馆以来开放时间最长记录；确立"国家图书馆读书周"，推动全民读书活动；扩大开放范围，将办理借书证的条件扩大到在职普通公民或大学一年级以上学生。服务品质的提升和领域的拓展，得到社会各界的广泛好评，提升了国家图书馆的社会形象。

八、推进海外中文文献资源共建共享

6月，周和平同志出席在香港举办的学术研讨会议，与海峡两岸图书馆界专家学者充分研讨。会议一致赞同在"华文信息资源共建共享联络小组"的基础上，成立"中文文献资源合作发展协调委员会"，商定2000年由国家图书馆主办"中文文献资源共建共享合作会议"。

九、组织召开中国图书馆学会首届年会暨学会成立20周年纪念大会

7月9日，中国图书馆学会年会暨成立20周年纪念大会在大连召开，全国图书馆界代表1000余人参加了会议。学会副理事长周和平做了题为《总结经验，迎接挑战，开创中国图书馆学会工作新局面》的工作报告。这是首次以"年会"为名举办的年度学术会议，标志着学会工作进一步与国际接轨。会议规模之大、代表人数之多、影响之广，在国内图书馆界均为空前。此次会议对1979年以来学会的年度会议进行了总结，同时集中展示了20世纪中国图书馆工作者学术研究水平。会议期间，高校图书馆与公共图书馆、传统图书馆与数字图书馆、图书馆与为其提供系统设备和电子资源产品的参展单位之间都有密切和直接的交流。

自此，学会年会逐步步入正轨，成为业界工作交流、研讨问题、开展合作、增进友谊、推动发展的重要的平台。

十、积极推进国家图书馆二期工程暨数字图书馆工程

1996年，北京图书馆以《文化部关于建设北京图书馆二期工程的请示》正式上报国务院，并认真落实国务院有关部委反馈意见，对二期工程规划进行了多次研讨；1997年，北京图书馆提出建设数字图书馆工程，得到文化部支持，成立"中国数字图书馆工程"项目筹备组，副部长徐文伯担任项目筹备组组长，周和平同志为项目组副组长。1999年9月，国家图书馆再次向文化部上报《国家图书馆新馆二期工程暨国家数字图书馆基础建设立项建议书》，详细汇报了事业发展的现状与需求、二期工程申报情况，对二期暨数字图书馆工程的建设规模、基本效益、造价框算做了详细说明。当月，文化部函报国家计委申请立项。

数字图书馆是集各项高新技术为一体的系统工程，需要专业团队进行扎实的研究开发。为进一步推动工程立项和建设，经国务院批准，国家图书馆成立了由馆方控股的"中国数字图书馆有限责任公司"。同时，为推动数字图书馆工程立项，研发了数字图书馆实验演示系统。该系统按照数字图书馆原型开发资源库制作系统和检索系统，基本达到图书馆分布式数据库建设和跨库检索要求，内容包括千家诗资源库、中国古代建筑资源库等5个资源库，并与中国大百科全书出版社制作的部分百科术语数据库和本馆中国国家书目数据库跨库检索链接，对探索我国数字图书馆建设的技术路径和方法，具有积极意义。

十一、举办国家图书馆建馆九十庆典活动

1999年9月9日是国家图书馆九十华诞。上午8时，国家图书馆全体员工集结文津广场，举行了庄严的升旗仪式，特邀中国人民解放军武装警察部队国旗护卫队卫兵担任升旗手，中国人民解放军军乐团奏乐。9时整，由江泽民总书记亲笔题写的"中国国家图书馆"馆名基石正式揭牌。中共中央政治局常委、全国人大常委会委员长李鹏出席揭牌仪式并发表重要讲话，他要求充分认识图书馆对社会进步的重要作用，从科教兴国战略高度积极支持图书馆的现代化建设，推动图书馆事业在21世纪的快速发展。出席揭牌仪式的还有全国人大常委会副委员长许嘉璐、全国政协副主席罗豪才，有关方面负责人孙家正、范敬宜、刘奇葆等。9时30分，庆祝国家图书馆建馆90周年大会在国家图书馆嘉言堂隆重举行。原中共中央政治局常委、中央军委副主席刘华清，全国政协副主席罗豪才，原全国政协副主席吕正操等党和国家领导人出席庆祝大会。文化部副部长艾青春、国家图书馆馆长任继愈先后致辞，国家图书馆党委书记、常务副馆长周和平主持庆祝大会。会上，王选、王大珩、汪成为、张钹、李国杰、顾诵芬、梁思礼、刘大年、李学勤、李华伟等10位享誉国内外的专家学者被邀请担任国家图书馆顾问

并接受证书。出席庆祝大会的还有中央、国务院有关部委负责同志，重要科研院所、高等院校专家学者，一些国家的驻华使节和文化官员，全国各省（区、市）图书馆代表和社会各界来宾约 1200 人。当日，"中国国家图书馆九十年""善本特藏 50 年"等展览同时开幕。晚上，中央歌剧芭蕾舞剧院"庆祝国家图书馆九十华诞中外名曲音乐会"在嘉言堂献演。

2000 年

一、管理机制改革稳步推进并向纵深发展

在前两年干部人事制度改革基础上，年内全面推开副处级干部和科级干部竞争上岗；实行专业技术职务评聘分开制度，根据岗位需求，按照员工实际业务能力，可低职高聘也可高职低聘，调动了专业人员的积极性；继续实行全员聘用制，推动人员合理流动，有 210 人在馆内流动，201 人在部处内流动，当年在岗员工由 1995 年的 1542 人精简至 1180 人。国家图书馆的改革思路和实践得到了文化部的充分肯定及图书馆界的普遍关注。经部领导提议，2000 年 4 月，国家图书馆在厦门举办了"全国图书馆管理和改革研讨会"；之后在中组部召开的全国事业单位改革交流会和全国文化先进集体先进个人表彰会上印发了国家图书馆深化改革的经验交流材料。

二、国家图书馆二期工程暨数字图书馆工程取得重大进展

3 月，在文化部召集下，由中宣部出版局、国家计委社会发展司等 21 个相关单位组成的"中国数字图书馆工程建设联席会议"正式组建，宏观规划、协调和领导中国数字图书馆工程建设。文化部为联席会议的召集单位，由艾青春副部长负责此项工作。联席会议办公室设在国家图书馆，对外称"中国数字图书馆工程建设管理中心"，负责工程的具体组织实施工作。同时组成由胡启恒、李国杰院士为首席专家的"中国数字图书馆工程专家顾问委员会"（成员共 25 人），对工程提供咨询与指导。

4 月 5 日，文化部在国家图书馆召开"中国数字图书馆工程联席会议"第一次会议，标志着中国数字图书馆工程历经多年筹备正式启动。之后，在联席会议办公室组织下，制定了中国数字图书馆工程建设一期规划；建立了有 79 家成员单位的"中国数字图书馆联盟"；召开数字图书馆相关技术研讨会；开展数字图书馆标准制定并推广；协调和开发建设了一批具有馆藏特色的数字图书馆资源库和数据库。

6月1日，国务院副总理李岚清在《文化部关于中国数字图书馆工程建设有关情况的报告》上批示："建设数字图书馆工程的主要目的，是有效利用和共享图书信息资源，有巨大的社会效益。国家图书馆应为我国数字图书馆的核心，要防止重复建设，对方案要认真论证，精心实施。"

12月17—19日，由国家图书馆主办的中国数字图书馆工程资源建设工作会议在海南省万宁市召开，来自各省、区、市文化厅（局）长，中国数字图书馆工程建设联席会议成员单位相关领导和全国省级公共图书馆馆长160余人参加了会议。会议对《中国数字图书馆工程建设一期规划（2000—2005年）》《中国数字图书馆工程资源建设的有关意见》《中国数字图书馆工程资源加工首批推荐使用的标准规范》《中国数字图书馆工程资源建设中涉及著作权问题的有关建议》等文件进行了讨论。会议明确提出资源建设是中国数字图书馆工程建设的核心，提出加快中国数字图书馆工程建设的任务与要求。该会对推进中国数字图书馆工程建设，促进信息资源共建共享，加快我国图书馆事业的发展具有重要的指导意义。

三、将强化科研工作列入全馆重点工作议事日程

本年度国家图书馆将"强化科研工作，确立全国图书馆发展研究中心"纳入当年工作计划，着手制定和完善国家图书馆科研工作条例及管理办法，建立了科研专项经费；3月，以图书馆学基础理论、图书馆现代技术以及图书馆发展为研究对象的国家图书馆发展研究院正式建立。

四、积极推动全球中文文献资源共建共享

6月，由中国国家图书馆举办的首届"中文文献资源共建共享合作会议"在北京西山杏林山庄召开，来自中国内地、台湾、香港、澳门和新加坡、美国、荷兰等国家和地区的代表参加了会议。会上，成立了"中文文献资源共建共享合作会议"执行小组，周和平同志当选为会议执行小组主席；会议确定古籍联合目录数据库、中文名称规范数据库等8个合作项目；明确由国家图书馆牵头，为全球中文文献资源共建共享研讨制定统一的标准格式。此次会议，第一次将20世纪90年代以来海峡两岸图书馆界的交流合作拓展到国际层面，广泛吸纳中文图书馆和文献单位参加会议，共商全球中文文献资源共建共享大计，是世界中文图书馆界的盛会。

五、进一步深化为中央国家机关立法决策服务

在连续3年开展为"两会"服务的基础上，2000年"两会"期间，国家图书馆在代表和委员驻地专设咨询服务处，使服务工作更加便捷、周到，深受代表和委员们的欢迎。7月，国家图书馆国家计委宏观经济研究院分馆正式建立，该

分馆设立了国情资料室,进一步探索为中央国家机关服务的良好模式。

六、继续强化社会公众服务,提升水平

经过精心筹备、周密策划,全年陆续实施了 24 小时还书服务、开放自习室、音像资料外借、增加开架阅览面积等系列举措,受到读者普遍欢迎;通过举办展览、讲座和"读者服务宣传周""全民读书月"等活动,以丰富多彩的形式进一步扩大国家图书馆的社会教育、文化传播职能。国家图书馆分馆历经 3 年的修葺重新对社会开放,除保留了原有的服务设施外,还增设了国情资料室、少年儿童阅览室、残疾人阅览室等服务设施,为特殊群体服务的水平显著提升。

2001 年

2001 年 3 月 31 日,中共中央任命周和平同志为文化部党组成员、副部长。

一、推动国家图书馆计算机自动化管理建设迈上新的台阶

2000 年以来,根据自动化发展进程及业务工作需要,国家图书馆着手调研计算机综合管理系统软件,并开展了全馆业务需求调研以及需求书的起草,按照文献采编阅藏集成管理体系要求,着手改造现有业务子系统,完成办公自动化系统开发,在此基础上建立集成管理系统。2 月,国家图书馆成立"计算机集成管理系统选型小组";9 月,在深入调研、严格选型的基础上,经研究决定引进 ALEPH 500 图书馆集成管理系统,同时成立由馆领导牵头的 ALEPH 500 系统实施小组。经过充分调研论证、会商谈判,以及对硬件配置、性能性价比、售后服务和人员培训等因素的综合分析,确定了新系统硬件配置的选型和引进方案,于 12 月正式签约购入 IBM 公司硬件设备。

二、策划推出"部级领导干部历史文化讲座"

为进一步创新立法决策服务模式,发挥国家图书馆的资源优势,呼应中南海的法治讲座和科技讲座,国家图书馆策划了由中央国家机关工委、文化部、中国社会科学院主办,国家图书馆承办的"部级领导干部历史文化讲座",每月举办一次。该项目以落实党中央关于加强领导干部理论学习要求为宗旨,以历史文化讲座为特色,帮助部级领导干部进一步拓宽中国和世界的历史文化人文视野,以史为鉴,认识和把握社会发展规律,提高文化素养和领导水平,增强治国理政能力。

三、国家图书馆劳动和社会保障部分馆成立

5月,经过长达两年的筹备,国家图书馆劳动和社会保障部分馆成立,为劳动和社会保障部依法行政和决策提供了有力的文献信息支持。

四、出访泰国

8月6—10日,率团出访泰国,出席首届"中泰一家亲"音乐歌舞晚会。来自中国歌舞团的50名艺术家与泰国公主同台演出。在演出中,泰国朱拉蓬公主首次进行古筝表演。为庆祝泰国诗丽吉皇后生日,朱拉蓬公主发起在泰国的曼谷、清迈和普吉三地举行首届"中泰一家亲"音乐歌舞晚会。

五、国家图书馆二期工程暨数字图书馆工程正式获批立项

在进一步完善中国数字图书馆工程组织管理机构、扩大中国数字图书馆联盟成员单位(91家)、制定《中文元数据标准方案》、"中国数字图书馆网上读书系统"投入使用的基础上,10月,"国家图书馆新馆二期工程暨国家数字图书馆基础工程"经国务院正式批准立项,并被列入国家"十二五"规划。文化部根据北京市的规划意见和国家图书馆事业发展需求,提出《关于项目建设方案的主要意见》。国家发改委原则同意文化部意见,确定该项目的规模为:"总建筑面积调整为77687平方米,其中二期工程64766平方米,包括书库、阅览室、业务设备附属用房;数字图书馆工程12921平方米,主要建设内容为文献数字化加工、数字资源加工、数字资源存储管理、网络管理、数字资源服务、数字图书馆研究发展、系统开发维护等8个中心。"

六、策划启动全国文化信息资源共享工程

为加强新形势下基层文化建设,文化部于2001年6—7月开展了全国农村文化、社区文化调研工作。在调研中,周和平同志提出利用现代信息技术和数字图书馆技术手段,依托现有网络平台,将文化系统拥有的海量图书、影视、戏曲、民间艺术等优秀资源进行数字化加工整合,传送到基层文化单位,创新基层文化服务的工作思路,受到时任财政部教科文司司长张少春同志的认同,财政部当年先行拨付国家图书馆500万元启动资金,用于文化共享工程试验系统的开发。9月国家图书馆策划起草了《全国文化信息资源共享工程建设草案》。10月,文化部对部直属事业单位进行了文化资源调查。之后,国家图书馆将部分馆藏音像、文献资料和中直单位提供的的文化资源整合成880 G数字资源,用一个月时间,在数字图书馆已有技术成果和资源内容基础上,研制了"全国文化信息资源共享工程试验系统",初步搭建工程总体框架结构,并就共享资源的组织整合、技术平台以及服务模式运行开展实验。先后使用中国数据通信网、中国教育科技网、

中国教育卫星等不同传输方式向地方分中心传送，进行实验，几次向文化部、财政部汇报演示，多次对试验系统进行完善修改。在此基础上，国家图书馆制定了《全国文化信息资源共享工程实施方案》。2002年1月，文化部、财政部专门召开部分省（市）文化厅、财政厅同志参加的座谈会，就该实施方案征求意见，进行修订。与此同时，两部领导决定联合成立文化共享工程建设领导小组。2002年4月全国文化信息资源共享工程正式启动。

七、组织农村和社区文化工作大调研

为全面推进基层文化建设，了解农村和社区文化工作状况，文化部联合财政部、国家计委等部门组成4个调研小组，分赴四川、重庆、宁夏、湖南、江西、福建等6省区和青岛、天津、大连、上海、深圳、贵阳等6个城市进行实地考察和座谈。周和平同志具体负责组织工作。在调研的基础上，起草了关于农村文化建设和城市社区文化建设的两个调研报告和《关于进一步加强基层文化建设的指导意见》，重点对当前基层文化建设的几个突出问题提出了解决的思路、办法和措施。文件起草完成后，又分别在福州和北京召开了两次座谈会，征求各省、区、市文化厅（局）长和中央编办、国家计委、财政部、民政部、人事部、建设部、农业部、国家税务总局的意见，并根据这些意见，对该指导意见进行了修改。

八、全国文化财务工作会议在杭州召开

通过对文化发展和财政体制改革的系统研究，周和平同志认为，加大财政投入是文化事业发展的关键和保障。在他精心策划下，文化部财务司联合财政部教科文司于2001年10月23—24日在杭州召开了全国文化财务工作会议。各省、区、市文化厅（局）主管财务工作的负责人及财政厅（局）主管文化工作的负责人坐在一起，共同研究文化投入问题。在这次会议上，周和平同志讲话中所说的，争取财政投入"要学会编故事"、"不仅要文来文往，还要人来人往"等鲜活的话语，至今仍被全国文化系统的同志所津津乐道。这次会议之后，随着中央对文化建设的重视，各级文化部门注意策划项目，争取投入，在财政部门积极支持下，全国文化事业费从2001年的71亿元，增长到2009年的292亿元，年均增长25%。

九、全国加强基层公共文化设施建设工作会议在重庆召开

2001年11月15—16日，文化部、国家计委在重庆联合召开了全国加强基层公共文化设施建设工作会议。这是改革开放以来首次以基层公共文化设施建设工作为主题的会议。国家计委副主任于广洲、文化部副部长周和平出席会议并讲话。国家安排专项资金4.8亿元（2006年又增加了2000万元），用于补助县级公共图书馆、文化馆的建设，其中新建图书馆282个、文化馆338个，改扩建300平方米以下的图书馆176个、文化馆163个，确保"十五"末实现"县县有

图书馆、文化馆"的目标。

十、协调中国美术馆改造装修工程

2001年5月31日,中共中央政治局常委、国务院副总理李岚清视察中国美术馆、中国历史博物馆等文化单位,要求加快推进文化设施的建设。文化部党组决定成立中国美术馆建设领导小组,由周和平同志担任组长。针对此前文化部多个建设项目出现工期长、超投资严重的情况,周和平同志先后主持召开了20多次领导小组会议,与国务院办公厅、国家计委、财政部、北京市沟通,明确将现有的美术馆改造装修作为一期工程,扩建作为二期工程,有力地推进了项目建设。2001年9月29日,国家计委批准了中国美术馆改造装修工程立项,总建筑面积21392平方米。

十一、推动中国艺术研究院新址工程收尾

1992年,国家计委批准中国艺术研究院在朝阳区小营建设新址,建设规模2.1万平方米,总投资1.16亿元(后调整到1.6亿元)。由于项目管理等方面的原因,该项目拖延了将近10年还没有完工,工程质量差,超投资严重,使用单位和项目管理单位存在矛盾。周和平同志召开会议进行协调,多次在下班后到工地视察,督促项目管理单位加强后续工程的管理,尽快完成工程收尾。2002年,中国艺术研究院搬入新址。

十二、文化部文化住宅小区工程开工

周和平同志高度重视解决职工住房问题,抓住国务院关于支持教科文卫系统利用自用土地建设经济适用住房的政策机遇,推动文化住宅小区工程建设,协调解决工程中遇到的问题。2001年8月,文化部文化住宅小区工程开工。该项目位于宣武区里仁街,包括2栋多层和2栋塔楼,建筑面积5.36万平方米,总投资1.67亿元,2005年11月竣工,共交付住宅448套,大大缓解了文化系统住房困难。

2002年

一、《关于进一步加强基层文化建设的指导意见》正式印发

2002年1月30日,经商国家计委、财政部,文化部报请国务院办公厅转发了《文化部、国家计委、财政部关于进一步加强基层文化建设的指导意见》(国

办发〔2002〕7号），要求各地各部门贯彻实施。

二、召开全国基层文化工作会议

2002年4月22—23日，全国基层文化工作会议在北京召开，各省、区、市人民政府分管文化工作的负责人、政府副秘书长以及文化部门的负责人，部分中央和国家机关、群众团体的负责人以及计划单列市政府、新疆生产建设兵团的负责人等近200人参加了这次会议。这是新中国成立以来首次请各省分管领导参加的文化工作专题会议。国务院副秘书长高强主持会议。中共中央政治局常委、国务院副总理李岚清出席全国基层文化工作座谈会并发表重要讲话。中宣部与中央文明办、国家计委、民政部、财政部、人事部、建设部、国家广电总局等7个部委分别就贯彻落实国务院办公厅转发的《文化部、国家计委、财政部关于进一步加强基层文化建设的指导意见》，推进基层文化建设的问题做了发言。为配合这次会议，文化部及有关部委还就进一步活跃基层群众文化生活，加强基层文化队伍建设，实施全国文化信息资源共享工程，加强农村电影发行放映工作，搞好基层公共文化设施的规划和建设，以及推进基层文化教育资源共享等进行了研究，提出了一些积极的政策、措施，起草出台了一系列加强基层文化建设的配套文件。

三、检查"一会一文"贯彻落实情况

8月30日—9月12日，文化部会同国家计委、财政部、中央编办等部门分两次带队检查辽宁、吉林、黑龙江、内蒙古、云南、贵州、湖南、湖北、浙江等省区贯彻落实全国基层文化工作会议和国办发〔2002〕7号文件精神情况。检查结束后，形成了检查报告，报告国务院；同时，将检查结果通报各地，督促各地进一步抓好贯彻落实。

四、出访沙特阿拉伯、塞浦路斯、突尼斯等国

5月15日—6月4日，率中国政府文化代表团出访沙特阿拉伯、塞浦路斯、突尼斯三国，过境埃及、法国。周和平同志是第一个访问沙特阿拉伯的中国文化部部长，在沙特阿拉伯期间，与沙特阿拉伯高教部就《文化教育合作协定》进行沟通，从利雅得谈到吉达，最终当年12月在北京签署了该协定。与塞浦路斯教育和文化部签署了两国文化交流执行计划。

五、出访韩国、日本

8月23—28日，率中国政府文化代表团访问韩国，出席"纪念中韩建交10周年——中韩国民交流年"建交纪念日庆祝活动，向韩国歌剧团团长、韩中文化艺术振兴会会长朴起贤和韩国海林通商社社长许该喆颁发文化交流贡献奖。9月

28日—10月3日，访问日本，出席中日邦交正常化30周年纪念活动，向日中友好协会会长平山郁夫、日中友好会馆会长后藤田正晴、日中文化交流协会代表理事白土吾夫、日本四季剧团艺术总监浅利庆太、茶道里千家家元千宗室，以及日本出版贩卖株式会社颁发文化交流贡献奖。文化交流贡献奖是中国文化交流事业的政府最高奖项。

六、组织全国"四进社区"文艺节目展演活动

中央文明办、文化部和中央电视台于2002年10月19—20日在上海举办了全国"四进社区"文艺节目展演活动。这次"四进社区"文艺展演活动是2002年4月启动的全国科教、文体、法律、卫生"四进社区"活动的重要组成部分。展演活动旨在以江泽民总书记"三个代表"重要思想为指导，深入贯彻中央颁发的《公民道德建设实施纲要》，充分展示各地科教、文体、法律、卫生"四进社区"活动和创建文明社区所取得的丰硕成果。展演以"歌唱新生活，迎接十六大"为主题，来自全国30个省、区、市的300多名优秀的社区文艺骨干参加了这一活动。

七、组织全国老年文艺调演活动

为积极推动老年文艺事业的发展，充分展示我国老年人健康向上的精神风貌，由全国老龄工作委员会办公室、中组部、文化部、国家广电总局、解放军总政治部在北京共同举办了全国老年文艺调演活动。来自全国各省、区、市和计划单列市、新疆生产建设兵团、中央国家机关工委和解放军总政治部的40个参演单位，共推荐选拔了414个优秀节目，包括音乐、舞蹈、戏剧、小品、曲艺、戏曲、时装表演7个门类。全国有数百万老年人参加了调演活动的初选和复选。文化部作为主办单位，承担了整个调演活动的演出主体工作，组织有关方面专家进行了认真评选，共评出金奖101个，银奖109个，铜奖204个。

10月12日晚在全国政协礼堂举行了老年文艺调演专场汇报演出，中共中央政治局常委、国家副主席胡锦涛以及丁关根、张万年、贾庆林、曾庆红、铁木尔·达瓦买提、曹志、司马义·艾买提、王忠禹、任建新等领导同志和中央军委委员于永波、中央和国家机关及北京市有关负责人一同观看了演出。

八、开展民族民间文化保护工程前期准备工作

7月，周和平同志主持召开文化部部长办公会议，指出中国民族民间文化保护工程的实施，要按照"政府主导、社会参与，长远规划、分步实施，明确职责、形成合力"的工作原则，坚持五个结合，即坚持立法保护与政策保障相结合，政府保护与民间保护相结合，决策系统与咨询系统相结合，财政投入与社会资金相结合，国内立法与国际立法相结合。

9月上旬，召开专家座谈会，就开展民族民间文化保护工作的思路征求意见。9—10月，派调研小组赴云南、江西和贵州、陕西进行调研，了解民族民间文化保护现状，掌握了第一手资料。9月28日，文化部办公厅向各省、区、市下发《文化部办公厅关于报送民族民间文化保护工作有关情况的通知》，要求在10月25日前报送本地区相关政策法规、规划措施、经验成绩及已开展和应保护的项目。11月，组织起草完成《中国民族民间文化保护工程总体规划》（草案）。

九、启动实施全国文化信息资源共享工程

4月，文化部和财政部联合下发《关于实施全国文化信息资源共享工程的通知》，并被列入4月22—23日召开的全国基层文化工作会议的重要内容。成立文化共享工程领导小组及办公室、专家咨询委员会。

5月组建了文化共享工程国家中心。举办"省级分中心总体设计培训班"，31个省、区、市的有关人员接受了培训。与此同时，开始紧锣密鼓地制定各种配套的管理制度，如《全国文化信息资源共享工程管理暂行办法》《全国文化信息资源共享工程资金管理暂行办法》《全国文化信息资源共享工程第一阶段实施方案》等。

7月，在山西太原召开了"全国文化信息资源共享工程试点工作会议"，采用现场会的方式部署试点工作，交流工作经验。12月23日，中共中央政治局常委李长春同志在视察国家图书馆时，听取了关于文化共享工程的汇报并观看了资源演示，对工程给予了充分的肯定，同时要求这些优秀的文化资源要尽快进入公网，尽快为社会公众服务。

12月召开全国文化信息资源共享工程工作总结电视电话会议。周和平同志充分肯定工程过去一年的工作，对今后的工作提出了五点要求：一要进一步加强领导，提高认识，即各级文化主管部门一定要充分认识到实施文化共享工程的意义和现实作用，抓住机遇，奋发有为，创造文化建设新局面；二要进一步拓展思路，创新机制，尽快把优秀资源送到基层，为群众服务；三要发挥各方面积极性，加大资源建设的力度；四要做好人员培训工作；五要加强文化共享工程的管理，特别要加强各级中心的管理。

十、组织实施中华再造善本工程

1998年中共中央政治局常委、国务院副总理李岚清到北京图书馆视察时，要求国家图书馆不仅要重视古籍善本的收藏，更要加强其开发利用，希望运用现代印刷技术，将体现历史文化精髓的善本古籍化身千百，让更多的人了解熟悉中华民族的灿烂文化。按李岚清同志指示，国家图书馆仿真复制了20余种善本藏品作为国务活动礼品，收到良好效果。经过认真调研和较长时间的酝酿策划，财政部、文化部决定启动中华再造善本工程，国家图书馆承担具体工作。在周和平

同志积极推动下，国家图书馆组织精锐力量，邀请著名专家学者，从馆藏中精选古籍善本、名家手稿、金石拓片等珍贵版本，利用现代印刷和装帧技术，以多种形式对珍本进行仿真影印，研究开展善本再造工作的最优方式，为工程的正式启动进行大量预研性、试验性工作，为工程的顺利实施打下了坚实基础。

5月27日，《文化部、财政部关于印发〈中华再造善本工程实施方案〉的通知》印发。成立了由文化部、财政部领导担任主任的规划指导委员会和由任继愈、季羡林、启功、侯仁之、李学勤、朱家溍等著名专家学者担任委员的编纂出版委员会，拟定了再造善本工程选书标准和《中华再造善本一期选目》。7月，由文化部、财政部主持，在北京召开中华再造善本工程规划指导委员会、编纂出版委员会工作会议，正式启动了中华再造善本工程。中华再造善本工程分为五编进行，自唐迄清为"唐宋编""金元编""明代编""清代编""少数民族文字文献编"，每编下以经、史、子、集、丛编次。

12月19日，文化部、财政部共同在人民大会堂举办《中华再造善本》编纂出版座谈会，国务院副总理李岚清出席会议并讲话，全国政协副主席罗豪才，文化部、财政部以及有关部委领导和社会各界、学者等100余人出席了会议。

十一、周和平同志主持召开"中国数字图书馆工程建设联席会议"第五次会议

5月13日，"中国数字图书馆工程建设联席会议"第五次会议在北京召开，中宣部、国家计委、教育部、科技部、财政部、信息产业部、外经贸部、文化部、国家广电总局、国家新闻出版总署、国家质量技术监督局、国务院法制办、北京市人民政府、中共中央党校、国防大学、中国科学院、中国社会科学院、北京大学、清华大学的相关部门以及国家图书馆等21个"中国数字图书馆工程建设联席会议"成员单位的代表参加了本次会议。

12月25日，国务院正式批准《"国家图书馆二期暨国家数字图书馆工程"可行性研究报告》，总建筑面积77687平方米，其中二期工程64766平方米，数字图书馆工程12921平方米，总投资123500万元。

十二、完成中国美术馆改造装修工程

2002年4月22日，国家计委批准了中国美术馆改造装修工程初步设计及投资概算，核定建筑面积22379平方米，总投资（除外墙外）11706万元。8月14日批准外墙干挂石材方案。2002年5月10日工程正式开工。经过半年多的努力，年底基本完成，2003年3月正式竣工交付使用。中国美术馆改造装修工程引入了全过程项目管理和投资控制这一创新的管理机制，质量高，工期短，投资控制有力，受到党和国家领导人、国家计委领导、美术界专家以及社会大众的充分肯定。

2003 年

一、研究加强公益文化建设的政策、措施

为了落实党的十六大报告提出的"四个扶持、一个加强"的要求，研究如何支持和保障公益文化事业建设，深化图书馆、文化馆内部机制改革等问题。在调研的基础上，文化部起草了《关于扶持和加强公益文化建设的若干指导意见》（建议稿）和起草说明。该意见在2003年8月召开的文化厅（局）长会议上征求了意见，进行修改后，上报全国文化体制改革领导小组办公室及国家发改委、财政部，为制定有关文件提供参考。

二、周和平同志主持召开"部分省、市城市图书馆资源共建共享工作座谈会"

3月26—28日，文化部在上海召开"部分省、市城市图书馆资源共建共享工作座谈会"。会议就图书馆服务方式进行了研讨，总结了上海市以上海图书馆为总馆，其他图书馆为分馆，各方联手共建图书馆资源共享体系的经验。中心图书馆分馆制的实行打破了原来各自为战的服务模式，使文献信息资源的配置更加合理，各图书馆的特色资源和服务水平得到进一步加强。

三、改革社会文化评奖机制

根据国务院减少和下放审批权限的精神，为规范活动审批制度，推动群众文化活动健康发展，初步确定按照《行政许可法》的规定，取消有关公益性群众文化活动的审批权，并上报国务院。在评奖活动中，经过认真研究，决定将针对少数民族专业艺术评奖的"孔雀奖"由社会文化司移交给艺术司。同时，将"蒲公英奖"与"群星奖"合并，并由一年一次评奖改为与中国艺术节同步的三年一次，对评奖机制和运作机制也相应做了较大调整。经过修改后的《文化部群星奖奖励办法》于2003年10月30日正式下发。此外，按照《招标投标法》有关规定，以第二届全国"四进社区"文艺展演活动的节目评选活动为契机，进行了大型群众文化活动项目招标投标的尝试。这项工作为今后规范大型群众文化活动项目的运作积累了经验。

四、积极推进全国文化信息资源共享工程

在2002年的基础上，加大资源建设的力度，建立了以国家中心、省级分中

心为骨干，基层中心为服务端的工作网络体系。文化共享工程第一期网络平台、资源建设、用户服务、数字版权管理系统等技术研发已经完成并投入使用，文化共享工程网站（www.ndcnc.gov.cn）全面开通。10—11月组织专家组先后对福建、广西、四川、陕西、山西、浙江、河北、江苏8个省级分中心、34个基层中心以及国家中心进行了绩效评估。

五、加快实施中国民族民间文化保护工程

2003年初，成立了中国民族民间文化保护工程领导小组、专家委员会及国家中心。根据财政部的要求，组织编制了保护工程的总体规划和第一期实施方案与项目预算文本，积极申请保护工程专项资金。7—8月召开了10多次保护工程分门类项目论证专家座谈会。组织起草了《关于实施中国民族民间文化保护工程的意见》《中国民族民间文化保护工程管理暂行办法》等文件。10月27—30日在贵州召开了中国民族民间文化保护工程试点工作会议，对民族民间文化保护工作的思路进行了认真研究，明确了"政府主导、社会参与，长远规划、分步实施，明确职责、形成合力"的工作原则；下发了《关于开展中国民族民间文化保护工程试点工作的通知》，明确了试点工作的方式、类型与任务要求；对试点工作进行了部署，并公布了第一批西藏昂仁县炯巴藏戏等10个试点名单。

六、推进实施送书下乡工程

4月文化部会同财政部联合下发了在全国实施送书下乡工程的通知，按照通知要求，成立了工程领导小组，确定了由国家图书馆具体负责承办。8月完成了送书下乡工程涉及全国22个省份的图书选目和配送图书专用标识设计工作。12月初，完成367种、130万册图书的印制，发运有关省、区、市。

七、组织第一次全国文化馆评估定级工作和"群星奖"评奖等工作

上半年，组织评估组对27个省、区、市群众艺术馆、文化馆的评估自查工作进行了检查和抽查。3月，在福建省福州市晋安区新店镇召开了中国民间艺术之乡命名暨现场经验交流会，命名了一批共909个"中国民间艺术之乡"和"民间特色艺术之乡"。10月底在南昌举办了第二届全国"四进社区"文艺展演活动，并召开了社区文化工作座谈会。11月在青岛完成了全国第十二届"群星奖"和第三届"蒲公英奖"评奖活动，共评出金奖13个，银奖17个，铜奖25个。12月初，在广州举办中国第五届老年合唱节；12月中下旬与中宣部联合召开"全国农村基层文化先进单位表彰会议"。

八、国家博物馆工程获批立项

2003年2月28日，国家博物馆挂牌。国家博物馆由中国革命博物馆和中国

历史博物馆合并组建,改由文化部管理。文化部成立了国家博物馆工程领导小组,周和平同志作为领导小组副组长和分管基建工作的副部长,在选址方案、建筑设计等方面做了大量沟通协调工作。3月15日,国家计委报请国务院同意,批准了国家博物馆工程项目建议书,核定在中国革命博物馆、中国历史博物馆的原址向东扩建,总建筑面积15万平方米(其中扩建8.5万平方米),总投资18亿元。

九、协调推进故宫博物院整体维修工程

2001年11月19日,中共中央政治局常委、国务院副总理李岚清视察故宫并主持召开会议,决定实施故宫整体维修工程,计划每年投入1亿元资金,对故宫实施整体维修,到2020年故宫建成600周年时全面完成紫禁城整体保护任务,开放面积从43万平方米增加到57万平方米,呈现"康乾盛世"风貌。2003年9月4日,国务委员陈至立在故宫召开会议,研究落实故宫维修和文物利用有关问题。文化部成立了故宫整体大修工程领导小组,周和平同志担任副组长。

十、国家话剧院剧场工程立项

早在1988年,中央实验话剧院就在地安门大街初步完成了剧场建设用地拆迁,由于投资无法落实等原因长期空置。2001年8月,原中国青年艺术剧院和中央实验话剧院合并,组建国家话剧院。建设剧场成为国家话剧院的当务之急。周和平同志积极协调国家发改委、北京市,推动项目落实。李岚清副总理先后两次视察,并做出批示。2003年3月14日,国家计委批准国家话剧院剧场工程项目建议书,建筑面积1.5万平方米,总投资1.6亿元。

十一、出访巴哈马、哥伦比亚、厄瓜多尔等国

11月1—17日,率中国政府文化代表团访问巴哈马、哥伦比亚、厄瓜多尔三国,过境美国、西班牙。访问期间,拜会了巴哈马总督;主持中哥文化混合委员会第七次会议,签署了《中哥两国政府2003—2005年度文化交流执行计划》。

2004 年

一、开展农村文化建设和农民自办文化调研

为落实中央领导批示,6月组成5个调研组,分赴甘肃、宁夏、四川、浙江、湖南、福建等地农村进行专题调研,并在此基础上起草了《关于进一步加强

农村文化建设的决定》,12月13日就文件起草情况向中央领导同志做了专题汇报。11月初与有关部委组织调研组赴湖北、河南两省,就农村文化建设和农村文化管理体制改革进行了专题调研,形成了调研报告。

二、加强未成年人文化建设

根据《中共中央国务院关于进一步加强和改进未成年人思想道德建设的若干意见》精神,文化部会同国家文物局下发《文化部、国家文物局关于公共文化设施向未成年人等社会群体免费开放的通知》,使博物馆、纪念馆、美术馆等公共文化设施对未成年人免费或优惠开放获得了政策上的保障。

三、完成全国首次群众艺术馆、文化馆评估定级工作

全国共有2149个群众艺术馆、文化馆参加群众艺术馆、文化馆评估定级工作。根据评估结果,共评出国家一级馆210个,二级馆275个,三级馆408个,1336个馆未入等级。为不断巩固全国文化先进县创建成果,文化部对全国文化先进县开展复查工作,对1991年以来文化部授予的"全国文化先进县"进行了复查。

四、召开全国文化先进社区命名表彰暨经验交流会并讲话

11月,中央文明办、文化部等部门在广东省深圳市举办"四进社区"文体展演活动。活动期间,文化部召开了全国文化先进社区命名表彰暨经验交流会。主要任务是深入贯彻党的十六大和十六届三中、四中全会精神,进一步落实中央文明委关于"四进社区"活动的工作要求,总结2002年以来科教、文体、法律、卫生"四进社区"特别是"文化进社区"活动的情况,交流各地社区文化建设的经验,命名表彰全国文化先进社区,研究部署进一步推进文化进社区的各项工作。周和平同志在讲话中强调,加大城市社区文化建设力度,是政府公共服务职能实现的具体体现,也是贯彻科学发展观的必然要求。要求各地文化部门进一步提高对社区文化建设重要意义的认识;加大投入力度,推动设施建设,为社区文化发展做好基础性工作;努力创新文化活动方式,动静结合,吸引广大群众积极参与社区文化建设;充分发挥专职文化工作者的作用,充分调动社区居民参加文化建设的积极性,形成专兼结合的社区文化工作队伍;建立健全社区文化共建共享机制,整合资源,立体推进社区文化建设;加强领导,积极探索社区文化在新形势下的管理模式。

五、在云南省召开中国民族民间文化保护工程试点工作交流会并讲话

会议总结并交流了贵州会议以来民族民间文化保护工程试点工作的经验,公

布第二批国家级试点,明确民族民间文化保护工程下一步的工作思路,部署工作任务。周和平同志在讲话中强调,要充分认识加强民族民间文化保护对于落实科学发展观的重要意义,充分认识加强民族民间文化保护工作对坚持文化多样性、维护我国文化主权的重要作用,充分认识加强民族民间文化保护是建设先进文化的一项重要内容。要积极准备,争取尽早建立各级民族民间文化保护名录;开展资源普查工作,摸清民族民间文化的家底;加强民族民间文化保护工作队伍建设;加大投入,努力建立完善的民族民间文化保护投入机制;加大民族民间文化保护的理论研究和宣传力度;加强领导,为民族民间文化保护工程提供有力保障。

六、召开全国文化信息资源共享工程工作会议

周和平同志在讲话中强调,文化共享工程是利用先进技术广泛快捷地传播优秀文化信息资源的文化创新项目,要从落实科学发展观的高度,充分认识文化共享工程的重要意义。文化共享工程是建设先进文化、落实科学发展观的重要内容,是建设先进文化的重要组成部分,是加强基层文化建设特别是农村文化建设的有利措施,是利用高科技手段建设先进文化的新尝试。要以资源建设和基层服务为重点,加快工程建设进度,加大工程建设力度,全面推进文化共享工程的发展。

七、继续推进老年大学试点工作

为总结近年来文化系统老年大学的办学经验,促进老年事业的繁荣与发展,2004年8月16—18日,文化部在山西省襄垣县召开全国文化系统老年大学试点经验交流会,出席会议的人员有文化部、有关省文化厅社文处主管老年教育的同志和10个试点老年大学的负责人及中国老年大学协会领导同志等。会上大家交流了办学的经验与体会,参观了襄垣县老年大学,试点老年大学还共同发起了"旨在推动全国文化系统开展老年教育工作,为我国老年教育事业普及与提高做出贡献的倡议"。

八、举办第六届中国老年合唱节

由文化部主办,中国合唱协会和河北省文化厅协办的第六届中国老年合唱节于2004年9月24—30日在河北省北戴河举行,来自全国19个省、区、市的41个老年合唱团2000多位老年人参加了此次合唱节。

九、中国美术馆二期扩建工程获批立项

在完成中国美术馆一期维修改造的基础上,周和平同志又紧锣密鼓地推动中国美术馆二期扩建工程的建设,召开领导小组会研究扩建方案,听取专家意见,

协调扩建用地问题。2004年9月20日,经国务院同意,国家发改委批准中国美术馆二期扩建工程项目建议书,由原址向西扩建,总建筑面积3.85万平方米,总投资5.61亿元。

十、中央芭蕾舞团办公楼改造完成投入使用

自1959年建团以来,中央芭蕾舞团一直使用太平街6200平方米业务办公楼,结构抗震能力不足,设施设备老化,不能满足艺术生产的需要。周和平同志积极筹措资金,推动香港新鸿基地产集团赞助1000万元,国家财政专项解决1000万元,并多次视察工地,加强工程管理,督促项目进展。2004年8月5日,中央芭蕾舞团新办公楼落成,有效改善了艺术生产条件。

十一、国家图书馆二期工程奠基

2004年11月及2005年10月,国家发改委分两次批准了国家图书馆二期工程和国家数字图书馆工程初步设计及投资概算,核定建设规模8万平方米,总投资12.23亿元。2004年12月28日,国家图书馆举行二期工程奠基仪式,国务委员陈至立、全国政协副主席罗豪才等出席。

十二、赴英国、德国调研中国文化中心选址情况

8月6—22日,会同财政部预算司、教科文司,赴英国、德国、奥地利、瑞典、芬兰等国调研中国文化中心选址。在英国期间,与财政部就中心选址尽量避开文物建筑达成一致。在德国期间,确定了柏林中国文化中心选址地点以及定制化建设模式。

十三、赴香港出席香港文化艺术界庆祝中华人民共和国成立55周年大型晚会

9月14—17日,在第七届中国艺术节间隙,率团出席香港文化艺术界庆祝中华人民共和国成立55周年大型晚会并致辞,拜会了中联办副主任李刚。

十四、出访白俄罗斯、爱尔兰

10月18日—11月6日,率中国政府代表团出访白俄罗斯、爱尔兰,过境俄罗斯。出席白俄罗斯"中国文化日"开幕式并致辞。与爱方共同主持中国文化节开幕仪式。

2005 年

一、参与制定中共中央办公厅、国务院办公厅《关于进一步加强农村文化建设的意见》

为贯彻落实党的十六届五中全会精神，促进农村文化和经济、政治、社会协调发展，2005年11月7日，中共中央办公厅、国务院办公厅下发了《关于进一步加强农村文化建设的意见》（中办发〔2005〕27号）。该意见站在落实科学发展观、构建社会主义和谐社会和建设社会主义新农村的高度，根据当前农村经济社会发展的实际和中央关于解决"三农"问题的战略部署，着眼于广大农民群众的精神文化需求，深刻地阐述了农村文化建设的重要性和紧迫性，提出了农村文化建设的指导思想和目标任务，以及推进农村文化建设的相关政策措施。这份文件是继2002年国务院办公厅转发《文化部、国家计委、财政部关于进一步加强基层文化建设的意见》之后，关于基层文化建设的又一重要文件。

二、召开农村公共文化服务工作经验交流会议并讲话

为了贯彻落实党的十六届五中全会精神和中央关于社会主义新农村的战略部署，文化部在广东省佛山市召开农村公共文化服务工作经验交流会议暨文化馆改革与发展座谈会议、公共图书馆讲座工作会议。会议以党的十六届五中全会精神为指导，贯彻落实全国宣传部长会议和中共中央办公厅、国务院办公厅《关于进一步加强农村文化建设的意见》精神，总结推广各地农村文化建设的新做法和新经验，探讨了公共图书馆讲座、文化馆改革与发展问题，研究"十一五"期间农村文化建设的思路、办法和措施。周和平同志在会上做了题为《努力构建农村公共文化服务体系，为建设社会主义新农村提供文化支持》的讲话。他强调要按照建设社会主义新农村的要求，大力推进农村文化建设；要围绕构建结构合理、发展平衡、网络健全、运营高效、服务优质、覆盖全社会的公共文化服务体系的目标，以维护公民基本文化权益为出发点，以满足人民群众基本精神文化需求为目的，加大农村公共服务建设的力度，不断提高农村公共文化服务能力，努力开创农村文化建设新局面。

三、参加中宣部等部委联合召开的文化科技卫生"三下乡"10周年工作座谈会并讲话

11月，参加中宣部等部委联合召开的文化科技卫生"三下乡"10周年工作

座谈会，就文化下乡工作做了讲话。周和平同志指出：文化下乡是"三下乡"活动的重要内容。多年来，各级文化部门按照"贴近实际、贴近生活、贴近群众"的要求，坚持深入农村，深入群众，组织开展丰富多彩、形式多样的文化活动，出色、圆满地完成了文化下乡活动任务。10年来，文化部门的主要经验有：充分发挥各级文化机构的积极性，开展形式多样的文化下乡活动；加强农村文化设施建设，扎根农村，通过文化下乡，建设乡下文化；充分利用重大文化工程实施成果，为农民群众提供优质的文化服务和丰富的文化资源；不断丰富文化下乡的内容和形式，完善活动机制。

四、继续推进文化共享工程建设

为进一步加大工程实施力度，中共中央办公厅、国务院办公厅转发了《文化部、财政部关于进一步加强全国文化信息资源共享工程建设的意见》。2005年初，经国务院批准，文化部和财政部召开了全国文化信息资源共享工程电视电话会议，国务委员陈至立出席并发表重要讲话。文化部部长孙家正介绍了工程实施情况，部署了有关工作。电视电话会议召开之前，周和平同志部署了2005年全国文化信息资源共享工程工作。他强调，当前要重点抓好以下几项工作：进一步完善文化共享工程管理体制与工作机制；加大投入，努力建立有效的文化共享工程投入机制；进一步加大资源整合的力度，按照统一的标准规范建设分布式数字资源库；加快服务网络建设，不断强化工程的服务功能；尽快建立一支高素质的工作队伍，为工程建设提供有力的人才保障。强调各级文化部门要按照"统筹协调、加强支持、形成合力、促进发展"的原则，依靠其他有关部门的大力支持，与各方面力量相互配合，共同推进文化共享工程建设。

五、会同财政部联合召开全国非物质文化遗产保护工作会议

6月，为了贯彻落实《国务院办公厅关于加强我国非物质文化遗产保护工作的意见》（国办发〔2005〕18号）文件精神，文化部会同财政部联合召开全国非物质文化遗产保护工作会议。周和平同志在会上要求着重抓好以下几项工作：一是统一部署，认真安排，积极开展普查工作，计划2005—2008年开展全国范围内的非物质文化遗产资源普查；二是认真组织，积极推荐和申报第一批国家级非物质文化遗产代表作；三是立足长远，建立有效的非物质文化遗产保护机制；四是加大力度，加强指导，继续推动保护工程试点工作；五是扩大宣传，提高全社会非物质文化遗产保护意识。

建立非物质文化遗产保护工作部际联席会议制度，统一协调解决非物质文化遗产保护工作中的重大问题。部际联席会议由文化部、国家发改委、教育部、国家民委、财政部、建设部、国家旅游局、国家宗教局、国家文物局组成。文化部为部际联席会议牵头单位，文化部部长孙家正任部际联席会议召集人，周和平同

志任部际联席会议成员兼秘书长。

六、举办第十三届"群星奖"获奖节目展演暨迎新春送戏下乡活动

为进一步引导送戏下乡活动的开展，活跃农民文化生活，2005年元月在北京组织了"第十三届'群星奖'获奖节目展演暨迎新春送戏下乡活动"。这次活动从第十三届"群星奖"获奖节目中共选调了14个节目，涉及音乐、舞蹈、戏剧和曲艺四个艺术门类，形式活泼，内容贴近生活。全部节目都是群众自己创作，演员都是由非专业的群众担任。元月15日、16日在昌平崔村、顺义北小营村为广大农民进行了专场演出，受到了广大农民群众的欢迎。元月17日、18日，这些由老百姓自己编、自己演的群众文艺节目在长安大戏院为在北京辛勤工作的农民工举行了专场演出，掀起了2005年大规模文化下乡活动的高潮。

七、组织全国第四届"四进社区"文艺节目展演活动

中央文明办、文化部和中央电视台于11月12—13日在江苏扬州举行了第四届"四进社区"文艺展演活动和全国文化先进社区展览暨经验交流会。各地文明办、文化厅（局）共向展演活动组委会办公室报送节目142个。从中评出了第四届全国"四进社区"文艺展演剧（节）目金奖18名，银奖31名，铜奖39名，组织奖33名，辅导奖21名。命名表彰了152个社区为"全国文化先进社区"，92名同志为"全国社区文化优秀辅导员"。

八、参加全国首届服务农民服务基层文化工作先进集体表彰会

中宣部、文化部于12月13日在北京召开了"全国服务农民服务基层文化工作先进集体表彰会"，对全国20个先进剧团、38个全国先进民营文艺表演团体、32个全国基层文化市场管理先进集体、20个文化馆站和40个农村文化户进行了表彰和奖励。

九、举办中国第七届老年合唱节

11月底在海南省举办第七届中国老年合唱节。全国23个省、区、市的38个合唱团，2000多位老同志参加了合唱节。总结以往六届评比经验，考虑到老年人的心理特点，本届合唱节奖项设置重在促进合唱艺术交流，淡化比赛色彩。为鼓励各合唱团的积极性，设立"五指山奖""万泉河奖""博鳌奖"三个奖项，突出地方特色，只将排序隐含其中，既保护了参演老年人的积极性，又着力宣传了海南，深受参赛合唱团的普遍好评。

十、制定和组织实施"中国少儿歌曲创作推广计划"

经国务院领导同意,文化部联合财政部、教育部、国家广电总局、共青团中央、北京市人民政府、中国音协等单位,在全国组织开展少儿歌曲精品创作推广工作。从创作和征集作品、建立和培训少儿歌曲创作队伍、广泛开展推广普及活动等几个方面入手,逐步建立政府推动与社会参与相结合、专家委约与社会征集相结合、社会资源与学校资源相结合、少年儿童自创与自唱相结合的少儿歌曲创作普及长效机制。文化部会同财政部、教育部、国家广电总局、共青团中央、北京市人民政府、中国音协等单位下发了《关于开展少儿歌曲创作推广工作的通知》。5月30日晚在北京举办了首届"希望之歌"优秀少儿歌曲演唱会,向社会重点推荐了第一批10首最新创作的少儿歌曲。

十一、中国歌剧舞剧院迁址项目获得批准

中国歌剧舞剧院位于南华东街,和中央芭蕾舞团一墙之隔,办公居住混杂、排练条件差,周边没有发展的空间。周和平同志积极协调国家发改委、北京市政府,推动中国歌剧舞剧院迁址。经过多方比选,最终决定采用定制化的方式在南三环刘家窑桥东北角建设中国歌剧舞剧院新址。2005年12月12日,国家发改委批准了迁址项目可行性研究报告,核定购置面积1.29万平方米,总投资1.41亿元。经过2年多的努力,2008年4月剧院搬入新址。

十二、万泉寺住宅工程开工

完成文化住宅小区之后,周和平同志继续推动职工住房问题的解决,协调中国艺术研究院完成拆迁,决定继续由财务司负责组织工程建设,多次召开会议研究工程建设问题。万泉寺小区包括2栋塔楼、1栋板式高层、1栋多层的商业服务用房及车库等,建筑面积6.69万平方米,总投资2.33亿元,面向文化部机关和直属单位职工,基本售房价每平方米4500元。工程于2005年10月开工,2007年7月竣工,共交付新房484套。此外,周和平同志还协调了北京市回龙观、天通苑经济适用住房房源,解决文化部系统职工住房问题。

2006 年

一、开展农村文化建设大调研

2005年11月中共中央办公厅、国务院办公厅《关于进一步加强农村文化建

设的意见》下发后，为了贯彻文件精神，深入研究农村公共文化服务体系建设的思路、办法和措施，文化部党组将2006年定为"农村文化建设年"。文化部下发通知，开展农村文化建设调研。这是2004年之后，又一次全国规模的农村文化工作调研。调研分成两级进行，由孙家正部长、周和平副部长带队，分别对河北、河南、山东、重庆、湖北、四川、浙江、三峡库区等地调研，在各地调查报告的基础上，汇总形成总的调研报告《2006年农村文化建设调查报告》。文化部还在调研基础上，起草了《农村公共文化体系建设规划》和《文化站建设规划》，报送给国家发改委。《文化站建设规划》提出，"十一五"期间，中央财政将在"两馆"项目完成的基础上，扶持乡镇文化站设施建设，新建和扩建2.3万个农村乡镇文化站，"十一五"末期基本实现乡乡有综合文化站的目标。

二、参加在昆明召开的全国文化厅局长座谈会

这次会议的主题是农村文化建设。孙家正同志就农村文化建设面临的形势、任务和工作思路、措施做了重要讲话。周和平同志就拟向中央报送的《关于落实中办27号文件精神，开展农村文化建设调研有关情况的报告》做说明，报告经会议讨论修改后，于2006年8月报送中央和国务院。

三、部署全国文化信息资源共享工程试点工作

周和平同志牵头制定了《全国文化信息资源共享工程"十一五"发展规划》，商财政部同意，以文化部文件的形式下发了文件。就试点工作召开三次会议进行部署。经研究，文化部和财政部确定了工程建设以县为重点，试点先行，取得经验再全面铺开的工作思路。为了部署试点工作，分别于今年3月在北京、6月在贵州、9月在山东召开会议布置试点工作。这几次会议明确，从2006年7月至2007年6月，开展为期一年的试点工作。明确了山东和浙江2个试点省，廊坊市、佛山市、东莞市、焦作市、遵义市5个试点市；并在全国确定了360个试点县，其中有东部地区260个县（包括山东、浙江230个县）、中西部地区100个县。这些试点将集中力量建设具有较高水平且有一定规模的县级分中心，提升其服务能力，同时每县的基层服务点要覆盖所辖乡镇和10%的村，实现连片建设。中央财政将对中西部地区100个试点县给予适当补助。

四、举办中国非物质文化遗产保护成果展和展演文艺晚会

2月12日—3月16日，中国非物质文化遗产保护成果展和展演文艺晚会分别在国家博物馆和民族宫大剧院举行，此次展览是我国政府举办的第一次全面反映非物质文化遗产保护成果的大规模展览，由文化部、国家发改委、财政部等非物质文化遗产保护工作部际联席会议的九个成员单位共同举办。展览展演活动在社会上引起巨大反响，受到一致好评，参观展览的观众达35多万人次。李长春、

刘云山、华建敏、陈至立等中央和国务院领导同志参观了展览，并给予了高度评价。

五、国务院颁布第一批国家级非物质文化遗产名录

5月20日，国务院颁布了第一批518项国家级非物质文化遗产名录项目，涉及758个申报地区或单位。10月，文化部以部长令的形式颁发了《国家级非物质文化遗产保护与管理暂行办法》。第一批国家级非物质文化遗产名录的公布，对建立中国特色非物质文化遗产保护制度具有重大意义。

六、成功举办第一个"文化遗产日"

6月10日，我国迎来了第一个"文化遗产日"。文化部会同国家文物局组织形式多样的文化遗产保护宣传活动，周和平同志策划并参加了一系列重要活动，如在国务院新闻办召开了我国第一个"文化遗产日"中外记者新闻发布会；举办了"保护文化遗产，守护精神家园"大型文化遗产展演文艺晚会、中国非物质文化遗产论坛、"文明的守望——中华古籍特藏珍品暨保护成果展"、以"非物质文化遗产保护"为专题的"部级领导干部历史文化讲座"等。李长春、刘云山、陈至立等领导同志出席了有关活动。6月11日，周和平同志陪同国务委员兼国务院秘书长华建敏视察了故宫维修保护工程。

七、推进优秀少儿歌曲推广活动

6月，文化部、财政部、教育部、国家广电总局、共青团中央、中国文联、北京市人民政府共同举办了"全国少儿歌曲创作、演唱比赛"，共从参评的2000余首作品中，评选出20首入选优秀歌词，向社会进行首次推荐。为提高各地少儿歌曲创作队伍素质，先后在大连、乌鲁木齐、宁波和成都举办了四期培训班，取得很好效果。

八、举办首届中国少年儿童合唱节

8月8—10日，文化部、教育部和江苏省人民政府在南京市主办了首届中国少年儿童合唱节。26个省、区、市的29支少年儿童合唱团1300余人参加，国务委员陈至立同志亲临现场观看合唱节闭幕晚会演出。

九、参加在天津举办的第八届中国老年合唱节

9月26日，来自全国的54支老年合唱团队、近3000名老年人参加了比赛。

十、出访德国、比利时、瑞士等国

10月25日—11月9日，率中国政府文化代表团访问了德国、比利时、瑞

士,过境荷兰、法国。出席纪念中国和比利时建交35周年郎朗音乐会。

十一、国家博物馆工程确定改扩建方案

国家博物馆工程立项以后,文化部成立了工程领导小组,负责统筹协调工程进展。周和平同志担任副组长,推动开展了设计招标、可行性研究等一系列工作。由于涉及对原20世纪50年代建筑保留还是拆除,以及临近2008北京奥运会,国家发改委建议推迟到奥运会后才开始建设。在文化部和国家博物馆的努力争取下,国务委员陈至立在2006年3月22日、9月7日、12月11日连续3次召开协调会议,确定了"留三面"扩建方案,明确2007年3月底前开工,2008年奥运会前亮出西、北外立面的目标。2006年12月8日,经国务院同意,国家发改委批准可行性研究报告,批准建设规模19.19万平方米,总投资26.1亿元。

为解决改扩建工程期间的文物周转和日常文物修复整理问题,经过努力争取,国家发改委批准了国家博物馆石榴庄文物保护中心项目,建筑面积7988平方米,总投资4271万元(其中国家专项安排3300万元)。石榴庄文物保护中心于2006年6月竣工投入使用。

2007 年

一、研究加强公共文化服务体系建设的政策措施

2007年初,根据中央关于进一步加强公共文化服务体系建设的要求,周和平同志参加由中宣部牵头的《关于加强公共文化服务体系建设的若干意见》的文件起草工作。8月,中共中央办公厅、国务院办公厅正式下发了《关于加强公共文化服务体系建设的若干意见》,明确了公共文化服务体系建设的主要思路和目标,提出了加强公共文化服务体系建设的有关政策措施。

二、出访法国、希腊、意大利

4月14—27日,会同财政部教科文司出访法国、希腊、意大利。在法国期间,出席在联合国教科文组织总部举办的"中国非物质文化遗产节"开幕式,这是中国政府第一次在联合国机构举办非物质文化遗产保护的宣传活动。

三、5月15日,召开全国公共图书馆延伸服务经验交流会并讲话

总结、推广天津图书馆及各地公共图书馆开展延伸服务的成功经验,研究、部署新形势下的图书馆服务工作。周和平同志在讲话中要求各地大力推进总分馆

制，设立行业分馆、专业分馆；形成以中心图书馆为核心，覆盖全市的完善的图书馆服务网络，使图书馆建设布局合理、资源共享、优势互补；依托文化共享工程、互联网延伸图书馆服务；积极开展流动服务；继续开展讲座、展览和培训等方面的工作，办出特色，树立品牌；加强组织领导和保障机制建设。

四、出访乌兹别克斯坦、蒙古、朝鲜等国

8月24日—9月1日，率中国政府文化代表团出访乌兹别克斯坦、蒙古，过境俄罗斯。出席"中蒙两国联合保护蒙古族长调民歌协调指导委员会第二次会议"，与蒙古国教科文部副部长铁木尔·奥其尔签署了《中蒙两国蒙古族长调民歌联合田野调查协议》。出席撒马尔罕建城2750周年庆祝活动和"东方旋律"国际音乐节。9月4—8日，率团访问朝鲜，拜会朝鲜最高人民会议常任委员会副委员长杨亨燮、朝鲜对外文委代委员长文在哲、朝鲜文化省副相崔昌日等。

五、召开全国乡镇综合文化站建设工作电视电话会议

9月17日，国家发改委、文化部联合印发了《全国"十一五"乡镇综合文化站建设规划》，明确在"十一五"期间，由中央安排专项补助资金39.48亿元，支持各地新建和扩建2.67万个乡镇综合文化站，到2010年基本实现"乡乡有综合文化站"的目标。9月27日，文化部会同国家发改委在北京召开全国乡镇综合文化站建设工作电视电话会议。国务委员陈至立同志出席会议并做了重要讲话。

六、积极争取中央财政调整规划，大力支持全国文化信息资源共享工程建设

1月8日，中央宣传思想工作领导小组会议听取了文化部关于文化共享工程建设情况汇报，专题研究和部署文化共享工程建设。周和平同志参加汇报。会议强调，"十一五"期间，文化共享工程要以共建共享为基本途径，与广播电视村村通、电话村村通、农村中小学现代远程教育、农村党员干部现代远程教育、数字图书馆、数字电视和其他广播传输手段紧密结合，到2010年基本形成资源丰富、技术先进、服务便捷、覆盖城乡的数字文化服务体系，实现"村村通"。为此，文化部与财政部共同研究调整了工程建设规划，财政部决定2007—2010年投入专项建设资金24.76亿元，为文化共享工程的快速发展提供了有力保障。为贯彻落实党中央、国务院关于加快推进全国文化信息资源共享工程建设的有关部署，4月，文化部、财政部在安徽省合肥市联合召开了全国文化信息资源共享工程工作会议。文化部副部长周和平、财政部副部长张少春出席会议并做重要讲话。在这次会上，文化部与各省政府签署了责任书。责任书由文化部分管部长与各省级人民政府分管领导签署，各省文化厅局长作为直接责任人副署。从2008

年开始,对东部地区工作做得好的省份,将给予适当奖励。

七、部署开展古籍保护工作

1月19日国务院办公厅印发《关于进一步加强古籍保护工作的意见》(国办发〔2007〕6号)。2月,召开了全国古籍保护工作会议。国务委员陈至立同志在会议上做了重要讲话。文化部部长孙家正、副部长周和平及财政部副部长张少春、教育部副部长李卫红、科技部副部长刘燕华、国家民委副主任丹珠昂奔等参加会议并讲话,标志着古籍保护工作全面启动。会议要求,今后古籍保护工作主要做好以下几项工作:全面开展普查工作,建立《国家珍贵古籍名录》,命名全国古籍重点保护单位,加强古籍保护队伍建设,做好珍贵古籍修复工作,积极利用古籍保护成果。各级文化部门要认真落实国务院办公厅文件精神,加强组织协调,充分调动有关部门和社会各方面的积极性,齐心协力,共同开创古籍保护工作的新局面。

7月9日,周和平同志牵头召开全国古籍保护工作部际联席会议第一次会议。8月,召开全国古籍保护试点工作会议,对试点工作、普查等工作进行了全面部署,决定从全国各个系统选择57家工作基础较好的古籍收藏单位,自2007年8月开始,开展为期一年的古籍保护试点工作。会议印发了《古籍普查方案》《试点工作方案》《全国古籍保护工作专家委员会工作章程》《国家珍贵古籍名录评审暂行办法》《全国古籍重点保护单位评定暂行办法》《全国古籍保护工作专家委员会章程》,成立了专家委员会。

8月,周和平同志组织召开全国古籍督导工作会议,决定组建15个督导组,于8月下旬至9月下旬对全国31个省、区、市的72家古籍收藏单位,开展为期一个月的古籍保护督导工作。11月22日,下发了《关于全国古籍保护督导工作情况的通报》,对有关省份进行了表扬。

10月份开始,与国家古籍保护中心共同组织各地开展了首批珍贵古籍名录、重点古籍保护单位的申报工作。各地申报首批珍贵古籍名录的数量超过4000部,申报全国古籍重点保护单位超过100家。此外,与教育部、国家民委、国家宗教局、国家文物局联合发文,对各省未申报的600多部珍贵古籍进行了点报,初步确定了首批名录入选古籍,并安排10组专家组赴各省古籍收藏单位,对部分拟入选古籍进行了现场核查。2008年,由评审委员会研究确定最终名单,经向全国古籍保护工作部际联席会议成员单位及社会征求意见(公示)后,报请国务院审批。

八、国家话剧院剧场工程奠基

国家话剧院剧场工程2003年3月正式立项,原计划在地安门大街东侧建设,由于北京市规划调整等原因另行选址。通过多方比选与协调,最终选择在广安门外大街首钢6号地建设国家话剧院及其剧场，原址交回国家机关事务管理局。由于涉及国家话剧院不能全部使用该地块以及土地手续等原因，该项目推进难度很大。国务院总理温家宝、国务委员陈至立多次做出批示，2004年5月27日、2005年3月22日，国务委员陈至立连续两次召开协调会议，此后国务院副秘书长汪洋、陈进玉又多次协调。2007年1月国家发改委批准项目可行性研究报告，9月批准初步设计及投资概算，核定建设规模2.1万平方米，总投资3.15亿元（其中征地拆迁1.2亿元）。12月25日，剧场工程举行奠基仪式，国务委员陈至立以及有关部门负责同志出席。

九、国家博物馆改扩建工程动工

在李岚清同志亲切关怀下，国家博物馆改扩建工程于2003年3月15日经国务院批准立项。2007年3月17日，国家博物馆举行了改扩建工程动工仪式，国务委员陈至立以及国家发改委、财政部、北京市领导出席。7月23日，国家发改委批准了初步设计及投资概算，核定项目总规模19.19万平方米，总投资25.03亿元。按照改扩建方案，保留原中国革命博物馆、中国历史博物馆西、南、北三个立面进行加固改造，拆除东侧庭院进行扩建。周和平同志参与其中的大量协调工作。

十、梅兰芳大剧院落成投入使用

为改善京剧事业发展条件，1998年，在朱镕基总理等关心下，经国家发改委、国家机关事务管理局等相关单位批准，中国京剧院采取利用国拨土地资源，吸引社会资金，国家财政资金适当补助的合作模式建设梅兰芳大剧院。建设规模11306平方米，总投资13707万元，2005年1月开工建设，2007年11月竣工投入使用。梅兰芳大剧院的建设是在合作建设模式上的一次有益探索。

2008年

一、推进建立农村基层公共文化经费保障机制

为促进基层公共文化设施的可持续发展，文化部将建立农村县、乡、村公共文化服务经费保障机制作为工作重点之一，着力将农村公共文化服务纳入公共财政保障范围。按照政府购买的方式，由中央财政提供必要的经费保障，使基层文化馆、图书馆和文化站等能够正常地运转，保障农民群众看书、看报、看戏、参加文化培训和群众文化活动等基本文化权益。2008年3月，在京召开公共文化服

务体系保障机制调研工作座谈会，安排部署开展公共文化服务体系财政保障机制专项调研工作。调研之后，对基层公共文化服务经费保障所需资金进行了测算，并与有关部门进行了磋商，起草了《关于基层公共文化服务体系建设有关问题的报告》。

二、组织开展公共文化设施挪作他用情况专项检查

为落实中共中央办公厅、国务院办公厅《关于进一步加强公共文化服务体系建设的意见》（中办发 2007〔21〕号）和国务院《公共文化体育设施条例》的有关要求，根据中央领导同志指示精神，加强公共文化服务体系建设，于 2008 年组织开展公共文化设施挪作他用情况专项检查。检查目的是：重点摸清各地基层公共文化设施企业化或变相企业化，以拍卖、租赁等形式改变文化设施用途，挪作他用的情况，认真研究解决公共文化设施挪作他用的问题，边查边改，查改结合，及时收回被挪作他用的公共文化设施，恢复其使用功能和用途，确保其为公共文化服务体系建设和实现广大群众基本文化权益发挥积极作用。检查的主要范围是政府投资的群众艺术馆、文化馆、公共图书馆和文化站，重点是县级文化馆、公共图书馆和乡镇综合文化站。检查结束后，形成《关于各地公共文化设施挪作他用情况的通报》，印发给各省、区、市党委、政府，并形成专项报告，报送中央和国务院。

三、制定下发《公共图书馆建设用地指标》《文化馆建设用地指标》《公共图书馆建设标准》

为了给公共文化设施建设提供必要的标准，促进基本公共文化服务标准化，在周和平同志积极推动下，文化部与住房和城乡建设部、国土资源部先后联合下发《公共图书馆建设用地指标》《文化馆建设用地指标》，与国家发改委、住房和城乡建设部联合下发《公共图书馆建设标准》。这些标准为公共图书馆、文化馆事业的发展提供了有力保障。

四、召开全国文化信息资源共享工程工作会议并讲话

5 月 22—24 日，文化部在山东召开全国文化信息资源共享工程工作会议。周和平同志做了题为《加大力度，狠抓落实，全面推进全国文化信息资源共享工程建设》的工作报告。要求加大力度，完善机制，进一步推进文化共享工程建设。2009 年，是实现文化共享工程建设规划的关键一年。"十一五"期间工程建设的任务要在 2009 年基本完成，2010 年将主要是扫尾工作。要紧紧围绕文化共享工程的建设目标，以数字资源建设为核心，以基层服务网点建设为重点，以多种技术传输方式为手段，以共建共享为基本途径，努力实现基层服务网点"村村通"。要在确保完成年度建设任务的基础上，注重长效机制建设，提高管理水平，

更好地为广大基层群众服务。

五、推进中华古籍保护计划

3月，国务院下发了《关于公布第一批国家珍贵古籍名录和第一批全国古籍重点保护单位名单的通知》（国发〔2008〕9号），批准公布了首批《国家珍贵古籍名录》和全国古籍重点保护单位。首批《国家珍贵古籍名录》共收录古籍2392种，首批全国古籍重点保护单位51家。7月，文化部在北京召开全国古籍保护工作会议，中共中央政治局委员、国务委员刘延东同志出席并讲话。会议期间，举行了第一批《国家珍贵古籍名录》颁证及第一批全国古籍重点保护单位授牌仪式。6—7月，在国家图书馆古籍馆举办"国家珍贵古籍特展"，这次展览是建国以来规模最大、范围最广、展品最精的大型古籍展览，展示了新中国成立以来特别是近10年来我国古籍保护工作取得的巨大成就。

六、组织迎接奥运会系列群众文化活动

8—10月，与北京奥组委紧密合作，策划、组织了"中国故事"文化展示活动。在北京奥运会举行期间，在奥林匹克公园公共区搭建了30个"祥云小屋"，集中展示我国各省区不同地域的灿烂文化，包括各民族丰富多样的非物质文化遗产。6—9月，文化部主办、中国非物质文化遗产保护中心承办的"2008中国非物质文化遗产展演"在北京举办。展演的节目以传统戏曲为主，共演出41场。8月，"2008中国非物质文化遗产传承技艺展演"在北京民族文化宫展览馆举行。7月，举办"迎奥运——群星奖优秀节目展演"活动，活动分为"群星奖综合节目专场"和"群星奖舞蹈节目专场"，在北京海淀剧院演出，展示了近年来群众文化的主要成果，营造了良好的奥运文化氛围。

七、组织"纪念改革开放30周年——首届中国农民文艺会演"活动

会演在苏州举行，共有全国各省市的30余支农民代表队在苏州地区5市7区演出140场。演出集中展示了改革开放以来社会主义农村文化建设的成果，展现了社会主义新农民改革创新的崭新精神面貌。会演期间在苏州市举办中国农民画画展。会演结束后，遴选出一台优秀节目晋京汇报演出。

八、组织少儿歌曲推广活动和第十届中国老年合唱节

1月，文化部、教育部和福建省人民政府在福建省厦门市成功举办了第二届"中国少年儿童合唱节"。来自全国26个省、区、市的31个合唱团1500余人参加了演出活动。9月在呼和浩特市举办了"永远的辉煌——第十届中国老年合唱节"。来自全国的56支老年合唱队共计3000多人参加。

九、赴汶川地震灾区调研

"5·12"汶川地震发生后,文化部迅速成立了灾后重建规划指导组,由周和平同志担任组长。5月底6月初,周和平同志率重建规划指导组深入灾区,看望慰问文化系统受灾干部职工,实地考察调研,听取意见建议,指导灾后恢复重建工作。调研组辗转甘肃(陇南、天水)、陕西(宝鸡、汉中)、四川(绵竹、安县)、重庆(梁平、潼南、合川)4省市,行程3000多公里,星夜兼程,在陕西期间还曾遭遇险情。在调研的基础上,文化部出台了《公共文化设施灾后恢复重建规划指导意见》,详细规定了地震灾区市、县、乡、村四级公共文化设施建设目标、建筑面积和建设内容等,为灾区公共文化设施恢复重建提供了准确、有力的参考依据。

十、开展文化系统灾后重建对口支援工作

2008年6月20日,文化部下发了《关于做好汶川地震灾后恢复重建对口支援工作的通知》,对文化系统对口支援工作进行了具体安排。6月25日,文化部召开全国文化系统灾后重建对口支援工作会议,贯彻落实中央召开的各省、区、市和各部门主要负责同志会议精神,根据党中央、国务院的总体部署,协调文化系统对口支援地震灾区灾后恢复重建工作。文化部部长蔡武对文化系统如何做好灾后重建对口支援工作做了重要批示。文化部副部长周和平就对口支援四川地震灾区恢复重建,以及灾后公共文化设施重建和重建过渡期的文化工作等做了部署。他指出,文化重建事关灾区民生,事关灾区群众的基本文化权益,事关今后一个时期灾区经济社会的协调发展。做好文化系统灾后恢复重建,对于确保灾区群众合理安置、确保灾区社会和谐稳定、确保实现经济社会又好又快发展,具有十分重要的意义。强调要抓紧制定灾后文化设施重建规划,积极争取纳入对口支援总体规划。支持灾区做好重建过渡期的公共文化服务和非物质文化遗产保护工作。

十一、全国文化财务工作暨乡镇综合文化站建设经验交流会在乌鲁木齐召开

2008年9月17日,全国文化财务工作暨乡镇综合文化站建设经验交流会在乌鲁木齐召开。周和平同志出席会议并讲话。这次会议形成的《加快乡镇综合文化站建设资金安排的建议》,受到党和国家领导人的高度重视。

十二、召开全国乡镇综合文化站工作会议

2008年11月,为应对国际金融危机对我国经济带来的不利影响,党中央、国务院确定了当前进一步扩大内需、促进经济增长的10项措施,并在今后两年

多时间内安排 4 万亿元资金启动内需。2008 年第四季度先增加安排中央投资 1000 亿元，其中包括乡镇综合文化站建设资金 8 亿元。11 月 26 日，文化部在湖北省武汉市召开全国乡镇综合文化站工作会议，按照党中央、国务院的统一部署，认真贯彻十七届三中全会精神，深入学习实践科学发展观，研究安排落实加快推进乡镇综合文化站建设的有关工作。周和平副部长在讲话中指出，2007 年，中央投入 1 亿元进行乡镇综合文化站建设试点，2008 年初投入 2 亿元，再加上中央实施"十项措施"追加的 8 亿元资金，中央财政总共投入 11 亿元，支持全国 7000 多个乡镇综合文化站建设，占乡镇综合文化站建设规划任务的 1/4。要从深入学习实践科学发展观的高度，充分认识加快推进乡镇综合文化站建设的重要意义。各级文化部门一定要认真学习、牢牢把握中央决策精神，落实中央扩大内需、促进经济平稳较快发展的政策措施，高度重视，精心组织，圆满完成这一阶段的建设任务。

十三、召开全国文化、教育、科技系统资源共享、服务基层经验交流会议

4 月，在吉林省委、省人民政府的直接指导下，吉林省全面推动高校图书馆、科技系统图书馆与公共图书馆的合作共建，取得了良好效果，受到党中央、国务院领导同志的充分肯定及全国图书情报界、新闻媒体的广泛关注。10 月 17 日，中共中央政治局委员、国务委员刘延东批示："这种整合资源，实现文化共享的做法很好，值得推广。"为贯彻落实党中央、国务院领导同志批示精神，推进资源共享、服务基层工作，文化部、教育部、科技部与吉林省人民政府于 12 月 23—24 日在吉林省长春市联合召开全国文化、教育、科技系统资源共享、服务基层经验交流会议。全国文化厅（局）分管厅（局）长、社文处长，国家图书馆馆长、全国文化信息资源建设管理中心主任、各省级图书馆馆长，全国 25 家高校图书馆分管校长、图书馆馆长，全国科技系统 17 家信息所、情报所所长，共约 200 人参加会议。会上，有包括文化、教育、科技系统的 15 家单位做大会发言，有 40 多家单位做书面交流。文化部副部长周和平、教育部副部长李卫红、科技部副部长刘燕华出席会议并讲话。三部还草拟了《关于文化、教育、科技系统加强文献信息资源共享、服务基层的意见》（征求意见稿），经会议讨论修改后，由三部联合印发。这次会议是继 1985 年全国图书馆工作会议以来，事隔 23 年，全国文化、教育、科技主管部门召开的一次高规格的会议，对进一步推进全国文献信息资源共享、服务基层、服务全社会具有重要意义。

十四、国家图书馆二期工程竣工开馆

2008 年 9 月 9 日，国家图书馆举行二期工程暨国家数字图书馆开馆仪式。中共中央政治局委员、国务委员刘延东，全国政协副主席孙家正等领导同志出席。

二期工程建成后，国家图书馆总建筑面积达 25 万平方米，成为世界第三大图书馆。

十五、出访越南

应越南共产党邀请，以中宣部副部长翟卫华为团长、文化部副部长周和平为副团长的中共代表团于 10 月 28 日前往越南出席在芽庄举办的主题为"关于农业、农村和农民问题的理论与实践——中国的经验，越南的经验"的第四次中越两党理论研讨会，并对越南进行友好访问，越共中央政治局委员、中央书记处常务书记张晋创接见了代表团。

十六、中国美术馆二期工程、中国工艺美术馆工程选址奥林匹克公园中心区建设

由于中国美术馆向西扩建拆迁难度大、成本高，经多次研究并征求美术界专家意见，决定易地建设。同时，经中央编办批准，中国工艺美术馆划转到中国艺术研究院管理，也需要选址新建。在温家宝总理的关心下，经多方比选，协调国家发改委、北京市同意，最终选址在奥林匹克公园中心区建设两大工程，并得到李长春、刘云山、刘延东等领导同志的认可。2008 年 11 月 5 日，国家发改委正式复函，同意在奥林匹克公园中心区 B04、B02 地块建设中国美术馆二期工程和中国工艺美术馆工程。

十七、恭王府府邸完成修缮对外开放

恭王府花园部分于 1998 年 7 月对外开放。周和平同志积极协调中国艺术研究院等单位，推动恭王府府邸的腾退工作。理顺管理机制，加强修缮工程的管理，完成周恩来、谷牧等领导同志的心愿，使一个完整的王府对社会开放。经过努力，中国艺术研究院、中国音乐学院、天主教爱国会、公安部住户等先后腾退。府邸部分建筑面积 3.2 万平方米，总投资 1.6 亿元。修缮工程于 2004 年启动，2008 年完成并在北京奥运会前对社会开放。

2009 年

2009 年 12 月 23 日，经文化部党组研究决定，并报中央批准，任命周和平同志为国家图书馆馆长（副部长级）。

一、9月8日,《乡镇综合文化站管理办法》以文化部令的形式颁布

《乡镇综合文化站管理办法》共六章二十三条,规定了乡镇综合文化站的性质、职能、任务,并就规划、选址、建设、人员、经费、设施设备更新维护等方面提出了明确要求。

二、出席推动公共文化服务体系建设现场经验交流会并讲话

4月,中宣部和文化部在台州市召开了"推动公共文化服务体系建设现场经验交流会",总结推广浙江省台州等地公共文化服务体系建设的有益经验,不断丰富基层群众的业余文化生活。中宣部副部长焦利、文化部副部长周和平及全国各省、区、市党委宣传部、文化厅(局)等相关负责同志近200人出席会议。中共中央政治局委员、中央书记处书记、中宣部部长刘云山对会议的召开高度重视,专门做出了重要批示。浙江台州大力实施"三个三"文化计划,着力建设农村、社区、企业三类文化俱乐部,举办"农民文化节""邻居文化节""企业文化节"三大文化节,建立"百分之一"文化计划共建机制、公益性文化项目政府采购制度、文化设施建设以奖代补机制三项文化制度,从网络设施、活动内容、制度保障三个方面搭建服务构架,建立起较为完善的公共文化服务体系,让人民群众共享文化发展成果。周和平同志在讲话中强调,在公共文化服务体系建设过程中,一方面政府加大投入,保证政府兴办的公共文化单位正常运转,不断提高公共文化单位的活力;另一方面调动社会力量的积极性,吸引社会资金支持公共文化服务体系建设,形成政府主导、社会力量广泛参与的公共文化经费保障机制。同时,注意充分调动广大群众的积极性,激发蕴含在群众中的文化创造力,既要"送文化",更要"育文化",把"育文化"作为工作的着力点,努力建立基层文化建设的长效机制;继承和弘扬中华民族优秀传统文化,并与当代文化相结合,体现民族性和时代特征,使之融入广大人民群众的生产生活之中,并为广大人民群众服务;以乡镇为中心,以村和社区为重点,充分发挥家庭和邻里在基层文化建设中的基础性作用;注重整合资源,特别在乡村和街道社区两级,实现资源共享,形成合力,加强各部门之间的沟通与协调,建立基层文化资源的共享机制;坚持专兼职结合、两条腿走路,特别注意对业余文化队伍和骨干的培养,通过发展壮大业余文化队伍和志愿者队伍,带动和影响更多群众参与基层文化建设。

三、4月,出席在浙江嘉兴召开的全国农村图书馆服务网络建设经验交流会议并讲话

会议交流和推广嘉兴及各地建设农村图书馆服务网络的成功经验,研究、部

署新形势下的城乡公共图书馆服务体系建设工作。嘉兴市创新管理体制，积极推进城乡公共图书馆服务体系建设，取得了良好的社会效益，受到群众欢迎。嘉兴模式的主要特点是"政府主导、多级投入，集中管理、资源共享"，其经验主要有三：一是党委、政府的高度重视；二是大胆探索，勇于创新；三是强有力的措施保障。嘉兴实行的总分馆模式，学习和借鉴了全国其他地区的一些经验，同时结合实际，在建设理念、人员管理、投入运行机制、服务等方面，均有所突破、有所创新，成为在全国具有一定示范意义的崭新的发展模式，走出了一条以城带乡、符合实际的公共图书馆服务体系建设与发展的道路。

四、组织召开全国城市社区文化建设经验交流会议

5月30—31日，文化部在四川省成都市召开全国城市社区文化建设经验交流会议。会前，李长春等党中央、国务院领导同志在《文化部关于召开全国城市社区文化建设经验交流会议有关问题的请示》上做出重要批示，刘延东同志专门为会议发来贺信。会上进行了城市社区文化建设典型经验交流。四川省、成都市、北京市西城区、上海市、江苏省连云港市、浙江省台州市、山东省青岛市、新疆维吾尔自治区克拉玛依市分别介绍了当地加强社区文化建设的主要经验和做法。在这次会议上，蔡武同志对推进城市社区文化建设做了工作部署。

五、组织全国文化先进县（单位）检查验收工作

7—8月，成立了10个复查验收工作小组，分赴20个省、区、市进行新申报文化先进单位的抽查验收和已有文化先进县的复查工作。

六、组织上报国务院批准公布第二批《国家珍贵古籍名录》及全国古籍重点保护单位

周和平同志作为国家古籍保护中心主任，组织评选并上报了第二批《国家珍贵古籍名录》和第二批全国古籍重点保护单位，6月9日经国务院正式批准公布。6月11日，文化部召开全国电视电话会议，中共中央政治局委员、国务委员刘延东出席会议，向第二批国家珍贵古籍名录收藏单位、第二批全国古籍重点保护单位代表颁证，并就文化遗产保护和古籍保护工作发表重要讲话，要求各地以国务院公布第二批《国家珍贵古籍名录》和全国古籍重点保护单位为契机，坚持"保护为主、抢救第一、合理利用、加强管理"方针，进一步采取积极、稳妥措施，切实做好古籍保护工作，使中华民族珍贵的文献典籍薪火相传。在第四个"文化遗产日"到来之际，文化部对长期致力于非物质文化遗产保护，为继承中华民族优秀传统文化、弘扬民族精神做出突出贡献的40家单位授予"文化部非物质文化遗产保护工作先进集体"称号，120人授予"文化部非物质文化遗产保护工作先进个人"称号。

七、支持西藏古籍保护工作，制定《西藏自治区古籍保护工作方案》

为贯彻落实《国务院办公厅关于进一步加强古籍保护工作的意见》（国办发〔2007〕6号）和《国务院关于进一步繁荣和发展少数民族文化事业的若干意见》（国发〔2009〕29号）精神，加强西藏自治区古籍保护工作，弘扬中华优秀传统文化，促进西藏自治区经济、社会协调发展，根据西藏自治区古籍保护工作的需要，文化部、教育部、科技部、国家民委、新闻出版总署、国家宗教局、国家文物局、国家中医药局下发《关于支持西藏古籍保护工作的通知》（文社文发〔2009〕44号），周和平同志组织起草了《西藏自治区古籍保护工作方案》，并由文化部正式发布。

八、组织举办"永远的辉煌——第十一届老年合唱节"

9月2—5日，第十一届老年合唱节在重庆举行。5个省、区、市和中央直属单位的60支老年合唱团的3000多名老年歌手齐聚山城，除举行了5场交流展演外，还走进广场、社区、校园与当地群众交流、互动。在9月5日晚举行的合唱节闭幕式上，60支合唱团分别获得"红岩杯""红梅杯"和"红叶杯"奖项。

九、举办庆祝新中国成立60周年优秀少儿歌曲音乐晚会

为庆祝新中国成立60周年，充分展示改革开放30年来少儿歌曲创作发展的成绩和近年来"中国少儿歌曲创作推广计划"的成果，文化部、财政部、教育部、广电总局、共青团中央、全国妇联、中国文联、北京市人民政府于5月23日19：30在北京二十一世纪剧院共同举办"歌声伴着我成长"——庆祝新中国成立60周年优秀少儿歌曲音乐晚会。

十、出席全国少数民族文化工作会议并发言

6月12—13日，国务院在北京召开全国少数民族文化工作会议。中共中央政治局委员、国务院副总理回良玉，中共中央政治局委员、国务委员刘延东出席会议并做重要讲话。会议强调，要全面贯彻党的十七大精神，高举中国特色社会主义伟大旗帜，以邓小平理论和"三个代表"重要思想为指导，深入贯彻落实科学发展观，牢牢把握社会主义先进文化前进方向，紧紧围绕共同团结奋斗、共同繁荣发展的民族工作主题，促进少数民族文化建设与全国文化建设协调发展，促进民族团结、实现共同进步，更加自觉、更加主动地推动社会主义文化大发展大繁荣。周和平同志代表文化部出席会议并做大会发言。

十一、策划实施新疆文化建设"春雨工程"

根据中央的统一部署，2009 年 11 月 5—15 日，周和平同志带领文化部调研组先后到新疆维吾尔自治区本级有关单位，南、北疆 5 个地州和建设兵团 4 个师的 14 个县市和 6 个团场，深入乡、村、社区和连队，实地考察了 94 个文化机构和项目，深入了解了新疆文化建设发展情况。针对新疆文化建设面临的突出困难和问题，周和平同志带领调研组研究策划了新疆文化建设"春雨工程"和文化遗产保护工程，力争到"十二五"末期，以基层文化建设为重点，在新疆构建起设施完善、保障有力、队伍齐备、内容丰富、成效突出的公共文化服务体系。其中，"春雨工程"主要包括设施建设、经费保障、内容建设、人才培养四方面的内容，文化遗产保护工程主要包括文物保护设施建设、非物质文化遗产保护设施建设和文化遗产保护内容建设三方面的内容。2010 年 5 月，中央新疆工作座谈会和《中共中央国务院关于推进新疆跨越式发展和长治久安的意见》明确提出，要实施新疆文化建设"春雨工程"和文化遗产保护工程。

十二、深化"群星奖"评奖机制改革

根据安排，2010 年文化部在广州举办第九届中国艺术节，期间将举办第十五届"群星奖"评奖活动。2009 年，根据中央领导改革政府评奖工作的有关精神和文化部领导改革"群星奖"评奖工作的要求，对本届"群星奖"评奖工作进行了认真研究和设计，在奖项设置、评奖导向、组织方式、评奖程序和机制等方面进行了改革与创新。目的是要将评奖从对少数人、少数作品的艺术评价转向为更广大群众提供公共文化服务的评价，更加注重体现群众性和公益性。

一是增加了项目类评奖。除了以往作品类的评奖外，本届"群星奖"还设立了项目类评奖，主要包括各类群众文化品牌活动和公共文化服务项目。这些品牌活动和项目是在各地群文工作者多年的努力探索和实践中形成的，它们在内容和形式、手段和方法、体制和机制、观念和内涵等方面都具有创新性和推广价值，同时为当地群众所普遍熟知和高度认同。增加项目类的评奖，突出"群星奖"对公共文化服务的导向性和群众性特征，使其成为评价和推动公共文化服务的有效手段和激励机制。

二是作品类评奖注重群众的参与，避免"自娱自乐"的关门评奖做法。在奖项设置上，增加了群众性更强的合唱项目。在评价标准方面，增加了观众作为评委的内容。在节目推广方面，安排了"群星奖"参赛节目下基层演出，与社区居民接触。评奖活动结束后，组织获奖节目在全国进行巡演，使普通老百姓有机会享受文化发展的成果，丰富中国艺术节"人民的节日"的重要内涵。

三是为公共文化领域表现突出的个人设置了"群文之星"荣誉称号。这个称号的设置，使许多在群文战线工作多年的"老"群文工作者的辛勤劳动得到

肯定,在发挥评奖激励作用的同时,也充分肯定他们的人才价值。

十三、赴香港出席非物质文化遗产活动

12月6—10日,出席2009博鳌青年论坛(香港)并发表了《保护非物质文化遗产,建设中华民族共有的精神》的主题演讲。

2010年

一、组织编制《国家图书馆"十二五"规划纲要》

2009年底,周和平同志部署了制定《国家图书馆"十二五"规划纲要》的相关工作,确立了举全馆之力,集行业智慧,共同规划国家图书馆事业发展蓝图的工作思路。通过全面调研,形成起草提纲;召开座谈会、听取文化部系统及业界同仁意见建议;成立领导小组,确定专题,形成征求意见稿;全体中层干部、科组长、高职人员及职工代表讨论;党委理论中心组成员、馆党委委员结合十七届五中全会精神进行最后修改;再经馆务会审议通过,《国家图书馆"十二五"规划纲要》于11月25日正式下发。该纲要深刻认识并准确把握国内外形势的新变化新特点,为国家图书馆事业的未来发展指明了方向,对于抓住图书馆事业发展的重要战略机遇期,促进国家图书馆事业平稳快速发展具有重要意义。

二、推进《中华再造善本》续编工作

1月29日,《中华再造善本》续编工作座谈会在京举行。文化部副部长、国家图书馆馆长周和平出席会议并讲话,文化部社会文化司司长于群,财政部教科文司副司长王家新,国家图书馆党委书记、常务副馆长詹福瑞,国家图书馆副馆长张志清,以及冯其庸、傅熹年、李致忠、傅璇琮、白化文、程毅中等专家学者出席了座谈会。中华再造善本编纂出版委员会主任委员李致忠先生就《中华再造善本》续编2009年工作进展做了专题汇报。与会领导、专家观摩了《大明集礼》《大明一统志》等2009年已出版的部分中华再造善本续编明清时期珍贵古籍样书,并对续编工作提出了中肯的意见和建议。会议标志着《中华再造善本》续编工作开始全面推进。

三、组织开展古籍保护工作

周和平同志牵头策划了《中华古籍总目》(分省卷)的编纂工作,2月1日召开全国古籍保护工作会议,正式启动该项工作。会上,国家古籍保护中心与天

津市古籍保护中心、湖南省古籍保护中心就编纂《中华古籍总目·天津卷》《中华古籍总目·湖南卷》签署任务书，并对《中华古籍总目》（分省卷）的编纂方式等进行了解读。分省卷编纂，对摸清家底、促进目录学建设、培养古籍工作人才、逐步形成古籍普查的阶段性成果，以及带动古籍各方面的工作都有着非常重要的意义。

牵头筹备"国家珍贵古籍特展"，并于6月11日第五个"文化遗产日"到来之际开展。此次展览分五个部分，全面展示了古籍保护成就。展品来自各个系统86家收藏单位，数量为300余件，以推荐列入第三批《国家珍贵古籍名录》的古籍珍品为主，辅以第一、第二批《国家珍贵古籍名录》中部分特色古籍。

周和平同志牵头策划了"新疆历史文献暨古籍保护成果展"，并于8月20日在新疆开展，取得了良好的社会反响，超过10万人次的观众观展。这是新中国成立以来首次全面展示新疆珍贵历史文献的大型展览，展出的新疆珍贵历史文献包括出土木简和纸质文书、汉文和各种民族文字古籍、舆图拓片、部分文物，共计24种文字100多件；展览还全面展示了新中国成立以来，在党和政府领导下，新疆古籍保护工作取得的成绩，特别是中华古籍保护计划实施以来新疆各民族在保护古籍、传承文明方面所做的努力和贡献。

12月20日，由文化部主办，国家古籍保护中心承办的全国古籍保护工作会议在北京召开。此次会议旨在表彰入选国务院公布的第三批《国家珍贵古籍名录》收藏单位和全国古籍重点保护单位，总结2010年古籍保护工作成果，部署下一阶段古籍保护工作任务，推动全国古籍保护工作进一步开展。全国古籍保护工作部际联席会议成员单位的领导出席会议，并向国务院公布的第三批《国家珍贵古籍名录》收藏单位代表和第三批全国古籍重点保护单位代表颁发了证书和标牌。

四、启动县级数字图书馆推广计划，组织开展国家数字图书馆建设成果推广

周和平同志牵头策划了县级数字图书馆推广计划，并于2月在国家图书馆正式启动。该项目旨在通过文化共享工程的传输平台，将国家图书馆优秀的数字资源推送到全国每一个县。项目共分四期实施：一期向全国320个县级图书馆分别配送了总量达1 TB的数字资源，二期"灾区援建行动"向50个汶川地震灾区和对口支援县推送国家数字图书馆的优秀数字文化资源，三期"县级数字图书馆援疆行动"向新疆地区159个县级图书馆推送资源，四期向其他县级图书馆配送数字资源。7月12日，在山东率先实现区域全覆盖；8月20日，国家数字图书馆新疆维吾尔自治区分馆启动并开通服务；11月26日实现厦门全覆盖，并在全国范围内第一次实现两地用户双向认证、第一次实现异地资源库的无缝跨库连接。2010年底，县级数字图书馆推广计划全部完成，使全国所有县级图书馆都具备

了数字图书馆服务能力。

在国家数字图书馆工程和县级数字图书馆推广计划圆满实施的基础上，周和平同志牵头策划了国家数字图书馆推广工程。12月15—16日，"国家数字图书馆推广工程启动仪式暨全国图书馆创新服务工作座谈会"在国家图书馆举行。文化部党组成员、副部长杨志今出席会议，来自国家图书馆，全国各省、区、市和副省级城市公共图书馆馆领导及相关人员150余人参加了会议。杨志今、周和平共同启动了国家数字图书馆推广工程，会议以国家数字图书馆推广工程为主题，进行了业务专题讨论。

五、多举措提升立法决策服务水平

周和平同志高度重视立法决策服务工作，提出多项重要工作思路，有力提升了立法决策服务水平。3月，国家图书馆立法决策服务平台实现了由"两会"期间的阶段性服务向常态化服务的转变，由传统服务模式向以信息网络技术为支撑的现代化服务的转变。在7个代表、委员驻地配置了电子触摸屏，通过数字化方式向驻地代表、委员提供服务；以"两会"代表和委员需求为导向，推出《国家图书馆"两会"专题信息专报》；为"两会"代表和委员完成提案、议案提供文献信息咨询服务；免费为"两会"代表和委员办理读者卡；参加全国人大"两会"服务热线值班，接待"两会"代表和委员的电话咨询；定期前往驻地发放大会会议资料以及国家图书馆专供信息。

6月10—11日，举办立法决策服务"三会一展"。包括：召开政府立法咨询服务座谈会，90余位来自国务院和相关机构政策法规制定部门、国家图书馆部委分馆、部分省市图书馆的有关负责同志参加了会议，为建立各部委与我馆间在信息咨询服务方面的协作机制起到了积极作用；成立国家图书馆国情咨询顾问委员会和咨询专家委员会，分别聘请34名具有较高政策理论素养的党政军领导同志和19名在相关学科领域具有广泛影响力的专家学者担任顾问和专家，并分别召开第一次会议，为推进国家立法决策的科学化发挥更大的作用；举办《国家图书馆立法决策服务成就展》，反映了1949年以来国家图书馆立法决策服务的历史发展进程和取得的辉煌成就，累计接待包括原国务院副总理李岚清同志及来自各中央国家机关的领导300余人，各类参观者1500余人，对于宣传推广国家图书馆立法决策服务起到了积极作用。

6月10日，中央社会主义学院与国家图书馆合作协议签署暨国家图书馆中央社会主义学院分馆成立仪式举行。中共中央政治局委员、国务委员刘延东出席仪式并讲话。全国人大常委会副委员长、民进中央主席、中央社会主义学院院长严隽琪致辞祝贺。国家图书馆馆长周和平与中央社会主义学院党组书记、第一副院长叶小文代表双方签署合作协议。刘延东为国家图书馆中央社会主义学院分馆揭牌，并开通"国家图书馆立法决策服务平台·中央社会主义学院平台"。

11月18日，国家图书馆中央编办分馆在京揭牌。"国家图书馆立法决策服务平台·中央编办平台"同时开通。文化部副部长欧阳坚出席揭牌暨开通仪式。中央编办副主任黄文平、国家图书馆馆长周和平等出席仪式并致辞。国家图书馆中央编办分馆是国家图书馆在中央国家机关建立的第一个全数字化分馆。

11月26日，国家行政学院、国家图书馆合作协议签署暨国家图书馆国家行政学院分馆揭牌仪式在京举行。国家行政学院党委书记、常务副院长魏礼群，文化部党组成员、中央纪委驻部纪检组组长李洪峰，国家行政学院党委委员、副院长洪毅，国家图书馆馆长周和平出席了签字揭牌仪式。文化部、国家行政学院、国家图书馆有关人员近200人参加了仪式。

六、推动完善出版物样本缴送管理制度

出版物样本缴送制度是全面保存一个国家文明成果的重要保障。国家图书馆收到缴送样本的出版物比例一直徘徊在60%左右，影响出版物样本缴送工作的一个重要原因就是目前还没有一部包含各类型出版物样本缴送管理规定的专门、统一的法规规章。为推动出版物样本缴送制度得以不断完善，5月20日，周和平馆长带队到新闻出版总署，专门与蒋建国副署长一行就有关问题进行沟通与协调，并提出了制定《出版物样本缴送管理办法》的建议。为进一步促进出版物样本的缴送管理工作，11月，国家图书馆设立了专门科组——国内出版物呈缴组，统筹管理各类型出版物样本缴送工作，并着手建立出版物样本缴送管理平台。

七、筹建国家图书馆少年儿童馆暨少儿数字图书馆

随着公共服务水平的不断提高，在做好立法决策服务，满足教学、科研及正常成年人信息需求的同时，周和平同志提出筹建国家图书馆少年儿童馆暨少儿数字图书馆的思路。经过紧张的筹备建设，5月31日，国家图书馆少年儿童图书馆暨少儿数字图书馆正式开馆，刘延东等领导同志出席了开馆仪式。该馆面积约为650平方米，全年面向6～15岁的学龄儿童开放，提供少年儿童喜闻乐见的纸本文献和数字资源。该馆开馆后受到社会各界的广泛赞誉，成为未成年人思想道德建设的重要阵地、少年儿童的第二课堂和精神家园，在业界起到了良好的引领示范作用。

八、举办第五届中美图书馆合作会议

9月9—10日，由中国国家图书馆、中国图书馆学会、美国国会图书馆联合主办的第五届中美图书馆合作会议在北京召开。中国文化部副部长王文章，中国国家图书馆馆长、中国图书馆学会名誉理事长周和平，美国国会图书馆副馆长迪安娜·马库姆出席大会开幕式并分别致辞，中美双方图书馆、博物馆、档案馆的

领导和专家参加了会议。会议以"数字资源共享：机遇与挑战"为主题，邀请了中美两国近20位著名的图书馆专家、学者做精彩的大会报告和演讲，中美两国100余名图书馆界的代表相聚交流和研讨。会议旨在促进业界对数字资源的共享进行更广泛和深入的研究与探讨，加强中美图书馆界在此领域的交流与合作，并在了解双方的最新动向和发展情况的同时，力争达成一些更具体的合作项目，共同促进两国家图书馆书馆事业的更快发展。

九、推动国家图书馆与武汉大学建立战略合作关系

10月8日，在国家图书馆馆长周和平、武汉大学校长顾海良的共同见证下，国家图书馆与武汉大学签订了战略合作协议。根据协议，今后双方将在高层次人才培养、高端培训、全国图书馆事业发展理论与应用研究、图书馆与信息领域重要工程和重大项目的建设等方面开展全方位合作。武汉大学还将依托该校信息管理学院设立"武汉大学—国家图书馆合作研究院"。周和平同志被聘为武汉大学兼职教授。

十、深化机制改革，完善干部队伍建设

按照中央关于深化文化体制改革要求，国家图书馆提出了"深化改革、转换机制、增强活力、促进发展"的改革原则，部署各有关部门对管理机制、用人机制、分配机制进行了深入、充分的调研和论证，在向馆内各层面征求意见基础上，形成了机制调整方案。11月，国家图书馆面向社会公开选拔中层干部，经过公开报名、资格审核、竞聘演讲、评审委员会推荐、组织考察和公示等程序，最终将55位同志聘为处级干部，其中由馆外引进2人。新任中层干部平均年龄40.04岁，比上届年轻5.04岁；本科以上学历者达94.55%，比上届提高了8.84个百分点，研究生以上学历及取得硕士以上学位者占38.18%。新提任的干部大多年富力强，工作实绩突出，群众满意度高，而且都是经过基层管理岗位锻炼的。经过调整，管理干部队伍结构不断优化，素质不断提高，整体呈年轻化、高学历、高技能特点，为事业发展培养了一支高素质、专业化的管理队伍。

十一、出访德国、西班牙、埃及、意大利、马耳他五国

12月18—29日，周和平同志率团考察海外中国文化中心，了解中心图书馆的建设与服务情况，探讨如何依托国家图书馆的专业化管理队伍、丰富的馆藏资源和国家数字图书馆建设成果，提高海外文化中心的专业化信息服务能力，更好地发挥海外中国文化中心对外文化交流的平台作用。顺访了德国柏林国家图书馆、马耳他国家图书馆、意大利国家图书馆、埃及亚历山大图书馆。

2011 年

一、编制《国家图书馆科研工作发展规划（2011—2015 年）》《国家图书馆人才发展规划（2011—2015 年）》

为不断加强国家图书馆科研工作及专业人才队伍建设，周和平同志部署了起草"十二五"科研工作规划和人才发展规划的工作，形成《国家图书馆科研工作发展规划（2011—2015 年）》《国家图书馆人才发展规划（2011—2015 年）》，为国家图书馆未来几年的科研工作及人才队伍建设明确目标和任务。

二、组织开展"解放思想、开拓创新"讨论活动

为了抓住和用好事业发展的重要机遇期，稳步推进国家图书馆创新发展，周和平同志提出将 2011 年定为国家图书馆的"创新年"。3 月初，在全馆范围内深入开展为期 2 个多月的"解放思想、开拓创新"讨论活动，全馆员工通过分层讨论、专题研讨、参观交流、跨部门业务研究等多种形式对图书馆事业展开广泛研讨。通过研讨以及向图书馆业界和读者广泛征求意见，全馆上下进一步查找和破除阻碍创新发展的思想观念，统一认识，在此基础上，形成 22 项事关全馆发展的创新项目，为事业发展确立了有力抓手。项目确立后各分管馆领导任各项目负责人，从实际出发，认真组织各项陆续开始实施，带动全馆工作。

三、推进减免服务收费，不断加强公益性水平

为贯彻落实文化部、财政部《关于推进全国美术馆公共图书馆文化馆（站）免费开放工作的意见》的精神，周和平同志部署有关部门研究落实，3 月 3 日起，国家图书馆继 2008 年初推出基本服务项目免费举措之后，对部分现行服务收费项目再次进行调整，大幅减免服务收费，取消上网费、善本古籍复制品底本费，降低彩色复印费、打印费等非基本服务收费标准，进一步扩大公益服务范围，提高公共文化服务水平，在图书馆行业中发挥了积极的引领和示范作用。

四、建设开通中国残疾人数字图书馆

4 月 23 日，即第 16 个"世界读书日"，由国家图书馆发起，与中国残疾人联合会联合成立了全国残疾人阅读指导委员会，与中国残疾人联合会信息中心共同建设的中国残疾人数字图书馆网站也于当日正式开通。网站依托国家图书馆的馆藏资源、借鉴中国残疾人联合会无障碍网站的建设经验和相关技术研发单位的

力量，为残疾人提供丰富多彩的知识信息服务。

五、策划举办一系列大型文化展览，充分发挥图书馆社会教育职能

1月26日，"西域遗珍——新疆历史文献暨古籍保护成果展"在国家图书馆以更大的规模展出，全面展示了新中国成立以来特别是近年来新疆古籍保护工作成绩。展览对于抢救和保护新疆多民族文化遗产，维护民族团结和国家统一，促进新疆经济社会协调发展，具有重大的现实意义和深远的历史意义。

6月1日，为庆祝中国共产党成立90周年，开展革命传统教育，加强革命文献保护，国家图书馆举办了大型历史文献展览"艰难与辉煌——纪念中国共产党成立90周年馆藏珍贵历史文献展（1921—1949年）"，在深入挖掘文献信息的基础上，使观众深刻了解党的成长历程，得到了公众的热烈反响。李岚清、曾庆红、刘延东等中央领导同志参观展览并给予了高度肯定。

6月8日，为庆祝《中华人民共和国非物质文化遗产法》的颁布施行、迎接中国第六个"文化遗产日"的到来，由文化部主办、国家图书馆承办的"册府琳琅，根脉相承——中华典籍与非物质文化遗产特展"在国家图书馆古籍馆文津楼开幕。展览以珍贵历史文献、非物质文化遗产有关的实物和活态展示相结合的方式，吸引了近万人参观，它的成功举办对于挖掘文献典籍与非物质文化遗产之间的关系，增强社会对古代典籍与非物质文化遗产的保护意识具有非常重要的意义。

9月15日，为纪念辛亥革命100周年，进行爱国主义思想教育，国家图书馆举办了大型历史文献展览"东方的觉醒——纪念辛亥革命100周年馆藏珍贵历史文献展"。展览通过展陈一系列珍贵文献，让广大读者重温辛亥革命发生发展的伟大历程，激励当代中华儿女为民族复兴而不懈奋斗。展览获得了成功，到馆参观的人数达到了近18万，创国家图书馆历史新高，随后还赴澳门、武汉、江西、广东、青岛进行了巡展，社会反响热烈。

9月16日，为纪念九一八事变80周年、抗日战争胜利66周年，"白山黑水铸忠魂——纪念九一八事变80周年馆藏东北抗日联军珍贵文献暨冯仲云手稿展"在国家图书馆古籍馆隆重开幕。展览成为一次很好的爱国主义和革命传统教育活动，期间引起了社会各界的广泛关注和热烈反响。

六、进一步深化立法决策服务

3月，"两会"服务取得新突破，编纂"两会"服务信息专报，进一步强化了国家图书馆信息产品品牌效应，电子触屏首次进驻"两会"新闻中心，实现对"两会"代表、委员及新闻媒体的全面服务。

11月1日上午，举办全国政协办公厅、国家图书馆合作协议签署暨国家图

书馆全国政协机关分馆揭牌仪式。全国政协办公厅、文化部、国家图书馆领导及有关同志近60人参加了活动。国家图书馆全国政协机关分馆成立、服务平台的开通,将使全国政协机关共享国家图书馆立法决策服务平台的大量信息,全国政协所召开的全体会议、常委会议、专题协商会议将得到更加丰富、更为专业的文献服务,全国政协组织视察、调研等活动时的资料收集工作也将更加高效便捷。

11月1日下午,国家图书馆民政部分馆内网平台开通仪式在民政部三号楼会议室举行。民政部内网平台是国家图书馆部委分馆建设新的发展和突破,是国家图书馆在中央国家领导机关推出的首个嵌入用户办公环境的服务平台。该平台基于中央国家机关内外网严格分离的网络环境,使国家图书馆的资源嵌入民政部分馆各级领导每日必需的工作网络当中,将服务的受众面拓展到民政部机关的每一位工作人员,从而开创了民政部分馆"外网推资源、内网推服务"的二元化信息服务的立体格局。

七、推进数字图书馆推广工程

在周和平同志的积极推动下,数字图书馆推广工程取得实质性进展。两部委联合下发《文化部、财政部关于实施数字图书馆推广工程的通知》,年内申请中央转移支付资金4980万元。5月31日,在青岛召开数字图书馆推广工程工作会议,全面部署工程建设工作。9月8日,在京召开数字图书馆推广工程工作会议。会议传达了中央领导同志和蔡武部长关于数字图书馆推广工程的重要批示精神,指出,数字图书馆推广工程是继文化共享工程、公共电子阅览室建设计划之后,文化部、财政部在"十二五"时期启动实施的又一项重大文化惠民工程,是加快推进公共文化服务体系建设的重要举措,并对加快推进工程建设提出了具体要求。

数字图书馆推广工程将构建以国家数字图书馆为中心、以各级数字图书馆为节点、覆盖全国的数字图书馆服务体系,最终催生图书馆服务新业态形成。

八、加快实施中华古籍保护计划

组织开展并完成第四批《国家珍贵古籍名录》的申报、初审、复审工作,建立《国家珍贵古籍名录》及全国古籍重点保护单位申报评审常态化机制,加速推进全国古籍普查登记工作,完善《全国古籍普查登记目录》、《中华古籍总目》(分省卷)编纂机制。开展新疆古籍保护专项、西藏古籍保护专项,组织开展满文文献存藏情况调研。制定《海外中华古籍调查与回归专项方案》,派考察团对英、法、德、波、俄、日、韩等国的中华古籍存藏及文献保护和修复情况进行调查。

九、策划并推进民国时期文献保护计划立项工作

在周和平同志的动议下,国家图书馆借鉴中华古籍保护计划的思路,深入开

展民国时期文献及革命历史文献在国内外收藏、整理、利用情况调研,形成《关于加强民国时期文献保护工作的意见》《国内外民国时期文献收藏整理调研报告》等报告,并于5月在西安举办民国时期文献保护工作座谈会,向业界广泛征求意见建议。成立了民国时期文献保护工作办公室并建立工作机制,制定了《民国时期文献保护工作方案》,大力推进民国时期文献保护计划的国家立项工作。

十、推动图书馆事业发展研究,引领行业发展

周和平同志提出强化图书馆事业发展研究和政策研究职能的思路,年初机构调整时在研究院增设了政策研究职能,并设立了相应科组。周和平同志直接策划实施了一系列事业发展研究和政策研究项目,为提高图书馆事业的法制化与规范化水平,引导全国图书馆事业发展做出了积极贡献。

3月,国家图书馆、国家古籍保护中心受文化部委托,承担《古籍保护条例》的起草工作。在深入调研的基础上,起草了《古籍保护条例》(征求意见稿),并通过举办座谈会等形式广泛听取了有关专家的意见后上报文化部。

全国人大会议和全国政协会议期间,全国政协委员、国家图书馆馆长周和平同志提出《关于制定〈出版物样本缴送管理条例〉的建议》的提案,此后,国家图书馆在深入调查研究国内外有关立法情况的基础上,草拟了《出版物样本缴送管理办法》(建议稿),并提交有关部门,新闻出版总署在制定《出版物样本征集办法》时参考采纳了相关条款。

在广泛研究的基础上,开展有关国家图书馆立法模式问题的研究,先后两次向国务院法制办提交了12万字的《关于开展国家图书馆专门立法工作的建议》,积极参与《公共图书馆法》立法工作,包括撰写法条与《公共图书馆法起草说明》;参加文化部组织的公共图书馆法立法调研;针对文化部函发《公共图书馆法》(征求意见稿),向文化部报送回复意见和建议。

启动了《国家图书馆年鉴》编纂工作,《国家图书馆年鉴(2011卷)》作为国家图书馆历史上第一部年鉴,于当年10月出版。周和平同志任2011卷、2012卷、2013卷《国家图书馆年鉴》编纂工作委员会主任。

十一、策划并推进国家文献战略储备库立项工作

周和平同志提出建设国家文献战略储备库的思路,项目将依托国家图书馆在文献资源收藏数量和质量上的优势,对馆藏各类传统载体的文献资源建立长期保存书库,对馆藏数字资源进行异地灾难备份和长期保存,从而实现特殊情况下保护文献信息资源不受损失。同时,通过3~5年的时间,在全国图书馆界形成以国家图书馆牵头,大部分数字图书馆成员馆和多家文献机构联合加入的分布式联合保存网络,推动我国珍贵的历史文化遗产得到长久的、安全的保护,真正实现国家级战略储备库的建设目标。年内通过多次实地考察与研讨,组织召开专家论

证会，向文化部正式上报项目建议书，立项工作稳步推进。

十二、出访英国、波兰、法国三国

10月10—21日，率团考察古籍保护工作和文献储备库建设情况。深入了解海外古籍存藏机构的中文古籍数量、编目与整理情况、保护与修复现状；听取远程文献储备库的选址、设计、建造及维护等方面的成功经验，为计划中的战略储备库建设全方位收集信息和资料。

十三、组织完成文献搬迁，全面启动总馆南区维修改造工程

经积极策划争取，在文化部和财政部的大力支持下，10月，国家图书馆总馆南区维修改造工程正式开工，该项目财政批复预算总额达59728万元，将按照"完善功能，提高品质"的原则进行为期3年的维修改造。主要包括：一是对一期馆舍在维修改造的基础上进行部分功能调整，增设展览空间，在内装修中引进"典籍博物馆"的思路；二是新建后勤服务楼和地下换热站，以改善员工工作生活条件；三是改造招待所。开工之前顺利完成馆内720余万册（件）文献外迁和800万册（件）文献馆内迁移工作，以及将总馆南区的主要读者服务项目调整至总馆北区和古籍馆的服务调整工作。

十四、举办"第十三届全国省、区、市和较大城市图书馆馆长联席会议"

11月18—19日，由国家图书馆主办、广西壮族自治区图书馆承办的"第十三届全国省、区、市和较大城市图书馆馆长联席会议"在广西南宁召开。周和平同志从建设国家总书库、加快推进数字图书馆推广工程、面向社会公众提供多元化的拓展服务、做好业界服务、进一步强化立法决策服务、加快推进中华古籍保护计划和启动民国时期文献保护计划、充分发挥文献的社会教育功能、建设国家文献战略储备库、加强人才培养、加强科研工作等10个方面介绍了"十二五"期间国家图书馆贯彻落实十七届六中全会精神的主要举措。各省、区、市图书馆负责人分别就各馆的创新思路进行了深入交流与讨论。

十五、赴香港出席"国家图书馆善本特藏展"开幕式活动

12月6—10日，率团出席"国家图书馆善本特藏展"开幕式活动并致辞。期间，还以"保护古籍 传承文明"为题面向公众举办了专场讲座。

2012 年

一、明确"基础年"工作思路，全面开展"双基"培训

经过就如何加强基础业务建设的深入探讨，将 2012 年定为国家图书馆的"基础年"，全面加强基础业务工作，在全馆各层面开展加强基础业务知识和基本业务技能的"双基"培训，并开展考试、竞赛活动，把加强基础、苦练内功作为今后一段时期工作的重中之重，通过几年的努力将基础夯实，为国家图书馆的可持续发展奠定坚实根基。

二、组织开展"部级领导干部历史文化讲座"10周年活动

"部级领导干部历史文化讲座"在提升领导干部历史文化素养方面发挥了重要作用，受到了上级领导重视和多方好评，被评为"中央国家机关示范学习品牌"。1月14日，2012年首场讲座举办同时，举行"知古鉴今　资治理政——'部级领导干部历史文化讲座'10周年展"，中共中央政治局常委李长春出席讲座并参观展览，对讲座给予充分肯定，希望讲座成为推动学习型社会和学习型政党建设的重要阵地，成为引导全党全社会形成勤于读书、勤于学习的良好氛围的重要平台，成为帮助领导干部提高素质、增强本领、做好工作的重要助手。

三、组织召开全国省级公共图书馆馆长座谈会

2月23—24日，由国家图书馆举办的全国省级公共图书馆馆长座谈会在京召开。国家图书馆馆长周和平出席并讲话。会议围绕策划和实施全国古籍普查登记工作、数字图书馆推广工程、民国时期文献保护计划、领导干部讲座共享平台、"中国记忆"等多个全国性的重大项目通报情况，征求业界意见，凝聚行业智慧，共同推动事业发展。

四、发起首都图书馆联盟，加强本地区文化资源共建共享与文化惠民服务

为贯彻落实党的十七届六中全会精神，位于北京行政区域内的国家图书馆、党校系统图书馆、科研院所图书馆、高等院校图书馆以及医院、部队、中小学图书馆和北京市公共图书馆共110余家图书馆，自愿联合发起并于3月12日在国家图书馆成立了首都图书馆联盟，发挥首都作为全国文化中心的示范引领作用，整合北京地区文化信息资源，共同开展文化惠民服务。在此基础上，国家图书馆

与首都图书馆签署战略合作协议,两馆之间实现读者证相互认证,将逐步实现文献通借通还,进一步深化合作,为联盟的建立和发展做出应有的示范作用。

五、出访英国

4月13—18日,率团赴英国出席中英人文交流机制启动仪式并签署谅解备忘录。

六、策划若干重要展览,取得广泛社会关注

5月18日,"文艺的灯塔——纪念《在延安文艺座谈会上的讲话》发表70周年馆藏文献展"。展览在国家图书馆开幕,这是国家图书馆首次以馆藏珍贵文献为主体举办的《在延安文艺座谈会上的讲话》纪念展,展出大量珍贵而著名的历史文献和照片,通过文献资源展示座谈会的背景、该讲话的核心内容,以及在该讲话精神指引下文艺创作所取得的成绩。展览引起了媒体的深度关注,央视新闻联播等分专题滚动播出,社会影响力显著。

6月9日,由文化部主办,国家图书馆、中国非物质文化遗产保护中心承办的"中国非物质文化遗产保护讲座周""中国非物质文化遗产典籍记忆系列展"在国家图书馆开幕。系列展包括"中国传拓技艺展""中国传统建筑营造技艺展"两个专题展览,许多文献典籍为首次展出,弥足珍贵。邀请10名在非物质文化遗产保护领域具有影响力的专家,于6月9—18日在国家图书馆连续举办10场专题讲座,向公众全面介绍我国非物质文化遗产保护的整体情况。展览和讲座获得了很大成功,在公众中引起热烈反响。

七、围绕国防外交,大力开展立法决策服务

周和平同志提出了围绕国防外交开展立法决策服务的思路。8月,在已开展的边疆专题文献咨询服务工作基础上,为有计划地全面整理和研究中国边疆问题文献资料,进一步提高为我国国防建设、外交政策制定提供文献信息支撑和保障的能力,国家图书馆正式挂牌成立"国家图书馆中国边疆文献研究中心"。中心将全面普查海内外中国边疆相关史料和研究文献,按照"统一计划、分步骤实施、边建设、边服务"的原则开展文献整理、研究和数字化建设与服务工作;了解边疆研究的历史、现状与发展趋势,关注海内外关于中国边疆问题研究的热点和成果,为国家立法与决策机构提供文献参考和信息咨询;加强并促进与国内外相关学术研究机构间的合作与交流,实现边疆文献信息资源的共建共享。

9月17日,国家图书馆举行馆藏钓鱼岛有关文献情况介绍会。从馆藏中精选数十种钓鱼岛及其附属岛屿(简称钓鱼岛)相关古籍善本、舆图、报刊等资料进行介绍展示,从历史事实出发,用文献"说话",以此充分证明中国最早发现、命名并利用钓鱼岛,以及中国对钓鱼岛进行了长期管辖的历史事实。此举被

《焦点访谈》《人民日报》等海内外媒体大量报道，受到中央领导同志的表扬。

八、深入开展国家数字图书馆建设与推广

国家数字图书馆工程基本完成了软件、硬件平台的搭建和标准规范体系建设。3月28日，国家图书馆聘请来自国家信息化专家咨询委员会、军队系统信息化机构、国家部委信息中心等单位的共17位专家担任国家数字图书馆首批咨询顾问，旨在促进数字图书馆理论及技术相关研究，形成业务发展与科学研究共同促进的良好局面。

9月24日，由文化部主办、国家图书馆承办的数字图书馆推广工程工作会议在江苏省张家港市召开。会议印发了《文化部关于加快实施数字图书馆推广工程的意见》，全面总结了工程实施以来的进展情况，部署了下一阶段工作。工程将在全国33个省级馆、425个地市级馆搭建数字图书馆服务平台，并与文化共享工程和公共电子阅览室建设实现有效对接，形成覆盖全国的数字图书馆服务体系。本年度内已完成33家省级馆、185家市级馆的硬件平台搭建，18家省级馆、6家副省级馆、24家市级馆实现虚拟网互联互通，已有560 TB的数字资源实现共享，在全国范围内广泛开展各级各类培训工作。同时，还与沈阳军区、第二炮兵、总后勤部、塔里木油田公司搭建起资源共享平台，探索与部队、企业共建数字图书馆的新模式。蔡武部长、杨志今副部长高度重视此项工作，出席了相关活动。

九、稳步开展古籍保护工作

5月22—23日，由文化部主办、国家古籍保护中心承办的全国古籍数字化建设与服务工作研讨会在京召开。全国各省级图书馆近100人参加研讨会，国家古籍保护中心主任、国家图书馆馆长周和平出席开幕式并做重要讲话，与会代表对中华古籍数字资源库建设的原则方法、标准规范、资金设备、共建共享等问题进行了热烈讨论。

8月25日，全国古籍保护工作会议在京召开。国家图书馆馆长、国家古籍保护中心主任周和平出席会议并讲话，提出：统一思想，提高认识，切实增强古籍保护工作的责任感和使命感；抓住重点，带动全局，积极稳妥推进古籍保护工作；结合优势，做好规划，积极争取经费支持；策划宣传，加强利用，不断扩大古籍保护工作的社会影响。

中华古籍保护计划已普查登录古籍70万部，140余家收藏单位完成普查工作，《全国古籍普查登记目录》即将陆续出版。通过普查，新发现古籍收藏单位2000余家，是原藏家的2.5倍；新发现大量古籍珍品，仅孤本、宋版等最善本就有240余种。同时，新疆、西藏古籍保护专项工作得到稳步推进，"中华医藏""中国珍贵典籍史话丛书"等古籍整理出版项目启动，《中华再造善本》二期完

成 580 种选目，并已出版 248 种。

十、大力推进民国时期文献保护计划，组织开展系列相关工作

3月31日，国家图书馆与上海交通大学共建"东京审判研究中心"合作框架协议签约仪式在国家图书馆举行。中心将积极、有序、稳妥地补充和丰富所缺失的历史档案，为开展研究提供文献支撑；对国内外文献资料进行调研摸底，开展联合目录和专题文献资源库建设；深度挖掘文献资料的社会教育功能，通过报告会、展览、研讨等形式普及"东京审判"的有关知识，培育公众的爱国主义情怀。

6月19—21日，由国家图书馆主办的"中美民国时期文献保护工作研讨会"在北京召开，美国国会图书馆等北美地区图书馆代表、国内图书馆界同仁，以及来自档案系统和史学界专家学者约70人参加了会议。会议旨在加强海内外图书馆界在此领域的交流与合作，力争达成一些更具体的合作项目，促进民国时期文献保护计划全面实施和深入开展。

8月20—24日，为推进民国时期文献普查工作，确保民国时期文献联合目录数据的规范化与标准化，民国时期文献普查工作培训班在北京举办。来自首都图书馆、山西图书馆、上海图书馆、南京图书馆、山东图书馆、浙江图书馆、江西图书馆、重庆图书馆等单位的民国时期文献联合目录数据校对人员以及我馆相关工作人员90余人参加了学习。

10月24日，《远东国际军事法庭庭审记录》编纂出版启动仪式暨座谈会在国家图书馆古籍馆举行。教育部、文化部、新闻出版总署、中国社会科学院、国家图书馆、上海交通大学、中国人民大学等多家单位的领导，国内多位近代史、中日关系、抗日战争研究专家以及"东京审判"中国法官后代参加仪式。《远东国际军事法庭庭审记录》将由国家图书馆和上海交通大学联合编纂出版，共80卷近4000万字，是"东京审判"相关文献整理与研究成果出版计划的一部分。在启动仪式现场，国家图书馆还举办了"历史的审判——馆藏远东国际军事法庭审判历史文献展"。此举得到文化部和中央领导同志高度肯定。

12月5日，国家图书馆召开民国时期文献保护工作专家委员会成立大会暨第一次工作会议，聘请国家清史编纂委员会副主任马大正、南京大学中华民国史研究中心主任张宪文、中国社会科学院荣誉学部委员杨天石、中国社会科学院近代史研究所研究员陈铁健、中共中央文献研究室原常务副主任金冲及等41位专家担任民国时期文献保护工作专家委员会成员。国家图书馆馆长周和平出席了专家委员会成立大会并分别向现场就座的各位专家颁发聘书。

十一、策划并实施"中国珍贵典籍史话丛书""中国记忆"项目

周和平同志提出实施"中国珍贵典籍史话丛书"项目的动议，并组织项目方案的策划工作。项目旨在用史话的形式讲述典籍的历史，为社会公众提供关于

传统典籍历史文化的普及读物，为广大文史爱好者和从业人员提供学习资料，为专家学者提供研究参考。

2012年5月4日，在国家图书馆召开了"中国珍贵典籍史话丛书"项目讨论会，讨论了项目定位、选题原则、编撰体例、撰稿人遴选、一期选目等问题，周和平同志出席会议并讲话。

2012年12月7日召开项目启动会，成立工作委员会、编纂委员会，聘请19位专家学者作为顾问。周和平同志为受聘人员颁发了聘书，并亲自担任工作委员会主任。

周和平同志还提出实施"中国记忆"项目。该项目是新媒体时代以记录历史、保存文献、传承民族记忆、服务终身学习为宗旨的全国性文化项目，旨在整理中国现当代重大事件、重要人物专题文献，采集口述史料、影像史料等新类型文献，收集手稿、信件、照片和实物等信息承载物，形成多载体、多种类的专题文献资源集合，并通过在馆借阅、在线浏览、多媒体展览、专题讲座等形式向公众提供服务，是图书馆文献采集、整理、服务以及社会教育与文化传播职能的新拓展，也是图书馆变藏为用，加强文献整合与揭示力度的新举措。

周和平同志多次主持对项目建设思路和建设方案的讨论，2012年，国家图书馆将其列为年度工作项目，推动项目进入实验阶段。2012年4月，"中国记忆"项目试点专题——"东北抗日联军专题文献资源建设"正式启动。该专题经过对原有文献整理和对口述史料、影像史料等新文献及相关照片、手稿、实物等的采集和收集，形成了规模可观的专题文献资源库，并于2012年九一八纪念日在国家图书馆网站进行了发布。与此同时，"中国记忆"项目"明代渤海积善堂手卷专题""冯其庸专题"等试点专题的资源建设也取得了丰硕成果。

十二、策划并发起《东亚图书馆南宁倡议》

9月11日，由文化部与广西壮族自治区人民政府共同主办、国家图书馆协办的中国—东盟文化论坛在广西南宁隆重举办。国家图书馆馆长周和平在论坛上发表了题为"加强交流，深化合作，携手推进亚洲地区图书馆事业发展"的主旨报告。此次论坛以"亚洲图书馆的资源共享与合作发展"为主题，就文献资源共建共享、数字图书馆建设与合作等业务内容进行探讨，旨在加强东亚地区图书馆的区域合作，推进图书馆事业的共同发展。论坛通过了由国家图书馆与新加坡国家图书馆共同发起的《东亚图书馆南宁倡议》，东亚地区图书馆首次就本地区图书馆事业的发展进行共同展望，表达共同意愿。

十三、出访澳大利亚、新西兰

12月11—18日，率中国国家图书馆代表团出访澳大利亚、新西兰，与两国国家图书馆签署相关合作协议，就数字图书馆建设、文献保存保护等方面展开讨论，探讨了进一步加强双方交流与合作的途径。出访澳大利亚期间，在中国国务院国务委员刘延东和澳大利亚总理吉拉德的见证下，周和平馆长与澳大利亚代理艺术部长马丁·福格森签署了《中国国家图书馆与澳大利亚国家图书馆合作备忘录》。周和平馆长会见了澳大利亚国家图书馆理事会主席、澳柒控股集团首席营运官施来恩，澳大利亚国家图书馆馆长安妮·玛丽·史沃特里奇。出访新西兰期间，周和平馆长会见了新西兰内政部信息和知识服务司副司长苏·鲍威尔、新西兰国家图书馆馆长威廉·麦克努特及新西兰国家图书馆各主要机构的相关负责人。周和平馆长与威廉·麦克努特签署了《中国国家图书馆与新西兰国家图书馆合作安排》。

2013 年

一、确定"发展年"定位，着力加强文献资源保障能力建设

在"创新年""基础年"之后，确定2013年为"发展年"，旨在抓住机遇，加快发展。进一步加强国家总书库建设，文献资源保障能力稳步提高。多渠道开展催缴工作，国内出版物缴送率明显提升，中文图书缴送种数较上一年增长13.6%；中文期刊、中文报纸缴全率较上一年分别增长8.1%和5.1%。重点加强海外专题文献征集并取得实质性进展，从美国、日本等国家征集到东京审判、马尼拉审判、横滨审判、日本侵华战争罪行档案文件等一批重要文献，补充了国内缺藏文献。加强数字文献资源建设，制定完善数字资源建设相关规章制度，进一步规范数字资源建设项目管理、验收、发布、保存、统计和知识产权管理的全业务流程，提高了数字资源建设管理水平。稳步开展文献数字化，加强网络信息资源的采集与保存，有效推进资源征集。

二、赴澳门、香港访问

3月30日—4月3日，率团访问澳门、香港，考察澳门中央图书馆等机构，就数字资源共建共享、妈祖文化研究、中华寻根网建设及古籍保护合作等事宜进行了商谈；访问香港特区康乐及文化事务署，共同签署了《关于在香港公共图书馆开展数字图书馆合作的协议》。

三、进一步深化立法决策服务

3月，国家图书馆"两会"服务正式启动，主要服务举措包括：精心编辑"两会"专题信息资料，为"两会"代表、委员提供深入的专题信息服务；充实

完善"国家图书馆大会信息服务平台"和"国家图书馆'两会'服务平台",内容涵盖外购及自主开发的专题数据库、实时更新的200多份报纸和1700多份期刊、30余万册精品电子图书;厉行节俭,减少纸质印刷宣传品,突出数字化特点;为全国公共图书馆开展各地"两会"服务提供支撑。

6月3日,为配合国家外交大局,在前期整理钓鱼岛文献的基础上,组织召开"文献为证——钓鱼岛文献整理出版座谈会"。与会专家学者围绕整理编纂《钓鱼岛文献图籍录》进行了热烈讨论,一致认为该书稿真实记载、客观记录,具有权威性、系统性、珍贵性、详实性,并充分肯定了钓鱼岛文献整理为我国外交和国防提供文献支撑和保障的重要意义。该书以文献为依托,让文献来"说话",充分证明中国最早发现、命名钓鱼岛,以及中国对钓鱼岛进行长期管辖的历史事实。

推动建立国家图书馆团中央分馆,部委分馆总数达14家。6月28日,共青团中央、国家图书馆在中国青年政治学院签署合作协议,国家图书馆团中央分馆同时揭牌。国家图书馆将为团中央分馆建设个性化信息平台,提供数字资源触屏阅读服务;根据团中央工作需求和专题调研题目,有重点地开展文献信息支撑保障服务;支持分馆开展青少年研究信息资料中心和共青团文库等特色资源库建设;承担分馆有关文献资源的代采、代编目加工业务等。

年内组织举办"部级领导干部历史文化讲座"共13场,累计举办204场,创新讲座模式,开办诗词赏析、书画艺术两个专题研习小组,完成讲座网站建设,提高讲座服务能力。

四、出访加拿大、美国、巴西

7月初,率团访问加拿大、美国、巴西,考察三国国家图书馆立法决策服务以及文献战略储备库建设情况。访美期间,出席了2013年美国图书馆协会年会,考察了美国国会图书馆、芝加哥大学图书馆、美国国家档案馆等机构。与美国国会图书馆馆长詹姆斯·比灵顿进行了正式会谈,就目前开展的文献交换、世界数字图书馆以及中美图书馆合作会议等合作项目进行了充分探讨,并实地考察了位于马里兰州米德堡的战略储备库。访加期间,与加拿大国家图书和档案馆代理馆长埃尔韦·德瑞进行了正式会谈,就两馆合作达成初步意愿,考察了多伦多大学图书馆、麦吉尔大学图书馆,并与麦吉尔大学图书馆正式签署合作协议。访巴期间,代表团一行访问了巴西国家图书馆(里约热内卢)和巴西国家图书馆(巴西利亚),并分别与代馆长安杰拉·法托莱利和馆长尤里·巴尔盖特举行了正式会谈,双方就开拓图书馆领域的交流与合作充分交换意见并达成初步共识。

五、组织研究推出一系列读者服务新举措

在广泛听取读者意见建议的基础上,组织研究制定出台《国家图书馆关于加

强精细化管理整体提升服务水平的意见》，于9月9日，国家图书馆建馆104周年馆庆之际，推出一系列读者服务重要新举措。内容包括：进一步放宽入馆年龄，公共服务区域面向未成年人全面开放，总馆北区中外文文献开架阅览区，接待读者年龄由年满16周岁调整为年满13周岁，少年儿童馆接待12周岁（含）以下少年儿童，此次放宽入馆年龄，使中国国家图书馆成为世界上开放程度最高的国家图书馆之一；优化互联网服务，拓宽互联网接入带宽，提升数字图书馆服务能力，加强远程网络服务，推出基于智能手机、平板电脑等移动终端的"数字图书馆移动阅读平台"，向国家图书馆及地方馆认证读者提供个性化、免费的移动服务；完善读者服务培训，设立"每日课堂"，每日定时组织培训，介绍馆情、馆藏及特色服务项目，并在国家图书馆主页增设读者培训栏目，开展读者远程培训；加强馆藏建设和利用，拓展社会教育职能，依托"国家典籍博物馆"建设，深入挖掘馆藏内涵，加大文献揭示力度，丰富文献展示形式，形成特色展览品牌；加强读者服务管理，联合业界发出《共创文明图书馆倡议书》。新举措推出后，有力提升了精细化服务水平，获得公众广泛好评。

六、组织举办"中国记忆"系列专题展，充分发挥图书馆社会教育职能

1月29日，由文化部非物质文化遗产司和国家图书馆共同主办的"中国记忆"项目系列展览之"年画中的记忆——国家图书馆藏年画精品暨国家级非物质文化遗产年画项目代表性传承人作品展"开展。此次展览，国家图书馆从馆藏的4000余幅传统年画中，遴选出120幅集中展出，展品多为杨柳青、朱仙镇等地制作，题材包括戏曲演义、福寿吉祥、神话故事、日用杂事、风土民俗等不同主题。此外，还展出了来自天津杨柳青、河南朱仙镇、山东潍县、陕西凤翔、河北武强、山东高密等地年画项目代表性传承人的代表作品110幅。

6月7日，为迎接我国的第八个"文化遗产日"及传统佳节"端午节"，由文化部非物质文化遗产司与国家图书馆共同主办的"中国记忆"项目系列展览之"大漆的记忆——中国大漆髹饰暨国家级非物质文化遗产项目代表性传承人作品大展"拉开帷幕。来自文化部、国家图书馆、加多宝集团等单位的相关负责人以及非物质文化遗产专家与传承人、全国图书馆优秀读者代表参加了活动。开幕式上，国家图书馆馆长周和平代表国家图书馆接受了16位国家级非物质文化遗产大漆髹饰项目代表性传承人捐赠的17幅漆艺作品，并向传承人颁发了捐赠证书。本次展览通过展示漆器作品、历代相关重要文献、影像资料和历史文物及复制品，系统阐述了大漆的生产工艺和大漆髹饰艺术的发展历史。同时，还邀请到19位国家级非物质文化遗产项目代表性传承人进行现场演示。

12月30日，由文化部非物质文化遗产司、国家图书馆和中国丝绸博物馆共同主办的"丝绸的记忆——中国蚕丝织绣暨国家级非物质文化遗产项目特展"

开展。5 位国家级非遗项目代表性传承人将各自作品捐赠国家图书馆，国家图书馆馆长周和平代表国家图书馆接受捐赠并颁发收藏证书。本次展览共展出丝绸、文献等实物展品 300 余件，其中文献共计 200 余种，包括古籍文献 70 种、中文现代文献 108 种、外文文献 26 种。配合展览，国家图书馆还邀请了 7 位国家级非物质文化遗产项目代表性传承人在展览现场演示技艺，与观众互动。

七、进一步推动数字图书馆建设与推广

48 家副省级以上图书馆实现虚拟网联通，全国虚拟网联通的省市级图书馆达 110 余家，除国家图书馆之外，15 家省级图书馆开始专网联通建设，覆盖全国的数字图书馆服务网络基本形成。全面开展推广工程系列软件平台部署，提升各地数字图书馆建设水平。首次实现通过中央转移支付经费开展资源建设，拓展数据库共享与服务范围至 30 个省、区、市 100 余家图书馆，共享资源达 120 TB。全面开展数字图书馆建设全国性各类专题业务培训工作，累计 1100 余人次参加培训：4 月举办资源建设及平台应用培训班，6 月举办市级图书馆必配系统培训班，9 月举办移动阅读平台培训班，10 月文化部人事司主办、国家图书馆和湖南省文化厅承办"数字图书馆可持续发展战略"高级研修班。

2 月 22 日，由国家图书馆与总后勤部共建的军队后勤数字图书馆在总后勤部档案馆正式开通，面向全军后勤官兵提供个性化、知识化和信息化服务。国家图书馆与总后勤部签署了合作共建协议，将依托国家数字图书馆和数字图书馆推广工程，共同建设强大的军队后勤信息网络平台，为全军后勤指战官兵提供国家数字图书馆更加丰富的建设成果。

为促进我国边疆基层文化发展，国家图书馆三沙市分馆于 7 月 12 日挂牌成立。三沙市分馆是国家图书馆首次在地方设立分馆，其命名和挂牌，有力彰显了国家主权，促进了三沙市以及驻军部队的文化建设。国家图书馆调配了图书约 3000 册，捐赠了总价值 12 万元的两台触摸屏并部署电子阅报系统，向西沙水警区赠送价值 7 万元的 50 台电纸书，包含近 5000 册电子图书及 113 场国家图书馆"文津讲坛"讲座资源等。

八、深入开展中华古籍保护计划

截至 2013 年，共计四批《国家珍贵古籍名录》和全国古籍重点保护单位通过国务院办公厅审批，11375 部古籍入选《国家珍贵古籍名录》，命名 166 家全国古籍重点保护单位。截至 11 月底，已有 27 个省、区、市及 2 家中央直属机关单位 300 余家古籍收藏单位完成古籍普查登记工作。

4 月 18 日，第四批《国家珍贵古籍名录》暨古籍普查重要发现在国家图书馆正式发布。相关古籍善本研究专家分别就第四批《国家珍贵古籍名录》和全国古籍重点保护单位以及古籍普查重要发现的相关情况向近 30 家媒体记者做了

介绍，引起了社会公众的广泛关注。

6月8日，我国的第八个"文化遗产日"，为进一步传承古籍修复技艺，更好地保存保护古籍，使之发挥传承文明、服务当代的重要作用，国家级古籍修复技艺传习中心揭牌暨国家级非物质文化遗产项目古籍修复技艺代表性传承人杜伟生先生收徒仪式在国家图书馆古籍馆举行。周和平馆长出席仪式，国家图书馆八位年轻的修复馆员正式拜杜伟生先生为师。活动现场还举办了"国家图书馆古籍修复成果展"，集中展示了我馆专业人员完成的馆藏《赵城金藏》《永乐大典》和西夏文献、敦煌遗书等国宝级珍贵文献的修复成果。

12月，由文化部、国家文物局主办，国家图书馆（国家古籍保护中心）承办的"古籍普查重要发现暨第四批国家珍贵古籍特展"在国家图书馆举办。展览从第四批《国家珍贵古籍名录》1516部古籍文献中精选110余部极具代表性的古籍珍品展出，首次集中展出了古籍普查新发现的重要古籍50余部，特别展示了《中华再造善本》续编项目开展以来所取得的丰硕成果。设立"古籍保护主题宣传日"，让社会公众现场参与体验古籍保护工作，有力增强了古籍保护工作的影响力。

九、大力加强民国时期文献保护工作

开展文献普查，加快形成联合目录。推进民国时期文献整理出版，与22个单位签订整理出版协议，已完成《民国时期经济调查资料汇编》等8个项目的出版工作。原生性文献保护研究稳步推进，设立民国时期文献库房标准研究项目并积极开展文献脱酸研究。

9月2日，在中国人民抗日战争胜利及世界反法西斯战争胜利68周年纪念日前夕，国家图书馆联合上海交通大学整理出版的《远东国际军事法庭庭审记录》（全80卷）首发出版座谈会举行。文化部、中国社会科学院、国家图书馆、中国人民大学、上海交通大学等单位领导出席座谈会。国内多位近代史、中日关系、抗日战争研究专家以及"东京审判"中国法官梅汝璈、检察官向哲浚、检察组顾问倪征燠的子女等50余人参加会议。作为第一手资料，近5万页的《庭审记录》真实、完整地再现了东京审判全过程，有力配合了国家外交大局，习近平、江泽民、刘云山、刘延东、刘奇葆等中央领导同志对该项工作给予充分肯定。

十、进一步加强业界引领示范作用

努力发挥国家馆职能，积极开展图书馆事业发展研究，通过组织实施国家重点文化项目、研究制定行业标准规范、积极发挥中国图书馆学会作用，引领行业发展。4月，我国图书馆界第一本综合性研究报告——《中国图书馆事业发展报告2012》（蓝皮书）正式出版。该书由国家图书馆馆长周和平主编，国家图书馆研究院组织图书馆研究和实践领域的百余位专家参与编写。该报告首次以蓝皮书的形式反映我国图书馆事业发展的整体面貌，旨在为广大图书馆工作者进一步提高业务水平和管理水平提供经验借鉴，为研究人员深入开展图书馆事业研究提供基础资料，为各级政府科学制定图书馆相关政策提供参考依据，同时也可使社会公众全面了解我国图书馆事业发展状况。

积极配合文化部相关工作，起草完成《全国公共图书馆事业发展"十二五"规划》，配合完成《公共图书馆法》立法调研工作，参与公共图书馆评估定级工作，牵头修订《第五次全国公共图书馆评估定级系列标准》并举办培训班，指导全国图书馆业务建设。成功承办2013年中国图书馆年会学术会议并推出数字图书馆推广与古籍保护展示区，推动业界学术研究和交流。

十一、稳步推进一期维修改造工程，国家文献战略储备库立项工作取得积极进展

按照修旧如初、完善功能的原则，组织开展国家图书馆一期维修改造工程，旨在改善读者服务空间、拓展我馆社会教育职能、提升综合保障能力。周和平同志提出建设国家典籍博物馆、改扩建综合服务楼、建设国家图书馆艺术中心等重要思路。年内大部分改造区域已陆续完成，国家图书馆馆舍面积由25万平方米增加至28万平方米，有效提高了读者服务和员工工作生活水平。2014年5月将全面开馆服务。

积极推进国家文献战略储备库立项。蔡武部长给予大力支持，专门写信向中央领导汇报。李克强、刘云山、张高丽、刘延东等同志分别做出重要批示，对该项目予以充分肯定。国家发改委高度重视并开展评估。国家图书馆已根据评估意见完成项目建议书补充上报工作，并努力推动项目立项。

十二、出访美国

11月20—24日，周和平同志率团赴美国进行工作访问。出席了刘延东副总理与美国文化艺术界人士在纽约卡内基音乐厅举行的座谈会及招待会，并在刘延东副总理见证下与美国托马斯·杰斐逊基金会主席莱斯利·鲍曼女士共同签署了《中国国家图书馆与美国托马斯·杰斐逊基金会关于推进文化合作的谅解备忘录》；访问了纽约公共图书馆，并与馆长安东尼·马克思等主要负责人进行了会谈，双方就数字资源共建共享、馆舍建设、联合办展等事宜进行了商谈；访问了哥伦比亚大学图书馆，会见了副校长、图书馆馆长詹姆斯·尼尔等，双方回顾了两馆交往的历史，并就中华古籍和民国时期文献的保存保护与合作等议题进行了深入探讨。

十三、组织开展党的群众路线教育实践活动

为提高党的群众路线教育实践活动的针对性，国家图书馆上半年提早开展专

题调研，为教育实践活动顺利开展奠定坚实基础。按照中央和文化部统一部署，扎实做好各环节工作，聚焦"四风"查摆问题，边学边查边改，顺利召开馆领导班子及各部处领导班子专题民主生活会，取得重要成效。推出提升读者服务水平系列新举措；落实中央八项规定，杜绝请客送礼，转变会风文风；在一期维修改造工程中采取简化装修、修旧利废、大幅节约经费等具体措施，得到馆内外一致好评。通过整改落实阶段，针对查找出来的问题及原因，认真研究整改对策，确保了教育实践活动成果落到实处且形成长效机制。

2014 年

举办"国图艺术中心试运行音乐周"。周和平同志提出结合一期维修改造工程，建设"国图艺术中心"的思路，旨在提升国家图书馆对公众的文化艺术服务能力，进一步拓展图书馆艺术教育职能，挖掘、整理和传播馆藏中外优秀文化精品，普及艺术知识，增强艺术修养，提高公民素质。1月8日，"国图艺术中心试运行发布会暨首批战略合作协议签约仪式"在国家图书馆举行，拉开"中西荟萃经典演绎——国图艺术中心试运行音乐周"的帷幕，国家图书馆馆长周和平出席了发布会。

2014年1月26日，经文化部党组研究决定，并报中组部批准，任命周和平同志为国家图书馆名誉馆长。

跋

《周和平文集》是《图书馆学家文库》的第六部文集。全书分上、中、下三卷，共约150万字。

《图书馆学家文库》是图书馆学领域的一套大型系列丛书。为总结20世纪以来图书馆学人在图书馆学理论研究与实践中积累的优秀成果，进而为图书馆事业的可持续发展提供系统的理论指导和实践参考，2011年初，中山大学图书馆馆长程焕文、广东省立中山图书馆馆长刘洪辉、时任深圳图书馆馆长吴晞以及谭祥金、赵燕群等热心人士商议，得到上海图书馆馆长吴建中等大力支持，决定成立《图书馆学家文库》编委会，启动文库的出版工作。

在图书馆学同仁的支持下，目前文库已先后出版《杜定友文集》《谭祥金赵燕群文集》《李华伟文集》《胡述兆文集》《李德竹文集》《谢灼华文集》共30册约1500万字。

这一系列文集均为各位作者长期从事图书馆工作实践和理论研究的真实记录。

《周和平文集》在文库编委会策划之初就列入了出版计划。周和平同志1994年12月到国家图书馆工作，2014年1月转任国家图书馆名誉馆长至今，投身图书馆事业和文化事业20余年，对推动我国图书馆事业发展、公共文化服务体系建设和非物质文化遗产的保护等做出了重要贡献。期间周和平同志发表的文章、讲话等真实记录了这一时期我国文化建设的情况，是研究这一时期我国图书馆事业和文化工作的重要文献。为此，文库编委会认为有必要将这些资料蒐集成册，决定编辑出版《周和平文集》。

2011年11月28日，文库编委会副主编、时任深圳图书馆馆长吴晞代表编委会致信周和平同志：

"我们经商议，都觉得应该为您出一套文集，即《周和平文集》。在您进入中国图书馆界之后，包括出任国家图书馆领导、文化部副部长等职务期间，正值中国图书馆发展变化最为巨大的历史阶段。您有关图书馆的论著、讲话、访谈、批示等文稿，是这一历史的记录，理应加以整理，结集出版。这是我们共同的责任和使命。"

吴晞馆长的约稿信发出后，笔者受文库编委会委托，一方面将媒体公开发表的作者的文章等进行搜索，提供给作者参考；另一方面，与作者协商文集出版事宜。作者对于出版文集并列入《图书馆学家文库》一事，没有思想准备，谦称自己没有接受过系统的高等教育，未能深入研究图书馆学理论，只是在履职期间，努力学习有关的专业知识，认真听取专家意见，结合工作实际，对图书馆事业和文化事业的问题进行了一些研究和思考，列入《图书馆学家文库》出版是否合适，尚须斟酌。编委会同事一再与作者沟通，认为：图书馆学历来是注重实践的学科，这些年我国图书馆事业有了重要发展，作者提出的一些观点和所推动的工作，成效显著，有许多理论的创新，也是我国图书馆学界在新时期理论创新的成果。再者我们已做了大量有关文献的调研，从已搜集的文献看，其内容丰富、理论鲜活，与我国图书馆事业和文化发展息息相关，是研究这一时期我国图书馆事业和文化发展的重要文献，值得列入文库并出版。经反复动员，周和平同志同意先整理一下，能否出版，俟整理后定。

经作者和一起参加文集整理工作的同志的共同努力，历时五年，数易其稿，《周和平文集》终于付梓。

文集分上、中、下三卷。内容包括：

上卷　图书馆事业

图书馆工作——公共图书馆自动化建设，推进图书馆延伸服务（包括免费开放、为残疾人服务等），图书馆新馆建设，深化图书馆功能和管理体制改革，图书馆走合作共建、资源共享之路，中国图书馆学会工作，图书馆为推广全民阅读服务，等等。

国家图书馆——国家图书馆的发展规划、措施；管理水平的提升，特别是员工素质的提升；新馆二期工程建设；国家数字图书馆工程建设；国家图书馆与地方图书馆的合作；国家图书馆服务模式的创新；送书下乡工程；等等。

图书馆数字化建设——国家数字图书馆建设、合作与服务，构建数字图书馆服务网络，国家数字图书馆推广工程，县级数字图书馆推广计划，等等。

中卷　公共文化服务体系

全国文化信息资源共享工程建设——文化共享工程与农村文化建设的关系（包括送"数字"下乡、村村通网络），文化共享工程项目的建设与实施，等等。

文献整理与文献保护——清史编纂与文献整理，建立《国家珍贵古籍名录》，中华再造善本工程，中华古籍保护计划，《中华古籍总目》编撰，古籍修复与古籍数字化，民国时期文献保护，私人藏书的收集与捐赠，推广无酸纸生产和应用，等等。

公共文化服务体系建设——农村公共文化服务体系的建设，中国民族民间文化保护工程，文化信息资源建设，农村信息化综合服务，等等。

文化事业——文化事业发展的现状与未来，基层文化建设，农村公共文化建设（包括文化下乡、百县千乡宣传文化工程），未成年人文化工作，民族地区文化建设，文化安全预警机制的建立，等等。

下卷　非物质文化遗产保护

建立我国非物质文化遗产保护的制度，包括国家登记、名录体系、传承人、文化生态保护区；我国非物质文化遗产保护的法律和政策体系建设；等等。

附录：纪事

"纪事"记录了作者1995年1月由国家人事部调任北京图书馆党委副书记、副馆长至2014年1月，参与的图书馆工作和文化工作的大事。

"纪事"将原始资料经过归类、筛选、整理、考订后，编排而成系统记录，按时间顺序排列。

"纪事"记录了这个时期图书馆事业发展和国家图书馆发展，以及非物质文化遗产保护等方面的很多背景资料。

整理书稿过程中，搜集到的文稿为现文集篇幅的两倍多。作者和参与整理工作的同志将其中内容相近的予以筛选，既不重复，又力求保留作者的工作轨迹。

初步归纳整理后，作者采取审慎的态度认真核对筛选，强调采用"减法"，删除重复的论述和多余的文字，收入照片只选取工作照片。同时，作者认真考证、核实书稿中的人、事（活动）的时间、地点等，并对全书文字反复推敲修订。

作者从事图书馆工作和文化工作的20多年，我国的图书馆事业发生了很大变化。尤其是公共图书馆系统，在政府层面上，中央到地方各级政府部门都对图书馆事业予以高度重视，包括各项政策与重大惠民文化工程的制定和落实，财政投入的增加，使图书馆数量迅速增加、服务环境逐年改善，公共服务理念与活动水平的提升等方面也有很大改观；在服务手段和技术层面上，信息技术、数字化技术和网络技术等高新科技在图书馆得以推广应用，特别是公共文化服务方面，实施文化信息资源共享工程、数字图书馆工程、古文献保护、非物质文化遗产保护等重大项目，公共图书馆事业的整体变化已经为世界同行所瞩目。由于作者作为文化部副部长、国家图书馆馆长主管这一领域的工作，文集中很大篇幅记述了作者亲身经历的网络时代的公共文化服务，特别是图书馆建设，所发生的变化。作者对于这些变化的记述，以及他对于新一轮科技革命对图书馆发展的影响，如何紧跟时代发展，从政府决策与实施层面不断应用互联网等新技术推动公共文化服务和图书馆事业的发展的论述，在图书馆的发展必须与时代相结合方面给我们提供了许多第一手资料。

图书馆学是一门与社会发展紧密结合、实践性很强的学科，需要应用多学科理论，以多种思维和多种视角，结合图书馆实际进行理论研究。《周和平文集》记录了作者对图书馆学、公共文化服务事业以及非物质文化遗产保护等方面的多视角思维，将给我们的实际工作和理论研究以启迪。

文集的出版得到协助作者收集、整理书稿的团队和很多朋友的热情支持，特向支持文集出版的朋友表示衷心的感谢。

文集由中山大学出版社李海东先生编审，中山大学校长助理、图书馆馆长程焕文教授对全书最后审定。在编辑过程中难免有错漏，诚望读者批评指正。

赵燕群

2016 年 9 月于中山大学